• “十三五”国家重点出版物出版规划项目 •

A History of the Middle East

中东史 上

哈全安 著

上海社会科学院出版社
SHANGHAI ACADEMY OF SOCIAL SCIENCES PRESS

目录

前言　自然环境与历史长河 / 1
一、高原大漠与山川河谷 / 1
二、源远流长的古代文明 / 5
三、一神信仰的宗教传统 / 17
四、伊斯兰时代的帝国历程 / 19
五、色彩斑斓的民族国家 / 21
六、近代以来的国际舞台与地缘政治 / 34

第一章　阿拉伯人的古代历史 / 1
一、阿拉伯半岛与阿拉伯人 / 1
“阿拉伯人的岛屿” / 1
阿拉伯人的生活方式 / 2
阿拉伯人的谱系 / 6
二、古代阿拉伯人的文明雏形 / 8
米奈—赛伯邑人 / 8
希米叶尔人 / 10
皮特拉与帕尔米拉 / 12
加萨尼人、莱赫米人与肯德人 / 14
三、查希里叶时代的阿拉伯社会 / 17
部落与氏族 / 17
“阿拉伯人的日子” / 23
麦加与古莱西部落 / 26
四、前伊斯兰时代阿拉伯人的宗教习俗 / 33
“敬事许多神灵” / 33
外来的信仰 / 36
一神崇拜的宗教端倪 / 36

第二章　伊斯兰文明的诞生 / 38
一、先知穆罕默德在麦加 / 38
先知穆罕默德的早年经历 / 38
“盖德尔夜晚” / 40
麦加时期的启示 / 41
伊斯兰教的皈依者 / 45

古莱西人的抵制 / 47
麦加的险境 / 50
麦加时期伊斯兰教的社会性质 / 51
二、先知穆罕默德在麦地那 / 56
叶斯里卜 / 56
阿喀巴誓约 / 57
"升宵" / 58
徙志 / 60
麦地那宪章 / 62
圣战的起因 / 64
挑战麦加的古莱西人 / 65
围剿麦地那绿洲的犹太人 / 69
讨伐贝都因人 / 72
先知穆罕默德重返麦加 / 73
从侯奈因之战到"代表团之年" / 75
辞朝 / 77
三、伊斯兰文明的初步确立 / 79
教俗合一国家体制的奠基 / 79
财产关系的私有原则 / 84
个体家庭的婚姻形态 / 85
信仰的认同与社会的聚合 / 86
责任与义务 / 89
迁士与辅士 / 89
土地关系的国有原则 / 91

第三章　麦地那哈里发国家的浮沉 / 96
一、阿布·伯克尔与平息"里达"的战争 / 96
"赛基法会议" / 96
作为首任哈里发的阿布·伯克尔 / 98
"里达"的平息 / 99
"里达"风波的历史内涵 / 101
平息"里达"的战争与阿拉伯半岛的统一 / 103
二、麦地那哈里发国家的扩张 / 105

原因解读与背景分析 / 105
叙利亚的征服 / 110
埃及的征服 / 113
伊拉克的征服 / 117
伊朗的征服 / 119
征服进程的区域差异 / 120
三、麦地那哈里发国家的政治走向 / 121
宗教色彩的共和政体 / 121
哈里发欧默尔 / 123
共和政体的危机 / 126
奥斯曼之死 / 129
阿里与最初的内战 / 131

第四章　大马士革的倭马亚王朝 / 136
一、穆阿威叶的时代 / 136
从希贾兹到叙利亚 / 136
穆阿威叶的治国风格 / 137
穆阿威叶时代的圣战 / 140
君主制的奠基 / 141
二、从内战的平息到君主制的强化 / 142
内战再起 / 142
马立克即位 / 145
君主制的强化 / 146
三、新的征服 / 150
东部战场 / 150
西部战场 / 152
北方的攻势 / 154
四、阿拔斯派的兴起 / 155
阿拔斯人的涉足政坛 / 155
“归权先知家族”的政治原则 / 157
从库法到呼罗珊 / 158
五、倭马亚王朝的覆灭 / 161
矛盾与危机 / 161

阿布·穆斯林与来自呼罗珊的黑色旗帜 / 163
阿拔斯派运动的性质 / 166

第五章 巴格达的阿拔斯王朝 / 170
一、走向鼎盛 / 170
政治基础的转换与政治重心的东移 / 170
从平息反叛到排斥异己 / 171
新都巴格达 / 174
从马赫迪到哈迪 / 175
哈伦盛世 / 177
内战与秩序的重建 / 180
二、集权政治的膨胀 / 182
哈里发与宫廷政治 / 182
维齐尔与官僚政治 / 183
行政区划与地方治理 / 185
驿道与驿站 / 187
军队与将领 / 187
哈里发集权统治的特质 / 188
三、衰落的起点 / 189
外籍新军的崛起 / 189
哈里发权力的式微 / 191
四、群雄逐鹿 / 193
伊斯兰世界的分裂:自然环境与社会背景 / 193
西班牙的后倭马亚王朝 / 195
马格里布诸王朝 / 197
尼罗河流域的突厥君主——土伦王朝与伊赫希德王朝 / 199
埃及的什叶派政权——法蒂玛王朝 / 201
从阿尤布王朝到马木路克王朝 / 205
塔希尔王朝与东部分裂的先河 / 209
伊朗高原的波斯人政权——萨法尔王朝与萨曼王朝 / 210
加兹尼王朝与突厥君主马哈茂德 / 212
白益王公与波斯什叶派政权 / 214

库尔德人与贝都因人 / 215
五、穷途末路 / 218
塞尔柱人称雄西亚 / 218
阿拔斯王朝的倾覆 / 221

第六章 哈里发时代中东的经济制度与经济生活 / 223
一、封建主义的土地关系 / 223
国家土地所有制 / 223
赋税与地租 / 225
地产与农民 / 227
二、农作区域与农业生产 / 233
农作区域 / 233
农作物 / 236
水利灌溉与耕作技术 / 240
三、手工业与商业 / 242
手工业 / 242
商业 / 245

第七章 哈里发时代中东的社会变迁 / 249
一、迁徙与交往 / 249
阿拉伯人的迁徙 / 249
倭马亚时代的社会交往 / 251
二、阿萨比叶 / 255
阿萨比叶的由来 / 255
阿萨比叶的类型 / 257
阿萨比叶的淡去 / 262
三、麦瓦利 / 264
麦瓦利的内涵 / 264
麦瓦利的社会地位 / 265
权利与义务的失衡 / 266
四、阿拔斯时代的穆斯林社会 / 268
民族关系 / 268

教派关系 / 269
五、吉玛人 / 270
从“有经典的人”到吉玛人 / 270
吉玛人的起源 / 271
信仰差异与社会对立 / 274
吉玛人的经济地位 / 276
吉玛人的分布 / 278
宽容与歧视 / 279
六、奴隶 / 283
伊斯兰教与奴隶制 / 283
奴隶的来源与用途 / 284
七、城市 / 287
城市的起源 / 287
城市的分布 / 290
城市的格局 / 292
八、时尚习俗与社会生活 / 293
时尚 / 293
习俗 / 294
娱乐 / 297
节日 / 298
教育 / 299

第八章　哈里发时代伊斯兰教的发展 / 300
一、哈瓦立及派的兴衰 / 300
教派分歧的根源 / 300
哈瓦立及派的由来 / 300
哈瓦立及派的政治理念与宗教思想 / 301
哈瓦立及派的分支 / 303
二、什叶派的演变 / 305
什叶派的缘起 / 305
什叶派的宗教政治理论 / 307
什叶派的分支 / 311

三、逊尼派思想体系的确立／ 317
逊尼派的内涵 / 317
穆尔吉叶派 / 318
盖德里叶派与贾卜里叶派 / 319
穆尔太齐勒派 / 320
从艾什尔里到安萨里 / 322
四、逊尼派伊斯兰教的宗教政治理论／ 324
宗教权力与世俗权力 / 324
乌玛与沙里亚 / 324
哈里发的学说 / 325
五、苏菲主义／ 329
苏菲主义的禁欲色彩 / 329
苏菲主义的神秘思想 / 330
苏菲主义的宗教实践 / 331
六、伊斯兰教的法学流派／ 332
圣训派与意志派 / 332
哈奈菲学派 / 333
马立克学派 / 334
沙菲仪学派 / 334
罕百里学派 / 335

第九章　哈里发时代的伊斯兰文化／ 337
一、伊斯兰文化演进的沃土／ 337
伊斯兰文化的源头 / 337
伊斯兰文化的早期外来元素 / 338
百年翻译运动 / 339
二、伊斯兰世界的文化成就／ 339
文学 / 339
艺术 / 344
历史学 / 350
哲学 / 353
天文学 / 356

数学 / 359
化学与物理学 / 360
医学 / 361

第十章 征战中崛起的奥斯曼帝国 / 363
一、突厥人的西迁 / 363
伊斯兰教传入中亚 / 363
安纳托利亚的罗姆苏丹国 / 364
二、奥斯曼人的早期国家 / 367
奥斯曼人兴起之前的伊斯兰世界 / 367
安纳托利亚的圣战 / 368
从卡拉加希萨尔到布尔萨 / 370
从安卡拉战役到大空位期 / 371
三、开疆拓土 / 373
东南欧的圣战 / 373
伊斯兰世界的征服 / 382
四、伊斯坦布尔的统治 / 384
苏丹与宫廷 / 384
御前会议与桑贾克 / 392
奴隶政治与德米舍梅制 / 396
西帕希与耶尼切里 / 399
宗教与神权 / 404
五、奥斯曼帝国的社会与经济 / 408
疆域与人口 / 408
米勒特制度 / 410
封邑制度 / 413
农业与农民 / 414
城市与行会 / 417
商业与商人 / 421

第十一章 奥斯曼帝国的斜阳 / 425
一、奥斯曼帝国黄金时代的结束 / 425

苏丹权力的式微 / 425
包税制的兴起 / 427
商路转移与价格革命 / 428
对外战争的败绩 / 429
二、自上而下的新政举措与宪政运动 / 433
塞里姆三世与马哈茂德二世的新政举措 / 433
花厅御诏与坦泽马特时代的改革 / 437
从青年奥斯曼党到宪政运动 / 443
三、传统经济社会秩序的解体 / 447
西方列强的贸易扩张 / 447
市场化进程的启动 / 450
智力的觉醒 / 455
四、从青年土耳其党革命到奥斯曼帝国的灭亡 / 458
巴尔干起义 / 458
青年土耳其党革命 / 461
奥斯曼帝国的灭亡 / 466

第十二章　从波斯的复兴到巴列维王朝统治下的伊朗 / 471
一、波斯的复兴 / 471
萨法维王朝的嬗变 / 471
君主政治 / 475
萨法维时代的教俗关系 / 476
游牧部落与定居农业 / 479
城市与贸易 / 480
二、恺伽王朝时代伊朗传统秩序的衰落 / 483
王权的式微 / 483
教俗关系的演变 / 486
西方的冲击 / 488
传统经济社会秩序的衰落 / 492
新政举措 / 497
宪政思想的萌生 / 499
社会矛盾 / 501

宪政运动与1906年宪法 / 502
权力的博弈与宪政的夭折 / 507
三、礼萨汗时代伊朗的现代化实践 / 511
内忧外患的动荡局势 / 511
巴列维王朝的建立 / 513
世俗色彩的威权统治 / 516
器物层面的现代化举措 / 521
经济社会的发展 / 522
礼萨汗时代的威权政治与现代化模式 / 526
四、巴列维国王的统治与“发展的独裁模式” / 527
议会政治的活跃 / 527
石油国有化运动 / 530
威权政治的重建 / 533
白色革命 / 535
白色革命后的地权结构与农业生产 / 540
白色革命后的工业化进程 / 544
城市化进程与社会福利 / 547
社会结构的变迁 / 549
“发展的独裁模式” / 551
五、什叶派现代伊斯兰主义的滥觞 / 556
教俗关系的嬗变 / 556
什叶派现代伊斯兰主义的缘起 / 558
什叶派现代伊斯兰主义的先驱 / 560
阿里·沙里亚蒂的宗教政治理念 / 561
霍梅尼主义的宗教政治内涵 / 563
六、巴列维王朝的覆灭 / 566
从民主与专制的博弈到君主独裁铁幕下社会矛盾的加剧 / 566
世俗政治反对派 / 568
宗教政治反对派 / 570
欧莱玛的裂变 / 571
贫富分化与政治暗流 / 573
从世俗知识界的政治风波到跨越教俗界限的民众政治运动 / 576
伊斯兰革命的性质 / 582

第十三章 土耳其共和国的成长 / 586
一、土耳其共和国的诞生 / 586
从伊斯坦布尔到安卡拉 / 586
从《色佛尔条约》到《洛桑条约》 / 588
从大国民议会到 1924 年宪法 / 592
平息库尔德人的叛乱 / 594
凯末尔时代的政党政治与威权体制 / 595
二、凯末尔主义的理论与实践 / 601
从奥斯曼帝国的意识形态到凯末尔时代的民族主义 / 601
共和主义与民众主义 / 604
世俗主义 / 607
国家主义 / 611
凯末尔主义的时代特征 / 612
三、威权政治的终结 / 614
伊斯梅特与自上而下的政治改革 / 614
一党制时代的结束 / 618
1950 年大选 / 620
四、50—70 年代民主化进程的艰难探索 / 622
50 年代民主党的执政历程 / 622
1960 年军事政变与 1961 年宪法 / 626
60 年代的民主政治实践 / 631
1971 年军事政变与 70 年代的议会选举 / 634
1980 年军事政变与 1982 年宪法 / 637
五、50—70 年代的多元化政党政治 / 640
共和人民党 / 640
从民主党到正义党 / 641
民族党、民族行动党与新土耳其党 / 642
从民族秩序党到救国党 / 644
土耳其工人党与工人运动 / 647
六、暗流涌动的伊斯兰主义 / 649
世俗国家与宗教社会 / 649
伊斯兰文化的复兴 / 650

宗教激进组织 / 653
苏菲教团 / 656
伊斯兰主义政党 / 659
七、凯末尔时代的经济发展战略 / 662
人口的变迁 / 662
从温和到激进的经济政策 / 664
工业的缓慢进步 / 667
农业的发展与土地改革的初步举措 / 671
八、"二战"后的经济社会发展 / 674
农业的进步 / 674
乡村社会的变革 / 678
产业结构的转变 / 682
进口替代的工业化发展模式 / 685
80 年代以来的新经济政策 / 688
城市化进程 / 691

第十四章 埃及的现代化之路 / 696
一、从帕夏到赫迪威 / 696
从奥斯曼帝国的占领到法军的入侵 / 696
尼罗河流域的新主人 / 699
穆罕默德·阿里的新政举措 / 702
权力重心的倾斜与西化的进程 / 703
智力的觉醒与现代政治思想的萌生 / 710
二、宪政时代的政治秩序与政治实践 / 715
19 世纪的宪政端倪 / 715
1919—1923 年的宪政运动 / 716
多元化的政党政治 / 720
议会选举与宪政实践 / 723
宪政与民主 / 729
政治生活的激进化与极端主义的泛滥 / 730
宪政危机 / 735
三、穆罕默德·阿里王朝统治下的埃及经济与社会 / 737

穆罕默德·阿里时代的地权改革 / 737
非国有化的地权运动 / 739
农业生产 / 741
现代工业的兴起 / 744
城市化进程的启动 / 746
四、纳赛尔主义的现代化模式 / 747
从自由军官的崛起到1952年的“七月革命” / 747
从埃及民族主义到阿拉伯民族主义 / 750
国家资本主义的经济发展战略 / 753
工业化的长足进步 / 756
土地改革 / 759
租佃法与农民境况的改善 / 762
农业合作化运动 / 763
乡村社会的变迁 / 764
农业的发展 / 766
“仁慈的君主” / 769
从解放大会到阿拉伯社会主义联盟 / 771
纳赛尔主义的意识形态 / 773
威权政治的膨胀 / 774

第十五章 新月地带的新兴国家 / 776
一、从伊拉克王国到伊拉克共和国 / 776
美索不达米亚的历史沿革 / 776
伊拉克王国的建立 / 779
君主制时代的教派与国家 / 781
君主制时代的多元化政党 / 785
君主制时代的军人政治与宪政实践 / 787
英伊关系的演变 / 793
民族矛盾与政治危机 / 795
伊拉克共和国的诞生 / 797
嘎希姆政权 / 799
伊拉克复兴党的由来 / 803

1963 年复兴党政变 / 804
阿里夫政权 / 806
1968 年复兴党政变 / 807
巴克尔政权 / 809
萨达姆政权 / 811
从两伊战争到科威特战争 / 814
海湾战争后的国际制裁与国内局势 / 818
伊拉克南部的什叶派穆斯林 / 821
伊拉克北部的库尔德人 / 823
二、走向威权的叙利亚共和国 / 830
沙姆与叙利亚 / 830
阿拉伯民族主义的滥觞 / 833
叙利亚共和国前期的多党政治 / 834
议会民主制框架下的宪政实践 / 836
从议会民主制到军人政治 / 840
60 年代的复兴党政权 / 841
阿萨德政权的建立 / 843
“总统制形式的君主制” / 845
阿萨德时代的政党政治 / 847
阿萨德政权的独裁统治 / 850
阿萨德与穆斯林兄弟会 / 852
阿萨德与阿拉伯世界 / 854
阿萨德政权的新经济政策 / 856
阿萨德晚年的政策调整 / 860
三、教派镶嵌的黎巴嫩共和国 / 863
黎巴嫩山区的马龙派基督徒与德鲁兹派穆斯林 / 863
黎巴嫩共和国的建立 / 867
黎巴嫩的基督徒与穆斯林 / 870
黎巴嫩共和国的宪政民主与教派政治 / 872
教派冲突与内战始末 / 876
以色列入侵 / 879
从阿麦勒运动的建立到真主党的崛起 / 881
塔伊夫协议与民族和解 / 885

四、夹缝中求生存的约旦哈希姆王国 / 888
奥斯曼帝国统治下的外约旦 / 888
从外约旦埃米尔国到约旦哈希姆王国 / 888
君主立宪制与侯赛因国王 / 891
约旦王国的约旦人与巴勒斯坦人 / 893
约旦王国的地缘政治与对外关系 / 896
约旦王国的宪政实践与议会选举 / 897
食利国与劳务输出 / 898
1989 年以后的经济改革 / 900
国民宪章与 90 年代的多党制自由化改革 / 901
五、巴勒斯坦与以色列 / 904
犹太人的宿敌与庇护者 / 904
奥斯曼帝国统治下的巴勒斯坦 / 905
锡安主义 / 905
耶里亚——犹太人回归巴勒斯坦的移民运动 / 908
英国委任统治时期巴勒斯坦的土著阿拉伯人与犹太移民 / 909
中东战争与巴勒斯坦难民 / 914
巴勒斯坦解放运动——从法塔赫到哈马斯 / 915
以色列的政党政治与议会选举 / 917
以色列建国后的犹太人移民潮 / 921
阿什肯纳兹与塞法尔迪 / 923
中东和平进程 / 924
六、新月地带的经济社会变迁 / 928
农业市场化进程的启动 / 928
地权运动与土地兼并 / 931
土地改革 / 933
农业生产的发展 / 937
石油经济 / 940
工业化进程 / 943
定居化与城市化 / 950
社会福利的改善 / 956
以色列的阿拉伯人与巴勒斯坦的难民社会 / 960
独树一帜的以色列经济与城市化 / 962

第十六章 阿拉伯半岛的新生 / 967
一、横空出世的沙特王国 / 967
阿拉伯半岛的贝都因人与定居者 / 967
徘徊于野蛮与文明之间的部落社会 / 969
瓦哈卜派的兴起 / 973
沙特家族与瓦哈卜家族的宗教政治联盟 / 975
德拉伊叶埃米尔国 / 978
利雅得埃米尔国 / 982
沙特家族的复兴 / 986
伊赫瓦尼运动 / 991
伊本·沙特时代的沙特王国 / 994
石油时代的到来 / 998
石油经济的繁荣 / 1001
石油时代的国家财政 / 1003
石油时代的工业化进程 / 1005
地权结构与租佃关系 / 1008
地权运动与农业生产 / 1009
贝都因人的定居化 / 1011
私人经济与民间资本 / 1015
人口就业流向与外籍劳动力 / 1016
城市化的长足发展 / 1017
教育事业的进步 / 1020
石油时代的产业工人与现代中产阶级 / 1022
内阁政治与国家机器 / 1025
沙特王国的家族政治 / 1028
沙特王国的官方宗教政治 / 1030
世俗色彩的民众运动 / 1033
王室内部的权力角逐 / 1035
宗教政治的滥觞——1979 年的麦加与哈萨 / 1040
民众请愿与自下而上的政治参与 / 1042
90 年代前期的宗教政治反对派 / 1045
90 年代后期宗教政治的暴力化倾向 / 1046

自上而下的政治改革 / 1047
二、生机盎然的海湾小国 / 1052
海湾小国地区的历史沿革 / 1052
萨巴赫家族与科威特埃米尔国 / 1055
萨尼家族与卡塔尔埃米尔国 / 1059
哈利法家族与巴林埃米尔国 / 1061
阿拉伯联合酋长国 / 1064
阿曼苏丹国 / 1068
君主制框架下的民众觉醒与议会选举 / 1072
石油经济的繁荣 / 1082
非石油领域的经济发展 / 1085
人口的增长与多元化的社会结构 / 1089
食利国家与福利社会 / 1094
三、幸福远去的也门 / 1097
栽德派伊玛目国家 / 1097
阿拉伯也门共和国 / 1099
亚丁与南也门 / 1100
统一之路与烽烟战火 / 1103
现代化进程中的经济社会变革 / 1110

第十七章　世纪之交的世俗政治与宗教政治 / 1116
一、埃及后纳赛尔时代世俗政治与宗教政治的博弈 / 1116
战争与和平 / 1116
私有化的新经济政策 / 1119
公民社会的成长 / 1125
萨达特时代的“纠偏运动” / 1129
阿拉伯社会主义联盟的裂变与多党化进程的启动 / 1131
世俗威权体制的松动 / 1137
穆巴拉克时代的政党政治 / 1142
纳赛尔时代的穆斯林兄弟会与赛义德·库特卜的激进宗教政治思想 / 1151
伊斯兰主义滋生的沃土 / 1154

“伊斯兰是出路” / 1156
穆斯林兄弟会的嬗变 / 1164
中间道路党 / 1168
“没有伊斯兰国家的伊斯兰主义运动” / 1172
伊斯兰主义激进派别与政治暴力 / 1177
一波三折的选举政治 / 1182
世俗威权传统的延续与“自由化的威权体制” / 1192
选举政治的困境 / 1196
2005 年大选后的政治走向 / 1200
教俗分歧的弥合 / 1202
跨越教俗界限的广场政治 / 1206
二、伊朗伊斯兰共和国宗教政治与世俗政治的消长 / 1211
伊斯兰共和国宪法 / 1211
教法学家的统治 / 1217
霍梅尼时期的伊斯兰化 / 1221
伊斯兰共和国初创阶段之政治理念的分歧 / 1225
后霍梅尼时代的官方政治理念 / 1227
宗教学者中的持不同政见者 / 1229
哈塔米的宗教政治理念与“宗教民主制”思想 / 1234
世俗知识分子的政治理念与索鲁什的“宗教民主制”思想 / 1237
伊斯兰共和国的政治派系 / 1242
伊斯兰共和国的政党政治 / 1249
“阿克巴尔沙”与拉夫桑贾尼政府的新经济政策 / 1257
哈塔米政府的改革举措 / 1261
政治改革的阻力 / 1266
新左派的崛起与政坛黑马艾哈迈迪内贾德 / 1271
常态化的选举政治 / 1275
选举政治框架下的派系竞争与民众参与 / 1281
选举政治的世俗性 / 1302
选举政治的局限性 / 1306
伊斯兰共和国经济社会的发展 / 1313
三、土耳其共和国世俗政治与宗教政治的转换 / 1321
文官政治的重建 / 1321

称雄政坛的祖国党 / 1324
伊斯兰政党的闪亮登场与“军方的温柔介入” / 1329
政坛新星埃尔多安与异军突起的正义与发展党 / 1337
2002 年大选与“安纳托利亚的革命” / 1340
正义与发展党的施政举措 / 1342
文官政府与军方余威 / 1349
2007 年大选与“电子备忘录” / 1353
2007 年大选后的政治走向与“执政党枪挑军方” / 1359
民主化进程中的政党政治与民众参与 / 1366

结束语　伊斯兰教诞生以来中东历史的思考与审视 / 1370
一、伊斯兰传统文明的基本特征 / 1370
教俗合一的国家形态 / 1370
国家所有制的土地制度 / 1372
穆斯林与非穆斯林的社会对立 / 1374
二、中东现代化进程的历史轨迹 / 1376
现代化的历史内涵 / 1376
中东现代化进程的启动 / 1379
现代民族国家的兴起与绝对主义的现代化模式 / 1382
工业化的演进趋势 / 1385
地权的演变与乡村农业的发展 / 1386
社会生活的变迁 / 1390
三、民主化视野下的世俗政治与宗教政治 / 1392
所谓民主与民主化 / 1392
宪政制度的移植与民主化的初步实践 / 1396
世俗化与世俗政治 / 1399
现代伊斯兰主义与自下而上的民众政治参与 / 1401

主要参考文献 / 1408

前言

自然环境与历史长河

一、 高原大漠与山川河谷

在人类历史的漫长进程中，中东无疑是具有极其深厚之文明积淀的古老土地，堪称古代文明的重要源头。然而，“中东”一词的出现却并非久远，它源于西方殖民扩张的时代背景，原本具有“欧洲中心论”的历史痕迹和政治色彩。自19世纪50年代开始，英属印度殖民当局将介于所谓“欧洲病夫”奥斯曼帝国与英属印度殖民地之间的伊朗以及与其毗邻的中亚和波斯湾沿岸称作中东，用于区别奥斯曼帝国统治下的近东和包括东亚诸国在内的远东。[①] 1900年，“中东”一词正式出现于英国的官方文件，进而为西方列强普遍采用。第一次世界大战结束后，奥斯曼帝国退出历史舞台，所谓近东与中东之间的政治界限不复存在，中东随之逐渐成为泛指西亚北非诸多区域的地缘政治学称谓。广义上的中东涵盖西起马格里布西端、东至帕米尔高原西侧、北起高加索山南麓、南达阿拉伯海和波斯湾沿岸的诸多区域，尼罗河流域、“肥沃的新月地带”、阿拉伯半岛、小亚细亚半岛和伊朗高原则是中东的核心所在。

中东地区幅员辽阔，自然环境复杂多样，高原大漠与山川河谷构成基本的地貌形态。高原大漠与山川河谷错综相间的地貌分布，导致截然不同的经济活动与生活方式的长期并存。群山环绕的高原大漠地广人稀，适合牧养牲畜的经济活动。幼发拉底河、底格里斯河和尼罗河水流量充沛，河水流经之处的灌溉平原形成人口分布相对稠密的定居社会。高原大漠可谓游牧群体的家园，而大河流域则是滋生农耕文明的沃土。游牧群体与定居社会之间的

---

① Wagstaff, J.M., *The Evolution of the Middle East Landscapes*, New Jersey 1985, p.1.

矛盾冲突，贯穿着中东历史的进程。

安纳托利亚高原位于中东的北部，地处小亚细亚半岛，亦称小亚细亚高原，为黑海、爱琴海和地中海所环绕，地势自东向西倾斜。“安纳托利亚”一词似乎源于希腊语，本意为日出之处，特指希腊人眼中的日出之处即爱琴海东岸。安纳托利亚高原腹地，平均海拔900米，地表崎岖，峡谷纵横，气候干燥，降雨匮乏，季节变化明显，农业与畜牧业错综分布。庞廷山位于安纳托利亚高原的北侧，长约1 000公里，呈东西走向；庞廷山与黑海之间的狭长区域，地势低平，森林茂密。陶鲁斯山位于安纳托利亚高原的南侧，亦呈东西走向，长约1 200公里，构成小亚细亚半岛与阿拉伯世界之间的天然分界线，在中东历史进程中具有重要的地缘政治意义。陶鲁斯山与地中海沿岸之间称西里西亚，土质肥沃，物产丰富。安纳托利亚高原西侧的爱琴海沿岸平原，气候潮湿，盛产谷物。安纳托利亚高原东部，欧洲人称之为土耳其的亚美尼亚，群山纵横，经济生活以游牧为主，穆什、凡湖周围和厄尔祖鲁姆一带的平原和峡谷亦有少量的农业区域。克孜勒河源于安纳托利亚高原中部，长约1 200公里，穿越庞廷山，在土耳其北部城市萨姆松附近注入黑海。萨卡里亚河亦源于安纳托利亚高原中部，长约800公里，流经土耳其西北部城市伊兹米特，注入黑海。幼发拉底河源于安纳托利亚高原东部，土耳其人称之为非拉特河，突厥语中意为希望之河。著名的凡湖位于安纳托利亚高原东部，水域面积约3 700平方公里，湖面海拔超过1 600米，是土耳其境内最大的内陆咸水湖。

阿拉伯高原位于中东的南部，地处阿拉伯半岛，为红海、阿拉伯海和波斯湾所环绕，地势自西北向东南倾斜。赛拉特山位于阿拉伯高原的西侧，北起亚喀巴湾东岸，南至也门，绵亘1 800公里；赛拉特山南端的哈杜尔舒艾卜峰海拔3 760米，是整个半岛的最高点。帖哈麦在阿拉伯语中意为临海的土地，特指赛拉特山西侧与红海之间起伏不平的狭长地带。赛拉特山与帖哈麦合称希贾兹，干枯的荒原覆盖着希贾兹的绝大部分地表，寥寥无几的地下水源周围零星点缀着面积不等的绿洲。也门位于希贾兹南侧，受印度洋季风的影响，雨水较为充沛，气候相对潮湿，土地肥沃，植被丰富，人口稠密。自也门向东，经过著名的香料海岸哈德拉毛和单峰骆驼的故乡麦赫拉，直到阿曼，海拔1 000米以上的山脉沿海岸线逶迤1 600公里，其中阿曼湾西侧的绿峰高达3 300米。赛拉特山和南部群山仿佛是一道天然的屏障，阻挡着潮湿的海风的吹拂，从而形成半岛内陆干旱少雨的气候环境。纳季德在阿拉伯语中意为高原，位于阿拉伯半岛的中央地带，平均海拔高度约为800米，如同经过烈焰焚烧的黑色熔岩覆盖地表,沟壑纵横。纳季德以南名为鲁卜哈利,土质坚硬,红沙遍野,沙纹荡漾,如同水波一般。位于纳季德以北的努夫德亦是著名的沙漠区域,沙质细软,随风向变幻不定,形成红白相间的流动沙丘。纳季德、鲁卜哈利和努夫德的季节变化极为明显,每逢冬春时节,暴雨滂沱,绿草如茵的牧场随处可见。雨季过后,草木枯萎,浩瀚的旷野遂为人迹罕至的不毛之地。阿拉伯半岛内陆缺乏常年通航的河流,却有称作瓦迪的季节性河谷遍布各地,可供行走。南部的瓦迪哈德拉毛、瓦迪达瓦希尔和北部的瓦迪鲁麦、瓦迪希尔罕,乃是联结半岛内陆各个区域和通往外部的重要路线。也门以南的海域称作亚丁湾,系联结阿拉伯海与红海的海上通道。阿曼以东的海域称作阿曼湾,系联结阿拉伯海与波斯湾的海上通道。阿拉伯半岛周围缺乏适于停泊船只的天然港湾,邻近的岛屿寥寥无几,加之珊瑚礁等各种暗礁密布于周围水域,海上航行极其困难,交通闭塞。因此,阿拉伯人常常将自己的故乡称作“阿拉伯人的岛屿”。

伊朗高原位于中东的东部,北邻里海,南濒波斯湾,呈高原与山脉纵横相间的自然环境,地势自北向南倾斜。“伊朗”一词源于古波斯语,意为雅利安人的土地,泛指西起底格里斯河、东至阿姆河的广大区域。伊朗内陆地区属高原地貌,气候干旱,降水匮乏。卡维尔沙漠和卢特沙漠位于伊朗高原的腹地,盐泽广布,人迹罕至。扎格罗斯山位于伊朗高原与美索不达米亚平原之间,呈西北—东南走向,长约 2 000 公里,构成波斯人的家园与阿拉伯世界的天然分界线,山脉两侧的文化氛围风格各异,可谓中东历史进程中地缘政治的重要坐标。扎格罗斯山区分布着诸多的盆地,土质肥沃,植被茂盛。厄尔布尔士山位于伊朗高原的北侧,呈东西走向,长约 900 公里。厄尔布尔士山与里海之间的狭长平原,地势平坦,气候温暖湿润。胡齐斯坦平原系美索不达米亚平原的延伸,构成伊朗西南部最重要的农业区域。卡伦河长约 800 公里,是伊朗唯一的可通航河流,自扎格罗斯山穿越胡齐斯坦平原,在阿巴丹附近与阿拉伯河汇合,流入波斯湾。伊朗高原的大部分地区只有季节性的河流,雨季河水暴涨,雨季过后河水渗入地表,地下水的汲取成为主要的淡水来源,称作卡纳特的暗渠系统四通八达。里海位于伊朗高原的北侧,水域面积约 37 万平方公里,是世界上最大的咸水湖。镶嵌于伊朗高原与阿拉伯半岛之间的狭长水域,古称波斯湾,当代阿拉伯人则称之为阿拉伯湾。

“肥沃的新月地带”是指地中海东岸与波斯湾北岸之间的狭长区域,呈西北—东南走向,毗邻安纳托利亚高原、阿拉伯半岛和伊朗高原,既是中东世界的心脏之所在，亦由于四通八达的地理位置而形成明显的开放状态。

“肥沃的新月地带”之西北部不同于尼罗河流域，亦不同于幼发拉底河和底格里斯河流域，缺乏贯穿广大地区的自然纽带，地貌复杂，地势崎岖，山脉与平原错综交织。地中海东岸系低平和狭长的平原地貌，构成安纳托利亚高原与尼罗河流域之间的传统陆路走廊。叙利亚—巴勒斯坦山地位于沿海平原的东侧，呈南北走向，北起陶鲁斯山，南至西奈半岛。叙利亚—巴勒斯坦山地东侧的内陆平原降雨充沛，土质肥沃，人口稠密，农业发达。叙利亚沙漠位于内陆平原的东侧，系阿拉伯大沙漠的自然延伸，地势开阔，气候干旱。约旦河发源于黎巴嫩山，自北向南流经太巴列湖，注入死海，长约360公里，是“肥沃的新月地带”最重要的内陆河，亦是约旦地区的主要淡水来源。死海位于约旦河南端，水域面积约1 000平方公里，是含盐度极高的内陆咸水湖。约旦位于约旦河东侧，系阿拉伯高原的自然延伸，谷地、山区和沙漠自西向东呈平行和错落的地貌状态。巴勒斯坦位于约旦河西侧；巴勒斯坦在阿拉伯语中称作腓力斯丁，原本指腓力斯丁人生活的土地，《圣经·旧约》称之为迦南和以色列人的土地。

“肥沃的新月地带”之东南部系幼发拉底河和底格里斯河的流经区域。幼发拉底河和底格里斯河发源于安纳托利亚高原东部，穿越阿拉伯高原与扎格罗斯山之间的狭长地带，至古尔奈后汇合，名为阿拉伯河；阿拉伯河是伊拉克与伊朗的界河，经伊拉克城市巴士拉和伊朗城市阿巴丹流入波斯湾。幼发拉底河与底格里斯河的中下游沿岸地势平坦开阔，亦称美索不达米亚。美索不达米亚以巴格达为界形成两大区域：巴格达以北称作上美索不达米亚，亦称贾吉拉，特指幼发拉底河与底格里斯河环绕的陆地，系古代亚述文明的发源地和亚述古城尼尼微的所在地；巴格达至古尔奈之间称作下美索不达米亚，亦称幼发拉底河—底格里斯河三角洲，系古代苏美尔文明和巴比伦文明的所在地。伊拉克的农业生产主要依赖于幼发拉底河和底格里斯河定期泛滥所形成的自然灌溉，幼发拉底河和底格里斯河的流量变化决定着伊拉克农业的收成。幼发拉底河和底格里斯河亦是联结伊拉克各地的交通纽带和主要的贸易通道。如果说埃及人是尼罗河的子孙，那么伊拉克人则是幼发拉底河和底格里斯河养育的儿女。然而，幼发拉底河和底格里斯河不同于埃及的尼罗河，河水的泛滥呈极不稳定的状态，水量的波动极不规律，甚至达到难以预测的程度，水运条件亦远不及尼罗河。

埃及位于中东的西部，地处阿拉伯东方（马什里格）与阿拉伯西方（马格

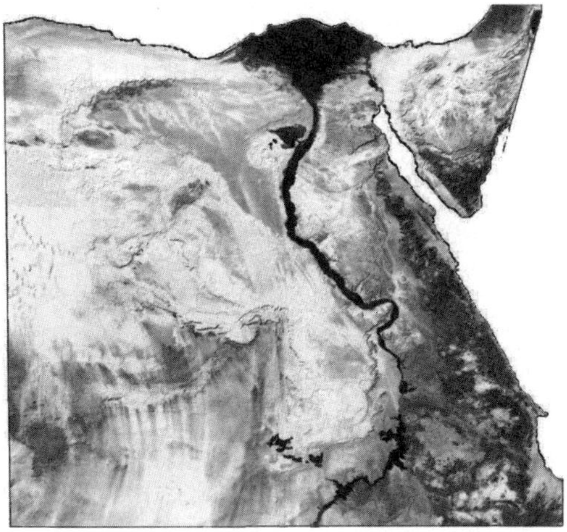
尼罗河沿岸绿洲航拍图

里布)之间,可谓阿拉伯世界的核心所在。埃及的自然区域包括尼罗河流域、尼罗河流域西侧的利比亚沙漠、尼罗河流域东侧的阿拉伯沙漠以及亚洲西端的西奈半岛。埃及人称尼罗河两岸为黑色的土地,而将尼罗河流域周围的利比亚沙漠、阿拉伯沙漠和西奈半岛称作红色的土地。“埃及”(Egypt)一词系古代科普特语的希腊语变体,原指尼罗河三角洲地区。在阿拉伯语中,埃及的正式称谓是米绥尔(Misr),本意为界限,引申含义为人烟稠密的去处。尼罗河上游包括白尼罗河和青尼罗河,分别发源于中非腹地的布隆迪和东非高原的埃塞俄比亚;白尼罗河与青尼罗河在苏丹境内汇合,自南向北穿越埃及,流入地中海。埃及境内的尼罗河流域以开罗为界划分为上埃及和下埃及,上埃及指开罗以南至边境城市阿斯旺之间的狭长河谷,下埃及指自开罗至尼罗河出海口之间的冲积平原。埃及与尼罗河具有特殊的联系,尼罗河流量的变化直接影响着埃及的经济社会生活;水位的升高预示着耕地的充分灌溉和丰收的到来,水位的下降意味着耕地的荒芜、粮价的上涨和瘟疫的流行。埃及是尼罗河的恩赐,亦是尼罗河的囚徒,而尼罗河堪称埃及人的生命线。

二、 源远流长的古代文明

中东地跨亚非欧三洲,处于地中海、黑海、里海、红海、阿拉伯海以及波斯湾、阿曼湾、亚丁湾、亚喀巴湾、苏伊士湾诸多水域的环绕之中,堪称“两洋三洲五海之地”。中东诸地不仅在自然环境方面差异甚大,其人口构成亦极为复杂。四通八达的地理位置导致中东人口分布的复合结构和多元色彩,“两洋三洲五海的世界”可谓闪米特—含米特语系、印欧语系和阿尔泰语系诸多分支的共同家园。闪米特—含米特语系、印欧语系和阿尔泰语系的不同分支皆曾生活在“两洋三洲五海的世界”,在中东漫长的历史进程中留下各自的印记。不同文明的汇聚与冲突,构成中东历史的鲜明特征。统治民族的交替出现,无疑是中东历史长河的突出现象。伴随着诸多统治民族的相继兴衰,统一与分裂的政治格局频繁更替，向心倾向与离心倾向长期处于激烈抗争的状态，政治疆域经历剧烈的变动过程。

中东地区的文明具有十分久远的历史传统，幼发拉底河—底格里斯河流域中下游即美索不达米亚堪称人类文明的重要发祥地。美索不达米亚的北部称作亚述，南部称作巴比伦尼亚；巴比伦尼亚的北部称作阿卡德，南部称作苏美尔。欧贝德人亦称原始幼发拉底人，是巴比伦尼亚地区的早期居民。

大约自公元前 4300 年起，苏美尔人进入巴比伦尼亚南部地区，建造住房，从事灌溉农业，形成定居村落。公元前 3500 年开始，以神庙为核心建筑和具有浓厚神权色彩的苏美尔人城邦渐露端倪，美索不达米亚文明的序幕由此徐徐拉开。此后千余年间，苏美尔人在美索不达米亚文明的舞台上扮演重要的角色，包括埃利都、乌鲁克、拉格什、乌尔、基什、乌玛在内的诸多苏美尔人城邦遗址至今犹存。苏美尔人在科学领域成就斐然，首创阴历纪年和闰月制，采用十进位和六十进位计数法，发明陶轮和耕犁。苏美尔人的神话传说内容丰富，长篇史诗《吉尔伽美什》见证了苏美尔人辉煌灿烂的文学成就。苏美尔人崇拜多神，注重今生而忽略来世，相信诸多神灵具有人的形体和属性。苏美尔神话中关于洪水淹没世界的内容，似乎与《圣经·旧约》所提及的诺亚方舟具有某种程度的联系。苏美尔文字是迄今所知最古老的文字，采用泥板作为书写材料，形成楔形文字的书写形式，公元前 3000—前 2000 年间盛行于巴比伦尼亚南部地区。然而，苏美尔文字属于何种语系至今不详，苏美尔人从何而来亦不得而知。

继苏美尔人之后，阿卡德人于公元前 24 世纪登上美索不达米亚文明的舞台。阿卡德人兴起于巴比伦尼亚北部，所操语言名为阿卡德语，属于闪米特语系，后演变为亚述语和巴比伦语，是公元前 3000—前 1000 年间美索不达米亚的重要语言。萨尔贡（约公元前 2371—前 2316 年在位）当政期间，阿卡德王国征服苏美尔人诸城邦，统治美索不达米亚南部的广大地区。阿卡德王国时期，桔槔作为中东地区典型的汲水工具开始出现于王室印章之上，反映出两河流域灌溉农业的长足进步。公元前 2191 年，来自扎格罗斯山区的库提人攻占巴比伦尼亚，阿卡德王国灭亡。此后，苏美尔人的势力逐渐恢复。公元前 2120 年，库提人返回扎格罗斯山区，巴比伦尼亚地区处于乌尔第三王朝的统治之下。乌尔第三王朝时期，两河流域南部进入青铜时代，手工业繁荣。乌尔纳姆（约公元前 2113—前 2096 年在位）是乌尔第三王朝最著名的统治者，乌尔纳姆法典则是现存最古老的成文法典。公元前 2006 年乌尔第三王朝灭亡后，苏美尔人逐渐退出历史舞台，两河流域进入闪米特化的时代。

古巴比伦王国的建立者是阿摩利人。阿摩利人似乎是来自阿拉伯半岛的游牧群体，所操语言属于闪米特语系。乌尔第三王朝灭亡后，阿摩利人城邦伊新和拉尔萨统治苏美尔地区长达两个世纪。巴比伦城位于幼发拉底河中游，始建于公元前 19 世纪初；“巴比伦”一词出自阿卡德语，意为神灵之门。国王汉穆拉比（约公元前 1792—前 1750 年在位）当政期间，巴比伦王国的疆域囊括整个巴比伦尼亚地区。著名的汉穆拉比法典包括前言、正文 282 款和结语，涉及王权、兵役、财产关系、经济制度、社会秩序和家庭生活的诸多内容，是后人研究古巴比伦王国政治制度和经济社会生活的重要史料。巴比伦主神马尔都克位居众神之首，被视作创世之神。巴比伦城内马尔都克神庙内的黑色岩柱之上刻有阿卡德文的汉穆拉比法典，出土于 1901 年，现存法国巴黎的卢浮宫。公元前 1595 年，来自小亚细亚半岛的赫梯人入侵两河流域，古巴比伦王国灭亡。

汉穆拉比法典泥板

亚述地处美索不达米亚的北部山区，亚述人所操的语言属于闪米特语系。亚述城邦大约形成于公元前 2000 年，亚述人建立的商业据点曾经遍布小亚细亚半岛、地中海东岸、巴比伦尼亚、扎格罗斯山区和亚美尼亚高原的诸多地区。公元前 1000 年代前期是亚述历史的鼎盛阶段，疆域的拓展构成此间亚述历史的核心内容。国王提格拉特·帕拉沙尔三世（约公元前 744—前 727 年在位）当政期间，亚述人统治着北起乌拉尔图（小亚细亚半岛东部）、南至巴比伦尼亚、西起地中海东岸、东至扎格罗斯山西麓的广大地区。亚述帝国首都尼尼微位于底格里斯河东岸今伊拉克城市摩苏尔附近，面积约 700 公顷，设城门 15 座。尼尼微图书馆收藏刻有楔形文字的泥板 2 万余块，内容涉及文学、宗教、政治和科学诸多领域。

画家笔下的通天塔

公元前7世纪，迦勒底人兴起于巴比伦尼亚，进而取代亚述人成为美索不达米亚的统治者。迦勒底人所操的语言亦属闪米特语系，迦勒底人建立的政权称作新巴比伦王国，是为古代西亚闪米特人文明的最后阶段。国王尼布甲尼撒二世（约公元前605—前562年在位）当政期间，征服巴勒斯坦，摧毁耶路撒冷的圣殿，将巴勒斯坦的犹太人迁至巴比伦尼亚，是为“巴比伦之囚”。尼布甲尼撒二世大兴土木，扩建后的巴比伦占地1万公顷，幼发拉底河穿城而过，城内的通天塔高达7层91米。尼布甲尼撒二世为取悦米底王妃阿密斯提而在巴比伦城中修建的所谓“空中花园”，位于多级塔庙之上，引幼发拉底河水浇灌林木，堪称古代世界的建筑奇迹。

腓尼基位于地中海东岸，地处黎巴嫩山西侧、陶鲁斯山与巴勒斯坦之间的狭长区域。公元前3000年，闪米特语系的分支迦南人移入腓尼基，希腊人称之为腓尼基人。公元前2000年，文明的曙光在地中海东岸逐渐显现，包括推罗、西顿和乌伽里特在内的诸多城邦相继建立。腓尼基人是古代世界的著名商人，腓尼基人的商船航行于地中海、爱琴海和黑海的广大水域。北非城市迦太基是腓尼基人最重要的海外贸易殖民地，公元前2世纪布匿战争之后被罗马人夷为平地。公元前1世纪，罗马人征服地中海东岸诸地，腓尼基被纳入罗马人统治的叙利亚行省。腓尼基人曾经在古代埃及象形文字的基础上创立字母文字，腓尼基文包括22个辅音字母。腓尼基字

腓尼基字母

母首开人类字母文字的先河，对于其后出现的希腊字母和阿拉马字母皆有重要的影响。

巴勒斯坦位于腓尼基南侧，包括地中海东岸与约旦河之间的狭长区域。巴勒斯坦的早期居民是迦南人和喜克索斯人；喜克索斯人曾经入侵尼罗河三角洲，建立埃及历史上的第十五王朝和第十六王朝。公元前2000年后期，闪米特语的分支希伯来人移居巴勒斯坦。然而，希伯来人从何处进入巴勒斯坦，缺乏信史的明确记载，目前尚不得而知。希伯来人移居巴勒斯坦初期，史称"士师时代"。"士师时代"的希伯来人分为十二个部落，相传源于希伯来人祖先亚伯拉罕嫡孙雅各的十二子，其中生活在巴勒斯坦北部的希伯来人部落联盟名为以色列，生活在巴勒斯坦南部的希伯来人部落联盟名为犹太。扫罗是希伯来人的第一位国王，来自以色列部落联盟。扫罗死后，来自犹太部落联盟的大卫统一巴勒斯坦的希伯来人，定都耶路撒冷。大卫之子所罗门当政期间，在耶路撒冷建造圣殿，史称第一圣殿，亦称所罗门圣殿，耶路撒冷由此成为希伯来人的宗教中心。所罗门死后，巴勒斯坦分裂为北部的以色列国和南部的犹太国，分别定都于撒玛利亚和耶路撒冷。公元前8世纪，亚述帝国的军队攻陷撒玛利亚，以色列国灭亡，以色列居民流散各地，史称"失踪的以色列十部落"。公元前6世纪，新巴比伦王国的军队占领耶路撒冷，犹太国灭亡；尼布甲尼撒二世迁犹太人于巴比伦尼亚，史称"巴比伦之囚"。此后，巴勒斯坦相继处于波斯人和希腊人的统治之下。公元1世纪，罗马人占领巴勒斯坦，摧毁犹太人在大流士当政期间获准返回家园后在耶路撒冷重建的第二圣殿。公元2世纪，罗马人将犹太人逐出巴勒斯坦，在耶路撒冷犹太教圣殿的原址

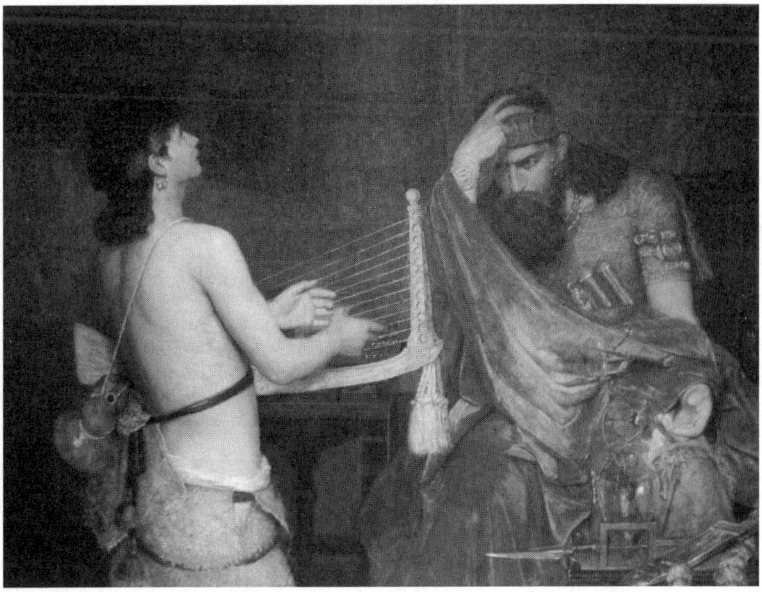

画家笔下的扫罗与大卫

画家笔下的所罗门展示第一圣殿平面图

建造朱庇特神庙，耶路撒冷改称埃利亚·卡匹托利亚。祖居巴勒斯坦的犹太人由此开始进入所谓“大流散”的历史时代。

位于北非东部的尼罗河流域亦是人类文明的重要发祥地；定期泛滥的尼罗河水灌溉着周边的区域，承载着古老的埃及文明。埃及早期居民所操的语言兼有闪米特语系与含米特语系的双重要素，尼罗河流域的定居文化早在公元前4000—前3500年的阿姆拉时期业已成熟。在公元前3500—前3100年的格尔塞时期，尼罗河流域逐渐形成称作斯帕特的诸多城邦。希腊化时代的埃及祭司曼涅托曾经将古代埃及的历史划分为31个王朝，第一王朝的历史则可追溯到公元前3100年的统治者美尼斯当政期间。古王国（公元前2686—前2181年）包括第三至六王朝，定都于尼罗河三角洲南端的白城（第6王朝时改称孟菲斯，今埃及首都开罗附近），是古代埃及文明的鼎盛阶段。金字塔位于白城附近的吉萨高地，是古王国时期的法老陵墓，现存80余座，其中第四王朝时建造的胡夫金字塔、哈弗拉金字塔和门卡拉金字塔最为壮观。金字塔不仅是古埃及人智慧和建筑艺术的标志，而且象征着法老至高无上的统治权力。新王国（公元前1570—前1085年）包括第十八至二十王朝，都于上埃及的底比斯（底比斯亦称诺威，意为主神阿蒙的城市，位于今开罗以南670公里处），是古代埃及文明的另一鼎盛阶段。新王国的历代法老致力于开拓疆土的扩张战争，在南方溯尼罗河而上征服努比亚，在东部越过西奈半岛攻入巴勒斯坦和叙利亚。新王国时期，僧侣势力呈上升的趋势，僧侣与法老之间的权力角逐日渐激烈。底比斯城位于尼罗河东岸，占地面积约15平方公里，闻名遐迩的帝王谷与底比斯城隔河相望。底比斯城内的卢克索神庙和卡尔纳克神庙不仅是古代埃及建筑艺术的杰作，而且标志着僧侣阶层权力和财富的膨胀。第十八王朝法老阿蒙霍特普四世（约公元前1379—前1362年在位）当政期间，宣布废黜包括底比斯主神阿蒙神在内的诸多神祇，封闭阿蒙神庙，没收阿蒙神庙财产，独尊太阳神阿吞作为埃及的唯一神祇，自称埃赫那吞，广建阿吞神庙，迁都阿马尔纳。阿蒙霍特普四世死后，图坦哈蒙即位，恢复阿蒙神的原有地位。新王国

出版物中的金字塔与狮身人面像

吉萨金字塔群空中航拍图

卢克索神庙

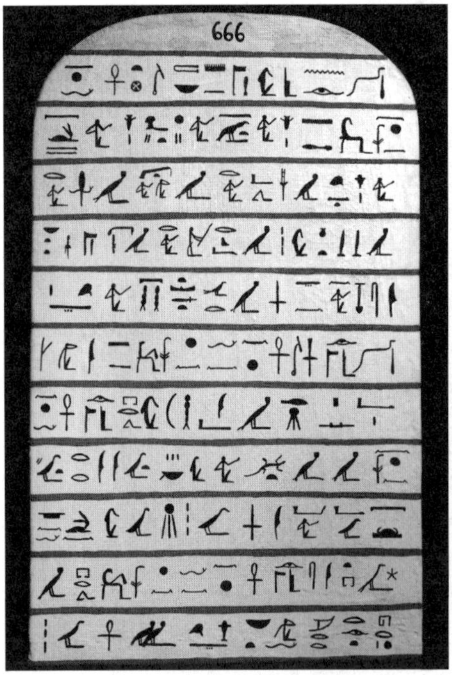

古埃及象形文字

结束之后，利比亚人和努比亚人相继入侵尼罗河流域，古代埃及文明日渐衰落。古代埃及的象形文字起源于公元前 4000 年末期，是目前所知人类最早出现的象形文字。古代埃及的象形文字包括表意符号、表音符号和部首符号，经历从圣书体、祭司体到世俗体的演变过程，书写形式日渐简化。希腊化时代，古埃及语借用希腊字母作为书写形式，辅之以象形文字的世俗体符号，是为科普特语。古埃及人的历法，初为阴历纪年，后采用阳历纪年，将一年划分为 3 季、12 个月和 365 天。古埃及人在解剖学方面可谓独树一帜，木乃伊的制作技术反映出古埃及人在医学领域的卓越成就。

公元前 6 世纪，称雄中东的闪米特—含米特语系诸多分支日渐衰微，印欧语系的重要分支波斯人异军突起，成为主宰中东命运的统治民族。波斯人系欧罗巴人种地中海类型，波斯语属于印欧语系伊朗语族的分支。“波斯”一词在波斯语中读作法尔斯，源于伊朗高原西南部的地域名称法尔斯，希腊人称之为波息斯。法尔斯是伊朗古代文明的发源地之所在，阿黑门尼德王朝和萨珊王朝皆由此崛起，波斯帝国和波斯语亦由此得名。[①]纵观上古时代的历史舞台，在华夏文明之外，唯有驰骋中东的波斯帝国与雄踞地中海世界的罗马人统治绵延长达千年之久，波斯文明与罗马文明之灿烂可谓交相辉映。

波斯帝国的创立者是居鲁士(约公元前558—前529年在位)，后人称之为“波斯之父”。居鲁士属于波斯人的阿黑门尼德氏族，居鲁士创立的政权故称阿黑门尼德王朝。居鲁士自称“巴比伦王、苏美尔和阿卡德王、四方之王”，沿袭两河流域的宗教和习俗，允准巴比伦尼亚的犹太人返回巴勒斯坦，重建耶路撒冷的圣殿。居鲁士当政期间，波斯人灭亡伊朗高原西北部的米底王国、小亚细亚半岛的吕底亚王国和美索不达米亚的新巴比伦王国，征服小亚细亚西部沿海的希腊人城邦，占领中亚的巴克特里亚(中国史书称之为大夏和吐火罗)，兵抵锡尔河流域。居鲁士之子冈比西斯(约公元前529—前522年在位)曾经远征尼罗河流域，建立埃及历史上的第二十七王朝。冈比西斯在位末期，琐罗亚斯德教祭司高墨达发动叛乱，冈比西斯死于自埃及返回的途中；阿黑门尼德贵族大流士平定高墨达叛乱，继承王位。古代波斯的著名古迹贝希斯敦铭文系大流士建立的记功石刻，位于伊朗南部城市克尔曼附近的山岩之上，1835年由英国人罗林生发现，包括古波斯文、阿卡德文和埃兰文，记述此间经历的政治动荡。大流士(约公元前522—前486年在位)当政期间，波斯人越过中亚，占领印度河流域，巴尔干半岛南部的色雷斯亦被纳入阿黑门尼德王朝的版图。大流士创立行省制、军区制、驿政制和贡赋制，统一币制和衡制，初步形成中央集权的政府体系，有效巩固了波斯帝国的统治基础。在阿黑门尼德王朝的鼎盛阶段，波斯帝国统治着西起尼罗河、东至印度河的辽阔疆域。波斯文化与希腊文化交相辉映，曾经是古代世界的靓丽风景。阿黑门尼德王朝的都城波斯波利斯，古波斯语中称作帕尔萨，位于伊朗西南部法尔斯省的设拉子附近，始建于国王大流士当政期间，历时半个世纪，兼有波斯、美索不达米亚、埃及和希腊的建筑风格，堪称古代波斯帝国的象征；宫廷殿堂号称“百柱之殿”，柱高7米，柱头饰以动物和人面形状，

① 1935年，礼萨汗将巴列维王朝统治的国家正式更名为伊朗，“波斯”一词此后仅仅作为伊朗人的语言称谓。

画家笔下的居鲁士大帝之墓

修缮中的居鲁士大帝之墓

贝希斯顿铭文

艺术与宏大气势于断壁残垣之间依稀可见。大流士之子薛西斯(约公元前486—前465年在位)当政期间,波斯帝国与希腊人之间爆发战争。此后,波斯人退出爱琴海水域,波斯帝国逐渐衰落。

公元前4世纪初,马其顿国王亚历山大自希腊起兵,东征波斯帝国,攻陷波斯波利斯,阿黑门尼德王朝寿终正寝,中东地区进入希腊化的时代。亚历山大死后,尼罗河流域、地中海东岸、两河流域和小亚细亚半岛分别处于托勒密王国、塞琉古王国和帕加马王国的统治之下。托勒密和塞琉古皆为亚历山大的部将,亚历山大死后自立称王,分别定都于尼罗河入海处的亚历山大里亚和奥伦特河畔的安条克。帕加马王国位于小亚细亚半岛的西北部,都城为帕加马。公元前2世纪,罗马人灭亡托勒密王国、塞琉古王国和帕加马王国,尼罗河流域、地中海东岸和小亚细亚半岛成为罗马人的属地。

画家笔下的波斯波利斯百柱之殿复原图

公元前3世纪,与波斯人同属印欧语系伊朗语族的帕奈人建立阿尔萨息王朝,中国史书称之为安息王朝。安息王朝兴起于伊朗东部的帕提亚,最初定都于尼萨(位于土库曼斯坦首都阿什哈巴德附近)，继而迁都埃克巴坦那(位于伊朗西北部城市哈马丹附近)，直至定都泰西封(位于伊拉克首都巴格达附近)。安息王朝都城泰西封与希腊化时代的著名城市塞琉西亚隔底格里斯河遥相呼应，合称麦达因，阿拉伯语中意为“两座城市”。安息王朝鼎盛时期，领有伊朗高原和美索不达米亚诸地，进而在中东地区与罗马人分庭抗礼。曾经因平息斯巴达克斯起义而名噪一时的罗马将领克拉苏，公元前 53 年毙命于征讨安息王朝的战场。安息王朝扼守古代丝绸之路的必经之地，曾经与中国的两汉互通使节。

公元 3 世纪，萨珊王朝兴起于阿黑门尼德王朝的发祥地法尔斯。萨珊王朝的创立者阿尔达希尔(224—241 年在位)出身于琐罗亚斯德教祭司的家庭，224 年灭亡安息王朝，226 年在泰西封自称“诸王之王”。萨珊王朝尊奉琐罗亚斯德教为国教，领有伊朗高原和美索不达米亚的广大地区。此后四百年间，波斯帝国重振雄风，尤其是萨珊王朝与罗马帝国及拜占庭帝国交战频繁，中东地区形成东西对峙的政治格局。260 年，萨珊王朝军队在地中海东岸的埃德萨俘罗马皇帝瓦列里安；萨珊国王沙普尔一世(241—272 年在位)曾经将瓦列里安俯首称臣的画面刻于山岩之上，用以炫耀波斯的强盛。7 世纪初，波斯帝国与拜占庭帝国之间战事再起。萨珊王朝军队一度占领叙利亚和小亚细亚大部，直至攻入尼罗河流域。622—628 年，拜占庭军队发动反攻，收复叙利亚、小亚细亚和尼罗河流域，兵抵底格里斯河流域。

罗马皇帝瓦列里安(左立者)向萨珊国王沙普尔一世臣服浮雕

三、一神信仰的宗教传统

中东不仅是文明久远的古老土地，也是孕育了诸多宗教的神奇土地，在世界宗教发展史上占有极其重要的地位。人类历史的早期阶段普遍存在多神崇拜的宗教形式，而一神信仰排斥多神崇拜的漫长历程则是古代中东历史进程的突出现象。相比于皇权至上的华夏文明和多神崇拜经久不衰的南亚世界，一神信仰的宗教传统可谓中东历史的显著特征。

古代埃及人笃信诸多神灵，其中称作拉神和阿蒙神的太阳神以及称作奥西里斯的冥神最负盛名。早在公元前14世纪，埃及第十八王朝的著名法老阿蒙霍特普四世废止多神崇拜，独尊阿吞神作为主宰尼罗河流域直至整个世界的神灵，首开一神信仰的先河。

希伯来人原本信奉多神教，主神耶和华被希伯来人视作诸多神灵中地位最高的神灵。自公元前10世纪初开始，希伯来人逐渐放弃多神崇拜的宗教传统，独尊耶和华的犹太教始露端倪。至公元前6世纪"巴比伦之囚"期间，希伯来人将摆脱现实苦难的希望寄托于耶和华的拯救，耶和华亦由希伯来人的佑护神演变为主宰世界的唯一超自然力量，犹太教的神学体系随之日臻成熟。犹太教的经典包括《摩西五经》《先知书》和《圣录》，内容涉及创世说、希伯来人古代历史、宗教戒律和赞颂词，是为《圣经·旧约》。

继犹太教之后，琐罗亚斯德教在伊朗高原逐渐兴起，进而取代波斯人原本信奉的多神教。琐罗亚斯德教相传系公元前6世纪的波斯人查拉图士特拉(希腊人称其为琐罗亚斯德)创立，亦称拜火教，中国史书称之为祆教，是古代波斯的主要宗教。琐罗亚斯德教徒信奉阿胡拉·马兹达为物质世界和精神世界的创作者，圣火是阿胡拉·马兹达的象征，而崇拜圣火构成琐罗亚斯德教最重要的祭祀仪式。琐罗亚斯德教认为，阿胡拉·马兹达是赐予人类幸福的智慧之神和光明之神，安格拉·曼纽则是与阿胡拉·马兹达对立的邪恶之神和黑暗之神，阿胡拉·马兹达最终必将战胜安格拉·曼纽，拯救世界于黑暗之中，而阿胡拉·马兹达战胜安格拉·曼纽之日即为世界末日到来之时。琐罗亚斯德教的经典名为"阿维斯塔"，亦称"波斯古经"，包括律法、赞颂词和神话传说。大流士当政期间，尊奉琐罗亚斯德教作为阿黑门尼德王朝的国教。萨珊王朝建立后，琐罗亚斯德教俨然成为波斯传统文化的标志和象征。琐罗亚斯德教之关于阿胡拉·马兹达创造世界、琐罗亚斯德作为救世主在世界末日到来之际重返人间以及灵魂复活、末日审判、永恒天国的神学思想，在中东诸地影响甚广。

琐罗亚斯德教创教者查拉图士特拉举行宗教仪式的艺术画

公元初年，基督教兴起于罗马帝国统治下的地中海东岸，进而在叙利亚、埃及、小亚细亚半岛和美索不达米亚广泛流传，直至成为欧洲诸国和西方世界的宗教信仰。基督教通常被视作西方人的宗教信仰和西方文化的标志性符号，而基督教起源于亚洲抑或中东的历史事实却往往受到忽视，直至在世人的脑海形成诸多匪夷所思的认识误区。仅就信仰层面而言，犹太教与基督教以及其后诞生的伊斯兰教具有明显的同源性和传承性，皆以一神崇拜作为本质特征，乃是无可争辩的历史事实。

基督教的经典《圣经》包括《旧约》和《新约》，其中《新约》包括《马可福音》《马太福音》《约翰福音》和《路加福音》以及《使徒行传》《使徒书信》和《启示录》。相传，基督教的创立者耶稣出生于巴勒斯坦的伯利恒，30 岁时接受洗礼，开始传教生涯，直至在耶路撒冷被罗马统治者钉死于十字架上，死后三日复活升天。基督徒信奉上帝是天地的创造者、尘世的主宰者和末日的审判者，恶魔撒旦原本亦为上帝创造；耶稣系上帝所遣，负有拯救世人于苦难之中的神圣使命，将在世界末日来临的前夕以救世主的身份重返人间；世界末日之际亦是灵魂复活之时，芸芸众生将依其善恶之举而分别升入天国或降至地狱。“基督”一词在希腊语中意为救世主，基督徒视耶稣为救世主，基督教故而得名。基督教沿袭犹太教的诸多宗教信条，犹太教法利赛派的神学思想对于基督教的影响尤为明显。基督教诞生的初期，罗马帝国统治者视之为犹太教的分支，迫害基督徒。公元4世纪以后，基督教成为拜占庭帝国最具影响的意识形态，尊奉所谓尼西亚信条即圣父、圣子、圣灵三位一体说的官方信仰盛行于爱琴海地区，基督教的异端派别阿里乌斯派以及其后出现的科普特派、雅各派和聂斯脱里派在埃及、叙利亚和美索不达米亚广泛传播。伊斯兰教诞生前夕，扎格罗斯山以西的中东大部分地区，俨然是基督徒的世界。

公元6世纪的基督圣像画

犹太教、琐罗亚斯德教和基督教的共同之处在于所崇拜的神灵均超越作为局部区域或个别群体之佑护神的狭隘界限，耶和华、阿胡拉·马兹达和上帝皆被视作宇宙万物的创造者、主宰者和毁灭者，具有普世性的超自然力量。然而，犹太教、琐罗亚斯德教和基督教的神学观念不尽相同，各具特色。犹太教追求纯粹的一神信仰，将耶和华视作独一无偶的神灵。琐罗亚斯德教具有浓厚的二元色彩，邪恶之神安格拉·曼纽的存在以及光明与黑暗的抗争构成琐罗亚斯德教神学思想的重要组成部分。相比之下，基督教尽管沿袭犹太教的诸多宗教理念，然而其官方信条强调圣父、圣子、圣灵的三位一体，缺乏严格意义上的一神教内涵。

四、 伊斯兰时代的帝国历程

公元7世纪初，地处阿拉伯半岛西部荒漠的麦加和麦地那犹如两颗冉冉升起的新星，照耀着“两洋三洲五海”世界的古老大地。伴随着伊斯兰教的诞生，阿拉伯人悄然崛起于仿佛被喧嚣的文明社会所遗忘的角落，在圣战的旗帜下走出贫瘠的家园，作为崭新的统治民族登上中东的历史舞台，大规模的对外征服战争延续长达百年之久，由此掀开了伊斯兰时代帝国统治的历史帷幕。

阿拉伯人创立的庞大帝国囊括西起伊比利亚半岛和马格里布、东到阿姆河和锡尔河流域的辽阔疆域,哈里发作为阿拉伯帝国的最高统治者,集宗教权力与世俗权力于一身。历代哈里发皆为麦加古莱西部落的后裔,具有高贵的血统和身世。阿拉伯帝国最初定都于伊斯兰教圣城麦地那,继而迁都叙利亚的大马士革,直至定都于伊拉克的巴格达,历经从“地中海帝国”到“东方帝国”的华丽转型。

伊斯兰教诞生之前,基督教盛行于埃及和“肥沃的新月地带”,伊朗高原的土著民众大都信奉琐罗亚斯德教,而阿姆河右岸的中亚诸地系佛教世界。阿拉伯人的征服和阿拉伯帝国的统治,导致上述地区的伊斯兰化进程,新兴的伊斯兰教取代古老的基督教、琐罗亚斯德教以及佛教而成为中东地区占统治地位的意识形态。

麦地那时代和倭马亚时代,阿拉伯人垄断伊斯兰世界的军政要职,非阿拉伯人尚无缘分享国家权力。阿拔斯时代,包括波斯人、突厥人、柏柏尔人、库尔德人、塞加西亚人在内的非阿拉伯人中皈依伊斯兰教者日渐增多,尤其是波斯人和突厥人的政治势力迅速膨胀,中东伊斯兰世界随之出现群雄逐鹿的分裂局面。11世纪末开始,哈里发统治下的伊斯兰世界相继经历十字军东征和蒙古西征的浩劫,日趋衰落。1258年,西征的蒙古人攻陷阿拔斯王朝都城巴格达,哈里发统治下的阿拉伯帝国寿终正寝。

自14世纪起,尊奉逊尼派伊斯兰教的奥斯曼土耳其人借助于圣战的形式在小亚细亚半岛和巴尔干半岛攻城略地,结束拜占庭帝国的千年历史,降服阿拉伯世界,成为中东地区举足轻重的政治力量。伊斯坦布尔的苏丹以麦加和麦地那两座伊斯兰教圣城的监护者自居,东西方之间的传统商路处于奥斯曼帝国的控制之下,尼罗河以及底格里斯河、幼发拉底河成为奥斯曼帝国的内河,红海和黑海俨然是奥斯曼帝国的内湖。

伊斯兰国家脱胎于阿拉伯半岛濒临崩溃的秩序,先知穆罕默德在麦地那创立的乌玛可谓伊斯兰国家的原生形态,伊斯兰教法至高无上的神圣地位和教俗合一的政治体制构成传统时代伊斯兰国家的显著特征。信仰的差异深刻影响着传统伊斯兰时代的中东社会,穆斯林与异教徒之间的尖锐对立贯穿传统伊斯兰时代的中东历史进程。自给自足的农本经济长期占据主导地位,构成传统伊斯兰文明的物质基础。阿拉伯帝国和奥斯曼帝国相继雄踞中东大地,皆曾历经六百余年的传承。哈里发时代的阿拉伯帝国无疑是伊斯兰传统政治秩序广泛实践的重要阶段,伊斯坦布尔的苏丹统治下的奥斯曼帝国集中体现了伊斯兰传统政治秩序的历史延伸。

五、 色彩斑斓的民族国家

伊朗的古代文明可以追溯到公元前 27 世纪的埃兰文明和公元前 8 世纪的米底王国。阿黑门尼德王朝的鼎盛时期，波斯帝国统治着尼罗河与印度河之间的辽阔疆域。波斯文化与希腊文化交相辉映，曾经是古代世界的靓丽风景。萨珊王朝建立后，波斯帝国重振雄风，与拜占庭帝国分庭抗礼。伊斯兰教兴起后，阿拉伯人长驱东进，延续千年的波斯帝国寿终正寝，伊朗高原被纳入哈里发国家的版图，波斯帝国的传统信仰琐罗亚斯德教随之退出历史舞台。此后数百年间，伊朗历经突厥人迁徙浪潮的冲击和蒙古铁骑的践踏，游牧势力膨胀，部落政治泛滥，经济凋敝，社会动荡。16 世纪初，萨法维王朝兴起于伊朗高原，尊奉什叶派伊斯兰教为官方信仰，与奥斯曼帝国分庭抗礼。萨法维王朝的建立，标志着伊朗逐渐走上复兴的道路。萨法维王朝的都城伊斯法罕位于扎格罗斯山西麓，阿拔斯一世当政期间大兴土木，市区规模扩大，人口剧增，商贾云集，巴扎店铺鳞次栉比。伊斯法罕大清真寺亦称伊玛目霍梅尼清真寺，最初由塞尔柱苏丹国的名相尼查姆·穆勒克主持兴建，萨法维

画家笔下的伊斯法罕大清真寺

王朝时期扩建，圆柱、拱门、尖塔和瓷砖镶嵌具有浓厚的波斯传统风格，可谓伊朗伊斯兰建筑艺术的杰作。自恺伽王朝开始，地处厄尔布尔士山南麓的德黑兰成为新的都城所在。德黑兰以南百余公里处的宗教圣城库姆，俨然是什叶派穆斯林的精神家园。殖民主义时代，西方的冲击瓦解着伊朗传统社会的基础。20世纪的宪政革命、白色革命和伊斯兰革命，构成伊朗现代化进程的重要历史坐标。

伊朗与埃及、土耳其同为中东人口最多的国家，然而波斯人、阿拉伯人和土耳其人却分别属于印欧语系、塞含语系和阿尔泰语系的不同分支。波斯人系欧罗巴人种地中海类型，是伊朗人口的主体成分，主要分布于伊朗的中部和南部地区。古波斯语在阿黑门尼德王朝时期采用楔形字体，萨珊王朝时期采用阿拉米字母的书写形式，均已失传。现代波斯语借用阿拉伯字母的书写形式，是伊朗的官方语言。伊朗最重要的少数民族是阿塞拜疆人和库尔德人，分别操阿塞拜疆语和库尔德语，亦采用阿拉伯字母的书写形式。伊朗盛行什叶派伊斯兰教；伊朗穆斯林大都系什叶派主流派别十二伊玛目派的信徒，尊奉欧苏里教法学派和阿赫巴尔教法学派。伊朗境内的阿拉伯人、库尔德人和土库曼人属于逊尼派穆斯林，尊奉沙菲仪教法学派和哈奈菲教法学派。

土耳其位于中东的北部，包括小亚细亚半岛以及巴尔干半岛南部的色雷斯地区。安纳托利亚高原亦称小亚细亚高原，在地理上构成土耳其共和国的主体区域。“安纳托利亚”一词似乎源于希腊语，本意为日出之处，特指希腊人眼中的日出之处即爱琴海东岸。安纳托利亚高原具有悠久的历史传统。古代赫梯人创造的文化遗存以及《荷马史诗》中关于特洛伊战争的动人故事，诉说着安纳托利亚高原的尘封往事。透过古典建筑的断壁残垣，不难发现希腊罗马文化在安纳托利亚高原的斑斑痕迹。拜占庭帝国统治时期，安纳托利亚高原构成基督教世界的东部边缘，安纳托利亚高原南侧的陶鲁斯山则是穆斯林对基督徒发动圣战的理想去处。11世纪塞尔柱突厥人兴起后，伊斯兰教自东向西逐渐传入安纳托利亚高原，基督教的信仰随之销声匿迹。伊斯坦布尔横跨博斯普鲁斯海峡，是奥斯曼帝国的首都和土耳其共和国最大的城市，其前身是古代希腊移民城市拜占庭和东罗马帝国首都君士坦丁堡，古城多处遗址至今犹存，拜占庭帝国时期建造的圣索菲亚教堂与奥斯曼帝国时期建造的蓝色清真寺以及托普卡帕宫交相辉映。首都安卡拉位于安纳托利亚高原中部，地处古代商路要冲，赫梯城市、罗马神庙和拜占庭城堡的遗迹以及

画家笔下的特洛伊木马进城图

圣索菲亚大教堂

画家笔下的圣索菲亚大教堂

塞尔柱时期建造的阿拉丁清真寺浓缩着往日的辉煌。伊兹密尔位于爱琴海东岸,其前身是古代希腊移民城市士麦那,《圣经·新约》之《启示录》亦曾提及此处,现存古代世界七大奇迹之一的阿尔忒弥斯神庙遗址。

土耳其共和国的主体民族是土耳其人,系欧罗巴人种地中海类型。库尔德人是土耳其共和国最重要的少数民族,亦属欧罗巴人种地中海类型。"土耳其"一词源于西方人的称谓。"几乎远自11世纪土耳其人最初征服安纳托利亚那个时候起,欧洲人便一直把这块说土耳其语的地方称作土耳其。"①土耳其人的祖先,是游牧于中亚草原的突厥部落。奥斯曼帝国时期,统治阶层自称奥斯曼人,以示具有高贵的血统,至于土耳其人则泛指分布在安纳托利亚高原诸地和操突厥语的下层村民。土耳其语属于阿尔泰语系突厥语族的分支,奥斯曼帝国时期采用阿拉伯字母,凯末尔时代改用拉丁字母。土耳其具有伊斯兰教的浓厚氛围,盛行逊尼派伊斯兰教。现代意义上的土耳其人特指操土耳其语和信仰伊斯兰教的土耳其国民。尽管土耳其共和国宪法明确区分国籍与宗教信仰的差别,然而土耳其共和国的非穆斯林国民中自称土耳其人者寥寥无几。

埃及具有十分悠久的历史传统,是人类文明的重要发源地。另一方面,埃及介于非洲内陆、地中海与亚洲之间,在不同的层面上与非洲内陆、地中海世界和亚洲文明具有密切的内在联系,兼有非洲文明、地中海文明和亚洲文明的明显印记。奔腾的尼罗河水见证了埃及文明的沧桑历史,吉萨的金字塔和卢克索的神庙群浓缩着古埃及人的卓越智慧和辉煌成就。自马其顿国王

---

① 路易斯:《现代土耳其的兴起》,范中廉译,商务印书馆1982年版,第7页。

亚历山大东征开始,希腊人主宰着埃及的命运。“埃及艳后”克列奥帕特拉死后,尼罗河流域俨然是罗马元首的私人地产。古埃及人原本崇拜多神,渴望灵魂不灭,追求死后复活,而躯干的完好保存则是死者得以复活的必要载体。罗马帝国后期,埃及人改奉基督教,地中海的港口城市亚历山大一度成为罗马基督教世界的神学中心。随着阿拉伯人的到来,清真寺的宣礼取代教堂的钟声,回荡在尼罗河流淌的土地之上。开罗的阿慕尔清真寺、伊本·土伦清真寺和爱资哈尔清真寺在尼罗河畔耸立千年之久,堪称埃及伊斯兰教的灯塔。希腊人和罗马人统治时期,埃及处于欧洲文明的边缘地带。阿拉伯人的征服,则使埃及成为东方伊斯兰世界的重要组成部分。奥斯曼帝国的鼎盛阶段,埃及的穆斯林在聚礼时刻祝福着伊斯坦布尔的苏丹。殖民主义时代,埃及沦为西方列强的棉花种植园和工业品市场。第一次世界大战结束后,埃及重新走上独立的道路。1952 年自由军官发动的“七月革命”,掀开了埃及历史的崭新篇章。

伊本·土伦清真寺宣礼塔

埃及在漫长的历史发展进程中形成了特有的政治传统,法老的专制主义遗产、阿拉伯人的民族主义倾向和伊斯兰教的信仰构成埃及政治生活的基本要素。在不同的历史条件下,专制主义、阿拉伯民族主义和伊斯兰主义经历了此消彼长和相互制衡的过程。1952 年革命前,专制主义无疑在埃及政治生活中占据主导地位。1952 年革命以后,阿拉伯民族主义成为影响埃及社会各个层面的首要因素,埃及自居为阿拉伯世界的领袖,纳赛尔则被视作阿拉伯世界的旗手和阿拉伯民族尊严的象征。自 20 世纪 70 年代开始,阿拉伯民族主义日渐衰微,现代伊斯兰主义呈明显上升的趋势,埃及进入民主与专制激烈抗争的崭新阶段。

倭马亚王朝和阿拔斯王朝时期,“肥沃的新月地带”曾经是哈里发国家和伊斯兰世界的政治重心。自 16 世纪起,“肥沃的新月地带”被纳入奥斯曼帝国的版图，属于伊斯坦布尔的苏丹。第一次世界大战爆发前夕，“肥沃的新月地带”包括不同的行政区域，其中北部的沙姆划分为阿勒颇、大马士革和贝鲁特三省，南部的美索不达米亚划分为摩苏尔、巴格达和巴士拉三省。第一次世界大战结束后，“肥沃的新月地带”脱离奥斯曼帝国的统治，处于协约国的保护之下，其中伊拉克、巴勒斯坦和约旦构成英国的委任统治区域，叙利亚和黎巴嫩构成法国的委任统治区域。第二次世界大战结束后，委任统治制度退出历史舞台，伊拉克、叙利亚、黎巴嫩、约旦相继独立。“肥沃的新月地带”诸国尽管系诞生于奥斯曼帝国的废墟之上并普遍经历西方殖民主义委任统治的新兴国家，却具有悠久的文明传统。伊拉克的历史可以追溯到苏美尔和巴比伦的时代，叙利亚和以色列的历史可以追溯到《圣经 · 旧约》的时代，黎巴嫩的历史可以追溯到腓尼基人的时代，约旦的历史可以追溯到奈伯特人的时代。“肥沃的新月地带”诸国的社会结构大都具有明显的多元色彩，民族矛盾与教派对立错综交织，政治局势长期处于动荡的状态。

伊拉克位于“肥沃的新月地带”东南部，地处伊朗高原、安纳托利亚高原、阿拉伯半岛和波斯湾之间，是“肥沃的新月地带”面积最大和人口最多的国家。伊拉克的人口构成呈三足鼎立的状态，具有明显的多元性。伊拉克系阿拉伯世界的重要组成部分；阿拉伯人作为伊拉克的主要居民，生活在摩苏尔以南的幼发拉底河和底格里斯河中下游地区以及幼发拉底河以西的沙漠旷野，分别属于逊尼派穆斯林和什叶派穆斯林。逊尼派穆斯林大都分布在伊拉克的中部和西北部，城市人口居多，南部城市巴士拉亦有一定数量的逊尼派穆斯林。伊斯兰教的什叶派发源于伊拉克，位于巴格达以南、幼发拉底河西侧的纳杰夫和卡尔巴拉是什叶派最重要的宗教圣城。什叶派穆斯林的分布范围，北起巴格达和底格里斯河支流迪亚拉河领域，南至阿拉伯河，伊拉克人口最稠密的地区俨然是什叶派的天下。在首都巴格达，什叶派穆斯林分布于底格里斯河左岸，逊尼派穆斯林分布于底格里斯河右岸，在数量上可谓平分秋色，而什叶派圣地卡兹米耶清真寺却位于逊尼派聚居的底格里斯河右岸。库尔德人是数量上仅次于阿拉伯人的伊拉克第二大民族，信奉伊斯兰教。库尔德语属于印欧语系伊朗语族，与波斯语具有较近的亲缘关系。库尔德人的起源不详，多数库尔德人自称是古代米底人的后裔。库尔德人祖居伊拉克东北部山区；近代以来，库尔德人逐渐移居摩苏尔周围和迪亚拉河流域。苏莱曼尼耶是伊拉克最重要的库尔德人城市，伊拉克北部的重要城市阿尔比勒和基尔库克亦有为数较多的库尔德人。伊拉克境内的库尔德人分布范围相对集中，部族传统根深蒂固，与土耳其、伊朗、叙利亚境内的库尔德人联系密切，挑战阿拉伯人的统治地位，具有明显的离心倾向。民族和教派的明显差异和尖锐对立，是导致伊拉克政治动荡的重要社会原因。以色列建国之前，约 15 万的犹太人生活在伊拉克，构成伊拉克人口最多的非穆斯林群体。1948 年第一次中东战争以后，伊拉克出现排犹的民众浪潮，迫使犹太人移居以色列。此后，伊拉克境内的犹太人逐渐销声匿迹。

卡兹米耶清真寺夜景

叙利亚位于“肥沃的新月地带”西北部，地处陶鲁斯山南麓和地中海东岸，是新月地带国土面积和人口数量仅次于伊拉克的重要国家。叙利亚并非完整意义的地理单元，包括差异明显的诸多自然区域，缺乏明确的自然疆界，地貌呈明显的多元状态。叙利亚西部系地中海沿岸平原，呈南北走向，地势狭长，构成安纳托利亚高原与尼罗河流域之间的传统陆路走廊，港口城市拉塔基亚、巴尼亚斯和塔尔图斯则是地中海东岸的贸易枢纽。沿海平原的东侧是南北走向的中西部山区，安萨里耶山北起陶鲁斯山，南连外黎巴嫩山；霍姆斯位于努赛里耶山与外黎巴嫩山之间的奥伦特河谷，构成沿海平原与内陆地区之间的重要通道。中西部山区以东是南北走向的内陆平原，降雨充沛，农业发达，大马士革和阿勒颇分别构成内陆平原南部和北部的中心城市。东部广袤的叙利亚沙漠，系阿拉伯大沙漠的自然延伸，地势开阔，气候干旱。

叙利亚不同于尼罗河流经的埃及，亦不同于幼发拉底河和底格里斯河流经的伊拉克，缺乏贯穿广大地区的自然纽带。由于特定的自然环境，叙利亚的经济社会生活具有明显的多元性和离心性，诸多相对独立的经济社会区域长期并存。途经叙利亚的东西方传统商路大都处于商人的控制之下，城市俨然是商人的世界，南部城市大马士革与北部城市阿勒颇的商业贵族尤其具有举足轻重的势力和影响。东部的叙利亚沙漠处于游牧部落的主宰之下，贩运货物和抢劫定居人口是贝都因人的重要财富来源。内陆乡村通常处于商业城市与游牧部落的夹缝之中，农民构成传统的弱势群体。另一方面，叙利亚位于亚、非、欧三洲的十字路口，地处安纳托利亚高原、幼发拉底河和底格里斯河流域与尼罗河流域之间，构成定居世界与游牧世界的交汇地带，地理位置四通八达，经济社会生活具有明显的开放色彩，频繁的战争贯穿叙利亚地区的历史进程。

叙利亚是阿拉伯世界的重要组成部分，叙利亚人大都操阿拉伯语，超过85%的叙利亚人信奉伊斯兰教，分别属于逊尼派以及什叶派分支阿拉维派、德鲁兹派、伊斯马仪派。逊尼派穆斯林约占叙利亚穆斯林总数的五分之四，主要分布在城市和内陆平原，长期活跃于叙利亚社会的核心舞台。什叶派穆斯林约占叙利亚穆斯林总数的五分之一，大都分布在乡村和山区，构成传统

阿勒颇

的边缘社会群体。阿拉维派是叙利亚最重要的什叶派分支，阿拉维派成员的人数约占叙利亚什叶派穆斯林总数的四分之三，主要分布在西部城市拉塔基亚附近的安萨里耶山区以及霍姆斯、哈马、大马士革和阿勒颇周边地区，多为农民。德鲁兹派和伊斯马仪派人数较少，分别生活在南部的豪兰山区以及中部城市哈马附近的山区。分布在叙利亚的非穆斯林人口主要是基督徒，包括天主教和东正教的诸多分支，其中希腊东正教徒人数最多。占人口多数的逊尼派穆斯林以及基督徒分布广泛，阿拉维派、德鲁兹派和伊斯马仪派尽管人数较少，却呈相对集中的分布状态，构成局部地区的多数人口，进而形成封闭和自治的传统。努赛里耶山区和豪兰山区长期处于阿拉维派和德鲁兹派的控制之下，俨然是叙利亚的国中之国。诸多教派之间的明显差异长期影响着叙利亚的历史进程，阿拉伯语则是联结不同教派的重要纽带。

黎巴嫩共和国位于地中海东岸，地处叙利亚和以色列之间，是阿拉伯世界国土面积最小的国家之一。黎巴嫩国土狭长，呈南北走向的黎巴嫩山贯穿黎巴嫩全境。黎巴嫩山与外黎巴嫩山之间称贝卡谷地，是黎巴嫩的主要农业区。利塔尼河发源于黎巴嫩山，经贝卡谷地流入地中海，是黎巴嫩境内的主要河流。黎巴嫩的主要民族是阿拉伯人，信奉伊斯兰教和基督教，分别属于逊尼派、什叶派分支十二伊玛目派、德鲁兹派、阿拉维派、天主教、东正教、新教，其中逊尼派、什叶派分支十二伊玛目派和天主教马龙派人数居多。黎巴嫩是伊斯兰教化程度最低和非穆斯林在总人口中所占比例最高的阿拉伯国家，非穆斯林与穆斯林的平分秋色则是黎巴嫩区别于其他诸多阿拉伯国家的明显特征。黎巴嫩可谓阿拉伯世界与西方世界的桥梁，兼有阿拉伯和欧洲以及伊斯兰教和基督教的双重色彩。首都贝鲁特具有罗马古典文化和中世纪伊斯兰文化的深厚历史积淀，近代以来受法国文化影响甚大，东西方文化水乳交融，素有“东方巴黎”的美誉；穆斯林主要分布于贝鲁特西区，基督徒大都聚居于贝鲁特东区，清真寺与教堂交相辉映。由于特定的地理位置和长期动荡的政治局势，黎巴嫩人移居海外者甚多，散居世界各地的黎巴嫩人数量远远超过留居本土的黎巴嫩人。黎巴嫩国内的外籍人口，主要是巴勒斯坦难民和叙利亚移民。

约旦位于“肥沃的新月地带”西部和阿拉伯半岛北侧，在地理上构成阿拉伯高原的自然延伸，谷地、山区和沙漠呈南北走向，自西向东呈平行和错落的地貌状态。约旦谷地北起约旦河支流雅姆克河，南至亚喀巴湾，水源充足，人口稠密，农业发达，城市众多。东部沙漠位于阿拉伯沙漠与伊拉克沙漠之间，水源匮乏，地广人稀，居民以贝都因人居多。约旦哈希姆王国的领土原本包括约旦河西岸和约旦河东岸两部分，其中约旦河东岸旧称外约旦，约旦河西岸位于巴勒斯坦的东部。1967 年第三次中东战争期间，以色列占领约旦河西岸。1988 年，约旦国王侯赛因宣布中断与约旦河西岸地区的法律和行政联系。1994 年，约旦河西岸成为巴勒斯坦民族权力机构的管辖区域。目前，约旦哈希姆王国的领土局限于约旦河东岸。约旦位于阿拉伯世界的腹地，绝大多数人口为信奉伊斯兰教的阿拉伯人，少数民族包括塞加西亚人、车臣人、亚美尼亚人和土库曼人。

圣墓大教堂

地理意义上的巴勒斯坦位于地中海与约旦河之间，地处"肥沃的新月地带"西端，与埃及的西奈半岛、约旦、黎巴嫩、叙利亚相邻。巴勒斯坦西部的地中海沿岸地势低平，气候温和，土地肥沃，人口稠密。加利利山、撒玛利亚山和朱迪亚山位于巴勒斯坦的北部，山间谷地构成巴勒斯坦重要的农业区域。约旦河西岸位于巴勒斯坦东部，《圣经·旧约》称之为朱迪亚，水源充沛，农业发达。南部的内格夫沙漠气候炎热，水源匮乏，人烟稀少。以色列国位于巴勒斯坦；以色列国的居民绝大多数为犹太人，亦有少量的阿拉伯人。耶路撒冷系希伯来语，意为和平的去处，阿拉伯人称之为古德斯，意为圣城。萨赫莱清真寺和阿克萨清真寺以及哭墙和圣墓大教堂，浓缩着耶路撒冷悠久的历史和宗教传统。

沙特阿拉伯是阿拉伯半岛人口最多的国家，国土面积约占整个半岛面积的 80%，地貌呈自西北向东南倾斜的阶梯形状，气候炎热干旱，降水匮乏，植被稀少。由于特定的自然环境，追逐水草和居无定所的生活方式长期占据主导地位，贝都因人常年与骆驼和羊群相伴为生。在寥若晨星的地下水源周围，分布着面积不等的定居绿洲。沙特阿拉伯西部的崎岖山谷和沿海低地称

萨赫莱清真寺

希贾兹,系伊斯兰教的发源地,亦是宗教圣城麦加和麦地那的所在;希贾兹南部的塔伊夫是沙特阿拉伯的著名避暑胜地,毗邻麦加的吉达则是红海沿岸最重要的港口城市。阿西尔地处希贾兹与也门之间,雨量相对充沛,农业发达,人烟稠密,人口构成复杂,兼有阿拉伯半岛土著族群两大分支阿德南人和盖哈丹人的后裔,亦有众多的非洲裔黑人,系逊尼派以及什叶派分支十二伊玛目派和伊斯马仪派杂居之处,阿布哈、吉赞和纳季兰是阿西尔地区的主要城市。纳季德位于阿拉伯半岛的内陆区域,是瓦哈卜派的故乡和沙特国家的摇篮;直至20世纪石油开采之前,纳季德与外部世界交往甚少,是阿拉伯半岛最闭塞的去处,社会组织和人口构成颇显单一。利雅得位于纳季德东部的哈尼法谷地,既是沙特阿拉伯的首都,亦是瓦哈卜派穆斯林的宗教中心。利雅得西北的嘎希姆包括布赖代绿洲和欧纳宰绿洲,是纳季德最重要的农业区。哈萨位于阿拉伯半岛的东部,濒临波斯湾,具有较为丰富的地下水源,胡富夫和盖提夫是沙特阿拉伯最重要的农业绿洲,什叶派穆斯林人数众多。沙特阿拉伯的油田大都位于哈萨一带,达曼、朱拜勒和胡巴尔是哈萨的主要城市,宰赫兰则是国家石油公司即阿拉伯美国石油公司的总部所在地。由于特定的自然环境、居无定所的游牧经济和根深蒂固的部落习俗以及奥斯曼帝国和英国统治的历史传统，沙特阿拉伯与其邻国之间的边境线相对模糊，诸多地区的边界划分长期以来存在争议，形成所谓的中立地带，进而成为影响国际关系的潜在政治隐患。20 世纪 20 年代，英国作为约旦、伊拉克和科威特的宗主国，强迫沙特王国接受英国划定的北部边境线。20 世纪后期，沙特阿拉伯与其南部邻国之间的边境线通过谈判亦逐渐确定。

沙特阿拉伯的本国人口几乎是清一色的阿拉伯人，操阿拉伯语，分为希贾兹、纳季德、阿西尔和哈萨四大方言区，信奉伊斯兰教，大都属于逊尼派穆斯林，少量人口属于什叶派穆斯林。外籍人口约占沙特阿拉伯常住人口总数的四分之一，绝大多数来自周边的阿拉伯国家以及其他的亚非国家。沙特阿拉伯的人口分布极不均衡，红海沿岸的希贾兹和波斯湾沿岸的哈萨以及西南部的阿西尔地区人烟相对稠密，广袤的内陆腹地人烟稀少。沙特阿拉伯的社会生活具有浓厚的部族色彩，沙特阿拉伯人普遍沿袭着部族传统的社会习俗，部族关系根深蒂固。“沙特”一词出现于国家的正式称谓之中，反映了部族传统在沙特阿拉伯的广泛影响。沙特阿拉伯的第一代国王是沙特家族的阿卜杜勒·阿齐兹；其后即位的历代国王，包括已故国王沙特、费萨尔、哈立德、法赫德和现任国王阿卜杜拉以及王储苏勒坦，皆系阿卜杜勒·阿齐兹的嫡子。沙特阿拉伯亦有十分悠久的伊斯兰教传统，麦加的克尔白清真寺是穆斯林礼拜的朝向和朝觐的目的地，麦地那则是先知穆罕默德的陵墓所在。在前石油时代，穆斯林年复一年的朝觐活动构成沙特阿拉伯与外部世界之间的主要交往方式。进入石油时代以后，无数的淘金者从四面八方拥入油田所在，沙特阿拉伯与国际社会的交往逐渐扩

麦加克尔白清真寺

大。在首都利雅得以及波斯湾沿岸的新兴石油城市，现代建筑鳞次栉比，西方文化的痕迹随处可见。

利雅得法赫德国王路

所谓的海湾即波斯湾，阿拉伯人称之为阿拉伯湾，地处阿拉伯半岛、两河流域南部与伊朗高原之间，水域面积约 26 万平方公里，霍尔木兹海峡是海湾与印度洋之间的唯一通道。海湾地区是阿拉伯人和波斯人的共同家园，阿拉伯人与波斯人以及逊尼派穆斯林与什叶派穆斯林的错综相间构成海湾地区人口分布的突出特征。海湾东侧自阿巴丹至阿巴斯港地区，波斯人和什叶派穆斯林居多。海湾西侧自法奥至哈伊马角地区，阿拉伯人和逊尼派穆斯林居多。广义上的海湾国家，包括伊朗、伊拉克、沙特阿拉伯、科威特、卡塔尔、巴林、阿联酋和阿曼。狭义上的海湾国家，特指科威特、卡塔尔、巴林、阿联酋和阿曼五个海湾小国，不包括伊朗、伊拉克和沙特阿拉伯三个海湾大国。

也门位于阿拉伯半岛西南部，北邻沙特阿拉伯，东邻阿曼，南邻阿拉伯海和亚丁湾，西邻红海，扼守印度洋与红海之间的曼德海峡。也门西部沿海和南部沿海地势低平，气候炎热，降水匮乏，植被稀少。也门中部系内陆山区，山谷地带气候温和，土地肥沃，植被丰富，人口稠密。也门东部的哈德拉毛地区位于鲁卜哈利沙漠的南侧边缘，幅员辽阔，人迹罕至。也门是阿拉伯半岛最重要的农业区，农业是也门主要的经济部门。大多数的也门人在内陆的高地山谷修建梯田，耕种土地，亦有少量的也门人依靠游牧和捕鱼为生。也门雨季短暂，降雨主要分布在内陆山区，由此形成内陆山区发达的农业和稠密的人口。也门的穆斯林分别属于逊尼派和什叶派分支栽德派，逊尼派穆斯林主要分布于沿海平原，栽德派穆斯林大都生活在内陆山区。也门共和国是迄今为止阿拉伯半岛唯一采用共和制政体和实行多党选举制的国家，是为也门区别于阿拉伯半岛诸君主国的明显特征。然而，如同阿拉伯半岛的诸君主国一样，也门社会具有根深蒂固的血缘传统，部落为数众多，分布广泛。诸多部落各有排他性的活动范围和生存空间，部落之间处于相对隔绝的状态。国家与部落组织以及血缘关系与地域关系的长期并存，构成也门政治和社会生活的突出现象。随着国家权力的强化、市场化和城市化的进程，也门传统的血缘观念和部落组织无疑呈逐渐衰落的趋势。

六、 近代以来的国际舞台与地缘政治

中东作为东半球的地理中心所在，可谓联结印度洋与大西洋的桥梁和纽带，自古以来便是东方与西方之间相互交往的重要通道。黑海与爱琴海之间的达达尼尔海峡和博斯普鲁斯海峡、地中海与红海之间的苏伊士运河、红海与亚丁湾之间的曼德海峡、阿曼湾与波斯湾之间的霍尔木兹海峡，具有举足轻重的战略地位。“两洋三洲五海的世界”之特殊位置，赋予中东在东西方交往的历史长河中长期扮演极其重要的地缘角色。爱琴海文明作为西方文明的源头，无疑融入了中东古代文明的诸多元素。希波战争、亚历山大东征、罗马世界的扩张、丝绸之路的繁荣、阿拉伯人的征服、十字军东征、蒙古西征和奥斯曼帝国的圣战，皆曾在中东传统文明时代的历史进程中留下深刻的印记。近代以来，伴随着西方世界的殖民主义和全球化的历史步伐，中东在国际舞台上的重要地位进一步凸显。

1798 年，拿破仑率领法军入侵埃及，首开西方基督教世界对于中东伊斯兰世界殖民侵略和殖民统治的先河。在殖民主义浪潮席卷全球的 19 世纪，奥斯曼帝国的辽阔疆域成为西方殖民列强蚕食和瓜分的“东方遗产”，恺伽王朝统治下的伊朗则是英国与沙皇俄国所瓜分的势力范围，往昔如日中天的古老帝国已成日薄西山之势，风雨飘摇。至 20 世纪初，奥斯曼帝国土崩瓦解，奥斯曼苏丹之历经六百年的统治基业灰飞烟灭。在奥斯曼帝国的废墟之上，中东的古老土地释放出崭新的活力和生机，一系列新兴国家相继登上历史的舞台，争奇斗艳，异彩纷呈。随着诸多主权国家的建立和民族解放运动的高涨，殖民主义时代亦宣告终结，中东在国际舞台的地位明显提高。

1945 年，伊拉克、叙利亚、黎巴嫩、外约旦、沙特阿拉伯和埃及在开罗签署协议，成立阿拉伯国家联盟。随后加入阿拉伯国家联盟的，包括北也门

(1945 年)、利比亚(1953 年)、苏丹(1956 年)、摩洛哥(1958 年)、突尼斯(1958 年)、科威特(1961 年)、阿尔及利亚(1962 年)、南也门(1967 年)、巴林(1971 年)、卡塔尔(1971 年)、阿曼(1971 年)、阿联酋(1971 年)、毛里塔尼亚(1973 年)、索马里(1974 年)、巴勒斯坦解放组织(1976 年)、吉布提(1977 年)、科摩罗(1993 年)。阿拉伯国家联盟设有成员国组成的议会和秘书长,总部设在开罗。1960 年,联合国承认阿拉伯国家联盟作为地区性国际组织。阿拉伯国家联盟的目的是寻求成员国在卫生、经济、文化、社会事务、交通等领域的广泛合作,协调成员国的外交政策,不干涉成员国的主权和内政。1948 年第一次中东战争以后,阿拉伯国家联盟宣布共同抵制以色列,规定成员国不得与以色列媾和。与此同时,阿拉伯国家联盟支持摩洛哥和阿尔及利亚反对法国殖民统治的民族解放运动,支持埃及抗击英法以三国入侵和苏伊士运河的国有化,支持北也门和沙特阿拉伯与英国进行

阿盟驻开罗总部大楼

1973 年十月战争期间埃及军车穿过苏伊士运河大桥

斗争，尤其是支持巴勒斯坦的解放运动。然而，阿拉伯国家联盟成员国之间存在明显的贫富差异和尖锐的政体对立。冷战时代，阿拉伯国家联盟内部形成保守的亲美国家与激进的亲苏国家的矛盾。1979年，阿拉伯国家联盟大多数成员国反对埃以单独达成和解，取消埃及的成员国资格，总部迁往突尼斯，中断与埃及的外交关系。1989年，阿拉伯国家联盟重新接纳埃及作为成员国。1980—1988年两伊战争期间，阿拉伯国家联盟大多数成员国支持伊拉克，叙利亚和利比亚却支持伊朗，阿拉伯国家联盟内部再度面临危机。90年代，伊拉克的库尔德人、叙利亚的马龙派基督徒和苏丹南部达尔富尔地区出现非阿拉伯化的分离倾向。

20世纪前期，英国和法国是在中东地区最具影响力的西方国家。中东地处英国与印度之间，构成连接英国与印度的生命线，是大英帝国王冠上的宝石。两次世界大战之间，英国长期控制埃及、巴勒斯坦、约旦、伊拉克和阿拉伯半岛的广大地区，叙利亚和黎巴嫩则是法国的势力范围。第二次世界大战结束后，阿拉伯世界诸国摆脱英国和法国的殖民统治，相继独立。与此同时，美国和苏联在中东地区展开角逐，进而取代英国和法国成为操纵中东事务的超级大国。此间，美国与土耳其、伊朗建立密切的外交关系，并试图拉拢

在苏伊士运河航行的美国航母

阿拉伯国家。然而，美国支持以色列的立场直接导致阿拉伯国家普遍持亲苏倾向。自1955年起，苏联不断向阿拉伯世界提供军事援助和经济援助，进而与诸多阿拉伯国家建立密切的外交关系，直至在阿以冲突中明确支持埃及和叙利亚，两伊战争期间同情伊拉克。1978年戴维营会议以后，美苏两国在中东地区的力量对比发生明显的变化；埃及成为美国在中东的重要盟友，苏联在中东的影响急剧下降。苏联解体后，俄罗斯与美国在包括巴以和谈、海湾战争、伊拉克武器核查诸多问题上开始采取合作的态度。伊朗原本是美国在中东的重要战略盟友；1979年巴列维王朝覆灭后，美国与伊朗的关系急转直下。1990年伊拉克入侵科威特，将海湾国家推向美国的怀抱。进入90年代，美国的势力和影响逐渐渗入苏联的中亚和高加索地区。与此同时，俄罗斯重新调整中东政策，尤其改善与土耳其和伊朗的外交关系，扩大经济和军事交往，试图遏制美国在中亚和高加索的渗透。

中东地区蕴含着极其丰富的石油资源。目前中东地区的石油储藏量约占世界石油储藏量的三分之二以上，石油年产量和出口量分别占世界石油年产量和出口量的三分之一和三分之二。中东地区的石油资源主要分布在波斯湾沿岸的沙特阿拉伯、伊朗、科威特、伊拉克和阿拉伯联合酋长国，北非东部的利比亚和埃及以及里海水域亦有相当可观的石油资源。现代经济严重依赖石油资源，中东在国际舞台的战略地位日益凸显。冷战时代，国际形势主要表现为东西对峙的基本格局，中东处于东西对峙的边缘地带。冷战时代结束后，东西方之间的紧张形势明显缓解，中东逐渐成为国际政治舞台的焦点所在。波斯湾和里海水域的石油资源，引发国际社会在中东地区的激烈角逐。海湾战争、伊拉克战争、伊朗核危机以及俄罗斯与格鲁吉亚之间发生的冲突直至新世纪初的利比亚战争，无不与争夺中东石油资源密切相关。

后冷战时代，阿拉伯世界的统治者，除叙利亚和利比亚外，几乎清一色地持亲美的立场。即便是叙利亚和利比亚，其反美立场亦出现松动的迹象。叙利亚作为苏联和后来的俄罗斯在中东地区最重要的传统盟国，90年代初曾经支持美国主导的海湾战争，进而换取西方世界的丰厚回报。利比亚的领导人卡扎菲，至少在表面上多次主动示好，向西方世界屡屡伸出橄榄枝，甚至支持和配合西方所谓的反恐行动。然而，由于诸多阿拉伯国家政治进程的长期滞后和民主政治的普遍缺失，官方意志与民众意志之间存在着严重的对立倾向，官方的亲美立场并未改善美国和西方世界在中东的形象，却导致中东民众反美情绪的不断高涨。

中东地区素有帝国的历史传统，波斯帝国、阿拉伯帝国和奥斯曼帝国绵延两千余年，堪称中东地区之帝国传承的历史坐标。第一次世界大战结束后，奥斯曼帝国寿终正寝，中东形成全新的地缘政治格局。土耳其、伊朗和埃及以其辽阔的幅员、众多的人口和广泛的影响力，在中东伊斯兰世界处于鼎立三足的大国地位。萨达姆时代的伊拉克，拥兵百万之众，军事实力膨胀，力压群雄，成为中东地区大国中的后起之秀。以色列虽是弹丸小国，却因为产生于特定的时代环境，具有特殊的国际背景，借助于西方的资金援助和技术引进，历经半个世纪而率先步入世界发达国家的行列。

进入 21 世纪，一度称雄波斯湾的伊拉克由于美国主导的军事入侵和萨达姆政权的崩溃而陷入四分五裂的局面，埃及作为阿拉伯世界的领头羊亦在穆巴拉克政权垮台之后面临深刻的危机，政局动荡，民生凋敝，而石油王国沙特阿拉伯坐收渔利，其在阿拉伯世界直至整个中东的影响力大幅提升，一跃成为新兴的地区大国。地跨亚欧交界处的中东大国土耳其，尽管加入欧盟之路步履蹒跚，却在进入 21 世纪后出现经济腾飞，国内生产总值跻身全球 20 强行列。伊朗作为美国主导之阿富汗战争和伊拉克战争的最大赢家，不费一兵一卒而得以消除来自东西两面的安全隐患。阿拉伯世界的政治乱象，为伊朗进一步扩大和强化其在中东的影响力提供了绝佳的良机，直至形成所谓的“什叶派新月”。

诸多学者从意识形态的角度解读中东的地缘政治现象，强调伊斯兰教与基督教乃是水火不容的天敌，穆斯林与基督徒之间的信仰差异导致所谓文明的冲突，而当今中东的丛生乱象多系逊尼派与什叶派之间的教派对立所致。国内外专家言中东乱局必言教派冲突，似乎已成常态。实则不然。在阿拉伯帝国和奥斯曼帝国时代的中东，在吉玛人制度和米勒特制度的法理框架下，穆斯林与基督徒和睦相处，逊尼派与什叶派之间亦相安无事，宗教迫害和教派仇杀只是偶发的特例，存在于特定的历史背景，并非普遍现象。众所周知，存在决定意识，而非意识决定存在；现实社会的矛盾冲突，根源于物质利益的争夺，而绝非根源于意识形态的分歧和宗教信仰的差异，是为唯物史观的理论基石。将形而下层面之形形色色的矛盾冲突归因于形而上层面的信仰差异和教派对立，纯属无知偏见，或出于西方世界之不可告人的政治目的，虽貌似合乎情理，却与客观事实相去甚远，可不攻自破。

纵观世界历史，早在前伊斯兰时代，罗马帝国与波斯帝国之间交战长达数个世纪，旨在争夺中东霸主地位，却与宗教无关。自中世纪以来，欧洲基督教世界内部战争迭起，战火绵延，烽烟四起，人仰马翻。十字军东征美其名曰拯救宗教圣城耶路撒冷之“主的陵墓”，然而洗劫拜占庭帝国首都君士坦丁堡的诱人财富却是第四次十字军东征的最大战果。第一次世界大战期间，皆为基督教国家的英国、法国、俄国与德国、奥匈帝国分别形成协约国与同盟国两大阵营，两军对垒，激烈厮杀，而同盟国一方的德国、奥匈帝国却与信仰伊斯兰教的奥斯曼帝国同仇敌忾。席卷欧洲和太平洋地区的第二次世界大战，则几乎无关中东伊斯兰世界的穆斯林。在“二战”结束后的冷战时代，东西方处于军事对峙的状态，超级大国争夺世界霸主地位，北约与华约两大阵营剑拔弩张，而中东伊斯兰世界尚且徘徊于国际舞台的边缘，当下所谓的反恐战争在冷战时代亦无从谈起。

在伊斯兰世界内部，就逊尼派与什叶派而言，两大教派的分歧和对立缘起于哈里发的权位归属，而哈里发时代早已成为过眼云烟，消失于历史的长河之中。20 世纪 30 年代，伊拉克的两大政党即什叶派穆斯林政党民族党与逊尼派穆斯林政党人民党跨越教派界限，一度合并，名为民族兄弟会党，旨在争取伊拉克的民族独立。复兴党曾经是“肥沃的新月地带”最具影响力的阿拉伯人政党，而属于逊尼派的萨达姆与来自什叶派分支阿拉维派的阿萨德皆为复兴党的代表人物，可谓同党。20 世纪 60 年代，同为逊尼派的埃及与沙特阿拉伯两国关系极度紧张，而导致两国关系紧张的直接原因是共和制与君主制之间的政体之争。纳赛尔时代的埃及俨然是阿拉伯世界共和政体的旗手，而沙特阿拉伯则被时人视作君主政体的堡垒。1963—1967 年，也门爆发内战，埃及与沙特阿拉伯分别支持也门的共和派和君主派作为各自的代理人，而交战双方中的共和派系逊尼派穆斯林，君主派则来自什叶派分支栽德派，权力角逐跨越教派界限成为不争的事实。1990 年，伊拉克总统萨达姆挥师南下，占领同为逊尼派的伊斯兰国家科威特，而来自阿拉伯世界的其他诸多逊尼派国家则支持美国主导下发动的海湾战争，教派痕迹荡然无存。直至进入 21 世纪，沙特阿拉伯与伊朗两国关系呈不断恶化的态势，海湾地区形成两虎相争的地缘政治态势；沙特阿拉伯与伊朗交恶的实质绝非源于逊尼派与什叶派之间的对立，而是在于后萨达姆时代海湾霸主地位的争夺。

20 世纪既是中东现代化进程的重要阶段，亦是所谓强人政治的历史时代。20 世纪活跃于中东政治舞台的诸多政治强人，大都具有军方背景，普遍致力于“发展的独裁模式”。行伍出身的凯末尔作为土耳其共和国的缔造者，首开 20 世纪中东强人政治的先河。巴列维王朝的首任国王礼萨汗亦出身行伍，效法土耳其共和国的国父凯末尔，在伊朗实行君主独裁的威权统治。阿拉伯世界的强人政治，始于埃及的 1952 年“七月革命”。纳赛尔、萨达特和穆巴拉克作为无冕之王统治埃及长达半个世纪之久，堪称阿拉伯世界强人政治的典范。叙利亚总统阿萨德和伊拉克总统萨达姆皆为寒门子弟，亦皆出身行伍，以“总统制形式的君主制”作为治国之本，可谓“肥沃的新月地带”强人政治的双子星。强人政治的风行一时，并非偶然的历史现象，而是中东现代化进程中新旧势力消长和新旧秩序更替的产物和体现，亦是强势推动中东现代化进程和社会转型的历史杠杆，其存在的合理性毋庸置疑。

进入新世纪，阿拉伯世界经历自“二战”结束以来最严重的政治危机。2011 年发生的一系列政治风波被世人称作“阿拉伯之春”，诸多阿拉伯国家如同多米诺骨牌一般，相继出现剧烈的政局动荡，甚至达到失控状态，政治强人纷纷落马。所谓的“阿拉伯之春”，其深层背景在于百余年来剧烈变动的经济社会秩序与严重滞后的政治秩序之间的结构性矛盾，反映出阿拉伯世界民众崛起的政治浪潮。相比之下，中东民主化程度最高的伊斯兰国家土耳其，并未受到所谓“阿拉伯之春”的波及，政治局势风平浪静。伊朗作为中东地区大国，自 1979 年伊斯兰革命之后，民主化长足进步，常态化选举提供了民众实现政治参与和表达政治诉求的合法途径，民众意志与官方意志之间保持必要的沟通渠道，政治局势亦相对稳定，偶发的街头政治和反政府示威只是昙花一现而已。

“阿拉伯之春”政治讽刺画——多米诺骨牌效应

从比较政治学的视野来看，在全球的范围内，阿拉伯世界的民主化进程曾经长期处于停滞不前的状态，被视作威权政治的最后据点。美国和西方主导的学术观点和政治理念，普遍从文化和文明形态的角度出发，强调伊斯兰教与民主政治之间存在根本性的对立，强调伊斯兰教的意识形态构成阻碍和制约阿拉伯世界民主化进程的根本原因，进而对阿拉伯世界的政治前景持悲观的看法。进入 21 世纪以来，阿拉伯世界的政治风波和政权更迭，无疑动摇着美国和西方世界主导的学术观点和政治理念。

中东局势的剧烈动荡，亦给西方世界造成始料不及的严重影响。进入21世纪以来，阿富汗战争、伊拉克战争、利比亚战争、叙利亚内战，无不与美国主导的西方世界插手中东内部事务密切相关。当下所谓的“伊斯兰国”猖獗一时，更是伊拉克战争和西方世界干涉叙利亚内政的产物。由此带来的直接后果是形成大范围的政治真空地带，导致原有政治秩序不复存在，政治局势失控，政治暴力泛滥，生灵涂炭，家园毁于战火，流离失所而背井离乡者不计其数，形成史无前例的难民潮。失去家园的中东难民大举拥入歌舞升平的西方基督教世界，欧洲诸国面临巨大的压力和挑战，恐袭事件亦时有发生。与此同时，随着诸多亲美政权之相继淡出历史舞台，美国主导的西方世界在中东地区的影响力呈现明显弱化的趋势，短期内恐难逆转。俄罗斯的普京政权在中东地缘政治层面强势回归，其政治影响力大幅提升。中国的和平崛起，特别是中国政府积极推进的“一带一路”倡议的举措，则为中东复兴的未来前景提供了历史性的发展机遇。

第一章
阿拉伯人的古代历史

一、 阿拉伯半岛与阿拉伯人

“阿拉伯人的岛屿”

现代的阿拉伯半岛位于亚洲的西南部，北面与“肥沃的新月地带”[1]相连，西面、南面和东面环绕着红海、阿拉伯海和波斯湾，面积约为 230 万平方公里，是世界上最大的半岛。然而，阿拉伯半岛在远古时代曾经与非洲大陆和伊朗高原相连。那时的阿拉伯地区气候潮湿，林木茂密。[2]“阿曼沿海一带山脉构造的特点使人产生一种联想，即这里与波斯的陆地原为一个整体，只是到了后来的侏罗纪，才突然被印度洋的洪水冲断。阿拉比亚西部最早也与非洲大陆连成一片。第三纪时出现了红海和高耸的赛拉特群山，阿拉比亚遂与非洲大陆分开。”[3]在现代社会，海洋无疑为人类提供了相互交往的重要通道。但是，在古代社会的历史条件下，浩瀚无际的大海往往构成令人难以逾越的障碍。阿拉伯半岛缺乏适于停泊船只的天然港湾，邻近的岛屿寥寥无几，加之珊瑚礁等各种暗礁密布于周围水域，海上航行极其困难，交通闭塞。因此，阿拉伯人常常将自己的故乡称作“阿拉伯人的岛屿”。

阿拉伯半岛的地貌，呈现为自西北部向东南部逐渐倾斜至阿曼一带又复

---

① “肥沃的新月地带”指现在的伊拉克、叙利亚、黎巴嫩、巴勒斯坦和约旦。
② 哈桑·穆阿尼斯：《古代中世纪的阿拉伯国家与文明》，科威特：海湾出版社 1978 年版，第 90 页。
③ 戈特沙尔克：《震撼世界的伊斯兰教》，阎瑞松译，陕西人民出版社 1987 年版，第 1 页。

隆起的状态。赛拉特山位于阿拉伯半岛的西侧，北起亚喀巴湾东岸，南至也门，绵亘 1 800 公里；赛拉特山南端的哈杜尔舒艾卜峰海拔 3 760 米，是整个半岛的最高点。帖哈麦在阿拉伯语中本意为临海的土地，特指赛拉特山西侧与红海之间起伏不平的狭长地带。赛拉特山与帖哈麦合称希贾兹（旧译汉志）。希贾兹在阿拉伯语中意为阻隔，特指红海东岸也门与叙利亚之间的地带。干枯的荒原覆盖着希贾兹的绝大部分地表，寥寥无几的地下水源周围零星点缀着面积不等的若干处绿洲，其中以南部的塔伊夫和北部的叶斯里卜最为著名。“也门”一词在阿拉伯语中本意为右边和南方，特指麦加和希贾兹以南地区。[①]赛伯邑时期的铭文将曼德海峡与哈德拉毛之间的广阔地域称作也门，古典作家将也门称作“阿拉伯福地”。[②]也门一带受印度洋季风的影响，雨水较为充沛，气候相对潮湿。自也门向东，经过著名的香料海岸哈德拉毛和单峰骆驼的故乡麦赫拉，直到阿曼，海拔 1 000 米以上的山脉沿海岸线逶迤 1 600 公里，其中阿曼湾西侧的绿峰高达 3 300 米。赛拉持山和南部群山仿佛是一道天然的屏障，阻挡着潮湿的海风的吹拂，从而形成半岛内陆干旱少雨的气候环境。纳季德高原（旧译内志）位于半岛内陆的中央地带，平均海拔高度约为 800 米，如同经过烈焰焚烧的黑色熔岩覆盖着纳季德的地表。纳季德高原以南名为鲁卜哈利，亦称达赫纳；这一区域土质坚硬，红沙遍野，沙纹荡漾，如同水波一般。位于纳季德高原以北的努夫德，是半岛内陆的另一沙漠区域，亦称塞玛瓦谷；这里沙质细软，随风向变幻不定，形成红白相间的流动沙丘。纳季德高原、鲁卜哈利和努夫德沙漠的季节变化极为明显，每逢冬春时节，暴雨滂沱，绿草如茵的牧场随处可见。雨季过后，草木枯萎，浩瀚的旷野遂为人迹罕至的不毛之地。阿拉伯半岛缺乏常年通航的河流，却有称作瓦迪的季节性河谷遍布各地，可供人畜行走。南部的瓦迪哈德拉毛、瓦迪达瓦希尔和北部的瓦迪鲁麦、瓦迪希尔罕，乃是联结半岛内陆各个区域和通往外部的重要路线。

阿拉伯人的生活方式

阿拉伯半岛是阿拉伯人的故乡，阿拉伯人自遥远的古代便生活在这样的环境之中。由于干枯的地表和干旱的气候，阿拉伯半岛植被稀少，资源匮乏，

---

① 马苏第：《黄金草原》，耿昇译，青海人民出版社 1998 年版，第 542 页。

② 哈桑·穆阿尼斯：《古代中世纪的阿拉伯国家与文明》，第 91 页。

游牧的生活方式长期占据统治地位，贝都因人（阿拉伯语中意为游牧者）为数甚多，骆驼和羊群构成贝都因人赖以生存的基本财富。①骆驼大约自公元前1200年出现于阿拉伯半岛；在骆驼传入之前，驴曾经是阿拉伯人仅有的运输工具。据古代亚述铭文记载，贝都因人至迟在公元前9世纪已经成为骆驼的主人。②骆驼既可供人骑乘，亦可用于载货，其长途跋涉和负荷能力远非其他牲畜可比。贝都因人更以骆驼作为首要的生计来源，食其肉，饮其乳，衣其皮毛，将骆驼视作不可或缺的伙伴。骆驼的最大负载超过250公斤，最大日行路程达到160公里，可以在炎热的环境下连续行走8日而无须饮水。骆驼的牧养为贝都因人进入沙漠深处提供了必要的条件，“沙漠之舟”的出现使得贝都因人真正成为沙漠的主人。③分布在半岛东北部的巴克尔部落和纳季德高原的泰伊部落、塔米姆部落、阿萨德部落以及希贾兹的穆宰纳部落、吉法尔部落，皆是牧养骆驼的著名群体。④贝都因人不仅牧养骆驼，亦将牧羊作为重要的生计来源。与骆驼相比，羊群移动速度较为缓慢，而且无法远离水源。因此，羊群的牧养制约着贝都因人的活动范围；以牧养羊群为生的贝都因人难以进入沙漠深处，大都分布在沙漠的边缘和农耕区域的四周，其生活方式往往兼有游牧和定居的双重倾向。

线条影像的单峰骆驼

贝都因人无疑处于居无定所的游荡状态，但是却非毫无目的的随意迁徙。他们通常拥有属于各自部落的水源和相对稳定的游牧范围，沿着较为固定的路线追逐水草。雨季与旱季的明显更替导致贝都因人生存空间的周期性改变，进而使得他们对于自己的家园产生既期待离别又盼望返回的矛盾心理。在恶劣的自然环境中，贝都因人表现出顽强的生存能力，他们往往每天只需食几颗

① Lindsay, J.E., *Daily Life in the Medieval Islamic World*, Westport 2005, p.39.
② Saunders, J.J., *A History of Medieval Islam*, London 1978, pp.4—5.
③ Grunebaum, G.E., *Classical Islam*, London 1970, p.16.
④ Donner, F.M., *The Early Islamic Conquest*, Princeton 1981, p.16.

椰枣和饮少许驼乳便可维持生命。

画家笔下骑单峰骆驼夜行的旅客

除居无定所的游牧群体以外，阿拉伯半岛还生活着相当数量的定居人口。定居人口大都分布在阿拉伯半岛的周边地带。在阿拉伯半岛南部的沿海地带，较为充沛的降雨和相对潮湿的气候环境提供了发展农业的适宜条件。也门是整个半岛中最为重要的农业区域；古代的也门人在山区坡地修建梯田，在山谷之间修建水坝，用以储存雨水，灌溉土壤，种植小麦和大麦以及各种果蔬。①也门以东的麦赫拉和哈德拉毛是乳香树的著名产地，阿曼一带盛产水稻，东部沿海的哈萨盛产谷物和椰枣。②在半岛内陆，绿洲构成农业区域的另一种类型，地下水源则是绿洲农业赖以维持的首要前提。叶斯里卜、塔伊夫、泰马、海拜尔、法达克、杜麦持·詹达勒和瓦迪库拉是分布在希贾兹一带的主要绿洲，半岛东部的叶麻麦和盖提夫亦有若干处面积较大的绿洲，甚至鲁卜哈利沙漠深处亦不乏绿洲的存在。③枣椰树原生于两河流域南部，后来传入阿拉伯半岛，成为绿洲农业的主要作物。有些绿洲的居民除种植枣椰树外，亦种植大麦和小麦等谷类作物。希贾兹南部的塔伊夫盛产葡萄，甘美硕大，闻名遐迩。与南部沿海的灌溉农业相比，绿洲农业的耕作条件较为简陋；气候的干旱和水源的匮乏制约着耕地面积的扩大，定居的生活方式尚不稳定，牲畜的牧养往往构成绿洲农业的重要补充。

在广袤的阿拉伯半岛，游牧与定居两种生活方式并非各自孤立存在，而是处于相互依赖和彼此制约的状态。定居者由于自然环境的限制和生产力水平的低下，往往需要游牧经济的诸多产品作为补充。贝都因人则缺乏经济自给的能力，需要定居者提供各种农产品和手工制品。因此，定居者与贝都

① Lindsay, J.E., *Daily Life in the Medieval Islamic World*, p.35.

② 穆罕默德·穆斯塔法·齐亚德：《阿拉伯世界的历史与文明：古代与伊斯兰时代》，开罗：知识出版社1964年版，第116页。

③ Donner, F.M., *The Early Islamic Conquest*, p.14.

枣椰树

因人之间存在着相互交往的客观需要。在前伊斯兰时代的社会条件下，抢劫构成定居者与贝都因人之间相互交往的重要形式。“抢劫本是盗贼行径，但沙漠生活的经济情况和社会情况却使抢劫成为当地民族的风俗。”[①]绿洲由于人口稀少，分布散落，往往成为贝都因人抢劫的主要目标，定居地区的各种产品通过一系列的抢劫而落入游牧群体手中。游牧群体之间和定居者内部的相互抢劫亦时有发生。先知穆罕默德移居麦地那的初期穆斯林对于麦加商队的袭击，体现了古代阿拉伯人传统的抢劫习俗在伊斯兰时代的延续。定居者与贝都因人相互交往的另一种方式，是提供保护和征收贡品。这种交往大都存在于较为强大的游牧群体与地广人稀的绿洲之间；贝都因人往往以提供保护作为条件，向绿洲的定居者征收所需要的各种产品。贝都因人与商队的合作亦屡见不鲜；分布在商路沿途的贝都因人向过往的商队提供骆驼和向导，保护商队的旅行安全，商队则向贝都因人交付一定数量的财物作为报酬。伊斯兰教诞生前夕，纳季德高原东侧的贝都因人塔米姆部落与麦加的古莱西

① 希提：《阿拉伯通史》，马坚译，商务印书馆 1979 年版，第 26 页。

部落之间曾经有过长期的贸易合作。①在茫茫的荒漠之中，商旅驼队离开贝都因人的合作几乎寸步难行，而两者之间的合作对于阿拉伯半岛的经济生活具有至关重要的作用。在阿拉伯人相互交往的过程中，集市贸易占有重要的地位。阿拉伯人素有朝拜圣地的宗教习俗，人们在举行祭祀活动的同时，往往相互交换各种物品，宗教圣地随之成为定期贸易的集市所在。阿拔斯时代的历史家哈姆达尼（？—945）曾经提到公元6世纪阿拉伯半岛的十余处集市，其中最为著名的是欧卡兹集市。欧卡兹位于麦加以东100公里的山谷，西南距塔伊夫35公里，每年11月举行集市，为期20天，来自半岛各地的阿拉伯人在这里交换各自的产品。②

在阿拉伯半岛，手工业的重要性无法与畜牧业、农业、商业相提并论；手工业活动为贝都因人所鄙视，手工业者社会地位低下。③在也门，萨那、纳季兰、朱拉什是主要的皮革加工业中心，纺织业和酿酒业的中心是亚丁和萨那。在希贾兹，麦加是著名的手工业品制造中心，主要手工业品是刀剑、甲胄。叶斯里卜的手工业主要是农产品的加工业，制作干椰枣，用枣椰树叶制作草席，用枣椰树干制作生活用品，各种装饰品和武器亦是叶斯里卜的重要手工业产品，犹太人则是叶斯里卜的主要手工业者。④

阿拉伯人的谱系

“阿拉伯”一词本意为沙漠，“阿拉伯人”则指生活在沙漠中的人。公元前853年的亚述铭文中曾经提到“阿拉伯人金迪卜的一千只骆驼”，这是迄今为止关于阿拉伯人的最早的记载。⑤历史上第一个阿拉伯人的名字与“骆驼”一词的同时出现，足以说明阿拉伯人与游牧活动之间存在着密切的联系。继亚述铭文之后，古典作家上自希腊的埃斯库罗斯（公元前525—前456）下至罗马的普林尼（公元23—79）亦屡屡提及阿拉伯人，泛指阿拉伯半岛及其周边区域直至埃及尼罗河以东的游牧人口。在阿拉伯半岛南部，关于阿拉伯人的文字记载首先出现于公元前后也门一带的碑刻之中；这些

---

① Kister, M.J., *Mecca and Tamim*, Journal of Economic and Social History of the Orient, 1965, p.38.

② Osborn, R.D., *Islam Under the Arabs*, London 1876, p.287.

③ Morony, M.G., *Manufacturing and Labour in the Classical Islamic World*, Hampshire 2003, p.145.

④ 赛义德·阿卜杜勒·阿齐兹·萨利姆:《阿拉伯史:从伊斯兰教的兴起到倭马亚王朝的衰落》,亚历山大:亚历山大出版社1973年版,第16—17页。

⑤ Saunders, J.J., *A History of Medieval Islam*, p.4.

碑刻中所提及的阿拉伯人,常常仅指追逐水草的贝都因人。在半岛的北部,公元4世纪的那马拉墓碑铭文中记述了"全阿拉伯人之王"伊姆鲁·凯斯的生平,而该人的权力似乎并未超出半岛北部和中部的游牧区域。从上述的零散记载可以看出,古代阿拉伯人并非统一的社会群体,其内部存在着明显的差异。

古代阿拉伯半岛的传统谱系,将阿拉伯人区分为灭绝的阿拉伯人和尚存的阿拉伯人。①《古兰经》中提到的阿德人和赛莫德人,应当属于所谓灭绝的阿拉伯人。相传阿德人和赛莫德人居住在也门与阿曼之间的沙丘地区,亦传阿德人和赛莫德人生活在半岛西侧的希贾兹。据《古兰经》记载,安拉曾经先后使阿德人和赛莫德人成为其在大地上的"代治者",并使他们富庶兴旺;阿德人和赛莫德人后因弃善从恶,伤风败俗,相继遭到安拉"严厉的惩罚",直至全族灭绝。②

尚存的阿拉伯人,相传是努哈(即诺亚)的后裔和易卜拉欣(即亚伯拉罕)的子孙,分为盖哈丹人和阿德南人两支。盖哈丹人被视作纯种的阿拉伯人,阿德南人则被视作归化的阿拉伯人。③盖哈丹人分为克黑兰族和希米叶尔族,包括泰伊、哈姆丹、巴吉拉、阿萨德、阿兹德、肯德、胡扎尔诸部落;他们大都祖居半岛南部,所操语言近似于两河流城南部的阿卡德语和东非的埃塞俄比亚语。阿德南人分为穆达尔族和拉比尔族,包括巴克尔、塔格里布、哈尼法、塔米姆、基纳奈(内含古莱西)诸部落;他们主要分布在希贾兹和纳季德一带,所操语言近似于希伯来语,后来逐渐演化为《古兰经》的语言。④

古老的传说并非完全出自虚构,传统的谱系划分反映出阿拉伯半岛内部自然环境和生活方式的差异,具有一定程度的历史真实性。盖哈丹人大都属于定居者,阿德南人则往往处于居无定所的游牧状态。定居地区与游牧群体之间的深刻对立,构成阿拉伯人划分为不同谱系的客观基础。在漫长的历史时期,绵延不断的迁徙浪潮改变着阿拉伯人的分布区域,使得分别属于不同谱系的血族群体往往交错杂居。然而,谱系的差异和由此产生的敌对观念根深蒂固,直至伊斯兰时代初期仍未完全消失。

---

①③ 穆罕默德·穆斯塔法·齐亚德:《阿拉伯世界的历史与文明:古代与伊斯兰时代》,第117页。

② 《古兰经》,马坚译,中国社会科学出版社1978年版(本书所引《古兰经》均为该版本),7:69, 41:16。

④ 哈桑·穆阿尼斯:《古代中世纪的阿拉伯国家与文明》,第90页。

二、 古代阿拉伯人的文明雏形

米奈—赛伯邑人

阿拉伯半岛尽管地理位置相对闭塞，却非处于与世隔绝的状态。公元前3000年两河流域的泥版文书曾经将阿拉伯半岛东南部波斯湾沿岸诸地分别称作迪尔蒙、麦干和麦鲁赫，公元前2000年的埃及人则将阿拉伯半岛西南部曼德海峡沿岸称作篷特。尼罗河流域、幼发拉底—底格里斯河流域以及印度河流域的古代文明通过各种形式影响着阿拉伯人的历史进程，在阿拉伯半岛南部沿海和北部沙漠边缘逐渐萌生着文明社会的雏形。

首先步入文明社会的是分布在半岛南部沿海区域的阿拉伯人，定居农业的生活方式是南方阿拉伯人中得以萌生文明雏形的物质基础。考古学家在半岛南部发现大量的古代碑铭，铭文的日期可以上溯到公元前8世纪。半岛南部最早的铭文，主要包括米奈体铭文和赛伯邑体铭文两类。米奈人属于灭绝的阿拉伯人分支，祖居阿拉伯半岛，曾经进入两河流域南部，与苏美尔人共同生活。后来，米奈人返回阿拉伯半岛，定居在纳季兰与哈德拉毛之间的焦夫一带，从事农业和贸易。①米奈人将苏美尔文明的诸多内容，包括祭祀仪式、楔形泥板的书写形式和建筑艺术，传入阿拉伯半岛。也门的米奈人自公元前13世纪建立国家，定都于盖尔诺(位于今也门首都萨那东北部)，国王称作马立克，实行世袭制，传承26代。②公元前4世纪希腊学者泰奥弗拉斯托斯、公元前3世纪希腊学者厄拉多塞和公元前1世纪希腊学者斯特拉波，均曾提及阿拉伯半岛南部的米奈人。③

赛伯邑人属于盖哈丹人的分支，其语言和习俗深受米奈人的影响，自公元前6世纪开始成为也门的统治者。记载赛伯邑人的铭文，可以追溯到公元前8世纪亚述国王提格拉特·帕拉沙尔三世和阿卡德国王萨尔贡二世的时代。④赛伯邑人的国家位于米奈国以南地区，最初定都于绥尔瓦赫，后来迁都马里卜，国王称穆卡里卜。赛伯邑时期，也门经历了农业的繁荣。历代国王

---

① Ali Khan, M., *Muhammad the Final Messenger*, Delhi 1980, p.19.

② 哈桑·穆阿尼斯:《古代中世纪的阿拉伯国家与文明》，第96—97页。

③ O'Leary, L., *Arabia before Muhammed*, London 1927, p.86.

④ O'Leary, L., *Arabia before Muhammed*, p.87.

重视水利，用岩石建造堤坝，储存雨水，灌溉农田。赛伯邑时期最著名的水坝，始建于公元前650年国王苏姆胡·阿里·雅努弗当政期间，位于祖纳谷地出口处，名为马里卜水坝。马里卜水坝宽550米，高15米，截面呈倒金字塔形状，使用砖石精工砌成，设有闸门用来调节水流，兼有蓄洪和灌溉效用，堪称阿拉伯半岛南部古代文明的杰作，其遗址至今尚存。马里卜水坝的建造，扩大了赛伯邑人的耕作范围，农作物产量随之明显提高。[①]《古兰经》第三十四章即以赛伯邑作为章名，并且提及赛伯邑人因背弃安拉而遭马里卜水坝所泄急流的淹没。[②]

也门地处印度洋与地中海之间的贸易通道，扼守途经红海的水路和途经希贾兹的陆路，过境贸易发达，商旅驼队络绎不绝。印度的香料、波斯湾的珍珠、中国的丝绸以及东非的奴隶、象牙、黄金、珍禽异兽，在地中海世界具有广阔的市场。[③]阿拉伯半岛南部沿海以及邻近的索克特拉岛是古代著名的香料产地，盛产乳香和没药。乳香制成的焚香是祭祀神灵和朝廷典礼中不可缺少的物品，没药则是制作香水和诸多药品的重要原料，在地中海世界尤为畅销。[④]米奈—赛伯邑人是古代世界的杰出商人。根据《圣经·旧约》的记载，早在伊斯哈格和雅各时代，巴勒斯坦的市场上已经出现了来自阿拉伯半岛南部的商贾。[⑤]香料的贩运是南方阿拉伯人的重要贸易内容。米奈—赛伯邑人贩运的香料，大都通过陆路销往地中海东岸。沿海一带和索克特拉岛出产的香料，首先汇集于哈德拉毛西部的沙卜瓦。贩运香料的商旅驼队自沙卜瓦出发，向西至也门，继而北行，经马里卜和萨那，穿过希贾兹，进入叙利亚和埃及。[⑥]米奈—赛伯邑人利用印度洋季风的规律性变化，航行于阿拉伯半岛以南海域，贩运东非和波斯湾沿岸直至印度西部的各种物产。“他们或许还没有发现印度，但是已经将印度的物产展现给地中海世界。”[⑦]自也门经希贾兹至叙利亚的商路，在米奈—赛伯邑时期成为沟通印度洋沿岸与地中海世界的主要贸易桥梁。米奈—赛伯邑人控制着途经希贾兹的商业通道的南端，而他

---

① 赛义德·阿卜杜勒·阿齐兹·萨利姆:《阿拉伯史:从伊斯兰教的兴起到倭马亚王朝的衰落》,第7页。

② 《古兰经》,34:16。

③ 穆罕默德·穆斯塔法·齐亚德:《阿拉伯世界的历史与文明:古代与伊斯兰时代》,第134—135页。

④ Holt, P.M., Lambton, A.K.S. & Lewis, B., *The Cambridge History of Islam*, Cambridge 1970, Vol.1A, p.10.

⑤ Gilman, A., *The Saracens, from the Earliest Times to the Fall of Baghdad*, London 1988, p.25.

⑥ O'Leary, L., *Arabia before Muhammed*, p.103.

⑦ Holt, P.M., *The Cambridge History of Islam*, Cambridge 1970, Vol.1A, p.16.

们在商路沿途建立的贸易据点一直延伸到希贾兹北部的乌拉、泰布克和约旦的马安。米奈—赛伯邑人拥有庞大的船队，游弋于印度洋与红海之间的辽阔水域。[①]米奈—赛伯邑人的商业活动，遍及两河流域、叙利亚、埃及、非洲东岸和阿拉伯半岛北部边缘。[②]古典作家曾经详细地记述了米奈—赛伯邑人的贸易活动，并且将他们誉为“南海的腓尼基人”。

希米叶尔人

希米叶尔人是赛伯邑人的分支，生活在阿拉伯半岛南部的沿海地区，自公元前 2 世纪开始成为也门的统治者，佐法尔则取代盖尔诺成为也门的政治中心。[③]公元 1 世纪罗马学者普林尼曾经提及希米叶尔人，称佐法尔是希米叶尔人的都城。[④]希米叶尔人兴起之初，国势昌盛，疆域延伸到哈德拉毛、纳季德、帖哈麦一带。[⑤]萨那的雾木丹堡宫建于公元 1 世纪希米叶尔国王伊利·沙利哈当政时，建筑材料采用花岗岩、斑岩和大理石，共 20 层，高约百米，可谓古代世界的摩天大楼。雾木丹堡宫的顶层覆盖以透明的石片，透过石片，可仰望空中景色。雾木丹堡宫四周的石墙，颜色各异；四角的隅石之上各有一只铜狮，风至狮吼，堪称奇观。雾木丹堡宫直至伊斯兰教诞生时期依然醒目，代表了希米叶尔人的文化成就。[⑥]

希米叶尔人继承米奈—赛伯邑人的商业传统，控制途经红海和希贾兹的贸易通道，尤其是在希贾兹商路沿途设立商站，与阿拉伯半岛北部的奈伯特人、塔德木尔人建立密切的贸易联系，合作经营印度洋与地中海之间的过境贸易。[⑦]然而，托勒密王朝建立后，重新开通尼罗河与红海之间的古代运河，使埃及商船得以穿越红海和曼德海峡进入也门水域，威胁途经希贾兹的陆上贸易通道。公元前 24 年，罗马大将阿利乌斯·加拉斯率军自埃及出发，沿红海东岸攻入阿拉伯半岛，直至兵抵也门的麻里阿巴时攻势受挫，希米叶尔人方免于被罗马征服的厄运。[⑧]公元 1 世纪罗马皇帝克劳迪乌斯在位期间，一艘罗马商船偶然被海风从曼德海峡吹到锡兰，随之发现南方阿拉伯人贩运的

---

① 赛义德·阿卜杜勒·阿齐兹·萨利姆：《阿拉伯史：从伊斯兰教的兴起到倭马亚王朝的衰落》，第 10 页。

② 哈桑·穆阿尼斯：《古代中世纪的阿拉伯国家与文明》，第 97 页。

③⑤ 哈桑·穆阿尼斯：《古代中世纪的阿拉伯国家与文明》，第 98 页。

④ O'Leary, L., *Arabia before Muhammed*, p.102.

⑥ Ali Khan, M., *Muhammad the Final Messenger*, p.21.

⑦ 穆罕默德·穆斯塔法·齐亚德：《阿拉伯世界的历史与文明：古代与伊斯兰时代》，第 135 页。

⑧ 赛义德·阿卜杜勒·阿齐兹·萨利姆：《阿拉伯史：从伊斯兰教的兴起到倭马亚王朝的衰落》，第 13 页。

许多物品来自印度洋水域。不久,来自埃及的水手希帕拉斯了解到印度洋季风的变化规律。①此后,罗马商人经海路定期往返于埃及与印度洋沿岸之间,绕开也门直接贩运东方物产。②罗马商船日益排挤"沙漠之舟",红海逐渐取代希贾兹而成为连接地中海与印度洋的主要商路。"罗马商船进入印度洋,给阿拉伯南部的繁荣敲了丧钟。"③公元3世纪罗马帝国进入危机时代而萨珊王朝兴起于伊朗高原以后,两河流域成为沟通地中海与波斯湾之间的主要贸易通道,甚至红海商路亦日渐萧条。商路的转移给南方阿拉伯人传统的香料贸易带来灾难性的影响,也门一带的经济生活渐趋衰落。马里卜水坝曾经是阿拉伯半岛南部定居社会和古代文明雏形的象征,于450年和542年两次被毁,皆得以重修,至570年彻底坍塌。④马里卜水坝的坍塌,标志着阿拉伯半岛南部文明雏形的崩溃。此后,半岛南部的许多部落相继离开祖居的家园,告别定居的生活,迁往北方各地。

早在公元前5世纪,南方阿拉伯人的一支离开也门,渡过曼德海峡,在东非的埃塞俄比亚建立国家,名为阿克苏姆国。阿克苏姆国与希米叶尔国隔海相望,在印度洋水域长期存在商业竞争。公元前1世纪,阿克苏姆国一度击败希米叶尔国,攻占也门南部沿海。⑤公元初年,基督教传入阿克苏姆国,至4世纪国王埃扎纳当政时期成为国教。6世纪初,希米叶尔国王祖·努瓦斯奉犹太教作为国教,迫害基督徒。阿克苏姆国王以保护基督徒为名,于525年出兵攻入也门,杀祖·努瓦斯,灭亡希米叶尔国。统治也门的埃塞俄比亚人阿布拉哈曾经在萨那建造基督教堂,名为加里斯("加里斯"一词源于希腊语,意为教堂),采用大理石作为建筑材料,镶嵌黄金和珍珠,颇为壮丽。阿布拉哈企图以萨那的加里斯抗衡麦加的克尔白,确立萨那作为阿拉伯半岛宗教中心的地位,吸引阿拉伯人改奉基督教,但是影响甚微。大约在570年,阿布拉哈率军自也门攻入希贾兹,兵抵麦加附近的穆阿麦斯。由于阿布拉哈军中有象,阿拉伯人大为惊叹,故称之为象军,并将该年称作象年。相传,阿布拉哈所率象军进攻麦加之际,天空中飞来无数麻雀,遮天蔽日,衔石俯冲,如暴雨般抛射在象军头上,致使象军头破血流,尸横遍野。阿布拉哈率残兵退出希

① O'Leary, L., *Arabia before Muhammed*, p.79.

② Saunders, J.J., *A History of Medieval Islam*, p.8.

③ 希提:《阿拉伯通史》,第66页。

④ 贾瓦德·阿里:《前伊斯兰时代的阿拉伯史》,开罗:新月出版社1965年版,卷7,第243页。

⑤ 哈桑·穆阿尼斯:《古代中世纪的阿拉伯国家与文明》,第99页。

贾兹,不久在萨那病亡。[①]《古兰经》曾提及此事,而先知穆罕默德便诞生于象年。[②]大约在575年,希米叶尔王室后裔赛义夫前往萨珊王朝都城泰西封,请求波斯国王胡斯洛帮助也门人摆脱埃塞俄比亚人的统治。随后,波斯将领瓦赫里兹率军击败埃塞俄比亚人,也门成为萨珊王朝的属地。[③]

皮特拉与帕尔米拉

在阿拉伯半岛北部的沙漠边缘,北方阿拉伯人的一支奈伯特人自公元前6世纪初出现于约旦河东岸。奈伯特人兼并了《圣经·旧约》中提到的古代居民以东人,占据皮特拉。皮特拉位于今约旦境内的穆萨谷地,是一处开凿于山岩之中的要塞城市,四周环绕着悬崖峭壁,仅在北面有一条蜿蜒的狭路可以通行,颇为险峻。"皮特拉"一词在希腊语中意为岩石;古典作家将皮特拉及其邻近的区域称作"阿拉伯山岩",以区别于也门一带所谓"阿拉伯福地"和阿拉伯半岛内陆所谓"阿拉伯荒原"。皮特拉有一座神殿,名为克尔白,神殿之内有一块长方形黑石,称作杜舍拉。皮特拉地处加沙、布斯拉、埃拉(今亚喀巴)和大马士革之间,是自阿拉伯半岛南部经红海东岸至叙利亚的贸易通道。途径皮特拉的商品,包括也门出产的香料、大马士革和中国出产的丝绸、阿斯卡伦出产的染料以及非洲出产的金银。在希贾兹与约旦河之间,只有皮特拉具有充足和清洁的水源。[④]南来北往的商人都要在这里歇息停留,筹措生活用品,寻找替换的骆驼和驼夫。[⑤]

奈伯特人扼守希贾兹商路的北端,曾经是米奈—赛伯邑人经营转运贸易的重要伙伴。来自阿拉伯半岛南部沿海的香料和其他各种物产大都在皮特拉卸货,再由奈伯特人贩运到地中海东岸各地。在广泛从事过境贸易的基础之上,奈伯特人逐渐崛起,成为地中海东岸介于定居区域与游牧群体之间的重要政治力量。公元前169年的铭文中,首次提到奈伯特人的国王哈里萨斯。公元前1世纪,奈伯特人的国家进入鼎盛时期,并且一度击退罗马军队的攻击。公元初年,奈伯特人的疆域包括叙利亚南部和希贾兹北部的诸多地

---

① 穆罕默德·穆斯塔法·齐亚德:《阿拉伯世界的历史与文明:古代与伊斯兰时代》,第160—162页。

② 《古兰经》,105:1—5。

③ 穆罕默德·穆斯塔法·齐亚德:《阿拉伯世界的历史与文明:古代与伊斯兰时代》,第162—163页。

④ Ali Khan, M., *Muhammad the Final Messenger*, p.16.

⑤ 赛义德·阿卜杜勒·阿齐兹·萨利姆:《阿拉伯史:从伊斯兰教的兴起到倭马亚王朝的衰落》,第10页。

区。至帕尔米拉兴起以后，奈伯特人的势力日趋衰落。公元 105 年，罗马皇帝图拉真吞并所谓的“阿拉伯山岩”，奈伯特人的国家沦为罗马帝国的行省，皮特拉亦从文献记载中消失。①

画家笔下的皮特拉神殿

公元 1 世纪以后，帕尔米拉犹如一颗光彩夺目的明珠，出现在茫茫无际的叙利亚沙漠之中。帕尔米拉在希腊文中意为枣椰之城，阿拉伯人称之为塔德木尔，阿拉伯语中意为废墟。帕尔米拉原是北方阿拉伯人生活的绿洲，公元前 1100 年的亚述铭文曾经提及该地。波斯安息王朝兴起以后，两河流域成为沟通地中海世界与波斯湾沿岸的主要贸易通道。帕尔米拉位于大马士革与幼发拉底河之间，是联结叙利亚与两河流域的必经之路，占据得天独厚的地理位置，加之具有充足的水源，成为横贯沙漠的贸易枢纽和商贾辐辏的富庶之邦。②罗马帝国时期，帕尔米拉承认罗马皇帝的宗主权，并且一度以罗

① Holt, P.M., Lambton, A.K.S. & Lewis, B., *The Cambridge History of Islam*, Cambridge 1970, Vol.1A, p.21.

② 赛义德·阿卜杜勒·阿齐兹·萨利姆：《阿拉伯史：从伊斯兰教的兴起到倭马亚王朝的衰落》，第 11 页。

画家笔下齐诺比亚兵败罗马帝国的最后离别场景

马帝国的名义统治叙利亚沙漠和阿拉伯半岛北部。260年,罗马皇帝瓦列里安在与波斯军队作战中兵败被俘,帕尔米拉国王伍得奈斯起兵援救,击溃波斯军队,攻至萨珊王朝首都泰西封城下。262年,罗马皇帝加列那斯赐封伍得奈斯为统治东方的副王,帕尔米拉的势力达到顶峰。267年,似乎由于罗马人的策划,伍得奈斯在霍姆斯遭到暗杀。伍得奈斯死后,其妻齐诺比亚自称东方皇后,立幼子韦海卜·拉特为"恺撒·奥古斯都",起兵反抗罗马帝国,攻占埃及和小亚细亚。齐诺比亚发动的攻势咄咄逼人,罗马帝国朝野震动。272年,罗马皇帝奥列里安御驾亲征,击败帕尔米拉人。随后,奥列里安将帕尔米拉夷为平地。昙花一现的沙漠明珠从此被人遗忘。①

加萨尼人、莱赫米人与肯德人

大约在帕尔米拉国消失的同时,加萨尼部落和莱赫米部落相继出现于阿拉伯半岛北部和东北部的沙漠边缘,并且逐渐发展为定居区域与游牧群体之间的重要政治存在和拜占庭帝国与波斯帝国之间的缓冲势力。加萨尼部落属于南方阿拉伯人的分支,公元3世纪末离开也门,迁至叙利亚南部的豪兰和巴尔加一带,建立国家。加萨尼国似乎没有固定的都城,查比叶和吉里格曾经是加萨尼国的政治中心。从4世纪开始,加萨尼人逐渐放弃多神崇拜的原始宗教,改信基督教的分支一性派,成为拜占庭帝国的附庸,是为"罗马阿拉伯人"。②加萨尼人的第一位可信的国王,名为哈里斯·查白拉(529—

① Ali Khan, M., *Muhammad the Final Messenger*, p.17.

② Grunebaum, G.E., *Classical Islam*, p.17.

569)，希腊人称之为阿利塔斯。529年、拜占庭皇帝查士丁尼赐封哈里斯·查白拉以“菲拉尔赫”(意为首领)和“帕特里齐亚”(意为贵族)的称号。[1]544年，莱赫米国王孟迪尔三世俘获哈里斯·查白拉之子，并将其作为祭品贡献于女神欧萨。10年以后，哈里斯·查白拉率加萨尼人在叙利亚北部的基奈斯林大败莱赫米人，斩杀莱赫米国王孟迪尔三世。[2]563年，哈里斯·查白拉前往君士坦丁堡谒见查士丁尼，获准任命爱德萨的基督教一性派传教士雅各·伯拉德伊斯作为叙利亚地区阿拉伯人的主教。此后，基督教一性派常被称作雅各派。哈里斯·查白拉死后，其子孟迪尔继任加萨尼国王。580年，加萨尼人再度击败莱赫米人，甚至攻占莱赫米国都城希拉。同年，孟迪尔前往君士坦丁堡，接受拜占庭皇帝提比留二世的加冕。然而，拜占庭帝国对加萨尼人素有戒心。582年，孟迪尔被拜占庭皇帝设谋拘捕，囚禁于西西里岛。孟迪尔之子努尔曼起兵反叛，亦身陷囹圄。613—614年，波斯帝国发动反击，攻陷叙利亚诸地，加萨尼国遭到致命的打击，从此一蹶不振。[3]加萨尼国的末代国王查白拉·艾伊罕曾经追随拜占庭亲王希奥多洛斯，于636年在雅姆克河战役中与穆斯林兵戎相见。穆斯林征服叙利亚以后，查白拉·艾伊罕皈依伊斯兰教。[4]

坐在帐篷里的哈里斯·查白拉

莱赫米人与加萨尼人同为南方阿拉伯人的分支。3世纪初，莱赫米人离

---

① O'Leary, L., *Arabia before Muhammed*, p.164.

② O'Leary, L., *Arabia before Muhammed*, p.165.

③ O'Leary, L., *Arabia before Muhammed*, p.166.

④ Levy, R., *The Social Structure of Islam*, Cambridge 1965, pp.55—56.

开也门，迁至幼发拉底河西岸，依附于波斯帝国，是为“波斯阿拉伯人”。[①]幼发拉底河流域土地肥沃，物产丰富，并且受到波斯文化的广泛影响。240 年，莱赫米部落的首领阿姆尔·阿迪接受波斯皇帝沙普尔一世的册封，成为幼发拉底河流域阿拉伯人的统治者。希拉本意为帐篷，后来演变为城市，莱赫米人便定都于此处。波斯帝国曾经将大量的拜占庭战俘安置在幼发拉底河流域；莱赫米人移入以后，与这些拜占庭战俘的后裔交往较为频繁，于是逐渐放弃多神崇拜的原始宗教，改奉基督教的分支聂斯脱里派。然而，莱赫米人的王室成员或许出于政治利益的缘故，依旧保持原有的信仰。波斯皇帝叶兹德吉尔德一世(399—420 年在位)曾经遣其长子巴赫兰·古尔在希拉居住多年，以便学习猎艺和享受那里的温和气候。[②]莱赫米国王努尔曼一世(400—418 年在位)曾在希拉附近营建宫堡，名为哈瓦尔纳克，供巴赫兰·古尔居住。418 年孟迪尔一世(418—462 年在位)出任莱赫米国王以后，被波斯皇帝赐封以“给叶兹德吉尔德增添欢乐者”和“最伟大者”的称号。6 世纪初，莱赫米人日渐强盛，与加萨尼国屡屡交锋，孟迪尔三世(505—554 年在位)当政时期甚至兵抵安条克城下。[③]602 年，波斯皇帝胡斯洛二世在泰西封处死莱赫米国王努尔曼三世(580—602 年在位)，并且剥夺莱赫米人出任国王的权利，任命泰伊部落首领伊雅斯取而代之。[④]614 年伊雅斯死后，幼发拉底河流域的阿拉伯人改由波斯贵族扎迪亚直接治理。[⑤]努尔曼三世是莱赫米人中唯一信奉基督教的国王，他的妻子杏德曾经在希拉建立一处基督教修道院，名为杏德修道院，直至倭马亚王朝时期依然存在。[⑥]

公元初年以后，南方阿拉伯人的另外一支肯德部落离开祖居的家园，自哈德拉毛西部向北移动，进入纳季德高原。肯德部落似乎与希米叶尔人具有某种程度的亲缘关系，相传肯德部落的首领侯吉尔是希米叶尔国王哈萨尼的异母兄弟。480 年，侯吉尔接受哈萨尼的册封，成为阿拉伯半岛中部诸地的统治者，从而初步开创了肯德国家的基业。侯吉尔的孙子哈里斯·阿姆尔是颇为著名的肯德国王，一度击败莱赫米人，攻占希拉。同时，哈里斯·阿姆尔

---

① Grunebaum, G.E., *Classical Islam*, p.18.
② O'Leary, L., *Arabia before Muhammed*, p.158.
③ O'Leary, L., *Arabia before Muhammed*, p.160.
④ Ali Khan, M., *Muhammad the Final Messenger*, p.18.
⑤ O'Leary, L., *Arabia before Muhammed*, p.161.
⑥ 希提:《阿拉伯通史》,第 93—96 页。

似乎将肯德人的都城迁至幼发拉底河畔的安巴尔。529年,莱赫米国王孟迪尔三世发动反攻,收复希拉,哈里斯·阿姆尔兵败身亡,肯德人损失惨重。哈里斯·阿姆尔死后,诸子争权夺位,相互倾轧,肯德人内部分裂,国家灭亡,肯德部落的残余人口退回哈德拉毛。相传,肯德部落的著名诗人伊姆鲁·凯斯曾经跋涉千里,来到君士坦丁堡,乞求拜占庭皇帝查士丁尼帮助肯德人恢复国家,未能如愿。大约在540年,伊姆鲁·凯斯在返乡途中,被查士丁尼遣使杀害。①

三、 查希里叶时代的阿拉伯社会

部落与氏族

正如基督徒通常将耶稣基督的诞生作为划分人类历史进程的标志性事件,穆斯林亦将人类历史的进程划分为查希里叶时代和伊斯兰教诞生以来的时代。②“查希里叶”一词在阿拉伯语中意为无知。《古兰经》中曾经四次提到查希里叶时代,特指缺乏真正信仰的时期,用以区别其后的伊斯兰时代。③广义上的查希里叶时代,泛指从人类的始祖阿丹(即亚当)至先知穆罕默德奉安拉的使命传布启示的历史阶段。此处所说的查希里叶时代属于狭义的范畴,即伊斯兰教诞生前的百余年间,而查希里叶时代的阿拉伯人,在狭义上仅指生活在希贾兹和纳季德一带的北方阿拉伯人。

查希里叶时代的阿拉伯人处于原始社会的野蛮状态,血缘因素是维系社会成员的基本纽带,血缘组织决定社会成员的群体归属。阿拉伯人依据血缘关系的亲疏组成不同层次的社会群体,部落(qabilah)和氏族(qawm)是血缘群体的两种主要表现形式。阿拉伯人如若出自同一祖先,或者自认为是出自同一祖先,便会组成同一部落。每个部落包括若干氏族。例如,哈尼法部落包括阿米尔氏族、杜勒氏族、阿迪氏族等,其中哈尼法被视作该部落所有成员的共同祖先,阿米尔、杜勒、阿迪等则被视作各个氏族成员的亚祖先。又如,舍伊班部落包括阿布·拉比尔氏族、穆哈里姆氏族、穆拉氏族等,其中舍伊班

① 希提:《阿拉伯通史》,第98—99页。
② Lindsay, J.E., *Daily Life in the Medieval Islamic World*, pp.33—34.
③ 《古兰经》,3:154, 5:50, 33:33, 48:26。

被视作该部落所有成员的共同祖先，阿布·拉比尔、穆哈里姆、穆拉等则被视作各个氏族成员的亚祖先。氏族之下是结构松散的家庭。“血缘的纽带决定家庭在氏族中的地位，决定氏族在部落中的地位，决定部落与部落之间的关系。”①

“在贝都因人中，每一顶帐篷组成一个家庭，每一处宿营地组成一个氏族，若干处宿营地组成一个部落。”②部落犹如一个小的国家，拥有相对稳定的活动区域。部落成员遵循传统的习俗，保卫水源和牧场是部落成员的共同职责。③“无论在绿洲还是在旷野，个人被视作其所属部落的成员。只有在部落之中，并且只有通过部落的形式，个人才有可能生存和获得保护……血亲复仇是约束部落之间暴力冲突的唯一手段。”④在游牧地区，部落具有明显的排他性，血缘关系根深蒂固，几乎构成联结部落成员的唯一纽带。至于定居

画家笔下的贝都因人

① Lindsay, J.E., *Daily Life in the Medieval Islamic World*, p.46.

② 穆罕默德·穆斯塔法·齐亚德：《阿拉伯世界的历史与文明：古代与伊斯兰时代》，第121页。

③ 赛义德·阿卜杜勒·阿齐兹·萨利姆：《阿拉伯史：从伊斯兰教的兴起到倭马亚王朝的衰落》，第18页。

④ Grunebaum, G.E., *Classical Islam*, pp.14—15.

地区，则存在不同程度的非血缘关系抑或地域关系；不同部落成员之间的通婚以及一个部落的成员依附于其他部落，是导致地域关系的主要原因。[①]另一方面，部落成员由于人数众多，分布广泛，相互之间的联系不甚密切。同一部落的各个氏族往往只是在炎热的旱季聚首一处，待雨季来临，便分头迁至各自的牧场。相比之下，同一氏族的成员相互之间亲缘关系密切，同居一处，更具完整意义，是阿拉伯血缘社会的核心单位。古莱西部落入主麦加以后，曾经以氏族为单位划分成“内古莱西人”和“外古莱西人”。先知穆罕默德早年，麦加出现的所谓香料集团和联盟集团，亦建立在氏族组合的基础之上。另据徙志初年的《麦地那宪章》，奥斯部落和哈兹拉只部落的成员以及来自麦加的迁士，皆以氏族为单位加入乌玛。

人口的增长往往导致原有部落的分裂，进而形成所谓的亲缘部落。哈尼法部落和舍伊班部落曾经同属巴克尔部落，两个部落的成员均系巴克尔的后裔，至伊斯兰教诞生前夕，哈尼法人定居在叶麻麦一带，从事农耕，舍伊班人游牧于半岛东侧，追逐水草，分别形成各自的部落，而原有的巴克尔部落逐渐失去实际意义。因此，阿拉伯人的部落并非血缘联系的极限，许多部落在数代之前往往属于同一部落。根据摩尔根的《古代社会》，氏族的外婚制与部落的内婚制构成北美易洛魁人血缘社会的基础。然而，查希里叶时代的阿拉伯人尽管处于血缘社会的状态，但其婚姻形式与易洛魁人差异甚大，氏族部落的层次和界限往往模糊不清。

公有制财产关系是原始社会的重要标志，血缘群体对于土地的共同支配权构成氏族部落制度的基础。“每一个单个的人，只有作为这个共同体的一个肢体，作为这个共同体的成员，才能把自己看成所有者或占有者。”[②]在查希里叶时代的阿拉伯半岛，牧场和耕地是土地利用的基本形式；血缘群体的土地所有权，来源于其占有土地的现实状态。贝都因人的牧场称作希玛，阿拉伯语中意为保护或排他性的独占。氏族部落各有自己的希玛，属于其全体成员的共同财产。定居区域的某些公地亦称希玛，用于牧养牲畜。氏族部落将各自的希玛视作保护地，享有排他性的独占权，外来者及其牲畜不得入内。保卫各自的希玛不受侵犯，是氏族部落全体成员的共同责任。希玛的争夺，

---

① 赛义德·阿卜杜勒·阿齐兹·萨利姆：《阿拉伯史：从伊斯兰教的兴起到倭马亚王朝的衰落》，第19页。

② 《马克思恩格斯全集》，人民出版社1973年版，第46卷，第472页。

往往导致血缘群体之间的激烈厮杀。著名的白苏斯战争,便起因于塔格里布部落侵夺巴克尔部落之希玛的行为。即使在绿洲农居的条件下,土地亦大都属于氏族部落全体成员的共同财产,定居者往往处于集体耕种的农作状态。①在徙志前夕的叶斯里卜,奥斯部落和哈兹拉只部落的各个氏族构成土地占有的基本单位,贾赫加巴氏族与萨利姆氏族、阿姆尔·奥夫氏族与哈里斯氏族、沃依勒氏族与麦金氏族、阿卜杜勒·阿什尔勒氏族与哈礼萨氏族、巴亚氏族与祖拉克氏族皆曾由于争夺耕地而激烈厮杀。②特定的自然环境和生活方式明显排斥着个人对于土地的支配权力,私有土地的概念尚未形成。

氏族部落的首领称作舍赫,阿拉伯语中意为长者。德高望重、仗义疏财和勇敢善战是出任舍赫的首要条件,根据传统习俗仲裁纠纷、寻找牧场和保护水源是舍赫的基本职责。③舍赫只能代表氏族部落的公众意志,并无强制性的个人权力,不得独断专行和随意惩处其他成员。④"他遵循而不是引导部落的意见;他既不能强行摊派任务,也不能对其他人施加刑罚。"⑤当然,强有力的舍赫有时也会影响和改变公众意志。与氏族部落的其他成员相比,舍赫的出任意味着承担更多的社会义务。作为补偿,舍赫在分配战利品时享有特殊的份额,通常是全部战利品的五分之一或四分之一。⑥另外,舍赫还可以在宿营时优先选择其帐篷的位置,等等。在某些地区,舍赫往往出自身世高贵的所谓舍赫家族,舍赫的职位甚至存在父子相袭的现象。然而,氏族部落全体成员的拥戴无疑构成确定舍赫人选的必要条件。阿拉伯人具有浓厚的平等观念,在诸多方面仅仅将舍赫视作他们当中的普通一员,而严格区分舍赫与马立克(君王),后者只被用来称呼外族的统治者。氏族部落的长老会议称作麦吉里斯,行使协商的职责。⑦祖先遗留的传统习俗称作逊奈,是规范阿拉伯人社会行为的基本准则,麦吉里斯构成逊奈的外在形式。背离逊奈被视作极大的罪过,并将受到严厉的惩处。⑧

松散的婚姻关系是氏族部落制度的外在形式。在查希里叶时代的阿拉伯半岛,男女之间的婚姻行为往往缺乏明确的限制,一名男子可以娶任意数

---

① Engineer, A.A., *The Origin and Development of Islam*, Bombay 1980, p.33.

② Al-Baladhuri, *Kitab al-Buldan*, New York 1968, pp.16—17.

③⑦ 赛义德·阿卜杜勒·阿齐兹·萨利姆:《阿拉伯史:从伊斯兰教的兴起到倭马亚王朝的衰落》,第20页。

④⑧ 穆罕默德·穆斯塔法·齐亚德:《阿拉伯世界的历史与文明:古代与伊斯兰时代》,第121页。

⑤ 路易斯:《历史上的阿拉伯人》,马贤等译,中国社会科学出版社1979年版,第26页。

⑥ Grunebaum, G.E., *Classical Islam*, p.15.

量的女子为妻,若干男子同娶一女为妻的现象亦比比皆是。许多地区存在族内婚姻的习俗,男子常在父亲死后超越辈分的界限而娶继母为妻。①《古兰经》曾经提及这种行为并予以禁止:"你们不要娶你们的父亲娶过的妇女,但以往的不受惩罚。这确是一件丑事,确是一种可恨的行为,这种习俗真恶劣。"②至于男子娶亲生母亲为妻的行为,则与习俗不符。③族内婚姻的另一种形式,是同族男女互为夫妻。据记载,一阿拉伯人曾因其女儿不肯嫁与同族兄弟而说道:"他是你叔父的儿子,是所有的男人中最有资格娶你为妻的人。"④在叶斯里卜,奥斯部落与哈兹拉只部落的许多男女便曾互为夫妻。婚姻行为有时超越部落的界限;先知穆罕默德的曾祖父哈希姆系麦加古莱西部落的显贵,哈希姆之妻赛勒玛却来自叶斯里卜的哈兹拉只部落。⑤

由于自然环境和生活方式的差异,阿拉伯人氏族部落的内部结构不尽相同,婚姻形式亦多种多样,一些地区尚保留母系婚姻的痕迹。⑥在叶斯里卜,奥斯部落和哈兹拉只部落的成员被视作共同的女性祖先凯拉的后裔,穆阿德、穆阿维德和奥夫兄弟三人皆因其生母名为阿芙拉而分别称作穆阿德·乌姆·阿芙拉、穆阿维德·乌姆·阿芙拉和奥夫·乌姆·阿芙拉。⑦"乌姆"一词在阿拉伯语中意为母亲;穆阿德·乌姆·阿芙拉即名为阿芙拉的女子所占之子穆阿德,穆阿维德·乌姆·阿芙拉即名为阿芙拉的女子所占之子穆阿维德,奥夫·乌姆·阿芙拉即名为阿芙拉的女子所占之子奥夫。哈里发欧默尔亦曾提及麦加与麦地那的婚俗差异:"在古莱西部落,男人支配女人,而在麦地那,辅士却被他们的女人支配。"⑧先知穆罕默德曾经针对上述情形颁布如下启示:"你们应当以他们的父亲的姓氏称呼他们,在安拉看来,这是更公平的。如果你们不知道他们的父亲是谁,那么,他们是你们的教胞和亲友。"⑨相比之下,父系婚姻似乎在更多的地区广泛存在。"在前伊斯兰时代的阿拉伯社会,家庭的基本单位是父系的氏族,同一氏族的成员源于共同的男性祖

---

① Levy, R., *The Social Structure of Islam*, p.100, p.103.
② 《古兰经》,4:22。
③ 《古兰经》,33:4。
④ Levy, R., *The Social Structure of Islam*, p.102.
⑤ Grunebaum, G.E., *Classical Islam*, p.15.
⑥ Lindsay, J.E., *Daily Life in the Medieval Islamic World*, p.179.
⑦ Ibn Khaldun, *The Muqaddimah*, Princeton 1980, Vol.2, p.264.
⑧ Watt, W.M., *Muhammed at Medina*, Oxford 1956, p.378.
⑨ 《古兰经》,33:5。

先，年长的男性成员是氏族家庭的首领。父系的氏族是由几代人组成的大家庭……女性处于从属于男性的地位。”[①]氏族部落及其成员大都遵循男性祖先的谱系，权力的继承和身世的背景尤其体现了父系的原则。[②]在麦加，古莱西部落的首领库赛伊死后，其子阿卜杜勒·达尔承袭父职；渗渗泉的监护者舍姆斯死后，其胞弟哈希姆和穆塔里布以及哈希姆之子阿卜杜勒·穆塔里布相继行使渗渗泉的监护权。[③]父系原则的另一体现，是血亲复仇的行为；在著名的白苏斯战争中，塔格里布部落首领库莱布之子曾经替父报仇，杀死自己的舅父贾萨斯。[④]无论是残存的母系婚姻还是日渐流行的父系婚姻，结为夫妻的男女双方皆属各自的氏族部落，夫妻均不得支配对方的财物或者继承对方的遗产。婚姻关系的松散状态和群婚的倾向，排斥着个体家庭的社会功能。

豪侠和慷慨是阿拉伯人伦理道德观念的最高境界。然而，原始社会的野蛮历史条件，决定了阿拉伯人的狭隘观念。在查希里叶时代的阿拉伯社会，个人不可能成为真正意义的独立个体，只能表现为血缘群体的“肢体”。个人与其所属的血缘群体同在，个人的命运与其氏族部落的命运息息相关。每个人仅仅顺从和忠实于自己的氏族部落，而往往将其他的部落视作仇敌。氏族部落的首要任务便是保护各自的成员，部落之间通常处于相互对立的状态。一个阿拉伯人如果在其所属部落的范围之外遭到攻击，便会被视作整个部落的耻辱；部落的全体成员有义务为受害者雪耻复仇，至于是非曲直，则可一概不论。交战时舍身陷阵，获利时廉洁不取，便是豪侠之士，备受拥戴。交战双方为了维护各自的荣誉，皆不甘示弱，使相互仇杀的行为往往延续数代之久。丧失氏族部落的保护意味着莫大的危险，甚至面临死亡的威胁。解除血缘关系而使之成为“不受保护的人”，则是血缘群体制裁其成员的极端方式。此时，所谓阿拉伯人的民族意识尚不存在，至于所谓阿拉伯民族的觉醒更是无从谈起。阿拉伯人有时也会表现出极度的慷慨，对于走进自己帐篷里的异乡者和生活拮据的贫困者解囊相助，直至奉献出最后的一只骆驼。阿拉伯人还常常以自己纯洁的血统和高贵的血统为骄傲，尤其珍视荣誉和尊严。遇到个

---

① Lapidus, M.A., *A History of Islamic Societies*, Cambridge 1988, p.29.

② Watt, W.M., *Muhammed's Mecca*, Edinburgh 1988, p.15.

③ Ali, A., *A Short History of the Saracens, from the Earliest Times to the Destruction of Baghdad*, New Delhi 1977, p.6.

④ Watt, W.M., *Muhammed at Medina*, p.374.

人的尊严或部落的荣誉被损害时，立刻拔剑而起，牺牲性命亦在所不惜。阿拉伯人的这种习俗直至今日似乎仍依稀可见。

查希里叶时代，部落之间的对立状态，制约着阿拉伯人的相互交往。不同的部落在语言方面存在着明显的差异，词汇和语调不尽相同，日常用语尤其如此。然而，阿拉伯人具有卓越的语言天赋。一则阿拉伯谚语说："人的优美，在他的口才之中。"另一则阿拉伯谚语说："智慧寓于三件事物之中：法兰克人的头，中国人的手，阿拉伯人的舌头。"①阿拉伯人酷爱诗歌，在查希里叶时代，诗歌是最重要的文学形式，亦是语言艺术的集中表现。诗歌在阿拉伯语中本意为知晓，诗人则被视作知识渊博的人。每个部落都有自己的诗人，诗人熟知部落的宗谱和往日的荣辱，他们的职责是夸耀自己的部落、凭吊死者和攻击敌人。铿锵有力的诗句足以唤醒和激励整个的部落，诗人的才华则象征着部落的强盛。部落的争斗为诗人施展自己的才华提供了绝好的机会，相互的交锋不仅在于战场的厮杀，诗人之间唇枪舌剑的诅咒讥讽更是令人生畏的攻击形式。②阿拉伯人的《乐府诗集》曾经收录如下的诗句："谁敢与我的部族抗衡，它有众多的人民，还有杰出的战士和诗人。"阿拉伯人常在欧卡兹集市期间举行诗歌竞赛，获胜的诗句被记述于麦加克尔白神殿的墙壁之上，称作悬诗。③七篇悬诗流传至今，代表了查希里叶时代阿拉伯诗歌艺术的最高成就。因此，诗歌不同于各个部落所操的日常用语，而是超越了部落的界限，成为广为人知和沟通各个部落的通用语言形式。

"阿拉伯人的日子"

阿拉伯半岛虽然幅员辽阔，却十分贫瘠，沙漠荒原覆盖着绝大部分的地表，植被稀少，牧场有限，绿洲寥寥无几，生活资源极度匮乏，无力负担过多的人口。因此，人口的增长或持续的干旱，往往迫使阿拉伯人离开祖居的家园，去寻找新的生存空间。至迟从公元前 3500 年开始，阿拉伯人便自半岛向周围地区迁徙，移入两河流域、叙利亚和埃及一带。此后，人口迁徙的浪潮接连不断，成为半岛生态环境的平衡得以维持的基本方式。阿拉伯人的迁徙表现为复杂的过程。"在某些时候，如'移民之年'，他们暂避于埃及或叙利亚；或

---

① 穆罕默德·穆斯塔法·齐亚德：《阿拉伯世界的历史与文明：古代与伊斯兰时代》，第 143 页。

② 赛义德·阿卜杜勒·阿齐兹·萨利姆：《阿拉伯史：从伊斯兰教的兴起到倭马亚王朝的衰落》，第 20 页。

③ 穆罕默德·穆斯塔法·齐亚德：《阿拉伯世界的历史与文明：古代与伊斯兰时代》，第 145 页。

当旱灾持续的时候，他们移入伊拉克或法尔斯，从波斯人那里获取椰枣和谷物，然后重返自己的故乡，以免遭受外族的欺凌。”[①]但是，相当数量的阿拉伯人并未返回半岛，而留居于新的家园。

公元初年以后，阿拉伯半岛南部的过境贸易渐趋衰落，许多部落相继离乡出走，迁往北方。其中，胡扎尔部落移入希贾兹南部的麦加附近，侯宰姆部落经希贾兹南部移入纳季德高原，泰姆部落和塔努赫部落经纳季德高原移入幼发拉底河流域，莱赫米部落和肯德部落移入哈德拉毛和鲁卜哈利东侧直至幼发拉底河西岸，欧兹拉部落、巴利部落、凯勒卜部落和加萨尼部落经希贾兹移入叙利亚沙漠。半岛南部诸部落向北方迁徙的浪潮，导致半岛内陆人口的相应移动，阿卜杜勒·凯斯部落自希贾兹移入巴林一带，塔格里布部落自纳季德高原移至半岛东北部，伊亚德部落、纳米尔部落和凯斯部落分别自纳季德、叶麻麦和希贾兹移入幼发拉底河流域。阿拉伯人的迁徙，严重威胁了半岛周边区域的社会生活。拜占庭帝国和波斯萨珊王朝遂分别册封加萨尼部落和莱赫米部落作为各自的藩属，在叙利亚南部和幼发拉底河西岸构筑起遏制半岛移民浪潮冲击的有效屏障。6世纪，埃塞俄比亚人和波斯人相继攻入阿拉伯半岛南部，也门一带屡遭战祸，经济衰退，尤其是阿布拉哈统治期间马里卜水坝的坍塌给该地区农业生活带来灾难性的影响，土著部落被迫放弃耕作，流离四散，涌向北方。然而，拜占庭和波斯皆以强大的军事力量阻止阿拉伯人向其辖地的迁徙，加萨尼人和莱赫米人亦分别依靠两大帝国的支持遏制来自半岛的移民浪潮。半岛周边区域的政治存在，改变了阿拉伯人的传统流向。相对稠密的人口无路可走，拥挤在半岛内极其有限的牧场和绿洲，挣扎于恶劣的环境和死亡的边缘。

伊斯兰教诞生前夕的阿拉伯诗歌常常将所谓的查希里叶时代称作“阿拉伯人的日子”，这是阿拉伯历史上的英雄时代。劫掠和仇杀原本是野蛮状态下的一种常见现象。在“阿拉伯人的日子”，相互劫掠连绵不断，血族厮杀旷日持久，构成这个时代十分突出的历史内容。“部落之间的矛盾往往开始于少数人的冲突，逐渐演变为整个部落的厮杀，直至延续数年之久。”[②]部落战争遍及整个半岛，数量不可胜计，规模不尽相同。白苏斯战争是“阿拉伯人的日子”中最著名的战争，大约在5世纪末发生于半岛东北部的贝都因人巴克

---

① Jaydan, J., *History of Islamic Civilization*, New Delhi 1978, p.54.

② 穆罕默德·穆斯塔法·齐亚德：《阿拉伯世界的历史与文明：古代与伊斯兰时代》，第122页。

尔部落与塔格里布部落之间。根据传统的部落宗谱,巴克尔部落与塔格里布部落具有共同的祖先,均称自己是沃依勒的子孙。导致这场战争的起因是一峰母驼,这峰母驼是巴克尔部落中一个名叫白苏斯的女人的财产,塔格里布部落的首领射杀了这峰母驼,于是闯下了祸端。巴克尔部落兴师问罪,塔格里布部落亦不甘示弱,双方大动干戈,诗人们则极尽所能地推波助澜。两个部落相互厮杀长达 40 余年,直至双方精疲力竭之时,于 525 年由莱赫米国王孟迪尔三世从中调解,结束战争。巴克尔部落的首领贾萨斯·穆拉和塔格里布部落的首领凯里卜·拉比尔以及他的弟弟穆海勒希勒由于在这场战争中表现十分勇敢,成为备受称颂的传奇人物。[①]"阿拉伯人的日子"中另一场颇为驰名的战争,是达希斯和加卜拉战争。这场战争于 6 世纪末至 7 世纪初发生在半岛中部的贝都因人阿布斯部落与祖布彦部落之间。如同巴克尔部落与塔格里布部落一样,阿布斯部落与祖布彦部落亦有共同的祖先,均称自己是盖特方的子孙。这场战争起因于一次赛马活动。阿布斯部落的首领有一匹公马,名为达希斯,祖布彦部落的首领有一匹母马,名为加卜拉,两马赛跑,达希斯获胜,祖布彦部落不服,从而引发争端。达希斯和加卜拉战争延续数年之久,直到伊斯兰教诞生时仍未结束。这场战争中的著名人物安泰莱原为奴隶,获得自由以后成为英勇的战士和杰出的诗人,其与情人阿卜莱相爱的诗句曾被悬记在麦加克尔白神殿的墙壁之上,成为流传百世的佳作。[②]575—590 年,贝都因人海瓦精部落联合塔伊夫绿洲的定居者萨奇夫部落,与麦加的古莱西部落以及贝都因人基纳奈部落之间发生战争。相传,莱赫米国王努尔曼·孟迪尔欲派商队前往欧卡兹集市,并寻找阿拉伯人护送商队进入半岛,基纳奈部落的白拉德·加伊斯与海瓦精部落的乌尔韦·莱哈勒为此发生争执,白拉德·加伊斯杀死了乌尔韦·莱哈勒,于是导致双方的战争。这场战争由于双方曾经在所谓的禁月相互仇杀,并且践踏了麦加作为宗教圣地的尊严,被称作罪恶的战争,亦称菲加尔战争("菲加尔"一词在阿拉伯语中意为违背和无耻)。[③]在希贾兹北部的叶斯里卜绿洲,阿拉伯人奥斯部落与哈兹拉只部落尽管出自同宗,均称自己是凯拉的后裔,却长期处于对立和仇杀的状态,直至 7 世纪初达到高潮。在 617 年发生的布阿斯之战中,奥斯部落与哈

---

① 哈桑·穆阿尼斯:《古代中世纪的阿拉伯国家与文明》,第 116 页。

② 穆罕默德·穆斯塔法·齐亚德:《阿拉伯世界的历史与文明:古代与伊斯兰时代》,第 124 页。

③ 赛义德·阿卜杜勒·阿齐兹·萨利姆:《阿拉伯史:从伊斯兰教的兴起到倭马亚王朝的衰落》,第 46 页。

兹拉只部落的所有氏族以及定居于叶斯里卜的犹太人纳迪尔部落、凯努卡部落、古莱宰部落和贝都因人朱海纳部落、穆宰纳部落皆卷入厮杀，交战双方损失惨重。①

许多研究者将这一时期的上述历史内容仅仅归结为阿拉伯人的野蛮和愚昧，将劫掠和仇杀视作阿拉伯人根深蒂固的陋习。然而，实际情况远非如此。从表面上看，部落的争斗往往只是起因于某些微不足道的偶然事件。但是，偶然现象并非孤立存在，偶然与必然之间无疑具有密切相关而不可分割的内在联系，诸多偶然现象的背后隐含着某种必然的趋向。在“阿拉伯人的日子”，部落战争大都具有复杂深刻的社会经济背景，争夺有限的生活资源和必要的生存空间构成部落间相互攻杀的核心内容。劫掠牲畜、抢夺水源和占据牧场耕地的行为，使胜利者得以繁衍生息，亦会导致失败者面临饥饿的威胁直至整个部族灭绝的悲惨命运。频繁的劫掠和激烈的仇杀淘汰着无路可走的过剩人口，成为当时特定的历史条件下阿拉伯半岛生态平衡赖以维持的必要形式。部落战争既是这个时期半岛历史发展的客观结果，亦是这个时期阿拉伯人经济和社会生活中不可或缺的组成部分。连绵不断的劫掠和旷日持久的厮杀，标志着阿拉伯社会内部矛盾冲突的日趋尖锐。正是这种日趋尖锐的矛盾冲突，构成推动整个半岛自野蛮状态向文明时代转变的社会动因。“阿拉伯人的日子”，意味着整个半岛已经濒临文明时代的边缘。

麦加与古莱西部落

麦加位于希贾兹南部，地处也门至叙利亚的古代商路沿线，四周群山环抱，气候酷热干旱，荒凉不毛。②在《古兰经》中，麦加被誉为“诸城之母”。③“麦加”一词，有人认为源于古代两河流域的巴比伦语，意指房屋，亦有人认为源于古代也门的赛伯邑语，意指神庙。克尔白是麦加的核心建筑，阿拉伯语中意为立方体或方形房屋，我国清代学者刘智在所著《天方典礼》一书中称之为天房。自远古以来，阿拉伯人将克尔白视作神灵的所在，朝拜克尔白的人流从半岛各地不断拥入麦加这处“没有庄稼的山谷”。④相传，人类的始祖阿丹和哈娃从天国来到尘世以后一度失散，后来重逢于麦加以东约 40 公里处的

① Watt, W.M., *Muhammed at Medina*, pp.157—158.

② 哈桑·穆阿尼斯:《古代中世纪的阿拉伯国家与文明》，第 119 页。

③ 《古兰经》，6:92, 42:7。

④ 《古兰经》，14:37。

麦加克尔白

阿拉法特山；克尔白始建于阿丹和哈娃的时代，后来由于山洪泛滥而遭到毁坏；大约在4000年前，易卜拉欣和他的儿子伊斯马仪重建克尔白。[①]《古兰经》亦称，安拉“为易卜拉欣指定天房的地址”，“伊卜拉欣和伊斯马仪树起天房的基础”，“为世人而创设的最古的清真寺，确是在麦加的那所吉祥的天房”。[②]

通常认为，麦加不仅是古代阿拉伯人的宗教圣地，而且是古代希贾兹地区的贸易重镇。实际情况并非如此。古代的希贾兹曾经是沟通地中海世界与印度洋沿岸的重要贸易通道。然而，麦加与途经希贾兹的古代过境贸易究竟有何直接的联系，历史文献并无明确的记载。即使古典学者托勒密在所著《地理学》一书中提到的麦库拉巴便是麦加，也只能证明这里曾经是一处举行祭祀活动的场所而已。[③]相传，在易卜拉欣和伊斯马仪父子重建克尔白之后，来自也门的贝都因人朱尔胡姆部落移至麦加周围追逐水草，牧养牲畜，并且成为克尔白的监护者。大约在公元3世纪，来自也门的贝都因人胡扎尔部落将朱尔胡姆部落赶出麦加周围的牧场，成为克尔白新的监护者。[④]

公元5世纪中叶，来自帖哈麦的古莱西部落击败胡扎尔部落，占据麦加。[⑤]古莱西部落原本是贝都因人基纳奈部落的分支，根据阿拉伯半岛的宗谱传说，属于归化的阿拉伯人，系阿德南的后裔。[⑥]“古莱西”一词本意是聚敛

① 穆罕默德·穆斯塔法·齐亚德：《阿拉伯世界的历史与文明：古代与伊斯兰时代》，第148页。

② 《古兰经》，22:26，2:127，3:96。

③ Grunebaum, G.E., *Classical Islam*, p.19.

④ 穆罕默德·穆斯塔法·齐亚德：《阿拉伯世界的历史与文明：古代与伊斯兰时代》，第126页。

⑤ 哈桑·穆阿尼斯：《古代中世纪的阿拉伯国家与文明》，第120页。

⑥ Ibn Khaldun, *The Muqaddimah*, Vol.2, p.251.

财富。据《阿拉伯大辞书》解释:"称他们为古莱西人,是因为他们从事商业,没有从事畜牧和农业。"古莱西部落初入麦加的时候,部落首领库赛伊·凯拉卜·穆拉(约398—480)重新修筑克尔白,并且建起一处名为"达尔·奈得瓦"的议事厅。[①]库赛伊时期,古莱西部落大体上分为两个群体。哈希姆氏族等10个氏族分布在与克尔白相邻的地带,用石块建造住所,参与克尔白的监护和管理,经营朝圣之余的贸易活动,称为"内古莱西人"。古莱西部落的其余氏族分布在距克尔白较远的区域,追逐水草,牧养牲畜,称为"外古莱西人"。[②]尽管如此,古莱西人保留着完整的部落组织,氏族之间联系密切,共同崇奉克尔白的祭祀习俗构成维系古莱西部落的宗教基础。经营朝圣贸易是古莱西人入主麦加后的重要经济活动,亦有相当数量的古莱西人仍在不同程度上处于游牧状态。"内古莱西人"与"外古莱西人"的区分,似乎反映出麦加当时经济活动和生活方式的差异。肯尼迪由此认为:"麦加作为圣地由来已久,但是作为城市却非久远……古莱西时代的初期,麦加的大多数人仍然从事游牧活动,依靠畜群维持生计。"[③]

古莱西部落入主麦加以后,阿拉伯半岛周围的政治形势发生了明显的变化。自6世纪初开始,拜占庭帝国与波斯帝国频繁交战,两河流域和叙利亚成为双方厮杀的主要战场,连接波斯湾沿岸与地中海世界的国际商路几近中断。与此同时,拜占庭帝国在埃及的统治急剧衰落,无力继续控制红海水域,海盗随之四起。575年,波斯军队击败拜占庭帝国的盟友埃塞俄比亚人,攻占也门,切断埃及商船经红海进入印度洋的通道。希贾兹尽管坎坷难行,旅途艰辛,但是毕竟远离两大帝国厮杀的战场,处于相对平静的状态。周边区域政治形势的变化,为阿拉伯人重新控制地中海与印度洋之间的过境贸易提供了有利的契机。途经希贾兹的古代商路在历经数百年的衰落之后再度兴起,希贾兹成为联结印度洋与地中海的陆路纽带和阿拉伯半岛最活跃的商业地区。麦加具有得天独厚的地理条件,南通也门,北达叙利亚,并可向东沿鲁卜哈利沙漠边缘至幼发拉底河下游,向西经舒艾卜港穿越红海进入东非。[④]"麦加命运的改变产生于区域贸易向过境贸易的转化,这一转化的实现归功

---

① 穆罕默德·穆斯塔法·齐亚德:《阿拉伯世界的历史与文明:古代与伊斯兰时代》,第126页。

② Rodinson, M., *Muhammed*, New York, 1977, p.39.

③ Kennedy, H., *The Prophet and the Age of the Caliphate*, London 1986, p.25.

④ 穆罕默德·穆斯塔法·齐亚德:《阿拉伯世界的历史与文明:古代与伊斯兰时代》,第135页,第125页。

于穆罕默德的曾祖父哈希姆。"[①]哈希姆时的古莱西人，与拜占庭帝国和波斯萨珊王朝以及埃塞俄比亚人建立良好的合作关系，获准在其辖地贩运货物。[②]古莱西人还与商路沿途的游牧群体缔约结盟，旨在获取必要的向导和载货的骆驼，保证商旅驼队的畅通无阻。[③]所谓的麦加联盟以古莱西部落为核心，包括阿拉伯半岛北部和中部的诸多游牧部落；长途转运贸易无疑是麦加联盟赖以维系的基础，贝都因人和古莱西部落分享转运贸易的丰厚收入。"麦加贸易的繁荣意味着加入联盟的贝都因人的繁荣，而麦加贸易的损失同时也是这些贝都因人的损失。"[④]

先知穆罕默德时代，麦加的贸易活动得到了广泛的发展，贩运货物取代牧养牲畜几乎提供了麦加全部人口的生计来源。麦加作为希贾兹的贸易枢纽吸引着来自半岛各地直至拜占庭和东非的众多商人，古莱西部落的商旅驼队频繁往返于定居地区与沙漠牧场之间。在北起叙利亚和埃及、南至也门、东迄哈德拉毛和幼发拉底河下游、西达埃塞俄比亚的广大地区，遍布着古莱西商人的足迹。哈希姆经营与叙利亚的贸易，舍姆斯经营与埃塞俄比亚的贸易，穆塔里布经营与也门的贸易，诺法勒经营与波斯的贸易，是最著名的麦加商人。[⑤]古莱西人经营冬夏两季的贸易。冬季，古莱西人的商队前往南部的也门，将来自印度和埃塞俄比亚的商品运至希贾兹。夏季，古莱西人的商队前往叙利亚，将来自也门的商品运至加沙和布什拉等地的市场出售。[⑥]《古兰经》中曾经提及古莱西人每年冬夏两季的旅行，而经商无疑是旅行的目的。[⑦]古莱西人经营的贸易，一方面是转运印度洋沿岸的各种物产销往地中海世界，另一方面则是从事定居地区与沙漠牧场之间的产品交易，两种贸易相辅相成，互为补充。根据散见于各处的文献资料记载，古莱西人在也门和埃塞俄比亚出售牲畜和皮革，换取乳香、没药、肉桂、胡椒、奴隶、黄金、象牙和各种珍禽异兽，沿希贾兹商路销往北方的定居地区，再将叙利亚和埃及的农产品

---

① Shaban, M.A., *Islamic History, A New Interpretation 600—750*, Cambridge 1971, p.6.

② 赛义德·阿卜杜勒·阿齐兹·萨利姆:《阿拉伯史:从伊斯兰教的兴起到倭马亚王朝的衰落》,第14页。

③ 哈桑·穆阿尼斯:《古代中世纪的阿拉伯国家与文明》,第120页。

④ Watt, W.M., *Muhammed at Mecca*, Oxford 1953, p.10.

⑤ 穆罕默德·穆斯塔法·齐亚德:《阿拉伯世界的历史与文明:古代与伊斯兰时代》,第135页。

⑥ 赛义德·阿卜杜勒·阿齐兹·萨利姆:《阿拉伯史:从伊斯兰教的兴起到倭马亚王朝的衰落》,第22页。

⑦ 《古兰经》,106:2。

和手工制品如谷物、葡萄干、酒、油、棉布、亚麻布、武器甲胄等运回半岛内陆的沙漠牧场;或者,他们将游牧地区出产的乳酪、毛皮和奶油直接运往北方,换取定居地区的各种产品。①古莱西人在贩运货物时似乎采取合股的形式,首先由各方投资入股,赢利后按股分成。商旅大都择固定的时日,结队而行,规模很大。624 年 3 月从北方的加沙返回麦加的古莱西人商队,内有一千余峰骆驼,载运的货物价值约 5 万第纳尔(金币)。②"在经营贸易中,实际上每个成员都参加了,甚至妇女也与贩运的货物利益攸关。"③

苏联学者托卡列夫认为:"公元 6 世纪,阿拉伯境内的商队贸易开始趋于衰落——这是因为商道东移至萨珊王朝的伊朗。这样一来,保持若干世纪之久的经济平衡不复存在。游牧者失去从商队运输中有所获的可能,遂转入定居,以务农为生。土地的需求增大,部落之间的冲突加剧。"④这种看法显然与史实不符。伊斯兰教诞生前夕阿拉伯半岛经济生活的变化,并非商队贸易的衰落;相反,阿拉伯半岛的过境贸易在经历若干世纪的中断之后重新兴起。600 年前后的麦加"经历着从游牧经济向商业贸易的转变"。⑤"麦加经历着从未有过的贸易繁荣。"⑥正是麦加贸易的繁荣给古老的阿拉伯社会带来了新的活力,促使阿拉伯人告别原始的野蛮状态而步入文明的时代。

6 世纪到 7 世纪初的麦加处于原始社会的末期,氏族部落构成维系麦加社会成员的基本组织,父系制度占据主导地位。"麦加的居民大都系古莱西部落的成员,属于同一祖先的后裔。"⑦生活在麦加的外来居民,或者作为古莱西人的奴隶,或者以麦瓦利的身份依附于古莱西部落的各个氏族。麦加的古莱西人保留着传统的氏族部落组织;称作麦拉尔的长老会议由氏族首领组成,是麦加唯一的"权力机构"。⑧文献资料曾经提及麦加的所谓公共职位,如负责规定闰月的纳希,负责管理水源的希卡亚,负责在朝圣期间管理香客的里法达,古莱西人出征时的旗手里瓦。⑨然而,长老会议并无强制性的公共权

---

① Crone, P., *Mecca Trade and the Rise of Islam*, Oxford 1987, pp.149—153.

② Kremer, A.F., *The Orient Under the Caliphs*, London 1923, p.30.

③ O'Leary, L., *Arabia before Muhammed*, p.183.

④ 谢·亚·托卡列夫:《世界各民族历史上的宗教》,魏庆征译,中国社会科学出版社 1985 年版,第 591 页。

⑤ Watt, W.M., *Muhammed's Mecca*, p.81.

⑥ Donner, F.M., *The Early Islamic Conquest*, p.52.

⑦ Holt, P.M., Lambton, A.K.S. & Lewis, B., *The Cambridge History of Islam*, Vol.1A, p.34.

⑧ 哈桑·穆阿尼斯:《古代中世纪的阿拉伯国家与文明》,第 120 页。

⑨ Watt, W.M., *Muhammed at Mecca*, p.8.

力；各个氏族处于相对独立的地位，氏族内部事务不受长老会议的干涉。血缘关系深刻地影响着麦加古莱西人的社会生活，氏族部落构成维持公共秩序和保护人身安全的必要组织形式。

众所周知，氏族部落制度建立在原始公有制财产关系的基础之上，物质财富和生活资料的极度匮乏是这种制度赖以存在的前提条件。古莱西人入主麦加以后，客观环境渐趋改变。这种改变不仅在于定居的生活方式，更重要的是贸易的兴起。广泛的贸易活动深刻地改变着麦加的客观环境，物质财富源源不断地流入古莱西人的手中。《古兰经》麦加篇极力倡导净化财产和完纳天课，表明剩余财富在当时麦加的大量存在。[①]剩余财富的增长不断侵蚀着原始公有制的财产关系，成为滋生私有观念的沃土。先知穆罕默德的祖父阿卜杜勒·穆塔里布与其叔父诺法勒虽属同一氏族，却曾由于划分家产而发生争执；这种现象意味着私有制财产关系在当时的麦加业已萌生。另一方面，贸易活动不同于传统的畜牧业和农业，具有浓厚的个体倾向，明显排斥着血缘社会的群体性。人们在贸易活动中形成的社会组合往往超越血缘群体的狭隘界限，甚至哈希姆、穆塔里布、舍姆斯、诺法勒兄弟四人亦分别在不同的地区各自经商[②]。贸易所得的分配原则，大都不是根据血缘关系的亲疏，而是取决于个人的才能和贡献。而且，贸易活动风险颇大，收益极不稳定，人们无法在贸易活动的过程中长期维持相对平等的经济地位。“少数人的财富不断增多，同族的其他成员却日益贫困。然而，富有者不愿再像往昔那样与其他人分享自己的贸易所得。”[③]麦加贸易的勃兴，明显地助长了私有制的滋生，冲击着原始公有制的财产关系，从而加剧了古莱西部落内部的社会分化。

剩余财富的增长和私有制财产关系的出现，冲击着原始公有制的财产关系，从而导致古莱西部落内部的剧烈分化。古莱西部落的分化，首先出现于不同的氏族之间。古莱西部落入主麦加的初期，便已分裂为“内古莱西人”和“外古莱西人”。后来，“内古莱西人”又分裂为相互对立的两个集团：所谓的香料集团包括哈希姆氏族、泰姆氏族、舍姆斯氏族、阿萨德氏族、祖赫拉氏族，

---

① 《古兰经》，51：19，53：34，92：5，92：18。

② 赛义德·阿卜杜勒·阿齐兹·萨利姆：《阿拉伯史：从伊斯兰教的兴起到倭马亚王朝的衰落》，第15页。

③ Engineer, A.A., *The Origin and Development of Islam*, p.44.

所谓的联盟集团包括麦赫朱姆氏族、萨赫姆氏族、朱麦赫氏族、阿迪氏族。① 其中,香料集团控制麦加唯一的水源渗渗泉,联盟集团控制克尔白神殿和古莱西部落的议事厅。②至于"外古莱西人",则处于麦加经济社会活动的边缘。6 世纪中叶以后,古莱西部落各个氏族之间的社会分化渐趋加剧,贫富差异相当明显。一些氏族由于贸易的成功而积累了较多的财富,其在麦加的社会地位得到相应的提高。亦有一些氏族因贸易的失利而减少了致富的机会,甚至濒临破产的边缘,其在麦加的社会地位随之下降。香料集团中的舍姆斯氏族和联盟集团中的麦赫朱姆氏族分别在经营叙利亚和也门的货物贩运中接连获利,财富剧增,进而在麦加占据举足轻重的地位;舍姆斯氏族的富商阿布·苏福彦和麦赫朱姆氏族的富商阿布·贾赫勒俨然成为全体麦加人的首领。相比之下,对于麦加贸易的兴起颇具贡献的哈希姆氏族,此时日渐式微,其在麦加的地位和影响远远不及舍姆斯氏族和麦赫朱姆氏族。在不断加剧的社会分化过程中,氏族之间形成新的组合。580 年,原属香料集团的哈希姆氏族、祖赫拉氏族、阿萨德氏族、泰姆氏族与原属联盟集团的阿迪氏族组成公正者联盟,旨在联合经营长途贩运,共同对抗财力雄厚的舍姆斯氏族和麦赫朱姆氏族。③

先知穆罕默德时代,古莱西部落的社会分化演变为氏族内部的贫富差异。富人穷奢极欲,贫者苦不堪言。"富有的商人用来经商的资金最初大都是氏族全体成员的共同财富,但是他们与有利可图的别族商人合伙贩运,而抛弃了同族的亲人。"④哈希姆氏族的首领阿布·塔里布家境贫寒,甚至无力抚养自己的子女,而由其弟阿拔斯和先知穆罕默德分别照料。阿布·塔里布的兄弟阿布·拉哈布却因与麦赫朱姆氏族商人合股贩运,颇为富有;《古兰经》麦加篇曾经提及此人,称其为"焰父"。⑤阿拔斯亦是当时麦加的著名富商,人们形容他的财产"分散在大众之中"(即放高利贷)。麦加商人穆塔里布·阿比·韦达尔曾经向先知穆罕默德支付 4 万迪尔罕(银币),用来赎取于 624 年在巴德尔之战中被穆斯林俘虏的父亲。先知穆罕默德于 630 年征服麦加以后,向古莱西商人阿卜杜拉·阿比·拉比尔、胡韦塔布·阿卜杜勒·

---

① Watt, W.M., *Muhammed at Mecca*, p.5.

② Ali, A., *A Short History of the Saracens*, p.6.

③ Engineer, A.A., *The Origin and Development of Islam*, p.53.

④ Holt, P.M., Lambton, A.K.S. & Lewis, B., *The Cambridge History of Islam*, Vol.1A, p.34.

⑤ 《古兰经》,111:1—4。

欧萨和萨福旺·欧默尔借款 14 万迪尔罕,分发给麦加的贫困者,每人平均得 50 迪尔罕。《古兰经》麦加篇多次提及富人排斥近戚贫人、欺凌孤儿弱者和拒绝履行传统义务的现象,屡屡抨击富人不择手段聚敛财富的行为,反映了贫富之间的深刻差异和激烈对抗。①

特定的经济活动决定着财产关系的变化,进而创造着相应的社会关系。贸易的勃兴不仅助长着私有制的滋生,而且冲击着氏族部落的传统秩序。贫富分化的加剧促使古莱西人内部血缘联系日渐松弛,不同的利益群体之间出现了血缘纽带无法沟通的堑壕。尖锐的社会矛盾不仅表现为氏族之间的对立,而且发展为氏族内部的激烈冲突。深刻的社会分化超越了传统秩序所能容纳的范围,古莱西人的氏族部落制度走到了尽头,麦加步入文明时代的物质条件日臻成熟。

四、 前伊斯兰时代阿拉伯人的宗教习俗

“敬事许多神灵”

在前伊斯兰时代的阿拉伯半岛,原始宗教占据统治地位,泛神思想和自然崇拜颇为盛行。阿拉伯人“敬事许多神灵”,但是神灵的具体形象并不多见,亦无专门的祭司阶层。②由于自然环境和生活方式的差异,阿拉伯人的原始宗教表现为不同的形式。在半岛南部的农业区域以及半岛北部边缘的皮特拉和塔德木尔,崇拜星辰是宗教生活的核心内容,月神被视作万神之首,日神是月神的配偶,其余天体则是月神与日神的子嗣。③米奈人将月神称作阿斯台尔,赛伯邑人将月神称作艾勒伊盖。米奈人和赛伯邑人曾经建造许多华丽的庙宇,举行复杂的献祭仪式,而献祭的主要内容是在祭坛上焚烧香料。《古兰经》第二十七章曾经提及古代先知苏莱曼劝化赛伯邑女王拜勒吉斯放弃崇拜星辰而信奉安拉。④

相比之下,北方阿拉伯人的宗教观念较为淡薄。他们往往只是盲从传统的风习,尚无笃信神灵的意识。广袤的旷野之中,荒原满目,零星点缀的泉水

① 《古兰经》,17:34, 89:17, 93:9。

② 《古兰经》,36:74。

③ 穆罕默德·穆斯塔法·齐亚德:《阿拉伯世界的历史与文明:古代与伊斯兰时代》,第 147 页。

④ 《古兰经》,27:23。

有关月神的赛伯邑铭文

象征着生命之源，罕为人见的岩石则常被视作玄妙之物，枝繁叶茂的树木更是足以唤起无穷的遐想。人们崇拜的对象大都集中在某些奇异的泉水、山岩和植物，神灵被认为栖居其内。[①]在希贾兹和纳季德，原始宗教的主要形式是崇拜别季尔，即神灵的住所。“信仰别季尔的人们，定期排列成队，围着别季尔旋行，并且触摸它，以获得它所含有的一部分力量。”[②]别季尔所在的地区称作哈拉姆，意为禁地，而在禁地祭祀神灵的时期称作禁月。有时，人们将别季尔安放于驼背之上，以求在追逐水草的过程中随时获得神灵的佑护。

伊斯兰教诞生之前，对于欧萨、默那、拉特三女神的崇拜在阿拉伯半岛颇为盛行，欧萨、默那、拉特三女神被视作安拉的女儿。[③]《古兰经》第五十三章曾经提及三女神的名字。[④]欧萨的祭坛位于麦加与塔伊夫之间纳赫拉的加卜加卜山洞之前，由三棵阿拉伯胶树组成，杀人献祭是其特点。默那的祭坛位于麦加以北的古戴德，是一块黑石。拉特的祭坛位于塔伊夫附近的瓦吉山谷，是一块方形的白石。伊斯兰教诞生前夕，南阿拉伯人的一些部落崇拜旺德、苏瓦尔、叶巫斯、叶欧格、奈斯尔五位神灵。[⑤]相传，上述五神原是阿丹时代的著名人物，死后被塑成偶像并受到崇拜。[⑥]《古兰经》第七十一章曾经提及这五个神灵：“努哈说：‘我的主啊！他们确已违抗我，他们顺从那因财产和子嗣而更加亏折的人们，那等人曾定了一个重大的计谋，他们说：你们绝不要放弃你们的众神明，你们绝不要放弃旺德、苏瓦尔、叶巫斯、叶欧格、奈斯尔。他们确已使许多人迷误，求你使不义的人们更加迷误。’”[⑦]动物崇

---

①③ 穆罕默德·穆斯塔法·齐亚德：《阿拉伯世界的历史与文明：古代与伊斯兰时代》，第147页。

② 马赛：《伊斯兰教简史》，王怀德、周祯祥译，商务印书馆1978年版，第12页。

④ 《古兰经》，53：19—21。

⑤ Watt, W.M., *Muhammed's Mecca*, p.29.

⑥ 穆罕默德·穆斯塔法·齐亚德：《阿拉伯世界的历史与文明：古代与伊斯兰时代》，第147—148页。

⑦ 《古兰经》，71：21—24。

拜亦是北方阿拉伯人宗教生活的重要内容。《古兰经》说"安拉没有规定缺耳驼、逍遥驼、孪生羊、免役驼",正是针对动物崇拜的传统风习而言。①

伊斯兰教诞生前夕,麦加是阿拉伯半岛最重要的禁地。麦加的渗渗泉极负盛名,克尔白的黑石更是人们朝拜的目标。然而,麦加的克尔白除嵌放黑石以外,亦曾供奉远古祖先易卜拉欣之像。后来,胡扎尔部落在克尔白增设许多崇拜物,其中月神胡巴勒甚至被赋予人的形象。605 年古莱西部落重修克尔白时,又在其内增加耶稣像和圣母玛丽亚像。②

野蛮时代的社会条件,决定了阿拉伯人的原始宗教并非个人的信仰,而是群体的崇拜。血缘群体不仅表现为社会生活的组织形式,而且构成原始崇拜的基本单位。献祭是原始崇拜的核心内容;部落通过供奉祭品的方式与神灵建立血缘联系,从而获得神灵的保护。"每一个部族都奉祀自己的神,但是同时也承认其他部族的神在各自管界里的权力……个别的氏族有时不用自己部族而用别的部族的神命名,同一个神也为不同的部族所敬奉。"③

在前伊斯兰时代的阿拉伯半岛,不仅盛行原始崇拜,而且在某种程度上存在着敬奉安拉的宗教意识。"除了众多男女诸神外,阿拉伯人和其他原始民族一样,也信奉一个上帝,这就是创世的安拉。"④安拉作为神灵的概念由来已久,早在公元前 5 世纪的列哈彦铭文以及出土于乌拉的米奈—赛伯邑铭文中,均已出现安拉的字样。公元初年的赛法铭文和叙利亚基督徒于 6 世纪刻写的铭文,亦将安拉作为上帝的名称。伊斯兰教诞生前夕,许多阿拉伯人部落将敬奉安拉作为其宗教生活的重要内容。在古莱西部落生活的麦加,安拉被视作造物主、最高的养育者、盟誓和契约的守护神、危急时刻的拯救之神。⑤然而,敬奉安拉并不排斥多神崇拜;安拉并没有被视作唯一的神灵,而仅仅在诸多的神灵中处于至高无上的地位。阿拉伯人往往将其他神灵视作安拉的子嗣,尤其是将著名的三女神欧萨、默那、拉特视作安拉的女儿。⑥在阿拉伯人看来,至高无上的安拉与尘世的距离过于遥远,地位低于安拉的其他神灵才是真正驾驭尘世的超自然力量。

---

① 《古兰经》,5:103。

② 穆罕默德·穆斯塔法·齐亚德:《阿拉伯世界的历史与文明:古代与伊斯兰时代》,第 148 页。

③ 布罗克尔曼:《伊斯兰各民族与国家史》,孙硕人等译,商务印书馆 1985 年版,第 10 页。

④ 布罗克尔曼:《伊斯兰各民族与国家史》,第 11 页。

⑤ 《古兰经》,29:61—65, 31:25—32, 39:38, 43:9。

⑥ Watt, W.M., *Muhammed's Mecca*, p.30.

外来的信仰

罗马帝国前期,许多犹太人由于屡遭统治者的迫害,逃离巴勒斯坦,迁往南方,犹太教随之传入阿拉伯半岛。在也门一带,希米叶尔人大约自国王艾斯尔德·阿比·克里卜(385—420年在位)当政期间开始信奉犹太教。希米叶尔末代国王祖·努瓦斯曾经将犹太教尊为国教,并且排斥基督教。①525年,埃塞俄比亚人攻占也门,灭亡希米叶尔国,犹太教在也门逐渐衰落。希贾兹北部亦有许多犹太移民,他们占据叶斯里卜、海拜尔、法达克、泰马和瓦迪库拉等绿洲,成为重要的社会势力。②然而,犹太人聚群而居的生活方式和隔绝排外的思想倾向限制着犹太教的传播,希贾兹的阿拉伯人中改奉犹太教者寥寥无几。

基督教传入阿拉伯半岛的时间略晚于犹太教。356年,罗马皇帝君士坦丁派遣基督徒西奥菲拉斯前往也门南部传教,并在佐法尔建立主教区。继西奥菲拉斯之后,圣徒菲米雍将基督教传入也门北部的纳季兰。③纳季兰的基督徒曾经效仿麦加的克尔白建造一所教堂,名为"纳季兰的克尔白"。④雅古特(1179—1229)的《地理辞书》称:"纳季兰的'克尔白'是一所基督教堂,系巴努·阿卜杜勒·麦纳尼效仿麦加克尔白的式样而建。纳季兰人敬重这所'克尔白',有心与麦加的克尔白争胜。"⑤埃塞俄比亚人统治时期,基督教在也门广泛传播,颇具势力。在半岛内陆,基督教隐修士遍及各地,雅各派和聂斯脱里派的神学思想广为人知。但是,分布在半岛内陆的基督教隐修士毕竟人数较少,而且尚未组织起具有一定规模的宗教社团,因此社会影响微乎其微。

一神崇拜的宗教端倪

伊斯兰教诞生前夕,原始崇拜逐渐难以满足阿拉伯人宗教生活的需要,多神信仰开始出现流于形式的衰落征兆,模糊的一神教思想初露端倪。哈尼夫派的兴起,反映了阿拉伯半岛原始宗教的危机和从多神崇拜向一神信仰的初步转变。

哈尼夫在阿拉伯语中本意为真诚者,《古兰经》中曾经用"哈尼夫"一词称

---

①③ 穆罕默德·穆斯塔法·齐亚德:《阿拉伯世界的历史与文明:古代与伊斯兰时代》,第159页。

② O'Leary, L., *Arabia before Muhammed*, p.173.

④ O'Leary, L., *Arabia before Muhammed*, p.144.

⑤ 艾哈迈德·爱敏:《阿拉伯伊斯兰文化史》,第1册,纳忠译,商务印书馆1982年版,第28—29页。

呼尊奉正教的易卜拉欣。①先知穆罕默德早年时代，一些阿拉伯人不再满足于传统的多神崇拜，同时又不愿接受外族传入的犹太教和基督教，主张恢复和遵循易卜拉欣时代的信仰，并且采取苦修的形式，以求寻找拯救灵魂的正确道路。这些人被称作哈尼夫。②伊本·伊斯哈格(704—768)曾经提到麦加的四名哈尼夫，他们是阿萨德氏族的韦拉盖·诺法勒和奥斯曼·胡韦利斯、阿迪氏族的栽德·阿姆尔、舍姆斯氏族的麦瓦利阿卜杜勒·贾赫什。叶斯里卜人阿布·凯斯、阿布·阿米尔和塔伊夫人倭马亚·阿比·赛拉特亦是当时颇具名气的哈尼夫。③

上述哈尼夫并未提出完整的宗教学说和信仰纲领。然而，他们倡导放弃原始崇拜和强调一神信仰的思想倾向，无疑预示了阿拉伯社会宗教变革的来临。

① 《古兰经》,2:136, 3:67, 6:161。

② 哈桑·穆阿尼斯:《古代中世纪的阿拉伯国家与文明》,第141页。

③ Watt, W.M., *Muhammed at Mecca*, pp.162—163.

第二章

伊斯兰文明的诞生

一、 先知穆罕默德在麦加

先知穆罕默德的早年经历

7世纪初,阿拉伯半岛经历深刻的社会变革,阿拉伯人告别原始社会的野蛮状态,步入崭新的文明时代,而这场变革的领导者便是伊斯兰教的先知穆罕默德。

不同于犹太教的摩西、基督教的耶稣和佛教的释迦牟尼,伊斯兰教的先知穆罕默德是一位处于史学昌明时代的宗教领袖,并且在生前作为凡人业已受到极度的尊崇。然而,关于先知穆罕默德的早年经历,文献资料记载甚少,而且大都真伪难辨,不足凭信,《古兰经》几乎是唯一不容置疑的文献依据,《圣训》亦提供了相当数量的补充内容。阿拉伯历史家伊本·伊斯哈格(704—768)根据《古兰经》和《圣训》以及其他资料和传说,著有《先知传》(*Sirat Rasul Allah*),首次系统记述了先知穆罕默德的生平经历。但是,伊本·伊斯哈格的《先知传》失传已久。另一位阿拉伯历史家伊本·希沙姆(?—834)根据伊本·伊斯哈格的记载,并参阅其他各种资料,写成《先知传》(*Sirat al-Nabawiyah*)一书,内容较前书更为完备翔实。上述传记或许存在某些虚构的内容和夸张的倾向,但是仍然不失为研究先知穆罕默德生平经历的权威资料。

先知穆罕默德是古莱西人库赛伊的后裔,属于古莱西部落的哈希姆氏族。先知穆罕默德的曾祖父哈希姆是古莱西部落的显赫人物,被视为麦加贸易的奠基者。先知穆罕默德的祖父阿卜杜勒·穆塔里布曾经掌管麦加的唯一水源渗渗泉，在古莱西部落中颇具势力。先知穆罕默德的父亲阿卜杜拉是阿卜杜勒·穆塔里布的第十个儿子。相传，阿卜杜勒·穆塔里布曾经在克尔白许愿，如若生有10个儿子，便效仿先人易卜拉欣，宰杀其中1人献祭于安拉，后经族人劝阻，改为宰杀100峰骆驼替代，赎回者便是阿卜杜拉。然而，阿卜杜拉在世期间，哈希姆氏族的势力逐渐衰落，阿卜杜拉家境贫寒。阿卜杜拉在与古莱西部落祖赫拉氏族的女子阿米娜成婚后不久，便赴叙利亚贩运货物，自加沙返回途中不幸身染重病，客死于希贾兹北部的绿洲叶斯里卜。①

阿卜杜拉所遗家产颇为微薄，仅有5峰骆驼、少量山羊和1个名叫乌姆·赛义玛的埃塞俄比亚女奴。②

阿卜杜拉死后，其子出生于麦加，取名穆罕默德，意为"受到称赞的人"。通常认为，先知穆罕默德出生在象年，即埃塞俄比亚人阿布拉哈兵败麦加之年，约为公元570年。在当时的麦加，古莱西人常将刚刚出生的孩子送到邻近的游牧部落抚养，让孩子在沙漠的环境中度过童年，使孩子有强壮的身体、聪明的头脑和宽广的胸怀。先知穆罕默德出生以后，由萨阿德部落的女子海丽麦带至家中抚养，5岁时返回麦加。③相传，在此期间，先知穆罕默德曾经被天使剖开胸膛，涤除邪魔。《古兰经》中有这样的经文："难道我没使你胸襟坦荡？我使你卸下重担——它本来压着你的脊梁。"④许多穆斯林根据上述经文，对剖胸之事深信不疑。亦有穆斯林认为剖胸之事仅具象征意义，并非确有其事。

先知穆罕默德6岁时，与其母阿米娜前往叶斯里卜祭奠亡父阿卜杜拉。在返回麦加的途中，阿米娜病故于阿布瓦，并且安葬在那里。阿米娜去世后，先知穆罕默德由祖父阿卜杜勒·穆塔里布和伯父阿布·塔里布相继抚养，并曾为他人牧羊以维持生计。先知穆罕默德12岁时，曾经跟随伯父阿布·塔里布前往叙利亚经商。相传，先知穆罕默德此间与基督教隐修士贝希拉邂逅于叙利亚南部的贸易重镇布斯拉，贝希拉预言先知穆罕默德便是犹太人所期待的使者和基督徒所企盼的继耶稣之后的保惠师。⑤

---

① Imamuddin, S.M., *A Political History of the Muslims*, Dacca 1970, Vol.1, p.1.

② 赛义德·阿卜杜勒·阿齐兹·萨利姆：《阿拉伯史：从伊斯兰教的兴起到倭马亚王朝的衰落》，第43页。

③ 赛义德·阿卜杜勒·阿齐兹·萨利姆：《阿拉伯史：从伊斯兰教的兴起到倭马亚王朝的衰落》，第44页。

④ 《古兰经》，94：1—3。

⑤ 赛义德·阿卜杜勒·阿齐兹·萨利姆：《阿拉伯史：从伊斯兰教的兴起到倭马亚王朝的衰落》，第44页，第46页。

先知穆罕默德20岁时，受雇于古莱西部落诺法勒氏族的富孀赫蒂彻，前往叙利亚经办商务。5年后，先知穆罕默德与赫蒂彻成婚。婚后，先知穆罕默德生活状况渐趋好转，家境殷实，并且生有两男四女。①《古兰经》曾经提及先知穆罕默德的早年经历："难道他没有发现你伶仃孤苦，而使你有所归宿？他曾发现你徘徊歧途，而把你引入正路；发现家境寒苦，而使你衣食丰足。"②后世的研究者普遍认为，上述启示乃是先知穆罕默德早年经历的真实写照。

"盖德尔夜晚"

麦加以北约10公里处有一座山，名为希拉山，山的半腰有个狭窄的洞穴。先知穆罕默德在40岁前的若干年中，常于禁月(即后来的伊斯兰历9月，亦称赖买丹月)期间到希拉山洞静居隐修，沉思冥想，寻求真正的信仰。③

希拉山洞入口处

大约在610年的一个夜晚，安拉的启示开始降临。④据《圣训》记述，先知穆罕默德正在希拉山洞内沉睡，天使哲布勒伊莱出现在他的面前，要他宣读如下的启示："你应当奉你的创造主的名义而宣读，他曾用血块创造人。你应当宣读，你的主是最尊严的，他曾教人用笔写字，他曾教人知道自己所不知道的东西。"《古兰经》曾经提及当时的情景："他(应指天使)在东方的最高处，然后他渐渐接近而降低，他相距两张弓的长度，或更近一些。他把他所应启示的启示他(应指安拉)的

① 赛义德·阿卜杜勒·阿齐兹·萨利姆：《阿拉伯史：从伊斯兰教的兴起到倭马亚王朝的衰落》，第44页。

② 《古兰经》，93:6—8。

③ Ali Khan, M., *Muhammad the Final Messenger*, p.68.

④ 赛义德·阿卜杜勒·阿齐兹·萨利姆：《阿拉伯史：从伊斯兰教的兴起到倭马亚王朝的衰落》，第47—48页。参见《古兰经》10:16，46:15。

仆人。”[①]《古兰经》将这个夜晚命名为“盖德尔夜晚”，意为“高贵的夜晚”，后来的穆斯林则称这个夜晚为“受权之夜”，并在每年的这个夜晚举行纪念活动。然而，“盖德尔之夜”的具体日期在《古兰经》和《圣训》中并未提及，教法学家亦众说不一。由于“盖德尔夜晚”一词包括9个阿拉伯文字母，并且在《古兰经》第97章中出现3次，合计27个字母，因此穆斯林普遍将伊斯兰历9月的第27个夜晚视作“盖德尔夜晚”。[②]从“盖德尔夜晚”起，先知穆罕默德开始了传布启示的生涯。

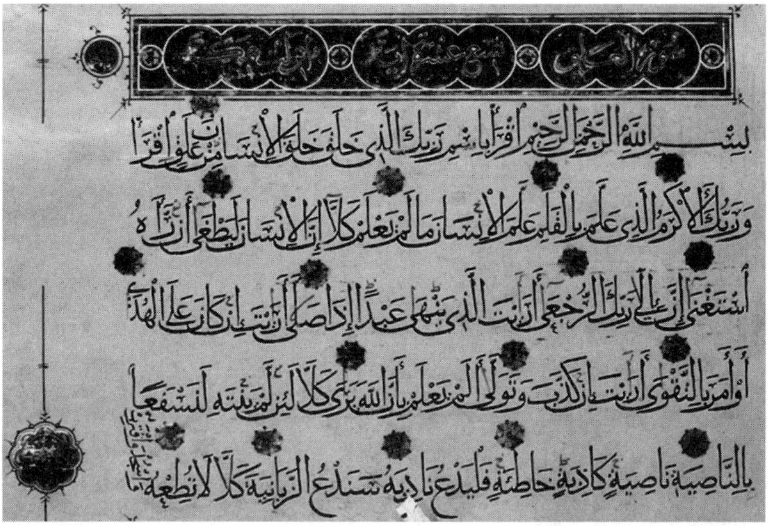

《古兰经》第96章

麦加时期的启示

610年至622年间，先知穆罕默德首先在麦加以安拉的名义传布启示。在《古兰经》的114章经文中，有80余章属于麦加时期的内容。

麦加时期的启示，着重阐述独尊安拉的宗教信条，强调安拉是万物的本原和唯一真实的永恒存在。“安拉”一词在阿拉伯语中本意为特指的神灵，波斯和中亚的穆斯林亦将安拉称作胡达，中国穆斯林则将安拉称作真主。前伊斯兰时代的阿拉伯人往往将安拉视为诸神之首，麦加时期的启示则认为安拉是唯一的神灵，其余诸神皆系蒙昧者的虚构，并非真实的存在。《古兰经》第112章高度地概括了安拉的独一性：“你说，他是安拉，是独一的主；安拉是万物所仰赖的；他没有生产，也没有被生产；没有任何物可以做他的匹敌。”[③]麦

① 《古兰经》，96:1—5，53:7—10。

② Imamuddin，S.M.，*A Political History of the Muslims*，Vol.1，p.10.

③ 《古兰经》，112:1—4。

最古老的手抄本《古兰经》

加时期的启示屡屡抨击多神崇拜的传统信仰,突出了安拉的独一性和至尊地位,明确了一神信仰的宗教观念。

在强调安拉具有独一性的基础之上,麦加时期的启示阐述了安拉的权威性。安拉的权威性,在于创造日月星辰和自然界的一切,赋予生命并且降临死亡。《古兰经》称:“他凭真理创造了天地……他用精液创造了人……他创造了牲畜……他从云中降下雨水……他为你们而生产庄稼、油橄榄、椰枣、葡萄和各种果实……他为你们而制服了昼夜和日月……他在大地上安置许多山岳,以免大地动荡。”安拉的权威性,还在于安拉无不知晓,主宰尘世和天使的世界。“天地的国权归安拉所有,安拉对于万事是全能的。”“他是宰制众仆的。他是至睿的,是彻知的。”①

麦加时期的启示,还阐述了安拉的仁慈性。安拉恩泽于人类,赐福于芸芸众生,世人无时无刻不在享受着安拉的恩惠。“他创造了牲畜,你们可以其毛和皮御寒,可以其乳和肉充饥,还有许多益处。你们把牲畜赶回家或放出去吃草的时候,牲畜对于你们都有光彩。牲畜把你们的货物驮运到你们须经困难才能到达的地方去。你们的主确是至仁的,确是至慈的……安拉负有指示正道的责任。有些道路是偏邪的,假若他意欲,他必将你们全体引入正道……他制服海洋,以便你们渔取其中的鲜肉,做你们的食品;或采取其中的珠宝,做你们的装饰……如果你们要计算安拉的恩惠,你们是无法统计的。”②《古兰经》中曾经提及安拉所特有的 99 种属性,其中出现次数最多的便是仁慈的属性;《古兰经》的 114 章经文,除第 9 章外,皆以“奉至仁至慈的

① 《古兰经》,16:3—15,3:189,6:18。

② 《古兰经》,16:5—18。

安拉之名”作为章首开端。

另外需要说明的，是关于安拉的形象问题。根据麦加时期的启示，安拉乃是无始无终、无形无象和唯一永恒的超自然存在。许多研究者似乎由于西方世界的神话传统和宗教理论的影响，往往依照“神人同形同性说”解释安拉的形象，认为安拉在创造世界的过程中曾经将自己的形象赋予人类。这种说法是毫无根据的，也是荒诞无稽的。

麦加时期的启示所着重阐述的另一项基本的宗教思想，是灵魂复活和末日审判。“他向那些留恋尘世富贵功名的同时代人预告了死者的复活，跟着而来的是严厉的惩罚。”①

根据《古兰经》麦加篇，安拉不仅创造万物，而且具有毁灭世界的力量；现实的世界是短暂的和终将毁灭的，短暂的现实世界毁灭之后，便是永久的彼岸世界。现实世界的毁灭之际，便是末日到来的时刻。那时，苍穹破裂，群星飘堕，日月相会，海水倒流，大地震荡，山岳消失。随着世界的毁灭，死者的灵魂将悉数复活。“此后，你们必定死亡。然后你们在复活日必定要复活。”“当穹苍破裂的时候，当众星飘堕的时候，当海洋混合的时候，当坟墓被揭开的时候，每个人都知道自己前前后后所做的一切事情。”②

灵魂复活是末日审判的条件，而末日审判则是灵魂复活的目的。“你们应当敬畏你们的主，你们应当畏惧那一日，父亲对于儿子毫无裨益，儿子对于父亲也毫无裨益。”“行一个小蚂蚁重的善事者，将见其善报；做一个小蚂蚁重的恶事者，将见其恶报。”复活的灵魂经过末日的审判，分别在天园或地狱找到自己的永久归宿。遵行天命的人将在天园之中享受优厚的报酬，而漠视天命者的最终结局则是在地狱之内遭受刑罚的折磨。“敬畏者必定要住在安全的地方——住在乐园之中，住在泉源之滨，穿着绫罗绸缎，相向而坐……我将以白皙的、美目的女子，做他们的伴侣。他们在乐园中，将安全地索取各种水果。他们在乐园中，除初次的死亡外不再尝死的滋味。”地狱的情景则与天园形成鲜明的对比，乃是令人恐怖的去处。“不信道者，将一队一队地被赶入火狱。”“他们的上面，有层层的火，他们的下面，也有层层的火。”烈火整日烧灼着他们的肌肤，烧过一层以后，另换一层再烧。另外，在天园与地狱之间，有一个不定的空间，名为“高处”。“他们中间将有一个屏障。在那个（屏障）的

---

① 马赛：《伊斯兰教简史》，第 23 页。

② 《古兰经》，23：16，82：1—5。

高处将有许多男人,他们借双方的仪表而认识双方的人,他们喊叫乐园的居民说:'祝你们平安!'他们羡慕乐园,但不得进去。当他们的眼光转向火狱的居民的时候,他们说:'我们的主啊!求你不要使我们与不义的民众同住。'"①

麦加时期的启示,除强调独尊安拉和末日审判两项核心内容以外,还阐述了信奉天使、信奉先知和信奉经典的宗教思想。根据《古兰经》麦加篇,安拉在创造人类之前,首先创造了天使的世界。天使作为安拉的创造物,按照安拉的旨意各司其职,其中最重要的四大天使分别是传授安拉启示的哲布勒伊莱、观察宇宙的米喀勒伊莱、掌管死亡的阿兹勒伊莱和在世界末日吹响号角的依斯勒伊莱,易卜利斯则是天使中的恶魔。天使数目繁多,遍布天上人间,但是不为世人之肉眼所见。伊斯兰教虽然强调信奉天使的存在,但是绝无崇拜天使之意。天使如同世人一样,皆为受造之物,受崇拜者唯有安拉。另外,《古兰经》麦加篇曾经提及安拉要求众天使向人类的始祖阿丹叩头,只有易卜利斯抗命不遵,这说明先知的地位高于天使。②

根据《古兰经》麦加篇,安拉曾经派遣众多的先知,引领世人皈信真理。"我在每个民族中,确已派遣一个使者,说'你们当崇拜安拉,当远离恶魔'。""在你之前,我确已派遣许多使者,他们中有我已告诉你的,有我未告诉你的。"《古兰经》麦加篇曾经提到自有人类以来的25位先知,他们是阿丹、伊德利斯、呼德、萨利赫、鲁特、易卜拉欣、伊斯马仪、伊斯哈格、叶尔孤卜、尤素夫、舒艾卜、阿尤布、左勒吉福勒、哈鲁乃、达乌德、苏莱曼、伊勒雅斯、叶赛尔、尤努斯、宰凯里亚、叶赫亚、努哈、穆萨、尔撒、穆罕默德。先知不同于天使,他们仅仅是肉体之躯的凡夫俗子,各有妻室儿女,不免于生老病死。因此,先知穆罕默德常将自己称作负有传布启示之使命的凡人。历代先知曾经多次显示奇迹,用以劝化世人。然而,奇迹的显示乃是出自安拉的意愿,并非证明先知具有超人的力量。"任何使者,不应昭示迹象,除非获得安拉的许可。"③诸多的先知或以行为树立楷模,或以启示传布众生,其地位不尽相同。阿丹、努哈、易卜拉欣、穆萨、尔撒、穆罕默德是上述25位先知中最重要的先知,穆罕默德更因负有教化全人类的神圣使命而被称作"封印的先知"。

---

① 《古兰经》,31:33, 99:8, 44:51—56, 39:71; 39:16, 7:46—47。

② 《古兰经》,38:71, 32:11, 39:75, 42:5, 50:18—21, 69:17, 74:31, 20:116。

③ 《古兰经》,16:36, 40:78, 14:10, 18:110, 40:78。

在信奉先知的基础之上,麦加时期的启示阐述了信奉经典的宗教思想。根据《古兰经》麦加篇,经典是安拉降示于先知的启示,这些启示并非先知编造的作品,而是出自安拉的语言,因此具有神圣的意义。《古兰经》麦加篇曾经提及四部经典的名称,即穆萨传布的经典《讨拉特》、达乌德传布的经典《宰布勒》、尔撒传布的经典《因支勒》和穆罕默德传布的经典《古兰经》。其中,《讨拉特》系《圣经·旧约》之《摩西五经》的原本,《宰布勒》系《圣经·旧约》之《诗篇》的原本,《因支勒》系《圣经·新约》之《福音书》的原本。然而,上述《讨拉特》《宰布勒》《因支勒》虽为经典,却屡遭后人的篡改,尚存的文本业已丧失原貌,真实性不复存在。因此,《圣经》中的《摩西五经》《诗篇》和《福音书》并非伊斯兰教所尊奉的经典。与历代先知传布的经典相比,先知穆罕默德传布的《古兰经》是最为尊贵的经典,是"安拉降示来证实以前的天经"和"详述安拉所制定的律例的"经典。①

《古兰经》麦地那篇明确规定了伊斯兰教的五项基本信条,即信安拉、信天使、信先知、信经典、信末日,而这些信条在《古兰经》麦加篇中业已得到完整的阐述。②由此可见,先知穆罕默德在麦加时期传布的启示,标志着伊斯兰教之信仰体系的诞生。

伊斯兰教的皈依者

突如其来的启示,赋予先知穆罕默德以劝化世人皈信真理的神圣使命。然而,在当时的麦加,先知穆罕默德并无显赫的地位,人微言轻。因此,启示的传布在麦加时期经历了十分艰难的过程。

最初,先知穆罕默德只是向他的家人讲述启示的内容。③赫蒂彻对于先知穆罕默德讲述的启示深信不疑,首先皈依伊斯兰教。④不久,先知穆罕默德的义子栽德·哈里萨和他所抚养的堂弟阿里亦加入了伊斯兰教皈依者的行列。⑤

在先知穆罕默德的家室之外,第一个皈依伊斯兰教的人是古莱西部落泰

---

① 《古兰经》,10:37。

② 《古兰经》,2:285, 4:136。

③ 哈桑·穆阿尼斯:《古代中世纪的阿拉伯国家与文明》,第 142 页。

④ 《古兰经》麦加篇将伊斯兰教的皈依者称作信士,"穆斯林"一词出现于徙志以后。信士在《古兰经》中累计出现 179 次,穆斯林在《古兰经》中累计出现 37 次。见 Watt, W.M., *Early Islam*, Edinburgh 1990, p.35。

⑤ Imamuddin, S.M., *A Political History of the Muslims*, Vol.1, p.13.

《古兰经》第 1 章

姆氏族的阿布·伯克尔。阿布·伯克尔是先知穆罕默德受命传布启示以前的挚友，两人素来交往甚密。或许由于阿布·伯克尔的影响，古莱西部落菲赫尔氏族的阿布·欧拜德、祖赫拉氏族的赛耳德·阿比·瓦嘎斯和阿卜杜勒·拉赫曼·奥夫、阿萨德氏族的祖拜尔·阿沃姆、泰姆氏族的泰勒哈· 欧拜杜拉、麦赫朱姆氏族的阿尔卡姆相继皈依伊斯兰教。先知穆罕默德经常与上述阿布·伯克尔等七人在阿尔卡姆的家中秘密聚会，史称"阿尔卡姆会"。①后来的穆斯林将"阿尔卡姆会"尊称为"伊斯兰之家"。

先知穆罕默德在最初的三年中只是采取秘密的方式，在极其有限的范围内传布启示，皈依伊斯兰教者寥若晨星。②大约在612 年，先知穆罕默德颁布安拉的启示："你应当公开宣布你所奉的命令，而且避开以物配主者。"③新的启示标志着先知穆罕默德开始改变最初的秘密方式，公开以安拉的名义要求世人放弃原有的信仰和皈依伊斯兰教。

启示的传布由秘密到公开的转变，促使进一步的伊斯兰教皈依。先知穆罕默德曾经将哈希姆氏族的成员邀至家中，向他们讲述安拉的启示，希望哈希姆氏族率先皈依伊斯兰教，虽经几次努力，然而收效甚微。尽管如此，毕竟还是有一些人接受先知穆罕默德传布的启示，加入伊斯兰教皈依者的行列。④

至 615 年前后，皈依伊斯兰教的人数已经相当可观。据一些西方学者的推测，此时的皈依者超过百人。⑤而据穆斯林学者萨尔沃的估计，此时的皈依

① 赛义德·阿卜杜勒·阿齐兹·萨利姆：《阿拉伯史：从伊斯兰教的兴起到倭马亚王朝的衰落》，第 50 页。
② Imamuddin, S.M., *A Political History of the Muslims*, Vol.1, p.14.
③ 《古兰经》，15:94。
④ 赛义德·阿卜杜勒·阿齐兹·萨利姆：《阿拉伯史：从伊斯兰教的兴起到倭马亚王朝的衰落》，第 51 页。
⑤ Lapidus, M.A., *A History of Islamic Societies*, p.26.

者约400人。[①]历史家伊本·赛耳德(? —845)曾经提到麦加时期的184名伊斯兰教皈依者,他们来自古莱西部落的所有氏族。[②]

伊斯兰教的早期皈依者来自麦加社会的各个阶层,内部构成复杂多样。早期皈依者的来源并不直接取决于古莱西部落内部氏族的地位。相当数量的早期皈依者系古莱西部落的下层,依附于古莱西部落的麦瓦利和生活在麦加的奴隶构成早期皈依者的另一重要来源。伊斯兰教的早期皈依者中亦不乏富贵权势之人,其中包括著名的圣门弟子阿布·伯克尔、奥斯曼、阿尔卡姆、赛耳德·阿比·瓦嘎斯、哈里德·赛耳德和阿卜杜勒·拉赫曼·奥夫。[③]

肯尼迪认为:“多数的早期皈依者来自哈希姆氏族,另一些来自先知穆罕默德的母亲阿米娜所在的氏族——祖赫拉氏族。”[④]实际情况并非如此。诚然,哈希姆氏族和祖赫拉氏族由于与先知穆罕默德具有特殊的亲缘关系,出现较多的皈依者。但是,伊斯兰教的早期皈依者绝不仅仅局限于这两个氏族,而是来自古莱西部落的所有氏族。舍姆斯氏族和麦赫朱姆氏族无疑构成反对先知穆罕默德的主要势力,然而来自这两个氏族的伊斯兰教皈依者在人数上甚至超过了哈希姆氏族和祖赫拉氏族。相比之下,穆塔里布氏族和泰姆氏族尽管在当时的麦加处于无足轻重的地位,皈依伊斯兰教者却分别只有四人和七人。[⑤]在624年的巴德尔战斗中,兄弟之间、父子之间和同族之间相互攻击的现象比比皆是。

古莱西人的抵制

先知穆罕默德在麦加传布伊斯兰教,遭到一些人的反对。[⑥]伊斯兰教的反对者大都属于麦加社会上层的富商巨贾和豪门显贵;麦加当时最有势力的麦赫朱姆氏族和舍姆斯氏族构成伊斯兰教反对者的主要来源。伊本·赛耳德曾经提到143名反对伊斯兰教的麦加人,其中约有半数来自麦赫朱姆氏族和舍姆斯氏族。麦赫朱姆氏族的首领韦立德·穆吉拉、阿布·贾赫勒和舍姆斯氏族的首领阿布·苏福彦更是抵制伊斯兰教的核心人物。[⑦]

---

① Sarwar, H.G., *Origin and Development of Islam*, New Delhi 1988, p.143.

②⑦ Watt, W.M., *Muhammed at Mecca*, pp.170—178.

③ Watt, W.M., *Muhammed at Mecca*, pp.88—94.

④ Kennedy, H., *The Prophet and the Age of the Caliphate*, p.31.

⑤ Watt, W.M., *Muhammed at Mecca*, p.170.

⑥ 哈桑·穆阿尼斯:《古代中世纪的阿拉伯国家与文明》,第142页。

先知穆罕默德在麦加时期传布的启示,最初的内容只是强调安拉的威严,并未提及独尊安拉和末日审判的宗教思想。如前所述,阿拉伯人早已把安拉视作宇宙万物的创造者,崇拜安拉的宗教概念并非先知穆罕默德首次提出。在伊斯兰教诞生前夕,麦加以及叶斯里卜和塔伊夫等地开始出现追求一神崇拜的宗教思想,哈尼夫的主张和行为已经被人们所熟知。因此,先知穆罕默德在麦加传布启示的初期,显然无须向人们解释造物者安拉的存在,文献资料亦未提及对于崇拜安拉的抵制行为。

古莱西人伊本·希哈卜·祖赫里(?—742)曾经记载:"安拉的使者公开地或秘密地召唤(人们信奉)伊斯兰教,得到青年人和软弱者的响应。接受信仰的人逐渐增多,而不相信(伊斯兰教)的古莱西人并没有指责先知的言论。他们只是说:'这个人总是谈天说地。'这种状况持续了很长时间,直到安拉(在启示中)提到人们崇拜偶像而不崇拜安拉是可恶的行为,并且说到他们的祖先因为不崇拜安拉而在地狱中遭受惩罚。于是他们开始对他采取了敌视的态度。"泰伯里的编年史中保存了伊斯兰教初期的文献,其中有如下的记载:"当安拉的使者召唤他的部落接受启示的时候,最初他们并没有反对他,而往往倾向于他(的宣传),直到他提到了他们(所崇拜)的偶像。"①显然,麦加时期的启示,通过攻击偶像崇拜而倡导独尊安拉的宗教思想,是许多古莱西人抵制先知穆罕默德的首要原因。②

麦加时期的启示中关于灵魂复活和末日审判的内容,是许多古莱西人抵制先知穆罕默德的另一个重要原因。在当时的麦加以至阿拉伯半岛的许多地区,尚未形成灵魂不朽和彼岸世界的宗教意识,阿拉伯人往往将人的躯体视作生命的本原,死亡意味着肉体与灵魂的同时消失。根据麦加时期的启示,死者的躯体在地下经过长久的腐烂而其灵魂却在未来得以复活,这种观念在大多数人看来是不可思议和无法接受的。因此,许多古莱西人否认和攻击先知穆罕默德关于灵魂复活和末日审判的宗教宣传。他们认为灵魂复活和末日审判的启示纯属蛊惑人心的话,声称这些启示来自先知穆罕默德的幻觉。③

此外,许多古莱西人拒绝承认先知穆罕默德是安拉委派的使者,因此抵

---

① Watt, W.M., *Muhammed at Mecca*, pp.87—88, p.100.

② Watt, W.M., *Muhammed's Mecca*, p.86.

③ 《古兰经》,37:13—17, 52:15。

制先知穆罕默德所传布的启示。他们认为,先知穆罕默德所传布的启示并不是出自安拉的语言,而是假借安拉的名义编的话。在他们看来,先知穆罕默德并不具备接受启示和引领世人的圣贤才能,只不过是一个身世贫寒而微不足道的常人。①

"对于穆斯林的迫害,主要属于温和的性质。麦加的传统制度,即每个氏族保护自己的成员,意味着穆斯林不会受到其他氏族成员的过分骚扰,尽管他所在的氏族未必接受新的信仰。未能保护本氏族的成员免受其他人的攻击,被视作是整个氏族的耻辱。"②特定的社会环境决定着抵制伊斯兰教的相应方式,言辞的攻击是抵制伊斯兰教的主要手段。③古莱西人阿布·贾赫勒、阿布·苏福彦、阿慕尔·阿绥等经常嘲讽和诽谤先知穆罕默德,指责他,并声称他传布的启示不过是古代神话传说的翻版,且煽动其他人辱骂和恐吓先知穆罕默德及其追随者。④《古兰经》麦加篇曾经屡屡提及古莱西人的上述行为,并且予以相应的反驳。⑤

收买和利诱是古莱西人抵制伊斯兰教的另一方式。⑥古莱西人韦立德·穆吉拉等曾经多次与先知穆罕默德私下协商,向先知穆罕默德许诺颇为可观的财富和相应的社会地位,劝说先知穆罕默德在传布启示的时候取消攻击偶像崇拜的内容,乞求先知穆罕默德在独尊安拉的信条方面做出让步,均遭先知穆罕默德的拒绝。⑦

暴力攻击的行为时有发生,但是大都局限于迫害与古莱西部落没有血缘联系的伊斯兰教皈依者。奴隶出身的比拉勒和阿米尔曾经由于追随先知穆罕默德而备受主人的残酷折磨,哈帕尔部落成员阿布·泽尔亦曾由于皈依伊斯兰教而在麦加遭到古莱西人的袭击。⑧然而,身为古莱西部落各个氏族成员的伊斯兰教皈依者,很少受到暴力攻击的威胁。血亲复仇的传统习俗,限

---

① Rodinson, M., *Muhammed*, p.104.

② Watt, W.M., *Muhammed at Mecca*, p.119.

③ 哈桑·穆阿尼斯:《古代中世纪的阿拉伯国家与文明》,第143页。

④ 赛义德·阿卜杜勒·阿齐兹·萨利姆:《阿拉伯史:从伊斯兰教的兴起到倭马亚王朝的衰落》,第59页。

⑤ 《古兰经》,81:22—25, 68:2, 69:42, 52:29。

⑥ 《古兰经》,17:73—74。

⑦ Watt, W.M., *Muhammed at Mecca*, pp.122—123.

⑧ Watt, W.M., *Muhammed at Mecca*, p.118.

制着氏族之间的暴力行为。古莱西人阿布·苏福彦等曾经要求哈希姆氏族的首领阿布·塔里布将先知穆罕默德交给他们处置。阿布·塔里布尽管并不信奉伊斯兰教，但是却将保护本族成员的安全视为己任，因而拒绝了阿布·苏福彦等人的无理要求。①

麦加的险境

古莱西人的抵制日甚一日，先知穆罕默德及其追随者在麦加十分孤立，处境艰难。615年，伊斯兰教皈依者中的11名男子和4名妇女弃家出走，渡海前往埃塞俄比亚，寻求那里的基督徒的庇护。617年，伊斯兰教皈依者中的83名男子和11名妇女离开麦加，移居埃塞俄比亚。直至622年先知穆罕默德移居麦地那以后，这些人陆续回到他的身边。②

616年，抵制伊斯兰教的古莱西人组成联盟，共同制裁哈希姆氏族，企图迫使以阿布·塔里布为首领的哈希姆氏族放弃对于先知穆罕默德的保护。联盟的成员包括舍姆斯氏族、祖赫拉氏族、诺法勒氏族、阿萨德氏族和泰姆氏族，制裁的方式是断绝与哈希姆氏族成员之间的通婚和贸易交往。对哈希姆氏族的制裁持续了三年之久。③在此期间，哈希姆氏族被迫避于麦加一隅，处于极度窘困的境地。然而，哈希姆氏族顶住了制裁的压力，阿布·塔里布始终没有放弃对先知穆罕默德的保护。619年，制裁哈希姆氏族的联盟解体，抵制伊斯兰教的古莱西人策划的阴谋未能得逞。④

620年，先知穆罕默德痛失两位最重要的亲人，妻子赫蒂彻和伯父阿布·塔里布相继去世。哈希姆氏族的新首领阿布·拉哈布虽然是先知穆罕默德的叔父，却与抵制伊斯兰教的古莱西人交往甚密，对先知穆罕默德素怀敌意，屡屡恶语中伤穆罕默德。⑤《古兰经》麦加篇曾将阿布·拉哈布称作“焰父”，诅咒他和他的妻子难逃火狱的惩罚。⑥阿布·拉哈布拒绝保护先知穆罕默德

---

① Imamuddin, S.M., *A Political History of the Muslims*, Vol.1, p.16.

② 赛义德·阿卜杜勒·阿齐兹·萨利姆：《阿拉伯史：从伊斯兰教的兴起到倭马亚王朝的衰落》，第54—59页。

③ Sarwar, H.G., *The Origin and Development of Islam*, p.131.

④ 赛义德·阿卜杜勒·阿齐兹·萨利姆：《阿拉伯史：从伊斯兰教的兴起到倭马亚王朝的衰落》，第60页。

⑤ 赛义德·阿卜杜勒·阿齐兹·萨利姆：《阿拉伯史：从伊斯兰教的兴起到倭马亚王朝的衰落》，第61页，第53页。

⑥ 《古兰经》，111:1—5。

默德，迫使先知穆罕默德一度出走到希贾兹的另一城市塔伊夫，而后不得不求助于古莱西部落诺法勒氏族的暂时庇护。[①]形势的骤变，使先知穆罕默德在麦加几乎身陷绝境，初兴的伊斯兰教面临夭折的危险。

麦加时期伊斯兰教的社会性质

麦加时期伊斯兰教的皈依与抵制，无疑包含着尖锐的矛盾。然而，如何看待麦加时期伊斯兰教皈依者与抵制者之间的矛盾，学术界众说不一。

许多穆斯林学者认为，麦加时期伊斯兰教的皈依与抵制体现了日渐式微的哈希姆氏族与新兴的商业权贵麦赫朱姆氏族和舍姆斯氏族之间的冲突。先知穆罕默德于612年开始公开传布启示之后，最初确曾试图争取哈希姆氏族率先皈依，虽经多次努力，但始终未能成功。诚然，哈希姆氏族成员除阿布·拉哈布以外，长期承担保护穆罕默德的责任。但是，他们并非作为伊斯兰教的皈依者，只是遵循氏族社会的传统习俗而履行相应的义务。阿布·塔里布身为哈希姆氏族的首领和先知穆罕默德的主要保护人，直至临终时亦未皈依伊斯兰教。哈希姆氏族与麦赫朱姆氏族、舍姆斯氏族之间确有颇深的积怨，但是哈希姆氏族的许多成员并未因此追随先知穆罕默德和皈依伊斯兰教，而来自麦赫朱姆氏族和舍姆斯氏族的伊斯兰教皈依者却大有人在。因此，麦加时期伊斯兰教的皈依与抵制，绝非氏族之间的斗争。

西方学者大都认为，伊斯兰教的传布在麦加之所以遭到抵制，是由于先知穆罕默德屡屡抨击偶像崇拜，削弱甚至否定麦加在阿拉伯半岛所处的神圣地位和相应的宗教特权，进而损害古莱西部落的特殊利益。目前国内许多著述亦持相似的看法。《古兰经》麦加篇表明，先知穆罕默德传布的启示极力反对崇拜偶像的行为，攻击的重点则是在当时的阿拉伯半岛颇有影响的欧萨、默那、拉特三女神[②]。先知穆罕默德在615年公开否定三女神的特殊地位，明显加剧了伊斯兰教的皈依者与抵制者之间的冲突。然而，欧萨、默那、拉特三女神的祭坛均不在麦加。至于伊斯兰教对于克尔白内供奉的诸多偶像的攻击，在《古兰经》麦加篇中并无明显的体现。相反，先知穆罕默德传布的启示在某种程度上承认麦加作为禁房所在的神圣地位和古莱西人作为禁房的

---

① 赛义德·阿卜杜勒·阿齐兹·萨利姆：《阿拉伯史：从伊斯兰教的兴起到倭马亚王朝的衰落》，第62页。

② 《古兰经》，53：19—25。

居民而享有的权利。伊斯兰教反对偶像崇拜，并不意味着否定麦加的神圣地位。先知穆罕默德对于欧萨、默那、拉特三女神的抨击，不仅无损于古莱西部落的利益，而且有助于提高克尔白的宗教地位和扩大麦加在整个半岛的宗教影响。伊斯兰教的早期皈依者中不乏富有的商人，而以克尔白为中心的朝圣贸易是其重要的财源；否定克尔白的神圣地位和剥夺麦加的财源，绝非先知穆罕默德的意愿所在，亦不可能成为皈依伊斯兰教的古莱西商人所追求的目标。

先知穆罕默德时代，麦加和阿拉伯半岛诸多地区的野蛮秩序尽管不同程度地出现衰落的征兆，然而氏族部落制度毕竟占据统治地位，血缘关系的广泛存在明显制约着社会成员的贫富分化，阶级对抗远未形成。贝利耶夫认为，伊斯兰教的兴起根源于公元7世纪初阿拉伯半岛内部的阶级对抗，先知穆罕默德代表麦加新兴的奴隶主阶级；伊斯兰教的皈依与抵制，既是古莱西部落内部贵族与平民之间矛盾的体现，亦包含定居人口与游牧群体之间的激烈冲突。“伊斯兰教作为新的意识形态，其在阿拉伯半岛的兴起，反映阿拉伯社会的深刻变革，即贫富分化、奴隶制和交换的发展。新的意识形态根源于原始社会的衰落和奴隶制的发展。”①上述观点显然忽视了当时特定的历史环境，缺乏基本的史实依据，纯属主观的猜测和公式化的杜撰。

先知穆罕默德在麦加传布启示的初期，似乎无意创立全新的宗教，而仅仅是恢复易卜拉欣时代的信仰，呼唤世人追寻远古的前辈所崇奉的真理。“在这一时期，穆罕默德本人并不认为他是在创立一种新的宗教，而只认为是在唤起他的同道们对那些早被遗忘了的古老真理与职责的重新回忆。”②所谓“易卜拉欣的宗教”，在《古兰经》麦加篇的早期部分中占有十分重要的地位。“易卜拉欣原来是一个表率，他服从安拉，信奉正教，而且不是以物配主的。他原是感激主恩的，主挑选了他，并将他引上了正路。在今世，我曾以幸福赏赐他；在后世，他必定居于善人之列。然后，我启示你说：‘你应当遵守信奉正教的易卜拉欣的宗教，他不是以物配主的。’”根据阿拉伯半岛的古代传说，易卜拉欣是阿拉伯人的祖先，麦加的克尔白便是易卜拉欣和其子伊斯马仪建造的神殿。伊斯兰教诞生前夕，麦加等地出现的哈尼夫已经对易卜拉欣时代的信仰推崇备至。因此，伊斯兰教兴起之初，在某种意义上体现了古代

---

① Belyaeve, E.A., *Arabs, Islam and the Arab Caliphate*, London 1969, p.115.

② 肯尼迪：《东方宗教与哲学》，董平译，浙江人民出版社1988年版，第75页。

阿拉伯人宗教思想的延续。另一方面，阿拉伯半岛与周围区域之间的交往由来已久，犹太教和基督教已经为阿拉伯人所熟知。《古兰经》麦加篇的许多章节与《圣经》的相关内容颇为接近，《古兰经》麦加篇中所提及的先知大都是《圣经》中的重要人物。先知穆罕默德传布的启示，不仅强调"易卜拉欣的宗教"，而且承认初兴的伊斯兰教与犹太教和基督教之间存在一定的源流关系。"他已为你们制定正教，就是他所命令努哈的、他所启示你的、他命令易卜拉欣、穆萨和尔撒的宗教。""我们确信降示我们的经典，和降示你们的经典；我们所崇拜的和你们所崇拜的是同一个神明，我们是归顺它的。"①然而，上述倾向皆非麦加时期伊斯兰教的实质所在，不能据此将先知穆罕默德在麦加传布的启示视作古代宗教的翻版。"穆罕默德的宗教革命……是一种表面上的反动，是一种虚假的复古和返朴。"②穆罕默德在麦加时期传布的启示，至多不过是借助于以往宗教的某些形式，而服务于全新的社会需要。单纯根据字面内容的相似而过于强调古代宗教对先知穆罕默德的影响，忽略麦加特定的社会环境与新兴伊斯兰教之间的内在联系，这样的看法是不正确的。

伊斯兰教诞生于麦加特定的历史环境之中，与麦加贸易的兴起以及财产关系的剧烈变化密切相关，集中反映了古莱西人氏族部落制度趋于解体的社会现实。"伊斯兰教的兴起，根源于麦加传统的秩序及观念与变动的物质环境之间的对立和冲突。"③麦加时期伊斯兰教的皈依与抵制，明显体现了平民阶层与氏族权贵之间的矛盾冲突。先知穆罕默德在麦加时期传布的启示，不仅强调宗教意义的平等，而且倡导现实生活的平等。伊斯兰教的皈依包含着社会分化过程中形成的平民阶层对于权贵势力的反抗意向，益趋加剧的社会分化和平民阶层普遍的不满情绪决定了皈依者的广泛来源。一方面，古莱西部落的分裂直接影响着各个氏族对于先知穆罕默德传布启示的态度和皈依者的多寡；大多数的皈依者来自境况寒微的中小氏族，表明这些氏族中存在着强烈的不满情绪。肯尼迪指出：众多的皈依者来自先知穆罕默德所在的哈希姆氏族和其母阿米娜所在的祖赫拉氏族。④这种现象与其说是由于这两个氏族与先知穆罕默德的亲缘关系，不如说是由于其每况愈下的社会处境。另一方面，随着氏族内部贫富差异的加剧，社会矛盾不再局限于氏族之间，氏族

---

① 《古兰经》，16：120—123，42：13，29：46。

② 《马克思恩格斯全集》，第28卷，第250页。

③ Watt，W.M.，*Muhammad，Prophet and Statesman*，London 1961，p.48.

④ Kennedy，H.，*The Prophet and the Age of the Caliphate*，p.31.

内部的对立冲突益趋发展。正因为如此,伊斯兰教的皈依者并非仅仅来自中小氏族,许多皈依者出身麦加的名门望族。尽管麦赫朱姆氏族和舍姆斯氏族构成伊斯兰教抵制者的主要来源和攻击先知穆罕默德的核心势力,然而来自这两个氏族的皈依者在人数上甚至超过了哈希姆氏族和祖赫拉氏族。社会冲突显然已经开始超越血缘群体的狭隘界限。

不惟如此,伊斯兰教在麦加的兴起以及皈依者与抵制者之间的矛盾冲突,体现了古莱西人在由氏族部落社会向文明时代转变的过程中新旧思想意识的尖锐对立,包含着文明倾向与野蛮势力激烈抗争的历史内容。先知穆罕默德在麦加时期传布的启示,尽管屡屡借助于古代宗教的某些形式劝化世人,其矛头所指却是盛行于整个阿拉伯半岛的多神崇拜。众所周知,氏族部落社会的显著特征在于与原始的宗教观念和祭祀活动相联系;多神信仰适应野蛮时代的无政府状态,是在氏族部落的“社会和政治条件下产生,并和它们一起成长”。①在当时的麦加,共同崇拜诸多的神灵和相应的祭祀仪式是维系古莱西人氏族制度和部落生活的重要基石。先知穆罕默德在麦加时期传布的启示,激烈抨击多神信仰和偶像崇拜,极力倡导独尊安拉的宗教信条,进而否定着氏族部落制度的信仰基础,表明新兴的伊斯兰教与麦加传统的宗教观念彻底决裂;皈依伊斯兰教意味着放弃祖先的信仰,进而背叛氏族社会的野蛮传统。其次,原始社会的宗教生活仅仅表现为群体的崇拜,并没有真正意义的个人信仰。个人并非独立存在的个体,只是血缘群体的肢体,个人的信仰存在于部落的永生之中。然而,麦加时期的启示所描述的末日审判,却是对个人行为的清算和裁决,血族成员相互之间不再承担传统的义务。“在那日天像熔铜,山像彩绒,亲戚相见不相问。”“一个负罪者,不再负别人的罪;一个负重罪者,如果叫别人来替他负罪,那么,别人虽是他的近亲,也不能替他担负一丝毫。”如此裁决的末日审判,显然与野蛮状态下的群体观念大相径庭,包含着文明时代的伦理原则。更为重要的是,麦加时期的启示不仅倡导独尊安拉的宗教信仰,而且初步阐述了顺从使者的政治原则。“我确是安拉的使者,他派我来教化你们全体;天地的主权只是安拉的,除他之外,绝无应受崇拜的。他能使死者生,能使生者死,故你们应当信仰安拉和他的使者,那个使者是信仰安拉及其言辞的、但不识字的先知——你们应当顺从他,以便你们遵循正道。”“我只能传达从安拉降示的通知和使命。谁违抗安拉和使

① 《马克思恩格斯全集》,第19卷,第333页。

者，谁必受火狱的刑罚，而且永居其中。"[①]上述启示赋予先知穆罕默德以崭新的个人权威。这种权威在麦加时期虽然仅仅表现为宗教意义的顺从，但是毕竟凌驾于氏族部落之上，显然与野蛮状态下的原始民主制格格不入，亦为古莱西人的传统社会所无法容纳的。

由此可见，麦加时期的启示包含着文明社会的诸多要素，伊斯兰教在麦加的诞生顺应古莱西人以至整个阿拉伯半岛从原始社会向文明时代转变的历史趋势。伊斯兰教的皈依意味着背叛祖先的信仰和野蛮的宗教秩序，进而与传统的社会分道扬镳，势必遭到保守势力的激烈反对。抵制伊斯兰教的古莱西人大都是麦加的富商权贵，代表麦加传统的社会秩序，他们的权势和地位建立在氏族制度和部落习俗的基础之上，多神崇拜的原始信仰则是维护传统社会秩序的精神支柱。[②]"他们比穆罕默德更早地意识到，一旦他们接受穆罕默德的教义，势必会在由他们少数人操纵的社团中引入一种新的和令人生畏的政治权威。"[③]他们反对伊斯兰教的目的，在于维护业已动摇的传统社会秩序，进而维护他们自身的既得利益。

一种意见认为，先知穆罕默德在麦加时期传布的启示，意在阻止私有观念的滋生。然而，《古兰经》麦加篇并未显示出这样的倾向。对于贫富不均的谴责无疑构成《古兰经》麦加篇的重要内容；然而，这并不能证明先知穆罕默德具有维护原始公有制财产关系和反对财产私有制的意向，却恰好反映了麦加深刻的贫富分化和尖锐的社会对立，体现了麦加平民阶层反对氏族贵族的特权地位和要求改变传统社会秩序的强烈愿望。"迄今所发生的一切革命，都是为了保护一种所有制以反对另一种所有制的革命。"[④]伊斯兰教在麦加的诞生，无疑是一场隐蔽在宗教运动形式下的社会革命，这场革命必然而且只能是否定原始公有制的财产关系。尽管先知穆罕默德在麦加时期传布的启示由于客观环境的限制而未能直接攻击传统的财产关系，但是《古兰经》麦地那篇作为麦加篇的逻辑发展，极力保护财产的个人所有权，表明新兴的伊斯兰教不仅无意阻止私有观念的滋生，而且倡导私有制财产关系。麦加时期伊斯兰教的皈依与反对，不仅在于新旧社会意识的激烈角逐，而且蕴含着两种社会制度和财产观念的尖锐冲突，体现了文明与野蛮

---

① 《古兰经》，70：8—10，35：18，7：158，72：23。

② 哈桑·穆阿尼斯：《古代中世纪的阿拉伯国家与文明》，第 142 页。

③ Gibb, H.A. R., *The Muhammedism*, London 1949, p.18.

④ 《马克思恩格斯选集》，人民出版社 1972 年版，第 4 卷，第 110—111 页。

的抗争。

亦有学者认为，麦加时期的伊斯兰教代表古莱西部落上层势力的利益，先知穆罕默德是麦加贵族的代言人。然而，《古兰经》麦加篇表明，先知穆罕默德无意维护古莱西部落上层势力的特殊地位。相反，先知穆罕默德在麦加传布的启示激烈抨击富商巨贾的种种不义行为，倡导抚弱济贫，充分体现了新兴伊斯兰教与麦加氏族权贵的尖锐对立。麦加时期伊斯兰教的皈依者大都来自中小氏族和平民阶层，而富商巨贾却构成抵制伊斯兰教和迫害先知穆罕默德的核心势力。伊斯兰教在麦加兴起的社会基础，在于力求摆脱困境的平民阶层对于古莱西部落上层势力的反抗和“被压迫生灵的叹息”。

二、先知穆罕默德在麦地那

叶斯里卜

自麦加向北大约450公里，有一处枣椰树环绕的绿洲，名为叶斯里卜。[①]犹太人曾经是叶斯里卜的主人，划分为纳迪尔部落、古莱宰部落和凯努卡部落。关于叶斯里卜的犹太人的来源，存在不同的说法。根据阿拉伯历史家雅库特的记载，叶斯里卜的犹太人系改奉犹太教的土著阿拉伯人，并非外来的移民。奥莱里认为，纳迪尔部落和古莱宰部落系罗马帝国初期逃离巴勒斯坦的犹太人，凯努卡部落则是改奉犹太教的土著阿拉伯人。[②]继犹太人之后，南方阿拉伯人阿兹德部落的分支凯拉部落于4世纪中叶自也门移居叶斯里卜周围，依附于犹太人。大约在5世纪末，阿拉伯人战胜犹太人，成为叶斯里卜的主要社会势力。[③]在伊斯兰教兴起的前夕，叶斯里卜的阿拉伯人凯拉部落分裂为奥斯部落和哈兹拉只部落；犹太人纳迪尔部落和古莱宰部落成员大都从事农业，依附于奥斯部落，凯努卡部落成员大都从事手工业，处于哈兹拉只部落的保护之下。[④]

如同麦加的古莱西人一样，叶斯里卜的居民生活在氏族部落之中，血缘

---

① Grunebaum, G.E., *Classical Islam*, p.20, p.34.

② O'Leary, L., *Arabia before Muhammed*, p.173.

③ Osborn, R.D., *Islam Under the Arabs*, p.40.

④ Rubin, U., ed, *The Life of Muhammad*, Hampshire 1998, pp.153—154.

联系是社会组织的基本纽带，血族群体根据血亲复仇的原则保护自己的成员。另一方面，叶斯里卜与麦加之间存在明显的差别。麦加人大都属于古莱西部落，由各个氏族的首领组成的麦吉里斯通过协商的方式维护着整个麦加的共同利益，统一的部落组织行使着调解麦加内部社会冲突的职能，广泛的血缘联系深刻地影响着人们的生活，制约着社会成员之间的矛盾对抗。然而，叶斯里卜的居民分别属于不同的部落，每个部落只能在极其有限的范围内维护各自的利益和调解社会冲突，整个绿洲却没有能够为各个部落所共同接受的权力机构。各个部落都企图占有更多的耕地，获得更为有利的生存空间，相互的排斥导致了绿洲内部的尖锐对立。①

叶斯里卜的内部冲突最初只是个别氏族的争执，后来逐渐发展为部落之间的激烈仇杀，直至达到了漫无原则的程度。在 618 年发生的布阿斯战斗中，奥斯部落以及纳迪尔部落、古莱宰部落和贝都因人穆宰纳部落组成联盟，与哈兹拉只部落以及凯努卡部落和贝都因人阿什加尔部落、朱海纳部落组成的联盟展开厮杀，交战双方损失惨重。②长期的争斗使奥斯部落和哈兹拉只部落两败俱伤，他们饱尝争斗的苦果，企盼和平的到来。然而，血族复仇的传统原则无法制止绿洲内部的相互厮杀。与貌似宁静的麦加相比，此时的叶斯里卜已是天昏地暗，人人自危。寻求超越血缘群体的狭隘界限以仲裁社会纠纷和制止相互厮杀的公共权力，在叶斯里卜绿洲成为迫切的客观需要。

阿喀巴誓约

620 年的禁月期间，先知穆罕默德与 6 名来自叶斯里卜的阿拉伯人在欧卡兹集市邂逅，他们都是哈兹拉只部落的成员，苦于绿洲内部的相互仇杀，正欲寻找一位仲裁者前往叶斯里卜，调解纠纷，制止战祸。奥斯部落和哈兹拉只部落的阿拉伯人原本信奉原始宗教，崇拜女神拉特和默那③。先知穆罕默德向他们传布安拉的启示，说服他们初步接受了伊斯兰教的信仰，并且讲述了自己在麦加的境况。他们约定下一年朝觐的时候与先知穆罕默德在麦加相会。

---

① 哈桑·穆阿尼斯：《古代中世纪的阿拉伯国家与文明》，第 121—122 页。

② Watt, W.M., *Muhammed at Medina*, pp.157—158.

③ Osborn, R.D., *Islam Under the Arabs*, p.40.

621年,哈兹拉只部落的10名成员和奥斯部落的8名成员如约而来,他们在麦加郊外的阿喀巴山谷与先知穆罕默德订立誓约,保证不以他物匹配安拉,不偷盗,不淫乱,不溺婴,不做伪证,不违背先知穆罕默德指引的善功;遵守上述誓言者将升入天园,违背者听凭安拉处置,是为首次阿喀巴誓约。随后,先知穆罕默德委派古莱西部落的穆斯林穆萨布·欧默尔前往叶斯里卜,向那里的居民传授伊斯兰教。①

622年朝觐期间,奥斯部落和哈兹拉只部落的75名皈依者来到麦加,在阿喀巴山谷与先知穆罕默德再次相会。陪同先知穆罕默德前往阿喀巴山谷的人,是他的叔父阿拔斯。阿拔斯此时并未皈依伊斯兰教,只是作为先知穆罕默德的长辈和哈希姆氏族的代表,要求这些皈依者必须像保护自己的亲人那样保护先知穆罕默德,否则先知穆罕默德将留在麦加。于是,他们与先知穆罕默德订立新的誓约,保证遵从安拉的使者所传布的启示,将为保卫安拉的使者进行战斗,甘愿与安拉的使者同生死、共患难,②是为第二次阿喀巴誓约。③随后,奥斯部落和哈兹拉只部落的皈依者返回叶斯里卜,先知穆罕默德亦开始着手离开麦加的各种准备。

"升宵"

先知穆罕默德在与叶斯里卜的阿拉伯人接触期间,曾经历一次神奇的旅行,是为伊斯兰教中颇为引人注目的奇迹"升宵"。

据说,在一个漆黑的夜晚,先知穆罕默德由天使哲布勒伊莱引领,骑乘长有翅膀的白马卜拉格,离开麦加,途经西奈山和伯利恒,来到耶路撒冷,从著名的"叶尔孤卜石"升入七层天中,见到阿丹、穆萨、尔撒等古代先知,并且目睹天园和火狱,直至黎明时分返回麦加。

《古兰经》第17章名为《夜游》,其中一节曾经提及此事:"赞美安拉,超绝万物。他在一夜之间,使他的仆人,从禁寺行到远寺,他在远寺的四周降福,以便我昭示他我的一部分迹象。"④禁寺指麦加的克尔白,远寺则指耶路撒冷

---

① 赛义德·阿卜杜勒·阿齐兹·萨利姆:《阿拉伯史:从伊斯兰教的兴起到倭马亚王朝的衰落》,第64—66页。

② 赛义德·阿卜杜勒·阿齐兹·萨利姆:《阿拉伯史:从伊斯兰教的兴起到倭马亚王朝的衰落》,第66—68页。

③ Watt, W.M., *Muhammed at Mecca*, p.144.

④ 《古兰经》,17:1。

阿克萨清真寺

1900 年的阿克萨清真寺

萨赫莱清真寺

萨赫莱清真寺内的叶尔孤卜石

的阿克萨清真寺，距阿克萨清真寺 300 米处的萨赫莱清真寺便是叶尔孤卜石的所在。穆斯林因此将耶路撒冷视作圣地，并且一度将这里作为礼拜的朝向。伊斯兰教中的升宵节亦由此而来。

穆斯林认为，“升宵”预示着先知穆罕默德即将摆脱窘困的境况和转机的到来。①

徙 志

徙志是阿拉伯语“迁徙”一词的音译，亦称希吉拉。徙志作为历史名词，特指先知穆罕默德及其追随者离开麦加前往叶斯里卜的迁徙过程。

第二次阿喀巴誓约订立以后，麦加的伊斯兰教皈依者百余人按照先知穆罕默德的吩咐，离开自己的亲人和祖居的家园，陆续踏上迁徙的征

① 赛义德 · 阿卜杜勒 · 阿齐兹 · 萨利姆：《阿拉伯史：从伊斯兰教的兴起到倭马亚王朝的衰落》，第 61 页。

程。[1]对于他们来说，叶斯里卜是一个陌生的去处。他们不知道等待自己的将是怎样的命运；抛弃麦加而选择叶斯里卜只是出于极度虔诚的宗教情感，只是为了追求先知穆罕默德的事业。这些人后来被誉为迁士，备受先知穆罕默德的青睐，并且大都成为早期穆斯林社会的核心成员。

622年9月的一个夜晚，先知穆罕默德在阿布·伯克尔的陪伴下潜离麦加。消息不胫而走，古莱西人于是在麦加周围进行搜捕。[2]据《圣训》记载，先知穆罕默德和阿布·伯克尔为逃脱古莱西人的搜捕，曾经在麦加郊外的骚尔山洞躲避3天；古莱西人一度发现骚尔山洞，却见洞口布满蜘蛛网，两只鸽子栖息在洞口的旁边，因而以为洞内无人，于是转身离去。[3]《古兰经》曾经提及此事："当时，不信道的人们把他驱逐出境，只有一个人与他同行。当时，他俩在山洞里，他对他的同伴说：'不要忧愁，安拉确是和我们在一起的。'安拉就把宁静降给他，而且以你们所看不见的军队扶助他，并且使不信道者的言辞变成最卑贱的；而安拉的言辞确是最高尚的。安拉是万能的，是至睿的。"[4]后来的穆斯林屡屡以神奇的色彩渲染当时的情景，将先知穆罕默德在骚尔山洞化险为夷的经历视作安拉的奇迹。古莱西人退走之后，先知穆罕默德和阿布·伯克尔离开骚尔山洞。他们分乘事先准备好的两峰骆驼，沿红海东岸向北

库巴清真寺

① Imamuddin, S.M., *A Political History of the Muslims*, Vol.1, p.26.

② 赛义德·阿卜杜勒·阿齐兹·萨利姆：《阿拉伯史：从伊斯兰教的兴起到倭马亚王朝的衰落》，第71页。

③ Imamuddin, S.M., *A Political History of the Muslims*, Vol.1, p.27.

④ 《古兰经》，9：40。

方奔去。4天后,先知穆罕默德和阿布·伯克尔抵达叶斯里卜附近的库巴。先知穆罕默德在库巴逗留数日,召集众人修建清真寺。[①]《古兰经》称库巴清真寺是"从第一天起就以敬畏为地基的清真寺"。[②]库巴清真寺建成后,先知穆罕默德正式进入叶斯里卜。从此,叶斯里卜改名为麦地那·纳比,阿拉伯语中意为先知的城市,简称麦地那。

徙志是早期伊斯兰史的重大转折,标志着伊斯兰教麦加时期的结束和麦地那时期的开始。先知穆罕默德在自己的故乡曾经屡遭古莱西人的迫害,移居麦地那以后却成为备受景仰的领袖。伊斯兰教摆脱了濒临夭折的境地,文明的萌芽开始植根于麦地那绿洲的沃土之中。为了纪念神圣的徙志,伊斯兰国家的第二任哈里发欧默尔于639年颁布法令,将徙志之年作为伊斯兰教历的纪元,以阿拉伯传统历法的该年岁首(即公历622年7月16日)作为伊斯兰教历元年的开端。[③]

麦地那宪章

徙志的发生,是叶斯里卜社会生活的客观需要,亦是伊斯兰教传入叶斯里卜的直接结果。叶斯里卜的居民身受战祸之害,企盼安宁的生活,对先知穆罕默德的到来寄予厚望。因此,徙志以后,先知穆罕默德所面临的首要任务,便是在绿洲的范围内制止仇杀,缔造和平。[④]为了实现这一目标,先知穆罕默德曾经与麦地那的居民订立一系列的协议,采用协议的形式规定来自麦加的迁士与麦地那穆斯林的关系、麦地那穆斯林相互之间的关系以及全体穆斯林与土著犹太人的关系。伊本·伊斯哈格和伊本·希沙姆所著的《先知传》记载了上述协议的内容,史称麦地那宪章。[⑤]

关于麦地那宪章订立的确切时间,目前尚无定论。多数研究者认为,麦地那宪章的各项条款分别订立于先知穆罕默德移居麦地那以后的不同年代。然而,就其内容来看,麦地那宪章主要反映624年巴德尔战斗之前麦地那的

---

① 赛义德·阿卜杜勒·阿齐兹·萨利姆:《阿拉伯史:从伊斯兰教的兴起到倭马亚王朝的衰落》,第73页。

② 《古兰经》,9:108。

③ 泰伯里:《历代先知与君王史》,开罗:布拉格出版局1908年版,第1卷,第1256页。

④ 哈桑·穆阿尼斯:《古代中世纪的阿拉伯国家与文明》,第144页。Rubin, U., *The Life of Muhammad*, p.152.

⑤ 赛义德·阿卜杜勒·阿齐兹·萨利姆:《阿拉伯史:从伊斯兰教的兴起到倭马亚王朝的衰落》,第82—87页。

状况和先知穆罕默德的地位。

根据麦地那宪章，来自麦加的迁士与奥斯部落和哈兹拉只部落的穆斯林以及“跟随他们的人、依附他们的人和与他们一同作战的人”①共同组成统一的社会群体，名为“安拉的乌玛”。

乌玛在阿拉伯语中本意为民族；《古兰经》多次提及乌玛，特指安拉的臣民。乌玛沿袭查希里叶时代阿拉伯人的传统，保留原有的血缘组织。来自麦加的迁士组成一个单独的氏族。无论是麦加的迁士还是麦地那的穆斯林均以氏族为单位加入乌玛，麦地那土著的犹太人分别依附于奥斯部落和哈兹拉只部落的各个氏族。加入乌玛的各个氏族依旧遵循血亲复仇的古老原则保护自己的成员，氏族首领在氏族内部仍然具有某些权力和相应的社会影响。

尽管如此，乌玛毕竟包含着崭新的内容，与查希里叶时代阿拉伯人的社会群体具有本质的区别。麦地那宪章严格禁止加入乌玛的氏族之间漫无原则的仇杀行为，乌玛的内部纠纷必须诉诸先知穆罕默德，由先知穆罕默德以安拉的名义予以裁决。②先知穆罕默德的仲裁具有无可争辩的绝对权威，乌玛的成员必须顺从安拉的意志而接受先知穆罕默德的仲裁结果。先知穆罕默德“对信徒们所行使的职权，并不是凭借着部落勉强授予而随时可以撤销的、有一定条件和必须通过各方同意的权力，而是凭借着绝对的宗教特权”。③先知穆罕默德作为安拉的使者，开始凌驾于氏族部落之上；先知穆罕默德所行使的仲裁权力，初步打破了血缘群体的狭隘界限。另一方面，乌玛的范围诚然包括了生活在麦地那绿洲的所有居民，但是来自麦加的迁士与奥斯部落和哈兹拉只部落的穆斯林无疑构成乌玛的主体。他们尽管属于不同的氏族，承担诸多传统的社会责任，然而必须顺从安拉及其使者，履行相应的宗教义务。奥斯部落和哈兹拉只部落的穆斯林被称作辅士（安萨尔），来自麦加的穆斯林被称作迁士（穆哈吉尔），相互之间兄弟相称，兄弟相待。④共同的信仰构筑起联结不同血缘群体的桥梁，麦地那绿洲开始出现渐趋聚合的社会倾向。加入乌玛的氏族部落丧失原本独立的社会地位，诸多血缘群体之间开始形成相对稳定的地域联系。《古兰经》麦加篇阐述的政治概念及相关原则自徙志以后得以付诸实践，崭新的伊斯兰国家借助乌玛的形式在阿拉伯半岛

---

① Watt, W.M., *Muhammed at Medina*, p.221.

② 哈桑·穆阿尼斯:《古代中世纪的阿拉伯国家与文明》,第144—147页。

③ 路易斯:《历史上的阿拉伯人》,第41页。

④ 哈桑·穆阿尼斯:《古代中世纪的阿拉伯国家与文明》,第143页。

诞生。

圣战的起因

先知穆罕默德来到麦地那以后,最初寄居于哈兹拉只部落纳加尔氏族成员阿布·阿尤布的家中,并且召集众人在纳加尔氏族的驻地建造新的清真寺,这就是闻名遐迩的先知清真寺。不久,先知穆罕默德和许多迁士的眷属相继移居麦地那。于是,先知穆罕默德在先知清真寺的东北侧建造简易的房舍,作为栖身之处。

刻有麦地那先知清真寺的镶板

徙志的初期,麦地那绿洲刚刚步入文明社会的门槛,新兴的伊斯兰国家尚无稳定的岁入来源。麦地那宪章仅仅规定了乌玛成员的相互关系,并未提及缴纳贡税的义务。来自麦加的迁士大都不擅务农,亦无力经商,生活颇为拮据。许多迁士没有固定的住所,只好寄居在先知穆罕默德的房宅周围。①甚至先知穆罕默德及其眷属亦只能依靠他人的接济,境况贫寒。先知穆罕默德的妻子阿以莎说:"曾经有整整一个月的时间,我们无法生火做饭,只靠椰枣和水充饥。偶尔有人送来少许的肉。我们从未能够连续两天得到粮食。"②

为了维持迁士的生活,先知穆罕默德曾经吩咐麦地那土著的穆斯林即辅士与来自麦加的迁士结为教友,分别承担供养迁士的义务。③欧默尔与供养他的教友欧特白·马立克商定,两人轮流耕种欧特白·马立克的土地,分享土地的收成。辅士萨阿德·拉比尔甚至慷慨许诺,将自己的全部家产和两个妻子与他所供养的迁士

① Osborn, R.D., *Islam Under the Arabs*, p.46.

② Gilman, A., *The Saracens, from the Earliest Times to the Fall of Baghdad*, London 1988, p.141.

③ 赛义德·阿卜杜勒·阿齐兹·萨利姆:《阿拉伯史:从伊斯兰教的兴起到倭马亚王朝的衰落》,第81—83页。

阿卜杜勒·拉赫曼·奥夫平分。但是,阿卜杜勒·拉赫曼·奥夫谢绝了萨阿德·拉比尔的馈赠,来到麦地那的市场经营生意,逐渐摆脱了困境。[①]《古兰经》曾经提及这一时期的教友关系:“在他们之前,安居故乡而且确信正道的人们,他们喜爱迁居来的教胞们,他们对于那些教胞所获的赏赐,不怀怨恨,他们虽有急需,也愿把自己所有的让给那些教胞。能戒除自身的贪吝者,才是成功的。”教友之间的关系颇为亲密,他们不仅彼此接济生计,而且相互继承财产,同胞兄弟那时却没有这样的权利。627 年,先知穆罕默德颁布新的启示,规定“血亲与血亲相互间的权利,依安拉的经典,是重于信士和迁士的权利的”。[②]至此,教友之间的继承权利被正式废除。[③]

然而,教友关系的规定只能暂时缓解迁士的境况。麦地那绿洲的生活资源和生存空间毕竟十分有限,难以长期供养众多的迁士。因此,开辟财源是新兴的伊斯兰国家亟待解决的问题。在当时阿拉伯半岛的社会条件下,抢劫几乎是开辟财源的唯一途径,而富有的麦加商队自然成为麦地那穆斯林抢劫的目标。另一方面,徙志以后的麦地那与麦加之间存在着深刻的社会对立。麦地那作为伊斯兰国家的摇篮,象征着阿拉伯半岛的新兴文明。麦加的保守势力恪守传统的宗教观念和社会秩序,并且在整个半岛占有举足轻重的地位,是伊斯兰文明进一步扩展的首要障碍。两者之间的对立,是麦加时期伊斯兰教的皈依者与抵制者矛盾冲突的延续。能否战胜麦加对于新兴伊斯兰文明的存在和发展至关重要,而抢劫商队是迫使麦加屈服的重要方式。

挑战麦加的古莱西人

麦地那宪章明确规定,麦加的古莱西人是乌玛的仇敌,禁止庇护古莱西人的生命财产。[④]在此基础之上,穆罕默德以安拉的名义颁降启示,赋予穆斯林以反抗的权利,而圣战则是反抗的形式。“被进攻者,已获得反抗的许可,因为他们是受迫害的。”“你们当为主道而战斗”“战争已成为你们的定制”。“你们在战场上遇到不信道者的时候,应当斩杀他们,你们既战胜他们,就应当俘虏他们;以后或释放他们,或准许他们赎身,直到战争放下他的重担。”[⑤]

---

① Sarwar, H.G., *The Origin and Development of Islam*, pp.104—105.

② 《古兰经》,59:9, 33:6。

③ 哈桑·穆阿尼斯:《古代中世纪的阿拉伯国家与文明》,第 146 页。

④ 哈桑·穆阿尼斯:《古代中世纪的阿拉伯国家与文明》,第 148 页。

⑤ 《古兰经》,22:39, 2:244, 2:216, 47:4。

先知穆罕默德将圣战的矛头首先指向古莱西人的商队，来自麦加的迁士构成最初的圣战者[①]。623年初夏，先知穆罕默德的叔父哈姆宰率领30名迁士前往红海东岸拦截古莱西人的商队，由于朱海纳部落首领出面调解，双方不战而去。不久，数十名迁士再次拦截古莱西人的商队，双方经过短暂的交锋，均撤出战场。此后，先知穆罕默德亲自率领迁士三次出击，皆因古莱西人的商队已经过境，不战而归。

624年1月，阿卜杜勒·贾赫什率领数名迁士在纳赫拉山谷拦截古莱西人的商队。经过交战，穆斯林将古莱西人商队的财物悉数劫获，并且杀死1人，俘虏2人。[②]这次交战发生在所谓的"禁月"期间，因此一度在麦地那遭到非议。《古兰经》曾经提及此事："禁月内作战是大罪；妨碍主道，不信安拉，妨碍(朝觐)禁寺，驱逐禁寺区的居民出境，这些行为，在安拉看来，其罪更大。迫害是比杀戮还残酷的。"[③]

624年3月，古莱西人阿布·苏福彦率领一支庞大的商队离开叙利亚，返回麦加。这支商队由近千峰的骆驼组成，载运价值约5万第纳尔的货物。先知穆罕默德获悉这个消息以后，率领86名迁士和238名辅士前去拦截。此时，麦加派出由900余人组成的队伍接应阿布·苏福彦。阿布·苏福彦为了避开先知穆罕默德的拦截，改变路线，沿红海东岸疾行逃走，并且通知前来接应的队伍返回麦加。接应商队的麦加人由阿布·贾赫勒率领。阿布·贾赫勒没有听从阿布·苏福彦的建议，声称要在巴德尔屯兵三日，宰骆摆宴，饮酒行乐，以便显示麦加的力量，让穆斯林和所有的阿拉伯人感到畏惧。巴德尔位于麦地那西南约140公里，是一处集市的所在，有充沛的泉水。尽管阿布·苏福彦率领的商队逃之夭夭，阿布·贾赫勒的汹汹来势仍然使两军的大战无法避免。麦加队伍貌似强大，却是一群乌合之众，缺乏必要的权威和统一的号令。许多麦加人不愿与穆斯林相互厮杀，尤其不愿与同族的迁士兵戎相见。古莱西部落中祖赫拉氏族和阿迪氏族的战士甚至尚未抵达巴德尔便先行撤走，致使麦加队伍明显减员。相比之下，穆斯林面对庞大的麦加队伍，毫不畏惧。他们埋伏在巴德尔的沙丘地带，待麦加队伍到来以后，出其不意地发动攻击。先知穆罕默德指挥若定，穆斯林奋力拼杀。炽热的宗教情感超

---

① Holt, P.M., Lambton, A.K.S. & Lewis, B., *The Cambridge History of Islam*, Vol.1A, p.43.

② Watt, W.M., *Muhammed at Medina*, pp.5—6.

③ 《古兰经》,2:217。

越了狭隘的血缘观念，穆斯林即使与同族的亲人刀兵相搏亦毫不手软。结果，麦加队伍阵脚大乱，溃不成军，阿布·贾赫勒等50余人命丧黄泉，另有70余人束手就擒。[1]随后，先知穆罕默德以安拉的名义颁布启示："你们应当知道：你们所获得的战利品，无论是什么，都应当以五分之一归安拉、使者、至亲、孤儿、赤贫、旅客，如果你们确信安拉和两军交锋而真伪判分之日，我所启示我的仆人的迹象。安拉对于万事确是全能的。"[2]于是，先知穆罕默德将巴德尔之战所获战利品的五分之一留给自己支配，其余的五分之四分给参战者及相关的穆斯林。上述原则后来被伊斯兰国家长期沿用，成为分配战利品的定制。

波斯细密画中的巴德尔之战

巴德尔之战的胜利，使先知穆罕默德和穆斯林喜出望外，整个麦地那绿洲沉浸在欢乐的气氛之中。然而，噩耗传至麦加，古莱西人无不悲哀，他们发誓要为死去的亲人报仇雪恨，伺机与先知穆罕默德一决雌雄。625年3月，阿布·苏福彦筹集200匹战马和3 000峰骆驼，招募3 000名古莱西战士，大举北上，来到麦地那东北8公里处的伍侯德山安营扎寨。先知穆罕默德面对强敌，最初准备以逸待劳，固守绿洲，后因许多穆斯林求战心切，于是改变初衷，率700名战士前往伍侯德山迎战。先知穆罕默德首先将50名弓箭手布置在后方作为掩护，继而率军冲向古莱西人。古莱西人一度溃退，丢弃随军眷属和大量辎重。奉命掩护后方的弓箭手于是大都擅离阵地，拥入战场，抢夺战利品。古莱西人哈立德·瓦里德发现穆斯林阵地露出破绽，率领麦加骑

---

① Watt, W.M., *Muhammed at Medina*, pp.10—11, pp.12—13, p.56.

② 《古兰经》，8:41。

兵从侧翼迅速反击。穆斯林腹背受敌，阵脚动摇，全线溃败。先知穆罕默德率军奋力抵抗，但已无法扭转战局，被迫撤离伍侯德山。在交战的过程中，70余名穆斯林阵亡，先知穆罕默德本人多处受伤。古莱西人在获胜之余，亦无心再战，返回麦加。①随后，先知穆罕默德以安拉的名义颁布启示，谴责穆斯林中违背军令和擅离职守的行为："你们奉安拉的命令而歼灭敌军之初，安拉确已对你们实践他的约言；直到他使你们看见你们所喜爱的战利品之后，你们竟示弱、内争、违抗(使者的)命令……当时，你们败北远遁，不敢回顾任何人；——而使者在你们的后面喊叫你们，安拉便以重重忧虑报答你们，以免你们为自己所丧失的战利品和所遭遇的惨败而惋惜。"②

伍侯德山

伍侯德之战的结局，并没有平息麦加的古莱西人对于先知穆罕默德的愤恨。627年3月，他们纠集来自盖特方部落、苏莱姆部落、阿萨德部落的贝都

① Watt, W.M., *Muhammed at Medina*, p.20, p.21。
② 《古兰经》,3:152—153。

因人,组成庞大的万人联军,由阿布·苏福彦率领,浩浩荡荡地杀向麦地那。在强敌压境的形势下,先知穆罕默德采取据险固守的策略。麦地那的东面、西面和南面均有房屋和稠密的枣椰林相连,构成抵御外部攻击的天然屏障,唯有北面是开阔的荒滩,几乎无险可守。于是,赛勒曼·法里西建议先知穆罕默德在麦地那北面挖掘壕沟,用以抵御麦加联军的攻势。赛勒曼·法里西是波斯人,初信琐罗亚斯德教,曾经改奉基督教,徙志以后加入穆斯林的行列。先知穆罕默德采纳赛勒曼·法里西的建议,在麦地那北面自西向东挖掘壕沟,并率3 000名穆斯林战士布防于壕沟的内侧,与麦加联军对峙。麦加联军从未见过如此御敌的壕沟,十分惊讶。麦加步兵在壕沟边缘屡遭穆斯林弓箭手的射击,无法前进。麦加骑兵曾经是伍侯德之战中击败穆斯林的主要力量,但是此时面对壕沟却无计可施,只能望而止步。壕沟战术有效地遏制了麦加联军的攻势,双方在壕沟两侧形成对峙状态。麦加联军尽管貌似强大,但是组织松散,号令不一,原始的氏族部落制度和血缘关系的狭隘观念使得庞杂的队伍难以协调行动。先知穆罕默德则采取分化的策略,许诺支付麦地那绿洲椰枣收成的二分之一,诱惑盖特方部落先行撤离战场,使古莱西人失去最重要的支持者。最后,麦加联军遭到狂风袭击,辎重被毁,军心涣散,古莱西人星夜退兵,追随麦加的贝都因人亦相继离去,旨在反对先知穆罕默德的联盟随之瓦解。“麦加联军的瓦解,标志着古来氏人反对穆罕默德的企图彻底破灭。他们与叙利亚之间的贸易被迫中止,他们在阿拉伯半岛的威望丧失殆尽。”①壕沟之战以后,古莱西人丧失了进攻麦地那的能力,穆斯林开始获得进攻麦加的主动权。

围剿麦地那绿洲的犹太人

伴随着伊斯兰国家的兴起,先知穆罕默德与麦地那的犹太人之间的关系经历了由联合到排斥的转变过程。

徙志前夕,居住在麦地那的犹太人纳迪尔部落、凯努卡部落和古莱宰部落,如同阿拉伯人奥斯部落和哈兹拉只部落一样,饱受漫无原则的仇杀之苦,企盼安宁的生活环境。他们并未拒绝先知穆罕默德的到来,徙志似乎使他们看到了和平的希望。

先知穆罕默德移居麦地那以后,曾经与那里的犹太人建立了良好的合作

---

① Watt, W.M., *Muhammed at Medina*, pp.36—37, pp.37—38, p.38.

关系。麦地那宪章将纳迪尔部落、凯努卡部落和古莱宰部落接纳为乌玛的成员,并且规定:任何顺从先知穆罕默德的犹太人,如果行为端正,不帮助先知穆罕默德的敌人,都将得到与穆斯林相同的帮助和保护;犹太人享有信奉犹太教的权利,如同穆斯林信奉伊斯兰教那样。先知穆罕默德为了进一步争取犹太人的支持,在徙志初期似乎效仿犹太人的某些习俗,以求缩小犹太人与穆斯林的信仰差距,进而劝化犹太人改奉伊斯兰教。例如,先知穆罕默德曾经要求穆斯林在犹太人的赎罪日当予斋戒,在麦加时期业已规定的晨礼与宵礼之间增加晌礼,将达乌德和苏莱曼的家园耶路撒冷作为穆斯林礼拜的朝向。①先知穆罕默德还多次提及一度恪守正教的古代犹太人,承认犹太人的古代先知穆萨(摩西)、达乌德(大卫)、苏莱曼(所罗门)皆为安拉的使者,声称犹太人崇奉的耶和华与穆斯林崇奉的安拉原本是同一个神明。"你说:'信奉天经的人啊!你们来吧,让我们共同遵守一种双方认为公平的信条:我们大家只崇拜安拉,不以任何物配他,除安拉外,不以同类为主宰。'""以色列的后裔啊!你们当铭记我所赐你们的恩惠,你们当履行对我的约言,我就履行对你们的约言;你们应当只畏惧我。"②

然而,先知穆罕默德的上述举措未能消除犹太人与穆斯林之间的宗教对立。虽然个别的犹太人如凯努卡部落的阿卜杜勒·萨拉姆在徙志以后皈依伊斯兰教,但是绝大多数犹太人自恃是"上帝的选民",不屑于追随尚不识字的阿拉伯人先知。他们仅仅承认穆萨和他的经典,否认先知穆罕默德是安拉的使者,诋毁先知穆罕默德传布的启示,进而拒绝接受先知穆罕默德作为乌玛的领袖所代表的国家权力,成为新兴文明的潜在威胁。于是,先知穆罕默德逐渐放弃联合犹太人的努力,转而采取排斥犹太人的强硬态度。③

大约在624年2月,先知穆罕默德以安拉的名义颁布启示,规定以麦加

---

① 徙志后的最初16个月中,先知穆罕默德曾经将耶路撒冷作为礼拜的朝向。然而,麦加时期穆斯林将何处作为礼拜的朝向,则众说不一。根据《古兰经》麦加篇,先知穆罕默德在传教初期着力强调恢复易卜拉欣时代的信仰,麦加的克尔白系易卜拉欣父子重建的最古的清真寺。由此推断,麦加时期穆斯林礼拜的朝向应是克尔白。著名穆斯林学者王静斋认为,先知穆罕默德原向克尔白礼拜,徙志后一度改向耶路撒冷,至徙志第十六个月时重以克尔白为朝向(见《古兰经译解》,上海永祥印书馆1946年版,第28页),这种解释是有道理的。

② 《古兰经》,3:64,2:40。

③ Rodinson, M., *Muhammed*, pp.159—160.

的克尔白取代耶路撒冷的远寺作为穆斯林礼拜的朝向。①“我确已见你反复地仰视天空，故我必使你转向你所喜悦的朝向。你应当把你的脸转向禁寺。你们无论在哪里，都应当把你们的脸转向禁寺。”“即使你以一切迹象昭示曾受天经者，他们必不顺从你的朝向，你也绝不顺从他们的朝向；他们各守自己的朝向，互不相从。”②新的启示和礼拜朝向的改变，标志着穆斯林与犹太人之间的关系逐渐破裂。先知穆罕默德在与麦加的古莱西人抗衡的同时，开始将圣战的矛头指向麦地那的犹太人。

巴德尔之战刚刚结束，一名穆斯林青年在凯努卡部落的住地与犹太人发生争执，遇害身亡。于是，先知穆罕默德按照麦地那宪章规定的血亲复仇原则，率领得胜之师包围凯努卡部落的住地。凯努卡部落与哈兹拉只部落在徙志之前曾经订有盟约。然而，宗教利益超越了传统的情感，哈兹拉只部落抛弃了原有的盟约，与奥斯部落一同围攻凯努卡部落。凯努卡部落虽有 700 名装备齐全的战士，仍未能逃脱失败的厄运。穆斯林经过 15 天的围攻，迫使凯努卡部落屈辱求和。他们被先知穆罕默德逐出麦地那绿洲，迁往北方的瓦迪库拉，后来移至叙利亚的阿兹拉亚特。凯努卡部落所遗留的财物，成为麦地那穆斯林的战利品。③

625 年伍侯德之战期间，犹太人纳迪尔部落似乎私通麦加的古莱西人，反对先知穆罕默德。麦加的古莱西人撤走以后，纳迪尔部落涉嫌谋害先知穆罕默德。于是，先知穆罕默德派人通知纳迪尔部落，要他们在 10 天内离开麦地那绿洲。纳迪尔部落不肯舍弃在麦地那绿洲的家园，拒绝离去。先知穆罕默德等待数日，不见回音，遂召集奥斯部落和哈兹拉只部落的穆斯林战士进攻纳迪尔部落的住地，并下令烧毁纳迪尔部落的枣椰林。纳迪尔部落战败投降，被迫携带 600 峰骆驼和所能运载的财物离开麦地那绿洲，分别迁往海拜尔和阿兹拉亚特。纳迪尔部落在麦地那绿洲遗留的耕地，由先知穆罕默德悉数占有，分配给生活拮据的迁士。④

627 年，先知穆罕默德凭借壕沟退去麦加联军之后，征尘未洗，便率领 3 000 名穆斯林战士对麦地那绿洲的犹太人发起最后的攻击。古莱宰部落的成员躲在自己的住地，负隅抵抗，20 余天后终被击败。他们祈求先知穆罕默

① Osborn, R.D., *Islam Under the Arabs*, p.57.

② 《古兰经》,2:144, 2:145。

③ Osborn, R.D., *Islam Under the Arabs*, pp.61—62.

④ Watt, W.M., *Muhammed at Medina*, p.212.

德像对待凯努卡部落和纳迪尔部落那样，允许他们舍弃家园迁往他乡，并且幻想曾经与他们订有盟约的奥斯部落从中斡旋。先知穆罕默德于是将战败的古莱宰部落交给奥斯部落首领赛耳德·穆阿兹处置。结果，古莱宰部落的600名战士尽遭杀戮，余者悉数沦为奴隶。①

讨伐贝都因人

徙志以后，先知穆罕默德不仅致力于抗衡麦加的古莱西人和排斥麦地那绿洲的犹太人，而且与游牧在沙漠之中的贝都因人缔约结盟，借以扩大乌玛的影响。

徙志初期，先知穆罕默德首先与分布在麦地那以西至红海沿岸的贝都因人朱海纳部落、穆宰纳部落、扎姆拉部落、古法尔部落、穆德里只部落、穆哈里布部落、阿斯拉姆部落结为联盟。②壕沟之战以后，麦地那以东的贝都因人阿什加尔部落和分布在半岛北部的朱扎姆部落、法扎拉部落相继加入麦地那联盟。③然而，由于新兴的伊斯兰国家实力尚弱，先知穆罕默德无法向与穆斯林结盟的贝都因人提供有效的保护和加以相应的控制。因此，这个时期的麦地那联盟缺乏稳固的基础，处于较为松散的状态，相互之间所承担的义务大都局限于不进攻对方和不支持对方的敌人。先知穆罕默德在大多数情况下并未向加入联盟的贝都因人提出改变信仰的要求，贝都因人中皈依伊斯兰教者尚不多见。④

在与贝都因人交往的过程中，圣战是先知穆罕默德屡屡采用的重要方式。在徙志的最初6年，麦地那穆斯林先后出征49次，其中31次是以贝都因人作为讨伐的目标。624年巴德尔之战结束以后，先知穆罕默德率军出征，讨伐分布在麦地那以东的贝都因人盖特方部落和苏莱姆部落，缴获500峰骆驼。627年，先知穆罕默德率领穆斯林战士千余人，远征希贾兹北部靠近叙利亚边境的重镇杜麦特·詹达勒，迫使分布在该地的贝都因人纷纷溃逃。随后，先知穆罕默德再度出征，讨伐贝都因人穆斯台里克部落，大获全胜，夺得骆驼2 000峰，羊500只。⑤

---

① Osborn, R.D., *Islam Under the Arabs*, pp.65—66.

② Watt, W.M., *Muhammed at Medina*, p.17.

③ Kennedy, H., *The Prophet and the Age of the Caliphate*, p.41.

④ 哈桑·穆阿尼斯:《古代中世纪的阿拉伯国家与文明》，第147页。

⑤ Watt, W.M., *Muhammed at Medina*, p.34.

先知穆罕默德重返麦加

先知穆罕默德自从622年移居麦地那之时，便矢志以胜利者的身份重返麦加。巴德尔之战和壕沟之战的胜利，使先知穆罕默德逐渐看到了重返麦加的希望。驱逐犹太人的圣战巩固了穆斯林在麦地那的地位，解除了先知穆罕默德重返麦加的后顾之忧。与贝都因人的广泛交往，标志着乌玛自麦地那绿洲向希贾兹游牧区域的初步延伸。另一方面，穆斯林的频繁骚扰使麦加与叙利亚之间的商队贸易几近中断，进攻麦地那的屡屡失败更使得古莱西人在阿拉伯半岛声名扫地。随着双方力量对比的改变，先知穆罕默德重返麦加的时机日渐成熟。①

627年，先知穆罕默德以启示的形式向穆斯林颁布了朝觐克尔白的宗教法令："为世人而创设的最古的清真寺，确是在麦加的那所吉祥的天房、全世界的向导……凡能旅行到天房的，人人都有为安拉而朝觐天房的义务。""你应当在众人中宣告朝觐，他们就从远道或徒步或乘着瘦驼，到你这里来，以便他们见证他们所有的许多利益，并且在规定的若干日内，纪念安拉之名而屠宰他赐给他们的牲畜。"②

628年，先知穆罕默德利用"禁月"的机会，以朝觐克尔白的名义前往麦加，麦地那穆斯林约1 500人随先知穆罕默德同行。③他们驱赶作为祭牲的70峰骆驼，除随身所用的佩刀外，没有携带其他武器，表示无意与古莱西人兵戎相见，只为履行安拉规定的宗教义务。先知穆罕默德还曾约与麦地那结盟的游牧部落同去麦加。然而，贝都因人或许认为此行凶多吉少，大都托辞拒绝。先知穆罕默德的队伍行至麦加以北的奥斯凡时，获悉古莱西人的骑兵驻扎在前方，于是穿越小径，绕到麦加以南16公里处的侯德比耶安营下寨。经过数日的对峙，古莱西人派苏海勒·阿姆尔前往侯德比耶与先知穆罕默德谈判，由阿里执笔，订立和约，规定：一、双方休战10年；二、休战期间，穆斯林不得庇护擅自投奔麦地那的麦加人，而背叛先知穆罕默德的人却可留居麦加；三、先知穆罕默德放弃该次朝觐撤回麦地那，古莱西人保证在翌年朝觐期间撤出麦加三日，以便穆斯林在克尔白履行宗教义务。《侯德比耶和约》的订立，尽

① 哈桑·穆阿尼斯：《古代中世纪的阿拉伯国家与文明》，第149页。

② 《古兰经》，3:97，22:27—28。

③ Watt, W.M., *Muhammed at Medina*, p.85.

管没有使先知穆罕默德达到在该年朝觐克尔白的目的，但是毕竟标志着麦加的古莱西人对于先知穆罕默德及其宗教的初步承认，缓解了麦加与麦地那之间的敌对状态，从而为先知穆罕默德以胜利者的身份重返故乡铺平了道路。《侯德比耶和约》的订立可谓穆斯林克复麦加的重要起点，《古兰经》曾称此事是先知穆罕默德的“一种明显的胜利”。[①]

先知穆罕默德与古莱西人订立《侯德比耶和约》以后，自麦加挥师北上，兵抵希贾兹北部犹太人居住的绿洲海拜尔。海拜尔的犹太人龟缩在七座堡垒之内，殊死抵抗。穆斯林砍伐堡垒周围的400余棵枣椰树，断绝堡垒的水源供应，进而发起猛攻。犹太人据守的五座堡垒相继陷落，另外两座堡垒内的犹太人无力再战，向穆斯林投降，请求保留他们的性命。先知穆罕默德准许犹太人继续居住在海拜尔绿洲，规定犹太人每年缴纳农产品的二分之一。海拜尔附近的法达克、泰马、瓦迪库拉的犹太人，慑于穆斯林的威力，纷纷屈从于先知穆罕默德。他们如同海拜尔的犹太人一样，仍然生活在原有的家园，按照分成制的原则，每年向穆斯林缴纳一定数量的农产品。[②]

据阿拉伯历史家记载，《侯德比耶和约》订立以后，先知穆罕默德曾经遣使致书波斯、拜占庭、埃塞俄比亚的君主以及埃及、大马士革、巴林、阿曼、叶麻麦的统治者。[③]诚然，先知穆罕默德遣使致书，未能使这些地区因此皈信伊斯兰教。但是，上述举措表明先知穆罕默德并没有将视野局限于阿拉伯半岛，他的目光已经转向半岛周围的广大地区。

629年，先知穆罕默德率领2 000余名穆斯林自麦地那出发，驱赶作为祭牲的60峰骆驼，前往麦加。古莱西人按照《侯德比耶和约》的规定，预先撤至麦加郊外。麦地那对于麦加的胜利已是大势所趋。

《侯德比耶和约》的订立，似乎妨碍了先知穆罕默德对麦加采取进一步的军事行动。先知穆罕默德在寻找时机。不久，麦加的盟友巴克尔部落攻击曾与先知穆罕默德订有盟约的胡扎尔部落，古莱西人介入双方的冲突，因而触犯了《侯德比耶和约》。[④]630年，先知穆罕默德兴师问罪，讨伐古莱西人。途中，希贾兹一带的贝都因人纷纷加入先知穆罕默德的队伍。先知穆罕默德兵抵麦加郊外时，穆斯林队伍已达万人之众。古莱西人首领阿布·苏福彦见大

---

① 《古兰经》，48:1。

② Al-Baladhuri, *Futuh al-Buldan*, p.24.

③ Schacht, J., *The Legacy of Islam*, Oxford 1974, p.181.

④ Shoufany, E., *Al-Riddah and the Muslim Conquest of Arabia*, Toronto 1972, p.22.

穆斯林在麦加朝觐

势已去，率先皈依伊斯兰教。先知穆罕默德晓谕其余古莱西人，凡闭门不出者、避于禁寺者和躲在阿布·苏福彦家中者，概不问罪，可保平安。随后，穆斯林兵分四路进攻麦加，古莱西人几乎不战而降，只有哈立德·瓦里德率领的队伍入城时遇到抵抗，略有伤亡，其余各路队伍均兵不血刃。先知穆罕默德再度来到克尔白神殿，绕行七周，触摸玄石，命令穆斯林捣毁神殿内所有的供奉之物，仅保留玄石作为圣物。[①]先知穆罕默德向众人高呼："真理已经来临，虚妄已经消灭；虚妄确是易灭的。"[②]这是先知穆罕默德一生中最为辉煌的时刻，伊斯兰教终于在他的故乡取得了彻底的胜利，古莱西人顽固恪守的多神崇拜从此荡然无存。

从侯奈因之战到"代表团之年"

先知穆罕默德以胜利者的身份重返麦加的消息不胫而走，震动整个半岛，尚未归顺伊斯兰国家的阿拉伯人不寒而栗。然而，他们并没有立刻对先知穆罕默德俯首臣服，一场恶战在等待着穆斯林。

海瓦精部落是分布在麦加东南的贝都因人。他们获悉先知穆罕默德克复麦加的消息之后，惶恐不安，担心穆斯林会闯进自己的家园。于是，他们联合塔伊夫绿洲的萨奇夫部落，组成2万余众的庞大队伍，集结在侯奈因山谷，准备进行顽抗。海瓦精部落采用阿拉伯半岛的传统战术，携带家眷，驱赶牲

① Osborn, R.D., *Islam Under the Arabs*, pp.67—68.

② 《古兰经》，17：81。

畜,誓与穆斯林决一死战。先知穆罕默德在麦加逗留10余天后亲自率领1.2万名战士,其中包括2 000名古莱西人,奔赴侯奈因山谷。穆斯林自恃人多势众,信心十足。然而,交战伊始,哈立德·瓦里德率领的前锋部队遭到伏击,伤亡惨重,后续人马见状大骇,纷纷溃逃。跟随先知穆罕默德出征的队伍十分庞杂,许多贝都因人只求获取战利品,无心恋战,来自麦加的古莱西人目睹穆斯林的败绩,甚至暗中幸灾乐祸。危急关头,先知穆罕默德泰然自若,毫不畏惧,率领迁士和辅士殊死拼杀,整个队伍士气大振,溃逃者重返战场,发动反攻,直至大获全胜,俘敌6 000余人,并夺得骆驼2万峰,羊4万只,海瓦精部落的残余势力逃往塔伊夫。先知穆罕默德将战利品暂存于吉阿拉纳河谷,随后催动得胜之师,兵抵塔伊夫绿洲。萨奇夫部落及海瓦精部落的残余据城固守,穆斯林屡攻未克。最后,先知穆罕默德下令砍烧萨奇夫部落的果园,迫使萨奇夫部落及海瓦精部落的残余弃城投降。①先知穆罕默德班师返回麦地那。

伊斯兰历纪元9年(即630年4月到631年3月),阿拉伯半岛的诸多部落纷纷派遣所谓的沃弗德(阿拉伯语中意为代表团)前往麦地那谒见先知穆罕默德,史称"代表团之年"。②

据阿拉伯历史家伊本·赛耳德的记载,来自阿拉伯半岛各地的70余个代表团在麦地那谒见穆罕默德。③自古以来,他们只是忠于自己的部落,从不听从其他人的摆布。此时,他们却长途跋涉,从遥远的阿曼、巴林、哈德拉毛、也门诸多区域来到麦地那,许多人甘愿抛弃祖辈的信仰,加入穆斯林的行列。伊斯兰文明的影响,至此已遍及整个半岛的各个角落。《古兰经》曾经提及当时的情景:"当安拉的援助和胜利降临,而你看见众人成群结队地崇奉安拉的宗教时,你应当赞颂你的主超绝万物,并且向他求饶,他确是至宥的。"④当然,"代表团之年"并不意味着所有部落完全被纳入乌玛的范围,更非说明伊斯兰教在整个半岛的最后胜利。所谓的代表团往往只是部落之中的一派势力,他们或许希望借助于先知穆罕默德的支持,战胜自己的对手,从而确立其在部落内部的优势地位。另一方面,并非所有的代表团皆向先知穆罕默德表达皈依伊斯兰教的愿望。许多代表团无意改奉伊斯兰教,仅仅承认先知穆罕

① Watt, W.M., *Muhammed at Medina*, p.72, p.73.

② 哈桑·穆阿尼斯:《古代中世纪的阿拉伯国家与文明》,第150页。

③ Siddiqi, M.Y.M., *Organization of Government Under the Prophet*, Delhi 1987, p.41.

④ 《古兰经》,110:1—3。

默德的政治权力。纳季兰的基督徒曾经派出 60 人组成的使团,身着华丽的服饰,携带厚礼,谒见先知穆罕默德。先知穆罕默德指责他们崇拜十字架和奉行三位一体的教义,劝化他们改奉伊斯兰教,但未能如愿。他们恪守基督教的信仰,缴纳人丁税,直至哈里发欧默尔(634—644 年在位)当政时期被逐往叙利亚。个别代表团甚至无意承认先知穆罕默德的政治权力。阿米尔部落的首领阿米尔·突法勒和哈尼法部落的首领穆赛里玛要求继承先知穆罕默德的圣位,或者与先知穆罕默德划地分治,遭到先知穆罕默德的拒绝。[①]

631 年朝觐期间,阿拉伯人纷纷聚集在麦加。虽然克尔白神殿的供奉之物业已清除,但是仍有大量的阿拉伯人尚未皈依伊斯兰教,原有的献祭仪式依旧保留。先知穆罕默德出于抵制多神信仰的考虑,拒绝与尚未皈依伊斯兰教的阿拉伯人共同履行朝觐义务,只是委派阿布·伯克尔率领 300 余名穆斯林前往麦加。随后,先知穆罕默德授权阿里赶赴麦加颁布新的启示,废止先知穆罕默德曾经与异教徒订立的盟约,禁止非穆斯林进入麦加和朝觐克尔白,进而阐述对多神崇拜者以及犹太人和基督徒全面圣战的思想原则。"当禁月逝去的时候,你们在哪里发现以物配主者,就在那里杀戮他们,俘虏他们,围攻他们,在各个要隘侦候他们。""当抵抗不信安拉和末日,不遵安拉及其使者的戒律,不奉真教的人,即曾受天经的人,你们要与他们战斗,直到他们依照自己的能力,规规矩矩地交纳丁税。"[②]与此同时,先知穆罕默德向分布在半岛各地的诸多部落派出使者,广泛传布伊斯兰教的信条,规定相应的宗教义务和行为准则,进而根据"安拉的法度"仲裁纠纷,募集兵员,征收天课贡赋。[③]

辞　朝

632 年初,先知穆罕默德自麦地那启程,前往麦加主持朝觐仪式。这是自征服麦加以来先知穆罕默德首次朝觐克尔白,也是他在生前的最后一次朝觐,史称辞朝。

此次朝觐与以往不同,参加者皆为穆斯林,人数近 10 万。[④]先知穆罕默德抵达麦加,首先在克尔白绕行七周,亲吻玄石,继而在克尔白东侧的所谓易卜

---

① Ekerman, D.F., *Al-Musaylima*, Journal of Economic and Social History of the Orient, 1967, p.42.

② 《古兰经》,9:5, 9:29。

③ 哈桑·穆阿尼斯:《古代中世纪的阿拉伯国家与文明》,第 150 页。

④ 哈桑·穆阿尼斯:《古代中世纪的阿拉伯国家与文明》,第 151 页。

拉欣立足处履行拜功。然后，先知穆罕默德在赛法与麦尔沃两丘之间奔走七次，并在麦加郊外的米纳山留宿过夜。次日，先知穆罕默德登上阿拉法特山，向参加朝觐的穆斯林发表著名的“告别演讲”，阐述伊斯兰教的社会准则：“众人哪，你们听着！我不知道今年过后还能不能和你们再次相聚，站立礼拜。众人哪，直到你们回到安拉御前为止，你们相互残杀生命，相互侵占财产，均在严禁之列，犹如在本月本日本地严禁的事一样……蒙昧时代的高利贷一律作废……蒙昧时期的血债一律不予清算……除克尔白和渗渗泉的看管照例以外，蒙昧时代的习俗一律废止。有意杀人者偿命……穆斯林都是弟兄，若非本人同意而霸占自己弟兄的财产对于任何人都是非法的……”[①]随后，先知穆罕默德颁布最后的启示：“今天，不信道的人，对于(消灭)你们的宗教已经绝望了，故你们不要畏惧他们，你们当畏惧我(应指安拉)。今天，我已为你们成全你们的宗教，我已完成我所赐你们的恩典，我已选择伊斯兰教做你们的宗教。”[②]听罢先知穆罕默德颁布的上述启示，阿布·伯克尔等人潸然泪下。他们意识到，先知穆罕默德已经完成了自己的神圣使命，恐将不久于人世。

麦地那先知清真寺

先知穆罕默德在麦加逗留10天，返回麦地那后果然身染重病，卧床不起。632年6月8日，先知穆罕默德溘然长逝，葬于麦地那的先知寺内。

---

① 穆罕默德·胡泽里：《穆罕默德传》，秦德茂、田希宝译，宁夏人民出版社1983年版，第265—267页。

② 《古兰经》，5：3。

三、伊斯兰文明的初步确立

教俗合一国家体制的奠基

先知穆罕默德时代的阿拉伯半岛处于极度动荡的状态。频繁的劫掠和激烈的仇杀日益加剧着部落之间的矛盾冲突，从根本上决定着阿拉伯人告别野蛮状态而步入文明社会的演进趋势。

国家是文明的集中体现，国家的建立是先知穆罕默德时代阿拉伯社会形态变革的重要组成部分。麦加贸易的兴起导致古莱西人财产关系的剧烈变化和社会秩序的深刻危机，在多神崇拜的旷野之中提供了伊斯兰教赖以植根的沃土。信仰的转变和伊斯兰教的诞生揭开了阿拉伯人建立国家和步入文明时代的帷幕，而公共权力由宗教生活向世俗领域的延伸则是这一过程的核心内容。

先知穆罕默德在麦地那创立的国家，构成伊斯兰教所阐述的政治思想和社会原则得以逐步实践的逻辑结果和外在形式。教俗合一的权力体制无疑是新兴伊斯兰国家的突出特征，宗教信条的约束和宗教意义的顺从则是伊斯兰国家之公共权力的原生形态。

伊斯兰教自麦加时期便一反阿拉伯半岛的历史传统，极力强调安拉的威严。安拉的威严不仅表现为创造天地和毁灭万物，而且在于驾驭尘世和主宰芸芸众生。《古兰经》称："天上、地下、天地之间以及地下的一切，全都归安拉治理。""只有安拉具有创造和命令的威力。""安拉是世人的主宰，世人的君王。"麦地那时期的启示进一步阐述了安拉至上的原则，强调安拉的意志是一切权力的源泉。"你要把国权赏赐谁，就赏赐谁；你要把国权从谁手中夺去，就从谁手中夺去。"[①]曾经有一名初奉伊斯兰教的部落首领将先知穆罕默德称作君王（即马立克），先知穆罕默德断然表示："我只是使者，唯有安拉才是君王。"[②]另一方面，伊斯兰教在强调安拉至上的前提下，赋予穆罕默德作为安拉的使者以绝对的宗教权力。穆斯林不仅要敬畏安拉，而且必须无条件地顺从安拉的使者。《古兰经》屡屡将敬畏安拉与顺从使者相提并论，而敬畏安

---

① 《古兰经》，20:6，7:54，114:1—2，3:26。

② Grunebaum, G.E., *Medieval Islam*, Chicago 1961, p.154.

拉直接表现为顺从使者。“谁顺从使者,谁确已服从安拉。”“谁违抗安拉和使者,谁必受火狱的刑罚,并且永居其中。”[①]伊斯兰教通过强调安拉至上和顺从使者的信条,渐趋否定原始民主制的传统原则,进而阐述了国家权力的政治理论。

伊斯兰教赋予先知穆罕默德的国家权力,首先表现为规定穆斯林必须履行的宗教义务。宗教方式的惩罚为宗教权力的实现提供了必要的约束手段,“取悦于安拉还是触犯安拉”构成衡量社会行为的首要准则。[②]穆斯林的宗教义务之一,是通过礼拜的形式表达对安拉的敬畏。先知穆罕默德在麦加时期传布的启示,初步规定了穆斯林的礼拜义务。“你们应当归依安拉,应当敬畏他,应当谨守拜功。”“应当谨守从晨时到黑夜的拜功;并应当谨守早晨的拜功。”麦加时期,伊斯兰教皈依者曾因履行拜功而屡遭反对者的袭击。麦地那时期,礼拜仪式渐趋完善,每日逐时的五次拜功和聚礼成为定制。斋戒是伊斯兰教规定的另一项基本的宗教义务。《古兰经》麦加篇曾经提及斋戒,但是尚无明确的规定。623 年,先知穆罕默德颁布启示,规定全体穆斯林在赖买丹月(伊斯兰教历 9 月)实行斋戒的制度。“斋戒已成为你们的定制,犹如它曾为前人的定制一样,以便你们敬畏。”斋戒是“安拉的法度”,凡因故未在规定日期斋戒者,必须在事后补足。627 年,先知穆罕默德以启示的形式颁布朝觐克尔白的宗教法令。“人人都有为安拉而朝觐天房的义务。”“你应当在众人中宣告朝觐,他们就从远道或徒步或乘着瘦驼,到你这里来。”[③] 632 年,穆斯林 10 万余众汇集麦加举行“辞朝”,声势之大,前所未有。

先知穆罕默德所行使的权力并没有停留在单纯规定宗教义务的范畴,《古兰经》亦未局限于宗教信条的阐述。在宗教约束的基础之上,伊斯兰国家发展了相应的世俗权力。“你们当服从安拉,应当服从使者和你们中的主事人”,反映了新兴的国家权力由宗教生活向世俗领域的延伸。[④]安拉的启示和先知穆罕默德作为安拉使者的地位,则是新兴国家之世俗权力的来源所在。显而易见,伊斯兰教通过强调安拉至上和顺从使者的信仰内容,将尚且鲜为人知的崭新政治概念引入阿拉伯半岛氏族部落的社会体系。先知穆罕默德作为安拉的使者凌驾于氏族部落之上,获得与原始民主制大相径庭的个人权

---

① 《古兰经》,4:80, 72:23。

② 库尔森:《伊斯兰教法律史》,吴云贵译,中国社会科学出版社 1986 年版,第 4 页。

③ 《古兰经》,30:31, 17:78, 19:26, 2:183, 2:187; 2:185, 3:97, 22:27。

④ 《古兰经》,4:59。

威，安拉至上的信仰为先知穆罕默德行使绝对的个人权威提供了必要的宗教保证。

先知穆罕默德的世俗权力形成于麦地那时期，首先表现为对乌玛内部纠纷的仲裁。麦地那宪章明确规定，先知穆罕默德作为安拉的使者，具有仲裁纠纷的权力。“乌玛成员无论何事发生歧疑争执，皆须诉诸安拉和穆罕默德公断。”（第23款）“乌玛内部无论何时出现可能导致严重后果之纠纷，皆须诉诸安拉和穆罕默德裁决。”（第42款）《古兰经》麦地那篇亦以启示的形式赋予先知穆罕默德以仲裁纠纷的权力。“我确已降示你包含真理的经典，以便你据安拉所昭示你的（律例），而替众人判决。”“你当依安拉所降示的经典而替他们判决，你不要顺从他们的私欲，你当谨防他们引诱你违背安拉所降示你的一部分经典。如果他们违背正道，那么，你须知安拉欲因他们的一部分罪过，而惩罚他们。”先知穆罕默德的仲裁具有无可争辩的绝对权威，乌玛的成员必须顺从安拉的意志而接受先知穆罕默德的裁决结果。“当安拉及其使者判决一件事的时候，信道的男女对于他们的事，不宜有选择。谁违抗安拉及其使者，谁已陷入显著的迷误了。”

在行使仲裁权力的过程中，先知穆罕默德以启示的形式阐述了社会成员在世俗领域的行为准则，从而发展了立法的权力。《古兰经》中规定：“我确已降示你包含真理的经典，以便你据安拉所昭示你的（律例），而替众人判决。”“你当依安拉所降示的经典而替他们判决，你不要顺从他们的私欲，你当谨防他们引诱你违背安拉所降示你的一部分经典。”一方面，《古兰经》阐述了以个人作为社会责任之承担者的法律原则：“今以杀人者抵罪为你们的定制，公民抵偿公民，奴隶抵偿奴隶，妇女抵偿妇女”，凡误伤人命者，皆须向丧主赔偿赎金或“连续斋戒两个月代赎”。另一方面，《古兰经》强调同态复仇的惩罚方式：“禁月抵偿禁月，凡应当尊敬的事物，都是互相抵偿的。如果你们要报复，就应当依照你们所受的伤害而报复。”[①]《古兰经》明确区分故意杀人与过失杀人的责任差异，误伤人命者不受同态复仇的惩罚，但是必须向死者一方赔偿赎金并释放一名信奉伊斯兰教的奴隶，或者“连续斋戒两个月”作为替代。血亲复仇尽管在形式上得以延续，但是已经受到宗教规定的严格约束，以往毫无限制和漫无原则的仇杀行为遭到废止。

御敌征战是世俗权力的重要内容，以安拉的名义领导圣战构成先知穆罕

---

① 《古兰经》，4:105，5:49，33:36，4:105；5:49，2:178；4:92，2:194。

默德行使御敌征战权力的显著特征。麦地那宪章规定,抵御外部敌人的进攻是乌玛成员共同的义务,乌玛成员未经先知穆罕默德的允许不得擅自攻杀劫掠,御敌征战由漫无原则初步转变为服从安拉事业的需要。[①]623 年初,先知穆罕默德宣布乌玛成员与麦加敌对势力开始进入战争状态。624 年,先知穆罕默德率穆斯林出征,在巴德尔击败麦加敌对势力。此后,先知穆罕默德以安拉的名义发动一系列圣战,将犹太人凯努卡部落、纳迪尔部落和古莱宰部落相继逐出麦地那绿洲。630 年征服麦加以后,先知穆罕默德宣布进一步讨伐异教徒的启示。630 年底,先知穆罕默德对叙利亚边境重镇泰布克发动圣战,3 万名穆斯林应召出征,声势之大,阿拉伯半岛前所未闻。

税收制度的演变,是先知穆罕默德时代国家权力自宗教生活向世俗领域延伸的典型过程。穆斯林缴纳天课作为虔敬安拉的表达方式,早在麦加时期的启示中已有所阐述。[②]但是,缴纳天课最初只是一种自愿而为的善行,并无强制的规定和相应的征纳标准。徙志以后,天课由自愿而为的善行发展为所有穆斯林皆须履行的义务,进而构成国家税收的原型。627 年,先知穆罕默德规定了天课的具体数额:贝都因人每年缴纳畜牧产品(骆驼、牛、羊)的 2.5%,农民缴纳土地收获物(小麦、大麦、椰枣、葡萄干)的 5%—10%,商人缴纳相应数量的金银财帛。[③]在此基础上,《古兰经》规定了天课的八项用途,即"分配穷困者、赤贫者、为此操劳者、内心相投者、赎身者、欠债者、用于安拉之道者、离乡漂泊者"。631 年朝觐期间,先知穆罕默德委派阿里在麦加的克尔白颁布新的启示,规定所有的非穆斯林或者皈依伊斯兰教并完纳天课,或者以缴纳人丁税作为条件接受安拉和使者的保护,别无选择。[④]上述启示标志着国家税收的范围由穆斯林向非穆斯林的扩展,而从天课的规定到人丁税的征纳体现了国家税收制度的渐趋完善。

麦地那时代后期,先知穆罕默德相继委派诸多的瓦利前往半岛各地,旨在完善国家权力体系。"瓦利"一词在阿拉伯语中本意为主人,引申含义为长官。629 年,瓦里德 · 欧格拜出任穆斯塔里格部落的瓦利。630 年,阿塔布 · 阿绥德出任麦加的瓦利,穆阿兹 · 贾巴勒出任也门的瓦利,阿拉 · 哈达拉米出任巴林的瓦利,阿慕尔 · 阿绥出任阿曼的瓦利,阿布 · 欧拜德出任纳季兰

---

① 哈桑 · 穆阿尼斯:《古代中世纪的阿拉伯国家与文明》,第 147 页。

② 《古兰经》,92:5; 92:18; 51:19。

③ Yahya b. Adam, *Kitab al-Kharaj*, Leiden 1967, p.94.

④ 《古兰经》,9:60, 9:5, 9:29。

的瓦利。先知穆罕默德还从各地的阿拉伯部落中选择虔诚的穆斯林出任瓦利，其中包括朱海纳部落的瓦利阿慕尔·穆拉赫、安斯部落的瓦利欧拜德·阿什亚布、胡扎尔部落的瓦利朱尔苏姆·纳希卡、萨奇夫部落的瓦利奥斯曼·阿比·阿绥、阿兹德部落的瓦利苏拉特·阿卡杜拉、哈姆丹部落的瓦利马立克·纳麦特、肯德部落的瓦利瓦基勒·侯吉尔。瓦利的职责是以先知穆罕默德的名义宣传伊斯兰教信条，规定相应的宗教义务和行为准则，进而根据"安拉的法度"仲裁纠纷、募集战士、征纳天课贡赋。穆阿兹·贾巴勒曾经表示，他在所辖区域治理臣民的原则，首先是根据《古兰经》的启示，其次是遵循先知穆罕默德的训示，最后是依照自己的判断。①诸多瓦利的设置，标志着宗教权力向世俗领域的延伸和教俗合一的权力体制自麦地那绿洲向半岛各地的扩展。

新兴的国家权力脱胎于阿拉伯半岛氏族部落的社会结构。原始公社制度尽管在少数地区趋于解体，但是在整个半岛的范围内仍然根深蒂固。伊斯兰教诞生以后，确有一些阿拉伯人在皈依伊斯兰教以后脱离原有的血缘群体而移居麦地那绿洲，然而绝大多数的穆斯林依旧生活在各自的氏族部落之中，信仰的转变并没有使他们立即放弃传统的血缘联系和相应的社会义务，氏族部落继续构成乌玛内部的重要组织形式。血缘关系的延续深刻地影响着乌玛的政治生活，明显地制约着公共权力的发展。先知穆罕默德时代，国家机构极其简陋，官僚体系尚未形成。资深的迁士阿布·伯克尔、欧默尔、阿布·欧拜德、阿里以及辅士的首领赛耳德·欧拜德、赛耳德·穆阿兹等人无疑是乌玛权力的核心成员，然而他们仅仅根据《古兰经》规定的原则并且遵循部落社会的传统形式履行咨议的职责，所谓"先知的内阁"只是在极其有限的范围内协助先知穆罕默德处理教俗事务。②麦地那时期穆斯林征战频繁，却无常备的军事力量。《古兰经》倡导宗教意义的圣战，然而先知穆罕默德只能在战时从各个部落募集兵员；一旦战事结束，军队即告解散，人们返回各自的部落。文献资料曾经提及先知穆罕默德时代划分的若干行政区域(即维拉叶特)，但是它们大都形同虚设，并无实际意义。诸多瓦利在行使教俗权力的过程中往往只是采取劝说和协商的方式，缺乏必要的强制手段。新兴的国家尚需借助于血缘组织的传统形式支配臣民，公共权力的实现大都只是表现为宗

---

① Siddiqi, M.Y.M., *Organization of Government Under the Prophet*, p.262.

② Siddiqi, A.H., *The Origins and Development of Muslim Institutions*, Karachi 1962, pp.24—25.

教的约束,世俗的控制往往微乎其微。直到632年先知穆罕默德去世前夕,国家的税收在绝大多数地区仅限于要求而尚未成为现实。教俗合一的国家权力带有原始民主制的浓厚色彩,诸多方面有待完善。

财产关系的私有原则

私有制是文明社会的客观基础,财产关系由原始公有制向私有制的转变构成伊斯兰文明兴起的重要内容。麦地那时期,先知穆罕默德屡屡以安拉的名义颁布启示,着力通过立法手段肯定私有财产,保护私有制财产关系,强调个人对于财产的支配权力,禁止非法侵吞他人财产。"你们不要借诈术而侵蚀别人的财产,不要以别人的财产贿赂官吏,以便你们明知故犯地借罪行而侵蚀别人的一部分财产。""你们应当把孤儿的财产交还他们,不要以(你们的)恶劣的(财产)换取(他们的)佳美的(财产);也不要把他们的财产并入你们的财产,而加以吞蚀。这确是大罪。""你们当试验孤儿,直到他们达到适婚年龄;当你们看见他们能处理财产的时候,应当把他们的财产交还他们;不要在他们还没有长大的时候,赶快浪费地消耗他们的财产。富裕的监护人,应当廉洁自持;贫穷的监护人,可以取合理的生活费。你们把他们的财产交还他们的时候,应当请人作见证。安拉足为监察者。"①

在强调个人财产支配权的基础之上,《古兰经》麦地那篇阐述了个人的遗产继承权。在当时的阿拉伯半岛,血族群体支配遗产继承的现象颇为盛行,许多部落排斥女性成员对于遗产的继承权利。针对这种情况,先知穆罕默德以启示的形式阐述了崭新的遗产继承原则,否定血族群体支配遗产继承的传统倾向,强调死者本人在临终之际处置遗产的权利,并且规定了相应的法度。"你们当中,若有人在临死的时候,还有遗产,那么,应当为双亲和至亲而秉公遗嘱。这已成你们的定制,这是敬畏者应尽的义务。""我为男女所遗的每一份财产而规定继承人,即父母和至亲,以及你们曾与她们缔结婚约的人,你们应当把这些继承人的应继份额交给他们。""男子得享受父母和至亲所遗财产的一部分,女子也得享受父母和至亲所遗财产的一部分,无论他们所遗财产多寡,各人应得法定的部分。"遗产的继承权利,首先属于子女,配偶次之,父母再次之,兄弟姊妹居后。"安拉为你们的子女而命令你们。一个男子,得两个女子的分子。如果亡人有两个以上的女子,那么,她们共得遗产的三分之

---

① 《古兰经》,2:188,4:2,4:6。

二;如果只有一个女子,那么,她得二分之一。如果亡人有子女,那么,亡人的父母各得遗产的六分之一。如果他没有子女,只有父母承受遗产,那么,他母亲得三分之一。如果他有几个兄弟姐妹,那么,他母亲得六分之一……如果你们的妻室没有子女,那么,你们得受她们的遗产的二分之一。如果她们有子女,那么,你们得受她们的遗产的四分之一……如果你们没有子女,那么,你们的妻室得你们遗产的四分之一。如果你们有子女,那么,她们得你们遗产的八分之一。"①

上述启示通过禁止非法侵吞他人财产和规定遗产继承权及其份额,排斥氏族成员的财产共占权,否定原始公有制的物化形式,体现了新兴的伊斯兰文明倡导私有制财产关系的积极倾向。

个体家庭的婚姻形态

缺乏限制的婚姻关系是氏族部落制度赖以存在的社会条件,个体家庭的婚姻形态则是文明社会区别于野蛮社会的重要标志。

伊斯兰文明兴起以前,阿拉伯人的婚姻形态十分混乱,对偶家庭在许多地区颇为盛行,某些部落甚至保留着母系制度的明显痕迹,男女之间通常处于松散结合的状态,婚姻关系缺乏必要的限制,诸如兄弟数人共娶一人为妻或超越血亲的界限而近乎乱伦的现象比比皆是,稳定的个体家庭尚且处于朦胧的状态。②

针对查希里叶时代阿拉伯半岛的群婚倾向和内婚习俗,《古兰经》着力限制男女之间婚姻行为的随意性,即以限制娶妻数量的方式排斥群婚倾向,以限制通婚范围的方式排斥内婚习俗。

从表面上看,《古兰经》并未严格禁止多妻制的婚姻形式。"你们可以择娶你们爱悦的女人,各娶两妻、三妻、四妻;如果你们恐怕不能公平地待遇她们,那么,你们只可以各娶一妻,或以你们的女奴为满足。这是更近于公平的。"许多人据此认为,伊斯兰教实行多妻制度。然而,如果考虑到查希里叶时代阿拉伯半岛群婚盛行的特定状态,就会发现上述启示包含着限制多妻制的内在倾向,旨在约束阿拉伯人缺乏限制的婚姻行为,进而将一夫一妻制的个体家庭视作男女之间完美的结合形式。另一方面,《古兰经》明确废止传统

---

① 《古兰经》,2:180, 4:33, 4:7, 4:11—12。

② Lapidus, M.A., *A History of Islamic Societies*, p.29.

的内婚习俗，严格规定男女之间的婚姻界限。“安拉严禁你们娶你们的母亲、女儿、姐妹、姑母、姨母、侄女、外甥女、乳母、同乳姐妹、岳母，以及你们所抚育的继女，即你们曾与她们的母亲同房的，如果你们与她们的母亲没有同房，那么，你们无妨娶她们。安拉还严禁你们娶你们亲生儿子的媳妇，和同时娶两姐妹……（他又严禁你们娶）有丈夫的妇女……安拉以此为你们的定制。”①

先知穆罕默德以启示的形式，强调缔结婚约的必要性，而聘仪构成其中的核心环节。查希里叶时代，求婚者亦常需向女方支付聘仪，然而接受聘仪者并非出嫁的女子，而是她的亲族。《古兰经》规定，聘仪必须支付给出嫁者本人，剥夺其亲族收受聘仪的传统权利。“你们应当把妇女的聘仪，当作一份赠品，交给她们。”“你们可以借自己的财产而谋与妇女结合，但你们应当是贞节的，不可是淫荡的。既与你们成婚的妇女，你们应当把已决定的聘仪交给她们。既决定聘仪之后，你们双方同意的事，对于你们是毫无罪过的。”《古兰经》还规定了男女之间解除婚约的法定程序，阐述了“待婚期”的概念。“盟誓不与妻子交接的人，当期待四个月。”“当你们休妻的时候，你们当在她们的待婚期之前休她们，你们当计算待婚期，当敬畏安拉——你们的主。你们不要把她们从她们的房里驱逐出门，她们也不得自己出门，除非她们做了明显的丑事。这是安拉的法度。”②聘仪的强调和解除婚约的“法度”，旨在否定任意的婚姻行为，限制婚姻关系的随意中止，进而保证个体家庭的相对稳定。

信仰的认同与社会的聚合

伴随着伊斯兰教的传布和国家权力的形成，阿拉伯社会结构发生了深刻的变革，变革的实质是在独尊安拉的宗教形式下血缘联系的削弱和地域联系的形成，而变革的起点便是先知穆罕默德的故乡麦加。

先知穆罕默德在麦加时期传布的启示，固然承认麦加作为天房所在的神圣地位和古莱西人作为禁地居民的特殊权利。“我曾以他们的城市为安宁的禁地，而他们四周的居民被人劫掠。难道他们确信邪神，而辜负安拉的恩惠吗。”“因为保护古莱氏，因为在冬季和夏季的旅行中保护他们，故教他们崇敬这天房的主，他曾为饥荒而赈济他们，曾为恐怖而保护他们。”但是，先知穆罕默德并没有将视野局限于生活在麦加的古莱西人，而是着眼于半岛各地的所

---

① 《古兰经》，4:3，4:23—24。

② 《古兰经》，4:4；4:24，2:226，65:1。

有阿拉伯人，强调部落之间的相互联系和阿拉伯人作为整体的存在。《古兰经》麦加篇宣称，人类同出一源，本是一体，安拉并非只是麦加的神灵和阿拉伯人的保护者，而是所有地区和各个民族的主宰者。“他从一个人创造你们。”“人们原来是一个民族。”“你们的这个民族，确是一个统一的民族，我是你们的主，故你们应当崇拜我。”“他是天地万物之主，是一切东方的主。”“安拉的地面是宽广的。”《古兰经》麦加篇曾经提及以往的诸多先知，他们的使命大都局限于各自所在的部族，而先知穆罕默德的使命则是引导天地之间的全体生灵。“这部《古兰经》，被启示给我，以便我用它来警告你们，和它所达到的各民族。”“我只派遣你为全人类的报喜者和警告者。”①上述启示显然区别于氏族部落的狭隘观念，与血缘群体的社会原则背道而驰，包含着倡导地域联系的思想倾向，而伊斯兰教自诞生之始便包含着世界性宗教的理论倾向。

麦加时期，伊斯兰教的皈依者并没有完全脱离与其氏族的联系，他们依旧接受各自氏族的保护，继续履行相应的社会义务。然而，独尊安拉的共同信仰无疑削弱了传统的血缘观念，成为超越氏族部落狭隘界限的联系纽带，使得来源各异的伊斯兰教皈依者渐趋聚合为颇显亲密的宗教社团。

先知穆罕默德在麦加时期曾经实行教友制度，规定伊斯兰教的皈依者应超越血缘界限而结为教友。著名的圣门弟子泰勒哈·欧拜杜拉与祖拜尔·阿沃姆尽管分别属于古莱西部落的泰姆氏族和阿萨德氏族，却相互结为教友，交往甚密。教友关系并未取代血缘关系，但是无疑高于血缘关系。教友制度的实行，体现了信仰的纽带作用，预示着新型社会结构的萌芽。根据《古兰经》麦加篇，逐时礼拜、洁身自好和诵读启示的伊斯兰教皈依者组成的宗教社团在麦加时期初具雏形。著名的“阿尔卡姆会”始建于611年，最初包括先知穆罕默德以及阿布·伯克尔、阿布·欧拜德、赛耳德·阿比·瓦嘎斯、阿卜杜勒·拉赫曼·奥夫、祖拜尔·阿沃姆、泰勒哈·欧拜杜拉和阿尔卡姆数人，后来规模不断扩大，成为麦加时期伊斯兰教的核心组织和乌玛演进历程的起点。“我们有我们的行为，你们有你们的行为。祝你们平安！我们不求愚人的友谊”，这意味着由伊斯兰教皈依者组成的宗教社团与麦加传统社会势力之间出现明显的差异和深刻的对立。②先知穆罕默德以安拉的使者身份高居领袖地位，绝对的宗教顺从被视作全体穆斯林的共同义务，构成新的宗教群

① 《古兰经》，29:67，106:1—4，39:6，10:19，21:92，37:5，39:10，6:19，34:28。

② 《古兰经》，28:55。

体与传统血缘社会之间的根本区别。615 年和 617 年,先后有百余名皈依者遵从先知穆罕默德的吩咐,毅然告别久居的故乡,迁往埃塞俄比亚。622 年,众多皈依者再度背叛自己的氏族部落,自麦加移居叶斯里卜。这些事实表明,在由皈依者组成的宗教社团中,安拉的利益高于一切;信仰的纽带和宗教的顺从超越血缘联系和传统义务,成为皈依者遵循的首要原则。

徙志的发生,无疑是伊斯兰教传入叶斯里卜的直接结果。乌玛的建立,不仅提供了国家权力趋于成熟的政治基础,而且构成阿拉伯人实现社会聚合的重要外在形式。

根据麦地那宪章,乌玛沿袭查希里叶时代的传统社会形式,保留阿拉伯人原有的血缘组织。先知穆罕默德和来自麦加的迁士组成一个单独的氏族;无论是麦加的迁士还是麦地那的穆斯林,均以氏族为单位加入乌玛,犹太人作为同盟者分别依附于奥斯部落和哈兹拉只部落的各个氏族。加入乌玛的各个氏族依旧遵循血亲复仇的原则保护其成员的利益和安全,氏族首领在各自氏族的内部仍然具有相当的权力和影响。尽管如此,宗教的皈依和先知穆罕默德作为安拉使者的特殊地位,决定了乌玛的社会结构包含着崭新的内容。穆斯林作为乌玛的成员,不仅履行对于各自氏族的传统社会义务,而且承担顺从安拉及其使者的神圣宗教责任。信仰的纽带高于血缘的联系,成为跨越血缘群体的界限和广泛沟通社会成员的重要桥梁。血缘群体的狭隘利益必须服从至高无上的宗教利益,安拉的事业成为约束社会行为的最高准则。“你们当全体坚持安拉的绳索,不要自己分裂。你们当铭记安拉所赐你们的恩典,当时,你们原是仇敌,而安拉联合你们的心,你们借他的恩典才变成教胞;你们原是在一个火坑的边缘上,是安拉使你们脱离那个火坑。”“信士们皆为教胞,故你们应当排解教胞间的纠纷,你们应当敬畏安拉,以便你们蒙主的怜恤。”①

630 年穆斯林征服麦加以后,先知穆罕默德声威大振,伊斯兰教在整个半岛的范围内迅速传播。分布在半岛各地的阿拉伯部落纷纷遣使谒见先知穆罕默德,皈依伊斯兰教者甚多。伊斯兰教的传播打破了血族群体的狭隘界限,伊斯兰教的皈依使分别属于各个部落的阿拉伯人开始了社会聚合的进程。崇奉安拉的共同信仰,使阿拉伯人摒弃狭隘的血亲观念,忘却相互之间的宿怨。他们统一在伊斯兰教的旗帜之下,汇聚于乌玛之中。在喧嚣已久的

---

① 《古兰经》,3:103, 49:10。

文明世界所遗忘的茫茫旷野，阿拉伯民族悄然崛起，进而成为中东地区举足轻重的社会势力。

责任与义务

先知穆罕默德时代的伊斯兰教，不仅提供了超越血缘群体狭隘界限的信仰纽带，使阿拉伯人汇聚于崭新的乌玛，而且竭力削弱氏族部落的群体社会功能，积极倡导个体存在的伦理观念。

根据《古兰经》麦加篇，责任和义务的承担对象并非氏族部落，而是个体的社会成员。“行善的人和作恶的人都各有若干等第，(以报应)他们所行的善恶，你的主并不忽视他们的行为。”“一个负罪者，不再负别人的罪；一个负重罪者，如果叫别人来替他负罪，那么，别人虽是他的近亲，也不能替他担负一丝毫……洗涤身心者，只为自己而洗涤。”《古兰经》麦加篇所描述的末日审判，更是针对个人行为的清算和裁决；个人的责任不再被视作整个部族的群体责任，血亲成员之间亦不再相互承担对方的责任。“在那日天像熔铜，山像彩绒。亲戚相见不相问。”“火狱确是一个大难，可以警告人类，警告你们中欲前进者或欲后退者；各人将因自己的营谋而作抵押，唯幸福的人们除外。”“我使每个人的行为附着在他的脖子上。在复活日，我要为每个人取出一个展开的本子，(说：)‘你读你的本子吧！今天，你已足为自己的清算人。’谁遵循正道，谁自受其益；谁误入迷途，谁自受其害。一个负罪的人，不负他人的罪。”①

迁士与辅士

乌玛沿袭氏族部落的传统形式，在一定程度上意味着血缘贵族传统的权力和地位得以延续。627年穆斯林击败犹太人古莱宰部落以后，先知穆罕默德曾将处置战俘的权力交给奥斯部落的首领阿萨德·穆阿兹。630年穆斯林征服麦加以后，先知穆罕默德亦曾在许多地区委派氏族首领和部落酋长出任瓦利。然而，氏族部落制度的瓦解无疑导致血缘贵族的衰落，信仰的纽带和地域性的聚合明显改变了阿拉伯人的传统观念。《古兰经》屡屡强调穆斯林皆为兄弟的原则，“信士们皆为教胞”。②《圣训》亦云：“伊斯兰教中没有身

---

① 《古兰经》，6:132，35:18，70:8—10，74:35—39，17:13—15。

② 《古兰经》，49:10。

世的差别。"

依据经训的基础,宗教资历逐渐取代身世的尊卑和财富的多寡,成为确定穆斯林社会地位的首要原则。[①]"我确已从一男一女创造你们,我使你们成为许多民族和宗教,以便你们互相认识。在安拉看来,你们中最尊贵者,是你们中最敬畏者。"[②]"信奉天经者和以物配主者,他们中不信道的人,必入火狱,而永居其中;这等人是最恶的人。信道而行善的人,是最善的人。""安拉将你们中的信道者升级,并将你们中有学问的人们提升若干级。安拉是彻知你们的行为的。"

迁士于逆境之时皈依伊斯兰教,辅士在危难之际追随先知穆罕默德,他们备受穆斯林大众的崇敬,被誉为圣门弟子。《古兰经》麦地那篇多次提及圣门弟子,肯定他们的贡献和地位。"信道而且迁居,并且为安拉而奋斗的人和款留(使者),赞助(正道)的人,这等人确是真实的信士,他们将获赦,有优厚的给养。""迁士和辅士中的先进者,以及跟着他们行善的人,安拉喜爱他们,他们也喜爱他,他已为他们预备了下临诸河的乐园,他们将永居其中。"[③]古莱西部落的阿布·伯克尔、欧默尔、奥斯曼、阿里、阿布·欧拜德、赛耳德·阿比·瓦嘎斯、阿卜杜勒·拉赫曼·奥夫、祖拜尔·阿沃姆、泰勒哈·欧拜杜拉、赛伊德 10 名圣门弟子因长期追随先知穆罕默德,功绩卓著,被誉为"天园有位者"。比拉勒和宰德·哈里萨尽管身世卑微,亦因虔信伊斯兰教和忠实于先知穆罕默德,在穆斯林中颇具声望。他们或者身居麦地那,辅佐先知穆罕默德,参与重大决策,或者统兵攻战,传教征税,成为穆斯林社会的核心人物和乌玛的中坚力量。631 年,阿布·伯克尔甚至代表先知穆罕默德,在麦加主持朝觐仪式。

圣门弟子在乌玛中的显赫地位,令传统的血缘贵族相形见绌。哈里发欧默尔当政期间,加萨尼部落的首领查白拉·艾伊罕曾赴麦加朝觐克尔白,在拥挤的朝觐者中,一个贝都因人无意间践踏了查白拉·艾伊罕的斗篷,自恃身世高贵的查白拉·艾伊罕怒不可遏,举手掴之。欧默尔获悉此事后,吩咐

---

① Levy, R., *The Social Structure of Islam*, pp.53—54.

② 《古兰经》,49:13。著名的苏非派学者艾哈迈德·巴达维(1200—1276)曾经对这段启示注释如下:"安拉通过一父一母创造你们中的每一个人。在身世方面,每个人都是平等的,不可夸耀自己的门第……每个生灵只能依靠虔诚的信仰达到完美的境界,每个生灵只能通过虔诚的信仰获得自己的荣誉。"

③ 《古兰经》,8:72, 9:100。

被打的贝都因人还以颜色。查白拉·艾伊罕大惑不解,说道:“他只是一个普通人,而我是酋长。”欧默尔答道:“伊斯兰教使你与他处于同样的地位,你与他相比并无丝毫的尊贵,除非虔诚和善行。”查白拉·艾伊罕说:“我原以为在伊斯兰教中我的地位比在蒙昧时代更加尊贵。”哈里发却说:“收起你那些陈旧的念头……”[①]查白拉·艾伊罕的遭遇,可谓血缘贵族地位衰落的真实写照。

土地关系的国有原则

伊斯兰文明兴起的过程,亦是阿拉伯封建主义逐步形成的过程。如同其他的地区和民族一样,土地制度的演变构成阿拉伯封建主义形成过程的核心内容,土地的私有化则是阿拉伯封建主义得以形成的前提条件。

先知穆罕默德时代出现的乌玛,作为伊斯兰国家的早期形态,脱胎于阿拉伯半岛的部落社会。部落社会特有的原始公社土地所有制,构成伊斯兰世界土地制度演变的起点。在部落社会的历史条件下,血缘关系占统治地位,支配着人们的生活,氏族公社是土地和其他财产的基本占有单位,部落则是血缘群体的极限。在阿拉伯半岛的多数区域,由于特定的自然环境,作为财产的土地主要是牧场。贝都因人大都生活在属于自己氏族和部落的牧场,沿着传统的迁徙路线,追逐水草,牧养牲畜。在也门一带和瀚海环绕的绿洲,作为财产的土地则是农田。那里的定居者依靠自然降雨和地下水的灌溉,耕种土地,从事农业生产。伊斯兰文明诞生前夕,阿拉伯半岛的一些地区在不同程度上出现了私有制财产关系的萌芽,但是土地尚属氏族公社全体成员的共同财产。贝都因人仍然以血缘群体的形式占据牧场,定居者依旧保持着集体耕作的传统形式。氏族部落无疑是拥有财产权利的共同体。“每一个单个的人,只有作为这个共同体的一个肢体,作为这个共同体的成员,才能把自己看成所有者或占有者。”[②]阿拉伯半岛特定的自然环境和生活方式,明显排斥着个人对土地的支配权利,土地私有制的财产观念尚未形成。

“一切文明民族都是从土地公有制开始的……这种公有制……经过了或长或短的中间阶段之后转变为私有制。”[③]先知穆罕默德时代,伊斯兰教自麦

---

① Levy, R., *The Social Structure of Islam*, pp.55—56.

② 《马克思恩格斯全集》,第46卷,第472页。

③ 《马克思恩格斯全集》,第20卷,第151页。

加兴起并向周围诸地广泛传播，国家权力日渐成熟，阿拉伯半岛的土地关系随之发生深刻的变化。先知穆罕默德以启示的形式规定，一切土地皆属安拉及其使者，进而阐述了国家土地所有制的权力原则。“天地万物都是安拉的，万事只归安拉。”“我必定继承大地和大地上所有的一切，他们将归于我。”[①]上述启示的传布，标志着土地关系的崭新概念通过宗教的形式被引入阿拉伯半岛的部落社会。部落社会所特有的原始公社土地所有制无疑是阿拉伯土地制度演变的起点，血缘群体诚然在绝大多数情况下依旧构成世袭占有土地的基本单位。但是，新兴的国家至少在理论上开始超越血缘群体的狭隘界限，获得支配土地的最高权力，进而作为“凌驾于所有这一切小的共同体之上的总和的统一体表现为更高的所有者或唯一的所有者”。[②]国家土地所有制的权力原则渐趋否定血缘群体支配土地的现实形态，构成阿拉伯半岛的土地关系从公有制向私有制转变的“中间阶段”。

先知穆罕默德时代国家土地所有制的权力原则，首先表现为征纳天课的宗教规定。伊斯兰教关于天课的概念，早在麦加时期业已初步形成。徙志以后，天课逐渐成为全体穆斯林必须承担的当然义务。自628年先知穆罕默德与古莱西人订立《侯德比耶和约》至630年穆斯林征服麦加期间，新兴的伊斯兰国家相继向分布在希贾兹一带的贝都因人朱海纳部落、穆宰纳部落、阿斯拉姆部落、阿什加尔部落、古法尔部落、莱斯部落、扎姆拉部落、凯尔布部落和苏莱姆部落规定了缴纳天课的宗教义务。到632年先知穆罕默德去世前夕，阿拉伯半岛绝大多数地区皆被纳入天课的征收范围。先知穆罕默德在委派穆阿兹·贾巴勒前往也门征纳天课时明确规定：征纳于耕地的天课包括小麦、大麦、椰枣和葡萄四种作物，凡年收成超过5瓦斯格（约折合3石）者皆须缴纳天课；自然灌溉的土地缴纳收成的十分之一，人工灌溉的土地缴纳数额减半。征纳于牧场的天课，主要是骆驼、牛、羊三种牲畜；凡拥有骆驼超过5峰、牛超过6头或羊超过40只者，皆须按照一定的比例缴纳天课。[③]在当时教俗合一的社会历史条件下，天课的征纳不仅具有宗教意义，而且是国家权力得以实现的重要形式。“国家既作为土地所有者，同时又作为主权者而同直接生产者相对立。”[④]国家征纳的天课，其实质在于宗教形式下租税的合一。

---

① 《古兰经》，3：109，19：40。

② 《马克思恩格斯全集》，第46卷，第473页。

③ Yahya b. Adam, *Kitab al-Kharaj*, p.78, p.94.

④ 《马克思恩格斯全集》，第25卷，第891页。

尽管如此,血缘群体支配土地的现实形态,毕竟从根本上制约着国家土地所有制的权力原则。先知穆罕默德时代,天课的征纳在阿拉伯半岛的多数地区往往局限于宗教的要求和"法律的虚构"状态,尚未完全成为社会现实。

先知穆罕默德时代国家土地所有制的权力原则,还表现为国家对于血缘群体土地占有权的确认。据文献资料记载,基拉卜部落自查希里叶时代长期占据达里亚一带的牧场;穆斯林征服麦加以后,基拉卜部落皈依伊斯兰教,先知穆罕默德确认该部落继续在达里亚一带牧养牲畜的合法权利。①先知穆罕默德在致信泰伊部落首领阿米尔·艾斯沃德时,规定泰伊部落在其游牧区域享有独占权;先知穆罕默德在致阿萨德部落首领的信中,则明确禁止该部落成员随意进入泰伊部落的牧场。②先知穆罕默德曾经将希贾兹北部杜麦特·詹达勒绿洲周围的水源、牧场和荒地划归国有。③也门北部朱拉什绿洲的居民皈依伊斯兰教以后,先知穆罕默德赐予他们独享在绿洲周围牧养马匹、骆驼、耕牛和羊群的权利,外来者不得侵权。④正是由于国家的确认,诸多血缘群体对于土地的传统占有由既成的事实发展为合法的权利。

先知穆罕默德曾经将若干牧场据为国有,名曰希玛,作为乌玛全体成员的共同财产。拉巴扎距麦地那约 7 公里,纳基尔距麦地那约 30 公里,是当时两处著名的国有牧场。其中,拉巴扎主要用于牧养国家以天课的形式征纳的各种牲畜,纳基尔用于牧养国家的战马,民间牲畜禁止入内。欧默尔当政期间,曾经吩咐拉巴扎牧场的看管人侯奈伊,不得擅自允许他人在该处牧养牲畜,但是穷困的穆斯林如为生计所迫进入该处,可视为例外。赛耳德·阿比·瓦嘎斯曾经惩罚一名私自闯入国有牧场砍伐树木的贝都因人,夺去该人的斧头,后者向欧默尔申诉此事,赛耳德·阿比·瓦嘎斯据理驳斥,并援引"圣训"如下:"你如果发现有人进入国家牧场砍伐树木,应予以制止,并没收他的财物。"⑤国有牧场对于个人权利的排斥倾向,由此可见一斑。

先知穆罕默德时代,斐伊作为土地关系的崭新形式在阿拉伯半岛始露端倪。斐伊在阿拉伯语中意为归还,特指安拉赐予其使者的土地,源于《古兰经》的如下启示:"凡安拉收归使者的逆产,你们都没有汗马之劳;但安拉使众

① Lokkegaard, F., *Islamic Taxation in the Classic Period*, Copenhagen 1950, p.29.

② Watt, W.M., *Muhammed at Medina*, p.357.

③ Al-Baladhuri, *Kitab Futuh al-Buldan*, p.61.

④ Lokkegaard, F., *Islamic Taxation in the Classic Period*, p.31.

⑤ Al-Baladhuri, *Kitab Futuh al-Buldan*, p.24.

使者与制服他所意欲者；安拉对于万事，是全能的。城市的房民的逆产，凡安拉收归使者的，都归安拉、使者、至亲、孤儿、贫民和旅客，以免那些逆产，成为在你们中富豪之间周转的东西。凡使者给你们的，你们都应当接受；凡使者禁止你们的，你们都应当戒除。"[①]斐伊不同于前述的希玛，系国有耕地。625年，穆斯林驱逐麦地那绿洲的犹太人纳迪尔部落；先知穆罕默德作为安拉的使者，代表新兴的国家占有纳迪尔部落在麦地那绿洲的原有耕地，是为斐伊之始。627年，犹太人古莱宰部落被逐出麦地那绿洲，其原有耕地亦被纳入斐伊的范围。628年穆斯林征服希贾兹北部诸地，海拜尔、法达克和瓦迪库拉等绿洲成为斐伊，由国家直接役使土著犹太人耕种，每年按照分成制的原则征纳农产品的二分之一。[②]不同于血缘群体对于土地的传统占有，穆斯林的征服导致地权的根本性转变，斐伊的形式使国家获得了支配土地的完整权力。斐伊的出现，标志着国家土地所有制的权力原则与现实状态得以初步吻合。

新兴的国家脱胎于阿拉伯半岛的部落社会，其对于土地的最初权力起源于传统的血缘群体土地所有权；换言之，先知穆罕默德时代的国家土地所有制，是传统的血缘群体土地所有制在文明历史条件下的折射。另一方面，先知穆罕默德时代，阿拉伯社会结构经历了深刻的变革，个体家庭渐趋确立，血缘群体的财产所有制丧失赖以存在的物质基础，地产的分裂势在必行。伴随着国家土地所有制的建立和斐伊的出现，伊克塔应运而生。在阿拉伯语中，"伊克塔"一词的原型是克塔尔，本意为整体之分割。《古兰经》中有如下的启示："大地上有许多邻近的区域，有葡萄园，有庄稼，有椰枣树，其中有二株同根生的，二株异根生的，(这些都是)用同样的水灌溉的。"[③]上引"邻近的区域"，阿拉伯语中读作克塔尔·穆台加维拉；伊克塔是这一概念的延伸，特指整体地产之一部分的赐封。国家土地所有制的权力原则构成地产赐封的前提条件，斐伊则是地产赐封的基本来源。所谓"邻近的区域"，与葡萄园、庄稼、椰枣树以及水利灌溉相联系，表明伊克塔局限于农作物的耕作范围。

先知穆罕默德时代，伊克塔首先表现为宅地的赐封。徙志初期，先知穆罕默德曾经以伊斯兰国家的名义，将麦地那绿洲的一部分土地赐予来自麦加

---

① 《古兰经》,59:6—7。

② Al-Baladhuri, *Futuh al-Buldan*, p.24.

③ 《古兰经》,13:4。

的迁士阿布·伯克尔、欧默尔、奥斯曼、祖拜尔·阿沃姆、泰勒哈·欧拜杜拉、赛耳德·阿比·瓦嘎斯、阿布·萨拉玛、阿玛尔等人，作为他们的宅地。是为最初形式的伊克塔。

先知穆罕默德时代另一种形式的伊克塔，是耕作权利的赐封。625 年，先知穆罕默德将犹太人纳迪尔部落在麦地那绿洲的原有耕地据为斐伊，并将其中一部分赐予来自麦加的迁士以及希麦克·哈拉萨和萨赫勒·侯奈夫两名辅士。627 年，先知穆罕默德再度将犹太人古莱宰部落在麦地那绿洲的耕地据为斐伊，赐予诸多穆斯林。先知穆罕默德晚年，伊克塔的分布范围逐渐扩大。据文献资料记载，先知穆罕默德曾经将位于福卡尔、比尔·凯斯和沙加拉的 4 处地产赐予阿里，将位于法伊德的地产赐予泰伊部落的宰德·哈伊勒，将巴赫尔与沙赫尔之间的地产赐予穆宰纳部落的比拉勒·哈里斯，将法勒吉的地产赐予凯勒卜部落的一名穆斯林。上述赐封的土地，除麦地那绿洲犹太人原有的地产以外，均系无主地，其中荒地尤多，且面积较小。先知穆罕默德规定：所赐地产应由其主人亲自耕作和收割，不宜占地过多。[①]这表明先知穆罕默德赐封的地产处于自耕状态，受封者即为直接生产者，而耕种土地构成受封者获取生活资料的基本方式。前述穆宰纳部落的比拉勒·哈里斯因为无力耕种先知穆罕默德赐封的全部地产，至欧默尔当政期间，其中一部分被国家收回，改由其他穆斯林耕种。[②]

先知穆罕默德时代，更多的伊克塔表现为土地收成之份额的赐封。628 年穆斯林征服海拜尔以后，先知穆罕默德委派阿卜杜拉·拉瓦哈负责估算该地的农产品收成，征纳其中的二分之一，除留作己用部分外，分别赐给参加征战的 1 540 名穆斯林和自埃塞俄比亚返回的 40 名迁士，供他们享用。瓦迪库拉被征服以后，先知穆罕默德亦将土著犹太人每年缴纳的农产品中的五分之四赐予诸多穆斯林战士。[③]不同于前述土地本身的赐封，土地收成之份额的赐封导致穆斯林战士与土著犹太人之间深刻的经济对立，体现受封者占有直接生产者之剩余劳动的封建剥削关系。

---

① Yahya b. Adam, *Kitab al-Kharaj*, p.63.

② Yahya b. Adam, *Kitab al-Kharaj*, p.38.

③ Yahya b. Adam, *Kitab al-Kharaj*, p.40.

第三章

麦地那哈里发国家的浮沉

一、 阿布·伯克尔与平息“里达”的战争

“赛基法会议”

先知穆罕默德作为伊斯兰文明的缔造者,是乌玛之无可替代的唯一领袖。穆斯林敬畏安拉,景仰先知穆罕默德,从而接受伊斯兰国家权力的约束。先知穆罕默德溘然长逝,一度使穆斯林茫然无措。先知穆罕默德与其妻赫蒂彻曾经生有两个男孩,但均幼年夭折。他的几个女儿,除法蒂玛外,此时亦不在人世。严格意义上的血亲世袭制度,对于当时的阿拉伯人来说,还是十分陌生的概念。况且,先知穆罕默德临终之际并没有明确指定继承人选。[①]先知穆罕默德去世后,其权力的继承成为穆斯林关注的焦点。

作为麦地那绿洲的土著居民,众多辅士聚集在哈兹拉只部落赛耳德氏族的住处商讨先知继承者的人选,试图推举哈兹拉只部落的首领赛耳德·欧拜德出任乌玛的领袖。迁士中的核心人物阿布·伯克尔、欧默尔和阿布·欧拜德闻讯赶来,与辅士竭力争辩。辅士认为,先知穆罕默德在麦加传教 12 年,屡遭迫害,未能得到应有的保护,徙志以后,正是由于奥斯部落和哈兹拉只部落成员的广泛皈依和有力支持,先知穆罕默德得以降服麦加,使半岛各地的阿拉伯人望风归顺,辅士劳苦功高,理应出任先知穆罕默德的继承人。阿布·伯克尔等人则认为,迁士率先皈依伊斯兰教,他们既与先知穆罕默德同出一族,又曾与先知穆罕默德患难与共,继先知穆罕默德之后领导乌玛的神

---

① 穆罕默德·穆斯塔法·齐亚德:《阿拉伯世界的历史与文明:古代与伊斯兰时代》,第 169 页。

圣事业乃是天经地义的当然选择。于是，辅士中有人提议，由迁士和辅士各选一人共同出任乌玛的领袖，遭到阿布·伯克尔等人的断然拒绝。欧默尔和阿布·欧拜德竭力推举阿布·伯克尔作为先知穆罕默德的继承人，并且劝说

1895 年的麦地那城

画家笔下的麦地那城

奥斯部落的辅士改变态度。最后,阿布·伯克尔被与会者共同拥戴为乌玛的领袖,成为伊斯兰历史上的第一位哈里发。①此次会议史称“赛基法会议”(赛基法在阿拉伯语中意为有篷的场院),赛基法会议关于拥戴阿布·伯克尔出任哈里发的内容史称“特别誓约”。②翌日,在欧默尔的倡议下,麦地那的穆斯林来到先知寺,就先知穆罕默德的继承人选进行公开表态。他们接受了赛基法会议的结果,承认阿布·伯克尔作为先知穆罕默德的继承人,史称“公众誓约”。③赛基法会议实现了先知穆罕默德逝世后乌玛权力的顺利过渡,掀开了伊斯兰历史的崭新一页。伊斯兰世界从此进入了哈里发国家的时代。

作为首任哈里发的阿布·伯克尔

阿布·伯克尔(632—634年在位)本名阿卜杜拉·奥斯曼·阿米尔,属于古莱西部落泰姆氏族,曾是麦加的布匹商,家境殷实,阅历丰富。阿布·伯克尔自610年起长期追随先知穆罕默德,是最早皈依伊斯兰教的成年男性自由人。阿布·伯克尔是先知穆罕默德的挚友,亦是先知穆罕默德的岳父,其女阿以莎是先知穆罕默德晚年最为宠爱的妻子。阿布·伯克尔曾经于622年只身陪伴先知穆罕默德从麦加移居麦地那,并且于631年受先知穆罕默德的委派在麦加主持朝觐仪式。先知穆罕默德弥留之际,阿布·伯克尔奉命领导麦地那穆斯林的聚礼活动,从而在乌玛中颇具殊荣。④因此,阿布·伯克尔在先知穆罕默德逝世后出任哈里发,不仅受到麦地那穆斯林的拥戴,而且为其他地区的穆斯林所广泛承认。

“哈里发”一词在阿拉伯语中系“在……之后”的名词形式,意为“继承人”。该词曾经两次出现于《古兰经》中,意为“安拉在大地设置的代理人”。⑤阿布·伯克尔出任之哈里发,特指“安拉的使者的继承人”,即先知穆罕默德的继承人。⑥然而,这种继承只是有限度的继承。“哈里发并非先知,只是乌玛的首领,而不是安拉的使者,亦不可能成为启示的传布者。”⑦《古兰经》明

① Ibn Khaldun, *The Muqaddimah*, Vol.1, pp.396—397.
② Engineer, A.A., *The Origin and Development of Islam*, pp.145—146.
③ 穆罕默德·穆斯塔法·齐亚德:《阿拉伯世界的历史与文明:古代与伊斯兰时代》,第170页。
④ Ibn Khaldun, *The Muqaddimah*, Vol.1, p.418.
⑤ 《古兰经》,2:30, 38:26。
⑥ Watt, W.M., *Early Islam*, p.60.
⑦ Hourani, A., *A History of the Arab Peoples*, London 1991, p.22.

确规定先知穆罕默德是“封印的先知”。[①]其先知的身份和传布启示的使命绝非他人所能继承。因此,阿布・伯克尔作为哈里发,并非继承先知穆罕默德的全部权力,亦不可能继承先知穆罕默德的全部权力,而只是继承先知穆罕默德的一部分权力,即作为先知和传布启示以外的其余权力。

先知穆罕默德作为安拉的使者,在整个乌玛拥有无可争辩的绝对权力,深受全体穆斯林的景仰。相比之下,阿布・伯克尔仅仅被视作穆斯林中的普通一员。阿布・伯克尔作为哈里发的权力和地位,来自其对于安拉的虔敬、对于伊斯兰事业的贡献和相应的威望。遵从《古兰经》和《圣训》是阿布・伯克尔行使权力的前提条件,其言行必须符合《古兰经》和《圣训》的规定。

阿布・伯克尔在即位演说中向穆斯林宣布:“现在,我成为你们中的首领……如果我的言行是正确的,你们应当支持我;如果我的言行是错误的,你们务必纠正我……要是我遵从安拉和他的使者,那么,你们必须遵从我;要是我违背了安拉和他的使者,那么,你们有权力反对我。”[②]阿布・伯克尔经常由于他人称赞自己的言语而感到窘迫,表示:“主啊!你明察我的能力胜过我自己,我对自己的了解胜过他人的想象。你饶恕我的罪过吧!不要由于众人对我的不应有的称赞而责怪我。”他还曾经说过:“先知穆罕默德受到安拉的启示的引领,而我却只是一个微不足道的普通人。”[③]由此可见,阿布・伯克尔出任的哈里发职位具有特定的历史内涵。将阿布・伯克尔与西方的教皇或东方的君王相提并论,显然是不正确的。

“里达”的平息

阿布・伯克尔即位以后,面临着十分严峻的政治形势。当时的阿拉伯半岛充斥着诸多的敌对势力,危机四伏,狼烟遍野,哈里发国家大有摇摇欲坠之势,先知穆罕默德缔造的事业濒临夭折的边缘。这就是伊斯兰史上著名的“里达”。

首先发难的是分布在希贾兹东侧的贝都因人阿布斯部落和祖布彦部落。他们派出使团来到麦地那进行谈判,要求阿布・伯克尔放弃向他们征纳天课的权力。[④]在纳季德高原,阿萨德部落首领图莱哈曾于 631 年赴麦地那谒见

---

① 《古兰经》,33:40。

② 泰伯里:《历代先知与君王史》,第 1 卷,第 1845—1846 页。

③ Husain, S.A., *The Glorious Caliphate*, Lucknow 1974, p.39.

④ Glubb, J., *The Great Arab Conqust*, London 1963, p.109.

先知穆罕默德，佯言皈依伊斯兰教，不久却自诩“先知”，讹传自己得到天使哲布勒伊莱颁降的启示，鼓动骚乱。先知穆罕默德去世后，图莱哈攻击阿布·伯克尔，拒绝向麦地那缴纳天课。塔米姆部落与阿萨德部落相邻，该部落的女首领赛查哈原奉基督教，先知穆罕默德去世后伪称“先知”，追随者人数颇多。①哈尼法部落是纳季德高原东部叶麻麦一带的农耕群体，其首领穆赛里玛曾于631年随该部落使团来到麦地那，试图继承先知穆罕默德的圣位。穆赛里玛返回叶麻麦后，声称与先知穆罕默德同为“安拉的使者”，甚至模仿《古兰经》的文辞风格伪造启示，宣布叶麻麦为朝觐圣地，企图以叶麻麦为中心控制纳季德高原的贝都因人，进而与麦地那国家分庭抗礼。②

半岛南部沿海地区的政治形势错综复杂。在也门，安斯部落首领艾斯沃德于631年自命“先知”，采用“拉赫曼”的称号，占据纳季兰和萨那，驱逐来自麦地那的穆斯林传教师，杀害麦地那国家支持的波斯血统王公舍赫尔·巴赞，控制也门的大部分地区。数月以后，艾斯沃德被部属暗杀，穆斯林支持的波斯血统王公菲罗泽·戴勒米成为也门的统治者。不久，菲罗泽·戴勒米被赶出也门，祖拜德部落首领凯斯·阿卜杜勒·雅古斯取而代之，占据萨那。③在阿曼，阿兹德部落的首领拉其特·马立克在先知穆罕默德去世后伪称“先知”，驱逐该部落中的穆斯林成员。在巴林，巴克尔部落首领侯塔姆·杜拜阿聚众占据盖提夫和哈贾尔，驱赶皈依伊斯兰教的阿卜杜勒·凯斯部落。④

此时，阿布·伯克尔刚刚即位，立足未稳。尤其严重的是，希贾兹一带忠于伊斯兰事业的穆斯林战士大都遵照先知穆罕默德的遗愿，跟随栽德·哈里萨之子欧萨玛征讨北方的叙利亚边境，麦地那兵力空虚，而阿布斯部落和祖布彦部落扬言要袭击哈里发的驻地，形势危急。紧要关头，阿布·伯克尔的态度十分坚决。他表示，即使有人拒纳缴纳一个迪尔罕的天课，也要向拒纳者宣战，同拒纳者战斗到底。

阿布·伯克尔从希贾兹的穆斯林中募集兵员，首先在祖尔·卡萨和拉巴扎击溃阿布斯部落和祖布彦部落。⑤632年底，阿布·伯克尔将哈里发国家的

① Muir, W., *The Caliphate, Its Rise, Decline and Fall*, Edinburgh 1963, p.21, p.25.
② Watt, W.M., *Muhammed at Medina*, p.135.
③ Shaban, M.A., *Islamic History, A New Interpretation 600—750*, p.21.
④ Shoufany, E., *Al-Riddah and the Muslim Conquest of Arabia*, pp.85—88.
⑤ Shoufany, E., *Al-Riddah and the Muslim Conquest of Arabia*, p.112.

几乎所有战士交由哈立德·瓦里德率领，自祖尔·卡萨进军纳季德高原。①哈立德·瓦里德的队伍在布扎卡击溃伪先知图莱哈的追随者，降服阿萨德部落。②伪先知图莱哈逃往叙利亚，后来悔过自新，皈依伊斯兰教，并且参加了哈里发国家对伊拉克的征服，屡建战功，642 年在尼哈温战役中阵亡。③继布扎卡战役之后，哈立德·瓦里德的队伍在布塔袭击了伪先知赛查哈的主要追随者塔米姆部落叶尔布亚氏族的营地，处死叶尔布亚氏族首领马立克·努威拉。④伪先知赛查哈偕残部逃往叶麻麦，投奔哈尼法部落。

633 年春，哈立德·瓦里德率领穆斯林战士 5 000 余人攻入叶麻麦，与伪先知穆赛里玛的追随者 4 万余众在阿喀拉巴相遇。阿喀拉巴战役是自徙志以来穆斯林进行的历次战役中最为激烈和残酷的一次，穆斯林付出了巨大的代价，1 200 人阵亡，其中包括数以百计的迁士和辅士⑤。哈尼法部落据守的最后阵地被称作"死亡的花园"；伪先知穆赛里玛及其追随者负隅顽抗，悉遭杀戮。阿布·伯克尔一度下令处死哈尼法部落的所有战俘。然而，哈立德·瓦里德赦免了他们的死罪，只是遵循先知穆罕默德生前的做法，征缴哈尼法部落全部财产的二分之一作为穆斯林的战利品。⑥

633 年初夏，阿布·伯克尔自麦地那派出两支穆斯林队伍前往南部沿海。一支队伍由阿拉·哈达拉米率领攻入巴林，击败巴克尔部落，杀死侯塔姆·杜拜阿。另一支队伍由侯宰法·米赫珊率领直取阿曼，击败伪先知拉其特·马立克及其追随者，降服阿兹德部落。接着，穆哈吉尔·阿比·倭马亚和伊克里玛·阿比·贾赫勒分别率领穆斯林战士自希贾兹和阿曼夹击也门，占领萨那，俘获凯斯·阿卜杜勒·雅古斯。⑦至 633 年秋，"里达"风波在整个半岛范围内得到平息。

"里达"风波的历史内涵

"里达"一词在阿拉伯语中本意为背叛。然而，"里达"风波作为阿布·伯克尔在位时期特有的历史现象，具有特殊的含义和特定的内涵，研究者曾经

---

① 穆罕默德·穆斯塔法·齐亚德：《阿拉伯世界的历史与文明：古代与伊斯兰时代》，第 175 页。
② Shoufany, E., *Al-Riddah and the Muslim Conquest of Arabia*, p.117.
③ Muir, W., *The Caliphate, Its Rise, Decline and Fall*, p.22.
④ Shoufany, E., *Al-Riddah and the Muslim Conquest of Arabia*, p.120.
⑤ Muir, W., *The Caliphate, Its Rise, Decline and Fall*, p.29.
⑥ Shoufany, E., *Al-Riddah and the Muslim Conquest of Arabia*, p.125.
⑦ Shoufany, E., *Al-Riddah and the Muslim Conquest of Arabia*, pp.134—138.

对此做出种种不同的解释。

传统的穆斯林学者大都认为，阿拉伯半岛在先知穆罕默德晚年业已完成伊斯兰教化的进程，所谓的“代表团之年”标志着伊斯兰教在整个阿拉伯半岛的普遍皈依，“里达”是先知穆罕默德去世后诸多阿拉伯人部落放弃伊斯兰教信仰和恢复多神崇拜的叛教运动，“里达”的平息则是阿布·伯克尔即位后哈里发国家对于叛教者的重新征服。

然而，根据一些西方学者的估计，在先知穆罕默德晚年，伊斯兰教的皈依者人数尚少，麦地那国家的疆域大体局限于希贾兹一带。“实际上，先知穆罕默德临终时并未统一阿拉伯半岛，更未实现整个阿拉伯半岛的伊斯兰教化。只有阿拉伯半岛西海岸中部的希贾兹及其周围地区，在政治上与麦地那和麦加组成国家，其原因所在亦非相同的宗教信仰而是共同的政治利益。分布在阿拉伯半岛中部的盖特方部落、巴希拉部落、泰伊部落和阿萨德部落，仅仅与先知穆罕默德组成松散的政治联盟，伊斯兰教化的程度相当有限。在阿拉伯半岛北部和叶麻麦一带，阿拉伯人的部落各有自己的先知。在阿拉伯半岛南部，先知穆罕默德始终未能建立有效的控制，只是与个别部落中的少数人订立盟约。”①因此，“里达”并非阿拉伯人部落的叛教运动，“里达”的平息乃是阿布·伯克尔当政期间哈里发国家对于希贾兹以外诸多地区的初次征服。

显然，确定先知穆罕默德晚年麦地那国家的版图范围和阿拉伯半岛的伊斯兰教化程度，是探讨“里达”之性质的前提条件。

希贾兹位于阿拉伯半岛的西侧，既是伊斯兰文明的发祥地，亦是麦加和麦地那两座圣城的所在。徙志以后，先知穆罕默德通过缔约结盟和武力讨伐的方式，逐渐控制与麦地那相邻的游牧地区，直至降服麦加和塔伊夫。先知穆罕默德晚年，生活在希贾兹的阿拉伯人大都皈依伊斯兰教，麦地那国家在这一地区建立起较为稳固的信仰基础和政治基础。

先知穆罕默德时代麦地那国家的另一重要的扩展目标，是希贾兹以北至叙利亚边境的广阔地带。627 年壕沟之战结束后，先知穆罕默德与朱扎姆部落订立盟约，继而在北方重镇杜麦特·詹达勒击败凯勒卜部落。628 年，先知穆罕默德自麦加郊外的侯德比耶移兵北进，降服海拜尔、法达克、泰马、瓦迪库拉等地的犹太定居者。630 年，先知穆罕默德再度挥师北上，兵抵叙利

① Bury, J.B., *The Cambridge Medieval History*, New York 1924, Vol.2, p.334.

亚边境重镇泰布克，迫使埃拉、麦格纳、阿兹鲁和贾尔巴等地的犹太人纳贡称臣。①

穆斯林征服麦加以后，麦地那国家的势力开始深入阿拉伯半岛南部。在也门，麦地那国家承认和支持波斯血统王公巴赞的原有权力，巴赞则允许和保护伊斯兰教在其辖地的传播；631 年巴赞死后，其子舍赫尔・巴赞继续接受先知穆罕默德的册封，穆阿兹・贾巴勒则代表先知穆罕默德向也门的穆斯林征纳天课。在阿曼，阿兹德部落首领贾法尔・朱伦达和阿卜杜拉・朱伦达于 630 年率众皈依伊斯兰教，阿慕尔・阿绥代表先知穆罕默德向阿兹德部落中的穆斯林征纳天课。在巴林，阿卜杜勒・凯斯部落首领穆恩吉尔・萨沃于 630 年率众皈依伊斯兰教；先知穆罕默德去世前夕，作为天课征纳的 8 万迪尔罕从巴林运抵麦地那。②

位于半岛中央的纳季德高原，分布着三个颇有势力的强大部落：阿萨德部落、塔米姆部落和哈尼法部落。在所谓的“代表团之年”，阿萨德部落和塔米姆部落都曾派出使团来到麦地那，与先知穆罕默德缔约结盟，只有哈尼法部落拒绝承认先知穆罕默德的权力。③先知穆罕默德曾经向阿萨德部落和塔米姆部落派遣使者征纳天课，说明伊斯兰教已经传入这一地区。④

由此可见，在先知穆罕默德晚年，麦地那国家的疆域已经远远超出希贾兹的范围，先知穆罕默德通过传播伊斯兰教、征纳贡税和缔约结盟等不同方式，控制阿拉伯半岛的大部分地区。另一方面，相当数量的阿拉伯人此时并没有放弃原来的信仰，伊斯兰教尚未在整个半岛的范围内取得最后的胜利。平息“里达”的战争既非哈里发国家对希贾兹以外地区的初次征服，亦非哈里发国家在整个半岛范围内对叛教者的重新征服。“里达”的平息在一些地区表现为穆斯林与叛教者之间的宗教冲突，而在另一些地区则表现为哈里发国家与土著传统势力之间的政治对抗。哈里发国家在平息“里达”的过程中所攻击的目标，不仅有放弃伊斯兰教的反叛者，而且包括诸多非穆斯林政治势力。

平息“里达”的战争与阿拉伯半岛的统一

“里达”的平息固然发生于阿布・伯克尔当政时期，然而导致“里达”的原

---

① Watt, W.M., *Muhammed at Medina*, pp.66—96, pp.354—369, p.34, p.218, pp.115—116.

② Shoufany, E., *Al-Riddah and the Muslim Conquest of Arabia*, p.37.

③ Al-Baladhuri, *Kitab Futuh al-Buldan*, p.105.

④ Watt, W.M., *Muhammed at Medina*, p.367.

因却要追溯到先知穆罕默德生前关于课税的规定。自徙志起，完纳天课逐渐成为所有穆斯林必须履行的当然义务。在当时教俗合一的条件下，天课的征收不仅具有宗教意义，而且是国家权力得以实现的重要形式。包括阿布斯部落和祖布彦部落在内的诸多部落在先知穆罕默德去世后拒绝履行完纳天课的宗教义务，不仅构成背叛伊斯兰教信仰的行为，而且包含摆脱国家权力约束的政治倾向。在要求所有穆斯林完纳天课的基础上，先知穆罕默德于631年朝觐期间委派阿里在麦加颁布启示，解除麦地那国家与尚未皈依伊斯兰教的阿拉伯人之间原有的盟约，规定非穆斯林或者皈依伊斯兰教并完纳天课，或者向麦地那国家缴纳人丁税以换取相应的政治保护，别无选择的余地。新的启示和严格的课税规定，标志着麦地那国家与异教阿拉伯人之间相互关系的明显转变，表明先知穆罕默德决心在整个半岛的范围内实现麦地那国家对阿拉伯人的控制。阿拉伯人只能在顺从和反抗两者中进行选择，半岛形势骤然紧张。因此，早在先知穆罕默德去世前夕，伪先知图莱哈、赛查哈和穆赛里玛已经蠢蠢欲动，而先知穆罕默德的去世只是使得许多地区的敌对行为演变为对于哈里发的公开反抗。

传统的穆斯林往往强调“里达”战争的宗教倾向，认为“里达”战争的性质在于穆斯林与叛教者之间的暴力冲突，“里达”战争的结局则是伊斯兰教在阿拉伯半岛的最后胜利。然而，穆斯林与叛教者之间的暴力冲突并未构成“里达”战争的全部内容，相当数量的阿拉伯人甚至在“里达”战争结束后很久尚未皈依伊斯兰教，却长期保留原有的信仰。某些西方学者强调“里达”战争的实质在于阿拉伯半岛内部定居人口与游牧部落之间的对抗。“阿布·伯克尔的目的是将伊斯兰国家的霸权扩大到整个阿拉伯半岛，进而统治所有的游牧部落。”①“‘里达’战争体现阿拉伯半岛的定居人口与游牧部落之间传统时代矛盾对抗的延续。游牧部落将麦地那国家视作定居人口的代表；他们不仅要摆脱麦地那国家的控制，而且力图毁灭麦地那国家。”②然而，上述观点无法解释哈尼法部落的定居人口与麦地那国家之间的冲突；“里达”战争中最惨烈的厮杀发生于哈尼法部落的定居者与穆斯林战士之间，而哈尼法部落中为数不多的穆斯林却系该部落的贝都因人。③

---

① Donner, F.M., *The Early Islamic Conquest*, p.86.

② Shaban, M.A. *Islamic History, A New Interpretation 600—750*, p.22.

③ 泰伯里：《历代先知与君王史》，第1卷，第1910页。

所谓的"里达"发生于阿拉伯社会剧烈变革的历史阶段，这场变革的核心内容是阿拉伯人从野蛮向文明的过渡。伊斯兰教在麦加的诞生和伊斯兰国家在麦地那的建立，无疑标志着阿拉伯社会变革的开始。然而，由于自然环境和生活方式的明显差异，阿拉伯半岛各地的社会发展水平不尽相同。一些部落固然出现了濒临解体的征兆，亦有许多部落尚不具备步入文明社会的物质条件，野蛮势力根深蒂固，个别地区甚至保留着母权制的婚姻形式。先知穆罕默德时代，初兴的伊斯兰文明未能在整个半岛范围内建立起稳固的社会基础，氏族部落制度依然在诸多地区产生着广泛的影响，甚至支配着人们的生活。传统的野蛮势力并没有随着伊斯兰文明的诞生而自行退出历史舞台，必然进行顽强的反抗。"长久以来，他们只忠于自己的氏族，至多忠于他们的部落。现在，他们破天荒地统一在一个宗教首领之下，必须执行他的命令，即使在日常事务方面也不例外……这意味着社会生活方式的一场变革，并非所有的阿拉伯人都不无反抗地接受这种新的生活方式。"①

"里达"尽管在不同的地区表现各异，却无疑包含着原始的氏族部落制度与新兴的伊斯兰国家激烈抗争的社会倾向，体现野蛮与文明之间的深刻对立。"里达"的平息，其实质在于阿布·伯克尔通过战争的手段确立麦地那哈里发与半岛各地诸部落之间广泛的贡税关系，迫使放荡不羁的阿拉伯人接受国家权力的约束，从而在根本上摧毁野蛮势力延续的基础。阿拉伯人失去了原有的自由，却迎来了崭新的文明。"里达"的平息，完成了先知穆罕默德生前未竟的事业，整个半岛范围内的阿拉伯人最终实现了由原始社会迈向文明时代的深刻的历史变革。

二、麦地那哈里发国家的扩张

原因解读与背景分析

新兴的伊斯兰文明一旦在阿拉伯半岛取得胜利，便开始以不可阻挡的迅猛势头冲击半岛周围的广大地区。麦地那哈里发国家发动的军事扩张震撼着中东的广大地区，具有千年文明传统的波斯帝国如同秋风下之落叶而寿终正寝，雄踞地中海的霸主拜占庭帝国亦遭受重创而急剧衰落。往日挣扎于贫

① 马茂德：《伊斯兰教简史》，吴云贵等译，中国社会科学出版社1981年版，第36页。

困和饥渴的边缘而屡遭凌辱的阿拉伯人骤然间如日中天，以统治民族的姿态登上中东地区的历史舞台，成为举足轻重的社会势力。伊斯兰文明从此自阿拉伯半岛走向世界，进入了崭新的发展阶段。

麦地那哈里发国家的扩张无疑具有深刻的背景原因，绝非偶然的现象。长期以来，学术界对此进行了广泛的探讨，仁者见仁，智者见智。传统的穆斯林学者大都从宗教神学的角度解释麦地那哈里发国家的扩张，将这一现象归结为虔敬安拉之宗教激情的产物。一些西方学者亦着眼于宗教的原因，将麦地那哈里发国家的扩张归结为伊斯兰教在阿拉伯半岛诞生以后所导致的政治影响和意识形态的变化。更多的西方学者或许出于信仰的偏见，忽略伊斯兰教的诞生与麦地那哈里发国家的扩张两者之间的内在联系，强调麦地那哈里发国家的扩张根源于阿拉伯半岛恶劣的生存环境与人口的增长所形成的压力。穆尔从民族迁徙的角度解释麦地那哈里发国家的扩张，强调麦地那哈里发国家的扩张根源于阿拉伯人对于财富的贪婪和抢劫的传统习俗。①贝克尔认为，麦地那哈里发国家扩张的原因在于阿拉伯半岛的自然环境和经济状况，饥饿和贫困构成麦地那哈里发国家扩张的内在动力。②杜耐尔则从阿拉伯半岛定居人口与游牧群体之间矛盾冲突的角度解释麦地那哈里发国家的扩张。他认为，定居人口与游牧群体之间的冲突极大地威胁着新兴的伊斯兰国家，麦地那的哈里发力图通过实现游牧群体的定居化消除两者的对立，而征服半岛周边区域是促使分布在沙漠瀚海的游牧群体走向定居生活的有效途径。③

毋庸置疑，阿拉伯半岛恶劣的生存环境与人口增长所形成的压力、伊斯兰教的兴起以及定居人口与游牧群体之间的矛盾，皆与麦地那哈里发国家的扩张具有密切的联系。但是，导致征服的诸多因素并非孤立的存在，而是处于相互制约的状态。将麦地那哈里发国家的扩张归结为宗教的原因和意识形态的作用，这种观点忽略了阿拉伯半岛的客观物质环境和历史传统，显然不尽正确。过于强调恶劣的生存环境和人口的压力，无法说明伊斯兰教的兴起与麦地那哈里发国家的扩张之间内在的逻辑联系，亦难成立。至于阿拉伯半岛定居人口与游牧群体之间的矛盾由来已久，伊斯兰教的传播和新兴国家

---

① Muir, W., *The Caliphate, Its Rise, Decline and Fall*, p.45.

② Bury, J.B., *The Cambridge Medieval History*, Vol.2, pp.333—339.

③ Donner, F.M., *The Early Islamic Conquest*, p.265.

权力的约束无疑是削弱而不是加剧了两者的对立。因此,上述观点尽管各有一定的道理,但均失之片面,未能完整阐明麦地那哈里发国家扩张的原因。

阿拉伯人世世代代生活在辽阔而贫瘠的家园,水源奇缺,牧场有限,耕地稀少,荒原满目,生计资源极度匮乏。在这样的环境下,人口的增长导致无尽无休的迁徙浪潮;过剩的人口只能移至半岛以外,去寻求新的生存空间。自远古以来,人口迁徙的浪潮接连不断,构成阿拉伯半岛生态平衡得以维持的基本条件。然而,在查希里叶时代,拜占庭帝国和波斯帝国在半岛北部分别构筑起坚固的屏障,迫使阿拉伯人改变传统的流向。过多的人口拥挤在半岛内有限的生存空间,相互攻袭,劫掠生计资源。半岛内部益趋激烈的劫掠和仇杀淘汰着无路可走的过多人口,成为特定的历史条件下生态平衡赖以维持的必要形式。

伊斯兰教的诞生和伊斯兰国家的建立,给混沌无序的阿拉伯半岛带来文明的曙光,给饱受苦难的阿拉伯人带来和平的希望。普遍处于敌对状态的诸多部落,借助于信仰的纽带和乌玛的政治形式,建立起较为稳定的地域联系,开始了社会聚合的过程。徙志以后,先知穆罕默德接连颁布一系列启示,旨在通过严格的宗教规定,约束漫无原则的劫掠和仇杀,消除血族群体之间的对立,实现乌玛内部的和平状态。《古兰经》说:“你们原是仇敌,而安拉联合你们的心,你们借他的恩典才变成教胞”“信士们皆为教胞,故你们应当排解教胞间的纷争”“信士不至于杀害信士,除非是误杀”。[①]先知穆罕默德在“告别演讲”中明确宣布:“你们相互残杀伤命,相互侵犯财产,均在严禁之列……蒙昧时期的血债一律不予清算……蒙昧时期的习俗一律废止……穆民都是弟兄,若非本人同意而霸占自己弟兄的财产,对于任何人都是非法的。”[②]另一方面,先知穆罕默德自徙志开始,便规定了乌玛的圣战原则:所有的异教徒,首先是反对伊斯兰教的麦加保守势力,被视作乌玛全体成员的共同敌人。信仰的差异和宗教意义的圣战开始取代血族群体的对立和传统的劫掠仇杀,上升为阿拉伯半岛社会矛盾的主要形式。630 年穆斯林征服麦加以后,先知穆罕默德颁布进一步讨伐异教阿拉伯人的启示:“当禁月逝去的时候,你们在哪里发现以物配主者,就在哪里杀戮他们,俘虏他们,围攻他们,在各个要隘侦候他们”“当抵抗不信安拉和末日,不遵安拉及其使者的戒律,不奉真教的

---

① 《古兰经》,3:103; 49:10; 4:92。

② 穆罕默德·胡泽里:《穆罕默德传》,第 265—267 页。

人，即曾受天经的人，你们要与他们战斗，直到他们依照自己的能力，规规矩矩地交纳丁税”。[①]至先知穆罕默德去世前夕，皈依伊斯兰教已是众望所归，形同散沙的诸多部落纷纷加入乌玛。

伊斯兰教的传播和由此产生的阿拉伯社会结构的深刻变革，使阿拉伯人相互间劫掠仇杀的野蛮习俗趋于废止，阿拉伯半岛生态平衡所赖以维持的原有方式遭到广泛的排斥，恶劣的自然条件下相对稠密的人口与有限生存环境之间的矛盾无法继续通过半岛内部的淘汰方式得到缓解，于是转化为对外扩张的明显趋势。630 年底，先知穆罕默德亲率 3 万余众大举北进，兵抵叙利亚边境重镇泰布克。632 年，先知穆罕默德在弥留之际再次委派栽德·哈里萨之子欧萨玛筹划北伐叙利亚。[②]先知穆罕默德的上述举措，反映了麦地那国家以对外扩张取代半岛内部劫掠仇杀的初步意向。

然而，在先知穆罕默德时代，乌玛成员之间的相互联系主要借助于信仰的纽带，初兴的公共权力往往只是表现为宗教信条的约束和宗教意义的顺从。诸多部落尽管已被纳入乌玛，但是仍旧具有明显的离心倾向，仅仅在形式上顺从麦地那的宗教领袖。更有一些部落尚无意加入乌玛，甚至负隅顽抗。野蛮势力的延续制约着乌玛的举措，使得麦地那国家对外扩张的初步趋向在先知穆罕默德生前未能演变为成熟的动势。

阿布·伯克尔当政期间平息“里达”的战争，是先知穆罕默德时代阿拉伯半岛统一进程的延续。“里达”的平息最终完成了先知穆罕默德生前未竟的事业，结束了长期以来阿拉伯人相互劫掠和彼此攻杀的状态，在历史上第一次实现了整个半岛的内部和平。“以往，他们时常劫掠其他的部落以维持自己的生活。现在，整个半岛的阿拉伯人联合为统一的整体。由于新的伦理观念和社会经济原则，他们不得不停止劫掠其他部落的传统行为。但是，在半岛内部却又无法采取其他的方式来替代这种行为。人口的增长对于有限的生活资源所形成的压力益趋加剧，使原有的经济生活失去了平衡。”[③]“里达”的平息和半岛统一的最终完成，彻底否定了野蛮状态下阿拉伯半岛生态平衡赖以维持的传统行为。阿拉伯人在乌玛形式下的社会聚合，导致人口与生存空间的深刻矛盾转化为对外征服的巨大能量。以圣战的名义讨伐周边区域

① 《古兰经》，9:5，9:29。

② Donner, F.M., *The Early Islamic Conquest*, p.101.

③ Engineer, A.A., *The Origin and Development of Islam*, p.152.

的异教人口，进而夺取新的生存空间，成为当时特定的历史条件下维持半岛生态平衡的唯一出路，体现阿拉伯人自野蛮向文明转变过程中客观的社会需要。阿布·伯克尔当政期间平息"里达"的战争诚然与其后发生的对外征服具有本质的差别，但是两者之间无疑具有内在的逻辑联系。平息"里达"战争的胜利揭开了麦地那哈里发国家扩张的序幕，而麦地那哈里发国家的扩张乃是平息"里达"战争之胜利的必然结局。

有人说，麦地那哈里发国家的扩张是出于获得"面包"和谋取生计的需要。也有人说，麦地那哈里发国家的扩张是为了踏上通向天堂的道路。实际上，无论世俗的需要还是宗教的情感，都是导致麦地那哈里发国家扩张的重要因素。然而，这些因素并非孤立地存在，而是处于相互制约的状态。从前，阿拉伯人追随各自的部族去半岛周围寻求生路，势单力孤，往往受制于外族强敌。后来，阿拉伯人无路可走，只能徘徊在半岛各地，通过相互间的劫掠仇杀淘汰过多的生灵。伊斯兰文明的兴起唤醒了挣扎于苦难之中的阿拉伯人，圣战的思想体现着世俗需要与宗教情感的结合。阿拉伯人不再自相残杀，亦不再乞求外族的恩赐。他们作为哈里发国家的战士，高举着圣战的旗帜，踏上了讨伐异教徒的征程，从而掀开了中东历史的崭新一页。

麦地那哈里发国家的扩张不仅具有内在的社会动因，而且需要相应的外部条件。在阿拉伯人即将走出半岛的时代，拜占庭帝国和波斯帝国统治着中东的广大地区。拜占庭帝国和波斯帝国长期以来激烈角逐，争夺中东霸主的地位，至7世纪初达到高潮。602年，拜占庭皇帝毛利斯被害，福卡斯取而代之。波斯皇帝胡斯洛二世趁拜占庭帝国政局混乱之机，率军西进，攻入叙利亚和埃及，兵抵小亚细亚沿海一带。610年，驻守北非的拜占庭将领希拉克略废黜福卡斯，即位称帝。622年，希拉克略指挥拜占庭军队大举反击，收复埃及和叙利亚，继而攻入美索不达米亚，攻陷波斯帝国首都泰西封。旷日持久的厮杀，使拜占庭帝国和波斯帝国元气大伤，军事实力消耗殆尽。其次，在叙利亚南部和美索不达米亚西部，分布着许多游牧和半游牧的部落群体，他们既是拜占庭帝国或波斯帝国的藩属，亦是拜占庭帝国和波斯帝国借以遏制阿拉伯人自半岛向外部冲击的重要屏障。然而，在7世纪初，他们与两大帝国之间的关系渐趋恶化。602年，波斯皇帝胡斯洛二世处死莱赫米国王努尔曼三世，任命泰伊部落首领伊雅斯取而代之，至614年委派波斯总督直接统治幼发拉底河流域。无独有偶，629年，拜占庭皇帝希拉克略停止向叙利亚南部的部落群体发放补助金，引起后者的强烈不满。此外，叙利亚和美索不达米亚的土著居民大都属于塞姆族的分支，与拜占庭帝国和波斯帝国的统治者之间存在明显的种族差异，而与阿拉伯人却有较为密切的亲缘关系。他们尽管信仰基督教，然而分别遵奉雅各派或聂斯脱里派的信条，拜占庭帝国视之为异端，波斯帝国视之为异教，宗教分歧颇深。上述情况动摇了两大帝国在叙利亚和美索不达米亚的统治基础，麦地那哈里发国家向半岛周围发动扩张的时机业已成熟。

叙利亚的征服

叙利亚①地理上是阿拉伯半岛的自然延伸，亦是自希贾兹进入“肥沃的新月地带”和地中海东岸的主要通道。叙利亚的富庶物产素来令阿拉伯人心向神往；希贾兹一带的阿拉伯人，尤其是麦加的古莱西人，早在前伊斯兰时代与叙利亚之间已有频繁的贸易往来，甚至在叙利亚购置地产。②位于叙利亚的耶路撒冷曾经是穆斯林在徙志以后最初 16 个月中礼拜的朝向，并被视作诸多古代先知的家园，耶路撒冷的叶尔孤卜石则是先知穆罕默德在徙志前夕“升宵”的起点。在穆斯林的心目中，耶路撒冷是仅次于麦加和麦地那的宗教圣地。因此，先知穆罕默德在生前便初步确定征服叙利亚的军事方略，并且多次自希贾兹举兵北伐。628 年，先知穆罕默德自侯德比耶移师北进，降服希贾兹北端的犹太人居住地海拜尔、法达克、泰马、瓦迪库拉。629 年，先知穆罕默德委派栽德·哈里萨率领 3 000 名穆斯林战士攻击死海南端重镇的穆耳塔，与拜占庭帝国的藩属加萨尼部落发生激战。630 年，先知穆罕默德统兵 3 万余众攻击泰布克，游牧于叙利亚边境的阿拉伯人部落望风归降，埃拉、麦格纳、阿兹鲁和贾尔巴等地的犹太人被迫向麦地那国家纳贡称臣。阿布·伯克尔即位以后，继续将叙利亚视作哈里发国家的首要攻击目标。

早在平息“里达”的初期，当哈立德·瓦里德在纳季德高原鏖战之际，阿布·伯克尔即派遣阿慕尔·阿绥和哈立德·赛耳德分别率军攻击叙利亚边境的异教阿拉伯人胡扎尔部落和凯勒卜部落。这两支队伍的攻击尽管并未取得明显的战绩，却成为叙利亚征服战争的前奏。633 年秋，平息“里达”的战事接近尾声，整个半岛的政治统一已成定局，阿布·伯克尔于是将圣战的矛头正式指向叙利亚。穆斯林战士兵分数路，自希贾兹攻入叙利亚南部。其

① 此处所指的叙利亚，亦称沙姆，包括今叙利亚、黎巴嫩、巴勒斯坦和约旦诸地。

② Donner, F.M., *The Early Islamic Conquest*, p.96.

中，叶齐德·阿比·苏福彦偕其弟穆阿威叶率军经泰布克攻击死海东岸的巴尔加，舒尔哈比勒·哈萨纳率军经泰布克攻击约旦河谷，阿慕尔·阿绥率军取道埃拉攻击加沙，阿布·欧拜德率军沿着通往大马士革的古代商路攻击戈兰高地。[①]穆斯林战士最初的攻击目标，主要是分布在叙利亚南部乡村的异教阿拉伯人，仅在瓦迪阿拉巴和达辛两地与拜占庭军队偶有遭遇。[②]

634 年夏，穆斯林战士的攻击目标逐渐由乡村转向城市，进而直接威胁拜占庭帝国在叙利亚的统治。于是，驻守叙利亚的拜占庭军队开始从各地向巴勒斯坦南部集结，各自为战的穆斯林战士亦汇聚在加沙以东。恶战在即，哈里发急调哈立德·瓦里德自伊拉克战场驰援叙利亚。哈立德·瓦里德率领数百名穆斯林战士自幼发拉底河下游的希拉出发，首先到达杜麦特·詹达勒，然后绕过布斯拉，穿越人迹罕至的沙漠，在几乎无水可饮的情况下长途跋涉，18 天后奇迹般地出现在叙利亚前线，与那里的穆斯林队伍会师，并出任统帅。同年 7 月，哈立德·瓦里德指挥穆斯林联军发动攻势，在耶路撒冷与拉姆拉之间的艾只纳代因击溃拜占庭皇帝希拉克略的弟弟希奥多洛斯统率的拜占庭军队。[③]拜占庭军队损失的兵力超过万人，穆斯林战士仅数百人阵亡。[④]艾只纳代因战役中拜占庭军队的溃败，使叙利亚门户顿开，穆斯林扫清了通向历史名城大马士革的道路。胜利的捷报传到麦地那；此时，阿布·伯克尔已经病逝。根据阿布·伯克尔临终时的提议，欧默尔继任哈里发(634—644 年在位)。

635 年 1 月，穆斯林军队在约旦河谷再次获胜，夺取拜占庭帝国重兵防守的战略要地菲赫勒。同年 2 月，拜占庭军队在大马士革以南 30 公里处的苏法尔草原败绩，穆斯林军队兵抵大马士革城下。大马士革的居民在拜占庭军队业已逃离的情况下固守半年，终因力不能支，于 635 年 9 月投降。[⑤]哈立德·瓦里德与大马士革的投降者订立了著名的条约，其文如下："奉至仁至慈的安拉之名，哈立德·瓦里德向大马士革的居民许诺，穆斯林进城以后，保证他们的生命、财产和教堂(不被侵犯)。他们的城墙不被拆除，穆斯林不驻扎在他们的家中。我们给予他们安拉的契约，以及先知、哈里发和信士们的保

① Kennedy, H., *The Prophet and the Age of the Caliphate*, p.60.

② Donner, F.M., *The Early Islamic Conquest*, p.111.

③⑤ 穆罕默德·穆斯塔法·齐亚德:《阿拉伯世界的历史与文明:古代与伊斯兰时代》,第 176 页。

④ Donner, F.M., *The Early Islamic Conquest*, p.129.

护。只要他们缴纳人丁税，他们就会享受福利。”[1]这个文本后来成为穆斯林处置被征服者的范例，并被载于史册，保留至今。

大马士革陷落以后，穆斯林势如破竹，攻占巴勒贝克、霍姆斯、哈马诸城。拜占庭皇帝希拉克略在惊恐之余，再度调集重兵，以数万之众发动反攻，企图将穆斯林逐出叙利亚。哈立德·瓦里德旋即撤军，屯兵于约旦河支流雅姆克河谷，与拜占庭军队对峙数月。636 年 8 月，穆斯林在炎炎的烈日之下，利用夹杂着沙土的狂风作为掩护，向拜占庭军队发动猛烈的攻击。拜占庭军队使用铁索相连，组成坚固的方阵，教士竖起十字架，诵读《圣经》，祈祷助威。然而，无论坚固的方阵还是教士的祈祷都无济于事。穆斯林战士奋勇拼杀，攻势锐不可当。拜占庭士兵阵脚大乱，溃不成军，或葬身于陡峭的河谷，或在渡河逃窜时溺水而死。拜占庭军队的统帅希奥多洛斯阵亡，侥幸生还者寥寥无几。[2]

拜占庭帝国在雅姆克战役的失败，使其在叙利亚的军事力量丧失殆尽，叙利亚征服战争遂进入最后的阶段。穆斯林自雅姆克河谷兵分四路，长驱直入：阿慕尔·阿绥率一军攻占加沙、约帕、利帕诸城，控制巴勒斯坦；舒尔哈比勒·哈萨纳率一军攻占贝塞恩和底利亚斯诸城，降服约旦；叶齐德·阿比·苏福彦率一军攻占阿克、提尔、赛达和贝鲁特诸城，夺取地中海东岸；阿布·欧拜德和哈立德·瓦里德率一军攻取大马士革、霍姆斯、巴勒贝克、哈马、基奈斯林、阿勒颇、安条克和耶路撒冷，占领叙利亚中部和北部。[3]638 年，哈里发欧默尔亲临耶路撒冷巡视圣地，任命阿布·欧拜德为叙利亚总督。不久，阿布·欧拜德身染重病，死于阿穆瓦斯。叶齐德·阿比·苏福彦及其弟穆阿威叶相继接替其职，出任叙利亚总督。哈立德·瓦里德曾经被先知穆罕默德誉为“安拉之剑”，并且深受阿布·伯克尔的倚重，颇具将才，在平息“里达”和征服叙利亚及伊拉克的过程中战功卓著。然而，欧默尔与哈立德·瓦里德素来不睦。雅姆克战役结束后，欧默尔撤销哈立德·瓦里德担任的穆斯林军队统帅的职位，638 年巡视耶路撒冷期间又将哈立德·瓦里德革除军职。640 年，依靠海上援助而负隅顽抗达 7 年之久的凯撒利亚被穆斯林攻陷，拜占庭帝国丧失了其在叙利亚的最后据点，陶鲁斯山以南地区尽属哈里发

---

① Hill, D.R., *The Termination of Hostilities in the Early Arab Conquest 634—656*, London 1971, p.76.

② Glubb, J., *The Great Arab Conqust*, pp.174—175.

③ Al-Baladhuri, *Kitab Futuh al-Buldan*, pp.116—159.

国家。①

画家笔下欧默尔视察耶路撒冷清真寺的建造

埃及的征服

穆斯林对埃及的进攻是从叙利亚征服战争末期开始的。埃及是地中海沿岸重要的粮食产地，素有“拜占庭帝国的粮仓”之称，并且与阿拉伯半岛有着传统的贸易往来，是哈里发国家梦寐以求的猎取目标。另一方面，拜占庭帝国的军队虽然在叙利亚战场屡屡败绩，但是在埃及尚有较强的实力；拜占庭舰船从埃及的亚历山大驶出，袭击叙利亚西部的沿海地带，对穆斯林构成严重的威胁。因此，只有征服埃及，才能确保穆斯林对叙利亚的占领。然而，叙利亚的战事尚未结束，哈里发国家无暇顾及开辟新的战场。

① Hill, D.R., *The Termination of Hostilities in the Early Arab Conquest 634—656*, p.77.

进攻埃及的军事行动,最初并非哈里发的意愿,而是出自阿慕尔·阿绥的个人野心。阿慕尔·阿绥出身于古莱西部落舍姆斯氏族(即倭马亚氏族),足智多谋,勇猛善战,早年曾经多次随麦加商队旅行埃及,深谙尼罗河流域的地理和风习。在穆斯林征服叙利亚的过程中,阿慕尔·阿绥未能像哈立德·瓦里德那样出尽风头,亦未能像阿布·欧拜德等人那样被委以重任。阿慕尔·阿绥与其他将领争雄心切,急欲开辟新的战场,建功立业。在 638 年欧默尔巡视耶路撒冷期间,阿慕尔·阿绥请求哈里发允许他率军进攻古代法老曾经统治的国度。欧默尔似乎同意了阿慕尔·阿绥的请求,但是态度十分冷淡。哈里发或许认为穆斯林远离故土去进攻埃及是过于冒险的行动,因此告诫阿慕尔·阿绥:倘若他的队伍在踏上埃及的土地之前接到撤军的命令,务必停止前进,如果此时穆斯林已经进入埃及境内,一切行动可由阿慕尔·阿绥自行决定。①

639 年底,穆阿威叶承袭其兄叶齐德·阿比·苏福彦的职位,出任叙利亚总督。阿慕尔·阿绥不肯屈居穆阿威叶之下,于是从凯撒利亚城下擅自撤军,在缺乏充足兵力的情况下,率领 3 500 余名骑兵,沿着地中海东岸的古代商路西进,越过阿里什,攻入埃及。②640 年 1 月,阿慕尔·阿绥的队伍首战告捷,攻占埃及东部门户菲尔马仪。同年 2 月,穆斯林再次击败拜占庭守军,夺取尼罗河东岸重镇比勒贝斯,威逼埃及腹地。随后,阿慕尔·阿绥绕过拜占庭帝国重兵防守的巴比伦堡(即古代的孟菲斯),率军南下,进入上埃及的法尤姆地区,骚扰乡村,劫掠财物,伺机攻袭拜占庭守军。不久,先知穆罕默德曾经以天园相许诺的十大圣门弟子之一祖拜尔· 阿沃姆,奉欧默尔的将令,率军 1.2 万人进入埃及,兵抵巴比伦堡附近的艾因·舍姆斯。于是,阿慕尔·阿绥率军离开法尤姆,返回尼罗河东岸,与祖拜尔·阿沃姆合兵一处。

640 年 7 月,阿慕尔·阿绥指挥穆斯林联军将拜占庭军队诱至旷野并发起攻击,一战获胜,夺取艾因·舍姆斯,进而完成对巴比伦堡的包围。巴比伦堡是拜占庭帝国在埃及驻军的主要营地,城池坚固,易守难攻。穆斯林以骑兵为主,擅长野战,面对坚固的城池却无计可施。双方僵持数月,并曾遣使议和。被围困在城内的埃及总督居鲁士派遣的议和使者目睹他们的敌人,感触极深。他向居鲁士讲述了穆斯林的情形:“我亲眼看到一群人,据他们中的每

① 希提:《阿拉伯通史》,第 186 页。
② 穆罕默德·穆斯塔法·齐亚德:《阿拉伯世界的历史与文明:古代与伊斯兰时代》,第 177 页。

个人看来,宁愿死亡,不愿生存,宁愿显赫,不愿屈辱;在他们中的任何人看来,这个世界毫无吸引力。他们只坐在地上,他们只跪坐在两膝上吃饭。他们的长官,像他们的一分子:下级与上级无差别,奴隶与主人难分辨。到礼拜的时候,任何人不缺席,大家盥洗完毕后,都毕恭毕敬地做礼拜。"[①]居鲁士接受了缴纳贡税的议和条件,欲弃城投降。但是,拜占庭皇帝希拉克略拒不批准,并且以通敌的罪名放逐居鲁士。641 年 4 月,阿慕尔·阿绥下令发起最后的攻势,穆斯林战士填平城下的壕沟,攀上城墙,占领巴比伦堡。[②]

巴比伦堡战役的胜利,奠定了穆斯林征服埃及的军事基础。阿慕尔·阿绥率军向尼罗河三角洲发动一系列攻势,夺取尼丘和卡里乌姆,兵抵亚历山大。亚历山大位于尼罗河的入海处,是当时埃及的首府,亦是整个拜占庭帝国中仅次于首都君士坦丁堡的第二大城市。这里是拜占庭帝国的主要海军基地,停泊着大量的舰船。守卫这座城市的拜占庭驻军据称达 5 万之众,装备精良,训练有素。相比之下,穆斯林不仅在人数上处于明显的劣势,而且没有舰船,缺乏攻城机械。阿慕尔·阿绥虽然屯兵城下,却久攻不克,只好返回巴比伦堡。不久,形势出现转机。希拉克略死于君士坦丁堡,其子君士坦斯二世继承拜占庭帝位,起用居鲁士重新出任亚历山大主教和埃及总督。居鲁士复职以后,无意继续抵御穆斯林的攻势,于 641 年 11 月在巴比伦堡与阿慕尔·阿绥签订和约,向哈里发国家纳贡称臣。642 年 9 月,拜占庭皇帝君士坦斯二世批准上述和约,拜占庭军队自海路撤离埃及,阿慕尔·阿绥率军进入亚历山大。[③]亚历山大是此间穆斯

开罗阿慕尔清真寺(一)

① 希提:《阿拉伯通史》,第 188 页。
②③ 穆罕默德·穆斯塔法·齐亚德:《阿拉伯世界的历史与文明:古代与伊斯兰时代》,第 177 页。

开罗阿慕尔清真寺(二)

林征服的最大的城市,久居半岛的阿拉伯人从未见过城内精美的宫殿和教堂。阿慕尔·阿绥在向欧默尔报捷时写道:“我已经夺取了一座城市,我不加以描绘。我这样说就够了,城里有4 000座别墅、4 000个澡堂、4万个纳人丁税的犹太人、400个皇家的娱乐场所。”①

埃及的战事刚刚结束,哈里发欧默尔便将阿卜杜拉·赛耳德派到这里,掌管尼罗河流域的税收。阿慕尔·阿绥对此极为不满,声称“我将成为紧握母牛角而让别人挤奶的角色”,并且愤然离职。645年底,亚美尼亚血统的拜占庭将领曼努埃尔率战船300艘攻占亚历山大以及苏勒塔斯、比勒贝斯诸城。646年初,阿慕尔·阿绥再度出任埃及总督,驱退入侵的拜占庭军队,平定尼罗河三角洲诸地的骚乱,并且将亚历山大坚固的城墙夷为平地。②

埃及以西是柏柏尔人生活的地区,其东部称作易弗里基叶,西部称作马格里布,均为拜占庭帝国的辖地。埃及的陷落,使拜占庭帝国丧失了据守这一地区的屏障。642年底,阿慕尔·阿绥自亚历山大移师西进,攻入彭塔波利斯(即昔兰尼加),占领伯尔克,降服柏柏尔人鲁瓦塔部落。接着,阿慕尔·阿绥遣部将欧格白·纳菲从伯尔克出发,向西攻至费赞。647年,继阿慕尔·阿绥之后出任埃及总督的阿卜杜拉·阿比·萨尔赫自的黎波里西进,在苏菲突拉击败拜占庭军队,攻占易弗里基叶全境。穆斯林还曾试图自埃及向南扩张,降服努比亚人,但未成功。652年,埃及总督阿卜杜拉·阿比·萨尔赫与努比亚人签订和约。③

① 希提:《阿拉伯通史》,第191页。
② Hill, D.R., *The Termination of Hostilities in the Early Arab Conquest 634—656*, pp.45—47.
③ Al-Baladhuri, *Kitab Futuh al-Buldan*, pp.237—238.

伊拉克的征服

阿拉伯人通常以幼发拉底河中游的安巴尔和底格里斯河中游的提克里特为界，将两河流域分为北部的贾吉拉和南部的伊拉克两大区域。贾吉拉在阿拉伯语中本意为岛屿，特指幼发拉底河与底格里斯河所环绕的旷野，生活着阿拉伯人拉比尔部落、穆达尔部落和巴克尔部落。[①]639—641 年，穆斯林将领伊亚德·加恩姆自叙利亚率军东进，占领摩苏尔、奈绥宾、拉卡、卢哈、阿米德等地，完成对于贾吉拉的征服。[②]

伊拉克在阿拉伯语中本意为沿海的地区。萨珊王朝时期，伊拉克分为两部，幼发拉底河以西称作阿拉伯伊拉克，幼发拉底河以东称作波斯伊拉克。征服伊拉克的战争开始于 633 年初，沼泽以北地区和波斯湾沿岸构成相对独立的两个战场。阿喀拉巴战役结束以后，哈尼法部落的家园叶麻麦被纳入哈里发国家的版图。分布在叶麻麦以东的阿拉伯人，是已经改奉伊斯兰教的舍伊班部落成员；他们在其首领穆萨纳·哈里萨的率领下，将攻击的矛头转向东方，移入幼发拉底河西岸，占领盖提夫。633 年 3 月，哈立德·瓦里德率得胜之师自叶麻麦东进，与穆萨纳·哈里萨合兵一处，向幼发拉底河西岸尚且信奉异教的阿拉伯人发动攻势，在扎特·萨拉绥尔、纳赫尔·马尔亚、马扎尔、瓦拉加、欧莱斯等地连连获胜，希拉不战自降。接着，穆萨纳·哈里萨屯兵希拉，哈立德·瓦里德挥师北上，攻占幼发拉底河沿岸重镇安巴尔、艾因·塔姆尔、桑多达，逼近贾巴勒·比什尔。[③]在这个阶段，伊拉克的战事主要表现为来自半岛的穆斯林阿拉伯人与土著的异教阿拉伯人之间的冲突，波斯军队尚未介入双方的厮杀。哈立德·瓦里德的行军路线，只是沿阿拉伯沙漠东侧至幼发拉底河之间的地带自南向北推进，并伺机退入沙漠深处，而无意攻击伊拉克腹地。

634 年夏，哈立德·瓦里德奉哈里发的将令离开伊拉克战场，率领所部数百人驰援叙利亚前线。此时，波斯将领鲁斯塔姆自伊拉克腹地调集重兵，逼近幼发拉底河。穆萨纳·哈里萨没有充足的兵员，又缺乏哈立德·瓦里德那样的军事才能，无力抵御波斯大军的攻势，被迫放弃希拉诸城，退守沙漠，

---

① Strange, G., *The Lands of the Eastern Caliphate*, Cambridge 1905, p.22, p.86.

② Al-Baladhuri, *Kitab Futuh al-Buldan*, pp.175—176.

③ Muir, W., *The Caliphate, Its Rise, Decline and Fall*, pp.49—61.

并遣使向哈里发告急，请求增援。不久，阿布·乌巴德率领援军抵达伊拉克边境，与穆萨纳·哈里萨会师。634年底，穆斯林在希拉北侧越过幼发拉底河，与波斯军队发生激战。结果，阿布·乌巴德及数千名穆斯林战士阵亡于幼发拉底河东岸，穆萨纳·哈里萨侥幸生还，率残部退守欧莱斯。①

635年，巴吉拉部落、阿兹德部落、塔米姆部落、泰伊部落、阿卜杜勒·凯斯部落和阿斯拉姆部落的阿拉伯人从半岛东南部和纳季德高原相继抵达半岛东侧的沙漠边缘，穆斯林队伍人数剧增，伊拉克战场逐渐形成对峙状态。635年11月，穆萨纳·哈里萨率领穆斯林战士发动攻势，在幼发拉底河西岸的布瓦卜击败波斯军队，杀波斯将领米赫兰。布瓦卜战役之后，穆斯林重新占领希拉、安巴尔、艾因·塔姆尔等地，并且越过幼发拉底河，逼近波斯帝国首都泰西封。波斯帝国往日将阿拉伯人视同草芥，如今却被他们杀得人仰马翻，朝野震动。鲁斯塔姆急调重兵发动反攻，穆斯林遂退据幼发拉底河西岸。②

636年初，先知穆罕默德曾经以天园相许诺并誉为"雄狮"的著名圣门弟子赛耳德·阿比·瓦嘎斯，奉哈里发欧默尔的将令，率领4 000余名穆斯林战士自麦地那开赴伊拉克前线。③这是哈里发派往伊拉克战场的"第一支真正的征服队伍"。"欧默尔没有留下一个重要的人，不论是部落首领、战士，还是诗人、演说家，直到拥有马匹和武器的所有人；他把他们都派到了伊拉克。"④赛耳德·阿比·瓦嘎斯在经纳季德前往伊拉克时，沿途募集兵员，许多部落的战士纷纷应征。到达伊拉克时，赛耳德·阿比·瓦嘎斯的队伍已达3万余众。赛耳德·阿比·瓦嘎斯将队伍集结于幼发拉底河西岸的乌宰布一带，与鲁斯塔姆率领的波斯大军12万人隔河对峙数月。⑤637年夏，双方在幼发拉底河西岸的卡迪西叶展开激战。穆斯林利用沙漠风暴骤起之机发起猛烈攻击，以战死数千人的代价，歼灭波斯军队主力，鲁斯塔姆毙命于乱军之中。⑥

卡迪西叶战役是决定伊拉克命运的转折点。穆斯林稍事休整，便发动新的攻势，矛头直指波斯帝国首都泰西封。泰西封位于底格里斯河西岸，塞琉西亚与泰西封隔河相望，阿拉伯语中合称"麦达因"，意思是两座城市。穆斯

① 泰伯里：《历代先知与君王史》，第1卷，第2194页。

② Muir, W., *The Caliphate, Its Rise, Decline and Fall*, p.95.

③ 穆罕默德·穆斯塔法·齐亚德：《阿拉伯世界的历史与文明：古代与伊斯兰时代》，第177页。

④ Muir, W., *The Caliphate, Its Rise, Decline and Fall*, p.109.

⑤ Ibn Khaldun, *The Muqaddimah*, Vol.1, p.321.

⑥ Glubb, J., *The Great Arab Conqust*, p.199.

林首先夺取塞琉西亚，继而涉水渡河，攻入泰西封，波斯皇帝叶兹德吉尔德三世逃往伊朗西北部山区。①637 年底，穆斯林在贾鲁拉歼灭波斯军队残部，扎格罗斯山以西尽属穆斯林，萨珊王朝收复伊拉克的企图成为泡影。

伊朗的征服

波斯湾沿岸和伊朗高原南部是穆斯林与萨珊王朝之间的另一重要战场。633 年，大约在穆萨纳·哈里萨率领舍伊班部落攻击希拉诸城的同时，分布在阿拉伯半岛东南部的伊吉勒部落和祖赫勒部落离开祖居的家园，沿波斯湾北岸向伊拉克南部移动。636 年，穆斯林将领欧特巴·加兹万率军夺取波斯湾北岸的重要港口乌布拉。638 年，穆斯林将领阿布·穆萨率军攻占阿瓦士和苏斯塔尔诸城，降服胡齐斯坦。接着，穆斯林向法尔斯发起攻击。法尔斯是萨珊家族的故乡，穆斯林征服的进程十分艰难，许多重要城市得而复失。650 年，穆斯林第二次占领法尔斯的首府伊斯太赫尔，继而结束了这一地区的战事。②

贾鲁拉战役结束后，哈里发国家暂时停止了在东部战场的攻势。穆斯林占据伊拉克平原，萨珊王朝退守伊朗高原，双方在扎格罗斯山脉的两侧形成对峙状态。641 年底，波斯帝国的末代皇帝叶兹德吉尔德三世集结兵力，派遣菲鲁赞率军卷土重来，向穆斯林发动攻势。642 年，双方在扎格罗斯山东侧哈马丹附近的尼哈温展开激战。穆斯林一方约有 3 万人，波斯大军号称 15 万之众。战斗持续数日，双方都有很大的伤亡，穆斯林的统帅努尔曼·穆凯林战死。侯宰法·米赫珊继任统帅后，再度发动猛烈攻击，直至歼灭萨珊王朝反击穆斯林攻势的最后力量，进而占领哈马丹。③

651 年，穆斯林自伊拉克南部出发，经克尔曼攻入伊朗高原东部，占领内沙浦尔、纳萨、突斯、哈拉特、木鹿诸城。另一支穆斯林队伍在夺取莱伊（今德黑兰附近）和伊斯法罕以后再度出击，攻占伊朗高原东北部重镇库米斯。652 年，穆斯林攻占木鹿·卢泽，阿姆河以西皆被纳入哈里发国家的版图。④叶兹德吉尔德三世只身逃走，经过 10 年漂泊流离的生活，最终死于呼罗珊东部的

---

① Glubb, J., *The Great Arab Conqust*, p.202.

② Hill, D.R., *The Termination of Hostilities in the Early Arab Conquest 634—656*, p.134.

③ Al-Baladhuri, *Kitab Futuh al-Buldan*, p.193.

④ Al-Baladhuri, *Kitab Futuh al-Buldan*, p.212.

木鹿。①

征服进程的区域差异

麦地那哈里发时代，穆斯林如同潮水般涌出阿拉伯半岛，涌向周围的广大地区。他们沿着祖先曾经走过的道路，或者自希贾兹北端进入叙利亚，继而到达尼罗河流域，或者自半岛东侧进入伊拉克，继而入主伊朗高原。谋求生计的物质需要与虔敬安拉的宗教激情两种因素的撞击，促使阿拉伯人投身于征服的事业。但是，在不同的区域，战争进程表现出明显的差异。

叙利亚是麦地那哈里发觊觎的主要目标，亦是整个征服战争的重心所在。穆斯林对于叙利亚的征服，具有严密的组织、明确的目标和相应的计划，自始至终体现着哈里发的意志。叙利亚的征服者大都来自伊斯兰文明的摇篮希贾兹，哈里发将最优秀的穆斯林派到叙利亚战场，其中包括为数众多的圣门弟子。阿布·伯克尔亲自为征服叙利亚的队伍募集兵员，欧默尔两次巡视叙利亚，说明哈里发国家对于这一地区的高度重视。

尼罗河流域的征服可谓叙利亚征服战争的延伸。在哈里发的心目中，埃及的地位或许不足与叙利亚相提并论。但是，埃及是拱卫叙利亚的屏障，埃及的粮食足以缓解希贾兹的饥荒状态。因此，尽管进攻埃及的军事举措最初似乎只是出于阿慕尔·阿绥的个人野心，但是哈里发在不久后便向那里派出必要的援军。

与叙利亚和埃及的征服战争相比，伊拉克的征服战争具有明显的不同之处，表现出部落迁徙的浓厚色彩。阿拉伯人自半岛东侧向幼发拉底河流域移动的趋向由来已久。先知穆罕默德早年，分布在叶麻麦以东和半岛东南部沿海的阿拉伯人部落已经开始攻击伊拉克边境，并于610年在祖·卡尔击败波斯军队。阿喀拉巴战役结束后穆斯林在伊拉克边境发动的攻势，只是阿拉伯人原有移动趋向的延续，并非出自哈里发的筹划。最初的攻击者，大都属于舍伊班部落和伊吉勒部落。阿布·伯克尔在获悉伊拉克的战况时，甚至不知道穆萨纳·哈里萨为何许人。②"安拉之剑"哈立德·瓦里德虽然一度出现于伊拉克战场，但是不久便被调往叙利亚前线。此后哈里发派出的所谓援军，亦不过是阿布·乌巴德自行募集的乌合之众。"这不是真正意义上的征服战

① Hill, D.R., *The Termination of Hostilities in the Early Arab Conquest 634—656*, p.131.

② Muir, W., *The Caliphate, Its Rise, Decline and Fall*, p.49.

争，所谓的征服者采取游牧部落袭击定居人口的传统方式：他们宿营于城市周围的耕地，在长满谷物的农田放养牲畜。他们用这样的办法迫使城市的定居人口缴纳贡赋，获得金钱、粮食、饲料和其他的生活用品。”[①]636年，赛耳德·阿比·瓦嘎斯和欧特巴·加兹万分别率军攻击伊拉克中部和南部，标志着哈里发国家直接介入伊拉克的战事。然而征服者大都来自半岛东部和南部的土著部落，圣门弟子寥寥无几。他们依旧保留着血缘群体的传统形式，携带家眷和牲畜，移动速度极为缓慢。赛耳德·阿比·瓦嘎斯率军自麦地那抵达伊拉克边境，耗时长达一年之久。由于携带家眷和牲畜，这支队伍在幼发拉底河西岸的宿营地竟绵延数百里。巴吉拉部落的战士是征服伊拉克的重要力量。欧默尔曾经向巴吉拉部落首领贾里尔·阿卜杜拉许诺，一旦征服伊拉克，便将那里四分之一的土地赐封给他们。[②]显然，谋求生计的需要和寻找新家园的愿望，驱使阿拉伯人离开荒凉的故乡，涌向伊拉克的战场。

伊朗高原是波斯人世世代代生活的家园。尽管萨珊王朝的军事力量由于尼哈温战役的失败而丧失殆尽，但是伊朗高原的土著贵族尚有相当的实力。他们各自为战，顽强抵抗着穆斯林的进攻。另一方面，伊朗高原的土著居民大都属于印欧语系的分支，不同于伊拉克、叙利亚和埃及的塞姆族被征服者，与来自半岛的阿拉伯人之间存在着明显的血缘界限。种族的差别加剧了伊朗高原的土著人口对于穆斯林征服者的敌视和反抗。此外，伊朗高原山脉纵横，地形复杂，其特有的自然条件削弱和限制着穆斯林征服者的攻势。哈里发国家在伊朗高原的征服经历了极其艰难而漫长的过程，许多地区由于土著势力屡屡反叛，得而复失。

三、麦地那哈里发国家的政治走向

宗教色彩的共和政体

先知穆罕默德生前创立的乌玛，既是阿拉伯穆斯林的宗教公社和伊斯兰国家的初始形态，亦是穆斯林统治非穆斯林的政治工具。在乌玛的形式下，信仰的差异被视作确定社会地位和划分社会阶层的基本准则，穆斯林与非穆

---

① Hill, D.R., *The Termination of Hostilities in the Early Arab Conquest 634—656*, pp.109—110.

② 泰伯里：《历代先知与君王史》，第1卷，第2199页。

斯林之间的直接对立构成社会矛盾的主要形式。作为乌玛的成员,穆斯林尽管来自不同的地区,属于不同的血族群体,但皆以独尊安拉的共同信仰作为相互联系的纽带,组成统一的社会群体。全体穆斯林至少在理论上享有充分的权利,构成占统治地位的社会集团。非穆斯林人口则被剥夺政治权利,丧失原有的社会地位,构成依附于穆斯林的被保护阶层。

伊斯兰文明的兴起改变了阿拉伯人传统的权力来源。在查希里叶时代,社会地位的高低取决于身世的尊卑、财产的多寡和年资的长幼。然而,在新的乌玛中,宗教资历即皈依伊斯兰教的先后和对于伊斯兰事业贡献的大小,成为确定社会成员政治权利和社会地位的关键因素。伊斯兰教的早期皈依者,尤其是包括迁士和辅士在内的圣门弟子,作为新兴的宗教贵族,构成乌玛的政治核心。

然而,古老的阿拉伯半岛毕竟刚刚告别野蛮的生活而初入文明时代,独尊安拉的共同信仰并没有完全取代阿拉伯人的血缘联系,氏族部落的传统势力依然存在,原始民主制的残余和权力继承的非世袭倾向深刻地影响着穆斯林的政治生活,尤其排斥着政治权力的集中。特定的历史条件决定了麦地那哈里发国家的共和政体,而新兴伊斯兰贵族的统治乃是这种共和政体的实质所在。

阿布·伯克尔即位之初,野蛮势力泛滥于阿拉伯半岛各地,哈里发国家面临严峻的政治形势,乌玛处于解体的边缘。阿布·伯克尔致力于"里达"的平息和征服叙利亚的战事,无暇顾及政权建设,依旧沿袭先知穆罕默德时代的国家体制。

在麦地那绿洲,舒拉(阿拉伯语中意为协商)的原则和长老会议的传统形势依然存在并且发挥着重要的作用。圣门弟子欧默尔、阿布·欧拜德、祖拜尔·阿沃姆、泰勒哈·欧拜杜拉、阿卜杜勒·拉赫曼·奥夫、赛耳德·阿比·瓦嘎斯、奥斯曼、阿里、穆阿兹·贾巴勒等人占有举足轻重的地位,甚至左右政局,明显约束着哈里发的个人权力。官僚体系尚未形成,国家权力的运作只能依靠圣门弟子的自发行为。例如,侯宰法·伊尔曼负责估算农产品收成,祖拜尔·阿沃姆负责征缴天课,穆吉拉·舒尔白负责监督市场交易,阿卜杜拉·阿尔卡姆负责管理地下水源,栽德·萨比特负责起草各种文书,欧默尔负责审理司法纠纷,阿里负责主持战俘的处置事宜。①

---

① Siddiqi, A.H., *The Origins and Development of Muslim Institutions*, pp.24—25.

在麦地那绿洲以外，阿拉伯人大都如同往日一样生活在各自的氏族部落之中，哈里发国家的行政区划尚且无法超越血族群体的传统分布地域。尽管阿布·伯克尔曾向麦加、塔伊夫、萨那、贾纳德、朱拉什、阿曼、巴林等地派驻称作瓦利的行政官员，但是他们大都只能采用劝说和协商的方式，缺乏必要的强制手段，往往形同虚设。哈里发对于地方事务的控制极为有限，集权政治尚不存在。

阿布·伯克尔出任哈里发以后，最初尚无正式的官邸，依旧住在麦地那郊外称作苏恩赫的农庄，甚至没有起码的年金收入，依靠经商和牧羊维持生计。后来，阿布·伯克尔离开苏恩赫，移居麦地那绿洲中央的先知清真寺，领取 6 000 迪尔罕的年金，却依然简朴如前。①阿布·伯克尔临终时的全部家产，只有 1 名黑奴、1 峰骆驼和 1 条被单。②阿布·伯克尔的清贫，从侧面反映了当时政治生活的原始色彩。

哈里发欧默尔

634 年 7 月，阿布·伯克尔在麦地那病逝，葬于先知穆罕默德墓旁。根据阿布·伯克尔临终时的提议，欧默尔被穆斯林拥立为麦地那国家的第二任哈里发。③

欧默尔出身于古莱西部落阿迪氏族，原为麦加富商，才略出众，文武兼备。先知穆罕默德在麦加传教初期，欧默尔一度追随古莱西部落的保守势力，攻击先知穆罕默德。欧默尔于 618 年皈依伊斯兰教，并将其女哈芙赛许配先知穆罕默德。徙志以后，欧默尔成为先知穆罕默德的得力助手，对于伊斯兰事业颇有贡献。

如同阿布·伯克尔一样，欧默尔出任哈里发以后，依然保持简朴的生活，常常兼营商业，以谋自给，甚至靠举债维持生计。④据说，他只有一件外衣和一件斗篷，睡在用枣椰树的叶子搭成的床铺上。曾经有人求见欧默尔，却不得不在门外等候很久，因为哈里发唯一的外衣刚刚洗过，还未晒干。⑤另据记载，一个贝都因人受到欺侮以后，来到哈里发的面前申诉冤屈，欧默尔却在盛

---

① Jaydan, J., *History of Islamic Civilization*, p.38.

② Husain, S.A., *The Glorious Caliphate*, p.41.

③ 哈桑·穆阿尼斯：《古代中世纪的阿拉伯国家与文明》，第 153 页。

④ Jaydan, J., *History of Islamic Civilization*, p.39.

⑤ Husain, S.A., *The Glorious Caliphate*, p.85.

怒之余鞭打了申诉者。不久，欧默尔对自己的粗暴行为感到懊悔，并要那个贝都因人如数打他几鞭子，那个人却不肯。欧默尔自言自语地说："哈塔卜的儿子呀！你原是卑贱的，而安拉提拔了你；你原是迷路的，而安拉指引了你；你原是软弱的，而安拉增强了你。于是，他叫你治理人民，当一个老百姓来向你求救的时候，你却打了他！当你现身于安拉面前的时候，你应该对你的主宰说什么呢？"①

先知穆罕默德时代和阿布·伯克尔当政期间，生活在半岛的许多阿拉伯人尚未皈依伊斯兰教，分布在半岛周围的阿拉伯人大都依附于拜占庭帝国或波斯帝国。乌玛发动的一系列圣战，旨在讨伐尚未皈依伊斯兰教的阿拉伯人。伴随着"里达"的平息，生活在半岛的阿拉伯人相继加入了穆斯林的行列。"里达"平息后的军事扩张，则使分布在半岛周围的阿拉伯人逐步成为哈里发国家的臣民。

欧默尔即位以后，哈里发国家所面临的形势发生深刻的变化，阿拉伯人分布的区域与伊斯兰教传播的界限日渐吻合，民族差异与宗教对立趋于一致。社会形势的发展导致政治生活的相应变化，从而产生了欧默尔的著名设想，即伊斯兰教是阿拉伯人的宗教，阿拉伯人是伊斯兰教的信仰者。阿拉伯人与伊斯兰教的合而为一，成为欧默尔当政期间政治生活的出发点。信奉伊斯兰教的阿拉伯人统治信奉异教的非阿拉伯人，则是哈里发国家的宗旨所在。在这样的前提下，信奉伊斯兰教的阿拉伯人构成享有充分权利的军事贵族集团，是哈里发国家的主要社会基础。非阿拉伯血统的穆斯林称作麦瓦利，是从属于阿拉伯人的血族群体。既非具有阿拉伯血统又未信奉伊斯兰教的被征服者，至少在理论上被剥夺原有的政治权利，构成依附于哈里发国家的臣属阶层。阿拉伯穆斯林与非阿拉伯血统异教人口的对立，在欧默尔当政期间上升为社会矛盾的主要形式。这种对立反映出不同民族和宗教集团之间社会地位的差异，归根结底是阶级矛盾在当时特定历史条件下的曲折体现。阿拉伯穆斯林的圣战，其目的在于降服非阿拉伯血统的异教人口。哈里发国家似乎仅仅将伊斯兰教视作阿拉伯人的信仰，尚无意扩大伊斯兰教的皈依范围。欧默尔通常被誉为继先知穆罕默德之后伊斯兰国家的第二位奠基人。然而，他所确定的国家制度，不仅是伊斯兰教的神权统治，更是阿拉伯人的民族统治。

---

① 希提：《阿拉伯通史》，第 205 页。

广泛的军事扩张改变着乌玛的政治区域,西亚北非的广大地区被纳入哈里发国家的版图。欧默尔当政期间,哈里发国家在阿拉伯半岛以外的被征服地区基本上沿袭拜占庭帝国和波斯帝国的行政区划,甚至保留原有的政府机构和行政官吏。哈里发国家将统治区域划分为叙利亚、埃及、贾吉拉、库法和巴士拉五个行省。其中,叙利亚行省辖大马士革、霍姆斯、约旦和巴勒斯坦,埃及行省辖上埃及和下埃及,伊朗高原的胡齐斯坦、法尔斯、麦克兰、基尔曼、锡斯坦和呼罗珊诸地分别隶属于巴士拉行省和库法行省。[①]行省总督称作艾米尔,掌管征战要务和战利品的分配,并且主持穆斯林内部的司法仲裁和宗教事宜。欧默尔还曾向一些行省派驻阿米勒或卡迪,分别掌管税收和司法,以削弱艾米尔的权力。[②]阿拉伯战士作为征服者和统治者,凌驾于被征服地区的土著人口之上,构成相对封闭的社会集团。被征服地区的土著人口作为哈里发国家的臣民,在内部事务方面处于相对自治的状态,缴纳人丁税,免服兵役,依旧遵行各自原有的法律,不受伊斯兰教法的约束,享有选择信仰的权利,接受哈里发国家的保护。

欧默尔当政期间,行省总督大都由征服该地的军事统帅担任,如阿布·欧拜德和叶齐德·阿比·苏福彦及其弟穆阿威叶相继出任叙利亚总督,阿慕尔·阿绥出任埃及总督,赛耳德·阿比·瓦嘎斯出任库法总督,阿布·穆萨出任巴士拉总督。他们作为军事统帅,在长期的征战过程中形成了广泛的社会势力和相应的政治威望,出任总督以后,往往独揽大权,各自为政。另一方面,穆斯林战士进入被征服地区以后,依旧保留着原有的氏族部落形式,按照血缘关系划分各自的分布区域。阿拉伯人的传统社会势力在行省的政治生活中发挥着不可低估的作用,制约着哈里发国家的权力,甚至总督往往亦无法驾驭。这种现象在库法和巴士拉尤为明显。另外,穆斯林征服者沿袭拜占庭帝国和波斯帝国的行政体制,保留被征服者原有的法律、税制、货币、语言和宗教,导致不同区域之间的深刻差异,从而助长着行省势力的离心倾向。哈里发尽管拥有任免总督的权力,但是缺乏控制行省事务的有效手段,往往只能听任总督各行其是。乌玛的权力结构表现为明显的松散状态,集权政治微乎其微,严格意义的国家税收体系尚未形成。各个行省向麦地那缴纳的岁入,大都只是根据《古兰经》规定而属于哈里发的份额,即全部战利品的五分

① Husain, S.A., *Arab Administration*, Lahore 1966, p.39.
② Kremer, A.F., *The Orient Under the Caliphs*, pp.112—113.

之一。其余收入皆由总督自行处置，分配给屯驻行省的阿拉伯战士。岁入的分配反映了当时特定的政权结构和政治格局。欧默尔因此亦称："无哈里发而唯有舒拉"。[①]

共和政体的危机

644 年 11 月，欧默尔在麦地那率领穆斯林举行晨礼时，突遭暗杀。凶手是信奉基督教的波斯籍奴隶阿布·鲁厄鲁厄，他向欧默尔刺了两刀。欧默尔遇刺后，伤势严重。弥留之际，他拒绝了由其子阿卜杜拉继任的建议，指定奥斯曼、阿里、阿卜杜勒·拉赫曼·奥夫、赛耳德·阿比·瓦嘎斯、祖拜尔·阿沃姆、泰勒哈·阿卜杜拉六人协商确定哈里发的人选，委派其子阿卜杜拉作为协商的监督者。[②]欧默尔死后，奥斯曼等人在圣门弟子米斯瓦尔家中举行会议，是为"舒拉会议"。阿卜杜勒·拉赫曼·奥夫首先宣布放弃竞选，推举阿里和奥斯曼作为哈里发的候选人。经过激烈争执，奥斯曼获胜，成为麦地那国家的第三任哈里发。[③]奥斯曼(644—656 年在位)出身于古莱西部落倭马亚氏族，615 年皈依伊斯兰教。先知穆罕默德曾经将自己的两个女儿鲁基娅和乌姆·库勒苏姆许配奥斯曼为妻。奥斯曼的宗教资历不及参加舒拉会议的其他圣门弟子，许多人对"舒拉会议"的结果深感不满。奥斯曼即位后，赛耳德·阿比·瓦嘎斯退出政坛，隐居于麦地那郊外。祖拜尔·阿沃姆弃政从商，成为巨富。阿里和泰勒哈·阿卜杜拉尽管表面上承认新的哈里发，却对"舒拉会议"的结果耿耿于怀，成为反对奥斯曼的主要人物。

穆斯林财产占有状况的相对平等，是麦地那哈里发国家实行共和政体的物质基础。阿布·伯克尔当政期间，由于原始公有制财产关系的残存和血族群体形式的延续，穆斯林之间的贫富差距在多数地区尚不显见。阿布·伯克尔出任哈里发的第二年，利用初步的征服所提供的有限战利品，实行年金制度，年金分发的范围是生活在麦地那和麦加两座圣城的所有穆斯林。[④]年金的数额最初为每人 9 个迪尔罕，后来增至每人 20 个迪尔罕。[⑤]欧默尔即位后，被征服地区的巨额财富作为战利品源源不断地流向哈里发国家，年金分发的

---

① Imamuddin, S.M., *A Political History of the Muslims*, Vol.1, p.234.

② 哈桑·穆阿尼斯：《古代中世纪的阿拉伯国家与文明》，第 153 页。

③ Ibn Khaldun, *The Muqaddimah*, Vol.1, p.430.

④ Grunebaum, G.E., *Medieval Islam*, p.170.

⑤ Kremer, A.F., *The Orient Under the Caliphs*, p.16.

范围随之扩展到整个穆斯林社会。637 年,欧默尔在麦地那设立称作迪万的财政机构,统一管理国库收支,并且根据与先知穆罕默德的亲缘关系和宗教资历,实行年金的差额分配。①先知穆罕默德的遗孀阿以莎年金份额为 1.2 万迪尔罕,其余遗孀的年金份额为 1 万迪尔罕,麦加时期伊斯兰教的皈依者和参加巴德尔战斗的穆斯林年金份额为 5 000—10 000 迪尔罕,自巴德尔战斗以后至麦加征服前夕皈依伊斯兰教的穆斯林年金份额为 4 000 迪尔罕,自征服麦加至平息"里达"前皈依伊斯兰教的穆斯林年金份额为 3 000 迪尔罕,参加雅姆克战役和卡迪西叶战役的穆斯林年金份额为 2 000 迪尔罕,雅姆克战役和卡迪西叶战役以后移入叙利亚和伊拉克等地的穆斯林年金份额为 1 000 迪尔罕。②欧默尔实行的年金制度,以差额分配作为突出的特征,明显改变了穆斯林之间的财产占有状况,助长了穆斯林社会内部的贫富差距,包含着加剧穆斯林社会内部矛盾冲突直至分裂对抗的隐患,从而构成否定共和政体历史进程的重要开端。

奥斯曼即位之初,阿拉伯人继续保持着强劲的扩张势头,西部攻入马格里布和努比亚,东部横扫伊朗高原甚至远达河中地区。至奥斯曼当政后期,哈里发国家的攻势逐渐减弱。西面的海洋、北部的群山峻岭和东方土著势力的顽强抵抗,阻碍着阿拉伯人进一步的军事行动。广泛的军事扩张制约着哈里发国家内部的矛盾冲突,对异教徒的圣战促使阿拉伯人形成从未有过的凝聚状态。一旦外部征战趋于停顿,阿拉伯人相互之间的对立倾向随即开始出现。

奥斯曼当政后期,阿拉伯社会内部的对立首先表现为圣门弟子代表的伊斯兰教贵族与奥斯曼代表的倭马亚族之间的矛盾冲突。圣门弟子长期追随先知穆罕默德,宗教资历颇深,备受阿布·伯克尔和欧默尔的倚重,构成哈里发国家的核心政治势力。他们强调伊斯兰教初期的民主传统和平等倾向,支持共和政体的统治形式。欧默尔实行的年金制度,明确规定了圣门弟子的特殊地位。"舒拉会议"的人员构成,表明圣门弟子尤其是迁士在哈里发国家的政治生活中占据举足轻重的地位。奥斯曼即位以后,背弃阿布·伯克尔和欧默尔当政期间遵循宗教资历和倚重圣门弟子的政治原则,起用倭马亚族成员并委以重任。"奥斯曼需要忠诚于自己的总督,他们必须是不愿脱离中心的

① Grunebaum, G.E., *Medieval Islam*, p.171.

② Al-Baladhuri, *Kitab Futuh al-Buldan*, pp.450—457.

人。他之所以选择自己的亲属,是指望他们的忠诚。”①646年,奥斯曼任命他的异母胞弟瓦里德·欧格白作为库法总督;此人在皈依伊斯兰教之前曾经追随麦加的保守势力,屡屡攻击穆斯林,甚至唾弃先知穆罕默德,因而臭名昭著。接着,奥斯曼任命他的乳弟阿卜杜拉·阿比·萨尔赫取代阿慕尔·阿绥的埃及总督职位;此人皈依伊斯兰教以后,一度背叛先知穆罕默德,投靠麦加的保守势力,并有篡改启示的劣迹,令先知穆罕默德深恶痛绝。630年穆斯林攻占麦加后,先知穆罕默德下令处死14名罪大恶极的古莱西人,阿卜杜拉·阿比·萨尔赫便是其中之一,只是经奥斯曼说情方得以赦免。奥斯曼的堂弟麦尔旺·哈克木在先知穆罕默德去世后曾经鼓动穆斯林叛教,此时却被赋予财政大权,掌管年金分配。希贾兹北侧至陶鲁斯山南麓之间的地带在欧默尔当政后期分别隶属于大马士革、霍姆斯、巴勒斯坦和约旦四个行政区,奥斯曼即位后将大马士革、霍姆斯、巴勒斯坦和约旦合并为叙利亚行省,任命其堂弟穆阿威叶作为叙利亚总督。②被奥斯曼委以重任的倭马亚人诚然具有较强的能力和较为丰富的经验,但是大都缺乏必要的宗教资历和相应的社会威望。奥斯曼起用倭马亚人的政策,损害了圣门弟子的利益,排斥了圣门弟子在哈里发国家政治生活中的原有地位,导致圣门弟子的强烈不满。

麦地那哈里发国家的军事扩张,尤其是在伊拉克地区的征服战争,包含着部族迁徙的社会倾向。血缘关系的残存,使得阿拉伯人氏族部落的传统势力对于行省的政治生活产生着广泛的影响,从而构成助长地方离心因素的重要基础。“阿拉伯人的部落结构并未消失;阿拉伯部落民深知自身的力量和在征服过程中发挥的作用,不肯屈从于古莱西人的支配,逐渐形成反对哈里发统治的政治倾向。”③奥斯曼即位后,排斥部族势力,削弱离心倾向,尤其加强控制行省的财政岁入。阿卜杜拉·阿比·萨尔赫出任埃及总督后,自埃及向麦地那缴纳的岁入明显增加。瓦里德·欧格白来到库法赴任以后,声称塞瓦德(即伊拉克南部的农业区)是属于古莱西人的田园,剥夺移居伊拉克的阿拉伯部落成员参与分配塞瓦德土地的权利。著名的圣门弟子阿卜杜拉·麦斯欧德指责瓦里德·欧格白侵犯阿拉伯战士的权利,竟然遭到奥斯曼的刑

---

① 马茂德:《伊斯兰教简史》,第49页。

② Shaban, M.A., *Islamic History, A New Interpretation 600—750*, pp.66—67.

③ Husain, S.A., *The Glorious Caliphate*, p.107.

罚。奥斯曼的行省政策损害了阿拉伯部落民的利益，故而遭到后者的激烈反对。

先知穆罕默德在世时，《古兰经》尚未汇编成书，散见于圣门弟子的口传和背诵。平息“里达”的战争期间，尤其是在阿喀拉巴战役中，许多圣门弟子相继阵亡，能够口传和背诵启示的人日渐减少。在欧默尔的极力坚持下，阿布·伯克尔指派栽德·萨比特主持整理《古兰经》。栽德·萨比特是麦地那人，在先知穆罕默德生前专门负责记录启示，并根据先知穆罕默德的传授，初步整理出各章节启示的次第。栽德·萨比特奉阿布·伯克尔之命，对先知穆罕默德传布的启示进行全面和系统的搜集整理，编订成册，称“穆斯哈夫”（即汇集本）。然而，在穆斯林生活的不同地区，《古兰经》的内容和读法仍有一定的差异。“巴士拉的穆斯林遵循阿布·穆萨，库法的穆斯林效仿阿卜杜拉·麦斯欧德，叙利亚的穆斯林在诵读《古兰经》时，与伊拉克的穆斯林亦不尽相同。”①653 年，叙利亚和伊拉克的穆斯林联合进攻亚美尼亚，在诵读《古兰经》时，两支队伍由于读法的差异而发生争执，剑拔弩张。于是，奥斯曼责成栽德·萨比特重新订正《古兰经》。栽德·萨比特领导一个由圣门弟子参加的小组，根据先知穆罕默德的遗孀哈芙赛受其父欧默尔委托保存的《古兰经》“穆斯哈夫”本，依照古莱西人的语言统一全书的词汇和读音，并誊抄七部，一部存于麦地那，六部分别送往麦加、大马士革、也门、巴林、库法和巴士拉，是为“奥斯曼定本”，其余版本的《古兰经》被宣布无效并予以焚毁。《古兰经》版本的最后确定，对于维护伊斯兰教和哈里发国家的统一无疑具有重要的意义。然而，此事在当时却被许多穆斯林视为奥斯曼篡夺宗教权力的非分之举。

奥斯曼之死

奥斯曼当政期间阿拉伯社会内部的矛盾具有双重的内容，既包含着圣门弟子与倭马亚人之间的尖锐对立，又表现为阿拉伯部落民的传统势力与哈里发国家权力之间的激烈冲突，两种矛盾错综交织。奥斯曼在麦地那和行省同时排斥圣门弟子和部族势力，逐渐促使圣门弟子和部族势力形成政治联盟。哈里发成为圣门弟子和部族势力的共同敌人，更成为整个阿拉伯社会的众矢之的。

---

① Husain, S.A., *The Glorious Caliphate*, p.111.

在希贾兹，圣门弟子阿卜杜勒·拉赫曼·奥夫、泰勒哈·阿卜杜拉和祖拜尔·阿沃姆等人抨击奥斯曼重用亲族和排斥异己，指责奥斯曼侵吞公产、收受贿赂和乱征天课。但是，他们并没有与奥斯曼发生直接的武力冲突，而是鼓动移居行省的阿拉伯战士将圣战的矛头指向倭马亚人和麦地那的哈里发。[1]“你们如果要发动新的圣战，那么麦地那便是圣战的最好去处。”[2]655年，库法的阿拉伯战士千余人在马立克·阿什塔尔的率领下发动叛乱，驱逐出身倭马亚族的总督赛耳德·阿绥，迫使奥斯曼重新起用阿布·穆萨出任库法总督。

画家笔下的先知清真寺

骚动的形势威胁着哈里发的统治，奥斯曼于是召集倭马亚族的穆阿威叶、阿卜杜拉·阿比·萨尔赫、赛耳德·阿绥和阿慕尔·阿绥等人商讨对策。穆阿威叶认为，整个希贾兹充斥着圣门弟子和他们的支持者，哈里发势单力孤，因此建议奥斯曼将驻地迁到大马士革，以便得到必要的保护。然而，奥斯曼不愿离开先知穆罕默德曾经生活过的土地。他拒绝了穆阿威叶的建议，依旧留居麦地那。[3]

麦地那哈里发国家拥有雄厚的军事实力，征服了强盛一时的波斯帝国和拜占庭帝国，统治着西起马格里布、东至阿姆河流域的广大地区。然而，哈里发却没有保卫自己的常备军。每一个阿拉伯人都被看作是哈里发的战士，麦地那几乎处于不设防的状态。656 年 4 月，大约 500 名阿拉伯战士，其中包括阿布·伯克尔的养子穆罕默德·阿比·侯宰法，离开埃及，返回麦地那，围攻

① Jafri, S.H.M., *Origins and Early Development of Shi'a Islam*, Tehran 1989, pp.86—87.

② Wellhausen, J., *The Arab Kingdom and Its Fall*, London 1973, p.44.

③ Husain, S.A., *The Glorious Caliphate*, p.116.

奥斯曼。656 年 6 月 17 日,反叛者冲进哈里发的宅邸,穆罕默德·阿比·侯宰法第一个用战刀刺向奥斯曼。①据说,此时奥斯曼正在诵读《古兰经》,他的血滴在翻开的经文上面。后来的穆斯林将这部《古兰经》视作圣物,存放于巴士拉的一处清真寺内。14 世纪的阿拉伯旅行家伊本·白图泰在游历巴士拉时曾经见过这部《古兰经》,奥斯曼的血迹染红了如下的经文:"安拉将替你们抵御他们。他确是全聪的,确是全知的。"②

"奥斯曼的遇害不同于欧默尔的遇害。"③欧默尔死于异教徒的暗杀,反映出扩张的时代穆斯林与非穆斯林之间的激烈冲突。相比之下,奥斯曼是第一个死于穆斯林之手的哈里发。奥斯曼的遇难标志着伊斯兰历史进程的重大转折,体现麦地那时代共和政体的深刻危机。奥斯曼的坟墓埋葬了乌玛内部的和平,揭开穆斯林内战的序幕。残酷的杀戮和激烈的权力角逐,使哈里发国家的圣洁形象荡然无存。

阿里与最初的内战

奥斯曼的被害不仅没有消除麦地那哈里发国家之共和政体的深刻危机,而且加剧了阿拉伯社会内部的矛盾冲突,尤其是引发政治反对派的分裂。奥斯曼死后,阿里在麦地那被拥立为新的哈里发。④

阿里(656—661 在位)出身于古莱西部落哈希姆氏族,是先知穆罕默德的堂弟。其父阿布·塔里布是哈希姆氏族的首领,亦是先知穆罕默德的伯父。阿布·塔里布因为家境贫寒,曾将阿里托付先知穆罕默德抚养。阿里是最早皈依伊斯兰教的圣门弟子之一,长期追随先知穆罕默德,屡立功勋。先知穆罕默德将阿里视若亲子,并将爱女法蒂玛许配阿里为妻,恩宠备至。先知穆罕默德去世时,阿里认为哈里发的人选应当出自先知穆罕默德的家族,对于欧默尔和阿布·欧拜德积极拥立阿布·伯克尔出任哈里发的做法持暧昧的态度。阿布·伯克尔、欧默尔和奥斯曼当政期间,阿里似乎受到其他迁士的排斥,建树甚少,仅仅致力于整理《古兰经》和搜集"圣训"的活动,并与辅士保持密切的联系。

如同阿布·伯克尔一样,阿里在即位之初面临着严重的政治危机。然

---

① 泰伯里:《历代先知与君王史》,第 1 卷,第 2722—2723 页。

② 《伊本·白图泰游记》,马金鹏译,宁夏人民出版社 1985 年版,第 146 页。

③④ Jafri, S.H.M., *Origins and Early Development of Shi'a Islam*, p.88.

而，阿布·伯克尔所面临的政治危机主要来自半岛各地的非穆斯林势力，阿里所面临的政治危机则来自穆斯林内部的对抗，尤其是来自哈里发国家核心集团的权力争夺。阿里即位以后，原本反对奥斯曼的各种势力趋于分裂。早在奥斯曼遇害前夕，先知穆罕默德的遗孀阿以莎便借朝觐的名义离开麦地那，前往麦加。奥斯曼死后，祖拜尔·阿沃姆和泰勒哈·阿卜杜拉等许多迁士亦相继离开麦地那，来到麦加，继而否认阿里出任哈里发的合法地位。[1]"泰勒哈和祖拜尔在希贾兹和伊拉克都有追随者，那些人都不承认阿里做哈里发。"[2]因此，阿里不同于阿布·伯克尔、欧默尔和奥斯曼，其统治只是一种不完整的哈里发政权。不久，阿以莎、祖拜尔·阿沃姆和泰勒哈·阿卜杜拉及其追随者 3 000 余众离开麦加，进入巴士拉，与巴士拉的阿拉伯战士合兵一处，迫使阿里任命的巴士拉总督奥斯曼·侯奈夫弃城逃走。[3]

阿里在麦地那即位以后，麾下只有来自埃及的 500 余名战士。面对来自巴士拉的挑战，哈里发几乎无兵可用。于是，阿里离开麦地那，来到伊拉克的另一军事重镇库法。[4]库法总督阿布·穆萨及万余名阿拉伯战士成为阿里的支持者，并追随阿里讨伐巴士拉的反对派势力。656 年 12 月，双方在巴士拉郊外展开激战。由于阿以莎乘驼轿出现在战场上，双方在驼轿四周奋力厮杀，因此这次战斗称作"骆驼之战"。[5]"骆驼之战"在伊斯兰历史上首开穆斯林内战的先河，近万名阿拉伯战士丧命，祖拜尔·阿沃姆和泰勒哈·阿卜杜拉等众多圣门弟子相继阵亡。祖拜尔·阿沃姆和泰勒哈·阿卜杜拉都是最早皈依伊斯兰教的圣门弟子和"阿尔卡姆会"的最初成员；先知穆罕默德曾经以天园许诺十位圣门弟子，祖拜尔· 阿沃姆和泰勒哈·阿卜杜拉均名列其中。祖拜尔·阿沃姆和泰勒哈·阿卜杜拉的遇难，震惊了整个伊斯兰世界。阿里在获胜以后，为交战双方阵亡的穆斯林举行了隆重的葬礼，并且以最高的礼遇将阿以莎送回麦地那。[6]

巴士拉的敌对势力平息以后，伊拉克、伊朗高原、阿拉伯半岛和埃及成为阿里的辖地，只有穆阿威叶盘踞叙利亚，抗衡阿里的政权。穆阿威叶是欧默尔任命的叙利亚总督。奥斯曼当政期间，穆阿威叶获得了统治叙利亚的广泛

---

①④ Jafri, S.H.M., *Origins and Early Development of Shi'a Islam*, p.90.

② 希提：《阿拉伯通史》，第 209 页。

③ Muir, W., *The Caliphate, Its Rise, Decline and Fall*, p.258.

⑤ Kremer, A.F., *The Orient Under the Caliphs*, p.304.

⑥ Muir, W., *The Caliphate, Its Rise, Decline and Fall*, p.265.

权力，并且通过对拜占庭帝国的圣战建立起训练有素的军事力量。奥斯曼死后，奥斯曼的妻子纳依莱带着奥斯曼的血衣和自己被砍断的手指，来到大马士革。穆阿威叶将这些实物展示于大马士革的清真寺内，要求惩办杀害奥斯曼的凶手，并且指责阿里纵容反叛者的行为和庇护杀害奥斯曼的凶手。然而，正是攻击和杀害奥斯曼的反叛者将阿里推上了哈里发的宝座，阿里不可能惩办自己的支持者。穆阿威叶深知阿里所处的境况，意在通过惩办凶手的要求，使阿里成为穆斯林心中的不义之人。

"骆驼之战"结束后，穆阿威叶成为威胁阿里的主要人物。于是，阿里将进攻的矛头指向叙利亚。657 年春，阿里聚集 8 万名阿拉伯战士自库法北进，穆阿威叶率众 6 万人迎战，双方对峙于幼发拉底河上游的绥芬平原。同年 7 月，阿里的支持者马立克·阿什塔尔率领伊拉克战士发起猛攻，叙利亚战士阵脚大乱，溃不成军。危急关头，穆阿威叶采纳阿慕尔·阿绥的建议，命令叙利亚战士将《古兰经》系在矛尖，高喊"让安拉裁决"，要求停止厮杀，举行和谈。伊拉克战士尽管占据上风，但是他们大都并不热衷于穆斯林同胞之间的残酷杀戮，倾向和谈。坦诚率直的阿里于是下令停止进攻。658 年 1 月，双方在阿兹鲁举行和谈。阿里的代表是曾经担任库法总督的阿布·穆萨，穆阿威叶的代表是曾经担任埃及总督的阿慕尔·阿绥。阿布·穆萨和阿慕尔·阿绥经过数日的争执，最后决定同时剥夺阿里和穆阿威叶出任哈里发的合法资格。①这样的结果貌似公允，实际上对阿里十分不利。公断人的判决，剥夺了阿里的既有职位，但只是剥夺了穆阿威叶的尚未成为事实的要求，这个要求是他从来不敢公开说出来的。虽然阿里拒绝接受阿兹鲁的仲裁结果，但是诉诸仲裁的方式本身已经给阿里一方带来灾难性的影响。伊拉克战士一万余人反对和谈，他们自称哈瓦立及(意为"出走者")，放弃对阿里的支持，在"除安拉外别无仲裁"的口号下撤离阿里一方的营地，聚集于库法附近的哈鲁拉，推举名为阿卜杜拉·瓦哈布的阿拉伯战士出任哈里发。阿里曾经亲自来到哈鲁拉劝说，许多人返回库法，重新成为阿里的支持者。然而，仍有 3 000 余人继续与阿里为敌，他们被称作哈瓦立及派。

绥芬之战和阿兹鲁仲裁以后，阿里与穆阿威叶之间的力量对比逐渐发生变化。一方面，穆阿威叶以缴纳贡赋作为条件，换取与拜占庭帝国的暂时休战，解除叙利亚的后顾之忧；同时，穆阿威叶派遣阿慕尔·阿绥率军击败阿里

① Wellhausen, J., *The Arab Kingdom and Its Fall*, pp.77—78.

任命的埃及总督，占据尼罗河流域。另一方面，哈瓦立及派在伊拉克境内活动频繁，加之法尔斯和克尔曼等地波斯土著势力屡屡反叛，使阿里的政权处于腹背受敌的境地。658 年夏，阿里率军在伊拉克的纳赫拉万重创哈瓦立及派，阿卜杜拉·瓦哈布和 1 800 余名哈瓦立及派战士阵亡。纳赫拉万之战激化了哈瓦立及派与阿里之间的矛盾。哈瓦立及派的残部并没有屈服，他们不仅反对穆阿威叶和阿慕尔·阿绥，而且决意除掉阿里，为在纳赫拉万阵亡的同伴复仇。相传，哈瓦立及派成员阿卜杜勒·拉赫曼·穆尔贾姆、巴克尔·阿卜杜拉和阿姆尔·巴克尔曾经约定分别在库法、大马士革和弗斯塔特暗杀阿里、穆阿威叶和阿慕尔·阿绥，然而暗杀穆阿威叶和阿慕尔·阿绥的计划并未成功。661 年 1 月，阿里在库法附近的阿扎赫遭到暗杀，凶手是哈瓦立及派的成员阿卜杜勒·拉赫曼·穆尔贾姆。阿里遇难的地点原本没有人烟，是一片荒野。后来，什叶派穆斯林将阿里的遇难处奉为圣地，朝拜者络绎不绝，这就是现在伊拉克的著名城市纳杰夫。①

伊拉克纳杰夫的阿里清真寺

① Imamuddin, S.M., *A Political History of the Muslims*, Vol.1, p.223.

大约在阿里遇难的同时，穆阿威叶在耶路撒冷被叙利亚的阿拉伯战士拥立为哈里发（661—680 年在位），继而定都大马士革。[①]阿里死后，伊拉克的阿拉伯战士试图拥立阿里的长子哈桑继承哈里发的职位，与穆阿威叶及其叙利亚支持者抗衡。然而，穆阿威叶通过威逼利诱的手段，迫使哈桑放弃哈里发的权位要求和承认穆阿威叶作为穆斯林的唯一合法统治者，同时承诺由哈桑的胞弟侯赛因在自己死后继承哈里发的职位。[②]此后，哈桑退居麦地那，穆斯林内部的政治对抗得到暂时的平息，伊斯兰世界恢复了统一的状态。

---

① 泰伯里：《历代先知与君王史》，第 2 卷，第 4 页。

② Jafri, S.H.M., *Origins and Early Development of Shi'a Islam*, p.151.

第四章

大马士革的倭马亚王朝

一、 穆阿威叶的时代

从希贾兹到叙利亚

661年阿里遇难，结束了伊斯兰历史的早期时代，即麦地那哈里发时代。那是一个充满虔敬安拉之宗教激情的时代，浓厚的平等色彩和民主氛围是那个时代的突出特征。穆阿威叶出任哈里发以后，定都大马士革，开始了倭马亚人统治的时代。在新的时代，哈里发国家的重心所在由希贾兹转移到叙利亚，哈里发国家的政治制度由共和制转变为君主制。

麦地那时代后期阿拉伯社会内部的矛盾冲突益趋加剧，从根本上决定了哈里发国家之共和政体的衰落。倭马亚王朝在大马士革的建立，亦有其特定的历史背景和社会基础。早在前伊斯兰时代，阿拉伯半岛的许多部落，尤其是祖居也门一带的南方阿拉伯人，相继移入叙利亚。拜占庭帝国的统治和基督教的影响，使移入叙利亚的阿拉伯人逐渐放弃野蛮的生活方式，原始民主制的传统势力相对薄弱。

阿布·伯克尔和欧默尔当政期间，叙利亚成为哈里发国家军事扩张的主要目标，圣门弟子以及分布在两座圣城周围的贝都因人则是征服叙利亚的核心力量。广泛的征服导致哈里发国家之地缘政治形势的相应变化。希贾兹作为伊斯兰文明的发源地和哈里发国家的摇篮，逐渐丧失原有的重要地位。叙利亚东连伊拉克和贾吉拉，西邻埃及和马格里布，南靠阿拉伯半岛，开始成为哈里发国家的中心区域。哈里发的首要职责是领导圣战和保卫伊斯兰世界。叙利亚的北部与拜占庭帝国接壤，是穆斯林圣战的前沿。因此，随着疆域的扩展，哈里发国家的政治重心自希贾兹向叙利亚的转移，已是势在必行。

此外，倭马亚人自伊斯兰教诞生前夕已经频繁往来于麦加与叙利亚之间贩运货物，甚至在叙利亚购置地产。欧默尔即位以后，倭马亚氏族首领阿布·苏福彦之子叶齐德和穆阿威叶相继出任叙利亚总督，倭马亚人在叙利亚的势力急剧膨胀，进而为倭马亚王朝在大马士革的建立奠定了稳固的社会基础。

穆阿威叶的治国风格

倭马亚王朝的创建者穆阿威叶出身于古莱西部落倭马亚氏族，是麦加富商阿布·苏福彦的次子，630年随其父皈依伊斯兰教后，移居麦地那，深得先知穆罕默德的器重。穆阿威叶自633年随其兄叶齐德出征叙利亚，屡建战功，639年出任叙利亚总督，驻扎于大马士革。奥斯曼死后，穆阿威叶成为倭马亚族中最有势力的政治人物，盘踞叙利亚，以为奥斯曼复仇的名义，与阿里抗衡，直至迫使阿里的长子哈桑在其父遇刺后放弃哈里发权位的要求，进而控制整个伊斯兰世界。

"穆阿威叶政权的建立，标志着旧时代的结束和新时代的开始。"①穆阿威叶即位以后，适应哈里发国家大多数臣民尚未皈依伊斯兰教的社会现实，改变麦地那时代信仰至上和神权统治的原则，着力淡化穆斯林与非穆斯林之间的差异和对立，推行世俗色彩的统治政策。倭马亚王朝的支持者，主要是移居叙利亚的阿拉伯人以及叙利亚土著的基督徒。哈里发与大马士革的基督徒保持着颇为密切的交往。哈里发有许多妻子，其中最宠爱的妻子梅荪便是基督教雅各派的信徒。

倭马亚王朝沿袭阿拉伯人的传统习俗，哈里发在大马士革设立称作舒拉的贵族会议和称作沃弗德的部落代表会议，行使咨议和监督的权力。②穆阿威叶并没有以君主的面目出现在大马士革；在阿拉伯人看来，这位哈里发仿佛是半岛古代的部落酋长。"当星期五在清真寺里举行宗教仪式的时候，穆阿威叶把讲坛当作行政长官席来加以利用，时常同贵族的领袖们商讨政治措施。他在宫里也经常向贵族的领袖们请教。他还时常接见来自各省的代表

① Hourani, A., *A History of the Arab Peoples*, p.25.

② 路易斯：《历史上的阿拉伯人》，第68页。

团,以便听取他们的疾苦,调停各部族之间的纠纷。”[1]有些学者往往据此现象而将穆阿威叶与古代阿拉伯半岛的部落首领相提并论,甚至认为穆阿威叶的统治是前伊斯兰时代长老制的再现。[2]这种看法显然忽略了哈里发的特质而失之偏颇。“倭马亚人在大马士革的集权统治,使得信士的长官越来越具有国王的特征。”[3]穆阿威叶当政期间之所以一定程度地保留某些传统的政治形式,乃是初兴的君主政治尚不成熟的缘故。671 年,伊拉克总督齐亚德·阿比希将鼓动骚乱的阿拉伯人押至大马士革;根据穆阿威叶的授意,7 人被杀,其中包括圣门弟子侯吉尔·阿迪。穆阿威叶的行为首开哈里发对穆斯林居民行使生杀权力的先河,标志着哈里发权力性质的改变。

穆阿威叶时代,首都大马士革所在的叙利亚处于哈里发的直接治理之下。与此同时,穆阿威叶给予行省总督以广泛的权力,并且与行省总督保持着近乎合作的关系。穆阿威叶曾经宣称:“用鞭子就可以的地方,我不用宝剑;用舌头就可以的地方,我不用鞭子。在我和同胞之间,即使只有一根头发在联系着,我也不让它断了。他们拉得紧,我就放松些;他们放松了,我就拉紧些。”[4]

或许出于缓解行省势力与倭马亚人之间对立的考虑,穆阿威叶放弃奥斯曼当政期间奉行的亲族政治原则。这一时期,倭马亚人大都闲居在希贾兹的两座圣城,远离哈里发国家的权力中心。阿慕尔·阿绥、穆吉拉·舒尔白和齐亚德·阿比希成为哈里发国家的股肱重臣,备受穆阿威叶的青睐,权倾一时。后人曾将阿慕尔·阿绥、穆吉拉·舒尔白、齐亚德·阿比希与穆阿威叶一同誉为当时阿拉伯穆斯林中的四位天才政治家。

阿慕尔·阿绥并非圣门弟子,630 年穆斯林占领麦加前夕皈依伊斯兰教。欧默尔当政期间,阿慕尔·阿绥作为埃及的征服者而声名显赫。麦地那时代末期,阿慕尔·阿绥是穆阿威叶抗衡阿里的主要支持者,曾在绥芬之战使穆阿威叶免遭败绩。阿慕尔·阿绥于 658 年击败阿里的支持者,攻占尼罗河流域,继而出任埃及总督,可谓倭马亚王朝的开国元勋,663 年死于弗斯塔特。继阿慕尔·阿绥之后,出身辅士的麦斯拉玛·穆哈拉德于 667—682 年

---

① 布罗克尔曼:《伊斯兰各民族与国家史》,第 87—88 页。

② Watt, W.M., *The Majesty That Was Islam, the Islamic World 661—1100*, London 1974, p.45, p.53.

③ Saunders, J.J., *A History of Medieval Islam*, p.77.

④ 希提:《阿拉伯通史》,第 228 页。

间出任埃及总督，是为穆阿威叶当政期间唯一官居行省总督要职的辅士。①

穆吉拉·舒尔白出身于塔伊夫的萨奇夫部落，629 年来到麦地那并皈依伊斯兰教，曾奉先知穆罕默德之命返回塔伊夫，捣毁萨奇夫部落崇拜的神像，因而名声大噪。麦地那哈里发时代，穆吉拉·舒尔白是穆斯林在伊拉克南部战场的重要将领，被欧默尔任命为巴林总督和巴士拉总督，奥斯曼即位后改任库法总督。穆阿威叶与阿里抗衡期间，穆吉拉·舒尔白颇为谨慎，采取中立的态度，没有介入双方的冲突。穆阿威叶即位后，任命穆吉拉·舒尔白为库法总督，委以治理伊拉克的重任。此时伊拉克的形势极为混乱，是倭马亚王朝的心腹大患。阿里的遇难和哈桑的隐退，使伊拉克的阿拉伯人处于群龙无首的状态。征服时代移入伊拉克的诸多部落之间积怨甚深，阿里的残部与哈瓦立及派亦时有冲突，而倭马亚人则被伊拉克的阿拉伯人视为共同的仇敌。穆吉拉·舒尔白此时出任库法总督，可谓临危受命。面对险恶的形势，他充分展示自己的政治才能，利用来自塔伊夫的特殊身世，在伊拉克的阿拉伯人与倭马亚王朝对抗的过程中貌似中立，避开众矢之的的位置。在此基础上，他借助自己的同族萨奇夫部落的势力，唆使阿里的残部与哈瓦立及派相互攻杀，同时以扎格罗斯山区的岁入作为诱饵，笼络人心，初步缓解了伊拉克的阿拉伯人与倭马亚王朝的对抗。

齐亚德·阿比希(阿拉伯语中意为他父亲的儿子齐亚德)与穆吉拉·舒尔白是同乡，亦属塔伊夫的萨奇夫部落，出身卑微，其父不详，其母苏迈亚曾与穆阿威叶的父亲阿布·苏福彦姘居。齐亚德·阿比希参加过伊拉克南部的征服战争，内战期间追随阿里反对穆阿威叶，阿里死后拒绝承认穆阿威叶出任哈里发的合法地位。663 年，穆阿威叶授意库法总督穆吉拉·舒尔白出面调解，将齐亚德·阿比希招到大马士革，承认齐亚德·阿比希是自己的兄弟，赏赐齐亚德·阿比希 100 万第纳尔，诱使齐亚德·阿比希归顺倭马亚王朝。664 年，穆阿威叶委派齐亚德·阿比希出任巴士拉总督，取代倭马亚人阿卜杜拉·阿米尔。670 年穆吉拉· 舒尔白死后，齐亚德·阿比希兼任库法总督，统辖伊拉克及伊朗高原，成为倭马亚王朝在伊斯兰世界东部的权力象征。②齐亚德·阿比希不同于穆吉拉·舒尔白的风格，奉行恐怖政策，以残暴著称。他曾经建立 4 000 人组成的亲兵队伍，通过高压手段迫使伊拉克的阿拉

① Kennedy, H., *The Prophet and the Age of the Caliphate*, p.87.

② Watt, W.M., *The Majesty That Was Islam, the Islamic World 661—1100*, p.19.

伯人屈从于倭马亚王朝的统治。他的著名政绩，是先后在巴士拉和库法打破血缘群体的界限，按照地域的原则重新划分居住单位，并且建立相应的行政体系，有效地遏制了部落势力的政治影响，进一步稳定了伊拉克的社会秩序。①671 年，齐亚德·阿比希将库法和巴士拉的阿拉伯战士 5 万余人及其眷属迁往伊朗高原东部的呼罗珊。②这一举措使伊拉克的紧张形势得到暂时的缓解，却使呼罗珊从此成为威胁倭马亚王朝统治的隐患所在。

穆阿威叶时代的圣战

穆阿威叶当政期间，伊斯兰世界的政权结构依然处于相对松散的状态。哈里发主要治理叙利亚一带，尤其致力于对拜占庭帝国的圣战。

早在 639 年出任叙利亚总督以后，穆阿威叶利用拜占庭帝国遗弃在叙利亚港口城市阿克等地的船坞，建立伊斯兰世界的第一支海军，并于 649—650 年率领舰队出征东地中海水域，夺取拜占庭帝国的海军基地塞浦路斯和罗得岛。

655 年，穆阿威叶率领穆斯林舰队自叙利亚和埃及的港口再度出征，在菲尼克斯附近海面与拜占庭皇帝君士坦斯二世率领的庞大舰队展开激战，史称“船桅之战”；穆斯林将自己的战船与拜占庭战船连在一起进行肉搏，摧毁拜占庭舰队，从而控制地中海东部水域。

伊斯坦布尔的阿布·阿尤布陵墓

此后，穆阿威叶为了全力抗衡阿里，一度与拜占庭帝国休战。668 年，穆阿威

① Wellhausen, J., *The Arab Kingdom and Its Fall*, p.129.
② Kennedy, H., *The Prophet and the Age of the Caliphate*, p.86.

叶结束与拜占庭帝国的休战状态，恢复对陶鲁斯山以北地区的攻势。穆斯林将领法扎拉率军越过陶鲁斯山，深入小亚细亚半岛腹地，兵抵与君士坦丁堡隔岸相对的卡尔西顿安营扎寨。冬季过后，法扎拉与前来增援的穆阿威叶之子叶齐德合兵一处，向君士坦丁堡发起猛攻。拜占庭帝国皇帝君士坦丁四世率守军拼死抵抗，穆斯林久攻不克，于 669 年夏季撤回叙利亚。著名的圣门弟子阿布·阿尤布曾经做过先知穆罕默德的旗手，在这次出征中病故，葬于君士坦丁堡城外。奥斯曼土耳其人于 1453 年攻陷君士坦丁堡以后，曾在阿布·阿尤布的墓地处建起清真寺，以供穆斯林凭吊这位圣战的英雄。

674 年，穆阿威叶再度出兵，占领马尔马拉海南岸重镇西齐克斯，威逼君士坦丁堡。穆斯林舰队在君士坦丁堡附近海面屡败拜占庭舰队，形成对君士坦丁堡的海陆夹击之势。拜占庭军队据险固守，尤其是借助于著名的"希腊火"（用石油、硝石、硫磺和树脂混合制成的，能够在水面燃烧的液体）抵御穆斯林的海上攻势，方使君士坦丁堡幸免于陷落的厄运。①

君主制的奠基

先知穆罕默德创立的乌玛，可谓查希里叶时代阿拉伯政治传统在文明条件下的延续。血缘组织的残存，决定了国家权力的分散状态。权位世袭的君主制度对于阿拉伯人来说还只是十分陌生甚至是不可思议的政治概念，哈里发的选举则被视作权力交替过程中唯一可行的方式。

然而，至奥斯曼当政期间，阿拉伯社会分化加剧，冲突迭起，共和制度的政治基础趋于崩溃，权位更替的传统方式逐渐成为困扰乌玛的政治隐患。阿里与泰勒哈·欧拜杜拉、祖拜尔·阿沃姆之间的内战以及阿里与穆阿威叶之间的内战表明，哈里发的选举制度已经丧失其存在的合理性，圣门弟子操纵哈里发选举的时代一去不返。

穆阿威叶在穆吉拉·舒尔白和齐亚德·阿比希等人的支持下，放弃哈里发选举的传统原则，指定其子叶齐德作为自己的继承人，从而开创哈里发家族世袭的政治制度。②穆阿威叶因此区别于麦地那时代诸哈里发，成为伊斯兰历史上第一位君王。

倭马亚时代，哈里发的家族世袭缺乏明确的原则，并无父死子继和长子

① 希提：《阿拉伯通史》，第 233 页。

② 泰伯里：《历代先知与君王史》，第 2 卷，第 174—177 页。

继承的具体规定,继承方式较为混乱。尽管如此,哈里发家族世袭的制度毕竟在很大程度上消除了导致内战的隐患,有助于政治形势的稳定,体现了伊斯兰世界政治生活的巨大进步。

二、从内战的平息到君主制的强化

内战再起

680年,穆阿威叶病逝于大马士革,其子叶齐德(680—683年在位)承袭父职,出任哈里发。叙利亚和埃及的阿拉伯人大都是倭马亚族的追随者,宣誓拥戴大马士革的新哈里发。然而,伊拉克和希贾兹充斥着反对倭马亚族的社会势力,许多阿拉伯人拒绝承认叶齐德出任哈里发的合法地位,试图拥戴阿里的后裔。此时,阿里的长子哈桑已不在人世。于是,他们将目光集中到阿里的次子侯赛因的身上,迎请侯赛因前往库法出任哈里发。①不久,侯赛因携家眷及百余名追随者离开麦加,奔赴伊拉克。伊拉克总督欧拜杜拉·齐亚德获悉此事后,遣著名的圣门弟子赛耳德·阿比·瓦嘎斯之子欧默尔率4 000名骑兵拦截侯赛因,侯赛因一行被欧默尔的队伍围困在库法西北40公

卡尔巴拉之战

① Ibn Khaldun, *The Muqaddimah*, Vol.1, p.443.

卡尔巴拉之战战术演示图

里处的卡尔巴拉。侯赛因拒绝投降,双方展开激战。侯赛因是先知穆罕默德的外孙。但是,欧默尔却将侯赛因的特殊身世置于脑后,斩杀侯赛因,并且割下侯赛因的头颅,连同他的妹妹宰纳卜和他的儿子阿里·奥沙,送至大马士革。①叶齐德对于这一意外的结局深感遗憾,将侯赛因的头颅交还他的家眷,在卡尔巴拉与遗体合葬。后来的什叶派穆斯林将卡尔巴拉奉为圣地,每年伊斯兰教历的 1 月 10 日都在这里哀悼侯赛因的遇难。

1932 年的卡尔巴拉侯赛因清真寺

① Watt, W.M., *The Majesty That Was Islam*, *the Islamic World 661—1100*, pp.22—23.

侯赛因的遇难激化了穆阿威叶当政期间阿拉伯社会业已缓解的矛盾冲突，卡尔巴拉惨案导致伊斯兰世界内战再起，阿卜杜拉·祖拜尔成为反对倭马亚王朝的阿拉伯人拥戴的领袖。阿卜杜拉是著名的圣门弟子祖拜尔·阿沃姆之子，也是先知穆罕默德的遗孀阿以莎的外甥。麦地那时代末期，阿卜杜拉·祖拜尔追随其父对抗阿里，曾在"骆驼之战"前夕领导库法的穆斯林聚礼。穆阿威叶当政期间，阿卜杜拉·祖拜尔隐居麦地那，待机而动。侯赛因死后，阿卜杜拉·祖拜尔离开麦地那，来到麦加，自称"圣族的保护者"，公开反对倭马亚王朝。[①]683 年，叶齐德派遣穆斯林·欧格白率军 1.2 万人自叙利亚攻入希贾兹。倭马亚王朝的军队在豪拉首战告捷，继而长驱直入，攻占麦地那。在进军麦加的途中，穆斯林·欧格白病亡，侯赛因·努麦尔继任倭马亚军队主将。侯赛因·努麦尔屯兵麦加城外，向克尔白发射弩石，致使克尔白起火，玄石碎成三片。[②]恰逢此时，从大马士革传来叶齐德暴病身亡的消息。于是，侯赛因·努麦尔停止对麦加的攻击，班师撤回叙利亚。[③]

叶齐德死后，其子穆阿威叶二世(683—684 年在位)即位。穆阿威叶二世尚未成年，体弱多病，在位不足 3 个月便死于宫中。穆阿威叶二世并无子嗣，生前亦未指定继承人选。穆阿威叶二世死后，大马士革的哈里发出现空位。此时，阿卜杜拉·祖拜尔在麦加被拥立为哈里发，阿拉伯半岛、伊拉克和埃及的阿拉伯人大都支持阿卜杜拉·祖拜尔，叙利亚的阿拉伯人中颇具势力的凯斯部落亦倾向于麦加一方。大马士革的上空乌云密布，倭马亚王朝面临严重的政治危机，穆阿威叶开创的基业摇摇欲坠。危难之际，倭马亚人通过舒拉的形式，于 684 年 6 月在查比叶推举麦尔旺·哈克木出任哈里发(684—685 在位)。[④]

麦尔旺·哈克木虽然出身于古莱西部落倭马亚氏族，却不是阿布·苏福彦及穆阿威叶的直系后裔。他是麦地那时代第三任哈里发奥斯曼的堂弟，曾经在奥斯曼当政期间掌管哈里发国家的岁入和年金分配。麦尔旺·哈克木即位时，倭马亚王朝仅仅据有叙利亚部分地区，伊斯兰世界最强大的政治势力是麦加的哈里发阿卜杜拉·祖拜尔。然而，阿卜杜拉·祖拜尔并没有趁麦尔旺·哈克木立足未稳之机，进攻岌岌可危的倭马亚人。阿卜杜拉·祖拜尔

---

① Muir, W., *The Caliphate, Its Rise, Decline and Fall*, p.332.

② 泰伯里:《历代先知与君王史》，第 2 卷，第 427 页。

③ Wellhausen, J., *The Arab Kingdom and Its Fall*, pp.154—156.

④ Holt, P.M., Lambton, A.K.S. & Lewis, B., *The Cambridge History of Islam*, Vol.1A, p.83.

似乎无意离开希贾兹，却致力于平息哈瓦立及派的骚乱，因而丧失击败倭马亚人的绝好时机。麦尔旺·哈克木依靠从巴士拉逃回叙利亚的伊拉克总督欧拜杜拉·齐亚德和阿拉伯人凯勒卜部落首领哈桑·巴扎勒的支持，于684年7月在拉希特草原击败阿卜杜拉·祖拜尔的支持者凯斯部落，斩杀凯斯部落首领达哈克·卡阿斯，攻占大马士革，进而恢复倭马亚王朝在叙利亚全境的统治。随后，哈桑·巴扎勒率军攻取埃及，使尼罗河流域成为叙利亚的稳固后方。麦尔旺·哈克木当政不足两年，初步稳定了倭马亚人的统治，改变了大马士革与麦加之间的力量对比。另外，麦尔旺·哈克木于当政期间剥夺叶齐德之子哈立德继任哈里发的资格，指定其子马立克和阿齐兹作为自己的第一继承人和第二继承人。倭马亚王朝结束苏福彦系的时代，进入麦尔旺系的时代。

马立克即位

685年麦尔旺·哈克木死后，马立克(685—705年在位)在大马士革即位。此时，伊斯兰世界依旧处于分裂状态，大马士革的哈里发与麦加的哈里发分庭抗礼，阿卜杜拉·祖拜尔略占优势。但是，阿卜杜拉·祖拜尔并未将倭马亚人作为主要的攻击目标，仍然排斥和镇压曾经与自己共同反对倭马亚王朝的什叶派和哈瓦立及派，加剧了反对倭马亚王朝各派势力之间的矛盾冲突，导致穆赫塔尔在库法的起义。穆赫塔尔出身于塔伊夫的萨奇夫部落，自其父阿布·乌巴德于634年在伊拉克战场阵亡以后，由欧默尔和阿里相继抚养。680年，穆赫塔尔由于追随侯赛因，反对叶齐德出任哈里发，遭到伊拉克总督欧拜杜拉·齐亚德的囚禁。穆赫塔尔获释以后，最初投奔阿卜杜拉·祖拜尔，并以阿卜杜拉·祖拜尔的名义在库法从事反对倭马亚王朝的活动。后来，穆赫塔尔脱离阿卜杜拉·祖拜尔，自立派系，拥戴阿里之子伊本·哈奈菲叶作为宗教领袖，以“为侯赛因复仇”作为口号，于685年占据库法，追随者遍及伊拉克各地。穆赫塔尔及其追随者所攻击的目标，无疑是倭马亚王朝和制造卡尔巴拉惨案的元凶。然而，阿卜杜拉·祖拜尔不能容忍穆赫塔尔自立派系的行为和支持阿里后裔的政治倾向。687年，阿卜杜拉·祖拜尔的弟弟穆斯阿卜·祖拜尔自巴士拉率军攻击库法，双方交战数月。穆赫塔尔终因寡不敌众，兵败身亡。此后，穆斯阿卜·祖拜尔控制伊拉克全境，但是自身亦已元气大伤。

691年，倭马亚王朝的军队大举进攻伊拉克，马立克御驾亲征。穆斯阿卜·祖拜尔拒绝马立克的劝降,奋力抵抗,被倭马亚军队斩杀。692年,马立克遣军攻击希贾兹,统率军队的是出身于萨奇夫部落的著名将领哈查只·尤素夫。哈查只·尤素夫的军队从库法出发,经过塔伊夫,直逼麦加。阿卜杜拉·祖拜尔及其追随者抵御倭马亚军队的进攻达半年之久,直至圣城陷落,阿卜杜拉·祖拜尔被杀。哈查只·尤素夫割下阿卜杜拉·祖拜尔的头颅送到大马士革,并将他的尸体在麦加悬挂示众长达数日。①

某些学者以强调古莱西人内部的矛盾冲突作为出发点,认为倭马亚王朝与阿卜杜拉·祖拜尔之间的对抗是倭马亚族与哈希姆族争夺哈里发权位的斗争,是麦地那时代奥斯曼与祖拜尔·阿沃姆以及穆阿威叶与阿里之间政治斗争的延续,甚至认为是伊斯兰教初创时期阿布·苏福彦与先知穆罕默德之间宗教对立的延续。这种解释显然存在史实上的错误。祖拜尔和阿卜杜拉父子既非哈希姆族成员,亦不属于倭马亚族,而是来自古莱西部落的阿萨德氏族。不仅如此,这种解释忽略了社会环境的变迁,未能揭示不同历史阶段各种矛盾的特定内涵。倭马亚王朝与阿卜杜拉·祖拜尔之间的内战并非简单的权力争夺,而是体现两种政体的尖锐对立。叙利亚和希贾兹—伊拉克的阿拉伯人分别代表哈里发国家内部君主制度和传统势力两种政治倾向。阿卜杜拉·祖拜尔的失败,意味着圣门弟子政治势力的衰落和共和政体的彻底崩溃。马立克的胜利,不仅在于重建伊斯兰世界的政治统一,而且标志着君主制排斥和否定共和制之历史进程的最终完成。

希贾兹是伊斯兰文明的发源地,麦加和麦地那两座圣城的居民曾经是伊斯兰世界中举足轻重的政治力量。然而,时过境迁,希贾兹的传统势力无法继续操纵哈里发国家的政治生活。阿卜杜拉·祖拜尔与倭马亚王朝的内战,是希贾兹的传统势力与新兴的君主政治之间最后的较量。麦加的陷落和阿卜杜拉·祖拜尔之死,标志着希贾兹的传统势力丧失殆尽。虽然麦加和麦地那依旧是伊斯兰世界的宗教圣地,但是那里的居民从此退出哈里发国家权力角逐的舞台。

君主制的强化

倭马亚王朝初期,哈里发的家族世袭遭到穆斯林内部传统势力的强烈反对,伊斯兰世界的政治局面颇为动荡。叶齐德在临终时甚至放弃指定哈里发

---

① Holt, P.M., Lambton, A.K.S. & Lewis, B., *The Cambridge History of Islam*, Vol.1A, p.84.

继承人的权力，许诺恢复选举哈里发的传统习俗，以求避免内战再起。①马立克击败阿卜杜拉·祖拜尔以后，内战平息，哈里发国家重新统一，君主制得到加强。马立克“在朝廷中树立了一种与过去不同的风气。在他之前的统治者一向都是像古代阿拉伯部族族长一样地对待臣民，而马立克则是第一个以专制统治者的姿态出现”。②

马立克是倭马亚王朝继穆阿威叶之后的又一位强有力的统治者，他的四个儿子韦里德、苏莱曼、叶齐德和希沙姆相继出任哈里发，他本人则被誉为“列王之王”。马立克死后，其子韦里德顺利即位。“世袭的原则第一次没有异议地得到承认。统治者能够随意在其家族内部决定哈里发的权位继承，不再受到阿拉伯贵族的干涉。”③

马立克恢复奥斯曼奉行的家族政治原则，起用倭马亚人出任要职，委派阿卜杜勒·阿齐兹·麦尔旺作为埃及总督，比什尔·麦尔旺作为伊拉克总督，穆罕默德·麦尔旺作为贾吉拉总督，强化哈里发对行省的控制，明显改变了倭马亚王朝初期政权结构的松散状态。④

马立克当政期间，叙利亚籍的阿拉伯战士开始演变为哈里发国家的常备军事力量，构成倭马亚王朝统治整个伊斯兰世界的重要工具。马立克当政期间，叙利亚籍的阿拉伯战士分别驻扎在巴勒斯坦、约旦、大马士革、霍姆斯和基奈斯林的军营；他们不仅于每年的夏季在叙利亚北部边境对拜占庭帝国发动例行的圣战，而且被哈里发派往北非镇压柏柏尔人的起义，进攻反叛倭马亚王朝的伊拉克人，直至长期屯驻东方。⑤与此同时，传统的民军制度趋于废止。

马立克是一位颇有作为的哈里发，他所实行的语言改革和币制改革在伊斯兰史上闻名遐迩。倭马亚王朝初期，伊斯兰世界的语言差异十分明显，萨珊王朝的属地沿用波斯语，拜占庭帝国的属地沿用希腊语和科普特语。哈里发国家在沿袭拜占庭帝国和波斯帝国原有体制的同时，往往任用被征服者参与管理，波斯语、希腊语和科普特语充斥于各种官方文书，助长了政治生活的

---

① Muir, W., *The Caliphate, Its Rise, Decline and Fall*, p.332.

② 布罗克尔曼:《伊斯兰各民族与国家史》，第98页。

③ Hodgson, G.S., *The Venture of Islam*, Chicago 1974, Vol.1, p.247.

④ Kennedy, H., *The Prophet and the Age of the Caliphate*, p.99.

⑤ Crone, P., *Slaves on Horses, the Evolution of the Islamic Polity*, Cambridge 1980, p.37.

混乱。[①]内战平息以后，马立克强化对非阿拉伯人的排斥政策，规定阿拉伯语作为哈里发国家唯一通用的官方语言。[②]自697年起，伊拉克和伊朗高原的所有官方文书均采用阿拉伯语，波斯语不再作为正式的官方语言，仅限于民间使用。700年以后，阿拉伯语在叙利亚、埃及和马格里布取代希腊语和科普特语，成为唯一正式的官方语言。[③]马立克的上述举措，有力地推动了伊斯兰世界的阿拉伯语化进程，促使"肥沃的新月地带"和北非的土著人口逐渐接受阿拉伯语，进而加入阿拉伯民族的行列。

阿拉伯人最初并没有自己的货币。先知穆罕默德时代，阿拉伯半岛通用两种货币，一种是拜占庭帝国发行的金币第纳尔，另一种是萨珊王朝发行的银币迪尔罕。哈里发国家虽然征服了拜占庭帝国和波斯帝国，却依旧沿用两大帝国发行的货币。[④]欧默尔曾经于640年发行新的圆形银币，每枚重约2克，上面铸有"一切赞颂归于安拉"的字样。[⑤]奥斯曼即位后，新币加铸"安拉至大"的字样。倭马亚时代初期，穆阿威叶曾经效仿拜占庭金币的样式，另铸金币，上有穆阿威叶的佩刀图形。麦加的哈里发阿卜杜拉·祖拜尔亦曾自铸新币，上有"穆罕默德是安拉的使者"和"安拉命人忠诚公正"的字样。然而，由于客观条件尚不成熟，上述诸种新币均未能推广，拜占庭帝国和波斯帝国的旧币仍充斥于伊斯兰世界的流通领域。马立克即位后，三次发行新币。第一次发行的新币是仿照拜占庭旧币的样式铸造的金币，金币的一面保留拜占庭皇帝希拉克略及其子君士坦斯和希拉格里奥的肖像，另一面铸有库法体阿拉伯文"安拉独一"的字样。第二次发行的金币，消除拜占庭旧币的痕迹，以马立克的肖像取代希拉克略父子的肖像，另一面的边缘增加"伊斯兰纪元70年"的字样。696年，马立克第三次发行新币，上面铸有哈里发的名字、发行的年份和伊斯兰教的象征，分为金币和银币两种，其中金币称第纳尔，重4.25克，银币称迪尔罕，重2.97克，金币与银币的比价为1∶10。[⑥]马立克发行的新币在伊斯兰世界迅速推广，直至取代原有的旧币，成为主要的流通媒介。哈里发国家的重新统一，则是马立克币制改革得以成功的首要条件。币制改革

---

① Ibn Khaldun, *The Muqaddimah*, Vol.2, p.22.

② Kremer, A.F., *The Orient Under the Caliphs*, p.196.

③ 哈桑·穆阿尼斯：《古代中世纪的阿拉伯国家与文明》，第166页。

④ Ibn Khaldun, *The Muqaddimah*, Vol.2, p.55.

⑤ Husain, S.A., *Arab Administration*, p.99.

⑥ Kremer, A.F., *The Orient Under the Caliphs*, p.200.

的成功，体现了哈里发集权政治的发展，亦为伊斯兰世界各地的交往提供了必要的手段。

马立克在克服地方离心倾向的同时，极力排斥贵族的政治势力，削弱舒拉和沃弗德等传统机构的职权，完善官僚体制。马立克当政期间，辅佐哈里发治理国家的官僚机构分为四个主要部门：一是军事部，始建于欧默尔当政期间，负责阿拉伯战士的登记造册和年金分配；二是税收部，掌管国有地产和叙利亚的岁入以及各行省作为战利品上缴哈里发的贡税；三是档案部，始建于穆阿威叶当政期间，初称登记局，负责处理哈里发宫廷的往来文书；四是驿政部，始建于穆阿威叶当政期间，至马立克即位后趋于完善，负责沟通大马士革与各地区之间的联系，监察行省事务，被称作“哈里发的耳目”。各部长官隶属哈里发节制。[①]阿拉伯人，特别是叙利亚籍的阿拉伯人，垄断着几乎所有的军政要职，非阿拉伯人大都被排斥于国家权力的核心之外，哈里发国家体现了阿拉伯人统治的浓厚色彩。

倭马亚时代，哈里发国家的行政区划依旧沿袭拜占庭帝国和波斯萨珊王朝的原有制度。倭马亚王朝初建之时，哈里发国家划分为9个行省：叙利亚、库法、巴士拉、亚美尼亚、希贾兹、也门、克尔曼与信德、埃及、易弗里基叶。[②]马立克当政期间，改设5个行省：伊拉克、希贾兹和也门、贾吉拉、埃及、易弗里基叶。[③]行省的权力主要包括三个方面：军政、财税、司法。倭马亚王朝强化行省的权力分割原则；在大多数情况下，总督的权力局限于军政领域，另设阿米勒掌管财税，卡迪掌管司法。[④]由于非塞姆族臣民的顽强反抗，倭马亚王朝只是在“肥沃的新月地带”和尼罗河流域建立起较为稳固的统治，在其他地区仅仅局限于军事占领和征纳贡税。自公元前4世纪马其顿国王亚历山大东征以后，中东长期处于分裂的状态，形成东西对峙的政治格局。这种现象遗留至倭马亚时代，使得哈里发国家的东部和西部存在明显的区域差异。叙利亚是哈里发直接控制的行省，倭马亚王朝始终未设叙利亚总督一职。在叙利亚以西，埃及构成叙利亚的政治附庸和财源所在，易弗里基叶行省长期隶属于埃及总督。在伊斯兰世界的东部，哈里发赋予伊拉克总督以广泛的权力，著名的铁腕人物齐亚德·阿比希、哈查只·尤素夫及其后的叶齐德·穆

① Levy, R., *The Social Structure of Islam*, p.299.

② Kremer, A.F., *The Orient Under the Caliphs*, p.188.

③ Ali, A., *A Short History of the Saracens*, p.187.

④ Kremer, A.F., *The Orient Under the Caliphs*, p.189.

哈拉布俨然是倭马亚王朝统治美索不达米亚和伊朗高原直至中亚诸地和印度河流域的权力象征。

三、新的征服

东部战场

马立克当政期间,穆斯林内战平息,伊斯兰世界重新统一,穆阿威叶开创的君主制得以最终确立,哈里发国家随之开始发动新的扩张。至韦里德(705—715 年在位)和苏莱曼(715—717 年在位)当政期间,倭马亚王朝的军事征服达到顶峰。

倭马亚王朝在东部的征服是与哈查只·尤素夫的名字联系在一起的,伊拉克秩序的稳定为哈里发国家在东部的扩张提供了必要的政治条件。692 年阿卜杜拉·祖拜尔死后,哈查只·尤素夫出任希贾兹和也门总督,着力平息希贾兹、也门和叶麻麦等地的骚乱。694 年,哈查只·尤素夫离开阿拉伯半岛,出任伊拉克总督,受命恢复库法和巴士拉的秩序。此时,尽管内战已经结束,但是伊拉克仍然处于十分混乱的状态。库法的阿拉伯人长期追随阿里家族,与倭马亚王朝积怨甚深。在巴士拉,阿卜杜拉·祖拜尔的残余颇具势力,哈瓦立及派活动频繁。倭马亚王朝将伊拉克的阿拉伯人视作心腹大患,哈里发马立克对哈查只·尤素夫出任伊拉克总督寄予厚望。694 年的一个聚礼日,哈查只·尤素夫佯装驼夫,潜入库法,突然出现在等待聚礼的穆斯林面前。他登上讲台,揭开蒙在头上的围巾,发表了铿锵有力的演说。他首先引用古诗中的词句作为开场白:"我的祖先曾拨云雾而登高,揭开头巾你们就看清我的真实面貌。"他接着说:"我确信,我看见许多头颅已经成熟,可以收割,而我就是收割的人。我仿佛看到许多头巾与下颌之间流动着的鲜血。你们动辄暴乱……指主发誓,我要像剥树皮那样剥去你们的皮,我要像捆细枝条那样捆绑你们,我要像鞭笞脱离正道的骆驼那样抽打你们……我应许的,就一定办到。"不久,伊拉克的阿拉伯人便尝到了这位新总督的厉害。库法和巴士拉笼罩在极度的恐怖气氛之中,到处是腥风血雨。根据夸张的记载,10 万生灵死于哈查只·尤素夫的屠刀之下。著名的辅士艾奈斯·马立克年高德劭,学识渊博,深受穆斯林的爱戴,却因支持阿卜杜拉·祖拜尔,被哈查只·尤素夫治罪,身陷囹圄。698 年,哈查只·尤素夫委派著名将领穆哈拉布·阿比·苏弗拉率军征讨伊朗高原南部的法尔斯和克尔曼，歼灭哈瓦立及派的极端分支阿兹拉格派势力。699年，哈查只·尤素夫委派阿卜杜勒·拉赫曼·阿什阿斯率军征讨伊朗高原东南部锡斯坦的土著王公。这支队伍由库法和巴士拉的阿拉伯战士组成，装备精良，号称"孔雀军"。"孔雀军"在锡斯坦攻战艰难，加之水土不服，思乡之心甚切。然而，哈查只·尤素夫严令阿卜杜勒·拉赫曼·阿什阿斯不得退兵。701年，"孔雀军"反叛，撤离锡斯坦，经法尔斯返回伊拉克，在突斯塔尔击败哈查只·尤素夫的队伍，继而夺取库法。不久，哈查只·尤素夫从巴士拉发动反攻，在达尔·贾麦金歼灭"孔雀军"，收复库法。"孔雀军"的反叛，使倭马亚王朝不再信任伊拉克的阿拉伯人。702年，哈查只·尤素夫在库法与巴士拉之间营建新城，名为瓦西兑(阿拉伯语中意为中间之地)，作为自己的驻节地，屯驻叙利亚籍的阿拉伯战士，倭马亚王朝对伊拉克的控制进一步加强。①哈查只·尤素夫的统治或许过于残酷，后来的史家因此将他比作嗜杀成性的罗马暴君尼禄。然而，哈查只·尤素夫出任伊拉克总督20年，毕竟恢复了库法和巴士拉的政治秩序，为哈里发国家在东方的扩张奠定了坚实的基础。伊拉克的阿拉伯人至少暂时中止了内部的敌对活动，他们越过伊朗高原，在遥远的东方开始投入新的圣战。

阿姆河旧称乌浒水，是伊朗高原的波斯人家园与中亚的突厥人家园之间的重要分界线。阿拉伯人将阿姆河右岸不讲波斯语的土著居民统称为突厥人，佛教在这一地区颇具影响。倭马亚王朝初期，阿姆河右岸分布着康、安、曹、石、米、何、火寻、戍地、史九国，中国史籍中称作昭武九姓，系唐朝藩属，由安西都护府节制。704年，哈查只·尤素夫举荐部将古太白·穆斯林(中国史籍称屈底波)出任伊朗高原东部的呼罗珊总督，驻节木鹿。705年，古太白·穆斯林统兵5万人越过阿姆河，攻入吐火罗斯坦(亦译为巴克特里亚)，占领阿姆河上游重镇巴勒黑。706—712年，古太白·穆斯林率军攻入粟特(中国史籍称河中府，因位于阿姆河与锡尔河之间而得名)，占领阿姆河中游的两座重镇布哈拉和撒马尔罕，进而降服阿姆河下游花拉子模一带。713年，古太白·穆斯林的队伍深入锡尔河(旧译药杀水)流域，攻占拔汗那(即费尔干纳，中国史籍称大宛国)，而后班师返回呼罗珊。古太白·穆斯林在阿姆河右岸的许多地区焚毁佛教庙宇，建造清真寺，迁入阿拉伯人，强迫突厥人改奉伊斯兰教，初步奠定中亚伊斯兰教化的基础。数百年后，布哈拉和撒马尔

---

① Holt, P.M., Lambton, A.K.S. & Lewis, B., *The Cambridge History of Islam*, Vol.1A, p.85.

罕成为伊斯兰世界的重要文化中心。714 年,古太白·穆斯林再度出征,平定中亚的反叛势力。715 年,阿拉伯战士哗变,古太白·穆斯林被杀。[①]

在古太白·穆斯林鏖兵中亚的同时,穆罕默德·嘎希姆在哈里发国家的东方开辟另一处战场。穆罕默德·嘎希姆是哈查只·尤素夫的女婿,印度河流域为他提供了圣战的场所。相传,那里的海盗曾经抢劫锡兰(今斯里兰卡)的王公送给倭马亚哈里发的 8 船贡品,哈查只·尤素夫于是委派穆罕默德·嘎希姆前去征讨。710 年,穆罕默德·嘎希姆自巴士拉率军东进,沿波斯湾北岸攻入俾路支。穆罕默德·嘎希姆于 712 年占领印度河下游的信德,而后溯印度河挥师北进,于 713 年占领旁遮普的佛教圣地木尔坦。随着穆罕默德·嘎希姆的征战,伊斯兰教开始传入印度河流域,信德和旁遮普成为穆斯林在南亚次大陆的最初据点。相传,哈查只·尤素夫曾经向古太白·穆斯林和穆罕默德·嘎希姆许诺,谁先踏上中国的土地,就任命谁做那里的统治者。[②]

西部战场

倭马亚王朝不仅在东方的战场高奏凯歌,而且在西方发起凌厉的攻势。古太白·穆斯林和穆罕默德·嘎希姆并没有踏上中国的土地,穆萨·努赛尔的铁骑却终于敲开欧洲基督教世界的大门。

倭马亚王朝建立后,阿拉伯人自埃及向西推进。阿慕尔·阿绥的侄子欧格白·纳菲率军深入马格里布,直到大西洋的波涛阻挡住阿拉伯战士的前进路线。670 年,欧格白·纳菲建造凯鲁万城(位于今突尼斯中部),作为屯驻阿拉伯战士的营地和统治柏柏尔人的据点。683 年,欧格白·纳菲进攻马格里布南部的阿斯特拉山区,遭到柏柏尔人的袭击,阵亡于比斯克拉附近的塔胡达,阿拉伯人被迫东撤。[③]

693 年,哈桑·努尔曼出任易弗里基叶总督,再度向西部发动攻势,平定反叛的柏柏尔人,驱退拜占庭舰队,夺取凯鲁万。700 年,哈桑·努尔曼的部将穆萨·努赛尔继任易弗里基叶总督,最终降服柏柏尔人,完成对马格里布的征服。[④]在过去的数百年中,马格里布处于罗马帝国和拜占庭帝国的统治

---

① 穆罕默德·穆斯塔法·齐亚德:《阿拉伯世界的历史与文明:古代与伊斯兰时代》,第 179—180 页。

② 穆罕默德·穆斯塔法·齐亚德:《阿拉伯世界的历史与文明:古代与伊斯兰时代》,第 180 页。

③ Watt, W.M., *The Majesty That Was Islam, the Islamic World 661—1100*, pp.39—40.

④ Watt, W.M., *The Majesty That Was Islam, the Islamic World 661—1100*, p.40.

之下。然而,来自欧洲的统治者与土著的柏柏尔人之间不仅存在着明显的种族差异,而且具有截然不同的文化传统。罗马人和拜占庭帝国的统治者大都习惯于城居的生活方式,他们的分布范围仅仅局限于马格里布的沿海地带,对马格里布内陆追逐水草的柏柏尔人影响甚微。相比之下,属于塞姆语系分支的阿拉伯人与属于含姆语系分支的柏柏尔人具有较近的亲缘关系,阿拉伯人的故乡与柏柏尔人的家园在自然环境方面十分接近,两者的生活方式颇多相似之处。因此,阿拉伯人仅用数十年的时间,便使自己的语言和宗教深深地植根于柏柏尔人的土壤。柏柏尔人的伊斯兰教化,为哈里发国家在西方发动进一步的攻势提供了充足的兵源。

709 年,统治伊比利亚半岛的西哥特王国发生内讧,贵族罗德里克篡权即位,被废黜的国王朱利安请求穆斯林出兵援助。710 年,穆萨・努赛尔的部将泰利夫(此人属阿拉伯血统还是柏柏尔血统已经无从考察)率领柏柏尔战士 500 人渡过海峡,在伊比利亚半岛南端登陆;该处至今仍以泰利夫命名,称作塔里法。711 年春,穆萨・努赛尔的另一部将塔立格・齐亚德率领 7000 名战士,其中大部分是柏柏尔人,从丹吉尔出发,渡海攻入伊比利亚半岛。塔立格・齐亚德登陆的地点被命名为塔立格山,阿拉伯语中读作贾巴勒・塔立格,直布罗陀海峡由此得名。此时,罗德里克正在北方作战,获悉穆斯林攻入半岛的消息后,便南下迎战。711 年 7 月,双方在巴尔柏特河口发生激战。塔立格・齐亚德击溃罗德里克的队伍,取得决定性的胜利,继而挥师北进,势如破竹。[①]穆斯林避开设防坚固的城市梅立达和塞维利亚,攻占西哥特王国的首都托莱多以及马拉加、科尔多瓦诸地。捷报传到凯鲁万,穆萨・努赛尔决定亲自出征,去伊比利亚半岛建立功勋。712 年,穆萨・努赛尔率领 8 000 名阿拉伯战士冲进伊比利亚半岛,攻占塔立格・齐亚特一度避开的要塞梅立达和塞维利亚,在托莱多与自己的部将会师。此后,穆斯林继续向北方推进,占领萨拉戈萨,逼近阿拉贡、来昂、阿斯都里亚、加利西亚。713 年,穆斯林征服伊比利亚全境,伊比利亚改称安达卢西亚(意为汪达尔人的土地,这或许是由于汪达尔人曾经生活在该处的缘故)。[②]

715 年初,哈里发韦里德将穆萨・努赛尔召回大马士革。穆萨・努赛尔命其子阿卜杜勒・阿齐兹留守伊比利亚半岛,自己凯旋。穆萨・努赛尔将数

---

① Watt, W.M., *The Majesty That Was Islam, the Islamic World 661—1100*, p.40.

② 希提:《阿拉伯通史》,第 591 页。

百名西哥特的王公贵族和大量的奇珍异宝献给了哈里发。但是，厄运很快便降临在穆萨·努赛尔的头上。715年底，韦里德病亡，新的哈里发苏莱曼剥夺穆萨·努赛尔的一切权力，没收其全部财产。叱咤风云的一代名将受尽凌辱，穷困潦倒，不得不在希贾兹行乞为生，直至717年死于麦加。[①]

716年，穆萨·努赛尔之子阿卜杜勒·阿齐兹死于暗杀，侯尔·阿卜杜勒·拉赫曼继任伊比利亚半岛的穆斯林统帅。717年，穆斯林在西南欧发起新的攻势，阿拉伯人和柏柏尔人越过比利牛斯山，进军法国南部的高卢。但是，穆斯林在高卢的战事并不顺利，他们遭到法兰克人的顽强抵抗。721年，穆斯林兵败于阿奎丹公爵的驻地图卢兹城下，侯尔·阿卜杜勒·拉赫曼的继任者赛木哈·马立克阵亡。732年春，穆斯林越过加龙河谷，击败阿奎丹公爵厄德的队伍，占领波尔多，兵抵都尔。[②]同年10月，阿卜杜勒·拉赫曼·贾菲兹统率的穆斯林与法兰克王国宫相查理·马特统率的队伍交战于都尔附近的普瓦提埃。法兰克人的重装步兵列成空心的方阵，击退穆斯林轻骑兵的多次冲击，直至阿卜杜勒·拉赫曼·贾菲兹阵亡，穆斯林在夜幕的掩护下拔营撤走。此后，穆斯林逐渐停止在高卢的攻势。他们与本土的距离已经过于遥远，其攻击力量已经趋于枯竭。哈里发国家在西方的军事扩张达到自然的极限。[③]

北方的攻势

与此同时，倭马亚王朝在北方发动猛烈的攻势，攻击的目标是苟延残喘的拜占庭帝国。

麦地那时代末期，穆斯林进入高加索山南麓，占领阿塞拜疆以及亚美尼亚和格鲁吉亚部分地区，兵抵小亚细亚半岛东侧。[④]此后，哈里发国家曾经三次进攻拜占庭帝国的首都君士坦丁堡。第一次发生于穆阿威叶当政期间，最后一次发生于阿拔斯王朝哈里发哈伦当政期间，而苏莱曼发动的进攻是最具威胁的一次。

苏莱曼的胞弟麦斯莱麦于716年率军出征，穿过小亚细亚半岛，到达博斯普鲁斯海峡南侧。来自叙利亚和埃及的穆斯林舰队游弋于君士坦丁堡水

---

① 希提：《阿拉伯通史》，第593页。

② Holt, P.M., Lambton, A.K.S. & Lewis, B., *The Cambridge History of Islam*, vol.1A, p.95.

③ 穆罕默德·穆斯塔法·齐亚德：《阿拉伯世界的历史与文明：古代与伊斯兰时代》，第180—181页。

④ Watt, W.M., *The Majesty That Was Islam, the Islamic World 661—1100*, p.35.

域，对拜占庭帝国的首都形成海陆夹击的态势。拜占庭皇帝利奥三世据险固守，利用"希腊火"抵御穆斯林的攻势，并用巨型铁链封锁黄金角湾，阻挡穆斯林舰队从侧翼的袭击。麦斯莱麦在君士坦丁堡城下屯兵达一年之久，却屡攻不克。严冬的酷寒以及饥荒和瘟疫使穆斯林的力量受到严重的消耗，但是麦斯莱麦仍不肯停止进攻。他决意夺取君士坦丁堡，亲自踏上欧洲的土地。717 年苏莱曼死后，欧默尔二世即位。新的哈里发严令撤军，麦斯莱麦无奈之下，班师而归。撤军途中，穆斯林舰队遭到风暴的袭击，损失惨重。①

四、 阿拔斯派的兴起

阿拔斯人的涉足政坛

新的征服无疑标志着倭马亚王朝进入鼎盛的时期，大马士革的哈里发统治着西起马格里布和伊比利亚半岛、东至锡尔河流域和印度河流域的广大地区。然而，鼎盛的背后潜藏着衰落的征兆，一个危险的政治势力正在崛起，这就是阿拔斯派。

阿拔斯派是先知穆罕默德的叔父阿拔斯·阿卜杜勒·穆塔里布的后裔在倭马亚时代建立的政治宗派。阿拔斯家族虽然属于麦加的古莱西部落，但是最初并无显赫的地位。阿拔斯·阿卜杜勒·穆塔里布尽管身为先知穆罕默德的叔父，却长期追随反对伊斯兰教的麦加保守势力，曾于 624 年在巴德尔战斗中与穆斯林兵戎相见，直至 630 年穆斯林征服麦加的前夕皈依伊斯兰教。其子阿卜杜拉·阿拔斯是先知穆罕默德的堂弟和著名的圣门弟子，在麦地那哈里发时代并没有介入穆斯林内部的权力争夺，而是致力于注释《古兰经》和传述《圣训》，被誉为"经典诠释的宗师"。欧默尔每逢遇到疑难问题，便求教于阿卜杜拉·阿拔斯。奥斯曼和阿里当政期间，阿卜杜拉·阿拔斯依然受到哈里发的器重。②倭马亚王朝建立后，阿拔斯家族与阿里家族由于同出一宗，相互交往日渐密切。正是阿卜杜拉·阿拔斯与穆罕默德·阿里建立的家族联盟，构成阿拔斯人涉足穆斯林内部政治角逐的起点。

穆罕默德·阿里系麦地那末代哈里发阿里之子，因其母豪拉是哈尼法部

---

① 泰伯里:《历代先知与君王史》，第 2 卷，第 1314—1317 页。

② Omar, F., *The Abbasid Caliphate 750—786*, Baghdad 1969, pp.59—60.

落的贾法尔·哈奈菲叶之女,故而亦称伊本·哈奈菲叶,以示区别先知穆罕默德之女法蒂玛所生二子哈桑和侯赛因。哈桑和侯赛因死后,穆罕默德·阿里作为阿里的唯一在世的嫡子,成为阿里家族的追随者所拥戴的人物。685年,阿里家族的追随者在库法发动起义,起义的首领穆赫塔尔极力尊崇穆罕默德·阿里作为宗教领袖即伊玛目。穆罕默德·阿里和阿卜杜拉·阿拔斯由于拒绝承认阿卜杜拉·祖拜尔出任哈里发的合法地位,在麦加遭到后者的监禁。此间,穆赫塔尔曾经自库法出兵,前往麦加救援。①687年,穆赫塔尔兵败身亡,其在库法的残部继续将穆罕默德·阿里视作宗教领袖。穆罕默德·阿里和阿卜杜拉·阿拔斯则从麦加移至塔伊夫,以躲避阿卜杜拉·祖拜尔的迫害。②

阿卜杜拉·阿拔斯死后,其子阿里·阿卜杜拉携家眷离开塔伊夫,移居死海南岸的侯麦迈。③阿里·阿卜杜拉举家北迁,表明阿拔斯人在当时群雄逐鹿的形势下具有支持倭马亚王朝的政治倾向。阿里·阿卜杜拉甚至高居大马士革的倭马亚宫廷,深得马立克的宠爱。韦里德即位后,阿里·阿卜杜拉逐渐失宠于哈里发,并且由于涉嫌宫廷谋杀,一度入狱。阿里·阿卜杜拉之子穆罕默德·阿里曾在韦里德即位后供职于倭马亚王朝,并且跟随韦里德征讨拜占庭帝国。④显然,阿拔斯家族尽管借助于其与阿里后裔之间的密切联系而开始介入穆斯林内部的政治角逐,但是在很长的时期内并没有成为反对倭马亚王朝的势力,更无要求继承哈里发权位的意向。将阿拔斯人与倭马亚人之间的敌对关系追溯到倭马亚王朝的初期,甚至追溯到查希里叶时代,纯属后人的虚构。

大约在701年,伊玛目穆罕默德·阿里死于塔伊夫。"他是最后一位受到阿里家族的追随者所广泛拥戴的首领。"伊玛目穆罕默德·阿里死后,穆赫塔尔在库法的残部大都尊崇其子阿布·哈希姆作为新的伊玛目,并且因此称为哈希米叶,意为哈希姆派。然而,阿里家族的其他成员,如哈桑之子栽德和侯赛因之子阿里,拒绝承认阿布·哈希姆作为阿里家族的首领和伊玛目的地位,阿里家族的追随者趋于分裂。

717年,阿布·哈希姆在阿拔斯家族的驻地侯麦迈中毒身亡。阿布·哈

---

① 泰伯里:《历代先知与君王史》,第2卷,第692—695页。

② Sharon, M., *Black Banners from the East, the Establishment of the Abbasid State*, Jerusalem 1983, p.115.

③ Omar, F., *The Abbasid Caliphate 750—786*, p.61.

④ Sharon, M., *Black Banners from the East*, pp.122—124.

希姆因无子嗣，弥留之际将阿里家族获取"信仰真谛"的凭证即所谓的"黄色手卷"以及哈希姆派成员的名单交给阿拔斯家族的穆罕默德·阿里，从而使穆罕默德·阿里承袭了伊玛目的称号和哈希姆派首领的权力，尤其是承袭了对于哈里发权位的要求。[①]阿里家族追随者的趋于分裂，促使哈希姆派开始支持阿拔斯家族。阿布·哈希姆的权力移交，则使穆罕默德·阿里成为哈希姆派拥戴的第一位来自阿拔斯家族的伊玛目。阿拔斯家族因此得以控制和利用哈希姆派作为自己的政治工具，旨在反对倭马亚王朝的阿拔斯派运动始露端倪。

"归权先知家族"的政治原则

倭马亚王朝自从建立伊始，其统治权力的合法性便处于困扰之中。在伊斯兰世界，具有圣族的身世是出任哈里发的首要条件。然而，圣族的概念在当时却没有明确的规定。"圣族"一词源于先知穆罕默德传布的启示，《古兰经》中曾三次提及圣族(Ahl al-Bayt)，指天房的居民和克尔白的监护者。[②]根据倭马亚王朝的官方宗教政治理论，圣族即麦加的古莱西人，凡出身古莱西部落者皆有出任哈里发的资格。什叶派则认为，圣族应指先知穆罕默德的家族，阿里及其后裔是圣族唯一的政治代表，其他人出任哈里发皆为僭夺权位的非法行为。因此，680 年穆阿威叶死后，阿里家族的追随者极力迎请阿里的次子侯赛因前往库法出任哈里发。卡尔巴拉惨案的发生和侯赛因的遇难，导致阿里家族的追随者与倭马亚王朝之间矛盾激化。684 年，所谓的"悔罪者"在库法举行暴动，首开什叶派武装起义的先河。685 年，穆赫塔尔在库法发动起义，进一步阐述"归权先知家族"的政治原则，作为什叶派反对倭马亚王朝的行动纲领。"穆赫塔尔运动在伊斯兰世界的历史上具有重要的地位，后来的阿拔斯人完整地接受了穆赫塔尔阐述的政治原则。"[③]阿拔斯派运动兴起以后，沿袭"归权先知家族"的政治原则，采取神学宣传的活动形式。穆赫塔尔运动在某种程度上亦可谓哈希姆派和阿拔斯派运动的先驱。"穆赫塔尔之未成功的起义与阿布·穆斯林之获得胜利的革命之间无疑具有内在的联系。虽然 685 年的火焰被倭马亚人扑灭，但是火焰留下的灰烬却从库法转

---

① Sharon, M., *Black Banners from the East*, p.117, pp.132—134.

② 《古兰经》,11:73, 28:12, 32:33。

③ Sharon, M., *Black Banners from the East*, p.105.

移到呼罗珊……穆赫塔尔是伊斯兰历史上的伟人,预见到未来的结果。”①

717—747年,阿拔斯派运动的基本内容是达瓦。所谓达瓦,在阿拉伯语中意为布道或传布真理。阿拔斯派通过达瓦的形式,指责倭马亚哈里发抛弃先知穆罕默德的教诲和背离伊斯兰教的准则,抨击倭马亚王朝的统治是伊斯兰世界罪恶的渊薮和内战的根源。阿拔斯派声称,倭马亚王朝只是世俗统治而非神权政体,伊斯兰教已经遭到倭马亚人的歪曲,必须恢复先知穆罕默德时代的信仰,重建伊斯兰教的神权政体,实现穆斯林人人平等的社会原则,尤其需要重新确立先知穆罕默德的家族在伊斯兰世界中的核心地位和神圣权力。倭马亚时代,先知穆罕默德的家族主要包括阿里后裔和阿拔斯后裔两支;倭马亚人虽然属于古莱西部落,却非出自先知穆罕默德所在的哈希姆氏族。因此,阿拔斯派的达瓦尽管表现为宗教范畴的神学宣传,但是无疑包含着深刻的现实内容。“归权先知家族”的原则,不仅意味着否定倭马亚人出任哈里发的合法地位,而且为阿拔斯派与什叶派联合反对倭马亚王朝提供了必要的政治基础。正是由于倡导“归权先知家族”的原则,使阿拔斯派得以植根于什叶派的肥沃土壤而逐渐壮大,尤其是使穆罕默德·阿里作为伊玛目获得哈希姆派的有力支持。

从库法到呼罗珊

穆罕默德·阿里时期,阿拔斯派运动带有极为浓厚的神秘色彩,伊玛目隐居在死海南岸的侯麦迈,仅与哈希姆派的个别首领进行秘密接触,其真实身份鲜为人知。哈希姆派作为阿拔斯家族的政治工具,其成员主要分布在库法,大都属于阿拉伯人穆斯里亚部落和哈姆丹部落。②穆罕默德·阿里曾经说:“他们是我的挚友、我的忠实仆人、我的所在和我的归宿。他们是我的亲人和朋友。我的勇士将产生于他们之中。”③库法作为阿拔斯派运动兴起之初的重心所在,在穆斯林的政治生活中占有举足轻重的地位。早在麦地那哈里发时代末期,库法的阿拉伯人便开始追随阿里,敌视倭马亚人的哈里发奥斯曼。倭马亚时代,阿里家族在库法拥有为数众多的追随者,什叶派在库法构成反对倭马亚王朝的主要政治力量,其影响充斥于库法的阿拉伯人和麦瓦

① Wellhausen, J., *The Arab Kingdom and Its Fall*, p.506.

② Shaban, M.A., *The Abbasid Revolution*, Cambridge 1970, p.149.

③ Sharon, M., *Black Banners from the East*, p.140.

利(即非阿拉伯血统的穆斯林)中间。然而,阿里家族的追随者并没有形成统一的政治组织,他们分别支持法蒂玛系的哈桑后裔、侯赛因后裔和哈奈菲叶系的阿布·哈希姆及其继承人即阿拔斯家族的穆罕默德·阿里。其中,侯赛因的嫡孙穆罕默德·巴基尔和栽德·阿里的追随者尤占多数;什叶派的重要人物巴亚恩·萨曼、穆吉拉·赛义德和阿布·曼苏尔皆因支持穆罕默德·巴基尔而被倭马亚王朝处死。①相比之下,哈奈菲叶系的阿布·哈希姆虽是阿里的嫡孙,但系庶出,并非先知穆罕默德以及法蒂玛父女二人的直系后裔,其追随者在什叶派中影响甚微。至于阿拔斯家族的穆罕默德·阿里,虽然其祖辈与先知穆罕默德同出一宗,却不属于阿里的后裔,亦非阿里家族的追随者。什叶派与阿拔斯派固然皆有“归权先知家族”的政治要求,但是,穆罕默德·巴基尔和栽德·阿里的追随者极力强调唯有阿里家族中法蒂玛系的成员才是先知穆罕默德的直系后裔,具备出任哈里发的合法资格。他们不仅反对倭马亚王朝,而且排斥包括哈希姆派和阿拔斯派在内的其他政治势力之继承哈里发权位的要求,歧视非阿拉伯血统的穆斯林。穆罕默德·阿里曾经告诫哈希姆派成员:“当心库法人……不要指望他们的帮助”“不要从库法人中吸收过多的支持者”。由此可见,阿拔斯人及哈希姆派与阿里派法蒂玛系的追随者之间存在着明显的政治分歧。阿里派的分裂,尤其是阿里派法蒂玛系的追随者对于阿拔斯人及哈希姆派的排斥,使得阿拔斯派运动在库法的发展受到了极大的限制;库法的哈希姆派作为阿拔斯人的政治工具,其成员尚不足30人。②阿拔斯人在库法无力左右什叶派法蒂玛系的追随者,更无法聚合反对倭马亚王朝的诸多势力,遂着眼于开辟新的活动空间,而呼罗珊为阿拔斯派运动的进一步发展提供了不可多得的适宜环境。

呼罗珊本意为“东方的土地”,指伊朗高原东部直至阿姆河左岸的广大地区。麦地那哈里发时代后期,阿拉伯人自库法和巴士拉挥师东进,征服呼罗珊。移入呼罗珊的阿拉伯战士及其眷属约为20万人,分别来自塔米姆部落、凯斯部落、巴克尔·沃依勒部落、阿卜杜勒·凯斯部落和阿兹德部落。③倭马亚时代,大批阿拉伯人离开伊拉克,移至呼罗珊,使呼罗珊成为继阿拉伯半岛和新月地带之后阿拉伯人的又一家园。阿拉伯人拥向呼罗珊,是伊拉克地区

---

① 穆罕默德·巴基尔后来成为什叶派的主体十二伊玛目派以及伊斯马仪派公认的第五代伊玛目,栽德·阿里的追随者逐渐演变为什叶派的重要分支栽德派。

② Omar, F., *The Abbasid Caliphate 750—786*, p.68.

③ Wellhausen, J., *The Arab Kingdom and Its Fall*, p.427.

政治对抗的直接结果。倭马亚王朝的移民举措,一定程度上稳定了伊拉克的秩序。然而,大批骚乱者的东迁,使呼罗珊成为威胁倭马亚王朝统治的隐患所在。移入呼罗珊的阿拉伯人主要来自巴士拉,自库法东移的阿拉伯人数量较少。呼罗珊的阿拉伯人无疑对倭马亚王朝的统治普遍存在着不满情绪,但是大都并非阿里家族的追随者,什叶派的政治影响相对有限。相传,穆罕默德·阿里曾说:"库法人是阿里及其后裔的追随者,巴士拉人怀念着死去的奥斯曼。贾吉拉是哈瓦立及派的势力范围,他们是堕落的阿拉伯人,与基督徒没有区别。叙利亚人只服从穆阿威叶和倭马亚家族,是所有穆斯林的仇敌,而麦加人和麦地那人仅仅推崇阿布·伯克尔和欧默尔。我们要去争取呼罗珊人的支持,那里有着强悍而无偏见的战士。我的希望寄托在太阳升起的地方。"①"他们没有阿拉伯贵族的私欲,也没有介入宗派之间的权力角逐……他们正遭受着统治者的盘剥和欺辱,企盼着拯救者的来临。"②因此,当阿拔斯人在库法举步维艰的时候,穆罕默德·阿里慧眼独识,选择呼罗珊,达瓦的重心开始移向遥远的东方。

718年,库法的哈希姆派首领布凯尔·麦罕来到里海南岸的朱尔占地区进行秘密宣传活动,成为阿拔斯派运动自库法东移的先驱。次年,移居木鹿的阿拉伯人胡扎尔部落首领苏莱曼·卡希尔接受达瓦的思想,进而在呼罗珊播下阿拔斯派运动的火种。③729—736年,布凯尔·麦罕委派哈希姆派成员希达什潜入木鹿,领导呼罗珊的阿拔斯派运动。④在此期间,达瓦在呼罗珊的影响逐渐扩大,希达什则被后来的研究者视作阿拔斯派运动在呼罗珊得以立足的奠基人。⑤显而易见,达瓦东移的过程开始于库法的哈希姆派成员在呼罗珊的秘密活动,呼罗珊的阿拔斯派运动最初亦处于库法的哈希姆派首领的直接控制之下,库法作为达瓦的起点构成侯麦迈与呼罗珊之间得以沟通的重要桥梁。

736年希达什被倭马亚王朝处死以后,穆罕默德·阿里开始与哈希姆派在呼罗珊的成员频繁接触,加强侯麦迈与呼罗珊之间的直接联系,并且在呼罗珊建立起初具规模的秘密组织。伊玛目的使者,包括12名纳奇卜和58名

---

① Omar, F., *The Abbasid Caliphate* 750—786, pp.68—69.

② Sharon, M., *Black Banners from the East*, p.51.

③ Sharon, M., *Black Banners from the East*, pp.147—149.

④ 泰伯里:《历代先知与君王史》,第2卷,第692—695页。

⑤ Wellhausen, J., *The Arab Kingdom and Its Fall*, p.514.

达伊斯，活动在木鹿以及纳萨、阿比沃德、巴勒黑等地，达瓦的影响遍及胡扎尔、塔米姆、泰伊、舍伊班、哈尼法、巴吉拉、苏莱姆、哈姆丹、阿兹德等阿拉伯人部落，呼罗珊随之逐渐取代库法而成为阿拔斯派运动的重心所在。[①]与此同时，穆罕默德·阿里严格禁止其追随者介入什叶派发动的起义，规定纳奇卜和达伊斯必须将提防什叶派法蒂玛系的破坏作为秘密活动的首要原则。[②]侯麦迈与呼罗珊之直接联系的建立，明显削弱了库法的哈希姆派在呼罗珊阿拔斯派运动中的作用。因此，达瓦的东移，不仅意味着阿拔斯人活动空间的改变，而且体现阿拔斯派与阿里派日渐分离的发展趋向，使得植根于阿里派土壤的阿拔斯派开始自成体系而独树一帜。

五、 倭马亚王朝的覆灭

矛盾与危机

倭马亚王朝沿袭麦地那哈里发时代的传统，遵循欧默尔的著名设想，奉行阿拉伯人与伊斯兰教合而为一的政治原则，歧视非阿拉伯血统的穆斯林。后者尽管皈依伊斯兰教，却难以取得与阿拉伯穆斯林同样的权利。717 年苏莱曼死后，欧默尔二世即位。欧默尔二世是倭马亚时代最为虔诚和开明的哈里发，奉行信仰至上的原则，在穆斯林内部广施仁政，安抚什叶派和哈瓦立及派，取消自穆阿威叶开始在星期五聚礼的呼图白中诅咒阿里的言辞。欧默尔二世着力实行税制改革，规定非阿拉伯血统的穆斯林只需承担天课作为当然的义务，免缴人丁税，旨在消除阿拉伯穆斯林与非阿拉伯血统的穆斯林之间的差异，鼓励被征服地区的土著居民改宗伊斯兰教。[③]欧麦尔二世曾经告诫属下："安拉派遣穆罕默德作为使者，而不是作为征税的人。"[④]然而，欧默尔二世的税制改革使哈里发国家的岁入总额明显减少，导致财政拮据。720 年叶齐德二世(720—724 年在位)即位后，废止新的税制，依旧向非阿拉伯血统的穆斯林征收重税。

欧默尔的著名设想形成于麦地那哈里发时代，适应阿拉伯人构成穆斯林

---

① Sharon, M., *Black Banners from the East*, p.173, p.193.
② Omar, F., *The Abbasid Caliphate 750—786*, p.70.
③ Kennedy, H., *The Prophet and the Age of the Caliphate*, p.106.
④ Yeor, B., *The Dhimmis, Jews and Christians under Islam*, London, 1985, p.183.

主体的历史环境。倭马亚时代,伊斯兰教的传播范围不断扩大,被征服地区的土著居民相继皈依伊斯兰教,进而开始涉足哈里发国家的政治生活。至倭马亚王朝后期,波斯人和柏柏尔人等被征服民族中的伊斯兰教皈依者在数量上已经超过阿拉伯血统的穆斯林,形成广泛的社会势力。他们不肯长期屈居阿拉伯人之下,他们的不满情绪和反抗倾向日渐强烈。阿拉伯人与伊斯兰教合而为一的原则和阿拉伯穆斯林统治非阿拉伯血统异教人口的制度逐渐丧失赖以存在的社会基础,倭马亚王朝陷于无法克服的矛盾之中。

希沙姆(724—743 年在位)当政 19 年,哈里发国家尚能维持表面的稳定。然而,此间发生的一系列事件,已经蕴藏倭马亚王朝覆亡的先兆。生活在俄罗斯南部草原的哈扎尔人,这一时期屡屡越过高加索山,进犯哈里发国家的北部边境。著名将领麦斯莱麦曾经令拜占庭帝国闻风丧胆,却在与哈扎尔人作战时兵败身亡。继麦斯莱麦之后,哈里发麦尔旺·哈克木的嫡孙麦尔旺·穆罕默德成为抵御哈扎尔人入侵的核心人物。他在亚美尼亚土著势力的支持下,经过长达 12 年的艰苦征战,终于将哈扎尔人赶出高加索山南麓,并且于 738 年一度攻入伏尔加河流域。在与哈扎尔人作战的过程中,麦尔旺·穆罕默德建立起颇具实力的军队。哈扎尔人被赶走以后,麦尔旺·穆罕默德将目光转向叙利亚,开始觊觎哈里发的权位。在伊斯兰世界的西部,柏柏尔人曾经与阿拉伯人并肩作战,驰骋于伊比利亚半岛。然而,一旦战事停止,柏柏尔人便将攻击的矛头指向以统治者自居的阿拉伯人,加之哈瓦立及派自伊拉克传入马格里布地区,助长了柏柏尔人与阿拉伯人之间的对立倾向。740 年,追随哈瓦立及派的柏柏尔人发动反叛,声

叙利亚的希沙姆宫殿遗址(一)

叙利亚的希沙姆宫殿遗址(二)

势浩大。驻守马格里布的阿拉伯战士屡遭败绩,溃不成军,纷纷逃往伊比利亚半岛。742 年,哈里发倾尽全力,自叙利亚派遣重兵进入马格里布,击败反叛的柏柏尔人。但是,叙利亚的军事力量却因此趋于枯竭。在伊斯兰世界的东部边陲,阿姆河右岸的突厥王公屡屡反叛,布哈拉和撒马尔罕形势告急。倭马亚王朝于是将 2 万名阿拉伯战士迁往呼罗珊,加强东部的防务。①突厥王公的反叛得到平息,然而呼罗珊的矛盾对立却因此加剧。

743 年希沙姆死后,哈里发国家进入动荡的时期。倭马亚人相互倾轧,哈里发频繁更替。韦里德二世(743—744 年在位)在位一年便死于内讧,叶齐德三世(744 年在位)在位仅仅半年亦暴病身亡。744 年底,麦尔旺·穆罕默德自亚美尼亚进军叙利亚,击败叶齐德三世的弟弟易卜拉欣(744 年在位),在大马士革即位,是为麦尔旺二世(744—750 年在位)。此时,倭马亚王朝众叛亲离,四面楚歌,往日辉煌的基业只剩下断壁残垣。麦尔旺二世尽管不乏盛世之君的统治才能,却已无力回天。

阿布·穆斯林与来自呼罗珊的黑色旗帜

739 年,阿里的曾孙栽德·阿里离开麦地那,来到库法。库法的什叶派拥戴栽德·阿里作为伊玛目,支持栽德·阿里发动起义。他们的纲领是遵循先知穆罕默德和阿里的遗训,分配伊拉克的国有土地,公平处置战利品,保护

① Omar, F., *The Abbasid Caliphate 750—786*, p.75.

弱者,停止强行迁移阿拉伯人。740年起义爆发后,库法的什叶派再次背弃自己的诺言,栽德·阿里遇害身亡。其子叶赫亚逃往呼罗珊,743年被倭马亚王朝残酷处死。栽德·阿里起义的失败,尤其是叶赫亚的遇难,在呼罗珊引起强烈的反应。"所有的呼罗珊人为叶赫亚的被害哀悼七日……在那一年出生的男孩大都取名为叶赫亚或者栽德。""呼罗珊人身着黑色服装表示对于叶赫亚的哀悼之情。黑色遂成为呼罗珊人的标志。"①

什叶派起义的失败,促使反对倭马亚王朝的呼罗珊人将复仇的希望寄托于阿拔斯派。加之倭马亚王朝此时已是穷途末路,日薄西山,阿拔斯派运动自神学宣传转化为政治革命的社会条件日渐成熟。"栽德派起义失败和叶赫亚被害以后,阿拔斯人俨然成为先知家族的唯一代表。"②743年,阿拔斯家族的穆罕默德·阿里在侯麦迈病逝。其子易卜拉欣继任伊玛目的职位,委派阿布·穆斯林前往呼罗珊策划起义。随着阿布·穆斯林在呼罗珊的出现,阿拔斯派运动开始进入武装起义的发展阶段。

阿布·穆斯林原名阿布·伊斯哈格·易卜拉欣,其早年身世较为模糊,他本人对此亦讳莫如深。③阿布·穆斯林曾经声称:"我是穆斯林中的一员,我不属于任何一个部落……我只信仰伊斯兰教,我只追随先知穆罕默德。"④阿拔斯派的许多追随者将阿布·穆斯林视作阿拔斯家族的成员,南方阿拉伯人声称阿布·穆斯林来自希米叶尔部落,呼罗珊的土著居民认为阿布·穆斯林是古代波斯贵族的后裔。阿布·穆斯林死后,哈里发曼苏尔的宫廷诗人将阿布·穆斯林描述为库尔德人。⑤现代研究者大都确认,阿布·穆斯林系波斯血统的麦瓦利,然而阿布·穆斯林早年生活在库法还是伊斯法罕或呼罗珊尚无定论。

据相关资料记载,阿布·穆斯林早年服侍阿拉伯人伊吉勒部落的地产主伊萨·麦奇勒;后者曾经因为负债而被囚禁于库法,阿布·穆斯林亦随主人同住库法。在此期间,阿布·穆斯林得以接触哈希姆派首领布凯尔·麦罕,深受达瓦的影响。744年初,阿布·穆斯林随哈希姆派新首领阿布·萨拉玛来到侯麦迈,被伊玛目易卜拉欣收留。此后,阿布·穆斯林多次受易卜拉欣

---

① Sharon, M., *Black Banners from the East*, p.177.

② Kennedy, H., *The Early Abbasid Caliphate*, Princeton 1981, p.42.

③ Shaban, M.A., *The Abbasid Revolution*, p.153.

④ 泰伯里:《历代先知与君王史》,第2卷,第1965页。

⑤ Sharon, M., *Black Banners from the East*, p.203.

的委派，往返于侯麦迈与呼罗珊之间，传递伊玛目的指示，并逐渐取代苏莱曼·卡希尔而成为呼罗珊的阿拔斯派首领，筹划起义。747 年 4 月，易卜拉欣委派卡赫塔巴·沙比卜自侯麦迈来到呼罗珊，将作为起义标志的两面黑旗送交阿布·穆斯林，旗上写有《古兰经》中的启示："被进攻者，已获得反抗的许可，因为他们是受压迫的。"同年 6 月，阿布·穆斯林在呼罗珊树起黑色的旗帜，将"归权先知家族"和实现穆斯林的平等作为起义的宗旨。移居呼罗珊的阿拉伯人与皈依伊斯兰教的波斯籍土著农民并肩作战，赶走呼罗珊总督纳绥尔·赛亚尔，占领木鹿，继而控制呼罗珊全境。748 年秋，卡赫塔巴·沙比卜率军 3 万人自呼罗珊发动西征，击败倭马亚王朝将领努巴塔·罕扎拉及其所部 1 万名叙利亚籍战士，攻占伊朗西部重镇莱伊。749 年春，卡赫塔巴·沙比卡在贾布拉克再度击败倭马亚王朝的军队，5 万名叙利亚籍战士望风溃逃，起义者攻占伊斯法罕和尼哈温。[①]同年 8 月，呼罗珊的起义者与倭马亚王朝驻守伊拉克的军队在卡尔巴拉发生激战。卡赫塔巴·沙比卜死于战场，其子哈桑率军奋力拼杀，击败伊拉克总督叶齐德·侯拜拉，后者率领残部退守瓦西兑，起义军占领库法。[②]

在呼罗珊的起义者与倭马亚王朝的军队鏖战之际，易卜拉欣在侯麦迈遭到哈里发的囚禁，不久死于狱中。其弟阿布·阿拔斯继任伊玛目，逃脱倭马亚王朝的追捕，于 749 年底来到库法。随后，阿拔斯派和呼罗珊的起义者在库法的清真寺宣誓拥戴阿布·阿拔斯，是为阿拔斯王朝的第一位哈里发。[③]

什叶派的分支哈希姆派曾经是阿拔斯派的重要政治工具，支持阿拔斯派反对倭马亚王朝的活动。然而，随着倭马亚王朝统治的崩溃，哈希姆派与阿拔斯派之间的矛盾日渐加剧，进而分道扬镳。易卜拉欣的死讯传到库法以后，哈希姆派首领阿布·萨拉玛急速遣使迎请侯赛因的曾孙贾法尔·萨迪克（即后来为十二伊玛目派和伊斯马仪派所公认的第六代伊玛目）前往库法即位，但是遭到后者的拒绝。阿布·阿拔斯在库法发表登基演说时则明确宣布：所谓圣族即是阿拔斯家族，并不包括阿里家族。阿里之兄贾法尔的曾孙阿卜杜拉·穆阿威叶于 749 年在伊朗北部发动起义，竟遭阿布·穆斯林的杀害。[④]

---

① 泰伯里：《历代先知与君王史》，第 2 卷，第 1620 页，第 1932 页，第 1954—1959 页，第 2004 页。

② Wellhausen, J., *The Arab Kingdom and Its Fall*, pp.539—541.

③ 泰伯里：《历代先知与君王史》，第 3 卷，第 47 页。

④ 泰伯里：《历代先知与君王史》，第 3 卷，第 69 页。

750年初，倭马亚王朝的军队在底格里斯河上游支流扎布河畔覆没，倭马亚王朝末代哈里发麦尔旺二世西逃，叙利亚各地纷纷归顺阿拔斯人。①同年8月，麦尔旺二世在埃及的布希尔遭阿拔斯派追杀而死，倭马亚王朝灭亡。②

阿拔斯派运动的性质

阿布·穆斯林在呼罗珊发动的起义无疑标志着阿拔斯派运动的顶峰，而阿拔斯王朝的建立正是呼罗珊起义之胜利的直接结果。因此，阿拔斯派运动的研究者大都着力探讨呼罗珊起义的社会动因，以求确定阿拔斯派运动的性质。

威尔豪森认为，倭马亚时代的阿拉伯社会建立在部落群体的基础之上，倭马亚王朝主要代表北方阿拉伯人诸部落的利益，阿拔斯派运动则体现了南方阿拉伯人诸部落的反抗倾向，呼罗珊起义的实质在于阿拉伯部落群体之间的矛盾冲突。诚然，倭马亚时代的阿拉伯社会在一定程度上沿袭蒙昧时代的血缘联系，移入呼罗珊的阿拉伯人尤其较多地保留部落群体的传统形式。作为征服者首先进入呼罗珊的阿拉伯人大都属于塔米姆部落；继塔米姆部落之后，来自阿兹德部落、阿卜杜勒·凯斯部落和巴克尔部落的阿拉伯人亦不断移入呼罗珊。③倭马亚时代中期，大批阿拉伯部落民再度自伊拉克移入呼罗珊。至倭马亚王朝末期，移入呼罗珊的阿拉伯部落民众及其眷属的总人数约为20万。移入呼罗珊的阿拉伯部落民众并未像伊拉克的阿拉伯人集中于库法和巴士拉或者像埃及的阿拉伯人集中于弗斯塔特那样，他们分散在木鹿绿洲以及内沙浦尔、哈拉特、塔尔干、突斯、木鹿一卢泽诸多地区，或从军征战，或务农经商，其社会地位不尽相同。阿拉伯人与波斯人的杂居状态，加速了征服者与被征服者之间的同化和融合的过程。出生在呼罗珊的阿拉伯人不再使用父辈的语言，而是操接近波斯语的呼罗珊方言。他们中的许多人身着波斯的民族服饰，在波斯人的传统节日纳乌鲁兹节和米赫尔干节与土著民众狂欢作乐。征服者与被征服者之间的通婚现象亦十分普遍。④“久居呼罗珊的阿拉伯贝都因人后裔，在外表上与土著的波斯人已经没有明显的差异。他

---

① Shaban, M.A., *The Abbasid Revolution*, p.167.

② Kennedy, H., *The Early Abbasid Caliphate*, p.48.

③ 泰伯里:《历代先知与君王史》，第1卷，第2887—2888页。

④ Wellhausen, J., *The Arab Kingdom and Its Fall*, p.492, p.493.

们都长着白皙的脸皮，留着黄色的胡须，身着费尔干纳的地方服饰。”与此同时，所谓的部落逐渐由血缘群体演化为政治集团。至希沙姆当政期间，移入呼罗珊的阿拉伯人明显分化为战士和定居者两大阶层，血缘群体与政治集团的界限之差异益趋显见。[①]部落之间的对抗和冲突虽然形式犹存，但是已非真正意兴的血族仇杀，徒具虚名。744 年，阿拉伯人所谓的部落冲突在呼罗珊再度爆发，总督纳绥尔·赛亚尔及其支持者称穆达尔集团，与之对立的阿兹德部落首领贾迪尔·阿里·吉尔曼尼及其追随者则称拉比尔集团；然而，属于穆达尔支诸部落的大批阿拉伯人加入了贾迪尔·阿里·吉尔曼尼的队伍，纳绥尔·赛亚尔的队伍中亦不乏来自拉比尔支诸部落的阿拉伯人。阿拔斯王朝初期的历史家麦达尼因此称所谓的穆达尔集团为纳绥尔派，而称所谓的拉比尔集团为吉尔曼尼派。阿拔斯派运动在呼罗珊的发展无疑利用了部落对立的特定环境，穆罕默德·阿里亦曾要求阿拔斯派的追随者依靠南方阿拉伯人诸部落而避开北方阿拉伯人诸部落。然而，作为呼罗珊阿拔斯派的核心成员，12 名纳奇卜和 58 名达伊斯分别来自南方阿拉伯人胡扎尔部落、泰伊部落、巴吉拉部落、哈姆丹部落、阿兹德部落和北方阿拉伯人塔米姆部落、哈尼法部落、苏莱姆部落、巴克尔部落。[②]呼罗珊起义的参加者亦不仅来自南方阿拉伯人诸部落，而且包括属于北方阿拉伯人诸部落的大批战士。因此，阿拔斯派运动和呼罗珊起义绝非传统意义的部落仇杀，而是超越血缘群体的狭隘界限，包含着政治对抗的崭新内容。

亦有许多西方学者以种族对立的理论作为出发点，认为倭马亚时代呼罗珊地区的矛盾对抗起源于阿拉伯人的征服，而呼罗珊起义和阿拔斯王朝的建立体现了波斯民族的复兴及其对于阿拉伯人统治的否定。[③]然而，阿拉伯人之征服呼罗珊，不同于在其他地区的征服。呼罗珊的土著贵族在阿拉伯人征服前大都各自为政，与萨珊王朝联系甚少；波斯帝国的灭亡并没有直接导致土著贵族在呼罗珊统治权力的结束。阿拉伯征服者在呼罗珊各地往往只是与土著贵族订立条约和征收贡税，同时保留后者原有的诸多特权。阿拉伯人在放弃征战而务农经商后，竟遭到呼罗珊土著贵族的盘剥勒索，甚至沦为后者的隶属民。文献资料亦屡屡提及阿拉伯定居者由于呼罗珊总督与土著贵

---

① Shaban, M.A., *The Abbasid Revolution*, p.67, p.116.

② 泰伯里：《历代先知与君王史》，第 2 卷，第 1358 页。

③ Lassner, J., *The Shape of Abbasid Rule*, Princeton 1980, p.1.

族联手统治而怨声载道。因此,在倭马亚时代的呼罗珊,社会对立与种族差异的界限并非相互吻合,而是错综交织;土著贵族往往支持倭马亚王朝的统治,阿拉伯定居者的社会地位则与土著平民益趋接近。种族冲突虽不无存在,却非社会矛盾的主要内容。696 年,伊朗贵族萨比特·库特巴和胡勒斯·库特巴曾经随同呼罗珊总督倭马亚·阿卜杜拉攻击反叛的塔米姆部落首领布凯尔·瓦沙赫,布凯尔·瓦沙赫则以免除土地税作为条件争取土著农民的支持。712 年,呼罗珊总督古太白·穆斯林招募大批土著居民围攻撒马尔罕;而当撒马尔罕王公指责古太白·穆斯林唆使土著者自相残杀时,古太白·穆斯林亦指责撒马尔罕王公煽动阿拉伯人反叛倭马亚王朝。[①]利益的冲突和权力的争夺显然超越种族的差异,构成呼罗珊地区政治角逐的核心内容。其次,在倭马亚时代的呼罗珊,伊斯兰化的进程较为缓慢,土著伊朗居民中皈依伊斯兰教者为数尚少。古太白·穆斯林出任总督期间,皈依伊斯兰教的土著居民约为 7 千人;倭马亚时代后期,皈依伊斯兰教者增至 2 万人,这在呼罗珊的土著居民中仍只是少数。[②]在当时的历史条件下,皈依伊斯兰教是逐鹿政坛的首要前提,而阿拔斯派运动更是极富教派运动的色彩,以恢复早期伊斯兰教和"归权先知家族"为其宗旨。因此,呼罗珊的土著伊朗居民不可能成为阿拔斯派运动的主体,更无法取代阿拉伯人在阿拔斯派运动中的核心地位。723 年,穆罕默德·阿里在委派伊克里玛·齐亚德作为其使者前往呼罗珊时曾明确规定:务必依靠也门人,接近拉比尔人,提防穆达尔人,争取波斯人。[③]阿拔斯派在呼罗珊的 12 名纳奇卜中至少有 8 人是阿拉伯人;活动在木鹿绿洲的 40 名达伊斯中,阿拉伯人亦超过半数;至于纳萨、阿比沃德、巴勒黑等地的达伊斯,则皆为阿拉伯人。阿拔斯派之选择木鹿绿洲作为达瓦的中心和起义的地点,并非偶然的现象。移入呼罗珊的阿拉伯定居者大都分布在木鹿绿洲并与土著人混住一处。"正是这些被益趋同化的阿拉伯人丧失了作为征服者所享有的权利,不满于屈从伊朗贵族的地位,构成阿拔斯派在呼罗珊发动起义的主要力量。"[④]尽管呼罗珊起义的直接组织者阿布·穆斯林出身于非阿拉伯血统的麦瓦利,然而阿拉伯人在呼罗珊起义的过程中无疑占有举足轻重的地位。748 年 2 月阿布·穆斯林率领起义队伍进攻木鹿城时,其

---

① Shaban, M.A., *The Abbasid Revolution*, p.48, p.70.

② 泰伯里:《历代先知与君王史》,第 2 卷,第 1291 页,第 1318 页。

③ Wellhausen, J., *The Arab Kingdom and Its Fall*, pp.508—509.

④ Sharon, M., *Black Banners from the East*, p.195, p.xv.

前锋主将阿绥德、左军主将凯姆斯和右军主将马立克均为阿拉伯人，分别属于胡扎尔部落和塔米姆部落。748 年秋自呼罗珊西征伊拉克的阿拔斯派队伍亦由阿拉伯人卡赫塔巴·沙比卜统率，所部 3 万余人大都来自南方阿拉伯部落群体。[①]将呼罗珊起义和阿拔斯王朝的建立归结为种族的冲突，显然缺乏历史根据。

阿拔斯派并非什叶派，阿拔斯派与什叶派建立的政治联盟只是倭马亚时代特定历史条件下形成的共生现象，两派势力由于存在着无法克服的内在矛盾，而从相互依存到彼此排斥，直至分道扬镳。阿拔斯派的纲领包含着宗教和政治的双重内容。伴随着达瓦的东移，阿拔斯派运动逐渐自神学宣传演化为政治革命。呼罗珊的起义既非阿拉伯部落群体之间的传统仇杀，亦非土著波斯民族与阿拉伯征服者之间的矛盾冲突，其社会动因在于穆斯林内部的政治对抗。正是阿拔斯派运动使反对倭马亚王朝的诸多社会势力得以实现空前广泛的政治联合，直至推翻倭马亚王朝的统治。

① 泰伯里:《历代先知与君王史》，第 2 卷，第 1987 页，第 1996 页。

第五章

巴格达的阿拔斯王朝

一、 走向鼎盛

政治基础的转换与政治重心的东移

麦地那时代,伊斯兰教是阿拉伯人的宗教,哈里发国家是阿拉伯人统治的国家,阿拉伯人的分布区域与伊斯兰教的传播范围大体吻合。至于被征服地区非阿拉伯血统的土著居民,大都尚未皈依伊斯兰教,因而无力角逐于哈里发国家的政治舞台。倭马亚时代,哈里发国家继续强调阿拉伯人与伊斯兰教合而为一的原则,实行阿拉伯穆斯林对于非阿拉伯血统异教人口的统治。然而,随着伊斯兰教的传播,被征服地区非阿拉伯血统的土著居民纷纷放弃原有的信仰,加入穆斯林的行列。广泛的宗教皈依改变着哈里发国家的社会构成;非阿拉伯血统的异教臣民纷纷改宗伊斯兰教,却得不到相应的权利和地位,只能屈居于阿拉伯人之下。倭马亚王朝逐渐陷于无法克服的内在矛盾,直至最终灭亡。

阿拔斯王朝建立后,哈里发国家兼用南方阿拉伯人和北方阿拉伯人,极力消除阿拉伯人内部的分裂倾向。南方阿拉伯人作为阿拔斯派运动的重要支持者,政治地位明显提高;南方阿拉伯人穆哈拉布家族的叶齐德·穆哈拉布和凯斯里家族的赛耳德·萨勒姆·阿卜杜拉分别出任巴士拉总督和库法总督。北方阿拉伯人亦未被排斥于哈里发国家的政权机构之外;倭马亚王朝的重要将领古太白·穆斯林家族的后裔萨勒姆和赛耳德相继出任巴士拉总督和亚美尼亚总督,希拉勒部落的佐法尔·阿绥姆出任希贾兹总督,乌凯勒部落的伊斯哈格·穆斯林亦在曼苏尔的宫廷权倾一时。①

然而,倭马亚王朝的覆灭毕竟结束了阿拉伯人统治的时代。阿拔斯王朝的建立,标志着伊斯兰世界的历史进入崭新的阶段。非阿拉伯血统的穆斯林贵族开始崛起,成为伊斯兰世界的重要政治势力。哈里发国家不再是仅仅代表阿拉伯人的利益,其统治基础明显改变。随着伊斯兰教在诸多民族中的广泛传播和阿拉伯人统治的结束,信仰的差异逐渐取代民族的对立,成为哈里发国家社会矛盾的重要表现形式,进而导致伊斯兰神权政治的重建。阿拔斯王朝是在否定倭马亚王朝世俗化统治的基础上建立的政权,国家制度具有浓厚的宗教色彩。阿拔斯哈里发源于宗教领袖伊玛目的地位,其权力被认为是来自安拉的赐予。哈里发每逢朝廷典礼和宗教节日皆身着据称是先知穆罕默德遗物的斗篷,并在宫中聘用宗教学者依据经训阐述的原则制定统治政策和进行神学宣传,以示其权力的合法与地位的神圣,自居为伊斯兰教和伊斯兰世界的捍卫者。

阿拔斯派运动发端于伊斯兰世界的东部,阿拔斯家族在伊拉克拥有众多的追随者,而呼罗珊的起义直接导致了倭马亚王朝的覆灭。因此,阿拔斯王朝建立以后,伊斯兰世界的政治重心逐渐东移,呼罗珊无疑获得举足轻重的地位,伊拉克则取代叙利亚成为哈里发国家的中心所在。相比之下,叙利亚和埃及的政治地位明显下降。随着政治重心的东移,阿拔斯哈里发国家“从地中海的帝国转变为亚洲的帝国”。②穆斯林社会与地中海世界的联系相对削弱,东方古老的传统对阿拔斯王朝的统治产生广泛的影响,“世界帝国的盛世概念被引入伊斯兰世界”。③

从平息反叛到排斥异己

阿拔斯王朝建立之初,局势尚不稳定,哈里发的首要任务是铲除政治隐患和排斥异己势力。阿布·阿拔斯(750—754 年在位)在库法登基时自称赛法赫(阿拉伯语中意为屠夫),即位不久便对倭马亚人实行斩尽杀绝的恐怖政策,旨在摧毁旧王朝的残余势力。750 年 6 月,倭马亚家族 80 余人应阿布·阿拔斯的叔父阿卜杜拉·阿里的邀请,来到巴勒斯坦的阿布·弗特鲁斯城中

---

① Kennedy, H., *The Prophet and the Age of the Caliphate*, p.129, pp.82—83, p.130.

② Watt, W.M., *The Majesty That Was Islam*, p.108.

③ Lambton, A.K.S., *State and Government in the Medieval Islam*, Oxford 1985, p.44.

赴宴，席间悉遭杀害。只有希沙姆的嫡孙阿卜杜勒·拉赫曼戏剧性地逃离宴席，潜往马格里布，后在伊比利亚割据自立。倭马亚王朝的历代哈里发虽已不在人世，他们的陵墓却依然遭到破坏，尸体尽受凌辱。希沙姆的尸体尚未腐烂，被掘墓者鞭打之后，焚为灰烬。欧默尔二世由于素有圣徒的美称，免遭掘墓毁尸的劫难。

倭马亚时代后期，什叶派曾经与阿拔斯派在"归权先知家族"的政治基础之上结成联盟，共同反对倭马亚王朝的统治。然而，什叶派的目标在于建立由阿里的后裔所统治的国家。自阿拔斯王朝建立伊始，什叶派便将阿拔斯人视作非法的篡位者，企图拥戴阿里的后裔取代阿拔斯家族的哈里发，从而成为威胁阿拔斯王朝的政治隐患。阿布·阿拔斯即位以后，于 750 年 2 月处死库法的哈希姆派首领阿布·萨拉玛。曼苏尔（754—775 年在位）当政期间，阿拔斯王朝继续追捕和迫害阿里家族的成员，尤其是在麦地那将阿里的长子哈桑的后裔悉数囚禁，导致什叶派与阿拔斯哈里发之间矛盾的激化。

库法在倭马亚时代曾经是什叶派的主要据点，但是在阿拔斯王朝初期却处于哈里发的严密控制之下。于是，什叶派选择另外两座城市，哈桑的曾孙穆罕默德·阿卜杜拉和易卜拉欣·阿卜杜拉兄弟两人约定，分别在麦地那和巴士拉同时发动起义。762 年，穆罕默德·阿卜杜拉在麦地那释放被囚禁的阿里家族成员，由著名教法学家马立克·艾奈斯主持宗教仪式，解除阿里家族成员效忠于阿拔斯哈里发的誓言，公开谴责曼苏尔的统治。穆罕默德·阿卜杜拉的追随者 300 余人效仿先知穆罕默德曾经采用的战术，在麦地那绿洲的外围挖掘壕沟，抵御阿拔斯军队的进攻，然而未能奏效，起义失败。穆罕默德·阿卜杜拉被阿拔斯王朝处死，尸体悬挂在麦地那示众。[①]同年，易卜拉欣·阿卜杜拉在巴士拉发动起义，声势浩大，追随者一度达数万之众。但是，易卜拉欣·阿卜杜拉在关键时刻犹豫不决，未能及时进攻兵力空虚的库法，错失良机，使哈里发得以喘息，从叙利亚和希贾兹调集重兵发动反攻。763 年 2 月，易卜拉欣·阿卜杜拉的追随者与伊萨·穆萨率领的阿拔斯军队在库法以南的巴哈姆拉发生激战，易卜拉欣·阿卜杜拉兵败身亡，首级被送交哈里发。[②]

阿布·阿拔斯当政期间，哈里发国家的政治格局表现出东西分治的倾

---

① Kennedy, H., *The Early Abbasid Caliphate*, p.68.

② 泰伯里：《历代先知与君王史》，第 3 卷，第 315—316 页。

向。阿布·穆斯林作为阿拔斯王朝的开国元勋,出任呼罗珊总督,驻节木鹿,统辖扎格罗斯山以东的广大地区,具有颇强的势力。阿布·穆斯林位高权重,号令一方,并且染指宫廷事务,干涉朝政,甚至以自己的名义发行钱币。曼苏尔即位以前曾经在木鹿目睹阿布·穆斯林的势力,并且告诫阿布·阿拔斯:"如果你听任阿布·穆斯林为所欲为,你将失去哈里发的权位,臣民也将不再遵从你的命令。"751 年,阿布·穆斯林遣部将齐亚德进兵阿姆河右岸,在怛罗斯击败唐朝安西节度使高仙芝部,俘唐军 2 万人。753 年,阿布·穆斯林亲自护送朝觐队伍赶赴麦加,其政治势力达到顶峰。

在扎格罗斯山以西地区,阿布·阿拔斯实行家族政治的原则,赐封阿拔斯人出任要职,借助于血缘的纽带确保哈里发对各地的控制。阿布·阿拔斯的叔父阿卜杜拉·阿里是扎布河战役中击败麦尔旺二世的功臣,阿拔斯王朝建立后出任叙利亚总督。阿布·阿拔斯的另外三位叔父萨利赫·阿里、达乌德·阿里和苏莱曼·阿里分别出任埃及总督、库法总督和巴士拉总督,曼苏尔在即位之前曾经出任贾吉拉和阿塞拜疆总督。另外,一些名望甚高的阿拉伯人家族,如穆哈拉布家族、古太白家族、凯斯尔家族、乌凯勒家族,其成员亦被哈里发委以重任,成为制约和抗衡阿布·穆斯林以及呼罗珊人的政治势力。①

754 年 6 月阿布·阿拔斯死后,哈里发曼苏尔、叙利亚总督阿卜杜拉·阿里和呼罗珊总督阿布·穆斯林三人形成鼎足之势,阿拔斯王朝面临严峻的政治形势。阿卜杜拉·阿里觊觎哈里发的权位,自叙利亚举兵反叛。曼苏尔初任哈里发,立足未稳,尚难以抗衡阿卜杜拉·阿里,于是求助于阿布·穆斯林。754 年 11 月,阿布·穆斯林统率的呼罗珊军队在底格里斯河上游的纳绥宾击败阿卜杜拉·阿里统率的叙利亚军队。阿卜杜拉·阿里逃到巴士拉,寻求苏莱曼·阿里的庇护。764 年,哈里发为他营造一处新居。不久,新居坍塌,阿卜杜拉·阿里丧命。②

阿卜杜拉·阿里兵败以后,曼苏尔与阿布·穆斯林的关系急剧恶化。曼苏尔试图将阿布·穆斯林调往叙利亚或埃及出任总督,以便削弱这位开国元勋的权势。阿布·穆斯林拒绝接受哈里发的委派,班师撤往呼罗珊。然而,阿布·穆斯林在行至扎格罗斯山西侧的胡勒万时,获悉木鹿的守将

① 泰伯里:《历代先知与君王史》,第 3 卷,第 321 页。
② 泰伯里:《历代先知与君王史》,第 3 卷,第 330 页。

阿布·达乌德·哈立德倒戈投靠曼苏尔,只得应召面谒哈里发,随即被处死于泰西封。[①]此后,哈里发一统天下,号令四方,阿拔斯王朝的基业得到巩固。

新都巴格达

阿布·阿拔斯和曼苏尔当政期间,哈里发曾经在伊拉克中部相继选择库法、哈希米叶、安巴尔和泰西封作为宫廷驻地。758—762 年,曼苏尔斥资 400 万迪尔罕,在巴格达营建新都。[②]

巴格达原是波斯帝国的一个古老村落,位于底格里斯河西岸,地处塞瓦德的北端,南距萨珊王朝旧都泰西封约 20 公里。这里扼守自伊拉克向东通往呼罗珊的道路,沿底格里斯河向南可至巴士拉和波斯湾沿岸诸地以及遥远的信德,向北可至摩苏尔和拉卡以及拜占庭边境。巴士拉一带盛产椰枣,摩苏尔周围盛产谷物,可以为巴格达提供充足的食物来源。不仅如此,伊拉克中部具有悠久的建都传统。在某种意义上讲,阿拔斯王朝继承了古代西亚的政治遗产,巴格达则是汉谟拉比和尼布甲尼撒二世时代的巴比伦以及萨珊王朝时代的泰西封在伊斯兰时代的延续。762 年,新都建成。

巴格达本意为天赐。曼苏尔将巴格达称作和平城,时人则称之为曼苏尔城。新都因呈圆形,故而又称团城。[③]巴格达分为皇城、内城、外城三层,各设城墙,构成三个同心圆。同心圆的中心是哈里发的宫殿,因宫门镀金而取名金门宫,又因其绿色圆顶高达 49 米而称绿圆顶宫。皇城、内城和外城各有四座城门,按其通往的方向分别称作呼罗珊门、沙姆门(叙利亚古称沙姆)、库法门和巴士拉门。四条大街从哈里发的宫殿伸向城门,形似车轮辐条。城内大街两旁曾是商贾云集的闹市区。后来,曼苏尔出于安全的考虑,将城内的市场迁至城南的卡尔赫,驻扎呼罗珊战士的哈尔比耶军营位于团城的北侧。[④]

768 年,曼苏尔之子穆罕默德(即后来的哈里发马赫迪)从莱伊返回巴格达。哈里发于是在底格里斯河东岸建造鲁萨法宫,作为王储的宫殿。鲁萨法宫又称东城,与团城隔河相望,并有浮桥相连,互为犄角之势。

---

① Kennedy, H., *The Early Abbasid Caliphate*, pp.61—62.

② Shaban, M.A., *Islamic History, A New Interpretation 750—1055*, Cambridge 1976, p.9.

③ Gordon, M.S., *The Rise of Islam*, Westport 2005, p.54.

④ Lassner, J., *The Shape of Abbasid Rule*, pp.188—189.

773年,曼苏尔在团城附近另建永恒宫,其中的花园足以使人联想起《古兰经》中所描述的天园。①

从马赫迪到哈迪

775年,曼苏尔在朝觐途中死于麦加附近。阿拔斯王朝曾经在圣城的周围挖掘百余孔墓穴,却将这位哈里发秘密埋葬于不为人知的地方。最初,曼苏尔指定他的族弟伊萨·穆萨作为自己的继承人。后来,曼苏尔改变初衷,另立其子穆罕默德取代伊萨·穆萨作为哈里发的继承人。775年曼苏尔死后,穆罕默德即位,是为马赫迪(775—785年在位)。

阿拔斯人的兴起,曾经借助于其与什叶派的联盟以及阿里家族追随者的支持。所谓"哈希姆的遗嘱"是阿拔斯派政治势力得以发展的重要条件,亦是阿拔斯人出任哈里发的政治依据。马赫迪即位以后,放弃阿拔斯人的传统观点,提出新的立国思想,强调阿拔斯人出任哈里发的合法地位并非来源于阿里之孙阿布·哈希姆的遗嘱,而是在于其与先知穆罕默德之间的血亲关系;阿拔斯·阿卜杜勒·穆塔里布作为先知穆罕默德的叔父,超过先知穆罕默德的女婿阿里,是哈希姆族中与先知穆罕默德最具亲缘关系的人,其后裔理应成为圣族的政治代表和哈里发国家的统治者。这一思想旨在否定阿里家族的后裔对于哈里发权位的要求,进而奠定阿拔斯哈里发国家的理论基础。

什叶派于762年发动的起义虽然失败,但是仍构成威胁阿拔斯王朝的政治隐患,尤其在不满于阿拔斯哈里发统治的诸多社会势力中影响甚大。马赫迪当政期间,阿拔斯王朝放弃高压政策,采取安抚手段,极力缓解什叶派与阿拔斯人之间的对立。因762年参与起义而被囚禁的什叶派成员得到赦免,500名麦地那青年被招募至巴格达担任哈里发的宫廷卫士。777年,马赫迪将希贾兹的哈里发地产赐予巴士拉起义首领易卜拉欣·阿卜杜拉之子哈桑,并将法达克一带曾被倭马亚王朝没收的地产归还阿里家族。叶尔孤卜·达乌德曾因参加762年阿里派在巴士拉的起义而被曼苏尔囚禁于巴格达,在马赫迪即位以后得到赦免,并被哈里发委以重任,甚至官居维齐尔,成为沟通阿拔斯人与什叶派之间联系的重要人物。②

阿布·穆斯林死后,阿拔斯哈里发巩固了在扎格罗斯山以东地区的统

① Lassner, J., *The Shape of Abbasid Rule*, p.163.

② Kennedy, H., *The Early Abbasid Caliphate*, p.99.

治。但是,伊朗高原的土著势力与阿拔斯王朝之间依然存在着尖锐的矛盾。波斯贵族苏恩巴泽聚集阿布·穆斯林的旧部,宣称阿布·穆斯林即将作为马赫迪复临人间,在内沙浦尔发动叛乱,继而攻占莱伊和库姆,驱逐阿拉伯人,试图恢复古代波斯的传统信仰。曼苏尔派遣伊吉勒部落首领贾赫瓦尔·马拉尔率领移居伊朗西部的阿拉伯战士1万人进攻苏恩巴泽,平定反叛。

与此同时,胡拉米教派兴起于呼罗珊的东部,承袭古代波斯的马兹达克教和摩尼教以及佛教的诸多思想,强调善恶并存于世界的二元倾向,反对现存的社会制度,主张消除贫富不均的现象,建立公有与平等的新秩序。胡拉米教派否认阿布·穆斯林的死亡,预言阿布·穆斯林将重返人间,铲除邪恶,伸张正义,拯救苦难的生灵。波斯人哈希姆·哈金曾于747年追随阿布·穆斯林参加呼罗珊的起义。阿布·穆斯林死后,哈希姆·哈金被哈里发囚禁于巴格达15年之久。后来,哈希姆·哈金越狱逃离巴格达,来到阿姆河右岸的粟特一带,宣传胡拉米教派的思想,自称是神的化身和继穆罕默德、阿里、阿布·穆斯林之后传播启示的使者,并常用绿纱罩住面部,被时人称作穆盖奈耳,意为蒙面人。[1]776年,哈希姆·哈金在布哈拉以南的碣石附近发动叛乱。反叛者身着白衣,举白旗为帜,以示对抗崇尚黑色的阿拔斯王朝。他们采取游击战术,屡败阿拔斯军队,先后围攻布哈拉和撒马尔罕,一度控制阿姆河右岸。778年,呼罗珊总督穆阿兹·穆斯林调集重兵,围剿哈希姆·哈金。780年,阿拔斯军队攻陷反叛者的最后据点赛纳姆堡,哈希姆·哈金自焚而死。[2]

785年马赫迪死后,其子哈迪(785—786年在位)即位。哈迪放弃安抚政策,排斥和迫害什叶派,再度激化什叶派与阿拔斯人的矛盾。786年5月,侯赛因·阿里在麦地那发动起义。不久,起义失败,侯赛因·阿里被杀。[3]是为什叶派在哈里发国家的腹地发动的最后一次起义。此后,什叶派的活动区域逐渐转移到伊斯兰世界的边缘地带。侯赛因·阿里的追随者伊德利斯·阿卜杜拉逃离希贾兹,潜入马格里布,于788年在摩洛哥建立伊斯兰历史上的第一个什叶派政权伊德利斯王朝。伊德利斯·阿卜杜拉的兄弟叶赫亚·阿卜杜拉逃到里海南岸的山区,在德拉姆人中进行秘密的宣传活动,亦颇有影响。

---

① Lapidus, M.A., *A History of Islamic Societies*, p.79.

② Kennedy, H., *The Early Abbasid Caliphate*, pp.184—185.

③ Kennedy, H., *The Early Abbasid Caliphate*, p.109.

哈伦盛世

哈伦(786—809 年在位)是阿拔斯时代最著名的统治者。哈伦当政期间,哈里发国家进入鼎盛阶段。《天方夜谭》曾经生动地渲染哈伦的文治武功和奇闻逸事,使这位盛世之君闻名遐迩,蜚声伊斯兰世界。

哈伦是阿拔斯王朝第三位哈里发马赫迪之子,其母海祖兰原为也门籍的女奴,具有柏柏尔血统。哈伦自幼天资聪颖,接受波斯式的良好教育,具有卓越的军事才能。马赫迪当政期间,哈伦曾于 780 年统兵征讨拜占庭,战绩颇佳。782 年,哈伦再次率军远征君士坦丁堡,兵抵博斯普鲁斯海峡,迫使拜占庭女皇伊琳娜纳贡乞和。哈伦从此名声大震,开始出任西方诸省区的最高长官。马赫迪为表彰哈伦的功绩,赐封他以拉希德(正直者)的称号,并且将他立为继哈迪之后的第二王储。786 年 9 月,哈迪暴死于巴格达宫中,哈伦即位。

哈伦即位后,继续致力于征讨拜占庭的圣战。自倭马亚王朝后期,伊斯兰世界的北部边境趋于稳定,哈里发国家在叙利亚北部的阿达纳、麦西纳、塔尔苏斯以及陶鲁斯山区的马拉蒂亚、马尔阿什、哈达斯诸地兴建一系列军事要塞,屯驻重兵。哈伦当政期间,在叙利亚北部边境设置新的行省,称阿沃绥姆,将该省的岁入悉数用于对拜占庭的圣战。802 年,拜占庭皇帝尼斯福鲁斯一世即位,宣布废除伊琳娜女皇与阿拔斯王朝订立的屈辱性和约,并且致书巴格达,要求哈伦退还拜占庭帝国已经缴纳的贡税。哈伦怒不可遏,在尼斯福鲁斯一世的书信背面写上了著名的答复之辞:"奉至仁至慈的安拉的名义,穆斯林的长官哈伦致罗马人的狗尼斯福鲁斯。不信道的女人所生的儿子,我已阅过你的书信。至于我的回答,我一定会叫你看到,只是现在你还无法听到！平安。"哈伦并没有食言,随即统领 10 余万人的庞大军队远征小亚细亚,攻陷赫拉克利亚、泰阿纳、伊科纽姆和以弗所等地。穆斯林的强大攻势,迫使尼斯福鲁斯一世重新乞和,甚至皇帝本人及其家族成员也不得不向阿拔斯王朝缴纳颇有侮辱色彩的人丁税。①

在大举征讨拜占庭的同时,阿拔斯王朝与欧洲西部的统治者法兰克王国之间似乎存在着交往与合作,因为他们拥有共同的敌人,那就是希沙姆的嫡孙阿卜杜勒·拉赫曼在伊比利亚建立的后倭马亚政权。法兰克皇帝查理曼曾经在 797 年和 802 年两次遣使谒见哈伦,哈伦也曾在 801 年和 807 年遣使

---

① 泰伯里:《历代先知与君王史》,第 3 卷,第 696 页。

回访查理曼。双方互赠礼品，以示友好。在法兰克人从巴格达带回的礼品中，有哈里发国家特产的香料和大象，还有一台精美别致的时辰钟(即漏壶)。哈伦还曾接待过来自印度的使团，他们向哈里发赠送许多贵重的礼品。[①]800年前后，在旧大陆的文明世界，中国的唐朝雄踞东方，查理曼在西欧建立起庞大的帝国，哈伦统治下的阿拔斯王朝在亚非欧大陆的中央地带独领风骚，三者可谓并驾齐驱，异彩纷呈。

哈伦当政期间，波斯血统的巴尔麦克家族显赫一时，成为穆斯林瞩目的焦点。巴尔麦克家族的沉浮，则是此间哈里发国家政治生活的重要内容。巴尔麦克本意为佛教高僧。哈立德·巴尔麦克祖居呼罗珊，其父任职于巴勒黑城的诺巴哈尔佛寺，在呼罗珊一带颇具声望。[②]10世纪初的阿拉伯地理学家伊本·法基赫曾经在《地志》一书中将呼罗珊的巴尔麦克人比作阿拉伯半岛的古莱西人。倭马亚时代末期，哈立德·巴尔麦克放弃佛教，改奉伊斯兰教，并参加阿拔斯派在呼罗珊发动的起义，效力于阿布·穆斯林和卡赫塔巴·沙比卜的麾下。阿拔斯王朝建立后，哈立德·巴尔麦克受命掌管税收事务，并且出任泰伯里斯坦、法尔斯和贾吉拉的总督，其子叶赫亚·哈立德出任阿塞拜疆总督。自马赫迪即位开始，叶赫亚·哈立德长期出任维齐尔，其弟穆罕默德·哈立德和其子法德勒·叶赫亚、贾法尔·叶赫亚等人亦任要职。[③]巴尔麦克家族位高权重，门生故吏遍布各地。哈伦当政的前期，巴尔麦克家族的政治势力达到顶峰。许多历史学家甚至将786—803年称作巴尔麦克人的时代。[④]他们执掌着国家权力，支配着国家的岁入，影响无处不在。哈里发国家的要员大都出自他们的家族，或者是他们的同党。几乎所有的人都向他们俯首帖耳，他们的威望甚至超过他们的主人。巴尔麦克人利用职权，聚敛财富，过着帝王般的生活。他们在巴格达东区修筑的宅邸，与底格里斯河西岸的哈里发宫廷交相辉映。他们还豢养文人墨客，为自己歌功颂德。巴尔麦克人在阿拉伯语中甚至成为慷慨者的同义词。贾法尔·叶赫亚是《天方夜谭》中的著名人物，“贾法尔的慷慨”尽人皆知。巴尔麦克人执政期间，波斯贵族的政治势力急剧膨胀，阿拉伯人相形见绌。呼罗珊处于巴尔麦克人的控制之下，俨然成为伊斯兰世界的国中之国。然而，巴尔麦克人的权势和财富，引起

---

① 泰伯里:《历代先知与君王史》，第3卷，第821页。

② Jaydan, J., *History of Islamic Civilization*, p.164.

③ Kennedy, H., *The Early Abbasid Caliphate*, pp.101—102, pp.116—117.

④ Kennedy, H., *The Prophet and the Age of the Caliphate*, p.139.

其他政治集团的不满，哈伦对此亦萌生妒意和忌恨之心，因为哈里发国家的天空不能允许有两轮太阳。据说，哈伦不愿其妹阿巴赛嫁人离去，曾命阿巴赛与贾法尔・叶赫亚结为名义上的夫妻，两人却偷食禁果，并将所生的男孩藏匿在麦加。803年，哈伦以通奸的罪名处死贾法尔・叶赫亚，将他的尸体剖成两半，连同首级在巴格达高悬示众。哈伦还查抄巴尔麦克人的家产，并将叶赫亚・哈立德和法德勒・叶赫亚父子下狱。[①]此后，巴尔麦克人在哈里发国家的政治舞台销声匿迹。

阿拔斯王朝前期，呼罗珊在伊斯兰世界占据十分重要的地位。倭马亚时代，呼罗珊只是哈里发国家的一个边远省区，隶属于驻节瓦西兑的伊拉克总督。阿拔斯王朝建立后，呼罗珊成为独立的行省，隶属于巴格达的哈里发。总督的人选大都来自土著血统的贵族，构成阿拔斯王朝前期呼罗珊区别于其他行省的明显特征。然而，呼罗珊的土著贵族与阿拔斯王朝之间始终存在着尖锐的矛盾，呼罗珊岁入的流向则是矛盾的焦点。巴格达的哈里发将呼罗珊视作其重要的财源所在，极力向呼罗珊征收巨额的税收，用来维持阿拔斯王朝的庞大开支，呼罗珊的土著贵族则强调其在伊斯兰世界的特殊地位，要求将呼罗珊的岁入用于当地的建设和在东部边境的圣战。军队的调动构成呼罗珊土著贵族与阿拔斯王朝之间矛盾的另一焦点。哈里发曼苏尔曾经命令呼罗珊总督阿卜杜勒・贾巴尔出兵参加拜占庭边境的圣战，阿卜杜勒・贾巴尔则以东部边境的战事需要为由拒绝执行曼苏尔的命令。后来，曼苏尔准备进兵东部边境平息骚乱，阿卜杜勒・贾巴尔却声称呼罗珊财力不足，无法负担哈里发的军队在东部边境征战的费用。794年，巴尔麦克人法德勒・叶赫亚出任呼罗珊总督，赋予呼罗珊土著贵族以广泛的权力，并且大幅度削减呼罗珊上缴巴格达的税额。[②]797年，阿里・伊萨取代法德勒・叶赫亚出任呼罗珊总督，改变巴尔麦克人的政策，排斥呼罗珊土著贵族，从而加剧了呼罗珊土著贵族与阿拔斯王朝之间的矛盾。806年，原倭马亚王朝在呼罗珊的末代总督纳绥尔・赛亚尔的后裔拉菲・莱斯在撒马尔罕发动叛乱，影响甚大。哈伦委派哈尔萨玛・埃亚恩取代阿里・伊萨出任呼罗珊总督，但仍无法平息叛乱。808年底，哈伦离开伊拉克，御驾东征。次年，哈伦在进兵撒马尔罕的途中病故，葬于突斯附近的萨纳巴兹。[③]

---

① 泰伯里：《历代先知与君王史》，第3卷，第1567页。

② 泰伯里：《历代先知与君王史》，第3卷，第1795页。

③ Kennedy, H., *The Early Abbasid Caliphate*, p.132.

内战与秩序的重建

792 年,哈伦指定长子穆罕默德(即艾敏)作为哈里发的第一继承人。穆罕默德因其生母祖拜德系阿拔斯家族成员,具有较为纯粹的阿拉伯血统。哈伦当政的后期,北方重镇拉卡成为哈里发的主要驻地,穆罕默德代理其父留守巴格达。799 年,哈伦指定次子阿卜杜拉(即马蒙)为第二继承人。阿卜杜拉因其生母马拉吉勒系呼罗珊贵族乌斯塔兹希斯之女,具有波斯血统。802 年,哈伦在麦加明确规定了穆罕默德与阿卜杜拉的各自权限:穆罕默德将首先承袭父位,出任哈里发,并且直接治理伊拉克和西部各省;阿卜杜拉具有承袭兄位出任哈里发的权利,并且统辖扎格罗斯山以东地区。另外,哈伦还指定三子嘎希姆作为哈里发的第三继承人,可继阿卜杜拉之后承袭哈里发的权位,同时赐封叙利亚北部作为嘎希姆的领地。①

然而,艾敏(809—813 年在位)即位以后,并没有遵循哈伦的遗训。他不能容忍马蒙和嘎希姆与自己共治天下,首先剥夺嘎希姆在叙利亚北部的领地,继而向马蒙施加压力,要求马蒙割让大呼罗珊西部领地,将扎格罗斯山以东地区的岁入上缴巴格达,接受哈里发派驻木鹿的官员。马蒙拒绝艾敏的要求,并且自称伊玛目,与艾敏分庭抗礼。②

810 年,艾敏在巴格达宣布其子穆萨取代马蒙作为哈里发的继承人,解除马蒙在东部省区的统治权力。811 年,艾敏起用阿里·伊萨重新出任呼罗珊总督,统兵 4 万自伊拉克进入伊朗高原,征讨马蒙。马蒙遣部将塔希尔·侯赛因率军 5 000 人迎战,在莱伊城外击败艾敏的军队,斩杀阿里·伊萨。③莱伊之战的胜利使马蒙声威大震,伊斯兰世界形势骤变,埃及、希贾兹和贾吉拉等地纷纷倒向木鹿,巴格达的哈里发仅仅控制伊拉克和叙利亚。塔希尔·侯赛因挥师西进,占领伊朗西部重镇哈马丹和胡勒万,逼近伊拉克。艾敏倾尽最后的力量,再次派出 4 万人的大军前往胡勒万迎战。但是,这支军队滞留于伊拉克东部的哈尼金,抗命不前,随即自行瓦解。812 年初,呼罗珊总督哈尔萨玛·埃亚恩率军 3 万人自木鹿进入伊拉克助战,马蒙的军队占领瓦西兑、库法和巴士拉,兵临巴格达城下。813 年 9 月,塔希尔·侯赛因和哈尔萨

① Kennedy, H., *The Early Abbasid Caliphate*, p.124.

② Kennedy, H., *The Early Abbasid Caliphate*, p.136.

③ Kennedy, H., *The Prophet and the Age of the Caliphate*, p.150.

玛·埃亚恩分别攻入巴格达的西区和东区，艾敏死于乱军之中。与此同时，马蒙在呼罗珊的木鹿被拥立为哈里发(813—833年在位)。[1]

艾敏与马蒙之间的战争，严重地破坏了哈里发国家的秩序，伊斯兰世界的政治形势处于极度混乱的状态，尤其是什叶派在伊拉克屡有骚乱，威胁阿拔斯王朝。马蒙即位后，最初定都木鹿，以呼罗珊作为哈里发国家的统治中心，企图借助于波斯贵族的势力恢复秩序。马蒙采纳维齐尔法德勒·萨赫勒的建议，实行与阿里家族成员联姻的策略，于817年将自己的女儿许配阿里之子侯赛因的后裔阿里·穆萨·卡兹姆，即后来被什叶派尊为第八位伊玛目的阿里·里达，宣布阿里·穆萨·卡兹姆作为哈里发的继承人，将后者的名字铸在钱币上，甚至将阿拔斯王朝崇尚的黑旗改为什叶派崇尚的绿旗。马蒙的上述举措，旨在安抚什叶派和平息什叶派的骚乱，进而争取什叶派的支持。但是，此举遭到逊尼派穆斯林的激烈反对。马蒙的叔父易卜拉欣在伊拉克被反对派拥立为哈里发，战火复燃。迫于形势的压力，马蒙于818年离开木鹿，启程前往伊拉克。途中，法德勒·萨赫勒和阿里·穆萨·卡兹姆相继被哈里发秘密处死于萨拉赫斯和突斯。此后，突斯改称马什哈德(阿拉伯语中意为殉教者的葬身处)，成为与纳杰夫和卡尔巴拉齐名的什叶派宗教圣地。819年，马蒙击败易卜拉欣，入主巴格达，放弃什叶派的绿色标志，恢复阿拔斯王朝的国色。[2]

伊朗马什哈德的阿里·里达清真寺

① Kennedy, H., *The Early Abbasid Caliphate*, p.143, p.148.
② Kennedy, H., *The Early Abbasid Caliphate*, p.159, p.162.

马蒙入主巴格达,标志着伊斯兰世界内战的结束。然而,内战的结局并非呼罗珊土著贵族的胜利,只是伊斯兰世界各个政治集团的相互妥协。马蒙的胜利并不在于他所拥有的军事优势,而是由于敌对势力的分裂和哈里发的一系列让步。内战结束后,伊拉克的骚乱得到平息,但是叙利亚和埃及的秩序仍有待恢复。于是,马蒙遣塔希尔·侯赛因之子阿卜杜拉·塔希尔自伊拉克进军叙利亚,825年击败纳绥尔·沙巴斯为首的阿拉伯人乌凯勒部落的反叛势力。此后,阿卜杜拉·塔希尔移兵埃及,击败弗斯塔特的反叛者欧拜杜拉·萨尔里,降服尼罗河三角洲的反叛者阿里·贾拉维,并将来自伊比利亚的阿拉伯难民逐出亚历山大,恢复阿拔斯哈里发在埃及的统治权力。①

在伊斯兰世界的特定条件下,哈里发的个人权力往往受到神学理论的诸多约束,宗教学者则是哈里发集权统治的潜在障碍。827年,马蒙宣布伊斯兰教穆尔太齐勒派关于"《古兰经》受造"的理论是唯一合法的官方信条,否定关于"《古兰经》之永恒存在"的传统学说,排斥经注学家、圣训学家、教义学家和教法学家根据神学理论限制哈里发集权统治的权力。833年,马蒙颁布敕令,规定拒绝接受上述官方信条的穆斯林不得出任宗教职务,已经任职者予以革职,进而实行米赫奈制度。米赫奈在阿拉伯语中意为甄别,甄别的对象是宗教学者,甄别的范围波及伊拉克、叙利亚和埃及等地。凡拒绝接受"《古兰经》受造"说而坚持"《古兰经》永恒存在"者,皆以异端罪论处。首批受到传讯的七位著名宗教学者由哈里发亲自审查,在高压之下,他们全部屈服。此后,其余受到甄别的宗教学者亦相继就范,被迫宣誓承认穆尔太齐勒派关于"《古兰经》受造说"的信条。著名教法学家艾哈迈德·罕百里由于拒绝接受"《古兰经》受造说",坚持"《古兰经》系安拉的无始语言和永恒存在",锒铛入狱,屡遭刑罚,直至终身病残。"《古兰经》受造说"的官方化和米赫奈制度的实行,加强了哈里发对穆斯林宗教生活和神学理论的控制,标志着阿拔斯王朝集权统治达到顶峰。②

二、集权政治的膨胀

哈里发与宫廷政治

阿拔斯王朝继承倭马亚时代的历史遗产,实行君主政治,历任哈里发皆

① Kennedy, H., *The Early Abbasid Caliphate*, p.166.

② Holt, P.M., Lambton, A.K.S. & Lewis, B., *The Cambridge History of Islam*, Vol.1A, p.123.

系阿拔斯家族的成员。倭马亚时代，哈里发的统治权力大都局限于世俗领域，很少干预穆斯林的宗教生活。阿拔斯王朝建立后，哈里发积极介入宗教事务，逐渐将统治权力伸向宗教领域。哈里发不仅负有保卫伊斯兰世界的神圣使命，而且成为全体穆斯林的宗教领袖，集教俗权力于一身，并且凌驾于社会之上，处于神圣不可侵犯的地位。对于哈里发的任何冒犯，都被视作宗教意义的亵渎。在此基础之上，阿拔斯王朝建立起高度发达的哈里发集权政治。

阿布·阿拔斯当政期间，宫廷中开始出现倭马亚时代不为人知的行刑官，并且设置用来拷打罪犯的地牢，哈里发获得对于臣民的生杀予夺权力。刽子手杀人时用来垫地的皮革，在伊斯兰史上首次铺放在哈里发御座的旁边，成为御座不可或缺的附属物。①"突然的处决和随意的惩罚，提高了哈里发的威严。"②曼苏尔首创使用御名称呼哈里发的先例，并为其后历任哈里发长期沿用。③他从来不与自己的臣属同席进餐或娱乐；在哈里发的御座与臣属的席位之间垂挂着帘子，并相隔一定的距离。他还沿用萨珊王朝的旧制，设立占星官，参照星宿的变化决定哈里发的行为。倭马亚时代，阿拉伯贵族享有许多特权，而常将哈里发视作他们中间更具资望的人，宫廷内外的界限不甚明显。阿拔斯王朝前期，哈里发俨然成为国家权力的化身，宫廷成为政治生活的中心所在。新都巴格达的圆形结构，体现着哈里发国家的集权倾向。金碧辉煌的绿顶圆宫，不仅堪称伊斯兰建筑的杰作，而且象征着哈里发与臣民之间的森严界限。称作哈吉卜的宫廷仆人大都出身奴隶或麦瓦利，在倭马亚时代的政治生活中尚无足轻重，至阿拔斯王朝前期数量剧增，成为沟通哈里发与其臣民的重要媒介，进而形成颇为广泛的政治势力。拉比尔·尤努斯原为希贾兹总督齐亚德·欧拜杜拉的奴隶，后来进入阿布·阿拔斯的宫廷，服侍哈里发。曼苏尔和马赫迪当政期间，拉比尔·尤努斯成为哈吉卜的核心人物，权倾一时。④

维齐尔与官僚政治

阿布·阿拔斯和曼苏尔当政期间，哈里发奉行家族政治的原则，许多阿

---

① 据伊本·赫勒敦记载，穆阿威叶是伊斯兰世界第一个使用御座的哈里发。见 Ibn Khaldun, *The Muqaddimah*, Vol.2, p.53。

② Wellhausen, J., *The Arab Kingdom and Its Fall*, p.562.

③ Watt, W.M., *The Majesty That Was Islam, the Islamic World 661—1100*, p.101.

④ Al-Suyuti, J., *History of the Caliphs*, Karachi 1977, p.276.

拔斯人被委以重任。马赫迪即位后,家族政治渐趋废止,官僚阶层膨胀。阿拔斯王朝沿用倭马亚时代的军事部、税收部、驿政部和档案部,并且增设王室地产部、审计部、警察部和平反院等机构,进而形成规模庞大的官僚体系。[①]官僚的主要来源,是称作库塔卜的文职书吏,他们大都出身于波斯血统的乡绅阶层,通晓多种学问。至于阿拉伯人,能征惯战者极多,而舞文弄墨者却如凤毛麟角。维齐尔的出现,是阿拔斯王朝前期政治生活的突出内容。哈里发的集权、官僚体系的膨胀和库塔卜的兴起,构成维齐尔制度的政治基础。

许多研究者认为,阿拔斯时代的维齐尔相当于总揽政务的宰相,维齐尔的设置乃是波斯政治传统的延续。[②]这种看法不尽正确。"维齐尔"并非波斯语特有的词汇,阿拉伯语中亦有"维齐尔"一词,其本意是辅弼,曾经两次出现于《古兰经》关于穆萨的章节之中。[③]相传,麦地那时代的许多阿拉伯人称阿布·伯克尔为先知穆罕默德的维齐尔,称欧默尔为阿布·伯克尔的维齐尔,称奥斯曼和阿里为欧默尔的维齐尔。[④]倭马亚时代,库法的起义者穆赫塔尔自称是伊玛目伊本·哈奈菲叶的维齐尔,诗人辛德·栽德和哈里萨·巴德尔则将伊拉克总督齐亚德·阿比希誉为哈里发穆阿威叶的维齐尔,而与阿拔斯人联系甚密的哈希姆派首领阿布·萨拉玛亦称为先知家族的维齐尔。阿拔斯王朝建立后,维齐尔开始成为哈里发国家的正式官职。然而,最初任职的维齐尔并非出自波斯血统,亦不具有总揽政务的广泛权力,其地位近似于宫廷仆人哈吉卜。曼苏尔当政期间,阿布·阿尤布和拉比尔·尤努斯先后出任维齐尔,负责哈里发的宫廷内务,掌管印玺、往来文书和王室地产。马赫迪当政期间,维齐尔的权力范围逐渐扩大。维齐尔阿布·欧拜杜拉曾经建议哈里发实行分成制,开始参与税收管理。哈伦当政初期,波斯血统的巴尔麦克家族成员贾法尔·叶赫亚出任维齐尔,辅佐哈里发统辖各部,总揽政务,甚至被哈里发赐予艾米尔的头衔,行使相应的军事职权。哈伦曾经对贾法尔·叶赫亚说:"我将全体臣民托付给你,赋税的征收、案件的审理和官吏的任免皆由你定夺,你可以不受任何约束地行使自己的权力。"[⑤]巴尔麦克家族失势以后,维齐尔的权力范围明显缩小,叶赫亚的继任者法德勒·拉比尔无权过问

---

① Ali, A., *A Short History of the Saracens*, p.414.

② Goitein, S.D., *Studies in Islamic History and Institution*, Leiden 1963, pp.168—169.

③ 《古兰经》,20:29, 25:35。

④ Ibn Khaldun, *The Muqaddimah*, Vol.2, p.8.

⑤ Goitein, S.D., *Studies in Islamic History and Institution*, p.170, pp.175—177, p.180, p.182.

税收和驿政事务。马蒙在木鹿当政期间，法德勒·萨赫勒出任维齐尔，继巴尔麦克家族的叶赫亚之后再度统辖军政要务，被哈里发称为“拥有两种权力的人”。[①]然而，此后的历任维齐尔大都专掌税收事务。哈里发的集权政治制约着维齐尔的权力，是为阿拔斯王朝前期维齐尔制度的显著特征。

行政区划与地方治理

阿拔斯王朝前期哈里发国家的行政区划，大体遵循着地理的自然分布和传统的政治格局。阿布·阿拔斯当政期间，哈里发国家划分为12个行省，包括埃及和马格里布、叙利亚、也门、希贾兹、巴士拉、塞瓦德、摩苏尔、贾吉拉、法尔斯、胡齐斯坦、呼罗珊、信德。[②]后来，行政区划逐渐缩小，改分为24个行省，包括马格里布及西西里、埃及、叙利亚、希贾兹、也门、巴士拉、塞瓦德、贾吉拉、阿塞拜疆、吉巴勒、胡齐斯坦、法尔斯、克尔曼、莫克兰、锡斯坦、亚美尼亚、朱尔占、泰伯里斯坦、库米斯、库希斯坦、呼罗珊、花剌子模、粟特、费尔干纳；其中，前5个行省统称西方省区，其余行省统称东方省区。[③]行省之下的行政单位称作库拉，库拉之下的行政单位称作塔萨希格，塔萨希格之下的行政单位称作拉萨提格，拉萨提格之下的行政单位是自然村落。[④]

倭马亚时代，哈里发国家奉行阿拉伯人统治的原则，行省总督几乎皆为阿拉伯人，而且大都出自古莱西部落。阿拔斯王朝前期，行省总督的职位不再被阿拉伯人垄断，波斯人出任行省总督者比比皆是。阿拔斯时代，伊斯兰世界的东部与西部之间依然存在一定程度的区域差异。哈里发坐镇巴格达，往往委派得力的亲信出任东方省区和西方省区的最高长官，加强对行省的控制。巴尔麦克家族的法德勒·叶赫亚曾任东方省区的最高长官，贾法尔·叶赫亚曾任西方省区的最高长官。马赫迪即位之前曾任东方省区的最高长官，哈伦即位之前曾任西方省区的最高长官。哈伦当政期间，其子马蒙任东方省区的最高长官，艾敏任西方省区的最高长官。东方省区的最高长官驻节木鹿，以呼罗珊为统治中心，兼领伊朗西部和中亚各地。西方省区的最高长官驻节大马士革或弗斯塔特，以叙利亚和埃及为统治中心，着力于对拜占庭的圣战和监视马格里布的柏柏尔人。

---

① Siddiqi, A.H., *The Origins and Development of Muslim Institution*, p.120.

② Kremer, A.F., *The Orient Under the Caliphs*, pp.218—219.

③ 希提：《阿拉伯通史》，第385—386页。

④ Strange, G., *The Lands of the Eastern Caliphate*, p.248.

阿拔斯王朝前期,中央与行省之间的关系发生明显的变化,税收制度的完善与行省权力的分割是这一变化的核心内容。倭马亚时代,税收体系尚不完善,地方财政的自主倾向较为严重,行省总督往往只是按照战利品分配的传统习俗,将地方岁入总额的五分之一上缴大马士革,哈里发大都依靠王室地产作为自己的主要财源,有限的财力制约着哈里发集权政治的发展。阿拔斯王朝建立后,着力完善税收制度,行省上缴巴格达的岁入取代王室地产的收成,成为哈里发和宫廷的主要财源。阿拔斯时代,哈里发国家的岁入包括天课、人丁税、土地税以及进口贸易税和外族贡赋,其中土地税数额最大。哈伦当政期间,行省上缴巴格达的岁入高达5.3亿迪尔罕。[①]马蒙当政期间,行省上缴巴格达的岁入亦达4.7亿迪尔罕。[②]塞瓦德、埃及和呼罗珊是上缴岁入数额最大的3个行省,在哈里发国家的经济生活中占有特殊的地位。岁入流向的改变反映财政权力的集中;哈里发从行省征纳的巨额岁入,奠定了哈里发集权统治的物质基础。

麦地那哈里发时代,行省总督不仅掌管征战事务,而且行使审判权力。倭马亚王朝在行省设置称作卡迪的法官,负责审理案件和仲裁纠纷;然而,行省法官多由总督任免,缺乏必要的独立性,无力制约总督的行为。阿拔斯王朝前期,在巴格达设立称作卡迪·库达特的总法官,由哈里发亲自任命,行省法官改由总法官任命,独立行使审判权力,不受总督节制。马蒙当政期间,埃及的驿政官曾经要求与法官同理案件,遭到拒绝。后者表示,没有哈里发的授意,任何人不得干预司法事务。各级法官大都由宗教学者担任,执行宗教法律。著名教法学家阿布·尤素夫(?—798)曾经出任巴格达的第一位总法官。财政税收亦是行省权力的重要内容。阿拔斯王朝前期,称作阿米勒的财政税收长官由巴格达任命成为定制,总督不得干预行省的财政税收事务。阿拔斯时代,行省总督不再局限于阿拉伯人,许多非阿拉伯血统的穆斯林贵族相继出任行省总督,精通政事、擅长征战和不介入教派纷争是出任总督的主要条件。哈里发在行省确立权力分割的政治原则,有效地制约着行省总督的权力扩展和地方势力的增长。不仅如此,阿拔斯王朝前期的行省总督,与倭马亚时代相比,大都任期较短。曼苏尔先后任免3位塞瓦德总督和8位埃及总督,马赫迪曾经任命11位巴士拉总督,哈伦更是任免11位塞瓦德总督、15

① Levy, R., *The Social Structure of Islam*, p.320.

② Ibn Khaldun, *The Muqaddimah*, vol.1, p.361, p.365.

位巴士拉总督和22位埃及总督。[1]总督的频繁更替，有助于削弱地方势力的离心倾向，使哈里发得以强化对行省的控制，从而保证了巴格达的集权政治。

驿道与驿站

哈里发国家幅员辽阔，遥远的距离和复杂的地貌限制着巴格达与行省之间的联系，发达的驿政体系则是克服自然障碍和沟通各个地区的重要方式。哈里发国家的驿政制度始建于穆阿威叶当政期间。阿拔斯王朝建立后，驿政体系进一步完善，驿站遍布各地，驿道四通八达。阿拔斯王朝前期，全国共有930余条驿道，每年用于驿政的开支高达16万第纳尔。著名的呼罗珊大道从巴格达向东延伸，横穿伊朗高原，经哈马丹、尼哈温、加兹温、莱伊、内沙浦尔、突斯、木鹿、布哈拉，到达中亚的重镇撒马尔罕。另一条重要的驿道从巴格达向南延伸，经瓦西兑、巴士拉、阿瓦士，到达法尔斯省的首府设拉子。从巴格达向北延伸的驿道，经摩苏尔、奈绥宾、阿勒颇，通往北方边境各地。从巴格达向西延伸的驿道，经幼发拉底河上游重镇拉卡和叙利亚首府大马士革，通往埃及的弗斯塔特。北非的驿道从弗斯塔特向西延伸，经地中海南岸重镇的黎波里和凯鲁万，到达马格里布西端的苏斯·阿德纳。马赫迪当政期间，曾经开通横穿阿拉伯沙漠的驿道，将首都巴格达与希贾兹的两座圣城联结起来。[2]

四通八达的驿道具有广泛的用途，既可用于军队的调遣，亦为商队旅行和穆斯林朝觐提供便利的条件。驿使不仅传送国家公文，而且传递私人信件。东部地区的驿道大都使用马匹，西部地区的驿道多用骆驼。遇有战事或紧急情报，驿使昼夜兼程，迅速报告哈里发。行省设驿政长官，称沙希卜·巴里德，由巴格达直接任命，不受总督节制。驿政长官的主要职责是行使监察权力，向哈里发报告各地的财政税收、农业生产和农民境况、案件的审理、钱币的发行，甚至监督军队和军事行动。曼苏尔曾说：国家依靠三大支柱，即大法官、警察总监和驿政长官，并将沙希卜·巴里德称作哈里发的忠实奴仆。[3]

军队与将领

倭马亚时代，哈里发国家实行民军制度。每个穆斯林均享有领取年金的

---

① Kennedy, H., *The Early Abbasid Caliphate*, p.118.

② 伊本·胡尔达兹比赫：《道里邦国志》，宋岘译，中华书局1991年版，第163页。

③ Kremer, A.F., *The Orient Under the Caliphs*, pp.229—233.

权利，亦肩负着参加圣战的义务。他们平时各司其事，战时驰骋疆场。至于阿拉伯人，可谓全民皆兵的武装民族。阿拔斯王朝前期，新式的职业化军队逐渐取代原有的民军，成为哈里发集权政治的重要工具。

哈里发国家的战士来自南方阿拉伯人、北方阿拉伯人和呼罗珊人，分别组成拉比尔军、穆达尔军和呼罗珊军，其中呼罗珊军实力最强。762 年什叶派在巴士拉发动起义时，阿拔斯王朝的军队约 3 万人驻守莱伊，4 万人驻守马格里布，2.5 万人驻守拜占庭边境，2 000 人驻守摩苏尔，1 000 人驻守库法，4 000 人在麦地那与什叶派作战。据此推测，曼苏尔当政期间哈里发国家的兵员约 10 万余众。哈伦当政期间，巴尔麦克家族的法德勒・叶赫亚曾在呼罗珊征募新兵 5 万人，哈里发国家的兵员总额略有增加。①

阿拔斯王朝实行募兵制，士兵每月领取饷金约 80 迪尔罕。军队以骑兵为主，辅以步兵，使用长矛、战斧、弯刀和弓箭等武器。

军事统帅大都出自将门世家，自募军队和世袭军职者甚多，卡赫塔巴、哈基姆、穆赛雅布、马立克、奥斯曼和阿里・伊萨是在军中颇具名望的六大家族。②

哈里发集权统治的特质

毋庸置疑，阿拔斯王朝前期的哈里发国家在一定程度上沿袭波斯帝国的政治传统，尤其是广泛采用萨珊王朝的典章礼仪，带有浓厚的波斯色彩。著名的穆斯林学者宰丹甚至将从阿拔斯王朝建立到穆台瓦基勒即位期间称作波斯人的时代，强调波斯传统政治制度的主导地位。③但是，这并非意味着“伊朗专制的复活”，而是新的历史条件下哈里发集权统治的需要。④

阿拔斯王朝前期，哈里发诚然构成集权统治的化身，处于穆斯林社会结构的顶点位置。但是，在穆斯林社会中，维护伊斯兰教的利益乃是至高无上的政治准则，伊斯兰教的法律具有神圣的权威。伊斯兰教强调法律的来源在于安拉的启示，否认俗人的立法权力。即使哈里发亦不可随意立法，而必须服从沙里亚即伊斯兰教法的约束。“维持伊斯兰社会存在的基础，是共同接受沙里亚的约束。哈里发国家构成沙里亚的象征，每个信士首先是服从沙里

---

① Kennedy, H., *The Early Abbasid Caliphate*, p.77.
② Kennedy, H., *The Early Abbasid Caliphate*, p.79.
③ Jaydan, J., *History of Islamic Civilization*, p.142.
④ 希提：《阿拉伯通史》，第 341 页。

亚而不是服从哈里发。”①

当然，宗教法律的约束与政治生活的现实之间无疑存在一定的差异；神学理论并不等同于政治现实，但是毕竟影响着政治制度和政治生活。伊斯兰教的信条制约着哈里发的行为，沙里亚至少在理论上凌驾于哈里发之上，使得哈里发的集权统治往往只能局限在一定的范围。

三、 衰落的起点

外籍新军的崛起

阿拔斯王朝前期，哈里发的集权统治借助于教俗合一的形式达到顶峰。自9世纪中叶起，外籍势力兴起，土著政权相继割据自立，阿拔斯哈里发的集权统治日渐衰微，教俗合一的权力体制趋于废止。809—813年哈伦之子艾敏与马蒙之间的战争，是阿拔斯王朝政治嬗变的重要分界线。呼罗珊籍的阿拉伯人和阿拉伯化的波斯人，作为阿拔斯王朝前期集权统治的军事支柱，伴随着艾敏的失败而一蹶不振。来自伊斯兰世界边缘地带的外籍新军应运而生，突厥人以及亚美尼亚人、哈扎尔人、斯拉夫人、柏柏尔人、库尔德人开始登上哈里发国家的政治舞台。

前伊斯兰时代的突厥人大都分布在阿尔泰山一带，追逐水草，牧养牲畜。倭马亚王朝哈里发韦里德当政期间，古太白·穆斯林率军越过阿姆河，占领布哈拉、撒马尔罕、费尔干纳和阿什卢沙，伊斯兰教逐渐传入突厥人地区，穆斯林与突厥人之间的贸易交往随之扩大。②此后，突厥人常将其儿童作为贡赋上缴哈里发国家，进而逐渐流入伊斯兰世界的腹地。曼苏尔当政期间，突厥士兵开始出现于阿拔斯王朝军队的行列之中。③然而，阿拔斯王朝前期，哈里发国家的兵源主要来自阿拉伯人和阿拉伯化的波斯人，突厥士兵为数尚少，无力涉足伊斯兰世界的权力角逐。内战以后，阿拉伯人和阿拉伯化的波斯人力量削弱，突厥士兵人数猛增，其在哈里发国家的势力急剧膨胀。“阿拉伯人与波斯人之间的互相竞争，迫使马蒙不得不把自己的安全交付给一支奴

① Lambton, A.K.S., *State and Government in the Medieval Islam*, p.13.

② 哈桑·穆阿尼斯：《古代中世纪的阿拉伯国家与文明》，第167页。

③ Jaydan, J., *History of Islamic Civilization*, pp.215—217.

隶军团。这些奴隶一部分是柏柏尔人，主要是突厥人。”①马蒙的御弟阿布·伊斯哈格系突厥妇女玛里达所生，具有突厥血统。“他既不相信阿拉伯人，又对波斯人存有戒心，遂试图借助游牧的突厥人。”②阿布·伊斯哈格通过伊朗东部的土著王公萨曼家族，自814年起从中亚各地的奴隶市场购买突厥男童，组建名为马木路克的外籍新军。③马木路克在阿拉伯语中本意为被拥有的人，特指来自伊斯兰世界边缘地带、奴隶出身且通常享有特权的骑兵和军事贵族。817年，阿布·伊斯哈格在平息伊拉克反叛势力的过程中，首次使用突厥士兵组成的外籍新军，战绩颇佳。④马蒙当政末期，阿布·伊斯哈格麾下的突厥士兵已经达到数千人。⑤正是借助于突厥新军的力量，阿布·伊斯哈格得以在马蒙死后出任哈里发，御名穆尔台绥姆(833—842年在位)。

穆尔台绥姆当政期间，继续扩大外籍新军的规模，先后购买7万名突厥奴隶充当战士。⑥突厥将领阿什纳斯于834年出任埃及总督，哈扎尔将领伊塔赫于839年出任也门总督，标志着来自伊斯兰世界边缘地带的外籍势力开始涉足哈里发国家的政坛。⑦波斯血统的著名将领阿夫辛尽管屡有战功，却因涉嫌宫廷阴谋，欲立马蒙之子登基，被穆尔台绥姆打入地牢，活活饿死。⑧

836年，穆尔台绥姆将哈里发的宫廷从巴格达迁至萨马拉。萨马拉位于巴格达西北约120公里，地处底格里斯河东岸，正式名称是苏拉·曼·拉阿，阿拉伯语中意为见者喜悦，由突厥将领阿什纳斯主持营建，外籍新军大都驻扎在这里。当时的巴格达人曾对新都的名称有过幽默的解释：外籍士兵来到巴格达后，和平城变成骚乱城，他们移驻新都，巴格达恢复往日的安宁，令人皆大欢喜。⑨在此后的半个世纪中，穆尔台绥姆和他的七位继承人均在萨马拉临朝，并在这里建造精美华丽的宫殿和清真寺。巴尔库瓦拉宫模仿古代波斯的建筑风格，其设计与泰西封的萨珊王朝宫殿颇为相似。萨马拉清真寺耗资1 500万迪尔罕，采用砖木结构，规模宏大，可容纳万人同时礼拜，庭院中

---

① 布罗克尔曼：《伊斯兰各民族与国家史》，第157页。

② Jaydan, J., *History of Islamic Civilization*, p.217.

③ Kennedy, H., *The Prophet and the Age of the Caliphate*, p.185.

④ Kennedy, H., *The Early Abbasid Caliphate*, p.167.

⑤ Lindsay, J.E., *Daily Life in the Medieval Islamic World*, p.70.

⑥ Ashtor, E., *A Social and Economic History of the Near East in the Middle Ages*, Berkeley 1976, p.87.

⑦ Kennedy, H., *The Prophet and the Age of the Caliphate*, p.161.

⑧ 艾哈迈德·爱敏：《阿拉伯伊斯兰文化史》，第5册，史希同译，商务印书馆2001年版，第5页。

⑨ Gordon, M.S., *The Rise of Islam*, p.131.

心喷泉流水，景色别致，宣礼塔模仿古巴比伦的庙塔，呈螺旋形圆柱体，分为7级，高52米，至今尚存。

外籍新军的兴起，一度为哈里发提供了强有力的统治工具。穆尔台绥姆借助于外籍新军的势力，强化了哈里发的政权，成为继马蒙之后阿拔斯王朝的又一盛世之君。佐特人祖居印度，后来迁至伊拉克南部的沼泽地带。马蒙当政期间，佐特人频繁骚乱，劫掠商队，甚至切断巴格达与巴士拉之间的交通，颇具威胁。穆尔台绥姆即位后，遣军征讨伊拉克南部，平息佐特人的骚乱，并将佐特人放逐到陶鲁斯山南侧的西里西亚。后来，佐特人流落于欧洲各地，称作吉卜赛人。

阿拔斯王朝初期，胡拉米教派在阿姆河右岸的粟特发动起义，被哈里发镇压。此后，胡拉米教派传入北方的阿塞拜疆。816年，胡拉米教派首领巴贝克在阿塞拜疆发动起义，主张平分土地、取消捐税、铲除暴虐、实现人间平等。起义声势浩大，参加者多达数十万人，皆身着红色作为标志，故称红衣军。他们与拜占庭帝国缔结盟约，攻击阿拉伯人，几乎控制阿塞拜疆全境，并且波及亚美尼亚和里海南岸各地。820—827年，马蒙多次派兵征讨，均告失败。穆尔台绥姆即位后，遣阿夫辛率军征讨，苦战3年，于837年攻陷起义者的最后据点巴兹。巴贝克逃往亚美尼亚，被土著贵族俘获，于838年初由阿夫辛肢解处死。巴贝克起义平定后，穆尔台绥姆出兵征讨拜占庭帝国，攻陷并洗劫拜占庭边境重镇阿摩利。①圣战的胜利，使穆尔台绥姆在伊斯兰世界声威大震。

哈里发权力的式微

瓦西克（842—847年在位）当政期间，外籍新军的政治势力不断扩展，逐渐威胁到哈里发的地位。穆台瓦基勒（847—861年在位）即位以后，极力削弱外籍新军的政治影响。在塔希尔家族的支持下，穆台瓦基勒处死权倾一时的哈扎尔将领伊塔赫，罢免重兵在握的突厥将领瓦绥夫。②与此同时，穆台瓦基勒在伊拉克和叙利亚等地募集兵员，组建阿拉伯新军，旨在抗衡外籍新军。穆台瓦基勒还委派其子穆恩台绥尔、穆阿亚德和穆尔台兹分别统辖埃及、叙利亚和呼罗珊诸地，加强对地方势力的控制，使哈里发得以维持较为充足的

① Kennedy, H., *The Early Abbasid Caliphate*, p.217.

② Kennedy, H., *The Prophet and the Age of the Caliphate*, p.169.

岁入来源。[①]857 年,穆台瓦基勒曾经迁都大马士革数月,以避外籍新军的锋芒。[②]859 年,穆台瓦基勒耗资 200 万第纳尔,在萨马拉附近另建新都贾法里亚,试图将外籍新军的势力排斥于宫廷政治之外。穆台瓦基勒的上述做法导致外籍新军的强烈不满。861 年,穆台瓦基勒在新都贾法里亚被外籍将领谋杀。[③]

穆台瓦基勒是阿拔斯时代第一位死于宫廷谋杀的哈里发。穆台瓦基勒的被害,标志着哈里发与外籍新军之间矛盾的激化,权力的天平进一步向后者倾斜。穆台瓦基勒的四位继承人穆恩台绥尔(861—862 年在位)、穆斯台因(862—866 年在位)、穆尔台兹(866—869 年在位)和穆赫台迪(869—870 年在位)当政期间,外籍将领左右朝政,随意废立哈里发。穆恩台绥尔即位之初,有意委派外籍将领瓦绥夫前往叙利亚出任军职,廷臣却说:"谁敢如此大胆,竟然对突厥人发号施令。"[④]穆斯台因当政期间,外籍将领乌塔米什和瓦绥夫甚至出任维齐尔,统辖政务,哈里发权力旁落,形同虚设。穆斯台因曾经向廷臣询问自己的寿数,廷臣告诉他:"陛下的寿数要由突厥人来决定。"穆尔台兹即位后,改用文官艾哈迈德·伊斯莱尔勒出任维齐尔,继而处死外籍将领瓦绥夫和布加。869 年,艾哈迈德·伊斯莱尔勒和穆尔台兹相继死于外籍将领之手。[⑤]

穆尔台米德(870—892 年在位)当政期间,阿拔斯家族中最具实力的人物是哈里发的御弟穆瓦法克,平定赞吉的战争使穆瓦法克俨然成为哈里发国家的摄政者。所谓赞吉即来自东非的黑奴,阿拔斯时代他们在伊拉克南部的沼泽地带从事繁重的劳动。869 年,赞吉举行起义,波斯血统的哈瓦立及派传教师阿里·穆罕默德是起义的首领,数十万人加入起义者的行列。他们洗劫巴士拉,攻陷瓦西兑,逼近巴格达。这次起义由于发生在伊斯兰世界的核心地区,对阿拔斯王朝威胁甚大。穆瓦法克受命于危难之时,倾尽哈里发国家的力量,经过长达 11 年的艰苦征战,于 883 年攻陷赞吉的大本营穆赫塔拉,斩杀阿里·穆罕默德。[⑥]在此期间,穆瓦法克统辖军务,独揽朝政,声名和权势如日中天,外籍将领相形见绌,哈里发亦黯然失色。[⑦]

---

① Shaban, M.A., *Islamic History, A New Interpretation 750—1055*, p.75.

② 艾哈迈德·爱敏:《阿拉伯伊斯兰文化史》,第 5 册,第 10 页。

③ 泰伯里:《历代先知与君王史》,第 3 卷,第 1452 页。

④ 艾哈迈德·爱敏:《阿拉伯伊斯兰文化史》,第 5 册,第 18 页。

⑤ Jaydan, J., *History of Islamic Civilization*, p.221.

⑥ Shaban, M.A., *Islamic History, A New Interpretation 600—750*, pp.92—93.

⑦ Holt, P.M., Lambton, A.K.S. & Lewis, B., *The Cambridge History of Islam*, Vol.1A, p.128.

892 年穆尔台米德死后，穆瓦法克之子阿布·阿拔斯即位，御名穆尔台迪德(892—902 年在位)。穆尔台迪德当政期间，哈里发离开萨马拉，移都巴格达，外籍将领的政治势力趋于削弱，维齐尔成为哈里发国家的核心人物。穆尔台迪德任命的维齐尔欧拜杜拉·苏莱曼·瓦哈布掌管税收，兼理军务。穆克台菲(902—908 年在位)当政期间，维齐尔嘎希姆·欧拜杜拉深受哈里发的倚重，统辖军政要务，权倾朝野。908 年穆克台菲死后，维齐尔阿拔斯·哈桑拥立穆克台菲的御弟贾法尔即位，是为穆格台迪尔(908—932 年在位)。此后的 16 年被史学家称作维齐尔的时代；伊拉克商人富拉特家族和贾拉赫家族的许多成员相继出任维齐尔，权势颇大。[①]著名教法学家麦瓦尔迪曾经将维齐尔区分为“有限权力的维齐尔”和“无限权力的维齐尔”两种类型，其中前者属于阿拔斯王朝前期哈里发集权统治的时代，后者则是 10 世纪前后哈里发国家政治生活的真实写照。

穆格台迪尔是最后一位领有伊拉克、叙利亚、埃及和伊朗西部诸地的阿拔斯王朝哈里发。932 年，阿拔斯王朝将领穆尼斯在伊拉克北部的摩苏尔发动兵变，攻打首都，穆格台迪尔仓促迎战，死于巴格达城下。穆尼斯拥立穆格台迪尔的御弟穆罕默德即位，是为嘎希尔(932—934 年在位)。嘎希尔当政期间，哈里发所领有的疆域只剩下伊拉克中部一带。936 年，哈里发拉迪(934—940 年在位)正式赐封瓦西兑守将穆罕默德·拉伊克总艾米尔的称号，赋予他兼领艾米尔的军事权力与维齐尔的行政权力。[②]总艾米尔的设置，标志着哈里发国家教俗合一权力体制的结束。此后历任哈里发仅仅被视作伊斯兰世界的宗教领袖，其原有的世俗权力丧失殆尽。因此，拉迪被后人称作阿拔斯王朝“最后的哈里发”。

四、群雄逐鹿

伊斯兰世界的分裂：自然环境与社会背景

阿拔斯时代，伊斯兰世界疆域辽阔，哈里发国家的政治生活受自然环境影响极大。尽管驿政体系不断完善，然而距离的遥远所造成的障碍仍难以得

---

① Watt, W.M., *The Majesty That Was Islam*, p.157.

② Kennedy, H., *The Prophet and the Age of the Caliphate*, p.197.

到有效的克服。据地理学家伊本·胡尔达兹比赫(?—912)记载,在阿拔斯时代,自巴格达向西经大马士革和弗斯塔特至马格里布的首府凯鲁万共有105个驿站,自巴格达向东经莱伊和内沙浦尔至呼罗珊的首府木鹿亦有66个驿站;驿站间隔的距离通常是4—6法尔萨赫(1法尔萨赫相当于6公里),以普通的速度行走约需1天的时间。775年,曼苏尔在麦加附近病逝,死讯在20天后传到1 500公里外的巴格达。785年,马赫迪在巴格达病逝,其子哈迪获悉哈里发的死讯并从里海南岸的朱尔占返回首都历时20余天。哈里发在巴格达颁布的命令,即使驿差昼夜兼程,亦需15天后才能传送到呼罗珊总督的驻地。813年,马蒙在木鹿宣布指定阿里·里达作为哈里发的继承人,这个消息直至3个月后才传到巴格达。①

由于距离的遥远,巴格达的统治者对许多地区常感鞭长莫及。自然区域的明显差异,更使统一的哈里发国家难以长久地维持下去。在阿拉伯半岛,阿拔斯王朝的权力仅仅局限于希贾兹的两座圣城和也门一带,贝都因人主宰着广袤的沙漠荒原。在亚美尼亚和阿塞拜疆,山脉纵横,土著势力大都各自为政,哈里发的统治往往形同虚设。甚至在伊斯兰世界的核心地带,伊拉克与叙利亚亦因方圆数百公里的沙漠相隔而无法形成统一的区域。在东方的呼罗珊,自然区域的差异及其影响极为明显;绿洲城市内沙浦尔、木鹿、哈拉特、巴勒黑是阿拔斯王朝统治呼罗珊的中心所在,起伏的群山则构成土著社会势力和传统政治生活得以延续的天然屏障。在埃及以西的马格里布,只有狭长的沿海平原处于哈里发的控制之下,辽阔的内陆瀚海依旧是柏柏尔人的世界。他们虽然改奉伊斯兰教,却长期抵制着阿拔斯王朝的政治权力。H.肯尼迪因此指出:“权力的中心是人口稠密的城市和定居的农业区域,群山脚下和沙漠边缘构成哈里发统治的实际界限。”②

在伊斯兰文明兴起的早期阶段,信仰的差异和宗教的对立不仅体现哈里发国家的政治矛盾,而且构成伊斯兰世界统一政权得以维持的重要条件。异教臣民的广泛存在,制约着穆斯林内部的矛盾冲突,进而导致穆斯林相对凝聚的社会状态。麦地那时代和倭马亚时代,哈里发国家奉行阿拉伯人与伊斯兰教合而为一的原则,非阿拉伯人尚无缘介入伊斯兰世界的权力角逐。根据相关资料的推测,倭马亚时代,除阿拉伯半岛以外,穆斯林不足哈里发国家人

① Kennedy, H., *The Early Abbasid Caliphate*, p.33.

② Kennedy, H., *The Early Abbasid Caliphate*, p.18.

口的十分之一，且大都局限于城市的范围。[1]阿拔斯王朝前期，非阿拉伯血统的穆斯林初登伊斯兰世界的政治舞台，不乏权势。但是，哈里发国家的伊斯兰教化此时远未完成，非穆斯林人数颇多，伊拉克人和呼罗珊人是阿拔斯王朝倚重的统治支柱，宗教矛盾依然制约着哈里发国家的政治生活。以埃及为例，哈里发国家向异教臣民征收的人丁税，穆阿威叶当政时期不少于500万第纳尔，哈伦·拉希德当政时期约400万第纳尔。[2]9世纪以后，异教叛乱的记载逐渐失见于史籍，信仰的差异趋于淡化。[3]各地区的土著势力相继皈依伊斯兰教，进而涉足伊斯兰世界的政治舞台，与伊拉克人和呼罗珊人展开激烈的权力角逐。“肥沃的新月地带”不再是哈里发国家的核心区域，群雄逐鹿的多元政治格局趋于显见。穆斯林诸民族之间的对抗和伊斯兰教诸派别的差异，成为助长伊斯兰世界政治格局多元化和导致哈里发国家解体的深层社会背景。

西班牙的后倭马亚王朝

阿拔斯王朝建立以后，哈里发国家的政治重心明显东移，其与西部地区的联系随之削弱。因此，阿拔斯时代伊斯兰世界的政治分裂，首先表现为西部地区诸多独立政权的建立。

早在阿拔斯王朝初建之时，倭马亚王朝第十位哈里发希沙姆的嫡孙阿卜杜勒·拉赫曼逃脱阿拔斯人的追杀，离开叙利亚，经埃及西行，潜入马格里布。这位倭马亚家族的后裔此时一贫如洗，无依无靠，从一个部落流浪到另一个部落，从一座城市漂泊到另一座城市，饱尝苦难，历尽艰辛，于755年到达马格里布西端的休达。阿卜杜勒·拉赫曼由于其母是柏柏尔人，被视为具有柏柏尔血统，因此在休达受到柏柏尔人的保护。756年，他来到伊比利亚，受到叙利亚籍阿拉伯人的拥戴，首创独立于阿拔斯王朝的伊斯兰教政权，是为后倭马亚王朝(756—1031)。

阿卜杜勒·拉赫曼采用艾米尔的称号，在瓜达尔基维尔河畔营建新都科尔多瓦，招募4万柏柏尔人作为新政权的军事支柱，并于757年取消在星期五聚礼的呼图白中祝福巴格达哈里发的内容，以示与阿拔斯王朝分庭抗礼。

---

① Hourani, A., *A History of the Arab Peoples*, p.46.

② Lombard, M., *The Golden Age of Islam*, North Holland 1975, p.22.

③ Bulliet, R.W., *Conversion to Islam in the Medieval Period*, Harvard 1979, p.45.

倭马亚家族后裔在伊比利亚的割据自立，标志着哈里发国家与伊斯兰世界相互吻合时代的结束。

761年，曼苏尔委派阿拉伊·穆基斯出任伊比利亚总督，率军征讨阿卜杜勒·拉赫曼。763年，阿拉伊·穆基斯兵败身亡。阿卜杜勒·拉赫曼将阿拉伊·穆基斯的头颅存放在食盐和樟脑中，连同他的印玺，遣使送交正在麦加朝觐的曼苏尔。曼苏尔曾经将阿卜杜勒·拉赫曼称作“古莱西的雄鹰”，此时慨然叹道：“感谢安拉在我们与这样强悍的敌人之间安置了大海！”[1]阿卜杜勒·拉赫曼三世是后倭马亚王朝的第八任艾米尔。阿卜杜勒·拉赫曼三世当政期间，后倭马亚王朝达到鼎盛状态，北起比利牛斯山区南至直布罗陀海峡尽属其地。后倭马亚王朝的舰队游弋于地中海西部水域，所向无敌。929年，正值巴格达哈里发日暮途穷之际，阿卜杜勒·拉赫曼宣布采用哈里发的称号，自诩为“伊斯兰世界的捍卫者”。[2]

西班牙科尔多瓦清真寺

后倭马亚王朝的首都科尔多瓦有居民数十万之众，足以与巴格达相提并论。皇城阿萨哈拉宫圆柱林立，乳石花砖铺地，殿内金碧辉煌，光彩夺目，御园万花争艳，金狮玉鸟成群，庭院清泉潺潺，瑰奇精致。科尔多瓦清真寺始建于780年，尖塔圆顶，气势宏伟，堪与麦加和耶路撒冷的圣寺媲美，被誉为“伊斯兰世界西部的克尔白”。

① 穆罕默德·穆斯塔法·齐亚德：《阿拉伯世界的历史与文明：古代与伊斯兰时代》，第196—197页，第198页。

② 哈桑·穆阿尼斯：《古代中世纪的阿拉伯国家与文明》，第183页。

马格里布诸王朝

马格里布是柏柏尔人的家园。倭马亚时代,伊斯兰教传入马格里布,柏柏尔人陆续皈依,加入穆斯林的行列。然而,皈依伊斯兰教的柏柏尔人与哈里发国家的统治者之间始终存在着尖锐的矛盾,马格里布为什叶派和哈瓦立及派反对哈里发的活动提供了适宜的土壤。

伊德利斯·阿卜杜拉是什叶派伊玛目哈桑的曾孙,786年在麦地那追随侯赛因·阿里,参加反对阿拔斯王朝的起义。起义失败以后,伊德利斯·阿卜杜拉逃往西方,来到摩洛哥北部的瓦利利,依靠柏柏尔人的支持,建立伊德利斯王朝(788—974),以穆莱作为首都,领有西起萨累河、东至特拉姆森的地区。是为历史上第一个以什叶派穆斯林为首领的伊斯兰教王朝。这里的柏柏尔人虽然信奉逊尼派伊斯兰教,却敌视巴格达的哈里发,拥戴伊德利斯·阿卜杜拉和他的后裔。伊德利斯二世当政期间,首都迁到阿特拉斯山区西部的菲斯,许多来自西班牙和希贾兹的阿拉伯人相继移至菲斯。859年,伊德利斯王朝在菲斯兴建卡拉维因清真寺,寺内附设大学,即卡拉维因大学。卡拉维因大学是马格里布最早的高等学府,直至今日仍在伊斯兰世界享有极高的声誉。

倭马亚王朝后期,哈瓦立及派的分支苏福利叶派和伊巴迪叶派逐渐传入马格里布中部一带。哈瓦立及派强调穆斯林绝对平等和反对哈里发国家课税,在柏柏尔人中产生极大的影响。758年,分布在的黎波里以南的柏柏尔人努弗萨部落和豪瓦拉部落追随哈瓦立及派传教师阿布·哈塔布发动起义,占据的黎波里和凯鲁万。761年,哈里发曼苏尔遣穆罕默德·阿什阿斯率领呼罗珊军4万人攻入马格里布,阿布·哈塔布兵败身亡。此后,波斯人阿卜杜勒·拉赫曼·鲁斯塔姆偕阿布·哈塔布的残部逃入阿特拉斯山区中部,继续宣传哈瓦立及派的宗教政治思想,从者甚多。776年,阿卜杜勒·拉赫曼·鲁斯塔姆在柏柏尔人的拥戴下建立哈瓦立及派政权鲁斯塔姆王朝(776—908),兴建新城提亚雷特作为首都,据有今阿尔及利亚北部一带。

761年,阿格拉布·萨里姆和他的儿子易卜拉欣·阿格拉布随呼罗珊军来到马格里布,驻守萨布一带。800年,哈伦任命易卜拉欣·阿格拉布为易弗里基叶总督,利用阿格拉布家族的势力遏制柏柏尔人以及哈瓦立及派和什叶派,拱卫哈里发国家的西部疆域。易卜拉欣·阿格拉布驻节凯鲁万,领有马格里布东部诸地。阿格拉布家族系阿拉伯血统,尊奉逊尼派伊斯兰教,承认巴格达哈里发的宗主地位。此前，阿拔斯王朝每年需将 10 万迪尔罕的岁入从埃及调入易弗里基叶，用于驻军的开支。易卜拉欣·阿格拉布出任总督以后，阿拔斯王朝停止向易弗里基叶发放津贴，易卜拉欣·阿格拉布每年却向巴格达缴纳 4 万迪尔罕的贡赋。易卜拉欣·阿格拉布死于 812 年；此时正值艾敏与马蒙内战之际，哈里发无暇顾及遥远的易弗里基叶，听任易卜拉欣·阿格拉布之子阿卜杜拉·易卜拉欣承袭父位。817 年阿卜杜拉·易卜拉欣死后，其弟齐亚德·易卜拉欣继任易弗里基叶总督；此时，内战尚未终止，马蒙远在木鹿，无力干涉易弗里基叶的权位更替。阿拔斯人的内战为阿格拉布家族的兴起提供了绝好的时机，而阿格拉布王朝(800—909)的建立最终结束了阿拔斯王朝在埃及以西地区的统治。“他们甚至不屑于把哈里发的名字铸在钱币上，来表示宗教上的藩属关系。”[①]齐亚德·易卜拉欣当政期间，阿格拉布王朝的舰队屡屡攻袭地中海北侧地区，占领马耳他、撒丁和西西里诸岛，逼近希腊、意大利和法国南部。对地中海水域的扩张，构成阿格拉布王朝历史的辉煌一页。位于凯鲁万城中的欧格白清真寺始建于倭马亚王朝

突尼斯凯鲁万的欧格白清真寺

① 希提：《阿拉伯通史》，第 538 页。

初期,820年由齐亚德·易卜拉欣大规模扩建,其中部分设施采用伊拉克和印度的建筑材料,兼有阿拉伯和波斯的艺术风格,成为阿格拉布王朝的象征。

尼罗河流域的突厥君主——土伦王朝与伊赫希德王朝

在7世纪中叶至9世纪中叶的两百年间,埃及处于行省的地位,是哈里发国家重要的粮食产地和税收来源,亦是伊斯兰教在北非和地中海世界得以广泛传播的重要据点。倭马亚时代,先后有22人作为总督统治埃及。阿拔斯王朝的最初90年间,更有54人先后出任埃及总督。历任总督大都横征暴敛,竭泽而渔。穆斯林征服初期的埃及,每费丹(1费丹折合6 400平方米)土地的税额仅为1第纳尔,阿拔斯时代普遍超过2第纳尔。据868年的纸草文书记载,每加里布(1加里布折合1 600平方米)的土地税高达4第纳尔。艾哈迈德·穆达比尔于861年出任埃及税收长官以后,恢复前伊斯兰时代的各种杂税,巨额的岁入流向巴格达。①哈里发国家的统治和财富的外流,导致埃及经济的严重衰退。

突厥人艾哈迈德·土伦祖居中亚的费尔干纳,生于巴格达。穆尔台绥姆当政期间,艾哈迈德·土伦出任阿拔斯王朝将领,驻守北方边境的重镇塔尔苏斯。868年起,艾哈迈德·土伦先后以突厥贵族巴亚克贝克和巴尔朱赫以及哈里发穆尔台米德之子贾法尔·穆法瓦德的名义,在埃及行使统治权力。艾哈迈德·土伦将税收长官艾哈迈德·穆达比尔逐往叙利亚,罢免驿政长官舒凯尔,并且迫使属下的臣民宣誓效忠于土伦家族,俨然成为尼罗河流域的君主。艾哈迈德·土伦购买突厥奴隶2.4万人和苏丹奴隶4万人作为战士,埃及的军事力量随之明显增强。877年,艾哈迈德·土伦率军攻占大马士革和安条克,吞并叙利亚,进而在拜占庭边境发动圣战,声威大振。

如同阿格拉布家族一样,土伦家族尊奉逊尼派伊斯兰教,承认巴格达哈里发的宗主地位,仅仅采用艾米尔的称号。萨马拉时期阿拔斯王朝的混乱状态,特别是哈里发穆尔台米德与摄政者穆瓦法克之间的矛盾冲突,是土伦家族势力在埃及得以兴起的重要条件。882年,穆尔台米德曾经试图自萨马拉移都叙利亚北部的拉卡,以求借助于土伦家族的势力抗衡穆瓦法克。884年艾哈迈德·土伦死后,其子胡马拉维承袭父位。穆瓦法克虽然多次出兵征讨,均未能降服土伦家族。886年,穆瓦法克与胡马拉维订立和约:阿拔斯王

---

① Holt, P.M., Lambton, A.K.S. & Lewis, B., *The Cambridge History of Islam*, Vol.1A, p.177.

朝承认土伦家族领有埃及和叙利亚的统治权力，期限为30年，土伦家族每年向阿拔斯王朝缴纳30万第纳尔的贡赋。①892年穆尔台迪德即位以后，继续承认上述和约，胡马拉维则将女儿盖特尔·奈达嫁给哈里发，土伦家族与阿拔斯王朝结为姻亲。②896年胡马拉维死后，土伦家族势力日衰。899年，阿拔斯王朝将土伦家族上缴贡赋的数额增至45万第纳尔。905年，阿拔斯王朝的军队攻入弗斯塔特，土伦家族成员悉遭俘虏，被押往巴格达，哈里发恢复在埃及的统治权力。③

土伦王朝(868—905)统治的37年，是埃及历史发展的黄金时代。艾哈迈德·土伦及其后裔关注经济发展，广建水利设施，改进农作方式，使埃及在这个时期经历短暂的繁荣。埃及的岁入在艾哈迈德·穆达比尔出任税收长官期间只有80万第纳尔，土伦王朝时期增至430万第纳尔。更为重要的是，土伦王朝改变了埃及岁入的流向，使尼罗河流域的建设和发展得到充足的物质保证。弗斯塔特作为土伦王朝的首都，规模扩大，人口增多。艾哈迈德·土伦仿照萨马拉的形式，移植伊拉克的建筑风格，在弗斯塔特郊外营建新城盖塔伊尔，并于附近山岩之上构筑宫堡，可俯瞰整个市区。弗斯塔特原有阿慕尔清真寺，始建于642年。876—879年间，艾哈迈德·土伦在弗斯塔特另建伊本·土伦清真寺，耗资12万第纳尔，其尖塔和圆顶与萨马拉清真寺如出一辙，约占《古兰经》十七分之一的经文用库法体雕刻于殿内四周，至今犹存。④

开罗伊本·土伦清真寺

土伦王朝灭亡以后，外籍将领相继出任埃及总督。波斯血统的伊拉克人穆

① 哈桑·穆阿尼斯:《古代中世纪的阿拉伯国家与文明》，第188页，第190页，第191页。
② 穆罕默德·穆斯塔法·齐亚德:《阿拉伯世界的历史与文明:古代与伊斯兰时代》，第203页。
③ 哈桑·穆阿尼斯:《古代中世纪的阿拉伯国家与文明》，第19页。
④ 穆罕默德·穆斯塔法·齐亚德:《阿拉伯世界的历史与文明:古代与伊斯兰时代》，第202页。

罕默德·阿里·穆扎拉伊垄断埃及税收,颇具权势。935 年,祖居费尔干纳的突厥将领穆罕默德·突格只出任埃及总督,将穆罕默德·阿里·穆扎拉伊垄断的税收权力据为己有,从而继土伦家族之后成为尼罗河流域的新君主。

936 年,穆罕默德·突格只击败什叶派法蒂玛人对埃及的进攻,被阿拔斯哈里发赐封为伊赫希德(伊赫希德是费尔干纳古代王公的尊号)。[①]穆罕默德·突格只模仿艾哈迈德·土伦的先例,招募突厥人和苏丹人组建新军,不仅据有尼罗河流域,而且吞并叙利亚南部的霍姆斯、大马士革、约旦、巴勒斯坦,直至将希贾兹的两座圣城置于自己的保护之下。[②]944 年,阿拔斯哈里发穆台基(940—944 年在位)将埃及正式赐封给穆罕默德·突格只,期限为 30 年。穆罕默德·突格只还曾试图迎请穆台基离开巴格达,迁都弗斯塔特。

946 年穆罕默德·突格只死后,努比亚血统的阉奴阿布·米斯克·卡夫尔出任摄政,辅佐穆罕默德·突格只之子乌努祖尔和阿布·哈桑,以伊赫希德家族的名义统辖军政要务,长达 23 年,直至接受法蒂玛人的信仰,加入什叶派的行列。[③]阿布·米斯克·卡夫尔死后,穆罕默德·突格只的嫡孙阿布·福瓦斯·艾哈迈德即位,伊赫希德王朝日渐式微。[④]

伊赫希德王朝(935—969)时期,正值什叶派势力在伊斯兰世界空前发展的阶段。逊尼派穆斯林与什叶派之间的激烈对抗,构成伊赫希德王朝一度强盛的社会条件。伊赫希德王朝统治下的埃及和叙利亚南部,则是抵御马格里布的什叶派政权法蒂玛王朝和叙利亚北部的什叶派政权哈姆丹王朝的进攻、拱卫逊尼派穆斯林的宗教领袖阿拔斯哈里发的重要屏障。

埃及的什叶派政权——法蒂玛王朝

893 年,什叶派的分支伊斯马仪派传教师阿布·阿卜杜拉离开也门,进入北非,在易弗里基叶一带宣传该派的宗教思想,主张摧毁现存的秩序,建立公正的社会。阿布·阿卜杜拉的宣传在柏柏尔人中颇有影响,生活在卡比勒山区的柏柏尔人库塔麦部落成为伊斯马仪派的忠实信徒。[⑤]不久,伊斯马仪派的首领阿卜杜拉·马赫迪离开位于叙利亚北部萨拉米叶的大本营,乔装商

---

① 哈桑·穆阿尼斯:《古代中世纪的阿拉伯国家与文明》,第 192 页,第 193 页。
② 穆罕默德·穆斯塔法·齐亚德:《阿拉伯世界的历史与文明:古代与伊斯兰时代》,第 207 页。
③ 哈桑·穆阿尼斯:《古代中世纪的阿拉伯国家与文明》,第 194 页。
④ 穆罕默德·穆斯塔法·齐亚德:《阿拉伯世界的历史与文明:古代与伊斯兰时代》,第 208 页。
⑤ 哈桑·穆阿尼斯:《古代中世纪的阿拉伯国家与文明》,第 203 页。

人潜往易弗里基叶，途中被阿格拉布王朝艾米尔捕获下狱。908 年，追随伊斯马仪派的柏柏尔人在阿布・阿卜杜拉的领导下发动起义。起义者首先攻占提亚雷特，推翻哈瓦立及派政权鲁斯塔姆王朝，继而攻占凯鲁万，推翻逊尼派伊斯兰教政权阿格拉布王朝。909 年，获释出狱的赛义德・哈桑即阿卜杜拉・马赫迪在凯鲁万附近的拉盖达被起义者拥立为哈里发。阿卜杜拉・马赫迪自称是先知穆罕默德之女法蒂玛与阿里的后裔，新政权故而称作法蒂玛王朝(909—1171)。920 年，法蒂玛王朝从拉盖达迁都新城马赫迪叶。①

法蒂玛王朝不同于伊斯兰世界的其他割据政权，自建立伊始便公开反对作为逊尼派穆斯林宗教领袖的巴格达哈里发，否认阿拔斯家族在伊斯兰世界的核心地位，其宗旨是通过武力讨伐和神学宣传的方式推翻阿拔斯王朝，征服整个伊斯兰世界。继法蒂玛王朝的统治者采用哈里发的称号之后，西班牙的后倭马亚王朝艾米尔阿卜杜勒・拉赫曼三世亦于 929 年改称哈里发。法蒂玛王朝崇尚白色，后倭马亚王朝崇尚绿色，阿拔斯王朝崇尚黑色，中国史书分别称之为白衣大食、绿衣大食和黑衣大食。②法蒂玛王朝的哈里发与东方的巴格达哈里发、西方的科尔多瓦哈里发三足鼎立，分庭抗礼，标志着伊斯兰世界的进一步分裂。

法蒂玛王朝建立后，奉行领土扩张的政策，埃及是其首要的攻略目标。914 年，库塔麦部落首领哈巴萨率领法蒂玛王朝的军队自易弗里基叶进攻埃及，被穆尼斯率领的阿拔斯王朝军队击退。919 年，法蒂玛王朝哈里发阿卜杜拉・马赫迪之子阿布・嘎希姆再次率军东征，921 年亦被穆尼斯击败。935 年以后，伊赫希德王朝成为阿拔斯哈里发国家的西部屏障，法蒂玛王朝被迫中止对埃及的进攻，扩张的矛头转向西方。947 年，法蒂玛王朝的军队攻入奥雷山区，平息追随哈瓦立及派的柏柏尔人豪瓦拉部落的叛乱。958 年，法蒂玛王朝的军队攻占阿斯特拉山区西部的菲斯，将科尔多瓦哈里发的势力逐出马格里布。与此同时，法蒂玛王朝的舰队游弋于地中海水域，袭击地中海北岸，一度攻占热那亚。

969 年，法蒂玛王朝大将昭海尔・绥基利率领柏柏尔人骑兵 10 万余东征埃及，在吉萨附近歼灭伊赫希德王朝的军队，占领弗斯塔特，降服尼罗河流

① 穆罕默德・穆斯塔法・齐亚德：《阿拉伯世界的历史与文明：古代与伊斯兰时代》，第 209 页，第 210 页。

② Ibn Khaldun, *The Muqaddimah*, Vol.2, p.51.

开罗爱资哈尔清真寺

域。[1]970—972年,昭海尔·绥基利在弗斯塔特以北5公里处营建新都,取名曼苏尔城,屯驻来自易弗里基叶的柏柏尔人战士。昭海尔·绥基利还在曼苏尔城建造爱资哈尔清真寺,作为宣传伊斯马仪派思想的中心。后来,爱资哈尔清真寺逐渐取代弗斯塔特的阿慕尔清真寺和伊本·土伦清真寺,成为埃及伊斯兰教的象征。972年,哈里发穆仪兹从马赫迪叶迁都曼苏尔城,并将曼苏尔城更名为嘎希赖(阿拉伯语"常胜"一词的音译,西方人讹称之为开罗),埃及遂成为法蒂玛王朝的统治中心。[2]

叙利亚与埃及素来唇齿相依,既是拱卫尼罗河流域的战略屏障,亦是法蒂玛王朝东征巴格达哈里发的必经地区。然而,此时叙利亚的形势极为复杂,什叶派的分支卡尔马特派以及贝都因人诸部落在叙利亚颇具势力,法蒂玛王朝对叙利亚的征服经历了十分漫长和曲折的过程。昭海尔·绥基利征服埃及之后,曾派柏柏尔人库塔麦部落的将领贾法尔·法拉赫率军进攻叙利亚,占领拉姆拉和大马士革。不久,卡尔马特派击败贾法尔·法拉赫的军队,夺回叙利亚南部,继而攻入埃及。971年,昭海尔·绥基利在艾因·舍姆斯击败卡尔马特派。974年,卡尔马特派再度从叙利亚攻入埃及,被法蒂玛王朝军队击败;哈里发穆仪兹在盛怒之下,将卡尔马特派的1 500名战俘处死于开罗。975年,来自伊拉克的突厥将领阿勒普特金占据叙利亚南部,威胁埃及。法蒂玛哈里发阿齐兹起用老将昭海尔·绥基利统兵征讨。阿勒普特金与卡尔马特派联手应战,击败法蒂玛王朝的军队,将昭海尔·绥基利围困在加沙附近的阿斯卡伦。978年,法蒂玛王朝再度出兵叙利亚,降服阿勒普特金,将卡尔马特派逐往巴林,控制叙利亚南部。991年以后,法蒂玛王朝向叙利亚北

① 哈桑·穆阿尼斯:《古代中世纪的阿拉伯国家与文明》,第203页。
② 穆罕默德·穆斯塔法·齐亚德:《阿拉伯世界的历史与文明:古代与伊斯兰时代》,第210页。

部发动一系列攻势,并与拜占庭军队屡屡交锋。1003 年,法蒂玛王朝攻占阿勒颇,灭亡贝都因人政权哈姆丹王朝,叙利亚全境尽属其地。

法蒂玛王朝不仅致力于军事扩张,而且派出众多的传教士进入拥戴阿拔斯哈里发的各个地区,直至遥远的中亚和阿富汗一带,宣传伊斯马仪派的宗教学说。10 世纪末至 11 世纪初,法蒂玛王朝处于鼎盛状态,从大西洋沿岸到幼发拉底河上游和阿拉伯半岛,几乎所有的穆斯林都在星期五聚礼的呼图白中为开罗的法蒂玛哈里发祝福。尊奉什叶派的突厥将领巴萨希尔当政时期,甚至巴格达和巴士拉的部分清真寺亦在星期五聚礼的呼图白中祝福开罗的法蒂玛哈里发。[①]法蒂玛王朝的哈里发肩负着对拜占庭帝国圣战的重任,保护着希贾兹的两座圣城,巴格达哈里发和科尔多瓦哈里发的权威相比之下黯然失色。阿齐兹甚至耗资 200 万第纳尔,在开罗建造一处宫殿,待征服巴格达以后用来安置阿巴斯王朝的皇室成员,勃勃野心,昭然若揭。尽管如此,法蒂玛王朝统治时期,伊斯马仪派并未成为埃及穆斯林的民众信仰,局限于宫廷的范围。[②]

法蒂玛王朝兴起于马格里布地区,易弗里基叶一带的柏柏尔人是法蒂玛王朝初期的主要支柱。然而,自从哈里发穆仪兹迁都开罗以后,法蒂玛王朝重心东移,马格里布逐渐丧失了原有的地位,其与法蒂玛哈里发的联系日益松弛。972 年,穆仪兹在离开旧都马赫迪叶的时候,委派柏柏尔人桑哈贾部落齐里族的首领尤素夫・布鲁丁出任易弗里基叶总督。992 年,哈里发阿齐兹赐封尤素夫・布鲁丁之子巴迪斯承袭父职,继续治理易弗里基叶,是为齐里王朝。1048 年,齐里王朝停止向开罗缴纳贡赋,确定逊尼派伊斯兰教作为官方信仰,尊崇巴格达哈里发作为宗教领袖,排斥伊斯马仪派。1071 年,来自北欧的诺曼人攻占西西里岛,法蒂玛王朝在地中海水域的霸权不复存在。在叙利亚,贝都因人势力日渐复兴,塞尔柱人的出现尤其威胁着法蒂玛王朝在叙利亚的统治。在希贾兹,麦加和麦地那两座圣城逐渐背离法蒂玛王朝,转向巴格达的哈里发。在埃及,柏柏尔人、突厥人和苏丹人相互倾轧,内讧不止,国家政权几近瘫痪。

1073 年,哈里发穆斯坦绥尔起用驻守阿克的亚美尼亚籍将领白德尔・贾马利出任维齐尔和总艾米尔,统辖军政要务。白德尔・贾马利入主开罗,

---

① 穆罕默德・穆斯塔法・齐亚德:《阿拉伯世界的历史与文明:古代与伊斯兰时代》,第 211 页。

② Hourani, A., *A History of the Arab Peoples*, p.41.

使法蒂玛王朝的政局有所好转，并且在一定程度上缓解了财政的危机。在初步稳定埃及的基础之上，白德尔·贾马利一度出兵东征，讨伐叙利亚和希贾兹，试图收复法蒂玛王朝的失地。①1094年，白德尔·贾马利和穆斯坦绥尔相继死去。白德尔·贾马利之子阿弗德勒承袭父职，拥立穆斯坦绥尔的幼子尼扎尔即位，是为穆斯台尔里。此后，法蒂玛王朝急剧衰落，叙利亚、希贾兹和马格里布尽丧他人之手，哈里发大权旁落，形同虚设，埃及境外的伊斯马仪派甚至拒绝承认穆斯台尔里出任哈里发的合法地位，断绝与开罗之间的宗教联系。②12世纪中叶，法蒂玛哈里发的权力仅仅局限于宫廷之内。

从阿尤布王朝到马木路克王朝

1153年，十字军经地中海进攻埃及。法蒂玛王朝无力抵御十字军的攻势，遂向叙利亚北部的塞尔柱突厥人政权赞吉王朝求援。1164年，赞吉王朝的库尔德族将领希尔库率军救援埃及，击退十字军。1169年，法蒂玛王朝哈里发阿迪德赐封希尔库为维齐尔，统领埃及的军政要务。希尔库死后，其侄萨拉丁·尤素夫·阿尤布(即萨拉丁)继任维齐尔。1171年，萨拉丁下令埃及的穆斯林在星期五聚礼中停止祝福法蒂玛王朝的哈里发，代之以祝福阿拔斯王朝哈里发，标志法蒂玛王朝的寿终正寝和阿尤布王朝的建立。③

萨拉丁画像(一)

① 哈桑·穆阿尼斯：《古代中世纪的阿拉伯国家与文明》，第204页。

② 穆罕默德·穆斯塔法·齐亚德：《阿拉伯世界的历史与文明：古代与伊斯兰时代》，第215页。

③ 穆罕默德·穆斯塔法·齐亚德：《阿拉伯世界的历史与文明：古代与伊斯兰时代》，第217页。

萨拉丁画像(二)

萨拉丁尊奉逊尼派伊斯兰教,承认阿拔斯王朝哈里发作为全体穆斯林的宗教领袖。随着法蒂玛王朝的灭亡,伊斯马仪派在埃及日渐衰落。1175 年,萨拉丁接受阿拔斯王朝哈里发穆斯塔迪尔的册封,获得苏丹的称号,阿拔斯王朝哈里发承认萨拉丁在埃及、叙利亚、希贾兹、马格里布和努比亚的统治权力。1185 年,萨拉丁攻占摩苏尔,控制两河流域上游。

阿尤布王朝(1171—1250)统治时期正值十字军东征的鼎盛阶段,穆斯林与基督徒之间的战争贯穿阿尤布王朝的始终。1187 年,萨拉丁率军 6 万人从埃及进入巴勒斯坦,与十字军交战于加利利湖西侧的赫淀;耶路撒冷国王库伊率领的 2 万人全军覆没,地中海东岸的十字军精锐力量丧失殆尽。赫淀战役后,萨拉丁的军队连克贝鲁特、西顿、阿克、恺撒利亚、雅法、阿斯卡伦诸城,收复耶路撒冷,十字军被迫龟缩于沿海的安条克、提尔和的黎波里。①

1187 年赫淀战役被俘的十字军向萨拉丁臣服

萨拉丁收复耶路撒冷,震动欧洲基督教世界。德皇红胡子腓特烈、英王狮心王

① 穆罕默德·穆斯塔法·齐亚德:《阿拉伯世界的历史与文明:古代与伊斯兰时代》,第 250—251 页。

理查和法王腓力·奥古斯都发动第三次东征，1191 年占领阿克。此后，十字军攻势受阻，遂与萨拉丁缔约休战。根据休战协议，十字军保有从提尔到雅法的沿海地带，同时承认萨拉丁在叙利亚内地和耶路撒冷的统治权力，穆斯林允许基督徒崇拜耶路撒冷圣地。

1193 年，萨拉丁病逝于大马士革。萨拉丁死后，阿尤布王朝发生内讧，萨拉丁之弟阿迪勒占据两河流域上游，萨拉丁之子阿齐兹占据开罗和埃及，萨拉丁之子马立克占据大马士革和叙利亚南部，萨拉丁之子扎希尔占据阿勒颇和叙利亚北部。1199 年，阿迪勒兼并叙利亚，大体恢复阿尤布王朝的原有疆域。1218 年阿迪勒死后，其子卡米勒继任苏丹，领有埃及，叙利亚则由阿迪勒其他诸子占据。1219 年，十字军攻占尼罗河入海口的迪米耶塔，进而向埃及内陆发动攻势。1221 年，阿尤布王朝反攻，收复迪米耶塔，迫使十字军撤出埃及。

苏丹萨利赫当政期间，突厥将领伯拜尔斯率领阿尤布王朝军队进入巴勒斯坦，收复耶路撒冷和阿斯卡伦。1249 年，法王路易九世率领十字军再次攻入埃及，占领迪米耶塔，进军开罗。正值此时，苏丹萨利赫病逝，其子突兰沙即位，旋即击败十字军，俘法王路易九世，将十字军逐出埃及。

1250 年，苏丹突兰沙遇害身亡，其母舍哲尔·杜尔自称埃及女王，统治开罗 80 天。随后，舍哲尔·杜尔与突厥将领艾伊贝克成婚，由艾伊贝克出任苏丹。①阿尤布王朝结束，埃及进入马木路克王朝时期。

马木路克王朝(1250—1517)是外籍将领在埃及建立的寡头政权，大体分为两个阶段。阿尤布王朝苏丹萨利赫当政期间，招募突厥和蒙古人组成禁卫军，驻守尼罗河的罗德岛，名为伯海里(意为河洲)系马木路克，1250—1382 年统治埃及的 24 个苏丹均来自伯海里系马木路克。马木路克王朝苏丹盖拉温当政期间，招募塞加西亚人组成禁卫军，驻守开罗城堡，名为布尔吉(意为城堡)系马木路克，1382—1517 年统治埃及的 23 个马木路克均属布尔吉系马木路克。②

马木路克王朝尊奉逊尼派伊斯兰教，承认阿拔斯王朝哈里发作为全体穆斯林的宗教领袖，接受哈里发的赐封。1258 年蒙古军攻陷巴格达以后，阿拔斯家族后裔阿布·嘎希姆逃往大马士革。马木路克苏丹伯拜尔斯于 1260 年

① 穆罕默德·穆斯塔法·齐亚德:《阿拉伯世界的历史与文明:古代与伊斯兰时代》，第 222—223 页。
② 穆罕默德·穆斯塔法·齐亚德:《阿拉伯世界的历史与文明:古代与伊斯兰时代》，第 225 页。

将阿布·嘎希姆迎往开罗就任哈里发，尊称阿布·嘎希姆为穆斯坦绥尔，并从新的哈里发获得统治埃及、叙利亚、两河流域上游和希贾兹的权力册封。尽管这样的册封有名无实，然而伯拜尔斯在整个伊斯兰世界的地位却因此明显提高。伯拜尔斯拥立哈里发的做法为后来的马木路克苏丹继承下来；1260—1517年间，开罗的马木路克先后拥立16位哈里发。马木路克王朝时期，哈里发形同虚设，主要职责是为新的苏丹主持就职仪式。另一方面，开罗俨然成为伊斯兰世界的权力中心；穆斯林统治者从四面八方来到开罗，谒见马木路克控制下的哈里发，接受哈里发的册封。①

马木路克王朝缺乏明确的权位继承制度，禁卫军将领相互倾轧，轮流操纵政局，苏丹的更替十分频繁。布尔吉系马木路克时期，废除家族世袭制度，历代苏丹中父死子继者为数甚少，出任苏丹者必须获得较多将领的支持。与此同时，苏丹的权力范围不断缩小，国家权力的分割日益加剧，马木路克王朝前后历经47位苏丹，每位苏丹的平均在位时间不足6年。

马木路克骑兵

马木路克王朝最著名的苏丹是伯拜尔斯。伯拜尔斯当政期间，正值蒙古西征的高潮。1258年蒙古军占领巴格达后，越过幼发拉底河，进入叙利亚，接连攻陷阿勒颇、大马士革、纳布卢斯、加沙，逼近埃及。1260年，苏丹库图兹携禁卫军将领伯拜尔斯率领马木路克军队自埃及进入叙利亚，在约旦河左岸的艾因·扎鲁特击败蒙古军，蒙古军统帅怯的不花阵亡。②蒙古大汗忽必烈即位后，无暇西顾，放弃进攻马木路克王朝，从叙利亚撤出蒙古军，叙利亚成为马木路克王朝的辖地。艾因·扎鲁特战役之后，伯拜尔斯杀死库图兹，被马木路克拥立为苏丹。伯拜尔斯即位后，在地中海东

① 穆罕默德·穆斯塔法·齐亚德：《阿拉伯世界的历史与文明：古代与伊斯兰时代》，第231页，第233页。

② 穆罕默德·穆斯塔法·齐亚德：《阿拉伯世界的历史与文明：古代与伊斯兰时代》，第266页。

岸发动攻势，屡败十字军，夺取卡拉克、恺撒利亚、萨法德、安条克诸地。与此同时，伯拜尔斯的马木路克军队在非洲扩张领土，征服埃及西侧的利比亚和南侧的努比亚。如同萨拉丁被誉为阿尤布王朝的奠基人，伯拜尔斯的统治奠定了马木路克王朝的基础。

马木路克王朝苏丹盖拉温当政期间，对十字军发动新的攻势，夺取麦尔盖卜和的黎波里，围困阿克。1290 年苏丹艾什拉弗即位后，攻陷阿克、提尔、西顿、贝鲁特、塔尔图斯，收复十字军在地中海东岸占领的全部土地。此后一个世纪，马木路克王朝战事减少，埃及和叙利亚诸地的局势相对稳定。14 世纪末，帖木儿帝国兴起，屡次攻入叙利亚，威胁埃及。1348 年，鼠疫从欧洲传入埃及，尼罗河流域人口锐减。1498 年，达·伽马的船队沿非洲西岸经过好望角到达印度洋，开辟东西方之间新的贸易航线，进而对马木路克王朝的统治产生深远的影响。

塔希尔王朝与东部分裂的先河

艾敏与马蒙之间的内战不仅助长了伊斯兰世界西部的离心倾向，而且在伊斯兰世界的东部埋下了政治分裂的隐患。塔希尔人的兴起，首开扎格罗斯山以东地区政治分裂的先河。

塔希尔人具有阿拉伯血统。倭马亚时代末期，塔希尔家族的先祖鲁扎克来到呼罗珊，定居在哈拉特附近的布尚，成为波斯化的阿拉伯人。①鲁扎克之子穆萨布曾经参加阿拔斯派在呼罗珊发动的起义，并在阿拔斯王朝建立后出任哈拉特长官。内战期间，塔希尔·侯赛因追随马蒙，屡立战功，受封为祖勒·叶米奈因(阿拉伯语中意为两手俱利者)。②

820 年，塔希尔·侯赛因被马蒙任命为呼罗珊总督，驻守木鹿，统辖扎格罗斯山以东诸地，塔希尔王朝(820—873)由此始露端倪。822 年，塔希尔·侯赛因下令在星期五聚礼的呼图白中取消祝福巴格达哈里发的内容，并在所铸的钱币中删除哈里发的尊号。

尽管如此，塔希尔人作为阿拔斯王朝的藩属，与巴格达哈里发仍保持良好的合作关系，缴纳贡赋。塔希尔·侯赛因死后，其子泰勒哈·塔希尔和阿卜杜拉·塔希尔相继承袭父职，并深得马蒙的宠信。830 年，塔希尔王朝的

---

① Kennedy, H., *The Early Abbasid Caliphate*, p.138.

② 泰伯里:《历代先知与君王史》，第 3 卷，第 829 页。

驻节地自木鹿移至内沙浦尔。阿拔斯王朝移都萨马拉期间，塔希尔人受命兼领巴格达治安长官，被哈里发视为制约外籍将领的重要势力。[①]849年，在穆台瓦基勒的授意下，塔希尔人在巴格达处死了颇具权势的外籍将领伊塔赫。

伊朗高原的波斯人政权——萨法尔王朝与萨曼王朝

9世纪后期，萨法尔王朝（867—900）崛起于伊朗高原东南部的锡斯坦，波斯人称雄一时，伊斯兰世界东部的政治分裂明显加剧。

锡斯坦地处伊斯兰世界的边陲，自倭马亚时代起便是反叛者避难的场所，哈瓦立及派的势力尤为强大。萨法尔王朝的创立者叶尔孤卜·莱伊斯系波斯血统，出身盗匪。852年，叶尔孤卜·莱伊斯携三个兄弟参与征讨哈瓦立及派，从此发迹。861年，叶尔孤卜·莱伊斯由于在平息哈瓦立及派的战事中功勋卓著，升任布斯特驻军将领。867年，叶尔孤卜·莱伊斯占据锡斯坦全境，自立为艾米尔，建都于疾陵，建立萨法尔王朝。

此后，萨法尔王朝大举东进，占领莫克兰、俾路支和信德诸地。在北方，萨法尔王朝的军队攻占喀布尔和巴勒黑，深入粟特一带。873年，叶尔孤卜·莱伊斯率军攻占内沙浦尔，俘塔希尔王朝末代艾米尔穆罕默德·阿布·塔希尔，结束塔希尔人在呼罗珊长达50余年的统治，进而兵抵里海南岸。875年，叶尔孤卜·莱伊斯发动西征，矛头直指阿拔斯王朝。萨法尔王朝的军队经法尔斯和胡齐斯坦两省，攻入伊拉克，兵抵巴格达附近的达尔·阿古勒时受阻，随即被阿拔斯王朝的摄政者穆瓦法克击败。

879年，叶尔孤卜·莱伊斯在胡齐斯坦的军迪沙普尔病亡，其弟阿慕尔·莱伊斯承袭兄职，据有伊朗高原南部。阿慕尔·莱伊斯尊奉逊尼派伊斯兰教，向巴格达缴纳岁贡，接受阿拔斯王朝的赐封，但却在星期五聚礼的呼图白中取消祝福哈里发的内容，甚至自称信士的长官。900年，阿慕尔·莱伊斯在巴勒黑附近与萨曼王朝交战，兵败被俘，后被哈里发处死于巴格达，萨法尔王朝灭亡。[②]

继萨法尔王朝之后兴起于伊斯兰世界东部的政治势力，是波斯贵族建立的萨曼王朝（874—999）。

与盗匪出身的萨法尔人不同，萨曼人系波斯王公的后裔。萨曼家族的先

---

① Frye, R.N., *The Golden Age of Persia*, *the Arabs in the East*, London 1975, pp.190—191.

② Frye, R.N., *The Golden Age of Persia*, pp.194—196.

祖萨曼·胡达特原是巴勒黑的琐罗亚斯德教贵族，倭马亚王朝哈里发希沙姆当政期间改奉伊斯兰教。[①]阿拔斯王朝初期，阿萨德·萨曼效力于巴格达哈里发。其子艾哈迈德兄弟四人曾经协助阿拔斯王朝平息拉菲·莱斯的反叛，于 819 年分别被马蒙赐封为撒马尔罕、费尔干纳、哈拉特和沙什的驻军将领，隶属塔希尔人节制。[②]

塔希尔王朝灭亡后，哈里发穆尔台米德于 874 年将粟特一带赐予艾哈迈德之子纳绥尔，是为萨曼王朝的开端。[③]892 年，纳绥尔之弟伊斯马仪僭夺兄位，自称艾米尔，建都于布哈拉，继而击败萨法尔王朝。

913—943 年纳绥尔二世当政期间，萨曼王朝的势力达到顶峰，北起咸海、南至波斯湾、西起里海南岸、东至怛罗斯的广大地区，皆被纳入萨曼王朝的版图。萨曼王朝尊奉逊尼派伊斯兰教，承认阿拔斯哈里发的宗主地位，向巴格达缴纳岁贡。“在阿拔斯王朝各位哈里发看来，这个王朝的成员是些艾米尔，甚至是些阿米勒。但是，在他们的领地之内，他们拥有绝对的权力。”[④]

布哈拉

从萨珊王朝灭亡到萨曼王朝建立的 3 个世纪中，在阿拉伯人的统治下，阿拉伯语作为官方语言盛行于伊朗高原，波斯学者使用阿拉伯语撰写的著作汗牛充栋，波斯语作品却寥寥无几，波斯传统文化濒临绝迹的边缘。萨曼王朝的统治者奖掖伊斯兰教文化，撒马尔罕和布哈拉可谓群贤毕至，英才云集，宛若伊斯兰世界东部的两颗璀璨的明珠，波斯文化在历经 3 个世纪的衰落之后渐趋复兴。萨曼王朝在保留阿拉伯语作

---

①② Lombard, M., *The Golden Age of Islam*, p.46.

③ Lombard, M., *The Golden Age of Persia*, p.200.

④ 希提:《阿拉伯通史》,第 551—552 页。

费尔多西向马哈茂德朗诵《王书》

为官方语言的同时，规定采用阿拉伯字母作为书写形式的新波斯语亦为官方语言，并予以推广。①

名垂青史的穆斯林学者，包括医学家拉齐和伊本·西那、哲学家法拉比和比鲁尼，皆曾在萨曼王朝统治者的庇护下从事学术活动。纳绥尔二世当政期间，塔吉克血统的诗人鲁达基在布哈拉极负盛名，被誉为“波斯语诗歌之父”，他使用波斯语创作大量诗歌，体裁多样，形式完美，其中千余首两行诗至今仍脍炙人口。继鲁达基之后，出生于突斯的呼罗珊人费尔多西使用波斯语创作史诗《王书》，记述古代波斯王公的政绩，洋洋万言，情节生动曲折，人物栩栩如生，堪称千古佳作。②

加兹尼王朝与突厥君主马哈茂德

萨曼王朝末期，突厥将领阿勒普特金出任呼罗珊总督，后因失宠，于962年逃往阿富汗东部山区，占据加兹尼城，自立为艾米尔，建立加兹尼王朝（962—1186）。976年阿勒普特金死后，其婿苏卜克特金承袭加兹尼王朝的统治权力，拓展疆域，攻占锡斯坦，夺取喀布尔和白沙瓦。苏卜克特金是加兹尼王朝的真正奠基人，继苏卜克特金之后加兹尼王朝的历任统治者皆为其直系后裔。

苏卜克特金之子马哈茂德当政期间，加兹尼王朝国势极盛。马哈茂德曾于994年接受萨曼王朝的赐封，出任呼罗珊总督，998年承袭父位。999年，马哈茂德联合回鹘人政权喀喇汗王朝，夹击布哈拉，灭亡萨曼王朝，并以阿姆

---

① Holt, P.M., Lambton, A.K.S. & Lewis, B., *The Cambridge History of Islam*, Vol.1A, p.145.

② Hourani, A., *A History of the Arab Peoples*, p.87.

河为界与喀喇汗王朝瓜分萨曼王朝的辖地。1006年，马哈茂德在巴勒黑击败喀喇汗王朝，进而夺取花剌子模。1029年，马哈茂德攻陷莱伊，占领伊朗西部诸地。马哈茂德不仅在伊斯兰世界东部横扫千军，而且以雷霆之势南下印度。1014年，马哈茂德攻占印度教圣地萨奈沙，洗劫著名的查克拉斯瓦明神庙。1019年，马哈茂德攻占恒河平原的政治中心曲女城，将这座历时400余年的古都夷为平地。1025年，马哈茂德攻占印度西海岸的卡提阿瓦半岛。位于卡提阿瓦半岛的索姆那特神庙是印度教徒朝拜的圣地，供奉印度教三主神中的湿婆神，并且藏有巨额财富。马哈茂德将索姆那特神庙洗劫一空，所藏财宝被悉数运往加兹尼。相传，马哈茂德用来运送这批财宝的骆驼多达4万余峰。在马哈茂德远征印度之前，什叶派的分支卡尔马特派穆斯林曾经在印度河流域的木尔坦一带建立两个小的伊斯兰教政权，然而影响甚微。加兹尼王朝的征略，打开了穆斯林冲击印度的门户，尤其是奠定了印度西北部地区伊斯兰教化的基础。马哈茂德因此在伊斯兰世界声威大震，成为穆斯林仰慕的英雄，在伊斯兰史上首次获得加齐（意为圣战者）的桂冠，并被哈里发嘎迪尔赐封为雅敏·道莱的称号。①

马哈茂德不仅武功盖世，其文治亦颇负盛名。马哈茂德当政期间，沿袭波斯的政治传统和萨曼王朝的统治制度，招募突厥人及波斯人、阿拉伯人组建庞大的军队，实行集权统治，积极兴修水利，垦殖荒地，发展农业，奖励工商业。在此基础之上，马哈茂德大力倡导和支持文化活动，广招天下文人墨客于加兹尼王朝的宫廷。许多学者在马哈茂德的庇护下潜心创作，著述颇丰。突厥血统的地理学家比鲁尼多次随马哈茂德南下印度，并在那里留居数年，考察旅行，所著《印度志》一书首次将印度的文化和风土民俗展现于伊斯兰世界。波斯诗人费尔多西曾经将其史诗巨著《王书》题赠马哈茂德，以求博得马哈茂德的赏识。马哈茂德还在首都加兹尼城建造规模宏大的清真寺以及学校、图书馆、天文台等设施，使加兹尼城成为当时伊斯兰世界东部最重要的文化中心。

1030年马哈茂德死后，其子麦斯欧德继承父位，加兹尼王朝趋于分裂，国势急剧衰微。1037年，突厥血统的塞尔柱人攻占木鹿和内沙浦尔。1040年，加兹尼王朝的军队在木鹿附近的丹丹坎败于塞尔柱人，遂被逐出呼罗珊。1149年，突厥血统的古尔人攻占加兹尼城，加兹尼王朝迁都拉合尔，辖地仅

---

① Watt, W.M., *The Majesty That Was Islam*, pp.203—205.

及旁遮普一带。1186年,古尔人攻占拉合尔,加兹尼王朝末代艾米尔胡斯罗沙兵败被俘,加兹尼王朝灭亡。

白益王公与波斯什叶派政权

穆斯林的政治分裂,开始于伊斯兰世界的东西两端,逐渐波及哈里发国家的腹地。民族对抗与教派冲突错综交织,狼烟四起,群雄并立。此时正值阿拔斯王朝苟延残喘、巴格达哈里发奄奄一息之际,白益家族异军突起,犹如利剑一般,刺向哈里发国家的心脏。

白益家族属于波斯血统的德拉姆部落,祖居厄尔布尔士山与里海之间,以务农为业。厄尔布尔士山耸立在伊朗高原的北侧,成为天然的屏障,阻挡外部势力对里海南岸的冲击。德拉姆人安守故土,似乎已被喧嚣的世界遗忘。786年,阿里家族的追随者在麦地那发动起义,被阿拔斯王朝镇压,什叶派伊玛目哈桑的曾孙叶赫亚·阿卜杜拉逃离希贾兹,越过厄尔布尔士山,潜入里海南岸,进行秘密的神学宣传。此后,德拉姆人逐渐皈依伊斯兰教,加入什叶派穆斯林的行列。①

927年,德拉姆人首领麦尔达维只·齐亚尔率众越过厄尔布尔士山,占领伊朗西部的吉巴勒省。据说,麦尔达维只·齐亚尔声称欲重建波斯人的王朝,推翻阿拉伯人的江山。②此后,白益家族成为德拉姆人的核心势力。933年,白益家族首领阿里向南扩张,占领法尔斯。935年,阿里的兄弟哈桑击败麦尔达维只·齐亚尔的继承人乌什姆吉尔,成为吉巴勒的统治者。945年,阿里的另一兄弟艾哈迈德挥师西进,入主巴格达,被哈里发穆斯台克菲(945—946年在位)赐封为总艾米尔,领有伊拉克。946年,艾哈迈德废黜穆斯台克菲,立穆帖仪为哈里发。穆帖仪(946—974年在位)即位后,赐封艾哈迈德为穆仪兹·道莱(意为国家的保护者),阿里为伊玛德·道莱(意为国家的基石),哈桑为卢克尼·道莱(意为国家的支柱)。艾哈迈德、阿里和哈桑兄弟3人分别据有伊拉克、法尔斯和吉巴勒,形成白益家族三足鼎立的政治格局。③

白益家族称雄伊斯兰世界的腹地,长达一个世纪之久。此间,巴格达的哈里发成为白益王公任意摆布的玩偶,往日君临天下、号令四方的威风荡然

---

① Holt, P.M., Lambton, A.K.S. & Lewis, B., *The Cambridge History of Islam*, Vol.1A, p.143.

② 艾哈迈德·爱敏:《阿拉伯伊斯兰文化史》,第5册,第47页。

③ Mez, A., *The Renaissance of Islam*, Patna 1937, pp.22—23.

无存。穆帖仪曾经表示:我除了在聚礼日发表演说外,已经一无所有;如果你们高兴,我愿意放弃哈里发的职务。[①]然而,白益家族并没有建立统一的王朝,分别据有伊拉克、法尔斯和吉巴勒的白益王公各自为政,甚至相互攻杀。

阿里是白益家族政权的开创者,采用沙汗沙(意为诸王之王)的称号,其辖地法尔斯是白益家族的重心所在。阿里之子阿杜德・道莱(意为国家的股肱)当政期间,是法尔斯历史上的黄金时代。水利设施的广泛兴建保证了农业的繁荣,商业贸易尤为发展。法尔斯的港口城市西拉夫在这个时期取代伊拉克的巴士拉,成为波斯湾地区最重要的贸易中心。阿杜德・道莱的驻节地设拉子规模扩大,人口增加,商贾辐辏,市井繁荣,令巴格达相形见绌。978年,阿杜德・道莱击败艾哈迈德之子巴赫提亚尔,兼并伊拉克,并且一度控制吉巴勒,白益家族的政治发展达到巅峰状态。[②]

白益王公统治时期,伊拉克不再是伊斯兰世界的政治中心,而且社会经济严重衰退。尽管如此,巴格达作为哈里发宫廷的所在地,在穆斯林的宗教生活领域仍然占据着举足轻重的位置。伊斯兰世界虽已四分五裂,正统的穆斯林却始终将巴格达的哈里发视作无可争辩的宗教领袖。然而,白益家族自从皈依伊斯兰教以后,尊崇什叶派的宗教学说。在白益王公的保护下,什叶派伊斯兰教空前发展,众多的什叶派学者从各地汇聚于巴格达,底格里斯河西岸的卡尔赫区成为什叶派穆斯林的重要据点。波斯血统的穆罕默德・库莱尼和阿拉伯血统的穆菲德相继在巴格达著书立说,系统阐述什叶派的宗教思想,奠定了什叶派的主体十二伊玛目派神学理论的基础。艾哈迈德入主巴格达以后,将谴责阿布・伯克尔和欧默尔、哀悼侯赛因遇难的阿舒拉日、庆贺先知穆罕默德指定阿里作为继承人的所谓授职节、朝拜阿里家族成员的陵墓等诸多活动,作为什叶派宗教仪式的重要内容,从而使什叶派穆斯林与逊尼派穆斯林之间形成分明的界限。

库尔德人与贝都因人

库尔德人祖居扎格罗斯山区和摩苏尔以北的高地,具有不同于阿拉伯人和波斯人的独特语言和文化传统。库尔德人除少数的定居者外,大多以牧羊为生,追逐水草,居无定所。10世纪的地理学家伊本・豪卡勒曾经将库尔德

---

① 艾哈迈德・爱敏:《阿拉伯伊斯兰文化史》,第5册,第49页。

② Mez, A., *The Renaissance of Islam*, pp.24—25.

人称作波斯的贝都因人。自9世纪起，库尔德人逐渐摆脱野蛮状态，皈依伊斯兰教，进而开始涉足伊斯兰世界的政治舞台。白益王公统治时期，哈里发国家的腹地群雄逐鹿，政局动荡。库尔德人趁机扩展势力，占据扎格罗斯山区，掠夺周围的定居者，一度控制阿塞拜疆和安纳托利亚高原东南部，逼近摩苏尔和哈马丹，颇具威胁。①

贝都因人即游牧的阿拉伯人，他们曾经是哈里发国家自阿拉伯半岛发动扩张的主要社会力量。然而，战事停止以后，贝都因人并没有完全接受定居的生活方式，许多游牧群体返回祖居的沙漠。哈里发国家强盛之时，贝都因人尚能保持相对平静的状态。自9世纪后期开始，阿拔斯王朝日渐衰微，巴格达哈里发自顾不暇。贝都因人于是再度涌入"肥沃的新月地带"，形成游牧群体对定居社会的新的冲击浪潮。10世纪初，贝都因人凯勒卜部落追随什叶派的分支卡尔马特派，屡屡攻袭叙利亚的大马士革、霍姆斯、哈马、豪兰、巴勒贝克诸城。贝都因人基拉卜部落和乌卡勒部落占据巴林，建立卡尔马特国，923年攻占巴士拉，930年袭击麦加，劫走克尔白中的玄石，震动整个伊斯兰世界。10世纪后期至12世纪初期，贝都因人阿萨德部落占据伊拉克南部，以希拉为首都，建立马兹亚德王朝，一度击败塞尔柱突厥人的进攻。②贝都因人的冲击，对"肥沃的新月地带"影响极大，明显加剧了这一地区的政治分裂，尤其是使农业生产遭到严重的破坏，大量耕地沦为贝都因人的牧场。

贝都因人塔格里布部落的一支，生活在两河流域北部的贾吉拉地区。③阿拔斯王朝移都萨马拉期间，外籍将领专权，哈里发的地位一落千丈，塔格里布部落的首领哈姆丹趁机占据伊拉克北部边境。879年，突厥将领伊萨·库恩达吉克率领阿拔斯王朝的军队击败塔格里布部落。哈姆丹曾经与哈瓦立及派和库尔德人结盟，对抗阿拔斯王朝，895年兵败被俘，身陷囹圄。此后，哈姆丹的长子侯赛因归顺阿拔斯王朝，其父遂得到巴格达哈里发的赦免。905年，哈姆丹的次子阿布·哈伊扎占据摩苏尔，自立为艾米尔，建立哈姆丹王朝，是为摩苏尔的哈姆丹王朝（905—979）。④929年阿布·哈伊扎死后，其子哈桑承袭父位。935年，哈里发拉迪正式承认哈桑领有贾吉拉的统治权

---

① Kennedy, H., *The Prophet and the Age of the Caliphate*, p.250, pp.250—251.

② Kennedy, H., *The Prophet and the Age of the Caliphate*, pp.301—307.

③ 哈桑·穆阿尼斯：《古代中世纪的阿拉伯国家与文明》，第196页。

④ 穆罕默德·穆斯塔法·齐亚德：《阿拉伯世界的历史与文明：古代与伊斯兰时代》，第235页。

力，哈桑则需缴纳 7 万第纳尔的年贡，并且保证向巴格达供应粮食。942 年，哈桑继穆罕默德·拉伊克之后出任巴格达的总艾米尔，并被哈里发穆台基赐封为纳绥尔·道莱（意为国家的辅弼），其弟阿里被赐封为赛弗·道莱（意为国家的利剑）。[①]979 年，白益家族攻占摩苏尔，哈姆丹王朝在贾吉拉的统治结束。[②]

944 年，赛弗·道莱率军西取叙利亚，击败伊赫希德王朝的军队，占领阿勒颇，另建哈姆丹王朝，是为阿勒颇的哈姆丹王朝（944—1003）。此后，赛弗·道莱夺取大马士革、安条克、霍姆斯诸城，兵抵拉姆拉，与伊赫希德王朝媾和。摩苏尔的哈姆丹王朝由于横征暴敛而在伊斯兰世界声名狼藉，阿勒颇的哈姆丹王朝却因赛弗·道莱的文治武功而久享盛誉。赛弗·道莱在阿勒颇广招天下贤士，倡导著书立说。赛弗·道莱本人亦博学多才，酷爱诗歌，与文人墨客交往甚密。哲学家法拉比曾经受到赛弗·道莱的礼遇，在阿勒颇的宫廷从事学术研究。诗人伊斯法哈尼亦曾被赛弗·道莱待为上宾，在阿勒颇完成《乐府诗集》的编纂，并将《乐府诗集》的手稿赠予赛弗·道莱。桂冠诗人穆泰奈比于 948 年来到阿勒颇的宫廷，潜心创作，其中 80 余首颂诗称道赛弗·道莱的业绩，脍炙人口。赛弗·道莱的族弟阿布·菲拉斯·哈姆丹尼对阿拉伯诗歌和语法极有造诣，被誉为“王子诗人”，所著《罗马集》堪称千古绝唱。[③]

10 世纪后期的伊斯兰世界处于群雄并立的混乱状态，巴格达哈里发形同虚设，无力履行保卫乌玛的神圣职责。阿勒颇的哈姆丹王朝控制伊拉克北部和叙利亚北部，扼守陶鲁斯山南麓的拜占庭边境，系基督教世界与伊斯兰世界腹地之间的缓冲区域，构成穆斯林圣战的前沿。赛弗·道莱自入主阿勒颇以后，几乎逐年出兵征讨拜占庭，并且一度取得可观的战绩。956 年以后，拜占庭帝国对叙利亚北部的军事压力日渐增强，赛弗·道莱势单力孤，屡遭败绩。961 年，拜占庭军队一度占领阿勒颇。967 年赛弗·道莱死后，阿勒颇的哈姆丹王朝逐渐衰落。[④]1003 年，法蒂玛王朝攻入叙利亚，吞并阿勒颇的哈姆丹王朝。

---

① 哈桑·穆阿尼斯：《古代中世纪的阿拉伯国家与文明》，第 197 页。

② Watt, W.M., *The Majesty That Was Islam*, pp.164—207.

③ 穆罕默德·穆斯塔法·齐亚德：《阿拉伯世界的历史与文明：古代与伊斯兰时代》，第 235 页，第 236—237 页。

④ 穆罕默德·穆斯塔法·齐亚德：《阿拉伯世界的历史与文明：古代与伊斯兰时代》，第 238 页。

五、 穷途末路

塞尔柱人称雄西亚

倭马亚时代阿拉伯穆斯林的东征,密切了哈里发国家与中亚土著族群之间的联系和交往。此后伊斯兰教在中亚的广泛传播,逐渐淡化着西亚与中亚之间的信仰差异,进而敞开了突厥人西迁的大门。在阿拔斯王朝日渐衰落之际,突厥人在伊斯兰世界异军突起,成为主宰哈里发国家命运的崭新政治力量。11 世纪中叶,塞尔柱人入主西亚,荡平“肥沃的新月地带”和伊朗高原的割据势力,阿拔斯王朝进入塞尔柱苏丹国统治的时期。

塞尔柱人系突厥血统乌古斯部落联盟的一支,因其首领塞尔柱·叶卡克而得名。10 世纪末,塞尔柱·叶卡克率领族人离开中亚的吉尔吉斯草原,向西迁徙,进入锡尔河下游一带,先后依附于萨曼王朝和加兹尼王朝。塞尔柱突厥人原本信奉萨满教,西迁之后改奉伊斯兰教,加入逊尼派穆斯林的行列,成为萨曼王朝和加兹尼王朝的加齐战士,致力于发动对于异教徒的圣战。1025 年,正值马哈茂德南下印度、劫掠索姆那特神庙的时候,塞尔柱人越过阿姆河,进入加兹尼王朝的辖地。1040 年,塞尔柱人在木鹿附近的丹丹坎击败马哈茂德之子麦斯欧德的军队,夺取呼罗珊。随后,塞尔柱人首领图格里勒自称伯格(意为头领),定都内沙浦尔,并挥师西进,击败白益王公,攻陷莱伊、哈马丹、伊斯法罕诸城,兵抵阿塞拜疆和亚美尼亚。[①]

白益王公称雄期间,阿拔斯哈里发不仅世俗权力丧失殆尽,其作为宗教领袖的威严也荡然无存。什叶派统治者横行无忌,阿拔斯哈里发犹如白益王公的阶下囚徒,任人摆布,境况凄惨。塞尔柱人自诩为逊尼派伊斯兰教的捍卫者,他们的出现使阿拔斯哈里发似乎看到拯救逊尼派伊斯兰教的希望。1055 年,图格里勒应阿拔斯哈里发嘎伊姆(1031—1075 年在位)之召,兵抵巴格达。白益家族的守将白萨希里无力抵御塞尔柱人,弃城逃走。哈里发嘎伊姆将图格里勒迎入巴格达,赐封他为东方和西方的苏丹(“苏丹”一词在阿拉伯语中本意为权柄,引申为君主),统揽阿拔斯王朝的所有世俗权力。此后,哈里发作为象征性的宗教领袖,受到塞尔柱人的礼遇。1058 年,白萨希里趁

---

① 哈桑·穆阿尼斯:《古代中世纪的阿拉伯国家与文明》,第 170 页。

图格里勒出征北方之机，纠集德拉姆人残部，卷土重来，攻入巴格达，劫夺宫中珍品，包括象征哈里发权位的先知穆罕默德遗物，献与开罗的法蒂玛王朝哈里发穆斯坦绥尔，强迫巴格达的所有穆斯林以穆斯坦绥尔的名义举行星期五聚礼。不久，图格里勒班师伊拉克，白萨希里兵败身亡。

1063 年图格里勒死后，其侄阿勒卜·阿尔斯兰继任苏丹。阿勒卜·阿尔斯兰（突厥语中意为雄狮）尚武善骑，长于征战，即位以后，离开内沙浦尔，迁都伊朗西部的伊斯法罕。阿勒卜·阿尔斯兰当政期间，与喀喇汗国实行联姻政策，娶喀喇汗国公主为妻，并将自己的女儿远嫁喀喇汗国的王子。在稳定东部边境之后，塞尔柱人大举进攻伊斯兰世界的宿敌拜占庭帝国，于 1064 年占领亚美尼亚首府阿尼。1071 年，阿勒卜·阿尔斯兰在凡湖以北的曼齐喀特重创拜占庭军队，俘获拜占庭皇帝罗曼努斯，取得圣战的决定性胜利，彻底摧毁了拜占庭帝国的东部防线，占领亚美尼亚全境和小亚细亚半岛东部。长期以来，陶鲁斯山是伊斯兰世界与基督教世界的天然分界线，倭马亚王朝和阿拔斯王朝的历代哈里发虽然屡屡兵抵君士坦丁堡，却始终未能将陶鲁斯山北侧地区据为己有。曼齐喀特战役以后，塞尔柱人自亚美尼亚长驱西进，陶鲁斯山北侧广大地区成为穆斯林新的家园。与此同时，塞尔柱人击败法蒂玛王朝，夺取叙利亚，收复希贾兹的两座圣城麦加和麦地那。

阿勒卜·阿尔斯兰之子马立克沙于 1073 年即位后，定都木鹿。1081 年，塞尔柱突厥人攻占中亚重镇布哈拉和撒马尔罕，兵锋远至费尔干纳和花

阿勒卜·阿尔斯兰

刺子模。马立克沙当政期间，塞尔柱人的势力达到顶峰，东起中亚、西至叙利亚和小亚细亚半岛、北起亚美尼亚、南至阿拉伯海的广大地区尽归其所有。1091年，马立克沙离开木鹿，迁都巴格达。[①]在星期五聚礼的呼图白中，巴格达的穆斯林祝福阿拔斯王朝的哈里发，同时祝福塞尔柱人的苏丹。马立克沙还将女儿许配哈里发穆格台迪（1075—1094年在位），与阿拔斯家族结为姻亲。

阿勒卜·阿尔斯兰和马立克沙当政期间，波斯人尼扎姆·穆勒克出任维齐尔，辅佐苏丹，政绩颇佳。尼扎姆·穆勒克学识渊博，信仰虔诚，1063—1092年出任维齐尔，整顿朝纲，推行新政，发展生产，改善交通，使饱受战乱的西亚诸地恢复往日的繁荣景象。塞尔柱人具有尚武的传统，尼扎姆·穆勒克却十分重视文化事业，青睐文治，崇尚学术，招贤纳士。在尼扎姆·穆勒克的庇护和赞助下，教义学家安萨里完成了神学名著《圣学复苏》，诗人欧默尔·赫亚姆完成了文学佳作《鲁拜集》。1065—1067年，尼扎姆·穆勒克耗费巨资，在巴格达创办逊尼派伊斯兰教的最高学府，名为尼扎米耶大学，传授逊尼派伊斯兰教的神学思想和教义学说，旨在抗衡什叶派的分支伊斯马仪派政权法蒂玛王朝在开罗设立的爱资哈尔大学。尼扎姆·穆勒克著有《政治论》一书，阐述治国之道，影响甚广，足以与西方学者马基雅维里的《君主论》相媲美。

画家笔下的尼扎姆·穆勒克遇刺

① 哈桑·穆阿尼斯：《古代中世纪的阿拉伯国家与文明》，第172页。

塞尔柱人的到来，一度实现了西亚伊斯兰世界的政治统一，恢复了逊尼派伊斯兰教的尊严。1092年马立克沙死后，塞尔柱突厥人分裂，马立克沙之子桑贾尔承袭父位，以大塞尔柱苏丹的名义领有呼罗珊。与此同时，马立克沙的兄弟台台什领有叙利亚，马立克沙之子巴基亚卢格控制伊朗，家族内讧，兵戎相见。1157年，桑贾尔死于木鹿。此后，塞尔柱帝国急剧衰落，所辖领地被来自中亚的另一突厥人政权花剌子模沙王朝吞并，塞尔柱帝国名存实亡。

1127年，突厥将领伊马德丁·赞吉建立赞吉王朝，领有贾吉拉和叙利亚北部。伊马德丁·赞吉之子努尔丁当政期间，赞吉王朝的军队横扫盘踞在地中海东岸的基督教势力，攻陷爱德萨、大马士革、的黎波里和安条克，努尔丁成为抗击十字军东侵的中流砥柱。努尔丁曾经遣部将希尔库和萨拉丁率军进入埃及，迎战十字军。1171年，萨拉丁推翻法蒂玛王朝，在开罗建立阿尤布王朝。此后，阿尤布王朝入主叙利亚，赞吉王朝灭亡。

曼齐喀特战役以后，阿勒卜·阿尔斯兰将小亚细亚东部赐封他的族弟苏莱曼·顾特米鲁什。1077年，苏莱曼·顾特米鲁什自立为苏丹，建立罗姆苏丹国。罗姆苏丹国一度臣属于大塞尔柱苏丹，亦曾与拜占庭帝国缔结盟约，后来沦为蒙古人的藩国。1308年，罗姆苏丹国被蒙古人灭亡。[①]

阿拔斯王朝的倾覆

阿拔斯哈里发国家曾经有过长达百年的辉煌时代。自9世纪中叶起，伊斯兰世界群雄并立，阿拔斯王朝的辖地日渐缩小；外籍将领横行无忌，更使巴格达哈里发不得不将世俗权力拱手让与他人。白益王公统治期间，伊斯兰世界仿佛成为什叶派穆斯林的天下，巴格达哈里发仅有的宗教权威荡然无存。塞尔柱人入主西亚以后，并没有使巴格达哈里发摆脱窘困的境遇。阿拔斯王朝的根基已经坍塌，只剩下断壁残垣，巴格达哈里发依然处于他人的摆布之下，苟且偷生。12世纪后期，伊斯兰世界的形势发生变化。一方面，塞尔柱苏丹国解体，凌驾于巴格达哈里发之上的大塞尔柱王朝苏丹权势日渐衰微。另一方面，萨拉丁在开罗建立阿尤布王朝，恢复逊尼派伊斯兰教在西部诸地的统治地位，尊崇巴格达哈里发作为宗教领袖。形势的变化使日暮途穷的阿拔斯王朝似乎看到新的希望。

纳绥尔(1180—1225年在位)于1180年即位，是阿拔斯王朝在位时间最

---

① 哈桑·穆阿尼斯:《古代中世纪的阿拉伯国家与文明》，第175页。

长的哈里发。纳绥尔曾经做过最后的尝试,企图恢复哈里发的威严,重振阿拔斯王朝的雄风。纳绥尔将希望寄托于新的穆斯林势力,怂恿花剌子模沙王朝的塔卡什自中亚西进。1194 年,塔卡什的军队击败大塞尔柱王朝的末代苏丹图格里勒,结束塞尔柱人在巴格达的统治。然而,纳绥尔的努力付诸东流。1196 年,塔卡什成为新的苏丹,行使塞尔柱人原有的一切权力,哈里发仍然只是苏丹的掌中玩物。1200 年塔卡什死后,其子阿拉乌丁出任苏丹,击败古尔王朝、西喀喇汗王朝和西辽,建立起庞大的帝国,定都撒马尔罕。1217 年,阿拉乌丁召开宗教会议,试图废止阿拔斯王朝的宗教权力,另立阿里家族的后裔阿拉·穆尔克为新的哈里发。纳绥尔在绝望之际,把目光转向遥远的东方,幻想得到蒙古人的帮助。然而,纳绥尔的这一做法无异于引狼入室,使伊斯兰世界遭受空前的浩劫。

1219 年,成吉思汗统率蒙古军队大举西进,攻入中亚,阿拉乌丁兵败身亡,撒马尔罕和布哈拉尽遭蹂躏,哈拉特被夷为废墟。1253 年,成吉思汗的孙子旭烈兀再度发动西征,蒙古铁骑如潮水一般涌向伊斯兰世界。1258 年,旭烈兀攻陷巴格达,哈里发穆斯台尔绥木(1242—1258 年在位)被装入袋中,马踏而死,阿拔斯王朝灭亡。[①]

旭烈兀

1258 年蒙古人攻占巴格达

① 穆罕默德·穆斯塔法·齐亚德:《阿拉伯世界的历史与文明:古代与伊斯兰时代》,第 263—264 页。

第六章

哈里发时代中东的经济制度与经济生活

一、 封建主义的土地关系

国家土地所有制

632年先知穆罕默德去世后，阿布·伯克尔出任哈里发，穆斯林开始走出阿拉伯半岛，伊斯兰世界进入大规模对外扩张的发展阶段。欧默尔当政期间，拜占庭帝国的辖地叙利亚、埃及和波斯帝国的大部领土皆被纳入哈里发国家的版图。阿拉伯穆斯林的对外扩张，主要表现为军事占领的过程，而军事占领直接导致地权性质的改变。麦地那哈里发国家根据伊斯兰教规定的原则，沿袭阿拉伯半岛的传统和先知穆罕默德的先例，在被征服地区广泛实行国家土地所有制；所有被征服的土地皆被视作斐伊，成为哈里发国家的公产和全体穆斯林的共同财源。

然而，麦地那哈里发国家作为“更高的所有者或唯一的所有者”，并没有将通过征服获取的土地分配给穆斯林直接占有。进入被征服地区的穆斯林大都只是作为哈里发国家的战士，集中屯驻于查比叶、拉姆拉、弗斯塔特、库法和巴士拉等军事营地，他们既不善务农，亦无暇耕作。根据欧默尔确定的原则，被征服者作为吉玛人构成依附于哈里发国家的直接生产者，穆斯林战士构成与被征服者截然对立的军事贵族集团。在此基础上，哈里发国家禁止穆斯林战士在阿拉伯半岛以外区域占有土地和从事农耕，所有被征服的土地皆以斐伊的形式成为全体穆斯林的共同财产。雅姆克战役以后，许多圣门弟子要求分配叙利亚的土地并使被征服者成为他们的奴隶，遭到欧默尔的拒绝。[①]卡迪

① Hill, D.R., *The Termination of Hostilities in the Early Arab Conquest 634—656*, p.75.

西叶战役以后,穆斯林将领赛耳德·阿比·瓦嘎斯向欧默尔反映,他的部下要求直接占有伊拉克的土地;欧默尔表示,哈里发国家征服的土地必须留给原有的耕作者,并且使这些土地成为全体穆斯林的共同财富。欧默尔在致信征服埃及的穆斯林将领阿慕尔·阿绥时亦明确规定:“把埃及的土地留给原有的居民,让他们世世代代在土地上耕作。”①

麦地那哈里发在穆斯林征服的地区建立的国家土地所有制,并非“法律的虚构”,而是客观存在的经济现实。欧默尔规定:穆斯林战士不得将被征服者作为奴隶据为己有,亦不得随意侵吞他们的财产或通过其他形式加以奴役;安拉赐予的土地必须留给被征服者继续耕种,向他们征收贡税并由全体穆斯林共同享用。欧默尔在致叙利亚总督阿布·欧拜德的信中写道:“把安拉作为战利品所赐予你们的土地留给那里的原有居民,向他们征收适量的贡赋,然后在全体穆斯林中分配。让他们继续在土地上耕种,因为他们在耕种土地方面的能力远远超过我们。你们不得将异教人口如同其他战利品那样直接占有,只能向他们征纳贡税……如果他们缴纳贡税,你们不得向他们提出其他的要求。如果我们将他们作为奴隶分配给我们的战士,那么我们怎样将财富留给我们的后代?我们的子孙将找不到为他们劳作的人。我们的生计依靠他们的劳作,我们的子孙将依靠他们的后代。因此,向他们征收贡税,但是不要奴役他们,不要伤害他们或者侵吞他们的财产,务必遵循我们向他们承诺的权利和他们所应承担的义务。”②

贡税关系的广泛确立,不仅体现哈里发国家的统治权在被征服地区的存在,而且构成哈里发国家的土地所有权“借以实现的经济形式”。哈里发国家在沿袭拜占庭帝国和波斯帝国原有农作方式的基础之上,通过贡税的形式,在全体穆斯林与被征服人口之间建立起封建性质的土地关系。迪万制度和年金的分配,体现了全体穆斯林对于被征服地区直接生产者之剩余劳动的集体占有。

哈里发国家在被征服地区沿袭拜占庭帝国和波斯萨珊王朝的旧制,征收贡税的方式和数额由于具体的环境差异而不尽相同,但是土地无疑构成征收贡税的主要对象。③穆斯林征服埃及以后,哈里发国家根据耕地的面积向被

---

① Al-Baladhuri, *Kitab Futuh al-Buldan*, p.265, p.214.

② Lewis, B., *Islam, from the Prophet Muhammed to the Capture of Constantinpole*, London 1976, Vol.2, pp.223—224.

③ 哈桑·穆阿尼斯,《古代中世纪的阿拉伯国家与文明》,第 161 页。

征服者征收贡税，规定每费丹的耕地缴纳1第纳尔和3伊尔达布(1伊尔达布折合16.5浦式耳)谷物。在叙利亚，一个劳动力和一组牲畜在一天内耕作的田产面积构成征税的基本单位；穆斯林战士每人每年从被征服者缴纳的贡税中得到的份额为24穆德(相当于100浦式耳)的谷物和36奇斯特(相当于4浦式耳)的橄榄油。欧默尔当政期间，埃及每年缴纳的贡税大约折合1 200万第纳尔，叙利亚每年缴纳的贡税大约折合1 400万第纳尔。[①]在上述地区，贡税总额不得因耕作者改变信仰或弃田逃亡而予以变更。

麦地那国家沿袭拜占庭帝国的征税方式。“村社构成基本的纳税单位，村社首领根据农民耕种土地的面积规定其纳税的数量，逃亡者的纳税义务由村社其他人分担。”[②]在原来属于波斯帝国的各个区域，被征服人口集体缴纳贡税的现象更为普遍。“萨珊王朝时期，赋税由城市或村庄全体成员共同负担。阿拉伯人最初沿袭这样的制度……因此，即使被征服地区的人口构成发生改变，贡税总额并不随之减少。”[③]633年穆斯林首次攻占幼发拉底河下游的重镇希拉以后，规定该地的全体居民每年向哈里发国家缴纳8万迪尔罕作为贡税；637年穆斯林再次攻占希拉以后，该地的贡税总额增至19万迪尔罕。在伊朗高原，霍尔木兹吉尔德的全体居民每年向哈里发国家缴100万迪尔罕的贡税，莱伊每年缴纳50万迪尔罕，扎兰吉每年缴纳100万迪尔罕，阿比沃德每年缴纳40万迪尔罕，纳萨每年缴纳30万迪尔罕，突斯每年缴纳60万迪尔罕，木鹿每年缴纳125万迪尔罕，木鹿-卢泽每年缴纳60万迪尔罕，巴勒黑每年缴纳40万迪尔罕，哈拉特每年缴纳100万迪尔罕，内沙浦尔每年缴纳70万迪尔罕，等等。[④]上述地区的贡税总额，大都根据耕地的面积而由耕作者分摊。

赋税与地租

倭马亚时代，地产大体分为两种类型。被征服地区的异教土著居民所拥有的地产，沿袭拜占庭帝国和波斯萨珊王朝规定的税收标准，向哈里发国家缴纳全额的土地税，称为全税地。来自半岛的阿拉伯穆斯林在被征服地区所获取的土地，免缴全额的土地税，仅纳什一税，称为什一税地。然而，被征服

---

① Kremer, A.F., *The Orient Under the Caliphs*, pp.67—69.

② Shaban, M.A., *Islamic History, A New Interpretation 600—750*, p.38.

③ Frye, R.N., *The Golden Age of Persia*, p.70.

④ Al-Baladhuri, *Kitab Futuh al-Buldan*, p.243, p.309, p.334, p.379, p.393, pp.403—405.

地区的异教土著居民相继改宗伊斯兰教，拒绝缴纳全额的土地税，仅仅承担什一税的义务，哈里发国家的岁入因此受到影响。针对新的形势，伊拉克总督哈查只·尤素夫颁布法令，剥夺改宗伊斯兰教的新穆斯林之免缴全额土地税的权利。欧默尔二世即位后，废除哈查只·尤素夫颁布的法令，恢复麦地那哈里发时代的税收政策，规定凡信仰伊斯兰教者只纳什一税，但是719年以后穆斯林所获取的土地则需缴纳全额的土地税。哈里发希沙姆进一步规定：土地税的征收取决于土地的性质而不取决于土地占有者的信仰；所有贡税土地无论何人占有皆须承担全额的土地税，只有在早期业已形成的什一税地享有免缴全额土地税的权利。[①]

赋税征收于地产的所有者，地租征收于无地产而租种土地的耕作者。倭马亚时代，耕作者大都根据租佃契约缴纳固定数额的地租，这种制度称为密萨哈。密萨哈制又分两种类型：在原属拜占庭帝国的行省，地租的数额取决于耕地的面积；在伊拉克一带，哈里发国家根据土地的耕作面积、肥沃程度、种植内容和灌溉条件确定地租的数额。[②]阿拔斯时代，曼苏尔在种植谷物的一些地区改行分成制，称为穆嘎萨玛。马赫迪即位以后，分成制的实施范围明显扩大。据阿布·尤素夫在《税收论》中记载，粮食作物大都按照分成制缴纳地租，其余作物仍按亩计租；平地水田征收二一地租，高地水田征收三一地租，旱田征收四一地租，某些低产田征收五一地租。然而，分成制并未完全取代传统的固定地租，密萨哈制在某些地区依旧长期延续。[③]

作为法律文书，土地租佃的契约期限大都较短，而在实际上，租佃契约往往续订，农民长期依附于其所耕作的土地。地租的缴纳包括实物与货币两种形式；实物地租主要是缴纳小麦和大麦，货币地租则是在西部诸省缴纳第纳尔，在东部诸省缴纳迪尔罕。哈伦当政期间，哈里发国家征收的实物地租价值500万第纳尔，折合1.3亿迪尔罕，另外征收货币地租4亿迪尔罕，两项共计5.3亿迪尔罕。[④]

伊斯兰教历是哈里发国家的官方历法，采用阴历纪年。租税的征收，则需适应作物的播种和收获季节，采用阳历纪年。在埃及和叙利亚，科普特历和叙利亚历长期延续。在东部诸行省，哈里发国家沿用波斯历法，租税征收

① Lokkegaard, F., *Islamic Taxation in the Classic Period*, p.114.
② Lokkegaard, F., *Islamic Taxation in the Classic Period*, p.120.
③ Ali, A., *A Short History of the Saracens*, p.427.
④ Lokkegaard, F., *Islamic Taxation in the Classic Period*, p.135.

于新年伊始即6月21日。后来,新年移至初春,正值作物青黄不接之时,不适于征纳租税。于是,穆尔台迪德自894年规定,租税的征纳日期改为7月11日。鉴于波斯历法每120年增设闰月,穆尔台迪德规定每4年增设闰日,以便与科普特历和叙利亚历保持一致。①

阿拔斯王朝后期,集权政治日渐衰微,哈里发国家在诸多地区难以继续直接征税,遂改行包税制。早在马蒙当政期间,包税制曾经在埃及实行,包税契约的期限为4年。穆尔台米德当政期间,包税区域逐渐扩大,包税对象主要是土地税,有时亦包括商业税和其他杂税。商人艾哈迈德·穆罕默德曾经以每年向哈里发缴纳250万第纳尔作为条件,获得在伊拉克征税的权力。②905年阿拔斯王朝收复叙利亚和埃及以后,伊拉克商人麦扎拉伊获得在上述地区征税的权力,条件是每年向哈里发缴纳100万第纳尔并且负担该地区的军饷支出。③916年,尤素夫·阿比·萨吉以每年缴纳70万第纳尔作为条件,获得亚美尼亚和阿塞拜疆的征税权。919年,哈米德·阿拔斯以每年缴纳60万第纳尔作为条件,获得塞瓦德、法尔斯和吉巴勒一带的征税权。④968年,维齐尔伊本·法德勒曾经以每年4 200万迪尔罕的价格出让伊拉克的征税权。⑤

包税人不同于原有的税吏,他们往往拥有私人武装,在其征税区域行使广泛的权力和超经济的统治。阿里·艾哈迈德曾经以每年缴纳140万第纳尔作为条件换取伊拉克东南部和胡齐斯坦的征税权,同时几乎完全独立于哈里发而在其征税区域行使统治权力。阿布·哈桑·阿里·哈拉夫由于包税的缘故而成为贾吉拉的实际统治者,直至被哈里发任命为贾吉拉。⑥因此,包税制的实行在一定程度上意味着地方权力的转让。

地产与农民

麦地那哈里发在对外扩张的过程中,曾经将穆斯林征服的一部分土地收归国家支配;这种形式的地产被后来的伊斯兰教法学家称作萨瓦菲。欧默尔

① Mez, A., *The Renaissance of Islam*, pp.107—108.
② Shaban, M.A., *Islamic History, A New Interpretation 750—1055*, p.60, p.118.
③ Kennedy, H., *The Prophet and the Age of the Caliphate*, p.191.
④ Ashtor, E., *A Social and Economic History of the Near East in the Middle Ages*, p.138.
⑤ Mez, A., *The Renaissance of Islam*, p.129.
⑥ Ashtor, E., *A Social and Economic History of the Near East in the Middle Ages*, p.137.

当政期间，萨瓦菲包括波斯萨珊王朝的皇室领地、琐罗亚斯德教神庙和祭司的土地、战死者的土地、逃亡者遗弃的土地、无主的荒地和沼泽地等 10 种土地，主要分布在伊拉克的塞瓦德，面积约 3 600 万加里布。[①]欧默尔规定，库法周围原属萨珊皇室的土地皆为萨瓦菲；巴士拉周围原属萨珊皇室的土地，其中二分之一作为萨瓦菲，另外二分之一划归阿拉伯战士。在叙利亚北部，许多土著居民在穆斯林征服时弃田出走，逃往拜占庭帝国境内，所遗地产甚多，是为萨瓦菲的另一来源。

哈里发国家在属于萨瓦菲的土地上采取租佃制的形式，占有直接生产者的剩余劳动。耕种者作为佃农直接向国家缴纳地租，国家则根据土地的面积和肥沃的程度以及作物的种类和灌溉方式确定地租的标准。穆斯林征服塞瓦德的初期，哈里发国家规定的地租标准是每加里布的麦田征收 1 迪尔罕和 1 卡菲兹(1 卡菲兹约合 50 公斤)的谷物。643 年，欧默尔获悉塞瓦德一带许多农民并未种植谷物而种植其他作物，逃避缴纳租税的义务，于是根据作物的不同种类重新规定地租的征收标准：凡种植谷物的土地，每加里布征收 1 迪尔罕和 1 卡菲兹谷物；种植三叶草的土地，每加里布征收 5 迪尔罕和 5 卡菲兹饲料；种植葡萄、枣椰和其他果树的土地，每加里布征收 10 迪尔罕和 10 卡菲兹产品。[②]阿里当政期间，进一步根据耕地的质量将麦田的地租标准划分为三个等级：优质土地每加里布征收 1.5 迪尔罕和 1.5 卡菲兹谷物，中等土地每加里布征收 1 迪尔罕和 1 卡菲兹谷物，劣质土地每加里布征收 0.7 迪尔罕和 0.7 卡菲兹谷物。[③]萨瓦菲的耕作者往往享有世袭租佃的权利，然而欧默尔严格禁止萨瓦菲土地的私自转让和买卖。这表明哈里发国家在当时的条件下对于萨瓦菲拥有完整的支配权力，国家土地的权力原则与现实状态差异尚微。

倭马亚时代，哈里发国家缺乏完善的税收制度，行省向大马士革缴纳的税收数额有限，倭马亚王朝的财政支出主要依靠国有土地的收入。在伊拉克，国有土地长期占据举足轻重的地位，甚至影响粮食价格的波动。[④]阿拔斯时代前期，国有土地继续构成哈里发国家的重要岁入来源。哈伦·拉希德当

---

① Yahya b. Adam, *Kitab al-Kharaj*, p.53.

② Al-Baladhuri, *Kitab Futuh al-Buldan*, pp.268—269.

③ Husain, S.A., *The Glorious Caliphate*, p.216.

④ Siddiqi, M.Y.M., *Development of Islamic State and Society*, Lahore 1956, p.105.

政期间，幼发拉底河中游以及巴士拉周围的大量土地被哈里发收归国有。[①]阿拔斯王朝后期，哈里发国家财政拮据，遂不断出售国有土地。931年，阿拔斯王朝首次出售国有土地，售价5万第纳尔。至935年，阿拔斯王朝出售的国有土地共计达到90万第纳尔。[②]与此同时，哈里发直接控制的国有土地呈逐渐减少的趋势。

哈里发时代封建地产的第二种形态是民间地产，阿拉伯语中称作穆勒克，即私人自主地。穆勒克大都起源于被征服地区非穆斯林土著乡绅的原有地产。麦地那时代，哈里发国家在将某些地产确定为萨瓦菲的同时，在更多的地区保留拜占庭帝国和波斯萨珊王朝的旧制；非穆斯林土著乡绅在缴纳贡税的前提下处于相对独立的自治状态，进而延续支配其原有地产的实际权利。由于土地构成贡税的征收对象，而土地占有状况的改变并不直接影响贡税的征收，所以哈里发国家在大多数情况下并不禁止私人土地的继承、转让和买卖，对于非穆斯林之间的地产交易限制甚少。拜占庭帝国和波斯萨珊王朝统治时期民间私有土地的历史传统延续于哈里发时代，进而形成对于新兴伊斯兰国家土地所有制权力原则的广泛制约。

穆勒克的另一来源是阿拉伯穆斯林在被征服地区获取的地产。伊克塔的赐封，构成阿拉伯穆斯林在被征服地区获取地产的主要途径。阿布·伯克尔和欧默尔当政期间，哈里发国家广泛实行年金分配制度，伊克塔的赐封尚不多见。奥斯曼即位后，废止阿拉伯穆斯林不得在半岛以外区域占有土地的原则，将分布在塞瓦德一带，特别是库法周围的国有土地大量赐予穆斯林，伊克塔的数量急剧增多，国有土地的分割逐渐取代农产品的分割而成为伊克塔的基本形式。接受奥斯曼的赐封而在塞瓦德占有地产的穆斯林，多为古莱西人和其他部族首领。此时的伊克塔不同于先知穆罕默德时代，既非农产品份额的赐封，亦非耕作权利的赐封，而是租佃权利的赐封。受封者并不亲自耕种土地；他们大都生活在远离其地产的城市，将土地出租给土著农民耕种，征纳往往高达收成二分之一的地租，同时承担上缴什一税的义务，而地租与什一税的差额便是受封者的收益。受封者与耕作者在经济地位方面处于直接对立的状态，存在着明显的剥削关系。不仅如此，奥斯曼允许阿拉伯穆斯林用半岛的地产交换塞瓦德的地产，或用塞瓦德的地产交换半岛的地产。泰勒

---

① Kennedy, H., *The Early Abbasid Caliphate*, p.118.

② Mez, A., *The Renaissance of Islam*, p.130.

哈·欧拜杜拉曾经以其在希贾兹的地产换取塞瓦德的地产,阿什阿斯·凯斯以其在哈德拉毛的地产换取塞瓦德的地产,许多穆斯林则以塞瓦德的地产换取阿拉伯半岛的地产。地产的交换导致地产的买卖,从而加深了伊克塔的私有化程度,并且加剧了地产的集中和大地产的形成。奥斯曼拥有价值20万第纳尔的地产,阿卜杜勒·拉赫曼·奥夫拥有价值超过30万第纳尔的地产,栽德拥有价值10万第纳尔的地产,雅尔拉拥有价值30万第纳尔的地产,泰勒哈·欧拜杜拉在塞瓦德拥有的地产年收入可达1万第纳尔。[①]地产集中的程度和大地产的规模由此可见。奥斯曼当政期间租佃权利的赐封取代农产品份额的赐封和耕作权利的赐封,反映了伊克塔在国家土地所有制的形式下日渐私有的运动趋势。伊克塔的私有倾向不断侵蚀萨瓦菲的国有原则,为倭马亚时代穆斯林贵族地产与异教贵族地产的合一奠定了基础。

阿拉伯穆斯林除接受哈里发国家赐封的伊克塔外,还在被征服地区购置大量地产。据叶赫亚在《税收论》中记载,圣门弟子阿卡杜拉·麦斯欧德曾经向波斯乡绅购置地产,并要求售地者继续承担缴纳贡税的义务。另据白拉祖里在《诸国征服记》中记载,许多阿拉伯人移居伊拉克的弗拉特后,从波斯乡绅手中购置地产,仅纳什一税,而伊拉克总督哈查只·尤素夫曾向这些地产征收全额的土地税。亦有许多阿拉伯穆斯林在被征服地区垦荒造田,并且据为私产。据阿布·尤素夫在《税收论》中记载,农田如若弃荒超过3年,便被哈里发国家视作死地,而垦殖死地者成为田产的新主人,可免缴全额的土地税,缴纳什一税。[②]征服初期,非穆斯林土著乡绅的地产必须承担全额的土地税,阿拉伯穆斯林的地产仅纳什一税。倭马亚王朝后期,特别是阿拔斯时代,随着伊斯兰教化程度的加深,种族差异日渐淡化,上述两种穆勒克趋于一致,皆需承担什一税和全额土地税,只有王公显贵方可免缴全额土地税。

哈里发时代封建地产的第三种形态是军事伊克塔;军事伊克塔的起点是萨瓦菲,其演进的终点是穆勒克,故而兼有国有官田与民间私田的双重性质,处于国有官田与民间私田之间的过渡状态。

军事伊克塔制始于倭马亚时代,穆阿威叶曾经将叙利亚北部的若干土地赐予圣战的穆斯林,是为最初的军事伊克塔。[③]阿拔斯王朝前期,军事伊克塔

---

① Ibn Khaldun, *The Muqaddimah*, vol.1, p.420.

② Lokkegaard, F., *Islamic Taxation in the Classic Period*, p.139.

③ Ashtor, E., *A Social and Economic History of the Near East in the Middle Ages*, p.62.

大都分布在哈里发无力控制的边远区域。9 世纪中叶以后，随着哈里发集权政治的衰微，军事伊克塔逐渐增多，并且从边远区域向内地扩展。穆格台迪尔曾经将亚美尼亚和阿塞拜疆作为军事伊克塔赐予波斯将领阿夫辛，以该地岁入供养军队。①穆尔台迪德曾经借助于哈姆丹人的支持击败库尔德人，并将摩苏尔一带赐予哈姆丹人的首领，条件是由后者继续向哈里发提供相应的军事力量。萨法尔人叶尔孤卜·莱伊斯战功卓著，平定锡斯坦境内的哈瓦立及派，穆尔台兹于是将锡斯坦赐予叶尔孤卜·莱伊斯，作为他的伊克塔。935 年，拉迪将埃及和叙利亚以赐封军事伊克塔的名义划归突厥将领穆罕默德·突格只，是为伊赫希德王朝之始。②自益王朝时期，军事伊克塔的分布范围进一步扩大，占有军事伊克塔者明显增多。塞尔柱人入主西亚以后，军事伊克塔制的发展达到顶峰。马立克沙当政期间，仅伊拉克便有 40 个贵族拥有面积可观的军事伊克塔；他们大都是突厥人和波斯人，除在战时提供必要的兵源以外，另向苏丹缴纳岁贡。③尽管如此，伊克塔绝非阿拔斯王朝后期哈里发国家的唯一地产形式。911—932 年，仅伊朗各地向巴格达缴纳的土地税便达到 2 300 万迪尔罕。白益家族统治时期，巴格达每年从各地征纳的土地税亦超过 3 亿迪尔罕。④土地税的征纳情况，反映了非伊克塔地产形式的广泛存在。另一方面，伊克塔的领有者并非构成阿拔斯王朝的全部军事力量，领取饷金的雇佣军在哈里发国家亦具有举足轻重的地位。穆克塔迪尔当政期间，哈里发国家每年向雇佣军支付饷金约 100 万第纳尔，而饷金的拖欠常常导致雇佣军的骚乱。⑤白益家族统治期间，德拉姆人组成的步兵每人每月领取 6 第纳尔的饷金，突厥人组成的骑兵每人每月领取 40 第纳尔的饷金。⑥阿什托尔因此指出："封建主义没有获得完全的胜利，并非所有的地产都成为军事封邑，亦非所有的战士都成为军事封邑的领有者。"⑦

与同时期盛行于西欧基督教世界的采邑相比，伊斯兰世界的军事伊克塔，其特征之一在于伊克塔的主人与其封地的分离状态。受封者并没有土地所有权，仅以获取封地的岁入作为目的，因此大都无意关注生产条件的改善，

① Kennedy, H., *The Prophet and the Age of the Caliphate*, p.194.

② Shaban, M.A., *Islamic History, A New Interpretation 750—1055*, p.124, p.95.

③ Kremer, A.F., *The Orient Under the Caliphs*, p.363.

④ Mez, A., *The Renaissance of Islam*, p.122, p.26.

⑤ Ashtor, E., *A Social and Economic History of the Near East in the Middle Ages*, p.132.

⑥ Kennedy, H., *The Prophet and the Age of the Caliphate*, p.222.

⑦ Ashtor, E., *A Social and Economic History of the Near East in the Middle Ages*, p.182.

往往杀鸡取卵，竭泽而渔，对农业的发展颇具消极影响。阿拔斯王朝后期军事伊克塔制的另一特征，是土地占有的非继承性和非等级性。尼扎姆·穆勒克认为，军事伊克塔的连续占有时间应限于2至3年。“受封者必须清楚，他们对于耕种伊克塔的农民绝无统治权力可言，只能限于征收规定的产品份额。农民对其人身、财产、家庭享有自主权，受封者不得侵犯。因为，无论是土地还是臣民，都只属于苏丹。”①

伊斯兰世界最发达的伊克塔制度存在于法蒂玛王朝末期、阿尤布王朝和马木路克时代的埃及。法蒂玛王朝末期，“包税者由官吏变为军人，而军人的包税地逐渐演变为军事封邑。包税者向国家缴纳的税款越来越少，直至停止缴纳税款，包税地遂成为军事封邑”。②阿尤布王朝建立后，沿袭法蒂玛王朝末期的土地制度，军事封邑继续扩大。据麦格里齐(1364—1442)在《埃及志》中记载，尼罗河流域的几乎所有耕地都被赐封为军事伊克塔。埃及的军事伊克塔在1181年时的平均岁入约400第纳尔，但是面积不等，相差甚大。苏丹常使其麾下将领的伊克塔分散各处，以削弱受封者的势力。与塞尔柱时代的西亚诸地相比，在阿尤布王朝时期的埃及，军事伊克塔具有相对稳定的私产特征，受封者往往享有继承和转让封地的权利。土地的耕作者处于国家的保护之下，租额由苏丹规定，受封者无权更改。马木路克时代，伊克塔制度在埃及得到广泛的发展，军事封邑成为埃及典型的土地制度。马木路克苏丹恢复尼扎姆·穆勒克的原则，废止受封者对于军事伊克塔的继承权和转让权。1315年以后，军事封邑的大约一半处于苏丹的直接控制之下，成为苏丹的直辖领地。③军事伊克塔的频繁更换，诚然有助于保证国家对于受封者的控制，却无疑阻碍土地所有权私人化和民间化的演变进程。

作为耕作者的农民是乡村人口的主体，包括自耕农和佃农两种。前者拥有少量地产，承担国家赋役，虽终年劳作，尚难维持生计。后者租种他人土地，往往由地产主提供种子和耕畜，租额高达收成的五分之四、六分之五甚至七分之六。哈里发时代，官府极力使农民固着于土地，以求保证稳定的赋税来源。另一方面，农民不堪重负而弃田出走，构成哈里发时代社会生活的突出现象。8世纪初，伊拉克农民改奉伊斯兰教以后纷纷离开土地，流入城市

---

① Nizam al-Mulk, *Siyasat Nama*, Paris 1891, p.28.

② Ashtor, E., *A Social and Economic History of the Near East in the Middle Ages*, p.206.

③ Ochsenwald, W., *The Middle East: A History*, Boston 2003, p.138.

谋生，导致土地税的减少；总督哈查只·尤素夫则设专门机构，追捕和遣返流入城市的逃亡农民。在8世纪后期的贾吉拉，农民逃离土地的现象十分普遍，纳绥宾、爱德萨、哈米德、哈兰等地的农民弃田出走，流落他乡，另寻生计，其中许多人被官府捕捉以后，在脸部烙刻印记，遣返原籍。弃田现象在尼罗河流域最为严重。逃亡农民被官府捕捉以后，罚款5第纳尔，鞭打40下，并钉上木枷，押送原籍；藏匿逃亡农民的人罚款10第纳尔，向官府举报者则赏2第纳尔。官府还实行身份确认制度，身份不明的人被官府捉到后，予以罚款，所乘船只焚毁。尽管如此，弃田现象在埃及各地仍屡禁不止。沉重的赋税负担是导致农民起义的直接原因。751年和774年，贾吉拉农民反叛官府，焚烧地主宅邸。725年，下埃及的豪夫爆发农民起义；此后数年，农民起义在下埃及和上埃及接连不断，至831年达到高潮。841年，叙利亚南部亦爆发农民起义。9世纪以后，许多自耕农因不堪重负，被迫将地产寄于贵族名下，求得庇护，是为塔勒吉叶（意为保护地）。在萨曼王朝时期的法尔斯一带，塔勒吉叶相当普遍。①

二、农作区域与农业生产

农作区域

哈里发时代的农作区域，表现为截然相反的两种倾向。一方面，长期的垦殖活动导致耕地面积的增加和农作区域的扩展。另一方面，农民的弃田致使耕地的荒芜，农作区域牧场化的现象屡见不鲜。上述两种倾向的并存，构成哈里发时代农业生活的显著特征。

早在麦地那时代，伊斯兰国家便十分重视农业生产。先知穆罕默德曾经规定，国家赐封的农田应由受封者亲自耕作。欧默尔进一步规定，土地的占有者如果使其土地荒芜超过三年，便丧失继续占有土地的权利。在军事扩张的过程中，欧默尔禁止阿拉伯战士在半岛以外直接占有土地的规定，颇有效力地保证了被征服地区的农业生产，阻止了农作区域的贝都因化。

倭马亚时代，行省势力的离心状态限制着哈里发的岁入，而荒地的垦殖构成国家财政的重要来源。在哈里发国家的诸多地区，特别是伊拉克和埃

① Ashtor, E., *A Social and Economic History of the Near East in the Middle Ages*, pp.67—69.

及，气候干燥，降雨不足，农业依赖于水利灌溉，水利设施的兴修构成农作区域得以扩大的首要条件。穆阿威叶当政期间，哈里发国家在麦地那绿洲兴修水利，垦荒造田，每年增收椰枣15万瓦斯格（1瓦斯格相当于190公斤）和小麦10万瓦斯格。①萨珊王朝末期，伊拉克战乱连绵，水利失修。629年，底格里斯河泛滥成灾，河床改道，向西流入幼发拉底河，进而在伊拉克南部形成巨大沼泽。②倭马亚王朝建立后，伊拉克总督齐亚德·阿比希和哈查只·尤素夫屡屡疏浚河渠，排干沼泽，灌溉荒地，安置农民耕种。齐亚德·阿比希经常将荒地赐予部下，条件是必须在两年之内将荒地改造为农田。伊拉克税官阿卜杜拉·达拉吉在伊拉克南部广修水利，垦殖拓荒，年收入达500万—1 500万迪尔罕。③巴士拉总督阿卜杜拉·阿米尔的叔父欧默尔亦在伊拉克南部拓荒垦殖，使8 000加里布的沼泽地成为良田。哈查只·尤素夫曾经向韦立德一世呈报伊拉克河水泛滥的情况，声称治理泛滥区域约需300万迪尔罕。巨额的费用令哈里发望而却步，马立克之子麦斯莱麦遂向哈里发进言："如果能够有幸得到你的信任，我情愿用自己的家财去堵截决堤的河水。不过，在投入这笔款项而获得成功以后，存过积水的那些洼地的税收要归我所有。"韦里德一世答应了他的条件。后来，麦斯莱麦清除了水患，并且得到了那里的土地。他开凿了名为西白音的河，平整沟坑和田垄，使那里的土地有了人烟。相邻地区的人们仰慕麦斯莱麦的名望，纷纷迁到了他的领地。④"希沙姆当政期间，财政管理和税收制度仍十分混乱，哈里发难以从行省得到充足的税款，遂在叙利亚和伊拉克大兴垦殖，增加国有地产，以求扩大财源……据叙利亚的基督徒阿加皮乌斯估计，希沙姆当政期间国有地产的岁入甚至超过行省缴纳的税款。"⑤

阿拔斯王朝建立后，哈里发继续投入巨额财力改善农作环境，并且委派官吏专司水利事务和征收水利税。"阿拔斯人广泛地发展了灌溉事业，扩大了种植地的面积，并且把盐渍化的沼泽地变成了可耕地，历史学家提到了他们在这方面所取得的重大成就。"⑥曼苏尔当政期间，由于幼发拉底河的水量

---

① Husain, S.A. *Arab Administration*, p.143.

② Strange, G., *The Lands of the Eastern Caliphate*, p.27.

③ Ashtor, E., *A Social and Economic History of the Near East in the Middle Ages*, p.62, p.61.

④ 伊本·胡尔达兹比赫:《道里邦国志》,第256页。

⑤ Kennedy, H., *The Prophet and the Age of the Caliphate*, p.111.

⑥ 路易斯:《历史上的阿拉伯人》,第94页。

不足以灌溉塞瓦德的全部耕地，于是整治底格里斯河，灌溉塞瓦德东部和沿海区域，使耕作面积明显增加。马赫迪当政期间，在伊拉克开凿新的河渠，名为希拉河，引阿拉伯河水灌溉瓦西兑一带的荒地；另一河渠名为杜杰勒河，在提克里特附近引底格里斯河水，灌溉巴格达以北的土地。[①]哈伦当政期间，哈里发国家耗资 2 000 万迪尔罕，开通嘎图尔河和阿布·贾赫勒河。教法学家阿布·尤素夫在《税收论》中写道：凡开垦荒地者，拥有土地的占有权，并可免予缴纳土地税。[②]阿拔斯时代，伊斯兰世界最重要的农作区域分布在尼罗河谷、塞瓦德、伊朗西部和呼罗珊，哈里发国家的土地税大都来自上述地区。值得注意的是，大规模的垦荒造田局限于哈里发直接控制的国有地产；在国有地产的范围以外，民间垦殖尚不多见，农作区域的扩展亦不明显。

在垦荒造田的同时，农作区域的变化存在着逆向的趋势。农民弃田和耕地荒芜的现象屡有发生，对于农业生产影响颇大。

在哈里发时代的伊斯兰世界，沙漠牧场与农作区域交错相间，游牧群体与定居人口交往频繁。游牧群体向定居地区移动的浪潮接连不断，是导致农作区域发生变化的重要原因。自 7 世纪至 13 世纪，阿拉伯人、突厥人、柏柏尔人及库尔德人相继进入农业地区；尽管其中的一部分逐渐接受了定居的生活方式，但是亦有相当数量的人口依旧保持着传统的游牧方式，或者处于从游牧向定居转变的过渡状态。山脉、森林和沼泽地带无疑是阻挡游牧群体冲击的自然屏障，然而地势开阔的平原和丘陵却屡遭游牧群体的侵袭。950—1050 年间卡尔马特派的兴盛、贝都因人诸小王朝的建立、库尔德人的兴起和塞尔柱人的到来，标志着游牧群体对于农业地区的冲击达到顶峰。游牧群体的冲击，往往迫使土著农民弃田逃亡，随之形成牧场取代耕地和农作区域贝都因化的现象。游牧活动的泛滥破坏了农作区域的自然植被，导致严重的水土流失。在伊拉克南部、叙利亚和贾吉拉，上述现象尤为明显。“连续不断的贝都因化，成为新月地带和其他穆斯林地区经济社会生活中的突出现象。”

沉重的租税，是导致农民弃田和耕地荒芜的另一原因。据叙利亚的基督徒迪奥尼希乌斯记载，在 8 世纪后期的贾吉拉，农民为躲避税收而弃田出逃的现象十分普遍。阿拔斯王朝的埃及总督库拉·沙里克曾经设立专门机构，追捕弃田出逃的农民，并且规定：农民如果弃田出逃，罚款 5 第纳尔，责打 40

① Ali, A., *A Short History of the Saracens*, p.423.

② Lombard, M., *The Golden Age of Islam*, p.25.

皮鞭，如果有人庇护弃田出逃的农民，罚款10第纳尔。尽管如此，弃田现象在埃及仍然时有发生。①

此外，战乱导致水利失修，亦构成耕地减少的重要原因。塞瓦德曾经是最重要的农作区域，哈里发国家从塞瓦德征收的土地税直至马蒙当政期间仍高达1亿迪尔罕。然而，赞吉与阿拔斯王朝之间长达14年的战争，严重破坏了塞瓦德的农作条件，导致耕地锐减，至穆格台迪尔当政时征自塞瓦德的土地税仅3 100万迪尔罕。②

阿什托尔认为，哈里发国家的统治对于近东农业的负面影响甚大；农业定居点的减少、土地税数额的下降和粮价的上涨，反映了哈里发时代近东农业的衰落趋势。③这种看法值得商榷。阿什托尔所依据的材料，大都来自伊斯兰世界与基督教世界相邻的地带，战乱频繁，情况特殊，不足以代表近东农业的普遍状况。地中海东岸的城市化对近东乡村的人口流向产生不可低估的影响，而城市人口的增长应是农业进步的逻辑结果。阿拔斯王朝后期，哈里发国家从行省征收的土地税数额确呈下降趋势；然而，税额的增减主要取决于政治结构的变化，税额的下降应是哈里发集权统治日渐衰微的伴随现象，不足以证明耕地面积的减少和农业的衰落。至于粮价上涨，不能单纯归结为耕地减少和农业衰落的结果；非洲黄金的大量流入和东方银矿的广泛开采以及非农业人口的增多，均对粮价的变化具有重大的影响。哈里发时代农作区域的变化趋势及其评价，尚有待进一步的全面探讨。

农作物

自7世纪阿拉伯人征服至11世纪哈里发国家解体的4个世纪，是中东地区农业生产发展和繁荣的重要阶段，农作物种类的增加、新作物的传播和新技术的应用，标志着农业领域的长足进步，堪称伊斯兰世界的绿色革命。

印度是诸多农作物的原产地；前伊斯兰时代，原产于印度的农作物逐渐传入伊朗高原、两河流域和阿拉伯半岛南部。哈里发国家统治时期，诸多农作物在中东地区经历自东向西的传播过程，或沿两河流域传入地中海东岸，或沿阿拉伯半岛南部的阿曼、也门和红海传入尼罗河流域。④

---

① Ashtor, E., *A Social and Economic History of the Near East in the Middle Ages*, p.16.

② Ashtor, E., *A Social and Economic History of the Near East in the Middle Ages*, p.68.

③ Ashtor, E., *A Social and Economic History of the Near East in the Middle Ages*, pp.51—59.

④ Udovitch, A.L., *The Islamic Middle East 700—1900*, Princeton 1981, p.32.

中东诸地具有种植小麦的悠久历史传统。早在苏美尔时代,两河流域南部的居民已经开始种植小麦。当中世纪欧洲的基督徒还在普遍食用黑麦制作的面包时,小麦已经成为穆斯林的主要食品。小麦生长于伊斯兰世界所有水源充足的地区,塞瓦德和埃及是中东最大的小麦种植区,呼罗珊、胡齐斯坦、法尔斯、克尔曼、锡斯坦均为重要的小麦产区,叙利亚、贾吉拉和中亚诸地亦盛产小麦。大麦主要生长于不适合种植小麦的土壤,往往用作饲料。阿拔斯时代,幼发拉底河沿岸的扎瓦比、巴比勒、侯塔尼叶、法鲁加、朱巴·布达特、希巴尼、赛拉哈尼和底格里斯河沿岸的巴拉兹·鲁兹、纳赫拉万、巴达拉叶·巴库萨叶均为重要的大麦产区。据库达麦(? —940)记载,820 年阿拔斯王朝征自伊拉克的土地税,包括 17.7 万库尔(1 库尔约合 2 700—2 925 公斤)小麦和 10 万库尔大麦。[①]另据伊本·胡尔达兹比赫记载,870 年阿拔斯王朝征自伊拉克的土地税,包括 7.4 万库尔小麦和 7.9 万库尔大麦。[②]上述小麦和大麦所纳税额大体相等,而每加里布小麦田纳税 19.5 公斤,大麦田纳税 16.5 公斤。[③]据此推测,至少在伊拉克的范围内,小麦与大麦的种植规模基本持平。

水稻的种植亦有较为悠久的历史,自公元前开始出现于两河流域南部和胡齐斯坦。古典作家斯特累波曾经提到两河流域南部的水稻。哈里发时代,随着水利灌溉事业的发展,水稻的种植范围逐渐扩大。9 世纪后期,在幼发拉底河沿岸的库辛、苏拉、绥布·阿斯法勒、巴比萨玛、弗拉特·巴达克拉以及底格里斯河沿岸的卡斯卡尔、贾布勒等地,形成初具规模的水稻种植区。[④]与此同时,水稻先后传入贾吉拉、叙利亚、埃及、马格里布和西班牙;巴勒斯坦以及叙利亚北部的塔尔苏斯均有相当数量的稻田,埃及南部的法尤姆将水稻作为主要作物。在伊朗西南部的胡齐斯坦和里海南岸的泰伯里斯坦,水稻是当地人口的主要食物来源。吉兰、克尔曼和呼罗珊在阿拔斯时代亦种植水稻,中亚诸地种植冬季水稻。[⑤]水稻种植技术的广泛传播,导致农业结构的明显变化,许多种植干旱作物的耕地被改造为稻田。

伊斯兰世界的粮食作物,除小麦、大麦和水稻以外,还包括黍稷和高粱。

---

① Ashtor, E., *A Social and Economic History of the Near East in the Middle Ages*, p.42, p.41, p.42, p.43.

② 伊本·胡尔达兹比赫:《道里邦国志》,第 254 页。

③ Ashtor, E., *A Social and Economic History of the Near East in the Middle Ages*, p.42.

④ Ashtor, E., *A Social and Economic History of the Near East in the Middle Ages*, p.43.

⑤ Ahsan, M., *Social Life Under the Abbasids 786—902*, London 1979, p.87.

黍稷系耐旱作物,生长于阿拉伯半岛南部和克尔曼等地。据叶赫亚的《税收论》记载:先知穆罕默德曾经提及阿拉伯半岛南部生长的黍稷,并将黍稷列为征纳天课的五种农作物之一。另据伊本·胡尔达兹比赫记载,阿拔斯王朝曾于870年在迪亚拉河与弗拉特河流域征收黍稷作为土地税。[①]高粱亦系耐旱作物,原产于非洲撒哈拉沙漠以南地区,阿拔斯时代传至埃及和马格里布。[②]

园艺业在哈里发时代的伊斯兰世界占有重要的地位,果树的栽培十分普遍。

枣椰树是典型的耐旱作物,原产于阿拉伯半岛、两河流域南部、胡齐斯坦、法尔斯、克尔曼、锡斯坦等炎热区域。[③]自倭马亚时代起,枣椰树传入叙利亚、埃及、马格里布、西班牙和西撒哈拉地区,巴士拉、瓦西兑和希吉勒马萨皆是重要的椰枣贸易中心。[④]哈伦·拉希德当政期间,仅克尔曼一处每年向巴格达缴纳椰枣达到万斤。[⑤]据9世纪的作家查希兹记载,巴士拉的市场出售的椰枣多达360个品种。10世纪的农学家伊本·瓦赫希叶亦称,伊拉克出产的椰枣品种数不胜数。[⑥]游牧地区的人口常以椰枣作为重要食物。在马格里布的椰枣产区,如果年成尚好,2个迪尔罕便可购得一驼担椰枣。许多商人还穿越撒哈拉沙漠,将椰枣运至非洲内陆,换取奴隶和黄金。[⑦]

葡萄是地中海沿岸的古老作物,叙利亚北部、巴勒斯坦、尼罗河三角洲、马格里布北部和西班牙南部均为重要的葡萄产区。[⑧]据古典作家斯特累波记载,公元前4世纪亚历山大东征以后,马其顿人首先将葡萄带到东方,生长于美索不达米亚和伊朗高原。哈里发时代,葡萄种植已相当普遍,因气候和土质差异甚大,种类繁多。“即使一个人自幼离家出走,游访各地,直至年迈归来,他也无法了解葡萄的所有品种,掌握各种葡萄的特性;甚至仅在一个区域,葡萄种类亦难数清。”[⑨]塔伊夫出产的葡萄名为拉兹奇塔,系4世纪从叙利亚传入,甘美硕大,闻名遐迩;随着阿拉伯人的征服和迁徙,拉兹奇塔从塔

---

① Yahya b. Adam, *Kitab al-Kharaj*, Leiden 1967, p.94.
② Lombard, M., *The Golden Age of Islam*, p.163.
③ Strange, G., *The Lands of the Eastern Caliphate*, p.223.
④ Lombard, M., *The Golden Age of Islam*, p.166.
⑤ Ahsan, M., *Social Life Under the Abbasids 786—902*, p.145.
⑥ Udovitch, A.L., *The Islamic Middle East 700—1900*, p.30.
⑦ Mez, A., *The Renaissance of Islam*, p.434.
⑧ Lombard, M., *The Golden Age of Islam*, p.165.
⑨ Mez, A., *The Renaissance of Islam*, p.431.

伊夫绿洲传至伊拉克，继而传入伊朗高原和中亚一带。[①]在波斯湾沿岸的胡齐斯坦、法尔斯和里海沿岸的泰伯里斯坦、朱尔占以及东方的呼罗珊，葡萄是主要的水果品种。[②]然而，伊斯兰教关于禁止饮酒的规定，明显制约葡萄种植业的集约经营。“(伊斯兰教)禁止饮用含有酒精的饮料，特别是禁止饮用葡萄酒，导致葡萄种植业的重心从地中海东部转移到地中海西北沿岸。”[③]在伊斯兰世界，以酿酒为目的而规模较大的葡萄园局限于基督徒聚居的区域，穆斯林经营的葡萄园大都处于粗放状态。[④]

橘子原产于印度。据麦斯欧迪记载，橘子于 912 年自印度传入阿曼，继而传入伊拉克和贾吉拉，直至陶鲁斯山南侧、叙利亚沿海和埃及，只是在印度生长时原有的香味和颜色不复存在。橘子传入之初，尚属珍稀水果。哈里发嘎希尔曾经将来自印度的橘树栽种于巴格达的宫廷花园，供群臣观赏。[⑤]10 世纪后期，橘树的种植技术传入叙利亚和埃及，橘子逐渐在民间广为食用。[⑥]西瓜是伊斯兰世界的普通水果；产于伊朗北部和呼罗珊的西瓜极负盛名，经过冷藏运至巴格达后，每个可卖 700 迪尔罕。柠檬原产于信德；伊本·豪卡勒和麦格迪西都曾提及信德的柠檬，形似苹果，酸味十足。[⑦]10 世纪，柠檬经阿曼传至伊拉克和埃及，但其酸味大减。其他重要的水果还包括苹果、石榴、胡桃、无花果、桃、杏等。[⑧]

哈里发时代，经济作物的种植得到长足的发展。

棉花自 7 世纪从印度西海岸传入波斯湾沿岸和塞瓦德，逐渐扩展到其他地区。[⑨]贾吉拉盛产棉花，巴尔塔拉、拉斯·艾因、麦尔丁、阿尔班和埃尔比勒是主要的棉花种植区。[⑩]叙利亚北部的阿勒颇、胡拉和巴尼亚斯亦为主要的产棉区，所产棉花销往地中海东岸。[⑪]至 9 世纪，棉花自叙利亚传入埃及、马格里布和西班牙。伊朗高原和中亚亦种植棉花，尼哈温、内沙浦尔和木鹿出

---

① Ahsan, M., *Social Life Under the Abbasids 786—902*, p.109.

② Strange, G., *The Lands of the Eastern Caliphate*, p.262.

③ Holt, P.M., Lambton, A.K.S. & Lewis, B., *The Cambridge History of Islam*, Vol.2B, p.459.

④ Lindsay, J.E., *Daily Life in the Medieval Islamic World*, p.128.

⑤ Udovitch, A.L., *The Islamic Middle East 700—1900*, p.32.

⑥ Lombard, M., *The Golden Age of Islam*, p.167.

⑦ Mez, A., *The Renaissance of Islam*, p.433.

⑧ Lindsay, J.E., *Daily Life in the Medieval Islamic World*, p.129.

⑨ Lombard, M., *The Golden Age of Islam*, p.122.

⑩ Strange, G., *The Lands of the Eastern Caliphate*, p.90.

⑪ Ashtor, E., *A Social and Economic History of the Near East in the Middle Ages*, p.45.

产的棉花远销各地。①

亚麻是另一重要的经济作物，最初生长于波斯湾沿岸，卡兹伦是伊拉克南部的亚麻贸易中心。阿拔斯时代，亚麻种植技术从波斯湾沿岸传入埃及，尼罗河三角洲和法尤姆逐渐成为最负盛名的亚麻产区。②

蓝靛原产于印度。据伊本·豪卡勒记载，喀布尔曾经是蓝靛贸易中心，喀布尔商人每年从印度购入价值数百万第纳尔的蓝靛，销往伊斯兰世界各地。由于自印度购入的蓝靛供不应求，埃及、叙利亚、阿拉伯半岛南部和伊朗高原亦种植蓝靛。据麦格里奇记载，埃及生长的蓝靛，每隔百天便可收割一次，但是蓝靛在第一年需用水浸泡 10 天，第二年浸泡 30 天，第三年浸泡 40 天。③

番红花系黄色染料，生长于伊朗西北部以及阿拉伯半岛南部和叙利亚。④据说，也门的骆驼由于经常载运番红花前往北方，多呈黄色。番红花价格昂贵；860 年，哈里发穆台瓦基勒曾经遣使将番红花作为礼品馈赠拜占庭皇帝。许多商人还将番红花运到西班牙，经托莱多销往欧洲。⑤

橄榄是地中海沿岸的重要经济作物。巴勒斯坦盛产橄榄，其中以纳布卢斯最为著名。马格里布被誉为橄榄之乡，菲斯曾是橄榄贸易的中心所在。据伊本·豪卡勒，在 10 世纪的菲斯，1 第纳尔可购 70 至 90 卡菲兹的橄榄油。西班牙南部的瓜达基维尔河流域、贾吉拉的巴阿什卡以及法尔斯和内沙浦尔亦产橄榄，但是大都销于当地市场。⑥

甘蔗原产于孟加拉，6 世纪传入波斯湾沿岸，胡齐斯坦和塞瓦德以及巴士拉周围区域是最重要的甘蔗产地。⑦10 世纪，甘蔗经叙利亚传至埃及，继而生长于马格里布、西班牙和西西里。⑧甘蔗种植成本昂贵，多由大地产主集约经营，小农往往无力问津。

水利灌溉与耕作技术

哈里发时代的伊斯兰世界，东起印度洋，西至大西洋，绵延数千公里，多

---

① Lombard, M., *The Golden Age of Islam*, p.20.
② Strange, G., *The Lands of the Eastern Caliphate*, p186, p.429, p.262.
③ Lombard, M., *The Golden Age of Islam*, p.182, p.185.
④ Ahsan, M., *Social Life Under the Abbasids 786—902*, p.105.
⑤ Mez, A., *The Renaissance of Islam*, pp.437—438.
⑥ Lombard, M., *The Golden Age of Islam*, pp.164—165.
⑦ Ashtor, E., *The Medieval Near East: Social and Economic History*, London 1978, p.5.
⑧ Lombard, M., *The Golden Age of Islam*, p.167.

数地区气候干燥，降雨稀少，且分布极不均匀，通常连年无雨，时而暴雨滂沱。因此，农作物的生长严重依赖于水利灌溉。

水利灌溉包括自然灌溉和人工灌溉两种形式；不同的灌溉方式，是国家征纳土地税的首要依据。贾吉拉、叙利亚和巴勒斯坦的耕地大都依靠降雨形成的自然灌溉；相比之下，伊拉克南部和埃及的耕地主要依靠河水的定期泛滥，进而形成包括河渠、堤坝和各种扬水设施在内的极其复杂的灌溉体系，水利设施的维护通常构成官府的首要职责。①

以埃及为例，尼罗河水定期泛滥，灌溉两岸的农田；河水泛滥过后，农民播下种子，无需再次灌溉，直至收割。尼罗河的水位在泛滥期如果达到16吉拉尔（1吉拉尔折合67厘米），国家可向农民征纳全额土地税；水位如再增1吉拉尔，则可视作丰年之兆。但是，水位如果超过18吉拉尔，便是大灾之年，大量农田成为泽地，无法耕作；水位如果不足16吉拉尔，亦有许多农田无法得到灌溉，弃为荒地。973年，法蒂玛王朝的哈里发穆仪兹规定，河水泛滥期间，严禁公布水位的高度，以免导致农民的恐慌。阿尤布王朝和马木路克王朝的历代苏丹沿用法蒂玛王朝旧制，依照河水泛滥的程度确定土地税的数额。显然，河水的泛滥既是天赐的厚礼，亦是灾荒的根源。稳定的农业生产，尚需必要的人工灌溉。哈里发国家屡屡投入大量人力和财力，建造堤坝，开凿河渠，排干沼泽，灌溉荒地。1283年，马木路克苏丹盖拉温曾经亲临布海拉省，监督泰里叶河渠的疏浚工程。在埃及，大型堤坝称祖苏尔·苏勒塔尼叶，由官府控制；小型堤坝称祖苏尔·白拉迪叶，局限于村社的范围。②在伊拉克，堤坝多由黏土和芦苇混合建造，以至于"一个鼠洞便会导致决口，一个时辰便会毁掉全年的劳作"。③扬水是人工灌溉的重要内容。东部省区普遍使用纳乌拉，即戽水车，以河水作为动力；西部省区常用的水车称萨基叶，由牲畜牵引。④被称作沙杜夫的桔槔，采用杠杆的原理，用木桶将水扬至高处；若干桔槔组合使用，灌溉农田效果颇佳。被称作卡纳特的暗渠，通过地下渠道，可将水引至较远的农田。⑤

新作物的传播导致新的农业技术的应用，诸如水稻、棉花、甘蔗等作物的

---

① Ashtor, E., *A Social and Economic History of the Near East in the Middle Ages*, p.45.

② Udovitch, A.L., *The Islamic Middle East 700—1900*, pp.60—61.

③ Miskawayh, *Tajarib al-Umam*, Oxford 1921, p.376.

④ Morony, M.G., *Manufacturing and Labour in the Classical Islamic World*, Hampshire 2003, p.4.

⑤ Lindsay, J.E., *Daily Life in the Medieval Islamic World*, p.130.

广泛种植推动灌溉农业的发展。水利设施的改进、灌溉范围的扩大,成为此间中东农业的突出现象。东方传统的灌溉方式,诸如伊朗的暗渠和叙利亚的水车,经北非传入西班牙。①

农民在耕作时普遍使用木犁,多由双牛牵引。在埃及,双牛牵引的轻型木犁称作米赫拉斯,源于法老的时代,由两人操纵,每天可犁地 1 费丹。贫困农民常租赁木犁和耕牛,日租金 4 迪尔罕。马木路克时期,埃及出现被称作穆卡勒卡拉特的重犁,但未能推广使用。②在伊朗北部的某些地区,由于气候寒冷,土质坚硬,多用 8 牛牵引的重犁。③

哈里发时代的初期,农民大都只种冬季作物,秋季播种,春季收割,夏季则是休耕期。在某些地区,每两年内仅种一季,以求保证地力和水分。小麦是最重要的冬季作物,具有耐旱性和耐寒性。相比之下,水稻、棉花、甘蔗和高粱等新作物属于夏季作物,其中甘蔗具有耐盐碱性,高粱具有耐旱性。阿拔斯时代,诸多新作物被引进和推广,加之水利事业的发展,导致播种期的明显改变。在土质和水源适宜的情况下,许多地区实行冬夏轮种,休耕期缩短,土地利用率明显提高。冬季作物主要是小麦、大麦、亚麻、三叶草、洋葱、大蒜以及各种豆科作物,夏季作物包括水稻、棉花、高粱、甘蔗、蓝靛、芝麻及瓜果蔬菜。④

三、 手工业与商业

手工业

伊斯兰世界及其周边区域蕴藏着丰富的矿产资源,哈里发国家颇为重视矿藏的开采。上埃及的阿斯旺至伊萨卜港一带盛产黄金,经尼罗河或红海水域运往各地。努比亚是另一重要的黄金产地;商旅驼队频繁穿越撒哈拉沙漠,将努比亚的黄金运往马格里布。10 世纪末,穆斯林亦在阿富汗发现金矿。银矿大都分布在伊斯兰世界东部诸地,阿富汗以及伊斯法罕和费尔干纳皆盛产白银。据伊本·豪卡勒记载,位于兴都库什山区的银矿拥有矿工达万

① Hourani, A., *A History of the Arab Peoples*, p.45.

② Udovitch, A.L., *The Islamic Middle East 700—1900*, pp.63—64.

③ Mez, A., *The Renaissance of Islam*, p.455.

④ Udovitch, A.L., *The Islamic Middle East 700—1900*, p.40, pp.68—69.

人之多。黄铜产于伊斯法罕和布哈拉等地，伊斯法罕的铜矿在 9 世纪时每年缴纳矿产税达 1 万迪尔罕。铁矿主要分布在伊朗高原，费尔干纳的铁器以质地优良而远销各地，黎巴嫩山区亦有铁矿。此外，煤产自布哈拉和费尔干纳，石棉产自呼罗珊，绿宝石产自埃及，红宝石产自也门。①矿产的分布状况对哈里发时代的经济生活颇具影响，尤其是导致西部金币区与东部银币区的明显差异。煤矿甚少，加之森林资源匮乏，燃料不足，长期制约手工业生产。

哈里发时代，最重要的手工业部门是纺织业。在埃及，亚麻纺织是科普特人的传统工业部门，主要分布在尼罗河三角洲的提尼斯、迪米耶塔、达比克、亚历山大、沙塔、布拉、达米拉、突纳、阿卡旺、迪夫和上埃及的法尤姆、巴赫纳萨、阿赫明。法蒂玛王朝建立后，卡塔和穆恩亚成为新兴的亚麻纺织中心。②亚麻织物分为白色亚麻布、彩色亚麻布和锈金亚麻布，既有近于透明的面料，亦有质地厚实的挂毯。据麦格里齐记载，埃及的亚麻织物等值于相同重量的白银。埃及的亚麻纺织业规模很大，仅提尼斯一处便有 5 000 台织机，而提尼斯于 971 年销往伊拉克的亚麻织物售价超过 2 万第纳尔。③据萨阿里比记载，1038 年埃及全部岁入的四分之一来自亚麻纺织业。④"提尼西"产于提尼斯，"迪米耶提"产于迪米耶塔，"达比基"产于达比克，皆为埃及亚麻纺织业的著名产品，远销各地。波斯湾沿岸的胡齐斯坦和法尔斯两省亦有发达的亚麻纺织业，希尼兹、杰纳巴、塔瓦吉、达里兹、里沙浦尔和乌什拉均产亚麻织物，卡兹伦则被誉为"波斯的迪米耶塔"。⑤

毛纺织业是西亚传统的手工业部门，具有悠久的历史，主要产品包括地毯、挂毯、坐垫和门帘。在伊斯兰世界，地毯不仅是日常用品，而且是身份和地位的重要标志，名贵的地毯足以与宝石相提并论。亚美尼亚因其羊毛质地甚佳，所产地毯闻名遐迩。波斯地毯可与亚美尼亚地毯媲美，颇负盛名。倭马亚时代和阿拔斯时代，哈里发宫中所用地毯大都产自亚美尼亚。伊拉克南部亦产地毯，希拉、瓦西兑、麦萨恩、贾赫拉姆皆为重要的地毯产地。⑥西亚地毯种类繁多，风格各异，旅行者往往根据地毯的样式便可辨认其所在的地区。

---

① Mez, A., *The Renaissance of Islam*, pp.440—443.

② Ashtor, E., *A Social and Economic History of the Near East in the Middle Ages*, p.198.

③ Lombard, M., *The Golden Age of Islam*, p.186.

④ Ashtor, E., *A Social and Economic History of the Near East in the Middle Ages*, p.151.

⑤ Mez, A., *The Renaissance of Islam*, p.461.

⑥ Ahsan, M., *Social Life Under the Abbasids 786—902*, p.191.

随着棉花种植的推广和蚕丝技术的传入，棉纺织业和丝织业得到长足的发展。棉纺织业主要分布在西亚诸地，伊朗西部的伊斯法罕、莱伊、加兹温、库米斯和伊朗东部的木鹿、内沙浦尔、巴姆以及南部法尔斯省的设拉子、伊斯泰赫尔、叶兹德、鲁扎姆、达拉布吉尔德皆为重要的棉纺织业中心，叙利亚的阿勒颇亦有发达的棉纺织业。9世纪以后，棉花的种植技术传入埃及。10世纪，尼罗河流域形成初具规模的棉纺织业。10世纪的文献资料提到埃及的棉纺织产品。哈里发国家的丝织品最初大都产自拜占庭，小亚细亚东北部的特拉比宗是穆斯林与基督徒进行丝织品贸易的主要地点。阿拔斯时代，蚕丝技术的传入导致丝织业的兴起，阿塞拜疆、朱尔占以及呼罗珊的内沙浦尔、木鹿、纳萨、阿比沃德和伊拉克的库法、苏斯、苏珊吉尔德、阿斯卡尔、纳赫尔、哈比斯均为重要的丝织品产地，叙利亚和埃及亦产丝织品。①大马士革的丝织品行销各地，而"大马士革"一词在基督教欧洲竟成为绸缎的通称。巴格达的阿塔卜区所产的丝绢被称作阿塔比，经西班牙传入欧洲内地以后，名为塔比。

在伊斯兰世界，仅次于纺织业的手工业部门，是玻璃制造业。埃及的玻璃制造业由来已久，亚历山大、法尤姆、乌什穆纳因和弗斯塔特是玻璃制品的主要产地。②地中海东岸的玻璃制造业，继承了古代腓尼基人的传统。"在西顿、提尔和叙利亚其他城市所制造的玻璃，是腓尼基工业的残余，除埃及玻璃外，这是世界史上最古老的玻璃工业。叙利亚出产的玻璃，又薄又透明，是天下闻名的。叙利亚彩色绚烂的加釉玻璃，在十字军战争中传入了欧洲，成为欧洲大教堂中所用的彩色玻璃的先驱。"③伊斯兰世界的宫殿和清真寺内悬挂的玻璃灯具大都产自叙利亚和埃及，不仅用于照明，而且颇具装饰效果。巴格达盛产彩色玻璃和花纹玻璃，远近闻名。呼罗珊人常用玻璃仿制绿宝石，真伪难辨，往往以假乱真。许多玻璃制品装饰以各种图形，昂贵的玻璃器皿甚至刻有动物图像。

伊斯兰世界手工业领域的突出成就，是造纸业的兴起和发展。751年，阿布·穆斯林遣部将齐亚德进兵楚河西岸④，击败唐朝安西节度使高仙芝，俘唐军2万人，其中有许多造纸工匠。此后，中国的造纸术传入中亚，撒马尔罕首先设立造纸作坊，生产所谓的撒马尔罕纸。792年，哈里发国家在巴格

① Strange, G., *The Lands of the Eastern Caliphate*, p.203, p.246.

② Ashtor, E., *A Social and Economic History of the Near East in the Middle Ages*, p.98.

③ 希提:《阿拉伯通史》,第405页。

④ 楚河系中亚的内陆河，源自天山，流经今吉尔吉斯斯坦和哈萨克斯坦境内。

达设立造纸作坊。9世纪起,造纸技术在伊斯兰世界自东向西广泛传播,大马士革、的黎波里、弗斯塔特、菲斯、瓦伦西亚相继成为造纸业的重要中心①。造纸业的兴起和发展,导致埃及传统的纸草业逐渐衰落。9世纪,尼罗河三角洲尚且生产少量的纸草;至10世纪,纸草业在埃及销声匿迹。②

哈里发时代伊斯兰世界手工业长足进步的重要原因,在于原料的沟通与技术的交流。亚美尼亚和马格里布的羊毛以及伊朗高原西部和里海南岸的番红花、克尔曼的蓝靛,质地上乘,产量充足。③技术的交流主要表现为产品风格的模仿。西班牙、埃及和叙利亚的毛纺织业产品模仿亚美尼亚的地毯编织工艺,法尔斯的亚麻制品模仿埃及出产的达比基。伊拉克的纺织技术深受伊朗传统纺织技术的影响,萨马拉和埃及的玻璃器皿则如出一辙。④另一方面,由于森林植被稀少,作为工业燃料的木材供应严重不足,加之铁矿匮乏,伊斯兰世界的金属加工业长期处于相对落后的状态,金属制品依赖于周边地区的进口。

伊斯兰世界的手工业,分为官营手工业和民间手工业两类。官营手工业主要包括兵器制造业、造船业、造纸业和各种奢侈品的生产行业,大都分布在中心城市。生产锦缎的作坊被称作提拉兹,是官营手工业的重要类别。民间手工业主要生产日常用品,其分布范围较广。民间手工作坊往往规模较小,产品大都自产自销。亦有民间手工作坊系富商出资经营,雇佣工匠制造产品,逐月或逐日支付薪金。在8至9世纪的伊拉克,某些熟练工匠的月薪达到5或6第纳尔,其余工匠的月薪约1.5第纳尔。在同一时期的埃及,熟练工匠的月薪约1.5至2第纳尔;然而,在9世纪中叶,尼罗河三角洲的织工月薪不足四分之三第纳尔。9世纪初的一名埃及织工曾向基督徒迪奥尼苏斯抱怨说,他的日薪只有半个迪尔罕。⑤

商　业

哈里发国家幅员辽阔,自然环境千差万别,物产各异,由此形成商业贸易交往的巨大空间。另一方面,在哈里发时代的伊斯兰世界,只有伊拉克和埃

---

① Ashtor, E., *A Social and Economic History of the Near East in the Middle Ages*, p.98, p.198.

② Morony, M.G., *Manufacturing and Labour in the Classical Islamic World*, p.22.

③ Ashtor, E., *A Social and Economic History of the Near East in the Middle Ages*, pp.97—98.

④ Lombard, M., *The Golden Age of Islam*, p.185.

⑤ Holt, P.M., Lambton, A.K.S. & Lewis, B., *The Cambridge History of Islam*, Vol.2B, pp.527—528.

及河网密布，其他地区大都缺乏可以通航的河流。麦格迪西认为，在伊斯兰世界的腹地，包括幼发拉底河、底格里斯河、尼罗河以及阿姆河、锡尔河在内的 12 条河流是可以通航的仅有河流。[1]然而，发达的驿道遍布各个角落，为伊斯兰世界的商业活动提供了必要的条件。哈里发时代的商业，首先是区域性的内陆贸易，日常消费品的流通，构成内陆贸易的基本内容。小手工业者往往自产自销，兼有工匠和商贩的双重身份。[2]富商巨贾资产雄厚，主要经营大宗货物的长途贩运，通常采用合股和委托的经营方式。合股经营的商人大都出自同一家族，合股者共同分享商业利润和分担商业风险。委托经营系投资者委托他人贩运货物，赚取商业收益。[3]

在区域性的内陆贸易中，农产品和纺织品的流通占据举足轻重的地位。谷物从埃及和贾吉拉运往希贾兹和伊拉克，橄榄油从叙利亚和马格里布运往埃及，胡齐斯坦的蔗糖行销两河流域，伊拉克的椰枣在北方诸地颇具市场。叙利亚是闻名遐迩的水果之乡，所产各种水果在伊拉克和埃及备受青睐。埃及的亚麻织物、里海南岸的丝绸、伊拉克和呼罗珊的棉布、亚美尼亚和阿塞拜疆的地毯、撒马尔罕的纸张和大马士革的玻璃器皿，均为充斥市场的重要商品。

哈里发时代的伊斯兰世界地处欧亚非大陆的相交区域，扼守自基督教欧洲至东方诸国和从地中海到印度洋的水陆通道，远程的过境贸易十分发达，而奢侈品的贩运构成过境贸易的主要内容。伊斯兰世界与东方诸国之间贸易交往的重要方式，是穿越陆路的递运性贸易。穆斯林商人沿古代的丝绸之路，自莱伊向东，经内沙浦尔、木鹿、布哈拉、撒马尔罕、喀什噶尔，穿过伊犁河流域和塔里木盆地，到达黄河流域；亦可自木鹿或撒马尔罕向南，经巴勒黑和喀布尔，到达印度河流域。伊斯兰世界与东方诸国之间海路贸易的起点，包括波斯湾北岸的西拉夫、巴士拉、乌布拉和阿拉伯半岛东侧的马斯喀特、苏哈尔以及也门的亚丁。其中西拉夫最负盛名，西拉夫的商人可谓富甲波斯湾。西拉夫在 977 年毁于地震，巴士拉遂取而代之，成为波斯湾最重要的港口和商埠所在。阿拉伯人和波斯人的商船自波斯湾一带诸港口启航，沿印度西部的马拉巴尔海岸，经锡兰海域向东航行，穿越马六甲海峡，进入中国南部海

① Mez, A., *The Renaissance of Islam*, p.485.

② Holt, P.M., Lambton, A.K.S. & Lewis, B., *The Cambridge History of Islam*, Vol.2B, p.527.

③ Hourani, A., *A History of the Arab Peoples*, p.112.

域，抵达广州和海南。[①]锡兰曾经是穆斯林商人与中国商人互市的贸易枢纽；“马六甲”一词即源于阿拉伯语，意为汇合之处。[②]亦有许多中国商船驶入印度洋水域，麦斯欧迪曾经提到停泊于西拉夫、巴士拉和乌布拉的中国商船。9世纪中叶，穆斯林商人甚至与朝鲜半岛的新罗国建立直接的贸易往来。据伊本·胡尔达兹比赫记载，自红海南端至瓦格瓦格（即倭国日本）的海路全长4 500法尔萨赫。“由此东方海洋，可以从中国输入丝绸、宝剑、花缎、麝香、沉香、马鞍、貂皮、陶瓷、绥勒宾节（披风）、肉桂、高良姜；可以从瓦格瓦格国输入黄金、乌木；可以从印度输入沉香、檀香、樟脑、玛卡富尔（樟脑油）、肉豆蔻、丁香、小豆蔻、荜澄茄、椰子、黄麻衣服和棉质的天鹅绒衣服、大象；可以从塞兰迪布（锡兰）输入各色各样的宝石、金刚石、珍珠、水晶以及能磨制各种宝石的金刚砂；可以从穆拉和信丹输入胡椒；可以从凯莱赫（今马六甲一带）输入锡矿石；从南方省区可输入苏木、大兹（苏木的一种）；从信德可输入因斯特（沉香的一种）、盖纳（标枪木）和竹子。”[③]来自东方的各种商品在巴士拉卸船，经底格里斯河运抵巴格达，进而穿越沙漠商路销往叙利亚和埃及。[④]

伊斯兰世界与非洲撒哈拉沙漠以南地区亦有频繁的贸易往来。穆斯林商人从亚丁乘船向西航行，可至东非诸地。阿拔斯时代，穆斯林相继在科摩罗群岛、马达加斯加和莫桑比克建立商站，其中位于坦桑尼亚南部马坦杜河口的基尔瓦最为著名。努比亚的阿拉伊卜港，是伊斯兰世界与东非之间的另一贸易中心。穆斯林商人将东非的各种物产经红海运抵阿拉伊卜港，然后穿越努比亚沙漠运至阿斯旺，沿尼罗河销往埃及。在马格里布，穆斯林商人从菲斯、希吉勒马萨、提亚雷特和凯鲁万出发，向南穿越撒哈拉沙漠，进入非洲腹地，带去食盐、香料、谷物、纺织品和金属制品，换取黄金和奴隶。非洲腹地盛产黄金，但是食盐匮乏，许多地区甚至用食盐作为流通媒介。在苏丹西部内陆，穆斯林商人常用食盐换取同等重量的黄金。在加纳东部的昆吉亚，穆斯林商人出售的一担食盐价格高达200—300第纳尔。[⑤]

在伊斯兰世界的北部，穆斯林与基督徒尽管长期处于战争状态，但是贸易交往从未中断。小亚细亚北部城市特拉比宗是穆斯林商人与拜占庭商人

①④　Hourani, A., *A History of the Arab Peoples*, p.44.

②　Ashtor, E., *A Social and Economic History of the Near East in the Middle Ages*, p.107.

③　伊本·胡尔达兹比赫：《道里邦国志》，第73—74页。

⑤　Ashtor, E., *A Social and Economic History of the Near East in the Middle Ages*, p.101.

之间的主要贸易中心，丝织品的交易十分活跃。①伊斯兰世界与基辅罗斯之间亦有广泛的贸易往来。据伊本·胡尔达兹比赫记载，基辅罗斯的商人“将毛皮和黑狐狸皮、刀剑一类物品从斯拉夫的边远地区带到罗马海（黑海），罗马人的长官向他们征收什一税。他们再行至斯拉夫河上的提尼斯，到达可萨突厥城海姆利杰。海姆利杰的首领向他们征收什一税。他们再行至久尔疆海（里海），然后从他们喜欢的海岸登陆。此海的直径为 500 法尔萨赫。也许，他们将其商货用骆驼从久尔疆驮到巴格达。斯拉夫奴隶为这些商人充当翻译。他们佯称是基督教徒，只需缴纳人丁税”。②另据麦斯欧迪记载，穆格台迪尔曾经于 921 年遣使前往伏尔加河流域；次年，该地居民皈依伊斯兰教。伊斯兰世界在北方的贸易范围曾经远至斯堪的纳维亚，毛皮和琥珀是伊斯兰世界从斯堪的纳维亚输入的主要商品。在斯堪的纳维亚出土的伊斯兰钱币属于 7 至 11 世纪，其中大都来自萨曼王朝；考古发现足以证明穆斯林与北欧人之间贸易接触的存在。“不可能设想，当时阿拉伯人已到达斯堪的纳维亚。比较可能的是，他们在俄罗斯同北欧人接触，住在伏尔加河上游的哈扎尔人和保加尔人在他们中间起过中介作用。”③地中海北侧的基督教诸国，对于穆斯林来说还是一个陌生的世界。阿拉伯地理学家经常混淆罗马与君士坦丁堡，第勒尼安海则被视作有待探明的水域。尽管阿拉伯文、希腊文和拉丁文的史料都曾提及伊斯兰世界与地中海北岸之间存在贸易活动，但是双方的贸易内容十分有限，而且往往通过犹太人作为媒介。④10 世纪以后，意大利城市威尼斯和阿马尔菲的商人成为穆斯林商人在地中海水域的重要贸易伙伴。⑤

① Lombard, M., *The Golden Age of Islam*, p.225.
② 伊本·胡尔达兹比赫：《道里邦国志》，第 165 页。
③ 路易斯：《历史上的阿拉伯人》，第 97—98 页。
④ Ashtor, E., *A Social and Economic History of the Near East in the Middle Ages*, p.105.
⑤ Hourani, A., *A History of the Arab Peoples*, p.45.

第七章

哈里发时代中东的社会变迁

一、 迁徙与交往

阿拉伯人的迁徙

阿拉伯人具有悠久的迁徙传统。伴随着伊斯兰文明的兴起,阿拉伯人经历了历史上规模最大的迁徙过程。麦地那哈里发时代的军事扩张,不仅改变了中东地区原有的政治格局,而且改变了阿拉伯人的分布范围。在圣战的旗帜下,阿拉伯人如同潮水一般,离开世代生息的家园,涌入“肥沃的新月地带”和尼罗河流域,继而涌向遥远的呼罗珊和西班牙。

阿拉伯人迁徙的首要目标,是伊拉克肥沃的平原地带。巴士拉和库法宛若幼发拉底河畔的两颗璀珠的明珠,吸引着纷至沓来的阿拉伯人。库法总督赛耳德·阿绥在致哈里发奥斯曼的信中写道:“库法人口的混杂情况极为严重。早期进驻库法的战士受到冲击,越来越多的拉瓦迪夫(即穆斯林队伍中的后来者)和贝都因人正在接连不断地涌入这座城市。”①

麦地那哈里发时代,移入库法的阿拉伯人大都来自也门一带;而在巴士拉,穆达尔部落各分支率先移入,且人数居多,随后移入的阿拉伯人分别来自拉比尔部落各分支和阿兹德部落。倭马亚王朝建立后,伊拉克成为阿拉伯人移入最多的地区,伊拉克阿拉伯人的数量大约相当于叙利亚阿拉伯人的3倍;马立克当政期间,仅巴士拉便有8万阿拉伯战士被列入迪万的名册,从哈

① Donner, F.M., *The Early Islamic Conquest*, p.231.

里发国家领取年金。①

阿拉伯人的不断移入，导致巴士拉和库法的生存空间日趋紧张，社会矛盾随之加剧。671年，伊拉克总督齐亚德·阿比希将阿拉伯人塔米姆部落、凯斯部落、巴克尔部落和阿卜杜勒·凯斯部落的5万名战士及其眷属迁出巴士拉和库法，遣往东方的呼罗珊，屯驻于木鹿绿洲。②697年，伊拉克总督哈查只·尤素夫试图将称作"孔雀军"的4万名阿拉伯战士及其眷属迁出巴士拉和库法，遣往伊朗高原东南部的锡斯坦，由于后者中途反叛，迁徙计划未能实现。698年，穆哈拉布·苏弗拉出任呼罗珊总督，阿拉伯人阿兹德部落的2万名战士携眷属同期迁至木鹿。732年，哈里发希沙姆再次从伊拉克招募2万名阿拉伯战士携眷属移入呼罗珊。③倭马亚时代，阿拉伯战士驻扎在呼罗珊的纳萨、阿比沃德、古兹甘、赫拉特、木鹿、突斯、巴勒黑、内沙普尔、木鹿—卢泽等地。④在伊朗西部的尼哈温、胡勒万、加兹温、阿尔达比勒、哈马丹、伊斯法罕、莱伊和库姆等地，亦有为数较多的阿拉伯人。⑤麦地那时代末期，阿拉伯人占领内沙普尔；内沙普尔的第一座清真寺始建于651年。697年，阿兹德部落的阿拉伯人随呼罗珊总督穆哈拉布移入内沙普尔。巴勒黑的阿拉伯人来自叙利亚的阿兹德部落、巴克尔部落和塔米姆部落。征服伊斯法罕的阿拉伯人来自库法和巴士拉，分别属于萨奇夫部落、塔米姆部落、胡扎尔部落、哈尼法部落和阿卜杜勒·凯斯部落，驻扎在伊斯法罕旧城外的贾伊。加兹温是阿拉伯人于645年在伊朗西北部建立的米绥尔，驻扎在加兹温的500名阿拉伯战士来自库法和胡勒万。库姆原为一处村庄，644年成为阿拉伯战士驻扎的军营；713年，伊拉克总督哈查只·尤素夫下令修建城墙，库姆作为城市的雏形初露端倪。倭马亚王朝后期，库法的什叶派穆斯林移居库姆。⑥

阿拉伯人的另一条迁徙路线，是沿希贾兹北行，进入叙利亚和尼罗河流域。扩张时代，大批的阿拉伯人步圣战者的后尘，拥向北方。麦地那哈里发曾经在叙利亚的戈兰高地、朱迪亚平原和北部边境设立查比叶、埃茅斯、达比克等军事营地，用于屯驻移入叙利亚的阿拉伯人。然而，更多的阿拉伯人生

① Wellhausen, J., *The Arab Kingdom and Its Fall*, p.402.
② 泰伯里：《历代先知与君王史》，第2卷，第81页。
③ Shaban, M.A., *Islamic History, A New Interpretation 600—750*, p.110, p.140.
④ Udovitch, A.L., *The Islamic Middle East 700—1900*, p.199.
⑤ Frye, R.N., *The Golden Age of Persia, the Arabs in the East*, p.71.
⑥ Udovitch, A.L., *The Islamic Middle East 700—1900*, p.199, p.201, p.192, p.193.

活在叙利亚原有的城市，杂居于土著的被征服者之中。倭马亚王朝中期，叙利亚的阿拉伯人约有 20 万，其中大马士革约有 4.5 万阿拉伯人，霍姆斯约有 2 万阿拉伯人。[1]叙利亚的阿拉伯人大都来自希贾兹及也门一带，分别属于凯勒卜部落、加萨尼部落、胡扎尔部落、哈姆丹部落、朱扎姆部落、肯德部落、泰伊部落和祖拜德部落。[2]另外，穆达尔部落和拉比尔部落各分支以及巴克尔部落、凯斯部落、塔格里布部落、阿兹德部落的诸多成员亦自伊拉克和叙利亚相继移入美索不达米亚北部的贾吉拉，分布在摩苏尔、拉卡和阿米德等地。[3]

"在前伊斯兰时代的埃及，阿拉伯人数量很少。征服时期，那里的阿拉伯人仍然为数有限，集中屯驻于弗斯塔特和亚历山大。"[4]倭马亚王朝建立后，埃及总督阿慕尔·阿绥针对驻守埃及的阿拉伯战士多来自半岛南部诸部落的情况，于 663 年迁半岛北部的阿拉伯人 1.2 万名进入埃及。673 年，伊拉克总督齐亚德·阿比希将许多阿拉伯人自伊拉克迁至埃及，他们分别属于胡扎尔部落、突德吉布部落、莱赫米部落和朱扎姆部落。[5]希沙姆当政期间，来自凯斯部落的 3 000 名阿拉伯战士携眷属从贾吉拉迁至埃及，被安置于提尼斯以南和比勒贝斯以东的豪夫一带。[6]随着易弗里基叶和马格里布的征服，大批阿拉伯人自叙利亚和埃及向西迁移；670 年，易弗里基叶总督欧格白·纳菲在今突尼斯建立凯鲁万，作为屯驻阿拉伯战士的军事营地。

倭马亚时代的社会交往

阿拉伯人分布范围的扩展，不仅体现生存空间的移动，而且蕴含着生活方式的深刻变革。随着所处环境的改变，大批的阿拉伯人逐渐放弃传统的游牧经济，开始接受定居的生活。

如前所述，阿拉伯半岛盛行游牧的生活方式；至于定居的农业生活，在半岛的范围并非广为人知。徙志初期，先知穆罕默德和众多迁士尚且不识农耕之道。因此，阿拉伯人自追逐水草的游牧者转变为从事农耕的定居者，经历了复杂的过程。欧默尔创立的迪万制度，使年金取代牲畜和牧场，成为移入

---

① Ashtor, E., *A Social and Economic History of the Near East in the Middle Ages*, p.13.

② Dixon, A.A., *The Umayyad Caliphate 684—705*, London 1971, pp.83—84.

③ Strange, G., *The Lands of the Eastern Caliphate*, p.86.

④ Kennedy, H., *The Prophet and the Age of Caliphate*, p.309.

⑤ Ashtor, E., *A Social and Economic History of the Near East in the Middle Ages*, p.14.

⑥ Shaban, M.A., *Islamic History, A New Interpretation 600—750*, p.146.

被征服地区阿拉伯人的生计来源，进而为他们走出沙漠和结束游牧生活准备了重要的条件。离开沙漠的阿拉伯人尽管无法立刻接受定居农业的生活方式，但是毕竟不再依赖牲畜和牧场维持生存。欧默尔曾经宣布："谁越早定居下来，谁就会越早得到年金。"这样的年金，与其说是参加圣战的报酬，不如说是转入定居状态的补偿。杜耐尔认为："在欧默尔当政时，穆斯林既非游牧者亦非耕田者。"[①]这种现象实际上反映了阿拉伯人从游牧向定居转变的过渡状态，而年金的分配构成实现这一转变的桥梁，有力地推动了移入被征服地区的阿拉伯人摆脱游牧状态而接受定居生活的历史进程。倭马亚时代末期，阿拉伯人分布范围的扩展趋于结束，定居逐渐取代游牧，迪万制度随之衰落，年金数量日趋减少，其发放范围亦明显缩小。阿拔斯王朝建立后，年金的发放范围只限于哈希姆族的成员。

移入被征服地区的阿拉伯人摆脱游牧状态而趋于定居，明显地消除了征服者与被征服者之间的差距和障碍，进而为倭马亚时代广泛的社会交往提供了必要的客观基础，和平的交往逐渐取代暴力的交往，交往的范围亦由军事征服和政治统治扩展到社会和文化生活诸多领域。"土著的传统在物质生活领域占据支配地位，阿拉伯人将他们的语言和宗教赋予新的文明"，成为倭马亚时代征服者与被征服者之间社会交往的主要倾向。[②]

倭马亚时代，阿拉伯语在中东地区的影响不断扩大，逐渐成为哈里发国家的通用语言。叙利亚和伊拉克的土著居民原来大都操塞姆语系的分支阿拉马语，其语法结构和书写形式与阿拉伯语十分接近。因此，倭马亚时代，阿拉伯语化的进程在"肥沃的新月地带"进展顺利，阿拉马语很快被阿拉伯语取代。埃及土著居民的主要语言科普特语属于含姆语系的分支，采用希腊字母的书写形式，与阿拉伯语差异较大。阿拉伯语在埃及的传播，经历了相对缓慢的过程。大约到9世纪，阿拉伯语成为埃及的主要语言。14世纪，科普特语在尼罗河流域消失。含姆语系的另一分支柏柏尔语，是马格里布土著人口的主要语言。罗马人和拜占庭人的统治未能实现柏柏尔人的拉丁化和希腊化，哈里发国家的征服却使柏柏尔语终于让位于阿拉伯语。在具有悠久文化传统的伊朗高原，印欧语系的分支波斯语尽管在哈里发时代得以保留下来，但亦因阿拉伯语的长期影响而面目全非，时至今日仍十分显见。波斯语曾经

---

① Donner, F.M., *The Early Islamic Conquest*, p.68.

② Ashtor, E., *A Social and Economic History of the Near East in the Middle Ages*, p.21.

采用阿拉马字母作为书写形式；9世纪以后，阿拉伯字母逐渐取代阿拉马字母，成为波斯语的书写形式。阿拉伯语在广泛传播的过程中，其自身内容亦发生很大的变化。大量的外族语汇，如波斯的政治语汇、希伯来的宗教语汇、希腊的文化语汇和拉丁的生活语汇，广泛渗透到阿拉伯语之中，使阿拉伯语日趋完善。阿拉伯人在吸收外族语汇的过程中，并未局限于简单的音译，而是从语音、词型和语法各个方面加以改造，使外族语汇与阿拉伯语的传统语融汇为一体。

倭马亚时代，强迫被征服者改奉伊斯兰教的现象并不多见。历任哈里发大都强调阿拉伯人与伊斯兰教合而为一的原则，在被征服地区奉行宗教宽容政策，无意扩大伊斯兰教的传播范围，甚至采取某些政策阻止非穆斯林改宗伊斯兰教。基督徒塞尔仲·曼苏尔曾经出任穆阿威叶的财政重臣，塔格里布部落的基督教诗人艾赫泰勒倍受马立克的宠幸。欧洲的基督徒接连不断地来到耶路撒冷朝拜圣陵教堂，基督教神学家圣·约翰甚至在大马士革著书批评伊斯兰教。尽管如此，伊斯兰教在倭马亚时代仍然得到长足的发展，穆斯林不再局限于阿拉伯民族的范围，被征服地区的土著居民中皈依伊斯兰教者日渐增多。在伊拉克和伊朗高原，数量众多的波斯族萨珊王朝旧部改宗皈依伊斯兰教。在北非，皈依伊斯兰教的柏柏尔人提供了哈里发国家的重要兵源；倭马亚王朝征服西南欧的军事力量，主要来自皈依伊斯兰教的柏柏尔人。"到公元700年，先知穆罕默德的宗教已经不再被他的民族所垄断，以波斯人和柏柏尔人为主的被征服民族中接受伊斯兰教的人在数量上终于超过阿拉伯民族的穆斯林。"①诞生于阿拉伯荒原、最初只属于阿拉伯人的伊斯兰教，以迅猛之势走出半岛，开始成为超越民族界限的世界性宗教。随着伊斯兰教在被征服地区的广泛发展，阿拉伯人垄断伊斯兰教的时代趋于结束，麦瓦利（即非阿拉伯血统的穆斯林）阶层在倭马亚时代迅速兴起并且构成伊斯兰世界的重要社会势力。麦瓦利尽管受到阿拉伯穆斯林的排斥和歧视，但是在数量上表现出稳定增长的趋势，进而对倭马亚王朝的统治产生深刻的影响。

倭马亚时代社会交往的重要方式，是阿拉伯人与其他民族之间广泛的通婚。倭马亚王朝禁止非阿拉伯血统的男子与阿拉伯妇女之间的婚姻，但是允许阿拉伯男子与非阿拉伯血统的妇女通婚，蓄奴和纳妾现象尤为盛行。在伊拉克和叙利亚，阿拉伯人竞相蓄奴纳妾，繁衍子嗣。即使在阿拉伯半岛，蓄奴

① Saunders, J.J., *A History of Medieval Islam*, p.81, p.95.

纳妾现象亦屡见不鲜。早在欧默尔当政期间,萨珊王族的三位公主在波斯战场被俘后来到麦地那,遂由阿里主婚而分别许配欧默尔之子阿卜杜拉、阿布·伯克尔之子穆罕默德和阿里之子侯赛因;其他许多麦地那显贵亦相继与非阿拉伯血统的妇女通婚并生养子嗣。①倭马亚王朝后期,蓄奴纳妾的现象不仅风行民间,而且发生在哈里发的宫闱之内。叶齐德三世的生母系波斯血统的萨珊皇族后裔,麦尔旺二世的生母则是库尔德血统的女奴。②广泛的异族婚配使阿拉伯人的数量急剧增加,亦使阿拉伯人的概念逐渐发生变化,凡信奉伊斯兰教并操阿拉伯语者皆被视作阿拉伯人,征服者与被征服者的血统界限日趋淡化。

征服时期,哈里发国家在阿拉伯半岛以外的诸多区域兴建若干军事据点,称作米绥尔。卡迪西叶战役以后,伊拉克的阿拉伯战士分别屯驻于巴士拉和库法。巴士拉位于波斯湾港口城市乌布拉附近,扼守伊拉克南部和通往伊朗西南部诸地的道路。库法位于伊拉克中部的希拉附近,扼守塞瓦德以北地区。702 年,伊拉克总督哈查只·尤素夫在巴士拉与库法之间营建新的米绥尔,名为瓦西兑,屯驻叙利亚籍的阿拉伯战士。在叙利亚,阿拉伯战士最初屯驻于戈兰高地的查比叶和朱迪亚平原的埃茅斯。后来,阿勒颇以北的达比克取代查比叶和埃茅斯,成为叙利亚最重要的米绥尔和穆斯林攻击拜占庭边境的前沿据点。始建于 642 年的弗斯塔特,地处尼罗河东岸重镇巴比伦堡附近,

巴士拉清真寺

① 艾哈迈德·爱敏:《阿拉伯伊斯兰文化史》,第 1 册,第 98 页。

② Jaydan, J., *History of Islamic Civilization*, p.211.

进入埃及的阿拉伯战士约有半数屯驻在这里。凯鲁万建于670年,地处阿特拉斯山的东端,是阿拉伯人在马格里布的主要营地,亦是哈里发国家控制柏柏尔人的核心据点。上述米绥尔大都位于沙漠牧场与农耕区域之间,适应阿拉伯人从游牧向定居转变的过渡状态。固然有一些米绥尔随着征战的结束而不复存在,但是巴士拉、库法、瓦西兑、弗斯塔特和凯鲁万在倭马亚时代由哈里发国家的军事据点演变为阿拉伯人的永久居住地,进而成为伊斯兰世界的重要城市。

最初,在米绥尔生活着的几乎清一色是阿拉伯人,具有浓厚的军事色彩,与被征服的土著居民处于隔绝的状态,仿佛汪洋大海中的孤岛。久而久之,米绥尔的人口构成发生变化。非生产性人口的增长导致消费的集中,交换经济逐渐扩大。来自周围乡村甚至遥远地区的非阿拉伯人涌入米绥尔,为阿拉伯血统的消费者提供各种服务。阿拉伯人尽管在整个被征服地区仅仅是居民的少数,但是在米绥尔却无疑占有明显的优势。米绥尔既是哈里发国家在被征服地区的统治中心,亦是阿拉伯人告别游牧走向定居的桥梁,更是诸多民族交往和融合的辐射点。征服者的语言和宗教从米绥尔向四周扩展,被征服者的传统文化和生活方式同时改造着初入文明的征服者。“波斯人、叙利亚人和埃及人的生活方式吸引着阿拉伯人。阿拉伯人很快发现,这些异族的习俗和制度确实优越于他们自己的祖先……通婚和模仿促使阿拉伯人屈服于异族文明的影响,异族风格的食物、衣着和装饰充斥于他们的生活。”①广泛的社会交往削弱着征服者与被征服者之间的对立和差异,促进了各种文化传统的融合,进而为崭新的阿拉伯——伊斯兰文化的兴起奠定了基础。

二、 阿萨比叶

阿萨比叶的由来

倭马亚时代阿拉伯人内部的社会矛盾,往往表现为部落之间的敌对和冲突,是为阿萨比叶现象。阿萨比叶现象在倭马亚时代占有相当重要的地位,对于倭马亚王朝的统治影响深远。

许多研究者甚至将倭马亚时代的哈里发国家视作阿拉伯人的部落王国,

---

① Ashtor, E., *A Social and Economic History of the Near East in the Middle Ages*, pp.20—21.

认为阿萨比叶愈演愈烈，使阿拉伯人的统治根基趋于坍塌，最终导致倭马亚王朝的覆灭。然而，如何看待阿萨比叶现象，学术界观点各异，众说不一。穆斯林学者通常强调倭马亚时代的阿萨比叶与查希里叶时代的部落冲突之间的联系，认为倭马亚时代的阿萨比叶乃是查希里叶时代阿拉伯人由于谱系的差异而形成的对立状态在文明社会中的延续。与此相反，一些西方学者往往忽略倭马亚时代的阿萨比叶与查希里叶时代部落冲突之间的联系。哥尔德齐赫尔认为，倭马亚时代的阿萨比叶起源于伊斯兰国家建立初期迁士与辅士之间的矛盾。威尔豪森认为，倭马亚时代的阿萨比叶形成于军事扩张过程中阿拉伯移民之间的对抗。布罗克尔曼则将倭马亚时代的阿萨比叶归结为纯东方血统的北方阿拉伯人与混有异族血统的南方阿拉伯人之间的种族冲突。

倭马亚时代的阿萨比叶作为文明社会条件下特有的现象，无疑与查希里叶时代原始部落之间的传统对立具有本质的区别。但是，两者之间绝非毫无联系的孤立存在，而是体现着某种程度的内在联系。自远古以来，阿拉伯人将自己区分为南方阿拉伯人和北方阿拉伯人，南方阿拉伯人分为克黑兰族和希米叶尔族，北方阿拉伯人分为穆达尔族和拉比尔族，每族包括若干部落，由此形成严格的谱系。阿拉伯人的古代历史是与周期性的迁徙过程相伴随的。然而，生存空间的改变并没有消除谱系的差异和相应的敌对观念，传统的对立深刻地影响着阿拉伯人的社会生活。

伊斯兰文明兴起的初期，炽热的宗教情感使阿拉伯人似乎忘却了相互之间的宿怨，扩张的浪潮制约着阿拉伯社会内部的矛盾冲突。倭马亚王朝建立以后，炽热的宗教感情随着时间的流逝而逐渐淡漠，军事扩张的趋于停顿导致社会环境的明显变化。随着分布范围的扩展和生活方式的改变，阿拉伯人内部的分化益趋加剧，进而形成尖锐的政治对立。由于阿拉伯人初入文明时代，残存着浓厚的血缘观念，氏族部落的外壳依旧构成社会组织的重要形式，因此阿拉伯人的分化和对立大都不是发生在个人之间，而是出现于血族群体之间，社会矛盾往往表现为部落冲突的传统形式。倭马亚时代阿拉伯部落之间的激烈冲突，“是游牧人口向战士和定居者过渡的伴随结果。当某个阿拉伯部落受到威胁，势必与同样受到威胁的其他阿拉伯部落结成联盟，而血缘因素提供了相互联系的纽带”。①

---

① Watt, W.M., *The Majesty That Was Islam*, pp.28—29.

然而,历史毕竟经历了长足的发展:倭马亚时代阿拉伯人内部的社会矛盾尽管沿袭部落冲突的传统形式,却无疑包含不同于查希里叶时代的崭新内容。由于社会矛盾益趋加剧,倭马亚时代的阿萨比叶过程中出现了比查希里叶时代更为激烈和残酷的冲突。"叙利亚和美索不达米亚的阿拉伯人在新的环境中并没有放弃原有的传统……其相互仇杀的行径甚至比在查希里叶时代和阿拉伯半岛的故乡更为残忍。他们将俘虏的女人处死;这是查希里叶时代的阿拉伯半岛所没有的现象。"①

阿萨比叶的类型

倭马亚时代的阿萨比叶发生于叙利亚、贾吉拉、伊拉克、呼罗珊和伊比利亚半岛诸多地区,表现为不同的类型。

叙利亚的阿萨比叶主要是南方阿拉伯人与北方阿拉伯人之间的冲突,凯勒卜部落和凯斯部落对于国家权力的争夺构成冲突的核心内容。

在麦地那哈里发国家发动军事扩张之前,生活在叙利亚的阿拉伯人大都来自阿拉伯半岛南部,分别属于加萨尼部落、塔努赫部落、朱扎姆部落、阿米拉部落、凯勒卜部落、萨利赫部落和巴赫拉尔部落。②麦地那哈里发时代,来自阿拉伯半岛北部的诸多部落相继进入叙利亚。然而,南方阿拉伯人依旧在叙利亚处于优势,尤其是与倭马亚家族建立密切的联系,构成倭马亚家族统治叙利亚的主要力量。

在657年的绥芬之战中,穆阿威叶的追随者主要来自南方阿拉伯人的希米叶尔部落、凯勒卜部落、塔努赫部落、朱扎姆部落、哈姆丹部落、加萨尼部落、阿兹德部落、肯德部落、阿什阿尔部落和凯斯阿姆部落;相比之下,来自北方阿拉伯人海瓦精部落、盖特方部落、苏莱姆部落和伊雅德部落的战士在穆阿威叶的队伍中仅占少数。穆阿威叶和叶齐德均曾娶凯勒卜部落女子为妻,穆阿威叶二世的生母便来自凯勒卜部落。凯勒卜部落由于与倭马亚人联姻而明显提高了自身的地位,俨然成为南方阿拉伯人的首领。穆阿威叶二世即位后,凯勒卜部落的哈桑·巴扎勒一度左右朝政,赛耳德·巴扎勒则出任基奈斯林长官。③北方阿拉伯人因屡遭排斥,不满于倭马亚哈里发倚重凯勒卜

① Wellhausen, J., *The Arab Kingdom and Its Fall*, p.208.
② Al-Baladhuri, *Kitab Futuh al-Buldan*, p.135.
③ Wellhausen, J., *The Arab Kingdom and Its Fall*, p.170.

部落的政策,反对南方阿拉伯人的特权地位。

穆阿威叶二世死后,叙利亚的南方阿拉伯人与北方阿拉伯人之间的矛盾演变为公开的冲突。南方阿拉伯人各部落大都支持倭马亚王朝,北方阿拉伯人则支持阿卜杜拉·祖拜尔。684年,倭马亚哈里发麦尔旺在哈桑·巴扎勒和凯勒卜部落的支持下,与达哈克·卡阿斯率领的凯斯部落以及苏莱姆部落、祖布彦部落的队伍交战于拉希特草原。达哈克·卡阿斯的队伍败绩,大约9 000人死于战场。倭马亚王朝在拉希特草原战役的胜利并没有结束叙利亚阿拉伯部落的冲突,而是进一步加剧了南方阿拉伯人与北方阿拉伯人之间的矛盾,导致分别以凯勒卜部落和凯斯部落为首的两大政治集团的长期对立。拉希特草原战役以后,凯斯部落首领佐法尔·哈里斯退据卡其西亚,伺机复仇。686年前后,佐法尔·哈里斯率领凯斯部落成员在穆斯雅赫袭击凯勒卜部落成员的住地,杀20余人。随后,胡麦德·巴扎勒率领凯勒卜部落攻击凯斯部落在塔德木尔的住地,杀60余人。于是,佐法尔·哈里斯再次发动袭击,杀死凯勒卜部落成员500余人,胡麦德·巴扎勒亦将许多凯斯部落成员杀死以示报复。①

马立克即位以后,改变单纯倚重凯勒卜部落的政治传统,极力平衡南方阿拉伯人与北方阿拉伯人的地位,以求扩大倭马亚王朝在叙利亚统治的基础。691年,马立克与佐法尔·哈里斯订立和约,倭马亚王朝的军队停止进攻凯斯部落占据的卡其西亚,佐法尔·哈里斯则承认马立克作为哈里发的合法地位。②凯斯部落与倭马亚王朝及凯勒卜部落之间的对立得以初步缓解,佐法尔·哈里斯及其子胡宰勒和凯乌萨尔遂成为马立克宫廷的显贵人物。③此后,马立克娶吉尼斯部落女子沃拉德为妻,马立克之子麦斯拉玛亦与佐法尔·哈里斯之女拉巴卜订立婚约。④马立克的政策改善了倭马亚王朝与凯斯部落的关系,凯斯部落在叙利亚的地位逐渐提高。

马立克死后,哈里发韦里德和苏莱曼均为凯斯部落女人所生,北方阿拉伯人的地位进一步提高,凯斯部落的政治势力达到顶峰,凯勒卜部落和其他的南方阿拉伯人大都被排斥于国家政权机构之外。欧默尔二世当政期间,凯斯部落地位下降,南方阿拉伯人首领重新出任重要官职。叶齐德二世和韦里

① Wellhausen, J., *The Arab Kingdom and Its Fall*, p.170, pp.181—182.

② Dixon, A.A., *The Umayyad Caliphate 684—705*, pp.90—92, p.93.

③ Wellhausen, J., *The Arab Kingdom and Its Fall*, p.212.

④ Dixon, A.A., *The Umayyad Caliphate* 684—705, p.113.

德二世当政期间，恢复倚重凯斯部落势力的政策。744 年，叶齐德三世依靠南方阿拉伯人的支持，击败韦里德二世，被拥立为哈里发。然而，叶齐德三世在位时间不足一年。叶齐德三世死后，麦尔旺二世在北方阿拉伯人的支持下从豪兰起兵，击败叶齐德三世之子易卜拉欣，成为倭马亚王朝最后一位哈里发。麦尔旺二世当政期间，北方阿拉伯人在叙利亚的政治势力颇具影响，成为倭马亚王朝的统治支柱；南方阿拉伯人屡遭排斥，成为反对倭马亚王朝的重要势力。

广泛的迁徙改变了阿拉伯部落的分布范围和活动空间；后来的部落威胁和损害了早期移民的经济利益，形成对于有限的生存环境的争夺，进而导致激烈的冲突。这是倭马亚时代阿萨比叶的第二种类型，塔格里布部落与苏莱姆部落在贾吉拉的冲突便属于这种类型。

塔格里布部落属于北方阿拉伯人中的拉比尔分支，早在伊斯兰教诞生前便生活在幼发拉底河上游一带，占据摩苏尔周围的广大牧场。伴随着哈里发国家的军事扩张，属于北方阿拉伯人中穆达尔分支的苏莱姆部落自希贾兹移入贾吉拉，与塔格里布部落相邻为生。对土地和水源的争夺，导致塔格里布部落与苏莱姆部落之间的尖锐矛盾；苏莱姆部落极力扩大对土地和水源的占有，塔格里布部落则企图将苏莱姆部落赶出贾吉拉。

在 684 年的拉希特草原战役中，苏莱姆部落构成反对倭马亚王朝的重要力量，塔格里布部落则由于与苏莱姆部落的矛盾而支持麦尔旺。尽管反对倭马亚王朝的势力在拉希特草原战役中失败，但是苏莱姆部落并没有因此离开贾吉拉。塔格里布部落与苏莱姆部落之间的矛盾由于在拉希特草原战役中的直接交锋而日趋加剧，双方关系明显恶化。不久，苏莱姆部落的成员杀死塔格里布部落的妇女乌姆·达乌巴勒的山羊，其子遂进行报复。于是，苏莱姆部落成员进攻塔格里布部落住地，杀死 3 人并抢走许多骆驼。塔格里布部落则派人前往卡其西亚，诉诸苏莱姆部落同属穆达尔分支的凯斯部落首领佐法尔·哈里斯，要求归还被抢走的骆驼和赔偿被害人的血金，并且要求苏莱姆部落离开贾吉拉。佐法尔·哈里斯拒绝了这些要求。后来，阿卜杜拉·祖拜尔委派佐法尔·哈里斯向塔格里布部落征收天课，而塔格里布部落成员杀死佐法尔·哈里斯派去的征税者。佐法尔·哈里斯于是唆使苏莱姆部落进攻塔格里布部落；塔格里布部落在麦克辛败于苏莱姆部落，其首领舒阿卜·穆莱勒战死。塔格里布部落求助于同属拉比尔分支的舍伊班部落和纳米尔·凯希特部落的支持并发动反攻，苏莱姆部落则求助于同属穆达尔分支的塔米姆部落和阿萨德部落却遭到拒绝。在第一次雅温·萨尔萨尔·阿沃勒战斗中,塔格里布部落在叶齐德·胡贝尔的率领下击败欧默尔·胡巴卜率领的苏莱姆部落。苏莱姆部落遂联合凯斯部落,在第二次雅温·萨尔萨尔·阿沃勒战斗中击败塔格里布部落。此后,塔格里布部落与苏莱姆部落先后在弗达因、苏凯尔、穆阿里克、卢巴、巴拉德、沙拉比尔和布莱赫等地发生冲突,互有胜负,延续多年。①

巴士拉和呼罗珊的阿萨比叶,主要是围绕着部落传统势力与国家权威之间的矛盾而展开,体现野蛮与文明的撞击。

巴士拉的阿萨比叶始于麦地那哈里发时代末期;南方阿拉伯人阿兹德部落支持祖拜尔·阿沃姆和泰勒哈·欧拜杜拉,北方阿拉伯人拉比尔分支的巴克尔部落和阿卜杜勒·凯斯部落追随阿里,穆达尔分支的塔米姆部落处于中立状态而尚未介入冲突。②穆阿威叶当政期间,塔米姆部落与阿卜杜勒·凯斯部落结为盟友,巴克尔部落与阿兹德部落则恢复查希里叶时代订立的盟约,双方在巴士拉形成对峙,而前者略占优势。③穆阿威叶当政末期和叶齐德当政期间,阿兹德·阿曼部落移入巴士拉,加入巴克尔部落与阿兹德部落的联盟。阿兹德·阿曼部落的到来改变了巴士拉阿拉伯部落的力量对比,塔米姆部落和阿卜杜勒·凯斯部落的地位受到威胁,部落之间的敌对倾向渐趋加剧。683年哈里发叶齐德死后,阿兹德·阿曼部落、阿兹德部落和巴克尔部落支持倭马亚王朝任命的伊拉克总督欧拜杜拉·齐亚德,塔米姆部落和阿卜拉勒·凯斯部落则倾向于阿卜杜拉·祖拜尔而反对倭马亚王朝,于是双方发生冲突。欧拜杜拉·齐亚德无力控制巴士拉的局势,遂离职返回叙利亚。阿兹德·阿曼部落、阿兹德部落和巴克尔部落随后拥立麦斯欧德·阿慕尔出任总督,亦被塔米姆部落成员所杀。直到塔米姆部落向对方赔偿血金之后,部落仇杀得到暂时的平息。④

倭马亚时代初期,呼罗珊的阿拉伯人主要来自四个部落:北方阿拉伯人穆达尔分支的塔米姆部落与阿卜杜勒·凯斯部落结为联盟,北方阿拉伯人拉比尔分支的巴克尔部落与南方阿拉伯人阿兹德部落订立盟约。双方在呼罗珊处于对立状态,其中塔米姆部落因先期征服呼罗珊而占有优势。

① Dixon, A.A., *The Umayyad Caliphate 684—705*, pp.99—103.
② Hasan, N., *The Role of the Arab Tribes in the East During the Period of the Umayyad*, Baghdad 1976, p.90.
③ Sharon, M., *Black Banners from the East*, pp.54—55.
④ Wellhausen, J., *The Arab Kingdom and Its Fall*, pp.209—210.

第二次内战期间,呼罗珊总督萨勒姆·齐亚德任命阿兹德部落的苏莱曼·麦尔沙德治理木鹿—卢泽、法尔叶布、塔里干和朱兹占诸地,任命巴克尔部落的奥斯·萨尔拉巴作为哈拉特的统治者,继而又举荐阿卜杜勒·凯斯部落的阿卜杜拉·哈吉姆治理整个呼罗珊。[①]阿卜杜拉·哈吉姆依靠阿卜杜勒·凯斯部落和塔米姆部落的支持,在木鹿—卢泽击败阿兹德部落和巴克尔部落,苏莱曼·麦尔沙德被杀。683 年,阿卜杜拉·哈吉姆进攻哈拉特,巴克尔部落战败投降,8 000 余人阵亡。[②]阿卜杜拉·哈吉姆确立其在呼罗珊的统治地位之后,开始排斥塔米姆部落,进而形成塔米姆部落与阿卜杜勒·凯斯部落的对抗。阿卜杜拉·哈吉姆的儿子穆罕默德在哈拉特处死塔米姆部落的两名成员,塔米姆部落于是杀死穆罕默德,占据哈拉特、突斯、内沙浦尔,拥立哈里什·阿卜杜勒·库拉伊出任呼罗珊的统治者,并且围攻木鹿。最后,阿卜杜拉·哈吉姆取胜,阿卜杜勒·凯斯部落击败塔米姆部落。691 年阿卜杜拉·祖拜尔在麦加死后,阿卜杜拉·哈吉姆拒绝承认马立克作为哈里发的权力,马立克遂任命塔米姆部落的布凯尔·瓦沙赫作为呼罗珊总督,对抗阿卜杜拉·哈吉姆和阿卡杜勒·凯斯部落。阿卜杜拉·哈吉姆死后,阿卜杜勒·凯斯部落势力日衰,塔米姆部落在呼罗珊占据上风。[③]693 年,马立克任命古莱西人倭马亚·阿卜杜勒·哈立德为呼罗珊总督,塔米姆部落则分裂为两派,巴希尔·瓦尔卡及其追随者支持倭马亚·阿卜杜勒·哈立德,布凯尔·瓦沙赫率领塔米姆部落许多成员反叛倭马亚王朝并占领木鹿。[④]布凯尔·瓦沙赫曾说:"我们为征服呼罗珊而奋力苦战,付出巨大的代价,这个古莱西人却将我们视作奴仆。"[⑤]冲突的实质由此可见。倭马亚·阿卜杜勒·哈立德无力平定反叛,遂与布凯尔·瓦沙赫议和。698 年,阿兹德·阿曼部落的穆哈拉布·苏弗拉出任呼罗珊总督,来自该部落的 2 000 名战士随同穆哈拉布·苏弗拉自巴士拉移至木鹿。[⑥]此后,阿兹德·阿曼部落逐渐取代塔米姆部落而成为呼罗珊阿拉伯人中的主要政治势力。

---

① 泰伯里:《历代先知与君王史》,第 2 卷,第 490—196 页,第 489 页。
② Al-Baladhuri, *Kitab Futuh al-Buldan*, pp.414—415.
③ 泰伯里:《历代先知与君王史》,第 2 卷,第 593 页,第 696—698 页,第 1028—1031 页。
④ Al-Baladhuri, *Kitab Futuh al-Buldan*, p.416.
⑤ Hasan, N., *The Role of the Arab Tribes in the East During the Period of the Umayyad*, p.173.
⑥ Sharon, M., *Black Banners from the East*, pp.55—56.

阿萨比叶的淡去

倭马亚时代的阿萨比叶作为阿拉伯人社会矛盾的外在形式，体现查希里叶时代野蛮传统的影响，毕竟为文明的物质环境所不容。国家权威的不断发展否定着阿拉伯人的传统势力，制约着部落之间的对立冲突。

穆阿威叶当政期间，伊拉克总督齐亚德·阿比希在库法和巴士拉打破传统的部落关系，按照地域的原则划分阿拉伯人的居住区，各居住区的首领不是产生于部落成员的选举，而是改由总督任命。齐亚德·阿比希还扩大称为舒尔塔的警察机构，实行高压政策，旨在控制部落势力的骚乱。在贾吉拉地区，塔格里布部落与苏莱姆部落的冲突不断受到马立克的干涉；倭马亚王朝作为超越血缘界限而凌驾于各个部落之上的统治力量，迫使冲突的双方接受国家权威的约束而逐渐放弃相互之间的仇杀。欧默尔二世即位后，极力平衡各个部落的政治力量，广泛接受南方阿拉伯人和北方阿拉伯人参与倭马亚王朝的统治，一定程度地缓解了部落之间的矛盾冲突。

倭马亚时代呼罗珊历史的一个重要方面，是国家权威对于阿拉伯人部落势力的否定倾向。阿拉伯人征服呼罗珊的初期，国家权威的有效控制远未形成，尚无完整的税收体系。阿拉伯人部落将呼罗珊的岁入作为战利品据为己有，仅将其中的五分之一上缴大马士革。因此，倭马亚王朝极力强化对于呼罗珊阿拉伯人部落的财政控制。679年阿卜杜勒·拉赫曼·齐亚德出任呼罗珊总督以后，逮捕阿卜杜勒·凯斯部落首领阿斯拉姆·祖拉，将其私产约30万迪尔汗悉数没收，并且向大马士革上缴岁入2 000万迪尔汗。[①]苏莱曼即位以后，任命塔米姆部落首领瓦吉尔·阿比·苏德作为呼罗珊的总督，同时指派阿布·米只拉兹·拉希克掌管呼罗珊的财政岁入。[②]分权的政策限制了部落的势力，强化了国家的权威。希沙姆当政期间，将呼罗珊的阿拉伯人划分为战士和定居者，部落势力受到进一步的排斥。

倭马亚时代，随着分布范围的扩展和生活方式的变革，阿拉伯人的血缘关系渐趋削弱，地域倾向明显增强。地域关系的发展瓦解着部落冲突的社会基础，进而导致超越血缘界限的政治组合，社会对抗的表现形式随之逐渐改变。685—686年发生于库法的穆赫塔尔起义，体现了政治矛盾超越血缘界

① 泰伯里：《历代先知与君王史》，第2卷，第189页。

② Al-Baladhuri, *Kitab Futuh al-Buldan*, p.424.

限的初步倾向。穆赫塔尔的追随者来自哈姆丹部落、凯斯阿姆部落、舍伊班部落、阿萨德部落、哈尼法部落、阿兹德部落、穆宰纳部落和巴克尔部落的下层,他们分别属于南方阿拉伯人和北方阿拉伯人的不同分支;另一方面,称为阿什拉夫的各个部落上层特权集团则成为起义者所攻击的目标。[①]701 年,"孔雀军"在伊拉克发动反叛;"孔雀军"首领阿卜杜勒·拉赫曼·阿什阿斯属于南方阿拉伯人肯德部落,北方阿拉伯人塔米姆部落的许多成员却加入反叛的队伍。[②]720 年叶齐德二世即位后,叶齐德·穆哈拉布在伊拉克反叛倭马亚王朝;叶齐德·穆哈拉布虽然来自南方阿拉伯人阿兹德部落,但是其支持者却包括属于北方阿拉伯人塔米姆部落、凯斯部落、巴克尔部落的大批战士。[③]叙利亚、伊拉克和呼罗珊诸地区的许多阿拉伯人虽属同一部落,但因所处环境不同,其政治态度差异甚大,直至相互攻杀。744 年,呼罗珊的阿拉伯人发生内讧,呼罗珊总督纳绥尔·赛亚尔一方称作穆达尔派,阿兹德部落首领贾迪尔·阿里·克尔曼尼一方称作拉比尔派。[④]然而,穆达尔族诸部落的许多阿拉伯人加入贾迪尔·阿里·克尔曼尼的队伍,纳绥尔·赛亚尔的队伍中亦不乏来自拉比尔族诸部落的阿拉伯人。显然,随着社会分化的加剧,阿拉伯人的血缘联系与政治利益不再具有共同之处,所谓的部落已丧失原有的内涵。阿萨比叶尽管形式犹存,但是已非传统意义上的血族仇杀,所谓的部落冲突在一些地区仅仅徒具虚名。因此,倭马亚时代的阿萨比叶并非愈演愈烈直至最终导致倭马亚王朝的灭亡,而是呈现日渐衰微的趋势。

阿拉伯人生存空间的扩展和生活方式的变革,导致倭马亚时代广泛的社会交往,征服者与被征服者之间相互同化的现象十分明显。在呼罗珊,土著的波斯贵族在阿拉伯人征服前大都各自为政,与萨珊王朝联系甚少。因此,波斯帝国的灭亡并没有直接导致伊朗土著贵族在呼罗珊统治权力的结束,阿拉伯征服者在呼罗珊往往只是与土著贵族订立条约和征收贡税,同时保留后者原有的诸多特权。阿拉伯人在放弃征战而务农经商时,竟然遭到呼罗珊土著贵族的盘剥勒索,甚至沦为后者的隶属民。文献资料屡屡提及阿拉伯人中解甲务农的定居者,由于遭受呼罗珊总督与土著波斯贵族的统治而怨声载道。土著的波斯贵族往往支持倭马亚王朝的统治,阿拉伯定居者的社会地位

---

① 泰伯里:《历代先知与君王史》,第 2 卷,第 619 页。

② Wellhausen, J., *The Arab Kingdom and Its Fall*, pp.234—250.

③ Shaban, M.A., *The Abbasid Revolution*, p.93.

④ 泰伯里:《历代先知与君王史》,第 2 卷,第 1855 页。

则与土著的波斯农民日趋接近。政治对立与种族差异并非相互一致,而是错综交织。696年,许多波斯贵族追随呼罗珊总督倭马亚·阿卜杜拉攻击反叛的塔米姆部落首领布凯尔·瓦沙赫,后者则以免除土地税作为条件争取土著农民的支持。712年,呼罗珊总督古太白·穆斯林招募土著战士围攻撒马尔罕;撒马尔罕王公指责古太白·穆斯林唆使土著居民自相残杀,古太白·穆斯林则指责撒马尔罕王公煽动阿拉伯人反叛倭马亚王朝。正是在这样的社会背景下,阿布·穆斯林于747年在呼罗珊发动起义,得到阿拉伯定居者和土著波斯农民的广泛响应,进而掀开伊斯兰历史的崭新一页。

阿拔斯王朝建立后,阿萨比叶尽管并未绝迹,但已极为有限,其政治影响微乎其微。伴随着阿萨比叶的衰微,阿拉伯人的民族性日趋增强。

三、 麦瓦利

麦瓦利的内涵

麦瓦利在阿拉伯语中意为从属者和被保护者。在查希里叶时代阿拉伯半岛的部落社会,麦瓦利指非部落民的社会成员,包括获得自由以后仍旧依附于原主人的被释放奴隶和接受氏族部落保护的外来者,其地位介于部落民与奴隶之间。[①]他们不能被随意伤害或出售给他人,但是在婚姻和财产继承等方面却不能享有与部落民同等的权利。出于种种原因,一些阿拉伯人丧失与自己部落的联系,被迫依附于其他部落,成为麦瓦利。更多的麦瓦利并不具有阿拉伯血统,而是来自半岛以外的其他地区。先知穆罕默德曾经拥有4名麦瓦利,他们分别是埃塞俄比亚人、希腊人、科普特人和波斯人。[②]

伊斯兰教兴起以后,麦瓦利的内涵发生变化。皈依伊斯兰教的非阿拉伯人成为麦瓦利的主体,出身奴隶的穆斯林在获得自由以后亦加入麦瓦利的行列。[③]麦瓦利中还包括一些信奉伊斯兰教的阿拉伯人,他们“出于某些原因失去或者不可能取得作为阿拉伯统治阶级成员的十足资格”。[④]

《古兰经》明确规定伊斯兰教是属于全人类的世界性宗教,先知穆罕默德

---

① Hoyland, R., ed, *Muslims and Others in Early Islamic Society*, Hants 2004, p.280.

② Jaydan, J., *History of Islamic Civilization*, p.19.

③ Hoyland, R., ed, *Muslims and Others in Early Islamic Society*, p.281.

④ 路易斯:《历史上的阿拉伯人》,第73页。

极力强调凡穆斯林皆为兄弟的平等原则。然而,宗教原则与社会现实不尽一致,两者之间差异甚大。欧默尔继任哈里发以后,阿拉伯人逐渐完成伊斯兰教化的进程,从而构成穆斯林社会的主体,民族差异与宗教对立的界限日趋吻合,阿拉伯人与伊斯兰教的合而为一成为哈里发国家统治制度的首要原则。因此,阿拉伯人往往将伊斯兰教看作只属于自己的信仰,或者将自己看作高于其他穆斯林的优秀民族,歧视皈依伊斯兰教的非阿拉伯人。倭马亚时代,阿拉伯人依然保留着血缘组织的外壳形式,血缘关系的残存明显助长着阿拉伯人排斥异族穆斯林的社会倾向;凡处于阿拉伯氏族部落组织之外的穆斯林,皆被视作麦瓦利。阿拉伯氏族部落成员与麦瓦利虽然同为穆斯林,但是两者之间的社会地位却存在着很大的差别。异族穆斯林,尤其是被征服地区皈依伊斯兰教的土著居民,往往被阿拉伯部落拒之门外,不能被阿拉伯部落吸收为新的成员,无法成为哈里发国家的全权公民,而仍被视作阿拉伯统治者的臣民。麦瓦利的广泛存在,不仅根源于种族的差异,而且体现了阿拉伯部落的封闭性和排他性。

麦瓦利的社会地位

麦瓦利与阿拉伯部落民虽然均为穆斯林,其社会地位却不相同。在许多场合,麦瓦利不得与阿拉伯部落民并肩站立和并列行走,不得在人群中位居阿拉伯部落民的前面。阿拉伯人通常使用姓氏相互尊称,如阿布·某某或伊本·某某,称呼麦瓦利时却往往只提其名。麦瓦利如果应邀赴宴,往往不能与阿拉伯部落民同席就座,只能站立进餐,或者被安排在侧房就座。阿拉伯男子如果欲娶麦瓦利中的女子,只需向后者的阿拉伯血统保护人求婚。至于麦瓦利中的男子娶阿拉伯女子为妻,则被视作有严重缺陷的婚姻。相传,卢哈的一名麦瓦利曾因娶阿拉伯人苏莱姆部落女子为妻而遭200皮鞭的责打。波斯血统的著名圣门弟子赛勒曼·法里西曾经向哈里发欧默尔的女儿求婚,亦遭拒绝。阿拉伯人巴吉拉部落一名女子,虽然家境贫寒,却曾拒绝麦瓦利中某个富有者的求婚,备受时人的称道。①

阿拉伯人常常向麦瓦利炫耀:“即便我们没有为你们做过其他的事情,但是我们拯救了你们的灵魂;即便我们未曾向你们施加恩惠,但是我们引导你

---

① Jaydan, J., *History of Islamic Civilization*, p.117, p.118, p.73.

们走出了迷途，给你们带来了真正的信仰，使你们放弃了愚昧的崇拜。”①

胡姆兰是麦地那哈里发奥斯曼的麦瓦利，曾经指责阿拉伯人阿米尔·阿卜杜勒·凯斯出言不逊，有侮辱哈里发的言语，并且诅咒道：“愿安拉不要在我们中间增加像你一样的人。”阿米尔·阿卜杜勒·凯斯却说：“愿安拉在我们中间增加像你一样的人。”于是有人问阿米尔·阿卜杜勒·凯斯：“为什么他诅咒你，而你却祝福他？”阿米尔·阿卜杜勒·凯斯答道：“因为他们清扫我们的路面，缝补我们的鞋子，制作我们的衣服。”麦地那的纳菲·祖拜尔·穆提姆在参加穆斯林的葬礼时，每每询问死者的身份。如果死者是古莱西人，他便向死者的亲属表示沉痛的悼念；如果死者是普通的阿拉伯人，他也向死者的亲属表示悲哀的心情；如果死者是麦瓦利，他便说道：“他是安拉之物，安拉取走所欲取走的，留下所欲留下的。”②

有些阿拉伯人甚至将驴、狗、麦瓦利三者相提并论，等同视之。麦瓦利则常常在自己的名字之前冠以主人的尊号，或者冠以所属部落的名称，表示相应的隶属关系和保护关系。由于阿拉伯人身世高贵，库尔德人、柏柏尔人和黑人皈依伊斯兰教后，大都希望自己的祖先具有阿拉伯血统。波斯人成为穆斯林后，多采用阿拉伯人的名字，甚至虚构与阿拉伯人的亲缘关系，以求提高自身的地位。阿里的次子侯赛因曾娶萨珊王朝末代皇帝叶兹德吉尔德三世之女沙赫尔·巴努为妻，波斯人常以此作为荣耀。③

权利与义务的失衡

麦地那哈里发时代，麦瓦利人数尚少，他们与阿拉伯人之间的矛盾并不明显。倭马亚时代，伴随着广泛的社会交往，被征服地区的伊斯兰教化逐渐加深。自马立克当政以后，以波斯人和柏柏尔人为主体的被征服民族中的皈依伊斯兰教者在数量上逐渐超过阿拉伯血统的穆斯林。广泛的宗教皈依加剧了麦瓦利与阿拉伯穆斯林之间的社会对立，年金的分配和税收制度则是矛盾的焦点。

麦瓦利是哈里发国家的重要兵源，与阿拉伯人并肩作战。麦地那哈里发时代，麦瓦利仅占穆斯林战士的五分之一。到倭马亚时代，麦瓦利中的从军

---

① Lewis, B., *Islam, from the Prophet Muhammed to the Capture of Constantinpole*, Vol.2, p.203.

② Lewis, B., *Islam, from the Prophet Muhammed to the Capture of Constantinpole*, Vol.2, p.204.

③ Levy, R., *The Social Structure of Islam*, p.60.

人数逐渐超过阿拉伯战士。[①]在哈里发国家征服中亚和西南欧的过程中，麦瓦利的参战具有举足轻重的作用。712 年，呼罗珊总督古太白·穆斯林曾经在布哈拉、基什、纳斯夫和花剌子模招募土著战士 2 万人，参与穆斯林在粟特的征服战争。[②]然而，麦瓦利中的从军者大都只能组成步兵，不能充任骑兵，所得薪俸的数额与阿拉伯战士差异甚大，战利品的分配更是微乎其微。倭马亚王朝为了安抚麦瓦利，曾经将某些麦瓦利列入迪万的名册；穆阿威叶为他们规定的年金标准为 15 迪尔汗，马立克规定的年金标准为 20 迪尔汗，希沙姆时增至 30 迪尔汗。[③]但是，此类规定很少能够付诸实施，大都只是一纸公文。

倭马亚时代，阿拉伯血统的穆斯林往往只纳什一税，麦瓦利却需承担全额的土地税，甚至缴纳人丁税，其纳税总额几乎与非穆斯林人口即所谓的吉玛人等同无异。马立克当政期间，伊拉克和伊朗高原皈依伊斯兰教的土著农民为了摆脱沉重的纳税义务并且参与年金的分配，纷纷遗弃土地而移居巴士拉和库法等阿拉伯人聚集的城市。伊拉克总督哈查只·尤素夫采取高压政策，不惜使用暴力手段遣返移入城市的土著农民，并且继续向他们征收皈依伊斯兰教以前所承担的种种赋税。717 年欧默尔二世即位后，着力实行税制改革。欧默尔二世税制改革的要点是，一方面规定凡是穆斯林不论属于阿拉伯血统还是来自其他民族，只承担天课作为当然的义务，无须缴纳其他贡税；另一方面规定，土地税的征收取决于土地的性质而不取决于耕作者的身份。欧默尔二世的税制改革，旨在减轻麦瓦利的赋税负担，消除穆斯林社会内部不同民族之间地位的差异，进而鼓励被征服地区的土著居民改宗伊斯兰教。然而，欧默尔二世的税制改革只是昙花一现。720 年叶齐德二世即位后，废止新的税制，依旧向麦瓦利征收重税。

倭马亚时代，哈里发国家的臣民分为四个等级：阿拉伯人、麦瓦利、非穆斯林和奴隶，其中只有阿拉伯人享有种种特权。哈里发国家在任命各级官职时，十分重视血统的因素。麦瓦利大都被排斥于政权机构之外，绝无仅有的几次任命亦曾引起阿拉伯人的公愤。伴随着伊斯兰教在非阿拉伯人中的广泛传播和麦瓦利的急剧增多，欧默尔的设想即阿拉伯人与伊斯兰教合而为一

---

① Jaydan, J., *History of Islamic Civilization*, p.114.

② Hasan, N., *The Role of the Arab Tribes in the East During the Period of the Umayyad*, p.184.

③ Jaydan, J., *History of Islamic Civilization*, p.116.

的原则和阿拉伯穆斯林统治非阿拉伯血统异教人口的制度渐趋丧失赖以存在的现实基础,麦瓦利的强烈不满和激烈反抗使得倭马亚王朝的阿拉伯人统治陷于无法克服的社会矛盾。

四、阿拔斯时代的穆斯林社会

民族关系

早在685年,库法的起义首领穆赫塔尔曾经首倡超越民族界限的社会平等,然而由于客观条件尚未成熟,影响甚微。8世纪中叶,阿拔斯人顺应伊斯兰世界社会结构深刻变革的历史趋势,承袭穆赫塔尔阐述的原则,强调麦瓦利所应享有的权利和地位,得到非阿拉伯血统穆斯林的广泛响应。欧默尔的著名设想即阿拉伯人与伊斯兰教合而为一的政治原则,曾经是哈里发国家的重要基石,后来却成为倭马亚王朝覆灭的根源所在。750年阿拔斯王朝的建立,结束了阿拉伯人作为征服者统治中东诸民族的历史,阿拉伯人作为哈里发国家和伊斯兰教的唯一捍卫者的时代不复存在。

阿拔斯时代,哈里发国家放弃歧视非阿拉伯人的统治政策,不再将麦瓦利视作等而下之的社会阶层,异族穆斯林广泛享有因信奉伊斯兰教而理应享有的各种权利。阿拔斯王朝前期库塔卜的出现、维齐尔的设置和巴尔麦克家族的权倾一时,阿拔斯王朝后期萨法尔王朝、萨曼王朝、白益王朝、加兹尼王朝、塞尔柱苏丹国的建立以及马格里布的崛起,表明波斯人、突厥人和柏柏尔人不再屈居阿拉伯人之下,开始涉足哈里发国家的政治舞台,成为伊斯兰世界中颇具影响的社会势力。穆斯林诸民族的多元并立和相互依存,标志着阿拔斯时代伊斯兰世界社会关系的深刻变化。旨在否定阿拉伯人的特殊地位甚至诋毁阿拉伯人的舒欧布运动("舒欧布"系阿拉伯语之"民族"一词的复数音译),发轫于伊朗高原,风行于诸多民族之中,是阿拔斯时代伊斯兰世界社会结构的剧烈变革在意识形态领域的集中反映。①

尽管如此,阿拉伯人仍然不失为哈里发国家中举足轻重的社会势力,其影响遍及伊斯兰世界的各个角落。"阿拔斯王朝的哈里发是哈希姆族阿拉伯人,至少从父系来说是这样,他们……决不会忘记自己的阿拉伯属性。一旦

---

① Grunebaum, G.E., *Medieval Islam*, p.204.

感到波斯人在与自己争权夺利，就会像曼苏尔惩罚阿布·穆斯林、哈伦·拉希德惩罚巴尔麦克家族、马蒙惩罚法德勒·萨赫勒一样地惩罚波斯人。”

在阿拉伯人中，身世和谱系对于社会地位具有至关重要的影响，所谓的圣族依旧高居伊斯兰世界贵族社会的顶端。阿拔斯时代，圣族的后裔大都生活在希贾兹的两座圣城和首都巴格达以及巴士拉、库法、弗斯塔特等地。据泰伯里记载，9世纪时，巴格达的圣族后裔有3万余人。他们长期从哈里发国家领取年金，往往在宗教和司法机构担任要职，享有种种特权。除圣族后裔以外，圣门弟子的后裔亦是伊斯兰世界贵族社会的重要来源，在许多领域颇具势力。

尤其值得注意的是，在阿拔斯时代，阿拉伯人的民族意识和民族情感得到长足的发展。查希里叶时代，阿拉伯人处于野蛮状态，尚无民族意识和民族情感可言，宛若一盘散沙。那时的阿拉伯人生活在各自的血缘群体之中，仅仅属于自己的氏族和部落，他们的诗歌只限于称颂本氏族和本部落的功业和美德，相互诋毁的诗作比比皆是，却无超越血缘群体的界限而称颂阿拉伯民族的诗句。“我们很少看到，在哪一首阿拉伯诗歌中，阿拉伯人以自己是阿拉伯人而自豪，或以自己属于阿拉伯民族而夸耀。”[①]伊斯兰教诞生以后，阿拉伯人在乌玛的形式下开始聚合为地域性的社会群体。但是，阿拉伯人传统的血亲观念和部落意识并未随之销声匿迹。倭马亚时代的阿萨比叶现象，反映了阿拉伯民族的非完善性。阿拔斯时代，随着地域因素的增长和政治生活的发展，阿拉伯人残存的血亲观念和部落倾向进一步削弱。广泛的社会交往和诸多共同利益的形成，密切了阿拉伯人之间的相互联系，从而使阿拉伯人最终排除了内在的隔阂，真正跨入了统一民族的历史阶段。

教派关系

阿拔斯时代，伊斯兰教得到广泛的发展，伊斯兰教内部的分裂倾向随之逐渐加剧，不同教派的穆斯林之间形成错综复杂的社会关系。

哈瓦立及派在倭马亚时代曾经是哈里发国家腹地的主要敌对势力，至阿拔斯时代逐渐丧失原有的影响，仅在马格里布的柏柏尔人以及阿曼一带的贝都因人中尚有少量追随者。

---

① 艾哈迈德·爱敏：《阿拉伯伊斯兰文化史》，第2册，朱凯、史希同译，商务印书馆1990年版，第31页，第14页。

相比之下,什叶派的社会势力在阿拔斯时代呈逐渐上升的趋势,什叶派穆斯林遍及伊斯兰世界的大部地区。伊拉克依旧是什叶派社会势力的中心所在,与伊拉克相邻的阿拉伯半岛东部沿海和伊朗西南部胡齐斯坦亦有数量众多的什叶派穆斯林。在伊朗高原腹地,库姆是什叶派穆斯林的重要据点。什叶派第八位伊玛目阿里·里达的胞妹法蒂玛·麦尔苏玛816年病故后葬在库姆,什叶派穆斯林于是将库姆尊为圣地。卡尔马特派兴起于9世纪后期,总部设在叙利亚北部的萨拉米叶,什叶派因此一度在叙利亚颇具影响。什叶派的另外两个重要分支栽德派和伊斯马仪派在柏柏尔人中的传播,为伊德利斯王朝和法蒂玛王朝在马格里布的建立奠定了基础。

伊斯兰教的派别分裂,无疑是哈里发国家政治对抗的延伸。卡尔马特派运动以及伊德利斯王朝和法蒂玛王朝的建立,体现了什叶派穆斯林与逊尼派穆斯林之间的尖锐矛盾。白益王公统治时期,什叶派穆斯林与逊尼派穆斯林的冲突尤为激烈。双方的冲突首先发生在巴格达,逐渐扩展到周围的许多区域,加剧了伊拉克的社会分裂。

然而,在阿拔斯时代的伊斯兰世界,什叶派穆斯林与逊尼派穆斯林之间亦存在相容的一面。阿拔斯哈里发自居为全体穆斯林的宗教领袖,往往对什叶派采取怀柔政策,吸收什叶派首领参与哈里发国家的政治生活。马蒙甚至一度指定什叶派伊玛目阿里·里达作为哈里发的继承人。什叶派的主流派别十二伊玛目派则趋于放弃与阿拔斯哈里发的政治对抗,致力发展神学思想。白益王公尽管尊奉什叶派伊斯兰教,却在入主巴格达以后,依旧将阿拔斯哈里发视作整个伊斯兰世界的宗教领袖。在法蒂玛王朝统治下的埃及,新都开罗成为传布伊斯马仪派思想的中心所在,而旧城弗斯塔特仍然盛行原有的正统信仰。尊奉什叶派教义的法蒂玛哈里发与信仰逊尼派伊斯兰教的埃及居民并没有因教派的差异而发生冲突,爱资哈尔清真寺与阿慕尔清真寺、伊本·土伦清真寺在尼罗河畔交相辉映。

五、吉玛人

从"有经典的人"到吉玛人

吉玛在阿拉伯语中意为保护性的契约;吉玛人亦称吉米,意为根据契约受到保护的人,特指在伊斯兰国家的疆域内通过订立契约的形式而接受保护的非穆斯林臣民。

吉玛人的概念源于《古兰经》的相关启示。《古兰经》严格区分多神崇拜的阿拉伯人与一神信仰的犹太人和基督徒，将前者称作“以物配主的人”，而将后者称作“有经典的人”。先知穆罕默德时代，伊斯兰国家局限于阿拉伯半岛的范围，曾受天经是非穆斯林接受伊斯兰国家保护的先决条件，吉玛人则是所谓“有经典的人”之宗教概念在现实领域的逻辑延伸。先知穆罕默德去世后，伊斯兰国家征服阿拉伯半岛以外的广大区域，非穆斯林臣民数量剧增，犹太人和基督徒无疑处于被保护者的地位，琐罗亚斯德教徒亦被纳入吉玛人的行列。①

保护与人身依附之间无疑具有内在的逻辑联系，吉玛人作为被哈里发国家保护的社会群体，长期处于依附和从属的地位。与穆斯林相比，吉玛人至少在理论上处于无权的地位。另一方面，吉玛人在缴纳人丁税的前提下构成相对自治的社会群体。吉玛人有权自行征税，自行审理诉讼，自行选择宗教信仰。②

“伊斯兰世界的历史并非只是穆斯林的历史。自伊斯兰教兴起以来，非穆斯林在伊斯兰世界的社会生活中占据重要的地位。无视非穆斯林的作用，便难以完整认识伊斯兰世界的工商业、科学和医学以及政府管理。”③吉玛人作为区别于穆斯林的社会群体，亦非处于孤立和封闭的状态。吉玛人与穆斯林的长期并存和密切交往，是伊斯兰文明不同于其他诸多文明的显著特征。吉玛人与穆斯林之间的信仰差异和宗教冲突，贯穿伊斯兰世界的历史进程。

吉玛人的起源

伊斯兰教的传统政治理论将世界划分为截然对立的两大区域：达尔·伊斯兰即穆斯林统治的区域与达尔·哈尔卜即战争的区域抑或异教徒统治的区域；圣战是穆斯林对异教徒发动的战争，圣战的目的是穆斯林最终征服异教徒统治的区域。④吉玛人的产生，根源于先知穆罕默德时代阿拉伯人自野蛮向文明过渡的历史进程中社会结构的深刻变革，是先知穆罕默德在麦地那期间宗教矛盾的体现和穆斯林圣战实践的直接结果。

---

① Lambton, A.K.S., *State and Government in the Medieval Islam*, p.204.

② Yeor, B., *The Dhimmis, Jews and Christians under Islam*, p.49.

③ Humphreys, R.S., *Islamic History, A Framework for Inquiry*, Princeton 1991, p.255.

④ Lambton, A.K.S., *State and Government in the Medieval Islam*, p.201.

在伊斯兰教诞生前的阿拉伯半岛，部族仇杀充斥于阿拉伯半岛的各个角落，社会矛盾主要表现为血缘群体的尖锐对立。伊斯兰教的诞生，标志着阿拉伯半岛社会结构的深刻变革。启示的传布和信仰的皈依，为阿拉伯人的社会变革提供了必要的宗教形式。

610—632年，先知穆罕默德先后在麦加和麦地那以安拉的名义传布启示，阐述伊斯兰教的信条，规定相应的义务。然而，《古兰经》并未局限于信仰的说教，先知穆罕默德传布的启示包含着广泛的现实内容，其中一个重要方面是强调信仰的纽带作用和穆斯林的宗教联系。"你们当全体坚持安拉的绳索，不要自己分裂。你们当铭记安拉所赐你们的恩典，当时，你们原是仇敌，而安拉联合你们的心，你们借他的恩典才变成教胞。""信士们皆为教胞，故你们当排解教胞间的纠纷，你们应当敬畏安拉，以便你们蒙安拉的怜恤。"与此同时，《古兰经》阐述了社会对立的相应原则；信仰的差异取代血缘关系的亲疏，构成划分社会群体的首要原则。"你们不会发现确信安拉和末日的民众，会与违抗安拉和使者的人相亲相爱。即使那等人是他们的父亲，或儿子，或兄弟，或亲戚。""你们不要以你们的父兄为保护人，如果他们弃正道而取迷信的话。你们中谁以他们为保护人，谁是不义者。""不信道者，确是你们的明显的仇敌。"①

启示的传布导致信仰的皈依。相当数量的阿拉伯人放弃多神崇拜的传统宗教，加入穆斯林的行列。《古兰经》阐述的诸多原则随之转化为社会现实，来源各异的穆斯林借助信仰的纽带和乌玛的形式聚合为崭新的宗教群体。穆斯林和非穆斯林之间的宗教对立逐渐取代传统的部族仇杀，上升为阿拉伯社会的主要矛盾。

国家是社会矛盾的产物和体现。在先知穆罕默德时代阿拉伯半岛的特定历史条件下，乌玛的形成与伊斯兰教的兴起密切相关，麦地那国家的统治则是穆斯林与非穆斯林之间矛盾对抗的集中体现。根据《古兰经》的相关启示，穆斯林、"以物配主的人"和"有经典的人"分别构成截然不同的社会群体，信仰的差异成为确定社会成员权利和地位的基本准则。穆斯林被视作安拉在大地的代治者，"以物配主的人"即多神崇拜的阿拉伯人"在大地上没有任何保护者，也没有任何援助者"，而所谓"有经典的人"即犹太人和基督徒"无论在哪里出现，都要陷于卑贱之中，除非借安拉的和约与众人的和约不

---

① 《古兰经》，3:103，49:10，58:22，9:23，4:101。

能安居”。①

特定的社会矛盾决定着相应的政治对立。徙志初年，穆斯林与非穆斯林之间的政治对立首先表现为称作艾曼(aman)的保护关系。保护关系在阿拉伯半岛是由来已久的传统习俗。伊斯兰教诞生前，所谓的保护关系往往存在于强悍的游牧群体与地寡人稀的绿洲之间，在叶斯里卜，犹太人凯努卡部落、纳迪尔部落和古来宰部落亦曾分别处于阿拉伯人奥斯部落和阿兹拉只部落的保护之下。先知穆罕默德于622年移居麦地那以后，携麦加的迁士与麦地那的土著穆斯林奥斯部落和哈兹拉只部落以及犹太人凯努卡部落、纳迪尔部落、古来宰部落订立契约。麦地那宪章明确规定穆斯林与犹太人之间的社会界限：穆斯林享有充分的政治权利，构成乌玛的主体；犹太人作为“有经典的人”，构成区别于穆斯林的臣属群体，是“跟随穆斯林的人、依附穆斯林的人和与穆斯林一同作战的人”。②先知穆罕默德通过订立契约的形式确定穆斯林与犹太人的保护关系，而契约的实质在于顺从与保护的交换。顺从先知穆罕默德的绝对权力，是犹太人借助契约的形式接受穆斯林保护的前提条件；被保护的地位意味着犹太人诸部落依附于穆斯林的社会状态。麦地那宪章关于穆斯林与犹太人之保护关系的规定，一方面体现阿拉伯半岛血缘社会之传统习俗的延续，另一方面包含着与传统习俗的本质区别，具有浓厚的地域色彩。

自624年巴德尔战斗开始，阿拉伯半岛的宗教对立集中体现为穆斯林的圣战实践。先知穆罕默德在麦地那期间，穆斯林的圣战目标包括“以物配主的人”和“有经典的人”。《古兰经》在严格区分“以物配主的人”和“有经典的人”的同时，规定穆斯林圣战的相应原则。“以物配主的人”诋毁安拉，罪不容赦，其宗教信仰必须予以铲除。“安拉必不赦宥以物配主的罪恶。”“当禁月逝去的时候，你们在哪里发现以物配主者就在那里杀戮他们，俘虏他们，围攻他们，在各个要隘侦候他们。”至于“有经典的人”，因为曾受天经的启示，穆斯林在一定程度上对其宗教信仰予以承认。“当抵抗不信安拉和末日，不尊安拉及其使者的戒律，不奉真教的人，即曾受天经的人，你们要与他们战斗，直到他们依照自己的能力，规规矩矩地交纳丁税。”③《古兰经》的相关启示表明，

---

① 《古兰经》，24:55；9:74；3:112。

② Rodinson, M., *Muhammed*, p.152.

③ 《古兰经》，4:45, 9:5, 9:29。

穆斯林对“以物配主的人”和“有经典的人”发动的圣战具有相同的性质，即通过穆斯林的暴力征服，在整个半岛的范围内确立先知穆罕默德的绝对权威，以有序的文明取代无序的野蛮状态，实现阿拉伯社会的深刻历史变革。另一方面，两种圣战的终止条件迥然各异；“以物配主的人”只能在皈依伊斯兰教与死亡之间做出选择，“有经典的人”则可以通过缴纳贡税的形式换取穆斯林的保护。

穆斯林的圣战实践，最初局限于讨伐麦地那绿洲的周边区域和抵御麦加古莱西人的攻击。627 年壕沟战斗结束以后，穆斯林与非穆斯林之间的力量对比发生改变，圣战的范围随之逐渐扩大。628 年，先知穆罕默德与麦加古莱西人订立《侯德比耶和约》，继而挥师北进，讨伐希贾兹北部犹太人定居的海拜尔绿洲。海拜尔绿洲的犹太人殊死抵抗，终因力不能支，立约投降。先知穆罕默德在海拜尔绿洲宣称：“土地属于安拉和使者。”与此同时，先知穆罕默德准许犹太人保留原有的宗教信仰，继续耕作于海拜尔绿洲的土地。他们被视作吉玛人，向麦地那国家缴纳贡税，同时接受穆斯林的保护，是为伊斯兰世界最初的吉玛人。[①]海拜尔绿洲附近法达克、泰马、瓦迪库拉诸地的犹太人，慑于穆斯林的威力，纷纷屈从于先知穆罕默德。他们如同海拜尔绿洲的犹太人一样，获准留居原有的土地，按照分成制的原则每年缴纳一定数量的农产品。630 年穆斯林攻占麦加以后，也门北部城市纳季兰的基督徒遣使谒见先知穆罕默德，以每年缴纳 8 万迪尔罕的财物作为条件，接受穆斯林的保护。630 年底，穆斯林远征叙利亚边境重镇泰布克，亚喀巴湾沿岸城市埃拉的基督徒和相邻绿洲阿兹鲁赫、贾尔巴、麦格纳的犹太人亦向先知穆罕默德交纳贡税，处于穆斯林的保护之下，成为麦地那国家的臣民。[②]

信仰差异与社会对立

632 年先知穆罕默德去世后，阿布·伯克尔出任哈里发，麦地那国家开始自阿拉伯半岛向周边区域发动扩张。至哈里发欧默尔当政期间，麦地那国家的军事扩张达到高峰，穆斯林相继征服拜占庭帝国和波斯帝国的诸多辖地。麦地那哈里发时代，阿拉伯半岛业已完成从野蛮向文明的过渡，穆斯林的征服不再表现为文明否定野蛮的暴力过程，而是表现为领土的争夺和疆域

---

① Yeor, B., *The Dhimmis*, *Jews and Christians under Islam*, p.45, p.44.

② Al-Baladhuri, *Kitab Futuh al-Buldan*, pp.42—59, pp.92—94, pp.98—100.

的拓展。

麦地那哈里发国家的扩张与先知穆罕默德时代的圣战尽管性质各异，但是两者之间无疑存在密切的内在联系。麦地那哈里发国家的扩张既是阿拉伯人步入文明的直接结果，亦是先知穆罕默德时代穆斯林与非穆斯林之间深刻社会对立和伊斯兰教统治的逻辑延伸，具有浓厚的宗教色彩。麦地那哈里发国家援引《古兰经》的相关启示和先知穆罕默德时代的圣战先例，与被征服区域的土著居民订立契约，将被征服者视作“有经典的人”，使被征服者处于吉玛人的地位，保留其原有的宗教信仰，并且予以相应的保护。

麦地那哈里发时代，穆斯林人数尚少，吉玛人构成社会成员的绝对多数。穆斯林作为征服者，至少在理论上享有充分的权利，构成凌驾于吉玛人之上而居统治地位的社会群体。吉玛人作为被征服者，丧失原有的政治权利，构成依附于穆斯林的社会群体。

先知穆罕默德时代，伊斯兰教只是在阿拉伯半岛的范围内得到有限的传播；相当数量的阿拉伯人，包括分布于半岛各地及周边区域的诸多部落，尚未加入穆斯林的行列。穆斯林与吉玛人之间的矛盾仅仅表现为信仰的差异，尚无种族对立的明显倾向。

阿布·伯克尔当政期间，麦地那国家通过发动平息“里达”的战争，在整个半岛的范围内基本完成伊斯兰教化的进程。欧默尔即位以后，援引“阿拉伯半岛不可存在非伊斯兰教信仰”的圣训原则，驱逐希贾兹北部海拜尔等地的犹太人和纳季兰一带的基督徒。[①]与此同时，分布在半岛周边区域的阿拉伯人亦大都改奉伊斯兰教，加入穆斯林的行列。[②]叙利亚南部颇具势力的阿拉伯人加萨尼部落因此被称作“蒙昧时代的君王和伊斯兰时代的晨星”。[③]

针对阿拉伯人的分布区域与伊斯兰教的信仰界限趋于吻合的社会现实，欧默尔极力奉行阿拉伯人与伊斯兰教合而为一的政治原则，伊斯兰教被视作阿拉伯人的宗教，阿拉伯人构成伊斯兰教的载体。欧默尔的原则表明，穆斯林与吉玛人的矛盾不仅在于信仰的差异，而且包含着种族对立的社会内容。麦地那国家对于吉玛人的统治，既是伊斯兰教对于基督教、犹太教和琐罗亚斯德教的神权统治，亦是阿拉伯人对于信仰基督教、犹太教和琐罗亚斯德教

---

① Al-Baladhuri, *Kitab Futuh al-Buldan*, pp.101—102.

② Muir, W., *Annals of the Early Caliphate*, London, 1913, p.177.

③ Arnold, T.W., *Preaching of Islam*, London, 1935, p.47.

的阿拉马人、科普特人、犹太人和波斯人的种族统治。

吉玛人的经济地位

吉玛人作为麦地那国家的非穆斯林臣民，其与穆斯林之间的矛盾不仅体现为信仰的差异和种族的对立，而且具有特定的经济内涵。由于吉玛人除少量生活在城市外，绝大多数处于农居状态，因此吉玛人的经济地位与麦地那国家的土地制度密切相关。先知穆罕默德时代国家土地所有制的初步建立和征服过程中地权的改变，构成吉玛人与穆斯林之间经济对立的客观基础。

《古兰经》规定一切土地皆属安拉及其使者，标志着土地关系的崭新原则通过宗教的形式被引入阿拉伯半岛的传统社会。尽管血缘群体在绝大多数情况下依旧构成世袭占有土地的基本单位，但是麦地那国家至少在理论上开始超越血缘群体的狭隘界限，获得支配土地的最高权力，进而作为"凌驾于所有这一切小的共同体之上的总和的统一体表现为更高的所有者或唯一的所有者"。①

先知穆罕默德时代，国家土地所有制的理论原则得以付诸实践的重要杠杆是穆斯林的圣战实践。根据《古兰经》的相关启示，非穆斯林拥有土地系非法现象，圣战的目的之一便是收回非穆斯林拥有的土地。《古兰经》同时规定：穆斯林在圣战中获取的财富包括两种类型，一类是可以分割支配的战利品，称作加尼玛，其中五分之一属于安拉的使者即先知穆罕默德，余者分配给穆斯林战士；另一类是不可分割支配的战利品，称作斐伊。斐伊在阿拉伯语中本意是归还，特指穆斯林通过圣战而征服的土地，其支配权仅属先知穆罕默德。②

628年，穆斯林征服希贾兹北部的犹太人，海拜尔、法达克、泰马和瓦迪库拉诸地相继被纳入斐伊的范围。先知穆罕默德并未将所征服的土地分配给穆斯林战士，而是以麦地那国家的名义直接役使土著的犹太人耕作。与徙志初年加盟乌玛的犹太人相比，希贾兹北部诸地的犹太人作为斐伊的耕作者，其与穆斯林的关系开始出现明显的变化。犹太人获得麦地那国家保护的条件，由政治的顺从发展为贡税的缴纳。贡税的征收意味着穆斯林对于希贾兹北部诸地犹太人剩余劳动的占有，初步体现两者之间封建性质的经济关

① 《马克思恩格斯全集》，第46卷，第473页。

② 《古兰经》，8:41，59:6—7。

系。斐伊作为国家土地所有制的外在形式,决定了希贾兹北部诸地犹太人的群体依附状态。

麦地那哈里发时代,穆斯林的广泛征服在阿拉伯半岛以外的诸多区域导致地权的改变。麦地那诸哈里发依据《古兰经》的相关启示,援引先知穆罕默德时代的圣战先例,在所征服的地区实行国家土地所有制。欧默尔规定,穆斯林征服者不得将所征服地区的吉玛人视作奴隶,亦不得随意侵吞吉玛人的财产,尤其禁止穆斯林征服者在阿拉伯半岛以外直接占有土地和从事农耕;安拉赐予的土地作为法伊构成全体穆斯林的共同财产,任何穆斯林征服者均不得擅自据为己有。①

麦地那哈里发在穆斯林征服的诸多区域建立的国家土地所有制,并非"法律的虚构",而是客观存在的经济现实。穆斯林通过订立契约,强行规定吉玛人必须承担缴纳贡税的义务。贡税的征收不仅标志着麦地那国家在所征服区域的主权和统治,而且是国家土地所有制"借以实现的经济形式"。另一方面,麦地那哈里发时代,穆斯林与吉玛人之间存在明确的社会分工。穆斯林征服者多数屯驻于库法、巴士拉、查比叶、弗斯塔特等军事营地,致力于圣战,构成军事贵族阶层。吉玛人大都处于农耕状态,依附于穆斯林,构成从事生产的社会群体。吉玛人的劳作,是穆斯林得以致力于圣战的前提和保证。贡税的征收,集中体现穆斯林与吉玛人的深刻经济矛盾,标志着麦地那国家封建关系的广泛确立。麦地那哈里发国家将征收于吉玛人的贡税通过迪万制度和年金支付的途径分配给穆斯林,构成穆斯林占有吉玛人剩余劳动的表现形式。

麦地那哈里发时代,斐伊作为国家土地所有制的外在形式,大体分为两种类型。在埃及、叙利亚和伊朗诸地,国家土地所有权局限为贡税的征收;吉玛人耕种斐伊的土地,在向麦地那国家缴纳贡税的前提下,往往保留相对自主的土地支配权。由于土地构成征收贡税的主要对象,而土地占有状况的改变并不直接影响贡税的征收,所以麦地那国家在大多数情况下允许土地的继承、转让和买卖,文献资料关于吉玛人土地交易的记载亦不鲜见。后来的伊斯兰教法学家将吉玛人支配的这种地产称作穆勒克。在伊拉克一带,麦地那哈里发将所征服的土地收归国家直接经营;后来的伊斯兰教法学家将这种土地称作萨瓦菲。欧默尔当政期间,萨瓦菲包括萨珊波斯的国有土地、萨珊王

① Lewis, B., *Islam from the Prophet Muhammed to the Capture of Constantinpole*, Vol.2, pp.223—224.

室成员的土地、琐罗亚斯德教神庙和祭司、战死者的土地、无主的荒地和沼泽地等十种土地，面积约 3 600 万加里卜。麦地那国家役使吉玛人耕种萨瓦菲的土地，采用租佃制，根据土地的面积和质量以及作物的种类和灌溉方式确定租赋的数额。萨瓦菲不同于穆勒克。欧默尔严格禁止萨瓦菲土地的转让和买卖；耕种萨瓦菲的吉玛人缺乏支配土地的相对自主权，同时享有世袭租佃权。他们世代依附于土地，是隶属国家的封建佃农。

由此可见，穆斯林对于吉玛人的统治，不仅是伊斯兰教的神权统治和阿拉伯人的种族统治，更是麦地那国家的封建统治。穆斯林对于吉玛人剩余劳动的占有，是麦地那国家封建统治的外在形式。麦地那国家土地所有制的广泛建立，导致吉玛人对于穆斯林的群体依附状态。

吉玛人的分布

哈里发国家在理论上允许吉玛人生活在除阿拉伯半岛外的伊斯兰世界的任何地区。[①]“除阿拉伯半岛外，几乎所有的城市都有基督徒和犹太人的居住区。”[②]

阿拔斯时代，基督徒主要分布在尼罗河流域和“肥沃的新月地带”，其中埃及和叙利亚的基督徒人数皆超过百万，分别属于希腊正教以及科普特派、雅各派、聂斯脱里派和马龙派。10 世纪时的巴格达约有 5 万基督徒，同一时期爱德萨和提克里特的居民则大都信奉基督教。[③]

犹太人不及基督徒数量多，但是分布范围甚广，城居现象突出。在叙利亚，约有 3 000 名犹太人生活在大马士革，5 000 名犹太人生活在阿勒颇。在伊拉克，4 000 名犹太人生活在贾吉拉·欧麦尔，7 000 名犹太人生活在摩苏尔，1.5 万名犹太人生活在哈尔巴赫，1 万名犹太人生活在希拉，1 万名犹太人生活在瓦西兑，1 万名犹太人生活在欧克巴拉，7 000 名犹太人生活在库法，2 000 名犹太人生活在巴士拉，1 000 名犹太人生活在巴格达，而 10 世纪初苏拉和纳赫尔·马立克两地的居民几乎皆为犹太人。在伊朗高原及中亚一带，哈马丹有 3 万犹太人，伊斯法罕有 1.5 万犹太人，设拉子有 1 万犹太人，加兹尼有 8 万犹太人，撒马尔罕有 3 万犹太人。在埃及，开罗有 7 000 犹太人，亚

① Ashtor, E., *The Medieval Near East: Social and Economic History*, London 1978, p.86.

② Hourani, A., *A History of the Arab Peoples*, p.117.

③ Mez, A., *The Renaissance of Islam*, pp.37—38.

里山大有3 000犹太人，尼罗河三角洲其他地区另有3 000犹太人，上埃及亦有600名犹太人。①

此外，伊朗南部诸地尚有相当数量的琐罗亚斯德教徒，而萨比教徒到11世纪时则已所剩无几。②

吉玛人在保留原有宗教信仰的同时，依旧操各自的传统语言。吉玛人与穆斯林同为哈里发国家的臣民，两者之间的差异在于：穆斯林必须履行天课义务，吉玛人必须缴纳人丁税。人丁税的征收对象，是吉玛人中的成年男性；至于吉玛人中的未成年人、女性和教士，则免纳人丁税。③人丁税的数额，大体上沿袭欧默尔当政期间制定的标准，即按照财产状况的不同，在东部的银币区每年向纳税者分别征收12、24、48个迪尔罕，在西部的金币区每年向纳税者分别征收1、2、4个第纳尔。穆斯林在缴纳天课的同时，还需服兵役。吉玛人缴纳人丁税，却免服兵役。吉玛人中的神职人员则免缴人丁税。924年，埃及总督曾经向那里的基督教教士征纳人丁税，后者向哈里发穆格台迪尔申诉，于是穆格台迪尔命令埃及总督取消征自基督教教士的人丁税。④

伊斯兰世界的吉玛人与中世纪西欧的农奴作为封建时代抑或传统文明时代的社会成分，均处于依附的状态。然而，伊斯兰世界的吉玛人与中世纪西欧的农奴所处的历史环境存在明显的差异。吉玛人从属于伊斯兰教的国家而不是依附于作为个体的穆斯林，在缴纳人丁税的前提下享有相对自治的权利。相比之下，中世纪西欧的农奴制根源于特定的地租形态，存在于公权私化的政治环境，农奴承担劳役制地租，从属于封建庄园的领主。另一方面，伊斯兰世界的吉玛人制度具有浓厚的宗教色彩，中世纪西欧的农奴制度则表现为明显的世俗倾向。

宽容与歧视

根据伊斯兰教法，穆斯林不得将吉玛人作为奴隶。吉玛人在依附于哈里发国家的前提下享有相对的自由和有限的自治，其经济社会地位介于穆斯林与奴隶之间。⑤

---

① Mez, A., *The Renaissance of Islam*, pp.36—37.

② Mez, A., *The Renaissance of Islam*, p.38.

③ 哈桑·穆阿尼斯：《古代中世纪的阿拉伯国家与文明》，第162页。

④ Mez, A., *The Renaissance of Islam*, p.48.

⑤ Lambton, A.K.S., *State and Government in the Medieval Islam*, p.205.

在理论上，伊斯兰世界抑或穆斯林统治的地区必须执行伊斯兰教法。然而，伊斯兰教法在大多数情况下仅仅限于规范穆斯林的社会行为，对于吉玛人并无约束效用。哈里发国家通常允许犹太人和基督徒沿袭各自原有的宗教法律，吉玛人在法律上享有广泛的自治权利，其司法仲裁诉诸各自的宗教首领，执行各自的宗教法律。但是，如果涉及吉玛人与穆斯林之间的诉讼，或者涉及犹太人与基督徒之间的诉讼，必须依据伊斯兰教法予以裁决。穆斯林法庭在裁决时，往往拒绝接受吉玛人的誓言和所提供的证据。①

《古兰经》承认奴隶存在的合法地位，然而吉玛人却不得拥有穆斯林作为奴隶。伊斯兰教法允许吉玛人改奉伊斯兰教，却禁止穆斯林改奉其他宗教，规定基督徒和犹太人不得改奉除伊斯兰教外的其他宗教；禁止吉玛人娶穆斯林妇女为妻，却允许穆斯林娶吉玛人之女为妻。②

《古兰经》规定，“你们只可信任你们的教友”，至于“有经典的人”，则不可信任。“信道的人，不可舍同教而以外教为盟友；谁犯此禁令，谁不得安拉的保佑。”“他们(即吉玛人)无论在哪里出现，都要陷于卑贱之中，除非借安拉的和约与众人的和约不能安居，他们应受安拉的谴怒，他们要陷于困苦之中。”③

麦地那哈里发国家依据启示的原则，将吉玛人排斥于公职之外，吉玛人不得享有与穆斯林同等的政治权利，吉玛人担任政府官职进而对穆斯林行使权力被视作非法。库法总督阿布·穆萨曾经任用一名基督徒掌管伊拉克的财政收支，欧默尔获悉此事之后愤然说道：“不要与基督徒接触，因为安拉不喜欢他们；不要信任基督徒，因为安拉不信任他们；不要提高基督徒的地位，因为安拉使他们陷于卑贱之中。”叙利亚总督穆阿威叶亦曾有意任用一名基督徒协助自己征收贡税，致信请求欧默尔的准许，欧默尔答复如下：“该基督徒应当被认为已经死去或者出走他乡。”欧默尔二世当政期间，发现许多吉玛人担任官职，遂下令罢免担任官职的吉玛人。欧默尔二世曾经告诫属下：“吉玛人是肮脏的人。安拉创造非穆斯林作为撒旦的伙伴，他们是最不可靠的人。”④

《欧默尔法令》规定：吉玛人不得在城市及其周围建立新的教堂，不得在

---

① Hoyland, R., *Muslims and Others in Early Islamic Society*, p.89.

② Lambton, A.K.S., *State and Government in the Medieval Islam*, p.206.

③ 《古兰经》，3:73，3:75，3:28，3:112。

④ Yeor, B., *The Dhimmis, Jews and Christians under Islam*, p.181, p.55, p.182.

穆斯林居住的地区修复被毁的教堂，不得在教堂外部安放十字架，不得在邻近穆斯林居住区的教堂高声祈祷和诵经，不得在穆斯林的市场展示十字架和《圣经》，不得在邻近穆斯林居住的地区售酒，不得公开传教，不得阻止皈依伊斯兰教，不得携带武器，所建房屋不得高于相邻的穆斯林住所，不得向穆斯林购买战俘，不得伤害穆斯林，必须身着特殊的服饰以区别于穆斯林。①

阿拔斯时代，哈伦再度颁布法令，禁止吉玛人出任公职，并于807年拆毁叙利亚北部的基督教教堂和穆斯林征服以后各地新建的基督教教堂，禁止基督徒在复活节时竖立十字架和在教堂门前设置木制的撒旦像，要求基督徒和犹太人身着特殊的服饰以区别于穆斯林。穆台瓦基勒即位以后，曾于849年和854年两次颁布法令，禁止吉玛人出任政府官职，禁止吉玛人就读于讲授阿拉伯语的学校，并且规定基督徒和犹太人的宅门必须钉上画有撒旦图像的木牌，基督徒和犹太人必须身着淡黄色的服饰，不得乘马而只能骑驴，死后葬身的陵墓不得高出地面。②

法蒂玛王朝的哈里发哈基木以奉行宗教歧视和宗教迫害政策著称，规定基督徒和犹太人必须头戴黑帽，身着黑色服饰，直至下令拆毁耶路撒冷的圣陵教堂，震动欧洲的基督教世界。阿拔斯王朝后期，大马士革、拉姆拉、阿斯卡伦、耶路撒冷和巴格达等地相继发生基督教堂遭到穆斯林抢劫和拆毁的事件。马木路克苏丹曾经于1301年颁布法令，规定基督徒只能戴蓝色的头巾，犹太人只能戴黄色的头巾，撒玛利亚人（古代犹太人的分支）只能戴红色的头巾，以明确区分穆斯林与吉玛人。③

然而，更多的哈里发并未严格遵循上述启示，宗教规定与社会现实常常不尽吻合，差异甚大。综观哈里发时代的伊斯兰世界，穆斯林对吉玛人的歧视和迫害的程度十分有限。基督教欧洲的宗教裁判所，以及骇人听闻的“圣巴托罗缪之夜”和15—16世纪西班牙基督徒屠杀穆斯林的惨剧，在伊斯兰世界从未发生。相反，在伊斯兰世界，宗教关系的主要方面是穆斯林与吉玛人之间的和睦相处，绝大多数的哈里发奉行宗教宽容的政策。

“中古时代，伊斯兰国家与基督教欧洲的区别在于：大批信奉伊斯兰教以

---

① Hoyland, R., *Muslims and Others in Early Islamic Society*, pp.104—106.

② 泰伯里：《历代先知与君王史》，第2卷，第712—713页，第3卷，第1389—1393页。

③ Ashtor, E., *The Medieval Near East: Social and Economic History*, London 1978, p.77, p.76.

外其他宗教的臣民生活在伊斯兰国家，而穆斯林在基督教欧洲却无法生存。此外，在伊斯兰国家里，基督徒和犹太人的教堂和修道院遍布各地，似乎并不隶属于政府权力的管辖，仿佛是国中之国，享有穆斯林给予的种种权利，基督徒和犹太人得以与穆斯林平安相处，从而形成一种基督教欧洲所无法想象的和睦气氛。基督徒和犹太人皆有信仰的自由，但是他们改奉伊斯兰教以后再背叛伊斯兰教则必须处死。相比之下，在拜占庭帝国，凡改奉伊斯兰教者则一律处死。"①

哈里发国家长期赋予吉玛人以相当广泛的自治权利，倭马亚时代颇为盛行的宗教辩论直至阿拔斯时代仍屡见不鲜。781 年，巴格达的景教教长提摩太曾经与哈里发马赫迪探讨信仰的真伪，并且为基督教辩护，其辩护词至今尚存。819 年，马蒙在其宫廷举行神学辩论，辩论的主题是比较伊斯兰教与基督教的优劣。穆台瓦基勒当政期间，穆斯林学者阿里·泰伯里撰写《论宗教与国家》一书，仅以温和的言辞为伊斯兰教辩护。穆台瓦基勒尽管颁布法令禁止吉玛人出任政府官职，却将伊拉克的河道管理和哈里发宫廷的营建托付于基督徒。哈基木当政期间，吉玛人备受歧视，屡遭迫害。然而，狂热的宗教情感并没能阻止哈基木任命基督徒曼苏尔·萨顿作为维齐尔和在开罗的宫中聘用基督徒出任御医。1019 年，依照哈基木的旨意，位于开罗郊外穆卡坦山的库赛尔修道院在被毁数年之后得以重建。②

阿拔斯时代，基督徒是文职书吏库塔卜的重要来源，犹太人则在金融兑换业中独占鳌头。吉玛人中出任各级税吏者比比皆是，哈里发宫廷的御医大都来自基督徒，穆格台迪尔甚至破例任命一名基督徒掌管军事部。在法蒂玛王朝统治下的埃及，基督徒曼苏尔·萨顿和伊萨·纳斯图里斯相继高居维齐尔要职。③

阿拔斯时代，伊斯兰世界的基督徒大都分别属于聂斯脱里派和雅各派。伊拉克和叙利亚的基督徒信奉聂斯脱里派基督教，隶属于巴格达的聂斯脱里派教长。埃及一带的基督徒信奉雅各教基督教，隶属于亚历山大和安条克的雅各派教长。④

聂斯脱里派教长在巴格达的住地，称为罗马人修道院；修道院的周围是

---

① Mez, A., *The Renaissance of Islam*, p.32.

② Ashtor, E., *A Social and Economic History of the Near East in the Middle Ages*, pp.145—146.

③ Ashtor, E., *A Social and Economic History of the Near East in the Middle Ages*, p.192.

④ Mez, A., *The Renaissance of Islam*, p.34.

基督徒的居住区，称为罗马人住区。聂斯脱里派教长下辖巴士拉、摩苏尔、奈绥宾等 7 个大主教区。当选的聂斯脱里派教长由阿拔斯哈里发授职，被视作伊斯兰世界中全体基督徒的宗教领袖。①

雅各派在巴格达亦设有修道院，并在巴格达以北的提克里特设立主教区。912 年，雅各派教长曾经要求将自己的驻节地从安条克迁到巴格达，遭哈里发的拒绝。②

与雅各派相比，聂斯脱里派势力较大。阿拔斯时代，聂斯脱里派传入中国，是为景教。“大秦景教流行中国碑”781 年建于唐都长安，印度西海岸马拉巴尔一带的基督徒隶属巴格达的聂斯脱里派教长，聂斯脱里派影响之广泛由此可见。

大秦景教流行中国碑

如同信奉聂斯脱里派和雅各派的基督徒一样，犹太人亦有自己的首领，其管辖范围不仅包括宗教领域，而且涉及世俗生活的诸多方面。11 世纪，阿拔斯王朝与法蒂玛王朝处于东西对峙的状态，伊斯兰世界的犹太人随之分裂。巴格达的犹太人追随阿拔斯王朝，其首领称赛雅达纳，意为我们的君主；开罗的犹太人追随法蒂玛王朝，其首领称萨尔·哈萨里姆，意为诸王之王。③

六、奴　隶

伊斯兰教与奴隶制

伊斯兰教诞生前，阿拉伯半岛有许多奴隶。那时，奴隶的来源之一是部落间的战争。战败被俘的阿拉伯人或被处死，或被战胜者蓄为奴隶。奴隶的另一来源是奴隶贸易。“古莱西人不仅从事货物贩运，而且经营奴隶贸易。”④麦加附近的欧卡兹集市曾经是阿拉伯半岛著名的奴隶市场。著名的圣门弟子栽德·哈里萨原为奴隶，主人将他带到欧卡兹集市，卖给麦加的富

---

① Mez, A., *The Renaissance of Islam*, p.35.
② Mez, A., *The Renaissance of Islam*, p.36.
③ Mez, A., *The Renaissance of Islam*, p.34, p.35, p.36, pp.43—44.
④ Jaydan, J., *History of Islamic Civilization*, p.14.

商赫蒂彻，赫蒂彻将栽德·哈里萨赠予先知穆罕默德。[①]628年，两名奴隶逃离主人，来到侯德比耶，皈依伊斯兰教，得到先知穆罕默德的庇护。[②]亦有一些奴隶来自阿拉伯半岛周围地区。著名圣门弟子比拉勒原籍埃塞俄比亚，曾是古莱西人倭马亚·哈谢夫的奴隶。另一圣门弟子赛勒曼·法里西原籍伊朗，后来被凯勒卡部落卖为奴隶，流落叶斯里卜。

伊斯兰教并没有废除奴隶制度。《古兰经》一方面禁止债务奴役，另一方面承认奴隶的存在具有合法的地位，同时提倡改善奴隶的处境和释放奴隶。自由人与奴隶的长期并存，是伊斯兰世界社会结构的重要方面。根据伊斯兰教的法律，奴隶的来源是异教徒在战争中成为穆斯林的俘虏，因此，异教和被俘构成自由人沦为奴隶的基本条件。

与查希里叶时代的阿拉伯半岛相比，伊斯兰世界中奴隶的成分发生变化。先知穆罕默德时代，阿拉伯人或者皈依伊斯兰教，或者被处死，却不得被蓄养为奴隶。麦地那时代和倭马亚时代，哈里发国家发动一系列的扩张战争。被征服地区的土著居民，或者改奉伊斯兰教，作为麦瓦利加入穆斯林的行列，或者保留原来的信仰，以吉玛人的身份接受哈里发国家的保护，亦有大量兵败被俘的异族官兵及其眷属沦为穆斯林的奴隶。征服战争期间，奴隶市场随处可见。相传，古太白·穆斯林曾经从中亚的粟特俘获奴隶10万人，穆萨·努赛尔则从马格里布俘获奴隶达30万人之多。这样的数字或许存在夸张的倾向，却毕竟反映了一定的历史事实。频繁的征战为哈里发国家提供了充足的奴隶来源，蓄养奴隶在伊斯兰世界风靡一时，拥有成百上千名奴隶的穆斯林比比皆是。据说，哈里发奥斯曼每逢聚礼日便释放一名奴隶，或者为其他人的奴隶支付赎金。[③]

奴隶的来源与用途

阿拔斯时代，军事扩张趋于停止，战俘来源濒临枯竭。然而，伴随着哈里发国家与伊斯兰世界周边区域之间贸易交往的日渐频繁，奴隶买卖颇为盛行。包括贵族、地主和商人在内的社会上层拥有奴隶者甚多，巴格达的哈里发则是最大的奴隶所有者。奴隶来源广泛，种类繁多。来自非洲内陆的黑奴

---

① Watt, W.M., *Muhammed at Medina*, p.293.

② 艾哈迈德·爱敏：《阿拉伯伊斯兰文化史》，第1册，第94页。

③ Engineer, A.A., *The Origin and Development of Islam*, p.80, p.163.

大都经过埃及和也门流入伊斯兰世界诸地，白奴多来自东南欧的斯拉夫人地区，突厥奴隶则来自中亚一带，阿拉伯人沦为奴隶的现象亦时有发生。①白奴作为来自保加尔的主要商品被大量销往阿姆河流域，撒马尔罕则以白奴交易而闻名遐迩。②黑奴的价格较为低廉。伊赫希德王朝的著名摄政者阿布·米斯克·卡富尔出身奴隶，924 年从埃塞俄比亚被卖往埃及时的身价只有 18 第纳尔。在阿曼，黑奴的平均价格约为 200 迪尔罕。③有时，个别貌美的非洲女奴可以卖至数百第纳尔。相比之下，白奴的价格大都高于黑奴。来自斯拉夫地区的女奴，其身价往往超过 1 000 第纳尔，个别斯拉夫血统的女奴甚至价值万余第纳尔。伊斯兰世界的许多城市设有奴隶市场，由哈里发国家派驻官吏，专司其事，其中撒马尔罕的奴隶市场最负盛名。④11 世纪初的基督徒伊本·布勒塔曾经写有专门的著作，介绍印度奴隶、柏柏尔奴隶、埃塞俄比亚奴隶、努比亚奴隶、希腊奴隶、亚美尼亚奴隶和突厥奴隶的特征和功用，作为穆斯林选购奴隶的指南。⑤

也门奴隶市场

奴隶被视作主人的财产，可由主人买卖、转让、继承和出租。奴隶不得拥有财产，其所得财富仅被视作属于主人。在法律上，奴隶处于无权的地位，在法庭提供的证据毫无效力。自由人如果伤害他人的奴隶，只需按价赔偿，而不必支付血金。奴隶往往被允许建立家庭，但须经主人同意，否则便被视作

① Morony, M.G., *Manufacturing and Labour in the Classical Islamic World*, p.253, p.257, p.254.
② Lombard, M., *The Golden Age of Islam*, p.196.
③ Mez, A., *The Renaissance of Islam*, p.157.
④ Morony, M.G., *Manufacturing and Labour in the Classical Islamic World*, p.255.
⑤ Lewis, B., *Islam, from the Prophet Muhammed to the Capture of Constantinpole*, pp.240—250.

私通。伊斯兰教法学的哈奈菲派和沙菲仪派允许奴隶至多娶两妻，马立克派允许奴隶至多可娶四妻，使之与自由人相同。奴隶娶妻亦需支付彩礼，将自己劳动所得交女方的主人。男女奴隶成婚后，所生子女仍是奴隶，属于女奴的主人。

在哈里发时代的伊斯兰世界，社会生产力的发展水平普遍超越奴隶制生产关系所能适应的限度，奴隶劳动在生产领域大都受到排斥，非生产性活动成为蓄养奴隶的主要目的，家内奴隶数量繁多。麦地那和巴格达设有多所学校，专门培训奴隶的歌舞技能。巴格达的哈里发宫廷拥有大量的奴隶；哈伦的妻子祖拜德有2 000侍女，穆尔台绥姆在临终时一次释放奴隶达8 000人之多。[①]阿卜杜勒·拉赫曼当政期间，科尔多瓦的宫廷中有女奴6 000余人；在开罗，法蒂玛哈里发的宫廷豢养奴隶多达1.2万人。[②]许多奴隶贩子还挑选貌美的女奴加以训练，使她们成为通晓文学和擅长歌舞的艺妓。阿拔斯时代，麦加和麦地那是训练艺妓的中心。女奴成为艺妓以后，身价飞涨，备受青睐。哈伦曾经出价10万第纳尔，购买一名色艺双绝的女奴。[③]

伊斯兰教禁止阉割行为，但是哈里发的宫廷却不乏阉奴。[④]爱敏首创使用阉奴的先例，其后的历代哈里发竞相效法。穆格台迪尔当政期间，巴格达的宫内蓄养阉奴万余名，执行阉割者多为犹太人和基督徒。埃塞俄比亚的哈贾赫在11世纪曾是贩卖阉奴的著名市场。奴隶被阉割之后，往往身价倍涨。[⑤]

基督教禁止其信徒纳女奴为妾。曼苏尔曾经将3名希腊女奴和3 000第纳尔赐予信奉聂斯脱里派基督教的御医朱尔吉斯·巴赫帖舒，后者却只接受第纳尔，拒绝接受女奴。然而，在穆斯林中，蓄奴纳妾的现象极为普遍。“倭马亚王朝时的众哈里发中，只有韦里德的两个儿子叶齐德和伊卜拉欣为女奴所生；阿拔斯人当中，除了哈里发赛法赫、麦赫迪和艾敏的生母是自由人以外，其他诸哈里发的母亲都是女奴；而安德鲁斯的倭马亚王朝的埃米尔们和哈里发们，其生母皆非自由人。”[⑥]拜占庭帝国禁止非基督徒拥有信奉基督

---

① Mez, A., *The Renaissance of Islam*, p.163.

② Lombard, M., *The Golden Age of Islam*, p.195.

③ Morony, M.G., *Manufacturing and Labour in the Classical Islamic World*, p.256.

④ 《古兰经》，4:119。

⑤ Mez, A., *The Renaissance of Islam*, p.353.

⑥ 艾哈迈德·爱敏：《阿拉伯伊斯兰文化史》，第2册，第75页，第5册，第122页。

教的奴隶,哈里发国家却允许基督徒和犹太人拥有信奉伊斯兰教的奴隶。伊斯兰教法规定,男人在两种情况下可以占有女人,即据婚约娶妻和纳女奴为妾。然而,男人通过婚约的形式至多只能同时娶四人为妻,并且受到许多约束,纳女奴为妾则可随心所欲,且限制甚少。因此,穆斯林纳女奴为妾者数量极多。女奴为妾以后,所生子嗣具有自由人的身份,女奴本人则被称作"孩子的母亲",尽管依旧隶属主人所有,但是不得被主人出售或转赠,待主人死后即可获得自由。然而,实际情况也不尽如此。据记载,女奴沙利叶出生于巴士拉,其父为阿拉伯血统的自由人,生母却是奴隶;沙利叶出生后,其父将沙利叶作为奴隶卖给他人。①

阿拔斯时代,奴隶从军者甚多。曼苏尔当政期间,驻守摩苏尔的阿拔斯王朝军队中包括称作赞吉的黑奴战士 4 000 人。②在 9 世纪以后的巴格达和萨马拉,奴隶出身的外籍将领甚至左右政局,势力颇大。土伦王朝和萨曼王朝亦有大量奴隶士兵。塞尔柱苏丹国的维齐尔尼扎姆·穆勒克在其名著《政治论》中,曾经专门论及奴隶从军以后的训练程序直至成为将领的诸多条件。③

至于大规模使用奴隶从事生产的现象,在伊斯兰世界并不多见。倭马亚时代,伊拉克总督哈查只·尤素夫曾经在伊拉克南部的沼泽地带使用称为赞吉的黑奴,从事繁重的体力劳动,引发小规模的黑奴起义。阿拔斯哈里发曼苏尔当政期间,伊拉克南部的沼泽地带再次爆发小规模的黑奴起义。869 年,伊拉克南部爆发大规模的黑奴起义,威胁巴士拉、瓦西兑和乌布拉,持续 14 年之久,直至 882 年被阿拔斯王朝的军队镇压。④

七、城 市

城市的起源

城市的广泛发展和城市生活的繁荣,是哈里发时代伊斯兰世界历史进程

---

① Levy, R., *The Social Strcture of Islam*, p.76.

② 阿拉伯人通常将班图族黑人称作赞吉,用于区别柏柏尔人和阿比西尼亚人。见 Morony, M.G., *Manufacturing and Labour in the Classical Islamic World*, p.259。

③ Morony, M.G., *Manufacturing and Labour in the Classical Islamic World*, p.261.

④ Morony, M.G., *Manufacturing and Labour in the Classical Islamic World*, p.262.

的重要内容。大规模的武力征服,则是伊斯兰世界城市化的重要起点。

阿拉伯人大都祖居阿拉伯半岛的沙漠旷野,追逐水草是阿拉伯人传统的生活方式。先知穆罕默德去世后,哈里发国家迅速走上武力扩张的道路,阿拉伯人如同潮水一般涌入半岛周围的广大地区。征服战争不仅拓展了阿拉伯人的生存空间,而且导致阿拉伯人生活方式的深刻变革。离开半岛的阿拉伯人逐渐放弃游牧的传统,转入定居的状态。然而,他们不识农耕之道,亦无暇耕作。种族的差异和宗教的对立制约着征服者与被征服者之间的社会交往,阿拉伯人与土著居民处于相对隔绝的状态。在特定的历史条件下,城居成为阿拉伯人在被征服的区域内统治地位的象征,城市生活成为阿拉伯人的时尚。

哈里发时代的伊斯兰城市,起源于不同的途径。

在许多地区,城市是阿姆撒尔演变的结果。阿姆撒尔是阿拉伯语之"界限"一词的复数音译,其单数形式称米绥尔,特指哈里发国家在被征服地区建立的军事营地。637 年,欧特巴·加兹旺在伊拉克南部的乌布拉附近建造军事营地巴士拉;638 年,赛耳德·阿比·瓦嘎斯在伊拉克中部的希拉附近建造军事营地库法。[①]阿拉伯人自半岛进入伊拉克后,大都屯驻巴士拉和库法。欧默尔在写给赛耳德·阿比·瓦嘎斯的信中明确吩咐:"为穆斯林选择迁徙的去处和发动圣战的据点。"参与卡迪希叶战役的阿拉伯战士成为库法最初的居民,其中穆达尔人即属于北方阿拉伯人的部落成员占据库法西部,也门人即属于南方阿拉伯人的部落成员占据库法东部,聚礼清真寺位于库法的中央。[②]穆阿威叶当政期间,巴士拉有阿拉伯战士 8 万人,眷属 12 万人,库法有阿拉伯战士 6 万人,眷属 8 万人。[③]642 年,阿慕尔·阿绥在尼罗河东岸的巴比伦堡附近建造军事营地弗斯塔特,移入埃及的阿拉伯战士及其眷属约有半数屯驻其中。670 年,欧格白·纳菲在阿特拉斯山脉的东端建造军事营地凯鲁万,作为控制易弗里基叶的阿拉伯人据点。702 年,哈查只·尤素夫在巴士拉与库法之间建造军事营地瓦西兑,屯驻叙利亚籍的阿拉伯战士。加萨尼人的都城查比叶位于大马士革东南方的戈兰高地,是阿拉伯人征服期间在叙利亚的军事营地。叙利亚战争结束后,阿勒颇以北的达比克取代查比叶,成

① 哈桑·穆阿尼斯,《古代中世纪的阿拉伯国家与文明》,第 155 页。

② Jafri, S.H.M., *Origins and Early Development of Shi'a Islam*, p.102, p.103.

③ Kremer, A.F., *The Orient Under the Caliphs*, p.310.

为阿拉伯人在叙利亚最重要的军事营地。埃矛斯位于朱迪亚平原，亦是阿拉伯人在叙利亚的重要军事营地。①

上述阿姆撒尔大都位于沙漠牧场与农耕区域之间，适应阿拉伯人自游牧向定居转变的过渡状态。固然有个别的军事营地随着征战行为的结束而不复存在，但是多数的阿姆撒尔逐渐演变为阿拉伯人的永久居住地，进而发展为颇具规模的城市。

巴士拉和库法兴建之初，阿姆撒尔的核心是清真寺，周围分布着阿拉伯人的棚屋，由芦苇搭建而成，十分简陋。巴士拉的阿拉伯人大都来自半岛东部，也门籍的阿拉伯人在库法居多。"库法在初建之时约有人口 2 万，其中 1.2 万属于也门人，其余属于穆达尔人。"②阿拉伯人按照传统的血缘关系划分各自的住区，各自为政。穆阿威叶当政期间，伊拉克总督齐亚德·阿比希下令拆除巴士拉和库法的芦苇棚屋，改为砖石结构的建筑，并在住区周围挖掘壕沟，修造城墙。齐亚德·阿比希还采用高压手段，遏制部落的传统势力，重新划分阿拉伯人的住区，确立国家权威，进而强化巴士拉和库法作为城市的政治功能。

阿姆撒尔的居民最初局限于阿拉伯战士及其眷属。倭马亚时代，阿拉伯人不断从半岛移入阿姆撒尔，非生产性人口日益增多，进而产生了广泛的消费需求，交换活动随之扩大。来自周围乡村甚至遥远地区的土著人口相继涌入阿姆撒尔，为渐趋膨胀的消费群体提供各种服务，由此形成市场。772 年，叶齐德·哈提姆扩建凯鲁万城，增设各类专门的市场。在巴士拉的西区，市场林立，商贾云集。消费的增长和交换的频繁，改变了阿姆撒尔的人口构成，其经济功能趋于完善。

古代城市的延续，是哈里发时代伊斯兰城市的另一重要起源。在拜占庭帝国和波斯萨珊王朝统治时期，阿拉伯半岛周围分布着许多城市。穆斯林征服以后，这些城市大都保留下来。许多人曾因躲避战乱而逃离城市，这种现象在叙利亚北部及沿海地带较为明显。然而，阿拉伯人的到来无疑给古老的城市注入了新的生机。

伊拉克的古城希拉、安巴尔、泰西封、胡勒万、艾因·塔姆尔吸引了相当数量的阿拉伯人，底格里斯河上游重镇摩苏尔由于阿拉伯人的不断移入而被

---

① Ashtor, E., *A Social and Economic History of the Near East in the Middle Ages*, p.19.

② Hasan, N., *The Role of the Arab Tribes in the East During the Period of the Umayyad*, p.71.

誉为贾吉拉的库法，埃及的阿拉伯人则将尼罗河入海口的亚历山大视作新的家园[①]。在叙利亚，许多城市在与征服者订立降约时明确规定，城市住区的二分之一划归阿拉伯人使用，圣城耶路撒冷、北方重镇阿勒颇和地中海东岸港口城市阿克、提尔、的黎波里繁荣依旧。大马士革作为哈里发国家的首都，在倭马亚时代得到空前的发展；圣约翰大教堂始建于 375 年，哈里发韦里德时代改建为倭马亚清真寺，堪称大马士革的标志性建筑。西班牙旅行家伊本·祖拜尔于 1184 年游历大马士革时感叹道："如果天园位于尘世，大马士革无疑是天园的所在。"[②]在伊朗高原，特别是呼罗珊和河外地区，阿拉伯人作为征服者往往屯驻于旧城的郊外，另建新城，内设清真寺、城堡和市场；在木鹿、布哈拉、撒马尔罕和巴勒黑，新城与旧城各成体系，交相辉映，颇具特色。[③]

穆斯林征服的时代结束以后，哈里发国家还曾在许多地区营建新的城市。伊拉克的巴格达和萨马拉、叙利亚的拉姆拉、马格里布的菲斯、提亚雷特、希吉勒马萨、突尼斯等，皆为伊斯兰世界的重要城市，闻名遐迩，久负盛誉。

城市的分布

阿拔斯时代，诸多的城市如同璀璨的明珠，镶嵌在伊斯兰世界的各个角落。便利的交通是集中消费的条件，城市大都分布在河流两侧或商路沿线。

底格里斯河畔的巴格达是伊斯兰世界最大的城市，圆城、鲁萨法宫、呼罗珊军驻扎的哈尔比耶区、商人和工匠居住的卡尔赫区隔河而建。[④]据粗略的估算，9 世纪时的巴格达占地 25 平方公里，城区面积相当于波斯萨珊王朝都城泰西封的 13 倍和同时期拜占庭帝国首都君士坦丁堡的 5 倍，居民在 30 万至 50 万人之间。[⑤]"马蒙当政时期，巴格达有 6.5 万处公共浴室。"[⑥]巴士拉始建于欧默尔当政期间，阿拔斯时代成为伊拉克南部最重要的贸易中心，居民约 20 万人。库法的规模略小于巴士拉，居民 10 万余人。新都萨马拉始建于 836 年，位于巴格达以北 100 余公里处的底格里斯河东岸，宫殿、清真寺、兵

① Udovitch, A.L., *The Islamic Middle East 700—1900*, p.178, p.180.

② Lindsay, J.E., *Daily Life in the Medieval Islamic World*, p.93.

③ Lombard, M., *The Golden Age of Islam*, p.30.

④ Gordon, M.S., *The Rise of Islam*, pp.54—55.

⑤ Ashtor, E., *A Social and Economic History of the Near East in the Middle Ages*, p.89.

⑥ Ibn Khaldun, *The Muqaddimah*, Vol.2, p.236.

营、民宅、市场沿河排列，绵延30公里。①

叙利亚的城市大都沿袭拜占庭时代的传统，规模不及伊拉克的新兴城市，但是分布甚广。大马士革和阿勒颇是叙利亚内陆区域的主要城市，居民约在5万至10万人之间。耶路撒冷是历史悠久的宗教圣城，居民约2万人，香客和商贾不绝如缕。拉姆拉始建于倭马亚哈里发苏莱曼当政期间，阿拔斯时代发展为叙利亚的重要城市。地中海东岸的阿克、提尔、赛达、的黎波里、毕布勒斯曾因遭受战祸而一度萧条，阿拔斯时代再度复兴。陶鲁斯山南侧因与拜占庭相邻，圣战者云集，形成一系列要塞城市，其中塔尔苏斯、麦西萨、阿达纳最负盛名。埃及的城市沿尼罗河两岸排列，星罗棋布。②

弗斯塔特作为埃及最重要的阿拉伯人城市，始建于641年，阿慕尔清真寺是弗斯塔特的核心建筑。750年，阿拔斯王朝在弗斯塔特北侧另辟新区，名阿斯卡尔。969年，法蒂玛王朝在阿斯卡尔以北营建新城，名嘎希赖，亦称开罗，以爱资哈尔清真寺作为标志，居民增至50万人。③

凯鲁万是马格里布最大的城市，始建于670年。建城初期，欧格白清真寺位于凯鲁万的核心，周围是阿拉伯人的住区，按照传统的部族形式划分，包括古莱西人住区，辅士住区、吉法尔人住区、莱赫米人住区、侯宰勒人住区等。772年，叶齐德·哈提姆在住区周围建造5米高墙，并在各住区设立市场。阿格拉布王朝建立后，在凯鲁万郊外另辟3处新区，南区名阿拔希叶，西区名拉盖达，东区名萨布拉·曼苏里叶，各设清真寺、市场、商栈、民宅。④阿拔斯时代，凯鲁万“经济繁荣，学术发达……凯鲁万是权力的中心，是马格里布的骄傲；凯鲁万比大马士革更大，比伊斯法罕更雄伟，比内沙浦尔更富于人情味……凯鲁万的欧格白清真寺，其规模比埃及的伊本·土伦清真寺还大”。⑤提亚雷特始建于761年，是鲁斯塔姆王朝的都城，被时人誉为马格里布的巴士拉。808年，伊德利斯王朝在马格里布西部营建新都菲斯，以卡拉维因清真寺作为象征。后来，阿拉伯人自西班牙和易弗里基叶移至菲斯，在奥维德河两侧形成两处新区，分别称作安达卢斯区和凯鲁万区，鼎盛时期人口达10余万。⑥

---

① Lombard, M., *The Golden Age of Islam*, p.60.

② Lombard, M., *The Golden Age of Islam*, p.71.

③ Lombard, M., *The Golden Age of Islam*, p.138, p.30.

④ Lombard, M., *The Golden Age of Islam*, p.123, pp.133—135, pp.67—68.

⑤ 艾哈迈德·爱敏：《阿拉伯伊斯兰文化史》，第5册，第284—285页。

⑥ Lombard, M., *The Golden Age of Islam*, p.60, p.71.

伊朗高原的许多城市，如伊斯法罕、莱伊、加兹温、内沙浦尔，在倭马亚时代呈现二元结构，土著的波斯人大都居住在旧城，阿拉伯人作为征服者屯驻郊外，形成新区；旧城与新区各有围墙环绕，新区构成哈里发国家的统治中心。阿拔斯时期，波斯人的政治势力渐趋膨胀，阿拉伯人作为征服者的时代一去无返，伊朗城市的自然格局随之改变，新区与旧城合并，二元结构不复存在。①

城市的格局

哈里发时代的伊斯兰城市不同于中世纪西欧的行会城市，大都起源于哈里发国家的政治行为，教俗合一的封建统治在城市生活中占有极其重要的地位。

聚礼清真寺是城市的核心建筑，象征着伊斯兰教的神圣地位。城市的主要商业区称作巴扎，通常与聚礼清真寺相邻。官衙位于聚礼清真寺的侧旁，体现宗教与政治的密切联系。聚礼清真寺、巴扎和官府的周围是穆斯林的居住区，基督徒和犹太人的居住区大都分布在城市的边缘地带。②

在中世纪的西欧，统治权力往往集中于乡村的封建庄园，城市长期处于领主的庇护之下。与中世纪的西欧相比，在哈里发时代的伊斯兰世界，城市是权力的所在，即使乡村的大地产主和伊克塔的受封者亦大都处于城居状态。城市是封建统治的中心，亦是权力角逐的舞台。另一方面，发达的市民社会和行会的自治地位构成西欧中世纪城市的突出特征；相比之下，哈里发时代的城市从属于国家和官府，缺乏自治的社会组织和市民阶层，在诸多方面与拜占庭城市颇具相似之处。③

城居意味着非农业的生活状态，交换活动是城市赖以存在的基础，手工业者和商人则是城市居民的重要组成部分。称作巴扎的市场是城市的经济中心，每个城市都有数量不等的市场。市场多由官府建造，在城市生活中不可或缺。阿拔斯哈里发穆台瓦基勒在萨马拉以北营建新城贾法里耶时，“在每个街区建立一处市场”。市场分门别类，排列有序。巴格达西部的卡尔赫区是著名的市场区，长 2 法尔萨赫，宽 1 法尔萨赫，内分若干区段，不同的商贩各有自己的摊位，包括粮市、花市、果市、肉市以及金银铺、首饰铺和中国货

---

① Lombard, M., *The Golden Age of Islam*, p.138, p.30.

② Holt, P.M., Lambton, A.K.S. & Lewis, B., *The Cambridge History of Islam*, Vol.2B, p.454.

③ Grunebaum, G.E., *Classical Islam*, pp.99—100.

市场。在许多城市，商贩按照经营内容的珍贵和洁净程度排列摊位，自聚礼清真寺附近直至城门分别是香料、书籍、布匹、服饰、地毯、珠宝、皮革、饮食和屠宰各类行业的店铺。①

人口构成的多元状态是城市区别于乡村的明显特征。高官显贵和上层宗教学者无疑是城市的权力核心，操纵着城市的命运。商人和工匠为数甚多，构成城市居民的主体。阿拉伯人具有崇尚贸易的悠久传统，大商人的社会地位和政治影响不可小视。他们往往出任各级官职，甚至高居显位，权倾一时。工匠各有作坊，自产自销的现象相当普遍，子承父业者甚多。沿街叫卖的小贩构成城市的下层群体，无固定摊位，缺乏稳定的经济来源。灾荒和战祸常使大量乡民流入城市，露宿街头，乞讨为生，境况颇显凄惨。

城市居民来源庞杂，兼有阿拉伯人和非阿拉伯人、穆斯林和吉玛人、自由人和奴隶。他们按照各自的身世、信仰和职业划分住区，住区之间往往设有门闸，处于相对封闭的状态，相互联系甚少。城市亦有相应的行业群体抑或行会，大都出自官办，受到官府的控制，负责维持秩序和分摊赋税，是王公贵族的统治工具。②管理市场的官员称穆赫台绥卜，多由宗教学者担任，负责执行伊斯兰教法，监督市场交易，控制生产程序，规定产品数量，规范物价度量。③工匠和商贩尽管构成城市居民的主体，但因缺乏必要的自治组织，未能形成颇具影响的社会势力，与乡民同处被统治的地位。④10世纪，卡尔马特派运动风行各地，许多城市出现类似行会的民间组织，不受官府控制，工匠和商人通过特殊的仪式加入各自的行业群体，选举各自的首领。然而，卡尔马特派建立的城市民间组织只是昙花一现。随着卡尔马特派运动的衰落，城市民间组织相继解体，重新让位于官办组织。

八、时尚习俗与社会生活

时尚

倭马亚时代的阿拉伯人保留着纯朴淡泊的习俗和浓厚的贝都因色彩，崇

---

① Ahsan, M., *Social Life Under the Abbasids 786—902*, p.150.

② Grunebaum, G.E., *Classical Islam*, p.100.

③ Holt, P.M., Lambton, A.K.S. & Lewis, B., *The Cambridge History of Islam*, Vol.2B, p.529.

④ Hourani, A., *A History of the Arab Peoples*, p.134.

尚阿拉伯半岛的传统美德。至阿拔斯时代,随着广泛的社会交往和民族融合,异族情调的生活方式风靡伊斯兰世界,与阿拉伯人的传统习俗交相辉映,展现出绚丽多姿的生活画卷。

阿拔斯王朝建立之初,天下未定,百废待举,哈里发面临内忧外患,致力铲除政敌和巩固统治,无暇顾及享乐,宫廷生活较为简朴。阿布·阿拔斯冷酷无情,杀人如麻,但是鄙视追求奢侈生活。据说,他在与乌姆·赛勒麦成婚时曾经发誓,除她之外不再娶妻,亦不纳妾。曼苏尔即位以后,洁身自好,简朴如旧,对于奢侈享乐的生活深恶痛绝。据泰伯里记载,曼苏尔之子阿卜杜勒·阿齐兹头缠布巾,身背弓箭,完全是一副贝都因少年的打扮。曼苏尔的仆人曾经在宫中弹奏四弦琴,吟唱取乐,受到哈里发的斥责和惩罚。自从马赫迪即位以后,巴格达享乐成风,宫廷生活日渐奢华。

哈伦当政期间,国库殷实,哈里发挥金如土。诗人麦尔旺·阿比·哈福赛赋诗称颂哈伦,得到10万迪尔罕的赏赐,另一歌手吟唱此诗,也得到10万迪尔罕的赏赐。哈伦的妻子祖拜德只许将金银器皿和宝石镶嵌的用具摆在桌上,甚至足下的鞋履亦用宝石点缀。艾敏即位以后,遣人从各地搜罗乐工弄臣和珍禽异兽,供其享乐。艾敏曾经在底格里斯河上建造5艘巨船,各呈狮、象、莺、蛇、马的形状,耗资千万迪尔罕。[①]艾敏甚至不惜败坏名声,豢养大批娈童,其生活堕落的程度可想而知。825年,马蒙举行成婚大典,耗资5 200万迪尔罕,相当于法尔斯和阿瓦士两省岁入的总和。婚礼之夜,金碧辉煌的内宫宛若仙境,身着艳装的新娘令在场者相顾失色,重达200磅的龙涎香烛光芒四射,使黑夜通明如昼。917年,穆格台迪尔在宫中召见拜占庭皇帝君士坦丁七世的使臣,其规模之宏大和场面之豪华令来者惊叹不已。[②]

习俗

查希里叶时代的阿拉伯半岛盛行溺杀女婴的陋习,贫困的生活环境无疑是溺杀女婴的重要原因。《古兰经》明确禁止溺杀女婴,溺杀女婴的陋习自伊斯兰教诞生后逐渐消失。[③]

查希里叶时代,妇女不得继承丈夫的遗产。伊斯兰教诞生后,根据《古兰

---

① 艾哈迈德·爱敏:《阿拉伯伊斯兰文化史》,第2册,第95页,第106页。

② 希提:《阿拉伯通史》,第352页。

③ Levy, R., *The Social Structure of Islam*, pp.91—92.

经》的相关启示，穆斯林妇女在宗教生活和婚姻家庭的诸多方面享有与男性同等的权利，包括出嫁对象的选择权、彩礼的支配权、遗产的继承权、离婚权。①

男女之间的社会职责不尽相同，然而其宗教地位并无差异。伊斯兰教反对独身寡居，结婚被视作穆斯林的社会义务，忽视结婚则往往招致众人的非议，甚至苏菲派的隐修士亦非终身不娶。女子到一定年龄以后，经媒人介绍，与男子成婚。男女双方在婚前互不相识，只能听凭媒人的介绍，婚后男方若不满意可以退婚。女子如果已过成年而尚未出嫁，则由自己寻找配偶。妇女在婚后的职责，是服侍丈夫、照管子女和料理家务；妻子如果有不贞的行为，将会受到严厉的惩罚。

麦地那时代和倭马亚时代，妇女往往有较多的自由，面纱的披戴并无严格的规定。②阿拔斯时代，穆斯林妇女的社会地位呈下降的趋势。两性之间的封闭和隔阂导致闺房的盛行；妇女逐渐被排除于公共生活和社会交往之外，以至于无法履行某些必要的宗教义务。③寡妇再嫁曾经是十分正常的现象，后来逐渐与时尚不符，屡遭非议和歧视。④

下层妇女由于受到各种限制，极少获得受教育的机会。上层妇女往往知书达理，显赫一时者大有人在。马赫迪的妻子赫祖兰系哈迪和哈伦两位哈里发的生母，身居宫闱，擅权三代，时间之长，权势之大，前所未有，被誉为阿拔斯王朝的第一夫人。哈伦的妻子祖拜德系艾敏的生母，曾于796年在麦加大兴土木，凿穿山岩，开通长达25公里的河渠，将岩层深处的泉水引至克尔白，至今犹可见；她为哀悼艾敏的遇害所作的诗句，可谓阿拉伯文坛之绝唱。⑤

在伊斯兰世界，小麦是最主要的食物，里海南岸、尼罗河三角洲和伊拉克南部多食用稻米，贫困者常以椰枣充饥，高粱亦是穷人的重要食物。⑥在伊斯兰世界，大麦的种植范围不及同时期的欧洲。埃及的大麦种植范围自希腊化时代逐渐缩小，大麦主要作为牲畜的饲料。黎巴嫩山区的居民以大麦作为主

---

① Lindsay, J.E., *Daily Life in the Medieval Islamic World*, p.182.

② 女性披戴面纱的习俗存在于前伊斯兰时代的阿拉伯半岛以及拜占庭和波斯城市，系上层社会妇女之财富和地位的象征。见 Lindsay, J.E., *Daily Life in the Medieval Islamic World*, p.193。

③ Grunebaum, G.E., *Medieval Islam*, p.175.

④ Mez, A., *The Renaissance of Islam*, p.364.

⑤ 希提：《阿拉伯通史》，第351页。

⑥ Lindsay, J.E., *Daily Life in the Medieval Islamic World*, p.128.

要食物,11 世纪的波斯旅行家曾经对此感到惊奇。①

《古兰经》明文规定穆斯林饮酒属非法行为,禁酒是穆斯林在饮食方面的显著特征。曼苏尔从不饮酒,马赫迪虽允许歌手饮酒,自己却滴酒不沾。然而,自从哈伦即位以后,饮酒之风逐渐盛行,《乐府诗集》和《天方夜谭》中描述饮酒狂欢的内容比比皆是。著名教法学家马立克、沙菲仪、罕百里都认为,凡是醉人的饮品均应戒绝。教法学家哈奈菲则认为,可以有条件地饮用椰枣或葡萄制成的色酒,以不醉为限。哈伦和马蒙当政期间,流行一种名为纳比兹的色酒,用椰枣和葡萄作为原料,经过稍许发酵,可使人不醉,是穆斯林的合法饮品。

倭马亚时代,穆斯林相互之间在服饰方面尚无明显的区别。至阿拔斯时代,服饰区别渐大,不同的职业群体和社会阶层均有各自的服饰,波斯传统的服饰风格尤为盛行。头饰主要是帽子和头巾,质地多为丝绸。阿拔斯时代,黑色是官方服饰抑或官袍的标志性颜色。曼苏尔曾经采用萨珊皇族的头饰,顶戴黑色高帽,样式如同锥形酒坛,王公贵族竞相效仿。哈伦当政期间,一度淘汰这种头饰。穆尔台绥姆即位以后,锥形的黑色高帽重新风靡巴格达。

画家笔下的伊朗贵族宴会

① Ashtor, E., *The Medieval Near East: Social and Economic History*, p.2.

阿拔斯时代的衣着，主要有衬衫、灯笼裤、短上衣和斗篷。巴尔麦克家族的贾法尔·叶赫亚率先身着波斯风格的圆领套头衬衫和灯笼裤，成为巴格达的流行时装。穆格台迪尔头缠黑色布巾，身着金丝绒长衫，肩披先知穆罕默德遗存的斗篷，手撑圣杖，堪称哈里发的典型服饰。穆斯台因当政期间，长衫增加 3 拃宽的袖套，时人常将某些物品放于其中。伊斯兰世界盛行素色，妇女和奴仆常身着杂色服饰，男性身着杂色则被视为粗俗。贵族大多身着白色服饰，寡居的妇女也常以白色服饰作为标记，蓝色的服饰往往适用于哀悼亡者的场合。许多宗教学者效仿阿布·尤素夫，头裹黑色缠头，身披黑色斗篷，此种服饰至今犹存。上层社会的妇女十分讲究衣着和首饰，身披黑色长袍，头顶黑帽，面罩黑纱，饰以耳环、项链、戒指、手镯和足镯，珠光宝气，颇显富丽。①

娱　乐

阿拔斯时代，娱乐活动名目繁多，五花八门。

骰子是阿拉伯人传统的室内游戏。后来，印度的象棋在伊斯兰世界逐渐盛行，哈伦是第一位乐于此道的哈里发。据说，哈伦曾经将一个棋盘作为礼物赠予法兰克王国的查理曼。马蒙曾在宫中豢养棋手，与之共乐。

另一种较为流行的室内游戏是源于印度的双陆，在 12 或 14 个方格的棋盘上投掷双骰，偶然性极大，常被用于赌博。宗教学者大都反对上述游戏，认为下棋乃是不文明的行为，棋手如同牲畜一样相互对峙，棋间胜负常使朋友不悦，至于双陆，具有赌博功效，更是与魔鬼相近。

相比之下，竞技和箭术是穆斯林广为称道的户外娱乐项目。②相传，先知穆罕默德曾与他人赛马。然而，宗教学者反对赛马者以财物作为赌注。③在埃及，赛鸽颇为盛行。法蒂玛王朝哈里发阿齐兹曾经因其维齐尔常在赛鸽游戏中胜过自己而心存妒意。④马球源于波斯，是贵族阶层的户外游戏。⑤德拉姆人酷爱摔跤，并常有乐手在场外助威。白益王公称雄时期，摔跤场遍布巴格达的各个角落，获胜者常可得到穆仪兹·道莱的赏赐。王公贵族大都擅长

---

① Ahsan, M., *Social Life Under the Abbasids 786—902*, p.51.

② Ahsan, M., *Social Life Under the Abbasids 786—902*, p.266, p.268, p.256.

③ Mez, A., *The Renaissance of Islam*, p.404.

④ Ahsan, M., *Social Life Under the Abbasids 786—902*, p.250.

⑤ Mez, A., *The Renaissance of Islam*, p.406.

狩猎活动，艾敏酷爱猎狮，阿布·穆斯林和穆尔台绥姆喜好驯服的猎豹。使用鹰隼猎取动物是波斯人传统的狩猎方式，阿拔斯时代盛行于伊拉克和叙利亚诸地。穆尔台绥姆曾在底格里斯河畔建造马蹄形围场，穆斯太尔绥姆则引进塞尔柱人的围猎技巧，穆斯台基德甚至组建狩猎团。①尽管《古兰经》的相关启示明确规定穆斯林的食物禁忌，猎杀的各种动物通常被视作合法的食物，只有猪在任何场合下不得作为合法食物。②

平民多好玩弄猴子和羊羔，或在街头听奇闻轶事，消遣取乐。说书人擅长各地的方言土语，极具口才，或学犬吠，或学驴鸣，诙谐有趣，惟妙惟肖。③

节 日

穆斯林最重要的节日是开斋节、宰牲节和圣纪。

开斋节的时间是伊斯兰教历的 10 月 1 日，意在庆祝斋月的结束。该日清晨，穆斯林解除斋戒，熏香沐浴，聚集在清真寺内，举行会礼。会礼之后，穆斯林相互握手，共诵赞美言辞，并互致问候。穆斯林还在该日宴请宾客，相互馈赠食品，诵读《古兰经》，祈求安拉赐福。

宰牲节的时间是伊斯兰教历的 12 月 10 日，以会礼和宰牲为主要内容。相传，古代的先知伊卜拉欣常常宰牛、羊和骆驼作为献祭，并为遵从安拉的意旨而甘愿舍弃爱子伊斯马仪的性命，宰牲节意在纪念此事。宰牲之日亦是朝觐之日，穆斯林或前往麦加履行朝觐义务，或聚集在清真寺举行会礼。④

圣纪是先知穆罕默德诞辰纪念日，时间是伊斯兰教历的 3 月 12 日。圣纪作为穆斯林的节日，开始于 912 年的埃及，后来逐渐流行于伊斯兰世界各地。圣纪的内容，主要是穆斯林在清真寺诵经祈祷，追忆先知穆罕默德的生平经历。⑤

阿拔斯时代，穆斯林的社会生活深受波斯传统习俗的影响，波斯人的元旦诺鲁兹节(即公历 5 月 27 日)在伊斯兰世界几乎成为普天同庆的节日。另外，哈里发国家长期奉行宗教宽容的政策，使伊斯兰世界的社会生活具有明显的世俗倾向。许多穆斯林在摒弃宗教内容的前提下，甚至同庆基督教的各

---

① Ahsan, M., *Social Life Under the Abbasids 786—902*, p.259, p.208, p.216, p.239.

② Lindsay, J.E., *Daily Life in the Medieval Islamic World*, p.200.

③ Ahsan, M., *Social Life Under the Abbasids 786—902*, p.263.

④ Ahsan, M., *Social Life Under the Abbasids 786—902*, p.278, p.283.

⑤ Mez, A., *The Renaissance of Islam*, p.427.

种节日。①

教　育

宗教教育是伊斯兰世界传统教育的基本形式。穆斯林自幼学习《古兰经》、伊斯兰教常识和阿拉伯语法，清真寺是穆斯林接受教育的主要场所。麦克台卜（阿拉伯语中意为书写的场所）和麦德莱塞（阿拉伯语中意为研究的场所）特指附属于清真寺的宗教学校，遍布伊斯兰世界的城市和乡村，课程包括圣训学、教义学、伊斯兰教法和文学。

《圣训》中有如下的内容："知识即使远在中国亦当求之。"游学即以求学作为目的的旅行是穆斯林研习学问的重要方式，穆斯林学者通常具有长期的游学经历。通过游学的方式，穆斯林学者开阔视野，传播知识，交流思想。12 世纪的著名学者伊本·阿萨吉尔曾经自大马士革出发，游访希贾兹、伊拉克、伊朗和中亚，在麦加、麦地那、库法、巴格达、伊斯法罕、木鹿、内沙普尔和哈拉特等地与约 1 300 名男性学者以及约 80 名女性学者交流学术，历时 15 年之久，最终写成《大马士革史》。②

研习《古兰经》的年轻学者

塞尔柱人于 1066 年在巴格达创办的尼扎米耶大学，是伊斯兰世界最早的高等教育机构，开设宗教课程和人文课程。安萨里于 1091—1095 年出任尼扎米耶大学的校长，波斯诗人萨迪（1213—1291）曾经就读于尼扎米耶大学。③阿拔斯哈里发穆斯坦绥尔于 1234 年在巴格达创办穆斯坦绥里耶大学，规模超过尼扎米耶大学。旅行家伊本·白图泰曾经于 1327 年游历巴格达，谈及穆斯坦绥里耶大学同时开设逊尼派四大教法学派的课程。④开罗的爱资哈尔大学始建于 10 世纪末，是伊斯兰世界现存最古老和规模最大的高等宗教学府。

---

① Mez, A., *The Renaissance of Islam*, p.425, p.418.

② Lindsay, J.E., *Daily Life in the Medieval Islamic World*, p.196.

③ Ahmad, K.J., *Heritage of Islam*, Lahore 1956, pp.164—165.

④ 伊本·白图泰：《伊本·白图泰游记》，180。

第八章

哈里发时代伊斯兰教的发展

一、 哈瓦立及派的兴衰

教派分歧的根源

自610年先知穆罕默德在麦加开始传布启示,至1258年蒙古铁骑攻陷巴格达,伊斯兰世界历经600余年的演变进程。此间,随着伊斯兰教的广泛传播和穆斯林分布范围的急剧扩展,伊斯兰教自身发生深刻的变化。政治观点的分歧和文化背景的差异决定着穆斯林社会中各个阶层对于伊斯兰教具有不同的理解和认识,古代东方的禁欲传统、佛教的转世轮回学说、基督教的救世主概念和希腊哲学的思辨倾向亦对穆斯林的宗教生活产生不同程度的影响,诸多的伊斯兰教流派相继出现。

在哈里发时代的伊斯兰世界,由于宗教权力与政治权力高度结合,纯粹世俗的政治行为几乎无法想象,政治理论不可避免地包含相应的宗教思想,政治群体往往表现为宗教集团,政治对抗大都采取教派运动的形式,政治斗争的首要方式便是信仰的指责。换言之,诸多教派运动皆有相应的政治基础、政治目的和政治手段,体现不同的社会群体之间政治利益的矛盾对抗。政治冲突是教派运动的根源所在,哈里发权位的归属构成诸多教派之分歧和对立的核心内容。

哈瓦立及派的由来

哈瓦立及派是伊斯兰世界中最早出现的宗教政治派别,起源于麦地那时代末期哈里发国家的权位争夺。

656年，麦地那国家第四任哈里发阿里即位。次年，阿里率军自库法北上，讨伐叙利亚总督穆阿威叶，双方相持于幼发拉底河上游的绥芬平原。由于阿里一方在军事上占有优势，穆阿威叶难以取胜，只好诉诸政治手段，建议双方议和，并依据《古兰经》裁决争端。阿里接受了穆阿威叶的建议，中止军事行动，遣使议和。然而，万余名伊拉克战士对阿里试图与穆阿威叶妥协的行为极度不满，要求阿里放弃议和，遭到拒绝。于是，主战派愤然陈辞："信仰安拉和服从安拉法度的人，不应该迷恋尘世。舍去尘世，应该不顾利害地起来劝善止恶，宣传正义。今生虽受迫害，来世必得安拉的报酬，享受永久的乐园。走吧，弟兄们！我们离开这人心亏损的地方，走到山洞里去，或走到别的地方去，离开这迷惘的异端。"[①]随后，约4 000人撤离阿里一方的营地，聚集在库法附近的哈鲁拉村，推举阿兹德部落的阿卜杜勒·瓦哈布出任哈里发，是为哈瓦立及派的开端。[②]

"哈瓦立及"是阿拉伯语之"出走者"一词复数形式的音译，其单数形式称哈列哲，哈瓦立及派故而亦称哈列哲派。哈瓦立及作为教派的名称，特指出走到安拉的道路，源于《古兰经》的如下启示："谁若从家中出走，欲迁至安拉和使者那里，而中途死亡，安拉必予以报酬。"[③]哈瓦立及派的出现，对阿里的政权构成严重的威胁。658年，阿里的军队在库法与巴士拉之间的纳赫拉万重创哈瓦立及派。此后，哈瓦立及派极度仇视阿里，直至661年将阿里暗杀。倭马亚时代，哈瓦立及派成为大马士革哈里发的劲敌，多次以罕见的勇猛攻击倭马亚王朝的军队，倭马亚王朝哈里发韦里德二世在征讨哈瓦立及派时毙命于战场。阿拔斯王朝建立以后，哈瓦立及派在伊斯兰世界腹地的势力逐渐衰微。[④]

哈瓦立及派的政治理念与宗教思想

哈瓦立及派崇尚朴素的民主与平等原则。一方面，哈瓦立及派反对古莱西人享有出任哈里发的特殊权利，主张凡是穆斯林皆可被推选为哈里发，不应区分古莱西人与非古莱西人、阿拉伯人与麦瓦利、自由人与奴隶。另一方

---

① 艾哈迈德·爱敏：《阿拉伯伊斯兰文化史》，第1册，第272页。
② Grunebaum, G.E., *Classical Islam*, p.60.
③ 《古兰经》，4:100。
④ Lambton, A.K.S., *State and Government in the Medieval Islam*, p.22.

面，哈瓦立及派否认哈里发存在的必要性，强调穆斯林民众的权利和价值。[①] 哈瓦立及派的政治理念适合“游离于伊斯兰世界边缘的部落社会。在这样的社会中，人们需要的是仲裁者而不是统治者”。[②]

哈瓦立及派的出发点是辨别信仰的真伪，强调行为的宗教意义，将罪恶多端的穆斯林视作异教徒，将犯有“大罪”者视作圣战的攻击目标。在此基础上，哈瓦立及派承认阿布·伯克尔和欧默尔是合法的哈里发，承认在位前六年的奥斯曼是合法的哈里发，承认“古兰裁决”以前的阿里具有哈里发的合法地位。在哈瓦立及派看来，奥斯曼在位的后六年，其行为已经背离启示的原则和先知的教诲，故死有余辜，而阿里接受穆阿威叶的建议，诉诸所谓的“古兰裁决”，亦毫无道理。[③]哈瓦立及派谴责奥斯曼当政后期的行为，否认阿里在“古兰裁决”以后作为哈里发的合法地位，反对倭马亚人的统治，攻击追随阿里和支持穆阿威叶的穆斯林，其政治倾向显而易见。

“除安拉外，别无裁决”是哈瓦立及派的政治纲领，表明该派具有否认国家权威的极端思想倾向。相传，阿里曾经对哈瓦立及派有如下的评述：“除安拉外别无裁决本来是正确的，而他们故意曲解。不错，除安拉外，别无裁决，但是他们的用意乃是否认领袖，只承认安拉，却不知世人必须有自己的领袖，无论领袖的贤愚，这样才能使信士和非信士都安居乐业，获取战利，抵御仇敌，保障道路，抑强扶弱，使善良者得以安心，不受坏人的干扰。”[④]

倭马亚时代，哈瓦立及派逐渐形成特有的神学思想，从而由最初单纯的政治反对派演变为自成体系的宗教政治流派。

哈瓦立及派认为，信仰不止是内心的功修，礼拜、斋戒、诚实和公正都是信仰的必要内容，真正的穆斯林不仅要表白自己的信仰，更要严格履行宗教义务，戒绝一切奢侈行为。“他们紧闭双眼，不视邪恶，稳定足跟，不蹈虚伪；为修持而消瘦，为夜功而孑弱。在深更静夜之时，他们屈着背儿，念诵《古兰经》，念到说天园的时候，他们涕泣流泪，企望天园的福泽；念到说地狱的时候，他们气喘唏嘘，恐惧未来的罪罚，好像地狱中的呼啸呐喊，在他们的耳边缭绕。从白昼到黑夜，从黑夜到白昼，他们不断地劳作。地面毁伤了他们的两腿、两手、鼻端、前额，他们静心地向着安拉。虽然敌人的箭在弦上，矛头举

---

① Gordon, M.S., *The Rise of Islam*, p.77.

② Hourani, A., *A History of the Arab Peoples*, p.39.

③ Lambton, A.K.S., *State and Government in the Medieval Islam*, p.23.

④ 艾哈迈德·爱敏：《阿拉伯伊斯兰文化史》，第1册，第275页。

起，利剑出鞘，而千军万马奔腾而来。因为他们在安拉的罪罚的恐怖中，觉得战争的恐怖算不得什么。"哈瓦立及派恪守宗教功修的虔敬行为，博得其他许多穆斯林的称赞。著名穆斯林学者沙赫列斯塔尼（1086—1153）曾经将哈瓦立及派穆斯林称作"严守斋戒和礼拜仪式的人"。

然而，哈瓦立及派的思想倾向颇为极端。他们往往将哈瓦立及派以外的其他穆斯林视作伊斯兰教的叛逆和主要的攻击目标，对于异教派却能宽容相待。相传，穆尔太齐勒派的首领瓦绥勒·阿塔（699—749）曾经被哈瓦立及派擒获，为求得宽恕，只好假意表白自己是多神教徒。①

哈瓦立及派的分支

哈瓦立及派朴素的民主原则和非国家权威的思想倾向，体现了查希里叶时代阿拉伯半岛政治传统的延续，在伊斯兰世界的诸多游牧地区颇具影响。哈瓦立及派强调穆斯林绝对平等的社会理论，在倭马亚时代阿拉伯人统治的历史条件下，得到麦瓦利的广泛支持。但是，哈瓦立及派除主张民主选举哈里发和强调恪守宗教功修之外，缺乏完整的信仰基础和系统的宗教政治学说，内部分歧甚大，未能形成统一的社会群体，诸多地区的哈瓦立及派成员分别隶属于不同的支派。

纳菲尔·阿兹拉格（？—685）的追随者称阿扎里加派（阿兹拉格的复数音译为阿扎里加，故名），属于哈瓦立及派中的激进派别。纳菲尔·阿兹拉格曾经以《古兰经》的如下启示教诲自己的追随者："努哈说：我的主啊！求你不要留一个不信道者在大地上，如果你留下他们，他们将使你的众仆迷误，他们只生育不道德的、不感恩的子女。"②阿扎里加派据此强调圣战的极端原则，认为非哈瓦立及派的穆斯林均属犯有不赎之罪的叛逆者，皆应予以杀戮。③阿扎里加派禁止自己的信徒与其他穆斯林交往，不得跟随其他穆斯林礼拜，不得食用其他穆斯林宰的牲畜，不得与其他穆斯林通婚。阿扎里加派尤其强调信仰的表白，反对所谓的塔基亚原则即仅在内心保持信仰而在表面上与敌人妥协，因为《古兰经》谴责这样的行为。阿扎里加派最初活动于巴士拉周围，后来曾在伊朗南部的法尔斯和克尔曼一带建立国家。该派思想倾向偏

---

① 艾哈迈德·爱敏：《阿拉伯伊斯兰文化史》，第1册，第278—279页。

② 《古兰经》，71：26—27。

③ Lambton, A.K.S., *State and Government in the Medieval Islam*, p.24.

激,缺乏广泛的社会基础,树敌过多,7 世纪末被伊拉克总督哈查只·尤素夫击败,此后逐渐销声匿迹。[①]

伊巴迪叶派是阿卜杜拉·伊巴德(650—705)的追随者,属于哈瓦立及派中的温和派别。该派注重信仰,宽容行为,反对攻击和杀戮哈瓦立及派以外的穆斯林,承认其他派别的穆斯林政权具有合法的地位,允许哈瓦立及派成员与其他穆斯林的正常交往。[②]倭马亚时代末期,伊巴迪叶派主要活动于阿拉伯半岛东南部的阿曼。阿拔斯王朝建立后,伊巴迪叶派从阿曼传入马格里布,在柏柏尔人中广为流行。751 年,伊巴迪叶派成员在阿曼、也门和马格里布分别拥立三位互不隶属的伊玛目。776 年,阿卜杜勒·拉赫曼·鲁斯塔姆在柏柏尔人的支持下建立伊巴迪叶派政权鲁斯塔姆王朝,据有今阿尔及利亚西部,直到 10 世纪初被法蒂玛王朝灭亡。[③]伊巴迪叶派是哈瓦立及派中唯一尚存的流派,时至今日在阿曼和马格里布山区仍有众多的信徒。

纳吉迪叶派亦称哈鲁里叶派,是纳吉代·阿米尔·哈鲁里(?—692)的追随者,与伊巴迪叶派同属哈瓦立及派中的温和派别。该派将哈瓦立及派以外的穆斯林视作穆纳菲格(伪信者),允许生活在其他教派盛行地区的哈瓦立及派成员采用所谓的塔基亚原则,隐瞒自己的真实身份。纳吉迪叶派将信徒的行为区分为"基要"和"非基要"两种,偶尔犯罪属于"非基要"过错,经过悔改以后仍然可升入天园;屡犯不改属于"基要"的罪过,系叛教行为,死后必下火狱。685 年,纳吉迪叶派推举纳吉代·阿米尔·哈鲁里出任哈里发,占据叶麻麦、巴林、阿曼、哈德拉毛、也门诸地,与大马士革的哈里发马立克、麦加的哈里发阿卜杜拉以及库法的起义首领穆赫塔尔分庭抗礼,使伊斯兰世界一度出现四分天下的局面。692 年纳吉代·阿米尔·哈鲁里死后,该派成员内讧不已,力量大为削弱,到 8 世纪前期被倭马亚王朝的军队各个消灭。[④]

苏福里叶派是萨利赫·穆萨里赫(?—695)和沙比卜·叶齐德·谢巴尼(?—696)的追随者,系介于阿扎里加派与伊巴迪叶派、纳吉迪叶派之间的中庸派别。苏福里叶派主张可以暂停攻击其他派别的穆斯林,可以在必要时隐瞒自己的真实信仰,反对杀戮异教妇孺。自 695 年起,苏福里叶派在库法一带活动频繁,多次击败伊拉克总督哈查只·尤素夫的军队。阿拔斯王朝前

---

① Gordon, M.S., *The Rise of Islam*, p.76.

② Lambton, A.K.S., *State and Government in the Medieval Islam*, p.25.

③ Hourani, A., *A History of the Arab Peoples*, p.39.

④ Gordon, M.S., *The Rise of Islam*, p.77.

期,苏福里叶派的活动中心移至马格里布,在柏柏尔人中颇具影响。苏福里叶派的首领伊萨·叶齐德·艾斯沃德一度在马格里布的希吉勒马萨建立国家,至10世纪后期被柏柏尔人桑贾部落击败。阿曼的苏福里叶派曾经与伊巴迪叶派长期对峙,最终被伊巴迪叶派吞并。①

二、什叶派的演变

什叶派的缘起

什叶派是哈里发时代穆斯林另一重要的宗教政治派别。"什叶"一词在阿拉伯语中意为"追随者";什叶派作为伊斯兰教的派别,特指阿里及其后裔的追随者。

通常认为,什叶派兴起于伊朗高原,波斯人与阿拉伯人之间的民族差异构成什叶派穆斯林与逊尼派伊斯兰教徒长期对立的社会基础。这种看法并不正确。什叶派最初仅仅表现为乌玛内部的某种政治倾向,起源于围绕哈里发的继承权而展开的斗争,可以追溯到先知穆罕默德去世的初期。那时,伊斯兰教尚被视作阿拉伯人的信仰,波斯血统的穆斯林屈指可数。

先知穆罕默德作为伊斯兰国家的宗教领袖和政治首脑,生前并没有明确指定自己的继承人选。632年先知穆罕默德去世以后,古莱西部落的阿布·伯克尔、欧默尔、奥斯曼相继出任哈里发。在此期间,圣门弟子赛勒曼·法里西、阿布·扎尔、阿卜杜拉·萨巴伊、哈立德·赛义德等人宣称:古莱西部落如同树干,圣裔乃是树之果实,果实比树干更加尊贵。他们认为,哈里发作为乌玛的栋梁,应当出自先知穆罕默德的家族,而阿里身为先知穆罕默德的堂弟和女婿,是哈里发的唯一合法人选,至于阿布·伯克尔、欧默尔和奥斯曼出任哈里发,皆属违背先知穆罕默德遗愿和窃夺乌玛权位的非法行为。

656年,阿里出任哈里发,首都自麦地那移至库法,追随阿里的穆斯林逐渐汇聚于伊拉克。661年阿里死后,穆阿威叶迫使阿里的长子哈桑退位,继而在大马士革出任哈里发,建立倭马亚王朝,阿里的追随者开始遭到排斥和迫害。

680年穆阿威叶死后,追随阿里的伊拉克人拒绝承认穆阿威叶之子叶齐

① Gordon, M.S., *The Rise of Islam*, p.78.

德的统治地位，迎请阿里的次子侯赛因离开麦加，前往库法出任哈里发。侯赛因在途经卡尔巴拉时，遇到倭马亚王朝军队的袭击，遇害身亡。[①]卡尔巴拉事件激化了穆斯林内部的矛盾冲突，什叶派作为伊斯兰世界的政治反对派始露端倪，"为殉教者侯赛因复仇"成为什叶派的最初纲领。

684年，所谓的"悔罪者"。[②]在库法举行暴动，首开什叶派武装起义的先河。685年，"悔罪者"在贾吉拉的艾因·瓦尔达与倭马亚军队交战，损失惨重，起义失败。

倭马亚王朝前期，什叶派最具威胁的政治行为是穆赫塔尔起义。穆赫塔尔出身于塔伊夫的萨奇夫部落，自从其父阿布·乌巴德于634年在伊拉克阵亡之后，由欧默尔和阿里相继抚养。680年，穆赫塔尔追随阿里之子侯赛因，后参加"悔罪者"起义，遭倭马亚王朝监禁。穆赫塔尔获释后，最初投奔麦加的哈里发阿卜杜拉，并以阿卜杜拉的名义在库法从事反对倭马亚王朝的活动。不久，穆赫塔尔脱离阿卜杜拉，拥戴阿里第三子伊本·哈奈菲叶作为宗教领袖，以"为殉教者侯赛因复仇"作为口号，占据库法。穆赫塔尔声称，伊玛目具有隐秘的灵知和超凡的神性，前任伊玛目死后，其灵知和神性传至下代伊玛目，伊本·哈奈菲叶继承了阿里的灵知和神性，是在世的伊玛目。穆赫塔尔将伊本·哈奈菲叶视作马赫迪，自称马赫迪的代理人和先知穆罕默德的维齐尔，受命匡扶正义，铲除暴虐，推翻倭马亚人的统治，恢复阿里家族的后裔在伊斯兰世界的合法政治地位。穆赫塔尔还阐述了相应的社会纲领，反对歧视麦瓦利，主张穆斯林平等的原则。穆赫塔尔起义声势浩大，起义者几乎占据伊拉克全境，屡败倭马亚军队，斩杀卡尔巴拉事件的元凶欧拜杜拉·齐亚德。穆赫塔尔及其追随者所攻击的目标，无疑是倭马亚王朝。然而，阿卜杜拉不能容忍穆赫塔尔改弦更张的行为和支持阿里家族后裔的政治倾向。687年，阿卜杜拉遣其弟穆斯阿卜自巴士拉率军攻击库法，双方交战数月。穆赫塔尔终因寡不敌众，兵败身亡。[③]穆赫塔尔死后，其追随者继续反对倭马亚王朝，是为什叶派的早期分支凯桑尼派。[④]

---

① Jafri, S.H.M., *Origins and Early Development of Shi'a Islam*, p.192.

② 680年，库法的什叶派致书迎请侯赛因出任哈里发。不久，伊拉克总督欧拜杜拉率军进入库法，处死奉侯赛因之命先期到达的穆斯林·阿基勒。库法的什叶派迫于欧拜杜拉的压力，一度倒向倭马亚王朝，致使侯赛因在卡尔巴拉陷于孤立无援的困境，惨遭杀害。侯赛因死后，库法的什叶派对自己的背叛行为悔恨不已，决意为侯赛因复仇，故称"悔罪者"。

③ Kennedy, H., *The Early Abbasid Caliphate*, pp.39—40.

④ Jafri, S.H.M., *Origins and Early Development of Shi'a Islam*, pp.236—237.

阿拔斯时代，伊斯兰教得到广泛的发展，穆斯林的神学思想体系日趋完善。在新的形势下，什叶派不再仅仅强调“为殉教者侯赛因复仇”的政治纲领，逐渐形成相应的宗教学说，在伊朗高原、阿拉伯半岛南部和北非一带颇具势力。公元10世纪可谓“什叶派的世纪”，伊朗西部和伊拉克的白益王朝、叙利亚的哈姆丹王朝、埃及的法蒂玛王朝、马格里布的伊德利斯王朝以及也门的栽德王朝和巴林的卡尔马特派国家称雄伊斯兰世界，集中反映了什叶派在这一时期的广泛影响。10世纪的著名学者花拉子密称伊拉克是什叶派的圣地，称库法和阿里的陵墓所在即纳杰夫是什叶派的精神家园。[①]

什叶派的宗教政治理论

什叶派穆斯林与逊尼派伊斯兰教徒同样尊奉《古兰经》规定的各项基本信条，履行念、拜、斋、课、朝诸多宗教义务，不同之处主要在于什叶派特有的伊玛目学说。

众所周知，所有的穆斯林皆须表白独尊安拉和崇奉先知穆罕默德为安拉之使者的信仰，什叶派则在此基础上增加了信仰和绝对服从伊玛目的内容。“相信至尊的安拉，相信安拉的使者，拥戴阿里及正道的伊玛目，远离他们的敌人而崇拜至尊的安拉。我们就这样认知安拉。”“谁信仰安拉，而不信仰安拉派遣的伊玛目，谁的信仰就不被接受，谁就是迷惘者，安拉憎恶他的行为。”

与逊尼派伊斯兰教相比，什叶派的突出特征在于强调伊玛目的必要性。什叶派认为，“至尊的安拉是伟大的，不会让大地上没有公正的伊玛目。在信士们狂热时，伊玛目予以降温；在信士们动摇时，伊玛目使其坚定。他是安拉对众仆的证据，若无伊玛目——安拉对众仆的证据，大地便不复存在。大地上即使只剩下两个人，其中必有一个权威，他就是伊玛目。”“伊玛目的地位相当于先知，是合法的继承人。伊玛目是安拉和使者的继承人，处在穆民领袖的地位……伊玛目是宗教的中坚，穆民的支柱，世界的砥柱，信士的骄傲……依靠伊玛目，才能完成礼拜、天课、斋戒、朝觐、圣战，才能增加战利品及施舍，才能制定法令，实行裁决，才能防止疏漏和偏差。伊玛目准许安拉之所准，禁止安拉之所禁，立安拉之法度，卫安拉之宗教。”[②]

---

① Mez, A., *The Renaissance of Islam*, p.59.

② 艾哈迈德·爱敏：《阿拉伯伊斯兰文化史》，第4册，朱凯译，纳忠审校，商务印书馆1995年版，第193—198页。

什叶派的伊玛目理论，首先是伊玛目的继承权和所谓的遗嘱思想，这是什叶派特有的政治学说。逊尼派穆斯林认为，哈里发应当产生于选举，穆斯林公议的选择是确定哈里发权位归属的首要原则。什叶派反对公议的原则，强调伊玛目的世袭继承。什叶派认为，先知穆罕默德去世以后，阿里及其后裔理应以伊玛目的身份继承伊斯兰世界的领袖权位，这是安拉钦定的人选，也是先知穆罕默德的遗愿所在；伊玛目的继承权只属于先知的家族，即阿里、阿里与法蒂玛的长子哈桑和次子侯赛因，以及侯赛因的直系后裔。[①]什叶派援引《古兰经》的如下启示："大地确是安拉的，他使他意欲的臣仆继承它"，"你的主，创造他所意欲的，选择他所意欲的，他们没有选择的权利"[②]，进而声称"哈里发的位置不是大众的权利；不能由大众推选和大众议定。因为哈里发是宗教的栋梁，是伊斯兰教的基础。先知不会疏忽这样的问题，也不会把它交给大众的。先知应该为伊斯兰教人指定一个领袖，指定一个没有犯过大小罪过的领袖，而阿里就是穆罕默德圣人所指定的伊斯兰教人的领袖"，"谁不认知至尊的安拉，谁不知道伊玛目必出自先知的家族，谁认知和崇拜的就非安拉"。[③]根据什叶派的《圣训》，先知穆罕默德曾经提及自己死后留给乌玛的两种重要遗产，即《古兰经》和先知的家族，先知穆罕默德于632年自麦加返回麦地那途中，在盖迪尔·胡姆向众人宣称："我是谁的主人，阿里就是谁的主人。"[④]什叶派的所谓"封职纪念日"即由此而来。白益王公入主巴格达期间，"盖迪尔·胡姆节"（伊斯兰教历12月18日）被确定为什叶派特有的两大节日之一。

什叶派的伊玛目理论，还包含伊玛目隐遁说和所谓的转世思想；这是什叶派宗教学说的重要内容。什叶派认为，伊玛目从阿里开始，经历数代的传承，末代的伊玛目虽然已经离开人间，但是并非真正的死亡，而只是暂时的隐遁，隐遁期间通过称作纳吉卜或穆智台希丁的代理人行使宗教领袖的权力，在世界末日到来的前夕将以马赫迪（阿拉伯语中"被引上正道的人"一词的音译）的身份重返尘世，惩治邪恶，恢复正义。相传，改奉伊斯兰教的犹太人阿卜杜拉·萨巴伊曾经声称先知穆罕默德将如同耶稣一样在世界末日到来之际复临人间，后来又以阿里的转世取代先知穆罕默德的转世，逐渐形成什叶

① Jafri, S.H.M., *Origins and Early Development of Shi'a Islam*, p.290.

② 《古兰经》，7:128，28:68。

③ 艾哈迈德·爱敏：《阿拉伯伊斯兰文化史》，第1册，第283页，第4册，第193页。

④ Ibn Khaldun, *The Muqaddimah*, Vol.1, p.403.

派的所谓转世思想。[1]

什叶派宗教学说的另一重要内容，是《古兰经》的隐义说。什叶派认为，安拉所启示世人的《古兰经》具有表义和隐义的区分，前者是《古兰经》的字面内容，后者是隐于经文之内的奥义和信仰的真谛；只有阿里及其后的历代伊玛目通晓《古兰经》的隐义，包括其中的章首字母、预言、比喻、暗示以及安拉启示的玄机、安拉的创世、万物的由来、安拉与受造者的关系、安拉的本体、安拉的前定、先知的使命、马赫迪的降临，而其他的穆斯林仅仅认识《古兰经》的表义，只能通过伊玛目的教诲理解《古兰经》的隐义。[2]

什叶派与逊尼派伊斯兰教相区别的显著特征，是伊玛目的神圣地位。逊尼派伊斯兰教认为，历代先知作为受造之物，皆属常人。什叶派则强调，阿里及其后的历代伊玛目不仅具有先知穆罕默德的良好品质，而且具有安拉赋予的灵知和真光，具有不谬性和免罪权，是安拉与穆斯林之间的中介者。《古兰经》有如下启示："你们当信仰安拉和使者，和他所降示的光明。"[3]什叶派据此声称，伊玛目便是安拉降示的光明。"伊玛目是光芒四射的圆月，是烁烁的夜明灯，是闪闪的光芒，是黑夜中的启明星。"[4]《古兰经》亦有如下启示："每个民族都有一个引导者。"[5]什叶派据此声称，伊玛目即世人的引导者，穆斯林只有接受伊玛目的引领，才能进入天园的境界。什叶派的某些支派甚至认为伊玛目具有某种程度的神性，或者将伊玛目视作神的化身。他们声称："神的一部分精灵，降于阿里的肉体，混合为一，所以阿里能预知未来，丝毫不爽，与敌战争，百战百胜……有时，雷声就是他的呐喊，闪电就是他的微笑。"[6]

根据逊尼派穆斯林的政治理论，哈里发只是先知穆罕默德的继承人，充其量不过是安拉在大地的代治者；哈里发绝无真正意义的立法权可言，而只能在遵循经训和沙里亚的前提下治理乌玛，行使相应的职责；穆斯林民众具有选择哈里发的权利，他们不仅要顺从哈里发，更要顺从安拉的意志。相比之下，什叶派在强调伊玛目的高贵世系和神圣地位的基础上，赋予伊玛目包括立法在内的完整权力，直至在尘世间绝无仅有的无限权力，进而将承认伊

---

① Gordon, M.S., *The Rise of Islam*, p.80.

② Jafri, S.H.M., *Origins and Early Development of Shi'a Islam*, p.291.

③ 《古兰经》，64:8。

④ 艾哈迈德·爱敏：《阿拉伯伊斯兰文化史》，第3册，向培科、史希同、朱凯译，纳忠审校，商务印书馆1991年版，第194页。

⑤ 《古兰经》，13:7。

⑥ 艾哈迈德·爱敏：《阿拉伯伊斯兰文化史》，第1册，第285页。

玛目的继承权，尤其是绝对顺从伊玛目的政治原则，视作信仰的必要内容。

什叶派除崇尚伊玛目学说外，还普遍强调塔基亚的原则。塔基亚意为谨防和掩饰，指穆斯林在处境危险的时候隐讳内心的真实信仰。这一原则的依据，是《古兰经》中的如下启示："信道的人，不可舍同教而以外教为盟友；谁犯此禁令，谁不得安拉的祐护，除非你们对他们有所畏惧而假意应酬"，"既信奉安拉之后，又表示不信者——除非被迫宣称不信、内心却为信仰而坚定者——为不信而心情舒畅者将遭天谴，并受重大的刑罚"。[①]逊尼派伊斯兰教并不反对塔基亚原则。然而，在哈里发国家统治时期，逊尼派伊斯兰教占有绝对的优势，什叶派穆斯林屡遭迫害，处境颇为险恶。因此，什叶派不仅承认塔基亚原则，而且将这一原则视作宗教生活中极其重要的内容。

崇拜所谓的圣徒和圣墓，也是什叶派区别于逊尼派穆斯林的明显特征。阿里、哈桑、侯赛因及其后的历代伊玛目，大都身遭横祸，被害而死。什叶派穆斯林因此将他们视作圣徒，其安葬之处便是圣墓的所在。除全体穆斯林公认的圣城麦加、麦地那、耶路撒冷外，什叶派另有若干朝拜的圣地。伊拉克的

阿舒拉节期间前往卡尔巴拉侯赛因清真寺拜谒的人群

① 《古兰经》，3：28，16：106。

纳杰夫是阿里的遇害地，圣墓位于纳杰夫的哈伊达尔清真寺中央。伊拉克的卡尔巴拉是侯赛因的遇害地，圣墓所在地是侯赛因清真寺，有镀金穹顶和3座高塔，十分壮观。818年，第八代伊玛目阿里·里达死于伊朗东部的突斯附近；此后，其陵墓所在地改称马什哈德，前去拜谒的什叶派穆斯林络绎不绝。第七代伊玛目穆萨·卡兹姆和第九代伊玛目穆罕默德·贾瓦德均死于巴格达，陵墓所在的卡兹米耶清真寺被什叶派穆斯林尊为圣地。伊朗西部的库姆，是第八代伊玛目阿里·里达的胞妹法蒂玛·麦尔苏迈的葬身处，也是什叶派学者云集的著名圣城。朝拜上述圣地是什叶派的定制，在圣墓哀悼圣徒则是什叶派的重要宗教仪式。

卡尔巴拉侯赛因清真寺门前礼拜的人群

通常认为，什叶派只尊《古兰经》，而不尊《圣训》，这是一种误见。实际上，什叶派与逊尼派伊斯兰教同样尊奉《古兰经》和《圣训》。但是，什叶派只承认阿里和其后历代伊玛目传述的《圣训》(阿赫巴尔)，而拒绝接受其他圣门弟子传述的《圣训》(哈迪斯)。什叶派尊奉的四部《圣训》，即《宗教学大全》《教法学家不予光顾的人》《教法修正》和《圣训辨异》，成书于白益王公统治时期，汇编者皆为波斯血统的什叶派学者。上述《圣训》与逊尼派穆斯林尊奉的《圣训》在内容上并无明显的差别，然而两种《圣训》的传述体系却迥然不同。[①]

什叶派的分支

什叶派并非浑然一体，而是派别纷立。其中，影响最大、信徒人数最多、

① Gordon, M.S., *The Rise of Islam*, p.81.

分布范围最广的是十二伊玛目派，属于什叶派的温和派别。根据十二伊玛目派的理论，阿里是第一代伊玛目，其长子哈桑是第二代伊玛目，次子侯赛因是第三代伊玛目，此后历代伊玛目均为侯赛因的直系后裔。第十二代伊玛目穆罕默德·孟特宰尔于 878 年在萨马拉附近神秘失踪时，未达成年，尚无子嗣，于是被视作进入隐遁状态。穆罕默德·孟特宰尔的隐遁，最初称作小隐遁，至 940 年其在尘世的代理人阿里·萨马里死后，转入大隐遁。[①]十二伊玛目派的世系和教义学说，形成于 10 世纪初。伊本·穆萨·诺伯赫特(？—922)著有《什叶派诸宗派之书》，系统阐述伊玛目的理论，奠定了十二伊玛目派政治纲领和神学思想的基础。穆罕默德·库莱尼(？—940)编订《宗教学大全》，收录圣训 1.6 万段，成为十二伊玛目派的教法依据。白益王公统治时期，十二伊玛目派在伊拉克南部和伊朗高原得到广泛的发展。11 世纪，十二伊玛目派又将穆尔太齐勒派的理性思想引入伊玛目的学说体系，强调启示和理性同为信仰的基础。

栽德是什叶派第四代伊玛目阿里·栽因·阿比丁之子，早年师从穆尔太齐勒派学者瓦绥勒·阿塔，深受唯理主义思想的影响，强调自由意志，抨击倭马亚王朝的统治。栽德于 739 年自麦地那潜入库法，740 年发动起义。他说："我号召你们顺从安拉的经典和先知的逊奈，我号召你们参加反抗残暴统治者的圣战，驱逐压迫者，帮助穷苦人。让我们平均分配战利品，反抗暴虐的行为，召回久驻敌国的军队。圣裔支持我们战胜与我们为敌并剥夺我等权利的人。"[②]由于寡不敌众，起义失败，栽德在巷战中阵亡。其子叶赫亚逃往呼罗珊，743 年亦被倭马亚王朝处死。栽德死后，被其追随者尊奉为继阿里、哈桑、侯赛因、阿里·栽因·阿比丁之后的第五代伊玛目，是为栽德派之始。[③]

针对倭马亚王朝统治的世俗倾向，栽德派强调穆斯林宗教实践的信仰价值，将是否履行法定的功修和善举视作辨别穆斯林的重要准则，这种思想与哈瓦立及派颇为相似。另一方面，栽德派认为，阿里固然是最杰出的哈里发，而阿布·伯克尔和欧默尔以及在位前六年的奥斯曼作为"逊色的哈里发"同样具有合法的地位，上述理论反映出栽德派相对温和的政治倾向。栽德派谴责奥斯曼当政后六年的统治，攻击所有反对阿里的政治势力。在他们看来，

---

① Gordon, M.S., *The Rise of Islam*, p.79.

② 艾哈迈德·爱敏:《阿拉伯伊斯兰文化史》，第 4 册，第 247 页。

③ Ibn Khaldun, *The Muqaddimah*, Vol.1, p.410.

凡是阿里和法蒂玛的后裔，凡是哈桑和侯赛因的子孙，皆有出任哈里发的合法资格，只要他能挺身而出，履行圣战的职责，领导信士反抗暴虐的统治。“伊玛目属于我们的圣族，顺从这样的伊玛目是信士的当然义务：他拔剑而起，呼唤信士遵循经训；他的呼唤出自经训的指引，他的地位毋庸置疑，否认者则罪不可恕。但是，有人留在家中，躲在屋内，追随暴虐的统治者，不肯行善止恶，这绝不是伊玛目的行为。”①

由于什叶派其他的伊玛目大都致力于神学宣传，放弃暴力斗争，栽德派仅尊栽德为末代伊玛目，故而亦称五伊玛目派。阿拔斯时代，栽德派颇有政治作为。864 年，哈桑·栽德在里海南岸建立栽德派神权国家，控制泰伯里斯坦、德拉姆和吉兰一带长达 200 余年，1126 年灭亡；其残余势力至今犹存，称诺克塔维派。901 年，叶赫亚·侯赛因在也门内陆山区建立栽德派神权国家，几经朝代更迭，延续至 1962 年。②目前也门人口的半数左右系栽德派穆斯林。

伊斯马仪派是什叶派的另一重要分支，形成于 8 世纪末至 9 世纪初，属于什叶派中的激进派别。什叶派第六代伊玛目贾法尔·萨迪克最初曾立长子伊斯马仪为继承人，后因伊斯马仪有酗酒的恶习，遂改立次子穆萨·卡兹姆为继承人。765 年贾法尔·萨迪克死后，伊斯马仪的追随者拒绝承认穆萨·卡兹姆作为伊玛目的合法继承人，什叶派出现分裂，伊斯马仪派由此初露端倪。③

十二伊玛目派作为什叶派的主体，与伊斯马仪派同样尊崇自阿里至贾法尔·萨迪克的最初六代伊玛目。两者的不同之处在于，十二伊玛目派承认贾法尔·萨迪克的次子穆萨·卡兹姆及其后裔为伊玛目，直至第十二代伊玛目穆罕默德·孟特宰尔于 878 年进入隐遁状态，伊斯马仪派则追随贾法尔·萨迪克的长子伊斯马仪为第七代伊玛目，760 年伊斯马仪死后，伊玛目进入隐遁状态。伊斯马仪派因此也称七伊玛目派。

10 世纪以后，伊斯马仪派吸收穆尔太齐勒派的唯理主义、新柏拉图派的流溢说、毕达哥拉斯学派的数论以及佛教的某些思想倾向，建立起颇具哲理内容和极富神秘色彩的宗教哲学体系，“七”的概念成为伊斯马仪派教义学说

---

① Lambton, A.K.S., *State and Government in Medieval Islam*, p.28, p.30.

② Hourani, A., *A History of the Arab Peoples*, p.40.

③ Ibn Khaldun, *The Muqaddimah*, Vol.1, p.412.

的显著特征。伊斯马仪派认为,安拉作为唯一的最高实在,既不具有形象,亦不具有属性,超越世人的领悟能力。伊斯马仪派还认为,宇宙现象来源于安拉的意志,分为七个步骤渐趋流出,即安拉→宇宙精神→宇宙灵魂→原始物质→空间→时间→人世。与宇宙现象的七个流溢步骤相适应,历史的演进亦经历七个周期的流溢过程,每个周期皆有一位立法先知降临人间,他们是阿丹、努哈、易卜拉欣、穆萨、尔撒、穆罕默德和末代伊玛目伊斯马仪之子穆罕默德·塔姆;每位立法先知各有七位圣徒辅佐,自阿里至伊斯马仪的七位伊玛目便是辅佐先知穆罕默德的七位圣徒。①

什叶派将《古兰经》的启示区分为表义和隐义;与十二伊玛目派相比,伊斯马仪派更加强调《古兰经》的内在含义,将信徒对于启示的领悟分为七种境界,认为只有少数宗教学者才能达到领悟《古兰经》内在含义的最高境界。伊斯马仪派因此又称内学派。②

伊玛目的隐遁说是什叶派神学理论的重要内容。十二伊玛目派认为,隐遁的伊玛目只是在遥远的未来复临人间,其政治思想因此具有温和的倾向。相比之下,伊斯马仪派强调隐遁的伊玛目复临人间的时刻即将到来,因此具有极力倡导暴力革命的激进政治倾向。

9世纪中叶以后,阿拔斯王朝日渐衰微,伊斯马仪派的势力随之急剧膨胀。该派著名领袖阿卜杜拉·马蒙(?—874)曾在阿瓦士、耶路撒冷和巴士拉等地从事反对阿拔斯王朝的宗教政治活动,后来隐居于叙利亚北部的萨拉米叶,派出传教师前往各地,进行秘密宣传。库法、莱伊、设拉子是伊斯马仪派的重要中心。881年,伊斯马仪派传入也门一带。883年,伊斯马仪派又从也门传至印度的信德。893年,伊斯马仪派自也门传入马格里布;法蒂玛王朝的建立便是伊斯马仪派在马格里布的政治杰作。此外,伊斯马仪派在呼罗珊、锡斯坦、克尔曼等地传播亦广,颇具影响。③

874年阿卜杜拉·马蒙死后,伊拉克的伊斯马仪派传教师哈姆丹·卡尔马特(?—899)及其追随者脱离萨拉米叶的伊斯马仪派领袖赛义德·马蒙,独树一帜,是为卡尔马特派。④卡尔马特派承认伊斯马仪派的伊玛目学说以及宇宙现象的流溢等神秘信条,同时吸收苏菲主义的某些思想,形成其特有

① Grunebaum, G.E., *Classical Islam*, p.110.

② Ibn Khaldun, *The Muqaddimah*, Vol.1, p.413.

③ Gordon, M.S., *The Rise of Islam*, p.80.

④ 卡尔马特一词,据推测可能不是阿拉伯语,而是阿拉马语,意为秘密的导师。

的教义，强调社会平等和财产公有。然而，卡尔马特派不遵伊斯兰教法，亦不严格履行宗教义务，甚至不设清真寺，不斋戒，不礼拜，不朝觐。

卡尔马特派声称："真理已经到来，马赫迪已经复临人间，阿拔斯人的统治即将结束。不必继续等待；我们的目标不仅是建立起新的政权，而是要废除旧的秩序。"890 年，卡尔马特派在瓦西兑发动起义，追随者甚多。899 年，卡尔马特派在巴林一带建立国家，定都艾哈萨（今胡富夫）。901—906 年，卡尔马特派在叙利亚和贾吉拉发动起义，攻城略地。903 年，卡尔马特派征服叶麻麦，继而攻入阿曼，袭击伊拉克。933 年，卡尔马特派在朝觐期间攻袭麦加，劫掠克尔白内的玄石，运至巴林。950 年，阿拔斯王朝向卡尔马特派支付重金，赎回玄石，重新安放于克尔白。1077 年，巴林的卡尔马特国灭亡。12 世纪，卡尔马特派重新融入伊斯马仪派。①

自 909 年起，法蒂玛王朝的哈里发成为伊斯马仪派的宗教领袖。第六代哈里发哈基姆在位末期，似乎由于精神失控，竭力神化本人，暗示自己便是隐遁伊玛目的复临。突厥人穆罕默德·伊斯马仪·德拉齐（？—1019）和波斯人哈姆扎·阿里（985—1022）迎合哈里发的自我神化心态，在开罗宣称哈基姆具有超凡的神性，是宇宙灵魂的化身和安拉在尘世的代理人，是穆斯林的"活主"。穆罕默德·伊斯马仪·德拉齐和哈姆扎·阿里的言论在埃及遭到穆斯林的激烈抨击，两人于是相继移至黎巴嫩山区，追随者日渐增多，形成德鲁兹派。

德鲁兹派承袭伊斯马仪派的伊玛目学说和宇宙论思想，同时强调灵魂转世的教义。德鲁兹派认为，该派的信徒在死亡时，其灵魂转至同时降生的婴儿体内；非该派信徒的其他人，死后将会遭到厄运，灵魂转至猪狗之身。如同卡尔马特派一样，德鲁兹派既不遵行伊斯兰教法，亦不恪守宗教义务，不设清真寺，不履行朝觐，甚至允许信徒饮酒，仅仅保留宰牲节和阿舒拉日。与伊斯兰教的其他派别不同，德鲁兹派具有相对闭塞的组织形式，其成员分为知秘者和无知者两个层次，不增加教友人数，不对外界传教。某些学者因此将德鲁兹派视作特殊的民族。

法蒂玛王朝哈里发穆斯坦绥尔当政期间，初立长子尼扎尔作为继承人，后来以次子穆斯台尔里取而代之，埃及的伊斯马仪派逐渐分裂。伊斯马仪派传教师哈桑·萨巴赫反对穆斯坦绥尔废长立幼，被哈里发逐出埃及。1090

① Grunebaum, G.E., *Classical Islam*, pp.112—113.

年,哈桑·萨巴赫夺取伊朗北部德拉姆山区的阿拉穆特堡,作为自己的据点,建立严密的军事组织,训练刺客,从事恐怖活动。1094年穆斯坦绥尔死后,穆斯台尔里即位,尼扎尔举兵反叛,旋即失败。哈桑·萨巴赫于是以秘密扶养尼扎尔的幼子作为旗号,自称霍加,创立尼扎里叶派。

尼扎里叶派承袭伊斯马仪派的神学体系,其特征在于广泛的暗杀行为,故而又称阿萨辛派(暗杀派)。尼扎里叶派曾经在伊朗北部建立阿拉穆特舍赫王朝,抗衡称雄西亚的塞尔柱苏丹国。12世纪初,尼扎里叶派的势力扩及叙利亚,阿勒颇一度成为该派在叙利亚的大本营。塞尔柱苏丹国的维齐尔尼扎姆·穆勒克、法蒂玛王朝的哈里发阿米尔以及欧洲十字军的耶路撒冷国王康拉德、的黎波里伯爵雷蒙相继死于尼扎里叶派的刺客之手,埃及阿尤布王朝的著名苏丹萨拉丁亦曾险遭尼扎里叶派的暗杀。1256年,旭烈兀率领蒙古大军攻陷阿拉穆特堡,尼扎里叶派从此一蹶不振。其残余势力迁至印度,称霍加派,延续至今。

阿拉维派形成于9世纪中叶,系什叶派第十代伊玛目阿里·哈迪(?—868)的追随者穆罕默德·努赛尔创立,因此也叫努赛里叶派。穆罕默德·努赛尔原是巴士拉的什叶派学者,自称是阿里·哈迪的巴布(即代理人)。863年阿里·哈迪的长子穆罕默德先于其父夭折,穆罕默德·努赛尔于是改弦更张,放弃追随阿里·哈迪,声称死去的穆罕默德便是隐遁的伊玛目,进而另立门户。

阿拉维派承袭什叶派的神学思想,吸收基督教和佛教的某些内容,强调阿里是安拉的化身。阿拉维派最初将阿里、法蒂姆(即法蒂玛的男形)、哈桑、侯赛因与先知穆罕默德等同视之,后来改奉阿里、赛勒曼·法里西与先知穆罕默德三位一体。阿拉维派认为,阿里是世人与安拉联系和沟通的"理",先知穆罕默德是产生于"理"并且从属于"理"的"名",赛勒曼·法里西是阿里的先驱,即"门"。阿拉维派信奉灵魂转世,认为人的灵魂源于天空的星辰,阿里将人的灵魂从天空贬谪尘世;虔信者死后,其灵魂重新回到星辰之中,与阿里同在,作恶者死后,其灵魂不再重返天空,而是转入牲畜体内。阿拉维派不设清真寺,信徒通常在夜间祈祷,诵读"福音书"的有关段落,食圣餐,饮圣酒,除纪念开斋节、宰牲节和什叶派各种节日外,亦庆祝基督教的圣诞节和复活节,甚至采用基督徒的教名。在叙利亚、黎巴嫩和土耳其等地,阿拉维派至今犹存。

上述卡尔马特派、德鲁兹派、尼扎里叶派和阿拉维派皆属什叶派中的极端派别，其教义学说已经背离《古兰经》的启示，与逊尼派伊斯兰教的基本信仰相去甚远。即便什叶派中的十二伊玛目派和伊斯马仪派，亦拒绝承认上述极端派别的诸多理论，往往将这些派别的信徒视作异端或异教徒。

三、 逊尼派思想体系的确立

逊尼派的内涵

在伊斯兰世界，哈瓦立及派和什叶派虽然影响较大，毕竟追随者人数有限。绝大多数的穆斯林尊奉逊尼派伊斯兰教，统称逊奈与大众派，即逊尼派。

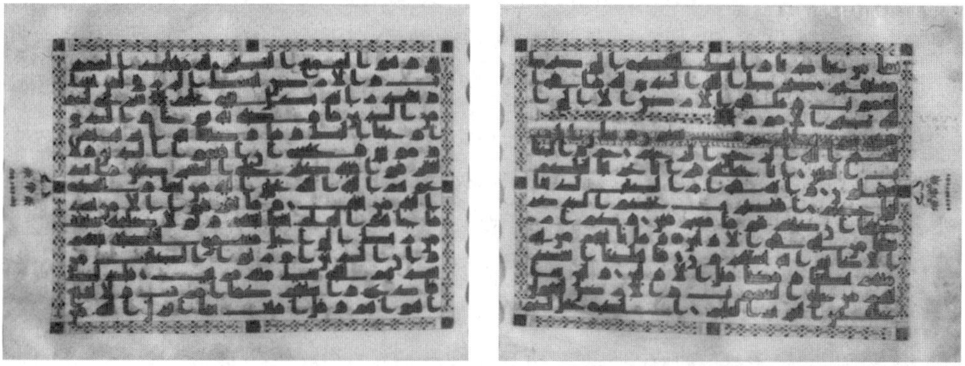

9世纪金粉抄写的《古兰经》手稿

逊奈是阿拉伯语之“行为”一词的音译，在伊斯兰教中特指先知的道路或先知的传统，而逊尼意为遵循逊奈的人。承认自阿布·伯克尔起历任哈里发的合法地位，是逊尼派穆斯林的基本政治原则。

装帧精美的手抄本《古兰经》

伊斯兰教最初并不存在派别的划分，所谓的逊尼派尚无从谈起。自麦地那时代末期开始，哈瓦立及派和什叶派相继出现，或强调民主选举哈里发的政治原则，或追随阿里及其后裔。然而,绝大多数的穆斯林依旧尊奉正统的伊斯兰教。9 世纪以后,尊奉逊尼派伊斯兰教的穆斯林极力推崇先知的道路和先知的传统,自称遵循逊奈的人,以示区别于什叶派和哈瓦立及派的穆斯林,逊尼派由此形成。

穆尔吉叶派

在与什叶派和哈瓦立及派长期对立的过程中,尊奉逊尼派伊斯兰教的穆斯林逐渐发展了相应的思想体系。穆尔吉叶派的出现,代表了逊尼派穆斯林早期的温和倾向。

"穆尔吉叶"一词在阿拉伯语中本意为"延缓"。穆尔吉叶派依据《古兰经》"还有别的人留待安拉的命令;或惩罚他们,或饶恕他们"的启示,主张延缓判断穆斯林内部的诸多争端,待来世听候安拉裁决,故名。[①]

穆尔吉叶派最初只是具有中庸色彩的政治宗派,形成于麦地那时代后期穆斯林内部矛盾冲突日渐加剧的社会环境。当时,许多圣门弟子,包括赛耳德·阿比·瓦嘎斯、伊本·欧默尔、阿布·巴克拉、欧姆拉·侯赛尼在内,不愿附和其他政治势力而涉足权位争夺,竭力避免穆斯林之间的流血冲突,虽然身居险境,却恪守中立,洁身自好,成为穆尔吉叶派的先驱。

相传,阿布·巴克拉曾经向众人传述如下的圣训:"穆圣说:祸患不久将至,那时,坐者强于行者,行者强于介入者;当祸患来临之时,赶驼者当去赶驼,牧羊者当去牧羊,耕田者当去耕田。有人问道:安拉的使者,若无驼可赶,无羊可牧,无田可耕,当如何?穆圣说:拿起利剑,用石击去剑锋,然后竭力自拔,切不可介入祸患。"[②]穆尔吉叶派倡导和平、反对暴力的无为思想,由此可见一斑。

针对哈瓦立及派谴责奥斯曼和阿里的思想倾向,穆尔吉叶派认为:"阿里和奥斯曼都是安拉的仆人,安拉并未将罪过与他们两人联系起来;他们将依照各自的行为获得安拉的回报,安拉知晓他们所应得到的回报。"

倭马亚时代,穆尔吉叶派作为逊尼派穆斯林的宗教派别,阐述区别于什叶派和哈瓦立及派的朴素理论,进而被视作"逊尼派的早期形式"。[③]一方面,穆尔吉叶派反对哈瓦立及派过于强调恪守宗教功修的极端倾向,认为伊斯兰

---

① 《古兰经》,9:106。

② 艾哈迈德·爱敏:《阿拉伯伊斯兰文化史》,第 1 册,第 297 页。

③ Watt, W.M., *The Majesty That Was Islam, the Islamic World 661—1100*, pp.70—71.

教的首要内容是内心的信仰及其表白，凡诵读沙哈达（即清真言）者，无论是否犯有大罪，皆应被视作穆斯林。另一方面，穆尔吉叶派反对什叶派追随阿里及其后裔的政治原则，认为历任哈里发的地位合法与否应当诉诸安拉定夺，反对穆斯林为此争执不休直至相互攻杀的暴力行为。①

盖德里叶派与贾卜里叶派

自先知穆罕默德时代起，伊斯兰教便具有强调前定的思想倾向。《古兰经》中多处提及前定的概念，如安拉“预定万物，而加以引导”，“任何民族都不能先其定期而灭亡，也不能后其定期而沦丧”，安拉“创造你们和你们的行为”。《圣训》中也有如下的内容：“一个人不算有真正的信仰，除非相信善恶前定，相信正确者不会谬误而谬误者不会正确。”然而，《古兰经》在强调前定的同时，似乎又在一定程度上承认人的意志自由：“从你们的主发出的真理，确已降临你们。谁遵循正道，谁自受其益；谁误入歧途，谁自受其害”，“真理是从你们的主降示的，谁愿信道就让他信吧，谁不愿信道，就让他不信吧”，“每个人对自己的行为，都是要负责的”。②上述两种思想倾向在《古兰经》及“圣训”中的兼容并存，使逊尼派穆斯林或者主张安拉前定，或者强调自由意志，见仁见智，观点各异。

麦地那时代，穆斯林大都尊奉安拉前定的信仰原则，否认人的自由意志。7世纪末和8世纪初，随着穆斯林内部政治矛盾的加剧和教派分歧的扩大，逐渐出现与传统的前定论相反的思想倾向。

“盖德里叶”一词在阿拉伯语中本意为“有能力选择”。盖德里叶派是伊斯兰世界反对前定论的先驱，巴士拉学者马尔白德·朱哈尼（？—699）和大马士革学者艾依拉尼（？—743）相继阐述盖德里叶派的自由意志论。他们认为，人具有意志的自由和选择善恶的能力，人的行为并不是出自安拉的前定，善举和恶行都是具有自由意志的人所选择的结果，应当由本人承担责任；所谓的前定论，将人的行为归结为安拉的前定，无异于等同将人间的丑恶归结为安拉的意志，将人的罪责推卸于安拉，应当予以谴责。“盖德里叶派的追随者大都持反对倭马亚王朝的政治立场。”③希沙姆当政期间，艾依拉尼公开反

---

① Lambton, A.K.S., *State and Government in the Medieval Islam*, pp.32—33.

② 《古兰经》，87:3，15:5，37:96，10:108，18:29，6:164。

③ Watt, W.M., *The Majesty That Was Islam, the Islamic World 661—1100*, p.72.

对前定论，宣传意志自由论，时人向哈里发告发，希沙姆遂下令断其手，刖其足，然后杀之。[①]

盖德里叶派的上述学说，遭到持传统观念的穆斯林的激烈反对。贾卜里叶派形成于8世纪前期，着力攻击自由意志论，进而论证前定至上的信仰原则。“贾卜里叶”一词在阿拉伯语中本意为“(安拉)使人的天性倾向于”。贾卜里叶派认为，人作为受造之物，绝无独立于安拉前定的自由意志可言，人的信仰、行为和命运皆系安拉前定，不可更改；所谓的自由意志论，强调人的意志不受安拉的支配，背离安拉独一的基本信仰，并有违抗安拉意旨的异端倾向，不可取之。呼罗珊人加赫姆·沙夫旺(？—745)在论证前定思想的基础上，探讨安拉的本体属性。他认为，安拉是万物创造者，是使万物存在者，是决定万物运动者，是万物生死的赐予者，在安拉之外绝无独立存在的自由意志；安拉是唯一永恒的存在，天园、火狱乃至《古兰经》皆非永恒的存在，而是受造于安拉。

穆尔太齐勒派

“穆尔太齐勒”一词在阿拉伯语中本意为“分离”。穆尔太齐勒派继承盖德里叶派的思想传统，进一步倡导自由意志的学说。穆尔太齐勒派兴起于倭马亚王朝后期，创立者是巴士拉人瓦绥勒·阿塔(698—748)和阿姆尔·欧拜德(699—762)。两人曾经师从著名圣训学家哈桑·巴士里(642—728)，后因师生之间意见相左，于是另立门户，是为穆尔太齐勒派。

盖德里叶派出现较早，尚属朴素的自由意志论。自8世纪初开始，外来思潮对伊斯兰世界的影响日渐扩大，穆尔太齐勒派在继承盖德里叶派的自由意志论的基础上，广泛借鉴希腊哲学的思辨方式，尤其是以新柏拉图主义的流溢说、亚里士多德的逻辑学和毕达哥拉斯的灵魂论等思想论证伊斯兰教，形成伊斯兰教中的唯理主义信仰体系。[②]

穆尔太齐勒派将理性的概念引入伊斯兰教的信仰体系，认为安拉作为万物的本原，通过理性创造世界；灵魂是内体的本质，理性是灵魂的源泉。另一方面，根据《古兰经》的相关启示，安拉具有许多的属性，而安拉的本体与其属性的关系是穆斯林学者长期争论的焦点问题。穆尔太齐勒派强调安拉本体

---

① Lambton, A.K.S., *State and Government in the Medieval Islam*, pp.34—35.

② Gordon, M.S., *The Rise of Islam*, p.86.

的绝对独一，认为安拉是超越时空的永恒存在，不具有独立于本体以外的任何属性。“至高无上的安拉本身不是由多种事物组成的。对于由多种事物组成的复合物需要证实各组成部分的存在，但各组成部分并不是复合物本身。因此，一切复合物均需由它物组合而成。安拉是超绝的，是无需它物的。至高无上的安拉的本质特性是独一无二的，其本身不存在任何复合形式，既没有量上的组合，如身体之各部分，也没有概念上的认同，如人的本质和他的性格特征。安拉是唯一的，具有绝对的唯一性，无论是在数量上或在概念上，均不可分。”“安拉其本体和属性是一个不可分割的整体，安拉的本体和属性不会发生任何变化。”穆尔太齐勒派认为，使用各种拟人的属性形容安拉的行为，是对安拉的亵渎，势必破坏安拉的独一存在和导致多神论倾向，应当坚决抵制，该派因此称作“认主独一者”。第三，穆尔太齐勒派反对安拉前定的思想，将理性视作信仰的基础，强调自由意志是世人选择善行或恶举的根源所在，安拉将根据世人的自由意志所选择的行为予以公正的裁决，该派因此又称“知主公道者”。“安拉非众仆行为（无论是善行还是恶行）之主动者。人的意志是自由的，人是自身行为之主动者。因此，人因其善行或恶行而得到不同的报应。”①

穆尔太齐勒派从独尊安拉的思想出发，承袭贾卜里叶派学者加赫姆·沙夫旺的观点，认为《古兰经》并非与安拉同在的永恒语言，而是受造于安拉和后于安拉的存在。②“《古兰经》是安拉创造的一种语言”，“是安拉将《古兰经》以排列有序的言语降下；是安拉根据需要分期降下；是安拉使《古兰经》以赞颂安拉开始，以祈求安拉保佑结束；是安拉使《古兰经》分成结构严密而又互相类似的两部分；是安拉降《古兰经》分成章节，使每一章节各有不同的段落和目的。这是创造的开始，这是发明的根源，这是前所未有的创造和发明才具有的特点。我们赞美独享‘唯一’和‘自有’而使其他一切都打上从无到有的后生之物的印记的安拉！是安拉降下《古兰经》这部词意明白、论证严密、富有启发性的、用标准阿拉伯语写成的读本”。③

穆尔太齐勒派在伊斯兰世界影响甚大，倭马亚时代末期曾经深受哈里发叶齐德二世和麦尔旺二世的赏识，阿拔斯时代一度成为哈里发国家的官方学

---

① 艾哈迈德·爱敏：《阿拉伯伊斯兰文化史》，第 4 册，朱凯译，纳忠审校，商务印书馆 1995 年版，第 28 页，第 33 页，第 43 页。

② Ibn Khaldun, *The Muqaddimah*, Vol.3, p.49.

③ 艾哈迈德·爱敏：《阿拉伯伊斯兰文化史》，第 4 册，第 36 页。

说,直到10世纪被艾什尔里派取代。①

从艾什尔里到安萨里

艾什尔里(874—935)全名阿布·哈桑·阿里·伊斯马仪·艾什尔里,系658年阿兹鲁仲裁时阿里一方的代表阿布·穆萨·艾什尔里的后嗣,生于巴士拉。艾什尔里早年师从穆尔太齐勒派著名学者阿布·阿里·祖巴仪(850—915),潜心研读经训和教法,后与其师意见相左,于是宣称自悔前非,脱离穆尔太齐勒派,另立门户,是为艾什尔里派。

艾什尔里精通伊斯兰教经典,并且熟知希腊哲学,著有《教义学原理的说明》和《伊斯兰教学派言论集》等,激烈抨击什叶派和哈瓦立及派的思想学说,同时极力弥合逊尼派穆斯林内部诸学派之间的分歧,奠定了伊斯兰教的教义学基础。关于安拉的本体及其属性,艾什尔里反对穆尔太齐勒派的否认安拉于本体以外存在属性的观点,强调安拉的本体与其属性是合而为一的永恒存在;然而,安拉的属性与人的属性具有本质的区别,不可将安拉的属性予以拟人化的形容。关于安拉前定与自由意志,艾什尔里反对盖德里叶派和穆尔太齐勒派单纯强调自由意志的观点,亦与贾卜里叶派的安拉前定学说相异,而是兼顾《古兰经》中的安拉前定思想和自由意志倾向,认为安拉主宰宇宙万物并前定生死祸福,世人则可凭自由意志选择善恶。关于理性与信仰,艾什尔里承认理性的作用,同时强调信仰之高于理性的地位,认为世人对安拉的认识不仅需要借助于理性的思辨,更要依靠经典的启示,理性的运用不能违背信仰的原则,理性必须服从信仰。关于《古兰经》的性质,艾什尔里认为,《古兰经》是安拉本体的无始言语和永恒存在的绝对真理,《古兰经》的文辞形式则是非永恒的受造之物。②

艾什尔里派盛行于塞尔柱苏丹时期,尼扎姆·穆勒克曾在巴格达创办尼扎米耶大学,旨在传播艾什尔里派的教义学思想,抗衡开罗的爱资哈尔大学及其所传播的伊斯马仪派学说。

呼罗珊人阿布·哈米德·穆罕默德·安萨里(1058—1111)继承和发展了艾什尔里的宗教学说,是哈里发时代逊尼派思想体系的集大成者。安萨里早年师从艾什尔里派著名学者朱韦尼(1028—1085),并且求教于苏菲

---

① Lambton, A.K.S., *State and Government in the Medieval Islam*, p.41.

② Schacht, J., *The Legacy of Islam*, p.361.

派长老法尔玛基(？—1084)，后来云游伊斯兰世界各地传教讲学，曾在大马士革的苏菲派道堂隐居10年，体验精神修炼，著书立说。

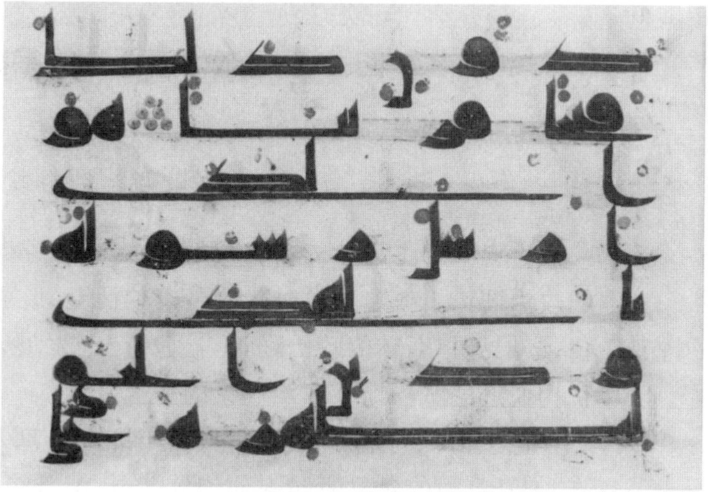

库法体手抄本《古兰经》

安萨里的学说，以独尊安拉为核心，以《古兰经》和“圣训”为依据，博采伊斯兰教诸学派以及希腊哲学的思想精华，尤其是承袭艾什尔里关于安拉的本体及其属性的永恒存在和信仰高于理性的观点。①安萨里的贡献在于将信仰区分为外在的信仰和内在的信仰，强调由外在信仰到内在信仰的升华。②为此，安萨里在摒弃苏菲派关于泛神思想、漠视法定宗教功修和崇拜圣徒圣墓等内容的前提下，承认苏菲派的强调内心直觉的信仰方式乃是实现由外在信仰到内在信仰升华的必要途径。③

11世纪《古兰经》手稿

安萨里的学说丰富了艾什尔里派的教义学思想，完善了伊斯兰宗教哲学的理论体系。安萨里因此被穆斯林誉为“伊斯兰教的伟大复兴者”，西方学者则将安萨里称作“伊斯兰世界的奥古斯丁”。

---

① Schacht, J., *The Legacy of Islam*, p.364.

② Ahmad, K.J., *Heritage of Islam*, pp.290—291.

③ Hourani, A., *A History of the Arab Peoples*, pp.168—170.

四、逊尼派伊斯兰教的宗教政治理论

宗教权力与世俗权力

历史唯物主义认为，社会存在决定社会意识；特定的政治环境，决定相应的政治理论。在哈里发时代的阿拉伯社会，逊尼派伊斯兰教长期占据统治地位，逊尼派穆斯林的政治理论得到广泛的发展，维护现存政治秩序的合法地位构成逊尼派穆斯林政治理论的宗旨。

在中世纪的基督教世界，教会与国家长期并存，教权与俗权处于二元状态。“基督教的创立者吩咐他的信徒，将恺撒的权力交还恺撒，将上帝的权力交还上帝。”相比之下，“伊斯兰教的先知亦是穆斯林的君士坦丁”“在伊斯兰教中，没有恺撒，只有安拉，穆罕默德是安拉的使者”。①

穆罕默德作为伊斯兰教的先知，兼有宗教权力和世俗权力，既是穆斯林的宗教领袖，亦是伊斯兰国家的化身。历代哈里发作为先知穆罕默德的继承人所统治的乌玛，既是宗教意义的集合体，亦是政治意义的集合体。教会与国家被穆斯林视为同一概念，两者之间并无明显的界限。在穆斯林看来，只有信士与异教徒的差别，绝无教权与俗权的区分。因此，伊斯兰世界的宗教思想与政治理论浑然一体；宗教思想构成政治理论的前提，政治理论则体现为宗教思想的延伸和补充。

乌玛与沙里亚

逊尼派穆斯林政治理论的基本框架，是乌玛的原则和沙里亚的学说。

根据逊尼派穆斯林的政治理论，宗教是国家的基础，乌玛是伊斯兰国家的外在形式；国家起源于安拉的意志，捍卫沙里亚的神圣地位是伊斯兰国家的目的。②

“沙里亚”一词在阿拉伯语中本意为“通向水源的道路”，在伊斯兰教中特指安拉的法度，即伊斯兰教法，源于《古兰经》的如下启示：“我使你遵循关于

---

① Schacht, J., *The Legacy of Islam*, p.156.

② Gibb, H.A. R., *Studies on the Civilization of Islam*, London 1962, p.141.

此事的常道。你应当遵守那常道,不要顺从无知者的私欲。”①此处“常道”一词,在阿拉伯语中读为沙里亚。

逊尼派穆斯林的政治理论认为,安拉是乌玛的主宰,是世人的君王,而沙里亚是安拉意志的体现和安拉规定的法度,是先于国家的秩序和尽善尽美的制度,芸芸众生只有遵循沙里亚的义务,绝无更改沙里亚的权力。既然沙里亚是安拉的法度,而捍卫沙里亚规定的神圣秩序是国家的目的所在,那么国家无疑是合理的,国家的存在无疑是不可或缺的。

安萨里认为,君王是安拉在尘世的代治者,他所行使的权力应当使他的臣民望而生畏,从而使他的臣民相安无事,否则,安拉的法度将会无以维持,芸芸众生亦将受到无尽的伤害。因此,百年的苛政胜过一年的无序,而一日的公正治理强于 60 年的拜功。②

伊本·泰米叶(1263—1328)则认为,世人无法孤立生活,只能相互依存,其本质是政治存在,因此,世人必须顺从自己的长官,顺从国家的秩序。“如果我们终生祈求安拉而仅有一次如愿,那么我们应当祈求安拉赐福我们的长官。”③

哈里发的学说

逊尼派穆斯林政治理论的核心,是关于哈里发的学说。乌玛作为伊斯兰国家的外在形式,其顶端是兼有宗教权力和世俗权力的哈里发。伊玛目是哈里发的宗教称谓,信士的长官则是哈里发的世俗称谓。④

麦地那时代末期,穆斯林内部矛盾加剧,冲突迭起,哈里发的权位归属成为穆斯林争执的焦点。倭马亚王朝的统治者极力强调,哈里发应当出自阿卜杜勒·麦纳夫的后裔,而阿卜杜勒·麦纳夫是倭马亚族和哈希姆族的共同祖先。麦地那时代诸哈里发均称作先知穆罕默德的继承人,倭马亚人则改称安拉的哈里发。

马立克当政期间,出于其自身利益的需要,强调《古兰经》的前定思想,声称倭马亚王朝的统治是安拉的前定,不可更改,而反对倭马亚王朝即违背安拉的前定,是亵渎信仰和叛教的行为。诗人法拉兹德格(640—728)曾有如下词句:“大地属于安拉,安拉将大地上的一切托付给他的哈里发,哈里发的国

---

① 《古兰经》,45:18。

②③ Ibn Taymiyya, *Al-Siyasa al-shar'iyya*, Beirut 1966, p.139.

④ Lambton, A.K.S., *State and Government in the Medieval Islam*, p.14.

家万世长存”“麦尔旺的子孙是信仰的栋梁,仿佛天地以山岳作为支柱”。诗人贾里尔(653—733)亦云:“安拉以启示和哈里发赐予世间,安拉所欲之事不可更改”,“如果没有启示和哈里发,世间便没有公正和聚礼”。

针对哈瓦立及派和什叶派的观点,穆尔吉叶派崇尚前定的宗教倾向,主张延缓穆斯林内部的权位争执,留待安拉裁决。穆尔吉叶派强调顺从当政的哈里发,即使当政的哈里发罪恶多端,惩罚的权力只属于安拉而不属于臣民。穆尔吉叶派的代表人物阿布·哈尼法(700—767)认为,哈里发应当出自古莱西部落;无论哪个古莱西人呼唤世人遵循经训的教诲,且行为公正,皆可被拥立为哈里发。穆尔吉叶派的上述思想,体现了维护倭马亚王朝合法统治地位的政治倾向。

倭马亚时代逊尼派穆斯林内部的政治反对派是盖德里叶派。盖德里叶派攻击穆尔吉叶派的前定倾向,崇尚意志自由,强调哈里发必须对自己的行为负责,认为哈里发如果缺乏公正的行为,即应自行退位,或被臣民罢免。科普特血统的盖德里叶派学者加伊兰·吉马士基(?—745)否认具有古莱西人的身世是出任哈里发的必要条件,主张只有遵循经训的人方可成为合法的哈里发。他认为,哈里发“可以是古莱西人,也可以不是古莱西人,可以出自阿拉伯血统,亦可出自非阿拉伯血统,首要条件是虔敬安拉,通晓经训,行为公正……当古莱西人傲慢无礼、腐化堕落、作恶多端时,安拉必定使信士群起攻之,罢免其权力”。①

阿拔斯王朝建立后,逊尼派穆斯林学者极力推崇麦地那哈里发国家是伊斯兰历史上的黄金时代,谴责倭马亚王朝的统治,称颂阿拔斯王朝的功绩,进而阐述君权神授和君权至上的政治理论。

伊本·穆加法(724—759)出生于法尔斯的摩尼教家庭,成年后改奉伊斯兰教。②伊本·穆加法认为,哈里发在遵循经训的前提下,具有至高无上的权力和地位,哈里发的统治无可争议,臣民无权约束哈里发的行为,只有顺从的义务。③“臣民无法找到实现自身幸福的出路,除非顺从哈里发的意志——因为臣民是软弱的和无知的。”

阿布·尤素夫(731—798)进一步指出,阿拔斯王朝的统治是安拉的选

① Lambton, A.K.S., *State and Government in Medieval Islam*, pp.34—35.

② Lambton, A.K.S., *State and Government in the Medieval Islam*, pp.49—50.

③ Schacht, J., *The Legacy of Islam*, p.408.

择，阿拔斯哈里发是安拉在尘世的代治者。"仁慈的安拉使拥有权力的人成为其在大地上的代治者，为民众设置光亮，启迪民众的心灵，规定民众的责任。拥有权力的人，其光亮的启迪包括维护神圣的教法、赋予民众相应的权利和义务。"[①]在此基础上，阿布·尤素夫阐述了绝对顺从当政哈里发的忠君思想，并且援引《圣训》如下："畏惧安拉，顺从安拉；即便是一个鼻子扁平而面部丑陋的阿比西尼亚奴隶被赋予统治的权力，也要倾向于他的意志和顺从他的命令"，"顺从安拉的人便是顺从我的人，顺从伊玛目的人亦是顺从我的人。反叛我的人便是反叛安拉的人，反叛伊玛目的人亦是反叛我的人"，"如果伊玛目是公正的，报酬属于他，众人应当感谢。如果他是暴君，罪过属于他，众人应当忍耐"。阿布·尤素夫认为，统治者是臣民的牧人，他将为自己的行为和臣民的行为对安拉负责，而选择统治者和惩罚统治者的权力只属于安拉。"信士的长官！安拉赋予你（治理乌玛的）重任，（这件事的）报酬将是最大的报酬，惩罚也将是最严厉的惩罚。"[②]

逊尼派穆斯林与哈瓦立及派、什叶派之间最关键的区别在于"谁是合法的哈里发"。阿拔斯时代的逊尼派穆斯林学者对此有大量的阐述。查希兹（775—869）认为，教化臣民是哈里发的职责，博学则是出任哈里发的先决条件；哈里发应当是乌玛中最杰出的人。[③]哈里发"应当勤于思考，学识渊博……或许有人在某些方面疏于这样的意念，成为统治者和哈里发，但他必须是同时代的人中最优秀的……只有像安拉的使者那样的人才能在各自的时代出任哈里发，才能行使相应的权力"。[④]巴格达迪（？—1037）认为，出任哈里发者应当具备四项条件：渊博的学识、虔诚的信仰、经国治世的才能和古莱西人的血统。

逊尼派穆斯林政治理论的另一重要内容，是哈里发的产生方式。查希兹认为，哈里发可以产生于三种方式。首先，他援引阿布·伯克尔即位的先例，强调哈里发选举产生的原则。其次，他援引奥斯曼即位的先例，阐述协商确定哈里发人选的原则。第三，他援引阿拔斯王朝建立的先例，认为哈里发可以产生于合法的暴力行为。巴格达迪认为，哈里发产生的最佳方式是民众的选举，哈里发的指定继承也是可以接受的方式；由于全体穆斯林参与的选举

---

① Lambton, A.K.S., *State and Government in the Medieval Islam*, p.53, p.56.

② Abu Yusuf, *Kitab al-Kharaj*, Cairo 1933, p.3, p.5, p.9.

③ Schacht, J., *The Legacy of Islam*, p.409.

④ Pellat, C., *The Life and Works of Jahiz*, London 1969, pp.65—66.

无法实现,选举者只能是少数具备相应资历的人;假如多人当选,且均符合条件,那么首先当选者应被视为合法的哈里发。[①]麦瓦尔迪(974—1058)认为,哈里发应当产生于穆斯林的选举,选举者必须具备相应的条件,包括宗教资历、渊博的学识和公正的立场。他认为,哈里发具有十项权力和职责:一是保卫伊斯兰教信仰,二是执行伊斯兰教法律,三是保卫伊斯兰世界的疆域和穆斯林的安全,四是惩罚背叛信仰的行为,五是巩固伊斯兰世界的边防,六是致力圣战,七是征纳赋税,八是管理公共基金,九是任命官吏,十是监督公众生活。[②]他还援引如下经训作为理论依据:"达乌德啊!我确已任命你为大地的代治者,你当替人民秉公判决,不要顺从私欲,以免私欲使你叛离安拉的大道。"[③]"你们当中的每一个人都是牧人,每一个牧人都要看管好自己的羊群。"[④]麦瓦尔迪的上述观点,从理论上赋予哈里发以广泛的宗教权力和世俗权力,反映其主张教俗合一权力体制的政治倾向。然而,在麦瓦尔迪生活的时代,哈里发的世俗权力丧失殆尽,哈里发国家名存实亡,其政治理论只能是对于鼎盛时代哈里发制度的历史回顾,而与当时的政治现实大相径庭。[⑤]

逊尼派穆斯林的政治理论不仅阐述了乌玛的思想和哈里发的学说,而且规定了穆斯林的相应义务。穆斯林作为臣民不仅要顺从哈里发的意志,更要遵循沙里亚和安拉的法度。民众顺从哈里发的前提条件,是哈里发的言行符合沙里亚的原则。否则,民众应当放弃对于哈里发的顺从,罢免哈里发的统治权力,直至诉诸暴力手段。因为,《圣训》中有如下内容:"众信士没有顺从罪恶的义务","不可顺从受造者而背离创造者"。[⑥]伊本·穆加法和阿布·尤素夫强调君权至上和臣民绝对顺从的思想,查希兹则反对臣民无条件顺从哈里发的政治倾向。查希兹认为,无论何人,如果缺乏公正的行为,均应予以谴责,而无论何人禁止谴责不公正的行为,均应予以反对;如果统治者恐吓善良,纵容邪恶,偏袒固执,炫耀权势,蔑视民众,欺压臣属,以至于达到背离信仰的程度,穆斯林应当拒绝顺从并予以反抗;无端杀人者应当受到惩罚,即使统治者亦不例外;如果统治者忽视职责,滥用权力,臣民应当终止顺从的义务

---

① Lambton, A.K.S., *State and Government in the Medieval Islam*, p.61, pp.78—79.

② Grunebaum, G.E., *Medieval Islam*, p.159.

③ 《古兰经》,38:26。

④ Lambton, A.K.S., *State and Government in the Medieval Islam*, p.92.

⑤ Schacht, J., *The Legacy of Islam*, pp.411—412.

⑥ Schacht, J., *The Legacy of Islam*, p.161.

并予以谴责,直至罢免统治者。[①]然而,穆斯林臣民终止顺从哈里发的义务,在逊尼派穆斯林的政治理论中仅仅局限于笼统的阐述,缺乏明确的法律条文。相比之下,虽然哈里发必须遵循经训和执行沙里亚,但是何谓违背经训和沙里亚,教法学家却未作具体的规定。因此,臣民终止顺从哈里发的义务,往往只是理论上的虚构和道义上的制约,现实意义微乎其微,而忠君思想则是哈里发时代逊尼派穆斯林政治理论的实质所在。

五、 苏菲主义

苏菲主义的禁欲色彩

"苏菲"一词在阿拉伯语中本意为"羊毛"。苏菲主义倡导禁欲和苦行的生活,其追随者大都身着羊毛粗衣,以示质朴,故得此名。苏菲主义的禁欲倾向,源于《古兰经》的如下启示:"你们欲图今世生活的浮利,但是安拉那里有丰富的福利","你们欲得尘世的浮利,而安拉愿你们得享后世的报酬","你们应当知道:今世生活,只是游戏、娱乐,点缀、矜夸,以财产和子孙的富庶相争胜……在后世,有严厉的刑罚,也有从安拉发出的赦宥和喜悦;今世生活,只是欺骗人的享受"。[②]

苏菲主义是一种由来已久的宗教思潮。倭马亚时代,波斯血统的圣训学家哈桑·巴士里在巴士拉讲学,从者甚多。哈桑·巴士里倡导清贫和宁静的生活方式,强调通过沉思冥想和自我审慎的途径,追求凡人行为与安拉意志的和谐,被后人视作苏菲主义的奠基者。[③]他认为,了解安拉的人必须热爱安拉,了解尘世的人必须抛开尘世;只有放弃尘世的享乐,才能在死后摆脱火狱的刑罚。[④]库法人阿布·哈希姆(?—718)率先奉行上述原则,是第一位获得苏菲称号的穆斯林。

早期的苏菲主义,具有朴素的禁欲倾向,蔑视世俗的荣华富贵,提倡苦修、独身、冥思、节食,主张连续守夜和徒步朝觐。对于苏菲主义的追随者来说,尘世的贫苦、谦卑、忍耐、忏悔、静默,会使自己从永久的惩罚中得到拯救,

---

① Lambton, A.K.S., *State and Government in the Medieval Islam*, p.63.

② 《古兰经》,4:94, 8:67, 57:20。

③ Lapidus, M.A., *A History of Islamic Societies*, p.110.

④ Hourani, A., *A History of the Arab Peoples*, p.73.

进而享受天园的快乐。苏菲主义的禁欲倾向,体现了身居社会下层的穆斯林对统治者奢侈和荒淫的消极反抗。

苏菲主义的神秘思想

阿拔斯时代,苏菲主义在崇尚禁欲和苦行的基础上,吸收新柏拉图主义和印度瑜伽学派等外来思潮的某些内容,逐渐形成颇具神秘色彩的宗教思想,而追求凡人与安拉的合一构成苏菲主义神秘思想的基本准则。

8世纪后期,苏菲主义的神秘思想主要是以神爱论阐述凡人与安拉的关系。根据伊斯兰教的传统观点,安拉是宇宙的主宰,凡人受造于安拉,是安拉的奴仆,因此凡人只有敬畏安拉和顺从安拉。不同于上述的传统观点,苏菲主义的神爱论将安拉视作爱的对象,强调爱是接近安拉的必经之路,凡人与安拉之间唯有爱与被爱的关系。巴士拉人拉比尔·阿德威叶(717—801)曾说:"我崇拜安拉,不是出于畏惧,也不是贪图天园,而是因为喜爱安拉,向往安拉。"①

9世纪初,苏菲主义开始追求凡人与安拉之间的某种直觉和内心的领悟,进而形成神智论的思想。埃及人祖农·米斯里(796—860)认为,人生的目标在于真正认识安拉并且与安拉合而为一,而达到这种境界的途径并非通过智力和理性,只能通过沉思冥想,使自我消失在安拉的神智之中,最终实现人的心灵与安拉之光的沟通。②

9世纪后期,苏菲主义的神秘思想进入泛神论的发展阶段。波斯人比斯塔米(?—874)将佛教的寂灭概念引入伊斯兰教,阐述无我的思想。比斯塔米认为,安拉存在于万物之中,大千世界即是安拉;人生的真谛不仅在于认识安拉,而且要使自身消融于安拉之中,直至丧失自我意识,达到与安拉合一的状态。③继比斯塔米之后,波斯人哈拉智(857—922)发展了苏菲主义的泛神论思想。哈拉智认为,安拉的本体是唯一的实在,大千世界只是幻象;凡人通过精神的修炼和灵魂的升华,最终可以超脱幻象,与安拉的本体合而为一,成为永恒的存在。④哈拉智声称"我就是安拉",并且写有如下的诗句:"他我分彼此,同是一精神;他想我所思,我思他所想";"我即我所爱,所爱即是我。精神分彼此,同寓一躯壳。见我便见他,见他便见我"。⑤哈拉智的观点无疑构

① Schacht, J., *The Legacy of Islam*, p.369.

② Holt, P.M., Lambton, A.K.S. & Lewis, B., *The Cambridge History of Islam*, Vol.2B, p.607.

③ Watt, W.M., *The Majesty That Was Islam*, *the Islamic World 661—1100*, p.189.

④ Schacht, J., *The Legacy of Islam*, p.371.

⑤ Mez, A., *The Renaissance of Islam*, p.301.

成苏菲主义神秘思想的激进部分，然而苏菲主义的泛神论倾向却由此可见一斑。哈拉智于922年被阿拔斯王朝处以磔刑，死后被苏菲派尊为殉道者。[①]

苏菲主义的宗教实践

苏菲主义的宗教实践，最初只是建立在个人基础之上的无组织的信仰方式。自塞尔柱苏丹时代开始，苏菲主义的追随者逐渐出现聚合的倾向，进而在伊斯兰世界各地形成诸多教团组织。

苏菲教团的成员通称德尔维什（源于波斯语，本意为贫民、乞丐），他们根据个人修炼的不同水平，分为若干等级。德尔维什即内心无任何念头的人，言而无语，视而不见，听而不闻，食而无味，无动无静，无喜无忧。每个教团都有称作道堂的宗教中心，也有各自的活动区域。

教团成员的主要功修内容是迪克尔，即时刻纪念安拉，反复赞颂安拉，直至达到无尽无休的程度。[②]迪克尔作为苏菲教团的功修，源于《古兰经》的如下启示："信士们啊！你们应当常常记念安拉，你们应当朝夕赞颂他超绝万物。"[③]迪克尔的念词，包括称作沙哈达的清真言、《古兰经》的启示、赞颂安拉和先知穆罕默德的内容，以及某些具有神秘色彩的苏菲派诗歌和散文。教团成员或高声赞念，修炼肉体，或低声默念，启迪心灵，或伴以和谐悦耳的音乐，或伴以婆娑旋转的舞蹈，种类多样，形式各异。

苏菲教团的首领对于普通成员拥有绝对的权威，教团的创始人则往往被后来者视作圣徒并加以尊崇，由此形成苏菲教团特有的圣墓崇拜。圣墓在阿拉伯语中称作"拱北"，波斯语中称作"麻札"。个别教团常以朝拜圣墓取代朝觐克尔白。[④]

苏菲教团数量繁多，大体分为三个系统。卡迪里教团、苏哈拉迪教团和里法伊教团始建于12世纪，分别以巴格达和巴士拉作为道堂所在，构成苏菲教团中的伊拉克系。13世纪，沙兹里叶教团兴起于突尼斯，巴达维教团兴起于埃及，构成苏菲教团中的非洲系。阿萨维教团、库布拉维教团和契斯提教团分布在中亚和印度诸地，统称苏菲教团中的呼罗珊系。

苏菲主义并非独立的宗教政治派别，只是表现为特定的信仰方式和生活

---

① Hourani, A., *A History of the Arab Peoples*, p.75.

② Lapidus, M.A., *A History of Islamic Societies*, p.110.

③ 《古兰经》,30:17。

④ Mez, A., *The Renaissance of Islam*, p.286, p.293.

画家笔下的苏菲派旋转舞

原则。所谓的苏菲派,泛指追求禁欲生活和神秘信仰的穆斯林,他们中的一些人尊奉什叶派伊斯兰教,而更多的人属于逊尼派伊斯兰教,其政治观点和宗教信条或与什叶派相同,或与逊尼派吻合。苏菲教团改变伊斯兰教以往不在民间传播的习俗,致力于在异教地区的传教事业。中亚、南亚、东南亚和非洲内陆的许多民族,皆因苏菲的布道,相继皈依伊斯兰教。另外,苏菲的传教活动并不诉诸武力,而采取和平的劝说方式,由于其布道对象大都是文化相对落后的民族,因此允许皈依者保留固有的生活习俗,颇为宽容。

六、 伊斯兰教的法学流派

圣训派与意志派

在伊斯兰世界,《古兰经》作为安拉的启示,是规范穆斯林社会行为的基本准则,是阿拉伯人最早的成文法典和伊斯兰教法律制度的原型。《古兰经》

中有数节经文直接涉及法律的内容，然而它们大都只是原则的规定，缺乏具体的条款。《圣训》作为穆斯林尊奉的重要经典，广泛补充《古兰经》所规定的诸多原则，是伊斯兰教法律体系的另一基石。[1]

《古兰经》和《圣训》主要是针对先知穆罕默德时代阿拉伯半岛的特定社会环境，阐述相应的法律，具有明显的局限性。随着阿拉伯人的征服和伊斯兰世界的拓展，诸多法律问题在《古兰经》和《圣训》中无明文可循，只能由各级法官或宗教学者裁决。于是，区域性的教法学派应运而生。

倭马亚时代，圣门弟子及其再传弟子大都生活在希贾兹，尤其是聚集在圣城麦地那。他们在法律的理论和实践方面强调严格遵循《古兰经》的有关启示，广泛参照《圣训》确定的诸多条款，进而形成较为保守的麦地那学派，亦称圣训派。

伊拉克是倭马亚时代伊斯兰世界的另一文化中心，那里的圣门弟子及其再传弟子数量较少，尤其是阿拉伯人与非阿拉伯人以及穆斯林与异教徒杂居生活，法律诉讼颇为繁杂。由于环境的差异，教法学家不得不在没有《古兰经》和《圣训》的明文可凭遵循时，依靠个人的主观判断，广泛采用公议和类比的原则，进而形成教法实践相对自由的库法学派，亦称意志派。

圣训派和意志派的形成，集中体现了伊斯兰教早期法律思想的两种倾向，即对于《古兰经》和《圣训》相关法律原则的具体性遵循抑或抽象性遵循。阿拔斯时代，伊斯兰教的法律制度日臻完善，形成著名的哈奈菲派、马立克派、沙菲仪派和罕百里派四大教法学派。

哈奈菲学派

哈奈菲学派兴起于阿拔斯王朝初期，主要承袭库法的意志派传统，在遵循《古兰经》和审慎参照《圣训》条款的前提下，积极倡导类比和公议的法律原则，是伊斯兰世界最具自由倾向和宽容色彩的法律学派。

哈奈菲学派创始人阿布·哈尼法(699—767)祖籍波斯，生于库法，早年经商，后来师从教法学家哈马德和圣训学家阿米尔以及什叶派第六代伊玛目贾法尔·萨迪克，研读经训，造诣颇深。

阿布·哈尼法强调《圣训》条文的严格选用，主张缩小《圣训》作为司法依据的使用范围。在此基础之上，阿布·哈尼法重视执法者个人意见的价值和

① Gibb, H.A.R., *Studies on the Civilization of Islam*, p.198.

个人判决的必要性，积极倡导公道至上的法学思想，代表了伊斯兰教法学的最高成就。“阿布·哈尼法精通类比并大量使用类比，加之推论的广泛运用和对词义含混的经文的明确解释，为法学权威做出法律决断提供了有力的武器，这对伊斯兰教法产生了巨大的影响。”①

阿布·哈尼法曾在库法和巴格达广招弟子，但是生前并无著述。他的弟子阿布·尤素夫著有《赋税论》一书，较为完整地阐述了阿布·哈尼法的法学观点。②

马立克学派

马立克学派的出现略晚于哈奈菲学派，主要承袭麦地那的圣训派传统，强调遵循“圣训”规定的法律原则，反对执法者依照个人意见进行司法裁决。

马立克学派创始人马立克·艾奈斯(715—795)生于麦地那，曾任麦地那大教长，在圣训学方面极有造诣，将自己的法学体系建立在《圣训》的基石之上。与阿布·哈尼法的明显不同之处在于，马立克·艾奈斯强调《圣训》条文的广泛选用，主张扩大《圣训》作为司法依据的使用范围，积极倡导遵循圣训学家的司法实践，而在采用类比和公议方面持相对审慎和保守的态度。

马立克·艾奈斯著有《圣训易读》一书，收集整理有关法律的《圣训》条文1 700余项，阐述当时盛行于麦地那的各种司法准则，作为马立克学派的教律，是流传至今的最古老的伊斯兰教法学文献。③

沙菲仪学派

沙菲仪学派汲取麦地那学派和库法学派的思想精华，兼重《圣训》条文和公议原则，是颇具中庸色彩的法律学派。

沙菲仪学派创始人穆罕默德·伊德利斯·沙菲仪(767—820)属于古莱西部落，出生于加沙，后移居麦加，继而定居于麦地那，幼年丧父，家境贫寒，曾经长期师从马立克·艾奈斯研习教法，亦谙熟哈奈菲派教法，后在巴格达和弗斯塔特执教。沙菲仪的贡献在于，赋予伊斯兰教法律的传统概念和原则以崭新的含义，系统阐述伊斯兰教的法律渊源，进而形成较为完备的法学思

---

① 艾哈迈德·爱敏:《阿拉伯伊斯兰文化史》，第3册，第183—184页。

② Watt, W.M., *The Majesty That Was Islam, the Islamic World 661—1100*, pp.122—123.

③ Watt, W.M., *The Majesty That Was Islam, the Islamic World 661—1100*, p.123.

想体系。

沙菲仪学派的特点是广泛采用公议的原则，将公议视作最高的司法权威，使公议的裁决由允许使用的方法上升为必须遵行的原则。沙菲仪学派的另一特点，是强调严格的类比推理原则，主张类比的运用必须局限于经训条文未作明确规定的情况下，推理必须依据《古兰经》和《圣训》以及公议所核准的原则予以引申，反对违背上述原则的随意解释。[①]相传，沙菲仪曾经告诫弟子如下："经训是根本。若无经训，可用类比"，"学问的要旨是经训、公议和名言，其次是类比……只有掌握了类比本领，即精通《古兰经》的律例、义务、礼仪、新旧章节的人，才能使用类比；只有对圣训、先人的主张、众人的公议了如指掌，并精通阿拉伯语的人，才可使用类比；只有头脑健全、思维清楚、善解疑难、审慎稳重、不轻易下结论又不拒绝听取不同意见以减少疏忽和增强信心的人，才有资格使用类比。为此，使用类比的人需鞠躬尽瘁，倾全力秉公执法，方知言出何处，所断何因"。[②]

罕百里学派

艾哈迈德·罕百里(780—855)系移居呼罗珊的阿拉伯人后裔，属于舍伊班部落，祖居木鹿，生于巴格达，早年游历各地搜集《圣训》，并且师从沙菲仪研习教法，曾因反对穆尔太齐勒派的"《古兰经》受造说"而遭阿拔斯王朝的监禁。

罕百里学派承袭麦地那学派和马立克学派的法学传统，恪守《古兰经》的字面经文和《圣训》的法律条款，将《古兰经》和《圣训》视作不谬的法学原则，认为理性判断和公议类比不足凭信，故而又称经典派。[③]"罕百里教法的大部分是建立在圣训基础上的。即如果他找到一条正确的圣训，就不再顾及其他；如果找到圣门弟子的一项裁决，就遵照执行；如果发现圣门弟子对律例有多种解释，就择其最符合经训者用之；有时圣门弟子对同一案例有两种不同的裁决，就将两种裁决都传述之；如果只有再传弟子传述的圣训或不大可靠的圣训，他也宁肯选用而不使用类比。总之，不到万不得已，罕百里是不使用类比的。"[④]

---

① Watt, W.M., *The Majesty That Was Islam, the Islamic World 661—1100*, pp.127—128.

② 艾哈迈德·爱敏:《阿拉伯伊斯兰文化史》,第 3 册,第 219 页,第 221 页。

③ Watt, W.M., *The Majesty That Was Islam, the Islamic World 661—1100*, pp.129—130.

④ 艾哈迈德·爱敏:《阿拉伯伊斯兰文化史》,第 3 册,第 231—232 页。

罕百里学派是伊斯兰教法学流派中保守主义的主要代表，具有明显的复古倾向。艾哈迈德·罕百里曾经以其渊博的学识和虔诚的信仰得到穆斯林的广泛崇敬，但是罕百里学派却由于守旧和死板而在伊斯兰世界影响甚微，追随者寥寥无几。

第九章

哈里发时代的伊斯兰文化

一、伊斯兰文化演进的沃土

伊斯兰文化的源头

伊斯兰文化是信奉伊斯兰教的阿拉伯人、波斯人、突厥人、柏柏尔人诸多民族共同创造的文化，由于他们使用阿拉伯语作为文化创造的载体，所以常被称作阿拉伯文化。伊斯兰文化是一种兼容并蓄的复合文化，主要包括三个方面的文化因素：阿拉伯人固有的文化与伊斯兰教、古典时代的希腊文化与罗马文化、古代东方的波斯文化与印度文化。伊斯兰文化的演进，仿佛涓涓溪流汇成滔滔江河一般，长达数百年之久。阿拔斯时代无疑是伊斯兰文化的鼎盛时代，然而伊斯兰文化的源头却要追溯到 7 世纪初的阿拉伯半岛。

哈里发国家发动大规模对外扩张之前，生活在半岛的阿拉伯人多是不识字的文盲，游牧群体尤为如此。①据历史家白拉祖里记载，伊斯兰教诞生初期，麦加的古莱西部落中能书写者只有 17 人，麦地那的奥斯部落和哈兹拉只部落中能书写者只有 11 人。②两座圣城尚且如此，其他地区能书写者更是凤毛麟角。

先知穆罕默德和最初四位哈里发当政期间，麦地那和麦加是伊斯兰世界的两大文化中心。那时的学者主要是阿拉伯血统的圣门弟子，他们大都长于宗教学的研究。例如欧默尔精通教法，被时人誉为“立法的栋梁”；其子阿卜

---

① Ibn Khaldun, *The Muqaddimah*, Vol.3, p.311.

② 艾哈迈德·爱敏：《阿拉伯伊斯兰文化史》，第 1 册，第 149—150 页。

杜拉致力于“圣训”的搜集和研究，可谓圣训学的奠基者；阿卜杜拉·阿拔斯深谙《古兰经》，是经注学的创始人，有“经典诠释的宗师”之美称；栽德·萨比特能够背诵全部《古兰经》，曾经受阿布·伯克尔和奥斯曼的委托，两次主持整理和汇集《古兰经》，并且在诵经学方面颇具权威。圣门弟子中阿拉伯人居多的状态，导致纯粹阿拉伯风格的文化在伊斯兰世界中占主导地位。

伊斯兰文化的早期外来元素

倭马亚时代，圣门弟子相继去世，再传弟子成为伊斯兰文化的主要代表，伊拉克的巴士拉和库法逐渐取代希贾兹的麦地那和麦加，成为新的文化中心。再传弟子中固然不乏阿拉伯人，但是异族血统的穆斯林日渐增多，其中一些学者在伊斯兰世界闻名遐迩。相比之下，阿拉伯血统的再传弟子则大为逊色。

随着伊斯兰教的广泛传播和再传弟子中异族穆斯林的增多，非阿拉伯风格的文化倾向在伊斯兰世界日趋显见。许多犹太人和基督徒改奉伊斯兰教以后，往往根据《圣经》中的相关传说诠释《古兰经》中的某些启示，从而形成“基督教式与以色列式”的经注学。[1]例如，犹太血统的穆斯林阿卜杜拉·赛兰在诠释《古兰经》中关于安拉创世的启示时写道：“安拉于礼拜日开始创造宇宙万物，礼拜日和礼拜一造化地面，礼拜二和礼拜三造化粮食和山岩，礼拜四和礼拜五造化诸天，到了礼拜五的最后一个时辰，才忙着把阿丹造化出来，末日天地的毁灭，就是发生在造化阿丹的这个时辰。”[2]诸如此类的《古兰经》诠释比比皆是，不胜枚举，且在穆斯林中传播甚广，影响极大。

希腊哲学博大精深，堪称西方古典文化的精髓。倭马亚时代，许多穆斯林学者对希腊哲学颇有研究，试图借鉴希腊哲学的逻辑推导和理性思辨的原则论证伊斯兰教信仰，探讨诸如安拉的本体与其属性的关系、安拉前定与自由意志的关系以及宇宙观、认识论等神学命题和哲学命题，进而形成穆斯林特有的宗教哲学体系即教义学。

另外，拉丁语及希腊语与阿拉伯语的法学术语颇多相似，体现了地中海古典世界的法学思想和法律概念对于伊斯兰教法的广泛影响；基督教中关于救世主的概念，则应是什叶派伊斯兰教马赫迪思想的原型。

---

① Ibn Khaldun, *The Muqaddimah*, Vol.2, p.445.

② 艾哈迈德·爱敏：《阿拉伯伊斯兰文化史》，第 1 册，第 168 页。

百年翻译运动

阿拉伯人的征服、哈里发国家的统治、社会结构的变化、诸多民族的融合、伊斯兰教的传播和阿拉伯语的流行，无疑构成伊斯兰文化演进的深层背景。阿拔斯王朝前期长达百年之久的翻译运动，则为伊斯兰世界“智力的觉醒”提供了重要的条件。

历代哈里发大都奉行较为宽容的宗教政策，积极倡导翻译非伊斯兰教的典籍文献。曼苏尔不仅以建造巴格达著称于世，而且酷爱学术，尤其对异族文化情有独钟，命人将波斯语的医学典籍、梵语的天文学典籍和希腊语的数学典籍译成阿拉伯语，首开阿拔斯时代百年翻译运动的先河。

马蒙当政期间是百年翻译运动的鼎盛阶段，巴格达、军迪沙浦尔、亚历山大、豪兰、安条克、爱德萨和奈绥宾成为伊斯兰世界文献典籍的翻译中心。830年，马蒙耗资20万第纳尔，在巴格达建立综合性的学术机构，名为智慧宫，包括翻译局、图书馆和科学院，重金聘请穆斯林学者和非穆斯林学者从事翻译和著述。阿拔斯王朝前期最负盛名的翻译家侯奈因·伊斯哈格(809—873)，是阿拉伯血统的景教徒，精通希腊语，曾经将柏拉图的《理想国》，亚里士多德的《范畴篇》《物理学》和《伦理学》，盖伦和希波克拉底的全部医学著作以及《圣经·旧约》译成阿拉伯语。据说，马蒙依照侯奈因·伊斯哈格译著的重量，付以等量的黄金作为报酬。[①]另一著名的翻译家萨比特·古赖(836—901)，是豪兰的萨比教徒，以翻译数学和天文学典籍而著称，其子嗣三代数人皆在翻译领域颇有建树。

广泛的翻译运动使内容丰富的异教文化逐渐植根于伊斯兰世界的沃土，亦使穆斯林学者得以博采众长，而翻译的过程本身往往包含着文化的创造。自9世纪中叶起，阿拔斯哈里发国家趋于解体，伊斯兰文化却开始进入日渐繁荣的黄金时代，异彩纷呈，成就斐然。

二、 伊斯兰世界的文化成就

文　学

阿拉伯人擅长诗歌，诗歌是阿拉伯人最重要的文学体裁。查希里叶时

① Watt, W.M., *The Majesty That Was Islam, the Islamic World 661—1100*, p.135.

代，各个部落的诗人往往汇聚在欧卡兹集市，举行赛诗会。那时的诗歌，分为称作麦格图阿的短诗和称作格绥达的长诗。诗歌的内容，主要是夸耀部落的高贵谱系、称颂部落的征战业绩、思念情侣和诽谤仇敌。①麦加克尔白神殿墙壁上的七首"悬诗"，被视为阿拉伯诗歌的精品，代表了查希里叶时代阿拉伯诗歌创作的最高成就。②

伊斯兰教诞生初期，宗教的炽热情感和圣战的狂潮使阿拉伯人似乎忘却了自己的诗歌，诗人的地位急剧下降。倭马亚王朝建立后，诗歌创作再度兴盛。在希贾兹的两座圣城，歌舞升平，娱乐成风，爱情诗颇为盛行。麦加人欧默尔·阿比·拉比尔（？—712）出身于古莱西部落的麦赫朱姆氏族，家境殷实，相貌俊美，几乎将一生倾注在爱河之中。其诗作在形式上打破了古体诗的传统格局，语言清新明快，长于叙事，富于激情，放荡不羁，玩世不恭，被西方人称作"阿拉伯的奥维德"。贾米勒（？—701）属于欧兹拉部落，出生于麦地那，钟爱本部落的女子卜赛娜，却未能结成良缘，所作长诗表达了其柏拉图式的恋爱心理，语言朴实而不乏柔情，后来曾被谱成歌曲，在民间广为吟唱。

"肥沃的新月地带"是阿拉伯人权力角逐的舞台，政治斗争成为诗歌创作的重要素材。艾赫泰勒（640—710）、法拉兹德格（640—728）和贾里尔（653—733）长于政治诗，号称"文学三杰"。艾赫泰勒系塔格里布部落的基督教徒，后来移居大马士革，成为哈里发的宫廷诗人，赞颂倭马亚家族的高贵血统和辉煌政绩。相传，艾赫泰勒由于嗜酒如命，始终不肯皈依伊斯兰教。艾赫泰勒的诗作选材广泛，想象丰富，观察敏锐，描写细腻，生动记述了倭马亚王朝前期的政治情况。法拉兹德格和贾里尔均属于塔米姆部落。其中，法拉兹德格出生于巴士拉，少年随父学诗，青年时崭露头角，常以刻薄的语言讥诮达官贵人，后入大马士革，为哈里发歌功颂德。其诗作语言丰富，气势宏大，颇有贝都因人的粗犷风格。贾里尔出生于叶麻麦的贝都因家庭，天资聪颖，自幼擅长赋诗，后来移居巴士拉，曾在大马士革效力于倭马亚哈里发。其诗作继承了查希里叶时代阿拉伯诗歌的风格，对沙漠旷野和游牧生活独具情感，称赞贝都因人的侠肝义胆、辞藻华美，风格婉约。③

阿拔斯王朝前期，阿拉伯人传统的诗歌风格在伊斯兰世界仍然占据主导

---

① Ibn Khaldun, *The Muqaddimah*, Vol.2, p.402.

② Ibn Khaldun, *The Muqaddimah*, Vol.3, p.410.

③ Watt, W.M., *The Majesty That Was Islam, the Islamic World 661—1100*, pp.90—91.

地位。阿布·泰马姆(788—845)出身叙利亚的基督教家庭,后来改奉伊斯兰教,马蒙和穆尔台绥姆当政期间曾是巴格达哈里发的宫廷诗人。阿布·泰马姆深受希腊哲学思想的影响,所作诗歌大都取材于宫廷轶事,沿袭阿拉伯古诗风格,语言纯正,辞藻华丽,富于哲理,寓意颇深。阿布·泰马姆还曾编选诗集多部,其中《穆法德勒诗选》和《坚贞诗集》收录自查希里叶时代至阿拔斯王朝前期阿拉伯人的诗歌佳作800余首,流传至今。

由于异族文化的广泛影响,阿拔斯时代伊斯兰世界的诗歌创作开始突破阿拉伯古诗风格的界限,新的诗歌形式渐趋盛行。阿布·努瓦斯(757—814)生于波斯南部的胡齐斯坦,曾在伊拉克求学,通晓经训和诗律,后来博得哈伦和艾敏的赏识,成为宫廷诗人。阿布·努瓦斯长于情诗和酒诗,格律严谨,内容诙谐生动;其情诗自由奔放,极富情感,酒诗色彩绚丽,构思奇特。阿布·努瓦斯在生活方面反对禁欲苦行,鼓吹尽情享乐,在艺术方面反对因循守旧,刻意追求新颖,是当时新诗创作的杰出代表。阿拔斯王朝前期新诗创作的另一代表人物阿布·阿塔希叶(748—825),出身伊拉克的麦瓦利家庭,早年境况寒微,后来成为巴格达的宫廷诗人,曾经钟爱马赫迪后宫的侍女欧特白,常赋诗抒发情感,并且一度因此事而身陷囹圄。哈伦当政期间,阿布·阿塔希叶放弃哈里发赐予的高额年俸和奢侈豪华的宫廷生活,追随苏菲主义,隐居苦修。阿布·阿塔希叶的前期诗作取材于巴格达的宫廷生活,多为情诗和颂诗,后期诗作取材于隐居苦修的生活经历,颇具苏菲主义的神秘思想和悲观厌世的浓厚色彩。①阿布·阿塔希叶曾被后人誉为"阿拉伯宗教诗之父",其诗作的生活观与阿布·努瓦斯的享乐主义形成鲜明的对比。

阿拔斯王朝中期,最著名的诗人是穆泰奈比(915—968)。穆泰奈比出身于库法的阿拉伯人家庭,信奉什叶派伊斯兰教,曾因参与卡尔马特派的起义而遭监禁。948年,穆泰奈比来到叙利亚北部的阿勒颇,在赛弗·道莱的宫廷创作诗歌。后来,穆泰奈比游历开罗、巴格达和设拉子,直至死于盗匪的袭击。他的诗作取材于颠沛流离的生活,其中80余首是献给赛弗·道莱的精品,隐喻微妙,风格夸张,富于伊斯兰哲理,对后来的诗歌发展影响甚大。②叙利亚的阿布·阿拉·麦阿里(973—1057)是略晚于穆泰奈比的另一著名诗人,出身于塔努赫部落,幼年因患天花,双目失明,后来辗转各地求学,深受穆

---

① Watt, W.M., *The Majesty That Was Islam, the Islamic World 661—1100*, p.148.

② Hourani, A., *A History of the Arab Peoples*, p.51.

尔太齐勒派影响，崇尚理性，直到1009年返回家乡，素食隐居，专心著述。麦阿里的诗作《燧火》，记述了其坎坷的身世，抒发了思念亲人和探索人生真谛的内心情感。长诗《作茧集》反映了麦阿里对于宇宙、社会、宗教和人生诸多问题的一系列观点，富有哲理性和思辨倾向，麦阿里因此被誉为“诗人中的哲圣，哲人中的诗圣”。

散文是阿拉伯文学的另一重要的体裁形式。伊斯兰教的经典《古兰经》，风格质朴，语言简洁，气势宏伟，意境奇妙，抑扬顿挫，娓娓动听，堪称阿拉伯散文的典范佳作，甚至西方的基督教学者亦对《古兰经》的文学价值多有称道。①

阿拔斯时代，刻意追求辞藻华丽和风格优雅成为伊斯兰世界的文学时尚，具有波斯文学之浓厚色彩的艺术散文逐渐风行。伊本·穆加法生于伊朗南部的法尔斯省，原系波斯血统的琐罗亚斯德教徒，阿拔斯王朝建立后改奉伊斯兰教，756年被曼苏尔以“伪信者”的罪名处死。伊本·穆加法自幼受到良好的教育，博览群书，著述颇丰，曾经将印度的梵语典籍《五卷书》从古波斯语译成阿拉伯语，并且按照时人的习俗和情趣，予以改编和加工，取名《卡里莱和迪木乃》。该书以狮、猴、牛、狐、鼠、鱼等数十种动物作为角色，包括60余个故事，其中半数系伊本·穆加法增添的内容；卡里莱和迪木乃是两只狐狸的名字，分别代表善的形象与恶的形象。伊本·穆加法在该书的前言中提及作者的四个目的：第一，用没有理智的禽兽间的对话作为题材，是为了吸引喜爱诙谐故事的少年人；第二，用各种动物的思想影射帝王的内心世界，借此规劝他们的行为；第三，用动物的形象作为体裁，投合帝王和民间的喜好，让众人口授笔录，流传后世；第四，向帝王提出忠谏，也使百姓明辨是非。②该书以动

《卡里莱和迪木乃》插图

① Schacht, J., *The Legacy of Islam*, p.321.

② 艾哈迈德·爱敏：《阿拉伯伊斯兰文化史》，朱凯、史希同译，纳忠审校，商务印书馆1990年版，第2册，第203页。

物界比喻人类社会，阐述作者的伦理观念和处世准则以及改革社会和治理国家的政治抱负，想象丰富，寓意深刻，颇具诱人的魅力，开创了伊斯兰世界艺术散文的先河，并且对后世的文学发展产生了深远的影响。[①]

查希兹本名为阿布·奥斯曼·阿姆尔·巴赫尔，是巴士拉的黑奴后裔，曾经游历各地，阅历甚广，谙熟阿拉伯文化、希腊文化和波斯文化，著述多达数百种，但大都散佚，传世的主要著作是《动物志》。[②]该书依据亚里士多德的动物学著作，取材于各种动物的分布和特性，采用"养鸡人"与"养狗人"之间争论的形式，穿插大量的故事传说和经训典故。《古兰经》的许多章节以动物作为名称，如"黄牛""牲畜""蜜蜂""蚂蚁""蜘蛛""象"，并且提及动物的奥妙和对人类的益处。查希兹在"动物志"中声称，该书的写作目的是通过描述动物来显示安拉的智慧和威力，进而阐明宗教哲理。查希兹在《动物志》中还曾讲述自己的写作方法："从《古兰经》的启示到名言警句，从名言警句到史料，从史料到诗歌，从诗歌到趣闻，从趣闻到格言、戒律和教训，人们都可以读到。训诫部分最沉闷，令人生厌，故而需要幽默、戏谑，讲些笑话以及并不荒诞的神话"，"在进入正题之前，我们将会读到很多佳句妙语，以引起思绪和注入活力……假如不是有人要求学、有人要写书，我就不会在书中对他们这样循循善诱，这样小心翼翼，就不需要做这么冗长的铺陈和大量的解释了"。[③]查希兹继承和发展了伊本·穆加法艺术散文的写作风格，《动物志》堪称阿拔斯时代伊斯兰文坛的瑰宝，备受后人推崇。

《一千零一夜》插图(一)

① Hourani, A., *A History of the Arab Peoples*, p.51.

② Hourani, A., *A History of the Arab Peoples*, p.52.

③ 艾哈迈德·爱敏:《阿拉伯伊斯兰文化史》,第 2 册,第 372 页。

《一千零一夜》插图(二)

脍炙人口的文学名著《一千零一夜》(即《天方夜谭》),最初取材于波斯故事集《海扎尔·阿弗纳萨》(意为一千个故事),后来增加阿拔斯时代巴格达的宫廷秘史和伊拉克的传闻轶事,又补充来自马木路克时代的埃及民间故事。该书原系说书人在民间口传,10世纪时由巴格达人海什尔里整理,是最早的版本。15世纪,《一千零一夜》在埃及最后定型。相传,古代的一位国王,名山鲁亚尔,因王后不忠,将其处死,但仍不解心头之恨,于是每晚娶一少女,次日天明杀之,延续数年,百姓惊恐万状,纷纷携家眷出逃。宰相之女山鲁佐德为拯救无辜姐妹,自愿进宫,陪伴国王,讲述故事,扣人心弦,意犹不尽,长达一千零一个夜晚,终于滴水穿石,感化国王,令国王痛改前非。《一千零一夜》一书由此得名。该书包括神话传说、宫廷轶闻、航海历险、名人趣事,所涉人物上至哈里发,下至庶民,构思奇妙,情节曲折,语言优美,塑造对象千姿百态,通过怪诞不经的题材、挥洒豪放的艺术手法和神秘莫测的东方色彩,生动地展示了哈里发时代伊斯兰世界社会生活的斑斓画面。①

艺 术

阿拉伯音乐起源于贝都因人的游牧生活,最早的韵律是赶驼者按照骆驼行进的节奏吟唱的曲调。查希里叶时代,出现了商旅驼队吟唱的民谣,多神崇拜的祭祀仪式往往也伴以相应的颂歌。

伊斯兰教鄙视音乐,认为歌唱是魔鬼的行为,迷恋歌唱会使人背离信仰和误入歧途。然而,倭马亚时代宗教情感淡薄,娱乐成风。在希贾兹的两座

① Schacht, J., *The Legacy of Islam*, pp.336—337.

圣城，云集着来自叙利亚和伊拉克的歌手，吟唱拜占庭和波斯的歌曲。[①]麦加的黑人歌手赛义德·米斯哲哈曾经在叙利亚和伊拉克学习拜占庭音乐和波斯音乐，将阿拉伯诗歌按照波斯人的旋律谱成曲调，可谓伊斯兰音乐的开山祖师。[②]继赛义德·米斯哲哈之后，伊斯兰世界的乐坛出现四位著名歌手。伊本·苏拉吉系突厥人，曾经师从赛义德·米斯哲哈学习音乐，相传伊本·苏拉吉将波斯琵琶引入希贾兹，并且首先使用乐鞭指挥演奏。盖立德系柏柏尔人，曾经向伊本·苏拉吉学习音乐，后来成为名声大噪的歌手。伊本·穆哈拉兹系波斯人，被誉为阿拉伯的响板手。麦尔巴德系非洲黑人，曾在大马士革的宫廷演唱歌曲，备受哈里发的恩宠。麦地那的歌妓迦米拉，堪称希贾兹乐坛的佼佼者。阿拉伯人原有的乐器，主要是手鼓、长笛、芦管和皮面琵琶。倭马亚时代，波斯的板面琵琶和木制笠笛等许多乐器相继传入。倭马亚王朝的哈里发和达官贵人大都效仿波斯风习，经常举办歌舞晚会。[③]

阿拔斯时代，乐坛歌手层出不穷，音乐成为巴格达人乐此不疲的谈论话题。[④]马赫迪当政期间，麦加人谢雅图和摩苏尔人伊卜拉欣颇具音乐天赋。据说，谢雅图的歌声比洗热水澡更能使发冷的人感到温暖，伊卜拉欣竟然在指挥数十名乐手演奏琵琶的时候发现其中一人的第二根琴弦拉得不够紧。后来，伊卜拉欣成为哈伦的清客，受到哈里发的礼遇，经常得到数额可观的赏赐。穆哈里格曾经师从伊卜拉欣学习音乐，是哈伦当政期间的宫廷歌手。一个夜晚，穆哈里格在底格里斯河边引吭高歌，无数听众纷至沓来，聆听他的美妙歌声，人们手中的火炬，使整个巴格达通明如昼。阿拔斯时代，穆斯林将音乐视作数学的分支，将希腊语的音乐著作译成阿拉伯语，进而发展了伊斯兰世界的音乐理论。[⑤]巴格达的音乐家伊斯哈格·伊卜拉欣·摩绥里撰写数部著作，总结音乐理论和创作实践，论述旋律和节奏的构成。[⑥]著名学者法拉比深入探讨了音乐的结构、曲调和节奏，所撰写的《音乐大全》和《节奏分类法》，被时人视为音乐理论的权威之作，并对西方音乐产生一定的影响。[⑦]伊斯哈格·伊卜拉欣·摩绥里的仆人奇尔雅卜曾经在巴格达乐坛名噪一时，后流落

---

① Ibn Khaldun, *The Muqaddimah*, Vol.2, p.402, p.404.

② Schacht, J., *The Legacy of Islam*, p.495.

③ Ibn Khaldun, *The Muqaddimah*, Vol.2, p.404, p.396.

④⑥ Ibn Khaldun, *The Muqaddimah*, Vol.2, p.404.

⑤ Ibn Khaldun, *The Muqaddimah*, Vol.3, p.112.

⑦ Ahmad, K.J., *Heritage of Islam*, pp.196—197.

安达卢斯，备受后倭马亚王朝埃米尔哈卡姆·希沙姆的青睐，直至入住埃米尔的宫廷，每日为埃米尔吟唱。①

伊斯兰教反对绘制人和动物的画像。相传，先知穆罕默德曾说："复生日在真主面前，遭受烈刑者当为画有生命之物的像的画家"，"谁在今世绘制有生命之物的像，在复生日那人将被迫为其所画之像注入生命，而他是无法注入生命的"。当然，宗教规定与现实生活往往不尽一致。伊斯兰教禁止饮酒，却有许多穆斯林酗酒成性。伊斯兰教鄙视音乐，却有许多穆斯林沉溺于歌舞之中。同样，伊斯兰教反对绘像，却无法杜绝穆斯林中的某些人欣赏和绘制各种动物的图像和人像的行为。倭马亚时代的著名建筑阿木赖宫，内有许多出自异教徒之手的精美壁画。阿拔斯王朝的哈里发穆尔台绥姆于836年营建萨马拉时，招募基督徒画匠用裸体人像和狩猎场面的壁画装饰新都的内宫。穆台瓦基勒当政期间，哈里发聘请的拜占庭画匠甚至将基督教堂和僧侣的图案画在萨马拉的内宫墙壁。②但是，经训的规定毕竟限制着穆斯林绘制图像的行为，伊斯兰教的清真寺始终不允许使用任何有生命的形象装饰殿堂。

穆斯林长期遵循经训的教诲，崇尚书法艺术，誊抄《古兰经》蔚然成风。由于绘画内容的诸多限制，穆斯林大都在书法领域尽情显露自己的艺术才华。他们不断汲取异族和异教的绘画技巧，将自然的美感融会于书法艺术之中，使书法艺术达到炉火纯青的境界。伊斯兰教诞生之初，皮革是最重要的书写材料。麦地那时代，库法体阿拉伯文颇为盛行。库法体古朴方正，棱角清晰，线条粗犷，近似于汉字中的篆书。奥斯曼当政期间确定版本的《古兰经》，便是用库法体誊抄。倭马亚时代，纳斯赫体阿拉伯文逐渐取代库法体，风行伊斯兰世界。纳斯赫体盘曲流畅，便于手写，近似汉字中的行书。迪瓦尼体字间聚散分明，字形委婉多姿，近似汉字中的楷书，主要用于公文的书写。苏勒斯体又称三分体，宛若几何图案，字形复杂，字体雍容华贵，近似汉字中的草书，多用于装饰性的文字书写。

生活在阿拉伯半岛的贝都因人最初并无严格意义的建筑可言。流动的帐篷是他们的宅居，浩瀚的旷野是他们的庙宇，无垠的沙丘是他们的坟墓。倭马亚时代，阿拉伯人初别自己的故土，对于沙漠生活尚有特殊的情感。哈

---

① Ibn Khaldun, *The Muqaddimah*, Vol.2, p.405.

② Ahmad, K.J., *Heritage of Islam*, pp.209—210.

里发似乎并不喜欢喧嚣的大马士革,而是偏爱静谧的去处。他们大都隐匿在叙利亚沙漠的边缘地带,建造行宫。这些行宫或者位于罗马要塞的废墟,或者仿照拜占庭和波斯的建筑风格。马立克曾在叙利亚沙漠的西南侧建造穆瓦盖尔宫(荣誉宫),其子韦里德二世在穆瓦盖尔宫附近的罗马要塞遗址建造穆斯塔勒宫(堡宫)和阿兹拉格宫(蓝宫)。著名的穆沙塔宫(冬宫)位于上述行宫附近,用石块做建筑材料,是贝都因人沙漠建筑的杰作。整个建筑呈正方形,围墙环绕四周,围墙两侧筑有塔楼,正门两侧亦各有塔楼,巨大的水池位于庭院的中央,主殿和寝宫依次排列在水池的后面。寝宫的顶部呈三个半圆形,寝宫两侧各有筒形穹窿,采用波斯风格的尖形弓架结构。主殿内墙有许多壁龛和侧柱,与后来清真寺的殿内装饰如出一辙。阿木赖宫位于死海北端,建于韦里德一世当政期间,用红色石灰石做建筑材料,包括主殿和辅厅。主殿的顶部是三个筒形穹窿,外面的光线由筒形穹窿的六个窗口射入殿内。辅厅的屋顶各呈筒形穹窿、十字穹窿和三角穹窿,内设浴室和排水设备。主殿的正面墙壁画有哈里发的肖像,侧面墙壁是六个异族君王的画像,其中包括罗马的独裁者恺撒、波斯皇帝胡斯洛、埃塞俄比亚的阿克苏姆国王尼加斯、西班牙的西哥特国王罗德里克。其余墙壁以及辅厅亦有许多精美的壁画,包括竞技、狩猎的场面和裸体女人的肖像,波斯的艺术风格和拜占庭的绘画技巧尽显于壁画之中。①

宗教建筑历来是建筑艺术的典型佳作。遍布各地的清真寺堪称伊斯兰世界的标志性建筑,清真寺建筑风格的演变过程则是阿拉伯人传统文化风格与被征服地区异族异教艺术时尚渐趋融汇的缩影。

清真寺在阿拉伯语中称作麦斯只德,意为穆斯林礼拜的场所,殿堂和浴室是清真寺的基本要素。根据《古兰经》的相关启示,麦加的克尔白应是最古老的清真寺。麦地那的先知清真寺始建于622年,代表早期伊斯兰时代朴实无华的建筑风格。先知清真寺最初是一处长50余米、宽40余米的长方形院落,院内用石块铺地,院墙用土坯砌成,礼拜殿用枣椰树干做梁柱,用枣椰树枝和泥巴盖顶,并无任何装饰。先知穆罕默德曾经将一棵枣椰树的根部固定在殿内前部的地上作为讲台(阿拉伯语中称作敏白尔),后来改用柽柳木制成讲台,并且设置三级阶梯。②伴随着哈里发国家的扩张,先知清真寺的建筑风

---

① Holt, P.M., Lambton, A.K.S. & Lewis, B., *The Cambridge History of Islam*, Vol.2B, p.706.

② Schacht, J., *The Legacy of Islam*, p.249.

格逐渐传入被阿拉伯人征服的广大地区。在伊拉克,始建于638年前后的巴士拉清真寺和库法清真寺,均为长方形的露天院落,院落的四周最初是芦苇编制的篱笆,后来改用土坯砌墙,茅草盖顶。在北非,弗斯塔特的阿慕尔清真寺始建于642年,凯鲁万的欧格白清真寺始建于670年,其建筑风格亦与麦地那的先知清真寺大体相同。

倭马亚时代,在被征服地区异族异教艺术时尚的影响下,清真寺的建筑风格发生变化。穆斯林模仿基督教堂的供坛,首先在麦地那的先知清真寺殿内正墙增设凹壁(阿拉伯语中称作米哈拉卜),用来指示礼拜的朝向,其他诸地的清真寺于是竞相效法。穆斯林还模仿叙利亚原有的望楼和基督教堂的高塔。在清真寺的院墙增设宣礼塔(阿拉伯语中称作米宰纳)。伊拉克总督齐亚德·阿比希曾在巴士拉清真寺增设七座宣礼塔,埃及总督麦斯莱麦·穆哈拉德于672年在弗斯塔特的阿慕尔清真寺四角增设四座宣礼塔,韦里德一世当政期间的希贾兹总督欧默尔亦曾在麦地那的先知清真寺增设宣礼塔。叙利亚的宣礼塔往往采用石块建造,呈四方形。埃及的宣礼塔多由泥砖砌成,建筑风格与亚历山大的著名灯塔颇为相似。在伊拉克,建于阿拔斯时代的萨马拉清真寺,其宣礼塔模仿古巴比伦的庙塔,分为七级,代表日月和金、木、水、火、土五大行星。①

马立克当政期间,在耶路撒冷建造萨赫莱清真寺,意在与阿卜杜拉·祖拜尔及其控制的希贾兹两座圣城分庭抗礼。萨赫莱在阿拉伯语中意为岩石,萨赫莱清真寺因此亦称岩石清真寺或磐石上的圆顶寺。该寺呈八角形,每边长约20米,高9.5米,墙壁用石块砌成,上面为一巨大的圆顶,由许多方柱和圆柱支撑。据说,萨赫莱清真寺的圆顶,系模仿布斯拉的大教堂和耶路撒冷的圣陵教堂建造。圆顶的表面和八角檐梁镶嵌着彩色的瓷砖,并且刻有精美的库法体《古兰经》经文。圆顶之下陈放着著名的圣石,长宽各约10余米。相传,先知穆罕默德于622年徙志前夕的一个夜晚踏此圣石登宵,遨游仙界。萨赫莱清真寺建成以后,巨型圆顶和镶嵌细工的建筑风格被穆斯林广为效仿,成为后世清真寺的重要特征。阿克萨在阿拉伯语中意为遥远,阿克萨清真寺亦称远寺,建于韦里德一世当政期间,是耶路撒冷的另一座著名的清真寺。该寺殿内有大理石圆柱53根,方柱49根,规模宏大,气势壮观。韦里德一世还曾在大马士革基督教圣约翰大教堂的原址(前身是罗马时代的朱庇特

① Holt, P.M., Lambton, A.K.S. & Lewis, B., *The Cambridge History of Islam*, Vol.2B, p.704.

神庙）建造清真寺，名为倭马亚清真寺。哈里发征集拜占庭、埃及、波斯、印度的工匠设计建造，历时数年，耗资 1 200 万迪尔罕。倭马亚清真寺的正面是高 10 余米的罗马式拱门，拱门两侧各有圆柱，柱顶呈皇冠形状；门内是正方形的露天院落，用瓷砖铺地，庭院的四墙是彩色的镶嵌壁画；主殿用石块砌成，长 136 米，宽 37 米，殿内墙壁和圆柱均用大理石和金银镶嵌，顶部呈圆形，正墙有四个半圆形大理石凹壁。穆斯林保留了圣约翰大教堂南侧原有的两座方形尖塔，并在倭马亚清真寺北侧增设一座更高的宣礼塔。[1]耶路撒冷的萨赫莱清真寺、阿克萨清真寺和大马士革的倭马亚清真寺，明显不同于麦地那的先知清真寺以及巴士拉、库法、弗斯塔特、凯鲁万等地最初建造的清真寺，体现了阿拉伯人的建筑风格与异族异教艺术时尚的完美结合。

大马士革倭马亚清真寺礼拜殿

阿拔斯时代，伊斯兰世界的建筑艺术日臻成熟。巴格达的绿圆顶宫、萨马拉的巴尔库瓦拉宫、科尔多瓦的阿萨哈拉宫以及萨马拉清真寺、科尔多瓦

① Holt, P.M., Lambton, A.K.S. & Lewis, B., *The Cambridge History of Islam*, Vol.2B, p.705.

清真寺、菲斯的卡拉维因清真寺、弗斯塔特的伊本·土伦清真寺、开罗的爱资哈尔清真寺,皆可称作伊斯兰建筑艺术的瑰宝。

历史学

伊斯兰世界的历史学起源于圣训学的研究,最早研究历史的穆斯林皆为造诣极深的圣训学家,最初的历史著作主要是追寻阿拉伯人的历史,考证《圣训》中提及的诸多内容,如阿拉伯人的谱系、查希里叶时代的传说、先知穆罕默德的生平、历次圣战的始末。阿拔斯王朝建立以前穆斯林编写的历史著作大都失传已久,只有断章残篇散见于后世的著述之中。波斯血统的也门人瓦赫卜·穆奈比(?—728)原奉犹太教,后来改宗伊斯兰教,成为圣训学家,对于先知穆罕默德的生平经历颇有研究,但其著述大都未能传世。瓦赫卜·穆奈比所写《希米叶尔诸王史》一书虽然侥幸保存至今,内容却多有失实之处,不足凭信。

阿拔斯王朝建立以后,伊斯兰世界的历史学不再只是考证《圣训》,逐渐成为独立的学科。然而,在阿拔斯王朝初期,历史学家的视野依旧局限于阿拉伯人的范围。

伊本·伊斯哈格(704—768)全名穆罕默德·伊斯哈格·叶萨尔,祖籍伊拉克的艾因·塔姆尔,生于麦地那,曾经应曼苏尔的邀请在巴格达搜集圣训和从事著述,所著《先知传》是第一部全面记述先知穆罕默德的生平经历的历史著作。该书分为三部分:序幕部分叙述伊斯兰教诞生前诸先知和古代阿拉伯人的历史,起因部分叙述先知穆罕默德的身世和在麦加传教的经历,圣战部分叙述先知穆罕默德在麦地那的境况和此间圣战的过程。①

伊本·希沙姆(?—834)全名阿卜杜勒·马立克·希沙姆,祖籍巴士拉,另著《先知传》。该书以伊本·伊斯哈格的《先知传》作为蓝本,同时进行较大的删改和订正。伊本·希沙姆声称:“本书以易卜拉欣之子伊斯马仪为开篇,将涉及上自伊斯马仪下至先知穆罕默德的直系宗嗣的历史。为了概括起见,对伊斯马仪的其他子孙一概不提。关于先知穆罕默德的生平,伊本·伊斯哈格虽有记载,但先知穆罕默德没有提及,或《古兰经》中没有提到,或与本书无关的注释、证据,或那些不为诗人所知的诗,以及一些有争议的事或未经证实的传述等,一概弃之不用。除此之外,我将详加传述或引用。”②基于上述原

---

① Watt, W.M., *The Majesty That Was Islam, the Islamic World 661—1100*, p.145.

② 艾哈迈德·爱敏:《阿拉伯伊斯兰文化史》,第3册,第327页。

则，伊本·希沙姆删除伊本·伊斯哈格所著《先知传》中自阿丹至易卜拉欣诸先知的历史、伊斯马仪后裔中先知穆罕默德世系之外其他分支的历史、古莱西部落之外其他部落的信仰，等等。伊本·伊斯哈格的《先知传》原书已经失传，但其中主要内容已由伊本·希沙姆的《先知传》转述。与伊本·伊斯哈格的《先知传》相比，伊本·希沙姆的《先知传》更为翔实，也更为可信，是后来历代学者研究先知穆罕默德的主要依据。

瓦基迪(747—823)全名穆罕默德·欧默尔·瓦基迪，生于麦地那，后移居巴格达，与巴尔麦克家族交往甚密，长期从事圣训学和圣战史的研究，著有《圣战史》《叙利亚的征服》《埃及的征服》《波斯的征服》和《非洲的征服》等书，其中以《圣战史》最负盛名，被誉为"伊斯兰圣战史学的长老"。"他的各种著作：圣战史、圣门弟子和再传弟子的传记、先知的生平及先知在世时和去世后的重大历史事件的史料，以及教法、各派的圣训等，随着驼队传播到各地。"[①] 瓦基迪治学严谨，考订年代较为精确，甚至逐个探寻圣门弟子阵亡后的墓地。其著作具有珍贵的史料价值，被后世研究者广为引用。[②]

白拉祖里(820—892)全名艾哈迈德·叶赫亚·贾比尔·白拉祖里，祖籍波斯，生于巴格达。所著《诸国征服记》一书，采用编年体的形式，记述麦地那哈里发时代和倭马亚时代阿拉伯人的征服进程，兼及征服期间哈里发国家的经济社会状况和各个省区的历史。白拉祖里是把征服各城市和各地方的许多故事合并成一个整体的第一人；在他之前，编写历史的人都是采取专论的形式。白拉祖里的另一著作《贵族的谱系》，采用传记体的形式，记述先知穆罕默德的生平经历和主要的阿拉伯部族的历史变迁，并且提供了有关倭马亚社会和哈瓦立及派活动的丰富史料。[③]

自9世纪末期开始，历史学家的视野逐渐从阿拉伯人的历史扩展到其他穆斯林民族的历史，直至探寻伊斯兰世界周边地区各民族的历史，历史著作的编纂随之进入崭新的阶段。

泰伯里(839—923)本名穆罕默德·贾里尔，出生于里海南岸的泰伯里斯坦。泰伯里长期游历伊朗、伊拉克、叙利亚、埃及和阿拉伯半岛各地，深谙东方古代的历史文化和典章制度，善于鉴别史料的真伪，长于驾驭史实的脉络。

---

① 艾哈迈德·爱敏：《阿拉伯伊斯兰文化史》，第3册，第331页。

② Ahmad, K.J., *Heritage of Islam*, pp.83—84.

③ Ahmad, K.J., *Heritage of Islam*, pp.84—85.

泰伯里所著《历代先知与君王史》独辟蹊径，突破以往历史著述的狭隘界限，改变前辈仅仅着眼于先知穆罕默德生平和圣战始末的编纂传统，将当时穆斯林所知的世界视作一个整体，是伊斯兰世界的第一部规模宏大的通史巨著。该书卷帙浩繁，原稿长达 6 万余页，现存的版本分为 13 册，7 500 余页，由上下两编组成。上编从创世开始，自阿丹和伊卜拉欣等传说时代诸位先知的生平经历，至查希里叶时代的阿拉伯人以及波斯人、罗马人、犹太人诸民族的古代社会状况。下编自先知穆罕默德的生平经历开始，记述哈里发国家的演变过程，至 914 年结束。该书采用追溯传述线索的传统方法，详细考证各种史料，取材精审，是伊斯兰编年史的典范。[①]泰伯里"采用圣训学家的方法，在叙述一个事件时，列举多种传说，让读者自己从中选择最佳的传述"。[②]

麦斯欧迪(912—957)全名阿布·哈桑·阿里·侯赛因·麦斯欧迪，生于巴格达。麦斯欧迪博闻强记，游历甚广，足迹遍及叙利亚、埃及、巴勒斯坦、阿塞拜疆、伊朗、中亚、南亚和东非诸地。麦斯欧迪所著《黄金草原与珠玑宝藏》，亦译作《金牧场》，原书 30 巨册，但是大都遗失，只有四卷本的摘要流传至今。第一卷包括远古时代，记述埃及、巴比伦、亚述、巴勒斯坦、印度、中国、希腊、罗马、拜占庭的历史和宗教，所录史料颇为珍贵，其中一章曾经提及唐朝末年的黄巢起义。第二卷记述伊斯兰教诞生前夕的阿拉伯半岛及其周边地区的历史，以及先知穆罕默德生平经历和麦地那哈里发国家的兴衰。第三卷记述倭马亚王朝和阿拔斯王朝初期的历史。第四卷始于马蒙即位，止于 947 年。麦斯欧迪声称："本书以时间为序，分门别类记述事实。首先涉及的是地球的地貌、高山、深壑、海洋、河流，丰富的矿藏、城市的奇迹，接着我们记述远古帝王、民族的故事……接下的一卷，我们遵循年代追溯以往的历史。多年来，我们远足旅行，跋山涉水，浪迹天涯，观察、思考、比较，以了解各民族的掌故，探求各地区的风情。呼罗珊、亚美尼亚、阿塞拜疆、伊拉克、沙姆地区无不留下我们的足迹。"[③]该书在伊斯兰世界首创纪事本末的编纂体例，虽然通篇形似零散琐碎，有如满盘珠玑，却慧眼独识，可于其中窥见全貌。麦斯欧迪在伊斯兰世界被誉为"史学的伊玛目"，西方学者则将麦斯欧迪称作"阿拉伯世界的希罗多德和普林尼"。[④]

---

① Ahmad, K.J., *Heritage of Islam*, pp.86—87.

② 艾哈迈德·爱敏：《阿拉伯伊斯兰文化史》，第 5 册，第 184 页。

③ 艾哈迈德·爱敏：《阿拉伯伊斯兰文化史》，第 5 册，第 186 页。

④ Ahmad, K.J., *Heritage of Islam*, p.88.

伊本·阿西尔(1160—1234)本名阿布·哈桑·阿里·穆罕默德·谢巴尼,生于伊拉克北部。伊本·阿西尔所著《历史大全》,上自创世伊始,下至1231年,记述波斯和拜占庭的历史、查希里叶时代的阿拉伯社会、先知穆罕默德的生平、伊斯兰教的传播、哈里发国家的兴衰。其中关于西班牙和马格里布的内容颇为珍贵,引用史料翔实可靠,备受后人的推崇。该书撷取前人著述的精华,补其所缺,弃其所短,史料准确,文笔流畅,堪称史学名著。伊本·阿西尔所处的时代,正值十字军东侵和蒙古西征,作者目睹伊斯兰世界遭受的空前浩劫,故而对此记述颇多。①伊本·阿西尔被西方学者称作“十字军战史家”,《历史大全》中关于蒙古西征的记述则为法国学者多桑所著“蒙古史”屡屡选录。

伊本·赫勒敦(1332—1406)是西班牙阿拉伯人的后裔,长期生活于马格里布地区。伊本·赫勒敦所著《历史大全》,上起远古祖先,下至当代,包括阿拉伯人、柏柏尔人、波斯人、希腊人和罗马人诸民族的历史。伊本·赫勒敦的《历史大全》并未局限于叙述历史现象,着重分析自然环境与人类社会、游牧世界与定居社会、部落制度与国家秩序、物质生产与文化生活之相互之间的逻辑联系,强调历史进程的内在规律。②伊本·赫勒敦认为,宗教是推动人类从野蛮向文明过渡的关键因素,每个民族的历史均表现为诞生、成长、鼎盛、衰败和灭亡之周而复始的循环过程。③伊本·赫勒敦在历史哲学方面独树一帜,被后人誉为“中世纪最伟大的历史学家”。④

哲　学

伊斯兰世界的哲学,包括经院哲学、苏菲哲学和新哲学。其中经院哲学旨在探讨安拉的本体及其属性等一系列教义学命题,苏菲哲学的核心思想在于探讨俗人与安拉的关系,前文已有陈述。伊斯兰世界的新哲学脱胎于伊斯兰教的神学,其目的在于论证伊斯兰教的合理性。另一方面,伊斯兰世界的新哲学承袭柏拉图、亚里士多德、毕达哥拉斯和新柏拉图主义的传统,崇尚理性,强调思辨,与希腊哲学颇多相似之处。相对于经院哲学和苏菲哲学而言,伊斯兰世界的新哲学较多论及宇宙观和认识论方面的命题。

---

① Ahmad, K.J., *Heritage of Islam*, p.90.

② Schacht, J., *The Legacy of Islam*, pp.328—329.

③ Lambton, A.K.S., *State and Government in the Medieval Islam*, pp.160—161.

④ Ahmad, K.J., *Heritage of Islam*, pp.94—95.

阿拔斯时代，伊斯兰世界新哲学的发展大体经历两个阶段，研究中心亦由东方渐趋西移。肯迪(796—873)本名阿布·尤素夫·叶尔孤卜·伊斯哈格·萨巴赫·肯迪，祖籍阿拉伯半岛南部，生于库法，曾被誉为"阿拉伯哲学的先驱"。肯迪深受亚里士多德、毕达哥拉斯和新柏拉图主义的影响，注重自然哲学的研究，极力使希腊哲学融会于伊斯兰教之中。[①]在宇宙观方面，肯迪认为，安拉作为永恒的精神，以"流溢"的形式创造万物，并且通过若干媒介间接作用于万物；万物之间并不是孤立地存在，而是具有因果联系，相互依存；物质先于形式，各种物质借助于不同的形式而得以相互区别。在认识论方面，肯迪认为，人的认识或来自感官，或来自理性；来自感官的认识局限于事物的外在形式，即形而下的世界，来自理性的认识则延伸至事物的内在实质，即形而上的世界。肯迪还认为，人的灵魂介于安拉与物质世界之间，来自永恒精神的"流溢"；灵魂虽然附着于肉体，却是独立于肉体的存在，人死后，其灵魂离开肉体，归向安拉。[②]

法拉比(874—950)本名阿布·奈斯尔·穆罕默德·穆罕默德·泰尔罕·法拉比，生于中亚的法拉布附近，其父是波斯人，其母是突厥人。法拉比不仅承袭古代希腊的哲学传统和肯迪的哲学思想，而且深受苏菲主义神秘思想的影响。法拉比认为，安拉是永恒不变的第一存在，宇宙现象始于安拉的"流溢"，万物的形式蕴涵于安拉的本体之中；"流溢"过程的起点是作为最高精神的安拉，终点是人的精神；自安拉"流溢"的外部世界包括土、水、火、空气诸种物质，运动和变化是物质的特性。法拉比认为，人具有认识外部世界的能力，感官的认识与理性的认识具有内在的联系；认识开始于感官的认识，最终上升到理性的认识，从而达到认识的目的。法拉比还认为，人的灵魂并非独立于肉体的存在，而是与肉体具有密切的联系；人死后，其灵魂回归永恒的宇宙灵魂。[③]"法拉比是突厥学派哲学的奠基人，其哲学体系融汇柏拉图和亚里士多德的古典世俗哲学思想与苏菲主义的神秘学说。"[④]法拉比深谙亚里士多德的著作，被誉为继亚里士多德之后的"第二导师"和"伊斯兰东方最伟大的哲学权威"。

伊本·西那(980—1037)全名阿布·阿里·侯赛因·阿卜杜拉·西那，

---

① Watt, W.M., *The Majesty That Was Islam, the Islamic World 661—1100*, p.137.

② Ahmad, K.J., *Heritage of Islam*, pp.286—287.

③ Holt, P.M., Lambton, A.K.S. & Lewis, B., *The Cambridge History of Islam*, vol.2B, pp.795—797.

④ Ahmad, K.J., *Heritage of Islam*, p.287.

西方人称之为阿维森纳,生于中亚的布哈拉。伊本·西那认为,安拉作为创造者,首先创造"原初理性",继而"流溢"天地万物。伊本·西那认为,"一般"具有三种存在形式:"一般"作为理念,存在于安拉的本体,先于个别事物而存在;"一般"作为个别事物的本质,与个别事物同存;"一般"作为概念,后于个别事物而存在。换言之,安拉的理念先于个别事物,人的理性后于个别事物。①伊本·西那承袭法拉比的哲学思想,主张"双重真理论",即建立在启示基础上的信仰与建立在理性基础上的哲学并不相悖,皆为真理。②

自肯迪开始经法拉比直至伊本·西那所系统阐述的伊斯兰世界新哲学,旨在借助古代希腊的哲学思想论证伊斯兰教的信仰。肯迪率先将亚里士多德的学说和新柏拉图主义引入伊斯兰世界,伊本·西那则最终完成希腊哲学与伊斯兰教的融会过程。相比之下,12世纪出现在西班牙的伊斯兰世界新哲学,却极力实现哲学与宗教的分离,其诸多思想尽管未能被大多数穆斯林所接受,但是在基督教欧洲影响甚广。

伊本·巴哲(1082—1138)全名阿布·伯克尔·穆罕默德·叶赫亚·巴哲,西方人称之为阿维帕格,生于西班牙的萨拉戈萨,长期在塞维利亚和马格里布的菲斯从事著述。伊本·巴哲认为,安拉的能动理性"流溢"天地万物,物质处于永恒运动的状态,理性是物质存在的最高形式。伊本·巴哲强调科学和哲学是认识自然界的唯一途径,是沟通人与安拉的能动理性之间相互联系的桥梁;人通过灵魂认识世界,认识的过程是由个别到一般、由特称到全称、由物质的世界到理念的世界。伊本·巴哲认为,人只有具备理性思维的能力,只有掌握科学和哲学,才能成为真正意义的人。③

伊本·图菲利(1100—1185)全名阿布·伯克尔·穆罕默德·阿卜杜勒·马立克·穆罕默德·图菲利,西方人称之为亚勒巴瑟,生于西班牙的格拉纳达,后移居马格里布的马拉喀什。伊本·图菲利认为,安拉的理念是世界的本原,天地万物皆系安拉的理念的"流溢";人的认识包括直观认识和理性认识,人可以在不借助天启的条件下,通过直观认识的不断积累,实现理性认识,直至获得对于宇宙和安拉的全部认识。④

伊本·鲁世德(1126—1198)全名穆罕默德·艾哈迈德·穆罕默德·鲁

---

① Holt, P.M., Lambton, A.K.S. & Lewis, B., *The Cambridge History of Islam*, Vol.2B, pp.805—806.

② Hourani, A., *A History of the Arab Peoples*, pp.172—173.

③ Ahmad, K.J., *Heritage of Islam*, p.293.

④ Holt, P.M., Lambton, A.K.S. & Lewis, B., *The Cambridge History of Islam*, vol.2B, pp.816—817.

世德，西方人称之为阿维罗伊，生于西班牙的科尔多瓦，后来在马拉喀什、塞维利亚和科尔多瓦等地著述和讲学。伊本·鲁世德在伊本·巴哲和伊本·图菲利的基础上，进一步发展了哲学的世俗倾向。伊本·鲁世德承认安拉是无始的最高存在和世界的第一推动者，同时强调物质和运动及其固有规律的永恒性，强调物质与其外在形式的统一性和不可分割性，尤其否认“无中生有”和“先有而后无”的传统神学观念。①伊本·鲁世德认为，灵魂并非独立于肉体的存在，而是与肉体不可分离，灵魂将随肉体的死亡而消失。②伊本·鲁世德发展了伊本·西那的“双重真理论”，强调哲学与宗教的不悖性和理性与天启的不悖性，认为宗教的真理来源于天启，具有象征性和寓意的形式，是对世人的训诫和约束世人行为的规范，而哲学的真理来自理性和思辨，是真理的最高形式。伊本·鲁世德甚至认为，哲学的论证高于宗教的信条，声称“相信宗教的人不应当惧怕哲学的不同论断”。③

天文学

天文学的前身是占星术。自古以来，阿拉伯人便对天象颇感兴趣，往往根据星宿的变化判断气候，预卜吉凶。阿拔斯王朝建立以后，印度学者拜尔赫姆卡特所著的天文学典籍“西德罕塔”和罗马时代亚历山大学者托勒密的著作《天文学大全》相继被译成阿拉伯文，穆斯林随之开始对天文学的研究。《西德罕塔》的翻译者穆罕默德·伊卜拉欣·法扎里(？—796)，成为伊斯兰世界的第一位天文学家。④

马蒙当政期间，阿拔斯王朝在首都巴格达和撒马尔罕、内沙浦尔、军迪沙浦尔、设拉子、拉卡、大马士革、弗斯塔特等地设置有天文台，借助于浑天仪、天象仪、象限仪、天球仪、地球仪、星盘等各种较为精密的仪器观测天体运动。马蒙曾经命天文学家在幼发拉底河上游的辛贾尔平原与叙利亚的帕尔米拉之间实地测量子午线一度的距离，据此推算地球的直径和周长的数值。⑤

花拉子密(780—850)全名穆罕默德·穆萨·花拉子密，西方人称之为阿

---

① Schacht, J., *The Legacy of Islam*, p.357.

② Ahmad, K.J., *Heritage of Islam*, p.292.

③ Hourani, A., *A History of the Arab Peoples*, pp.174—175.

④ Ahmad, K.J., *Heritage of Islam*, p.36.

⑤ Schacht, J., *The Legacy of Islam*, p.478.

阿拉伯天文学家

尔戈利兹姆，生于中亚的花剌子模。花拉子密汲取印度、波斯、希腊和罗马天文历算的成就，参照新的观测资料，编制“花拉子密历表”，是为伊斯兰世界的第一部天文历表。该表后来被译成拉丁文，在基督教欧洲广泛流传，成为西方人编制天文历表的蓝本。①

白塔尼(850—929)全名穆罕默德·贾比尔·希南·哈拉尼，西方人称之为阿尔巴特尼乌斯，是继花拉子密之后伊斯兰世界又一杰出的天文学家。白塔尼生于美索不达米亚北部的哈兰，原系萨比教徒，后来改奉伊斯兰教，曾在拉卡的天文台观测天象长达40余年，被誉为“阿拉伯世界的托勒密”。白塔尼在希腊天文学理论的基础之上，根据长期的天体观测，运用精确的数学计算和严密的逻辑推理，编制“恒星表”(亦称“萨比天文历表”)。白塔尼改进了

① Schacht, J., *The Legacy of Islam*, pp.478—479.

天体运行的计算方法，所得数值的精确度超过前人，其在天文学领域的突出贡献是发现地球的近日点运动，即地球运行的轨道呈经常变化的椭圆。白塔尼还在“恒星表”中引用《古兰经》关于太阳和月亮按其轨道运行的经文，依照天文观测的事实予以解释，进而证明安拉创造天地万物的伟大。如同“花拉子密历表”一样，白塔尼的“恒星表”亦被译成拉丁文，对基督教欧洲的天文学影响甚大，曾经被哥白尼和拉普拉斯等人多次引用。①

阿布·瓦法(940—998)生于呼罗珊的布兹占，曾在巴格达从事天文学研究和天象观测，主持建造用于观测星体的象限仪台。阿布·瓦法将三角学的正切函数和余切函数应用于天象的观测，最早发现月球运行的“二均差”，即月球的中心差和出差在朔望和上下弦以及弦望之间皆有盈缩的偏差。阿布·瓦法的这一发现，曾被误认为是600年后文艺复兴时期丹麦天文学家第谷·布拉赫的功绩。阿布·瓦法还对地球呈球体形状的传统观点进行科学论证，提出地球绕太阳运行的假说，进而纠正了托勒密“地球中心说”的错误理论。②

比鲁尼(973—1048)全名阿布·拉哈尼·穆罕默德·艾哈迈德·比鲁尼，生于中亚的花剌子模，曾在加兹尼王朝苏丹马哈茂德和麦斯欧德的庇护下从事学术研究，著述颇丰。所著“麦斯欧德的天文学与占星学原理”，总结穆斯林在天文学领域的研究成果，论证地球自转的理论和地球绕太阳公转的学说，并且对地球的经度和纬度加以缜密的测量，堪称伊

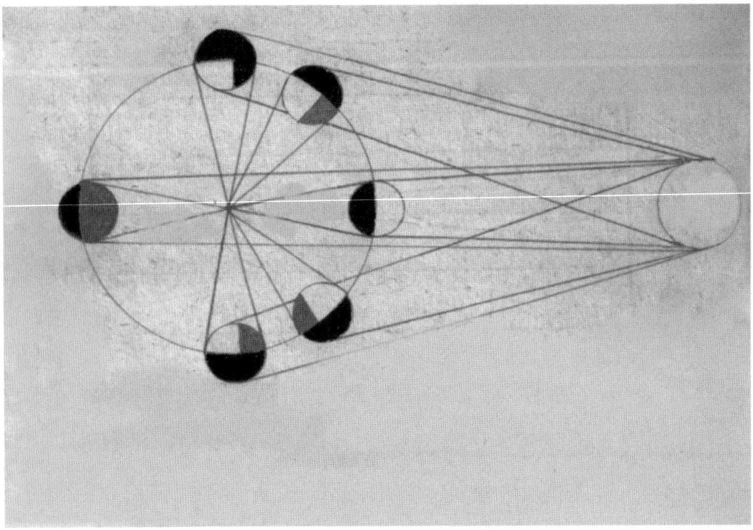
比鲁尼天文学手稿

① Schacht, J., *The Legacy of Islam*, p.479.
② Ahmad, K.J., *Heritage of Islam*, p.41.

斯兰世界的天文学百科全书。[①]

欧默尔·赫亚姆(1040—1123)生于呼罗珊的内沙浦尔,曾在塞尔柱苏丹马立克沙的庇护下主持天象观测。欧默尔·赫亚姆参与编订的太阳历称作"哲拉里历",根据这种历法,平年为 365 天,闰年增设 1 日即 366 天,每 128 年中设闰年 31 次。当时在基督教欧洲流行的格里哥利历每积 3 330 年便相差 1 日,"哲拉里历"则积 5 000 年方差 1 日。[②]

数　学

数学是自然科学的基础,尤其与天文学具有密切的关系。伴随着伊斯兰世界天文学的发展,穆斯林在数学领域取得了巨大的成就。异族异教典籍文献的翻译,是伊斯兰世界数学研究的起点。

曼苏尔当政期间,穆罕默德·伊卜拉欣·法扎里在翻译印度天文学典籍《西德罕塔》的过程中,将印度的数字符号和十进位法介绍到伊斯兰世界。在此基础之上,花拉子密系统阐述了印度数字和十进位法的种种优点,如 10 个数码可以组成所有的数字,零的符号可以用来填补多位数中个位、十位、百位等数字的空白,书写和运算也极为便捷。在花拉子密之后,印度的数字符号和十进位法在伊斯兰世界得以推广。花拉子密的著作被译成拉丁文后,印度的数字符号传入基督教欧洲,西方人称这种数字为阿拉伯数字。希腊数学亦是阿拉伯数学的主要来源。阿拔斯王朝初期,欧几里德、托勒密、亚里士多德和阿基米德的著作被译成阿拉伯文,成为阿拉伯数学研究的起点。[③]

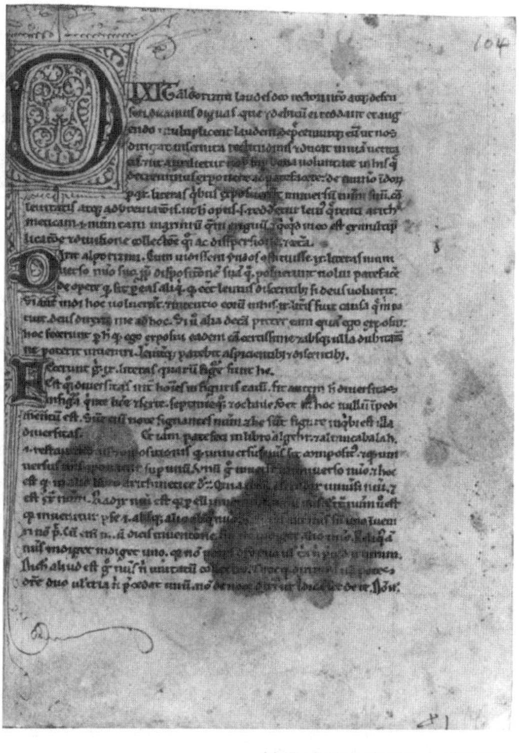

被译成拉丁文的"十进位制"

① Ahmad, K.J., *Heritage of Islam*, p.42.

② Ahmad, K.J., *Heritage of Islam*, p.43.

③ Ahmad, K.J., *Heritage of Islam*, p.47.

许多著名的天文学家,同时也是杰出的数学家。花拉子密不仅在天文学领域颇具贡献,而且在数学领域成就斐然,所著《积分与方程的计算》(亦译《还原与对消的科学》)一书,论证解一次方程和二次方程的基本方法以及求二次方根的计算公式,提出代数、已知数、未知数、根、移项、并项、无理数诸多概念,从而使代数学发展为数学的基本分支。拉丁文及现代西方文字中的代数学,便系该书之"还原"一词的音译。花拉子密论证的解方程的两种基本方法,即还原和对消,对西方数学产生很大的影响,直至演变为现代数学中常用的代数运算法则移项与合并同类项。①花拉子密因此被后人誉为"代数学之父"。

阿布·瓦法在三角学方面极有造诣,尤其是论证弦、切、割之间的函数关系,确定三角学计算公式和三角函数表,从而使三角学开始脱离天文学,逐渐成为数学的分支。欧默尔·赫亚姆著有《代数》一书,着重研究一次方程的解法和多次方程根的几何作图法,系统阐述采用圆锥曲线求根的理论,并且采用圆锥曲线交割的方法解三次方程,奠定了解析几何的重要基础。②

化学与物理学

化学起源于炼金术,寻找点金石和金丹以求获得黄金,导致最初的化学实验。从古希腊人的模糊思辨到穆斯林学者的具体实验,是阿拔斯时代的伊斯兰世界在化学领域的重大进步。

曾被誉为"阿拉伯化学之父"的贾比尔·哈彦(720—815),早年师从什叶派第六代伊玛目贾法尔·萨迪克,后任巴格达哈里发的宫廷御医。贾比尔·哈彦认为,从宇宙灵魂到天地万物乃是流溢生成的过程,相互之间存在着和谐与统一。③基于上述理论,贾比尔·哈彦认为,所有的金属皆为硫与汞相结合的产物,不同的金属可以通过特定的媒介实现相互的转化,金属的贵贱之分取决于硫与汞的含量差异,铁、铜、铅等可以通过汞作为媒介转化为黄金。在实验方面,贾比尔·哈彦论证了燃烧和还原两种基本的化学过程,改进了蒸馏、过滤、结晶、熔化、升华等实验手段,制成硫酸、硝酸、氧化汞、硫化汞、氢氧化钠等化合物,进而修正了亚里士多德关于金属由火、土、水、空气四种要

① Schacht, J., *The Legacy of Islam*, pp.466—467.

② Ahmad, K.J., *Heritage of Islam*, p.50, p.54, p.53.

③ Schacht, J., *The Legacy of Islam*, p.444.

素构成的学说。贾比尔·哈彦的化学著作自14世纪传入欧洲，译成多种文字，影响广泛，直至18世纪被近代化学理论取代。①

伊本·海赛姆(965—1039)生于巴士拉，曾在开罗的科学馆从事研究，在光学领域颇有建树。伊本·海赛姆研究人眼的构造和功能，否定古希腊学者关于人借助于眼球发出的光线观察物体的传统理论，阐述视觉产生于光线冲击的学说，论证物体光线的反射定律和折射定律。伊本·海赛姆以其卓越的学识，成为古希腊学者欧几里得与近代学者开普勒之间1 800余年中光学领域最重要的人物，曾被誉为"光学之父"。②

医　学

伊斯兰世界的医学理论，主要来源于古代希腊以及波斯、印度医学典籍的翻译和研究。穆斯林学者并没有从根本上触动古代医学的理论体系，却在长期的医学实践过程中极大地丰富了诊断和治疗的诸多技术。

穆台瓦基勒当政期间，哈里发的宫廷御医阿里·赛海勒·拉班·泰伯里根据希腊和印度的医学理论，写成《智慧的乐园》一书，是为伊斯兰世界最早的医学纲要。③

拉齐(865—925)全名阿布·伯克尔·穆罕默德·宰克里亚·拉齐，生于伊朗的莱伊，曾在萨曼王朝和阿拔斯哈里发的庇护下行医，并从事著述。拉齐所著《曼苏尔医书》《医学集成》和《天花与麻疹》，皆被译成拉丁文，在基督教欧洲长期被视为医学领域的经典作品。《曼苏尔

阿拉伯外科学手稿

① Ahmad, K.J., *Heritage of Islam*, pp.17—18.

② Holt, P.M., Lambton, A.K.S. & Lewis, B., *The Cambridge History of Islam*, Vol.2B, p.755.

③ Holt, P.M., Lambton, A.K.S. & Lewis, B., *The Cambridge History of Islam*, Vol.2B, p.769.

阿维森纳手稿

医书》论及解剖学、生理学、皮肤病、热病、毒物、诊断和治疗各个方面，颇有见地。《医学集成》系统阐述了希腊、波斯、印度的医学理论和伊斯兰世界的医学成就，堪称医学领域的百科全书。《天花与麻疹》是有史以来关于天花、麻疹两种疾病的第一部专门性著作，在传染病的诊断和治疗方面影响甚大。①

伊本·西那，西方人称之为阿维森纳，不仅在哲学领域颇负盛名，而且精通医学，所著《医典》一书广泛继承了古代世界的医学遗产，全面总结了穆斯林学者在医学实践过程中取得的丰硕成果。伊本·西那首次将疾病划分为内科、外科、脑科、胸科、精神、眼科和妇产科，系统论述各种疾病的病理症状和诊断治疗方法，强调养生、药物和手术兼施并用。《医典》一书代表了古典伊斯兰世界医学领域的最高成就，伊本·西那被后人誉为“医学之王”。②

---

① Holt, P.M., Lambton, A.K.S. & Lewis, B., *The Cambridge History of Islam*, Vol.2B, p.770.

② Holt, P.M., Lambton, A.K.S. & Lewis, B., *The Cambridge History of Islam*, Vol.2B, p.773.

• “十三五”国家重点出版物出版规划项目 •

A History of the Middle East

中东史

（中）

哈全安 著

上海社会科学院出版社
SHANGHAI ACADEMY OF SOCIAL SCIENCES PRESS

目录

前言　自然环境与历史长河 / 1
一、高原大漠与山川河谷 / 1
二、源远流长的古代文明 / 5
三、一神信仰的宗教传统 / 17
四、伊斯兰时代的帝国历程 / 19
五、色彩斑斓的民族国家 / 21
六、近代以来的国际舞台与地缘政治 / 34

第一章　阿拉伯人的古代历史 / 1
一、阿拉伯半岛与阿拉伯人 / 1
“阿拉伯人的岛屿” / 1
阿拉伯人的生活方式 / 2
阿拉伯人的谱系 / 6
二、古代阿拉伯人的文明雏形 / 8
米奈—赛伯邑人 / 8
希米叶尔人 / 10
皮特拉与帕尔米拉 / 12
加萨尼人、莱赫米人与肯德人 / 14
三、查希里叶时代的阿拉伯社会 / 17
部落与氏族 / 17
“阿拉伯人的日子” / 23
麦加与古莱西部落 / 26
四、前伊斯兰时代阿拉伯人的宗教习俗 / 33
“敬事许多神灵” / 33
外来的信仰 / 36
一神崇拜的宗教端倪 / 36

第二章　伊斯兰文明的诞生 / 38
一、先知穆罕默德在麦加 / 38
先知穆罕默德的早年经历 / 38
“盖德尔夜晚” / 40
麦加时期的启示 / 41
伊斯兰教的皈依者 / 45

古莱西人的抵制 / 47
麦加的险境 / 50
麦加时期伊斯兰教的社会性质 / 51
二、先知穆罕默德在麦地那 / 56
叶斯里卜 / 56
阿喀巴誓约 / 57
“升宵” / 58
徙志 / 60
麦地那宪章 / 62
圣战的起因 / 64
挑战麦加的古莱西人 / 65
围剿麦地那绿洲的犹太人 / 69
讨伐贝都因人 / 72
先知穆罕默德重返麦加 / 73
从侯奈因之战到“代表团之年” / 75
辞朝 / 77
三、伊斯兰文明的初步确立 / 79
教俗合一国家体制的奠基 / 79
财产关系的私有原则 / 84
个体家庭的婚姻形态 / 85
信仰的认同与社会的聚合 / 86
责任与义务 / 89
迁士与辅士 / 89
土地关系的国有原则 / 91

第三章　麦地那哈里发国家的浮沉 / 96
一、阿布·伯克尔与平息“里达”的战争 / 96
“赛基法会议” / 96
作为首任哈里发的阿布·伯克尔 / 98
“里达”的平息 / 99
“里达”风波的历史内涵 / 101
平息“里达”的战争与阿拉伯半岛的统一 / 103
二、麦地那哈里发国家的扩张 / 105

原因解读与背景分析 / 105
叙利亚的征服 / 110
埃及的征服 / 113
伊拉克的征服 / 117
伊朗的征服 / 119
征服进程的区域差异 / 120
三、麦地那哈里发国家的政治走向 / 121
宗教色彩的共和政体 / 121
哈里发欧默尔 / 123
共和政体的危机 / 126
奥斯曼之死 / 129
阿里与最初的内战 / 131

第四章　大马士革的倭马亚王朝 / 136
一、穆阿威叶的时代 / 136
从希贾兹到叙利亚 / 136
穆阿威叶的治国风格 / 137
穆阿威叶时代的圣战 / 140
君主制的奠基 / 141
二、从内战的平息到君主制的强化 / 142
内战再起 / 142
马立克即位 / 145
君主制的强化 / 146
三、新的征服 / 150
东部战场 / 150
西部战场 / 152
北方的攻势 / 154
四、阿拔斯派的兴起 / 155
阿拔斯人的涉足政坛 / 155
“归权先知家族”的政治原则 / 157
从库法到呼罗珊 / 158
五、倭马亚王朝的覆灭 / 161
矛盾与危机 / 161

阿布·穆斯林与来自呼罗珊的黑色旗帜 / 163
阿拔斯派运动的性质 / 166

第五章 巴格达的阿拔斯王朝 / 170
一、走向鼎盛 / 170
政治基础的转换与政治重心的东移 / 170
从平息反叛到排斥异己 / 171
新都巴格达 / 174
从马赫迪到哈迪 / 175
哈伦盛世 / 177
内战与秩序的重建 / 180
二、集权政治的膨胀 / 182
哈里发与宫廷政治 / 182
维齐尔与官僚政治 / 183
行政区划与地方治理 / 185
驿道与驿站 / 187
军队与将领 / 187
哈里发集权统治的特质 / 188
三、衰落的起点 / 189
外籍新军的崛起 / 189
哈里发权力的式微 / 191
四、群雄逐鹿 / 193
伊斯兰世界的分裂:自然环境与社会背景 / 193
西班牙的后倭马亚王朝 / 195
马格里布诸王朝 / 197
尼罗河流域的突厥君主——土伦王朝与伊赫希德王朝 / 199
埃及的什叶派政权——法蒂玛王朝 / 201
从阿尤布王朝到马木路克王朝 / 205
塔希尔王朝与东部分裂的先河 / 209
伊朗高原的波斯人政权——萨法尔王朝与萨曼王朝 / 210
加兹尼王朝与突厥君主马哈茂德 / 212
白益王公与波斯什叶派政权 / 214

库尔德人与贝都因人 / 215
五、穷途末路 / 218
塞尔柱人称雄西亚 / 218
阿拔斯王朝的倾覆 / 221

第六章　哈里发时代中东的经济制度与经济生活 / 223
一、封建主义的土地关系 / 223
国家土地所有制 / 223
赋税与地租 / 225
地产与农民 / 227
二、农作区域与农业生产 / 233
农作区域 / 233
农作物 / 236
水利灌溉与耕作技术 / 240
三、手工业与商业 / 242
手工业 / 242
商业 / 245

第七章　哈里发时代中东的社会变迁 / 249
一、迁徙与交往 / 249
阿拉伯人的迁徙 / 249
倭马亚时代的社会交往 / 251
二、阿萨比叶 / 255
阿萨比叶的由来 / 255
阿萨比叶的类型 / 257
阿萨比叶的淡去 / 262
三、麦瓦利 / 264
麦瓦利的内涵 / 264
麦瓦利的社会地位 / 265
权利与义务的失衡 / 266
四、阿拔斯时代的穆斯林社会 / 268
民族关系 / 268

教派关系 / 269
五、吉玛人 / 270
从“有经典的人”到吉玛人 / 270
吉玛人的起源 / 271
信仰差异与社会对立 / 274
吉玛人的经济地位 / 276
吉玛人的分布 / 278
宽容与歧视 / 279
六、奴隶 / 283
伊斯兰教与奴隶制 / 283
奴隶的来源与用途 / 284
七、城市 / 287
城市的起源 / 287
城市的分布 / 290
城市的格局 / 292
八、时尚习俗与社会生活 / 293
时尚 / 293
习俗 / 294
娱乐 / 297
节日 / 298
教育 / 299

第八章　哈里发时代伊斯兰教的发展 / 300
一、哈瓦立及派的兴衰 / 300
教派分歧的根源 / 300
哈瓦立及派的由来 / 300
哈瓦立及派的政治理念与宗教思想 / 301
哈瓦立及派的分支 / 303
二、什叶派的演变 / 305
什叶派的缘起 / 305
什叶派的宗教政治理论 / 307
什叶派的分支 / 311

三、逊尼派思想体系的确立／317
逊尼派的内涵／317
穆尔吉叶派／318
盖德里叶派与贾卜里叶派／319
穆尔太齐勒派／320
从艾什尔里到安萨里／322
四、逊尼派伊斯兰教的宗教政治理论／324
宗教权力与世俗权力／324
乌玛与沙里亚／324
哈里发的学说／325
五、苏菲主义／329
苏菲主义的禁欲色彩／329
苏菲主义的神秘思想／330
苏菲主义的宗教实践／331
六、伊斯兰教的法学流派／332
圣训派与意志派／332
哈奈菲学派／333
马立克学派／334
沙菲仪学派／334
罕百里学派／335

第九章　哈里发时代的伊斯兰文化／337
一、伊斯兰文化演进的沃土／337
伊斯兰文化的源头／337
伊斯兰文化的早期外来元素／338
百年翻译运动／339
二、伊斯兰世界的文化成就／339
文学／339
艺术／344
历史学／350
哲学／353
天文学／356

数学 / 359
化学与物理学 / 360
医学 / 361

第十章 征战中崛起的奥斯曼帝国 / 363
一、突厥人的西迁 / 363
伊斯兰教传入中亚 / 363
安纳托利亚的罗姆苏丹国 / 364
二、奥斯曼人的早期国家 / 367
奥斯曼人兴起之前的伊斯兰世界 / 367
安纳托利亚的圣战 / 368
从卡拉加希萨尔到布尔萨 / 370
从安卡拉战役到大空位期 / 371
三、开疆拓土 / 373
东南欧的圣战 / 373
伊斯兰世界的征服 / 382
四、伊斯坦布尔的统治 / 384
苏丹与宫廷 / 384
御前会议与桑贾克 / 392
奴隶政治与德米舍梅制 / 396
西帕希与耶尼切里 / 399
宗教与神权 / 404
五、奥斯曼帝国的社会与经济 / 408
疆域与人口 / 408
米勒特制度 / 410
封邑制度 / 413
农业与农民 / 414
城市与行会 / 417
商业与商人 / 421

第十一章 奥斯曼帝国的斜阳 / 425
一、奥斯曼帝国黄金时代的结束 / 425

苏丹权力的式微 / 425
包税制的兴起 / 427
商路转移与价格革命 / 428
对外战争的败绩 / 429
二、自上而下的新政举措与宪政运动 / 433
塞里姆三世与马哈茂德二世的新政举措 / 433
花厅御诏与坦泽马特时代的改革 / 437
从青年奥斯曼党到宪政运动 / 443
三、传统经济社会秩序的解体 / 447
西方列强的贸易扩张 / 447
市场化进程的启动 / 450
智力的觉醒 / 455
四、从青年土耳其党革命到奥斯曼帝国的灭亡 / 458
巴尔干起义 / 458
青年土耳其党革命 / 461
奥斯曼帝国的灭亡 / 466

第十二章　从波斯的复兴到巴列维王朝统治下的伊朗 / 471
一、波斯的复兴 / 471
萨法维王朝的嬗变 / 471
君主政治 / 475
萨法维时代的教俗关系 / 476
游牧部落与定居农业 / 479
城市与贸易 / 480
二、恺伽王朝时代伊朗传统秩序的衰落 / 483
王权的式微 / 483
教俗关系的演变 / 486
西方的冲击 / 488
传统经济社会秩序的衰落 / 492
新政举措 / 497
宪政思想的萌生 / 499
社会矛盾 / 501

宪政运动与1906年宪法 / 502
权力的博弈与宪政的夭折 / 507
三、礼萨汗时代伊朗的现代化实践/ 511
内忧外患的动荡局势 / 511
巴列维王朝的建立 / 513
世俗色彩的威权统治 / 516
器物层面的现代化举措 / 521
经济社会的发展 / 522
礼萨汗时代的威权政治与现代化模式 / 526
四、巴列维国王的统治与“发展的独裁模式”/ 527
议会政治的活跃 / 527
石油国有化运动 / 530
威权政治的重建 / 533
白色革命 / 535
白色革命后的地权结构与农业生产 / 540
白色革命后的工业化进程 / 544
城市化进程与社会福利 / 547
社会结构的变迁 / 549
“发展的独裁模式” / 551
五、什叶派现代伊斯兰主义的滥觞/ 556
教俗关系的嬗变 / 556
什叶派现代伊斯兰主义的缘起 / 558
什叶派现代伊斯兰主义的先驱 / 560
阿里·沙里亚蒂的宗教政治理念 / 561
霍梅尼主义的宗教政治内涵 / 563
六、巴列维王朝的覆灭/ 566
从民主与专制的博弈到君主独裁铁幕下社会矛盾的加剧 / 566
世俗政治反对派 / 568
宗教政治反对派 / 570
欧莱玛的裂变 / 571
贫富分化与政治暗流 / 573
从世俗知识界的政治风波到跨越教俗界限的民众政治运动 / 576
伊斯兰革命的性质 / 582

第十三章　土耳其共和国的成长 / 586
一、土耳其共和国的诞生 / 586
从伊斯坦布尔到安卡拉 / 586
从《色佛尔条约》到《洛桑条约》 / 588
从大国民议会到 1924 年宪法 / 592
平息库尔德人的叛乱 / 594
凯末尔时代的政党政治与威权体制 / 595
二、凯末尔主义的理论与实践 / 601
从奥斯曼帝国的意识形态到凯末尔时代的民族主义 / 601
共和主义与民众主义 / 604
世俗主义 / 607
国家主义 / 611
凯末尔主义的时代特征 / 612
三、威权政治的终结 / 614
伊斯梅特与自上而下的政治改革 / 614
一党制时代的结束 / 618
1950 年大选 / 620
四、50—70 年代民主化进程的艰难探索 / 622
50 年代民主党的执政历程 / 622
1960 年军事政变与 1961 年宪法 / 626
60 年代的民主政治实践 / 631
1971 年军事政变与 70 年代的议会选举 / 634
1980 年军事政变与 1982 年宪法 / 637
五、50—70 年代的多元化政党政治 / 640
共和人民党 / 640
从民主党到正义党 / 641
民族党、民族行动党与新土耳其党 / 642
从民族秩序党到救国党 / 644
土耳其工人党与工人运动 / 647
六、暗流涌动的伊斯兰主义 / 649
世俗国家与宗教社会 / 649
伊斯兰文化的复兴 / 650

宗教激进组织 / 653
苏菲教团 / 656
伊斯兰主义政党 / 659
七、凯末尔时代的经济发展战略 / 662
人口的变迁 / 662
从温和到激进的经济政策 / 664
工业的缓慢进步 / 667
农业的发展与土地改革的初步举措 / 671
八、“二战”后的经济社会发展 / 674
农业的进步 / 674
乡村社会的变革 / 678
产业结构的转变 / 682
进口替代的工业化发展模式 / 685
80 年代以来的新经济政策 / 688
城市化进程 / 691

第十四章　埃及的现代化之路 / 696
一、从帕夏到赫迪威 / 696
从奥斯曼帝国的占领到法军的入侵 / 696
尼罗河流域的新主人 / 699
穆罕默德·阿里的新政举措 / 702
权力重心的倾斜与西化的进程 / 703
智力的觉醒与现代政治思想的萌生 / 710
二、宪政时代的政治秩序与政治实践 / 715
19 世纪的宪政端倪 / 715
1919—1923 年的宪政运动 / 716
多元化的政党政治 / 720
议会选举与宪政实践 / 723
宪政与民主 / 729
政治生活的激进化与极端主义的泛滥 / 730
宪政危机 / 735
三、穆罕默德·阿里王朝统治下的埃及经济与社会 / 737

穆罕默德·阿里时代的地权改革 / 737
非国有化的地权运动 / 739
农业生产 / 741
现代工业的兴起 / 744
城市化进程的启动 / 746
四、纳赛尔主义的现代化模式 / 747
从自由军官的崛起到1952年的“七月革命” / 747
从埃及民族主义到阿拉伯民族主义 / 750
国家资本主义的经济发展战略 / 753
工业化的长足进步 / 756
土地改革 / 759
租佃法与农民境况的改善 / 762
农业合作化运动 / 763
乡村社会的变迁 / 764
农业的发展 / 766
“仁慈的君主” / 769
从解放大会到阿拉伯社会主义联盟 / 771
纳赛尔主义的意识形态 / 773
威权政治的膨胀 / 774

第十五章　新月地带的新兴国家 / 776
一、从伊拉克王国到伊拉克共和国 / 776
美索不达米亚的历史沿革 / 776
伊拉克王国的建立 / 779
君主制时代的教派与国家 / 781
君主制时代的多元化政党 / 785
君主制时代的军人政治与宪政实践 / 787
英伊关系的演变 / 793
民族矛盾与政治危机 / 795
伊拉克共和国的诞生 / 797
嘎希姆政权 / 799
伊拉克复兴党的由来 / 803

1963年复兴党政变 / 804
阿里夫政权 / 806
1968年复兴党政变 / 807
巴克尔政权 / 809
萨达姆政权 / 811
从两伊战争到科威特战争 / 814
海湾战争后的国际制裁与国内局势 / 818
伊拉克南部的什叶派穆斯林 / 821
伊拉克北部的库尔德人 / 823
二、走向威权的叙利亚共和国 / 830
沙姆与叙利亚 / 830
阿拉伯民族主义的滥觞 / 833
叙利亚共和国前期的多党政治 / 834
议会民主制框架下的宪政实践 / 836
从议会民主制到军人政治 / 840
60年代的复兴党政权 / 841
阿萨德政权的建立 / 843
“总统制形式的君主制” / 845
阿萨德时代的政党政治 / 847
阿萨德政权的独裁统治 / 850
阿萨德与穆斯林兄弟会 / 852
阿萨德与阿拉伯世界 / 854
阿萨德政权的新经济政策 / 856
阿萨德晚年的政策调整 / 860
三、教派镶嵌的黎巴嫩共和国 / 863
黎巴嫩山区的马龙派基督徒与德鲁兹派穆斯林 / 863
黎巴嫩共和国的建立 / 867
黎巴嫩的基督徒与穆斯林 / 870
黎巴嫩共和国的宪政民主与教派政治 / 872
教派冲突与内战始末 / 876
以色列入侵 / 879
从阿麦勒运动的建立到真主党的崛起 / 881
塔伊夫协议与民族和解 / 885

四、夹缝中求生存的约旦哈希姆王国 / 888
奥斯曼帝国统治下的外约旦 / 888
从外约旦埃米尔国到约旦哈希姆王国 / 888
君主立宪制与侯赛因国王 / 891
约旦王国的约旦人与巴勒斯坦人 / 893
约旦王国的地缘政治与对外关系 / 896
约旦王国的宪政实践与议会选举 / 897
食利国与劳务输出 / 898
1989 年以后的经济改革 / 900
国民宪章与 90 年代的多党制自由化改革 / 901
五、巴勒斯坦与以色列 / 904
犹太人的宿敌与庇护者 / 904
奥斯曼帝国统治下的巴勒斯坦 / 905
锡安主义 / 905
耶里亚——犹太人回归巴勒斯坦的移民运动 / 908
英国委任统治时期巴勒斯坦的土著阿拉伯人与犹太移民 / 909
中东战争与巴勒斯坦难民 / 914
巴勒斯坦解放运动——从法塔赫到哈马斯 / 915
以色列的政党政治与议会选举 / 917
以色列建国后的犹太人移民潮 / 921
阿什肯纳兹与塞法尔迪 / 923
中东和平进程 / 924
六、新月地带的经济社会变迁 / 928
农业市场化进程的启动 / 928
地权运动与土地兼并 / 931
土地改革 / 933
农业生产的发展 / 937
石油经济 / 940
工业化进程 / 943
定居化与城市化 / 950
社会福利的改善 / 956
以色列的阿拉伯人与巴勒斯坦的难民社会 / 960
独树一帜的以色列经济与城市化 / 962

第十六章 阿拉伯半岛的新生 / 967
一、横空出世的沙特王国 / 967
阿拉伯半岛的贝都因人与定居者 / 967
徘徊于野蛮与文明之间的部落社会 / 969
瓦哈卜派的兴起 / 973
沙特家族与瓦哈卜家族的宗教政治联盟 / 975
德拉伊叶埃米尔国 / 978
利雅得埃米尔国 / 982
沙特家族的复兴 / 986
伊赫瓦尼运动 / 991
伊本·沙特时代的沙特王国 / 994
石油时代的到来 / 998
石油经济的繁荣 / 1001
石油时代的国家财政 / 1003
石油时代的工业化进程 / 1005
地权结构与租佃关系 / 1008
地权运动与农业生产 / 1009
贝都因人的定居化 / 1011
私人经济与民间资本 / 1015
人口就业流向与外籍劳动力 / 1016
城市化的长足发展 / 1017
教育事业的进步 / 1020
石油时代的产业工人与现代中产阶级 / 1022
内阁政治与国家机器 / 1025
沙特王国的家族政治 / 1028
沙特王国的官方宗教政治 / 1030
世俗色彩的民众运动 / 1033
王室内部的权力角逐 / 1035
宗教政治的滥觞——1979年的麦加与哈萨 / 1040
民众请愿与自下而上的政治参与 / 1042
90年代前期的宗教政治反对派 / 1045
90年代后期宗教政治的暴力化倾向 / 1046

自上而下的政治改革 / 1047
二、生机盎然的海湾小国 / 1052
海湾小国地区的历史沿革 / 1052
萨巴赫家族与科威特埃米尔国 / 1055
萨尼家族与卡塔尔埃米尔国 / 1059
哈利法家族与巴林埃米尔国 / 1061
阿拉伯联合酋长国 / 1064
阿曼苏丹国 / 1068
君主制框架下的民众觉醒与议会选举 / 1072
石油经济的繁荣 / 1082
非石油领域的经济发展 / 1085
人口的增长与多元化的社会结构 / 1089
食利国家与福利社会 / 1094
三、幸福远去的也门 / 1097
栽德派伊玛目国家 / 1097
阿拉伯也门共和国 / 1099
亚丁与南也门 / 1100
统一之路与烽烟战火 / 1103
现代化进程中的经济社会变革 / 1110

第十七章 世纪之交的世俗政治与宗教政治 / 1116
一、埃及后纳赛尔时代世俗政治与宗教政治的博弈 / 1116
战争与和平 / 1116
私有化的新经济政策 / 1119
公民社会的成长 / 1125
萨达特时代的“纠偏运动” / 1129
阿拉伯社会主义联盟的裂变与多党化进程的启动 / 1131
世俗威权体制的松动 / 1137
穆巴拉克时代的政党政治 / 1142
纳赛尔时代的穆斯林兄弟会与赛义德·库特卜的激进宗教政治思想 / 1151
伊斯兰主义滋生的沃土 / 1154

"伊斯兰是出路" / 1156
穆斯林兄弟会的嬗变 / 1164
中间道路党 / 1168
"没有伊斯兰国家的伊斯兰主义运动" / 1172
伊斯兰主义激进派别与政治暴力 / 1177
一波三折的选举政治 / 1182
世俗威权传统的延续与"自由化的威权体制" / 1192
选举政治的困境 / 1196
2005 年大选后的政治走向 / 1200
教俗分歧的弥合 / 1202
跨越教俗界限的广场政治 / 1206
二、伊朗伊斯兰共和国宗教政治与世俗政治的消长 / 1211
伊斯兰共和国宪法 / 1211
教法学家的统治 / 1217
霍梅尼时期的伊斯兰化 / 1221
伊斯兰共和国初创阶段之政治理念的分歧 / 1225
后霍梅尼时代的官方政治理念 / 1227
宗教学者中的持不同政见者 / 1229
哈塔米的宗教政治理念与"宗教民主制"思想 / 1234
世俗知识分子的政治理念与索鲁什的"宗教民主制"思想 / 1237
伊斯兰共和国的政治派系 / 1242
伊斯兰共和国的政党政治 / 1249
"阿克巴尔沙"与拉夫桑贾尼政府的新经济政策 / 1257
哈塔米政府的改革举措 / 1261
政治改革的阻力 / 1266
新左派的崛起与政坛黑马艾哈迈迪内贾德 / 1271
常态化的选举政治 / 1275
选举政治框架下的派系竞争与民众参与 / 1281
选举政治的世俗性 / 1302
选举政治的局限性 / 1306
伊斯兰共和国经济社会的发展 / 1313
三、土耳其共和国世俗政治与宗教政治的转换 / 1321
文官政治的重建 / 1321

称雄政坛的祖国党 / 1324
伊斯兰政党的闪亮登场与“军方的温柔介入” / 1329
政坛新星埃尔多安与异军突起的正义与发展党 / 1337
2002 年大选与“安纳托利亚的革命” / 1340
正义与发展党的施政举措 / 1342
文官政府与军方余威 / 1349
2007 年大选与“电子备忘录” / 1353
2007 年大选后的政治走向与“执政党枪挑军方” / 1359
民主化进程中的政党政治与民众参与 / 1366

结束语　伊斯兰教诞生以来中东历史的思考与审视 / 1370
一、伊斯兰传统文明的基本特征 / 1370
教俗合一的国家形态 / 1370
国家所有制的土地制度 / 1372
穆斯林与非穆斯林的社会对立 / 1374
二、中东现代化进程的历史轨迹 / 1376
现代化的历史内涵 / 1376
中东现代化进程的启动 / 1379
现代民族国家的兴起与绝对主义的现代化模式 / 1382
工业化的演进趋势 / 1385
地权的演变与乡村农业的发展 / 1386
社会生活的变迁 / 1390
三、民主化视野下的世俗政治与宗教政治 / 1392
所谓民主与民主化 / 1392
宪政制度的移植与民主化的初步实践 / 1396
世俗化与世俗政治 / 1399
现代伊斯兰主义与自下而上的民众政治参与 / 1401

主要参考文献 / 1408

第十章

征战中崛起的奥斯曼帝国

一、 突厥人的西迁

伊斯兰教传入中亚

突厥人最初生活在蒙古草原西部的叶尼塞河上游一带,处于游牧状态,追逐水草,居无定所。公元初年,继匈奴人衰落以后,突厥人逐渐自北向南迁徙,进入吐鲁番盆地以北的博格达山区。公元5世纪,突厥人迫于柔然人的压力,迁徙到天山与阿尔泰山之间的准噶尔盆地。

公元6世纪中叶,突厥人击败柔然人,建立所谓的突厥帝国,是为最初的突厥国家。此后,突厥帝国联合波斯萨珊王朝,灭亡中亚大国嚈哒,其活动范围扩展到咸海以东的广大地区。6世纪末,突厥帝国分裂,形成东西两大汗国,分别领有蒙古草原和中亚的巴克特里亚、费尔干纳、粟特、花拉子模诸地。

位于亚洲大陆腹地的中亚,原本生活着印欧语系和阿尔泰语系的诸多族群。在历史的长河中,这些族群经历了突厥化的过程,逐渐演变为突厥人的不同分支。“突厥斯坦”一词原为波斯语,意为“突厥人之地”,最早出现于公元8世纪阿拉伯人撰写的地理书中,泛指咸海以东至帕米尔高原西侧突厥人统治的辽阔区域。

突厥人原本信奉原始宗教,盛行图腾崇拜。相传,突厥人是狼的后代,狼在突厥人的图腾崇拜中占据十分重要的地位。考古学家曾经在一处突厥人的古代遗址发现一条腰带,上面绣有一只母狼喂养四个突厥男孩的图形。公元8世纪的突厥碑铭,亦刻有母狼喂养突厥男孩的画面。哈里发国家征服之

前，中亚地区的诸多族群信奉佛教、拜火教（即琐罗亚斯德教）、景教（即聂斯托里派基督教）和萨满教。

倭马亚王朝时期，阿拉伯穆斯林将领古太白·穆斯林率军东进，攻占阿姆河流域的巴克特里亚、粟特和花剌子模，进而深入锡尔河流域，攻占费尔干纳。古太白·穆斯林在阿姆河右岸的中亚地区焚毁佛教庙宇、拜火教神殿、景教教堂和萨满教神像，建造清真寺，迁入阿拉伯人，强迫土著人口改奉伊斯兰教，向拒绝改奉伊斯兰教的土著人口征收人丁税，初步奠定中亚伊斯兰教化的基础。

萨曼王朝建立后，在中亚诸地极力传播伊斯兰教，突厥人纷纷加入穆斯林的行列。北方的拜占庭边境和东方的中亚诸地，曾经均为穆斯林对异教徒发动圣战的前沿，吸引着来自伊斯兰世界腹地的众多圣战者，戍边拓土。萨曼王朝时期，突厥人相继皈依伊斯兰教，使穆斯林在中亚的圣战成为违背伊斯兰教法的行为，圣战者人数锐减，萨曼王朝的东部随之丧失应有的防御，边境门户顿开。突厥人改奉伊斯兰教以后，逐渐形成难以遏制的西进浪潮。①

喀喇汗国亦称黑汗王朝(840—1212)，位于中亚和新疆西部，兴起于9世纪中叶，分为东西两支，东支都于巴拉沙衮，西支都于怛罗斯。喀喇汗国的突厥人原本并非穆斯林，信奉萨满教、拜火教以及摩尼教和佛教。10世纪初，喀喇汗国西支的可汗萨图克·博格拉汗皈依伊斯兰教，成为首位信奉伊斯兰教的突厥可汗，自称苏丹。萨图克·博格拉汗之子巴依塔什当政期间，二万帐（即二万户）突厥人皈依伊斯兰教。②喀喇汗国鼎盛阶段，领有东起新疆库车、西至咸海的中亚辽阔区域。在喀喇汗国统治下的中亚，突厥游牧族群经历了定居化和伊斯兰教化的转变过程。萨曼王朝的影响和苏菲教团的传教活动，是喀喇汗国和突厥人得以迅速实现伊斯兰教化的重要原因。

安纳托利亚的罗姆苏丹国

自7世纪中叶开始，安纳托利亚成为拜占庭帝国仅存的亚洲领土，安纳托利亚南侧的陶鲁斯山则是拜占庭帝国抵御阿拉伯穆斯林进攻的天然屏障。安纳托利亚原本是基督教和希腊人的世界，处于拜占庭帝国的统治之下，时

---

① Holt, P.M., Lambton, A.K.S. & Lewis, B., *The Cambridge History of Islam*, Vol.1A, p.147.

② Mez, A., *The Renaissance of Islam*, p.5.

人称之为罗姆，意为“罗马的土地”。1071 年曼齐喀特战役后，拜占庭帝国的东部边境门户顿开，塞尔柱突厥人自东向西拥入安纳托利亚，安纳托利亚的政治格局、人种构成和宗教信仰随之逐渐改变。

塞尔柱苏丹阿勒卜·阿尔斯兰将安纳托利亚赐封其族弟苏莱曼·库特米鲁什；1077 年，苏莱曼·库特米鲁什自立为苏丹（1077—1086 年在位），建立罗姆苏丹国（1077—1308），建都于尼西亚（今土耳其的伊兹尼克），尊奉逊尼派伊斯兰教，领有安纳托利亚东部和中部直至爱琴海沿岸的广大地区，拜占庭帝国在安纳托利亚的疆域仅限于君士坦丁堡和黑海沿岸的特拉比宗一带。罗姆苏丹国于 1116 年迁都科尼亚，故而亦称科尼亚苏丹国。苏莱曼·库特米鲁什创立罗姆苏丹国以后，一度试图争夺伊斯兰世界的霸主地位，进军叙利亚北部重镇阿勒颇，1086 年兵败身亡。苏莱曼·库特米鲁什死后，罗姆苏丹国致力于对基督徒的圣战，安纳托利亚成为罗姆苏丹国的立国之地。

曼齐喀特战役之后，拜占庭帝国的形势岌岌可危，拜占庭帝国皇帝被迫求助于罗马教皇。1096 年，历时近两个世纪之久的十字军东征拉开序幕。此后的两个世纪，罗姆苏丹国在安纳托利亚顽强抵御来自西欧诸国的十字军发动的攻势。13 世纪前期，罗姆苏丹国的国势达到鼎盛，攻占地中海沿岸城市安塔利亚和黑海沿岸城市锡诺普，迫使拜占庭帝国残部尼西亚帝国和特拉比松帝国称臣纳贡。波斯人贾拉伦丁·鲁米祖居阿富汗的巴勒黑，后迫于蒙古西征的压力，移居罗姆苏丹国都城科尼亚，从事诗歌创作，堪称最伟大的苏菲派神秘主义诗人，所作长诗《玛斯纳维》甚至被誉为“波斯文的古兰经”。①

波斯的苏菲派诗人鲁米

① Imber, C., *The Ottoman Empire 1300—1650*, New York 2002, pp.4—5.

鲁米和苏菲大师

装帧精美的鲁米诗集

1243 年,塞尔柱突厥人在锡瓦斯东北 60 公里处的科赛达格败于大举西征的蒙古军,科尼亚的苏丹被迫向蒙古军称臣纳贡,直至沦为蒙古四大汗国之一伊儿汗国的附庸。此后,罗姆苏丹国逐渐衰落,诸多埃米尔国遂各自为政,号令一方。其中,卡拉曼埃米尔国占据安纳托利亚的中南部,建都于罗姆苏丹国旧都科尼亚,特克埃米尔国控制安纳托利亚的东南部沿海,建都于安塔利亚,特克埃米尔国以北是哈米德埃米尔国和格尔米延埃米尔国,分别建都于伊斯帕尔塔和屈塔希亚,爱琴海南岸系门特什埃米尔国的领地,艾丁埃米尔国和萨鲁罕埃米尔国位于门特什埃米尔国以北,分别建都于伊兹密尔和玛尼萨,萨鲁罕埃米尔国以北至达达尼尔海峡是卡列西埃米尔国,卡列西埃米尔国的西北侧是奥斯曼埃米尔国。1308 年,罗姆苏丹国的末代苏丹被蒙古伊尔汗国的统治者处死,罗姆苏丹国的历史最终结束。[1]

---

① Imber, C., *The Ottoman Empire 1300—1650*, pp.6—7.

二、 奥斯曼人的早期国家

奥斯曼人兴起之前的伊斯兰世界

13世纪的蒙古西征,构成中东伊斯兰世界之历史长河的重要分水岭。一方面,巴格达的陷落标志着哈里发国家的覆灭和哈里发时代的终结。另一方面,定居社会的衰落、游牧群体的泛滥、部族势力的膨胀和政治局势的剧烈动荡,成为此后中东伊斯兰世界的普遍现象。

1258年巴格达陷落后,中东伊斯兰世界最重要的政治势力是蒙古人建立的伊儿汗国。伊儿汗国(1256—1388)系蒙古四大汗国之一,建都于大不里士,领有东起阿姆河、西至叙利亚、北起高加索山南麓、南至波斯湾的广大地区。

伊儿汗国的蒙古人原本信奉萨满教。第三代汗王帖古迭尔(1282—1284在位)率先改奉伊斯兰教,更名艾哈迈德。第七代汗王合赞汗(1295—1304在位)宣布尊伊斯兰教作为国教,采用苏丹的称号,更名穆罕默德,同时改革行政制度和税收制度,推行伊克塔制度,推广突厥语和波斯语作为官方语言。此后,越来越多的突厥人从中亚移入西亚。①

伊儿汗国时代,波斯文化出现繁荣,鲁米(1207—1273)创作的诗集《马斯纳维》、萨迪(1213—1291)创作的诗集《果园》和散文集《蔷薇园》堪称波斯文学的奇葩,拉希德丁(1247—1317)主持编撰的《史集》和朱韦尼(亦译志费尼)(1226—1303)撰写的《世界征服者史》两部史学名著亦成书于此间。

1335年,苏丹阿布·赛义德(1316—1335年在位)死后无嗣,伊儿汗国陷入王位纷争的状态,逐渐解体。

继伊儿汗国之后称雄伊斯兰世界的政权是帖木儿帝国(1370—1506)。帖木儿(1370—1405年在位)祖籍中亚的撒马尔罕,出生于突厥化的蒙古贵族家庭,属于蒙古血统的巴鲁拉思部落,操突厥语,尊奉逊尼派伊斯兰教。1370年,帖木儿灭亡西察合台汗国,领有河中一带,自称埃米尔,后改称苏丹,定都撒马尔罕。

帖木儿长期致力于军事扩张,1375—1379年间征服东察合台汗国,1380—1396年灭亡伊儿汗国,征服伊朗和伊拉克。此后,帖木儿曾经三次进

---

① Ochsenwald, W., *The Middle East: A History*, p.139.

攻金帐汗国,占领高加索山南麓。与此同时,帖木儿的军队于1398年攻入印度北部,洗劫图格拉王朝首都德里,1402年击败奥斯曼军队,俘奥斯曼苏丹巴叶济德一世,控制小亚细亚腹地。帖木儿之子沙鲁赫(1405—1447年在位)当政期间,迁都哈拉特。沙鲁赫之子兀鲁伯(1447—1449年在位)即位后,都城重新迁回撒马尔罕。

帖木儿帝国时期,突厥文化空前繁荣,撒马尔罕和哈拉特成为伊斯兰世界璀璨夺目的文化名城。哈菲兹(1325—1389)创作的诗歌被誉为"隐遁者的心声",贾米(1414—1492)则被誉为古典诗坛的"末代诗圣"。1506年,乌兹别克人占领撒马尔罕,征服河中地区,帖木儿帝国灭亡。

黑羊王朝(1375—1468)和白羊王朝(1378—1508)均系土库曼人建立的伊斯兰教政权,高加索山南麓的亚美尼亚和阿塞拜疆是黑羊王朝和白羊王朝的主要活动区域。

黑羊王朝亦称卡拉-科雍鲁王朝,其建立者祖居亚美尼亚,1390年定都大不里士,尊奉什叶派伊斯兰教。黑羊王朝于1410年占领伊拉克,1447年占领伊朗西部,一度兼并阿拉伯半岛东部沿海。1468年,黑羊王朝灭亡,属地尽归白羊王朝。

白羊王朝亦称阿克—科雍鲁王朝,14世纪末依附于帖木儿帝国,1408年脱离帖木儿帝国,定都迪亚巴克尔,尊奉逊尼派伊斯兰教,领有亚美尼亚、阿塞拜疆、伊拉克北部和伊朗西部,1468年迁都大不里士。15世纪末,尊奉什叶派的萨法维教团的势力逐渐扩大。16世纪初,白羊王朝衰落,其领地尽属萨法维王朝。

安纳托利亚的圣战

安纳托利亚地处基督教世界与伊斯兰教世界的中间地带。长期以来,穆斯林与基督徒在安纳托利亚频繁攻战,形成深刻的宗教对立。信仰的狂热和对于战利品的渴望,驱使着来自伊斯兰世界腹地的穆斯林拥向圣战的前沿。

十字军东征时期,叙利亚成为穆斯林与基督徒交锋的主要区域,穆斯林与基督徒在安纳托利亚的宗教对抗有所缓解。十字军东征结束后,安纳托利亚的战事再度进入高潮。穆斯林与基督徒之间的激烈厮杀,吸引来自伊斯兰世界的圣战者不断涌入安纳托利亚。

以捍卫信仰的名义劫掠异教徒的土地和战利品,则是驱使穆斯林加入圣战者行列的直接诱因。在穆斯林看来,圣战的胜利既是物质财富的来源,更

是权力合法性的根基。骁勇善战的突厥战士在圣战的旗帜下踏上了安纳托利亚广袤的土地,深刻改变了安纳托利亚的历史进程,开辟了安纳托利亚之突厥化和伊斯兰教化的先河。

奥斯曼人的国家脱胎于穆斯林在安纳托利亚发动的圣战实践,奥斯曼国家的兴起可谓安纳托利亚之穆斯林圣战实践的逻辑结果和历史产物。另一方面,13 世纪蒙古帝国兴起以后,大批突厥血统的穆斯林迫于蒙古西征的强大压力,从亚洲大陆腹地的中亚和伊朗高原自东向西移入安纳托利亚,进而导致安纳托利亚人口构成的明显变化。蒙古西征无疑加深了安纳托利亚的突厥化和伊斯兰教化的进程,而安纳托利亚的突厥化和伊斯兰教化提供了奥斯曼人异军突起的重要社会基础。

奥斯曼人与 11 世纪入主西亚的塞尔柱人同属突厥人乌古斯部落联盟的分支,因其首领奥斯曼而得名,曾经在伊朗高原东北部的呼罗珊地区从事游牧活动,尊奉逊尼派伊斯兰教。13 世纪初,由于受到蒙古西侵的威胁,乌古斯部落联盟的分支凯伊部落离开呼罗珊地区,向西迁至两河流域上游。凯伊部落在其首领苏莱曼死后分裂为两支,其中一支返回呼罗珊地区并依附于蒙古征服者,另一支大约 400 帐(即 400 户)在苏莱曼之子厄尔图格鲁尔率领下进入安纳托利亚西北部萨卡利亚河畔的索古德地区(位于今土耳其城市埃斯基谢希尔附近),依附于罗姆苏丹国,戍守边境,致力于讨伐基督徒的圣战。[1]

奥斯曼国家创始人奥斯曼

1281 年厄尔图格鲁尔死后,其子奥斯曼(1281—1326 年在位)承袭父职。奥斯曼 1258 年出生于安纳托利亚东北部的瑟于特,承袭父职后,娶苏菲教团长老艾德巴里之女玛尔哈顿为妻,接受艾德巴里赠予的宝剑,得到苏菲教团的支持,进而以圣战的名义袭击拜占庭帝国的边境,抢劫

① Lapidus, M.A., *A History of Islamic Societies*, p.306.

财物，拓展疆土，围攻拜占庭帝国城市尼西亚(今土耳其城市伊兹尼克)。

1299年，奥斯曼自称加齐，在其领地范围建立国家，是为奥斯曼人国家的雏形。奥斯曼是十分虔诚的穆斯林，恪守宗教功修，生活简朴，热衷对基督徒的圣战，史书称奥斯曼为“部落首领，加齐英雄”。

13世纪的安纳托利亚是穆斯林圣战的前沿，而在加齐云集的圣战前沿中脱颖而出的前提条件，是取得圣战的重大胜利和被安纳托利亚的穆斯林首领塞尔柱苏丹赐封贝伊的称号。奥斯曼于1301年在巴法埃农击败救援尼西亚的拜占庭帝国军队两千人，旋即被罗姆苏丹国的苏丹阿拉丁二世授予贝伊的称号，获赠作为权力标志的战袍、战旗、战马和战鼓。①巴法埃农之战的胜利提高了奥斯曼的声望，来自安纳托利亚各地的圣战者纷纷慕名投奔奥斯曼的帐下。

从卡拉加希萨尔到布尔萨

乌尔汗画像

1302年阿拉丁二世死后，罗姆苏丹国分裂，奥斯曼遂放弃贝伊的称号，改称埃米尔，创建奥斯曼埃米尔国，定都萨卡利亚河谷的卡拉加希萨尔(卡拉加希萨尔原为希腊人的主教驻地，距离布尔萨约两天的路程)，继而向黑海和马尔马拉海方向拓展领土。②

1326年奥斯曼死后，其子乌尔汗(1326—1360年在位)即位，移都布尔萨。1326年乌尔汗定都布尔萨，被后来的史家视作奥斯曼帝国之始，而乌尔汗则被誉为奥斯曼帝国的真正创立者。布尔萨位于安纳托利亚的西北部，地处乌卢山南麓，始建于公元前3世纪，建城之初名为普鲁萨，曾经是拜占庭帝国的军事重镇。奥斯曼人于1317年起围攻拜占庭军队重兵防守的布尔萨，1326年攻陷布尔萨。奥斯曼死于布尔萨陷落之时，乌尔汗将奥斯曼的遗体葬于布

① Holt, P.M., Lambton, A.K.S. & Lewis, B., *The Cambridge History of Islam*, Vol.1A, p.268.

② Imber, C., *The Ottoman Empire 1300—1650*, p.144.

尔萨,布尔萨由此成为奥斯曼人心目中的圣城。

乌尔汗移都布尔萨后,率军攻占拜占庭帝国的重镇尼西亚(1331 年)、尼科米底亚(1337 年)和于斯屈达尔(1338 年)诸地,兼并原属罗姆苏丹国的大部领土,成为安纳托利亚最具实力的穆斯林政权,进而将扩张的矛头指向巴尔干半岛。1345 年,乌尔汗兼并卡列西埃米尔国,兵临马尔马拉海,控制达达尼尔海峡,进而打开通向欧洲的大门。1354 年,乌尔汗的长子苏莱曼率军东征,攻占安卡拉。①

穆拉德一世(1360—1389 年在位)当政时期,兼并格尔米延埃米尔国和哈米德埃米尔国,降服卡拉曼埃米尔国,控制安纳托利亚中部。穆拉德一世死后,巴叶济德(1389—1402 年在位)即位。1390 年,巴叶济德征服爱琴海沿岸的萨鲁罕埃米尔国、艾丁埃米尔国和门特什埃米尔国。1397 年,巴叶济德的军队占领安纳托利亚内陆重镇科尼亚,兼并卡拉曼埃米尔国。②

苏丹巴叶济德

从安卡拉战役到大空位期

14 世纪末,帖木儿帝国崛起于中亚。帖木儿(1336—1405)是突厥化的蒙古察哈台汗国贵族后裔,1370 年在撒马尔罕建国,进而征服伊朗、阿富汗以及南高加索地区的格鲁吉亚和亚美尼亚。1398 年,帖木儿的军队一度攻入印度北部,洗劫德里。帖木儿的军队于 1400 年攻入叙利亚,击败马木路克王朝的守军,占领阿勒颇和大马士革。

1402 年,帖木儿率军 15 万人攻入安纳托利亚。帖木儿的大军自锡瓦斯出发,沿克孜勒河向西,穿过卡帕多西亚,到达安卡拉城外的齐布克平原,与巴叶济德率领的奥斯曼军队 7 万人交锋,是为安卡拉战役。奥斯曼

---

① Turnbull, S., *The Ottoman Empire 1326—1699*, New York 2003, p.13.

② Imber, C., *The Ottoman Empire, 1300—1650*, pp.10—13.

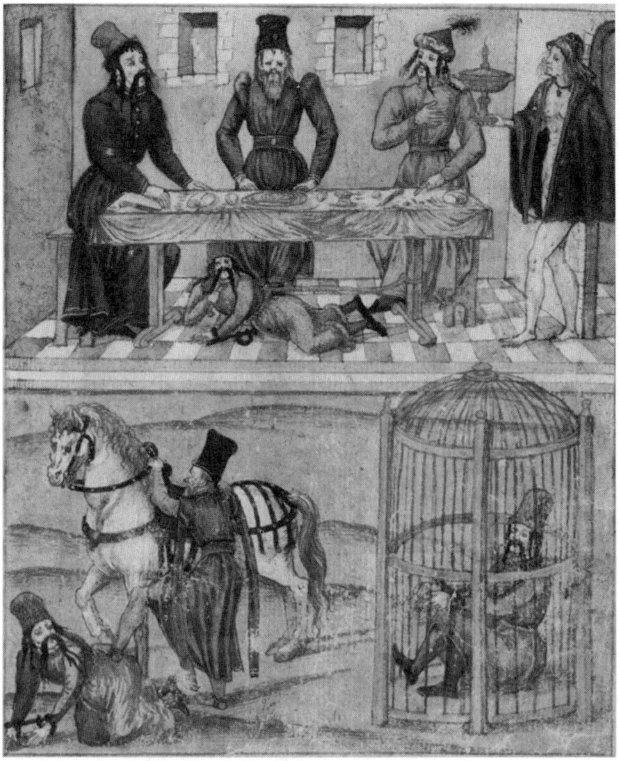

被帖木儿囚禁的巴叶济德一世(一)

军队战败,巴叶济德被俘后忍辱而死,安纳托利亚归降帖木儿帝国,奥斯曼帝国由此进入大空位期(1402—1423)。①

安卡拉战役后,帖木儿恢复格尔米延、萨鲁罕、艾丁、门特什和卡拉曼诸埃米尔国在其原有领地的统治权,巴尔干半岛的塞尔维亚人、瓦拉几亚人和阿尔巴尼亚人亦相继反叛。奥斯曼人在安纳托利亚仅保留东起阿玛萨西至布尔萨和马尔马拉海的地带,由帖木儿分别赐封给巴叶济德的四个儿子伊萨、苏莱曼、穆罕默德和穆萨。其中,伊萨领有布尔萨和安纳托利亚西部,苏莱曼领有埃迪尔内和巴尔干半岛南部一隅,穆罕默德领有阿玛萨一带,穆萨处于穆罕默德的监护之下。1403年,苏莱曼与拜占庭皇帝签署协议,以归还萨洛尼卡为条件,换取拜占庭皇帝的支持。②

帖木儿返回中亚以后,巴叶济德的四子之间相互厮杀,内战持续10年之久。1404年,苏莱曼的军队夺取布尔萨,控制安纳托利亚西部。1409年,穆罕默德指使穆萨潜入巴尔干半岛,在瓦拉几亚人的支持下控制保加利亚东部和色雷斯,迫使苏莱曼撤军,安纳托利亚西部遂成为穆罕默德的领地。1411年,穆萨攻占埃迪尔内,苏莱曼死于逃往君士坦丁堡的途中。1413年,穆罕默德的军队越过博斯普鲁斯海峡,夺取埃迪尔内,穆萨在索菲亚附近兵败身亡。1415年,穆罕默德占领卡拉曼埃米尔国西部,重新兼并萨鲁罕埃米尔国。③

① Turnbull, S., *The Ottoman Empire 1326—1699*, p.28.

② Imber, C., *The Ottoman Empire, 1300—1650*, p.17.

③ Imber, C., *The Ottoman Empire, 1300—1650*, p.28.

被帖木儿囚禁的巴叶济德一世(二)

1421年穆罕默德死后,其子穆拉德在布尔萨即位,是为穆拉德二世(1421—1451年在位)。穆拉德二世即位后,首先平息觊觎苏丹权位的奥斯曼人反叛。1422年,已故苏丹穆罕默德的胞弟穆斯塔法在拜占庭帝国的支持下举兵反叛,占据鲁美利亚,在埃迪尔内自称苏丹,旋即被苏丹穆拉德二世处死。1423年,穆拉德二世的胞弟小穆斯塔法举兵反叛,自称苏丹,占据伊兹尼克,亦被处死。随后,穆拉德二世出兵围攻君士坦丁堡,继而于1424年灭亡艾丁埃米尔国,1425年灭亡门特什埃米尔国,1428年灭亡格尔米延埃米尔国,奥斯曼帝国再度中兴。①

三、 开疆拓土

东南欧的圣战

1341年拜占庭帝国皇帝安德洛尼卡三世死后,其子巴列奥略在君士坦丁堡加冕即位,称约翰五世;康塔库尊拒绝承认约翰五世,在色雷斯自立为拜

① Imber, C., *The Ottoman Empire, 1300—1650*, p.20.

占庭帝国皇帝，是为约翰六世。1342 年，巴列奥略与康塔库尊之间为争夺拜占庭帝国皇位而爆发内战。1346 年，康塔库尊与奥斯曼人结盟，将其女狄奥多拉许配乌尔汗为妻。同年，乌尔汗的长子苏莱曼率军 6 000 人开赴色雷斯援助康塔库尊，夺取伊斯坦布尔以北的黑海沿岸地区这是奥斯曼人首次踏上欧洲的土地。①

1331 年，斯蒂芬·杜尚继任塞尔维亚王位。斯蒂芬·杜尚即位后，利用拜占庭帝国内讧之机，趁虚而入，夺取阿尔巴尼亚、色雷斯和马其顿地区，俨然成为巴尔干半岛的霸主。1346 年，斯蒂芬·杜尚自称塞尔维亚人和希腊人的皇帝，继而与威尼斯人结盟，君士坦丁堡成为塞尔维亚人和威尼斯人觊觎的目标。1349 年，乌尔汗出兵两万人帮助拜占庭帝国击败塞尔维亚统治者斯蒂芬·杜尚的军队，收复一度为塞尔维亚人占领的萨洛尼卡。

1352 年，巴列奥略与康塔库尊之间内战再起，乌尔汗派遣苏莱曼率军驰援康塔库尊，兵锋一度远至亚德里亚堡。1354 年，苏莱曼率军渡过达达尼尔海峡，占领了达达尼尔海峡欧洲一侧的加利波利半岛。苏莱曼将突厥穆斯林战士从安纳托利亚移入加利波利半岛，加利波利半岛随之成为奥斯曼人进攻巴尔干半岛的桥头堡。

加利波利半岛陷落后，君士坦丁堡处于奥斯曼人的直接威胁之下，基督教世界为之震惊。罗马教皇和西欧基督世界开始筹划发动新的十字军东征，意欲拯救君士坦丁堡，抵御伊斯兰教向欧洲的传播，进而实现东西教会即天主教会与东正教会的统一。

穆拉德一世（1360—1389 年在位）当政时期，延续乌尔汗生前的扩张路线，奥斯曼人绕过君士坦丁堡，开始大规模进军东南欧地区。此时的东南欧地区在政治上四分五裂，斯蒂芬·杜尚死后的巴尔干半岛犹如一盘散沙。民族矛盾和教派对立的错综交织、基督徒王公的内讧、东正教与天主教之间的分歧、民众不满情绪的蔓延，以及伊斯兰教的宗教宽容政策，提供了奥斯曼人得以征服巴尔干半岛的外在条件。另外，在欧洲基督教世界尚未出现职业化军队的时代，耶尼切里作为奥斯曼帝国的职业化战士，训练有素，准备精良，占据明显的军事优势。

亚得里亚堡亦称哈德良堡，地处色雷斯、希腊与保加利亚之间，是罗马帝国皇帝哈德良在征服巴尔干半岛后建立的军事要塞，战略地位极其重要。罗

① Turnbull, S., *The Ottoman Empire 1326—1699*, p.13.

埃迪尔内的苏莱曼清真寺

埃迪尔内的塞里姆清真寺

土耳其纸币上的塞里姆清真寺

马帝国军队于378年在亚得里亚堡与哥特人发生激战，罗马皇帝瓦伦斯兵败身亡。1357年苏莱曼死后，穆拉德负责戍守加利波利半岛，奥斯曼人逐渐控制马里查河谷以及君士坦丁堡通往亚得里亚堡的道路，形成对亚得里亚堡的包围态势。1361年，奥斯曼军队攻占亚德里亚堡，切断拜占庭帝国首都君士坦丁堡与巴尔干半岛之间的联系，东南欧地区门户顿开。随后，穆拉德一世将奥斯曼国家首都从布尔萨迁至亚德里亚堡，亚德里亚堡改称埃迪尔内。①穆拉德一世迁都巴尔干

① Imber, C., *The Ottoman Empire, 1300—1650*, pp.10—11.

半岛边境城市埃迪尔内，预示着奥斯曼人在东南欧方向的进一步圣战。

1363年，奥斯曼军队占领菲利比，切断希腊与保加利亚之间的联系，控制君士坦丁堡的谷物供应，迫使拜占庭帝国皇帝臣服于奥斯曼苏丹。然而，面对奥斯曼人的威胁，巴尔干半岛的基督教王公不甘效仿拜占庭皇帝，拒绝向苏丹俯首称臣。

1364年，塞尔维亚、波斯尼亚和匈牙利的基督教王公组成联军，在匈牙利国王路易的统率下开赴马里查河谷，驱赶刚刚踏上巴尔干半岛土地的奥斯曼人，遭遇奥斯曼人的伏击，兵败而退，数以千计的基督徒溺亡于马里查河，是为巴尔干半岛的基督徒携手抗衡奥斯曼人入侵的首次尝试，史称"塞尔维亚人的溃败"。

1366年，罗马教皇发布诏书，呼吁欧洲基督徒对信奉伊斯兰教的奥斯曼人发动圣战。随后，萨伏伊伯爵阿曼德斯二世的舰队从奥斯曼人手中夺回加里波利要塞，归还拜占庭皇帝。然而，加里波利的得而复失已经无法阻止奥斯曼人在巴尔干半岛的进攻势头。1376年，拜占庭皇帝安德罗尼库四世将加里波利重新献与苏丹穆拉德一世，作为奥斯曼人支持其走上王位的酬谢。

1371年，奥斯曼军队在马里查河畔的塞尔诺文击败塞尔维亚人，迫使巴尔干诸地向穆拉德一世称臣纳贡。此次战役史称第二次马里查战役，奥斯曼帝国编年史则称之为"塞尔维亚人的毁灭"。①

奥斯曼军队自1380年起发动新的攻势，1383年占领塞里兹，1385年占领索菲亚，1386年占领尼什，1387年占领萨洛尼卡。1389年，巴尔干诸地发生反叛，塞尔维亚人以及保加利亚人、波斯尼亚人、匈牙利人和阿尔巴尼亚人组成联军，在塞尔维亚国王拉扎尔统率下进攻奥斯曼军队。塞尔维亚联军逾十万人，奥斯曼军队大约6万人，双方在科索沃平原展开决战。据史书记载，一个塞尔维亚贵族潜入奥斯曼军营，用浸过毒药的匕首刺死苏丹穆拉德一世。穆拉德一世之子巴叶济德(1389—1402年在位)随后向塞尔维亚人发起进攻，擒获塞尔维亚国王拉扎尔，并下令处死包括拉扎尔在内的所有战俘。塞尔维亚联军残部退出战场，奥斯曼军队亦暂时中止了进一步的军事行动。②

自1392年起，巴叶济德平息安纳托利亚的反叛后，在巴尔干半岛发起新

---

① Imber, C., *The Ottoman Empire, 1300—1650*, p.12.

② Imber, C., *The Ottoman Empire, 1300—1650*, p.13.

一轮的军事攻势，降服塞尔维亚，占领保加利亚，攻入瓦拉几亚（今罗马尼亚）。相传，巴叶济德曾经誓言征服匈牙利和意大利，在罗马的圣彼得大教堂饮马庆功。1394 年，开罗的哈里发穆台瓦基勒赐封巴叶济德以苏丹的称号，奥斯曼国家随之由埃米尔国演变为苏丹国。1395 年，巴叶济德挥师攻入伯罗奔尼撒半岛，继而攻占希腊全境，瓦兰吉亚大公米尔恰亦被迫向奥斯曼人苏丹俯首称臣。①

1396 年，匈牙利国王西吉斯蒙德统率的匈牙利军队与来自法国、英国、德国的十字军组成的联军，自布达沿多瑙河南下，围攻多瑙河下游的奥斯曼军事要塞尼科堡（位于今保加利亚境内），巴叶济德亲率大军从君士坦丁堡驰援，俘获万人，进而完成对于巴尔干半岛的征服。②

1396 年尼科堡战役

尼科堡战役之后，巴叶济德挥师安纳托利亚，1397 年占领科尼亚，1398 年占领锡瓦斯，控制黑海沿岸。拜占庭帝国此时大势已去，仅余几座孤城，从亚得里亚海和匈牙利平原至幼发拉底河的广大地区纳入奥斯曼苏丹国的版图，首都君士坦丁堡四面楚歌，危在旦夕。

1402 年安卡拉战役后，奥斯曼人遭受重创，继而陷入争夺苏丹权位的内讧，拜占庭帝国得以侥幸苟延残喘。苏丹穆罕默德一世（1413—1421 年在位）即位后，重振国势，恢复疆土。1422 年，穆拉德二世借口拜占庭皇帝干预苏丹的权位继承，进攻君士坦丁堡，迫使拜占庭皇帝割让君士坦丁堡城周围除供水区外的所有地区，每年缴纳 3 万金币作为岁贡。1430 年，穆拉德二世的军队击败威尼斯人，再度攻陷帖萨罗尼加，控制爱琴海水域。1436 年，奥斯曼帝国再度占领阿尔巴尼亚，继而平息塞尔维

① Imber, C., *The Ottoman Empire, 1300—1650*, pp.13—14.
② Imber, C., *The Ottoman Empire, 1300—1650*, pp.15—16.

亚人的反叛。①

1441年,匈牙利人反叛,奥斯曼帝国军队被迫退出塞尔维亚南部。1443年,基督教十字军进入保加利亚,夺回索菲亚。1444年,奥斯曼军队在黑海西岸的瓦尔纳击败匈牙利国王弗拉迪斯拉夫率领的基督教十字军。1448年,穆拉德二世在科索沃平原再度取胜,洪雅迪率领的匈牙利军队战败求和,是为第二次科索沃战役。②穆拉德二世的胜利巩固了奥斯曼人在东南欧地区的统治地位,巴尔干半岛的基督徒丧失了反击奥斯曼人的最后力量。

君士坦丁堡地处亚欧大陆的接合部,扼守黑海与地中海的通道。夺取君士坦丁堡,是历代穆斯林统治者的夙愿。穆罕默德二世(1451—1481年在位)即位时,拜占庭帝国领土丧失殆尽,财源枯竭,首都君士坦丁堡尽管地势险要,城墙坚固,然而城内人口锐减,防务空虚,兵力不足万人,无力抵御奥斯曼人发动的强大攻势。1452年,奥斯曼人继巴叶济德在博斯普鲁斯海峡亚洲

苏丹穆罕默德二世

穆罕默德二世率军进入君士坦丁堡

① Imber, C., *The Ottoman Empire, 1300—1650*, pp.22—24.

② Turnbull, S., *The Ottoman Empire 1326—1699*, p.36.

一侧构筑城堡之后，又在博斯普鲁斯海峡的欧洲一侧构筑新的城堡，作为进攻君士坦丁堡的军事要塞配置大量火炮。1453 年 4 月 6 日，穆罕默德二世指挥 5 万人的大军和数百艘战船，分别从陆路和海路发起进攻，经过 53 天的鏖战，于 5 月 29 日攻陷君士坦丁堡。热那亚人是奥斯曼军队攻陷君士坦丁堡的内应，奥斯曼帝国给予保留热那亚人在君士坦丁堡城内加拉塔区的商业殖民地特权为条件。在热那亚人的暗中配合下，奥斯曼军队利用涂油板将数十艘战船运至加拉塔山丘，然后用战船搭成浮桥，潜入金角湾，从君士坦丁堡侧面发起攻击，从而突破拜占庭守军的防线。君士坦丁堡继 1204 年被第四次十字军攻陷之后再遭厄运，历时千年之久的拜占庭帝国至此寿终正寝。穆罕默德二世于攻陷城池的当日进入君士坦丁堡，在城内的圣索菲亚教堂主持了征服者的聚礼，宣布圣索菲亚教堂从此改为穆斯林的清真寺。君士坦丁堡改称伊斯坦布尔，成为奥斯曼帝国的首都。①在部分欧洲基督徒的眼中，奥斯曼帝国的苏丹俨然是罗马文明和拜占庭帝国的继承人。

1456 年奥斯曼帝国军队围攻贝尔格莱德

君士坦丁堡陷落后，穆罕默德二世延续在巴尔干半岛和东地中海的战事。1456 年，奥斯曼帝国占领雅典，征服希腊。1458 年，奥斯曼帝国连续发动四次战役，完成对于塞尔维亚地区的再征服，多瑙河成为奥斯曼帝国与匈牙利王国的分界线，整个多瑙河以南地区均被纳入奥斯曼帝国的版图。1463—1466 年，奥斯曼帝国征服波斯尼亚和黑塞哥维那。1468 年，奥斯曼

① Turnbull, S., *The Ottoman Empire 1326—1699*, p.39.

帝国征服阿尔巴尼亚北部。1475年,奥斯曼帝国征服克里米亚汗国,黑海成为奥斯曼帝国的内湖。1480年,奥斯曼帝国的军队越过亚德里亚海,兵临意大利本土的奥兰多。①

1526年摩哈赤战役

苏莱曼一世(1520—1566年在位)即位后,奥斯曼帝国在东南欧发动新的攻势。1521年,哈布斯堡家族的查理五世与法国国王弗兰西斯一世为争夺神圣罗马帝国皇位爆发战争,成为奥斯曼帝国发动圣战的天赐良机。奥斯曼帝国的军队自索菲亚出发,占领匈牙利人长期据守的巴尔干半岛战略要地和中欧门户贝尔格莱德,进而控制匈牙利平原和多瑙河上游,威胁哈布斯堡王朝统治下的奥地利腹地。1526年,法国国王弗兰西斯一世遣使赴伊斯坦布尔,谒见苏丹苏莱曼一世,与奥斯曼帝国结盟,旨在共同遏制哈布斯堡王朝。同年,奥斯曼帝国军队在摩哈赤战役中击溃匈牙利军队,占领布达和佩斯,控制匈牙利大部地区。1529年,苏丹苏莱曼亲率奥斯曼帝国军队出征,再次占领布达和佩斯,将奥地利军队赶出匈牙利,继而兵临哈布斯堡王朝首都维也纳城下。1532年,奥斯曼军队再次进攻奥地利,止步于维也纳以南的克塞格。1543年,哈布斯堡王朝被迫放弃对于匈牙利的宗主权,承认匈牙利为奥斯曼帝国的藩属,向伊斯坦布尔的苏丹称臣纳贡。1566年,苏丹苏莱曼统率奥斯曼帝国大军出征,平息匈牙利的反叛,死于征战途中。②

1454年,奥斯曼帝国的舰队驶入黑海,迫使黑海沿岸的热那亚人以及特拉布宗和摩尔达维亚向伊斯坦布尔的苏丹称臣纳贡。1463—1478年,奥斯

① Imber, C., *The Ottoman Empire, 1300—1650*, pp.29—36.
② Imber, C., *The Ottoman Empire, 1300—1650*, pp.49—51.

曼帝国与威尼斯人激烈角逐爱琴海，占领爱琴海诸岛屿。1522 年，奥斯曼帝国的舰队在围攻半年之后，占领十字军骑士据守的海上要塞罗德岛，进而打通伊斯坦布尔与亚历山大之间的水路，控制东地中海水域。1570 年，奥斯曼帝国的海军击败威尼斯舰队，占领塞浦路斯。此后，苏丹政府将大量的突厥人从安纳托利亚移入塞浦路斯，而将塞浦路斯操希腊语的居民迁往安纳托利亚的安塔里亚一带，塞浦路斯的人口构成由此开始发生改变。①1645 年，奥斯曼帝国的军队一度远征克里特岛，占领克里特岛的多处港口。②

1565 年，奥斯曼帝国军队围攻马耳他(一)

① Turnbull, S., *The Ottoman Empire 1326—1699*, p.57.

② Shaw, S.J. & Shaw, E.K., *History of the Ottoman Empire and Modern Turkey*, Cambridge 1976, Vol.1, p.202.

1565 年，奥斯曼帝国军队围攻马耳他(二)

伊斯兰世界的征服

奥斯曼帝国崛起于伊斯兰世界的边境地带，对基督教世界的圣战可谓奥斯曼帝国的立国之本。自 16 世纪开始，奥斯曼帝国的统治权力逐渐延伸到伊斯兰世界的腹地。苏丹塞里姆一世(1512—1520 年在位)即位后，奥斯曼帝国的扩张主要表现为伊斯兰世界的领土兼并。奥斯曼帝国征服穆斯林世界的主要对手，是崛起于伊朗高原西北部的萨法维王朝和雄踞阿拉伯世界的马木路克王朝。

萨法维王朝于 1501 年建立后，为抗衡奥斯曼帝国的霸权，尊奉什叶派伊斯兰教作为官方信仰，支持反叛奥斯曼苏丹的部族势力和苏菲教团，威胁奥斯曼帝国的东部。奥斯曼人的军队首先平息安纳托利亚东部的反叛势力，继而于 1514 年在安纳托利亚东部的查尔迪兰重创伊斯马仪沙的波斯军队，一度攻占萨法维王朝的首都大不里士及阿塞拜疆诸地。1515 年，苏丹塞里姆

一世降服库尔德斯坦，迫使生活在西起乌尔米耶湖、东至幼发拉底河上游的库尔德人承认奥斯曼帝国的宗主权。①

苏莱曼一世即位后，以逊尼派穆斯林的保护者自居，讨伐尊奉什叶派的伊朗萨法维王朝。奥斯曼人的军队在东部战场再度击败萨法维王朝的军队，吞并库尔德斯坦，占领伊拉克，兵抵波斯湾西侧的哈萨一带。1555 年，奥斯曼帝国与萨法维王朝签署《阿玛西亚和约》，确定以格鲁吉亚和扎格罗斯山作为双方的分界线。②1583—1584 年，奥斯曼帝国的军队击败萨法维王朝的军队，吞并格鲁吉亚、亚美尼亚和阿塞拜疆，控制南高加索地区。③

自 1258 年巴格达陷落和阿拔斯王朝灭亡之后，马木路克王朝领有埃及、叙利亚和阿拉伯半岛西部的希贾兹诸地，既是穆斯林抵御蒙古入侵的中坚力量，亦是宗教圣城麦加、麦地那和耶路撒冷的保护者，控制几乎整个的阿拉伯世界，俨然成为逊尼派伊斯兰教的象征。开罗的马木路克苏丹暗中勾结伊朗的萨法维王朝，试图与伊斯坦布尔的奥斯曼苏丹分庭抗礼，而陶鲁斯山则是奥斯曼帝国与马木路克王朝的分界线。④

1516 年，奥斯曼帝国的军队越过陶鲁斯山，攻入叙利亚，在阿勒颇附近的马尔吉达比克击败马木路克王朝的军队，马木路克苏丹阵亡，阿勒颇、大马士革、的黎波里、耶路撒冷以及黎巴嫩和巴勒斯坦被纳入奥斯曼帝国的版图，哈里发穆塔瓦基勒在阿勒颇大清真寺赐封苏丹塞里姆一世"麦加与麦地那的仆人"的称号。⑤

1517 年，奥斯曼人的军队自加沙出发进入尼罗河流域，攻占开罗，马木路克苏丹统治下的埃及被纳入奥斯曼国家的版图，麦加的谢里夫家族将圣城的钥匙赠予塞里姆一世，希贾兹的贝都因人部落随后宣誓效忠于伊斯坦布尔的苏丹。奥斯曼帝国的舰队随后抵达亚历山大港，将苏丹塞里姆一世率领的得胜之师以及马木路克王朝庇护下的哈里发穆塔瓦基勒和为数众多的埃及工匠运回伊斯坦布尔。⑥

1533 年，奥斯曼人的军队进入北非马格里卜地区，征服阿尔及利亚、突尼斯和利比亚诸地。1547 年。奥斯曼军队攻占萨那，进而将也门划分为沿

---

① Imber, C., *The Ottoman Empire, 1300—1650*, p.45.

② Shaw, S.J. & Shaw, E.K., *History of the Ottoman Empire and Modern Turkey*, Vol.1, p.109.

③ Shaw, S.J. & Shaw, E.K., *History of the Ottoman Empire and Modern Turkey*, Vol.1, p.201.

④⑤ Imber, C., *The Ottoman Empire, 1300—1650*, p.46.

⑥ Imber, C., *The Ottoman Empire, 1300—1650*, p.47.

海和内陆两省。1568 年,奥斯曼军队击败反叛的栽德派武装,再度攻占萨那,随后合并也门沿海和内陆两省。1576 年,奥斯曼军队占领菲斯,迫使摩洛哥向伊斯坦布尔的苏丹称臣纳贡。

阿拉伯世界的降服,标志着奥斯曼帝国不再仅仅是圣战的征服者,而且成为伊斯兰世界的统治者,俨然是伊斯兰教的象征。16 世纪堪称奥斯曼帝国的黄金时代,伊斯坦布尔的苏丹统治着欧、亚、非三洲的中央地带。在东南欧,多瑙河和萨瓦河以南皆被纳入奥斯曼帝国的版图,位于匈牙利与黑海之间的特兰西瓦尼亚、瓦拉几亚、摩尔达维亚和克里米亚的统治者成为苏丹的附庸。在亚洲,高加索山以南、扎格罗斯山以西、波斯湾以北、红海以东的广大地区处于奥斯曼帝国苏丹的统治之下。在非洲,尼罗河流域的埃及成为奥斯曼帝国苏丹统治下的行省,埃及以西的马格里布地区,包括的黎波里、突尼斯和阿尔及利亚,从属于伊斯坦布尔的宗主权。黑海和红海俨然是奥斯曼帝国的内湖,多瑙河、尼罗河以及幼发拉底河与底格里斯河则被视作奥斯曼帝国横跨三洲之辽阔疆域的象征,伊斯兰教的三大宗教圣城麦加、麦地那和耶路撒冷的清真寺在举行聚礼的仪式上祝福着伊斯坦布尔的苏丹。鼎盛的奥斯曼帝国,令哈布斯堡王朝统治的神圣罗马帝国和萨法维王朝统治的伊朗相形见绌。

四、 伊斯坦布尔的统治

苏丹与宫廷

亚非欧大陆的中央地带幅员辽阔,四通八达,素有帝国统治的历史传统。伊斯兰教诞生前的千余年间,来自地中海世界的罗马拜占庭帝国与崛起于伊朗高原的波斯帝国长期处于战争状态,在西亚北非地区形成东西对峙的政治格局。伊斯兰教诞生后,信仰伊斯兰教的阿拉伯人在圣战的旗帜下走出贫瘠的家园,涌向武力征服的战场,荡平波斯帝国,重创拜占庭帝国,继而主宰西亚北非地区长达六百余年。奥斯曼人的国家自 14 世纪初横空出世,在百余年间攻城拔地,兼并安纳托利亚,征略巴尔干半岛,降服阿拉伯地区,势如破竹,所向披靡,一路凯歌,开创六百年基业,雄踞于亚非欧大陆的中央地带。

奥斯曼帝国作为继阿拉伯帝国之后传承伊斯兰文明的历史载体,继承哈里发时代的宗教政治传统,实行君主至上和教俗合一的政治体制,世俗权力与宗教权力错综交织,而家族血统和圣战实践提供了奥斯曼帝国统治权力的

合法性来源。奥斯曼帝国在世界历史的舞台上历经六百余年的沧桑，可谓亚非欧大陆中央地带最后的封建帝国。

在长达六个世纪的兴衰进程中，奥斯曼家族的最高统治者历经 36 代传承。奥斯曼帝国采用君主政体，苏丹的权位遵循奥斯曼家族世袭的继承原则。奥斯曼帝国苏丹即位的仪式通常在宫廷举行，大维齐尔为首的军政要员和大穆夫提为首的宗教学者欧莱玛宣誓效忠苏丹，接受苏丹的封赐。

奥斯曼帝国崛起于穆斯林的圣战实践，具有鲜明的圣战色彩，加齐的首领是苏丹的第一身份，领导圣战既是苏丹的首要职责，亦是苏丹权力合法性的重要来源。自奥斯曼帝国的奠基人奥斯曼开始，直至 1566 年死于圣战征程的苏莱曼一世，奥斯曼帝国前期的历任最高统治者每逢战事皆亲自出征，驰骋疆场。在塞里姆二世即位以后，苏丹出征御敌的行为逐渐与时尚不符。苏丹穆拉德四世于 1635 年率军征服埃里温，1638 年率军征服巴格达，被视作奥斯曼帝国历任苏丹中最后的战士。

伊斯坦布尔的苏丹凌驾于臣民之上，俨然是臣民的主宰者和保护者，是臣民效忠的对象。苏丹被视作牧人，称作拉伊亚的臣民则是顺从苏丹的羊群。

托普卡帕宫宫门

托普卡帕宫帝国大殿内的苏丹宝座

托普卡帕宫内的图书馆

托普卡帕宫精美的装饰

奥斯曼家族的苏丹是奥斯曼帝国的象征;“没有奥斯曼家族,便不会有奥斯曼帝国”。[①]然而,奥斯曼帝国统治下的西亚北非和东南欧地区,并非卡尔·魏特夫所说的所谓东方治水社会,伊斯坦布尔的苏丹亦非拥有绝对权力的专制君主。奥斯曼帝国的苏丹对于西亚北非和东南欧诸多地区的控制,在很大的程度上取决于地方势力与伊斯坦布尔之间的关系。奥斯曼帝国的北部版图即安纳托利亚和巴尔干半岛构成苏丹统治的重心所在,南部版图的阿拉伯世界长期处于相对自治的地位。米勒特制度的实施、行会的自治地位和苏菲教团的民间色彩,一定程度上限制着苏丹统治的绝对权力。另一方面,苏丹即使在理论上亦非具有无限的权力,宗教传统和被称作沙里亚的伊斯兰教法构成制约苏丹统治权力的重要因素。

宫廷不仅是苏丹及其家族成员的住地,更是奥斯曼帝国的权力核心。宫廷的所在地是奥斯曼帝国的都城。1302—1326 年,奥斯曼人国家的都城位于安纳托利亚西北部萨卡利亚河谷的卡拉加希萨尔。1326—1402 年,奥斯曼帝国定都距卡拉加希萨尔约两天路程的布尔萨。1402—1453 年,奥斯曼帝国迁都巴尔干半岛南部色雷斯、希腊与保加利亚之间的埃迪尔内。1453 年以后,地跨安纳托利亚和巴尔干半岛的伊斯坦布尔成为奥斯曼帝国的都城。穆罕默德二世自 1453 年进入伊斯坦布尔之初便下令在城市中央建造宫殿,1458 年宫殿完工。苏丹穆罕默德二世于 1459 年下令在博斯普鲁斯海峡旁另建新的宫殿,1478 年完工。新宫殿结构复杂,自成体系,俨然是伊斯坦

① Inalcik, H., *The Ottoman Empire: The Classical Age 1300—1600*, New York 1973, p.59.

1451 年苏丹穆罕默德二世即位

布尔的城中之城。

早期的奥斯曼苏丹以圣战作为首要职责，征战时必亲临前线，宫廷的实际所在地随苏丹的征战活动呈移动状态。据 14 世纪的阿拉伯历史家伊本·巴图塔记载，乌尔汗的临时住地多达近百处。即使到 15 世纪，奥斯曼帝国苏丹每逢夏季亦通常统兵出征，征战结束后返回都城。16 世纪中叶以后，除穆罕默德三世（1595—1603 年在位）于 1596 年征战匈牙利、奥斯曼二世（1618—1622 年在位）于 1621 年征战波兰、穆拉德四世（1623—1640 年在位）于 1635 年征战埃里温和 1638 年征战巴格达外，历任苏丹大都不再亲临战场，伊斯坦布尔的托普卡帕宫成为苏丹的常驻地。[①]

托普卡帕宫包括后宫、内宫和外宫三部分。后宫的人员，包括苏丹的女眷、女仆和阉奴。苏丹的生母是后宫的核心人物，其次是苏丹的长子的生母，依此类推。苏丹的生母具有崇高的地位；在 17 世纪的奥斯曼帝国，苏丹穆拉德四世（1623—1640 年在位）和伊卜拉欣一世（1640—1648 年在位）的生母克塞姆，以及苏丹马哈茂德四世（1648—1687 年在位）的生母图尔汗，干预国事，掌管政务，左右政局，长达 40 年之久，史称苏丹女权时期。内宫位于后宫与外宫之间，是苏丹处理国事、召开御前会议和接受外国使节谒见的场所。内宫人员由苏丹的奴仆和侍卫组成，服侍苏丹的起居生活。外宫的人员构成庞杂，包括维齐尔和其他军政显贵以及教界首领。后宫的阉奴最初大都是来自高加索山区的塞加西亚人，16 世纪以后主要来自撒哈拉以南的非洲。苏莱曼一世当政期间，苏丹的宫廷约有 1 万人。[②]

---

① Imber, C., *The Ottoman Empire 1300—1650*, p.143.

② Ochsenwald, W., *The Middle East: A History*, p.192.

苏丹苏莱曼一世出征图

奥斯曼帝国在全体穆斯林的范围内执行伊斯兰教法。奥斯曼帝国尊奉的伊斯兰教哈奈菲派教法规定，一个女子只能在同一时间嫁给一个男子，而一个男子可以同时娶四个女子为妻，并且可以纳女奴为妾。奥斯曼帝国早期，苏丹往往通过娶异族异教王公贵族之女为妻，达到联姻结盟的政治目的。

奥斯曼曾经将俘获的希腊贵族之女尼鲁福尔许配其子乌尔汗，乌尔汗亦曾娶拜占庭皇帝康塔库尊之女提奥多拉为妻，奥斯曼帝国由此开始直接干涉拜占庭帝国内部的王位纠纷，进而踏上欧洲的土地。苏丹穆拉德一世娶保加利亚王公西思曼之妹为妻，意在控制保加利亚。穆拉德一世还曾将安纳托利亚的格尔米延埃米尔国王公雅库布之女许配其子巴叶济德，以使格尔米延埃米尔国向奥斯曼苏丹称臣纳贡。巴叶济德即位后，分别娶萨洛尼卡希腊王公之女和塞尔维亚国王拉扎尔之妹奥利维拉为妻。①

奥斯曼帝国的苏丹，大都系女奴所生。15 世纪中叶的奥斯曼历史家舒克鲁拉写道："苏丹巴叶济德一世有 6 个儿子：厄尔图格鲁尔、苏莱曼、穆罕默德、伊萨、穆萨、穆斯塔法，他们的母亲都是女奴，苏丹穆罕默德一世有 5 个儿子：穆拉德、穆斯塔法、艾哈迈德、尤素夫、马哈穆德，他们的母亲也都是女奴，苏丹穆罕默德二世和巴叶济德二世的生母均为女奴。"②

按照奥斯曼帝国的惯例，苏丹的男性子嗣首先由其生母分别抚养，至一定年龄时，出任行省总督，继续由其生母陪伴，处于伊斯坦布尔苏丹的控制之

① Imber, C., *The Ottoman Empire 1300—1650*, p.88.
② Imber, C., *The Ottoman Empire 1300—1650*, p.89.

苏丹苏莱曼一世与法王弗朗西斯一世

1556 年苏丹苏莱曼一世接见匈牙利使者

苏丹穆拉德四世

下，权力通常限于享有封地的收益。①

伊斯兰世界不同于中世纪西欧的继承制度，无论在官方的层面还是民间的层面，亦无论是权位的继承还是财产的继承。苏丹的所有男性子嗣，不分长幼，在理论上均系苏丹权位的合法继承人，享有同等的合法继承权，是为奥斯曼帝国权位继承的基本原则。因此，苏丹的任何一个男性子嗣都是苏丹其他男性子嗣的潜在政治对手。由于苏丹后宫庞大，子嗣众多，加之缺乏权位继承的明确规定，王室成员内讧不断，继任苏丹者弑兄戮弟的现象屡见不鲜。

乌尔汗当政期间，奥斯曼家族内部似乎尚未出现王室内讧。穆拉德一世即位后，首开王室内部的杀戮之先河，处死乌尔汗的其余所有子嗣。1400 年的奥斯曼诗人艾哈迈迪曾经在《列王史》中写道："穆拉德的所有兄弟都变成了他的仇敌，穆拉德剥夺了他的所有兄弟手中的权力，穆拉德用宝剑杀死了他的所有兄弟。此后的两百多年中，历任苏丹竟相效仿穆拉德一世的做法，继任苏丹者弑兄戮弟成为奥斯曼家族权位继承的惯例。"②

穆拉德一世之子巴叶济德于 1389 年即位，是为巴叶济德一世，他的兄弟雅库布死于同年。1451 年，穆罕默德二世于即位的当日处死其父穆拉德二世的另一子嗣。穆罕默德二世当政期间，曾经颁布法令，宣布诸王子中继任苏丹者有权处死其余王子，以求消除内战隐患和维护帝国统一。1481 年穆罕默德二世死后，长子巴叶济德即位，是为巴叶济德二世（1481—1512 年在位），次子杰姆在布尔萨自称苏丹，试图与巴叶济德二世分庭抗礼；巴叶济德二世派大维齐尔杰迪克·艾哈迈德率军击败杰姆，杰姆兵败逃亡埃及，次年返回安纳托利亚，再度兵败逃亡，被迫求助于罗德岛的圣约翰骑士团的庇护，而杰姆的幼子则被巴叶济德二世处死。1512 年，苏丹巴叶济德二世之子塞里姆举兵反叛，迫使巴叶济德退位，继任苏丹，是

苏丹塞里姆一世

① Inalcik, H., *The Ottoman Empire: the Classical Age 1300—1600*, p.60.

② Imber, C., *The Ottoman Empire 1300—1650*, pp.98—99.

苏丹塞里姆一世卧病在床

为塞里姆一世(1512—1520年在位),次年处死同胞兄弟库尔库德和艾哈迈德。苏莱曼一世曾经于1553年和1561年先后处死其子穆斯塔法和巴叶济德,以平息内乱。穆拉德二世明确规定,只有苏丹的长子享有继承苏丹权位的资格,余者不得涉足军政要务和号令一方。穆拉德三世(1574—1595年在位)即位之日,处死所有5名同胞兄弟。穆罕默德三世(1595—1603年在位)即位后,处死兄弟19人,并且废除委派苏丹子嗣出任封疆大吏的习俗,将苏丹子嗣囚禁于宫内的牢笼,后者不得与外界联系,生活于恐惧之中。艾哈迈德一世(1603—1617年在位)即位时,面对众多大臣的苦苦哀求,其弟穆斯塔法方被免于处死;艾哈迈德一世死后,其子尚未成年,穆斯塔法被拥立为苏丹,是为穆斯塔法一世(1617—1618年在位)。穆斯塔法一世翌年退位,艾哈迈德一世之子奥斯曼即位,是为奥斯曼二世(1618—1622年在位)。奥斯曼二世即位后,在获得大穆夫提的准许下,处死长兄穆罕默德。穆拉德四世(1623—1640年在位)即位后,处死4兄弟中的3人,只有1人即伊卜拉欣幸免被害,原因是穆拉德四世本人无后。[①]1876年宪法颁布以后,王室内部的杀戮现象逐渐废止。

御前会议与桑贾克

伊斯坦布尔的御前会议是辅佐苏丹的最高权力机构,每周召开4次,每次历时7—8小时,御前会议的成员包括维齐尔、大法官和财政官。维齐尔掌管军政要务,人数不定,15世纪至16世纪初的御前会议通常包括3名维齐尔,16世纪中叶增至4名维齐尔,后来增至7名维齐尔,17世纪中叶达到11名维齐尔。大法官的职位始建于穆拉德一世当政期间。穆罕默德二世以后,

① Inalcik, H., *The Ottoman Empire: the Classical Age 1300—1600*, pp.59—61.

大法官由 1 人增至 2 人，分别掌管鲁梅利亚和安纳托利亚的司法权力。塞里姆一世征服埃及和叙利亚以后，增设第三名大法官，不久后撤销。15 世纪的御前会议有财政官 1 人，16 世纪初增至 2 人，分别掌管鲁梅利亚和安纳托利亚。16 世纪末，财政官增至 4 人，分别掌管鲁梅利亚、安纳托利亚、伊斯坦布尔和多瑙河地区。①

1890 年伊斯坦布尔的金角湾

奥斯曼帝国前期，苏丹亲自主持御前会议。穆罕默德二世即位以后，御前会议由大维齐尔主持，苏丹改为垂帘听政。自 17 世纪开始，苏丹大都不再亲自料理政务，而是退居埃迪尔内的行宫，伊斯坦布尔的御前会议转变为由大维齐尔主持的国务会议，大维齐尔的官邸即最高波尔特（the Sublime

---

① Imber, C., *The Ottoman Empire 1300—1650*, pp.171—172, p.159.

1904年的最高波尔特

Porte)随之演变为奥斯曼帝国中央政府的象征。[①]

维齐尔代表苏丹掌管国家的行政机构,统兵征战,拥有广泛的世俗权力,位高权重,然而其政治命运往往取决于苏丹的意志。另一方面,维齐尔的身世和种族背景十分复杂。君士坦丁堡征服之前,维齐尔大都具有突厥血统的显贵背景,家族世袭者甚多。坎达里·海尔丁帕夏在苏丹穆拉德一世当政期间出任维齐尔,其子坎达里·阿里和坎达里·伊卜拉欣在苏丹穆拉德一世、巴叶济德一世、苏莱曼和穆斯塔法一世当政期间承袭父职。坎达里·伊卜拉欣之子坎达里·哈利勒,以及坎达里·哈利勒之子坎达里·苏莱曼,亦曾出任维齐尔。苏丹穆罕默德二世即位后,坎达里家族逐渐失去权势,坎达里·苏莱曼于1453年奥斯曼帝国军队攻陷君士坦丁堡后被苏丹处死。坎达里·哈利勒之子伊卜拉欣在苏丹巴叶济德二世当政期间出任维齐尔,是为坎达里家族最后的维齐尔。[②]

穆罕默德二世当政期间,首开任命异族基督徒作为大维齐尔的先河。来自希腊北部色萨利的斯拉夫血统贵族后裔马哈茂德帕夏于1455—1474年出任维齐尔,是奥斯曼帝国历史上第一位异族基督徒出身的维齐尔。在1453—1623年的48位维齐尔中,只有5人具有突厥血统,却有33人属于皈依伊斯兰教的基督徒,分别来自希腊人、阿尔巴尼亚人、斯拉夫人、意大利人、亚美尼亚人和格鲁吉亚人。[③]1485—1497年,出身德尔舍梅的阿尔巴尼亚人达乌德帕夏担任维齐尔。1489—1496年担任维齐尔的伊斯坎德尔帕夏来自

① Inalcik, H., *The Ottoman Empire: The Classical Age 1300—1600*, p.90.

② Inalcik, H., *The Ottoman Empire: the Classical Age 1300—1600*, p.95.

③ 布罗克尔曼:《伊斯兰各民族与国家史》,第363页。

特拉布宗，其父是热那亚人，其母是希腊人。1521 年以后，维齐尔多数来自巴尔干半岛西部募集的奴隶，出身卑微。16 世纪中叶，奴隶出身的阿尔巴尼亚人伊卜拉欣帕夏、卢夫提帕夏和波斯尼亚人鲁斯塔姆帕夏相继出任维齐尔。16 世纪末 17 世纪初，维齐尔大都出自阿尔巴尼亚人。17 世纪中叶，来自高加索地区的塞加西亚人、阿布哈兹人和格鲁吉亚人出任维齐尔者明显增多，成为制约阿尔巴尼亚人的政治力量。1623 年，格鲁吉亚人穆罕默德帕夏出任维齐尔，是第一位来自高加索地区的维齐尔。1650—1654 年，阿布哈兹人马利克·艾哈迈德帕夏、希亚乌什帕夏和伊布希尔帕夏先后出任维齐尔。1656—1703 年，阿尔巴尼亚人科普鲁鲁·穆罕默德及其家族成员长期出任维齐尔，成为御前会议的核心人物，史称科普鲁鲁时期。①相比之下，自 15 世纪中叶开始，突厥血统的穆斯林出任维齐尔者寥寥无几。至于御前会议中的大法官和财政官，依旧多为具有伊斯兰教背景的突厥穆斯林。

奥斯曼国家建立初期，具有家族政治的浓厚色彩。奥斯曼曾经将都城卡拉希萨尔的管辖权交给其子乌尔汗，奥斯曼之弟阿勒普·古恩都斯掌管军权。乌尔汗即位后，其长子苏莱曼受封色雷斯，三子哈利勒受封伊兹米特，都城布尔萨则由乌尔汗直接管辖。另一方面，奥斯曼帝国征服巴尔干半岛初期，被征服地区的基督教王公通常在向苏丹称臣纳贡的同时，延续原有的统治权力，处于相对自治的地位。自巴叶济德一世时代开始，奥斯曼帝国逐渐强化对于被征服地区的统治权力，直接任命地方长官，中央集权的官僚政治和行政体制随之不断完善。

奥斯曼帝国的地方行政区域名为桑贾克（土耳其语中意为旗帜），桑贾克的长官称作桑贾克贝伊。巴尔干半岛征服以后，奥斯曼帝国的疆域明显扩大，苏丹穆拉德一世遂在鲁梅利亚和安纳托利亚西部设立行省，行省长官称作贝勒贝伊，亦称帕夏，驻节地分布为埃迪尔内和屈塔希亚。巴叶济德一世当政期间，奥斯曼帝国疆域东扩，于是增设鲁姆作为第三个行省，驻节地为阿玛西亚。1468 年，穆罕默德二世增设卡拉曼作为第四个行省，驻节地为科尼亚。②奥斯曼帝国征服阿拉伯世界后，埃及、叙利亚、迪亚巴克尔和库尔德斯坦成为 4 个新的行省。16 世纪中叶，奥斯曼帝国夺取伊朗萨法维王朝在扎格罗斯山以东的疆域，增设厄尔祖鲁姆、凡城、舍赫里祖尔和巴格达 4 个行

① Imber, C., *The Ottoman Empire 1300—1650*, p.164, p.166.

② Inalcik, H., *The Ottoman Empire: the Classical Age 1300—1600*, p.104.

省。至17世纪初,奥斯曼国家的行省达到32个,北非的突尼斯和的黎波里、东地中海的塞浦路斯、巴尔干半岛的波斯尼亚和卡尼查、黑海沿岸的奥查科夫和特拉布宗成为新的行省。①

典型的行省建立在军事封邑即提马尔制度的基础之上。每个行省下设数量不等的桑贾克,每个桑贾克包括若干称作提马尔的军事封邑,军事封邑的领有者称作西帕希。苏丹苏莱曼一世在位期间,鲁梅利亚省下设30个桑贾克,安纳托利亚省下设20个桑贾克。贝勒贝伊、桑贾克贝伊和西帕希代表伊斯坦布尔的苏丹,行使统治地方的世俗权力。桑贾克贝伊的任期通常不超过3年,届满后由贝勒贝伊举荐至御前会议,再由苏丹任命为其他桑贾克的贝伊。桑贾克贝伊的定期轮换,旨在削弱地方势力的离心倾向,保证苏丹对于地方事务的有效控制。②

17世纪初,鲁梅利亚行省下辖24个桑贾克,安纳托利亚行省下辖14个桑贾克,大马士革行省下辖11个桑贾克。亦有一些行省不设桑贾克,如伊拉克的巴士拉和巴格达、阿拉伯半岛的哈萨和也门、北非的埃及、的黎波里、突尼斯和阿尔及尔。在巴尔干半岛,阿尔巴尼亚、波斯尼亚和塞尔维亚皆划分为若干个桑贾克,隶属于鲁梅利亚行省的贝勒贝伊。行省处于奥斯曼帝国苏丹的直接控制之下,行省总督由伊斯坦布尔的苏丹任免。③行省之外亦有相当数量的封邑,主要分布在巴尔干半岛多瑙河南侧的缓冲区域摩尔达维亚、瓦拉几亚、特兰西瓦尼亚、杜布罗夫尼克诸地,封邑的领主大都系基督教贵族,向伊斯坦布尔的苏丹缴纳贡赋,提供辅助性兵员,职位世袭,处于相对自治的地位。④

奴隶政治与德米舍梅制

阿拔斯王朝时期,哈里发为了削弱阿拉伯人和波斯人家族势力的影响,常常在中亚和高加索地区以及非洲征募奴隶出任官职,奴隶出身的高官显贵和封疆大吏屡见不鲜。埃及的马木路克王朝,便是异族出身的奴隶皈依伊斯兰教之后在尼罗河流域建立的政权。奴隶政治的广泛影响,由此可见一斑。奥斯曼人兴起之前,安纳托利亚的塞尔柱人政权罗姆苏丹国亦曾征募奴隶充

---

① Imber, C., *The Ottoman Empire 1300—1650*, pp.178—179.

② Imber, C., *The Ottoman Empire 1300—1650*, p.192.

③ Imber, C., *The Ottoman Empire 1300—1650*, p.184.

④ Inalcik, H., *The Ottoman Empire: the Classical Age 1300—1600*, p.107.

当战士甚至委以重任,科尼亚的奴隶学校负责培训奴隶的军事技能和管理国家的行政技能。伊斯兰教承认奴隶制的合法地位,构成伊斯兰世界奴隶政治长期存在的理论依据。

奥斯曼和乌尔汗当政期间,奥斯曼国家具有家族政治的浓厚色彩。奥斯曼家族成员位高权重,盘根错节,势力坐大,往往制约苏丹行使统治权力,甚至觊觎苏丹权位。相比之下,来自远方且无家族背景的奴隶,成为苏丹的忠实奴仆,奴隶政治随之逐渐兴起。

伊斯坦布尔宫廷的奴隶

伊斯兰教法禁止以穆斯林作为奴隶,亦禁止将伊斯兰国家的非穆斯林作为奴隶,奴隶的合法来源只限于非伊斯兰国家的非穆斯林人口。奥斯曼国家的奴隶,最初主要来自巴尔干半岛的战俘,长期的圣战为奥斯曼帝国提供了充足的奴隶来源。15 世纪以后,奥斯曼帝国的奴隶大都来自帝国境内基督教臣民的征募,尽管这样的做法有悖于伊斯兰教法的相关规定。

定期征募基督徒儿童的制度,称作德米舍梅制。①德米舍梅制始于巴叶济德一世当政时期,穆拉德二世和穆罕默德二世当政时期流行,至 16 世纪末起逐渐减少,17 世纪时已不多见。征募奴隶的范围只限于基督徒居住的农耕地区,穆斯林和居住在城市的基督徒不在苏丹征募奴隶的范围之列,只有波斯尼亚改宗伊斯兰教的家庭除外,其子弟可以成为苏丹征募奴隶的对象。根据相关资料的记载,苏丹的官员定期来到基督徒居住的村庄,召集全体男性村民,宣布苏丹的征募令,征募 8—20 岁的男性充当苏丹的奴隶;如果一户有数子,就征募其中一名青年,如果一户只有一子,则免于征募,贵族、教士、孤儿、身材过高或过矮者、无胡须者、已婚

① Cleveland, W.L., *A History of the Modern Middle East*, Boulder 2004, p.46.

者、有一技之长的工匠亦免于征募。[1]被征募者称作德米舍梅，进入伊斯坦布尔和埃迪尔内的宫廷学校，登记本人姓名、父亲姓名、原住址以及所属的封邑，由医生进行身体检查，直至接受严格的训练和培养，学习语言、宗教、骑术和战法，其中条件最佳者选入苏丹的宫廷，直至涉足仕途并被委以重任，余者加入苏丹的近卫军团。在16世纪，奥斯曼帝国每年征募奴隶的数量在一千人左右，亦有史料记载每年征募奴隶约三千人。[2]

"在奥斯曼社会，成为苏丹的奴隶意味着荣誉和特权……甚至苏丹的生母和御师亦大都具有奴隶的身世。"[3]奴隶出身的官吏拥有可观的个人财产和显赫的社会地位，苏丹则是他们的绝对主人。"他们拥有的权力来源于苏丹的意志，他们是苏丹的工具和奴仆。苏丹可以随意罢免和惩处他们。"[4]一份17世纪初的史料曾经就德米舍梅制排除征募穆斯林子弟的原因作出如下的解释："如果穆斯林的子弟成为苏丹的奴隶，将会滥用自己的特权，他们的亲属和家人将会欺压百姓和拒绝纳税，他们将反对桑贾克的贝伊而成为反叛者。如果基督徒的子弟皈依伊斯兰教，他们将会热衷于自己的信仰而成为其基督徒家人的仇敌。"[5]

德米舍梅制的目的，在于削弱奥斯曼人的部族传统，强化苏丹的政治控制力。奴隶出身的官吏作为苏丹的忠实仆人，在维系奥斯曼帝国中央集权和克服地方离心倾向方面具有举足轻重的作用。马基雅维里甚至认为，奥斯曼帝国是建立在奴隶制基础上的绝对君主制。[6]直至中世纪末期，身世的贵贱尊卑在欧洲诸国构成决定仕途的首要因素。相比之下，奴隶政治的广泛影响构成奥斯曼帝国的鲜明特征。

奴隶出身的德米舍梅在奥斯曼帝国的政治舞台占据举足轻重的地位，忠君思想和圣战精神是德米舍梅的两大标志。1453年，苏丹穆罕默德二世在攻陷君士坦丁堡的两天后，罢免穆拉德二世在位期间的奥斯曼重臣坎达里担任的大维齐尔职务，由德米舍梅的首领塞格诺斯帕夏接替坎达里出任大维齐尔，主持政务。1481年穆罕默德二世死后，德米舍梅拥立穆罕默德二世的长

---

① Imber, C., *The Ottoman Empire 1300—1650*, pp.135—136.

② Cleveland, W.L., *A History of the Modern Middle East*, p.45.

③ Inalcik, H., *The Ottoman Empire: the Classical Age 1300—1600*, p.87.

④ Cleveland, W.L., *A History of the Modern Middle East*, p.46.

⑤ Inalcik, H., *The Ottoman Empire: the Classical Age 1300—1600*, p.78.

⑥ Inalcik, H., *The Ottoman Empire: the Classical Age 1300—1600*, p.77.

子巴叶济德继任苏丹，是为巴叶济德二世。巴叶济德二世任命德米舍梅首领伊斯哈格出任大维齐尔，依靠德米舍梅的支持，平息觊觎苏丹权位的穆罕默德二世次子杰姆和奥斯曼贵族在安纳托利亚发动的反叛。

苏莱曼一世当政期间，奥地利使臣出于其特定的政治文化背景，曾经对此做出如下评述："在土耳其人中，丝毫不看重出身；对某个人的尊重程度，是按他在公务中所担任的职务来衡定的。苏丹在作出任命时，并不注重财富和等级这一类假象……他是根据事情本身的是非曲直来考虑取舍的……人们在部门中得到升迁，靠的是功绩。这种制度保证了各种职务只委派给能力相称的人。在土耳其，每个人都把自己的祖宗家系，还有自己的命运前程，掌握在自己手里，至于是成是毁，那就全看他自己了。"①

西帕希与耶尼切里

奥斯曼国家起源于穆斯林对基督徒的圣战，武力的扩张构成奥斯曼国家历史进程的鲜明主题。奥斯曼人的国家机构具有浓厚的军事色彩，俨然是庞大的战争机器。军事贵族的特权地位，构成奥斯曼文明的明显特征。领土的征服与战利品的分享，则是维系奥斯曼帝国的纽带。另一方面，庞大的奥斯曼帝国建立在领土兼并的基础之上，辽阔的疆域内存在着诸多的种族和宗教，伊斯坦布尔的苏丹面临地方离心倾向的挑战，中央集权的国家制度构成维系统一帝国的政治基础，维持强有力的军事力量则是克服地方离心倾向的首要任务。

奥斯曼国家的军队主要由西帕希和耶尼切里组成。西帕希建立在封邑制的基础之上，系封邑的领有者，自备兵器和马匹，平时为民，战时出征，是典型的中世纪骑兵和奥斯曼帝国的主要军事力量。"西帕希享有国有土地的受益权，征收农民缴纳的地租和赋税，保障土地处于耕种状态。遇有战事，西帕希根据受封土地的收入，向苏丹提供相应数量的战士和战争物资。"②西帕希骑兵的服役期通常为每年的3—10月，其后返回各自的领地。因此，奥斯曼帝国苏丹发动的战争，通常从每年的春季开始，秋季收兵，冬季处于休战的状态。西帕希处于苏丹的直接控制下，因此不同于西欧中世纪等级结构的封建军队。奥斯曼帝国的军事封邑面积不等，年收入不足2万阿克切(银币名称)

---

① 戴维森：《从瓦解到新生》，张增健等译，学林出版社1996年版，第50页。

② Karpat, K.H., *Social Change and Politics in Turkey*, Leiden 1973, p.33.

西帕希骑兵

的封邑称提马尔，年收入在 2 万至 10 万阿克切的封邑称齐阿迈特，年收入超过 10 万阿克切的封邑称哈斯。奥斯曼帝国规定，3 000 至 5 000 阿克切的年收入须提供 1 名骑兵以及相应的武器和粮饷。1473 年，奥斯曼帝国的军队为 10 万人，其中来自鲁梅利亚的西帕希骑兵 4 万人，来自安纳托利亚的西帕希骑兵 2.4 万人。①1525 年，奥斯曼帝国的西帕希骑兵约 5 万人。②1527 年，奥斯曼帝国共有 3.7 万个提马尔领地，提供西帕希骑兵 7 万—8 万人。1607 年，提马尔领地增至 4.4 万个，提供西帕希骑兵 10 万人。③

耶尼切里建立在雇佣制的基础之上，领取薪金，系奥斯曼国家的常备军。耶尼切里"是奥斯曼帝国的精锐部队，在几个世纪中堪称欧洲最精良的步兵"。④耶尼切里本意为新军，亦称卡皮库鲁，起源于乌尔汗和穆拉德当政时期，主要招募巴尔干地区的基督徒男童，组成苏丹卫队，后来演变为直接隶属于苏丹的近卫军团，装备火器。⑤耶尼切里的规模，穆拉德当政时期约 1 000 人，巴叶济德当政时期扩大为 5 000 人。⑥穆罕默德二世当政期间，奥斯曼帝国的兵员总数约 10 万人，其中耶尼切里 1.2 万人。⑦苏莱曼即位后，耶尼切里增至 4 万人，招募范围亦逐渐扩大到小亚细亚半岛和高加索地区。⑧耶尼切里自幼从军，待遇优厚，装备精良，训练有素，奉行独身原则，不得娶妻成婚，由此形成封闭的状态。至苏莱曼当政期间，耶尼切里的独身原则逐渐废止。苏莱曼二世（1687—1691 年在位）即位后，甚至允许耶尼切里将其男性子嗣列入军饷名册，作为后备战士，进而导致耶尼切里内部普遍的职业世袭化现象。至 17 世纪末，奥斯曼帝国停止直接招募非穆斯林

① Inalcik, H., *An Economic and Social History of the Ottoman Empire*, Vol.I: 1300—1600, Cambridge 1994, p.141, p.88.
② Imber, C., *The Ottoman Empire 1300—1650*, p.257.
③ Shaw, S.J. & Shaw, E.K., *History of the Ottoman Empire and Modern Turkey*, Vol.1, p.127.
④⑤ Turnbull, S., *The Ottoman Empire 1326—1699*, p.19.
⑥ Ochsenwald, W., *The Middle East: A History*, p.173.
⑦ Inalcik, H., *An Economic and Social History of the Ottoman Empire*, Vol.I: 1300—1600, p.88.
⑧ Cleveland, W.L., *A History of the Modern Middle East*, p.47.

少年组成耶尼切里，耶尼切里的封闭状态不复存在，耶尼切里的来源构成呈开放的倾向。形形色色的社会成分加入耶尼切里，兵员的混杂状况日趋严重，耶尼切里的战斗力随之明显下降。

耶尼切里战士

奥斯曼帝国前期，历任苏丹致力于陆地的攻战征伐，周边海域处于基督徒舰队的控制之下。1453 年攻陷君士坦丁堡之后，特别是 1517 年征服埃及之后，奥斯曼帝国开始与基督徒舰队争夺周边海域的控制权，奥斯曼帝国的海军随之应运而生。

早在奥斯曼帝国军队于 1377 年重新夺回达达尼尔海峡欧洲一侧的军事要塞加里波利之后，苏丹穆拉德一世下令建造战船。巴叶济德一世当政期间，奥斯曼帝国海军初具雏形。穆罕默德二世即位后，开始大规模建造战船。奥斯曼帝国的海军兵员包括突厥人、希腊人、阿尔巴尼亚人，兼有封邑制与雇佣制。海军统帅最初采用桑贾克贝伊的称谓，后来改称贝勒贝伊并参加御前会议。爱琴海诸地是海军主要的提马尔所在，海军封邑大都分布于此。①

奥斯曼帝国的海军游弋于地中海以及爱琴海和黑海水域，屡次击败欧洲基督教国家的舰队，从西班牙人手中夺取北非的突尼斯和阿尔及利亚，护送穆斯林及犹太人逃离西班牙的宗教迫害。阿尔及尔的统治者海德丁·巴巴罗萨是奥斯曼帝国海军的创建者，苏丹苏莱曼一世在位期间，海德丁·巴巴罗萨统率的奥斯曼帝国海军屡屡击败哈布斯堡王朝海军和威尼斯舰队。1571 年，奥斯曼帝国海军与西班牙为首的神圣同盟舰队在希腊附近海域发生地中海水域规模空前的大海战，史称勒班陀海战。交战双方投入战船数百

① Shaw, S.J. & Shaw, E.K., *History of the Ottoman Empire and Modern Turkey*, Vol.1, pp.131—132.

海德丁·巴巴罗萨

艘,5.9 万人战死,奥斯曼帝国舰队遭受重创,损失近两百条战船,仅有约三十条战船侥幸逃脱。文学名著《堂吉诃德》的作者塞万提斯曾经参加此次海战,交战中负伤失去左手。翌年,奥斯曼帝国重建规模庞大的舰队,再度与欧洲基督教海军角逐地中海霸权。据史书记载,在伊斯坦布尔的造船厂,若值造船高峰时,每天都有舰船下水。

在红海和印度洋水域,皮里·雷斯统领的奥斯曼帝国海军于 1548 年击败葡萄牙舰队,夺取亚丁,1552 年再度击败葡萄牙舰队,占领马斯喀特。1568 年,奥斯曼帝国的舰队甚至远赴苏门答腊岛,协助土著穆斯林抵御葡萄牙人的入侵。

奥斯曼帝国的军事力量,除西帕希骑兵和耶尼切里雇佣兵以外,还包括来自被奥斯曼人征服地区的附庸国仆从军。巴尔干半岛的基督教王公作为奥斯曼帝国的封臣,跟随苏丹征战各地,接受土地赐封,分享战利品。瓦兰几亚、

奥斯曼帝国海战(一)

奥斯曼帝国海战(二)

1571 年勒班陀海战

特兰西瓦尼亚和摩尔达维亚是奥斯曼帝国最重要的三个基督教附庸国，提供大量的步兵和骑兵。克里米亚的鞑靼人一直是奥斯曼土耳其的忠实盟友和

军事仆从,安纳托利亚高原东部的库尔德人亦在苏丹召集时随耶尼色里一同出征。

宗教与神权

奥斯曼帝国沿袭哈里发国家的历史传统,采用教俗合一的政治制度,政治生活具有浓厚的宗教色彩。在苏丹之下,以大维齐尔为首的军政贵族和以大穆夫提为首的欧莱玛分别构成奥斯曼帝国权力结构的世俗体系和宗教体系,地方行政机构桑贾克亦实行教俗二元的权力体系,世俗权力与宗教权力处于平行的状态。

早在1517年奥斯曼帝国征服埃及以后,苏丹塞里姆一世宣布废黜马木路克在开罗拥立的阿拔斯家族末代哈里发穆台瓦基勒,自称哈里发,以先知穆罕默德和麦地那时代四大哈里发的继承者自居,首开奥斯曼帝国哈里发制度的先河。[①]奥斯曼帝国的苏丹俨然成为整个伊斯兰世界和全体穆斯林的精神领袖。保卫伊斯兰世界的疆域、统率穆斯林对基督教世界发动圣战和维护伊斯兰教法的神圣地位,是奥斯曼帝国苏丹的首要职责。

奥斯曼帝国征服君士坦丁堡后,苏丹穆罕默德二世在著名的圣门弟子阿布·阿尤布的陵墓所在处建造清真寺,供穆斯林凭吊。阿布·阿尤布曾经于倭马亚王朝初期参与围攻君士坦丁堡,战事期间病故,葬于君士坦丁堡城外的金角湾附近。穆罕默德二世将阿布·阿尤布的陵墓所在视作圣地,意在提高伊斯坦布尔和奥斯曼帝国在伊斯兰世界的宗教地位,拉近伊斯坦布尔与阿拉伯半岛两座圣城之间的距离,拉近奥斯曼帝国家族与先知穆罕默德之间的距离。从1514年起,每逢奥斯曼帝国军队出征前夕,苏丹必先亲自凭吊阿布·阿尤布的陵墓。1566年苏丹塞里姆二世即位后,凭吊阿布·阿尤布的陵墓成为历任苏丹登基仪式的组成部分;新即位的苏丹首先自宫廷出发,经海路抵达金角湾,凭吊阿布·阿尤布陵墓,然后经由陆路返回伊斯坦布尔城内,凭吊已故历任苏丹。

奥斯曼帝国鼎盛时期,甚至远在苏门答腊诸岛、印度和伏尔加河流域的穆斯林亦将伊斯坦布尔的苏丹视作伊斯兰世界的保卫者,求助奥斯曼帝国抵御葡萄牙人和俄国人的军事威胁。[②]

---

① Toprak, B., *Islam and Political Development in Turkey*, p.43.

② Inalcik, H., *The Ottoman Empire: the Classical Age 1300—1600*, p.57.

1895 年的伊斯坦布尔蓝色清真寺

蓝色清真寺及附近的广场

欧莱玛泛指伊斯兰教学者，包括领导穆斯林聚礼及宣讲教义的伊玛目、审理穆斯林诉讼的卡迪、解释伊斯兰教法和发布宗教法令的穆夫提。根据伊斯兰教的传统理论，包括哈里发和苏丹在内的统治者必须遵从安拉的法度，即被称作沙里亚的伊斯兰教法，而穆斯林民众顺从统治者的前提，是统治者的言行必须符合沙里亚的原则。在教俗合一的奥斯曼帝国，欧莱玛作为伊斯兰教法的诠释者和执行者具有举足轻重的社会地位和政治影响，欧莱玛的支持则是苏丹统治权力合法性的来源所在。

奥斯曼帝国早期，尚无完善的世俗官僚体系，行政事务通常由欧莱玛负责掌管，最初的历任维齐尔亦多由欧莱玛担任。15 世纪的编年史家批评巴叶济德一世将管理帝国的诸多权力交给世俗官吏掌管，表明行政体制经历世俗化的转变过程。尽管如此，在奥斯曼帝国六个世纪的历史进程中，欧莱玛始终掌管宗教、司法和教育，构成独具特色的社会群体。欧莱玛一般不从政府领取俸禄，其主要经济收入来自宗教地产瓦克夫，因此区别于世俗官吏，处于相对自治的地位。宗教地产瓦克夫约占奥斯曼帝国国有土地的三分之一，构成欧莱玛的经济支柱。

审理诉讼的卡迪

称作卡迪的宗教法官遍布奥斯曼帝国的各个角落，主持法庭，执行伊斯兰教哈奈菲派教法，仲裁诉讼，征集战争物资，募集兵源，保障交通和道路安全，监督市场交易，宣布苏丹的法令。“卡迪在奥斯曼帝国的日常事务管理方面或许扮演最重要的角色。奥斯曼帝国境内的每一个城市、村社和定居点都处于卡迪的司法管辖之下。卡迪管辖区域内的所有人，无论信奉何种宗教，均可向卡迪主持的法庭提出申诉。”①

伊斯坦布尔的大穆夫提，作为官方欧莱玛的最高宗教首领，接受苏丹的任命，地位仅次于大维齐尔。位居伊斯坦布尔的大穆夫提之下的

① Imber, C., *The Ottoman Empire*, 1300—1650, p.232.

欧莱玛首领,是鲁梅利亚的卡迪和安纳托利亚的卡迪。穆罕默德二世曾经将“伊斯兰的舍赫”的称号授予伊斯坦布尔的大穆夫提,大穆夫提发布的法令即法图瓦“不仅涉及宗教信仰,而且包括战争动员和征收赋税以及生活起居的各个方面”。①

奥斯曼帝国尊奉逊尼派伊斯兰教作为官方的意识形态,逊尼派伊斯兰教的哈奈菲派教法构成官方法律制度的基础。沙里亚位于奥斯曼帝国法律体系的顶点,规定穆斯林的个人行为以及穆斯林与非穆斯林的相互关系,直至规定社会秩序和国家制度,具有至高无上的地位和不可侵犯的神圣性。沙里亚被视作安拉意志的体现,苏丹只是沙里亚的捍卫者,欧莱玛则是沙里亚的执行者。

苏丹颁布的法令被称作卡农,构成沙里亚的延伸和补充。苏丹颁布的法令,在颁布者死后,被视作无效,直到新的苏丹即位后重新确认,方可继续生效。突厥人以及其他被征服地区的习惯法被称作阿戴特,构成法律体系的最低层次。卡农和阿戴特具有明显的世俗色彩,主要涉及刑事诉讼、租佃关系和税收制度。②

宗教学校是传授沙里亚的载体,包括初等学校和高等学校。附属于清真寺的宗教小学称作麦克台卜。麦克台卜遍布乡村和城市,构成初等学校的基本形式,学习内容包括诵读《古兰经》、伊斯兰教常识和宗教道德。高等学校是伊斯兰教经学院,称作麦德莱赛。麦德莱赛主要讲授阿拉伯语、波斯语、经注学、圣训学、教义学和教法学,培养伊斯兰教的神职人员和宗教法官。宗教学校处于瓦克夫的地位,具有一定程度的独立性。奥斯曼帝国时期,伊斯兰教的宗教教育体制日臻成熟,宗教学校开始出现等级结构。穆罕默德二世于15世纪70年代在伊斯坦布尔建立的8所宗教学校,可谓奥斯曼帝国的最高宗教学府。③

宗教教育的体系化和宗教学者的官方化,是奥斯曼帝国时期的突出现象。与此同时,崇尚苦行、禁欲和神秘主义的苏菲教团逐渐成为民间伊斯兰教的载体,进而与官方伊斯兰教分道扬镳。苏菲派系伊斯兰教内部致力于寻求凡人与安拉直接交流进而获得信仰真谛的神学倾向,专注个人潜修。伊斯

---

① Lewis, G., *Modern Turkey*, New York 1974, p.32.

② Imber, C., *The Ottoman Empire, 1300—1650*, p.244.

③ Imber, C., *The Ottoman Empire 1300—1650*, p.227.

兰教苏菲派自1071年曼齐喀特战役后传入安纳托利亚，进而渗透到穆斯林宗教生活的诸多层面。①

苏菲教团兴起于12世纪，在伊斯兰世界的民间层面根基深厚。奥斯曼帝国境内的苏菲派信徒分别隶属于自西亚传入的卡迪里教团、里法伊教团、纳格什班迪教团和安纳托利亚高原形成的麦乌拉维教团、拜克塔什教团，派系繁杂，人数众多，具有广泛的社会影响。拜克塔什教团的信众大都分布在鲁梅利亚即巴尔干乡村，是在巴尔干半岛传播伊斯兰教的主要载体。由于奥斯曼帝国长期在巴尔干地区募集兵源，拜克塔什教团与近卫军团逐渐形成密切的联系，充当近卫军团的随军神职人员，而近卫军团的战士则自称拜克塔什的子孙，尊崇拜克塔什教团的苏菲长老。麦乌拉维教团的信众主要分布在安纳托利亚的城镇地区，与手工业者及商人阶层联系密切，是奥斯曼帝国政府用于制衡拜克塔什教团的重要宗教势力。②“梅夫莱维派（即麦乌拉维教团）的首脑，是一个极受尊敬的有名人物，有时候它出面主持新苏丹登基时举行的佩剑礼。”③

五、 奥斯曼帝国的社会与经济

疆域与人口

奥斯曼帝国的人口数量并无准确的统计，然而瘟疫、饥荒、战争、移民无疑是影响奥斯曼帝国人口数量的主要因素。根据相关资料的统计，鼎盛时期的奥斯曼帝国由三大区域组成，其中包括希腊、保加利亚、阿尔巴尼亚、塞尔维亚、匈牙利和罗马尼亚在内的欧洲东南部巴尔干地区的领土面积约88万平方公里，安纳托利亚的领土面积约76万平方公里，包括叙利亚、伊拉克、埃及、马格里布和阿拉伯半岛沿海地区在内的阿拉伯世界领土面积约75万平方公里。④

另据资料统计，奥斯曼帝国的总人口，苏莱曼一世当政期间约为1 200

① Inalcik, H., *The Ottoman Empire: the Classical Age 1300—1600*, p.194.

② Inalcik, H., *The Ottoman Empire: the Classical Age 1300—1600*, p.201.

③ 路易斯：《现代土耳其的兴起》，第428页。

④ Udovitch, A.L., *The Islamic Middle East 700—1900*, p.389.

万,16 世纪末增至 2 200 万。[①]1800 年前后,奥斯曼帝国的总人口为 2 500 万—3 000 万。[②]其中,巴尔干半岛约有人口 900 万,安纳托利亚约有人口 600 万;在阿拉伯世界,埃及约有人口 350 万,马格里布约有人口 450 万,叙利亚约有人口 175 万,伊拉克约有人口 125 万,阿拉伯半岛约有人口 100 万。[③]

奥斯曼帝国的不同地区在人口密度方面表现为明显的不均衡状态。巴尔干地区的人口密度是安纳托利亚地区人口密度的两倍,安纳托利亚地区的人口密度是新月地带人口密度的三倍,阿拉伯半岛长期处于地广人稀的状态,人口密度不及安纳托利亚的五分之一。[④]

奥斯曼帝国的统治者所遵循的传统治国理念是,公正的社会秩序需要国家的有效统治,国家的有效统治需要维持强大的军队,维持强大的军队需要充足的物质财富,充足的物质财富需要臣民的辛勤劳作。基于上述治国理念,苏丹的臣民至少在理论上严格区分为阿斯卡里和拉伊亚两大阶层。

土耳其人的服饰

“阿斯卡里”一词源于阿拉伯语,本意为军人或战士,特指被称作加齐的圣战者和被称作欧莱玛的穆斯林宗教学者以及宫廷的侍从和政府的官吏,享有免纳赋税的特权,构成奥斯曼帝国的统治阶层。

“拉伊亚”一词亦源于阿拉伯语,本意为牧人看守的畜群,特指经济活动的从事者,包括商人、手工业者和农民,承担缴纳赋税的义务,构成奥斯曼帝国的依附阶层。拉伊亚按照生活方式区分为定居者与游牧者,按照从事职业区分为农民、工匠、商贩和牧人,按照民族血统区分为突厥人、阿拉伯人、柏柏尔人、库尔德人、塞加西亚人、斯拉夫人、希腊人、

① Inalcik, H., *An Economic and Social History of the Ottoman Empire*, Vol.I: 1300—1600, p.29.

② Quataert, D., *The Ottoman Empire 1700—1922*, Cambridge 2005, p.112.

③ Udovitch, A.L., *The Islamic Middle East 700—1900*, p.389.

④ Quataert, D., *The Ottoman Empire 1700—1922*, p.112.

亚美尼亚人、犹太人等，按照宗教信仰区分为穆斯林、基督徒和犹太教徒。①

奥斯曼帝国规定，不同的社会阶层身着不同的服饰，以便相互区分，避免混淆，其中农民和工匠不得身着华丽的服饰，穆斯林与非穆斯林不得身着相同的服饰，不同的宗教群体居住在城市和乡村的不同区域。②

米勒特制度

奥斯曼帝国疆域辽阔，臣民的社会构成表现为明显的多元状态，语言、血统、经济活动和生活方式诸多方面差异甚大，不同的宗教信仰则是确定社会成员地位和区分诸多社会群体的基本标志。在此基础上，奥斯曼帝国的统治者沿袭哈里发时代形成的吉玛人制度，实行所谓的米勒特制度。

奥斯曼帝国将苏丹统治下的臣民划分为穆斯林米勒特、希腊人米勒特、亚美尼亚人米勒特和犹太人米勒特四大群体。"米勒特"一词源于阿拉伯语，本意为宗派和教派。"米勒特是一种宗教—政治社群，因其归属之宗教命名。米勒特的成员遵守该宗教的规定甚至于该宗教的法律，由自己的领袖主持行政——自然，其限度是不能和国家的法律与利益相冲突。"③

穆斯林的米勒特包括奥斯曼帝国境内信奉伊斯兰教而操土耳其语、阿拉伯语、库尔德语、阿尔巴尼亚语以及希腊语和其他巴尔干、高加索地区语言的诸多族群。奥斯曼帝国的穆斯林最初主要分布在安纳托利亚地区；1500 年，安纳托利亚的穆斯林约 80 余万户。④16 世纪征服阿拉伯地区的结果是，穆斯林人数剧增，成为奥斯曼帝国最大的米勒特。与此同时，阿拉伯人取代突厥人，成为奥斯曼帝国境内最大的穆斯林族群。

希腊人的米勒特是人数最多的非穆斯林米勒特，包括信奉基督教东正教派的希腊人、塞尔维亚人、保加利亚人、罗马尼亚人以及少量的阿尔巴尼亚人、阿拉伯人和土耳其人。希腊人的米勒特，其最高首领是伊斯坦布尔的东正教教宗。东正教教宗的任命需经苏丹核准，被授予三根马尾的帕夏标志，具有广泛的宗教权力和相应的世俗权力。⑤

亚美尼亚人的米勒特包括信奉亚美尼亚派基督教的亚美尼亚人以及埃

---

① Inalcik, H., *An Economic and Social History of the Ottoman Empire*, Vol.I: 1300—1600, p.16.

② Lapidus, M.A., *A History of Islamic Societies*, pp.322—323.

③ 路易斯:《中东:激荡在辉煌的历史中》,郑之书译,中国友谊出版公司 2000 年版,第 426 页。

④ Inalcik, H., *An Economic and Social History of the Ottoman Empire*, Vol.I: 1300—1600, p.28.

⑤ Karpat, K.H., *Studies on Ottoman Social and Political History*, Leiden 2002, p.719.

及的科普特派基督徒和叙利亚的雅各派基督徒，而亚美尼亚派在拜占庭帝国统治时期长期被东正教视作异端教派。亚美尼亚人的米勒特，其宗教首领的驻地最初位于高加索地区的埃希米亚兹因，穆罕默德二世当政期间于1461年迁至伊斯坦布尔。[①]

犹太人的米勒特包括操西班牙语的犹太人、操阿拉伯语的犹太人和操希腊语的犹太人，分布在奥斯曼帝国的诸多城市。巴叶济德二世（1481—1512年在位）当政期间，超过20万犹太人被天主教徒逐出伊比利亚半岛，移居奥斯曼帝国境内，分布于伊斯坦布尔、伊兹密尔、埃迪尔内、萨罗尼卡和巴勒斯坦，帖撒罗尼迦成为当时世界上拥有最大数量犹太人的城市。[②]此外，来自德国和中欧地区的犹太人移民，称作阿什肯纳兹，亦生活在奥斯曼帝国境内的诸多地区。16世纪的伊斯坦布尔约有人口70万，其中穆斯林占58%，包括东正教徒和亚美尼亚人在内的基督徒占32%，犹太人占10%。[③]

奥斯曼帝国统治下的诸多族群尽管划分为不同的米勒特，却呈错综交织的分布状态。在巴尔干半岛，多数居民属于斯拉夫人、希腊人和阿尔巴尼亚人，土耳其人构成少数族群。在安纳托利亚高原，土耳其人占据人口的多数，亦有相当数量的居民属于希腊人、亚美尼亚人和库尔德人。叙利亚、伊拉克、阿拉伯半岛、埃及和马格里布无疑构成传统的阿拉伯世界，而土耳其人则是凌驾于阿拉伯人之上的统治者。"在奥斯曼帝国，没有一个行省的人口操单一的语言。"[④]另一方面，奥斯曼帝国的臣民尽管包括不同的族群，分别属于不同的米勒特，然而土耳其语无疑构成奥斯曼帝国的官方语言。政府官员无论来自哪个族群，均须在正式的场合操土耳其语。[⑤]

米勒特作为宗教群体，并不具有民族的内涵。换言之，每个米勒特包含不同的民族成分，相同的民族却由于信仰的差异而分别属于不同的米勒特。米勒特制度的实质，在于苏丹与诸多宗教群体首领的权力分享，进而构成奥斯曼帝国统治臣民的重要政治基础。

向奥斯曼帝国缴纳人丁税，是非穆斯林诸米勒特区别于穆斯林米勒特的主要标志。人丁税通常采用货币的形式缴纳，征纳对象是具有相应经济

---

① Shaw, S.J. & Shaw, E.K., *History of the Ottoman Empire and Modern Turkey*, Vol.1, pp.151—152.

② Ochsenwald, W., *The Middle East: A History*, p.186.

③ Cleveland, W.L., *A History of the Modern Middle East*, p.48.

④ Imber, C., *The Ottoman Empire, 1300—1650*, p.2.

⑤ Imber, C., *The Ottoman Empire, 1300—1650*, pp.2—3.

条件的成年男性自由人，教士、妇女、儿童和赤贫者免纳人丁税。基督徒和犹太人在缴纳人丁税的条件下，享有一定程度的自治权利，处于二等臣民的地位。据统计，1477年，伊斯坦布尔共有居民16 324户，其中9 486户属于穆斯林米勒特，3 743户属于希腊人米勒特，1 647户属于犹太人米勒特，434户属于亚美尼亚人米勒特。①另据统计，1490—1491年，巴尔干地区缴纳人丁税的非穆斯林为67.4万户，安纳托利亚缴纳人丁税的非穆斯林为3.3万户。1528年，奥斯曼帝国征纳的人丁税总额为4 600万阿克切，占奥斯曼帝国全部岁入的8%，其中4 230万阿克切征自鲁梅利亚，370万阿克切征自安纳托利亚。②

奥斯曼帝国的社会结构呈现为马赛克镶嵌的状态，定居社会与游牧世界、城市与乡村、贵族与平民处于不同的社会地位，诸多的社会群体利益各异，穆斯林与非穆斯林之间的信仰差异尤其构成划分社会群体的首要因素。奥斯曼帝国境内的穆斯林主要分布于安纳托利亚和阿拉伯地区，基督徒大都分布于巴尔干地区。被奥斯曼帝国征服以后，在阿尔巴尼亚、波斯尼亚、克里特和保加利亚，为数众多的基督徒改奉伊斯兰教。③相当数量的穆斯林分布于巴尔干地区的波斯尼亚和阿尔巴尼亚以及马其顿和色雷斯，安纳托利亚和阿拉伯世界亦有少量的基督徒。奥斯曼帝国境内的穆斯林大都属于逊尼派，巴尔干半岛、安纳托利亚、叙利亚和伊拉克分布着少量的什叶派穆斯林，苏菲教团的影响遍及城市和乡村的各个角落。④基督徒划分为诸多教派，其中东正教的信众人数居多，形成伊斯坦布尔、安条克、耶路撒冷和亚历山大四大教区。

不同的米勒特成员生活在城市和乡村的各自区域，分别恪守各自的宗教法律，操各自的传统语言，沿袭各自的生活习俗，隶属于各自的宗教首领，相安无事。穆斯林男子与非穆斯林女子之间的通婚现象随处可见，非穆斯林女子嫁与穆斯林男子后，可保留原有的宗教信仰，但是所生的子女则被视作穆斯林。

与中世纪基督教世界的宗教迫害相比，奥斯曼帝国延续阿拉伯帝国的历史传统，长期奉行宗教宽容的政策，允许异教信仰的合法存在，对于异教徒提

① Inalcik, H., *The Ottoman Empire: the Classical Age 1300—1600*, p.141.

② Inalcik, H., *An Economic and Social History of the Ottoman Empire*, Vol.I: 1300—1600, p.26, pp.66—67.

③ Miller, W., *The Ottoman Empire 1801—1913*, Cambridge 1913, p.21.

④ Zurcher, E.J., *Turkey: A Modern History*, London 1993, p.13.

供相应的保护。米勒特制度提供了穆斯林臣民与非穆斯林臣民长期并存的社会框架,避免了类似同时期欧洲基督教世界宗教迫害现象的发生。不同宗教信仰的诸多族群尽管处于贵贱尊卑的不同社会地位,却得以在伊斯坦布尔苏丹的统治下相安无事,奥斯曼帝国呈现出马赛克镶嵌的斑斓色彩。然而,由于奥斯曼帝国坚持伊斯兰教统治的传统原则,穆斯林贵族垄断国家权力,非穆斯林不得担任政府官职,不承担兵役,不得分享国家权力。米勒特制度的意义在于,诸多宗教社团俨然是奥斯曼帝国境内的国中之国,诸多宗教的文化传统在奥斯曼帝国长期延续,进而导致奥斯曼帝国社会结构之浓厚的多元色彩,直至成为奥斯曼帝国解体和崩溃的隐患。

封邑制度

奥斯曼帝国沿袭哈里发时代的历史传统,援引伊斯兰教的相关原则,实行国家土地所有制。奥斯曼帝国的国家土地所有权,起源于奥斯曼帝国作为征服者的统治权。奥斯曼帝国的国有土地称作米里,特指乡村的耕地,耕作内容局限于粮食作物。城市的土地和乡村的宅地以及牧场和果园系非国有的私人地产,不属于米里的范畴。①

伊斯坦布尔的苏丹至少在理论上拥有全国的土地,以提供兵役作为条件将土地赐封给穆斯林贵族,进而在奥斯曼帝国直接控制和执行奥斯曼帝国法律的巴尔干和安纳托利亚诸多地区建立封邑制度。奥斯曼帝国封邑制度的原型,是来自拜占庭帝国的普洛尼亚制度和塞尔柱苏丹国时代的伊克塔制度。②封邑制度作为国家土地所有制的逻辑延伸,不仅是奥斯曼帝国军事制度的重要基础,而且构成奥斯曼帝国经济社会制度的突出特征。

奥斯曼帝国的军事封邑不同于中世纪欧洲基督教世界的采邑领地,其前提条件是国家对于土地的绝对控制,而封邑面积的增减与国家土地所有制的兴衰表现为同步的状态。伊斯坦布尔的苏丹明确宣布,所有耕地皆为米里即国有土地,只有称作穆勒克的自由领有地和称作瓦克夫的宗教地产不在其列。1528 年,87%的耕地被纳入米里的范围。③

封邑包括土地和耕种土地的农民。封邑的耕作者构成国家的佃农,处于

---

① Gerber. H., *The Social Origins of the Modern Middle East*, Boulder 1987, p.11.

② Imber, C., *The Ottoman Empire 1300—1650*, p.195.

③ Inalcik, H., *The Ottoman Empire: the Classical Age 1300—1600*, p.110, p.74.

政府的保护之下，世代享有土地的耕作权，地租的征纳标准、征纳时间和征纳方式由苏丹确定，封邑的领有者无权更改。奥斯曼帝国的法律禁止农民弃田出走，封邑的领有者在规定的期限内有权追回逃亡的农民。封邑的领有者并无土地的所有权，只是土地收成的享用者，未经国家允许不得出卖和转让土地或将土地赠予他人。根据伊斯兰教法，封邑的领有者必须保证土地处于耕种的状态；如果土地荒芜超过 3 年，则由国家收回。封邑制度的实质，在于土地受益权的赐封而非土地所有权的赐封。

奥斯曼帝国的封邑制度沿袭哈里发时代的惯例，土地受益权的非世袭性和封邑的频繁更换构成奥斯曼帝国封邑制度的明显特征。所有封邑至少在法律上由苏丹直接赏赐，并由中央政府登记造册，贵族内部的等级分封则被严格禁止。尽管封邑的领有者试图获得苏丹的允准，将封邑传与子嗣，然而封邑的世袭显然缺乏必要的法律依据，提供必要的兵役无疑是领有封邑的前提条件。1530 年，苏莱曼一世颁布法令，明确禁止行省长官即贝勒贝伊自行分配军事封邑。“从这时起，贝勒贝伊必须为有资格得到封地的人提出申请，帝国政府根据申请书发给授地通知，并将他登记在封地簿册上。”①

苏莱曼一世在位期间，巴尔干和安纳托利亚普遍实行封邑制，阿拉伯地区则实行包税制。16 世纪后期开始，苏丹往往在封邑的领有者死后收回封邑，改为包税地，由包税人直接向伊斯坦布尔缴纳赋税，封邑制度随之出现衰落的征兆。进入 17 世纪，封邑数量逐年减少，包税范围不断扩大。以安纳托利亚西部的艾丁桑贾克为例，1573 年的封邑包括提马尔 590 处和齐阿迈特 50 处，1633 年的封邑下降为提马尔 260 处和齐阿迈特 30 处，下降幅度接近 40%；1563 年，70%的提马尔由领有者世袭继承，1610 年，只有 10%的提马尔由领有者世袭继承。②另以厄尔祖鲁姆为例，1653 年时共有提马尔 5 620 处，1715 年时提马尔数量减少 2 120 处，下降幅度为五分之二。③

农业与农民

综观世界历史，诸多国家和地区皆曾经历封建主义的发展阶段，而贵

① 布罗克尔曼：《伊斯兰各民族与国家史》，第 345 页。

② Imber, C., *The Ottoman Empire 1300—1650*, p.211, p.209.

③ Karpat, K.H., *Social Change and Politics in Turkey*, Leiden 1973, p.35.

贱尊卑的等级社会和自给自足的农本经济构成封建主义的普遍现象,奥斯曼帝国亦不例外。在近代西方冲击的大潮到来之前,奥斯曼帝国统治下的亚非欧大陆中央地带具有农本社会的典型特征,个体生产和自给自足的自然经济占据主导地位。绝大多数的人口生活在乡村,自给自足的农业生产构成奥斯曼帝国经济生活的基础,土地则是首要的财富来源。在国家土地所有制的条件下,小农经济长期占据主导地位,农民依附于土地,进而依附于封建国家。

1800年前后奥斯曼帝国的经济生活,依旧处于农本社会和个体生产的历史阶段。奥斯曼帝国约85%的人口生活在乡村,农业构成奥斯曼帝国的基本经济部门,土地税直至19世纪中叶依然是奥斯曼帝国首要的岁入来源,约占奥斯曼帝国财政岁入的40%。①在理论上,土地税占农作物收成的10%。然而,实际情况千差万别,征纳的数额取决于国家控制的程度。②农民普遍沿袭休耕和轮种的耕作技术,采用家庭耕作的传统方式,农具简陋,技术落后,粗放经营,自给自足。③奥斯曼帝国传统农业的典型作物是以谷物为主的粮食作物。冬小麦构成最重要的粮食作物,秋季播种,春季收割。夏季作物种类繁多,水稻、亚麻、棉花、烟草、甘蔗和咖啡在诸多地区广泛种植。④在安纳托利亚高原东部以及阿拉伯世界的诸多地区,游牧经济广泛存在。

至于游牧的经济活动,主要分布于定居世界边缘的高原、山区和沙漠地带。游牧民大都从属于传统的血缘组织,处于居无定所的生活状态,追随称作舍赫和贝伊的部族首领,向奥斯曼帝国缴纳赋税,提供劳役。

奥斯曼帝国实行国家土地所有制,土地税构成奥斯曼帝国首要的岁入来源。耕种米里的农民作为国家的佃农,领有称作西夫特的份地,缴纳国家规定的租税,享有世袭租佃权,不得改变土地的用途,不得随意转让和分割继承,不得置土地处于荒芜状态超过3年,由此形成规模庞大的小农阶层。“在土地上劳动的农民,只要保持耕作和纳税,他就有权一直耕种这块土地……农民可以把这种权利传给儿子,但是在没有得到提马尔领主的特别允许之前

---

① Quataert, D., *The Ottoman Empire 1700—1922*, p.130.

② Owen, R., *The Middle East in the World Economy 1800—1914*, London 1993, p.11.

③ Yapp, M.E., *The Making of the Modern Near East 1792—1923*, London 1987, p.18.

④ Owen, R., *The Middle East in the World Economy 1800—1914*, p.40.

不能把它卖掉或赠予别人。"①

在理论上,官府根据土地的耕作条件征纳农作物产量的10%—50%作为土地税。然而,实际情况千差万别,征纳的数额取决于国家控制的程度。农民除缴纳土地税以外,还承担名目繁多的杂役,所剩无几。②税收包括货币税和实物税两种形式,各地区由于所处自然环境、地理位置和交通状况不同而存在明显的差异,货币税与实物税的比例不尽相同。③

伊斯兰教法禁止农民弃田,强调土地必须处于耕种状态,旨在保证农业生产和土地收益。官府严格限制农民的迁徙行为;耕作者固着于土地,弃田逃亡者受到领主和官府的相应惩罚。1539年颁布的一项法令规定:如果农民离开土地而使土地荒芜超过10年,需缴纳一定数量的罚金;如果农民离开土地不足10年,封邑的主人有权在法官准许的情况下要求遣返农民。④"离开土地并试图在城镇定居的农民被强制遣返。农民只有设法在城市居住超过10年并且拥有经常性的工作而无须社会援助时,才能成为合法的城市居民。""假如一个耕作者成为一个有收入的手工艺者,西帕希会强迫他纳税以作为补偿金,这种税称为'中断耕作税'。"⑤另一方面,奥斯曼帝国的农民在诸多方面处于官府的保护之下,境况不同于中世纪西欧的农奴。西帕希通常行使维持乡村秩序的权力,然而教界的卡迪负责乡村的司法审理,形成对于西帕希的监督和制约。

村社组织和部族群体作为中东地区的古老传统在奥斯曼帝国境内长期延续,农民普遍生活于具有浓厚血缘色彩和封闭倾向的村社和部族之中。村社首领和部族长老控制水源的分配和耕地的使用,在一定的范围内行使征纳赋税和仲裁纠纷的职责,构成联结国家与农民的中间环节。农民作为土地的耕作者,依附于村社首领和部族长老,处于村社和部族的保护之下。分成制是中东地区由来已久的租佃方式,地主与农民根据耕地、水源、劳动力、农具和种子五项要素划分农作物的收成。农民主要缴纳实物地租,同时承担一定的劳役,货币地租尚不多见。国家所有制的土地制度,以及村社和部族对于土地的共同占有权,排斥着农民支配

① Shaw, S.J. & Shaw, E.K., *History of the Ottoman Empire and Modern Turkey*, Vol.1, p.126.

② Owen, R., *The Middle East in the World Economy 1800—1914*, London 1993, p.35.

③ Gerber. H., *The Social Origins of the Modern Middle East*, Boulder 1987, p.12.

④ Imber, C., *The Ottoman Empire 1300—1650*, p.206.

⑤ Shaw, S.J. & Shaw, E.K., *History of the Ottoman Empire and Modern Turkey*, Vol.1, p.150, p.126.

土地的个人权利。

城市与行会

奥斯曼帝国的城市普遍位于定居地区，依托定居农业作为基本的粮食供应地，为农产品提供市场，吸收乡村的剩余产品，同时向乡村提供手工业品，满足乡村市场的需要，进而形成与乡村之间的密切联系。另一方面，奥斯曼帝国的城市大都分布于商路沿线。安纳托利亚的伊斯坦布尔、布尔萨和安卡拉，巴尔干半岛的埃迪尔内，埃及的开罗，叙利亚的大马士革和阿勒颇，伊拉克的巴士拉和巴格达，皆为奥斯曼帝国的贸易枢纽。伊斯坦布尔作为奥斯曼帝国的首都，具有庞大的市场需求和发达的区域性贸易。保证伊斯坦布尔的物资供应，是苏丹政府的重要职责。伊斯坦布尔地处东南欧与亚洲以及地中海与黑海之间，系东西方之间过境贸易的交汇点。欧洲的纺织品和东方的香料构成伊斯坦布尔过境贸易的首要内容，商旅驼队频繁往返于伊斯坦布尔与伊朗、叙利亚、伊拉克、中亚之间。①马尔马拉海东侧的布尔萨亦是安纳托利亚的重要商业据点和东西方之间的商品集散地。1340 年，乌尔汗在布尔萨建成大型的巴扎。②此后，布尔萨的人口迅速增多，1485 年约 5 000 户，1530 年增至 6 350 户，1580 年达到 12 850 户。伊朗的生丝、欧洲的毛纺织品、埃及的糖和印度的香料，是布尔萨市场的主要商品。③

城市作为奥斯曼帝国的重心所在，具有经济、政治、军事和宗教的多重功能。伊斯坦布尔无疑是奥斯曼帝国最大的城市，然而，1453 年被穆斯林攻陷之时，人口不足 5 万。苏丹穆罕默德二世当政期间，以归还财产和给予信仰自由作为条件，吸引出逃的希腊人、亚美尼亚人和犹太人重返故里，同时下令从鲁梅利亚和安纳托利亚迁 4 000 户家庭移居伊斯坦布尔，迁 3 万户农民移入伊斯坦布尔周围的 35 个无人居住的乡村，以保障伊斯坦布尔的农产品供应。④1453—1481 年，奥斯曼帝国在伊斯坦布尔新建清真寺 209 座，学校 24 所，公共浴室 32 处，客栈和巴扎 12 处。⑤1477 年，伊斯坦布尔的总人口接近 10 万。16 世纪初，伊斯坦布尔的人口达到 70 万，成为当时欧洲和中东最大

---

① Inalcik, H., *The Ottoman Empire: the Classical Age 1300—1600*, p.146.

② Ochsenwald, W., *The Middle East: A History*, p.168.

③ Inalcik, H., *An Economic and Social History of the Ottoman Empire*, Vol.I: 1300—1600, p.225.

④ Inalcik, H., *The Ottoman Empire: the Classical Age 1300—1600*, p.140.

⑤ Lapidus, M.A., *A History of Islamic Societies*, p.330.

的城市。[①]16世纪末，伊斯坦布尔的人口增至80万，其中40%系非穆斯林，主要分布于加拉塔地区。热那亚人曾经是伊斯坦布尔最大的商人群体。随着奥斯曼帝国的广泛征服，希腊人以及犹太人和亚美尼亚人逐渐取代热那亚人的地位。希腊人在包税、大宗贸易批发和航运领域独占鳌头，加拉塔区几乎成为希腊商人的世界。[②]

1800年前后，奥斯曼帝国约15%的人口生活在1万人以上的城市。[③]另据相关资料的统计，1800年前后，安纳托利亚的主要城市伊斯坦布尔约有人口75万，伊兹密尔约有人口10万，布尔萨约有人口5万，安卡拉、厄尔祖鲁姆和科尼亚亦有相当数量的城市人口；埃及10%的人口生活在开罗、艾斯尤特、马哈拉、坦塔、罗赛达、迪米耶塔、亚历山大等城市，叙利亚20%的人口生活在大马士革、阿勒颇、霍姆斯、哈马、耶路撒冷、的黎波里等城市，伊拉克15%的人口生活在巴格达、摩苏尔、希拉、巴士拉等城市。一些研究者甚至认为，1800年前后中东的城市人口比例高于同时期的基督教欧洲。[④]

1895年伊斯坦布尔街头的理发师

清真寺和市场是城市不可或缺的组成部分。伊斯坦布尔的大市场位于索菲亚教堂的附近，店铺超过千家，构成伊斯坦布尔的主要商业区。1463—1470年，穆罕默德二世在伊斯坦布尔建造新的大清真寺，周围环绕着8所宗教学校，学生总数超过600人，2处客栈每天接待旅客160

① Inalcik, H., *An Economic and Social History of the Ottoman Empire*, Vol.I: 1300—1600, p.18.

② Inalcik, H., *The Ottoman Empire: the Classical Age 1300—1600*, p.144.

③ Zurcher, E.J., *Turkey: A Modern History*, p.11.

④ Owen, R., *The Middle East in the World Economy 1800—1914*, p.24.

人,附近的大市场有店铺 320 家。17 世纪中叶,伊斯坦布尔有清真寺 150 处,宗教学校 130 处,客栈 100 处。①

1905 年的伊斯坦布尔市场

官府将城市划分为各个特定的生活区域,派出官员进行管理,其中最重要的官员是称作卡迪的穆斯林法官,负责向米勒特和行会颁布法令并确保执行。称作伊赫提萨卜的市场稽查制度是伊斯兰世界的传统制度,旨在保障公平的交易,被纳入沙里亚的框架之中。市场稽查员称作穆赫台绥卜,作为穆斯林法官卡迪的下属和伊赫提萨卜的执行者,履行管理市场的职责,监督产品的质量和交易的过程,规定交易价格和交易内容,征纳交易税。每个城市按照宗教或职业划分为若干社区,每个社区围绕自己的宗教建筑或市场,社区之间相互独立。耶尼切里在和平时期充当城市警察的角色,负责城市的治安管理。②

奥斯曼帝国城市主要的手工业部门包括食品加工业、纺织业、建筑业、金属加工业、制革业和木材加工业。城市手工业普遍采用作坊的经营方式,设备简陋,资金匮乏。在奥斯曼帝国的诸多城市,手工作坊通常组成行会,其内部体系与中世纪西欧城市的行会颇为相似,具有明显的等级性、封闭性和排他性。在 17 世纪的伊斯坦布尔,手工业的从业者共计 26 万人,分别属于 1 109 个行会;在同时期的开罗,手工业的从业者共计 12 万人,分别属于 262 个行会。③

① Inalcik, H., *The Ottoman Empire: the Classical Age 1300—1600*, pp.143—144.

② Inalcik, H., *The Ottoman Empire: The Classical Age 1300—1600*, pp.153—154.

③ Beinin, J., *Workers and Peasants in the Modern Middle East*, Cambridge 2001, p.17.

"所有手工匠都有自己的行会,所有手艺人都属于自己的团体,当然农村手工匠例外,他们独自经营。"①城市主要的手工业部门包括食品加工业、纺织业、建筑业、金属加工业、制革业和木材加工业。行会作坊设备简陋,资金匮乏。②

手工业行会由从事同一行业的若干手工作坊组成,作坊内部实行严格的等级制,明确规定工匠、帮工与学徒的地位。学徒的期限通常为 1 001 天,此间由工匠负责学徒的食宿,不支付报酬。学徒在期满之后,经考核升至帮工,继续在作坊从业 3—5 年,领取报酬,直至成为工匠和独立开设作坊。③然而,工匠开设作坊往往受到行会的严格限制,加之财力匮乏,困难重重。行会首领通常负责以固定的价格购置生产原料,然后分发给行会的各个作坊。行会垄断原料供应,实行统一的原料供应价格,规定和限制原料供应的数量,监督生产工艺和产品质量,限制作坊的数量和从业者的人数,排斥内部竞争。在大多数情况下,行会的产品主要销往本地市场,而市场通常处于行会的垄断和控制之下。行会内部存在明显的职业世袭现象,工匠与帮工、学徒之间往往存在具有家族色彩的宗法关系。

行会作为城市的民间组织,行使广泛的公共职能。官府在向行会成员征纳捐税的前提下,通常允许行会自行管理内部事务。安纳托利亚的行会表现为明显的自治倾向,行会首领在城市具有广泛的权力和影响。"工匠和手艺人都加入行会,行会则对其成员和产品实行监督,有些地方行会势力很大,足以有效地控制当地的政府。"④另一方面,行会通常存在于米勒特的框架之内,具有浓厚的宗教色彩,行使相应的社会职能。"行会执行所有种类的社会职能,经常与宗教团体或米勒特联合……作为其所属的宗教对个人的强制性要求的补充。"⑤在安纳托利亚,穆斯林的行会大都建立在苏菲教团的基础之上,隶属于不同的苏菲教团,处于不同苏菲教团的保护之下,崇拜各自教团的苏菲圣徒,与苏菲教团形成错综复杂的关系,进而构成苏菲教团在城市社会的延伸,具有浓厚的民间色彩。

---

① 马茂德:《伊斯兰教简史》,第 401 页。

② Yapp, M.E., *The Making of the Modern Near East 1792—1923*, p.23.

③ Inalcik, H., *The Ottoman Empire: the Classical Age 1300—1600*, p.157, p.160.

④ 戴维森:《从瓦解到新生》,第 56 页。

⑤ Shaw, S.J. & Shaw, E.K., *History of the Ottoman Empire and Modern Turkey*, Vol.1, p.157.

商业与商人

在奥斯曼帝国统治下的亚非欧大陆中央地带，最重要的运输方式是陆路的驮运。驮运的规模相当可观：1800 年，苏丹达尔富尔前往开罗的商队由 5 000 峰骆驼组成，运载货物超过 1 000 吨；特拉比宗与大不里士之间的商队由 1.5 万峰骆驼组成，每年往返三次，运送的货物超过 2.5 万吨。然而，驮运的特点是速度慢、费用高、危险性大。地中海和黑海沿岸的希腊人以及红海和波斯湾沿岸的阿拉伯人采用海运的方式，多瑙河、尼罗河、底格里斯河和幼发拉底河构成主要的内河运输通道。运往伊斯坦布尔的谷物和运往埃及的木材，主要采用海运的方式。①

奥斯曼帝国的商业活动，包括地方贸易、区域贸易和国际贸易三种类型。

地方贸易是最重要的贸易活动，经营者大都系小商人和手工业者，通常采用实物交易的方式。区域贸易系奥斯曼帝国境内不同地区之间的贸易，如安纳托利亚与埃及的贸易、埃及与叙利亚的贸易、伊斯坦布尔与其粮食供应地之间的贸易，往往采用集市贸易的方式。国际贸易包括中东与欧洲之间的贸易以及中东与中亚、印度等地之间的贸易，后者的重要性超过前者，红海和波斯湾构成国际贸易的主要通道。奥斯曼帝国与欧洲之间的贸易主要通过四条路线，即通过里海和黑海与俄国之间的贸易，通过巴尔干地区与奥地利之间的贸易，通过地中海与西欧之间的贸易。伊斯坦布尔是奥斯曼帝国最重要的国际贸易枢纽，布尔萨、埃迪尔内、亚历山大和开罗亦在奥斯曼帝国的国际贸易中占据重要的地位。②

奥斯曼帝国具有发达的区域性贸易，日常生活用品是区域性贸易的主要内容。伊斯坦布尔人口众多，谷物作为首要的生活物资来自帝国境内的诸多地区；色雷斯、多瑙河盆地、南俄草原、安纳托利亚西部沿海和埃及出产的谷物，经海路和陆路源源不断地运抵伊斯坦布尔。1483 年，驶向伊斯坦布尔的商船多达 4 000 余艘。黑海俨然是奥斯曼帝国的内湖，黑海沿岸则是伊斯坦布尔和爱琴海地区的主要农产品供应地。希腊商人长期经营黑海贸易，希腊商船航行于伊斯坦布尔与黑海诸多港口城市之间，贩运谷物、肉、鱼、油、盐、

---

① Yapp, M.E., *The Making of the Modern Near East 1792—1923*, p.25.

② Yapp, M.E., *The Making of the Modern Near East 1792—1923*, p.29.

皮革和木材。[①]埃及素有“地中海谷仓”的美誉，所产谷物不仅供应伊斯坦布尔，而且销往叙利亚和希贾兹，同时从安纳托利亚南部输入木材，从叙利亚输入染料、橄榄油和各种干果。[②]

伊斯兰教法明确区分伊斯兰世界与异教的世界，两者之间在理论上只能处于战争的状态，奥斯曼帝国亦起源于加齐对基督徒发动的圣战实践。然而，奥斯曼帝国与基督教欧洲的战争并未导致东西方之间商路的中断和贸易的衰落。相反，奥斯曼帝国与基督教欧洲之间的贸易往来呈明显的上升趋势，关税和贸易税的征收构成苏丹政府的重要财源。蒙古西征期间，阿塞拜疆的大不里士曾经是东西方之间的贸易枢纽。自 14 世纪开始，安纳托利亚成为欧亚大陆的主要贸易通道，而布尔萨逐渐取代大不里士成为安纳托利亚最重要的贸易中心和东方商品销往欧洲的集散地。伊朗的生丝、埃及的糖、印度的香料以及弗兰德尔和佛罗伦萨的毛纺织品，是布尔萨市场的主要商品。13 世纪中叶，意大利的托斯卡尼成为欧洲最早的丝绸生产中心，所产的丝绸销往罗马、布鲁日、伦敦。14 世纪，波伦那、热那亚、佛罗伦萨和威尼斯相继建立丝绸加工业，伊朗北部的里海沿岸则是欧洲主要的生丝来源。伊朗商人将生丝自大不里士经安卡拉运抵布尔萨，继而由热那亚人转运到欧洲。[③]15 世纪的一位欧洲旅行家曾经在大马士革跟随一支穆斯林商队前往布尔萨，3 000 峰骆驼运载着来自东方的香料及其他货物，而货物的买家是热那亚商人和佛罗伦萨商人。与此同时，安纳托利亚成为联结东欧诸地与印度洋世界的贸易纽带，来自南方的香料、糖和各种织物与来自北方的毛皮和奴隶成为南北方之间的贸易内容。[④]

奥斯曼帝国征服马木路克王朝以后，派遣海军赶走葡萄牙人，占据也门和亚丁港，控制自埃及经红海水域至印度洋的贸易通道，埃及的开罗和亚历山大、叙利亚的阿勒颇、也门的亚丁以及伊拉克的巴士拉成为奥斯曼帝国在阿拉伯世界的贸易中心。阿勒颇是利凡特地区最重要的生丝和丝织品集散地；伊朗和叙利亚的生丝及丝织品运抵阿勒颇，继而由威尼斯商人销往欧洲，1600 年的交易量达到 140 吨，价值 150 万金币。1599—1602 年，阿勒颇的关

① Inalcik, H., *An Economic and Social History of the Ottoman Empire*, Vol.I: 1300—1600, p.182.
② Owen, R., *The Middle East in the World Economy 1800—1914*, London 1993, p.52.
③ Inalcik, H., *An Economic and Social History of the Ottoman Empire*, Vol.I: 1300—1600, pp.218—219.
④ Inalcik, H., *The Ottoman Empire: the Classical Age 1300—1600*, Vol.I: 1300—1600, p.121.

税年收入达到30万金币,而整个叙利亚每年上缴苏丹的全部关税收入为46万金币。1605年,从阿勒颇出口威尼斯的货物价值150万金币,出口法国的货物为80万金币,出口英国的货物为30万金币,出口荷兰的货物为15万金币。17世纪,伊兹密尔成为布尔萨和阿勒颇在东西方贸易领域的竞争对手。每年有5—6支亚美尼亚商队贩运伊朗的生丝和丝织品,经大不里士—埃里温—安卡拉—伊兹密尔的商路销往欧洲。①

巴尔干地区与意大利之间长期保持密切的贸易往来,诸多商业城市分布于多瑙河流域和亚德里亚海沿岸,杜布罗夫斯克则是意大利商人在巴尔干地区最重要的贸易据点。意大利商人主要贩运波斯尼亚和塞尔维亚的银矿资源,同时向巴尔干地区出口意大利纺织品,换取皮革、羊毛、乳酪、鱼、蜂蜜和奴隶。②

苏丹政府鼓励东西方之间的商业交往,保护帝国境内穆斯林臣民土耳其人、阿拉伯人、波斯人和非穆斯林臣民希腊人、犹太人、亚美尼亚人、斯拉夫人的贸易活动。与此同时,苏丹政府以条约的形式保护来自欧洲诸国的基督教商人在帝国境内的贸易活动。最早获得条约保护的欧洲基督教商人是意大利的热那亚人。14世纪中叶,热那亚与威尼斯处于战争状态,威尼斯与拜占庭以及保加利亚结盟,奥斯曼帝国则与热那亚结盟,是为苏丹政府赐予热那亚人条约保护的直接原因。14世纪80年代,穆拉德一世赐予威尼斯商人享有条约保护的贸易地位。15世纪中叶,奥斯曼帝国与威尼斯激烈争夺巴尔干沿海地区和爱琴海岛屿,穆罕默德一世遂赐予威尼斯的对手佛罗伦萨商人享有条约保护的贸易地位。巴叶济德二世当政期间,奥斯曼帝国与威尼斯依然处于战争状态,苏丹遂于1498年赐予那不勒斯商人享有条约保护的贸易地位。1536年,苏丹政府赐予哈布斯堡家族的对手法国商人享有条约保护的贸易地位。③1580年,英国获得条约保护的地位。1612年,荷兰获得条约保护的地位。进入17世纪,法国逐渐取代威尼斯,控制利凡特地区的过境贸易。④至于奥地利商人,由于哈布斯堡家族与苏丹政府处于战争状态,其在帝国境内的贸易活动不受条约的保护。

所谓的条约,实际上是苏丹政府颁布的特许状,赐予帝国境内的欧洲基

① Inalcik, H., *An Economic and Social History of the Ottoman Empire*, Vol.I: 1300—1600, pp.244—245.

② Inalcik, H., *An Economic and Social History of the Ottoman Empire*, Vol.I: 1300—1600, pp.256—257.

③ Gelvin, J.L., *The Modern Middle East: A History*, Oxford 2005, p.60.

④ Inalcik, H., *An Economic and Social History of the Ottoman Empire*, Vol.I: 1300—1600, p.194.

督教商人享有米勒特的自治地位,苏丹赐封的领事作为米勒特的最高首领行使贸易监督权和司法权。在条约的保护下,欧洲基督教商人获准在奥斯曼帝国境内自由旅行。欧洲基督教商人的米勒特,主要分布于伊斯坦布尔、伊兹密尔、贝鲁特、阿勒颇、开罗。法国商人和意大利商人居多,其次是英国商人和荷兰商人。①

① Inalcik, H., *An Economic and Social History of the Ottoman Empire*, Vol.I: 1300—1600, p.191.

第十一章

奥斯曼帝国的斜阳

一、 奥斯曼帝国黄金时代的结束

苏丹权力的式微

奥斯曼帝国脱胎于安纳托利亚西北一隅的弹丸之地,百余年间雄踞亚非欧大陆的中央地带,如日中天。至苏丹苏莱曼一世死后,疆域辽阔的庞大帝国矛盾叠加,衰落的迹象日渐浮出水面。奥斯曼帝国江河日下,往日的辉煌随之渐渐远去。

奥斯曼帝国鼎盛时期,苏丹凌驾于社会之上,行使至高无上的绝对权力。第十代苏丹苏莱曼一世当政期间,可谓奥斯曼帝国的黄金时代,而此间的西欧正值文艺复兴和近代民族国家初兴的历史阶段。16 世纪的意大利政治思想家马基雅维里曾经对当时奥斯曼帝国苏丹与法国国王的权势做出如下比较:"就土耳其人来说,整个王国全在一位主公的控制之下,其他人都是他的藩属;他把全国分成若干州或政府,并把其中一些人派往那里;另外的人,他愿意杀就杀,愿意撤换就撤换。但是,法兰西国王只是席坐一堂的众多位主公中的一位主公,他们这些人都是老早就被他们的臣民承认如是了的,受他们的臣民的爱戴,有说不尽的显赫重要;国王要想把他们的国家从他们的手里拿走,那便要冒着老大的危险。"①

然而,自 1566 年苏莱曼一世死后,苏丹的统治权力日渐式微,奥斯曼帝国的宫廷政治日趋腐败,后宫参政,苏丹更替频繁,内部冲突迭起,政局动荡。

① 路易斯:《现代土耳其的兴起》,第 468 页。

苏丹穆罕默德三世

苏丹艾哈迈德三世

奥斯曼帝国的前十位苏丹，平均在位 27 年，皆久经沙场，能征善战。相比之下，自 1566 年苏莱曼一世去世和奥斯曼帝国黄金时代结束到 1789 年塞里姆三世即位和首开新政举措的先河，历经十七位苏丹的统治，平均在位 13 年，大都系碌碌无为的平庸之辈。

苏丹塞里姆二世(1566—1574 年在位)酗酒成性，时人称之为“酒鬼塞里姆”，沉迷后宫，疏于国事，长期将朝政交付大维齐尔索库鲁·穆罕默德掌管，放任廷臣与后宫之间进行权力倾轧，官场腐败成风，奥斯曼帝国的衰落迹象已经开始初步显现。①

与此同时，伊斯坦布尔的中央政府对于地方局势和行省事务的控制不断削弱，政治生活的天平开始倾斜，包括帕夏和贝伊在内的世俗贵族以及执掌宗教权力的欧莱玛往往各行其是，成为挑战苏丹统治地位的隐患。在安纳托利亚，奥斯曼帝国中央政府的实际控制范围局限于马尔马拉海沿岸、布尔萨、埃斯基萨希尔和卡拉曼一带；安纳托利亚西部的其他地区，包括安卡拉、特拉比宗、艾丁、安塔利亚和阿达纳，分别隶属于六大封建家族。在鲁美利亚，多瑙河的保加利亚沿岸、埃迪尔内、阿尔巴尼亚分别隶属于四大封建家族。巴格达的马木路克首领苏莱曼帕夏统治着两河流域。②“在奥斯曼帝国的大部分地区，苏丹的统治权力是微弱的；在北非和阿拉伯半岛，苏丹的统治权力实际上是不存在的。”③

1786 年，出使伊斯坦布尔的法国人舒瓦瑟

① Palmer, A., *The Decline and Fall of the Ottoman Empire*, London 1993, p.49.

② Palmer, A., *The Decline and Fall of the Ottoman Empire*, p.50.

③ Zurcher, E.J., *Turkey, A Modern History*, p.11.

尔·古菲曾经在信中说："这里不像在法兰西那样，皇帝可以独自做主。在土耳其，恰恰相反，若是想要做点什么事的话，便必须设法去说服那些事事都得由他们来评断道理的欧莱玛，去说服不论过去的或是现在的国家掌权者。"1803 年，来自印度的穆斯林旅行家米尔扎·阿布·塔利布汗写道："他们的皇帝无权随便杀人，也不得凭着一时的高兴或是感情用事随便赦免罪人。在所有重大事务上，皇帝都有义务要同朝中权贵进行商量，而这些权贵们，由于希望得到提升，或是由于害怕惩罚，一个个全都变得服服帖帖的。"①

包税制的兴起

自 17 世纪开始，在与欧洲基督教诸国的战事中，传统封邑制骑兵即西帕希的战斗力明显下降，装备新式火器的雇佣制步兵即称作耶尼切里的近卫军团取代传统骑兵而成为奥斯曼帝国军事力量的核心成分。伴随着军事技术的变革，货币的支付取代土地的赐封成为维持军队的基本形式，封邑制出现衰落的趋势，封邑领有者的人数逐年减少。据相关资料统计，奥斯曼帝国的封邑领有者，1475 年为 6.3 万人，1610 年下降为 4.5 万人，1630 年已不足 1 万人。②

"为了迅速而便利地取得现金的回转，苏丹没有直接去管理这类土地的赋税，而是采取按照不同的租约和转让方式，把赋税放给别人的办法。"③于是，包税制逐渐取代封邑制，成为奥斯曼帝国开辟财源和聚敛财富进而保证军饷支出的有效手段。包税者大都出自商人阶层，构成联结中央政府与乡村民众的重要纽带。最初，包税者仅仅充当非官方的征税人，征税期限通常为 3 年，征税标准由中央政府规定。④久而久之，包税权逐渐世代相袭，包税者权力范围扩大，控制乡村民众，形成广泛的经济、社会和政治影响，进而构成否定国家土地所有制直至挑战苏丹和帝国政府的潜在隐患。

封邑制的衰落明显削弱了苏丹政府对于行省和桑贾克的直接控制，助长奥斯曼帝国地方势力的离心倾向。另一方面，包税制的推行切断了国家与农民之间的联系，农民失去政府提供的保护，逐渐依附于包税人；与此同时，包税人不断扩大其对于土地的支配权和控制权，进而演变为大地产主和乡村的

---

① 路易斯：《现代土耳其的兴起》，第 468 页，第 469 页。

② Karpat, K.H., *Social Change and Politics in Turkey*, p.35.

③ 路易斯：《现代土耳其的兴起》，第 471 页。

④ Ochsenwald, W., *The Middle East: A History*, p.238.

统治者。“在理论上，他们只是作为租约人和租税包收人而占有地产的，但是，日益变得软弱的政府失去对各省的控制权，这些新土地所有者因而能够增多他们占有的土地，并且增强了这种占有的可靠性。在17、18世纪，他们甚至开始篡夺政府的一些职权。”①

商路转移与价格革命

尽管奥斯曼帝国的崛起并非导致新航路开辟的主要原因，1453年君士坦丁堡陷落导致新航路开辟的观点具有夸大和虚构的成分，然而新航路的开辟对于奥斯曼帝国无疑产生深刻的影响。

奥斯曼帝国横跨亚非欧大陆的中央地带，扼守东西方之间传统贸易的十字路口。中国、印度、波斯与基督教欧洲之间的陆路贸易，以及红海、黑海和地中海东部的海上贸易，无不处于奥斯曼帝国的控制之下。伊斯坦布尔、布尔萨、杜布罗夫斯克、阿勒颇和亚历山大，构成奥斯曼帝国贸易网络的重要枢纽。幅员辽阔的奥斯曼帝国具有巨大的市场需求，东西方之间的过境贸易尤其构成奥斯曼帝国的重要财源。奥斯曼帝国控制陆路贸易，长期采用商旅驼队的贩运方式。欧洲基督教诸国控制海路贸易，主要采用商船贩运货物。

新航路的开辟引起世界范围内商路的转移，大西洋成为东西方之间的主要贸易通道。自大西洋经好望角至印度洋的新兴海上贸易，开始挑战奥斯曼帝国控制的传统陆路贸易。17世纪的一位奥斯曼学者曾经这样写道：“现在欧洲人已经学会认识整个世界；他们的船只派往世界各地，并夺取了重要港口。在过去，印度、信德和中国的货物照例都是首先来到苏伊士，然后经穆斯林的手分发到世界各地。但是，如今这些货物都已改由葡萄牙、荷兰和英国等国船只载运前往法兰基斯坦，再由那里分运到世界各地。凡是他们自己不需要的东西，便运来伊斯坦布尔和其他伊斯兰的地方，并以五倍的高价出售，从而大发其财。伊斯兰各地因此越来越感到金银的缺乏。奥斯曼帝国必须设法取得也门沿海各地，以及通过那些地方的贸易，否则，在不久的将来，欧洲人便将控制伊斯兰各地。”②然而，基督教欧洲商人经营的海上贸易此时并未完全取代途经奥斯曼帝国的陆路贸易。“1630年后，欧洲消费的香料和胡椒肯定已改经大西洋运输，但是丝绸，不久以后的咖啡和药材，再往后的棉花

---

① 路易斯：《现代土耳其的兴起》，第471页。

② 路易斯：《现代土耳其的兴起》，第34页。

以及印花布或单色布,仍由近东运往欧洲。”①

奥斯曼帝国长期实行银本位的货币制度,银币阿克切构成奥斯曼帝国的基本货币形式。新航路开辟后,美洲的贵金属,特别是廉价的白银,经欧洲大量流入中东,导致奥斯曼帝国的所谓价格革命。奥斯曼帝国自 16 世纪末开始出现明显的货币贬值。金币与银币的兑换比例,1580 年是 1∶60, 1590 年为 1∶120, 1640 年为 1∶250。货币贬值导致奥斯曼帝国政府岁入锐减,从 1534 年的 500 万金币下降为 1591 年的 250 万金币。与此同时,小麦的价格在 16 世纪上涨 20 倍。②尽管如此,不应过分强调价格革命与奥斯曼帝国衰落之间的必然联系,不应将奥斯曼帝国的衰落简单归结为价格革命的结果。所谓的价格革命缘起于新航路的开辟,价格革命首先影响西欧诸国,继而波及奥斯曼帝国境内,后者所受影响的程度远不及前者,价格革命在西欧诸国和奥斯曼帝国所导致的后果亦迥然不同,进而形成西欧诸国与奥斯曼帝国之间日趋明显的历史落差。

对外战争的败绩

伊斯兰教的传统理论强调社会成员的信仰差异,明确区分穆斯林统治的伊斯兰领土与异教徒统治的战争区域,进而将征服异教徒统治的战争区域视作伊斯兰国家的终极目标。奥斯曼土耳其人兴起于伊斯兰世界与基督教世界接壤的边疆地带,奥斯曼帝国赖以存在的历史基础在于穆斯林对基督徒发动的圣战和伊斯兰世界的领土扩张,而奥斯曼帝国的衰落直接表现为对外战争的失利与领土的丧失。

17 世纪中叶,奥斯曼帝国在东南欧领有的疆域超过法国和西班牙面积的总和,奥斯曼帝国的军队驻扎在波兰南部的布格河、俄罗斯南部的顿河和第涅伯河沿岸。奥斯曼帝国在亚洲领有的疆域,西起红海,东至扎格罗斯山,北起高加索山区,南至波斯湾。在非洲,埃及和马格里布的穆斯林祝福着伊斯坦布尔的苏丹。在东地中海水域,罗德岛、克里特岛和塞浦路斯的基督徒向奥斯曼帝国称臣纳贡。

17 世纪后期,奥斯曼帝国在与欧洲基督教诸国的战争中屡遭败绩。

---

① 布罗代尔,《15—18 世纪的物质文明、经济和资本主义》,第三卷,施康强、顾良译,生活·读书·新知·三联书店 1993 年版,第 540 页。

② Ochsenwald, W., *The Middle East: A History*, p.238.

1683年第二次围攻维也纳

1686年基督教联军在布达围攻奥斯曼帝国军队

苏丹穆斯塔法二世

1683 年,奥斯曼帝国军队攻势受挫,兵败维也纳城下,匈牙利和贝尔格莱德脱离奥斯曼帝国,伊斯坦布尔的苏丹在多瑙河以北地区的统治权力丧失殆尽。与此同时,威尼斯人夺取希腊诸地,俄国军队攻占黑海北岸的亚速。1699 年,奥斯曼帝国苏丹穆斯塔法二世(1695—1703 年在位)被迫签订《卡洛维兹和约》,承认波兰对于乌克兰南部的统治权、奥地利对于特兰西瓦尼亚和匈牙利的统治权、威尼斯对于希腊南部的统治权、俄罗斯对于德涅斯特河以北地区的统治权。①《卡洛维兹和约》的签署,标志着奥斯曼帝国与基督教欧洲之间的关系开始出现明显的变化,奥斯曼帝国对于基督教欧洲的军事态势由主动性的战略进攻转变为被动性的战略防御。

17 世纪,奥斯曼帝国在基督教欧洲的主要战争对象是奥地利的哈布斯堡王朝。进入 18 世纪,哈布斯堡王朝与普鲁士激烈角逐中欧的霸权,奥斯曼帝国与俄国的战争逐渐取代与哈布斯堡王朝的战争,巴尔干半岛、黑海北岸和南高加索地区的领土成为奥斯曼帝国与俄国之间的主要争夺目标。1711 年,彼得大帝率领的俄军进攻奥斯曼帝国,俄军败绩。1768—1773 年,奥斯曼帝国与俄国再次爆发战争,奥斯曼帝国军队败绩,苏沃洛夫统率的俄军占领布加勒斯特,控制摩尔达维亚和瓦拉几亚,攻入南高加索地区,俄罗斯舰队进入爱琴海水域。1774 年,奥斯曼帝国苏丹被迫与沙皇俄国签订《库楚克·开纳吉和约》,奥斯曼帝国丧失克里米亚和黑海北岸穆斯林汗国的宗主权,支付 750 万阿克切的战争赔款,俄国获得多瑙河以及黑海、达达尼尔海峡和博斯普鲁斯海峡的航运权,同时俄国政府获准向伊斯坦布尔派驻公使,奥斯曼帝国境内的东正教徒处于俄国政府的保护之下。②对外战争的屡屡失利和疆域的接连丧失,标志着奥斯曼帝国的衰落。

---

① Palmer, A., *The Decline and Fall of the Ottoman Empire*, London 1993, p.16, p.13, p.25.

② Palmer, A., *The Decline and Fall of the Ottoman Empire*, p.45.

1716—1718 年奥斯曼帝国与奥地利之间的战争

法国使者谒见苏丹艾哈迈德三世

法国是奥斯曼帝国的传统欧洲盟国。自 16 世纪起，奥斯曼帝国与法国建立密切的外交联系，旨在共同反对称霸中欧的哈布斯堡王朝。1569 年，苏丹塞里姆二世与法国签署协议，给予法国人在奥斯曼帝国境内的贸易优先权，允许法国船只自由进出奥斯曼帝国海域和港口。进入 18 世纪，普鲁士的兴起导致欧洲政治格局的深刻变化，法国与哈布斯堡王朝以及奥斯曼帝国的关系随之发生变化。1798 年，拿破仑率领法军从土伦出发，在亚历山大登

陆，继而占领开罗。1799 年，奥斯曼帝国与英国、俄国建立反法联盟。1801 年，驻守埃及的法军向英军投降。[①]此后，英国成为影响奥斯曼帝国的主要外部势力。奥斯曼帝国统治下的中东，地处英国本土与英属印度之间的重要战略位置。控制英国本土与英属印度之间的贸易通道，以及扩大英国工业品在中东的市场，构成促使英国插足奥斯曼帝国的主要原因。

二、自上而下的新政举措与宪政运动

塞里姆三世与马哈茂德二世的新政举措

奥斯曼帝国的衰落与近代欧洲的崛起两者之间具有内在的逻辑联系。自 15 世纪末开始，近代的曙光在亚非欧大陆的西端冉冉升起。新航路开辟以来，特别是自工业革命开始，基督教欧洲诸国的现代化进程逐渐启动。相比之下，奥斯曼帝国恪守传统秩序，墨守成规，长期处于相对停滞的状态，由此形成与欧洲基督教世界之间的巨大历史落差，基督教欧洲与奥斯曼帝国之间的力量对比随之发生深刻的改变。进入 19 世纪，奥斯曼帝国面临近代欧洲崛起的巨大压力，来自基督教世界的战争威胁促使伊斯坦布尔的苏丹开始推行自上而下的新政举措，试图延续奥斯曼帝国在亚非欧大陆中央地带的霸主地位，古老的封建帝国开始经历蜕变的过程，现代化的历史帷幕由此徐徐拉开。

苏丹塞里姆三世

法国是奥斯曼帝国的传统盟友。早在 18 世纪初的郁金香时代，法国文化和时尚已经令奥斯曼帝国的统治者心向神往。1789 年，正值法国革命爆发之际，塞里姆三世（1789—1807 年在位）继任奥斯曼帝国苏丹。塞里姆三世即位之前，曾经与法国国王路易十六保持书信往来，仰

① Yapp, M.E., *The Making of the Modern Near East 1792—1923*, p.51.

慕路易十六的君主专制，将路易十六视作模范君主。塞里姆三世即位后，颁布诏书，实行新政，名为尼扎姆·贾迪德，旨在扩大苏丹的权力，强化中央集权的政治秩序，克服地方势力的离心倾向，重建奥斯曼帝国的强盛与辉煌。[①]塞里姆三世的新政举措，主要是仿照法国模式组建新军，裁减被称作耶尼切里的近卫军团以及被称作西帕希的封邑制骑兵，而组建新军的直接原因，是奥斯曼帝国与俄国之间的战争需要。

托普卡帕宫第二庭院吉兆之门前塞里姆三世接受群臣谒见

塞里姆三世推行新政举措之前，奥斯曼帝国的近卫军团约 15 万人，其中 5 万人驻扎在首都伊斯坦布尔。[②]1792 年，塞里姆首先组建员额 600 人的新军，身着欧式军服，采用西方战术，聘请法国军官主持训练。此后，新军的规模不断扩大，1797 年为 2 500 人，1801 年增至 9 000 人。1807 年，新军人数达到 3 万人。新军的兵源，主要是来自安纳托利亚的土耳其青年。塞里姆三世

① Palmer, A., *The Decline and Fall of the Ottoman Empire*, p.54.

② Yapp, M.E., *The Making of the Modern Near East 1792—1923*, p.101.

组建的新军实行薪俸制，装备精良，训练有素，分别驻扎于伊斯坦布尔和安纳托利亚。①

与此同时，塞里姆三世重组御前会议，调整御前会议成员的职责，削减大维齐尔的权力，缩短行省长官的任期，缩小包税范围，设立直接征收赋税的专门机构，扩大财源，筹集军费，创办新式医院和军事学校，向伦敦、巴黎、柏林和维也纳派出常驻外交机构。②1793 年，塞里姆三世从包税商手中收回约 400 处封邑，实行直接征税。此后，越来越多的封邑处于苏丹的直接控制之下。③

塞里姆三世的新政举措，损害了传统的军事贵族、近卫军团、欧莱玛阶层和包税商的既得利益，遭到保守势力的激烈反对。1807 年 5 月，驻扎在伊斯坦布尔的近卫军团发动兵变，以新政举措与伊斯兰教法不符为由，解散新军，罢免塞里姆三世，拥立穆斯塔法四世（1807—1808 年在位）出任苏丹。穆斯塔法四世即位后，谴责塞里姆三世的改革举措系违背教法的邪恶行为，宣布取消新军，恢复奥斯曼帝国的原有秩序，新政随之夭折。④

苏丹穆斯塔法四世

1808 年 7 月，多瑙河地区的奥斯曼贵族巴拉克塔尔·穆斯塔法帕夏率军入主伊斯坦布尔，废黜苏丹穆斯塔法四世，在塞里姆三世死于保守派的暗杀后，拥立马哈茂德继任苏丹，是为马哈茂德二世（1808—1839 年在位）。马哈茂德二世当政期间，恢复塞里姆三世时期颁布的新政法令，延续塞里姆三世制定的新政举措，扩大改革的领域，时人称之为奥斯曼帝国的彼得大帝。⑤

---

① Zurcher, E.J., *Turkey: A Modern History*, p.24.

② Yapp, M.E., *The Making of the Modern Near East 1792—1923*, p.100.

③ Owen, R., *The Middle East in the World Economy 1800—1914*, p.59.

④ Palmer, A., *The Decline and Fall of the Ottoman Empire*, p.71.

⑤ Palmer, A., *The Decline and Fall of the Ottoman Empire*, pp.73—74.

身着传统服饰的马哈茂德二世

身着新式军服的马哈茂德二世

塞里姆三世的新政举措，主要局限于军事层面。相比之下，马哈茂德二世的新政举措，涉及奥斯曼帝国统治制度的诸多领域，包括军队的欧式化、土地制度的非封邑化、政府机构的官僚化和政治生活的世俗化，其中新军的重建构成新政的核心内容。

马哈茂德二世首先致力于重建新军，配备新式枪支和火炮，聘用普鲁士军官，采用普鲁士的训练模式。1826 年 5 月，马哈茂德二世与驻扎在伊斯坦布尔的近卫军团发生冲突，苏丹出动新军镇压近卫军团的反叛，进而解散近卫军团。[①]1827 年，新军人数达到 2.7 万人，分为 31 个团，其中 10 个团驻守伊斯坦布尔，21 个团驻守行省；每团包括 3 个营，每营包括 8 个连。马哈茂德

① Palmer, A., *The Decline and Fall of the Ottoman Empire*, p.92.

二世当政后期,新式步兵达到 6.5 万人。①

1831 年,苏丹宣布将提马尔收归国有,废除封邑制,全面改革税制,旨在扩大财源,为重建新军提供必要的经济支持②。与此同时,马哈茂德二世改革奥斯曼帝国传统的官僚机构,设立新的国务会议,下辖陆军部、内务部、外交部、财政部、司法部和瓦克夫事务部,大维齐尔改称首相(不久后又弃首相的称谓而恢复维齐尔的称谓),起用新官吏,身着欧式官服,实行薪俸制,旨在强化苏丹的统治,削弱贵族的离心倾向。③

此外,马哈茂德二世效法埃及的统治者穆罕默德·阿里帕夏,在保留传统宗教教育体制的同时,推行世俗教育,进而形成教俗二元的教育体系。马哈茂德二世当政期间,派遣留学生赴西欧诸国学习军事技术,创办包括陆军学校、海军学校和军事医学院在内的新式学校,聘用欧洲教官,采用欧洲教学模式,使用欧洲语言授课,旨在培养新军将领及政府官吏,是为奥斯曼帝国世俗教育的原型。④

苏菲派拜克塔什教团长期以来与近卫军团保持密切关系,制约苏丹的权力,构成奥斯曼帝国政治舞台上举足轻重的社会势力。马哈茂德二世解散近卫军团之后,平息拜克塔什教团发动的叛乱,进而取缔拜克塔什教团,没收拜克塔什教团的财产。⑤1826 年,马哈茂德二世任命伊斯坦布尔的大穆夫提作为欧莱玛的最高宗教首领,同时规定瓦克夫事务部掌管欧莱玛控制的宗教地产,剥夺欧莱玛的经济自主权,由国家向欧莱玛发放俸禄,宣布教育部和司法部分别掌管学校教育和司法审理,将欧莱玛纳入苏丹控制的国家体系,进而开辟奥斯曼帝国世俗化进程的先河。⑥

花厅御诏与坦泽马特时代的改革

1839 年 6 月马哈茂德二世死后,其子阿卜杜勒·马吉德(1839—1861 年在位)即位。马哈茂德二世生前所致力推行的新政举措并未由于苏丹的更替而夭折,新苏丹延续着强化中央集权和实施现代化改革的历史发展方向。阿

---

① Shaw, S.J. & Shaw, E.K., *History of the Ottoman Empire and Modern Turkey*, Vol.2: *Reform, Revolution and Republic: The Rise of Modern Turkey 1808—1975*, Cambridge 2002, p.24, p.43.

② Ochsenwald, W., *The Middle East: A History*, p.275.

③ Shaw, S.J. & Shaw, E.K., *History of the Ottoman Empire and Modern Turkey*, Vol.2, pp.36—37.

④ Zurcher, E.J., *Turkey: A Modern History*, p.46.

⑤ Shaw, S.J. & Shaw, E.K., *History of the Ottoman Empire and Modern Turkey*, Vol.2, p.20.

⑥ Zurcher, E.J., *Turkey: A Modern History*, p.42.

卜杜勒·马吉德即位之际,正值穆罕默德·阿里在埃及的势力日渐强大,开罗与伊斯坦布尔之间矛盾加剧,奥斯曼帝国亟须得到欧洲列强的支持,遏制穆罕默德·阿里的领土扩张。1839 年 11 月,在托普卡帕宫外的玫瑰花园广场,大维齐尔穆斯塔法·雷什德帕夏以苏丹的名义颁布敕令,史称花厅御诏。花厅御诏的内容包括:第一,保障苏丹臣民的生命、荣誉和财产;第二,废除包税制,实行直接征税制;第三,采用征兵制,明确限定服役期限;第四,打破宗教界限,强调权利分配的世俗原则,即帝国臣民无论信仰何种宗教,皆享有同等的法律地位。①

苏丹阿卜杜勒·马吉德(一)

苏丹阿卜杜勒·马吉德(二)

奥斯曼帝国颁布的花厅御诏,无疑包含自由平等的法律原则和世俗化的政治倾向。自由平等的法律原则,来源于西方近代的宪政思想。奥斯曼帝国内部诸多民族和非穆斯林宗教群体日趋高涨的反抗运动,构成法律地位之平等思想的社会基础。花厅御诏颁布的目的,在于缓解奥斯曼帝国境内的社会矛盾,争取西方列强的支持,进而遏制穆罕默德·阿里的离心倾向。西方列

① Khater, A.F., *Sources in the History of the Modern Middle East*, Boston 2004, pp.12—13.

强要求改善基督徒的地位和对基督徒提供保护所形成的压力，亦是促使奥斯曼帝国颁布花厅御诏的重要原因。

1839年花厅御诏的颁布，标志着奥斯曼帝国进入坦泽马特时代(1839—1876)。坦泽马特是土耳其语“改革”一词的音译。坦泽马特时代沿袭和发展塞里姆三世和马哈茂德二世的新政举措，强化奥斯曼帝国的中央集权构成坦泽马特时代的历史主题，大维齐尔穆斯塔法·雷什德帕夏以及卡吉扎德·马哈茂德·福阿德帕夏和马哈茂德·艾敏·阿里帕夏主持的最高波尔特成为奥斯曼帝国的核心政治机构。①

阿卜杜勒·马吉德即位后，扩充新军，打破宗教界限征募士兵，组建5个军团，军队将领由中央任命，隶属伊斯坦布尔的苏丹，不再从属于地方行政长官，哥萨克人、鞑靼人、土库曼人和库尔德人构成辅助性的军事力量。新军配备普鲁士制造的枪支和火炮，由普鲁士军官训练，服役期为5年。1869年，重组新军，第一军驻扎在伊斯坦布尔，第二军驻扎在多瑙河流域的萨姆拉，第三军驻扎在蒙纳斯迪尔，第四军驻扎在厄尔祖鲁姆，第五军驻扎在大马士革，第六军驻扎在巴格达，第七军驻扎在也门；每军员额26 500人，包括6个步兵团、4个骑兵团和2个炮兵团。②继阿卜杜勒·马吉德之后继任苏丹的阿卜杜勒·阿齐兹(1861—1876年在位)热衷于扩充海军，此间奥斯曼帝国的舰队规模一度位居欧洲第三。

阿卜杜勒·马吉德按照欧洲国家的政府模式改组奥斯曼帝国的政府机构，在国务会议之外增设司法会议，初步实现行政与司法的权力分割。③与此同时，阿卜杜勒·马吉德宣布成立地方议会，议会成员包括地方官员、欧莱玛以及选举产生的穆斯林和非穆斯林的民众代表，隶属各级行政长官，负责商讨诸如道路和桥梁的建设、税收、农业生产、商业贸易以及民众的诉求。1840年，奥斯曼帝国开始实施新的税收体制，原有的各种税收合并为三种基本税收，即征收于非穆斯林的人丁税、征收于穆斯林的什一税和征收于全体臣民的公共税。1864年，奥斯曼帝国援引法国的行政区划颁布法令，将全国划分为27个行省(维拉耶特)，下辖州(桑贾克)、县(卡扎)、乡(纳希耶)和村(卡里耶)，行省总督由苏丹任命。④

---

① Zurcher, E.J., *Turkey: A Modern History*, p.60.

② Shaw, S.J. & Shaw, E.K., *History of the Ottoman Empire and Modern Turkey*, Vol.2, pp.85—86.

③ Zurcher, E.J., *Turkey: A Modern History*, p.61.

④ Shaw, S.J. & Shaw, E.K., *History of the Ottoman Empire and Modern Turkey*, Vol.2, pp.84—85.

传统的伊斯兰教理论，坚持沙里亚的神圣地位，否认世俗的立法权，同时强调穆斯林与非穆斯林之间的信仰差异和法律界限。坦泽马特时代，传统的伊斯兰教法并未废止，然而其应用的范围逐渐缩小。奥斯曼帝国在沿袭传统法律框架的同时，开始尝试世俗领域的立法实践，引进世俗法律，进而形成伊斯兰教法与世俗法律并存的二元体系，穆斯林与非穆斯林之间的法律界限和法律地位的差异逐渐淡化。

1840 年，奥斯曼帝国颁布新的刑法，在遵循传统的伊斯兰教法的基础上，首次引入苏丹的所有臣民在法律面前一律平等的司法原则。根据传统的伊斯兰教法，叛教者应处以死刑；1844 年，该项法律被苏丹废除。1855 年，奥斯曼帝国宣布废除征收于非穆斯林的人丁税，代之以数量相同的代役税。奥斯曼帝国于 1850 年从法国引入商法，1863 年制定海上贸易法，进而开启世俗立法的先河。1867 年，奥斯曼帝国颁布法律，允许外国人在帝国境内购置土地。1869 年，奥斯曼帝国建立世俗性质的混合法庭，亦称尼扎米耶法庭，负责审理涉及非穆斯林的法律诉讼。①坦泽马特时代，奥斯曼帝国的法庭除传统的沙里亚法庭依旧由穆斯林宗教学者穆夫提和卡迪主持之外，刑事法庭、商业法庭和上诉法庭均由穆斯林法官和非穆斯林法官共同主持，允许非穆斯林出庭指证穆斯林，具有明显的世俗色彩。②

世俗法律的制定和世俗法庭的创建，导致奥斯曼帝国的二元司法体系，开始打破欧莱玛在司法领域的垄断地位，进而限制欧莱玛的司法权力，构成坦泽马特时代世俗化改革的重要内容。与此同时，诸多的非穆斯林宗教族群内部亦经历世俗化的过程，世俗法律逐渐取代宗教法律，基督教和犹太教的教士阶层地位随之下降，米勒特制度趋于瓦解。③

坦泽马特时代，教育领域出现明显的世俗化倾向，而创办世俗教育的首要目的，在于满足军队和政府机构的需要，培养新式的军人和官员。

奥斯曼帝国于 1846 年创办公共教育会议，1847 年改称公共学校部，1866 年成立公共教育部。1869 年，奥斯曼帝国根据法国的教育模式，制定公共教育法，宣布 12 岁以下的儿童实行强制性教育，采用现代教育方式，规定在帝国境内的乡村和城市普遍设立不同层次的世俗学校，其中 500 人以上的

---

① Zurcher, E.J., *Turkey: A Modern History*, p.64.

② Shaw, S.J. & Shaw, E.K., *History of the Ottoman Empire and Modern Turkey*, Vol.2, p.89.

③ Zurcher, E.J., *Turkey: A Modern History*, p.64.

村庄设立称作鲁斯迪耶的四年制初级学校，千人以上的市镇设立称作伊达迪耶的三年制中等学校，省城设立称作苏勒塔尼耶的高等学校，同时创办女子学校，面向穆斯林和非穆斯林招收学生，教育经费纳入政府预算。初级学校开设宗教、语言、算术、历史、地理等课程，中等学校开设逻辑、经济、地理、历史、数学、工程、物理、化学、绘图等课程，高等学校开设人文科学、外语、经济、国际法、自然科学、工程技术等课程。奥斯曼帝国的第一所高等学校名为达尔·法农，成立于伊斯坦布尔的加拉塔区，系伊斯坦布尔大学的前身，采用法语授课和法国教学方式。

伊斯坦布尔的加拉塔区

此外，美国、奥地利、法国、英国、德国和意大利在奥斯曼帝国境内相继创办教会学校，其中多数为初级学校，亦有少量中等学校，采用西方教学模式，学生主要来自非穆斯林的宗教族群。

克里米亚战争期间，奥斯曼帝国仅有世俗初级学校 60 所，学生 3 370 人，均为男生。1867 年，世俗初级学校增至 1.1 万所，男性学生 24 万，女性学生 13 万。1895 年，世俗初级学校达到 2.9 万所，男性学生 64 万，女性学生 25 万。另据相关统计，1895 年，世俗中等学校的学生为 3.5 万，世俗高等学校的学生为

帝国部族学校的学生

0.5万，军事学校的学生为1.7万。[1]

1895年，奥斯曼帝国总人口1 900万，包括穆斯林人口1 400万和非穆斯林人口500万，教育机构包括伊斯兰教的传统宗教学校麦克台卜和麦德莱赛、官办世俗学校、基督徒和犹太人米勒特资助创办的私立学校、欧洲基督教诸国资助创办的教会学校在内的各类学校，学生总数为130万，其中世俗学校的学生人数约90万。[2]世俗教育的发展，形成对于宗教教育的挑战，国家权力随之在教育领域逐渐延伸。

坦泽马特时代的新政，主要局限于上层建筑领域，触及封建社会经济基础的改革举措尚不明确。1839年颁布的花厅御诏强调推行税制改革，废除包税制，统一税收标准，缩小免税范围。然而，税制改革进展缓慢，政府岁入并无明显的增加，农民亦未摆脱税吏的盘剥。[3]奥斯曼帝国政府尽管鼓励投资工业，兴办新式工厂，然而步履维艰，成效甚微。1857年，奥斯曼帝国颁布移民法，向来自境外的移民分配国有土地，其中定居鲁梅利亚的移民6年免纳土地税，定居安纳托利亚的移民12年免纳土地税，领有土地的移民20年内不得出售土地或离开土地，必须保证土地处于耕作的状态，成为苏丹的农民。[4]1858年，苏丹颁布农业法，明确土地所有权，将所有土地划分为五种类型，即称作米里的国有土地、称作穆勒克的私人地产、称作瓦克夫的宗教地产、称作米特鲁卡的公共土地和称作麦乌特的荒地，将原有的各种土地税合并为收成10%的什一税，扩大租种国有土地的农民的经营自主权，直至赋予农民对于所租种土地的交易权，旨在鼓励农业生产。[5]农

① Shaw, S.J. & Shaw, E.K., *History of the Ottoman Empire and Modern Turkey*, Vol.2, p.108.
② Shaw, S.J. & Shaw, E.K., *History of the Ottoman Empire and Modern Turkey*, Vol.2, pp.112—113.
③ Shaw, S.J. & Shaw, E.K., *History of the Ottoman Empire and Modern Turkey*, Vol.2, p.96.
④ Shaw, S.J. & Shaw, E.K., *History of the Ottoman Empire and Modern Turkey*, Vol.2, p.115.
⑤ Gerber. H., *The Social Origins of the Modern Middle East*, p.67.

业法的实施，加速了土地所有制的非国有化进程。然而，由于技术落后，工具简陋，加之局势动荡，战乱频繁，奥斯曼帝国的农业生产长期处于停滞不前的状态。

从青年奥斯曼党到宪政运动

青年奥斯曼党形成于坦泽马特时代后期相对宽松的政治环境，是奥斯曼帝国历史上最早出现的现代意义的政治组织，其社会基础来自具有世俗教育背景和现代自由理念的知识分子和政治精英。青年奥斯曼党具有泛奥斯曼主义的思想倾向，抨击花厅御诏和坦泽马特时代的世俗化改革屈从西方列强的压力、背离伊斯兰教的信仰和出卖奥斯曼帝国的主权，进而试图突破坦泽马特时代的政治框架，倡导宪政主义、民族主义和爱国主义，强调伊斯兰教的意识形态与西方现代文明之间的包容性，强调伊斯兰国家理论与西方自由主义的结合，主张通过君主立宪实现苏丹制与民众政治参与的结合，通过宪法的方式限制官僚机构的权力和保护民众的利益，将选举产生的议会作为实施宪法和实现不同米勒特之政治联合的必要载体，呼吁保卫奥斯曼帝国的领土、维护奥斯曼帝国的统一和重振奥斯曼帝国的辉煌。①

纳米克·凯末尔1840年出身于奥斯曼帝国的贵族家庭，曾经担任报刊撰稿人，后来由于与政府不睦而一度流亡欧洲。纳米克·凯末尔作为青年奥斯曼党的代表人物，崇尚法国近代政治文化，深受法国启蒙运动时期思想家孟德斯鸠和卢梭的影响，持自由主义和爱国主义的政治立场，反对坦泽马特时代的苏丹热衷于模仿西方体制和强化独裁统治而无视奥斯曼帝国传统和伊斯兰教信仰的新政举措，强调现代西方的自由民主与早期伊斯兰教的政治理念具有一致性，倡导回归伊斯兰教的政治原则和民众主权的政治理念，主张制定宪法和实行选举，建立代议制政府，保障公民权益。②纳米克·凯末尔声称："人民的主权，意味着政府的权力来自人民……它是由每个个人天然具有的独立性中必然会产生出来的一种权利"，"每个人都是他自己那个世界的皇帝"，③"我们唯一真正的宪法是伊斯兰法典……奥斯曼帝国是建立在宗教原则之上的，如果违背了这些原则，国家的政治生存将处于危险之中"。④

---

① Atasoy, Y., *Turkey, Islamists and Democracy*, London 2005, p.25.

② Zurcher, E.J., *Turkey: A Modern History*, p.71.

③ 路易斯：《现代土耳其的兴起》，第153页。

④ 戴维森：《从瓦解到新生》，第102页。

1865年,纳米克·凯末尔等人建立秘密政治组织,名为爱国主义联盟,亦称青年奥斯曼党。[1]此后两年间,青年奥斯曼党的成员达到数百人,其中包括奥斯曼帝国王室成员穆拉德帕夏和哈米德帕夏,以及埃及统治者伊斯马仪帕夏的胞弟穆斯塔法·法兹勒。纳米克·凯末尔与穆斯塔法·法兹勒等人在伦敦、巴黎和日内瓦从事政治活动,创办报刊,发表时局评论,阐述青年奥斯曼党的思想纲领,反对奥斯曼政府的专制统治。1871年,纳米克·凯末尔等人返回伊斯坦布尔,宣传自由与宪政思想,倡导英法模式的议会制度,屡遭苏丹政府的迫害。[2]青年奥斯曼党的出现,标志着奥斯曼帝国政治生活的崭新模式初露端倪,具有深远的政治影响。青年奥斯曼党阐述的政治思想,提供了宪政运动的理论框架。

卡吉扎德·马哈茂德·福阿德帕夏和马哈茂德·艾敏·阿里帕夏作为坦泽马特时代推行新政的核心人物,位高权重,左右政局,力主强化奥斯曼帝国的独裁专制。19世纪70年代初,卡吉扎德·马哈茂德·福阿德帕夏和马哈茂德·艾敏·阿里帕夏相继去世,新兴政治势力遂开始浮出水面,是为宪政改革的重要条件。1873—1874年,安纳托利亚遭遇严重的自然灾害,乡村人口锐减,导致政府税收明显下降,财政拮据。与此同时,基督徒人口居多的巴尔干地区爆发叛乱,波及波斯尼亚、黑塞哥维那和保加利亚。奥斯曼帝国出兵镇压,大量的叛乱者被处死,时人称之为"保加利亚大屠杀",伊斯坦布尔的苏丹政府因此面临来自欧洲基督教诸国的巨大压力。1876年5月,苏丹阿卜杜勒·阿齐兹被迫退位,曾经参与青年奥斯曼党政治活动、热衷于宪政改革并与纳米克·凯末尔交往甚密的穆拉德帕夏即位,是为穆拉德五世(1876—1876年在位)。同年9月,穆拉德五世退位,哈米德帕夏继任苏丹,是为阿卜杜勒·哈米德二世(1876—1909年在位)。[3]

阿卜杜勒·哈米德二世即位后,指定青年奥斯曼党的重要成员米扎特帕夏以大维齐尔的身份主持召开立宪会议。立宪会议包括28名成员,其中政府官员16名,欧莱玛10名,军官2名。1876年10月,立宪会议制定议会草案,颁布临时选举法。同年12月,奥斯曼帝国历史上的第一部宪法即1876年宪法正式公布。1876年宪法的颁布,"至少在理论上标志着奥斯曼帝国从

---

① Zurcher, E.J., *Turkey: A Modern History*, p.72.

② Palmer, A., *The Decline and Fall of the Ottoman Empire*, p.136.

③ Devereux, R., *The First Ottoman Constitutional Period*, Baltimore 1963, p.47, p.59.

独裁君主制转变为立宪君主制。在奥斯曼帝国600年的历史上,苏丹不再享有绝对的权力,民众分享的政府权力得到承认,尽管这样的权力可能受到种种的限制”。①

奥斯曼帝国颁布的1876年宪法以1831年比利时宪法和1850年普鲁士宪法作为蓝本,包括12章119款。1876年宪法规定,成立由上议院和下议院组成的两院制议会,上议院议员由苏丹任命,终身任职,下议院议员选举产生,每5万名男性国民选举1名下议院议员,任期4年,上议院议员的人数不得超过下议院议员人数的三分之一;全体议员必须宣誓效忠苏丹和遵守宪法;内阁提交的法案和预算首先由下议院审议,然后由上议院审议,直至获得苏丹的批准;议员不得同时担任政府公职。根据1876年宪法,苏丹拥有广泛的权力,包括召集和解散议会、任免内阁大臣、批准议会制定的法律、统率军队、对外宣布战争与缔结和约;苏丹具有哈里发的身份,是伊斯兰教的保卫者和沙里亚的监护者,处于神圣不可侵犯的地位,不对任何他人或机构负责。1876年宪法规定,奥斯曼帝国是不可分割的整体,帝国境内的所有臣民皆称作奥斯曼人且处于平等的法律地位和享有同等的权利,司法独立,保障人权和人身自由,保护私有财产,伊斯兰教是帝国的国教,其他宗教受帝国政府的保护,土耳其语为官方语言。1876年宪法规定,内阁政府对苏丹负责,首相及内阁大臣由苏丹任免;大维齐尔主持内阁会议,内阁决议须经苏丹批准方可生效。②

苏丹阿卜杜勒·哈米德二世

1877年1月,奥斯曼帝国举行第一次议会选举,穆斯林获得71个席位,基督徒获得44个席位,犹太人获得4个席位;苏丹任命26名上议院议员,其中21人为穆斯林。1877年3月,奥斯曼帝国召开第一届议会;同年6月,苏丹阿卜杜勒·哈米德宣布解散第一届议会。1977年11月,奥斯曼帝国举行第二次议会选举,穆

① Devereux, R., *The First Ottoman Constitutional Period*, p.15.

② Hamilton, A., *The Middle East Problem*, London 1909, pp.367—392.

斯林获得64个席位,基督徒获得43个席位,犹太人获得6个席位。同年12月,第二届议会在伊斯坦布尔召开。①

1876年宪法的颁布和立宪君主制政体的建立,史称奥斯曼帝国历史上的第一次宪政运动。1876年宪法无疑包含诸如自由、平等、选举、议会、司法独立和权力制约等现代政治要素。然而,1876年宪法强调苏丹的权力与臣民的义务,至于苏丹的责任和臣民的权利则缺乏明确的规定。1877年3月召开的第一届议会与苏丹政府处于合作的政坛;议长由苏丹阿卜杜勒·哈米德提名保守派人士艾哈迈德·瓦菲克担任,议会俨然是苏丹政府的口舌,反对派议员的声音微乎其微。相比之下,1877年12月召开的第二届议会与苏丹政府之间的关系出现明显的变化;议长由议员选举自由派人士哈桑·法赫米担任,议会讨论具有浓厚的民主氛围,反对派占据议会的多数席位,苏丹政府的诸多政策遭到反对派议员的激烈抨击。1878年2月,苏丹阿卜杜勒·哈米德宣布议会休会。②

1876年宪法规定,"倘若苏丹解散议会,新的议会必须在六个月之内召开","宪法条款不得以任何借口予以中止"。③然而,自1878年起的30年间,议会停止召开,宪法如同一纸空文,宪政制度名存实亡,苏丹阿卜杜勒·哈米德作为拥有绝对权力的专制君主,长期统治奥斯曼帝国。宪政运动的发起人和大维齐尔米扎特帕夏遭到撤职流放,1884年死于阿拉伯半岛的塔伊夫。继米德哈特帕夏之后,苏丹阿卜杜勒·哈米德于短短6年间任免16位大维齐尔,却不授予大维齐尔以管理国家的实际权力。与此同时,苏丹的宫廷取代大维齐尔主持的最高波尔特,成为奥斯曼帝国的权力中心。最高波尔特下辖警察部、内务部、外交部、宗教部、军事部、司法部、财政部、教育部、贸易与公共工程部,作为奥斯曼帝国的内阁,处于从属宫

米德哈特帕

① Devereux, R., *The First Ottoman Constitutional Period*, p.144, p.108, p.115.

② Devereux, R., *The First Ottoman Constitutional Period*, p.150, p.236.

③ 戴维森:《从瓦解到新生》,第111页。

廷的地位,成为苏丹实行独裁统治的御用工具。①自塞里姆三世和马哈茂德二世时代开始的旨在强化苏丹统治地位和奥斯曼帝国中央集权的政治理想,在阿卜杜勒·哈米德当政的时代终于成为现实。

三、 传统经济社会秩序的解体

西方列强的贸易扩张

奥斯曼帝国地处亚非欧大陆的核心区域,长期控制东西方之间的贸易通道。然而,奥斯曼土耳其人具有尚武的传统,热衷于圣战事业,鄙视商业。欧洲基督教商人以及奥斯曼帝国境内的非穆斯林亚美尼亚人、犹太人和希腊人,成为沟通奥斯曼帝国与西方基督教世界之间贸易交往的重要纽带。1536年,奥斯曼帝国与法国签署通商条约,伊斯坦布尔的苏丹赐予法国商人在奥斯曼帝国境内享有自由贸易权和治外法权即领事裁判权。此后,欧洲基督教诸国竞相效尤,与奥斯曼帝国签署一系列享有同样特权的通商条约。

鼎盛时期的奥斯曼帝国,无疑是建立在农本社会基础之上的东方传统文明。自塞里姆三世和马哈茂德二世推行新政开始,奥斯曼帝国逐渐形成西化的色彩和重商主义的倾向,奥斯曼帝国与欧洲基督教诸国之间的贸易交往明显扩大。

坦泽马特时代,正值欧洲经济的繁荣阶段。1838 年,英国与奥斯曼帝国签署商务协约,规定奥斯曼帝国政府从英国进口货物按 5%征收关税,出口则按 12%征收关税。此后,其他西方国家亦从奥斯曼帝国政府获得类似的贸易优惠。奥斯曼帝国与欧洲基督教诸国之间的贸易额,1783 年约合 440 万英镑,1845 年约合 1 220 万英镑,1876 年约合 5 400 万英镑。安纳托利亚港口城市伊兹密尔与法国港口城市马赛之间的进出口贸易额,1750 年为 990 万法郎,1850 年增至 6 700 万法郎,1881 年达到 3.2 亿法郎。②另据估计,1840 年奥斯曼帝国的出口产品约占国内生产总量的 4%—5%, 1870 年奥斯曼帝国的出口产品约占国内生产总量的 7%—8%,其中出口农产品约占农产品

① Shaw, S.J. & Shaw, E.K., *History of the Ottoman Empire and Modern Turkey*, Vol.2, pp.216—217.

② Karpat, K.H., *Social Change and Politics in Turkey*, pp.39—40.

生产总量的 12%—16%。[①]1800—1900 年，安纳托利亚、埃及、叙利亚和伊拉克的对外贸易额增长 10 倍，年贸易额从不足 1 000 万英镑增至超过 1 亿英镑。[②]与此同时，奥斯曼帝国的贸易赤字呈明显上升的趋势。

19 世纪以前奥斯曼帝国与欧洲基督教世界之间的传统贸易，主要是中东地区手工业制品的输出以及包括伊朗、印度在内的东方物产的贩运，来自奥斯曼帝国以及伊朗、印度的纺织品、金属器皿、纸张、玻璃、蔗糖、丝绸、香料畅销于欧洲市场。进入 19 世纪，奥斯曼帝国与欧洲基督教世界之间的贸易模式经历逆向的变化，中东地区的农作物出口和欧洲基督教世界的工业品在奥斯曼帝国市场的倾销呈明显上升的趋势。欧洲基督教世界的工业品和所谓的殖民地产品即来自西印度群岛的咖啡、甘蔗，主要经过伊斯坦布尔、伊兹密尔、亚历山大，以及叙利亚沿海城市伊斯肯德伦、拉塔基亚、的黎波里、贝鲁特、西顿、阿克，或经过巴尔干半岛和多瑙河，进入奥斯曼帝国境内。[③]

1800 年以前，来自马赛的法国商人控制奥斯曼帝国与欧洲基督教世界之海路贸易的一半以上，尤其是在利凡特地区的进出口贸易领域独占鳌头。[④]法国商人主要经营法国毛纺织品出口中东的贸易；与英国的高档毛纺织品相比，法国的毛纺织品价格低廉，在利凡特地区具有广阔的市场。随着拿破仑战争结束后欧洲政治格局的变化，特别是英国工业革命完成以后，法国的贸易优势逐渐丧失，英国商人开始控制欧洲基督教世界与奥斯曼帝国之间的海路贸易，进而导致英国工业品在中东市场的倾销，棉纺织品成为英国商业扩张的主要工具。以利凡特地区为例，1816 年即拿破仑战争结束后的第一年，英国在利凡特的出口额约为 30 万英镑，其中棉纺织品 19 万英镑；1818 年，英国在利凡特的出口额增至 80 万英镑，其中棉纺织品 55 万英镑。[⑤]1828—1831 年，英国向奥斯曼帝国出口的棉纺织品增长 10 倍；1835—1855 年，英国向奥斯曼帝国出口的棉纺织品再次增长 10 倍。[⑥]1850 年，英国出口安纳托利亚的商品总额为 252 万英镑，其中棉纺织品占 198 万英镑；英国出口叙利亚的商品总额为 30 万英镑，其中棉纺织品占 27 万英镑。伊斯坦布尔

① Zurcher, E.J., *Turkey: A Modern History*, p.51.
② Owen, R., *The Middle East in the World Economy 1800—1914*, p.287.
③ Owen, R., *The Middle East in the World Economy 1800—1914*, pp.51—52.
④ 第一次世界大战以前，地中海东部沿岸地区通称利凡特。
⑤ Owen, R., *The Middle East in the World Economy 1800—1914*, pp.83—85.
⑥ Issawi, C., *The Economic History of the Middle East 1800—1914*, Chicago 1966, p.49.

和伊兹密尔是奥斯曼帝国境内最重要的英国工业品集散地，安纳托利亚则是奥斯曼帝国境内最重要的英国工业品市场。19 世纪中叶，英国出口奥斯曼帝国的商品中，约 75%销往安纳托利亚的市场。与此同时，英国工业品经过利凡特港口城市贝鲁特，进入叙利亚腹地的大马士革和阿勒颇，直至销往伊拉克市场。①

穆斯林商人通常经营奥斯曼帝国境内的地方贸易和区域贸易，国际贸易处于基督教商人和犹太人的控制之下。奥斯曼帝国与欧洲基督教世界之间贸易交往的扩大，导致奥斯曼帝国境内欧洲移民人数的增长。埃及的亚历山大和利凡特地区的沿海城市，俨然是欧洲人在中东伊斯兰世界新的家园。奥斯曼帝国境内的欧洲移民一方面与欧洲银行保持密切的信贷联系，另一方面与土著商贩建立密切的商业联系，成为中东伊斯兰世界与欧洲基督教世界之间贸易交往的纽带和桥梁。与此同时，欧洲基督教世界在奥斯曼帝国境内的私人投资均呈明显上升的趋势，私人投资的领域主要是铁路、公路、港口和银行以及其他与出口联系的公共部门的投资。

坦泽马特时代的新政举措，特别是组建新军和扩充官僚机构，耗资巨大，奥斯曼帝国财政入不敷出。由于与西方贸易的不断扩大，奥地利、法国和俄国的货币充斥于奥斯曼帝国的市场，成为帝国境内重要的交换媒介，货币贬值作为缓解财政危机的传统方式逐渐淘汰。亚美尼亚商人开办的银行尽管向苏丹政府提供借贷，然而数额有限，且需支付高额利息。1851 年，大维齐尔穆斯塔法·雷什德帕夏与英法政府签署借贷 5 500 万法郎的债务协议，遭到苏丹的否决。1854 年，奥斯曼帝国迫于克里米亚战争的需要，与英国签署债务协议，首开向西方列强举债的先河。②此后 20 年间，奥斯曼帝国政府 13 次签署债务协议，至 1875 年债务总额达到 2.4 亿英镑。③1876 年阿卜杜勒·哈米德即位时，奥斯曼帝国财政岁入的 80%用于偿还外债，政府财政处于崩溃的边缘。④1881 年，奥斯曼帝国苏丹允准成立奥斯曼债务管理局，由来自英、法、德、意和奥匈等国的外国债务人代表组成的理事会领导该机构，雇员超过 5 000 人，负责管理以税收作为基础的帝国岁入，偿还公共债务。奥斯曼债务管理局充当奥斯曼帝国政府与西方债权国及投资者的中介机构，旨在

① Owen, R., *The Middle East in the World Economy 1800—1914*, pp.85—86.

② Owen, R., *The Middle East in the World Economy 1800—1914*, p.100.

③ Yapp, M.E., *The Making of the Modern Near East 1792—1923*, p.31.

④ Shaw, S.J. & Shaw, E.K., *History of the Ottoman Empire and Modern Turkey*, Vol.2, p.221.

维护西方债权国和投资者的利益。[①]奥斯曼债务管理局的建立，严重损害了奥斯曼帝国的主权。

市场化进程的启动

西方世界对于奥斯曼帝国的冲击，不仅表现为战争的威胁，而且表现为贸易的扩张。自给自足的自然经济无疑是农本社会和传统文明的物质根基。进入19世纪，西方世界的贸易扩张导致亚非欧大陆中央地带的经济结构发生深刻的变化。随着货币关系的扩大、地租形态的转换、农作物结构的调整、农产品出口的增长、农业生产市场化程度的提高、传统手工业的衰落、现代工业的兴起、蒸汽船和铁路的引入，奥斯曼帝国传统文明的冰山开始出现融化的迹象。

19世纪的奥斯曼帝国，尽管经济活动依旧建立在个体农业的基础之上，然而农作物的种植结构无疑经历着剧烈的变化。奥斯曼帝国与欧洲基督教世界之间贸易交往的扩大，为中东地区的农产品提供了广阔的市场。西方列强的贸易扩张和工业品倾销的直接结果，是奥斯曼帝国农产品出口的急剧增长。赋税和地租的货币化，亦是加速农产品市场化进程的重要因素。与此同时，农作物播种的区域性分工日益明显。在奥斯曼帝国境内的地中海沿岸地区，特别是安纳托利亚西部、叙利亚和黎巴嫩山区，面向流通领域和国际市场的经济作物播种面积不断扩大，棉花、生丝、甘蔗、烟草、鸦片产量呈明显的上升趋势，农业生产的市场化程度随之逐渐提高。相比之下，奥斯曼帝国的内陆地区普遍播种粮食作物，依旧维持自给自足的传统经营模式，农业生产的市场化程度低下，由此形成与沿海地区农业经营模式的明显差异。[②]

奥斯曼帝国境内农业市场化程度的提高和农作物出口的增长，在相当长的时期内并非通过改善农业技术、改进经营方式和增加农业投资，而是在大多数情况下依旧采取传统的生产技术和经营方式，主要依靠耕地的扩大和劳动力投入的增长，延续传统的小生产模式。尽管如此，交换关系的扩大刺激着农民的生产积极性，大规模的垦殖运动和耕地面积的增长则是农作物市场化程度提高的逻辑结果。另一方面，国家土地所有制以及村社和部族的土地共同占有权日渐式微。尤其是1858年奥斯曼帝国土地法颁布以后，私人土

---

① Keyder, C., *State and Class in Turkey*, London 1987, pp.39—40.

② Issawi, C., *An Economic History of the Middle East and North Africa*, New York 1982, pp.30—32.

地所有制呈上升趋势,私人地产明显扩大,越来越多的土地作为商品进入流通领域,导致乡村社会的剧烈分化。无地农民日渐增多,沦为雇佣劳动力。

西方列强的贸易扩张和西方工业品倾销的另一结果,是奥斯曼帝国传统手工业的衰落趋势。"奥斯曼工业的总衰退,在时间上可以一直回溯到 19 世纪初期,当时的土耳其也像其他许多国家一样,正经受着不断扩张的欧洲工业资本主义的冲击,势如潮涌的大量廉价工业品不断流入土耳其市场。进口货中最重要的是纺织品,老式的土耳其棉业和丝业织造者因而受到了打击。其他进口货物包括铁器、刀、时钟、纸张和食糖,而对于这些东西,土耳其的地方工业照样无法与西方竞争。"①至 19 世纪后期,奥斯曼帝国逐渐沦为西方工业国的农产品供应地和工业品市场,传统手工业处于崩溃的边缘。城市的行会组织尽管长期延续,然而其传统的经济社会职能逐渐丧失。市场化程度的提高排斥着行会经济的垄断地位,政府机构的完善否定着行会原有的社会影响。随着乡村家庭手工业规模的扩大和城市行会手工业的衰落,工业生产与行会组织的共生状态逐渐消失。②

马哈茂德二世当政期间,开始创办现代工业,主要生产军需品。阿卜杜勒·马吉德即位后,从欧洲引进技术和设备,现代工业的规模进一步扩大。奥斯曼帝国的早期现代工业,大都分布在巴尔干半岛、伊斯坦布尔和安纳托利亚西部以及利凡特地区,萨洛尼卡、伊兹密尔、贝鲁特和伊斯坦布尔成为奥斯曼帝国现代工业的中心所在,产品主要满足国内市场的需求。③布尔萨是奥斯曼帝国的丝织业中心,1845 年开始出现瑞士人经营的丝织企业,采用蒸汽动力,至 1876 年,采用蒸汽动力的丝织企业超过 14 家。伊兹密尔有地毯编织厂多家,雇佣工人千余人,另有面粉厂、榨油厂、玻璃工厂、造纸厂、棉纺厂、织布厂,大都由西方商人投资兴办。1853 年,黎巴嫩有丝织企业 9 家,产品销往法国。1861 年颁布的矿产法,结束政府对于矿产开采的垄断,允许私人投资开采。此后,西方商人投资采矿业,奥斯曼帝国境内的矿产资源随之流向欧洲基督教世界。④

人口的增长与新旧秩序的更替以及现代化的进程之间具有内在的逻辑联系。1800 年以前,奥斯曼帝国的人口长期处于停滞的状态,甚至出现一定

---

① 路易斯:《现代土耳其的兴起》,第 482 页。

② Quataert, D., *The Ottoman Empire 1700—1922*, p.134.

③ Quataert, D., *The Ottoman Empire 1700—1922*, p.135.

④ Shaw, S.J. & Shaw, E.K., *History of the Ottoman Empire and Modern Turkey*, Vol.2, p.123.

19 世纪末的布尔萨景色

程度的下降趋势。1800—1914 年,奥斯曼帝国的人口呈持续增长的趋势,人口年增长率约为 1%,其中 19 世纪后期的人口增长速度超过 19 世纪前期①。根据相关资料的统计,1800—1914 年,安纳托利亚地区的人口从 650 万增至 1 470 万;伊拉克的人口 1860 年仅 120 万,1914 年达到 320 万。②另据资料统计,1800—1900 年,叙利亚和黎巴嫩的人口从 30 万增至 240 万,巴勒斯坦的人口从 30 万增至 60 万。③经济社会环境的改善以及瘟疫和灾荒的减少,是导致人口增长的基本原因。

另一方面,奥斯曼帝国的人口分布出现明显的变化,城市人口在总人口中所占的比例呈持续上升的趋势。1800—1914 年,奥斯曼帝国境内的主要城市伊斯坦布尔的人口从 40 万人增至 110 万人,伊兹密尔从 10 万人增至 30

① Yapp, M.E., *The Making of the Modern Near East 1792—1923*, p.14.

② Issawi, C., *An Economic History of the Middle East and North Africa*, p.94.

③ Grunwald, K. & Ronall, J.O., *Industrialization in the Middle East*, New York 1960, p.39.

万人，安卡拉从 20 万人增至 40 万人，贝鲁特从 0.6 万人增至 15 万人，耶路撒冷从 1 万人增至 8 万人，巴格达从 5 万—10 万人增至 15 万人，巴士拉从 4 000 人增至 2 万人。[①]另据统计，1850—1900 年，阿勒颇从 7.7 万人增至 9 万人，海法从 1 000 人增至 5 000 人，雅法从 2 万人增至 4 万人，大马士革从 5 万人增至 8 万人。[②]此外，奥斯曼帝国境内的游牧人口与定居人口亦经历着此消彼长的变化过程，农田的扩大与牧场的减少成为 19 世纪奥斯曼帝国经济生活的突出现象。在安纳托利亚、叙利亚和伊拉克，游牧部落的活动范围逐渐缩小。

直至 1800 年，奥斯曼帝国依然沿袭传统的交通运输模式，内陆运输普遍依靠商旅驼队，古老的帆船航行于尼罗河、幼发拉底河和底格里斯河以及奥斯曼帝国的周边海域。进入 19 世纪，随着西方列强的贸易扩张和中东市场化进程的启动，奥斯曼帝国在交通运输领域经历革命性的剧烈变革。现代交

19 世纪的伊斯坦布尔

① Issawi, C., *An Economic History of the Middle East and North Africa*, p.101.

② Grunwald, K. & Ronall, J.O., *Industrialization in the Middle East*, p.41.

通运输体系的初步建立，明显加速着人流和物流的运动，进而构成推动奥斯曼帝国经济生活市场化进程和瓦解传统社会之封闭状态的重要杠杆。

奥斯曼帝国境内最早出现的现代交通工具是西方制造的蒸汽船。19世纪20年代初，蒸汽船首先出现于多瑙河流域。1828年，第一艘蒸汽船抵达伊斯坦布尔，奥斯曼帝国与西地中海之间的定期航线随之开通。[①]30年代，蒸汽船进入底格里斯河和幼发拉底河水域。19世纪后期，蒸汽船的平均排水量达到1 000吨，相当于传统帆船排水量的10—20倍。[②]1895年，奥斯曼帝国共有各种船只5万余艘，其中蒸汽船约3 000艘。1905年，奥斯曼帝国的各种船只总数增至6.9万艘，其中蒸汽船达到4 800余艘。[③]19世纪60年代，在抵达伊斯坦布尔港的各类船只中，传统帆船是蒸汽船的4倍；1900年，在抵达伊斯坦布尔港的各类船只中，传统帆船仅占5%。[④]

随着蒸汽船的广泛使用，港口建设出现长足的进步，伊斯坦布尔、伊兹密尔、贝鲁特、伊斯肯德伦、亚丁、巴士拉成为奥斯曼帝国现代航运的重要枢纽。[⑤]1830—1913年，进入贝鲁特港的船只吨位从4万吨增至170万吨，进入伊兹密尔港的船只吨位从1.5万吨增至220万吨，进入巴士拉港的船只吨位从1万吨增至40万吨；伊斯坦布尔作为东地中海沿岸最重要的港口，1913年进港船只吨位达到400万吨。[⑥]

19世纪奥斯曼帝国在交通运输领域最重要的变化是铁路的开通。如果说蒸汽船的出现标志着航运领域的革命，进而影响着奥斯曼帝国沿海地区的经济社会生活，那么铁路的开通标志着陆路运输的革命，进一步密切着广袤的内陆世界与沿海地区之间的经济社会联系。

奥斯曼帝国境内的铁路始建于克里米亚战争之后。1866年，自伊兹密尔通往安纳托利亚内陆的铁路动工兴建。伊斯坦布尔至维也纳的铁路始建于1868年，1888年完工。[⑦]阿卜杜勒·马吉德当政期间，奥斯曼帝国境内的铁路通车里程达到450公里，分布于巴尔干半岛和安纳托利亚西南部。1874年，比利时人巴龙·德·希尔什主持建成著名的东方铁路，自伊斯坦布尔经

① Ochsenwald, W., *The Middle East: A History*, p.277.

② Quataert, D., *The Ottoman Empire 1700—1922*, p.119.

③ Shaw, S.J. & Shaw, E.K., *History of the Ottoman Empire and Modern Turkey*, Vol.2, p.228.

④ Quataert, D., *The Ottoman Empire 1700—1922*, p.120.

⑤ Yapp, M.E., *The Making of the Modern Near East 1792—1923*, p.27.

⑥ Issawi, C., *An Economic History of the Middle East and North Africa*, p.48.

⑦ Yapp, M.E., *The Making of the Modern Near East 1792—1923*, p.26.

埃迪尔内至索菲亚，全长 560 公里；1888 年，东方铁路经贝尔格莱德延伸至奥地利边境。自伊斯坦布尔通往东方的铁路，1873 年到达伊兹米特，1892 年到达安卡拉，1896 年到达科尼亚，1914 年与巴格达铁路相连，直至到达波斯湾港口城市巴士拉，是为闻名遐迩的中东铁路。①1892 年，法国商人和英国商人分别投资兴建耶路撒冷至雅法的铁路和大马士革至阿克的铁路，是为叙利亚最早的铁路。1908 年，自大马士革至麦地那的希贾兹铁路建成通车，全长 1 320 公里。②

1888 年东方快车的宣传广告

铁路是西方投资的重要领域，奥斯曼帝国境内的铁路主要由英国、法国和德国承建。19 世纪末 20 世纪初，铁路投资占法国在奥斯曼帝国境内投资总额的 62%，占德国在奥斯曼帝国投资总额的 86%。③1911 年，奥斯曼帝国共有铁路 4 000 公里，从事铁路运输者 1.3 万人，运送旅客 1 600 万人，运送货物 260 万吨。其中，巴尔干半岛 1 000 公里的铁路运送 800 万旅客，安纳托利亚 1 500 公里的铁路运送旅客 700 万人。相比之下，在地广人稀的阿拉伯诸省，1 500 公里的铁路仅运送旅客 90 万人。④

智力的觉醒

奥斯曼帝国前期，文化生活表现为明显的二元色彩，安纳托利亚的城市

---

① Shaw, S.J. & Shaw, E.K., *History of the Ottoman Empire and Modern Turkey*, Vol.2, p.121.

② Issawi, C., *The Fertile Crescent 1800—1914: A Documentary Economic History*, Oxford 1988, p.220, p.222.

③ Keyder, C., *State and Class in Turkey*, p.44.

④ Quataert, D., *The Ottoman Empire 1700—1922*, p.123, p.125.

和定居地区的社会精英崇尚波斯文化，而广大乡村和边境地区的游牧群体中盛行突厥文化。神秘主义的苏菲教团遍布各地，成为民间文化的社会载体和精神家园。相比之下，奥斯曼帝国的西化进程始于18世纪，首先表现为法国文化对于奥斯曼社会的广泛影响。

苏丹艾哈迈德三世(1703—1730年在位)当政期间，热衷法国文化，追求法国的生活方式，奢华之风蔓延。大维齐尔伊卜拉欣在伊斯坦布尔的黄金角海岸建造新的宫殿，名为萨巴达特宫，由水池、喷泉、雕塑、花园和亭阁组成，建筑风格模仿法国巴黎的枫丹白露宫。萨巴达特宫建成后，伊斯坦布尔的贵族竞相效仿。此间，法国花卉郁金香引进伊斯坦布尔，成为苏丹宫廷和贵族宅邸之中不可或缺的点缀之物，所谓的郁金香时代由此得名。

郁金香时代最重要的历史遗产，是伊卜拉欣·米特费里卢翻译的西方著作。伊卜拉欣·米特费里卢是匈牙利人，出身特兰西瓦尼亚的新教家庭，后以奴隶的身份皈依伊斯兰教，进而在奥斯曼帝国步入仕途，追随大维齐尔达马特·伊卜拉欣帕夏。伊卜拉欣·米特费里卢兼有基督教和伊斯兰教的双重文化背景，通晓西方语言，从政期间致力于向奥斯曼帝国介绍西方科学知识和统治艺术。伊卜拉欣·米特费里卢于1731年出版《民族秩序中的科学方法》，继而将笛卡尔和伽利略的科学著作翻译成土耳其文。

进入19世纪，法国革命期间形成的政治思想逐渐传入奥斯曼帝国，开始挑战伊斯兰世界的传统政治理论，奥斯曼帝国智力觉醒的序幕由此徐徐拉开。

伊斯兰世界的传统政治理论，强调统治者的权力与臣民的义务；统治者应当遵循公正的原则，所谓的仁政构成理想的政治模式；臣民理应履行相应的义务，至于臣民拥有的权力则无足轻重抑或无从谈起。阿拉伯语中曾有如下的格言："如果哈里发为人公正，那是他的赏赐而你应该表示感谢。如果哈里发为人不公正，那是他的罪过而你应该保持耐心。"①伊斯兰世界的传统政治理念，由此可见一斑。

所谓的自由在传统社会是相对于奴隶的法律概念，在现代社会则是与公民权密切相关的政治概念。1789年爆发的法国革命，赋予"自由"一词以崭新的政治内涵，主权在民成为自由的前提和保障，自由主义成为反对人身依附之封建思想的理论工具，宪政和代议制政府成为民众向往的政治典范，而

---

① 路易斯：《现代土耳其的兴起》，第141页。

民族主义则成为巴尔干地区诸多基督教民族反抗苏丹统治和争取自由的意识形态,尤其是助长了希腊人和塞尔维亚人的民族解放运动。继巴尔干地区基督教诸民族之后,阿拉伯世界亦以民族主义作为反抗奥斯曼帝国统治和争取自由的革命意识形态。

奥斯曼帝国最早的印刷业,源于15世纪末16世纪初巴叶济德二世当政期间来自西班牙的犹太移民在伊斯坦布尔和萨洛尼卡建立的印刷所。"印刷术似乎是在1492年西班牙驱逐犹太人之后,由西班牙的犹太难民带到中东地区。"[①]1551年访问伊斯坦布尔的法国人德尼克雷曾经在《土耳其游记》中写道:来自西班牙的犹太人"不惜使基督教蒙受巨大损失而教给土耳其人许多有关军事的创造发明、战术和组织方法,包括制造大炮、步枪、火药、子弹以及其他武器等。同样,他们还给这个地区带去了过去所从来没有见过的印刷术,并用精美的字体印制出不同语言的书籍,如希腊、拉丁、意大利、西班牙等文字,甚至还有希伯来文字"。[②]

1567年,来自维也纳的基督教传教士在伊斯坦布尔创办亚美尼亚教派印刷所。1627年,伊斯坦布尔出现了希腊人创办的印刷所。然而,在奥斯曼帝国,印刷术的传播与火器的传播经历了不同的道路:火器的引进旨在用于圣战的实践,印刷术的引进则与异教思想的出现密切相关。因此,当来自西班牙的犹太人请求巴叶济德二世准许在土耳其建立印刷所时,巴叶济德二世告诫犹太人只能印刷希伯来文字和欧洲文字而不得印刷土耳其文字和阿拉伯文字。1727年,伊斯坦布尔出现第一家穆斯林经营的土耳其文印刷所,印刷设备从西欧进口,雇用犹太人和基督徒印刷工匠,主要印刷历史、地理和语言书籍。这家印刷所曾经于1742年一度倒闭,1784年重新开业。[③]

1796年,伊斯坦布尔开始发行法文报纸。1824年,伊兹米特开始发行法文报纸。1831年,苏丹马哈茂德二世在伊斯坦布尔创办第一份土耳其文周报,发布政府法令和官方消息。[④] 19世纪后期,苏丹政府对于印刷业的限制逐渐放松。1883年,伊斯坦布尔有印刷所54家;1908年,伊斯坦布尔的印刷所增至99家。[⑤]19世纪下半叶,伊斯坦布尔和其他主要城市的印刷所出版图书约3 000种,其中宗教类图书390种,诗歌类图书360种,语言类图书260

---

① 路易斯:《中东:激荡在辉煌的历史中》,第12页。
② Shaw, S.J. & Shaw, E.K., *History of the Ottoman Empire and Modern Turkey*, Vol.1, p.235.
③④ Shaw, S.J. & Shaw, E.K., *History of the Ottoman Empire and Modern Turkey*, Vol.2, p.35.
⑤ 路易斯:《现代土耳其的兴起》,第199页。

种,历史类图书180种,小说类图书180种,政府公报140种,科学类图书80种,数学类图书80种,经济和财政类图书20种。1840—1860年,英国记者威廉·丘吉尔创办中东的第一份民间报纸,打破官方的新闻垄断。①

奥斯曼帝国最早的报纸,是发行于1840年的《新闻报》,近似于官方的政府公报。1862年,奥斯曼帝国出现第一种民间发行的报纸,具有自由主义和爱国主义的色彩,包含对于政府的温和批评,至60年代末趋于激进。②在现代化的进程中,报纸和出版业成为传播自由主义和立宪思想的载体和工具。阿卜杜勒·哈米德当政期间,报纸种类增加,发行范围扩大。然而,由于严格的审查制度,自由主义、民族主义和宪政主义以及批评政府的内容受到明显的限制,传统主义和伊斯兰主义的宣传以及科学和文化的内容占据报纸的主要版面。

此外,19世纪30年代以前,欧莱玛控制的宗教学校构成奥斯曼帝国的主要教育载体。兼设传统宗教课程与现代世俗课程的官办穆斯林学校始建于1839年,标志着奥斯曼帝国现代教育的初露端倪。1856年,奥斯曼帝国颁布法令,允许非穆斯林进入官办学校接受教育。阿卜杜勒·哈米德当政期间,致力于发展现代教育,创办新式学校多达1万所。始建于1859年的文官学院,经过不断的改进和完善,成为奥斯曼帝国知识界的中心所在和滋生新思想的温床。伊斯坦布尔大学亦称达尔·法农·奥斯曼,创办于1900年,是奥斯曼帝国和整个伊斯兰世界的第一所本土化的现代高等学府。另据1908年的官方统计,奥斯曼帝国共有师范学院31所,分布在首都和诸多省区。③

四、从青年土耳其党革命到奥斯曼帝国的灭亡

巴尔干起义

奥斯曼帝国堪称世界历史上屈指可数的疆域辽阔和人口众多的庞大帝国,长期的战争贯穿奥斯曼帝国的兴衰历程。对于信仰不同宗教的诸多民族

---

① Shaw, S.J. & Shaw, E.K., *History of the Ottoman Empire and Modern Turkey*, Vol.2, pp.128—129.

② Zurcher, E.J., *Turkey: A Modern History*, pp.70—71.

③ Atasoy, Y., *Turkey, Islamists and Democracy*, pp.28—29.

的征服和统治，无疑是奥斯曼帝国的骄傲，而民族矛盾与教派对立的错综交织，最终成为奥斯曼帝国解体和崩溃的历史隐患。

塞里姆三世和马哈茂德二世推行的新政举措以及19世纪中叶的坦泽马特运动，始终围绕着完善中央集权的鲜明主题，旨在强化伊斯坦布尔的专制独裁和遏制地方势力的离心倾向，进而维持奥斯曼土耳其人对于诸多被征服民族的封建统治。在奥斯曼帝国之多元民族构成的特定历史条件下，民族主义运动的高涨成为苏丹统治下的民众反抗专制独裁和争取自由民主的首要形式。

19世纪的奥斯曼帝国，民族矛盾与宗教矛盾错综交织。伊斯坦布尔的苏丹政府始终面临而无法解决的严重问题，是在西方列强的冲击和干预下帝国境内欧洲省区非穆斯林臣民日益高涨的民族主义浪潮。在巴尔干半岛诸地，基督徒反抗伊斯坦布尔苏丹的武装起义如同多米诺骨牌一般自南向北蔓延。

19世纪初，奥斯曼帝国苏丹统治下的东南欧地区，包括希腊、保加利亚、塞尔维亚、波斯尼亚、黑塞哥维那、门德内哥罗（黑山）、摩尔达维亚和瓦兰几亚，面积约24万平方公里，人口约800万。①

1804年，塞尔维亚人发动起义，首开东南欧地区民族解放运动的先河。1806年，卡拉·乔治领导的塞尔维亚起义军击败奥斯曼帝国军队，攻占贝尔格莱德，迫使奥斯曼帝国苏丹塞里姆三世缔结和约。1813年，奥斯曼帝国军队恢复在塞尔维亚的统治权力，实行高压政策。1815年4月，塞尔维亚人再度起义，推举米洛什·奥布雷诺维奇为起义军首领，夺回塞尔维亚大部分地区。同年10月，在俄国政府的干预和斡旋下，苏丹被迫承认塞尔维亚人作为奥斯曼帝国的臣民享有自治的权力，允许塞尔维亚人拥有武装和自行征税。1817年，塞尔维亚召开国民议会，米洛什·奥布雷诺维奇当选塞尔维亚大公。②

1821年，希腊人发动起义，摆脱奥斯曼帝国的统治和争取民族独立是希腊人起义的宗旨。起义首先在希腊半岛爆发，继而扩展到克里特岛、爱琴海诸岛和马其顿。英国著名诗人拜伦曾经于1823年作为志愿者奔赴希腊，解囊相助，帮助组建希腊舰队，1824年病逝于希腊。伊斯坦布尔的苏丹不得不

---

① Miller, W., *The Ottoman Empire 1801—1913*, p.16.

② Miller, W., *The Ottoman Empire 1801—1913*, p.49, p.56.

依靠埃及统治者穆罕默德·阿里帕夏出兵介入，平定希腊人的起义。穆罕默德·阿里帕夏之子易卜拉欣于1825年率埃及军队在伯罗奔尼撒半岛登陆，1826年攻陷雅典。1827年，英国、法国和俄国介入希腊战争，要求奥斯曼帝国在保留宗主权的前提下给予希腊自治地位。同年，英法俄联合舰队在纳瓦里诺海战中击败奥斯曼帝国和埃及联合舰队。1829年，苏丹被迫签署《埃迪尔内条约》，承认希腊独立，给予摩尔达维亚和瓦兰几亚（即罗马尼亚）公国以及塞尔维亚部分地区的自治权，并且将巴尔干东部地区割让给俄国。①

希腊人起义

19世纪60—70年代，罗马尼亚、塞尔维亚、门德内哥罗、波斯尼亚、保加利亚和帖萨罗尼加诸地相继摆脱奥斯曼帝国的统治。1878年，奥斯曼帝国与英国、法国、俄国、奥匈帝国、意大利、德国的代表召开柏林会议，签署条约，宣布罗马尼亚、塞尔维亚和门德内哥罗永远脱离奥斯曼帝国，奥斯曼帝国在延续宗主权的前提下将波斯尼亚和黑塞哥维那的驻军权和行政管辖权让与奥匈帝国，保加利亚在承认奥斯曼帝国苏丹之宗主权的前提下获得

① Miller, W., *The Ottoman Empire 1801—1913*, p.72, p.79.

自治地位。柏林条约的签署，意味着奥斯曼帝国丧失大约三分之一的疆域和超过五分之一的人口，伊斯坦布尔的苏丹对于东南欧地区的统治濒临终结。①

至19世纪90年代，马其顿和亚美尼亚成为奥斯曼帝国境内民族宗教矛盾的焦点。马其顿地区的人口构成极其复杂，包括塞尔维亚、保加利亚、希腊和马其顿血统的东正教徒和阿尔巴尼亚、土耳其血统的穆斯林以及犹太人，民族矛盾与宗教矛盾错综交织，政治倾向各异。亚美尼亚人主要分布在安纳托利亚东部和南高加索地区，大都属于东正教基督徒，亦有少量亚美尼亚人信奉天主教。据大致的统计，生活在安纳托利亚的亚美尼亚人约有150万，占安纳托利亚总人口的十分之一。在安纳托利亚东部，信奉基督教的亚美尼亚人与信奉伊斯兰教的库尔德人之间的关系长期处于紧张的状态。1890年，亚美尼亚人创建政治组织，名为亚美尼亚革命联盟，致力于争取亚美尼亚的独立运动。

青年土耳其党革命

自19世纪中叶开始，反对苏丹专制独裁和争取自由民主的政治倾向在奥斯曼帝国的统治民族即土耳其人中逐渐萌生，青年奥斯曼党的政治实践和1876年宪法的颁布可谓奥斯曼帝国历史上宪政运动的最初尝试。1878年，苏丹阿卜杜勒·哈米德二世解散议会，镇压立宪派。此后30年间，奥斯曼帝国的威权政治达到顶峰，苏丹的独裁权力明显膨胀，阿卜杜勒·哈米德二世则被视作血腥的暴君。“他企图恢复最后的东方式的专制来巩固自己的权力。他的帝国中的每一个自由的思想活动都在萌芽时就被扼杀。”②阿卜杜勒·哈米德二世的高压政策，导致宪政倾向与独裁统治之间的矛盾日趋激化，政治革命的客观形势逐渐成熟。

1887年，帝国医学院的6名学生首创统一与进步协会。1889年即法国革命100周年之际，阿尔巴尼亚裔的穆斯林伊卜拉欣·特莫在伊斯坦布尔发起创立激进的反对派政治组织奥斯曼统一协会，秘密宣传宪政思想。③此后，由于苏丹政府的迫害，奥斯曼统一协会的许多成员流亡国外，继而在热那亚

① Miller, W., *The Ottoman Empire 1801—1913*, p.103, p.389.

② 布罗克尔曼：《伊斯兰各民族与国家史》，第431页。

③ Shaw, S.J. & Shaw, E.K., *History of the Ottoman Empire and Modern Turkey*, Vol.2, p.256.

和巴黎成立统一与进步委员会,西方人称之为青年土耳其党,继续反对苏丹政府,艾哈迈德·礼萨是该组织的核心成员。[1]青年土耳其党主张恢复1876年宪法,召开新的议会,建立真正意义的君主立宪制,捍卫奥斯曼帝国。

青年土耳其党内部包括诸多的政治群体,具有不同的政治背景和政治倾向,倡导不同的斗争方式,分别在伦敦、巴黎、热那亚、日内瓦、布加勒斯特和埃及以流亡者的身份从事政治活动,发行各自的报刊。穆罕默德·穆拉德·埃芬迪等人强调泛伊斯兰主义的意识形态,寻求与苏丹的政治妥协,主张温和的改良运动。1897年,穆罕默德·穆拉德·埃芬迪等人接受苏丹政府的劝说,从日内瓦返回伊斯坦布尔,脱离青年土耳其党。1902年,青年土耳其党人在巴黎召开奥斯曼自由主义者大会,参加者包括土耳其人、亚美尼亚人、阿尔巴尼亚人、阿拉伯人、库尔德人等,呼吁恢复1876年宪法,实现奥斯曼帝国臣民的平等地位和领土主权的完整。不久,青年土耳其党内部再次分裂。艾哈迈德·礼萨坚持恢复议会选举,限制苏丹权力,通过议会君主制的形式保障公民权益,实现自由和民主的政治目标。从伊斯坦布尔逃亡巴黎的奥斯曼皇室成员萨巴赫丁创立奥斯曼自由主义者协会,主张争取欧洲列强的支持和介入,通过军事政变推翻苏丹政权,实现奥斯曼帝国境内的广泛民族自治。

1905年日俄战争之后,俄国召开立法会议,启动宪政进程。1906年,波斯爆发宪政运动,颁布宪法。国际形势的变化加快了奥斯曼帝国的政治反对派的行动步伐,青年土耳其党在奥斯曼帝国军队中的影响迅速扩大。包括后来成为土耳其共和国国父的穆斯塔法·凯末尔在内的部分军官在大马士革成立自由与祖国协会,马其顿则是奥斯曼帝国境内反对派政治势力的主要活动区域。

1906年,自由与祖国协会并入青年土耳其党在撒罗尼卡创立的奥斯曼自由协会,进而以驻守马其顿的第三军和驻守埃迪尔内的第二军作为争取对象,并与巴黎的反对派组织建立联系。1908年初,青年土耳其党各个分支在巴黎召开会议,就基本政治纲领达成共识。1908年7月,奥斯曼自由协会成员恩维尔等人在马其顿的撒罗尼卡发动兵变,迫使苏丹承诺恢复中断30年之久的议会选举,由此开始了奥斯曼帝国历史上的第二次宪政运动,史称青年土耳其党革命。[2]

---

① Zurcher, E.J., *Turkey: A Modern History*, p.91.

② Miller, W., *The Ottoman Empire 1801—1913*, p.475.

奥斯曼帝国庆祝 1908 年青年土耳其革命胜利和恢复 1876 年宪法的明信片

1908 年 9 月,青年土耳其党在伊斯坦布尔召开代表大会,通过政治纲领。青年土耳其党的政治纲领,沿袭第一次宪政运动的基本思想,强调议会君主制的政治目标和泛奥斯曼主义的意识形态,进而确立第二次宪政运动的基本框架。青年土耳其党人声称:"专制政府已经消失。从此以后,我们都是兄弟。再也没有保加利亚人、希腊人、罗马尼亚人、犹太人和穆斯林的区分;在同一片蓝天下,我们是平等的,我们为自己是奥斯曼人而自豪。"①

1908 年 10 月,奥斯曼帝国举行议会选举,议员来自穆斯林和基督徒的不同教派以及犹太人,分别属于奥斯曼帝国境内的诸多民族。在议会 275 个席位中,土耳其人占 142 个席位,阿拉伯人占 60 个席位,阿尔巴尼亚人占 25 个席位,希腊人占 23 个席位,亚美尼亚人占 12 个席位,犹太人占 5 个席位,保加利亚人占 4 个席位,塞尔维亚人占 3 个席位,弗拉其人占 1 个席位。同年 12 月,奥斯曼帝国议会在伊斯坦布尔召开,流亡法国的青年土耳其党人艾

① Miller, W., *The Ottoman Empire 1801—1913*, p.476.

哈迈德·礼萨当选为议长。①

1909年4月13日,保守派在伊斯坦布尔发动兵变,撤换内阁首相以及部分青年土耳其党军官,罢免艾哈迈德·礼萨的议长职务,恢复伊斯兰教法。②统一与进步委员会成员被逐出伊斯坦布尔,马其顿成为青年土耳其党人的主要据点。4月24日,驻守马其顿的第三军团司令穆罕默德·谢夫凯特率军占领伊斯坦布尔,平息保守派发动的兵变,废黜阿卜杜勒·哈米德二世,推举阿卜杜勒·哈米德二世的胞弟雷沙德出任苏丹,是为穆罕默德五世(1908—1918年在位)。③

苏丹穆罕默德五世

恩维尔帕夏

与1876年宪法相比,1909年修订的宪法在沿袭第一次宪政运动的基本框架即实行君主立宪政体和捍卫奥斯曼帝国领土完整的同时,明确限制苏丹的权力,集中体现青年土耳其党的政治纲领。根据1909年修订的宪法,议会采取两院制,包括上议院和下议院;上议院议员中三分之一由苏丹指定,终身任职,上议院另外三分之二的议员和下议院议员选举产生,任期4年;取消苏

① Karpat, K.H., *Studies on Ottoman Social and Political History*, Leiden 2002, p.560.

② Macfie, A.L., *The End of the Ottoman Empire 1908—1923*, London 1998, p.46.

③ Palmer, A., *The Decline and Fall of the Ottoman Empire*, p.209.

丹将所谓危害国家安全者驱逐出境的权力。1909 年修订的宪法进一步保障公民权利,规定 20 岁以上的帝国公民皆享有选举权而不受财产资格的限制,公民享有结社的权利。1909 年修订的宪法扩大议会权力,规定内阁对议会负责而不再对苏丹负责,议会行使充分的立法权而无需苏丹的批准。①

1909—1913 年奥斯曼帝国政治生活的突出现象,是政治环境的相对宽松、诸多政党的相继建立和新旧政治势力在议会展开的激烈角逐。1909 年底,统一与进步委员会的政敌创建自由党和改革党。1910 年春和 1911 年初,统一与进步委员会中持不同政见者创建人民党和新党。1910 年 9 月,左翼知识分子侯赛因·希勒米创建奥斯曼社会主义党。1911 年 11 月,包括自由党、改革党、人民党、新党在内的 13 个政党以及来自希腊、亚美尼亚、阿尔巴尼亚、保加利亚的反对派议员组建自由与谅解联盟,进而在议会内部同统一与进步委员会分庭抗礼。自由与谅解联盟主张实行地方分权的国家体制,给予奥斯曼帝国境内的民族宗教少数派以一定程度的自治地位。相比之下,统一与进步委员会主张实行中央集权的政治制度,强化奥斯曼帝国政治生活的土耳其色彩。

1912 年春,奥斯曼帝国议会举行青年土耳其党革命后的第二次选举,统一与进步委员会采用暴力干预投票程序,进而控制议会席位,史称"棍棒下的选举"。1913 年 1 月,陆军大臣恩维尔、内务大臣塔拉特和海军大臣杰马尔发动政变,建立军事独裁,取缔反对派政党,统一与进步委员会作为唯一的合法政党,占据议会 275 个席位中的 269 个席位②。1913—1918 年,苏丹的统治名存实亡,青年土耳其党军官成为奥斯曼帝国政治舞台的主导力量,军人寡头的权力垄断则是此间奥斯曼帝国政治生活的突出特征。

青年土耳其党革命包含民族主义和民主主义的双重倾向,恢复宪政制度和抵御西方列强构成青年土耳其党革命的基本目标。"统一与进步委员会领导的青年土耳其党革命,通常被视作土耳其的雅各宾派革命。"③青年土耳其党建立的军事独裁不可与阿卜杜勒·哈米德二世的君主专制同日而语,所谓"统一与进步协会以反对哈米德二世的专制统治开始,又以建立自己的独裁

① 周南京、梁英明:《近代亚洲史资料选辑》下册,商务印书馆 1985 年版,第 124—126 页。

② Macfie, A.L., *The End of the Ottoman Empire 1908—1923*, p.77.

③ Balkan, N., *The Politics of Permanent Crisis: Class, Ideology and State in Turkey*, New York 2002, p.5.

统治而告结束"亦非历史的讽刺。[①]青年土耳其党执政期间,奥斯曼帝国的传统政治秩序遭受重创,苏丹制度和哈里发制度名存实亡。青年土耳其党的政治实践不仅体现奥斯曼帝国行将就木之际新旧秩序的激烈对抗,而且与土耳其共和国的建立两者之间具有内在的逻辑联系。正是在青年土耳其党执政期间剧烈动荡的政治环境之中,奥斯曼帝国让位于土耳其共和国。青年土耳其党的政治实践,构成从奥斯曼帝国向土耳其共和国过渡的中间环节。

青年土耳其党执政期间,致力于稳定社会局势、改革行政体制、完善政府机构和强化国家职能,挽救濒临崩溃的奥斯曼帝国。在军事方面,青年土耳其党政府重组军队,聘请数百名德国军官担任军事顾问,直至任命德国军官冯·谢伦多夫为参谋总长。此间,传统宗教势力遭到进一步的排斥。1913年,青年土耳其党政府依照德国的相关法律,颁布新的财产继承法。1916年,伊斯坦布尔的大穆夫提不再受邀出席内阁会议。1917年,宗教法庭划归司法部管辖,宗教学校划归教育部管辖,宗教地产划归瓦克夫事务部管辖。[②]同年颁布的家庭法,鼓励女性走出家庭、走向社会、接受现代教育和积极参与公共事务。与此同时,青年土耳其党政府致力于发展民族经济,并且试图通过扩大对外贸易的方式改善与西方列强的关系。然而,修改不平等条约和提高关税的谈判无果而终,贷款的要求亦遭到拒绝。奥斯曼帝国与西方列强之间的尖锐矛盾,导致青年土耳其党政府倾向于民族主义和国家干预的经济政策。1914年,青年土耳其党政府宣布废除旧的不平等条约,取消奥斯曼帝国苏丹给予西方列强的领事裁判权。1917年,青年土耳其党政府成立国家信贷银行,资金400万奥斯曼镑,发行股票,股权属于奥斯曼帝国臣民,用于支持民族工业。[③]

奥斯曼帝国的灭亡

鼎盛时期的奥斯曼帝国雄踞亚非欧大陆的中央地带,兵锋远达欧洲腹地。进入19世纪,奥斯曼帝国雄风不再,国势江河日下,疆域萎缩,已然沦为西欧列强眼中的欧洲病夫。青年土耳其党人试图拯救濒临崩溃的奥斯曼帝

---

① 彭树智主编:《中东史》,高等教育出版社2001年版,第31页。

② Zurcher, E.J., *Turkey: A Modern History*, p.125.

③ Karpat, K.H., *Turkey's Politics: The Transiton to A Multi-Party System*, Princeton 1959, p.31.

国，虽励精图治，却已无力回天。

早在19世纪初，自穆罕默德·阿里入主开罗以后，奥斯曼帝国在尼罗河流域的统治权力已然名存实亡。与此同时，西方列强不断蚕食埃及以西的马格里卜地区。1830年，马格里卜中部的阿尔及利亚被法国占领。1881年，马格里卜东部的突尼斯亦被法国占领。1914年第一次世界大战爆发后，埃及正式脱离奥斯曼帝国。

青年土耳其党执政时期，奥斯曼帝国进一步解体。1908年，保加利亚宣布独立，奥匈帝国吞并波斯尼亚和黑塞哥维那，克里特岛纳入希腊版图。1909年，阿尔巴尼亚爆发起义，宣布脱离奥斯曼帝国。1911年，意大利占领奥斯曼帝国在北非的属地利比亚。

1912—1913年，包括塞尔维亚、保加利亚、希腊和门德内哥罗（黑山）在内的巴尔干同盟与奥斯曼帝国之间爆发战争，史称巴尔干战争。1912年10月，门德内哥罗首先对奥斯曼帝国宣战，塞尔维亚、保加利亚和希腊随后亦向奥斯曼帝国发出通牒，要求奥斯曼帝国军队撤出巴尔干地区，继而对奥斯曼帝国宣战。巴尔干同盟与奥斯曼帝国在马其顿、萨洛尼卡和色雷斯展开激战，希腊海军攻占爱琴海诸岛屿，奥斯曼帝国军队败绩。1913年6月，交战双方签署伦敦和约，奥斯曼帝国在东南欧的属地丧失殆尽。同年7月，奥斯曼帝国发动反攻，重新夺回旧都埃迪尔内。巴尔干战争结束后，奥斯曼帝国人口锐减，从1897年的约4 000万人下降为1914年的1 850万人。①

1914年，奥斯曼帝国卷入第一次世界大战。由于奥斯曼帝国的宿敌沙皇俄国与英法结盟，建立协约国阵营，支持巴尔干半岛的民族独立运动，青年土耳其党政府遂与德国、奥匈帝国组成同盟国，对抗协约国。第一次世界大战期间，马尔马拉海峡地区、高加索南部和“肥沃的新月地带”是奥斯曼帝国与协约国之间的主要战场。1914年底，在东部战场，奥斯曼帝国军队攻入高加索南部，奥斯曼帝国舰队驶入黑海水域，向沙俄军队发动攻势。在南部战场，奥斯曼帝国的军队从巴勒斯坦出发，越过西奈半岛，试图控制苏伊士运河，被驻守埃及的英军击退。1915年初，奥斯曼帝国军队在高加索南部遭受俄军重创。与此同时，英法舰队进攻马尔马拉海，企图控制博斯普鲁斯海峡和达达尼尔海峡，进而切断奥斯曼帝国与德奥之间的联系，未果。1916年，

① Shaw, S.J. & Shaw, E.K., *History of the Ottoman Empire and Modern Turkey*, Vol.2, pp.239—241.

“一战”期间的埃萨特帕夏与奥斯曼帝国军官

1917年在死海作战的奥斯曼帝国军队

奥斯曼帝国军队在高加索南部再度败绩，沙俄军队占领安纳托利亚东部重镇埃尔祖鲁姆、特拉比松和埃尔津詹。同年，奥斯曼帝国军队在伊拉克击败英军，俘获万余人。1917 年，英军击败奥斯曼帝国军队，攻陷巴格达和耶路撒冷，占领伊拉克和巴勒斯坦。

1916 年 5 月，协约国方面的英国与法国签订瓜分奥斯曼帝国领土的秘密协议，得到俄国的赞同，史称《赛克斯—皮克特协议》。根据《赛克斯—皮克特协议》，安纳托利亚高原东部的厄尔祖鲁姆、特拉比宗、比特利斯和凡湖地区划归俄国，安纳托利亚高原南部的阿达纳、西里西亚和叙利亚沿海地区划归法国，地中海东岸的海法、阿克和新月地带的伊拉克中南部划归英国，安纳托利亚高原西南部的伊兹密尔、安塔利亚和科尼亚划归意大利，巴勒斯坦地区划归国际监管。[①]1917 年十月革命后，苏俄政府将《赛克斯—皮克特协议》公之于世，引发阿拉伯世界对协约国的强烈不满。与此同时，俄国和英国政府分别煽动奥斯曼帝国境内的亚美尼亚人和阿拉伯人发动叛乱。

奥斯曼帝国末代苏丹穆罕默德六世(一)

奥斯曼帝国最后的苏丹穆罕默德六世(二)

① Palmer, A., *The Decline and Fall of the Ottoman Empire*, p.237.

第一次世界大战的爆发，敲响了奥斯曼帝国覆灭的丧钟。1918 年 10 月，奥斯曼帝国战败投降，青年土耳其党政府垮台，青年土耳其党领袖恩维尔、塔拉特和杰马尔出逃，苏丹穆罕默德六世（1918—1922 年在位）与协约国签署《摩德洛斯和约》。根据《摩德洛斯和约》，奥斯曼帝国解散军队，放弃在也门和麦地那的宗主权，割让除伊斯坦布尔以外的所有欧洲领土，达达尼尔海峡和博斯普鲁斯海峡实行非军事化，伊兹密尔由希腊管理，协约国控制奥斯曼帝国财政税收以及铁路、航运和通信线路。《摩德洛斯和约》规定，协约国有权在认为必要的情况下占领奥斯曼帝国的任何地区，协约国有权对于亚美尼亚人地区进行武力干涉。[①]《摩德洛斯和约》签署以后，英、法、意军占领伊斯坦布尔，进驻安纳托利亚高原及色雷斯，迫使苏丹俯首称臣，奥斯曼帝国奄奄一息，往日的辉煌已经成为远去的历史。

① Macfie, A.L., *The End of the Ottoman Empire 1908—1923*, p.173.

第十二章

从波斯的复兴到巴列维王朝统治下的伊朗

一、 波斯的复兴

萨法维王朝的嬗变

萨法维家族系库尔德血统，操阿扎里语[①]，自塞尔柱时代起生活在阿塞拜疆地区。萨法维家族的祖先萨菲·丁（？—1334）长期追随逊尼派穆斯林的苏菲派长老扎西德·吉拉尼，1301 年在伊朗西北部城市阿尔达比勒创立苏菲派萨法维教团。此后，萨法维家族的宗教影响逐渐扩大，追随萨法维家族的穆斯林来自阿塞拜疆以及叙利亚北部和安纳托利亚东部诸多地区，突厥血统的土库曼人乌斯塔吉鲁部落、卢姆鲁部落、沙姆鲁部落、祖尔加迪尔部落、塔卡鲁部落、阿夫沙尔部落和恺伽部落则是萨法维教团的主要支持者。[②]

15 世纪中叶，萨法维教团与白羊王朝建立联盟，致力于在特拉比宗和格鲁吉亚一带对基督徒发动圣战，进而介入政治领域的权力角逐。帖木儿帝国解体以后伊朗高原的混乱状态，尤其是黑羊王朝与白羊王朝的对抗，成为萨法维家族问鼎政坛的重要条件。[③]

1501 年，伊斯马仪（1501—1524 年在位）率领长期追随萨法维教团的乌斯塔吉鲁等七个土库曼人部落即凯兹巴什[④]进军阿塞拜疆和亚美尼亚，在沙鲁尔战役中击败白羊王朝的军队，进而占领大不里士，自称伊斯马仪沙，建立

---

① 阿扎里语系流行于阿塞拜疆的突厥语分支。

② Holt, P.M., Lambton, A.K.S. & Lewis, B., *The Cambridge History of Islam*, Vol.1A, pp.394—395.

③ Ochsenwald, W., *The Middle East: A History*, p.216.

④ 凯兹巴什系波斯语，意为戴红头巾的战士，特指操突厥语的什叶派十二伊玛目派的苏菲教团成员。

萨法维王朝。[1]1503—1510 年，伊斯马仪沙相继征服安纳托利亚高原东部、伊拉克、伊朗高原东部的呼罗珊直至阿姆河左岸地区，初步奠定萨法维王朝的疆域基础。[2]

伊斯马仪沙

伊斯马仪沙征战图

1524 年伊斯马仪沙死后，其子塔赫马斯普（1524—1576 年在位）即位。此后 10 年间，卢姆鲁部落、塔卡鲁部落和沙姆鲁部落酋长把持朝政，相互倾轧，至 1533 年权力复归塔赫马斯普。1534 年，奥斯曼帝国的军队攻入大不里士和吉兰，占领巴格达。1555 年，萨法维王朝与奥斯曼帝国签署协议，伊拉克被纳入奥斯曼帝国的版图。[3]由于萨法维王朝与奥斯曼帝国之间战事不断，塔赫马斯普将首都自阿塞拜疆的大不里士迁往厄尔布尔士山南麓的加兹温，以避奥斯曼帝国的攻势。1576 年塔赫马斯普死后，凯兹巴什先后拥立伊斯马仪二世（1576—1577 年在位）和穆罕默德·胡达班达（1577—1587 年在位）即位，萨法维王朝再次陷入内乱之中。

---

① Holt, P.M., Lambton, A.K.S. & Lewis, B., *The Cambridge History of Islam*, Vol.1A, p.398.

② Cleveland, W.L., *A History of the Modern Middle East*, p.52.

③ Ochsenwald, W., *The Middle East: A History*, p.218.

塔赫马斯普接见外国使者

阿拔斯一世

1588 年，塔赫马斯普之孙阿拔斯一世(1588—1629 年在位)即位，内乱趋于平息。1597 年，萨法维王朝的首都从加兹温移至伊朗中部的伊斯法罕。[①] 1602 年，萨法维王朝击败乌兹别克人，收复马什哈德和哈拉特，重新占领呼罗珊，兵抵巴勒黑。1605—1607 年，萨法维王朝的军队经过征战，收复阿塞拜疆和格鲁吉亚。1623 年，萨法维王朝的军队占领巴格达、摩苏尔和迪亚巴克尔。与此同时，萨法维王朝的军队击败莫卧儿人，占领坎大哈，夺取巴林，控制波斯湾沿岸，将葡萄牙人赶出霍尔木兹海峡。[②]至 1629 年阿拔斯一世去世时，萨法维王朝的统治达到顶峰，其疆域北起里海，南至波斯湾，西部边境与奥斯曼帝国接壤，东部边境与莫卧儿帝国毗邻。

阿拔斯一世的嫡孙萨菲·米尔扎即萨菲一世(1629—1642 年在位)当政期间，萨法维王朝与奥斯曼帝国战事再起。1638 年，奥斯曼帝国的军队攻陷巴格达，莫卧儿帝国的军队重新占领坎大哈。1639 年，萨法维王朝与奥斯曼

---

① Holt, P.M., Lambton, A.K.S. & Lewis, B., *The Cambridge History of Islam*, Vol.1A, p.494, p.417.

② Ochsenwald, W., *The Middle East: A History*, p.221.

阿巴斯二世接见莫卧儿帝国使者

苏莱曼在伊斯法罕的王宫

帝国签订《祖哈卜条约》，伊拉克再次纳入奥斯曼帝国的版图，扎格罗斯山成为奥斯曼帝国与萨法维王朝的政治分界线。①

1642年阿拔斯二世（1642—1666年在位）即位后，萨法维王朝经历短暂的繁荣。苏莱曼（1667—1694年在位）和侯赛因（1694—1722年在位）当政期间，宫廷财政拮据，王权衰微，凯兹巴什酋长势力坐大，教界上层亦常与萨法维王朝分庭抗礼，萨法维王朝逐渐衰落。

1722年，阿富汗人马哈茂德自坎大哈起兵西进，攻陷伊斯法罕。1722—1729年，伊朗处于阿富汗人的统治之下。

1729年，来自呼罗珊的阿夫沙尔部落首领纳迪尔沙取代阿富汗人，建立阿夫沙尔王朝，定都于马什哈德，统治伊朗大部地区。1736年，纳迪尔沙废黜阿拔斯三世（1732—1736年在位），萨法维王朝寿终正寝。②纳迪尔沙于1738年占领坎大

① Ochsenwald, W., *The Middle East: A History*, p.226.

② Mansfield, P., *A History of the Middle East*, London 1991, p.139.

哈，继而占领喀布尔，1739 年兵抵德里。[①]随后，纳迪尔沙的军队撤出印度，占领哈拉特。1740 年，纳迪尔沙的军队击败乌兹别克人，占领布哈拉。[②]

1751—1779 年，卡里姆沙建立桑德王朝，定都于设拉子，控制伊朗西南诸地。[③]此间，萨法维王朝的传统秩序不复存在，部落势力的泛滥和频繁的战争，加之持续的灾荒和瘟疫，导致人口锐减，经济萧条。游牧群体的扩张和定居区域的萎缩以及部落政治的膨胀和官僚政治的衰微，成为 18 世纪伊朗历史的突出现象。

君主政治

萨法维王朝建立之前，伊朗屡遭外族入侵。突厥人的迁徙浪潮、蒙古人的西征和帖木儿帝国的统治以及黑羊王朝与白羊王朝的角逐，深刻改变了伊朗社会的人口构成，游牧部落成为支配伊朗政治生活的重要因素。

凯兹巴什

萨法维王朝的建立起源于萨法维教团与土库曼人游牧部落的联盟，凯兹巴什的广泛政治影响则是萨法维王朝初期伊朗历史的突出现象。伊斯马仪沙当政期间，土库曼人构成萨法维王朝的主要兵源。伊斯马仪沙将大量土地赐予凯兹巴什作为军事封邑，凯兹巴什首领大都出任萨法维王朝的军政要职，尤其在伊朗西北部诸多省区颇具势力。作为省区总督的凯兹巴什大都终身任职，家族世袭和父死子继的现象十分普遍。他们除向国王提供兵源和缴纳数量有限的贡赋之外，在所辖范围内对其臣民行使广泛的统治

① 阿宝斯·艾克巴尔·奥希梯扬尼：《伊朗通史》，叶奕良译，经济日报出版社 1997 年版，第 790 页。

② Ochsenwald, W., *The Middle East: A History*, p.266.

③ Clawson, P. & Rubin, M., *Eternal Iran: Continuity and Chaos*, New York 2005, p.29.

权力，形成明显的离心倾向。①

自阿拔斯一世即位开始，萨法维王朝逐渐改变兵源结构，征募波斯农民和来自高加索地区的亚美尼亚人、格鲁吉亚人、塞加西亚人战俘及其后裔，组建领取薪俸的职业化新军，旨在制衡凯兹巴什战士、克服地方离心倾向和强化中央集权。②阿拔斯一世当政期间，领取薪俸的职业化新军达到3.7万人，包括御林军3 000人、骑兵1万人、使用传统兵器的步兵1.2万人和装备新式火器的步兵1.2万人，而凯兹巴什战士则由6万人削减为3万人。与此同时，萨法维王朝不断完善官僚机构，起用波斯贵族掌管税收，委派非土库曼血统的新军将领出任省区总督，进而取代凯兹巴什成为诸多地区的实际控制者。阿拔斯一世在位末期，约半数的省区总督由新军将领担任。③至阿拔斯二世当政期间，在全国37个省区中，由新军将领出任总督的省区多达25个。④新军的组建和波斯贵族的起用，明显削弱了土库曼人和凯兹巴什战士的特权地位，构成萨法维王朝强化君主集权的政治基础。1598年，阿拔斯一世迁都伊斯法罕，标志着伊朗腹地取代阿塞拜疆成为萨法维王朝的政治重心，政治生活的波斯色彩日渐浓厚，土库曼人的政治影响进一步削弱。

萨法维王朝实行国家土地所有制，军事封邑和王室领地构成土地占有的基本形式。军事封邑用于供养凯兹巴什战士，而王室领地则是萨法维家族的主要岁入来源。萨法维王朝初期，土库曼人势力膨胀，诸多地区成为凯兹巴什战士的军事封邑，王室领地面积锐减。阿拔斯一世即位以后，逐渐削减凯兹巴什的军事封邑，扩大王室领地，用于维持新军和支付军饷。1588—1606年，萨法维王朝收回加兹温、卡尚、克尔曼、叶兹德和库姆诸地作为王室领地。⑤1642—1666年阿拔斯二世当政期间，吉兰、马赞德兰、呼罗珊和阿塞拜疆的军事封邑亦被纳入王室领地。⑥

萨法维时代的教俗关系

萨法维王朝建立之前，波斯人大都属于逊尼派穆斯林，分别尊奉沙菲仪

① Foran, J., *Fragile Resistance: Social Transformation in Iran from 1 500 to the Revolution*, Boulder 1993, p.22.

② Arjomand, S.A., *The Turban for the Crown: The Islamic Revolution in Iran*, New York 1988, p.16.

③ Morgan, D., *Medieval Persia 1040—1797*, New York 1988, p.135, p.137.

④ Arjomand, S.A., *The Turban for the Crown: The Islamic Revolution in Iran*, p.17.

⑤ Morgan, D., *Medieval Persia 1040—1797*, p136.

⑥ Holt, P.M., Lambton, A.K.S. & Lewis, B., *The Cambridge History of Islam*, Vol.1A, p.423.

派、哈奈菲派、马立克派和罕百里派教法，亦有相当数量的波斯人尊奉什叶派伊斯兰教。

萨法维家族原本尊奉逊尼派伊斯兰教，15 世纪起自称什叶派第七代伊玛目穆萨·卡兹姆的后裔。1501 年萨法维王朝建立后，国王伊斯马仪沙宣布十二伊玛目派的什叶派伊斯兰教为萨法维王朝的国教，旨在强化萨法维王朝的神圣地位，抗衡尊奉逊尼派伊斯兰教的奥斯曼帝国和乌兹别克帝国。"萨法维王朝的统治者甚至自称是末代伊玛目的代理人，作为安拉在大地的影子行使统治臣民的权力 。"①

萨法维王朝实行强制皈依的宗教政策，迫使伊朗高原的土著居民放弃逊尼派伊斯兰教的传统信仰，改宗什叶派伊斯兰教。与此同时，伊斯马仪沙将什叶派欧莱玛从叙利亚和伊拉克诸地迁入伊朗，创办什叶派宗教学校，宣传什叶派伊斯兰教，进而将什叶派欧莱玛纳入萨法维王朝的官方体系。②什叶派的信仰与中央集权的官僚制度，无疑是维系伊朗诸多地区和不同社会群体的重要纽带。萨法维家族与什叶派欧莱玛的广泛联盟，构成萨法维王朝的政治基础。

萨法维王朝一方面强调伊斯兰教的神权原则，另一方面继承波斯帝国的政治传统，实行教俗合一的政治制度，国王兼有什叶派宗教领袖与世俗君主的双重权力，俨然成为"安拉在大地的影子"和"诸王之王"。阿拔斯一世当政期间的欧洲旅行家查尔丁曾经写道，"世界上再没有比波斯国王更加专制的统治者"。稍晚于查尔丁的另一欧洲旅行家克鲁辛斯基亦认为，"天地间没有任何一位国王能够像阿拔斯沙和他的继承者那样主宰着臣民的命运"。③官方的什叶派宗教学说赋予国王以神圣的外衣，成为萨法维王朝驾驭社会和统治民众的重要工具。

所谓的萨德尔作为国王任命的官方什叶派宗教首领，负责监督实施宗教法律沙里亚，任命宗教法官卡迪，掌管宗教地产瓦克夫，成为萨法维王朝与欧莱玛之间的纽带。萨法维王朝亦将马什哈德和库姆的大量地产赠予教界，作为教界的主要财源。什叶派欧莱玛随之融入地产主的行列，成为萨法维王朝的重要社会基础。库姆和马什哈德堪称伊朗什叶派伊斯兰教的标志和象征，

---

① Fischer, M.M.J, *Iran: From Religious Dispute to Revolution*, Harvard 1980, p.28.

② Fischer, M.M.J, *Iran: From Religious Dispute to Revolution*, p.28.

③ Foran, J., *Fragile Resistance: Social Transformation in Iran from 1 500 to the Revolution*, pp.44—45.

伊斯兰教历穆哈兰月期间祭奠伊玛目侯赛因的节日则是伊朗穆斯林最重要的宗教节日。

伊斯兰世界的欧莱玛不同于中世纪欧洲的教士,“他们并非介于上帝与信众之间的环节,而是执行穆斯林法律,掌管教育和慈善机构,因此具有比西方的教士更为广泛的作用”。①萨法维时代,欧莱玛人数众多,地位各异。欧莱玛的上层拥有萨法维王朝任命的职位,占据大量地产,掌管官方宗教机构。更多的欧莱玛并未被纳入萨法维王朝的官方宗教体系,处于相对独立的地位,与城市的巴扎和行会以及乡村大众联系密切,具有明显的民间倾向。

在萨法维时代的伊朗,什叶派的传统教法学派阿赫巴尔派长期占据主导地位。阿赫巴尔派形成于白益王朝时期,强调《古兰经》和《圣训》作为穆斯林的唯一信仰来源,否认公议和类比的法律原则,否认个人的独立判断和理性思辨,强调伊玛目的绝对权威和宗教学者即欧莱玛的从属地位,进而成为维护教俗合一体制下君主政治的理论工具。

萨法维王朝末期,王权衰微,教俗之间的力量对比发生明显的变化,新的教法学派欧苏里派遂应运而生。欧苏里派倡导理性和创制的法律实践,强调伊智提哈德即教法学家的独立判断,否认世俗君主的宗教权威,进而阐述什叶派穆斯林绝对顺从教法学家取代绝对顺从世俗君主的政治原则。欧苏里派将什叶派穆斯林区分为穆智台希德与穆卡里德,前者系宗教学者和信仰楷模,后者系普通信众和前者的追随者;穆卡里德通过穆智台希德发布的富图瓦实现与隐遁伊玛目的沟通,穆智台希德则被视作隐遁伊玛目的代表和什叶派穆斯林的宗教领袖,具有独立于世俗君主的特殊地位。②欧苏里派认为:“统治世界的最高权力只属于穆智台希德,一位圣洁而通晓治国之道的智者。既然穆智台希德是神圣的因而也是爱好和平的人,所以需要国王挥舞宝剑和仲裁纠纷,但是他必须作为前者的代理人和从属者才能行使自己的权力。”③

阿赫巴尔派强调什叶派穆斯林对于隐遁伊玛目的绝对服从,欧苏里派则强调什叶派穆斯林应当追随和效法同时代的穆智台希德。欧苏里派的兴起,作为萨法维王朝末期王权衰微的逻辑结果,开辟了什叶派欧莱玛挑战王权和角逐政坛的先河,集中体现了宗教政治与世俗政治的激烈抗争。

---

① Foran, J., *Fragile Resistance: Social Transformation in Iran from 1 500 to the Revolution*, p.33.

② Keddie, N.R., *Roots of Revolution: An Interpretive History of Modern Iran*, New York 1981, pp.21—22.

③ Morgan, D., *Medieval Persia 1040—1797*, p.147.

游牧部落与定居农业

萨法维时代伊朗的人口在600万至1 000万之间,包括三个不同的社会群体,即游牧的部落人口、乡村的农业人口和城市的工商业人口。[①]其中,游牧的部落人口主要来自突厥血统的中亚移民和安纳托利亚移民以及阿拉伯人和库尔德人,乡村的农业人口和城市的工商业人口基本属于波斯血统的土著群体。居无定所的游牧社会、自给自足的乡村农业社会以及与简单商品经济密切相关的城市社会三者的长期并存与相互依存,构成萨法维时代伊朗社会的基本模式。

游牧人口约占伊朗人口的三分之一,血缘群体是游牧人口的基本组织形式。追逐水草的定期迁徙是游牧生活的主要特征,牧场和牲畜则是游牧人口的基本生活来源。在游牧社会,公有制与私有制长期并存,广袤的牧场通常由整个部落共同拥有,牲畜以及其他财产则处于私人支配的状态。游牧产品主要用于满足部落内部的生活需要,亦有少量游牧产品用于交换定居地区的某些产品。游牧社会的剩余劳动占有形式是征收于牲畜的贡税,税额从三分之一到七分之一不等。

游牧群体表现为等级性的社会结构。军事首领位于游牧社会的顶端,是最大的畜群所有者,往往出任萨法维王朝的军政职务,具有显赫的地位和广泛的影响。居于军事首领之下的是人数众多的部落贵族,他们拥有自己的畜群,负责分配牧场和宿营地。普通部落成员构成游牧群体中的下层人口,拥有少量牲畜或为他人放牧。萨法维时代,游牧部落构成国家的主要兵源,从军作战的部落成员约为6万人。游牧部落的妇女"如同乡村的妇女一样,不戴面纱,通常从事比男子更多的体力劳动,如纺纱、织布、烹调、耕作和放牧"。[②]

萨法维时代,伊朗乡村的定居农业人口约占全部人口的二分之一。农业社会的基本组织是传统的自然村落,其前身应是古代伊朗的农村公社。乡村的地产大致包括四种类型,即王室领地、国有土地、宗教地产和民间私人地产。王室领地称作哈萨,属于国王及王室成员,主要分布在都城伊斯法罕周围及里海沿岸的吉兰和马赞德兰。国有土地称作麦玛立克,其中国家赐封军

---

① Foran, J., *Fragile Resistance: Social Transformation in Iran from 1 500 to the Revolution*, p.25.

② Foran, J., *Fragile Resistance: Social Transformation in Iran from 1 500 to the Revolution*, p.27.

事贵族的领地称作提尤尔，用于供养凯兹巴什战士；提尤尔的领有者不仅享有征纳租税的权力，而且行使地方秩序的管辖权，领有权世代相袭。宗教地产称作瓦克夫，不得转让和买卖，亦不承担贡税义务。相当数量的乡村土地属于民间私田，频繁的田产交易足以证明私人土地的广泛存在。①

萨法维王朝初期，土库曼人势力膨胀，诸多地区成为凯兹巴什的军事封邑，王室领地面积锐减。阿拔斯一世即位以后，逐渐削减凯兹巴什的军事封邑，扩大王室领地，用于维持新军和支付军饷。1588—1606 年，萨法维王朝收回加兹温、卡尚、克尔曼、叶兹德和库姆诸地作为王室领地。②阿拔斯二世当政期间，吉兰、马赞德兰、呼罗珊和阿塞拜疆的军事封邑亦被纳入王室领地。③

萨法维时代，国王的年收入约为 70 万土曼，其中 83%来自土地税，农业在伊朗经济生活中的主导地位由此可见。在萨法维时代的伊朗乡村，绝大部分的土地由农民租种，实物分成制构成基本的租佃形式，亦有少量土地采用固定数额的租佃形式。在不同的情况下，农民缴纳的地租数额不尽相同，耕地、种子、牲畜、水源和劳力则是决定分成制地租数额的五项要素。此外，农民尚需缴纳名目繁多的贡税，并且提供一定的劳役。“与游牧的部落民相比，定居农民的生活境况更加恶劣。”④

城市与贸易

根据 17 世纪欧洲旅行家的推测，当时伊朗的城市人口约占全部人口的 10%—15%，即 100 万人左右，其中最大的城市是萨法维王朝的都城伊斯法罕。⑤伊斯法罕位于扎格罗斯山西麓，阿拔斯一世当政期间大兴土木，市区规模膨胀，人口剧增，商贾云集，巴扎店铺鳞次栉比。伊斯法罕的中心是一处广场，用于举行教俗仪式和体育赛事。环绕广场的是国王的宫廷、清真寺和巴扎。伊斯法罕大清真寺最初由塞尔柱苏丹国名相尼查姆·穆勒克主持兴建，萨法维王朝时期扩建，圆柱、拱门、尖塔和瓷砖镶嵌具有浓厚的波斯传统风格，可谓伊朗伊斯兰建筑艺术的杰作。1666 年，伊斯法罕的居民约 60 万人，

---

① Foran, J., *Fragile Resistance: Social Transformation in Iran from 1 500 to the Revolution*, pp.28—29.

② Morgan, D., *Medieval Persia 1040—1797*, p.136.

③ Holt, P.M., Lambton, A.K.S. & Lewis, B., *The Cambridge History of Islam*, Vol.1A, p.423.

④ Foran, J., *Fragile Resistance: Social Transformation in Iran from 1 500 to the Revolution*, p.23, p.30.

⑤ Foran, J., *Fragile Resistance: Social Transformation in Iran from 1 500 to the Revolution*, p.31.

有162座清真寺、273处公共浴室、48所学校和1 800处商栈。[①]

1725年的伊斯法罕

行会是城市基本的经济社会组织,既受政府官吏的控制,亦有某种程度的自治权利。不同的行会,其规模和地位不尽相同。行会内部分为若干作坊,作坊由称作乌斯塔德的匠师、称作哈利法的帮工和称作沙吉尔德的学徒组成,等级森严。许多作坊具有家族经营的色彩,匠师、帮工和学徒往往出自同一家族。作坊构成相对独立的生产单位,简单商品经济是手工业作坊的典型特征。[②]

在萨法维时代的伊朗,最重要的手工业部门是纺织业,纺织业行会因而成为最具势力的城市行会。其他的手工业部门,包括陶瓷业、金属加工

① Lapidus, M.A., *A History of Islamic Societies*, p.294.

② Foran, J., *Fragile Resistance: Social Transformation in Iran from 1 500 to the Revolution*, p.31.

业、皮革业、玻璃制造业、珠宝业、洗染业和造纸业。17 世纪，伊朗的手工业产品主要满足国内需要，亦有部分手工业产品如地毯和陶瓷在国外市场闻名遐迩。

与行会手工业并存的另一重要的经济部门，是王室手工业。阿拔斯一世当政期间，王室手工业包括 30 余个工场，拥有工匠约 5 000 人，年开销为 10 万土曼，约占王室年支出总额的七分之一。与行会作坊的工匠相比，王室工场的工匠境况较好。王室工场生产的丝绸和地毯，质地上乘，不仅用于宫廷消费，而且远销欧洲和印度。①

由于自给自足的乡村农业占据主导地位，加之交通的不便和皇室经济的垄断，萨法维时代伊朗的民间商业长期处于小规模的状态。波斯商人大都从事伊朗境内的区域性货物贩运，缺乏完整的行会组织，分散经营，其在城市经济和政治生活中的作用微乎其微。至于远程的过境贸易，则主要由移居伊斯法罕的亚美尼亚商人控制。②

伊朗与西方之间的交往由来已久，可以追溯到公元前 5 世纪的波斯希腊战争。自 13 世纪开始，随着西欧城市的繁荣，伊朗与欧洲之间的贸易往来逐渐扩大，小亚细亚的布尔萨以及地中海东岸的诸多港口成为伊朗商人与意大利商人交易的枢纽，生丝是伊朗向西方出口的主要商品。

16 世纪，奥斯曼帝国与萨法维王朝的战争导致伊朗与欧洲之间的贸易交往一度中断。阿拔斯一世当政期间，伊朗生丝或沿穿越俄罗斯南部的水路，或出波斯湾而后经红海和地中海，运抵欧洲。荷兰人和英国人是萨法维时代伊朗主要的贸易伙伴，伊朗与俄罗斯、奥斯曼帝国、印度莫卧儿帝国之间亦有一定程度的贸易往来。1616 年，英国东印度公司以驱逐霍尔木兹水域的葡萄牙舰队作为条件，与萨法维王朝签订通商条约，阿拔斯港成为伊朗与东印度公司在波斯湾地区的贸易中心。法国东印度公司于 1664 年进入波斯湾，1708 年与萨法维王朝签订通商条约。③17 世纪 20 年代，伊朗的生丝年产量超过 1 000 吨，其中三分之二销往欧洲。④

除生丝外，丝绸、地毯、宝石、干果和烟草亦是伊朗出口欧洲及其他国家的重要商品。“所有的亚洲国家和大多数的欧洲国家向伊斯法罕派出自己的

① Foran, J., *Fragile Resistance: Social Transformation in Iran from 1 500 to the Revolution*, p.32.

② Foran, J., *Fragile Resistance: Social Transformation in Iran from 1 500 to the Revolution*, p.33.

③ Lapidus, M.A., *A History of Islamic Societies*, pp.290—291.

④ Foran, J., *Fragile Resistance: Social Transformation in Iran from 1 500 to the Revolution*, p.35.

商人，从事大宗贩运或零售贸易……（他们中包括 12 000 名印度人和）鞑靼人、突厥人、犹太人、亚美尼亚人、格鲁吉亚人、英国人、荷兰人、法国人、意大利人和西班牙人。”①

萨法维时代，伊朗与西方之间交往的特点在于贸易双方的平等地位，西方人只是作为商人而不是作为侵略者出现在伊朗。他们“还没有成为通过经济力量剥削贫穷落后民族的外国商人，他们只是获准经商的外国人，与当地的商人共同生活在高度文明的社会中，而当地的商人与他们一样富裕和精明”。②由于此间伊朗与西方之间的贸易规模有限，伊朗主要出口诸如生丝、丝绸和地毯一类的奢侈品，加之西方商人往往将白银或印度的香料作为支付手段，西方工业品尚未大量涌入民间市场，伊朗亦未被纳入源于西方主导的世界经济体系。

二、 恺伽王朝时代伊朗传统秩序的衰落

王权的式微

恺伽部落祖居中亚，14 世纪移入伊朗高原北部，16 世纪初成为追随萨法维家族的凯兹巴什即土库曼人七部落之一。萨法维王朝统治时期，恺伽部落成员作为凯兹巴什分别驻守格鲁吉亚、呼罗珊和里海北岸的马赞德兰。③1779 年，恺伽部落首领阿伽·穆罕默德自里海北岸的马赞德兰起兵，联合土库曼人诸部落以及库尔德人、巴赫提亚尔部落、阿夫沙尔部落，攻城略地，兼并诸多割据政权，1794 年灭亡桑德王朝，称王建国，是为恺伽王朝。④

德黑兰原本是莱伊以北的一处村庄。13 世纪蒙古东征期间，莱伊毁于战火，德黑兰作为城市逐渐兴起。萨法维时代，国王塔赫马斯普修筑德黑兰城墙。18 世纪初，德黑兰一度成为萨法维国王侯赛因的行宫。1786 年，阿伽·穆罕默德定都德黑兰。⑤

---

① Foran, J., *Fragile Resistance: Social Transformation in Iran from 1 500 to the Revolution*, p.36.

② Foran, J., *Fragile Resistance: Social Transformation in Iran from 1 500 to the Revolution*, p.38.

③ Abrahamian, E., *Iran: Between Two Revolutions*, Princeton 1982, pp.36—37.

④ Kamrava, M., *The Political History of Modern Iran: From Tribalism to Theocracy*, Connecticut 1992, p.10.

⑤ Kazemi, F., *Poverty and Revolution in Iran*, New York 1980, p.19.

阿伽·穆罕默德

阿伽·穆罕默德与其大维齐尔

恺伽王朝沿袭萨法维王朝的统治模式,国王至少在理论上居于至高无上的地位,拥有近乎无限的统治权力,包括决定战和、缔结条约、赏赐封邑、任免官吏、征收赋税以及对于臣民行使审判直至生杀予夺的权力,国王的圣谕俨然是国家的法律。19世纪的欧洲人因此将恺伽王朝的统治者称作"典型的东方专制君主",英国外交家乔治·寇松则称恺伽王朝的国王是"公共生活和国家机器的中枢"。[①]

阿伽·穆罕默德沙(1779—1797年在位)当政期间,恺伽王朝沿袭土库曼人传统的部落习俗,尚未采用萨法维王朝的繁文缛节。自1797年法塔赫·阿里沙(1797—1834年在位)即位以后,恺伽王朝开始模仿古代波斯帝国和萨法维王朝的政治传统,招募土著的波斯贵族出任国家官职,官僚机构随之逐渐扩大。[②]德黑兰的中央机构分为10个部门,后宫规模亦十分庞大。国王经常委派王室成员出任重要官职,诸多贵族亦纷纷效法,进而形成政治领域的家族化现象。"阿伽·穆罕默德满足于'沙'(领主)的称号,新国王则自称'沙汗沙'(王中之王)。"[③]

然而,恺伽王朝始终未能建立起强有力的集权政治,诸多省区的长官和游牧部落的首领各自为政,号令一方。"国王在理论上任命所有的部落酋长和地方官员,实际上却不得不选择那些在各自的族群和区域内已经受到尊重的人。"[④]阿伽·穆罕默德沙当政期间,"在首都德黑兰以及恺伽部落祖居的马赞德兰以外,国王

① Abrahamian, E., *A History of Modern Iran*, Cambridge 2008, p.8.

② Abrahamian, E., *Iran: Between Two Revolutions*, p.38.

③ Kamrava, M., *The Political History of Modern Iran: From Tribalism to Theocracy*, p.12.

④ Abrahamian, E., *A History of Modern Iran*, p.20.

阿伽·穆罕默德与其幕僚

的权力十分有限。中央和地方官员难以在部落控制的范围内行使权力，地方贵族和部落酋长在其领地内挑战着国王的权威。部落酋长经常拒绝向国王提供战士和缴纳赋税"。①

恺伽王朝的军队约6万人，主要使用弓箭和刀枪等传统兵器，后来增置少量火器。恺伽王朝的骑兵由部落成员组成，隶属于部落首领，在他们看来，部落的利益高于国王的需要。号称五千之众的炮兵，只有4门火炮。由俄国军官负责训练的哥萨克旅是恺伽王朝唯一训练有素的新式军队，组建于1879年，直至1906年兵员不足2 000人。相比之下，19世纪70年代以后英国枪支的走私，明显加强了伊朗南部诸多部落的军事实力。国王纳绥尔丁（1848—1896年在位）因此抱怨道："我既没有足够的军队，也没有装备军队的足够弹药。"②

恺伽王朝时期，国家财政状况呈逐渐恶化的趋势，货币贬值，岁入减少。根据相关的研究，1807年恺伽王朝的岁入总额约为200万土曼，折合200万英镑，而1907年恺伽王朝的岁入总额约为800万土曼，仅折合150万英镑③。伊朗向俄国支付的巨额战争赔款和传统经济的衰落所导致的税源枯竭，无疑是恺伽王朝时期财政状况趋于恶化的主要原因，而财政状况趋于恶化的直接后果则是国家财政的严重赤字。1890—1905年，恺伽王朝的年赤字额上升

① Kamrava, M., *The Political History of Modern Iran: From Tribalism to Theocracy*, p.12.

② Abrahamian, E., *Iran: Between Two Revolutions*, p.40.

③ Arjomand, S.A., *The Turban for the Crown: the Islamic Revolution in Iran*, p.212.

法塔赫·阿里沙

10倍。由于财政入不敷出，恺伽王朝被迫以出让国家主权和经济资源作为条件，向西方列强举债，王权随之急剧衰微。“恺伽国王……成为没有专制工具的专制者；‘安拉在大地的影子’所能行使的权力无法超出首都的范围；‘王中之王’们对反叛势力束手无策；绝对的君主徒有虚名，听任各地的教俗显贵为所欲为。”①

教俗关系的演变

1900年前后，在恺伽王朝统治的臣民中，超过85%属于什叶派穆斯林。逊尼派穆斯林不足恺伽王朝臣民总数的10%，大都分布在边远地区，包括东南边陲的俾路支人、东北边陲的土库曼人、西北部的库尔德人和西南部的阿拉伯人。非穆斯林约占恺伽王朝臣民总数的5%，其中巴哈教派信徒分布在叶兹德、设拉子、伊斯法罕和纳加法巴德诸地，亚述派基督徒分布在乌尔米耶一带，亚美尼亚人分布在伊斯法罕、拉什特、德黑兰和阿塞拜疆诸地，犹太人分布在叶兹德、设拉子、德黑兰、伊斯法罕和哈马丹诸地，琐罗亚斯德教徒分布在叶兹德、克尔曼、德黑兰和伊斯法罕。②

萨法维王朝时期，什叶派阿赫巴尔教法学派占据主流地位，国王被视作隐遁伊玛目在人间的代表和什叶派穆斯林的宗教领袖，教俗权力处于浑然一体的状态，宫廷则是国家权力的核心所在，王权凌驾于教界之上，什叶派欧莱玛处于从属于王权的地位。

萨法维王朝灭亡后，伊朗诸地一度处于逊尼派政权的控制之下，阿富汗人和纳迪尔沙相继成为伊朗的统治者。与此同时，许多的什叶派欧

---

① Foran, J., *Fragile Resistance: Social Transformation in Iran from 1 500 to the Revolution*, pp.139—141.

② Abrahamian, E., *A History of Modern Iran*, p.18.

莱玛移居伊拉克南部的宗教圣城，什叶派欧莱玛与世俗政权的传统联系随之中断。

恺伽王朝的统治者尽管尊奉什叶派伊斯兰教作为官方信仰，却无萨法维王朝所声称的圣族后裔的高贵血统，其统治权力的合法性面临什叶派欧莱玛的广泛质疑，教俗矛盾逐渐显现。

法塔赫·阿里沙当政期间，恺伽王朝尚与什叶派欧莱玛保持良好的合作关系，宫廷的赐封构成什叶派欧莱玛的重要财源。19世纪前期，伊斯法罕的欧莱玛穆罕默德·巴基尔·沙夫提"或许是历史上最富庶的欧莱玛之一"，拥有伊斯法罕的400处客栈和2 000处店铺，并且接受法塔赫·阿里沙赐封的大量地产。

穆罕默德·米尔扎(1834—1848年在位)即位后，青睐苏菲派伊斯兰教，恺伽王朝与什叶派欧莱玛的关系逐渐疏远。1848—1896年纳绥尔丁当政期间，恺伽王朝表现为浓厚的世俗色彩。纳绥尔丁推行的改革举措，导致什叶派欧莱玛的广泛不满[①]。反对烟草专卖权的运动反映出恺伽王朝与什叶派欧莱玛之间矛盾的加剧，宪政运动的爆发则是恺伽王朝与什叶派欧莱玛矛盾加剧的逻辑结果。

18世纪末，著名宗教学者贝赫贝哈尼(1706—1792)指责阿赫巴尔教法学派为"不信者"，排斥阿赫巴尔教法学派的宗教学者，进而确立了欧苏里教法学派在伊朗的主流地位，穆智台希德则取代国王而被视作隐遁伊玛目在人间的代表和什叶派穆斯林的宗教领袖。与萨法维王朝相比，恺伽王朝的君主逐渐丧失宗教权力，国家体制亦由教俗合一转变为教俗分离，进而形成宗教政治与世俗政治的制约和角逐。

恺伽王朝时期，德黑兰成为宫廷的所在和世俗政治的标志，库姆则是什叶派欧莱玛的精神家园和宗教政治的象征。"18—19世纪，伊朗的欧莱玛获得了前所未有的自治地位。"萨法维王朝时期君权至上的政治体系不复存在，教权与俗权的二元并立成为恺伽王朝时期伊朗政治的突出现象，宗教、司法和教育是教界控制的主要领域，清真寺与巴扎的广泛联盟构成教权独立于俗权的社会基础。"欧莱玛巩固了与民众的联盟……欧莱玛与包括商人和工匠在内的巴扎社会之间的联系进一步加强。"[②]

---

① Fischer, M.M.J., *Iran: From Religious Dispute to Revolution*, p.30.

② Lapidus, M.A., *A History of Islamic Societies*, p.572.

与此同时，教俗之间的力量对比逐渐改变，什叶派欧莱玛不再是国王统治臣民的御用工具，开始成为与世俗政权分庭抗礼的重要群体，国家的政治重心随之在教俗之间摇摆不定。尽管恺伽王朝的历代国王极力笼络什叶派欧莱玛，然而许多穆智台希德却宣称，隐遁的伊玛目并未将指引民众的权力交给世俗的统治者，指引民众的责任只属于教界。[①]只有少数欧莱玛试图认同恺伽王朝的权力和地位，大部分颇有影响的穆智台希德声称隐遁的伊玛目将指引民众的责任托付给教界而不是托付给世俗的统治者。他们远离宫廷，崇尚什叶派的早期原则，否认世俗政权治理民众的合法性。恺伽王朝的国王尽管自称“安拉在大地的影子”，却常被教界上层视作安拉统治尘世权力的篡夺者。[②]

西方的冲击

如果说萨法维王朝的统治标志着伊朗传统社会的顶峰，那么恺伽时代的伊朗社会无疑经历了史无前例的深刻变革。经济的进步与财富的增长固然是历史发展的深层背景，然而恺伽时代的伊朗似乎并未出现经济的长足进步和财富的明显增长，西方的冲击和传统秩序的解体构成伊朗社会深刻变革的核心内容。萨法维时代，伊朗社会的突出现象在于自主的国际地位和自给自足的封闭倾向。相比之下，恺伽王朝开始丧失自主的国际地位，逐渐卷入资本主义的世界体系，进而成为西方列强的原料供应地和工业品市场，伊朗社会随之从封闭状态走向开放。换言之，资本主义世界体系的扩张和西方的冲击导致伊朗传统秩序的解体，进而揭开了伊朗现代化进程的序幕。

西方世界对伊朗社会的冲击开始于 19 世纪初，俄国和英国的战争威胁构成西方冲击的最初形式。伊朗地处俄国与英属印度之间；恺伽王朝初建之时，疆域北起阿塞拜疆、亚美尼亚和格鲁吉亚，东至阿富汗西部。[③]法塔赫·阿里沙当政期间，俄国凭借优势的武力侵入伊朗北部，于 1813 年和 1828 年强迫伊朗签署《古里斯坦条约》和《土库曼查伊条约》。与此同时，英国军队自阿富汗侵入伊朗南部，于 1857 年强迫伊朗签署《巴黎条约》。根据上述条约，俄国和英国分别将阿塞拜疆和伊朗南部归还恺伽王朝，恺

---

① Lapidus, M.A., *A History of Islamic Societies*, p.572.

② Abrahamian, E., *Iran: Between Two Revolutions*, pp.40—41.

③ Clawson, P. & Rubin, M., *Eternal Iran: Continuity and Chaos*, p.31.

伽王朝则将格鲁吉亚和亚美尼亚割让给俄国,向沙皇支付巨额赔款,放弃对于阿富汗的主权要求,允许俄国政府和英国政府在伊朗境内随意设立领事机构和商务机构,承认俄国商人和英国商人在伊朗境内享有贸易特权和司法豁免权。①

"(19 世纪的)伊朗经济主要通过贸易的渠道,逐渐融入资本主义世界体系。西方资本并未直接投向诸如种植园和矿山的生产领域,而是进入流通领域和金融领域。"②恺伽王朝初建之时,伊朗对外贸易的主要对象是其周边的亚洲国家。1800 年,在伊朗对外贸易总额中,阿富汗和中亚占 34%,奥斯曼帝国占 26%,印度占 20%,至于俄国仅占 15%,英国则仅占 3%。③进入 19 世纪,俄英两国政府强迫恺伽王朝签署的不平等条约,敲开了西方商品拥入伊朗的大门。此后,欧洲诸国与伊朗之间的贸易交往迅速扩大,进而取代阿富汗、中亚、奥斯曼帝国和印度,成为伊朗主要的贸易对象。19 世纪上半叶,伊朗的进出口贸易额增长 3 倍。1860—1914 年,伊朗的进出口贸易额增长 4 倍。④1830—1900 年,伊朗进口的西方商品,主要是纺织品、金属制品、玻璃制品、糖、茶叶和香料,年进口额由 200 万英镑增加到 500 万英镑。同期伊朗向西方出口的商品,主要是棉花、生丝、小麦、稻米、烟草、皮革和地毯,年出口额由 200 万英镑增加到 380 万英镑。⑤

恺伽王朝时期,英国和俄国在伊朗的对外贸易中占据举足轻重的地位。英国与伊朗的贸易总额从 1875 年的 170 万英镑增至 1914 年的 450 万英镑,东印度公司构成英国与伊朗之间的贸易桥梁。然而,由于其他西方国家特别是俄国与伊朗贸易的增长,英国在伊朗外贸总额中所占比例却由 1850 年的 50%下降为 1914 年的 20%。自 19 世纪中叶开始,俄国与伊朗的贸易交往急剧扩大,主要控制伊朗北部的市场。1875 年,俄国与伊朗的贸易总额约为 100 万英镑,尚且不及英国。至 1914 年,俄国与伊朗的贸易总额增至 1 200 万英镑,远远超过英国与伊朗的贸易总额。1914 年,在伊朗对外贸易总额中,欧洲诸国所占比例高达 94%,其中英国在伊朗进出口贸易中所占比例分别为 28%和 14%,而俄国在伊朗进出口贸易中所占比例则分别达到 56%和

①⑤ Abrahamian, E., *Iran: Between Two Revolutions*, p.51.

② Karshenas, M., *Oil, State and Industrialization in Iran*, Cambridge 1990, p.47.

③ Foran, J., *Fragile Resistance: Social Transformation in Iran from 1 500 to the Revolution*, p.113.

④ Karshenas, M., *Oil, State and Industrialization in Iran*, p.47.

72%。[①]俄国政府于1904年明确表示:"我们在与波斯的接触过程中所追求的目标可以概括为如下的内容:保持国王领土的完整性和不可侵犯性;我们不寻求(对于伊朗的)领土占有,也不允许第三国(对于伊朗)的统治权,在不诉诸武力的情况下使伊朗成为我们的附属品。换言之,我们的任务是:在政治上使伊朗顺从于我们,并且有利于我们,进而成为我们的工具;在经济上控制伊朗的市场份额。"[②]

尽管如此,伊朗的历史命运不同于埃及,而与奥斯曼帝国有颇多相似之处,虽然国家主权不断丧失,却未成为西方国家扶持的对象,只是英国与俄国角逐的场所。1907年,英国与俄国签署《关于波斯、阿富汗和西藏问题的条约》,两国宣称致力于维护伊朗的政治独立和领土完整,同时由于地理和经济的原因而分别关注伊朗某些省份的秩序与和平的维持。根据该条约,伊朗北部若干人口稠密和物产富庶的省份以及首都德黑兰成为俄国的势力范围,伊朗南部若干省份则处于英国控制之下,而1908年发现的产油区介于俄英两国势力范围的中间地带。[③]

随着与欧洲诸国之间贸易交往的扩大和西方工业品的倾销,伊朗逐渐由手工业制品的出口国演变为农产品的输出国。1857年,各种棉纺织品、毛纺织品和丝织品约占伊朗出口货物的27%,而水稻、各类干果和鸦片仅占伊朗出口货物的4%。到20世纪初,各种纺织品已不足伊朗出口货物的1%,棉花、羊毛和生丝的出口量约占伊朗出口货物的26%,水稻、各类干果和鸦片在伊朗出口货物中所占比例则增至32%,波斯地毯几乎是伊朗唯一大量出口的手工制品。

由于手工制品输出量减少而农产品输出量上升,伊朗出口货物的市场价格急剧下跌。19世纪末,伊朗出口的农产品总量超过进口工业品总量的5倍,而进口工业品在价格方面却相当于出口农产品总量的3倍之多。1870—1900年,国际市场上农产品价格不断下跌,其中1蒲式耳小麦的价格由1871年的1.5美元跌至1894年的0.2美元,1磅鸦片的价格由1869年的18先令跌至1901年的8先令,1公斤生丝的价格由1864年的1英镑

① Karshenas, M., *Oil, State and Industrialization in Iran*, p.50.

② Foran, J., *Fragile Resistance: Social Transformation in Iran from 1 500 to the Revolution*, pp.110—112.

③ 马赫德维:《伊朗外交四百五十年》,元文琪译,商务印书馆1982年版,第266—267页。

跌至1894年的0.3英镑。[①]1870—1894年，伊朗小麦出口增长4倍，出口收入却无变化。[②]

对外贸易的扩大显然并没有给伊朗带来财富的增长，西方的廉价工业品和贸易特权却使伊朗遭受严重的经济损失。长期的贸易逆差导致伊朗政府的财政处于严重的赤字状态，恺伽王朝被迫向西方银行大举借贷，加之国内货币贬值，经济形势日趋恶化。

19世纪后期，国家主权的出让和西方投资的迅速扩大成为伊朗对外关系的突出现象。1872年，恺伽王朝与英国人朱利乌斯·路透签署协议，后者以4万英镑作为代价，换取为期70年的垄断经营权，经营内容包括在伊朗建造铁路和公路、铺设电话线、管理内河航运、开发矿产和国有森林以及承包关税和开办工厂。“这份协议的签署意味着伊朗政府将本国的全部资源拱手让与外国商人。”[③]由于伊朗民众的反对和俄国的干涉，该协议未能全部付诸实施。尽管如此，朱利乌斯·路透仍然获得了勘探矿产和开办银行的权利。朱利乌斯·路透于19世纪90年代在伊朗进行的矿产勘探活动首开英国资本垄断伊朗石油资源的先河，而朱利乌斯·路透开办的银行后来演变为英国所属的波斯帝国银行，是恺伽王朝最大的债权人。1890年，恺伽王朝将伊朗烟草的垄断经营权出让给一家英国公司。1901年，恺伽王朝与英国商人威廉·诺克斯·达尔西签署协议，出让伊朗的石油资源，为期60年，后者则承诺向伊朗政府支付年利润的16%。1908年，伊朗西南部发现石油，所有权属于随后成立的英国的英伊石油公司。1923年，英国政府宣布已从英伊石油公司获利4 000万英镑，而伊朗政府所得的份额只有200万英镑。[④]此外，英国的印欧电报公司穿越伊朗，英国的林奇兄弟公司在卡伦河经营航运，大英帝国银行在伊朗各地设立分支机构并在伊朗南部诸省公路征缴赋税。与此同时，俄国电报公司的经营范围自本土延伸至德黑兰和伊朗北部诸地，另一家俄国公司经营里海沿岸城市恩泽里的港口疏浚业务并铺设连接恩泽里、加兹温、德黑兰、哈马丹、大不里士诸城市的公路，里海渔业和伊朗北部诸省运输保险业亦由俄国商人垄断。[⑤]

---

① Foran, J., *Fragile Resistance: Social Transformation in Iran from 1 500 to the Revolution*, p.115.

② Ochsenwald, W., *The Middle East: A History*, p.357.

③ Abrahamian, E., *Iran: Between Two Revolutions*, p.55.

④ Foran, J., *Fragile Resistance: Social Transformation in Iran from 1 500 to the Revolution*, p.110.

⑤ Kamrava, M., *The Political History of Modern Iran: From Tribalism to Theocracy*, p.26.

据统计,19 世纪下半叶,西方在伊朗的投资从几近空白增至 1 200 万英镑,其中英国于 1860—1913 年在伊朗的投资总额达 1 000 万英镑,伊朗成为西方资本和西方商品的重要市场。①

传统经济社会秩序的衰落

自 1722 年萨法维王朝灭亡至 1796 年恺伽王朝建立的数十年间,诸多游牧群体相继入主伊朗高原,政权更替频繁,局势动荡。恺伽王朝建立后,一定程度上遏止了部落政治的泛滥,伊朗高原由此进入相对稳定的时期。

根据相关的推测,恺伽时代伊朗人口的出生率约为 4.5%—5%,死亡率约为 4%—4.5%,净增长率约为 0.5%。相对稳定的政治环境无疑导致人口的增长趋势,灾害、瘟疫和领土的割让则是导致逆向变化的重要因素;其中,1813—1828 年俄国对于外高加索地区的占领约使伊朗人口减少百万,而 1869—1872 年的大灾荒亦使伊朗民众丧生百万。②由于上述原因,从萨法维时代到恺伽时代,伊朗人口总数的变化并不明显。

然而,与萨法维时代相比,恺伽时代伊朗人口的社会构成出现明显的变化。根据相关资料的统计,1850 年,伊朗总人口近 1 000 万;定居农业人口占总人口的 55%,分布在约 1 万个自然村落;城市人口占总人口的 20%,分布在约 80 个城市,其中人口超过 2.5 万的城市包括大不里士、德黑兰、伊斯法罕、马什哈德、叶兹德、哈马丹、克尔曼、乌尔米耶、克尔曼沙赫、设拉子和加兹温;游牧人口占总人口的 25%,分别属于恺伽、库尔德、土库曼、俾路支、阿拉伯、巴赫提亚尔、卢尔、沙赫沙文、阿夫沙尔等 16 个部落联盟。③另据资料统计,1800—1914 年,游牧群体在伊朗总人口中所占比例则由 50%下降为 25%,城市居民在伊朗总人口中所占比例由 10%上升为 25%。④此间,德黑兰的人口从 5 万增至 28 万,大不里士的人口从 4 万增至 20 万。⑤

游牧群体作为伊朗传统社会的重要组成部分,大都分布在法尔斯、巴赫

① Foran, J., *Fragile Resistance: Social Transformation in Iran from 1 500 to the Revolution*, p.110.

②④ Foran, J., *Fragile Resistance: Social Transformation in Iran from 1 500 to the Revolution*, p.117.

③ Abrahamian, E., *Iran: Between Two Revolutions*, p.11.

⑤ Issawi, C., *An Economic History of the Middle East and North Africa*, p.101.

提亚尔、胡齐斯坦、俾路支斯坦、呼罗珊边境和阿塞拜疆山区。诸多游牧群体皆有各自的活动区域、语言和方言、习俗、传统、谱系、服饰，肉、奶、羊毛、皮革和地毯是游牧群体的主要产品。①恺伽王朝时期，与欧洲诸国之间贸易交往的扩大和西方工业品的倾销，促使伊朗的诸多游牧区域逐渐卷入市场经济，传统的畜牧业产品大量进入流通领域，直至成为出口西方国家的重要商品。恺伽王朝向游牧群体征纳的贡赋，亦开始采用货币的形式。尽管实物贡赋依旧延续，货币经济的因素在游牧区域无疑呈增长趋势。

另一方面，恺伽时代，游牧群体构成国家的主要兵源，进而深刻影响着恺伽王朝的政治生活。然而，与萨法维王朝以及其后的阿富汗人政权相比，恺伽时代的游牧群体不再是支配国家政权的首要力量，恺伽王朝对于游牧群体的控制程度明显提高，而部落首领的地主化、商人化和官僚化构成恺伽王朝控制游牧群体的有效手段，部落利益与国家利益趋于一致。许多部落酋长从恺伽王朝获得“伊儿汗”“汗”“舍赫”和“阿伽”的称号，接受恺伽国王的赐封，在恺伽王朝的宫廷出任要职，进而被纳入恺伽王朝的国家体系。②

恺伽王朝时期，农民依然是伊朗人口的主体部分，农业继续构成伊朗首要的经济部门。尽管如此，伊朗的农作物结构开始出现明显的变化，自然经济条件下的典型产品粮食作物的播种面积逐渐减少，与市场密切相关的经济作物播种面积迅速扩大。小麦及其他谷物自前萨法维时代长期构成伊朗主要的农作物，至 19 世纪中叶仍然自给有余，并且出口国际市场。1858 年，谷物的出口占伊朗出口商品总额的 10%。19 世纪后期，国际市场粮价下跌，对伊朗农业产生影响。至 1900 年，伊朗的谷物生产逐渐衰落，谷物播种面积下降，进而形成国内市场对于进口谷物的严重依赖。③农作物结构的改变，不断排斥伊朗传统农业的自给性和乡村社会的封闭性，进而形成农业生产市场化和农民经营自主化的客观趋势，自然经济的基础逐渐崩坏，商品经济和货币关系随之扩大。

农作物结构的改变和农业生产市场化的进程，导致伊朗的地产形态和租

---

① Abrahamian, E., *A History of Modern Iran*, p.21.

② Foran, J., *Fragile Resistance: Social Transformation in Iran from 1 500 to the Revolution*, pp.132—133, pp. 133—134.

③ Foran, J., *Fragile Resistance: Social Transformation in Iran from 1 500 to the Revolution*, pp.117—118.

佃关系发生相应的变化。恺伽王朝时期,王室领地、贵族封邑、地主田产、瓦克夫和农民自主地构成伊朗地产的基本形态,私人土地支配权的不断扩大则是地产运动的明显趋势。恺伽王朝建立初期,沿袭萨法维时代的传统,直接支配大量土地,同时继续向贵族宠臣和军事将领赏赐封邑。19 世纪中叶,王室领地和贵族封邑约占全国耕地的三分之一到二分之一。1850 年以后,特别是 1880 年前后,王室领地和贵族封邑逐渐减少,私人支配的民间地产不断增加,进而形成区别于传统封邑领有者的地主阶层,即穆勒克达尔。贵族宠臣和军事将领不断扩大封邑的支配权,"封邑的领有者开始演变为地产的所有者"。此外,许多商人投资乡村,购置田产,进而成为新兴地主阶层的重要来源。新兴的地主阶层不仅占据大量地产,而且在乡村拥有广泛的权力,是恺伽王朝后期伊朗社会中最具影响的政治群体。土地、水源、种子、耕牛和人力五项要素的分成制仍然是乡村基本的地租形态,地主往往获得农产品收成的三分之一到二分之一。在种植经济作物的地区,地主大都收取货币地租。固定数额的实物地租亦存在于某些地区;地主出售作为地租所收取的农产品,换回所需的货币。①

关于恺伽王朝时期伊朗的乡村生活境况,研究者看法不一,或认为此间伊朗乡村的生活境况得到改善,或认为此间伊朗乡村的生活境况趋于恶化。然而,农业生产的市场化、地权形态的非国有化和租佃关系的货币化,明显助长着乡村社会的贫富分化和人口流动。至于乡村民众的生活水准,不同的地区和不同的阶层无疑存在着诸多的差异。

恺加王朝时期的亚美尼亚女性

城市通常划分为若干相对独立的社区,称作马哈

① Foran, J., *Fragile Resistance: Social Transformation in Iran from 1 500 to the Revolution*, pp.119—120.

里，马哈里的首领称作卡德胡达，负责管理各自社区的内部事务，征纳赋税，仲裁纠纷。1885 年，德黑兰人口约 15 万，其中包括 1 578 名犹太人、1 006 名基督徒、123 名琐罗亚斯德教信徒和 30 名外国人，分别生活在 5 个社区，城内共有清真寺 47 座，宗教学校 35 所，公共浴室 190 处，客栈 130 处。伊斯法罕的居民包括波斯人、土耳其人、亚美尼亚人和巴赫提亚尔人，分别信奉什叶派伊斯兰教、基督教、犹太教和巴布教，并有 7 个苏菲教团的道堂。①

恺伽王朝时期的贵族

商人是恺伽王朝时期伊朗城市中最具势力的社会阶层；他们不仅经营货物贩运，而且在金融信贷领域占有举足轻重的地位，更有许多商人购置地产，投资工业。西方的冲击深刻地影响着伊朗传统社会的各个阶层，西方商品的涌入和西方列强的商业特权严重损害了伊朗商人的物质利益。少数大商人与西方资本广泛合作，进而在流通领域独占鳌头，家财万贯。至于中小商人，无力与西方商人竞争，其在流通领域的地位每况愈下。“19 世纪 30—40 年代开始，欧洲工业品消费的增长导致波斯手工业品产量的急剧下降。”1837 年，伊朗商人抗议欧洲人在大不里士建立商站。1844 年，大不里士的英国领事向伦敦报告，该地的许多商人要求禁止进口欧洲工业品，遭到官府的拒绝。②时人将波斯湾的港口城市布什尔比作伊朗的孟买，然而商业的繁荣并没有给伊朗人带来富庶的生活；外国商人享有种种特权，伊朗商人却得不到必要的保护。“布什尔的商人经常抱怨：西方商人只需缴纳 5%的进口税，自己却要承担名目繁多的高额赋税。”③

西方廉价工业品的大量拥入，明显排挤了伊朗传统手工业的市场份额，进而导致伊朗传统手工业的普遍衰落。设拉子是伊朗南部重要的手工业中心，1800 年时约有纺织作坊 500 家，1857 年时只剩 10 家。④伊朗中部的内陆

① Abrahamian, E., *A History of Modern Iran*, p.28.

② Floor, W., *Traditional Crafts in Qajar Iran (1800—1925)*, California 2003, p.4, p.6.

③ Abrahamian, E., *Iran: Between Two Revolutions*, p.61.

④ Nashat, G., *The Origins of Modern Reform in Iran: 1870—1880*, Illinois 1982, p.6.

城市卡尚曾经以其丝织品和棉织品的精美工艺闻名遐迩，至 19 世纪 40 年代已经萧条不堪，织机数量从原有的 8 000 部下降为 800 部。伊斯法罕的织机，19 世纪 30 年代多达 1 250 部，19 世纪 70 年代仅存 12 部。①19 世纪初，伊斯法罕依然是伊朗最大的城市，约有人口 20 万。1870 年，伊斯法罕人口仅有 7 万，往日繁荣的巴扎处于衰败的状态。②英国驻印度总督寇松曾于 19 世纪 90 年代称伊朗的伊斯法罕是英国工业城市曼彻斯特和格拉斯哥的纺织品市场。③19 世纪末，伊斯法罕的税吏在一份报告中写道："以往，伊斯法罕盛产各种优质的纺织品。近年来，伊朗人却放弃了自己的肉体和灵魂，购买艳丽而低廉的欧洲产品。结果，他们遭受了意想不到的损失：本地的工匠试图模仿进口的产品，降低了纺织品的质量，俄国人于是不再购买伊朗的纺织品，许多行业因此倒闭。这座城市原来有许多织工，现在仅存不足五分之一。伊斯法罕的妇女很难再像以往那样靠纺纱织布养活自己的孩子，他们现在大都失去了生计来源。"④

传统手工业衰落的直接后果，是大量手工工匠丧失独立的经济地位，沦为雇佣工人。直至 19 世纪中叶，伊朗的地毯编织业大都分布于乡村地区，采

19 世纪的伊斯法罕

① Floor, W., *Traditional Crafts in Qajar Iran (1800—1925)*, p.6, p.8.

② Nashat, G., *The Origins of Modern Reform in Iran: 1870—1880*, p.6.

③ Foran, J., *Fragile Resistance: Social Transformation in Iran from 1 500 to the Revolution*, p.125.

④ Abrahamian, E., *Iran: Between Two Revolutions*, p.59.

用家庭生产的传统形式。恺伽王朝后期，西方资本逐渐控制伊朗的地毯编织业。1900年以后，大型的手工工场成为伊朗地毯编织业的主要形式，地毯编织业的分布区域亦由乡村扩展到城市的范围。1910年，地毯编织业的手工工场雇佣工人达6.5万人，仅大不里士一家地毯编织业手工工场便使用雇佣工人1 500人。①与此同时，地毯编织业的产量急剧上升，出口地毯总值由19世纪70年代初的7.5万英镑增至1914年的100万英镑。②1914年，伊朗工业劳动力共计15万人，其中现代工业企业雇佣劳动力1.5万人，占全部工业劳动力的10%。英国资本控制的石油工业和俄国资本控制的里海渔业是伊朗规模最大的现代企业，前者雇佣工人约8 000人，后者雇佣工人约5 000人。5—30人的中小规模的现代工业企业雇佣劳动力1 650人，外国资本控制的企业雇佣其中三分之二的劳动力。③

自19世纪中叶开始，伊朗出现了最早的机器工业，包括官府和私人经营的造纸厂、玻璃加工厂、火药厂、制糖厂和棉纺厂，规模较小。到1900年前后，伊朗人拥有大约20家现代工厂，雇佣工人500余人。④然而，伊朗的现代民族工业由于交通不便，燃料不足，市场有限，加之缺乏必要的关税保护，无力与西方廉价工业品竞争，大都经营惨淡，步履维艰。

与欧洲诸国贸易交往的扩大和农产品出口的不断增长，否定着伊朗乡村的传统经济模式，加速了伊朗农业生产的市场化进程。西方工业品的大量拥入，挑战着传统手工业在伊朗国内市场的垄断地位，推动了伊朗社会分工的历史进程。19世纪初，伊朗尚且处于闭关自守的状态。至19世纪末，伊朗已被逐渐纳入资本主义世界体系。西方的冲击打破了伊朗传统社会的封闭状态，进而瓦解着伊朗传统秩序赖以维持的物质基础。与此同时，伊朗的社会结构经历着剧烈的变革，传统社会阶层诸如地主、农民、工匠、商人、贵族依然构成伊朗人口的主体部分，新兴的社会群体亦开始登上伊朗的历史舞台。

新政举措

伊朗的现代化改革，开始于19世纪20年代，最初涉及的领域主要是军事层面，表现为自上而下的形式。国王法塔赫·阿里沙当政期间，伊朗面临

---

①④　Foran, J., *Fragile Resistance: Social Transformation in Iran from 1 500 to the Revolution*, p.126.

②　Floor, W., *Traditional Crafts in Qajar Iran (1800—1925)*, p.8.

③　Foran, J., *Fragile Resistance: Social Transformation in Iran from 1 500 to the Revolution*, p.126, p.128.

俄国和英国的严重威胁。1826—1828年,伊朗与俄国爆发战争,伊朗战败,俄国军队占领高加索山区和大不里士。1836年,伊朗与英国爆发战争;1838年,呼罗珊重要城市哈拉特被英国控制。[①]俄国和英国的战争威胁无疑是促使伊朗统治者尝试推行现代化改革的重要原因,阿塞拜疆作为与俄国毗邻的战争前沿则是伊朗现代化改革的摇篮所在。

1799年,法塔赫·阿里沙委派王储阿拔斯·米尔扎出任阿塞拜疆总督。[②]阿拔斯·米尔扎深感伊朗的传统骑兵无力抗衡俄国军队,遂效法奥斯曼帝国苏丹塞里姆三世,组建6 000人的新军,配备枪械和火炮,由国家支付军饷,统一着装,屯驻于军营之中,聘请欧洲教官训练,并在大不里士建立制炮厂和枪械厂。阿拔斯·米尔扎还选派伊朗青年赴欧洲深造,学习军事、工程、医学、印刷技术和西方语言。宪政运动期间的第一份波斯语传单,即出自阿拔斯·米尔扎创办的印刷厂。此外,阿拔斯·米尔扎极力主张削减宫廷开支,增加关税,广开财源。阿拔斯·米尔扎的上述举措,得到了大不里士教界势力的认可。后者宣布,新军的组建符合伊斯兰教的原则。然而,由于宫廷内部的倾轧和部落势力的抵制等诸多因素,阿拔斯·米尔扎创办的新军组建不久便被解散。[③]

纳绥尔丁

1848年纳绥尔丁即位以后,任命米尔扎·穆罕默德·塔其汗作为首相,赐予阿米尔·卡比尔(大酋长)的称号,效法奥斯曼帝国的坦泽马特运动,实行新政,内容包括恢复穆罕默德·阿拔斯·米尔扎创办的新军、国家出资兴办新式工厂、创办官方报纸和世俗学校。与此同时,米尔扎·穆罕默德·塔其汗大幅度削减宫廷年金,提高进口关税,并向封邑领有者征收代役税,旨在增加国家岁入和平衡财政预算,进而强化恺伽王朝的统治。[④]

① Holt, P.M., Lambton, A.K.S. & Lewis, B., *The Cambridge History of Islam*, Vol.1A, pp.448—449.

② Clawson, P. & Rubin, M., *Eternal Iran: Continuity and Chaos*, p.32.

③ Abrahamian, E., *Iran: Between Two Revolutions*, pp.52—53.

④ Nashat, G., *The Origins of Modern Reform in Iran: 1870—1880*, p.20.

米尔扎·穆罕默德·塔其汗

如同穆罕默德·阿拔斯·米尔扎一样，米尔扎·穆罕默德·塔其汗实行的新政遭到诸多方面保守势力的激烈反对。封邑领有者认为，代役税并非传统义务的合法替代，只是中央政府对于地方利益的无理勒索。英国和俄国的代表声称，关税的提高违背自由贸易的法则。1851 年，米尔扎·穆罕默德·塔其汗被国王纳绥尔丁解除职务，不久客死他乡，其所推行的新政举措随之夭折，现代化的改革尝试宣告失败。①

1870—1880 年，纳绥尔丁启用米尔扎·侯赛因，在司法、军事、政治、财政和文化领域继续推行新政举措。米尔扎·侯赛因引进西方现代政治理念，创立内阁和中央银行，削减政府支出，排斥教界和部族传统势力，强化国家权力和完善政府职能，崇尚重商主义的经济原则，扩大岁入来源，密切伊朗与英国以及西欧诸国之间的贸易交往，抵御俄国的领土威胁。米尔扎·侯赛因声称，改革的宗旨是捍卫恺伽王朝和国王纳绥尔丁的荣誉，使波斯成为“值得欧洲列强尊敬的国家”。②

宪政思想的萌生

19 世纪下半叶，模仿西方成为伊朗社会的时尚，器物层面、制度层面和思想层面的西化倾向则是此间伊朗现代化的重要内容。电报成为连接首都德黑兰与各地之间的崭新形式，哥萨克旅则是伊朗新军的楷模。纳绥尔丁宣布取缔奴隶贸易，承诺尊重私人财产，鼓励更新农作内容和普及栽种马铃薯，在诸多城市设立公共监狱取代私人刑罚，组建谘政机构和商人公会。纳绥尔丁要求各地官吏强化对于教界的控制，将教界的活动限制在“礼拜、传道、遵循教法和沟通信仰”的范围，同时保护基督徒和犹太人的宗教信仰。此外，纳绥尔丁还在德黑兰、大不里士、乌尔米耶、伊斯法罕和哈马丹等地开办新式学校、医院和印刷厂。西方文学作品诸如笛福的《鲁滨孙漂流记》、大仲马的《三

① Kamrava, M., *The Political History of Modern Iran: From Tribalism to Theocracy*, p.16.

② Nashat, G., *The Origins of Modern Reform in Iran: 1870—1880*, p.25, p.161.

剑客》、凡尔纳的《八十天环游地球》、莫里哀的喜剧以及拿破仑、尼古拉一世、彼得大帝、亚历山大大帝、查理大帝、弗雷德里希大帝、路易十四的传记和罗马、雅典、法国、俄国、德国的历史著作,亦在纳绥尔丁当政期间相继出版,西方相关的思想观念随之传入伊朗。①

伴随着西方文化的传入和新式学校的建立,知识分子作为新兴的社会阶层在伊朗初露端倪。新兴的知识分子脱胎于伊朗的传统社会,大都出自官僚、地主、商人、工匠和教界家庭,尽管来源各异,却无疑分享着共同或相近的思想倾向。他们青睐现代西方文化,尤其崇尚法国启蒙运动的政治理念。他们认为,历史既非神意的体现,亦非周而复始的王朝更替,而是人类进步的持续过程。在他们看来,人类历史的进步存在着三大障碍:君主独裁排斥着自由、平等和博爱的原则,宗教戒律束缚着理性和科学的思想,外族奴役桎梏着经济和社会的发展,而宪政主义、世俗主义和民族主义即推翻君主独裁、清除传统教界的保守思想和结束西方列强的殖民统治是使伊朗走向现代社会的必由之路。②

贾马伦丁·阿富汗尼(1839—1897)出身于伊朗西部城市哈马丹附近乡村的欧莱玛家庭,长期游学于伊朗、阿富汗、印度、埃及和土耳其,阐述民族主义思想和伊斯兰现代主义理论,屡屡抨击君主独裁和传统教界的保守倾向,强调西方殖民主义侵略是中东诸国穆斯林所面临的共同威胁,伊斯兰教是团结中东诸国穆斯林和抵抗西方殖民主义侵略的政治武器,动员民众实现广泛的政治参与则是欧莱玛的历史任务。③

米尔扎·马尔库姆汗(1834—1898)具有亚美尼亚血统,出身于伊斯法罕的基督徒家庭,曾在法国留学,崇尚西方文明,返回伊朗后改奉伊斯兰教,继而于1859年涉足政坛,为国王纳绥尔丁起草"改革书",效法奥斯曼帝国的坦泽马特运动,系统阐述宪政思想,主张公民平等,立法机构与行政机构由国王任命而相互制约,修订现行法律,制定世俗法律,组建职业化的新式军队,完善税收,改革教育,发展交通,创办国家银行。米尔扎·马尔库姆汗的宪政纲领触及传统教界的既得利益,遭到欧莱玛上层的激烈反对。后者声称,马尔库姆汗的宪政思想背离伊斯兰教的信仰,具有明显的异教倾向。1861年,纳

---

① Abrahamian, E., *Iran: Between Two Revolutions*, p.58.

② Abrahamian, E., *Iran: Between Two Revolutions*, pp.61—62.

③ Afary, J., *The Iranian Constitutional Revolution: 1906—1911*, New York 1996, p.26.

绥尔丁将米尔扎·马尔库姆汗驱逐到奥斯曼帝国。1873—1889年,经米尔扎·侯赛因举荐,米尔扎·马尔库姆汗出任伊朗政府驻开罗总领事和驻英国大使。①此间,米尔扎·马尔库姆汗数次上书纳绥尔丁,倡导改革,阐述宪政思想。1889年以后,米尔扎·马尔库姆汗由温和的改革派转化为激进的革命派,由寻求国王支持反对教界转化为寻求教界支持反对国王,进而致力于实现西方政治哲学与伊斯兰教信仰的结合。②米尔扎·马尔库姆汗认为,伊朗的落后并非由于种族和宗教的原因,而是由于政治独裁和文化保守,只有法治和自由才能使伊朗走向进步,民众与教界的广泛政治联盟则是推动伊朗民主化进程的根本出路。③"直接采用欧洲的形式改造伊朗社会是行不通的。因此我准备利用能够为大众所理解和接受的宗教外衣实现物质层面的改造",而争取什叶派教界的支持则是达到这一目的的前提条件。④

社会矛盾

19世纪前期,游牧群体内部的部族仇杀和游牧群体对于定居区域的劫掠以及城市民众的骚乱和农民的反抗在伊朗各地屡有发生。诸如此类的现象大都根源于传统社会内部不同阶层和不同群体之间的对抗和冲突,表现为传统模式的矛盾运动。物质财富的匮乏、食品的短缺、耕地和牧场的争夺以及统治者的暴政,构成传统社会内部不同阶层和不同群体之间对抗和冲突的直接原因。

自19世纪中叶起,伴随着西方的冲击和传统秩序的崩坏以及新旧社会势力的消长,伊朗社会的政治对抗逐渐由传统模式转变为现代模式。1890—1892年反对国王出让烟草专卖权的民众运动和1905—1911年宪政运动,构成此间伊朗社会矛盾和政治对抗的主要内容。伊朗民族主义与西方殖民主义的抗争以及民主与专制的较量,则是此间伊朗社会矛盾和政治对抗的突出现象。民族主义和民主主义的共同目标,促使伊朗诸多的社会群体逐渐打破传统的狭隘界限,形成广泛的政治联合,进而预示着伊朗作为现代民族国家的整合与新生,社会革命初露端倪。

1890年,纳绥尔丁将伊朗在未来50年的烟草专卖权即国内经营权和出

---

① Afary, J., *The Iranian Constitutional Revolution: 1906—1911*, pp.27—28.

② Holt, P.M., Lambton, A.K.S. & Lewis, B., *The Cambridge History of Islam*, Vol.1A, p.456.

③ Afary, J., *The Iranian Constitutional Revolution: 1906—1911*, p.26.

④ Milani, M.M., *The Making of Iran's Islamic Revolution*, Boulder 1994, p.27.

口贸易权转让给英国商人塔尔伯特,塔尔伯特承诺向纳绥尔丁个人支付2.5万英镑的馈赠,并向伊朗政府支付1.5万英镑的年租金和25%的利润分成。[①]根据相关资料,1890年伊朗国内消费的烟草高达400万公斤,出口烟草540万公斤。[②]烟草专卖权的出让意味着塔尔伯特仅需提供少量的资金便可获取丰厚的利润,而伊朗的烟农将处于塔尔伯特的控制之下,伊朗的烟草商则面临着失业的危险,甚至伊朗的烟草消费者亦将受到塔尔伯特的盘剥。1891年4月,在伊朗最重要的烟草贸易中心设拉子,商人关闭巴扎,反对国王出让烟草专卖权。设拉子商人的抗议活动很快波及伊朗全国,德黑兰、大不里士、伊斯法罕、马什哈德、加兹温、叶兹德和克尔曼沙赫的商人纷纷响应。什叶派欧莱玛发布富图瓦,禁止穆斯林消费烟草。伊斯坦布尔的贾马伦丁·阿富汗尼和伦敦的米尔扎·马尔库姆汗亦发表声明,支持伊朗商人反对国王出让烟草专卖权的运动。纳绥尔丁迫于各界的压力,于1892年1月向不列颠银行借款50万英镑赔偿塔尔伯特,收回烟草专卖权的出让。[③]

1890—1892年反对国王出让烟草专卖权的民众运动,具有明显的民族主义倾向和浓厚的伊斯兰教色彩。此次运动发生于伊朗各地的诸多城市,巴扎商人和手工工匠以及新兴知识分子的广泛介入,体现了伊朗历史上规模空前的政治联合。什叶派欧莱玛无疑是此次民众运动的领导者和中坚力量,清真寺提供了民众聚集和举行抗议活动的主要场所,宗教宣传则是鼓动民众的有力形式,而抵制异教势力的渗透和保卫穆斯林家园构成此次运动的核心内容。当然,反对国王出让烟草专卖权的民众运动作为伊朗历史上最初的现代政治运动,远未达到成熟的水平。教俗各界民众的广泛联合缺乏必要的稳定性,具有明显的脆弱倾向,直至最终分道扬镳。

宪政运动与1906年宪法

1896年,纳绥尔丁在德黑兰南部的阿卜杜勒·阿兹姆清真寺遭一破产商人枪击,死于非命。穆扎法尔丁(1896—1907年在位)即位后,提高国内商业税的征收标准,取消包税制,并且扬言增加土地税,削减宫廷年金和教界开支,同时向西方国家大举借贷。穆扎法尔丁将伊朗中部和南部诸省的石油开

① Khater, A.F., *Sources in the History of the Modern Middle East*, pp.62—63.

② Foran, J., *Fragile Resistance: Social Transformation in Iran from 1 500 to the Revolution*, p.163.

③ Afary, J., *The Iranian Constitutional Revolution: 1906—1911*, pp.32—33.

采权出让给英国商人威廉·诺克斯·达尔西,将新建公路的征税权出让给大英帝国银行。穆扎法尔丁于1900年和1902年分别向俄国政府借贷240万英镑和100万英镑,用以偿还旧债和支付其赴伦敦旅行的费用。另外,穆扎法尔丁与一些欧洲公司合作开办诸如砖厂、纺织厂、德黑兰电话公司以及德黑兰、大不里士、拉什特、马什哈德等城市的照明系统等,并且任命比利时人蒙西艾尔·纳乌斯掌管伊朗关税。①

金币上的穆扎法尔丁头像

1900年,伊斯法罕的部分商人创办伊斯兰公司,是为伊朗第一家全国性的股份公司,旨在"通过鼓励现代工业和保护传统手工业,维护国家的独立"。大不里士的知识分子发行颇具影响的波斯语期刊《知识财富》,主办者米尔扎·穆罕默德·阿里汗和赛义德·哈桑·塔齐扎迪后来成为宪政革命中的风云人物。德黑兰的知识分子创办图书馆,组建"知识协会",下设55所学校。②与此同时,现代政治组织在伊朗各地逐渐萌生。在大不里士,12个激进的青年商人和知识分子组成"秘密中心",旨在宣传现代西方文化。在阿塞拜疆的巴库,始建于1904年的社会民主党积极争取结社和罢工的权利、八小时工作制、养老年金、土地改革、改善住房、免费教育、言论自由和出版自由。德黑兰的"人文协会"崇尚圣西门和孔德的政治哲学,强调自由、平等和进步的思想。德黑兰的知识分子于1904年创建的"革命委员会",是当时最激进的政治组织,倡导政治改革与社会改革,主张推翻独裁统治和实现民主,广泛宣传宪政思想。③

1905年初,伊朗发生严重的灾荒和瘟疫。在德黑兰、大不里士、拉什特和马什哈德,糖价上涨33%,粮价上涨90%。经济形势的恶化,明显加剧了

① Afary, J., *The Iranian Constitutional Revolution*: *1906—1911*, p.34.

② Abrahamian, E., *Iran*: *Between Two Revolutions*, p.75.

③ Afary, J., *The Iranian Constitutional Revolution*: *1906—1911*, p.41.

社会矛盾,民众反抗成为不可遏制的政治潮流。同年5月,大约200名德黑兰商人向政府请愿,要求罢免时任伊朗海关总监的比利时人蒙西艾尔·纳乌斯。请愿者关闭店铺,聚集在阿卜杜勒·阿兹姆清真寺。他们说:“政府必须改变现行的政策,不再帮助俄国人而牺牲伊朗人的利益。政府必须保护我们的利益,尽管我们的产品或许不及外国的产品。现行的政策如果继续下去,将给我们的整个经济带来毁灭性的后果。”①穆扎法尔丁一度许诺满足请愿者的要求,却未付诸实施。

1905年12月,政府试图强行压低德黑兰市场的糖价。随后,在教界领袖穆罕默德·萨迪格·塔巴塔巴伊和阿卜杜拉·贝赫贝哈尼的呼吁下,德黑兰的数千名商人关闭巴扎,再度聚集在阿卜杜勒·阿兹姆清真寺,要求罢免德黑兰市长和海关总监,实施伊斯兰教法,建立公正会议,并且首次高呼“伊朗民族万岁”的口号。包括许多穆智台希德在内的教职人员亦来到阿卜杜勒·阿兹姆清真寺,支持巴扎商人的政治要求。②

1906年6月,德黑兰的一名教职人员公开批评政府:“伊朗人啊!我的同胞兄弟!抬起你们的头。睁开你们的眼睛。瞧瞧你们的周围,看看世界在怎样进步。非洲的野人和桑给巴尔的黑人都在走向文明和富庶。看看你们的邻居(俄国人),200年前他们比我们落后,现在却远远超过了我们。往日我们拥有的一切,现在已经丧失殆尽。我们曾经被其他的国家看作是伟大的民族,现在却堕落到这样的程度,以至于南方和北方的邻国把我们看成是他们的财产而随意地瓜分……我们没有枪炮,没有军队,没有可靠的财政,没有合适的政府,没有商业的法律。在整个伊朗,我们没有自己的工厂,因为我们的政府只是寄生虫……所有这一切的落后,都是由于缺乏民主、正义和法律……国王剥夺着你们的财产、自由和权利……这就是你们生活悲惨而少数人奢侈无度的原因。”③国王的警察逮捕了这名教职人员,从而引发德黑兰市民新的示威浪潮。同年7月,教职人员、巴扎商人和手工工匠纷纷走上街头,抗议政府。哥萨克旅士兵开枪射击示威者,致使多人死伤。民众与国王之间的矛盾由此激化,穆扎法尔丁则被教界比作倭马亚王朝的哈里发叶齐德。此后,包括穆罕默德·萨迪格·塔巴塔巴伊、阿卜杜拉·贝赫贝哈尼和法扎

① Abrahamian, E., *Iran: Between Two Revolutions*, p.81.

② Abrahamian, E., *Iran: Between Two Revolutions*, p.82.

③ Abrahamian, E., *Iran: Between Two Revolutions*, pp.82—83.

拉·努里在内的教界上层人士相继加入示威者的行列，宗教圣城库姆成为对抗首都德黑兰的政治中心。①

1906年8月，穆扎法尔丁迫于压力，颁布诏书，是为《波斯大宪章》，任命自由主义者穆什尔·道莱作为首相，许诺成立国家立宪会议，负责制定伊朗宪法。②"国家立宪会议由德黑兰的恺伽王室成员、贵族、商人和教职人员组成，负责审议和调查关系到国家和民众利益的所有重要问题。"③各界民众反对独裁专制的政治斗争取得初步的胜利。

1906年9月，选举法由穆扎法尔丁签署后正式颁布。④根据该选举法，选举人包括恺伽王室成员、教职人员、贵族、商人、土地的所有者与耕作者、手工业者，其中土地所有者与耕作者必须拥有超过1 000土曼的财产，手工业者必须属于行会并且拥有独立的作坊，妇女和未满25岁的男子以及外国人不得享有选举权；被选举人必须具有波斯血统和通晓波斯语，必须是年满30岁的男子。⑤"1906年9月颁布的选举法，兼有传统与现代的双重特征。"⑥女性和下层民众被排斥在选举之外，政治参与缺乏广泛的社会基础。

1906年10月，伊朗召开立宪会议。立宪会议由恺伽王公、教职人员、贵族、大商人、财产超过1 000土曼的地主和行会成员六大阶层组成，包括156个席位，其中德黑兰占60个席位，外省占96个席位。在德黑兰的60个席位中，恺伽王公占4个席位，教职人员占4个，地主占10个席位，大商人占10个席位，贵族和行会成员占32个，至于下层民众则被排斥在立宪会议之外。立宪会议成员具有不同的政治立场，分为保皇派、温和派与自由派。保皇派是立宪会议中的少数派，主要来自王公贵族和地主阶层。温和派系立宪会议中的多数派，大商人穆罕默德·阿里·沙尔福鲁什和爱敏·扎尔布是温和派的领袖人物；教界上层人士穆罕默德·萨迪格·塔巴塔巴伊和阿卜杜拉·贝赫贝哈尼尽管并未加入立宪会议，却是温和派的有力支持者。知识界是立宪会议中的自由派，占有21个席位，大不里士的赛义德·哈桑·塔齐扎迪和德黑兰的叶赫亚·伊斯坎达里是自由派的领袖人物，主张在经济、政治和社会

---

① Katouzian, H., *State and Society in Iran: The Eclipse of the Qajars and the Emergence of the Pahlavis*, London 2000, p.35.

② Foran, J., *A Century of Revolution Social Movements in Iran*, Minnesota 1994, p.25.

③ Arjomand, S.A., *The Turban for the Crown: the Islamic Revolution in Iran*, p.37.

④ Bayat, M., *Iran's First Revolution*, Oxford 1991, p.146.

⑤ Hamilton, A., *The Middle East Problem*, pp.393—403.

⑥ Keddie, N.R., *Iran: Religion, Politics and Society*, London 1980, p.74.

领域实行广泛的改革。①

立宪会议起草的宪法规定,议会拥有广泛的政治权力,是“全体人民的代表”;议会分为上下两院,下院议员为160人,最多不得超过200人,选举产生,上院议员为60人,其中30人由国王任命,另外30人选举产生;议员任期2年,可以连选连任,不得同时兼任政府公职;议员必须宣誓效忠国王;议会负责审定法律和政府财政预算以及批准外交条约,下院有权否定上院的决议。1906年12月,立宪会议起草的宪法由穆扎法尔丁在弥留之际签署生效。②

1906年立宪会议召开

1907年10月,议会以比利时1831年宪法作为蓝本,通过宪法补充条款,旨在扩大议会的立法权限和限制恺伽王朝的君主权限,强调主权在民的原则,规定全体公民在法律面前享有平等的权利,保护公民的生命和财产权利,赋予公民言论自由和出版自由以及集会和结社的权利,实行立法权与行政权的分离,首相和内阁成员由议会任免,军费和宫廷支出由议会批准,王室成员

① Abrahamian, E., *Iran: Between Two Revolutions*, pp.87—88.

② Abrahamian, E., *Iran: Between Two Revolutions*, pp.88—89.

不得出任内阁职务,内阁成员只对议会负责。[①]宪法补充条款具有浓厚的宗教色彩,明确规定什叶派伊斯兰教为伊朗的国教,采用世俗与宗教二元并立的法律体系,议会颁布的一切法律不得违背伊斯兰教法的原则,议会设立由5名教界议员组成的宗教委员会审定议会通过的相关法律。[②]

穆罕默德·阿里

1907年1月至1908年6月,宪政运动的主要内容是国王与议会的权力角逐。穆扎法尔丁死后,其子穆罕默德·阿里(1907—1909年在位)继承王位。穆罕默德·阿里即位以后,极力抵制宪政运动,罢免温和派首相穆什尔·道莱,起用保守派爱敏·苏勒坦出任首相,拒绝批准宪法补充条款,要求保留任命内阁成员和统率军队的权力,主张强化国王的地位。[③]穆罕默德·阿里的倒行逆施,导致德黑兰、大不里士、伊斯法罕、设拉子、马什哈德、恩泽里、克尔曼沙赫、拉什特等地各界民众的强烈不满。在大不里士,2万民众罢工罢市,要求国王批准宪法补充条款。在德黑兰,5万民众举行集会,另有3 000志愿者武装保卫议会,保守派首相爱敏·苏勒坦亦遭暗杀。迫于民众运动的强大压力,穆罕默德·阿里起用自由派政治家纳绥尔·穆勒克出任首相,于1907年10月批准宪法补充条款,并且前往议会宣誓效忠宪法,承认自由、平等、博爱的政治原则。[④]随后,议会通过新的财政预算,大幅度削减宫廷开支,废除包税制。

权力的博弈与宪政的夭折

20世纪初,伊朗五分之四的人口生活在乡村,城市人口仅占总人口的五

① Gelvin, J.L., *The Modern Middle East: A History*, p.164.

② Hamilton, A., *The Middle East Problem*, pp.403—434.

③ Abrahamian, E., *Iran: Between Two Revolutions*, p.89.

④ Afary, J., *The Iranian Constitutional Revolution: 1906—1911*, p.114.

分之一。[1]然而,城市无疑是影响伊朗历史进程的首要舞台,特别是人口超过10万的德黑兰、大不里士和伊斯法罕主导着伊朗的城市生活。宪政运动主要表现为城市范围的政治运动,没有波及乡村社会,乡村民众尚未介入宪政运动,处于国家政治舞台的边缘。尽管如此,宪政运动无疑是伊朗历史上规模空前的政治运动,具有广泛的社会基础。商人和工匠、教职人员和知识分子、穆斯林和非穆斯林、波斯人和非波斯人、逊尼派和什叶派、德黑兰人和外省民众纷纷加入宪政运动的行列。巴扎商人显然是宪政运动的发起者,手工工匠和城市贫民构成宪政运动的基本力量,教界上层和新兴知识界在宪政运动中具有举足轻重的政治影响,巴扎、行会和清真寺则是宪政运动的重要据点。恺伽王朝的君主专制成为宪政运动期间伊朗诸多社会群体的众矢之的,反对恺伽王朝君主专制的共同目标则是伊朗诸多社会群体实现广泛政治联合的沃土。

然而,一旦宪政运动取得初步的胜利,反对恺伽王朝的政治势力开始分裂。宪政运动期间,议会和立宪政府致力于财政改革、军事改革和司法改革。在议会中占主导地位的自由派议员主张实行颇具激进倾向的改革举措,包括削减宫廷支出和王室年金,取消封邑制和包税制,降低选民的财产资格限制,增加议会中外省议员的席位,允许非穆斯林参加议会。在议会之外,激进势力积极倡导世俗化改革,主张教职人员脱离政治领域,将毛拉称作聚敛民财的人,反对由穆智台希德组成的最高委员会审查议会通过的法案,甚至认为伊朗落后的原因在于教界的愚昧和保守,宗教与世俗的分离则是伊朗走向进步的前提条件。自由派的激进倾向导致诸多政治群体的重新组合,议会与恺伽王室之间的力量对比随之改变。以德黑兰的穆智台希德法扎拉·努里为首的教界保守势力抵制自由派的世俗化举措,呼吁穆斯林捍卫沙里亚,指责自由派议员是宣传异教思想的雅各宾派,进而成为恺伽王室的有力支持者。[2]

1908年6月,国王穆罕默德·阿里依靠哥萨克旅的支持发动政变,在德黑兰实行军事管制,解散议会,囚禁包括贝赫贝哈尼和塔巴塔巴伊在内的政治反对派。[3]"以往,首都决定地方省区的事态发展。现在,地方省区决定首

---

① Bonine, M.E., *Population, Poverty and Politics in Middle East Cities*, Florida 1997, p.258.

② Abrahamian, E., *Iran: Between Two Revolutions*, p.93, p.95.

③ Kamrava, M., *The Political History of Modern Iran: From Tribalism to Theocracy*, p.21.

都的命运。"一方面,卡尔巴拉和纳杰夫的穆智台希德支持宪法和宪政运动,谴责国王穆罕默德·阿里是安拉诅咒的暴君。另一方面,议会的支持者在诸多省区举兵反叛恺伽王朝,大不里士、拉什特、伊斯法罕、布什尔、阿拔斯港、马什哈德成为宪政运动的重要中心。①

1909年7月,议会的支持者占领德黑兰,国王穆罕默德·阿里逃入俄国使馆避难。②来自各个阶层的500名代表在德黑兰召开临时议会,宣布废黜穆罕默德·阿里,拥立其子艾哈麦德(1909—1925年在位)即位。③新的内阁由宪政运动的支持者组成,来自拉什特的地主穆罕默德·萨帕赫达尔出任首相。临时议会通过新的选举法,规定选民的年龄由25岁改为20岁,财产资格由1 000土曼改为250土曼,废除阶级和行业代表制,德黑兰代表在议会中的席位由60个减少为15个,外省代表的席位由96个增至101个,5个主要部落即巴赫提亚尔部落、盖什卡伊部落、沙赫萨文部落、土库曼部落、哈姆萨赫部落以及基督徒、犹太人和琐罗亚斯德教徒在议会中各有自己的席位。④同年8月,选举产生第二届议会,29%的议员来自地主,28%的议员来自教界,24%的议员来自官僚机构,19%来自商人、手工业者以及其他社会阶层。⑤

1909年9月,第二届议会任命穆罕默德·萨帕赫达尔组建新内阁,要求俄国撤出伊朗内战期间进入北方诸省的军队,向大英帝国银行申请125万英镑的贷款用以重建行政机构,聘请11名瑞典人筹建宪兵,聘请16名美国人筹建税务机构。⑥然而,第二届议会的举措只是一纸空文,整个国家处于分崩离析的状态。

1910年夏,议会分裂为敌对的两大政党,其中27名议员组成力主改革的左翼派别民主党,另外53名议员组成颇具保守倾向的右翼派别温和党,现代意义的政党政治随之开始步入伊朗政坛。民主党的领导人包括赛义德·哈桑·塔齐扎迪、穆罕默德·礼萨·摩萨瓦和苏莱曼·米尔扎,成员主要来自德黑兰和阿塞拜疆,其政治纲领声称,欧洲已经完成从封建主义向资本主

---

① Abrahamian, E., *Iran: Between Two Revolutions*, p.97.

② Katouzian, H., *State and Society in Iran*, p.35.

③ Kamrava, M., *The Political History of Modern Iran: From Tribalism to Theocracy*, p.40.

④ Abrahamian, E., *Iran: Between Two Revolutions*, pp.100—101.

⑤ Afary, J., *The Iranian Constitutional Revolution: 1906—1911*, pp.261—262.

⑥ Afary, J., *The Iranian Constitutional Revolution: 1906—1911*, p.285.

义的过渡，正在威胁亚洲国家的政治独立和社会发展；20世纪的东方相当于17世纪的西方，处于从封建主义向资本主义过渡的阶段；民主党的历史使命是反对外国资本主义和本国封建主义，领导伊朗进入先进国家的行列。民主党主张，全体成年男子均应享有选举权，采取自由和直接选举，法律面前人人平等，宗教与政治分离，废除不平等条约，推动工业化的进程，10小时工作制，取缔童工，实行土地改革，保护农民利益。温和党的领导人包括穆罕默德·萨迪格·塔巴塔巴伊、阿卜杜拉·贝赫贝哈尼和穆罕默德·萨帕赫达尔，成员包括欧莱玛、地主、商人和部落酋长，代表传统社会群体的既得利益，其政治纲领主张实行立宪君主制，保护私有财产，捍卫伊斯兰教和沙里亚的神圣地位。①

民主党与温和党在议会内部形成尖锐的对立，世俗化改革和首相的人选是双方争执的焦点问题。1910年底，民主党与温和党之间的对立逐渐从议会延伸到德黑兰的街头巷尾，立宪政府处于瘫痪状态。在德黑兰以外的诸多省区，地方势力各自为政，尤其是部落之间相互攻杀，生灵涂炭。②第二届议会的召开和立宪政府的建立，不仅未能改善日趋恶化的社会形势，而且导致了明显加剧的政治动荡，使伊朗民众陷于饱受战乱的境地。1911年12月，俄国军队进入德黑兰，解散第二届议会，宪政运动宣告结束。③

1905—1911年的宪政运动根源于伊朗传统社会的深刻危机，强调捍卫民族尊严和国家主权，限制君主权力和扩大民众的政治参与，进而改造伊朗传统的社会秩序，表现为现代模式的政治运动。宪政运动将议会和宪法首次引入伊朗政治舞台，强调自由和平等的政治原则，赋予民众以选举的权利，开辟了伊朗现代政治革命的先河，预示了伊朗历史发展的崭新方向。传统势力的根深蒂固和新旧力量的悬殊对比，加之西方列强的干涉，从根本上决定了宪政运动的历史结局，实现民族独立和民众广泛政治参与的客观条件尚不成熟。另一方面，1905—1911年的宪政运动具有什叶派伊斯兰教的浓厚色彩，强调沙里亚的神圣地位和议会的世俗立法权，教俗精英分享议会席位，什叶派伊斯兰教作为官方信仰构成宪法的基础。议会的构成和宪法的制定包含世俗政治与宗教政治的二元倾向，体现了宪政运动的复杂社会构成

① Abrahamian, E., *Iran: Between Two Revolutions*, pp.103—104, p.106.

② Afary, J., *The Iranian Constitutional Revolution: 1906—1911*, p.310.

③ Keddie, N.R., *Roots of Revolution: An Interpretive History of Modern Iran*, p.77.

和教俗势力的相互妥协倾向。1906 年及其补充条款作为伊朗历史上的第一部宪法和宪政运动最重要的历史遗产，确定了教俗群体分享国家权力的政治原则，进而对其后世俗政治与宗教政治两者之间的矛盾运动产生深远的影响。

三、礼萨汗时代伊朗的现代化实践

内忧外患的动荡局势

1905—1911 年宪政运动结束以后，伊朗出现政局动荡的严重局面，国内诸多政治势力激烈角逐，所谓的立宪政府处于英国和俄国的控制之下。与此同时，英国军队和俄国军队分别进入伊朗南部和北部诸多地区，俄国军队甚至威胁占领德黑兰。错综交织的内忧外患，使伊朗陷入民族危亡的生死关头。

第一次世界大战期间，伊朗成为同盟国与协约国角逐的猎物，伊朗西北部地区更是俄国军队与奥斯曼帝国军队厮杀的战场。1915 年，英国与俄国签订秘密协议；根据该协议，英国控制原由英俄两国在伊朗划定的包括产油区在内的中立地带，俄国则在伊朗北部的原有势力范围之内行使充分的控制权并且在战后控制伊斯坦布尔和土耳其海峡。[①]该协议的签订，意味着英国与俄国对于伊朗领土的彻底瓜分。不仅如此，第一次世界大战给伊朗经济生活带来灾难性的影响，农田荒芜，水利失修，人口锐减，物资奇缺，农业生产直至 1925 年仍未恢复到战前的水平。

第一次世界大战爆发后，伊朗召开第三届议会。第三届议会的议员中，40%来自在外地主，31%来自欧莱玛，29%来自其他社会阶层。[②]第三届议会拒绝批准加入协约国阵营，持亲同盟国的立场，选举民主党和温和党领导人成立民族抵抗委员会。[③]

1917 年俄国沙皇政权的灭亡，导致伊朗的政治形势急转直下。苏俄政府宣布废除沙皇俄国强迫伊朗签订的一系列不平等条约，英国随之成为操纵

---

① Keddie, N.R., *Roots of Revolution: An Interpretive History of Modern Iran*, p.79.

② Baktiari, B., *Parliamentary Politics in Revolutionary Iran: the Institutionalization of Factional Politics*, Florida 1996, p.239.

③ Abrahamian, E., *Iran: Between Two Revolutions*, p.111.

伊朗政局的主要外部势力。伊朗政坛的左翼派别民主党死灰复燃，主张实行土地改革，捍卫伊斯兰教的尊严，废除所有不平等条约，要求英国军队撤离伊朗。1920年，民主党在阿塞拜疆和吉兰组建自治政府，成为伊朗北部地区举足轻重的政治势力。①

在德黑兰，立宪政府于1919年与英国签订条约；根据该条约，英国政府向伊朗提供200万英镑的贷款，帮助伊朗建设铁路，修订关税，从战败国索取赔款，并由英国向伊朗提供军事物资，由英国人出任伊朗的行政顾问。②英伊条约的签订意味着伊朗将沦为英国的保护国和殖民地，因此遭到德黑兰民众的激烈反对。苏俄政府认为，该条约将导致英国在伊朗和整个中东地区霸权的延续，亦予以谴责，并出兵里海港口城市恩泽里。③

1920年6月，伊朗共产党在恩泽里成立，该党成员来自高加索、中亚、吉兰和阿塞拜疆，代表产业工人及工商业者的利益。伊朗共产党在建立伊始包含两种不同的政治倾向：一种倾向认为伊朗业已完成资产阶级革命而即将进入工农革命的阶段，主张重新分配土地，组建工会，武装推翻资产阶级及其教界代言人，反对君主专制、封建主义和英国殖民统治；另一种倾向认为伊朗所面临的是民族革命而不是社会主义革命，因为伊朗仍然处于前资本主义的发展阶段和封建主义的统治之下，伊朗共产党的任务在于领导所有的不满阶层，特别是农民、小资产阶级和游民无产者，共同反对殖民主义及其代理人。前者阐述的激进主张一度占据上风，成为伊朗共产党的政治纲领，教界、地主、商人和其他所谓的剥削者则被视作革命的对象。不久后，伊朗共产党修改政治纲领，温和倾向成为伊朗共产党政治纲领的主导内容。④

1920年底，伊朗共产党在里海沿岸相继成立吉兰苏维埃社会主义共和国和拉什特苏维埃社会主义共和国。伊朗共产党曾经在德黑兰、大不里士、马什哈德、伊斯法罕、恩泽里、克尔曼沙赫和南部诸多城市设立支部，组建工会。然而，伊朗共产党的支持者主要是操阿扎里语的阿塞拜疆人和亚美尼亚人，在波斯语地区影响甚微，在广大的乡村尤其缺乏广泛的社会基础。⑤

---

① Foran, J., *A Century of Revolution Social Movements in Iran*, p.50.

② Abrahamian, E., *Iran: Between Two Revolutions*, p.114.

③ Keddie, N.R., *Roots of Revolution: An Interpretive History of Modern Iran*, p.84.

④ Abrahamian, E., *Iran: Between Two Revolutions*, pp.115—116.

⑤ Ansari, A.M., *Modern Iran Since 1921: The Pahlavis and After*, London 2003, p.29.

巴列维王朝的建立

礼萨汗1878年出生于里海南岸的马赞德兰省，少年从军，在哥萨克旅服役。[①]1921年2月，礼萨汗率哥萨克旅3 000人发动政变，自加兹温入主德黑兰，推举赛义德·齐亚丁出任首相，自任国防大臣，控制内阁，宣布将致力于消除内战，改造社会，结束外族占领，实现伊朗民族的复兴。[②]

1909年波斯哥萨克旅在大不里士的合照

“1905—1909年的革命以自由主义的宪法取代了恺伽王朝的专制主义，而1921年的政变则为废除议会政治和建立巴列维王朝的独裁统治开辟了道路。”[③]礼萨汗控制的内阁一方面与苏俄政府签订友好条约，要求苏俄政府取消伊朗所欠沙皇俄国的债务，归还沙皇俄国侵占的伊朗领土，另一方面废除1919年英伊条约，要求英军撤出伊朗，保留英国在伊朗原有的部分权利。[④]

“1921年构成伊朗现代史的转折点，标志着伊朗开始步入主权国家

① Clawson, P. & Rubin, M., *Eternal Iran: Continuity and Chaos*, p.51.

② Katouzian, H., *State and Society in Iran*, p.242.

③ Abrahamian, E., *Iran: Between Two Revolutions*, p.103.

④ Keddie, N.R., *Roots of Revolution: An Interpretive History of Modern Iran*, p.87.

礼萨汗与哥萨克军官

的行列。"①此后4年间,礼萨汗致力于强化德黑兰的中央政权。他首先将宪兵从隶属内务部改为隶属国防部,起用哥萨克旅军官取代瑞典军官和英国军官统辖宪兵,进而平息大不里士和马什哈德的宪兵哗变,降服阿塞拜疆的丛林游击队,处死库切克汗。1921年,包括哥萨克旅、宪兵和南部来复枪队在内的伊朗武装力量仅有2.2万人。②1922年,礼萨汗将哥萨克旅、宪兵和南部来复枪队合并,组建新军,辖5个师,兵员约4万人,分别驻扎在德黑兰、大不里士、哈马丹、伊斯法罕和马什哈德。③礼萨汗依靠新军的支持,于1922年平息阿塞拜疆西部的反叛势力库尔德人、阿塞拜疆北部的反叛势力沙赫萨文部落和法尔斯的反叛势力库西吉鲁耶部落,1923年平息克尔曼的反叛势力桑加比部落,1924年平息东南边陲的反叛势力俾路支人和西南边陲的反叛势力鲁里人,1925年平息马赞德兰的土库曼人和呼罗珊北部的库尔德人。与此同时,礼萨汗逐渐巩固其在德黑兰的地位,1923年10月出任首相,1925年初从议会获得大元帅的头衔。④

政体的选择是宪政运动后伊朗国内各派势力激烈争论的焦点问题。围绕政体的选择,伊朗政坛形成改革党、复兴党、社会党、共产党以及教界保守势力之间的尖锐对立。改革党作为宪政运动期间温和党的延续,代表欧莱玛上层、大商人和土地贵族的利益,在第四届议会占据多数席位。复兴党系礼萨汗支持的政治派别,成员大都具有西方教育的背景,持改革的立场,在第五届议会占据多数席位。复兴党具有民族主义、世俗主义和威权主义的政治倾向,主张依靠政治精英即"革命的独裁者"实现政治改革和教俗分离,强化军

① Karshenas, M., *Oil*, *State and Industrialization in Iran*, p.63.

② Abrahamian, E., *A History of Modern Iran*, p.67.

③ Cronin, S., *The Making of Modern Iran: State and Society Under Riza Shah 1921—1941*, London 2003, p.38.

④ Kamrava, M., *The Political History of Modern Iran: From Tribalism to Theocracy*, pp.49—50.

队和完善国家机构，发展民族工业，推进游牧群体的定居化，普及现代教育，在全国范围推广波斯语。复兴党创办的报纸倡导发展世俗教育，改善妇女地位，学习西方的先进思想和科学技术，主张从教界的束缚下解放民众。“在一个 99%的民众处于反动毛拉选举控制下的国家，我们希望出现墨索里尼式的人物来打破传统权威的影响，以便创造一个现代的前景、现代的民族和现代的国家。”“我们的首要愿望是伊朗的国家统一。”社会党继承宪政运动期间民主党的政治立场，颇具激进倾向，强调依靠资产阶级和下层民众改造社会，崇尚自由和平等的政治原则，倡导共和制和普选制，主张强化国家机构和实行生产资料的国有化，消灭失业现象。伊朗共产党与社会党的政治立场相似，伊朗共产党的许多成员同时亦是社会党的成员。1921 年礼萨汗发动政变后，伊朗共产党在北部里海地区的势力严重削弱，其活动范围遂转向德黑兰和伊朗腹地。至 1925 年，伊朗共产党在德黑兰、大不里士、马什哈德、伊斯法罕、恩泽里和克尔曼沙赫等地设立诸多分支机构，发行报刊，成立工会以及妇女组织和青年组织。[①]教界保守势力目睹凯末尔在土耳其推行的世俗化举措，极力主张实行君主制，声称共和制是背离伊斯兰教的政治制度，共和制的建立意味着伊斯兰教的终结。[②]

恺伽王朝末代君主

1925 年 10 月，伊朗第五届议会投票表决，废黜恺伽王朝的末代君主艾哈麦德。同年 12 月，议会以 115 票赞成、4 票反对、30 票弃权的表决结果，拥立礼萨汗即位，建立巴列维王朝。[③]

特定历史条件下尖锐的民族矛盾和深刻的民族危机，制约着伊朗国内诸多社会群体和政治势力之间的冲突，民族主义成为伊朗民众的共同愿望，巴列维王朝的兴起则是伊朗国家主权的体现和民族尊严的象征。巴列维王朝

① Abrahamian, E., *Iran: Between Two Revolutions*, pp.120—121, p.124, pp.127—128, pp.158—159.

② Kamrava, M., *The Political History of Modern Iran: From Tribalism to Theocracy*, p.50.

③ Katouzian, H., *State and Society in Iran*, p.297.

1925 年礼萨汗在议会前宣誓

的建立，标志着西方君主立宪的政治形式与伊朗专制主义的历史传统两者的结合。

世俗色彩的威权统治

礼萨汗当政期间，实行威权主义的统治政策，致力于国家机器的强化，而军事力量的扩充无疑是礼萨汗时期实行威权统治和强化国家机器的首要条件。1928—1937 年，政府财政支出从 4 亿里亚尔增至 10 亿里亚尔。[①]1926—1941 年，国家岁入的三分之一用于军事开支，军费总额增长 5 倍，兵员总数由 5 个师 4 万人增至 18 个师 13 万人。[②]1926 年颁布的新兵役法扩大了士兵的征募范围，城市、乡村和游牧部落为巴列维王朝提供了充足的兵源。[③]与此

① Karshenas, M., *Oil*, *State and Industrialization in Iran*, p.71.

② Cronin, S., *The Making of Modern Iran*: *State and Society Under Riza Shah 1921—1941*, p.44.

③ Keddie, N.R., *Roots of Revolution*: *An Interpretive History of Modern Iran*, p.94.

同时，礼萨汗不断完善官僚机构，在德黑兰设立内务部、外交部、司法部、财政部、教育部、商务部、邮电部、农业部、交通部和工业部。礼萨汗即位之初，政府雇员仅数千人；1941 年礼萨汗退位时，政府雇员增至 9 万人。①礼萨汗还将全国划分为 11 个省和 49 个县，省县两级主要官员由中央任免，德黑兰成为国家真正的权力枢纽。“自近代以来，国家权力第一次超越首都的范围，出现在外省的城市和乡村。”②

巴列维王朝沿袭 1905—1911 年宪政运动期间形成的政治模式，实行议会君主制，选举产生的议会依旧存在。然而，礼萨汗当政期间，国家权力的天平明显失衡，德黑兰的宫廷重新成为政治生活的核心所在，国王则是至高无上的绝对君主。议员的人选由国王提名后交地方选区表决，议会选举的整个过程处于内务部的监督之下，议会不再具有任何实质性的作用而徒具形式，成为威权政治的点缀和国王的御用工具。当时的英国官员曾有如下的评论：“波斯的议会不能被看作是严肃的……国王需要的议案，在议会上通过。国王反对的议案，则由议会收回。至于国王犹豫不决的议案，则在议会上争执。”尽管 1906 年颁布的宪法明确规定内阁对议会负责，然而首相和内阁成员的人选必须首先由国王确定，然后交议会表决通过；首相和内阁成员的去留，取决于国王的态度，而不是取决于议会的是否信任。礼萨汗即位称王之时，曾经得到诸多议会政党的支持。然而，礼萨汗即位后，首先取缔改革党，解散社会党，以新伊朗党取代复兴党，继而以进步党取代新伊朗党，直至取缔进步党，镇压共产党。③

游牧群体的长期存在和部落政治的广泛影响，构成挑战君主专制和中央集权的潜在隐患。礼萨汗自 1921 年入主德黑兰开始，致力于讨伐和平息诸多地区的部落反叛势力。巴列维王朝建立后，解除部落武装、废除部落首领的贵族头衔、征募部落青年从军入伍、没收部落领地和限制部落迁徙，成为礼萨汗政权之部落政策的基本内容。1933 年，礼萨汗实行强制性的定居化政策，强迫游牧部落成员入住所谓的“示范村庄”，旨在摧毁部落政治的经济社会基础。④与此同时，礼萨汗任命军队将领统辖部落，部落酋长成为隶属于军队将领的行政官吏。1934 年颁布的选举法，废除了所有的部落选区，部落势

① Martin, V., *Creating an Islamic State: Khomeini and the Making of a New Iran*, London 2000, p.12.

② Abrahamian, E., *Iran: Between Two Revolutions*, pp.136—137.

③ Abrahamian, E., *Iran: Between Two Revolutions*, p.138, p.139.

④ Abrahamian, E., *Iran: Between Two Revolutions*, p.141.

力被进一步削弱。至于礼萨汗组建空军和购买德国制造的新式飞机,其主要目的便是用于降服和控制部落势力。礼萨汗政权之部落政策的实质在于强化国家权力对于游牧群体的控制,而上述举措既是礼萨汗威权政治的组成部分,亦体现巴列维王朝排斥部落政治和否定传统秩序的进步倾向。巴列维王朝建立初期,部落人口约占伊朗总人口的 25%;至 1932 年,部落人口在伊朗总人口中所占的比例下降到8%。[①]礼萨汗政权排斥部落的政策收到了明显的效果。

礼萨汗长期奉行世俗主义的政治原则,政治改革、司法改革、教育改革和社会改革构成巴列维王朝排斥教界传统势力的重要举措。恺伽王朝时期,宗教政治与世俗政治处于二元状态,教权与俗权分庭抗礼。宪政运动期间,教俗精英分享议会席位,1906 年颁布的宪法及其补充条款亦明确规定教俗群体分享国家权力的政治原则。礼萨汗即位之初,议会成为什叶派欧莱玛分享国家权力和制约王权的政治舞台,而削减教界议员则是礼萨汗推行世俗化改革的重要举措。1926 年,教界议员约占议员总数的 40%; 1936 年,教界议员所剩无几;至 1940 年,教界议员已无一人。[②]

恺伽王朝时期,伊朗的司法体系处于二元状态,国王控制的世俗法庭与什叶派欧莱玛操纵的宗教法庭长期并存。1906 年颁布的宪法及其补充条款强调教界独立的司法地位,赋予什叶派欧莱玛在司法领域的广泛权力。礼萨汗即位后,改革伊朗传统的司法体系,设立司法部作为最高司法机构,完善包括终审法院和地方法院在内的世俗审判体系,强化国家法律的权威地位和司法审判的世俗原则。20 年代后期,礼萨汗引进法国的民法和意大利的刑法,颁布新的商业法和婚姻法,修订沙里亚中若干不合时宜的法律条文,缩小宗教法庭的审判权限,进而削弱什叶派欧莱玛在司法领域的传统影响。[③]

学校教育长期处于什叶派欧莱玛的控制之下,教育改革则是巴列维王朝推行世俗化改革的重要内容。礼萨汗当政期间,兴办世俗学校,发展世俗教育,极力排斥什叶派欧莱玛在教育领域的垄断地位。1934 年,巴列维王朝在德黑兰设立教育部,作为掌管全国教育的最高机构。[④]1925—1941 年,教育经

---

① Arjomand, S.A., *The Turban for the Crown: the Islamic Revolution in Iran*, p.69.

② Foran, J., *Fragile Resistance: Social Transformation in Iran from 1 500 to the Revolution*, p.223.

③ Banani, A., *The Modernization of Iran: 1921—1941*, Stanford 1961, p.79, p.118.

④ Kamrava, M., *The Modern Middle East: A Political History since the First World War*, Berkeley 2005, p.60.

费在政府财政预算中所占比例从 2% 增至 5%，年度教育经费投入增长 12 倍。1925 年，全国共有各类小学 650 所，在学儿童 5.6 万人；1941 年，各类小学增至 2 300 所，在学儿童近 30 万人。1925 年，全国共有各类中学 74 所，在校学生 1.5 万人；1941 年，各类中学增至 350 所，在校学生近 3 万人。①相比之下，此间宗教学校培养的神职学员由近 6 000 人降至不足 800 人。1925 年，伊朗全国仅有世俗高等学校 6 所，即医学院、农学院、法学院、文学院、政治学院和师范教育学院，学生不足 600 人。1934 年，礼萨汗在原有世俗高等学校的基础上创办德黑兰大学；30 年代末，德黑兰大学增设牙医学院、药学院、兽医学院、美术学院和科学技术学院。到 1941 年，德黑兰大学共有注册学生 3 300 人。礼萨汗时期，伊朗政府每年资助 100 名青年留学欧洲；至 1940 年，500 人学成回国，另有 450 人亦完成学业。各类世俗学校的毕业生进入社会，成为颇具势力的新兴社会群体，其政治影响随之扩大。与此同时，什叶派欧莱玛在教育领域的垄断地位不复存在。②

礼萨汗当政期间，民族主义成为伊朗官方的意识形态，其核心内容在于强调伊朗民族构成和语言文化的单一性，宣扬所谓“王中之王”的统治曾经创造了伊朗辉煌的古代文明，伊斯兰教则是舶来的信仰。与恺伽王朝时期相比，礼萨汗时期宣扬的民族主义以强调伊朗的历史传统取代强调伊斯兰的历史传统，进而以强调国王的权力和尊严取代强调安拉的权力和尊严，具有浓厚的世俗色彩，国王俨然成为伊朗民族的象征和国家的化身。

礼萨汗当政期间，波斯语得到迅速的推广，非波斯语如阿扎里语、阿拉伯语、亚美尼亚语和库尔德语的使用范围明显缩小，巴哈教派被政府取缔，议会中的犹太教议员萨缪尔·哈伊姆和琐罗亚斯德教议员沙赫鲁赫·阿尔巴卜凯伊·胡斯鲁则被处死。③1925 年，礼萨汗宣布恢复实行古代伊朗的传统历法，取代伊斯兰历法，作为巴列维王朝的官方历法。④1928 年，议会通过法案，取消传统的民族服装，规定除教界外所有成年男子必须身着西式服装和头戴“巴列维帽”。礼萨汗于 1934 年访问土耳其以后，效法凯末尔的世俗化改革，规定各类学校向妇女开放，妇女在电影院、咖啡馆和旅店等公共场所享受应有的保护，禁止妇女披戴面纱和身着传统长袍。与此同时，欧洲礼帽取代巴

① Ansari, A.M., *Modern Iran Since 1921: The Pahlavis and After*, p.62.
② Abrahamian, E., *Iran: Between Two Revolutions*, pp.140—141.
③ Abrahamian, E., *Iran: Between Two Revolutions*, p.163.
④ Lenczowski, G., *Iran Under the Pahlavis*, Stanford 1978, p.99.

列维帽,成为伊朗人的时尚头饰。①礼萨汗还效仿法西斯意大利和纳粹德国,成立"公众指导协会",利用报纸、杂志、传单、图书和广播,向伊朗民众灌输民族沙文主义思想。②礼萨汗将伊朗许多地区重新更名,如:阿拉伯斯坦改称胡齐斯坦,恩泽里改称巴列维,鲁里斯坦改称克尔曼沙赫,库尔德斯坦改称西阿塞拜疆,乌尔米耶改称雷扎耶,阿斯达拉巴德改称古尔甘,阿里阿巴德改称沙黑,苏勒塔尼耶改称阿拉克,穆哈梅拉改称霍拉姆沙赫尔。1934年,礼萨汗更将国名由波斯改为伊朗。③

戴巴列维帽的议员

与此同时,礼萨汗宣布废除恺伽王朝与西方国家签订的不平等条约,成立伊朗国家银行,从大英帝国银行收回货币发行权和印钞权,接管印欧电报公司和比利时人掌管的海关,禁止外国人在伊朗开办学校、出任公职、拥有土地和未经允许在伊朗旅行,将外国资本局限于石油开采和里海渔业两个领域。④1933年,礼萨汗与英伊石油公司签署协议,英伊石油公司放弃40万平

① Kamrava, M., *The Modern Middle East: A Political History since the First World War*, p.60.

② Kamrava, M., *The Political History of Modern Iran: From Tribalism to Theocracy*, p.56.

③ Abrahamian, E., *Iran: Between Two Revolutions*, p.143.

④ Abrahamian, E., *Iran: Between Two Revolutions*, p.144.

方英里的土地，同时承诺培训伊朗管理人员，将伊朗政府的利润分成从 16% 增加到 20%，伊朗政府则将英伊石油公司的开采期限延长 32 年即从 1961 年延长至 1993 年。①

器物层面的现代化举措

1905—1911 年宪政运动的宗旨是限制王权和振兴国家，包含民主主义和民族主义的双重倾向。相比之下，礼萨汗当政期间的统治政策，一方面极力强化君主独裁，排斥民众的政治参与和权力分享，构成宪政制度的逆向运动，另一方面致力于强化政府职能，整合社会，摆脱西方列强的控制，建立主权国家，明显区别于恺伽王朝。

威权主义和民族主义无疑是礼萨汗所追求的首要目标，而礼萨汗时期威权主义和民族主义的政治模式塑造了相对平静的社会氛围。乡村民众和城市下层偶有反叛，旋即遭到镇压，稳定程度明显超过恺伽王朝时期。新军的组建和官僚化程度的提高，成为礼萨汗政权有效控制伊朗社会的重要手段。在此基础之上，礼萨汗采取一系列的改革举措，旨在从物质层面推动伊朗的现代化进程。

礼萨汗当政期间，中央政府控制地方经济命脉，不断扩大财源，国家岁入呈上升的趋势。1925—1941 年，巴列维王朝从石油开采的利润分成中所得到的岁入由 100 万英镑增至 400 万英镑，从海关税收中所得到的岁入由 9 100 万里亚尔增至 4 亿里亚尔。巴列维王朝自 1925 年开始征收所得税，至 1941 年共计征收税款 3 亿里亚尔。巴列维王朝对于糖、茶、烟草和燃料实行专卖制，岁入超过 10 亿里亚尔。此外，土地税亦构成巴列维王朝的重要岁入来源。自 1937 年开始，政府实行赤字财政，增加货币流通量。1925 年，伊朗政府的财政收支大体相抵，至 1941 年，政府财政赤字高达 7 亿里亚尔。礼萨汗的新政因此被称作"建筑在通货膨胀基础上的大厦"。②

礼萨汗当政期间的工业化举措，主要是提高关税、政府垄断经营、国家投资现代工业和由国家银行向私人企业提供低息贷款。国家在工业和贸易领域的投资在财政预算中所占的比例，从 1928 年的 1% 增至 1941 年的 24%。相比之下，军费开支尽管绝对数字增长 4 倍，其在政府财政预算中所占的比

---

① Ansari, A.M., *Modern Iran Since 1921: The Pahlavis and After*, p.57.

② Foran, J., *Fragile Resistance: Social Transformation in Iran from 1 500 to the Revolution*, p.224.

例却从 40% 下降为 14%。①

伊朗的铁路建设落后于奥斯曼帝国和埃及。1913 年,伊朗兴建自西北部边境城市焦勒法至阿塞拜疆首府大不里士的铁路,是为伊朗的第一条铁路。②自 1925 年开始,礼萨汗着手建造穿越伊朗的铁路。1929 年,自里海港口城市班达尔沙至马赞德兰中部城市萨里和自波斯湾港口城市班达尔·沙赫普尔至胡齐斯坦北部城市德兹富尔两条铁路完工。1931 年,自班达尔沙经德黑兰向南至班达尔·沙赫普尔的第一列火车正式开通,成为连接里海与波斯湾的交通纽带。1941 年,自德黑兰经绥姆纳至马什哈德的东线铁路和自德黑兰经赞赞至大不里士的西线铁路投入运营。1939 年,伊朗铁路达到 1 700 公里;1948 年,铁路长度增至 3 180 公里。③

1925 年,伊朗全国的公路不足 2 000 公里,而且大都年久失修。到 1941 年,伊朗拥有状况良好的公路约 1.4 万公里。④1928 年,伊朗仅有汽车 600 辆;1942 年,伊朗的汽车数量达到 2.5 万辆。⑤1920—1933 年,国内货运费用降低到原来的三分之一,货运时间降低到原来的十分之一。⑥

礼萨汗改善交通的初衷,无疑是便于调动军队和强化对于地方的控制。铁路的贯通和公路里程的增长,标志着礼萨汗独裁专制的君主权力在伊朗各地的广泛延伸。尽管如此,铁路和公路的大规模建造毕竟打破了诸多地区长期以来的闭塞状态,从而为伊朗经济社会的发展特别是市场化程度的提高和工业化的进步提供了有利的条件。

经济社会的发展

自 19 世纪起,伴随着西方的冲击,伊朗传统的经济秩序日趋衰落,地权的商品化和农业生产的市场化初露端倪。1925 年巴列维王朝建立以后,现代化进程逐渐扩展到经济社会的诸多领域。“在礼萨汗的独裁统治下,西方的现代化借助东方专制主义的形式被引入伊朗”。⑦

礼萨汗当政期间,伊朗的现代化主要表现为现代工业的兴起和工业化进

---

① Foran, J., *Fragile Resistance: Social Transformation in Iran from 1 500 to the Revolution*, p.223.
② Yapp, M.E., *The Making of the Modern Near East 1792—1923*, p.26.
③ Issawi, C., *An Economic History of the Middle East and North Africa*, p.54.
④ Ansari, A.M., *Modern Iran Since 1921: The Pahlavis and After*, p.53.
⑤ Keddie, N.R., *Roots of Revolution: An Interpretive History of Modern Iran*, p.99.
⑥ Arjomand, S.A., *The Turban for the Crown: the Islamic Revolution in Iran*, p.67.
⑦ Parsa, M., *Social Origins of Iranian Revolution*, London 1989, p.37.

程的启动。1925 年,伊朗的现代工业企业不足 20 家,其中超过 50 人的企业只有 5 家,包括德黑兰的 1 家兵工厂和 5 家制糖厂、霍伊的钟表厂和大不里士的 2 家纺织厂。1941 年,伊朗的现代工业企业达到 346 家,其中超过 500 人的企业为 28 家。[①]1937 年,现代工业企业在伊朗国内生产总值中所占的比例不足 10%; 1941 年,现代工业企业在伊朗国内生产总值中所占的比例增至18%。[②]1925—1941 年,工业投资总额为 2.6 亿美元,其中政府投资约占三分之一,私人投资约占三分之二,投资区域主要是德黑兰、大不里士、伊斯法罕和里海沿岸地区,投资的主要领域是纺织业和农产品加工业,包括 34 家纺织厂、8 家制糖厂、1 家大型卷烟厂以及为数众多的茶厂、饮料厂、粮食加工厂和肉类加工厂。此外,政府和私人还投资兴建水泥厂、钟表厂、肥皂厂、造纸厂、玻璃厂和化学品厂,甚至计划建造钢铁厂。[③]

20 世纪 20—30 年代,政府以实物的形式征纳土地税,而作为工业原料的经济作物则免征土地税,进口农业机械亦免征关税,经济作物的种植面积逐渐扩大,里海沿岸的变化尤为明显。[④]此外,政府聘请外国专家主持改良农作物和牲畜品种,开办农业学校,成立农业银行,由政府提供贷款,鼓励农民改良土壤和开垦荒地。1925—1939 年,伊朗的小麦产量增长 67%,大麦产量增长 36%,水稻产量增长 44%,棉花产量增长 90%,烟草产量增长 114%。棉花和烟草是出口国际市场的主要农产品,至于粮食作物则大都用于满足国内需要。尽管如此,相比于迅速增长的现代工业和石油开采,农业生产的发展速度相对缓慢,其在国民经济中所占的比例逐渐下降。1900 年,农业在国民经济中所占的比例超过 80%,至 30 年代后期,农业生产在国民经济中所占比例下降为 50%。[⑤]

礼萨汗当政期间,伊朗经历游牧群体的定居化过程:游牧部落的酋长逐渐加入地主的行列,普通部落民则放弃游牧而转入农耕状态。在农耕区域,国家土地所有制逐渐衰落,国有土地明显减少,私人地产呈上升趋势。根据 1928 年颁布的民法和 1929 年颁布的财产登记法,私人实际占有村社土地如果超过 30 年,即被视作占有者的私产。自 1934 年起,政府向私人出售国有

---

① Foran, J., *Fragile Resistance: Social Transformation in Iran from 1 500 to the Revolution*, p.223, p.234.

② Parsa, M., *Social Origins of Iranian Revolution*, p.35.

③ Foran, J., *Fragile Resistance: Social Transformation in Iran from 1 500 to the Revolution*, p.235.

④ Avery, P., Hambly, G. & Melville, C., *The Cambridge History of Iran*, Cambridge 1975, Vol.7, p.611.

⑤ Lenczowski, G., *Iran Under the Pahlavis*, pp.31—32.

土地,洛雷斯坦、克尔曼、阿塞拜疆和锡斯坦的国有土地随之流入民间。[①]至礼萨汗在位末期,国有土地仅占伊朗全部耕地的10%。地权的非国有化运动导致土地兼并的不断加剧,乡村的贫富分化现象日趋严重。1941年,37家最大的地主拥有2 000个村庄。另据40年代的抽样统计,占农户总数5%的地主拥有全部耕地的83%,拥有土地不足1公顷的乡村家庭占农户总数的25%,无地农户占乡村农户总数的60%。[②]

分成制作为伊朗乡村传统的租佃形式在礼萨汗当政期间依然占据主导地位,由此形成农民对于地主的依附关系。一般情况下,地主占有农产品收成的三分之一到二分之一,而交纳分成制地租的农民扣除各项费用之后则所剩无几。以礼萨汗当政期间德黑兰附近的一个村庄为例,由4个农民组成的劳动队收获100担小麦,其中47.5担作为地租交给地主,7.5—10担支付给乡村工匠和教职人员,17—18.5担支付给耕牛的提供者,最后每个农民只剩4.5担。[③]

礼萨汗当政期间,私人大地产成为伊朗最重要的地产形式。在外地主作为礼萨汗政权的支持者,获得统治乡村和农民的广泛权力。"在一定的程度上,在外地主的领地俨然是国中之国。许多大地产主甚至不允许政府官吏进入自己的领地。"[④]1935年颁布的法令给予在外地主任命村社首领的权力和村社首领管理村社的权力,标志着礼萨汗政权承认在外地主统治乡村和农民的特权地位。[⑤]与此同时,礼萨汗极力保护地主的利益,将土地税的缴纳人由土地的所有者改为土地的耕作者,规定村社首领即卡德胡达斯不再由村民选举而由地主任命。地主在第一届议会仅占据8%的席位,第四届议会中占据12%的席位,至礼萨汗退位前夕的第十二届议会中占据26%的席位。[⑥]地主作为礼萨汗时期巴列维王朝的重要社会基础,在乡村拥有广泛的权力,支配着农民的命运。所谓的"一千个家族"体现了礼萨汗当政期间地主阶级在伊朗社会的广泛影响。1941年礼萨汗退位时,巴列维家族拥有2 670个自然村落,"成为伊朗2 500年的历史上最大的地主"。[⑦]

---

① Hooglund, E., *Land and Revolution in Iran 1960—1980*, Texas 1982, p.40.

② Foran, J., *Fragile Resistance: Social Transformation in Iran from 1 500 to the Revolution*, p.228.

③ Foran, J., *Fragile Resistance: Social Transformation in Iran from 1 500 to the Revolution*, p.231.

④ Karshenas, M., *Oil, State and Industrialization in Iran*, p.68.

⑤ Keddie, N.R., *Iran: Religion, Politics and Society*, p.170.

⑥ Abrahamian, E., *Iran: Between Two Revolutions*, p.150.

⑦ Majd, M.G., *Resistance to the Shah: Landowners and Ulama in Iran*, Florida 2000, p.33.

1900—1926 年,伊朗人口的年增长率只有 0.08%,人口数量处于相对停滞的状态。1926—1940 年,伊朗人口的年增长率达到 1.5%,人口数量呈稳定上升的趋势。1914 年,伊朗人口约 1 000 万;1940 年,伊朗人口为 1 460 万,增长幅度接近 50%。与此同时,伊朗人口的构成亦发生变化,定居化和城市化的程度逐渐提高。1901 年,城市人口约为 200 万,占总人口的 21%,乡村农业人口约为530 万,占总人口的 54%,部落游牧人口约为 250 万,占总人口的 25%。1940 年,城市人口增至 320 万,占总人口的 22%,乡村农业人口增至 1 000 万,占总人口的 71%,而部落游牧人口下降为 100 万,仅占总人口的7%。①农业劳动力在全部社会劳动力中所占比例,1906 年为 90%, 1926 年下降为 85%, 1946 年更下降为 75%。1935—1940 年,城市人口的年增长率为 2.3%,乡村人口的年增长率则仅为 1.3%。②

礼萨汗当政期间,伴随着官僚政治的发展和工业化进程的启动,城市规模不断扩大,城市人口明显增多。1900—1939 年,德黑兰的人口从 20 万增至 55 万,伊斯法罕的人口从 10 万增至 25 万,大不里士的人口从 10 万增至 20 万。③1940 年,伊朗已有 6 个人口超过 10 万的城市,其中德黑兰 54 万人,伊斯法罕 25 万人,大不里士为 20 万—30 万人,马什哈德 20 万人,设拉子 20 万人,新兴石油城市阿巴丹 10 万人。④与此同时,城市内部的人口结构逐渐形成新旧社会阶层并存的多元状态。在外地主、手工业者、巴扎商人和教职人员无疑是城市传统社会阶层的基本成分,资产阶级和现代产业工人则构成城市新兴的社会阶层。在外地主固然是巴列维王朝的重要社会基础,手工业者和巴扎商人的利益却由于礼萨汗推行的改革举措而受到损害,不满情绪逐渐滋生。与巴扎商人和传统手工业者联系密切的教界利益,亦因礼萨汗的世俗化改革而受到损害;他们被排挤出长期占据的传统阵地即司法和教育领域,进而丧失了相应的经济来源和社会影响,巴扎几乎成为教界在城市中仅存的势力范围。新兴资产阶级可谓礼萨汗当政期间现代化改革举措的受益者,这与现代经济成分密切相关:地主、官僚和商人投资兴办现代企业,成为新兴资产阶级的主要来源。世俗知识界与传统教界曾在宪政运动期间结成同盟,礼萨汗当政期间逐渐分道扬镳。

---

① Bonine, M.E., *Population, Poverty and Politics in Middle East Cities*, p.258.

②④ Foran, J., *Fragile Resistance: Social Transformation in Iran from 1 500 to the Revolution*, p.227.

③ Grunwald, K. & Ronall, J.O., *Industrialization in the Middle East*, p.41.

工业化的进步导致现代产业工人的兴起。1925年,伊朗现代产业工人不足千人;30年代末,包括石油工人、渔业工人和铁路工人在内的现代产业工人达到17万人的规模。[①]礼萨汗在位末期,现代产业工人尽管只占劳动力总数的4%,其分布范围却相对集中;75%的大型现代企业位于德黑兰、大不里士、伊斯法罕、吉兰和马赞德兰。德黑兰的62个现代工厂有工人6.4万人,伊斯法罕的9家纺织工厂有工人1.1万人,阿巴丹的炼油厂有1.6万工人,胡齐斯坦的油田亦有4 800工人。低工资、长工时和近乎奴隶的劳动条件,导致工人不满情绪的逐渐增长。1929年,阿巴丹炼油厂的工人举行罢工,要求提高工资、实行八小时工作制、改善居住条件和组织工会。礼萨汗政府出兵镇压,逮捕数百名工人。1931年,伊斯法罕的工人举行罢工,要求提高工资和实行八小时工作制。尽管罢工的组织者遭到逮捕,工人提出的部分要求得到满足。同年,马赞德兰的铁路工人亦举行罢工。英国驻大不里士的领事曾对此间的罢工活动有以下的评述:"我们正处于新旧更替的过渡阶段……旧的秩序业已崩溃,新的制度尚未形成。礼萨汗政府打碎了旧的结构,却未能代之以相应的体制。"[②]

礼萨汗时代的威权政治与现代化模式

礼萨汗推行的现代化举措,包含西化和民族化的双重内容。礼萨汗当政期间,伊朗社会的诸多方面,从民众服饰到建筑风格,从司法机构到教育体系,从民族国家的世俗意识形态到现代的工业生产和科学技术,皆表现出明显的西化倾向。民族独立和威权政治无疑是礼萨汗致力于追求的首要目标;所谓的西化抑或学习西方的诸多举措,旨在抵御西方列强的侵略,进而服务于民族主义和威权主义的政治目的。

礼萨汗极力宣扬,所谓"王中之王"的统治曾经创造了伊朗辉煌的古代文明,伊斯兰教则是舶来的信仰。与恺伽时代相比,礼萨汗当政期间的民族主义,以强调伊朗的历史传统取代强调伊斯兰的历史传统,进而以强调国王的权力和尊严取代强调安拉的权力和尊严,因此更具世俗的色彩。

礼萨汗与同时期的土耳其总统凯末尔颇具相似之处。首先,礼萨汗和凯末尔均试图将传统社会整合为现代的民族国家。其次,礼萨汗和凯末尔均采

---

① Ansari, A.M., *Modern Iran Since 1921: The Pahlavis and After*, p.63.

② Foran, J., *Fragile Resistance: Social Transformation in Iran from 1 500 to the Revolution*, p.237, p.163.

取西化的模式推动现代化的进程，力图提高政府效率，消除部落纷争，排斥教界影响。第三，礼萨汗和凯末尔均希望摆脱外族控制，建立主权国家。第四，礼萨汗和凯末尔均出身军界，依靠军队的支持，主张通过威权政治实现社会的改造。第五，礼萨汗和凯末尔推行的现代化改革主要局限于城市的范围，尚未延伸到传统势力根深蒂固的乡村社会。礼萨汗和凯末尔的不同之处在于，凯末尔借助于政党的形式不断扩大其统治国家的社会基础，礼萨汗则采取君主专制的形式排斥各界民众的政治参与，因而缺乏统治国家的广泛社会基础，具有明显的脆弱性。

综观世界历史，国家机构的完善和政府职能的强化是现代化早期阶段的普遍现象，威权政治的膨胀在诸多地区构成从传统政治模式向现代政治模式过渡的中间环节。宪政运动作为伊朗现代化进程的重要起点，包含限制君主的绝对权力和实现经济社会发展的双重目标。相比之下，礼萨汗当政期间的伊朗历史表现为威权政治日趋膨胀和经济社会剧烈变革的双重倾向，而威权政治的膨胀与经济社会领域的变革并非孤立存在的历史现象，两者之间具有密切的内在联系。礼萨汗一方面通过世俗化的诸多举措，着力扩充国家机构和完善政府职能，进而强化君主专制，在政治层面构成宪政制度的逆向运动；另一方面借助威权政治的外在形式，致力于改造伊朗传统的经济秩序和社会结构，从而形成巴列维王朝与恺伽王朝的明显区别。礼萨汗改造伊朗传统经济秩序和社会结构的主观目的，在于强化君主独裁的政治制度。巴列维王朝君主独裁的世俗政治，无疑中断了宪政运动所开启的政治民主化进程，议会形同虚设，宪法如若一纸空文。然而，宪政运动时期所描绘的发展经济和改造社会的宏伟蓝图，正是通过礼萨汗当政期间君主独裁的政治形式得以付诸实践，礼萨汗的威权政治构成推动伊朗从传统社会向现代社会过渡的有力杠杆。

四、 巴列维国王的统治与“发展的独裁模式”

议会政治的活跃

苏德战争的爆发结束了礼萨汗的统治。1941 年 9 月，盟军占领德黑兰，礼萨汗被迫退位，其子穆罕默德・礼萨・巴列维即位，是为巴列维国王(1941—1979 年在位)。

即位时的巴列维国王

1941—1953年,是伊朗社会从威权政治崩溃到威权政治重建的历史阶段。社会的动荡和诸多政治势力的激烈较量,则是此间伊朗历史的突出现象。1941—1946年盟军占领期间,伊朗经济处于萧条的状态,包括谷物、水稻、棉花和烟草在内的主要农作物产量急剧下降,工业生产亦呈负增长状态,财政赤字,通货膨胀严重,生活物资短缺。另一方面,盟军的占领促使礼萨汗当政期间备受压抑的政治能量得到释放,多元政治凸显,新旧社会势力激烈角逐。部落酋长、在外地主、教界上层人士和世俗知识分子纷纷登上政治舞台,角逐国家权力,进而形成议会政治、政党政治和君主政治多元并存的复杂局面。现代化进程中社会的裂变和新旧势力的消长,构成礼萨汗退位后政治动荡的历史根源。剧烈的贫富分化和尖锐的阶级对抗,则是此间政治动荡的社会基础。

议会自1925年礼萨汗即位后形同虚设,此间再次成为诸多政党角逐权力的重要政治舞台。1941年11月至1943年11月召开的第十三届议会,经历民族统一联盟、爱国者联盟、阿塞拜疆联盟与正义联盟之间的激烈角逐。[①] 民族统一联盟是议会中人数最多的政治派别,代表中西部地主贵族利益,支持宫廷,体现温和党传统的延续。爱国者联盟代表南部英国占领区地主和商人的利益,持亲英立场。阿塞拜疆联盟代表苏联占领区土地贵族和恺伽家族的利益,反对巴列维家族和英国,持亲苏立场。正义联盟代表新兴中产阶级和知识界的利益,反对宫廷独裁以及英国和苏联的占领,持亲美立场。[②]

1943年底至1944年初,超过800人角逐第十四届议会的136个席位,包括同志党、伊朗党、正义党、民族统一党、祖国党以及人民党、民族意志党在内的诸多政党扮演重要的角色。同志党始建于1942年,代表知识界的激进立场,强调公民的政治平等、社会公正和主要生产资料的国有化。伊朗党具有

---

① Baktiari, B., *Parliamentary Politics in Revolutionary Iran: the Institutionalization of Factional Politics*, p.29.
② Abrahamian, E., *Iran: Between Two Revolutions*, pp.180—181.

世俗民族主义色彩，代表知识界的温和立场，主张推动宪政运动期间制定的经济社会改革进程，倡导工业化和土地改革。正义党系正义联盟的政党形式，民族统一党则是民族统一联盟的政党形式，均持反对人民党的立场。祖国党始建于 1943 年，代表巴扎商人、欧莱玛和部落利益，反对土地贵族、礼萨汗的军事独裁和人民党。①

1943 年，赛义德·齐亚丁·塔巴塔巴伊在英国政府的支持下创建民族意志党，持保守的政治立场，反对礼萨汗当政期间的改革举措，倡导回归伊斯兰教传统，得到欧莱玛、商人、地主和部落贵族的广泛支持，成为伊朗政坛最重要的右翼政党。②

人民党作为伊朗政坛的主要左翼政党，始建于 1941 年秋，早期领导人是苏莱曼·伊斯坎达里。巴列维时代，人民党是最具影响力的反对派政党，主要代表知识分子和产业工人的利益，强调劳动保障、土地改革和政治参与，倡导民族独立和宪政制度，颇具激进倾向。人民党在其政治纲领中明确宣布："我们的主要目的是动员伊朗的工人、农民、进步的知识分子、商贩和手工业者。我们的社会划分为两个阶层，即占有主要生产资料的富人和缺乏财产的穷人。后者包括工人、农民、进步的知识分子、手工业者和商贩。他们辛勤劳作，却不能获得劳动的果实。他们处于贵族寡头的压迫之下，一无所有。只有彻底改造整个社会秩序，只有民众占有主要生产资料，才能使他们摆脱目前的处境。我们所反对的独裁和专制，并非特定的独裁者，而是独裁和专制制度赖以存在的社会结构。礼萨汗的退位并不意味着独裁制度的终结，产生独裁者的社会结构依然存在，继续塑造着新的礼萨汗。"③人民党的成员 1942 年约 6 000 人，1944 年增至 2.5 万人。1946 年，人民党在 78 个城市设立分支机构，成员达到 5 万人，另有支持者 10 万人，成为伊朗最大的政党和首个名副其实的民众政治组织。④40 年代初，人民党获得议会的 6 个席位。1946 年，6 名人民党成员进入内阁。⑤1946 年 5 月，人民党在伊朗的 20 个城市组织声势浩大的民众运动，其中 4 万人参加了人民党在伊斯法罕组织的民众运动，5 万人参加了人民党在德黑兰组织的民众运动，8 万人参加了人民党在阿

---

① Abrahamian, E., *Iran: Between Two Revolutions*, p.186, p.188, p.188, p.192, p.193, p.281.
② Keddie, N.R., *Roots of Revolution: An Interpretive History of Modern Iran*, p.117.
③ Abrahamian, E., *A History of Modern Iran*, p.108.
④ Keddie, N.R., *Roots of Revolution: An Interpretive History of Modern Iran*, p.114, p.117.
⑤ Parsa, M., *Social Origins of Iranian Revolution*, p.40.

巴丹组织的民众运动。同年10月,10万人在德黑兰举行活动,庆祝人民党建立5周年。①

与人民党联系密切的伊朗工会联盟成立于1944年5月,设有33个分支机构,成员近30万人,约占伊朗工业劳动力总数的四分之三,包括4.5万石油工人、4.5万建筑工人、4万纺织工人、2万铁路工人、2万地毯编织工人和1.1万码头工人。然而,伊朗工会联盟主要强调改善工人的经济境况,尚无明确的政治要求。②

礼萨汗当政期间,致力于强化国家权力和推行威权主义的统治政策,统治权力掌握在国王手中,政治生活处于相对稳定的状态。礼萨汗退位后12年间,威权政治急剧衰落,多元政治成为伊朗社会的突出现象,宫廷、议会、内阁和民众组织展开激烈的权力角逐,英国、美国和苏联亦趁机插手,国家机器几近失控,政局动荡,首相和内阁频繁更替。

礼萨汗在位16年间,共有8位首相、10届内阁和50名大臣任职。巴列维国王即位初期的12年间即1941—1953年,则有12位首相、31届内阁和148名大臣任职,首相任职时间平均8个月,每届内阁执政时间平均不足5个月。其中,1944—1946年的两年间经历9届内阁,7人出任首相,110人出任内阁大臣。首相和内阁的频繁更替并不意味着新兴社会群体的崛起和民众广泛的政治参与,民主政治的客观条件尚不成熟,传统势力依旧垄断着国家政权,新兴资产阶级、巴扎商人和工匠以及教界均被排斥于国家政权之外。此间任职的12位首相中,9人出身贵族家庭,2人来自礼萨汗时期的官僚政府,1人系礼萨汗麾下的高级将领。至于此间任职的148名大臣中,81人出身名门望族,13人曾与宫廷保持密切联系,11人系军队将领。③

石油国有化运动

石油的开采是深刻影响20世纪伊朗历史的重要因素。1900年,英国人威廉·诺克斯·德阿西以支付20万英镑的代价,从伊朗政府获得为期60年的石油开采特许权。1908年,伊朗南部的克尔曼沙赫发现石油;同年成立英伊石油公司,英国政府控制英伊石油公司51%的股权。④此后数十年中,英伊

① Afshar, H., *Iran: A Revolution in Turmoil*, London 1985, p.126.

② Abrahamian, E., *A History of Modern Iran*, p.109.

③ Abrahamian, E., *Iran: Between Two Revolutions*, p.170, p.200.

④ Katouzian, H, *The Political Economy of Modern Iran*, London 1981, p.67.

石油公司控制伊朗的石油工业，英国政府从英伊石油公司征纳的税收甚至超过伊朗政府。1933—1949年，英伊石油公司的净收入为9亿英镑，其中净利润为5亿英镑，向英国政府缴纳税收1.8亿英镑，非伊朗的股民分红为1.2亿英镑，至于伊朗方面所得的收入只有1.1亿英镑，约占英伊石油公司净收入的12%或净利润的15%。1945年，伊朗的石油产量超过阿拉伯国家石油产量的总和，然而伊朗的石油收入仅为每桶18美分，远远低于巴林的每桶35美分、沙特阿拉伯的每桶56美分和伊拉克的每桶60美分。①

1949年，穆罕默德·摩萨台创建民族阵线，基本宗旨是争取国家资源的民族化、实现议会政治的民主化和推动伊朗经济社会的发展。②

摩萨台

民族阵线包括伊朗党、劳工党、民族党和穆斯林战士协会。伊朗党强调社会主义的意识形态，代表新兴中产阶级利益，主张强化宪政制度和限制君主权力，实现民族独立和外交中立，实现石油国有化和工业化，推行土地改革，反对土地贵族，核心人物包括卡里姆·桑贾比、艾哈迈德·齐拉克扎迪和侯赛因·法迪米。劳工党由前民主党成员穆扎法尔·巴卡伊和哈里勒·马里基创建，主张强化宪政，反对特权，实现民族独立，缓和劳资对立。民族党由达里乌什·福鲁哈尔创建，代表世俗知识界利益，倡导社会主义。③穆斯林战士协会由阿亚图拉阿卜杜勒·嘎绥姆·卡萨尼创建，代表巴扎商人和教界利益。1952年2月，伊朗召开第十七届议会，在全部79个席位中，民族阵线占30席。④

民族阵线首先致力于争取石油资源的国有化，进而掀起声势浩大的民族主义运动。尽管加入民族阵线的政治组织具有不同的阶级属性，穆罕默德·摩萨台的民族主义倾向无疑超越了阶级的界限，得到了包括保守派地主和欧莱玛在内的伊朗社会诸多阶层的广泛支持。

---

① Foran, J., *Fragile Resistance: Social Transformation in Iran from 1 500 to the Revolution*, p.284.

② Parsa, M., *Social Origins of Iranian Revolution*, p.39.

③ Baktiari, B., *Parliamentary Politics in Revolutionary Iran: the Institutionalization of Factional Politics*, p.39.

④ Abrahamian, E., *Iran: Between Two Revolutions*, p.253, pp.256—258, p.269.

1951 年 1 月,穆罕默德·摩萨台领导的民族阵线和阿亚图拉阿卜杜勒·嘎绥姆·卡萨尼为首的教界人士聚集民众,要求将伊朗的石油资源收归国有,首开中东诸国石油国有化运动的先河。[①]随后,阿巴丹的石油工人举行罢工,支持石油国有化。同年 4 月,穆罕默德·摩萨台出任首相,继而在议会通过石油国有化法案。5 月 1 日,石油国有化法案由巴列维国王签署,正式生效,伊朗国家石油公司宣告成立。[②]

石油国有化运动具有民族主义的浓厚色彩,而其核心内容在于财富控制权的争夺。穆罕默德·摩萨台承认:“我们需要依靠石油收入平衡预算,使我们的人民摆脱贫困、疾病和落后的状态。”[③]由于英国的抵制和封锁,穆罕默德·摩萨台政府致力于发展非石油经济,调整外贸结构,扩大国内生产,强调进口替代型的经济模式。另一方面,穆罕默德·摩萨台政府采取多项自由化的举措,呼吁改革选举制度和恢复宪政,试图扩大议会和内阁权力,削弱在外地主和传统贵族的政治影响,限制君主权力,旨在推动政治民主化的进程。进入 1952 年,巴列维国王与穆罕默德·摩萨台政府之间的矛盾日益加剧。1953 年 8 月,在伊朗军队将领、什叶派保守势力和美国中央情报局的支持下,巴列维国王发动政变,穆罕默德·摩萨台遭到逮捕,石油国有化运动随之流产。[④]

石油国有化运动与宪政运动颇多相似之处,皆包含民族主义和民主主义的双重倾向即摆脱英国的经济束缚和推动国内的政治民主化进程,皆表现为广泛的社会动员和诸多社会群体的广泛联盟,皆伴随着内部的分裂和国外势力的介入,皆以失败而告结束,其后皆出现威权政治进一步强化的趋势。另一方面,石油国有化运动与宪政运动相比,更具民族主义色彩,强调利用一切国家资源和政治手段实现民族独立。因此,穆罕默德·摩萨台与同时期印度的甘地和尼赫鲁、埃及的纳赛尔以及印度尼西亚的苏加诺颇具共性,皆为民族解放运动的领袖人物。参与石油国有化运动的诸多势力所结成的联盟,包含着明显的非同源性和差异性,具有明显的松散倾向,导致其政治基础的脆弱性,进而决定了矛盾双方力量对比的天平向国王一方倾斜。人民党与民族阵线的分裂和教界与世俗反对派的分裂,削弱了穆罕默德·摩萨台的政治基

---

① Fardust, H., *The Rise and Fall of The Pahlavi Dynasty*, Dehli 1999, p.76.

② Ansari, A.M., *Modern Iran Since 1921: The Pahlavis and After*, p.113.

③ Foran, J., *Fragile Resistance: Social Transformation in Iran from 1 500 to the Revolution*, pp.287—288.

④ Azimi, F., *Iran: The Crisis of Democracy*, New York 1989, p.331.

础，为国王的成功政变铺平了道路。

1954 年，巴列维国王以赔偿 2 500 万英镑作为条件，中止英伊石油公司在伊朗享有的石油垄断权。此后，伊朗政府开始与西方数家石油公司联合开发伊朗石油，其中不列颠石油公司拥有 40%的股份，5 家美国石油公司拥有 35%的股份，荷兰壳牌石油公司拥有 14%的股份，利润由伊朗政府与西方数家石油公司对半分成。1962 年，伊朗政府的石油利润分成增至56%。①与此同时，伊朗政府的石油收入从 1955 年的 3 400 万美元增至 1963 年的 4.4 亿美元。②自 60 年代起，美国资本大量投向伊朗油田，进而操纵伊朗的经济命脉，伊朗与美国的关系随之进入新的阶段，美国成为巴列维王朝的主要支持者，伊朗的政策与美国的利益趋于一致。

巴列维国王与美国总统杜鲁门

威权政治的重建

礼萨汗当政期间，巴列维家族财富剧增，成为伊朗的首富。1930 年，礼萨汗在伊朗国家银行的存款约为 100 万里亚尔。③礼萨汗于 1941 年退位时，其在伊朗国家银行的存款增至 6.8 亿里亚尔；相比之下，1941 年伊朗政府的财政岁入不过 12.5 亿里亚尔。④礼萨汗家族的地产主要分布在里海南岸盛产水稻的马赞德兰以及相邻的吉兰和古尔甘，约为 300 万英亩，包括

① Foran, J., *Fragile Resistance: Social Transformation in Iran from 1 500 to the Revolution*, p.312.

② Abrahamian, E., *Iran: Between Two Revolutions*, p.420.

③ Foran, J., *Fragile Resistance: Social Transformation in Iran from 1 500 to the Revolution*, p.224.

④ Majd, M.G., *Resistance to the Shah: Landowners and Ulama in Iran*, p.33.

2 000余个村庄和23.5万户家庭。[①]此外,礼萨汗在许多企业和公司拥有股份。

自1953年开始,巴列维国王凭借礼萨汗聚敛的巨额财富,特别是凭借丰厚的石油收入和美国政府的支持,着力强化威权政治,装备精良和规模庞大的军队则是巴列维国王实行威权政治的有力工具。1953—1963年,巴列维国王从美国获得价值5亿美元的军事援助,军费开支从8 000万美元增至1.8亿美元,军队员额则从12万人增至20万人。[②]1957年,伊朗政府依靠美国和以色列情报部门的支持,组建国家安全情报署,亦称萨瓦克,作为军事力量的重要补充。50年代,德黑兰的中央政府设12个部,雇员约15万人。[③]巴列维国王不断强化政府职能和完善官僚政治,日趋膨胀的官僚机构成为巴列维国王控制社会的重要工具。

1953年,巴列维国王实行党禁,取缔政党,力图遏制反对派的政治活动。议会由136个席位增至200个席位,议员任期由2年延长为4年。[④]与此同时,巴列维国王通过萨瓦克的秘密警察控制工会组织和工人运动。1953年,伊朗发生罢工79次;自1954年起,罢工次数明显减少,1955年至1957年三年中只有3次。首相伊格巴尔于1957年4月在其就职演说中声称:"我很讨厌'罢工'这个词,它是人民党带到我们的语言中的。只要我担任首相,我不想听到任何罢工的消息。"[⑤]

50年代至60年代初,巴列维国王在实施高压政策的同时,极力维护在外地主、什叶派欧莱玛和巴扎商人的既得利益,进而与传统势力建立广泛的政治联盟。摩萨台政府于1953年提出的关于提高农民分成的议案被议会束之高阁,贵族世家如阿拉姆斯家族、阿拉斯家族、巴赫提亚尔家族等享有诸多特权。巴列维国王多次朝觐麦加,出席在什叶派宗教圣城卡尔巴拉、库姆和马什哈德举行的什叶派宗教庆典,尤其与教界上层特别是阿亚图拉布鲁杰尔迪、阿亚图拉贝赫贝哈尼等人交往甚密。1953—1963年,巴扎在诸多方面享有自治的地位,巴列维国王亦极力避免干涉巴扎的内部事务,允许行会的自由选举。

---

① Abrahamian, E., *Iran: Between Two Revolutions*, p.137.

②⑤ Abrahamian, E., *Iran: Between Two Revolutions*, p.420.

③ Arjomand, S.A., *The Turban for the Crown: the Islamic Revolution in Iran*, p.94.

④ Ansari, A.M., *Modern Iran Since 1921: The Pahlavis and After*, p.139.

德黑兰列斯坦宫

白色革命

农业是伊朗传统社会的经济基础，土地构成伊朗传统社会最重要的生产资料和财富来源。白色革命前夕，乡村人口约占伊朗全国总人口的70%。封建生产关系在伊朗乡村长期占据统治地位，大地产与分成制租佃关系的结合构成乡村经济的基本模式，自耕农主要分布在伊朗人口稀少和经济相对落后的农业地区边缘。

据1956年的官方统计，伊朗全部耕地的10%属于国有，4%属于王室，10%属于宗教地产，76%属于私人地产。①仅占总人口1%的在外地主拥有超过55%的耕地，控制超过65%的乡村人口。②分成制地租的征纳，是地主土地所有权的主要表现方式。根据1960年的统计，交纳分成制地租的耕作者92万户，占农户总数的49%，采用分成制租佃方式的耕作面积700万公顷，占全部耕作面积的62%；相比之下，交纳固定地租的耕作者27万户，占农户总

① Najmabadi, A, *Land Reform and Social Change in Iran*, Salt Lake City 1987, p.45.

② Karshenas, M., *Oil*, *State and Industrialization in Iran*, p.141.

数的 14%,采用固定地租的耕作面积 98 万公顷,占全部耕作面积的 9%。[①]分成制的租佃方式在人口稠密和经济发达的农业地区尤为盛行,其中西阿塞拜疆省 91%的耕地、克尔曼省 89%的耕地、库尔德斯坦省 87%的耕地、东阿塞拜疆省 83%的耕地、德黑兰省 78%的耕地、胡齐斯坦省 62%的谷地、伊斯法罕省和吉兰省 59%的耕地采用分成制的租佃方式。在交纳分成制地租的条件下,耕种土地的农民包括两种类型:一种是享有长期租佃权的农民,另一种是无租佃权的农民。前者世代耕种从地主租佃的土地,采用劳动队的群体形式,每个劳动队包括数名劳动力,按照土地、水源、种子、耕牛和人力五项要素与地主分享收成,此外尚需提供劳役和实物贡赋。后者缺乏稳定的租种耕地和收入来源,被排斥于五项分成之外,通常充当临时性的日工或季节工,处于乡村社会的底层。[②]

自然村落是伊朗乡村社会的传统组织形式,规模从百余人到数千人不等。在自然村落内部,农业生产与手工业生产密切结合,产品交换普遍采用实物的形式,表现为自给自足和相对封闭的状态。根据 1956 年的官方统计,伊朗共有自然村落 5.13 万个。[③]60 年代土地改革前,王室拥有 2 000 个自然村落,占自然村落总数的 4%;国家拥有 3 000 个自然村落,占自然村落总数的 6%; 6 000 个自然村落属于瓦克夫,占自然村落总数的 12%;此外的 4 万个自然村落中,1.9 万个属于 37 个最大的地产主,7 000 个属于中等地产主,1.5 万个属于小地主和自耕农。1943—1960 年,大地产主占据议会 56%的席位。此间 17 个首相中,15 人来自大地产主。[④]

在外地主远居城市,委派管家监督农业生产。[⑤]白色革命前伊朗乡村社会的显著特征是,在外地主兼有土地所有权与乡村统治权。农民普遍固着于土地,处于依附状态;在外地主及其管家凌驾于耕种土地的农民之上,俨然成为国家权力的象征。“这些地主因为通常不住在自己的领地上,自然就不会注意开发这些土地,也不想进行农业改革来改善他们的社会状况。”“多数大地主在土地耕作和经营管理上依然使用古老的、陈旧的方法,而不愿拿出现

---

① Amid, M.J., *Agriculture, Poverty and Reform in Iran*, London 1990, p.34.

② Beaumont, P. & McLachlan, K., *Agriculture Development in the Middle East*, London 1985, p.152, p.154.

③ Najmabadi, A, *Land Reform and Social Change in Iran*, p.45.

④ Bashiriyeh, H., *The State and Revolution in Iran: 1962—1982*, Kent 1984, p.12.

⑤ Shakoori, A., *The State and Rural Development in Post-Revolution in Iran*, New York 2001, p.45.

代化农业所需要的大量资金，结果是，当此发达的国家不断为开垦更多土地而努力的时代，我们的农业却几乎仍处在数千年前的状态。”①

1960—1963 年，伊朗由于严重的财政赤字和经济危机，被迫向国际货币基金组织和美国政府寻求紧急援助。国际货币基金组织承诺提供 3 500 万美元的经济援助，条件是伊朗政府调整预算，冻结工资，搁置部分经济开发项目。美国的肯尼迪政府同意提供 8 500 万美元的经济援助，条件是巴列维国王吸收自由派人士加入内阁和实行土地改革，以防止出现在许多国家业已发生的红色革命。巴列维国王迫于形势的压力，逐渐放弃拉拢传统势力和控制现代社会群体的二元政策，进而掀开白色革命的序幕。

1962 年，由农业大臣阿尔桑贾尼起草的土地改革法案获准实施。该法案规定：地主拥有土地的最高限额是一个自然村落，超过最高限额的土地必须出售给政府，但果园、花园和机耕土地不在其列；政府根据地主以往上报的土地收入和缴纳的地产税确定购买价格，分 10 年付清地款；政府将所购置的土地出售给享有租佃权的无地农民，购地者需要在 15 年内付清地款；政府在乡村组建合作社，加入合作社是无地农民从国家购置土地的先决条件。②

土地改革首先在阿塞拜疆、吉兰、克尔曼、法尔斯和库尔德斯坦试行，效果颇为显著。③ 1963 年，巴列维国王正式宣布关于社会发展的六点纲领，其核心内容是土地改革，时称白色革命。在随后举行的全民公决中，99%的选民支持六点纲领和白色革命。④此后，土地改革在全国范围普遍展开。

1965 年，土地改革法案附加条款获准实施，白色革命进入第二阶段。根据该附加条款，在以往实行分成制租佃方式的地区，地主拥有土地的最高限额减至 30—200 公顷，超过部分可做以下五种选择：第一，出租土地，租佃期限不得少于 30 年，承租者缴纳货币地租，租额每五年调整一次；第二，出售土地，购地者可向国家银行申请低息贷款，10 年内付清购地款；第三，与佃农按照传统的五项要素划分土地；第四，地主与佃农合资组建农业联合体；第五，拥有土地不足 30—200 公顷者，可购买佃农的租佃权，并雇用他们作为工资

---

① 穆罕默德·礼萨·巴列维：《白色革命》，中译本见热拉德·德·维利埃：《巴列维传》，商务印书馆 1986 年版，第 389 页，第 391 页。

② Najmabadi, A, *Land Reform and Social Change in Iran*, pp.92—93.

③ Hooglund, E.J., *Land and Revolution in Iran 1960—1980*, pp.53—54.

④ Ansari, A.M., *Modern Iran Since 1921: The Pahlavis and After*, p.157.

劳动者。①

1965年颁布的土地改革法案附加条款，涉及约4万个自然村落和约150万农户，其中6万农户购置土地，15万农户与地主分享耕地，11万农户加入农业联合体，123万农户与地主订立长期租约。②在实施的过程中，各地的做法不尽相同。胡齐斯坦和马赞德兰大都选择出租的形式，德黑兰周围以及吉兰和阿塞拜疆普遍选择出售土地，法尔斯的许多地主选择与农民分享耕地，克尔曼和呼罗珊的地主多与农民组成联合体，锡斯坦和俾路支的农民往往向地主出售租佃权。③

1967年，农场企业建立与管理法获准实施，1968年，开发水坝下游土地公司建立与管理法获准实施，白色革命随之进入第三阶段。根据农场企业建立与管理法，农场企业由政府投资，实行计划管理；自耕农可以将地产入股农场企业，按照股份获得分红，亦可为农场企业工作，按日计酬。至1978年，建立农场企业94个，包括850座村庄、30余万农民和40余万公顷土地，主要分布于法尔斯、胡齐斯坦和阿塞拜疆。④根据开发水坝下游土地公司建立与管理法，政府征购土地，出租私人经营，成立合资性质的农业公司，吸收国外资金和国内资金，属于资金密集型、机械化生产和雇佣制的现代农业企业，种植经济作物，至1978年建成36家公司，主要分布于胡齐斯坦、古尔干、吉兰等地。⑤在许多地区，政府打破自然村落的界限，组建大型农场，采用工资劳动，推广农业机械，实行单一作物的专门生产。政府亦鼓励外国资本投入伊朗农业，组建外资农业公司；1969—1974年，5家外资农业公司从伊朗政府租赁国有土地7万公顷。⑥此外，分配和出售租佃土地法于1969年开始实施，已与农民签订30年长期租约的地主须将土地出售给农民，地价由地主与农民协商解决，地款可一次性支付，亦可在12年内分期支付，政府为地主提供担保。⑦1971年，政府宣布土地改革结束。

巴列维国王声称，发动白色革命的根本思想是“权利应归全民，而不得为少数人所垄断”，其目的是“真正限制大土地占有，以利农民；真正消灭地主和

---

① Hooglund, E.J., *Land and Revolution in Iran 1960—1980*, p.61.

② Amjad, M., *Iran: From Royal Dictatorship to Theocracy*, New York 1989, p.82.

③ Lenczowski, G., *Iran Under the Pahlavis*, p.274.

④ Schirazi, A., *Islamic Development Policy: The Agrarian Question in Iran*, Boulder 1993, p.17.

⑤ Hooglund, E.J., *Land and Revolution in Iran 1960—1980*, pp.86—87, pp.84—85.

⑥ Schirazi, A., *Islamic Development Policy: The Agrarian Question in Iran*, p.20.

⑦ Lenczowski, G., *Iran Under the Pahlavis*, p.109.

白色革命中的巴列维国王

佃农制度；并真正使这些佃农享有人的尊严和有可能直接从劳动中获利”。[①]然而，实际情况并非如此。作为白色革命的核心内容，土地改革只涉及享有租佃权的无地农民，至于没有租佃权的无地农民，约占乡村人口的三分之一，则被排斥于土地改革的范围之外。[②]另一方面，土地改革并未导致乡村人口平等的经济地位，地产规模存在明显差异。据统计，至白色革命结束时，拥有土地不足 2 公顷者约 100 万户，拥有土地 2—10 公顷者约 140 万户；相比之下，拥有土地超过 50 公顷者虽然只有 4.5 万户，其地产总面积却占全部耕地的47%。[③]土地改革并没有真正满足广大农民对于土地的要求，相当数量的乡村人口仍然处于贫困状态。显然，巴列维国王无意改善下层民众的生活境况；其发起白色革命的真实目的，乃是通过地权的改变，否定在外地主对于乡村的统治，密切国家与农民的联系，扩大君主政治的社会基础，巩固巴列维家族垄断权力的政治地位。“伊朗的白色革命体现一种新的尝试，其目的是采用自上而下的改革，最终维护传统的权力模式。通过土地改革，国王将贵族限制在城市的范围，切断他们与乡村的联系。”[④]

白色革命期间的突出现象，是合作社的广泛建立。享有租佃权的无地农民从国家购买土地的同时，必须加入合作社和认购合作社的股份。合作社的职能，包括农产品的生产、储存、流通，农业机械、农药、化肥的提供，以及农业

① 《白色革命》，见《巴列维传》，第 368 页，第 392 页。
② Kazemi, F., *Peasants and Politics in the Modern Middle East*, Florida 1991, p.285.
③ Foran, J., *Fragile Resistance: Social Transformation in Iran from 1 500 to the Revolution*, pp.320—321.
④ Farazmand, A., *The State, Bureaucracy and Revolution in Modern Iran*, New York 1989, p.104.

贷款的发放。[①]合作社分为初级合作社和中级合作社，构成乡村基本的行政单位，隶属政府管辖。初级合作社的范围为2—3个村社，包括数百农户。1966年，初级合作社为2 000个；1972年，初级合作社达到9 000个，包括2.3万个自然村落和150万农户。[②]若干初级合作社组成中级合作社，构成初级合作社与政府的中间环节；1966年，中级合作社54个，1968年，中级合作社达到81个。[③]合作社建立的实质，在于官僚政治在乡村社会的广泛延伸。合作社建立的结果，是乡村官僚化程度的明显提高。合作社的建立，标志着国王取代在外地主而成为乡村社会的真正主人，农民由长期依附于在外地主转变为直接隶属于巴列维王朝，波斯帝国的古老梦想由于白色革命而得以实现。

白色革命后的地权结构与农业生产

威权政治的强化与经济社会领域的现代化举措，是巴列维国王当政期间伊朗历史的核心内容。然而，威权政治的强化与经济社会领域的现代化举措两者之间并非孤立的存在，而是具有密切的内在联系。经济社会领域的现代化举措构成强化威权政治的手段，强化威权政治则是在经济社会领域推行现代化举措的目的。尽管如此，经济社会领域的现代化举措无疑是否定传统秩序的有力杠杆，客观上推动了伊朗历史的长足进步。

礼萨汗当政期间，伊朗的现代化主要表现为工业化进程的启动，局限于城市的范围，乡村社会和农业生产依然沿袭传统的模式。不仅如此，礼萨汗通过立法的形式保护在外地主的既得利益，旨在强化巴列维王朝与在外地主的政治联盟。封建主义在乡村的统治，制约着商品货币关系的扩大和自由劳动力市场的形成，是伊朗现代化进程的最大障碍。

巴列维国王当政期间，伊朗的乡村社会和农业生产经历了深刻的历史变革，白色革命则是推动乡村农业深刻变革的关键因素。白色革命期间，伊朗乡村的地权结构与社会结构发生明显的变化。享有租佃权的无地农民中约92%即194万农户获得数量不等的土地，原来拥有少量土地的富裕农民亦在土地改革的第二阶段购置土地，在外地主对于乡村土地的垄断性占有和超经

① Farazmand, A., *The State, Bureaucracy and Revolution in Modern Iran*, p.119.

② Hooglund, E.J., *Land and Revolution in Iran 1960—1980*, p.106.

③ Farazmand, A., *The State, Bureaucracy and Revolution in Modern Iran*, p.121.

济强制不复存在，人数众多的小所有者成为乡村重要的社会势力。①

地权结构与社会结构的变化导致经营方式的相应变化，实物分成的传统租佃制明显衰落，货币关系广泛流行。20 世纪 70 年代初，约有 7 000 处超过 100 公顷的地产，大都分布于北部的里海沿岸、东部的呼罗珊和西南部的胡齐斯坦地区，采用雇佣劳动和集约化的经营方式，主要种植经济作物。②

随着地权的转移和经营方式的改变，封建主义在伊朗乡村日渐崩溃。采用现代经营方式的大地产显然与市场经济密切相关；获得土地的农民由于摆脱传统的依附状态，不同程度上具有支配生产的自主权利，加之货币关系的渗透，亦逐渐卷入市场经济之中。与此同时，农业领域的资金投入呈上升趋势，农业技术不断改进。

伊朗的农业生产长期沿袭传统的耕作模式。自公元前 8 世纪引进称作卡纳特的暗渠以来，直至 20 世纪 50 年代末，农业技术停滞不前。“伊朗的农业生产率，无论是在单位面积产量还是人均产量方面，均处于落后的状态。在过去的许多世纪，农业技术的改进微乎其微，2 500 年前奴隶采用的耕作方式至今依然在乡村农业领域延续。”③

20 世纪 20 年代，拖拉机开始用于农业生产，农业机械化初露端倪。然而，在此后相当长的时期内，农业机械未能得到推广，仅仅局限于少数的王室地产。40 年代初，在伊朗东北部里海沿岸降雨丰富的古尔甘地区，土库曼商人购置王室地产，改变经营模式，建立农场，雇佣劳动力，使用农业机械，垦殖荒地。1949 年，古尔甘农业公司成立。古尔甘农业公司最初主要播种传统作物小麦，50 年代末开始播种高利润的经济作物棉花。进入 50 年代，农业机械在古尔甘逐渐推广，使用农业机械和采用现代经营方式的农场数量日渐增多。④

1952 年，伊朗政府成立农业机械发展署，采用分期付款的方式，鼓励农民购置农业机械，至 1956 年售出拖拉机 300 台。自 1956 年起，农业机械发展署向农民提供低息贷款，同时控制农业机械的售价，旨在鼓励农民购置农业机械。然而，1960 年以前，只有富裕农民购置农业机械。1960 年以后，不甚富裕的农民亦开始购置农业机械。1957—1962 年，农业机械发展署通过

---

① Amid, M.J., *Agriculture, Poverty and Reform in Iran*, pp.102—103.

② Hooglund, E.J., *Land and Revolution in Iran 1960—1980*, p.72, p.82.

③ Vali, A., *Pre-Capitalist Iran*, London 1993, p.214.

④ Beaumont, P. & McLachlan, K., *Agriculture Development in the Middle East*, pp.173—174.

贷款的形式售出拖拉机 6 300 台,联合收割机 1 100 台,其中仅占全国耕地 1.5% 的古尔甘地区购置拖拉机 2 000 台,联合收割机 600 台,分别占售出拖拉机和联合收割机总数的 30% 和 50%。里海沿岸的水稻播种区吉兰和马赞德兰亦是较早推广农业机械的省份,自 1958 年开始引进播种机,至 70 年代初机播面积达到 70%。①

白色革命和土地改革不仅导致地权的转移,而且促进了农业机械化的推广。1926—1947 年,伊朗共计进口拖拉机 600 台。至 1950 年,伊朗共有拖拉机 900 台,联合收割机 100 台。1960 年,使用拖拉机耕种土地的农户仅占农户总数的 4%。②自白色革命开始,拖拉机和联合收割机的数量呈明显上升的趋势。1962 年,伊朗全国共有拖拉机 6 000 台,联合收割机 900 台。1971 年,拖拉机增至 2.3 万台,联合收割机增至 1 800 台。1977 年,拖拉机达到 5.3 万台,联合收割机达到 2 500 台。③德黑兰、古尔甘、吉兰、马赞德兰、东阿塞拜疆、西阿塞拜疆和伊斯法罕是农业机械化程度最高的省份。根据 1974 年的统计,在马赞德兰,115 公顷耕地平均 1 台拖拉机;在伊斯法罕,124 公顷耕地平均 1 台拖拉机;在德黑兰,165 公顷平均 1 台拖拉机;在阿塞拜疆,277 公顷耕地平均 1 台拖拉机。拖拉机的进口数量,1952—1956 年 300 台,1957 年 700 台,1960 年 1 300 台,1970 年 5 100 台,1977 年 4 700 台,1979 年 2 800 台。拖拉机的保有量,1966 年 1.6 万台,1977 年 5 万台,1980 年 5.8 万台。1974 年,吉兰的耕地共计 15 万公顷,播种机近 1 万台,平均每台播种机播种 15 公顷;马赞德兰的耕地共计 12 万公顷,播种机 1 万台,平均每台播种机播种 8 公顷。吉兰和马赞德兰两省进口的播种机数量,1960 年 120 台,1963 年 4 000 台,1972 年 10 000 台,1977 年 8 500 台,1980 年 2 900 台。④

1958—1967 年,政府投资兴建大型水坝 12 座,灌溉面积由 1960 年的 280 万公顷增至 1972 年的 360 万公顷。⑤白色革命前,化肥在伊朗乡村的大多数地区尚鲜为人知。即使在最发达的农业地区马赞德兰和古尔干,施肥面积仅占播种面积的3.5%。⑥自 60 年代开始,化肥的投入量急剧上升,1959—

① Beaumont, P. & McLachlan, K., *Agriculture Development in the Middle East*, p.176, p.177, p.180.
② Moghadam, F.E., *From Land Reform to Revolution*, London 1996, p.52.
③ Amid, M.J., *Agriculture, Poverty and Reform in Iran*, p.122.
④ Beaumont, P. & McLachlan, K., *Agriculture Development in the Middle East*, p.184, p.179, p.180.
⑤ Lenczowski, G., *Iran Under the Pahlavis*, pp.147—148.
⑥ Moghadam, F.E., *From Land Reform to Revolution*, p.52.

1977 年年均增长率为 21%，其中 1959—1961 年年均投入 3.2 万吨，1968—1970 年年均投入 21 万吨，1975—1977 年年均投入 68 万吨。[①]1960—1975 年，主要农作物小麦播种面积从 401 万哈增至 557 万哈，年产量从 292 万吨增至 437 万吨，大麦播种面积从 119 万哈增至 144 万哈，年产量从 81 万吨增至 102 万吨，水稻播种面积从 33 万哈增至 40 万哈，年产量从 71 万吨增至 102 万吨。[②]

尽管如此，白色革命期间，伊朗农业生产的增长速度仍然相对缓慢。1969—1973 年的第四个五年计划和 1974—1978 年的第五个五年计划期间，农业产值的预计年均增长率分别为 4.4% 和 7.0%，而实际年均增长率仅为 3.9% 和 4.6%，远远落后于国内生产总值的年均增长率，其中 1978 年农业产值增长率为负0.8%。[③]1960—1975 年，小麦单位面积产量从每哈 0.73 吨增至每哈 0.78 吨，大麦单位面积产量从每哈 0.68 吨增至 0.71 吨，水稻单位面积产量从每哈 2.12 吨增至 2.55 吨，增长幅度有限。[④]1959—1977 年，主要农作物小麦年均增长 4.3%，大麦年均增长 3.0%，水稻年均增长 4.9%。[⑤]1956 年，伊朗总人口为 1 900 万，其中农业劳动力为 330 万；1966 年，伊朗总人口增至 2 600 万，农业劳动力下降为 320 万；1976 年，伊朗总人口达到 3 400 万，而农业劳动力仅为 360 万。[⑥]农业产值在国内生产总值中所占的比例，1963 年为 29%，1977 年下降为 10%。[⑦]

白色革命期间，160 余万农户获得土地，拖拉机保有量增长 16 倍，化肥使用量增长 20 倍，然而农业合作社大都经营不善，农产品价格过低，农作物产量徘徊不前，农民生活水平亦无明显提高。白色革命前的 50 年代，伊朗的农产品不仅满足国内市场的需求，而且出口国际市场。60 年代初，伊朗农业尚且自给有余。自白色革命开始，随着人口的爆炸性增长和城市化的长足进步，农产品的国内市场需求量呈明显的上升趋势。1960 年，伊朗耕地面积为 1 140 万公顷，国内市场的粮食需求量为 700 万吨；1975 年，伊朗耕地面积为 1 570 万公顷，国内市场的粮食需求量增至 1 900 万吨。[⑧]人口的增长速度超

---

①⑤　Karshenas, M., *Oil, State and Industrialization in Iran*, p.152.

②④　Najmabadi, A, *Land Reform and Social Change in Iran*, p.156.

③　Nattagh, N., *Agriculture and Regional Development in Iran*, Cambridge 1986, p.14.

⑥　《帕尔格雷夫世界历史统计》，亚洲、非洲和大洋洲卷（1750—1993），B.R.米切尔编，贺力平译，经济科学出版社 2002 年版，第 102 页，第 1077 页。

⑦　Schirazi, A., *Islamic Development Policy: The Agrarian Question in Iran*, p.23.

⑧　Rahnema, S., *Iran after the Revolution: Crisis of an Islamic State*, London 1995, pp.30—31.

过农业生产的增长速度,粮食进口不断增加。1963年,非农业人口的粮食需求为740亿里亚尔,其中进口粮食20亿里亚尔;1977年,非农业人口的粮食需求增至5 820亿里亚尔,其中进口粮食增至780亿里亚尔。[①]另据统计,1973年,伊朗从国际市场进口谷物96万吨;1978年,伊朗从国际市场进口谷物增至218万吨。1973—1977年,伊朗进口谷物累计支出66亿美元。[②]

巴列维国王宣称,"伊朗的小农生产水平相对落后,浪费财富,使国家无法继续负担"。[③]然而,据此认为伊朗农业呈衰落趋势,否定白色革命对于伊朗乡村社会和农业生产的积极影响,尚有进一步商榷的余地。[④]伊朗乡村的生产关系和社会结构无疑由于白色革命的诸多举措而发生明显的变化。封建地产、家庭经济和资本主义农场的此消彼长标志着伊朗乡村传统经济社会模式的崩坏与现代经济社会模式的长足发展,而农业生产关系的转变与农民生活水平的提高并非必然表现为同步的状态。

白色革命后的工业化进程

白色革命前,伊朗的工业化处于起步阶段,规模尚小,轻工业企业居多,石油工业几乎是唯一的重工业部门。工业产值在国内生产总值中所占的比重,1947年为5%,1962年不足10%[⑤]。50年代和60年代初,伊朗政府相继制定第一个七年发展计划(1949—1955)和第二个七年发展计划(1955—1962),旨在发展农业、改善交通、建立现代工业体系和实现进口替代的经济战略,然而由于资金投入不足,均未取得明显的效果。

伊朗是中东地区最早发现石油的国家。进入60年代,伊朗的石油产量急剧上升。1959年,伊朗石油产量约占世界石油总产量的4.6%。1974年,伊朗石油日产量达到600万桶,伊朗石油产量在世界石油总产量中所占的份额增至10.5%。[⑥]自1963年起,伊朗政府的石油收入呈大幅增长的趋势,1964年为5.6亿美元,1969年为9.6亿美元,1971年为12亿美元,1974年为50亿美元,1976年达到200亿美元。从1964年到1974年,伊朗政府的

---

① Karshenas, M., *Oil, State and Industrialization in Iran*, p.243.

② Schirazi, A., *Islamic Development Policy: The Agrarian Question in Iran*, p.7.

③ Arjomand, S.A., *The Turban for the Crown: the Islamic Revolution in Iran*, p.107.

④ Foran, J., *Fragile Resistance: Social Transformation in Iran from 1 500 to the Revolution*, p.323.

⑤ 张俊彦主编:《中东国家经济发展战略研究》,北京大学出版社1987年版,第78页。

⑥ Clawson, P. & Rubin, M., *Eternal Iran: Continuity and Chaos*, p.73.

石油收入累计 130 亿美元；从 1974 年到 1977 年，伊朗政府的石油收入累计 380 亿美元。[①]石油经济的迅速发展和石油收入的急剧增长，导致政府投资的明显扩大。与此同时，白色革命期间，在外地主被迫出售相当数量的地产之后，其投资方向亦由乡村和农业领域转向城市和工业领域，成为推动工业化进程的积极因素。

1963 年，伊朗政府制订第三个五年发展计划，预计投资 19 亿美元，主要投资领域是冶金工业和机械工业，国内生产的年增长率预计达到 8.8%。1968 年，伊朗政府制订第四个五年发展计划，预计投资 107 亿美元，主要投资领域是运输业、电力工业和石油化学工业，国内生产的年增长率预计达到 9%。1973 年，伊朗政府制订第五个五年发展计划，预计投资 365 亿美元，后增至 700 亿美元，主要投资领域是石油化学工业、冶金工业、电力工业、机械工业和运输业，国内生产的年增长率预计达到26%。[②]1973 年以前，主要工业企业大都位于德黑兰。1973—1977 年，诸多新兴工业基地迅速崛起，阿塞拜疆成为机器制造业中心，伊斯法罕成为冶金工业中心，法尔斯成为化学工业中心，胡齐斯坦成为石油工业中心，吉兰成为电力工业中心，工业分布渐趋合理。[③]巴列维国王甚至夸口，到 20 世纪末，伊朗将成为世界五大工业强国之一。[④]

1963—1977 年可谓伊朗历史上的工业革命时期，现代工业的生产规模明显扩大。伊朗工业的年增长率从 5%升至 15%，其增长速度相当于发展中国家平均增长速度的两倍。[⑤]雇佣工人 10—49 人的小型企业数量从 1 500 家增至 7 000 家，雇佣工人 50—500 人的中型企业数量从 300 家增至 830 家，雇佣工人超过 500 人的大型企业数量从 100 家增至 160 家。[⑥]此外，尚有不足 10 人的作坊 20 万家。1977 年，各类作坊、工厂和其他相关行业的工人数量约为 250 万。[⑦]与此同时，产业结构发生明显的变化，石油工业、冶金工业、化学工业、机械工业和电力工业逐渐成为颇具影响的支柱产业，制造业在国内生产总值中所占比例从 11%增至 17%。1965—1975 年，主要工业品的产量急

---

① Abrahamian, E., *Iran: Between Two Revolutions*, p.427.

② 张俊彦主编:《中东国家经济发展战略研究》，第 84—88 页。

③ Rahnema, S., *Iran after the Revolution: Crisis of an Islamic State*, p.134.

④ Abrahamian, E., *Iran: Between Two Revolutions*, pp.430—431.

⑤⑦ Foran, J., *Fragile Resistance: Social Transformation in Iran from 1 500 to the Revolution*, pp.326—327.

⑥ Abrahamian, E., *Iran: Between Two Revolutions*, p.430.

剧增长，其中煤炭产量从29万吨增至90万吨，钢铁产量从3万吨增至28万吨，水泥产量从140万吨增至430万吨，棉布和化纤制品从3.5亿米增至5.3亿米，电话产量从零部增至19万部，电视机产量从1.2万台增至3万台，拖拉机产量从100台增至7 700台，汽车产量从7 000辆增至11万辆。1963—1977年，国家在德兹福勒、卡拉季和曼杰勒建造大型水利枢纽，发电量从5亿千瓦·时增至155亿千瓦·时。国家投资改造恩泽里、沙赫普尔港、布什尔和霍拉姆沙赫尔等主要港口，港口吞吐量增长4倍。国家投资铺设超过500英里的铁路和13 000英里的公路，从而完成了以德黑兰为中心连接大不里士、伊斯法罕和马什哈德以及里海沿岸和波斯湾港口的铁路干线和四通八达的交通网。①

工业投资的增长无疑是工业化长足进步的重要内容，政府投资、私人投资和国外投资构成巴列维国王时期伊朗工业投资的基本形式。"早在20年代巴列维王朝建立之初，君主制已经成为伊朗经济发展的渠道。然而，直到50年代，政府在经济领域的作用依然相当有限，只是私人经济的辅助和补充。国家机构的完善和政府职能的强化，并未导致国家资本主义的建立。"②白色革命初期，政府投资的规模尚不及私人投资。自60年代后期开始，伊朗的投资结构发生明显的变化，政府的经济干预随之扩大。进入70年代，政府投资逐渐构成伊朗工业投资的主导形式，主要投资领域包括石油工业、冶金工业、机械工业和化学工业，国有企业控制国家的经济命脉。1976年，国家拥有130家大型工业企业，另外在55家工业企业拥有股份。政府控制油田和4家大型石油化工企业以及阿巴丹、德黑兰、设拉子和克尔曼沙赫的炼油厂，同时拥有大不里士和阿拉克的机械制造厂、大不里士的拖拉机厂、伊斯法罕和阿拔斯港的炼钢厂，垄断烟草企业。③"如果说礼萨汗是伊朗最大的地主，那么巴列维国王则是伊朗最大的资本家。"④与政府投资相比，私人投资的主要领域是纺织工业、食品加工业和建筑业。白色革命前的1959年，政府投资占投资总额的34%，私人投资占投资总额的66%；巴列维王朝覆灭前的1978年，政府投资在全部投资中所占的比例上升为66%，私人投资在全部投资中所占的比例下降为34%。1968—1978年，国有企业的固定资产从740

① Abrahamian, E., *Iran: Between Two Revolutions*, pp.430—431, p.428.

② Ehteshami, A., *After Khomeini: The Iranian Second Republic*, London 1995, p.80.

③ Parsa, M., *Social Origins of Iranian Revolution*, p.66.

④ Milani, M.M., *The Making of Iran's Islamic Revolution*, p.60.

亿里亚尔增至 6 630 亿里亚尔，私人企业的固定资产从 770 亿里亚尔增至 4 120 亿里亚尔，国有企业固定资产的增长幅度明显超过私人企业固定资产的增长幅度。1978 年，来自国有企业的政府财政收入达到 11 077 亿里亚尔，仅次于 13 142 亿里亚尔的石油收入，远远高于 3 976 亿里亚尔的税收。[①]尽管如此，自白色革命开始，工业领域的私人投资无疑呈上升的趋势。私人企业主的数量，1956 年不足 7 万人，1966 年增至 15 万人，1976 年超过 20 万人。[②]1977 年，伊朗共有工业企业 5 000 余家，其中政府投资的企业约 400 家，其余企业均系私人投资兴建。[③]此外，巴列维国王时期，国外商家在伊朗境内的投资规模亦不断扩大，投资金额从 1963 年的 1.3 亿美元增至 1973 年的 12.3 亿美元。1977 年，国外投资累计达到 52 亿美元，投资领域主要是资金密集型企业和技术密集型企业，包括 5 家大型石化企业中的 3 家、5 家大型化工厂中的 4 家、18 家制药厂中的 14 家、全部的汽车制造厂和 42 家机械制造厂中的 37 家。[④]

白色革命期间工业化的长足进步，导致伊朗产业结构的相应变化。1956—1976 年，农业劳动力在全部劳动力中所占比例从 56%下降为 34%，而工业劳动力在全部劳动力中所占比例从 20%增至 35%。1963—1978 年，伊朗国内生产总值从 104 亿美元增至 510 亿美元，其中农业产值在国内生产总值中所占的比例由 28%下降为 9%，石油业产值在国内生产总值中所占的比例由 19%增至 32%，非石油的工业产值在国内生产总值中所占的比例由 16%增至 23%。[⑤]

城市化进程与社会福利

白色革命至伊斯兰革命之间伊朗社会的突出现象，是城市人口的膨胀和城市规模的扩大。1956 年，伊朗的总人口为 1 900 万，其中乡村人口 1 300 万，占总人口的 69%，城市人口 600 万，占总人口的 31%。1966 年，伊朗的总人口为 2 500 万，其中乡村人口 1 500 万，占总人口的 62%，城市人口 1 000 万，占总人口的 38%。1976 年，伊朗的总人口为 3 370 万，其中乡村人口 1 780 万，占总人口的 53%，城市人口 1 590 万，占总人口的 47%。换言之，

① Ehteshami, A., *After Khomeini: The Iranian Second Republic*, p.78, p.79, p.81.

②④ Foran, J., *Fragile Resistance: Social Transformation in Iran from 1 500 to the Revolution*, p.329.

③ Milani, M.M. *The Making of Iran's Islamic Revolution*, p.61.

⑤ Milani, M.M., *The Making of Iran's Islamic Revolution*, p.60.

1956—1976年,城市人口约增长3倍,而乡村人口仅增长三分之一。①

工业化的长足进步,导致伊朗人口流向的明显改变。越来越多的劳动力脱离农业,从乡村拥入城市,构成城市人口膨胀的主要因素。据统计,移入城市的乡村农民,20世纪30年代平均每年3万人,1941—1956年平均每年13万人,1957—1966年平均每年25万人,1967—1976年平均每年33万人。②1962—1971年,约200万人从乡村移居城市。③1966—1976年,伊朗新增城市人口600万,其中自然增长的城市人口260万,占新增城市人口总数的44%,移居城市的乡村人口210万,占新增城市人口总数的35%。④1978年,伊朗的城市人口为1 780万,其中半数系1963年以后来自乡村的移民及其后裔。⑤

与此同时,城市规模不断扩大。人口超过10万的城市,1900年只有3个,1956年增至10个,1976年达到23个。人口超过10万的城市居民,1900年为50万人,占城市人口总数的24%,1956年增至320万人,占城市人口总数的53%,1976年达到990万人,占城市人口总数的63%。1956—1976年,德黑兰从150万人增至450万人,伊斯法罕从25万人增至67万人,马什哈德从24万人增至67万人,大不里士从29万人增至60万人,设拉子从17万人增至42万人,阿瓦士从12万人增至33万人,阿巴丹从23万人增至30万人,克尔曼沙赫从13万人增至29万人,库姆从10万人增至25万人,拉什特从11万人增至19万人。⑥1966—1976年,人口超过5 000人的城市从249个增至373个,人口超过5万人的城市从29个增至45个。⑦1976年,伊朗最大的10个城市即德黑兰、伊斯法罕、马什哈德、大不里士、设拉子、阿瓦士、阿巴丹、克尔曼沙赫、库姆、拉什特的人口占城市人口总数的52%,其中德黑兰的人口占城市人口总数的29%。⑧1975年,62%的城市人口生活在19个人口超过10万的大城市,20%的城市人口生活在55个2.5万—10万人的中等城市,18%的城市人口生活在225个不足2.5万人的小城市。⑨

自白色革命至伊斯兰革命的14年间,伊朗在社会福利方面取得长足的

---

① Bonine, M.E., *Population, Poverty and Politics in Middle East Cities*, p.258.

② Foran, J., *Fragile Resistance: Social Transformation in Iran from 1 500 to the Revolution*, p.337.

③ Bashiriyeh, H., *The State and Revolution in Iran: 1962—1982*, p.88.

④ Kazemi, F., *Poverty and Revolution in Iran*, p.14.

⑤ Farazmand, A., *The State, Bureaucracy and Revolution in Iran*, p.154.

⑥⑧ Kazemi, F., *Poverty and Revolution in Iran*, p.13, p.17.

⑦ Parsa, M., *Social Origins of Iranian Revolution*, p.76.

⑨ Roberts, M.H.P., *An Urban Profile of the Middle East*, London 1979, p.89.

进步，医疗和教育领域的成就尤为明显。1966—1976 年，政府投资 19 亿美元，用于发展卫生和教育事业，医疗机构从 700 家增至 2 800 家，医生人数从 4 500 人增至 1.3 万人，护士人数从 2 000 人增至 4 000 人，医院床位从 2.4 万张增至 4.8 万张。卫生条件的改善，明显降低了瘟疫发病率和婴儿死亡率，人口总数随之呈大幅增长的趋势。1963—1977 年，小学在校人数从 160 万增至 400 万，普通中学在校人数从 37 万增至 74 万，职业学校人数从 1.4 万增至近 23 万，高等学校在校人数从 2.5 万增至 15 万。1956—1976 年，人口的识字率从 15%上升为 47%；其中，乡村人口的识字率从 6%上升为 30%，城市人口的识字率从 33%上升为 65%。①尽管如此，伊朗仍然是中东地区医疗条件最差和婴儿死亡率最高的国家，接受高等教育的人口比率亦居于中东诸国的末位。②

经济的繁荣和财富的增长固然构成社会福利事业长足进步的物质基础，特定的政治制度与社会福利的改善之间亦具有内在的逻辑联系。白色革命期间，教育和卫生领域的发展表现为明显的不平衡性。1973 年，德黑兰拥有全国二分之一的医生，医生与人口的比例为 1∶800；相比之下，德黑兰以外地区的医生与人口的比例为 1∶5 000，在遥远的伊拉姆省则为 1∶12 600。德黑兰所在的中央省拥有 160 所医院和 2.4 万张病床，平均 4 万人拥有 1 所医院；相比之下，赞赞省只有 3 所医院和 200 张病床，平均 20 万人拥有 1 所医院，而 24 万人的伊拉姆省和 25 万人的波耶尔·艾哈迈德省各有 1 所医院。1977 年，乡村地区的婴儿死亡率高达 12%。1977 年，德黑兰的识字率为 76%，其他地区平均为 38%，伊拉姆省和库尔德斯坦仅为 22%。超过 60%的学龄儿童无法完成学校的学业。1975 年，68%的成年人不识字；1963—1977 年，成年的文盲从 1 300 万人增至 1 500 万人。③

社会结构的变迁

伴随城市化的进程，作为伊朗传统社会重要组成部分的游牧人口数量呈急剧下降的趋势。1900 年，伊朗有游牧人口 250 万，约占总人口的 25%。礼萨汗在位的 1932 年，游牧人口 100 万，约占总人口的 8%。白色革命初期的

---

① Milani, M.M., *The Making of Iran's Islamic Revolution*, p.67.

② Abrahamian, E., *Iran: Between Two Revolutions*, pp.446—447.

③ Parsa, M., *Social Origins of Iranian Revolution*, p.79, p.80.

1966 年,游牧人口下降为 71 万,约占总人口的 3%。伊斯兰革命前夕的 1976 年,游牧人口仅为 35 万,约占总人口的 1%。①

巴扎商人和手工工匠作为伊朗传统社会的重要组成部分,相互依存,长期处于共生的状态。现代工商业的发展排斥着巴扎商人和手工工匠的物质利益,威权政治的膨胀否定着巴扎商人和手工工匠传统的自治地位。尽管如此,现代工商业的发展并没有使传统手工业和巴扎商业退出历史舞台;相反,城市化的进程在一定程度上甚至为传统手工业和巴扎商业的扩大提供了空间。相反,城市化的进程在一定程度上为巴扎商业和传统手工业提供了扩展的空间,巴扎商人和手工业者的人数亦呈缓慢上升的趋势。1966—1976 年,巴扎商人从 48 万增至 56 万,手工工匠从 53 万增至 100 万。70 年代,巴扎商人依然活跃在伊朗的流通领域,控制全部批发贸易的四分之三和零售贸易的三分之二,手工作坊则提供伊朗工业产品的三分之一和非石油出口商品的四分之一。巴扎商人和手工工匠遍布城市和乡村的各个角落,与民众生活息息相关,仍不失为具有广泛影响的社会群体。②

尽管如此,巴扎商人和手工业者的经济活动处于相对萧条的状态,其经济实力和社会地位已非往日可比。现代化的长足进步,特别是现代工商业的发展,导致传统手工业者和巴扎商人每况愈下的经济社会地位。1972 年,手工作坊使用的劳动力占全部工业劳动力的 65%,手工作坊的产值仅占工业总产值的 36%;1976 年,手工作坊使用的劳动力在全部工业劳动力中所占的比例下降为 36%,手工作坊的产值在工业总产值中所占的比例则下降为 23%。③两项数字表明,资金和劳动力非密集型的小生产无力与现代工业竞争,处于惨淡经营的状态。1972 年,政府强行推广机制面包,面包业 6 000 余手工工匠因此失业。1970 年,政府强行规定城市行会的首领,剥夺行会传统的自治权利。1975—1976 年,政府取缔巴扎商人和手工工匠的行会组织,强化对于巴扎商人和手工工匠的控制,进而利用复兴党掀起反对奸商牟取暴利的运动,致使 8 000 巴扎商人身陷囹圄,约两万巴扎商人流亡他乡,20 余万店铺被迫关闭。④与此同时,政府建立国营贸易公司和现代商场,挑战巴扎在流通领域的主导地位。巴扎商人和手工工匠无力单独对抗巴列维王朝,被迫转

---

① Arjomand, S.A., *The Turban for the Crown: the Islamic Revolution in Iran*, p.69, p.215.

② Foran, J., *Fragile Resistance: Social Transformation in Iran from 1 500 to the Revolution*, pp.333—334.

③ Foran, J., *Fragile Resistance: Social Transformation in Iran from 1 500 to the Revolution*, p.335.

④ Arjomand, S.A., *The Turban for the Crown: the Islamic Revolution in Iran*, p.107.

向教界寻求保护。

现代化的历史进程不仅改变着城市与乡村的人口比例，而且塑造着新兴的社会群体，现代中产阶级的规模不断扩大。现代中产阶级起源于工业化、城市化、政府官僚化和教育世俗化，是现代化进程的产物，其主要政治倾向在于要求实现民主化和社会改革，以求分享国家权力和提高社会地位。白色革命的重要内容，是发展世俗的教育体系和司法体系，完善政府机构和官僚制度。1963—1977 年，伊朗政府雇员从 15 万人增至 56 万人，包括教师、医生在内的知识界人数亦不断增多。[①]

与此同时，产业工人队伍明显扩大，进而成为举足轻重的社会群体。1966—1976 年，产业工人从 137 万增至 192 万，其在全部劳动力中所占比例从 19% 增至 22%。[②]另据统计，1968 年，产业工人约为 146 万，其中 17% 即 25 万分布在 10 人以上的大中型企业；1977 年，产业工人达到 250 万，其中 29% 即 72 万分布在 10 人以上的大中型企业。[③]产业工人作为巴列维当政期间现代化进程的受益者，最初并不热衷于政治活动，经济境况的改善是产业工人关注的首要问题。所谓的棚户民缺乏稳定的收入来源，居于城市社会的最底层，大都属于来自乡村的移民，70 年代人数约为 160 万，占全部劳动力的 18%。[④]

“发展的独裁模式”

君主制度是伊朗传统的政治制度。巴列维王朝建立以后，伊朗的君主政治日趋强化。1941 年礼萨汗被迫退位以后，君主政治一度削弱，诸多社会群体激烈角逐国家权力，进而形成多元的政治局面。自 1953 年政变开始，巴列维国王选择了亨廷顿所谓的“发展的独裁模式”，极力排斥民众的政治参与。巴列维国王把持着统治国家的绝对权力，凌驾于宪法和议会之上。宪政制度徒具形式，宪法如一纸空文，议会形同虚设。巴列维国王当政期间，议员任期由 2 年延长为 4 年，议员的人选由国王确定。1953—1977 年，8 人先后出任内阁首相，其中 6 人为巴列维国王的宠臣，首相胡韦达甚至自称是“国王的奴

---

① Abrahamian, E., *Iran: From Royal Dictatorship to Theocracy*, p.94.

② Milani, M.M., *The Making of Iran's Islamic Revolution*, p.64.

③ Moaddel, M., *Class, Politics, and Ideology in the Iranian Revolution*, New York 1993, p.125.

④ Milani, M.M., *The Making of Iran's Islamic Revolution*, p.65.

仆”。①“巴列维国王俨然是国家权力的化身……伊朗民众并无公民的权利，而被视作君主的臣民。”②白色革命的发生，既是君主政治日趋强化的必然结果，亦是君主政治极度膨胀的集中体现。

巴列维国王沿袭其父礼萨汗当政时期的传统，倚重官僚机构和武装力量作为首要的统治工具，极力强化独裁专制的政治制度。1963—1977年，伊朗官僚机构急剧膨胀，中央政府由12个部和15万雇员增至19个部和30万雇员。巴列维国王还重新划分全国政区，省区由10个增至23个。③国家权力通过庞大的官僚机构渗透到城市和乡村的各个角落，传统地方势力作为国家与民众之间的桥梁和纽带由于国家权力的广泛扩张而不复存在。

1963—1977年，伊朗军队人数从20万增至41万，其中陆军从18万人增至20万人，海军从2 000人增至2 .5万人，空军从7 500人增至10万人，宪兵从2.5万人增至6万人，特种部队从2 000人增至1.7万人，国王卫队从2 000人增至8 000人。1963—1973年，军费预算从不足3亿美元增至18亿美元，1977年甚至高达73亿美元。1977年时的伊朗拥有波斯湾地区最强大的海军和中东地区最先进的空军，号称世界第五军事强国。军队构成伊朗社会的特权阶层，享受优厚的物质待遇，具有广泛的政治影响。巴列维国王作为军队的最高统帅，亲自任免所有高级将领，参与军事演练，并且经常身着军装主持国务活动。始建于1953年的萨瓦克由5 000余名秘密警察组成，遍布各地和各个角落，被称作“国王的耳目和铁拳”。④

庞大的官僚机构和装备精良的军队以及秘密警察成为巴列维国王独裁专制的三大支柱，国王控制军队而军队通过国家机器控制社会则是巴列维国王当政期间伊朗政治生活的突出现象。

据西方权威机构估计，巴列维家族的私产在50亿到200亿美元之间。其一是广袤的良田，主要分布在里海沿岸的马赞德兰、吉兰和古尔甘以及西南部的法尔斯和胡齐斯坦。其二是石油收入，巴列维王朝灭亡前夕，约20亿美元的石油收入从伊朗国内存入巴列维家族成员在国外的账户。其三是工商业利润，巴列维家族成员凭借特权从国家银行获得低息贷款，投资工商业领域，牟取暴利。其四是巴列维基金会；巴列维基金会始建于1958年，至

---

① Abrahamian, E., *A History of Modern Iran*, p.128.

② Farazmand, A., *The State, Bureaucracy and Revolution in Modern Iran*, p.22.

③ Amjad, M., *Iran: From Royal Dictatorship to Theocracy*, p.94.

④ Abrahamian, E., *Iran: Between Two Revolutions*, Princeton 1982, p.435, p.436.

1977 年在 200 余家企业和金融机构拥有超过 30 亿美元的股份。①巴列维家族的巨额私产，构成巴列维王朝独裁专制的重要物质保证。

巴列维国王举行加冕仪式

巴列维国王当政期间，政党政治并非民众政治参与的外在形式，却成为君主独裁的御用工具。1958 年，巴列维国王宣布实行两党制，授意首相曼努切赫尔·伊格巴尔和内务部长阿萨杜拉·阿拉姆分别创建民族党(Melliyun)和国民党(Mardom)，其中民族党系议会多数党和执政党，国民党系议会少数党和反对党；两党作为国王御用的政治工具，其成员均为唯命是从的王室宠臣。②1963 年，民族党改称新伊朗党 (Iran Novin Party)，首相胡韦达出任新伊朗党总书记。③“新伊朗党是国王推行改革举措以及控制内阁和议会的政治组织……新伊朗党控制所有的职业协会、工会、巴扎行会、民间服务性组织和土改合作社。”④

1975 年，巴列维国王宣布取缔国民党，复兴党(Rastakhiz Party)取代新伊朗党，成为唯一合法的政党。⑤“‘一个国家、一个国王和一个政党’成为新的政治座右铭。”⑥巴列维国王宣布，伊朗迈向“伟大的文明”需要统一的思想，复兴党的历史任务是铲除背离官方理论的思想倾向，实现伊朗人民的思想统一，实现国王领导的白色革命，推动国王的伊朗走向新的文明。复兴党声称，国王是雅利安人的灯塔，消灭了伊朗的阶级对立，解决了伊朗所有的社

① Abrahamian, E., *A History of Modern Iran*, p.127.
② Katouzian, H, *The Political Economy of Modern Iran*, London 1981, p.197.
③ Fardust, H., *The Rise and Fall of The Pahlavi Dynasty*, p.63.
④ Bashiriyeh, H., *The State and Revolution in Iran: 1962—1982*, p.30.
⑤ Chehabi, H.E., *Iranian Politics and Religious Modernism*, London 1990, p.40.
⑥ Moaddel, M., *Class, Politics, and Ideology in the Iranian Revolution*, p.63.

1971 年巴列维国王发表讲话

会冲突；国王不仅是伊朗的政治领袖，而且是伊朗的精神领袖；国王不仅为民众建造了道路、桥梁、水坝和沟渠，而且指引着民众的精神、思想和心灵。[①]

复兴党设立 50 人组成的执行委员会和 150 人组成的中央委员会作为核心机构，在全国各地设立分支机构，据称拥有党员 500 万人，而拥护宪法、忠于国王和支持白色革命是加入该党的先决条件。复兴党中央委员会包括几乎所有的议员和内阁成员，首相胡韦达出任秘书长。[②]复兴党发行《复兴报》《工人复兴报》《农民复兴报》《青年复兴报》和《复兴思想报》等多种报刊，操纵和控制诸多政府部门和舆论媒体，同时实行严格的新闻监督，查封与其思想观念不符的出版物。[③]与此同时，复兴党极力削弱什叶派欧莱玛的政治影响和社会影响，严格禁止妇女在校园身着伊斯兰教的传统服饰，清查宗教地产的账目，派出大批人员前往乡村宣传"真正的伊斯兰教"。[④]复兴党甚至用传统的伊朗历取代伊斯兰历，进而于 1976 年将伊朗的纪年由伊斯兰历 1355 年改为伊朗历 2535 年，旨在美化君主制的悠久历史。[⑤]1975 年，复兴党操纵的国民议会无视沙里亚的相关规定，将男女青年的法定结婚年龄分别从 15 岁和 18 岁改为 18 岁和 20 岁，并且重申 1967 年家庭保护法，赋予世俗法庭审理家庭纠纷的权力，尤其对男子的婚姻行为加以限制，规定男子休妻必须提供有效的理由，男子另娶妻子必须征得现有妻子的同意，妇女享有申诉离婚的权利，妇女外出从业无须征得丈夫的允许。

复兴党的诸多举措导致教界的激烈反抗。阿亚图拉鲁哈尼宣布，复兴党的行为违背宪法，违背伊朗人民的利益，违背伊斯兰教的原则。阿亚图拉霍

---

① Abrahamian, E., *Iran: Between Two Revolutions*, pp.441—442.

② Abrahamian, E., *A History of Modern Iran*, p.150.

③ Amjad, M., *Iran: From Royal Dictatorship to Theocracy*, p.99.

④ Abrahamian, E., *Iran: Between Two Revolutions*, p.444.

⑤ Ansari, A.M., *Modern Iran Since 1921: The Pahlavis and After*, p.189.

梅尼在伊拉克公开指责复兴党是背离宪法和伊斯兰教的政治组织，号召伊朗真正的穆斯林远离复兴党，声称复兴党不仅侵犯人权、自由和国际法，而且意在毁灭伊斯兰教和出卖国家利益。政府随后逮捕了霍梅尼在伊朗的主要支持者，包括阿亚图拉贝赫什提、阿亚图拉蒙塔泽里、阿亚图拉侯赛因·库米、阿亚图拉拉巴尼·设拉齐、阿亚图拉赞贾尼、阿亚图拉安瓦里、霍贾特伊斯兰卡尼、霍贾特伊斯兰哈梅内伊、霍贾特伊斯兰拉呼提、霍贾特伊斯兰塔赫里等。①

巴列维国王建立复兴党的目的，是扩大政治基础，排斥政治异己，消除潜在的政治威胁。复兴党的建立，标志着君主独裁达到顶峰。巴列维国王称："伊朗人可以选择支持或反对君主制、宪法和白色革命三位一体的基本原则。支持君主制、宪法和白色革命的人应当加入复兴党，致力于实现君主制、宪法和白色革命的目标。不支持君主制、宪法和白色革命的人可以保持冷漠和旁观的态度，然而他们将不得分享伊朗繁荣的果实。至于那些坚决反对君主制、宪法和白色革命的人，将被允许离开自己的国家。"②"那些反对宪法、君主制度、国王与人民的革命(即白色革命)的人，只能在监禁和流亡之中做出选择。那些不肯加入这个政治组织(即复兴党)的人只有两种可能：他们或者属于某一非法政党，例如人民党，在这种情况下，他们应当入狱；或者有幸无需提供出境签证，便可携带护照，去到他们喜欢的地方。"③

巴列维当政期间，世俗政治在伊朗政治领域长期居于主导地位，世俗化构成伊朗政治演进的主流倾向。所谓世俗政治，在不同的国家和不同的历史条件下，具有不同的政治内涵。巴列维当政期间伊朗的世俗政治，包含排斥教界传统政治影响和强化君主统治地位的双重倾向。排斥教界传统政治影响和强化君主统治地位并非孤立存在的历史现象，两者之间无疑具有密切的内在联系。排斥教界传统政治影响是服务于强化君主统治地位的客观需要，而政治世俗化的逻辑结果则是威权政治的日趋膨胀。换言之，所谓的世俗政治，在伊朗现代化进程的特定历史条件下，表现为打破传统社会权力分配的二元结构，削弱宗教政治，强化政府职能，进而完善巴列维王朝君主独裁的威权政治。君主政治构成世俗政治的外在形式，世俗政治、君主政治和威权政治的三位一体则是巴列维当政期间伊朗政治的基本模式。

---

①③　Milani, M.M., *The Making of Iran's Islamic Revolution*, p.69.

②　Moaddel, M., *Class, Politics, and Ideology in the Iranian Revolution*, p.64.

五、 什叶派现代伊斯兰主义的滥觞

教俗关系的嬗变

世俗与宗教长期并存的二元体系以及世俗倾向与宗教倾向的此消彼长，是伊朗政治与社会领域的明显特征。自 1501 年萨法维王朝建立开始，什叶派取代逊尼派伊斯兰教，成为伊朗官方的宗教信仰，进而在伊朗诸地广泛传播。

什叶派不同于逊尼派伊斯兰教，属于穆斯林社会中的少数派，在中世纪曾经长期被排斥于哈里发国家的政治舞台。由于特定的历史环境，教俗并立的二元倾向和独立于世俗政治的宗教政治逐渐成为什叶派区别于逊尼派伊斯兰教的显著特征，伊玛目学说则是广泛影响什叶派穆斯林政治生活的信仰原则。在什叶派穆斯林看来，只有欧莱玛才是沙里亚的体现者和伊斯兰教的捍卫者，至于国王的统治只能局限于世俗的范围。

萨法维时代，王权膨胀，宫廷凌驾于教界之上，什叶派欧莱玛成为从属于王权的御用工具。恺伽王朝时期，王权衰微，什叶派欧莱玛构成伊朗政坛中举足轻重的社会势力。恺伽王朝时期伊朗政治生活的突出现象，在于世俗君主与什叶派欧莱玛的权力分享；首都德黑兰无疑是宫廷的所在和世俗权力的中心，什叶派宗教圣城库姆则是欧莱玛的据点和宗教权力的象征。然而，伊朗的什叶派教界不同于西方的天主教会，它并非浑然一体，缺乏严密的组织体系，其与宫廷之间关系各异，或与宫廷保持密切来往，接受国王的赐封，充当国家与民众之间的纽带，或远离宫廷，以民众利益的代言人自居。尽管如此，恺伽王朝与什叶派欧莱玛有着共同的国内敌人即巴布教派和共同的国外敌对势力即西方列强。巴布教派的起义和西方列强的入侵制约着恺伽王朝与什叶派欧莱玛之间的矛盾，却为两者的联合提供了必要的政治基础。宪政运动集中体现了什叶派欧莱玛在伊朗社会的广泛政治影响；1906 年宪法及其补充条款的相关规定，诸如承认什叶派伊斯兰教作为伊朗官方的宗教信仰、由欧莱玛上层即穆智台希德组成的最高委员会享有监督议会和政府的绝对权力以及沙里亚具有至高无上的神圣地位，标志着伊朗传统政治模式的延续。

自 1925 年礼萨汗即位至 60 年代初白色革命前夕，什叶派传统的宗教政

治与巴列维王朝的世俗政治处于共生的状态。1925 年礼萨汗建立巴列维王朝和 1953 年巴列维国王发动政变，皆曾得到什叶派欧莱玛的有力支持。不仅如此，什叶派传统的宗教理论构成巴列维王朝的官方信仰和御用学说，什叶派传统的宗教政治则是巴列维王朝世俗政治的延伸和补充。另一方面，什叶派欧莱玛长期构成伊朗传统社会势力的重要组成部分，是伊朗传统社会秩序的既得利益者和捍卫者。采用传统经营方式的宗教地产瓦克夫是什叶派欧莱玛的主要经济来源，清真寺与巴扎的广泛联盟则是伊朗传统宗教政治的社会基础。

巴列维王朝前期，什叶派欧莱玛属于伊朗社会的保守势力，支持君主政体。什叶派欧莱玛与巴列维王朝两者之间不无矛盾：礼萨汗和巴列维国王两代君主的世俗化倾向和世俗政治的膨胀导致什叶派传统教界的政治影响日渐衰微，白色革命的相关举措导致什叶派传统教界的不满和反抗。尽管如此，什叶派传统教界毕竟构成君主制度的历史参与者和传统政治模式的重要社会基础，其对巴列维王朝的不满和反抗大都局限于传统秩序的框架之内。强调沙里亚的神圣地位、遵循 1906 年宪法关于维护教界利益的相关内容和反对白色革命期间巴列维国王推行的土地改革，是什叶派欧莱玛与巴列维王朝之间矛盾的焦点所在。什叶派欧莱玛无意倡导民主政治，承认传统政治秩序的合法性是什叶派欧莱玛所奉行的基本原则。因此，什叶派欧莱玛首先于 1925 年支持礼萨汗建立巴列维王朝，试图借助于君主制维护教界的既得利益，抵制共和制的世俗化倾向，继而于 1953 年再度与巴列维国王携手，共同反对摩萨台政府，旨在通过君主制的政治形式捍卫传统的私有制和遏制共产主义。1953—1960 年，巴列维王朝与什叶派欧莱玛保持良好的合作关系，教界领袖布鲁杰尔迪以及贝赫贝哈尼和卡萨尼作为 1953 年政变的重要支持者深得国王的宠幸。[①]巴列维国王经常前往马什哈德和库姆拜谒圣地，以示虔诚。[②]即使是阿亚图拉霍梅尼，最初亦曾承认立宪君主制的合法性。

教俗关系的核心内容是权力的角逐，而教俗双方的力量对比决定着教俗关系变化的走向和权力角逐的结局。1906 年颁布的宪法及其补充条款，可谓 20 世纪初伊朗教俗之间力量对比的产物，亦是教俗关系的集中体现。然而，法律条款与现实的政治生活处于互动的状态。巴列维王朝建立后，教俗

---

① Martin, V., *Creating an Islamic State: Khomeini and the Making of a New Iran*, p.19.

② Milani, M.M., *The Making of Iran's Islamic Revolution*, p.48.

之间的力量对比经历此消彼长的历史运动。由于君主专制的强化和威权政治的膨胀，1906 年宪法及其补充条款成为一纸空文。日趋紧张的教俗关系抑或官方的世俗政治与民间的宗教政治之间的抗争，成为巴列维王朝时期伊朗政治生活的突出现象。

什叶派现代伊斯兰主义的缘起

马克思主义经典作家认为，阶级社会的诸多宗教作为阶级对抗的产物和体现，具有双重的社会功能。一方面，阶级社会的宗教是阶级统治的工具，是统治阶级维护统治秩序和压迫民众的精神枷锁，是"人民的鸦片"。另一方面，在阶级社会，"宗教里的苦难既是现实的苦难的表现，又是对这种现实的苦难的抗议。宗教是被压迫生灵的叹息"。①在特定的历史条件下，宗教为民众反抗现实的苦难提供神圣的外衣，进而构成社会革命的外在形式。至于理性通过神性的扭曲形式而得以体现和发扬，在历史长河中亦非鲜见。穆罕默德时代的伊斯兰教无疑是革命的意识形态和改造阿拉伯社会的重要武器。"穆罕默德的宗教革命……是一种表面上的反动，是一种虚假的复古和返朴。"②

在中世纪的漫长历史时期，伊斯兰教作为官方的学说趋于保守和僵化，进而演变为维护封建秩序的思想理论。然而，伊斯兰教并非孤立存在的意识形态，什叶派欧莱玛亦非一成不变的社会群体。通常认为，伊朗的什叶派欧莱玛始终代表传统的社会秩序，构成现代化进程中的保守势力和逆向因素。阿约曼德认为，什叶派教界尽管与世俗统治者不无矛盾，毕竟构成君主制和传统政治模式的参与者和重要社会基础；巴列维时代的世俗化倾向，特别是白色革命的诸多举措，极力排斥什叶派教界的政治参与和权力分享，摧毁了什叶派教界与世俗统治者之间的政治联盟，进而改变了什叶派教界的政治立场，导致什叶派教界从君主制和传统政治模式的捍卫者转向为君主制和传统政治模式的对立面，成为民众利益的代言人和民主政治的倡导者。然而，实际情况不尽如此。

自 19 世纪以来，伊斯兰世界现代化进程的长足发展导致新旧社会力量的尖锐对立，伊斯兰教作为伊斯兰世界的意识形态随之形成官方学说与民众信仰的明显差异。伊斯兰教的官方学说大都具有浓厚的保守色彩，而民众信

---

① 《马克思恩格斯选集》，第 1 卷，第 2 页。

② 《马克思恩格斯全集》，第 28 卷，第 250 页。

仰则往往包含挑战现存秩序的革命思想。20 世纪初，现代伊斯兰主义悄然兴起，集中体现了伊斯兰世界之民众信仰与官方学说的激烈抗争。20 世纪 60 年代，现代伊斯兰主义思潮自埃及和巴基斯坦传入伊朗，哈桑·班纳、赛义德·库特布和阿布·阿拉·毛杜迪的宗教政治学说逐渐影响伊朗教俗各界，进而冲击长期占据统治地位的什叶派教界的传统理论。①

巴列维王朝时期无疑是伊朗现代化进程的重要阶段，传统经济秩序的衰落与新旧社会群体的此消彼长构成此间伊朗历史的突出现象。伴随着伊朗现代化的长足进步和新旧社会力量的尖锐对抗，伊斯兰教作为意识形态在诸多方面发生相应的变化，什叶派教界内部亦经历着裂变的过程，进而形成官方教界与民众教界之间的差异和对立。官方教界恪守传统的意识形态，极力维护传统秩序的合法地位。与此同时，民众教界倡导激进的意识形态，现代伊斯兰主义成为挑战君主政治的革命理论。作为阿亚图拉的霍梅尼，并非传统教界势力的代表，而是特定历史条件下民众教界的化身和民主政治的象征。正因为如此，霍梅尼自 1963 年起在民众之中久享盛誉，而在教界内部却曾势单力孤。

特定的政治制度决定政治运动的相应形式，巴列维国王的统治模式决定着伊朗民众的反抗模式。现代世俗政治的重要形式是政党政治。然而，巴列维王朝长期操纵议会选举，排斥世俗政党的政治参与，直至取缔政党，禁止民众的自由结社。世俗形式的政治斗争缺乏必要的存在条件和发展空间，世俗反对派政党已无立足之处，宗教几乎成为民众反抗的仅存空间，宗教反对派应运而生，政治斗争随之由世俗领域的议会政治逐渐转化为神权形式的宗教运动，宗教情感成为政治情感的扭曲反映，宗教的狂热成为民众发泄不满和寄托希望的首要形式，清真寺则取代议会成为反抗巴列维王朝独裁专制的主要据点。

1963 年教界掀起的政治风波平息以后，民众建立的宗教组织如雨后春笋，遍布伊朗各地，仅德黑兰就有民间宗教组织达 12 300 个之多，其中大都出现于 1965 年以后。新兴民间宗教组织大都具有行业背景或地域背景，在巴扎成员和来自乡村的城市贫困人口中颇具影响，成为凝聚下层民众的社会载体，而宗教书刊和音像制品的广泛发行则是民间宗教组织满足民众宗教需要的重要形式。据统计，1976 年，仅德黑兰便有 48 家宗教书刊和音像制品

---

① Arjomand, S.A., *The Turban for the Crown: the Islamic Revolution in Iran*, pp.80—87, p.104.

出版商，其中25家系1965—1975年间开始经营。①现代伊斯兰主义的宗教政治思想，正是通过这样的渠道而在伊朗社会广泛传播。

什叶派现代伊斯兰主义的先驱

什叶派教界的传统理论作为传统社会的客观现实在意识形态领域的体现，与传统社会群体的既得利益密切相关，是维护传统社会秩序的舆论工具。相比之下，现代伊斯兰主义强调《古兰经》和《圣训》的基本原则以及早期伊斯兰教的历史实践，崇尚穆罕默德和麦地那哈里发国家的社会秩序，其核心内容在于倡导平等和民主的政治原则。现代伊斯兰主义貌似复古，实为否定教界传统理论及其所维护的传统社会秩序，是颇具革命倾向的宗教学说和政治理论。现代伊斯兰主义在伊朗的广泛传播，根源于巴列维王朝威权政治的客观环境以及民主与专制激烈抗争的政治需要，标志着崭新的政治文化借助于宗教的形式初露端倪。

自60年代开始，法赫里丁·沙德曼、贾拉勒·艾哈麦德、马赫迪·巴扎尔甘和马哈茂德·塔里甘尼等人积极倡导通过什叶派伊斯兰教的途径寻求伊朗的进步和解放，阐述宗教政治化的社会原则。

法赫里丁·沙德曼从民族主义的立场出发，强调伊朗的现代化并非等同于完全抛弃本国的传统和简单的西化，声称伊朗在历史上屡遭外族的侵略，而西方列强是目前伊朗面临的最危险的敌人，他们正在通过文化的形式而不是武力的手段侵略伊朗，他们试图剥夺伊朗民族的尊严和宗教，直至奴役伊朗民族。“西方文明在伊朗的胜利将是伊朗最终的失败，伊朗民族将不复存在。”伊朗抵御西方列强的唯一途径是被西方列强征服之前首先战胜西方文明，学习西方文明的先进经验进而丰富伊朗文明则是抵御西方列强和战胜西方文明的先决条件。②

贾拉勒·艾哈麦德反对模仿西方，主张通过回归什叶派伊斯兰教抵御包括马克思主义在内的西方思潮，将欧莱玛视作解放伊朗的潜在政治力量，进而倡导欧莱玛与世俗知识分子建立共同反对独裁专制和帝国主义的政治联盟。③“每当欧莱玛和知识分子为了共同的事业而携手一致的时候，我们总是

① Arjomand, S.A., *The Turban for the Crown: the Islamic Revolution in Iran*, p.92.

② Milani, M.M., *The Making of Iran's Islamic Revolution*, p.79.

③ Keddie, N.R., *Roots of Revolution: An Interpretive History of Modern Iran*, p.204.

能够看到成功、进步和社会发展。”①

马赫迪·巴扎尔甘和马哈茂德·塔里甘尼领导的解放运动沿袭摩萨台的政治立场,支持摩萨台创立的民族阵线,是伊朗最具宗教色彩的世俗政治派别。与法赫里丁·沙德曼和贾拉勒·艾哈麦德的民族主义立场相比,马赫迪·巴扎尔甘具有浓厚的民主主义倾向,强调西方现代的科学、理性、自由、民主诸多概念与伊斯兰教的统一,尤其强调民主主义与伊斯兰主义的结合,反对教俗分离,认为参与政治活动是欧莱玛和什叶派穆斯林不可推卸的宗教责任。马赫迪·巴扎尔甘声称:“我们是穆斯林、伊朗人、宪政主义的信徒和摩萨台的追随者。我们是穆斯林,因为我们反对信仰与政治分离;我们是伊朗人,因为我们遵循我们的民族传统;我们是宪政主义的信徒,因为我们憧憬自由;我们是摩萨台的追随者,因为我们向往国家的独立。”②

马哈茂德·塔里甘尼更具激进思想,构成解放运动中的左翼倾向,支持伊斯兰圣战者等民兵组织的暴力活动,崇尚宪政革命,强调伊斯兰教框架内的自由、民主和社会公正。马哈茂德·塔里甘尼认为,君主独裁与伊斯兰教之独尊安拉的信仰原则存在根本的对立,专制主义则是偶像崇拜的逻辑延伸。在经济方面,马哈茂德·塔里甘尼认为伊斯兰教并非维护地主土地所有制的意识形态,人民的需要应当得到满足,伊斯兰教倡导公正和平等的社会原则,而社会的公正与平等源于被压迫者的解放。在政治方面,马哈茂德·塔里甘尼主张联合一切进步的教俗力量,克服摩萨台时代民主阵营的脆弱和分裂。③

阿里·沙里亚蒂的宗教政治理念

阿里·沙里亚蒂是什叶派现代伊斯兰主义的先驱和伊朗现代宗教政治的杰出理论家,被誉为伊朗和什叶派伊斯兰教的马丁·路德。④阿里·沙里亚蒂出身于呼罗珊的乡村教师家庭,早年留学法国,1965 年获得社会学博士学位,回国后曾在马什哈德大学和德黑兰侯赛因·伊尔沙德经学院任教,1977 年被伊朗政府驱逐出境,流亡英国,同年遭到暗杀。

阿里·沙里亚蒂援引《古兰经》的相关启示,阐释人文主义的信仰理念,

---

① Milani, M.M., *The Making of Iran's Islamic Revolution*, p.80.

② Jahanbakhsh, F., *Islam, Democracy and Religious Modernism in Iran 1953—2000*, Leiden 2001, pp.92—93.

③ Jahanbakhsh, F., *Islam, Democracy and Religious Modernism in Iran 1953—2000*, p.71, pp.78—79.

④ Downes, M., *Iran's Unresolved Revolution*, Aldershot 2002, p.94.

阿里·沙里亚蒂

强调人的自由和尊严是现代文明的基础。在此基础之上，阿里·沙里亚蒂认为，人生而平等，男人与女人同样享有平等的权利，"历史前进的方向是正义的胜利、被压迫民众的解放和邪恶的最终灭亡"。[①]与此同时，阿里·沙里亚蒂认为，早期的伊斯兰教是革命的意识形态和民众利益的体现，《古兰经》则是规范穆斯林生活方式和行为准则的蓝本；自16世纪起，什叶派蜕变为历代王朝统治人民的官方学说和君主制度的舆论工具，是保守势力的象征和君主制度的卫士，而现存的伊斯兰教恪守传统的社会秩序，是业已僵化的神学理论；应当摒弃教界传统理论，回归经训的道路，恢复伊斯兰教的本来面目，实现安拉与人民的原则，建立平等和民主的社会秩序。[②]

阿里·沙里亚蒂主张通过革命而不是改革的方式改造伊朗的社会秩序；"民主制是最进步的和最符合伊斯兰教的政治制度"。[③]阿里·沙里亚蒂明确区分两种类型的伊斯兰教，即阿里家族的伊斯兰教与萨法维王朝以及巴列维王朝的伊斯兰教，前者作为民众的伊斯兰教，代表进步和革命的运动，后者作为统治者的伊斯兰教，背离经训的教诲。[④]"两者之间存在着巨大的差别：前者是被压迫民众的宗教，后者则是哈里发和宫廷的宗教……真正的伊斯兰教并不仅仅是穷人的宗教，而是追求公正、平等和根除贫困的宗教"，"我们需要的是自由和进步的伊斯兰教……我们需要的是战斗者的伊斯兰教……我们需要的是阿里家族的伊斯兰教，而不是萨法维王朝的伊斯兰教"。[⑤]阿里·沙里亚蒂极力强调，真正的伊斯兰教并非远离政治的个人信仰，而是革命的意识形态，反抗邪恶的统治既是伊玛目的事业，更是所有穆斯林的神圣职责。在阿里·沙里亚蒂看来，伊斯兰教的精髓在于生命的奉献。阿里·沙里亚蒂的名言"殉难是历史的核心"和"时时都是阿舒拉，处处皆为

① Shariati, A., *Awaiting the Religion of Protest*, Tehran 1991, p.47.

② Downes, M., *Iran's Unresolved Revolution*, p.95.

③ Jahanbakhsh, F., *Islam, Democracy and Religious Modernism in Iran 1953—2000*, p.119.

④ Keddie, N.R., *Roots of Revolution: An Interpretive History of Modern Iran*, p.217.

⑤ Abrahamian, E., *Iran: Between Two Revolutions*, p.470.

卡尔巴拉"①,在后来的伊斯兰革命期间成为广泛流传的政治口号。②

然而,阿里·沙里亚蒂所倡导的是伊斯兰教的革命而不是教界的革命,他否认什叶派欧莱玛抑或教法学家具有神圣的地位和至高无上的权力。阿里·沙里亚蒂激烈抨击教界保守势力,谴责教界保守势力已经沦为统治阶级的组成部分,已经与统治者和富人沆瀣一气。"在先知的时代,穆斯林具有独立的见解,相互之间商讨不同的看法。相比之下,现在的许多冒牌宗教学者极力使信众成为驯服的羊群,使信众失去抗争的意识而成为统治者的顺民。"③"宗教学者并非法定的权威……伊斯兰教中没有教士,教士是从基督教借用的词汇。"④在阿里·沙里亚蒂看来,回归真正的伊斯兰教意味着现存秩序的否定,而回归真正的伊斯兰教不能在教界的领导下付诸实践,只有进步的知识分子才能领导民众回归真正的伊斯兰教。⑤

霍梅尼主义的宗教政治内涵

20 世纪 40—50 年代,霍梅尼持传统的宗教政治立场,倡导欧莱玛参与国家事务,却并不主张建立教界的政权。早在 1942 年,霍梅尼遵循 1906 年宪法的基本思想,撰文阐述欧莱玛的政府监督权。霍梅尼认为:"穆智台希德从来不反对国王的统治,即使国王实行的政策与伊斯兰教的原则不尽一致。"⑥"我们无意强调国家政权必须掌握在教法学家的手中,只是强调政府必须遵循安拉的法度,因为国家和人民的利益要求政府遵循安拉的法度,而宗教领袖的监督是政府遵循安拉法度的保证。这样的政治原则已经由 1906 年宪法批准,而且符合公共秩序和国家利益。"霍梅尼认为,欧莱玛的立法监督有助于社会各阶层与政府之间保持良好的合作。⑦

60 年代初,霍梅尼致力于捍卫 1906 年宪法,谴责巴列维国王独裁专制和出卖伊朗的国家利益,抨击巴列维国王充当帝国主义和犹太复国主义的工具。1964 年,霍梅尼在批评议会授予美国公民享有外交豁免权时明确表示:"过去,英国人奴役穆斯林国家;现在,这些(伊斯兰)国家处于美国的奴役之

---

① 阿舒拉指什叶派伊玛目侯赛因的殉难日,卡尔巴拉系侯赛因的殉难地。

② Foran, J., *Fragile Resistance: Social Transformation in Iran from 1 500 to the Revolution*, p.370.

③ Shariati, A., *Awaiting the Religion of Protest*, p.34.

④ Benard, C., *The Government of God: Iran's Islamic Republic*, New York 1984, p.31.

⑤ Shariati, A., *Awaiting the Religion of Protest*, p.29.

⑥ Moslem, M., *Factional Politics in Post-Khomeini Iran*, New York 2002, p.12.

⑦ Benard, C., *The Government of God: Iran's Islamic Republic*, p.37.

下”,“来自美国的大资产阶级拥入伊朗,以投资的名义奴役我们的人民……这种现象一方面说明西方的政治和经济剥削……另一方面说明现行的政府屈服于殖民主义……现行的政府力图毁灭伊斯兰教及其神圣的法律。只有伊斯兰教和欧莱玛能够阻止殖民主义的侵犯”。①然而,直至1965年被巴列维国王驱逐出境时,霍梅尼并未提出发动革命和推翻君主制的政治主张,承认君主制是合法的政治制度。②

自60年代后期开始,霍梅尼在反对巴列维国王独裁专制的基础之上,将攻击的矛头指向伊朗传统的君主制度,同时强调宗教应当超越信仰的范围而走进政治领域,强调顺从欧莱玛是穆斯林的宗教义务,将宗教视作反对巴列维王朝独裁专制的政治武器,主张建立教法学家统治的伊斯兰政府,进而发展了现代伊斯兰主义的宗教政治理论。

霍梅尼认为,世俗统治与经训阐述的原旨教义不符,君主制度背离早期伊斯兰教的历史实践,伊斯兰世界的君主制是倭马亚人从罗马帝国和萨珊王朝继承的异教制度,伊玛目侯赛因与倭马亚人抗争的实质在于反对君主制的统治。③“在伊斯兰教中,既没有君主制,也没有王朝的世袭。”“伊斯兰教与君主制的全部观念存在根本的对立。”④另一方面,霍梅尼将社会成员划分为相互对立的两大群体,即“剥夺者”与“被剥夺者”。所谓的“剥夺者”指富人、剥削者和压迫者,所谓的“被剥夺者”指穷人、被剥削者和被压迫者。巴列维王朝的独裁政府保护“剥夺者”的利益,损坏“被剥夺者”的利益。只有推翻世俗化的君主制度,重建教俗合一的神权政治,才能摆脱独裁专制,保护“被剥夺者”的利益,实现社会秩序的平等和民主。⑤在此基础上,霍梅尼声称:“我们所需要的伊斯兰政府将是宪政的而不是专制的。然而,伊斯兰政府并不是通常意义上的立宪政府即由选举产生的议会制定法律。新的国家将严格遵循《古兰经》《圣训》和沙里亚所规定的原则。”⑥“既然伊斯兰教的原则是法律的原则,那么只有教法学家而不是别人负有治理国家的使命。他们是理解先知意图的人和按照安拉的旨意管理社会的人。”“教法学家有权支配国家机构、

① Foran, J., *Fragile Resistance: Social Transformation in Iran from 1 500 to the Revolution*, p.368.
② Abrahamian, E., *Khomeinism: Essays on the Islamic Republic*, California 1993, p.21.
③ Abrahamian, E., *Khomeinism: Essays on the Islamic Republic*, p.24.
④ Hiro, D., *Holy Wars: The Rise of Islamic Fundamentalism*, New York 1989, p.161.
⑤ Abrahamian, E., *Khomeinism: Essays on the Islamic Republic*, p.47.
⑥ Jahanbakhsh, F., *Islam, Democracy and Religious Modernism in Iran 1953—2000*, p.131.

传播公正、保障安全和调整社会关系。教法学家具有确保人民的自由、独立和进步的知识。”①“伊斯兰政府不同于现行的其他政府形式。它不是专制的政府，那种政府的首脑支配着民众的思想，损害民众的生活和财产。先知以及信士的长官阿里和其他的伊玛目都无权毁损民众的财产或他们的生活。伊斯兰政府不是专制的，而是立宪的……伊斯兰政府是法治的政府，安拉是唯一的统治者和立法者……成千上万的人饥寒交加，得不到起码的医疗和教育，却有许多人腰缠万贯，挥金如土……我们的义务是拯救被剥夺者和被虐待者。我们有责任帮助被虐待者与压迫者斗争。”②

所谓的霍梅尼主义，其核心内容在于强调共和政体与教法学家统治的合一。“启示关于教法学家是先知代表的内容并不意味着教法学家的权力局限于解释先知的话语。相反，先知的首要目的是建立公正的社会秩序和实行法治，而这样的目的只能由执行法律的政府完成。既然先知是政府的象征，那么伊玛目和他们的继承人即教法学家也应当是政府的象征。”“既然伊斯兰的统治是法律的统治，那么只有教法学家而不是其他人负有管理政府的责任；只有他们能够实践先知的意愿，只有他们能够执行安拉的意志。”“当代的教法学家是先知权力的继承人。安拉托付先知的，就是伊玛目托付教法学家的。教法学家对于一切事务拥有权力。他们被托付的是治理国家的权力。”“教法学家应当在治理国家方面行使权力，应当在传播公正、提供安全和调整社会关系方面行使权力。教法学家具有相应的知识，以保证人民的自由、独立和进步……我深信你们(即欧莱玛)有能力在暴虐和压迫的基础崩溃的时候治理国家。你们可以在伊斯兰教中找到所需要的一切法规，无论是关于治理国家的法规，还是关于税收、权利、惩罚或其他方面的法规。”在此基础之上，霍梅尼批评脱离政治的宗教倾向。“不要让西方人和他们的走狗统治你们。应当向人民宣传真正的伊斯兰教……殖民主义者传播阴险的思想，那就是宗教应当与政治分离，教界不得参与政治和社会活动。在先知的时代，宗教与国家是分离的吗？教职人员与政治家是分离的吗？”与此同时，霍梅尼批评教界中的温和反对派，强调伊斯兰教的政治革命是根除暴虐、腐败和背叛的唯一途径，进而主张司法审判的权力必须交还教界，伊斯兰国家必须由教界行使最高权力。霍梅尼认为，君主制是与伊斯兰教背道而驰的政治制度，

① Foran, J., *Fragile Resistance: Social Transformation in Iran from 1 500 to the Revolution*, p.368.

② Sidahmed, A.S. & Ehteshahmi, A., *Islamic Fundamentalism*, Boulder 1996, pp.136—138.

因为先知将世袭王权视作邪恶和蒙昧的现象。“宪政革命期间，英国的代理人欺骗民众，引进外国的法律，意在削弱沙里亚。当革命家坐下来起草国家的宪法时，这些英国的代理人求助于比利时大使，采用比利时宪法。这些英国的代理人复制了比利时宪法，补充了英国和法国宪法的若干内容，然后用伊斯兰教的词语加以掩饰。结果，(伊朗的)宪法成了欧洲的舶来之物，却与伊斯兰教毫无干系。”“我们需要的伊斯兰政府应当是宪政的，而不是专制的。但是，这个政府将不是通常意义上的立宪政府——法律将由民众选举的议会制订。这个政府之所以是立宪政府，在于国家的制度和法规将严格遵循《古兰经》、《圣训》和沙里亚。”[①]然而，霍梅尼在公开场合往往回避关于建立教法学家统治的国家即最高宗教领袖体制的政治设想，却着力谴责巴列维国王勾结美国和以色列而背叛伊斯兰教的信仰和出卖伊朗民族的利益，抨击政府操纵选举和践踏宪法以及维护富人的利益而压迫穷人，强调反对帝国主义和实现国家的真正独立，恢复伊斯兰教的公正秩序，捍卫劳动人民的利益，改善民众生活，建立民主和自由的伊斯兰国家。[②]

六、 巴列维王朝的覆灭

从民主与专制的博弈到君主独裁铁幕下社会矛盾的加剧

20 世纪伊朗政治生活的突出现象，在于民主与专制的激烈抗争。经济秩序的深刻变革与新旧社会势力的此消彼长，则是民主挑战专制的物质基础。1905—1911 年的宪政运动，揭开了民主与专制抗争的序幕，首开伊朗政治现代化进程的先河。然而，由于客观条件的限制，宪政运动未能从根本上触动封建主义的经济基础和传统的社会秩序，议会的召开和宪法的颁布并没有带来民主政治的崭新时代。

自 1925 年巴列维王朝建立开始，君主专制的政治制度空前强化，宪政制度成为君主专制的御用工具。礼萨汗当政期间，特定的历史条件即尖锐的民族矛盾和深刻的民族危机制约着伊朗国内诸多社会群体和政治势力之间的冲突，捍卫国家主权和民族尊严是伊朗各界民众的共同愿望，国王凌驾于社

① Abrahamian, E., *Iran: Between Two Revolutions*, p.478.

② Keddie, N.R., *Roots of Revolution: An Interpretive History of Modern Iran*, p.207.

会之上,俨然成为国家主权的体现和民族尊严的象征。

1941 年礼萨汗退位后,君主权力一度衰微,伊朗政坛出现群雄逐鹿的局面,议会成为角逐国家权力的主要舞台。1951—1953 年,首相摩萨台及其支持者利用石油国有化运动,挑战王权,掀起新的民主化浪潮。始建于 1949 年的民族阵线,作为代表资产阶级利益的世俗政治组织,构成此次民主化浪潮的中坚力量。摩萨台及其领导的民族阵线试图恢复 1906 年宪法,实行立宪制,扩大议会权力,进而达到限制王权的目的。然而,在外地主和教界传统势力支持君主政治,反对挑战王权的民主倾向。1953 年,巴列维国王发动政变,恢复君主独裁,民主浪潮在昙花一现之后宣告流产。

"1953 年的政变落下了伊朗政治的铁幕……此前 13 年间,诸多政治力量的怒吼震撼着伊朗。此后的 24 年中,除 1960—1963 年外,伊朗政坛颇显平静。"①巴列维国王声称,政坛的平静归功于其卓越的治理。实际上,政坛的平静只是政治风暴的前奏。巴列维国王君主独裁的铁幕只能掩盖社会矛盾和政治对抗,却不能消除社会矛盾和政治对抗。在君主独裁的铁幕掩盖下,伊朗的社会矛盾和政治对抗不断加剧。

巴列维王朝与在外地主的政治联盟,是 20 世纪伊朗君主制度的社会基础。什叶派教界传统的宗教思想,则是维护巴列维王朝君主制度的重要舆论工具。白色革命期间伊朗历史的突出现象,是经济秩序的剧烈变动与新旧社会势力的此消彼长。"发展的独裁模式"与巴列维国王实行的诸多改革举措无疑构成推动伊朗现代化进程的有力杠杆,乡村封建土地所有制的瓦解、现代工业的发展和城市化程度的提高标志着伊朗现代化的长足进步。礼萨汗当政期间,着力改造传统工业和发展现代工业,却不肯触及乡村农业的传统秩序和触动在外地主的既得利益。相比之下,白色革命的核心内容是改变乡村地权的分布状态和否定分成制的租佃关系,在外地主由于土地改革而丧失原有的势力和影响,巴列维王朝与在外地主的政治联盟亦因白色革命而趋于崩溃。

伊朗乡村的生产关系和社会结构无疑由于白色革命的诸多举措而经历深刻的变化,封建地产、家庭经济和资本主义农场的此消彼长标志着伊朗乡村传统经济社会模式的崩坏与现代经济社会模式的长足发展。然而,自耕农作为白色革命后伊朗乡村的主要社会阶层,无缘分享政治权力。20 世纪 70

① Abrahamian, E., *Iran: Between Two Revolutions*, p.450.

年代,巴列维政府致力于工业化和城市化的发展,诸多政策损害农民的利益,进而导致乡村社会广泛的不满情绪。

传统的巴扎商人和手工工匠是现代化长足进步的牺牲品,尽管其人数呈缓慢增长的趋势,然而经济活动处于相对萧条的状态,经济实力和社会地位已非往日可比。1953 年摩萨台政府垮台后,行会丧失了原有的权利和独立地位。1957 年的行会法规定,行会的建立必须经过政府的批准,行会联合会必须接受政府的监督。1971 年,政府解散行会联合会,代之以新伊朗党控制的行会委员会,负责监督行会活动。[①]白色革命期间,巴列维政府兴办国营贸易公司和现代商场,导致巴扎商人在流通领域的地位每况愈下。与此同时,巴列维政府通过实行各种优惠政策,积极扶植和发展现代工业,许多传统的手工业产品由于缺乏竞争力而渐遭淘汰,手工工匠深受其害。

现代化的长足进步塑造着诸多的新兴社会群体。白色革命期间,在外地主相继投资现代工业,兴办工厂,使用雇佣劳动,进而加入新兴资产阶级的行列。随着世俗教育的发展和现代官僚机构的膨胀,包括知识分子和政府雇员在内的所谓知识界亦开始成为举足轻重的社会群体。工业化程度的提高,导致现代产业工人的明显增长。城市化进程的突出现象,则是棚户区的急剧扩展。尽管如此,诸多新兴的社会群体无缘分享国家权力,长期徘徊于政治舞台的边缘地带。作为资产阶级政治组织的民族阵线和代表下层民众政治利益的人民党长期处于非法状态,左翼激进组织人民圣战者和人民敢死队屡遭镇压。工人缺乏结社和集会的合法权利,自发组织的民间工会遭到取缔。

世俗政治反对派

20 世纪 50 年代至 60 年代初,伊朗国内的政治反对派大都表现为世俗的形式,人民党和民族阵线构成此间伊朗政坛最重要的世俗政治反对派。

人民党始建于 20 世纪 30 年代,是十月革命以后马克思主义传入伊朗的产物,系伊朗左翼的激进政治派别。礼萨汗当政期间,人民党被视作非法政治组织,屡遭打击。1941 年礼萨汗退位后,人民党又卷土重来,其成员甚至出任内阁部长。人民党尽管在 1949 年由于涉嫌暗杀国王而遭到政府的取缔,50 年代初依然具有广泛的影响,成为摩萨台政府的重要政治盟友。1953 年政变后,人民党遭受重创,仅在阿塞拜疆和库尔德人地区举步维艰。巴列

① Bashiriyeh, H., *The State and Revolution in Iran*: *1962—1982*, p.31.

维国王称人民党是莫斯科的第五纵队和苏联的特洛伊木马，指责人民党勾结苏联、出卖国家利益、反对私有制和亵渎伊斯兰教信仰，进而取缔人民党，迫害人民党成员。①

1956 年起，人民党与苏联支持的阿塞拜疆民主党合并，自称伊朗工人阶级的政党，坚持马克思列宁主义的意识形态和无神论信仰，反对财产私有制，支持苏联和国际共产主义运动，主张在伊朗建立民族民主共和国和实行社会主义制度。

1964 年，人民党出现分裂，库尔德知识分子宣布脱离人民党，组建库尔德民主党，主张通过武装斗争的方式建立联邦制的国家，实行伊朗的民主和库尔德人的自治。1965 年，人民党再度分裂，其资深成员卡塞姆和弗鲁坦退出人民党，组建马克思列宁主义风暴，反对人民党的亲苏倾向，主张走中国式的革命道路。②

人民党尽管长期得到苏联政府以及境外诸多马克思主义组织的支持，然而其思想纲领与伊朗的历史传统及伊斯兰教信仰相去甚远，缺乏必要的社会号召力，难以形成广泛的政治影响。

民族阵线始建于 1949 年，50 年代初支持石油国有化运动和摩萨台政府，系相对温和的世俗政治派别。50 年代初，民族阵线无疑是动员民众政治参与和反对君主独裁的重要角色。民族阵线于 1953 年政变后遭受重创，1954 年改称民族抵抗运动。民族抵抗运动缺乏具有权威性影响的领袖人物，亦无统一的政治纲领和严密的组织结构，“从未成为严格意义的政党”，只是若干政治群体的松散联合。③

60 年代初，民族抵抗运动内部由于政治观点的分歧，形成伊朗党、民族党、解放运动和社会主义协会四个派别，是为第二民族阵线。伊朗党和民族党的政治活动主要是批评巴列维政府的具体政策，要求解除对于摩萨台的软禁和扩大新闻自由以及向私人出售国有企业，解放运动和社会主义协会则主张发动反对国王的思想战争。伊朗党、民族党和社会主义协会将整个教界视作反动势力，解放运动则强调与反对巴列维国王的教界势力建立广泛的政治联盟。伊朗党极力倡导实现第二民族阵线内部的高度统一，民族党、解放运

① Parsa, M., *Social Origins of Iranian Revolution*, p.40.
② Abrahamian, E., *Iran: Between Two Revolutions*, p.456.
③ Parsa, M., *Social Origins of Iranian Revolution*, p.169.

动和社会主义协会则主张继续维持第二民族阵线的松散状态。①

1965年,第二民族阵线正式分裂。其中,伊朗党沿用民族阵线的名称,主张在伊朗建立世俗的民主共和国,民族党、解放运动和社会主义协会组成第三民族阵线,认为欧莱玛是自1891年反对烟草专卖运动以莱伊朗反对殖民侵略和独裁专制的斗争中举足轻重的政治力量,主张联合教界进步势力,建立反对巴列维国王的广泛政治同盟。②

宗教政治反对派

1959年,首相伊格巴尔在国民议会提出土地改革法案,导致教界与政府之间关系的变化。阿亚图拉布鲁杰尔迪声称,土地改革法案背离伊斯兰教和沙里亚的原则,议会应当阻止土地改革法的通过。由于布鲁杰尔迪的反对,土地改革法案被迫搁置。③60年代初,巴列维国王羽翼丰满,欲求垄断权力,遂发动白色革命。在外地主和教界传统势力的既得利益受到严重损害,其与巴列维王朝的政治联盟随之瓦解。

1963年初,巴列维国王避开议会,采取全民公决的形式强行通过白色革命的六点纲领,同时宣布授予妇女在地方议会的选举权,引起教界的强烈不满。同年3月,什叶派欧莱玛在宗教圣城库姆抗议巴列维国王的土地改革政策和妇女选举权政策,示威者与警察发生冲突,20余人遇害,另有多人被捕。④此间,阿亚图拉霍梅尼开始向巴列维国王发难,进而登上伊朗的政治舞台,成为宪法的捍卫者和反对巴列维国王的风云人物。霍梅尼指责巴列维国王为实施白色革命而举行的全民公决既违背1906年宪法的原则,亦与伊斯兰教不符,呼吁民众抵制全民公决,捍卫宪法的尊严。巴列维国王随后向教界发起攻击,官方媒体将全民公决的反对者,称作得到企图把伊朗拉回黑暗时代的封建主支持的黑色反动派,指责霍梅尼及其追随者反对土地改革和抵制白色革命的进步思想。⑤

1963年6月3日,在德黑兰、库姆、伊斯法罕、马什哈德、设拉子和大不里

---

① Parsa, M., *Social Origins of Iranian Revolution*, pp.169—170.

② Parsa, M., *Social Origins of Iranian Revolution*, p.170.

③ Milani, M.M., *The Making of Iran's Islamic Revolution*, p.48.

④ Heikal, M., *The Return of the Ayatollah: The Iranian Revolution from Mossadeq to Khomeini*, London 1981, p.89.

⑤ Milani, M.M., *The Making of Iran's Islamic Revolution*, pp.50—51.

士，巴扎商人和工匠、教界和政府雇员、知识分子和产业工人涌上街头，举行示威，抗议巴列维国王的统治。同日，霍梅尼在什叶派宗教圣城库姆向巴列维国王公开宣战。霍梅尼并未明确反对巴列维国王实行的土地改革和妇女政策，而是抨击巴列维政府独裁专制、操纵选举、侵犯宪法、禁止新闻自由、取缔反对派政党和侵犯民众权利，谴责巴列维国王投靠美国、出卖伊朗的民族利益以及支持犹太复国主义和出卖巴勒斯坦的解放事业，谴责巴列维国王如同杀害伊玛目侯赛因的倭马亚哈里发叶齐德，号召什叶派穆斯林推翻巴列维王朝。①霍梅尼声称："我们决不允许父辈用自己的鲜血换来的宪法受到侵犯。"②霍梅尼甚至发出警告："如果国王仍然任意妄为，那么当他某一天不得不离开这个国家时，人民将会感到无限的喜悦。"次日，霍梅尼遭到逮捕，罪名是反对土地改革和白色革命。③

1963 年的霍梅尼

1964 年，霍梅尼获释并返回库姆，政治威望倍增，成为深受民众拥戴的宗教领袖和民族英雄。1965 年，霍梅尼被巴列维国王驱逐至土耳其，而后流亡伊拉克，1978 年移居法国。④此后数年，霍梅尼致力于反对巴列维王朝的政治活动，俨然成为披着宗教外衣的民主斗士，其在伊朗民众中的政治影响逐渐扩大。1970 年，霍梅尼的追随者甚至将霍梅尼称作"波斯的伊玛目"，而此前尚无人获得如此的称谓。⑤

欧莱玛的裂变

巴列维王朝长期奉行世俗化的政策，旨在强化世俗君主对于什叶派欧莱玛的控制。礼萨汗当政期间，致力于克服宗教势力的离心倾向。巴列维国王发动的白色革命，则是礼萨汗当政期间世俗化举措的逻辑延伸。土地改革直

① Abrahamian, E., *Iran: Between Two Revolutions*, p.425.
② Keddie, N.R., *Roots of Revolution: An Interpretive History of Modern Iran*, p.158.
③ Hiro, D., *Holy Wars: The Rise of Islamic Fundamentalism*, p.159.
④ Heikal, M., *The Return of the Ayatollah*, p.91.
⑤ Arjomand, S.A., *The Turban for the Crown: the Islamic Revolution in Iran*, p.101.

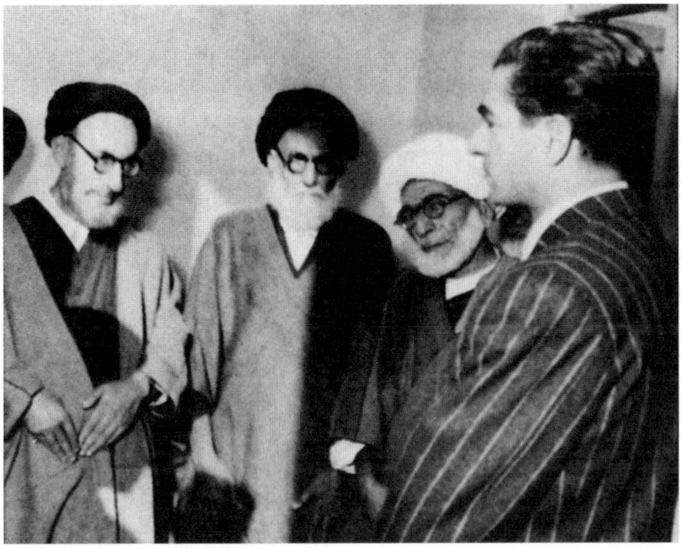

巴列维国王与什叶派欧莱玛

接触及约占全国耕地面积30%的宗教地产瓦克夫，而所谓的"知识大军"和"公正之家"明显削弱了什叶派欧莱玛在教育和司法领域的传统影响。60年代初，伊朗全国共有穆智台希德约100人，欧莱玛约1万人，清真寺约2万处，宗教学校约100所，宗教学校学生约1万人。[①]1965年至1975年，伊朗全国的清真寺由2万处减少到9 000处，教界控制的宗教学校数量锐减。与此同时，巴列维政府在马什哈德创建伊斯兰大学，在德黑兰大学设立经学院，强化控制宗教教育，极力使伊斯兰教成为巴列维王朝的御用工具，实现什叶派伊斯兰教的"国有化"和"巴列维化"。[②]

1960—1963年，教界与国王之间的关系发生明显的变化。与此同时，教界内部趋于分裂，形成不同的政治倾向。布鲁杰尔迪和贝赫贝哈尼代表教界内部的保守势力，维护传统教界的既得利益，主张远离政治舞台，潜心传布安拉的启示，其与国王之间的矛盾在于极力抵制土地改革，可谓现代化进程中的逆向因素。沙里亚特玛达里和塔里甘尼代表教界内部的温和反对派，无意反对土地改革，甚至声称地主对于农民的剥削并不符合伊斯兰教的原则，其政治目标在于反对国王解散议会和独断专行，强调宪政和恢复议会的地位。霍梅尼以及蒙塔泽里、贝赫什提、穆塔赫里、拉夫桑贾尼和哈梅内伊代表教界内部的激进反对派，谴责巴列维国王对内独裁专制以及对外勾结美国和以色列而出卖国家利益，攻击矛头指向巴列维王朝的政治制度和统治地位，俨然是披着宗教外衣的民主斗士。[③]

① Martin, V., *Creating an Islamic State: Khomeini and the Making of a New Iran*, p.23.

② Milani, M.M., *The Making of Iran's Islamic Revolution*, p.63.

③ Abrahamian, E., *Iran: Between Two Revolutions*, pp.473—475.

1953—1958 年，贝赫贝哈尼是巴列维国王的重要支持者，布鲁杰尔迪亦与巴列维国王处于合作的状态。1961 年布鲁杰尔迪死后，众望所归的宗教领袖不复存在，马什哈德的米拉尼、大不里士的沙里亚特玛达里、纳杰夫的哈基姆和库姆的霍梅尼分庭抗礼，什叶派教界随之分裂为诸多派别。①白色革命的相关举措和巴列维王朝世俗统治的强化，导致教界的广泛不满，进而使教界与巴列维王朝分道扬镳。君主政治的膨胀和现代伊斯兰主义思想的传播，助长着教界内部的革命倾向，进而形成国王的伊斯兰教与民众的伊斯兰教两者之间的激烈对抗。

贫富分化与政治暗流

1960—1975 年，伊朗人均国内生产总值从 177 美元增至 346 美元，增长幅度接近100%。②然而财富的增长本身并不能带来现代的社会；相反，财富的增长与财富合理分配的社会愿望两者之间的矛盾日益成为伊朗现代化进程的突出现象。“石油收入的增长并没有消除贫困，而只是带来了贫困的现代化。”③伴随着财富的急剧增长，财富的分配表现为明显的不平衡倾向：富者愈富而中下层民众获益甚少，德黑兰愈富而外省获益甚少。“国家的财富变成了私人汽车而不是公共巴士，变成了奢侈品而不是公共医疗，变成了军警的俸禄而不是教师的薪水。”④

1963—1976 年，约占乡村人口 60%的贫困农户在乡村消费支出中所占的比例从 36%下降为 27%，约占乡村人口 40%的富裕农户在乡村消费支出中所占的比例从 64%上升为 73%，其中约占乡村人口 20%的富裕大户在乡村消费支出中所占的比例从 42%上升为 52%，所谓的基尼系数从 0.34 上升为 0.47。⑤进入 70 年代，伊朗城乡差距呈不断扩大的趋势。1971 年，伊朗个人消费支出共计 7 000 亿里亚尔，其中城市个人消费支出 4 700 亿里亚尔，占个人消费支出总额的 67%，乡村个人消费支出 2 300 亿里亚尔，占个人消费支出总额的 33%；1978 年，伊朗个人消费支出共计 1.7 亿里亚尔，其中城市个人消费支出 1.4 亿里亚尔，占个人消费支出总额的 81%，乡村个人消费支

① Milani, M.M., *The Making of Iran's Islamic Revolution*, p.48.
② Alizadeh, P., *The Economy of Iran: the Dilemmas of an Islamic State*, London 2000, p.32.
③ Abrahamian, E., *Iran: Between Two Revolutions*, p.448.
④ Abrahamian, E., *A History of Modern Iran*, p.143.
⑤ Karshenas, M., *Oil*, *State and Industrialization in Iran*, p.162.

出3 000亿里亚尔,占个人消费支出总额的19%。①

城市化进程的加快导致棚户区的扩张。70年代中期,德黑兰约有50处棚户区,房屋拥挤,道路狭窄,居住环境恶劣。大不里士、克尔曼沙赫、哈马丹、阿拔斯港、阿瓦士、布什尔、设拉子和马什哈德亦有相当数量的棚户区,其中大不里士的棚户区人口占城市人口总数的7.6%,阿瓦士的棚户区人口占城市人口总数的4%。②

棚户区的扩张,标志着城市下层民众生活水准的急剧下降。1959年,占城市人口20%的富人的消费支出占城市消费总量的52%,占城市人口40%的中等阶层的消费支出占城市消费总量的28%,占城市人口40%的下层人口的消费支出占城市消费总量的20%,基尼系数为0.47;1975年,占城市人口20%的富人的消费支出上升为占城市消费总量的58%,占城市人口40%的中等阶层的消费支出占城市消费总量的28%,占城市人口40%的下层人口的消费支出下降为占城市消费总量的14%,基尼系数上升为0.54。③伊斯兰革命前夕,占总人口0.005%的富人支配4%的国民收入,占总人口17%的下层贫困人口仅仅获得不足1%的国民收入;占总人口1%的富人占有52%的财富,占总人口91%的穷人仅仅占有18%的财富。④另据资料统计,70年代中期,德黑兰人口不足伊朗总人口的20%,却有82%的注册公司、50%的工业产值、66%的大学生、50%的医生、42%的医院床位。在德黑兰,平均每10人拥有一辆汽车;相比之下,在其他地区,平均每90人拥有一辆汽车。⑤

伊朗的物价在60年代尚且维持稳定的状态,进入70年代开始出现通货膨胀。1970—1974年,物价指数从100上升为126,1975年上升为160,1976年上升为190。1970—1975年,德黑兰的房租上涨300%。⑥自1975年开始,经济形势进一步恶化。基本生活消费品价格的上涨幅度,1976年为17%,1977年增至25%。非石油产业的年增长率,1976年为14%,1977年下降为9%。由于政府大幅削减投资项目和压缩投资规模,失业率从1974年的1%急剧上升为1977年的9%。⑦1974年,巴列维政府尚有20亿美元的

① Nattagh, N., *Agriculture and Regional Development in Iran*, p.60.

② Bayat, A., *Street Politics: Poor People's Movement in Iran*, New York 1997, p.26.

③ Karshenas, M., *Oil, State and Industrialization in Iran*, p.200.

④ Schirazi, A., *Islamic Development Policy: The Agrarian Question in Iran*, p.75.

⑤ Abrahamian, E., *A History of Modern Iran*, p.142.

⑥ Abrahamian, E., *Iran: Between Two Revolutions*, p.497.

⑦ Foran, J., *Fragile Resistance: Social Transformation in Iran from 1 500 to the Revolution*, p.377.

财政盈余;1978 年,政府财政赤字高达 73 亿美元。[①]

“通货膨胀自 1973 年逐渐加剧,到 1976 年夏季达到相当惊人的程度,而国王却用军人的眼光看待经济问题,向奸商宣战。”1975 年,巴列维国王宣布实行两项新的经济政策,即私人和公共所有权的延伸和反暴利运动,作为白色革命的增补内容。[②]

所谓的私人和公共所有权的延伸,即规定私人企业 49%的股份和国有企业 99%的股份向民众出售,政府向购买者提供低息贷款。巴列维国王声称,在未来三年中,将有 450 万伊朗人成为国家主要产业的股份所有者。此外,政府规定最低工资标准,甚至强迫许多私人企业主满足工人提高工资的要求。此项政策被认为是政府在经济领域的不公正干预,引起私人企业主的强烈不满。[③]

所谓的反暴利运动,其主要攻击目标是被称作商业封建主的巴扎商人。巴列维国王声称,封建领主在 1963 年已经被消灭,目前应当与商业封建主进行斗争,直至最后的胜利。1975 年,巴列维政府强迫巴扎商人主动降低物价,进而对数百种基本生活消费品实行严格的价格控制,同时进口小麦、糖和肉用以平抑物价,成立消费者保护委员会。复兴党组织 1 万名学生进驻巴扎,与所谓的奸商进行斗争。萨瓦克匆忙组建的行会法庭对 25 万人实行罚款,将 2.3 万人赶出家乡,另有 8 000 人被投入监狱,18 万人遭到指控。到 1976 年初,几乎所有的巴扎商人都受到反暴利运动的牵连。[④]

反暴利运动的实施,明显加剧了巴扎商人与国王之间的矛盾。由于受到政府和复兴党的威胁,巴扎商人无力单独对抗巴列维政府,遂转向教界寻求保护。1977 年初,巴列维政府削减向教界发放的年金,导致欧莱玛的不满。许多欧莱玛上层人物颁布宗教法令,指责复兴党违背宪法和伊斯兰教的原则,霍梅尼则抨击复兴党意在毁灭整个伊朗和伊斯兰教。与此同时,被捕入狱的欧莱玛人数前所未有。[⑤]

1975 年,国际人权组织指责伊朗是世界上人权状况最差的国家之一,要

---

① Milani, M.M., *The Making of Iran's Islamic Revolution*, p.97.

② Abrahamian, E., *Iran: Between Two Revolutions*, p.497.

③ Abrahamian, E., *Iran: Between Two Revolutions*, pp.497—498.

④ Abrahamian, E., *Iran: Between Two Revolutions*, p.498.

⑤ Abrahamian, E., *A History of Modern Iran*, p.153.

1977 年巴列维会见美国总统卡特

求巴列维国王改善国内的人权环境。[①]美国总统卡特亦于 1976 年开始批评巴列维国王的独裁专制，要求巴列维国王改善伊朗的人权状况和恢复民主政治。[②]巴列维国王迫于国际形势的压力，开始在国内尝试实行自由化政策，许诺在伊朗创造自由的政治气氛，同时释放 357 名政治犯，邀请国际红十字会参观 20 所监狱，允许外国律师出席军事法庭的审判，复兴党则宣布欢迎社会各界发表不同的政见。[③]自由化的改革举措，无疑使反对派势力获得了必要的政治环境。然而，巴列维国王“只是打算给反对派提供有限的喘息空间，却不打算与任何人分享权力”。[④]

白色革命摧毁了旧的政治基础，却未能代之以新的政治基础，巴列维国王由此陷于空前孤立的尴尬状态。随着威权政治的膨胀，巴列维国王一方面成为国家权力的象征，另一方面则成为社会矛盾的焦点和众矢之的。传统社会势力的不满和新兴社会群体的反抗融为一体，结束独裁专制的共同目标导致伊朗民众的广泛联合，政治革命的客观形势日渐成熟。

从世俗知识界的政治风波到跨越教俗界限的民众政治运动

70 年代中叶，巴列维王朝拥有装备精良的现代化军队、组织严密的官僚机器和数量可观的石油美元，表面上稳若磐石。大多数观察家认为，巴列维王朝的统治是稳定的和持久的。另一些观察家尽管深知巴列维王朝的统治缺乏广泛的社会基础，日趋紧张的政治气氛弥漫伊朗，但是他们仍然断定大

---

① Abrahamian, E., *Iran: Between Two Revolutions*, p.498.

② Parsa, M., *Social Origins of Iranian Revolution*, p.54.

③ Chehabi, H.E., *Iranian Politics and Religious Modernism*, p.225.

④ Milani, M.M., *The Making of Iran's Islamic Revolution*, p.110.

规模的革命运动在未来十年不可能发生。然而，一系列事件的发生改变了巴列维王朝的命运，而经济的萧条和自由化的政治环境构成导致革命的直接因素。“石油价格的上涨为巴列维政府提供了使伊朗成为地区性经济和军事强国的绝佳时机，而巴列维政府却把这个绝佳时机引向了革命。”①

1977—1979 年伊朗的伊斯兰革命，最初表现为世俗知识界发起的自由化运动，具有明显的温和倾向。

早在 1976 年即巴列维王朝建立 50 周年之际，流亡政治家巴尼萨德尔在巴黎发表题为“背叛的五十年”的文章，列举巴列维王朝 50 年间的诸多罪状，包括 1921 年和 1953 年两次发动政变、践踏宪法、投靠西方世界、出卖国家主权、损害民族利益、镇压民众运动、杀害反对派人士、清洗爱国将领、推行一党制和个人崇拜。②

1977 年 5 月，53 名律师发表致巴列维国王的公开信，抗议政府侵犯司法独立和干预司法审判。同年 6 月，40 名作家致信首相胡韦达，要求恢复 1964 年遭到取缔的作家协会，取消新闻审查，实行言论自由和结社自由。③与此同时，前民族阵线领导人卡里姆·桑贾比、沙赫普尔·巴赫蒂亚尔和达里乌什·福鲁哈尔致信巴列维国王，批评君主独裁，要求尊重人权和释放政治犯，声称“恢复国家统一和民众权利的唯一方式是放弃专制、尊重宪法、遵守联合国人权宣言、废除一党制、允许言论自由、释放政治犯、建立得到公众信任和履行宪法的政府”。④7 月，64 名律师聚集德黑兰，起草宣言，要求尊重宪法和实行司法独立，包括作家协会、律师协会、大学教师全国委员会和保卫自由与人权委员会在内的诸多民间政治组织随之在知识界相继建立，业已遭到政府取缔的世俗反对派民族阵线和解放运动亦卷土重来。1977 年秋，德黑兰学生走上街头游行，要求校园的政治自由。⑤此间，反对派势力主要来自世俗知识界，教界尚未直接介入，民众运动仅仅表现为政治宣传和组建社团。反对派并无明确的政治纲领和严密的政治组织，只是强调恢复 1906 年宪法和立宪君主制以及限制巴列维国王的统治权力，斗争方式亦颇具温和倾向。民众运动的范围局限于首都德黑兰，并未波及其他地区。

---

① Milani, M.M., *The Making of Iran's Islamic Revolution*, p.95.

② Abrahamian, E., *A History of Modern Iran*, p.157.

③ Keddie, N.R., *Roots of Revolution: An Interpretive History of Modern Iran*, p.233.

④ Abrahamian, E., *Iran: Between Two Revolutions*, p.502.

⑤ Arjomand, S.A., *The Turban for the Crown: the Islamic Revolution in Iran*, pp.116—118.

1978年1月7日,复兴党操纵的官方报纸发表文章,诋毁什叶派欧莱玛是“中世纪的黑色反动派”,指责教界勾结国外势力破坏白色革命,诬陷霍梅尼具有外国血统和充当外国间谍。该文章的发表引起伊朗各地的轩然大波,教界由此开始放弃旁观的立场,加入反对巴列维国王的队伍。教界的介入得到巴扎商人和手工工匠的积极响应,而反对巴列维国王的民众运动亦逐渐由德黑兰蔓延到诸多城市。该文章发表的次日,在宗教圣城库姆,数千名经学院的学生举行游行,抗议政府玷污教界,高喊口号“我们不要叶齐德的政府”“我们要我们的宪法”“我们要阿亚图拉霍梅尼的归来”,进而与警察发生冲突,5名学生遭到杀害。1月10日,霍梅尼发表声明,称赞库姆经学院学生的做法是英雄的举动,谴责国王勾结美国、败坏伊斯兰教、损害伊朗农业和将伊朗变成外国货的垃圾场。另一著名的教界领袖沙里亚特玛达里抱怨政府诽谤欧莱玛,声称如果政府将要求恢复宪法视作黑色反动派的标志,那么自己宁愿成为黑色的反动派。①教界势力的介入以及巴扎商人和工匠的响应,标志着反对巴列维国王的民众运动开始由世俗的形式转化为宗教的形式,遍布各地的清真寺成为反对巴列维国王的重要据点。

2月18日是库姆惨案的40天祭日,各地的巴扎和大学纷纷关闭以示哀悼死者,和平示威发生在德黑兰、库姆、伊斯法罕、马什哈德、阿瓦士、设拉子、拉什特和大不里士等12座城市。在大不里士,反对巴列维国王的和平示威演变为民众与警察之间的暴力冲突,示威的民众一度占领警察局和复兴党党部,直至2天后被政府军镇压。②3月29日是大不里士惨案的40天祭日,各地的巴扎和大学再度关闭,55座城市举行哀悼死者的活动。③在德黑兰、叶兹德和伊斯法罕等地,愤怒的示威者进攻警察局和复兴党党部及其他政府机构,叶兹德的民众甚至高喊“处死国王”的口号。5月10日又是一个40天祭日,德黑兰爆发大规模的民众抗议活动,巴列维国王被迫取消出访欧洲的计划,派出2 000名军警封锁巴扎和大学校园,使用催泪瓦斯驱散示威的民众。在前后三次的40天祭日示威中,官方宣布死亡22人,受伤约200人,而据反对派的说法,死亡人数为250人,受伤人数超过600人。④

白色革命期间,随着工业化程度的迅速提高,产业工人队伍明显扩大。

---

① Kurzman, C., *The Unthinkable Revolution in Iran*, Harvard 2004, p.33, p.37.

② Kurzman, C., *The Unthinkable Revolution in Iran*, p.46.

③ Foran, J., *A Century of Revolution Social Movements in Iran*, p.176.

④ Abrahamian, E., *Iran: Between Two Revolutions*, p.508.

1966—1976年十年间，伊朗的产业工人从137万增至192万，成为举足轻重的社会群体。[①]与此同时，产业工人的工资收入急剧攀升。21个主要工业部门的平均工资，1974—1975年增长30%，1975—1976年增长48%。熟练工人的工资增长幅度尤为明显。制造业工人的平均日工资，1971年时为220里亚尔，1977年增至850里亚尔。由于生活境况的不断改善，产业工人最初大都安于现状，并不热衷于反对国王的政治活动。进入1978年以后，经济危机波及工业领域，产业工人工资下降，失业率上升。[②]1978年6月，德黑兰工人举行罢工，抗议政府取消年度分红。7月初，阿巴丹工人举行罢工，要求提供医疗保险、恢复年度分红和增加20%的工资。7月底，贝赫沙赫尔的1 750名纺织工人举行罢工，要求提高工资和实行工会的自由选举。8月，大不里士的2 000名工人举行罢工，要求恢复年度分红、提高工资和改善居住条件。8月19日，阿巴丹工人区的一处电影院发生火灾，死者超过400人，而萨瓦克被认为是纵火的元凶。此后，产业工人的反抗活动由罢工演变为示威，政治要求取代经济要求而成为工人运动的首要目标，"烧死国王"和"推翻巴列维家族"成为产业工人的政治口号。[③]随着产业工人接连举行的罢工和示威，反对巴列维国王的伊朗民众与巴列维政府之间的力量对比出现明显的变化。"工人、巴扎商人、学生和欧莱玛建立起广泛的联盟"，政治角逐的天平开始向反对派方面倾斜。[④]

伊斯兰革命期间示威的民众

1978年8月，巴列

---

① Abrahamian, E., *The Making of Iran's Islamic Revolution*, p.64.

② Abrahamian, E., *Iran: Between Two Revolutions*, pp.511—512.

③ Kurzman, C., *The Unthinkable Revolution in Iran*, p.62.

④ Downes, M., *Iran's Unresolved Revolution*, p.111.

维国王迫于民众运动的压力，解除首相阿姆泽加尔的职务，起用温和派人士沙里夫·艾玛米出任首相，采取安抚政策，许诺实行西方式的多党制度和民主制度，释放在押的政治犯，笼络沙里亚特玛达里、桑贾比、巴扎尔甘和福鲁哈尔等反对派领袖。然而，形势并未出现转机。

1978年9月7日，德黑兰50万人举行示威，高呼激进的政治口号"处死巴列维家族成员""赶走美国人""侯赛因是我们的向导，霍梅尼是我们的领袖""独立、自由、伊斯兰""我们要伊斯兰共和国"，巴列维国王则宣布在德黑兰、卡拉季、库姆、马什哈德、大不里士、伊斯法罕、设拉子、阿巴丹、阿瓦士、加兹温、朱赫拉姆和卡兹伦12座城市实行军事管制。[①]9月8日，德黑兰民众与巴列维王朝的军警发生冲突，死伤者不计其数，时称"黑色星期五"。[②] 此后，伊朗国内的政治形势急转直下。

黑色星期五

世俗的知识界无疑是挑战巴列维王朝独裁专制的重要政治力量，然而其政治纲领相对温和，代表新兴资产阶级的利益，排斥下层民众的政治参与，主张恢复宪政，进而与国王分享国家权力，却无意推翻君主制度。解放运动的领导人巴扎尔甘曾向美国驻伊朗大使表示："如果国王愿意实施宪法的所有条款，那么我们便会接受君主制和参与选举。"[③]巴扎尔甘后来说道："我们原本企盼甘霖的降临，结果到来的却是洪水。"[④]相比之下，霍梅尼尽管只是什叶派的多位阿亚图拉之一，在教界内部并无十分显赫的地位，却由于其长期反对巴列维王朝而毫不妥协的坚定立场和民主斗士的政治形象而在伊朗民众之中久享盛誉。"霍梅

① Abrahamian, E., *Iran: Between Two Revolutions*, p.515.
② Kurzman, C., *The Unthinkable Revolution in Iran*, p.75.
③ Milani, M.M., *The Making of Iran's Islamic Revolution*, p.114.
④ Amjad, M., *Iran: From Royal Dictatorship to Theocracy*, p.138.

尼赢得了不同的社会群体，众多的民众把他视作期待已久的拯救者。在小资产阶级看来，他不仅是独裁的宿敌，而且是私有财产、传统价值观念和身陷困境的巴扎商人的保护者。在知识界看来，他尽管具有宗教身世，却颇似富于战斗精神的民族主义者，将会完成摩萨台的未竟事业，使国家从帝国主义和专制主义的双重压迫下得到解放。在城市的工人看来，他将实现社会公正和财富的重新分配，把权力从富人手中转移到穷人手中。在乡村民众看来，他将带来土地、水源、电力、道路、学校和医疗机构，即白色革命未能带来的物质内容。对于所有的人来说，他象征着宪政革命的精神，在他身上寄托着此前的革命仅仅燃起却未能实现的希望。"①

随着政治形势的发展和民主与专制的激烈冲突，特别是"阿巴丹纵火案"和"黑色星期五"之后，世俗知识界恢复 1906 年宪法的妥协倾向逐渐失去赖以存在的土壤；推翻巴列维王朝的统治、实现共和取代回归宪政，成为民众运动的崭新政治目标。现代伊斯兰主义由于超越以往各种政治要求的狭隘界限，强调平等和民主的原则，代表诸多不同社会群体的共同利益，适应政治斗争的客观需要，提供了凝聚反对巴列维王朝的社会力量进而实现广泛政治联合的崭新理论工具。流亡巴黎的霍梅尼宣布，国王已经听到了革命者的呼声——他必须退位并接受伊斯兰的审判；民众与国王之间绝无妥协的余地，加入巴列维政府意味着背叛伊斯兰教；民众运动不会停止，直至将"卑鄙的君主制"扔进历史的垃圾堆，代之以崭新的伊斯兰共和国。"伊斯兰激进组织是被剥夺了权力的社会阶层，渴望参与政治进程和重建崭新社会与国家的宣言"，②"战斗的伊斯兰"体现民众的愤怒，具有强烈的革命倾向。

1978 年 10 月底和 11 月初，解放运动的领导人巴扎尔甘和民族阵线的领导人桑贾比相继从德黑兰前往巴黎，会晤霍梅尼。随后，巴扎尔甘代表解放运动宣布，目前的民众运动表明人民拥护阿亚图拉霍梅尼和要求用伊斯兰政府取代君主制。桑贾比代表民族阵线宣布，目前的君主制是独裁和腐败的制度，不能履行法律和沙里亚，不能抵抗外国的压力，需要建立以伊斯兰、民主和国家主权作为基础的民族政府。桑贾比、巴扎尔甘和霍梅尼一致认为，现存的君主制度与伊斯兰教的原则不符，是政治独裁、社会腐败和民族屈辱

---

① Abrahamian, E., *Iran: Between Two Revolutions*, pp.532—533.

② Milani, M.M., *The Making of Iran's Islamic Revolution*, p.244.

的根源所在。三人共同宣布,结束伊朗的君主制度,建立伊斯兰共和国,“借以保卫伊朗的独立和民主”。[①]此次会晤标志着“霍梅尼成为伊朗革命运动之无可争议的政治领袖”,反对巴列维王朝的各个阶层实现空前广泛的政治联合。[②]

霍梅尼返回伊朗的新闻图片

1978 年 12 月,巴列维国王指定前民族阵线成员巴赫提亚尔出任首相。[③]巴赫提亚尔宣布国王将去欧洲休假,许诺解除军事管制和实行自由选举,取消与美国签署的 70 亿美元的武器交易计划,停止向以色列和南非出口石油,释放政治犯,解散萨瓦克,冻结巴列维基金会资产,称赞霍梅尼是“伊朗的甘地”并欢迎霍梅尼回国。反对派领导人对巴赫提亚尔政府态度各异。沙里亚特玛达里和许多温和的教界人士宣布支持新首相,以免国家陷于混乱。桑贾比和弗鲁哈尔坚持国王必须退位。霍梅尼则声称任何由国王任命的政府均属非法,顺从巴赫提亚尔便是顺从撒旦。罢工和示威并未由于巴赫提亚尔的许诺而停止,越来越多的民众要求国王退位、巴赫提亚尔辞职、霍梅尼回国和废除君主制。1979 年 1 月 16 日,巴列维国王逃往埃及。2 月 1 日,霍梅尼自巴黎返回德黑兰。[④]

伊斯兰革命的性质

通常认为,教俗合一是传统政治模式的典型特征,而现代化与世俗化呈同步状态。巴列维王朝的支持者认为,伊斯兰革命发生的根源在于巴列维国王推行的现代化举措超越了观念保守和思想落后的伊朗民众所能承受的范围,巴列维王朝的统治是伊朗走向现代文明的象征,而巴列维王朝的覆灭标

① Milani, M.M., *The Making of Iran's Islamic Revolution*, p.122.
② Downes, M., *Iran's Unresolved Revolution*, p.114.
③ Downes, M., *Iran's Unresolved Revolution*, p.115.
④ Fardust, H., *The Rise and Fall of The Pahlavi Dynasty*, p.403, p.415.

志着伊朗现代化进程的中断,伊斯兰革命的政治实践则构成伊朗现代化进程的逆向运动。亦有学者认为,伊斯兰革命的社会基础在于伊斯兰激进组织成员,包括所谓的传统伊斯兰激进组织成员、自由伊斯兰激进组织成员和伊斯兰激进组织成员。[①]实际情况并非如此。

伊朗伊斯兰革命尽管具有宗教政治的浓厚色彩,却非教界传统势力与世俗政治的对抗抑或什叶派欧拉玛与巴列维国王世俗政权的较量,而是宗教形式下诸多社会群体反抗独裁专制的深刻政治革命。白色革命期间,新兴阶层与传统势力之间无疑存在着种种矛盾。然而,巴列维王朝的独裁专制与民众分享国家权力的政治倾向两者之间的尖锐冲突,作为伊斯兰革命前夕伊朗社会的主要矛盾,制约着其他层面的次要矛盾,导致反对巴列维王朝的诸多社会群体在争取民主的政治基础之上形成空前广泛的联合,巴列维国王则是社会矛盾的焦点、民众的公敌和反对派政治势力的众矢之的。经济社会的长足进步与政治体制的严重滞后两者之间的矛盾作为巴列维时代伊朗历史的突出现象,是导致伊斯兰革命的根本原因。

现代伊斯兰主义作为 1977—1979 年伊斯兰革命的意识形态,并非伊朗的特有现象,而是存在于伊斯兰世界的诸多地区,埃及和南亚则是现代伊斯兰主义的主要发源地。现代伊斯兰主义自 70 年代在伊朗的广泛传播,并非霍梅尼个人能力所致,而是根源于伊朗社会的客观需要,标志着崭新的政治文化借助于宗教形式初露端倪。

如果说官方的什叶派伊斯兰教是巴列维王朝的统治工具和麻痹人民的精神鸦片,那么民众的什叶派伊斯兰教,特别是阿里·沙里亚蒂和霍梅尼阐述和倡导的现代伊斯兰主义,则是"被压迫生灵的叹息"和反抗巴列维王朝独裁专制的革命手段。巴列维时代伊朗教俗关系演变的实质,在于什叶派伊斯兰教从麻痹人民的精神鸦片转化为"被压迫生灵的叹息"抑或从政治宗教化转变为宗教政治化。特定的社会背景和政治环境,无疑是什叶派伊斯兰教发生转化的物质根源。巴列维时代深刻的社会矛盾和政治对抗从根本上改变了伊朗教俗关系的传统模式,什叶派伊斯兰教由官方的学说转变为民众的信仰,由麻痹人民的精神鸦片转变为民众反抗的政治武器,进而由捍卫传统社会秩序的意识形态转变为倡导现代社会秩序的意识形态。

霍梅尼的政治思想表面上包含传统主义和现代主义的双重内容,看似截

---

① 曲洪:《当代中东政治伊斯兰:观察与思考》,中国社会科学出版社 2001 年版,第 237—239 页。

然对立抑或水火不容,实则不然。霍梅尼主义借助于回归宗教的传统形式,阐述独立、自由、平等和公正的现代政治理论,强调以安拉的尊严取代国王的尊严和以伊玛目之神圣的宗教权力取代巴列维王朝的世俗权力,旨在否定传统的政治模式和君主独裁的政治制度,代表反对君主专制的诸多传统社会势力与新兴阶层共同的利益和愿望,是伊斯兰革命期间凝聚民众的主导思想和反抗巴列维王朝君主专制的革命理论。正是巴列维国王的独裁统治和高压政策,促使诸多社会群体走向霍梅尼的阵营。霍梅尼作为什叶派现代宗教政治的灵魂人物,俨然是伊斯兰革命的象征和民主的化身,成为众望所归的政治领袖。“霍梅尼赢得了不同的社会群体……堪称克里斯玛式的革命领袖”,而霍梅尼之克里斯玛式的领袖地位,根源于白色革命期间伊朗深刻的社会矛盾和尖锐的政治对抗。特定的社会背景和政治环境,塑造了霍梅尼作为克里斯玛式领袖的历史形象。①

什叶派现代伊斯兰主义并非“反现代化基调的和传统主义的意识形态”,而是反抗巴列维王朝独裁专制和实现民众广泛政治参与的理论工具和革命手段。阿亚图拉霍梅尼与巴列维国王之间的对抗,并非宗教与世俗的冲突,而是民主与专制的对抗。民主主义与现代宗教政治模式的结合,则是伊朗伊斯兰革命的核心内容。

1977—1979 年的伊斯兰革命与 1953 年摩萨台领导的世俗民主化运动以及 1963 年教界掀起的政治风波尽管不乏相似之处,却有根本的差别。1953 年的世俗民主化运动以及 1963 年政治风波期间,教俗反对派貌合神离,社会环境尚未塑造出克里斯玛式的领袖人物,普通民众的介入程度相当有限。现代化的发展水平和新旧社会力量的对比,决定着 1953 年摩萨台领导的世俗民主化运动以及 1963 年教界掀起的政治风波之目标的非同一性、纲领的温和性与基础的脆弱性。1953 年摩萨台领导的世俗民主化运动和 1963 年教界掀起的政治风波表明,相对孤立的社会阶层抑或政治群体皆不足以抗衡巴列维王朝控制的国家机器。与 1953 年摩萨台领导的世俗民主化运动和 1963 年教界掀起的政治风波相比,1977—1979 年伊朗伊斯兰革命的突出特点在于教俗各阶层广泛的政治联合,是为 1979 年伊斯兰革命区别于 1963 年政治风波直至取得胜利的至关重要的条件。现代化进程中社会矛盾的加剧,导致反对派政治势力的广泛联合。教俗各阶层的广泛政治联合,改

① *Iran: Between Two Revolutions*, pp.531—532.

变了民主与专制之间的力量对比，决定了巴列维王朝寿终正寝的历史结局。

弗兰认为，霍梅尼主义的社会基础是教界下层、巴扎商人和手工工匠，其他诸多社会群体则被霍梅尼主义所吸引，伊斯兰革命的性质在于传统势力抵制巴列维王朝现代化的逆向运动。[①]实际情况并非如此。霍梅尼在反对巴列维国王的斗争中，与诸多政治群体建立了广泛的联盟，从而获得了从巴扎和教界到世俗知识界和城市贫民以及解放运动和民族阵线的有力支持。巴扎、行会和清真寺无疑提供了伊斯兰革命期间反对国王的重要阵地，然而正是新兴的世俗社会势力点燃了革命的火花并且给以巴列维王朝的统治致命的打击，最终敲响了巴列维王朝覆灭的丧钟。

有学者认为，伊斯兰革命的受益者只是霍梅尼领导的宗教激进派势力，什叶派欧莱玛则是伊斯兰革命的唯一赢家。[②]实际情况并非如此。政治斗争服务于经济目的。历史的进步，包括现代化进程中的改良与革命，均以追求财富作为根本动力。巴列维王朝借助于独裁专制的政治形式，混淆国家与王室的界限，进而极尽所能地控制和占有民众创造的物质财富。至于反对巴列维王朝和参与革命的诸多社会群体，旨在通过伊斯兰的宗教形式，改变国家的政治制度，进而改变财富的分配原则。

伊斯兰革命的发生，不应简单归结为什叶派穆斯林的宗教狂热，而是根源于巴列维时代世俗领域的社会矛盾，其实质在于世俗的社会反抗与宗教的外在形式两者的结合。纵观 20 世纪的伊朗历史，宪政革命首开伊朗现代化进程中政治革命的先河，伊斯兰革命则是宪政革命的逻辑延伸；特定的历史环境，尤其是新兴社会力量的脆弱，决定了宪政革命的失败结果，而巴列维王朝在经济社会层面的现代化举措，为伊斯兰革命的成功创造了必要的物质条件。民主主义与现代宗教政治模式的结合，无疑是伊朗伊斯兰革命的核心内容。巴列维王朝的覆灭标志着伊朗政治现代化的崭新起点；伊斯兰革命的胜利宣告了伊朗传统政治模式的寿终正寝，进而为现代政治模式的诞生和民众广泛的政治参与开辟了道路。霍梅尼作为克里斯玛的领袖地位和所谓阿亚图拉的统治，构成从传统政治模式向现代政治模式过渡的中间环节。

---

① Foran, J., *Fragile Resistance: Social Transformation in Iran from 1 500 to the Revolution*, p.369.

② Milani, M.M., *The Making of Iran's Islamic Revolution*, pp.142—143.

第十三章

土耳其共和国的成长

一、 土耳其共和国的诞生

从伊斯坦布尔到安卡拉

安纳托利亚无疑是具有久远文明传统和深厚历史积淀的古老土地，然而土耳其共和国却是诞生在奥斯曼帝国废墟之上的崭新国家。历经“一战”结束后风雨飘摇的动荡时代，踏过崎岖颠簸的艰难旅程，历史的车轮从伊斯坦布尔向安卡拉一路驶来，奥斯曼帝国的身影渐行渐远，安纳托利亚大地重新迎来了现代化的活力和生机。

第一次世界大战结束后，奥斯曼帝国的大部分疆域处于同盟国军队的占领之下，伊斯坦布尔的苏丹俨然成为同盟国占领军的傀儡。与此同时，在色雷斯和安纳托利亚各地，出现了形形色色的穆斯林自发武装组织，以“保卫权益”作为共同口号，统称安纳托利亚和鲁美利亚保卫权益协会。阻止宿敌希腊人和亚美尼亚人利用同盟国军队占领之机统治安纳托利亚，是安纳托利亚和鲁美利亚保卫权益协会的政治目标。

1918—1923 年是土耳其历史上的英雄时代，也是土耳其人争取民族独立的抗争时代。土耳其人的家园面临被肢解的危急局面，土耳其人与西方列强之间的民族矛盾异常尖锐。深刻的民族矛盾导致土耳其民族主义运动的高涨，安纳托利亚高原成为土耳其国家重建和民族复兴的政治舞台。

土耳其共和国的缔造者穆斯塔法·凯末尔 1881 年出身于马其顿省首府撒罗尼卡的一个下级官僚家庭，1905 年毕业于伊斯坦布尔军官学校，授上尉军衔，青年土耳其党革命时期开始涉足政治领域，1911 年参加奥斯曼帝国抵

御意大利军队入侵利比亚的战争，1912 年出任奥斯曼帝国驻保加利亚使馆武官，第一次世界大战期间出任师长和军团司令，晋升将军并获得帕夏的称号，先后在色雷斯、高加索南部和叙利亚战场服役，表现出卓越的军事才能。凯末尔于 1919 年 3 月受苏丹政府指派前往安纳托利亚黑海沿岸整肃军队，随后投身于土耳其人的民族独立战争，成为土耳其人的民族英雄。①

穆斯塔法·凯末尔

1919 年 5 月，凯末尔在黑海南岸城市萨姆松召开东部各省保卫主权大会，拒绝接受丧权辱国的《摩德洛斯和约》，谴责苏丹穆罕默德六世出卖国家利益和沦为协约国的傀儡，进而与西方列强支持的伊斯坦布尔苏丹政府分庭抗礼。同年 7 月，凯末尔在安纳托利亚高原东部城市厄尔祖鲁姆发出倡议，呼吁捍卫国家的领土完整和主权独立。9 月，凯末尔在安纳托利亚中部城市锡瓦斯召开安纳托利亚与鲁梅利亚主权保卫大会，宣布在安卡拉筹建新的民族政府，作为土耳其的唯一合法政府，取代伊斯坦布尔的奥斯曼帝国苏丹政府。

1912 年的穆斯塔法·凯末尔

1919 年 12 月，奥斯曼帝国举行新一届的议会选举。1920 年 1 月，奥斯曼帝国议会通过国民公约，明确支持凯末尔在厄尔祖鲁姆发出的倡议。同年

① Heper, M., *Political Leaders and Democracy in Turkey*, Maryland 2002, p.11.

4 月,协约国军队占领伊斯坦布尔,苏丹宣布解散帝国议会,帝国议会的议员纷纷从伊斯坦布尔逃往安卡拉,加入凯末尔主持召开的大国民议会。此后,安纳托利亚内陆城市安卡拉取代奥斯曼帝国的首都伊斯坦布尔,成为领导土耳其民族独立战争的大本营和政治中心。

18 世纪的安卡拉

从《色佛尔条约》到《洛桑条约》

1920 年 4 月,协约国作为第一次世界大战的战胜国一方,邀请奥斯曼帝国苏丹政府的代表出席巴黎和会。同年 8 月,协约国与奥斯曼帝国苏丹政府的代表在巴黎附近的色佛尔签署条约,是为《色佛尔条约》。《色佛尔条约》规定,奥斯曼帝国在欧洲的大部领土主要由意大利和希腊瓜分,博斯普鲁斯海峡、达达尼尔海峡和马尔马拉海地区由协约国共管,奥斯曼帝国放弃对于西亚和北非阿拉伯地区、亚美尼亚、塞浦路斯以及爱琴海诸岛屿的主权,废除征兵制,兵员总数不得超过 45 000 人且不得拥有海空军,财政和关税接受协约国财政委员会的监督,财政岁入须优先支付战争赔款。

《色佛尔条约》的签署标志着土耳其人濒临亡国,凯末尔领导的安卡拉政府拒绝承认《色佛尔条约》,进而拒绝承认伊斯坦布尔苏丹政府的合法地

位。《色佛尔条约》签署之日即 1920 年 8 月 10 日，后来被土耳其共和国定为国耻日。

1919 年希腊军队登陆伊兹密尔(一)

1919 年希腊军队登陆伊兹密尔(二)

1919年5月,希腊军队乘坐英法军舰在安纳托利亚西部爱琴海沿岸的港口城市伊兹密尔登陆。1920年6月,希腊军队从伊兹密尔出发,向安纳托利亚高原腹地挺进,试图占领安纳托利亚高原西部,建立环爱琴海的希腊东

1919年伊斯坦布尔民众在蓝色清真寺前示威抗议希腊军队占领伊兹密尔

1922年土耳其军队挺进伊兹密尔

正教帝国。与此同时，希腊军队在色雷斯发起攻势，占领埃迪尔内。1921 年 7 月，希腊军队占领屈塔希亚，攻入安卡拉以西 50 公里的萨卡利亚河流域。

土耳其独立纪念碑

1921 年 9 月，凯末尔领导的土耳其军队挫败希腊军队的攻势，初步扭转了战场的局势，交战双方形成僵持状态。随后，凯末尔被土耳其大国民议会授予加齐的称号，晋升元帅。1922 年 8 月，土耳其军队在凯末尔的指挥下发动反攻，取得决定性的胜利，从希腊军队手中夺回屈塔希亚、布尔萨和伊兹密尔，收复安纳托利亚西部和色雷斯东部，迫使协约国接受停战协议，同意废除《色佛尔条约》，继而于 11 月在瑞士的洛桑与安卡拉政府重新举行和谈。

1923 年 7 月，土耳其大国民议会与西方列强及希腊签署《洛桑条约》，取代《色佛尔条约》，明确划定土耳其与希腊、法国委任统治地叙利亚、英国委任统治地伊拉克之间的边界线，取消西方列强在土耳其的财政监督、战争赔款和治外法权。①

参加《洛桑条约》签订的土耳其代表合照

《洛桑条约》签署后，协约国军队撤出伊斯坦布尔和博斯普鲁

① Palmer, A., *The Decline and Fall of the Ottoman Empire*, pp.248—249, p.253, p.257, p.263.

斯——达达尼尔海峡地区。如果说《色佛尔条约》是协约国强加给奥斯曼帝国的不平等条约的话,那么《洛桑和约》则体现了谈判双方之间的平等地位。《洛桑和约》的签署,标志土耳其作为主权国家的诞生。

从大国民议会到1924年宪法

1920年4月,凯末尔在安卡拉主持召开大国民议会。安卡拉的大国民议会创建于奥斯曼帝国的政治框架之外,由此形成安卡拉大国民议会与伊斯坦布尔奥斯曼帝国议会分庭抗礼的政治格局。一方面,安卡拉的大国民议会不同于伊斯坦布尔的奥斯曼帝国议会,兼有立法和行政的广泛权力;另一方面,大国民议会具有广泛的代表性,包括来自伊斯坦布尔的106名奥斯曼帝国议会议员和安纳托利亚内陆腹地选举产生的232名议员。会议期间,凯末尔当选为大国民议会主席,根据凯末尔的提议,大国民议会选举11名议员组成内阁政府。

1920年第一届大国民议会召开

1921年1月,大国民议会宣布,土耳其国取代奥斯曼帝国,成为新的国名。同年9月,大国民议会通过基本法23款,作为土耳其国的临时宪法。然而,1921年临时宪法并未明确规定国家元首的正式称谓,以求避免共和派与

末代哈里发阿卜杜勒·马吉德二世

君主派之间的政治分歧。

1922年11月,大国民议会宣布,苏丹穆罕默德六世勾结西方列强,出卖国家利益,犯有叛国罪。穆罕默德六世畏罪潜逃,流亡马耳他,阿卜杜勒·马吉德二世继任苏丹(1922—1923年在位)。1923年10月,大国民议会颁布法律,废除苏丹制,允许奥斯曼王室以哈里发的名义保留有限的宗教权力。随后,大国民议会举行选举;凯末尔获得议会287名议员中158名议员的支持,当选土耳其国总统,伊斯梅特·伊诺努出任内阁总理,定都安卡拉。①

1924年3月,大国民议会宣布废除哈里发制度,驱逐末代哈里发阿卜杜勒·马吉德二世和苏丹家族成员出境。②同年4月,大国民议会颁布新宪法即1924年宪法,废除奥斯曼帝国于宪政时代颁布的1876年宪法和青年土耳其党革命期间颁布的1909年宪法,正式宣布土耳其国实行共和制的政体形式,大国民议会作为土耳其共和国的最高权力机构,兼有立法和行政的双重职能,土耳其共和国的官方语言为土耳其语,土耳其共和国的首都为安卡拉,伊斯兰教为土耳其共和国的国教。

1924年宪法规定,议会实行一院制,议员选举产生,任期4年,可连选连任;总统由议会选举产生,任期4年,总统任命内阁总理,统率三军,议会通过的法律须经总统批准方可生效,总统有权在10天内要求议会重新审定已经通过的法律;内阁对议会负责,政府无权解散议会;每2万人选举议员一名,年满18岁的男性公民具有选举权,年满30岁的男性公民具有被选举权;议员不得兼任政府职务和军队职务;司法独立;所有公民享有同等的法律地位,宗教信仰自由,私有财产受法律保护。③

---

① Tursan, H., *Democratisation in Turkey*, Brussel 2004, p.35.

② Geyikdagi, M.Y., *Political Parties in Turkey*, New York 1984, p.43.

③ Bonne, A., *State and Economics in the Middle East*, London 1998, p.70.

1928 年，大国民议会修改宪法，删除伊斯兰教作为土耳其共和国国教的内容。[①]1930 年，土耳其妇女获得地方议会的选举权和被选举权；1934 年，土耳其妇女获得大国民议会的选举权和被选举权。在 1935 年举行的大国民议会选举中，18 名女性当选大国民议会的议员。[②]

平息库尔德人的叛乱

土耳其共和国建立初期，库尔德人与土耳其人之间存在尖锐的矛盾，两者之间经历激烈的冲突。库尔德人信奉伊斯兰教，经济活动以游牧为主，长期保留传统的部落组织。“一战”期间，库尔德人构成支持苏丹的重要军事力量。共同面对亚美尼亚人和沙皇俄国的威胁，曾经是土耳其人与库尔德人结盟的政治基础。“一战”结束后亚美尼亚人的迁徙和俄国沙皇政权的崩溃，意味着土耳其人与库尔德人面临的共同威胁不复存在，库尔德人与土耳其人之间的矛盾随之加剧，由此形成库尔德人日渐强烈的民族主义倾向。

19 世纪末着传统服饰的库尔德人

1918 年，库尔德人复兴协会在伊斯坦布尔成立，其在安纳托利亚东部的分支组织分别属于逊尼派和阿拉维派。独立战争期间，库尔德人支持凯末尔领导的民族抵抗运动。1923 年土耳其共和国成立后，库尔德人占全国人口的 20%。然而，凯末尔和土耳其政府并未兑现独立战争期间的承诺、尊重库尔德人的民族属性和赋予库尔德人以民族自治的地位，却将库尔德人称作“山地土耳其人”和“讲库尔德语的土耳其人”。1924 年宪法规定，凡土耳其公民，不分种族和宗教，皆为土耳其人，使用土耳其语。随后，土耳其政府依据 1924 年宪法，关闭库尔德人学校，禁止

① Bonne, A., *State and Economics in the Middle East*, p.71.
② Hourani, A., *The Modern Middle East: A Reader*, pp.370—371.

使用库尔德语，甚至强行迁移库尔德人离开祖居的家园，强制同化库尔德人。①

凯末尔推行的以土耳其人为基础的土耳其化统治政策，无疑损害了库尔德人的民族利益。自1924年起，库尔德人与土耳其政府的关系日趋恶化。1925年2月，库尔德人在安纳托利亚东部的迪亚巴克尔地区发动叛乱，反对安卡拉政府的土耳其化政策，要求恢复哈里发制度和伊斯兰教法，试图脱离土耳其共和国，建立独立的库尔德人国家，遭到伊斯梅特内阁的残酷镇压。大国民议会授予伊斯梅特内阁为期两年的独裁权力，授权伊斯梅特内阁在安卡拉设立特别法庭，负责审理叛乱分子，超过2万的库尔德人被安卡拉政府强制迁离家园，移入安纳托利亚西部。②

1925年库尔德人起义的领导者谢赫赛义德（前排右一）

凯末尔时代的政党政治与威权体制

土耳其共和国建立初期的政治形势，在一定程度上仿佛是1908年青年土耳其党革命后历史进程的重演，经过短暂的动荡混乱和相对宽松的政治环境，逐渐形成权力的高度集中和威权的国家体制。与奥斯曼帝国颁布的1876年宪法和青年土耳其党革命期间颁布的1876年宪法修正案相比，1924年颁布的《土耳其共和国宪法》强调立法权与行政权的合一，总统取代议会成为国家权力的核心。威权政治在共和政体的形式下进一步强化，一党制的政党制度成为凯末尔时代威权政治的逻辑延伸。

早在1922年12月，当希腊军队被赶出安纳托利亚西部和色雷斯东部、洛桑和谈开始举行之后，凯末尔向土耳其民众宣布，经历三年半的英勇奋斗，消灭了企图奴役土耳其民族的外国势力，实现了国家的独立，和平已经指日可待，然而，“仅仅在军事上打败我们的敌人还远远不够，我们需要在政治上和经济上同样强大起来，才能彻底粉碎敌人的阴谋，为了实现这样的伟大目

①② Atasoy, Y., *Turkey, Islamists and Democracy*, p.44.

标,我们需要建立一个党,这个党的名称叫作人民党”。

1923 年 11 月,凯末尔在安纳托利亚和鲁美利亚保卫权益协会的基础上正式创建人民党。凯末尔在接受记者采访时表示,人民党的宗旨是保证整个国家的繁荣与和整个民族的幸福,而不仅仅是代表某个特定的阶级或者阶层。在凯末尔看来,整个土耳其民族是处于西方压迫之下的被压迫者。1924 年,人民党改称共和人民党,凯末尔出任共和人民党主席。①

共和人民党初创之时,包括城市与乡村、传统与现代以及宗教与世俗的诸多社会成分抑或社会阶层,具有民族主义的浓厚色彩,是典型的民族主义政党和实践民族主义的政治工具,可谓土耳其民族主义的象征。尖锐的民族矛盾和高涨的民族解放运动,决定了共和人民党之民族主义的鲜明政治倾向。共和人民党的基本纲领包括:全部政权集中于国家,议会是国家最高权力机构,保卫国家安全,改革司法制度和诉讼程序,发展国民经济,健全政府体制,鼓励私人投资经济建设。②1924 年颁布的土耳其共和国宪法集中体现了共和人民党的政治纲领,凯末尔主义成为共和人民党的意识形态,建立共和政体的世俗民族国家则是凯末尔主义的核心内容。

1924 年宪法并未明确实行党禁,亦未否认多党制的合法性。1924 年,共和人民党内部出现严重的政治分歧,凯末尔及伊斯梅特代表的左翼激进势力与侯赛因·劳夫领导的右翼温和派形成明显的对立状态。1924 年 11 月,侯赛因·劳夫领导的 32 名右翼温和派议员宣布脱离共和人民党,组建进步共和党,获得政府批准。③进步共和党倡导西方国家的自由民主模式,主张司法独立、权力制衡和保障公民自由的原则,反对凯末尔实行的威权政治以及国家主义和政府干预的经济政策,强调鼓励私人投资和吸引国外投资,具有自由主义的浓厚色彩。④1925 年 3 月,大国民议会颁布维护秩序法,给予政府以平息国内叛乱和打击政治反对派的广泛权力。1925—1927 年两年间,超过 500 人被根据维护秩序法建立的特别法庭判处死刑。⑤1925 年 6 月,进步共和党由于涉嫌参与库尔德人的叛乱,遭到政府取缔,土耳其共和国的政治生

---

① Dodd, C.H., *Politics and Government in Turkey*, Berkeley 1969, p.44.

② Heper, M., *Political Parties and Democracy in Turkey*, London 1991, p.513.

③ Aksan, A., *Quotations from Mustafa Kemal*, Ankara 1982, p.57.

④ Karpat, K.H., *Turkey's Politics: The Transiton to A Multi-Party System*, p.46.

⑤ Atasoy, Y., *Turkey*, *Islamists and Democracy*, p.45.

活进入一党制时代。[1]此后20年间，土耳其共和国的合法政治反对派不复存在，共产主义和库尔德民族主义构成土耳其共和国境内主要的非法政治势力。

1927年，凯末尔获得大国民议会319名议员中288名议员的支持，第二次当选总统。[2]1930年8月，凯末尔委托共和人民党的温和派成员费特希·奥克亚尔组建新的政党，取名自由共和党，作为民主政治的点缀和制约总理伊斯梅特的政治工具。[3]费特希·奥克亚尔1903年毕业于伊斯坦布尔军事学院，1907年加入统一与进步协会，1913年当选奥斯曼帝国议员，1918年创立奥斯曼人民党，1921年出任安卡拉政府的内务部长，1923年8月和1924年11月两度出任内阁总理，1925年起出任土耳其驻法国大使。自由共和党的纲领包括：奉行共和主义、世俗主义和自由主义，反对政府的经济垄断，主张降低税收和稳定货币政策，增加农业信贷，鼓励民间投资和吸引国外投资，实行直接选举，保障公民言论自由，保障妇女权益。费特希·奥克亚尔尽管长期追随凯末尔，却与伊斯梅特积怨甚深。自由共和党作为议会内部的反对党，继承1924年侯赛因·劳夫创建的进步共和党的衣钵，激烈抨击伊斯梅特政府的经济政策，进而成为反对共和人民党一党独裁的政治平台。在自由共和党宣布成立后的12天内，1.3万人申请加入该党。1930年9月，费特希·奥克亚尔访问伊兹密尔，受到当地民众的热烈欢迎。自由共和党于1930年8月创建初期，仅占据大国民议会的15个席位。在同年10月举行的议会选举中，尽管受到官方的干预阻挠，自由共和党仍然获得大国民议会502个席位的30个席位，其潜在的社会动员能量和政治空间由此可见一斑。[4]1930年11月，自由共和党迫于共和人民党的压力而在成立99天之后宣告解散。[5]是为凯末尔时代一党制威权政治的插曲。此后十余年，反对派政党在土耳其的政治舞台销声匿迹，共和人民党成为唯一的合法政党。独立人士曾经于1931年的议会选举中获得30个席位，1935年的议会选举中获得16个席位，可谓共和人民党一党独裁政治的点缀。

1931年，凯末尔获得大国民议会317名议员中289名议员的支持，第三

---

① Aksan, A., *Quotations from Mustafa Kemal*, p.91.

② Tursan, H., *Democratisation in Turkey*, p.36.

③ Heper, M., *Political Parties and Democracy in Turkey*, p.84.

④ Weiker W.F., *Political Tutelage and Democracy in Turkey*, Leiden 1973, p.74, p.71, p.80, p.77, p.115.

⑤ Schick, I.C. & Tonak, E.A., *Turkey in Transition*, Oxford 1987, p.87.

次当选总统。①同年,共和人民党召开第三次大会,通过党纲和党章,确定共和人民党与土耳其国家机构的重合关系,共和人民党主席兼任共和国总统,副主席兼任内阁总理。1935 年,共和人民党召开第四次大会,决定实行共和人民党与政府机构的一体化,共和人民党总书记兼任政府的内政部长,共和人民党地方组织的负责人兼任省长。②政党政治与政府政治浑然一体,凯末尔等同于共和人民党而共和人民党等同于土耳其共和国,成为凯末尔时代土耳其政治制度的明显特征。所谓的"一个政党,一个民族,一个领袖",构成凯末尔主义的基本政治原则。③

30 年代中期,共和人民党成员为 124 万,约占土耳其总人口的 7.7%,共和人民党的地方组织分布在全国 62 个省中的 50 个省。④1931 年,凯末尔建立所谓的"人民园地"和"人民之家",作为从属于共和人民党的民间组织。

1930 年与农民交谈的凯末尔

① Tursan, H., *Democratisation in Turkey*, p.36.

② Dodd, C.H., *Politics and Government in Turkey*, p.44.

③ Ahmad, F., *The Turkish Experiment in Democracy 1950—1975*, London 1977, p.7.

④ Tursan, H., *Democratisation in Turkey*, p.38.

"人民园地"包括 479 个分支机构,"人民之家"包括 4 322 个分支机构。[①]"人民园地"和"人民之家"的宗旨是,宣传共和人民党的基本纲领和凯末尔主义的意识形态,在文化、教育、卫生和社会福利诸多层面控制民众,进而构建联结城市与乡村的纽带。

1935 年,凯末尔获得大国民议会 399 名议员中 389 名议员的支持,第四次当选总统。[②]同年,共和人民党召开第四次大会,明确规定将凯末尔主义作为共和人民党的纲领和"基本的和不可改变的原则"。1937 年,凯末尔主义被写入宪法,成为土耳其共和国的官方意识形态,凯末尔主义遂被称作"土耳其人的宗教"。1938 年 11 月凯末尔去世后,共和人民党宣布凯末尔为该党"永远的领袖",伊斯梅特则以共和人民党"终身主席"的身份出任土耳其共和国总统。[③]

安卡拉凯末尔陵寝内的石棺

① Weiker, W.F., *The Modernization of Turkey*, New York 1981, p.4.

② Tursan, H., *Democratisation in Turkey*, p.36.

③ Weiker W.F., *Political Tutelage and Democracy in Turkey*, p.193.

凯末尔陵寝外观(一)

凯末尔陵寝外观(二)

1938 年运送凯末尔遗体的灵车

二、 凯末尔主义的理论与实践

从奥斯曼帝国的意识形态到凯末尔时代的民族主义

坦泽马特时代，奥斯曼帝国的官方意识形态是奥斯曼主义。奥斯曼主义强调苏丹的统治地位与奥斯曼帝国境内不同民族和宗教群体的政治一致性，即奥斯曼帝国的所有臣民不论宗教和语言的差异而皆须忠实于伊斯坦布尔的苏丹和共同捍卫奥斯曼帝国的领土。奥斯曼主义形成于 19 世纪中叶奥斯曼帝国的社会环境，伊斯坦布尔的苏丹对于奥斯曼帝国境内诸多民族的绝对统治构成奥斯曼主义的政治基础。

19 世纪后期，随着巴尔干地区及北非领土的不断丧失，奥斯曼帝国的亚洲色彩和伊斯兰教色彩逐渐加强。阿卜杜勒·哈米德二世采用哈里发的称谓，由保守的欧莱玛和苏菲派教团舍赫所倡导的伊斯兰政治理论在奥斯曼帝国的影响日渐扩大，奥斯曼主义逐渐让位于泛伊斯兰主义。泛伊斯兰主义强调包括突厥人、阿拉伯人、波斯人、库尔德人、阿富汗人和印度穆斯林在内的伊斯兰教诸民族的共同利益，试图重建乌玛和强调伊斯兰教的广泛实践，抵

御西方基督教国家的威胁。泛伊斯兰主义的思想根源于19世纪后期西方列强对于伊斯兰世界的侵略和瓜分,体现穆斯林反抗西方侵略的思想情感,争取民族独立的政治斗争表现为反抗基督徒和异教统治的历史形式。著名的伊斯兰现代主义者贾马伦丁·阿富汗尼可谓泛伊斯兰主义的杰出思想家,奥斯曼帝国苏丹阿卜杜勒·哈米德二世则是泛伊斯兰主义运动的积极推动者。诸多伊斯兰教国家相继沦为西方列强殖民地的社会现实,促使分布在不同地区的穆斯林将争取独立和振兴伊斯兰世界的希望寄托于伊斯坦布尔的苏丹,是为泛伊斯兰主义兴起的政治基础。

20世纪初,随着奥斯曼帝国的崩溃,泛伊斯兰主义逐渐退出历史舞台。继奥斯曼主义和泛伊斯兰主义之后的大土耳其主义兴起于19世纪末和20世纪初,其核心思想是主张突厥人的广泛政治联合以及土耳其人的特权地位。青年土耳其党执政期间,曾经将大土耳其主义奉为官方意识形态,强制推行土耳其化的政策,否认奥斯曼帝国境内非土耳其人各民族的自治权,实现高压的民族政策。①

奥斯曼主义、泛伊斯兰主义和大土耳其主义形成于奥斯曼帝国的政治框架之内,伊斯坦布尔的苏丹对于奥斯曼帝国境内诸多民族的统治构成奥斯曼主义、泛伊斯兰主义和大土耳其主义赖以存在的前提条件。19世纪末和20世纪初,包括希腊人、塞尔维亚人、保加利亚人和亚美尼亚人在内的非穆斯林以及信仰伊斯兰教的阿尔巴尼亚人和阿拉伯人相继走上争取民族独立解放的道路,奥斯曼帝国的崩溃成为不可抗拒的历史潮流,奥斯曼主义、泛伊斯兰主义和大土耳其主义随之相继销声匿迹。

继奥斯曼主义、泛伊斯兰主义和大土耳其主义衰落之后,具有现代民族国家色彩的土耳其民族主义逐渐萌生,操土耳其语和信仰伊斯兰教成为所谓土耳其民族的特定标志,安纳托利亚则被视作土耳其民族的祖国和家园。土耳其共和国诞生于第一次世界大战结束后风雨飘摇和战火纷飞的民族危亡之际,尖锐激烈的民族矛盾塑造了土耳其民族主义的政治思想。西方列强的凌辱和希腊军队的入侵,激发了土耳其人的民族情感。另一方面,新兴的土耳其共和国诞生于奥斯曼帝国的废墟之上,传统疆域的丧失和人口构成的改变,提供了奥斯曼主义演变为土耳其民族主义的客观物质基础。1927年,土耳其血统的穆斯林构成土耳其共和国总人口的97.3%,是为土耳其民族主义

---

① Landau, J.M., *Exploring Ottoman and Turkish History*, London 2004, pp.22—23, p.27.

的历史根源和土耳其共和国的民族基础。[①]凯末尔主义的政治实践，可谓土耳其民族主义思想的逻辑延伸。

在凯末尔时代的土耳其共和国，土耳其民族被视为具有共同的语言、政治疆域、文化传统和意识形态的社会共同体，明显区别于奥斯曼帝国时代的米勒特即宗教共同体。凯末尔宣传的民族主义，强调世俗的民族忠诚取代传统意义上与乌玛及哈里发制度相联系的宗教忠诚，进而包含现代民族国家的政治理论。凯末尔的民族主义思想，其实质在于放弃传统的奥斯曼主义、泛伊斯兰主义和大土耳其主义，强调土耳其民族主义，强调土耳其共和国的单一民族性，强调土耳其民族与土耳其共和国的一致性，旨在强化新兴的土耳其共和国的社会凝聚力与政治向心力。

"民族主义的构想和实行，首先着眼于与民族国家的建立和巩固紧密相关的政治目的。"[②]凯末尔于 1921 年声明，自己是"在为土耳其人民进行奋斗，不是为超出民族边疆以外的不论根据宗教或种族来规定的任何更加模糊、更加广泛的实体进行战斗"。凯末尔宣称："土耳其大国民议会政府做出一项坚定的、积极的、具体的政策，而这样做的目的正是为了保全生命和独立……在规定的民族疆界之内。"[③]

土耳其语言学会成立于 1926 年，强调土耳其语是人类最悠久的语言和诸多其他语言的历史源头，着力推广土耳其语，消除阿拉伯语、波斯语的传统影响。[④]阿拉伯语是伊斯兰教的宗教语言，阿拉伯字母以及阿拉伯化的波斯字母在奥斯曼帝国时代曾经是土耳其文的书写形式。1928 年 11 月，土耳其政府宣布采用拉丁字母，取代阿拉伯字母和波斯字母，作为土耳其文的书写形式。1929 年，土耳其政府禁止所有出版物使用阿拉伯字母和波斯字母，新的拉丁字母成为强制推行的法定字母。[⑤]土耳其字母的拉丁化，标志着新兴的土耳其共和国与奥斯曼帝国文化传统的决裂，构成至关重要的西化举措。土耳其字母拉丁化的强制实施，则是凯末尔时代威权政治的体现和标志。

土耳其历史学会成立于 1931 年，强调土耳其人具有悠久的历史传统和

---

① Shaw, S.J. & Shaw, E.K., *History of the Ottoman Empire and Modern Turkey*, Vol.2, p.375.

② 卡尔帕特：《当代中东的政治和社会思想》，第 470 页。

③ 路易斯：《现代土耳其的兴起》，第 371—372 页。

④ Shaw, S.J. & Shaw, E.K., *History of the Ottoman Empire and Modern Turkey*, Vol.2, pp.376—377.

⑤ Zurcher, E.J., *Turkey: A Modern History*, p.197.

身着军装的凯末尔

文化根基，宣称祖居中亚的突厥人曾经在亚欧大陆核心地带的安纳托利亚、爱琴海和美索不达米亚创造了灿烂的古代文明，宣称匈奴首领阿提拉和蒙古首领成吉思汗皆为传播突厥文化的使者，宣称苏美尔人及赫梯人与突厥人之间具有内在的文化传承关系，旨在弘扬土耳其民族的辉煌历史，淡化土耳其共和国与奥斯曼帝国之间的历史渊源，增强土耳其人的民族自豪感和社会凝聚力。[①]土耳其人与阿拉伯人习俗相似，原本大都有名无姓，常以父名或出生地作为姓氏的替代。1934年，土耳其政府推行新的姓氏制度，议会将阿塔图尔克（意为土耳其之父）作为凯末尔家族的专用姓氏，凯末尔的正式称谓遂由穆斯塔法·凯末尔改作凯末尔·阿塔图尔克。与此同时，奥斯曼帝国时代的贵族头衔帕夏、贝伊和埃芬迪被土耳其政府明令废止。[②]

共和主义与民众主义

共和主义作为凯末尔主义的政治基础，缘起于19世纪中叶至20世纪初奥斯曼帝国的政治环境。坦泽马特时代，共和主义的政治理念在奥斯曼帝国初露端倪。19世纪后期，青年奥斯曼党的代表人物纳米克·凯末尔声称，共和制起源于早期伊斯兰时代的政治实践，共和制的建立是实现民众主权的前提条件，美国和法国的政治制度则是共和制的典范。然而，青年奥斯曼党无意否定苏丹制，其所倡导的所谓共和制实为民众主权基础上的宪政君主制。[③]

---

① Atasoy, Y., *Turkey, Islamists and Democracy*, p.40.

② Shaw, S.J. & Shaw, E.K., *History of the Ottoman Empire and Modern Turkey*, Vol.2, p.386.

③ Landau, J.M., *Ataturk and the Modernization of Turkey*, Boulder 1984, p.27.

1876 年宪法的颁布和议会的召开,开辟了奥斯曼帝国宪政运动的先河。1908 年青年土耳其党的革命,标志着奥斯曼帝国宪政制度的广泛实践。

凯末尔的共和主义思想,在继承坦泽马特时代特别是青年土耳其党革命期间之政治理念的基础上,强调否定奥斯曼帝国传统的苏丹制度和米勒特制度,实行共和政体。1921 年颁布的《基本组织法》规定,土耳其的国家主权属于土耳其人民。凯末尔宣称:“土耳其大国民议会拥有立法权和行政权,是决定国家和民族命运的权力机构”,“大国民议会是土耳其的最高权力机构……大国民议会政府是土耳其共和国的唯一代表”,“大国民议会不属于哈里发,而是属于土耳其人民”。①

自 1923 年起,共和主义构成土耳其共和国的基本政治原则,反对传统的君主政治、宣传民众主权的政治思想与强调共和制度则是土耳其共和国政治生活的核心内容。“人民的声音便是安拉的声音。”②

民众主义的历史内涵,在于实现民众主权的政治原则,倡导民众在法律上的平等地位,强调国家与民众之间双向承担的责任和义务。1919 年,凯末尔在安卡拉发表演讲,初步阐释了民众主义的基本思想:“在我们的组织内……全体国民拥有最高的权威……每个人都必须关注自己的命运。这种自下而上的结构,从地基到屋顶,将是坚不可摧的……我很高兴地注意到,我们的国民组织……已经拥有了它所依赖的关键性资源,得到了全体国民的支持。从此,自下而上的政治结构也将开始形成。”③

1920 年 8 月,凯末尔表示:“权力应当直接交付给人民,并保持在人民手中”,“如果我们一定要给我们的政府下一个社会学上的定义的话,我们就把它叫作‘人民政府’……我们是不幸的民族,正在努力拯救自己的生命和独立……我们是遵循这样一种原则的人,即它将使我们能够为了保全这项权利和确保我们的独立,为了反对企图粉碎我们国家的帝国主义和企图吞并我们国家的资本主义而进行全民性的斗争……这就是我们的政府赖以维持的基础”。④1921 年,《基本组织法》明确规定议会是“人民的唯一真正代表,是立法和行政两项权力的保持者”。⑤

土耳其共和国建立后,民众主义表现为共和主义的逻辑结果,主权在民

① Aksan, A., *Quotations from Mustafa Kemal*, p.33, p.37, p.39.

② 路易斯:《现代土耳其的兴起》,第 491 页。

③④ Aksan, A., *Quotations from Mustafa Kemal*, p.34.

⑤ 路易斯:《现代土耳其的兴起》,第 267 页,第 490 页,第 492 页。

构成民众主义的核心内容,大国民议会以及共和人民党则是民众主义的政治载体。1924 年宪法规定:土耳其所有的人民,无论其宗教和种族如何,就其身份而言,均属土耳其人;所有土耳其人在法律面前一律平等,任何团体、等级、家族和个人的特权均在被取消和禁止之列。然而,在凯末尔时代的土耳其,社会处于国家的操纵和控制之下,民众生活缺乏必要的政治空间,民众主义具有明显的虚构性。凯末尔强调民众的整体利益高于一切,淡化土耳其社会的阶级差异、宗教差异和民族差异,禁止以阶级、宗教和民族作为基础的政治活动,尤其是社会主义和共产主义活动。1931 年,凯末尔宣称:"我们的基本准则是,土耳其共和国的人民并非划分为不同的阶级,而是由不同职业阶层组成的共同体。"[①]在此基础上,凯末尔强调土耳其民众具有共同的政治利益和经济诉求,共和人民党作为唯一合法的政党,代表诸多职业群体的共同利益。[②]

1930 年凯末尔(前左二)和伊斯梅特·伊诺努(前左一)等走出大国民议会大厦

---

① Ozbudun, E., *The Political Economy of Income Distribution in Turkey*, New York 1979, p.38.

② Karpat, K.H., *Turkey's Politics: The Transiton to A Multi-Party System*, p.52.

世俗主义

奥斯曼帝国实行教俗合一的政治制度，欧莱玛构成奥斯曼帝国传统秩序的重要社会基础，官方伊斯兰教理论则是捍卫奥斯曼帝国的精神支柱。16世纪中叶苏莱曼大帝死后，苏丹权力日趋衰微，欧莱玛逐渐成为制约苏丹独裁统治的政治隐患。自塞里姆三世和马哈茂德二世推行新政举措开始，威权政治日渐强化，所谓的世俗化成为排斥欧莱玛和巩固苏丹统治地位的重要举措。

1918—1923年民族解放战争期间，民族矛盾尖锐，教界与世俗民众同仇敌忾，捍卫苏丹和伊斯兰教成为争取民众抵抗列强的政治口号，安卡拉政权得到逊尼派、阿拉维派和众多苏菲教团的广泛支持。1920年4月召开的第一届大国民议会中，73名议员来自宗教界，包括苏菲教团长老10人，占议员总数的20%。第一届大国民议会召开前夕，伊斯坦布尔的大穆夫提在伊斯坦布尔的苏丹授意下宣布凯末尔是异教徒，而凯末尔则授意安卡拉的穆夫提发布宗教法令予以反驳，宣布伊斯坦布尔的苏丹政府背叛国家。同年4月，凯末尔呼吁全国民众“为哈里发和苏丹政权、为信仰和帝国、为国家的独立和民族的解放而祷告”。①5月，安卡拉的152名穆夫提联名发布宗教法令，谴责伊斯坦布尔的苏丹屈从西方列强，呼吁穆斯林支持凯末尔领导的民族解放战争。②1921年9月，议会授予凯末尔以加齐(圣战者)的称号。1922年11月苏丹穆罕默德六世出逃后，安卡拉的穆夫提再次发布宗教法令，授权大国民议会选举新的哈里发作为穆斯林的宗教领袖。③

民族解放战争胜利后，民族矛盾逐渐缓解，世俗化进程再次启动。以民众主权取代安拉主权和废止教俗合一的国家制度，成为凯末尔时代世俗化改革的政治形式。“凯末尔主义者的宗教政策的基础是政教分离主义，而不是非宗教论；其目的不是要消灭伊斯兰教，而是要使伊斯兰教与政府分离——停止宗教及其阐释人在政治、社会及文化事业中具有的权力，使宗教的权力局限于信仰及礼拜方面。”④

哈里发制度是传统伊斯兰教神权政治的象征和教俗合一国家体制的外

---

① Shaw, S.J. & Shaw, E.K., *History of the Ottoman Empire and Modern Turkey*, Vol.1, p.347.

② Toprak, B., *Islam and Political Development in Turkey*, Leiden 1981, p.65.

③ Geyikdagi, M.Y., *Political Parties in Turkey*, p.41.

④ 路易斯：《现代土耳其的兴起》，第434页。

在形式,欧莱玛阶层则是哈里发制度的诠释者和传统神权政治的捍卫者。凯末尔的世俗主义,强调国家与宗教机构的分离,旨在削弱教界对于国家的政治影响。废除哈里发制度和进一步排斥欧莱玛阶层,构成凯末尔时代世俗化的首要内容。

1923 年,土耳其议会宣布:哈里发的职位属于奥斯曼王室,哈里发只能依靠土耳其国家而存在,应由议会遴选"奥斯曼王室中最属品学兼优的人"出任。[①]1924 年 3 月,凯末尔在议会宣布:必须"把伊斯兰信仰从数世纪以来惯于充任政治工具的地位中拯救出来,使其得到纯洁与提高"。[②]随后,议会连续通过三项法令,废除哈里发制度,将奥斯曼王室成员驱逐出境;罢免大穆夫提,撤销教法与宗教基金部,关闭宗教法庭,宗教法官即卡迪纳入世俗司法体系,成立隶属于政府的宗教事务管理局,负责任免教职人员、管理教产和解释教法;取缔欧莱玛控制的宗教学校麦克台卜和麦德莱赛,取消宗教课程,所有学校纳入政府的管辖范围,实行单一的世俗教育,旨在强化政府对于宗教活动,宗教场所和教职人员的管理。[③]

1933 年,土耳其政府规定,清真寺的宣礼一律使用土耳其语,不得使用穆斯林传统的宣礼语言阿拉伯语。1938 年,议会通过政党法,禁止组建宗教政党。

苏菲教团作为伊斯兰教的民间形式,具有完整的组织结构和严密的等级体系,在奥斯曼帝国的历史上具有广泛的宗教影响和社会影响。奥斯曼帝国末期,包括麦乌拉维教团、拜克塔什教团和纳格什班迪教团在内的诸多苏菲教团同情青年土耳其党,反对阿卜杜勒·哈米德二世的独裁统治。独立战争期间,苏菲教团构成支持凯末尔和民族解放运动的重要社会力量。[④]土耳其共和国建立后,苏菲教团表现出抵制凯末尔主义威权化和世俗化的政治倾向,支持库尔德人发动叛乱。库尔德人分别属于不同的部落,缺乏统一的政治组织,长期处于支离破碎的状态,而苏菲派卡迪里耶教团和纳格什班迪教团超越血缘群体的狭隘界限,在诸多库尔德人部落中具有广泛的宗教凝聚力和社会影响。"1925 年的叛乱曾经被说成是库尔德民族运动或分离运动。但是考虑到运动的领导人是托钵僧以及所公开宣布的目标,看来政府认为这

---

① 路易斯:《现代土耳其的兴起》,第 270 页。

② 路易斯:《现代土耳其的兴起》,第 276 页。

③ Geyikdagi, M.Y., *Political Parties in Turkey*, pp.43—44.

④ Toprak, B., *Islam and Political Development in Turkey*, p.47.

是由于反对世俗化改革而引起的一次宗教反作用的说法，似乎是不无理由的。”①1925 年库尔德人叛乱平息之后，土耳其政府颁布第 677 号法令，取缔苏菲教团，关闭苏菲道堂，禁止使用舍赫和德尔维什等苏菲派称谓和举行相关的宗教仪式。②

凯末尔时代世俗主义的核心内容，是国家体制的世俗化和官方意识形态的非宗教化，强调土耳其不存在官方的宗教抑或国家的宗教，强调宗教信仰的个人化和非政治化，强调公共生活的非宗教化和国家对于宗教机构的绝对控制。

1925 年，土耳其政府颁布法令，规定凡无正式宗教职务之人不得穿着宗教服饰和佩戴宗教徽记，政府公职人员必须身着西服。在此基础上，土耳其政府在全社会的范围内提倡以西方礼帽取代奥斯曼帝国时期盛行和象征穆斯林身份的菲兹帽即无边圆形塔状礼拜帽，限制伊斯兰教服饰，以土耳其语取代阿拉伯语作为清真寺宣礼的语言。菲兹帽自苏丹马哈茂德二世时代引入，百年来流行于穆斯林社会。凯末尔声称，菲兹帽是土耳其人无知愚昧和抵制社会进步的标志，而西方礼帽则是现代文明的象征。以西方礼帽取代菲兹帽，时人称之为“帽子的革命”。然而，在穆斯林民众看来，西方礼帽并非现代文明的象征，却是基督教的象征，因此表现出强烈的抵触情绪。由于抵制政府的法令，7 500 人被捕，660 人被处死。③

1926 年，大国民议会宣布采用欧洲公元历法，取代传统伊斯兰历法，作为土耳其共和国的官方历法，伊斯兰历法仅限于宗教活动的氛围，与此同时，引进瑞士民法、意大利刑法和德国商法，禁止一夫多妻制，取消穆斯林与非穆斯林之间的婚姻限制，赋予婚姻以自由和平等的原则，废除贝伊和帕夏等奥斯曼帝国时期的贵族称谓，采用公尺制，规定星期日作为每周的休息日。④

1926 年颁布的刑法规定：滥用宗教、宗教情绪或在宗教上被认为神圣之物，借以在人民中间进行不拘任何形式的煽动，直至发生危害国家安全之行动者，或为此目的而集会结社者，必须追究刑事责任；不得组织以宗教或宗教情绪为基础的政治社团，不得在规定的宗教场所之外举行宗教活动。⑤

---

① 路易斯：《现代土耳其的兴起》，第 431 页。

② Atasoy, Y., *Turkey, Islamists and Democracy*, p.37.

③ Zurcher, E.J., *Turkey: A Modern History*, p.181.

④ Shaw, S.J. & Shaw, E.K., *History of the Ottoman Empire and Modern Turkey*, Vol.2, p.385.

⑤ 路易斯：《现代土耳其的兴起》，第 435 页。

1927 年 11 月,共和人民党大会宣布,在国家和民族的层面实现宗教与世俗的分离。1928 年 4 月,大国民议会修改宪法第 2 款,删除伊斯兰教作为土耳其国家宗教和官方意识形态的内容,确定世俗民主是土耳其共和国的基本属性,标志着凯末尔时代世俗化改革在政治层面达到顶峰。①

凯末尔时代倡导的世俗主义"并非国家与宗教的分离,其实质在于创立作为世俗国家机构组成部分的官方伊斯兰教"。"清真寺处于宗教事务局的控制之下,教职人员成为政府即世俗官僚机构的雇员。"政府操纵的宗教机构亦曾编写教科书,告诫穆斯林"必须热爱自己的国家,遵守国家的法律,服从政府官员的管理,掌握现代科学技术"。②

凯末尔时代的世俗主义实践,导致土耳其世俗教育的长足进步。1923—1940 年,乡村学校的数量增长一倍,从 5 062 所增至 11 040 所;教师总数从 12 458 人增至 28 298 人,增长 133%;学生总数从 352 668 人增至 1 050 159

凯末尔视察伊斯坦布尔大学

---

① Dodd, C.H., *Politics and Government in Turkey*, p.42.

② Atasoy, Y., *Turkey*, *Islamists and Democracy*, p.38.

人,增长 300%。1927 年,识字率为 10.6%;1940 年,识字率达到 22.4%。1933 年,奥斯曼大学改称伊斯坦布尔大学。1936 年,土耳其政府创办安卡拉大学。1923—1940 年,高等学校从 9 所增至 20 所,教师从 328 人增至 1 013 人,学生从 2 914 人增至 12 147 人。[①]欧莱玛在 1920 年第一届大国民议会占据 20%的席位,1923 年第二届为 7 席,1927 年第三届为 4 席,1931 年和 1935 年的第四届和第五届为 3 席,1939 年第六届为 2 席,1943 年第七届为 1 席。[②]

国家主义

国家主义作为凯末尔主义的经济原则,于 1929 年首次提出,1931 年列入共和人民党纲领。共和人民党在 1931 年的宣言中对于国家主义曾做如下的阐释:"尽管考虑到私人事业和私人活动仍是我们的基本主张,我们的主要政策之一是促使国家积极关心于涉及民族的一般性和重大利益的问题,特别是有关经济的问题,以便能在尽可能短的时期内,把我们的国家和民族导向繁荣。"[③]

所谓的国家主义即强调政府在经济领域的主导作用,是凯末尔时代一党制威权主义的政治原则在经济领域的逻辑延伸。国家主义的广泛实践,提供了一党制威权主义政治原则的物质保障。"关于'国家接管一切'的理论,在像土耳其这样一个国家里,已经成为一种司空见惯的事情,并且对于统治者或被统治者来说,又都是十分合乎他们继承的传统和习惯的。在集权的、官僚式的和家长式的凯末尔主义政权看来,由国家来指导和管理经济生活的这些想法,是处于统治地位的上层阶级拥有的权力、特权和职能的自然而明显的延伸。"[④]国家主义的主要举措包括:制订和执行国民经济发展计划,保护关税,国家投资,实施进口替代政策,加强外汇管理。国家主义的宗旨,是服务于民族主义和威权主义的需要。

国家主义不同于社会主义,其核心内容是在私有制的前提下实现国家对于经济活动的广泛干预,旨在促进国民经济的发展,强调政府在经济领域特别是工业化进程中的主导作用。另一方面,国家主义并非私人经济的国有

---

① Shaw, S.J. & Shaw, E.K., *History of the Ottoman Empire and Modern Turkey*, Vol.2, p.387.

② Toprak, B., *Islam and Political Development in Turkey*, p.71.

③ 路易斯:《现代土耳其的兴起》,第 301 页。

④ 路易斯:《现代土耳其的兴起》,第 496 页。

化,强调私人经济与国有经济的长期并存和相得益彰。国家主义的实质在于国家资本主义,扶持基础薄弱的民族工业和加速土耳其的工业化进程则是凯末尔时代国家主义经济政策的核心内容。

1935年,凯末尔对于国家主义的经济政策做出如下说明:"我们正在实行的中央集权下的经济统制,是由土耳其本身的需要促成的,是一种特有的制度。它意味着,在承认私人企业是主要基础的同时,也认识到许多活动没有开展起来,国家必须被赋予对经济的控制,以应付一个很大的国家和一个伟大民族的一切需求……国家要在尽可能短的时间内开展某些尚未由私人企业开展的经济活动,结果它成功地这样做了……我们选择遵循的道路是一种区别于经济自由主义的体制。"①

1937年,凯末尔政府发布第3125号法令,对国家主义做出如下的解释:在经济和制造业领域,私人投资感到困难时,以国家经营的形式及更大的力量来从事,即在允许私人经营的同时,凡关系到公共生活及国家的和更高的利益所及的行业,由国家经营。

凯末尔主义的时代特征

1935年,共和人民党召开第四次大会,明确规定凯末尔主义的核心内容即民族主义、共和主义、世俗主义、民众主义、国家主义和革命主义作为共和人民党的纲领和"基本的和不可改变的原则"。1937年,凯末尔主义的六项纲领被纳入宪法,成为土耳其共和国的官方意识形态。凯末尔主义遂被称作"土耳其人的宗教",成为土耳其共和国早期现代化阶段的指导思想和基本纲领。②

凯末尔主义作为土耳其共和国早期的主流思想和官方意识形态,根源于凯末尔时代的特定历史环境。民族主义无疑是凯末尔主义的核心内容,异常尖锐的民族矛盾赋予凯末尔主义之民族主义的鲜明色彩。共和主义、平民主义、世俗主义、国家主义和革命主义作为民族主义的逻辑延伸,则是新兴的土耳其共和国摆脱奥斯曼帝国遗留的传统阴影进而实现土耳其民族复兴和推动土耳其共和国现代化进程的历史模式。

研究者常将凯末尔主义的核心内容归结为共和主义,认为凯末尔政权充

---

① 卡尔帕特:《当代中东的政治和社会思想》,陈和丰等译,中国社会科学出版社1992年版,第511页。

② Ahmad, F., *The Turkish Experiment in Democracy 1950—1975*, p.4.

分肯定共和制。[1]实际情况不然。凯末尔主义形成于“一战”结束后西方列强瓜分奥斯曼帝国领土和土耳其民族面临生死存亡的特定历史环境，尖锐的民族矛盾和深刻的民族危机构成凯末尔时代的突出现象。新兴的土耳其共和国诞生于凯末尔领导的民族解放运动，创建独立的主权国家是土耳其民族解放运动的首要目标。土耳其共和国的建立符合土耳其民族的根本利益，凯末尔俨然成为土耳其民族尊严和国家主权的象征。凯末尔主义的核心内容在于民族主义的政治思想：凯末尔时代威权主义的政治实践，既是奥斯曼帝国后期政治变革的历史结果，亦是土耳其共和国建立过程中民族主义高涨的逻辑延伸。“民族主义成了新土耳其共和国的意识形态。共和主义、民粹主义、现世主义、中央集权下的经济统制和改良主义在 1931 年被正式宣布为增补原则，并吸收进 1937 年的宪法。它们仅仅是民族主义的必然结果。”[2]

另一方面，威权政治的强化是凯末尔时代土耳其共和国政治生活的核心内容，共和人民党的权力垄断集中体现着凯末尔时代土耳其共和国的威权主义政治倾向。如果说青年土耳其党与法国大革命期间的雅各宾派颇多相似之处，那么凯末尔主义则是土耳其现代化进程中的波拿巴主义。“就阿塔图尔克在共和国里的地位来说，他似乎可以同拿破仑和克伦威尔相并列。”“凯末尔在国民议会中的重新当选，只不过是一种形式而已。事实上，他享有终身任命，拥有像任何一位苏丹所拥有的大权，并且能够随意任免国务总理以及各部的部长。”[3]换言之，伴随着土耳其民族解放运动的高涨和土耳其共和国的建立，凯末尔主义的思想内涵经历了深刻的变化；从民族主义到威权主义的发展，构成凯末尔主义演进的历史轨迹。

现代化无疑是土耳其共和国历史发展的基本方向，凯末尔时代诸多改革举措的宗旨在于推动土耳其共和国的现代化进程，而威权政治则是特定历史条件下土耳其现代化改革的客观需要和推动土耳其现代化进程的有力杠杆。凯末尔作为土耳其国父的个人魅力和绝对权威，构成威权政治得以实践的重要条件。凯末尔作为共和人民党的领袖和克里斯玛式的统治者，具有不可替代的绝对权力。凯末尔主义之官方意识形态的地位，则是凯末尔时代威权政治的产物和表现。

---

① 王京烈主编：《当代中东政治思潮》，当代世界出版社 2003 年版，第 107 页，第 112 页。

② 卡尔帕特：《当代中东的政治和社会思想》，第 462 页。

③ 路易斯：《现代土耳其的兴起》，第 508 页，第 391 页。

1938 年凯末尔视察阿达纳

苏丹制度的废除和哈里发制度的终结以及其后的一系列世俗化举措，无疑包含着宗教政治衰落和世俗政治强化抑或从神权向俗权转变的历史内容。然而，土耳其共和国的世俗化进程与政治民主化进程并未表现为同步的趋向。凯末尔主义的世俗化政策，不仅损害传统教界的既得利益，而且导致官方思想与民间信仰的严重对立，进而在意识形态方面切断了连接国家与民众的重要纽带。所谓的世俗主义和国家主义旨在服务于民族主义和威权主义的政治需要，而革命主义则集中体现凯末尔时代土耳其共和国的剧烈政治变革。政府、共和人民党与凯末尔的三位一体，构成凯末尔时代土耳其共和国的政治模式。

凯末尔时代一党制的政治实践与共和主义之主权在民的政治理念大相径庭，所谓的共和主义和民众主义尚徒具虚名，只是凯末尔美化个人的政治口号抑或土耳其共和国政治生活的发展方向，并非“凯末尔主义中最重要的组成部分”。[①]

三、 威权政治的终结

伊斯梅特与自上而下的政治改革

伊斯梅特 1884 年出生于伊兹密尔，毕业于伊斯坦布尔军官学校，第一次世界大战期间曾任奥斯曼帝国军队的军团司令。土耳其独立战争期间，伊斯梅特出任安卡拉军队的总参谋长，于 1921 年两次率军在伊纳尼击溃入侵安纳托利亚的希腊军队，取得辉煌的战绩。1934 年，土耳其政府推行新的姓氏

① 彭树智：《凯末尔和凯末尔主义》，《历史研究》，1981 年第 5 期。

伊斯梅特

制度，议会将伊诺努作为伊斯梅特的专用姓氏，以表彰其在土耳其独立战争期间特别是在两次伊纳尼战役中的卓越贡献。1923 年，伊斯梅特作为外交部部长，代表土耳其政府与协约国签署《洛桑条约》。土耳其共和国成立后，伊斯梅特长期担任内阁总理。1938 年 11 月 10 日，凯末尔在伊斯坦布尔病逝。次日，大国民议会选举伊斯梅特继任总统，成为土耳其共和国的第二任总统。

伊斯梅特于 1938 年至 1950 年担任总统期间，土耳其共和国经历了威权体制衰落和民主化进程启动的深刻变革。如果说凯末尔是土耳其共和国的缔造者，那么伊斯梅特可谓土耳其共和国民主化进程的开创者。

凯末尔与伊斯梅特

凯末尔时代是土耳其共和国威权政治的典型阶段，共和人民党作为唯一合法政党垄断国家权力，议会选举流于形式，民众的合法参与缺乏必要的政治空间，反对派政党在政治舞台销声匿迹，安纳托利亚东南部山区的库尔德人武装组织成为仅存的反政府势力，持不同政见的保皇派、自由主义者、伊斯兰主义者和社会主义者只限于在遥远的巴黎、索菲亚、大马士革和开罗发出微弱的声音。

1939 年 6 月，共和人民党召开第五次大会，实行政党组织与政府机构的分离，尝试推动执政党内部的改革进程。[①]然而，土耳其共和国的政治生活依旧沿袭凯末尔时代自上而下的威权模式，总统凌驾于社会之上，操纵共和人民党和大国民议会，控制内阁政府，共和人民党、大国民议会和内阁政府构成威权政治的御用工具。

---

① Weiker W. F., *Political Tutelage and Democracy in Turkey*, p.193.

1936 年凯末尔(右一)与伊斯梅特(左二)

第二次世界大战爆发后,土耳其政府保持中立,一方面向德国提供战争物资,另一方面接受同盟国的军事援助,直至 1945 年轴心国覆灭前夕对德宣战。“二战”期间,土耳其尽管并没有直接卷入欧洲战场,然而面对轴心国对巴尔干半岛的军事占领和由此受到的安全威胁,被迫加大军事投入,军队员额从 12 万增至 150 万,军费支出几乎占政府财政预算的二分之一。

美国总统罗斯福、土耳其总统伊斯梅特和英国首相丘吉尔

"二战"期间，土耳其政府为保证必要的军费来源，强化国家主义的经济政策，实行通货膨胀的货币政策，干预市场价格，增加税收，导致城市民众特别是工商业资产阶级的普遍不满。政府在"二战"期间征收农产品税和降低农产品价格的政策，导致乡村社会的强烈反对。①在农民的眼中，共和人民党仿佛是宪兵和税吏的象征。在一党制的历史条件下，民众对于政府的不满直接表现为反对共和人民党统治地位的政治倾向。然而，特定的国际环境和尖锐的民族矛盾，制约着国内矛盾以及共和人民党内部的裂变，一党制的政治体制得以延续。

"二战"结束之后，国际形势趋于缓和，土耳其国内的政治对立逐渐加剧，大国民议会开始成为诸多政治群体角逐权力的重要舞台。早在 1944 年 11 月，总统伊斯梅特在大国民议会发表演说，开始强调宪法赋予的议会权力，允诺实行民主政治和承认反对派政党的合法存在，旨在缓解日益加剧的国内矛盾，共和人民党对于国家权力的垄断出现松动的迹象。

1945 年 5 月，大国民议会审议新的土地分配法案。审议期间，新的土地分配法案尽管得到总统伊斯梅特的支持，却在大国民议会内部引发明显的分歧和尖锐的对立，土耳其政坛开始出现反对派的声音。②

阿德南·门德列斯

1945 年 6 月，共和人民党议员阿德南·门德列斯、凯拉勒·拜亚尔、拉菲克·科拉尔坦和福阿德·科普鲁卢向大国民议会提交"四人备忘录"即"关于修改党章若干细则的建议"，要求执政党即共和人民党尊重 1924 年宪法规定的民主原则，保障宪法赋予的公民权利，修改与民主原则不符的法律条文。"四人备忘录"尽管遭到共和人民党主导的大国民议会的否决，却在民间诸多社会阶层得到广泛的赞同。③福阿德·科普鲁卢在随后发表的文章

① Zurcher, E.J., *Turkey: A Modern History*, p.215, pp.216—217.

② Ozbudun, E., *Contemporary Turkish Politics*, Boulder 2000, p.14.

③ Karpat, K.H., *Turkey's Politics: The Transiton to A Multi-Party System*, pp.145—146.

中,指责一党独裁背离民主制的政治原则,抨击共和人民党政府滥用权力,呼吁强化大国民议会对于政府的制约功能。①

1945 年 7 月,伊斯坦布尔的企业家努里·德米拉格获得官方的准许,创立战后第一个反对派政党,名为民族复兴党,主张实行自由主义和发展私人经济。②民族复兴党的创立,预示着土耳其战后多党政治和民主化进程的发展方向。

1945 年 11 月,伊斯梅特在议会表示,土耳其民主制的主要瑕疵是缺乏反对派政党,应当采用直接选举取代间接选举,废除限制自由和民主的若干法律条款,允许持不同政见者组建反对党。③伊斯梅特声称,允许反对党的存在"是发展我国政治生活的正当途径,而且也是促进民族福利和政治成熟的更带建设性的办法。我们必须尽自己最大的努力,来防止因政治上见解不同而形成同胞之间的彼此敌视"。④

一党制时代的结束

1946 年 1 月,被共和人民党开除的议员阿德南·门德列斯、拉菲克·科拉尔坦、福阿德·科普鲁卢和辞去共和人民党议员职务进而宣布脱离共和人民党的凯拉勒·拜亚尔创建新的反对派政党,名为民主党。民主党在强调政府控制港口、铁路、电力、水力、矿业和林业之必要性的同时,反对国有企业的特权地位。⑤

民主党脱胎于共和人民党,民主党主席凯拉勒·拜亚尔曾经担任凯末尔时代的内阁总理,伊斯梅特亦曾设想使民主党成为共和人民党的合作伙伴和忠实的反对党。然而,民主党自创建伊始,凝聚了反对共和人民党的诸多社会元素,进而挑战共和人民党作为执政党的权力垄断,工商界和知识界成为民主党的中坚力量。

1946 年 5 月,共和人民党召开第六次大会,实行党内的民主化改革,废除党内领袖的终身制,规定共和人民党主席选举产生和任期四年的组织原则,宣布终止政府的新闻审查和舆论管制,给予大学以自治的地位,同时决定

---

① Atasoy, Y., *Turkey, Islamists and Democracy*, p.67.

② Zurcher, E.J., *Turkey: A Modern History*, p.220.

③ Ozbudun, E., *Contemporary Turkish Politics*, p.15.

④ Ahmad, F., *The Turkish Experiment in Democracy 1950—1975*, p.9.

⑤ Hale, W., *The Political and Economic Development of Modern Turkey*, London 1981, p.60.

将原定于 1947 年 7 月举行的议会选举提前至 1946 年 7 月举行，取消间接选举，实行直接选举。①

雷杰普·佩克尔

1946 年 7 月举行的议会选举，在土耳其共和国的历史上首次由执政党和反对党共同参与，投票率为85%。②执政的共和人民党在大选中获胜，赢得大国民议会 465 个席位中的 396 个席位，民主党作为反对党赢得大国民议会的 62 个席位，独立候选人赢得大国民议会的 7 个席位。③随后，共和人民党主导的大国民议会选举伊斯梅特出任总统，伊斯梅特任命雷杰普·佩克尔作为内阁总理，组成新一届政府。根据民主党的说法，该党实际获得的席位是 279 个，选举程序具有明显的瑕疵，选举结果缺乏公正。

1946 年 7 月大选后，获胜的共和人民党试图争取民主党加入内阁，作为自己的执政伙伴，遭到民主党的拒绝。④共和人民党庞大的分支机构和广泛的政治势力，特别是选举程序的缺陷，明显影响了 1946 年 7 月的选举结果。另一方面，民主党与共和人民党在基本纲领上并无本质的区别，凯末尔主义的民族主义和世俗主义构成共和人民党和民主党共同的政治原则。反对共和人民党的诸多社会群体，成为支持民主党的主要政治力量。尽管如此，1946 年 7 月的大选毕竟开辟了执政党与反对党角逐议会席位的先河，打破了长期以来共和人民党垄断议会席位的局面，标志着土耳其共和国的政治民主化进入新的历史阶段。

1947 年 1 月，民主党召开第一次大会，发表《自由宪章》，肯定凯末尔在实现民族独立和改造社会方面的历史功绩，宣布致力于民主政治的建设，在 1920 年民族宪章的基础上完成凯末尔的未竟事业。⑤会议期间，民主党主席凯拉勒·拜亚尔明确提出著名的三项要求，即修改选举法、总统与执政党主

---

① Karpat, K.H., *Turkey's Politics: The Transiton to A Multi-Party System*, pp.153—154.

② Karpat, K.H., *Studies on Turkish Politics and Society*, Leiden 2004, p.107.

③ Heper, M., *Political Parties and Democracy in Turkey*, p.121.

④ Zurcher, E.J., *Turkey: A Modern History*, p.222.

⑤ Zurcher, E.J., *Turkey: A Modern History*, p.223.

席职位分离、废除违背宪法和民主原则的相关法律条款。①

1947年7月,伊斯梅特宣布,承认反对派政党的合法地位以及反对派政党与共和人民党在国家政治生活中的平等地位,赋予工人自行组织工会的合法权利。伊斯梅特声称:"在一个多党制的国家里,总统应该置身于政党政治之上,应该是一个无党派的国家元首,并且对于各个政党都负有同样的义务。"②随后,伊斯梅特与来自共和人民党的内阁政府总理雷杰普·佩克尔、民主党主席凯拉勒·拜亚尔发表联合声明,宣布政党组织与政府机构的分离。③一党制的政党制度由此彻底退出土耳其的历史舞台。

1946年,共和人民党政府起草新的五年计划,沿袭凯末尔时代的原则,继续实行国家主义的经济政策,提交大国民议会审议。民主党议员反对共和人民党的国家主义政策,要求限制政府对于经济领域的直接干预,发展私人经济,少数民主党议员甚至将国家主义比作法西斯主义的残余。

1947年1月,伊斯坦布尔商人成立商人联合会,批评国家主义阻碍经济进步,支持民主党的自由主义纲领。1947年9月,雷杰普·佩克尔辞职,哈桑·萨卡出任内阁总理。同年11月,共和人民党政府修改新的五年计划,强调自由主义的经济原则,争取加入国际货币基金会和获得西方的经济援助,强调发展农业和轻工业以及公路建设,同时拒绝了民主党关于出售国有企业的要求。④

1950年大选

1950年2月,迫于民主党的压力,共和人民党主导的大国民议会修改选举法。同年5月,土耳其举行新一届的大国民议会选举。

1950年大国民议会选举的突出特点在于自由和公平的选举环境,首次实行选民的直接选举取代已往的间接选举,由司法机关取代行政机关监督选举程序,采用秘密投票和公开计票的原则。⑤在全国总计890万选民中,795万选民参加投票,投票率为89%。

1950年大国民议会的选举结果是,民主党获得424万张选票,占选票总

---

① Schick, I.C. & Tonak, E.A., *Turkey in Transition*, p.105.

② Ozbudun, E., *Contemporary Turkish Politics*, pp.16—17.

③ Karpat, K.H., *Turkey's Politics: The Transiton to A Multi-Party System*, p.192.

④ Zurcher, E.J., *Turkey: A Modern History*, p.225.

⑤ Ozbudun, E., *Contemporary Turkish Politics*, p.17.

数的 53.3%,共和人民党获得 318 万张选票,占选票总数的 39.7%。民主党赢得了西部发达省份的多数选票,共和人民党的选票大都来自相对落后的东部省份。根据土耳其的选举制度,民主党获得大国民议会 487 个席位中的 408 个席位,共和人民党获得大国民议会的 69 个席位,1948 年脱离民主党而另立门户的民族党获得大国民议会的 1 个席位,独立候选人获得大国民议会的 9 个席位。①在同年秋季举行的地方选举中,民主党再次胜出。

1950 年民主党取代共和人民党而成为执政党的根本原因,在于诸多传统社会阶层与新兴社会群体的广泛支持。凯末尔时代,政府致力于工业化的经济发展战略,现代化的改革举措局限于城市的范围,城乡差距明显,广大农民游离于政治舞台的边缘地带,共和人民党的支持者主要来自凯末尔时代崛起的精英阶层。相比之下,民主党具有广泛的社会基础,更多的支持者分布在广大的乡村,俨然是土耳其民众利益和诉求的象征。"农村豪门、农民、新兴商业阶级和旧宗教阶级,这些大概便是 1950 年支持民主党的最重要的分子。"②民主化进程的启动和多党制的议会选举,提高了农民的政治地位,吸引农民的支持成为诸多政党在大选中争夺选票的重要因素。议会选举框架下农民的政治化和乡村社会的广泛政治参与,无疑是民主党在 1950 年大选中胜出的关键因素。

1950 年大选后,伊斯梅特结束了长达 14 年的总理生涯和长达 12 年的总统生涯,共和人民党失去执政党的地位而成为大国民议会中占据少数席位的反对党。凯拉勒·拜亚尔当选为土耳其共和国的第三任总统并辞去民主党主席的职务,拉菲克·科拉尔坦当选议长,阿德南·门德列斯以民主党主席的身份出任内阁总理。③

自 1876 年至 1950 年,奥斯曼帝国和土耳其共和国先后经历 14 次议会选举,其中只有第二次宪政革命期间即青年土耳其党时代的 1908 年、1912 年和 1919 年以及战后 1946 年、1950 年五次选举出现多党竞选的局面,只有 1950 年的选举出现执政党向在野党移交权力的政治变动。"1950 年的选举结果颇具戏剧性。作为共和国创立者的政党在选举中落败,反对党却以 83.8% 的选票获得选举的胜利。"④

---

① Heper, M., *Political Parties and Democracy in Turkey*, p.121.

② 路易斯:《现代土耳其的兴起》,第 334 页。

③ Schick, I.C. & Tonak, E.A., *Turkey in Transition*, p.107.

④ Sayari, S., *Politics, Parties, and Elections in Turkey*, p.2.

1950年的议会选举，可谓土耳其现代政治史的重要分水岭，标志着土耳其现代化进程中政治层面的深刻变革和政治民主化的长足进步。从1946年多党政治的合法化到1950年议会选举的民主化，在短短的四年时间中通过和平的方式实现政治领域的历史性转变，在发展中国家堪称绝无仅有。凯末尔于1919年首次提出的"真正的自下而上的结构"的政治实践，由此拉开历史的帷幕。不同政党之间通过议会选举的形式实现权力的和平移交，成为此后土耳其共和国政治生活的基本原则。官方政治与民间政治趋于一致，民众的选择成为国家权力的合法来源。

从民族解放运动的胜利和主权国家的建立到民主化的长足发展和民主政治的广泛实践，可谓贯穿土耳其共和国成长历程的鲜明主题。凯末尔时代的威权政治，无疑是土耳其民族主义高涨的历史产物和逻辑延伸。"二战"结束后威权政治的终结、多党政治的合法化和议会选举的民主化，标志着土耳其共和国政治生活的重大转折。共和人民党与民主党之间通过1950年的议会选举实现执政地位的转换和执政权力的和平移交，成为土耳其共和国民主化进程的历史丰碑。

四、50—70年代民主化进程的艰难探索

50年代民主党的执政历程

20世纪50年代，伴随着普选制的完善与多党制的广泛实践，总统权力逐渐削弱，议会成为国家政治生活的核心舞台。1950年大选之后的大国民议会，其人员构成与凯末尔时代存在明显的区别。新议会的成员更加年轻，与所在的选区联系更加密切；更多的议员不再具有官僚和军人的政治背景，因而更加富于民间色彩和非政府倾向。另一方面，国家、政党与社会三者之间的关系在50年代发生明显的变化。共和人民党执政时期，政府机构与共和人民党组织在某种程度上处于重合的状态，政党政治与政府政治浑然一体，共和人民党成为国家控制社会的政治工具。1950年民主党执政以后，国家、政党与社会之间的传统模式遭到否定，政党政治与政府政治逐渐分离。

民主党在取得执政地位之前，可谓民众意志的代言人和民主政治的象征。1950年民主党在大选中获胜后，安卡拉的宗教界人士曾经表示："感谢安拉让我们从共和人民党的统治下获得解放。"民主党议员亦公开宣称："凯

末尔是象征独立的总统,伊诺努是象征独裁的总统,而拜亚尔则是象征自由的总统。”[①]民主党内阁的建立标志着土耳其共和国的政治发展进入新的历史阶段,阿德南·门德列斯领导的民主党内阁被视作代表民众意志的第一届真正意义上的民选政府。

凯拉勒·拜亚尔

然而,民主党在取代共和人民党成为执政党以后,排斥政治异己的专制倾向逐渐显现,其对于共和人民党的限制程度甚至超过共和人民党执政时期对于民主党的限制程度。1950 年的议会选举无疑是土耳其现代化进程中政治层面的重要分水岭。然而,民主党执政时期,土耳其的民主政治在诸多方面仍有待成熟,甚至出现逆向的变化。不可将民主党与共和人民党之间的权力角逐简单归结为民主与专制的抗争。在不同的历史时代抑或历史条件下,在从专制向民主过渡的进程中,共和人民党与民主党所扮演的角色经历了变化的过程。此类现象在中东诸多国家普遍存在。因此,研究政党政治,不仅需要分析其社会基础和政治纲领,更需要分析该政党在不同历史环境下特别是由非法组织转变为合法组织以及由反对党转变为执政党之历史进程中的政治实践。

民主党执政期间,其与共和人民党之间的关系始终处于紧张的状态。民主党自称是民众意志的代言人,负有推动社会转型的历史使命,同时希望共和人民党成为顺从自己的合作伙伴。共和人民党作为凯末尔主义的象征,长期以来在官僚和军队中具有较大的影响,尽管丧失执政的地位,仍然不失为举足轻重的政治势力,加之拥有雄厚的财力支撑,构成挑战民主党执政地位的潜在威胁。

1951 年,民主党政府取缔共和人民党的重要外围组织“人民园地”和“人民之家”。1953 年,民主党控制的大国民议会通过决议,将共和人民党以及“人民园地”和“人民之家”的财产收归政府,旨在打击共和人民党的势力和削弱共和人民党作为反对党的政治影响。1954 年 1 月,脱胎于民主党的反对党民族党被执政的民主党予以取缔。随后,民族党成员创建共和民族党,成

① Geyikdagi, M.Y., *Political Parties in Turkey*, p.74.

为新的反对党。①

50年代前期是土耳其经济的繁荣时期，也是民主党执政的黄金时期。此间，民主党主导土耳其的政治舞台，共和人民党尚无力挑战民主党的执政地位，政治局势处于相对稳定的状态。另一方面。民主党执政后，重视发展国民经济，推行减税计划，取消政府专卖制度，降低银行贷款利率，鼓励民间投资和社会消费。1950—1953年，投资总额从100万里拉增至21亿里拉，1960年达到78亿里拉，经济增长呈良好的势头，民众生活逐步改善。1950年，执政的民主党提出的口号是"实现前所未有的发展"，以美国作为效仿的对象，将使土耳其在不久的未来成为"小美利坚"。②

民主党政府强调农业在土耳其现代化进程中的重要作用，优先考虑农民的利益，向农民提供低息贷款，高价收购农产品，积极推广农业机械。民主党政府推行的政策促进了土耳其经济的发展，尤其是农业产值增长迅速，农民成为新经济政策的最大受益者。据统计，1948—1952年，拖拉机数量从1 750台增至超过30 000台。另据统计，1948—1956年，耕地面积从1 450万公顷增至2 250万公顷，耕地面积的增长远远超过人口增长的幅度。③农业的巨大进步换取了农民对于民主党政府的广泛支持，经济政策的成功保证了民主党在新一届议会选举中的胜利。

1954年5月，土耳其举行议会选举，登记选民1 026万人，投票者910万人，投票率达到88.6%。大选的结果是，民主党获得515万张选票，占选票总数的56.6%，超过1950年大选时获得的53.3%的选票，共和人民党获得316万张选票，占选票总数的34.8%，少于1950年大选时获得的39.9%的选票。民主党在大国民议会中的席位从420个增至505个，共和人民党在大国民议会中的席位从63个降至31个。④奥斯曼·布鲁克帕希领导的民族党曾经参与1950年大选，获得1个议会席位，1953年因具有浓厚的宗教色彩而遭到取缔，1954年重建，更名为共和民族党，获得4.8%的选票和大国民议会的5个席位。该党获得的选票，全部来自奥斯曼·布鲁克帕希的故乡克尔谢希尔省。此外，独立候选人赢得0.6%的选票和大国民议会的2个席位。⑤

50年代是土耳其外交政策的转型时期。民主党政府一改土耳其政府自

① Zurcher, E.J., *Turkey: A Modern History*, p.233.

②③ Zurcher, E.J., *Turkey: A Modern History*, p.234.

④ Shaw, S.J. & Shaw, E.K., *History of the Ottoman Empire and Modern Turkey*, Vol.2, pp.406—407.

⑤ Tursan, H., *Democratisation in Turkey*, p.59.

凯末尔时代以来长期恪守的中立外交原则，奉行亲西方的外交政策，旨在借助西方的保护抵御来自苏联和共产主义阵营的潜在威胁。

早在 1950 年底，一支 4 500 人的土耳其旅被派到朝鲜战场，加入以美国为首的联合国军。1952 年 2 月，土耳其正式加入北大西洋公约组织。1953 年 2 月，土耳其与希腊、南斯拉夫建立巴尔干三国同盟，试图遏制苏联在巴尔干半岛的扩展。同年 5 月，民主党政府拒绝了苏联方面递出的橄榄枝。1955 年 2 月，土耳其与伊拉克缔结巴格达条约，建立中东地区的亲美军事同盟；同年 4 月、9 月和 11 月，英国、巴基斯坦和伊朗亦相继加入巴格达条约组织。此间正值阿拉伯世界民族主义运动空前高涨，大多数阿拉伯国家持反美立场，而巴格达组织的建立导致土耳其与其他阿拉伯国家的关系受到严重的损害。

50 年代中叶开始，土耳其经济增长速度下降。1950—1955 年，财政赤字额增长 8 倍。1950—1958 年，里拉与美元的兑换比率由 2.8∶1 上升为 10∶1，通货膨胀率由 3%上升为 20%。1960 年，外债高达 15 亿美元，约占当年国内生产总值的四分之一。[①]经济形势的恶化导致社会不满的加剧，民主党政府的支持率随之下降。在 1955 年举行的地方选举中，共和人民党和共和民族党抵制选举，民主党作为执政党仅仅获得 37%的选票。

1946—1950 年共和人民党执政期间，民主党挑战共和人民党执政地位的主要手段是自由主义的竞选纲领。然而，50 年代中叶以后，随着经济形势的恶化和社会不满的加剧，民主党政府逐渐放弃自由主义政策，收缩民主框架，趋向于威权主义的政治立场，不断强化对于社会和民众的控制，压缩反对派的政治空间，直至形成阿德南·门德列斯的独裁统治，民主化进程出现逆转的趋势。

1955 年 8 月，民主党政府与英国及希腊谈判解决塞浦路斯的未来政治地位。同年 9 月，土耳其民众举行一系列的抗议活动，许多地区出现袭击希腊人的骚乱，局势出现失控的迹象，民主党政府宣布在伊斯坦布尔、安卡拉和伊兹密尔三大城市实行军事管制。11 月，阿德南·门德列斯向总统拜亚尔递交内阁辞呈，继而受总统拜亚尔的委托组建新一届政府。12 月，反对阿德南·门德列斯独裁统治的部分议员宣布脱离民主党，成立自由党。此后，自由党与共和人民党、共和民族党共同构成大国民议会内部的反对党。[②]

---

① Zurcher, E.J., *Turkey: A Modern History*, p.239.

② Schick, I.C. & Tonak, E.A., *Turkey in Transition*, p.113.

1954 年大选后，民主党政府将支持反对派的马拉提亚省一分为二，又将支持反对派的克尔谢希尔省降格为克尔谢希尔县。另一方面，民主党主导的大国民议会修改选举法，禁止不同政党联合提名候选人，旨在为反对派竞选大国民议会席位设置障碍。1956 年夏，阿德南·门德列斯援引 1940 年的"国家安全法"，控制市场物价和物资供应，强化新闻管制，取缔政治集会，压缩反对派的政治空间，民主党政府的威权主义倾向进一步加剧。①1956 年 8 月，共和人民党总书记卡希姆·古里克遭到监禁。1957 年 4 月，工会联盟遭到取缔。同年 7 月，共和民族党领导人奥斯曼·布鲁克帕希被司法机构逮捕。②

民主党政府的高压政策导致反对派政党的联合趋势。1957 年 8 月，大国民议会内部的反对党共和人民党、自由党和共和民族党试图建立竞选联盟，共同挑战民主党的执政地位。9 月初，民主党创始人之一福阿德·科普鲁鲁宣布退出民主党，加入反对派阵营。来自反对派的巨大压力，迫使民主党政府决定提前举行大选。与此同时，民主党政府颁布法令，禁止不同政党建立竞选联盟，禁止退党者在六个月内成为其他政党提名的候选人。③

1957 年 9 月底，土耳其在紧张的政治气氛下举行议会选举。登记选民 1 210 万人，投票者 934 万人，投票率仅为 77.15%，低于 1950 年 89.06%的投票率和 1954 年 88.75%的投票率。④福阿德·科普鲁鲁在投票日前夕告诫选民，此次选举可谓整个土耳其民族与试图复兴一党制的独裁者阿德南·门德列斯个人之间的角逐。民主党尽管再次获得议会选举的胜利，却丧失了原有的绝对优势，仅获得 437 万张选票，占选票总数的 47.3%，在大国民议会的 610 个席位中赢得 424 个席位。相比之下，反对党呈上升趋势，共和人民党获得 375 万张选票，占选票总数的 40.6%，赢得大国民议会的 178 个席位，自由党获得 3.8%的选票和大国民议会的 4 个席位，共和民族党获得 7.2%的选票和大国民议会的 4 个席位。⑤1957 年的议会选举结果，反映出民主党在土耳其政坛的衰落趋势。

1960 年军事政变与 1961 年宪法

共和人民党与军方具有密切的历史渊源，行伍出身的共和人民党领导人

①② Zurcher, E.J., *Turkey: A Modern History*, pp.241—242.

③ Schick, I.C. & Tonak, E.A., *Turkey in Transition*, p.115.

④ Karpat, K.H., *Studies on Turkish Politics and Society*, p.94.

⑤ Ahmad, F., *The Turkish Experiment in Democracy 1950—1975*, p.57.

伊斯梅特在土耳其军中素有极高的威望。相比之下，民主党领导人凯拉勒·拜亚尔和阿德南·门德列斯均为文官出身，并无军旅生涯，排斥军人的政治干预。民主党于1950年执政伊始，首先更换包括武装部队总参谋长在内的军方高层将领，以求消除军事政变的隐患。

50年代后期，阿德南·门德列斯的独裁统治导致军方的强烈不满。1957年12月，9名军官涉嫌反对政府，在伊斯坦布尔遭到逮捕，民主党政府与军方之间的关系开始出现恶化的征兆。[①]"1959—1960年政府针对反对派所采取的镇压性手段，仅仅是企图遏止要求变革的不断高涨的潮流的绝望挣扎。"[②]

1958年10月，农民党与共和民族党宣布合并。同年11月，自由党与共和人民党宣布合并。1959年1月，共和人民党举行反对派民主论坛，呼吁大国民议会实行两院制、成立宪法法院、承认大学的自治地位、保障新闻自由。

1959年4月，包括伊斯梅特和46名议员在内的反对派在乌萨克举行政治集会，其间遭到民主党政府的干扰。伊斯梅特在随后从伊兹密尔返回伊斯坦布尔的途中，险遭暗杀。同年5月，共和人民党议员与民主党议员在大国民议会发生激烈的肢体冲突。

1960年4月，民主党控制的大国民议会决定成立专门委员会，调查政治反对派，共和人民党议员旋即退出议会，以示抗议。随后，伊斯梅特发表演讲，指出土耳其人经历了长期的努力才结束共和人民党的一党独裁，建立多党制的民主体制，如果民主党继续排斥和迫害反对派政党，势必引发新的政治革命。与此同时，在伊斯坦布尔和安卡拉，学生举行示威，反对民主党的独裁专制，民主党政府随后宣布在这两座城市实行军事管制。[③]

1960年5月，军方发动政变，接管安卡拉和伊斯坦布尔的政府机构，解散议会，逮捕包括阿德南·门德列斯在内的民主党官员，宣布成立由38名军官组成的民族团结委员会作为行使立法权和行政权的最高机构，推举前陆军司令杰马尔·古尔赛勒出任国家元首、内阁总理兼国防部部长。[④]军方政变受到共和人民党支持者的欢迎，许多城市举行了盛大的庆祝活动。然而，在安纳托利亚内陆的广大乡村，下层民众对于军方政变和民主党政府垮台的反

---

① Ahmad, F., *The Turkish Experiment in Democracy 1950—1975*, p.156.

② 卡尔帕特:《当代中东的政治和社会思想》,第467页。

③ Schick, I.C. & Tonak, E.A., *Turkey in Transition*, p.118.

④ Karpat, K.H., *Studies on Turkish Politics and Society*, p.48.

应相对平淡。

军方将被捕的民主党官员关押在马尔马拉海的一个戒备森严的岛屿,任命9人组成的特别法庭负责审理。1961年9月,特别法庭作出判决,裁定123人无罪释放,判处31人终身监禁,判处418人有期徒刑,前总理阿德南·门德列斯以及前外交部部长祖尔鲁和前财政部部长波拉克坦被执行死刑,前总统凯拉勒·拜亚尔由于年事已高和健康原因而免予执行死刑,1966年获释。

判决结果宣布后,许多外国政府首脑和共和人民党领导人伊斯梅特曾经表示希望赦免阿德南·门德列斯、祖尔鲁和波拉克坦的死刑判决,遭到民族团结委员会的拒绝。1990年9月,土耳其政府在伊斯坦布尔为阿德南·门德列斯、祖尔鲁和波拉克坦举行国葬,恢复三人的政治名誉。

军方在政变后发表的声明中宣布:"把这次军队接管政权视为普通的政变是不对的……政府应该保护公民权,应该体现国家、法律、公正、道德和公共利益的原则,而公共服务已经变成了受个人野心以及阶级特权影响的物质力量代表……国家已经变成了谋求个人利益和实现个人野心的工具……因此政权失去了与其真正的权力来源的所有精神联系,所以要结束这个政权……这个政权现在实际上已经违背真正国家的基本的核心制度,也违背阿塔图尔克的改革……从合法性的角度来看,现在的状况也是一样。一个合法的政府应该源于其依法行政的能力。政府及其权力机构不断炮制违反宪法的新的法律,然后将这些法律作为破坏宪法的工具。政府还做出了一些没有任何法律依据的事情……我们的目标在于重建法律秩序……以上就是今天摆在我们面前的一些理由,这些理由说明何以必须重新组织和重建我们的国家机构和社会机构、政治权力和合法政府。我们把民族团结委员会安排国家部队和机构接管政府的行动看作是为了重建合法统治而采取的手段,目的在于改变这样一种情况:社会机构实际陷于瘫痪、人民被唆使相互残杀,及其导致的无政府状态。"①

1960年5月,在发动政变的次日,军方召集来自伊斯坦布尔大学的5名法学教授在首都安卡拉发表声明,认同军事政变的合法性和法理依据。6月,由发动政变的军官控制的民族团结委员会指定法学教授拟定临时宪法,阐述军事政变和政权更替的法律基础,宣布民主党政府违背宪法。8月,民族团结委员会清洗持不同政见的军官,包括总参谋长拉吉卜·古姆斯帕拉和

① 卡尔帕特:《当代中东的政治和社会思想》,第476—479页。

200 余名将军在内的约 5 000 名军官被解除职务。9 月,民族团结委员会宣布取缔民主党。①

在民族团结委员会内部,杰马尔・古尔赛勒为首的多数成员持相对温和的政治立场,主张恢复宪政体制、举行大选和还权于民选政府。阿尔帕斯兰・图尔克斯上校是 1960 年军方政变的重要组织者,也是民族团结委员会的核心人物之一,代表军方内部的激进政治势力,主张延续军人政权和推行自上而下的改革举措。1960 年 11 月,民族团结委员会的 14 名激进派军官成员,包括阿尔帕斯兰・图尔克斯上校,由于涉嫌反对恢复文官政治和试图建立军人独裁而遭到杰马尔・古尔塞勒的清洗。②

1961 年 1 月,民族团结委员会解除政治活动禁令,允许政党参与选举,进而召开 272 人组成的制宪会议,邀请除民主党以外的其他政党和社会各界的代表,与民族团结委员会成员共同参加制宪会议,讨论由伊斯坦布尔大学校长希迪克・萨米・奥纳尔和安卡拉大学法学教授亚乌兹・阿德南分别主持拟定的两部新宪法草案,最后确定将亚乌兹・阿德南主持拟定的新宪法草案交由全民公决。1961 年 7 月,土耳其举行新宪法草案的全民公决,635 万人支持,支持率为 61.7%, 393 万人反对,反对率为 38.3%,另有 241 万人弃权,新宪法获得通过。③

1924 年颁布的所谓第一共和国宪法,首次确定共和制的基本政治制度,强调主权在民的民主政治原则,赋予公民广泛的法律自由和政治自由,议会构成共和制和民主政治的外在形式。然而,在凯末尔时代,政治制度与政治实践之间不尽吻合,而是存在明显的差异,政治生活的突出特征表现为共和人民党的权力垄断。1937 年,凯末尔主义的六项原则作为共和人民党的基本纲领被列入宪法。50 年代民主党执政期间,公民的法律地位和政治地位发生变化,多党制的政党制度助长着政治舞台的多元化倾向。政治生活的进步,导致修改宪法以适应新的政治环境的客观需要。

1961 年颁布的宪法,一方面沿袭 1924 年宪法的政治框架和凯末尔主义六项原则规定的基本发展方向,另一方面强调权力的平衡与国家机构的制约原则,明确规定立法权属于大国民议会而行政权属于总统和内阁。④选举程

---

① Zurcher, E.J., *Turkey: A Modern History*, p.254.

②③ Karpat, K.H., *Studies on Turkish Politics and Society*, p.119.

④ Dodd, C.H., *Politics and Government in Turkey*, p.116.

序不受政府干预,由独立于政府的最高选举委员会和地方选举委员会监督实施。大国民议会根据政党在大选中获得的选票数量分配议员席位,总统与政党分离的原则成为1961年宪法区别于1924年宪法的显著特征。①

根据1961年宪法,作为立法机构的大国民议会实行两院制,下院包括450名议员,议员产生于直接选举,按照各省的选民人数分配名额,任期4年,上院包括选举产生的150名议员和总统任命的15名议员,任期6年,每2年改选其中的三分之一,②上院有权以三分之二的多数票否决下院决议,旨在强化大国民议会内部的权力制约。③新宪法规定,总统由大国民议会选举产生,任期7年,不得连选连任;总统当选以后,须脱离原有政党和军籍,终止议员资格;总理由大选中获多数票的政党领袖担任,内阁对大国民议会负责;大国民议会的正副议长由议员选举产生,不得参与政党活动。④大国民议会选举由最高选举委员会和地方选举委员会实施监督,政府不得干预选举程序。⑤根据新宪法,设立独立行使司法权力的宪法法院,负责裁决大国民议会通过的法律法规是否符合宪法原则,同时确认大学的自主地位、新闻媒体的独立地位和社会舆论的自由氛围,充分保障公民权利。⑥新宪法还规定,成立国家安全委员会,由总统领导,成员包括武装部队参谋总长为首的军方将领和政府总理以及相关的内阁部长,掌管国家的安全事务。此项规定提供了军方干预政治的法律依据,进而在其后数十年造成军方特殊的政治影响。

与1924年宪法相比,1961年颁布的新宪法赋予民众更多的政治自由,左翼势力和右翼势力在政治舞台取得平等的地位。此外,1961年宪法规定土地改革和保障公民权利的诸项内容,承认工人享有结社权和罢工权,成立国家计划委员会负责制订国民经济的长期发展计划,克服民主党执政时期国民经济的混乱状况。"1961年宪法创造了土耳其共和国前所未有、即使在当代世界亦不多见的民主和法律框架,旨在限制国家权力的膨胀和促进公民社会的繁荣。"⑦

1960年的军事政变和其后两年间的军人统治,是土耳其政治民主化进

① Karpat, K.H., *Studies on Turkish Politics and Society*, p.121.
② Landau, J.M., Ozbudun, E. & Tachau, F., *Electoral Politics in the Middle East*, California 1980, p.15.
③ Ahmed, F., *The Making of Modern Turkey*, London 1993, p.129.
④ Dodd, C.H., *Politics and Government in Turkey*, pp.118—119.
⑤ Shaw, S.J. & Shaw, E.K., *History of the Ottoman Empire and Modern Turkey*, Vol.2, p.417.
⑥ Dodd, C.H., *Politics and Government in Turkey*, p.120.
⑦ Schick, I.C. & Tonak, E.A., *Turkey in Transition*, p.130.

程的重要阶段。民主党和阿德南·门德列斯的独裁倾向，无疑是导致军方发动政变的直接原因。军人的干预并未导致政治民主化进程的中断和独裁政权的建立，亦未改变战后土耳其政治民主化的发展方向，而是构成进一步否定凯末尔时代绝对主义传统和一党制政治模式的重要杠杆。军人政权在土耳其政治民主化进程中的主要贡献，在于颁布 1961 年宪法、实行两院制议会和设立宪法法院。1961 年宪法的制定和实施以及大国民议会的改组和宪法法院的设立，标志着土耳其民主化进程的长足发展，政党制度进一步成熟，多党制的政治生活空前繁荣。政党政治的多元化，特别是共和人民党与正义党的分庭抗礼，成为 60 年代土耳其政治生活的核心内容。

1960 年的军事政变，在土耳其民主化进程中首开军人以强力手段废黜民选政府继而归还国家权力于民众的先河，具有深远的政治影响，军人政治成为此后土耳其政治生活的重要元素和政治舞台的重要角色。1961 年宪法可谓此次军事政变最重要的历史遗产，强化了公共权力的分割和制约的法律原则，在国家体制的层面巩固了多党政治和民众参与的政治基础。1961 年宪法亦为土耳其提供了“带来一场合法的社会和经济革命的框架”，表达了渴望实现社会公平的民众诉求，而 1960 年军事政变因此具有积极和进步的政治内涵。

60 年代的民主政治实践

1961 年 1 月，民族团结委员会宣布解除政党禁令。同年 10 月，土耳其举行议会选举，共有 14 个政党参加竞选，登记选民 1 291 万人，投票者 1 052 万人，投票率为 81%。得到军方支持的共和人民党获得 372 万张选票，占选票总数的 36.7%，赢得大国民议会下院 173 个席位，在民主党的基础上重新组建的正义党获得 353 万张选票，占选票总数的 34.8%，赢得大国民议会下院 158 个席位，在自由党的基础上重新组建的新土耳其党获得 139 万张选票，占选票总数的 13.7%，赢得大国民议会下院 65 个席位，持保守立场的共和农民民族党获得 142 万张选票，占选票总数的 14%，赢得大国民议会下院 54 个席位。大国民大国民议会上院的议员按照一省一席的多数票制产生，共和人民党获得议会上院 36 席，正义党获得大国民议会上院 70 席，新土耳其党获得大国民议会上院 28 席，共和农民民族党获得大国民议会上院 16 席。在随后举行的大国民议会第一次会议上，民族团结委员会主席杰马尔·古尔赛勒当选为土耳其共和国总统，民族团结委员会成员成为大国民议

会上院的终身议员。[1]随后，杰马尔·古尔赛勒宣布解散民族团结委员会，结束军方对于国家的控制，正式恢复文官政治，土耳其由此进入第二共和国时期。[2]

50年代，土耳其的政治生活具有两党制的浓厚色彩，民主党与共和人民党分别作为执政党和反对党处于分庭抗礼的局面。在1950年、1954年和1957年的议会选举中，民主党与共和人民党分享超过90%的选票和98%的议会席位。然而，50年代的民主党作为执政党长期垄断国家权力，排斥政治异己，日渐独裁，具有非民主化的明显倾向。1960年的军人政变具有否定民主党之权力垄断和政治独裁的积极作用，可谓推动土耳其民主化进程的历史杠杆。

第二共和国时期，多元化的政党政治日渐活跃，进而构成诸多社会群体和利益集团实现政治参与和分享国家权力的基本形式。1961—1977年，共和人民党与在民主党的基础上组建的正义党尽管依旧构成最重要的两大政党，然而两大政党的政治影响力无疑呈下降的趋势，在此间5次选举中仅获得73%的选票和80%的议会席位。[3]与此同时，诸多小党的政治影响力逐渐上升，进而分别与两大政党组建联合政府和分享内阁职位。选举政治的完善，提供了政党政治长足进步和多党制政党政治日渐成熟的基本框架。

1961—1965年，土耳其政治生活的突出现象是多党联合政府的建立和内阁的频繁更替。1961年的议会选举结果表明，共和人民党与民主党的继承者正义党之间的角逐依然主导土耳其的政治舞台。新宪法赋予的政治自由并未导致右翼政党和伊斯兰政党的兴起，左翼的土耳其工人党亦未获得进入大国民议会的足够选票。[4]

1961年议会选举之后，大国民议会中的第一大党共和人民党试图邀请新土耳其党共同组阁，遭到新土耳其党领导人的拒绝。随后，在军方的压力和干预下，共和人民党与其政治宿敌正义党组成联合政府，内阁职位由共和人民党与正义党成员分享，年近八旬的共和人民党主席伊斯梅特出任内阁总理，是土耳其共和国历史上的首届多党联合政府。正义党主席拉吉卜·古姆

---

① Dodd, C.H., *Politics and Government in Turkey*, p.55.

② 研究者通常按照土耳其共和国1924年宪法、1961年宪法和1982年宪法的颁布，将1923—1960年称作第一共和国时期，1961—1981年称作第二共和国时期，1982年以后称作第三共和国时期。

③ Sayari, S., *Politics, Parties, and Elections in Turkey*, p.11, p.13.

④ Zurcher, E.J., *Turkey: A Modern History*, p.259.

斯帕拉并未担任内阁职务,意在与共和人民党保持适当的政治距离,以求在新一届大选中取而代之。

1962 年 5 月,正义党由于与共和人民党存在政见分歧,无法达成共识,宣布退出联合政府,伊斯梅特随后辞去内阁总理的职务。6 月,伊斯梅特再度出任内阁总理,组成包括共和人民党、新土耳其党、共和农民民族党以及独立人士在内的新一届联合政府。

1963 年 11 月,正义党在地方选举中胜出,赢得 45.9%的选票,共和人民党紧随其后,赢得 37.0%的选票,相比之下,新土耳其党和共和农民民族党的支持率仅仅为 6.5%和 3.1%。12 月初,在地方选举中落败的新土耳其党和共和农民民族党宣布退出内阁,共和人民党领导的联合政府垮台,伊斯梅特被迫辞职,总统杰马尔·古尔赛勒要求拉吉卜·古姆斯帕拉领导的正义党组建新的联合政府。12 月底,正义党组阁失败,伊斯梅特受命组建包括共和人民党、独立人士在内的联合政府。①

1965 年 2 月,共和人民党内阁提交的财政预算未获议会通过,伊斯梅特辞职,独立人士苏阿特·海里·乌尔古普鲁出任内阁总理,正义党主席德米雷尔出任副总理,组成正义党主导,包括新土耳其党、共和农民民族党在内的联合政府。

1965 年 10 月举行议会选举,登记选民 1 368 万人,投票者 975 万人,投票率为 71.3%。正义党获得 492 万张选票,占选票总数的 52.9%,赢得大国民议会下院 450 个席位中的 240 个席位,共和人民党获得 268 万张选票,占选票总数的 28.7%,赢得大国民议会下院 134 个席位,共和农民民族党获得 58 万张选票,占选票总数的 6.3%,赢得大国民议会下院 31 个席位,新土耳其党获得 35 万张选票,占选票总数的 3.7%,赢得大国民议会下院 19 个席位,土耳其工人党获得 28 万张选票,占选票总数的 3%,赢得大国民议会下院 14 个席位。②

1964 年,拉吉卜·古姆斯帕拉病逝,苏莱曼·德米雷尔继任正义党主席。苏莱曼·德米雷尔出生于安纳托利亚西部伊斯帕尔塔省的一个乡村农户,50 年代民主党执政时期曾经主持水利工程,是"二战"后土耳其政坛的杰出政治家。1965 年大选之后,苏莱曼·德米雷尔作为大国民议会第一大党

① Schick, I.C. & Tonak, E.A., *Turkey in Transition*, p.126.

② Schick, I.C. & Tonak, E.A., *Turkey in Transition*, pp.127—128.

正义党主席，出任内阁总理，进而登上其政治生涯的顶峰。

1965—1969 年，正义党作为大国民议会多数党单独组阁，土耳其政坛继 20—40 年代的共和人民党和 50 年代的民主党时代之后，进入正义党的时代。相比之下，共和人民党下降为大国民议会的第二大党，成为正义党执政期间最大的反对派政党。

1969 年，举行议会选举，登记选民 1 479 万人，投票者 952 万人，投票率为 64.3%。正义党获得 423 万张选票，占选票总数的 46.5%，赢得大国民议会下院 256 个席位，共和人民党获得 249 万张选票，占选票总数的 27.4%，赢得大国民议会下院 143 个席位，信任党获得 60 万张选票，占选票总数的 6.6%，赢得大国民议会下院 15 个席位，新土耳其党获得 20 万张选票，占选票总数的 2.2%，赢得大国民议会下院 6 个席位，土耳其工人党获得 24 万张选票，占选票总数的 2.7%，赢得大国民议会下院 2 个席位，共和农民民族党获得 29 万张选票，占选票总数的 3.2%，赢得大国民议会下院 6 个席位。①正义党作为议会多数党再次单独组阁，共和人民党再次成为大国民议会内部的主要反对党。

1965—1971 年，正义党成为土耳其政坛的主导力量，正义党领袖苏莱曼·德米雷尔长期担任内阁总理，土耳其政坛此间处于相对稳定的状态，经济保持良好态势，GDP 年均增长率达到 20%。

1971 年军事政变与 70 年代的议会选举

尽管正义党承袭民主党的政治传统，然而苏莱曼·德米雷尔政府与阿德南·门德列斯政府在诸多方面存在明显的差异，威权和独裁的倾向明显削弱。1961 年宪法强调司法独立，增设宪法法院，保障公民权利的法律体制进一步完善，新闻媒体和大学获得自治的地位，政府权力处于法律和社会舆论的制约之下。

进入 70 年代，苏莱曼·德米雷尔领导的正义党内阁面临诸多的压力和挑战，财政赤字，通货膨胀严重，失业率上升。与此同时，左翼思潮日趋活跃，激进政治势力暗流涌动，街头政治泛滥，政局动荡。1970 年 6 月，数万名工人举行大规模的示威抗议，进而与军警之间爆发冲突。

1971 年 3 月，军方再次介入政治，要求建立强有力的政府，按照“凯末尔

---

① Shaw, S.J. & Shaw, E.K., *History of the Ottoman Empire and Modern Turkey*, Vol.2, pp.406—407.

主义的精神"实施改革，稳定日益恶化的政治局势，结束混乱状态，摆脱政治危机，否则将履行"宪法赋予军方的职责"和接管政府。包括总参谋长和三军司令在内的军方上层在向总统苏奈提交的备忘录中声称："由于政府和议会顽固的政策、观点和行为，国家已经陷入了无政府的状态，骨肉相残，社会经济动荡。在民众的心目中，实现阿塔图尔克提出的现代文明的目标和希望已经破灭，土耳其的未来已经陷入严重的危险之中……军队将全力执行保卫土耳其共和国的职责，将政权直接掌握在自由手中。"①

在军方的压力下，苏莱曼·德米雷尔被迫辞职，共和人民党右翼成员尼哈特·埃里姆出任总理，承诺恢复秩序，推行经济社会改革，包括制定新的土地改革法案、征收土地税、采矿业国有化和保护民族工业，试图缓解社会矛盾和政治对立。②与此同时，尼哈特·埃里姆领导的内阁提交宪法修正案，取消大学的自治地位，限制新闻自由和宪法法院的权力，成立国家安全法庭，旨在压缩民众政治空间。在右翼政治势力的支持下，尼哈特·埃里姆内阁提交的宪法修正案在大国民议会获得通过。

1971 年 4 月，国家安全会议宣布在 11 个省实行军事管制，打击左翼和右翼极端势力，取缔土耳其工人党和民族秩序党。同年 5 月，左翼激进组织"土耳其人民自由军"绑架以色列驻伊斯坦布尔总领事，随后军方逮捕 5 000 余人，其中包括土耳其工人党重要成员和工会联盟领导人，土耳其工人党和民族秩序党遭到取缔。③

1972 年 4 月，尼哈特·埃里姆辞职，与正义党长期合作的信任党领导人费里特·梅伦出任总理，组建新内阁。④

1973 年 4 月，军方归还国家权力，总统苏奈任期届满，军方提名总参谋长法鲁克·古尔勒出任总统，因诸多政党的反对而未获通过。随后，大国民议会选举退役将领法赫里·克鲁图尔克出任总统，法赫里·克鲁图尔克任命经济学家纳伊姆·塔鲁作为看守内阁总理。⑤

1973 年 10 月，土耳其举行议会选举，登记选民 1 680 万人，投票人数 1 122 万，投票率 66.8%。布伦特·埃杰维特领导的共和人民党获得 357 万

---

① Hale, W., *Turkish Politics and the Army*, London 1994, pp.184—185.
② Ahmad, F., *The Turkish Experiment in Democracy 1950—1975*, p.288.
③ Zurcher, E.J., *Turkey: A Modern History*, p.272.
④ Ahmad, F., *The Turkish Experiment in Democracy 1950—1975*, p.305.
⑤ Ahmad, F., *The Turkish Experiment in Democracy 1950—1975*, p.309.

尼哈特·埃里姆访美期间与尼克松总统检阅仪仗队

张选票,得票率 33.3%,获得大国民议会下院 186 个席位,苏莱曼·德米雷尔领导的正义党获得 320 万张选票,得票率 29.8%,获得大国民议会下院 149 个席位,内切梅廷·埃尔巴坎领导的救国党获得 127 万张选票,得票率 12%,获得大国民议会下院 48 个席位。①

1974 年 1 月,共和人民党与救国党组成联合内阁,布伦特·埃杰维特出任总理,内切梅廷·埃尔巴坎出任副总理。1974 年 9 月,布伦特·埃杰维特辞职。1975 年 4 月,苏莱曼·德米雷尔领导的正义党邀请救国党、民族行动党与正义党共同组建新的内阁。②

1977 年 6 月举行新一届议会选举,8 个政党参加竞选,共和人民党获得 41.4%的选票和大国民议会下院 213 个席位,正义党获得 36.9%的选票和大国民议会下院 189 个席位;此外,救国党获得 8.6%的选票和大国民议会下院 24 个席位,民族行动党获得 6.5%的选票和大国民议会下院 16 个席位。③布伦特·埃杰维特试图组建共和人民党与独立人士的联合内阁,在大国民议会

① Geyikdagi, M.Y., *Political Parties in Turkey*, p.104.

② Ahmad, F., *The Turkish Experiment in Democracy 1950—1975*, p.336, p.348.

③ Sayari, S., *Politics, Parties, and Elections in Turkey*, p.35.

未获通过。随后，正义党与救国党、民族行动党组成联合内阁，苏莱曼·德米雷尔出任总理。1978 年 1 月，苏莱曼·德米雷尔内阁辞职，布伦特·埃杰维特再次组成共和人民党及独立人士的联合内阁，在大国民议会获得通过。1979 年 10 月，布伦特·埃杰维特辞职，苏莱曼·德米雷尔出任总理，由正义党和独立人士组成新的内阁。①

1980 年军事政变与 1982 年宪法

第二共和国阶段，土耳其政治生活的明显特征在于长期以多党联合政府作为施政主体，20 世纪 60 年代相继经历四届多党联合政府，70 年代则始终延续联合政府执政的政治局面，内阁更迭频繁，政治局势依然处于不稳定的状态。共和人民党尽管在 1973 年和 1977 年大选中连续胜出，成为大国民议会中的第一大党，却无法获得单独组阁所需的议会多数席位。另一方面，70 年代后期，土耳其国内经济形势日趋恶化。国内生产总值的实际年增长率，1975 年为 8.0%，1976 年下降为 7.7%，1977 年下降为 4.0%，1978 年下降为 3.0%，1979 年下降为 -0.3%，1980 年下降为 -0.7%。1977 年，失业率为 15%；1980 年，失业率上升为 20%。与此同时，通货膨胀率逐年上升，1976 年为 16%，1977 年为 24%，1978 年为 44%，1979 年为 60%。1980 年，安卡拉的通货膨胀率达到 140%。②政府实行紧缩货币政策，试图控制物价，引发黑市交易泛滥。

经济形势的恶化导致社会局势的动荡，来自左翼和右翼激进组织的政治暴力呈上升的趋势，校园政治和街头政治泛滥。1977 年，230 人死于政治暴力。③1978—1979 年，2 500 人死于政治暴力。1980 年 1—8 月，2 000 人死于政治暴力。④另据资料统计，1975—1980 年，超过 5 000 人死于政治暴力。1980 年夏，政治暴力事件日均超过 20 起。1980 年 9 月，49 个激进左翼组织卷入政治暴力活动。1978 年，安卡拉大学的学生阿卜杜拉·奥贾兰创建库尔德工人党，试图在土耳其东南部建立社会主义的库尔德人国家，由此形成了新的政治暴力漩涡。埃杰维特和德米雷尔领导的文官政府无力扭转日趋恶化的经济形势，亦在日益蔓延的政治暴力面前束手无策，整个社会濒临

① Zurcher, E.J., *Turkey: A Modern History*, p.275.
② Geyikdagi, M.Y., *Political Parties in Turkey*, p.134, p.135, p.133.
③ Zurcher, E.J., *Turkey: A Modern History*, p.276.
④ Geyikdagi, M.Y., *Political Parties in Turkey*, p.133.

失控。

经济形势的恶化无疑是政治暴力泛滥的根源,而政治暴力的泛滥导致军方的政治介入。1979 年夏,军方开始筹划接管政府。同年 12 月,军方在伊斯坦布尔召开会议,决定向文官政府递交最后通牒。1980 年 9 月,军方继 1960 年和 1971 年两次军事政变之后第三次接管国家政权,解散大国民议会和内阁政府,取缔政党,解散工会组织“革命者工会联盟”和“民族主义者工会联盟”,宣布全国进入紧急状态。正义党主席德米雷尔和共和人民党主席埃切维特以及诸多政府要员遭到军方软禁,救国党主席埃尔巴坎被指控危害世俗主义原则,民族行动党主席图尔克斯则被指控煽动内战,约 240 名政治家被剥夺 5 到 10 年的从政权利。军方指控诸多政党试图分裂国家和制造纠纷,指控工会组织煽动政治性罢工活动和破坏经济秩序。土耳其共和国自 1923 年诞生以来首次出现排斥政党的政治局面,大学和新闻媒体受到军方的严格监控,学生和教师被禁止参加政治组织和从事政治活动,多家杂志和报纸遭到查封。随后,总参谋长科南·埃夫伦出任国家元首,军人控制的国家安全委员会成为最高权力机构,军方任命 27 人组成新内阁,负责执行国家安全委员会制定的政策,退役将领布伦特·乌鲁苏出任内阁总理,组成非政党性的技术官僚和学者型政府。①军方主导的国家机构沿袭苏莱曼·德米雷尔时期的经济政策和外交政策,致力于政治秩序的重建,强化控制社会群体和社会组织,禁止工人罢工,排斥和遏制左翼政治派别和极端右翼势力民族行动党。

1980 年 10 月,国家安全委员会授意筹建咨询委员会,负责起草新宪法及选举法和政党法。科南·埃夫伦宣布,新宪法必须尊重人权和自由,保障社会正义,确立政府的法治原则。国家安全委员会宣布解散包括共和人民党和正义党在内的所有现存政党和没收政党财产,禁止被解散政党的领导人参与政治活动,指责现存政党热衷权力角逐而将党派利益置于国家利益之上,是导致社会动荡、暴力泛滥和政治危机的罪魁祸首。与此同时,军方致力于打击恐怖势力和平息街头政治。在政变后的最初 6 周,11 500 人被军方逮捕。至 1981 年底,军方共计逮捕超过 12 万人。军方将被捕者送交军事法庭,3 600 人被判处死刑,其中 15 人被执行死刑,数以千计的人被判处

---

① Zurcher, E.J., *Turkey: A Modern History*, pp.292—293.

监禁。[1]

1981年10月,召开制宪会议,制宪会议包括160名成员,其中120人由军方任命,另外40人由国家安全委员会任命。随后,制宪会议选举15人组成制宪委员会。1982年1月,科南·埃夫伦宣布,新宪法草案将于1982年夏季由国家安全委员会审查并举行全民公决,议会选举将于1983年底举行。[2]1982年7月,国家安全委员会公布新宪法草案。

新宪法草案在坚持凯末尔主义的基础上,总结1961—1980年间的政治实践,确定国家体制的未来方向。新宪法草案依旧规定总统由大国民议会选举产生,任期7年,不得连任,不得具有政党身份,同时赋予总统以广泛的权力,包括任命政府总理和内阁成员、任命宪法法院法官、任命武装部队参谋总长、任命大国民议会上院四分之一的议员、主持国家安全会议、解散议会、宣布紧急状态,总统取代大国民议会成为国家权力的核心。[3]根据1961年宪法,总统作为国家元首,超越党派的界限,象征土耳其共和国的最高利益,却无实际上的行政权力。相比之下,根据1982年宪法草案,总统的行政权力明显扩大,进而形成总统与大国民议会、内阁相互制约的多元化行政体制。[4]新宪法草案区别于1961年宪法的另一方面是,限制新闻自由、结社自由和个人权利,强调公民的个人权利不得违背国家利益和公共秩序。[5]同时颁布的新政党法和新选举法对于政党活动予以限制,规定所有合法政党必须在超过半数的省区设立分支机构,只有在大选中获得选票超过10%的政党可以加入大国民议会和拥有大国民议会席位。[6]新宪法草案以及新的政党法和选举法的制定,体现出在经历60年代和70年代过度自由、民主权利滥用和社会混乱的状态后民主秩序的理性收缩。

1982年10月,新宪法草案通过国家安全委员会的审查。1982年11月,在强制的气氛中举行新宪法的全民公决,约200万拒绝参与投票的人被剥夺未来5年的投票权。1 888万人参与投票,投票率为91.3%;1 722万人投票赞成新宪法,支持率为91.4%,163万人投票反对新宪法,反对率为8.3%,新

---

① Ahmed, F., *The Making of Modern Turkey*, p.185.

② Ahmed, F., *The Making of Modern Turkey*, p.186.

③ Heper, M., *Politics in the Third Turkish Republic*, Boulder 1994, p.178.

④ Heper, M.& Evin, A., *State, Democrary and the Military: Turkey in the 1980's*, New York 1988, p.37.

⑤ Heper, M., *Politics in the Third Turkish Republic*, pp.71—72.

⑥ Geyikdagi, M.Y., *Political Parties in Turkey*, pp.147—148.

宪法的反对者大都来自土耳其东南部的库尔德人地区。[①]根据全民公决通过的新宪法,国家安全委员会主席科南·埃夫伦出任总统。

五、 50—70 年代的多元化政党政治

共和人民党

政党政治与民主化进程两者之间具有内在的逻辑联系,多党制基础上的议会选举提供了民众实现政治参与和表达政治诉求的合法渠道。"二战"结束后多党政治的合法化和议会选举的民主化颠覆了共和人民党一党独裁的威权体制,土耳其共和国的政治发展由此进入民主化艰难探索的历史阶段。

土耳其政党政治的源头可以追溯到奥斯曼帝国末期即 19 世纪末 20 世纪初。青年土耳其党革命期间和凯末尔时代,政党政治对于土耳其的政治生活产生广泛和深刻的影响。自"二战"结束后,多党制的议会选举标志着土耳其的政党政治进入新的发展阶段。

1923—1950 年,共和人民党是土耳其唯一的执政党。共和人民党的裂变,开启了战后土耳其多元化政党政治的先河。多党政治的合法化和议会选举的民主化颠覆了共和人民党一党独裁的威权体制,土耳其共和国的政治发展由此进入民主化艰难探索的历史阶段。1950—1960 年,继共和人民党之后执政长达十年之久的民主党,在多元化的政党体制中居于一党独大的特殊地位。1960 年军人政变后,一党独大的现象淡出政坛。与此同时,政党政治表现出破碎化和多元化的明显趋势,诸多政党分享议会席位,多党联合组阁成为常态化的政府形式。

始建于 1923 年的共和人民党(1923—1980, 1992 年至今),直至 40 年代末期以前具有明显的威权倾向,是凯末尔主义得以付诸实践的政治工具。自 50 年代开始,在多党制的历史条件下,共和人民党的思想纲领和内部结构发生深刻的变化,从强调威权主义和国家主义转变为倡导民主政治和私人经济,激进的政治倾向随之逐渐让位于温和的政治色彩。[②]50—60 年代,共和人民党的支持者大都来自偏远落后的乡村和欠发达地区。在 60 年代前期,共

① Karpat, K.H., *Studies on Turkish Politics and Society*, p.141.
② Heper, M., *Political Parties and Democracy in Turkey*, p.107.

和人民党在土耳其政坛占据主导地位，持相对温和的政治立场，主张发展混合经济，实行公平税制和土地改革，缩小城乡之间的差别，鼓励私人经济，增加投资，限制进口，保护民族工业，完善工人的社会保险，旨在争取中下层民众的支持。60 年代中期，布伦特·埃杰维特倡导的中左立场成为共和人民党的政治纲领，共和人民党俨然是土耳其政坛之中左翼政治势力的象征，区别于正义党的中右翼政治形象。1966 年 10 月，共和人民党举行第十八次大会，布伦特·埃杰维特当选共和人民党总书记。60 年代后期，共和人民党丧失在土耳其政坛的主导地位，1965 年和 1969 年两次议会选举中均落后于代表中右翼政治势力的正义党。进入 70 年代，共和人民党在大城市和经济发达地区的支持率逐渐上升。1972 年 5 月，伊斯梅特·伊诺努辞职，布伦特·埃杰维特当选共和人民党主席。①1973 年和 1977 年，共和人民党突出平民政治的竞选原则，积极争取游离于政治舞台边缘的社会下层民众的广泛支持，获得巨大的政治资源，直至在议会选举中胜出。在 1977 年举行的议会选举中，共和人民党在伊斯坦布尔、伊兹密尔和安卡拉三大城市所在的省份得票率均超过 50%。②

从民主党到正义党

民主党(1946—1960)作为 50 年代的执政党，其政治纲领与共和人民党并无根本的区别。在多党制的历史条件下，民主党与共和人民党作为相继主宰土耳其政坛的两大政党，分别属于中右翼与中左翼政治派别，均表现为相对温和的政治倾向。民主党与共和人民党的交替执政，体现了多党制时代土耳其政治生活的温和色彩。1950 年民主党赢得议会选举的首要原因在于农民的支持。民主党在执政期间亦采取相应的倾斜政策，实行相对宽松的宗教政策，增加清真寺数量，恢复宗教广播和宗教学校，尤其是在经济领域增加乡村的资金投入，发展乡村道路和公共设施，进口农业机械，保障农产品的价格。民主党内阁因此被时人称作“乡村的政治机器”。③50 年代中期以后，民主党政府财政赤字加剧，外债大幅上升，进而导致严重的通货膨胀，引发民众的广泛不满。50 年代末，民主党倾向于威权政治，极力削弱军人、官僚和知识分

① Ahmad, F., *The Turkish Experiment in Democracy 1950—1975*, p.254, p.316.

② Heper, M., *Political Parties and Democracy in Turkey*, p.110.

③ Weiker, W.F., *The Modernization of Turkey*, p.129.

子的力量,促使后者倒向共和人民党一方。1960 年 9 月,民主党遭到取缔。

1961 年 2 月,民主党的支持者创建正义党(1961—1980)。1962 年 12 月,正义党召开第一次大会,前武装部队总参谋长拉吉卜·古姆斯帕拉当选主席。①1964 年 6 月,拉吉卜·古姆斯帕拉去世,正义党两位副主席萨阿德丁·比尔季奇和苏莱曼·德米雷尔竞选党主席的职位。12 月,正义党召开第二次大会,苏莱曼·德米雷尔以 1 072 票对 552 票击败对手萨阿德丁·比尔季奇,当选正义党主席。②正义党系城市工商业者与乡村地主以及宗教界的政治联盟,沿袭民主党的政治传统,强调自由主义政策,鼓励发展私人经济和吸引外国投资,主张削减中央政府的权力和扩大地方政府的自治权力,在政府垄断的经济部门推动非国有化的进程,降低税收,发展现代农业和推进土地改革,促进包括教育和卫生在内的社会福利事业,具有中间偏右的倾向和伊斯兰教的色彩。③正义党的纲领强调,所谓的世俗主义并非亵渎神灵和对宗教持怀疑的态度。正义党重要成员萨阿德丁·比勒季奇声称:"宗教是社会现实和民众需要,世俗国家并不意味着人民没有宗教信仰,与保守派斗争的途径是培养高素质的宗教人士,而伊斯兰教并未妨碍社会进步。"④正义党长期保持与苏菲教团的政治合作,苏莱曼·德米雷尔曾经提出的竞选口号是"中间偏右,通向安拉"。正义党的伊斯兰教色彩在土耳其政坛引发争议,救国党屡屡指责正义党借助宗教争取选票的政治目的。1961 年,正义党获得 35%的选票。1965 年和 1969 年,正义党连续两次在议会选举胜出,分别获得 52.8%和 46.5%的选票,成为议会的多数党。在 1973 年举行的议会选举中,正义党获得 29.8%的选票。⑤1977 年,正义党再获得 36.9%的选票和大国民议会下院 189 个席位,成为土耳其的第二大政党。⑥

民族党、民族行动党与新土耳其党

民族党(1948—1953, 1962—1969)系民主党内部的反对派势力于 1948 年创建的政党,持右翼保守的政治立场,1953 年由于反对凯末尔主义而被取

① Heper, M., *Political Parties and Democracy in Turkey*, p.139.

② Dodd, C.H., *Politics and Government in Turkey*, pp.147—148.

③ Sayari, S., *Politics, Parties, and Elections in Turkey*, p.46.

④ Geyikdagi, M.Y., *Political Parties in Turkey*, p.98.

⑤ Weiker, W.F., *The Modernization of Turkey*, p.131.

⑥ Heper, M. & Evin, A., *State, Democrary and the Military: Turkey in the 1980's*, p.91.

缔。民族党于 1954 年改称共和民族党(1954—1957)。1957 年,共和民族党与农民党合并,改称共和农民民族党(1957—1969),领导人是奥斯曼·布鲁克帕希。[①]1962 年 6 月,包括奥斯曼·布鲁克帕希在内的 30 名议员脱离共和农民民族党,重建民族党。[②]民族党在意识形态方面持反共的立场,将无神论的共产主义视作土耳其所面临的最大威胁,在外交方面持反苏的立场,亦不赞成追随西方世界,强调土耳其的民族主义。民族党尽管在 1965 年大选中只获得不足 2.2%的选票,却是其后 15 年中在土耳其政坛产生重要影响的政治力量。阿尔帕斯兰·图尔克斯于 1964 年加入民族党,1965 年当选民族党主席,进而将民族党改造成具有战斗性和暴力色彩的右翼政党。阿尔帕斯兰·图尔克斯于 1965 年在《九盏灯》一文中阐述了民族党的意识形态,即民族主义、理想主义、道德、社会责任、科学思想、争取自由、保护农民、发展、工业化。[③]

1969 年,民族党在阿达纳召开大会,正式更名为民族行动党(1969—1980, 1983 年至今)。民族行动党坚持国家对经济活动进行温和干预的原则,努力改进收入分配机制,争取实现社会公平,推动社会进步。与此同时,民族行动党放弃世俗的传统,倡导泛伊斯兰主义的政治原则,强调伊斯兰教作为土耳其的民族遗产和土耳其民族的宗教,将伊斯兰教作为扩大民众动员的政治工具,旨在与诸多世俗政党争夺议会选票。阿尔帕斯兰·图尔克斯宣称:“伊斯兰教不是土耳其民族落后的原因。伊斯兰教是具有高尚德行和道德的宗教,在历史的进程中,不论它在哪里,总会散发出光芒,开辟通往文明的道路”,[④]“我们作为土耳其人,犹如(中亚的)腾格里山;我们作为穆斯林,犹如(麦加附近的)希拉山,土耳其和伊斯兰教是我们的原则”。[⑤]

1969—1974 年,民族行动党游离于政坛的边缘地带。1969 年,民族行动党首次参加议会竞选,获得 3.2%的选票和大国民议会下院 1 个席位。1973 年,民族行动党再次参加议会竞选,获得 3.4%的选票和大国民议会下院 3 个席位。1975 年,民族行动党与正义党、救国党共同组成联合政府,其政治影响逐渐扩大。1977 年,民族行动党获得 6.4%的选票和大国民议会下院 16

---

① Geyikdagi, M.Y., *Political Parties in Turkey*, p.92.

② Dodd, C.H., *Politics and Government in Turkey*, p.156.

③ Tursan, H., *Democratisation in Turkey*, p.119.

④ 卡尔帕特:《当代中东的政治和社会思想》,第 535 页。

⑤ Rubin, B., *Political Parties in Turkey*, London 2002, p.27.

个席位。[①]

新土耳其党(1961—1970)创建于1961年2月,包括领导人埃克莱姆·阿里坎在内的核心成员大都来自1957年脱离民主党而另立门户的自由党,积极吸纳前民主党成员。新土耳其党持右翼自由主义立场,强调世俗主义的政治原则,反对国家主义和政府干预的经济政策,呼吁将私有化和工业化作为土耳其经济的发展方向,主张发展私人经济、鼓励国外投资和扩大自由贸易,支持石油国有化和土地改革。[②]新土耳其党在1961年大选中曾经有上佳的表现,然而自1962年加入共和人民党主导的联合政府后,民众支持率大幅下降。

从民族秩序党到救国党

内切梅廷·埃尔巴坎1926年出生于黑海小城锡诺普,早年毕业于伊斯坦布尔技术大学机械工程系,与德米雷尔、厄扎尔以及库坦曾为同窗学友,深受纳格什班迪教团长老穆罕默德·扎希德·库特库伊斯兰主义思想的影响。埃尔巴坎在伊斯坦布尔技术大学毕业后,留学德国亚琛大学,取得博士学位,继而创立土耳其第一家内燃机工厂,曾经担任土耳其工商界联合会会长。1969年,埃尔巴坎试图加入德米雷尔领导的正义党,遭到拒绝,遂以独立候选人的身份进入议会。1970年初,埃尔巴创建民族秩序党(1970—1971)。

与正义党和民族行动党相比,民族秩序党更具伊斯兰主义色彩,主张恢复伊斯兰教作为土耳其官方的意识形态,实施伊斯兰教法,复兴伊斯兰文化,抵制西方文化,反对利用世俗主义作为迫害宗教的手段,声称"离开思想和信仰的自由,则民主制度无法存在",可谓土耳其政坛的第一个真正意义上的伊斯兰主义政党。苏莱曼·德米雷尔领导的正义党与努尔库教团长期保持良好的合作关系;相比之下,埃尔巴坎领导的民族秩序党得到穆罕默德·扎希德·科特库和纳格什班迪教团的支持。[③]民族秩序党在强调土耳其民族、土耳其历史与伊斯兰教之间内在联系的基础上,倡导民主制度,反对"利用世俗主义原则作为迫害宗教的手段",声称"离开思想和信仰的自由,则民主政权无法存在",主张限制大商业资产阶级,抵制西方资本主义,恢复伊斯兰教作

---

① Heper, M. & Evin, A., *State, Democrary and the Military: Turkey in the 1980's*, p.91.

② Dodd, C.H., *Politics and Government in Turkey*, pp.154—155.

③ Rubin, B., *Political Parties in Turkey*, p.64.

为官方意识形态的地位，实施伊斯兰教法，重振伊斯兰道德。①民族秩序党的支持者大都来自安纳托利亚内陆地区，传统工商业者居多，徘徊于政治舞台的边缘。1971 年军事政变后，宪法法院以“反对世俗主义基本原则”和“寻求恢复神权政治秩序”为由，取缔民族秩序党。②

1972 年 10 月，埃尔巴坎在原民族秩序党的基础上创建救国党（1972—1980）。救国党核心成员大都属于受过良好教育的世俗中产阶级和新兴政治精英，与苏菲派努尔库教团、纳格什班迪教团保持良好的合作关系。③救国党是“沉默的穆斯林多数”的政党和民族秩序党的翻版，具有浓厚的伊斯兰主义色彩，致力于土耳其民族主义与伊斯兰教信仰的结合，强调弘扬伊斯兰教与推动现代化进程之间的同步性和内在逻辑联系，谴责政治腐败和社会不公。④救国党认为，自由主义和社会主义皆为舶来品，具有异教的色彩，不适合土耳其的传统和国情，土耳其民族面临道德的危机，而“道德的危机来自信仰的危机”。救国党声称，“伊斯兰教不是土耳其民族落后的原因。伊斯兰教是具有高尚道德的宗教，在历史上散发出光芒，开辟通往文明的道路”。⑤救国党主张振兴民族精神和物质生活、实现民族凝聚、保护民族经济、发展民族工业、完善工业体系和建立公正的税收体制，呼吁限制大企业主以保护小规模的地方工业，强调实现社会公正和维护弱势群体的利益，反对高利贷，谴责贫富不均，宣传伊斯兰社会主义思想，声称穆罕默德是最早的社会主义者，穆罕默德在麦地那创立的乌玛则是社会主义的萌芽，土耳其成为强国的前提条件是回归伊斯兰教和伊斯兰文明。⑥救国党在外交方面主张扩大与阿拉伯国家和伊斯兰世界的交往，淡化与欧洲经济共同体和北约的联系。

1973 年，救国党首次参加议会选举，提出“伊斯兰社会主义”的竞选口号，赢得 12%的选票和大国民议会下院 48 个席位，进而成为土耳其议会的第三大党，加入共和人民党主导的联合政府。⑦在 1977 年的议会选举中，救国党获得的选票从 12%下降为 8.6%，其所占有的大国民议会下院席位从 48

---

① Landau, J.M., *Exploring Ottoman and Turkish History*, pp.144—145.

② Tursan, H., *Democratisation in Turkey*, p.115.

③ Schick, I.C. & Tonak, E.A., *Turkey in Transition*, pp.229—230.

④ Toprak, B., *Islam and Political Development in Turkey*, p.96.

⑤ 卡尔帕特：《当代中东的政治和社会思想》，第 535 页。

⑥ Toprak, B., *Islam and Political Development in Turkey*, p.108, p.125.

⑦ Geyikdagi, M. Y., *Political Parties in Turkey*, p.105, p.121.

个减少为 24 个。[1]1974 年,救国党与正义党、信任党、民族行动党组成土耳其政坛的“民族阵线”。1975 年,“民族阵线”组成联合政府,正义党领导人德米雷尔出任内阁总理。1977 年议会选举中,救国党获得 8.5%的选票和大国民议会 24 个席位,作为仅次于共和人民党和正义党的议会第三大党,加入苏莱曼·德米雷尔领导的联合政府。[2]

救国党的社会基础是欠发达地区的社会边缘群体,支持者来自相对落后的内陆省区和宗教氛围浓厚的社会群体,乡村民众和城市下层居多,代表弱势阶层的政治诉求。据统计,救国党在 1973 年大选中获得的选票,67.2%来自乡村,32.8%来自城市;救国党在 1977 年大选中获得的选票,63.2%来自乡村,36.8%来自城市。另据统计,救国党于 1973 年获得的议会下院 48 个席位中,18 个席位来自东安纳托利亚诸选区,16 个席位来自中安纳托利亚诸选区;相比之下,只有 7 个席位来自马尔马拉海沿岸的伊斯坦布尔选区,5 个席位来自黑海沿岸诸选区,1 个席位来自地中海沿岸诸选区,1 个席位来自爱琴海沿岸诸选区;救国党于 1977 年获得的议会下院 24 个席位中,13 个席位来自东安纳托利亚诸选区, 6 个席位来自中安纳托利亚诸选区;相比之下,只有 3 个席位来自马尔马拉海沿岸的伊斯坦布尔选区,1 个席位来自黑海沿岸诸选区,1 个席位来自地中海沿岸诸选区,爱琴海地区无人进入议会。[3]“1973 年和 1977 年的大选结果表明,救国党的选票主要来自发展速度最快的地区和相对弱小的地区;在后一种情况下救国党赢得选票可能与伊斯兰教的传统情感有关,而在前一种情况下,救国党则得到了包括小商人和手工业者在内的受到排挤的选民的支持,他们丧失了先前的地位。”[4]1979 年,内切梅廷·埃尔巴坎和救国党公开支持伊朗伊斯兰革命。救国党极端成员甚至要求在土耳其实行伊斯兰政治体制,声称“今天的伊朗,明天的土耳其”,将内切梅廷·埃尔巴坎称作“土耳其的霍梅尼”。1980 年 9 月 6 日,在军方政变的前夕,救国党在科尼亚发起组织名为“拯救耶路撒冷”的群众集会,抗议以色列宣布将耶路撒冷作为其首都,进而公开反对土耳其现行的世俗国家体制,要求实施伊斯兰教法,高呼“主权属于安拉”“《古兰经》是宪法”“世俗主义是无神论”“我们准备圣战”的口号。1981 年,救国党因与世俗主义的政治原则抵

① Balkan, N. & Savran, S., *The Politics of Permanent Crisis*: *Class*, *Ideology and State in Turkey*, p.111.

② Heper, M. & Evin, A., *State*, *Democrary and the Military*: *Turkey in the 1980's*, p.91.

③ Toprak, B., *Islam and Political Development in Turkey*, p.111, p.114, p.121.

④ Schick, I.C. & Tonak, E.A., *Turkey in Transition*, p.229.

触而被宪法法院取缔,救国党领导人内切梅廷·埃尔巴坎由于反对世俗主义、试图建立伊斯兰体制和煽动民众暴力而遭到军方关押,获释后流亡瑞士。①

土耳其工人党与工人运动

20世纪60年代土耳其政治生活的突出现象,是马克思主义影响力的扩大、左翼意识形态的传播和左翼政党的活跃,左派政治渐露端倪,其中最具影响的左翼激进政党是土耳其工人党(1961—1971, 1975—1980)。

土耳其工人党于1961年由工会领导人和左翼知识分子创建,主要活动区域是伊斯坦布尔、安卡拉和伊兹密尔,领导人是穆罕默德·阿里·艾伊巴尔。土耳其工人党是60年代土耳其政坛中具有合法地位的左翼政党,代表产业工人的利益,在知识分子中亦有一定的影响,强调马克思主义和社会主义的意识形态,倡导土地改革,主张工业、矿产业和石油的国有化,主张土耳其在外交政策方面的独立地位和摆脱美国的控制。②然而,在土耳其工人党内部,亦存在温和派与激进派的严重分歧。

1965年大选时,土耳其工人党在许多地区建立起分支机构,赢得3%的选票和大国民议会下议院15个席位。在1969年举行的议会选举中,土耳其工人党赢得2.7%的选票和大国民议会下院2个席位。③土耳其工人党作为政治舞台的左翼势力,不仅参与议会选举和竞选议会席位,而且致力于议会外的校园政治和街头政治。1971年,土耳其宪法法院宣布取缔土耳其工人党,理由是该党阴谋颠覆国家。随后,土耳其工人党的20名领导人遭到逮捕和囚禁。④

工业化进程与工人运动具有内在的逻辑联系,工业化进程构成工人运动的历史基础,而工人运动的影响则往往取决于特定的政治制度和政治环境。1871—1908年,奥斯曼帝国发生罢工共计24次,政治影响微乎其微。1908年,青年土耳其党颁布宪法,承认工人享有组建工会的合法权利。此后,工会组织渐露端倪。凯末尔时代,工业化的进程导致工人数量的增长,1924年宪法亦承认工人享有组建工会的权利。然而,由于特定的政治模式,工会长期

---

① Eligur, B., *The Mobilization of Political Islam in Turkey*, Cambridge 2010, p.87.

② Dodd, C.H., *Politics and Government in Turkey*, pp.150—151.

③ Weiker, W.F., *The Modernization of Turkey*, p.137.

④ Tursan, H., *Democratisation in Turkey*, p.106.

处于共和人民党的控制之下，工人和工会的政治参与程度低下。1925年颁布的维持秩序法，实际上禁止工人参与社会活动和政治活动的权利。1935年颁布的刑法，将罢工纳入刑事犯罪的范畴。1936年颁布的劳动法，禁止某些特定行业的罢工活动。1938年颁布的结社法，禁止成立具有特定阶级属性的社会组织。1946年重新修改的结社法，删除了禁止成立具有特定阶级属性的社会组织。然而，1947年颁布的工会法，明确强调工会活动的非政治化原则，将工会的活动局限于经济和社会领域。①

多党制的政治实践无疑是民众广泛政治参与的外在形式，完善的社会组织和广泛的社会动员则是多党制政治实践的逻辑结果。自50年代起，工业化进程的加速导致工人数量的增长。与此同时，多党制的政治模式为民众的政治参与提供了广阔的空间，进而导致工会数量的急剧增长和工人政治参与程度的明显提高，工人逐渐成为政党政治和普选政治的重要砝码。1950年，土耳其工人总数约为37.4万，其中工会成员为7.8万人，分别属于88个工会，工人加入工会的比率为21%。1950年大选中，工人成为民主党的重要支持者。50年代民主党执政期间，工人境况得到改善，工会数量增长5倍，工会人数增长3倍。“土耳其工会联盟”成立于1952年7月，直至50年代末长期从属于民主党政府。自50年代末开始，“土耳其工会联盟”逐渐成为独立于政党和政府的社会组织，进而从依附于民主党政府转变为支持反对派共和人民党。1960年，土耳其工人总数达到82.5万，其中工会成员为28.3万人，分别属于432个工会，工人加入工会的比率为34%。②1961年宪法明确规定国家保护工人的权利，承认罢工是工人的基本权利。1963年，颁布新的劳动法，工会组织进一步发展。1970年，土耳其工会增至717个，工会成员超过200万人。1977年，工会数量达到863个，工会成员接近400万人。③另一方面，自1961年罢工合法化开始，工人罢工次数呈上升趋势。1963年，出现8次罢工，罢工人数为1 500人。1970年，出现罢工72次，罢工人数增至2.1万人。1980年，出现罢工220次，罢工人数增至3.4万人。1990年，出现罢工458次，罢工人数达到16.6万人。④罢工次数的上升和罢工人数的增长，表明土耳其政治民主化进程的长足进步和民众政治参与程度的明显提高。

---

① Schick, I.C. & Tonak, E.A., *Turkey in Transition*, p.309, p.312, p.315.

② Schick, I.C. & Tonak, E.A., *Turkey in Transition*, p.316.

③ Weiker, W.F., *The Modernization of Turkey*, p.90, p.88.

④ Beinin, J., *Workers and Peasants in the Modern Middle East*, p.161.

1967年,“土耳其工会联盟”出现分裂,形成持温和立场的“土耳其工会联盟”与具有激进倾向的“革命者工会联盟”。前者强调维护工人的经济和社会权益,其成员主要来自国有企业;后者强调工人的政治参与,其成员主要来自私营企业。具有激进倾向的工会组织“革命者工会联盟”取得合法地位,表明工会组织的发展进入崭新的时期。工会组织和罢工的合法化,构成沟通民众意志与国家意志的重要纽带,标志着土耳其的政治民主化进入新的阶段。70年代,工会的成员占工人总数的二分之一,其中70%—75%的工会成员属于温和立场的土耳其工会联盟,20%—25%属于激进倾向的革命者工会联盟,另有少量工会成员属于保守的国家主义者工会联盟。①

六、 暗流涌动的伊斯兰主义

世俗国家与宗教社会

所谓的世俗主义和伊斯兰主义,均为历史现象。世俗主义与伊斯兰主义的矛盾对抗和此消彼长,根源于特定的历史环境。奥斯曼帝国时代,伊斯坦布尔的统治者采用苏丹和哈里发的双重称谓,兼有世俗与宗教的最高权力,宗教色彩的政治生活与教俗合一的政治制度构成奥斯曼帝国的明显特征。传统的伊斯兰教与奥斯曼帝国的统治秩序具有共同的利益和密切的内在联系,进而构成奥斯曼帝国的官方意识形态和伊斯坦布尔的苏丹统治民众的政治工具,欧莱玛作为官方的伊斯兰教学者则被纳入奥斯曼帝国的政府体系。另一方面,派系繁杂的苏菲教团构成穆斯林的民间宗教组织,苏菲教团的德尔维什(长老)与官方伊斯兰教的欧莱玛(宗教学者)貌合神离。

第二次宪政运动期间,诸多苏菲教团支持青年土耳其党发动的政治革命。1918年“一战”结束后,苏菲派拜克塔什教团、麦乌拉维教团和纳格什班迪教团支持凯末尔领导的土耳其民族独立战争,诸多苏菲教团的德尔维什加入1920年在安卡拉召开的第一届大国民议会。

1924年土耳其共和国建立后,共和人民党主宰政坛,推行一系列的世俗化政策,严格控制宗教活动,取缔苏菲教团,关闭宗教法庭和宗教学校,教职人员处于世俗政府的监管之下,教俗关系空前恶化。

① Weiker, W.F., *The Modernization of Turkey*, p.88.

然而，土耳其共和国并非绝对世俗的国家。土耳其共和国成立后，官方明确界定所谓土耳其人的基本要素，即操土耳其语和信仰伊斯兰教。自凯末尔时代开始，宗教色彩的社会与世俗体制的国家两者之间形成明显的悖论，而伊斯兰主义的暗流涌动体现着社会与国家之间的互动和消长，进而构成民众崛起的特定外在形式。

土耳其共和国现代化进程的早期阶段，政治层面的变化并未表现为民众广泛的政治参与和民主化的历史进程，而是表现为独裁统治的加强和威权化的明显倾向，世俗化则构成政治威权化的同步现象。官方推行的世俗化根源于绝对主义的政治模式，服务于绝对主义的政治需要，构成凯末尔时代威权政治的重要手段。"土耳其共和国的世俗主义，其实质并非在于宗教与政治的分离，而是旨在强化国家对于宗教的控制，进而将宗教作为国家控制社会的政治工具。"①威权政治的发展和自上而下的一系列经济社会改革举措，构成此间土耳其共和国现代化的基本线索和主要内容。

伊斯兰文化的复兴

"二战"结束以后，作为威权政治时代经济社会深刻变革的逻辑结果，绝对主义的政治模式逐渐衰落，民主化进程随之启动。建立在多党制基础之上的选举政治和议会政治，构成土耳其共和国政治民主化进程的外在形式。在多党制议会选举的历史条件下，诸多政党极力争取宗教群体的选票支持，甚至不惜鼓励民众的宗教情绪，以求增加各自的竞选砝码，导致土耳其政治领域的非世俗化倾向，现代伊斯兰主义随之登上土耳其共和国的历史舞台。伊斯兰复兴运动的暗流涌动，标志着民众政治参与的进一步扩大。伊斯兰文化的复兴与伊斯兰政治的实践，既是伊斯兰主义运动的两个阶段，亦构成伊斯兰主义运动的两大层面。凯末尔时代，世俗化的改革举措主要局限于城市的范围，乡村依旧保留伊斯兰教的浓厚色彩，是伊斯兰主义得以登上土耳其历史舞台的社会基础。

1945—1960 年，土耳其的伊斯兰主义主要表现为文化的复兴。"二战"结束后，共和人民党政府逐渐放松对于宗教活动的限制。1946 年和 1947 年，来自伊斯坦布尔的议员哈姆杜拉·苏菲·坦里奥沃尔和来自布尔萨的议员巴哈·帕尔斯先后向大国民议会和共和人民党大会建议在公立世俗学校

---

① Balkan, N., *The Politics of Permanent Crisis: Class, Ideology and State in Turkey*, p.107.

开设宗教课程，旨在抵御共产主义思想的传播，引发大国民议会及共和人民党内部的激烈争论，土耳其政坛开始出现伊斯兰主义的呼声。①

1945—1950 年间，在多党制的政治框架下，24 个政党相继登上土耳其的政治舞台，其中约三分之一的政党在其政治纲领中提及伊斯兰教的主题，呼吁建立伊斯兰世界联盟，强调保护伊斯兰文化，倡导伊斯兰教价值观，促进伊斯兰事业的发展和繁荣。此间，宗教出版物明显增加，去清真寺做礼拜的人越来越多，用阿拉伯语撰写的经文随处可见。宰牲节期间前往麦加朝觐的人数亦呈上升趋势，1950 年的朝觐者达到 9 000 人，众多新闻媒体派出记者对朝觐过程予以追踪报道。身着穆斯林传统服饰的土耳其人开始出现在公共场所，特别是越来越多的穆斯林妇女披戴面纱，挑战着凯末尔时代世俗主义的清规戒律。

1950 年大选构成土耳其共和国政治生活的重要转折点，政治参与由城市民众延伸到乡村社会，世俗主义的削弱抑或非世俗化的倾向则是乡村社会政治参与的逻辑结果。"二战"结束后初期，执政的共和人民党坚持世俗主义的政治原则，民主党亦反对改变国家政治生活的世俗基础。1950 年民主党执政以后，在沿袭共和人民党的世俗主义原则和捍卫国家政权世俗性质的同时，实行相对宽容的宗教政策，扩大宗教教育，增设宗教课程，兴办宗教学校，政府拨款修缮原有的清真寺和建造新的清真寺，恢复阿拉伯语作为清真寺的宣礼语言，电台播放阿拉伯语诵读的《古兰经》经文，允许穆斯林妇女披戴宗教头饰，鼓励私人基金赞助穆斯林的宗教活动，开放苏菲派圣徒陵墓。②1950—1960 年民主党执政的 10 年间，政府财政预算中的宗教经费从 300 万里拉增至 4 000 万里拉。③1957 年议会选举期间，民主党声称执政 7 年中新建清真寺 1.5 万处，承诺将使伊斯坦布尔成为第二个麦加，使清真寺的宣礼塔像工厂的烟囱一样众多，同时指责共和人民党奉行的世俗化政策侵犯民众的宗教自由和背离伊斯兰教的信仰。④

1950—1960 年民主党执政期间，苏菲教团的政治影响逐渐扩大。民主党为争取宗教势力的支持，承认宗教信仰与社会发展的非矛盾性，允许宗教组织的合法存在。相对宽容的宗教政策，成为民主党争取民众支持和竞选议

---

① Geyikdagi, M.Y., *Political Parties in Turkey*, p.67.

② Geyikdagi, M.Y., *Political Parties in Turkey*, p.77.

③ Atasoy, Y., *Turkey, Islamists and Democracy*, p.73.

④ Karpat, K.H., *Studies on Turkish Politics and Society*, p.81.

会席位的有力工具。1946—1950年,民间组织数量从814个增至2 023个,其中宗教色彩的民间组织从11个增至154个,在全部民间组织中所占的比例从1.3%上升为7.1%。1955年,民间组织达到5 799个,其中宗教色彩的民间组织为1 088个,占全部民间组织比例的15.8%。1960年,民间组织达到12 034个,其中宗教色彩的民间组织5 104个,占全部民间组织比例的29.7%。①诸多宗教组织普遍具有民间性、自治性、参与性和民众动员性的浓厚色彩,宗教组织的不断增多无疑推动了土耳其公民社会的成长。相对宽容的宗教政策,成为民主党争取民众支持和竞选议会席位的有力工具。在1954年和1957年两次大选中,苏菲教团的信众大都表现为支持民主党的政治立场,民主党政府的内阁总理阿德南·门德列斯则被苏菲教团的舍赫赛义德·努尔西誉为"伊斯兰教的倡导者"。②由此可见,民主化程度的提高、政治环境的宽松与伊斯兰主义的兴起表现为同步的趋势,三者之间具有明显的内在逻辑联系。

70年代,正义党政府和共和人民党政府均对伊斯兰主义持温和的态度。1970年建立的民间组织"启蒙的熔炉",成员来自商界、教育界和政界,致力于打破左翼世俗知识分子在政治、社会和文化领域的垄断地位,主张依据伊斯兰教的原则改造土耳其社会,强调土耳其文化的源泉在于具有2 500年历史的突厥传统和具有1 300年历史的伊斯兰教传统。

作为伊斯兰文化复兴的重要标志,宗教学校和宗教学者的数量呈上升的趋势。自1949年起,宗教学校在中断25年后逐渐恢复,安卡拉大学设立伊斯兰经学院,旨在培养伊斯兰教神职人员的伊玛目—哈提卜学校在全国各地陆续建立,包括小学和中学在内的普通世俗学校获准开设宗教课程,使用官方审定的宗教教材。③伊玛目—哈提卜学校作为隶属于政府的公立职业学校,在教育部规定的普通课程之外,增加相关的宗教课程。1951年,政府首先在7个城市设立名为伊玛目—哈提卜的宗教学校。至1955年,设立伊玛目—哈提卜学校的城市增加为16个。④1958年,伊玛目—哈提卜学校达到19所,在校学生3 476人,其中多数学生来自生活在城市棚户区的乡村移民家庭。1960—1968年,伊玛目—哈提卜学校的教师人数增长4倍,从300人增

① Toprak, B., *Islam and Political Development in Turkey*, p.82

② Atasoy, Y., *Turkey, Islamists and Democracy*, p.74.

③ Zurcher, E.J., *Turkey: A Modern History*, p.244.

④ Jenkins, G., *Political Islam in Turkey: Running West, Heading East?* New York 2008, p.118.

至 1 200 人，伊玛目—哈提卜学校的学生人数增长 8 倍，从 4 500 人增至 38 000人。[①]1979—1989 年间，神职人员从 5 万人增至 8 万人。[②]1988 年，伊玛目—哈提卜学校超过 700 所，在校学生达到 24 万人。[③]与此同时，教科书以及广播电视中的宗教内容日益丰富，伊斯兰出版物发行量扩大，多处苏菲派圣地重新开放，宗教服饰随处可见，甚至内阁成员亦频繁参加宗教活动。80 年代末期，伊斯兰主义与世俗主义争论的焦点，是关于妇女披戴面纱的合法性。伊斯兰主义者从尊重人权的角度出发，主张取消关于妇女披戴面纱的禁令。1989 年，土耳其政府颁布法律，解除关于妇女披戴面纱的禁令。

宗教激进组织

多党制时代土耳其伊斯兰主义的政治组织，大体包括三种类型：长期游离于政治舞台边缘和具有暴力色彩的非法宗教激进组织、处于半合法状态而在土耳其政治舞台扮演重要角色的苏菲派教团和具有合法地位而致力于议会选举的伊斯兰政党。其中，非法的宗教激进组织主要是穆斯林兄弟会、伊斯兰解放党、真主党、圣战组织以及土耳其伊斯兰解放军、土耳其伊斯兰解放阵线、土耳其伊斯兰解放同盟等。这些非法的激进组织大都采取暴力的活动方式，在一定程度上具有超国界的政治倾向。[④]

20—30 年代，土耳其国内的反政府暴力活动主要来自非法宗教激进组织。进入 40 年代，在来自威权政府的高压环境下，非法宗教激进组织的反政府暴力活动逐渐销声匿迹。自 70 年代开始，伊斯兰暴力活动死灰复燃。相比于土耳其共和国早期的非法宗教激进组织与苏菲教团之间的密切联系，70 年代末开始浮出水面的非法宗教激进组织大都活动于苏菲教团的框架之外，甚至将苏菲教团视作攻击的目标。[⑤]

70 年代后期，土耳其国内经济形势的恶化，导致社会局势剧烈动荡，校园政治和街头政治泛滥，政治暴力呈上升的趋势。与此同时，非法宗教激进

---

① Landau, J.M., *Exploring Ottoman and Turkish History*, p.138.

② Ahmed, F., *The Making of Modern Turkey*, p.221.

③ Tapper, R., *Islam in Modern Turkey*, London 1991, pp.146—147.

④ Karmon, E., *Radical Islamic Political Groups in Turkey*, Middle East Review of International Affairs, Vol.1, No.4.

⑤ Jenkins, G., *Political Islam in Turkey: Running West, Heading East?* p.183.

组织卷入多党制的政治漩涡,成为救国党抗衡右翼极端政党民族行动党的政治工具。1976—1977年,民族行动党的外围组织"灰袖"与亲救国党的土耳其全国学生联盟关系紧张,引发暴力冲突,后者常处于下风。为此,救国党开始利用其下属的袭击者同盟建立武装组织,抗衡民族行动党及其外围组织"灰袖"。1978年起,救国党开始建立军事训练营。至1979年,救国党建立的军事训练营达到32处,分布在乡村各地。1979年12月,总部设在安卡拉的袭击者同盟被官方取缔。1980年1月,救国党成立青年袭击者同盟,总部设在科尼亚,军事训练营依然延续。1980年9月军方政变后,土耳其全国学生联盟和青年袭击者同盟均被官方取缔,军事训练营头目被捕入狱。①

1980年军方政变以后,面对来自官方的高压政策,非法宗教激进组织脱离持温和立场的合法伊斯兰政党的掌控,开始演变为独立的政治力量,表现出暴力性和支离破碎性的明显特征,甚至得到国外政治势力的支持,在一定程度上具有超国界的政治倾向。然而,由于政治环境的相对宽松和政治氛围的相对温和,非法宗教激进组织在土耳其始终缺乏适宜的土壤,政治影响力微乎其微。

土耳其真主党始建于80年代,系安纳托利亚本土的非法宗教激进组织,与黎巴嫩的真主党并无关联,却与库尔德问题密切相关,成员多为土耳其境内的库尔德人,主要活动范围是东南部的迪亚巴克尔,包括费丹·古恩格尔领导的"门泽勒"和侯赛因·维里奥格鲁领导的"伊里姆"两个集团。侯赛因·维里奥格鲁出生于巴特曼省的一个库尔德人村庄,毕业于安卡拉大学,热衷于校园政治和伊斯兰学生运动,加入救国党和土耳其全国学生联盟,崇尚埃及的穆斯林兄弟会,致力于在土耳其创建沙里亚基础上的伊斯兰国家。费丹·古恩格尔也是70年代土耳其全国学生联盟的积极分子,热衷于校园政治活动。80年代,持激进立场的真主党面临库尔德工人党的威胁,后者持库尔德民族主义立场,主张在东南部库尔德人地区建立库尔德人国家。②

土耳其真主党尽管属于逊尼派,却得到伊朗方面的支持,与伊朗安全机构长期保持情报合作。另一方面,在土耳其真主党内部,费丹·古恩格尔与侯赛因·维里奥格鲁存在分歧,前者主张效仿伊朗革命的模式,崇尚教法学

① Jenkins, G., *Political Islam in Turkey: Running West, Heading East?* pp.184—185.
② Jenkins, G., *Political Islam in Turkey: Running West, Heading East?* pp.186—187.

家统治的神权政治，后者受赛义德·库特布的激进思想影响，主张效仿埃及穆斯林兄弟会的模式，推翻世俗国家，反对教法学家的统治。[①]

土耳其真主党的支持者，主要来自城市下层的乡村移民，城市边缘的棚户区是真主党的据点所在。土耳其真主党的活动，包括公开的宗教宣传和秘密的政治暗杀。土耳其真主党的主要对手是库尔德工人党，后者具有明显的乡村色彩，试图向城市扩展。90 年代前期，约 600 人死于土耳其真主党分支"伊里姆"的袭击，其中四分之三是库尔德工人党成员。90 年代后期，土耳其真主党对库尔德工人党的袭击次数明显下降。[②]在真主党内部，"伊里姆"与"门泽勒"之间亦有冲突。90 年代前期，超过 200 人死于双方的相互暗杀，其中多数死者属于"门泽勒"。1994 年夏，费丹·古恩格尔和多数"门泽勒"领导人迫于"伊里姆"的暗杀威胁，移居伊斯坦布尔。1994 年 9 月，费丹·古恩格尔在伊斯坦布尔的家中被"伊里姆"成员绑架，押回巴特曼省，遭到处决。费丹·古恩格尔死后，"门泽勒"从政坛消失。[③]

90 年代后期，安全机构加大镇压"伊里姆"的力度。1999 年 3 月，安全机构搜查了马尔丁附近的一处"伊里姆"据点。在查获的文件中发现超过 2 万人的"伊里姆"成员名单，其中约 4 000 人属于武装分子。同年，超过 1 500 名"伊里姆"武装分子被安全机构逮捕。[④]1999 年，为躲避安全机构，侯赛因·维里奥格鲁先后移居阿达纳、科尼亚和伊斯坦布尔。2000 年 1 月，侯赛因·维里奥格鲁在伊斯坦布尔的家中被安全警察击毙。随后，安全警察根据在侯赛因·维里奥格鲁家中查获的文件，在全国 44 个省逮捕"伊里姆"武装分子 3 300 余人。[⑤]侯赛因·维里奥格鲁死后，伊萨·阿尔特索伊成为"伊里姆"新的领导人。进入 21 世纪，"伊里姆"并未销声匿迹，但逐渐放弃暴力，致力于伊斯兰主义的政治宣传和社会慈善事业，周济贫困穆斯林。[⑥]

伊斯兰运动组织是土耳其国内重要的非法宗教激进组织，始建于 1987 年，领导人是伊尔凡·卡格里奇。伊尔凡·卡格里奇毕业于伊斯坦布尔大学，深受伊朗革命影响。1982 年春，伊尔凡·卡格里奇在德黑兰目睹了革命

---

① Jenkins, G., *Political Islam in Turkey: Running West, Heading East?* p.187.
② Jenkins, G., *Political Islam in Turkey: Running West, Heading East?* p.190.
③ Jenkins, G., *Political Islam in Turkey: Running West, Heading East?* p.192.
④ Jenkins, G., *Political Islam in Turkey: Running West, Heading East?* p.193.
⑤ Jenkins, G., *Political Islam in Turkey: Running West, Heading East?* p.194.
⑥ Jenkins, G., *Political Islam in Turkey: Running West, Heading East?* p.195.

后的伊朗,回国后秘密筹建武装组织,试图在土耳其发动伊斯兰革命。1984年末,该组织在伊斯坦布尔抢劫一家珠宝店,遭到警方拘捕,伊尔凡·卡格里奇逃亡伊朗。1987年,伊尔凡·卡格里奇持伊朗护照回国,定居在库尔德人城市巴特曼,创建伊斯兰运动组织,招募武装分子,具有明显的暴力色彩。伊斯兰运动组织的宗旨,是通过10年的努力,在土耳其建立遵循沙里亚的伊斯兰国家。[①]1990年3月,伊尔凡·卡格里奇在伊斯坦布尔枪杀著名的世俗派记者切廷·艾米克。同年9月,伊斯兰运动组织成员在伊斯坦布尔枪杀另一著名世俗派作家图兰·杜尔苏恩。1991年12月,伊斯兰运动组织试图在伊斯坦布尔的一个世俗集会上制造爆炸事件,行动失败。1992年6月,伊斯兰运动组织试图在伊斯坦布尔再次制造爆炸事件,依然未遂。[②]1996年3月,伊尔凡·卡格里奇被警方拘捕。2000年7月,伊尔凡·卡格里奇被判处死刑,后改判终身监禁。[③]

大东方伊斯兰袭击者组织亦是土耳其国内重要的非法宗教激进组织,植根于救国党青年运动,创立者是萨利赫·伊泽特·埃尔迪斯,亦名萨利赫·米尔扎贝尤格鲁。萨利赫·伊泽特·埃尔迪斯出生于东南部的埃尔津詹,1984年创立大东方伊斯兰袭击者组织,旨在以土耳其为基地,建立跨越国界的伊斯兰国家,具有逊尼派色彩,反对什叶派和阿拉维派,强调穆斯林的圣战义务。大东方伊斯兰袭击者组织的成员主要分布在伊斯坦布尔和安卡拉,大都来自库尔德人移民。90年代中期,大东方伊斯兰袭击者组织的暴力活动达到顶峰。1998年,萨利赫·伊泽特·埃尔迪斯和其他领导人被捕,萨利赫·伊泽特·埃尔迪斯被判处死刑,后改判终身监禁。[④]

苏菲教团

土耳其伊斯兰主义政治复兴的主要力量是具有合法地位的苏菲教团。所谓的苏菲主义,系伊斯兰教中的神秘主义。"苏菲"一词在阿拉伯语中本意为羊毛;苏菲主义的信徒常身着羊毛粗衣,以示简朴,故而得名。苏菲主义最初始于禁欲主义的生活方式,继而融入神秘主义的思想倾向,至12世纪中叶以后逐渐进入制度化和组织化的发展阶段,形成诸多的苏菲教团。土耳其的苏

---

① Jenkins, G., *Political Islam in Turkey: Running West, Heading East?* p.196.

② Jenkins, G., *Political Islam in Turkey: Running West, Heading East?* p.197.

③ Jenkins, G., *Political Islam in Turkey: Running West, Heading East?* p.198.

④ Jenkins, G., *Political Islam in Turkey: Running West, Heading East?* pp.201—202.

菲教团，一部分恪守传统主义，奉行非政治化的宗教原则，另一部分崇尚现代伊斯兰主义，强调宗教政治化的信仰原则，具有明显的政治倾向性。凯末尔时代，一党制政府对于宗教势力采取高压政策，苏菲教团的政治活动主要表现为秘密的政治宣传和非法的武装叛乱。多党制时代，苏菲教团参与土耳其政治生活的首要方式是与诸多的合法政党建立密切的联系，进而借助于政党政治的形式阐述和宣传相应的宗教政治纲领。

拜克塔什教团是13世纪末14世纪初的呼罗珊人拜克塔什在安纳托利亚创建的苏菲教团，自15世纪开始逐渐形成完整的宗教组织和严格的信仰体系，社会影响随之扩大。拜克塔什教团的主要特征，在于浓厚的什叶派色彩，崇拜什叶派伊玛目阿里，甚至将伊玛目阿里与先知穆罕默德相提并论。奥斯曼帝国时期，拜克塔什教团与苏丹近卫军团联系密切。1826年奥斯曼帝国苏丹马哈茂德二世平息近卫军团的反叛后，拜克塔什教团遭到官方取缔，直到苏丹阿卜杜勒·马吉德当政期间得以重建。1925年，凯末尔政府再度取缔拜克塔什教团，禁止拜克塔什教团政治活动。“二战”结束后，随着民主化进程的启动和多党制的政治实践，拜克塔什教团开始活跃于政治舞台，成为参与政党政治的重要社会力量。多党制时代，拜克塔什教团先后支持民主党和民族党。由于逊尼派是土耳其穆斯林的主要派别，随着伊斯兰主义的复兴和伊斯兰运动的高涨，具有什叶派色彩的拜克塔什教团逐渐被边缘化，在中右翼政党主导的政治舞台，成为诸多左翼政党争取的对象。

鲁米向弟子讲道

麦乌拉维教团是13世纪著名神秘主义诗人麦乌拉纳·贾拉伦丁·鲁米在安纳托利亚创建的苏菲教团，科尼亚是麦乌拉维教团的中心所在。麦乌拉纳·贾拉伦丁·鲁米被其追随者称为毛拉，该教团

故而得名。旋转舞是麦乌拉维教团最具特色的宗教仪式,麦乌拉维教团的成员因此被称作"舞蹈的苦行僧"。奥斯曼帝国时期,麦乌拉维教团的道堂遍布帝国各地,宗教政治影响十分广泛。

土耳其最具影响力的教团,是纳格什班迪教团。该教团系塔吉克人穆罕默德·白拉丁于 14 世纪创建于中亚的布哈拉,15 世纪传入安纳托利亚。纳格什班迪教团的标志性修炼方式,是在胸前画线以示净化心灵,穆罕默德·白拉丁则被其追随者称作纳格什班德,意为画家,该教团故而得名。纳格什班迪教团是典型的逊尼派教团,明显区别于具有什叶派浓厚色彩的拜克塔什教团,以积极入世、关注现实、参与社会和干预政治而著称。纳格什班迪教团于 1925 年因涉嫌参与库尔德人叛乱而遭到取缔,50 年代逐渐取得合法地位。纳格什班迪教团长老穆罕默德·扎希德·科特库于 1958—1980 年任伊斯坦布尔的伊斯坎德尔帕夏清真寺伊玛目,与包括内切梅廷·埃尔巴坎和图尔古特·厄扎尔在内的土耳其政坛精英来往密切,长期支持民族秩序党和救国党,致力于伊斯兰教育的发展,伊斯坎德尔帕夏清真寺则成为纳格什班迪教团的重要据点。1980 年穆罕默德·扎希德·科特库死后,纳格什班迪教团转向支持祖国党和繁荣党。纳格什班迪教团具有现代伊斯兰主义的政治倾向,主张恢复伊斯兰教法,重建伊斯兰教的政权,抵制西方影响,被土耳其世俗界视为最具颠覆形象的苏菲教团。[①]

努尔朱教团是纳格什班迪教团的重要分支,形成于 20 世纪 60 年代,尊奉库尔德学者赛义德·努尔西(1876—1960)作为教团的奠基人和精神领袖,强调神秘主义的信仰方式,捍卫伊斯兰文化,反对世俗主义的国家体制,主张以《古兰经》作为宪法和回归教法治理下的社会秩序。赛义德·努尔西一生历经奥斯曼帝国、凯末尔时代和多党制民主化时代,"一战"结束后支持土耳其民族独立运动,继而因反对世俗主义改革与凯末尔政权分道扬镳,多次被土耳其共和国政府以反对世俗主义的罪名判处监禁,而政府的迫害无疑扩大了赛义德·努尔西的影响和提高了赛义德·努尔西的声望。赛义德·努尔西强调《古兰经》与现代科学的一致性和非矛盾性,主张随着时代的变迁和进步而重新解读《古兰经》,不可拘泥于传统的诠释,致力于非暴力的政治参与,倡导不同信仰和不同教派之间的宗教宽容,呼吁伊斯兰世界与基督教世界之间的文明对话。1950 年民主党在大选中获胜后,发布特赦令,释放赛义德·

① Atasoy, Y., *Turkey, Islamists and Democracy*, p.82.

努尔西。获释后的赛义德·努尔西成为民主党的支持者，在1954年大选期间为民主党争取选票。[①]努尔朱教团于50年代支持民主党，60—70年代支持正义党和救国党，80—90年代支持正确道路党和祖国党。努尔朱教团大约包括十个分支，持不同的宗教和政治倾向，其中最具影响力的分支是法特胡拉·葛兰的追随者。葛兰1941年出生于东部埃尔津詹省的克鲁库克村，1958年任职于埃迪尔内清真寺，1962年任职于伊兹密尔清真寺，1971年因从事非法的宗教宣传被判处7个月监禁，90年代初成为拥有众多追随者的精神领袖。90年代初，葛兰的追随者控制着遍布全国的公司、非政府组织、慈善基金会、学校、媒体，人数约为50万至100万。[②]苏莱曼哲教团亦属纳格什班迪教团的分支，由苏莱曼·希勒米·图纳罕(1888—1959)创立，反对凯末尔主义、世俗化和共和制，具有明显的极端倾向，支持正义党和祖国党。[③]

伊斯兰主义政党

1961年宪法沿袭1924年宪法的世俗主义政治原则，明确限制宗教活动。然而，进入60年代，多党政治日趋完善，多党联合政府成为土耳其政治生活的突出现象，政治环境进一步宽松，伊斯兰主义的复兴遂由文化领域逐渐延伸至政治领域，诸多具有伊斯兰教色彩的政党相继建立。

与诸多伊斯兰极端主义组织和苏菲教团相比，具有合法地位的伊斯兰政党普遍表现为具有温和的政治倾向，承认现存的政治秩序和社会制度，崇尚伊斯兰教的治国方略和伊斯兰文化的普世原则。多党制时代的第一个伊斯兰政党是伊斯兰民主党，始建于1951年初，创始人是切弗特·里法特·阿提尔罕，持反对犹太复国主义的立场，6个月后遭到取缔。[④]民族行动党兴起于60年代，创建者是阿尔帕斯兰·图尔克斯，宣传泛伊斯兰主义的政治思想，谴责凯末尔的世俗主义。60年代中叶，苏莱曼·德米雷尔领导的正义党带有浓厚的伊斯兰教色彩，伊斯兰主义与世俗主义的抗争构成正义党与共和人民党角逐政坛的重要内容。进入70年代，具有伊斯兰主义浓厚色彩的民族秩序党和救国党相继建立，活跃于土耳其共和国的政治舞台。诸多伊斯兰政党的政治实践，标志着土耳其的伊斯兰主义运动步入新的历史阶段。

---

① Jenkins, G., *Political Islam in Turkey: Running West, Heading East?* p.120.

② Jenkins, G., *Political Islam in Turkey: Running West, Heading East?* p.159.

③ Eralp, A., *The Political and Socioeconomic Transformation of Turkey*, London 1993, pp.52—56.

④ Rubin, B., *Political Parties in Turkey*, p.63.

伊斯兰主义的复兴，与战后土耳其现代化进程的长足发展呈同步的趋势，具有广泛的社会基础，包括诸多传统社会势力和新兴社会群体。“土耳其伊斯兰复兴运动是伴随着资本主义发展进程而产生发展的。它在不发达地区捍卫占主导地位的社会经济群体的利益，在较发达地区则代表了受资本主义急速发展的消极影响而出现的个人或群体的抗议运动。”①土耳其早期的伊斯兰主义政党，主要代表“安纳托利亚那些在以伊斯坦布尔作为据点的现代部门的冲击下寻求保护的店主、手工业者以及小商人”的利益和要求。②相比之下，“繁荣党诉诸社会福利、社会公正和政治自由……进而试图接近政府职员和工人，以便在将来使他们成为自己的支持者”。③

然而，土耳其伊斯兰复兴运动和诸多伊斯兰政党的领导人大都缺乏宗教的身世，而是出自世俗的阶层，具有中产阶级的社会背景，普遍受过良好的世俗教育。以 1973 年大选中的救国党为例，参与竞选议会席位的 450 名救国党成员中，自由职业者占 33.7%，公职人员占 19.2%，工商界人士占 21.2%，而教职人员仅占 2.8%；当选议员的 48 名救国党成员中，自由职业者占55.8%，公职人员占 20.7%，工商界人士占 10.4%，而教职人员仅占 12.4%。④

如同埃及的穆斯林兄弟会一样，土耳其的诸多伊斯兰组织强调保障弱势群体的利益，致力于慈善互助事业和社会救济活动，在社会中下层民众中具有广泛的影响。另一方面，土耳其的伊斯兰主义和宗教政治不同于伊朗，缺乏众望所归的宗教领袖和完整严密的组织体系，无论是极端主义组织和苏菲教团还是伊斯兰政党皆各行其是，难以形成否定世俗政治的广泛社会基础和政治影响。

不同于赛义德·库特卜和霍梅尼阐述的现代伊斯兰主义，土耳其的诸多伊斯兰政党无意建立伊斯兰教法至上抑或教法学家统治下的神权政体。内切梅廷·埃尔巴坎和雷赛普·埃尔杜安均强调建立幸福的社会作为其最终目标，而完善选举基础上的民主制是实现其最终目标的手段和工具。

诸多伊斯兰政党在经济方面强调区别于资本主义和社会主义的伊斯兰主义，反对资本主义的贫富差距和社会主义的政府干预，倡导私有制和市场经济基础上的公正分配秩序。诸多伊斯兰政党指责世俗政党使土耳其在政

---

① Toprak, B., *Islam and Political Development in Turkey*, pp.118—119.

② Ahmed, F., *The Making of Modern Turkey*, p.161.

③ Heper, M. & Evin, A., *State, Democrary and the Military: Turkey in the 1980's*, p.129.

④ Toprak, B., *Islam and Political Development in Turkey*, pp.105—106.

治上成为西方的仆从国，在经济上成为国际货币基金组织的奴隶。与形形色色的世俗政党相比，诸多伊斯兰政党不仅表现为浓厚的宗教色彩，更具有鲜明的阶级倾向。诸多伊斯兰政党的社会基础，在于弱势和边缘的社会群体。[1]诸多伊斯兰政党的所谓激进性，根源于其社会基础的边缘性。宗教政党与世俗政党的消长，体现民众政治与精英政治的尖锐对立。

有学者认为，“从世界范围看，拥护还是反对土耳其革命所确立的政教分离、世俗主义原则，事实上已成为区分进步与保守的重要标志”，[2]亦有学者认为，伊斯兰复兴运动的兴起是世俗政权之“容忍乃至鼓励的结果”。[3]实际情况并非如此。

从奥斯曼帝国时代教俗合一的政治模式，到凯末尔时代世俗政治的一元倾向，直至战后伊斯兰主义复兴的历史条件下宗教政治与世俗政治的抗争，构成土耳其政治现代化进程的历史轨迹。从伊斯兰文化的复兴到伊斯兰政治的复兴，则是战后土耳其伊斯兰主义复兴的基本线索。现代化进程中政治层面的核心内容，无疑是民主政治挑战威权政治。所谓伊斯兰主义的兴起和伊斯兰复兴运动的滥觞，其实质并非回归先知穆罕默德时代的社会秩序和重建早期伊斯兰教的信仰体系，而是民众借助于宗教的形式质疑官方政策和挑战现存政治秩序。

70 年代世俗政治的危机，导致 80 年代政治和社会生活的宗教化倾向。80 年代宗教势力的泛滥以及非世俗化的潮流，则与政治生活的民主化进程呈同步的趋势。换言之，世俗主义垄断地位的不复存在和宗教势力的扩大，构成政治多元化的产物和体现。由于世俗主义的膨胀与凯末尔时代的威权政治密切相关，战后伊斯兰主义的兴起作为多党制政治实践的伴随现象和政治自由化的逻辑结果，构成民众广泛政治参与和民主政治挑战威权政治的外在形式。90 年代，伊斯兰复兴运动趋于高涨，伊斯兰主义成为土耳其政治生活中举足轻重的政治要素和政治力量。世俗政党与伊斯兰主义政党的权力角逐，集中体现战后土耳其政治生活多元化与政治制度民主化的历史走向。

战后土耳其伊斯兰复兴运动的突出特征在于明显的温和色彩，宗教政治与世俗政治并未表现为尖锐的对抗和激烈的冲突，尤其是没有形成否定现存

---

① Ozbudun, E., *Contemporary Turkish Politics*, p.88, p.89, p.91.

② 曲洪：《当代中东政治伊斯兰：观察与思考》，第 204 页。

③ 杨灏城：《当代中东热点问题的历史探索：宗教与世俗》，人民出版社 2000 年版，第 226 页。

政治秩序和重建伊斯兰政体的政治纲领。相反，宗教政党与世俗政党的广泛合作，构成土耳其政党政治与政治生活的明显特征。然而，土耳其的宗教反对派之所以“采取温和的低姿态的方式，强调在不改变现行政治体制的前提下积极参与政治进程”，其原因并非“所面对的是一个得到大多数人民拥护的、以武装力量为后盾的、强大的国家政权，力量对比悬殊”和“善于伪装”。[①]

历史经验充分表明，统治模式决定反抗模式。伊朗巴列维国王时期独裁专制的政治制度和政治氛围，无疑是导致宗教政治与世俗政治之间尖锐对立和激烈冲突的根源所在。相比之下，土耳其多党制的政治体制和相对宽松的政治氛围，决定了土耳其伊斯兰主义和宗教政治的议会形式与温和倾向。暗流涌动的伊斯兰主义，预示着世纪之交世俗政治与宗教政治的激烈角逐。

七、凯末尔时代的经济发展战略

人口的变迁

1914 年第一次世界大战爆发前夕，奥斯曼帝国的领土包括安纳托利亚、色雷斯、伊拉克、叙利亚、巴勒斯坦和阿拉伯半岛，总人口约 2 000 万。第一次世界大战结束后，伊拉克、叙利亚、巴勒斯坦和阿拉伯半岛相继脱离奥斯曼帝国。安纳托利亚的人口，1800 年约 600 万，第一次世界大战前夕增至 1 750 万。数以百万计的穆斯林自黑海北岸、高加索山区和巴尔干半岛移入奥斯曼帝国境内，构成安纳托利亚人口增长的主要因素。[②]穆斯林移民的拥入导致安纳托利亚人口结构和族群分布的明显改变，非穆斯林人口在安纳托利亚所占的比例急剧下降。

第一次世界大战以及其后的民族独立战争期间，安纳托利亚人口锐减，人口死亡率达到 20%，其中穆斯林死亡人数为 250 万，亚美尼亚人死亡约为 60 万—80 万，希腊人死亡约 30 万。[③]不仅如此，第一次世界大战期间及战后初期，数十万亚美尼亚人自安纳托利亚移居苏俄和其他国家，亦有大量希腊人逃离安纳托利亚。根据《洛桑和约》，生活在安纳托利亚的 90 万希腊东正

---

① 曲洪：《当代中东政治伊斯兰：观察与思考》，第 191 页，第 204 页。

② Yapp, M.E., *The Making of the Modern Near East 1792—1923*, p.122.

③ Zurcher, E.J., *Turkey: A Modern History*, p.171.

从温和到激进的经济政策

综观世界各国，现代化的历史进程在经济层面普遍表现为交换关系的扩大、流通领域的活跃、市场化程度的提高、产业结构的转变、从农业社会向工业社会的过渡。脱胎于奥斯曼帝国的土耳其共和国，成立之初可谓劫后余生，百废待兴。凯末尔时代，土耳其政府致力于在国民经济民族化和混合所有制结构的框架下实施从温和到激进的经济发展战略，作为民族主义之逻辑延伸的国家主义和自上而下之政府干预的相关举措推动了经济现代化进程。

土耳其共和国建立后，新政府致力于推行相对温和的经济政策。早在1923年2—3月，土耳其政府在伊兹密尔召开全国经济大会，参加者包括农民、工人、企业主和商人的代表3 000余人。会议期间，农民要求废除传统的什一税，工人要求享有组建工会的合法权利和保护自身的权益，企业主要求提高关税和保护国内市场，商人呼吁政府限制非穆斯林族群在外贸领域的特权，而市场化的自由主义和政府干预的国家主义成为与会者讨论的核心议题。[①]伊兹密尔大会初步确定土耳其经济发展的基本方向，即发展现代民族工业、保护关税、鼓励私人投资和吸收外国投资。

在伊兹密尔大会讨论的基础上，共和人民党制定九点纲领，其核心内容是采取国营企业与私营企业并存的混合所有制结构，大力发展进口替代型的现代工业，强调政府在投资领域的主导作用。[②]凯末尔宣布，在法律允许的框架内，允许外国公司和境外商人在土耳其的投资行为。与此同时，以经济部长马哈穆特·伊萨特·波兹库尔特为代表的"新土耳其经济学派"阐释了20年代土耳其政府的基本经济政策，即奉行国家主义与自由主义的双重经济原则，实行国有经济与非国有经济并存以及民族资本与外国资本并存的混合结构，提高关税和限制进口，保护民族工业，强调国家在信贷和工业领域的主导地位。[③]

20世纪20年代的政府投资，首先是国有铁路的建设。土耳其共和国在1924年建立之时，共有4 100公里铁路，均由外国资本控制，分布于安纳托利

---

① Landau, J.M., *Ataturk and the Modernization of Turkey*, pp.154—155.

② Zurcher, E.J., *Turkey: A Modern History*, p.203.

③ Landau, J.M., *Ataturk and the Modernization of Turkey*, p.154.

教徒移居希腊,40万穆斯林从希腊移居安纳托利亚。《洛桑和约》实施的直接后果是安纳托利亚的人口减少10%,安纳托利亚的人口构成和族群分布随之进一步改变,亚美尼亚人从130万下降为10万,希腊人从180万下降为12万,而穆斯林在安纳托利亚的全部人口中所占的比例由80%增至98%。[①]

20世纪初的埃迪尔内

1924年土耳其共和国建立之初,安纳托利亚及色雷斯地区的人口为1 320万,土耳其语和库尔德语成为安纳托利亚的两种主要语言,希腊人、亚美尼亚人、叙利亚基督徒、西班牙犹太人、塞加西亚人和阿拉伯血统的穆斯林成为安纳托利亚的残存人口。城市人口所占的比例,由战前的25%下降为战后的18%。[②]此后,土耳其共和国的人口数量呈逐渐上升的趋势。1929年,土耳其共和国的人口增至1 430万。1940年,土耳其共和国的人口达到1 780万[③]。

---

① Shaw, S.J. & Shaw, E.K., *History of the Ottoman Empire and Modern Turkey*, Vol.2, p.373.

② Zurcher, E.J., *Turkey: A Modern History*, p.171, p.172.

③ Hale, W., *The Political and Economic Development of Modern Turkey*, p.18.

亚西部沿海地区，连接伊斯坦布尔、伊兹密尔、科尼亚、阿德纳和安卡拉，而安纳托利亚东部广大地区尚无现代意义上的交通网络。由于交通不便，安纳托利亚西部沿海工业城市的农产品供应严重依赖国际市场，伊斯坦布尔从北美经海路进口的粮食价格甚至低于来自安纳托利亚东部乡村的粮食价格。①

1921 年的阿达纳

土耳其共和国建立后，采用政府投资的方式，在安纳托利亚中东部兴建铁路，连接安卡拉、锡瓦斯、厄尔祖鲁姆和迪亚巴克尔，内陆农作物产地与沿海农产品市场之间的流通环境因此得到明显的改善。1924—1929 年，土耳其政府投资铺设铁路 800 公里。1929 年，新增 800 公里铁路开始铺设。1924 年，政府决定购买外国铁路公司在土耳其境内自伊斯坦布尔至阿达纳和自梅尔辛至阿达纳两条线路的运营权。然而，直至 20 年代末，尽管土耳其政府从外国铁路公司购买铁路线长达 3 000 公里，仍有 2 300 公里铁路由外国资本控制，主要分布于色雷斯和伊兹密尔地区。②

1924 年，土耳其成立第一家私人银行，名为商业银行，拥有资产 100 万里拉，其中 25 万里拉属于凯末尔的个人资产，共和人民党重要成员杰拉尔·拜亚尔出任商业银行总经理。1930 年，商业银行存款达到 4 500 万里拉，提供投资达到 3 230 万里拉，建设两座制糖厂，同时经营伊斯坦布尔的航运业。1925 年，土耳其政府投资 2 000 万里拉，成立工矿业银行，接管土耳其共和国

① Hale, W., *The Political and Economic Development of Modern Turkey*, p.36.

② Landau, J.M., *Ataturk and the Modernization of Turkey*, p.157.

从奥斯曼帝国继承的数家纺织厂，并且投资私人经营的纺织厂、玻璃厂、粮食加工厂、制糖厂和发电厂。1930年，工矿业银行的工业投资达到640万里拉。①

30年代，土耳其政府放弃相对温和的自由主义经济政策，推行激进的国家主义经济政策，大力发展国有经济，强调工业优先发展的原则，扩大政府对于工业生产的干预和投资，旨在加速工业化的进程。应对1929—1933年西方经济危机对于土耳其经济的负面影响，是土耳其实行国家主义经济政策的直接原因。总理伊斯梅特·伊诺努声称："自由主义的理论并不适合我国的国情，有必要实施温和的国家主义经济政策"，"在经济领域采取国家主义政策，我认为首要的是应当视为一种防卫措施。若干世纪以来，由于我们的失误，长期遭到在工业上不平等的侵略。在新时代，我们为了从险恶的形势下得到拯救，使国家得到安全，最要紧的使经济免于崩溃。因此，在经济上采取国家主义是我们在谋求发展的道路上所使用的防卫措施"。②1931年5月，在共和人民党大会上，国家主义成为新的经济政策和凯末尔主义的组成部分。③然而，凯末尔主义的国家主义并非公有制基础上的社会主义，私人所有制依然构成土耳其共和国的重要经济基础。

所谓的国家主义，亦被称作"现代形式的重商主义"，旨在通过政府干预经济的形式实现资本积累，推动现代民族工业的发展，扩大工业生产的规模，完善工业生产的结构和改变工业生产的布局，进而构成土耳其共和国工业化进程早期阶段的基本形式。国家主义的主要举措包括：制订和执行国民经济发展计划、保护关税、扩大政府投资、构建进口替代的工业化模式、加强外汇管理。④

作为国家主义经济政策的外在形式，土耳其政府于30年代聘请苏联顾问，参照苏联的国民经济发展模式，制订第一个五年计划和第二个五年计划，重点发展化学工业、钢铁工业、造纸工业、纺织工业、制糖业、采矿业、电力工业、机器制造业和交通运输业。⑤土耳其的国家主义政策，强调民族经济和工业优先的基本原则，旨在实现私人工业企业与国有工业企业的同步发展，而

---

① Hale, W., *The Political and Economic Development of Modern Turkey*, p.42.

② 杨兆钧:《土耳其现代史》,云南大学出版社1990年版,第108页。

③ Schick, I.C. & Tonak, E.A., *Turkey in Transition*, p.89.

④ Hale, W., *The Political and Economic Development of Modern Turkey*, p.55.

⑤ Atasoy, Y., *Turkey, Islamists and Democracy*, p.57.

国有银行构成国家参与经济建设和保证政府投资的重要手段,1932 年创办的农业银行、1933 年创办的苏美尔银行和 1935 年创办的赫梯银行则是国家主义在金融领域的集中体现。苏美尔银行、赫梯银行和农业银行作为国有银行,不仅收购外国资本控制的铁路、矿山、企业和公共设施,支持国有经济,而且积极参与非国有领域的经济活动。至 30 年代末,苏美尔银行控制冶铁业的 100%、炼钢业的 80%和水泥业的 55%,赫梯银行控制煤炭开采的 100%和铜矿开采的 100%,农业银行按照政府核算的成本,统一收购和销售农产品,进而控制农业领域。①

国家主义与民族主义具有内在的逻辑联系,国民经济的民族化则是 30 年代土耳其政府实施国家主义经济战略的重要内容。土耳其共和国建立之初,外国资本在土耳其的经济生活中占据举足轻重的地位,金融、铁路和矿山开采处于外国资本的控制之下。1927 年,英法控股的奥斯曼银行提供了土耳其生产信贷的大约二分之一,甚至享有发行纸币的权利。1930 年,土耳其政府成立中央银行,负责制定货币政策,调节货币供应,同时收回纸币的发行权,收购外国企业和外国资本经营的铁路港口,国民经济的民族化程度明显提高。

工业的缓慢进步

19 世纪苏丹政府实施的所谓发展工业的一系列举措,并未从根本上触及奥斯曼帝国的基本经济结构。直至 1910 年,农业依然是安纳托利亚最重要的经济部门,农作物播种面积 550 万公顷,其中 90%的耕地播种谷物,农作物年产值 2 000 万土镑。奥斯曼帝国灭亡前夕的 1913 年,制造业、采矿业、建筑业和运输业产值仅占国内生产总值的 17%,而农业产值占国内生产总值的 56%。②

由于缺乏关税的保护,西方工业品倾销于奥斯曼帝国的市场,传统手工业濒临崩溃。1913 年,奥斯曼帝国 80%的棉花出口国际市场,而 80%的棉纱、90%的棉纺织品和 60%的毛纺织品依靠从国外市场进口。③安纳托利亚西部的主要城市伊斯坦布尔、布尔萨、伊兹密尔、乌萨克、马尼萨和班迪尔马,

① Ramazanoglu, H., *Turkey in the World Capitalist System*, Hants 198, p.63.

② Owen, R., *The Middle East in the World Economy 1800—1914*, p.190.

③ Hale, W., *The Political and Economic Development of Modern Turkey*, p.36, p.37.

1913—1915 年只有 264 家工业企业，其中 55.4% 的企业从事纺织品生产和食品加工，工业年产值 630 万土镑；在全部 264 家企业中，214 家属于私人企业，22 家属于国有企业，28 家属于国家与私人合作经营的企业；264 家企业雇用的工人，1913 年为 16 309 人，1915 年为 13 485 人。① 另据 1921 年的统计，奥斯曼帝国境内（不包括处于外国占领下的主要工业城市伊斯坦布尔、伊兹密尔、阿达纳和布尔萨）共有各类企业 3.3 万家，雇佣劳动力 7.6 万人，平均每家企业有雇佣劳动力 2.3 人。② 工业企业规模之小，由此可见。直至 20 世纪 20 年代中期，农业产值占国民总产值的 40%—50%，工业产值占国民总产值的 17%—18%。③

伊斯坦布尔锡尔凯吉火车站，昔日东方快车的东部终点站

不仅如此，在奥斯曼帝国末期，现代意义的经济部门，包括铁路运输、矿山开采和金融机构，大都处于外国资本的控制之下。希腊人和亚美尼亚人在奥斯曼帝国的工业领域占举足轻重的地位，其中希腊人控制工业资本的 50% 和工业劳动力的 60%，亚美尼亚人控制工业资本的 20% 和工业劳动力的 15%。第一次世界大战前夕，安纳托利亚西部的工商业大都处于希腊人的控制之下。相比于信奉基督教的希腊人和亚美尼亚人，信奉伊斯兰教的土耳其人仅控制工业资本的 15% 和工业劳动力的 15%。④ 土耳其共和国初期，政府实施移民政策，希腊人

① Owen, R., *The Middle East in the World Economy 1800—1914*, p.189.

② Lockman, Z., *Workers and Working Classes in the Middle East*, New York 1994, p.137.

③ Owen, R., *The Middle East in the World Economy 1800—1914*, p.191.

④ Atasoy, Y., *Turkey, Islamists and Democracy*, p.51.

和亚美尼亚人数量锐减，工业生产深受影响。诞生于奥斯曼帝国废墟之上的土耳其共和国，仍然是典型的传统农业国，工业基础十分薄弱。

自共和国建立开始，工业化构成土耳其经济发展的战略基础。然而，20年代和30年代初，土耳其工业基础薄弱，发展速度相对缓慢。20年代，土耳其的大多数企业依旧处于手工劳动和分散经营的落后状态，私营企业居多，技术落后，集中于食品加工、纺织品生产和矿山开采等传统部门。根据1927年的统计，土耳其共有65 245家企业，雇佣劳动力256 855人，约占全国人口的2%，其中雇佣劳动力超过10人的企业仅占全部企业的3%，而雇佣劳动力1—3人的企业占全部企业的78%，采用机械动力和机器加工的企业只有2 822家，其余企业采用传统的手工劳动。1927年，雇佣劳动力超过4人的企业共计13 683家，分别属于10 941个企业主，其中10 259个企业主是土耳其人，642个企业主是外国人。①

1927年，土耳其政府制定工业发展法，对采用机械动力和雇佣工人超过5人的国内工业企业实行优惠政策，由政府免费提供10公顷的工业用地，免征机器和建筑材料的进口税，政府机构必须优先购买国产工业品。②工业发展法的颁布，明显促进了制糖业、纺织业和水泥制造业的增长速度。1929年，《洛桑条约》期满，土耳其政府立即制定新的关税政策，征收40%的进口税，旨在限制国外工业品进口，发展进口替代的现代工业。③1924—1929年，水泥年产量从2.4万吨增至7.3万吨，煤炭年产量从70万吨增至99万吨。④1927—1930年，糖产量从5 000吨增至近10万吨。然而，1924—1930年，农业产值平均年增长率为11.4%，相比之下，同期工业生产的平均年增长率为8.6%，工业生产的增长速度依然明显落后于农业生产。⑤

30年代，土耳其政府强调国家主义的经济原则和工业优先的经济政策，工业成为政府投资的主要领域。最初的两个五年计划着力发展基础工业；农业生产的恢复和农业产值的增长，主要得益于耕地面积的扩大，并非由于政府的投资和生产条件的改善。1930—1939年，国内生产总值年均增长率为6%，其中农业产值年均增长率为5%，工业产值年均增长率为11%。1923

---

① Karpat, K.H., *Social Change and Politics in Turkey*, p.54.

② Ramazanoglu, H., *Turkey in the World Capitalist System*, pp.58—59.

③ Hale, W., *The Political and Economic Development of Modern Turkey*, p.43.

④ Weiker W.F., *Political Tutelage and Democracy in Turkey*, p.27.

⑤ Shaw, S.J. & Shaw, E.K., *History of the Ottoman Empire and Modern Turkey*, Vol.2, pp.389—390.

年,农业产值在国内生产总值中所占的比例为39.8%,工业产值在国内生产总值中所占的比例为15.8%,服务业产值在国内生产总值中所占的比例为41.7%。1940年,农业产值在国内生产总值中所占的比例为38.7%,工业产值在国内生产总值中所占的比例为22.3%,服务业产值在国内生产总值中所占的比例为38.4%。1935年,农业劳动力在全部劳动力中所占的比例为81.8%,非农业劳动力在全部劳动力中所占的比例为18.2%。以上数字表明,凯末尔时代,土耳其的产业结构尚未出现明显的变化。

30年代,国家主义的广泛实践明显加速了土耳其工业化的进程。第一个五年计划期间(1934—1938),土耳其政府投资二十个工业项目,主要涉及轻工业领域,其中规模最大的是开塞利纺织厂。第二个五年计划期间(1939—1943),黑海沿岸的宗古尔达克和卡拉比克成为最重要的重工业生产基地。至1946年,糖的年产量达到10万吨,水泥的年产量达到32.5万吨,棉纱的年产量达到2.8万吨,纸张的年产量达到1.5万吨,煤炭的年产量达到31万吨,发电厂装机容量达到25万千瓦。1924—1946年,铁路从4 086公里增至7 585公里,其中,1924—1929年新建铁路783公里,1929—1939年新建铁路2 455公里。1927—1946年,铁路货运能力从91.9万吨增至810万吨。[①]1927—1940年,公路从2.2万公里增至4.1万公里。[②]1929—1939年,农业生产的平均年增长率仅为5.1%,工业生产的平均年增长率则达到11.1%,农业生产在国内生产总值中所占比例从43.2%下降至37.3%,工业生产在国内生产总值中所占比例从11.8%上升为18.0%。[③]

大型现代企业与传统小手工业生产的长期并存,是30年代土耳其经济生活的突出特征。直到30年代末期,传统的小手工业依然占制造业产值的60%,占制造业劳动力的80%。传统的小手工业基本上属于非国有经济成分,而大型现代企业主要依靠政府投资建设。30年代无疑是土耳其现代化进程中国家主义的典型阶段,然而国有经济的广泛发展并未导致私人经济的普遍衰落。1933—1939年,经济领域的私人投资占50%—65%,投资比例超过政府投资。[④]使用机器和受益于工业发展法的大型私人企业,1932年为1 473家,1939年为1 144家,1941年为1 052家,虽然在数量上呈下降的趋

① Weiker W.F., *Political Tutelage and Democracy in Turkey*, p.272, p.283.

② Shaw, S.J. & Shaw, E.K., *History of the Ottoman Empire and Modern Turkey*, Vol.2, p.395.

③ Landau, J.M., *Ataturk and the Modernization of Turkey*, pp.162—163.

④ Hale, W., *The Political and Economic Development of Modern Turkey*, p.59.

势，但是产值和规模均呈明显上升的趋势。[①]1939 年，非国有企业生产棉纺织品的 65%、毛纺织品的 40%、制革业产品的 38%和水泥的 45%，国有企业则几乎垄断人造丝绸、纸张、钢铁和化工产品的制造。[②]

农业的发展与土地改革的初步举措

奥斯曼帝国长期实行国家土地所有制的经济制度，土地和农民处于国家的控制之下，广泛存在的小所有制和小农经济，构成土耳其共和国从奥斯曼帝国继承的重要历史遗产。另一方面，自 19 世纪开始，西方工业品的倾销和商业资本的侵蚀不断瓦解着奥斯曼帝国的传统经济秩序，自给自足的封闭状态逐渐削弱，农业生产的市场化进程随之启动。包括伊斯坦布尔在内的沿海地区非农业经济活动的发展和非农业人口的增加，特别是欧洲诸国工业化进程中对于农产品的广泛需要，构成安纳托利亚农业生产市场化的重要诱因。伊斯坦布尔周围的马尔马拉沿岸、伊兹密尔周围的爱琴海沿岸、梅尔辛周围的东地中海沿岸以及安纳托利亚铁路沿线地区，市场化的农业生产尤为发达。[③]根据奥斯曼帝国于 1910 年发布的官方统计数字，在沿海的阿达纳、艾丁、哈尔普特和伊兹密尔四个省，超过五分之一的耕地播种经济作物，构成主要的农作物出口地区。[④]青年土耳其党执政期间，战乱频仍，人口锐减，农业生产遭到严重破坏。土耳其共和国建立之后，政治局势趋于稳定，农业生产逐渐恢复。

土耳其共和国从奥斯曼帝国继承的农业表现为两个方面的特征：一是地产之非转让性的法律规定导致小农经济的统治地位，家庭构成农业生产的基本单位；二是农业生产在安纳托利亚长期表现为明显的自给性和封闭性，城市化和国际化是推动农产品市场化的主要因素，市场化的程度取决于是否靠近都市和港口以及是否具备便利的交通。

土耳其共和国成立初期，鼓励农业生产的重要举措是废除什一税，政府财政收入因此减少近三分之一，而农民境况因此得到改善。1924 年，土耳其政府设立农业部，增加农业投入，推广现代农业技术，引进农业机械，补贴进口拖拉机约 2 000 台，鼓励开垦荒地，扩大耕作面积，改良农作物品种，引进

① Karpat, K.H., *Social Change and Politics in Turkey*, p.56.
② Hale, W., *The Political and Economic Development of Modern Turkey*, p.59.
③ Schick, I.C. & Tonak, E.A., *Turkey in Transition*, p.271.
④ Owen, R., *The Middle East in the World Economy 1800—1914*, p.200.

茶和甜菜等新作物,规范土地租佃关系。农业银行发放的农业贷款,1924 年为 1 700 万里拉,1930 年增至 3 600 万里拉。1929 年,政府建立农村信用合作社体系,下设 570 余家农村信用合作社,旨在满足乡村农业的信贷需要。与此同时,政府投资修建公路和铁路,为农产品出口提供便利的条件。①

耕地面积的扩大和农作物产量的提高是农业进步的重要标志,而政府的鼓励措施产生了良好的效果。在安纳托利亚高原,耕地所占的比例从 1917 年的 4.86%增至 1924 年的 10.20%,至 1940 年上升为 12.25%。1923—1929 年,农作物产量增长 115%,包括马铃薯、甜菜、棉花、烟草和干果在内的经济作物增长幅度尤为明显。其中,棉花年产值从 1914 年到 1924 年增长 18%,1927 年再度增长 15%,烟草年产值 1927 年达到 7 000 万公斤,伊兹密尔周边的无花果产量从 1923 年的 2 050 万公斤增至 1928 年的 3 200 万公斤。1923—1929 年,农产品的年均出口率为 20%;1927 年,土耳其的棉花出口率达到 41%,烟草出口率达到 62%,葡萄干的出口率达到 40%,榛子的出口率达到 75%。1929—1933 年世界经济危机期间,农产品市场急剧萎缩,对土耳其农业产生严重的负面影响,土耳其 5 项主要出口农产品的国际市场价格,棉花下跌 48%,榛子下跌 73%,无花果下跌 52%,葡萄干下跌 43%,烟草下跌 50%。②

30 年代,土耳其政府实行国家主义和进口替代型经济政策,导致农作物种植结构发生改变,经济作物逐渐让位于粮食作物。1934—1941 年,谷物种植面积从 655 万公顷增至 820 万公顷,蔬菜种植面积从 41 万公顷增至 43 万公顷,棉花种植面积从 25 万公顷增至 33 万公顷,马铃薯种植面积从 5.5 万公顷增至 7.3 万公顷。③1927—1940 年,小麦产量增长 205%,大麦产量增长 260%,玉米产量增长 482%。随着锡瓦斯—萨姆森铁路的开通,厄尔祖鲁姆省的谷物产量从 1934 年的 7.8 万吨增至 1938 年的 37.2 万吨,卡尔斯省的谷物产量从 1934 年的 6.7 万吨增至 1938 年的 26.4 万吨。政府向农民支付高于市场的收购价格,鼓励农民种植谷物。20 年代,土耳其粮食的 20%需要依靠进口。土耳其自 30 年代初停止从国外进口粮食,30 年代后期甚至开始出口粮食。④

---

① Schick, I.C. & Tonak, E.A., *Turkey in Transition*, p.273.

② Schick, I.C. & Tonak, E.A., *Turkey in Transition*, p.274, p.273.

③ Shaw, S.J. & Shaw, E.K., *History of the Ottoman Empire and Modern Turkey*, Vol.2, p.389.

④ Schick, I.C. & Tonak, E.A., *Turkey in Transition*, p.274.

土地改革是中东诸国现代化进程中的普遍现象，土耳其共和国亦不例外。土耳其政府声称农民是国家的主人，进而以农民的保护者自居。①在此基础上，凯末尔强调："首先，必须使我国不再存在没有土地的农民。比这更要紧的是制定一项法令，阻止土地的兼并，使土地的大小足以养活农民一家。有必要按土地的肥沃程度和地区内人口的密集程度对土地拥有的数量实行限制。"②

凯末尔时代的土地改革，主要是有偿分配国有土地和移民过程中出现的无主土地，涉及范围相对有限。1924 年，政府向来自巴尔干地区的农业移民出售国有土地 100 万公顷。1927—1929 年，政府向无地农民分配国有土地 73 万公顷。1934—1938 年，政府向无地农民分配国有土地 150 万公顷。③根据 30 年代的统计数字，地产超过 500 公顷的大地产主 418 户，占农户总数的 0.02%，占有耕地 640 万公顷，占全部耕地的 3.70%；地产 50—500 公顷的中等地产主 5 764 户，占农户总数的 0.23%，占有耕地 1 720 万公顷，占全部耕地的 9.96%；地产不足 50 公顷的农民 249 万户，占农户总数的 99.75%，占有耕地 1.49 亿公顷，占全部耕地的 86.34%。④大地产包括两种类型：一种是实行传统的分成制和分散经营的大地产，主要分布在东部内陆的落后地区；另一种是商业化经营和出口型的大地产，主要分布在爱琴海和地中海地区。直到"二战"结束时，仍有 300 万农户缺乏足够的土地，按照分成制的传统方式租种土地。⑤

凯末尔主义的广泛实践，导致土耳其的城市社会在诸多方面发生变化，官员、知识分子和企业主阶层逐渐成为新政权的重要社会基础。然而，凯末尔时代土耳其的现代化实践主要局限于城市的范围，惠及乡村的改革举措甚少。以现代化重要内容之一的电气化为例：1923—1943 年，发电量增长 10 倍，然而电力供应仅仅覆盖城市地区；直到 1953 年，在全国约 4 万个村落中，通电的村落寥寥无几。另一方面，凯末尔时代，政府直接控制乡村和农民；宪兵和税吏遍布各地，成为农民憎恨的对象。约占总人口 80%的乡村农民，生活境况以及卫生条件和教育水平没有得到明显的改善，依旧沿袭传统的习

---

① Schick, I.C. & Tonak, E.A., *Turkey in Transition*, p.39.

② 卡尔帕特：《当代中东的政治和社会思想》，第 514 页。

③ Toprak, B., *Islam and Political Development in Turkey*, p.70.

④ Schick, I.C. & Tonak, E.A., *Turkey in Transition*, p.287.

⑤ Zurcher, E.J., *Turkey: A Modern History*, p.219.

俗。在土耳其乡村,传统宗教服饰原本并不多见,妇女头戴面纱亦不流行,识文断字者则寥若晨星,凯末尔主义世俗化改革的诸多举措对于乡村生活并无明显影响。凯末尔时代颁布的新法律禁止一夫多妻制,然而一夫多妻的现象在土耳其乡村屡见不鲜。20 世纪 30 年代,土耳其政府试图在乡村推广世俗教育,进而取代传统的伊斯兰教育,成效并不明显,在全部 4 万个自然村中,只有约 5 000 个自然村设立世俗学校,且规模甚小,附属于清真寺的传统宗教学校依然构成乡村教育的基本形式。根据 1940 年的官方统计,在全部 1 780 万国民中,文盲约占 80%,包括城市 40%的学龄儿童和乡村 78%的学龄儿童。超过 80%的人口生活在乡村约 4 万个村落,其中 3.1 万个村落没有正规学校。①

八、“二战”后的经济社会发展

农业的进步

现代化进程中经济社会秩序的变动与政治的发展之间具有内在的逻辑性和关联性;从国家主义到自由主义的消长、私人经济的活跃、市场化程度的提高,与政治领域民主化的长足进步表现为同步的趋势。

凯末尔时代,土耳其政府长期奉行国家主义的经济政策,强调工业优先的经济战略,农业发展速度相对缓慢。第二次世界大战结束后,土耳其政府的经济政策逐渐由国家主义转变为自由主义,强调农业在土耳其现代化进程中的基础作用,优先考虑农民的利益,向农民提供低息贷款,通过政府购销而保持农产品的较高价格。20 世纪 50 年代可谓土耳其共和国历史上的农业革命阶段,农业生产出现空前繁荣的状态。国际市场农产品价格的上涨,以及民主党政府的相关政策,诸如增加农业的信贷投资、政府对于农产品实行价格保护、推广农业机械和鼓励开垦荒地,提供了土耳其农业发展的良好环境。农业银行以及各种信贷机构提供的农业贷款,1950 年为 8.1 亿里拉,1955 年增至 28.6 亿里拉,1960 年达到 47.6 亿里拉。1950—1959 年,主要农产品价格增长近一倍。农业领域的公共建设投资在全部公共建设投资中所

① Zurcher, E.J., *Turkey: A Modern History*, p.202.

占的比例,1950 年为 15.4%, 1959 年增至 27.9%。[①]

“二战”结束后土耳其农业的进步,首先表现为耕地面积的扩大。土耳其的耕地面积(包括播种地和休耕地),1948 年为 1 390 万公顷;1956 年增至 2 245 万公顷,1959 年达到 2 294 万公顷。[②]50 年代的 10 年间,耕地面积共计增加 930 万公顷,增长幅度达到67%。[③]与此同时,土耳其的土地利用形式出现明显的变化。1950—1960 年,农田所占全国土地的比例从 18.7%上升至 29.9%,牧场所占全国土地的比例则从 48.7%下降至 36.9%。[④]

耕地面积扩大的直接原因,是拖拉机的推广使用和农业机械化程度的提高。凯末尔时代,农民主要使用包括木犁和铁犁在内的传统农具耕种土地,耕作效率低下,农作物产量增长缓慢。1927 年,21.1 万农户使用铁犁,118.7 万农户使用木犁。[⑤]1936 年,土耳其全国仅有拖拉机 961 台。1948 年,土耳其全国仅有拖拉机 1 756 台,播种机 6 171 台,联合收割机 1 291 台。[⑥]1949 年马歇尔计划的实施,是土耳其共和国农业生产机械化的重要起点。政府提供专项贷款,负责操作培训,为农业生产的机械化创造了条件。自 50 年代起,农业生产的机械化程度逐渐提高。拖拉机无疑是首要的农业机械,农业机械投资的 75%由于购置拖拉机,拖拉机的数量呈明显上升的趋势,1952 年为 31 415 台,1954 年为 37 743 台,1956 年为 43 727 台,1958 年为 42 527 台,1960 年为 42 136 台,1970 年为 105 865 台,1980 年为 435 000 台;1990 年为 692 454 台,1997 年达到 775 442 台。[⑦]1955 年,播种机为 16 600 台,联合收割机为 8 600 台。1960 年,播种机为 38 270 台,联合收割机为 11 130 台。1965 年,播种机为 47 880 台,联合收割机为 15 340 台。[⑧]1977 年,播种机增加到 14 万台,联合收割机增加到 2 万台。[⑨]农业机械化程度的提高,直接表现为机耕面积的增加。1948 年,耕地总面积为 1 390 万公顷,其中机耕面积仅 10 万公顷,机耕面积不足耕地总面积的 1%。1950 年,耕地总面积为 1 450 万公顷,其中机耕面积 120 万公顷,机耕面积约占耕地总面积的 9%。1960 年,耕地

---

① Hale, W., *The Political and Economic Development of Modern Turkey*, p.95.
② Ahmad, F., *The Turkish Experiment in Democracy 1950—1975*, p.135.
③ Schick, I.C. & Tonak, E.A., *Turkey in Transition*, p.281.
④ Hale, W., *The Political and Economic Development of Modern Turkey*, p.96.
⑤ Ozbudun, E., *The Political Economy of Income Distribution in Turkey*, p.37.
⑥⑧ Karpat, K.H., *Social Change and Politics in Turkey*, p.68.
⑦ Lovatt, D., *Turkey since 1970*, New York 2001, p.44.
⑨ Hale, W., *The Political and Economic Development of Modern Turkey*, p.178.

总面积为 2 330 万公顷，其中机耕面积 320 万公顷，机耕面积约占耕地总面积的 14%。1970 年，耕地总面积为 2 430 万公顷，其中机耕面积 790 万公顷，机耕面积约占耕地总面积的 33%。1972 年，耕地总面积为 2 510 万公顷，其中机耕面积 1 020 万公顷，机耕面积约占耕地总面积的 40%。①

化学化和水利化亦是农业生产力水平提高的重要标志。相比于 50 年代的农业生产机械化，进入 60 年代，化学化和水利化成为推动农业发展的首要手段。在化学化方面，1950 年，农药投入量为 950 吨，化肥投入量为 4.2 万吨，施肥面积仅占全部播种面积的 0.04%；1960 年，农药投入量为 2.3 万吨，化肥投入量为 10.7 万吨，施肥面积占全部播种面积的 0.07%；至 1975 年，农药投入量达到 6.2 万吨，化肥投入量为 370 万吨，施肥面积在全部播种面积中所占的比例达到 34%。在水利化方面，1950 年，农田灌溉面积为 80 万公顷，占全部耕地面积的 0.6%；1960 年，农田灌溉面积为 118 万公顷，占全部耕地面积的 5.1%；至 1975 年，农田灌溉面积为 223 万公顷，在全部耕地面积中所占的比例达到 9.5%；1990 年，农田灌溉面积增至 390 万公顷；1997 年，农田灌溉面积达到 456 万公顷。②

耕地面积扩大和农业技术进步的结果，是农作物产量的明显提高。1955 年以前，农作物的平均年增长率长期徘徊于 1.5%。1955—1960 年，农作物的平均年增长率增至 3.9%。1960—1965 年，农作物的平均年增长率达到 4.5%。③主要粮食作物小麦的播种面积由 1950 年的 448 万公顷增至 1970 年的 860 万公顷，1990 年达到 942 万公顷，小麦的年产量由 1950 年的 387 万吨增至 1970 年的 1 008 万吨，1990 年达到 2 000 万吨；大麦的播种面积由 1950 年的 190 万公顷增至 1970 年的 259 公顷，1990 年达到 332 万公顷，大麦的年产量由 1950 年的 205 万吨增至 1970 年的 325 万吨，1990 年达到 730 万吨；玉米的播种面积由 1950 年的 59 万公顷增至 1970 年的 65 万公顷，1990 年下降为 52 万公顷，玉米的年产量由 1950 年的 85 万吨增至 1970 年的 104 万吨，1990 年达到 210 万吨④。主要经济作物棉花的播种面积由 1950 年的 45 万公顷增至 1970 年的 53 万公顷，1997 年达到 72 万公顷，棉花的年产量由 1950 年的 12 万吨增至 1970 年的 40 万吨，1997 年达到 83 万吨；甜菜的播种

---

① Aresvic, O., *The Agricultural Development of Turkey*, New York 1975, p.78.

② Lovatt, D., *Turkey since 1970*, p.44.

③ Schick, I.C. & Tonak, E.A., *Turkey in Transition*, p.282.

④ 《帕尔格雷夫世界历史统计》，亚洲、非洲和大洋洲卷（1750—1993），第 218—225 页。

面积由 1950 年的 5 万公顷增至 1970 年的 12 万公顷，1997 年达到 47 万公顷，甜菜的年产量由 1950 年的 89 万吨增至 1970 年的 425 万吨，1997 年达到 1 840 万吨；烟草的播种面积由 1950 年的 13 万公顷增至 1970 年的 33 万公顷，1997 年下降为 29 万公顷，烟草的年产量由 1950 年的 9 万吨增至 1970 年的 15 万吨，1997 年达到 29 万吨。①

土耳其的耕地在全部国土面积中所占的比例，1960 年为 29.9%，1976 年为31.0%。②换言之，60—70 年代，耕地面积并未出现明显的增长趋势；此间农作物产量的增长，主要在于农业技术的进步和土地利用率的提高。主要农作物小麦的单位面积产量，1925 年为每公顷 344 公斤，1950 年为每公顷 865 公斤，1960 年为每公顷 1 097 公斤，1980 年为每公顷 1 829 公斤，1997 年为每公顷 1 997 公斤；棉花的单位面积产量，1925 年为每公顷 237 公斤，1950 年为每公顷 264 公斤，1960 年为每公顷 283 公斤，1980 年为每公顷 744 公斤，1997 年为每公顷 1 152 公斤；甜菜的单位面积产量，1925 年为每公顷 1 752 公斤，1950 年为每公顷 16 781 公斤，1960 年为每公顷 21 608 公斤，1980 年为每公顷 25 119 公斤，1997 年为每公顷 39 424 公斤；烟草的单位面积产量，1925 年为每公顷 849 公斤，1950 年为每公顷 785 公斤，1960 年为每公顷 735 公斤，1980 年为每公顷 1 024 公斤，1997 年为每公顷 988 公斤。③另据资料统计，大麦的单位面积产量，1948 年为每公顷 1 186 公斤，1960 年增至每公顷 1 304 公斤，1975 年达到每公顷 1 731 公斤，1948—1975 年单位面积产量增长超过 50%；马铃薯的单位面积产量，1948 年为每公顷 6 909 公斤，1960 年增至每公顷 8 750 公斤，1975 年达到每公顷 13 911 公斤，1948—1975 年单位面积产量增长超过 100%。④

在耕地面积扩大、农业机械推广、农业技术进步和农作物产量增长的基础之上，“二战”结束后土耳其的农作物结构发生明显的变化，经济作物的增长幅度加快，农业生产的市场化程度随之提高。1950 年，粮食作物的播种面积为 825 万公顷，产量为 780 万吨，经济作物的播种面积为 85 万公顷，产量为 180 万吨。1960 年，粮食作物的播种面积为 1 300 万公顷，产量为 1 520 万吨，经济作物的播种面积为 129 万公顷，产量为 650 万吨。1970 年，粮食作物

---

① Lovatt, D., *Turkey since* 1970, p.45.

② Hale, W., *The Political and Economic Development of Modern Turkey*, p.174.

③ Lovatt, D., *Turkey since 1970*, p.46.

④ Weiker, W. F., *The Modernization of Turkey*, p.198.

的播种面积为132万公顷，产量为159万吨，经济作物的播种面积为1 320万公顷，产量为750万吨。粮食作物在农业生产总值中所占的比例，1950—1952年为44.6%，1973—1975年下降至37.4%。相比之下，经济作物在农业生产总值中所占的比例，1950—1952年为17.4%，1973—1975年上升为23.7%。根据相关的统计，土耳其农产品的市场化比率，1950年为33.5%，1960年达到46.7%，1970年上升为64.6%。另据1970年的统计，土耳其谷物产品的市场化比率平均为32%，其中小麦的市场化率32%，燕麦的市场化率26.6%，小米的市场化率32.8%，玉米的市场化率37.0%，大麦的市场化率19.7%，而主要经济作物棉花、烟草、甜菜和茶的市场化比率超过99%。值得注意的是，地产的规模与农业市场化的程度两者之间具有一定的内在联系。1970年，面积不足2公顷的地产，小麦和大麦的市场化比率平均为7.2%和5.2%；相比之下，面积超过100公顷的地产，小麦和大麦的市场化比率平均达到76.2%和64.5%。[①]尽管如此，随着从内向型经济模式到外向型经济模式的转变，包括棉花、烟草和干果在内的传统农产品在出口商品总额中所占的比例呈明显下降的趋势。传统农产品在出口商品总额中所占的比例，1960年为76.0%，1980年下降为57.4%，1997年下降为8.8%。与此同时，工业品在出口商品总额中所占的比例，1960年为17.9%，1980年上升为36.0%，1997年上升为89.6%。[②]

乡村社会的变革

1945年，乡村人口占土耳其共和国总人口的83%，分布在超过4万个村落之中。[③]1945年以后，土耳其经济社会领域的突出现象，是乡村人口增长速度的相对缓慢以及乡村人口在总人口中所占比例的下降。据统计，土耳其的乡村人口，1950年为1 570万，占总人口的75.0%；1960年为1 890万，占总人口的68.1%；1970年为2 190万，占总人口的61.5%；1980年为2 510万，占总人口的56.1%。[④]另一方面，乡村与城市之间的联系逐渐密切，农业进一步融入市场化的经济体系，乡村传统的封闭状态随之削弱。1968年，四分之三的村社与公路相连或毗邻公路。1960年，73%的村社建有学校；1968年，

---

① Schick, I.C. & Tonak, E.A., *Turkey in Transition*, p.279, p.280.

② Lovatt, D., *Turkey since 1970*, p.48.

③ Karpat, K.H., *Turkey's Politics: The Transiton to A Multi-Party System*, p.99.

④ Schick, I.C. & Tonak, E.A., *Turkey in Transition*, p.297.

建有学校的村社增至 88%；1972 年，五年制学校取代三年制学校成为乡村学校的基本模式。1968 年，约有一半的村社至少每周可以读一次报纸。收听广播的村民从 1962 年的 19%上升为 1968 年的 40%，乡村的收音机数量从 1965 年的每千人 28 部增至 1975 年的每千人 58 部。1968 年，约一半的村社设有医疗机构。①

1945 年 5 月，大国民议会审议新的土地改革法案。根据新的土地改革法案，私人拥有地产的最高限额为 50 公顷，超过部分应当出售给耕种土地的贫困农民；在人口稠密的地区，分成制农民和佃户的份地应由 2 公顷分割为 0.5 公顷；政府向农民发放期限 20 年的无息贷款，用于购置土地和相关农具。②“据估计，大约占农村人口三分之一的将近五百万人，将从这些法律中得到好处，如果全部得以实现的话，那将是推行一项主要的革命，从而把土耳其变成为一个独立小农的小土地所有者的国家。”③然而，该项法案遭到来自各个方面的激烈抨击，被迫修改为将贫困农民出售的土地局限于国有土地，私人地产未被纳入土地改革的范围。④1950 年，政府规定私人拥有地产的最高限额为 500 公顷。到 1951 年，只有 1.6 万公顷土地分给农民，其中只有 360 公顷属于私人地产，仅 3.3 万户农民从国家获得土地。⑤

民主党尽管在 40 年代后期反对执政的共和人民党制定的土地改革法案，却在 1950—1960 年执政期间推行土地改革，此间，31.2 万户农民从国家获得土地。⑥ 1973 年，大国民议会通过新的土地改革法，计划将 32 万公顷耕地即全部耕地的 11.5%纳入重新分配的范围，向 54 万户贫困农民提供耕地，其中 8.3 万公顷来自私人地产的征购，其余来自国有土地的出售，同时规定私人拥有地产的最高限额，即灌溉耕地（水浇地）不得超过 3—10 公顷，非灌溉耕地（雨浇地）不得超过 4.7—20 公顷，视不同地区而实行不同的标准。然而，上述诸多法律和政策大都只是一纸空文。至 1977 年宪法法院废止新土地改革法为止，只有 1 200 户无地农民获得 2 300 公顷耕地。⑦土耳其共和国的大地产多数分布于安纳托利亚高原的东南部，主要采用传统的小生产和分

---

① Weiker, W. F., *The Modernization of Turkey*, p.53.

② Zurcher, E.J., *Turkey: A Modern History*, p.219.

③ 路易斯：《现代土耳其的兴起》，第 500—501 页。

④ Atasoy, Y., *Turkey, Islamists and Democracy*, p.66.

⑤⑥ Keyder, C., *State and Class in Turkey*, p.126.

⑦ Hale, W., *The Political and Economic Development of Modern Turkey*, pp.185—186.

成制租佃制;在西部的爱琴海沿岸、黑海沿岸和色雷斯地区,传统模式的大地产为数较少,中等地产居多,大都采用雇佣劳动和现代经营方式,具有商品经济的明显特征。①因此,土地改革的阻力主要来自安纳托利亚东南部。

土耳其共和国乡村社会的主要特征,在于小所有制的广泛存在和大地产数量的相对有限。1937年,地产不足2公顷的贫困农户约40万户,占全部农户的38.8%;地产2—5公顷的自耕农约30万户,占全部农户的27.7%;地产5—20公顷的富裕农户约27万户,占全部农户的26.3%;地产超过20公顷的大地产主约7万户,占全部农户的7.0%。1952年,地产不足2公顷的贫困农户约77万户,占全部农户的30.6%;地产2—5公顷的自耕农约80万户,占全部农户的31.5%;地产5—20公顷的富裕农户约81万户,占全部农户的32.2%;地产超过20公顷的大地产主约14万户,占全部农户的5.7%。1963年,地产不足2公顷的贫困农户约127万户,占全部农户的40.9%;地产2—5公顷的自耕农约86万户,占全部农户的27.8%;地产5—20公顷的富裕农户约85万户,占全部农户的27.5%;地产超过20公顷的大地产主约11万户,占全部农户的3.7%。②另据统计,1963年,地产不足5公顷的贫困农户占有全部耕地的25.0%,地产5公顷以上20公顷以下的中等农户占有全部耕地的42.0%,地产超过20公顷的富裕农户和大地产主占有全部耕地的33.0%;1970年,地产不足5公顷的贫困农户占有全部耕地的31.3%,地产5公顷以上20公顷以下的中等农户占有全部耕地的47.5%,地产超过20公顷的富裕农户和大地产主占有全部耕地的21.2%。地产超过50公顷的大地产主,1952年占农户总数的1.5%,占有全部耕地的24.8%,1963年占农户总数的0.5%,占有全部耕地的13.2%,1970年占农户总数的0.4%,占有全部耕地的6.0%。1950年,72.6%的农户处于自耕的状态;1963年,85.3%的耕地处于自耕的状态。③以上数据表明,从静态的角度看,占地5公顷以下的农户居多,占地超过20公顷的大地产较少,而从动态的角度看,地权结构处于相对稳定的状态,占地超过20公顷以上的大地产呈下降的趋势,并未发生大规模的土地兼并,乡村社会处于相对平稳的状态。

1950—1981年,农户总数从232万户增至556万户,其中拥有土地的农

① Schick, I.C. & Tonak, E.A., *Turkey in Transition*, p.275.

② Schick, I.C. & Tonak, E.A., *Turkey in Transition*, p.283, p.276.

③ Aresvic, O., *The Agricultural Development of Turkey*, p.37.

户从199万户增至384万户，无地农户从34万户增至172万户，无地农户所占的比例从14.5%上升为30.9%。换言之，1950—1981年，农户总数增长140%，拥有土地的农户增长94%，无地农户增长410%。[①]1973年，无地农户和地产不足1公顷的农户占农户总数的25.8%，占有全部耕地的2.5%，地产1公顷以上5公顷以下的农户占农户总数的44.8%，占有全部耕地的18.8%，地产5公顷以上20公顷以下的农户占农户总数的24.4%，占有全部耕地的38.7%，地产超过20公顷的农户占农户总数的4.7%，占有全部耕地的40.0%。[②]1991年，地产超过50公顷的大地产主占农户总数的0.92%，占耕地总面积的17.1%；地产10—50公顷的中等地产主占农户总数的14.04%，占耕地总面积的40.8%；地产不足10公顷的小农占农户总数的84.86%，占耕地总面积的42.1%，其中地产超过1公顷而不足10公顷的小农占农户总数的68.96%，占耕地总面积的40.7%。[③]以上数字表明，20世纪后期，土耳其的地产分布依然呈分散的状态，中小地产占主导地位。

60年代土耳其乡村的突出现象，是地产不足2公顷的小农户大都将土地出租给地产超过5公顷的大地产主和中等地产主，在不改变所有权的前提下由大地产主和中等地产主集中经营，而小农户将地产出租以后往往移入城市务工或者在乡村从事非农业性劳动，由此形成所有权与耕作权的分离。直至70年代，上述现象依然延续。[④]

经济的市场化无疑是现代化进程的基础层面，而自给自足的农业生产与乡村社会的封闭状态则是制约经济市场化进程的明显障碍。农业的发展与乡村社会的进步，导致农业生产与非农业的经济活动之间以及乡村民众与城市人口之间形成稳定和密切的经济联系，进而构成经济市场化的重要环节。与同时期的中东其他主要国家埃及、伊朗、伊拉克相比，土耳其现代化进程的突出现象是未曾经历大规模的土地改革，乡村的地权分布与地产结构处于相对稳定的状态，小农经济在土耳其乡村长期占据主导地位。由此出现的问题是，土地改革与现代化进程之间具有怎样的内在联系，即土地改革是否构成实现农业生产发展和乡村社会变革的必要条件。在理论上，土地改革的经济

---

① Eralp, A., *The Political and Socioeconomic Transformation of Turkey*, p.125.

② Hale, W., *The Political and Economic Development of Modern Turkey*, p.184.

③ Engelmann, K.E. & Pavlakovic, V., *Rural Development in Eurasia and the Middle East*, Washington 2001, p.249.

④ Schick, I.C. & Tonak, E.A., *Turkey in Transition*, p.285.

根源,在于特定的地权分布与地产结构,即小农经济的普遍衰落与大地产的广泛发展;高度发达的威权政治,则是土地改革得以实践的前提条件。埃及、伊朗和伊拉克的大规模土地改革发生于纳赛尔时代、巴列维时代和复兴党统治时期;大规模的土地改革既是否定乡村社会的传统模式和促进农业生产发展的重要环节,亦是威权政治自城市向乡村广泛延伸的历史形式。换言之,埃及、伊朗和伊拉克的大规模土地改革与地权分布的严重不平等状态以及威权政治之间具有内在的逻辑联系。与埃及、伊朗、伊拉克相比,土耳其乡村的贫富分化程度较低,加之缺乏高度发达的威权政治,土地改革的相关政策和历史进程独具特色。

三农问题,即农村、农业和农民问题长期存在于第三世界,严重困扰诸多发展中国家的经济社会进步,而现代化进程中威权政治的膨胀无疑是导致所谓三农问题的根源所在。土耳其共和国自 1950 年以来常态化的多党制议会选举提供了乡村民众实现政治参与的合法渠道,乡村民众的相关权益得以在体制层面受到保障,城乡差距得以缩小,民主化进程提供了解决所谓三农问题的根本出路和有效途径。

产业结构的转变

土耳其共和国初建之时,满目疮痍,百废待兴。凯末尔时代,经济的发展主要表现为农业生产的恢复和工业化进程的启动。30 年代,政府强调国家主义的经济原则和工业优先的经济政策,现代工业成为政府投资的主要领域。最初的两个五年计划着力发展基础工业;农业生产的恢复和农业产值的增长,主要得益于耕地面积的扩大,并非由于政府的投资和生产条件的改善。1930—1939 年,国内生产总值年均增长率为 6%,其中农业产值年均增长率为 5%,工业产值年均增长率为11%。[①]1923 年,农业产值在国内生产总值中所占的比例为 39.8%,工业产值在国内生产总值中所占的比例为 15.8%,服务业产值在国内生产总值中所占的比例为 41.7%。1940 年,农业产值在国内生产总值中所占的比例为 38.7%,工业产值在国内生产总值中所占的比例为 22.3%,服务业产值在国内生产总值中所占的比例为38.4%。[②]1950 年,农

① Schick, I.C. & Tonak, E.A., *Turkey in Transition*, p.312.

② Heper, M., *Strong State and Economic Interest Groups: The Post-1980 Turkish Experience*, Berlin 1991, p. 122.

业产值在国内生产总值中所占的比例为37.3%;工业产值在国内生产总值中所占比例为16.5%。①1935年,农业劳动力在全部劳动力中所占的比例为81.8%,非农业劳动力在全部劳动力中所占的比例为18.2%; 1950年,农业劳动力在全部劳动力中所占的比例为85.7%,非农业劳动力在全部劳动力中所占的比例为14.3%。②以上数字表明,凯末尔时代,土耳其的产业结构尚未出现明显的变化。

自50年代起,土耳其的工业化进程明显加快,农业在国民经济中所占的地位逐渐下降,产业结构随之改变。根据土耳其政府制定的第三个五年计划(1963—1967)国民经济发展计划,农业投资预计占投资总额的17.7%,实际占投资总额的13.9%,工业投资预计占投资总额的16.9%,实际占投资总额的占20.4%。根据第四个五年计划(1968—1972)国民经济发展计划,农业投资预计占投资总额的15.2%,实际占投资总额的11.1%,工业投资预计占投资总额的22.4%,实际占投资总额的占26.8%。根据第五个五年计划(1973—1977)国民经济发展计划,农业投资预计占投资总额的11.7%,实际占投资总额的11.8%,工业投资预计占投资总额的31.1%,实际占投资总额的占28.2%。③

第三个五年计划期间,农业年均增长率为3.7%,工业年均增长率为10.6%。第四个五年计划期间,农业年均增长率为3.6%,工业年均增长率为9.9%。第五个五年计划期间,农业年均增长率为3.3%,工业年均增长率为9.9%。④

1950—1960年,农业产值的年增长率为5.4%,工业产值的年增长率为8.3%,服务业产值的年增长率为6.7%。1960—1978年,国内生产总值的平均年增长率为6.2%。其中,在60年代,农业产值的年增长率为2.0%,工业产值的年增长率为10.5%,服务业产值的年增长率为6.7%;至70年代,农业产值的年增长率为3.8%,工业产值的年增长率为7.6%,服务业产值的年增长率为7.5%。⑤另据资料统计,1963—1970年,国内生产总值年均增长率为6.4%,其中农业年均增长率为2.6%,工业年均增长率为10.4%; 1971—1977

---

① Schick, I.C. & Tonak, E.A., *Turkey in Transition*, p.312.

② Hale, W., *The Political and Economic Development of Modern Turkey*, pp.75—77, p.64.

③ Lovatt, D., *Turkey since 1970*, p.16.

④ Weiker, W.F., *The Modernization of Turkey*, p.185.

⑤ Ozbudun, E., *The Political Economy of Income Distribution in Turkey*, p.92.

年,国内生产总值年均增长率为 7.2%,其中农业年均增长率为 4.3%,工业年均增长率为 10.1%。1984 年,国内生产总值增长率为 6.1%,其中农业产值增长率为 3.6%,工业产值增长率为 5.5%。①

1960—1978 年,农业产值从 268 亿里拉增至 450 亿里拉,在国内生产总值中所占的比例从 37.9%下降为 21.4%;工业产值从 112 亿里拉增至 535 亿里拉,在国内生产总值中所占的比例从 15.9%上升为 25.5%;服务业产值从 303 亿里拉增至 1 040 亿里拉,在国内生产总值中所占的比例从 42.7%上升为49.6%。②1980 年,农业产值在国内生产总值中所占的比例为 21.1%,工业产值在国内生产总值中所占的比例为 30.2%,服务业产值在国内生产总值中所占的比例为 45.6%。③

以上数字表明,自 50 年代起,土耳其的经济增长主要表现为非农业经济部门的迅速发展,工业和服务业的增长幅度明显超过农业的增长幅度。至 70 年代后期,工业产值和服务业产值在国内总产值中所占的比例均已超过农业产值,产业结构随之发生明显的改变。

产业结构变化的重要标志是劳动力分布状态的变化。1950—1973 年,农业劳动力年均增长 0.8%,工业劳动力年均增长 4.1%。其中,1950—1963 年,农业劳动力年均增长 1.4%,工业劳动力年均增长 3.9%; 1963—1968 年,农业劳动力年均增长 0.2%,工业劳动力年均增长 3.7%; 1968—1973 年,农业劳动力年均增长 - 0.5%,工业劳动力年均增长 4.9%。④ 1950 年,农业劳动力在全部劳动力中所占的比例为 86%,工业劳动力在全部劳动力中所占的比例为 7%。1960 年,农业劳动力在全部劳动力中所占的比例下降为 75%,工业劳动力在全部劳动力中所占的比例上升至10%。⑤1976 年,农业劳动力在全部劳动力中所占的比例下降为 59%,工业劳动力在全部劳动力中所占的比例上升至13%。⑥1980 年,农业劳动力在全部劳动力中所占的比例下降为 58%,工业劳动力在全部劳动力中所占的比例上升至16%。⑦

---

① Lovatt, D., *Turkey since 1970*, p.18, p.19.

②④ Ozbudun, E., *The Political Economy of Income Distribution in Turkey*, p.92.

③ Heper, M., *Strong State and Economic Interest Groups: The Post-1980 Turkish Experience*, p.122.

⑤ Hale, W., *The Political and Economic Development of Modern Turkey*, p.99.

⑥ Weiker, W.F., *The Modernization of Turkey*, p.184.

⑦ Tachau, F., *Turkey: the Politics of Authority, Democracy and Development*, New York 1984, p.95.

进口替代的工业化发展模式

自共和国建立开始，工业化构成土耳其经济发展的战略基础，工业生产尤其是制造业经历明显的发展过程。20 年代和 30 年代初，土耳其工业基础薄弱，发展速度相对缓慢。"二战"结束后，随着一党制向多党制的过渡和民主化进程的启动，经济发展战略出现从政府干预的国家主义向市场化的自由主义变动的迹象。

早在 1947 年，共和人民党作为执政党已经制定了自由化的经济政策。进入 50 年代，土耳其政府强调自由主义的经济政策，鼓励民间资本和外国资本投资工业领域，同时建立土耳其工业发展银行，向投资工业的民间企业家提供贷款。1954 年，土耳其政府颁布《外国投资法》即第 6224 号法令，向来自境外的投资者提供诸多的优惠条件，开放国内市场，吸引境外投资者。土耳其贸易部长声称，我们的任务就是最大限度地为吸引国外投资提供便利的条件。[①]来自美国、西德、法国和意大利的投资者接踵而至，现代工业部门成为外国投资者首选的投资领域。此间，私人企业数量和规模均呈大幅上升的趋势。据统计，超过 10 人的私人企业，1951 年为 660 家，1953 年增至 1 160 家，1960 年达到 5 300 家；与此同时，上述私人企业雇佣工人的平均数从 25 人增至 33 人。[②]

自 60 年代开始，土耳其政府采取多项积极措施，包括对于投资新兴产业的私人企业家实行减税政策和进口设备的关税优惠政策、向进口工业品征收高额关税以及向私人企业提供低息贷款，鼓励发展私人工业，私人企业的发展速度明显加快，私人企业的产值急剧增长，私人企业的产业结构出现相应的变化。

然而，由于私人企业资金匮乏，技术落后，其在工业领域的投资存在诸多局限。相比之下，国有企业资金雄厚，技术先进，尽管在体制上存在种种弊端，却在推动工业化的进程中具有不可替代的作用，尤其在冶金和化工领域独占鳌头。1950 年民主党执政后，曾经许诺推动国有企业的私有化进程。然而，在民主党执政的 10 年间，国有企业始终在工业化进程中占据主导地位。国有企业大都属于基础工业和重工业，规模庞大，私人资本既无力收购

---

① Schick, I.C. & Tonak, E.A., *Turkey in Transition*, p.110.

② Weiker, W.F., *The Modernization of Turkey*, p.188.

亦难以控制。[1]国有资本经历了与国内私人资本以及境外资本融合的过程，进而在国有经济领域形成一定程度的混合所有制。私人企业与国有企业的长期并存，构成土耳其共和国工业化进程的突出特征。

在土耳其，铁路是国有经济的重要形式，而公路则与私人经济密切相关，更具民间色彩。凯末尔时代，政府投资的重要领域是铁路建设，联结城市和工业中心是铁路运输的主要内容。相比之下，公路建设进展缓慢，乡村长期处于封闭状态，农产品的运输受到严重的制约。“二战”结束后，私人经济成分明显扩大，铁路建设趋于停顿，公路建设成为发展交通运输的主要形式。1940—1960 年，铁路仅从 7 000 公里增至 7 900 公里，而公路则从 41 600 公里增至 61 500 公里。[2]1950 年，土耳其全国仅有铺面公路 1 600 公里。民主党执政 10 年间，致力于公路建设，新建铺面公路 5 400 公里，形成四通八达的公路网，汽车保有量从 53 000 台增至 137 000 台。[3]

1961 年颁布的宪法，强调私人经济与国有经济的共同发展，强调市场经济与计划经济的有机结合，强调国家在金融领域的主导地位。自 60 年代开始，土耳其政府连续制订 1963—1967 年、1968—1972 年和 1973—1977 年三个五年计划，加强经济领域的宏观控制。国有经济的投资领域，集中在基础设施建设以及冶金和化工等资金和技术密集的大型企业。私人经济的投资领域，主要是诸如食品加工和纺织业等日常消费品生产领域的中小企业。

据相关资料统计，1950 年，土耳其共有国有企业 103 家，固定资本占制造业全部固定资本的 54.4%，雇佣劳动力 7.6 万人，产值占制造业总产值的 58.3%；私人企业 2 500 家，固定资本占制造业全部固定资本的 45.6%，雇佣劳动力 8.7 万人，产值占制造业总产值的 41.7%。1954 年，国有企业增至 146 家，固定资本占制造业全部固定资本的 59.4%，雇佣劳动力 8.6 万人，产值占制造业总产值的 50.5%；私人企业增至 3 700 家，固定资本占制造业全部固定资本的 40.6%，雇佣劳动力 13.1 万人，产值占制造业总产值的 49.5%。1958 年，国有企业达到 195 家，固定资本占制造业全部固定资本的 57%，雇佣劳动力 11.8 万人，产值占制造业总产值的 45%；私人企业达到 5 000 家，固定资本占制造业全部固定资本的 43%，雇佣劳动力 17.3 万人，产值占制造业

---

① Hale, W., *The Political and Economic Development of Modern Turkey*, p.88.

② Weiker, W.F., *The Modernization of Turkey*, p.204.

③ Zurcher, E.J., *Turkey: A Modern History*, p.235.

总产值的55%。[①]另据统计,1950 年,国有企业平均雇佣劳动力 738 人,私人企业平均雇佣劳动力 40 人;1976 年,国有企业平均雇佣劳动力 640 人,私人企业平均雇佣劳动力 83 人。[②]

1963—1967 年,政府投资占工业企业投资总额的 32.7%,私人投资占工业企业投资总额的 67.3%; 1973—1977 年,政府投资占工业企业投资总额的 43.4%,私人投资占工业企业投资总额的 56.6%。1963 年,国有企业产值在工业生产总值中占 52.7%,私人企业产值在工业生产总值中占 47.3%; 1977 年,国有企业产值在工业生产总值中占 29.7%,私人企业产值在工业生产总值中占 70.3%。1975 年,在食品与烟草行业,国有企业产值占 48%,私人企业产值占 52%;在纺织业,国有企业产值占 15%,私人企业产值占 85%;在石油与化工行业,国有企业产值占 58%,私人企业产值占 42%;在冶金行业,国有企业产值占 9%,私人企业产值占 51%;在机械制造业,国有企业产值占 12%,私人企业产值占88%。[③]另据资料统计,1973 年,固定资产投资总额为 534 亿里拉,其中政府投资 251 亿里拉,占投资总额的 46.8%,私人投资 293 亿里拉,占投资总额的 53.2%; 1980 年,固定资产投资总额为 8 640 亿里拉,其中政府投资 4 820 亿里拉,占投资总额的 55.8%,私人投资 3 820 亿里拉,占投资总额的 44.2%。[④]

1970 年,国有企业数量占企业总数的 5.3%,私人企业数量占企业总数的 94.7%;国有企业雇佣的工人数量占工人总数的 36.8%,私人企业雇佣的工人数量占工人总数的 63.2%;国有企业产值占工业总产值的 54.3%,私人企业产值占工业总产值的 45.7%。1980 年,国有企业数量占企业总数的 4.7%,私人企业数量占企业总数的 95.3%;国有企业雇佣的工人数量占工人总数的 36.5%,私人企业雇佣的工人数量占工人总数的 63.5%;国有企业产值占工业总产值的 40.4%,私人企业产值占工业总产值的 59.6%。[⑤]

以上数字表明,“二战”结束后,国有与私有混合型的经济结构长期并存,国有企业与私人企业平分秋色;国有企业数量较少而规模较大,私人企业数量较多而规模较小;国有企业与私人企业在固定资本与工人数量之间的比例

---

① Hale, W., *The Political and Economic Development of Modern Turkey*, p.91.

② Weiker, W.F., *The Modernization of Turkey*, p.192.

③ Hale, W., *The Political and Economic Development of Modern Turkey*, p.196, p.197.

④ Nas, T.F., *Economics and Politics of Turkish Liberalization*, London 1992, p.50.

⑤ Lovatt, D., *Turkey since 1970*, p.57.

方面明显不同,国有企业技术设备含量较高而私人企业劳动力含量较高;国有企业在资金、技术和生产规模方面占据优势,私人企业的生产效益和市场竞争力则高于国有企业;国有企业的投入产出率较低,私人企业的投入产出率较高;国有企业的规模及在工业总产值中所占的比例呈逐渐下降的趋势,私人企业的规模及在工业总产值中所占的比例呈逐渐上升的趋势。尽管如此,国有企业依然在土耳其工业生产领域长期占据举足轻重的地位。

自 50 年代开始,在进口替代的经济框架下,工业化长足进步,工业品产量迅速增长,现代工业部门趋于成熟,伊斯坦布尔以及伊兹密尔和阿达纳成为土耳其主要的工业中心。1950—1960 年,工业生产总值增长一倍。1960 年军事政变后,土耳其政府成立国家计划署,负责制订和实施经济社会发展计划,在混合所有制的基础之上,提高进口关税,保护国内市场,优先发展新兴工业,工业投资的增长幅度明显高于农业投资的增长幅度。据相关资料统计,1963—1967 年五年间,农业投资占国内投资总额的 13.9%,工业投资占国内投资总额的 20.4%; 1968—1972 年五年间,农业投资占国内投资总额的 11.1%,工业投资占国内投资总额的 26.8%; 1973—1977 年五年间,农业投资占国内投资总额的 11.8%,工业投资占国内投资总额的 28.2%。另据资料统计,1963—1970 年,国内生产总值年均增长 6.4%,其中农业产值年均增长 2.6%,而工业产值年均增长 10.4%; 1971—1977 年,国内生产总值年均增长 7.2%,其中农业产值年均增长 4.3%,而工业产值年均增长 10.1%。出口工业品在出口商品总额中所占的比例,1960 年为 13%,1975 年上升为 35%。1962—1978 年,钢铁年产量从 45 万吨增至 295 万吨,拖拉机年产量从 2 600 台增至 15 000 台,汽车年产量从 3 100 辆增至 79 000 辆,水泥年产量从 232 万吨增至 1 529 万吨,玻璃年产量从 2.2 万吨增至 16 万吨,化肥年产量从 16 万吨增至 262 万吨,毛纺织品年产量从 2 100 万米增至 5 600 万米,棉纺织品年产量从 53 300 万米增至 133 700 万米。

80 年代以来的新经济政策

工业化的深层背景,是人口的增长所导致的工业品市场需求的扩大。在进口替代的经济框架下,政府主导工业投资,工业分布呈不平衡的状态,工业企业主要分布在伊斯坦布尔地区以及伊兹密尔和阿达纳,工业化进程主要依托国有企业,国内工业品市场处于政府的保护之下,工业品主要满足国内市场需求,进口工业品受到严格的限制,国内工业产品缺乏国际市场的竞争力,

经济发展表现为明显的内向性和封闭性。另一方面，土耳其的能源严重依赖于国际市场的石油进口。70 年代国际市场石油价格的上涨，对于土耳其经济产生负面的影响，导致严重的财政赤字和通货膨胀。70 年代初，土耳其的通货膨胀率为 20%，1979 年上升至 90%。①

1979 年，土耳其政府以减少进口限制、削减发放补助金，提高物价和削减政府开支作为条件，从国际货币基金会和世界银行获得 18 亿美元的贷款。进入 80 年代，土耳其政府放弃进口替代型的工业发展模式，制定新的经济发展战略，鼓励私人投资，扩大市场经济，建立自由贸易区，强调在全球化的背景下提高国际市场的竞争力，外向型的经济模式逐渐成熟。

1980 年 1 月，德米雷尔政府宣布新的经济改革纲领，放弃内向型进口替代的工业化战略，减少政府的直接干预，降低进口关税，实施自由化的经济政策，制定外向型和市场调节的经济战略，是土耳其经济发展模式的历史转折点。

1980 年 9 月军方发动政变后，在致力于打击极端派别、平息政治暴力和恢复社会秩序的同时，着手扭转日趋恶化的经济形势。军方在政变之前支持德米雷尔政府实施的新经济政策，解散德米雷尔政府后延续经济改革的发展方向，任命厄扎尔作为副总理，主管经济事务。在军方政变后的一年内，厄扎尔推行的经济复兴计划初见成效，通货膨胀率从 140% 下降为 35%，政府财政收支渐趋平衡。②

1983 年厄扎尔当选总理后，加大新经济政策的实施力度，贬值货币，提升利率，冻结工资，鼓励私人投资，吸引国外投资，鼓励出口，放宽进出口贸易和货币限制，提高出口竞争力，旨在缓解贸易赤字、改善财政收支状况和抑制通货膨胀。③与此同时，政府致力于改造国有企业，推动国有企业的私有化进程。1981 年，土耳其共有大型国有企业 38 家，其中 16 家盈利，22 家亏损。自 1984 年起，政府取消国有企业享有的优惠和补贴政策，实行国有企业与私人企业的公平竞争，向民间发售国有企业的证券和股票，取消私人投资限制，扩大私人投资领域。④80 年代实施的新经济政策，堪称土耳其共和国经济发展的重要分水岭，内向型和进口替代的经济模式逐渐转化为外向型和国际化

① Zurcher, E.J., *Turkey: A Modern History*, p.281.

② Nas, T.F., *Economics and Politics of Turkish Liberalization*, p.30.

③ Barkey, H.J., *The State and the Industrialization Crisis in Turkey*, Boulder 1990, p.175.

④ 张俊彦主编:《中东国家经济发展战略研究》，第 42 页。

的经济模式。

20世纪80年代实施的新经济政策,并未削减固定资本的政府投资。据统计,1974年固定资本投资总额为730亿里拉,其中政府投资占47.9%,民间投资占52.1%。与70年代相比,80年代的固定资本投资比例并未发生明显的变化,政府投资与民间投资比例大体持平。1985年,固定资产投资总额为55 547亿里拉,其中政府投资占58.1%,民间投资占41.9%。1988年,固定资本投资总额为255 240亿里拉,其中政府投资占47.5%,民间投资占52.5%。政府投资领域主要是基础设施、交通和能源,私人投资在房地产领域大幅上升。①

尽管如此,进入90年代,国有企业与私人企业经历了此消彼长的过程。1990年,国有企业数量占企业总数的4.6%,私人企业数量占企业总数的95.4%;国有企业雇用的工人数量占工人总数的24.4%,私人企业雇用的工人数量占工人总数的75.6%;国有企业产值占工业总产值的31.3%,私人企业产值占工业总产值的68.7%。1993年,国有企业数量占企业总数的3.8%,私人企业数量占企业总数的96.2%;国有企业雇用的工人数量占工人总数的21.8%,私人企业雇用的工人数量占工人总数的78.2%;国有企业产值占工业总产值的25.6%,私人企业产值占工业总产值的74.4%。②

80年代实施的新经济政策,加速了土耳其经济的发展。国内生产总值的年增长率,1983年为3.3%, 1985年为5.1%, 1987年为7.5%, 1989年为1.9%。相比之下,90年代的经济发展速度,除1991年和1994年外,普遍超过了80年代。国内生产总值的年增长率,1990年为9.4%, 1991年为0.3%, 1992年为6.4%,1993年为8.1%, 1994年为-6.1%, 1995年为8.0%, 1996年为7.1%, 1997年为8.0%。③

新经济政策的实施,导致进出口贸易的迅速增长。出口贸易增长幅度,1981年增长62%, 1982年增长22%, 1983年增长停滞,1984年增长25%, 1985年增长12%, 1986年增长6.3%, 1987年增长36.7%。出口商品额在国内生产总值中所占的比例,1977—1979年仅为3.8%, 1983—1986年上升为13.6%。1981—1986年,国内生产总值年均增长5.1%。④相比之下,

---

①② Lovatt, D., *Turkey since 1970*, p.57.

③ Nas, T.F., *Liberalization and the Turkish Economy*, New York 1988, p.12.

④ Nas, T.F., *Liberalization and the Turkish Economy*, p.11.

1980—1987 年,出口额年均增长 22%;1979—1988 年,出口额从 23 亿美元增至 117 亿美元。①

伴随着进出口贸易的增长,出口商品结构经历明显的变化,工业品出口额呈持续上升的趋势,构成 80 年代外向型经济长足发展的突出现象。1980 年,土耳其出口商品总额为 29 亿美元,其中农产品在出口商品总额中所占的比例高达 64.7%,工业品仅占出口商品总额的 26.9%。1990 年,土耳其出口商品总额增至 130 亿美元,其中农产品在出口商品总额中所占的比例下降为 25.5%,工业品在出口商品总额中所占的比例上升为 67.9%。1997 年,土耳其出口商品总额达到 262 亿美元,其中农产品在出口商品总额中所占的比例仅为 20.8%,工业品在出口商品总额中所占的比例达到 74.9%。②

新经济政策的后果是经济领域的剧烈波动,贫富分化加剧,由此产生广泛的社会影响和深刻的政治影响,是为伊斯兰主义在土耳其政坛异军突起的历史背景。1988—1994 年,国内生产总值年均增长率为 2.6%,其中 1988 年达到 9.1%,1994 年下降为 5.4%。通货膨胀率,80 年代初低于 40%,1987 年上升为 70%,1992 年达到 120.7%。1987 年,20%的富人拥有 49.9%的收入;1994 年,20%的富人拥有 54.9%的收入。③

城市化进程

1927 年,土耳其共和国的乡村人口共计 1 140 万,规模超过万人的城市人口共计 220 万,规模超过万人的城市人口在总人口中所占的比例为 16.4%。1950 年,乡村人口共计 1 710 万,规模超过万人的城市人口共计 390 万,规模超过万人的城市人口在总人口中所占的比例为18.5%。④此间,乡村人口年均增长 1.7%,城市人口年均增长 2.4%;城市人口的增长速度与总人口的增长速度大体持平,城市化水平低于同时期的中东国家埃及和伊朗。⑤

自 50 年代以后,土耳其的人口增长速度明显加快,从 1950 年的 2 100 万

---

① Zurcher, E.J., *Turkey: A Modern History*, p.310.

② Aricanli, T., *The Political Economy of Turkey*, New York 1990, p.63, p.23.

③ Eligur, B., *The Mobilization of Political Islam in Turkey*, p.138.

④ Saqqaf, A.Y., *The Middle East City: Ancient Traditions Confront a Modern World*, New York 1987, p.307.

⑤ Danielson, M.N., *The Politics of Rapid Urbanization: Government and Growth in Modern Turkey*, New York 1985, p.27.

增至 1970 年的 3 485 万，1990 年达到 5 610 万。①流通领域的活跃和市场经济的成长密切了乡村与城市之间的经济联系，产业结构的转型导致人口分布的相应变化，工业化和农业市场化的长足进步加速了土耳其的城市化进程。工业化进程产生了城市对于劳动力的巨大需求，而农业机械化程度的提高导致乡村农业劳动力的大量剩余，城市化可谓两者的合力叠加的结果。

1950—1970 年，土耳其出现了空前的人口流动浪潮，大量人口离开乡村，拥入城市，城市规模由此迅速扩大。尽管政府在战后实行优先发展农业的政策和大幅度增加农业投资，50 年代仍然出现乡村人口流向城市的明显趋势，约 150 万人离开土地，其中 60 万人移入 4 个最大的城市。1950—1960 年，城市人口从 524 万增长到 886 万，城市人口在总人口中所占的比例从 25.0% 上升为 32%。1970—1980 年，城市人口从 1 369 万增长到 1 965 万，城市人口在总人口中所占的比例从 38.5% 上升为 44%。至 1997 年，城市人口在总人口中所占的比例达到 65%。②

1950 年，土耳其总人口的年增长率为 1.7%，城市人口年增长率为2.7%；1965 年，土耳其总人口的年增长率为 2.7%，城市人口年增长率为 6%；1975 年，土耳其总人口的年增长率为 2.5%，城市人口年增长率为6%。③另据统计，1950—1975 年，土耳其人口年均增长率为2.7%。④此间，尽管乡村人口出生率高于城市的 40%，然而乡村人口年均增长率仅为 1.3%，城市人口年均增长率高达 6.0%，其中规模超过 10 万人的大城市人口年均增长7.4%。⑤大量乡村人口移入城市，无疑是城市人口增长速度高于乡村人口增长速度的直接原因。据统计，1970 年，超过 60%的城市人口，其出生地系其他省份，属于外来移民。⑥移入城市的乡村人口，主要来自无地或少地的农民。1950 年以前，乡村人口向城市的流动具有明显的季节性；1950 年以后，移入城市的乡村人口大都转化为城市常驻居民。⑦

城市化进程加快的突出表现，是城市规模的扩大。20 年代，人口超过 10 万的城市只有伊斯坦布尔和伊兹密尔；40 年代，人口超过 10 万的城市亦只

---

① 《帕尔格雷夫世界历史统计》，亚洲、非洲和大洋洲卷（1750—1993），第 61—66 页。

② Karpat, K.H., *Studies on Turkish Politics and Society*, p.7.

③ Hale, W., *The Political and Economic Development of Modern Turkey*, p.26.

④ Danielson, M.N., *The Politics of Rapid Urbanization: Government and Growth in Modern Turkey*, p.6.

⑤ Ozbudun, E., *The Political Economy of Income Distribution in Turkey*, p.269.

⑥ Tachau, F., *Turkey: the Politics of Authority, Democracy and Development*, p.148.

⑦ Keyder, C., *State and Class in Turkey*, p.135, p.137.

有伊斯坦布尔、伊兹密尔和安卡拉，另有人口 5 万—10 万的城市 6 个，人口 2.5 万—5 万的城市 21 个。1955 年，人口超过 10 万的城市增至 6 个，人口 5 万—10 万的城市增至 11 个，人口 2.5 万—5 万的城市增至 26 个。1960 年，人口超过 10 万的城市增至 9 个，人口 5 万—10 万的城市增至 18 个，人口 2.5 万—5 万的城市增至 30 个。①1940 年，城市的平均规模为 3.3 万人；1975 年，城市的平均规模达到 5.7 万人。②1950—1980 年，规模超过 10 万人的城市增至 29 座；1980 年伊斯坦布尔、安卡拉和伊兹密尔三大城市人口占城市总人口的 36%，其余规模超过 10 万人的城市人口占城市总人口的27%。③安卡拉的人口由 1950 年的 29 万增至 1970 年的 124 万，1990 年达到 256 万。伊斯坦布尔的人口由 1950 年的 98 万增至 1970 年的 214 万，1990 年达到 622 万。伊兹密尔的人口由 1950 年的 23 万增至 1970 年的 52 万，1990 年达到 176 万。阿达纳的人口由 1950 年的 12 万增至 1970 年的 35 万，1990 年达到 92 万。④1997 年，人口超过 50 万的城市达到 10 个，其中伊斯坦布尔 900 万人，安卡拉 360 万人，伊兹密尔 310 万人，布尔萨 190 万人，阿达纳 160 万人。⑤土耳其的大城市主要分布于经济发达的色雷斯、马尔马拉海沿岸、爱琴海沿岸和地中海沿岸，城市化进程的加快意味着，土耳其的人口分布自安纳托利亚中东部的高原内陆农业地区，向西部工业地区及伊斯坦布尔、伊兹密尔和阿达纳诸多大城市移动。相比之下，黑海沿岸和安纳托利亚东部及东南部的贫困地区没有人口超过 20 万的城市，16 个城市中只有 5 个城市人口在 10 万至 20 万之间。⑥

作为人口迅速增长和工业化长足进步的历史结果，城市化导致社会结构的相应变化，塑造着崭新的社会阶层。一方面，现代产业工人逐渐崛起，成为举足轻重的社会势力。另一方面，乡村移民居住的棚户区逐年扩大，城市贫困人口急剧膨胀。1945—1950 年，城市的棚户区房屋从 1 万处增至 10 万处，棚户区人口在城市总人口中所占的比例从 1.4%增至12.8%。⑦1969 年，棚户

---

① Karpat, K.H., *Social Change and Politics in Turkey*, p.74.

② Tachau, F., *Turkey: the Politics of Authority, Democracy and Development*, p.148.

③ Danielson, M.N., *The Politics of Rapid Urbanization: Government and Growth in Modern Turkey*, p.27, p.6.

④ 《帕尔格雷夫世界历史统计》，亚洲、非洲和大洋洲卷(1750—1993)，第 42—43 页。

⑤ Sayari, S., *Politics, Parties, and Elections in Turkey*, Boulder 2002, p.73.

⑥ Hale, W., *The Political and Economic Development of Modern Turkey*, pp.26—27.

⑦ Ozbudun, E., *The Political Economy of Income Distribution in Turkey*, p.273.

1921 年的伊斯坦布尔

区的人口占安卡拉城市居民总数的 65%,占伊斯坦布尔和阿达纳城市居民总数的 45%,占伊兹密尔、厄尔祖鲁姆和萨姆松城市居民总数的35%。[①]1975 年,城市的棚户区房屋达到 80 万处,棚户区的人口超过 400 万,占城市总人口的26.6%。[②]在安卡拉,棚户区已经占据整个市区面积的二分之一。[③]另据资料统计,1950 年,城市周边的棚户区住户约 5 万户,居住人口约 25 万人,棚户区人口约占城市总人口的 4.7%。1960 年,城市周边的棚户区住户约 24 万户,居住人口约 120 万人,棚户区人口约占城市总人口的 16.7%。1970 年,城市周边的棚户区住户约 60 万户,居住人口约 300 万人,棚户区人口约占城市总人口的 23.6%。1980 年,城市周边的棚户区住户约 115 万户,居住人口约 575 万人,棚户区人口约占城市总人口的 26.1%。1990 年,城市周边的棚户区住户约 175 万户,居住人口约 875 万人,棚户区人口约占城市总人口的33.9%。[④]以上数字表明,50 年代是城市化进程最快的阶段,而 80 年代,

① Tachau, F., *Turkey: the Politics of Authority, Democracy and Development*, p.150.

② Ozbudun, E., *The Political Economy of Income Distribution in Turkey*, p.273.

③ Zurcher, E.J., *Turkey: A Modern History*, p.283.

④ Eligur, B., *The Mobilization of Political Islam in Turkey*, p.141.

城市周边的棚户区数量、居住人口数量和占城市人口的比例均呈明显上升的趋势。随着城市周边棚户区的逐年扩大和城市贫困人口的急剧膨胀，城市社会的贫富对立日趋凸显，传统秩序的崩坏导致从乡村移入城市的下层民众处于无助的状态加之严重的失业现象，成为了激进势力滋生的土壤。

第十四章

埃及的现代化之路

一、 从帕夏到赫迪威

从奥斯曼帝国的占领到法军的入侵

1517年,奥斯曼帝国的军队占领开罗,马木路克王朝灭亡,埃及被纳入奥斯曼帝国的版图。

奥斯曼帝国统治时期,埃及的最高长官称作帕夏,亦称米绥尔的贝勒贝伊,由伊斯坦布尔的苏丹直接任命。历任帕夏皆非埃及土著血统,大都来自巴尔干地区改宗伊斯兰教的基督徒群体。帕夏任期一年,通常续任一至两次,亦有任职不足一年者。埃及在奥斯曼帝国具有特殊的地理位置,远离圣战前沿,长期处于相对自治的状态。驻守埃及的奥斯曼帝国军队主要是突厥人、塞加西亚人和来自巴尔干地区的外族群体,规模较小,负责卫戍首都开罗和港口城市亚历山大以及通往圣城麦加的朝觐道路,具有明显的封闭倾向。奥斯曼帝国并未在尼罗河流域实行军事封邑制度,埃及的驻军采用支付军饷的方式。被奥斯曼帝国征服以后,马木路克以效忠伊斯坦布尔的苏丹作为条件,保留原有的诸多特权,依旧是尼罗河流域举足轻重的政治势力。[1]帕夏与马木路克之间的权力分享,构成奥斯曼帝国统治时期埃及历史的突出现象。奥斯曼帝国实行国家土地所有制,尼罗河流域则被视作苏丹的田产。然而,马木路克作为埃及的实际统治者,具有支配土地的广泛权力,实行包税制,耕种土地的农民普遍处于包税者的直接控制之下。

---

① Lapidus, M.A., *A History of Islamic Societies*, p.359.

至18世纪，奥斯曼帝国在埃及的统治逐渐衰弱，马木路克势力呈上升趋势，来自伊斯坦布尔的帕夏往往形同虚设，处于马木路克的操纵之下。帕夏与马木路克皆非埃及土著民众的政治代表，缺乏广泛的社会基础，具有外族统治的明显倾向。相比之下，阿拉伯人作为埃及的土著民众，长期保留传统的社会组织形式，隶属于各自部族和村社的舍赫，缺乏稳定的地域联系和必要的凝聚性。独立于官方的欧莱玛与阿拉伯人联系密切，在土著社会具有广泛的政治影响，俨然成为沟通埃及土著民众与外族统治者的重要纽带。

1760—1798年在埃及的历史上称作新马木路克时代。1760年，阿里贝伊·卡比尔兼并诸多贝伊，成为埃及马木路克的首领。阿里贝伊·卡比尔宣布尼罗河流域脱离奥斯曼帝国，赶走伊斯坦布尔苏丹任命的帕夏，进而以舍赫·巴拉德的名义颁布法令，征纳赋税，鼓励发展商业，扩大与欧洲基督教世界的贸易交往。[①]"阿里贝伊是第一个试图与西方商人合作、进而按照西方模式推行改革的埃及统治者。"[②]阿里贝伊·卡比尔死后，马木路克首领穆拉德和伊卜拉欣继续拥兵自立，号令一方，伊斯坦布尔的苏丹在埃及的统治权力名存实亡。[③]

画家笔下的拿破仑率军入侵埃及(一)

1798年，拿破仑率领法军4万人入侵埃及，占领开罗，穆拉德和伊卜拉欣以及马木路克残余分别逃往上埃及和叙利亚。[④]拿破仑入侵埃及的目的，在于切断英国与英属殖民地印度之间的联系，进而削弱英

---

① Metz, H.C., *Egypt: A Country Study*, Washington 1991, p.26.

② Gran, P., *Islamic Roots of Capitalism: Egypt 1760—1840*, Texas 1979, p.12.

③ Owen, R., *The Middle East in the World Economy 1800—1914*, p.64.

④ Richmond, J.C.B., *Egypt 1798—1952: Her Advance Towards a Modern Identity*, London 1977, p.18.

画家笔下的拿破仑率军入侵埃及(二)

国本土的力量。不久后,英军舰队在亚历山大附近的阿比·伽伊勒海域击败法军舰队,切断入侵埃及的法军与法国本土的联系。与此同时,奥斯曼帝国对法国宣战,出兵叙利亚,威胁埃及。拿破仑率领法军经阿里什和雅法进入叙利亚,在阿克遭遇奥斯曼帝国军队的抵抗,攻势受阻。1799 年,拿破仑离开埃及,返回法国。1801 年,留守的法军迫于奥斯曼帝国和英军的压力,亦撤离埃及。[①]

拿破仑与埃及土著民众

法军的入侵和占领,在埃及产生了重要的影响。一方面,拿破仑的军队重创穆拉德和伊卜拉欣控制的地方政权,马木路克的军事实力丧失殆尽,其在埃及的统治

① 阿卜杜勒·阿齐兹·苏莱曼·努瓦德:《埃及近代史》,开罗:东方出版社 1985 年版,第 30—31 页,第 33 页。

基础趋于崩溃。另一方面,拿破仑在埃及期间极力寻求与埃及土著民众的广泛合作,将欧莱玛和贵族乡绅视作埃及土著民众的政治领袖,明显提高了欧莱玛和贵族乡绅在埃及的社会地位和影响。拿破仑曾经在开罗和其他诸多地区组建迪万,负责埃及的行政管理。尽管迪万处于拿破仑和法军控制之下,欧莱玛和贵族乡绅无疑构成迪万的主要来源。尤其重要的是,法军的入侵和占领瓦解了奥斯曼帝国苏丹对于埃及的直接统治。

尽管如此,法军的占领毕竟意味着异教的统治,为信奉伊斯兰教的埃及民众所无法容忍。1798 年 10 月,开罗民众举行起义,反抗法军的占领。爱资哈尔清真寺成为开罗民众反抗法军的起义据点,欧莱玛和贵族乡绅则是起义民众的政治代言人。1800 年,开罗再次爆发欧默尔·麦克莱姆领导的民众起义,进而波及尼罗河流域诸地。由于双方力量对比悬殊,两次起义均被法军镇压。

尼罗河流域的新主人

穆罕默德·阿里帕夏(一)

法军的入侵和占领,导致埃及传统政治势力的急剧衰落和尼罗河流域的权力真空状态,进而为穆罕默德·阿里家族政权的崛起创造了重要条件。

穆罕默德·阿里是阿尔巴尼亚人,出生于马其顿,1801 年应征入伍,随奥斯曼帝国的军队来到埃及,利用法军撤离以后形成的权力真空状态和土著民众对于苏丹任命的帕夏以及马木路克的不满,借助于欧莱玛和贵族乡绅的支持,逐渐确立起在尼罗河流域的统治地位。

穆罕默德·阿里首先利用马木路克的势力削弱奥斯曼帝国的军队,继而利用马木路克的内部矛盾令其自相残杀,此后借助于欧莱玛和贵族乡绅的支持排斥马木路克,直至控制开罗,迫使伊斯坦布尔的苏丹于 1805 年承认其在尼罗河流域的统治权力,赐封其为埃及的帕夏(1805—1848 年在位)。①

① Richmond, J.C.B., *Egypt 1798—1952: Her Advance Towards a Modern Identity*, p.39.

穆罕默德·阿里帕夏(二)

自1805年起,埃及尽管在形式上依旧隶属于伊斯坦布尔的苏丹,却在实际上成为穆罕默德·阿里家族的世袭领地,奥斯曼帝国对于尼罗河流域的统治权力不复存在。1807年,穆罕默德·阿里控制尼罗河下游的港口城市亚历山大,继而将攻击矛头转向盘踞埃及南部的马木路克。至1810年,整个埃及尽属穆罕默德·阿里,马木路克大都移居开罗。1811年,穆罕默德·阿里应奥斯曼帝国苏丹的请求出兵征讨阿拉伯半岛的沙特家族和瓦哈卜派,利用举行出征仪式的机会,将应邀赴会的马木路克450人悉数处死,进而捕杀留居开罗

穆罕默德·阿里、伊卜拉欣与苏莱曼

伊卜拉欣在巴黎战神广场参观阅兵仪式

的马木路克千余人。1812 年,穆罕默德·阿里遣其子伊卜拉欣率军进入埃及南部,追杀马木路克千余人,马木路克残部逃往苏丹。[1]至此,马木路克退出埃及的历史舞台。

穆罕默德·阿里控制埃及之后,频频发动对外扩张,首先出兵希贾兹,平息沙特家族和瓦哈卜派的反叛,控制麦加和麦地那两座圣城,继而沿尼罗河挥师南进,攻入苏丹地区。穆罕默德·阿里征服苏丹地区的目的,一是控制整个尼罗河流域,二是占有苏丹地区的黄金资源,三是扩大与非洲内陆的贸易,四是根除盘踞在苏丹地区的马木路克残余。穆罕默德·阿里于 1822 年在青尼罗河与白尼罗河汇合处建造新城,名为喀土穆,并将苏丹地区划分为四个行政区。此后,红海大部成为穆罕默德·阿里家族的势力范围。[2]

开罗的穆罕默德·阿里清真寺

1831 年,穆罕默德·阿里之子伊卜拉欣率军 3 万人进入叙利亚。1832 年,伊卜拉欣的军队攻占阿克和大马士革,继而越过陶鲁斯山,占领安那托利亚南部重镇塔尔苏斯和阿达纳。1833 年,埃及军队在科尼亚大败奥斯曼帝国军队,由此打开通往伊斯坦布尔的门户。1833 年,奥斯曼帝国苏丹被迫签署协议,承认穆罕默德·阿里对于叙利亚、巴勒斯坦和阿达纳的统治权力,穆罕默

① 阿卜杜勒·阿齐兹·苏莱曼·努瓦德:《埃及近代史》,第 52 页。

② Richmond, J.C.B., *Egypt 1798—1952: Her Advance Towards a Modern Identity*, pp.42—44.

德·阿里则承认奥斯曼帝国苏丹的宗主地位。[①]

1833—1839 年,穆罕默德·阿里家族的统治达到顶峰,埃及的独立已经成为事实,开罗的帕夏领有埃及、苏丹、叙利亚、巴勒斯坦和希贾兹的广大地区,俨然是阿拉伯世界的象征。1840 年,英军在贝鲁特登陆,迫使伊卜拉欣的军队自叙利亚撤回埃及。1841 年,奥斯曼帝国苏丹赐封穆罕默德·阿里以统治埃及和苏丹地区的世袭权力,穆罕默德·阿里将叙利亚和希贾兹以及地中海东部的克里特岛归还奥斯曼帝国。

穆罕默德·阿里的新政举措

穆罕默德·阿里在开疆拓土的同时,效法奥斯曼帝国苏丹塞里姆三世,实施新政举措,着力强化中央集权的政治制度。奥斯曼帝国统治时期,埃及政治生活的突出特征在于苏丹任命的帕夏、马木路克与土著贵族乡绅及欧莱玛之间的权力分割。相比之下,穆罕默德·阿里统治埃及期间,官僚政治长足发展,政府机构日渐完善,国家权力趋于强化。穆罕默德·阿里在开罗设立内务部、军事部、财政部、公共事务部、商务部和外交部,同时将尼罗河流域划分为 24 个省,其中下埃及 14 个省,上埃及 10 个省,直接任命各省的长官。此外,穆罕默德·阿里废除拿破仑在埃及建立的咨政会议,代之以由高级官员组成的协商会议。马木路克的传统势力和政治影响丧失殆尽,土著贵族乡绅及欧莱玛被纳入官僚体系,从属于政府的管辖。

穆罕默德·阿里最初沿用土耳其语作为埃及的官方语言,仅仅选择阿尔巴尼亚人和土耳其人出任军政要职。1845 年以后,伴随着阿尔巴尼亚人、土耳其人与土著埃及人的同化过程,阿拉伯语逐渐取代土耳其语成为公共生活的主要语言,操阿拉伯语的土著埃及人则取代阿尔巴尼亚人和土耳其人成为军政要职的主要来源。

穆罕默德·阿里时期,强化中央集权的重要内容是新军的组建。穆罕默德·阿里实行募兵制,埃及的土著农民成为征募士兵的主要来源。被征募者的服役期最初为 3 年,1835 年改为 15 年。[②]与此同时,穆罕默德·阿里在亚历山大创建新式海军,保卫埃及的海上门户和出海通道。[③]穆罕默德·阿里

---

① 阿卜杜勒·阿齐兹·苏莱曼·努瓦德:《埃及近代史》,第 62—65 页。

② Daly, M.W., *The Cambridge History of Egypt*, Cambridge 1998, Vol.2, p.163.

③ 阿卜杜勒·阿齐兹·苏莱曼·努瓦德:《埃及近代史》,第 56 页。

政权的鼎盛时期，埃及军队员额超过 10 万人。“不久前随穆罕默德·阿里来到埃及的阿尔巴尼亚人逐渐从军队中消失，他们被新的雇佣军所取代，这些雇佣军来自叙利亚、摩洛哥、的黎波里、波斯尼亚、阿拉伯半岛以及法国和其他欧洲国家……19 世纪 20 年代末，埃及农民成为穆罕默德·阿里的重要兵源。”[①]兵源构成的变化，标志着埃及历史的转折，开辟土著民众角逐权力的先河，预示了埃及历史的崭新方向。

教育的改革是军事改革的逻辑延伸。穆罕默德·阿里投入大量财力，引进西方教育模式，在埃及兴办包括军事学校、工程技术学校和医科学校在内的新式学校，聘请法国教官，旨在培训军官和满足新军的技术需要。自 1816 年起，穆罕默德·阿里派遣埃及学生赴欧洲深造，大都留学法国，学习现代科学技术。穆罕默德·阿里创办布拉格印刷所，发行报刊，作为阐释政府法令和政策的重要途径。[②]此前，埃及的欧莱玛在教育领域长期居于垄断地位，宗教教育几乎是埃及传统教育的唯一形式。相比之下，穆罕默德·阿里大力兴办世俗教育，进而为西方文化的引进提供了沃土。

与此同时，穆罕默德·阿里实行宗教宽容政策，信奉基督教的亚美尼亚人、科普特人、希腊人和其他欧洲人获准在政府出任要职。尽管沙里亚法庭依然是埃及唯一的司法机构，法国模式的民法、刑法和商法已经开始为埃及民众逐渐了解。

权力重心的倾斜与西化的进程

穆罕默德·阿里时代，埃及历史的核心内容在于权力结构和财富分配原则的重新调整。穆罕默德·阿里家族政权的建立，标志着尼罗河流域开始摆脱长期依附于奥斯曼帝国苏丹的状态，初步奠定埃及作为现代民族国家的历史基础。

穆罕默德·阿里家族取代奥斯曼帝国苏丹和马木路克以及土著乡绅贵族和欧莱玛诸多传统阶层，成为尼罗河流域最高的统治者和最大的财富拥有者。包括官僚化和国有化在内的诸多新政举措，则是穆罕默德·阿里家族强化威权政治和追求财富的重要手段。尤其需要注意的是，穆罕默德·阿里与马木路克统治者尽管同样具有聚敛财富和占有货币的强烈需求，然而两者聚

---

① Goldschmidt, A., *Modern Egypt*, Boulder 1988, p.9.

② 阿卜杜勒·阿齐兹·苏莱曼·努瓦德：《埃及近代史》，第 53 页，第 58 页。

敛财富和占有货币的方式迥然不同。马木路克时代，埃及作为奥斯曼帝国的行省，沿袭传统的经济模式，经济生活处于相对封闭的状态。马木路克统治者将尽可能多的赋税强加于农民，赋税名目往往多达数十种，尤其是包税制泛滥成灾，农民不堪重负，经济凋敝。穆罕默德·阿里当政期间，埃及俨然成为穆罕默德·阿里家族的私人庄园，国家对于生产领域的超经济干预，加速了埃及农业生产的市场化进程和现代工业的萌生，促使埃及逐渐告别传统的经济模式，形成与欧洲诸国之间的广泛经济交往，进而开始融入资本主义市场体系。

阿拔斯一世帕夏

穆罕默德·阿里当政期间，埃及的权力重心表现为本土化抑或从伊斯坦布尔向开罗倾斜的明显趋势。相比之下，穆罕默德·阿里死后，西方势力开始向尼罗河流域渗透，埃及的权力重心逐渐表现为从开罗向欧洲倾斜的历史走向。

阿拔斯一世(1848—1854 年在位)当政期间，试图利用基督教世界与奥斯曼帝国之间的矛盾，寻求欧洲诸国的支持，进一步摆脱伊斯坦布尔苏丹的束缚。1851 年，阿拔斯一世与英国商人詹姆斯·斯蒂芬森签署协议，由后者投资建造开罗至亚历山大的铁路，是为欧洲以外地区建造的第一条铁路。①

1854—1863 年赛义德(1854—1863 年在位)当政期间，西方资本继续渗入埃及，金融、铁路、航运成为西方投资的主要领域。1856 年，赛义德与法国商人斐迪南·莱塞普斯签订合同，将苏伊士运河的开凿权和管理权让与后者经营的运河公司，租期 99 年，运河公司向埃及支付 15%的利润。1858 年，埃及政府从西方银行贷款，认购运河公司 44%的股份。

1863 年伊斯马仪(1863—1879 年在位)即位后，继承穆罕默德·阿里的

① Mansfield, P., *A History of the Middle East*, p.86.

未竟事业，致力于埃及的非奥斯曼化进程。然而，穆罕默德·阿里主要诉诸武力手段抗衡伊斯坦布尔的苏丹，伊斯马仪在大多数情况下则是通过和平的手段改变埃及的政治地位。1863 年，伊斯马仪邀请奥斯曼帝国苏丹阿卜杜勒·阿齐兹访问埃及，百般贿赂。1866 年，苏丹阿卜杜勒·阿齐兹颁布敕令，赋予伊斯马仪自主决定埃及的权位继承、发行货币和扩充军队的权力，同时规定埃及向伊斯坦布尔每年上缴的贡赋由 40 万英镑增至 75 万英镑。[①]1867 年，伊斯马仪放弃帕夏的头衔，改称赫迪威（赫迪威在波斯语中意为王公）。[②]与此同时，伊斯马仪在苏丹、埃塞俄比亚、乌干达发动一系列攻势，控制大湖区域，试图成为非洲皇帝。

1855 年的赛义德帕夏

伊斯马仪当政期间，埃及的官僚机构日趋膨胀，政府功能明显扩大，国家权力渗透到社会的各个角落，国家对于民众的控制进一步加强。赛义德当政期间，埃及军队从 8 万人削减为 2.5 万人。伊斯马仪即位后，军队规模逐渐扩大，直至达到 12 万人。另一方面，土著贵族乡绅构成官僚的重要来源，赛义德允许土著贵族乡绅出任军官，赋予土著贵族乡绅管辖地方的初步权力，伊斯马仪则提升土著贵族乡绅出任省区总督和内阁要员。突厥贵族垄断政权的局面逐渐打破，政治势力日渐式微，阿拉伯语亦随之成为广泛使用的官方语言。[③]

伊斯马仪帕夏（一）

伊斯马仪当政期间，所谓的欧化抑或对西方文明的模仿逐渐成为埃及的时尚。1866 年，伊

① Vatikiotis, P.J., *The History of Modern Egypt: From Muhammad Ali to Mubarak*, Baltimore 1991, p.75.

② Mansfield, P., *A History of the Middle East*, p.88.

③ Ochsenwald, W., *The Middle East: A History*, p.287.

伊斯马仪帕夏(二)

斯马仪效法欧洲国家的君主,在开罗召开议会,议会成员主要是乡绅贵族。然而,开罗的议会并无立法权,徒具形式,只是从属于伊斯马仪的御用工具。1879年,伊斯马仪解散议会。[①]与此同时,伊斯马仪倡导政府官吏身着欧式服装,引入法国的民法和刑法,创办世俗学校和女子学校,成立邮政总局和轮船公司,铺设电报和电话线路,采用法军模式并聘请法国军官训练新军,配备西方武器。此外,伊斯马仪大兴土木,建造制糖厂、纺织厂、兵工厂、造船厂、造纸厂、印刷厂、制砖厂、玻璃厂以及包括供水系统、交通设施、照明装置和燃气管道在内的市政公用设施。赛义德当政期间建立的尼罗河航运公司,至伊斯马仪即位后改称赫迪威公司,规模扩大。埃及银行始建于1856年,1864年改称英埃银行。1798年拿破仑入侵时,埃及尚无适合车辆行走的道路,民众的生活保持着中世纪的传统风貌。1878年,在开罗、亚历山大以及苏伊士运河沿岸城市塞得港和伊斯梅利亚,出现崭新的街道、车站、旅馆、餐厅和商店,燃气灯、自来水、电报和电话随处可见,欧式建筑比比皆是。[②]

伊斯马仪当政期间的西化举措,导致西方人大量拥入埃及。18世纪末,生活在埃及的西方人寥寥无几。穆罕默德·阿里在位末期,生活在埃及的西方人约1万人。赛义德和伊斯马仪当政期间,生活在埃及的西方人数量剧增。1872年,生活在埃及的西方人超过8万,其中4.7万生活在亚历山大,2万生活在开罗,苏伊士运河沿岸城市塞德港和伊斯梅利亚亦有相当数量的西方人。[③]

奥斯曼帝国曾经与欧洲基督徒签订条约,给予基督徒以司法豁免权和免

① Ochsenwald, W., *The Middle East: A History*, pp.287—288.
② Cleveland, W.L., *A History of the Modern Middle East*, p.97.
③ Udovitch, A.L., *The Islamic Middle East 700—1900*, p.240.

1867 年英国《笨拙》杂志上的伊斯马仪帕夏

税权。根据条约而享有司法豁免权和免税权的基督徒，最初主要是希腊人和意大利人，后来逐渐扩大到其他欧洲国家的基督徒，直至包括土著的犹太人和亚美尼亚人。西方移民往往被委以重任，不仅供职于技术领域，而且在军政部门颇具势力。1878年，埃及政府的外籍官员达到 1 300人之多。①西方传教士在伊斯马仪当政期间获准进入埃及，其传教活动在文化和教育领域产生相当广泛的影响。穆罕默德·阿里引进西方的教育模式，伊斯马仪则进一步允许西方人在埃及开设学校。西方人的大量拥入导致西方列强领事裁判权的膨胀。1876 年，伊斯马仪授权建立混合法庭，由赫迪威任命的埃及法官和欧洲法官共同主持，依据法国的法律并使用法语审理民事诉讼和刑事诉讼，埃及的主权由此削弱。②

伊斯马仪当政期间的经济发展耗资巨大，政府财政入不敷出，遂向西方举债。1864 年，伊斯马仪以下埃及三个省的土地税作为抵押，向西方银行举债 570 万英镑。1865 年，伊斯马仪以王室地产作为抵押，再次向西方银行举债 340 万英镑。1866—1870 年，伊斯马仪新增西方债务 2 400 万英镑。③1871年，赫迪威颁布法令，要求土地所有者预付 6 倍的年征土地税，同时永久免除此后土地税的 1/2，以求缓解财政危机。④1875 年，英国商人迪斯列里出资400 万英镑购买占苏伊士运河公司全部股份 44%的埃及股份，进而成为苏伊士运河公司的最大股东，埃及政府丧失对于苏伊士运河的控制权。⑤

---

① Hourani, A., *The Modern Middle East: A Reader*, London 1993, p.185.
② Ochsenwald, W., *The Middle East: A History*, p.288.
③ Richmond, J.C.B., *Egypt 1798—1952: Her Advance Towards a Modern Identity*, p.100.
④ Cromer, *Modern Egypt*, London 1908, p.29.
⑤ Daly, M.W., *The Cambridge History of Egypt*, Vol.2, p.195.

伊斯马仪即位时，埃及的内债和外债共计 700 万英镑。1876 年，埃及政府的债务达到 7 100 万英镑，其中外债为 6 800 万英镑，每年需支付利息 500 万英镑，超过埃及政府岁入的一半。①"伊斯马仪即位后的 13 年间，埃及政府年均举债 700 万英镑，其中除 1 600 万英镑投入苏伊士运河的建设外，大都用于挥霍。"1876 年 5 月，赫迪威颁布法令，成立公共债务委员会，负责债务偿还。②1877 年，埃及全部收入的 60% 用于偿还外债。1878 年，埃及政府的财政收入 856 万英镑，公共债务 9 854 万英镑。③

伊斯马仪由于债台高筑，财政形势急剧恶化，被迫于 1978 年 8 月宣布成立埃及历史上前所未有的责任制内阁，新内阁所做的决定采取集体表决的方式；亚美尼亚人努巴尔出任首相兼外交大臣和司法大臣并取代赫迪威主持内阁，里亚兹出任内务大臣。该内阁邀请英国人威尔逊和法国人布里尼分别出任财政大臣和公共工程大臣，接受英国和法国对于埃及财政收支的双重监督，时人称之为欧洲内阁。④

穆罕默德·阿里追求的目标，是通过西方模式的改革举措强化自身的统治。相比之下，伊斯马仪追求的目标，是使埃及成为欧洲国家，使开罗成为欧洲城市，进而将欧洲人的帮助视作实现这一目标的必要条件。伊斯马仪声称："我的国家不再是一个非洲国家。我的国家现在成为欧洲的一部分。"然而，伊斯马仪追求的目标并未实现，埃及没有成为欧洲国家，而是从此开始走上西化与殖民地化错综交织的历史道路。混合法庭和欧洲内阁的建立，标志着埃及国家主权的丧失，传统的政治模式即君主独裁制度随之陷于深刻危机。

1879 年 4 月，伊斯马仪解散努巴尔领导的内阁，辞退欧洲大臣，试图恢复君主亲政制度。同年 5 月，伊斯坦布尔的苏丹按照英法政府的授意，废黜伊斯马仪，任命其子陶菲格承袭父职。⑤陶菲格（1879—1892 年在位）即位后，起用里亚兹出任首相，恢复欧洲列强对于埃及的财政监管，削减政府开支，军队员额裁至 3.6 万人。⑥1881 年 9 月，奥拉比为首的埃及军官在开罗发动兵变，围攻王宫，迫使陶菲格解散里亚兹内阁，许诺制定宪法和召开议会。⑦随

---

①⑥ Ochsenwald, W., *The Middle East: A History*, p.290.

② Cromer, *Modern Egypt*, p.11, p.12.

③ Hershlag, Z.Y., *Introduction to the Modern Economic History of the Middle East*, Leiden 1980, p.113.

④ Cromer, *Modern Egypt*, p.63.

⑤ Cromer, *Modern Egypt*, p.29, p.87, p.140.

⑦ Cromer, *Modern Egypt*, p.186.

后，巴鲁迪出任首相，奥拉比出任陆军大臣，颁布改革政令，宣布内阁对议会负责，提高土著军人的地位。1882 年 6 月，英国借口侨民遇害，出兵埃及，奥拉比领导埃及军队抵抗英军入侵。9 月，英军占领开罗，奥拉比遭到流放。①

陶菲格帕夏

英军占领埃及后，削减埃及军队员额，解散议会，由英国人把持政府，控制经济命脉，扩大棉花的播种面积，促使埃及成为英国工业品的市场。②1883—1914 年，伊斯坦布尔的苏丹仅在名义上沿袭对于埃及的宗主权，赫迪威政府亦形同虚设，英国驻埃及的总领事成为尼罗河流域的最高统治者。英国殖民当局通过操纵赫迪威政府的方式，控制埃及社会。埃及政府成为英国殖民当局的政治工具，埃及实际上成为英国的殖民地。

奥拉比

英国驻埃及的第一任总领事克罗默尔自 1883 年赴任至 1907 年离职，统治埃及长达 24 年之久。此间，英国殖民当局在埃及建立起现代模式的政府体制，制定完善的财政政策。埃及的政治秩序趋于稳定，政府职能日臻完善，财政危机逐渐缓解，耕地面积增加，农作物产量提高，强制劳动废止，人身依附关系松弛，人口明显增多。与此同时，越来越多的西方人移入埃及。1917 年，生活在埃及的外籍人口超过 20 万，约占埃及总人口的 1.6%，其中希腊人 5.7 万，意大利人 4.1 万，英国人 2.4 万，法国人 2.1 万，美国人 0.8 万。外籍人口主要分布在下埃及的城市，占开罗人口的 8.1%，亚历山大人口的 19%，塞德港人口的 19.8%，伊斯梅利亚人

① Mansfield, P., *A History of the Middle East*, p.95.

② 阿卜杜勒·阿齐兹·苏莱曼·努瓦德：《埃及近代史》，第 103 页。

口的 20%,苏伊士人口的13.8%。[①]开罗和亚历山大俨然成为欧洲城市,煤气、电力、路灯、自来水、公共交通和电报、电话日益普及。然而,克罗默尔时代埃及的繁荣并不是埃及人的繁荣,绝大多数的埃及人依旧挣扎于贫困和卑贱之中,其生活境况并未得到相应的改善,进而与西方人的富庶和特权之间形成鲜明的对比,不满情绪日渐增长。克罗默尔离任后,其继任者爱尔顿·戈斯特在埃及奉行自由主义政策,赋予埃及人在治理国家方面更多的权力,扩大议会权限,限制英国人对于埃及事务的干预,旨在改善英国殖民当局与埃及民众及赫迪威之间的关系,缓解埃及日趋高涨的民族矛盾。

智力的觉醒与现代政治思想的萌生

奥斯曼帝国统治时期,埃及在文化领域处于黑暗状态。阿拉伯语只是民间语言和宗教语言,土耳其语构成埃及的官方语言。在外族统治的历史条件下,爱资哈尔成为埃及土著文化和阿拉伯语教育的象征。埃及的教育体系表现为广泛分布于城市和乡村而隶属于清真寺的宗教学校,爱资哈尔则是埃及教育体系的中心所在。宗教学校的教师大都出自爱资哈尔,主要讲授《古兰经》和其他宗教知识,辅之以初步的阅读、书写和计算的内容。伊斯坦布尔作为奥斯曼帝国的首都无疑是吸引穆斯林学者的文化中心,开罗和爱资哈尔在伊斯兰世界的地位明显下降,爱资哈尔尤其表现出封闭和保守的文化倾向。

埃及的现代教育萌生于 19 世纪。穆罕默德·阿里当政期间埃及兴办的新式学校,局限于官办的范围,主要是服务于国家的语言学校和技术学校。伊斯马仪即位后,新式学校不再局限于官办,民间世俗学校明显增多,土著科普特人、犹太人以及希腊移民、亚美尼亚移民和欧洲传教士兴办的新式学校比比皆是。1874 年,王妃哈努姆创办苏尤菲叶女子学校,招收 400 人,讲授算术、地理、历史和宗教课程,首开埃及女性教育的先河。

19 世纪埃及文化生活的重要内容,在于印刷技术的进步和出版业的兴起。1798 年拿破仑占领埃及以后,创办印刷所,首开阿拉伯文印刷的先河。1822 年,穆罕默德·阿里创办布拉格印刷局,使用阿拉伯文、意大利文和希腊文,印制和发行官方法令和政府公告以及新式学校的教科书和西方译著。

---

① Tignor, R.L., *State*, *Private Enterprise*, *and Economic Change in Egypt*, Princeton 1984, p.22.

1827年，埃及出现最早的报纸《赫迪威报》，使用阿拉伯文和土耳其文，发行范围最初局限于政府官员，后来逐渐扩大到欧莱玛及其他相关阶层。1828年，埃及出现第二种官方报纸《埃及时报》。穆罕默德·阿里当政期间，印刷机构和出版业处于政府的控制之下，具有浓厚的官方色彩。自伊斯马仪即位后，印刷机构和出版业不再局限于官办的范围，逐渐延伸到民间领域。1876年，来自叙利亚的基督徒塔格拉兄弟在亚历山大创办《金字塔报》。1877年，来自叙利亚的基督徒伊斯哈格和纳卡什创办《埃及报》，米哈伊勒·阿卜杜勒·赛义德创办《祖国报》。①

埃及的现代教育和文化生活尽管在形式方面来源于基督教欧洲，然而其发展历程却与埃及内部的客观环境密切相关。伴随着新式学校的出现和印刷出版业的发展，西方文化和现代政治思想开始从基督教欧洲传入埃及。19世纪的最初20年，意大利与埃及之间的教育和文化交往颇显重要，意大利语是在埃及最具影响的外语。19世纪20年代以后，法国文化成为在埃及最具影响的西方文化，法国现代政治思想对于埃及社会产生的影响尤为深远。接受西方文化的埃及人，最初主要来自爱资哈尔，爱资哈尔由此逐渐成为埃及与西方之间知识沟通和文化交往的重要据点。在西方文化的影响下，包括贾巴尔提、阿塔、塔赫塔维和沙尔卡维在内的许多爱资哈尔学者开始反思埃及以及整个伊斯兰世界与西方现代文明之间的差异，主张打破传统思想的束缚，积极倡导改造埃及传统的教育文化。爱资哈尔的著名学者阿塔曾经表示："我们国家的现状必须改变。我们必须引进埃及人尚不了解的新知识。"②

19世纪埃及智力的觉醒与现代政治思想的萌生，首先表现为伊斯兰现代主义的兴起。统治模式决定反抗模式：西方列强殖民统治的政治环境可谓滋生民族主义的沃土，塑造了埃及民族主义的政治思想和政治运动。殖民主义与民族主义之间具有内在的逻辑联系，拯救埃及于危亡之中则是埃及民族主义思潮的核心纲领。在西方的冲击抑或伊斯兰世界与基督教世界矛盾对抗的历史条件下，伊斯兰现代主义包含反抗西方殖民侵略和振兴伊斯兰世界的思想倾向，进而成为埃及民族主义的早期形式。

伊斯兰现代主义的杰出代表人物是贾马伦丁·阿富汗尼和穆罕默

① Daly, M.W., *The Cambridge History of Egypt*, Vol.2, p.223.

② Vatikiotis, P.J., *The History of Modern Egypt: From Muhammad Ali to Mubarak*, p.92.

贾马伦丁·阿富汗尼

德·阿卜杜。贾马伦丁·阿富汗尼(1839—1897)祖居阿富汗,早年创办《喀布尔报》,宣传爱国、平等和自由的政治思想。1871年,贾马伦丁·阿富汗尼移居开罗,在爱资哈尔广招弟子,著书立说,倡导遵循理性和科学的原则改造传统伊斯兰教。贾马伦丁·阿富汗尼认为,政治体制、社会理想和智力的表现形式应当随着时代的变化而变化,对于《古兰经》亦应允许根据现代科学和理性的发展作出新的诠释,进而适应穆斯林生活环境的变化,因此重新启动创制之门的宗教改革运动对于振兴伊斯兰世界具有至关重要的意义。贾马伦丁·阿富汗尼认为,西方的崛起在于科学技术的发展,而伊斯兰世界的停滞状态在于科学技术的落后,穆斯林应当学习西方先进的科学技术,捍卫伊斯兰世界,发展伊斯兰文明。与此同时,贾马伦丁·阿富汗尼在政治方面强调泛伊斯兰主义和穆斯林的广泛政治联合,主张在奥斯曼帝国苏丹的领导下共同抵御西方的侵略,振兴伊斯兰世界。①

穆罕默德·阿卜杜(1849—1905)出生于埃及,早年就读于爱资哈尔大学,1881年参与奥拉比领导的反英起义,1882年流亡国外,1888年返回埃及。②穆罕默德·阿卜杜深受贾马伦丁·阿富汗尼的影响,致力于改革传统伊斯兰教以适应不断变化的历史环境,试图协调伊斯兰教的信仰与变动的社会现实,主张根据时代的变化重新诠释经典和教法,强调伊斯兰教的信仰与现代科学的一致性,强调伊斯兰文明与现代社会的同步性,进而倡导教俗分离的信仰原则。穆罕默德·阿卜杜认为,伊斯兰教的传统诠释已与经训的原则不符,有必要回归伊斯兰教的原教义,进而遵循理性的原则重新启动创制之门。穆罕默德·阿卜杜致力于改造埃及传统的司法模式和教育模式,引进西方现代的法律思想,修订爱资哈尔的课程体系,增加世俗的教育内容,由此

---

① Esposito, J.L., *Islam and Politics*, New York 1984, p.47.

② Lapidus, M.A., *A History of Islamic Societies*, p.621.

导致与传统欧莱玛之间的对立和冲突。

穆罕默德·阿卜杜的弟子嘎希姆·艾敏(1863—1908)积极倡导妇女解放,抨击多妻制的传统习俗。嘎希姆·艾敏认为,伊斯兰教承认两性的平等和保护妇女的权利,伊斯兰世界衰落的原因之一是不良的家庭生活,妇女应当接受学校教育,进而走向社会,成为受尊重的人。然而,艾敏所说的妇女权利只限于社会生活层面,并未涉及政治层面。①

穆罕默德·阿卜杜

根据伊斯兰教的传统理论,乌玛是凝聚穆斯林的宗教政治形式,伊斯兰教构成维系乌玛的信仰基础。在传统的穆斯林看来,世俗的民族主义是西方的舶来品,是分裂乌玛和离间穆斯林的意识形态,而沙里亚则是规范穆斯林行为的唯一法律准则,因此纯粹的世俗思想和异教的法律均不可接受。换言之,在传统的伊斯兰世界,超越宗教界限的世俗民族主义与乌玛的原则大相径庭,并无存在的空间。然而,随着现代化进程的启动和西方的冲击,19世纪末20世纪初的埃及在诸多方面与传统时代相比已经面目皆非。变动的社会现实挑战着伊斯兰教传统理论的权威地位,世俗意义上的阿拉伯民族主义始露端倪。新兴的世俗民族主义摒弃传统伊斯兰世界关于乌玛的宗教概念,采用现代西方关于民族国家的世俗概念,着力阐释政党政治、公众参与、权力制约、责任政府、公民自由的基本原则,强调顺从国家取代顺从宗教作为公民的首要义务。

埃及的伊斯兰现代主义与世俗民族主义在表面形式上相去甚远:前者具有浓厚的宗教色彩,强调泛伊斯兰主义的政治立场,致力于伊斯兰世界的复兴,后者则表现为明显的世俗倾向,强调超越宗教界限的广泛联合,致力于埃及的政治解放。然而,两者之间无疑存在密切的内在联系,其民族主义的政治原则和历史内涵一脉相承,具有异曲同工之处。伊斯兰现代主义可谓世俗民族主义的先驱抑或历史原型,世俗民族主义则是伊斯兰现代主义的继承抑

① Esposito, J.L., *Islam and Politics*, New York 1984, pp.48—49, p.51.

或逻辑延伸。伊斯兰现代主义与世俗民族主义的此消彼长，构成19世纪末20世纪初埃及民族主义运动的历史轨迹。

1881年奥拉比兵变之前，埃及的穆斯林与科普特派基督徒之间积怨颇深，土著埃及人与土耳其贵族之间的权力争夺尤为激烈。1881—1882年奥拉比兵变期间，埃及的穆斯林与科普特派基督徒以及土著埃及人与土耳其贵族之间的矛盾逐渐缓解，反对英国的殖民侵略成为埃及民众的共同目标。奥拉比兵变期间的著名口号"埃及是埃及人的埃及"，强调埃及人超越宗教界限的政治联合，无疑具有世俗民族主义的历史内涵。奥拉比领导的兵变可谓兵变形式的世俗民族主义运动，标志着埃及土著势力的政治崛起和埃及世俗民族主义的初步实践。

1879—1892年陶菲格当政期间，赫迪威与英国殖民当局的合作是埃及政治的主导倾向。阿拔斯二世(1892—1914年在位)即位后，赫迪威逐渐转向与国内反英势力以及奥斯曼帝国苏丹的政治合作，其与英国驻埃及总领事克罗默尔的关系趋于恶化。阿拔斯二世与克罗默尔之间的权力角逐，促进了埃及世俗民族主义的进一步发展。19世纪末，世俗民族主义的主要倡导者是埃及的知识界人士，其基本原则是振兴民族文化和发展民族经济，通过合法的方式建立主权国家，实行宪政制度，保障公民权利，淡化信仰差异。

穆斯塔法·卡米勒(1874—1908)是埃及世俗民族主义的先驱，亦是赫迪威阿拔斯二世的政治盟友和支持者。依靠奥斯曼帝国的支持和利用法、德、俄诸国与英国之间的矛盾，诉诸非暴力的手段迫使英国从埃及撤军和结束对于埃及的殖民统治，构成此间埃及世俗民族主义运动的明显特征。①1900年以后，阿拔斯二世的立场逐渐转向与英国合作，穆斯塔法·卡米勒及其追随者遂开始转向寻求民间的支持，创办报刊《利沃》(旗帜)作为宣传世俗民族主义思想的舆论阵地，进而创建祖国党。1906年，在下埃及米努夫省的丁沙微村，英军与村民发生冲突，英国殖民当局对丁沙微村民采取残酷的报复措施，四名村民被判绞刑。②丁沙微事件导致埃及民族矛盾的激化，下层民众的政治参与开始成为世俗民族主义运动的重要推动力量。

---

① Cleveland, W.L., *A History of the Modern Middle East*, p.107.

② 阿卜杜勒·阿齐兹·苏莱曼·努瓦德:《埃及近代史》,第106—107页。

20 世纪初埃及智力层面的突出现象,是学术的活跃、思想的解放和世俗化的明显倾向。伴随着期刊的广泛发行和现代政党政治的萌生,逐渐形成立场各异的思想倾向。崇尚西方文化、倡导人文精神、强调世俗原则和抨击传统教界的保守倾向,成为埃及的文化时尚。智力层面世俗化的逻辑结果,是信仰差异的淡化和民族意识的强化。伊斯兰教不再被视作埃及社会的信仰基础和历史基础,法老时代的辉煌和古典时代的地中海文明成为所有埃及人的共同骄傲。1922 年,图坦哈蒙陵墓被成功发掘。法老主义以及其后的基督教传统和伊斯兰教信仰均被视作埃及新国家的重要历史遗产,传统的回归和古老民族的再生成为时尚的思潮。传统教界在意识形态领域的统治地位,面临严峻的挑战。这一时期与欧洲文艺复兴时期颇多相似之处,亦可称作埃及历史进程中的新文化时期。

二、 宪政时代的政治秩序与政治实践

19 世纪的宪政端倪

1866 年,伊斯马仪颁布法令:第一,成立由 75 人组成的议会,任期 3 年;第二,制定基本法,规定议会的职责和议员的产生方式;第三,制定组织法,规定议会的机构和程序。[①]伊斯马仪创立的议会表现为自上而下的过程,并非民众广泛政治参与的历史结果。伊斯马仪创立议会的目的,在于寻求社会各界特别是贵族乡绅的支持,增加税收和从国外获取贷款。伊斯马仪尚无意实现民众的政治参与和权力分享,仍然将自己视作绝对的统治者,所谓的议会并无独立的立法权,亦非制约赫迪威的政治机构,只是伊斯马仪控制社会和统治民众的政治手段和御用工具。

1866 年 11 月,议会在开罗首次召开。据说,议会的成员曾经被要求组成三个派别,即支持政府的右派、反对政府的左派和立场温和的中立派,而所有的议员都表示加入支持政府的右派,他们说:"我们怎么能够反对政府哪?"[②]

1878 年,伊斯马仪迫于西方列强的压力,委托努巴尔帕夏按照西方国家

---

① Botman, S., *Egypt from Independence to Revolution 1919—1952*, New York 1991, p.148.

② Vatikiotis, P.J., *The History of Modern Egypt: From Muhammad Ali to Mubarak*, p.128.

的政治模式组建新内阁,承认新内阁在一定范围内的自治地位。然而,努巴尔帕夏领导的内阁并非宪政意义上的责任制政府,而是西方列强控制埃及的政治工具。

伊斯马仪在位末期,赫迪威的权力明显削弱,宫廷作为权力核心的地位随之动摇,议会开始成为政治斗争的重要舞台。1881—1882年奥拉比兵变事件,既是民族矛盾的产物和体现,亦是宪政制度的最初尝试。组建对议会负责的政府进而限制赫迪威的绝对权力成为奥拉比兵变的主要政治目标之一,现代模式的政治运动由此萌生。

1883年,埃及召开立法会议,立法会议成员共计30人,其中14人由赫迪威指定,终身任职,另外16人产生于间接选举,任期6年;同时成立新的议会,内阁大臣和立法会议成员为议会的当然议员,另外46名议员选举产生,任期6年。[①]立法会议和议会均缺乏必要的自主权力和独立地位,处于赫迪威和英国殖民当局的控制之下。尽管如此,立法会议和议会的建立毕竟标志着民众政治参与的崭新形式在埃及历史上的初露端倪。

1919—1923年的宪政运动

福阿德

1882—1914年,埃及在名义上依然是奥斯曼帝国的领有地,并非大英帝国的组成部分。1914年"一战"爆发以后,开罗的赫迪威侯赛因(1914—1917年在位)改称苏丹,宣布中止与伊斯坦布尔苏丹的一切联系,奥斯曼帝国在埃及的统治权力寿终正寝,埃及自穆罕默德·阿里时代开始的去奥斯曼化进程亦最终完成。1917年侯赛因死后,福阿德(1917—1936年在位)继任苏丹。

"一战"期间,埃及与英国殖民当局之间的矛盾日益尖锐,下层民众的广泛参与促使埃及的民族主义运动趋于高涨,土著地主和工商业者成为埃及争取民族独立的主导力量,萨阿德·扎格鲁勒则是埃及民族解放运动的核心人物。

萨阿德·扎格鲁勒出身于尼罗河三角洲的

① Botman, S., *Egypt from Independence to Revolution 1919—1952*, p.148.

地主家庭,19 世纪 70 年代就读于爱资哈尔大学,深受贾马伦丁·阿富汗尼和伊斯兰现代主义思想的影响,追随穆罕默德·阿卜杜和艾哈麦德·鲁特菲·赛义德。1882 年奥拉比起义失败后,萨阿德·扎格鲁勒涉嫌暗杀赫迪威入狱。[①]1906—1913 年,萨阿德·扎格鲁勒先后出任埃及政府的教育部长和司法部长,致力于教育民族化和司法世俗化的改革,强调推广使用阿拉伯语取代英语,主张聘用埃及教师取代外籍教师,改革传统司法体系,限制欧莱玛的司法权力。1914 年,萨阿德·扎格鲁勒进入议会,强调限制赫迪威的权力和扩大议会的权限,主张通过谈判结束英国殖民当局的控制和实现埃及的政治独立。

萨阿德·扎格鲁勒

英国驻埃及总领事克罗默尔曾经于 1907 年称赞萨阿德·扎格鲁勒具备为国家服务的卓越能力和令人信服的勇气,预言萨阿德·扎格鲁勒一定会事业上获得成功。[②]萨阿德·扎格鲁勒确实在事业上获得成功,然而却非按照克罗默尔最初设想的方式。

1918 年"一战"结束后,萨阿德·扎格鲁勒、阿卜杜勒·阿齐兹·法赫米、阿里·沙尔拉维组成的埃及代表团(阿拉伯语中读作华夫托·米绥尔)会见英国高级专员,要求代表埃及民众出席巴黎和会,旨在"诉诸一切合法的与和平的手段,即通过与英国的谈判,寻求埃及的完全独立"。[③]萨阿德·扎格鲁勒等人的要求遭到英国政府的拒绝。1919 年 3 月,侯赛因·鲁什迪帕夏领导的内阁宣布辞职,萨阿德·扎格鲁勒等人遭到英国殖民当局的囚禁,随后被流放到马耳他岛。消息传出以后,埃及各界民众纷纷举行示威,工人罢工,商人罢市,抗议英国的占领,民族矛盾趋于激化,萨阿德·扎格鲁勒俨然成为埃及独立运动的民族英雄。同年 4 月,英国殖民当局迫于埃及民众的压力,释放萨阿德·扎格鲁勒等人。[④]

---

① Goldschmidt, A., *A Concise History of the Middle East*, Boulder 1991, p.262.

② Goldschmidt, A., *A Concise History of the Middle East*, p.225.

③ Vatikiotis, P.J., *The History of Modern Egypt: From Muhammad Ali to Mubarak*, p.263.

④ 阿卜杜勒·阿齐兹·苏莱曼·努瓦德:《埃及近代史》,第 121 页,第 124 页。

1922年2月,英国政府与埃及政府签署协议,正式承认埃及作为独立的主权国家,同时保留英国在埃及的四项特权,即埃及服务于英国交通的需要,埃及的外国人处于英国的保护之下,英国控制埃及的防务,苏丹脱离埃及。[1] 1922年英埃协议,标志着埃及继完成去奥斯曼化的进程后,开启了去英国化抑或去殖民地化的崭新历史阶段。

然而,埃及民众争取完全独立的要求并没有得到满足。埃及只是获得了英国赐予的有限自治,在诸多方面依旧依附于英国殖民当局。埃及没有保卫国家的武装力量;英国人操纵埃及的政府机构,而出任官职的穆斯林大都是土耳其人和塞加西亚人,土著埃及人被排斥在政坛的核心之外。埃及的主要经济部门如制造业、运输业、商业和金融业,依旧处于外国资本的控制之下。在苏伊士运河的董事会中,没有埃及人的席位。大约20万外国人生活在埃及,他们在司法和赋税方面处于条约的保护之下,享有特殊地位。

1923年《时代》杂志封面人物福阿德国王

1922年3月,苏丹福阿德改称国王,委托前首相侯赛因·鲁什迪帕夏组建立宪委员会,制定宪法。[2]立宪委员会成员为32人,来自埃及社会的诸多阶层,包括地主、工商业者、律师、法官和教界人士以及科普特派基督徒的代表。华夫托党和祖国党反对官方任命的立宪委员会,主张选举产生立宪委员会以真正代表民众意愿,并且要求废除军事管制法,释放政治犯。国王意在强化宫廷的权力,首相萨尔瓦领导的自由宪政党试图扩大内阁的权限,华夫托党和民族党主张提高议会的地位,英国极力维护其在埃及的既得利益,由此形成立宪过程中的激烈角逐。[3]

1923年4月,包括170项条款的新宪法以及选举法正式颁布。1831年比利时宪法

① 阿卜杜勒·阿齐兹·苏莱曼·努瓦德:《埃及近代史》,第125—126页。
② Goldschmidt, A., *A Concise History of the Middle East*, p.227.
③ Ahmed, M., *Egypt in the 20th Century*, London 2003, p.85.

和1876年奥斯曼帝国宪法，构成1923年埃及宪法的原型。根据1923年宪法，埃及的政体为立宪君主制；议会实行两院制，上院议员任期10年，下院议员任期5年；上院议员的五分之二由国王任命，上院的另外五分之三议员和下院全体议员由年满21岁的男性公民选举产生；内阁对议会下院负责；国王与议会分享立法权，议会通过的议案须经国王批准方可生效。新宪法赋予国王以广泛的权力，包括任免首相、解散内阁和议会以及延长议会的任期。国王凌驾于议会和宪法之上，议会和内阁的权力相对有限。[①]埃及的政体因此明显区别于欧洲的议会民主制和立宪君主制，具有沿袭传统政治模式的明显倾向。

1923年宪法的宗旨是借助于现代政治的外在形式，维护国王及在外地主的统治地位和英国殖民当局的广泛政治影响。1923年宪法表明，埃及的政体在理论上处于君主政治与议会政治的二元状态，君主政治显然占据主导地位，议会政治居于次要地位。宪法和议会选举在一定程度上体现民众政治参与的现代政治模式，然而宪政制度即宪法、议会政治、选举政治和政党政治徒具形式，其实际作用微乎其微。

1919—1923年的宪政运动与1881年的奥拉比兵变均为埃及民众争取国家主权的民族主义运动，两者之间具有内在的逻辑联系。由于历史条件的差异，1881年的奥拉比兵变与1919—1923年的宪政运动出现不同的结局，前者的结局是奥拉比兵变的失败和英国的直接占领，后者的结局则是宪政运动的初步胜利和埃及获得名义上的独立。

另一方面，埃及1919—1923年宪政运动与伊朗1905—1911年宪政运动颇有异曲同工之处，两者皆表现为城市运动的明显倾向，皆包含民族主义和君主立宪的政治色彩。然而，伊朗的宪政运动具有宗教政治与世俗政治的二元性质，其政治基础在于教俗之间的妥协。相比之下，埃及的宪政运动则主要局限于世俗领域，其政治基础在于国王及在外地主与英国殖民当局的妥协。作为宪政运动的逻辑结果，伊朗的1906年宪法在诸多方面限制国王的权力，强调宗教与世俗的权力分享，埃及的1923年宪法则赋予国王以广泛的国内权力和至高无上的统治地位，君主政治长期占据主导地位，议会处于相对势弱的地位，宗教政治遭到排斥。

---

① Ahmed, M., *Egypt in the 20th Century*, p.86.

多元化的政党政治

1923—1952 年是埃及历史上的宪政时代，亦称自由主义时代，此间埃及政治生活的突出现象是宪政制度的历史实践。宪法的制定和议会的召开构成宪政制度的重要外在形式，而诸多政党之间的权力角逐则是宪政制度的政治基础。自 1907 年起，诸多政党相继组建，现代政党政治随之在埃及始露端倪。埃及现代政党政治兴起于埃及民众与英国殖民当局深刻对立的特定历史环境，尖锐的民族矛盾决定了埃及初兴的现代政党之浓厚的民族主义色彩。丁沙微事件之后日趋高涨的民族主义运动构成诸多现代政党相继登上埃及政治舞台的直接原因，而争取埃及的民族解放和建立具有完整主权的现代民族国家则是诸多现代政党的共同政治目标。

1907 年 9 月成立的民族党是埃及第一个现代意义的政党，创建者是马哈茂德·苏莱曼、哈桑·阿卜杜勒·拉泽克和艾哈迈德·卢特菲·赛义德。①民族党强调埃及人的民族性和民族意识，强调埃及民族是超越宗教界限的统一社会群体，强调埃及民族利益至上的政治原则。在此基础之上，民族党反对奥斯曼帝国的宗主权和土耳其贵族在埃及的统治地位，反对英国的占领，主张依靠埃及民众的力量实现埃及的独立，主张实行宪政以限制赫迪威的专制，进而保障民众的自由和权利。民族党反对民众的暴力运动，倡导自上而下的和渐进的改良运动，主张与英国殖民当局的合作以及通过谈判的方式实现独立，具有明显的温和倾向。另一方面，民族党主张淡化穆斯林与非穆斯林之间信仰的差异，崇尚欧洲方式的人文主义和科学精神，主张个人自由、代议制政府、教俗分离和妇女解放，将伊斯兰教的统治视作保守的象征和落后的根源，表现为浓厚的世俗色彩。民族党的支持者主要来自埃及社会上层的知识分子、地主、商人和官吏，并未吸引下层民众。克罗默尔称民族党是“埃及的吉伦特派”，下层民众则将民族党视作英国的御用工具。②

1907 年 10 月创建于亚历山大的祖国党是具有激进倾向的世俗民族主义政党，支持者主要来自市民阶层，领导人是穆斯塔法·卡米勒。③祖国党支持民族党之强调埃及民族性的世俗主义思想和反对英国占领的民族主义立

---

① Metz, H.C., *Egypt: A Country Study*, Washington 1991, p.45.

② Metz, H.C., *Egypt: A Country Study*, p.45.

③ Ahmed, M., *Egypt in the 20th Century*, p.23.

场,倡导埃及人超越宗教界限的广泛政治联合,强调建立包括苏丹在内的整个尼罗河流域的独立国家,同时主张实现下层民众的广泛政治参与和诉诸暴力手段。[①]1908 年穆斯塔法・卡迈勒死后,穆罕默德・法里德继任祖国党领导人,祖国党出现分裂,形成温和派与激进派的明显对立。祖国党中的温和派成员倾向于支持赫迪威,寄希望于温和的斗争方式,主张通过与英国殖民当局的谈判争取埃及的民族独立。持激进立场的祖国党成员则认为赫迪威只是英国殖民当局的统治工具,主张依靠奥斯曼帝国苏丹的支持和穆斯林民众的广泛政治联合,诉诸暴力手段,实现摆脱英国殖民统治和争取民族解放的政治目标。1910 年,祖国党解体,温和派成员退出祖国党。此后,祖国党演变为泛伊斯兰主义的激进政治组织。[②]

立宪改革党成立于 1907 年 12 月,领导人是阿里・尤素夫。立宪改革党的政治立场介于民族党与祖国党之间,强调赫迪威与埃及民族的共性,主张强化赫迪威的统治地位和在赫迪威的领导下实现社会变革和争取国家的独立。与民族党和祖国党相比,立宪改革党缺乏广泛的社会基础,追随者局限于宫廷,人数寥寥无几。1913 年阿里・尤素夫死后,立宪改革党退出埃及政坛。[③]

华夫托党始建于 1918 年,是埃及自由主义时代议会框架内最重要的政治组织。华夫托党的社会基础是包括穆斯林和科普特人在内的埃及土著乡绅和市民阶层,明显区别于传统社会的突厥—塞加西亚贵族,持世俗民族主义的政治立场。华夫托党的政治纲领是,通过合法的和非暴力的斗争方式,结束英国的殖民统治,争取埃及的民族独立。两次世界大战之间,埃及共计举行 8 次议会选举,华夫托党 6 次获胜。[④]在自由主义时代的特定历史条件下,构成人口主体的农民普遍表现为依附于地主的社会状态,乡村地主的支持则是华夫托党在议会选举中赢得胜利的关键因素。然而,华夫托党主要代表中上层社会的利益,具有精英政治的浓厚色彩,缺乏下层民众的广泛支持。剧烈的社会分化以及地主与农民之间的深刻对立,决定了华夫托党排斥下层民众的保守倾向。因此,华夫托党尽管在争取民族独立的斗争中表现出拒绝与英国殖民当局妥协的明确态度,却在国内政治、经济和社会政策方面持温

---

① Terry, J.J., *Cornerstone of Egyptian Political Power: The Wafd 1919—1952*, London 1982, p.160.

② Ahmed, M., *Egypt in the 20th Century*, p.27.

③ Ahmed, M., *Egypt in the 20th Century*, p.23.

④ Vatikiotis, P.J., *The History of Modern Egypt: From Muhammad Ali to Mubarak*, pp.274—295.

和的立场,其内部结构具有明显的非民主性,尤其是在土地改革方面举步不前,无意推行激进的改革举措,强调渐进的改良原则,主张通过议会模式的政治运动实现埃及的民族独立和推动埃及的现代化进程。"华夫托党的第一代领导人代表地主和新兴资产阶级的利益……华夫托党之所以得到民众的广泛支持,并非由于其倡导激进的经济社会改革,而是由于其反对英国殖民统治的政治立场。"①

华夫托党可谓埃及自由主义时代议会政党的原型;其他诸多政党大都脱胎于华夫托党的分裂,是为议会框架内的少数派政党。自由宪政党始建于1922年,代表大地主以及贵族和知识界精英的政治立场,具有浓厚的世俗民族主义色彩,主张通过与英国殖民当局的谈判而逐渐实现埃及的独立,反英立场颇显温和,缺乏广泛的民众基础。自由宪政党最初支持1923年宪法,曾经与华夫托党建立竞选联盟,反对国王的独裁专制,主张限制君主权力,20年代末期逐渐转向与宫廷合作,成为华夫托党的竞争对手。联盟党始建于1925年1月,是福阿德国王发起创建的御用政党,代表贵族、官吏和高级将领的既得利益,其主要成员大都出任军政要职,时人称之为国王党。②人民党始建于1930年,是伊斯马仪·西德基与华夫托党角逐议会的政治工具,代表大地主阶级的利益。萨阿德党始建于1937年,代表工业资产阶级的利益,与工业基金会、米绥尔银行具有密切联系,主张埃及的经济独立和工业保护政策,倡导宪政、民主、公民权和一定程度上的社会公正。③

工业的初步发展促使工人阶级走上埃及的政治舞台。1899—1910年,烟草、铁路和印刷行业出现最早的工人运动。1919—1923年宪政运动期间,新兴工人阶级构成埃及政坛的左翼群体。工会的建立以及工会领导的罢工,则是工人阶级之力量崛起的集中体现。埃及的工会组织最早出现于19世纪末和20世纪初,成员主要是非埃及血统的希腊人、意大利人和亚美尼亚人。在1919—1923年宪政运动中,工人开始登上埃及的政治舞台,罢工和示威成为工人表达政治立场的主要方式。1919—1921年,埃及发生罢工81次。至1922年,埃及的工会达到102个,其中开罗38个,亚历山大40个,运河区18个,其他地区6个。④1921年,埃及工人在工会组织的基础上成立埃及社会主

① Terry, J.J., *Cornerstone of Egyptian Political Power: The Wafd 1919—1952*, p.208.

② Terry, J.J., *Cornerstone of Egyptian Political Power: The Wafd 1919—1952*, p.182.

③ Ahmed, M., *Egypt in the 20th Century*, p.117.

④ Botman, S., *Egypt from Independence to Revolution 1919—1952*, p.100.

义党，传播费边的社会主义思想和布尔什维克的马克思主义思想。埃及社会主义党不同于自由主义时代的诸多世俗民族主义政党，着力攻击资本主义，倡导阶级斗争，支持者来自开罗和亚历山大，其中亚历山大的支持者主要是外籍工人，开罗的支持者主要是埃及人。1922 年，埃及社会主义党改称埃及共产党，其基本纲领包括争取埃及的独立、英军撤出埃及、收回苏伊士运河主权、实行八小时工作日、提高工资、自由结社、制定劳动保护法、土地改革和解放妇女。然而，埃及工业化的缓慢进程，特别是工人的多元构成，制约着工人运动的发展。工会组织大都处于宫廷和政党的操纵之下，成为精英阶层角逐权力的政治工具，或者受到立宪政府的压制，缺乏必要的活动自由。外籍工人与土著工人在诸多方面存在明显的差别，难以形成共同的目标和要求。1923 年，议会通过法案，严格限制工会活动。1924 年，埃及共产党遭到取缔，逐渐销声匿迹。①

议会选举与宪政实践

1924 年 1 月，埃及举行第一次议会选举，华夫托党、自由宪政党、祖国党和独立候选人参与议会席位的竞选，华夫托党获得议会 211 个席位中的 179 个席位，扎格鲁勒出任首相，组成第一届华夫托党政府。②

1924 年 11 月，驻埃及英军司令兼苏丹总督李・斯塔克在开罗遇刺身亡，英国高级专员爱伦比要求埃及政府惩处凶手，支付 50 万英镑的赔款，从苏丹撤出埃及军队。扎格鲁勒拒绝接受英国殖民当局的要求，被迫辞职。福阿德国王随后解散议会，承诺从苏丹撤军，任命持亲英立场的齐瓦尔帕夏作为首相。与扎格鲁勒领导的华夫托党内阁相比，“齐瓦尔的内阁俨然是英国和宫廷手中的橡皮图章”。③

1925 年 3 月，议会再次举行选举，华夫托党获得 46%的选票，自由宪政党获得 20%的选票，联盟党获得 17%的选票。在宫廷和国王的操纵下，自由宪政党、联盟党以及无党派政界人士组成联合政府，齐瓦尔出任内阁首相，扎格鲁勒当选议长。随后，国王再次宣布解散议会。④新政府在福阿德国王的支持下，修改选举程序，实行间接选举，提高选民的资格限制，旨在排斥华夫

---

① Vatikiotis, P.J., *The History of Modern Egypt: From Muhammad Ali to Mubarak*, p.338.

② Terry, J.J., *Cornerstone of Egyptian Political Power: The Wafd 1919—1952*, p.158.

③ 阿卜杜勒・阿齐兹・苏莱曼・努瓦德：《埃及近代史》，第 127 页。

④ Terry, J.J., *Cornerstone of Egyptian Political Power: The Wafd 1919—1952*, pp.182—183.

托党的政治影响,削弱宪政,强化君主地位。①

1926 年 5 月,议会举行第三次选举,华夫托党获得 171 个议会席位,自由宪政党和祖国党分别获得 29 个议会席位,联盟党获得 1 个议会席位,华夫托党与自由宪政党组成联合政府,自由宪政党领袖阿德里·亚昆出任首相,扎格鲁勒出任议长。1927 年 8 月,扎格鲁勒去世,穆斯塔法·纳哈斯继任华夫托党领袖和议长职位。②

1927 年比利时《爱国者画报》头版的福阿德国王

自 20 年代末开始,政党政治基础上的多元政治趋于衰落,宪法名存实亡,宫廷政治成为居主导地位的政治形式。1928 年 6 月,福阿德国王解散议会,任命自由派人士穆罕默德·马哈茂德组成内阁,极力排斥反对派政治势力,取缔宪法曾经赋予民众的新闻自由和结社自由,时人称之为宫廷政变。③1929 年 12 月,埃及恢复议会选举,华夫托党获得议会 235 个席位中的 212 个席位,纳哈斯出任首相,组成第二届华夫托党内阁。④

1930 年 6 月,福阿德国王罢免纳哈斯,解散华夫托党内阁,人民党领袖西德基出任首相,组成新的内阁,宣布废止 1923 年宪法,解散议会,旨在根除华夫托党东山再起的政治基础。与此同时,西德基授意起草新宪法和新的选举法,试图强化君主政治。根据新的 1930 年宪法,内阁不再对议会负责,改为对国王负责;国王有权决定首相的人选,有权解散内阁和议会;议会法案须由国王批准方可生效,国王有权否决议会通过的法案。新的选举法实行两级选举制,提高选民的财产资格标准,选民由年满 21 岁的男性公民改为年满 25 岁的男性公民,

① Ahmed, M., *Egypt in the 20th Century*, p.97.

② Terry, J.J., *Cornerstone of Egyptian Political Power: The Wafd 1919—1952*, p.188, p.199.

③ Johnson, A.J., *Reconstructing Rural Egypt*, New York 2004, p.28.

④ Ahmed, M., *Egypt in the 20th Century*, p.112.

福阿德国王与穆罕默德·马哈茂德总理等内阁成员走出亚历山大车站

议员人数由235人改为150人。[①]"西德基俨然是反宪政主义的象征,西德基内阁成为独裁的政府。"[②]西德基内阁的建立,标志着自由主义时代的宪政实践开始出现重大的转折。宪政制和代议制原则遭到严重破坏,独裁君主的统治权力急剧膨胀,民众政治与政府政治之间的联系明显削弱,进而导致国内政治的暴力化和极端化倾向。

1933年9月,福阿德国王罢免西德基,解散1931年选举的议会。1935年12月,国王迫于压力,宣布恢复1923年宪法和1924年规定的选举程序。[③]

1936年4月,国王福阿德去世,法鲁克即位。同年5月,埃及恢复议会选举,华夫托党获得89%的选票和157个议会席位,自由宪政党获得17个议会席位,人民党获得8个议会席位,联盟党获得5个议会席位,祖国党获得4个议会席位,独立候选人获得16个议会席位;纳哈斯出任首相,组成第三届华

① Ahmed, M., *Egypt in the 20th Century*, pp.116—117.

② Johnson, A.J., *Reconstructing Rural Egypt*, p.29.

③ Ahmed, M., *Egypt in the 20th Century*, p.127, p.135.

福阿德国王(前左一)与法鲁克国王(前右一)

身着戎装的法鲁克国王

大托党内阁。①

1936年8月,纳哈斯领导的华夫托党政府与英国殖民当局签署协议。根据1936年英埃协议,埃及获得进一步的独立,享有自主的外交权利;英国高级专员改称英国驻埃及大使,英国在埃及的防务改为英埃军事联盟的形式,英国在埃及的驻军局限于开罗、亚历山大和苏伊士运河区,驻军规模不得超过1万人;埃及军队隶属埃及政府,埃及军队的英籍总监改由埃及人担任,埃及的军事学院招收埃及学员;埃及军队进驻苏丹,埃及政府获准向苏丹移民,苏丹问题留待苏丹人在建立主权国家与沿袭英埃共管两者之间自主选择;取消领事裁判权和外国侨民在埃及享有的特殊保护,混合法庭将于12年后即1949年取消,废除以往强加于埃及的不平等条约;英国承诺支持埃及成为

① Terry, J.J., *Cornerstone of Egyptian Political Power: The Wafd 1919—1952*, p.230.

国联的成员。①此后,埃及政府迫使苏伊士运河公司做出让步,有权任命至少两名埃及人作为运河公司的董事会成员,运河公司每年需向埃方支付 30 万埃镑的酬金,运河公司的埃及雇员不得少于 35%,运河公司有义务修筑苏伊士至塞得港之间的公路。1937 年,蒙特罗斯会议宣布废除西方列强与奥斯曼帝国签订的不平等条约,规定在未来 13 年中逐步废除混合法庭,即至 1949 年外国人在埃及享有的法律特权将不复存在。②

随着 1936 年英埃协议的签署和英埃矛盾的缓解,宫廷与华夫托党之间的权力争夺趋于加剧。与此同时,华夫托党内部出现分裂,纳哈斯将华夫托党主要成员马哈茂德·努克拉什和艾哈迈德·马希尔驱逐出党;两人遂组建萨阿德党。1937 年,国王解散纳哈斯领导的华夫托党内阁。③

"二战"前夕,华夫托党与宫廷之间的关系进一步恶化,继纳哈斯内阁之后的马希尔内阁、萨布里内阁和侯赛因·西里内阁均为非华夫托党政府。1939 年"二战"爆发后,法鲁克国王以及非华夫托党领导的内阁均持倾向德国的立场,试图依靠轴心国的势力摆脱英国的控制。"国王任命着一个接一个的首相。这些首相或者同情轴心国,或者表示中立,却无人持亲英的立场。"1941 年,首相侯赛因·西里试图中止与法国维希政府的外交关系,旋即遭到国王的罢免。④

1942 年,英国出于自身利益的需要,强迫法鲁克国王委派纳哈斯出任首相,组建新一届华夫托党内阁。⑤此后,华夫托党与宫廷之间的矛盾进一步加剧,国王支持的诸多政党由于长期排斥华夫托党而成为纳哈斯政府迫害的对象。华夫托党在野期间极力主张取消军事管制法,重新执政后却利用军事管制法作为排斥政治异己和垄断权力的首要工具,"政治演变为报复的游戏"。⑥与此同时,华夫托党成为英国的战时盟友,其作为埃及反英民族运动领袖的形象不复存在,其在民众中享有的政治威望一落千丈。"所有的开罗人和所有的埃及人都知道,华夫托党与英国殖民当局合作,共同反对宫廷,华夫托党的领导人纳哈斯成为帝国主义的政治盟友。"⑦

---

① 阿卜杜勒·阿齐兹·苏莱曼·努瓦德:《埃及近代史》,第 129—130 页。

② Botman, S., *Egypt from Independence to Revolution 1919—1952*, p.39.

③ Ahmed, M., *Egypt in the 20th Century*, p.145.

④ Johnson, A.J., *Reconstructing Rural Egypt*, p.56.

⑤ Johnson, A.J., *Reconstructing Rural Egypt*, p.57.

⑥ Vatikiotis, P.J., *The History of Modern Egypt: From Muhammad Ali to Mubarak*, p.351.

⑦ Terry, J.J., *Cornerstone of Egyptian Political Power: The Wafd 1919—1952*, pp.252—253.

扎格鲁勒领导的华夫托党诞生于埃及民众与英国殖民统治激烈对抗的特定历史环境，曾经是“一战”结束后埃及独立运动的核心和埃及民族的象征，其反对英国殖民统治的不妥协的政治立场博得埃及民众的广泛支持。相比之下，“二战”期间纳哈斯领导的华夫托党依靠英国殖民当局的支持回归政坛，民族主义的立场趋于温和，不再被民众视作埃及民族利益和国家主权的捍卫者，政治威望丧失殆尽，驾驭民众的政治能力不断削弱，逐渐蜕变为腐败、专制和特权的象征，进而丧失原有的社会基础，呈衰落的趋势。

自 1943 年起，法鲁克国王与遭到华夫托党排斥的诸多议会政党在立场上趋于一致，华夫托党成为埃及政坛的众矢之的。反对华夫托党的诸多政党组成民族阵线，公开抨击华夫托党的统治导致埃及重新沦为英国的殖民地。1943 年 2 月，华夫托党内部的反对派麦克拉姆・欧拜德发表“黑书”，揭露纳哈斯和华夫托党的腐败行为，指责纳哈斯和华夫托党勾结英国和出卖埃及国家利益，产生广泛的政治影响。①

“二战”形势的变化直接影响着埃及的政治走向。轴心国军队在北非战役的失败，结束了英国对于华夫托党政府的支持。1944 年 10 月，纳哈斯领导的华夫托党政府垮台，萨阿德党领袖马希尔组建新的联合政府。1945 年 2 月，马希尔被暗杀，萨阿德党的新领袖努克拉什继任首相。努克拉什执政期间，以工人和学生作为主体的民众抗议和请愿活动日渐频繁。1946 年 2 月，示威的学生与警察发生冲突，数人伤亡，努克拉什辞职，国王任命人民党领袖西德基为内阁首相。②此后，示威活动由开罗扩大到亚历山大和其他城市，示威者与英军发生冲突，工人罢工，市民罢市，学生罢课，英军驻地和西方商号成为攻击的目标。③

1946 年 5 月，西德基政府与英国殖民当局谈判，后者坚持以保留在苏伊士运河区驻军作为条件撤出开罗和亚历山大的驻军，谈判破裂。与此同时，西德基政府实行高压政策，解散政治组织，镇压政治运动，囚禁政治反对派。随后，西德基与英国殖民当局再次举行谈判，双方同意英军在未来三年撤离埃及，英国与埃及签订共同防御条约，苏丹在名义上隶属埃及国王直至建立自治政府。此后数月，埃及民众强烈要求结束殖民统治、撤走英军和实现埃

---

① Terry, J.J., *Cornerstone of Egyptian Political Power: The Wafd 1919—1952*, p.281.

② Ahmed, M., *Egypt in the 20th Century*, pp.172—178.

③ Terry, J.J., *Cornerstone of Egyptian Political Power: The Wafd 1919—1952*, p.293.

及与苏丹的统一，在开罗、亚历山大和其他地区举行示威，反英运动愈演愈烈，冲突迭起。①

1946 年 12 月，努克拉什取代西德基出任首相，开始与英国政府就埃及的主权和国际地位进行谈判，并将相关问题交联合国讨论，无果而终。1947 年 1 月 19 日即 1899 年英埃共管条约签订的周年纪念日成为埃及的国家哀悼日，民众反英情绪日趋高涨。努克拉什政府在国内实行自由化政策，取消新闻审查，允许政治结社，废除军事管制。然而，在与英国交涉方面，努克拉什政府尚显无力。②

宪政与民主

20 世纪初，民主、科学和工业化成为民众追逐的时尚和潮流，埃及社会呼唤着政治的变革。以西方的自由主义取代埃及传统的宗教保守主义和政治威权主义，以代议制政府取代君主独裁，被视作建立现代国家的历史选择。宪政、民主、人权的政治理念从西方传入埃及，由此开始了埃及政治发展的崭新阶段，埃及的政治现代化随之进入现代政治模式与传统政治模式激烈抗争的历史时代。

西方现代国家制度的基础在于主权在民和宪法至上的政治原则，自由和人权构成西方现代国家制度的核心内容，议会制和普选制则是西方现代国家制度的经典模式。自由主义时代，宪法、议会和政党政治在埃及初露端倪，西方现代国家制度的移植成为自由主义时代埃及政治生活的突出现象。

然而，西方现代的国家制度根源于西方的历史进程即资本主义的发展和资产阶级的政治崛起，是西方经济社会变革的逻辑结果，与资产阶级之登上历史舞台和问鼎政坛表现为同步的状态，其实质在于新兴的资产阶级对于传统社会势力操纵政治舞台和垄断国家权力的否定，表现为自下而上的过程。相比之下，自由主义时代的埃及处于现代化的早期阶段，传统农业占据主导地位，封建土地所有制广泛存在，工业化进程步履维艰，现代经济成分初具雏形，新兴的资产阶级羽翼未丰，不足以与传统势力角逐政坛和分庭抗礼，在外地主构成国家政权的社会基础。埃及民众的权利源于君主的恩赐，所谓的民主政治缺乏必要的经济社会基础，尚属无源之水和无本之木，徒具虚名。宪

① Botman, S., *Egypt from Independence to Revolution 1919—1952*, pp.49—50.

② Ahmed, M., *Egypt in the 20th Century*, p.181, pp.184—185.

政运动表现为自上而下,而不是自下而上的过程,具有明显的历史缺陷。英国的长期占领,亦对埃及的政治生活产生巨大的影响。经济社会发展水平的严重滞后,加之殖民统治的特定历史环境,决定了现代政治模式在埃及的扭曲状态。宪法的制定以及多党制、普选制和议会制的政治形式,并未给埃及带来真正的政治民主。

自由主义时代埃及历史的突出现象,在于政党政治的形式下民主与专制的激烈抗争。宪法的制定和议会选举的实践初步体现着现代模式的民众政治参与,而国王随意践踏宪法和解散议会则是威权政治排斥民主政治的基本手段。政党政治既是民众政治参与的形式,亦是君主专制排斥民众政治参与的工具。另一方面,自由主义时代埃及的政治局势长期处于动荡的状态,议会屡遭解散,内阁更替频繁,表明宪政制度具有明显的脆弱性。

尽管如此,宪政运动的历史实践和宪政制度的初步建立毕竟标志着埃及政治领域的深刻变革。自由主义时代宪政运动与宪政制度的政治模式,无疑是埃及政治现代化进程的重要阶段,构成埃及政治从君主独裁向共和政体过渡的中间环节,其突出特点在于现代政治的形式与传统政治的内容两种因素的并存。政治形式与政治内容的明显差异抑或宪政制度与君主独裁之间的激烈抗争,构成自由主义时代埃及政治生活的突出现象。封建地主和君主政治依然是埃及政治舞台的主导因素,宪法以及议会政治和政党政治作为现代政治的外在形式毕竟为新兴社会势力问鼎政坛和角逐国家权力提供了相应的空间。因此,自由主义时代埃及的政治模式,尽管具有十分浓厚的封建色彩和相当明显的非民主倾向,无法与成熟的现代政治和发达的民主政治相提并论,却无疑包含现代政治的基本框架,进而形成传统政治与现代政治长期并存的崭新局面,初露端倪的现代政治与根深蒂固的传统政治之间的抗争贯穿自由主义时代的历史进程。宪法和议会选举在一定程度上体现民众参与的现代政治模式,国王随意践踏宪法和解散议会则是威权政治排斥民主政治的基本手段。

政治生活的激进化与极端主义的泛滥

自由主义时代,宪政制度的建立与议会框架内政党政治的活跃,无疑标志着埃及传统政治模式的衰落和现代政治模式的初步实践。然而,源于西方的宪政制度在20世纪初的埃及缺乏必要的经济社会基础,宪法规定的自由、民主和人权原则只是一纸空文。埃及宪政制度的基础局限于社会上层,国王

与诸多议会政党的权力分享构成自由主义时代埃及政治的核心内容，议会政治、政党政治与精英政治具有三位一体的明显倾向。包括华夫托党在内的诸多政党作为埃及政坛的主导势力，其支持者主要来自地主、商人、企业家、官吏、知识分子，只是社会上层操纵议会选举和角逐权力的政治工具，无意扩大政治参与的社会基础和推动民主政治的历史进程，具有明显的狭隘倾向和非民众性，无力完成实现民族独立进而为现代化的长足进步开辟道路的历史使命。

自由主义时代的前期阶段，以华夫托党为代表的诸多政党与国王之间的权力角逐无疑是埃及政坛的突出现象。然而，即使华夫托党亦不代表真正意义上的民主政治，它具有明显的非民主倾向和精英政治的浓厚色彩。一方面，华夫托党所倡导的议会政治和政党政治仅仅将民众的支持作为角逐政坛的工具，其实质在于凌驾于民众之上和操纵民众运动的政治走向。另一方面，华夫托党的内部机制并不具有民主的性质，只是介于君主独裁与民主政治之间的寡头政治，华夫托党的一般成员缺乏必要的政治参与，被排斥于决策程序之外，扎格鲁勒和纳哈斯在党内具有绝对的统治地位。换言之，扎格鲁勒和纳哈斯控制华夫托党，华夫托党控制民众，所谓的政党政治表现为自上而下的明显倾向，与遵循自下而上之选举原则的政党政治和成熟的民主政治相去甚远。

随着传统经济秩序的衰落和社会裂变的加剧，下层民众渴望获得相应的政治权利，以求保障自身的经济地位。进入 40 年代以后，埃及的政治生活经历精英政治与民众政治此消彼长的明显变化。议会框架内的诸多政党对于下层民众之政治参与的排斥，导致下层民众对于精英阶层主导的宪政制度丧失信心。随着下层民众的政治觉醒，民众政治悄然崛起，进而形成与精英政治之间的尖锐矛盾和激烈对抗。超越议会框架的政治参与，构成新兴民众政治的突出特征。议会政治的非民众性，导致新兴民众政治的非议会性。区别于议会框架内的政党及其所代表的政治秩序而与新兴民众政治的崛起密切相关的崭新政治倾向日益明显，旨在否定现存政治秩序的革命条件日渐成熟，新旧政治秩序的更替成为埃及历史的发展趋势。与此同时，诸多政党与国王之间的矛盾逐渐缓解，议会框架内的政党政治趋于保守。

民众政治挑战精英政治的突出表现，在于政治生活的激进化和极端主义的泛滥。现代化进程中经济社会环境的剧烈变化，无疑是极端主义在埃及兴起的物质根源。自由主义的软弱、西德基政府排斥民众政治参与的独裁倾

向、宫廷势力的膨胀和华夫托党的妥协，是导致极端主义政治倾向的直接原因。极端主义的社会基础在于下层民众的政治觉醒，诉诸暴力的激进倾向构成极端主义的明显特征。

自由主义时代初期，世俗宪政思想一度成为在埃及政坛占主导地位的意识形态，世俗政治和议会框架内的政党政治构成精英政治的外在形式。自30年代开始，埃及民众与英国殖民统治之间的矛盾日趋尖锐，埃及的意识形态随之发生相应的变化，价值取向逐渐由崇尚西方的世俗理念转变为回归传统的宗教倾向，宗教政治和议会框架外的政党政治构成民众政治的表现形式。源于西方的世俗民族主义面临严峻的挑战，现代伊斯兰主义在埃及社会的政治影响明显扩大，进而成为埃及民众政治的意识形态。

自由主义时代后期，具有浓厚宗教色彩的穆斯林兄弟会成为民众政治挑战精英政治的主要政治力量。与议会框架内的政党政治相比，穆斯林兄弟会的特点在于借助现代伊斯兰主义的形式，强调神权政治性、广泛群众性和圣战暴力性，以下层民众政治取代精英政治。穆斯林兄弟会的兴起和发展，构成宗教政治的外在形式。宗教政治与世俗政治的抗争以及议会框架外的政党政治与议会框架内的政党政治之间的激烈角逐，根源于埃及社会内部的深刻矛盾，构成民众政治与精英政治之间尖锐对立的逻辑结果。穆斯林兄弟会的滥觞，集中体现现代伊斯兰主义的广泛政治影响，进而构成自由主义时代后期埃及特定的社会条件下民众广泛政治参与的历史形式。现代伊斯兰主义的泛滥和穆斯林兄弟会的广泛影响以及极端势力的兴起，预示着政治革命的即将到来。

穆斯林兄弟会的创始人哈桑·班纳，1906年出身于下埃及布海拉省小城马赫穆迪叶的宗教学者家庭，自幼熟读经训。[①]20年代中期，哈桑·班纳前往开罗学习，研究贾马伦丁·阿富汗尼、穆罕默德·阿卜杜和拉希德·里达的伊斯兰现代主义思想。哈桑·班纳认为，伊斯兰教不仅是一种宗教信仰，而且是一个无所不包的完整思想体系，是指导人生各个领域的终极道路；伊斯兰教有两个取之不尽和用之不竭的思想源泉，即《古兰经》和《圣训》；伊斯兰教是一种总体性的意识形态，为信仰者的个体和群体指出前进的方向和道路，制定万能的制度，制约政治、经济、社会和文化生活；伊斯兰教是永恒的真理，适用于一切时间和空间。在此基础之上，哈桑·班纳强调信仰的公众化

① Wendell, C., *Five Tracts of Hasan Al-Banna (1906—1949)*, Berkeley 1978, p.1.

与宗教的政治化，即伊斯兰教并非个人的信仰，亦非局限于内心世界，而是国家和社会的基本框架，是规范宗教、社会、政治和经济的最高准则，因此需要在各个方面加以实践，进而实现民族和国家的复兴。①另一方面，哈桑·班纳继承贾马伦丁·阿富汗尼、穆罕默德·阿卜杜和拉希德·里达的伊斯兰现代主义理论，反对盲从和守旧，强调创制的信仰原则，以适应现代社会的需要。②在某种意义上可以说，哈桑·班纳的思想与伊斯兰现代主义的理论具有内在的逻辑联系：伊斯兰现代主义着眼于智力的觉醒，而哈桑·班纳则着眼于政治的实践。哈桑·班纳援引早期伊斯兰时代的政治原则，反对君主专制，主张实现民众积极的政治参与。在哈桑·班纳看来，早期伊斯兰时代无疑是伊斯兰世界的理想时代。然而，哈桑·班纳倡导的现代伊斯兰主义并非追求早期伊斯兰时代社会模式的重新构建，而是强调早期伊斯兰时代的政治理念与现代社会秩序的完美结合。③

1928 年，哈桑·班纳在苏伊士运河区的伊斯梅利亚创建穆斯林兄弟会。1932 年，穆斯林兄弟会的中心从伊斯梅利亚移至开罗。1935 年，穆斯林兄弟会第三次大会确定哈桑·班纳作为总训导师和最高权威。④哈桑·班纳认为：穆斯林兄弟会"继承了伊斯兰教的全部美德和各种不同成分，是萨拉菲叶的信息、逊尼派的道路、苏菲主义的真理和社会理想的体现"。在哈桑·班纳看来，穆斯林兄弟会不是慈善协会，也不是政党，而是代表埃及民族的精神和灵魂。⑤然而，穆斯林兄弟会具有明确的政治纲领、完整的组织体系和广泛的社会基础，包含现代政党的诸多要素。穆斯林兄弟会的基本目标是，实现民族和解，巩固伊斯兰世界特别是阿拉伯国家之间的团结，坚持伊斯兰教的立法原则，复兴伊斯兰教信仰和阿拉伯文化，结束党派斗争，强化武装力量，消除腐败，建立教俗合一的国家秩序，摆脱英国的殖民统治，实现埃及的主权独立，保障民众的权利，扩大民众的政治参与，发展民族经济，改善下层民众的生活环境。⑥穆斯林兄弟会宣称："安拉是我们的目标，《古兰经》是我们的宪法，使者是我们的领袖，圣战是我们的道路，为主道而战是我们最崇高的愿

① Botman, S., *Egypt from Independence to Revolution 1919—1952*, p.121.

② Wendell, C., *Five Tracts of Hasan Al-Banna (1906—1949)*, p.4.

③ Davidson, L., *Islamic Fundamentalism*, London 1998, pp.21—22.

④ Lia, B., *The Society of the Muslim Brothers in Egypt 1928—1942*, Oxford 1998, p.43, p.98.

⑤ Wendell, C., *Five Tracts of Hasan Al-Banna (1906—1949)*, p.36.

⑥ Amin, C.M., *The Modern Middle East: A Sourcebook for History*, Oxford 2006, pp.69—71.

望。”“我们的基本目标是解放外国政权统治下的伊斯兰土地，在伊斯兰的土地上建立自由的伊斯兰国家。”①“信仰兴则民族兴”作为穆斯林兄弟会的思想纲领，包含明显的民族主义倾向。

穆斯林兄弟会的兴起无疑突破了自由主义时代议会政治和精英政治的框架，标志着埃及现代化进程中的政党政治进入崭新的发展阶段，浓厚的宗教色彩和诉诸神权的政治形式构成穆斯林兄弟会作为新兴政党的明显特征。

穆斯林兄弟会在初建阶段具有苏菲主义的浓厚色彩，致力于传播信仰、普及教育、弘扬伊斯兰文化和从事慈善事业，旨在培养正确理解伊斯兰教的新一代穆斯林。②此时的穆斯林兄弟会尚未涉足政坛，政治立场亦颇显温和。自 30 年代后期开始，精英政治日趋保守，民众政治与精英政治之间的矛盾对立明显加剧，议会框架内的政党政治危机四伏，穆斯林兄弟会作为民众政治挑战精英政治的主要载体随之逐渐转变为崇尚暴力的激进政治组织。哈桑·班纳援引《古兰经》和《圣训》，强调圣战是穆斯林不可推卸的宗教义务。“夜晚做信士，白日做战士”，成为穆斯林兄弟会的政治口号。③与此同时，穆斯林兄弟会人数迅速增加。1934 年，哈桑·班纳宣称穆斯林兄弟会的成员分布在超过 50 个村镇。1936 年，据英国殖民当局估计，穆斯林兄弟会的分支机构超过 100 个，成员总数约为 800 人。1937 年，穆斯林兄弟会的成员达到 2 万人。“30 年代末，穆斯林兄弟会的分支机构遍布埃及城市和乡村的各个角落。”1941 年，穆斯林兄弟会在开罗举行第六次大会，出席会议的各地代表约 5 000 人。“二战”后期，穆斯林兄弟会的成员多达数十万人。④特定的社会环境，即下层民众的政治觉醒以及世俗政治的衰落和议会框架内政党政治的危机，构成穆斯林兄弟会长足发展的深层背景。农民、士兵和包括工人、学生、职员在内的城市下层的支持，提供了穆斯林兄弟会的广泛社会基础。

1945—1948 年是穆斯林兄弟会的鼎盛时期，此间穆斯林兄弟会成为埃及最具影响力的激进政治组织，由穆斯林兄弟会发起和组织的民众示威和其他政治运动，以及穆斯林兄弟会发行的报刊和出版的书籍，在当时的埃及社会产生巨大影响，拥有 2 000 个分支机构和 50 万成员。⑤巴勒斯坦战争期间，

① Wendell, C., *Five Tracts of Hasan Al-Banna (1906—1949)*, p.31.

② Lia, B., *The Society of the Muslim Brothers in Egypt 1928—1942*, p.37.

③ Wendell, C., *Five Tracts of Hasan Al-Banna (1906—1949)*, p.133, p.82.

④ Lia, B., *The Society of the Muslim Brothers in Egypt 1928—1942*, pp.95—96, p.152, p.154.

⑤ Botman, S., *Egypt from Independence to Revolution 1919—1952*, p.103, p.123.

穆斯林兄弟会的势力达到顶峰。穆斯林兄弟会势力的急剧膨胀，严重威胁着法鲁克国王的统治地位。巴勒斯坦战争之后，法鲁克国王将打击目标由华夫托党转向穆斯林兄弟会。努克拉什政府在埃及实行军事管制，宣布取缔穆斯林兄弟会，逮捕穆斯林兄弟会成员，没收穆斯林兄弟会的财产，包括穆斯林兄弟会拥有的学校、医院、商店、工厂、保险公司、出版机构以及军事装备。努克拉什随后遭到穆斯林兄弟会激进分子的暗杀，哈桑·班纳亦在不久之后遭暗杀身亡。哈桑·班纳死后，穆斯林兄弟会的势力逐渐削弱。1950 年 1 月华夫托党重新执政后，穆斯林兄弟会的公开活动逐渐恢复。1951 年 10 月，哈桑·侯戴比当选为穆斯林兄弟会的总训导师。①

宪政危机

埃及自由主义时代的历史特征，在于殖民主义与封建主义的错综交织。一方面，埃及政府处于英国高级专员的操纵和控制之下，是英国高级专员的傀儡和英国殖民统治的工具。另一方面，封建地主不仅占有大量土地，而且把持议会和内阁，是自由主义时代最具实力的政治群体。新兴的民族资产阶级往往兼有在外地主的双重身份，与传统秩序存在千丝万缕的联系。封建主义在乡村和农业的统治地位，是穆罕默德·阿里王朝独裁专制的社会基础。王室和精英阶层垄断国家的权力和财富，诸多议会政党无视下层民众的利益和要求。所谓的宪政制度，则是英国殖民主义和埃及封建地主阶级政治利益的集中体现。

1945—1952 年的埃及处于极度混乱的状态，困扰埃及的突出问题是国王的专制、政党的腐败和议会政治的徒具虚名。

华夫托党作为埃及最具影响力的议会政党，一方面致力于驾驭民族主义运动和争取国家独立的斗争，与英国殖民当局角逐政坛，排斥英国殖民当局的势力和影响，争夺埃及的统治权力，另一方面由于特定的社会基础而无力弥合埃及国内日渐加深的贫富分化和社会对立，无意推行有助于缓解国内贫富分化和社会对立的经济改革和政治改革，因而逐渐失去民众的支持。

与此同时，华夫托党内部出现新的裂变。华夫托党先锋队是华夫托党内部的政治组织，兴起于“二战”结束初期，主要由青年知识分子组成，领导人是穆罕默德·曼祖尔和阿齐茨·法赫米。该组织尽管隶属于华夫托党，却受自

---

① Dekmejian, R.H., *Islam in Revolution: Fundamentalism in the Arab World*, New York 1995, p.77.

由主义思想和社会主义思想的影响,倡导较为激进的社会改革和民族主义运动,时称左翼华夫托党。在国际方面,该组织倾向于共产主义国家和民族解放运动;在国内方面,该组织主张维护工人和农民的利益,限制资产阶级和地主阶级的经济剥削。该组织与埃及国内的马克思主义组织保持密切的联系。1947 年,该组织与激进的工会组织、左翼的妇女组织、马克思主义的民族解放民主运动组织联合成立全国民众阵线,要求英军撤出尼罗河地区,要求英国给予埃及充分的国家主权,同时反对埃及加入敌视英国和美国的国际军事同盟,主张改善埃及民众的生活境况。1947 年 8 月,全国民众阵线组织开罗民众数千人举行示威,要求英军撤出埃及领土,导致激烈的冲突,45 名军警和 38 名示威者丧生。[①]

1949 年第一次中东战争结束后,埃及财政陷入危机。法鲁克国王试图组建新政府,华夫托党则因恐惧穆斯林兄弟会的极端活动而被迫让步。1949 年 6 月,无党派人士侯赛因・西里受命组阁,包括华夫托党在内的所有主要政党加入新政府。新政府放弃高压政策,释放政治犯,承诺结束军事管制。[②]

1950 年 1 月,举行大选,华夫托党取胜,赢得议会 319 个席位中的 228 席,纳哈斯出任首相。[③]纳哈斯领导的华夫托党政府致力于埃及经济社会的发展,兴办医院,改善饮水条件和工人居住环境,启动阿斯旺水电计划,创办工业银行,规定埃及人拥有埃及所有公司 51%的股份,组建国有的开罗电力公司,包含工业化、国有化和民族化的初步倾向。与此同时,华夫托党政府开始关注下层民众即工人和农民的生活境况,制定劳动契约法、疾病补偿法和物价补贴法,颁布向无地农民分配 100 万费丹土地的法案。[④]

然而,华夫托党面临的最大困难,依旧是与英国殖民当局谈判和处理英埃关系。1950 年 3 月到 1951 年 10 月长达 19 个月的谈判结果是,埃及政府于 1951 年 10 月单方面废除 1936 年英埃协议和 1899 年关于苏丹的英埃共管条约,宣布法鲁克是埃及和苏丹的国王。此后,埃及工人拒绝为英军做工,铁路部门拒绝运送英军物资和人员,海关拒绝清理运往英军基地的货物,商人取消与英国签订的合同。在伊斯梅利亚和塞得港,示威者与英军发生冲突。1951 年 11 月到 1952 年 1 月,由学生、工人、运河区农民组成的游击队与

---

① Botman, S., *Egypt from Independence to Revolution 1919—1952*, pp.61—62.

② Ahmed, M., *Egypt in the 20th Century*, p.192.

③ Botman, S., *Egypt from Independence to Revolution 1919—1952*, p.51.

④ Ahmed, M., *Egypt in the 20th Century*, p.204.

英军之间屡有冲突，民众运动趋于失控，英军则开始向开罗逼近。华夫托党政府束手无策，陷于危机。1952年1月25日，英军进攻伊斯梅利亚的埃及警察驻地，多人伤亡。次日，民众反英运动在开罗达到高潮，进而掀起全国范围的总罢工。1月27日，法鲁克国王解散纳哈斯政府，委派马希尔出任首相。3月1日，希拉里政府取代马希尔政府。6月28日，希拉里政府辞职，侯赛因·西里组成新政府。[①]

宪政制度的实行，表明英国殖民当局与埃及封建地主阶级在新的历史条件下广泛的政治联合，两者虽有矛盾，更有共同的利益。现代化进程中新旧势力的消长以及民族主义与殖民主义的激烈抗争，导致传统的政治秩序趋于衰落。伴随着民众政治的兴起和民族解放运动的高涨，宪政制度成为埃及社会诸多矛盾的焦点所在。1952年"七月革命"前夕的法鲁克国王，由于无力摆脱英国的控制和巴勒斯坦战争的失败而成为民族屈辱的象征，由于排斥政治反对派和镇压穆斯林兄弟会而成为民众的公敌。埃及陷于严重的政治危机状态，通过政治革命进而捍卫民族尊严和推动经济社会改革成为埃及社会的迫切需要。

三、 穆罕默德·阿里王朝统治下的埃及经济与社会

穆罕默德·阿里时代的地权改革

19世纪埃及经济生活的突出现象是地权的运动，而导致地权运动的直接原因则是穆罕默德·阿里家族政权对于货币财富的渴求。

奥斯曼帝国统治时期，埃及的土地大都处于马木路克的控制之下，包税制盛行，国家土地所有权与包税者实际支配权的结合构成埃及土地制度的明显特征。包税人在向国家履行纳税义务的前提下，享有支配农民的广泛权力。16—17世纪，包税人多为土耳其驻军将领。18世纪末，包税人的构成表现为明显的本土化倾向，既有马木路克和各级官吏，亦有欧莱玛和乡绅贵族。包税的期限最初仅为数年；到1800年，包税期限大都延长至终身，甚至出现转让和世袭的情况。包税制无疑存在诸多弊端，农民不堪重负，弃田逃亡的现象屡屡发生，而包税人往往中饱私囊导致国家财政亏空，甚至僭夺国家权

---

① Ahmed, M., *Egypt in the 20th Century*, p.208.

力而助长地方的离心倾向。法军占领埃及期间,在尼罗河流域废除包税制,按照土地的实际所有者进行地产登记,进而征收直接税。穆罕默德·阿里家族政权建立以后,没收马木路克控制的土地,改由国家直接支配。①

瓦克夫是传统伊斯兰世界普遍存在的宗教地产,处于清真寺或其他伊斯兰教机构的支配之下,享有免纳赋税的特权。马木路克时代末期,宗教地产瓦克夫共计 60 万费丹,约占埃及全部耕地的五分之一。②1809 年,穆罕默德·阿里宣布,取消宗教地产瓦克夫的免税特权,进而将瓦克夫纳入征税的范围。教界首领欧默尔· 麦克莱姆由于反对穆罕默德·阿里取消瓦克夫之免税权的改革举措,曾被流放于迪米耶塔长达 10 年。③

1811 年,穆罕默德·阿里宣布取消包税制,同时将名目繁多的赋税合并为单一的土地税,明确规定征收土地税的时间和税额④。1812—1814 年,穆罕默德·阿里下令丈量全国土地,扩大土地税的征收范围,强化国家对于农民的直接控制。⑤1814—1816 年,穆罕默德·阿里实行新的税收制度,国家直接向村社征收赋税,由农民分摊,农民作为土地的耕种者不得拥有土地的所有权和继承权,其所耕种的土地被视作国家的地产,进而形成国家土地所有制与农民个体生产密切结合的经济模式。

马木路克时代,包税人是介于国家与乡村民众之间的纽带,亦是国家直接控制乡村民众的障碍。穆罕默德·阿里废除包税制,成为埃及的最高土地所有者,直接控制土地,进而控制依附于土地的民众,由此奠定中央集权和君主独裁的社会基础。“穆罕默德·阿里成为尼罗河流域唯一的地主和埃及唯一的商人……国家岁入明显增长,而农民的生活状况却未得到改善。”⑥

穆罕默德·阿里当政期间,埃及地权运动的重要内容在于国有土地的赐封。穆罕默德·阿里自 1829—1830 年开始将大量尚未开垦的土地赐予国家官吏,免征赋税,受封者则需保证土地的垦殖和耕种。这种土地称作伊巴迪叶,受封者最初并无所有权,仅仅享有用益权。1836 年,受封者获得将伊巴迪叶传交子嗣继承的权利。⑦1846 年,伊巴迪叶成为可以合法用于抵押、转让

---

① Marsot, A.L.S., *Egypt in the Reign of Muhammed Ali*, Cambridge 1984, p.137.

② Marsot, A.L.S., *Egypt in the Reign of Muhammed Ali*, p.8.

③ Daly, M.W., *The Cambridge History of Egypt*, Vol.2, p.148.

④ Marsot, A.L.S., *Egypt in the Reign of Muhammed Ali*, p.142.

⑤ Baer, G., *A History of Landownership in Modern Egypt 1800—1950*, London 1962, p.6.

⑥ 阿卜杜勒·阿齐兹·苏莱曼·努瓦德:《埃及近代史》,第 57 页。

⑦ Baer, G., *A History of Landownership in Modern Egypt 1800—1950*, p.7.

和交易的私人地产。此外,穆罕默德·阿里还于1837—1838年将大量土地赐予其家族成员。至20世纪初,穆罕默德·阿里家族成员拥有的地产达到埃及全部耕地的六分之一。①

非国有化的地权运动

19世纪后期,埃及乡村的历史性变化表现为地权的非国有化趋势。1858年,赛义德(1854—1863年在位)颁布法令,废除穆罕默德·阿里时期国家对于土地和农业生产的垄断权以及农产品专卖制,授予农民自由支配土地和自主决定生产内容的权利,规定在上埃及保留实物税而在下埃及征纳货币税,废除传统的村社集体纳税制,实行个人纳税制,允许个人购买和拥有土地。②根据该法令,农民对于土地的权利不仅局限于用益权,而且包括抵押和继承的合法权利,甚至外国人亦可在埃及购置地产,是为埃及近代之地权非国有化的起点。③"赛义德继穆罕默德·阿里之后于1858年颁布的土地法,标志着埃及私人土地所有权的演变进入新的阶段。"④

地权运动与地产结构之间具有内在的逻辑联系:国家土地所有制无疑是遏制乡村土地兼并和贫富分化的重要手段,土地所有制的非国有化倾向则是导致地权转移和加剧乡村贫富分化的深层背景。穆罕默德·阿里当政期间,国家控制土地和农民,地权的分布状况相对稳定。自19世纪中叶开始,国家土地所有制逐渐衰落,而地权的非国有化趋势,直接导致私人地产的增长。1850年,私人地产不足埃及地产总面积的七分之一;1875年,私人地产超过埃及地产总面积的四分之一;1890年,私人地产达到埃及地产总面积的三分之一。进入20世纪,除瓦克夫外的全部地产均成为所有者的私人地产。⑤

1882—1922年英国统治的重要历史遗产在于私人土地支配权的强化,土地兼并和贫富分化的现象随之不断加剧。1882—1917年,埃及的乡村农户从115万增至179万户,耕地面积从480万费丹增至523万费丹,乡村农户平均耕地面积从4.3费丹下降为2.9费丹。1907年,地产面积超过5费丹的大地产主和中等地产主15万户,占有全部耕地的四分之三,其余112万农

---

①③ Vatikiotis, P.J., *The History of Modern Egypt: From Muhammad Ali to Mubarak*, p.55.

② Baer, G., *A History of Landownership in Modern Egypt 1800—1950*, pp.8—9.

④ Baer, G., *Studies in the Social History of Modern Egypt*, Chicago 1969, p.66, p.70.

⑤ Baer, G., *Studies in the Social History of Modern Egypt*, p.66, p.70.

户占有全部耕地的四分之一;耕地少于5费丹而不足以满足生活需要的农户占农户总数的70%,无地农户占农户总数的21%。[①]1913年,1.3万个地产超过50费丹的地主共计拥有耕地达240万费丹,平均每户占有耕地近200费丹,而150万农户地产不足5费丹,共计拥有耕地150万费丹,平均每户拥有耕地1费丹。[②]1913年,地产不足1费丹的贫困农户约94万,平均每户耕地面积不足0.5费丹。[③]

自由主义时代,埃及乡村的地权运动进一步加剧。1936年,埃及的耕地面积584万费丹,地产所有者240万人。其中,不足5费丹的小地产总面积184万费丹,5—50费丹的中等地产总面积175万费丹,50费丹以上的大地产总面积225万费丹。与此同时,面积不足5费丹的小土地所有者224万人,面积5—50费丹的中等地产主15万人,面积超过50费丹的大地产主12 420人。[④]1939年,1.2万户土地超过50费丹的贵族拥有全部耕地的40%,地产不足5费丹的贫困农民264万户,超过90%的农户没有土地或土地不足3费丹。[⑤]1950年,埃及全部耕地约600万费丹,拥有耕地者为276万户,其中地产超过1 000费丹的大地产主约190户,占有耕地近50万费丹,地产超过2千费丹的大地产主61户,占有耕地近28万费丹,相比之下,地产1—5费丹的小农60万户,平均每户占有耕地2.14费丹,而地产不足1费丹的小农近200万户,平均每户占有耕地0.39费丹。[⑥]1952年,占地产所有者总数2%的大地产主拥有全国耕地的50%,其中王室地产占全部私人地产的2.4%,面积超过200费丹的私人地产占全部私人地产的21%,面积超过500费丹的私人地产占全部私人地产的12%,面积超过2 000费丹的私人地产占全部私人地产的4%。[⑦]与此同时,约有100万户无地农民,依靠出卖劳动力维持生计。[⑧]

随着地权的非国有化运动,土著的埃及人和土耳其人、塞加西亚人以及外籍移民购置地产者急剧增多,新兴地主阶级的力量逐渐壮大,进而成为埃

① Owen, R., *The Middle East in the World Economy 1800—1914*, pp.217—218.
② Vatikiotis, P.J., *The History of Modern Egypt: From Muhammad Ali to Mubarak*, p.251.
③ Owen, R., *The Middle East in the World Economy 1800—1914*, p.228.
④ Hershlag, Z.Y., *Introduction to the Modern Economic History of the Middle East*, p.126, p.226.
⑤ Daly, M.W., *The Cambridge History of Egypt*, Vol.2, pp.321—322.
⑥ Botman, S., *Egypt from Independence to Revolution 1919—1952*, p.75.
⑦ Baraka, M., *The Egyptian Upper Class between Revolutions 1919—1952*, London 1998, p.31.
⑧ Ayrout, H.H., *The Egyptian Peasant*, London 1963, p.17.

及政治舞台最具政治影响力的社会阶层。即使是新兴的资产阶级亦大都出自地主阶层，往往兼有资产阶级和地主的双重身份以及明显的保守倾向，而法鲁克国王则是埃及最大的地主。1924—1950 年，地产超过 100 费丹的议员约占议员总数的 45%—50%。[①]此间，地主长期操纵议会和内阁，左右国家的政治生活。所谓的宪政制度和议会君主制，其实质在于地主阶级的统治。另一方面，无地农户和少地农户普遍租种地主的土地，采用分成租佃制，缴纳实物地租和货币地租。农民作为依附于地主的弱势群体，处于政治生活的边缘地带，无缘分享国家权力。自由主义时代后期，农民与地主之间的矛盾对抗日趋尖锐，农民反抗地主和国家的暴力活动频繁发生。

农业生产

自 19 世纪开始，埃及的农业生产经历明显的发展过程。1835—1897 年，埃及的耕地面积增长 60%，农作物播种面积增长 100%，土地利用率提高 37%。[②]另据资料统计，1850—1882 年，埃及的耕地面积从 420 万费丹增至 480 万费丹；1846—1882 年，埃及的乡村人口从 400 万增至 700 万。1882 年，300 万费丹的耕地分布在尼罗河三角洲，180 万费丹的耕地分布在上埃及。[③]埃及的大地产主要是面向市场的棉田，棉花是尼罗河三角洲的典型经济作物，尼罗河三角洲则是埃及大地产的主要分布区域，地产集中的程度明显高于处于相对封闭状态的上埃及。[④]

耕作技术的进步和农作物种类的增多，导致播种面积的不断扩大。包括棉花、水稻、蓝靛和甘蔗在内的夏季作物播种面积，18 世纪末为 25 万费丹，19 世纪 30 年代增至 60 万费丹。[⑤]1873 年，超过一半的耕地每年播种两次，农作物的播种面积达到 750 万费丹，其中冬季作物的播种面积约 450 万费丹，夏季作物的播种面积约 100 万费丹，秋季作物的播种面积约 200 万费丹。[⑥]1821—1878 年，主要农作物小麦产量年均增长 2%，玉米产量年均增长 3.5%，棉花产量年均增长 7%，甘蔗产量年均增长8%。[⑦]1887—1914 年，主要

---

① Baraka, M., *The Egyptian Upper Class between Revolutions 1919—1952*, p.251.

② Bush, R., *Economic Crisis and the Politics of Reform in Egypt*, Boulder 1999, p.12.

③ Owen, R., *The Middle East in the World Economy 1800—1914*, p.135, p.136.

④ Owen, R., *The Middle East in the World Economy 1800—1914*, p.219.

⑤ Beinin, J., *Workers and Peasants in the Modern Middle East*, p.26.

⑥ Owen, R., *The Middle East in the World Economy 1800—1914*, p.137.

⑦ Richards, A., *Egypt's Agricultural Development 1800—1980*, Boulder 1982, p.38.

尼罗河畔的农业耕作

农作物棉花、小麦、大麦、蚕豆、玉米、水稻的年产量增长62%，农作物的年产值增长200%。①

近代埃及经济生活的重要内容，表现为农业生产的市场化趋势。穆罕默德·阿里当政期间国家土地所有制的强化与国家对于生产领域的超经济干预，构成推动农业市场化进程的有力杠杆。自19世纪20年代起，穆罕默德·阿里家族政权利用法国与反法联盟之间忙于战争、欧洲大陆粮食短缺、国际市场粮价暴涨的机会，实行垄断生产和农产品专卖制度，决定农民的种植内容并提供种子、工具、肥料和灌溉农田的水源，低价收购农产品，高价出口欧洲市场。穆罕默德·阿里在埃及疏浚河道，修筑桥梁，同时引进和推广棉花、烟草和水稻等新的农作物，输入叙利亚和安纳托利亚棉农，雇用法国工程师设计建造水渠和堤坝，改善灌溉方式，扩大耕地面积，经济作物如蓝靛、烟草、甘蔗和长绒棉取代传统的粮食作物成为主要的农作物，尤其是集约化耕作技术的引进明显提高了棉花产量。②据统计，埃及的棉花年出口额，19世纪20年代为12万坎塔尔(1坎塔尔折合45公斤)，19世纪40年代增至24万坎塔尔，棉花的国际市场化程度明显提高。③埃及的传统农作物是冬小麦，秋季播种，春季收获，农民的劳动量相对有限。相比之下，棉花系夏季作物，春季播种，秋季收获，且劳动强度大于谷物生产。棉花的广泛种植，导致农民劳动量的明显增加，农民被迫终年劳作，由此导致强制性劳役的推广。

---

① Owen, R., *The Middle East in the World Economy 1800—1914*, pp.227—228.

② 阿卜杜勒·阿齐兹·苏莱曼·努瓦德:《埃及近代史》,第56页。

③ Owen, R., *The Middle East in the World Economy 1800—1914*, p.67.

19世纪中叶开始，开罗与伊斯坦布尔之间的联系进一步削弱，埃及与西方的联系随之加强。伊斯马仪（1863—1879年在位）当政期间，棉花播种面积明显扩大，埃及成为欧洲棉纺织工业的主要原料供应地。美国南北战争期间，棉花产量急剧下降，欧洲市场对于埃及棉花的需求明显扩大。1850—1879年，棉花出口量从46万坎塔尔增至223万坎塔尔，出口额从92万英镑增至842万英镑，而小麦出口量却从93万伊尔达卜下降为79万伊尔达卜，出口额从74万英镑下降为51万英镑。①

克罗默尔时代，殖民当局强调英国与埃及的分工，极力使埃及成为英国纺织业的原料产地和纺织品市场。1886—1913年，埃及主要粮食作物小麦、玉米、大麦和水稻的播种面积仅从304万费丹增至373万费丹，棉花播种面积的增长幅度则从87万费丹增至170万费丹，棉花播种面积的增长幅度远远超过主要粮食作物的增长幅度。②1883—1913年，埃及的棉花种植面积由占全部耕地的12%增至占全部耕地面积的23%，棉花出口量由214万坎塔尔增至738万坎塔尔，棉花在埃及出口产品中所占的比例从75%增至92%。③下埃及是埃及主要的棉花播种区，78%的棉田分布在下埃及，尼罗河三角洲俨然成为出口西方的棉花种植园。④

伴随着农业市场化程度的提高和棉花出口的急剧增长，“地中海谷仓”开始成为粮食进口国和欧洲纺织业的原料供应地，埃及经济日趋卷入资本主义的世界体系，自给自足的传统农业模式逐渐衰落。然而，直至自由主义时代，广大的乡村依然沿袭传统的耕作方式与耕作技术，农业生产呈缓慢增长的趋势。30年代，埃及政府增加农业投资，兴修水利，1930—1938年累计进口化肥380万吨，主要农作物棉花、小麦、玉米、水稻的单位面积产量均呈上升趋势，农业生产首次超过1900年的水平。⑤30年代中期，主要农作物棉花的播种面积达到170万费丹，年产量达到50万吨。⑥进入40年代，埃及的农业生产再次处于停滞的状态，直至1952年未能恢复到30年代的水平。1939年，主要农作物棉花播种面积163万费丹，产量869万坎塔尔，单位面积产量每

---

① Owen, R., *The Middle East in the World Economy 1800—1914*, pp.135—136.

② Owen, R., *The Middle East in the World Economy 1800—1914*, p.218.

③ Richards, A., *Egypt's Agricultural Development 1800—1980*, pp.32—33.

④ Owen, R., *The Middle East in the World Economy 1800—1914*, p.219.

⑤ Richards, A., *Egypt's Agricultural Development 1800—1980*, p127, p.145.

⑥ Hershlag, Z.Y., *Introduction to the Modern Economic History of the Middle East*, p.228.

费丹 5.4 坎塔尔；小麦播种面积 145 万费丹，产量 889 万伊尔达卜，单位面积产量每费丹 6 伊尔达卜；玉米播种面积 155 万费丹，产量 1 089 万伊尔达卜，单位面积产量 7 伊尔达卜；水稻播种面积 55 万费丹，产量 95 万达里巴(1 达里巴折合 2 伊尔达卜)，单位面积产量每费丹 1.7 达里巴。相比之下，1952 年，主要农作物棉花播种面积 197 万费丹，产量 992 万坎塔尔，单位面积产量每费丹 5 坎塔尔；小麦播种面积 140 万费丹，产量 726 万伊尔达卜，单位面积产量每费丹 5 伊尔达卜；玉米播种面积 170 万费丹，产量 1 057 万伊尔达卜，单位面积产量 6 伊尔达卜；水稻播种面积 37 万费丹，产量 54 万达里巴，单位面积产量每费丹 1.5 达里巴。①农业的落后状态，明显制约着埃及经济的发展。

现代工业的兴起

埃及的现代工业缘起于穆罕默德·阿里当政期间的新政举措。工业化是富国强兵的先决条件，现代工业的创办构成穆罕默德·阿里新政举措的重要内容。新军的组建和战争的需要无疑是穆罕默德·阿里创办新式工业的直接诱因，而造船业和军火制造业则是穆罕默德·阿里时代现代工业的主要部门。国家对于工业生产实行垄断经营，导致行会工匠转化为国家工场的雇佣劳动力。穆罕默德·阿里时期，埃及约有 45 万人从事手工业生产，其中 26 万人隶属于国家控制的手工工场。②与此同时，包括法国人、意大利人和英国人在内的西方移民纷纷在埃及开设造船厂、纺织厂、造纸厂、制糖厂、皮革厂和化学品厂，现代工业随之在埃及始露端倪。

然而，19 世纪埃及的现代工业增长速度十分缓慢，传统手工业长期占据主导地位。根据相关资料的统计，1873 年埃及的传统手工业从业人员占当时埃及劳动力总数的 6%，主要从事食品加工业、纺织业和金属加工业，其中三分之一的手工业者分布于开罗和亚历山大。相比之下，现代工业企业和从业人员的数量微乎其微。西方的冲击尚未明显改变埃及的工业生产结构，西方工业品的消费对象局限于社会上层，传统手工业依然具有广阔的市场。1907 年，埃及的劳动力总数约为 580 万，其中非农业劳动力 50 万，绝大多数

① Richards, A., *Egypt's Agricultural Development 1800—1980*, pp.170—171.
② Vatikiotis, P.J., *The History of Modern Egypt: From Muhammad Ali to Mubarak*, p.60.

从事传统手工业生产，现代工业企业不超过40家。①另据统计，1907年，农业劳动力占全部劳动力的68%，工业劳动力仅占全部劳动力的8%。②

19世纪中叶的开罗街景

自由主义时代，埃及经历艰难曲折的工业化进程。米绥尔银行创建于1920年，旨在发展埃及的现代民族工业。米绥尔银行最初创办的企业，包括1921年和1927年投资兴办的两家纺织厂、1922年投资兴办的印刷厂、1925年投资兴办的灌溉公司和电影公司。30—40年代，米绥尔银行投资兴办的企业包括航空公司、航运公司、保险公司、旅游公司以及数家纺织厂。③1930年，埃及政府取得关税自主权，颁布关税法，将进口工业品的关税由8%提高为15%—25%。④此后数年，西方诸国强加于埃及的一系列不平等条约亦相继废除。埃及现代民族工业的生存环境有所改善，增长速度逐渐加快。现代民族工业企业的数量，1927年约7万家，1937年增至9万家，1945年达到13万家。现代民族工业企业雇佣的劳动力，1927年22万人，1945年达到46万人。⑤1919—1939年，埃及国内的工业投资增长3倍，商业投资增长10倍，进口工业品则呈下降趋势。⑥1937—1947年，埃及的产业工人总数从25万增至76万。⑦1938—1951年，埃及工业产值增长138%，平均年增长率超过10%。⑧

尽管如此，埃及的现代民族工业毕竟起步较晚，生产规模有限，且主要局限于纺织业和食品加工业，投资基础工业者寥寥无几。据资料统计，1947年，埃及共有工业企业31.5万家，其中绝大多数企业雇佣劳动力不足10人；

---

① Owen, R., *The Middle East in the World Economy 1800—1914*, p.149, p.220, p.236.

② Tignor, R.L., *State, Private Enterprise, and Economic Change in Egypt*, p.32.

③⑥ Vatikiotis, P.J., *The History of Modern Egypt: From Muhammad Ali to Mubarak*, p.326.

④ Mabro, R., *The Industrialization of Egypt 1939—1973*, Oxford 1976, p.51.

⑤ Hershlag, Z.Y., *Introduction to the Modern Economic History of the Middle East*, p.231.

⑦ Botman, S., *Egypt from Independence to Revolution 1919—1952*, p.79.

⑧ Baker, R.W., *Egypt's Uncertain Revolution Under Nasser and Sadat*, Harvard 1978, p.7.

在雇佣劳动力10人以上的3 346家企业中,2 773家企业雇佣劳动力10—49人,占全部企业的83%,512家企业雇佣劳动力50—500人,占全部企业的15%,61家企业雇佣劳动力超过500人,占全部企业的2%。[①]1950年,埃及的工业产值仅占国内生产总值的15%,工业劳动力仅占全部劳动力的10%。[②]直至1952年,埃及国内资本的主要投向依然是购置土地,工业投资明显落后于农业投资。

充足的乡村劳动力市场、农业生产的相对稳定性和工业的不成熟状态,是影响埃及国内资本投向的主要因素。工业化进程的启动,无疑导致埃及传统经济社会秩序的深刻变革。然而,自由主义时代,埃及的现代民族工业步履维艰,包括资产阶级和产业工人在内的新兴社会阶层势单力薄,尚无力与地主阶级在政治舞台上分庭抗礼。

城市化进程的启动

现代化进程的启动与人口数量的增长以及人口构成和人口分布状态之间具有密切的内在联系。另一方面,现代化与城市化之间具有内在的逻辑联系,城市化进程构成现代化进程的重要组成部分。现代化进程中经济社会秩序的剧烈运动,导致人口流向和人口分布的相应变化,成为城市化的深层物质根源。

自阿拉伯人征服埃及以来,埃及的人口长期处于停滞状态。穆罕默德·阿里家族政权建立以后,耕地面积不断扩大,农业生产长足进步,传统经济模式逐渐衰落,人口的变动随之突破传统模式,呈明显上升的趋势。1821年,埃及的总人口约为250万,其中8.6%生活在超过2万居民的城市;1907年,埃及的总人口约为1 120万,其中14%生活在超过2万居民的城市。1821—1907年,人口超过2万的城市从1个增至19个,超过2万人口的城市居民总数从22万增至153万。[③]另据相关资料的统计,1882年,埃及总人口为683万,其中574万人生活在乡村,109万人生活在城市;1917年,埃及的总人口为1 275万,其中981万生活在乡村,294万生活在城市。[④]城市人口的增长速度明显高于乡村人口的增长速度。

---

① Baraka, M., *The Egyptian Upper Class between Revolutions 1919—1952*, p.56.

② Baker, R.W., *Egypt's Uncertain Revolution Under Nasser and Sadat*, p.7.

③ Baer, G., *Studies in the Social History of Modern Egypt*, pp.134—135.

④ Radwan, S., *Capital Formation in Egyptian Industry and Agriculture 1882—1967*, London 1974, p.262.

19世纪上半叶，埃及的城市化进程主要表现为亚历山大的长足发展。1820年以前，罗赛达和迪米耶塔是尼罗河三角洲地区最重要和人口最多的港口城市，此后，随着埃及与欧洲基督教世界之间交往的扩大，亚历山大作为埃及贸易中心的地位凸显，人口从1821年的不足1.3万增至1846年的16万，进而成为仅次于开罗的第二大城市。①

然而，由于特定的历史环境，埃及的城市化进程表现为明显的不平衡状态，城市人口集中分布于开罗和亚历山大。1848年，开罗人口25万，亚历山大人口14万，开罗和亚历山大的城市人口占埃及总人口的8.8%；1897年，开罗人口增至57万，亚历山大人口增至32万，开罗和亚历山大的城市人口占埃及总人口的9.2%。②1899年，英国驻埃及总领事克罗默尔亦不得不承认，埃及现代化的范围只限于开罗和亚历山大两座城市。③

四、纳赛尔主义的现代化模式

从自由军官的崛起到1952年的“七月革命”

1882年奥拉比起义失败以后，英军占领埃及，穆罕默德·阿里创立的埃及新军遭到取缔，军事学校关闭，只有少量的埃及士兵隶属于英军将领的指挥，埃及独立的军事力量不复存在。自1936年英埃同盟条约签订开始，英国结束对于埃及军队的直接控制，改为间接控制，负责埃及军队的训练和装备。与此同时，埃及各地的军事学校恢复招生，平民子弟遂得以步入军界和出任军官，是为自由军官涉足政坛的起点。

“自由军官大都来自中等地位的社会群体，包括普通官吏、职员、富裕农民和中小地主，抑或中产阶级的上层和上流社会的下层。”④他们既非来自“几百家最富有的大地主、大银行家、大工厂主和大商人”，亦不属于“占埃及人口80%的那些土地不足1费丹的农民以及城市中的工匠和商贩”。⑤

---

① Baer, G., *Studies in the Social History of Modern Egypt*, p.134.

② Bonne, A., *State and Economics in the Middle East*, p.223.

③ Esposito, J.L., *Islam and Development: Religion and Sociopolitical Charge*, New York 1980, p.60.

④ Be'eri, E., *Army Officers in Arab Politics and Society*, London 1970, p.321.

⑤ Waterbury, J., *The Egypt of Nasser and Sadat: The Political Economy of Two Regimes*, Princeton 1983, p.271.

年轻时的纳吉布与其兄弟

1949年,纳赛尔等人秘密成立自由军官运动委员会,致力于反对法鲁克王朝的政治活动。自由军官运动委员会自成立伊始,便与诸多政党及穆斯林兄弟会频繁接触,旨在扩大政治影响。

两次世界大战结束后,埃及均曾出现广泛的民众运动:"一战"结束后民众运动的历史结果是立宪君主制的建立,"二战"结束后民众运动的历史结果则是共和制的诞生。1952年7月23日,纳赛尔领导的自由军官发动政变,控制开罗。7月25日,自由军官宣布废黜法鲁克国王,拥立王储艾哈迈德·福阿德即福阿德二世即位。是为著名的"七月革命"。随后,自由军官成立革命指挥委员会,代行议会和内阁职权,穆罕默德·纳吉布出任革命指挥委员会主席、内阁总理、国防部长和武装部队总司令。①

1950年的纳吉布与众军官

① Metz, H.C., *Egypt: A Country Study*, p.58.

1953 年 1 月,自由军官控制的革命指挥委员会取缔包括华夫托党在内的诸多政党,逮捕政党领袖,没收政党资金,打击反对派政治势力,仅保留穆斯林兄弟会作为非政党组织的合法存在。同年 6 月,革命指挥委员会宣布废除君主制,罢免福阿德二世,没收王室财产,结束穆罕默德·阿里王朝的统治,埃及进入共和制时代。[①]1954 年 1 月,革命指挥委员会逮捕穆斯林兄弟会领导人,解散穆斯林兄弟会,进一步清除反对派政治势力。同年 11 月,纳赛尔出任总统。[②]至此,自由军官成为垄断国家权力的唯一政治力量,纳赛尔则被视作革命的象征和国家的化身。

自由主义时代是埃及现代化进程的重要阶段,此间埃及在经济社会领域经历长足的进步,政治领域形成多元结构和复合状态。自由主义时代,埃及基本的政治要素在于君主政治、精英政治和民众政治,现代化进程中社会的裂变和新旧势力的对抗构成君主政治、精英政治与民众政治长期并存和此消彼长的社会基础。宪政制度的建立无疑是埃及现代化进程的历史坐标,适应 20 世纪初埃及特定的经济社会状况。自由主义时代之多元与复合的政治结构和政治制度既体现此间新旧经济秩序和新旧社会势力的并存状态与抗争趋向,亦为新兴社会势力问鼎政坛和角逐权力提供了必要的外在形式和政治空间,其在特定历史条件下的合理性和存在价值毋庸置疑。

另一方面,自由主义时代埃及经济社会的发展变化,塑造着明显区别于 20 世纪初的崭新政治环境和政治需要,导致宪政制度赖以存在的历史基础日趋崩坏,其合理性日渐丧失。从精英政治与君主政治的角逐到民众政治的崛起和精英政治与君主政治的合流,直至民众政治与君主政治、精英政治之间的激烈抗争,标志着自由主义时代埃及政治模式的历史运动。

自由主义时代末期,新旧秩序的消长和贫富分化的扩大加深了不同社会群体之间的鸿沟,尖锐的社会矛盾和下层民众的广泛不满导致宪政制度的深刻危机,华夫托党的衰落和穆斯林兄弟会力量的削弱一定程度上导致埃及政治的真空状态,进而提供了自由军官问鼎政坛的土壤和条件。自由军官的政治立场,具有鲜明的民族性和温和的阶级性。精英政治与民众政治的尖锐对抗,使自由军官得以貌似中间势力,进而凌驾于社会之上,成为凝聚埃及民族的崭新象征。

---

① 阿卜杜勒·阿齐兹·苏莱曼·努瓦德:《埃及近代史》,第 146 页。

② Ahmed, M., *Egypt in the 20th Century*, pp.216—217.

自由主义时代的政治实践与纳赛尔政权的建立两者之间无疑具有内在的逻辑联系，纳赛尔政权的建立可谓自由主义时代末期民族矛盾与民众政治广泛结合的历史结果。换言之，宪政制度在政治方面特别是争取民族独立和打破权力垄断方面的软弱和在推动经济社会进步方面的保守，导致自由主义时代末期的深刻危机，进而促使埃及选择崭新的发展道路。宪政制度的衰落，为纳赛尔主义的广泛实践铺平了道路。争取彻底的民族独立和完整的国家主权，以及通过土地改革的形式铲除封建主义和推动工业化进程即实现经济社会领域的深刻改革，成为历史赋予纳赛尔政权的使命。

从埃及民族主义到阿拉伯民族主义

纳赛尔主义起源于埃及现代化进程中诸多因素的矛盾运动，是埃及人民反抗英国殖民统治的历史产物，亦是埃及的新兴社会势力排斥传统政治秩序的逻辑结果。"近百年来，西方殖民者将埃及变为满足自身需要的工具，使埃及成为西方工业原料的种植园，使埃及地主成为买办阶级。埃及的农业得到发展，而埃及农民的境况却未得到改善。"①"铲除殖民主义、外族统治和外族特权，是几代埃及民族主义者所向往的目标。"②争取民族的解放和主权的独立，是埃及民众的共同愿望。弥合国内不同群体之间的对立冲突，实现社会的整合与民族的凝聚，进而结束英国的殖民统治，是特定的条件下埃及历史发展的客观需要。自由主义时代，埃及社会裂变加剧，民众政治与精英政治之间形成尖锐的对抗。民众政治的发展构成精英政治的严重威胁，议会框架内的政党政治日趋保守，无力完成整合社会和实现民族独立进而为现代化的长足进步开辟道路的历史使命。纳赛尔主义适应埃及现代化进程的客观需要，构成整合埃及社会、争取民族解放和实现国家独立的必要形式。民族主义的理论与实践，构成纳赛尔主义的核心内容。尖锐的民族矛盾和共同的民族利益，是纳赛尔时代民族主义的社会基础。通过民族革命的形式否定殖民主义的统治，为埃及经济和社会领域的深刻变革创造条件，是纳赛尔政权的首要目标。

早在"七月革命"前夕，自由军官便在著名的"六点纲领"③中明确阐述

---

① Hinnebusch, R.A., *Egyptian Politics Under Sadat*, Cambridge 1985, p.11.

② Beattie, K.J., *Egypt during the Nasser Years*, Boulder 1994, p.19.

③ "六点纲领"即消灭殖民主义、消灭封建主义、消灭垄断、实现社会公正、强化国家军事力量、实现民主。

了铲除殖民主义和实现国家主权独立的基本思想，强调埃及民族主义的政治原则。[①]纳赛尔政权建立后不久，便就苏丹的地位和结束英国在苏伊士运河区的军事占领问题与英国政府进行谈判。1899—1924 年，苏丹处于英国与埃及的共同管辖之下。1924 年以后，埃及对于苏丹的管辖权被英国剥夺，英埃关系随之紧张。1947 年和 1950—1951 年，英埃之间的紧张关系两度由于苏丹问题而达到顶点：前者导致埃及将苏丹问题和整个英埃关系提交联合国安理会，后者导致华夫托党政府单方面废除 1936 年英埃条约并宣布尼罗河流域的统一。1952 年以后，尼罗河流域的统一再次成为埃及民众的共同愿望。然而，苏丹诸多的政党和政治群体在英国的支持下，试图建立具有完整主权的国家。1953 年，埃及政府与英国政府签订协议，决定经过 3 年的过渡时期结束英国和埃及对于苏丹的共同管辖，由苏丹民众自主选择独立或与埃及合并。1956 年，苏丹宣布独立。1954 年，纳赛尔政权与英国政府签署协议，废除 1936 年英埃条约，英军承诺在此后 20 个月内撤出苏伊士运河区，英军保留在紧急情况下保卫苏伊士运河的权利，双方承认苏伊士运河作为国际航道。1956 年 6 月，最后一支英军部队撤离塞得港，自 1882 年起长达 74 年的英军占领宣告结束。[②]

1955 年底至 1956 年初，埃及寻求世界银行提供 2 亿美元的贷款，用于建造阿斯旺水坝。1956 年 7 月，美国和英国拒绝履行协议，贷款计划夭折，纳赛尔则在亚历山大宣布将苏伊士运河收归国有。随后，美国、英国和法国冻结埃及的银行存款。同年 10 月，以色列军队入侵西奈半岛，英国和法国亦出兵进攻塞得港，第二次中东战争由此爆发。在苏联、美国和联合国的干预下，英国和法国于 11 月 6 日宣布停火，以色列亦于 11 月 8 日同意撤军，第二次中东战争结束。1957 年，埃及政府宣布废除 1954 年与英国签订的条约。[③]第二次中东战争的爆发和英、法、以色列三国入侵的失败，标志着埃及殖民主义时代的结束和民族革命的最后胜利，埃及人从此真正成为自己家园的主人。“客观环境塑造了克里斯玛式的民族领袖……纳赛尔恰逢其时，成为千余年来统治埃及的第一个真正的埃及人……在长期的民族运动中，是纳赛尔最终战胜了强大的外族，使埃及摆脱了从属于西方的地位，成为颇具国际影响的

---

① 阿卜杜勒·阿齐兹·苏莱曼·努瓦德：《埃及近代史》，第 145 页。

② Ahmed, M., *Egypt in the 20th Century*, p.211, p.217, p.226.

③ Ahmed, M., *Egypt in the 20th Century*, p.226, p.231.

纳赛尔宣布苏伊士运河收归国有后受到民众的热烈拥护

主权国家。"①

纳赛尔的民族主义思想与实践，无疑是埃及民族解放运动的历史产物。第二次中东战争结束以后，纳赛尔政权在国际社会声威大震。纳赛尔不仅被视作埃及主权独立和民族尊严的象征，而且通过声援和支持阿拉伯各国人民的反帝斗争，赢得阿拉伯世界的广泛拥戴，俨然成为全体阿拉伯人的领袖，纳赛尔主义随之由埃及民族主义转化为阿拉伯民族主义。1956 年宪法宣布：埃及人民是伟大的阿拉伯民族大家庭的组成部分，在阿拉伯民族争取解放的斗争中负有不可推卸的责任。②纳赛尔政权极力倡导阿拉伯世界的广泛政治联合，进而将反对帝国主义和犹太复国主义视作阿拉伯民族共同的奋斗目标。从埃及与英国的冲突到阿拉伯世界与西方列强的对立，是纳赛尔主义从埃及民族主义转化为阿拉伯民族主义的政治基础。纳赛尔政权的阿拉伯民族主义倾向，则是整个阿拉伯世界民族解放运动日趋高涨的集中体现。"纳赛尔的埃及并未成为阿拉伯世界的普鲁士，却在阿拉伯世界摆脱西方控制和形成独立国家体系的进程中发挥了关键性的作用。"③

纳赛尔政权在坚决反对西方殖民主义的同时，过于强调阿拉伯世界的共性，肆意抹煞民族与国家的客观界限，无视诸多阿拉伯国家的特殊利益，宣称所有阿拉伯国家的社会主义革命将是实现阿拉伯民族统一的基础，进而将攻击矛头指向阿拉伯世界的诸多君主制国家，甚至不惜诉诸武力。纳赛尔主义

① Hinnebusch, R.A., *Egyptian Politics Under Sadat*, p.13.

② Beattie, K.J., *Egypt during the Nasser Years*, p.117.

③ Kerr, M., *The Arab Cold War: Gamal Abdul Nasir and His Revals*, Oxford 1971, p.22.

从埃及民族主义向阿拉伯民族主义的延伸,其实质是谋求埃及凌驾于诸多阿拉伯国家之上的国际地位,具有泛阿拉伯主义的浓厚色彩和地区霸权主义的明显倾向,与19世纪前期穆罕默德·阿里的对外扩张颇有异曲同工之处。纳赛尔主义的实践,尽管有力推动了阿拉伯世界民族解放运动的蓬勃发展,却加剧了埃及与包括沙特阿拉伯、约旦、伊拉克和也门在内的诸多阿拉伯国家之间的矛盾冲突,进而使埃及一度陷于相对孤立的国际境况。是为纳赛尔民族主义的负面影响。1958—1961年埃及与叙利亚的合并、1962—1965年的也门战争和1967年的第三次中东战争,反映了纳赛尔时代阿拉伯民族主义的广泛实践,埃及亦曾为此付出了巨大的代价。

国家资本主义的经济发展战略

1952年革命前夕的埃及,外国资本在金融和贸易领域占有相当比重,私人企业构成基本的经济形式,只有水利和铁路由国家控制。纳赛尔政权建立初期,沿袭自由主义的经济政策,鼓励发展私人经济和积极争取外国投资,私人经济依旧构成基本的经济形式,外国投资者享有优惠。"七月革命"后,埃及政府修改1947年投资法,准许外国资本在埃及企业中占有51%以上的股份。1953年,埃及政府颁布第430号法令,规定新建工业企业免交5—7年的税收,降低工业原料和设备的进口关税,并由政府给予贷款。①1954年,国家指导部长萨拉赫·萨利姆称:"我们不是社会主义者……我们的经济只有通过自由经营才能繁荣。"财政部部长阿卜杜勒·穆奈姆·凯苏尼称:"国家以一切可能的手段来鼓励和支持自由经营……为本国和外国资本创造良好的投资环境。"然而,自由主义的经济政策并未导致私人投资的增长和促进埃及工业的发展。1952—1956年,私人投资总额仅为4.3亿埃镑,低于1947—1951年的6.5亿埃镑;1952—1956年,工业产值的年均增长率为6.5%,亦低于此前的增长速度。②

自1956年起,从自由资本主义向国家资本主义的转变成为埃及经济领域的突出现象。民族主义的高涨成为纳赛尔政权实行国家资本主义的逻辑起点,苏伊士运河的国有化揭开纳赛尔时代国家资本主义的序幕。纳赛尔时代的国家资本主义,具有明显的中间倾向,一方面不同于社会主义,承认私有

---

① Vatikiotis, P.J., *The History of Modern Egypt: From Muhammad Ali to Mubarak*, pp.393—394.

② 杨灏城、江淳:《纳赛尔和萨达特时代的埃及》,商务印书馆1997年版,第100页,第102页。

制的合法地位，另一方面区别于自由资本主义，强调政府对于经济的直接干预。

50年代后期，国家资本主义的主要内容是外国资本的国有化，数以千计的外国公司和企业被埃及政府接管，外国资本在埃及经济领域的垄断地位不复存在，埃及作为主权国家的独立地位进一步巩固。进入60年代，经济国有化的对象由外国资本转向国内私人资本。1960年，政府宣布将两家最大的私人银行即国民银行和米绥尔银行及其下属公司收归国有。国民银行作为私人银行，原本行使中央银行的职责，金融业务包括发行货币和发放贷款。米绥尔银行控制40%的存款，是埃及最大的财团，拥有超过200家企业，下属公司的工业产值占当时工业总产值的20%和纺织业产值的50%。1961年，政府宣布关闭亚历山大的棉花期货交易市场，由政府按照官方制定的价格统一收购，同时宣布棉花贸易公司实行公私合营，政府参股35%。[①]随后，政府通过参股的形式，在工业领域推行国有化政策，主要工业企业大都采用公私合资的经营方式，名曰社会主义革命。至1964年，经济国有化的范围明显扩大，金融业和基础工业处于政府控制之下，全部银行和保险公司以及50家重工业企业收归国有；另外，政府在83家规模较大的轻工业企业中拥有50%的股份，在147家中型企业（主要是纺织业）中拥有10%—50%的股份。[②]

"纳赛尔政权名曰社会主义，实为国家资本主义。官僚资产阶级对于民众的剥削和统治，是纳赛尔政权的社会基础。"[③]1962年颁布的国民宪章明确规定国有经济在国民经济中的主导地位，"只有国家资本主义被允许存在"成为纳赛尔政权的经济准则，金融业和主要工业部门的国家所有、进出口贸易的政府控制和私人工业的公共监督构成纳赛尔时代国家资本主义的基本形式。[④]尽管如此，纳赛尔时代的所谓社会主义依然属于混合型经济；国家控制基础工业、重工业、金融业和进出口贸易，私人经济广泛存在于轻工业、农业和国内商业领域而不失为埃及经济的重要组成部分。1961—1966年，10—49人的中小企业由3 200家增至4 200家，其中93%属于私人企业。[⑤]1967—

① 杨灏城、江淳：《纳赛尔和萨达特时代的埃及》，第106页，第107页。

② Mabro, R., *The Egyptian Economy: 1952—1972*, Oxford 1974, pp.127—132.

③ Hussein, M., *Class Conflict in Egypt 1945—1970*, New York 1973, p.167.

④ Vatikiotis, P.J., *The History of Modern Egypt: From Muhammad Ali to Mubarak*, p.397.

⑤ 杨灏城、江淳：《纳赛尔和萨达特时代的埃及》，第109页。

1970 年，工业生产的增长速度明显下降，政府财政赤字加剧，国内经济形势严峻。1968 年，纳赛尔政权开始调整经济政策，放宽对于私人资本和私人经济活动的限制。

国家资本主义的另一重要内容，是致力于工业的优先发展，完善工业结构，强化国家的工业基础。埃及是世界上人口密度最大的国家之一。1897—1949 年，埃及耕地面积从 510 万英亩增至 580 万英亩，增长幅度为 14%；播种面积从 680 万英亩增至 930 万英亩，增长幅度为 37%；总人口从 970 万增至 2 000 万，增长幅度超过100%。①人口的增长和人均耕地面积的减少显然是纳赛尔政权致力于工业化的客观动因，民族主义的胜利和威权政治的强化则是纳赛尔政权推动埃及工业化进程的重要条件。

50 年代初，纳赛尔政权不断增加国家在工业领域的资金投入，同时实行诸多优惠政策，减免相关税收，鼓励私人投资工业。1956 年颁布的临时宪法，强调国有经济与计划经济的同步原则，强调工业发展的计划原则。1957 年，埃及政府成立工业部和国家计划委员会，制订第一个五年发展计划。第一个五年发展计划的主要内容是新建 502 个工业项目，计划投资 3.3 亿埃镑，其中政府投资占 61%，私人投资占 39%，优先发展基础工业和进口替代工业，实现 16%的工业年增长率，1961 年工业产值达到国民总产值的 19%。该计划执行 3 年，实际投资 1.4 亿埃镑，工业产值的年均增长率达到 8%。1960 年，国家制订第二个五年计划。根据新的五年计划，工业投资 4.4 亿埃镑，投资重点是基础工业，包括 203 个工业项目，工业产值的年均增长率预计达到14%。②根据 1961 年的社会主义举措，438 家国有企业被划分为 39 个行业组织，隶属政府管辖，所有的经济活动均被纳入国家发展计划。换言之，国有企业的管理纳入政府体系，国有经济处于国家的直接控制之下，进而构成官僚政府运作过程的逻辑延伸。

有学者认为，纳赛尔时代埃及的工业发展大体经历四个阶段：1952—1956 年的自由资本主义阶段、1956—1960 年的指导性资本主义阶段、1960—1965 年的社会主义阶段、1965—1970 年的衰退阶段。③实际上，自由资本主义与国家资本主义的此消彼长，以及国有化改革与非国有化运动，已成为中

① Warriner, D., *Land Reform and Development in the Middle East*, Oxford 1957, p.16.

② 杨灏城、江淳：《纳赛尔和萨达特时代的埃及》，第 103 页，第 109 页。

③ 杨灏城、江淳：《纳赛尔和萨达特时代的埃及》，第 100 页。

东诸国现代化进程的普遍现象抑或一般规律。至于所谓的指导性资本主义和社会主义，皆强调经济领域的政府介入和国家干预，系国家资本主义，而所谓经济衰退的实质则是变动的经济秩序导致国家资本主义经济模式的危机。纳赛尔政权以国家资本主义取代自由资本主义的主观目的，无疑是强化对于经济领域的控制，保证政府的财源，巩固威权政治的国家体制。然而，国家资本主义的客观后果是工业投资的扩大和工业基础的完善。纳赛尔时代埃及经济生活的突出现象是国有化和工业化；工业化的长足发展标志着纳赛尔时代埃及历史的巨大进步，而国有化构成工业化的有力杠杆抑或发展形式。与此同时，埃及的经济结构经历了由私人经营到国家控制的深刻转变即所谓社会主义化的历史进程。

埃及在土地改革方面不及伊朗，而其国有化程度却远远超过包括伊朗在内的其他中东国家，是为埃及现代化进程的明显特征。国有化运动无疑是纳赛尔政权抑制贫富分化和实现社会稳定的有效手段，然而国有经济的膨胀不利于私人经济的发展和民间投资的扩大，自由军官的权力垄断则意味着私人经济和民间资本缺乏必要的政治保障。因此，直到60年代中期，私人经济依然占国内生产总值的一半，却只占投资总额的十分之一。①私人投资的相对减少，明显制约国民经济的发展。

工业化的长足进步

西方殖民侵略和殖民统治的历史后果，一是资源的掠夺与贫困化，二是经济的畸形发展与依赖性。自由主义时代，外国资本控制埃及的主要工业部门。埃及的民族工业缺乏政府的保护和必要的国内市场，步履维艰。至1952年自由军官政变前夕，埃及仍然是十分落后的农业国，70%的劳动力从事农业，国内生产总值的31%来自农业，农产品占出口总额的93%，其中棉花占80%。相比之下，只有10%的劳动力从事工业，工业产值仅占国内生产总值的8%。②1948年，全国的13万家工业企业共有各类劳动力39万人，平均每家企业的劳动力不足3人，而且大都属于传统的纺织业和食品加工业，手工作坊构成工业生产的基本形式，现代工业微乎其微。③

---

① Hinnebusch, R.A., *Egyptian Politics Under Sadat*, p.25.

② Wheelock, K., *Nasser's New Egypt*, New York 1960, p.138.

③ 杨灏城、江淳：《纳赛尔和萨达特时代的埃及》，第11页。

1897 年,埃及的总人口为 970 万,耕地面积共计 410 万费丹,播种面积共计 690 万费丹;1960 年,埃及的总人口为 2 600 万,耕地面积共计 610 万费丹,播种面积共计 1 000 万费丹。[①]此间埃及人口的增长速度明显超过耕地面积和播种面积的增长速度。另据统计,1937—1960 年,埃及人口从 1 600 万增至 2 600 万。1939—1960 年,埃及的出生率并无明显的变化,而婴儿死亡率从 160‰下降为 109‰。婴儿死亡率的下降构成人口增长的首要原因。[②]人口的增长导致人均耕地面积和人均播种面积的明显下降,由此形成工业化进程的直接动力。

纳赛尔政权建立后,致力于优先发展工业的经济政策。纳赛尔时代,埃及的工业化程度明显提高。1952—1967 年,雇工 10 人以上的工业企业由 3 450 家增至 51 308 家, 雇工人数由 27 万增至 57 万,增长幅度分别为 70%和 110%。其中,雇工 10—49 人的企业由 2 730 家增至 4 130 家,雇工人数由 5.3 万人增至 7.7 万人,增长幅度分别为 52%和 45%;雇工 50—499 人的企业由 633 家增至 796 家,雇工人数由 9 万人增至 10.6 万人,增长幅度分别为 25%和 12%;雇工 500 人以上的大型企业由 78 家增至 202 家,雇工人数由 13 万增至 39 万,增长幅度分别为 160%和200%。[③]随着工业企业规模的扩大,现代雇佣关系得到广泛的发展。

纳赛尔时代工业生产规模的扩大,导致埃及劳动力结构的相应变化。1947—1960 年,埃及的劳动力从 699 万人增至 772 万人,劳动力总数净增 73 万人。此间,农业劳动力从 408 万人增至 440 万人,增长率为 8%,非农业劳动力从 291 万人增至 332 万人,增长率为 14%,其中制造业劳动力增长 27%,建筑业劳动力增长 41%,运输业劳动力增长28%。[④]1960—1970 年,劳动力总数新增 227 万人,其中农业劳动力增长 25%,制造业劳动力增长 52%,建筑业劳动力增长 110%,运输业劳动力增长58%。[⑤]1960—1971 年,农业劳动力在全部劳动力中所占的比例从 55%下降为 47%,非农业劳动力在全部劳动力中所占的比例从 45%上升为 53%,其中工业劳动力在全部劳

① Clarke, J.I. and Fisher, W.B., *Populations of the Middle East and North Africa*, New York 1972, p.300.

② Hourani, A., *A History of the Arab Peoples*, p.373.

③ Fadil, M.A., *The Political Economy of Nasserism*, Cambridge 1980, p.90.

④ Fadil, M.A., *The Political Economy of Nasserism*, p.6.

⑤ Hinnebusch, R.A., *Egyptian Politics Under Sadat*, p.7.

动力中所占的比例从 10%上升为 13%。①

纳赛尔时代工业化的长足进步，表现为农业产值和工业产值在国内生产总值中所占比例的变化。1952 年，农业产值占国内生产总值的 40%，工业产值占国内生产总值的 15%。1952—1970 年，农业产值年平均增长 3%，而工业产值年平均增长 5.7%。至 1970 年，农业产值在国内生产总值中所占的比例下降为 23%，工业产值在国内生产总值中所占的比例则上升为 23%②。与此相关的变化是，农产品在出口总额中所占的比例从 90%下降为不足 70%，工业品在出口总额中所占的比例由 10%上升为超过 30%。③

1952 年以前，埃及的主要工业部门是纺织业、食品加工业和建材业等传统工业。纳赛尔时代，传统工业明显发展，产量提高。1952—1970 年，棉纱的年产量从 6 万吨增至 16 万吨，棉布的年产量从 4 万吨增至 11 万吨，食糖的年产量从 20 万吨增至 58 万吨，水泥的年产量从 51 万吨增至 360 万吨。④与此同时，诸多新兴工业部门在纳赛尔时代迅速崛起，其中冶金、机械和化工的增长幅度尤为明显。1952—1967 年，在 10 人以上的企业中，冶金行业的从业人数由 3 800 人增至 2.3 万人，机械行业的从业人数由 550 人增至 9 000 人，化工行业的从业人数由 1.1 万人增至 4.6 万人，年均增长幅度分别为 14%、22%和11%。⑤钢产量由 1954 年的 0.4 万吨增至 1970 年的 30 万吨，生铁产量由 1958 年的 3 万吨增至 1970 年的 30 万吨，石油产量由 1952 年的 263 万吨增至 1970 年的 1 640 万吨，发电量由 1950 年的 9 亿千瓦增至 1970 年的 76 亿千瓦。⑥纳赛尔时代新兴工业的迅速发展，标志着埃及的工业结构趋于合理，进而形成较为完整的工业体系。大型企业多系国家投资兴建，主要工业部门由国家资本垄断经营。国家资本主义尽管不无弊端，却是推动埃及工业化进程的有力杠杆。

工业化程度的提高导致非农业部门劳动力的增长和人口流向的改变，进而加速了城市化的发展。埃及的城市人口，1897 年为 169 万，约占总人口的

① Fadil, M.A., *The Political Economy of Nasserism*, p.13.

② Mabro, R., *The Egyptian Economy: 1952—1972*, p.146, p.189.

③ Yapp, M.E., *The Near East since the First World War*, London 1996, p.218.

④ 杨灏城、江淳:《纳赛尔和萨达特时代的埃及》,第 142 页。

⑤ Fadil, M.A., *The Political Economy of Nasserism*, p.8.

⑥ 《帕尔格雷夫世界历史统计》,亚洲、非洲和大洋洲卷(1750—1993),第 435—437 页,第 430—432 页,第 372—376 页,第 505 页。

15%，1966年为1 238万，约占总人口的41%。①1897—1966年，埃及总人口增长300%，城市人口增长800%。②1970年，埃及的总人口为3 333万，其中城市人口1 400万，占总人口的42%。③1950—1976年，首都开罗的人口从220万增至680万，最大的港口城市亚历山大的人口从100万增至230万。④开罗和亚历山大两地人口的增长，可谓纳赛尔时代埃及城市化的缩影。

开罗

土地改革

埃及的工业化进程开始于穆罕默德·阿里时代的新政举措。此后数十年，埃及的工业长期处于西方资本和外国移民的控制之下，民族工业由于缺

① Radwan, S., *Capital Formation in Egyptian Industry and Agriculture 1882—1967*, p.262.

② Clarke, J.I. and Fisher, W.B., *Populations of the Middle East and North Africa*, p.301.

③ Abdel-Fadil, M., *Development, Income Distribution and Social Change in Rural Egypt 1952—1970*, New York 1975, p.109.

④ Yapp, M.E., *The Near East since the First World War*, p.219.

乏必要的关税保护而步履维艰，国内资本大都用于购置土地。直至 1952 年革命前夕，农业依然是埃及基本的经济部门，埃及人口的三分之二以上生活在乡村，封建土地所有制长期占据统治地位，大地产与分成租佃制的结合构成埃及农业的基本模式，拥有大量地产的在外地主是封建政治秩序的社会基础。

根据相关资料的统计，1900 年，埃及农户总数 91.4 万户，耕地面积 511 万费丹。其中，耕地不足 5 费丹的贫困农户 76.1 万户，占农户总数的 84%，耕地面积 111.3 万费丹，占全部耕地的 22%，平均拥有耕地 1.5 费丹；耕地 5—49 费丹的中等农户 14.1 万户，占农户总数的 15%，耕地面积 175.7 万费丹，占全部耕地的 34%，平均拥有耕地 13 费丹；耕地 50 费丹以上的大地产主 1.2 万户，占农户总数的 1%，耕地面积 224.4 万费丹，占全部耕地的 44%，平均拥有耕地 187 费丹。1952 年，埃及农户总数 280.2 万户，耕地面积 598 万费丹。其中，耕地不足 5 费丹的贫困农户 264.2 万户，占农户总数的 94.3%，耕地面积 212.2 万费丹，占全部耕地的 35%，平均拥有耕地 0.8 费丹；耕地 5—49 费丹的中等农户 14.8 万户，占农户总数的 5.3%，耕地面积 182 万费丹，占全部耕地的 30%，平均拥有耕地 12.3 费丹；耕地 50 费丹以上的大地产主 1.2 万户，占农户总数的 0.4%，耕地面积 204 万费丹，占全部耕地的 35%，平均拥有耕地 170 费丹。①纳赛尔政权建立前夕，耕地不超过 1 费丹的贫困农户，拥有耕地仅占全部耕地的 13%；相比之下，地产超过 200 费丹的大地产主约 2 000 户，平均拥有耕地 2 600 费丹。②另据资料统计，1929—1950 年，乡村人口从 1 058 万增至 1 370 万，拥有土地的农户从 121 万户下降为 100 万户，无地农户从 51 万户上升为 122 万户，无地农户在乡村农户总数中所占的比例从 24%上升为44%。③

以上统计数字表明，20 世纪前期，埃及乡村人口的增长与耕地面积的增长呈明显的不同步状态，乡村人口的增长速度远远超过耕地面积的增长速度；包括无地农民在内的贫困人口在乡村总人口中所占的比例呈上升的趋势，而乡村贫困农户平均拥有的耕地面积呈下降的趋势，由此形成悬殊的贫富差距和深刻的社会对立。

---

① Abdel-Fadil, M., *Development, Income Distribution and Social Change in Rural Egypt 1952—1970*, p.4.

② Gadalla, S.M., *Land Reform in Relation to Social Development Egypt*, Missouri 1962, p.13.

③ Fadil, M.A., *Development, Income Distribution and Social Change in Rural Egypt 1952—1970*, p.5.

1944 年，萨阿德党议员穆罕默德·哈塔卜提出议案，要求规定一次购置土地不得超过 50 费丹，禁止大地主购置新的地产，遭到议会否决。[①]1950 年华夫托党执政期间，米里特·加利和伊卜拉欣·舒克里提出新的议案，分别主张土地所有者的地产面积不得超过 100 费丹和 50 费丹，超额部分可由地主自行处置，或由政府征购，亦未获得议会通过。[②]在外地主控制的国家机器，构成土地改革的巨大障碍。新兴工商业资产阶级与在外地主之既得利益的错综交织，加剧了土地改革的复杂程度。

纳赛尔政权建立以后，长期致力于埃及乡村的土地改革。1952 年 9 月，纳赛尔政权颁布土地改革法令，规定地主每人占地不得超过 200 费丹，每户占地不得超过 300 费丹，超过部分或由地主直接出售给占地不足 10 费丹的农户，或由政府征购，采用资本主义经营方式的农场及土地开发公司和社会团体的土地不在改革范围之内。政府征购土地的方式是，地租以地税的 7 倍计算，地价以地租的 10 倍计算，即地价为地税的 70 倍；地价以国债形式支付，国债期限为 30 年。政府征购的土地以 2—5 费丹为单位出售，出售价为征购价另加 15%的附加费，出售对象首先是享有租佃权的农民即实际的租佃者，其次是无地的贫困农民，农民不得将从国家购置的土地私自出售或转租他人，购地款分 30 年偿还，年息3%。[③]1958 年，政府出售土地的附加费降至 10%，年息降至 1.5%，偿还期限延至 40 年。[④]1961 年，纳赛尔政权再度颁布土改法令，规定地主每人占地不得超过 100 费丹，全家占地不得超过 150 费丹。1962 年颁布的民族宪章明确规定土地改革的基本原则："阿拉伯社会主义不主张实现土地国有化，不使土地变为公有制……我们主张在不允许封建制度存在的范围内实行土地私有制。农业问题的正确解决办法，不是使土地转变为公有制，而是要求保留土地私有制，并且通过给大多数雇农占有土地的权利来扩大这种所有制。在土地改革的过程中，通过农业合作化来巩固这种所有制。"[⑤]1964 年，政府宣布超过土地改革法最高限额的部分属于无偿没收。1969 年颁布的第三次土改法令规定，地主每人占地不得超过 50 费

① Baer, G., *A History of Landownership in Modern Egypt 1800—1950*, p.202, p.207.

② Johnson, A.J., *Reconstructing Rural Egypt*, p.62.

③ Gadalla, S.M., *Land Reform in Relation to Social Development Egypt*, pp.38—40.

④ 杨灏城、江淳：《纳赛尔和萨达特时代的埃及》，第 116 页。

⑤ 唐大盾等：《非洲社会主义：历史·理论·实践》，世界知识出版社 1988 年版，第 107 页。

丹,每户占地不得超过 100 费丹。[1] 1970 年纳赛尔死后,土地改革终止。

租佃法与农民境况的改善

据 1949 年的统计,埃及约有 360 万费丹的耕地由农民租种,出租的耕地超过全部耕地的 60%。除少数的大地产外,地主与耕作者之间的租佃关系通常只是口头约定,缺乏成文的契约。租佃期限多为一年,甚至只有一个播种季节。地主有权决定地租的缴纳方式,有权随意终止租佃关系,赶走租种土地的耕作者,耕作者却无权要求地主支付赔偿。[2] 租种土地的贫困农民缺乏安全和稳定的收入来源,社会地位卑微,经济境况贫困,人身依附关系广泛存在,农业投资匮乏。封建主义在乡村的统治,严重制约着埃及的现代化进程。

另一方面,1952 年革命以前,国家在乡村实行的税收政策明显倾向于富人而不利于穷人。1899 年,国家征收的土地税为地租的 29%。在以后的 40 年中,尽管地租多次提高,土地税的征纳标准却保持不变。1939 年,地租上涨 37%,土地税的征纳数额却降至地租的 16%。1942—1945 年,小地主的纳税数额获得相当的减免。1949 年,土地税的征纳数额再次降至地租的 14%。1951—1952 年,所得税占政府财政收入的 29%,而下层群体承担的间接税却占政府财政收入的 49%。[3]

1952 年纳赛尔政权颁布的租佃法,在改善农民生活境况方面具有重要的意义。根据该租佃法,地主征纳的地租不得超过土地税的 7 倍;在分成制的情况下,地主获得的份额不得超过耕作者扣除生产费用之后所余收成的二分之一;土地租佃契约的期限不得少于 3 年,出租者与租佃者必须签订书面租佃协议。[4] 1954 年,佃农的人均年收入由土地改革前的 19 埃镑增至 29 埃镑。由于政府规定地租为地税的 7 倍,而地税长期不变,加之地主大都收取货币地租而非分成制地租,60 年代农作物价格的上涨直接导致农民收益的增长。1961 年,采用货币地租的佃耕地占 88%,而采用分成制的佃耕地仅占 12%。[5]

---

① Treydte, K.P. and Ule, W., *Agriculture in the Near East*, Bonn 1973, p.43.

② Gadalla, S.M., *Land Reform in Relation to Social Development Egypt*, p.16.

③ Baker, R.W., *Egypt's Uncertain Revolution Under Nasser and Sadat*, pp.198—199.

④ Gadalla, S.M., *Land Reform in Relation to Social Development Egypt*, p.40.

⑤ 杨灏城、江淳:《纳赛尔和萨达特时代的埃及》,第 123 页。

农业合作化运动

合作社在埃及的实践开始于 20 世纪初，首倡者是奥马尔·卢特菲。1909 年，奥马尔·卢特菲根据意大利的模式在埃及创立第一个农业合作社。①1923 年，埃及议会通过合作社法案，官方的合作化运动开始启动，农业部下设合作社处，政府颁布的农业合作社法规定每 10 个农户可以组建一个合作社，实行集体管理。1927 年，政府宣布减免合作社的部分税收。1931 年，政府成立农业信贷银行，资金为 1 百万埃镑，负责向合作社和小农提供低息贷款以购买种子、化肥、农机、牲畜等生产资料；所谓的小农最初指占地 40 费丹以下的农户，后来包括 200 费丹以下的地产主。1944 年，议会通过新的合作社法案，向合作社提供包括减免赋税和发放贷款在内的诸多优惠条件，同时扩大政府对于合作社的控制权。②1925 年，合作社为 140 个，包括 2.1 万农户。③1952 年土地改革法颁布前夕，合作社增至约 1 700 个，加入合作社的农民总数约 50 万户。④

1952 年土地改革法规定，土地改革的受益者必须加入合作社，是为土改合作社。第一个土改合作社成立于 1954 年。1956 年，政府成立的土改合作社共计 198 个，土改合作社成员包括获得 18 万费丹土地的约 5 万户农民。⑤至 1965 年，土改合作社达到 575 个，加入土改合作社的农民约 30 万户。与自由主义时代的合作社相比，纳赛尔时代的土改合作社亦建立在土地私有制的基础之上，分散经营各自的地产。然而，纳赛尔时代的土改合作社拥有诸如农业机械、仓库和储运工具等集体财产，代购代销，受政府控制，具有半官方的色彩。农业部向合作社派驻农业稽查员，行使指导生产的职责。⑥1960 年，政府宣布废除 1952 年以前成立的合作社组织，建立新的农业合作社，农民自愿参加，成为政府发放贷款和农业生产资料的乡村组织。1965 年，农业合作社共有 3 120 个，加入农业合作社的农户 237 万户，占拥有土地的全部农户总数的80%。⑦此外，政府鼓励缺乏土地的贫困农户组成联合互耕合作

---

① Treydte, K.P. and Ule, W., *Agriculture in the Near East*, p.41.

② Vatikiotis, P.J., *The History of Modern Egypt: From Muhammad Ali to Mubarak*, p.337.

③ Baker, R.W., *Egypt's Uncertain Revolution Under Nasser and Sadat*, p.200, p.201.

④ Dyer, G., Class, *State and Agricultural Productivity in Egypt*, London 1997, p.85.

⑤ Gadalla, S.M., *Land Reform in Relation to Social Development Egypt*, p.45.

⑥ Treydte, K.P. and Ule, W., *Agriculture in the Near East*, p.42.

⑦ 唐大盾等:《非洲社会主义:历史·理论·实践》,第 109 页,第 110 页。

社,由政府提供资金和技术帮助。1957年,政府颁布法令,规定农民以农产品取代土地,作为贷款抵押。1961年,政府取消农业银行的信贷利息。1962年,政府颁布法令,农业合作信贷银行终止与农民个人的业务往来,只向合作社发放信贷,合作社成为农民获得贷款的唯一渠道。1964年,农业合作信贷银行改称农业合作信贷组织,负责全面规划和实施乡村的信贷业务以及农产品销售。该组织发放的信贷包括短期实物信贷、短期货币信贷和中期货币信贷,信贷数额逐年增多,由1952年的340万埃镑增至1965年的7 950万埃镑,其中短期信贷占信贷总额的97%,而短期实物信贷占短期信贷的60%—70%。货币信贷需要实物抵押,小农往往无力举借,地主和富裕农民是货币信贷的主要受益者。①1970年,埃及各类合作社达到5 000个,加入合作社的农民共计310万户。②

乡村社会的变迁

1952年9月颁布的土地改革法令声称:土地改革旨在"给予农民以人身自由和人格尊严,缩小贫富差距,消除社会和政治动荡的根源,使埃及社会获得新的基础"。③实际情况不尽如此。纳赛尔政权的土地改革,其主要目的在于:通过规定私人占有土地的最高限额,剥夺在外地主的封建地产,进而削弱在外地主的传统政治势力,铲除旧制度的社会基础,培植新政权的社会基础;通过减免税收的相关政策,吸引在外地主从投资农业转向投资工业,进而加速工业化的进程;鼓励农民购置小块土地,发展小农经济,进而通过合作社的形式强化国家对于乡村人口和农业生产的直接控制,实现国家权力在乡村社会的广泛延伸;缓解乡村社会的贫富对立,避免红色革命。纳赛尔时代埃及的土地改革和相关举措,与伊朗巴列维时代的白色革命如出一辙,只是程度和影响不及后者。

纳赛尔时代土地改革的直接结果是地权的转移。1952年颁布的第一次土地改革法,除没收王室地产18万费丹外,涉及地主1 800人,征购土地36万费丹。④1961年颁布的第二次土地改革法,涉及地主约3 000人,征购土地10万费丹。1969年颁布的第三次土地改革法,涉及地主1.6万人,应征购土

---

① 杨灏城、江淳:《纳赛尔和萨达特时代的埃及》,第126页。

② Fadil, M.A., *Development, Income Distribution and Social Change in Rural Egypt 1952—1970*, p.85.

③ Bush, R., *Economic Crisis and the Politics of Reform in Egypt*, p.13.

④ Gadalla, S.M., *Land Reform in Relation to Social Development Egypt*, p.42, p.44.

地 113 万费丹，未能完全付诸实施。[①]1953—1969 年，国家实际征购土地共计 80 万费丹，受益者约 34 万农户。[②]

1950 年，埃及乡村拥有地产的农户总数约为 100 万户。其中，地产不足 1 费丹的农户 21 万户，占农户总数的 21%，拥有地产 11 万费丹，占地产总面积的 1.8%；地产 1—2.9 费丹的农户 41 万户，占农户总数的 41%，拥有地产 71 万费丹，占地产总面积的 11.6%；地产 3—4.9 费丹的农户 16 万户，占农户总数的 16%，拥有地产 60 万费丹，占地产总面积的 9.8%；地产 5—9.9 费丹的农户 12 万户，占农户总数的 12%，拥有地产 82 万费丹，占地产总面积的 13.3%；地产 10—49 费丹的农户 8 万户，占农户总数的 8%，拥有地产 150 万费丹，占地产总面积的 24.4%；地产 50 费丹以上的农户 1.5 万户，占农户总数的 1.5%，拥有地产 241 万费丹，占地产总面积的 39.1%。1975 年，埃及乡村拥有地产的农户总数为 285 万户。其中，地产不足 1 费丹的农户 112 万户，占农户总数的 39%，拥有地产 74 万费丹，占地产总面积的 12.4%；地产 1—2.9 费丹的农户 116 万户，占农户总数的 41%，拥有地产 202 万费丹，占地产总面积的 34%；地产 3—4.9 费丹的农户 35 万户，占农户总数的 12%，拥有地产 119 万费丹，占地产总面积的 19.8%；地产 5—9.9 费丹的农户 15 万户，占农户总数的 5%，拥有地产 94 万费丹，占地产总面积的 15.8%；地产 10—49 费丹的农户 6.5 万户，占农户总数的 2.3%，拥有地产 99 万费丹，占地产总面积的 16.5%；地产 50 费丹以上的农户 300 户，占农户总数的 0.01%，拥有地产 11 万费丹，占地产总面积的1.7%。[③]另据资料统计，1950 年，埃及乡村人口 1 370 万，农民 274 万户，其中无地农户 122 万户，占农户总数的 44%；1970 年，埃及乡村人口 1 933 万，农民 387 万户，其中无地农户 128 万户，无地农户在农户总数中所占的比例下降为 33%。[④]

地权的转移导致埃及乡村社会结构的相应变化。一方面，在外地主由于地权的转移和地产的剥夺而经历普遍衰落的过程，其在乡村和农业的统治地位丧失殆尽。随着资金投向的改变，在外地主逐渐转化为资产阶级，传统政治秩序的社会基础不复存在。尽管出租土地和收取分成制地租的传统经营方式依然延续，然而越来越多的地产主开始采取资本主义农场的方式经营土

① 杨灏城、江淳：《纳赛尔和萨达特时代的埃及》，第 118 页。

② Richards, A., *Egypt's Agricultural Development 1800—1980*, p.178.

③ Adams, R.H., *Development and Social Change in Rural Egypt*, New York 1986, p.19.

④ Fadil, M.A., *Development, Income Distribution and Social Change in Rural Egypt 1952—1970*, p.44.

地,雇工耕种,推广使用农业机械,具有较高的技术含量,雇佣关系扩大,农产品的市场化程度逐渐提高。另一方面,乡村地权趋于分散,小农经济得到明显的发展。不足5费丹的小块地产成为乡村地产的主要形式,其在全部耕地面积中所占的比例从1952年土地改革前夕的35%增至1965年的57%。①小农经济本身并不体现资本主义的生产关系,而是存在于诸多社会形态。然而,在从传统社会向现代社会过渡的历史条件下,小农经济的发展无疑意味着对封建生产关系的排斥,进而成为资本主义生产关系滋生和成长的沃土。

纳赛尔时代,合作社逐渐失去原有的民间色彩。农民加入合作社大都不再取决于自愿的原则,受益于土地改革的农户必须加入合作社,而合作社处于政府的监督之下,"成为国家控制乡村和农业的工具"。②另一方面,政府通过控制合作社及农业信贷的发放,直接干预农业生产,决定耕作方式和播种内容,农产品由国家征购代销,农民则由依附于地主演变为依附于政府。在某种意义上,纳赛尔时代的合作社体现埃及传统的国家土地所有制的扭曲延续,抑或国有化的经济政策在乡村和农业领域的扩展,构成政府垄断农业生产的经济形式。合作社的广泛建立,标志着国家资本主义在乡村社会和农业领域的延伸,政府与农民之间形成初步的资本主义经济关系。

农业的发展

尼罗河的定期泛滥是影响埃及农业的首要因素,河水流量的变化直接关系到农业的收成,建造水坝和控制流量对于农业具有至关重要的意义。阿斯旺水坝始建于1902年,蓄水10亿立方米。1912年和1932年,阿斯旺水坝两次加高,蓄水量增至50亿立方米。1952年革命以后,纳赛尔政权试图依靠英国和美国的支持,在阿斯旺建造高坝,无果而终。1958年,苏联开始援助埃及建造高坝,条件是从苏联进口设备并由苏联技术人员主持。阿斯旺水坝的建设工程于1960年开始,至1970完工,计划蓄水量为1 640亿立方米,年正常供水840亿立方米,发电机装机容量100亿千瓦。③

阿斯旺水坝的建造,导致耕地面积的明显扩大。1892—1952年,埃及共计开垦荒地40万费丹,集中于尼罗河三角洲北部的沼泽地带。1952—1959

---

① Baker, R.W., *Egypt's Uncertain Revolution Under Nasser and Sadat*, p.204.

② Baker, R.W., *Egypt's Uncertain Revolution Under Nasser and Sadat*, p.197.

③ 杨灏城、江淳:《纳赛尔和萨达特时代的埃及》,第133页。

阿斯旺水坝(一)

阿斯旺水坝(二)

阿斯旺水坝(三)

阿斯旺水坝(四)

年,纳赛尔政府在西部沙漠的解放省开垦荒地8万费丹。60年代,垦荒造田活动围绕阿斯旺水坝的建设;1970年,水坝竣工,耕地面积增加80万费丹,其中65万费丹受益于阿斯旺水坝的灌溉。另外,上埃及85万费丹的耕地因此实现常年灌溉。①

纳赛尔政权在实行工业优先政策的同时,并未忽视农业生产。1960—1968年,农业投资累计达到16亿美元,年均1.8亿美元。②政府的农业投资主要面向私人土地,纳赛尔政权在实行工业国有化的同时,否决了土地国有化的经济政策,避免剥夺农民的土地和牺牲农民的利益,采取土地改革与合作社相结合的乡村政策。

60年代中期,埃及在工业长足发展的同时,农业仍然在国民经济中占有举足轻重的地位,构成主要的外汇来源,农业劳动力占全部劳动力的二分之一,提供国民收入的28%。1952年,埃及的主要粮食作物小麦的播种面积为59万公顷,年产量109万吨,水稻的播种面积为16万公顷,年产量52万吨,玉米的播种面积为72万公顷,年产量151万吨;1970年,小麦的播种面积为55万公顷,年产量达到152万吨,水稻的播种面积为48万公顷,年产量达到261万吨,玉米的播种面积为63万公顷,年产量达到240万吨。1952—1970年,主要经济作物棉花的年产量由45万吨增至51万吨,甘蔗的年产量由23万吨增至52万吨。③

"仁慈的君主"

自由军官发动的政变貌似偶然,实为民众政治兴起的产物和体现,是埃及现代化进程中权力更替和政治变革的外在形式,进而在新的时代打上军人政治的深刻烙印。权力的角逐决定着政治制度的选择,而政治制度的选择决定着权力的归属。沿袭君主制意味着穆罕默德·阿里王朝统治的延续,实行自由选举的议会政治则意味着将革命的胜利果实拱手让与华夫托党,两者均与自由军官的利益不符,为自由军官所无法接受。"七月革命"之后,纳赛尔政权实行军事管制,废除1923年宪法,推迟议会选举,宣布1953—1956年为过渡时期,由自由军官控制的革命指挥委员会代行议会和内阁职权。

---

① 杨灏城、江淳:《纳赛尔和萨达特时代的埃及》,第134页。

② Baker, R.W., *Egypt's Uncertain Revolution Under Nasser and Sadat*, p.197.

③ 《帕尔格雷夫世界历史统计·亚洲、非洲和大洋洲卷(1750—1993)》,第185—189页,第150—176页。

1956年1月,纳赛尔政权宣布结束三年过渡期,解散革命指挥委员会,同时颁布临时宪法。根据1956年临时宪法,埃及实行共和政体和总统制;总统必须有不少于连续三代的埃及血统,年龄在35岁以上,非王室成员,由议会提名而经公民投票选举产生,任期6年,可连选连任;总统是国家元首、政府首脑和武装部队最高统帅;内阁对总统负责,总统主持内阁会议和任免部长。1956年临时宪法规定,取消两院制议会,实行一院制议会,作为最高立法机构;总统有权解散议会和否决议会法案,总统否决的法案须经议会三分之二赞成票的再次通过方可生效。同年3月颁布的选举法规定,取消选民的财产资格限制,选民的年龄限制由21岁降至18岁,男女平等,其中男性公民必须参加选举投票,女性公民自愿参加;议员的竞选条件是年满30岁和拥有财产超过50埃镑的埃及公民,议员不得兼任军政职务和担任其他公职,任期5年。[①]第一届议会共有议员350人,其中10人由总统任命,正副议长由总统指定。在同年举行的总统选举中,纳赛尔获得99.9%的选票,当选埃及共和国的第一任总统。[②]

1964年,纳赛尔政权颁布新的临时宪法。根据1964年临时宪法,埃及继续实行总统制,总统由议会提名并由全民表决,副总统和内阁成员由总统任免;出身工人和农民的议员不得少于议员总数的二分之一;内阁对议会负责而不再对总统负责,却必须执行总统制定的基本政策。总统作为国家元首,有权授意内阁拟定国家政策和监督国家政策的执行,有权否决议会通过的法案,有权颁布紧急法令。[③]

1956年临时宪法与1964年临时宪法的共同特征,在于共和政体和总统制形式下的威权政治。纳赛尔作为总统,位于国家权力的顶点,凌驾于社会之上,是埃及民众心目中"仁慈的君主"。"议会名为最高立法机构,却缺乏独立的政治地位,无法独立行使政治权力,依附于总统,其决议只是一纸空文。内阁成员只能充当听众的角色,只有纳赛尔是发言人。"[④]

1969年,纳赛尔授意颁布第81号法令,成立最高宪法法院。最高宪法法院名义上系独立的司法机构,然而最高宪法法院的法官却由总统直接任命。不仅如此,纳赛尔规定,最高宪法法院的法官必须加入阿拉伯社会主义

---

① Hopwood, D., *Egypt: Politics and Society 1945—1984*, Boston 1985, p.90.

② McDermott, A., *Egypt: From Nasser to Mubarak*, London 1988, p.102.

③ Fahmy, N.S., *The Politics of Egypt: Stae-Society Relation*, London 2002, p.45.

④ Hopwood, D., *Egypt: Politics and Society 1945—1984*, p.103.

联盟,拒绝加入阿拉伯社会主义联盟者不得出任最高宪法法院的法官。[①]

从解放大会到阿拉伯社会主义联盟

政党制度是现代政治生活中不可或缺的重要内容,纳赛尔时代的埃及亦不例外。1952 年"七月革命"后,包括华夫托党在内的诸多议会政党和穆斯林兄弟会构成与自由军官角逐政坛的主要势力;诸多议会政党力主恢复立宪政府,穆斯林兄弟会亦要求分享国家权力。1953 年,纳赛尔宣布解散原有的诸多议会政党,成立解放大会,作为动员民众政治力量进而巩固新政权的社会组织和政治工具。如同哈桑·班纳声称穆斯林兄弟会并非政党一样,纳赛尔声称解放大会亦非政党,而是实现民众权力的组织机构。解放大会的基本纲领是:促使英军撤离尼罗河领域,实行苏丹的民族自决,开发国内资源,鼓励私人投资,发展本国工业,建立平等的社会秩序和公平的经济秩序。[②]解放大会的宗旨,在于寻求各界民众的广泛支持,弥合国内的差异的对立,强调民族解放的共同目标,共同建设新埃及。解放大会设有中央最高委员会和执行委员会,地方设各级办事机构。解放大会最初由纳吉布任主席,纳赛尔任副主席兼总书记,1954 年起由纳赛尔任主席兼总书记。1955 年,解放大会成员达到 550 万人,约占全国人口的四分之一。[③]

1957 年,解放大会解散,民族联盟取而代之,纳赛尔任主席,萨达特任总书记。民族联盟设有全国代表大会、中央执行委员会和遍布各地的基层委员会,行使法律建议权和行政监督权。根据 1956 年临时宪法,全体公民均被视作民族联盟的后备成员,议会的议员须由民族联盟中央执行委员会提名。纳赛尔声称:"民族联盟并不是一个政党……而是埃及全体人民的联盟","民族联盟是一个民族阵线,包括整个民族的所有成员,只有反动派、机会主义者和帝国主义的代理人除外"。[④]

1962 年阿联解体以后,民族联盟解散,成立阿拉伯社会主义联盟。两者名称各异,却无本质区别。根据民族宪章,阿拉伯社会主义联盟包括工人、农民、士兵、知识分子和民族资本家五种成分,基本目标是完善民主政治,实现社会主义革命即劳动人民的革命。阿拉伯社会主义联盟是社会主义先锋队,

---

① Kassem, M., *Egyptian Politics*, Boulder 2004, p.19.

② Hopwood, D., *Egypt*: *Politics and Society 1945—1984*, p.87, p.88.

③ 杨灏城、江淳:《纳赛尔和萨达特时代的埃及》,第 157 页。

④ Wheelock, K., *Nasser's New Egypt*, p.54.

是人民的政治组织和最高权力机构，以人民的名义领导国家和监督政府。民族宪章明确规定，包括工人、农民、士兵和知识分子在内的劳动人民以及其他非剥削阶层构成阿拉伯社会主义联盟的政治基础，土地改革和国有化的对象以及相关的社会群体则是阿拉伯社会主义联盟所排斥的目标。①

阿拉伯社会主义联盟决定议会人选，审定议会的议程，议会和内阁政府负责执行阿拉伯社会主义联盟制定的政策。②纳赛尔标榜工人和农民是社会主义革命的真正主人，必须在阿拉伯社会主义联盟以及一切选举产生的政治机构中占半数以上的席位，而所谓的工人指年薪不超过 500 埃镑的城市劳动者，农民则指占地不超过 25 费丹者的乡村劳动者。阿拉伯社会主义联盟的中央机构是全国代表大会、中央委员会、执行委员会和书记处，地方设省市县三级委员会，主席是纳赛尔，总书记先后由侯赛因·沙菲和阿里·萨布里担任。1964 年的议会选举将全国划分为 175 个选区，每个选区选举两人，其中一人必须来自工人或农民，当选者必须是阿拉伯社会主义联盟的成员。1968 年，阿拉伯社会主义联盟的成员达到 500 万人。③

尽管纳赛尔一再表示反对任何形式的政党制度，声称"一党制不适合我们，因为它意味着政治垄断；多党制也不适合我们，因为它是当今外国势力渗入我国的一种手段，借以破坏我们奠定的用来动员人民的基础"，然而政党制度在纳赛尔时代始终占据重要地位。④纳赛尔政权所反对的，只是传统的政治秩序以及自由主义时代与传统社会势力密切相关的诸多政党。所谓的解放大会、民族联盟和阿拉伯社会主义联盟，皆有鲜明的立场、明确的纲领、严密的组织和完整的机构，具备政党的基本要素。

纳赛尔时代，埃及政党政治的突出特征在于长期实行一党制。解放大会、民族联盟和阿拉伯社会主义联盟相继作为唯一合法的政治组织，处于纳赛尔政权的操纵之下，服务于纳赛尔政权排斥异己、驾驭社会和控制民众的政治需要，是纳赛尔时代威权主义的政治工具。纳赛尔时代的政党政治隶属于威权主义的政治体系，政党基层组织遍布城市和乡村的各个角落，政党最高机构包括全国代表大会和中央委员会，政党核心则是以纳赛尔为主席的执行委员会，政党结构与威权政治的国家体系如出一辙。纳赛尔作为总统的绝

---

① Ahmed, M., *Egypt in the 20th Century*, pp.244—245.

② 卡尔帕特：《当代中东的政治和社会思想》，第 222—224 页。

③ Hopwood, D., *Egypt: Politics and Society 1945—1984*, p.91.

④ 杨灏城、江淳：《纳赛尔与萨达特时代的埃及》，第 156 页。

对权力和自上而下的政治原则，构成政党制度的政治基础。

纳赛尔时代，工会和诸多职业协会以及遍布乡村的合作社组织由民间组织转变为政府控制的半官方组织，构成自上而下的政党政治在民间社会的逻辑延伸。另一方面，解放大会、民族联盟和阿拉伯社会主义联盟的核心组织与政府机构之间缺乏明确的界限，自由军官往往身兼政府与政党的双重职务，纳赛尔集国家元首与政党领袖于一身，政党机构兼有政府职能，政党政治与政府政治浑然一体，而加入解放大会、民族联盟和阿拉伯社会主义联盟则是步入仕途的前提条件。

纳赛尔主义的意识形态

1957年，纳赛尔首次提出“民主、合作的社会主义”。[①]1962年，纳赛尔政权颁布的民族宪章正式确立阿拉伯社会主义作为埃及官方的意识形态。纳赛尔的阿拉伯社会主义包括以下内容：第一，主张人民控制生产资料，实行国有化与私有制并存的国家资本主义；第二，反对阶级斗争和暴力革命，倡导不流血的白色革命，强调阶级的可调和性和非对抗性，主张“融合阶级差别”；第三，强调阿拉伯民族与埃及国家的共同利益；第四，坚持伊斯兰教的信仰与推行世俗化的举措。所谓的阿拉伯社会主义，即适合埃及需要的社会主义抑或埃及模式的社会主义。纳赛尔主张阶级合作，宣称阿拉伯社会主义的目的在于“消灭阶级界限”，建设阶级平等的社会。“我们希望在友爱和民族统一的范围内，把我们所有的阶级团结起来，通过和平的方式解决阶级搏斗，既不用暴力，也不用流血……我们要在民族联盟内部解决分歧。”[②]1962年民族宪章的颁布，标志着埃及开始走上阿拉伯社会主义的历史道路。

1964年，纳赛尔在议会发表讲话，阐述所谓的六项原则，即消灭帝国主义及其在埃及的代理人、根除封建主义、消灭垄断和结束资本对政府的控制、建立社会公正、建立强大的国家、建立健全的民主政体。[③]上述六项原则强调埃及的国家主权和民族独立，强调土地改革和实行有限的私人土地所有制，强调国有化和私人企业的公共监督，强调阶级调和的政治原则，强调阿拉伯社会主义联盟的统治地位和广泛作用，强调国家利益与个人利益的高度统

① Ahmed, M., *Egypt in the 20th Century*, p.230.

② 唐大盾等：《非洲社会主义：历史·理论·实践》，第103页。

③ 卡尔帕特：《当代中东的政治与社会思想》，第219—221页。

一,进一步丰富了阿拉伯社会主义的思想内涵。纳赛尔政权的官方意识形态,其核心思想在于民族主义、威权主义与国家资本主义的三位一体。

威权政治的膨胀

自由主义时代的埃及处于社会转型的历史阶段;封建主义在乡村根深蒂固,资本主义在城市初步发展。新旧社会势力的消长,导致现代政治模式与传统政治模式抑或民主与专制的激烈抗争。工业化和城市化的相对落后状态,决定新旧社会阶层之间的力量对比。乡村封建主义的延续与英国的殖民统治及特权地位,构成埃及现代化进程中的两大障碍。相比之下,纳赛尔时代威权主义的政治模式,根源于埃及社会剧烈变革的历史背景。建立强有力的国家和政府,推行自上而下的强硬改革举措,实现民族独立,铲除阻碍经济发展与社会进步的封建主义,是埃及现代化进程的必然趋势,亦是纳赛尔政权面临的历史任务。

纳赛尔时代埃及现代化进程的历史模式,在于民族主义、威权主义与国家资本主义的错综交织,表现为国家的民族化、政治的威权化、生产资料所有制的国有化、产业结构的工业化、社会生活的城市化。纳赛尔时代威权主义政治模式的建立,既是民族运动的历史结果和民族主义的逻辑延伸,亦是排斥传统政治势力和否定传统政治秩序进而实现政治革命的客观需要。国家资本主义以及包括土地改革在内的诸多相关举措,则是威权主义的逻辑延伸抑或构成服务于威权主义需要的经济形式。纳赛尔作为总统不仅控制国家政权的核心,而且支配国民经济的命脉。

尽管纳赛尔时代威权主义的政治模式在诸多方面貌似埃及传统的君主专制,但是两者之间无疑具有本质的区别;前者建立在国家资本主义的基础之上,后者则是封建经济的上层建筑。纳赛尔时代威权主义的政治模式,构成从传统政治模式向现代政治模式过渡的中间环节。从民族主义的胜利到威权主义的实践,标志着埃及现代化进程中政治领域的深刻革命。

毋庸置疑,纳赛尔时代的威权主义具有明显的政治缺陷。其一,自由军官垄断国家要职,成为埃及政治舞台的核心群体,通过控制国家机器和国有经济,逐渐转化为新兴的官僚资产阶级。其二,纳赛尔作为总统的个人权力极度膨胀,议会形同虚设,宪法如一纸空文,政府机构日趋僵化。其三,政治体制与诸多社会群体的政治需求严重脱节,民众的政治参与遭到排斥,国家与社会处于严重的对立状态,政府与民众之间缺乏必要的沟通渠道,民众的

政治参与微乎其微,政治生活的社会基础颇显脆弱。

1965年,埃及军队在也门战争中陷于困境。1967年,第三次中东战争以埃及的失败宣告结束,西奈半岛被以色列军队占领。1967年在喀土穆召开的阿拉伯国家首脑会议上,纳赛尔从沙特阿拉伯和科威特争取到埃及急需的财政援助,同时被迫接受后者提出的新的外交框架即与以色列"不战、不和、不谈判"的原则以及从也门撤军的条件,埃及在阿拉伯世界的领导地位不复存在。[①]另一方面,第三次中东战争结束后,以色列占领西奈半岛,控制埃及主要的产油区。苏伊士运河的关闭,导致埃及外汇收入锐减。埃及国民收入的四分之一用于军费支出,财政拮据,食品短缺,经济形势日趋恶化。重新调整外交政策,改善与西方国家的关系,进而争取西方国家的财政援助和技术援助,成为纳赛尔政权的迫切需要。

1968年2月和11月,埃及爆发学生掀起和工人参加的示威活动,要求惩办战争失败的责任者,进而要求言论自由、新闻自由和政治民主。[②]自由民主的政治呼声,预示着纳赛尔时代威权主义政治模式的深刻危机即将到来。

---

① Ahmed, M., *Egypt in the 20th Century*, p.268.

② Cooper, M., *The Transformation of Egypt*, Baltimore 1982, p.42.

第十五章

新月地带的新兴国家

一、 从伊拉克王国到伊拉克共和国

美索不达米亚的历史沿革

伊拉克一词在阿拉伯语中意为沿海。伊拉克境内的幼发拉底河和底格里斯河中下游地区,古希腊人称之为美索不达米亚,意为两河之间的土地,是人类文明的重要发源地。美索不达米亚南部的苏美尔人城邦始建于公元前4世纪中叶,巴比伦王国和亚述帝国在古代世界的历史舞台曾经扮演极其重要的角色。

公元7世纪,阿拉伯人灭亡波斯帝国,伊拉克被纳入阿拉伯帝国的版图。阿拔斯哈里发时代,巴格达成为阿拉伯世界的政治、经济、宗教和文化中心。此间,提克里特以南的两河流域地区称作伊拉克,提克里特以北的两河流域地区称作贾吉拉。阿拉伯人征服初期,提克里特以南的巴士拉与库法合称"两个伊拉克";阿拔斯王朝后期,提克里特以南的伊拉克与提克里特以北的贾吉拉合称"两个伊拉克"。[①]

1258年蒙古军攻陷巴格达后,伊拉克相继沦为蒙古人的伊儿汗国和帖木儿帝国、土库曼人的白羊王朝和黑羊王朝以及波斯萨法维王朝的属地。

1639年,奥斯曼帝国军队征服伊拉克,进而将伊拉克划分为巴士拉、巴格达和摩苏尔三个行省,隶属于伊斯坦布尔的苏丹。英国人曾经将伊

---

① Lindsay, J.E., *Daily Life in the Medieval Islamic World*, p.101.

拉克称作土耳其人的阿拉比亚，区别于阿拉伯人的阿拉比亚即阿拉伯半岛。①

奥斯曼帝国统治时期，伊拉克在诸多方面表现出明显的差异性和多元性。以摩苏尔为核心城市的伊拉克北部地区与安纳托利亚东部以及叙利亚北部联系密切，以巴格达为核心城市的伊拉克中部地区扼守叙利亚与伊朗之间的传统商路，以巴士拉为核心城市的伊拉克南部地区则是波斯湾世界的重要组成部分。

奥斯曼帝国对于伊拉克的控制程度不及对于尼罗河流域和叙利亚的控制程度，伊斯坦布尔苏丹的权力局限于巴士拉、巴格达和摩苏尔三座核心城市，广袤的乡村和沙漠旷野构成逊尼派穆斯林、什叶派穆斯林以及库尔德人部族的势力范围，政治生活具有浓厚的血缘色彩，国家制度与部族组织的密切结合构成伊拉克政治生活的明显特征，欧莱玛和苏菲教团亦有相当广泛的政治影响。奥斯曼帝国的军事封邑曾经分布在巴格达周围以及北部摩苏尔和基尔库克一带，1800 年时所剩无几。②

19 世纪中叶即自坦泽马特时代开始，伊斯坦布尔的苏丹逐渐强化对于伊拉克的直接控制，巴格达总督穆罕默德·拉希德（1852—1857 年在任）、纳米克（1861—1868 年在任）和米扎特帕夏（1869—1872 年在任）的统治权力明显扩大，传统部族势力开始被纳入国家的框架。③

1909 年的米扎特帕夏

伊拉克作为地中海与印度洋之间的重要陆路通道，是英国与奥斯曼帝国、俄国、德国激烈争夺的场所。英国在伊拉克的外交使团，17 世纪始建于巴士拉，1810 年迁至巴格达。1868 年，英国开通巴格达和巴士拉与印度之间的邮政联系。④英国在伊拉克的势力扩张构成英属印度殖民地统治的延伸，经济渗透则是“一战”之前英国

① Tripp, C., *A History of Iraq*, Cambridge 2002, p.12.

② Yapp, M.E., *The Making of the Modern Near East 1792—1923*, p.139.

③ Owen, R., *The Middle East in the World Economy 1800—1914*, p.184.

④ Peretz, D., *The Middle East Today*, London 1994, p.434.

在伊拉克扩张势力的主要方式。20 世纪初石油的发现,加速了英国在波斯湾扩张的步伐。

“一战”爆发后,英国与奥斯曼帝国在底格里斯河与幼发拉底河流域展开角逐。1914 年 11 月,英军在法奥登陆,占领巴士拉。1917 年 3 月,英军占领巴格达,进而控制巴格达以北的基尔库克一带。1918 年 11 月,英军不顾土耳其政府的反对,占领摩苏尔。①至此,英军控制伊拉克大部,只有靠近土耳其和伊朗边境的东北部山区以及包括纳杰夫和卡尔巴拉在内的少数什叶派地区尚处于英军的控制之外。②

英国军队 1917 年占领巴格达

1918 年“一战”结束后,伊拉克被纳入英属印度殖民当局的管辖范围,英国政府专员阿诺德·威尔逊成为统治伊拉克的最高长官。③1920 年 4 月,根

---

① Stansfield, G.R.V., *Iraq: People, History, Politics*, Cambridge 2007, p.34.

② Marr, P., *The Modern History of Iraq*, Boulder 1985, p.31.

③ Peretz, D., *The Middle East Today*, p.436.

据圣雷莫会议①通过的协议，英国政府以国际联盟的名义在伊拉克建立委任统治制度。②

伊拉克王国的建立

1920年初，叙利亚爆发反对法国委任统治的民众运动，进而波及伊拉克。1920年3月，伊拉克的民族主义者在大马士革召开大会，宣布伊拉克独立，拥立麦加沙里夫（即哈希姆家族首领）侯赛因之子阿卜杜拉作为伊拉克国王。③

1920年4月，伊拉克爆发反对英国委任统治的民众运动，结束英国政府的异教统治和争取民族独立成为伊拉克民众共同的政治目标，现代伊拉克民族主义初露端倪。在巴格达和伊拉克南部，逊尼派穆斯林与什叶派穆斯林同仇敌忾。5月，巴格达举行反对英国委任统治的民众运动，逊尼派穆斯林与什叶派穆斯林一度组成政治联盟，推举15人作为代表，与阿诺德·威尔逊谈判，要求结束英国政府对于伊拉克的委任统治，遭到拒绝。6月，一名什叶派部族长老拒绝向英国当局纳税，遭到囚禁。随后，在什叶派宗教领袖阿亚图拉设拉兹的号召下，伊拉克中部及南部爆发什叶派的民众起义，纳杰夫和卡尔巴拉成为反英起义的中心。与此同时，库尔德人在北部发动起义。10月，英军镇压什叶派的起义，占领纳杰夫和卡尔巴拉。6 000名伊拉克人和400名英军及印度士兵丧生。④

1920年10月，佩尔希·考克斯取代阿诺德·威尔逊，出任伊拉克专员，着手起草宪法，筹集伊拉克人组成的临时政府，邀请巴格达的逊尼派长老阿卜杜勒·拉赫曼·凯拉尼主持由英国当局任命产生并由英国专员控制的内阁。⑤11月，伊拉克内阁政府建立，21名内阁成员分别来自巴士拉、巴格达和摩苏尔三省，逊尼派穆斯林在内阁占据主导地位，亦有少量的什叶派穆斯林以及个别的基督徒和犹太人进入内阁。⑥

1921年3月，英国当局在开罗召开会议，宣布成立伊拉克王国，邀请麦

① 圣雷莫会议于1920年4月在意大利的圣雷莫召开。根据会议期间签署的协议，叙利亚和黎巴嫩成为法国政府的委任统治地，伊拉克和巴勒斯坦成为英国政府的委任统治地。

② Marr, P., *The Modern History of Iraq*, p.33.

③ Tripp, C., *A History of Iraq*, p.40.

④ Stansfield, G.R.V., *Iraq: People, History, Politics*, pp.41—42.

⑤ Stansfield, G.R.V., *Iraq: People, History, Politics*, p.43.

⑥ Tripp, C., *A History of Iraq*, p.45.

加沙里夫侯赛因之子费萨尔出任伊拉克国王。[1]费萨尔1883年出生于麦加，曾经长期随其父侯赛因生活在伊斯坦布尔的阿卜杜勒·哈米德宫廷。1908年，侯赛因出任希贾兹总督，费萨尔亦随其父返回麦加。1918年，费萨尔在大马士革被拥立为叙利亚国王，1920年被法国当局驱逐。[2]1921年8月，费萨尔（1921—1933年在位）在巴格达即位，是为伊拉克的哈希姆王朝。伊拉克王国由此宣告诞生。[3]

1921年开罗会议与会人员合照

1924年，伊拉克颁布第一部宪法。该宪法以1831年比利时宪法和1976年奥斯曼帝国宪法作为原型，实行议会君主制。根据1924年宪法，哈希姆家族的国王作为伊拉克的国家元首，拥有包括颁布宪法、统率武装力量、批准法律在内的广泛权力；议会实行两院制，上院议员由国王任命，任期8年，下院议员选举产生，任期4年，基督徒和犹太人各占4个议会席位；首相和内阁对议会负责，国王有权解散议会；国家保障公民的基本权利，公民享有平等的法

① Tripp, C., *A History of Iraq*, p.47.

② Marr, P., *The Modern History of Iraq*, p.34.

③ Peretz, D., *The Middle East Today*, p.438.

律地位；伊斯兰教是官方宗教，阿拉伯语是官方语言；非穆斯林享有民事、宗教和司法的自治，保留逊尼派和什叶派的宗教法律体系。[①]

费萨尔

根据选举法，伊拉克议会实行间接选举，全国划分为三个选区，初次选举的选民条件是年满 20 岁的男性公民，按照 1∶250 的比例选举产生第二次选举的投票人，议会成员由第二次选举的投票人选举产生。[②]1925 年，伊拉克举行首次选举，产生第一届议会。[③]

由于议会选举处于内阁的操纵和控制之下，国王有权解散议会，因此议会只是名义上的最高权力机构，宫廷和内阁成为国家权力的核心所在。国王与内阁的权力角逐，则是君主制时代伊拉克政治生活的突出现象。1943 年，伊拉克修订 1924 年宪法，国王获得解散内阁的权力。[④]

君主制时代的教派与国家

费萨尔时代，伊拉克王国的政治生活主要是个人之间的权力角逐，部族关系提供了维系政治群体的基本纽带，教派归属以及血统和身世具有举足轻重的作用。哈希姆家族在伊拉克的统治缺乏广泛的社会基础：哈希姆家族作为逊尼派穆斯林得不到什叶派穆斯林的支持，作为阿拉伯人得不到库尔德人的支持。

部族舍赫在伊拉克具有广泛的政治影响，奥斯曼帝国时代游离于国家和中央政府的边缘，却在地方层面举足轻重。费萨尔政权建立后，部族舍赫的政治地位呈上升趋势，部族舍赫长期占据议会的多数席位，然而出任内阁职位者寥寥无几。1920—1936 年，在 59 个内阁职位中，只有 8 个职位由舍赫

① Peretz, D., *The Middle East Today*, p.440.
② Marr, P., *The Modern History of Iraq*, pp.38—39.
③ Ochsenwald, W., *The Middle East: A History*, p.440.
④ Yapp, M.E., *The Near East since the First World War*, p.70.

1945 年的摄政亲王阿卜杜勒·伊拉赫

出任。①

1933 年费萨尔死后，其子加兹（1933—1939 年在位）继承王位。1939 年加兹死后，其子费萨尔二世（1939—1958 年在位）继承王位。费萨尔二世即位时年仅 4 岁，由阿卜杜勒·伊拉赫亲王摄政。1953 年 5 月，费萨尔二世年满 18 岁，正式亲政，至 1958 年死于自由军官发动的政变。②

1921 年，伊拉克总人口 300 万，其中 80% 为阿拉伯人，15% 为库尔德人，其余为土库曼人、波斯人和犹太人；穆斯林占总人口的 90%，什叶派与逊尼派的比例为 7∶5；约 10 万犹太人生活在巴格达。③特定的社会结构，给予伊拉克王国的政治生活以浓厚的教派色彩。

费萨尔政权沿袭奥斯曼帝国时代的传统，倚重逊尼派穆斯林，排斥什叶派穆斯林和库尔德人的政治参与。④费萨尔当政初期，追随者主要是曾经参加阿拉伯大起义⑤的逊尼派叙利亚籍奥斯曼贵族，具有明显的非本土性，叙利亚籍的奥斯曼贵族占据伊拉克二分之一的内阁职位，努里·赛义德、贾法尔·阿斯卡里、贾米勒·米扎伊、亚辛·哈希米和阿里·贾乌达特在伊拉克政坛扮演举足轻重的角色。费萨尔政权的另一重要的支持者，是来自伊拉克本土的逊尼派穆斯林城市贵族。费萨尔国王当政期间，伊拉克本土的逊尼派穆斯林城市贵族占据内阁三分之一的职位，13 任首相中的 9 任首相出自伊拉克本土的逊尼派穆斯林城市贵族，贾伊拉尼家族是伊拉克本土逊尼派穆斯林城市贵族中最具影响的政治势力。⑥

---

① Yapp, M.E., *The Near East since the First World War*, pp.71—73.

② Ochsenwald, W., *The Middle East: A History*, p.441.

③ Yapp, M.E., *The Near East since the First World War*, p.69.

④ Tripp, C., *A History of Iraq*, p.31.

⑤ 麦加沙里夫侯赛因系哈希姆家族后裔，于 1916 年在阿拉伯半岛发动反抗奥斯曼帝国统治的民族起义，攻占希贾兹，自称阿拉伯国王，继而委派其子费萨尔在叙利亚发动起义，1918 年占领大马士革。1920 年，叙利亚国民大会拥立费萨尔出任国王，旋即遭到法军的镇压。是为阿拉伯大起义。

⑥ Yapp, M.E., *The Near East since the First World War*, p.73.

1921—1936 年,逊尼派穆斯林占内阁职位的 71%,什叶派穆斯林占内阁职位的 24%。1928 年,议会下院 88 个席位中,什叶派穆斯林仅占 26 个席位。1921—1958 年,内阁的 5 个最重要的职位即首相、财政大臣、内务大臣、国防大臣、外交大臣中,80% 出自逊尼派穆斯林,20% 出自什叶派穆斯林。在地方政府的权力分配方面,逊尼派穆斯林与什叶派穆斯林之间亦存在明显的差距:1933 年,14 个省长中只有 1 人是什叶派穆斯林,47 个县长中只有 4 人是什叶派穆斯林。[①]直至“二战”结束后,什叶派穆斯林的政治地位一度出现上升的迹象;1947—1958 年,包括萨利赫·贾比尔在内的 4 名什叶派政治家相继出任内阁首相。[②]

即位时的费萨尔二世

奥斯曼帝国时期,伊拉克作为统一的行政区域尚不存在。英国委任统治建立以后,明确划定伊拉克的领土疆域,引入君主制、议会制、宪法、政府和军队,初步奠定伊拉克国家的政治基础,首都巴格达日益成为伊拉克政治舞台的核心所在。政府职能的逐渐完善以及国家权力与部族权力的此消彼长,构成君主制时代伊拉克政治生活的重要内容。政府雇员的数量,1920 年约 3000 人,1935 年为 8 000 人,1941 年增至 1.8 万人,1958 年达到 2 万人。[③]

1944 年的费萨尔二世

“一战”爆发以前,奥斯曼帝国在伊拉克驻军 1.6 万人,隶属于奥斯曼帝国的第六军团。“一战”结束后,英国和印度驻军以及少量的库尔德人雇佣军和亚述人(即聂斯脱里派基督

① Yapp, M.E., *The Near East since the First World War*, p.74.
② Yapp, M.E., *The Near East since the First World War*, p.73.
③ Yapp, M.E., *The Near East since the First World War*, p.81.

徒)雇佣军取代奥斯曼帝国驻军。[1]1921年,英国殖民当局开始组建伊拉克军队。[2]伊拉克军队的兵员,1922年为3 500人,1932年增至1.2万人,1941年达到4.4万人。伊拉克军官最初多为奥斯曼帝国时代的外籍军官。1932年,外籍军官仍占全部军官的50%,大都位居要职。1936年参与政变的61名高级军官中,50人系毕业于伊斯坦布尔军事学院的前奥斯曼帝国军官,58人属于逊尼派穆斯林,四分之三出生于巴格达。与此同时,毕业于巴格达军事学院的伊拉克本土军官逐渐增多。伊拉克本土军官最初主要来自巴格达贵族和部落舍赫家庭;1934年实行募兵制以后,更多的军官来自巴格达以外地区和乡村贫困家庭。[3]军队的组建,构成费萨尔政权强化政府职能和削弱部族势力的重要手段。什叶派穆斯林无疑构成伊拉克军队的重要兵源,然而伊拉克军官却大都是逊尼派穆斯林。[4]

努里·赛义德

君主制时代,伊拉克的政治局势长期处于动荡的状态,首相和内阁成员更换频繁。1921—1958年的37年间,历经59届内阁,平均每届内阁执政仅8个月。此间,共有166人在内阁任职,其中努里·赛义德先后47次在内阁任职,欧默尔·纳扎里先后21次在内阁任职,陶菲格·苏瓦迪先后19次任职,阿里·马穆塔兹·达弗塔里先后18次任职,贾米勒·米扎伊先后14次任职。[5]努里·赛义德1906年毕业于伊斯坦布尔军事学院,1916年参加麦加沙里夫侯赛因领导的阿拉伯大起义,1921—1930年间先后出任参谋总长和国防部长,1930—1958年间14次出任内阁首相,是君主制时代伊拉克最重要的政治人物。[6]

---

①③ Yapp, M.E., *The Near East since the First World War*, p.77.

② Tripp, C., *A History of Iraq*, p.47.

④ Stansfield, G.R.V., *Iraq: People, History, Politics*, p.47.

⑤ Yapp, M.E., *The Near East since the First World War*, p.74.

⑥ Ochsenwald, W., *The Middle East: A History*, p.441, p.650.

君主制时代的多元化政党

在君主制时代的伊拉克，诸多政党相继建立，议会选举提供了政党政治的基本框架，政党政治空前活跃。英国委任统治的特定历史环境，决定了君主制时代的政党政治具有阿拉伯民族主义的浓厚色彩。逊尼派穆斯林的权力垄断，赋予君主制时代的政党政治以教派对立的明显倾向。

伊拉克的阿拉伯民族主义缘起于19世纪后期。西方列强的殖民扩张、奥斯曼帝国苏丹阿卜杜勒·哈米德的高压统治政策以及青年土耳其党执政期间奉行的大土耳其主义，助长了阿拉伯世界的民族主义倾向。争取民族独立和民族解放直至建立主权国家，日益成为阿拉伯世界的普遍政治愿望。

1914年，埃及人阿齐兹·阿里在欧洲创立阿拉伯民族主义政治组织同盟者党。同盟者党的成员大都来自伊拉克的阿拉伯人，包括君主制时代的著名政治家努里·赛义德、贾法尔·阿斯卡里、亚辛·哈希米、贾米勒·米扎伊、纳吉·沙乌卡特、阿里·贾乌达特。①

"一战"结束后，阿拉伯世界的民族主义空前高涨，伊拉克同盟者党和独立保卫者党成为伊拉克最重要的民族主义组织，其中前者系努里·赛义德领导的逊尼派穆斯林政治组织，后者系穆罕默德·萨德尔领导的什叶派穆斯林政治组织。②

英国当局在伊拉克建立委任统治的初期，倚重逊尼派穆斯林，什叶派穆斯林构成反对英国委任统治的主要力量，什叶派欧莱玛则是伊拉克阿拉伯民族主义的政治核心。1920年爆发的什叶派起义，掀开伊拉克阿拉伯民族主义的序幕。1922年夏，什叶派穆斯林在巴格达组建祖国党和觉醒党，创办报刊宣传阿拉伯民族主义思想，组织民众举行反对英国委任统治的示威活动。1923年6月，什叶派的宗教领袖阿亚图拉马赫迪·哈里希发布富图瓦，号召什叶派穆斯林抵制议会选举，迫使英国当局做出让步，承诺给予什叶派穆斯林以议会40%的席位，给予什叶派部落舍赫以免税的特权，旨在缓解什叶派穆斯林的反英情绪。③

自1924年开始，英国当局与逊尼派穆斯林之间的矛盾不断加剧，逊尼派穆斯林逐渐取代什叶派穆斯林成为伊拉克民族主义的主要力量。结束英国

---

① Sluglett, M.F., *Iraq Since 1958: From Revolution to Dictatorship*, London 1990, p.7.

② Tripp, C., *A History of Iraq*, p.40.

③ Tripp, C., *A History of Iraq*, p.52, p.57.

当局的财政控制、废除英伊同盟条约以及反对国王的独裁统治和扩大议会的权力，则是逊尼派阿拉伯民族主义的政治目标。

君主制时代初期，伊拉克最重要的反对派政党是民族党和人民党。民族党的支持者主要来自什叶派穆斯林，领导人是什叶派商人贾法尔·阿布·提曼。人民党的支持者大都属于逊尼派穆斯林，领导人是亚辛·哈希米。民族党和人民党均持阿拉伯民族主义的立场，结束英国的委任统治和实现伊拉克国家的主权独立是民族党和人民党的共同政治纲领。①

1931年3月，民族党与人民党合并组成民族兄弟会党，领导人是亚辛·哈希米和拉希德·阿里·吉拉尼，废除1930年英伊条约构成民族兄弟会党的基本目标。②民族兄弟会党的成立，标志着逊尼派穆斯林与什叶派穆斯林的广泛联合。反对英国委任统治和实现伊拉克主权独立的共同目标，成为逊尼派穆斯林与什叶派穆斯林之广泛联合的政治基础。

民族兄弟会党与始建于1929年的伊拉克手工业者协会具有密切的政治联系。1931年7月，民族兄弟会党与伊拉克手工业者协会在巴格达发动大规模的罢工，进而波及中部城市希拉、库法、纳杰夫、卡尔巴拉和南部城市巴士拉。同年8月，政府解散伊拉克手工业者协会，罢工失败。1932年，费萨尔国王解散努里·赛义德领导的内阁，指定纳吉·沙乌卡特出任首相。1933年，纳吉·沙乌卡特辞职，费萨尔国王邀请民族兄弟会党领导人拉希德·阿里·吉拉尼在放弃反对1930年英伊条约的前提下出任首相并组建新内阁。③与此同时，贾法尔·阿布·提曼领导的民族党退出民族兄弟会党，加入持激进立场的改革党。④

"二战"结束后伊拉克政府推行自由化改革的直接结果，是政党政治的进一步发展。1946年陶菲格·苏瓦迪执政期间获准成立的5个合法政党，包括自由党、人民党、国家统一党、独立党和民族民主党。⑤

自由党系温和的中间派政党，领导人是陶菲格·苏瓦迪。阿齐兹·沙里夫领导的人民党和阿卜杜勒·法塔赫·伊卜拉欣领导的国家统一党系左翼激进政党，倡导在议会民主制的框架内实行激进的社会改革。⑥

---

①④ Ochsenwald, W., *The Middle East: A History*, p.443.

② Tripp, C., *A History of Iraq*, p.71.

③ Tripp, C., *A History of Iraq*, p.73, p.79.

⑤ Elliot, M., *Independent Iraq: The Monarchy and British Influence 1941—1958*, London 1996, p.26.

⑥ Haj, S., *The Making of Iraq 1900—1963*, New York 1997, p.86.

独立党和民族民主党是1946—1958年间最重要的合法反对派政党，主张通过议会选举的方式实现民众的政治参与。独立党的领导人是什叶派穆斯林马赫迪·库巴赫、法伊格·萨马里和希德克·沙恩沙勒，核心成员则是支持前首相拉希德·阿里·吉拉尼的逊尼派穆斯林，具有反英和泛阿拉伯主义的明显倾向，主张胡齐斯坦地区脱离伊朗和并入伊拉克，支持巴勒斯坦事业，强调阿拉伯民族利益至上。民族民主党领导人是卡米勒·查德只、穆罕默德·哈迪德和侯赛因·贾米勒，持伊拉克国家利益至上的立场，反对英国当局的委任统治和哈希姆王朝的君主独裁，强调政治自由和宪政民主，主张推行土地改革，废除垄断，建立合理的财富分配体制，发展资本主义，实现伊拉克的进步与繁荣，社会基础来自不同的教派和种族。[①]然而，独立党和民族民主党建立在精英政治的基础之上，缺乏广泛的社会基础。乡村下层民众普遍从属于各自的部族和教派，明显限制着独立党和民族民主党的政治动员。独立党和民族民主党尽管具有包括选举产生的中央委员会和城市范围的地方分支机构在内的完整组织体系，却很难在议会选举中获胜。[②]

伊拉克共产党始建于1935年，具有苏联和共产国际的政治背景，标榜代表被压迫阶级即工人和农民的利益，强调阶级斗争和国际主义，主张反对殖民主义的资产阶级革命和独立后的社会主义革命的阶段论，致力于民族解放运动，支持伊拉克民族主义，反对泛阿拉伯主义，主张铲除封建地主所有制，实行激进的土地改革和工业化举措，倡导组建工会和8小时工作日，承认库尔德人的民族权利，实行男女平等。[③]伊拉克共产党的领导人是尤素夫·萨勒曼，主要成员来自包括律师、记者、教师和学生在内的城市知识界，犹太人、基督徒和什叶派占其成员的半数以上，社会基础具有明显的边缘性，长期处于非法的状态，政治动员局限于城市范围内的工人罢工和民众示威抗议，其在乡村的政治影响微乎其微。[④]

君主制时代的军人政治与宪政实践

1932年英国委任统治结束后，英国支持的哈希姆王朝成为民族主义者攻击的焦点，伊拉克国内部族之间相互仇杀，库尔德人反叛，逊尼派穆斯林与

---

① Haj, S., *The Making of Iraq 1900—1963*, pp.86—87.

② Marr, P., *The Modern History of Iraq*, p.99.

③ Haj, S., *The Making of Iraq 1900—1963*, p.94.

④ Marr, P., *The Modern History of Iraq*, p.115.

什叶派穆斯林尖锐对立，诸多政党激烈角逐，政局动荡，经济社会处于停滞状态。包括民族兄弟会党在内的诸多政党只是统治集团内部个人之间角逐权力的工具，缺乏经济社会发展的明确纲领和完整的政治组织。①与此同时，土耳其和伊朗的军人政权及其自上而下的经济社会改革对于伊拉克产生深刻的影响，凯末尔和礼萨汗成为伊拉克军队将领崇拜的偶像和效仿的楷模，军人政治随之初露端倪。

1933 年秋，新国王加兹即位。同年 10 月，加兹解散民族兄弟会党内阁，贾米勒·米扎伊出任首相。1934 年 8 月，贾米勒·米扎伊辞职，阿里·贾乌达特出任首相。在随后举行的议会选举中，民族兄弟会党的席位下降为 12 个。1935 年 3 月，民族兄弟会党领导人亚辛·哈希米出任首相，实行独裁统治，强化政府机构，排斥和迫害政治反对派。②1936 年 10 月，军队将领巴克尔·希德基发动政变，推翻民族兄弟会党政府，推举改革党领导人西克马特·苏莱曼出任内阁首相，亚辛·哈希米逃往贝鲁特，努里·赛义德逃往埃及。③

1936 年 10 月的政变首开伊拉克军人政治的先河。此后，阿赫利党控制内阁，巴克尔·希德基出任武装部队参谋总长。阿赫利党始建于 1931 年，领导人是阿卜杜勒·法塔赫·伊卜拉欣和穆罕默德·哈米德，持民粹主义立场，倡导社会改革和自由民主，主张超越阶级、经济和宗教界限的大众福利。阿赫利党曾经于 1935 年成立巴格达俱乐部，遭到民族兄弟会党政府的取缔。④1936 年政变后，阿赫利党和贾法尔·阿布·提曼领导的改革党共同组建民众改革协会，主张废除损害农民利益的法律，鼓励创办工会，传播大众文化，限制地主阶级的势力和影响，普及教育。1937 年 6 月，改革党退出内阁，民众改革协会解散。⑤

西克马特·苏莱曼具有土耳其的血统，崇尚凯末尔主义，主张通过强化威权政治的方式，自上而下地整合和改造伊拉克，进而实现伊拉克经济和社会的发展。另一方面，西克马特·苏莱曼内阁放弃倚重逊尼派穆斯林的传统立场，扩大什叶派穆斯林和库尔德人的政治参与。与此同时，西克马特·苏

① Peretz, D., *The Middle East Today*, p.445, p.443.
② Tripp, C., *A History of Iraq*, p.82, p.83.
③ Marr, P., *The Modern History of Iraq*, p.72.
④ Peretz, D., *The Middle East Today*, p.445.
⑤ Marr, P., *The Modern History of Iraq*, p.74.

莱曼内阁在外交领域强调伊拉克国家利益至上的原则,淡化泛阿拉伯主义的政治色彩,持亲土耳其和伊朗的外交政策。1937 年 8 月,巴克尔·希德基在摩苏尔死于暗杀,西克马特·苏莱曼随后辞职,贾米勒·米扎伊出任首相。1938 年 12 月,在军队的压力下,贾米勒·米扎伊辞职,努里·赛义德出任首相。①

君主制时代,传统社会势力垄断国家政权,控制议会,操纵内阁,经济社会改革和民主化进程举步维艰。1935 年 1 月,什叶派穆斯林抗议政府的独裁统治,要求实行新闻自由、削减税收、罢免首相阿里·贾乌达特和重新举行议会选举。②1938 年努里·赛义德出任首相后,承诺废除新闻审查,举行民主方式的议会选举,遭到军方和传统势力的抵制。③

1945 年秋,首相哈姆迪·帕查只在库特附近的杜贾拉尝试推行土地改革,将国有土地分配给无地农民以及小地主和退休官员。与此同时,哈姆迪·帕查只内阁推行劳工改革,改善女工劳动环境,实行日薪制,赔偿劳动伤害,仲裁劳动纠纷,禁止童工,授权铁路工人、制造业工人和港口工人组建工会(石油工人和政府雇佣的工人除外)。④

1945 年 12 月,摄政王阿卜杜勒·伊拉赫在议会发表公开讲话,承诺实行进一步的自由和民主,解除党禁(共产党除外),修改选举法,实行社会改革,实现社会公正。⑤

1946 年 2 月,哈姆迪·帕查只辞职,陶菲格·苏瓦迪出任首相。陶菲格·苏瓦迪出任首相期间,结束党禁和军事管制,关闭法奥集中营,解除新闻审查。新的选举法依然实行两个阶段的间接选举,同时将原有的三个选区改为 100 个选区,旨在削弱旧贵族对于选举的操纵控制,扩大城市居民的参与。⑥

"二战"期间,伊拉克的经济状况不断恶化,农业歉收,物资短缺,物价上涨,地主商人大量出口谷物牟取暴利,导致国内出现严重的粮荒。⑦1945 年 4 月,铁路工人在英国经营的铁路公司拒绝增加 30%—40% 的工资后举行罢

---

① Marr, P., *The Modern History of Iraq*, p.73, p75.

② Tripp, C., *A History of Iraq*, p.82.

③ Peretz, D., *The Middle East Today*, p.449.

④ Haj, S., *The Making of Iraq 1900—1963*, New York 1997, p.100.

⑤ Elliot, M., *Independent Iraq: The Monarchy and British Influence 1941—1958*, p.21.

⑥ Marr, P., *The Modern History of Iraq*, p.97.

⑦ Tripp, C., *A History of Iraq*, p.116.

工,伊拉克政府和英国铁路公司威胁中断工人生活区的水源供应以及引进印度工人,铁路工人的罢工则从巴格达蔓延至塞马沃、巴士拉和摩苏尔,直至迫使铁路公司同意增加20%—30%的工资。巴士拉的石油工人举行罢工,要求提高工资和改善工作环境。陶菲格·苏瓦迪执政期间获准成立的诸多反对派政党创办报刊,指责政府的相关举措,进而形成反政府的强烈呼声。①

1946年5月,陶菲格·苏瓦迪辞职,阿尔沙德·欧麦里出任首相,实行高压政策,民主化改革随之夭折。同年7月,基尔库克的5 000名石油工人举行罢工,要求增加工资,伊拉克石油公司拒绝让步并要求伊拉克政府镇压罢工,致使多人死伤。此后,所有政党支持罢工,反对政府,要求内阁辞职。11月,阿尔沙德·欧麦里由于无法控制局势而被迫辞职,努里·赛义德出任首相。②

1947年3月,伊拉克举行议会选举,萨利赫·贾比尔在努里·赛义德的支持下出任首相,是为伊拉克政坛的第一位什叶派穆斯林首相。③萨利赫·贾比尔内阁继续实行高压政策,取缔持左翼和激进立场的人民党和祖国联盟,逮捕祖国联盟领导人阿卜杜勒·法塔赫·伊卜拉欣和民族民主党领导人卡米勒·查德只。1947年6月,阿卜杜勒·法塔赫·伊卜拉欣被判处终身监禁。④

1948年,伊拉克爆发规模空前的民众抗议活动。民众抗议活动开始于铁路工人的罢工,蔓延至制造业、印刷业和石油业,石油工人构成民众抗议活动的中坚力量,共产党则是民众抗议活动的主要组织者。当石油公司拒绝增加25%—40%的工资以后,哈迪萨和拜伊吉附近的石油工人举行罢工,持续3周,控制工厂,并向巴格达进军,直至在费卢杰遭到镇压。社会不满情绪并未局限于工人的范围,学生和城市中产阶级亦苦于40年代的通货膨胀和物资短缺,举行全国性的和具有反英倾向的抗议政府的活动,进而与叙利亚和黎巴嫩的反法民众运动以及巴勒斯坦反对英国殖民统治和锡安主义的运动遥相呼应。⑤与此同时,包括独立党、民族民主党和自由党在内的反对派政党要求废除英伊同盟条约和朴次茅斯协议,解散议会,举行大选。20名议员和2名内阁成员辞职,抗议萨利赫·贾比尔内阁与英国政府签署朴茨茅斯协

①② Haj, S., *The Making of Iraq*, p.100.

③ Elliot, M., *Independent Iraq: The Monarchy and British Influence 1941—1958*, p.19.

④ Marr, P., *The Modern History of Iraq*, pp.100—101.

⑤ Haj, S., *The Making of Iraq*, p.101.

议。摄政王阿卜杜勒·伊拉赫亦拒绝批准朴茨茅斯协议,要求萨利赫·贾比尔辞职,指定什叶派穆斯林穆罕默德·萨德尔出任首相并组建新的内阁,解散议会,举行选举,推行经济社会改革。[①]然而,民众继续举行抗议活动,要求改善生活境况、实行民主、释放政治犯、审判民族公敌萨利赫·贾比尔和努里·赛义德,整个伊拉克处于革命的边缘。[②]

1948年6月,伊拉克举行议会选举。然而,在全部138个议会席位中,反对派政党独立党、民族民主党和自由党仅获得7个席位;议会框架显然不利于反对派政党与政府之间的权力角逐。议会选举后,穆罕默德·萨德尔辞职,穆扎希姆·帕查只出任首相。巴勒斯坦战争的失败,导致1949年1月穆扎希姆·帕查只政府的垮台,努里·赛义德出任首相。1949年秋,伊拉克国内局势恢复平静。[③]

努里·赛义德出任首相期间,发表国家公约,呼吁实行一党制,随后联合诸多政治集团的成员,创建宪政联盟党。1949年11月,努里·赛义德辞职,阿里·贾乌达特出任首相。1950年2月,贾乌达特辞职,陶菲格·苏瓦迪出任首相。[④]陶菲格·苏瓦迪内阁11名大臣中,5人来自什叶派。[⑤]1950年9月,陶菲格·苏瓦迪辞职,努里·赛义德出任首相。努里·赛义德控制的议会修改1946年选举法,在保留两阶段间接选举的同时,强化政府对于选举的控制和排斥反对派的政治参与;反对派则要求废除间接选举,实行直接选举。[⑥]1951年6月,萨利赫·贾比尔与努里·赛义德分道扬镳,创建什叶派穆斯林政党民众社会主义党,挑战努里·赛义德的权力垄断。[⑦]与此同时,塔哈·哈希米创建统一民众联盟,加入反对努里·赛义德的政治阵营。1952年7月,努里·赛义德辞职,穆斯塔法·欧麦里出任首相。[⑧]

50年代初,1951年伊朗摩萨台政府的自由化改革和1952年埃及爆发的"七月革命",影响着伊拉克的政治生活。1952年8月,伊拉克共产党组织巴

---

① Tripp, C., *A History of Iraq*, p.121.
② Haj, S., *The Making of Iraq*, p.103.
③ Tripp, C., *A History of Iraq*, p.123.
④ Tripp, C., *A History of Iraq*, pp.126—127.
⑤ Elliot, M., *Independent Iraq: The Monarchy and British Influence 1941—1958*, p.19.
⑥ Haj, S., *The Making of Iraq*, p.104.
⑦ Elliot, M., *Independent Iraq: The Monarchy and British Influence 1941—1958*, p.28.
⑧ Tripp, C., *A History of Iraq*, pp.129—130.

士拉的港口工人举行罢工，要求政府增加工资，改善住房和工作环境。[1]同年10月，独立党、民族民主党和统一民众联盟向摄政王递交备忘录，要求保障公民权利、实行直接选举和不结盟外交政策。与此同时，伊拉克再次爆发大规模的下层民众示威，巴格达和纳杰夫成为抗议政府的中心所在。11月，穆斯塔法·欧麦里辞职，武装部队参谋总长努尔丁·马哈茂德组建军人政府，在巴格达实行军事管制，解散政党，囚禁政党领导人，关闭新闻机构，实行宵禁。[2]1953年1月，努尔丁·马哈茂德领导的军人政府宣布实行直接选举。在随后举行的议会选举中，努里·赛义德领导的宪政联盟党获得全部135个议会席位的100个席位，贾米勒·米扎伊出任首相，努里·赛义德出任国防大臣，努尔丁·马哈茂德领导的军人政府自行解散。[3]

1953年8月，贾米勒·米扎伊辞职，什叶派政治家法兹勒·贾马里出任首相，新的内阁中二分之一的成员是什叶派穆斯林，库尔德人赛义德·嘎扎兹出任内务大臣。新内阁解除军事管制和新闻审查，允许政党从事政治活动，试图推行包括土地改革和税收制度在内的温和的经济社会改革，遭到逊尼派和什叶派保守势力的反对。[4]

阿尔沙德·欧麦里

费萨尔二世亲政后，摄政王阿卜杜勒·伊拉赫改任王储，致力于实现伊拉克与叙利亚的合并。法兹勒·贾马里内阁利用叙利亚国内的严峻政治形势，资助和支持叙利亚国内的反对派势力，试图推翻什沙克里政权，筹划出兵占领叙利亚。与此同时，法兹勒·贾马里向阿拉伯联盟建议，成立包括伊拉克、叙利亚和约旦的阿拉伯联邦。1954年2月，什沙克里政权垮台，亲伊拉克势力控制叙利亚。努里·赛义德作为阿卜杜勒·伊拉赫的政治对手，反对伊拉克与叙利亚的合并计划。同年4月，阿尔沙德·欧麦

① Marr, P., *The Modern History of Iraq*, p.111.

② Haj, S., *The Making of Iraq*, p.105.

③ Tripp, C., *A History of Iraq*, p.132.

④ Tripp, C., *A History of Iraq*, pp.134—135.

里取代法兹勒·贾马里出任首相，筹备新的议会选举，旨在削弱努里·赛义德及其领导的宪政联盟党在议会的势力和影响。①

1954年6月的选举是伊拉克历史上最自由的选举，产生最具代表性的议会。所有的合法政党均参与竞选，425个候选人竞争135个议会席位。努里·赛义德领导的宪政联盟党尽管依然是议会第一大党，获得51个席位，却失去控制性的多数。民族民主党获得6个席位，独立党获得2个席位，统一民众联盟获得1个席位，阿卜杜勒·伊拉赫支持的独立候选人获得其余的席位。②同年8月，努里·赛义德第12次出任首相，解散议会，取缔政党。③此后4年，伊拉克处于军人和警察的高压之下，议会政治名存实亡。

英伊关系的演变

奥斯曼帝国灭亡后，伊拉克北部摩苏尔地区的主权归属悬而未决。1923年签署的《洛桑条约》，亦未就摩苏尔地区的主权归属予以明确的划定。土耳其共和国成立后，向国际联盟提出对于摩苏尔地区的主权要求。1925年7月，国际联盟通过决议，正式将摩苏尔地区划归伊拉克王国，同时规定英国对于伊拉克王国的委任统治期限为25年。1925年10月，伊拉克政府与英国政府签署条约，伊拉克政府接受国际联盟的决议，英国政府承诺帮助伊拉克加入国际联盟。1926年1月，伊拉克议会批准《英伊条约》。④同年，土耳其政府与英国及伊拉克签署条约，放弃对于摩苏尔地区的主权要求。⑤

1922年10月，费萨尔国王与英国政府签署《英伊同盟条约》，英国政府负责控制伊拉克的防务和外交，费萨尔政权负责掌管伊拉克的内部事务，伊拉克内阁接受英国顾问的监督，条约有效期为20年。⑥1930年6月，英国政府与伊拉克政府再次签署条约，旨在重新规定双方之间的相互关系；该条约后来成为1936年《英埃条约》以及《法黎条约》、《法叙条约》的原型。根据该条约，伊拉克政府在内部事务和防务方面拥有完整的权力，英国有权在战时使用伊拉克的基地和军事设施以及派遣英军进驻伊拉克，英国政府负责训练伊拉克军队并提供武器装备，英军保留巴格达附近的哈巴尼耶空军基地和巴

---

①② Marr, P., *The Modern History of Iraq*, p.114.

③ Tripp, C., *A History of Iraq*, p.137.

④ Tripp, C., *A History of Iraq*, p.59.

⑤ Elliot, M., *Independent Iraq: The Monarchy and British Influence 1941—1958*, p.6.

⑥ Ochsenwald, W., *The Middle East: A History*, p.440.

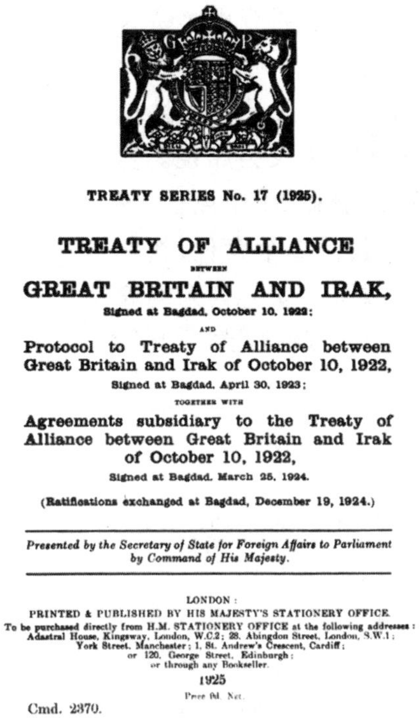

TREATY SERIES No. 17 (1925).

TREATY OF ALLIANCE

BETWEEN

GREAT BRITAIN AND IRAK,

Signed at Bagdad, October 10, 1922:

AND

Protocol to Treaty of Alliance between Great Britain and Irak of October 10, 1922,

Signed at Bagdad, April 30, 1923:

TOGETHER WITH

Agreements subsidiary to the Treaty of Alliance between Great Britain and Irak of October 10, 1922,

Signed at Bagdad, March 25, 1924.

(Ratifications exchanged at Bagdad, December 19, 1924.)

Presented by the Secretary of State for Foreign Affairs to Parliament by Command of His Majesty.

LONDON:

PRINTED & PUBLISHED BY HIS MAJESTY'S STATIONERY OFFICE.

To be purchased directly from H.M. STATIONERY OFFICE at the following addresses: Adastral House, Kingsway, London, W.C.2; 28, Abingdon Street, London, S.W.1; York Street, Manchester; 1, St. Andrew's Crescent, Cardiff; or 120, George Street, Edinburgh; or through any Bookseller.

1925

Price 6d. Net.

Cmd. 2370.

1922 年《英伊同盟条约》

士拉附近的舒埃巴空军基地,条约有效期为伊拉克加入国际联盟起 20 年。①

英国当局委任统治时期,英国顾问凌驾于伊拉克政府之上,把持伊拉克的军政权力。伊拉克的英国顾问人数,1920 年接近 3 000 人,1932 年减少至约百人。随着英国顾问人数的下降,英国当局对于伊拉克的控制程度明显削弱。1932 年,英国政府结束对于伊拉克的委任统治,伊拉克王国宣布独立,作为主权国家加入国际联盟,英国专员改称驻伊拉克大使,英国顾问成为伊拉克政府的雇员。②

加兹当政期间,持反英立场,1937 年曾经通过广播谴责法国统治叙利亚和锡安主义对于巴勒斯坦的野心,抨击英国插手海湾事务,首次提出兼并科威特的要求,称科威特的埃米尔是英国操纵的封建君主。③1939 年 4 月,加兹去世,其子费萨尔二世即位,阿卜杜勒·伊拉赫出任摄政王。④同年,英国政府向伊拉克提供 400 万英镑的援助,由伊拉克石油公司预付 300 万英镑。作为回报,首相努里·赛义德宣布中断与德国的外交关系。与此同时,耶路撒冷的穆夫提爱敏·侯赛因移居巴格达,倡导巴勒斯坦的独立运动。⑤

"二战"爆发后,努里·赛义德政府持亲英的外交立场,实行军事管制和独裁统治。1940 年 3 月,在军方将领的压力下,努里·赛义德被迫辞职,原民族兄弟会党领导人拉希德·阿里·吉拉尼继努里·赛义德之后出任首相,持亲德的外交政策,试图利用德国和意大利的支持实现伊拉克的政治独立。⑥1941 年 1 月,拉希德·阿里·吉拉尼内阁垮台,塔哈·哈希米出任首相。同年 4 月,拉希德·阿里·吉拉尼发动政变,解除塔哈·哈希米的首相

① Tripp, C., *A History of Iraq*, p.66.

② Yapp, M.E., *The Near East since the First World War*, p.70.

③ Marr, P., *The Modern History of Iraq*, pp.77—78.

④ Elliot, M., *Independent Iraq: The Monarchy and British Influence 1941—1958*, p.13.

⑤ Peretz, D., *The Middle East Today*, p.448.

⑥ Peretz, D., *The Middle East Today*, p.449.

职务。5月，英军占领巴士拉和巴格达，推翻拉希德·阿里·吉拉尼政府，持亲英立场的努里·赛义德再度出任内阁首相。1943年，伊拉克政府对轴心国宣战。①

伊拉克王国自建立伊始，长期处于英国当局的委任统治之下。1932年伊拉克独立后，英国当局援引1930年《英伊同盟条约》，继续在军事和外交诸多方面控制伊拉克政府。英国殖民统治的延续导致伊拉克民众与英国当局之间的尖锐对立，旨在结束英国殖民统治的民族主义运动成为"二战"结束后伊拉克政治生活的突出现象，民族主义政党构成伊拉克国内政治反对派的主要形式，废除1930年《英伊同盟条约》和实现国家的主权独立日益成为伊拉克民众和反对派政党关注的焦点。

战后初期，伊拉克政府试图推动伊拉克与叙利亚合并的计划和在新月地带建立阿拉伯联邦，遭到埃及和沙特阿拉伯以及外约旦国王阿卜杜拉的反对。此后，摄政王阿卜杜勒·伊拉赫试图通过修改1930年英伊同盟条约，缓解国内的政治压力。1947年3月，萨利赫·贾比尔内阁就结束伊拉克的英国驻军和英军基地问题与英国政府举行谈判。1948年1月，双方签署朴茨茅斯协议，英国承诺从伊拉克撤军，保留在伊拉克的哈巴尼耶和舒埃巴空军基地，双方成立联合防务会议，英军有权在战时重新使用伊拉克的空军基地，英国继续负责伊拉克军队的训练和物资供应，协议有效期为25年。②

然而，朴茨茅斯协议只是1930年《英伊同盟条约》的翻版，并未改变伊拉克从属于英国当局的政治地位。不仅如此，1930年签署的《英伊同盟条约》的失效期应为1957年，而1948年签署的朴茨茅斯协议的失效期延长至1973年。朴茨茅斯协议的签署导致伊拉克民众的强烈反对，进而引发规模空前的民众抗议活动。

民族矛盾与政治危机

50年代，努里·赛义德政府强调伊拉克国家利益至上的政治原则，抵制纳赛尔政权倡导的阿拉伯民族主义，持亲西方的外交政策。与此同时，伊拉克中断与苏联的外交关系，拒绝与其他阿拉伯国家签署共同防务协议，寻求加强与美国在中东的盟国土耳其、伊朗以及巴基斯坦之间的地区安全合作。

---

① Ochsenwald, W., *The Middle East: A History*, p.469.

② Tripp, C., *A History of Iraq*, p.120.

1954年4月,土耳其与巴基斯坦签署共同防务协议。1955年1月,土耳其总统门德列斯访问巴格达,与努里·赛义德发表联合声明,两国签署共同防务协议,建立巴格达条约组织。随后,英国、伊朗和巴基斯坦相继加入巴格达条约组织,美国宣布支持巴格达条约组织并向伊拉克提供军事装备。①

阿拉伯民族主义在伊拉克长期遭到库尔德人的抵制,什叶派穆斯林则将阿拉伯民族主义视作逊尼派穆斯林的统治。巴格达条约组织的建立,有助于伊拉克政府改善与库尔德人和什叶派穆斯林的关系,实现伊拉克国内局势的稳定,却导致阿拉伯世界分裂为亲西方阵营与亲苏阵营的明显对立。不仅如此,巴格达条约组织的建立,挑战纳赛尔主义和阿拉伯世界统一的政治原则,导致埃及与伊拉克两国之间外交关系的急剧恶化。埃及政府明确反对巴格达条约组织,支持伊拉克国内的阿拉伯民族主义和反对派势力,开罗的"阿拉伯之声"电台公开指责努里·赛义德是阿拉伯世界的叛徒。②

1956年,伊拉克民众在摩苏尔、基尔库克、巴士拉和纳杰夫等地举行示威,声援埃及抵抗英、法、以色列三国入侵,反对英国殖民主义和巴格达条约,遭到政府的镇压。③此后,伊拉克的政治矛盾明显加剧,反对派势力开始出现联合的趋势。

1953年9月,独立党与民族民主党初步形成政治合作。1956年6月,独立党与民族民主党在奉行中立的外交政策、推动阿拉伯世界的统一进程、支持巴勒斯坦解放事业、实现国内政治自由的基础之上筹划组建新的联合政党。1957年2月,独立党、民族民主党、共产党以及初露端倪的复兴党共同组成统一民族阵线,标志着反对派势力的广泛政治联合。④实现经济和政治的完全独立、废除巴格达条约、建立民主制、保障公民权利和自由、支持阿拉伯世界反对帝国主义和锡安主义,成为统一民族阵线的共同纲领。⑤

1957年6月,努里·赛义德辞职,阿里·贾乌达特出任首相。12月,阿里·贾乌达特内阁垮台,什叶派政治家阿卜杜勒·瓦哈卜·米尔占出任首相。在阿卜杜勒·瓦哈卜·米尔占的内阁中,6人来自逊尼派穆斯林,6人来

① Marr, P., *The Modern History of Iraq*, pp.117—118.

② Marr, P., *The Modern History of Iraq*, p.119.

③ Haj, S., *The Making of Iraq*, p.107.

④ Marr, P., *The Modern History of Iraq*, p.123.

⑤ Haj, S., *The Making of Iraq*, pp.107—108.

自什叶派穆斯林，3 人来自库尔德人。[①]1958 年 2 月，埃及与叙利亚合并，成立阿拉伯联合共和国。纳赛尔公开批评伊拉克政府，反对伊拉克的君主制。埃及与叙利亚的合并导致阿拉伯世界政治天平的严重失衡，阿拉伯联合共和国的建立直接威胁着伊拉克和约旦的君主制政权，进而促使哈希姆家族统治的伊拉克王国与约旦王国组成阿拉伯联邦，阿拉伯世界的另一重要的君主国沙特阿拉伯王国支持伊拉克与约旦的合并。1958 年 3 月，阿卜杜勒·瓦哈卜·米尔占辞职，努里·赛义德出任首相，致力于平衡伊拉克国内的各种政治力量，内阁职位由逊尼派穆斯林与什叶派穆斯林分享，另有两名库尔德人加入内阁。同年 5 月，伊拉克举行选举，新的议会批准阿拉伯联邦宪法，努里·赛义德出任阿拉伯联邦首相，库尔德人艾哈迈德·穆赫塔尔·巴班出任伊拉克首相。[②]

伊拉克共和国的诞生

《巴格达条约》的签署，导致伊拉克军队内部出现裂变。高级将领大都支持努里·赛义德内阁签署巴格达条约，中下级军官深受 1952 年埃及革命的影响，普遍持反对英国殖民主义和君主制的政治立场，主张废除《巴格达条约》。[③]埃及“七月革命”后，伊拉克军队内部持激进政治倾向的中下级军官开始秘密组建独立于议会政党的自由军官组织。

所谓的自由军官不同于与奥斯曼帝国时代的军队和传统制度具有密切联系的旧军官，大都是 30 年代以后入伍的新一代军官。[④]伊拉克自由军官组织的早期领导人是里法特·哈吉·希里和穆希丁·阿卜杜勒·哈米德，阿拉伯民族主义是自由军官组织的意识形态。伊拉克自由军官组织的基本纲领包括：1.反对帝国主义，废除《巴格达条约》；2.推翻君主制，建立共和制；3.铲除封建主义，推行土地改革，解放农民；4.实行自由、民主、宪政和社会公正；5.在统一国家的框架内承认库尔德人以及其他少数民族的自治权利；6.实行中立的外交政策；7.扩大与阿拉伯世界的合作和推动阿拉伯世界的统一进程；8.支持巴勒斯坦解放事业。[⑤]

---

① Elliot, M., *Independent Iraq: The Monarchy and British Influence 1941—1958*, p.20.

② Tripp, C., *A History of Iraq*, p.145.

③ Tripp, C., *A History of Iraq*, p.141.

④ Yapp, M.E., *The Near East since the First World War*, p.83.

⑤ Marr, P., *The Modern History of Iraq*, p.155.

1956年第二次中东战争后,自由军官组织的规模迅速扩大。1958年,自由军官组织的成员约200人,核心机构是14人组成的最高委员会;最高委员会的成员包括12名逊尼派穆斯林军官和2名什叶派穆斯林军官,9人具有上校军衔,大都来自中产阶级家庭,只有阿卜杜勒·卡里姆·嘎希姆和阿卜杜勒·萨拉姆·阿里夫来自贫困的农民家庭。①如同埃及自由军官组织中的纳吉布一样,阿卜杜勒·卡里姆·嘎希姆是伊拉克自由军官组织中唯一的将军。1957年,阿卜杜勒·卡里姆·嘎希姆将军出任最高委员会主席,阿卜杜勒·萨拉姆·阿里夫上校成为最高委员会的重要成员。②

1958年初,自由军官组织决定年底之前发动政变,在伊拉克建立共和国,由自由军官控制国家要职,在自由军官组织最高委员会的基础上成立革命指挥委员会作为最高国家权力机构。同年5月,黎巴嫩爆发内战,约旦国王要求伊拉克军队协防边境。7月14日,自由军官趁换防之机占领巴格达,处死国王费萨尔二世、王储阿卜杜勒·伊拉赫和首相努里·赛义德。③

民族主义的高涨是20世纪上半叶伊拉克政治生活的突出现象,根源于英国的委任统治和由此产生的尖锐民族矛盾。废除《英伊同盟条约》是伊拉克民族主义运动的首要目标,和平与暴力的斗争方式错综交织。1920年起义首开伊拉克民族主义运动的先河,1932年伊拉克王国的独立无疑是民族主义运动的重要成果。"二战"结束后,诸多议会政党大都持民族主义的立场,然而相互之间激烈角逐,犹如一盘散沙,加之精英政治的浓厚色彩,无力实现广泛的民众动员。军人政治的崛起,改变了伊拉克政坛的力量平衡。1958年君主制的废除,结束了英国当局扶持的哈希姆家族政权,标志着民族主义运动的广泛胜利,进而揭开伊拉克历史的崭新一页。

1958年7月28日,自由军官组织颁布临时宪法,废除君主制,成立伊拉克共和国。在阿卜杜勒·卡里姆·嘎希姆和阿卜杜勒·萨拉姆·阿里夫的授意下,由逊尼派穆斯林纳吉布·鲁巴伊、什叶派穆斯林穆罕默德·马赫迪·库巴赫和库尔德人哈立德·纳格沙班迪组成三人最高委员会,代行总统职权,纳吉布·鲁巴伊出任最高委员会主席。新的内阁成员分别来自自由军官组织、民族民主党、独立党和复兴党,阿卜杜勒·卡里姆·嘎希姆出任内阁

① Yapp, M.E., *The Near East since the First World War*, p.233.

② Tripp, C., *A History of Iraq*, p.144.

③ Marr, P., *The Modern History of Iraq*, p.123.

总理兼国防部长和武装部队总司令，阿卜杜勒·萨拉姆·阿里夫出任副总理兼内务部长和武装部队副总司令。内阁具有行政权并代行立法权，内阁立法须经最高委员会批准。①

1958年自由军官在伊拉克建立的政权，在诸多方面与1952年埃及建立的纳赛尔政权不无相似之处。然而，纳赛尔领导的埃及自由军官组织具有相对明确的纲领和较为完整的体系，伊拉克的自由军官政权则派系林立，缺乏强有力的政治权威。分别代表逊尼派穆斯林、什叶派穆斯林和库尔德人的最高委员会只是名义上的最高权力机构，国家机器实际上处于内阁的控制之下，阿卜杜勒·卡里姆·嘎希姆和阿卜杜勒·萨拉姆·阿里夫则是主宰政坛的核心人物。

嘎希姆政权

伊拉克共和国成立初期，不同政治派别在诸多方面存在分歧。1958年2月，埃及与叙利亚合并组建阿拉伯联合共和国，成为阿拉伯世界共和制政体的旗帜和推动阿拉伯世界统一进程的核心。是否立即加入阿拉伯联合共和国，成为伊拉克国内不同政治派别争执的焦点。持纳赛尔主义立场的独立党和持泛阿拉伯主义的复兴党认为，伊拉克作为国家只是英国殖民统治的产物，缺乏历史文化基础和经济社会基础，阿拉伯世界的统一是阿拉伯世界得以复兴的前提条件，亦是反对殖民主义和实现经济社会进步的客观需要，主张立即加入阿拉伯联合共和国，其中独立党强调埃及在阿拉伯联合共和国中的主导作用，复兴党强调叙利亚与伊拉克的特殊联系。民族民主党强调伊拉克国家利益至上和主权完整的政治原则，主张实行自由资本主义的经济模式和多党制的政治模式，反对加入埃及主导的阿拉伯联合共和国。共产党在库尔德人以及什叶派穆斯林中具有较大的政治影响，持反对纳赛尔主义和泛阿拉伯主义的立场。②

阿卜杜勒·卡里姆·嘎希姆具有逊尼派穆斯林和什叶派库尔德人混合血统的家庭背景，强调伊拉克国家利益至上的政治原则，与民族民主党立场接近，对于伊拉克是否加入埃及主导的阿拉伯联合共和国持谨慎的态度。阿卜杜勒·萨拉姆·阿里夫作为伊拉克纳赛尔主义的代表人物和复兴党的

① Marr, P., *The Modern History of Iraq*, p.158.

② Marr, P., *The Modern History of Iraq*, p.161.

盟友,强调推动阿拉伯世界统一进程的政治原则,主张立即加入阿拉伯联合共和国。①

1958 年 7 月 20 日,阿卜杜勒·萨拉姆·阿里夫率领伊拉克政府代表团访问埃及,擅自与纳赛尔讨论伊拉克加入阿拉伯联合共和国,并且将阿卜杜勒·卡里姆·嘎希姆称作伊拉克的纳吉布。同年 9 月,阿卜杜勒·卡里姆·嘎希姆解除阿卜杜勒·萨拉姆·阿里夫的内阁职务,任命阿卜杜勒·萨拉姆·阿里夫为驻西德大使。10 月,阿卜杜勒·萨拉姆·阿里夫在巴格达被捕,并被判处终身监禁。②

继阿卜杜勒·萨拉姆·阿里夫之后,原民族兄弟会党领导人拉希德·阿里·吉拉尼成为阿卜杜勒·卡里姆·嘎希姆的挑战者。拉希德·阿里·吉拉尼曾经长期流亡开罗,与纳赛尔交往甚密,亦持泛阿拉伯主义立场,在逊尼派穆斯林中具有广泛的政治影响。1958 年 12 月,拉希德·阿里·吉拉尼被捕并被判处死刑。③此后,阿卜杜勒·卡里姆·嘎希姆依靠参谋总长艾哈迈德·萨利赫·阿布迪和军队将领的支持,强调伊拉克共和国的双重民族性,邀请穆斯塔法·巴尔扎尼回国重建库尔德民主党,增加民族民主党的内阁席位,扩大与伊拉克共产党的政治合作,旨在抗衡泛阿拉伯民族主义和纳赛尔主义。④

1959 年 3 月,在纳赛尔政权的操纵下,属于逊尼派穆斯林的复兴党军队将领阿卜杜勒·瓦哈卜·沙瓦夫、纳兹姆·塔巴贾里和里法特·哈吉·希里发动叛乱,一度控制伊拉克北部的摩苏尔,遭到伊拉克政府的镇压。⑤同年 10 月,包括萨达姆·侯赛因在内的复兴党成员试图谋杀阿卜杜勒·卡里姆·嘎希姆,未果。随后,阿卜杜勒·卡里姆·嘎希姆政权开始清洗伊拉克境内的复兴党势力,迫使复兴党退出伊拉克政坛。⑥与此同时,民族民主党作为阿卜杜勒·卡里姆·嘎希姆政权打击纳赛尔主义者和复兴党的重要盟友,政治影响进一步扩大,其在内阁的席位明显增加。1960 年 5 月,民族民主党出现分裂,穆罕默德·哈迪德辞去党内职务,组建国家进步党,成为新的合法政党。⑦

---

① Tripp, C., *A History of Iraq*, pp.151—152.

② Marr, P., *The Modern History of Iraq*, p.159.

③ Marr, P., *The Modern History of Iraq*, pp.160—162.

④ Yapp, M.E., *The Near East since the First World War*, p.234.

⑤ Marr, P., *The Modern History of Iraq*, pp.162—163.

⑥ Tripp, C., *A History of Iraq*, p.158.

⑦ Marr, P., *The Modern History of Iraq*, pp.167—168.

阿卜杜勒·卡里姆·嘎希姆以及民族民主党与纳赛尔主义者、复兴党之间的权力角逐,为共产党提供了必要的发展空间。1958 年 7 月君主制政权垮台后,侯赛因·拉迪领导的共产党恢复在伊拉克国内的公开政治活动,拥有成员 3 000 人。①1959 年,共产党得到空前的发展,支持者达到 2.5 万人,成为最重要的和组织最完善的非议会政党。②共产党在支持阿卜杜勒·卡里姆·嘎希姆政权的同时,致力于下层民众的政治动员,倡导激进的土地改革,创建民兵组织"民众抵抗力量",控制工会联合会、妇女联合会和学生联合会,迫使政府承认农民协会的合法地位。③1959 年 3 月摩苏尔叛乱期间,共产党反对泛阿拉伯主义,支持阿卜杜勒·卡里姆·嘎希姆政府。摩苏尔叛乱平息后,共产党逐渐扩大在伊拉克北部城市基尔库克的政治影响。基尔库克的石油工人大都具有库尔德人血统,构成共产党的重要社会基础。④同年 4 月,农民协会联合会在巴格达举行成立大会,来自共产党的卡兹姆·法尔胡德出任主席。在全部 3 577 个农民协会中,2 267 个农民协会处于共产党的控制之下。5 月,共产党在巴格达举行民众示威,要求允许共产党进入内阁和举行议会选举,与民族民主党组织的示威队伍发生激烈冲突。⑤7 月,共产党在基尔库克组织民众举行示威,引发库尔德人与土库曼人之间的暴力冲突。随后,阿卜杜勒·卡里姆·嘎希姆政府指责共产党制造骚乱,镇压共产党组织的民众示威,进而取缔工会和农民协会。⑥

1960 年 1 月,阿卜杜勒·卡里姆·嘎希姆政府颁布新的结社法,允许在承认国家统一的前提下组建政党,军人、政府官员和学生不得加入政党,内务部负责批准成立政党和解散政党。与此同时,伊拉克共产党分裂为侯赛因·拉迪领导的左翼共产党和达乌德·赛伊格领导的右翼共产党;后者得到官方的支持,成为新的合法政党。⑦逊尼派政治家努尔曼·阿卜杜勒·拉扎格·萨马里在什叶派阿亚图拉穆赫辛·哈吉姆的支持下组建伊斯兰党,什叶派政治家穆罕默德·巴基尔·萨德尔创立达瓦党,成为伊拉克政坛新的

---

① Yapp, M.E., *The Near East since the First World War*, p.234.
② Tripp, C., *A History of Iraq*, p.157.
③ Haj, S., *The Making of Iraq*, p.121.
④ Marr, P., *The Modern History of Iraq*, p.165.
⑤ Haj, S., *The Making of Iraq*, p.124.
⑥ Marr, P., *The Modern History of Iraq*, p.160.
⑦ Marr, P., *The Modern History of Iraq*, p.167.

非法政党。[1]伊斯兰党和达瓦党的诞生,标志着现代伊斯兰主义在伊拉克的兴起,进而形成宗教政治与世俗政治的尖锐对立。

1959 年 2 月,伊拉克政府在莫斯科与苏联政府签署为期 7 年的经济技术合作协议,苏联政府向伊拉克提供 5.5 亿卢布(约合 4 800 万第纳尔)的贷款,援助伊拉克建设 43 个工业项目。同年 3 月,阿卜杜勒·卡里姆·嘎希姆宣布退出巴格达条约,结束与西方世界的合作,实行亲苏的外交政策。巴格达条约总部随后迁往土耳其首都安卡拉,改称中央条约组织。[2]

1960 年,苏联政府再次提供 1.8 亿卢布(约合 1 580 万第纳尔)的贷款,援助伊拉克政府发展钢铁、电力、纺织、石油、铁路和农业,接受 800 名伊拉克学生赴苏联留学。与此同时,伊拉克开始建立与苏联的密切军事交往,从苏联进口军事装备。[3]

阿卜杜勒·卡里姆·嘎希姆政权与埃及主导的阿拉伯联合共和国之间处于紧张的状态;伊拉克政府称纳赛尔是新的"尼罗河法老",开罗政府则称阿卜杜勒·卡里姆·嘎希姆是"伊拉克的分裂者"。[4] 1961 年 6 月,英国政府宣布废除 1899 年协议,结束科威特作为英国保护地的地位。同年 7 月,阿卜杜勒·卡里姆·嘎希姆发表广播讲话,宣布科威特作为奥斯曼帝国时期巴士拉省的属地,系伊拉克不可分割的组成部分,进而提出对于科威特的领土要求。随后,英国政府将科威特问题提交联合国安理会讨论。与此同时,埃及主导的阿拉伯国家联盟宣布承认科威特的主权国家地位,接纳科威特作为阿拉伯国家联盟成员国,承诺向科威特提供保护。8 月,英军撤出科威特,阿拉伯国家联盟出兵进驻科威特。伊拉克政府中断与阿拉伯国家联盟的合作,召回承认科威特的诸多阿拉伯国家的大使。阿卜杜勒·卡里姆·嘎希姆政权在阿拉伯世界陷入进一步的孤立状态。[5]

阿卜杜勒·卡里姆·嘎希姆政权退出巴格达条约组织和实行亲苏外交政策,导致土耳其、伊朗与伊拉克之间关系的急剧恶化。伊朗的巴列维王朝作为美国的政治盟友,开始支持穆斯塔法·巴尔扎尼领导的库尔德人反政府武装,阿拉伯河的主权归属则是伊朗与伊拉克之间矛盾的焦点。[6]根据 1937

---

① Tripp, C., *A History of Iraq*, p.160.

② Marr, P., *The Modern History of Iraq*, p.164.

③④ Marr, P., *The Modern History of Iraq*, p.165.

⑤ Tripp, C., *A History of Iraq*, p.166.

⑥ Tripp, C., *A History of Iraq*, p.164.

年伊拉克政府与伊朗政府签署的协议，阿拉伯河的主航道属于伊拉克，阿巴丹港口周围8公里的水域划归伊朗，伊朗军舰可以经阿拉伯河进出阿巴丹港。1959年，阿卜杜勒·卡里姆·嘎希姆宣布废除1937年协议，进而提出对于阿巴丹港周围水域的主权要求，伊朗则要求按照阿拉伯河主航道划分国界。1961年，伊拉克内阁首次正式将波斯湾改称阿拉伯湾，亦引起伊朗的强烈不满。①

伊拉克复兴党的由来

1944年，叙利亚的知识分子在大马士革创建复兴党。复兴党系世俗色彩的阿拉伯民族主义政党，主要创始人是东正教徒米切尔·阿弗拉格和逊尼派穆斯林萨拉赫丁·比塔尔。1952年，米切尔·阿弗拉格领导的复兴党与阿克拉姆·豪拉尼领导的阿拉伯社会主义党合并组建复兴阿拉伯社会主义党，简称复兴党。此后，复兴党的政治影响逐渐扩大，在叙利亚、黎巴嫩和伊拉克建立分支机构。

复兴党的领导机构称民族委员会，民族委员会成员来自阿拉伯世界的诸多地区及国家，下辖若干地区委员会。大马士革是复兴党的中心所在；1954年，复兴党获得叙利亚议会的16个席位。复兴党持泛阿拉伯主义社会主义的政治立场，谴责殖民主义和犹太复国主义，阿拉伯民族利益至上和阿拉伯世界的统一构成复兴党的基本纲领。②如同埃及的纳赛尔主义一样，复兴阿拉伯社会主义作为复兴党的意识形态，明显区别于马克思主义，强调私有制的合法地位，否认阶级斗争的理论与实践。③

伊拉克的复兴党组织始建于1951年，来自纳西里耶的什叶派工程师福阿德·里卡比是伊拉克复兴党的早期领导人。④1952年，伊拉克的复兴党得到大马士革的复兴党总部的承认，成为复兴党在伊拉克的分支机构。⑤伊拉克复兴党创建初期，约有成员50人。1955年，伊拉克复兴党成员增至近300人，多为什叶派穆斯林，亦有少量逊尼派穆斯林。50年代，伊拉克复兴党的活动范围包括巴格达、纳西里耶、拉马迪、纳杰夫、卡尔巴拉和巴士拉。1957

---

① Marr, P., *The Modern History of Iraq*, p.180.

② East, R. & Joseph, T., *Political Parties of Africa and the Middle East*, p.129.

③ Sluglett, M.F, *Iraq Since 1958: From Revolution to Dictatorship*, p.89.

④ Tripp, C., *A History of Iraq*, p.143.

⑤ Haj, S., *The Making of Iraq 1900—1963*, p.92.

年,复兴党与独立党、民族民主党、共产党共同组建统一民族阵线,成为反对派阵营的新兴成员。[①]复兴党不同于君主制时代的诸多议会政党,在下层民众具有广泛的社会基础。

1952—1958年,复兴党的成员主要来自青年学生。1958年伊拉克共和国建立后,复兴党开始在军人中扩大影响。1959年10月,复兴党暗杀阿卜杜勒·卡里姆·嘎希姆未遂,福阿德·里卡比出逃,复兴党进入低谷状态,许多复兴党成员遭到监禁和流放。1959年底,在米歇尔·阿弗拉格的指派下,兼有库尔德人和阿拉伯人血统的逊尼派穆斯林阿里·萨利赫·萨阿迪秘密返回伊拉克,重建复兴党。[②]纳赛尔主义的代表人物阿卜杜勒·萨拉姆·阿里夫是阿里·萨利赫·萨阿迪和复兴党的重要政治盟友,来自提克里特的逊尼派穆斯林艾哈迈德·哈桑·巴克尔和费萨尔·哈比卜以及来自纳西里耶的什叶派穆斯林哈兹姆·贾瓦德、来自鲁麦萨的什叶派穆斯林塔里布·沙比卜成为伊拉克复兴党的核心人物,提克里特则是复兴党的重要据点。[③]

1963年复兴党政变

阿卜杜勒·卡里姆·嘎希姆执政期间,伊拉克政治生活的突出现象在于国家权力的高度集中。阿卜杜勒·卡里姆·嘎希姆无意与诸多政党分享权力,拒绝实行代议制和举行议会选举,取缔反对派政党,实行新闻管制,解散共产党控制的民众组织,法德勒·阿拔斯·马赫达维主持的军事法庭则是阿卜杜勒·卡里姆·嘎希姆独裁统治和排斥异己的御用工具,进而形成恐怖的政治气氛。1962年,复兴党秘密组织数千人的民兵武装,开始筹划军事政变。[④]

1963年2月,阿里·萨利赫·萨阿迪领导的伊拉克复兴党在巴格达发动军事政变,成立革命指挥委员会,处死阿卜杜勒·卡里姆·嘎希姆,推举来自拉马迪的逊尼派军官阿卜杜勒·萨拉姆·阿里夫上校出任总统。复兴党控制的革命指挥委员会作为最高权力机构,主导国家机器,负责任免内阁成员。复兴党占据内阁21个职位中的12个职位,其中艾哈迈德·哈桑·巴克尔出任内阁总理,阿里·萨利赫·萨阿迪出任副总理兼内务部长,萨利赫·

---

① Sluglett, M.F, *Iraq Since 1958*, p.90.

② Tripp, C., *A History of Iraq*, p.162.

③ Marr, P., *The Modern History of Iraq*, p.184.

④ Marr, P., *The Modern History of Iraq*, p.175, p.185.

马赫迪·阿马什出任国防部长。同年8月，复兴党创建3万余人的国民卫队，作为铲除政敌的准军事组织。[①]阿卜杜勒·萨拉姆·阿里夫的支持者主要来自伊拉克的纳赛尔主义者，包括武装部队代理参谋总长阿卜杜勒·拉赫曼·阿里夫、共和国卫队司令赛义德·斯莱比和空军司令阿里夫·阿卜杜勒·拉扎克。[②]阿卜杜勒·萨拉姆·阿里夫来自拉马迪的朱麦拉部落，其组建的共和国卫队成员招募于朱麦拉部落，装备精良，驻守巴格达，作为制约国民卫队的武装力量。[③]

1963年3月，复兴党在叙利亚发动政变。同年4月，伊拉克和叙利亚的复兴党与埃及政府举行谈判，讨论签署埃及、伊拉克、叙利亚组建阿拉伯联邦的协议。7月，纳赛尔与复兴党关系恶化，合并计划流产。与此同时，伊拉克复兴党内部逐渐分裂，形成阿里·萨利赫·萨阿迪为首的激进派和塔里布·沙比卜和哈兹姆·贾瓦德为首的温和派。阿里·萨利赫·萨阿迪为首的激进派持马克思主义立场，主张实行社会主义改革和农业合作化，强调工人阶级的主导地位。塔里布·沙比卜和哈兹姆·贾瓦德为首的温和派则主张实现诸多政治势力的广泛联合，强调权力分享的政治原则，旨在扩大新政权的社会基础。[④]

1963年10月，复兴党民族委员会在大马士革举行第六次大会，选举阿里·萨利赫·萨阿迪出任复兴党伊拉克地区委员会的领导人。同年11月11日，复兴党伊拉克地区委员会在巴格达召开会议，选举产生复兴党伊拉克地区委员会的领导机构，哈兹姆·贾瓦德出任复兴党伊拉克地区委员会主席，阿里·萨利赫·萨阿迪被逐出伊拉克，复兴党内部激进派与温和派之间矛盾激化。11月12日，米切尔·阿弗拉格自叙利亚抵达巴格达，拒绝承认此前选举产生的复兴党伊拉克地区委员会领导机构，引起复兴党内部温和派的强烈不满。11月18日，总统阿卜杜勒·萨拉姆·阿里夫宣布武装部队接管复兴党主导的内阁，扣押米切尔·阿弗拉格，解散复兴党激进派控制的国民卫队，由纳赛尔主义者和复兴党军官共同组建新内阁，艾哈迈德·哈桑·巴克尔出任副总统，来自提克里特的复兴党军官塔希尔·叶赫亚和哈尔丹·提克里提分别出任内阁总理和国防部长。1964年初，阿卜杜勒·萨拉姆·

---

① Yapp, M.E., *The Near East since the First World War*, p.238.

② Marr, P., *The Modern History of Iraq*, p.190.

③ Tripp, C., *A History of Iraq*, p.176.

④ Marr, P., *The Modern History of Iraq*, p.188.

阿里夫相继解除艾哈迈德·哈桑·巴克尔的副总统职务和哈尔丹·提克里提的国防部长职务。[①]此后，纳赛尔主义者取代复兴党成为伊拉克政坛的主导力量。

阿里夫政权

伊拉克的纳赛尔主义者强调伊拉克人的阿拉伯民族属性和阿拉伯世界的统一性，致力于伊拉克与埃及合并的政治进程，可谓埃及纳赛尔主义的逻辑延伸。然而，伊拉克的纳赛尔主义者并非独立的政党，长期处于松散的状态，缺乏强有力的政治核心、完整的政治组织和明确的政治纲领，纳赛尔主义的支持者主要来自拉马迪、提克里特和摩苏尔的逊尼派穆斯林。[②]另一方面，伊拉克具有不同于埃及的特定国情：逊尼派无疑构成纳赛尔主义的重要社会基础，库尔德人和什叶派穆斯林则长期抵制纳赛尔主义的理论和实践。

阿卜杜勒·萨拉姆·阿里夫与纳赛尔

阿卜杜勒·萨拉姆·阿里夫政权建立后，推行相对温和的外交政策，在延续亲苏外交政策的基础上，缓解由于退出巴格达条约与西方世界日趋紧张的外交关系，同时承认科威特的主权独立，试图摆脱伊拉克在阿拉伯世界的孤立局面。[③]

1964 年 1 月，阿卜杜勒·萨拉姆·阿里夫访问埃及。同年 4 月，伊拉克共和国颁布临时宪法。6 月，阿卜杜勒·萨拉姆·阿里夫宣布伊拉克共和国实行一党制，随后创建阿拉伯社会主义联盟。[④]7 月，伊拉克政府颁布国有化法令，扩大经济领域的政府干预。12 月，伊拉克政府和埃及政府共同宣布成

---

① Marr, P., *The Modern History of Iraq*, pp.189—191.
② Marr, P., *The Modern History of Iraq*, p.183.
③ Marr, P., *The Modern History of Iraq*, p.186.
④ Yapp, M.E., *The Near East since the First World War*, p.240.

立包括两国总统、总理和内阁成员在内的联合政治委员会，负责合并的筹备工作，同时扩大两国之间的军事合作。1965 年 9 月初，阿卜杜勒·萨拉姆·阿里夫改组内阁，由亲纳赛尔政权的阿里夫·阿卜杜勒·拉扎克出任总理兼国防部长，阿卜杜勒·拉赫曼·巴扎兹出任副总理。①

1965 年 9 月底，阿里夫·阿卜杜勒·拉扎克趁阿卜杜勒·萨拉姆·阿里夫前往摩洛哥出席阿拉伯国家峰会之机发动政变，被赛义德·斯莱比控制的共和国卫队平息，阿卜杜勒·拉赫曼·巴扎兹出任内阁总理。②阿卜杜勒·萨拉姆·阿里夫指责纳赛尔支持政变，巴格达与开罗之间的关系随之破裂。此后，阿卜杜勒·萨拉姆·阿里夫放弃阿拉伯主义和社会主义的立场，强调伊拉克国家利益至上的政治原则，宣布结束国有化，鼓励发展私人经济，解散军人主导的革命指挥委员会，推行民主化改革。1966 年 4 月，阿卜杜勒·萨拉姆·阿里夫死于空难，其弟阿卜杜勒·拉赫曼·阿里夫继任总统。③

1966 年 4 月阿卜杜勒·萨拉姆·阿里夫死后，阿卜杜勒·拉赫曼·巴扎兹领导的内阁试图强化文官政治，增加经济投资，削减军费支出，削弱军方的政治影响。同年 5 月，阿卜杜勒·拉赫曼·巴扎兹内阁与穆斯塔法·巴尔扎尼领导的库尔德民主党签署和平协议，承认伊拉克共和国的双重民族性，承诺在议会民主制的框架内给予库尔德人充分的自治权利。阿卜杜勒·拉赫曼·巴扎兹推行的改革举措以及怀柔库尔德人的政策，引起军方将领的不满。8 月，迫于军方的压力，阿卜杜勒·拉赫曼·巴扎兹辞职，什叶派军官纳吉·塔里布出任总理，组建军方主导的内阁。伊拉克政府与库尔德民主党签署的和平协议夭折，双方恢复交战状态。1967 年 5 月，阿卜杜勒·拉赫曼·阿里夫罢免纳吉·塔里布，自任内阁总理。同年 7 月，塔希尔·叶赫亚出任内阁总理。④

1968 年复兴党政变

1964 年 2 月，复兴党民族委员会在大马士革召开第七次大会，正式开除阿里·萨利赫·萨阿迪，艾哈迈德·哈桑·巴克尔进入复兴党革命指挥委员

---

① Marr, P., *The Modern History of Iraq*, p.193.

② Tripp, C., *A History of Iraq*, p.182.

③ Marr, P., *The Modern History of Iraq*, p.196, p.197.

④ Tripp, C., *A History of Iraq*, pp.187—188.

会,成为复兴党伊拉克地区委员会的领导人。萨达姆·侯赛因受艾哈迈德·哈桑·巴克尔的委托,负责重建复兴党伊拉克地区组织。同年9月,复兴党暗杀阿卜杜勒·拉赫曼·阿里夫未遂,艾哈迈德·哈桑·巴克尔和萨达姆·侯赛因一度入狱。①

1966年2月,复兴党的大马士革总部出现分裂,米切尔·阿弗拉格被叙利亚复兴党开除。伊拉克复兴党支持米切尔·阿弗拉格,遂与叙利亚复兴党分道扬镳。同年9月,伊拉克复兴党选举新的领导机构,艾哈迈德·哈桑·巴克尔当选总书记,萨达姆·侯赛因当选副总书记。②1967年第三次中东战争后,纳赛尔政权危机四伏,纳赛尔主义逐渐走向低谷。与此同时,复兴党在伊拉克的政治影响迅速扩大,复兴党成员达到5 000人。③

1968年初,复兴党领导人通过共和国卫队旅长萨阿顿·贾伊丹的引见,与阿卜杜勒·拉赫曼·阿里夫政权的军事情报局局长阿卜杜勒·拉扎格·纳伊夫和共和国卫队司令伊卜拉欣·达乌德密谋发动政变。④同年4月,包括5名复兴党成员在内的13名退役军官致信阿卜杜勒·拉赫曼·阿里夫,要求罢免塔希尔·叶赫亚的总理职务,改组内阁,遭到拒绝。⑤

1968年7月17日,阿卜杜勒·拉扎格·纳伊夫、伊卜拉欣·达乌德和萨阿顿·贾伊丹在复兴党的支持下发动政变,控制巴格达,阿卜杜勒·拉赫曼·阿里夫流亡国外。次日,复兴党总书记艾哈迈德·哈桑·巴克尔出任总统,政变的发动者阿卜杜勒·拉扎格·纳伊夫和伊卜拉欣·达乌德分别出任内阁总理和国防部长,复兴党成员萨利赫·马赫迪·阿马什出任内务部长,哈尔丹·提克里提出任武装部队参谋总长兼空军司令,萨阿顿·贾伊丹出任共和国卫队司令。⑥

1968年7月30日,复兴党再次发动政变,阿卜杜勒·拉扎格·纳伊夫和伊卜拉欣·达乌德分别改任驻外大使,艾哈迈德·哈桑·巴克尔出任总统、内阁总理兼武装部队总司令,哈尔丹·提克里提出任国防部长兼武装部队副总司令,阿卜杜勒·卡里姆·舍赫里出任外交部长。⑦

---

① Tripp, C., *A History of Iraq*, p.189.
② Marr, P., *The Modern History of Iraq*, p.207.
③ Yapp, M.E., *The Near East since the First World War*, p.241.
④ Tripp, C., *A History of Iraq*, p.190.
⑤ Marr, P., *The Modern History of Iraq*, p.209.
⑥ Tripp, C., *A History of Iraq*, p.191.
⑦ Marr, P., *The Modern History of Iraq*, p.212.

艾哈迈德·哈桑·巴克尔来自提克里特的阿布·纳绥尔部落,出身农民家庭,1938 年毕业于军事学院,1958 年加入复兴党,同年参加自由军官发动的政变,1963 年曾经出任阿卜杜勒·萨拉姆·阿里夫政权的内阁总理。①

艾哈迈德·哈桑·巴克尔领导的复兴党政权,主要支持者是分布在伊拉克西北部的逊尼派阿拉伯部族。提克里特人的权力垄断,构成艾哈迈德·哈桑·巴克尔政权的明显特征。复兴党革命指挥委员会 5 名成员中,3 人来自提克里特;总统、内阁总理和国防部长的职位均由提克里特人把持,尚未担任政府职务的复兴党副总书记萨达姆·侯赛因亦来自提克里特。另一方面,艾哈迈德·哈桑·巴克尔政权具有军人政治的浓厚色彩,总统、内阁总理、国防部长、内务部长以及革命指挥委员会的全体成员均为复兴党军官。②尽管复兴党标榜阿拉伯民族主义和倡导阿拉伯世界的统一进程,然而艾哈迈德·哈桑·巴克尔领导的复兴党政权明确强调伊拉克至上的国家主义原则。③

艾哈迈德·哈桑·巴克尔政权的建立,标志着伊拉克共和国的历史进入复兴党统治的时代。一党制的独裁、政治局势的空前稳定和经济社会的长足进步,构成复兴党执政时代的主要特征。

巴克尔政权

艾哈迈德·哈桑·巴克尔政权建立后,致力于排斥政治异己和强化独裁统治。1969 年 11 月,艾哈迈德·哈桑·巴克尔改组复兴党革命指挥委员会,革命指挥委员会成员由 5 人增至 15 人,文职人员取代复兴党军官成为革命指挥委员会的主体,塔哈·亚辛·拉马丹和伊扎特·伊卜拉欣进入革命指挥委员会,萨达姆·侯赛因出任革命指挥委员会副主席。④

艾哈迈德·哈桑·巴克尔政权建立初期,面临来自以国防部长哈尔丹·提克里提和内务部长萨利赫·马赫迪·阿马什为首的复兴党军官的挑战和威胁。1970 年 4 月,哈尔丹·提克里提和萨利赫·马赫迪·阿马什出任副总统,哈马德·什哈卜和萨阿顿·贾伊丹分别出任国防部长和内务部长。同年 10 月,哈尔丹·提克里提被解除副总统职务。1971 年 3 月,哈尔丹·提克里提在科威特死于暗杀。同年 9 月,萨利赫·马赫迪·阿马什亦被解除副总

① Marr, P., *The Modern History of Iraq*, pp.219—220.
② Marr, P., *The Modern History of Iraq*, p.212.
③ Tripp, C., *A History of Iraq*, p.193.
④ Marr, P., *The Modern History of Iraq*, p.214.

统职务，改任驻苏联大使。与此同时，复兴党内部诸多资深成员，包括萨拉赫·欧麦尔·阿里、阿卜杜拉·萨鲁姆·萨马里、沙菲格·卡马里和阿卜杜勒·卡里姆·舍赫里，相继被艾哈迈德·哈桑·巴克尔解除职务。①

1970年7月，艾哈迈德·哈桑·巴克尔领导的复兴党政权颁布临时宪法。1970年临时宪法规定，伊拉克共和国由阿拉伯民族和库尔德民族共同组成，伊拉克共和国的宗旨是在社会主义的基础上实现阿拉伯世界的统一；复兴党是伊拉克共和国的执政党，复兴党革命指挥委员会是伊拉克共和国的最高权力机构，负责制定法律、保卫国家安全和批准国家财政预算；革命指挥委员会主席兼任伊拉克共和国总统，统率武装部队；内阁政府执行革命指挥委员会的决定，内阁成员由革命指挥委员会主席任免；伊斯兰教是伊拉克共和国的官方宗教，其他宗教信仰受国家和政府的保护；自然资源和主要的生产资料实行国家所有；国家实行免费的教育和医疗制度。②

君主制时代，伊拉克政府长期实行亲西方的外交政策。伊拉克共和国建立后，实行亲苏的外交政策。与此同时，伊拉克政府的石油国有化政策，导致伊拉克与西方的关系逐渐恶化。1972年，苏联部长会议主席柯西金访问巴格达，与伊拉克政府签署为期15年的友好条约。1975年起，伊拉克与西方的外交关系逐渐改善，其与苏联之间的关系随之趋于冷淡。③

1971年英军撤出波斯湾后，伊朗军队随即占领阿布·穆萨岛和大小通布岛，进而提出对于阿拉伯河的主权要求。随后，伊拉克政府宣布断绝与伊朗之间的外交关系，驱逐南部自称具有伊朗血统的什叶派约4万人。1973年第四次中东战争期间，伊拉克一度与伊朗恢复外交关系。1975年伊拉克政府与伊朗政府发表阿尔及尔宣言后，巴格达与德黑兰之间的关系一度改善。④

1973年6月，来自什叶派的复兴党情报机构首脑纳迪姆·卡扎尔发动政变未遂，遭到处决。随后，萨达姆·侯赛因处决超过30名高级军官，逮捕大批反对派成员。艾哈迈德·哈桑·巴克尔兼任国防部长，萨阿顿·沙吉尔和巴尔赞·塔克里提接管复兴党情报机构。⑤

---

① Marr, P., *The Modern History of Iraq*, pp.215—216.

② Marr, P., *The Modern History of Iraq*, pp.214—215.

③ Ochsenwald, W., *The Middle East: A History*, p.655.

④ Tripp, C., *A History of Iraq*, p.211.

⑤ Tripp, C., *A History of Iraq*, p.209.

伊拉克与叙利亚同属新月地带的阿拉伯国家，具有特殊的地缘政治联系。1966 年，复兴党出现分裂，伊拉克与叙利亚之间的关系急剧恶化。70 年代，伊拉克与叙利亚构成苏联在中东最重要的政治盟友，然而两国关系并未因此得到改善。伊拉克政府于 1974 年指责叙利亚支持库尔德人的反政府活动，1976 年指责叙利亚入侵黎巴嫩和驱逐巴勒斯坦解放组织。1977 年萨达特访问耶路撒冷和签署埃以和平协议后，伊拉克与叙利亚之间的紧张关系逐渐缓解。1978 年 10 月，伊拉克政府与叙利亚政府发表民族行动联合宪章，伊拉克与叙利亚的合并重新提上议事日程。①

萨达姆政权

70 年代中期，萨达姆·侯赛因逐渐取代艾哈迈德·哈桑·巴克尔，成为复兴党政权的核心人物。萨达姆·侯赛因 1937 年出身于提克里特的贫困农民家庭，1957 年加入复兴党，1959 年曾经参与暗杀阿卜杜勒·卡里姆·嘎希姆。②1979 年，艾哈迈德·哈桑·巴克尔辞职，萨达姆·侯赛因成为伊拉克共和国总统、复兴党地区委员会总书记、革命指挥委员会主席和武装部队司令，伊扎特·伊卜拉欣出任革命指挥委员会副主席和复兴党地区委员会副总书记，塔哈·拉马丹出任内阁第一副总理。③

1980 年 3 月，议会选举法颁布：根据议会选举法，议会实行一院制，由 250 名议员组成，议员选举产生，任期 4 年；全国划分为 59 个选区，年满 18 岁的伊拉克公民享有选举权，年满 25 岁的伊拉克公民享有被选举权；议会与复兴党革命指挥委员会共同行使立法权，负责讨论国家政策、监督政府机构、批准财政预算和国际条约。④同年 6 月，伊拉克举行自 1958 年成立以来的首次议会选举，复兴党革命指挥委员会成员纳伊姆·哈达德当选议长。⑤

1979 年的萨达姆

① Tripp, C., *A History of Iraq*, p.219.

② Yapp, M.E., *The Near East since the First World War*, p.242.

③ Marr, P., *The Modern History of Iraq*, pp.228—229.

④ East, R. & Joseph, T., *Political Parties of Africa and the Middle East*, p.126.

⑤ Marr, P., *The Modern History of Iraq*, p.232.

1982 年的萨达姆

1968 年复兴党政权建立后，伊拉克政治生活的突出变化在于国家职能的强化、复兴党势力的膨胀、一党制统治模式的形成、政党政治与政府政治的合一。萨达姆于 1979 年掌握国家权力以后，大规模清洗政治异己，重组复兴党，控制武装力量，完善情报机构和安全机构，旨在强化个人独裁。如同纳赛尔时代的埃及和阿萨德时代的叙利亚一样，萨达姆政权建立后的伊拉克兼有独裁与稳定的双重特点。在某种程度上可以说，萨达姆时代极度膨胀的个人独裁既是长期以来伊拉克政治生活的逻辑延伸，亦是伊拉克实现国家统一和社会整合的客观需要。萨达姆凌驾于社会和民众之上，成为伊拉克统一和主权的象征。

1988 年的萨达姆

2004 年的萨达姆

自 70 年代开始，伊拉克复兴党建立起庞大的组织体系。复兴党的基层组织称作哈勒卡，由 3—7 名复兴党成员组成；若干哈勒卡组成菲尔卡，若干菲尔卡组成舒尔巴；省级的复兴党组织称作法尔，由若干舒尔巴组成；复兴党伊拉克地区委员会相当于复兴党的伊拉克全国委员会，与革命指挥委员会同

萨达姆一家

为伊拉克复兴党的最高领导机构。①1974 年召开的复兴党大会，选举产生 13 人组成的地区委员会。1977 年 1 月，复兴党地区委员会成员增至 21 人。同年 9 月，复兴党地区委员会的全部成员均被任命为革命指挥委员会的成员，两者合一。②伊拉克共和国总统由革命指挥委员会成员选举产生，总统负责任免内阁成员。议会处于复兴党的控制之下，形同虚设，只是象征性的国家权力机构。③1968 年，复兴党成员约 5 000 人。1978 年，复兴党成员达到 5 万人，复兴党控制的民兵亦有 5 万人之多。④1976 年，复兴党声称拥有 1 万名党员和 50 万名支持者；80 年代初，复兴党党员增至 2.5 万人，支持者增至 150 万人。⑤

武装力量是复兴党政权控制社会的重要工具。军费在政府财政预算中所占的比例，1958 年伊拉克共和国建立初期仅为 7%，1966 年增至 13%，1974 年达到 19%。伊拉克军队的员额，1958 年为 5 万人，1966 年为 8 万人，1974 年增至 20 万人，1988 年两伊战争结束时达到 95 万人。⑥

---

① Sluglett, M.F. & Sluglett, P., *Iraq Since 1958: From Revolution to Dictatorship*, p.184.

② Marr, P., *The Modern History of Iraq*, p.226.

③ Tripp, C., *A History of Iraq*, p.226.

④ Yapp, M.E., *The Near East since the First World War*, p.241.

⑤ Sluglett, M.F. & Sluglett, P., *Iraq Since 1958: From Revolution to Dictatorship*, p.185.

⑥ Yapp, M.E., *The Near East since the First World War*, p.246.

艾哈迈德·哈桑·巴克尔于1971年颁布民族行动宪章，随后成立复兴党主导的伊拉克民族进步阵线。1972年柯西金访问巴格达后，伊拉克共产党取得合法的政治地位，加入民族进步阵线。[①]1975年，库尔德民主党加入民族进步阵线。1978年，共产党与复兴党之间的关系逐渐恶化。1979年，共产党退出民族进步阵线，共产党领导人大都流亡国外，在贝鲁特、大马士革和欧洲从事反对复兴党的政治活动。[②]民族进步阵线名为复兴党与其他政治派别合作的政治组织，实则处于复兴党的控制之下，构成复兴党一党制独裁统治的政治工具。工会、农民联合会和妇女联合会，亦是复兴党政权控制民众的政治工具。[③]90年代末，伊拉克妇女联合会有分支机构220个，成员达到150万人。[④]

自1975年起，复兴党政权实行温和的外交政策，特别是致力于改善与伊朗以及海湾君主国的关系。1975年，伊拉克与阿曼建交。1978年，伊拉克恢复援助南也门。戴维营协议的签署导致埃及在阿拉伯世界的地位一落千丈，伊拉克的地位随之明显上升，俨然成为阿拉伯世界政治舞台的核心。1978年11月，伊拉克提议召开阿拉伯国家峰会，共同抵制埃及与以色列签署戴维营协议。与此同时，伊拉克宣布放弃与巴勒斯坦内部阿布·尼达尔领导的极端势力的政治合作，支持阿拉法特和巴解组织主流派别。1979年，萨达姆访问约旦，成为1959年以来首位访问约旦的伊拉克领导人，两国签署军事、经济和政治合作协议。[⑤]

从两伊战争到科威特战争

巴格达的复兴党政权尽管曾经应巴列维国王的请求于1978年10月将霍梅尼驱逐出境，却于1979年2月巴列维王朝垮台之际，一度对德黑兰政府持相对友善的态度。[⑥]1979年6月，复兴党政权镇压伊拉克境内什叶派穆斯林的反政府示威，软禁什叶派反政府领导人穆罕默德·巴基尔·萨德尔，巴格达与德黑兰之间的关系骤然紧张。同年10月，复兴党政权要求伊朗归还

---

① Tripp, C., *A History of Iraq*, p.208.

② Marr, P., *The Modern History of Iraq*, p.238.

③ Tripp, C., *A History of Iraq*, p.227.

④ Cardosa, A.V., *Iraq at the Crossroads*, New York 2007, p.117.

⑤ Marr, P., *The Modern History of Iraq*, pp.244—245.

⑥ Tripp, C., *A History of Iraq*, pp.220—221.

波斯湾水域的阿布·穆萨岛和大小通布岛。[①]1980年9月,萨达姆宣布废除1975年伊拉克政府与伊朗政府共同签署的阿尔及尔协议,恢复对于阿拉伯河的主权要求。随后,伊拉克军队进入两伊边境中部的争议地区宰因·卡乌斯,两伊战争爆发。[②]

伊拉克与伊朗之间的矛盾由来已久。自公元前6世纪起,两河流域长期处于波斯阿黑门尼德王朝和萨珊王朝的统治之下。伊斯兰教诞生后,巴士拉、库法和巴格达的阿拉伯统治者主宰伊朗高原和波斯人的命运亦长达数百年。16世纪以后,逊尼派的奥斯曼帝国与什叶派的萨法维王朝之间长期处于战争状态,伊拉克成为双方角逐的主要战场。1847年,在英国和俄国的干预下,奥斯曼帝国与伊朗恺伽王朝签署厄尔祖鲁姆协议,划定阿拉伯河水域的主权归属。1937年,伊拉克政府与伊朗巴列维王朝再次签署协议,双方分享阿拉伯河的主权。[③]伊拉克北部的库尔德人地位、伊朗西南部胡齐斯坦省的阿拉伯人地位、阿拉伯河以及波斯湾水域诸岛屿的主权归属,构成伊拉克与伊朗之间矛盾的焦点。阿拉伯人与波斯人之间的民族对立、逊尼派穆斯林与什叶派穆斯林之间的教派分歧、复兴党政权的世俗阿拉伯主义与霍梅尼倡导的现代伊斯兰主义两种意识形态之间的明显差异,亦是加剧两伊之间矛盾冲突的重要因素。萨达特出访耶路撒冷以后伊拉克在阿拉伯世界日益提高的政治地位、伊斯兰革命后伊朗国内的动荡局势、两伊之间力量对比的变化和海湾霸权的角逐,成为促使复兴党政权发动两伊战争的重要原因。

两伊战争初期,伊拉克军队在伊朗西南部的胡齐斯坦长驱直入,伊朗处于明显的被动状态。1982年春季,伊朗军队全面反攻,收复此前丧失的大部分领土,伊拉克军队伤亡惨重。同年6月,伊拉克提出停火建议,遭到伊朗方面的拒绝。[④]此后,两伊战争进入消耗战的阶段,交战双方陷于相持的状态。两伊战争期间,阿拉伯世界和西方国家普遍支持伊拉克政府,极力遏制霍梅尼政权输出伊斯兰革命,萨达姆俨然是海湾阿拉伯国家的捍卫者,伊朗则处于相对孤立的国际环境。1987年7月,联合国安理会通过第598号决议,要求交战双方实现停火。伊拉克政府宣布接受第598号决议,伊朗政府则拒绝

① Marr, P., *The Modern History of Iraq*, p.293.

② Tripp, C., *A History of Iraq*, p.233.

③ Stansfield, G.R.V., *Iraq: People, History, Politics*, pp.100—101.

④ Tripp, C., *A History of Iraq*, p.236.

1988 年被伊拉克俘虏的伊朗士兵

接受第 598 号决议。[1]1988 年 7 月,伊朗政府宣布接受联合国第 598 号决议。同年 8 月,双方全线停火,两伊战争结束。[2]

长达 8 年的两伊战争,导致伊拉克经济的严重衰退。两伊战争期间,伊朗尚能依靠石油出口支撑战争费用,石油日产量维持在 150 万—200 万桶的水平。由于伊朗封锁霍尔木兹海峡以及叙利亚关闭巴尼亚斯的输油管道,伊拉克只能通过经土耳其的输油管道出口石油,石油日产量下降为 100 万桶。[3]与此同时,伊拉克的石油年收入从 1980 年的 260 亿美元下降为 1982 年的 90 亿美元和 1983 年的 70 亿美元,外汇储备从 1980 年的 300 亿美元下降为 1983 年的 30 亿美元。石油收入的锐减,迫使伊拉克政府向西方国家和海湾阿拉伯国家特别是沙特阿拉伯和科威特举债。1983 年,伊拉克政府的外债达到 250 亿美元。[4]1980—1988 年,伊拉克方面约 25 万人死于战争,6 万人被俘,南部重镇巴士拉和港口城市法奥遭到严重的破坏,经济损失超过 4 000 亿美元。[5]1988 年两伊战争结束时,伊拉克政府的外债总额高达 800 亿美元,石油收入却不足 1980 年的二分之一。[6]

长达 8 年的两伊战争导致伊拉克经济形势急剧恶化,物资严重短缺,通货膨胀率居高不下,失业率上升。1990 年,伊拉克石油收入的二分之一用于偿还战争期间的外债。然而,国际市场油价大幅下跌,1990 年 6 月跌至每桶 11 美元,伊拉克石油收入锐减,经济重建进程步履维艰。萨达姆声称,伊拉

① Sluglett, M.F. & Sluglett, P., *Iraq Since 1958: From Revolution to Dictatorship*, p.271.
② Tripp, C., *A History of Iraq*, p.239.
③ Ochsenwald, W., *The Middle East: A History*, p.658.
④ Tripp, C., *A History of Iraq*, p.235.
⑤ Ochsenwald, W., *The Middle East: A History*, p.660.
⑥ Sluglett, M.F. & Sluglett, P., *Iraq Since 1958: From Revolution to Dictatorship*, p.273.

克与伊朗之间的战争乃是阿拉伯民族与波斯人的战争，是伊拉克保卫海湾阿拉伯国家免遭伊朗入侵的战争，而沙特阿拉伯和科威特则是两伊战争的直接受益者，呼吁海湾主要产油国沙特阿拉伯和科威特削减石油产量，进而要求沙特阿拉伯和科威特将两伊战争期间向伊拉克提供的400亿美元贷款改为无偿赠予，帮助伊拉克实现经济重建。伊拉克政府宣传部长塔里格·阿齐兹声称，无数伊拉克青年在保卫阿拉伯世界的战争中流淌的鲜血足以偿还海湾国家提供的援助。然而，伊拉克方面的要求遭到沙特阿拉伯和科威特的拒绝。[①]与此同时，萨达姆开始将战争的矛头指向科威特。

1990年7月，由伊扎特·伊卜拉欣、萨阿敦·哈马迪和阿里·哈桑·马吉德组成的伊拉克政府代表团与科威特政府代表团在吉达举行会晤，无果而终。[②]1990年8月2日，伊拉克军队侵入科威特，科威特埃米尔贾比尔·萨巴赫以及约30万科威特人逃往沙特阿拉伯。随后，萨达姆·侯赛因宣布科威特并入伊拉克的版图，成为伊拉克的第19个省，任命阿里·哈桑·马吉德为

伊拉克坦克向科威特挺进

① Stansfield, G.R.V., *Iraq: People, History, Politics*, p.125.

② Stansfield, G.R.V., *Iraq: People, History, Politics*, p.126.

科威特省长。[①]与此同时,科威特王室在沙特阿拉伯建立流亡政府,寻求国际社会的支持。

两伊战争期间,伊拉克曾经得到阿拉伯世界和包括美国在内的西方国家的普遍支持。科威特战争爆发后,大多数阿拉伯国家、欧盟、美国、苏联以及邻国土耳其、伊朗强烈谴责巴格达的复兴党政权,只有巴勒斯坦、约旦、苏丹和也门支持萨达姆。1990 年 8 月 6 日,联合国安理会通过第 661 号决议,谴责伊拉克入侵科威特,宣布对伊拉克实行经济制裁。[②]同年 11 月,安理会通过第 678 号决议,对伊拉克实行石油禁运,中断伊拉克通往土耳其和沙特阿拉伯的输油管道,授权联合国成员国采取一切手段迫使伊拉克在 1991 年 1 月 15 日前无条件撤出科威特。[③]1991 年 1 月 17 日,美国主导的联合国多国部队开始大规模的沙漠风暴行动。同年 2 月 25 日,沙漠风暴行动结束,伊拉克军队撤出科威特。[④]

参与沙漠风暴行动的多国部队

海湾战争后的国际制裁与国内局势

科威特战争结束后,伊拉克经受联合国和国际社会的长期制裁。1991 年 4 月,联合国安理会通过第 687 号决议,要求伊拉克政府必须承认 1963 年划定的伊科边境,伊科边境地带派驻联合国观察员并设立非军事区,伊拉克政府必须在国际社会监督下销毁大规模杀伤性武器,伊拉克政府向科威特支

① Anderson, L. & Stansfield, G., *The Future of Iraq: Dictatorship, Democracy or Division*, p.86.

② Stansfield, G.R.V., *Iraq: People, History, Politics*, p.127.

③ Tripp, C., *A History of Iraq*, p.253.

④ Ochsenwald, W., *The Middle East: A History*, p.661.

付战争赔偿,国际社会不得向伊拉克提供武器和军事技术。随后通过的联合国安理会第688号决议,谴责萨达姆政权镇压国内什叶派和库尔德人,宣布在北纬36度即阿尔比勒以南建立禁飞区。同年5月,联合国武器核查人员进入伊拉克。①

1994年,萨达姆宣布承认科威特的主权和独立,放弃对科威特的领土要求,承认1993年5月联合国划定的伊科边界线。1996年,伊拉克政府接受联合国安理会第986号决议;根据该决议,伊拉克政府每6个月出口20亿美元的石油,用于进口人道主义物资。②1998年,联合国安理会通过第1153号决议,允许伊拉克政府每6个月出口52亿美元的石油,用于进口人道主义物资。1999年,伊拉克政府每6个月出口石油的数额增至83亿美元。③1996年至2002年,伊拉克政府累计出口石油642亿美元,用于进口人道主义物资、向科威特支付战争赔款和支付联合国核查机构的相关费用。④

1999年,联合国安理会通过第1284号决议,要求伊拉克政府配合联合国恢复在伊拉克的武器核查,遭到拒绝。伊拉克政府宣布,联合国必须无条件解除对于伊拉克的经济制裁,否则不允许联合国武器核查人员进入伊拉克。与此同时,伊拉克极力改善与欧洲和阿拉伯国家的关系,打破美国的封锁,取得一定成效。2000年3月,约2 000名伊拉克人赴麦加朝觐。随后,伊拉克政府宣布重新启用巴格达民用机场,继而恢复通往法国、俄罗斯、叙利亚和也门的民航班机,运送人道主义物资。2000—2001年,伊拉克与巴林、卡塔尔、阿联酋恢复外交关系,改善与叙利亚的经济交往。2000年底,共和党在美国大选中胜出。布什政府调整对伊政策,扶植伊拉克国内的反对派势力,试图颠覆萨达姆政权,代之以亲美政权。⑤2001年2月,布什政府开始实施对伊空中打击。

80年代末,如同中东诸多国家一样,伊拉克亦曾经历民主化的政治实践。1989年,伊拉克召开新一届国民议会,政治改革成为国民议会讨论的焦点。1990年,国民议会通过新宪法。新宪法包括引进多党制的政党制度,解散革命指挥委员会,将革命指挥委员会的原有权力移交国民议会。新宪法的

---

① Tripp, C., *A History of Iraq*, p.258, p.260.

② Inati, S.C., *Iraq: Its History, People and Politics*, New York 2003, p.221.

③ Tripp, C., *A History of Iraq*, p.262.

④ Stansfield, G.R.V., *Iraq: People, History, Politics*, p.149.

⑤ Tripp, C., *A History of Iraq*, pp.280—281.

宗旨,在于削弱复兴党和革命指挥委员会的权力,强化总统的个人权力。①

伊拉克军队入侵科威特,导致政治改革进程的中断。1991 年初海湾战争结束后,政治改革进程重新启动,属于什叶派的萨阿敦·哈马迪和穆罕默德·哈姆扎·祖拜迪先后出任内阁总理,库尔德人塔哈·亚辛·拉马丹出任副总统,基督徒塔里格·阿齐兹出任副总理。与此同时,萨达姆宣布推进政治自由化进程,解除党禁,实行多党制,承诺举行多党制议会选举。1991 年 3 月革命指挥委员会颁布的法令规定,超过 150 名年满 25 岁的伊拉克公民即可组建政党,禁止成立教派政党、民族政党和区域政党,任何政党不得接受境外的资助。②1994 年,萨达姆兼任内阁总理。1995 年,伊拉克举行首次直接选举,萨达姆以 99.9%的选票连任总统。③

1990 年 9 月,伊拉克反对派人士在大马士革成立伊拉克民族行动委员会,领导人是伊雅德·阿拉维。伊拉克民族行动委员会系沙特阿拉伯政府支持的政治组织,试图策划在伊拉克国内发动军事政变,颠覆萨达姆政权。④1991 年 3 月,伊拉克 19 个反对派政治组织的代表在贝鲁特召开会议,协商推翻萨达姆政权的策略。1992 年 6 月,伊拉克的反对派组织在维也纳召开会议,成立包括逊尼派穆斯林、什叶派穆斯林和库尔德人的伊拉克国民大会,旨在实现内部和解和加强相互合作。同年 10 月,伊拉克反对派组织在伊拉克北部城市阿尔比勒附近的萨拉赫丁选举 174 人组成的议会和 25 人组成的执行委员会,什叶派政治家艾哈迈德·沙拉比出任执行委员会主席。⑤然而,伊拉克国民大会内部派系林立,矛盾错综复杂,缺乏统一的政治立场和行动纲领。库尔德民主党和库尔德爱国联盟作为最大的反政府组织,宿怨极深。1995 年,艾哈迈德·沙拉比领导的国民大会执行委员会与库尔德爱国联盟武装共同对抗伊拉克政府军,导致库尔德民主党领导人的强烈不满,后者指责艾哈迈德·沙拉比和国民大会执行委员会偏袒库尔德爱国联盟,进而寻求伊拉克政府军的支持。1996 年,伊拉克政府军进入库尔德人地区,平息伊拉克国民大会的反政府活动。⑥

---

① Simons, G., *Iraq: From Sumer to Post-Saddam*, New York 2004, p.83.

② Simons, G., *Iraq: From Sumer to Post-Saddam*, p.84.

③ Yapp, M.E., *The Near East since the First World War*, pp.457—458.

④ Cardosa, A.V., *Iraq at the Crossroads*, p.21.

⑤ Simons, G., *Iraq: From Sumer to Post-Saddam*, p.35, p.52.

⑥ Tripp, C., *A History of Iraq*, pp.275—276.

伊拉克南部的什叶派穆斯林

伊拉克是伊斯兰教什叶派的发源地。然而,逊尼派穆斯林长期主导伊拉克的政治舞台。什叶派穆斯林尽管人数居多,却处于从属逊尼派穆斯林的政治地位。君主制时代后期,曾经有 4 名什叶派穆斯林出任伊拉克政府的内阁首相。伊拉克共和国建立后,亦曾吸收什叶派穆斯林进入内阁,旨在扩大新政权的社会基础。1977 年,复兴党地区委员会和内阁成员 38 人,其中 8 人来自什叶派穆斯林。进入 80 年代,复兴党政权中什叶派穆斯林的数量进一步增多。[①]尽管如此,逊尼派穆斯林始终把持军政要职,凌驾于什叶派穆斯林之上,尤其是在国家政权的核心层面排斥什叶派穆斯林的政治参与。逊尼派穆斯林与什叶派穆斯林之间的教派对立,深刻影响着伊拉克的政治制度和政治生活,进而形成教派政治的浓厚色彩。由于复兴党具有世俗政治的明显特征,什叶派穆斯林与逊尼派穆斯林之间的权力角逐表现为宗教政治与世俗政治的激烈对抗。

1969 年 4 月,伊朗政府宣布废除 1937 年与伊拉克签署的双边条约,要求根据阿拉伯河主航道划分边界。艾哈迈德·哈桑·巴克尔试图劝说伊拉克的什叶派宗教领袖阿亚图拉穆赫辛·哈吉姆公开谴责伊朗政府,遭到拒绝。随后,艾哈迈德·哈桑·巴克尔驱逐约 2 万名自称具有伊朗血统的伊拉克人。同年 6 月,穆赫辛·哈吉姆号召什叶派穆斯林举行从纳杰夫前往巴格达的游行示威。巴格达安全机构以充当以色列间谍的罪名,逮捕穆赫辛·哈吉姆之子赛义德·马赫迪·哈吉姆,进而没收纳杰夫的什叶派瓦克夫,关闭什叶派的宗教学校,直至清洗什叶派的政府官员。[②]复兴党与什叶派穆斯林之间的矛盾由此骤然加剧。

1970 年穆赫辛·哈吉姆死后,阿亚图拉穆罕默德·巴基尔·萨德尔成为伊拉克什叶派穆斯林反对派势力的政治领袖,纳杰夫和卡尔巴拉则是什叶派反政府活动的中心所在。霍梅尼于 60 年代末 70 年代初流亡纳杰夫期间,倡导现代伊斯兰主义的意识形态和创建伊斯兰国家的政治理念,进而于 1974 年创建什叶派穆斯林的政治组织达瓦党。[③]始建于 1958 年的什叶派秘

---

① Marr, P., *The Modern History of Iraq*, pp.282—283.

② Tripp, C., *A History of Iraq*, p.202.

③ Tripp, C., *A History of Iraq*, pp.203—204.

密政治组织纳杰夫欧莱玛协会成员,包括穆罕默德·巴基尔·萨德尔,构成达瓦党的主要来源。[①]1974 年底,复兴党安全机构逮捕数十名什叶派反对派人士,其中 5 人被秘密处决。1977 年 2 月,什叶派穆斯林在纳杰夫和卡尔巴拉举行反政府的示威活动,遭到镇压,约 2 000 人被捕,8 人被处决,15 人被判处终身监禁。[②]

1978 年 10 月,复兴党政府应巴列维国王的请求,将霍梅尼驱逐出境。1979 年 2 月巴列维王朝覆灭后,伊拉克的什叶派反政府势力得到霍梅尼和德黑兰政府的支持。1979 年 6 月,复兴党政权软禁穆罕默德·巴基尔·萨德尔,引发纳杰夫、卡尔巴拉、库法和巴格达等地爆发什叶派穆斯林的抗议活动,5 000 人被捕。同年 10 月,什叶派宗教学者协会颁布宗教法令,承认什叶派穆斯林诉诸暴力反抗复兴党政权的合法性。1980 年 3 月,伊拉克政府宣布取缔达瓦党,处死 96 名达瓦党成员。同年 4 月,什叶派反对派在巴格达谋杀革命指挥委员会成员塔里格·阿齐兹未遂。随后,安全机构在纳杰夫逮捕并处死穆罕默德·巴基尔·萨德尔,是为伊拉克历史上首次处死什叶派宗教领袖。与此同时,阿亚图拉阿布·嘎希姆·霍伊在纳杰夫遭到软禁,约 4 万名自称伊朗血统的什叶派穆斯林遭到驱逐,其财产被政府没收。[③]1982 年秋,伊拉克的什叶派反政府组织在德黑兰成立“伊斯兰革命最高会议”,穆罕默德·巴基尔·哈吉姆出任主席。1983 年 5 月,哈吉姆家族成员 90 人在伊拉克遭到逮捕,其中 6 人被复兴党处死。[④]

伊拉克的什叶派穆斯林并非浑然一体,而是在诸多方面存在明显差异。复兴党政权亦极力分化什叶派穆斯林,明确区分伊拉克土著血统的什叶派穆斯林与自称具有伊朗血统的什叶派穆斯林,强调伊拉克土著血统的什叶派穆斯林之伊拉克国家属性和阿拉伯民族属性。与此同时,什叶派阿亚图拉阿布·嘎希姆·霍伊拒绝接受霍梅尼倡导的现代伊斯兰主义和创建伊斯兰国家的政治理念,主张远离政治的伊斯兰教信仰。[⑤]什叶派温和势力的另一代表人物阿里·卡绥夫·基塔尔则公开谴责霍梅尼,支持复兴党政权。[⑥]两伊

---

① Dekmejian, R.H., *Islam in Revolution: Fundamentalism in the Arab World*, p.121.

② Sluglett, M.F. & Sluglett, P., *Iraq Since 1958: From Revolution to Dictatorship*, pp.198—199.

③ Tripp, C., *A History of Iraq*, p.221, pp.229—230.

④ Dekmejian, R.H., *Islam in Revolution: Fundamentalism in the Arab World*, p.128.

⑤ Tripp, C., *A History of Iraq*, p.204.

⑥ Marr, P., *The Modern History of Iraq*, p.23.

战争期间，伊拉克的国家利益制约着逊尼派与什叶派之间的矛盾冲突。伊拉克的什叶派穆斯林与逊尼派穆斯林同样遭受战争的伤痛，构成伊拉克军队的重要兵源。萨达姆亦强调伊朗是全体伊拉克人的共同敌人，呼吁逊尼派穆斯林和什叶派穆斯林同仇敌忾，进而对什叶派穆斯林采取相应的怀柔政策。①

1991 年 3 月初，伊拉克南部城市巴士拉、阿马拉、纳西里耶、纳杰夫、卡尔巴拉相继爆发什叶派的反政府起义。与此同时，数千名伊斯兰武装人员自伊朗境内进入伊拉克南部，支持什叶派起义者。然而，伊拉克南部的什叶派起义局限于城市的范围，缺乏统一的政治组织，乡村民众大都持观望的态度。3 月底，阿亚图拉阿布·嘎希姆·霍伊迫于压力，宣布支持伊拉克政府，呼吁什叶派民众停止反政府活动。什叶派起义遭到共和国卫队的残酷镇压，超过 5 万人逃往沙特阿拉伯境内，亦有数千人逃往伊朗境内，更多的人逃入伊拉克南部沼泽。此后，什叶派反政府组织与复兴党政权之间的矛盾再度加剧。什叶派阿亚图拉阿布·嘎希姆·霍伊、阿里·卡绥夫·基塔尔和阿亚图拉阿里·希斯塔尼相继于 1991 年和 1994 年被复兴党安全机构软禁，阿亚图拉阿布·嘎希姆·霍伊之子穆罕默德·塔吉于 1994 年遭到暗杀，阿亚图拉穆尔塔达·布鲁杰尔迪、阿亚图拉阿里·贾拉维和阿亚图拉穆罕默德·萨迪格·萨德尔相继于 1998 年和 1999 年遭到暗杀。②

阿里·希斯塔尼

伊拉克北部的库尔德人

库尔德人是中东地区在人数上仅次于阿拉伯人、土耳其人、波斯人的第四大民族，大都分布在土耳其东部、伊朗西北部和伊拉克东北部。库尔德语属于印欧语系的分支，库尔德人自称是古代米底人的后裔，扎格罗斯山区被库尔德人视作祖居的家园。③

① Tripp, C., *A History of Iraq*, p.247.

② Tripp, C., *A History of Iraq*, pp.255—256, pp.270—271.

③ Anderson, L. & Stansfield, G., *The Future of Iraq: Dictatorship, Democracy or Division*, New York 2004, p.159.

伊拉克境内的库尔德人祖居东北部山区,大都属于逊尼派穆斯林,处于游牧和半游牧状态,沿袭传统的部落组织,与土耳其和伊朗境内的库尔德人具有密切的亲缘关系。奥斯曼帝国时期,伊拉克北部摩苏尔省的大多数人口具有库尔德人血统。

伊拉克北部的库尔德人人数众多,分布集中,传统部族组织根深蒂固,加之群山纵横的地理环境,离心倾向超过伊朗和土耳其境内的库尔德人,长期处于相对自治的状态。[①]"一战"后期,库尔德人试图摆脱奥斯曼帝国的统治,进而寻求英军的支持。"一战"结束后,英国当局拒绝承认库尔德人的自治地位,委派印度人和阿拉伯人进入基尔库克、苏莱曼尼耶和阿尔比勒,统治库尔德人地区,库尔德人与巴格达之间的矛盾由此萌生。[②]

1922 年,土耳其政府提出对于原属奥斯曼帝国的摩苏尔省的主权要求,出兵进入库尔德人地区,库尔德人乘机发动叛乱,迫使英国殖民当局允许库尔德人成立自治政府。1925 年,国际联盟通过决议,将摩苏尔省划归伊拉克,同时承认摩苏尔省的库尔德人享有充分自治的权利。[③]1926 年,土耳其政府与英国及伊拉克签署边界条约,放弃对于摩苏尔省的主权要求。[④]1930 年英伊同盟条约签署后,摩苏尔省的库尔德人在土耳其政府的支持下发动叛乱,试图脱离伊拉克王国,建立库尔德人的国家,遭到英国殖民当局的镇压。[⑤]

伊拉克境内的库尔德人与苏菲派纳格什班迪教团以及卡迪里耶教团具有密切的宗教政治联系。伊拉克王国建立初期,库尔德人自治运动的领导人是卡迪里耶教团首领马哈茂德,属于苏莱曼尼耶的巴尔精吉家族。自 30 年代起,摩苏尔地区巴尔占家族的纳格什班迪教团首领穆斯塔法·巴尔扎尼取代巴尔精吉家族的马哈茂德,成为库尔德人自治运动的领导人。[⑥]

1946 年,穆斯塔法·巴尔扎尼在苏联政府的支持下创建库尔德民主党。库尔德民主党不同于传统的卡迪里耶教团和纳格什班迪教团,系库尔德人的世俗政治组织。1947 年以后,穆斯塔法·巴尔扎尼流亡苏联,其与库尔德民

---

① Peretz, D., *The Middle East Today*, p.432.

② Stansfield, G.R.V., *Iraq: People, History, Politics*, p.40.

③ Tripp, C., *A History of Iraq*, p.54, p.59.

④ Elliot, M., *Independent Iraq: The Monarchy and British Influence 1941—1958*, p.6.

⑤ Tripp, C., *A History of Iraq*, p.67.

⑥ Stansfield, G.R.V., *Iraq: People, History, Politics*, p.66.

主党的联系中断，伊卜拉欣·艾哈迈德成为库尔德民主党的领导人。①

库尔德民主党党旗

1958年政变后，库尔德民主党与阿卜杜勒·卡里姆·嘎希姆政权一度建立良好的合作关系，穆斯塔法·巴尔扎尼甚至应邀访问巴格达，库尔德民主党的报纸《哈巴特》(《斗争》)获准公开发行。1961年1月，库尔德民主党获准成为合法政党，致力于在伊拉克国家统一的框架内实现库尔德地区的自治。②

1961年8月，穆斯塔法·巴尔扎尼要求阿卜杜勒·卡里姆·嘎希姆结束独裁统治和承认库尔德地区的自治权利，库尔德民主党与巴格达政府之间的关系随之破裂。9月，伊拉克政府军大举进攻穆斯塔法·巴尔扎尼领导的库尔德人武装，取缔库尔德民主党。库尔德民主党随后宣布加入穆斯塔法·巴尔扎尼领导的库尔德人武装，组成库尔德人的反政府联盟。③

---

① Anderson, L. & Stansfield, G., *The Future of Iraq: Dictatorship, Democracy or Division*, p.164.

② Marr, P., *The Modern History of Iraq*, p.177.

③ Marr, P., *The Modern History of Iraq*, p.178.

1963年2月阿卜杜勒·卡里姆·嘎希姆政权垮台后,库尔德人与巴格达之间的关系一度出现转机。政府军解除对于库尔德人地区的经济封锁,开始撤出库尔德人地区。与此同时,穆斯塔法·巴尔扎尼与伊拉克政府举行谈判,要求伊拉克政府承认库尔德地区的自治权利,允许库尔德人在苏莱曼尼耶、基尔库克、阿尔比勒以及北部油田划定自治区域和组建自治的立法机构和行政机构,由库尔德人出任伊拉克共和国副总统。复兴党主导的内阁无意满足穆斯塔法·巴尔扎尼的要求,谈判破裂,双方再度进入战争状态。库尔德民主党武装控制伊拉克北部1.4万平方公里的乡村和100万库尔德人,伊拉克政府军占据库尔德地区的主要城市苏莱曼尼耶、基尔库克和阿尔比勒。①

1964年2月,阿卜杜勒·萨拉姆·阿里夫与穆斯塔法·巴尔扎尼秘密会晤,双方达成停火协议。然而,在库尔德民主党内部,伊卜拉欣·艾哈迈德和贾拉勒·塔拉巴尼持强硬立场,拒绝接受停火条件,进而与持温和立场的穆斯塔法·巴尔扎尼分道扬镳。同年6月,库尔德民主党举行大会,伊卜拉欣·艾哈迈德和贾拉勒·塔拉巴尼宣布脱离库尔德民主党,创建库尔德人爱国联盟,成为叙利亚政府支持的库尔德人政治组织。②1965年初,伊拉克政府军与库尔德人之间战火再起。穆斯塔法·巴尔扎尼领导的库尔德民主党得到伊朗政府的支持,伊拉克政府军的攻势逐渐陷入被动局面。③

60年代后期,穆斯塔法·巴尔扎尼领导的库尔德民主党得到伊朗、以色列和美国的支持,贾拉勒·塔拉巴尼领导的库尔德人爱国联盟则与复兴党保持密切的联系。1968年7月,3名库尔德人获准进入艾哈迈德·哈桑·巴克尔领导的内阁,其中2人来自库尔德民主党,1人来自库尔德人爱国联盟;艾哈迈德·哈桑·巴克尔试图利用穆斯塔法·巴尔扎尼与贾拉勒·塔拉巴尼之间的矛盾,控制库尔德人。同年8月,库尔德民主党成员辞去内阁职务。12月,伊拉克政府与穆斯塔法·巴尔扎尼领导的库尔德民主党武装爆发战争。④1970年3月,双方达成停火协议,伊拉克政府首次正式承认库尔德地区的自治权利,承诺在库尔德人居多的地区设立特别行政区,由库尔德人出任伊拉克共和国副总统,库尔德语与阿拉伯语同为库尔德地区的官方语言,库

---

① Marr, P., *The Modern History of Iraq*, p.187.

② Marr, P., *The Modern History of Iraq*, pp.198—199.

③ Yapp, M.E., *The Near East since the First World War*, p.246.

④ Tripp, C., *A History of Iraq*, p.199.

尔德人武装并入伊拉克军队，穆斯塔法·巴尔扎尼和库尔德民主党中止与伊朗的联系，协议将在4年后即1974年生效。①

1974年，伊拉克政府宣布库尔德人问题的和平方案。根据该方案，库尔德地区以阿尔比勒作为首府，选举产生库尔德地区的立法会议，库尔德地区的行政机构即执行委员会由立法会议选举产生，伊拉克总统有权任命和罢免执行委员会主席，有权解散立法会议，伊拉克政府控制库尔德地区的外交、军事、石油、财政预算。库尔德民主党拒绝接受伊拉克政府提出的和平方案，双方再度爆发战争，伊拉克政府军的五分之四投入库尔德地区的战争。②1975年，伊拉克政府与伊朗政府共同发表阿尔及尔宣言，伊拉克政府接受伊朗政府提出的阿拉伯河划分方案，伊朗政府停止支持库尔德民主党并关闭伊朗与伊拉克库尔德地区的边境。随后，伊拉克军队攻占库尔德地区，穆斯塔法·巴尔扎尼和库尔德民主党武装以及约15万库尔德人难民逃入伊朗境内。③与此同时，伊拉克政府开始在阿尔比勒筹集库尔德人自治机构，库尔德人塔哈·穆希丁·马阿鲁夫出任伊拉克副总统。此后，约50万库尔德人迁至伊拉克南部的什叶派地区，亦有大批的逊尼派穆斯林移入北部库尔德地区，特别是基尔库克油田区。库尔德人自治机构的管辖范围，不足伊拉克库尔德地区总面积的二分之一。阿拉伯人居多的基尔库克省以及靠近伊朗边境的山区处于伊拉克政府的直接控制之下。④伊拉克政府不断投资库尔德地区的开发建设，密切库尔德地区与巴格达之间的联系和交往，强化对于库尔德人的控制。⑤

1975年，库尔德民主党出现分裂，以马哈茂德·奥斯曼为首的反巴尔扎尼派宣布脱离库尔德民主党。1979年，穆斯塔法·巴尔扎尼死于美国。随后，库尔德民主党举行大会，选举穆斯塔法·巴尔扎尼之子马苏德·巴尔扎尼出任库尔德民主党主席，强调武装斗争、反对复兴党政府、支持霍梅尼和伊朗革命的政治原则。然而，1978—1979年，库尔德民主党的主要攻击目标并非巴格达的复兴党政府，而是库尔德爱国联盟。库尔德爱国联盟支持伊朗国内的反政府组织伊朗库尔德民主党，伊拉克的库尔德民主党则支持伊朗政

---

① Marr, P., *The Modern History of Iraq*, p.222.

② Yapp, M.E., *The Near East since the First World War*, p.246.

③ Tripp, C., *A History of Iraq*, pp.212—213.

④ Sluglett, M.F. & Sluglett, P., *Iraq Since 1958: From Revolution to Dictatorship*, p.187.

⑤ Tripp, C., *A History of Iraq*, p.214.

马苏德·巴尔扎尼

府,反对伊朗库尔德民主党。①

1980年两伊战争爆发后,在伊朗政府的支持下,伊拉克的库尔德民主党再次反叛。贾拉勒·塔拉巴尼领导的库尔德爱国联盟则致力于与伊拉克政府的谈判,试图争取将基尔库克并入库尔德人自治区。②1984年,贾拉勒·塔拉巴尼领导的库尔德爱国联盟与巴格达的复兴党政府一度达成临时停火协议,重开谈判。③ 1985年,萨达姆·侯赛因拒绝库尔德自治地区实行财政独立、军事独立以及将基尔库克油田划归库尔德自治地区的要求,双方谈判破裂。随后,库尔德斯坦爱国联盟转向寻求德黑兰的支持,进而在伊朗政府的努力下与库尔德民主党建立反政府同盟。④

1987年3月,萨达姆任命阿里·哈桑·马吉德负责平息北部库尔德人的反叛。同年4月,阿里·哈桑·马吉德开始在库尔德地区使用化学武器。1988年初,随着两伊战争接近尾声,伊拉克政府军大举进攻库尔德人反政府武装。阿里·哈桑·马吉德在库尔德人地区采取焦土战术,再次使用化学武器,同年3月占领库尔德爱国联盟总部。8月,库尔德民主党反政府武装停止抵抗,伊拉克政府军控制整个库尔德人地区。此间,库尔德人地区80%的村庄被毁,6万人丧生。⑤

1991年3月,在南部什叶派起义的同时,北部库尔德地区爆发起义,库尔德民主党和库尔德爱国联盟组成伊拉克库尔德阵线,占领基尔库克及其周边的油田,俘获政府军9 000人。⑥随后,共和国卫队平息起义,近200万库尔德人逃往伊朗边境和土耳其边境。同年4月,联合国安理会通过第688号决议,在北纬36度即阿尔比勒以南划定禁飞区。10月,伊拉克政府军被迫撤

①③ Marr, P., *The Modern History of Iraq*, p.236.

② Yapp, M.E., *The Near East since the First World War*, p.247.

④ Tripp, C., *A History of Iraq*, p.244.

⑤ Tripp, C., *A History of Iraq*, pp.244—245.

⑥ Simons, G., *Iraq: From Sumer to Post-Saddam*, p.35.

出库尔德地区。此后,马苏德·巴尔扎尼领导的库尔德民主党控制阿尔比勒为中心的库尔德地区北部,贾拉勒·塔拉巴尼领导的库尔德爱国联盟控制以苏来曼尼亚为中心的库尔德地区南部,库尔德地区形成南北对峙的局面。①

在美国五角大楼新闻发布会演讲的贾拉勒·塔拉巴尼

贾拉勒·塔拉巴尼与奥巴马

1992 年 5 月,库尔德人地区举行议会选举。同年 6 月,库尔德地方议会和联合政府在阿尔比勒成立,库尔德民主党和库尔德爱国联盟分享议会席位和联合政府职位。②然而,库尔德民主党和库尔德爱国联盟依旧各自为政,议会和联合政府形同虚设。与此同时,伊拉克政府对库尔德地区实行经济封锁,加剧了库尔德地区的动荡局势。1993 年,土耳其政府支持的库尔德民主党与伊朗政府支持的库尔德爱国联盟之间爆发武装冲突。1994 年,贾拉勒·塔拉巴尼领导的库尔德爱国联盟武装占领阿尔比勒,马苏德·巴尔扎尼领导的库尔德民主党武装退守伊土边境地区。1996 年,伊朗军队进入库尔德爱国联盟控制的地区,追剿伊朗库尔德民主党武装,伊拉克库尔

① Tripp, C., *A History of Iraq*, p.257, p.271.

② Anderson, L. & Stansfield, G., *The Future of Iraq: Dictatorship, Democracy or Division*, p.172.

德民主党谴责库尔德爱国联盟并寻求巴格达的支持。随后，伊拉克政府军 3 万人进入库尔德地区，协助库尔德民主党武装夺取阿尔比勒。1998 年，库尔德民主党和库尔德爱国联盟在美国的斡旋下签署华盛顿协议，双方实现停火，然而库尔德地区的形势并无明显的变化。①

二、 走向威权的叙利亚共和国

沙姆与叙利亚

叙利亚一词始见于希腊化的塞琉古王朝时期，系希腊人和罗马人对于地中海东岸和陶鲁斯山以南地区的称谓。叙利亚在阿拉伯世界旧称沙姆，“沙姆”一词在阿拉伯语中意为左侧或北方之地，泛指阿拉伯半岛以北、陶鲁斯山以南的广大地区，包括叙利亚、黎巴嫩、约旦和巴勒斯坦一带。②奥斯曼帝国解体后，地中海东岸和陶鲁斯山以南地区处于西方列强的控制之下，叙利亚的称谓恢复使用。

叙利亚与伊拉克同为古代闪米特文明的重要发源地，叙利亚的古代文明可以追溯到公元前 2000 年的腓尼基时代。希腊人和罗马人统治的时代，叙利亚具有地中海文明的浓厚色彩。地处巴拉达河畔的大马士革堪称世界上最古老的城市之一，《圣经・旧约》曾经提及亚伯拉罕时代的大马士革，古典时代建造的城市遗迹至今依稀可见。

伊斯兰教兴起后，叙利亚被纳入阿拉伯人和伊斯兰教的世界，大马士革成为倭马亚哈里发国家的首都。大马士革的倭马亚清真寺始建于倭马亚时代，堪称叙利亚伊斯兰教的象征。十字军东征期间，来自西欧的基督徒一度占领叙利亚沿海地区。此后，叙利亚处于马木路克王朝的统治之下。1260 年，马木路克苏丹伯拜尔斯在艾因・贾鲁特击败蒙古军队，进而迫使蒙古军停止西征的步伐。奥斯曼帝国时代，叙利亚划分为南部的大马士革省和北部的阿勒颇省，隶属于伊斯坦布尔的苏丹。

奥斯曼帝国统治时代，逊尼派阿拉伯贵族拥有大量地产，控制巴扎和城市工商业活动，盘根错节，根深蒂固，构成联结伊斯坦布尔的苏丹政府与叙利

---

① Tripp, C., *A History of Iraq*, pp.272—274.

② Hopwood, D., *Syria 1945—1986: Politics and Society*, London 1988, p.1.

大马士革倭马亚清真寺宣礼塔与长廊

亚土著民众的中间环节。叙利亚的逊尼派贵族延续传统的部族形式，具有浓厚的地域色彩，贵族政治通常表现为地域之间的权力角逐，尤其是南部中心城市大马士革与北部中心城市阿勒颇长期处于对立的状态。

1516—1918年，叙利亚处于奥斯曼帝国的统治之下，缺乏明确的政治框架和疆域基础。"一战"结束后，叙利亚脱离奥斯曼帝国。1919年7月，叙利亚第一届国民大会在大马士革发表决议，宣布建立具有完整主权的立宪君主制国家，反对西方殖民列强的委任统治，反对锡安主义，反对分割巴勒斯坦和黎巴嫩的政治企图。1920年3月，叙利亚第二届国民大会在大马士革召开，宣布建立包括大马士革、阿勒颇以及黎巴嫩、巴勒斯坦和外约旦在内的叙利亚王国，迎请麦加的沙里夫侯赛因之子费萨尔出任国王。①

1920年4月，协约国在意大利签署圣雷莫协议，将叙利亚和黎巴嫩置于法国的保护之下，将巴勒斯坦、外约旦和伊拉克置于英国的保护之下。同年

① Khater, A.F., *Sources in the History of the Modern Middle East*, pp.201—202.

7 月,法军进入大马士革,废黜费萨尔国王。[①]1922 年,国际联盟宣布黎巴嫩脱离叙利亚,授权法国在叙利亚实行委任统治,规定法国委任统治当局在 3 年内制定宪法和组建政府。[②]

法国委任统治时期,叙利亚隶属于贝鲁特的法国高级专员,利凡特军团构成法国委任统治当局控制叙利亚的主要军事力量。20 年代,叙利亚和黎巴嫩共有法国官员 350 人、法国军官 1 000 人和法国侨民 3 000 人。利凡特军团的士兵来自非洲的法属殖民地以及土著人口中的基督徒和什叶派穆斯林,1921 年达到 7 万人,1924 年削减为 1.5 万人。[③]法国高级专员在叙利亚实行分而治之的统治政策,根据教派的分布格局将叙利亚划分为逊尼派穆斯林人数居多的大马士革省和阿勒颇省以及阿拉维派人数居多的拉卡提亚省和德鲁兹派人数居多的德鲁兹省,实行联邦制的政治制度,给予阿拉维派和德鲁兹派广泛的自治权利。1924 年,大马士革省与阿勒颇省合并。[④]

1928 年,叙利亚选举产生立宪会议,哈希姆·阿塔斯当选立宪会议主席。立宪会议拟定的宪法草案,主要内容包括:实行共和制,黎巴嫩和巴勒斯坦属于叙利亚共和国的组成部分,伊斯兰教作为叙利亚共和国的官方信仰。法国委任统治当局拒绝接受立宪会议拟定的宪法草案,解散立宪会议。[⑤]

1930 年,法国委任统治当局单方面颁布叙利亚宪法。1932 年,叙利亚共和国成立,穆罕默德·阿里·阿比德出任总统。1936 年,法国委任统治当局与叙利亚政府签署条约,法国承认叙利亚共和国的统一和独立,同时保留在叙利亚的驻军权,条约有效期 25 年。随后,拉卡提亚省和德鲁兹省宣布并入叙利亚共和国,哈希姆·阿塔斯出任叙利亚共和国总统。[⑥]

1939 年初,法国政府宣布中止 1936 年条约,恢复在叙利亚的委任统治,接管叙利亚政府。1940 年法国战败后,叙利亚处于轴心国的控制之下。1941 年,盟军占领大马士革。1943 年,叙利亚恢复宪法,舒克里·库瓦特里当选叙利亚共和国总统。1944 年,叙利亚政府对轴心国宣战,法国、美国、英

---

① Ochsenwald, W., *The Middle East: A History*, p.434.
② Yapp, M.E., *The Near East since the First World War*, p.86.
③ Yapp, M.E., *The Near East since the First World War*, p.88.
④ Peretz, D., *The Middle East Today*, p.403.
⑤ Ochsenwald, W., *The Middle East: A History*, p.438.
⑥ Yapp, M.E., *The Near East since the First World War*, p.94.

国和苏联则相继承认叙利亚共和国的主权独立。1945 年“二战”结束后，叙利亚成为联合国的创始国。①

阿拉伯民族主义的滥觞

叙利亚位于尼罗河流域、幼发拉底河—底格里斯河流域和阿拉伯半岛之间，地处阿拉伯世界的核心区域，在阿拉伯世界具有举足轻重的地位和影响。叙利亚尽管教派林立，长期缺乏明确和稳定的政治疆域，却有强烈的民族主义传统。倭马亚时代是叙利亚人倍感骄傲的时代，倭马亚王朝的创立者穆阿威叶则是叙利亚人心目中的民族英雄。

自 19 世纪中叶起，西方的基督教传教士开始在叙利亚兴办教会学校。至 1914 年“一战”爆发前夕，仅法国传教士在叙利亚创办的教会学校便达到 500 所之多，学生人数超过 5 万。②与此同时，现代西方文化逐渐传入，阿拉伯民族主义随之萌生于叙利亚的古老土地，大马士革和阿勒颇成为阿拉伯民族主义的重要发源地，大马士革则被誉为阿拉伯世界“跳动的心脏”。③从复兴阿拉伯民族的文化到争取阿拉伯民族的政治独立，构成阿拉伯民族主义演进的历史轨迹。

19 世纪后期，东正教徒纳绥夫·雅兹吉、萨利姆·塔格拉、雅库布·萨鲁夫和马龙派基督徒布特鲁斯·布斯塔尼、法里斯·什德雅格致力于阿拉伯文学的创作和阿拉伯文化的复兴，倡导自由平等和宗教宽容，是叙利亚早期阿拉伯民族主义的代表人物。20 世纪初，青年土耳其党人推行强化中央集权的政治改革和泛土耳其主义的意识形态，加剧了叙利亚阿拉伯人与土耳其人之间的矛盾，进而导致阿拉伯民族主义的日趋高涨。④

1913 年，阿拉伯人大会在巴黎召开，出席者主要是来自叙利亚的基督徒和穆斯林。阿拉伯人大会倡导在奥斯曼帝国的框架内争取阿拉伯省区的自治权利和阿拉伯语的官方地位，标志着阿拉伯民族主义从文化领域向政治领域的延伸。⑤“一战”结束后，叙利亚的阿拉伯民族主义进一步演变为反对法国委任统治和争取民族独立的政治运动。日趋高涨的阿拉伯民族主义，超越

① Ochsenwald, W., *The Middle East: A History*, p.471.
② Yapp, M.E., *The Making of the Modern Near East 1792—1923*, pp.201—202.
③ Zisser, E., *Asad's Legacy: Syria in Transition*, New York 2001, p.2.
④ Yapp, M.E., *The Making of the Modern Near East 1792—1923*, p.203.
⑤ Yapp, M.E., *The Making of the Modern Near East 1792—1923*, p.209.

诸多教派的狭隘界限，成为维系叙利亚人的社会纽带。在包括大马士革、阿勒颇、贝鲁特和耶路撒冷的大叙利亚范围内建立领土完整的主权国家，进而实现新月地带阿拉伯人的政治统一，是两次世界大战之间叙利亚阿拉伯民族主义运动的重要目标。

两次世界大战之间，法国委任统治当局实行分而治之的统治政策，强化德鲁兹派和阿拉维派以及非穆斯林的自治地位，助长叙利亚内部民族同一性与教派差异性之间错综交织的矛盾对抗，加剧叙利亚社会结构的支离破碎状态。1920 年 7 月法军占领大马士革后，法国政府按照穆斯林和基督徒之不同教派的人口分布，将叙利亚划分为大马士革、阿勒颇、拉塔基亚和德鲁兹山区四个省，其中南部城市霍姆斯和哈马并入大马士革省，北部城市伊斯肯德伦和代尔祖尔并入阿勒颇省。①法国委任统治当局一方面沿袭奥斯曼帝国时代的政治传统，寻求逊尼派阿拉伯贵族的支持，另一方面给予阿拉维派和德鲁兹派以广泛的自治权利，尤其是依靠阿拉维派和德鲁兹派提供兵源。法国委任统治当局实行分而治之的统治政策，目的在于借助于叙利亚内部的教派冲突和离心倾向，遏制逊尼派阿拉伯贵族，削弱日趋高涨的阿拉伯民族主义运动。

叙利亚共和国前期的多党政治

叙利亚的现代政党自法国委任统治时期初露端倪。传统秩序的衰落，无疑是现代政党滋生和成长的土壤。法国委任统治的历史环境和尖锐的民族矛盾，赋予诸多政党以民族主义的浓厚色彩和鲜明的时代特征。实现民族的解放和建立具有完整主权的独立国家，成为法国委任统治时期诸多政党共同的政治目标。

民族阵线是法国委任统治时期最具影响的政党和叙利亚现代政党的原型，始建于 1928 年立宪会议选举期间。民族阵线系逊尼派穆斯林的世俗民族主义政治组织，成员主要是来自大马士革和阿勒颇的土地贵族、商人、奥斯曼帝国时代的旧官僚和新兴知识界人士。民族阵线缺乏明确的政治纲领和严密的组织形式，具有浓厚的传统色彩和明显的松散倾向。②民族阵线主导的立宪会议曾经起草叙利亚的第一部宪法，引进欧洲的宪政模式，强调国家

---

① Yapp, M.E., *The Near East since the First World War*, p.88.

② Yapp, M.E., *The Near East since the First World War*, p.98.

主权、议会选举、法律平等和宗教信仰自由的现代政治原则。[①]1943 年,叙利亚举行法国委任统治结束后的首次选举,民族阵线获得议会的绝大多数席位,民族阵线领导人舒克里·库瓦特里当选总统。[②]

"二战"结束后,民族阵线逐渐解体,分裂为民族党和人民党,其中舒克里·库瓦特里、贾米勒·马尔达姆和法里斯·胡里领导的民族党代表大马士革以及叙利亚南部土地贵族和商人的利益,哈希姆·阿塔斯和纳兹姆·库德斯领导的人民党代表阿勒颇以及叙利亚北部土地贵族和商人的利益。[③]

叙利亚共产党始建于 1930 年,创始人是来自大马士革的库尔德人哈立德·巴克达什。叙利亚共产党倡导马克思主义的意识形态,支持者主要来自北部的库尔德人和亚美尼亚人。[④]1954 年,叙利亚共产党获得合法地位,成为阿拉伯世界第一个具有合法地位的共产党。在同年举行的议会选举中,叙利亚共产党领导人哈立德·巴克达什进入议会。[⑤]1958 年叙利亚与埃及合并以后,叙利亚共产党遭到取缔。阿萨德执政时期,叙利亚共产党恢复合法地位。[⑥]

"二战"末期,埃及的穆斯林兄弟会开始在叙利亚建立分支机构,倡导伊斯兰主义的政治原则和激进的社会改革,在巴扎商人、手工业者和城市下层民众中具有广泛的影响。[⑦]1949 年,穆斯林兄弟会在叙利亚的分支机构创立伊斯兰社会主义阵线。[⑧]

叙利亚共和国最重要的政党是复兴党。复兴党始建于 1944 年,创始人是基督徒米歇尔·阿弗拉格和逊尼派穆斯林萨拉赫丁·比塔尔。1946 年,复兴党召开第一次大会,强调世俗的阿拉伯民族主义和激进的民粹主义,反对殖民主义和帝国主义。[⑨]复兴党以统一、自由和社会主义三项原则作为意识形态的基本纲领,主张超越教派之间的狭隘界限、实现阿拉伯世界的广泛政治联合和建立自由民主的政治制度,强调发展国有经济和改善民众的物质生活,倡导土地改革和社会公正。1945 年,阿克拉姆·豪拉尼创建阿拉伯社会主义党,代表青年军官和乡村农民的利益,强调阿拉伯民族主义和社会主

①③ Hopwood, D., *Syria 1945—1986*, p.81.
② Peretz, D., *The Middle East Today*, p.410.
④⑧ Hopwood, D., *Syria 1945—1986*, p.84.
⑤ Peretz, D., *The Middle East Today*, p.415.
⑥ Hopwood, D., *Syria 1945—1986*, p.85.
⑦ Yapp, M.E., *The Near East since the First World War*, p.102.
⑨ Hopwood, D., *Syria 1945—1986*, p.83, p.88.

米歇尔·阿弗拉格

义的政治原则，主张铲除封建主义和改善农民境况，倡导激进的经济社会改革。1952年，复兴党与阿拉伯社会主义党合并组建复兴阿拉伯社会主义党(简称复兴党)，进而形成严密的组织体系。

复兴党在理论上具有浓厚的泛阿拉伯主义色彩，长期致力于超越国家界限的政治活动。复兴党于1952年召开的第二次大会明确规定，复兴党民族委员会是复兴党在阿拉伯世界的最高领导机构，下设若干地区委员会作为复兴党在阿拉伯世界各国的执行机构。1954—1958年，复兴党成为影响阿拉伯世界诸多国家和地区的重要政治组织；复兴党以大马士革作为总部所在地，同时在伊拉克、约旦和黎巴嫩建立分支机构。复兴党成员分别属于穆斯林和基督徒的不同教派，具有不同的社会背景，体现超越传统家族势力、地区利益和教派分歧之狭隘界限的聚合倾向。①复兴党持左翼政治立场，在知识界和青年军官以及城市下层、乡村民众和宗教少数派的中间具有广泛的影响，逐渐成为叙利亚政坛举足轻重的政治力量。②50年代初，复兴党与叙利亚共产党结成政治同盟。1955年以后，复兴党支持埃及的纳赛尔政权，其与叙利亚共产党之间的同盟关系逐渐破裂。③

议会民主制框架下的宪政实践

叙利亚共和国的政治史，经历从议会民主制到威权政治的演变过程。从多党制的议会选举到复兴党的权力垄断、从议会制文官政府到复兴党军人独裁、从逊尼派和城市精英的政治主导地位到宗教少数派和乡村民众的政治崛起、从动荡的政治局势到稳定的政治环境，构成叙利亚共和国政治演变的历史轨迹。

叙利亚共和国诞生于奥斯曼帝国的废墟之上，叙利亚共和国的疆域系西方殖民列强瓜分势力范围的结果。叙利亚的国家制度缘起于法国委任统治

① Ma'oz, M. & Yaniv, A., *Syria Under Assad: Domestic Constraints and Regional Risks*, London 1986, p.23.
② Hopwood, D., *Syria 1945—1986*, p.83.
③ Peretz, D., *The Middle East Today*, p.414.

时期，法国委任统治当局于1930年颁布的宪法长期构成叙利亚共和国议会民主制的法律基础。根据1930年宪法，叙利亚实行共和制的政治制度：议会作为最高立法机构，采用一院制，设60个议会席位(1943年增至124个议会席位)，议员分别代表不同的地区和教派，任期4年；总统由议会选举产生，政府总理和内阁成员由总统任命；年满20岁的男性公民享有选举权，年满30岁的男性公民享有被选举权(1943年改为年满18岁的全体公民享有选举权和被选举权)。[①]议会选举构成议会民主制框架下国家权力更替的重要政治形式，诸多政党的权力角逐则是议会民主制框架下政治生活的突出现象。

1947年7月，叙利亚举行独立后的首次大选，民族党获得24个议会席位，成为议会第一大党，舒克里·库瓦特里连任叙利亚共和国总统，贾米勒·马尔达姆出任政府总理，法里斯·胡里当选议会议长。[②]

1948年5月，第一次中东战争爆发，叙利亚军队战败，引发国内民众对于舒克里·库瓦特里总统和贾米勒·马尔达姆内阁的强烈不满。同年11月，叙利亚民众举行罢工和示威。12月，舒克里·库瓦特里总统宣布国家进入紧急状态，哈立德·阿兹姆接替贾米勒·马尔达姆出任总理，组建新内阁。[③]

1949年3月，武装部队参谋总长侯斯尼·扎伊姆上校发动军事政变，逮捕总统舒克里·库瓦特里和总理哈立德·阿兹姆，取缔包括民族党、人民党和复兴党在内的诸多政党。同年6月，侯斯尼·扎伊姆通过全民公决的方式，以99.9%的得票率当选总统，穆赫辛·巴拉兹出任内阁总理。[④]

侯斯尼·扎伊姆1894年出身在阿勒颇的地主家庭，具有库尔德人血统，毕业于伊斯坦布尔的军事学院，法国委任统治时期长期在叙利亚担任军职。[⑤]侯斯尼·扎伊姆具有阿拉伯民族主义的鲜明立场，强调阿拉伯民族利益的至高无上，主张通过叙利亚与伊拉克的合并实现新月地带阿拉伯世界的统一。[⑥]侯斯尼·扎伊姆当政后，邀请土耳其军官主持改组叙利亚军队，按照贝鲁特美国大学的模式改造大马士革大学，给予叙利亚妇女以选举权，废除

---

① Torrey, G.T., *Syrian Politics and the Military 1945—1958*, Ohio 1964, pp.35—38.

② Hopwood, D., *Syria 1945—1986*, p.32.

③ Moubayed, S.M., *Damascus Between Democracy and Dictatorship*, Maryland 2000, p.8.

④ Moubayed, S.M., *Damascus Between Democracy and Dictatorship*, p.38.

⑤ Moubayed, S.M., *Damascus Between Democracy and Dictatorship*, pp.18—19.

⑥ Yapp, M.E., *The Near East since the First World War*, p.40.

奥斯曼帝国时期贝伊和帕夏的贵族称谓,颁布世俗刑法、民法和商法取代伊斯兰教法,推广西服取代阿拉伯人的传统服饰,倡导西方现代生活方式,宣布叙利亚将采用土耳其的模式建设发达的现代世俗国家。侯斯尼·扎伊姆曾经声称:“如果给我 5 年的时间,我将使叙利亚如同瑞士一样繁荣和开明。”① 侯斯尼·扎伊姆发动的军事政变首开叙利亚共和国军人政治的先河,侯斯尼·扎伊姆则被时人视作叙利亚的凯末尔。②

1949 年 8 月,来自阿勒颇的军官穆罕默德·萨米·辛纳维上校发动第二次军事政变,逮捕并处死侯斯尼·扎伊姆,哈希姆·阿塔斯出任临时政府总理,阿拉伯社会主义党领导人阿克拉姆·豪拉尼出任教育部长,复兴党领导人米歇尔·阿弗拉格出任农业部长,民族党领导人哈立德·阿兹姆出任国防部长,人民党领导人纳兹姆·库德斯出任外交部长。③

1949 年 11 月,叙利亚举行总统和议会选举,哈希姆·阿塔斯当选总统,人民党获得全部 114 个议会席位中的 51 席,民族党获得 13 席,复兴党和叙利亚社会民族党各获 1 席,独立人士和其余小党获得剩余席位,鲁什迪·基希耶当选议长。新政府持亲伊拉克的外交立场,在人民党主导的议会支持下,叙利亚内阁与伊拉克政府举行谈判,着手推动两国合并的进程。④

1949 年 12 月,来自哈马的军官阿迪卜·什沙克里少将发动第三次军事政变,逮捕穆罕默德·萨米·辛纳维,民族党领导人哈立德·阿兹姆出任内阁总理。1950 年 5 月,哈立德·阿兹姆辞职,人民党领导人纳兹姆·库德斯出任内阁总理。1951 年 3 月,纳兹姆·库德斯辞职,哈立德·阿兹姆出任内阁总理。同年 7 月,人民党组织民众举行罢工,抵制民族党主导的政府,迫使哈立德·阿兹姆辞职,独立人士哈桑·哈基姆出任内阁总理。12 月,哈桑·哈基姆辞职,来自人民党的马阿鲁夫·达瓦里比出任内阁总理。不同于哈立德·阿兹姆、纳兹姆·库德斯和哈桑·哈基姆,马阿鲁夫·达瓦里比寻求人民党、民族党和穆斯林兄弟会的支持,拒绝与军方合作。阿迪卜·什沙克里再次发动政变,推翻马阿鲁夫·达瓦里比领导的内阁,解散议会,总统哈希姆·阿塔斯被迫辞职。⑤

① Moubayed, S.M., *Damascus Between Democracy and Dictatorship*, pp.35—36.
② Peretz, D., *The Middle East Today*, p.412.
③ Moubayed, S.M., *Damascus Between Democracy and Dictatorship*, p.53.
④ Moubayed, S.M., *Damascus Between Democracy and Dictatorship*, p.56.
⑤ Moubayed, S.M., *Damascus Between Democracy and Dictatorship*, p.60, pp.74—75.

1952年1月,阿迪卜·什沙克里宣布实行党禁,解散民族党、人民党、穆斯林兄弟会和共产党。1952年8月,阿迪卜·什沙克里创建阿拉伯解放运动作为广泛动员民众的政治组织,倡导阿拉伯民族主义、推动经济发展和实现社会进步是阿拉伯解放运动的基本纲领。1953年7月,叙利亚颁布新宪法,实行总统制。在随后举行的全民公决中,阿迪卜·什沙克里获得99.6%的选票,正式出任总统,兼任政府总理。①

"阿迪卜·什沙克里是叙利亚第一个真正的军事独裁者……他将军人带入政治舞台,却未能建立起稳定和得到广泛承认的政府体系。"②1954年2月,阿迪卜·什沙克里政权垮台,军人独裁结束,文官政治取代军人政治,哈希姆·阿塔斯出任总统,民族党领导人萨布里·阿萨里出任内阁总理,恢复宪政,解除党禁,解散阿拉伯解放运动。同年6月,萨布里·阿萨里辞职,独立人士赛义德·加兹出任内阁总理。③

1954年9月,叙利亚举行议会选举,人民党获得30个议会席位,复兴党获得22个议会席位,民族党获得19个议会席位,独立候选人获得64个议会席位,法里斯·胡里出任内阁总理。④1955年8月,叙利亚议会举行总统选举,舒克里·库瓦特里当选总统,萨布里·阿萨里出任总理。⑤

叙利亚与以色列长期处于战争的状态。1955年初巴格达条约组织建立后,叙利亚面临新的安全隐患。同年10月,叙利亚与埃及签署军事合作协议,旨在共同对抗以色列和巴格达条约组织的威胁。⑥1957年,土耳其军队进驻叙利亚边境的土方一侧,威胁叙利亚,叙利亚被迫求助埃及军队协助防御。⑦1958年2月,叙利亚与埃及正式合并,成立阿拉伯联合共和国,纳赛尔出任总统,舒克里·库瓦特里出任副总统。此后3年,纳赛尔政权在叙利亚推行埃及化的改革举措,解散政党,实施国有化和土地改革。1961年9月,来自大马士革的逊尼派军官阿卜杜勒·卡里姆·纳赫拉维中校发动政变,驱逐埃及官员,废除国有化和土地改革的相关政策,阿拉伯联合共和国宣告解体。⑧

---

① Moubayed, S.M., *Damascus Between Democracy and Dictatorship*, p.84, p.91.

② Hopwood, D., *Syria 1945—1986*, pp.35—36.

③ Moubayed, S.M., *Damascus Between Democracy and Dictatorship*, p.91.

④⑥ Hopwood, D., *Syria 1945—1986*, p.37.

⑤ Ochsenwald, W., *The Middle East: A History*, p.638.

⑦ Peretz, D., *The Middle East Today*, p.419.

⑧ Yapp, M.E., *The Near East since the First World War*, p.252.

1961年11月，叙利亚颁布临时宪法。同年12月，叙利亚举行议会选举，人民党获得32个议会席位，民族党获得20个议会席位，复兴党获得18个议会席位，穆斯林兄弟会获得10个议会席位，人民党领导人纳兹姆·库德斯当选总统，马阿鲁夫·达瓦里比出任政府总理。①传统土地贵族和城市商人重新主导叙利亚的政治舞台，左翼政治势力遭到排斥。

从议会民主制到军人政治

议会民主制时代，来自大马士革和阿勒颇的逊尼派贵族长期主导叙利亚的政治舞台，极力削弱阿拉维派和德鲁兹派以及非穆斯林群体的自治地位和离心倾向，解除教派武装，试图整合支离破碎的社会结构。相比之下，乡村民众和宗教少数派作为弱势社会群体，长期游离于政治舞台的边缘地带。

议会民主制时代的突出现象，在于乡村依附于城市、下层民众依附于传统贵族、宗教少数派依附于逊尼派，由此形成逊尼派传统城市贵族的财富垄断和权力垄断，城市与乡村、传统贵族与下层民众以及逊尼派与宗教少数派之间长期存在深刻的社会对立。议会民主制的实质，在于逊尼派传统城市贵族的统治。传统经济秩序的延续和下层民众普遍的依附状态，构成传统贵族垄断国家权力的历史基础。

1947—1949年，阿拉维派的议会席位由7席下降为4席，德鲁兹派的议会席位由5席下降为3席，基督徒各教派的席位由19席下降为14席，犹太人、库尔德人、土库曼人和塞加西亚人则被排除于议会之外。

1953年，总统阿迪卜·什沙克里宣布取消依据教派人数划分议会席位的选举原则，废止法国委任统治时期阿拉维派和德鲁兹派享有的特殊法律地位和自治权利，以统一的国家法律取代传统的宗教法律和教派习俗，明确规定叙利亚共和国的阿拉伯民族性。②然而，民族党和人民党作为主要的议会政党，代表逊尼派传统土地贵族和商业贵族的既得利益，排斥下层民众以及阿拉维派和德鲁兹派的政治参与和权力分享，具有精英政治的浓厚色彩，缺乏广泛的社会基础。

民族同一性与教派差异性的错综交织，深刻地影响着议会民主制时代叙利亚的政治生活。政治的激进化和军人的政治化，既是议会民主制时代叙利

① Peretz, D., *The Middle East Today*, p.422.

② Ma'oz, M., *Syria Under Assad*, p.21.

亚政治生活的突出现象，亦是长期处于边缘地位的下层民众和宗教少数派角逐国家权利和否定传统贵族之精英政治的重要形式。

在现代化的历史背景下，军事政变作为国家权力的更替形式，既是政治动员和民众广泛政治参与的逻辑结果，亦是新兴政治精英挑战传统政治精英之权力垄断和推动经济社会改革进程的必要环节。1963 年复兴党政权建立前，加入军队和复兴党是下层民众和宗教少数派步入仕途和角逐政坛的仅有方式。现代化进程中的军人政权往往具有明显的激进色彩和民粹主义倾向，构成挑战传统贵族之权力垄断和推行经济社会改革的重要力量，包含政治革命的历史特征。

复兴党的社会基础，在于反对传统贵族垄断权力的中下层激进势力和包括乡村民众以及宗教少数派在内的边缘化弱势群体。复兴党政权起源于军事政变，军人与政党的密切结合是复兴党的突出特征。复兴党政权的建立，作为叙利亚现代化进程中经济秩序和社会结构剧烈变革的逻辑结果，标志着新兴势力挑战传统秩序的政治走向。新旧势力的剧烈消长、精英与民众的尖锐对立以及教派之间的权力角逐，导致议会民主制时代的政治动荡。

60 年代的复兴党政权

1963 年 3 月，齐亚德·哈里里上校在复兴党和纳赛尔主义者的支持下发动军事政变，接管哈立德·阿兹姆领导的内阁，组建革命指挥委员会作为最高权力机构。革命指挥委员会由 20 人组成，其中 12 人系复兴党成员，其余成员大都系纳赛尔主义者，鲁阿维·阿塔斯出任革命指挥委员会主席。① 随后成立的内阁政府处于复兴党的控制之下，复兴党叙利亚地区委员会主席萨拉赫丁·比塔尔出任总理，军事政变的领导人齐亚德·哈里里出任国防部长兼参谋总长。②

1963 年复兴党政权的建立构成叙利亚共和国政治演变的重要分水岭。1963—1970 年的复兴党政权可谓叙利亚的"雅各宾派政权"。"新一代复兴党领导人的目标，并非只是通过政变夺取政权，而是发动一场革命。"③议会民主制的衰落和威权政治的确立、复兴党内部领导层的新旧更替、逊尼派军

---

① Ismeal, T.Y., *Middle East Politics Today: Government and Civil Society*, Florida 2001, p.244.

② Hopwood, D., *Syria 1945—1986*, p.44.

③ Antoun, R.T. & Quataert, D., *Syria: Society, Culture and Polity*, New York 1991, p.33.

人与宗教少数派军人之间的激烈角逐、阿拉维派复兴党军人的政治崛起，构成此间政治生活的核心内容。复兴党的统治，不仅标志着叙利亚政治模式的变革，而且掀开叙利亚经济社会领域自上而下的深刻变革和现代化进程的崭新一页。

复兴党与纳赛尔主义者皆持阿拉伯民族主义的立场，主张推动阿拉伯世界的统一进程。然而，复兴党主张叙利亚在阿拉伯世界的统一进程中与埃及平分秋色，建立叙利亚与埃及之间的松散政治联盟，纳赛尔主义者则强调埃及和纳赛尔政权在阿拉伯世界的主导地位，主张恢复阿拉伯联合共和国，实现叙利亚与埃及的重新合并。[①]

1963 年 7 月，复兴党军事委员会主席爱敏·哈菲兹上校接替齐亚德·哈里里出任国防部长兼参谋总长。叙利亚的纳赛尔主义者在阿勒颇发动暴乱，遭到镇压。随后，复兴党控制的政府清洗纳赛尔主义者，叙利亚与埃及之间的关系随之恶化。[②]复兴党由此确立在叙利亚政坛的主导地位，复兴党军人开始取代传统贵族成为新兴的政治精英。

1963 年 10 月，复兴党民族委员会在大马士革召开第六次大会。会议期间，复兴党内部形成明显的意见分歧。以复兴党总书记米歇尔·阿弗拉格、内阁总理萨拉赫丁·比塔尔和军方将领爱敏·哈菲兹为代表的元老派代表逊尼派城市中产阶级的利益，持相对保守的政治立场，具有阿拉伯民族主义的明显倾向，强调统一高于自由和社会主义作为复兴党三大基本原则的核心，倡导议会民主的政治制度，主张温和的经济社会改革和中立的外交政策，致力于推动叙利亚与伊拉克的统一进程。阿拉维派复兴党成员萨拉赫·贾迪德、穆罕默德·乌姆兰、哈菲兹·阿萨德以及德鲁兹派、伊斯马仪派军官作为复兴党内部的新兴势力，代表乡村和下层民众以及宗教少数派的利益，持激进的政治立场，强调叙利亚国家利益至上的基本原则，强调阶级斗争和社会主义的政治革命作为复兴党的首要任务，主张实现一党制的政治制度和亲苏的外交政策，倡导国有化、土地改革和农业合作化，致力于铲除传统贵族的经济基础。[③]复兴党民族委员会第六次大会以后，复兴党元老派的影响明显削弱，左翼激进派逐渐成为复兴党内部的主导势力。

① Hinnebusch, R., *Syria: Revolution from Above*, London 2001, p.48.

② Hopwood, D., *Syria 1945—1986*, p.45.

③ Hinnebusch, R., *Syria: Revolution from Above*, p.49.

1963年政变后的米歇尔·阿弗拉格与萨拉赫·贾迪德

1964年4月，复兴党政权颁布新的临时宪法。根据1964年临时宪法，叙利亚实行民主社会主义共和制的国家制度，伊斯兰教是叙利亚的官方宗教，伊斯兰教法构成国家的立法基础，国家革命会议取代革命指挥委员会作为国家最高权力机构。①

1965年4月，复兴党民族委员会召开第八次大会，米歇尔·阿弗拉格被迫辞去复兴党总书记的职务，爱敏·哈菲兹以及萨拉赫·贾迪德、穆罕默德·乌姆兰、哈菲兹·阿萨德成为叙利亚政坛的核心人物，国家政权处于复兴党激进势力的控制之下。②

1966年2月，阿拉维派复兴党军事将领萨拉赫·贾迪德、穆罕默德·乌姆兰和哈菲兹·阿萨德发动政变，爱敏·哈菲兹以及米歇尔·阿弗拉格和萨拉赫丁·比塔尔遭到囚禁，进而被开除出复兴党。③逊尼派复兴党成员努尔丁·阿塔斯和尤素夫·祖尔因分别出任总统和内阁总理；阿拉维派军人控制复兴党地区委员会和武装部队，成为叙利亚政坛的主导势力。④此后，叙利亚复兴党与伊拉克复兴党分道扬镳，阿拉伯世界的复兴党组织逐渐形成两大派系，其中黎巴嫩、约旦和巴勒斯坦的复兴党处于叙利亚的控制之下。1969年，复兴党政权修改宪法，明确规定一党制的政治制度，复兴党成为叙利亚的唯一合法政党。⑤

阿萨德政权的建立

哈菲兹·阿萨德1928年出身于拉塔基亚的阿拉维派贫困农民家庭，早

① Peretz, D., *The Middle East Today*, p.424.
② Hopwood, D., *Syria 1945—1986*, p.46.
③ Hopwood, D., *Syria 1945—1986*, p.47.
④ Hinnebusch, R., *Syria: Revolution from Above*, p.52.
⑤ Peretz, D., *The Middle East Today*, p.426.

叙利亚总统阿萨德

年从军，崇尚世俗阿拉伯民族主义，1947年加入复兴党，1951年进入霍姆斯军事学院。60年代初，阿萨德与萨拉赫·贾迪德、穆罕默德·乌姆兰等人共同组建复兴党军事委员会，参与1963年军事政变。复兴党政权建立后，阿萨德成为复兴党新兴激进派别的核心人物之一，进入革命指挥委员会，先后出任空军司令和武装部队参谋总长。①

1966—1970年，哈菲兹·阿萨德与萨拉赫·贾迪德之间展开激烈的权力角逐，萨拉赫·贾迪德主张推行激进的内外政策，哈菲兹·阿萨德持相对温和的政治立场。②1967年爆发第三次中东战争，叙利亚战败，戈兰高地被以色列占领。此后，复兴党内部激进派与温和派之间矛盾凸显。1968年，复兴党地区委员会召开大会，讨论以色列占领戈兰高地后的国际形势和外交政策。国防部长哈菲兹·阿萨德主张放弃激进的外交政策，改善与持保守立场的海湾阿拉伯产油国之间的关系，换取海湾阿拉伯产油国的经济援助，同时缓和与伊拉克、约旦之间的紧张关系，进而与伊拉克、约旦的武装力量共同组成反对以色列的东方阵线。③

1969年，叙利亚面临严峻的经济形势，外汇短缺，农业歉收，财源枯竭，无力负担庞大的国防开支，哈菲兹·阿萨德主张实行有限的经济自由化改革，鼓励私人投资和发展私人经济，向私人承包商出租国有土地，进而振兴国内经济。④

1970年11月，哈菲兹·阿萨德发动政变，出任内阁总理。1971年2月，复兴党任命组建新一届议会。同年3月，阿萨德通过全民公决的方式当选总统。叙利亚由此进入哈菲兹·阿萨德执政的时代。

议会民主制时代，叙利亚经历长期的政治动荡，权力更迭频繁，现代化进

---

① Hopwood, D., *Syria 1945—1986*, p.55.

② Yapp, M.E., *The Near East since the First World War*, p.256.

③④ Hinnebusch, R., *Syria: Revolution from Above*, p.59.

程的方向表现为明显的不确定性。1970 年阿萨德政权的建立，掀开叙利亚共和国历史的崭新一页。威权政治的膨胀、自上而下的改革举措、新旧势力的剧烈消长、经济社会的长足进步和国际地位的空前提高，构成阿萨德时代的鲜明特征。阿萨德在诸多方面与纳赛尔颇具相似之处。1970 年纳赛尔逝世后，阿萨德俨然是纳赛尔的继承者和阿拉伯民族主义的核心人物。

阿萨德政权建立后，致力于所谓"正确的运动"。阿萨德在 1971 年召开的复兴党民族委员会第十一次大会上声称，新政权无意改变民族社会主义的既定路线，1970 年政变的目的在于使复兴党通过正确的运动回到正确的道路，进而动员一切力量解放被以色列占领的土地。所谓"正确的运动"，即在复兴党倡导的民族主义和社会主义框架下，纠正此前复兴党政权的诸多激进举措，扩大与西方世界以及持保守立场的阿拉伯产油国之间的交往，重建宪政秩序，释放政治犯，实现政治自由和社会稳定，推行相对温和的经济社会政策，放弃所谓的社会主义改造，鼓励发展私人经济，积极吸引国外投资，减少政府对于外贸和进口的限制，改善国内经济形势。①阿萨德推行的所谓正确的运动，与萨达特政权推行的纠偏运动颇多相似之处，具有相对温和的政治倾向，旨在扩大新政权的社会基础。与此同时，阿萨德一改阿拉维派的传统习俗，出席逊尼派清真寺的聚礼活动，赴麦加朝觐，试图淡化教派界限，缓解逊尼派与阿拉维派之间的宗教对立，争取穆斯林主流势力对于阿拉维派的宗教认同。1972 年，黎巴嫩的什叶派领导人穆萨・萨德尔颁布宗教法令，宣布接纳阿拉维派作为什叶派穆斯林。②然而，1973 年宪法在规定复兴党的执政地位的同时，并未规定伊斯兰教作为叙利亚的官方宗教，只是规定伊斯兰教是总统个人的宗教信仰。③

"总统制形式的君主制"

阿萨德时代，叙利亚政治制度的核心可谓"绝对总统制"(Absolute Presidency)抑或"总统制形式的君主制"(Presidential Monarchy)。

1973 年，复兴党起草的新宪法经全民公决批准。④根据 1973 年宪法，叙

---

① Perthes, V., *The Political Economy of Syria under Asad*, New York 1995, p.41.

② Zisser, E., *Asad's Legacy: Syria in Transition*, p.9.

③ Hinnebusch, R., *Syria: Revolution from Above*, p.66.

④ Ismeal, T.Y., *Middle East Politics Today: Government and Civil Society*, p.249.

利亚共和国实行总统制，总理和内阁对总统负责，省长和地方政府亦对总统负责；①总统由复兴党地区委员会推荐人选，经议会正式提名，通过全民公决的方式选举产生，任期7年，可连选连任；总统兼任复兴党总书记和武装部队最高统帅，有权任免副总统、政府总理和内阁部长，有权否决议会通过的法案和解散议会；宪法修正案须经议会四分之三的多数通过并经总统批准。②阿萨德作为唯一的总统候选人，于1971年、1978年、1985年和1991年连续4次当选总统；在1985年和1991年的总统选举中，阿萨德获得99.9%的选票。③阿萨德当政期间，国防、外交、经济战略和国内安全的决策权处于总统的操纵和控制之下。1983年，阿萨德任命三名副总统，其中里法阿特·阿萨德掌管武装部队和安全机构，阿卜杜勒·哈里姆·哈达姆负责政治事务，祖哈伊尔·马沙里卡控制复兴党。④

1973年宪法规定，叙利亚共和国议会实行一院制，设195个议会席位；1990年，议会席位增至250个。⑤根据1973年宪法，议员选举产生，任期4年，代表工人和农民的议员不得少于议员总数的51%；年满18岁的公民享有选举权，年满25岁的公民享有被选举权；议会的主要权力包括提名总统候选人、通过立法和批准政府财政预算。⑥议会在理论上具有广泛的权力，是阿萨德时代宪政和民主的外在形式，实际上处于复兴党的操纵和控制之下，缺乏必要的自主地位和制约政府的法律职能，议会所讨论的议题局限于政府的具体政策和民众的经济社会生活，不得涉及国家制度，不得批评总统以及总统制定的基本政策，与海湾诸国的协商会议如出一辙。议会从属于总统，议会选举只是象征性的表决机构和总统制威权政治的点缀。

1973年宪法规定，议会选举实行多党制，然而复兴党主导的民族进步阵线预先分配议会席位，民族进步阵线以外的政党不得参与议会席位的竞选，复兴党长期占据议会的多数席位。独立候选人构成非政党组织的议员来源，在1973年的议会选举中获得三分之一的席位，1977年获得不足五分之一的议会席位，1981年未能进入议会，1986年获得35个议会席位。自70年代中期开始，议会完全丧失制约政府的职能，游离于国家决策权力的边缘地带；议

---

① Zisser, E., *Asad's Legacy: Syria in Transition*, p.27.

②⑥ East, R. & Joseph, T., *Political Parties of Africa and the Middle East*, p.283.

③ Peretz, D., *The Middle East Today*, p.426.

④ Yapp, M.E., *The Near East since the First World War*, p.261.

⑤ Perthes, V., *The Political Economy of Syria under Asad*, p.168.

会法案均由政府提交，而政府提交的法案从未遭到议会的否决。①

1990 年，议会席位由 195 席增至 250 席，独立候选人获得三分之一的议会席位，复兴党的议会席位从 66% 下降为 54%；然而，独立候选人大都系阿萨德的支持者。复兴党议员与独立候选人议员的主要区别在于，前者大都来自包括政府、复兴党和国有企业在内的官方机构，后者大都来自商人、知识界、部族长老和教界人士，具有非官方的政治色彩。1994 年的议会构成亦大体如此。政府对经济干预的削弱和私人经济的发展，是导致议会构成变化和独立候选人席位增加的重要原因。②

政府总理和内阁部长由总统根据复兴党指挥委员会提名任命产生，负责执行总统和复兴党制定的方针政策。政府总理由复兴党指挥委员会成员担任，约二分之一的部长亦来自复兴党，内阁处于复兴党的控制之下。随着国家权力的强化，政府机构日渐扩大，政府职能日渐完善。80 年代，政府雇员占从业人口的五分之一。③1970—1990 年，政府雇员人数增长 5 倍。1970 年，政府雇员为 14 万人；1991 年，政府雇员达到 69 万人。④

阿萨德时代的政党政治

自 20 世纪 60 年代开始，复兴党分裂为叙利亚阵营与伊拉克阵营。大马士革和巴格达皆设有复兴党民族委员会，分别作为叙利亚复兴党和伊拉克复兴党在阿拉伯世界的领导机构，进而形成分庭抗礼的局面。叙利亚复兴党与伊拉克复兴党的分裂，导致阿拉伯世界的复兴党分裂为亲叙利亚的复兴党与亲伊拉克的复兴党。20 世纪末，随着萨达姆政权的衰落，大马士革的复兴党民族委员会在阿拉伯世界的政治影响逐渐扩大，约旦、黎巴嫩和巴勒斯坦的复兴党与叙利亚的联系日益密切。⑤

1963 年政变以后，叙利亚的复兴党由民间色彩的反对党和动员民众参与的政治组织转变为官方色彩的执政党和国家控制民众社会的御用政治工具，进而形成自上而下的领导机构和官僚化的组织体系。进入 70 年代以后，复兴党的组织体系进一步完善，复兴党主导的民族进步阵线成为国家驾驭社

---

① Perthes, V., *The Political Economy of Syria under Asad*, pp.169—170, p.167.

② Yapp, M.E., *The Near East since the First World War*, p.460.

③ Hinnebusch, R., *Syria: Revolution from Above*, p.78, p.84.

④ Perthes, V., *The Political Economy of Syria under Asad*, p.141.

⑤ Zisser, E., *Asad's Legacy: Syria in Transition*, pp.26—27.

会和控制民众的重要政治工具。阿萨德于1970年政变后出任复兴党地区委员会总书记,1971年兼任复兴党民族委员会总书记。1971年召开的复兴党大会通过新的章程,修改复兴党中央机构的选举制度和集体领导制度,明确规定阿萨德在复兴党内部的绝对领导地位,强化复兴党自上而下的政治原则。①

阿萨德政权实行多党制的政党制度,左翼政党构成合法的政党。1972年3月,阿萨德创建复兴党主导的政党联盟,名为民族进步阵线。②民族进步阵线章程规定,民族进步阵线的领导机构由18人组成,其中10人来自复兴党,8人来自其他左翼政党,复兴党总书记兼任民族进步阵线主席。③民族进步阵线作为叙利亚民众政治参与的外在形式和国家与社会之间沟通的渠道,旨在联合各种进步和爱国的政治力量,凝聚民众社会,扩大国家的政治基础。④

民族进步阵线除复兴党外,包括叙利亚共产党、阿拉伯社会主义联盟、社会主义联盟运动、民主社会主义联盟党、阿拉伯社会主义运动五个左翼政党。其中,阿拉伯社会主义联盟系纳赛尔主义政治组织,始建于1961年的社会主义联盟运动、始建于1974年的民主社会主义联盟党和始建于1964年的阿拉伯社会主义运动均脱胎于复兴党。⑤纳赛尔主义者、共产主义者、阿拉伯社会主义者作为"进步的反对派",加入复兴党主导的民族进步阵线。⑥复兴党与加入民族进步阵线的诸政党保持良好的政治合作;加入民族进步阵线的诸政党具有合法的地位,参与议会选举,出任内阁职位。⑦民族进步阵线以外的一切政治组织及其政治活动均被视作非法,非法政治组织和政治活动交由特别军事法庭审理。⑧

根据1973年宪法,议会选举实行多党制,复兴党作为叙利亚共和国的执政党和叙利亚人民的先锋队,在民族进步阵线中居领导地位,复兴党主导的民族进步阵线预先分配议会席位,民族进步阵线以外的政党不得参与议会席

---

① Perthes, V., *The Political Economy of Syria under Asad*, p.155.
② Hopwood, D., *Syria 1945—1986*, p.56.
③ Perthes, V., *The Political Economy of Syria under Asad*, p.140.
④ Zisser, E., *Asad's Legacy: Syria in Transition*, p.27.
⑤ Perthes, V., *The Political Economy of Syria under Asad*, p.163.
⑥ Hinnebusch, R., *Syria: Revolution from Above*, p.66.
⑦ Yapp, M.E., *The Near East since the First World War*, p.262.
⑧ Ismeal, T.Y., *Middle East Politics Today: Government and Civil Society*, p.254.

位的竞选。[①]复兴党长期占据议会的多数席位；1973年，复兴党主导的民族进步阵线首次参与议会竞选，获得三分之二的议会席位；1990年，复兴党主导的民族进步阵线获得议会250个席位中的166个席位。[②]相比之下，独立候选人构成非政党组织的议员来源，在1973年的议会选举中获得三分之一的席位，1977年获得不足五分之一的议会席位，1981年未能进入议会，1986年获得35个议会席位。[③]

阿萨德时代的复兴党与埃及纳赛尔时代的阿拉伯社会主义联盟有颇多相似之处，体现在农民、工人、官僚和军人的广泛政治联合。另一方面，复兴党长期控制国家权力，垄断军政要职，政党政治与政府政治错综交织，加入复兴党是民众步入仕途的必经之路。复兴党民族委员会与复兴党地区委员会的联席会议即复兴党中央委员会构成复兴党的最高领导机构，包括90名成员，其中21名成员组成指挥委员会，作为核心权力机构，下设若干职能部门；中央委员会和指挥委员会成员选举产生，任期4年。[④]

1971年，复兴党修改章程，以阿萨德的个人领导权取代集体领导权。此后，复兴党逐渐形成自上而下的组织体系。70年代初，复兴党大会选举中央委员会和指挥委员会。1980年，复兴党大会选举中央委员会，由中央委员会选举指挥委员会。[⑤]1985年召开的复兴党大会明确规定，复兴党的内部选举采取自上而下的提名方式，进而形成自上而下的控制模式，自下而上的竞选方式随之废止，复兴党民族委员会和复兴党地区委员会的领导机构即中央委员会成员由阿萨德任命。[⑥]

阿萨德时代，复兴党演变为官僚化的国家机构；1983年，复兴党的活动经费为1.3亿叙镑，其中80%来自政府的财政预算。与此同时，复兴党成员急剧增多，1963年仅数百人，1966年约8 000人，1971年增至6.5万人，1979年达到37万人。[⑦]

自1966年开始，复兴党的活动范围从城市向乡村的逐渐延伸，导致复兴党的社会构成发生相应的变化，城市下层和乡村民众取代中产阶级成为复兴

---

① Ismeal, T.Y., *Middle East Politics Today: Government and Civil Society*, p.249.

② Peretz, D., *The Middle East Today*, p.427.

③ Perthes, V., *The Political Economy of Syria under Asad*, pp.169—170, p.167.

④ Zisser, E., *Asad's Legacy: Syria in Transition*, p.26.

⑤ Perthes, V., *The Political Economy of Syria under Asad*, pp.155—156.

⑥ Ismeal, T.Y., *Middle East Politics Today: Government and Civil Society*, p.253.

⑦ Perthes, V., *The Political Economy of Syria under Asad*, p156, p.154.

党的社会基础，复兴党的政治纲领随之经历从温和向激进的转变。工商业领域的国有化和农业领域的土地改革，一方面排斥城市商业贵族和乡村土地贵族，另一方面强化复兴党与城市下层民众、乡村农民之间的广泛政治联盟。

80 年代，复兴党形成完整的组织体系，包括 11 200 个称作哈勒卡的基层单位、1 400 个称作菲尔卡的支部、150 个称作舒尔巴的区域委员会和 18 个称作法尔的省级委员会，军队内部亦有相应的复兴党组织。复兴党的各级组织构成地方层面的权力核心，负责监督复兴党方针政策的实施，进而构成动员民众和控制社会的政治工具。80 年代，复兴党成员达到 50 万人，主要来自教师、学生、政府雇员、农民和工人；换言之，复兴党成员主要来自中下层社会群体，其中超过 60%来自农民和工人。[①]1984 年，复兴党成员达到 54 万人，其中学生约占 50%，工人和农民占 14%，政府雇员占 9%，教师占 8%。1992 年，复兴党成员超过 100 万人，其中军人占 10%。包括工会、农会、学生联合会、青年联合会、妇女联合会以及各种职业性协会在内的诸多民众组织，缺乏必要的自治地位和独立性，内部结构亦实行自上而下的原则，具有半官方的色彩，处于复兴党的操纵和控制之下。1992 年，工会联盟的成员共计 54 万人，主要来自国营企业，私人企业的工会成员约占工会联盟成员总数的四分之一。[②]

阿萨德政权的独裁统治

阿萨德时代，叙利亚的国家政权呈金字塔结构，阿萨德、阿拉维派和复兴党依次主导政治舞台和政治生活。

阿拉维派作为叙利亚的宗教少数派，长期位于社会底层，议会民主制时代游离于政治舞台的边缘。1958—1961 年阿联时期，复兴党遭到取缔，复兴党组织在叙利亚的多数地区遭到破坏，却在拉塔基亚得以延续，阿拉维派的复兴党成员在叙利亚军队中尤其具有相当的势力和影响。阿萨德政权建立后，阿拉维派在叙利亚政坛异军突起，阿拉维派的复兴党军人成为国家核心的权力集团。阿萨德时代，逊尼派军官不足叙利亚军官总数的四分之一，相比之下，阿拉维派军官超过叙利亚军官总数的二分之一，内务警察和情报人

---

① Hinnebusch, R., *Syria: Revolution from Above*, pp.80—82.

② Perthes, V., *The Political Economy of Syria under Asad*, p.155, p.173.

员亦大都来自阿拉维派。①复兴党中央委员会的18名军人中，12名系阿拉维派军人。②70年代至80年代初，阿萨德的胞弟里法阿特·阿萨德是仅次于总统的二号人物，阿萨德的女婿阿德南·马赫鲁夫控制总统卫队。此外，特种部队司令阿里·哈伊达尔、情报局长穆罕默德·胡里、军事情报局长阿里·杜巴以及第1师师长伊卜拉欣·萨费、第3师师长沙非格·法耶德、第9师师长阿德南·巴德尔·哈桑，均系阿拉维派。90年代末，来自阿拉维派的阿里·阿斯兰取代逊尼派军官西克马特·什哈比出任武装部队参谋总长。③

阿萨德政权具有军人政治的浓厚色彩。安全机构既是绝对总统制政治体制的忠诚捍卫者，亦是国家控制社会的重要政治工具。叙利亚的武装部队，1970年为8万人，1985年增至40万人。内务警察主要来自阿拉维派，90年代初约10万人。④安全机构下属部门的雇员人数，约占叙利亚从业人员总数的五分之一。⑤阿萨德时代，叙以之间的战争状态以及以色列对于戈兰高地的占领需要叙利亚保持相应的武装力量。然而，叙利亚武装力量的任务“不仅在于保卫国土，更在于保卫政权”。⑥

阿萨德政权可谓叙利亚史无前例的独裁政权，家族政治、教派政治与政党政治的三位一体以及军人政治的浓厚色彩则是阿萨德独裁政权的突出特征。然而，阿萨德政权并非阿拉维派的教派政权，占人口多数的逊尼派在叙利亚的政治舞台依旧发挥举足轻重的作用：来自逊尼派下层的复兴党军人崛起于60年代，构成阿萨德政权的政治盟友。阿萨德政权的副总统阿卜杜勒·哈里姆·哈达姆和祖哈尔·马沙里卡、总理穆斯塔法·米鲁以及外交部长法鲁格·沙尔、国防部长穆斯塔法·塔拉斯、参谋总长西克马特·什哈比，均为逊尼派的复兴党成员。⑦在复兴党的领导层内部，逊尼派占43%，阿拉维派占38%。⑧1963—1978年的内阁成员中，逊尼派占58%，阿拉维派占20%，德鲁兹派占11%，伊斯马仪派占7%，基督徒占5%。⑨阿萨德政权的支持者亦

---

① Yapp, M.E., *The Near East since the First World War*, p.256, p.262.
② Ismeal, T.Y., *Middle East Politics Today: Government and Civil Society*, p.253.
③ Hinnebusch, R., *Syria: Revolution from Above*, p.70.
④ Perthes, V., *The Political Economy of Syria under Asad*, p.147.
⑤ Hinnebusch, R.A., *Authoritarian Power and State Formation in Ba'thist Syria*, Westpoint 1990, p.29.
⑥ Perthes, V., *The Political Economy of Syria under Asad*, p.148.
⑦ Zisser, E., *Asad's Legacy: Syria in Transition*, p.20.
⑧ Perthes, V., *Syria: Revolution from Above*, p.71.
⑨ Hinnebusch, R., *Syria: Revolution from Above*, p.71.

来自包括基督徒、德鲁兹派和伊斯马仪派在内的诸多宗教少数派，以及70年代以来形成的逊尼派新兴资产阶级。[①]诸多新兴阶层超越教派界限的广泛联盟，构成阿萨德政权的社会基础。

阿拉维派并非浑然一体，而是处于裂变的状态，存在传统与现代的对立。60年代末萨拉赫·贾迪德与阿萨德之间的角逐，以及80年代初阿萨德与里法阿特·阿萨德之间的矛盾，可谓阿拉维派内部对立冲突的缩影。共同的政治利益超越教派的狭隘界限，决定着国家的体制和权力的分配。大马士革而非拉塔基亚，构成阿萨德政权的重心所在。阿萨德政权无疑凌驾于教派之上，成为叙利亚国家利益的象征。

阿萨德政权的建立根源于叙利亚现代化进程中新旧经济社会秩序的此消彼长和新旧政治力量的激烈对抗，阿萨德政权的独裁统治与凯末尔主义和纳赛尔主义之威权政治颇有异曲同工之处。阿萨德政权具有军人政权、复兴党政权、阿拉维派政权、官僚资产阶级政权和国家资本主义的多重内涵，阿萨德时代的叙利亚经历自上而下的深刻革命。以牺牲政治层面的自由和民主作为代价实现新旧秩序的更替和推动从传统社会向现代社会的过渡，构成阿萨德时代自上而下之革命进程的实质所在。阿萨德政权具有国家和民族的深厚根基，体现叙利亚诸多教派的广泛政治联合，国家利益和民族尊严的至高无上是阿萨德政权遵循的基本政治准则。叙利亚与以色列之间的长期军事对抗，特别是1973年中东战争，提升了复兴党政权在叙利亚国内的凝聚力。如同纳赛尔是埃及主权和独立的象征，阿萨德成为叙利亚国家利益的象征。

阿萨德与穆斯林兄弟会

复兴党政权建立前，穆斯林兄弟会与复兴党均为政治反对派，在诸多方面持相似的立场。复兴党执政后，穆斯林兄弟会与复兴党分道扬镳。在埃及，爱资哈尔清真寺与政府之间保持密切的合作关系，持亲政府的立场，在埃及穆斯林社会具有广泛的社会影响。相比之下，叙利亚并无诸如爱资哈尔清真寺的权威宗教机构，欧莱玛在诸多方面与政府处于若即若离的状态。阿萨德政权建立后，复兴党内部的权力斗争逐渐平息。与此同时，穆斯林兄弟会代表的伊斯兰主义与复兴党代表的世俗主义之间的矛盾对立日渐加剧，进而

---

① Zisser, E., *Asad's Legacy: Syria in Transition*, p.20.

构成威胁阿萨德政权的主要政治力量。复兴党政权具有浓厚的世俗色彩，宗教政治构成挑战复兴党世俗政权的重要形式。

叙利亚的穆斯林兄弟会始建于1935年的阿勒颇，支持者主要来自社会中下层的逊尼派穆斯林。1944年，叙利亚穆斯林兄弟会总部从阿勒颇移至大马士革。1945—1961年，穆斯塔法·萨巴伊出任叙利亚穆斯林兄弟会的总训导师。[①]穆斯塔法·萨巴伊持民族主义的政治立场，曾因反对法国殖民统治和号召解放巴勒斯坦而入狱。继穆斯塔法·萨巴伊之后，伊萨姆·阿塔尔于1961年出任叙利亚穆斯林兄弟会总训导师。60年代中期，来自哈马乡村棉农家庭的麦尔旺·哈达德致力于反对复兴党政权的暴力活动，成为叙利亚穆斯林兄弟会的核心人物。1975年，阿德南·萨阿德、赛义德·哈瓦和阿里·萨德尔成为穆斯林兄弟会的新一代领导人，侯斯尼·阿布成为穆斯林兄弟会军事组织的核心人物。[②]

叙利亚的穆斯林兄弟会与埃及的穆斯林兄弟会联系密切，亦曾与埃及的穆斯林兄弟会具有相似的政治境遇。1963年复兴党执政后，叙利亚穆斯林兄弟会遭到取缔，成为叙利亚最重要的非法反对派政治组织。叙利亚北部是穆斯林兄弟会的主要活动范围，阿勒颇是穆斯林兄弟会的据点所在。1964年，穆斯林兄弟会在叙利亚北部城市哈马发动叛乱，遭到政府的镇压。[③]

70年代中期，伊斯兰主义在中东诸国呈明显的上升趋势，穆斯林兄弟会的政治影响随之迅速扩大。叙利亚穆斯林兄弟会的成员，1975年不足千人，1978年达到3万人。[④]70年代末，穆斯林兄弟会的支持者大都来自城市下层和中产阶级，清真寺、巴扎和大学校园成为穆斯林兄弟会的主要活动场所。专制、腐败、通货膨胀、失业率上升和贫富分化加剧导致民众对于复兴党世俗统治的强烈不满，伊斯兰教提供了发泄不满的渠道。伊斯兰主义的反政府活动，开始于清真寺的宣讲，进而演变为民众示威和暴力冲突。作为非法的反对派政治组织，叙利亚穆斯林兄弟会的目标是，对异教徒阿拉维派主导的复兴党统治发动圣战，推翻阿萨德政权和阿拉维派的统治，建立伊斯兰政体，实行多党选举基础上的议会宪政制度，恢复伊斯兰教法的权威地位，

---

① Dekmejian, R.H., *Islam in Revolution: Fundamentalism in the Arab World*, p.106.

② Hinnebusch, R., *Syria: Revolution from Above*, p.94.

③ Yapp, M.E., *The Near East since the First World War*, p.263.

④ Dekmejian, R.H., *Islam in Revolution: Fundamentalism in the Arab World*, p.112.

保障司法独立,保护宗教少数派的信仰自由,限制政府的经济干预,以私人所有制为基础的自由经济取代国有化经济,通过天课和慈善的形式缩小贫富差别。[①]穆斯林兄弟会与阿萨德政权的对立,兼有逊尼派与阿拉维派之间教派矛盾以及民众与国家之间政治矛盾的双重色彩,包含宗教与世俗之抗争、逊尼派与阿拉维派之抗争、民主与专制之抗争的政治内容。

1976年,穆斯林兄弟会在叙利亚北部发动骚乱。1979年,63名阿拉维派军官在阿勒颇遭到穆斯林兄弟会的暗杀。阿萨德政权一度采取怀柔政策,控制通货膨胀,惩治腐败,承诺给予反对派更大的政治空间,改组内阁,来自逊尼派的阿卜杜勒·拉乌夫·卡兹姆出任总理。1980年春,在伊朗革命的影响下,叙利亚穆斯林兄弟会发起组建"伊斯兰阵线"和"解放叙利亚国家联盟",采取进一步的激进行动,控制阿勒颇,进而波及哈马、霍姆斯、伊德里卜、拉塔基亚、代尔祖尔等地,诸多社会阶层和政治组织加入穆斯林兄弟会主导的反政府阵营。[②]与此同时,政府开始采取强硬的政策。1982年,穆斯林兄弟会在北部城市阿勒颇、哈马和霍姆斯等地发动反叛。[③]复兴党政府出兵1.2万人,历时两个星期,平息穆斯林兄弟会的反叛。[④]在穆斯林兄弟会反叛中心的哈马,30%的建筑物被毁,死亡人数超过万人。[⑤]

阿萨德与阿拉伯世界

阿萨德政权致力于改善与其他阿拉伯国家之间的外交关系,逐渐打破叙利亚在阿拉伯世界的孤立状态,旨在共同对抗以色列和收复1967年中东战争后被以色列占领的戈兰高地。1970年12月,叙利亚与埃及、利比亚签署《的黎波里宪章》,宣布共同组建阿拉伯联邦。[⑥]与此同时,阿萨德政权试图联合约旦、黎巴嫩、巴勒斯坦,组建大叙利亚联邦。1973年,叙利亚恢复与约旦的外交关系。1976年,叙利亚出兵黎巴嫩。1977年,叙利亚与约旦、黎巴嫩、巴勒斯坦解放组织签署军事、经济、文化领域的合作协议。[⑦]1978年埃及与以

---

① Hinnebusch, R., *Syria: Revolution from Above*, p.96, p.95.

② Hinnebusch, R., *Syria: Revolution from Above*, p.99.

③ Dekmejian, R.H., *Islam in Revolution: Fundamentalism in the Arab World*, p.109.

④ Posusney, M.P. & Angrist, M.P., *Authoritarianism in the Middle East: Regimes and Resistance*, Boulder 2005, p.50.

⑤ Perthes, V., *The Political Economy of Syria under Asad*, p.137.

⑥ Ismeal, T.Y., *Middle East Politics Today: Government and Civil Society*, p.249.

⑦ Yapp, M.E., *The Near East since the First World War*, pp.264—265.

色列签署和平协议后，叙利亚作为阿拉伯世界最重要的“前线国家”，从海湾国家获得累计 150 亿美元的经济援助。[①]1983 年，阿萨德授意组建巴勒斯坦阵线，作为抗衡阿拉法特领导的巴勒斯坦解放组织和主导巴勒斯坦形势的政治工具。1985 年以色列军队撤出黎巴嫩后，叙利亚军队长期进驻黎巴嫩，黎巴嫩处于叙利亚的控制和影响之下。[②]

戈兰高地之迦玛拉古迹景色

另一方面，叙利亚与其他诸多阿拉伯国家之间存在复杂的矛盾。叙利亚与伊拉克长期角逐新月地带的霸权，幼发拉底河水源的分配亦是影响叙伊关系的重要因素。1966 年，叙利亚复兴党与伊拉克复兴党分道扬镳，两国之间的关系急剧恶化。两伊战争期间，叙利亚成为唯一支持伊朗的阿拉伯国家，叙利亚在阿拉伯世界再度陷入孤立的境地，尤其是海湾国家向叙利亚提供的经济援助明显减少。1973—1978 年，阿拉伯世界向叙利亚提供的官方援助

① Ismeal, T.Y., *Middle East Politics Today: Government and Civil Society*, p.255.

② Peretz, D., *The Middle East Today*, p.428.

年均6亿美元。1978年在巴格达召开的阿拉伯联盟峰会，承诺未来10年中每年向叙利亚提供18亿美元的援助。两伊战争爆发后，阿拉伯世界向叙利亚实际提供的援助下降为年均6.7亿美元，至1989年停止提供援助。此间，叙利亚从伊朗获得约10亿美元的援助。①

叙利亚具有强烈的民族主义传统和反西方倾向，是战后唯一拒绝接受美国经济援助的中东国家。冷战时代，叙利亚是苏联在阿拉伯世界的重要盟国，美国政府抨击叙利亚支持国际恐怖主义，英国政府指责叙利亚涉嫌参与策划希斯罗机场的空难事件并于1986年中断与叙利亚的外交关系，阿萨德政权则坚持明确的反美立场。②冷战时代结束后，阿萨德政权采取灵活的外交政策，叙利亚与美国及西方世界的关系逐渐改善。1990—1991年海湾战争期间，叙利亚支持联合国通过的相关决议，出兵参加美国主导的多国部队，进而从西方世界和海湾国家获得丰厚的政治资本和经济回报。③

叙以关系是影响叙利亚外交政策的核心内容，恢复1967年第三次中东战争前的叙以边界和以色列归还于1967年占领的戈兰高地则是叙利亚政府与以色列举行和平谈判的前提条件。阿萨德政权建立后，叙利亚国内局势趋于稳定，国际地位明显提高，其在中东地区的政治影响随之扩大。叙利亚与以色列之间长期处于军事对抗的状态，阿萨德时代的防务支出约占叙利亚政府财政预算的三分之一。叙利亚的武器进口，1970—1977年年均5.7亿美元，1978年为9亿美元，1979年增至20亿美元，80年代前期达到年均28亿美元，80年代后期下降为年均14亿美元，90年代再度呈增长的趋势。④尽管从其他阿拉伯国家特别是海湾国家和利比亚获得相应的资助，数额巨大的军费开支依然构成叙利亚政府的沉重经济负担，进而影响叙利亚经济社会的发展和现代化的进程。

阿萨德政权的新经济政策

60年代是叙利亚社会结构变化的重要分水岭。复兴党执政期间自上而下的改革举措，导致叙利亚的社会结构经历深刻的变化。工业化和城市化的长足进步以及土地改革政策的实施和政府职能的不断完善，否定着传统社会

---

① Perthes, V., *The Political Economy of Syria under Asad*, p.34.

② Ismeal, T.Y., *Middle East Politics Today: Government and Civil Society*, p.257.

③ Peretz, D., *The Middle East Today*, p.428.

④ Perthes, V., *The Political Economy of Syria under Asad*, p.31.

的封闭状态。工业化的进程导致产业工人队伍的壮大，机械化和农业商品化导致分成制的衰落和现代农业雇佣关系的扩大，市场化的进程，加剧人口的移动和瓦解传统社会的封闭状态。新旧阶层的消长和社会的整合，作为市场化、工业化和城市化进程的逻辑结果，是叙利亚现代化进程中社会变革的突出现象。

70—80 年代，国家主义占主导地位，政府和国有企业构成主要的就业领域，从业者普遍依附于国家，自治的民间群体和所谓的公民社会微乎其微。自 80 年代末开始，叙利亚政府实行新的经济政策，逐渐放宽对于私人经济的限制，鼓励私人投资旅游业和农业，旨在增加收入和提高就业率，实现经济繁荣，投资结构随之出现相应的变化。[①]政府投资在国内投资中所占的比例，1970 年约为 40%，1975—1985 年约为 50%，90 年代初下降为25%。[②]与此同时，私人投资和私人经济在国民经济中所占的比例均呈明显上升的趋势。1975—1986 年，国有企业固定资本总额从 62 亿叙镑增至 103 亿叙镑，国有企业资本总额所占的比例从 72%下降为 60%；私人企业固定资本总额从 24 亿叙镑增至 70 亿叙镑，私人企业固定资本总额所占的比例从 28%上升为 40%。[③]1981 年，私人企业共计 22 万家，其中雇佣劳动力超过 10 人的私人企业 890 家。1988 年，私人企业总数增至 37 万家，其中雇佣劳动力超过 10 人的私人企业达到 1 800 家。[④]然而，私人投资不同于政府投资；政府的投资领域主要是现代工业和基础设施建设，私人投资大都热衷于进出口贸易和房地产开发以及其他非生产性领域，工业投资数额有限，私人工业企业规模较小，轻工业领域的私人企业居多。自 80 年代初至 90 年代初，私人经济的从业人员数量增长一倍，其中 60%从事商业；1992 年，私人工业企业平均雇佣劳动力不足 3 人。[⑤]

进入 90 年代，叙利亚政府制定新的经济发展战略，削减补助金，贬值货币，放松对进出口贸易的限制。1991 年，政府颁布投资法，旨在进一步吸引国内投资和国外投资，标志着自由化经济改革进入新的阶段，私人获准投资包括制造业在内的国有经济控制领域，私人投资自 1963 年以来首次超

---

① Hinnebusch, R., *Syria: Revolution from Above*, p.134.

② Perthes, V., *The Political Economy of Syria under Asad*, p.61.

③ Harik, I. and Sullivan, D.J., *Privatization and Liberalization in the Middle East*, Indiana 1992, p.133.

④ Niblock, T. & Murphy, E., *Economic and Political Liberalization in the Middle East*, London 1993, p.193.

⑤ Perthes, V., *The Political Economy of Syria under Asad*, pp.60—61.

过政府投资。[①]1993 年，登记投资项目约 700 项，其中 300 项属于工业项目，其余 400 项大都属于服务业项目。[②]1994 年，私人投资 470 个项目，共计 17.8 亿美元。至 1998 年，根据投资法批准的投资项目达到 1 490 个，预计投资总额 85 亿美元，预计提供 10 万个就业岗位。然而，投资项目主要分布在大马士革和阿勒颇周围，乡村和边缘地区的投资项目寥寥无几。与此同时，政府放宽进口贸易的限制，进口额 1989 年为 20 亿美元，1991 年增至 28 亿美元，1993 年达到 47 亿美元。[③]

1987—1989 年，叙利亚国内生产总值年均增长率为 4.9%。1990—1994 年，国内生产总值年均增长率达到8%。[④]此间，通货膨胀率呈下降趋势，贸易逆差明显缓解。80 年代中期，国有企业劳动力在工业和建筑业占全部劳动力的 40%。90 年代初，国有企业劳动力不足工业和建筑业全部劳动力的 30%，私人企业产值在国内生产总值中所占的比例超过50%。[⑤]然而，90 年代的私人投资长期处于政府的控制之下，尚无私人银行和证券市场。政府投资在石油、金融和基础设施建设领域独占鳌头，私人经济在旅游业、农业和商业领域的影响日益扩大。90 年代前期，基础设施的政府投资大幅增加；水电、交通、教育和卫生的政府财政预算投资，1992 年为 363 亿叙镑（约合 32 亿美元），1993 年达到 608 亿叙镑（约合 64 亿美元），约占预算投资总额的 51%。与此同时，军费在财政预算中所占的比例从 1992 年的 29%下降为 1993 年的 23%。90 年代末，叙利亚经济增长速度逐渐减缓，政府的控制导致私人投资严重不足，国内生产总值年增长率不足 1%，明显低于超过 3%的人口年增长率，民众生活水准下降。经济形势的恶化加剧民众的不满，新闻媒体和国民议会激烈抨击政府的经济政策，称叙利亚是“官僚制的世界冠军”。[⑥]

政府控制下的有限自由化改革，是 90 年代叙利亚经济生活的突出特征。政府和官僚阶层成为受益者，政府和官僚阶层与新兴资产阶级分享成果，是推行自由化经济改革的宗旨和前提条件。政府与私人的合资企业，形成政府与私人投资者之间的共同利益。阿萨德政权实施的新经济政策，其逻辑结果

---

① Hinnebusch, R., *Syria: Revolution from Above*, p.134.

② Perthes, V., *The Political Economy of Syria under Asad*, p.60.

③ Zisser, E., *Asad's Legacy: Syria in Transition*, p.189.

④ Hinnebusch, R., *Syria: Revolution from Above*, p.135.

⑤ Perthes, V., *The Political Economy of Syria under Asad*, p.59.

⑥ Zisser, E., *Asad's Legacy: Syria in Transition*, pp.189—193.

在于民众逐渐脱离国家和政府的趋势，进而催生公民社会的成长壮大。换言之，国有经济面临困境是私人经济得以复兴的前提条件，国有经济的削弱提供了私人经济拓展的空间；另一方面，私人经济的复兴以及由此产生的竞争导致国有经济的进一步衰落，而政治环境的相对宽松提供了民众权利拓展的空间。

90年代的自由化经济改革，其范围、深度和速度均处于政府的操纵和控制之下，旨在延续国家对于经济生活的主导作用。究其原因，首先是避免国有企业的雇员成为改革的牺牲品而新兴资产阶级作为潜在的政治对手成为改革的受益者，其次是下层民众构成复兴党政权的社会基础而保护下层民众的既得利益构成复兴党政权之合法性的重要来源，第三是国有企业作为政府主要的财源需要得到相应的保护，第四是与以色列军事对抗的国际环境需要政府控制国民经济命脉，第五是私人投资的主要领域局限于非生产性领域而基础工业依然需要政府投资。

自80年代末开始实施的新经济政策，导致政府官僚逐渐转化为经营企业的资产阶级，与此同时，新富人阶层迅速崛起。新富人主要来自逊尼派的城市精英，1963年复兴党政权建立后长期处于政治舞台的边缘地带，90年代成为举足轻重的社会阶层。新富人阶层是90年代新经济政策的受益者，亦是阿萨德政权的政治盟友，构成议会独立候选人的主要来源。议会之独立候选人席位比例的提高，反映出90年代新经济政策所催生的新富人阶层的崛起。新富人阶层尽管政治权力和政治影响十分有限，却渴望稳定的政治形势和宽松的经济环境，支持政府稳定社会的政治举措。来自教界的独立候选人亦大都持温和的政治立场，强调伊斯兰教的宽容性和非暴力性，与阿萨德政权广泛合作，进而区别于激进的伊斯兰主义者和穆斯林兄弟会。①

经济参与的进程与政治参与的进程两者之间具有内在的逻辑联系，经济参与的扩大无疑导致政治参与扩大的历史趋势。国家主义时代，服务于国家利益抑或官方利益的需要是政府制定经济政策的基本准则，土地改革和国有化举措集中体现国家利益抑或官方利益的至高无上。相比之下，在非国有化的条件下，民间利益抑或民众利益逐渐取代国家利益抑或官方利益，成为影响经济政策和经济生活的主要因素。非国有化运动的逻辑结果是私人投资的增长和民众经济参与的扩大，而民众经济参与扩大的逻辑结果则是民众政

---

① Zisser, E., *Asad's Legacy: Syria in Transition*, p.187.

治参与的扩大、民主化运动的高涨和威权政治的衰落。伴随着新经济政策的实施和自由化的经济改革，官僚阶层逐渐转化为新兴资产阶级。与此同时，包括工人和农民在内的下层民众作为新经济政策和自由化经济改革的牺牲品，逐渐由阿萨德政权的支持者转化为政治舞台的边缘群体，进而成为极端主义滋生的温床。

阿萨德晚年的政策调整

80年代末，阿萨德政权面临新的国际环境和国内环境所带来的挑战。自1986年起，国际市场石油价格下跌，海湾国家提供的经济援助随之减少，进而对叙利亚的经济形势产生严重的负面影响。90年代初苏联的解体、东欧政治的剧变和冷战的结束，迫使叙利亚开始寻求西方世界的支持。进入90年代，叙利亚国内出现改变现行政治制度的民众呼声，民主化进程暗流涌动，穆斯林兄弟会死灰复燃，阿萨德政权的独裁统治面临严峻的挑战。①

1991年12月，阿萨德第四次当选总统。1992年3月，阿萨德总统发表讲话，强调叙利亚的政治制度是建立在叙利亚历史和文化基础之上的民主制，叙利亚的民主制尚有进一步改善的空间，然而西方模式的民主制无疑不适合叙利亚的国情。阿萨德声称，叙利亚的现行民主制度将随着政治、经济、社会和文化的发展而不断完善，民主制并非随意进口和出口的商品，每个国家皆有自己的历史和文化传统，亦有自己的政治制度。与此同时，阿萨德政权逐渐调整国内政策，放松对于民众生活的诸多限制，安全机构减少对于民主生活的监督，扩大议会的权限，允许非复兴党成员进入议会，承诺扩大与伊斯兰主义者的政治对话，旨在扩大政治基础，试图满足民众日益高涨的政治要求，实现国内的政治稳定。②

进入90年代，阿萨德政权调整世俗化政策，资助建立宗教学校和清真寺，给予宗教学校和清真寺相应的自治地位，解除宗教图书的发行限制。与此同时，政府在反对伊斯兰教政治化的前提下，改变对穆斯林兄弟会的强硬立场，释放80年代初入狱的穆斯林兄弟会成员，允许教界作为独立人士参加议会的竞选。1991年12月，2 900名政治犯获释。1993年3月，600名政治犯获释。1993年11月，560名政治犯获释。1995年11月，5 300名囚犯获

---

① Peretz, D., *The Middle East Today*, p.429.

② Zisser, E., *Asad's Legacy: Syria in Transition*, p.181, pp.183—184.

释，其中包括 1 200 名政治犯。[1]

阿勒颇的著名伊斯兰主义者阿卜杜勒·法塔赫，自 1963 年复兴党执政起长期流亡沙特阿拉伯，从事反政府的政治活动，1976—1982 年担任叙利亚穆斯林兄弟会的总训导师，1982 年以后放弃政治活动，在吉达大学著书立说。1995 年 12 月，阿卜杜勒·法塔赫获准返回叙利亚，定居于阿勒颇，1996 年夏再次移居沙特阿拉伯，1997 年 2 月去世，葬于麦地那。阿卜杜勒·法塔赫死后，阿萨德发去唁电，宗教部长和阿勒颇市长代表阿萨德慰问阿卜杜勒·法塔赫的家属，阿萨德甚至有意派总统专机将阿卜杜勒·法塔赫的遗体运回叙利亚下葬，赢得阿卜杜勒·法塔赫家属的感激。阿萨德的怀柔举措，旨在缓解政府与穆斯林兄弟会领导人之间的矛盾。[2]

90 年代后期，阿萨德政权与阿拉伯世界的伊斯兰主义组织之间的联系和交往日渐频繁。访问大马士革的伊斯兰主义组织领导人包括黎巴嫩真主党总书记哈桑·纳斯鲁拉和精神领袖侯赛因·法兹拉拉、苏丹伊斯兰运动领导人哈桑·图拉比、巴勒斯坦哈马斯领导人艾哈迈德·亚辛。约旦伊斯兰行动阵线领导人伊斯哈格·法拉罕于 1997 年 1 月访问大马士革，与复兴党签署合作协议。[3]大马士革俨然成为阿拉伯世界伊斯兰主义的国际中心，共同反对以色列成为叙利亚复兴党政府与伊斯兰主义组织广泛联合的政治基础。

90 年代，叙利亚议会的权限和影响逐渐扩大，进而成为缓解国内矛盾的减压阀。1990 年 5 月，叙利亚举行议会选举，议员人数从 195 人增至 250 人，占议会席位 40%的 84 个席位分配给持中立政治倾向的独立候选人，其余 166 个席位分配给民族进步阵线的诸多政党。相比之下，1986 年的议会选举中，只有不足 20%的议会席位即 35 个席位分配给独立候选人。1994 年 8 月产生的议会和 1998 年 11 月产生的议会，独立候选人均为 83 席。与此同时，政府允许独立候选人组成竞选联盟。[4]

阿萨德政权无意从根本上放弃威权统治、推动民主化进程和实现民众政治参与，只是推行政治减压的相应举措，吸收新阶层进入复兴党主导的政府机构，作为民主化改革的替代，旨在适应变动的经济社会秩序，维持经济社会秩序变动进程中的政治稳定。在 90 年代的叙利亚，司法、新闻和职业性协会

---

① Zisser, E., *Asad's Legacy: Syria in Transition*, p.200.

② Zisser, E., *Asad's Legacy: Syria in Transition*, p.184.

③ Zisser, E., *Asad's Legacy: Syria in Transition*, p.196, p.202.

④ Zisser, E., *Asad's Legacy: Syria in Transition*, p.186.

依然处于政府的控制之下,亦无多党制的议会竞选,民主化程度明显不及同时期的埃及。①

1984 年,阿萨德总统与掌管武装部队和安全机构的副总统里法阿特·阿萨德之间爆发激烈的权力角逐。阿萨德挫败里法阿特·阿萨德的政治阴谋,继而指定长子巴希勒·阿萨德作为总统的继承人选。1985 年起,里法阿特·阿萨德先后流亡法国和西班牙寻求政治避难,直至 1992 年返回叙利亚。1994 年,巴希勒·阿萨德遭遇车祸,意外身亡。2000 年 5 月,叙利亚复兴党举行大会,确定巴沙尔·阿萨德作为阿萨德总统的继承人。②

2000 年 6 月,阿萨德逝世。阿萨德的逝世,标志着阿拉伯世界一个时代的结束。阿萨德是 20 世纪高举泛阿拉伯主义的最后旗手,阿萨德的逝世结束了 20 世纪实现阿拉伯世界统一的最后梦想。阿萨德以牺牲政治自由作为

阿萨德一家,左二站立者为巴沙尔·阿萨德

① Hinnebusch, R., *Syria: Revolution from Above*, p.108.

② Ismeal, T.Y., *Middle East Politics Today: Government and Civil Society*, p.253.

代价，致力于实现叙利亚社会的整合和国家的稳定，致力于推动叙利亚在经济社会层面的现代化进程，致力于捍卫叙利亚的国家利益和阿拉伯民族的利益。阿萨德与同时期的埃及总统萨达特和穆巴拉克、伊拉克总统萨达姆不乏相似之处，亦有明显的不同。阿萨德逝世后，叙利亚实现平稳的权力过渡。2000 年 7 月，巴沙尔・阿萨德在全民公决中获得 97.3% 的支持率，正式当选叙利亚总统。[①]

三、 教派镶嵌的黎巴嫩共和国

黎巴嫩山区的马龙派基督徒与德鲁兹派穆斯林

黎巴嫩地区曾经是古代腓尼基人的家园。腓尼基人是古代世界的著名商人，腓尼基人创造的字母文字在世界文化史上占有重要的地位。古典时代，黎巴嫩地区长期处于希腊人和罗马人的统治之下。公元 395 年，罗马帝国分裂，黎巴嫩地区隶属于东罗马帝国的叙利亚行省。伊斯兰教兴起后，黎巴嫩地区的土著居民与阿拉伯人逐渐同化。自 1516 年起，黎巴嫩被纳入奥斯曼帝国的版图。

黎巴嫩山区是马龙派基督徒和德鲁兹派穆斯林的共同家园，伊斯坦布尔的苏丹承认马龙派基督徒和德鲁兹派穆斯林在黎巴嫩山区享有自治的权利。奥斯曼帝国统治时期，黎巴嫩山区的马龙派基督徒与德鲁兹派穆斯林长期处于对立的状态；其中，马龙派基督徒大都生活在黎巴嫩山区的北部，德鲁兹派穆斯林主要分布在黎巴嫩山区的南部。

马龙派系叙利亚地区的基督教分支，创始人是公元 4 世纪末 5 世纪初的基督教隐修士马龙，信奉基督一性论，拒绝承认基督教官方信条三位一体说，曾被拜占庭帝国视作异端，公元 7 世纪后期自叙利亚移居黎巴嫩山区。马龙派自称腓尼基人的后裔，后承认罗马教皇的宗主地位，进而与罗马教会建立密切的联系。[②]

16 世纪末，奥斯曼帝国在黎巴嫩山区设立埃米尔封邑，是为近代黎巴嫩国家的前身。17 世纪初，德鲁兹派贵族法赫尔丁在罗马教廷和意大利商人

① Ismeal, T.Y., *Middle East Politics Today: Government and Civil Society*, p.252.

② Zamir, M., *The Formation of Modern Lebanon*, London 1985, p.8.

的支持下控制黎巴嫩山区。1623 年,法赫尔丁在昂贾尔之战中击溃奥斯曼帝国军队,进而将巴勒斯坦纳入其控制范围。1635 年,奥斯曼帝国军队攻入黎巴嫩山区,处死法赫尔丁。此后百余年间,黎巴嫩山区处于大马士革以及沿海城市西顿、阿克的奥斯曼帝国帕夏的直接控制之下。①

18 世纪末 19 世纪初,马龙派基督徒与德鲁兹派穆斯林在黎巴嫩山区激烈角逐。1842 年,奥斯曼帝国任命克罗地亚人欧麦尔帕夏为黎巴嫩埃米尔,试图强化对黎巴嫩山区的控制。1843 年,奥斯曼帝国以大马士革—贝鲁特公路为界,将黎巴嫩山区划分为马龙派基督徒控制的北部行政区和德鲁兹派穆斯林控制的南部行政区。②1845 年,马龙派基督徒与德鲁兹派穆斯林之间再度爆发大规模冲突。③1849 年,法国与奥斯曼帝国签署协议,伊斯坦布尔的苏丹承认马龙派基督徒处于法国的保护之下。此后,法国与马龙派基督徒之间的关系逐渐密切,黎巴嫩山区成为法国在东地中海进行贸易扩张的主要据点。④

1860 年内战期间黎巴嫩基督徒武装人员

① Traboulsi, F., *A History of Modern Lebanon*, London 2007, p.3, pp.7—8.

② William, Harris, *Lebanon: A History, 600—2011*, New York 2012, p,141, p.151.

③ William, Harris, *Lebanon: A History, 600—2011*, p.154.

④ Traboulsi, F., *A History of Modern Lebanon*, London 2007, pp.9—10.

19 世纪 50 年代，马龙派基督徒的活动范围开始从黎巴嫩山区北部延伸到南部的德鲁兹派地区，进而导致什哈卜家族为首的马龙派基督徒与马安家族为首的德鲁兹派穆斯林之间爆发大规模内战，万余人死于战乱，约 10 万人无家可归。1861 年，奥斯曼帝国与法国、英国、俄国、奥地利、普鲁士政府在贝鲁特召开国际会议。根据贝鲁特会议签署的协议，奥斯曼帝国在黎巴嫩山区约 4 000 平方公里的范围内设立黎巴嫩桑贾克，作为奥斯曼帝国的行政区

1860 年法国远征军登陆贝鲁特

画家笔下的 1860 年黎巴嫩内战

域，直接隶属于伊斯坦布尔的苏丹；黎巴嫩桑贾克西侧的沿海城市贝鲁特、的黎波里、阿克、西顿和提尔隶属于贝鲁特桑贾克，黎巴嫩桑贾克东侧的巴勒贝克和贝卡谷地隶属于大马士革桑贾克；黎巴嫩桑贾克在承认伊斯坦布尔苏丹之宗主权的前提下享有充分自治的地位，由基督徒出任地方长官，按照教派的原则划分权力，处于欧洲列强的保护之下。①

黎巴嫩桑贾克初建之时，居民分别属于基督徒和穆斯林的不同教派，其中马龙派基督徒约23万人，东正教徒5.4万人，希腊天主教徒3.4万人，德鲁兹派穆斯林5万人，逊尼派和什叶派穆斯林3万人。②黎巴嫩桑贾克的协商会议，根据不同教派的人口比例选举产生，设12个席位，其中马龙派占据4个席位，德鲁兹派占据3个席位，东正教占据2个席位，希腊天主教、什叶派和逊尼派各占1个席位。③

乔治·皮科

"一战"期间，黎巴嫩山区丧失原有的自治地位，由奥斯曼帝国实行军事管制，加之饥荒和瘟疫流行，人口锐减，居民总数由45万人下降为35万人。④1916年5月16日，英国政府代表马克·赛克斯与法国政府代表乔治·皮科就瓜分奥斯曼帝国版图达成秘密协议，即所谓的《赛克斯—皮科协定》。根据该协定，黎巴嫩和叙利亚划归法国，伊拉克和巴勒斯坦划归。⑤"一战"结束后，包括黎巴嫩山区在内的大叙利亚摆脱奥斯曼帝国的统治，继而形成权力真空的状态。英国与法国在大叙利亚地区展开激烈角逐，巴勒斯坦的犹太人和黎巴嫩山区的马龙派基督徒分别成为英国和法国争夺对大叙利亚地区控制权的政治工具。根据美国政府调查团于1919年发布的调查

① Zamir, M., *The Formation of Modern Lebanon*, pp.8—9.

② Miller, W., *The Ottoman Empire 1801—1913*, p.305.

③ Sharabi, H.B., *Government and Politics of the Middle East in the Twentieth Century*, Connectucut 1987, p.106.

④ Helena, C., *The Making of Modern Lebanon*, London 1985, p.54.

⑤ Helena, C., *The Making of Modern Lebanon*, p.54.

报告,马龙派基督徒和希腊天主教徒支持黎巴嫩山区独立,希腊东正教徒或持亲叙利亚的立场,或持亲法国的立场,德鲁兹派和什叶派穆斯林反对黎巴嫩山区并入叙利亚。①

黎巴嫩共和国的建立

1918 年 10 月,费萨尔亲王在大马士革成立阿拉伯王国政府。1919 年 4 月,黎巴嫩地方行政会议宣告黎巴嫩独立。②同年 11 月,法国政府宣布支持黎巴嫩脱离叙利亚,继而与费萨尔亲王达成协议,费萨尔亲王承认黎巴嫩的独立地位。③1920 年 3 月,费萨尔亲王被拥立为阿拉伯王国国王。此间,黎巴嫩山区的穆斯林要求实现与穆斯林人数居多的叙利亚合并,进而提高自身的政治地位。马龙派主导的基督徒主张黎巴嫩山区脱离叙利亚和大马士革的穆斯林政权,削弱穆斯林在黎巴嫩山区的政治影响,寻求在北起的黎波里和阿克、南至哈斯巴耶和拉沙耶、东起贝卡谷地、西至贝鲁特的范围内建立法国保护下的基督教国家。④1920 年 4 月,法国正式行使对于黎巴嫩的委任统治权,继而任命组建包括 15 人的黎巴嫩地方行政会议,其中马龙派基督徒 6 人,希腊东正教徒 3 人,逊尼派穆斯林和什叶派穆斯林各 2 人,德鲁兹派穆斯林和希腊天主教徒各 1 人。⑤

法国委任统治下的黎巴嫩行政区,最初局限于马龙派基督徒人数居多的黎巴嫩山区的范围。1920 年 9 月,逊尼派穆斯林人数居多的西部沿海城市贝鲁特、的黎波里、西顿、提尔,以及什叶派穆斯林人数居多的东部贝卡谷地,正式并入黎巴嫩行政区,名为大黎巴嫩,是为黎巴嫩共和国的雏形。⑥与原有的黎巴嫩山区相比,大黎巴嫩的人口构成发生明显的变化;基督徒在总人口中所占的比例下降为 55%,马龙派仅占总人口的三分之一。⑦此后,基督徒、逊尼派穆斯林和什叶派穆斯林的三足鼎立,逐渐取代德鲁兹派穆斯林与马龙派基督徒的南北对峙。1922 年,选举产生由 30 人组成的黎巴嫩议会,取代法国委任统治当局任命产生的黎巴嫩行政会议,议会席位依旧按照教派划

---

① Abraham, A.J., *Lebanon in Modern Times*, Maryland 2008, p.101.
② Traboulsi, F., *A History of Modern Lebanon*, London 2007, p.77.
③ Traboulsi, F., *A History of Modern Lebanon*, p.77.
④ Yapp, M.E., *The Near East since the First World War*, p.104.
⑤⑥ Peretz, D., *The Middle East Today*, p.365.
⑦ Yapp, M.E., *The Near East since the First World War*, p.105.

分,其中马龙派基督徒10人,希腊东正教基督徒4人,德鲁兹派穆斯林2人,逊尼派穆斯林6人,什叶派穆斯林5人,少数派人士3人,议员任期三年。①

查理·达巴斯

1925年,在法国委任统治当局的授意下,黎巴嫩议会起草宪法,承认黎巴嫩处于法国保护之下的地位。与此同时,法国委任统治当局开始向黎巴嫩政府移交权力。1926年,黎巴嫩议会通过1925年拟定的宪法草案,黎巴嫩共和国宣告成立,是为阿拉伯世界的首个共和制国家。1926年宪法规定,黎巴嫩共和国实行总统制,总统由议会选举产生,任期6年,有权任免总理和内阁部长,有权否决议会通过的法案和解散议会。②随后,法国委任统治当局任命希腊东正教徒查理·达巴斯为黎巴嫩共和国总统。1929年,查理·达巴斯再度出任总统。1933年,法国委任统治当局任命哈比卜·萨阿德取代查理·达巴斯为总统。1936年,黎巴嫩议会选举埃米勒·埃德出任总统。③同年11月,法国高级专员德·马特尔与黎巴嫩总统埃米勒·伊迪签署协议,法国承认黎巴嫩共和国的独立地位,保留在黎巴嫩的永久驻军权。④

黎巴嫩共和国缘起于法国委任统治当局划定的大黎巴嫩行政区,包括马龙派在内的基督徒与包括德鲁兹派在内的穆斯林各占人口的半数。⑤1922年,黎巴嫩人口为63万;1932年,黎巴嫩人口增至86万。⑥根据1932年的统计,在黎巴嫩共和国的总人口中,基督徒约占52%,穆斯林约占48%,其中29%属于马龙派,22%属于逊尼派,19%属于什叶派,10%属于希腊东正教,7%属于德鲁兹派,6%属于希腊天主教。⑦马龙派基督徒主要分布在黎巴嫩

① Abraham, A.J., *Lebanon in Modern Times*, p.106.
② Hitti, P.K., *A Short History of Lebanon*, New York 1965, p.221.
③ Kanaan, C.B., *Lebanon 1860—1960: A Century of Myth and Politics*, London 2007, pp.134—135.
④ Traboulsi, F., *A History of Modern Lebanon*, London 2007, pp.100—101.
⑤ Gaspard, T., *A Political Economy of Lebanon 1948—2002*, p.49.
⑥ Owen, R., *A History of Middle East Economies in the Twentieth Century*, p.64.
⑦ Kanaan, C.B., *Lebanon 1860—1960: A Century of Myth and Politics*, London 2007, p.135.

山区的中部和北部以及贝鲁特东区，逊尼派穆斯林主要分布在沿海城市的黎波里和西顿以及贝鲁特西区，什叶派穆斯林主要分布在贝卡谷地以及利塔尼河流域，德鲁兹派主要分布在黎巴嫩山区南部山区。①马龙派强调其与西方列强以及罗马教会之间的宗教文化联系，是法国委任统治当局控制黎巴嫩的主要政治盟友。希腊东正教是仅次于马龙派的第二大基督教派，信众分布于黎巴嫩和叙利亚的诸多地区，强调黎巴嫩与叙利亚之间的密切历史渊源和文化同一性，具有泛叙利亚主义和泛阿拉伯主义的明显倾向；20 世纪阿拉伯民族主义的杰出人物安吞·萨阿达、米歇尔·阿弗拉格和乔治·哈巴什，皆系黎巴嫩的希腊东正教徒。②在穆斯林内部，逊尼派和什叶派普遍持亲叙利亚的政治立场。相比之下，德鲁兹派尽管反对马龙派的权力垄断，却支持黎巴嫩独立，长期抵制叙利亚的政治影响。③

马龙派、逊尼派和什叶派在黎巴嫩共和国的政治舞台上长期处于三足鼎立的状态，政治生活具有浓厚的教派色彩。黎巴嫩共和国建立初期，总统和内阁总理均为基督徒，其中总统属于希腊东正教，内阁总理属于马龙派。自 1934 年起，总统由马龙派基督徒出任；自 1937 年起，总理由逊尼派穆斯林出任，议长由什叶派穆斯林出任。1943 年，教派之间达成协议，基督徒与穆斯林在议会中的席位分配比例为 6∶5，内阁成员中马龙派与逊尼派各有 2—3 人，什叶派、德鲁兹派、希腊东正教徒和希腊天主教徒各有 1 人。④

贵族政治是法国委任统治时期黎巴嫩政治生活的突出现象。逊尼派穆斯林贵族大都具有奥斯曼帝国的政治背景和城市商业的经济背景，代表人物包括西顿的苏勒赫家族、贝鲁特的萨拉姆家族以及的黎波里的卡拉米家族、基斯尔家族和阿扎卜家族。其中，基斯尔家族的穆罕默德于 1926—1932 年出任议长，阿扎卜家族的哈伊尔丁于 1937 年成为首任穆斯林总理。什叶派贵族大都具有乡村和大地产主的社会背景，代表人物包括黎巴嫩山区南部的阿萨德家族和贝卡谷地的哈马达家族。德鲁兹派贵族亦大都具有传统的经济社会背景，代表人物包括阿尔斯兰家族和琼布拉特家族。相比之下，基督教贵族大都具有西方的文化背景，分布在乡村和城市的诸多地区。希腊天主教贵族米歇尔·什哈和萨利姆·塔格拉从事银行业，希腊东正教贵族佩特

---

①④　Yapp, M.E., *The Near East since the First World War*, p.109.

②　Ismeal, T.Y., *Middle East Politics Today: Government and Civil Society*, p.263.

③　Yapp, M.E., *The Near East since the First World War*, p.106.

洛·特拉德从事商业。马龙派贵族多为乡村的地产主,代表人物包括埃米勒·埃德和比沙拉·胡里。[1]马龙派政党宪政集团和国家集团始建于1932年,是法国委任统治时期黎巴嫩政治舞台的主导势力。宪政集团的领导人是马龙派贵族比沙拉·胡里,持阿拉伯民族主义的立场,主张扩大与叙利亚民族主义组织的联系。国家集团的领导人是马龙派贵族埃米勒·埃德,持亲法的立场,1936—1941年出任黎巴嫩总统。[2]

1941年6月,盟军占领黎巴嫩。同年7月,戴高乐领导的自由法国政府任命法尔德·纳杰什为黎巴嫩总统,萨米·苏勒赫为内阁总理。11月,自由法国政府宣布放弃在黎巴嫩的委任统治。1943年9月,黎巴嫩议会选举马龙派政党宪政集团领导人比沙拉·胡里为总统,逊尼派贵族里亚德·苏勒赫出任内阁总理。[3]比沙拉·胡里与里亚德·苏勒赫达成口头协议,是为不成文的民族宪章。根据民族宪章,黎巴嫩是独立、统一和主权完整的阿拉伯国家,马龙派放弃寻求法国支持的立场,穆斯林亦放弃与叙利亚合并的努力;基督徒与穆斯林依据1932年的人口统计,按照6∶5的比例划分议会席位;总统和武装部队司令职位属于马龙派基督徒,总理职位属于逊尼派穆斯林,议长职位属于什叶派穆斯林,副议长职位属于希腊东正教徒,武装部队参谋总长职位属于德鲁兹派。1944年,美国和苏联正式承认黎巴嫩的主权和独立,黎巴嫩加入阿拉伯国家联盟。1946年12月,法军撤出黎巴嫩。[4]

萨米·苏勒赫

黎巴嫩的基督徒与穆斯林

黎巴嫩的基督徒与欧洲基督教世界之间的交往由来已久。19世纪至20世纪初,数以万计的黎巴嫩基督徒移居欧洲。始建于1866年的贝鲁特美国

① Yapp, M.E., *The Near East since the First World War*, pp.110—111.

② Peretz, D., *The Middle East Today*, p.373.

③ Traboulsi, F., *A History of Modern Lebanon*, p.106.

④ Peretz, D., *The Middle East Today*, p.374, p.376.

大学和始建于1875年的法国圣约瑟夫大学，则是西方文化在黎巴嫩得以广泛传播的重要据点。[①]由于特定的地理位置和长期动荡的政治局势，黎巴嫩人移居海外者甚多，散居世界各地的黎巴嫩人数量远远超过留居本土的黎巴嫩人。“二战”结束后，移居欧洲的黎巴嫩基督徒纷纷投资国内市场，成为促进黎巴嫩经济繁荣的重要因素。1950—1974年，黎巴嫩国民收入年均增长3%—4%；其中，1950—1964年，黎巴嫩国民收入年均增长7%。[②]1975年内战爆发之前，黎巴嫩是阿拉伯世界非产油国中人均收入最高的国家。[③]

黎巴嫩基督徒长期控制以商业为主的服务业，构成经济实力雄厚的社会群体。什叶派穆斯林大都以务农为生，或徘徊于城市的边缘地带，在经济方面处于明显的弱势地位[④]。50年代末，基督徒与穆斯林在工业领域所占的投资比例为10∶2，在金融业所占的投资比例为11∶2，在服务业所占的投资比例为16∶2。1973年，基督徒与穆斯林在工业所占的投资比例为68∶32，在商业所占的投资比例为76∶24，在金融业的投资比例为71∶29。相比之下，穆斯林与基督徒在工人中所占的比例为75∶25。

商业构成黎巴嫩举足轻重的经济部门，马龙派商人是黎巴嫩最重要的社会阶层。与此同时，农业投资严重不足，乡村和农民长期处于贫困落后的状态。70年代初，贝鲁特的人均年收入高达800美元，南部乡村的人均年收入仅为150美元；64%的小学、73%的中学和100%的大学分布在贝鲁特和黎巴嫩山区。贝鲁特人口占总人口的27%，拥有65%的医生，而南部地区人口占总人口的18%，仅有5%的医生，贝卡谷地人口占总人口的13%，仅有3%的医生。另据1971年的统计数据，什叶派穆斯林的家庭平均收入是4 532黎巴嫩镑[⑤]，而整个国家的家庭平均收入是6 247黎巴嫩镑，收入不足1 500黎巴嫩镑的家庭亦多为什叶派穆斯林；仅有6.6%的什叶派穆斯林接受过中等教育，而逊尼派穆斯林和基督徒则分别至少有15%和17%的人接受过中等教育。在1974年的政府预算中，拥有全国人口20%的黎巴嫩南部，仅获得不足0.7%的财政投资。[⑥]

---

① Gaspard, T., *A Political Economy of Lebanon 1948—2002*, p.46.

② Owen, R., *A History of Middle East Economies in the Twentieth Century*, p.160.

③ Peretz, D., *The Middle East Today*, p.361.

④ Yapp, M.E., *The Near East since the First World War*, p.114.

⑤ 黎巴嫩货币单位，根据1971年行情，3黎巴嫩镑等于1美元。

⑥ Richard, A.N., *Amal and the Shi'a: Struggle for the Soul of Lebanon*, Texas 1987, p.18.

黎巴嫩在战后经历明显的城市化进程，大量人口从贫瘠的乡村移入富庶的城市。黎巴嫩的什叶派穆斯林原本大都生活在南部乡村和贝卡谷地，而据1970年的统计，黎巴嫩南部65%的土地所有者和贝卡谷地45%的土地所有者仅仅占有不足两公顷土地。①至70年代，超过四分之三的什叶派穆斯林涌入城市，城郊的贫民区成为什叶派穆斯林新的家园。②相比于基督徒聚居的贝鲁特东区和逊尼派穆斯林聚居的贝鲁特西区，在什叶派穆斯林聚居的贝鲁特南郊，棚户区蔓延，可谓"悲惨地带"。③富庶的城市与贫困的乡村之间、发达的北部与落后的南部之间以及城市核心区与棚户区之间形成鲜明的贫富对比，进而提供了教派冲突和激进政治势力滋生之深层的经济社会背景。

黎巴嫩共和国的宪政民主与教派政治

黎巴嫩是最早建立共和政体的阿拉伯国家。战后的黎巴嫩共和国沿袭1926年宪法和1943年民族宪章确定的政治框架，采用西方模式的宪政制度。阿拉伯世界的诸多国家，战后普遍经历威权政治的现代化进程。相比之下，黎巴嫩政党林立，政治自由，可谓政治环境最宽松的阿拉伯国家。教派基础上的国家权力分配原则和议会框架下的多党制构成战后黎巴嫩政治制度和政治生活的突出现象，议会选举则是战后黎巴嫩国家权力更替的基本形式。

1926年颁布的黎巴嫩共和国宪法，并未对国教抑或官方宗教做出明确的规定。然而，宗教的影响无疑渗透到黎巴嫩社会生活和政治舞台的各个角落。基督徒与穆斯林长期按照教派人口比例划分议会席位，体现黎巴嫩政治生活的教派原则。1926年议会初建之时，设44个席位。1943年的民族宪章规定，议会24个席位属于基督徒，20个席位属于穆斯林。1957年，议会设66个席位，其中36个席位属于基督徒，30个席位属于穆斯林。1958年，议会席位增至99个，基督徒和穆斯林分别占据54个席位和45个席位，其中30个席位属于马龙派，20个席位属于逊尼派，19个席位属于什叶派，11个席位属于希腊东正教派，6个席位属于德鲁兹派，6个席位属于希腊天主教派，4个席位属于亚美尼亚东正教派，1个席位属于亚美尼亚天主教派，1个席位属于

---

① Majed, H., *A Lebanon Defied: Musa al-Sadr and the Shi'a Community*, Colorado 1992, pp.52—53.

② Traboulsi, F., *A History of Modern Lebanon*, pp.161—162.

③ Yitzhak, N., *Reaching for Power: The Shi'a in the Modern Arab World*, Princeton 2006, p.114.

基督新教,1个席位属于其他人数较少的基督教派。[1]

黎巴嫩社会犹如教派镶嵌的马赛克,呈支离破碎的状态。社会成员分别从属于不同的教派,教派内部的聚合性与教派之间的排异性是黎巴嫩社会的突出特征。另一方面,黎巴嫩长期实行多党制的政治制度,教派林立的社会结构则是制约政党政治的重要因素。诸多政党具有浓厚的教派色彩,通常局限于代表特定教派的政治利益,缺乏超越教派界限的广泛社会基础。教派政治与政党政治的错综交织,长期构成黎巴嫩政治生活的明显特征。

马龙派政党国家集团和宪政集团始建于法国委任统治时期,战后长期活跃于黎巴嫩的政治舞台。社会进步党始建于1949年,系德鲁兹派政党,领导人是卡迈勒·琼布拉特,反对西方殖民主义,支持纳赛尔主义和巴勒斯坦解放事业,主张改善教育、医疗、住房和就业环境,倡导公共领域的国有化,具有明显的世俗色彩和左翼倾向。[2]国家自由党始建于50年代末,系马龙派政党,领导人是卡米勒·查蒙,持相对中立的外交立场,倡导自由经济,代表马龙派上层的利益。长枪党始建于1936年,亦属马龙派政党,领导人是皮埃尔·杰马耶勒,持亲西方的立场,反对阿拉伯民族主义,主张抵制叙利亚的影响和干预,强调黎巴嫩国家利益高于阿拉伯民族利益的原则,代表马龙派中下层的利益。阿拉伯民族运动始建于1960年,系逊尼派政党,具有泛阿拉伯主义的浓厚色彩,持亲埃及的立场,强调埃及在阿拉伯世界的领导地位。[3]民族党系希腊东正教徒安吞·萨阿德于1932年创建的政党,主张实现黎巴嫩与叙利亚的合并,具有世俗色彩和暴力倾向,战后初期一度活跃于黎巴嫩的政治舞台,40年代末遭到取缔,长期处于非法地位。[4]黎巴嫩共产党始建于1924年,成员来自什叶派、逊尼派、德鲁兹派穆斯林以及基督徒,与民族党同为黎巴嫩最重要的世俗政党,法国委任统治时期系叙利亚共产党的分支组织,处于非法状态,1944年起脱离叙利亚共产党,1948年遭到黎巴嫩官方的取缔,1970年恢复合法地位。[5]

黎巴嫩共和国的政治基础,是教派之间的权力分享和政府职能的限制。战后诸多阿拉伯国家威权政治的逻辑结果,是国家权力的强化和社会局势的

---

① Ochsenwald, W., *The Middle East: A History*, p.629.

② Peretz, D., *The Middle East Today*, p.384.

③ Yapp, M.E., *The Near East since the First World War*, pp.112—113.

④ Hopwood, D., *Syria 1945—1986*, p.82.

⑤ Peretz, D., *The Middle East Today*, p.385.

相对稳定。相比之下,战后黎巴嫩政治生活的突出现象,是教派势力的膨胀、国家权力的软弱和社会局势的长期动荡。

1947 年,黎巴嫩举行独立后的首次选举,马龙派政党宪政集团领导人比沙拉·胡里当选总统,马龙派议员卡米勒·查蒙和德鲁兹派议员卡迈勒·琼布拉特共同创建社会民族阵线,成为议会的主要反对党。1952 年,比沙拉·胡里辞职,卡米勒·查蒙当选总统。此后,卡米勒·查蒙拒绝卡迈勒·琼布拉特提出的社会改革和宪政改革方案,社会民族阵线解体。①

50 年代的黎巴嫩经历空前的经济繁荣,国内生产总值的增长速度超过人口的增长速度。经济的繁荣导致黎巴嫩国内贫富差距的扩大和社会矛盾的加剧;首都贝鲁特和黎巴嫩山区的基督徒成为经济繁荣的最大受益者,穆斯林人数居多的南部地区经济增长速度相对落后。另一方面,卡米勒·查蒙依靠马龙派贵族的支持,致力于强化总统的威权政治,不断削弱总理的权力和议会的地位,排斥穆斯林的政治参与和权力分享,导致穆斯林与基督徒之间教派对立的进一步加深。与此同时,卡米勒·查蒙放弃中立的立场,推行亲西方的外交政策。1953 年,美国向黎巴嫩提供 600 万美元的军事援助和经济援助。1954 年,黎巴嫩向美国提供空军基地。1955 年,黎巴嫩与美国签署长期经济合作协议。1956 年苏伊士战争结束后,卡米勒·查蒙置阿拉伯国家峰会通过的决议于不顾,拒绝与英法断绝外交关系。②

1958 年 2 月埃及与叙利亚合并后,黎巴嫩的穆斯林普遍希望加入阿联,遭到卡米勒·查蒙和马龙派基督徒的反对。同年 3 月,黎巴嫩反对派举行示威和罢工,抗议卡米勒·查蒙推行的内外政策,要求卡米勒·查蒙辞去总统职位。5 月,反对派控制黎巴嫩四分之三的地区,军方则持中立的立场,拒绝镇压反对派。7 月,美国海军陆战队进驻贝鲁特。9 月,卡米勒·查蒙下台,福阿德·什哈卜出任总统,穆斯林与马龙派基督徒实现和解,美军撤出贝鲁特,黎巴嫩放弃加入阿联。③

此后,黎巴嫩形成相互对立的两大政治派系。卡米勒·查蒙领导的民族自由党、雷蒙·伊迪领导的国家集团党和皮埃尔·杰马耶勒领导的长枪党代表商业贵族和马龙派的利益,持保守和亲西方的立场,构成黎巴嫩政坛的右

---

① Peretz, D., *The Middle East Today*, p.375.

② Traboulsi, F., *A History of Modern Lebanon*, pp.128—130.

③ Traboulsi, F., *A History of Modern Lebanon*, p.134, p.137.

翼派系。福阿德·什哈卜领导的民主集团、拉希德·卡拉米领导的民主阵线和卡迈勒·琼布拉特领导的民族阵线代表新兴中产阶级和知识界以及穆斯林的利益，持阿拉伯民族主义的立场，主张推行激进的政治改革和经济社会改革，要求重新分配国家权力，构成黎巴嫩政坛的左翼派系。①

参与平定 1958 年黎巴嫩内乱的美国海军陆战队士兵

福阿德·什哈卜执政期间，放弃亲西方的立场，实行中立的外交政策，改善与其他阿拉伯国家的关系，组建中央银行、计划委员会和社会保险基金会，颁布信贷与货币法，强化政府的经济干预，增加政府的基础设施投资和福利事业投资，兴建利塔尼河水利工程，发展公共卫生和教育事业，改善包括南部山区和贝卡谷地在内的贫困地区以及什叶派和德鲁兹派贫困人口的生活环境。②福阿德·什哈卜执政期间，政府雇员增长一倍，不同教派在政府的任职比例发生相应的变化。马龙派占黎巴嫩人口总数 29%，卡米勒·查蒙执政期间拥有超过二分之一的政府职位，福阿德·什哈卜执政期间在政府职位中所占的比例下降为不足三分之一。③

查理·希路

---

① Peretz, D., *The Middle East Today*, pp.380—381.

② Yapp, M.E., *The Near East since the First World War*, p.266.

③ Traboulsi, F., *A History of Modern Lebanon*, p.140.

1964年8月查理·希路当选总统后,延续福阿德·什哈卜的内外政策。1965年11月,查理·希路颁布新的经济社会发展计划,投资2.7亿里亚尔,用于改善住房环境和发展教育卫生事业。此间,马龙派基督徒和逊尼派穆斯林长期控制议会和政府,政治生活具有浓厚的贵族色彩,什叶派穆斯林游离于政治舞台的边缘。1970年,来自黎巴嫩北部、持右翼立场的马龙派贵族苏莱曼·弗朗基耶当选总统。①

教派冲突与内战始末

黎巴嫩毗邻叙利亚和以色列,位于叙利亚与以色列之间的缓冲地带。阿以之间的矛盾冲突,特别是叙利亚与以色列之间的战争状态,构成制约黎巴嫩现代化进程的重要外部因素。尤其是巴勒斯坦难民的涌入,明显改变黎巴嫩国内教派之间的力量对比,进而深刻影响着黎巴嫩的政治生活。

自第一次中东战争开始,巴勒斯坦难民不断移居黎巴嫩境内。1948年,黎巴嫩境内的巴勒斯坦难民约10万人,约占黎巴嫩总人口的10%,分布在贝鲁特周围的难民营。②此后三次中东战争,导致更多的巴勒斯坦难民拥入黎巴嫩境内。70年代,黎巴嫩境内的巴勒斯坦难民约37万人,分布在17处难民营,成为黎巴嫩国内举足轻重的社会群体和政治势力。③

叙利亚、约旦和黎巴嫩是接受巴勒斯坦难民的主要国家。然而,叙利亚境内的巴勒斯坦难民长期处于叙利亚政府的控制之下,约旦政府于1970年驱逐巴勒斯坦解放组织,平息巴勒斯坦难民的政治骚乱。相比之下,黎巴嫩缺乏强有力的政府和军队,无法约束巴勒斯坦难民和巴解民兵武装。1948—1973年,阿以之间经历四次大规模的战争。黎巴嫩尽管毗邻以色列,地处阿以战争的前沿,却长期保持中立的立场,是以色列周边地区唯一没有卷入阿以战争的阿拉伯国家。1964年巴勒斯坦解放组织成立后,黎巴嫩境内的巴勒斯坦难民营成为巴勒斯坦解放组织的军事训练营地。自1968年起,巴勒斯坦解放组织将黎巴嫩南部作为军事基地,袭击黎以边境以色列一方的目标,引发以色列对黎巴嫩的军事报复,导致黎以之间的紧张状态。

巴勒斯坦难民大都属于逊尼派穆斯林,巴勒斯坦难民的涌入和巴勒斯坦

---

① Traboulsi, F., *A History of Modern Lebanon*, pp.144—145, p.155.

② Gaspard, T., *A Political Economy of Lebanon 1948—2002*, p.235.

③ Ismeal, T.Y., *Middle East Politics Today: Government and Civil Society*, p.264.

武装组织的建立，导致黎巴嫩国内政治天平的失衡，加剧了黎巴嫩国内基督徒与穆斯林之间的矛盾，巴勒斯坦难民成为黎巴嫩国内矛盾的焦点。黎巴嫩政府拒绝给予1948年以后移居黎巴嫩的巴勒斯坦难民以黎巴嫩公民的身份，试图维持黎巴嫩国基督徒与穆斯林之间的平衡。与此同时，围绕巴勒斯坦难民问题，黎巴嫩国内逐渐分裂为明显对立的政治派别。黎巴嫩的基督徒大都主张对巴勒斯坦难民和巴解武装采取强硬的政策，限制巴勒斯坦解放组织在黎巴嫩境内的活动，包括逊尼派和什叶派以及德鲁兹派在内的穆斯林则普遍同情巴勒斯坦解放组织。

1968年，黎巴嫩政府与巴勒斯坦解放组织签署开罗协议，黎巴嫩政府承认巴勒斯坦难民在黎巴嫩境内享有自治的地位。①此后，巴勒斯坦难民营俨然成为黎巴嫩境内的国中之国，参与黎巴嫩国内的教派冲突，尤其是与马龙派长期处于对立状态，进而改变黎巴嫩国内基督徒与穆斯林之间的力量对比。1969年，马龙派主导的黎巴嫩安全部队与卡迈勒·琼布拉特领导的德鲁兹派激进势力以及巴勒斯坦解放组织发生流血冲突。在随后举行的开罗会议上，马龙派与德鲁兹派达成妥协，巴勒斯坦解放组织承诺停止干预黎巴嫩内部事务。②1970年，巴勒斯坦解放组织总部从安曼迁至贝鲁特，巴解武装亦从约旦移入黎巴嫩境内，黎巴嫩南部的黎以边境地带成为巴解武装攻击以色列的主要据点，黎巴嫩南部的什叶派和德鲁兹派则是巴勒斯坦解放组织的政治盟友。至1974年，黎巴嫩境内的巴解武装达到1万人的规模。巴解武装与皮埃尔·杰马耶勒领导的马龙派军事组织长枪党之间的冲突时有发生，黎巴嫩濒临内战的边缘。③

1975年4月13日，一辆客车在贝鲁特东区遭到袭击，28名乘客被杀，其中大都是巴勒斯坦人。马龙派长枪党宣布对此事负责，引发巴解武装与马龙派长枪党之间的暴力冲突。④德鲁兹派民兵公开支持巴解武装，黎巴嫩内战爆发。拉希德·索尔赫领导的内阁垮台，总统苏莱曼·弗朗基耶指定努尔丁·里法伊组建新政府。此后，黎巴嫩内战的范围逐渐扩大，苏莱曼·弗朗基耶、皮埃尔·杰马耶勒、卡米勒·查蒙和查拜尔·卡希斯创立右翼基督徒政党联盟黎巴嫩阵线，卡迈勒·琼布拉特组建左翼穆斯林政党联盟黎巴嫩民

① Peretz, D., *The Middle East Today*, pp.387—388.
② Yapp, M.E., *The Near East since the First World War*, p.268.
③ Ochsenwald, W., *The Middle East: A History*, p.630.
④ Traboulsi, F., *A History of Modern Lebanon*, p.183.

族运动,马龙派长枪党主导的基督徒武装与德鲁兹派主导的穆斯林武装形成截然对立的两大阵营,巴勒斯坦难民和巴解武装支持黎巴嫩民族运动。在首都贝鲁特,黎巴嫩阵线控制基督徒聚居的东区,黎巴嫩民族运动控制穆斯林聚居的西区。①1976 年 1 月,长枪党民兵进攻贝鲁特郊区的巴解组织营地受挫,被迫退守北部山区。②与此同时,黎巴嫩政府军出现分裂,逊尼派将领艾哈迈德·哈提卜宣布成立阿拉伯黎巴嫩军,支持黎巴嫩民族运动,进而卷入穆斯林与基督徒的内战。③

黎巴嫩与叙利亚具有密切的地缘政治联系,是叙利亚抗衡以色列的重要屏障。1976 年 2 月,叙利亚总统阿萨德提出黎巴嫩基督徒与穆斯林和解方案,旨在避免黎巴嫩国家的分裂和排斥以色列对黎巴嫩事务的干预。和解方案的内容包括:黎巴嫩基督徒与穆斯林的议会席位实行 5∶5 的分配原则,取代原有的 6∶5 的分配原则;内阁总理由议会选举,取代原有的总统任命制度;废除政府公职的教派分配原则;中止 1969 年开罗会议对于黎巴嫩境内巴勒斯坦人所作的限制。阿萨德提出的和解方案得到总统苏莱曼·弗朗基耶以及马龙派的赞同。然而,卡迈勒·琼布拉特领导的德鲁兹派以及巴解武装在军事上占据明显的优势,拒绝接受和解方案。1976 年 5 月,叙利亚军队进入黎巴嫩,支持总统苏莱曼·弗朗基耶、马龙派武装和黎巴嫩阵线,攻击德鲁兹派民兵以及巴解武装,黎巴嫩内战的形势急转直下。④

1976 年 6 月,黎巴嫩、叙利亚、埃及、巴解组织、沙特阿拉伯和科威特在利雅得召开六方会议,签署停火协议,组建阿拉伯维和部队,进入黎巴嫩监督停火协议的实施,同时接受黎巴嫩阵线的建议,将黎巴嫩划分为相对独立的四个自治区域,即包括西顿在内的黎巴嫩南部作为什叶派控制区,贝鲁特作为基督徒与穆斯林混合居住区,贝鲁特以北的沿海地带作为马龙派控制区,包括的黎波里在内的东北部作为逊尼派控制区。⑤同年 9 月,黎巴嫩举行大选,伊亚斯·萨尔吉斯当选总统,内战告一段落。⑥10 月,以叙利亚为主的阿拉伯维和部队 3 万人进入黎巴嫩,驻扎黎巴嫩北部和首都贝鲁特,巴解武装

---

① Ismeal, T.Y., *Middle East Politics Today: Government and Civil Society*, pp.269—270.

② Yapp, M.E., *The Near East since the First World War*, p.269.

③ Peretz, D., *The Middle East Today*, p.390.

④ Yapp, M.E., *The Near East since the First World War*, pp.269—270.

⑤ Peretz, D., *The Middle East Today*, p.392.

⑥ Yapp, M.E., *The Near East since the First World War*, p.270.

移至黎巴嫩南部。[①]

黎巴嫩内战貌似起于基督徒与穆斯林之间的教派冲突，却有深层的社会背景。长期以来，基督徒主导黎巴嫩的经济生活，穆斯林大都处于相对贫困和落后的状态；黎巴嫩南部与北部以及贝鲁特西区与东区的诸多差异，集中体现穆斯林与基督徒之间的贫富分化。另一方面，基督徒在黎巴嫩的政治舞台亦占据上风，穆斯林尽管人数居多，却在国家权力和议会席位的分配方面处于劣势。黎巴嫩内战的真正起因，并非信仰的差异和意识形态的分歧，而是穆斯林与基督徒之间贫富分化的加剧和权力的角逐。不同教派之间的对立和冲突，作为黎巴嫩国内矛盾的外在形式，成为导致内战的直接诱因。特定的地缘政治环境导致包括叙利亚、以色列和伊朗在内的诸多外部势力的介入，而外部势力的干预加剧着黎巴嫩国内错综复杂的矛盾冲突。黎巴嫩在内战中遭受人力和物力的巨大损失，黎巴嫩的教派分布亦由于内战而出现明显的变化，叙利亚则是黎巴嫩内战的最大赢家。1975—1976 年的内战可谓黎巴嫩共和国政治生活和现代化进程的重要转折点，黎巴嫩由此进入动荡的时代。

以色列入侵

1975—1976 年内战结束后，黎巴嫩东部的贝卡谷地成为叙利亚在黎巴嫩的主要军事基地。总统伊亚斯·萨尔吉斯和黎巴嫩政府持亲叙利亚的立场，系叙利亚操纵黎巴嫩事务的政治工具。皮埃尔·杰马耶勒之子巴希尔·杰马耶勒继任长枪党和马龙派的领导人，持亲美和亲以色列的立场，控制贝鲁特东区和北部沿海地区，抗衡穆斯林和叙利亚支持的黎巴嫩政府。与此同时，卡麦勒·琼布拉特之子瓦里德·琼布拉特领导的德鲁兹派民兵和巴解组织武装在黎巴嫩南部的势力呈明显上升的趋势。

1978 年 3 月初，巴勒斯坦武装组织法塔赫的突击队员潜入以色列北部边境，挟持一辆开往特拉维夫的公交车。在随后的枪战中，31 名以色列人和 6 名突击队员被杀。[②]随后，以色列出兵 2.5 万人入侵黎巴嫩，进攻黎巴嫩南部的巴解武装，占领利塔尼河以南地区。[③]同年 6 月，以色列从黎巴嫩南部撤

---

① Ismeal, T.Y., *Middle East Politics Today: Government and Civil Society*, p.271.

② Helena, C., *The Making of Modern Lebanon*, pp.167—168.

③ Peretz, D., *The Middle East Today*, p.393.

军。根据联合国第425号决议,联合国维和部队进驻黎以边境的安全区。①1979年,在以色列的支持下,萨阿德·哈达德领导的希腊天主教民兵在黎以边境成立所谓"自由黎巴嫩政府",作为黎以边境的缓冲区。②

1982年6月,以色列驻英大使在伦敦遇刺,以色列军队以此为由再次入侵黎巴嫩,占领黎巴嫩南部,直至进入贝鲁特,迫使巴解武装撤出贝鲁特西区,分别转移到其他的阿拉伯国家,巴解组织总部迁往突尼斯。然而,仍有40万巴勒斯坦人留居黎巴嫩,分布在黎巴嫩境内的10个难民营。以色列的入侵导致黎巴嫩国内政治力量的对比出现明显的变化,持亲以色列立场的马龙派和长枪党成为黎巴嫩国内最具实力的政治派别和武装组织,以色列扶植的马龙派和长枪党领导人巴希尔·杰马耶勒出任总统。同年9月,巴希尔·杰马耶勒遭暗杀身亡,阿明·杰马耶勒继任总统。随后,马龙派和长枪党武装攻占贝鲁特的萨布拉难民营和沙提拉难民营,巴勒斯坦难民死伤无数。③

1982年以色列空袭后巴解组织将体育馆作为弹药补给站

① Ismeal, T.Y., *Middle East Politics Today: Government and Civil Society*, p.272.

② Peretz, D., *The Middle East Today*, p.393.

③ Traboulsi, F., *A History of Modern Lebanon*, pp.220—221.

1983 年初,黎巴嫩分裂为两大阵营:抵抗以色列军入侵的阵营与支持以色列军占领的阵营。在贝鲁特、黎巴嫩山区、南部和贝卡谷地,黎巴嫩民族抵抗阵线不断袭击以色列占领军。[①]1983 年 5 月,总统阿明·杰马耶勒和黎巴嫩政府与以色列签署协议,双方宣布结束战争状态,以色列军队撤出黎巴嫩,同时在黎巴嫩南部设立 850 平方公里的安全区,约占黎巴嫩总面积的十分之一。然而,以色列要求叙利亚军队撤出贝卡谷地,遭到叙利亚政府的拒绝。[②]

1982 年以色列入侵黎巴嫩的目的是解除黎巴嫩境内的巴解武装,迫使叙利亚从黎巴嫩撤军,扶植马龙派和长枪党主导的亲以色列政府。[③]然而,1983 年 5 月黎以协议签署后,总统阿明·杰马耶勒和黎巴嫩政府面临来自逊尼派、什叶派、德鲁兹派以及马龙派内部的挑战,无力控制国内局势,遂逐渐放弃亲以色列的立场,开始寻求叙利亚的支持。1985 年 6 月,以色列完成从黎巴嫩的撤军,黎以边境地带的安全区交由萨阿德·哈达德领导的马龙派武装南黎巴嫩军控制,黎巴嫩的大部分地区依旧处于叙利亚军队的控制之下。[④]

从阿麦勒运动的建立到真主党的崛起

1975—1976 年的内战和 1982 年的以色列入侵,导致黎巴嫩政治秩序的剧烈变动。什叶派的政治崛起和黎巴嫩政治秩序的重建,成为 80 年代以来黎巴嫩现代化进程的突出现象。什叶派祖居黎巴嫩南部乡村和贝卡谷地,分成制佃农居多。城市化的进程不断改变着黎巴嫩教派人口的分布格局;70 年代,黎巴嫩南部约 40%的什叶派农民和贝卡谷地约 25%的什叶派农民离开祖居的乡村,移入城市,贝鲁特成为新的什叶派聚居地。[⑤]

20 世纪 50 年代,什叶派穆斯林约 25 万人,占黎巴嫩总人口的 19%。至 1975 年,什叶派穆斯林人口增至 75 万人,其在黎巴嫩总人口中所占比例接近30%。[⑥]"基督徒和逊尼派穆斯林长期主导黎巴嫩政坛,什叶派穆斯林构成游离于黎巴嫩社会边缘的贫困群体",是黎巴嫩最贫困的教派族群。[⑦]进入 80

① Traboulsi, F., *A History of Modern Lebanon*, p.221.

② Yapp, M.E., *The Near East since the First World War*, p.272.

③ Peretz, D., *The Middle East Today*, p.396.

④ Yapp, M.E., *The Near East since the First World War*, p.273.

⑤ Davidson, L., *Islamic Fundamentalism*, p.66.

⑥ Nizar, A. H., *In the Path of Hizbullah*, New York 2004, p.13.

⑦ Davidson, L., *Islamic Fundamentalism*, p.66.

年代，什叶派人口增至 100 万人，占黎巴嫩总人口的三分之一，超过马龙派和逊尼派，成为黎巴嫩人口最多的教派。[①]与此同时，什叶派开始活跃于黎巴嫩的政治舞台。

1969 年，黎巴嫩什叶派伊斯兰最高委员会宣告成立，标志着什叶派以新的政治面貌出现在多教派体制下的黎巴嫩政坛。[②]穆萨·萨德尔被选为什叶派伊斯兰最高委员会的首任主席，成为黎巴嫩什叶派穆斯林的宗教领袖。[③]穆萨·萨德尔致力于诉诸武装斗争作为动员什叶派穆斯林实现政治参与和维护自身权益的首要方式，"除了革命和武器，我们别无选择"。[④]1974 年，穆萨·萨德尔在贝卡谷地的巴勒贝克宣布发起"被剥夺者运动"。[⑤]1978 年，穆萨·萨德尔在利比亚神秘失踪。[⑦]

什叶派武装组织阿麦勒运动始建于 1975 年内战期间，在黎巴嫩南部和贝鲁特西区的什叶派下层民众中具有广泛的政治影响。"阿麦勒"一词在阿拉伯语中本意为希望，阿麦勒运动的前身是什叶派阿亚图拉穆萨·萨德尔于 1974 年发起的被剥夺者运动。穆萨·萨德尔出生于伊朗，60 年代初移居黎巴嫩。穆萨·萨德尔代表黎巴嫩南部乡村和贝卡谷地的什叶派穆斯林，呼吁政府增加在南部乡村和贝卡谷地什叶派地区的投资，改善南部乡村和贝卡谷地什叶派地区的经济社会状况，主张建立自由和公正的秩序。[⑧]阿麦勒运动的基本纲领是，复兴什叶派伊斯兰教，强化国家权力，废除教派基础的权力分配体制，改善下层民众的经济状况和社会地位，实现社会公正，密切与叙利亚的联系，支持伊朗伊斯兰革命，反对以色列对黎巴嫩南部的入侵和占领。[⑨]

1980 年，纳比·贝里出任阿麦勒运动总书记。80 年代初，阿麦勒运动得到叙利亚政府的支持，发展为黎巴嫩最具实力的民兵组织和举足轻重的政治力量。阿麦勒运动与德鲁兹派民兵结成政治同盟，抗衡马龙派和长枪党主导的黎巴嫩政府，同时与巴解武装激烈角逐黎巴嫩南部的控制权。[⑩]1983 年 4

---

① Yapp, M.E., *The Near East since the First World War*, p.274.

② Nizar, A.H., *In the Path of Hizbullah*, New York 2004, p.20.

③ Yitzhak, N., *Reaching for Power: The Shi'a in the Modern Arab World*, p.116.

④⑦ Richard, A.N., *Amal and the Shi'a: Struggle for the Soul of Lebanon*, p.46.

⑤ Richard, A.N., *Amal and the Shi'a: Struggle for the Soul of Lebanon*, pp.47—48.

⑧ Traboulsi, F., *A History of Modern Lebanon*, p.178, p.181.

⑨ Yapp, M.E., *The Near East since the First World War*, p.275.

⑩ Peretz, D., *The Middle East Today*, p.394.

月，阿麦勒运动召开第五次大会，制定明确的政治目标，即寻求黎巴嫩的政治统一，解放以色列占领的利塔尼河以南的黎巴嫩领土。1984 年 9 月，纳比·贝里加入黎巴嫩民族团结政府。1985 年 4 月，阿麦勒运动与德鲁兹派民兵击败逊尼派民兵，控制贝鲁特西区，阿迈勒运动至此达到权力高峰。[1]从 1985 年到 1988 年，阿迈勒运动在叙利亚政府的支持下，摧毁贝鲁特和提尔的巴解组织营地。[2]

阿麦勒运动党徽

1982 年以色列入侵期间，阿麦勒运动内部出现分裂，以阿拔斯·穆萨维为首的阿麦勒运动激进派指责阿迈勒运动与以色列同流合污，反对阿麦勒运动领导人纳比·贝里与政府合作的温和立场，另立伊斯兰阿麦勒运动，随后改称真主党。[3]1984 年，真主党政治局成立，作为真主党的核心机构，同年创办周刊《时代》。[4]1985 年 2 月，真主党发言人伊卜拉欣·阿明对外宣读了《我们是谁，我们的属性是什么——告被压迫者公开信》，系统阐述了真主党的身份和目标，正式宣告真主党及其武装力量——伊斯兰抵抗的成立。[5]1987 年，苏卜希·图菲利当选为真主党第一任总书记。[6]

真主党崇尚霍梅尼主义，强调什叶派欧莱玛在政治领域的主导地位，倡导暴力原则和殉教思想，主张废除基督徒和逊尼派穆斯林主导的政治秩序，试图在黎巴嫩复制伊朗的伊斯兰革命，建立伊斯兰政体和全面实施伊斯兰教

---

① Yapp, M.E., *The Near East since the First World War*, p.275.

② Abraham, A.J., *Lebanon in Modern Times*, p.159.

③ Nizar, A.H., *In the Path of Hizbullah*, p.25.

④ Elie, J.A., *The Shifts in Hizbullah's Ideology: Religious Ideology, Political Ideology, and Political Program*, Amsterdam 2006, p.35.

⑤ Elie, J.A., *The Shifts in Hizbullah's Ideology: Religious Ideology, Political Ideology, and Political Program*, p.37.

⑥ Elie, J.A., *The Shifts in Hizbullah's Ideology: Religious Ideology, Political Ideology, and Political Program*, p.38.

法。[①]真主党深受伊朗伊斯兰革命的影响,得到伊朗政府和伊朗革命卫队的支持,亦接受叙利亚政府的援助。[②]真主党总部位于巴勒贝克,在贝卡谷地建立训练营地,在贝鲁特等地设立分支机构,与德鲁兹派民兵、阿麦勒运动结成同盟,抗衡马龙派和长枪党武装。80 年代后期,真主党取代阿麦勒运动,成为黎巴嫩最重要的什叶派政党和武装组织。[③]1988 年,真主党与阿麦勒运动之间在贝鲁特爆发武装冲突。1990 年,在伊朗和叙利亚政府的斡旋下,双方和解。[④]苏卜希·图菲利反对真主党的黎巴嫩化进程,主张抵制议会选举,与真主党主流政见相左,于 1991 年退出真主党。同年,阿拔斯·穆萨维当选真主党第二任总书记。1992 年,阿拔斯·穆萨维遭到以色列暗杀,哈桑·纳斯鲁拉当选为真主党第三任总书记。[⑤]

黎巴嫩南部高速公路上真主党的标牌

① Davidson, L., *Islamic Fundamentalism*, p.66.

② Traboulsi, F., *A History of Modern Lebanon*, p.229.

③ Yapp, M.E., *The Near East since the First World War*, p.275.

④ Avon, D., *Hezbollah: A History of the "Party of God"*, Massachusetts 2012, p.36.

⑤ Elie, J.A., *The Shifts in Hizbullah's Ideology: Religious Ideology, Political Ideology, and Political Program*, p.42.

黎巴嫩小镇大街标牌上的纳斯鲁拉像

塔伊夫协议与民族和解

黎巴嫩共和国建立初期,基督徒的人数多于穆斯林的人数,逊尼派穆斯林的人数多于什叶派穆斯林的人数,马龙派是人数最多的教派,逊尼派次之,什叶派再次之。此后数十年间,基督徒的人口增长相对稳定,穆斯林的人口增长迅速,基督徒与穆斯林的人口比例经历明显的变化过程。1975 年,基督徒在总人口中所占的比例下降为 40%,穆斯林在总人口中所占的比例上升为 60%,其中什叶派超过总人口的 30%,马龙派占 25%,逊尼派占 20%,德鲁兹派占 10%。1983 年,黎巴嫩总人口 358 万,包括基督徒 153 万和穆斯林 205 万,分别占总人口的 43%和 57%,其中马龙派基督徒 90 万,占总人口的 25%,逊尼派穆斯林 75 万,占总人口的 21%,什叶派穆斯林 110 万,占总人口的 31%。①

教派人口比例的变化,挑战着国家权力的传统分配原则。尤其是人数居多的什叶派,普遍要求实行政治改革,变动马龙派主导的国家权力分配原则,

① Richards, A. & Waterbury, J., *A Political Economy of the Middle East*, Boulder 1990, p.97.

分享更多的国家权力。1983 年,黎巴嫩各教派在日内瓦举行会议,同意增加穆斯林的议会席位,却未能就削减总统权力达成共识。1984 年 9 月,黎巴嫩民族团结政府决定将议会席位从 99 席增至 122 席,穆斯林与基督徒平分议会席位,不同教派之间的议会席位划分依然悬而未决。1985 年 12 月,黎巴嫩各教派签署大马士革协议,同意在 1 年内结束内战和解散民兵组织,在 3 年过渡期后废除国家权力的教派分配原则,削减总统权力,扩大总理权力。然而,总统阿明·杰马耶勒拒绝批准大马士革协议。[①]1988 年 9 月,阿明·杰马耶勒任期届满,总统位置空缺,马龙派将领米歇尔·奥恩自任总理,控制贝鲁特东区,萨利姆·胡斯在黎巴嫩议会和叙利亚的支持下亦以总理的身份组建内阁,控制贝鲁特西区,黎巴嫩陷入政治危机。[②]

1989 年 10 月,62 名黎巴嫩议员在沙特阿拉伯的塔伊夫举行会议,签署阿拉伯国家联盟起草的民族和解宪章,在维持原有政治框架的基础上,将议会席位由 99 席增至 108 席,基督徒与穆斯林平分议会席位,逊尼派与什叶派各占穆斯林议会席位的二分之一,废除长期以来基督徒与穆斯林之 6∶5 的议会席位分配原则,其他政府职位亦由基督徒与穆斯林平分;总统依旧由议会选举马龙派基督徒出任,任期 6 年,总理和内阁成员由总统任命,然而总理和内阁不再对总统负责,而是改为对议会负责,总统颁布的法令必须与总理共同签署;议长的任期由 1 年延长为 4 年,强化议会对于政府的监督权力;解除教派武装;叙利亚军队继续驻扎在黎巴嫩,负责维持黎巴嫩的国内秩序。[③]塔伊夫协议的赢家是逊尼派,马龙派则是塔伊夫协议的输家,什叶派关于废除教派权力分配原则的要求遭到否决。

1989 年 11 月,黎巴嫩议会选举马龙派的雷恩·穆阿瓦德出任总统,任命逊尼派的萨利姆·胡斯出任总理。数日后,雷恩·穆阿瓦德死于暗杀,马龙派的伊亚斯·哈拉维出任总统,宣布解散米歇尔·奥恩领导的军人内阁,任命埃米德·拉胡德为武装部队司令。然而,米歇尔·奥恩在伊拉克政府的支持下拒绝承认塔伊夫协议和黎巴嫩新政府,继续控制贝鲁特东区和总统府。[④]

1990 年 8 月,黎巴嫩议会根据塔伊夫协议的主要内容,通过宪法修正

---

① Traboulsi, F., *A History of Modern Lebanon*, p.226.

②④ Yapp, M.E., *The Near East since the First World War*, p.278.

③ Peretz, D., *The Middle East Today*, p.398.

案。同年 10 月,叙利亚军队和黎巴嫩政府军攻占贝鲁特东区,米歇尔·奥恩政权垮台,奥马尔·卡拉米组建新的联合政府,包括马龙派 6 人、逊尼派 6 人、什叶派 6 人、希腊东正教徒 4 人、希腊天主教徒 3 人、德鲁兹派 3 人和亚美尼亚人 2 人。[①]1990 年 12 月,奥马尔·卡拉米当选总统。1991 年,黎巴嫩政府解除各教派政党的民兵武装,控制巴勒斯坦难民营,只有叙利亚和伊朗支持的真主党获准在南部保留民兵武装。[②]自 1975 年爆发的内战,至此结束。

塔伊夫协议签署后,总统的地位明显削弱,总理和内阁逐渐取代总统成为国家权力的重心所在。"总统尽管依然是国家元首、国家统一的象征和宪法的监护者,实际上丧失了原有的大部分行政权力。总统依然出席内阁会议,却失去否决内阁决议的权力;以往,总统主持内阁会议,内阁不得在总统缺席的情况下通过任何决议。内阁总理以往由总统任命,现在却由总统与议会协商决定人选,总统必须接受议会多数票的表决结果。内阁取代总统行使解散议会的权力,总统必须与内阁总理共同签署法令而不得单独签署法令。"[③]

1992 年,议会通过选举法修正案,议会席位由 108 席增至 128 席,穆斯林和基督徒各占 64 席,其中马龙派 36 席,什叶派 27 席,逊尼派 27 席,希腊东正教 14 席,希腊天主教 6 席,德鲁兹派 8 席,亚美尼亚人 6 席,其他少数派 4 席。[④]同年 10 月,黎巴嫩举行 1972 年以来的首次议会选举,拉菲克·哈里里出任总理。[⑤]阿麦勒运动获得 17 个议会席位,成为议会第一大党,阿麦勒运动领导人纳比·贝里出任议长,哈桑·纳斯鲁拉领导的真主党获得 14 个议会席位。[⑥]1998 年,埃米勒·拉胡德当选总统,任命萨里姆·豪斯为内阁总理。[⑦]2000 年,拉菲克·哈里里再度出任内阁总理。

1990 年内战结束后,黎巴嫩的经济重建进程步履维艰。1993—2002 年,国内生产总值年均增长 3.7%,远远低于 1975 年内战爆发前的 6.2%,政府财政赤字严重,失业率居高不下,社会局势依然处于动荡的状态。[⑧]

---

① Yapp, M.E., *The Near East since the First World War*, p.465.

② Traboulsi, F., *A History of Modern Lebanon*, p.243.

③ Traboulsi, F., *A History of Modern Lebanon*, p.245.

④⑥ Yapp, M.E., *The Near East since the First World War*, p.466.

⑤ Ochsenwald, W., *The Middle East: A History*, p.636.

⑦ Ismeal, T.Y., *Middle East Politics Today: Government and Civil Society*, p.281.

⑧ Gaspard, T., *A Political Economy of Lebanon 1948—2002*, p.213.

四、夹缝中求生存的约旦哈希姆王国

奥斯曼帝国统治下的外约旦

约旦原系巴勒斯坦的组成部分,与叙利亚、黎巴嫩同属所谓的沙姆地区。约旦是具有悠久文明的土地,《圣经·旧约》曾经提及约旦河东岸的早期国家摩雅王国。①公元初年前后,闪米特人的一支奈伯特人在约旦谷地南部创建国家,控制阿拉伯半岛西部与地中海东岸之间的贸易通道长达400年之久。奈伯特人的国都皮特拉开凿于山岩之间,遗迹至今犹存。公元2世纪初,罗马帝国征服奈伯特人的国家,约旦谷地及其周边区域成为罗马帝国的阿拉比亚行省。

公元7世纪初伊斯兰教兴起后,约旦河西岸和东岸地区长期隶属于大马士革和巴格达的哈里发国家。16世纪初,包括约旦在内的沙姆地区被纳入奥斯曼帝国的版图。

16世纪初至19世纪中叶,奥斯曼帝国统治下的外约旦即约旦河东岸地区处于定居文明的边缘地带,人烟稀少,经济落后,血缘传统根深蒂固,部族势力泛滥,公共权力微乎其微,约旦人称之为黑暗时代。

19世纪60年代,奥斯曼帝国逐渐强化对于外约旦的直接控制,外约旦北部的定居点阿杰隆和萨勒特分别被纳入叙利亚的豪兰行政区和巴勒斯坦的纳布卢斯行政区。90年代,奥斯曼帝国设立卡拉克行政区,管辖卡拉克和萨勒特两处定居点,隶属于大马士革省。②

自1878年起,奥斯曼帝国在外约旦推行移民政策,将来自外高加索地区的塞加西亚人和车臣人安置于安曼、苏韦拉和纳乌尔一带,进而扩大外约旦的定居范围。萨勒特曾经是外约旦最大的定居点;20世纪初希贾兹铁路开通后,安曼逐渐取代萨勒特成为外约旦的定居中心。③

从外约旦埃米尔国到约旦哈希姆王国

约旦在地理上构成阿拉伯高原的延伸,谷地、山区和沙漠自西向东呈平

① Salibi, K.S., *The Modern History of Jordan*, London 1993, p.8.

② Robins, P., *A History of Jordan*, Cambridge 2004, pp.5—6.

③ Robins, P., *A History of Jordan*, p.9, p.10, p.11.

行和错落的地貌状态。约旦河发源于外黎巴嫩山,自北向南流入死海,是约旦地区的主要淡水来源。约旦谷地北起约旦河支流雅姆克河,南至亚喀巴湾,水源充足,人口稠密,农业发达,城市众多。东部沙漠位于阿拉伯沙漠与伊拉克沙漠之间,水源匮乏,地广人稀,贝都因人居多。[①]

"一战"期间,麦加哈希姆家族的首领侯赛因于 1916 年发动阿拉伯大起义,控制包括麦加和亚喀巴在内的希贾兹地区。"一战"结束后,奥斯曼帝国丧失陶鲁斯山以南地区的疆域。1918 年 10 月,侯赛因之子费萨尔被拥立为阿拉伯王国的国王,外约旦隶属于大马士革的阿拉伯王国。

1920 年 4 月,西方列强签署圣雷莫协议,奥斯曼帝国在陶鲁斯山以南地区的领土分别置于英国和法国的委任统治之下,其中叙利亚和黎巴嫩成为法国的势力范围,伊拉克和巴勒斯坦成为英国的势力范围,外约旦隶属于巴勒斯坦的英国高级专员管辖。

1920 年 8 月,英国高级专员赫尔伯特·萨缪尔将英国委任统治的巴勒斯坦划分为两个部分,约旦河以西地区称巴勒斯坦,由英国委任统治当局直接管理,约旦河以东地区称外约旦,实行阿拉伯人自治制度。外约旦自治区包括萨勒特、阿杰隆和卡拉克三个行政区,以萨勒特作为外约旦自治区的行政中心。不久,阿杰隆行政区分裂为阿杰隆、伊尔比德、迈扎尔和杰拉什四个行政区,卡拉克行政区分裂为卡拉克、塔菲拉、瓦迪穆萨三个行政区。[②]

1920 年 10 月,费萨尔的胞兄阿卜杜拉携随从数百人自麦加抵达马安。1921 年 3 月,英国委任统治当局邀请阿卜杜拉在安曼出任外约旦自治区的埃米尔(1921—1951 年在位),约旦王国由此初露端倪。[③]

20 世纪初,外约旦人口约 20 万,其中 90% 系信奉伊斯兰教的阿拉伯人,另有少量信奉伊斯兰教的塞加西亚人和车臣人以及阿拉伯血统的基督徒。贝都因人占外约旦人口的一半以上,分别属于胡维塔特部落、萨赫尔部落和阿德万部落。定居人口分布于包括萨勒特、伊尔比德、卡拉克在内的 12 个城镇和约 200 处村庄,安曼则是塞加西亚人的定居点。[④]

英国委任统治期间,外约旦的防务和财政处于英国委任统治当局的控制之下,英国委任统治当局发放的补助金是外约旦自治政府的主要财源,阿卜

---

① Robins, P., *A History of Jordan*, pp.5—6.

② Robins, P., *A History of Jordan*, p.14.

③ Robins, P., *A History of Jordan*, p.16.

④ Yapp, M.E., *The Near East since the First World War*, p.140.

杜拉亲王俨然是英国委任统治当局的政治工具。英国军官指挥的阿拉伯军团始建于1923年，由英国委任统治当局提供军费，是外约旦的唯一军事力量。阿拉伯军团的兵源，最初主要是定居的农民，30年代开始招募贝都因人。阿拉伯军团构成外约旦地区的主要军事力量，负责遏制游牧部落的越境活动、防范沙特家族的军事威胁和保卫伊拉克—约旦—巴勒斯坦通道的安全。阿拉伯军团的人数，1939年为1 600人，"二战"期间达到8 000人。[①]

1922年，阿卜杜拉亲王要求英国委任统治当局承认外约旦作为国家的独立地位，遭到拒绝。1923年5月，英国委任统治当局承诺外约旦在未来数年后获得独立。1925年，英国委任统治当局将希贾兹北部的马安和亚喀巴划入外约旦自治区。[②]

1946年加冕仪式上的阿卜杜拉亲王(右一)

1928年2月，阿卜杜拉亲王与英国委任统治当局达成协议，阿卜杜拉政府负责外约旦的内政和司法事务，英国委任统治当局掌管外约旦的财政、军事和外交事务。[③]同年4月，阿卜杜拉亲王颁布约旦政府组织法和选举法，规定立法会议设22个席位，其中6个席位属于内阁成员，其余席位实行间接选举，年满18岁的男性公民享有选举权，基督徒拥有3个席位，塞加西亚人拥有2个席位，贝都因人拥有2个席位，内阁首相主持立法会议；埃米尔有权任免首相和内阁成员，有权召开和解散立法会议。[④]

1929年，阿卜杜拉亲王在安曼组建国民大会、立法会议和具有内阁职能的执行会议。[⑤]1932年，在英国委任统治当局的干预下，外约旦与伊拉克、叙利亚之

① Yapp, M.E., *The Near East since the First World War*, p.142.
② Yapp, M.E., *The Near East since the First World War*, p.143.
③ Peretz, D., *The Middle East Today*, p.344.
④ Wilson, R., *Politics and the Economy in Jordan*, London 1991, p.186.
⑤ Robins, P., *A History of Jordan*, p.36.

间的边境线最终划定。①

“二战”结束后的1946年3月,英国政府与阿卜杜拉亲王签署协议,正式承认外约旦享有作为国家的独立地位,同时保留英国对于外约旦军事、财政和外交事务的控制权,继续掌管阿拉伯军团。同年5月,外约旦埃米尔国改称外约旦哈希姆王国。②

1947年,外约旦哈希姆王国颁布宪法,实行议会君主制,议会由上下两院组成,下院20名议员选举产生,上院10名议员由国王任命,首相和内阁对国王负责。③

1948年第一次中东战争期间,阿拉伯军团占领耶路撒冷东区和巴勒斯坦南部。第一次中东战争结束后,外约旦哈希姆王国吞并根据联合国协议划归巴勒斯坦阿拉伯人的约旦河西岸地区,同时更名为约旦哈希姆王国。1950年,约旦哈希姆王国在约旦河西岸和东岸举行议会选举,组建新政府。④1955年,约旦哈希姆王国加入联合国。

君主立宪制与侯赛因国王

1951年7月,阿卜杜拉国王在耶路撒冷的阿克萨清真寺遇刺身亡。同年9月,阿卜杜拉之子塔拉勒(1951—1952年在位)继承王位。

1952年1月,塔拉勒国王颁布宪法。根据1952年宪法,约旦哈希姆王国实行君主立宪制,国王有权颁布法律、任免首相、解散议会和统率武装部队;议会采取两院制,上院议员由国王任命,下院议员选举产生,年满18岁的男性公民享有选举权,年满30岁的男性公民享有被选举权,议员任期4年;首相和内阁对议会负责。⑤

1950—1963年,议会下院设40个席位,东岸和西岸各占20个席位。1963年,议会下院席位增至60个,东岸和西岸各占30个席位。议会选举处于政府的控制之下,政党为数甚少且屡遭取缔,议会两院俨然是国王的御用工具。⑥

---

① Yapp, M.E., *The Near East since the First World War*, p.143.

② Wilson, R., *Politics and the Economy in Jordan*, p.186.

③ Wilson, R., *Politics and the Economy in Jordan*, p.187.

④ Ochsenwald, W., *The Middle East: A History*, p.539.

⑤ Wilson, R., *Politics and the Economy in Jordan*, p.188.

⑥ Yapp, M.E., *The Near East since the First World War*, p.295.

1952 年以前,来自约旦河西岸的巴勒斯坦贵族长期主导约旦的政治舞台。1952 年以后,来自约旦河东岸的外约旦贵族逐渐取代巴勒斯坦贵族的地位。

1952 年 5 月,塔拉勒退位,移居欧洲。同年 8 月,约旦议会推举塔拉勒的长子侯赛因即位(1952—1999 年在位)。1953 年 5 月,侯赛因年满 18 岁,开始亲政。①

1955 年 12 月,英国政府向侯赛因国王施加压力,试图迫使约旦加入巴格达条约组织。1956 年 1 月,约旦民众举行示威,反对加入巴格达条约组织。与此同时,埃及、叙利亚和沙特阿拉伯政府承诺向约旦提供经济援助,取代英国政府向约旦提供的补助金。侯赛因国王迫于国内民众和阿拉伯世界的压力,拒绝加入巴格达条约组织,解除英军上校格拉布的阿拉伯军团司令职务,阿里·阿布·努瓦尔接替格拉布。②

1956 年 10 月,约旦举行议会选举,阿拉伯民族主义者主导的民族社会主义阵线赢得议会下院的多数席位,民族社会主义阵线领导人苏莱曼·纳布尔斯出任内阁首相。③1957 年 2 月,苏莱曼·纳布尔斯内阁与埃及、叙利亚签署军事合作协议,废除 1946 年签署的约英协议,拒绝接受英国政府发放的补助金。④

1957 年 4 月,侯赛因国王在贝都因人部落贵族的支持下,解除苏莱曼·纳布尔斯的首相职务,指定伊卜拉欣·哈希姆出任首相,同时宣布解散反对派控制的议会,取缔政党和工会,实行军事管制。⑤

1958 年阿联成立后,阿拉伯世界形成共和制阵营与君主制阵营的明显对立。面临纳赛尔主义的挑战和威胁,侯赛因国王实行亲美的外交政策,极力强化君主政治,议会、内阁和安全机构成为执行国王旨意、控制民众社会的御用工具。

阿拉伯军团作为约旦主要的军事力量, 1948 年第一次中东战争后约有兵员 1.2 万人,1956 年增至 2.5 万人。国民卫队始建于 1951 年,兵源主要来自巴勒斯坦人,负责约旦的边境防务,1956 年规模达到 3 万人。贝都因人组成的阿拉伯军团与巴勒斯坦人组成的国民卫队之间长期处于紧张的状态,军

---

① Salibi, K.S., *The Modern History of Jordan*, p.177.

②⑤ Yapp, M.E., *The Near East since the First World War*, p.296.

③ Salibi, K.S., *The Modern History of Jordan*, p.190.

④ Peretz, D., *The Middle East Today*, pp.352—353.

人哗变时有发生。1967年,阿拉伯军团与国民卫队合并组建国防军,处于王室成员的直接控制之下,兵员5.5万人,1970年增至6.5万人。①

阿拉伯军团战士

1951—1989年,国王任命首相,内阁更替频繁,每届内阁任期平均不足1年。然而,如同伊拉克、叙利亚和黎巴嫩一样,约旦内阁成员的来源相对稳定。直至50年代末,包括伊卜拉欣·哈希姆、萨米尔·里法伊、陶菲格·阿布·胡达和赛义德·穆夫提在内的传统贵族长期控制最重要的内阁职位,陶菲格·阿布·胡达出任首相长达12年。伊卜拉欣·哈希姆、萨米尔·里法伊和陶菲格·阿布·胡达来自西岸的巴勒斯坦,赛义德·穆夫提系来自东岸的塞加西亚人。至1958年,巴勒斯坦传统贵族在约旦政坛逐渐衰落;陶菲格·阿布·胡达死于1956年,伊卜拉欣·哈希姆死于1958年,萨米尔·里法伊于1959年退出内阁。②

约旦王国的约旦人与巴勒斯坦人

约旦王国最初的版图局限于约旦河东岸的所谓外约旦地区。第一次中东战争结束后,约旦政府控制东耶路撒冷和约旦河西岸,亦有大批巴勒斯坦难民涌入约旦河东岸地区。自1950年起,约旦王国境内的巴勒斯坦人在数量上超过约旦河东岸原有的约旦人,由此形成二元性的人口结构。

20世纪50—60年代,巴勒斯坦人与约旦人在约旦议会下院和内阁中可

① Yapp, M.E., *The Near East since the First World War*, p.297.
② Yapp, M.E., *The Near East since the First World War*, p.295.

谓平分秋色,巴勒斯坦人在约旦王国的政治舞台具有举足轻重的地位和影响。另一方面,巴勒斯坦人与约旦人之间存在明显的经济社会差异。超过三分之一的巴勒斯坦人生活在城市,约二分之一的巴勒斯坦人从事非农业的经济活动。相比之下,约旦河东岸的约旦人大都从事游牧活动,沿袭传统的部落组织,处于相对封闭的状态。巴勒斯坦人生活的约旦河西岸占约旦国土面积的6%,人口稠密,经济发达;约旦人生活的约旦河东岸占约旦国土面积的94%,地广人稀,经济落后。①

自50年代开始,约旦的人口分布经历明显的变化,约旦河东岸逐渐取代约旦河西岸成为人口分布和经济社会的重心所在。1949年,约旦人口的三分之一分布在约旦河东岸,三分之二分布在约旦河西岸。1961年,约旦170万人中,超过二分之一分布在约旦河东岸,首都安曼人口达到43万;相比之下,分布在约旦河西岸的人口仅占约旦总人口的不足二分之一。1967年中东战争后,约旦人口分布进一步改变,35万人从约旦河西岸移入约旦河东岸。1967—1989年,另有6.5万人从约旦河西岸的以色列占领区移入约旦河东岸。1979年,约旦河东岸人口为210万,相当于1967年中东战争前夕约旦河东岸和西岸的人口总和。另一方面,约旦自50年代开始经历贝都因人的定居化进程和城市化的长足进步。贝都因人的数量,从1949年的20万下降为1961年的6万。1967年中东战争前夕,城市人口超过总人口的二分之一。1989年,约旦总人口增至300万,其中三分之二分布在城市,安曼人口达到近100万。与此同时,约旦的人口构成发生变化。1949年第一次中东战争以前,约旦人口主要是约旦河东岸的部落民。80年代,巴勒斯坦移民占约旦总人口的二分之一。②

1967年第三次中东战争期间,以色列占领东耶路撒冷和约旦河西岸,30万巴勒斯坦难民进入约旦河东岸。③此后,埃及、叙利亚和伊拉克支持的巴解组织在约旦境内的巴勒斯坦难民营建立民兵武装,巴解组织在约旦的政治影响随之迅速扩大,巴解组织主流派别法塔赫俨然成为约旦的国中之国,其与约旦政府之间的矛盾日渐加剧。

第三次中东战争后,伊拉克在约旦境内驻军1.2万人,叙利亚在约旦境

① Peretz, D., *The Middle East Today*, p.349.

② Yapp, M.E., *The Near East since the First World War*, pp.291—292.

③ Bligh, A., *The Political Legacy of King Hussein*, Sussex 2002, p.96.

侯赛因国王参观 1968 年卡麦拉战役后废弃的坦克

内驻军 6 000 人，构成巴解民兵的潜在政治盟友。[①]1970 年夏，埃及政府与巴解组织的关系破裂，成为约旦政府铲除巴解武装的契机。1970 年 6 月至 1971 年 7 月，侯赛因国王借助贝都因人的力量，驱逐巴解武装，进而取缔约旦境内的巴解组织基地，迫使巴解组织总部移至黎巴嫩，伊拉克和叙利亚驻军亦撤出约旦。[②]

1972 年，侯赛因国王试图在约旦河东岸和西岸巴勒斯坦地区建立阿拉伯联合王国，以安曼作为首都，以耶路撒冷作为约旦河西岸巴勒斯坦地区的首府，遭到以色列、巴解组织和阿拉伯世界的反对。[③]1974 年，在摩洛哥首都拉巴特召开的阿拉伯国家联盟峰会宣布承认巴解组织作为巴勒斯坦解放事业的唯一合法代表，支持巴解组织在西岸和加沙建立巴勒斯坦国。1988 年 7 月，侯赛因国王正式宣布约旦政府放弃对于西岸的主权和领土要求，承认巴

① Yapp, M.E., *The Near East since the First World War*, p.298.

② Robins, P., *A History of Jordan*, pp.130—132.

③ Peretz, D., *The Middle East Today*, p.357.

解组织是巴勒斯坦人民的唯一合法代表。[①]尽管如此,巴勒斯坦人在约旦河东岸的约旦王国约占总人口的二分之一,约旦政府依然面临巴勒斯坦问题的巨大压力。[②]

约旦王国的地缘政治与对外关系

约旦政府于1948年吞并约旦河西岸巴勒斯坦地区以后,遭到阿拉伯世界的广泛谴责。与此同时,约旦政府极力寻求西方国家的支持和援助。1957年,美国政府向约旦提供1 000万美元的经济援助,美约关系逐渐密切。

1958年2月,在美国政府的授意下,同属哈希姆家族的约旦国王侯赛因与伊拉克国王费萨尔宣布组建阿拉伯联邦,伊拉克国王费萨尔出任阿拉伯联邦国王,旨在抗衡埃及主导的阿拉伯联盟共和国。1958年7月,伊拉克爆发革命,推翻君主制,阿拉伯联邦随之夭折。伊拉克的新政权持亲埃及的外交政策,建立共和制,反对约旦的君主制政体,约旦丧失其在阿拉伯世界最重要的政治盟友。[③]

1997年的侯赛因国王

由于在阿拉伯世界长期处于孤立状态,约旦政府严重依赖西方国家的支持和援助,进而导致其对以色列采取相对软弱的外交政策,侯赛因国王则被约旦民众和阿拉伯世界视作帝国主义和犹太复国主义的帮凶。1967年5月,国王侯赛因迫于约旦民众和阿拉伯世界的压力,在开罗与纳赛尔签署约埃共同防务协议。[④]1973年第四次中东战争期间,约旦政府保持中立。

1991年,约旦政府与以色列开始在马德里举行和谈。1994年10月,约旦与以色列签署和平协议,内容包括平均分配约旦河水源,搁置边界争议,约旦继续收留150万巴勒斯坦

---

① Salibi, K.S., *The Modern History of Jordan*, pp.268—269.

② Peretz, D., *The Middle East Today*, p.357.

③ Peretz, D., *The Middle East Today*, p.353.

④ Ochsenwald, W., *The Middle East: A History*, pp.550—551.

难民，约旦与以色列扩大经济合作。[①]约以和平协议的签署，标志着约旦外交政策的明显转变。

1995年1月，以色列利库德集团领导人内塔尼亚胡访问安曼。同月，约旦政府与巴解组织签署协议，双方之间的紧张关系初步缓解。1995年4月，约旦政府与以色列签署旅游合作协议。1996年1月，侯赛因国王访问以色列。[②]

约旦王国的宪政实践与议会选举

约旦哈希姆王国初期，一度实行多党制。自1957年起，侯赛因国王实行党禁。1971年，侯赛因国王创建约旦国家联盟，作为唯一合法的政党，自任主席，旨在遏制纳赛尔主义、阿拉伯复兴社会主义和巴勒斯坦民族主义的政治倾向。约旦国家联盟于1972年改称阿拉伯民族联盟，1976年解散。[③]由于长期实行党禁，议员均为独立人士，持亲政府的立场。

约旦议会下院最初设40个席位，来自约旦河东岸和约旦河西岸的议员各占20个席位。1967年，议会下院增至60个席位，来自约旦河东岸和约旦河西岸的议员各占30个席位。1974年，阿拉伯联盟峰会宣布巴解组织是巴勒斯坦人的唯一合法政治组织。随后，侯赛因国王解散由约旦河西岸和约旦河东岸共同选举产生的议会下院。[④]

1978年4月，根据首相穆达尔·巴德兰和国王首席顾问沙里夫·阿卜杜勒·哈米德的建议，侯赛因国王指定60名政界精英组成国家协商会议，作为发表不同政见的论坛。国家协商会议的成员包括反对派和商人代表。1984年1月，侯赛因宣布恢复原有的议会，国家协商会议解散。[⑤]

80年代末，约旦经济衰退，失业率上升，第纳尔贬值，政府财政赤字，物价大幅上涨，民众生活水准下降，国内局势日趋动荡。1989年4月，南部城市马安发生骚乱，继而波及卡拉克、绍巴克、塔菲拉和萨勒特，巴勒斯坦人居多的首都安曼相对平静。此间，约旦民众举行抗议，谴责首相扎伊德·里法伊领导的内阁独裁腐败，要求罢免首相、解散内阁、惩治腐败、举行议会选举、

---

① Peretz, D., *The Middle East Today*, p.358.

② Robins, P., *A History of Jordan*, p.191.

③ Peretz, D., *The Middle East Today*, p.357.

④ Yapp, M.E., *The Near East since the First World War*, p.294.

⑤ Robins, P., *A History of Jordan*, p.154.

取缔新闻审查。侯赛因国王被迫取消访美行程,解除扎伊德·里法伊的首相职务,组成军方将领沙里夫·扎伊德·沙克尔作为首相的新内阁,进而平息骚乱。①

1989 年 11 月,约旦举行自 1967 年以来的首次议会选举,选民局限于约旦河东岸地区,全国划分为 21 个选区,下院席位增至 80 个(2001 年,议会下院增至 104 个席位)。政府为支持王室的少数派群体划定特殊的议会席位,包括贝都因人的 6 个席位、基督徒的 9 个席位,塞加西亚人和车臣人的 3 个席位。②由于约旦政府实行党禁,议会下院席位采用独立候选人的竞选方式。③结果,反对派获得下院的 45 个席位,其中包括穆斯林兄弟会获得的 20 个席位、其他伊斯兰主义者获得的 14 个席位和世俗左翼反对派获得的 11 个席位,亲政府势力获得议会下院的 35 个席位。④妇女于 1974 年获得选举权,1989 年获得被选举权。妇女约占选民总数的 50%, 12 名妇女参与竞选,均未进入议会下院。⑤

随后,侯赛因国王改组内阁,持保守立场的右翼政治家穆达尔·巴德兰出任首相,10 名下院议员进入 25 人组成的内阁。迫于议会的压力,新内阁推行自由化举措,放宽新闻审查,恢复曾经遭到取缔的约旦作家协会,释放政治犯,承诺进一步惩治腐败。与此同时,穆达尔·巴德兰邀请 3 名穆斯林兄弟会成员和 2 名伊斯兰主义阵营的独立人士进入内阁,旨在扩大内阁的政治基础,削弱伊斯兰主义的反政府倾向。穆达尔·巴德兰内阁执政 6 个月后,侯赛因国王任命持改革立场的塔希尔·马斯里出任首相,组成更具自由化倾向的新内阁,伊斯兰主义者退出内阁。⑥

食利国与劳务输出

约旦的经济发展长期依赖国外的援助,进而形成食利国的浓厚色彩。1956 年以前,约旦的外援主要来自英国对于阿拉伯军团的资助。此后,美国取代英国,成为向约旦提供外援的主要西方国家。1954—1961 年,约旦政府

---

① Robins, P., *A History of Jordan*, pp.169—170.

② Ryan, C.R., *Jordan in Transition: From Hussein to Abdullah*, Boulder 2002, pp.20—21.

③ Yapp, M.E., *The Near East since the First World War*, p.294.

④ Ghadbian, N., *Democratization and the Islamist Challenge in the Arab World*, Boulder 1997, p.122.

⑤ Ryan, C.R., *Jordan in Transition: From Hussein to Abdullah*, p.22.

⑥ Robins, P., *A History of Jordan*, pp.172—173.

财政支出的59%来自西方的援助。1962—1966年,约旦政府财政支出的48%来自西方的援助。60年代中期,约旦是世界上人均接受外援数额最高的国家,每年人均接受外援达到37美元,超过以色列的人均29美元。1967年第三次中东战争后,约旦与其他阿拉伯国家之间的关系逐渐改善,进而获得沙特阿拉伯、科威特和利比亚等阿拉伯产油国提供的经济援助。1959—1966年,阿拉伯世界向约旦提供的援助年均2 500万第纳尔(折合7 500万美元);1967年,阿拉伯世界向约旦提供的援助增至5 000万第纳尔(折合1.5亿美元)。1974—1978年,美国和阿拉伯产油国向约旦提供的援助年均1.23亿第纳尔(折合3.69亿美元);1979—1982年,约旦获得的国际援助年均达到3.72亿第纳尔(折合11.2亿美元)。[①]另据统计,1967—1972年,在约旦政府接受的外援总额中,9.4%来自英国,52.9%来自美国,6.4%来自阿拉伯世界;1973—1985年,在约旦政府接受的外援总额中,3.7%来自英国,8.5%来自美国,85.1%来自阿拉伯世界。[②]

第三次中东战争以后国外援助的增长,导致国有经济规模的扩大和政府雇员人数的增长。自70年代起,政府的经济干预逐渐扩大。1974年,约旦内阁增设供应部,负责稳定市场,规定商品价格,发放生活必需品补助金。与此同时,基础设施和资金密集型企业的投资呈上升的趋势。[③]1970—1985年,政府雇员的人数从2.7万增至7.4万,增长幅度接近200%。国有经济规模的扩大和政府雇员人数的增长,导致民众对于国家的依附状态。然而,政府雇员主要来自约旦河东岸的土著人口,巴勒斯坦人的就业范围大都局限于私人经济领域,两者之间存在明显的就业差异。[④]

约旦尽管并非产油国,却与海湾地区的石油经济以及国际市场的石油价格密切相关。一方面,约旦政府的财政严重依赖于海湾产油国提供的政府援助。另一方面,海湾地区的劳务输出构成约旦重要的外汇来源。约旦境内的约旦人和巴勒斯坦人成为海湾国家技术工人的重要来源,劳务输出构成约旦重要的外汇来源。70年代中期,海湾地区的约旦人以及来自约旦境内的巴勒斯坦人约为84万;自70年代后期开始,海湾地区的约旦人以及来自约旦境内的巴勒斯坦人数量逐渐减少,1990年约为76万人,1995年下降为约20

① Owen, R., *A History of Middle East Economies in the Twentieth Century*, Harvard 1999, p.187, p.189.

② Wilson, R., *Politics and the Economy in Jordan*, p.65.

③ Robins, P., *A History of Jordan*, pp.144—145.

④ Robins, P., *A History of Jordan*, p.144.

万人。约旦通过劳务输出赚取的外汇收入,1973 年为 4 500 万美元,1984 年增至 12.4 亿美元,80 年代后期至 90 年代初期一度下降,1993 年达到 10.4 亿美元。与此同时,大批埃及人和苏丹人进入约旦的劳动力市场,提供低成本的体力劳动。约旦的外籍劳动力数量,1990 年为 16 万人,1995 年增至 25 万人。[①]劳务输出与劳务输入的长期并存,构成约旦经济社会生活的突出现象。[②]此外,黎巴嫩内战爆发后,许多国际金融机构从黎巴嫩移至约旦。两伊战争期间,约旦的亚喀巴成为伊拉克从国外进口商品的主要港口。[③]

1989 年以后的经济改革

1981 年,国际市场的石油价格达到顶峰,继而大幅跌落。1982 年以后,约旦国内局势动荡,财政赤字严重,政府投资和私人投资均呈下降趋势,第纳尔贬值,失业率上升,经济增长率再度下降,1985—1989 年甚至出现负增长,1988 年外债高达 80 亿美元。[④]1989 年 2 月,约旦政府迫于国内经济形势的恶化和财政危机的加剧,与国际货币基金组织签署协议,承诺调整经济政策,换取国际货币基金组织提供 1.25 亿美元的贷款和世界银行提供 1 亿美元的贷款。同年 4 月,约旦政府迈出经济改革的第一步:提高燃料价格 30%。[⑤]

海湾战争后,伊拉克受到国际社会的制裁,约旦丧失最重要的贸易伙伴。不仅如此,超过 30 万约旦人从海湾返回国内,对约旦的经济形势产生严重的负面影响。1992 年,约旦政府被迫再次与国际货币基金组织签署协议,实行紧缩货币的财政政策、冻结政府和国有企业工资标准、削减生活必需品的补助金、贬值第纳尔。与此同时,约旦政府开始调整经济结构,废除进口许可制度,降低进口关税标准,开放国内市场,推行非国有化的经济战略,鼓励私人投资。[⑥]

1994 年 6 月,政府宣布实行税制改革,取缔消费税,代之以交易税,旨在增加政府的财政收入。1995 年,约旦政府颁布投资促进法,鼓励私人投资和

---

① Winckler, O., *Population Growth and Migration in Jordan 1950—1994*, Sussex 1988, p.99, p.79, p.100.

② Ryan, C.R., *Jordan in Transition: From Hussein to Abdullah*, p.40.

③ Yapp, M.E., *The Near East since the First World War*, p.293.

④ Owen, R., *A History of Middle East Economies in the Twentieth Century*, p.191.

⑤ Ryan, C.R., *Jordan in Transition: From Hussein to Abdullah*, p.52.

⑥ Joffé, E.G.H., *Jordan in Transition*, London 2002, p.228, p.230.

吸引国外投资。1996年,约旦政府与国际货币基金组织合作,再次调整经济政策,取消生活必需品补助金。1997年,约旦政府开辟免税工业区,旨在改善投资环境。1997年底,约旦政府废止外国人不得在约旦企业拥有50%以上股份的法律。①

约旦的国有经济开始于20年代的建国初期。约旦的主要国有企业,包括水泥公司、电力公司、磷矿公司、钾矿公司、化肥公司、铁路公司、航空公司和电信公司。90年代末,非国有化改革进程开始启动,政府向私人出售国有企业股份,允许私人收购国有企业。②1999年阿卜杜拉二世即位后,经济改革的步伐明显加快。2000年,约旦加入世界贸易组织,与美国签署自由贸易协议。2001年,约旦加入欧洲自由贸易协会,进一步密切与欧盟的经济联系。③尽管如此,约旦经济形势并未出现明显的好转,失业率居高不下,贫困状况依然严峻,民众生活水准无明显提高,基尼系数上升。

国民宪章与90年代的多党制自由化改革

1991年6月,侯赛因国王指定来自不同政治群体的60人,在艾哈迈德·欧贝达的主持下,起草国民宪章,旨在规定自由化进程的政治框架。在侯赛因国王的召集下,社会各界代表2 000人进行讨论,通过国民宪章。④

国民宪章在强调君主制政体的前提下,承诺扩大国民的政治参与范围和议会的权力,明确伊斯兰教法作为立法的基础,解除1963年以来的党禁,结束1967年以来的军事管制,放松新闻审查。1992年9月,议会批准国民宪章作为1952年宪法的补充,同时通过政党法,确立多党制的政党制度。⑤

1993年8月,约旦修改选举法,选民由一人多票改为一人一票。⑥同年11月,约旦举行1956年以来的首次多党议会选举,22个政党参与下院席位的竞争,包括3名妇女在内的534名候选人竞选80个议会下院席位。投票率从1989年的41%增至1993年的47%。⑦穆斯林兄弟会主导的伊斯兰行动阵线获得16个议会席位,伊斯兰主义独立人士获得4个议会席位,左翼派别获

① Ryan, C.R., *Jordan in Transition: From Hussein to Abdullah*, p.56.
② Joffé, E.G.H., *Jordan in Transition*, p.232.
③ Ryan, C.R., *Jordan in Transition: From Hussein to Abdullah*, p.117.
④ Robins, P., *A History of Jordan*, p.174.
⑤ Robins, P., *A History of Jordan*, p.175.
⑥ Posusney, M.P. & Angrist, M.P., *Authoritarianism in the Middle East: Regimes and Resistance*, p.97.
⑦ Ryan, C.R., *Jordan in Transition: From Hussein to Abdullah*, pp.27—28, p.26.

得8个议会席位，亲政府的议员占据65%的议会席位。①1993年，女性首次进入议会。②1993—1997年的议会下院中，政党占35个席位，独立候选人占45个席位；政党政治的不成熟性由此可见。③90年代，议会尽管无法控制内阁，却对内阁形成明显的制约。

90年代，约旦的议会政治、选举政治和政党政治日渐活跃，自由化改革进程随之启动。与此间许多的阿拉伯国家一样，约旦的自由化改革进程主要表现为自上而下的过程。迫于国内外形势和民众的压力，侯赛因国王在维持原有的基本政治制度和政治秩序的前提下，推行有限的自由化改革举措，旨在扩大统治基础和缓解政治压力。然而，侯赛因国王推行的所谓自由化改革，只是释放政治压力的安全阀，自由化改革进程表现为摇摆不定的状态。

20世纪50—60年代，约旦国内的政治反对派主要是具有浓厚世俗色彩的纳赛尔主义者、社会主义者和复兴党。进入90年代，伊斯兰主义作为政治反对派，在约旦国内政坛呈明显的上升趋势，穆斯林兄弟会的分支组织伊斯兰行动阵线成为约旦议会最重要的反对派政党，阿拉伯复兴社会党在约旦的政治舞台亦相当活跃。

1994年起，随着国内反对派日趋活跃，政治层面的自由化改革进程出现逆向运动的趋势。1997年夏季，政府再次限制民众自由集会，强化新闻监督。9月，政府关闭15家报社。同年11月，举行新的议会下院选举；由于缺乏必要的自由氛围和反对1994年约旦政府与以色列签署的和平协议，包括4个世俗左翼政党和伊斯兰行动阵线在内的10个反对派政党宣布抵制选举，投票率仅为44%。选举的结果是，保守派在议会下院占据多数，议员大都来自独立候选人，只有5个席位属于政党，伊斯兰主义者作为独立候选人获得6个席位，左翼独立候选人获得4个席位。17名妇女参与竞选，无人获得议会下院的席位。④

据统计，包括伊斯兰行动阵线和独立候选人在内的伊斯兰主义者占据的议会下院席位，1989年为34席，1993年下降为22席，1997年仅有6席；世俗左翼反对派占据的议会下院席位，1989年为13席，1993年下降为7席，1997年亦仅有6席；相比之下，保守派占据的议会下院席位，1989年为33席，1993

---

① Posusney, M.P. & Angrist, M.P., *Authoritarianism in the Middle East: Regimes and Resistance*, p.97.

② Yapp, M.E., *The Near East since the First World War*, p.473.

③ Ryan, C.R., *Jordan in Transition: From Hussein to Abdullah*, p.28.

④ Ryan, C.R., *Jordan in Transition: From Hussein to Abdullah*, p.18, p.31, p.30.

年上升为22席，1997年达到68席。[①]政党政治呈削弱的趋势，反对派席位呈下降的趋势，民众政治参与呈逆向运动的趋势。此后，伊斯兰行动阵线为代表的反对派政党将政治活动的空间由议会移至非议会领域，保守派成为控制议会的主要政治力量。

“1989年以后发生的变化是戏剧性的，然而这些戏剧性的变化并未改变国王对于社会的控制……国王改变了游戏的规则，却没有改变权力的结构”。[②]尽管如此，与1989年以前的军事管制相比，自1989年起的多党政治和议会选举以及相对宽松的舆论环境无疑标志着约旦政治生活的长足进步。

1962年，侯赛因国王指定长子阿卜杜拉作为王储。1965年，侯赛因国王的胞弟哈桑取代阿卜杜拉出任王储。1999年1月，侯赛因国王再次指定阿卜杜拉取代哈桑出任王储。[③]1999年2月，在位长达46年之久的侯赛因国王逝世，阿卜杜拉继承王位，是为阿卜杜拉二世(1999年至今在位)，侯赛因

阿卜杜拉二世与美国总统奥巴马

① Ryan, C.R., *Jordan in Transition: From Hussein to Abdullah*, p.34, p.37.

② Posusney, M.P. & Angrist, M.P., *Authoritarianism in the Middle East: Regimes and Resistance*, p.159.

③ Bligh, A., *The Political Legacy of King Hussein*, pp.208—209.

国王的次子哈姆扎出任王储。[1]同年 7 月，约旦举行阿卜杜拉国王即位后的首次地方选举。伊斯兰行动阵线作为最大的反对派政党，回归议会选举的政治框架，参与地方选举，获得扎尔卡和卢萨法的市长职位，同时获得伊尔比德地方议会 11 个席位中的 4 个席位、安曼地方议会 20 个席位中的 5 个席位、马代巴地方议会 11 个席位中的 6 个席位。[2]

五、 巴勒斯坦与以色列

犹太人的宿敌与庇护者

巴勒斯坦的古代居民是迦南人和腓力斯丁人，属于塞姆语系的分支。

大约在公元前 1200 年，犹太人的祖先希伯来人进入巴勒斯坦，分为以色列部落联盟和犹太部落联盟。公元前 1000 年左右，希伯来人在巴勒斯坦建立统一的国家，继而分裂为以色列王国和犹太王国。

公元前 722 年，亚述帝国灭亡以色列王国。公元前 586 年，新巴比伦王国灭亡犹太王国。公元前 6 世纪新巴比伦王国灭亡后，巴勒斯坦处于波斯帝国的统治之下。公元前 4 世纪波斯帝国灭亡后，希腊人统治巴勒斯坦。

公元前 63 年，罗马人征服巴勒斯坦。罗马人统治期间，实行高压政策，数十万犹太人遭到杀戮，余者大都流散他乡，留居巴勒斯坦的犹太人所剩无几。

被阿拉伯人征服后，巴勒斯坦经历阿拉伯化的过程；与此同时，巴勒斯坦的犹太人处于哈里发国家的保护之下，享有自治的权利，人数逐渐增多。罗马人统治时期，禁止犹太人进入耶路撒冷；被阿拉伯人征服后，犹太人获准在耶路撒冷居住。

公元 11 世纪塞尔柱突厥人统治时期，约 30 万犹太人生活在巴勒斯坦。其间，巴勒斯坦的犹太人再次经历浩劫，人口锐减。西班牙的犹太人旅行家本杰明于 1169 年游历巴勒斯坦，发现犹太人仅存数千人。[3]后来穆斯林实行宗教宽容政策，犹太人从北非和欧洲移居巴勒斯坦，长期与阿拉伯人和睦

---

① Robins, P., *A History of Jordan*, p.193.

② Ryan, C.R., *Jordan in Transition: From Hussein to Abdullah*, p.99.

③ Sachar, H.M., *A History of Israel*, New York 1996, p.18.

相处。

奥斯曼帝国统治下的巴勒斯坦

奥斯曼帝国统治时期，巴勒斯坦并非独立的行政区域。巴勒斯坦南部称耶路撒冷桑贾克，隶属于伊斯坦布尔的苏丹，包括耶路撒冷、雅法、加沙和希布伦诸地。巴勒斯坦中部称纳布卢斯桑贾克，隶属于大马士革省，包括纳布卢斯、杰宁、图勒凯姆诸地。巴勒斯坦北部称阿克桑贾克，隶属于贝鲁特省，包括阿克、海法、太巴列、萨菲德、那撒勒诸地。①

20世纪初，巴勒斯坦约有60万阿拉伯人，多属逊尼派穆斯林，亦有少量阿拉伯人信奉基督教。②"一战"结束时，巴勒斯坦共有定居人口约70万，另有游牧人口约5万；其中穆斯林占总人口的80%，基督徒和犹太人各占总人口的10%。穆斯林主要分布在乡村，从事农业，大都属于逊尼派，少量穆斯林属于什叶派和德鲁兹派。基督徒包括东正教徒和天主教徒，生活在耶路撒冷以及其他基督教圣城。③

奥斯曼帝国统治时期，巴勒斯坦的犹太人数量呈缓慢增长的趋势。15世纪末16世纪初，西班牙天主教会实行宗教迫害政策，大批犹太人逃离伊比利亚半岛，其中一部分移居巴勒斯坦。18世纪初，在萨菲德，犹太人达到1.6万人。1837年，萨菲德毁于地震，残存的犹太人移居耶路撒冷和希布伦。耶路撒冷是犹太人古代圣殿的所在地，希布伦相传是犹太人古代国王大卫的诞生地。1776年，约2 000犹太人生活在耶路撒冷。1890年，约1 500犹太人生活在希布伦。④1914年"一战"爆发前夕，巴勒斯坦的犹太人达到8.5万人，主要分布于犹太教圣城耶路撒冷、希布伦、萨菲德和太巴列，约1.2万人生活在43个新购置的农业定居点。⑤

锡安主义

犹太人对巴勒斯坦具有特殊的情结，这种情结渗透于犹太教的教义和仪式之中。在犹太人看来，作为"应许之地"的巴勒斯坦胜过异乡的宫殿，巴勒斯坦的空气赋予犹太人以智慧和力量。

---

① Yapp, M.E., *The Near East since the First World War*, p.116.

②⑤ Peretz, D., *The Middle East Today*, p.282.

③ Yapp, M.E., *The Near East since the First World War*, pp.116—117.

④ Sachar, H.M. *A History of Israel*, pp.19—20.

耶路撒冷圣殿山下哭墙前祷告的民众

自罗马时代开始，犹太人被逐出巴勒斯坦，流散世界各地。在中世纪的欧洲，基督教占据统治地位，犹太人作为异教徒，备受基督徒的歧视，不得出任官职和拥有土地。①

19世纪初，约50万犹太人生活在西欧各地。随着现代民族国家在西欧的兴起，犹太人逐渐获得与基督徒同等的公民身份。然而，西欧现代民族国家的世俗化进程排斥和否定着犹太教的传统法律以及犹太人传统的自治地位。19世纪中叶，生活在东欧的犹太人约300万，占世界犹太人总数的75%。②东欧的犹太人主要分布在俄国，屡遭沙皇政府的迫害，生存环境恶劣。锡安主义③的兴起与西欧现代民族国家的世俗化改革具有内在的逻辑联系，亦是东欧统治者迫害犹太人的逻辑结果。

锡安主义作为19世纪欧洲民族主义运动的组成部分，可谓具有浓厚犹太教色彩的民族主义，犹太教的拉比则是锡安主义运动的先驱。

19世纪初，塞尔维亚的犹太教拉比阿尔卡来率先倡导犹太人重建圣地的家园。19世纪中叶，东普鲁士的犹太教拉比卡里斯切尔著书立说，强调回归圣地巴勒斯坦和移居古代家园耶路撒冷是拯救犹太人和复兴犹太教的唯一途径。19世纪后期，俄国和波兰的犹太人开始创立秘密组织，宣传锡安主义的思想纲领。1884年，来自俄国的犹太人医生利奥·平斯克在德国城市卡特维兹发起召开锡安主义大会，34个锡安主义组织的代表出席会议，决定

① Peretz, D., *The Middle East Today*, p.277.

② Sachar, H.M., *A History of Israel*, p.4.

③ 锡安指锡安山，位于耶路撒冷城内，相传是耶和华居住的圣地。锡安主义特指犹太复国主义。

共同资助犹太人移居巴勒斯坦,随后在敖德萨成立锡安主义组织的总部。①

西奥多·赫茨尔

锡安主义运动的奠基人是布达佩斯的西奥多·赫茨尔。1896 年,西奥多·赫茨尔出版《犹太人国家》一书,首倡通过建立犹太人的国家,保障犹太人的权利。②西奥多·赫茨尔认为,犹太人受迫害和受歧视的问题,并非宗教问题和社会问题,而是民族问题,犹太人是"一个没有土地的民族",犹太人应当获得土地,建立自己的国家,应当将巴勒斯坦或阿根廷作为犹太人的家园,建立犹太人国家。③

西奥多·赫茨尔的观点得到东欧犹太人的广泛响应。1897 年 8 月,西奥多·赫茨尔在瑞士的巴塞尔主持召开第一次世界锡安主义大会,来自 117 个锡安主义组织的 197 名犹太人代表出席会议,成立锡安主义组织——世界犹太复国主义协会,发表巴塞尔宣言,呼吁犹太人在巴勒斯坦重建家园,进而掀开了锡安主义运动的序幕。④

贝尔福

1905 年,锡安主义者在巴塞尔召开第七次大会,确定巴勒斯坦作为犹太人的新家园。1911 年召开的第十次锡安主义者大会,决定在巴勒斯坦购买土地,安置更多的犹太人移民。⑤1917 年 11 月,英国外交大臣贝尔福致信锡安主义组织领导人,支持犹太人在巴勒斯坦建立国家,是为贝尔福宣言。⑥

① Sachar, H.M., *A History of Israel*, pp.6—7, p.16.
② Goldschmidt, A., *A Concise History of the Middle East*, p.242.
③ Gelvin, J.L., *The Modern Middle East: A History*, p.217.
④ Gelvin, J.L., *The Modern Middle East: A History*, p.208.
⑤ Sachar, H.M., *A History of Israel*, pp.65—66.
⑥ Goldschmidt, A., *A Concise History of the Middle East*, p.245.

耶里亚——犹太人回归巴勒斯坦的移民运动

1918年"一战"结束后,奥斯曼帝国在巴勒斯坦的统治权力不复存在。1920年召开的圣雷莫会议,将巴勒斯坦划入英国的势力范围。1922年,国际联盟宣布巴勒斯坦处于英国的委任统治之下。英国委任统治时期,犹太人移民的迅速增长成为巴勒斯坦的突出现象。

犹太人向巴勒斯坦的移民运动称作耶里亚。"耶里亚"在希伯来语中意为升华,犹太人回归巴勒斯坦被视作升华的过程。第一次耶里亚发生于1882—1903年,2.5万犹太人自俄国和波兰移居巴勒斯坦。第二次耶里亚发生于1904—1914年,3.5万犹太人自东欧诸国移居巴勒斯坦。第三次耶里亚发生于1919—1923年,2.7万犹太人自俄国移居巴勒斯坦。第四次耶里亚发生于1924—1926年,6.3万犹太人自波兰移居巴勒斯坦。第五次耶里亚发生于1932—1939年,17.5万犹太人自波兰和德国移居巴勒斯坦。①

犹太人的移民运动,导致巴勒斯坦人口结构的明显变化。1918年英军占领初期,巴勒斯坦有阿拉伯人56万,犹太人5.5万。②1922年,巴勒斯坦有阿拉伯人66.6万,犹太人8.4万。③另据资料统计,1931年,巴勒斯坦总人口为106万,其中阿拉伯人86万,占总人口的82%,犹太人17万,占总人口的16%;1936年,巴勒斯坦总人口为139万,其中阿拉伯人98万,占总人口的71%,犹太人38万,占总人口的28%;1941年,巴勒斯坦总人口为164万,其中阿拉伯人112万,占总人口的68%,犹太人49万,占总人口的30%;1946年,巴勒斯坦总人口为194万,其中阿拉伯人131万,占总人口的67%,犹太人60万,占总人口的31%。④

犹太人移民最初大都生活在巴勒斯坦的乡村,由锡安主义组织创办的基金会提供资助,购置阿拉伯人地主的土地,从事农业生产。至1948年5月以色列建国前夕,犹太人共计购置巴勒斯坦2 600万杜诺姆耕地中的200万杜诺姆耕地,主要分布在沿海平原、约旦河西岸、死海周围和加沙地带。⑤

自第四次耶里亚开始,巴勒斯坦的犹太人移民逐渐由农业移民转变为城

① Bregman, A., *A History of Israel*, New York 2003, p.8, p.10, p.20, p.23, p.26.

② Sachar, H.M., *A History of Israel*, p.118.

③ Owen, R., *A History of Middle East Economies in the Twentieth Century*, p.57.

④ Cleveland, W.L., *A History of the Modern Middle East*, p.255.

⑤ Yapp, M.E., *The Near East since the First World War*, p.120.

市移民，越来越多的犹太人移民投资工商业领域，城市移民成为犹太人移民的主要形式。1924—1929 年，耶路撒冷和海法的犹太人数量增长一倍。[①]特拉维夫在“一战”末期只是雅法附近一处 2 000 人的小镇，1939 年成为 15 万人的重要城市，号称世界上唯一纯粹犹太人的城市。1936 年，四分之三的犹太人移民生活在巴勒斯坦的城市。[②]

1930—1937 年，巴勒斯坦的犹太人企业从 6 000 家增至 1.4 万家，雇佣劳动力人数从 1.9 万人增至 5.5 万人。[③]1939 年“二战”爆发前夕，巴勒斯坦的犹太人约 45 万，其中 20% 从事农业，20% 从事制造业，其余 60% 从事服务业。[④]犹太人的移民运动，直接推动了巴勒斯坦的工业化和城市化进程。

犹太人移民在巴勒斯坦购置的土地大都获得锡安主义基金会的资助，经济生活具有浓厚的公有色彩。犹太人移民在巴勒斯坦建立的社团组织称作伊术夫，类似于奥斯曼帝国时期的米勒特，处于英国委任统治当局的保护之下，在诸多方面处于自治的地位。在伊术夫内部，选举产生的议会行使政府的权力。哈加纳和伊尔贡是伊术夫的武装组织，哈加纳始建于 1920 年，“二战”结束时人数达到 6 万。[⑤]犹太人移民的另一重要组织是称作希斯塔德鲁特的劳工联盟，始建于 1920 年；劳工联盟规定，犹太人雇主只能雇用犹太人，不得雇用阿拉伯人。伊术夫作为犹太人的移民社团，实行多党制的政治制度。大卫・本—古里安领导的工党在伊术夫长期占据主导地位，控制哈加纳和希斯塔德鲁特。[⑥]1929 年，犹太人移民成立议会，查伊姆・魏兹曼出任议会主席。[⑦]

英国委任统治时期巴勒斯坦的土著阿拉伯人与犹太移民

奥斯曼帝国统治时期，巴勒斯坦的阿拉伯人主要分布在北起杰宁、南至希布伦的内陆山区，从事农业生产。19 世纪末，巴勒斯坦的阿拉伯人开始从内陆山区移居沿海平原。[⑧]

---

① Sachar, H.M., *A History of Israel*, p.155.
② Ochsenwald, W., *The Middle East: A History*, p.451.
③ Sachar, H.M., *A History of Israel*, p.190.
④ Owen, R., *A History of Middle East Economies in the Twentieth Century*, p.59.
⑤ Ochsenwald, W., *The Middle East: A History*, p.533.
⑥ Yapp, M.E., *The Near East since the First World War*, p.119.
⑦ Ochsenwald, W., *The Middle East: A History*, p.455.
⑧ Owen, R., *A History of Middle East Economies in the Twentieth Century*, p.57.

英国委任统治时期，阿拉伯人大都生活在巴勒斯坦北部和中部的乡村，从事农业生产，采用分成制的租佃方式，耕种在外地主的土地。巴勒斯坦南部的荒漠，生活着少量的贝都因人。根据1936年的统计，巴勒斯坦的67万阿拉伯人系分成制农民，近30万阿拉伯人生活在城市，大都从事建筑业、服务业和传统手工业。1947年，巴勒斯坦的阿拉伯人约三分之一生活在城市，三分之二生活在乡村约800处村庄，另有贝都因人7万。巴勒斯坦阿拉伯人的土地，二分之一属于小农，二分之一属于在外地主。①

巴勒斯坦的阿拉伯人具有贵族政治的历史传统。城市是阿拉伯贵族的家园，在巴勒斯坦的阿拉伯人社会具有广泛的政治影响。中部城市纳布卢斯的哈迪家族和塔乌坎家族、西北部城市阿克的哈利法家族和舒凯里家族均为显赫一时的阿拉伯贵族，拥有大量的土地。奥斯曼帝国时期，耶路撒冷最具影响的阿拉伯贵族是哈立德家族、阿拉姆家族、侯赛因家族和纳沙什布家族。英国委任统治时期，侯赛因家族和纳沙什布家族均与英国当局保持良好的政治合作；侯赛因家族的卡迈勒、穆罕默德·爱敏和穆萨·卡兹姆相继担任耶路撒冷的穆夫提，纳沙什布家族的拉吉卜长期担任耶路撒冷市长。②

英国委任统治时期巴勒斯坦的阿拉伯人政党亦普遍具有贵族政治的浓厚色彩，政党政治构成诸多贵族家族角逐权力的政治形式。巴勒斯坦阿拉伯党始建于1935年，处于侯赛因家族的控制之下。民族保卫党始建于1934年，处于纳沙什布家族的控制之下。改革党始建于1935年，系哈立德家族控制的政党。独立党始建于1932年，系哈迪家族控制的政党。③

诸多阿拉伯人政党普遍具有阿拉伯民族主义的浓厚色彩，致力于巴勒斯坦阿拉伯人的政治独立，其中侯赛因家族和哈迪家族持亲叙利亚的立场，纳沙什布家族和哈立德家族持亲外约旦的立场。与此同时，诸多阿拉伯人政党均持反对锡安主义和抵制犹太人移民巴勒斯坦的立场，具有阿拉伯民族主义的明显倾向。1936年，诸多政党共同组建巴勒斯坦阿拉伯人最高委员会，作为代表巴勒斯坦阿拉伯人利益的政治机构。④

1920年夏，赫尔伯特·萨缪尔出任英国委任统治当局的高级专员。同年10月，赫尔伯特·萨缪尔组建巴勒斯坦协商会议，包括11名政府官员和

---

① Yapp, M.E., *The Near East since the First World War*, p.120, p.118.

② Yapp, M.E., *The Near East since the First World War*, pp.121—122.

③④ Yapp, M.E., *The Near East since the First World War*, p.122.

10名民间人士，其中穆斯林4人，基督徒3人，犹太人3人。1922年8月，赫尔伯特·萨缪尔承诺成立巴勒斯坦地方议会和阿拉伯人政府。由于阿拉伯人拒绝与英国委任统治当局合作，抵制地方议会选举，赫尔伯特·萨缪尔的计划夭折。1925年，普鲁摩尔出任巴勒斯坦高级专员，扩大阿拉伯人的自治权力，试图平息阿拉伯人的反英情绪。1928年，约翰·查恩斯勒出任巴勒斯坦高级专员，限制犹太人移居巴勒斯坦和在巴勒斯坦购置土地。①

1920年英国高级专员赫尔伯特·萨缪尔在萨勒特宣布分区而治

进入30年代，阿拉伯人与犹太人之间的矛盾逐渐加剧。1936年4月，巴勒斯坦的阿拉伯人举行罢工，抗议英国委任统治和锡安主义，进而演变为暴力冲突，大马士革、开罗和巴格达民众亦举行示威，声援巴勒斯坦的阿拉伯人。②

1937年，英国政府建议阿拉伯人与犹太人在巴勒斯坦实行分治。英国

① Yapp, M.E., *The Near East since the First World War*, pp.125—126, p.128.

② Yapp, M.E., *The Near East since the First World War*, p.130.

政府的分治方案得到犹太人的支持，却遭到阿拉伯人的反对。①1938 年，英国政府邀请来自埃及、伊拉克、约旦、沙特、也门、巴勒斯坦的阿拉伯人代表与来自英国、美国、法国等地的犹太人代表在伦敦召开会议，建议限制犹太人移民和建立巴勒斯坦自治政府，遭到双方的拒绝。

1939 年犹太人在耶路撒冷抗议英国政府发表的白皮书

1939 年，英国政府发表白皮书，主张未来 5 年允许 7.5 万犹太人移居巴勒斯坦，然后关闭犹太人移民巴勒斯坦的大门；禁止阿拉伯人与犹太人之间的土地交易；10 年后成立自治政府。然而，英国政府的白皮书再次遭到双方的拒绝。1942 年，锡安主义者在伦敦发表比勒特莫尔宣言，要求在巴勒斯坦成立犹太人的联邦。②

“二战”期间，移居巴勒斯坦的犹太人数量剧增。纳粹的屠杀成了犹太人移民巴勒斯坦的直接动力，犹太人移民数量的增长改变了巴勒斯坦阿拉伯人与犹太人之间的力量对比。锡安主义者将犹太人移民视作在巴勒斯坦建立犹太人国家的重要步骤，阿拉伯人则将犹太人移民视作莫大的威胁。犹太人的移民高潮，导致阿拉伯人与犹太人之间矛盾的加剧。至“二战”结束时，巴勒斯坦已经处于战争的边缘。

1946 年 5 月，英美联合调查委员会建议，允许 10 万欧洲犹太人难民移居巴勒斯坦，在巴勒斯坦建立联合国监督之下的双重民族国家。阿拉伯人和犹太人均持反对的态度：阿拉伯人反对犹太人移居巴勒斯坦，犹太人要求在

---

① Polk, W.R., *The Arab World Today*, Harvard 1991, p.171.

② Ochsenwald, W., *The Middle East: A History*, p.458, p.472.

巴勒斯坦建立自己的国家。[①]

1947 年 2 月,英国政府将巴勒斯坦问题提交联合国。同年 5 月,锡安主义的代表出席联合国特别会议,要求在巴勒斯坦和外约旦建立犹太人的国家。[②]8 月,联合国特别委员会提交报告,建议将巴勒斯坦划分为三个部分,即阿拉伯人的国家、犹太人的国家和联合国监管的耶路撒冷,其中阿拉伯人的国家包括 73 万阿拉伯人和 1 万犹太人,犹太人的国家包括 50 万犹太人和 41 万阿拉伯人,联合国监管的耶路撒冷包括 10 万犹太人和 11 万阿拉伯人。11 月,联合国大会以 33 票赞成、13 票反对和 10 票弃权的表决结果通过决议,在巴勒斯坦实行阿以分治,1.25 万平方公里的土地划归阿拉伯人的国家,1.45 万平方公里的土地划归犹太人的国家。

1948 年 5 月 14 日,本—古里安在特拉维夫宣布成立以色列国。[③]

本一古里安宣布成立以色列国

① Yapp, M.E., *The Near East since the First World War*, p.135.

② Chatterji, N.C., *A History of Modern Middle East*, New Delhi 1987, p.75.

③ Polk, W.R., *The Arab World Today*, p.177, p.179, p.182.

中东战争与巴勒斯坦难民

1948年5月15日即以色列国宣布建立的次日，第一次中东战争爆发。1949年1月，以色列与埃及、叙利亚、伊拉克、约旦诸国签署停战协议。

第一次中东战争结束后，以色列军队占领根据联合国1947年决议划归阿拉伯人的巴勒斯坦地区中6 000平方公里的土地，除15万阿拉伯人留居以色列占领区外，外约旦控制的约旦河西岸有阿拉伯人40万，埃及控制的加沙地带有阿拉伯人5万，70万阿拉伯人逃离家园，沦为难民。①

根据联合国难民事务署的登记数字，巴勒斯坦难民总数，1950年第一次中东战争结束初期约为96万，1967年5月第三次中东战争爆发前夕增至134万。第三次中东战争期间，以色列军队占领约旦河西岸和加沙地带，65万阿拉伯人留居约旦河西岸的以色列占领区，35万阿拉伯人留居加沙地带的以色列占领区，另有30万阿拉伯人逃往周边的阿拉伯国家。②

第三次中东战争后，巴勒斯坦难民人数呈现持续上升的趋势。根据1987年联合国难民事务署的登记数字，巴勒斯坦难民总数为219万，其中84万分布在约旦境内即约旦河东岸，28万分布在黎巴嫩境内，26万分布在叙利亚境内，其余难民分布在以色列占领的约旦河西岸和加沙地带。③另据统计，1987年大起义前夕，祖居巴勒斯坦的阿拉伯人后裔共计460万，其中生活在以色列境内的巴勒斯坦人72万，约旦河西岸的巴勒斯坦人86万，加沙地带的巴勒斯坦人56万，约旦境内的巴勒斯坦人120万，黎巴嫩境内的巴勒斯坦人27万，叙利亚境内的巴勒斯坦人24万，海湾地区的巴勒斯坦人50万。④

根据1990年联合国难民事务署的登记数字，祖居巴勒斯坦的阿拉伯人后裔共计578万，其中12.6%生活在以色列境内，18.6%生活在约旦河西岸，10.8%生活在加沙地带，31.6%生活在约旦境内，5.7%生活在黎巴嫩境内，5.2%生活在叙利亚境内，15.5%生活在海湾国家及其他地区。⑤

根据2000年联合国难民事务署的登记数字，祖居巴勒斯坦的阿拉伯人后裔共计776万，其中11.8%生活在以色列境内，17.8%生活在约旦河西岸，

① Yapp, M.E., *The Near East since the First World War*, p.301.
② Peretz, D., *The Middle East Today*, p.359.
③ Yapp, M.E., *The Near East since the First World War*, p.302.
④ Gilbar, G.G., *Population Dilemmas in the Middle East*, London 1997, p.12.
⑤ Kamrava, M., *The Modern Middle East: A Political History since the First World War*, p.225.

10.8%生活在加沙地带，33.5%生活在约旦境内，6.0%生活在黎巴嫩境内，5.3%生活在叙利亚境内，14.8%生活在海湾国家及其他地区。[①]

以色列政府拒绝接纳巴勒斯坦难民回归家园，亦不肯向逃离家园的巴勒斯坦难民支付赔偿。巴勒斯坦难民既是阿以冲突的直接结果，更是中东和平进程的巨大障碍。

巴勒斯坦解放运动——从法塔赫到哈马斯

1964 年 1 月，在开罗召开的第一届阿拉伯国家首脑会议，决定成立巴勒斯坦解放组织。同年 5 月，在东耶路撒冷召开的巴勒斯坦人国民大会，宣布成立巴勒斯坦解放组织，选举艾哈迈德·舒凯里出任巴勒斯坦解放组织执行委员会主席，创建巴勒斯坦解放军。巴勒斯坦解放组织的基本纲领是，强调巴勒斯坦是阿拉伯世界不可分割的组成部分，拒绝接受贝尔福宣言和联合国分治决议，拒绝承认以色列国，致力于通过武装斗争的方式解放巴勒斯坦。1967 年 12 月，叶海亚·哈穆达接替艾哈迈德·舒凯里，出任巴勒斯坦解放组织执行委员会主席。[②]

巴勒斯坦解放组织系巴勒斯坦阿拉伯人的世俗政治组织，包括埃及、叙利亚、伊拉克等阿拉伯国家支持的诸多派别，政治立场各异，兼有温和色彩和激进倾向。

"巴勒斯坦民族解放运动"简称法塔赫，始建于 1959 年，强调武装反抗以色列和解放巴勒斯坦的政治原则。第三次中东战争后，法塔赫在约旦河东岸建立训练营地，袭击以色列占领的约旦河西岸，政治影响逐渐扩大，成为巴解组织的主流派别。与此同时，基督徒乔治·哈巴什创立的"解放巴勒斯坦人民阵线"和基督徒纳伊夫·哈瓦特马创立的"解放巴勒斯坦民众民主阵线"成为巴解组织内部持激进立场的重要派别。[③]

1969 年 2 月，在开罗召开的巴解全国委员会第五次大会，改组巴解执行委员会，法塔赫领导人亚希尔·阿拉法特当选巴解执行委员会主席。[④]1970 年，巴解组织与约旦政府之间的关系恶化，巴解总部从约旦移至黎巴嫩，黎巴嫩南部成为巴解武装袭击以色列的主要据点。1975 年起，巴解武装卷入黎

---

① Kamrava, M., *The Modern Middle East: A Political History since the First World War*, p.225.

② Gelvin, J.L., *The Modern Middle East: A History*, p.274.

③ Yapp, M.E., *The Near East since the First World War*, p.306.

④ Polk, W.R., *The Arab World Today*, p.242.

阿拉法特

巴嫩内战。1982 年,以色列军队入侵黎巴嫩,迫使巴解武装退出黎巴嫩南部。1983 年 12 月,巴解总部自贝鲁特移至突尼斯。[1]

1973 年在阿尔及尔召开的阿拉伯国家峰会和 1974 年在拉巴特召开的阿拉伯国家峰会,正式承认巴解组织是巴勒斯坦解放事业的唯一合法代表。与此同时,巴解组织调整战略目标,在强调对于整个巴勒斯坦地区享有主权的前提下,致力于在约旦河西岸和加沙地带建立巴勒斯坦国。

1974 年,巴解组织得到伊斯兰会议组织成员国和不结盟国家组织成员国的承认,巴解组织的代表以观察员的身份出席联合国大会。1988 年,美国政府承认巴解组织的合法地位,巴解组织宣布接受联合国第 181 号决议、第 242 号决议、第 338 号决议和承认以色列的合法存在,约旦政府宣布放弃对于约旦河西岸以色列占领区的领土要求。同年 10 月,巴解组织在阿尔及尔宣布在东耶路撒冷、约旦河西岸和加沙地带建立巴勒斯坦国。1989 年 4 月,亚希尔·阿拉法特出任巴勒斯坦国总统。[2]

1987 年 12 月,以色列占领下的约旦河西岸、加沙地带和耶路撒冷爆发巴勒斯坦人的起义。1988 年 2 月,巴勒斯坦的穆斯林兄弟会成员在加沙地带创建"伊斯兰抵抗运动",阿拉伯语中简称哈马斯。[3]

哈马斯的领导人是艾哈迈德·亚辛,分支机构遍布加沙地带、约旦河西岸和耶路撒冷等地。哈马斯具有伊斯兰主义的浓厚色彩,反对与以色列的政治妥协,主张诉诸暴力的方式,解放被以色列占领的巴勒斯坦领土,直至消灭以色列。哈马斯的口号是:"安拉是我们的目标,《古兰经》是我们的宪法,使者是我们的榜样,圣战是我们的道路,为主道而战是我们最崇高的愿望。"[4]

哈马斯的前身,是 1973 年艾哈迈德·亚辛在加沙地带发起的"伊斯兰文

① Yapp, M.E., *The Near East since the First World War*, p.305.
② Yapp, M.E., *The Near East since the First World War*, p.307.
③ Bregman, A., *A History of Israel*, p.218.
④ Davidson, L., *Islamic Fundamentalism*, p.69, p.70.

化复兴运动”，采用穆斯林兄弟会的民众动员模式，系非政治性的民间宗教组织。1987—1990 年巴勒斯坦人与以色列政府激烈对抗的政治环境，导致哈马斯转变为激进的政治组织，致力于反对以色列占领的圣战。

“伊斯兰圣战组织”即吉哈德亦形成于 1987—1990 年巴勒斯坦人的起义期间，政治纲领近似于哈马斯，更具暴力色彩。进入 90 年代，随着巴解组织与以色列的和平谈判，哈马斯和吉哈德等激进组织开始挑战巴解组织的政治权威，其与巴解主流法塔赫之间的矛盾日渐加剧。奥斯陆协议签署后，巴解组织开始在加沙和杰里科组建 1948 年以来巴勒斯坦人第一个自治政府，遭到哈马斯和其他伊斯兰主义组织的抵制。①

以色列的政党政治与议会选举

1948 年 5 月，以色列国宣告成立，组建临时政府。1949 年 1 月，来自 9 个政党的 120 名成员组成立宪会议。同年 2 月，以色列颁布临时宪法。根据 1949 年临时宪法，以色列采用共和制政体；总统由议会选举产生，任期 5 年，可连任两届；议会实行一院制，设 120 个席位，议员任期 4 年；议会选举实行多党制，议员候选人必须是注册登记的政党成员，政党注册必须具备超过 1 500 人的署名，获得选票超过 1.5%的政党方可进入议会，议会席位在政党之间分配；议会第一大党的领导人出任总理，内阁成员由总理任命，总理和内阁成员对议会负责，内阁成员同时具有议员的资格。②

以色列政治制度的突出特征，在于议会的广泛权力。在中东地区，只有土耳其议会可与以色列议会相提并论。以色列的议会制度，导致发达的选举政治和为数众多的议会政党。自 1948 年建国开始，多党制的议会竞选长期构成以色列政治生活的核心内容，阿以关系与中东和平进程则是议会竞选的焦点所在。往往有超过 20 个政党参与议会竞选，约 15 个政党进入议会。③

以色列的众多政党，可以划分为左翼政党、右翼政党、宗教政党和其他政党。1969 年以前，左翼政党占据议会二分之一的席位，右翼政党占据四分之一的议会席位，宗教政党和其他政党亦占据四分之一的议会席位。1977 年开始，宗教政党和其他政党依然占据四分之一的议会席位；然而，持左翼立场

---

① Yapp, M.E., *The Near East since the First World War*, pp.475—477.

② East, R. & Joseph, T., *Political Parties of Africa and the Middle East*, p.134.

③ Yapp, M.E., *The Near East since the First World War*, p.284.

的工党占据的议会席位呈下降的趋势,右翼政党利库德集团占据的议会席位呈上升的趋势。

工党是以色列政坛最重要的左翼政党,在阿以冲突与中东和平进程的问题上持相对温和的立场。工党的前身是始建于1905年的青年工人党。1930年,青年工人党改称巴勒斯坦工人党。1968年,巴勒斯坦工人党改称工党。工党的社会基础是来自东欧的犹太人移民,以色列劳工联盟希斯塔德鲁特是支持工党的主要民间组织。①1930年,工党成员约6 000人;1948年,工党成员超过4万人。②1949—1977年,工党构成以色列议会第一大党,工党领导人则是以色列政坛的核心人物。1949年,以色列举行建国后的首次议会选举,工党获得46个席位,工党领导人本-古里安出任内阁总理,组成工党主导的多党联合政府。1951年,工党在议会选举中获得45个席位,本-古里安再度出任内阁总理,组成工党主导的多党联合政府。1953年,本-古里安辞职,莫什·沙雷出任内阁总理。③1955年,工党在议会选举中获得40个席位,本-古里安第三次出任内阁总理,组成工党主导的多党联合政府。1959年,工党在议会中获得47个席位,本-古里安第四次出任内阁总理,组成工党主导的多党联合政府。1961年,工党在议会选举中获得42个席位,本-古里安第五次出任内阁总理,组成工党主导的多党联合政府。1963年,本-古里安辞职,列维·埃什科尔出任内阁总理。1965年,工党在议会选举中获得45个席位,列维·埃什科尔出任内阁总理,组成工党主导的多党联合政府。1969年,工党在议会选举中获得56个席位,戈尔达·梅厄出任内阁总理,组成工党主导的多党联合政府。1973年,工党在议会选举中获得51个席位,伊扎克·拉宾出任内阁总理,组成工党主导的多党联合政府。④

戈尔达·梅厄

① Yapp, M.E., *The Near East since the First World War*, p.286.

② Medding, P.Y., *Mapai in Israel: Political Organization and Government in a New Society*, London 1972, p.15.

③ Bregman, A., *A History of Israel*, p.63, p.76, p.81.

④ East, R. & Joseph, T., *Political Parties of Africa and the Middle East*, p.132.

1949—1977年工党执政期间，来自俄罗斯和波兰的欧裔移民主导内阁，占据80%的内阁职位，包括伊扎克·拉宾在内的土著犹太人占据内阁职位的10%，亚非裔移民亦占据内阁职位的10%。此间，工党领导层内部经历新旧两代的更替。本-古里安、列维·埃什科尔和、戈尔达·梅厄系工党第一代领导人，发迹于英国委任统治时期。达扬、佩雷斯和伊戈尔·阿伦系工党第二代领导人，发迹于阿以战争时代，与以色列军方关系密切。①

戈尔达·梅厄与肯尼迪

解放运动始建于1948年，自由党始建于1961年。1964年，解放运动与自由党合并，组建加哈尔集团。1973年，加哈尔集团改称利库德集团，构成以色列政坛最重要的右翼政党。②利库德集团反对工党倡导的“以土地换和平”的政治原则，拒绝归还1967年第三次中东战争期间以色列占领的阿拉伯人土地，强调包括约旦河西岸和加沙地带在内的整个巴勒斯坦地区具有不可分割性，主张改善“落后群体”即亚非裔犹太人的经济社会状况。③利库德集团领导人主要来自欧裔移民，然而亚非裔移民构成支持利库德集团的重要社会基础。④第三次中东战争以后，亚非裔犹太人移民数量的迅速增长，导致工党与利库德集团之间力量对比的变化。1977年5月，以色列举行议会选举，工党获得32个席位，利库德集团获得43个席位；利库德集团取代工党成为议会第一大党，利库德集团领导人贝京出任内阁总理，组成利库德集团主导的多党联合政府。⑤以色列政坛由此进入工党与利库德集团分庭抗礼的时期。

---

① Yapp, M.E., *The Near East since the First World War*, p.285.
② Yapp, M.E., *The Near East since the First World War*, p.284.
③ Peretz, D., *The Middle East Today*, p.316.
④ Yapp, M.E., *The Near East since the First World War*, p.287.
⑤ Bregman, A., *A History of Israel*, p.166.

1981 年，以色列举行议会选举，利库德集团与工党平分秋色，利库德集团获得 37.1%的选票和 48 个议会席位，工党获得 36.6%的选票和 47 个议会席位。由于工党拒绝与利库德集团合作，贝京领导的利库德集团与其他右翼政党组成多党联合政府。[①]1983 年，贝京辞职，沙米尔出任利库德集团领导人和内阁总理。在 1984 年举行的议会选举中，超过 70%的亚非裔犹太人支持利库德集团，超过 70%的欧裔犹太人支持工党，利库德集团与工党再度平分秋色，利库德集团获得 41 个议会席位，工党获得 44 个议会席位，利库德集团与工党组成联合政府，分别占据 12 个内阁职位，工党领导人佩雷斯与利库德集团领导人沙米尔轮流出任内阁总理。1988 年，以色列举行议会选举，利库德集团获得 40 个席位，工党获得 39 个席位，利库德集团与工党再度组成联合政府，沙米尔出任内阁总理。1990 年，利库德集团与工党联合政府解体，利库德集团与其他右翼政党组成联合政府。1992 年，以色列举行议会选举，工党获得 44 个席位，利库德集团获得 32 个席位，工党领导人伊扎克·拉宾出任内阁总理，组成工党主导的多党联合政府。[②]

1996 年，以色列议会修改选举法，内阁总理由选民直接选举，利库德集团获得 32 个议会席位，工党获得 34 个议会席位，利库德集团领导人内塔尼亚胡以微弱的优势当选内阁总理，组成利库德集团主导的右翼政党联合政府。[③]1999 年，工党获得 26 个议会席位，利库德集团获得 19 个议会席位，工党领导人巴拉克当选内阁总理，组成工党主导的左翼政党联合政府。[④]2001 年 2 月，利库德集团领导人沙龙以获得 63%选票的绝对优势当选内阁总理，组成包括利库德集团和工党在内的多党联合政府。[⑤]

锡安主义具有浓厚的宗教色彩，犹太人的明显特征在于犹太教的共同信仰。以色列国的建立可谓锡安主义的逻辑结果，以色列的宗教与国家之间联系密切。犹太教拉比在教育和司法领域具有广泛的影响，宗教学校和宗教法庭长期延续。犹太教政党长期处于合法地位，强调犹太教法律在以色列国家的统治地位，是以色列政治生活的突出特征。

早期的犹太教政党，主要是始建于 1903 年的精神中心党、始建于 1912

① Peretz, D., *The Middle East Today*, p.325.

② Ochsenwald, W., *The Middle East: A History*, p.569, p.571.

③ Bregman, A., *A History of Israel*, p.254.

④ Ochsenwald, W., *The Middle East: A History*, p.572.

⑤ Bregman, A., *A History of Israel*, p.277.

年的以色列正教党、始建于1922年的精神中心工人党和始建于1925年的以色列正教工人党。1949年，精神中心党、精神中心工人党、以色列正教党与以色列正教工人党组成竞选联盟，获得12%的议会选票。1955年，精神中心党与精神中心工人党以及以色列正教党与以色列正教工人党分别组成议会竞选联盟，获得14%的议会选票。1956年，精神中心党与精神中心工人党合并组建国家宗教党，以色列正教党与以色列正教工人党合并组建宗教阵线。①

1949—1977年，工党作为议会第一大党，与宗教政党长期保持政治合作，宗教政党成员多次加入工党主导的多党联合政府。1977年起，工党与利库德集团在议会竞选中平分秋色，宗教政党作为第三方势力构成影响以色列政治生活的重要因素。宗教政党大都持保守的立场，支持利库德集团为首的右翼政党，要求实行犹太教法的统治，强调犹太教信仰作为获得以色列公民权利的先决条件，反对"以土地换和平"的政治原则，主张将第三次中东战争以后占领的阿拉伯土地纳入以色列的版图。在1977年的议会选举中，宗教政党获得15%的选票。②在1999年的议会选举中，宗教政党获得27个议会席位。③

以色列建国后的犹太人移民潮

以色列是典型的移民国家，1948年以色列国的建立可谓犹太人持续移民的逻辑结果。1948年以色列建国后，犹太人的移居过程进入新的阶段。

以色列建国初期，犹太人移民主要是来自东欧纳粹集中营的大屠杀幸存者。英国委任统治时期，犹太人移民的数量为年均1.8万人；以色列建国后的最初3年，犹太人移民的数量为月均1.8万人。1948年5月至1949年底，34万犹太人移居以色列国。④

1950年7月，以色列议会颁布《回归法》，赋予世界各地的所有犹太人享有移居以色列国和成为以色列公民的权利。⑤《回归法》形式上源于犹太教的相关宗教信条，旨在满足以色列建国初期的客观需要。《回归法》的颁布，提供

---

① Sachar, H.M., *A History of Israel*, pp.377—378.

② Yapp, M.E., *The Near East since the First World War*, p.289.

③ Ochsenwald, W., *The Middle East: A History*, p.572.

④ Sachar, H.M., *A History of Israel*, p.395.

⑤ Bregman, A., *A History of Israel*, p.75.

了犹太人移居以色列国的法律基础,进而敞开了犹太人移居以色列国的大门。

1948—1953年是犹太人移居以色列国的第一个高峰。1948年,10万犹太人移居以色列国。1949年,25万犹太人移居以色列国。1948—1951年,以色列新增犹太人移民69万,以色列的犹太人总数达到140万。①1948年,以色列的犹太人约占世界犹太人总数的6%;1953年,以色列的犹太人在世界犹太人总数中所占的比例上升为13%。②此间,相当数量的犹太人移民被以色列政府安置于1948年中东战争后阿拉伯人遗弃的城市,更多的犹太人移民生活在称作麦阿巴拉的新定居点。至1952年底,以色列政府兴建113处新定居点,安置犹太人移民25万。③

1954—1957年是犹太人移居以色列国的第二个高峰时期。1954年移居以色列国的犹太人为1.8万,1955年移居以色列国的犹太人为3.7万,1956年移居以色列国的犹太人为5.6万,1957年移居以色列国的犹太人为7.2万。④1948年建国之初,以色列约有人口80万。⑤1958年,本-古里安宣布,以色列人口达到200万。⑥

1961—1964年是犹太人移居以色列国的第三个高峰,此间移居以色列国的犹太人达到近20万。⑦

1993年,包括东耶路撒冷和戈兰高地在内的以色列国总人口达到400万,其中83%是犹太人。大批移民的涌入是以色列犹太人数量增长的主要原因。⑧

以色列人口数量的增长,形成住房和就业的巨大压力,进而导致犹太人移民的逆向运动。1948—1973年,移居以色列国的犹太人与自以色列移居海外的犹太人比例为6∶1;1973—1989年,移居以色列国的犹太人与自以色列移居他国的犹太人比例为3∶1。1948—1952年,约4万犹太人自以色列移居海外。至1989年,共计约50万犹太人自以色列移居海外,其中大都移居美国和西欧诸国。⑨

---

① Owen, R., *A History of Middle East Economies in the Twentieth Century*, p.178.

② Sachar, H.M., *A History of Israel*, p.403.

③ Bregman, A., *A History of Israel*, p.72.

④ Sachar, H.M., *A History of Israel*, p.415.

⑤⑧ Yapp, M.E., *The Near East since the First World War*, p.280.

⑥ Ochsenwald, W., *The Middle East: A History*, p.544.

⑦ Sachar, H.M., *A History of Israel*, p.516.

⑨ Yapp, M.E., *The Near East since the First World War*, p.281.

阿什肯纳兹与塞法尔迪

自19世纪末至战后初期,移居巴勒斯坦的犹太人主要来自欧洲诸国。以色列建国初期,犹太人移民大都是来自东欧纳粹集中营的大屠杀幸存者,是为以色列的欧裔犹太人,称作阿什肯纳兹。

进入50年代,欧裔犹太人的移民数量逐渐下降,称作塞法尔迪的亚非裔犹太人移民数量呈明显上升的趋势。亚非裔犹太人主要来自穆斯林人数居多的阿拉伯世界、土耳其、伊朗、阿富汗以及南亚的印度。1939年,约170万犹太人生活在上述地区,占世界犹太人总数的11%。①1948—1950年,约5万犹太人自也门移居以色列国。1950—1951年,超过12万犹太人自伊拉克移居以色列国。②1954—1957年,移居以色列国的犹太人主要来自北非的突尼斯和摩洛哥;至1958年,自突尼斯和摩洛哥移居以色列国的犹太人达到16万。③60年代中期,分布在中东地区的犹太人大都移居以色列国。④1948年,亚非裔犹太人仅占以色列总人口的11%;1967年,亚非裔犹太人超过欧裔犹太人,占以色列犹太人总数的55%。⑤

身着传统服饰的赛法尔迪人

80年代,约70万犹太人自苏联移居以色列国⑥。1990年苏联解体后,另有40万犹太人自前苏联境内移居以色列国⑦。2000年,来自埃塞阿比亚的犹太人移民达到5万人。⑧

称作阿什肯纳兹的欧裔犹太人与称作塞法尔迪的亚非裔犹太人分别来

---

① Sachar, H.M., *A History of Israel*, p.397.

② Bregman, A., *A History of Israel*, p.72.

③ Sachar, H.M., *A History of Israel*, p.415.

④ Yapp, M.E., *The Near East since the First World War*, p.280.

⑤ Sachar, H.M., *A History of Israel*, p.538.

⑥ Bregman, A., *A History of Israel*, p.225.

⑦ Peretz, D., *The Middle East Today*, p.328.

⑧ Bregman, A., *A History of Israel*, p.230.

自不同的社会环境,在诸多方面存在明显的差异。先期移居巴勒斯坦的欧裔犹太人构成以色列建国的主导力量,长期控制以色列的议会、政府和经济活动。相比之下,亚非裔犹太人大都在 1947 年建国之后移居以色列,处于以色列国家和社会的边缘地带。欧裔犹太人普遍具有良好的教育背景,经济境况较好;亚非裔犹太人大都缺乏良好的教育背景,经济境况较差。50 年代,欧裔犹太人移民大都被安置于北部原有的城市,亚非裔犹太人则被安置于乡村和南部内格夫沙漠边缘的新定居点。①

60 年代之前,以色列的犹太人以欧裔犹太人居多,犹太人内部尚无明显的贫富差距。进入 60 年代,特别是第三次中东战争以后,亚非裔犹太人的数量逐渐超过欧裔犹太人,亚非裔犹太人与欧裔犹太人之间的贫富差距日趋扩大。1960—1973 年,亚非裔犹太人的人均年收入不及欧裔犹太人的二分之一。②1967 年,约占以色列总人口 20%的 12 万户犹太人处于贫困状态,其中 83%系亚非裔犹太人。60 年代后期,83%的欧裔犹太人平均每 2 人拥有 1 间住房;相比之下,只有 49%的亚非裔犹太人达到同样的居住标准。1969 年,亚非裔犹太人在以色列劳动力总数中所占的比例高达 34%,在政府职员和白领中所占的比例却分别只有 16%和19%。③尽管如此,议会民主制的政治框架,提供了亚非裔犹太人角逐政坛进而改善经济社会境况的重要条件。自 70 年代开始,亚非裔犹太人在以色列政坛的影响逐渐扩大。1969—1981 年,工党的亚非裔犹太人支持率从 51%下降为 25%,利库德集团的亚非裔犹太人支持率从 32%上升为 60%。1977 年和 1981 年,亚非裔犹太人普遍支持利库德集团,导致工党在议会竞选中的失败。④

中东和平进程

所谓中东和平进程,特指阿以双方全面结束战争状态的历史进程。1977 年 6 月,利库德集团领导人贝京出任以色列总理。同年 8 月,贝京在访问罗马尼亚期间,通过齐奥赛斯库总统邀请埃及总统萨达特访问以色列。9 月,以色列外长达扬与埃及副总理哈桑·托哈米在摩洛哥首都拉巴特秘密会晤,

---

① Bregman, A., *A History of Israel*, p.94.

② Yapp, M.E., *The Near East since the First World War*, p.281.

③ Sachar, H.M., *A History of Israel*, p.540.

④ Peretz, D., *The Middle East Today*, p.329.

商讨萨达特总统访问以色列的相关事宜。[①] 11月，萨达特总统访问耶路撒冷，在以色列议会发表演讲，呼吁在以色列军队撤出被占阿拉伯领土和承认巴勒斯坦人权利的基础上全面实现阿以和平。[②]萨达特是首位访问以色列的阿拉伯国家领导人，萨达特总统访问耶路撒冷标志着阿以关系的重大转折，中东和平进程的序幕由此掀开。

贝京一家

戴维营协议签订后的萨达特与贝京

1978年9月，在美国总统卡特的斡旋下，埃及总统萨达特与以色列总理贝京在戴维营达成初步协议，埃以之间首先结束战争状态，暂时搁置巴勒斯坦地位、耶路撒冷归属和戈兰高地问题的争议。1979年3月，萨达特总统与贝京总理在华盛顿正式签署协议，以色列政府承诺在1982年以前将第三次中东战争期间占领的西奈半岛归还埃及，埃及政府宣布与以色列建立外交关系并向以色列开放苏伊士运河和蒂朗海峡，联合国维和部队进驻埃以边界监督和平协议的执行。[③]戴维营协议和华盛顿协议的签署，奠定了中东和平进程的

① Bregman, A., *A History of Israel*, p.171.

②③ Ochsenwald, W., *The Middle East: A History*, p.566.

重要政治基础。

1984 年，利库德集团与工党组成联合政府，致力于推动以色列与约旦的和平进程。1987 年 4 月，时任以色列外长的工党领导人佩雷斯与约旦国王侯赛因签署伦敦协议，双方同意在接受联合国第 242 号决议和第 338 号决议的基础上举行和谈。1994 年 5 月，拉宾与侯赛因国王在伦敦举行秘密会晤。同年 7 月，拉宾与侯赛因国王在华盛顿发表共同宣言，双方正式结束战争状态。10 月，双方签署和平协议，建立外交关系。①

叙利亚是阿拉伯世界毗邻以色列的重要国家。1991 年马德里和会结束后，拉宾领导的以色列政府开始寻求与叙利亚政府举行和谈。叙利亚政府坚持以色列必须遵守联合国第 242 号决议即从戈兰高地撤军作为先决条件，以色列政府坚持以和平换和平作为谈判的基础。1992 年，拉宾领导的以色列政府作出让步，试图通过从戈兰高地撤军换取双方的永久和平。②

1999 年 12 月，美国总统克林顿、以色列总理巴拉克与叙利亚外长法鲁格·沙拉在白宫就领土、安全、水资源、外交关系、经济合作等问题举行三方会谈。2000 年 1 月，巴拉克率领的以色列代表团与法鲁格·沙拉率领的叙利亚代表团再次在美国举行会谈。叙利亚要求以色列归还戈兰高地直至死海沿岸，遭到以色列的拒绝。随后，巴拉克提出建议，以色列军队撤出 1967 年占领的戈兰高地，同时用其他土地换取叙利亚放弃获得死海沿岸土地及水源的要求，作为实现叙以关系正常化的条件。2000 年 3 月，克林顿与阿萨德在日内瓦举行会谈，然而阿萨德拒绝接受巴拉克的建议。③

1991 年 10 月，美国、俄罗斯、沙特阿拉伯、以色列、叙利亚和巴解组织的代表在马德里召开会议，初步确定以色列政府与巴解组织举行和谈的政治框架。1992 年，以色列的工党政府与巴解组织的代表在伦敦和奥斯陆进行非官方的秘密接触，继而在华盛顿首先就加沙的地位问题举行正式和谈。1993 年 5 月，以色列政府与巴解组织的代表在奥斯陆达成协议，双方同意此后 5 年作为过渡期，由巴解组织组建临时过渡政府，负责管理第三次中东战争后以色列军队占领的约旦河西岸和加沙地带，直至在约旦河西岸和加沙地带举行大选，暂时搁置耶路撒冷归属问题的争议。④

---

① Bregman, A., *A History of Israel*, pp.213—214, p.251.

② Bregman, A., *A History of Israel*, p.244.

③ Bregman, A., *A History of Israel*, pp.265—267.

④ Gelvin, J.L., *The Modern Middle East: History*, p.275.

1986 年的拉宾

1993 年 9 月，以色列总理拉宾与巴解组织领导人阿拉法特在美国的戴维营签署和平协议，以色列政府同意巴解组织在加沙地带和约旦河西岸城市杰里科组建自治政府，以色列政府与巴解组织正式相互承认对方的合法地位，是为加沙-杰里科自治协议，亦称奥斯陆协议。奥斯陆协议签署后，俄罗斯和中国等国相继与以色列建立外交关系。①

1994 年 5 月，拉宾与阿拉法特在埃及共同发表开罗宣言，以色列政府将分阶段向巴解组织移交约旦河西岸和加沙地带的行政权力，直至完成从约旦河西岸和加沙地带的撤军行动。同年 7 月，阿拉法特和巴解组织领导机构自突尼斯移至加沙地带，筹建巴勒斯坦自治政府。1995 年 10 月，以色列军队撤出除希布伦外的约旦河西岸 6 座城市。②

1996 年 5 月，内塔尼亚胡出任以色列总理，拒绝接受奥斯陆协议，中东和谈陷入停滞状态。同年底，内塔尼亚胡领导的以色列政府与巴解组织签署希布伦协议，以色列政府承诺将 10 万巴勒斯坦人生活的希布伦大部分城区移交巴解组织，希布伦的小部分城区和 400 处犹太人定居点继续处于以色列政府的保护之下；与此同时，以色列政府承诺释放巴勒斯坦囚犯和通过谈判解决巴勒斯坦的永久地位问题，巴解组织承诺修改巴勒斯坦民族宪章，删除其中反对以色列的内容、扩大与以色列的安全合作、制止巴勒斯坦人的反以暴力活动、没收巴勒斯坦人的非法武器。1997 年 1 月，以色列议会以 87 票赞成、17 票反对和 15 票弃权的表决结果通过希布伦协议。③

1997 年 2 月，内塔尼亚胡政府决定在耶路撒冷西南部巴以双方存在争议的哈尔霍马地区修建 6 500 座住房作为犹太人的定居点。随后，哈马斯在耶路撒冷发动炸弹袭击，以色列政府则宣布冻结执行第二次奥斯陆协议并试图暗杀约旦境内的哈马斯领导人哈立德 · 马沙勒。④

① Bregman, A., *A History of Israel*, p.249.
② Bregman, A., *A History of Israel*, p.252.
③ Bregman, A., *A History of Israel*, pp.255—256.
④ Bregman, A., *A History of Israel*, p.257.

1998年10月,内塔尼亚胡与阿拉法特在美国签署怀伊协议,以色列政府承诺继续从约旦河西岸撤军,巴解组织承诺制止巴勒斯坦人的暴力袭击,双方恢复关于巴勒斯坦永久地位的谈判。1999年5月,时任以色列总理的工党领导人巴拉克与阿拉法特在埃及签署沙姆沙伊赫备忘录,批准怀伊协议,制定巴以和谈的时间表。①

2000年7月,美国总统克林顿邀请巴拉克与阿拉法特在戴维营举行会晤,巴拉克试图通过进一步归还领土实现与巴勒斯坦的永久和平,阿拉法特则要求建立独立的巴勒斯坦国、解决难民回归问题、控制约旦河西岸和加沙、明确耶路撒冷东区作为巴勒斯坦国首都,双方谈判破裂。②

2000年9月,沙龙视察耶路撒冷的圣殿山,引发巴勒斯坦人的第二次起义。2001年2月,巴拉克辞职,沙龙以62%的选票当选以色列总理。沙龙放弃长期以来的巴以和谈,致力于高压政策,对于约旦河西岸和加沙的巴勒斯坦控制区采取军事打击,巴以局势骤然紧张。③

六、 新月地带的经济社会变迁

农业市场化进程的启动

自19世纪中叶起,伊拉克的交通环境逐渐改善,现代交通体系初步建立。1835年,蒸汽船开始航行于底格里斯河和幼发拉底河水域。④1869年苏伊士运河通航后,欧洲开通前往波斯湾水域的定期航线,伊拉克与欧洲之间的贸易交往明显扩大。1870年,第一艘英国商船经苏伊士运河抵达波斯湾港口城市巴士拉。⑤巴格达铁路始建于奥斯曼帝国末期。20世纪30年代,自巴士拉经巴格达至基尔库克的铁路建成通车,公路长度超过7 000公里,其中铺面公路达到1 000公里,伊拉克南部与北部之间的联系进一步密切。⑥

随着交通环境的逐渐改善和现代交通体系的初步建立,伊拉克的经济生

---

① Bregman, A., *A History of Israel*, p.260, p.264.

② Bregman, A., *A History of Israel*, p.271.

③ Ochsenwald, W., *The Middle East: A History*, pp.578—579.

④ Yapp, M.E., *The Making of the Modern Near East 1792—1923*, p.143.

⑤ Owen, R., *The Middle East in the World Economy 1800—1914*, p.183.

⑥ Hershlag, Z.Y., *Introduction to the Modern Economic History of the Middle East*, p.261.

巴格达铁路

活开始出现变动的迹象。南部港口城市巴士拉取代北部自摩苏尔通往阿勒颇和大马士革的传统商路，成为伊拉克产品进入国际市场的主要贸易枢纽。19世纪后期，伊拉克的进出口贸易额急剧上升，羊毛和谷物取代椰枣成为伊拉克主要的出口商品，英国取代印度成为伊拉克最重要的贸易对象。1864年，伊拉克的进出口贸易额分别为29万英镑和9万英镑。1880—1913年，伊拉克的进口贸易额从79万英镑增至317万英镑，出口贸易额从94万英镑增至270万英镑。1888—1913年，伊拉克经海路出口的椰枣从4万吨增至6.8万吨，小麦从1.2万吨增至1.7万吨，大麦从1.1万吨增至6.7万吨。[①]1861—1913年，伊拉克年出口谷物从14万英镑增至800万英镑。[②]进出口贸易额的上升，特别是农作物出口的增长，反映出自19世纪后期开始伊拉克农业生产的长足进步和农业市场化程度的提高，封闭和自给的传统农业模式逐渐衰落。国际市场的扩大以及交往环境的改善，构成导致自19世纪后期开始伊拉克农业生产长足进步和促使传统农业模式逐渐衰落的直接动力。

相比于新月地带东南部和毗邻波斯湾的伊拉克，位于新月地带西北部和

---

① Owen, R., *The Middle East in the World Economy 1800—1914*, pp.182—183, p.275.

② Sluglett, M.F. & Sluglett, P., *Iraq Since 1958: From Revolution to Dictatorship*, p.3.

地中海东岸的叙利亚与欧洲基督教世界的交往由来已久。拉塔基亚自17世纪种植烟草,出口欧洲市场。[①]进入19世纪以后,欧洲基督教诸国相继在叙利亚设立领事馆,叙利亚与欧洲基督教世界之间的经济交往明显扩大,农产品出口迅速增长。[②]

叙利亚农业生产的市场化进程表现为经济作物种植面积的扩大和产量的提高,生丝、棉花和烟草构成叙利亚出口欧洲基督教世界的主要商品。1861—1880年,叙利亚的生丝年产量从96万公斤增至250万公斤;1913年,叙利亚的生丝产量达到560万公斤,占叙利亚出口商品的四分之一。棉花主要种植于叙利亚北部阿勒颇与沿海之间的山区,1885年产量100万公斤,20世纪初达到200万公斤,其中三分之一经伊斯肯德伦出口欧洲市场。与此同时,欧洲基督教世界的工业品经伊斯肯德伦和拉塔基亚等沿海港口进入叙利亚市场,叙利亚与欧洲基督教世界诸国之间的贸易额呈明显上升的趋势。[③]

由于特定的自然环境,沿海地区的农业市场化程度明显高于内陆地区,由此形成沿海与内陆之间经济生活的巨大差异。沿海地区的农作物呈多元化结构,包括烟草、橄榄、柠檬和棉花在内的经济作物在农作物中所占的比例较高。相比之下,内陆地区的农作物呈相对单一结构,普遍种植包括小麦和大麦在内的粮食作物。[④]

黎巴嫩山区和沿海平原人口稠密,耕地匮乏,农民大都种植经济作物,粮食供应长期依赖于外部市场。17世纪初,法赫尔丁将桑树种植技术和生丝加工技术引入黎巴嫩山区,鼓励种植桑树和加工生丝。此后,生丝成为黎巴嫩山区出口国际市场的重要商品;农民普遍种植桑树,养殖蚕茧。商人收购蚕茧,雇佣手工业者加工生丝。[⑤]进入19世纪,在黎巴嫩山区以及贝卡谷地和沿海平原,桑树种植面积超过2万公顷,桑树总数达到4 000万株,其中黎巴嫩山区的桑树种植面积1.4万公顷,桑树2 800万株。[⑥]

黎巴嫩山区是大叙利亚最重要的生丝产地。19世纪60年代,大叙利亚五分之四的生丝来自黎巴嫩山区,其中三分之一出口法国。19世纪末,约占

---

① Owen, R., *The Middle East in the World Economy 1800—1914*, p.29.

② Yapp, M.E., *The Making of the Modern Near East 1792—1923*, p.132.

③ Owen, R., *The Middle East in the World Economy 1800—1914*, p.156, p.250, p.260.

④ Owen, R., *The Middle East in the World Economy 1800—1914*, p.247, p.29.

⑤ Traboulsi, F., *A History of Modern Lebanon*, p.8.

⑥ Kedourie, E. & Haim, S.G., *Essays on the Economic History of the Middle East*, London 1988, p.21.

黎巴嫩山区人口二分之一的 5 万农户种桑养蚕，约 45%的耕地种植桑树，生丝的出口占黎巴嫩山区出口额的50%。[①]桑树种植面积的扩大导致谷物种植面积的减少，三分之二的粮食和饲料依赖于贝卡谷地和叙利亚内陆的供应。[②]

自 19 世纪中叶起，生丝构成黎巴嫩山区出口国际市场的主要商品，生丝的出口成为沟通黎巴嫩山区与国际市场的主要贸易纽带。随着国际市场生丝价格的不断上涨，黎巴嫩山区生丝的产量明显增长。黎巴嫩山区的生丝加工企业，1850 年不足 10 家，1880 年增至近百家。[③]黎巴嫩山区的生丝加工企业大都由土著商人经营，亦有少量企业由法国人经营。1827 年，34 家生丝加工企业中，21 家属于土著商人。1862 年，44 家生丝加工企业中，33 家属于土著商人。[④]1867 年，生丝加工企业 67 家，其中规模最大的 7 家属于法国商人。1885 年，生丝加工企业 105 家，其中 5 家属于法国商人；生丝加工企业雇佣 1.5 万名工人，其中 1.2 万人为女工；生丝加工企业的工人主要来自基督徒，包括马龙派 8 500 人，天主教徒和东正教徒各 2 500 人。[⑤]贝鲁特的生丝出口额，1850 年约 240 万法郎，1857 年增至 979 万法郎，增长幅度达到400%。[⑥]生丝产量的增长导致流通领域的活跃和交换关系的扩大，货币地租逐渐取代传统的实物地租。随着生丝加工规模的扩大，纺织业亦经历长足的进步。19 世纪 80 年代，黎巴嫩山区约有 30 家纺织工场，雇佣纺织工人 4 200 人。“二战”前夕，黎巴嫩的 900 家工业企业雇佣工人约 2 万人，其中丝织企业雇佣工人达到 1.4 万人，约占黎巴嫩全部劳动力的 12%。[⑦]

地权运动与土地兼并

伊拉克作为新月地带最重要的农业国，经历剧烈的地权运动与土地兼并的过程。在 19 世纪的伊拉克，奥斯曼帝国的苏丹只是名义上的最高土地所有者，部族拥有对于土地的实际支配权。米扎特帕夏于 1869—1872 年出任巴格达总督期间，引入奥斯曼帝国 1858 年颁布的土地法，推行非国有化的地

---

① Owen, R., *The Middle East in the World Economy 1800—1914*, p.157, p.249.

②⑤ Traboulsi, F., *A History of Modern Lebanon*, p.46.

③ Owen, R., *The Middle East in the World Economy 1800—1914*, p.157.

④ Gaspard, T., *A Political Economy of Lebanon 1948—2002*, p.45.

⑥ Owen, R., *The Middle East in the World Economy 1800—1914*, p.155.

⑦ Gaspard, T., *A Political Economy of Lebanon 1948—2002*, pp.45—51.

权政策,向从属于部族的农民征纳赋税,试图塑造小农作为新的纳税人阶层,排斥部族支配土地的传统权力,进而扩大政府的赋税来源。由于部族传统的根深蒂固和部族舍赫的抵制,米扎特帕夏的改革举措成效甚微。1914 年"一战"前夕,伊拉克 80% 的土地系奥斯曼帝国的米里,名义上处于国有的状态。①

"一战"结束后的君主制时代,伊拉克的地权运动表现为国家土地所有权的衰落、部族土地支配权的削弱和私人土地所有权的扩展,大量的国有土地和部族共有地演变为私人地产,而地权运动的逻辑结果是土地兼并的加剧和大地产的膨胀。

伊拉克的大地产主要分布在南部的什叶派地区,最典型的大地产集中于阿马拉和库特两省。在 1951 年的阿马拉省,8 个最大的舍赫家族拥有全部耕地的 53%, 19%的耕地属于另外 18 个舍赫家族。1952 年,库特省超过 50 万英亩的耕地成为穆希亚部落亚辛家族和拉比尔部落阿米尔家族的私人地产。②在巴格达省,官僚和商人竞相购置地产,进而加入大地产主的行列。

据统计,1958 年革命前夕,伊拉克共有土地所有者 25 万余户,耕地面积约为 3 215 万杜诺姆,其中地产面积不足 1 杜诺姆的农户 2.3 万户,占农户总数的 9.12%,占有全部耕地的 0.03%;地产面积超过 2 万杜诺姆的大地产主 128 户,占农户总数的 0.05%,占有全部耕地的 19.12%;地产面积超过 5 万杜诺姆的大地产主 33 户,占农户总数的 0.01%,占有全部耕地的 9.8%;地产面积超过 10 万杜诺姆的大地产主 8 户,占农户总数的 0.003%,占有全部耕地的4.43%。③另据相关资料统计,1958 年革命前夕,耕地面积超过 1 000 杜诺姆的大地产主 2 480 户,约占土地所有者总数的 1%,拥有耕地 1 770 万杜诺姆,占伊拉克全部私人地产的 55%,其中 49 个最大的地产主拥有耕地 540 万杜诺姆,占伊拉克全部私人地产的 17%;④相比之下,耕地面积不足 50 杜诺姆的小土地所有者,占土地所有者总数的 73%,却只拥有全部私人地产的 6%, 60 万农户处于无地的状态。⑤

国家土地所有制的衰落和部族共同所有权的削弱,导致农民地位的日趋

---

① Yapp, M.E., *The Making of the Modern Near East 1792—1923*, p.143.

② Sluglett, M.F. & Sluglett, P., *Iraq Since 1958: From Revolution to Dictatorship*, pp.31—32.

③ Marr, P., *The Modern History of Iraq*, p.136.

④ Gerber. H., *The Social Origins of the Modern Middle East*, p.95.

⑤ Beinin, J., *Workers and Peasants in the Modern Middle East*, p.120.

恶化。随着地权的运动和土地兼并的加剧，越来越多的部族成员逐渐丧失共同支配土地的传统权利，转化为依附于地主的分成制农民。1958 年革命前夕，分成制农民占伊拉克南部乡村农户总数的 53%，占伊拉克中部乡村农户总数的 30%，占伊拉克北部乡村农户总数的 17%。在分成制的条件下，农民缴纳的实物地租通常占全部收成的 30%—50%。①在地主提供机械灌溉的土地，分成制农民缴纳的实物地租甚至超过全部收成的七分之五。②

叙利亚作为新月地带另一最重要的农业国，亦曾经历剧烈的地权运动与土地兼并的过程。根据相关资料的统计，土地改革前的 1952 年，占有耕地超过 100 公顷的大地产主约占农户总数的 1%，超过 100 公顷的大地产占全部耕地的 50%；占有耕地 10—100 公顷的中等地产主约占农户总数的 9%，10—100 公顷的中等地产主占全部耕地的 37%；占有耕地不足 10 公顷的小农约占农户总数的 30%，不足 10 公顷的小地产主占全部耕地的 13%；无地农民约占农户总数的 60%。③

土地改革

在君主制时代的伊拉克，国王和达官显贵拥有大量的地产，地主阶级操纵国家机器，土地构成维系政府与社会精英的主要纽带。土地兼并的加剧和大地产的膨胀无疑不利于扩大政府财源和增加国家岁入，分成制的传统租佃方式严重阻碍着现代经济的发展。然而，议会长期处于大地产主的控制之下，议会颁布的法律和政府推行的举措极力维护地主阶级的既得利益，土地改革的相关法案屡遭否决。④进入 50 年代，君主制政府开始着手实施土地改革，主要是向无地农民分配国有荒地，旨在缓解乡村普遍的贫困状态和农民的不满情绪，消除潜在的政治隐患。1952 年，在库特省分配国有荒地 210 万杜诺姆。至 1958 年，约 5.3 万农户获得政府分配的国有荒地。⑤

1958 年嘎希姆政权建立后，废除君主制时代颁布的耕作者权利义务法和部族仲裁法，否定农民依附于地主的传统地位，强调公民服从国家的法律

---

① Sluglett, M.F. & Sluglett, P., *Iraq Since 1958: From Revolution to Dictatorship*, p.34.

② Peretz, D., *The Middle East Today*, p.432.

③ Hinnebusch, R., *Syria: Revolution from Above*, p.120.

④ Gerber, H., *The Social Origins of the Modern Middle East*, p.95.

⑤ Marr, P., *The Modern History of Iraq*, p.132.

原则,旨在强化政府对于部族的控制。[1]1958 年 9 月,嘎希姆政权通过土地改革法案,宣布土地改革的目的在于废除封建生产关系和解放农民。[2]嘎希姆政权通过的土地改革法案,参照 1952 年埃及土地改革的模式,规定私人占有耕地的最高限额为人工灌溉的耕地(水浇地)1 000 杜诺姆或自然灌溉的耕地(雨浇地)2 000 杜诺姆,超过最高限额的私人土地由政府征购,政府发行 20 年期限的公债作为对于征购地主土地的补偿;政府征购的土地按照人工灌溉土地 30—60 杜诺姆和自然灌溉土地 60—120 杜诺姆的单位面积出售给农民,农民支付的地价为征购价加 20% 的手续费和 3% 的利息,在 20 年内偿还;土地的征购和分配在 5 年内完成,由内阁成立专门机构负责监管;农民购置政府出售的土地后,必须加入农业合作社;租种地主土地的农民所得不应少于全部收成的 55%—70%;宗教地产瓦克夫不在土地改革的范围之内。[3]根据 1958 年土地改革法的规定,需要重新分配的耕地共计 850 万杜诺姆。[4]至 1963 年政变前夕,政府共计征购 450 万杜诺姆土地,其中 150 万杜诺姆土地出售给农民。[5]由于缺乏相应的执行机构和政府提供的低息贷款,土地的购买者主要是中等农民,无地农民购买者寥寥无几。嘎希姆政权实行土地改革的目的,在于铲除君主制时代传统秩序的社会基础。然而大地产主依旧控制乡村社会和农业生产,无地农民的境况并未得到明显的改善。[6]

1963 年阿里夫政权建立后,继续推行土地改革;1963—1966 年,政府征购耕地共计 510 万杜诺姆,其中 100 万杜诺姆耕地出售给 4.6 万户农民,280 万杜诺姆耕地作为国有土地出租农民耕种。1966—1968 年,政府征购耕地共计 350 万公顷,其中 140 万公顷分配给农民。[7]

1970 年 5 月,巴克尔政权颁布第 117 号法令,再次宣布实行土地改革,降低私人占有土地的最高限额;超过最高限额的私人土地,政府不再实行征购政策,无偿没收。[8]1975 年伊拉克政府平息库尔德人反叛后,土地改革的范围延伸到北部地区,400 万杜诺姆超过最高限额的私人耕地被政府没收。至此,自 1958 年开始的土地改革重新分配耕地约占伊拉克全部耕地的二分之

---

①③　Marr, P., *The Modern History of Iraq*, p.170.

②　Haj, S., *The Making of Iraq*, p.121.

④　Owen, R., *A History of Middle East Economies in the Twentieth Century*, p.164.

⑤　Marr, P., *The Modern History of Iraq*, p.171.

⑥　Tripp, C., *A History of Iraq*, p.155.

⑦　Owen, R., *A History of Middle East Economies in the Twentieth Century*, p.165.

⑧　Marr, P., *The Modern History of Iraq*, p.240.

一。至1981年,26.4万户农民通过土地改革而获得耕地共计1 000万杜诺姆。①

嘎希姆政权、阿里夫政权和巴克尔政权的土地改革,导致伊拉克地权分布的明显变化。至1973年,地产超过200杜诺姆的农户占农户总数的1.6%,占有全部耕地的26.4%,地产不足40杜诺姆的农户占农户总数的62%,占有全部耕地的23%;与此同时,40—200杜诺姆的中等地产主呈上升趋势,占农户总数的27.5%,占有全部耕地的51%。②1958年,拥有土地的农户仅占农户总数的15%;1971年,在全部400万农户中,95%的农户拥有土地。③

20世纪60年代,伊拉克实行的土地改革主要局限于大地产相对集中的南部。至70年代,伊拉克的土地改革范围延伸到中部和北部地区。与此同时,合作社的数量呈明显上升的趋势。1968年,伊拉克共有合作社473个,加入合作社的农民为6.3万户。④1979年,合作社达到2 000个,加入合作社的农民达到35.5万户。⑤70年代初,复兴党政权推行国有化的经济举措,创办集体农庄和国营农场。1972年,建成集体农庄6处,耕地面积2.4万杜诺姆,加入集体农庄的农民490户。1976年,集体农庄增至79处,耕地面积53.4万杜诺姆,加入集体农庄的农民达到9 850户。1981年,复兴党政权废除集体农庄发展纲领,鼓励私人投资农业领域,在国有耕地创办合资性质的农业公司。此后,集体农庄数量锐减,至1983年仅剩17处集体农庄,集体农庄成员749户。⑥1987年,复兴党政权宣布解散国营农场。⑦80年代初,国有土地约占全部耕地的50%。1989年,88%的耕地属于私人所有,11%的耕地由政府出租私人经营,只有1%的耕地由政府直接经营。⑧

土地改革尽管导致地权的明显变化,加速封建主义生产关系的衰落进程,却未能成为促进农业生产的积极因素。80年代初,伊拉克的耕地面积约2 200万杜诺姆,年均播种面积占耕地总面积的60%;农业构成劳动力总量

---

①⑤ Owen, R., *A History of Middle East Economies in the Twentieth Century*, p.167.

② Marr, P., *The Modern History of Iraq*, p.278.

③⑦ Yapp, M.E., *The Near East since the First World War*, p.236.

④ Marr, P., *The Modern History of Iraq*, p.241.

⑥ Marr, P., *The Modern History of Iraq*, pp.241—242.

⑧ Hopkins, N.S. & Ibrahim, S.E., *Arab Society: Class, Gender, Power and Development*, Cairo 1997, p.368.

最大的经济部门,占全部劳动力的42%。[①]然而,由于农业投资的不足,加之城市化进程导致农业劳动力的严重短缺,农业生产长期停滞不前,农作物产量增长缓慢,明显落后于人口增长的速度。根据相关资料的统计,1964—1982年,主要农作物小麦、大麦和水稻的总产量仅从161万吨增至203万吨,棉花产量从2.9万吨下降为1.4万吨。1958年,伊拉克尚可出口谷物;进入60年代,伊拉克逐渐由出口谷物变为进口谷物。1961年,伊拉克开始停止出口大麦,国内市场40%的小麦和水稻来自进口。1974—1981年,谷物进口增长2.5倍。1982年,谷物进口占伊拉克进口货物总额的15%。[②]

叙利亚大规模的土地改革开始于1959—1962年的阿联时期。1959年颁布的土地改革法规定,私人占有的人工灌溉耕地不得超过80公顷,私人占有的自然灌溉耕地不得超过300公顷,超过规定的部分由政府征购,以人工灌溉耕地8公顷和自然灌溉耕地30公顷为单位向农民出售,农民从政府购置的耕地不得出售和出租,必须由购地者本人耕种,购地者必须加入政府创办的合作社。1963年复兴党政权建立后,进一步限制私人地产,规定私人占有的人工灌溉耕地不得超过50公顷,私人占有的自然灌溉耕地不得超过200公顷。[③]

叙利亚共和国土地改革的主要目的在于铲除旧秩序的社会基础,进而强化国家和政府在乡村农业领域的主导地位。土地改革的直接结果则是地权结构的剧烈变化,即大地产的衰落和中等地产的明显上升趋势。至1969年,4 500户大地产主的150万公顷耕地被政府征购,约占当时全部耕地的17%;10万户小农获得政府征购的45万公顷耕地以及政府在加卜河流域开垦的43万公顷耕地。[④]土地改革后的1970年,占有耕地超过100公顷的大地产主约占农户总数的0.5%,超过100公顷的大地产占全部耕地的17%;占有耕地10—100公顷的中等地产主约占农户总数的15%,10—100公顷的中等地产占全部耕地的59%;占有耕地不足10公顷的小地产主约占农户总数的48%,不足10公顷的小地产占全部耕地的24%;无地农民约占农户总数的36%。[⑤]另据资料统计,1960—1970年,小农阶层在总人口中所占的比例从

---

① Owen, R., *A History of Middle East Economies in the Twentieth Century*, p.169.

② Marr, P., *The Modern History of Iraq*, p.260, p.171, p.259.

③ Yapp, M.E., *The Near East since the First World War*, pp.257—258.

④ Perthes, V., *The Political Economy of Syria under Asad*, p.81.

⑤ Hinnebusch, R., *Syria: Revolution from Above*, p.120.

27.4%上升为41.5%,乡村土地贵族在总人口中所占的比例从4.5%下降为0.6%,乡村无地农民在总人口中所占的比例从20.5%下降为8.9%。[1]1980年,政府颁布新的土地法,进一步限制私人地产的面积,4.3万公顷土地被政府征购,由农民租种。[2]

叙利亚土地改革的相关举措推动乡村的合作化进程。至1982年,约三分之一的耕地和三分之二的农户被纳入合作社的范围。[3]官僚化的合作社通过物价控制、信贷发放和农产品购销政策干预农业生产,进而取代传统的土地贵族,成为联结国家与农民的纽带和政府控制乡村社会的政治工具。与此同时,传统土地贵族经历普遍的衰落过程,分成制的租佃方式逐渐废止,农民随之开始摆脱依附状态。

然而,叙利亚自1959年开始的土地改革并未直接导致农业的进步和贫困农民经济境况的改善。小农地产面积有限,财力匮乏,投资严重不足,加之政府控制作物播种和规定收购价格,农民往往入不敷出,债台高筑,直至沦为雇工,或流入城市而导致农业劳动力的严重缺失。相比之下,中等农户投资土地,购置农业机械,采用现代经营模式,提高产量和市场化程度,成为土地改革的受益者,直至取代在外地主成为主导乡村社会的新兴阶层和复兴党政权的社会基础。

阿萨德时代,地权结构渐趋稳定。阿萨德政权实行国有农业与私人地产并重的二元政策,一方面延续复兴党的合作化政策,扶植和巩固小农经济,另一方面鼓励私人投资农业,推广资本主义的经营方式,扩大农业雇佣关系,推动农业的市场化进程。自70年代开始,国有农业、私人地产以及政府与私人合作投资的农业公司构成农业生产的主要形式,新兴农业资产阶级成为政府发展农业生产的重要合作伙伴。[4]

农业生产的发展

君主制时代后期,伊拉克政府逐渐增加农业投资。1951年,政府财政预算中的农业投资为6 500万第纳尔(折合1.8亿美元)。1955年,政府财政预算中的农业投资增至5亿第纳尔(折合14亿美元)。50年代,伊拉克发展董

---

① Hinnebusch, R., *Syria: Revolution from Above*, p.56.

② Perthes, V., *The Political Economy of Syria under Asad*, p.81.

③ Hopwood, D., *Syria 1945—1986*, p.106.

④ Hinnebusch, R., *Syria: Revolution from Above*, p.115.

事会将农业作为首要的投资领域,农业投资约占投资总额的五分之二,主要是投资兴建水利设施。伊拉克的农业生产严重依赖底格里斯河和幼发拉底河的灌溉,水利设施对于农业生产具有至关重要的作用。"一战"之前,伊拉克的主要水利设施只有辛迪耶水坝。"二战"前夕,幼发拉底河中游的哈巴尼耶水坝初步建成。①至 1958 年,巴格达附近的萨尔萨尔水坝、拉马迪附近的幼发拉底河水坝以及北部库尔德人地区扎卜河流域的杜坎水坝和迪亚拉河上游的达尔班迪坎水坝相继完工。②

农业投资增加和水利设施建造的直接结果是耕地面积的扩大。1913 年,伊拉克的耕地面积约为 160 万杜诺姆(1 杜诺姆约合 1 000 平方米)。③君主制时代,推广机械灌溉,耕地面积明显扩大,1943 年为 900 万杜诺姆,1953 年增至 1 370 万杜诺姆,1958 年达到 1 600 万杜诺姆。④与此同时,农作物的种植结构出现明显的变化。谷物和椰枣是伊拉克最重要的传统农作物,长期构成出口国际市场的主要商品。⑤进入 30 年代,经济作物的播种面积逐渐扩大,棉花产量从 1935 年的 5 000 包增至 1939 年的 1.9 万包,烟草产量从 1930 年的 21 吨增至 1939 年的 6 000 吨。⑥在北部和中部地区,棉花取代谷物和椰枣成为最重要的农作物。⑦

君主制时代初期的伊拉克,农作物产量的提高主要是通过扩大耕地面积和增加农民劳动强度,农民大都沿袭传统的耕作方式,采用牲畜牵引的木犁和手工收割。⑧君主制时代后期,随着农产品市场的扩大和农业市场化程度的提高,农业机械逐渐推广。1952—1958 年,包括拖拉机和联合收割机在内的大型农业机械的保有量从 280 台增至 3 200 台。巴格达周围的机耕地产,1952 年为 780 处,1958 年增至 2 220 处。⑨复兴党政权建立后,农业生产的机械化程度进一步提高。70 年代中期,拖拉机的保有量增至 1.4 万台,拖拉机与耕地的比例为 1∶280 公顷;1982 年,拖拉机的保有量达到 3 万台,拖拉机

① Hershlag, Z.Y., *Introduction to the Modern Economic History of the Middle East*, p.266.

② Marr, P., *The Modern History of Iraq*, p.130.

③ Owen, R., *The Middle East in the World Economy 1800—1914*, p.273.

④ Haj, S., *The Making of Iraq 1900—1963*, p.36.

⑤ Issawi, C., *An Economic History of the Middle East and North Africa*, p.31.

⑥ Hershlag, Z.Y., *Introduction to the Modern Economic History of the Middle East*, p.267.

⑦⑨ Haj, S., *The Making of Iraq 1900—1963*, p.51.

⑧ Marr, P., *The Modern History of Iraq*, p.131.

与耕地的比例为 1∶180 公顷。[①]

农业生产在叙利亚的经济生活中占据举足轻重的地位。法国委任统治时期,叙利亚农业的进步主要表现为阿勒颇商人投资北部内陆平原、推广农业机械和扩大棉花的播种面积。相比之下,东北部的贾吉拉位于幼发拉底河左岸,地广人稀,封闭落后,农业生产长期处于停滞不前的状态。[②]

40 年代后期,叙利亚北部阿勒颇和其他城市的商人投资开发贾吉拉地区,推广农业机械,增加棉花的播种面积,扩大货币关系和雇佣劳动,现代农业随之初露端倪。[③]自 50 年代起,叙利亚政府成立国有土地开发公司,增加农业投资,引进灌溉机械,开发贾吉拉地区。贾吉拉地区的耕地面积,1942 年约 2 万公顷,50 年代中期增至 40 万公顷。[④]此后,贾吉拉成为叙利亚的新兴谷仓,代尔祖尔一带种植的棉花主要销往国际市场。[⑤]1968 年,叙利亚政府效仿埃及在尼罗河上游建造的阿斯旺高坝,在幼发拉底河流域建造塔布卡水坝。1973 年,塔布卡水坝合拢,水坝之上形成巨大的湖泊,名为阿萨德湖。1978 年,塔布卡水坝竣工,预计灌溉面积达到 64 万公顷。80 年代中期,叙利亚政府在幼发拉底河右岸兴建引水工程,预计灌溉面积超过 30 万公顷。叙利亚的耕地面积,1938 年为 175 万公顷,1953 年增至 360 万公顷,1969 年达到 590 万公顷。[⑥]1980 年,叙利亚的耕地面积达到 620 万公顷,约占国土面积的 31%,其中三分之二的耕地播种谷物,四分之一的耕地播种棉花。[⑦]耕地面积的迅速增长,明显缓解了城市承受的人口压力。

叙利亚的农业生产主要分布在四个区域。一是南起黎巴嫩边境、北至土耳其边境的沿海平原,主要农作物是包括水果、橄榄、烟草和棉花在内的经济作物。二是奥伦特河谷,亦称加卜河谷。三是主要城市大马士革、霍姆斯、哈马、阿勒颇所在的中部平原和幼发拉底河谷,主要农作物是谷物、水果和棉花。四是东北部的贾吉拉,主要农作物是谷物和棉花。[⑧]1946—1980 年,叙利亚的小麦播种面积从 88 万公顷增至 149 万公顷,大麦播种面积从 37 万公顷

---

① Marr, P., *The Modern History of Iraq*, p.259.

② Peretz, D., *The Middle East Today*, p.416.

③ Antoun, R.T. & Quataert, D., *Syria: Society, Culture and Polity*, p.64.

④ Yapp, M.E., *The Near East since the First World War*, p.100.

⑤ Hinnebusch, R., *Syria: Revolution from Above*, p.26.

⑥ Hopwood, D., *Syria 1945—1986: Politics and Society*, p.108, p.105.

⑦ Ma'oz, M., *Syria Under Assad*, p.38, p.48.

⑧ Ma'oz, M. & Yaniv, A., *Syria Under Assad: Domestic Constraints and Regional Risks*, pp.46—47.

增至92万公顷,棉花播种面积从3万公顷增至19万公顷,果蔬播种面积从18万公顷增至38万公顷。1943—1980年,小麦年产量从60万吨增至145万吨,大麦年产量从28万吨增至63万吨。①

1972年以前,农产品占叙利亚出口商品的二分之一以上,其中棉花占出口商品的三分之一。1974年以后,石油取代棉花,成为最重要的出口商品。1980年,农产品仅占出口商品的13%。进入80年代,国际市场油价下跌,国内市场石油需求增长,农产品特别是棉花再度成为重要的出口商品。1968—1973年,皮棉年产量超过20万吨,1976年下降为15万吨,1980年仅为12万吨。此后,皮棉产量逐渐上升,1983年皮棉年产量增至19万吨,其中出口皮棉13万吨。②

外约旦曾经是阿拉伯世界经济最落后的地区之一,贝都因人的游牧活动举足轻重,农业生产有限。根据1933年的统计,外约旦的耕地面积为460万杜诺姆。③"二战"爆发前夕,耕地面积占外约旦面积的5.1%,灌溉面积占全部耕地的5.6%;超过80%的耕地播种谷物,烟草和水果的种植面积约占全部耕地的20%,小麦年产量约10万吨,大麦年产量约5万吨。④1951—1967年是约旦经济的繁荣时期,政府投资兴修水利,引雅姆克河水灌溉约旦河东岸约4万英亩的土地。⑤60年代初,约旦政府制订第一个国民经济五年发展计划。此间,约旦政府投资3.56亿美元,其中农业投资占三分之一,用于改善约旦河谷的灌溉环境,扩大耕地面积,调整农作物结构,农业市场化水平随之进一步提升。⑥

石油经济

1912年,英国、荷兰和德国共同组建土耳其石油公司,开始在奥斯曼帝国的摩苏尔省勘探石油。"一战"结束后,德国退出土耳其石油公司,法国和美国相继加入土耳其石油公司。1925年,根据国际联盟通过的决议,摩苏尔省划归伊拉克,土耳其石油公司遂改称伊拉克石油公司。⑦

---

① Owen, R., *A History of Middle East Economies in the Twentieth Century*, p.258.

② Ma'oz, M. & Yaniv, A., *Syria Under Assad: Domestic Constraints and Regional Risks*, pp.49—50.

③ Owen, R., *A History of Middle East Economies in the Twentieth Century*, p.62.

④ Hershlag, Z.Y., *Introduction to the Modern Economic History of the Middle East*, pp.267—268.

⑤ Peretz, D., *The Middle East Today*, p.354.

⑥ Robins, P., *A History of Jordan*, pp.112—113.

⑦ Ochsenwald, W., *The Middle East: A History*, p.443.

1927 年,伊拉克石油公司在摩苏尔省的基尔库克发现石油。1931 年,伊拉克政府与伊拉克石油公司签署协议,伊拉克石油公司获得在整个伊拉克东北部地区勘探和开采石油的权利。[1]伊拉克石油公司的石油年产量,1932 年为 12 万吨,1935 年为 370 万吨,1945 年为 460 万吨,1950 年为 650 万吨。[2]基尔库克油田自 1934 年开始经输油管道向地中海东岸港口城市海法和的黎波里出口石油。"二战"结束后,伊拉克石油公司开始在伊拉克南部沿海勘探石油,1949 年建成祖拜尔油田,1953 年建成鲁麦拉油田。1958 年,伊拉克石油公司在伊拉克北部和南部共计拥有 8 处油田,其中北部的基尔库克油田和南部的鲁麦拉油田规模最大。1960 年,南部鲁麦拉油田的石油日产量达到 25 万桶,占伊拉克石油总产量的 25%。[3]

伊拉克石油公司的股份,分别属于英国—伊朗石油公司、荷兰壳牌石油公司、法国石油公司、美国新泽西标准石油公司和摩比尔石油公司。[4]伊拉克的石油工业长期处于外国资本的控制之下,具有明显的外向性。1952 年,伊拉克政府与外国资本控制的伊拉克石油公司签署协议,伊拉克石油公司的利润由伊拉克政府与伊拉克石油公司实行五五制对半分成。[5]

1958 年革命后,嘎希姆政权致力于实现石油国有化的战略目标。伊拉克政府与伊拉克石油公司自 1959 年初举行谈判,1961 年 10 月达成协议,伊拉克石油公司继续拥有北部基尔库克油田的股份,伊拉克政府将南部的鲁麦拉油田收归国有。同年 11 月,伊拉克国家石油公司宣布成立。[6]1969 年,伊拉克政府与苏联政府签署协议,苏联政府承诺援助伊拉克政府在南部沿海勘探油田和开采石油,在波斯湾港口城市法奥兴建炼油厂。[7]1972 年,伊拉克政府将伊拉克石油公司及其控制的北部基尔库克油田收归国有,伊拉克的石油国有化进程宣告结束。[8]

石油的开采导致伊拉克政府岁入结构的明显变化。伊拉克王国建立初期,土地税构成政府岁入的主要来源,约占政府岁入的 40%;1958 年,土地

① Tripp, C., *A History of Iraq*, p.71.
② Owen, R., *A History of Middle East Economies in the Twentieth Century*, p.248.
③ Marr, P., *The Modern History of Iraq*, pp.128—129.
④ Marr, P., *The Modern History of Iraq*, p.129.
⑤ Elliot, M., *Independent Iraq: The Monarchy and British Influence 1941—1958*, p.32.
⑥ Marr, P., *The Modern History of Iraq*, p.174.
⑦ Tripp, C., *A History of Iraq*, p.207.
⑧ Ochsenwald, W., *The Middle East: A History*, p.654.

税在伊拉克政府岁入中所占的比例下降为2%。①相比之下，伊拉克石油公司的利润分成，30年代初约占伊拉克政府岁入的20%，50年代初达到伊拉克政府岁入的40%，1958年在伊拉克政府岁入中所占的比例接近70%。②“二战”结束后，伊拉克石油产量明显提高；1951—1958年，伊拉克石油产量增长4倍。③伊拉克政府从伊拉克石油公司所得的利润分成，1945年为230万第纳尔（折合640万美元），1950年为530万第纳尔（折合1 480万美元），1952年为3 740万第纳尔（折合1.5亿美元），1958年为8 000万第纳尔（折合2.2亿美元）。④

1958年伊拉克共和国建立后，特别是1972年伊拉克石油公司收归国有后，伊拉克政府的石油收入呈进一步上升的趋势。1958—1968年，伊拉克的石油日产量从73万桶增至150万桶。1968—1979年，石油日产量从150万桶增至340万桶。1975—1979年，伊拉克石油产量的年均增长率达到52%，超过科威特年均20%的增长率、沙特阿拉伯年均35%的增长率和伊朗年均42%的增长率。⑤伊拉克政府的石油收入，1971年为8.4亿美元，1978年增至102亿美元。⑥两伊战争前夕的1979年，伊拉克成为海湾地区仅次于沙特阿拉伯的第二大石油生产国，伊拉克政府的石油收入达到210亿美元，政府岁入的90%和外汇收入的98%来自石油出口。1980年，伊拉克政府的石油收入达到263亿美元。⑦

自1980年两伊战争爆发以后，伊拉克石油产量大幅下降，政府财政收入锐减。1988年两伊战争结束时，伊拉克政府的石油收入仅为110亿美元。⑧80年代末，伊拉克已经探明的石油储量为1 150亿桶，约占全球石油储量的11%，仅次于沙特阿拉伯的2 600亿桶，位居世界第二。1990年7月入侵科威特前夕，伊拉克石油产量达到顶峰，日产石油350万桶。海湾战争结束后，伊拉克石油日产量下降为50万桶。⑨1991年，伊拉克政府的石油收入下降为

---

① Yapp, M.E., *The Near East since the First World War*, p.76.

② Haj, S., *The Making of Iraq 1900—1963*, p.72.

③ Tripp, C., *A History of Iraq*, p.128.

④ Owen, R., *A History of Middle East Economies in the Twentieth Century*, p.162.

⑤ Marr, P., *The Modern History of Iraq*, pp.252—253.

⑥ Owen, R., *A History of Middle East Economies in the Twentieth Century*, p.260.

⑦ Yapp, M.E., *The Near East since the First World War*, p.237.

⑧ Inati, S.C., *Iraq: Its History, People and Politics*, p.216.

⑨ Cardosa, A.V., *Iraq at the Crossroads*, p.2.

3.5 亿美元。[①]1995 年,伊拉克政府的石油收入亦仅为 4.6 亿美元。[②]1996 年联合国石油换食品计划实施后,伊拉克石油产量逐渐增加,1999—2001 年,石油日产量达到 250 万桶。[③]

叙利亚亦有较为丰富的石油资源,石油开采是叙利亚的重要工业部门。1959 年,一家西德石油公司在叙利亚东北部的苏韦迪耶建成第一座油井。1964 年,叙利亚政府将石油工业收归国有。1968 年,叙利亚建成自东北部油田至西部港口城市塔尔图斯的输油管道,开始向国际市场出口石油。1975 年,叙利亚政府开始与罗马尼亚、南斯拉夫、法国、加拿大、美国的多家石油公司合资开采石油。[④]1986 年,在东北部的代尔祖尔建成第二座油田。叙利亚的石油日产量,70 年代初不足 12 万桶,80 年代中期增至 20 万桶,90 年代初达到 58 万桶。自 70 年代开始,石油取代棉花成为叙利亚主要的出口商品,石油和石油产品在叙利亚出口总额中所占的比例呈明显上升的趋势。1970 年,叙利亚出口总额约 2 亿美元,其中石油和石油产品出口额 0.3 亿美元;1992 年,叙利亚出口总额 31 亿美元,其中石油和石油产品出口额 21.5 亿美元。[⑤]巴尼亚斯港始建于 70 年代末,是叙利亚出口石油的主要通道。[⑥]

工业化进程

伊拉克的传统手工业包括烟草加工业、纺织业和食品加工业,主要满足国内市场的需要。自 19 世纪中叶开始,随着椰枣出口的增长,椰枣加工业的规模呈明显扩大的趋势。椰枣加工业大都分布于巴士拉地区,普遍采用手工加工和作坊经营的传统模式。[⑦]伊拉克王国建立后,现代工业渐露端倪。阿兹拉·雅尔库卜公司和法塔赫公司位于巴格达的卡兹米耶区,分别始建于 1926 年和 1929 年,主要向政府提供官服和军服,采用半机械化生产,是伊拉克最早的现代纺织企业。1932 年英国委任统治结束后,伊拉克政府鼓励发展现代工业。1935 年,伊拉克政府创办工业银行,负责提供中短期的工业投资贷款。工业银行的资本,创办初期不足 100 万第纳尔,1952 年增至 300 万

① Inati, S.C., *Iraq: Its History, People and Politics*, p.217.
② Inati, S.C., *Iraq: Its History, People and Politics*, p.216.
③ Cardosa, A.V., *Iraq at the Crossroads*, p.2.
④ Ma'oz, M., *Syria Under Assad*, p.51.
⑤ Perthes, V., *The Political Economy of Syria under Asad*, p.25, p.30.
⑥ Hopwood, D., *Syria 1945—1986*, p.112.
⑦ Haj, S., *The Making of Iraq 1900—1963*, p.60.

第纳尔，1958 年达到 800 万第纳尔。①然而，由于国内市场的狭小和国外工业品的竞争，伊拉克政府的工业化举措效果甚微，工业发展步履维艰。

“二战”结束后，伊拉克的工业化进程逐渐加快。1948 年，萨利赫·伊卜拉欣在巴格达创办现代化的纺织厂。50 年代初，法塔赫公司引进欧洲的新式纺织设备，现代纺织企业从巴格达扩展到摩苏尔和基尔库克。1948 年，工业银行与法塔赫公司共同投资兴建大型水泥厂，结束水泥完全依靠进口的历史。至 1956 年，水泥业的私人投资超过 700 万第纳尔，年产水泥 80 万吨，不仅供应国内市场，而且开始出口国际市场。②50 年代中期，伊拉克工业企业共计 22 500 家，从业人员约 9 万人，其中规模超过 10 人的工业企业 730 家，从业人员 4.4 万人，占工业企业总数的 3%和从业人员总数的50%。③然而，君主制时代地主阶级的统治严重阻碍着工业化的长足进步，农业和水利建设构成政府投资的主要领域，私人的工业投资长期局限于日常消费品的加工领域，主要经济部门农业和石油业分别处于地主和外国资本的控制之下，农业的主导地位和工业发展的滞后导致经济结构的明显失衡。

1958 年革命后，伊拉克的工业化经历长足的进步。不同于君主制时代地主阶级操纵的旧政权，共和制时代的新政权代表新兴资产阶级的利益，强调工业优先的基本原则，削减农业投资，工业投资在政府财政预算中所占的比例逐年上升。1952—1956 年，农业投资总额 5 340 万第纳尔，占政府财政预算比例的 34%；工业投资总额 3 100 万第纳尔，占政府财政预算比例的 20%。1961—1965 年，农业投资总额 1.13 亿第纳尔，占政府财政预算比例的 20%；工业投资总额 1.67 亿第纳尔，占政府财政预算比例的 29%。1975—1980 年，农业投资总额 24 亿第纳尔，占政府财政预算比例的 15%；工业投资总额 49 亿第纳尔，占政府财政预算比例的30%。④另据统计，1954—1969 年，农业产值在国内生产总值中所占的比例从 23%下降为 17%，工业产值在国内生产总值中所占的比例从 6%上升为9%。⑤另一方面，新政权长期奉行国家资本主义和国有化的经济发展战略，旨在通过扩大政府的经济干预推动工业化进程。1964 年，伊拉克政府颁布国有化法令，政府收购私人经营的金融

① Haj, S., *The Making of Iraq 1900—1963*, p.58, p.62.

② Haj, S., *The Making of Iraq 1900—1963*, pp.63—64.

③ Marr, P., *The Modern History of Iraq*, p.132.

④ Marr, P., *The Modern History of Iraq*, p.250.

⑤ Sluglett, M.F. & Sluglett, P., *Iraq Since 1958: From Revolution to Dictatorship*, p.221.

机构和30家大型工业企业，成立伊拉克国家石油公司。①

20世纪70年代，复兴党政权进一步推行激进的经济社会改革，强调政府的经济干预和进口替代的工业发展模式，工业化进程明显加快，工业生产的规模随之不断扩大。1962—1981年，工业企业总数从21 400家增至31 500家，从业人员从12万人增至24万人，其中超过10人的大型企业从1 190家增至1 450家，从业人员从7.8万人增至17.7万人。1981年，超过10人大型企业数量占全部工业企业总数的4.6%，从业人员占全部工业企业从业人员总数的73%，产值占工业总产值的71%。②国有化政策无疑是构成推动工业化进程的有力杠杆，国有经济在国内生产中所占的比例从1968年的31%上升为1977年的80%。1972—1982年，国有企业从182家增至270家，从业人员从7万人增至13万人，产值从1.7亿第纳尔增至11亿第纳尔。③国有企业产值在国内生产总值中所占的比例，1968年为31%，1977年增至80%。④

两伊战争以后，伊拉克政府逐渐放弃国有化和对于经济的直接干预，推行自由化的经济政策，解除政府的价格限制，出售国有企业，开放国内市场，鼓励私人投资。⑤1989年，政府出售70家大型国有企业，涉及建筑材料、采矿、食品加工和轻工业品制造领域。在服务业、交通运输业、房地产业和农业领域，私人经济亦获得长足的发展。⑥

叙利亚的工业化进程与伊拉克具有异曲同工之处。自19世纪开始，西方工业品的倾销导致叙利亚的工业生产呈不断萎缩的状态。大马士革和阿勒颇的织机数量，19世纪60年代初超过1万锭，19世纪70年代末下降为不足5 000锭。⑦20世纪初，叙利亚的工业生产水平明显落后于埃及和土耳其，甚至不及沿海的黎巴嫩地区。1914年，叙利亚和黎巴嫩的工业劳动力仅占全部劳动力的10%—15%，工业生产局限于传统的食品加工业和纺织业。⑧

---

① Owen, R., *A History of Middle East Economies in the Twentieth Century*, pp.165—166.

② Marr, P., *The Modern History of Iraq*, pp.256—257.

③ Sluglett, M.F. & Sluglett, P., *Iraq Since 1958: From Revolution to Dictatorship*, p.233.

④ Yapp, M.E., *The Near East since the First World War*, p.244.

⑤ Long, D.E. & Reich, B., *The Government and Politics of the Middle East and North Africa*, Boulder 1995, p.105.

⑥ Hopkins, N.S. & Ibrahim, S.E., *Arab Society: Class, Gender, Power and Development*, p.368.

⑦ Owen, R., *The Middle East in the World Economy 1800—1914*, p.172.

⑧ Hershlag, Z.Y., *Introduction to the Modern Economic History of the Middle East*, p.268.

法国统治结束后，叙利亚的工业化进程逐渐启动。1945—1954年，叙利亚新建工业企业37家。50年代前期，工业生产的年均增长率达到12%。[①]然而，议会民主制时代，传统土地贵族长期控制国家机器，农业构成政府投资的首要领域，工业投资增长缓慢，工业的进步主要表现为消费品生产的增长，基础工业发展缓慢。1960年，叙利亚政府成立计划部，负责制订国民经济发展计划。1961—1965年即第一个五年计划期间，农业投资占政府投资总额的60%。[②]

复兴党政权建立后，致力于进口替代的工业发展模式，不断强化政府的经济干预，政府的工业投资呈明显的上升趋势。1966—1970年第二个五年计划期间，依靠苏联和东欧阵营的贷款和经济援助，投资发展石油化学工业、钢铁工业、电力工业和基础设施以及大型水利灌溉项目。1971—1975年第三个五年计划期间，重点建设幼发拉底河水利工程，旨在扩大耕地面积、吸收剩余劳动力和提高发电量。[③]60年代末，复兴党政府投资的工业项目包括哈马的面粉厂、霍姆斯的化肥厂、阿勒颇的拖拉机厂、拉塔基亚的发电设备制造厂，以及为数众多的纺织厂和食品加工厂。1970年，国有企业雇佣工人达到5.7万人，占全部工业劳动力的三分之一。[④]

阿萨德时代，继续推行工业优先的经济发展战略，进一步增加政府的工业投资，鼓励私人投资工业领域，积极引进国外投资。70年代，包括化工、钢铁和机械制造在内的现代工业发展迅速。1971年，工业产值首次在国内生产总值中超过农业产值所占的比例。[⑤]1970—1978年，工业生产的年均增长率达到13.6%。电力装机容量，1950年为100万千瓦，1974年增至1 400万千瓦，80年代达到4 000万千瓦。[⑥]

在议会民主制时代的叙利亚，私人经济占主导地位，国有经济成分微乎其微。复兴党政权建立后，致力于工业化的经济发展战略，强调进口替代的工业发展模式，政府经济干预的扩大和主要工业部门的国有化成为推动工业化进程的重要举措。1963年底，复兴党民族委员会召开第六次大会，决定在主要工业部门、金融财政、基础设施、对外贸易以及部分国内贸易领域实行国

---

① Hinnebusch, R., *Syria: Revolution from Above*, p.26.

② Owen, R., *A History of Middle East Economies in the Twentieth Century*, p.153.

③ Hinnebusch, R., *Syria: Revolution from Above*, p.55.

④ Perthes, V., *The Political Economy of Syria under Asad*, p.40.

⑤ Yapp, M.E., *The Near East since the First World War*, p.259.

⑥ Ma'oz, M., *Syria under Assad*, p.54.

有化的政策，旨在铲除旧制度的经济基础。[①]1964 年，复兴党政府首先在金融和贸易领域实行国有化。1965 年初，国有化的范围扩大到制造业、加工业和石油矿产业领域，复兴党政府将超过 100 家工业企业收归国有。[②]

交通运输是政府投资的优先领域，亦是国有经济的重要体现。70 年代，叙利亚政府在苏联的援助下建成自大马士革至约旦首都安曼的铁路、自西部港口城市塔尔图斯经霍姆斯至北部内陆城市阿勒颇的铁路、自西部港口城市拉塔基亚经阿勒颇至东北部边境城市卡米什里的铁路以及自阿勒颇经拉卡至东北部中心城市代尔祖尔的支线铁路。[③]铁路通车里程，1968 年为 850 公里，1980 年增至 2 000 公里。铺面公路长度，1968 年为 8 000 公里，1980 年增至 1.7 万公里。拉塔基亚港始建于 1952 年，进入 70 年代，航运功能进一步完善。塔尔图斯港始建于 1970 年，成为叙利亚最大的港口。[④]

叙利亚复兴党政权推行的国有化举措，导致国有经济在国民经济中所占的比例明显提高，尤其是政府投资上升为工业投资的主要形式。1965 年，国有工业企业的劳动力约占全部工业劳动力的四分之一，国有商业控制进出口贸易的40%。[⑤]1963 年，私人资产约 3.6 亿叙镑，国有资产约 1.7 亿叙镑，私人资产显然构成资产占有的主要形式；1976 年，私人资产增至 6.6 亿叙镑，国有资产增至 12.6 亿叙镑，国有资产的增长幅度远远超过私人资产的增长幅度，国有资产取代私人资产成为资产占有的主要形式。[⑥]70 年代，私人企业与国有企业在国内工业生产总值方面可谓平分秋色，然而私人企业规模较小，经营分散，98%的私人企业雇佣劳动力不足 10 人。1984 年，国有企业的劳动力约占全部工业劳动力的三分之一，产值则占工业生产总值的 78%。[⑦]

叙利亚复兴党执政前的 1953—1963 年，国内生产总值年均增长 4.6%。相比之下，复兴党政权建立后，经济增长速度明显加快；国内生产总值的年均增长率，1963—1969 年为 5.5%，1970—1975 年为 8.2%，1977—1980 年为 6.8%。[⑧]国内生产总值，1970 年为 234 亿叙镑，1980 年增至 518 亿叙镑，1983

---

① Perthes, V., *The Political Economy of Syria under Asad*, p.37.

② Hopwood, D., *Syria 1945—1986*, p.110.

③ Ma'oz, M. & Yaniv, A., *Syria under Assad: Domestic Constraints and Regional Risks*, p.58.

④ Hopwood, D., *Syria 1945—1986*, p.112.

⑤ Perthes, V., *The Political Economy of Syria under Asad*, p.40.

⑥ Hinnebusch, R., *Syria: Revolution from Above*, p.125.

⑦ Niblock, T. & Murphy, E., *Economic and Political Liberalization in the Middle East*, pp.181—182.

⑧ Hinnebusch, R., *Syria: Revolution from Above*, p.128.

年达到655亿叙镑。[1]国有化和工业化进程，无疑构成推动经济增长的有力杠杆。然而，政府经济干预和国有化政策存在明显的弊端，生产成本过高，投入产出比率失衡，投资渠道单一，资本积累不足，市场活力匮乏。进入80年代，政府经济干预和国有化的弊端逐渐显现：国内生产总值的年均增长率，1980—1983年下降为4.7%，1983—1987年甚至出现负增长。[2]经济的增长速度落后于人口的增长速度，民众生活水准呈下降趋势。1986—1987年，通货膨胀率达到100%。经济形势的恶化，促使政府开始推行非国有化和自由化的经济政策。[3]

工业化的水平和工业在国民经济中所占的比例并非衡量经济发展和现代化进程的唯一标准，不同的自然环境和经济资源构成影响和制约工业化进程的首要因素。耕地面积的有限与人口的膨胀之间的矛盾是埃及经济社会生活的突出现象，亦是加速埃及工业化进程的重要动力。相比之下，叙利亚具有较为充足的耕地、水源和发展农业的良好环境，农业在国民经济中长期占据举足轻重的地位，劳动力结构相对稳定，城市人口的增长速度亦相对缓慢。根据相关资料的统计，农业产值在国内生产总值中所占的比例，1970年为20%，1990年为21%；包括制造业、石油矿产业和建筑业在内的工业产值在国内生产总值中所占的比例，1970年为25%，1990年为24%。农业劳动力在全部劳动力中所占的比例，1970年为51%，1981年下降为26%，1991年上升为28%；包括制造业、石油矿产业和建筑业在内的工业劳动力在全部劳动力中所占的比例，1970年为21%，1981年上升为35%，1991年下降为25%。[4]产业工人大都属于国有企业，从属于政府。私人企业通常规模较小，工人处于分散的状态，从属于私人企业主。工业化进程的相对缓慢以及特定的工业结构，决定了产业工人和工会力量的软弱状态。

黎巴嫩是市场化程度和经济开放化程度最高的阿拉伯国家，素有“中东瑞士”的美誉[5]。“二战”结束后的半个世纪，诸多阿拉伯国家经历大规模的国有化和工业化进程，工业生产增长迅速。相比之下，黎巴嫩未曾经历国有化的进程，政府的经济干预微乎其微，自由资本主义和市场调节构成经济增

① Ma'oz, M. & Yaniv, A., *Syria Under Assad: Domestic Constraints and Regional Risks*, p.43.

② Hinnebusch, R., *Syria: Revolution from Above*, p.130.

③ Yapp, M.E., *The Near East since the First World War*, p.461.

④ Perthes, V., *The Political Economy of Syria under Asad*, p.26.

⑤ Gaspard, T., *A Political Economy of Lebanon 1948—2002*, p.67.

长的基本框架，经济发展主要表现为农业在国民经济中的地位明显下降和包括商业、金融业和旅游业在内的服务业在国民经济中的地位迅速上升，工业的增长速度呈相对稳定的状态。

根据相关资料的统计，1956 年，黎巴嫩国内收入的三分之二来自金融业、商业和其他服务业领域，20% 来自农业，13% 来自工业。[①] 另据统计，1950—1997 年，黎巴嫩的总人口从 144 万增至 401 万，人均国内生产总值从 230 美元增至 3 900 美元，其中 1950—1974 年年均增长 3%。此间，农业劳动力在全部劳动力中所占的比例从 55% 下降为 15%，农业产值在国内生产总值中所占的比例从 20% 下降为 6%，工业劳动力在全部劳动力中所占的比例从 11% 上升为 15%，工业产值在国内生产总值中所占的比例从 14% 上升为 15%，服务业劳动力在全部劳动力中所占的比例从 34% 上升为 70%，服务业产值在国内生产总值中所占的比例从 66% 上升为 79%。[②]

黎巴嫩工业化进程的另一明显特征是，工业企业规模有限，中小企业数量居多。1955 年，黎巴嫩共有工业企业 7 950 家，其中雇佣劳动力不足 5 人的小企业占全部企业数量的 77%，雇佣劳动力 5—49 人的中等企业占全部企业数量的 22%，雇佣劳动力 50 人以上的大企业占全部企业数量的 1%。1955 年，工业企业雇佣劳动力总数 5.1 万人，其中小企业雇佣的劳动力占 33%，中等企业雇佣的劳动力占 39%，大企业雇佣的劳动力占 29%。1998 年，黎巴嫩共有工业企业 22 000 家，其中雇佣劳动力不足 5 人的小企业占全部企业数量的 74%，雇佣劳动力 5—49 人的中等企业占全部企业数量的 38%，雇佣劳动力 50 人以上的大企业占全部企业数量的 2%。1998 年，工业企业雇佣劳动力总数 14.2 万人，其中小企业雇佣的劳动力占 40%，中等企业雇佣的劳动力占 40%，大企业雇佣的劳动力占20%。[③] 乡村剩余劳动力的有限、自由主义的市场体系、西方工业品的倾销和国家权力的软弱，明显制约着黎巴嫩的工业化进程。

约旦的工业发展亦相对落后，工业化进程缓慢，矿产资源主要是磷和钾，工业产品主要是水泥和化肥，主要工业企业属于国有。[④] 1951—1967 年是约

---

① Owen, R., *A History of Middle East Economies in the Twentieth Century*, p.158.

② Gaspard, T., *A Political Economy of Lebanon 1948—2002*, p.69.

③ Gaspard, T., *A Political Economy of Lebanon 1948—2002*, p.94.

④ Ryan, C.R., *Jordan in Transition: From Hussein to Abdullah*, p.49.

旦经济的繁荣时期,工业化出现长足的进步。[1]60年代初,约旦政府制订第一个国民经济五年发展计划,投资电力和矿产业,开辟扎尔克工业区,改造亚喀巴港口,兴建新的铁路和公路。[2]1960—1967年,约旦的国内生产总值年均增长率达到9%,人均收入超过埃及和叙利亚。[3]1967年第三次中东战争后,约旦经济遭受重创。进入70年代,约旦经济逐渐恢复。1974—1982年,约旦国内生产总值年均增长率增至10%,增长速度仅次于沙特阿拉伯而超过其他的阿拉伯国家。[4]1978年,工业产值占国内生产总值的15.5%,工业劳动力占全部劳动力的6.3%。[5]

定居化与城市化

19世纪末至20世纪初,伊拉克社会结构的突出变化在于定居化的明显趋势。奥斯曼帝国统治下的巴士拉、巴格达和摩苏尔三省人口,1867年共计125万,1890年共计183万,1905年增至250万。1919年,巴士拉、巴格达和摩苏尔三省人口269万,其中巴士拉省人口78万,巴格达省人口136万,摩苏尔省人口55万。伊拉克王国建立后,人口数量呈继续增长的趋势,1930年达到282万。[6]人口数量的增长与游牧经济的衰落以及定居化程度的提高表现为同步的过程,而游牧人口与定居人口之间呈现此消彼长的状态。1867年,在巴士拉,巴格达和摩苏尔三省的总人口中,游牧人口约占35%,定居农业人口约占41%。1905年,巴士拉、巴格达和摩苏尔三省的游牧人口所占的比例下降为17%,定居农业人口所占的比例上升为59%。1930年,游牧人口仅占在伊拉克总人口的7%,定居农业人口在总人口中所占的比例达到68%。[7]

20世纪的伊拉克经历了城市化的长足进步。威权政治的膨胀、工业化进程、民主化的滞后、乡村普遍的贫困与落后以及由此形成的城乡之间经济社会发展的非同步性抑或不平衡性,是改变人口分布和导致乡村人口流向城市的主要原因。1933年,伊拉克总人口约为330万,其中城市人

① Peretz, D., *The Middle East Today*, p.354.
② Robins, P., *A History of Jordan*, pp.112—113.
③ Owen, R., *A History of Middle East Economies in the Twentieth Century*, p.189.
④ Yapp, M.E., *The Near East since the First World War*, p.292.
⑤ Owen, R., *A History of Middle East Economies in the Twentieth Century*, p.191.
⑥ Owen, R., *The Middle East in the World Economy 1800—1914*, p.273.
⑦ Yapp, M.E., *The Making of the Modern Near East 1792—1923*, p.144.

口仅50万。[①]"二战"结束后,特别是1958年伊拉克共和国建立后,城市化进程明显加快。1957—1970年,伊拉克的总人口从630万增至944万,其中城市人口从245万增至545万,城市人口在总人口中所占的比例从39%上升为58%,乡村人口从385万增至399万,乡村人口在总人口中所占的比例从61%下降为42%。1970—1980年,伊拉克的总人口从944万增至1 320万,其中城市人口从545万增至912万,城市人口在总人口中所占的比例从57.8%上升为69%。1977—1980年,城市人口年均增长率为6.1%,乡村人口年均增长率为-2.9%。[②]1921年,伊拉克的主要城市巴格达人口约20万,巴士拉和摩苏尔的人口各约5万。[③]1947—1957年,巴格达的人口从51万增至79万;1956年,9.2万人居住在旧城东郊的棚户区。[④]嘎希姆执政期间,改造巴格达东郊的棚户区,兴建巴格达新城区,时称"革命城",后改称萨达姆城。[⑤]1962—1975年,巴格达人口增长2倍,巴格达棚户区人口增长9倍。[⑥]1965年,巴格达、巴士拉、摩苏尔、基尔库克、纳杰夫的人口均超过10万,另有人口超过5万而不足10万的中等城市7个。[⑦]1977年,巴格达人口增至300万,巴士拉人口增至40万,摩苏尔人口增至30万,基尔库克人口增至20万。[⑧]1983年,巴格达的人口达到400万,巴士拉和摩苏尔的人口均超过100万。[⑨]1947—1982年,巴格达的人口在伊拉克总人口中所占的比例从10%上升为27%,在伊拉克城市人口中所占的比例从30%上升为55%。[⑩]

法国委任统治初期,包括黎巴嫩在内的大叙利亚人口约250万。[⑪]自50年代起,叙利亚的人口增长速度逐渐加快,1955年约为400万,1965年增至560万,1975年达到720万。[⑫]1986年,叙利亚人口超过1 000万[⑬]。1993年,叙利亚人口增至1 400万[⑭]。另一方面,1950年以前,叙利亚人口主要分布

---

① Hershlag, Z.Y., *Introduction to the Modern Economic History of the Middle East*, p.238.

② Sluglett, M.F. & Sluglett, P., *Iraq Since 1958: From Revolution to Dictatorship*, p.227, p.246.

③ Yapp, M.E., *The Near East since the First World War*, p.69.

④ Sluglett, M.F. & Sluglett, P., *Iraq Since 1958: From Revolution to Dictatorship*, p.34.

⑤ Marr, P., *The Modern History of Iraq*, p.170.

⑥ Sluglett, M.F. & Sluglett, P., *Iraq Since 1958: From Revolution to Dictatorship*, p.247.

⑦⑩ Marr, P., *The Modern History of Iraq*, p.271.

⑧ Sluglett, M.F. & Sluglett, P., *Iraq Since 1958: From Revolution to Dictatorship*, p.246.

⑨ Yapp, M.E., *The Near East since the First World War*, p.232.

⑪ Hershlag, Z.Y., *Introduction to the Modern Economic History of the Middle East*, p.237.

⑫ Grunwald, K. & Ronall, J.O., *Industrialization in the Middle East*, p.27.

⑬ Yapp, M.E., *The Near East since the First World War*, p.260.

⑭ Perthes, V., *The Political Economy of Syria under Asad*, p.23.

1932 年的巴格达

在沿海平原以及南部中心城市大马士革和北部中心城市阿勒颇周围。1950年以后,叙利亚的人口分布发生变化,东北部幼发拉底河流域哈萨卡、拉卡、代尔祖尔地区的人口呈明显上升的趋势。1960 年,拉卡 33%的人口和哈萨卡 18%的人口系外来的移民。1972 年,叙利亚总人口 670 万,其中大马士革和阿勒颇两省人口 290 万,占总人口的 44%;1980 年,叙利亚总人口增至 900 万,其中大马士革和阿勒颇两省人口 360 万,在总人口中所占的比例下降为 40%。①

产业结构的变化和城市化的进程导致社会生活的定居化,游牧经济逐渐衰落,游牧人口数量随之呈下降趋势。1930 年,叙利亚的游牧人口为 36 万,占总人口的 12.8%;1960 年,叙利亚的游牧人口下降为 21 万,仅占总人口的 4.7%。叙利亚东部沙漠和幼发拉底河上游曾经是游牧部落主宰的世界,50 年代叙利亚政府在贾吉拉地区大规模的垦殖和开发则是导致贝都因人绝对数字和相对比例下降的主要原因。②

---

① Ma'oz, M. & Yaniv, A., *Syria Under Assad*: *Domestic Constraints and Regional Risks*, p.37.

② Ma'oz, M. & Yaniv, A., *Syria Under Assad*: *Domestic Constraints and Regional Risks*, p.38.

大马士革

“一战”前夕，大马士革、阿勒颇、贝鲁特和耶路撒冷是大叙利亚地区的主要城市，城市人口约为50万，其中大马士革人口18万，阿勒颇人口20万，霍姆斯和哈马人口各约5万。[①]40年代后期，叙利亚总人口共计300万，其中20%生活在10万人以上的城市。自50年代开始，叙利亚共和国的总人口年均增长2.7%，而城市人口年均增长4.7%；城市人口的增长速度明显高于总人口的增长速度，而人口的流动则是城市人口增长的主要原因。[②]1960年，叙利亚的城市人口在总人口中所占的比例为37%。1963年复兴党执政以后，叙利亚的城市化水平逐渐提高；城市人口在总人口中所占的比例，1970年增至43%。[③]

---

① Yapp, M.E., *The Near East since the First World War*, p.85.

② Ma'oz, M. & Yaniv, A., *Syria Under Assad: Domestic Constraints and Regional Risks*, p.71.

③ Ma'oz, M. & Yaniv, A., *Syria Under Assad: Domestic Constraints and Regional Risks*, p.72.

尽管如此,叙利亚的城市化程度依然低于中东其他主要国家。直至80年代,大马士革、阿勒颇和霍姆斯是城市人口超过乡村人口的仅有省份;在其他省份,乡村人口普遍超过城市人口。[①]工业化进程的缓慢无疑是制约城市化进程的重要因素;另一方面,叙利亚乡村的人均耕地面积高于中东其他主要国家,地广人稀的生存环境对叙利亚的城市化进程产生深刻的影响。以埃及为例,1947—1971年,五口之家的平均耕地面积从1.3公顷下降为0.8公顷;乡村人均耕地面积的明显下降趋势,导致城市面临巨大的人口压力。相比之下,叙利亚耕地面积,1953年175万公顷,1969年590万公顷,1980年620万公顷,人均耕地面积较大,城市化压力有限。[②]

进入80年代,叙利亚的城市化进程逐渐加快。1985年,城市人口在叙利亚总人口中所占的比例增至51%。[③]1990年,城市人口在叙利亚总人口中所占的比例达到70%,其中主要城市大马士革和阿勒颇的人口均超过150万。[④]

随着人口数量的增长和社会生活的城市化,不同教派的分布区域亦经历明显的变化。城市化是现代化进程中的普遍现象,而乡村社会的变化与城市化进程之间具有内在的逻辑联系。城市化的长足进步逐渐打破乡村和教派的孤立和封闭状态,导致诸多教派人口的移动趋势。来自乡村和分别属于不同教派的人口脱离传统的家园而融入城市,祖居山区的阿拉维派和德鲁兹派人口移居逊尼派人口居多的城市,由此形成不同教派之间的人口混居,成为叙利亚社会生活的突出现象。

阿拉维派是叙利亚最重要的什叶派分支,其称谓源于什叶派伊玛目阿里,意为阿里派,亦称努赛里派。叙利亚的阿拉维派包括沙姆绥耶、嘎马里耶、穆尔什迪耶三个支派,属于哈亚廷、哈达丁、马塔维拉、卡勒比耶四个部族;1966年发动政变的阿拉维派将领穆罕默德·乌姆兰、萨拉赫·贾迪德和哈菲兹·阿萨德三人,分别来自哈亚廷部族、哈达丁部族和马塔维拉部族。[⑤]阿拉维派成员的人数约占叙利亚什叶派穆斯林总数的四分之三,主要分布在西部城市拉塔基亚附近的安萨里耶山区(亦称阿拉维山区)。哈马原本是典

---

① Antoun, R.T., *Syria: Society, Culture and Polity*, p.2.

② Ma'oz, M. & Yaniv, A., *Syria under Assad: Domestic Constraints and Regional Risks*, p.38.

③ Saqqaf, A.Y., *The Middle East City: Ancient Traditions Confront a Modern World*, p.xiii.

④ Perthes, V., *The Political Economy of Syria under Asad*, p.23.

⑤ Yapp, M.E., *The Near East since the First World War*, p.255.

型的逊尼派城市；复兴党政权建立后，哈马的阿拉维派人口比例急剧上升。拉塔基亚曾经是逊尼派和基督徒聚居的城市，1945 年有逊尼派穆斯林 18 500 人和基督徒 6 400 人；阿萨德当政期间，大批阿拉维派人口自安萨里耶山区即阿拉维山区涌入拉塔基亚，拉塔基亚俨然成为叙利亚阿拉维派的大本营。①

拾穗的阿拉维派妇女

德鲁兹派祖居黎巴嫩山区，19 世纪后期移居豪兰山区，豪兰山区遂改称德鲁兹山区。叙利亚境内 80%的德鲁兹派成员生活在德鲁兹山区，德鲁兹派成员占德鲁兹山区人口的 90%。② 复兴党执政期间，德鲁兹派自豪兰山区即德鲁兹山区移居大马士革，聚居于大马士革的贾拉马纳区、希纳耶区和阿什拉菲耶区。至 80 年代，叙利亚德鲁兹派人口的约三分之一生活在大马士革及其周围地区。③

奥斯曼帝国统治下的外约旦地处叙利亚与阿拉伯半岛之间，1908 年建成的希贾兹铁路是联结外约旦与周边地区的主要纽带。20 年代初，外约旦的人口约为 20 万，游牧人口与定居人口各占二分之一。1925 年马安和亚喀巴并入外约旦后，外约旦人口增至 30 万。30 年代末，外约旦地区人口超过 1 万的城市只有 4 处，人口超过 2 万的城市为萨勒特和安曼。④1948 年第一次中东战争前，外约旦人口达到 40 万。第一次中东战争结束后，约旦河西岸并入约旦王国，约旦王国的总人口增至 135 万。⑤1967 年，包括约旦河西岸和东岸在内的约旦王国总人口达到 170 万。与此同时，约旦的人口构成经历明显的变化，游牧人口数量减少，城市人口数量呈上升的趋势。1949—1961 年，

①② Peretz, D., *The Middle East Today*, p.405.
③ Ma'oz, M. & Yaniv, A., *Syria under Assad: Domestic Constraints and Regional Risks*, p.37.
④ Owen, R., *A History of Middle East Economies in the Twentieth Century*, p.62.
⑤ Yapp, M.E., *The Near East since the First World War*, p.140.

游牧人口从20万下降为5.6万。1952—1962年,东岸主要城市安曼人口从19万增至29万,伊尔比德人口从9万增至14万,萨勒特人口从4万增至7万,西岸主要城市耶路撒冷人口从9万增至11万,纳布卢斯人口从5万增至18万,杰宁人口从4万增至9万。[①]1967年第三次中东战争爆发前,包括东岸和西岸在内的约旦城市人口超过人口总数的二分之一。1967年第三次中东战争后,以色列占领约旦河西岸,大批巴勒斯坦人从约旦河西岸进入约旦河东岸。1952年,约旦河东岸人口为59万,其中36%为城市人口,64%为乡村人口;1994年,约旦河东岸人口增至410万,其中79%为城市人口,21%为乡村人口。1952年,约旦河东岸主要城市安曼人口不足11万,伊尔比德人口2.3万;1994年,安曼人口超过130万,伊尔比德人口38万,扎尔卡人口61万。[②]

社会福利的改善

自1950年起,伊拉克的国内生产总值和人均年收入均呈明显上升的趋势。1950年,伊拉克总人口520万,国内生产总值34亿美元,人均年收入654美元。1970年,伊拉克总人口940万,国内生产总值164亿美元,人均年收入1 745美元。1980年,伊拉克总人口1 320万,国内生产总值539亿美元,人均年收入4 083美元。[③]20世纪70年代,复兴党统治下的伊拉克经历经济社会的长足进步,物价稳定,失业率明显下降,可谓伊拉克现代化进程中的黄金时代。随着财富的增长,社会福利经历了逐步改善的过程。

教育的发展和医疗环境的改善,集中体现20世纪伊拉克社会生活的长足进步。政府控制的石油收入,构成推行福利政策和改善福利环境的财政基础。君主制时代初期,伊拉克政府采用法国的教育模式,初等学校学生8 000人,中等学校学生200人。30年代,伊拉克政府引进美国的教育模式,初等学校学生增至3.4万人,中等学校学生增至2 000人。1958年,中等学校学生达到7.4万人,高等学校学生达到3 500人。[④]"二战"结束前,高等学校仅有始建于1908年的法学院、始建于1923年的高等师范学院、始建于1927年的医学院、始建于1936年的药学院和始建于1942年的工程学院。"二战"结束

---

① Robins, P., *A History of Jordan*, p.85.

② Winckler, O., *Population Growth and Migration in Jordan 1950—1994*, p.104, p.106, p.107.

③ Inati, S.C., *Iraq: Its History, People and Politics*, p.228.

④ Yapp, M.E., *The Near East since the First World War*, p.76.

后，君主制政府于 1946 年创建女子学院，1947 年创建商学院，1949 年创建艺术与科学学院，1952 年创建农业学院，1957 年创建巴格达大学。①

君主制时代，教育和卫生事业的投资相对有限。1958 年革命前夕，教育和卫生投资仅占政府财政预算的 14%。1958 年伊拉克共和国建立后，教育和卫生事业长足发展。教育和卫生投资在政府财政预算中所占的比例，1962 年占 27%，1974 年占 22%，1975 年占 16%，1981 年占 11%。教育和卫生的投资尽管在政府财政预算中所占的比例呈波动的状态，然而绝对投资额无疑呈大幅上升的趋势。②

教育事业的进步是现代化进程在社会生活领域的重要内容，构成促进社会流动、变动社会结构和加速下层民众崛起的重要杠杆。奥斯曼帝国统治末期，伊拉克的文盲率高达 99.5%。1957 年，文盲率为 82%。1974 年，政府实行免费教育。1978 年，复兴党政权推行强制性的扫盲运动，所有 15—45 岁的伊拉克人必须接受扫盲教育。1981 年，200 万人通过扫盲考试。80 年代初，文盲率下降为不足50%。③复兴党政权的另一突出的教育成就是女性教育的发展。1970—1979 年，初级学校女性学生从 32 万人增至 117 万人，中等学校女性学生从 9 万人增至 28 万人，高等学校女性学生从 0.9 万人增至 3 万人。与此同时，女性就业率明显提高。1980 年，女性教师占教师总数的 46%，女性医生占医生总数的 29%，女性药剂师占药剂师总数的 70%，女性职员占政府职员总数的 16%，女性工人占工人总数的 14%。1968—1980 年，女性在非农业劳动力中所占的比例从 7% 增至19%。④1993 年，女性占服务业从业人员的 79%，占技术领域从业人员的 44%，占政府职员的 13%。⑤

1958—1983 年，初等学校的在校学生从 42 万人增至 260 万人，中等学校的在校学生从 5 万人增至 100 万人，高等学校的在校学生从 0.6 万人增至 12 万人。⑥1958 年，适龄儿童的初级学校入学率为 60%，适龄青年的中等学校入学率不足 20%；1980 年，适龄儿童的初级学校入学率达到 100%，适龄青年的中等学校入学率达到 60%。1958—1990 年，文盲率由 85% 下降为10%。⑦

---

① Marr, P., *The Modern History of Iraq*, p.138.

② Marr, P., *The Modern History of Iraq*, pp.248—249.

③ Schaffer, D., *The History of Nations*: *Iraq*, pp.160—161.

④ Schaffer, D., *The History of Nations*: *Iraq*, San Diego 2004, pp.162—163.

⑤ Cardosa, A.V., *Iraq at the Crossroads*, p.116.

⑥ Marr, P., *The Modern History of Iraq*, p.261.

⑦ Yapp, M.E., *The Near East since the First World War*, p.245.

伊拉克女学生

1958—1982 年，医院从 123 家增至 198 家，增长率 60%，床位从 9 200 张增至 24 800 张，增长率 250%，医生从 1 190 人增至 4 660 人。医生与人口的比例，1960 年为 1∶5 270，1980 年为 1∶1 790。①

自 80 年代开始，伊拉克经历两伊战争、海湾战争和国际社会的经济制裁，直至 2003 年被美军占领。此间，伊拉克经济长期处于萧条状态，社会生活水准急剧下降。1980—1997 年，伊拉克的总人口从 1 320 万增至 2 160 万，国内生产总值从 539 亿美元下降为 81 亿美元，人均国内生产总值从 4 083 美元下降为 375 美元。②80 年代后期，伊拉克年均进口民用消费品 46 亿美元；90 年代前期，伊拉克年均进口民用消费品下降为 5.3 亿美元。两伊战争和海湾战争，特别是 90 年代国际社会的经济制裁，导致伊拉克出现严重的通货膨胀，第纳尔大幅贬值。伊拉克第纳尔与美元的兑换率，两伊战争爆发前的 70 年代为 1∶3.2，1995 年为 3 000∶1。1990 年 7 月至 1995 年 8 月，物价上涨约 5 000 倍，其中粮食价格上涨超过 1 万倍。③

19 世纪中叶以前，传统的宗教教育是叙利亚仅有的教育模式。19 世纪后期，西方传教士创办的教会学校初露端倪。“一战”前夕，叙利亚有 77 所俄国教会创办的私立学校和 14 所德国教会创办的私立学校。④法国委任统治时期，叙利亚的学校教育具有浓厚的法国化色彩，以教会和慈善机构创办的私立学校居多。大马士革大学始建于 1923 年，是叙利亚的第一所大学，包括医学院和法学院。1940 年，叙利亚共有中等学校 17 所，其中官办中等学校 7 所，在校学生共计 4 000 人；官办初等学校 450 所，在校学生 5 万人，相比之

① Marr, P., *The Modern History of Iraq*, pp.263—264.
② Inati, S.C., *Iraq: Its History, People and Politics*, p.228.
③ Inati, S.C., *Iraq: Its History, People and Politics*, pp.215—218, p.223.
④ Issawi, C., *The Fertile Crescent 1800—1914: A Documentary Economic History*, p.31.

下，私立初等学校相当于官办初等学校的三倍。[1]直至 1944 年，6—12 岁的学龄儿童入学率不足四分之一，13 所官办中等学校的在校学生不足 5 000 人，国民的文盲率为 80%。[2]

大马士革大学医学院

叙利亚独立后，教育事业经历长足的进步。1956 年，官办中等学校增至 260 所，在校学生超过 6 万人。[3]复兴党政权建立后，城乡之间的差别逐渐缩小，精英教育逐渐发展为民众教育，教育资源的分配日趋均衡，乡村教育环境明显改善。教育预算在政府财政支出中所占的比例，40 年代后期为 13.4%，50 年代后期为 14.5%，70 年代中期为 18.6%，80 年代初为 18%。政府拨付的教育经费，1972 年为 2.7 亿叙镑，1981 年增至 29.7 亿叙镑。[4]1964—1977 年，学校在校学生和教师人数增长一倍，学龄儿童入学率从 58% 提高为

①③　Yapp, M.E., *The Near East since the First World War*, p.102.

②　Hopwood, D., *Syria 1945—1986*, p.121.

④　Ma'oz, M., *Syria under Assad*, p.41.

85%；1960—1970 年，小学毕业生在乡村人口中所占的比例从不足 10%增至超过20%。[①]1963—1981 年，各类学校的在校学生总数从 74 万人增至 221 万人。[②]70 年代初至 90 年代初，国民的文盲率从 50%下降为 25%，其中女性的文盲率从 75%下降为40%。[③]1963—1968 年，大马士革大学的学生人数增长一倍；1968 年大马士革大学的在校学生中，来自社会下层的学生约占 40%，来自乡村的学生约占 50%，父辈曾经接受高等教育的学生仅占大马士革大学在校学生的6%。[④]80 年代初，叙利亚政府在北部城市阿勒颇、西部城市拉塔基亚和东部城市代尔祖尔创办新的大学。大学在校学生人数，1964 年为 2.6 万人，1983 年增至 11 万人。[⑤]

约旦具有良好的教育基础，国民受教育程度较高。1941 年，外约旦有官办学校 73 所，私立学校 92 所，其中包括官办中学 4 所，私立中学 2 所。[⑥]1950—1965 年，在校学生从 10 万人增至 30 万人，适龄儿童入学率高居阿拉伯诸国的首位。[⑦]1962 年，侯赛因国王在安曼创办约旦大学[⑧]。1976 年，侯赛因国王在伊尔比德创办雅姆克大学[⑨]。1985 年，约旦国内高等学校学生达到 5 万人，另有 6 万人在海外留学。[⑩]

以色列的阿拉伯人与巴勒斯坦的难民社会

1948 年第一次中东战争后，留居以色列控制区的阿拉伯人为 16 万，其中 60%生活在加利利地区，20%生活在约旦边境地区，7%生活在海法，7%生活在内格夫地区。[⑪]1987 年，以色列境内的阿拉伯人共计 79 万，其中穆斯林 62 万，基督徒 10 万，德鲁兹派 7 万。[⑫]联合国通过的阿以分治决议和以色列临时宪法，赋予以色列控制区的阿拉伯人与犹太人同等的权利。在理论上，以色列控制区的阿拉伯人享有参与议会选举的权利、组建政党的权利、言

---

① Antoun, R.T., *Syria: Society, Culture and Polity*, pp.36—37.

② Ma'oz, M., *Syria under Assad*, p.41.

③ Perthes, V., *The Political Economy of Syria under Asad*, p.23.

④ Hinnebusch, R., *Syria: Revolution from Above*, pp.55—56.

⑤ Antoun, R.T., *Syria: Society, Culture and Polity*, p.37.

⑥ Yapp, M.E., *The Near East since the First World War*, p.141.

⑦ Peretz, D., *The Middle East Today*, p.354.

⑧⑩ Yapp, M.E., *The Near East since the First World War*, p.293.

⑨ Ochsenwald, W., *The Middle East: A History*, p.567.

⑪ Sachar, H.M., *A History of Israel*, p.383.

⑫ Gilbar, G.G., *Population Dilemmas in the Middle East*, p.18.

论自由的权利、使用阿拉伯语的权利，可以受雇于政府和司法等公职机构，在个人事务方面享有司法自治的权利，卡迪、伊斯兰教法庭和瓦克夫享有合法地位。然而，阿以之间长期处于战争状态，直接影响到以色列控制区阿拉伯人的实际境况。1950 年 3 月，以色列议会通过法案，赋予犹太人占有阿拉伯人遗弃的土地和财产的合法权利。①以色列政府长期推行种族歧视和种族隔离的政策，驱逐边境地带所谓安全区的阿拉伯人，剥夺阿拉伯人的私人土地，限制阿拉伯人的行动自由，禁止阿拉伯人加入以色列军队，排斥阿拉伯人的政治参与。以色列的国旗和国歌具有犹太教的浓厚色彩，阿拉伯人在诸多方面无法与犹太人相提并论，成为以色列的二等公民。

第一次中东战争后，阿拉伯人聚居的约旦河西岸和加沙地带经济形势急剧恶化。1948—1952 年，由于大量难民的拥入，约旦河西岸人口增长 60%。加沙地带原有人口不足 10 万；第一次中东战争后，超过 20 万难民拥入加沙。由此导致的后果是，失业率上升，工资下降，民众生活长期依赖于联合国和阿拉伯世界的经济援助。在 1966 年的约旦河西岸，农业产值占国内生产总值的 27%，工业产值占国内生产总值的 9%，建筑业产值占国内生产总值的 6%，服务业产值占国内生产总值的 56%。在 1966 年的加沙地带，农业是最重要的经济部门，农业劳动力占全部劳动力的三分之一，农业收入占国民总收入的 26%；柑橘是加沙地带的主要农作物，柑橘园占耕地面积的 37%，柑橘出口额占出口总额的 90%。②

1967 年第三次中东战争后，约旦河西岸和加沙地带处于以色列的占领之下，经济生活严重依赖于以色列，以色列货币谢克尔成为约旦河西岸和加沙地带的主要货币。巴勒斯坦的劳务人员只能在白天进入以色列境内，夜间必须返回约旦河西岸和加沙地带。以色列商品可以自由进入约旦河西岸和加沙地带的市场，巴勒斯坦的商品进入以色列市场则受到严格的限制。1991 年，以色列军营和包括 25 万人的 150 个犹太人定居点占据约旦河西岸三分之二的空旷地区，以色列当局控制约旦河西岸超过 70%的水源。尽管如此，约旦河西岸和加沙地带的人均收入仍呈明显增长的趋势，60 年代中期至 80 年代中期年均增长 6%。境外劳务是约旦河西岸和加沙地带阿拉伯人的重要收入来源。1974 年，约旦河西岸三分之一的劳动力和加沙地带 40%的劳

---

① Bregman, A., *A History of Israel*, p.73.

② Owen, R., *A History of Middle East Economies in the Twentieth Century*, pp.194—195.

动力从事境外劳务，主要是在以色列从事劳务。进入80年代，海湾产油国成为巴勒斯坦境外劳务的另一重要去处，境外劳务的比例随之提高。1980年，约旦河西岸45%的劳动力和加沙地带54%的劳动力从事境外劳务。1987年，约旦河西岸52%的劳动力和加沙地带58%的劳动力从事境外劳务。境外劳务的经济结构，导致约旦河西岸和加沙地带服务业的长足发展。与此同时，劳动力的短缺和土地的丧失导致农业呈下降趋势。1967—1987年，农业产值仅占西岸和加沙地带总产值的5%—6%。1970—1987年，农业劳动力在西岸劳动力中所占的比例从42%下降为16%，在加沙地带劳动力中所占的比例从27%下降为11%。①

独树一帜的以色列经济与城市化

农业是以色列的重要经济部门。生活在乡村的犹太人，40年代末约12万人，占以色列犹太人总数的18%，50年代末约33万人，占以色列犹太人总数的22%。以色列犹太人耕种的土地，40年代末为160万杜诺姆，50年代末增至390万杜诺姆。1966年，以色列控制区共有62万乡村居民和834处农业定居点，其中犹太人34万，占据729处农业定居点，耕地总面积为450万杜诺姆。②50年代，以色列从国际市场进口所需粮食的50%。60年代中期，以色列生产的粮食基本满足国内需要，开始出口棉花、水果和蔬菜。③1964年，农产品出口约占出口商品总额的三分之一。④

基布兹和莫沙夫是以色列乡村农业生产的基本模式。1947年，生活在巴勒斯坦的犹太人共有176个基布兹和58个莫沙夫。1959年，以色列乡村共有229个基布兹和264个莫沙夫。以色列建国前夕，生活在基布兹的犹太人占犹太人农业人口的三分之二，生活在莫沙夫的犹太人占犹太人农业人口的三分之一。1960年，生活在基布兹的犹太人数量增长一倍，生活在莫沙夫的犹太人数量增长三倍。1965年，229个基布兹共有犹太人8万，336个莫沙夫共有犹太人12万。⑤

进入60年代，工业化取得长足进步。50年代末，工业劳动力26万人，约

① Owen, R., *A History of Middle East Economies in the Twentieth Century*, p.196.
② Sachar, H.M., *A History of Israel*, p.409, p.517.
③ Ochsenwald, W., *The Middle East: A History*, p.543.
④ Sachar, H.M., *A History of Israel*, p.517.
⑤ Sachar, H.M., *A History of Israel*, p.407, p.518.

基布兹摘棉花的犹太人

占全部劳动力的四分之一。1950—1969年，工业产值增长3倍①。与此同时，农业生产的比重逐渐下降。1948年，农业劳动力约占全部劳动力的20%。1980年，农业劳动力仅占全部劳动力的6%。②

以色列经济发展的重要内容之一，是内格夫地区的开发。内格夫位于以色列南部，方圆1.2万平方公里，约占以色列国土面积的45%，水源匮乏，人烟稀少。60年代，以色列政府在内格夫地区开凿河渠，改善内格夫地区的生存环境，兴建定居点，安置犹太人移民。至1967年，内格夫地区的基布兹和莫沙夫达到57个，农业人口5.5万，开垦荒地14万公顷。与此同时，以色列政府在内格夫地区发展现代工业和采矿业。60年代中期，内格夫地区年产石油19万吨，铜矿年产量达到50万吨，亚喀巴湾北侧的埃拉特成为内格夫地区的主要港口。③

1948—1970年，以色列的国内生产总值年均增长10%，人均收入年均增

① Sachar, H.M., *A History of Israel*, p.528.

② Yapp, M.E., *The Near East since the First World War*, p.284.

③ Sachar, H.M., *A History of Israel*, pp.522—523.

长5%。国外资金的流入是以色列经济迅速增长的主要原因。1967年以前，海外犹太人向以色列提供的援助每年为2亿美元；1967—1973年，海外犹太人向以色列提供的援助达到每年7亿美元。[①]1952年9月，以色列与联邦德国政府在荷兰签署协议，联邦德国政府承诺在此后14年向以色列支付30亿马克(折合7.5亿美元)的赔偿。[②]美国是向以色列提供援助的主要西方国家。1967年以前，美国向以色列提供的援助每年为5000万美元。1949—1965年，海外犹太人和美国政府提供的援助，以及联邦德国政府提供的经济赔偿，超过60亿美元。[③]1967—1986年，美国向以色列提供的援助共计30亿美元，其中12亿为经济援助，18亿为军事援助，美国政府的援助相当于海外犹太人援助的5倍。以色列经济发展的另一重要原因，在于持续的移民所提供的廉价劳动力和广泛的市场需求。1973年以后，犹太人移民逐渐减少，阿拉伯人成为新的廉价劳动力来源。1975年，约旦河西岸和加沙地带约四分之一的阿拉伯劳动力受雇于以色列的犹太人企业，主要从事建筑业。[④]

以色列经济生活的突出特征在于政府广泛的经济干预，政府投资和国有经济在国民经济中占举足轻重的地位。1983年起，以色列政府实行紧缩通货的政策，减少公共支出，降低生活必需品的补助金发放标准。[⑤]“以色列政府对于经济的干预程度超过几乎所有的民主国家，希斯塔德鲁特在以色列经济社会生活中占据举足轻重的地位。”[⑥]1955年，希斯塔德鲁特控制以色列全部劳动力的35%。1960年，国有经济的雇佣劳动力占雇佣劳动力总数的60%。[⑦]1981年，30%的劳动力受雇于政府和国有企业。1982年，以色列政府通过税收占有国民收入的50%，国家土地署控制以色列全部土地的92%。1981年，30%的劳动力受雇于政府和国有企业。[⑧]

阿以之间的战争状态是制约以色列经济发展的关键因素，庞大的军费支出成为以色列政府沉重的财政负担。1967—1973年，以色列的军费支出达到60亿美元。第三次中东战争以后，阿拉伯国家共同抵制以色列。埃及关闭苏伊士运河，封锁蒂朗海峡，切断以色列南部港口埃拉特与红海之间的通

---

①④ Yapp, M.E., *The Near East since the First World War*, p.282.

② Bregman, A., *A History of Israel*, p.78.

③ Owen, R., *A History of Middle East Economies in the Twentieth Century*, p.178.

⑤ Yapp, M.E., *The Near East since the First World War*, p.283.

⑥ Sachar, H.M., *A History of Israel*, p.412.

⑦ Sachar, H.M., *A History of Israel*, p.413.

⑧ Yapp, M.E., *The Near East since the First World War*, p.284.

道。伊拉克关闭通往海法的输油管道，迫使以色列从伊朗和墨西哥湾购买高价石油。①进入 70 年代，以色列经济增长速度下降。1970—1980 年，以色列经济年增长率为 2%。1982—1983 年，增长率为零。②1977—1983 年，以色列的通货膨胀率从 34% 上升为 140%。80 年代中期，以色列陷入严重的经济危机，通货膨胀率接近 400%，股票市场崩溃，以色列货币舍克尔贬值，外债高达 230 亿美元，失业率上升，进出口贸易逆差超过 40 亿美元。③

自 1984 年起，以色列政府推行经济改革，大幅削减财政预算和生活必需品的补助金，控制公共开支，冻结物价，提高税率。此后，以色列经济形势逐渐好转，通货膨胀率 1986 年下降为 20%，1987 年下降为 16.5%，财政赤字 1985 年下降为 13.2%，1987 年下降为 2.8%。④90 年代，以色列实行国有企业的非国有化改革，公共支出在政府财政收入中所占比例由 1985 年的 75% 下降为 2000 年的 55%。1985—1995 年，以色列经济年均增长 2%；90 年代末，经济年均增长率降至 1%。1987—1997 年，出口额从 70 亿美元增至 210 亿美元，军火出口构成以色列对外贸易的重要内容。⑤

特拉维夫的阿兹列里中心摩天大楼

1948 年以色列建国初期，82% 的犹太人生活在城市；其中，52% 的犹太人分布在特拉维夫、海法和耶路撒冷三大城市，30% 的犹太人分布在其他的城市。1968 年，89% 的犹太人生活在城市；其中，35% 的犹太人分布在特拉维夫、海法和耶路撒冷三大城市，54% 的犹太人分布在其他的城市。⑥相比之下，

① Ochsenwald, W., *The Middle East: A History*, p.543.
② Yapp, M.E., *The Near East since the First World War*, p.283.
③ Owen, R., *A History of Middle East Economies in the Twentieth Century*, p.184.
④ Owen, R., *A History of Middle East Economies in the Twentieth Century*, p.185.
⑤ Ochsenwald, W., *The Middle East: A History*, p.570.
⑥ Sachar, H.M., *A History of Israel*, p.517.

以色列控制区的阿拉伯人经历明显的城市化进程。1948 年,以色列控制区的阿拉伯人中,约四分之一生活在城市。1989 年,以色列控制区的阿拉伯人中,90%生活在城市。①

海法全景

1967 年战争后,以色列占领包括约旦河西岸和加沙地带在内的整个巴勒斯坦,宣布耶路撒冷是以色列国的永久首都。自 70 年代起,以色列政府不断在以军占领的约旦河西岸和耶路撒冷东区兴建犹太人定居点,城市化进程由此明显加快。②至 1982 年,生活在约旦河西岸定居点的犹太人达到 2.5 万,生活在耶路撒冷东区定居点的犹太人达到 6.5 万。③1997 年,加沙地带有犹太人定居点 14 处,定居者 6 000 人;戈兰高地有犹太人定居点 32 处,定居者 1.7 万人;约旦河西岸有犹太人定居点 107 处,定居者 16 万人;东耶路撒冷有犹太人定居者超过 20 万人。1997—1999 年,以色列人在以军占领区建成房屋 7 350 处,在建房屋 2 510 处。2000 年,40 万犹太人居住在以军占领区。④

---

① Ochsenwald, W., *The Middle East: A History*, p.564.

② Gelvin, J.L., *The Modern Middle East: A History*, Oxford 2005, p.273.

③ Ochsenwald, W., *The Middle East: A History*, p.566.

④ Kamrava, M., *The Modern Middle East: A Political History since the First World War*, pp.235—236.

• “十三五”国家重点出版物出版规划项目 •

A History of the Middle East

中东史

（下）

哈全安 著

上海社会科学院出版社
SHANGHAI ACADEMY OF SOCIAL SCIENCES PRESS

目录

前言　自然环境与历史长河 / 1
一、高原大漠与山川河谷 / 1
二、源远流长的古代文明 / 5
三、一神信仰的宗教传统 / 17
四、伊斯兰时代的帝国历程 / 19
五、色彩斑斓的民族国家 / 21
六、近代以来的国际舞台与地缘政治 / 34

第一章　阿拉伯人的古代历史 / 1
一、阿拉伯半岛与阿拉伯人 / 1
“阿拉伯人的岛屿” / 1
阿拉伯人的生活方式 / 2
阿拉伯人的谱系 / 6
二、古代阿拉伯人的文明雏形 / 8
米奈—赛伯邑人 / 8
希米叶尔人 / 10
皮特拉与帕尔米拉 / 12
加萨尼人、莱赫米人与肯德人 / 14
三、查希里叶时代的阿拉伯社会 / 17
部落与氏族 / 17
“阿拉伯人的日子” / 23
麦加与古莱西部落 / 26
四、前伊斯兰时代阿拉伯人的宗教习俗 / 33
“敬事许多神灵” / 33
外来的信仰 / 36
一神崇拜的宗教端倪 / 36

第二章　伊斯兰文明的诞生 / 38
一、先知穆罕默德在麦加 / 38
先知穆罕默德的早年经历 / 38
“盖德尔夜晚” / 40
麦加时期的启示 / 41
伊斯兰教的皈依者 / 45

古莱西人的抵制 / 47
麦加的险境 / 50
麦加时期伊斯兰教的社会性质 / 51
二、先知穆罕默德在麦地那 / 56
叶斯里卜 / 56
阿喀巴誓约 / 57
“升宵” / 58
徙志 / 60
麦地那宪章 / 62
圣战的起因 / 64
挑战麦加的古莱西人 / 65
围剿麦地那绿洲的犹太人 / 69
讨伐贝都因人 / 72
先知穆罕默德重返麦加 / 73
从侯奈因之战到“代表团之年” / 75
辞朝 / 77
三、伊斯兰文明的初步确立 / 79
教俗合一国家体制的奠基 / 79
财产关系的私有原则 / 84
个体家庭的婚姻形态 / 85
信仰的认同与社会的聚合 / 86
责任与义务 / 89
迁士与辅士 / 89
土地关系的国有原则 / 91

第三章 麦地那哈里发国家的浮沉 / 96
一、阿布·伯克尔与平息“里达”的战争 / 96
“赛基法会议” / 96
作为首任哈里发的阿布·伯克尔 / 98
“里达”的平息 / 99
“里达”风波的历史内涵 / 101
平息“里达”的战争与阿拉伯半岛的统一 / 103
二、麦地那哈里发国家的扩张 / 105

原因解读与背景分析 / 105
叙利亚的征服 / 110
埃及的征服 / 113
伊拉克的征服 / 117
伊朗的征服 / 119
征服进程的区域差异 / 120
三、麦地那哈里发国家的政治走向 / 121
宗教色彩的共和政体 / 121
哈里发欧默尔 / 123
共和政体的危机 / 126
奥斯曼之死 / 129
阿里与最初的内战 / 131

第四章 大马士革的倭马亚王朝 / 136
一、穆阿威叶的时代 / 136
从希贾兹到叙利亚 / 136
穆阿威叶的治国风格 / 137
穆阿威叶时代的圣战 / 140
君主制的奠基 / 141
二、从内战的平息到君主制的强化 / 142
内战再起 / 142
马立克即位 / 145
君主制的强化 / 146
三、新的征服 / 150
东部战场 / 150
西部战场 / 152
北方的攻势 / 154
四、阿拔斯派的兴起 / 155
阿拔斯人的涉足政坛 / 155
“归权先知家族”的政治原则 / 157
从库法到呼罗珊 / 158
五、倭马亚王朝的覆灭 / 161
矛盾与危机 / 161

阿布·穆斯林与来自呼罗珊的黑色旗帜 / 163
阿拔斯派运动的性质 / 166

第五章 巴格达的阿拔斯王朝 / 170
一、走向鼎盛 / 170
政治基础的转换与政治重心的东移 / 170
从平息反叛到排斥异己 / 171
新都巴格达 / 174
从马赫迪到哈迪 / 175
哈伦盛世 / 177
内战与秩序的重建 / 180
二、集权政治的膨胀 / 182
哈里发与宫廷政治 / 182
维齐尔与官僚政治 / 183
行政区划与地方治理 / 185
驿道与驿站 / 187
军队与将领 / 187
哈里发集权统治的特质 / 188
三、衰落的起点 / 189
外籍新军的崛起 / 189
哈里发权力的式微 / 191
四、群雄逐鹿 / 193
伊斯兰世界的分裂:自然环境与社会背景 / 193
西班牙的后倭马亚王朝 / 195
马格里布诸王朝 / 197
尼罗河流域的突厥君主——土伦王朝与伊赫希德王朝 / 199
埃及的什叶派政权——法蒂玛王朝 / 201
从阿尤布王朝到马木路克王朝 / 205
塔希尔王朝与东部分裂的先河 / 209
伊朗高原的波斯人政权——萨法尔王朝与萨曼王朝 / 210
加兹尼王朝与突厥君主马哈茂德 / 212
白益王公与波斯什叶派政权 / 214

库尔德人与贝都因人 / 215
五、穷途末路 / 218
塞尔柱人称雄西亚 / 218
阿拔斯王朝的倾覆 / 221

第六章 哈里发时代中东的经济制度与经济生活 / 223
一、封建主义的土地关系 / 223
国家土地所有制 / 223
赋税与地租 / 225
地产与农民 / 227
二、农作区域与农业生产 / 233
农作区域 / 233
农作物 / 236
水利灌溉与耕作技术 / 240
三、手工业与商业 / 242
手工业 / 242
商业 / 245

第七章 哈里发时代中东的社会变迁 / 249
一、迁徙与交往 / 249
阿拉伯人的迁徙 / 249
倭马亚时代的社会交往 / 251
二、阿萨比叶 / 255
阿萨比叶的由来 / 255
阿萨比叶的类型 / 257
阿萨比叶的淡去 / 262
三、麦瓦利 / 264
麦瓦利的内涵 / 264
麦瓦利的社会地位 / 265
权利与义务的失衡 / 266
四、阿拔斯时代的穆斯林社会 / 268
民族关系 / 268

教派关系 / 269
五、吉玛人 / 270
从“有经典的人”到吉玛人 / 270
吉玛人的起源 / 271
信仰差异与社会对立 / 274
吉玛人的经济地位 / 276
吉玛人的分布 / 278
宽容与歧视 / 279
六、奴隶 / 283
伊斯兰教与奴隶制 / 283
奴隶的来源与用途 / 284
七、城市 / 287
城市的起源 / 287
城市的分布 / 290
城市的格局 / 292
八、时尚习俗与社会生活 / 293
时尚 / 293
习俗 / 294
娱乐 / 297
节日 / 298
教育 / 299

第八章 哈里发时代伊斯兰教的发展 / 300
一、哈瓦立及派的兴衰 / 300
教派分歧的根源 / 300
哈瓦立及派的由来 / 300
哈瓦立及派的政治理念与宗教思想 / 301
哈瓦立及派的分支 / 303
二、什叶派的演变 / 305
什叶派的缘起 / 305
什叶派的宗教政治理论 / 307
什叶派的分支 / 311

三、逊尼派思想体系的确立／ 317
逊尼派的内涵 ／ 317
穆尔吉叶派 ／ 318
盖德里叶派与贾卜里叶派 ／ 319
穆尔太齐勒派 ／ 320
从艾什尔里到安萨里 ／ 322
四、逊尼派伊斯兰教的宗教政治理论／ 324
宗教权力与世俗权力 ／ 324
乌玛与沙里亚 ／ 324
哈里发的学说 ／ 325
五、苏菲主义／ 329
苏菲主义的禁欲色彩 ／ 329
苏菲主义的神秘思想 ／ 330
苏菲主义的宗教实践 ／ 331
六、伊斯兰教的法学流派／ 332
圣训派与意志派 ／ 332
哈奈菲学派 ／ 333
马立克学派 ／ 334
沙菲仪学派 ／ 334
罕百里学派 ／ 335

第九章 哈里发时代的伊斯兰文化／ 337
一、伊斯兰文化演进的沃土／ 337
伊斯兰文化的源头 ／ 337
伊斯兰文化的早期外来元素 ／ 338
百年翻译运动 ／ 339
二、伊斯兰世界的文化成就／ 339
文学 ／ 339
艺术 ／ 344
历史学 ／ 350
哲学 ／ 353
天文学 ／ 356

数学 / 359
化学与物理学 / 360
医学 / 361

第十章 征战中崛起的奥斯曼帝国 / 363
一、突厥人的西迁 / 363
伊斯兰教传入中亚 / 363
安纳托利亚的罗姆苏丹国 / 364
二、奥斯曼人的早期国家 / 367
奥斯曼人兴起之前的伊斯兰世界 / 367
安纳托利亚的圣战 / 368
从卡拉加希萨尔到布尔萨 / 370
从安卡拉战役到大空位期 / 371
三、开疆拓土 / 373
东南欧的圣战 / 373
伊斯兰世界的征服 / 382
四、伊斯坦布尔的统治 / 384
苏丹与宫廷 / 384
御前会议与桑贾克 / 392
奴隶政治与德米舍梅制 / 396
西帕希与耶尼切里 / 399
宗教与神权 / 404
五、奥斯曼帝国的社会与经济 / 408
疆域与人口 / 408
米勒特制度 / 410
封邑制度 / 413
农业与农民 / 414
城市与行会 / 417
商业与商人 / 421

第十一章 奥斯曼帝国的斜阳 / 425
一、奥斯曼帝国黄金时代的结束 / 425

苏丹权力的式微 / 425
包税制的兴起 / 427
商路转移与价格革命 / 428
对外战争的败绩 / 429
二、自上而下的新政举措与宪政运动 / 433
塞里姆三世与马哈茂德二世的新政举措 / 433
花厅御诏与坦泽马特时代的改革 / 437
从青年奥斯曼党到宪政运动 / 443
三、传统经济社会秩序的解体 / 447
西方列强的贸易扩张 / 447
市场化进程的启动 / 450
智力的觉醒 / 455
四、从青年土耳其党革命到奥斯曼帝国的灭亡 / 458
巴尔干起义 / 458
青年土耳其党革命 / 461
奥斯曼帝国的灭亡 / 466

第十二章　从波斯的复兴到巴列维王朝统治下的伊朗 / 471
一、波斯的复兴 / 471
萨法维王朝的嬗变 / 471
君主政治 / 475
萨法维时代的教俗关系 / 476
游牧部落与定居农业 / 479
城市与贸易 / 480
二、恺伽王朝时代伊朗传统秩序的衰落 / 483
王权的式微 / 483
教俗关系的演变 / 486
西方的冲击 / 488
传统经济社会秩序的衰落 / 492
新政举措 / 497
宪政思想的萌生 / 499
社会矛盾 / 501

宪政运动与1906年宪法 / 502
权力的博弈与宪政的夭折 / 507
三、礼萨汗时代伊朗的现代化实践 / 511
内忧外患的动荡局势 / 511
巴列维王朝的建立 / 513
世俗色彩的威权统治 / 516
器物层面的现代化举措 / 521
经济社会的发展 / 522
礼萨汗时代的威权政治与现代化模式 / 526
四、巴列维国王的统治与“发展的独裁模式” / 527
议会政治的活跃 / 527
石油国有化运动 / 530
威权政治的重建 / 533
白色革命 / 535
白色革命后的地权结构与农业生产 / 540
白色革命后的工业化进程 / 544
城市化进程与社会福利 / 547
社会结构的变迁 / 549
“发展的独裁模式” / 551
五、什叶派现代伊斯兰主义的滥觞 / 556
教俗关系的嬗变 / 556
什叶派现代伊斯兰主义的缘起 / 558
什叶派现代伊斯兰主义的先驱 / 560
阿里·沙里亚蒂的宗教政治理念 / 561
霍梅尼主义的宗教政治内涵 / 563
六、巴列维王朝的覆灭 / 566
从民主与专制的博弈到君主独裁铁幕下社会矛盾的加剧 / 566
世俗政治反对派 / 568
宗教政治反对派 / 570
欧莱玛的裂变 / 571
贫富分化与政治暗流 / 573
从世俗知识界的政治风波到跨越教俗界限的民众政治运动 / 576
伊斯兰革命的性质 / 582

第十三章　土耳其共和国的成长 / 586
一、土耳其共和国的诞生 / 586
从伊斯坦布尔到安卡拉 / 586
从《色佛尔条约》到《洛桑条约》 / 588
从大国民议会到1924年宪法 / 592
平息库尔德人的叛乱 / 594
凯末尔时代的政党政治与威权体制 / 595
二、凯末尔主义的理论与实践 / 601
从奥斯曼帝国的意识形态到凯末尔时代的民族主义 / 601
共和主义与民众主义 / 604
世俗主义 / 607
国家主义 / 611
凯末尔主义的时代特征 / 612
三、威权政治的终结 / 614
伊斯梅特与自上而下的政治改革 / 614
一党制时代的结束 / 618
1950年大选 / 620
四、50—70年代民主化进程的艰难探索 / 622
50年代民主党的执政历程 / 622
1960年军事政变与1961年宪法 / 626
60年代的民主政治实践 / 631
1971年军事政变与70年代的议会选举 / 634
1980年军事政变与1982年宪法 / 637
五、50—70年代的多元化政党政治 / 640
共和人民党 / 640
从民主党到正义党 / 641
民族党、民族行动党与新土耳其党 / 642
从民族秩序党到救国党 / 644
土耳其工人党与工人运动 / 647
六、暗流涌动的伊斯兰主义 / 649
世俗国家与宗教社会 / 649
伊斯兰文化的复兴 / 650

宗教激进组织 / 653
苏菲教团 / 656
伊斯兰主义政党 / 659
七、凯末尔时代的经济发展战略 / 662
人口的变迁 / 662
从温和到激进的经济政策 / 664
工业的缓慢进步 / 667
农业的发展与土地改革的初步举措 / 671
八、“二战”后的经济社会发展 / 674
农业的进步 / 674
乡村社会的变革 / 678
产业结构的转变 / 682
进口替代的工业化发展模式 / 685
80 年代以来的新经济政策 / 688
城市化进程 / 691

第十四章　埃及的现代化之路 / 696
一、从帕夏到赫迪威 / 696
从奥斯曼帝国的占领到法军的入侵 / 696
尼罗河流域的新主人 / 699
穆罕默德·阿里的新政举措 / 702
权力重心的倾斜与西化的进程 / 703
智力的觉醒与现代政治思想的萌生 / 710
二、宪政时代的政治秩序与政治实践 / 715
19 世纪的宪政端倪 / 715
1919—1923 年的宪政运动 / 716
多元化的政党政治 / 720
议会选举与宪政实践 / 723
宪政与民主 / 729
政治生活的激进化与极端主义的泛滥 / 730
宪政危机 / 735
三、穆罕默德·阿里王朝统治下的埃及经济与社会 / 737

穆罕默德·阿里时代的地权改革 / 737
非国有化的地权运动 / 739
农业生产 / 741
现代工业的兴起 / 744
城市化进程的启动 / 746
四、纳赛尔主义的现代化模式/ 747
从自由军官的崛起到1952年的“七月革命” / 747
从埃及民族主义到阿拉伯民族主义 / 750
国家资本主义的经济发展战略 / 753
工业化的长足进步 / 756
土地改革 / 759
租佃法与农民境况的改善 / 762
农业合作化运动 / 763
乡村社会的变迁 / 764
农业的发展 / 766
“仁慈的君主” / 769
从解放大会到阿拉伯社会主义联盟 / 771
纳赛尔主义的意识形态 / 773
威权政治的膨胀 / 774

第十五章 新月地带的新兴国家/ 776
一、从伊拉克王国到伊拉克共和国/ 776
美索不达米亚的历史沿革 / 776
伊拉克王国的建立 / 779
君主制时代的教派与国家 / 781
君主制时代的多元化政党 / 785
君主制时代的军人政治与宪政实践 / 787
英伊关系的演变 / 793
民族矛盾与政治危机 / 795
伊拉克共和国的诞生 / 797
嘎希姆政权 / 799
伊拉克复兴党的由来 / 803

1963 年复兴党政变 / 804
阿里夫政权 / 806
1968 年复兴党政变 / 807
巴克尔政权 / 809
萨达姆政权 / 811
从两伊战争到科威特战争 / 814
海湾战争后的国际制裁与国内局势 / 818
伊拉克南部的什叶派穆斯林 / 821
伊拉克北部的库尔德人 / 823
二、走向威权的叙利亚共和国 / 830
沙姆与叙利亚 / 830
阿拉伯民族主义的滥觞 / 833
叙利亚共和国前期的多党政治 / 834
议会民主制框架下的宪政实践 / 836
从议会民主制到军人政治 / 840
60 年代的复兴党政权 / 841
阿萨德政权的建立 / 843
"总统制形式的君主制" / 845
阿萨德时代的政党政治 / 847
阿萨德政权的独裁统治 / 850
阿萨德与穆斯林兄弟会 / 852
阿萨德与阿拉伯世界 / 854
阿萨德政权的新经济政策 / 856
阿萨德晚年的政策调整 / 860
三、教派镶嵌的黎巴嫩共和国 / 863
黎巴嫩山区的马龙派基督徒与德鲁兹派穆斯林 / 863
黎巴嫩共和国的建立 / 867
黎巴嫩的基督徒与穆斯林 / 870
黎巴嫩共和国的宪政民主与教派政治 / 872
教派冲突与内战始末 / 876
以色列入侵 / 879
从阿麦勒运动的建立到真主党的崛起 / 881
塔伊夫协议与民族和解 / 885

四、夹缝中求生存的约旦哈希姆王国／ 888
奥斯曼帝国统治下的外约旦 / 888
从外约旦埃米尔国到约旦哈希姆王国 / 888
君主立宪制与侯赛因国王 / 891
约旦王国的约旦人与巴勒斯坦人 / 893
约旦王国的地缘政治与对外关系 / 896
约旦王国的宪政实践与议会选举 / 897
食利国与劳务输出 / 898
1989 年以后的经济改革 / 900
国民宪章与 90 年代的多党制自由化改革 / 901
五、巴勒斯坦与以色列／ 904
犹太人的宿敌与庇护者 / 904
奥斯曼帝国统治下的巴勒斯坦 / 905
锡安主义 / 905
耶里亚——犹太人回归巴勒斯坦的移民运动 / 908
英国委任统治时期巴勒斯坦的土著阿拉伯人与犹太移民 / 909
中东战争与巴勒斯坦难民 / 914
巴勒斯坦解放运动——从法塔赫到哈马斯 / 915
以色列的政党政治与议会选举 / 917
以色列建国后的犹太人移民潮 / 921
阿什肯纳兹与塞法尔迪 / 923
中东和平进程 / 924
六、新月地带的经济社会变迁／ 928
农业市场化进程的启动 / 928
地权运动与土地兼并 / 931
土地改革 / 933
农业生产的发展 / 937
石油经济 / 940
工业化进程 / 943
定居化与城市化 / 950
社会福利的改善 / 956
以色列的阿拉伯人与巴勒斯坦的难民社会 / 960
独树一帜的以色列经济与城市化 / 962

第十六章　阿拉伯半岛的新生 / 967

一、横空出世的沙特王国 / 967

阿拉伯半岛的贝都因人与定居者 / 967

徘徊于野蛮与文明之间的部落社会 / 969

瓦哈卜派的兴起 / 973

沙特家族与瓦哈卜家族的宗教政治联盟 / 975

德拉伊叶埃米尔国 / 978

利雅得埃米尔国 / 982

沙特家族的复兴 / 986

伊赫瓦尼运动 / 991

伊本·沙特时代的沙特王国 / 994

石油时代的到来 / 998

石油经济的繁荣 / 1001

石油时代的国家财政 / 1003

石油时代的工业化进程 / 1005

地权结构与租佃关系 / 1008

地权运动与农业生产 / 1009

贝都因人的定居化 / 1011

私人经济与民间资本 / 1015

人口就业流向与外籍劳动力 / 1016

城市化的长足发展 / 1017

教育事业的进步 / 1020

石油时代的产业工人与现代中产阶级 / 1022

内阁政治与国家机器 / 1025

沙特王国的家族政治 / 1028

沙特王国的官方宗教政治 / 1030

世俗色彩的民众运动 / 1033

王室内部的权力角逐 / 1035

宗教政治的滥觞——1979 年的麦加与哈萨 / 1040

民众请愿与自下而上的政治参与 / 1042

90 年代前期的宗教政治反对派 / 1045

90 年代后期宗教政治的暴力化倾向 / 1046

自上而下的政治改革 / 1047
二、生机盎然的海湾小国 / 1052
海湾小国地区的历史沿革 / 1052
萨巴赫家族与科威特埃米尔国 / 1055
萨尼家族与卡塔尔埃米尔国 / 1059
哈利法家族与巴林埃米尔国 / 1061
阿拉伯联合酋长国 / 1064
阿曼苏丹国 / 1068
君主制框架下的民众觉醒与议会选举 / 1072
石油经济的繁荣 / 1082
非石油领域的经济发展 / 1085
人口的增长与多元化的社会结构 / 1089
食利国家与福利社会 / 1094
三、幸福远去的也门 / 1097
栽德派伊玛目国家 / 1097
阿拉伯也门共和国 / 1099
亚丁与南也门 / 1100
统一之路与烽烟战火 / 1103
现代化进程中的经济社会变革 / 1110

第十七章　世纪之交的世俗政治与宗教政治 / 1116
一、埃及后纳赛尔时代世俗政治与宗教政治的博弈 / 1116
战争与和平 / 1116
私有化的新经济政策 / 1119
公民社会的成长 / 1125
萨达特时代的“纠偏运动” / 1129
阿拉伯社会主义联盟的裂变与多党化进程的启动 / 1131
世俗威权体制的松动 / 1137
穆巴拉克时代的政党政治 / 1142
纳赛尔时代的穆斯林兄弟会与赛义德·库特卜的激进宗教政治思想 / 1151
伊斯兰主义滋生的沃土 / 1154

“伊斯兰是出路” / 1156
穆斯林兄弟会的嬗变 / 1164
中间道路党 / 1168
“没有伊斯兰国家的伊斯兰主义运动” / 1172
伊斯兰主义激进派别与政治暴力 / 1177
一波三折的选举政治 / 1182
世俗威权传统的延续与“自由化的威权体制” / 1192
选举政治的困境 / 1196
2005 年大选后的政治走向 / 1200
教俗分歧的弥合 / 1202
跨越教俗界限的广场政治 / 1206
二、伊朗伊斯兰共和国宗教政治与世俗政治的消长 / 1211
伊斯兰共和国宪法 / 1211
教法学家的统治 / 1217
霍梅尼时期的伊斯兰化 / 1221
伊斯兰共和国初创阶段之政治理念的分歧 / 1225
后霍梅尼时代的官方政治理念 / 1227
宗教学者中的持不同政见者 / 1229
哈塔米的宗教政治理念与“宗教民主制”思想 / 1234
世俗知识分子的政治理念与索鲁什的“宗教民主制”思想 / 1237
伊斯兰共和国的政治派系 / 1242
伊斯兰共和国的政党政治 / 1249
“阿克巴尔沙”与拉夫桑贾尼政府的新经济政策 / 1257
哈塔米政府的改革举措 / 1261
政治改革的阻力 / 1266
新左派的崛起与政坛黑马艾哈迈迪内贾德 / 1271
常态化的选举政治 / 1275
选举政治框架下的派系竞争与民众参与 / 1281
选举政治的世俗性 / 1302
选举政治的局限性 / 1306
伊斯兰共和国经济社会的发展 / 1313
三、土耳其共和国世俗政治与宗教政治的转换 / 1321
文官政治的重建 / 1321

称雄政坛的祖国党 / 1324
伊斯兰政党的闪亮登场与“军方的温柔介入” / 1329
政坛新星埃尔多安与异军突起的正义与发展党 / 1337
2002 年大选与“安纳托利亚的革命” / 1340
正义与发展党的施政举措 / 1342
文官政府与军方余威 / 1349
2007 年大选与“电子备忘录” / 1353
2007 年大选后的政治走向与“执政党枪挑军方” / 1359
民主化进程中的政党政治与民众参与 / 1366

结束语　伊斯兰教诞生以来中东历史的思考与审视 / 1370
一、伊斯兰传统文明的基本特征 / 1370
教俗合一的国家形态 / 1370
国家所有制的土地制度 / 1372
穆斯林与非穆斯林的社会对立 / 1374
二、中东现代化进程的历史轨迹 / 1376
现代化的历史内涵 / 1376
中东现代化进程的启动 / 1379
现代民族国家的兴起与绝对主义的现代化模式 / 1382
工业化的演进趋势 / 1385
地权的演变与乡村农业的发展 / 1386
社会生活的变迁 / 1390
三、民主化视野下的世俗政治与宗教政治 / 1392
所谓民主与民主化 / 1392
宪政制度的移植与民主化的初步实践 / 1396
世俗化与世俗政治 / 1399
现代伊斯兰主义与自下而上的民众政治参与 / 1401

主要参考文献 / 1408

第十六章

阿拉伯半岛的新生

一、 横空出世的沙特王国

阿拉伯半岛的贝都因人与定居者

阿拉伯半岛作为伊斯兰教的发源地,在先知穆罕默德和麦地那哈里发时代曾经出现过历史的辉煌。倭马亚王朝建立以后,伊斯兰世界的政治重心逐渐转移。除希贾兹的两座圣城即麦加和麦地那以外,阿拉伯半岛的绝大部分地区重新成为贫瘠和荒凉的去处。由于闭塞的地理位置、恶劣的自然环境和落后的生产技术,阿拉伯半岛经济和社会的发展进程长期处于相对停滞的状态。"自从中世纪以来,直到 19 世纪和 20 世纪初,阿拉伯半岛几乎没有出现明显的变化。纳季德、哈萨和希贾兹的绝大多数人口分别从事两种传统的经济活动,即绿洲农业和畜牧业。"①

浩瀚的沙漠决定了游牧活动的广泛分布,地广人稀则是沙漠牧场的突出现象。只有在零星点缀的绿洲,人口分布相对稠密。依靠地下水源的灌溉农业是绿洲经济的基本模式,而近乎原始的灌溉技术限制着耕地面积的扩大和农作物产量的提高。绿洲农业处于极不稳定的状态;持续的干旱和地下水源的枯竭,足以导致耕地的荒芜和绿洲的消失,直至对农业形成毁灭性的影响,进而驱使绿洲人口背井离乡。

骆驼和羊群是阿拉伯半岛最重要的畜牧业产品。骆驼可谓阿拉伯半岛沙漠经济的象征,只有牧养骆驼的阿拉伯人才被视作真正的贝都因人。"骆

---

① Vassiliev, A., *The History of Saudi Arabia*, New York 2000, p.30.

驼在沙漠之中如此重要，以至于一旦骆驼消失，（生活在沙漠之中的）所有人将不复存在。”①随着季节的变化，贝都因人驱赶骆驼，奔走于沙漠牧场，追逐水草。牧养羊群的阿拉伯人常被称作沙维叶，他们往往徘徊于沙漠边缘，间或从事农耕，处于半游牧半定居的状态，具有游牧与定居的双重倾向。

在阿拉伯半岛，贝都因人与定居者之间往往缺乏严格的界限，两者之间的转换现象十分普遍。自然环境的变化是选择游牧抑或定居以及决定游牧与定居转换现象的首要因素，迁徙则是游牧与定居两种经济活动和生活方式的转换得以实现的基本途径。

简陋的手工业作为辅助性的经济活动，长期存在于阿拉伯半岛的游牧社会。在面积较大和人口较多的绿洲，一定程度上形成手工业者的分工生产，包括铁匠、珠宝匠、木匠、瓦匠、鞋匠、裁缝等。铁匠大都是刀剑的制造者和修理者，构成最重要的手工业者群体。在阿拉伯语中，铁匠一词常被用来称呼所有的工匠。与其他诸多地区相比，阿拉伯半岛的手工业者大都处于分散状态，尚无行会形式的行业性组织。

阿拉伯半岛地形航拍图

阿拉伯半岛缺乏严格意义上的城市，所谓的城市在绝大多数情况下等同于绿洲，至于麦加作为非绿洲的城市只是特例。游牧群体的自给自足程度不及农业社会，需要通过交换获得定居地区的粮食和手工业产品。所谓的绿洲城市，其主要功能是为游牧群体与定居人口的产品交易提供相应的场所。炎热的夏季是阿拉伯半岛最重要的交易季节，物物交易是阿拉伯

① Vassiliev, A., *The History of Saudi Arabia*, p.32.

半岛基本的贸易方式。来自四面八方的贝都因人通常在固定的时日汇聚于绿洲集市，用牲畜、乳品和毛皮换取粮食、衣物、武器和其他生活用品。此外，埃及的稻米、谷物和蔗糖、印度的稻米和香料、也门的谷物和咖啡以及叙利亚的干果，在阿拉伯半岛的游牧地区亦有广泛的市场需求。

徘徊于野蛮与文明之间的部落社会

阿拉伯人分别属于各自的部落，血缘关系以及共同的经济利益特别是牧场和水源的共有权构成维系部落制度的基本纽带。阿纳宰部落、舍迈尔部落、哈里德部落、盖哈丹部落、阿治曼部落、穆泰尔部落、哈尔卜部落和阿泰巴部落，是18世纪阿拉伯半岛的主要游牧部落。每个部落按照父系的原则划分为若干居住区域，家族构成基本的财产占有单位。原始公有制的经济传统长期延续，个人财产支配权相对微弱。在部落内部，舍赫作为家长式的首领和经济活动的组织者，决定部落的迁徙，分配牧场、水源和各个家族的宿营地。另一方面，舍赫亦是部落内部各个家族之间矛盾纠纷的仲裁者，是执行部落习俗的监督者。在部落之间，舍赫代表整个部落的利益，决定战争与媾和。麦吉里斯即部落会议是部落内部的咨议机构，体现原始民主制的政治原则；舍赫做出的重要决定必须得到麦吉里斯的支持，部落成员有权在麦吉里斯发表意见。对于舍赫和麦吉里斯的决定表示异议的部落成员，只能选择离开部落。部落的军事首领称作阿济德。“每个部落除舍赫之外都有自己的军事首领，而舍赫与军事首领两种职位同属一人的情况极为少见……舍赫如果参加战斗，必须服从军事首领；而当战斗结束和返回宿营地以后，军事首领的权力不复存在，舍赫则恢复其原有的地位。”①

游牧地区实行部落对于牧场和水源的共同支配权和独占权。每个部落分别控制各自的游牧范围，同时排斥其他部落的进入。实力强大的部落拥有相对稳定的牧场和水源，保持较为完整的血缘体系。相比之下，弱小的部落由于缺乏相对稳定的牧场和水源，往往分散于各地，依附于实力强大的部落。至于定居者生活的绿洲，血缘组织的完整程度和重要性不及沙漠牧场中的游牧部落，进而形成较为明显的贫富分化和社会对立。

绿洲往往处于游牧部落的保护之下，贝都因人以征收贡赋作为条件保护绿洲的安全。实力强大的游牧部落往往可以控制方圆数百公里的地区，向多

---

① Vassiliev, A., *The History of Saudi Arabia*, p.51.

处绿洲提供保护，成为绿洲的实际统治者。亦有少数强有力的绿洲统治者，向周边区域的贝都因人征纳贡赋。

游牧与定居的转换，导致部落的共同支配权和独占权在绿洲农业区域的延伸。游牧部落将所控制的绿洲土地租给定居的农民耕种而收取地租的现象存在于阿拉伯半岛的许多地区，由此形成封建性质的租佃关系。在诸多绿洲的内部，亦有许多地主将土地租给无地的农民耕种，采取实物分成制的剥削形式。然而，在阿拉伯半岛，农民固着于土地的程度相对有限。“农民如果不喜欢土地的主人，可以离开主人的土地，寻找另外的去处。”①

贝都因人的部落内部存在不平等的现象。在阿纳宰部落，贫困的贝都因人家庭往往只有数峰骆驼，富裕的贝都因人家庭则有数十峰骆驼，而个别的舍赫家庭所拥有的骆驼可达数百峰之多。富裕的贝都因人将骆驼和羊群租给贫困的贝都因人牧养，提供相应的保护，收取幼驼、羊羔和其他畜牧产品，由此形成依附性的经济关系和社会关系。在某些地区，依附性的经济关系和社会关系从部落内部延伸到部落之间；弱小的部落被迫依附于强大的部落，通过缴纳贡赋作为条件寻求后者的庇护。然而，部落内部的贫富分化并不明显，拥有马匹往往构成贝都因人财富和地位的主要标志，舍赫及其家眷的生活与普通的贝都因人相比并无明显的差异。贝都因人普遍处于贫困状态，食物匮乏现象十分严重。“在纳季德和希贾兹，每个贝都因人每天只能依靠六七颗椰枣浸泡以驼乳而艰难度日，少许的粮食会使贝都因人感到极大的满足。对于普通的贝都因人而言，只有在重要节日的宴席之中才有肉食。”②

血缘关系的广泛存在制约着部落内部的贫富分化和社会对立。然而，在血缘群体之间，贫富分化和社会对立较为明显。在18世纪的阿拉伯半岛，贝都因人部落沿袭着相互劫掠的传统习俗，劫掠的主要目标是骆驼和羊群。阿拉伯人区分获取骆驼和羊群的劫掠(ghazu)与旨在争夺牧场和水源的战争(harb)，然而两者往往错综交织。“阿拉伯人与其说是战士，不如说是抢劫者。他们并不热衷于生命的杀戮，只是为了劫掠财物而进攻敌人。如若遇到抵抗，他们不会用生命去冒险。”在阿拉伯人看来，劫掠是最令人敬佩的职业；贫困的贝都因人可以通过劫掠的方式改变自己的生活境况直至成为富有者。频繁的劫掠无疑破坏了阿拉伯半岛的经济状况。有时，劫掠引发血族仇杀，

---

① Vassiliev, A., *The History of Saudi Arabia*, p.39.

② Vassiliev, A., *The History of Saudi Arabia*, p.43.

甚至导致残酷的战争。“一个部落可以通过许多方式而从某个地区消失；可能由于激烈的争执，也可能由于长期的灾荒，而在更多的情况下，持续的劫掠和战争足以导致整个部落的毁灭。”①部落的军事实力不仅取决于人数的多寡和战士的勇猛程度，而且取决于特定的经济活动。一般情况下，牧养骆驼的部落即真正的贝都因人具备良好的机动能力，有效地依托沙漠的自然环境，拥有较强的军事实力。相比之下，牧养羊群的半游牧部落和定居的农业部落往往处于劣势，成为牧养骆驼的部落袭击和劫掠的目标，直至依附于牧养骆驼的贝都因人。在某种意义上可以说，劫掠成为维系不同地区、不同经济活动、不同生活方式的阿拉伯人诸部落相互之间联系和实现频繁沟通的不可或缺的纽带。通过劫掠获得的战利品、弱小的部落被迫缴纳的贡赋和由于出租牧场、水源、耕地而获得的财富，构成部落的外部收入抑或剥削形式。

奴隶制是阿拉伯半岛由来已久的社会现象。奴隶主要来自东非和中非，麦加是阿拉伯半岛重要的奴隶贸易中心。在希贾兹一带，普遍存在使用奴隶的习俗。在其他地区，使用奴隶只是富有者的奢侈现象。“在阿纳宰部落，每个舍赫每年购买五六名男奴隶以及若干女奴隶。”其他的贝都因人部落亦存在类似的情况。奴隶劳动用于牧养牲畜、耕种土地和手工业生产的现象并不多见，家内服侍是奴隶劳动的主要内容。在18世纪的阿拉伯半岛，奴隶制主要表现为家长奴隶制的形态；奴隶与主人生活在同一家庭之中，在许多方面与自由人并无明显的区别，有时甚至可以继承主人的遗产。另一方面，奴隶的释放是阿拉伯社会的普遍现象，奴隶身份的世袭并不多见，游牧地区尤为明显。被释放的奴隶称作阿赫德（阿拉伯语中意为仆人），大都从事手工业或充当小商贩。阿纳宰部落的一个舍赫“有超过50顶帐篷，住着被他释放的奴隶。他不再对这些被释

19世纪末身着传统服饰的吉达妇女

① Vassiliev, A., *The History of Saudi Arabia*, p.46.

放的奴隶提出经济上的要求,他们被视作自由人。但是,他要求这些被释放的奴隶将女儿嫁给自己新买来的男奴。这些被释放的奴隶如果在劫掠中获得数量可观的战利品,他可以要求他们献给自己一峰强壮的骆驼,而后者不会拒绝这样的要求”。①尽管如此,奴隶被释放以后,由于缺乏诸如牧场和耕地等生计来源,尚不足以与自由的阿拉伯部落民平起平坐,往往依附于贝都因人中的统治者。

搭帐篷的贝都因人

自16世纪初开始,阿拉伯半岛被纳入奥斯曼帝国的版图。1517年,奥斯曼帝国占领阿拉伯半岛西部的希贾兹。1550年,奥斯曼帝国占领阿拉伯半岛东部的哈萨。奥斯曼帝国对于希贾兹的统治,是其对于埃及统治的延伸。奥斯曼帝国对于哈萨的统治,则是其对于伊拉克统治的延伸。在希贾兹和哈萨之外的其他诸多地区,特别是位于阿拉伯半岛中央地带的纳季德高

① Vassiliev, A., *The History of Saudi Arabia*, p.49, p.50.

原,奥斯曼帝国并未建立有效的控制。广袤的沙漠瀚海是贝都因人的世界,诸多的游牧部落犹如一盘散沙,只是在名义上承认奥斯曼帝国的宗主权和接受伊斯坦布尔苏丹的赐封,血缘群体与依附关系长期并存,部落传统根深蒂固,部落习惯法盛行于贝都因人的游牧世界,原始民主制的传统与舍赫的权力错综交织,政治生活徘徊于野蛮与文明之间。

瓦哈卜派的兴起

奥斯曼帝国统治时期,阿拉伯半岛的人口估计约 100 万,穆斯林居绝对多数,其中逊尼派大都生活在西部和北部,什叶派主流派别十二伊玛目派生活在海湾一带的巴林和哈萨,什叶派分支栽德派生活在也门内陆,哈瓦立及派分支伊巴迪叶派生活在阿曼,此外亦有少量的犹太人和印度教商人。①

伊斯坦布尔的苏丹所推崇的官方教法学派是哈奈菲派,其他的教法学派亦处于合法地位。苏菲教团构成奥斯曼帝国境内穆斯林民间信仰的主要载体,圣徒崇拜则是苏菲教团宗教活动的重要内容。然而,18 世纪的阿拉伯半岛在诸多方面与伊斯兰教诞生前夕的查希里叶时代颇显相似,迷信充斥各地,离经叛道者比比皆是,圣徒崇拜尤为盛行,而圣门弟子和历代先贤的陵墓构成圣徒崇拜的主要去处。贝都因人尽管自称穆斯林,却对伊斯兰教的信仰知之甚少。②“瓦哈卜派兴起前夕,大多数人沉迷于邪恶……人们崇拜圣徒,抛弃了一神信仰……人们乞求圣徒赐予好运和帮助自己摆脱逆境。”③

瓦哈卜派的创始人穆罕默德·阿卜杜勒·瓦哈卜即伊本·瓦哈卜(1703—1792)属于纳季德的塔米姆部落,该部落的成员分布在纳季德的诸多绿洲。伊本·瓦哈卜出身于阿伊纳绿洲的一个宗教学者家庭,祖父苏莱曼早年师从罕百里派学者艾哈迈德·穆罕默德·穆什里夫,曾经在阿伊纳绿洲担任卡迪,其父阿卜杜勒·瓦哈卜于 1713 年承袭父职,1726 年被阿伊纳绿洲的埃米尔罢免后移居侯莱米拉。伊本·瓦哈卜自幼谙熟“泰夫绥勒”(经注学)和“哈迪斯”(圣训学),10 岁时已经能够背诵《古兰经》全文。伊本·瓦哈卜

① Yapp, M.E., *The Making of the Modern Near East 1792—1923*, p.174.

② Wynbrandt, J., *A Brief History of Saudi Arabia*, New York 2004, p.114.

③ Vassiliev, A., *The History of Saudi Arabia*, p.70.

在青年时代游历麦加、麦地那和巴士拉等地，深受伊本·泰米叶[①]和罕百里派教法的影响，耳闻目睹偏离经训的陋俗而深恶痛绝。1738年，伊本·瓦哈卜返回侯莱米拉，著书立说，矢志革除多神信仰和圣徒崇拜诸项弊端，阐释一神崇拜的思想，恢复早期伊斯兰教的“正确道路”。[②]

伊本·瓦哈卜遵循伊本·泰米叶的神学思想，主张正本清源和返璞归真，摒弃穆斯林宗教生活中的陋俗，坚持一神崇拜即“万物非主，唯有安拉”的信仰原则，强调安拉是唯一的创造者、主宰者、毁灭者和受崇拜者。伊本·瓦哈卜认为，偏离正道的宗教异端包括以下诸种行为：遇到灾难时向安拉以外的受造物祈祷，向安拉以外的受造物求助，通过先知或圣徒祈求安拉的喜悦，祈求安拉以外受造物的保护，以安拉以外的受造物名义起誓，参拜坟墓和向亡灵祈求。伊本·瓦哈卜否认安拉与信士之间存在任何形式的中介环节，禁止求助于所谓的圣徒或亡灵的佑护，强调恪守宗教功修和缴纳天课的必要性，强调对背离经训者发动圣战，主张净化伊斯兰教，反对崇拜圣徒和圣墓以及向圣徒献祭的宗教习俗。伊本·瓦哈卜声称：“无论崇拜何人或何物，无论崇拜的对象是国王、先知、苏菲圣徒、先贤陵墓或者树木，均系崇拜偶像的行为。”[③]在伊本·瓦哈卜看来，真正的伊斯兰教已经被世人遗忘，由此导致精神的堕落、政治的混乱和经济的萧条；净化信仰、清除异端和恢复伊斯兰教的本来面目，是使世人摆脱沉迷于罪恶的必要途径。[④]

伊本·瓦哈卜在教义学方面主张接受《古兰经》和《圣训》中关于安拉的描述，反对人为的解释和猜测。伊本·瓦哈卜认为，描述至高无上的安拉，要用安拉及其使者穆罕默德所做的不曲解、不渎神、不变形、不比拟的描述，不允许否定安拉自我描述的那些属性，不允许用受造者的属性来比拟安拉的属性。在教法学方面，伊本·瓦哈卜强调《古兰经》和《圣训》是立法的源泉，同时反对因袭传统和盲从中世纪的教法学家和宗教权威。[⑤]

---

① 伊本·泰米叶是14世纪的叙利亚学者，承袭罕百里派的思想传统，反对背离经训的创制，抨击艾什尔里和安萨里的理性主义，以及苏菲派的神秘主义和圣徒崇拜的宗教实践具有异教色彩和异端倾向，主张正本清源和回归经训，恢复早期伊斯兰教的信仰秩序，坚持“认主独一”的原则，同时主张重建早期哈里发时代的政治秩序，实行哈里发的民主选举原则，实现穆斯林人人平等的宗教原则，服从遵循教法的政府和反对背离教法的统治者，被誉为“罕百里教法学派的权威”和“伊斯兰世界激进组织的先驱”。

② Wynbrandt, J., *A Brief History of Saudi Arabia*, p.114.

③ Esposito, J.L., *Islam and Politics*, p.36.

④ Helms C.M., *The Cohesion of Saudi Arabia*, London 1981, p.84.

⑤ Helms C.M., *The Cohesion of Saudi Arabia*, p.89.

伊本·瓦哈卜主张整肃风尚，净化心灵，禁止高利贷和巧取豪夺，禁止饮酒、吸烟、赌博、奢侈、淫秽，反对宗教仪式中的音乐舞蹈内容，反对身着华丽衣饰和佩戴金银首饰。①瓦哈卜派并未直接攻击苏菲派。然而，瓦哈卜派反对所谓的创制，主张正本清源、回归经训和崇尚早期伊斯兰教的宗教实践，无疑从理论上否定苏菲派的诸多信仰原则。②瓦哈卜派反对使用念珠、吟唱、高声诵读、舞蹈和齐克尔，而这些习俗构成苏菲派宗教实践的重要内容。

伊本·瓦哈卜的追随者自称艾赫勒·塔乌希德或穆瓦希德，阿拉伯语中意为一神崇拜者或认主独一者；瓦哈卜派运动则被伊本·瓦哈卜的追随者称作达瓦·纳季迪耶，阿拉伯语中意为来自纳季德的呼唤。③瓦哈卜派具有明显的极端倾向，认为拒绝该派思想的穆斯林皆为“卡菲勒”（异教徒），而“卡菲勒”犹如查希里叶时代的多神崇拜者。相比之下，瓦哈卜派对持一神信仰的犹太人和基督徒较为宽容。先知穆罕默德时代的宗教实践，即宽容“有经典的人”而苛求多神崇拜者必须放弃原有信仰和皈依伊斯兰教，可谓瓦哈卜派极端倾向的历史依据和理论源泉。宗教狂热构成瓦哈卜派的显著特征，圣战则是瓦哈卜派之宗教狂热的外在形式。伊本·瓦哈卜与其追随者通过严格的宗教仪式建立起密切的主从联系，致力于圣战是瓦哈卜派的首要宗教义务。

伊本·瓦哈卜的宗教政治思想包含回归传统和批判现实的双重倾向，其实质在于借助回归传统的外在形式批判现实的宗教秩序，抑或将宗教传统的回归作为否定现实宗教秩序的理论依据。另一方面，伊本·瓦哈卜强调罕百里派的传统，反对奥斯曼帝国的官方学说即哈奈菲派。伊本·瓦哈卜倡导的宗教革命，构成18世纪阿拉伯半岛社会革命和政治革命的先导和理论工具。瓦哈卜派的兴起意味着对于奥斯曼帝国宗教秩序的挑战，瓦哈卜派运动则是阿拉伯半岛广大民众反抗奥斯曼帝国统治和实现民族独立的重要标志。

沙特家族与瓦哈卜家族的宗教政治联盟

18世纪的德拉伊叶是阿拉伯半岛腹地纳季德中部一处面积不大的定居点，居民包括农民、商人、手工业者、欧莱玛和奴隶，总数不超过70户。④沙特

---

① Helms C.M., *The Cohesion of Saudi Arabia*, p.89.

② Esposito, J.L., *Islam and Politics*, p.36.

③ Helms C.M., *The Cohesion of Saudi Arabia*, p.83.

④ Al-Rasheed, M., *A History of Saudi Arabia*, Cambridge 2002, p.15.

家族通常被视作阿拉伯半岛北部牧养骆驼的贝都因人阿纳宰部落的分支，亦有资料提及沙特家族于15世纪中叶自盖提夫绿洲移居纳季德高原的德拉伊叶，真实情况则无从考证。①自1720年开始，沙特家族的祖先沙特·穆罕默德（1720—1725年在位）成为德拉伊叶的埃米尔，征收贡赋，保护绿洲免遭外界的攻击。1726年，沙特·穆罕默德之子穆罕默德·沙特即伊本·沙特（1726—1765年在位）承袭父职。②

纳季德高原

1741年，伊本·瓦哈卜自侯莱米拉移居阿伊纳。1744年，伊本·瓦哈卜迫于阿伊纳绿洲埃米尔的压力，移居德拉伊叶。③"伊本·沙特欢迎伊本·瓦哈卜的到来，承诺保护伊本·瓦哈卜，并说：'这是属于你的绿洲。以安拉的名义，如果纳季德的所有人都来反对你，我们也不会放弃对于你的保护'。伊

① Beling, W.A., *King Faisal and the Modernisation of Saudi Arabia*, London 1980, p.16.

② Wynbrandt, J., *A Brief History of Saudi Arabia*, p.108.

③ Beling, W.A., *King Faisal and the Modernisation of Saudi Arabia*, p.17.

本·瓦哈卜说:‘你是德拉伊叶的首领和智者。我要求你向我发誓,对异教徒进行圣战。如果答应这个条件,你将成为埃米尔而我将成为宗教的掌管者。’”[1]伊本·沙特承诺支持伊本·瓦哈卜和对异教徒发动圣战,瓦哈卜家族与沙特家族由此形成宗教政治联盟。[2]教俗合一的政治制度在纳季德始露端倪,净化信仰的宗教思想成为沙特家族对外扩张的舆论工具,圣战与天课则是瓦哈卜家族和沙特家族扩大影响的两大支柱。伊本·沙特的长子阿卜杜勒·阿齐兹娶伊本·瓦哈卜之女为妻,姻亲关系成为巩固瓦哈卜家族与沙特家族之宗教政治联盟的重要手段。[3]随着瓦哈卜家族与沙特家族之宗教政治联盟的建立,瓦哈卜派运动进入新的发展阶段,德拉伊叶逐渐成为纳季德的政治中心和宗教中心。

伊本·瓦哈卜与沙特家族结盟之后,积极争取纳季德地区其他部落首领的支持,瓦哈卜派的追随者日渐增多,从纳季德各地汇聚于德拉伊叶。在伊本·瓦哈卜的追随者看来,瓦哈卜派的反对者即是伊斯兰教的敌人和圣战的对象。沙特家族无力供养日益增多的瓦哈卜派追随者,圣战成为开辟财源的主要途径。伊本·沙特作为伊玛目获得战利品的五分之一,其余战利品由瓦哈卜派战士分享。通过圣战的方式,瓦哈卜派开始向沙特家族提供丰厚的物质回报。1758 年,瓦哈卜派控制利雅得绿洲,利雅得成为继德拉伊叶之后瓦哈卜派的另一重要据点。1765 年,伊本·沙特战死,其子阿卜杜勒·阿齐兹(1765—1803 年在位)承袭父位。[4]

沙特家族的军事扩张与瓦哈卜派的宗教宣传相辅相成。每当沙特家族占领一处,瓦哈卜派的传教师随即进入并宣传“真正的信仰”。至 18 世纪 80 年代,瓦哈卜派与沙特家族基本完成对纳季德的统一。纳季德诸地原有的埃米尔和舍赫尽管依旧控制各自的绿洲和牧场,却不得不向德拉伊叶的埃米尔缴纳天课以示顺从。

1788 年,伊本·瓦哈卜与阿卜杜勒·阿齐兹共同指定阿卜杜勒·阿齐兹之子沙特作为德拉伊叶的埃米尔继承人。此后,瓦哈卜派和沙特家族以纳季德作为基地,将攻击目标指向纳季德以东的哈萨。1793 年,瓦哈卜派战士

---

① Al-Rasheed, M., *A History of Saudi Arabia*, p.17.

② Aarts, P., *Saudi Arabia in the Balance: Political Economy, Society, Foreign Affairs*, London 2005, p.14.

③ Champion, D., *The Paradoxical Kingdom: Saudi Arabia and the Momentum of Reform*, London 2003, p.22.

④ Schwartz, S., *The Two Faces of Islam*, New York 2004, p.75.

降服哈里德部落，控制哈萨，纳季德以东地区的战事结束。1797年，卡塔尔承认德拉伊叶埃米尔国的统治权，随后巴林亦向德拉伊叶的埃米尔缴纳天课。1801年，瓦哈卜派战士攻入伊拉克，占领什叶派圣地卡尔巴拉，伊玛目侯赛因清真寺长期以来聚集的财宝成为瓦哈卜派的战利品。①

1790年之前，纳季德的瓦哈卜-沙特家族联盟与希贾兹的统治者沙里夫家族之间并未发生直接的冲突，瓦哈卜派成员多次获准进入麦加。1790年以后，双方矛盾逐渐加剧，军事冲突时有发生。瓦哈卜派战士攻入希贾兹，1802年占领塔伊夫，1803年占领麦加，1804年占领麦地那，继而占领阿西尔。②

1792年伊本·瓦哈卜死后，沙特家族的阿卜杜勒·阿齐兹继承瓦哈卜派教长职位。瓦哈卜派欧莱玛继续控制司法、教育和宗教生活，沙特家族在政治领域的势力和影响日趋扩大。③1803年，阿卜杜勒·阿齐兹在德拉伊叶清真寺遭到什叶派穆斯林的暗杀，其子沙特(1803—1814年在位)承袭父位。④。

沙特当政期间，瓦哈卜派运动达到顶峰，德拉伊叶埃米尔国的势力范围几乎囊括整个阿拉伯半岛，成为“自先知以来阿拉伯半岛上最大的国家”。1807年起，德拉伊叶的埃米尔沙特主持每年一度的朝觐仪式，伊斯坦布尔的苏丹对于两座圣城的统治权力不复存在。控制麦加的朝觐活动，既为瓦哈卜派宗教思想在伊斯兰世界的广泛传布创造了条件，亦为沙特家族提供了丰富的财源。

德拉伊叶埃米尔国

建立在瓦哈卜派运动基础之上的德拉伊叶埃米尔国具有明显的世俗目的，即角逐权力和争夺财源。圣战取代劫掠而天课取代贡赋，成为德拉伊叶埃米尔国的主要财源。瓦哈卜派关于净化信仰的宗教宣传，则是德拉伊叶埃米尔国实现其世俗目的之舆论工具。

德拉伊叶埃米尔国争夺财源的手段，首先是通过圣战的形式劫掠拒绝接受瓦哈卜派宗教学说和顺从沙特家族的阿拉伯人，骆驼、羊群和绿洲农作物是劫掠的主要目标。德拉伊叶埃米尔国争夺财源的另一重要手段，是征收贡

---

① Schwartz, S., *The Two Faces of Islam*, p.75, p.77.

② Schwartz, S., *The Two Faces of Islam*, p.75, p.78.

③ Aarts, P., *Saudi Arabia in the Balance: Political Economy, Society, Foreign Affairs*, p.13.

④ Schwartz, S., *The Two Faces of Islam*, p.76.

赋,而接受瓦哈卜派宗教思想和承认沙特家族统治权力的部落和绿洲构成缴纳贡赋的基本群体。德拉伊叶埃米尔国在争夺财源方面不仅沿袭传统的模式,而且依据《古兰经》的相关规定创立崭新的模式,在全体臣民的范围内征纳天课。

德拉伊叶埃米尔国尚无职业化的常备军,所有的成年男子均为征募对象。当需要采取军事行动即发动圣战时,德拉伊叶的埃米尔派出使者前往各地,通知部落舍赫提供战士。遵循《古兰经》的相关规定,战利品的五分之一属于德拉伊叶的埃米尔,其余五分之四归瓦哈卜派战士,骑兵的份额是步兵的份额的两倍。①

瓦哈卜派的兴起并未改变阿拉伯半岛的传统社会结构,部落势力犹存。德拉伊叶埃米尔国控制诸多的地区和部落,控制的方式不尽相同。接受瓦哈卜派的宗教思想、缴纳天课和致力于对异教徒的圣战,构成诸多地区和部落效忠于德拉伊叶埃米尔国的基本模式。沙特家族向各地派遣穆夫提和卡迪,宣传瓦哈卜派的宗教思想,依据《古兰经》《圣训》和罕百里派教法行使司法权力和仲裁纠纷,则是德拉伊叶埃米尔国控制诸多地区和部落的重要手段。德拉伊叶埃米尔国极力废止部落社会血亲复仇的传统习俗,代之以赎金的支付,强调一切纠纷须由国家裁决。上述举措可谓整合社会的必要手段,而其形式与先知穆罕默德时代如出一辙。

德拉伊叶埃米尔国强调宗教立国和宗教治国的政治原则,瓦哈卜家族与沙特家族的宗教政治联盟以及瓦哈卜派欧莱玛的广泛政治参与构成德拉伊叶埃米尔国的明显特征。德拉伊叶埃米尔国初期,伊本·瓦哈卜拥有绝对的宗教权威,既是宗教学者和宗教法官,亦是圣战的组织者和政治生活的重要参与者。利雅得攻陷以后,伊本·瓦哈卜逐渐退出世俗领域,潜心宗教思想的宣传。

德拉伊叶的埃米尔致力于国家秩序的建立和实现社会的稳定,保障道路的安全,保护商旅驼队,惩罚劫掠的行为。曾经有一个来自伊朗的朝觐者,在苏白伊的贝都因人宿营地逗留期间,包裹被盗,遂向阿卜杜勒·阿齐兹投诉。阿卜杜勒·阿齐兹吩咐该地的舍赫将物品送还已经回到伊朗的受害者,并且要求说出盗贼的名字,否则将舍赫囚禁并予以财产的罚没。“旅行者在经过游牧地区时不再像此前那样缴纳通行税。旅行者,无论来自也门还是帖哈

---

① Vassiliev, A., *The History of Saudi Arabia*, p.132.

麦，来自希贾兹还是巴士拉，来自巴林、阿曼还是叙利亚，都无需携带武器，无需恐惧旅途中遇到抢劫或袭击……旅行者只需畏惧安拉，而无需畏惧窃贼或强盗。”①

绿洲的居民是德拉伊叶埃米尔国完善统治秩序和稳定社会环境的最大受益者。他们的农田不再受到游牧部落的袭击。“绿洲的农民在春季将牲畜赶到草场而无需看管……直到春季结束以后，农民将自己的牲畜赶回绿洲，耕种土地。”②上述的描述固然有夸张之处，然而德拉伊叶国家致力于保障道路、保护财产、废止陈规陋习和鼓励贸易交往的倾向由此可见一斑。与此同时，德拉伊叶成为阿拉伯半岛的重要贸易中心，贸易的发展为德拉伊叶埃米尔国提供了丰富的财源。

兴起于纳季德高原的德拉伊叶埃米尔国在诸多地区建立的统治只是昙花一现。辽阔的幅员和恶劣的环境，构成德拉伊叶埃米尔国行使统治权力的巨大障碍。在也门、希贾兹、阿西尔、马斯喀特和哈德拉毛，德拉伊叶埃米尔的统治权力鞭长莫及。另一方面，德拉伊叶埃米尔国缺乏稳固的社会基础，军事扩张是德拉伊叶埃米尔国赖以存在的重要条件，战利品的劫掠和分享构成联结埃米尔与部落舍赫的纽带。一旦军事扩张停止，贝都因人部落则各行其是，德拉伊叶的埃米尔和瓦哈卜派的欧莱玛无法驾驭广大的地区，统一的政权势必走向崩溃。

19 世纪末 20 世纪初的麦加朝觐

1811 年 8 月，埃及帕夏穆罕默德·阿里的军队奉奥斯曼帝国苏丹的命令从海路和陆路进入希贾兹。1811 年 10 月，埃及军队占领延布。同年 12 月，埃及军队在瓦迪萨弗拉被瓦哈卜派战士击

① ② Vassiliev, A., *The History of Saudi Arabia*, p.129.

溃。1812 年秋季,埃及军队发动新的攻势,占领瓦哈卜派战士防守的麦地那。1813 年 1 月,埃及军队占领吉达。瓦哈卜派战士撤出麦加和塔伊夫,埃及军队征服希贾兹。①

1813 年秋,穆罕默德·阿里赴麦加朝觐,要求与麦加沙里夫贾里卜分享吉达的贸易收入,并且试图通过贾里卜获得贝都因人的游牧产品,遭到拒绝。穆罕默德·阿里随后囚禁贾里卜,代之以叶海亚·苏鲁尔作为新的麦加沙里夫,后者成为穆罕默德·阿里控制的傀儡,希贾兹和麦加的收入成为穆罕默德·阿里的重要财源。

1910 年前往麦加朝觐的骆驼商队

1814 年春,沙特死于德拉伊叶,其子阿卜杜拉(1814—1818 年在位)即位,希贾兹、阿曼和巴林摆脱沙特家族的控制,德拉伊叶埃米尔国濒临灭亡。1815 年初,瓦哈卜派在巴萨勒集结两万兵力,旋即败于穆罕默德·阿里的军队,德拉伊叶埃米尔国的军事力量丧失殆尽。

1818 年 4 月,穆罕默德·阿里之子伊卜拉欣攻陷德拉伊叶,瓦哈卜-沙

① Schwartz, S., *The Two Faces of Islam*, p.80.

特家族政权灭亡,埃及人成为纳季德的统治者。包括阿卜杜拉在内的沙特家族和瓦哈卜家族成员以及纳季德贵族约 400 人被流放至埃及,德拉伊叶被伊卜拉欣夷为平地。1819 年初,阿卜杜拉在伊斯坦布尔被奥斯曼帝国苏丹处死。同年夏季,伊卜拉欣离开德拉伊叶,返回麦地那。①

穆罕默德·阿里的目的是控制希贾兹的两座圣城以及红海水域,却无力长期统治广袤的阿拉伯沙漠。埃及军队在撤出纳季德时,将城内所存财物劫掠一空。此后,部族仇杀再起,商路中断,定居人口受害尤为严重,通过统一国家的政治框架寻求经济和社会发展的演进趋势随着德拉伊叶埃米尔国的灭亡而出现逆转。

利雅得埃米尔国

1819 年,穆罕默德·米沙里·穆阿马尔(1819—1820 年在位)被埃及帕夏穆罕默德·阿里任命为纳季德的统治者,驻节德拉伊叶。与此同时,沙特家族新首领图尔吉的势力在纳季德逐渐兴起,进而开始挑战穆罕默德·米沙里·穆阿马尔的地位。不久,图尔吉夺取德拉伊叶和利雅得,穆罕默德·米沙里·穆阿马尔战败身亡。1820 年秋,穆罕默德·阿里的军队重新占领德拉伊叶和利雅得,图尔吉逃走。埃及军队在纳季德处死大量的反叛者,绿洲遭到洗劫,农田遭到严重的破坏,许多人逃离家园。②

1823 年,沙特家族新首领图尔吉在达瓦希尔部落苏戴尔家族的支持下东山再起,重返纳季德的政治舞台,频频袭扰埃及军队。纳季德民众与埃及军队之间的矛盾,提供了沙特家族重新崛起的社会基础。1824 年,埃及军队被迫退往希贾兹,图尔吉进入利雅得,以瓦哈卜派伊玛目和利雅得埃米尔(1824—1833 年在位)自居,控制纳季德诸地,是为利雅得埃米尔国。③

利雅得埃米尔国沿袭德拉伊叶埃米尔国的传统,致力于瓦哈卜派信仰的传播和疆域的拓展。然而,利雅得埃米尔国避免与领有希贾兹和两座圣城的埃及穆罕默德·阿里家族发生直接的冲突,其扩张的目标主要是波斯湾沿岸地区。1830 年,图尔吉的支持者与纳季德以东的贝都因人部落联盟发生战事,图尔吉取胜,哈萨成为沙特家族的属地。此后,巴林和阿曼亦被纳入利雅得埃米尔国的版图。“至 1833 年,整个沿波斯湾地区隶属于瓦哈卜派政权并

---

① Champion, D., *The Paradoxical Kingdom: Saudi Arabia and the Mmomentum of Reform*, p.28.

②③ Beling, W.A., *King Faisal and the Modernisation of Saudi Arabia*, p.22.

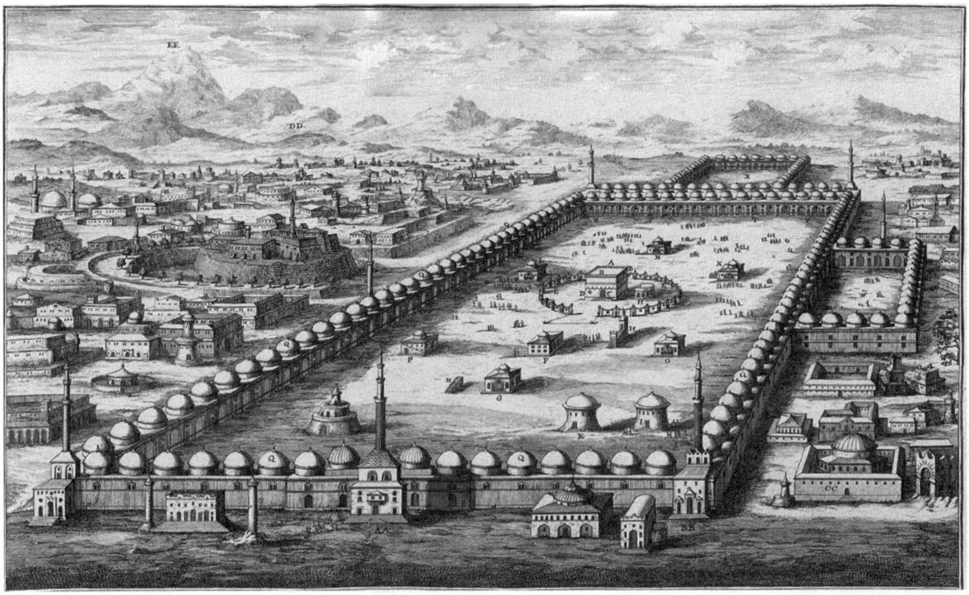

1721 年的麦加清真寺

1910 年的麦加清真寺

1910 年麦加清真寺外的帐篷营地

缴纳贡赋。”①随着沙特家族的复兴和利雅得埃米尔国的建立，纳季德及其周边地区的政治秩序逐渐恢复，社会趋于稳定。

图尔吉统治期间，沙特家族内部出现激烈的权力角逐。1831 年，沙特家族成员米沙里发动叛乱，旋即失败。1834 年，利雅得埃米尔国的奠基人图尔吉在利雅得死于暗杀，米沙里在瓦哈卜家族的支持下控制利雅得。不久，图尔吉的长子费萨尔（1834—1838 年、1843—1865 年在位）从巴林返回利雅得，处死米沙里，承袭父职。1837 年，由于费萨尔拒绝向伊斯坦布尔的苏丹缴纳贡赋，埃及军队自希贾兹进入纳季德。1838 年，费萨尔被埃及军队捕获并被押往开罗。1840 年，埃及军队撤离阿拉伯半岛，纳季德再度陷于政治真空的状态。1841 年，沙特家族的阿卜杜拉·苏奈延在瓦哈卜派的支持下占领利雅得。1843 年，费萨尔自埃及返回纳季德，再次入主利雅得，阿卜杜拉·苏奈延兵败身亡。此后 20 余年间，纳季德处于费萨尔的统治之下。②

“费萨尔当政的第二个阶段即 1843—1865 年是第二沙特国家的黄金时代。第二沙特国家在疆域上明显不及第一沙特国家，国家机构亦相当落后，然而却得到阿拉伯半岛及周边势力的广泛承认，进而构成从‘革命的瓦哈卜派运动’到‘瓦哈卜派国家’的中间环节。”③此间，瓦哈卜派逐渐成为纳季德及其周边地区占主导地位的宗教思想，瓦哈卜派学说为诸多阿拉伯人部落所普遍接受。

① Vassiliev, A., *The History of Saudi Arabia*, p.165.

② Beling, W.A., *King Faisal and the Modernisation of Saudi Arabia*, p.24.

③ Champion, D., *The Paradoxical Kingdom: Saudi Arabia and the Momentum of Reform*, p.31.

费萨尔当政时期，埃及的穆罕默德·阿里家族与伊斯坦布尔的苏丹之间矛盾加剧，冲突迭起，无暇顾及阿拉伯半岛。另一方面，德拉伊叶埃米尔国灭亡以后，阿拉伯半岛东部沿海成为英国殖民者的蚕食目标。利雅得的埃米尔以苏丹的臣属自居，向伊斯坦布尔缴纳贡赋，避免与控制希贾兹的麦加沙里夫发生直接对抗，同时在阿拉伯半岛东部发动一系列攻势。利雅得的埃米尔将阿拉伯半岛东部的波斯湾沿岸地区视作自己的疆域，并且向英国使臣表示："阿拉伯半岛的土地，从科威特经过盖提夫到阿曼一带，都是安拉赐予我们的礼物。"[①]1844 年，哈萨被利雅得埃米尔国吞并。1850 年，费萨尔的军队占领卡塔尔。此后数年，利雅得埃米尔国与英国在阿曼展开激烈角逐，直至控制马斯喀特和佐法尔。

利雅得埃米尔国沿袭德拉伊叶埃米尔国的传统，实行教俗合一的政治体制。与德拉伊叶埃米尔国相比，利雅得埃米尔国时期，瓦哈卜派欧莱玛的影响明显削弱，沙特家族势力膨胀，埃米尔集世俗权力与宗教权力于一身。与此同时，费萨尔将利雅得和中部诸地交由长子阿卜杜拉掌管，将南部诸地交由次子沙特掌管，将北部诸地交由三子穆罕默德掌管。在军事方面，利雅得埃米尔国实行民军制度，战时从绿洲和游牧部落招募战士，兵器自备，分享战利品的五分之四，其中骑兵的战利品相当于步兵战利品的两倍。埃米尔另有200 人的卫队，由奴隶和释奴组成。利雅得埃米尔国的税收制度与德拉伊叶埃米尔国亦无明显的区别。根据《圣训》的规定，农民缴纳天课：自然灌溉的土地缴纳收成的 10%，人工灌溉的土地缴纳收成的 5%；贝都因人缴纳2.5%—5%的牲畜；商人缴纳贸易所得的 2.5%；穷人免交天课。此外的财源包括朝觐税、马斯喀特和巴林等地缴纳的贡赋以及埃米尔的私产。国家的公共财富与埃米尔的私人财富之间尚无区别。岁入的支出，扣除埃米尔的私人开销，一半用于军事，另一半用于公共费用。贡赋的缴纳主要采取实物的形式，某些地区亦有货币的缴纳。货币并无划一的形式，流通媒介包括英国货币、奥斯曼货币、波斯货币和印度货币等各种货币。

1865 年费萨尔死后，长子阿卜杜拉（1865—1870 年、1876—1884 年在位）即位，次子沙特、三子穆罕默德和四子阿卜杜勒·拉赫曼欲与阿卜杜拉分庭抗礼，阿曼一带的哈瓦立及派分支伊巴迪叶派亦在英国的支持下举兵反叛，利雅得国家走向分裂。1870 年秋，沙特联合阿治曼部落、穆拉部落，击败阿卜

① Vassiliev, A., *The History of Saudi Arabia*, p.185.

杜拉的军队，占领哈萨，自居为利雅得埃米尔(1870—1875年在位)。1871年，沙特攻占利雅得，阿卜杜拉逃往南部盖哈丹部落地区。1875年沙特死后，阿卜杜勒·拉赫曼成为利雅得的埃米尔(1875—1876年在位)。1876年，阿卜杜拉重返利雅得，恢复权位。1880年，阿卜杜勒·拉赫曼之子阿卜杜勒·阿齐兹出生。此人后来成为沙特阿拉伯的首位国王，西方人称之为伊本·沙特。

阿卜杜拉当政时期，在纳季德与希贾兹之间，最重要的势力来自以哈伊勒为中心的舍迈尔山区。舍迈尔山区的统治者拉希德家族首领塔拉勒向利雅得缴纳贡赋，同时在舍迈尔山区以及海拜尔、泰马、焦夫诸地行使广泛的权力。然而，利雅得埃米尔国的统治基础在于定居人口，哈伊勒政权的统治基础则是游牧部落。利雅得埃米尔国与瓦哈卜派密切相关，相比之下，哈伊勒政权则表现为明显的世俗倾向。“塔拉勒的支持者认为自己首先是舍迈尔人，其次是一神崇拜者。”[①]1868年塔拉勒死后，其弟米塔布成为哈伊勒的统治者。不久，米塔布被塔拉勒之子班达尔所杀，班达尔成为哈伊勒的统治者。1872年，班达尔被其叔父穆罕默德·阿卜杜拉所杀，后者统治舍迈尔山区。1872—1897年穆罕默德·阿卜杜拉当政时期，哈伊勒政权承认奥斯曼帝国苏丹的宗主权，拓展疆域，政治势力达到顶峰。[②]

1884年和1891年，来自舍迈尔山区的拉希德家族军队两次攻陷利雅得，利雅得埃米尔国灭亡，纳季德遂被纳入哈伊勒政权的版图。利雅得埃米尔国灭亡后，舍迈尔山区的哈伊勒取代纳季德高原的利雅得，成为阿拉伯半岛内陆诸地的政治中心，诸多绿洲和部落相继依附于哈伊勒的统治者拉希德家族。沙特家族的阿卜杜勒·拉赫曼(1889—1891年在位)举家逃往科威特，寻求萨巴赫部落的庇护。[③]

沙特家族的复兴

19世纪末期的阿拉伯半岛处于严重分裂的状态。拉希德家族建立的哈伊勒政权作为阿拉伯半岛内陆最重要的政治势力，控制北起叙利亚边境、南至阿曼的广大地区。哈伊勒政权沿袭阿拉伯人部落联盟的传统形式，诉诸劫掠和袭击以及征纳贡赋的手段，无力整合分散的血缘群体和实现阿拉伯半岛

---

① Vassiliev, A., *The History of Saudi Arabia*, p.196.

② Schwartz, S., *The Two Faces of Islam*, p.91.

③ Aarts, P., *Saudi Arabia in the Balance: Political Economy, Society, Foreign Affairs*, p.18.

的社会进步。另一方面,哈伊勒政权依附于伊斯坦布尔的苏丹,俨然是苏丹控制阿拉伯半岛内陆诸地的政治工具。希贾兹亦处于奥斯曼帝国的控制之下,人口构成复杂,奥斯曼帝国军队驻扎于希贾兹的诸多地区,逊尼派和什叶派以及苏菲教团和各种教法学派长期并存。麦加的沙里夫作为圣族后裔在希贾兹具有广泛的宗教政治影响,且与奥斯曼帝国保持良好的合作关系,接受伊斯坦布尔苏丹的赐封。哈萨位于科威特与特鲁希尔之间,是阿拉伯半岛东部最重要的农业绿洲和贸易区域,亦是纳季德的贝都因人获取定居产品的主要来源。哈萨的定居人口大都信奉什叶派伊斯兰教,被纳季德的瓦哈卜派视作异端。17—18 世纪,哈萨的主要势力是哈里德部落。瓦哈卜派兴起以后,沙特家族取代哈里德部落而成为哈萨的统治者。19 世纪后期开始,哈萨被纳入奥斯曼帝国之巴士拉总督的管辖范围。此外,什叶派的分支宰德派政权控制也门,什叶派政权易德利斯王朝控制希贾兹与也门之间的阿西尔地区,波斯湾沿岸的科威特、巴林、卡塔尔、特鲁希尔、马斯喀特和阿曼处于英国的保护之下。

20 世纪初,英国与奥斯曼帝国在阿拉伯半岛展开激烈角逐。沙特家族成为英国在阿拉伯半岛最重要的政治盟友,英国保护下的科威特则是沙特家族问鼎阿拉伯半岛政治舞台的出发地。

1902 年,沙特家族首领阿卜杜勒·拉赫曼之子阿卜杜勒·阿齐兹即伊本·沙特(1902—1953 年在位)率领 40 余人自科威特出发,返回纳季德,成为利雅得的新埃米尔。伊本·沙特出生于 1876 年,其母属于达瓦希尔部落的苏戴尔家族。①1904 年,伊本·沙特率军进入嘎希姆,从拉希德家族手中夺取欧奈宰和布赖代,继而击败支持拉希德家族的奥斯曼帝国军队。②1906 年,伊本·沙特的追随者与拉希德家族的军队再度发生激战,拉希德家族的军队败绩,嘎希姆被纳入利雅得埃米尔国的版图。1911 年,伊本·沙特与英国达成协议,英国承认哈萨作为利雅得埃米尔的属地,伊本·沙特承认利雅得埃米尔国处于英国的保护之下,承认英国有权在阿拉伯半岛开采矿产资源。1913 年,伊本·沙特率领 300 人击败奥斯曼帝国的军队,占领胡富夫,控制东部沿海。1914 年,奥斯曼帝国与利雅得埃米尔国签署协议,奥斯曼帝国承认沙特家族在纳季德的统治权,伊本·沙特承诺不与其他国家建立同盟,不允许其他国家的军队进入纳季德。同年,英国与奥斯曼帝国签订协议,双方划定

① Armstrong, H.C., *Lord of Arabia-Ibn Saud*, Harmondsworth 1938, p.21.

② Howarth, D., *The Desert King: A Life of Ibn Saud*, London 1964, pp.37—38.

各自在阿拉伯半岛的势力范围：协议规定，自卡塔尔经阿拉伯半岛腹地至亚丁和也门一线为界，该线以北包括纳季德和哈萨在内属奥斯曼帝国的势力范围，该线以南属英国的势力范围。①然而，由于“一战”爆发，该协议未能生效。

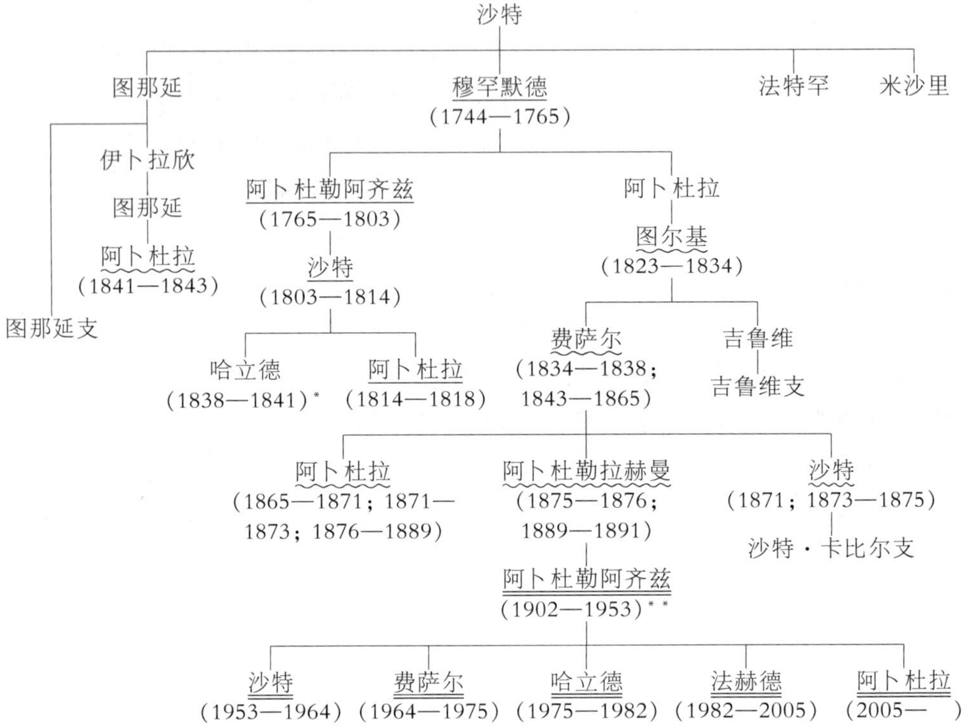

说明
加单下画线者　第一沙特王朝的伊玛目
加波浪线者　第二沙特王朝的伊玛目
加双下画线者　沙特阿拉伯的国王
*作为奥斯曼帝国的总督统治
**各种称号直至1932年；沙特阿拉伯的国王，1932—1953

沙特家族家谱

“一战”爆发初期，利雅得的埃米尔伊本·沙特致信麦加的沙里夫、哈伊勒的埃米尔和科威特的舍赫，建议召开四方会议，协调立场。然而，四方立场差异甚大：哈伊勒的埃米尔支持奥斯曼帝国，希贾兹的沙里夫和科威特的舍赫支持英国，纳季德则是奥斯曼帝国与英国争夺的对象。1915年，利雅得埃米尔国与英国签订盖提夫协议。根据协议，英国承认纳季德、哈萨、盖提夫、

---

① McLoughlin, L., *Ibn Saud: Founder of a Kingdom*, New York 1993, pp.24—36, pp.45—46.

1910 年的伊本·沙特

朱拜勒一带作为利雅得埃米尔国的辖地，向伊本·沙特赠送 1 000 支步枪和 2 万英镑，并向伊本·沙特支付每月 5 000 英镑的补助金，伊本·沙特承诺不与其他国家建立同盟，不允许其他国家的军队进入自己的属地，保证不侵扰处于英国保护下的科威特、巴林、卡塔尔和阿曼。[①]

早在“一战”前夕，麦加的沙里夫侯赛因开始与英国政府暗中接触，试图得到英国的支持，摆脱奥斯曼帝国的控制。“一战”初期，协约国在中东战场处于被动局面，争取阿拉伯人的支持对于协约国扭转被动局面至关重要。英国政府开始策划叙利亚、伊拉克和希贾兹诸地阿拉伯人反抗奥斯曼帝国的统治。1915 年，侯赛因与英国谈判，以建立北起陶鲁斯山、南至波斯湾、东起扎格罗斯山、西到红海的大阿拉伯国家作为条件，发动反抗奥斯曼帝国统治的起义。1916 年 6 月，侯赛因在麦加宣布起义，自立为大阿拉伯王国的国王，驱逐驻守希贾兹的奥斯曼帝国军队。侯赛因起义之初，英国试图拉拢伊本·沙特加入希贾兹的侯赛因阵营和进攻奥斯曼帝国在阿拉伯半岛的支持者拉希德家族。然而，利雅得的埃米尔无意从属于麦加的沙里夫，态度暧昧。侯赛因自立为大阿拉伯王国的国王之后，伊本·沙特表示抗议，并且试图与侯赛因谈判划定纳季德与希贾兹的边界。[②]

1918 年“一战”结束后，英国成为影响阿拉伯半岛的主要外部势力，阿拉伯半岛形成希贾兹、纳季德、舍迈尔山区、阿西尔和也门五大政治区域。英国奉行的政策，是通过分而治之的方式控制整个阿拉伯半岛。在阿拉伯半岛内部，利雅得的埃米尔与麦加的沙里夫之间的矛盾冲突日益加剧，纳季德与希贾兹之间的图拉巴成为双方争夺的焦点。1919 年 5 月，麦加的沙里夫侯赛因之子阿卜杜拉率军占领图拉巴绿洲，旋即败于追随沙特家族的伊赫瓦尼战士。[③]

---

① McLoughlin, L., *Ibn Saud*: *Founder of a Kingdom*, p.46.

② McLoughlin, L., *Ibn Saud*: *Founder of a Kingdom*, pp.51—52.

③ McLoughlin, L., *Ibn Saud*: *Founder of a Kingdom*, p.62.

1921年初,伊本·沙特召集纳季德的舍赫和欧莱玛,宣布放弃利雅得埃米尔的称谓,采用"纳季德及其属地的苏丹"的称谓,利雅得埃米尔国遂改称纳季德苏丹国。同年8月,伊本·沙特率军占领哈伊勒,拉希德人投降,纳季德苏丹国成为阿拉伯半岛最重要的政治力量。随后,纳季德苏丹国将攻击矛头指向阿西尔和希贾兹。①

阿西尔地处希贾兹与也门之间,雨量相对充沛,农业发达,人烟稠密,人口构成复杂,兼有阿拉伯半岛土著部族两大分支阿德南人和盖哈丹人的后裔,亦有众多的非洲裔黑人,系逊尼派以及什叶派分支十二伊玛目派和伊斯马仪派杂居之处,阿布哈、吉赞和纳季兰是阿西尔地区的主要城市。阿西尔原本处于什叶派政权易德利斯王朝的统治之下,麦加的沙里夫与也门的什叶派政权宰德王朝亦在阿西尔长期角逐。"一战"前夕,阿西尔从属于奥斯曼帝国。"一战"爆发后,奥斯曼帝国军队撤离阿西尔,阿西尔地区的许多部落表示效忠于伊本·沙特,纳季德苏丹国遂派遣欧莱玛进入阿西尔地区宣传瓦哈卜派宗教思想。1922年,纳季德苏丹国的军队进入阿西尔,占领首府阿布哈。②

1924年的沙里夫侯赛因

希贾兹与纳季德之间的矛盾由来已久,双方长期处于对峙状态,战事时有发生。"一战"结束后,麦加的沙里夫侯赛因拒绝接受凡尔赛和约,抗议该和约将叙利亚划归法国和将巴勒斯坦划归英国,其与英国的关系逐渐恶化。1924年初,侯赛因在麦加自称哈里发,遭到伊斯兰世界的普遍抵制,地位日趋孤立,力量削弱。与此同时,由于英国停止向沙特家族支付补助金,纳季德苏丹国经济拮据,急需开辟新的财源,觊觎麦加的朝觐税和吉达的贸易税。1924年8月,纳季德苏丹国的军队攻入希贾兹,占领塔伊夫。同年10月,麦加的沙里夫侯赛因被迫宣布退位,逃往塞浦路斯,其子阿里即位,纳季德苏丹国的军队占领麦加。1926年1月,伊本·沙特在麦加被拥

① McLoughlin, L., *Ibn Saud: Founder of a Kingdom*, p.64.

② Armstrong, H.C., *Lord of Arabia-Ibn Saud*, p.195.

立为希贾兹国王，进而改称“希贾兹国王与纳季德及其属地的苏丹”。①

1927年5月，英国与伊本·沙特签署《吉达条约》，取代双方于1915年签订的《盖提夫条约》。根据《吉达条约》，英国政府承认伊本·沙特作为希贾兹与纳季德及其属地的国王，伊本·沙特承认英国政府扶植的费萨尔作为伊拉克国王和阿卜杜拉作为外约旦埃米尔，承认英国对于海湾诸国的保护权。②

伊赫瓦尼运动

伊本·沙特于1902年夺取利雅得和重新立国以后，沿袭早期沙特国家的传统，尊奉瓦哈卜派伊斯兰教作为官方意识形态，恢复沙特家族与瓦哈卜家族的宗教政治联盟，旨在扩大新政权的社会基础。瓦哈卜派之强调顺从安拉和顺从伊玛目以及严格恪守宗教功修的信仰原则，成为伊本·沙特驾驭贝都因人部落和控制民众进而强化国家权力的重要工具。瓦哈卜派欧莱玛援引先知时代的历史实践以及查希里叶和徙志的宗教概念，强调迁徙是摆脱蒙昧状态和获得真正信仰的必经之路，呼唤民众走出沙漠和走向定居，进而阐述了伊赫瓦尼运动的理论基础。

“伊赫瓦尼”是阿拉伯语“兄弟”一词的复数音译，特指告别游牧生活而移入具备完整宗教功能之定居点的贝都因人。伊赫瓦尼运动起源于瓦哈卜派的宗教宣传，亦得到沙特家族的大力支持。自1910年开始，瓦哈卜家族首领伊本·阿卜杜勒·拉提夫委派称作穆陶威的门徒弟子前往各地传布瓦哈卜派的宗教思想；穆陶威在阿拉伯语中意为协调人，是伊本·沙特角逐权力的重要支持者。独尊安拉、恪守教法、顺从长官和同胞互助，成为伊赫瓦尼运动的思想纲领。所谓的伊赫瓦尼来自纳季德地区不同的部落，承认沙特家族作为新兴伊斯兰国家权力的拥有者，承认伊本·沙特作为瓦哈卜派的伊玛目。③伊赫瓦尼的成员在接受瓦哈卜派的宗教宣传以后，告别游牧传统，走出沙漠牧场，选择定居的生活方式，进而献身于利雅得埃米尔国的圣战事业。迁徙、定居、务农和圣战，构成伊赫瓦尼运动的基本环节。

伊赫瓦尼的迁徙开始于1912年底。穆泰尔部落的贝都因人自愿放弃追

---

① McLoughlin, L., *Ibn Saud: Founder of a Kingdom*, p.79, p.84. 国王在阿拉伯语中称作马立克，而马立克一词显然与伊斯兰教的传统称谓不符，原本系异教统治者的称谓。1926年沙特家族采用的“国王”的称谓，系自伊斯兰教产生以来首次出现于阿拉伯半岛。

② Polk, W.R., *The Arab World Today*, p.146.

③ Helms C.M., *The Cohesion of Saudi Arabia*, p.130.

逐水草的游牧生活,移入嘎希姆地区的一处称作艾尔塔维耶的河谷,建造房屋,耕种土地,是为伊赫瓦尼的最初定居点。[1]1918年,纳季德开始出现伊赫瓦尼派的定居点。1920年,伊赫瓦尼的定居点增至52处。1923年,伊赫瓦尼的定居点达到72处。1929年,伊赫瓦尼的定居点约为120处,包括阿纳宰部落7处、舍迈尔山区16处、哈尔卜部落22处、穆泰尔部落12处、阿太白部落15处、苏巴伊部落3处、苏胡勒部落3处、盖哈丹部落8处、达瓦希尔谷地4处、哈里德部落2处、阿治曼部落14处、阿瓦兹姆部落2处、哈吉尔部落4处、穆拉部落4处、希泰姆部落3处和扎菲尔部落1处。[2]至1930年,伊赫瓦尼的定居点超过200处,生活在伊赫瓦尼定居点的贝都因人约15万。[3]

伊赫瓦尼的定居点作为瓦哈卜派的宗教据点和利雅得埃米尔国的兵源所在,大都分布在纳季德的中部和北部,通常建立在水源周围和适于农业的绿洲,平均人口千余人。伊本·沙特向定居者提供财物、种子、农具和建筑材料以及保卫信仰的武器,同时以伊玛目的名义派遣众多的穆陶威前往伊赫瓦尼的定居点宣传瓦哈卜派的宗教思想,执行教法,仲裁纠纷。伊赫瓦尼运动的定居化主要通过自愿的方式,1918年以后诉诸强制手段的定居化现象亦时有发生。定居者区分为从事圣战者与从事生产者,前者多为贝都因人,后者则往往是农民、手工业者和小商人,前者的地位高于后者。移入定居点的伊赫瓦尼在告别游牧生活的同时,摒弃相互劫掠和血族仇杀的传统陋习,严格尊奉教法,恪守宗教功修,向沙特家族缴纳天课。[4]伊赫瓦尼禁止音乐,禁止饮用咖啡,禁止吸烟,禁止饮用含有酒精的饮品,禁止身着丝绸和其他华丽的服饰,禁止赌博和占卜。伊赫瓦尼通常披戴白色头巾,修剪胡须,所穿长衫只及膝盖而不似其他人覆盖整个腿部,以示与其他穆斯林的区别。[5]

伊赫瓦尼战士崇尚圣战,追随伊本·沙特,自1918年起成为沙特家族对外征服的核心力量。瓦哈卜派宗教思想的传播无疑导致狂热的宗教情感和激进的宗教实践,战利品则是伊赫瓦尼获取财富的主要途径。伊赫瓦尼运动的兴起,改变了利雅得与哈伊勒以及麦加之间军事力量的对比。沙特家族、瓦哈卜派与伊赫瓦尼的三位一体,构成伊本·沙特角逐权力和拓展疆域的有

---

① Chatty, D., *Nomadic Societies in the Middle East and North Africa*, Leiden 2006, p.843.

② Vassiliev, A., *The History of Saudi Arabia*, p.228.

③ Abir, M., *Saudi Arabia in the Oil Era: Regime and Elites; Conflict and Collaboration*, London 1988, p.5.

④ Helms C.M., *The Cohesion of Saudi Arabia*, p.137, pp.140—141, p.131.

⑤ Chatty, D., *Nomadic Societies in the Middle East and North Africa*, p.844.

力工具。1921年,伊本·沙特在伊赫瓦尼战士的支持下击败拉希德家族,夺取哈伊勒。1922年,伊本·沙特的追随者进入阿西尔,占领阿布哈。1924年,4 000名伊赫瓦尼战士攻入希贾兹,占领塔伊夫、麦加和麦地那。“伊赫瓦尼成为阿拉伯半岛的‘白色恐怖’……伊本·沙特依靠伊赫瓦尼的支持,平息了诸多贝都因人部落的反抗,建立了前所未有的统治秩序。”①

阿拉伯贝都因人战士

伊赫瓦尼运动具有明显的双重倾向,既是沙特家族对外扩张的工具,亦是沙特国家建立集权政治的障碍。希贾兹被征服以后,伊赫瓦尼运动逐渐进入失控状态,伊赫瓦尼战士成为沙特家族难以驾驭的武装力量和沙特国家集权政治的潜在威胁,双方之间的矛盾骤然加剧。1924年底,伊本·沙特不得不要求瓦哈卜派的欧莱玛发布新的富图瓦即宗教法令,强调伊玛目对于圣战的绝对领导权,同时援引《古兰经》之“信仰不能强迫”的启示和相关的教法,宽恕尚未加入伊赫瓦尼运动的游牧者和定居者,试图约束伊赫瓦尼战士。然

① Vassiliev, A., *The History of Saudi Arabia*, p.229.

而,伊赫瓦尼战士无视伊本·沙特的禁令,不仅在希贾兹肆意劫掠,屡屡袭击前往麦加的朝觐者,而且深入约旦、科威特和伊拉克境内劫掠财物,直至与英国保护下的诸多地区发生冲突。[1]

由于特定的自然环境、居无定所的游牧经济和根深蒂固的部落习俗以及奥斯曼帝国和英国统治的历史传统,阿拉伯半岛及其周边地区的政治疆域相对模糊,诸多地区的边界划分长期以来存在争议,形成所谓的中立地带,进而构成影响国际关系的潜在隐患。1925 年,英国与伊本·沙特签署条约,划定纳季德苏丹国与英国保护下的约旦、科威特、伊拉克之间的边界,规定游牧部落未经允许不得跨越边界,贝都因人的传统利益由此受到严重损害。[2]伊赫瓦尼战士认为,边界的划定剥夺了其通过劫掠所获取的财源,而伊本·沙特对于什叶派穆斯林采取相对宽容的政策亦背离瓦哈卜派的宗教原则。伊赫瓦尼战士与沙特家族之间的矛盾逐渐加剧,直至分道扬镳。1926 年底,伊赫瓦尼的首领费萨尔·杜维什、苏勒坦·侯麦德和宰丹·希斯兰艾尔塔维耶向伊本·沙特公开发难,指责伊本·沙特勾结异教徒。1927 年底开始,伊赫瓦尼战士频繁袭击科威特和伊拉克边境地带。[3]1928 年,费萨尔·杜维什、苏勒坦·侯麦德和宰丹·希斯兰甚至密谋推翻沙特家族的政权,瓜分纳季德、希贾兹和哈萨。1929 年,伊本·沙特发动攻势,在艾尔塔维耶附近的希比拉击败伊赫瓦尼战士,平定反叛,伊赫瓦尼运动告一段落。[4]

伊本·沙特时代的沙特王国

早期沙特国家即德拉伊叶埃米尔国和利雅得埃米尔国的统治,属于传统范畴的历史现象。游牧及绿洲农业的经济生活、血缘群体的社会结构、瓦哈卜派宗教思想的传播、纳季德人的圣战、贡赋和天课的岁入形式、教俗合一的政治制度,构成德拉伊叶埃米尔国和利雅得埃米尔国的基本特征。1902 年沙特家族的重新崛起和 1932 年沙特王国的建立,可谓德拉伊叶埃米尔国和利雅得埃米尔国的逻辑延伸。

伊本·沙特在夺取利雅得和复兴沙特家族政权的初期,沿袭早期沙特国家的政治传统,采用埃米尔的称谓;奥斯曼帝国称伊本·沙特为阿卜杜勒·

---

① Howarth, D., *The Desert King: A Life of Ibn Saud*, p.134.

② Al-Rasheed, M., *A History of Saudi Arabia*, p.47.

③ McLoughlin, L., *Ibn Saud: Founder of a Kingdom*, p.88.

④ Howarth, D., *The Desert King: A Life of Ibn Saud*, p.162, p.165.

阿齐兹帕夏,英国人则称伊本·沙特为舍赫阿卜杜勒·阿齐兹。1921 年,伊本·沙特自称纳季德及其属地的苏丹。麦加被征服以后,伊本·沙特改称希贾兹国王与纳季德及其属地的苏丹。1932 年,伊本·沙特正式采用沙特国王的称谓,沙特王国由此诞生。1933 年,伊本·沙特指定其次子沙特(阿卜杜勒·阿齐兹的长子图尔基死于 1919 年)作为沙特王国的王储。①

伊本·沙特画像

新兴的沙特王国犹如规模庞大的部落联盟,沙特家族垄断国家要职,国王伊本·沙特俨然成为凌驾于社会之上的家族首领。伊本·沙特时代的沙特王国,沿袭传统的经济活动与社会组织,畜牧业和绿洲农业构成基本的经济部门,贝都因人数量居多,血缘群体广泛存在,地域关系与血缘关系错综交织。地域关系无疑是沙特王国赖以存在的社会基础,血缘关系延续的结果则是沙特王国之血缘政治的浓厚色彩。由于缺乏完善的政府机构和官僚体系,加之原始民主制的政治习俗根深蒂固,诸多部族舍赫具有举足轻重的地位,部族群体构成地方行政区划的基本框架。姻亲关系作为血缘政治的逻辑延伸,具有特定的历史内涵。沙特家族借助于联姻的形式,与诸多部族建立政治联盟,进而实现国家权力与部族社会的密切结合。广泛的姻亲关系,导致沙特家族的庞大规模。伊本·沙特妻妾成群,子嗣众多。沙特家族内部诸多分支的权力角逐,以及伊本·沙特直系成员的政治核心化与旁系成员的政治边缘化倾向,构成沙特王国政治生活的突出现象。

沙特王国起源于瓦哈卜派宗教思想的传播和圣战的实践,天课和战利品构成国家岁入的主要形式。沙特家族依据《古兰经》和《圣训》的相关规定,分享战利品的五分之一,同时向贝都因人、农民和商人征纳天课。1925 年,伊本·沙特颁布法令,规定贝都因人凡拥有骆驼 5 峰、羊 40 只或牛 30 头者,皆须以实物或货币的形式缴纳天课;农民耕种自然灌溉的土地者缴纳收成的

① Huyette, S.S., *Political Adaptation in Sa'udi Arabia*, Boulder 1985, p.57.

10%,耕种人工灌溉的土地者缴纳收成的5%;商人缴纳收入的2.5%。[1]地方长官和部落舍赫的首要职责,是在牧场和绿洲征纳天课。此外,沙特家族向什叶派以及包括基督徒和犹太人在内的非穆斯林征收人丁税。征服希贾兹以后,征纳于麦加的朝觐税和红海港口城市吉达的关税成为沙特王国最重要的岁入来源。1932年,沙特王国设立财政部,聘用埃及人、叙利亚人、伊拉克人和黎巴嫩人,统一掌管全国财政税收,监督朝觐事务、农业生产、公共建设和交通运输以及包括石油和矿产开采在内的其他经济活动。自1934年起,沙特王国开始制定财政预算,岁入来源依次为朝觐税、关税、矿产收入和天课,主要用于王室开支、军事开支和行政开支。[2]

沙特王国作为德拉伊叶埃米尔国和利雅得埃米尔国的逻辑延伸,长期奉行宗教立国与宗教治国的政治原则。早在1926年占领麦加以后,伊本·沙特宣布瓦哈卜派伊斯兰教作为希贾兹和纳季德诸地的官方信仰。瓦哈卜家族与沙特家族的宗教政治联盟,构成沙特王国政治生活的突出现象。血缘政治与宗教政治的错综交织,构成沙特王国政治制度的明显特征。瓦哈卜派的宗教政治学说,无疑是沙特王国驾驭社会和控制民众的意识形态。捍卫瓦哈卜派信仰和伊斯兰教法的神圣地位,则是沙特家族统治权力的理论基础。伊本·沙特既是沙特王国的国王,亦是瓦哈卜派的伊玛目,兼有世俗和宗教的双重权力。与此同时,宗教学者即欧莱玛作为经训的诠释者和教法的执行者,构成联系国家与民众的中介和纽带,具有广泛的政治影响。瓦哈卜派教法极力强调信仰至上的宗教原则,排斥和否定部落习惯法和血族仇杀的传统习俗,成为沙特王国约束部族势力进而实现社会整合的政治工具。

沙特王国建立初期,希贾兹与纳季德之间存在着明显的区域性差异。希贾兹是伊斯兰教的摇篮,长期处于奥斯曼帝国的统治之下,具有定居文明的悠久传统,加之作为麦加和麦地那两座圣城的所在,与外部世界交往广泛,经济相对富庶,而毗邻麦加的吉达则是红海沿岸最重要的港口城市。此外,希贾兹深受奥斯曼帝国正统信仰和官方意识形态的影响,尊奉沙菲仪派教法,强调不同教派的兼容并蓄,具有宽容的宗教倾向。相比之下,纳季德地处阿拉伯半岛内陆腹地,可谓贝都因人的世界,是阿拉伯半岛最闭塞的去处,与外部世界相对隔绝,社会组织和人口构成颇显单一,生活贫瘠,游牧经济盛行,

---

① Vassiliev, A., *The History of Saudi Arabia*, p.304.

② Niblock, T., *State, Society and Economy in Saudi Arabia*, London 1982, p.46.

沿袭阿拉伯半岛传统的社会组织和政治结构，血缘关系根深蒂固，民众从属于各自部落的舍赫，部落首领由部落成员推举产生，部落传统的延续抵制着沙特家族的国家权力，父死子继的权力传承习俗尚不存在。①另一方面，纳季德是瓦哈卜派的故乡和沙特国家的发源地，瓦哈卜派的意识形态作为国家权力削弱血缘传统和否定部落权力的政治工具，长期占据统治地位，排斥其他诸多教法学派，宗教生活颇具极端倾向。“希贾兹与纳季德只是分享共同的王权，就法律和司法体系而言则是两个完全不同的独立国家。”②

伊本·沙特统治着疆域辽阔的国家。“国王在沙漠地区通过部落的舍赫统治着贝都因人，在城镇和乡村通过地方长官统治着定居的臣民。舍赫依然采用传统的方式由部落成员推举产生，地方长官则由国王直接任命。”③国王的身边有许多来自其他阿拉伯国家和英国的幕僚，包括埃及人哈菲兹·瓦赫巴、伊拉克人阿卜杜勒·拉赫曼和拉希德·法鲁恩、叙利亚人尤素夫·亚辛、黎巴嫩人福阿德·哈姆扎、英国人约翰·菲尔比。④伊本·沙特时代，沙特王国的突出现象是地方离心倾向与中央集权的此消彼长。君主制度的建立和国家机构的完善，提供了沙特王国克服地方离心倾向和强化中央集权的政治形式。统治者的称谓与其权力的性质之间无疑具有某种程度的内在联系；称谓的改变，意味着沙特王国诸多区域的初步整合。从希贾兹地方政权机构的延续到利雅得内阁的建立，构成伊本·沙特时代沙特王国政治生活的核心内容。

早在 1924 年麦加被征服以后，伊本·沙特明确规定麦加享有自治的权利，保留麦加原有的地方政权机构，选举产生的咨议机构即麦吉里斯由麦加的欧莱玛、商人和贵族组成，行使广泛的自治权力，麦地那、吉达、塔伊夫和延布诸地亦获准享有自治地位。在此基础上，伊本·沙特实行希贾兹与纳季德各自为政的分治政策。1926 年，伊本·沙特颁布敕令：明确规定“希贾兹王国应当被视作具有明确边界线的整体，不可以任何方式予以分割。希贾兹应当是设有咨议机构的君主国和伊斯兰国家，自主处理其内外事务……圣城麦加是希贾兹王国的首都……希贾兹王国的最高权力属于伊本·沙特国王陛下”。⑤与

① Huyette, S.S., *Political Adaptation in Sa'udi Arabia*, p.49.

② Vassiliev, A., *The History of Saudi Arabia*, p.293.

③ Howarth, D., *The Desert King: A Life of Ibn Saud*, pp.115—116.

④ Rezas, A., *The Political Economy of Saudi Arabia*, Washington 1984, p.16.

⑤ Vassiliev, A., *The History of Saudi Arabia*, p.295.

此同时，麦加的麦吉里斯成员由选举产生改为国王任命。1932 年起，费萨尔亲王代表伊本·沙特国王，在麦加主持麦吉里斯，行使政府职权，负责管理希贾兹地区的司法、朝觐、宗教、财政和外交，是为沙特王国内阁的原型。①

20 世纪 30 年代，利雅得宫廷的麦吉里斯既是沙特王国的中央政府，亦是纳季德的地方政府。国王主持利雅得宫廷的麦吉里斯，每天召开两次会议，主要成员包括沙特家族成员以及瓦哈卜派欧莱玛和部落舍赫。②至 40 年代，利雅得宫廷麦吉里斯的下属机构不断增加，权限逐渐扩大，利雅得随之成为沙特王国的政治中心。

1941 年的费萨尔亲王

20 世纪初，沙特家族政权的对外交往局限于海湾诸国的范围，由伊本·沙特亲自掌管。1927 年，伊本·沙特与英国签署吉达协议，废除 1915 年双方签署的盖提夫协议，英国承认伊本·沙特的国家在希贾兹、阿西尔、纳季德和哈萨诸地的主权和独立地位，伊本·沙特则承认英国与海湾国家及亚丁保护国的特殊关系。此后，沙特家族相继与苏联、英国、荷兰、法国、土耳其、德国、伊朗、波兰、美国、意大利、埃及等国建立外交关系。1930 年，伊本·沙特在希贾兹设立外交部，委派王子费萨尔掌管，吉达成为外国使团的主要驻地。③外交关系的广泛建立，标志着沙特家族政权与外部世界交往的扩大。

石油时代的到来

沙特阿拉伯具有极其丰富的石油资源。2000 年，沙特阿拉伯已探明的

① Huyette, S.S., *Political Adaptation in Sa'udi Arabia*, p.56.

② McLoughlin, L., *Ibn Saud: Founder of a Kingdom*, pp.116—117.

③ Rezas, A., *The Political Economy of Saudi Arabia*, p.16.

石油储藏量为 2 600 亿桶,约占世界石油储藏量的四分之一。①如同古代的阿拉伯人伴随着伊斯兰教的产生而经历了从野蛮向文明过渡的深刻历史变革,石油的开采和石油经济的急速发展促使沙特阿拉伯逐渐告别传统社会,进而构成推动沙特阿拉伯现代化进程的重要杠杆。自 20 世纪初开始,随着石油资源的开发利用,沙特阿拉伯摆脱了长期以来的贫困状态,社会风貌焕然一新。

早在 1923 年,一家英国公司以每年支付 2 000 英镑作为条件,获准在哈萨 3 万平方公里的范围内勘探矿产和开采石油,然而一无所获,两年后中止勘探。1930 年,伊本·沙特邀请美国商人查尔斯·克莱因派遣技术人员进入哈萨勘探水源和矿产资源。②

1932 年,美国工程师卡尔·推特切尔在波斯湾沿岸的宰赫兰发现石油。1933 年,沙特王国与美国加利福尼亚标准石油公司签署关于勘探和开采石油的协议。协议规定,美国加利福尼亚标准石油公司拥有在沙特阿拉伯东部约 100 万平方公里范围内的油田勘探权和石油开采权,期限 60 年,美方在协议生效之后向沙特政府提供 5 万英镑的贷款,每年向沙特政府支付 5 000 英镑的租金。③随后,美国加利福尼亚标准石油公司成立加利福尼亚—阿拉伯标准石油公司,负责沙特阿拉伯境内的油田勘探和石油开采。1938 年,达曼油田开始产油。1939 年,沙特阿拉伯开始出口石油。同年,美国加利福尼亚标准石油公司获得沙特阿拉伯境内另外 20 万平方公里范围内的油田勘探权和石油开采权。④

1944 年,加利福尼亚—阿拉伯标准石油公司改称阿拉伯美国石油公司,经营哈萨地区的四大油田,即达曼油田、阿布·哈兹里叶油田、阿布·盖伊格油田和盖提夫油田。1948 年,阿拉伯美国石油公司与新泽西标准石油公司及摩比尔石油公司合并,共同经营沙特阿拉伯境内的石油开采和销售,旨在对抗英国伊朗石油公司和荷兰壳牌石油公司。1949 年,沙特政府与美国太平洋西部石油公司签署协议,开发沙特阿拉伯与科威特之间的所谓中立地带。1951 年,阿拉伯美国石油公司在海湾大陆架发现世界上最大的近海油

---

① Cordesman, A.H., *Saudi Arabia Enters the Twenty-First Century*, Connecticut 2003, p.12.

② Al-Farsy, F., *Modernity and Tradition: the Saudi Equation*, Cambridge 2000, pp.105—106.

③ Knauerhase, R., *The Saudi Arabian Economy*, New York 1975, p.161.

④ Al-Rasheed, M., *A History of Saudi Arabia*, p.93.

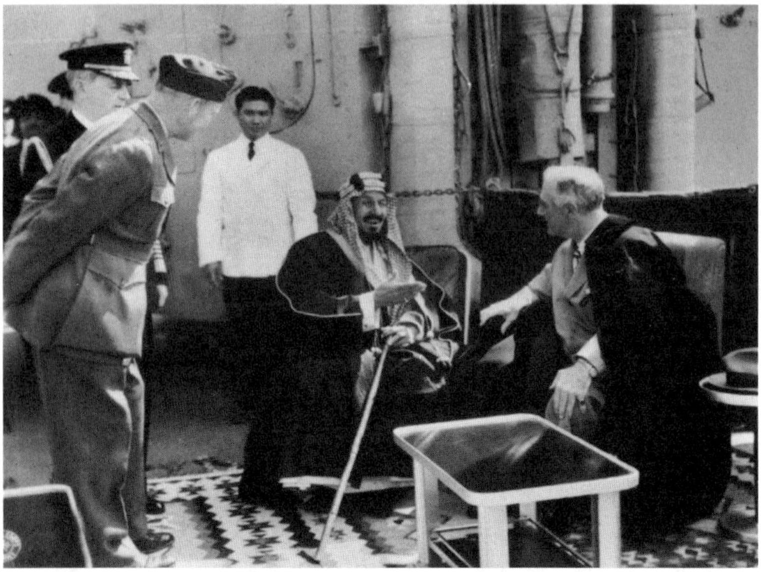
伊本·沙特与美国总统罗斯福

田塞法尼耶油田和最大的陆地油田加沃尔油田。①

"二战"结束后，沙特阿拉伯的石油产量急剧攀升。然而，根据战前签署的租让制协议，阿拉伯美国石油公司向沙特政府支付的油田使用费仅为每吨1.7美元。1948年，双方签署新的协议，油田使用费增至每吨2.4美元。极度丰厚的利润流入阿拉伯美国石油公司的手中，沙特政府从租让石油开采权中所得到的回报微乎其微。②

自40年代末开始，沙特政府效法委内瑞拉的模式，力图提高在石油开采方面与外国石油公司的分成比例。1950年，沙特政府颁布法令，实行五五分成制的原则，要求在其境内开采石油的外国公司支付全部利润的二分之一作为所得税。1950—1957年间，沙特政府根据五五分成制而获得的石油收入增长一倍。尽管如此，石油收入的分配仍然明显不利于沙特政府。阿拉伯美国石油公司在沙特阿拉伯开采石油的成本，相当于在美国开采石油成本的十分之一，相当于在委内瑞拉开采石油成本的五分之一。③

1957年，沙特政府与日本的阿拉伯石油公司签署协议，采用合营制的方式，该石油公司向沙特政府支付56%的利润和20%的油田使用费。1960年，石油输出国组织成立，制定统一的石油政策，进而逐步收回石油公司控制的定价权和定产权。④

1962年，沙特政府成立石油部。70年代初，沙特政府采取参股的方式，

① Knauerhase, R., *The Saudi Arabian Economy*, pp.163—164.

②③ Vassiliev, A., *The History of Saudi Arabia*, p.332.

④ Al-Rasheed, M., *A History of Saudi Arabia*, p.112.

逐步收回石油资源的主权。1972 年,沙特阿拉伯、卡塔尔、科威特、阿联酋、伊拉克 5 个波斯湾主权国家与西方石油公司签署纽约参股总协议。根据该协议,沙特政府自 1973 年起在阿拉伯美国石油公司中参股 25%, 1978 年以后逐年增股 5%, 1982 年达到 51%的控制股权。1974 年,沙特阿拉伯政府与阿拉伯美国石油公司签署新的协定,沙特政府向石油公司支付 5 亿美元作为赔偿,换取该公司 60%的股份。1976 年,沙特政府与阿拉伯美国石油公司达成协议,收购该石油公司的全部股份。1980 年,沙特阿拉伯的石油国有化最终完成。1986 年,阿拉伯美国石油公司结束在美国注册的历史,正式成为在沙特阿拉伯注册的石油公司。①

石油经济的繁荣

1938 年,沙特阿拉伯的石油年产量为 50 万桶。②"二战"期间,由于局势动荡,沙特阿拉伯的石油产量增长缓慢。"二战"结束后,世界经济复苏,石油在国际市场上供不应求,沙特阿拉伯的石油年产量明显扩大,从 1945 年的 2 100万桶增至 1948 年的 1.4 亿桶和 1952 年的 3 亿桶。20 世纪 60—70 年代是沙特阿拉伯石油生产的高峰阶段,石油年产量从 1962 年的 6 亿桶上升至 1974 年的 31 亿桶。③进入 80 年代以后,沙特阿拉伯的石油生产处于低谷状态,1983—1989 年的石油年产量始终不足 20 亿桶,1985 年的石油年产量只有 11 亿桶。④

早期沙特国家的岁入,主要来自战利品的劫掠和天课的征纳。希贾兹被征服以后,朝觐税和贸易税以及天课和人丁税构成沙特国家岁入的基本来源,朝觐经济对于沙特政府的财政状况具有举足轻重的影响。1932 年,沙特王国的岁入总额为 1 200 万里亚尔,其中 60%来自朝觐税。⑤

自 20 世纪 30 年代起,油田的发现和石油的开采,导致沙特王国岁入结构的明显变化。油田的租让和石油公司的利润分享成为沙特王国的首要岁入来源,石油产量的提高与沙特王国的岁入增长呈同步状态。相比之下,朝觐经济在沙特王国财政岁入中所占的比例不断下降。"二战"结束以后,沙特

---

① Al-Rasheed, M., *A History of Saudi Arabia*, p.112.

② Wynbrandt, J., *A Brief History of Saudi Arabia*, p.198.

③ Vassiliev, A., *The History of Saudi Arabia*, p.401.

④ Wilson, P.W. & Graham, D.F., *Saudi Arabia: The Coming Storm*, New York 1994, p.207.

⑤ Al-Yassini, A., *Religion and State in the Kingdom of Saudi Arabia*, Boulder 1985, p.62.

阿拉伯的石油产量逐年提高，沙特王国的财政岁入随之急剧上升，而石油收入在沙特王国的财政岁入中占有压倒优势的地位。沙特王国的石油收入，1950年为5 700万美元，1960年增至3.3亿美元；1974年，沙特王国的石油收入达到225亿美元。①

直至70年代初期，沙特阿拉伯石油产量的增长速度还相对缓慢。自1973年开始，国际市场的油价持续上涨，沙特阿拉伯进入石油经济的繁荣时代，石油产量逐年攀升，从1973年的日产760万桶增至1980年的日产990万桶。②与此同时，沙特政府的石油收入从1973年的43亿美元增至1980年的849亿美元。③

石油经济与国际环境之间的联系十分密切，第四次中东战争则是沙特阿拉伯石油经济发展的转折点。1973年7月，石油输出国组织决定提高石油价格的12%。1973年10月，10个阿拉伯产油国在科威特召开会议，决定削减月产量5%，并且提高石油价格的17%，对美国实行石油禁运，直至中东冲突得到解决。④此后，国际市场的石油价格持续上升，沙特阿拉伯的石油收入则从1973年的43亿美元增至1974年的226亿美元，1980年达到849亿美元。⑤

进入80年代，国际市场石油价格急剧下跌，沙特政府大幅削减石油产量，由1980年的每桶超过40美元跌至1986年的每桶不足10美元，沙特政府随之大幅度削减石油产量。1981—1986年，沙特阿拉伯的石油日产量由980万桶下降至500万桶，年石油收入亦由1 018亿美元下降为135亿美元。石油产量的下降和石油出口的减少，导致沙特阿拉伯国民经济的严重萎缩。1982—1986年，沙特阿拉伯的财政收入减少32%。⑥沙特阿拉伯的国内生产总值，1982年突破4 000亿里亚尔；1986年下降为2 710亿里亚尔。⑦沙特政府制订的第三个五年计划(1980—1984)，最初预计投资2 500亿美元，后减少为1 800亿美元。第四个五年计划(1985—1989)的投资总额降至1 400亿美元，第五个五年计划(1990—1994)的投资总额只有1 000亿美元。沙特阿

① Mackey, S., *The Saudis: Inside the Desert Kingdom*, Boston 1987, pp.6—7.
② Long, D.E., *The Kingdom of Saudi Arabia*, Florida 1997, p.72.
③⑤ Wilson, P.W. & Graham, D.F., *Saudi Arabia: The Coming Storm*, p.177.
④ Vassiliev, A., *The History of Saudi Arabia*, p.393.
⑥ Long, D.E., *The Kingdom of Saudi Arabia*, p.72.
⑦ Al-Rasheed, M., *A History of Saudi Arabia*, p.149.

拉伯的国内生产总值，1982 年突破 4 000 亿里亚尔；1986 年下降为 2 700 亿里亚尔。[①]

1986 年 3 月 11 日，法赫德国王在电视讲话中宣布：由于石油价格的下跌和石油产量的减少，沙特政府无法制定年度性的财政预算，只能逐月确定财政收支。[②]进入 90 年代，国际市场石油价格趋于平稳，沙特阿拉伯的石油产量再度回升。然而，王储阿卜杜拉却于 1995 年不得不公开承认，沙特阿拉伯石油经济的繁荣时代已经结束。[③]

石油时代的国家财政

政治制度决定财富分配的相应制度。伊本·沙特当政时期，沙特家族垄断国家权力，进而控制国家财富，国家收支与王室收支并无明显的区别。沙特阿拉伯的石油收入由国王支配，用于王室成员的开销、军队的支出和教俗贵族的封赏，普通民众所得无几。沙特家族成员陶醉于石油出口所换取的巨额财富，挥金如土，而用于经济和社会发展的财政支出却微乎其微。

沙特阿拉伯尽管于 1932 年成立财政部，然而其财政制度长期处于十分落后的状态，实物交易构成基本的贸易形式，货币体系混乱，沙特政府发行的里亚尔与各种外国货币充斥于流通领域。"二战"结束以后，石油产量的提高和石油收入的急剧增长，促使沙特政府建立相应的财政金融体系。1951 年，沙特政府与美国签署协议，启动财政金融改革的进程，逐渐形成预算程序和关税体系。1952 年，沙特政府成立货币署，作为国家的中央银行。货币署的总部位于吉达，在麦加、麦地那和达曼设有分支机构，相继聘用美国人和巴基斯坦人主持，负责稳定货币汇率和支持财政预算以及规范商业银行和保障国家资金储备。货币署实施货币改革，发行新式铸币里亚尔，含金 0.2 克，与原有银币的比价为 1∶40，与美元的比价为 3.75∶1。1961 年，货币署发行正式纸币。[④]1957 年，沙特阿拉伯加入国际货币基金组织。60 年代中叶，沙特阿拉伯成立吉达国家商业银行、利雅得银行和农业信贷银行，金融体系逐渐完善。

国王沙特（1953—1964 年在位）在 1953 年即位时声称："先父在位时致

---

① Al-Rasheed, M., *A History of Saudi Arabia*, p.149.

② Vassiliev, A., *The History of Saudi Arabia*, p.453.

③ Champion, D., *The Paradoxical Kingdom: Saudi Arabia and the Momentum of Reform*, p.141.

④ Vassiliev, A., *The History of Saudi Arabia*, p.403.

力于疆域的拓展，本人即位以后将致力于改善民众的福利、教育和医疗条件。”国王沙特当政期间，财政支出开始呈福利化的倾向，基础设施和社会保障的资金投入逐渐增加。1955 年，沙特政府投资兴建自利雅得经麦地那至吉达的铁路。1956 年，沙特政府投资改建希贾兹铁路。1955 年，建成自吉达经麦加、塔伊夫、利雅得、哈萨至达曼的公路，公路总里程由 300 公里增至数千公里，医院、学校和港口的建设速度亦明显加快。①

自 60 年代起，沙特政府的财政支出结构逐渐发生变化，用于经济和社会发展的财政支出比例呈上升趋势。1961 年，沙特政府成立最高计划委员会，负责起草经济发展计划和监督经济项目的执行情况。1965 年，最高计划委员会改称中央计划委员会。60 年代，沙特政府开始在运输、卫生、教育、农业、贝都因人定居化以及水力灌溉等方面制定相应的财政预算。

1970 年，沙特政府开始制订和实施五年发展计划。第一个五年计划(1970—1974)的预算投资为 92 亿美元，用于基础设施诸如铁路、公路、机场、港口、电力和通信设施的建设以及公共福利事业的支出。第二个五年计划(1975—1979)的预算投资为 1490 亿美元，用于发展建筑业、电力、钢铁和制造业，建立西部工业中心延布和东部工业中心朱拜勒，扩大耕地面积，增加农作物产量，加速城市化进程，改善社会福利，实行免费医疗、教育和补贴住房。第三个五年计划(1980—1984)的预算投资为 2 500 亿美元，后改为 1 800 亿美元，其中用于教育、卫生和住房补贴的财政支出占预算总额的 15%。第四个五年计划(1985—1989)的预算投资为 1 400 亿美元，强调调整经济结构，减少对于石油生产的过度依赖，发展制造业，提高经济自给的程度，鼓励私人投资国有项目的建设。第五个五年计划(1990—1994)的预算投资为 1 000 亿美元，明显增加公共福利的支出，着重扩大社会服务，同时进一步调整经济结构，支持非石油经济的发展，扩大私人投资的领域和私人经济的成分，缩小各地区之间的差距。根据该计划，石油和天然气的产值在国内生产总值中所占的比例将下降至 20%，非石油领域工业企业的产值在国内生产总值中所占比例将上升为 43%。福利性财政支出的增长和福利化的财政政策，成为沙特家族争取民众支持和稳定社会的重要手段。②

---

① Wilson, P.W. & Graham, D.F., *Saudi Arabia: The Coming Storm*, p.175.

② Vassiliev, A., *The History of Saudi Arabia*, p.404.

在沙特王国的政府财政预算中，用于国防和安全领域的支出始终占据重要的地位。1967 年以前，国防和安全领域的财政支出占预算总额的三分之一。1967 年以后，国防和安全领域的财政支出增至预算总额的五分之二。沙特政府的军费开支在财政预算中所占的比例远远高于包括美国在内的所有北约国家，而仅次于与以色列处于战争状态的中东诸国。另一方面，自 60 年代末开始，沙特王室将大量资金存入美国和欧洲银行。据统计，沙特王室成员存入美国和欧洲银行的资金，1969 年为 8 亿美元，1973 年为 48 亿美元，1976 年达到 496 亿美元。①

石油时代的工业化进程

沙特阿拉伯的经济生活，明显受制于自然环境，严重依赖于自然资源。在前石油时代，畜牧业构成沙特阿拉伯最重要的生产部门，绿洲农业次之。与畜牧业及绿洲农业相比，传统手工业规模甚小。进入石油时代以后，石油生产的规模迅速扩大，诸多现代工业部门随之兴起。

石油时代，石油工业无疑是沙特阿拉伯最重要的现代工业部门。然而，在石油资源国有化之前，沙特阿拉伯境内的石油公司长期处于外国资本的控制之下，聘请外籍管理人员，雇用外籍劳动力以及哈萨地区的什叶派穆斯林，采用西方企业的经营模式，俨然是国中之国。“直至 70 年代，石油是沙特阿拉伯经济的基础和唯一采用现代技术装备的发达部门。然而，石油开采几乎完全处于外国资本特别是美国资本的控制之下，属于相对孤立的经济部门，并未构成国民经济的有机组成部分。”②

尽管如此，石油工业的发展毕竟带动了诸多产业部门的相应发展。自 50 年代开始，建材制造业和建筑业兴起于东部的哈萨油田区，大都由沙特阿拉伯的承包商经营，为外国石油公司提供相应服务。哈萨油田区的承包商，1944 年只有 2 家，1947 年增至 107 家，1955 年超过 200 家。③日渐增多的承包商雇佣数以千计的工人，与外国石油公司合作，参与建设穿越阿拉伯半岛的石油管道、公路、铁路、宰赫兰机场、达曼港口以及石油公司的住宅、学校和医院。

---

① Vassiliev, A., *The History of Saudi Arabia*, p.404.

② Vassiliev, A., *The History of Saudi Arabia*, p.409.

③ Vassiliev, A., *The History of Saudi Arabia*, p.405.

20 世纪 60 年代,沙特阿拉伯的现代工业进一步发展,石油化学工业的发展构成沙特阿拉伯工业化的主要内容。1960 年,沙特政府开始与外国石油公司探讨在石油化学工业领域的合作。1962 年,沙特政府颁布保护和发展工业的法令,取消对于机器设备和工业原材料以及半成品的进口关税。同年,沙特政府成立石油与矿产开发总公司,负责发展石油化学工业。该公司从阿拉伯美国石油公司赎买吉达炼油厂,并且与其他外国公司合作建设化工厂和冶炼厂,生产肥料、农药、塑料和冶金制品。1963 年,沙特阿拉伯的商业部改称商业与工业部,统一管理国内工业生产。1965 年,成立与西方合资经营的沙特阿拉伯化肥公司。

费萨尔(1964—1975 年在位)当政期间,沙特阿拉伯在非石油领域的现代产业,主要是建材制造业和食品加工业。吉达是希贾兹最大的工业城市,60 年代末生产饮料、纸张、建筑材料、日用化学品等。1971 年,沙特阿拉伯共有非石油工业企业近 200 家,大都规模较小,企业平均资本为 110 万里亚尔。只有水泥业达到一定的规模,产量从 1957 年的 3 万吨增至 1972 年的 91 万吨。70 年代初,吉达的水泥厂雇佣工人近千名。①

然而,费萨尔时代非石油企业的存在和发展,严重依赖于政府的财政补贴、原料的进口和外籍劳动力的使用。原材料价格的昂贵、交通的不便、市场的有限、技术的薄弱和国内熟练劳动力的缺乏,制约着沙特阿拉伯非石油领域的工业发展。所谓的工业化进程,对于沙特阿拉伯人口分布和职业结构的变化影响甚微。

1975 年国王哈里德(1975—1982 年在位)即位后,沙特政府对于发展石油化学工业的支持力度明显加大。1976 年,沙特政府成立基础工业公司,生产乙烯、甲醇和尿素。1979 年,尿素产量达到近 30 万吨,出口国际市场。②

进入 80 年代,东部港口城市朱拜勒和西部港口城市延布成为沙特阿拉伯最重要的工业中心。朱拜勒工业区位于达曼以北 80 公里处,占地面积 900 平方公里,人口超过 4 万,包括 900 家大中企业,生产钢铁、肥料、塑料等工业产品。延布工业区位于吉达以北 350 公里处,占地面积 150 平方公里,

---

① Vassiliev, A., *The History of Saudi Arabia*, p.406.

② Masood, R., *Industrialization in Oil-Based Economies*, New Delhi 1984, p.112.

人口近2万，包括5家大型石油化工企业。[①]朱拜勒和延布于1976—1986年建成投产的石油化工企业，年产尿素50万吨、甲醇125万吨、乙烯160万吨、聚乙烯86万吨。[②]朱拜勒和延布的工业原料和燃料来自石油和天然气，工业和生活用水则来自海水淡化。朱拜勒的海水淡化项目日产淡水2 000亿加仑，延布的海水淡化项目日产饮用水2 500万加仑。[③]1992年，沙特阿拉伯的非石油领域工业企业超过2 000家，雇用劳动力17.5万人。[④]

石油经济时代，石油工业长期构成沙特阿拉伯经济生活的首要基础，决定着沙特阿拉伯在国际舞台上的重要地位。然而，在沙特阿拉伯的国内生产总值中，石油生产所占的比例无疑呈下降的趋势，非石油领域的经济部门所占的比例逐年上升。沙特政府的工业发展计划，旨在强化制造业，实现工业结构的多元化，减少国民经济对于石油生产的依赖。沙特工业发展基金会作为沙特政府的下属机构，成立于1974年。1974—1984年，沙特工业发展基金会共计向约800个工业项目提供贷款，其中仅电力企业的贷款投资达到360亿里亚尔。[⑤]

1960年，沙特阿拉伯共有制造业企业880家，从业者5 500人，平均每家企业雇用从业者7人，大都属于手工生产。1979年，沙特阿拉伯共有制造业企业900家，工人4.8万人，平均每家企业53名工人，个别大型企业达到数千人。[⑥]1982—1992年，食品加工业企业从280家增至300家，工人从1.6万人增至2.2万人；纺织和服装加工业企业从29家增至52家，工人从2 900人增至4 700人；皮革加工业企业从7家增至77家，工人从500人增至5 800人；木材加工业企业从60家增至130家，工人从3 700人增至9 000人；造纸及印刷出版业企业从110家增至300家，工人从5 200人增至3.4万人；化工企业从250家增至390家，工人从1.8万人增至3.1万人；陶瓷业企业从6家增至11家，工人从1 400人增至3 400人；建材业企业从464家增至542家，工人从3.1万人增至3.6万人；其他制造业企业从19家增至21家，工人从700人增至1 900人；制造业企业总数从1 740家增至1 870家，工人从11万人增

① Masood, R., *Industrialization in Oil-Based Economies*, p.112.

② 张俊彦主编：《中东国家经济发展战略研究》，第158页。

③ Niblock, T., *State, Society and Economy in Saudi Arabia*, p.240.

④ Long, D.E., *The Kingdom of Saudi Arabia*, p.89.

⑤ Al-Farsy, F., *Modernity and Tradition: the Saudi Equation*, p.172.

⑥ 张俊彦主编：《中东国家经济发展战略研究》，第160页。

至15万人。1970年，石油工业产值为90亿里亚尔，占国内生产总值的54%，非石油经济部门产值为76亿里亚尔，占国内生产总值的46%。1990年，石油工业产值增至907亿里亚尔，在国内生产总值中所占的比例下降为30%，非石油经济部门产值增至2 133亿里亚尔，在国内生产总值中所占的比例上升为70%。①

尽管如此，沙特阿拉伯的工业化程度长期落后于其他诸多的阿拉伯国家。60年代后期，沙特阿拉伯的制造业产值只占国内生产总值的2%。1989年，沙特阿拉伯的制造业产值占国内生产总值的8.4%，低于巴林的10.8%、科威特的14.5%、约旦的12.1%、北也门的13.8%、阿联酋的8.5%、南也门的10.9%，仅略高于阿曼的4.3%。阿拉伯世界工业化程度最高的国家是摩洛哥，制造业在国内生产总值中所占的比例达到26%。②由于国内生产的不足，沙特阿拉伯的工业品长期依赖从国外进口，美国、日本、英国、德国、意大利和法国的工业品充斥着沙特阿拉伯的国内市场。

地权结构与租佃关系

沙特阿拉伯80%的土地属于称作米里的国有土地，游牧部落则是国有土地的主要使用者。游牧部落成员共同使用的牧场称作迪拉；每个部落拥有自己的迪拉，有时则移入其他部落的迪拉。农业区域的氏族公有地称作穆沙阿，属于氏族成员的共同财产，约占全部耕地的六分之一，主要分布在纳季德和东部省。国家赏赐的土地称作伊克塔；伊克塔的领有者常以分成制的形式出租他人，甚至可以出售、转让或馈赠，但是伊克塔的国有性质不可改变。

私人所有的土地称作穆勒克，主要分布在阿西尔等农业发达的地区。宗教地产称作瓦克夫，不得转让或出售，亦不得被政府没收。1956年，瓦克夫在阿西尔占耕地的5%，在希贾兹占耕地的10%，在纳季德占耕地的15%。③

长期以来的人口高死亡率，以及氏族部落之共同继承和内婚制的传统习俗，阻止着地产的分割和地权的转移。

沙特阿拉伯长期保留封建农业的经济模式，租佃关系广泛存在。60年代，超过60%的耕地处于出租的状态。在阿西尔和希贾兹，出租的耕地约占

① Al-Farsy, F., *Modernity and Tradition: The Saudi Equation*, pp.170—171, p.137.

② Wilson, P.W. & Graham, D.F., *Saudi Arabia: The Coming Storm*, p.221.

③ Vassiliev, A., *The History of Saudi Arabia*, p.414.

耕地总面积的70%—80%。伊克塔、穆沙阿、穆勒克和瓦克夫均可出租，租佃期限通常为5年。耕地的出租主要采用实物分成制的形式。

在大多数情况下，分成制的原则是：地主提供土地、水源和种子，有时亦提供住所。在一些地区存在如下的规定：如果佃户整年耕作，使用自己的牲畜、肥料和农具，自己提供食物和住所，需要缴纳谷物收成的50%或椰枣收成的75%；如果佃户一无所有而只能提供劳动力，需要缴纳谷物收成的80%或椰枣收成的95%。一般情况下，地主的份额取决于土地的肥沃程度、水源的状况和所处的位置。如果产量歉收，佃户需要向地主借贷和寻求帮助，进而依附于地主。①

由于沙特阿拉伯的特定自然环境，水源具有特殊的意义。通常的情况下，土地的使用权并不包括水源的使用权，后者可以买卖、租用和继承。因此，佃户需要为使用水源支付另外的费用。只有在阿西尔和希贾兹，地权与水权处于合一的状态。在定居地区，用水的规定相当复杂，包括轮换用水和限时用水，涉及灌溉季节的长度和用水的数量，水源的分配由专人负责。地产主有权在私人地产上打井，如在国有土地上打井取水，则需要官方允许，牧场的水源属于部落共有。

地权运动与农业生产

沙特阿拉伯土地贫瘠，水源匮乏，不利于农业的发展。70年代初，全国可耕地52.5万公顷，约占国土面积的0.2%—0.3%，其中自然灌溉的耕地40.4万公顷，人工灌溉的耕地12.1万公顷。②在阿西尔和希贾兹南部，农业生产主要依靠自然灌溉，而在其他地区，农业生产则大都需要人工灌溉。③阿西尔的主要农作物是高粱、小麦和苜蓿，嘎希姆和利雅得的主要农作物是小麦、果蔬和椰枣，东部省的主要农作物是果蔬。④

70年代初，沙特阿拉伯共有地产约7万处，其中3.3万处面积不足0.5公顷，占地产总数的47%；1.4万处地产面积为0.5—1公顷，占地产总数的19%；超过10公顷的大地产约5 000处，占地产总数的7%。耕地不足1公顷的农户占全部农户的67%，收入微薄，生活艰辛，大都需要依靠租种他人

---

① Vassiliev, A., *The History of Saudi Arabia*, p.414.

② Looney, R.E., *Economic Development in Saudi Arabia*, Connecticut 1990, p.86.

③ Knauerhase, R., *The Saudi Arabian Economy*, p.111.

④ Johany, A.D., *The Saudi Arabian Economy*, London 1986, pp.111—112.

土地维持生活。耕地2—5公顷的中等农户占全部农户的11%,年收入为3 000—5 000里亚尔,足以维持相对稳定的家庭生活,却不足以更新经营方式和购置现代化农具。耕地超过5公顷的大地产主约占全部农户的10%,而大地产的总面积则占全部耕地的60%。大地产主多为王室成员、教俗贵族、商人和官吏,居住于城市,沿袭传统的分成制经营模式,将土地交由佃户耕种,收取地租,用于购置房宅和消费品,投资生产领域、采用集约的经营方式和现代生产技术者为数甚少。①

1968—1985年,沙特政府实行无偿分配国有荒地的经济政策,无偿分配国有荒地共计71万公顷,分配的对象包括个体农民、农场和农业公司。沙特政府曾经在塔伊夫、麦地那和布赖代等地建立农业合作组织,负责发放农业贷款,提供种子、农具和化肥以及储存和出售农产品。然而,农业合作组织在沙特阿拉伯并未得到推广。在阿西尔、希贾兹和东部省等人口相对稠密的地区以及纳季德,农民大都处于自耕状态。在嘎希姆和舍迈尔山区,普遍使用农业雇工。在纳季德,土地往往由妇女耕种,男子则主要从事贸易、建筑和游牧活动。沙特阿拉伯的人均国内生产总值,1964年为460美元,1974年达到1 300美元;相比之下,农民的人均生产总值,1964年为80美元,1974年为105美元,增长甚微,农产品的二分之一需要进口。②

自1973年起,沙特政府实行农产品价格补贴政策,即低价供应包括种子、化肥、农药、农业机械在内的农业生产资料和高价收购农产品。1973—1986年,沙特政府共计发放农业补贴191亿里亚尔,其中小麦补贴数量最大,达到91亿里亚尔,占农业补贴总额的47%。另据统计,1970—1997年,农业补贴占政府发放财政补贴的55%。另一方面,沙特政府提供无息农业贷款,其中短期贷款为一年,中期贷款为十年,另以优惠条件提供25年的长期贷款。1975—1986年,发放短期和中期无息农业贷款共计205亿里亚尔,其中中期贷款201亿里亚尔,占贷款总额的98%,贷款对象主要是种植小麦的农场。③

沙特政府实行的农业补贴政策和无息农业贷款政策,旨在鼓励农业领域的私人投资、推广农业机械、扩大耕地面积和提高粮食产量,进而改变乡村人

① Vassiliev, A., *The History of Saudi Arabia*, pp.415—416.

② Vassiliev, A., *The History of Saudi Arabia*, p.420.

③ Cordesman, A.H., *Saudi Arabia Enters the Twenty-First Century*, p.303.

口的流向和缓解城市面临的压力，改善国内劳动力的就业状况，促进经济结构的多元化。自70年代中期开始，沙特阿拉伯的农业生产出现较大的发展。1970年，农业劳动力占全部劳动力的40%；1985年，农业劳动力占全部劳动力的比例下降为14%。与此同时，农业生产的年增长率，1970—1975年为3.6%，1975—1980年为5.4%，1980—1985年达到8.7%。沙特阿拉伯的耕地面积，1986年达到570万公顷，1990年增至740万公顷。农作物的单位面积产量明显提高，其中小麦的公顷产量从1975年的1.3吨增至1985年的3.6吨，机械化农场的小麦公顷产量达到4.3吨。①沙特阿拉伯的小麦产量，1978年为3 300吨，1982年为24万吨，1984年增至134万吨，1988年达到330万吨。②1990年，沙特阿拉伯的小麦产量为370万吨，椰枣产量为54万吨。③1970—1989年，沙特阿拉伯蔬菜和水果的年产量，亦从70万吨增至260万吨。农业产值在国内生产总值中所占的比例，1985年为3.3%，1990年增至6.6%。沙特阿拉伯国内每年消费的谷物约100万吨，其余出口国外。④

与此同时，农业生产逐渐纳入市场经济的体系，大型农场遍布乡村，农业生产的机械化程度明显提高。80年代中叶，农场总数达到1 500个，主要分布在哈拉德、哈伊勒、瓦迪达瓦希尔、嘎希姆、泰布克和东部地区。⑤由于沙特阿拉伯的谷物生产需要国家投入大量资金，成本昂贵，每吨的成本相当于进口小麦的5—6倍，因此谷物出口导致国家严重的经济损失。⑥进入90年代，政府限制农业补助金的发放，谷物产量呈下降趋势。1992—1996年，小麦播种面积从91万公顷下降为27万公顷，小麦年产量从400万吨下降为120万吨。⑦

贝都因人的定居化

沙特阿拉伯现代化进程的突出现象，是传统游牧经济的衰落和贝都因人的定居化趋势。沙特政府采取的定居化政策，最初表现为伊赫瓦尼运动，军事扩张和掠夺战利品构成促使贝都因人告别游牧生活的基本手段。1925

① 《亚非研究》，第二辑，第167—168页，第170页，第172页。

② Wilson, P.W. & Graham, D.F., *Saudi Arabia: The Coming Storm*, p.223.

③ Al-Farsy, F., *Modernity and Tradition: The Saudi Equation*, p.192.

④ Vassiliev, A., *The History of Saudi Arabia*, pp.455—456.

⑤ Al-Farsy, F., *Modernity and Tradition: The Saudi Equation*, p.189.

⑥ Vassiliev, A., *The History of Saudi Arabia*, p.456.

⑦ Cordesman, A.H., *Saudi Arabia Enters the Twenty-First Century*, pp.303—304.

年，沙特王室颁布法律，废除部落对于其活动区域内之生活资源即牧场和水源的传统独占权，旨在建立国家对于部落社会的直接控制。①沙特王国建立后，国家机构的完善和政府职能的强化，迫使游牧群体逐渐放弃对于定居人口的劫掠，而伊斯兰教法的广泛推行，亦成为国家秩序否定部落传统的重要手段。

油田的勘探和石油的开采，对于贝都因人的生活具有广泛的影响。自30年代起，石油公司首先雇用贝都因人充当向导，继而雇用贝都因人充当非熟练工人。驾驶汽车是贝都因人向往的职业，汽车运输的出现开始排斥作为阿拉伯半岛传统交通工具的"沙漠之舟"，骆驼的经济价值急剧下降。不仅如此，石油公司在油田附近钻探水井，吸引贝都因人聚集于水井的周围，直至促使贝都因人放弃游牧生活而转入定居，房屋、清真寺、学校和商店随之出现于贝都因人在油田附近的营地。②

"二战"结束以后，石油财富的膨胀和国内市场对于农牧产品需求的急剧扩大，打破了贝都因人封闭的经济活动和生活方式，促使贝都因人卷入商品经济的潮流。城市的发展加速了游牧群体的定居化进程，许多贝都因人在城市找到了新的生存空间。

20世纪初，纳季德地区的总人口为210万，其中贝都因人占62%，定居者占38%。③1932年，包括纳季德和希贾兹在内的沙特阿拉伯总人口为520万，其中贝都因人占58%，定居者占42%。④50年代末60年代初，严重的干旱导致牧场萎缩，牲畜数量锐减，游牧经济遭受重创，贝都因人的绝对数量和相对数量均明显下降。与此同时，沙特政府在瓦迪希尔罕、哈拉德和加卜林等地实施大农业项目，采用新的农业技术和农业机械，吸引贝都因人弃牧从耕。

根据1965年的统计，沙特阿拉伯的定居人口在数量上已经超过游牧人口，游牧人口约占沙特阿拉伯总人口的30%；其中，在最重要的游牧地区纳季德，贝都因人约占人口总数的50%，而在定居生活相对发达的希贾兹，贝都因人仅占人口总数的20%。⑤至80年代中期，贝都因人仅占全部人口的

---

① Niblock, T., *State, Society and Economy in Saudi Arabia*, p.192.

② Johany, A.D., *The Saudi Arabian Economy*, p.109.

③ 尼·伊·普罗申:《沙特阿拉伯》，人民出版社1973年版，第6—7页。

④ Akkad, A.A., *Development of Indigenous Manpower in Saudi Arabia*, Colorado 1983, p.111.

⑤ Vassiliev, A., *The History of Saudi Arabia*, p.421.

5%，定居者和半定居者占全部人口的95%，超过50%的人口居住在主要城市。①

自60年代起，沙特政府采取新的定居化政策。根据1968年沙特国王颁布的法律，政府将小块土地分给贝都因人家庭作为耕地，三年之后即为私产并可进入流通领域。在哈伊勒地区，政府向舍迈尔部落成员分配的小块地产约为20英亩，由银行向农民提供贷款，用于购置必要的农业生产资料。②1968年法律可谓前述之1925年法律的延续，旨在否定部落土地所有权和扩大私人土地所有权，加速土地的私有化和市场化进程，推动贝都因人的定居化进程，进而削弱传统部落组织的社会影响。

沙漠里的贝都因人

直到"二战"结束之前，牧养骆驼构成贝都因人的基本经济活动，沙漠深处则是牧养骆驼的主要空间，至于羊群的牧养则意味着力量的软弱和地位的低下。自50年代起，羊的市场需求不断扩大，导致骆驼的数量明显减少，许多贝都因人放弃牧养骆驼，代之以牧养羊群，进而走出沙漠深处。60年代中叶，纯粹牧养骆驼的贝都因人只有20万—30万。③60年代末，牧养羊群取代牧养骆驼，成为贝都因人财富和力量的象征。羊群牧养规模的扩大导致游牧部落的裂变。牧养骆驼的贝都因人依然在沙漠深处追逐水草，牧养羊群的贝都因人则走向定居世界的边缘地带，进而形成新的社会组合。

从牧养骆驼向牧养羊群的过渡，改变了游牧群体的分布范围，加速了贝都因人的定居化进程，部落内部的血缘关系随之削弱。随着经济活动的变化和游牧部落的裂变以及国家机构的完善和国家职能的强化，贝都因人逐渐从依赖于传统部落组织转向依赖于政府和地域组织，其思想观念亦发生相应的

① Abir, M., *Saudi Arabia in the Oil Era: Regime and Elites; Conflict and Collaboration*, p.XVIII.

② Niblock, T., *State, Society and Economy in Saudi Arabia*, p.194.

③ Vassiliev, A., *The History of Saudi Arabia*, p.421.

变化。

70年代以后，贝都因人的定居化进程明显加快，沙漠牧场的封闭状态不复存在。一方面，越来越多的贝都因人走出沙漠深处，移入定居世界的边缘，徘徊于游牧与定居之间，处于半游牧状态；在城市和绿洲的周围，贝都因人的住所日渐增多。另一方面，更多的贝都因人告别游牧生活，移入城市，接受定居的生活方式。

现代产业的兴起，特别是石油开采规模的扩大，吸引着大批的贝都因人。充当军人、警察和政府雇员以及卡车司机，亦成为贝都因人定居于城市之后的首选职业。城市良好的物质环境和优厚的收入，吸引贝都因人离开沙漠和告别游牧活动，进而与传统的社会组织分道扬镳。

沙特政府长期以来向诸多游牧部落发放补助金，换取贝都因人的支持。随着石油收入的增长，沙特政府发放的补助金逐渐提高。50年代，沙特政府发放的补助金仅仅局限于部落贵族。60年代初，超过50万贝都因人成为补助金的发放对象。60年代后期至70年代，补助金的发放范围进一步扩大。①

补助金的发放强化了政府对于贝都因人的控制，导致游牧部落对于政府的进一步依赖。如同麦地那哈里发时代年金的发放构成贝都因人从游牧走向定居的中间环节一样，沙特政府发放的补助金削弱了贝都因人对于传统游牧经济的依赖，进而加速了贝都因人定居化的过程。贝都因人不断离开沙漠牧场，移入城市，享受现代的生活方式，部落成员之间的血缘联系随之淡化。在某种意义上可以说，石油经济的发展，通过补助金发放的形式，深刻改变着贝都因人的生活方式。

尽管如此，贝都因人的部落传统并未完全消失，其社会影响依然存在。贝都因人即使离开沙漠牧场移入城市以后，依然维持着家族的纽带，按照家族的形式聚居一处，依托传统的血缘关系寻求互助。公共活动无疑属于男人的特权，女性就业者寥寥无几。然而，妇女在家族的内部事务方面具有举足轻重的地位。社会成员的家族义务，往往被视作高于公共义务抑或国家义务。血缘关系的排斥和否定，则是沙特阿拉伯现代化进程的重要内容和区别于其他中东国家的明显特征。

---

① Vassiliev, A., *The History of Saudi Arabia*, p.424.

私人经济与民间资本

沙特阿拉伯现代化进程的突出现象，在于石油资源的国有化和石油作为首要财富的国家所有制，石油生产长期采用国有的经营模式。

沙特家族沿袭阿拉伯人的传统习俗，援引伊斯兰教关于财产支配权的相关规定，将急剧增长的石油财富据为己有。沙特家族对于国家权力的垄断无疑是沙特阿拉伯石油资源国家所有制的前提条件，而通过国家所有制的形式支配丰厚的石油收入则是沙特家族垄断国家权力和控制民众的物质基础。相比之下，沙特阿拉伯的私人经济相对软弱，进而形成民众对于国家和政府的严重依赖。私人资本由于在国内无利可图，大量流入海外市场。

自70年代开始，沙特政府推行石油替代的经济政策，同时制定优惠政策，鼓励私人投资工业和基础建设，经济结构随之出现相应的变化，民间资本逐渐扩大。1972年和1978年颁布的法令规定，沙特阿拉伯境内的外国企业必须与沙特阿拉伯人合资经营。支持和保护私人经济的发展，构成沙特政府的基本政策。

尽管如此，民间资本仍然以中介性的商业、金融业和地产开发作为首要的投向，投资技术密集型和资本密集型企业的沙特阿拉伯人为数尚少。1985年，法赫德国王（1982—2005年在位）在900人参加的沙特阿拉伯商人大会上宣布新的经济政策，进一步鼓励发展非石油领域的经济部门，同时采取多项保护性措施支持私人投资和扶植民间经济，旨在调整产业结构，建立多元化的国民经济体系，减少国家对于石油收入的依赖。此后，沙特阿拉伯的私人资本逐渐回流。

1975年，沙特阿拉伯共有私人企业1 200家，包括近1 000家沙特阿拉伯人的独资企业，资产总额为22亿里亚尔。1986年，沙特阿拉伯的私人企业增至7 000家，包括5 400家沙特阿拉伯人的独资企业，资产总额达到681亿里亚尔。①1989年，从海外市场流入国内的私人资本增至82亿美元。1991年，从海外市场流入国内的私人资本达到141亿美元。与此同时，沙特阿拉伯的私人经济出现增长的趋势。私人企业的产值在沙特阿拉伯的国内生产总值中所占的比例，1992年达到35%，1995年增至48%。②

---

① Vassiliev, A., *The History of Saudi Arabia*, p.455.

② Long, D.E., *The Kingdom of Saudi Arabia*, p.89.

另据统计,2000 年,沙特阿拉伯非石油领域的生产总值共计 3 704 亿里亚尔,其中私人企业产值为 2 637 亿里亚尔,国有企业产值为 1 067 亿里亚尔。①尽管沙特政府依旧垄断石油生产和控制国家的经济命脉,私人经济无疑开始成为沙特阿拉伯经济舞台的重要力量。

人口就业流向与外籍劳动力

现代工业的兴起、政府职能的完善和贝都因人的定居化,导致沙特阿拉伯人从业结构的相应变化,传统经济部门农业和畜牧业人口呈下降趋势,城市人口逐渐增长。

据统计,1960—1985 年,农业和畜牧业劳动力在沙特阿拉伯全部劳动力中所占的比例由 71%下降为48%。②与此同时,非农牧业的从业人口呈上升趋势,包括政府机构和军队在内的国家公职成为吸引沙特阿拉伯人的主要从业领域,而现代产业诸如石油业和制造业领域的从业者人数有限。女性从业的主要领域是医院、幼儿园和女子学校,从业者寥寥无几。

70 年代中期开始,沙特政府采取多项措施,鼓励沙特阿拉伯人加入现代经济建设的行列,然而效果甚微。传统社会结构的延续和政府的福利化政策,无疑影响沙特阿拉伯人的劳动力流向。本土劳动力资源的严重匮乏与劳动力结构的外籍化,构成石油时代沙特阿拉伯经济社会领域的突出现象。

50—60 年代,沙特阿拉伯的外籍劳动力主要是来自也门、阿曼、巴勒斯坦和埃及的阿拉伯移民,其中来自也门的移民人数达到百万之众。自 70 年代开始,外籍劳动力的来源出现变化,来自阿拉伯世界的移民比例逐渐下降,来自南亚和东南亚以及欧洲的移民人数呈上升趋势。

70 年代初,外籍移民在麦加、麦地那和塔伊夫占 15%—20%,在利雅得占 23%,在吉达占 35%。70 年代中叶,在获得合法身份的外籍移民中,阿拉伯移民占 75%,包括南亚和东南亚在内的其他亚非国家移民占 23%,欧洲移民占 2%。③1975 年,沙特阿拉伯人在全部农业劳动力中占 91%,在储运业劳动力中占 70%,在石油工业劳动力中占 57%,而在制造业劳动力中仅占 19%,在建筑业劳动力中仅占15%。④1975—1985 年,沙特阿拉伯的劳动力总

① Ramady, M.A., *The Saudi Arabian Economy: Policies, Achievements and Challenges*, New York 2005, p.28.

②③ Vassiliev, A., *The History of Saudi Arabia*, p.458.

④ Al-Yassini, A., *Religion and State in the Kingdom of Saudi Arabia*, p.116.

数由175万人增至270万人，其中本土劳动力由102万人增至140万人，而外籍劳动力由73万人增至130万人，外籍劳动力的增长幅度远远超过本土劳动力的增长幅度。①1997年，沙特阿拉伯境内的外籍劳动力约为900万人，占私人企业劳动力人数的十分之九。②

外籍劳动力在沙特阿拉伯经济中的特殊地位，构成沙特阿拉伯现代化区别于其他国家的明显特征。外籍劳动力人数的增长，一方面反映了沙特阿拉伯现代经济的发展，另一方面反映了沙特阿拉伯国内人口与经济构成的二元状态。80—90年代，沙特阿拉伯国内人口的失业率急剧上升。沙特阿拉伯国内人口出生率和增长率的居高不下固然是导致失业率急剧上升的内在因素，而外籍劳动力的大量流入亦是影响沙特阿拉伯国内人口就业形势的重要外在因素。

城市化的长足发展

沙特阿拉伯的城市化进程根源于石油经济的发展、传统经济社会秩序的瓦解和人口流向的改变，人口的增长、工业的长足发展与沙特阿拉伯城市化进程表现为同步的状态，劳动力分布领域的改变则是沙特阿拉伯城市化进程的重要基础。

1956年，沙特阿拉伯总人口约为450万，其中农牧业人口占78%，而城市人口仅占22%。自60年代开始，沙特阿拉伯的城市化进程逐渐加快。1960—1985年，农牧业劳动力在全部劳动力中所占的比例从71%下降为48%，非农牧业劳动力在全部劳动力中所占的比例从29%上升为52%。③

城市化进程的重要标志，是城市人口的增长。沙特阿拉伯的城市人口主要分布在三大区域，一是中部的首都利雅得，二是包括吉达、麦加、麦地那和塔伊夫在内的西部城市群，三是包括达曼、胡巴尔和盖提夫在内的东部城市群。④

沙特阿拉伯的首都利雅得，20世纪40年代约有人口4万，1974年增至67万，1986年达到130万。沙特阿拉伯西部希贾兹地区最大的港口城市吉

---

① Niblock, T., *State, Society and Economy in Saudi Arabia*, p.211.

② Champion, D., *The Paradoxical Kingdom: Saudi Arabia and the Momentum of Reform*, p.196.

③ Vassiliev, A., *The History of Saudi Arabia*, p.421, p.458.

④ Roberts, M.H.P., *An Urban Profile of the Middle East*, p.102.

达,20 世纪 40 年代约有人口 3 万,1974 年增至 57 万,1986 年达到 103 万。希贾兹的宗教圣城麦加,20 世纪 40 年代约有人口 8 万,1974 年增至 37 万,1986 年达到 67 万。希贾兹的另一宗教圣城麦地那,20 世纪 40 年代约有人口 2 万,1974 年增至 20 万,1986 年达到 35 万。希贾兹的著名旅游城市塔伊夫,20 世纪 40 年代约有人口 5 千,1974 年增至 28 万,1986 年达到 51 万。东部省的首府胡富夫,20 世纪 40 年代约有人口 3 万,1974 年增至 24 万,1986 年达到 35 万。①包括达曼、宰赫兰和盖提夫在内的波斯湾沿岸新兴石油工业城市区,1965 年约有人口 9 万,1986 年人口增至 65 万。②此外,80 年代初,北部城市布赖代和哈伊勒的人口分别达到 18 万和 9 万,阿西尔地区的主要城市纳季兰人口达到 6 万。③

利雅得

① Al-Ankary, K.M., *Urban and Rural Profile in Saudi Arabia*, Berlin 1989, p.4.
② Al-Ankary, K.M., *Urban and Rural Profile in Saudi Arabia*, p.8.
③ Vassiliev, A., *The History of Saudi Arabia*, p.459.

麦加

城市化进程的另一重要标志，是城乡人口比例的变化。城市人口在沙特阿拉伯总人口中所占的比例，1950 年为 10%，1963 年增至 15%，1974 年达到 45%；1985 年，沙特阿拉伯的总人口为 1 100 万，其中城市人口占 75%。9 个最大城市的人口占沙特阿拉伯总人口的 31%，拥有全国工业企业的 96%。①1995 年，沙特阿拉伯总人口 1 490 万，79%生活在城市，21%生活在 100 万人口以上的大城市；2000 年，沙特阿拉伯总人口 2 200 万，86%生活在城市，25%生活在 100 万人口以上的大城市。②

城市人口的急剧增长，是沙特阿拉伯城市化进程的突出现象。人口流向的改变和外籍劳动力的涌入，构成沙特阿拉伯城市人口急剧增长的首要因素。70 年代初，东部重要石油城市达曼和胡拜尔的新增人口中，90%以上系

① Al-Ankary, K.M., *Urban and Rural Profile in Saudi Arabia*, p.10, p.8.

② Cordesman, A.H., *Saudi Arabia Enters the Twenty-First Century*, p.232.

外来移民;首都利雅得以及西部重要城市塔伊夫和吉达的新增人口中,80%以上系外来移民;希贾兹的宗教圣城麦加和麦地那的新增人口中,50%以上亦属外来移民。①贝都因人的定居化和外籍劳动力的广泛使用,构成沙特阿拉伯城市外来移民的主要来源。外籍劳动力的大量涌入,导致城市人口由单一构成转变为多元构成,进而对城市的经济社会生活产生深刻的影响。

在传统的城市,封建性质的庇护关系和根深蒂固的血缘关系广泛存在,居住的区域和住所的格局具有浓厚的家族色彩。家族首领与同一家族的成员通常聚居一处。房屋的上层是妇女和儿童的住所,下层是男人活动的空间。社会活动是男人的特权,妇女的活动空间受到严格的限制。相比之下,在70年代以后的城市,居住区域的家族色彩明显淡化。新城区不断扩大,新式的别墅取代传统的家族式住所。然而,城市居民在就业层面依旧沿袭家族的传统,浓厚的家族色彩构成沙特阿拉伯经济生活的突出特征。

教育事业的进步

20世纪初的阿拉伯半岛,宗教教育占主导地位,宗教学校构成基本的教育形式,主要讲授《古兰经》、《圣训》、伊斯兰教法以及相关宗教知识,宗教学者欧莱玛和宗教法官卡迪的培养则是宗教学校的主要目的。1926年,伊本·沙特在希贾兹组建教育董事会,委派埃及人哈菲兹·瓦赫巴主持,聘请埃及教师,开设现代世俗课程,世俗教育初露端倪。②

教育事业的进步是现代化进程在社会生活领域的重要内容,构成促进社会流动、变动社会结构和加速下层民众崛起的重要杠杆。1950年,沙特阿拉伯有50所乡村学校、90所初等学校和10所中等学校,各类学生总计1.6万人。1952年,学生总数增至5.5万人。初等学校每周授课28节,其中宗教课程占80%,世俗课程包括地理、绘图和外语。伊本·沙特去世后的1954年,沙特政府成立教育部,取代希贾兹的教育董事会,引进现代教育模式,实行六年制初等教育和六年制中等教育。③

自60年代起,世俗教育迅速扩大,聘用外籍教师和讲授现代课程的世俗学校明显增多。60年代初,沙特政府聘用的外籍教师约2 000人。至70年

---

① Blake, G.H. & Lawless, R.I., *The Changing Middle East City*, London 1980, p.59.

② Abir, M., *Saudi Arabia in the Oil Era: Regime and Elites; Conflict and Collaboration*, p.34.

③ Vassiliev, A., *The History of Saudi Arabia*, p.310.

代初,外籍教师的人数增长 10 倍。1969 年,各类学校共计 3 100 所;1983 年,各类学校超过 1.4 万所。[①]前石油时代,男性适龄儿童入学率为 61%,女性适龄儿童入学率为 39%;1990 年,男性适龄儿童入学率上升为 80%,女性适龄儿童入学率上升为 48%。各类学校在校学生总数,1970 年 55 万人,2000 年 480 万人,其中中等学校学生人数从 8 万人增至 180 万人,高等学校学生人数从 7 000 人增至 39 万人。1970—1999 年,男性中学毕业生由 2 400 人增至 6.9 万人,女性中学毕业生由 370 人增至 9.8 万人,男性大学毕业生由 800 人增至 2.1 万人,女性大学毕业生由 13 人增至 2.2 万人。1980 年,成年男性的文盲率为 33%,成年女性的文盲率为 67%;2000 年,成年男性的文盲率下降为 17%,成年女性的文盲率下降为 33%。[②]

沙特阿拉伯的学校教育最初局限于男性的范围。国王沙特当政期间,女性的受教育权逐渐得到社会的承认。1956 年,第一所女子学校创办于布赖代。[③]1960 年,王储费萨尔创办女性教育董事会,由利雅得的大穆夫提负责监管。70 年代以后,女子学校遍布各地,女性学生人数明显增多。沙特阿拉伯长期实行男女分校制度,男性教师通过闭路电视向女性学生授课。进入 80 年代,女性学生在人数方面与男性学生逐渐持平。1969 年,各类学校 3 100 所,其中男性学校占 85%,女性学校占15%。[④]1989 年,沙特阿拉伯共有各类学校 1.7 万所,其中男性学校占 54%,女子学校占46%。[⑤]然而,女子学校不同于男性学校,处于宗教机构和欧莱玛的监管之下,主要开设宗教课程。女子学校的学生在就业方面亦受到严格的限制,主要任职于女子学校和女子医院,就业程度远远低于男性。[⑥]

1949 年和 1952 年,希贾兹的教育董事会在麦加创办伊斯兰学院和师范学院,首开沙特阿拉伯高等教育的先河,同时开设宗教课程与世俗课程。随后,瓦哈卜派的大穆夫提在首都利雅得创办伊斯兰法学院和阿拉伯语言学院,不仅讲授宗教课程,而且增设世俗课程,旨在抗衡希贾兹的教育董事会,维持在教育领域的垄断地位。[⑦]

---

① Askari, H., *Saudi Arabia's Economy: Oil and the Search for Economic Development*, London 1990, p.159.

② Cordesman, A.H., *Saudi Arabia Enters the Twenty-First Century*, p.7, p.232.

③ Masood, R., *Industrialization in Oil-Based Economies*, p.62.

④ Askari, H., *Saudi Arabia's Economy: Oil and the Search for Economic Development*, p.166.

⑤ Vassiliev, A., *The History of Saudi Arabia*, p.462.

⑥ Abir, M., *Saudi Arabia in the Oil Era: Regime and Elites; Conflict and Collaboration*, p.37.

⑦ Abir, M., *Saudi Arabia in the Oil Era: Regime and Elites; Conflict and Collaboration*, p.36.

1957 年,国王沙特创办利雅得大学,采用埃及的教学模式,聘用埃及教师,讲授世俗课程。利雅得大学的学生人数,1958 年仅 21 人,1975 年增至 5 600 人。1980 年,利雅得大学改称国王沙特大学。1983 年,国王沙特大学另辟女子分校,并在阿西尔和德拉伊叶设立新校区。①

1961 年,沙特政府与瓦哈卜派欧莱玛共同创办麦地那伊斯兰大学,作为伊斯兰世界的国际性教育机构,旨在取代纳赛尔政权控制的爱资哈尔大学。麦地那伊斯兰大学 90%的教师和绝大部分学生来自其他穆斯林国家,70 年代开始成为伊斯兰复兴运动的重要阵地。

1963 年,阿拉伯美国石油公司在宰赫兰创办石油矿产学院,1975 年改称石油矿产大学,采用美国的教育模式,主要聘用美国教师,使用英语授课,学生人数由 1974 年的 1 000 人增至 1985 年的 6 000 人。石油矿产大学是沙特阿拉伯典型的世俗高等学校,约占半数的学生来自哈萨的什叶派穆斯林。②

国王费萨尔大学创办于 1974 年,校区位于胡富夫和达曼,主要面向东部地区的农民和游牧群体以及朱拜勒工业区,设立农学、医学和兽医专业,学生人数由 1980 年的 1 430 人增至 1985 年的超过 5 000 人。③

1974 年,瓦哈卜派欧莱玛在利雅得创办伊玛目伊本·沙特伊斯兰大学,是为纳季德地区瓦哈卜派保守势力的主要阵地。1980 年,伊玛目伊本·沙特伊斯兰大学在阿西尔的阿布哈增设分校。1985 年,伊玛目伊本·沙特伊斯兰大学的学生总数约 9 000 人,其中 20%来自国外,而该校设立的初级学校和中等学校另有学生 1.5 万人。④

乌姆·库拉大学创办于 1980 年,校区位于麦加,主要培养法官、伊玛目和教师,面向希贾兹地区的土著人口,区别于国际性的麦地那大学。1983 年,该校有学生 6 000 人,其中四分之一来自国外。⑤

1972—1980 年,沙特阿拉伯的大学在校学生总数从 9 500 人增至 4.8 万人。⑥1990 年,沙特阿拉伯的大学在校学生总数超过 10 万人。⑦

石油时代的产业工人与现代中产阶级

沙特王国建立初期,在沙漠牧场和定居绿洲,血缘联系的广泛存在与血

---

①②③④ Abir, M., *Saudi Arabia in the Oil Era: Regime and Elites; Conflict and Collaboration*, p.43.

⑤ Abir, M., *Saudi Arabia in the Oil Era: Regime and Elites; Conflict and Collaboration*, p.42.

⑥ Rezas, A., *The Political Economy of Saudi Arabia*, p.48.

⑦ Abir, M., *Saudi Arabia in the Oil Era: Regime and Elites; Conflict and Collaboration*, p.47.

族传统的根深蒂固明显制约着社会成员的分化和裂变，贝都因人、农民与城市居民的相互依存构成社会结构的基本模式，经济活动与生活方式的差异则是构成区分不同社会阶层的首要标志。

自30年代末开始，油田的勘探和石油的开采导致沙特阿拉伯经济活动与生活方式的深刻变化。石油工业的发展，吸引来自不同血缘群体的阿拉伯人告别传统的经济活动和生活方式，走出沙漠牧场和定居绿洲，聚居于油田的所在地，进而融入崭新的地域社会。

40年代，石油公司雇用约1万名沙特阿拉伯人，主要是非熟练工人。50年代，石油公司的沙特阿拉伯人中约三分之二成为熟练工人或半熟练工人，其中44人在公司担任重要职位，3 000人进入管理层。1964年，在石油公司的1.3万名长期雇员中，沙特阿拉伯人占80%。1970年，在石油公司的1万名长期雇员中，沙特阿拉伯人占83%。许多沙特阿拉伯人成为工程技术人员。1952年，在石油公司的沙特阿拉伯人中，非熟练工人的比例占96.9%，熟练工人的比例占3%，工程技术人员和管理人员的比例仅占0.1%。1974年，在石油公司的沙特阿拉伯人中，非熟练工人的比例下降为26.1%，熟练工人的比例上升至59.4%，工程技术人员和管理人员的比例达到14.5%。①

70年代以来，沙特政府致力于推动非石油领域的工业化进程，冶金、电力和制造业企业的生产规模明显扩大，从业人数呈明显上升的趋势。伴随着石油经济的发展和工业化的长足进步，现代产业工人悄然崛起，成为区别于传统社会成分的崭新社会阶层。

1947年，沙特政府颁布劳动法，用于规范雇工人数超过10人的企业。根据该劳动法，工人每天工作不得超过8小时，每周工作不得超过6天，另外每年享受10天公假和5天带薪病假，禁止雇用10岁以下的童工，工人的日工资不得低于5里亚尔，雇主可以随意解雇工人而无需任何理由。随着工人数量的增多和雇佣关系的扩大，劳资双方不断发生劳动纠纷。②

1950年，沙特政府在财政部设劳动署。1961年，沙特政府设劳动与社会事务部。负责解决劳动纠纷的仲裁委员会包括两名成员，分别由雇主和政府指定，却无工人的代表，如果仲裁委员会的两名成员意见不一，则由沙特政府

① Vassiliev, A., *The History of Saudi Arabia*, p.425.

② Vassiliev, A., *The History of Saudi Arabia*, p.430.

指定最高仲裁者。然而,1947 年颁布的劳动法并未赋予工人组织工会的权利,1956 年颁布的相关法令则明确禁止工人的罢工活动。①

1969 年,沙特政府颁布新劳动法。新劳动法禁止男女工人一同工作,雇工年龄不得低于 13 岁,实行免费医疗和工伤赔偿,建立国家保险制度。新劳动法还规定,雇工人数超过 100 人的企业中,沙特阿拉伯人必须达到 75%的比例,其工资总额不得少于全部工资的 51%。新劳动法的局限性十分明显:绝大多数沙特阿拉伯人受雇于不足 10 人的企业,因此不受新劳动法约束。在很大程度上,新劳动法只是一纸空文,并无实际意义。此外,新劳动法依旧禁止工人组织工会和举行罢工。②

20 世纪后期,中产阶级开始登上沙特阿拉伯的历史舞台,成为区别于传统教俗贵族的新兴社会力量。所谓的中产阶级,包括现代范畴的工商业者、政府雇员和知识界。沙特阿拉伯的中产阶级成分复杂,地位各异,政治立场和价值取向不尽相同。

70 年代以来,沙特政府积极调整产业结构,鼓励私人投资,扶植民营经济,现代工商业者人数呈上升趋势。与此同时,政府雇员由 1970 年的 12 万人增至 1980 年的 30 万人,成为中产阶级的重要组成部分。③

伴随着现代教育的发展,每年约有数以万计的青年学生毕业于名目繁多的高等学校,中产阶级的规模不断扩大。60—70 年代,中产阶级主要来自开放程度较高的希贾兹和东部省。进入 80 年代以后,越来越多的纳季德人亦加入中产阶级的行列。80 年代中叶,政府雇员 20 万人,工商业者联合会(前身是希贾兹商会)成员 10 万人,构成所谓中产阶级的重要来源。④

中产阶级的上层大都与沙特政府及王室成员联系密切,甚至通过联姻的方式与沙特家族融为一体,地位显赫,在进出口贸易、建设项目承包以及房地产、金融业和服务业独占鳌头。他们与沙特家族在诸多方面具有共同的利益,构成沙特家族政权的重要社会基础,政治立场相对保守。然而,中产阶级中的绝大多数缺乏王室支持的政治背景,无缘分享国家权力,长期处于政治舞台的边缘地带。社会成分的复杂与社会地位的明显差异,加剧了中产阶级的政治脆弱性。

---

① Vassiliev, A., *The History of Saudi Arabia*, p.431.

② Vassiliev, A., *The History of Saudi Arabia*, p.432.

③④ Wilson, P.W. & Graham, D.F., *Saudi Arabia: The Coming Storm*, p.24.

内阁政治与国家机器

伊本·沙特当政期间，沙特王国的经济生活与社会结构尚未出现明显的变化，血缘政治与地域政治并存，部族传统与国家制度错综交织。另一方面，沙特王国的诸多区域在伊本·沙特当政期间存在明显的差异，游牧世界与定居社会之间的矛盾由来已久，纳季德的沙特王室与希贾兹的宗教政治机构长期表现为二元倾向。伴随着石油时代的到来，政治生活的国家化与社会的整合构成沙特王国的重要历史任务。君主制度的强化无疑是沙特王国克服血缘传统与地域差异的政治杠杆，官僚机构的完善则是强化君主制度进而实现政治生活国家化与整合社会的重要手段。自20世纪50年代开始，石油产量的迅速提高导致沙特王室财政收入的急剧增长。财富的增长促使政治生活的长足发展，构成沙特王室强化君主制度和完善官僚机构的物质基础。

1953年10月，国王伊本·沙特在临终前颁布敕令，在利雅得成立沙特王国大臣会议，指定王储沙特出任大臣会议首相，取代利雅得宫廷的麦吉里斯，沙特王国内阁政治的序幕由此掀开。[①]伊本·沙特颁布的敕令，明确规定大臣会议的人员组成、权限范围、运作程序和组织机构。根据伊本·沙特颁布的敕令，大臣会议的首相由国王兼任，国王不在时由王储兼任；国王任命大臣会议的主要成员，决定出席大臣会议的人选；大臣会议负责制定和执行国家政策，批准国际条约，任

1947年访美的王储伊本·沙特

① Huyette, S.S., *Political Adaptation in Sa'udi Arabia*, p.60, p.65.

免政府官吏;大臣会议成员对国王负责;大臣会议的决议须经国王批准方可生效,国王有权否决大臣会议的决议。[①]利雅得的大臣会议作为沙特王国的内阁,不同于麦加的麦吉里斯,处于国王的直接控制之下。从希贾兹地方政权机构的延续到利雅得大臣会议的组建,标志着沙特王国君主制度的确立。官僚机构的完善,构成沙特王国强化君主制度的政治工具。

1954 年,国王沙特正式颁布《大臣会议条例》,内容如下:第一,大臣会议由国王、王储、各部大臣以及国王顾问组成,国王兼任大臣会议首相并亲自主持大臣会议,王储兼任大臣会议副首相;第二,大臣会议兼有立法职能和行政职能,是最高立法机构和政府机构;第三,大臣会议的决议采用投票表决的方式,大臣会议的决议须经国王批准方可生效。[②]1958 年,沙特国王宣布修订《大臣会议条例》,规定王储兼任首相,主持大臣会议,决定大臣会议的人选,大臣会议负责制定国家的政策以及政府预算和财政计划,统辖地方政府,大臣决议需经三分之二成员的批准方可生效,国王有权否决大臣会议的决议。[③]1964 年,费萨尔国王再次修订《大臣会议条例》,明确规定国王兼任大臣会议首相,大臣会议直接对国王负责。[④]

大臣会议的最初机构,包括始建于 1930 年的外交部、始建于 1931 年的财政部和始建于 1946 年的国防部。国王沙特当政期间,大臣会议增设内务部、教育部、农业部、交通部、商业与工业部、卫生部。[⑤]60 年代,大臣会议增设石油与矿产资源部、劳动与社会事务部、朝觐与瓦克夫事务部、通信部、司法部。[⑥]

大臣会议最初每月召开例会。1970 年起,大臣会议改为每周例会,由国王授权王储兼第一副首相主持。20 世纪 50 年代,大臣会议由 9 人组成,其中 8 人出自沙特家族。自 60 年代开始,大臣会议中的非沙特家族成员逐渐增多。1962 年,沙特国王任命 5 名沙特家族成员和 6 名非沙特家族成员组成大臣会议,试图通过改变权力分配的方式缓解日趋加剧的政治矛盾。然而,大臣会议的关键职位仍由沙特家族成员把持,司法大臣、宗教大臣和教育

---

① Al-Farsy, F., *Modernity and Tradition: The Saudi Equation*, pp.49—50.

② Al-Farsy, F., *Saudi Arabia: A Case Study in Development*, London 1982, p.93.

③ Huyette, S.S., *Political Adaptation in Sa'udi Arabia*, pp.166—171.

④ Al-Farsy, F., *Saudi Arabia: A Case Study in Development*, pp.97—98.

⑤ Beling, W.A., *King Faisal and the Modernisation of Saudi Arabia*, pp.77—78.

⑥ Al-Yassini, A., *Religion and State in the Kingdom of Saudi Arabia*, p.66.

大臣来自瓦哈卜家族。[①]

1975年10月,哈立德国王改组大臣会议,增设住房与公共工程部、市政与乡村事务部、高等教育部、工业与电力部、通信部、计划部。新的大臣会议由26人组成,其中王室成员8人,非王室成员18人,是为沙特王国历史上规模最大的大臣会议。与费萨尔当政期间相比,在哈立德当政期间的大臣会议中,非王室成员的势力呈上升趋势。[②]然而,沙特家族始终控制包括外交和安全部门在内的诸多关键性政府机构,非王室成员在大臣会议中长期处于边缘地位。

沙特王国明确强调国王与国家的一致性抑或"朕即国家"的政治原则,大臣会议的所有成员必须以安拉的名义宣誓效忠伊斯兰教信仰,宣誓效忠国王和国家。[③]大臣会议实行立法、司法和行政三位一体的权力原则,兼有议会、最高法院和内阁的三重功能,负责制定除伊斯兰教法之外的其他诸项法律,同时行使司法权力和履行政府职责。

伊本·沙特当政期间,沙特王国划分为希贾兹和纳季德及其属地两大行政区域,下辖若干埃米尔区。1963年,沙特王国颁布《省区条例》,正式实行省区制度,设立纳季德、哈萨、希贾兹和阿西尔四大省区。除四大省区之外,另设北方边境省,管辖伊拉克、约旦边境地区的贝都因人。70年代中叶,沙特王国修改省区制度,设立18个省。省区总督由内政大臣提名,大臣会议推荐,国王任命。总督的人选主要出自沙特家族及其盟友苏戴尔家族,他人无权染指。1992年,国王颁布《地区法》,将全国划分为13个省区。直至90年代,所有的省区总督均为沙特家族成员,其中除季赞省总督由沙特家族旁系苏戴尔家族的成员担任之外,其余省区总督皆系伊本·沙特的直系后裔。[④]省区制度的建立,标志着沙特王国官僚机构的进一步完善和政府权力的广泛延伸。[⑤]

"二战"结束初期,沙特王国开始组建新式的国防军,聘请埃及军官和英美军官负责训练。自50年代起,沙特王国在国防军之外另建国民卫队:国民卫队战士称穆贾希丁(圣战者),配备新式武器,领取高额军饷,驻扎于东部油田、希贾兹的两座圣城和北部边境。国防军来自沙特王国的各个地区和各个

---

① Al-Farsy, F., *Saudi Arabia: A Case Study in Development*, p.99.

② Abir, M., *Saudi Arabia in the Oil Era: Regime and Elites; Conflict and Collaboration*, p.137.

③ Vassiliev, A., *The History of Saudi Arabia*, p.445.

④ Kechichian, J.A., *Succession in Saudi Arabia*, New York 2001, p. 185.

⑤ Vassiliev, A., *The History of Saudi Arabia*, p.442.

阶层,国民卫队则由伊赫瓦尼战士和效忠于国王的部族组成。国防军和国民卫队的高级军官均为沙特王室的成员。1965 年,沙特王国的武装力量约 4 万人,其中国防军和国民卫队各 2 万人。1979 年,国防军增至 8 万人,国民卫队增至 4 万人。①国防军和国民卫队无疑是沙特王国君主政治的重要工具,尤其是国民卫队以掌管国内安全和镇压反叛势力作为首要职责,长期处于王储阿卜杜拉的直接控制之下。

沙特王国的家族政治

血缘联系的衰落无疑是沙特阿拉伯现代化进程的突出现象。贝都因人的定居化与工业的长足进步构成导致血缘关系衰落和地域关系扩大的深层经济背景,君主制的确立与官僚机构的完善则是促使社会结构深刻变革的政治杠杆。尽管如此,直至石油时代,传统的血缘组织长期残存,血缘联系构成维系社会成员的重要纽带,进而产生广泛的政治影响。

血缘群体在诸多地区构成行政区划的原型,部族首领的家族世袭依然是普遍存在的社会现象,国王通常被民众视作"舍赫中的舍赫"。血缘传统的残存与血缘联系的广泛影响,导致沙特王国之家族政治的浓厚色彩。社会成员的家族义务,往往被视作高于公共义务。

1975 年费萨尔去世时,沙特家族成员占据内阁一半的职位以及所有的省长职位,亦有许多沙特家族成员在军队和国民卫队中担任要职。②沙特家族的权力垄断,是沙特王国家族政治的集中体现。沙特家族成员主导的政府通过国有的形式垄断石油资源的开发,进而控制国家的经济命脉,构成沙特王室之家族政治的物质基础。石油经济的繁荣,为沙特王室的家族政治提供了有力的经济支撑。

沙特家族规模庞大,人数众多。沙特王国的创立者伊本·沙特曾经与超过 30 个部族建立姻亲关系,生有男性子嗣 40 余人,女性子嗣 20 余人。"伊本·沙特拥有超过 300 人的妻室,大多数的婚姻出于政治的动机。"③第二代国王沙特亦曾与诸多部族广泛联姻,妻妾成群。另据沙特阿拉伯的一位作家估计,伊本·沙特的 42 个王子娶妻多达 1 400 人。④

---

① Vassiliev, A., *The History of Saudi Arabia*, p.443.

② Aburish, S.K., *The Rise, Corruption and Coming Fall of the House of Saud*, New York 1996, p.49.

③ Al-Yassini, A., *Religion and State in the Kingdom of Saudi Arabia*, p.83.

④ Aburish, S.K., *The Rise, Corruption and Coming Fall of the House of Saud*, p.46.

由于政府长期封锁王室内幕情况，沙特家族的准确人数不得而知。据估计，目前沙特家族的成员约4 000到7 000人，其中700人为伊本·沙特的直系子嗣，占据政府要职，分享国家权力，位于沙特阿拉伯社会结构的顶端，构成沙特王国统治集团的核心。[①]另据估计，目前沙特家族成员超过2万人。[②]

"沙特王室成员行使绝对的权力。长期以来，非王室成员的政治参与程度十分有限，主要局限于部落精英之申诉和请愿的传统形式，名曰'沙漠民主制'。"[③]沙特家族作为王室成员，在宗教和司法诸多领域享有特权。沙特家族的所有成员均由政府支付数额不等的年金，年金的数额则不予公开。许多王室成员从事房地产开发，经营进出口贸易，承包政府的建设项目，非官方收入亦相当可观。[④]

沙特家族由于人数众多，内部形成诸多分支和派系，地位各异。沙特与费萨尔均系沙特王国第一代国王伊本·沙特的嫡子，却因同父异母，关系不睦。1953年伊本·沙特去世，伊本·沙特的次子沙特继任国王，伊本·沙特的三子费萨尔出任王储。此后10余年，沙特家族内部形成沙特系与费萨尔系的权力角逐，已故国王伊本·沙特的胞弟阿卜杜拉、艾哈迈德和穆赛义德则是斡旋于国王沙特与王储费萨尔之间的重要政治势力。伊本·沙特的五子哈里德和十子阿卜杜拉为首的吉鲁维系具有来自北方的舍迈尔部落背景，伊本·沙特的八子法赫德和十三子苏勒坦为首的苏戴尔系具有来自纳季德的苏戴尔家族背景。1975年费萨尔国王死后，吉鲁维系与苏戴尔系诸亲王长期把持国家要职，成为沙特王室最具权势的政治派系和寡头势力，在沙特王国的政治舞台扮演举足轻重的角色。[⑤]费萨尔系的诸王子大都具有现代西方教育的背景，属于沙特家族内部的新生代政治力量。至于沙特系的诸王子，由于吉鲁维系和苏戴尔系的排斥，长期处于政坛的边缘。[⑥]

---

① Abir, M., *Saudi Arabia in the Oil Era: Regime and Elites; Conflict and Collaboration*, p.12.

② Najem, T.P. & Hetherington, M., *Good Governance in the Middle East Oil Monarchies*, London 2003, p.37.

③ Champion, D., *The Paradoxical Kingdom: Saudi Arabia and the Momentum of Reform*, pp.287—288.

④ Wilson, P.W. & Graham, D.F., *Saudi Arabia: The Coming Storm*, p.20.

⑤ Abir, M., *Saudi Arabia in the Oil Era: Regime and Elites; Conflict and Collaboration*, p.139.

⑥ 自1953年的历代国王，包括沙特、费萨尔、哈里德、法赫德和现任国王阿卜杜拉以及现任王储苏勒坦，作为沙特阿拉伯政治舞台的核心人物，均系沙特王国第一代国王阿卜杜勒·阿齐兹之子。

尼布洛克认为沙特王国系“绝对主义的君主制国家”,[①]亨廷顿则将沙特王国的政治制度称作“君主亲政政体”。[②]实际情况不然。沙特王国的所谓绝对主义和独裁政治,其实质并非沙特国王的绝对独裁,而是沙特家族的绝对独裁。沙特王国长期延续家族社会的血缘传统,进而具有了家族政治的浓厚色彩。由王室重要成员组成的王室长老委员会协商确定王位的更替,明显体现沙特王国政治生活的家族色彩。王室的统一是沙特家族政权赖以维持的重要条件,王室内部诸多派系的权力制约与王室成员的权力分享构成王室统一的政治基础。换言之,沙特王国的家族政治根源于血缘传统的家族社会,而家族政治以及沙特家族成员的权力分享无疑构成制约君主政治的重要因素。在沙特王国,君主独裁尚无从谈起,历代国王皆曾受制于沙特家族,明显区别于伊朗的礼萨汗和巴列维国王,后者可谓名副其实的君主独裁。

沙特王国的官方宗教政治

沙特阿拉伯的政治制度与政治生活具有浓厚的宗教色彩,沙特家族政治与瓦哈卜派官方宗教政治的密切结合构成沙特王国的重要政治基础。沙特家族的权力垄断无疑是沙特王国政治制度的实质所在,瓦哈卜派的官方宗教政治学说则是沙特家族垄断国家权力进而控制社会和驾驭民众的意识形态和舆论工具。官方宗教政治的强化,构成沙特阿拉伯的现代化进程区别于土耳其、埃及以及巴列维时代伊朗之现代化进程的明显特征。

沙特国家起源于瓦哈卜派运动,瓦哈卜派欧莱玛在沙特王国占据举足轻重的政治地位,沙特家族与瓦哈卜派欧莱玛长期保持广泛的合作关系,沙特政府的诸多改革举措亦曾得到瓦哈卜派欧莱玛的认可。然而,沙特王国的瓦哈卜派欧莱玛不同于伊朗的什叶派欧莱玛,处于沙特家族的控制之下,系沙特家族的御用政治势力。另一方面,沙特王国的官方宗教政治与巴列维时代伊朗的世俗政治颇有异曲同工之处,皆为强化君主制度和排斥民众政治参与的政治工具。沙特王国之政治制度与政治生活的宗教色彩,并不意味着瓦哈卜派欧莱玛的神权统治。在国家权力的核心领域,沙特家族长期凌驾于瓦哈卜派欧莱玛之上,后者的权力长期局限于宗教的范围。

自50年代开始,瓦哈卜派欧莱玛逐渐被纳入国家体系,成为领取薪俸

① Niblock, T., *State, Society and Economy in Saudi Arabia*, p.107.

② 亨廷顿:《变动社会中的政治秩序》,王冠华等译,生活·读书·新知三联书店1989年版,第136页。

的政府官吏,进而从属于沙特家族的最高权力。1962 年,费萨尔在著名的“十点纲领”中宣布筹建司法部,作为大臣会议的组成部分。1970 年,沙特王国的司法部在利雅得正式成立,国王任命的司法部长取代瓦哈卜派欧莱玛的最高首领大穆夫提,成为掌管司法权力的最高长官。司法部的成立,标志着沙特家族的统治权力在瓦哈卜派欧莱玛控制的传统领域得到广泛的延伸。

1971 年,费萨尔宣布组建欧莱玛长老会议,作为官方瓦哈卜派的最高宗教机构,由大穆夫提主持,负责批准王位继承、制定宗教政策、发布宗教法令和监督政府的施政举措。欧莱玛长老会议的设立,“标志着沙特历史上舍赫时代的结束”。扬善惩恶委员会作为官方瓦哈卜派的重要机构,始建于 20 世纪 20 年代,隶属于大穆夫提,负责监督宗教法律的实施和宗教功修的履行。80 年代末期,扬善惩恶委员会拥有宗教警察 2 万余人,成为瓦哈卜派欧莱玛控制社会的重要工具。①

20 世纪 60 年代,具有浓厚世俗色彩与共和制倾向的阿拉伯民族主义思

费萨尔国王与美国总统尼克松夫妇

① Champion, D., *The Paradoxical Kingdom: Saudi Arabia and the Mmomentum of Reform*, p.59.

潮风行一时，构成挑战沙特王国君主制度的外部政治隐患。埃及的纳赛尔政权强调反对君主制的政治原则，试图输出共和制革命，颠覆阿拉伯世界的君主政权。费萨尔则极力倡导宗教至上的意识形态，奉行伊斯兰主义的政治原则，强调非世俗化的现代化道路抑或伊斯兰教框架内的现代化模式，抵制纳赛尔主义的渗透，旨在削弱埃及在阿拉伯世界的政治影响。1961 年，埃及伊斯兰主义者与沙特政府及瓦哈卜派欧莱玛共同创办麦地那伊斯兰大学，宣传伊斯兰主义的宗教政治思想，抗衡纳赛尔政权控制的爱资哈尔大学。1962 年，沙特政府资助创办伊斯兰世界联盟，总部设在麦加，抗衡埃及政府控制的阿拉伯国家联盟。

进入 70 年代以后，伊斯兰复兴运动日趋高涨，挑战现存政治秩序成为伊斯兰复兴运动的明显特征，强化官方宗教政治则是沙特家族遏制作为民间宗教政治的伊斯兰复兴运动和维护传统政治秩序的重要手段。1982 年，伊本·沙特的第八子法赫德国王即位后，沙特家族进一步扩大与瓦哈卜派欧莱玛之间的政治合作，提高瓦哈卜派欧莱玛的地位和薪俸，支持瓦哈卜派欧莱玛关于捍卫沙特王国之传统信仰和生活方式的宗教宣传，赋予瓦哈卜派欧莱玛控制的扬善惩恶委员会以及宗教警察以广泛的权力，强化实施宗教法律，重申妇女必须戴面纱的宗教戒律，限制妇女就业，关闭违背教法的视听场所。利雅得、麦加和麦地那的伊斯兰大学规模空前扩大；至 90 年代初，利雅得、麦加和麦地那的伊斯兰大学学生人数约占沙特阿拉伯国内大学生总数的四分之一。[①]与此同时，沙特政府授意官方欧莱玛宣传伊斯兰教的温和性、沙特家族的宗教性和反叛政府的非法性，宣称沙特家族是伊斯兰教的捍卫者、沙里亚的执行者、圣城的监护者和国家财富的管理者，进而向民众灌输如下的思想："狂热分子留长胡须，游手好闲，仅仅热衷于礼拜和斋戒，以虔诚的穆斯林自居。这不是伊斯兰教，而是教士的模仿。(真正的穆斯林)应当通过劳作而享受舒适的生活。应当娶妻生子，努力工作，去国外旅行。应当履行拜功和斋功，诵读《古兰经》，遵循教法的规定。这是先知指引的道路。"[②]1986 年，法赫德国王甚至放弃陛下的称谓，以"两座圣城的仆人"自居，俨然成为瓦哈卜派的保护者。[③]

---

① Aarts, P., *Saudi Arabia in the Balance: Political Economy, Society, Foreign Affairs*, p.29.

② Al-Yassini, A., *Religion and State in the Kingdom of Saudi Arabia*, p.128.

③ Abir, M., *Saudi Arabia in the Oil Era: Regime and Elites; Conflict and Collaboration*, p.193.

世俗色彩的民众运动

沙特阿拉伯的现代化进程之区别于土耳其、埃及和伊朗的特征之一在于具有非殖民主义的历史背景。长期处于封闭状态的沙特阿拉伯明显缺乏殖民主义时代形成的诸多遗产,传统的经济活动与社会结构以及瓦哈卜派的宗教政治思想根深蒂固,外部影响微乎其微。尽管如此,油田的发现无疑开辟了沙特阿拉伯现代化进程的崭新时代。石油经济的兴起打破了沙特阿拉伯的封闭状态,进而提供了沙特阿拉伯与国际社会广泛交往的重要纽带。自“二战”结束以后,随着外籍移民的不断涌入,现代政治思潮在沙特阿拉伯始露端倪,新兴社会阶层逐渐登上沙特阿拉伯的历史舞台,进而导致现代模式的政治运动。从世俗民众运动的兴起到现代伊斯兰主义的高涨,标志着沙特阿拉伯民众运动的长足发展。民众运动与王室内部权位角逐的错综交织,构成沙特阿拉伯政治生活的重要内容。

沙特阿拉伯之现代模式的政治运动,首先表现为世俗色彩的民众运动。50 年代可谓阿拉伯世界的革命年代,1952 年的埃及革命和 1958 年的伊拉克革命皆以共和制取代君主制作为革命的首要目标,共和制的政治理念风行一时。阿拉伯世界的特定政治环境,尤其是纳赛尔主义影响的扩大和世俗政治势力的成长,构成沙特阿拉伯国内世俗民众运动兴起的外部条件。

1953 年夏,宰赫兰油田的石油工人自发成立沙特王国史上首个工会组织“工人委员会”,要求阿拉伯美国石油公司增加工资、取消种族歧视、改善工人的劳动环境和生活环境,同时要求沙特政府承认工会的合法地位,遭到拒绝。同年 10 月,正值王储沙特在东方省考察期间,东部油田约 2 万名工人举行罢工,迫使阿拉伯美国石油公司做出让步,承诺增加工资 12%—20%并初步改善石油工人的劳动环境和生活环境。[①]

1956 年爆发的第二次中东战争,导致诸多阿拉伯国家掀起新的民族主义浪潮,进而波及沙特阿拉伯。1956 年 6 月 9 日,国王沙特巡视宰赫兰油田,阿拉伯美国石油公司的工人举行示威。示威者高呼反对帝国主义的口号,要求沙特政府关闭沙特阿拉伯境内的美军基地、承认工会的合法地位、增加工资、缩短劳动时间、保障工人权利、取消种族歧视。6 月 11 日,国王沙特颁布法令,禁止工人举行示威和成立工会,逮捕示威者。6 月 17 日,石油工人举

① Vassiliev, A., *The History of Saudi Arabia*, p.336.

行总罢工，呼吁制定宪法和实行宪政，要求沙特政府承认民众享有组建政党和工会的合法权利、取消禁止罢工和示威运动的王室法令、收回宰赫兰空军基地和释放政治犯，遭到沙特政府的残酷镇压。①

1953 年和 1956 年石油工人举行的两次罢工，开辟了沙特阿拉伯现代模式之民众运动的先河。1953 年的罢工，主要局限于经济层面和福利性要求。相比之下，1956 年罢工期间，石油工人的要求开始从经济层面延伸到政治层面，具有阿拉伯民族主义的浓厚色彩和民众政治参与的初步倾向。从经济层面的福利性要求发展为政治层面的民主诉求，是中东诸国现代化进程中工人运动的普遍现象。然而，由于石油经济的外向性和石油工人的外籍性以及沙特阿拉伯政治生活的宗教性，世俗领域的工人运动缺乏广泛的社会基础，政治影响微乎其微。

伴随着世俗民众运动的兴起，具有民族主义、宪政主义和社会主义倾向的世俗政治组织在沙特阿拉伯逐渐萌生。

"民族改革阵线"始建于 1953 年罢工期间，反对帝国主义和西方石油公司对于沙特阿拉伯的控制和束缚，强调沙特阿拉伯的民族独立和国家主权，主张制定宪法，实行政党政治和选举政治基础上的宪政制度，实行新闻自由和结社自由，保障民众权利，发展民族经济，废除奴隶制，加强与其他阿拉伯国家以及社会主义国家的广泛合作。1956 年，沙特政府取缔"民族改革阵线"，逮捕"民族改革阵线"的主要成员，"民族改革阵线"的残余势力被迫逃亡埃及、叙利亚和黎巴嫩。②

"阿拉伯半岛人民联盟"始建于 1956 年罢工期间，深受纳赛尔主义的影响，与埃及政府联系密切。1958 年，"阿拉伯半岛人民联盟"的领导人纳赛尔·赛义德发表致国王沙特的公开信，主张举行议会选举、制定宪法和实行宪政，呼吁沙特政府承认民众的结社权和罢工权，保障民众的新闻自由和言论自由，释放政治犯，反对歧视什叶派穆斯林，废除奴隶制，关闭宰赫兰的美军基地。③

"民族解放阵线"始建于 1958 年，具有社会主义的政治倾向，反对帝国主义和犹太复国主义，要求废除与西方国家缔结的军事条约和关闭外国军事基

---

① Abir, M., *Saudi Arabia: Government, Society, and the Gulf Crisis*, New York 1993, p.37.

② Vassiliev, A., *The History of Saudi Arabia*, p.339.

③ Shaw, J.A., *Saudi Arabian Modernization*, Wasington 1982, p.102.

地，主张实行民主制度、保障民众的基本权利、发展公有制经济、实现石油开采的国有化、扩大与苏联以及其他社会主义国家的交往。1975 年，“民族解放阵线”更名为“沙特阿拉伯共产党”，强调政治民主、信仰自由和司法公正，构成沙特阿拉伯政坛的左翼派别。①

上述世俗政治组织在不同程度上具有纳赛尔主义的政治色彩，体现纳赛尔主义的政治影响，与沙特阿拉伯的传统社会结构和政治环境不符，长期处于沙特阿拉伯政治舞台的边缘地带。

王室内部的权力角逐

国王沙特当政期间，沙特阿拉伯的石油产量逐年上升。沙特政府的财政收入，1953 年约 1 亿美元，1960 年增至 3 亿美元。然而，石油产量的提高和财政收入的增长并未导致经济的发展和社会的进步。巨额财富被沙特家族挥霍一空，仅国王沙特在利雅得和吉达建造的两处王宫便耗资多达 5 000 万美元。②50 年代末期，沙特政府甚至面临财政赤字和债台高筑的局面。1953 年伊本·沙特去世时，沙特政府所欠的外债为 2 亿美元；至 1958 年，沙特政府所欠的外债接近 5 亿美元。③与此同时，里亚尔与美元的兑换率大幅下降，阿拉伯美国石油公司和国际金融机构拒绝提供贷款，沙特阿拉伯的经济形势急剧恶化。

变动的经济社会环境与相对滞后的传统秩序之间的矛盾，蕴涵着深刻的政治危机。在家族政治的特定背景下，沙特王国的政治矛盾集中表现为王室内部的权力角逐。大臣会议的地位抑或国王与王储之间的对立，构成王室内部权力角逐的核心内容。国王沙特被视作传统部落政治和保守势力的代表，王储费萨尔则被视作现代化和改革派政治势力的象征。

1956 年 7 月，部分王室成员向国王沙特递交请愿书，批评沙特政府实行的内外政策。1958 年 2 月，沙特政府涉嫌收买叙利亚情报人员暗杀纳赛尔，在阿拉伯世界引起强烈不满，国王沙特成为众矢之的。同年 3 月，众多王室成员发动宫廷政变，迫使国王沙特颁布敕令，由王储费萨尔兼任首相并主持大臣会议，赋予大臣会议以不受国王干预的政治权力。④4 月，王储兼大臣会

① Al-Yassini, A., *Religion and State in the Kingdom of Saudi Arabia*, p.122.

② Niblock, T., *State, Society and Economy in Saudi Arabia*, pp.95—96.

③ Al-Rasheed, M., *A History of Saudi Arabia*, p.107.

④ Yizraeli, S., *The Remaking of Saudi Arabia*, Tel Aviv 1997, p.71.

议首相费萨尔发表施政纲领，实行财政改革和政府机构改革，削减政府的财政支出和建设投资，与国际货币基金组织积极合作，调整里亚尔与美元的兑换率，解除新闻审查，发展现代世俗教育。

在沙特王室内部，伊本·沙特的十八子塔拉勒为首的所谓“自由王子”崇尚纳赛尔主义，与埃及政府关系密切，具有激进的政治倾向。在国王沙特与王储费萨尔角逐权力的过程中，塔拉勒为首的所谓“自由王子”一度支持费萨尔出任首相。1960 年 6 月，塔拉勒为首的所谓“自由王子”发表声明，主张实行进一步的政治改革，建立选举产生的立法机构和制定宪法，遭到费萨尔的拒绝。塔拉勒为首的“自由王子”遂公开指责费萨尔立场保守，进而与费萨尔分道扬镳。①

1958—1960 年费萨尔主持大臣会议期间，国王沙特多次巡视各地，向贝都因人舍赫赠送礼物，为穷人支付无力偿还的债务，会见欧莱玛并捐资修缮和建设清真寺。与此同时，国王沙特向伊本·沙特的诸多王子明确承诺，凡未担任国家公职者，已婚王子的年金数额为 1 000 万里亚尔，未婚王子的年金数额为 200 万里亚尔，其他王室成员亦将获得数额可观的年金。②国王沙特的上述举措，旨在笼络政治势力，削弱费萨尔的政治影响。

1960 年 12 月，费萨尔迫于压力，辞去大臣会议首相的职位，国王沙特重新兼任首相，吸收“自由王子”塔拉勒、穆赫欣和白德尔加入大臣会议，任命塔拉勒为财政大臣。新的大臣会议设立 11 个部，其中 5 个部由沙特王室成员出任大臣，6 个部由非王室成员出任大臣，支持费萨尔的王室成员遭到排斥。③

1961 年夏，塔拉勒为首的“自由王子”作为活跃于沙特阿拉伯政治舞台的新兴势力，试图依靠国王的支持，推行政治改革，实行宪政。塔拉勒等人拟定的宪法草案，沿袭沙特王国的宗教政治传统，强调沙特王国是伊斯兰教国家，沙里亚是国家立法的基本源泉，保护私人财产所有权，实行社会平等，赋予民众以言论自由和结社自由，限制国王的权力，扩大大臣会议的权限。根据塔拉勒等人拟定的宪法草案，成立国民议会，由 120 名议员组成，其中 40 名议员由王子和内阁大臣共同任命，另外 80 名议员由选举产生；国民议会拥

---

① Abir, M., *Saudi Arabia in the Oil Era: Regime and Elites; Conflict and Collaboration*, pp.84—85.

② Vassiliev, A., *The History of Saudi Arabia*, p.357.

③ Abir, M., *Saudi Arabia in the Oil Era: Regime and Elites; Conflict and Collaboration*, p.85.

有广泛的权力，负责制定法律和监督内阁；国王有权解散国民议会，但是必须在3个月内选举新的议会。[①]

然而，国王沙特不愿与民众分享政治权力，拒绝民众的政治参与。沙特政府颁布《国家安全法》，明确禁止改变国家的政治制度和背叛国王，禁止组建政党，禁止宣传非伊斯兰教的意识形态和散布不满言论。同年12月，塔拉勒等人拟定的宪法草案被国王否定。1962年2月，瓦哈卜派欧莱玛宣布，沙里亚是沙特王国唯一的宪法，塔拉勒等人拟定的宪法草案与伊斯兰教法不符。塔拉勒为首的"自由王子"被国王免除职务，出走开罗和贝鲁特。塔拉勒为首的"自由王子"无疑是沙特阿拉伯的自由派和宪政派，而塔拉勒等人的命运说明沙特阿拉伯缺乏自由和宪政的社会基础，政治改革的客观条件尚不具备。[②]

1962年，塔拉勒为首的"自由王子"在境外成立"阿拉伯解放阵线"，继续倡导议会君主制框架下的民主政治和社会改革。"阿拉伯解放阵线"具有纳赛尔主义的明显色彩，通过黎巴嫩的报纸和杂志进行政治宣传，主张实行民众选举和宪政制度，保障民众的言论自由和结社自由，保障民众的罢工权利和示威权利，改组政府机构，创办国有石油公司，发展民族工业，实行土地改革，建立农业合作社，实行男女平等的教育制度，实行中立的外交政策。1964年8月，塔拉勒由于与埃及政府的关系恶化，放弃批评沙特阿拉伯的政治制度，返回利雅得。

1962年初，国王沙特再度放弃直接控制大臣会议的权力，仅仅保留首相的名分，前往欧洲养病，同时起用王储费萨尔出任副首相兼外交大臣，主持大臣会议，而大臣会议的组成人员仍由国王确定。同年10月，费萨尔正式出任首相，伊本·沙特的胞弟穆赛义德出任财政大臣，伊本·沙特之子哈立德、法赫德和苏勒坦分别出任副首相、内务大臣和国防大臣，伊本·沙特之子阿卜杜拉掌管国民卫队，教育部和朝觐事务部由瓦哈卜派家族成员掌管。[③]

费萨尔出任首相期间，一方面承诺实施政治改革，另一方面致力于完善政府机构和扩大政府的经济干预，旨在促进经济社会的发展。1962年底，沙特政府宣布废除奴隶制，由政府向释放奴隶者提供补偿，释放一名男奴获得

---

① Wilson, P.W. & Graham, D.F., *Saudi Arabia: the Coming Storm*, pp.50—51.

② Abir, M., *Saudi Arabia in the Oil Era: Regime and Elites; Conflict and Collaboration*, p.86.

③ Abir, M., *Saudi Arabia in the Oil Era: Regime and Elites; Conflict and Collaboration*, p.91.

700 美元的补偿，释放一名女奴获得 1 000 美元的补偿。至 1963 年 7 月，共计 1 700 名奴隶通过政府补偿而被释放，另有近 3 万名奴隶无偿获得自由。与此同时，沙特政府成立石油矿产总公司，隶属于石油矿产部，负责石油和矿产资源的开发、运输和销售。1963 年的财政预算，强调提高社会福利化的程度，增加教育和卫生事业的投入，改善国内交通设施，兴建现代工业企业。①

1963 年 4 月，国王沙特自欧洲返回国内。伊本·沙特的诸多王子作为沙特家族的核心成员，要求沙特在保留国王名分的条件下将治理国家的实际权力移交王储兼首相费萨尔。1964 年 3 月，68 位王室成员签署声明，继而由瓦哈卜派欧莱玛颁布宗教法令，宣布由费萨尔以王储兼首相的名义行使最高权力。②同年 10 月，沙特家族成员中以法赫德亲王为首的苏戴尔系和以哈立德亲王以及阿卜杜拉亲王为首的吉鲁维系建议国王沙特退位，拥立费萨尔继任国王。1965 年 1 月，国王沙特出走开罗。同年 3 月，伊本·沙特的五子哈立德亲王出任王储。③

费萨尔当政期间，吉鲁维系和苏戴尔系成为沙特家族内部举足轻重的政治派系。1975 年费萨尔死后，吉鲁维系的王储哈立德继承王位，苏戴尔系的法赫德出任王储兼第一副首相并主持大臣会议。包括王储兼第一副首相法赫德、国防大臣苏勒坦、内务大臣纳耶夫、利雅得市长萨勒曼、副国防大臣阿卜杜勒·拉赫曼和图尔吉以及副内务大臣艾哈迈德在内的所谓"苏戴尔系七兄弟"，成为哈立德当政期间与吉鲁维系分庭抗礼的政治人物。④

1975 年底，苏戴尔系诸亲王要求吉鲁维系的阿卜杜拉亲王放弃掌管国民卫队，遭到拒绝，双方之间的矛盾逐渐加剧。1977 年 2 月，国王哈立德前往英国养病，苏戴尔系诸亲王再次要求阿卜杜拉放弃掌管国民卫队，沙特家族内部出现新的权力角逐。王储兼第一副首相法赫德极力推举苏勒坦亲王取代阿卜杜拉亲王作为第二副首相，进而巩固苏戴尔系在沙特家族内部的核心地位。国王哈立德的胞兄穆罕默德亲王以及沙特家族内部的所谓保守派势力支持阿卜杜拉亲王担任第二副首相并继续控制国民卫队，指责法赫德主持的大臣会议出卖阿拉伯国家的利益以及实行亲西方的石油政策和外交政策。同年 4 月，国王哈立德返回国内，沙特家族内部的权力角逐告一段落，苏

① Vassiliev, A., *The History of Saudi Arabia*, p.365.

② Vassiliev, A., *The History of Saudi Arabia*, p.367.

③ Abir, M., *Saudi Arabia in the Oil Era: Regime and Elites; Conflict and Collaboration*, p.138.

④ Aburish, S.K., *The Rise, Corruption and Coming Fall of the House of Saud*, p.51.

戴尔系诸亲王承认阿卜杜拉作为第二王储并继续掌管国民卫队。①

哈立德国王

1982年哈立德死后，苏戴尔系的王储法赫德继承王位，吉鲁维系的阿卜杜拉出任王储兼第一副首相并继续掌管国民卫队，苏戴尔系的苏勒坦出任第二副首相。哈立德当政期间，王储兼第一副首相法赫德主持大臣会议，吉鲁维系与苏戴尔系诸亲王分享国家最高权力。相比之下，法赫德即位以后，直接控制大臣会议，排斥吉鲁维系诸亲王。1983年，国王法赫德为首的苏戴尔系与王储阿卜杜拉为首的吉鲁维系之间的矛盾达到顶点，诸多媒体甚至传闻王储阿卜杜拉密谋发动宫廷政变。1984年以后，沙特家族不断强调王室成员的“集体领导权”，扩大王室协商会议的决策权，沙特家族内部矛盾逐渐缓解。1998年起，沙特家族内部矛盾再起。国王法赫德由于健康原因而被迫将主持大臣会议和治理国家的实际权力让与王储阿卜杜拉，苏戴尔系成员则是反对王储阿卜杜拉的潜在威胁。

阿卜杜拉与美国副总统丹·奎尔

沙特家族与社会民众之间的深刻对立，无疑是制约王室内部矛盾的重要因素。确保沙特家族的统治地位和权力垄断是沙特家族成员的共同利益，也是沙特家族内部诸多派系得以实现广泛联合

① Abir, M., *Saudi Arabia in the Oil Era: Regime and Elites; Conflict and Collaboration*, p.139, pp.141—142.

的政治基础和制约沙特家族内部矛盾的重要因素。

宗教政治的滥觞——1979 年的麦加与哈萨

20 世纪 50—60 年代,沙特阿拉伯的民众运动主要表现为世俗色彩的罢工和世俗政治组织的萌生。自 70 年代开始,现代伊斯兰主义逐渐兴起,进而成为沙特阿拉伯政治生活的崭新内容。1979 年朱海曼·欧泰比及其追随者占领麦加的克尔白清真寺和哈萨省的什叶派骚乱,掀开了沙特阿拉伯现代伊斯兰主义民众运动的序幕。

朱海曼·欧泰比系 20 年代伊赫瓦尼战士的后裔,曾经在沙特国民卫队服役,后就读于麦地那的伊斯兰大学,深受现代伊斯兰主义的影响。①1974 年,朱海曼·欧泰比离开麦地那,前往纳季德诸地,传布新伊赫瓦尼派的宗教政治思想,抨击沙特家族政权,谴责纳季德的官方欧莱玛是沙特家族收买的御用工具,与沙特家族沆瀣一气,预言出自古莱西部落的马赫迪即将复临人间,净化伊斯兰教和拯救民众。1978 年,朱海曼·欧泰比及其同伴 98 人在利雅得被捕入狱,6 周后获释。②

1979 年 11 月 20 日,朱海曼·欧泰比及其追随者约 1 000 人强行占领圣城麦加的克尔白清真寺,宣称其同伴穆罕默德·阿卜杜拉·盖哈丹尼是净化伊斯兰教和拯救民众的马赫迪,进而挑战沙特家族的宗教政治权威,抨击沙特家族的腐败和专制以及沙特政府的亲美政策。③随后,利雅得的官方瓦哈卜派欧莱玛发布富图瓦即宗教法令,援引《古兰经》的相关启示,指责朱海曼·欧泰比及其追随者占领克尔白清真寺系亵渎信仰的叛教行为,授权沙特政府镇压叛教者。沙特政府在法国反恐部队的帮助下,于 12 月 5 日重新控制克尔白清真寺,穆罕默德·阿卜杜拉·盖哈丹尼被杀。随后,朱海曼·欧泰比及其追随者 63 人被沙特政府处死。④

几乎在麦加事件发生的同时,哈萨省的什叶派穆斯林发动骚乱,与朱海曼·欧泰比及其追随者遥相呼应。哈萨省是沙特阿拉伯的主要产油区,亦是沙特王国境内什叶派穆斯林的主要聚集区。70 年代末,什叶派穆斯林约占沙特阿拉伯人口总数的十分之一,构成阿拉伯美国石油公司从业人员的二分

---

① Niblock, T., *Saudi Arabia: Power, Legitimacy and Survival*, New York 2006, p.78.

② Abir, M., *Saudi Arabia in the Oil Era: Regime and Elites; Conflict and Collaboration*, pp.150—151.

③④ Aarts, P., *Saudi Arabia in the Balance: Political Economy, Society, Foreign Affairs*, p.27.

20 世纪中叶的芭莎艺术作品,麦加克尔白

之一。沙特政府尊奉瓦哈卜派伊斯兰教作为官方信仰,什叶派穆斯林倍受歧视,处于沙特阿拉伯社会的边缘地带。根据沙特政府的规定和瓦哈卜派欧莱玛发布的宗教法令,什叶派穆斯林不得在政府以及国防军和国民卫队担任公职,不得与瓦哈卜派穆斯林通婚,不得公开举行什叶派的宗教仪式和相关的庆典活动,其社会地位甚至不及基督徒和犹太人。①

70 年代末期,“阿拉伯半岛伊斯兰革命组织”成为哈萨省什叶派穆斯林反对沙特政府的主要政治组织。该组织与伊朗的现代伊斯兰主义联系密切,崇尚霍梅尼的思想,代表沙特王国境内什叶派穆斯林的宗教政治利益。② 1979 年 11 月 28 日,哈萨省的什叶派穆斯林不顾沙特政府和瓦哈卜派欧莱玛的禁令,公开庆祝什叶派的重要宗教节日阿舒拉日,进而演变为政治示威。什叶派穆斯林高举霍梅尼的画像,高呼反美口号,呼吁沙特政府停止向美国供应石油,支持伊朗的伊斯兰革命,甚至要求在哈萨成立什叶派的伊斯兰共

---

① Al-Rasheed, M., *A History of Saudi Arabia*, pp.146—147.

② Shaw, J.A., *Saudi Arabian Modernization*, p.102.

和国。什叶派的示威运动遭到国民卫队的镇压，数十人死伤，数百人被捕。[①]

民众请愿与自下而上的政治参与

石油时代的到来在沙特阿拉伯的现代化进程中具有举足轻重的影响，石油资源的开发利用构成沙特阿拉伯的经济命脉。沙特政府的财政收入主要来自石油的出口，而不是来自征纳于民间的赋税，沙特家族与民众社会之间似乎并无明显的经济对立。另一方面，沙特政府长期实行福利化的财政政策，不断扩大福利性的财政支出，旨在笼络民众和稳定社会。

尽管如此，沙特家族垄断国家权力和支配国家财富的特权地位，与现代化进程中民众力量的崛起和民众广泛政治参与的客观要求无疑存在根本的矛盾对立。费萨尔当政期间，沙特政府开始推行自上而下的现代化改革举措，沙特阿拉伯的经济社会领域随之经历深刻的变革。哈立德国王即位以后，变动的经济社会环境与相对滞后的政治秩序之间的矛盾逐渐显现。

石油经济的繁荣时代，沙特政府依靠丰厚的石油收入，推行福利性的财政政策，实施免费的医疗和教育，发放住房补贴和生活必需品的价格补贴，改善就业环境，作为缓解社会矛盾和争取民众支持的重要手段。沙特阿拉伯的诸多社会阶层，成为石油经济繁荣的共同受益者。

进入80年代以来，由于石油产量和石油价格的剧烈波动，沙特政府面临严重的财政赤字，被迫压缩投资，停建诸多建设项目，经济萧条，失业率居高不下，福利性财政支出亦明显削减，加之沙特家族垄断国家权力和支配国家财富，政治腐败导致经济腐败，贫富分化不断加剧，不满情绪在诸多社会群体逐渐蔓延，政治形势日趋严峻。

1990年伊拉克军队入侵科威特后，官方教界迫于压力，颁布宗教法令，授权沙特政府允许美军进驻。[②]海湾战争期间沙特政府与美国之间的密切合作以及西方军队的进驻，引发沙特阿拉伯国内由来已久的不满情绪，国家意志与民众意志的差异和对立充分体现。相当数量的沙特阿拉伯人反对沙特政府支持西方军队进攻伊拉克军队，认为沙特政府寻求异教徒保护的行为违背伊斯兰教的原则，进而质疑沙特政府的合法性。麦加乌姆·库拉大学教授萨法尔·哈瓦里公开声称：海湾战争的实质“并非国际社会反对伊拉克，而是

---

① Abir, M., *Saudi Arabia in the Oil Era: Regime and Elites; Conflict and Collaboration*, p.155.

② Aarts, P., *Saudi Arabia in the Balance: Political Economy, Society, Foreign Affairs*, p.30.

西方国家反对伊斯兰教……伊拉克占领科威特,随后将是美国占领沙特阿拉伯。真正的敌人不是伊拉克,而是西方”。①

1990 年 10 月,科威特流亡贵族在吉达召开会议,商讨科威特战后重建问题,宣布科威特将在战后举行自由大选,恢复议会和宪政,实行民主。在随后举行的议会选举中,科威特的反对派获得议会 50 个席位中的 36 个席位,6 名反对派领导人加入新组建的内阁。与此同时,巴林和阿曼亦相继启动政治改革的进程。周边国家的政治形势,深刻影响沙特阿拉伯的政治生活。

1990 年参加沙漠风暴行动的沙特军队

1991 年 1 月,瓦哈卜派的大穆夫提阿卜杜勒·阿齐兹·巴兹再次颁布宗教法令,强调对萨达姆进行圣战的合法性。②然而,官方瓦哈卜派欧莱玛的宗教法令并未缓解沙特阿拉伯国内的政治危机。沙特政府的亲美政策成为民众攻击的矛头所指,沙特家族的权力垄断则是社会矛盾的焦点所在。沙特政府面临严峻的政治形势,挑战沙特家族统治地位的政治风暴逐渐形成。

1990 年 12 月,中产阶级首先发难,作为“忠于国王的臣民”公开递交致国王法赫德的所谓世俗请愿书。该请愿书由 43 名商人和知识分子签名,援引《古兰经》和《圣训》以及伊斯兰教法的相关内容,呼吁召开协商会议和地方议会,建立代议制政府,改革司法体制,改组扬善惩恶委员会,给予民众以相应的政治权利,扩大民众的政治参与。③

① Wilson, P.W. & Graham, D.F., *Saudi Arabia: the Coming Storm*, p.64.

② Aarts, P., *Saudi Arabia in the Balance: Political Economy, Society, Foreign Affairs*, p.29.

③ Kechichian, J.A., *Succession in Saudi Arabia*, pp.193—196.

1991年5月,伊玛目伊本·沙特伊斯兰大学的教授阿卜杜拉·图瓦吉里向沙特政府递交所谓的宗教请愿书。请愿书包括如下内容:1.成立协商会议作为决定国家政策的最高机构,议会成员应当具有广泛的代表性,议会应当独立行使权力而不受其他因素的干预和控制;2.成立教法监护委员会,保证所有的法律法规与沙里亚的一致性,废除与沙里亚不符的法律法规;3.整顿吏治,清除腐败,实现司法公正,保证公民享有平等的权利和地位;4.实行官员的问责制,罢免所有腐败官员和不称职官员;5.保证公共财富在各个阶层和不同社会群体之间的公平分配,取消税收,减免民众负担,禁止挥霍国家岁入,禁止非法垄断,所有银行不得实行高利制即超过法定标准的利率;6.建设强大的国防力量,发展国防工业;7.新闻媒体的宣传报道应当与国家的宗教政策保持一致;8.外交政策必须坚持国家利益和伊斯兰教的立场;9.发展伊斯兰教事业;10.合并司法机构,保障司法独立;11.保障人权,在教法允许的范围内保障妇女的权利。①该请愿书的签名者约400人,分别来自世俗中产阶级和瓦哈卜派欧莱玛诸多阶层,包括瓦哈卜派宗教领袖阿卜杜勒·阿齐兹·本·巴兹,预示着作为沙特家族立国基础的宗教政治联盟出现裂痕。请愿书的递交掀起民众请愿运动的浪潮,其令法赫德国王和沙特家族震惊的程度甚至超过伊拉克入侵科威特的消息。②

1992年9月,反对派再次递交请愿书,即所谓的"建议备忘录"。与1991年5月递交的宗教请愿书相比,建议备忘录在诸多方面更具激进色彩。建议备忘录长达45页,内容涉及经济、政治、社会和宗教领域,着重谴责沙特家族统治下腐败现象的泛滥、经济秩序的混乱、公共财富的挥霍、失业率的上升、贫富分化的加剧、司法公正的缺失、宗教传统的崩坏和道德的堕落。建议备忘录要求遵循沙里亚的原则,回归伊斯兰的道路,改革政治体制,打破沙特家族的权力垄断,提高欧莱玛的政治地位,惩治腐败,保障人权,实行新闻自由和言论自由,创办伊斯兰银行,结束西方异教国家的驻军。③建议备忘录的签名者百余人,既有世俗知识界精英,亦有瓦哈卜派的欧莱玛,其中多数具有纳季德的地域背景。大穆夫提阿卜杜勒·阿齐兹·巴兹主持的欧莱玛长老委员会作为官方瓦哈卜派的最高权威机构通过沙特新闻社发表声明,批评反对派受境外势力指使,歪

---

① Jerichow, A., *The Saudi File: People, Power, Politics*, Surrey 1998, pp.53—54.

② Niblock, T., *Saudi Arabia: Power, Legitimacy and Survival*, p.95.

③ Dekmejian, R.H., *Islam in Revolution: Fundamentalism in the Arab World*, p.145.

曲事实和妖言惑众。欧莱玛长老委员会由 17 人组成，其中 7 人“由于健康的原因”而拒绝在谴责反对派的声明上签名，随后被法赫德国王罢免职位。①

90 年代前期的宗教政治反对派

石油经济的繁荣时代，沙特阿拉伯的反对派政治势力长期处于政治舞台的边缘地带。自海湾战争开始，反对派政治势力呈明显上升的趋势，成为沙特阿拉伯政治舞台的突出现象。在沙特阿拉伯的特定环境下，议会政治和政党政治尚无从谈起，世俗政治反对派缺乏广泛的社会基础，现代伊斯兰主义和民间宗教政治运动成为挑战沙特家族政治和官方宗教政治的主要形式。

70 年代末期，现代伊斯兰主义主要表现为捍卫信仰的倾向，具有希贾兹的地域色彩。进入 90 年代，现代伊斯兰主义逐渐从宗教领域延伸到政治领域，旨在否定君主制的合法性和沙特家族的统治地位。与此同时，现代伊斯兰主义在新兴社会阶层产生广泛的宗教政治影响，其支持者大都来自中产阶级和城市下层民众，尤其表现为纳季德的地域背景。另一方面，官方的瓦哈卜派欧莱玛强调伊斯兰教的温和性，沙特政府则将奉行现代伊斯兰主义的宗教政治反对派称作背离经训教诲的宗教激进主义者。沙特政府和官方媒体极力强调伊斯兰教的温和性与激烈抨击所谓宗教激进主义的事实，表明民间宗教政治与官方宗教政治之间的矛盾对立日趋尖锐。

“保卫合法权益委员会”创建于 1993 年 5 月，是 90 年代沙特阿拉伯最重要的宗教政治反对派组织。该组织的 5 名创建者是教育家哈米德·苏莱法、退休法官阿卜杜拉·苏莱曼·马萨里、教法学家阿卜杜拉·阿卜杜勒·拉赫曼、大学教授阿卜杜拉·哈米德和阿卜杜拉·图瓦吉里。该组织的创建者声称，其宗旨是依据经训和沙里亚的原则，实现社会公正和保障个人权益，而无意成为反对政府的政党。②“沙里亚赋予穆斯林以义不容辞的责任，保护被压迫者，实现社会公正……我们的宗旨是保护被压迫者，实现社会公正，保卫沙里亚赋予的权利。”尽管如此，官方欧莱玛发表声明，谴责该委员会是违背伊斯兰教原则的非法组织。随后数日，该委员会的重要成员穆罕默德·马萨里和萨阿德·法基赫以及约 20 名该委员会的支持者相继被捕，旋即被沙特政府驱逐出境。③

---

① Champion, D., *The Paradoxical Kingdom: Saudi Arabia and the Momentum of Reform*, p.224.

② Fandy, M., *Saudi Arabia and the Politics of Dissent*, New York 1999, pp.118—119.

③ Wilson, P.W. & Graham, D.F., *Saudi Arabia: The Coming Storm*, p.78.

1994 年 4 月,“保卫合法权益委员会”在伦敦重建,通过网络与沙特国内的支持者广泛联系,进而由非官方的人权组织演变为公开反对法赫德国王和沙特政府的政治组织。该组织谴责沙特政府的政治腐败和侵犯人权,主张建立独立于国王和政府的司法体系,强调财富分配的平等原则,实行伊斯兰立场的外交政策,强化国防力量。该组织认为,批评和建议作为公民的权利和义务,源于《古兰经》的规定,应当给予公民以言论自由的充分权利。该组织将欧莱玛区分为“觉醒的欧莱玛”与“出卖信仰的欧莱玛”,批评官方欧莱玛已经堕落为沙特家族的卫道士,呼吁官方欧莱玛履行捍卫经训的神圣职责,停止背离宗教原则而迎合政府。①

1996 年 3 月,“保卫合法权益委员会”发生分裂。穆罕默德·马萨里继续领导“保卫合法权益委员会”,倡导温和色彩的政治改革。萨阿德·法基赫另立门户,创建“阿拉伯伊斯兰改革运动”,反对沙特家族的权力垄断,强调伊斯兰框架内的政治改革和非官方欧莱玛在沙特阿拉伯政治生活中的主导作用,成为激进倾向的宗教政治反对派组织。②萨阿德·法基赫认为,现存的协商会议并不符合伊斯兰教的舒拉原则,协商会议应当成为高于国王和政府的政治权威,国王和政府应当对协商会议负责,欧莱玛的职责不应当局限于信仰的领域,而应当在政治领域发挥积极的作用。③

90 年代后期宗教政治的暴力化倾向

90 年代初期,宗教政治反对派的政治活动主要表现为非暴力的民众请愿和创建温和色彩的政治组织。然而,沙特政府采取高压的政策,一方面强化新闻审查和舆论控制,另一方面实行警察政治,动辄对宗教政治反对派成员实施刑罚。

1992—1994 年,沙特政府掀起大肆迫害宗教反对派的政治浪潮。内务部长纳耶夫亲王宣布,110 名沙特王国公民由于从事威胁国家安全的政治活动而被政府逮捕;反对派则称,被捕者超过千人。④著名瓦哈卜派宗教学者萨勒曼·奥达和萨法尔·哈瓦里遭到囚禁,沙特阿拉伯宗教政治反对派的重要

① Fandy, M., *Saudi Arabia and the Politics of Dissent*, p.127.

② Fandy, M., *Saudi Arabia and the Politics of Dissent*, p.141.

③ Al-Rasheed, M., *A History of Saudi Arabia*, pp.179—183.

④ Wynbrandt, J., *A Brief History of Saudi Arabia*, p.262.

成员欧萨玛·拉登被沙特政府取消公民资格。①

90年代,沙特王国的死刑案例逐年上升。沙特政府处决的囚犯,1990年仅15例,1995年增至192例,其中不乏作为非刑事犯罪者的政治犯。2000年的国际人权组织白皮书宣称:沙特阿拉伯是世界上死刑率最高的国家之一,在过去的20年,共有1 163人被沙特政府处死,而实际数字可能不止如此。②

沙特政府采取的高压政策,导致国内政治气氛的日趋恐怖,激进政治反对派的暴力活动随之增多。1995年11月13日,美国驻利雅得军事机构发生汽车炸弹袭击事件,导致5名美国人死亡,37名美国人受伤。随后,名为"阿拉伯半岛伊斯兰改革运动圣战派"的激进组织声称对利雅得爆炸事件负责,要求美军撤出沙特阿拉伯。1996年6月25日,宰赫兰机场附近的胡巴尔美军机构遭到汽车炸弹袭击,19名美国人丧生,373人受伤。③1995年11月利雅得发生的炸弹爆炸事件和1996年6月胡巴尔发生的炸弹爆炸事件,标志着宗教政治反对派开始诉诸暴力手段。

沙特阿拉伯宗教政治反对派的激进代表人物是欧萨玛·本·拉登。1979年苏军入侵阿富汗以后,欧萨玛·本·拉登潜入阿富汗,建立称作盖伊达的基地组织,开展抗击苏军的活动。海湾战争期间,欧萨玛·本·拉登反对美军进驻沙特阿拉伯,抨击沙特政府的亲美政策。1993年,沙特政府宣布冻结欧萨玛·本·拉登的银行资产。1994年,沙特政府取消欧萨玛·本·拉登的沙特阿拉伯国籍。④此间,欧萨玛·本·拉登辗转巴基斯坦和苏丹,1996年进入阿富汗,继而发表声明,宣布对占领沙特阿拉伯的美国政府宣战,抨击沙特家族实行独裁专制和背离伊斯兰教的信仰,呼吁穆斯林发动针对沙特家族的圣战。"阿拉伯半岛的每个部落都有义务发动圣战,解放被占领的土地。"⑤

自上而下的政治改革

1962年10月,王储费萨尔以大臣会议首相的名义颁布"十点纲领",阐述基本的施政框架,承诺筹建国家协商会议(majlis al-shura al-watani),依据

① Al-Rasheed, M., *A History of Saudi Arabia*, p.175.

② Champion, D., *The Paradoxical Kingdom: Saudi Arabia and the Momentum of Reform*, p.279.

③ Cordesman, A.H., *Saudi Arabia Enters the Twenty-First Century*, p.188, p.191.

④ Cordesman, A.H., *Saudi Arabia Enters the Twenty-First Century*, p.211.

⑤ Aarts, P., *Saudi Arabia in the Balance: Political Economy, Society, Foreign Affairs*, p.278.

经训的教诲、沙里亚的原则和正统哈里发的传统制定“基本法”，创办省区协商会议，完善地方政府机构，设立司法部，保障司法独立，完善司法体系，保障伊斯兰框架内的言论自由。①同年11月，费萨尔宣布：“沙特阿拉伯的政府适应社会的进步而经历着逐渐完善的过程。国王的政府相信，目前需要依据《古兰经》和《圣训》的原则以及正统哈里发的实践，制定基本法，以规范国家的管理，规范政府的基本原则，规范统治者与被统治者之间的关系，规范国家的权力，保障民众的基本权利，诸如在伊斯兰教和公共政策的框架内的言论自由。”②所谓的“十点纲领”无疑包含着宪政制度的基本要素，“十点纲领”的颁布标志着沙特王国政治民主化进程的开端。

然而，费萨尔无意改革沙特王国的政治体制和实现民众广泛的政治参与，所谓的“十点纲领”只是其与国王沙特角逐权力的政治手段。1964年10月费萨尔即位以后，沙特家族内部的权力角逐告一段落，政治改革的进程随之搁置，“十点纲领”中关于政治改革的诸项承诺未能得到兑现。费萨尔明确宣布，沙特王国的现行政治制度不可更改，沙特王国不需要新的宪法，因为《古兰经》是最好的宪法。费萨尔尽管在“十点纲领”中承诺保障民众的言论自由，却在即位后不久实行更加严格的新闻审查制度。与此同时，沙特政府不断强化安全机构，旨在遏制反对派政治势力。国民卫队作为沙特政府控制民众的主要安全力量，由阿卜杜拉亲王直接统领，规模明显扩大。费萨尔当政期间颁布新的反罢工法，将对于煽动和组织罢工者的惩处由此前的监禁3—5年延长为监禁10—15年。③60年代，苏联在中东诸国影响的扩大、纳赛尔主义的风行和共和制革命的高潮，严重威胁沙特王国的君主制度，促使沙特政府走上亲美的道路，与美国的广泛合作以及寻求美国的保护成为沙特政府的基本外交政策。

费萨尔当政期间，一方面致力于在经济社会层面推动沙特阿拉伯的现代化进程，另一方面不断强化沙特家族的权力垄断和独裁统治。沙特政府的诸多举措，与伊朗巴列维时代的白色革命以及埃及的纳赛尔主义颇具异曲同工之处。经济社会秩序的剧烈变化与政治制度的相对滞后之间的逆向运动，构成费萨尔时代沙特阿拉伯现代化进程的突出现象。自70年代开始现代伊斯

① Abir, M., *Saudi Arabia in the Oil Era: Regime and Elites; Conflict and Collaboration*, p.94.

② Wilson, P.W. & Graham, D.F., *Saudi Arabia: The Coming Storm*, p.52.

③ Abir, M., *Saudi Arabia in the Oil Era: Regime and Elites; Conflict and Collaboration*, p.97, p.99.

兰主义的兴起和民众政治运动的高涨，则是剧烈变动的经济社会秩序与相对滞后的政治制度尖锐对立的逻辑结果，集中体现沙特王国深刻的政治危机。

1979 年麦加事件发生以后，政治改革再次提上议事日程。1980 年 1 月，王储法赫德宣布，即将筹建国家协商会议和制定基本法，国家协商会议将与大臣会议共同行使国家权力，地方政府亦将重新组建，以保证民众的政治参与。同年 3 月，国王哈里德宣布成立由欧莱玛和内阁大臣组成的 8 人委员会，委派内政大臣纳耶夫亲王主持，负责筹建国家协商会议、制定基本法和改组地方政府；国家协商会议包括 50—70 人，由沙特政府任命产生，分别代表不同社会阶层，参与制定基本法。①

1984 年底，法赫德国王在会见伦敦《星期天时报》记者时宣布，沙特政府正在筹建国家协商会议，国家协商会议的成员由沙特政府任命产生，国家协商会议的主要职责是通过表达民众意见和监督政府的方式，实现民众的政治参与。1985 年 4 月，法赫德国王再次承诺成立国家协商会议。②

法赫德国王与卡特总统

① Abir, M., *Saudi Arabia in the Oil Era*: *Regime and Elites*; *Conflict and Collaboration*, p.168.

② Abir, M., *Saudi Arabia in the Oil Era*: *Regime and Elites*; *Conflict and Collaboration*, p.199.

1992 年 3 月,法赫德国王主持召开大臣会议,正式颁布基本法、国家协商会议法和地方组织法,实行有限的政治改革。①基本法明确规定:沙特阿拉伯是具有完整主权的国家,阿拉伯语是沙特阿拉伯的官方语言,伊斯兰教是沙特阿拉伯的官方信仰,《古兰经》和《圣训》是沙特阿拉伯的永久性宪法,利雅得是沙特阿拉伯的首都,沙特阿拉伯实行君主制的政治制度,国家的统治权力属于沙特王国的创立者伊本·沙特的子孙。②根据基本法,国家的根本职责是保护私有财产、捍卫伊斯兰教信仰、执行伊斯兰教法和保障沙里亚赋予的公民权利,国王拥有最高司法权和行政权,兼任大臣会议首相,有权任免副首相和大臣会议成员,有权解散大臣会议。基本法强调,沙特阿拉伯实行有限的司法独立和三权分立,国王决定法官的人选和任期,是立法、司法和行政机构的最高裁决者。③国家协商会议法规定:国家协商会议由 60 人组成(1997 年改为 90 人,2001 年增至 120 人),国家协商会议的成员由国王任命,任期 4 年,负责讨论国民经济与社会发展计划、解释法律和监督政府财政预算的执行情况,国家协商会议的决议须经国王批准方可生效,国王有权解散国家协商会议和决定国家协商会议的运作程序。地方组织法将沙特阿拉伯划分为 13 个省区,省区长官称作埃米尔,由内务部推荐而由国王正式任命,隶属内务部大臣,掌管省区内部的行政、财政、司法权力;省区设地方议会,行使资政的权力,省区长官兼任地方议会主席。④

法赫德国王于 1992 年颁布的基本法不同于中东其他国家在现代化进程中制定的宪法,它沿袭沙特阿拉伯的传统政治制度,旨在通过法律的形式强化君主制和沙特家族的统治地位,并未涉及诸如保障公民权利、司法独立、议会选举以及组建工会和政党的现代政治准则。基本法规定的国家制度,尚未突破传统政治的基本框架。⑤

1992 年 9 月,法赫德国王任命前司法大臣穆罕默德·伊卜拉欣主持筹建国家协商会议。1993 年 8 月,法赫德国王正式任命协商会议 60 名成员。协商会议成员主要包括部族首领和官方欧莱玛,其中约 40%来自纳季德,约 30%来自希贾兹,10%来自阿西尔、7%来自哈萨,1 人具有什叶派的教派背

① Kechichian, J.A., *Succession in Saudi Arabia*, pp.203—206.

② Khater, A.F., *Sources in the History of the Modern Middle East*, pp.267—268.

③ Long, D.E., *The Kingdom of Saudi Arabia*, p.40.

④ Jerichow, A., *The Saudi File: People, Power, Politics*, pp.35—40.

⑤ Jerichow, A., *The Saudi File: People, Power, Politics*, pp.126—127.

景，反对派和妇女则被排除在外。①国家协商会议分为 8 个专门委员会，会议的程序和内容受到严格控制。法赫德明确强调协商会议仅仅具有咨询的功能，沙特阿拉伯将延续君主制的政治制度，不会接受西方的民主政体；协商会议遵循伊斯兰教的协商原则，是民众政治参与的基本形式。1994 年，协商会议召开会议 29 次，讨论议题 45 项。1995 年，法赫德国王首次向协商会议提交政府预算报告。据沙特政府统计，第一届协商会议 4 年间召开会议 103 次，通过决议 133 项。1997 年 7 月召开第二届协商会议，成员由 60 人增至 90 人。1999 年 7 月，协商会议的专门委员会由 8 个增至 11 个。2001 年召开第三届协商会议，成员由 90 人增至 120 人。②

制定基本法和成立国家协商会议无疑构成 90 年代沙特王国政治改革的核心内容，经济社会的剧烈变革、民众运动的日趋高涨以及沙特王室内部的权力角逐则是促使沙特王国推行政治改革的动因所在。然而，所谓的基本法纯系国王授意制定，徒具宪法的形式，却无宪法的实质。不仅如此，基本法强调君主制作为沙特王国的基本政治制度，强调沙特家族在国家政治生活中的核心地位，排斥民众广泛的政治参与。与基本法同时出炉的国家协商会议，表现为自上而下的过程，缺乏选举程序和必要的独立性，处于沙特王室的操纵之下，无法成为制约王权和实现民众政治参与的政治机构，形同虚设，与法国波旁王朝时期的三级会议颇显雷同。

基本法和国家协商会议的宗旨，在于巩固现存的政治秩序和强化君主制度，并非改变现存的政治秩序，无意限制王权和实现民主。法赫德国王则明确声称："其他国家采用的民主制度并不适合海湾国家的国情。伊斯兰教是我们的社会和政治法律，是规范社会、经济和政治制度的宪法。"③内阁作为国家权力的中枢机构，处于沙特家族的控制之下：国王法赫德兼任内阁首相，王储阿卜杜拉任第一副首相兼国民卫队司令，苏勒坦亲王任第二副首相兼国防大臣，沙特·费萨尔亲王任外交大臣，纳伊夫亲王任内务大臣，穆提卜亲王任公共工程与住房大臣。④

前英国驻沙特阿拉伯大使指出，90 年代沙特王国的政治制度依旧沿袭伊本·沙特当政期间的传统模式。"在名义上，政策和措施由内阁即大臣会

---

① Al-Rasheed, M., *A History of Saudi Arabia*, p.174.

② Cordesman, A.H., *Saudi Arabia Enters the Twenty-First Century*, pp.148—150.

③ Wilson, P.W. & Graham, D.F., *Saudi Arabia: the Coming Storm*, p.73.

④ Cordesman, A.H., *Saudi Arabia Enters the Twenty-First Century*, p.144.

议讨论,并由大臣会议予以批准或否决。而在实际上,政策和措施的批准或否决的权力属于国王,大臣会议唯有遵从国王的意旨,坦诚的争执几乎是不可能的。”另一研究者认为:为数不多的资深王室成员负责制定沙特阿拉伯的国家政策,程序表现为自上而下的和不公开的特点。90 年代,国际社会亦有许多非官方的人权组织批评沙特王国的司法机构缺乏必要的独立地位,从属于国王和政府特别是内务部和司法部,指责国王随意任免法官和设立特别法庭。“司法机构实际上只是行政机构的一个部门,而行政机构是沙特王国唯一的权力机构。”无论行政机构还是司法机构,皆处于王室成员的操纵和控制之下,而王室成员和显贵家族凌驾于法律之上。①

90 年代的沙特阿拉伯,反对派政治势力无疑呈明显上升的趋势,反对派政治影响不断扩大,政治风暴的诸多征兆日趋显见,民众力量的崛起与沙特家族的独裁统治之间的激烈抗争则是政治风暴的源头所在。90 年代初自上而下的官方政治改革和国家协商会议的建立,显然不足以平息民众广泛的政治不满。然而,沙特阿拉伯的政治反对派来源各异,成分复杂,政治立场差异甚大。世俗政治反对派与宗教政治反对派错综交织,却因缺乏明确的政治纲领以及克里斯玛式的政治领袖,难以形成广泛和稳定的政治联盟。是为 90 年代的沙特阿拉伯区别于巴列维王朝覆灭前夕之伊朗的不同之处。现代伊斯兰主义的滥觞能否转化为政治革命,尚无法确定。

二、 生机盎然的海湾小国

海湾小国地区的历史沿革

海湾地区具有悠久的历史传统,海湾地区的古代文明可以追溯到公元前 3500 年两河流域南部的苏美尔时代以及公元前 2700 年伊朗高原西南部的埃兰时代。在历史的长河中,阿拉伯人创造的文明与波斯人创造的文明交相辉映。发达的商业贸易是海湾地区经济生活的重要内容,海湾地区北侧的巴士拉和海湾地区西侧的西拉夫曾经是古代世界的著名商埠。

自新航路开辟以后,葡萄牙、荷兰、法国和英国的商船相继驶入海湾水域,欧洲人逐渐取代阿拉伯人和波斯人成为海湾贸易的主宰者。葡萄牙人于

---

① Champion, D., *The Paradoxical Kingdom: Saudi Arabia and the Momentum of Reform*, p.289, p.285.

15 世纪末到达马斯喀特,1514 年占领霍尔木兹,继而控制巴林。此后,葡萄牙人与奥斯曼帝国以及波斯萨法维王朝在印度洋水域激烈角逐。1517 年,葡萄牙人的舰队在吉达败于奥斯曼帝国的舰队,被迫退出红海水域。17 世纪初,波斯萨法维王朝国王阿拔斯一世的军队击败葡萄牙人,占领巴林,夺取霍尔木兹。1660 年,阿曼的亚阿里巴部落赶走葡萄牙人,夺取马斯喀特。17 世纪末,亚阿里巴部落赶走波斯人,夺取巴林。18 世纪前期,波斯的统治者纳迪尔沙重新占领巴林和马斯喀特,控制海湾的东西两侧。18 世纪中叶,索哈尔的统治者和阿曼阿布·赛义德王朝的创始人艾哈迈德·赛义德赶走波斯人,夺取马斯喀特。①

自 18 世纪起,英国东印度公司的势力开始进入海湾,海湾东侧的港口城市布什尔成为英国东印度公司驻海湾专员的所在地。19 世纪,英国东印度公司的势力延伸到自科威特至亚丁的整个阿拉伯半岛东部和南部边缘。英国殖民当局通过与地方统治者签署保护性协议,逐渐控制海湾水域以及印度洋与欧洲之间的贸易通道。②至"一战"结束时,海湾俨然成为英国在东方的内湖。然而,海湾小国地区并非英国的殖民地,亦非处于英国当局的委任统治之下。英国殖民当局与海湾地方统治者签署的条约,局限于外交的层面,旨在排斥其他列强插手海湾事务。英国殖民当局在海湾小国地区并未引入触及传统秩序的经济社会改革,而是极力寻求与海湾地方统治者的政治合作,扶植海湾小国地区的君主制,强化海湾君主统治民众和驾驭社会的权力。英国殖民当局在海湾小国地区实行分而治之的政策,导致海湾小国地区长期处于分裂的局面。1971 年特鲁希尔条约的终止,标志着英国主宰海湾小国地区的时代落下帷幕。继英国之后,美国逐渐成为影响海湾小国地区的主要外部势力。

海湾地区背靠沙漠,面向海洋,经济活动具有明显的海洋色彩。20 世纪初,海湾地区的居民主要从事珍珠捕捞业、捕鱼业、造船业、商业、手工业和农业。珍珠捕捞业是海湾地区的典型经济部门,珍珠构成海湾地区出口国际市场的主要商品。海湾地区的珍珠分布于北起科威特南至哈伊玛角的辽阔水域,约 2 000 艘帆船和 4 万人从事珍珠捕捞业。③珍珠捕捞业通常处于商人的控制之下,水手与商人之间普遍存在债务性的依附关系。④巴林是海湾最重

① Zahlan, R.S., *The Making of the Modern Gulf States*, London 1998, pp.11—12.
② Sharabi, H.B., *Government and Politics of the Middle East in the Twentieth Century*, p.256.
③ Owen, R., *A History of Middle East Economies in the Twentieth Century*, p.79.
④ Crystal, J., *Kuwait: The Trasformation of an Oil State*, p.32.

要的珍珠产地，珍珠是巴林最重要的出口商品，超过二分之一的巴林男性劳动力从事珍珠捕捞业。[1]20 世纪 20 年代，海湾地区的珍珠年出口额超过百万美元，贸易税成为海湾诸国统治家族的主要财源。进入 30 年代，由于西方的经济萧条和日本人工养殖珍珠的竞争，国际市场珍珠价格下跌，海湾地区的珍珠捕捞业逐渐衰落，珍珠捕捞船数量锐减，造船业急剧萎缩。[2]海湾地区的另一典型经济活动是发达的转运贸易。海湾地区的商船航行于伊拉克、伊朗以及印度和东非之间的海域，贩运木材、布匹、香料、蔗糖、咖啡、稻米、椰枣、军火、黄金，进而与周边国家形成广泛的交往。[3]

海湾小国地处相似的自然环境，相互之间具有密切的历史渊源，蕴藏丰富的石油资源和根深蒂固的血缘传统是海湾小国的共同特征。海湾小国现代化进程中政治生活的突出现象，是传统部落贵族与王室之间力量对比的剧烈消长以及国家职能的不断完善和威权政治的逐渐强化。石油时代，海湾小国延续君主制的政治制度，科威特的萨巴赫家族、巴林的哈利法家族、卡塔尔的萨尼家族、阿联酋的纳赫延家族、阿曼的阿布·赛义德家族长期垄断国家权力和经济命脉。海湾小国的统治者凭借丰厚的石油收入，不断强化君主制度，普遍实行党禁，排斥民众的政治参与。

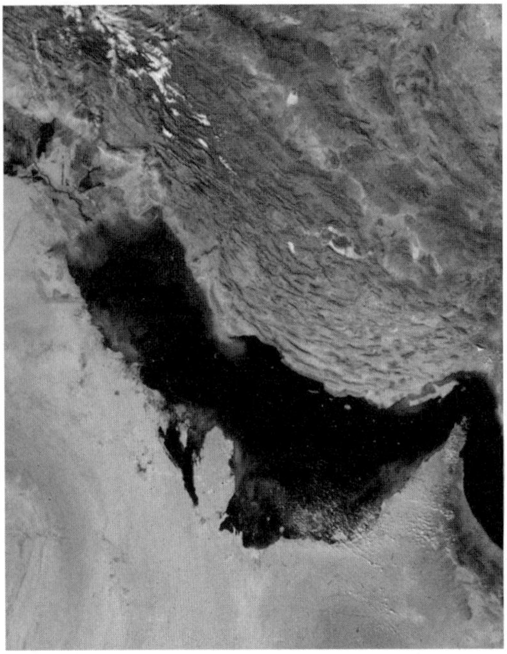

波斯湾卫星图

海湾地区沙漠居多，居无定所的游牧活动盛行。“阿拉伯人的沙漠如同公海一般，商旅驼队和游牧部落宛若在海面移动的船只。”[4]由于特定的自然环境，海湾小国长期以来缺乏明确和稳定的边界线。两次世界大战之间，随着海湾地区石油的发现和开采，作为海湾大国的沙特阿拉

① Al-Khalifa, S.A.K., *Bahrain through the Ages the History*, p.349.

② Owen, R., *A History of Middle East Economies in the Twentieth Century*, p.82.

③ Assiri, A. R., *The Government and Politics of Kuwait*, Kuwait 1996, p.127.

④ Zahlan, R.S., *The Making of the Modern Gulf States*, p.24.

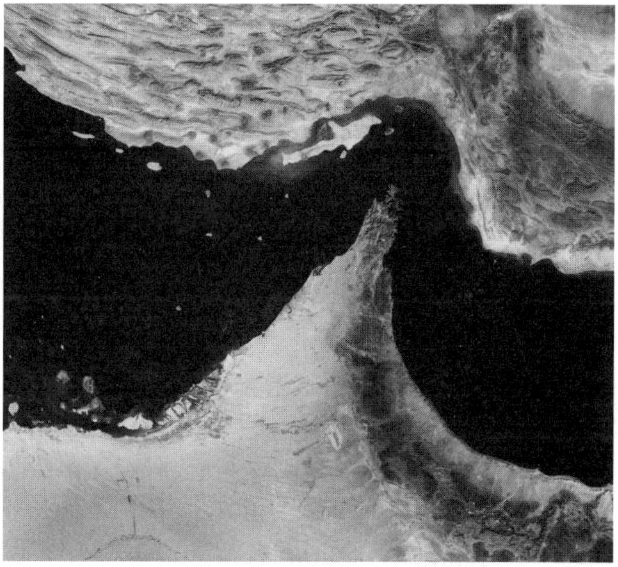

霍尔木兹海峡航拍图

伯、伊拉克和伊朗开始觊觎海湾小国的领土，边界争端不断。英国的“保护”，使得海湾小国免遭兼并的厄运。80年代，海湾地区风云变幻，沙特阿拉伯与海湾小国成立海湾合作委员会，建立集体安全与防御体制，旨在共同抵御伊朗和伊拉克的军事威胁。进入90年代，海湾小国放弃不结盟的外交立场，积极寻求美国和西方世界的保护，巴林成为美国第五舰队的总部所在地。然而，海湾小国并非实行一致的外交政策。两伊战争期间，科威特支持伊拉克而中断与伊朗的外交关系，阿联酋和阿曼则始终保持与伊朗的外交关系。伊拉克军队占领科威特期间，阿联酋、卡塔尔和巴林中断与伊拉克的外交关系，阿曼则依然保持与伊拉克的外交关系。

萨巴赫家族与科威特埃米尔国

科威特国位于阿拉伯半岛的东北部和海湾的西北部，地处海湾大国伊拉克与沙特阿拉伯之间，毗邻阿拉伯河出海口，国土面积约1.8万平方公里。根据1998年的官方统计，科威特总人口为224万，其中本土公民占34%，外籍人口占66%。科威特本土公民系阿拉伯人，信奉伊斯兰教，其中超过80%属逊尼派穆斯林，余者为什叶派穆斯林。

科威特国的创立者是欧特布部落的萨巴赫家族，系阿纳宰部落的分支。欧特布部落祖居阿拉伯半岛中部的纳季德高原，包括从事农业的定居者和追逐水草的贝都因人。17世纪末，欧特布部落的定居者约30个家族为躲避饥荒，自纳季德高原的哈达尔一带迁至阿拉伯半岛东北部的海湾沿岸，依附于哈立德部落。科威特一词在阿拉伯语中意为“小城堡”，科威特作为地名出现于19世纪40年代，最初特指哈立德部落建立的城堡。①

① Al-Dekhayel, A., *Kuwait: Oil, State and Political Legitimation*, London 2000, p.1.

18 世纪中叶，兴起于纳季德高原的瓦哈卜派击败哈立德部落，欧特布部落萨巴赫家族趁机夺取科威特城，创建科威特埃米尔国，第一任埃米尔是萨巴赫家族的舍赫萨巴赫·贾比尔（1752—1756 年在位）。1756 年萨巴赫·贾比尔死后，其子阿卜杜拉继任埃米尔，是为阿卜杜拉一世（1756—1814 年在位）。此间，同属欧特布部落的萨巴赫家族与哈利法家族日趋对立，哈利法家族遂离开科威特，移居卡塔尔半岛，直至进入巴林，萨巴赫家族的统治地位进一步巩固。①

1775 年，萨巴赫家族第二代埃米尔阿卜杜拉一世与英属东印度公司签署贸易协议，进而寻求英属东印度公司的保护。萨巴赫家族第五代埃米尔阿卜杜拉二世（1866—1892 年在位）当政期间，科威特转而寻求奥斯曼帝国的支持，于 1871 年接受奥斯曼帝国苏丹的赐封。②与此同时，科威特与巴士拉之间的贸易联系逐渐密切，法奥地区的枣椰林成为科威特埃米尔的重要财源。③1896 年，萨巴赫家族的穆巴拉克在英属东印度公司的支持下夺取埃米尔的权位，成为科威特的第七代埃米尔（1896—1915 年在位）。此后，科威特

1913 年的科威特埃米尔住所赛义夫宫殿

① Crystal, J., *Kuwait: The Trasformation of an Oil State*, p.9.

② Crystal, J., *Kuwait: The Trasformation of an Oil State*, p.11.

③ Zahlan, R.S., *The Making of the Modern Gulf States*, p.35.

逐渐放弃与奥斯曼帝国之间的从属关系，其与英属东印度公司以及沙特家族之间的关系进一步密切。1899 年，穆巴拉克与英国政府签署协议，科威特与英国政府正式建立保护关系。①

1915 年穆巴拉克死后，其子贾比尔（1915—1917 年在位）和萨利姆（1917—1921 年在位）相继即位。萨利姆当政期间，萨巴赫家族支持和庇护阿治曼部落，试图抗衡沙特家族，导致科威特与沙特家族之间的关系急剧恶化。1920 年，科威特与沙特伊赫瓦尼战士在贾拉赫发生军事冲突。1921 年萨利姆死后，贾比尔之子艾哈迈德（1921—1950 年在位）即位。1922 年，在英国政府的干预下，科威特与沙特划定边界线，进而确定科威特国家的疆域。②

1950 年艾哈迈德死后，萨利姆之子阿卜杜拉即位，是为阿卜杜拉三世（1950—1965 年在位）。1961 年 6 月，萨巴赫家族与英国签署新的条约，终止 1899 年协议，英国政府承认科威特的完整主权，科威特成为第一个获得独立的海湾国家。同年 7 月，科威特加入阿拉伯国家联盟。1963 年 5 月，科威特加入联合国。1965 年阿卜杜拉三世死后，萨利姆之子萨巴赫即位，是为萨巴赫三世（1965—1977 年在位）。1968 年 5 月，科威特政府宣布废除 1961 年与英国政府签署的条约。③

萨巴赫家族是科威特的统治者，血缘关系构成维系萨巴赫家族成员的纽带，萨巴赫家族会议决定科威特埃米尔的人选以及萨巴赫家族内部的其他重大事务。然而，萨巴赫家族内部并非浑然一体，而是划分为不同的支系，分别处于不同的地位。萨巴赫家族最重要的支系，是第七代埃米尔穆巴拉克之子贾比尔和萨利姆的直系后裔，即贾比尔系和萨利姆系。1915 年穆巴拉克死后，其子萨利姆和贾比尔两人的直系后裔轮流出任科威特埃米尔。相比之下，1896 年遭到穆巴拉克谋杀的萨巴赫家族成员贾拉赫和穆罕默德的后裔长期流亡海外，直至 50 年代获准返回科威特。④

萨巴赫家族的权位继承，兼有父死子继与兄终弟及的双重习俗。1962 年颁布的宪法明确规定，科威特埃米尔必须出自萨巴赫家族贾比尔系和萨利姆系，埃米尔必须在即位一年内指定王储人选。同年，埃米尔阿卜杜拉三世指定与其同属萨利姆系的胞弟萨巴赫出任王储。1966 年，埃米尔萨巴赫三

① Crystal, J., *Kuwait*: *The Trasformation of an Oil State*, p.12.
② Crystal, J., *Kuwait*: *The Trasformation of an Oil State*, pp.15—16.
③ Al-Dekhayel, A., *Kuwait*: *Oil*, *State and Political Legitimation*, p.2.
④ Crystal, J., *Kuwait*: *The Trasformation of an Oil State*, p.94.

世指定贾比尔系的贾比尔·艾哈迈德出任王储。贾比尔·艾哈迈德于 1977 年即位,1978 年指定萨利姆系的萨阿德·阿卜杜拉出任王储。①

科威特的政府部门可以追溯到 19 世纪末 20 世纪初穆巴拉克当政期间。1899 年,穆巴拉克设立关税署,是为科威特第一个政府机构。艾哈迈德·贾比尔(1921—1950 年在位)即位后,于 1936 年设立市政署,1938 年设立卫生署和财政署。"二战"结束后,随着石油经济的发展和财政岁入的增长,科威特的政府机构进一步扩大。埃米尔阿卜杜拉三世于 1952 年设立建设委员会,1954 年设立最高执行委员会。1959 年,埃米尔阿卜杜拉三世任命 10 个政府部门的首脑,均为萨巴赫家族成员。1961 年 8 月,科威特成立最高舍赫会议,由萨巴赫家族成员组成,取代最高执行委员会。1962 年 1 月,正式成立 14 名大臣组成的第一届内阁,内阁首相为王储萨巴赫·萨利姆。②逊尼派穆斯林在内阁成员中占绝对多数,什叶派穆斯林出任内阁职务者甚少。石油时代的特定背景下,政府的主要任务是分配财富而非聚敛财富,是为科威特政府的明显特征。

科威特的权力核心是萨巴赫家族会议,内阁长期处于萨巴赫家族的控制之下。根据 1962 年颁布的科威特宪法,内阁对埃米尔负责,首相和大臣由埃米尔任免。1962—1988 年,共计 209 人次进入科威特内阁,其中 73 人次属于萨巴赫家族成员。③萨巴赫家族成员在内阁中所占的比例,60 年代超过四分之三,80 年代下降为不足二分之一。90 年代中期的第 16 届内阁,共有大臣 15 人,其中 4 人来自萨巴赫家族。④然而,包括外交部、内务部、国防部和交通部在内的内阁主要职位始终由萨巴赫家族成员垄断,内阁首相由王储兼任。1987 年,科威特 22 个内阁大臣和 4 个省长中,7 个大臣和 3 个省长系萨巴赫家族成员。⑤科威特宪法的核心原则是,埃米尔服从宪法,民众服从埃米尔。⑥然而,科威特的宪法和议会机构形同虚设,民众长期被排斥在政治参与之外,萨巴赫家族凌驾于法律之上。科威特人因此常说:"科威特即萨巴赫,萨巴赫即科威特"。⑦

---

① Crystal, J., *Kuwait: The Trasformation of an Oil State*, pp.94—95.

② Assiri, A. R., *The Government and Politics of Kuwait*, pp.27—29.

③ Al-Dekhayel, A., *Kuwait: Oil, State and Political Legitimation*, p.51.

④ Assiri, A. R., *The Government and Politics of Kuwait*, p.42.

⑤ Yapp, M.E., *The Near East since the First World War*, p.372.

⑥ Ismeal, T.Y., *Middle East Politics Today: Government and Civil Society*, p.354.

⑦ Zahlan, R.S., *The Making of the Modern Gulf States*, p.95.

萨尼家族与卡塔尔埃米尔国

卡塔尔国位于阿拉伯半岛的东部和海湾的西侧，毗邻沙特阿拉伯和阿拉伯联合酋长国，与巴林隔海相望，由卡塔尔半岛以及邻近的十余处岛屿组成，国土面积约1万平方公里。根据1999年的统计，卡塔尔人口约68万，主要分布在首都多哈和乌姆赛义德工业区。卡塔尔的本土居民占总人口的25%，外籍人口占总人口的75%。卡塔尔的本土居民绝大多数为阿拉伯人，信奉逊尼派伊斯兰教。

卡塔尔半岛的古代居民是迦南人和腓尼基人，其后是阿拉伯人和波斯人。公元7世纪，伊斯兰教传入卡塔尔半岛。10世纪，伊斯兰教什叶派分支卡尔马特派一度统治卡塔尔。16世纪初，葡萄牙人占领卡塔尔半岛。16世纪中叶，卡塔尔半岛被纳入奥斯曼帝国的版图。

卡塔尔的沙漠

大约在18世纪，塔米姆部落的萨尼家族自阿拉伯半岛内陆移至卡塔尔半岛东部的多哈和瓦克拉赫，依附于欧特布部落的哈利法家族。19世纪中叶，萨尼家族摆脱哈利法家族的控制，在卡塔尔半岛建立埃米尔国，穆罕默德·萨尼成为卡塔尔埃米尔国的第一任埃米尔(1868—1876年在位)。穆罕默德·萨尼死后，其子嘎希姆·穆罕默德继任埃米尔(1876—1913年在位)。19世纪后期奥斯曼帝国军队占领阿拉伯半岛东部的哈萨以后，嘎希姆·穆罕默德曾经接受伊斯坦布尔苏丹的赐封。1902年沙特家族占领利雅得后，嘎希姆·穆罕默德与沙特家族结盟，接受瓦哈卜派信仰，共同对抗奥斯曼帝国的威胁。[1]

嘎希姆·穆罕默德死后，其子阿卜杜拉·嘎希姆即位(1913—1949年

① Zahlan, R.S., *The Making of the Modern Gulf States*, p.100.

在位)。阿卜杜拉·嘎希姆当政期间,卡塔尔面临沙特家族的威胁,遂寻求英国的支持,于1916年与英国政府签署保护协议,卡塔尔成为英国的保护地。①

1949年,阿卜杜拉·嘎希姆退位,其子阿里·阿卜杜拉即位(1949—1960年在位)。1960年,阿里·阿卜杜拉退位,其子艾哈迈德·阿里即位(1960—1972年在位),哈利法·哈马德出任首相,推行政府机构改革和司法改革。②1970年,卡塔尔颁布临时宪法,成立内阁和协商会议。1971年,卡塔尔宣布独立,加入阿拉伯国家联盟和联合国。③

萨尼家族是卡塔尔的统治者。卡塔尔宪法明确规定,国家最高权力属于萨尼家族。1970年,卡塔尔成立内阁和协商会议。萨尼家族成员垄断内阁要职,协商会议成员由埃米尔任命产生。内阁首相最初由埃米尔兼任,后改为由王储兼任。1987年,内阁大臣15人,其中8人来自萨尼家族。萨尼家族

第九任埃米尔哈马德·哈利法与美国国务卿克里

---

① Zahlan, R.S., *The Making of the Modern Gulf States*, p.101.

② Zahlan, R.S., *The Making of the Modern Gulf States*, p.103.

③ Yapp, M.E., *The Near East since the First World War*, p.374.

的权位继承不同于科威特和巴林，埃米尔由萨尼家族会议推举产生。1972年，萨尼家族会议废黜埃米尔艾哈迈德·阿里，推举王储兼首相哈利法·哈马德（1972—1995年在位）出任埃米尔。1995年，哈利法·哈马德之子哈马德·哈利法即位，成为卡塔尔的第九任埃米尔。1996年，埃米尔哈马德·哈利法颁布法令，规定埃米尔实行父子相袭的继承制度，指定其第三子贾希姆·哈马德出任王储。①

哈利法家族与巴林埃米尔国

巴林一词在近代以前泛指阿拉伯半岛东侧巴士拉与阿曼之间的地区，1783年起特指哈利法家族统治的国家。②巴林国系海湾西侧的岛国，西距沙特阿拉伯24公里，南距卡塔尔28公里，共有36座岛屿，总面积约700平方公里。巴林的主要岛屿包括阿瓦勒岛（亦称巴林岛）、穆哈拉格岛和西特拉岛。阿瓦勒岛是巴林第一大岛，面积578平方公里，占巴林总面积的85%，首都麦纳麦以及几乎所有的可耕地和油田均位于该岛。穆哈拉格岛是巴林第二大岛，巴林第二大城市穆哈拉格以及国际机场位于该岛。根据1997年的统计，巴林总人口为63万，其中本土人口占63%，外籍人口占37%。巴林地处阿拉伯世界与伊朗之间，人口构成明显区别于其他海湾国家，兼有逊尼派与什叶派以及阿拉伯人与伊朗人的双重色彩。

1965年巴林麦纳麦市场

① Zahlan, R.S., *The Making of the Modern Gulf States*, p.104, p.102.

② Al-Khalifa, S.A.K., *Bahrain through the Ages the History*, p.13.

巴林曾经是古代海湾地区的重要贸易中心。伊斯兰教诞生前夕,巴林处于波斯萨珊王朝的统治之下。632 年,巴林被纳入哈里发国家的版图。新航路开辟以后,巴林一度成为葡萄牙人在海湾地区的殖民据点。1602—1782 年,巴林处于伊朗萨法维王朝的统治之下。①

18 世纪后期,阿拉伯人欧特布部落的哈利法家族离开科威特,移居卡塔尔半岛西北部的祖巴拉赫。1783 年,哈利法家族在其首领艾哈迈德·哈利法的率领下占领巴林,赶走萨法维王朝的军队。此后,哈利法家族在巴林建立埃米尔国,艾哈迈德·哈利法(1783—1796 年在位)成为巴林埃米尔国的第一任埃米尔。②

巴林埃米尔国建立初期,哈利法家族缺乏明确的权位继承制度,内讧不已。1869 年伊萨·阿里(1869—1923 年在位)即位后,确立埃米尔的长子继承制度。③1880 年和 1892 年,英国殖民当局与伊萨·阿里两次签署协议,哈利法家族接受英国殖民当局的保护,巴林成为英国的保护地。④

1923 年,迫于英国殖民当局的压力,伊萨·阿里退位,其子哈马德·伊萨即位(1923—1942 年在位)。此后,英国殖民当局强化对于巴林的控制,推行司法、行政和财政改革,首开海湾地区政治改革的先河。⑤

1942 年,哈马德·伊萨之子萨勒曼·哈马德即位(1942—1961 年在位)。⑥1958 年,萨勒曼·哈马德指定其长子伊萨·萨勒曼作为王储。1961 年 12 月,伊萨·萨勒曼即位(1961—1999 年在位),成为巴林第十一任埃米尔。⑦1968 年,英国宣布未来 3 年关闭其在巴林的军事基地,结束与巴林之间的保护关系。⑧

伊朗在海湾地区具有举足轻重的地位和影响,长期坚持对于包括巴林屿在内的海湾周边地区的领土要求。1957 年,伊朗国王巴列维宣布巴林系伊朗的第十四个省。⑨1968 年英国宣布结束与巴林之间的保护关系以后,巴林、卡塔尔、阿布扎比和迪拜试图组建统一国家,旨在共同对抗来自伊朗的威胁。

---

① Lawson, F.H., *Bahrain: The Modernization of Autocracy*, Boulder 1989, pp.27—28.

② Lawson, F.H., *Bahrain: The Modernization of Autocracy*, p.29.

③ Zahlan, R.S., *The Making of the Modern Gulf States*, p.98.

④⑤ Yapp, M.E., *The Near East since the First World War*, p.203.

⑥ Zahlan, R.S., *The Making of the Modern Gulf States*, p.67.

⑦ Lawson, F.H., *Bahrain: The Modernization of Autocracy*, p.74.

⑧ Zahlan, R.S., *The Making of the Modern Gulf States*, p.71.

⑨ Peretz, D., *The Middle East Today*, p.496.

巴林的经济实力不及卡塔尔、阿布扎比和迪拜，却有最发达的政府体系和最多的人口。巴林要求在新的统一国家中占据主导地位，遭到卡塔尔、阿布扎比和迪拜的拒绝，谈判破裂。1970 年初，通过英国政府的斡旋，巴列维国王建议巴林在联合国的监督下举行全民公决，决定巴林的主权归属。[①]1971 年 8 月，巴林宣布独立。

哈利法家族与萨巴赫家族同属欧特布部落，然而巴林与科威特的权位继承制度存在明显的差异。哈利法家族统治的巴林自 1869 年起长期实行埃米尔的长子继承制，直至 1973 年写入宪法。[②]巴林政府始建于 20 世纪 50 年代中期。1955 年，巴林埃米尔萨勒曼·哈马德（1942—1961 年在位）任命 9 人组成劳工委员会，哈利法家族的阿里·穆罕默德出任主席。1956 年，巴林成立 11 人组成的行政会议，主席和 6 名成员来自哈利法家族，3 名成员来自富商，负责除财政和外交以外的行政事务。1970 年 1 月，埃米尔伊萨·萨勒曼（1961—1999 年在位）宣布成立 13 人组成的内阁，取代原有的行政会议，哈利法家族成员垄断内阁要职。70 年代末，埃米尔的胞弟哈利法·萨勒曼出任首相，埃米尔之子哈马德·伊萨出任国防大臣，埃米尔的族弟穆罕默德·哈利法、穆罕默德·穆巴拉克、阿卜杜勒·阿齐兹·穆罕默德和伊萨·穆罕默德分别出任内务大臣、外交大臣、教育大臣和劳动与社会事务大臣。[③]直至 80 年代，内阁要职依旧属于哈利法家族；1987 年，巴林内阁大臣 16 人中，7 人来自哈利法家族。[④]埃米尔主持的家族会议，负责哈利法家族的内部事务，掌管哈利法家族的共有财产即王室地产，仲裁哈利法家族内部的纠纷。[⑤]

伊萨·萨勒曼之子第十二任埃米尔哈马德·伊萨

① Zahlan, R.S., *The Making of the Modern Gulf States*, pp.71—72.

② Zahlan, R.S., *The Making of the Modern Gulf States*, p.98.

③ Lawson, F.H., *Bahrain: The Modernization of Autocracy*, p.78, p.79, p.75.

④ Yapp, M.E., *The Near East since the First World War*, p.372.

⑤ Lawson, F.H., *Bahrain: The Modernization of Autocracy*, p.75.

阿拉伯联合酋长国

阿拉伯联合酋长国地处阿拉伯半岛东南部的卡塔尔半岛与霍尔木兹海峡之间,毗邻卡塔尔、沙特阿拉伯和阿曼,包括阿布扎比、迪拜、沙迦、阿治曼、乌姆盖万、哈伊马角和富查伊拉7个酋长国,其中阿布扎比、迪拜、沙迦、阿治曼、乌姆盖万、哈伊马角位于波斯湾南岸,富查伊拉位于阿曼湾北岸。阿拉伯联合酋长国总面积8.4万平方公里,其中阿布扎比面积6.7万平方公里,占全国总面积的87%。根据1997年的统计,阿拉伯联合酋长国总人口为280万,其中本土居民占24%,外籍人口占76%。阿拉伯联合酋长国的本土居民多为阿拉伯人,大都信奉逊尼派伊斯兰教,什叶派穆斯林仅在迪拜占人口多数。

海湾南岸自卡塔尔半岛至霍尔木兹海峡之间的狭长地区,与阿曼具有密切的历史渊源。19世纪中叶,在英国殖民当局的干预下,海湾南岸以及阿曼湾北岸脱离阿曼,成为英国殖民当局的保护地,统称特鲁希尔阿曼(特鲁希尔是英语“休战”一词的音译)。英国殖民当局保护时期,海湾南岸以及阿曼湾北岸逐渐形成阿布扎比、迪拜、沙迦、阿治曼、乌姆盖万、哈伊马角和富查伊拉诸酋长国。

特鲁希尔的阿拉伯人大都属于亚斯部落和嘎瓦绥姆部落。阿布扎比的统治者是纳赫延家族,属于亚斯部落的分支。英国殖民当局保护时期,嘎瓦绥姆部落的势力逐渐削弱,亚斯部落的势力逐渐扩大。阿布扎比酋长扎耶德·哈利法当政时期(1855—1909年在位),亚斯部落的势力达到顶峰,阿布扎比成为特鲁希尔地区的中心所在。然而,纳赫延家族作为阿布扎比的统治者,缺乏明确的权位继承制度。1909年扎耶德·哈利法死后,阿布扎比陷入混乱。扎耶德·哈利法生有七子,长子哈利法·扎耶德放弃酋长的权位继承,次子塔赫努恩·扎耶德即位(1909—1912年在位)。塔赫努恩·扎耶德死后,扎耶德的五子哈姆丹·扎耶德即位(1912—1922年在位)。1922年,哈姆丹·扎耶德遇害身亡,苏勒坦·扎耶德即位(1922—1926年在位)。1926年,苏勒坦·扎耶德死于家族内讧,萨克尔·扎耶德即位(1926—1928年在位)。1928年,萨克尔·扎耶德死于家族内讧,哈利法·扎耶德拥立苏勒坦·扎耶德之子沙赫布特·苏勒坦即位(1928—1966年在位)。沙赫布特·苏勒坦即位后,其母萨拉玛召集诸子发誓,不得觊觎埃米尔的权位。沙赫布特·苏勒坦在位长达38年,家族内讧至此告一段落,阿布扎比经历空前稳定的时期。1966年,沙赫布特·苏勒坦退位,扎耶德·苏勒坦取代沙赫布特·

苏勒坦，成为阿布扎比的埃米尔。沙赫布特·苏勒坦当政期间，延续传统的秩序。扎耶德·苏勒坦即位后，致力于改革阿布扎比的传统秩序，进而开启现代化的先河。①

1833年，亚斯部落分裂，马克土姆家族在其酋长马克土姆·布提（1833—1852年在位）的率领下离开阿布扎比，移居迪拜。1894年，马克土姆·哈沙尔出任迪拜的酋长（1894—1906年在位）。迪拜的马克土姆家族与阿布扎比的纳赫延家族同属亚斯部落。然而，纳赫延家族具有贝都因人的传统，马克土姆家族具有商业和城市的浓厚色彩。阿布扎比疆域辽阔，迪拜的疆域局限于迪拜城市的范围。马克土姆·哈沙尔当政期间，鼓励发展商业贸易，迪拜开始成为海湾地区的重要商埠。自1912年起，迪拜实行父子相袭的

20世纪50年代的迪拜

① Zahlan, R.S., *The Making of the Modern Gulf States*, pp.108—109, p.111.

权位继承制度,赛义德·马克土姆(1912—1958年在位)和拉希德·赛义德(1958—1990年在位)相继出任迪拜酋长。①

沙迦的统治者是嘎希姆家族,属于嘎瓦绥姆部落的分支。嘎希姆家族的酋长苏勒坦·萨克尔(1803—1866年在位)当政期间,统治范围包括沙迦城、富查伊拉、哈伊玛角、阿曼湾的凯勒巴、宰德绿洲、阿布·穆萨岛、大小通布岛。然而,嘎希姆家族的酋长缺乏明确的权位继承制度。苏勒坦·萨克尔死后,家族内讧,沙迦逐渐衰落。1921年,哈伊玛角以及大小通布岛脱离沙迦。1936年,阿曼湾的凯勒巴脱离沙迦。1952年,富查伊拉脱离沙迦。1965年,萨克尔·苏勒坦被罢免,哈立德·穆罕默德取代萨克尔·苏勒坦出任沙迦酋长(1965—1972年在位)。1972年,哈立德·穆罕默德之子苏勒坦·穆罕默德即位。②

哈伊玛角原为沙迦酋长国的一部分,统治者亦为嘎希姆家族。1921年,哈伊玛角以及大小通布岛正式脱离沙迦,成为英国保护的特鲁希尔国家。沙迦的第一任酋长是苏勒坦·萨利姆(1919—1948年在位)。1948年,苏勒坦·萨利姆被嘎希姆家族罢免,萨克尔·穆罕默德即位。③

阿治曼的统治者是阿布·胡莱班家族,属于努埃米部落的分支。阿治曼酋长国的范围局限于阿治曼城,面积60平方公里,距沙迦城8公里。1928—1981年,阿布·胡莱班家族的酋长拉希德·侯麦德统治阿治曼。1981年,阿布·胡莱班家族的侯麦德·拉希德即位。④

乌姆盖万酋长国的面积约480平方公里,统治者是穆阿拉家族。自1929年起,穆阿拉家族的酋长艾哈迈德·拉希德(1929—1981年在位)长期统治乌姆盖万。现任埃米尔是拉希德·艾哈迈德。⑤

富查伊拉位于阿曼的巴提纳沿海,并非严格意义上的海湾国家。富查伊拉的统治者是萨尔奇家族,属于萨尔奇部落的分支,富查伊拉的居民亦大都属于萨尔奇部落。1952年,富查伊拉脱离沙迦,加入特鲁希尔体系。1938年,穆罕默德·哈马德(1938—1975年在位)出任富查伊拉酋长。1975年穆罕默德·哈马德死后,其子哈马德·穆罕默德即位,兼任联邦农业和渔业

---

① Zahlan, R.S., *The Making of the Modern Gulf States*, pp.111—112.

② Zahlan, R.S., *The Making of the Modern Gulf States*, pp.115—117.

③ Zahlan, R.S., *The Making of the Modern Gulf States*, pp.120—121.

④⑤ Zahlan, R.S., *The Making of the Modern Gulf States*, p.121.

部长。①

1971 年 7 月，阿布扎比、迪拜、沙迦、阿治曼、乌姆盖万和富查伊拉的诸酋长达成协议，宣布成立阿拉伯联合酋长国。同年 12 月，阿拉伯联合酋长国颁布临时宪法。1972 年 2 月，哈伊马角酋长国加入阿拉伯联合酋长国。②

阿拉伯联合酋长国的社会结构具有浓厚的血缘色彩，长期延续家族世袭的政治传统。阿布扎比的酋长属于纳赫延家族，迪拜的酋长属于马克土姆家族，沙迦和哈伊马角的酋长属于嘎希姆家族，阿治曼的酋长属于阿布·胡莱班家族，乌姆盖万的酋长属于穆阿拉家族，富查伊拉的酋长属于萨尔奇家族。③

根据 1971 年 12 月颁布的临时宪法，阿拉伯联合酋长国实行酋长制基础上的联邦制，设最高会议、总统、联邦内阁和议会。最高会议由加入联邦的各酋长国酋长组成，作为国家权力的核心机构，负责选举联邦总统和副总统、任免联邦内阁总理，其中阿布扎比和迪拜的酋长拥有否决权。总统任期 5 年，兼任最高会议主席，有权任免联邦内阁总理。自 1971 年以来，阿布扎比酋长出任总统，迪拜酋长出任副总统。联邦内阁始建于 1973 年，联邦内阁成员主要来自酋长家族，即纳赫延家族、马克土姆家族、嘎希姆家族、阿布·胡莱班家族、穆阿拉家族和萨尔奇家族。联邦内阁成员最初由各酋长提名人选，1977 年以后改为由总理提名人选。自 1979 年起，联邦内阁总理由身为迪拜酋长的副总统兼任。④1987 年，内阁 25 人中，11 人来自酋长家族。⑤议会系咨议机构，设 40 个席位，议员由酋长任命产生，其中阿布扎比和迪拜酋长分别任命 8 名议员，沙迦和哈伊马角酋长分别任命 6 名议员，阿治曼、乌姆盖万和富查伊拉酋长分别任命 4 名议员。⑥

阿拉伯联合酋长国不同于海湾其他国家的特点在于联邦制的国家制度。阿拉伯联合酋长国成立后，阿布扎比酋长国主导的联邦与其余各酋长国之间的权力分配经历此消彼长的过程。扎耶德总统于 1973 年解散酋长国政府，1976 年组建联邦军队，1980 年成立中央银行。尽管存在其余酋长国的抵制，但联邦的权力无疑呈逐渐强化的趋势。⑦

---

① Zahlan, R.S., *The Making of the Modern Gulf States*, pp.122—123.

②③④ Zahlan, R.S., *The Making of the Modern Gulf States*, p.114.

⑤ Yapp, M.E., *The Near East since the First World War*, p.374.

⑥ Ochsenwald, W., *The Middle East: A History*, p.679.

⑦ Yapp, M.E., *The Near East since the First World War*, pp.374—375.

阿曼苏丹国

阿曼苏丹国位于阿拉伯半岛东南部、阿曼湾西侧和阿拉伯海北侧，毗邻阿拉伯联合酋长国、沙特阿拉伯和也门，北端的飞地穆珊达姆角扼守霍尔木兹海峡，国土面积31万平方公里，是阿拉伯半岛仅次于沙特阿拉伯和也门的第三大国。根据1997年的统计，阿曼总人口226万，绝大多数为信奉伊斯兰教的阿拉伯人。阿曼苏丹国的居民主要分布在哈贾尔山区和沿海平原，哈贾尔山区具有定居农业的悠久传统，盛行哈瓦立及派的分支伊巴迪叶派，沿海平原的居民主要从事商业贸易活动，逊尼派穆斯林大都分布在沿海地区。①据1996年统计，伊巴迪叶派穆斯林占阿曼总人口的四分之三，逊尼派穆斯林占阿曼总人口的四分之一。②人迹罕至的鲁卜哈利沙漠阻挡着阿曼与阿拉伯半岛内陆的联系，形成阿曼经济社会生活的浓厚海洋色彩，阿曼湾和阿拉伯海成为阿曼与外部世界之间的主要交往通道。

世界物质文化遗产阿曼艾恩地区的古坟墓

阿曼内陆地区曾经与阿黑门尼德王朝之间存在一定的联系，被称作卡纳特的灌溉工程反映出古代波斯对于阿曼内陆农业生产的影响。③大约在公元1世纪，阿拉伯人移入阿曼，逐渐形成南方阿拉伯人的辛纳乌部落联盟和北方阿拉伯人的加菲尔部落联盟。公元7世纪初，伊斯兰教传入阿曼。此后，辛纳乌部落联盟尊奉哈瓦立及派伊斯兰教，加菲尔部落联盟尊奉逊尼派伊斯兰教。④754年，伊斯兰教哈瓦立及派的分支伊巴迪叶派建立阿曼伊玛目国。阿曼的伊玛目是哈瓦立及派穆斯林选举产生的精神领袖，阿曼内陆山区

---

① Zahlan, R.S., *The Making of the Modern Gulf States*, p.125.

② Hopkins, N.S. & Ibrahim, S.E., *Arab Society: Class, Gender, Power and Development*, p.XV.

③ Allen, C.H., *Oman: The Modernization of the Sultanat*, Boulder 1987, p.23.

④ Owtram, F., *A Modern History of Oman*, London 2004, p.42.

的奈兹瓦绿洲是阿曼伊玛目国传统的宗教政治中心。①自阿拔斯时代开始，哈瓦立及派的诸多分支在阿拉伯世界逐渐销声匿迹，却在阿曼内陆延续至今。相对孤立的地理位置，是伊巴迪叶派在阿曼得以长期盛行的重要条件。

16世纪初，葡萄牙人进入印度洋，占领包括马斯喀特在内的阿曼沿海地区，马斯喀特成为葡萄牙人在印度洋海域的重要贸易据点。1624年，纳绥尔·穆尔什德在阿曼内陆山区建立亚阿里巴伊玛目国(1624—1749年在位)，建都于奈兹瓦绿洲的鲁斯塔格。1650年，纳绥尔·穆尔什德之子苏勒坦·赛义夫赶走葡萄牙人，夺取马斯喀特，进而控制西印度洋水域。②1714年苏勒坦·赛义夫二世死后，辛纳乌部落联盟与加菲尔部落联盟之间爆发内战，波斯人作为加菲尔部落联盟的盟友趁机占领阿曼沿海。1744年，索哈尔的统治者艾哈迈德·赛义德赶走波斯人。③

1903年的马斯喀特港口

① Zahlan, R.S., *The Making of the Modern Gulf States*, p.125.

② Owtram, F., *A Modern History of Oman*, pp.44—45.

③ Allen, C.H., *Oman: The Modernization of the Sultanat*, p.38.

1749 年,艾哈迈德·赛义德出任伊巴迪叶派的伊玛目(1749—1783 年在位),建立阿布·赛义德王朝。艾哈迈德·赛义德死后,其子赛义德·艾哈迈德(1783—1792 年在位)继任伊玛目。[①]1792 年,伊玛目赛义德·艾哈迈德被其子哈马德·赛义德(1792—1804 年在位)废黜。哈马德·赛义德改称苏丹,迁都马斯喀特。[②]赛义德·苏勒坦(1804—1856 年在位)当政期间,赛义德家族的势力达到顶峰,马斯喀特苏丹国领有阿曼沿海和东非岛屿桑给巴尔,致力于印度洋海域的商业贸易活动。[③]1856 年赛义德·苏勒坦死后,赛义德家族内讧。1861 年,桑给巴尔脱离马斯喀特苏丹国。1964 年,桑给巴尔并入坦桑尼亚。苏伊士运河开通后,西方的蒸汽船频繁往返于地中海与印度洋之间,阿曼人在印度洋水域的传统航运和贸易逐渐衰落。[④]

1645 年,亚阿里巴伊玛目国的纳绥尔·穆尔什德与英国东印度公司签署最早的贸易协议,由此开始阿曼与英国东印度公司的贸易交往。1798 年,迫于瓦哈卜派和沙特家族的威胁,苏勒坦·艾哈迈德与英国殖民当局签署协议,寻求英国殖民当局的保护。[⑤]费萨尔·图尔基(1888—1913 年在位)当政期间,马斯喀特苏丹国正式加入特鲁希尔体系,接受英国殖民当局的保护。[⑥]

自 18 世纪末马斯喀特苏丹国建立伊始,伊巴迪叶派伊玛目国占据阿曼内陆山区,长期与赛义德家族分庭抗礼。阿布·赛义德王朝与英国殖民当局的交往,加剧了鲁斯塔格与马斯喀特之间的矛盾。1868 年,鲁斯塔格的伊巴迪叶派政权一度占领马斯喀特。1871 年,阿布·赛义德王朝恢复在马斯喀特的统治。苏丹塔伊穆尔·费萨尔(1913—1932 年在位)当政期间,马斯喀特苏丹国组建内阁,设立财政部、司法部和宗教部,招募俾路支人组建常备军。1920 年,在英国殖民当局的干预下,马斯喀特苏丹国与伊巴迪叶派伊玛目国签署希卜条约,马斯喀特苏丹国放弃对阿曼内陆地区的主权要求,承认伊巴迪叶派伊玛目国的独立。[⑦]

赛义德·塔伊穆尔系塔伊穆尔·费萨尔的次子,出生于 1910 年,曾经留学印度和伊拉克,1929 年出任内阁首相。1932 年,苏丹塔伊穆尔·费萨尔退

---

① Owtram, F., *A Modern History of Oman*, p.45.
② Zahlan, R.S., *The Making of the Modern Gulf States*, p.126.
③ Ochsenwald, W., *The Middle East: A History*, p.680.
④ Zahlan, R.S., *The Making of the Modern Gulf States*, p.16, p.127.
⑤ Owtram, F., *A Modern History of Oman*, pp.34—35.
⑥ Zahlan, R.S., *The Making of the Modern Gulf States*, p.128.
⑦ Owtram, F., *A Modern History of Oman*, p.48, pp.63—64, p.50.

位,赛义德·塔伊穆尔(1932—1970 年在位)即位。[1] 1932—1952 年,赛义德·塔伊穆尔致力于摆脱英国殖民当局的控制、争取阿曼的政治独立。与此同时,赛义德·塔伊穆尔改组内阁,增设内务部和外交部,任命阿布·赛义德家族成员出任地方长官,旨在完善政府的职能和强化苏丹的个人权力。[2]

1954 年,伊巴迪叶派伊玛目穆罕默德·阿卜杜拉·哈里里病逝,贾里卜·阿里被推举为新的伊玛目。贾里卜·阿里放弃与苏丹赛义德·塔伊穆尔的合作政策,寻求沙特阿拉伯政府的支持,抗衡马斯喀特政府。1955 年 12 月,英国支持的马斯喀特苏丹国军队攻占奈兹瓦,伊玛目贾里卜·阿里被囚禁,其弟塔里布·阿里逃往沙特阿拉伯,建立抵抗组织"阿曼解放运动"。1957 年,"阿曼解放运动"在沙特阿拉伯政府的支持下进入阿曼,夺取奈兹瓦,恢复伊巴迪叶派伊玛目国。1959 年,伊巴迪叶派伊玛目国战败,马斯喀特苏丹国占领阿曼内陆山区。[3]

1965 年,阿曼南部佐法尔省的反政府武装组织"佐法尔解放阵线"发动叛乱,攻击马斯喀特的苏丹独裁政权,阿曼再度陷入内战。佐法尔的战争成为阿拉伯半岛的政治焦点,结束英国的殖民统治和推翻君主制以及合理分配石油资源是佐法尔革命的核心内容。反政府武装得到南也门和伊拉克以及古巴、中国、苏联的支持,马斯喀特政权得到英国以及伊朗、约旦的支持。[4]

1970 年 7 月,马斯喀特发生政变,苏丹赛义德·塔伊穆尔被迫退位,其子卡布斯·赛义德继任苏丹,马斯喀特苏丹国改称阿曼苏丹国。1975 年,佐法尔革命失败,阿曼内战结束。[5]

阿曼苏丹国的苏丹来自阿布·赛义德家族。1970 年 7 月,阿曼苏丹卡布斯·赛义德(1970 年至今在位)即位。同年 8 月,赛义德·塔里格出任首相。1971 年 12 月,赛义德·塔里格辞职。1972 年 1 月,阿曼苏丹国组建新的内阁,苏丹卡布斯·赛义德兼任首相和外交、国防、财政大臣。1979 年 5 月,阿曼政府改组;内阁成员 24 人中,11 人来自阿布·赛义德家族,苏丹卡布斯·赛义德继续兼任首相和外交、国防、财政大臣,两名副首相以及马斯喀特省长、佐法尔省长、内务大臣、司法大臣均出自阿布·赛义德家族成员,内

---

① Allen, C.H., *Oman under Qaboos: From Coup to Constitution 1970—1996*, London 2000, p.2.

② Allen, C.H., *Oman under Qaboos: From Coup to Constitution 1970—1996*, pp.17—18.

③ Allen, C.H., *Oman under Qaboos: From Coup to Constitution 1970—1996*, p.21.

④ Zahlan, R.S., *The Making of the Modern Gulf States*, p.131.

⑤ Zahlan, R.S., *The Making of the Modern Gulf States*, p.132.

卡布斯·赛义德

阁其余成员大都来自部落贵族和商人。1975年,阿曼颁布政府组织法,明确规定内阁成员由苏丹任命。[①]1996年11月颁布的基本法规定,阿曼苏丹由图尔基·赛义德·苏勒坦的男性后裔继承,拥有统治国家的最高权力,首相和内阁成员由苏丹任命。[②]"阿曼至今依然是世界上为数不多的绝对君主制国家。苏丹无需与任何政府机构协商而颁布法令,有权否决内阁的任何决定。"苏丹卡布斯·赛义德当政期间,阿曼政府的规模不断扩大。1996年,阿曼政府雇佣的公职人员为7.8万人,约占阿曼从业人员总数的四分之一,其中阿曼人5.3万,外籍雇员2.5万人。[③]

阿曼苏丹国在海湾和南阿拉伯地区长期奉行中立的外交政策。另一方面,阿曼苏丹国在国际舞台实行亲西方的外交政策。1979年戴维营协议签署后,阿曼和摩洛哥是依旧与埃及保持外交关系的仅有的两个阿拉伯国家。1980年,阿曼与美国签署安全合作协议,成为第一个与美国签署安全合作协议的海湾国家。1993年奥斯陆协议和华盛顿协议签署后,阿曼与以色列开始正式的外交往来。1995年,以色列政府在马斯喀特建立贸易代表处。1980年,阿曼与美国签署军事合作协议,成为第一个与美国签署军事协议的海湾国家。两伊战争期间,阿曼为美英提供后勤基地。1990年伊拉克入侵科威特后,阿曼成为美英的重要军事基地。[④]

君主制框架下的民众觉醒与议会选举

科威特民众政治参与的萌芽可以追溯到20世纪前期,商人构成科威特民众政治参与的重要社会基础。1918年,科威特商人要求成立麦吉里斯,作为限制埃米尔个人权力和保护民众权利的国家机构。1921年埃米尔萨利姆死后,萨巴赫家族会议拥立贾比尔之子艾哈迈德(1921—1950年在位)即位。

---

① Allen, C.H., *Oman under Qaboos: From Coup to Constitution 1970—1996*, pp.35—36, p.38, p.39.
② Owtram, F., *A Modern History of Oman*, pp.182—183.
③ Allen, C.H., *Oman under Qaboos: From Coup to Constitution 1970—1996*, pp.41—42.
④ Zahlan, R.S., *The Making of the Modern Gulf States*, p.133.

迫于科威特商人的压力,埃米尔艾哈迈德于1921年6月成立包括12名成员的协商会议,作为商人和民众实现政治参与的官方机构。[①]协商会议成员并非选举产生,而是由埃米尔任命产生,无立法权,仅行使建议权和协商权。同年8月,协商会议解散。[②]

30年代后期,支持巴勒斯坦的民族主义运动波及阿拉伯世界。科威特的埃米尔艾哈迈德迫于英国政府的压力,禁止支持和参与声援巴勒斯坦的民众运动,导致科威特民众的不满,商人成为反对派的核心。1938年初,科威特商人发起请愿示威,抨击萨巴赫家族的专制和腐败,要求分享石油收入和扩大政治参与,进而迫使埃米尔成立麦吉里斯和推行政治改革。1938年因此被科威特人称作麦吉里斯之年。[③]1938年6月,来自150个商人家族的代表选举14人组成第一届麦吉里斯,王储阿卜杜拉·萨利姆(即1950—1965年在位的埃米尔阿卜杜拉三世)出任麦吉里斯主席。[④]同年7月,埃米尔艾哈迈德批准麦吉里斯起草的基本法,授权麦吉里斯监督政府预算、司法、安全、教育、社会福利和批准涉外条约。[⑤]与此同时,科威特商人首次组建政党,名为民族阵线。[⑥]麦吉里斯系商业贵族把持的政治机构;贝都因人和约占总人口四分之一的什叶派穆斯林以及逊尼派下层民众被排斥于麦吉里斯之外,成为支持埃米尔的社会力量。[⑦]12月,埃米尔艾哈迈德依靠贝都因人和什叶派穆斯林的支持,解散第一届麦吉里斯。[⑧]随后,来自400个商人家族的代表选举20人组成第二届麦吉里斯,其中12人系第一届麦吉里斯的成员。埃米尔艾哈迈德要求修改基本法,剥夺麦吉里斯的立法权,遭到麦吉里斯成员的拒绝。1939年3月,埃米尔艾哈迈德解散第二届麦吉里斯,成立协商会议,任命14名协商会议成员,其中4人来自萨巴赫家族,由阿卜杜拉·萨利姆出任协商会议主席。[⑨]

50年代,科威特再次爆发民众政治运动,要求重新召开麦吉里斯。与

① Zahlan, R.S., *The Making of the Modern Gulf States*, p.33, p.36.
② Assiri, A. R., *The Government and Politics of Kuwait*, p.87.
③ Zahlan, R.S., *The Making of the Modern Gulf States*, pp.36—37.
④ Assiri, A. R., *The Government and Politics of Kuwait*, p.89.
⑤ Zahlan, R.S., *The Making of the Modern Gulf States*, pp.37—38.
⑥ Crystal, J., *Kuwait: The Trasformation of an Oil State*, p.19.
⑦ Zahlan, R.S., *The Making of the Modern Gulf States*, p.38.
⑧ Crystal, J., *Kuwait: The Trasformation of an Oil State*, pp.19—20.
⑨ Assiri, A. R., *The Government and Politics of Kuwait*, pp.90—91.

1921年和1938年商人主导的民众政治运动相比，包括知识分子和来自埃及、巴勒斯坦、黎巴嫩、伊拉克的外籍石油工人在内的新兴社会群体成为50年代挑战传统政治秩序的重要力量。反对派代表人物艾哈迈德·哈提卜持阿拉伯民族主义立场，创办国家文化俱乐部，继而成立科威特民主联盟，标志着现代政治组织初露端倪。①

1961年12月，科威特举行立宪会议选举。登记选民人数11 300人，候选人73人，投票率90%。全国共设10个选区，每个选区选举2人，选举20人组成立宪会议，是为科威特独立后首次民众政治参与。②1962年11月，立宪会议颁布宪法。根据1962年宪法，科威特实行议会君主制，自1920年起居住在科威特的国民后裔享有公民权，其中年满21岁的男性公民享有选举权，年满30岁的男性公民享有被选举权；议会设20个席位(1971年增至50个席位)，议员任期4年。③1963年1月，科威特举行第一届议会(1963—1966年)选举，登记选民人数17 000人，候选人205人，投票率85%。④

科威特实行党禁，议会选举采用独立竞选方式。议员包括萨巴赫家族成员、商人、知识分子、什叶派和贝都因人。第一届议会期间，艾哈迈德·哈提卜和贾希姆·卡塔米作为议会反对派的代表人物，屡屡批评内阁的相关政策。⑤1964年12月，科威特组成第三届内阁，萨巴赫·萨利姆出任首相。由于内阁成员大都兼有商人的双重身份，违背宪法131款的规定，引发议会多数成员的抵制。议会要求内阁成员或辞去官职，或放弃经商。然而，根据宪法，内阁对埃米尔负责，国民议会无权决定内阁人选和解散内阁。议员拒绝出席议会，以示抗议，直至迫使埃米尔解散内阁，授权萨巴赫·萨利姆重新组阁和提名内阁人选，议会抵制的内阁成员落选。⑥

1967年1月，科威特举行第二届议会(1967—1970年)选举，登记选民人数2.7万人，候选人222人，投票率66%；由于政府操纵选举，反对派议员人数明显减少。1971年1月选举产生的第三届议会(1971—1974年)，登记选民人数4万人，候选人183人，投票率52%；反对派仅获得4个席位，反对派代表人物艾

① Zahlan, R.S., *The Making of the Modern Gulf States*, p.41.
② Assiri, A. R., *The Government and Politics of Kuwait*, pp.97—98.
③ Zahlan, R.S., *The Making of the Modern Gulf States*, p.49.
④ Assiri, A. R., *The Government and Politics of Kuwait*, p.97.
⑤ Crystal, J., *Kuwait: The Trasformation of an Oil State*, p.96.
⑥ Assiri, A. R., *The Government and Politics of Kuwait*, pp.91—92, p.97.

哈迈德·哈提卜落选。[1]尽管如此，议会于1973年否决政府与石油公司签署的协议，要求政府持进一步的激进立场和实现石油国有化。[2]1975年1月，举行第四届议会选举，登记选民人数5.3万人，候选人257人，投票率60%。第四届议会(1975—1976年)要求内阁呈送政府计划，遭到拒绝，议会与内阁由此形成对立。1976年8月，埃米尔萨巴赫解散第四届议会。[3]

60—70年代，科威特与黎巴嫩是阿拉伯世界仅有的两个新闻自由的国家。1976年，科威特取消新闻自由，实行高压政策。[4]1979年伊朗巴列维王朝的覆灭和伊斯兰共和国的建立，深刻影响了科威特的政治形势，宗教政治亦呈明显的上升趋势。进入80年代，科威特政坛开始出现动荡的局面:民众不满于政府的经济社会发展政策，议会与内阁之间矛盾加剧。与此同时，伊斯兰主义者取代世俗阿拉伯民族主义者，成为科威特政坛最重要的政治反对派。两伊战争期间，科威特政府支持伊拉克政府，引发约占总人口三分之一的什叶派穆斯林的不满，由此导致逊尼派伊斯兰主义者与什叶派伊斯兰主义者的不同政治倾向。逊尼派伊斯兰主义者大都采用合法和相对温和的形式;相比之下，什叶派伊斯兰主义者往往具有亲伊朗的政治背景，支持伊朗伊斯兰革命，暴力活动频繁。

1981年2月，科威特举行第五届议会选举，登记选民人数4.2万人，候选人447人，投票率90%;5名伊斯兰主义者和3名世俗阿拉伯民族主义者代表反对派进入议会，什叶派席位从10个下降为4个，亲政府的贝都因人获得23个席位。[5]第五届议会(1981—1984年)继续发出反对派的声音，要求修改宪法，改变议会与政府之间的权力分配，抨击政府的国家安全政策和新闻管制政策以及政府官员的腐败行为。[6]

1985年2月，科威特举行第六届议会选举，登记选民人数5.7万人，候选人231人，投票率85%。[7]科威特政府给予世俗反对派以更大的政治空间，旨在削弱伊斯兰主义在议会的势力和影响。在政府的操纵和干预下，贝都因人获得超过一半的议会席位，民族主义者的席位亦进一步增多。艾哈迈德·哈

---

① Assiri, A. R., *The Government and Politics of Kuwait*, pp.91—92, p.97.

② Crystal, J., *Kuwait: The Trasformation of an Oil State*, p.97.

③ Assiri, A. R., *The Government and Politics of Kuwait*, p.97, p.93.

④ Peretz, D., *The Middle East Today*, p.494.

⑤⑦ Assiri, A. R., *The Government and Politics of Kuwait*, p.97.

⑥ Crystal, J., *Kuwait: The Trasformation of an Oil State*, p.98.

提卜和贾希姆·卡塔米返回议会,再次成为议会反对派的核心人物。与此同时,伊斯兰主义者获得的议会席位明显减少,哈立德·苏勒坦和伊萨·沙辛落选,阿卜杜拉·纳菲斯进入议会。第六届议会(1985—1986年)的反对派,包括伊斯兰主义者和世俗民族主义者,多次否决政府议案,抨击内阁官员直至萨巴赫家族成员。1985年,议会反对派调查政府财政、油田安全和股票市场腐败案,迫使司法大臣萨勒曼·杜尔吉辞职,石油大臣阿里·哈利法、交通大臣伊萨·马兹迪、财政大臣贾希姆·胡拉菲、教育大臣哈桑·伊卜拉欣多次遭到抨击。1986年7月,内阁迫于议会反对派的压力而集体辞职。随后,埃米尔贾比尔宣布解散第六届议会。①

80年代末,科威特的民主化运动日渐高涨,自由化改革进程逐渐启动,政治环境出现宽松的迹象。国际形势的变化,特别是苏东剧变,成为影响科威特的重要外部因素。1989年底,反对派举行集会,采取请愿的方式,要求埃米尔贾比尔恢复议会选举和保障公民权利。最初,埃米尔贾比尔同意会见反对派代表,却拒绝接受反对派的要求。11—12月,反对派举行集会,进而与警察发生冲突。②12月中旬,在请愿书签名的民众达到3万人,约占科威特登记选民人数的48%。③1990年1月,反对派人士艾哈迈德·贾拉拉赫发表专栏文章《罗马尼亚的教训》,要求新闻自由和重新启动民主化进程,警告政府遏制民主将重蹈齐奥塞斯库的覆辙和受到人民的惩罚。与此同时,政府的立场开始软化。同年4月,埃米尔贾比尔发表电视讲话,表示赞同政治参与和议会选举,承诺实行政治改革和举行国民会议选举,呼吁以对话取代对抗。④国民会议包括75人,其中50人选举产生,25人由埃米尔指定。⑤同年6月,科威特举行国民会议选举,登记选民人数62 000人,候选人348人,投票率62%,反对派宣布抵制选举。⑥

1990年伊拉克军队占领期间,萨巴赫家族和科威特政府流亡国外,诸多民间政治组织作用凸显,进而形成此后民主化进程的社会基础。1991年2月,伊拉克军队撤出科威特,埃米尔贾比尔恢复在科威特的统治权力。在同

---

① Crystal, J., *Kuwait: The Trasformation of an Oil State*, p.98, p.99, p.96.
② Crystal, J., *Kuwait: The Trasformation of an Oil State*, p.117.
③ Assiri, A. R., *The Government and Politics of Kuwait*, p.96.
④ Crystal, J., *Kuwait: The Trasformation of an Oil State*, p.121, p.118, p.119.
⑤ East, R. & Joseph, T., *Political Parties of Africa and the Middle East*, p.147.
⑥ Assiri, A. R., *The Government and Politics of Kuwait*, p.97.

年 4 月组建的新内阁中，萨巴赫家族成员由海湾战争前的 9 人减少为 4 人，增加 13 名新的内阁成员。①

1992 年 10 月，科威特举行第七届议会选举，登记选民人数 81 000 人，候选人 278 人，投票率83%。②反对派共计获得 35 个议会席位，其中什叶派的伊斯兰民族联盟获得 3 个席位，赛拉菲叶的伊斯兰民众集团获得 3 个席位，穆斯林兄弟会的伊斯兰宪政运动获得 3 个席位，商人的宪政联盟获得 1 个席位，前议会反对派成员组成的议会联盟获得 11 个席位，自由派和世俗民族主义的科威特民主论坛获得 2 个席位，独立人士获得 12 个席位。③第七届议会(1992—1995 年)期间，民众与埃米尔之间的矛盾再度加剧，议会成为挑战埃米尔和萨巴赫家族的重要政治舞台，多数议员要求限制埃米尔的权力。④与此同时，内阁则对议会的权力提出质疑，进而上诉宪法法院。⑤

1996 年 10 月，科威特选举产生第八届议会(1996—1999 年)，反对派议员人数明显减少。⑥1999 年 5 月，埃米尔贾比尔宣布解散议会。随后，埃米尔贾比尔颁布法令，给予妇女选举权以削弱反对妇女享有选举权的逊尼派伊斯兰主义的影响，承诺推行经济社会改革以争取民众的支持，试图通过增加内阁成员中的反对派人数以缓解议会与内阁之间的矛盾。然而，在同年 7 月举行的第九届议会选举中，反对派再次获胜，其中独立候选人获得 37 个席位，什叶派的伊斯兰民族联盟获得 2 个席位，科威特民主论坛获得 2 个席位，伊斯兰民众集团获得 3 个席位，伊斯兰宪政运动获得 6 个席位。埃米尔贾比尔此前颁布的法令，包括给予妇女选举权的法令，遭到议会的否决。⑦

埃米尔贾比尔·艾哈迈德·萨巴赫

90 年代的议会选举标志着科威特民主化进程

① Zahlan, R.S., *The Making of the Modern Gulf States*, p.54.

② Assiri, A. R., *The Government and Politics of Kuwait*, p.97.

③ Tetreault, M.A., *Politics and Society in Contemporary Kuwait*, New York 2000, p.128.

④ Peretz, D., *The Middle East Today*, p.495.

⑤⑥ Zahlan, R.S., *The Making of the Modern Gulf States*, p.56.

⑦ Tetreault, M.A., *Politics and Society in Contemporary Kuwait*, pp.228—229, pp.230—232, p.236.

的启动，反对派开始成为影响科威特政坛的重要力量。然而，科威特长期实行党禁，反对派组织无法取得合法的政治地位，独立候选人在议会占据多数。另一方面，科威特的反对派并非浑然一体，主要反对派政治组织国家宪政阵线、穆斯林兄弟会、伊斯兰联盟、伊斯兰宪政运动、伊斯兰遗产复兴协会、全国伊斯兰联合会和科威特民主论坛分别具有逊尼派和什叶派的教派色彩，强调世俗主义和伊斯兰主义的不同政治倾向，政治立场各异，政治力量分散。①与此同时，国家权力依旧处于萨巴赫家族的控制之下。议会无疑构成民众参与的政治框架，然而议会权力有限，无权决定国家元首和内阁人选，仿佛是反对派的论坛，只能发出批评政府的声音。

巴林毗邻科威特，巴林的统治者哈利法家族与科威特的统治者萨巴赫家族同属欧特布部落，巴林与科威特的传统经济均为珍珠捕捞业和商业，商人在巴林和科威特皆有举足轻重的地位和影响。然而，巴林与科威特的社会结构和政治制度不尽相同，巴林的民众政治参与程度不及科威特。

巴林民众的政治参与，经历了从民族主义运动到民主化运动的演变过程。1923 年，巴林的逊尼派民众召开国民大会，要求被废黜的埃米尔伊萨·阿里重新执政，反对英国殖民当局干涉巴林的内部事务，首开民众政治参与的先河。逊尼派主导的国民大会试图争取什叶派民众的支持；然而，逊尼派与什叶派之间存在明显的教派对立，什叶派大都持亲英的立场，寻求英国政府的保护。②

30—40 年代，哈利法家族依靠新的石油收入和英国的支持，巩固其在巴林的统治地位。"二战"期间，哈利法家族不断强化对于经济领域的控制，尤其在进出口贸易领域排斥地方商人。与此同时，随着珍珠捕捞业和传统贸易的衰落，巴林商人被迫依附于哈利法家族和英国当局，其与哈利法家族以及英国当局之间的矛盾逐渐加剧。进入 50 年代，反对英国的殖民统治和哈利法家族的独裁统治成为巴林民众政治运动的核心内容。③1953 年 10 月，逊尼派和什叶派的 120 名代表选举包括商人、工人和欧莱玛在内的 8 人组成高级执行委员会，其中 4 人来自逊尼派，4 人来自什叶派。④高级执行委员会要求举行议会选举、引进新的刑法和民法、建立工会和世俗法庭。1954 年 10—11

---

① East, R. & Joseph, T., *Political Parties of Africa and the Middle East*, p.149.

② Zahlan, R.S., *The Making of the Modern Gulf States*, p.63.

③ Lawson, F.H., *Bahrain: The Modernization of Autocracy*, p.60.

④ Khurt, M.I., *Tribe and State in Bahrain*, Chicago 1980, p.202.

月,高级执行委员会在麦纳麦组织逊尼派和什叶派集会,两次集会的参加者均超过万人。同年12月,高级执行委员会组织大罢工。①1955年夏,高级执行委员会宣布成立工会联盟。1956年3月,高级执行委员会与埃米尔萨勒曼·哈马德达成妥协,高级执行委员会放弃选举议会的要求,埃米尔萨勒曼·哈马德承认高级执行委员会的合法地位,高级执行委员会更名为国家统一委员会。11月,埃米尔萨勒曼·哈马德宣布进入紧急状态,取缔国家统一委员会,逮捕和囚禁国家统一委员会成员。此后10年,巴林处于紧急状态之下。1965年3月,石油公司解雇数百名工人,引发新的骚乱,学生首次加入示威者的行列。反对派组成进步力量国家阵线,号召举行总罢工,要求改善工人的境况,解除紧急状态,直至遭到政府的镇压。②

1972年6月,埃米尔伊萨·萨勒曼宣布召开立宪会议。然而,在伊萨·萨勒曼看来,宪政制度并不意味着民众主权和民主政治,而统治者与臣民之间的协商即传统的"舒拉"是民众参与的最佳形式。埃米尔只是"将宪法视作自己赐予臣民的礼物,表达君主的仁慈"。1972年12月,巴林举行立宪会议选举;全国划分为19个选区,选举22人,另由埃米尔任命逊尼派商人5人和什叶派商人3人,以及内阁大臣12人,共同组成42人的立宪会议。③1973年12月,立宪会议颁布宪法。根据1973年宪法,巴林实行议会君主制,议会设42个席位,其中30个席位选举产生,12个席位由埃米尔任命;年满20岁的男性公民享有选举权;议会无立法权。④1973年12月,巴林举行第一届议会选举,2.7万名男性公民选举议会30名议员。议会内部形成人民集团与宗教集团的对立。人民集团继承国家统一委员会的传统,持左翼和世俗立场,强调阿拉伯民族主义和社会主义,得到包括逊尼派和什叶派在内的工人、学生、知识分子的支持。宗教集团具有浓厚的宗教色彩,强调伊斯兰教的地位和作用,得到什叶派农民的支持。1975年8月,议会否决埃米尔伊萨·萨勒曼颁布的国家安全法令以及巴林政府与美国政府达成的军事基地使用权的协议。随后,埃米尔伊萨·萨勒曼解散议会,议会与政府合并。⑤

巴林独立后,哈利法家族长期垄断国家权力,控制内阁要职,宪法和议会

① Lawson, F.H., *Bahrain: The Modernization of Autocracy*, pp.62—63.
② Zahlan, R.S., *The Making of the Modern Gulf States*, pp.70—71.
③ Lawson, F.H., *Bahrain: The Modernization of Autocracy*, pp.87—88.
④ Peretz, D., *The Middle East Today*, p.496.
⑤ Zahlan, R.S., *The Making of the Modern Gulf States*, pp.73—74.

形同虚设，埃米尔主持的哈利法家族长老会议则是巴林政治生活的中枢机构。与此同时，逊尼派商人构成内阁的重要来源，在麦纳麦、穆哈拉格、里法伊、阿尔西德、西特拉和基德·哈夫斯六个主要城市的市政会议亦有一定的影响。相比之下，什叶派穆斯林占巴林人口的多数，长期游离于政治舞台的边缘地带，无缘分享国家权力，进而形成与逊尼派穆斯林之间的明显对立，构成最重要的政治反对派。自 70 年代末开始，现代伊斯兰主义在巴林的影响逐渐扩大，麦纳麦的什叶派贫民区成为现代伊斯兰主义的秘密据点，什叶派穆斯林的反政府示威活动日渐频繁，形成宗教政治与世俗政治的尖锐对立。①巴林的什叶派穆斯林尽管大都系阿拉伯人，却与伊朗具有密切的宗教和政治联系。伊朗伊斯兰革命爆发后，德黑兰电台呼吁巴林的什叶派穆斯林推翻哈利法家族的统治，巴林的什叶派穆斯林与逊尼派穆斯林之间的关系骤然紧张。②1979 年 8 月，什叶派穆斯林在麦纳麦举行示威，支持伊朗伊斯兰共和国和巴勒斯坦解放运动。1980 年，什叶派穆斯林举行示威，抗议伊拉克政府处死达瓦党的创始人穆罕默德·巴基尔·萨德尔，直至与警察发生冲突。③

70 年代，工人运动构成议会框架外民众政治参与的主要形式。1972 年、1974 年和 1976 年，巴林连续发生工人罢工和示威，要求提高工资、组建工会和实行政治改革。与此同时，包括巴林民众阵线、民族解放阵线和复兴党分支机构在内的左翼政治组织在巴林始露端倪。1979 年，巴林民众阵线与民族解放阵线谈判合并，1981 年 1 月，双方发表共同政治宣言，要求恢复议会制政府和组建独立工会。④

1991 年海湾战争后，巴林民众上书埃米尔伊萨·萨勒曼，要求重新召开议会和扩大议会权限。⑤1992 年 12 月，埃米尔伊萨·萨勒曼宣布建立协商会议，包括任命产生的 30 名成员，任期 4 年，埃米尔伊萨·萨勒曼出任协商会议主席。1994 年 12 月，巴林再次爆发要求扩大政治参与的民众运动，2.5 万人参加请愿活动并签名上书埃米尔，要求恢复议会选举，实行宪政，保障公民权利，改善民众生活，释放政治犯。1996 年，埃米尔伊萨·萨勒曼宣布协商会议成员由 30 人增至 40 人，扩大协商会议的权限。⑥此间，埃米尔伊萨·萨

---

① Lawson, F.H., *Bahrain: The Modernization of Autocracy*, p.77, p.83.

② Zahlan, R.S., *The Making of the Modern Gulf States*, p.75.

③ Lawson, F.H., *Bahrain: The Modernization of Autocracy*, p.86.

④ Lawson, F.H., *Bahrain: The Modernization of Autocracy*, pp.84—85.

⑤ Yapp, M.E., *The Near East since the First World War*, p.497.

⑥ Najem, T.P. & Hetherington, M., *Good Governance in the Middle East Oil Monarchies*, p.33.

勒曼于 1991 年和 1995 年两次与美国签署安全协议，美国政府成为哈利法家族政权的重要盟友。埃米尔伊萨·萨勒曼的亲美政策和独裁统治导致巴林民众的强烈不满和反美情绪的高涨，哈利法家族与巴林民众之间的关系日趋紧张，暴力事件明显增多。①

1999 年伊萨·萨勒曼死后，其子哈马德·伊萨即位。哈马德·伊萨恢复政府与反对派之间的对话，释放约 300 名在押政治犯，尝试推行民主化改革。2000 年 9 月，哈马德·伊萨任命 19 名什叶派穆斯林、19 名逊尼派穆斯林、1 名犹太人和 1 名基督徒组成新一届协商会议，其中包括 4 名女性。同年 12 月，哈马德·伊萨任命组成新的委员会，负责制定民族行动宪章。根据民族行动宪章，巴林在立宪君主制的框架内重新构建政治体系，实现社会正义，保障公民权利，司法独立，立法权属于选举产生的两院制议会。2001 年 2 月，巴林举行全民公决，民族行动宪章以 98.4% 的压倒性多数获得通过。②2002 年，巴林举行地方选举。2003 年，巴林举行议会选举，妇女与男子获得同样的选举权。同年，哈马德·伊萨采用国王的称谓，巴林埃米尔国改称巴林王国。③

巴林国王哈马德·伊萨

海湾战争后，卡塔尔和阿曼的传统政治秩序开始出现衰落的迹象。1992 年，卡塔尔民众采取请愿的形式，要求举行议会选举和赋予议会以立法权。④1995 年埃米尔哈马德即位后，推行政治改革，修改宪法，明确划分宫廷与内阁的权限，解除新闻审查，给予妇女选举权。⑤1999 年，多哈举行地方选举，妇女和男子同样享有选举权和被选举权，是为卡塔尔历史上的首次选举。⑥2003 年，卡塔尔颁布新宪法，规定议会三分之二的席位由选举产生，三分之

① Zahlan, R.S., *The Making of the Modern Gulf States*, pp.78—79, p.80.

② Najem, T.P. & Hetherington, M., *Good Governance in the Middle East Oil Monarchies*, p.34, p.72.

③ Ochsenwald, W., *The Middle East: A History*, p.670.

④ East, R. & Joseph, T., *Political Parties of Africa and the Middle East*, p.223.

⑤ Zahlan, R.S., *The Making of the Modern Gulf States*, p.104.

⑥ Najem, T.P. & Hetherington, M., *Good Governance in the Middle East oil Monarchies*, p.50.

一的席位由埃米尔任命。①

阿曼于1981年10月成立协商会议,协商会议的43名成员(1983年增至55名成员)由苏丹指定,包括政府官员、商人和部落贵族,任期2年。②协商会议设立5个专门委员会,每年召开3次,每次会期3天(1985年延长为5—7天)。协商会议无立法权,协商内容限于经济社会领域的问题。协商会议按照阿曼的教派人口比例划分席位,其中伊巴迪叶派成员占54.5%,逊尼派成员占29.5%,什叶派成员占16%。1993年,协商会议成员增至80人,任期延长为3年,其中部分成员改为选举产生,妇女获准参与协商会议的竞选,是为海湾国家所绝无仅有。协商会议主席由苏丹任命,两名副主席和专门委员会主席由协商会议成员选举产生。新的协商会议行使有限的权力,标志着民众初步的政治参与。1996年11月,阿曼苏丹卡布斯·赛义德颁布基本法,是为阿曼的第一部宪法,国家和政府依然处于苏丹的控制之下。③1998年,苏丹卡布斯·赛义德承诺改革协商会议制度,协商会议成员不再由苏丹指定,将由阿曼国民选举产生。2000年,阿曼举行首次协商会议选举,包括数名女性在内的约600人参与竞选。与此同时,扩大协商会议权限的民众呼声日益高涨。④

石油经济的繁荣

海湾地区蕴藏着丰富的石油资源。石油的发现和石油经济的繁荣,构成海湾小国兴起和发展的重要基础。自20世纪30年代,石油工业在海湾地区悄然崛起。石油的开采提供了海湾地区与国际社会交往的纽带,海湾地区的经济生活开始融入世界市场。石油经济的发展和繁荣,导致海湾地区的深刻历史变革。伴随着石油财富的增长,海湾小国相继崛起,海湾地区的传统秩序逐渐解体,现代化进程随之启动。

20世纪30年代,巴林、科威特、卡塔尔、阿曼、迪拜、沙迦、哈伊玛角、阿布扎比相继与西方石油公司签署协议,出让石油勘探权。与此同时,加利福尼亚标准石油公司成立巴林石油公司和加利福尼亚阿拉伯标准石油公司,伊

---

① Aarts, P., *Saudi Arabia in the Balance: Political Economy, Society, Foreign Affairs*, p.262.

② Owtram, F., *A Modern History of Oman*, p.165.

③ Allen, C.H., *Oman under Qaboos: From Coup to Constitution 1970—1996*, pp.49—50, p.56, p.57, p.220.

④ Najem, T.P. & Hetherington, M., *Good Governance in the Middle East oil Monarchies*, p.72.

拉克石油公司成立卡塔尔石油公司和特鲁希尔石油公司，英伊石油公司成立科威特石油公司。[①]

巴林是最早发现石油的海湾国家，亦是“二战”爆发前唯一出口石油的海湾国家。1930 年，美国加利福尼亚标准石油公司与得克萨斯公司组建巴林石油公司。同年，巴林石油公司与哈利法家族埃米尔签署协议，开始在阿瓦勒岛中部勘探石油。[②]1932 年，巴林石油公司建成第一口油井，石油日产量约 9 000 桶，海湾地区的石油时代由此拉开序幕。[③]1934 年，巴林石油公司开始出口石油。自 1935 年起，巴林的石油产量大幅度增长。1937—1940 年，巴林石油年产量超过 100 万吨。[④]1937 年，巴林炼油厂建成。随着石油的开采和石油产量的提高，石油收入成为巴林政府的主要财政来源。巴林政府从巴林石油公司获得的岁入，1933 年为 9 000 美元，1936 年超过 17 万美元，1940 年达到 100 万美元。[⑤]1952 年，哈利法家族与巴林石油公司达成协议，实行五五制的利润分成。巴林政府的石油收入，1950 年为 160 万美元，1951 年增至 280 万美元，1952 年达到 630 万美元。[⑥]30—60 年代，巴林石油公司生产原油超过 3.15 亿桶，约占巴林石油总储量的三分之一到二分之一。60 年代中期，巴林政府财政收入的 75%来自石油。[⑦]1963 年，阿拉伯美国石油公司在沙特阿拉伯港口城市达曼以北 40 公里的阿布萨费发现石油。根据 1958 年巴林与沙特阿拉伯签署的协议，阿布萨费划归沙特阿拉伯，阿布萨费的石油资源则由两国平分。1965 年 12 月，阿布萨费油田开始生产原油，石油收入的 50%属于阿拉伯美国石油公司，25%属于沙特阿拉伯政府，25%属于巴林政府。1968 年，巴林政府石油收入的一半以上来自阿布萨费油田。[⑧]1974 年，哈利法家族的埃米尔与巴林石油公司签署协议，巴林政府收购巴林石油公司的全部股权。1976 年，巴林政府成立国家石油公司。石油产量和国际市场石油价格的提高，导致石油收入的大幅增长。1970 年，巴林的石油产量为 2 800 万桶，出口石油收入 2.1 亿美元。1990 年，巴林的石油产量下降为

① Owen, R., *A History of Middle East Economies in the Twentieth Century*, p.84, p.85.
② Lawson, F.H., *Bahrain: The Modernization of Autocracy*, p.38.
③ Zahlan, R.S., *The Making of the Modern Gulf States*, p.64.
④ Lawson, F.H., *Bahrain: The Modernization of Autocracy*, p.48.
⑤ Owen, R., *A History of Middle East Economies in the Twentieth Century*, p.86.
⑥ Lawson, F.H., *Bahrain: The Modernization of Autocracy*, p.59.
⑦ Al-Kuwari, A.K., *Oil Revenues in the Gulf Emirates*, Boulder 1978, p.76.
⑧ Lawson, F.H., *Bahrain: The Modernization of Autocracy*, p.95, p.93.

1 500 万桶，出口石油收入却上升为 21.3 亿美元。①

1913 年，英国地质学家进入科威特勘探石油。1932 年，英伊石油公司与美国海湾石油公司联合组建科威特石油公司。1934 年 12 月，科威特埃米尔艾哈迈德与科威特石油公司签署开发石油的协议，期限为 75 年。科威特石油公司于 1938 年在布尔干发现石油，1946 年开始出口石油。此后，科威特石油产量急剧上升：1946 年 590 万桶，1950 年 12 570 万桶，1955 年 40 270 万桶，1960 年 61 910 万桶，1965 年 86 150 万桶，1970 年 109 060 万桶。科威特政府最初按照每桶 13 美分的固定比例获得石油公司的利润分成，低于同时期沙特阿拉伯、伊朗和伊拉克政府每桶 22 美分的利润分成标准。1946 年，科威特政府的石油收入仅为 7.6 万美元。1951 年，科威特政府与科威特石油公司签署新的协议，参照沙特阿拉伯和委内瑞拉的模式，实行五五制利润分成。1955 年，科威特政府的石油收入增至 2.5 亿美元。1972 年，科威特政府的石油收入超过 10 亿美元。②70 年代初，科威特石油公司控制科威特 90%的石油生产。1974 年，科威特政府收购科威特石油公司 40%的股权。同年，科威特政府与沙特阿拉伯政府共同成立阿拉伯石油公司，科威特政府持有该公司 60%的股权。1976 年，科威特政府收购科威特石油公司其余 60%的股权。③1970 年，科威特的石油产量超过 10 亿桶，石油收入 15.8 亿美元；1990 年，科威特的石油产量下降为 4.3 亿桶，石油收入上升为 63.9亿美元。④1985 年，科威特政府的财政收入共计 23.45 亿第纳尔（1 第纳尔折合 3.40 美元），其中来自石油的收入为 20.95 亿第纳尔。1990 年，科威特的政府财政收入共计 22.31 亿第纳尔，其中来自石油的收入为 19.42 亿第纳尔。⑤

科威特石油公司 logo

① Owen, R., *A History of Middle East Economies in the Twentieth Century*, p.267.

② Crystal, J., *Kuwait: The Trasformation of an Oil State*, p.17, p.39, p.40, pp.38—39.

③ Al-Dekhayel, A., *Kuwait: Oil, State and Political Legitimation*, p.25.

④ Owen, R., *A History of Middle East Economies in the Twentieth Century*, pp.266—267.

⑤ Crystal, J., *Kuwait: The Trasformation of an Oil State*, p.45.

卡塔尔于1939年发现石油。1949年，卡塔尔石油产量为75万桶，同年开始出口石油。1970年，卡塔尔的石油产量为1.3亿桶，出口石油收入2.3亿美元。1990年，卡塔尔的石油产量增至1.5亿桶，出口石油收入增至148亿美元。①

30年代末，伊拉克石油公司开始在阿布扎比、迪拜、沙迦、哈伊玛角勘探石油。1958年，伊拉克石油公司的子公司阿布扎比石油公司在阿布扎比海域发现石油。1960年，阿布扎比内陆亦发现石油。1962年，阿布扎比石油公司开始向国际市场出口石油。②1965年，阿布扎比埃米尔沙赫布特与阿布扎比石油公司签署协议，实行五五制的利润分成。迪拜于1967年发现石油，1969年出口石油。③1970年，阿布扎比和迪拜的石油产量为2.8亿桶，出口石油收入5.2亿美元；1990年，阿拉伯联合酋长国的石油产量增至7.7亿桶，出口石油收入增至148亿美元。④

1963年，阿曼内陆发现石油。1967年，阿曼开始向国际市场出口石油。⑤同年，苏丹赛义德·塔伊穆尔与阿曼石油公司签署协议，实行五五制的利润分成。1976年，阿曼政府拥有阿曼石油公司60%的股权。石油开采规模的扩大导致阿曼政府财政收入的增长。1966—1976年，阿曼政府的岁入从600万美元增至14亿美元。1985年，石油和天然气收入占阿曼政府财政收入的47%和外汇收入的90%。⑥1990年，阿曼的石油产量达到2.5亿桶，出口石油收入28.7亿美元。⑦

非石油领域的经济发展

1961年科威特独立以后，其国家职能逐渐强化，政府机构逐渐扩大。与此同时，科威特政府不断扩大经济领域的干预范围，包括石油在内的主要经济部门处于政府的控制之下。科威特国家石油公司始建于1960年，1965年政府持60%的股份，1975年政府持100%的股份。石油化学工业公司始建于1963年，1965年政府持80%的股份，1975年政府持100%的股份。科威特油

① Owen, R., *A History of Middle East Economies in the Twentieth Century*, p.87, p.202, pp.266—267.

② Owen, R., *A History of Middle East Economies in the Twentieth Century*, p.84, p.202.

③ Ochsenwald, W., *The Middle East: A History*, pp.677—678.

④⑦ Owen, R., *A History of Middle East Economies in the Twentieth Century*, pp.266—267.

⑤ Owen, R., *A History of Middle East Economies in the Twentieth Century*, p.202.

⑥ Yapp, M.E., *The Near East since the First World War*, p.375.

轮公司始建于1957年,1975年政府持49%的股份,1980年政府持100%的股份。科威特与沙特阿拉伯于1958年共同成立阿拉伯石油公司,1975年科威特政府持有该公司60%的股份。1979年,科威特政府成立科威特石油集团,拥有科威特国家石油公司、石油化学工业公司、科威特油轮公司。另一方面,科威特政府在诸多股份制公司所持有的股份亦呈上升的趋势。1986年,政府持有科威特投资公司64%的股份,持有科威特国外承包公司95%的股份,持有海湾保险公司74%的股份,持有瓦拉卜保险公司58%的股份,持有五家工业公司超过50%的股份,持有商业银行35%的股份,持有海湾银行32%的股份,持有科威特与中东银行20%的股份。1986年,政府持有科威特运输公司100%的股份,持有阿拉伯联合航运公司93%的股份。①国家资本主义构成科威特现代化进程中经济发展的主要形式,是为萨巴赫家族政权的经济基础。国家资本主义与君主制的结合,构成科威特现代化进程的基本模式。

科威特的私人经济尽管处于国民经济的边缘地带,亦长期保持活跃的态势,构成国有经济的重要补充形式。科威特宪法在规定公共资源和自然资源属于国家的基础上,强调私人经济与国有经济之间的公平合作,保护私人财产不受侵犯。与此同时,科威特政府对私人经济实行自由放任的政策,保护私人经济和商人利益,加速私人资本的积累过程。非石油经济的发展,提供了私人经济的广阔空间。

科威特的私人经济分布于制造业、金融业、房地产业、建筑业和商业诸多领域。私人制造业企业兴起于60年代初,包括食品加工厂、建材厂和家具厂,规模较小。市场的有限、原材料的短缺和劳动力的匮乏,限制着私人制造业的发展。舒艾巴工业区始建于1964年,舒韦赫工业区始建于70年代初,是科威特私人制造业企业的主要分布区域。1964—1973年,国家信贷银行向私人制造业企业提供59笔贷款,总额200万第纳尔。1974—1986年,科威特工业银行向私人制造业企业提供贷款371笔,总额3亿第纳尔。私人金融业包括银行、保险公司、投资公司和股票市场。1961年独立前,科威特只有两家金融机构,即始建于1947年的英国中东银行和始建于1952年的科威特国家银行。80年代初,科威特的金融机构包括中央银行、股票市场、8家商业银行、3家专业银行、5家保险公司、18家投资公司,其中股票市场、5家商业银行、1家专业银行、3家保险公司和16家投资公司属于私人金融机构。自

① Al-Dekhayel, A., *Kuwait: Oil, State and Political Legitimation*, p.6, p.26, p.8, p.9.

50年代开始，随着石油经济的发展和城市人口的膨胀，房地产业和现代服务业呈明显上升的趋势，进而成为私人投资的重要领域。①

石油时代，海外投资构成科威特经济生活的重要内容。英国和美国是科威特海外投资的主要对象，西班牙、德国和日本亦是科威特海外投资的重要目标。②70年代，萨巴赫家族成为伦敦股票市场最大的股票持有者。③自80年代起，海湾投资的收益构成科威特的主要财源之一。1987年，科威特石油收入54亿美元，海外投资收入63亿美元。另据估计，科威特的海外投资总额超过1 000亿美元。④

自20世纪30年代起，随着石油的开采和石油收入的增长，巴林的经济市场化程度逐渐提高，农产品的消费日益依赖于从印度进口的谷物、从东非进口的食糖以及从伊拉克和沙特阿拉伯进口的椰枣。“二战”期间，哈利法家族加强对于经济领域的控制和干预，尤其在进出口贸易领域排斥地方商人。1938—1945年，政府岁入从370万卢比(约合150万美元)增至560万卢比(约合226万美元)。“二战”结束后，西方商人开始进入海湾市场，与巴林商人建立广泛的贸易联系，西方商品充斥着巴林的市场。与此同时，哈利法家族推行关税改革，提高进口税征纳标准。1950年1月，政府颁布新的关税标准，普通商品的进口税从2%提高为5%，奢侈品的进口税从2%提高为10%，而哈利法家族和石油公司进口的商品免征关税。⑤

巴林的石油资源相对有限，非石油领域的经济成分在国民经济中占有较高的比例。自60年代开始，巴林政府推行石油替代的经济战略，吸引国外投资，大力发展面向国际市场的制造业、轻工业、农业、金融业和航运业，进而形成在海湾地区独具特色的经济结构。50年代，巴林的制造业仅有船舶修造厂和造纸厂以及其他轻工业企业数家。1962年，政府在米纳·苏勒曼开辟自由贸易区。1964年，政府在米纳·苏勒曼自由贸易区建立出口加工品免税区，旨在发展面向国际市场的外向型工业。1966—1968年，巴林经历非石油工业的长足发展，建成大规模和资金密集型工业企业多家，引进国外技术和设备，雇佣外籍劳动力，是为巴林工业化的重要阶段。英国与巴林商人合股的渔业公司始建于1966年，拥有8艘现代渔船，在海湾北部水域作业，产

---

① Al-Dekhayel, A., *Kuwait: Oil, State and Political Legitimation*, p.158, p.177, p.159, p.160, p.160.

②④ Crystal, J., *Kuwait: The Trasformation of an Oil State*, p.52.

③ Peretz, D., *The Middle East Today*, p.493.

⑤ Lawson, F.H., *Bahrain: The Modernization of Autocracy*, p.51, p.53, p.55, p.59.

品销往欧洲、日本和美国。巴林政府与英国铝业公司合资的铝厂始建于1969年,从澳大利亚进口铝矿石,设计能力为年加工9万吨铝,出口国际市场。1972年,巴林建成油漆厂和大型船坞。进入80年代,巴林经历新的工业化浪潮,合资建成阿拉伯钢铁公司、海湾铝业公司和海湾石油工业公司;其中,阿拉伯钢铁公司年生产能力400万吨,海湾铝业公司年生产能力4万吨,海湾石油工业公司日产甲醇和氨达到千吨。制造业在国内生产总值中所占的比例,1970年0.9%,1975年10.5%,1983年12.7%。制造业劳动力所占的比例,1965年0.8%,1982年11.7%。1975年,巴林政府实行金融业开放政策,引进国外金融机构。至1983年,境外金融机构的资金总额达到627亿美元。与此同时,巴林传统经济部门农业呈下降趋势,耕地面积逐年减少,农产品进口逐年增长。农业在国内生产总值中所占的比例,1970年为0.9%,1983年为1.2%。农业劳动力在全部劳动力中所占的比例,1965年为8.7%,1982年为2.6%。①

迪拜

① Lawson, F.H., *Bahrain: The Modernization of Autocracy*, pp.93—111.

阿拉伯联合酋长国的迪拜是海湾地区最重要的国际贸易中心，拥有海湾地区最大的国际空港和完善的现代金融体系。

苏丹赛义德·塔伊穆尔当政期间，阿曼经济拮据，政治保守，社会封闭，传统秩序根深蒂固。自1970年苏丹卡布斯即位后，阿曼的现代化进程逐渐启动。70年代，“发展的独裁模式”是阿曼现代化进程的推动力。卡布斯政府致力于推行开放政策，鼓励私人的经济参与和国外投资，与国际社会建立广泛的联系，阿曼逐渐走出传统的封闭状态。石油经济的发展和政府财政收入的增长，构成阿曼政府推行现代化举措的物质基础。1975年以后，阿曼的政治局势趋于稳定，经济社会领域出现长足的进步。90年代，阿曼的国内生产总值年均增长5%，石油日产量达到90万桶。①尽管如此，阿曼仍然是海湾地区最落后的国家，多数人口生活在乡村，从事传统的农业和畜牧业。直至1970年赛义德·塔伊穆尔退位时，阿曼几乎无现代工业可言。1975年，阿曼仅有10家现代工业企业。80—90年代，阿曼政府开辟工业园区，鼓励私人投资工业企业。1975年，政府与私人共同投资兴建马特拉面粉厂，政府拥有60%的股份。阿曼水泥公司自1977年开始兴建，1984年建成投产，政府拥有100%的股份。莱苏特水泥公司位于佐法尔，政府拥有20%的股份。1975年，政府在奈兹瓦和鲁斯塔格投资兴建椰枣加工厂。1996年，阿曼共有工业企业1 400家，其中雇佣劳动力不足10人的企业1 100家；工业企业雇佣劳动力2.6万人，其中阿曼人4 000人，仅占16%，低于阿曼政府雇员中阿曼人所占的35%的比例。1996年，工业产值仅占国内生产总值的10%。阿曼的主要农作物是椰枣，主要的畜牧业产品是羊和骆驼。苏丹卡布斯即位后，阿曼的农业生产呈持续的上升趋势。1970—1990年，农作物年产量从18万吨增至70万吨。1976—1993年，农作物年产值从1 230万里亚尔增至超过1亿里亚尔。1970—1993年，出口农作物总值从32万里亚尔增至1 000万里亚尔。然而，水源的匮乏严重制约着阿曼的农业发展；农业区域主要分布于巴提奈沿海和佐法尔的萨拉拉平原，耕地仅占国土面积的0.1%。②

人口的增长与多元化的社会结构

20世纪初，海湾地区总人口约75万，其中科威特、巴林和卡塔尔人口约

① Ochsenwald, W., *The Middle East: A History*, p.682.

② Allen, C.H., *Oman under Qaboos: From Coup to Constitution 1970—1996*, pp.139—152.

17万,自阿布扎比至哈伊玛角的特鲁希尔诸国人口约8万,马斯喀特和阿曼人口约50万。①海湾地区的人口大都处于定居状态,游牧人口仅占少数。科威特是海湾地区最大的城市,约有人口3.5万;巴林的麦纳麦和穆哈拉格亦是海湾地区的重要城市,各有人口超过2万。②

海湾诸国地广人稀,现代劳动力资源严重匮乏。随着石油经济的发展,海湾诸国的人口呈急剧增长的趋势。外籍劳动力的涌入,导致海湾诸国的社会结构发生明显的变化。本土人口与外籍人口的长期并存,以及本土人口与外籍人口在诸多方面的明显差异,构成海湾诸国社会结构的突出特征。

1957年,科威特总人口为21万,其中科威特本土人口占总人口的55%,外籍人口占总人口的45%。③1961年,科威特总人口为32万,其中科威特人占50.3%,外籍人口占49.7%。④1980年,科威特总人口136万,其中本土人口占总人口的41.5%,外籍人口占总人口的58.5%。⑤1985年,科威特总人口约170万,其中科威特人占40.1%,外籍人口占59.9%。⑥1990年,科威特总人口增至214万,其中科威特本土人口83万,占总人口的38.6%,外籍人口131万,占总人口的61.4%。⑦1995年,科威特总人口158力,其中科威特人66万,占总人口的41.6%,外籍人口92万,占总人口的58.4%。⑧在卡塔尔和阿拉伯联合酋长国,外籍人口在总人口中所占的比例甚至高于科威特。根据1980年的统计,卡塔尔总人口为20万,其中本土人口5.2万,占总人口的26%,外籍人口14.8万,占总人口的74%;阿拉伯联合酋长国总人口为56万,其中本土人口10万,占总人口的17.5%,外籍人口46万,占总人口的82.5%。⑨巴林亦有相当数量的外籍人口。巴林的外籍人口在总人口中所占的比例,1965年为21%,1971年为17.5%,1976年达到24%。⑩1980年,巴林总人口为36万,其中本土人口24万,占总人口的67.6%,外籍人口12万,占总人口的32.4%。然而,巴林外籍人口的数量始终未超过本土人口的数量。根据2000年的统计,巴林总人口为69万,其中本土人口41万,约占总

---

① Owen, R., *A History of Middle East Economies in the Twentieth Century*, p.76.

② Yapp, M.E., *The Near East since the First World War*, p.201.

③⑦ Crystal, J., *Kuwait: The Trasformation of an Oil State*, p.83.

④⑥ Al-Dekhayel, A., *Kuwait: Oil, State and Political Legitimation*, p.36.

⑤⑨ Owen, R., *A History of Middle East Economies in the Twentieth Century*, p.268.

⑧ Assiri, A. R., *The Government and Politics of Kuwait*, p.139.

⑩ Lawson, F.H., *Bahrain: The Modernization of Autocracy*, p.18.

人口的60%。[①]阿曼是海湾地区外籍人口比例最低的国家。1980年,阿曼总人口为90万,其中本土人口64万,占总人口的70.6%,外籍人口26万,占总人口的29.4%。[②]进入90年代,外籍人口的比例呈明显的上升趋势。

海湾诸国的外籍人口来源各异,包括阿拉伯血统的外籍人口、非阿拉伯血统的亚非裔外籍人口和欧美裔外籍人口。80年代以前,海湾诸国的外籍人口大都来自阿拉伯世界和伊朗。在1975年的科威特,阿拉伯血统的外籍人口42万,占科威特总人口的42%,非阿拉伯血统的外籍人口11万,占科威特总人口的10%。[③]进入80年代,来自南亚和东南亚的外籍人口呈明显上升的趋势。[④]另一方面,外籍人口境况各异,西方人大都从事白领职业,具有较高的社会地位,阿拉伯人次之,来自南亚和东南亚的外籍劳动力普遍从事建筑业和服务业,收入微薄,处于外籍人口的底层。1985年,科威特的外籍人口共计102万,其中阿拉伯人64万,占总人口的38%,非阿拉伯人37万,占总人口的22%。[⑤]90年代初,海湾诸国的总人口约460万,其中270万系外籍人口,在科威特、卡塔尔和阿联酋,外籍人口的数量远远超过本土人口的数量。[⑥]

海湾诸国的外籍人口大都属于非熟练劳动力,主要从事服务业和建筑业,与本土居民之间联系甚少,普遍处于相对孤立的社会地位。在1957—1993年的科威特,外籍劳动力的44%从事服务业,18%从事建筑业。[⑦]1971年,巴林外籍人口在服务业和建筑业的从业人员中所占的比例分别为59%和54%;1981年,巴林外籍人口在服务业和建筑业的从业人员中所占的比例分别上升为93%和92%。[⑧]在1993年的阿曼,外籍劳动力的24%从事服务业,24%从事建筑业。[⑨]

海湾诸国在石油时代经历城市化的长足发展。1960—1990年,科威特的总人口从30万增至210万,城市人口在总人口中所占的比例从72%上升为96%。[⑩]60年代末,阿布扎比、迪拜、沙迦、阿治曼、乌姆盖万、哈伊马

---

① Najem, T.P. & Hetherington, M., *Good Governance in the Middle East oil Monarchies*, p.36.

② Owen, R., *A History of Middle East Economies in the Twentieth Century*, p.268.

③⑤ Crystal, J., *Kuwait: The Trasformation of an Oil State*, p.85.

④ Mohammed, N.S.A., *Population and Development of the Arab Gulf States*, Hampshire 1988, pp.5—6.

⑥ Zahlan, R.S., *The Making of the Modern Gulf States*, p.4.

⑦ Mohammed, N.S.A., *Population and Development of the Arab Gulf States*, p.21, p.9.

⑧ Lawson, F.H., *Bahrain: The Modernization of Autocracy*, p.19.

⑨ Mohammed, N.S.A., *Population and Development of the Arab Gulf States*, p.9.

⑩ Owen, R., *A History of Middle East Economies in the Twentieth Century*, p.274.

角和富查伊拉的总人口不足18万，其中阿布扎比4.6万人，迪拜5.9万人，沙迦3.2万人，阿治曼0.4万人，乌姆盖万0.4万人，哈伊马角2.4万人，富查伊拉1万人，城市人口约占总人口的37%。1975年，阿拉伯联合酋长国总人口增至65.4万，其中阿布扎比23.6万人，迪拜20.7万人，沙迦8.8万人，阿治曼2.2万人，乌姆盖万1.7万人，哈伊马角5.7万人，富查伊拉2.6万人。①1990年，阿拉伯联合酋长国的总人口达到160万，城市人口在总人口中所占的比例上升为78%。②90年代初，阿拉伯联合酋长国约80%的人口生活在阿布扎比、迪拜和沙迦3个主要城市。③1959年，巴林总人口为14.3万，其中乡村人口3.1万，城市人口11.2万，8.9万人生活在麦纳麦和穆哈拉格两大城市。1981年，巴林总人口增至35万，其中乡村人口5万，城市人口30万，18万人生活在麦纳麦和穆哈拉格两大城市。④1990年，卡塔尔总人口约50万，其中超过22万人生活在首都多哈。⑤阿曼是最晚发现石油的海湾国家，亦是海湾地区唯一的农业国，外籍人口数量有限，城市人口在总人口中所占的比例最低。1960—1990年，阿曼的总人口从50万增至160万，城市人口在总人口中所占的比例从4%上升为11%。⑥1985年，阿曼首都马斯喀特的人口只有5万。⑦

海湾诸国的本土人口尽管数量有限，然而社会地位不尽相同。统治家族垄断国家权力和石油财富，凌驾于社会之上，长期处于特权地位，明显区别于非统治家族的本土公民。另一方面，石油经济时代现代化进程的启动，导致诸多部族之间贫富分化的加剧，新旧社会阶层经历着此消彼长的过程。此外，逊尼派穆斯林与什叶派穆斯林之间存在明显的教派差别：逊尼派穆斯林大都持阿拉伯民族主义的立场，什叶派穆斯林则与海湾大国伊朗具有千丝万缕的联系。什叶派穆斯林来源复杂，兼有阿拉伯人和伊朗人，大都属于社会下层，普遍处于相对贫困的状态。

商人是科威特最重要的社会阶层。前石油时代，商业贸易构成科威特人的主要经济活动和萨巴赫家族的主要财源，商人在科威特社会占有举足轻重

① Roberts, M.H.P., *An Urban Profile of the Middle East*, p.130.
② Owen, R., *A History of Middle East Economies in the Twentieth Century*, p.276.
③ Ochsenwald, W., *The Middle East: A History*, p.680.
④ Lawson, F.H., *Bahrain: The Modernization of Autocracy*, p.12.
⑤ Peretz, D., *The Middle East Today*, p.498.
⑥ Owen, R., *A History of Middle East Economies in the Twentieth Century*, p.275.
⑦ Yapp, M.E., *The Near East since the First World War*, p.376.

的地位。“商人利用缴纳赋税的方式表达自己的政治观点，抑或商人通过财富交换政治权力。”[①]进入石油时代，科威特的商业贸易规模明显扩大。与此同时，科威特商人逐渐从传统商人转化为现代商业资产阶级。随着福利社会的建设和国内消费市场的扩大，进口贸易和服务业长足进步，包括金融家、房地产开发商、进出口中间商和国外代理商在内的商业资产阶级成为联结国内市场与国际市场的重要纽带，进而产生广泛的政治影响。1962—1988 年，科威特 32 个商人家族拥有 208 家公司和商号，此间，科威特内阁的非萨巴赫家族成员共计 136 人，其中 68 人来自上述 32 个商人家族中的 18 个家族。新兴中产阶级是科威特另一重要的社会阶层，包括政府职员、知识界和现代企业管理人员，80 年代构成科威特本土从业者的主体，1985 年占科威特本土从业者总数的 51%。科威特的社会下层包括小商人、农民、贝都因人、渔民，为数有限。[②]此外，超过本土人口 80% 的逊尼派穆斯林与不足本土人口 20% 的什叶派穆斯林之间存在明显的教派对立：科威特社会上层主要来自逊尼派穆斯林，什叶派穆斯林大都属于科威特本土人口中的弱势群体。[③]

科威特城内的著名摩天大厦阿拉亚塔

巴林是科威特的邻国，统治巴林的哈利法家族与统治科威特的萨巴赫家族均为欧特布部落的分支。然而，科威特的人口构成具有明显的同源性，社会结构具有浓厚的部族色彩，称作迪瓦尼耶的部族会议构成联结国家与民众的重要纽带。[④]相比之下，巴林的人口构成却表现为明显的多元性。不同的岛屿生活着不同的社会群体，相互之间联系甚少。诸多岛屿的人口分布，加剧巴林社会构成的差异性。巴林的大商人包括纳季德人和哈瓦拉人两部分，其中纳季德人

① Crystal, J., *Kuwait: The Trasformation of an Oil State*, p.18.
② Al-Dekhayel, A., *Kuwait: Oil, State and Political Legitimation*, p.51, p.49.
③ Crystal, J., *Kuwait: The Trasformation of an Oil State*, p.77.
④ Crystal, J., *Kuwait: The Trasformation of an Oil State*, p.66.

系来自纳季德的逊尼派穆斯林，人数较少，哈瓦拉人系来自伊朗的逊尼派穆斯林，人数较多。小商人和土著的农民、渔民、手工业者构成巴林社会的下层群体，包括来自科威特的逊尼派穆斯林以及来自哈萨的什叶派穆斯林和伊朗人。前石油时代，巴林的耕地大都处于哈利法家族的控制之下，政府岁入主要来自哈利法家族的地产。巴林的富商与哈利法家族联系密切，前石油时代控制珍珠捕捞业，进入石油时代以后转而经营房地产业、建筑业和金融业，充当石油公司的中间商。自 50 年代起，巴林富商成为哈利法家族的盟友和伙伴，具有广泛的政治影响。麦纳麦、穆哈拉格、里法伊、阿尔西德、西特拉和基德·哈夫斯是巴林的 6 个主要城市，设有市政会议；市政会议的主席均为哈利法家族的成员，其余成员大都来自富商阶层。商会由富商组成，亦是富商阶层影响政府决策的重要机构。阿里·法克鲁、尤素夫·艾哈迈德·什拉维和塔里格·阿卜杜勒·拉赫曼长期出任内阁大臣，堪称巴林富商的代表人物。[①]另一方面，巴林是海湾地区唯一的什叶派穆斯林占人口多数的国家；什叶派穆斯林超过巴林总人口的三分之二，逊尼派穆斯林不足巴林总人口的三分之一。[②]然而，逊尼派伊斯兰教在巴林长期占据统治地位，哈利法家族和大多数富商均属逊尼派穆斯林，其中哈利法家族以及与其同时移居巴林的欧特布部落分支鲁马希家族、穆萨拉姆家族、达瓦希尔家族尊奉马立克派教法，纳季德人尊奉罕百里派教法，哈瓦拉人尊奉沙菲仪派教法。什叶派穆斯林主要是土著的农民、渔民、手工业者和石油工人，属于什叶派的十二伊玛目派，多数尊奉欧苏里派教法，少数尊奉阿赫巴尔派教法，普遍处于相对贫困的状态。[③]种族差异、教派分歧与阶级对立错综交织，是巴林社会结构的突出现象。

食利国家与福利社会

自"二战"以来，随着石油经济的发展，海湾诸国政府的石油收入急剧增长，所谓食利国家之福利社会的建设成为海湾诸国现代化进程的突出现象。征纳赋税通常构成国家政权的重要职责，相比之下，海湾诸国普遍实行公民免纳赋税的政策。

---

① Lawson, F.H., *Bahrain: The Modernization of Autocracy*, p.10, p.5, p.7, p.77.

② Hopkins, N.S. & Ibrahim, S.E., *Arab Society: Class, Gender, Power and Development*, p.XV.

③ Lawson, F.H., *Bahrain: The Modernization of Autocracy*, p.4.

科威特政府长期致力于推行诸如免费医疗和教育、发放生活必需品补贴和提供无息住房贷款的全民性福利政策，旨在以满足民众的福利要求取代民众扩大政治参与的要求，以福利化取代民主化，以福利国家取代民主国家。与此同时，服务业以及医疗和教育事业长足进步，医院和学校的数量明显增多。①科威特的现代世俗学校始建于20世纪初：科威特商人于1912年创办的穆巴拉克学校和1921年创办的艾哈迈德学校，首开科威特现代世俗教育的先河。②1936年，科威特政府成立教育署。1945年，政府创办的世俗学校17所，学生人数3 600人。③1956年，政府实行划一的教育体制，形成四年制的小学、四年制的初级中学和四年制的高级中学。1966年，成立科威特大学，实行四年制。④ 60年代初，科威特各类学校增至104所，教师总数增至3 000人，学生总数增至6万人。1966年，科威特政府创办科威特大学。80年代末，科威特各类学校达到640所，教师总数达到2.8万人，学生总数达到37.3万人。⑤

科威特的公共卫生机构始建于20世纪初。第一家医务所始建于1911年，第一家医院始建于1912年，均为西方开设的教会医疗机构。1936年，科威特成立公共卫生署。第一家政府创办的医院始建于1949年，最初拥有50张病床，1950年增至100张。1961年独立后，医疗事业进一步发展，公共卫生机构的服务范围逐渐扩大。1967—1971年的第一个五年计划，科威特政府全面实行免费医疗的福利政策，卫生事业投资3 300万第纳尔。1976—1981年的第二个五年计划，建成五家新的医院，卫生事业投资1.3亿第纳尔。1986—1990年的第三个五年计划，进一步改善医疗条件，卫生事业投资2.2亿第纳尔。1953—1962年，各类医疗机构从50家增至192家；1986年，各类医疗机构达到961家。1964—1974年，病床数量从2 600张增至3 900张；1985年，病床数量达到6 000张。1962—1976年，医务人员数量从2 300人增至6 200人；1986年，医务人员数量达到13 700人。⑥

住房政策和居住条件的改善，亦是科威特建设福利社会的重要内容。

---

① Crystal, J., *Kuwait: The Trasformation of an Oil State*, p.23.

②④ Al-Dekhayel, A., *Kuwait: Oil, State and Political Legitimation*, p.58.

③ Crystal, J., *Kuwait: The Trasformation of an Oil State*, p.69.

⑤ Crystal, J., *Kuwait: The Trasformation of an Oil State*, pp.57—59.

⑥ Al-Dekhayel, A., *Kuwait: Oil, State and Political Legitimation*, p.105, p.107, pp.113—114, p.118, p.119, p.122.

1962—1985 年,政府的住房投资累计 28 亿第纳尔;其中 1962—1974 年累计投资 2 亿第纳尔,1975—1985 年累计投资 26 亿第纳尔。1954—1989 年,政府新建住房累计 64 000 套;其中,1954—1975 年累计新建住房 21 000 套,1976—1989 年累计新建住房 43 000 套。优先向低收入家庭提供廉价住房,是科威特政府住房政策的基本准则。1954—1985 年,政府向低收入家庭提供住房 31 500 套;其中 1954—1975 年 21 000 套,1976—1985 年 10 500 套。①

苏丹卡布斯·赛义德即位初期,阿曼的教育主要是初等教育和扫盲教育。1970 年,政府兴建 13 所小学,其中 3 所是女子小学,教师包括阿曼人以及约旦人和埃及人,另有 700 名儿童在阿布扎比和迪拜等地就学。1972 年,兴建 4 所初中,包括 3 所男子初中和 1 所女子初中,招收学生 150 人。1973 年兴建第一所男子高中,1974 年兴建第一所女子高中。1986 年,建成苏丹卡布斯大学,包括教育与宗教学院、工学院、理学院、农学院、医学院、艺术学院、商业与经济学院。1993 年,苏丹卡布斯大学的学生达到 3 600 人,其中女性占 65%。私立高等学校包括始建于 1995 年的行政学院和始建于 1996 年的现代商业与科学学院。尽管如此,直至 1997 年,阿曼依然是海湾地区教育发展水平最低的国家,成年人识字率仅为 67%;相比之下,沙特阿拉伯的成年人识字率为 73%,阿联酋的成年人识字率为 75%,卡塔尔和科威特的成年人识字率为 80%,巴林的成年人识字率为 86%。②

苏丹卡布斯·赛义德当政期间,阿曼的卫生事业亦经历长足的进步。1996 年,阿曼建成综合医院 48 所,专科医院 5 所,卫生中心 114 所。位于首都马斯喀特的胡布拉皇家医院拥有 630 张床位和先进的医疗设备。阿曼卫生领域的从业者主要来自外籍人口,1996 年,只有 8%的医生、11%的护士和 14%的药剂师来自阿曼本土人口。阿曼政府于 1971 年成立妇女协会,1985 年成立妇女儿童事业董事会。其中,阿曼妇女协会下设 13 个分支机构,阿曼妇女儿童事业董事会下设 7 个职业培训中心。1994 年,妇女在政府雇员总数中所占的比例达到 20%,大都任职于教育部和卫生部。金融和旅游业亦雇佣相当数量的妇女,1 500 名妇女拥有自己的企业。③

---

① Al-Dekhayel, A., *Kuwait: Oil, State and Political Legitimation*, pp.147—149.

② Najem, T.P. & Hetherington, M., *Good Governance in the Middle East oil Monarchies*, p.112.

③ Allen, C.H., *Oman under Qaboos: From Coup to Constitution 1970—1996*, pp.166—167, pp.170—172, pp.176—177.

三、幸福远去的也门

栽德派伊玛目国家

也门是古代世界定居生活的重要发源地，人类在也门的定居生活可以追溯到约 4 万年前，也门首都萨那相传系诺亚之子塞姆所建。也门亦是阿拉伯半岛最早进入文明时代的地区，古代文明可以追溯到米奈—赛伯邑人和希米叶尔人建立的国家。也门一带不同于阿拉伯半岛的内陆荒漠，这里降雨充沛，农业发达，素有“阿拉伯福地”的美誉。

公元 6 世纪，埃塞俄比亚人和波斯人相继统治也门。公元 7 世纪，伊斯兰教传入也门。896 年，什叶派分支栽德派在也门内陆山区建立伊玛目国。① 16 世纪前期，奥斯曼帝国将扩张的矛头指向红海和印度洋水域，占领亚丁、塔兹和萨那，也门被纳入奥斯曼帝国的版图。②

1910 年的亚丁港

① Colburn, M., *The Republic of Yemen: Development Challenges in the 21st Century*, London 2002, p.11, p.13.

② Dresch, P., *A History of Modern Yemen*, Cambridge 2000, p.9.

奥斯曼帝国统治期间，沿海平原的逊尼派穆斯林尊奉伊斯坦布尔的苏丹和沙菲仪派教法，内陆山区的穆斯林追随什叶派分支栽德派伊玛目，与奥斯曼帝国分庭抗礼。1904年，栽德派穆斯林拥立叶赫亚·穆罕默德·穆台瓦基勒出任伊玛目(1904—1948年在位)。1911年，奥斯曼帝国苏丹与栽德派伊玛目叶赫亚·穆罕默德·穆台瓦基勒签署协议，栽德派穆斯林承认奥斯曼帝国在也门的宗主地位，奥斯曼帝国承认栽德派穆斯林在也门内陆山区享有自治的权利。①

1918年"一战"结束后，奥斯曼帝国的军队撤出也门，栽德派伊玛目叶赫亚·穆罕默德·穆台瓦基勒在萨那建立穆台瓦基勒王朝，正式脱离奥斯曼帝国，占据也门北部和中部地区，进而提出对于阿西尔和也门南部的领土要求。②阿西尔位于希贾兹与也门之间，长期处于什叶派分支伊德利斯派的控制之下。1924年，沙特家族与栽德派伊玛目之间爆发战争，沙特家族吞并阿西尔山区，栽德派伊玛目占领阿西尔沿海。1934年，沙特王国吞并阿西尔沿海。根据随后签署的协议，沙特王国将荷台达归还栽德派伊玛目国，承认栽德派伊玛目国作为独立的主权国家，栽德派伊玛目国放弃对于阿西尔的领土要求。③同年，栽德派伊玛目国与英国政府签署协议，双方暂时搁置亚丁和也门南部领土归属的分歧，英国政府正式承认栽德派伊玛目国为独立的主权国家。随后，也门伊玛目国改称也门王国，政治疆域随之确定。④

栽德派国家的权位传承缺乏严格的家族世袭制度，伊玛目由栽德派穆斯林推举赛义德家族成员即所谓的"圣裔"出任。栽德派国家实行教俗合一的政治制度，伊玛目兼有宗教和世俗的最高权力。在也门的栽德派国家，伊玛目至少在理论上处于至高无上的地位，对于臣民拥有生杀予夺的权力。"未经伊玛目的允许，也门人不得离开自己的国家，甚至不得随意旅行。"⑤

栽德派伊玛目统治的也门，划分为萨那、伊卜、塔伊兹、荷台达、哈贾和萨达六省，称作纳伊卜的省长代表伊玛目行使统治权力。⑥也门内陆山区作为栽德派政权的核心据点，地理位置闭塞，经济和社会生活长期处于停滞落后的状态。穆台瓦基勒王朝的政府官员主要来自伊玛目所属的哈米德家族以

---

① Yapp, M.E., *The Near East since the First World War*, p.194.

② Ismeal, T.Y., *Middle East Politics Today: Government and Civil Society*, pp.397—398.

③ Sharabi, H.B., *Government and Politics of the Middle East in the Twentieth Century*, p.250.

④ Ochsenwald, W., *The Middle East: A History*, p.685.

⑤⑥ Sharabi, H.B., *Government and Politics of the Middle East in the Twentieth Century*, p.245, p.244.

及少量叙利亚籍的奥斯曼贵族，伊玛目的权力局限于城市的范围，乡村地区处于部落舍赫的控制之下，天课以及贸易税和过境税构成基本的税收形式，缺乏常备军。①

自20世纪30年代开始，栽德派伊玛目与部落舍赫之间的权力角逐不断加剧，具有现代思想的新兴知识阶层亦初露端倪。在埃及穆斯林兄弟会的影响下，新兴知识阶层于30年代在亚丁组建"自由也门运动"，1944年在开罗成立自由也门党，代表人物是艾哈迈德·穆罕默德·努尔曼和穆罕默德·马哈茂德·祖巴里。②自由也门党反对栽德派伊玛目叶赫亚·穆罕默德·穆台瓦基勒的独裁统治，要求制定宪法，建立议会君主制，实现也门南北的统一。③1948年，伊玛目叶赫亚·穆罕默德·穆台瓦基勒在首都萨那死于暗杀，其子艾哈迈德被栽德派部落舍赫拥立为新的伊玛目（1948—1962年在位）。伊玛目艾哈迈德当政期间，沿袭伊玛目叶赫亚·穆罕默德·穆台瓦基勒的保守传统，延续独裁专制的统治政策。

阿拉伯也门共和国

20世纪50年代，纳赛尔主义和复兴社会主义的政治思想传入也门，成为也门反对派的意识形态。1961年，自由也门党在埃及政府的支持下成立自由军官组织。1962年9月艾哈迈德死后，其子穆罕默德·巴基尔继任伊玛目。随后，也门自由军官领导人阿卜杜拉·萨拉勒发动政变，宣布废除君主制即伊玛目制，成立阿拉伯也门共和国，自任总统。④

1963—1967年，阿拉伯也门共和国的共和派与君主派经历长达5年的内战。共和派成员来自军官、市民和知识界，大都属于逊尼派穆斯林，得到埃及政府的支持。君主派成员来自伊玛目马哈茂德·巴基尔为首的传统部落贵族，大都属于栽德派穆斯林，得到沙特阿拉伯以及约旦和英属亚丁政权的支持。⑤

1967年第三次中东战争后，埃及军队撤出阿拉伯也门共和国，阿卜杜拉·萨拉勒政权垮台。1970年，在埃及和沙特阿拉伯的干预下，阿拉伯也门

① Yapp, M.E., *The Near East since the First World War*, pp.194—195.

② Yapp, M.E., *The Near East since the First World War*, p.195.

③ Sharabi, H.B., *Government and Politics of the Middle East in the Twentieth Century*, p.246.

④ Ochsenwald, W., *The Middle East: A History*, p.690.

⑤ Ismeal, T.Y., *Middle East Politics Today: Government and Civil Society*, p.398.

阿卜杜拉·萨拉勒(左二)与纳赛尔(左四)1964年签署协议并议定两国合并为新的阿拉伯联合共和国

共和国的内战双方达成妥协,君主派放弃恢复伊玛目制,栽德派部落贵族延续原有的统治地位。①

1971年,阿拉伯也门共和国举行大选,阿卜杜勒·拉赫曼·伊尔亚尼出任总统,栽德派部落贵族控制议会、地方政府和武装部队。②1974年6月,在沙特阿拉伯政府的支持下,武装部队司令伊卜拉欣·哈姆迪发动政变,废除1971年宪法,解散议会和内阁,自任革命指挥委员会主席。③1977年,伊卜拉欣·哈姆迪死于暗杀,武装部队副司令艾哈迈德·侯赛因·贾什米上校继任革命指挥委员会主席。④1978年6月,艾哈迈德·侯赛因·贾什米遭暗杀身亡,阿拉伯也门共和国恢复总统制,取消革命指挥委员会,议会选举阿里·阿卜杜拉·萨利赫出任总统。⑤

阿里·阿卜杜拉·萨利赫执政期间,推行威权政治,致力于强化国家职能和削弱栽德派部落贵族的传统势力。1979年,阿里·阿卜杜拉·萨利赫颁布征兵法,实行募兵制,扩大常备军的规模,组建国民卫队。1982年,阿里·阿卜杜拉·萨利赫创建人民大会,作为唯一合法的官方政党。1988年,阿里·阿卜杜拉·萨利赫连任阿拉伯也门共和国总统。⑥

亚丁与南也门

亚丁位于也门南端,距曼德海峡160公里,扼守红海与印度洋水域的航运通道。16世纪初,葡萄牙人试图占领亚丁,未果。1538年,奥斯曼帝国军

① Ochsenwald, W., *The Middle East: A History*, p.691.
② Yapp, M.E., *The Near East since the First World War*, p.361.
③⑤ Ochsenwald, W., *The Middle East: A History*, p.692.
④ Ismeal, T.Y., *Middle East Politics Today: Government and Civil Society*, p.399.
⑥ Yapp, M.E., *The Near East since the First World War*, p.363.

队占领亚丁。1802年,英国东印度公司与亚丁的统治者签署协议,获得亚丁的港口使用权和土地租借权。1839年,英军占领亚丁。此后,英国殖民当局通过订立保护性协议,控制也门南部沿海地区,建立东亚丁保护区和西亚丁保护区,隶属于英属印度政府。其中,东亚丁保护区包括5个苏丹国和2个舍赫国,西亚丁保护区包括7个苏丹国、6个舍赫国、2个埃米尔国和1个部落联盟。①

1869年苏伊士运河开通后,红海成为沟通大西洋、地中海与印度洋的主要通道,亚丁则成为联结英属埃及与英属印度之间直至英国本土与英属东南亚殖民地之间的航运枢纽,堪称阿拉伯海域的直布罗陀。②英国占领初期,亚丁居民仅有千余人。"一战"结束时,亚丁居民增至5万,主要是来自也门北部、非洲东部、印度和英国的移民,大都从事转运贸易和运输业;包括亚丁、东亚丁保护区和西亚丁保护区在内的南也门人口约50万,农民居多。③1937年,亚丁正式成为英国殖民地,脱离英属印度政府,隶属于伦敦的殖民地事务部。④

"二战"结束后,英国殖民当局在南也门推行所谓的宪政改革,于1947年成立16人组成的立法会议,由英籍总督出任立法会议主席,立法会议成员由英国殖民当局指定。1958年,英国殖民当局改革立法会议,实行选举,选民局限于具有一定财产的男性亚丁居民。⑤1959年,英国殖民当局操纵西亚丁保护区诸国成立南阿拉伯酋长国联邦。1962年,英国殖民当局操纵成立包括西亚丁保护区和东亚丁保护区诸国在内的南阿拉伯联邦。1963年,亚丁加入南阿拉伯联邦。1967年,英军撤出亚丁,南阿拉伯联邦解体,南也门独立。⑥

北也门地理位置闭塞,传统经济社会秩序根深蒂固,血缘关系盛行,栽德派的神权政治构成维系诸多部落的纽带。相比之下,南也门地理位置具有明显的开放性,与外部世界交往频繁。英国殖民统治时期,新兴社会阶层逐渐萌生。"二战"结束后,南也门民众争取独立的政治运动日渐高涨,现代政治组织始露端倪。"亚丁协会"成立于1950年,代表亚丁阿拉伯商人的利益和要求,强调"亚丁是亚丁人的亚丁",主张摆脱英国殖民当局的统治和实现亚

---

①⑥　Ochsenwald, W., *The Middle East: A History*, p.686.

②⑤　Peretz, D., *The Middle East Today*, p.489.

③　Yapp, M.E., *The Near East since the First World War*, p.196.

④　Ismeal, T.Y., *Middle East Politics Today: Government and Civil Society*, p.397.

丁的自治,同时反对亚丁与南也门其他地区的统一。“亚丁工人协会”成立于1956年,代表亚丁工人以及其他新兴社会阶层的利益和要求,主张实现也门的独立和南北也门的统一。60年代初,“民族阵线”成为南也门独立运动的政治核心。“民族阵线”全称“解放被占领的南也门民族阵线”,始建于1963年,强调反对帝国主义、封建主义和资本主义的政治纲领,倡导纳赛尔主义的意识形态,得到埃及政府的支持。①

1967年,英国殖民当局向“民族阵线”移交权力,南也门人民共和国宣告成立,“民族阵线”成为南也门人民共和国的执政党,“民族阵线”总书记盖哈丹·穆罕默德·沙阿比出任总统。②

1969年6月,“民族阵线”激进派领导人阿卜杜勒·法塔哈·伊斯梅尔和萨利姆·鲁巴伊·阿里发动政变,盖哈丹·穆罕默德·沙阿比被解除职务,萨利姆·鲁巴伊·阿里出任总统,阿卜杜勒·法塔哈·伊斯梅尔出任执政党“民族阵线”总书记,穆罕默德·阿里·哈伊塔姆出任政府总理。新政权改组国家机构,成立由总统、内阁总理和执政党“民族阵线”总书记组成的总统委员会,建立高度集权的政治模式,推行激进的经济社会改革举措,实行国有化和土地改革,取消传统特权,强调男女平等。③

1970年11月,“民族阵线”新政权颁布宪法,南也门人民共和国更名为也门人民民主共和国,强调国家代表所有劳动者的利益,以民族民主革命和社会主义建设作为基本目标。与此同时,新政权着力强化政府职能,推行世俗行政法律,禁止部族仇杀,解除部族武装,按照地域原则划分行政区域,取缔部族联合会,旨在削弱部落习惯法和传统教法的影响,实现社会整合。④

1975年10月,执政党“民族阵线”与左翼政党人民先锋党(即南也门复兴党)、人民民主联盟(即南也门共产党)组建政党联盟,阿卜杜勒·法塔哈·伊斯梅尔出任总书记,萨利姆·鲁巴伊·阿里出任副总书记。此后,“民族阵线”内部逐渐形成阿卜杜勒·法塔哈·伊斯梅尔领导的激进派与萨利姆·鲁巴伊·阿里领导的温和派之间的对立。⑤

1978年6月,萨利姆·鲁巴伊·阿里遭到暗杀,阿卜杜勒·法塔哈·伊斯梅尔出任总统委员会主席兼总理。同年10月,“民族阵线”与左翼政党人

① Yapp, M.E., *The Near East since the First World War*, p.199.

② Yapp, M.E., *The Near East since the First World War*, p.200.

③④ Yapp, M.E., *The Near East since the First World War*, p.367.

⑤ Ismeal, T.Y., *Middle East Politics Today: Government and Civil Society*, p.401.

民先锋党、人民民主联盟正式合并，名为也门社会党，作为新的执政党和唯一的合法政党，阿卜杜勒·法塔哈·伊斯梅尔出任总书记。也门社会党的领导机构包括中央委员会、政治局和书记处，拥有党员2.6万人，工会、妇女联合会和青年联合会成为也门社会党控制的民众组织。①也门社会党的宗旨是坚持马克思列宁主义和科学社会主义的意识形态，依靠工人、农民和一切劳动者，实现也门的社会主义革命。随后成立的最高人民委员会是国家的最高权力机构和立法机构，阿卜杜勒·法塔哈·伊斯梅尔出任最高人民委员会主席团主席，同时撤销总统委员会。阿卜杜勒·法塔哈·伊斯梅尔身兼执政党领袖和国家元首，形成政党政治与政府政治高度合一的威权制度。②

1980年4月，阿卜杜勒·法塔哈·伊斯梅尔下台，阿里·纳绥尔出任也门社会党总书记、最高人民委员会主席和政府总理。1985年，海达尔·阿塔斯接替阿里·纳绥尔的总理职务。1986年1月，阿里·纳绥尔政权垮台，海达尔·阿塔斯出任最高人民委员会主席，亚辛·努曼出任总理，阿里·萨利姆·比德出任也门社会党总书记，南也门政坛形成三足鼎立的格局。③

统一之路与烽烟战火

南也门于1967年11月独立后，宣布两年内将实现南北也门的统一，遭到北也门政府的拒绝。1972年10月，在阿拉伯国家联盟的斡旋下，南也门政府与北也门政府签署开罗协议，宣布南北也门将逐步实现合并，建立共和政体的统一国家。同年12月，南也门领导人萨利姆·鲁巴伊·阿里与北也门领导人阿卜杜勒·拉赫曼·伊尔亚尼在利比亚首都的黎波里发表的黎波里宣言，宣布成立也门共和国，萨那作为也门共和国的首都，南北也门的统一进程由此开始启动。④

1979年2月，南北也门之间爆发边境冲突。同年3月，南也门政府与北也门政府签署科威特协议，双方达成和解，统一进程再次启动。1981年，南也门政府颁布也门统一宪法草案。1988年，南也门政府与北也门政府签署协议，共同开发南也门边境城市沙卜瓦与北也门边境城市马里卜之间的油田。1989年11月，北也门总统阿里·阿卜杜拉·萨利赫访问亚丁，与南也

① Yapp, M.E., *The Near East since the First World War*, p.368.

② Ismeal, T.Y., *Middle East Politics Today: Government and Civil Society*, p.403.

③ Yapp, M.E., *The Near East since the First World War*, p.370.

④ Peretz, D., *The Middle East Today*, pp.487—488.

1992年的萨那市区

1992年的萨那全景

门执政党也门社会党总书记阿里・萨利姆・比德商讨统一事宜。①

1990 年 4 月,南也门政府与北也门政府签署萨那协议,决定南北也门正式统一。根据萨那协议,南北也门建立统一的国家机构,北也门执政党也门社会党与南也门执政党全国人民大会平分统一后的国家权力,5 人组成的总统委员会作为最高国家权力机构,也门社会党和全国人民大会继续分别控制也门北部和南部的武装力量,1992 年举行议会选举。②

1990 年 5 月,南北也门正式合并,也门共和国宣告成立。随后,南北也门议会选举 5 人组成的总统委员会作为此后 30 个月过渡期也门共和国的最高权力机构,总统委员会中 3 人来自北也门,2 人来自南也门,北也门总统阿里・阿卜杜拉・萨利赫和南也门总统阿里・萨利姆・比德分别出任总统委员会主席和副主席。过渡政府由 39 人组成,其中 17 人来自北也门,22 人来自南也门,南也门最高人民委员会主席海达尔・阿塔斯出任过渡政府总理。③过渡期的临时议会由北也门议会的 159 名议员和南也门议会的 111 名议员以及总统委员会任命的 31 人共同组成,萨那作为也门共和国的政治首都,亚丁作为也门共和国的经济首都。④

1991 年 5 月,也门共和国宪法草案通过全民公决,明确规定主权在民的政治原则,全民公决和议会选举作为实现民众主权的基本形式。根据 1991 年宪法,也门共和国实行总统制和议会选举制;总统委员会由全体公民选举产生,任期 5 年,有权任命内阁总理、批准法律和解散议会;议会是国家立法机构,实行一院制,设 301 个席位,议员由全体公民选举产生,任期 4 年;年满 18 岁的公民享有选举权,年满 25 岁的公民享有被选举权。1991 年颁布的《政党法》规定,也门共和国实行多党制的政党制度,法官、军人和外交人员不得加入政党,任何政党均不得控制武装组织和采取暴力活动,不得违背伊斯兰教法和接受国外的政治资助,禁止组建地域性政党、部落政党和教派政党。2001 年,也门举行全民公决,通过宪法修正案,总统任期由 5 年改为 7 年,议会任期由 4 年改为 6 年。⑤

也门共和国是迄今为止阿拉伯半岛唯一采用共和制政体和实行多党选

---

① Ismeal, T.Y., *Middle East Politics Today: Government and Civil Society*, p.404.

② Yapp, M.E., *The Near East since the First World War*, p.493.

③ Ismeal, T.Y., *Middle East Politics Today: Government and Civil Society*, p.405.

④ Peretz, D., *The Middle East Today*, p.492.

⑤ East, R. & Joseph, T., *Political Parties of Africa and the Middle East*, p.304.

举制的国家,是也门区别于阿拉伯半岛诸君主国的明显特征。然而,如同阿拉伯半岛的诸君主国一样,也门社会具有根深蒂固的血缘传统,部落为数众多,分布广泛。诸多部落各有排他性的活动范围和生存空间,部落之间处于相对隔绝的状态。哈希德部落联盟包括 7 个部落,巴基勒部落联盟包括 14 个部落,分别控制也门内陆的北部和中部,长期处于对立状态。①也门南部最重要的部落联盟是马兹希只部落联盟,包括 4 个部落,亦称南也门的哈希德部落联盟。②

1993 年 5 月,也门共和国举行议会选举,首开阿拉伯半岛诸国多党选举的先河。超过 50 个政党和 3 400 人(其中包括女性 50 人)参与议会竞选,8 个政党获得议会席位。其中,阿里·阿卜杜拉·萨利赫领导的全国人民大会获得 123 个席位,阿卜杜拉·侯赛因·阿赫马尔领导的伊斯兰改革集团获得 62 个席位,阿里·萨利姆·比德领导的也门社会党获得 56 个席位,穆贾希德·阿布·舒阿里卜领导的复兴党获得 7 个席位,阿卜杜拉·侯赛因·阿赫马尔当选议会议长。③伊斯兰改革集团系北也门栽德派哈希德部落联盟阿赫马尔家族首领阿卜杜拉·侯赛因·阿赫马尔和也门穆斯林兄弟会领导人阿卜杜勒·马吉德·肯达尼于 1990 年创建的政党,兼有部落主义与伊斯兰主义的双重色彩,支持者主要来自也门北部以及亚丁的下层民众,强调沙里亚作为立法的唯一基础,持亲沙特阿拉伯的立场,反对也门社会党的意识形态和左翼激进政策,支持阿里·阿卜杜拉·萨利赫领导的全国人民大会党。也门复兴党系伊拉克复兴党的分支组织,支持全国人民大会和伊斯兰改革党。议会的反对派政党,包括栽德派宗教贵族艾哈迈德·沙米领导的真理党、与流亡国外的反对派联系密切的人民力量联盟、持纳赛尔主义立场的统一党、

年轻时的阿里·阿卜杜拉·萨利赫

① Khoury, P.S. & Kostiner, J., *Tribes and State Formation in the Middle East*, London 1991, p.256.

② Colburn, M., *The Republic of Yemen: Development Challenges in the 21st Century*, p.18.

③ Peretz, D., *The Middle East Today*, p.492.

亚丁民族主义者于60年代创建的也门人联盟。[①]在同时举行的总统委员会选举中，全国人民大会和伊斯兰改革集团分别获得2个席位，也门社会党获得1个席位，阿里·阿卜杜拉·萨利赫当选总统委员会主席，阿里·萨利姆·比德当选总统委员会副主席。[②]全国人民大会党、也门社会党和伊斯兰改革党组成联合政府，海达尔·阿塔斯出任总理。[③]

卡扎菲与阿里·阿卜杜拉·萨利赫

也门北部与南部长期经历不同的发展道路，在诸多方面存在明显的差异。北也门面积有限，人口众多；南也门幅员辽阔，人口数量有限。另一方面，北也门部族势力盘根错节，栽德派穆斯林占据主导地位，宗教传统根深蒂固，长期持右翼政治立场，与西方世界以及沙特阿拉伯关系密切；南也门地域关系发达，逊尼派穆斯林占据主导地位，世俗化倾向明显，长期持左翼政治立场，与苏联以及其他社会主义国家关系密切。也门共和国成立后，阿里·阿

① Norton, A. R., *Civil Society in the Middle East*, Leiden 1996, p.292.

② Dresch, P., *A History of Modern Yemen*, p.194.

③ Ismeal, T.Y., *Middle East Politics Today: Government and Civil Society*, p.407.

2004 年访美期间的阿里・阿卜杜拉・萨利赫

卜杜拉・萨利赫和全国人民大会主导国家政治生活,阿里・萨利姆・比德领导的也门社会党主张南北也门平分国家权力。1993 年选举后,阿里・萨利姆・比德和也门社会党拒绝加入萨那政府,也门共和国面临严重的政治危机。[①]南也门人大都指责阿里・阿卜杜拉・萨利赫总统及其家族垄断国家权力。在也门北部,哈希德部落联盟支持阿里・阿卜杜拉・萨利赫总统,巴基勒部落联盟支持阿里・萨利姆・比德和也门社会党。[②]

1994 年 4 月,也门爆发内战。同年 5 月,阿里・萨利姆・比德宣布南也门脱离也门共和国,成立也门民主共和国,也门共和国随之分裂为亚丁政权和萨那政权。在阿拉伯世界,埃及、叙利亚以及包括沙特阿拉伯在内的海湾合作委员会成员国支持阿里・萨利姆・比德和亚丁政权,伊拉克、约旦和苏丹支持阿里・阿卜杜拉・萨利赫和萨那政权。同年 7 月,萨那政权出兵占领亚丁,阿里・萨利姆・比德逃亡国外,也门内战结束。[③]

---

① Ismeal, T.Y., *Middle East Politics Today: Government and Civil Society*, p.407.

② Yapp, M.E., *The Near East since the First World War*, p.494.

③ Sidahmed, A.S. & Ehteshahmi, A., *Islamic Fundamentalism*, p.221.

亚丁政权与萨那政权的内战结束后，也门南北之间的政治平衡不复存在。1994 年 9 月，全国人民大会党主导的议会通过宪法修正案，明确规定伊斯兰教法是国家立法的基础，废除总统委员会制，实行总统制。[①]同年 10 月，全国人民大会党总书记阿里·阿卜杜拉·萨利赫出任总统，全国人民大会党副总书记阿卜杜勒·阿齐兹·加尼出任总理。全国人民大会党与伊斯兰改革党组成联合政府，也门社会党被排斥于内阁之外，成为在野党。[②]

1995 年 6 月，阿卜杜勒·卡里姆·埃里亚尼当选全国人民大会总书记。同年 8 月，议会修改政党法，限制组建新的政党，全国人民大会党作为执政党的地位进一步强化。在 1997 年举行的议会选举中，12 个政党参与竞选，全国人民大会党获得 188 个席位，成为议会第一大党，独立组成内阁。伊斯兰改革党获得 53 个席位，成为议会最大的在野党。也门社会党抵制选举，无缘进入议会。阿里·阿卜杜拉·萨利赫总统邀请来自南部的独立人士法拉杰·加尼姆出任内阁总理，推举伊斯兰改革党领导人阿卜杜拉·侯赛因·阿赫马尔出任议长。1998 年，法拉杰·加尼姆辞职，全国人民大会总书记阿卜杜勒·卡里姆·埃里亚尼出任内阁总理。[③]

也门社会党退出联合政府后，全国人民大会党与伊斯兰改革党之间的关系经历从合作到矛盾的变化过程。与此同时，也门社会党改组领导机构，阿里·萨利赫·奥贝德出任总书记。新的也门社会党扩大在北部的政治影响，发起成立反对党联盟，呼吁推进政治民主化的进程，得到伊斯兰改革党的支持。[④]

1999 年 9 月举行总统选举。也门社会党总书记阿里·萨利赫·奥贝德作为反对党联盟推举的总统候选人，由于未能获得 10%的议员的支持，被排斥于竞选之外。与此同时，执政党提名南也门前总统盖哈丹·穆罕默德·沙阿比之子纳吉布与阿里·阿卜杜拉·萨利赫共同作为总统候选人。根据官方的统计，选民投票率为 66%，阿里·阿卜杜拉·萨利赫以 96.3%的选票连任总统。[⑤]2001 年，议会设立上下两院，上院议员由总统任命，议会进一步处

---

① Sidahmed, A.S. & Ehteshahmi, A., *Islamic Fundamentalism*, p.221.

② Ismeal, T.Y., *Middle East Politics Today: Government and Civil Society*, p.408.

③④ Dresch, P., *A History of Modern Yemen*, p.209.

⑤ Al-Rasheed, M., *Counter-Narratives: History, Contemporary Society and Politics in Saudi Arabia and Yemen*, New York 2004, pp.251—252.

于总统的控制之下。①

1990年,海湾危机爆发,伊拉克军队占领科威特。也门作为当时的联合国安理会非常任理事国,一方面谴责伊拉克军队入侵科威特,另一方面反对美国为首的多国部队武力打击伊拉克,导致美国以及沙特阿拉伯等海湾国家的不满,在国际社会一度陷入孤立。②90年代末,也门逐渐改善与美国以及海湾阿拉伯国家的关系。1999年,也门恢复与科威特的外交关系。同年,也门与邻国阿曼签署协议,正式划定两国边界。2000年,也门与沙特阿拉伯签署协议,正式划定两国边界。③

现代化进程中的经济社会变革

也门具有农耕文明的悠久传统,堪称阿拉伯半岛的谷仓。也门内陆发达的灌溉工程和台田系统在古代世界闻名遐迩:马里卜水坝高16米,宽680米,灌溉面积9 600公顷,见证了也门古代农业的繁荣。④内陆山谷以及东部沿海是也门主要的农作区域,普遍种植包括高粱、黍稷、玉米、小麦和大麦在内的粮食作物,内陆山谷的咖啡和鸦片以及东部沿海的烟草和棉花构成也门典型的经济作物,咖啡的出口则是也门几乎唯一的外汇来源。

直到20世纪中期,也门90%的家庭从事农业生产,家庭构成农业生产的基本单位,普遍采用传统的农具和耕作技术。在内陆山区的北部和中部,小地产流行。在内陆山区的南部和东部沿海,大地产居多,普遍采用分成制的租佃方式;农民缴纳的实物地租,约占收成的三分之一到三分之二不等。⑤东部沙漠以及东南部的哈德拉毛地区构成贝都因人的世界,居无定所的游牧经济长期占据主导地位。西起红海南端、东至阿曼边境的也门南部,气候炎热干燥,降水稀少,可耕地无几。20世纪初,也门总人口约300万—400万,其中农业人口占85%,游牧人口占5%;城市人口占总人口的10%,主要城市包括内陆山区的萨那和塔伊兹以及东部沿海的荷台达、南部沿海的亚丁。⑥

栽德派伊玛目政权统治时期,自给自足的传统农业依旧构成北也门最重

①③ Ochsenwald, W., *The Middle East: A History*, p.694.

② Dresch, P., *A History of Modern Yemen*, p.185.

④ Colburn, M., *The Republic of Yemen: Development Challenges in the 21st Century*, p.12.

⑤ Beaumont, P. & McLachlan, K., *Agriculture Development in the Middle East*, pp.241—244.

⑥ Yapp, M.E., *The Near East since the First World War*, p.193.

马里卜水坝遗址

要的经济部门，社会生活处于封闭的状态，血缘关系根深蒂固，工业化和城市化进程缓慢，外籍人口微乎其微。伊玛目叶赫亚当政期间，北也门政府的岁入主要来自宗教税和土地税，贸易税不足岁入总额的四分之一。①

1962年，栽德派伊玛目政权寿终正寝，北也门陷入内战。1970年内战结束后，北也门开始进入经济发展的崭新阶段。1970—1977年，北也门的年国内生产总值增长一倍，经济作物的播种面积不断扩大，农业市场化程度明显提高。②与此同时，产业结构出现新旧更替，非农业领域的经济活动趋于扩大，城市化进程随之加快。1950—1980年，农业劳动力所占的比例从86%下降为69%，工业劳动力所占的比例从6%上升为9%，服务业劳动力所占的比例从8%上升为22%。1965—1985年，北也门的城市人口比例从5%增至19%。③1990年也门统一前，首都萨那的人口不足50万。1999年，萨那人口

① Owen, R., *A History of Middle East Economies in the Twentieth Century*, p.83.

② Owen, R., *A History of Middle East Economies in the Twentieth Century*, p.220.

③ Richards, A. & Waterbury, J., *A Political Economy of the Middle East*, p.74, p.264.

达到 128 万。[1]

英国殖民统治时期，亚丁与东、西亚丁保护区之间在经济社会方面存在明显的差异。自 1967 年独立后，南也门政府推行激进的经济社会政策，在工业、贸易、金融和交通运输领域实行国有化，强化政府的经济干预，不断增加工业投资。1970 年，南也门政府颁布土地改革法案，旨在否定传统的部族土地支配权。根据土地改革法案，私人占有土地的最高限额为水浇地 8.5 公顷和雨浇地 17 公顷，2.6 万户土地改革的受益者加入政府控制的合作社。[2]

进入 80 年代，南也门执政党也门社会党开始推行经济改革，削减国有经济，减少政府的经济干预，发展私人经济，鼓励私人投资，吸引国外投资。1950—1980 年，农业劳动力所占的比例从 75%下降为 41%，工业劳动力所占的比例从 12%上升为 18%，服务业劳动力所占的比例从 13%上升为 41%。南也门的城市化水平略高于北也门；1965—1985 年，南也门城市人口比例从 30%增至37%。[3]80 年代末，城市人口占总人口的 38%，首都亚丁的人口 35 万。1999 年，亚丁人口达到 45 万。[4]

自 70 年代起，也门的教育水平逐渐提高。在北也门，各类学校从 1970 年的700 所增至 1985 年的 5 000 所，国民识字率从 1962 年的 2.5%增至 1985 年的 13%，1971 年创建萨那大学。在南也门，学生总数从 1967 年的 6.5 万人增至 1980 年的 27 万人，识字率从 1967 年的 20%增至 1980 年的 40%，1975 年创建亚丁大学。[5]另据 1998 年的统计，也门的男性识字率达到 69%，女性识字率达到 35%。[6]

20 世纪 80 年代以前，北也门和南也门是阿拉伯半岛仅有的两个非产油国家。然而，海湾地区的石油开采影响着也门的经济社会生活，也门成为沙特阿拉伯和海湾诸国外籍劳动力的重要来源。自 70 年代起，也门劳动力大量拥入沙特阿拉伯和海湾地区。80 年代，北也门向沙特阿拉伯和海湾诸国输出劳动力约 55 万人，年均赚取外汇收入 10 亿美元；南也门向沙特阿拉伯

---

①④ Colburn, M., *The Republic of Yemen: Development Challenges in the 21st Century*, p.75.

② Lofgern, H., *Food, Agriculture and Economic Policy in the Middle East and North Africa*, Oxford 2003, p.266.

③ Richards, A. & Waterbury, J., *A Political Economy of the Middle East*, p.74, p.264.

⑤ Yapp, M.E., *The Near East since the First World War*, p.364, p.366.

⑥ Colburn, M., *The Republic of Yemen: Development Challenges in the 21st Century*, p.68.

也门萨那大学

和海湾诸国输出劳动力 20 万人,年均赚取外汇收入 1.8 亿美元。[①]对海湾地区的劳动力输出,构成联结也门与国际市场的纽带和桥梁。劳动力输出规模的扩大和外汇收入的增长,带来也门货币关系的扩大和经济市场化的长足发展。

然而,劳动力输出所换取的外汇收入,大都并非投资生产领域,而是用于购置耕地和日常生活消费品。劳动力输出规模的扩大,导致国内地价上涨、通货膨胀加剧和进口贸易增长。另一方面,也门劳动力的输出导致国内劳动力的短缺,对于农业生产形成负面的影响。也门耕地面积,1961 年为 1 740 万公顷,1998 年为 1 768 万公顷,耕地面积增长无几,尤其是劳动力密集型和价格低廉的农作物播种面积明显减少,粮食产量大幅下降。也门农产品的出口额,1961 年为 2 960 万美元,1971 年为 1 220 万美元,1981 年为 2 360 万美元,1991 年为 4 300 万美元,1999 年为 6 320 万美元。相比之下,也门农产品

① Owen, R., *A History of Middle East Economies in the Twentieth Century*, p.220.

的进口额,1961 年为 4 970 万美元,1971 年为 5 770 万美元,1981 年为 80 400 万美元,1991 年为 76 500 万美元,1999 年为 77 200 万美元。另据统计,1970—1980 年,粮食作物进口额增长 10 倍。[①]以上数字表明,自 70 年代起,也门的农业经历明显的变化。农产品出口额的大幅下降和进口额的大幅增长,一方面反映出经济市场化的长足进步,另一方面反映出农业生产的相对停滞状态。

与南也门相比,1970—1983 年的北也门农业更具市场性和开放性。与此同时,北也门的农业自给化程度明显下降。1970—1980 年,水果自给率从 88%下降为 44%,肉类自给率从 98%下降为 59%,乳类自给率从 95%下降为 57%,蛋类自给率从 100%下降为 50%,谷物自给率从 88%下降为 69%,蔬菜自给率从 100%下降为 94%。1983 年起,北也门政府强化对于市场的干预,限制农产品进口,实行农作物生产的财政补贴,致力于提高农产品的自给率。1998 年,也门的谷物自给率下降为 25%,乳类自给率下降为 47%,蔬菜自给率下降为 93%。另一方面,水果自给率上升为 97%,肉类自给率上升为 86%,蛋类自给率上升为 79%。[②] 农产品自给率下降的趋势并未得到明显的改变。

1984 年,也门东部发现石油。[③]1987 年,也门开始向国际市场出口石油。1990 年,也门的石油日产量达到 20 万桶。[④]90 年代末,也门石油日产量约 40 万桶,石油收入占政府财政预算的 60%。[⑤]

1990 年,沙特阿拉伯和海湾诸国停止向也门提供经济援助,沙特阿拉伯政府驱逐境内的 80 万也门人,导致也门外汇收入锐减,国内失业率达到 40%,经济形势恶化。[⑥]1994 年内战结束后,也门政府的外债高达 80 亿美元,通货膨胀率上升为 65%,贫富分化加剧。90 年代中期,占总人口 10%的赤贫阶层收入不足国民总收入的 1.5%,占总人口 10%的富人收入超过国民总收入的 50%。[⑦]

统一后的也门成为阿拉伯半岛人口最多的国家,同时也是阿拉伯半岛最

---

① Lofgern, H., *Food, Agriculture and Economic Policy in the Middle East and North Africa*, p.273, p.269, p.270.

② Lofgern, H., *Food, Agriculture and Economic Policy in the Middle East and North Africa*, p.278.

③ Yapp, M.E., *The Near East since the First World War*, p.364.

④⑥ Ochsenwald, W., *The Middle East: A History*, p.693.

⑤ Dresch, P., *A History of Modern Yemen*, p.205.

⑦ Ismeal, T.Y., *Middle East Politics Today: Government and Civil Society*, p.410.

贫困的国家。2000 年,也门共和国总人口为 1 870 万,其中 76%生活在乡村,是中东地区乡村人口比例最高的国家。①尽管如此,传统的经济社会秩序逐渐衰落,经济的市场化、社会的开放化和公共权力的国家化,导致血缘关系的削弱和部族社会的解体,也门正经历着新旧阶层此消彼长和社会整合的转变过程。

① Colburn, M., *The Republic of Yemen: Development Challenges in the 21st Century*, p.49.

第十七章
世纪之交的世俗政治与宗教政治

一、埃及后纳赛尔时代世俗政治与宗教政治的博弈

战争与和平

纳赛尔时代,埃及政府长期奉行依靠苏联的支持和与以色列军事对抗的外交政策,阿拉伯民族主义则是埃及政府制定外交政策的指导思想。然而,自第三次中东战争结束以后,埃及财政拮据,食品短缺,经济形势日趋恶化,国内不满情绪逐渐上升,其在阿拉伯世界的地位亦一落千丈,内政外交陷于困境。由于与以色列的长期军事对抗,埃及不得不维持数额庞大的军费支出。1967 年,埃及的军费开支为 7.2 亿美元;1974 年,埃及的军费开支增至 23 亿美元。[①]

70 年代初,埃及的外债高达百亿美元,其中苏联军事物资的债务 51 亿美元,东欧国家非军事物资的债务 26 亿美元,西方国家军事和非军事物资的债务 26 亿美元。[②]1974 年,埃及政府不得不将出口收入的 40% 用于偿还外债。[③]

萨达特政权建立后,埃及的外交政策出现明显的变化,重新调整外交政策,改善与西方国家的关系,进而争取西方国家的财政援助和技术援助,成为萨达特政权的迫切需要。与此同时,国家利益至上成为埃及政府实施外交政

---

① Mabro, R., *The Industrialization of Egypt 1939—1973*, p.38

② Baker, R.W., *Egypt's Uncertain Revolution Under Nasser and Sadat*, p.137.

③ Hinnebusch, R.A. *Egyptian Politics Under Sadat*, p.58.

策的指导思想，打破自第三次中东战争以来形成的“不战不和”的尴尬状态，进而全面改善与西方国家的外交关系则是埃及政府的外交准则。

1973年萨达特接见苏联外交人员

1971年2月，萨达特表示愿与以色列签署和平条约，开放苏伊士运河，换取以色列从西奈半岛撤军，并且邀请美国国务卿罗杰斯访问埃及。“萨达特逐渐相信，只有加盖‘美国制造’字样的协议才能够被以色列人接受。”①

然而，萨达特政府的努力并未得到以色列方面的积极响应。于是，萨达特开始寻求战争的方式，苏联武器源源不断地运抵埃及。1973年10月6日，第四次中东战争爆发。在联合国的调停下，埃及与以色列于10月22日宣布停火，叙利亚与以色列于10月29日宣布停火。

埃及尽管在第四次中东战争中未能战胜以色列，却在政治上取得了突破性的进展。第四次中东战争的意义，在于向世界证明了埃及抗衡以色列的军事力量，打破了以色列不可战胜的神话，赢得了阿拉伯民族的尊严，使埃及具有了与以色列谈判的筹码，进而成为中东局势走向和平的转折点。“战前，阿拉伯人没有与以色列人谈判的筹码……战后，形势发生了变化。”② 第四次中东战争亦对埃及政治产生了深刻的影响：如果说1956年的第二次中东战争奠定了纳赛尔政权的政治基础，那么1973年的第四次中东战争确立了萨达特在埃及的政治地位。

1974年2月和1975年9月，埃及与以色列两次签署西奈和约，以色列承诺撤出第四次中东战争期间占领的埃及领土西奈半岛，埃及则放弃要求以色列撤出所有被占领的阿拉伯领土，中东和平进程随之正式启动。

萨达特于1977年访问耶路撒冷，1978年访问美国。1979年9月，埃及与以色列签署戴维营和平协议。根据戴维营和平协议，以色列驻军将在三年

①② Baker, R.W., *Egypt's Uncertain Revolution Under Nasser and Sadat*, p.138.

1973 年第四次中东战争期间萨达特听取作战方案

内全部撤离西奈半岛，给予巴勒斯坦以自治地位，埃及向以色列开放苏伊士运河，埃及与以色列建立全面的外交关系和实现正常的贸易交往，承认耶路撒冷作为以色列的首都。[①]1979 年 4 月，第一艘以色列商船穿过苏伊士运河，埃及收回西奈半岛城市阿里什。1980 年 2 月，以色列驻埃及大使馆正式开馆。与此同时，埃及取代伊朗而成为美国在中东伊斯兰世界最重要的盟友，并且成为美国在中东地区仅次于以色列的第二大援助对象。自 1979 年起，埃及每年从美国得到 10 亿—15 亿美元的非军事性援助。80 年代初，埃及每年所需小麦的 27%来自美国，并呈逐年增长的趋势。[②]

从纳赛尔时代到萨达特时代，埃及经过了从战争走向和平的演进过程。纳赛尔的目标是实现埃及的民族独立，萨达特的目标则是实现埃及的和平与繁荣。萨达特时代埃以之间的关系由诉诸战争手段到致力于和平谈判的转变，构成推动埃及现代化进程的重要条件。

然而，萨达特的外交政策和外交实践，在实现埃及从战争走向和平的历史性变化的同时，亦使埃及付出了沉重的代价。戴维营协议的签订和埃以和

---

① Ahmed, M., *Egypt in the 20th Century*, p.397.

② Daly, M.W., *The Cambridge History of Egypt*, p.364.

平进程的启动，导致埃及与其他阿拉伯国家之间的关系急剧恶化。萨达特政权牺牲埃及在阿拉伯世界的核心位置，换取与以色列的局部和平以及美国的援助，导致埃及在阿拉伯世界长期处于孤立状态。阿拉伯国家纷纷谴责萨达特出卖巴勒斯坦和阿拉伯民族利益，中断与埃及政府的外交关系，直至将埃及逐出阿拉伯国家联盟，阿盟总部由开罗迁往突尼斯。包括沙特阿拉伯在内的诸多阿拉伯产油国停止向埃及提供经济援助，促使埃及进一步走向西方世界，尤其是依赖于美国的财政援助和技术援助。直至穆巴拉克时代，埃及政府逐渐修补与其他阿拉伯国家的关系，进而重新回归阿拉伯世界。尽管如此，和平的国际环境与西奈半岛被占领土的收复无疑符合埃及国家的根本利益，而萨达特的外交努力实现了十月战争和诉诸军事手段未能达到的目的。

1978年戴维营会议期间萨达特、卡特与贝京握手言和

私有化的新经济政策

纳赛尔时代，国家资本主义排斥和否定封建主义的经济政策，构成推动埃及现代化进程的重要历史杠杆。后纳赛尔时代之从国家资本主义向自由资本主义的转变，则是纳赛尔时代埃及现代化长足进步的逻辑结果。

私有化的新经济政策自1968年起萌生于国家资本主义的框架之内。① 萨达特执政后，开始推行新政举措，以去国有化和市场化为核心的新经济政策成为萨达特时代新政举措的重要内容。政府逐渐放弃国家干预的经济政策，恢复和发展私人经济，鼓励私人投资，积极吸收国外投资，引进西方先进技术，进而拉开埃及经济改革的序幕。“阿拉伯资本、西方技术与埃及人力资

① Bush, R., *Economic Crisis and the Politics of Reform in Egypt*, p.15.

源的总和等于经济的发展”，成为萨达特时代埃及经济改革的基本原则。①

1970年底，萨达特首先宣布取消政府对于私人财产的监管，继而宣布减免私人企业的税收和增加向私人企业提供的贷款。1974年，政府规定私营公司承包国家工程项目的最高金额由每年10万埃镑提高为50万埃镑。1975年，政府恢复股票和证券交易所，扩大私营公司的金融贷款。与此同时，国有企业开始发行股票，吸引私人参股。

萨达特时代新经济政策的另一重要内容，是扩大对外开放和积极吸引外资投入。1971年9月，埃及政府颁布第65号法令即阿拉伯资金和自由区法，建立自由贸易区，吸引阿拉伯产油国在埃及的投资。1974年6月，埃及政府颁布第43号法令即《阿拉伯与外国投资及自由贸易区法》，内容如下：成立阿拉伯与外国投资及自由贸易区管理局，在塞得港、苏伊士、开罗和亚历山大设立经济特区；国外投资领域包括工业、农业、矿产、建筑、能源、交通、旅游和金融部门，获得阿拉伯与外国投资及自由贸易区管理局批准的投资项目将在最初五年享受免税的待遇，五年后继续享有三年期限的优惠政策，进口设备和原料免征关税；自由贸易区的投资项目免征营业税，自由贸易区的外国雇员免征所得税；取消国家对于金融业的垄断和向外资开放金融市场，在自由贸易区实行外汇的自由兑换；允许外国资本控制50%以上的股份直至拥有全部股份；阿拉伯与外国投资及自由贸易区的投资项目不得被收归国有，所投入的资本不得被政府通过法律程序罚没或查封；鼓励外国投资者与埃及的国有企业实行联营，联营企业享有与私人企业同样的自主权利。埃及政府的经济部长希加茨强调：“过去，我们需要国有经济兴建我们的基础设施和为民众提供就业。现在，我们进入了新的时代……我们为外国的投资提供了空间。”②1971—1974年，根据阿拉伯资金和自由区法，私人申请投资项目250个，申请投资金额1.7亿埃镑，埃及政府批准投资项目50个，批准投资金额1 300万埃镑。1974—1982年，根据阿拉伯与外国投资及自由贸易区法，埃及政府批准私人投资项目1 270个，投资金额50亿埃镑，包括金融和服务业项目500个，工业项目480个，农牧业项目90个，建筑业项目180个，其中埃及人投资项目占61%，其他阿拉伯国家投资项目占23%，欧美国家投资项目

---

① Cooper, M., *The Transformation of Egypt*, p.91.

② Baker, R.W., *Egypt's Uncertain Revolution Under Nasser and Sadat*, pp.144—145, p.147.

占9%。①

纳赛尔政权黄金阶段的1961—1965年,国内生产总值的年均增长率为5.5%。1967—1973年,由于两次中东战争的影响,国内生产总值的年均增长率下降为3.5%。1975—1982年,萨达特推行的新经济政策初见成效,埃及经济的增长速度明显加快,国内生产总值的年均增长率上升为8.4%。②另据统计,1973—1981年,工业产值从17亿埃镑增至96亿埃镑,工业固定资产投资从1.5亿埃镑增至11.5亿埃镑;1973—1982年,国内生产总值从30亿埃镑增至157亿埃镑。与此同时,工业结构进一步改变,新兴工业迅速发展。石油年产量从1974年的750万吨增至1982年的3 220万吨,石油工业年产值从1974年的1.3亿埃镑增至1982年的28亿埃镑,石油出口总值从1973年的2 500万埃镑增至1982年的24亿埃镑,石油工业产值在国内生产总值中所占的比例从1977年的6%增至1985年的16%。石油及其他工业品取代传统的农产品,成为埃及主要的出口产品。农业总产值从1973年的10亿埃镑增至1982年的30亿埃镑,第三产业的产值从1973年的14亿埃镑增至1982年的70亿埃镑。③1980年5月,萨达特政府宣布:埃及已经由纳赛尔时代国有经济占主导地位的阿拉伯社会主义国家发展为"混合经济的民主社会主义国家"。④

穆巴拉克执政以后,延续萨达特时代去国有化和鼓励私人投资的新经济政策。与此同时,埃及政府逐渐控制"消费性开放"的经济倾向,强调经济的开放侧重于生产领域和"生产性开放"的经济政策,遏制消费膨胀,鼓励投资生产领域,降低工业领域的贷款利率,提高进口关税,减少对于进口消费品的依赖。1983年,议会颁布国营企业法,扩大国有企业的经营自主权。⑤相关的经济政策导致工业投资的增长;1974—1985年,埃及国内生产总值年均增长8%,人均年收入从334美元上升为700美元。⑥80年代后期,经济增长率呈下降趋势,通货膨胀率达到20%。国内生产总值的年均增长率从1986年的2.6%下降为1991年的2.1%,1992年仅为0.3%,而此间人口年均增长2.7%。⑦政府财

① 杨灏城、江淳:《纳赛尔与萨达特时代的埃及》,第352页,第357页。

②③ 杨灏城、江淳:《纳赛尔与萨达特时代的埃及》,第361—362页,第364页,第362页。

④ Hopwood, D., *Egypt: Politics and Society 1945—1984*, pp.131—132.

⑤ Al-Ghonemy, M.R., *Egypt in the Twenty-First Century*, London 2003, p.115.

⑥ Bush, R., *Economic Crisis and the Politics of Reform in Egypt*, Boulder 1999, p.23.

⑦ Kienle, E., *A Grand Delusion, Democracy and Economic Reform in Egypt*, London 2001, pp.146—147.

政拮据，财政赤字约占国内生产总值的 15%，公共开支入不敷出，被迫向国外举债，至 1990 年外债高达近 500 亿美元。[①]埃及政府于 1976 年、1978 年、1987 年与国际货币基金组织签署协议，均未持续执行。[②]1991 年，埃及政府与国际货币基金组织签署第四份协议，承诺推行宏观经济改革，实施宽松的物价政策和贸易自由政策，加快私有化进程，加速实现国有企业的去国有化进程，全面推进市场经济，将国有企业推向市场。[③]与此同时，埃及政府实行自由汇率，取消价格限制，贬值埃镑，提高税收，削减补助金，削减公共支出，旨在遏制通货膨胀，削减财政赤字，增加外汇储备。[④]埃及由此拉开了结构调整的序幕。1995 年，埃及加入世界贸易组织，经济生活进一步融入全球化体系。[⑤]90 年代后期，埃及的经济形势出现好转的趋势。1992—1997 年，国内生产总值年均增长率从 0.3%上升为5%。[⑥]2007 年 3 月，政府提交 34 项宪法修正案，强调自由经济的原则和多种所有制的并存，在法律上给予私有化以相应的法律地位，取代 1971 年宪法关于社会主义所有制的相关规定。[⑦]

萨达特时代推行的新经济政策，其直接后果是私人投资的增长和私人经济的发展。1974—1982 年，政府批准新建私人工业企业 6 700 家，投资金额近 20 亿埃镑，其中纺织厂 2 100 家，食品加工厂 1 500 家，化学和建筑材料厂 1 260 家。相当数量的新建私人企业具有一定的规模；1977 年批准的 700 家企业中，资金超过 10 万埃镑的企业 350 家，资金 8 600 万埃镑，占全部 700 家新建私人企业全部资金的 92%。1974—1982 年，私人投资在全部投资中所占的比例由 11%增至 19%，私人企业的产值在全部工业产值中所占的比例由 25%增至 31%。此间，新增私人纺织厂 2 000 余家，投资金额从 510 万埃镑增至 1.2 亿埃镑，产值从 1.5 亿埃镑增至 4.5 亿埃镑。[⑧]1974 年，私人企业的固定资产投资为 2 000 万埃镑；1984 年，私人企业的固定资产投资达到 3.3 亿埃镑，占全部工业固定资产投资的 22%。1972—1982 年，私人企业的年产

---

① Zahid, M., *The Muslim Brotherhood and Egypt's Succession Crisis*, London 2010, p.52.

② Zahid, M., *The Muslim Brotherhood and Egypt's Succession Crisis*, pp.47—50.

③ Zahid, M., *The Muslim Brotherhood and Egypt's Succession Crisis*, p.52.

④ Shehata, D., *Islamists and Secularists in Egypt: Opposition, Conflict and Cooperation*, Routledge 2010, London, pp.43—44.

⑤ Rutherford, B.K., *Egypt After Mubarak, Liberalism, Islam and Democracy in the Arab World*, princeton 2008, pp.198—230.

⑥ Kienle, E., *A Grand Delusion, Democracy and Economic Reform in Egypt*, p.149.

⑦ Shehata, Dina., *Islamists and Secularists in Egypt: Opposition, Conflict and Cooperation*, pp.46—47.

⑧ 杨灏城、江淳:《纳赛尔与萨达特时代的埃及》，第 355 页，第 359 页，第 360 页。

值从不足4亿埃镑增至近20亿埃镑。1971年,私人企业的产值占工业总产值的20%; 1982年,私人企业和合资企业的产值占工业总产值的38%。尽管如此,萨达特时代,国有企业依然构成国民经济的主要形式,国家资本主义长期占据主导地位。1953—1973年,国有企业年产值增长11倍,私人企业年产值仅增长2.5倍。①1975—1979年,国有企业的职工人数从101万增至122万,国有企业产值从32亿埃镑增至64亿埃镑。1982年,国有企业的产值达到60亿埃镑,超过工业总产值的60%。②

穆巴拉克时代,去国有化进程进一步加快,私人经济继续呈明显增长的态势。1992年,埃及的317家国有企业组成27家控股公司,实现企业与政府的脱离。同年颁布的资本市场法规定,资本在5 000万埃镑以上、工人在50名以上的国有企业,可实行优惠价的内部股份认购,10年内分期付款,旨在鼓励工人参与去国有化改革。③1991—1996年,31家企业实现私有化。1996—1999年,去国有化速度加快,125家企业实现私有化。④2000年,政府出售118家国有企业的控股权,出售国有企业约占全部国有企业数量的三分之一,总价值123亿埃镑,同时出售另外16家国有企业的部分股权,总价值19亿埃镑。⑤1981—2001年,私人投资在全部投资中所占的比例从8%上升为67%。⑥1992—2000年,国有企业产值在国内生产总值中所占的比例从39%下降为28%。⑦另据统计,1992—2004年,国有企业职工人数从130万下降为41万,年均减少5.7万。⑧至2006年,全部314家国有企业中的212家实现私有化。2006年,政府将四家最大的国有银行之一的亚历山大银行卖给意大利银行,旨在推动金融领域的私有化进程。⑨

去国有化的进程加速了市场化的进程,政府干预的减少和私人经济的活跃成为埃及经济生活的突出现象。然而,私人收购的国有企业大都限于小型企业,大型企业尚未纳入私有化进程而依然处于政府的控制之下,表明政府

① Kamrava, M., *The Modern Middle East: A Political History since the First World War*, p.261.
② 杨灏城、江淳:《纳赛尔与萨达特时代的埃及》,第366页,第381页,第361页。
③ Al-Ghonemy, M.R., *Egypt in the Twenty-First Century*, p.115.
④⑨ Shehata, D., *Islamists and Secularists in Egypt: Opposition, Conflict and Cooperation*, p.45.
⑤ Ikram, K., *The Egyptian Economy 1952—2000*, Abingdon 2006, p.80, p.81.
⑥ Al-Ghonemy, M.R., *Egypt in the Twenty-First Century*, p.81.
⑦ Ikram, K., *The Egyptian Economy 1952—2000*, Abingdon 2006, p.84.
⑧ Shehata, D., *Islamists and Secularists in Egypt: Opposition, Conflict and Cooperation*, p.46.

不愿放弃对于经济命脉的控制。[①]“私有化的进程作为发展模式的转变，产生了深远的社会影响。”[②]随着私人投资的增长和私人经济的发展，市场经济体系逐渐形成，新兴社会阶层逐渐浮出水面，自由资产阶级重新登上埃及的政治舞台，官僚资产阶级亦逐渐摆脱国家资本主义的经济框架而开始转化为自由资产阶级，亦官亦商者甚多，官商勾结现象严重。私人经济的发展以及私人经济与国有经济的竞争，成为埃及经济的突出现象。自由资产阶级的经济崛起与官僚资产阶级特权传统的延续，导致民主倾向与威权统治之间的深刻对立。

1952 年以来的半个世纪，埃及经济结构经历深刻的变化。1950—2000 年，乡村人口在总人口中所占的比例从 68%下降为 56%，农业产值在国内生产总值中所占的比例从 43%下降为 17%，农业劳动力在全部劳动力中所占的比例从 58%下降为 31%，农业投资在投资总额中所占的比例从 19.7%下降为8.5%。[③]尽管如此，农业依然是埃及经济活动的重要基础，包括服务业、商业、运输业和工业在内的诸多经济部门与农业之间存在密切的联系，农民则构成埃及社会中“沉默的大多数”，农民的贫困状态则是制约埃及经济社会发展的突出现象。

纳赛尔时代农业政策的核心是土地改革，而土地改革的逻辑结果是地权结构的均衡、中等地产比例的提高和贫富差异的缩小。萨达特时代，作为新经济政策的逻辑延伸，政府鼓励私人投资农业，土地政策出现回归传统的趋势。1974 年第 69 号法令和 1981 年第 141 号法令，两度宣布返还政府征购的私人土地。[④]与此同时，萨达特政府推行有利于地产主的租佃政策，地租标准不断提高。1992 年，议会通过新的租佃法即第 96 号法令，结束长期实行的固定地租政策，废止纳赛尔时代允许农民将承租的土地交由子嗣继续耕种的法律规定，同步提高政府征缴的土地税和地主征纳的地租标准。[⑤]根据第 96 号法令，在未来五年的过渡期，地租提高三倍，至 1997 年实现市场化地租。1996 年 10 月，政府宣布过渡期再延长五年，至 2002 年实行市场化地租。[⑥]

埃及 34%的耕地处于租佃状态。1992 年第 96 号法令的颁布，直接影响

① Zahid, M., *The Muslim Brotherhood and Egypt's Succession Crisis*, p.51.
② Rutherford, B.K., *Egypt After Mubarak, Liberalism, Islam and Democracy in the Arab World*, p.138.
③ Al-Ghonemy, M.R., *Egypt in the Twenty-First Century*, p.96.
④ Fahmy, N.S., *The Politics of Egypt: Stae-Society Relation*, p.203.
⑤ Shehata, D., *Islamists and Secularists in Egypt: Opposition, Conflict and Cooperation*, p.46.
⑥ Farah, N.R., *Egypt's Political Economy*, Cairo 2009, p.47.

超过90万农户和500万人口。[①]此后5年间,地租从地税的7倍增至22倍。1985—1997年,地租上升超过15倍。1985—2000年,每费丹小麦的租金从12埃镑增至28埃镑,玉米的租金从8埃镑增至22埃镑,水稻的租金从11埃镑增至39埃镑,棉花的租金从14埃镑增至34埃镑。[②]与纳赛尔时代相比,萨达特和穆巴拉克时代,农民的负担明显加重,地产主成为新经济政策的直接受益者。新的法令的实施,导致二分之一的佃农成为无地农民,其中只有1.5%即1.2万户农民从政府得到土地。[③]"农民在纳赛尔时代从租佃法获得的有限利益,至萨达特和穆巴拉克时代不复存在。"[④]

公民社会的成长

纳赛尔时代的威权政治建立在国家资本主义的基础之上,自上而下的官方行政干预渗透到经济社会生活的诸多层面,民众缺乏必要的自主地位而长期处于依附政府的状态。萨达特执政期间,推行以去国有化和市场化为核心的新经济政策,鼓励私人投资,发展民营经济。穆巴拉克出任总统后,继续推进自由化经济改革,政府干预的减少和私人经济的活跃成为埃及经济生活的突出现象,由此导致的社会后果是新阶层的兴起,限制政府权力、保障公民权利和拓展私人空间的民众呼声随之日渐高涨。民众力量的崛起导致公民社会的成长,进而形成民主化进程中涌动的暗流。

所谓公民是相对于传统文明时代的臣民而言的法律概念,其核心内涵在于权利与义务的平衡。所谓的公民社会,起源于现代化进程中经济秩序的变动和新旧社会势力的消长。现代化进程中经济社会秩序的变革和新阶层的兴起,提供了公民社会成长的历史环境。公民社会的成长既是经济市场化和私营经济活跃的历史产物,亦与自下而上的民众政治参与具有内在的逻辑联系,与民主化进程表现为同步的趋势。公民权是公民社会的基础,公民社会的本质特征在于公共空间的公众参与和公众分享,其社会功能在于制约国家权力,沟通民众意志与官方意志,是为民主政治赖以存在的重要基础,而民间性、自主性、多元性、开放性和公众参与性为鲜明特征的非政府组织则是公民社会的载体形式。

---

① Farah, N.R., *Egypt's Political Economy*, p.46.

② Al-Ghonemy, M.R., *Egypt in the Twenty-First Century*, p.151, p.152.

③ Farah, N.R., *Egypt's Political Economy*, p.47.

④ Fahmy, N.S., *The Politics of Egypt: Stae-Society Relation*, p.206.

然而,中东伊斯兰世界公民社会的内涵,不应简单套用西方概念。在西方世界,现代化与世俗化表现为同步的过程,世俗性构成公民社会的鲜明特征。相比之下,在中东伊斯兰世界的现代化进程中,公民社会的成长往往表现为程度不同的伊斯兰教色彩,伊斯兰教与公民社会的成长之间并不存在根本的对立,却具有内在的逻辑联系。公民之权利与义务的失衡是世俗威权政治的突出特征,公民社会的缺失则是制约中东民主化进程的重要因素。现代伊斯兰主义与世俗自由主义貌似水火不容,但二者皆致力于挑战威权主义的独裁统治,具有异曲同工之处,构成推动公民社会成长历程的两大意识形态。民主与专制之间的尖锐矛盾,以及国家与社会之间的深刻对立,特别是挑战威权主义和推动民主化进程的共同政治目标,提供了现代伊斯兰主义与世俗自由主义求同存异进而建立广泛联盟的历史基础。公民社会的成长提供了伊斯兰主义运动的重要条件,现代伊斯兰主义与世俗自由主义政治立场的趋同可谓中东政治发展和民主化进程的历史方向。

根据埃及 1964 年颁布的第 32 号法令即社团法,所有非政府组织必须在政府登记注册,任何非政府组织不得从事政治活动和与政治相关的其他活动。①根据该法令,社会事务部负责非政府组织的注册登记和监督管理,强调官方对于非政府组织的权力和非政府组织服从官方的义务。②1971 年宪法在形式上赋予公民以广泛和充分的政治权利,然而萨达特政权和穆巴拉克政权先后颁布若干法令,限制公民享有的诸多权利,强化政府对于社会的控制。③1992 年第 4 号法令规定,非政府组织未经允许不得接受国外资助。④1993 年,穆巴拉克政府颁布第 100 号法令,宣称保卫职业协会的民主制,抵制"少数派的独裁",解散职业协会理事会,进而直接干预职业协会的机构选举,规定职业协会选举的投票率不得低于 50%,否则选举结果无效,由政府委派管理人员,旨在强化对于职业协会的控制,限制穆斯林兄弟会插手职业协会,遏制穆斯林兄弟会在职业协会不断扩张的势头和职业协会政治化的倾向。⑤

---

① Norton, A. R., *Civil Society in the Middle East*, Vol.1, p.282.

② Sullivan, D.J., and Abed-Kotob, S., *Islam in Contemporary Egypt*, *Civil Society vs. the State*, Cororado 1999, p.25.

③ Norton, A. R., *Civil Society in the Middle East*, Vol.1, p.280.

④ Stacher, J.A., "Parties over: The Demise of Egypt's Opposition Parties", *British Journal of Middle Eastern Studies*, Vol.31, No.2(Nov., 2004).

⑤ Khalili, L., *Politics of the Modern Arab World*, *Critical Issue in Modern Politics*, London 2009, Vol.3, pp.179—180.

1995 年的 12 号法令,规定由法官监督职业协会的选举和审查候选人的竞选资格。随后,内务部宣布中止职业协会理事会选举,旨在排斥穆斯林兄弟会成员参与竞选。①1999 年,政府委托非政府组织的代表,修订 1964 年颁布的 32 号法令,起草新的非政府组织法即第 153 号法令,延续政府控制非政府组织的传统,规定政府有权解散非政府组织、批准非政府组织接受国外捐赠、冻结非政府组织的基金。②2002 年,宪法法院裁定,1999 年颁布的非政府组织法即第 153 号法令违宪。③同年颁布的第 84 号法令规定,社会事务部有权取缔对国家构成威胁的非政府组织,非政府组织的活动必须处于社会事务部的有效监督之下。④

尽管如此,后纳赛尔时代,随着世俗威权体制的松动、经济秩序的剧烈变革、政府职能的转化和私人空间的扩大,形形色色的非政府组织表现出日渐活跃的张力,进而提供了维护公民的合法权利、实现民众动员和推动民众政治参与进程的重要外在形式,在沟通民众意志与官方意志方面发挥着广泛的作用,加速着公民社会的成长。2003 年,在执政党民族民主党的倡导下,成立人权组织全国会议,标志着官方与人权组织的初步合作。2005 年,三个国内人权组织获准参与选举程序的监督,其中最重要的是"选举监督公民联盟",包括 19 个人权组织的代表。⑤

据统计,在埃及正式注册的非政府组织,1976 年约为 7 500 个,2005 年增至约 2 万个。⑥1976—2001 年,美国向埃及非政府组织提供的资助共计 4.1 亿美元。⑦知识界和工商界的各类职业协会素有明显的政治参与倾向,是最具活力的非政府组织。世纪之交,埃及的知识界和工商界约有 24 个职业协会,成员约为 350 万人,形成广泛的社会基础和巨大的社会动员力;控制职业协会是国家控制社会的重要手段,而争取职业协会的支持则是反对派动员民众的重要途径。⑧穆斯林兄弟会作为埃及最大的反对派宗教政治组织,在知

---

① Zahid, M., *The Muslim Brotherhood and Egypt's Succession Crisis*, pp.121—122.

② Zahid, M., *The Muslim Brotherhood and Egypt's Succession Crisis*, pp.60—61.

③ Moustafa, T., *The Struggle for Constitutional Power, Law, Politics and Economic Development in Egypt*, Cambridge 2007, p.178.

④ Joshua A.S., "Parties over: The Demise of Egypt's Opposition Parties".

⑤ Shehata, D., *Islamists and Secularists in Egypt: Opposition, Conflict and Cooperation*, p.39.

⑥ Shehata, D., *Islamists and Secularists in Egypt: Opposition, Conflict and Cooperation*, p.282.

⑦ Shehata, D., *Islamists and Secularists in Egypt: Opposition, Conflict and Cooperation*, p.209.

⑧ Zahid, M., *The Muslim Brotherhood and Egypt's Succession Crisis*, pp.105—108.

识界和工商界的各类职业协会中具有深厚的社会根基,而知识界和工商界的各类职业协会提供了穆斯林兄弟会动员民众和实现政治参与的重要载体,相当数量的非政府组织具有浓厚的宗教色彩,伊斯兰主义运动与非政府组织错综交织。

80 年代末,埃及约有 1.3 万个在官方注册的非政府组织,主要功能是提供社会服务,包括保护妇女儿童组织、社会救助组织、文化教育组织、学术组织、慈善机构,其中超过三分之一处于穆斯林兄弟会的控制之下。[①]穆斯林兄弟会不仅致力于宗教色彩的政治宣传,而且致力于救济民众的社会福利活动。1992 年开罗地震期间,穆斯林兄弟会为灾民提供医疗和食品救济,发放帐篷,向每个受灾的家庭提供 1 000 美元。相比之下,政府却未能有所作为。

医师协会始建于 1920 年,系埃及最早成立的职业协会之一,80 年代约有注册成员 10 万人,理事会由 24 人组成。工程师协会始建于 1946 年,80 年代约有成员 20 万人,理事会由 61 人组成,长期与政府保持密切的关系。1984 年,医师协会和工程师协会举行理事会选举,穆斯林兄弟会成员分别赢得医师协会 3 个理事会席位和工程师协会 45 个理事会席位。[②]1984 年的医师协会选举和工程师协会选举,标志着穆斯林兄弟会在职业协会的最初胜利,由此掀开职业协会伊斯兰化的序幕,职业协会随之成为穆斯林兄弟会角逐国家权力和挑战世俗威权政府的重要阵地。此后,穆斯林兄弟会迅速进入其他职业协会领导层,伊斯兰主义的影响随之扩大。[③]1987 年,穆斯林兄弟会通过选举赢得工程师协会理事会 61 个席位中的 54 个席位。1988 年,穆斯林兄弟会通过选举赢得医师协会理事会的全部 12 个席位。[④]1992 年,穆斯林兄弟会成员在工程师协会举行的理事会选举中赢得全部 61 个席位中的 45 个席位,在医师协会举行的理事会选举中赢得全部 25 个席位中的 20 个席位,在药剂师协会举行的理事会选举中赢得全部 25 个席位中的 17 个席位。[⑤]

律师协会始建于 1912 年,是埃及第一个职业协会,具有明显的参政倾向,90 年代约有成员 15 万人。1992 年,穆斯林兄弟会成员成为律师协会理事会选举的赢家,获得全部 25 个席位中的 18 个席位。[⑥]2001 年,在律师协会

---

① Bayat, A., *Making Islam Democratic, Social Movements and the Post-Islamist Turn*, Stanford 2007, p.43.

② Zahid, M., *The Muslim Brotherhood and Egypt's Succession Crisis*, pp.111—112.

③ Zahid, M., *The Muslim Brotherhood and Egypt's Succession Crisis*, pp.109—110.

④ Arafat, A.D., *The Mubarak Leadership and Future of Democracy in Egypt*, New York 2009, p.172.

⑤ Arafat, A.D., *The Mubarak Leadership and Future of Democracy in Egypt*, pp.117—118.

⑥ Zahid, M., *The Muslim Brotherhood and Egypt's Succession Crisis*, pp.117—118.

的选举中，穆斯林兄弟会成员再次取得明显的优势。①

埃及最大的非政府组织是工会联盟，与穆斯林兄弟会保持密切的联系。1991 年，工会联盟声称有成员超过 300 万。②2003 年，政府颁布第 12 号法令，给予工人罢工的权利，同时规定罢工须经工会联盟的批准。③

法官俱乐部始建于 1939 年，长期保持独立于政府的自治传统，在制衡行政权力干预司法事务方面发挥重要的作用。1969 年颁布的第 84 号法令，解散法官俱乐部理事会，由总统任命新的法官俱乐部管理层。④1975 年，法官俱乐部恢复自治地位，获准选举理事会。70 年代后期，法官俱乐部屡屡呼吁保障公民权利，改进司法程序，完善法治原则。⑤1991 年 1 月，法官俱乐部起草法案，要求实行司法改革，重建司法体系。⑥2005 年 5 月，法官俱乐部通过决议，呼吁强化司法独立。⑦

人权组织作为新兴的非政府组织，缘起于 80 年代初。阿拉伯人权组织创建于 1983 年，是埃及第一个非官方性质的人权组织。⑧至 2005 年，人权组织约有 50 个，主要关注政治权利和公民自由以及保护弱势群体和边缘阶层。⑨2002 年，宪法法院颁布第 84 号法令，正式承认人权组织的合法地位。2003 年，成立人权组织全国会议。2005 年，人权组织获准参与监督议会选举。⑩

新旧经济秩序更替的过程中崛起的新兴阶层无疑是诸多非政府组织的重要社会基础，而伊斯兰主义的广泛实践赋予成长中的公民社会以日渐浓厚的宗教色彩。

萨达特时代的“纠偏运动”

1970 年纳赛尔死后，副总统萨达特继任总统。萨达特执政初期，埃及政坛出现严重的分歧和对立。副总统兼阿拉伯社会主义联盟秘书长阿里·萨

---

① Shehata, D., *Islamists and Secularists in Egypt: Opposition, Conflict and Cooperation*, p.55.

② Norton, A. R., *Civil Society in the Middle East*, Vol.1, p.37.

③ Shehata, D., *Islamists and Secularists in Egypt: Opposition, Conflict and Cooperation*, p.45.

④ Rutherford, B.K., *Egypt After Mubarak, Liberalism, Islam and Democracy in the Arab World*, p.141.

⑤ Rutherford, B.K., *Egypt After Mubarak, Liberalism, Islam and Democracy in the Arab World*, p.142.

⑥ Rutherford, B.K., *Egypt After Mubarak, Liberalism, Islam and Democracy in the Arab World*, pp.144—162.

⑦ Rutherford, B.K., *Egypt After Mubarak, Liberalism, Islam and Democracy in the Arab World*, pp.72—73.

⑧ Posusney, M.P., *Authoritarianism in the Middle East: Regimes and Resistance*, p.199.

⑨⑩ Shehata, D., *Islamists and Secularists in Egypt: Opposition, Conflict and Cooperation*, p.37.

布里为首的政治集团主张沿袭纳赛尔的内外政策，捍卫纳赛尔的政治路线，同时强调阿拉伯社会主义联盟的集体领导权，限制总统的个人权力，进而构成对萨达特政权的严重威胁。1971 年 5 月，萨达特政权逮捕阿里・萨布里，阿里・萨布里集团成员 90 余人遭到监禁。随后，萨达特政权宣布发动继 1952 年"七月革命"的第二次革命，是为"纠偏运动"。①与此同时，埃及的政治力量经历重新组合的过程，世俗威权主义的政治模式出现衰落的征兆，民主和人权成为萨达特标榜的政治纲领，政治生活的自由化倾向渐露端倪。

1971 年 9 月，埃及议会颁布 1952 年以来的第一部正式宪法，取代纳赛尔时代的临时宪法，规定公民在法律面前一律平等，公民享有信仰、言论、新闻、迁徙、集会和结社的自由。1974 年 4 月，萨达特颁布《十月文件》。《十月文件》沿袭纳赛尔时代的传统，强调阿拉伯社会主义联盟作为唯一合法的政治组织。另一方面，萨达特在 1974 年颁布的《十月文件》中承认纳赛尔时代缺乏民众的政治自由，强调"纠偏运动"的目的是"撤销所有的非常措施，确保法律、制度的稳定"，使埃及成为真正的宪政国家。② 在此基础上，萨达特承诺实行自由化政策，释放纳赛尔时代的在押政治犯，改革司法制度，取消新闻审查制度，允许在阿拉伯社会主义联盟的政治框架内发表不同的意见，重申保护私有财产的法律原则，返还纳赛尔时代被政府没收的私人财产。③萨达特声称，在其执政期间，埃及将"没有集中营，没有财产的没收，没有非法的拘捕"。④

1971 年 7 月，萨达特宣布保护民众自由和扩大民众参政范围，改组执政的阿拉伯社会主义联盟。⑤1974 年 8 月，萨达特制定阿拉伯社会主义联盟发展方案，在重申坚持一党制和反对多党制的同时，明确规定阿拉伯社会主义联盟不再行使国家权力，只是作为表达民意的政治组织，进而建议阿拉伯社会主义联盟向社会各个阶层和群体广泛开放，允许包括土地改革和国有化对象在内的所谓剥削阶级加入阿拉伯社会主义联盟，旨在淡化一党制。阿拉伯社会主义联盟曾经是纳赛尔时代唯一合法的官方政党。"阿拉伯社会主义联盟是一个官方的组织，如同其他的政府机构，可以被称作'政治与民众事务部'"。⑥同年 9 月，萨达特在议会公开指责阿拉伯社会主义联盟的内部机制

---

①② Baker, R.W., *Egypt's Uncertain Revolution Under Nasser and Sadat*, p.150.

③ Baker, R.W., *Egypt's Uncertain Revolution Under Nasser and Sadat*, p.156.

④ Hinnebusch, R.A. *Egyptian Politics Under Sadat*, p.118, pp.61—62.

⑤ Beattie, K.J., *Egypt During the Sadat Years*, p.79.

⑥ Baker, R.W., *Egypt's Uncertain Revolution Under Nasser and Sadat*, p.163.

缺乏政治民主，主张政府政治脱离政党政治，进而恢复多党制。然而，萨达特的意见并未得到议会多数成员的支持，却被淹没于纳赛尔主义者的反对声中。约 400 万人登记加入阿拉伯社会主义联盟，表明纳赛尔主义依然具有广泛的影响。[①]

1974—1975 年，萨达特发起全国范围的公开讨论，允许民众就纳赛尔政权的功过是非发表意见，进而形成空前宽松的言论环境。许多人指责纳赛尔实行独裁专制和侵犯人权，要求取缔警察政治，扩大政治自由和实行法治，进而要求广泛开放的经济政策，实行自由贸易，取消对于高收入者的惩罚性征税，取消土地所有权的限制，允许外国银行进入埃及，削减国有经济和扩大私人经济。[②]与此同时，萨达特强调军队与政治的分离和行政机构的非军事化原则，终结官僚机构军人化的政府模式，军人不再是纳赛尔时代曾经扮演的政治角色。

1976 年 1 月，萨达特重新发起关于一党制与多党制的讨论。同年 3 月，阿拉伯社会主义联盟内部出现论坛形式的三大政治组织，其中阿拉伯社会主义组织持中间立场，拥护萨达特实行的内外政策，自由社会主义组织持右翼立场，强调实行进一步的自由化政策，民族进步联盟组织持左翼立场，主张沿袭纳赛尔主义的传统。

1976 年 10 月举行的议会选举中，首次出现相对宽松的政治环境。棉花经纪人穆斯塔法·卡米勒·穆拉德为首的右翼势力要求恢复自由资本主义和发展私人经济，取消国家对于进出口贸易的控制，允许开设私人银行，改革货币制度。前自由军官哈立德·毛希丁为首的左翼势力主张捍卫纳赛尔时代的革命成果，维护国有经济。内阁总理马穆杜·萨利姆代表的中间派体现官方的立场，支持萨达特的开放政策以及国有与私有混合并存的经济结构。在 342 个议会席位中，持中间立场的阿拉伯社会主义组织赢得 280 个席位，右翼的自由社会主义组织赢得 12 个席位，左翼的民族进步联盟组织赢得 2 个席位，来自非阿拉伯社会主义联盟的独立候选人赢得 48 个席位。[③]

阿拉伯社会主义联盟的裂变与多党化进程的启动

阿拉伯社会主义联盟内部的裂变，是萨达特时代多党化进程的起点。阿

① Hopwood, D., *Egypt: Politics and Society 1945—1984*, p.113.

② Hinnebusch, R.A. *Egyptian Politics Under Sadat*, p.118, pp.61—62.

③ Beattie, K.J., *Egypt During the Sadat Years*, p.200.

拉伯社会主义联盟内部左翼、右翼和中间势力的划分，则是萨达特时代多党政治的雏形。1976 年 11 月，萨达特正式开始推行所谓“崭新的民主试验”，宣布废除纳赛尔时代的一党制，恢复多党制，进而掀开政治民主化运动的崭新篇章。与此同时，萨达特宣布，阿拉伯社会主义联盟内部的三个组织已经具有政党的职能，享有法律赋予的政治权利，应当成为独立的政党。阿拉伯社会主义联盟内部的阿拉伯社会主义组织、自由社会主义组织和民族进步联盟组织随之分别更名为阿拉伯社会主义党、自由社会主义党和民族进步联盟党，其中阿拉伯社会主义党处于执政党的政治地位。原有的阿拉伯社会主义联盟保留中央委员会，负责监督政党活动和控制政党的财政收支，其他机构和组织予以解散。[①]埃及由此进入多党制阶段。

1978 年 7 月，萨达特提出新的政治改革方案，决定终止阿拉伯社会主义联盟的存在，同时宣布成立民族民主党，作为新的执政党，自任民族民主党主席，民族民主党的宗旨是建设“基于科学和信仰的现代化国家”，维护国家统一与社会稳定，调和个人利益与群体利益，实现“大家有饭吃，大家有房住，大家生活幸福”的目标[②]。随后，脱胎于阿拉伯社会主义联盟和持中间立场的原执政党阿拉伯社会主义党宣布并入民族民主党。[③]

脱胎于阿拉伯社会主义联盟的自由社会主义党，与执政的阿拉伯社会主义党及民族民主党长期处于合作状态，代表持右翼立场的世俗自由主义，属于御用的右翼政党，具有官方的色彩与温和的政治倾向。自由社会主义党领导人穆斯塔法·卡麦勒·穆拉德，既是纳赛尔时代自由军官的重要成员，亦是萨达特的政治盟友。穆斯塔法·卡米勒·穆拉德宣称：“我曾经是一名温和的社会主义者。然而，在经历社会主义的实践后，我认识到社会主义只是十足的乌托邦，现实中的社会主义使埃及变成地狱。我对社会主义的憎恨远远超出人们的想象。”自由社会主义党的另一重要成员穆罕默德·穆拉德·萨布塔希认为，萨达特推行的多党制是“通向民主制的实践”。[④]自由社会主义党代表私人经济和自由资产阶级的利益，支持萨达特推行的去纳赛尔化政策，反对政府干预经济部门和经济活动，主张国有企业的私人化和国家资本与私人资本的合营化，倡导进一步开放市场和吸引国际投资，强调低

---

① Baker, R.W., *Egypt's Uncertain Revolution Under Nasser and Sadat*, p.165.

② Beattie, K.J., *Egypt During the Sadat Years*, pp.237—238.

③ Beattie, K.J., *Egypt During the Sadat Years*, p.241.

④ Beattie, K.J., *Egypt During the Sadat Years*, pp.193—194.

税收和高利润的政策，主张停止发放补助金，要求政治自由化以及强化立法和司法独立。①自由社会主义党拥护萨达特政权的中东和平政策以及亲西方的外交政策，该党领导人穆斯塔法·卡麦勒·穆拉德甚至陪同萨达特访问耶路撒冷，而萨达特政府的外交部长却拒绝前往耶路撒冷。②

脱胎于阿拉伯社会主义联盟的民族进步联盟党持左翼立场，基本宗旨是争取摆脱世界资本主义的奴役、完成埃及民族解放的历史任务和推动埃及的政治民主化进程。民族进步联盟党认为，埃及在纳赛尔时代经历了民族解放的进程，却由于缺乏民众的广泛动员而在 1967 年之后出现深刻的政治危机，至萨达特时代，新兴资产阶级掌握政权并与帝国主义妥协，埃及的民族民主革命面临夭折的危险，而该党的任务是广泛动员埃及民众，组成反对派政治联盟，捍卫民族民主革命的成果，完成纳赛尔时代的未竟事业。在外交方面，民族进步联盟党反对美国和以色列代表的帝国主义势力，强调埃及是阿拉伯世界不可分割的组成部分以及泛阿拉伯主义的历史传统，倡导由埃及领导阿拉伯世界的反帝斗争，而中东和平的前提条件是以色列撤离所占领的全部阿拉伯土地和建立巴勒斯坦国。在经济方面，民族进步联盟党反对开放政策，认为开放政策导致投资重心由生产领域转向消费领域，损害民族经济，加剧埃及的依附倾向，导致通货膨胀的加剧、民众生活水准的下降和公共生活的腐败，主张恢复纳赛尔时代的国有化、计划经济和工业优先政策，主张控制物价、提高工人工资和深化土地改革，维护工人和农民的利益。在政治方面，民族进步联盟党反对独裁，主张进一步的民主和西方式的政治自由。显然，民族进步联盟党在外交和经济方面具有纳赛尔主义的浓厚色彩，在政治方面却与纳赛尔主义差异甚大。1977 年食品骚乱以后，民族进步联盟党逐渐与执政党分道扬镳，进而由“官方的反对党”发展为“民间的反对党”。1978 年，萨达特要求民族进步联盟党自行解散，遭到拒绝。随后，政府关闭民族进步联盟党主办的报纸，限制民族进步联盟党的政治活动。③1980 年，民族进步联盟党召开第一次全国大会，401 名代表参加，选举 233 人组成的中央委员会和 44 人组成的秘书处以及 17 人组成的执行委员会。民族进步联盟党的核心成员主要来自知识分子、政府职员和工会阶层，代表包括国有企业的工人、受

① East, R. & Joseph, T., *Political Parties of Africa and the Middle East*, p.82.

② Fahmy, N.S., *The Politics of Egypt: State-Society Relation*, p.72.

③ Fahmy, N.S., *The Politics of Egypt: Stae-Society Relation*, p.74.

益于土地改革的农民、纳赛尔时代接受教育和获得职业的工农子弟以及包括萨达特时代新经济政策的受害者在内的中下层民众的政治立场，在开罗、亚历山大以及其他国有经济发达的地区影响较大。自由军官在民族进步联盟党内部尽管人数不多，却占据举足轻重的地位，哈里德·毛希丁、基马尔丁·里法亚特和鲁特菲·瓦吉德的领导地位体现了民族进步联盟党与阿拉伯社会主义联盟的密切联系。至于商人和地主，则与民族进步联盟党无缘。①

社会劳动党于 1978 年秋由萨达特授意组建，旨在取代民族进步联盟党，作为新的左翼政党，时人称之为"政府主办的反对党"。②社会劳动党与自由主义时代后期的青年埃及党具有密切的历史渊源，社会劳动党领导人伊卜拉欣·马哈茂德·舒克里和法希·拉德万均为青年埃及党的元老。社会劳动党兼有民族主义和伊斯兰主义的双重色彩，"安拉与人民"是社会劳动党标榜的政治原则。③1979 年议会选举中，社会劳动党获得 29 个席位。1980 年，社会劳动党号称有党员 18 万人。社会劳动党一方面拥护萨达特时代的社会制度和政治秩序、混合型私有制结构、开放的经济政策以及和平外交政策，另一方面反对消费性的经济开放，强调生产性的经济开放，主张继续发放补助金，抵制以色列的势力，要求进一步的政治自由，自由组建政党，取消政府的新闻审查，规定总统的任职期限，呼吁萨达特应当脱离执政党进而成为超越政党的国家元首，实行隶属议会的内阁制。④

1977 年 6 月，议会通过第 40 号法令即政党组织法，规定埃及公民享有组建政党和参加政党的政治权利，组建政党须有 50 人以上(其中工人和农民不得少于半数)的签名和须经包括阿拉伯社会主义联盟中央委员会第一书记、内政部长和司法部长以及总统任命的两名官员在内的政党委员会审批，新建的政党必须在纲领和目标方面区别于现存的政党，任何政党不得与特定的阶级、教派和民族相联系，政党纲领不得损害国家统一、违背"七月革命"和"纠偏运动"的基本原则，不得与伊斯兰教法抵触，不得重新恢复 1953 年取缔的旧政党。⑤

1977 年 8 月，前华夫托党总书记福阿德·萨拉杰丁在纪念扎格鲁勒逝

---

① Hinnebusch, R.A., *Egyptian Politics Under Sadat*, pp.187—189.

② Beattie, K.J., *Egypt During the Sadat Years*, p.241.

③ Tripp. C., *Egypt under Mubarak*, London 1989, p.33.

④ East, R. & Joseph, T., *Political Parties of Africa and the Middle East*, p.84.

⑤ Fahmy, N.S., *The Politics of Egypt: Stae-Society Relation*, pp.67—68.

世50周年大会上发表演说，指责1952年革命“犯有按照法律而应当惩办的所有罪行”，声称执政党是“没有生命的运动”和“纸糊的宫殿”。萨达特则称华夫托党分子是“从博物馆里逃出的木乃伊”，指责华夫托党试图恢复1952年以前的封建主义和腐败的政治生活。[①]随后，福阿德·萨拉杰丁表示承认“七月革命”和纠偏运动的基本原则，拥护宪法。1978年1月，福阿德·萨拉杰丁向政党委员会申请重建华夫托党，获得591人的签名支持。1978年2月，新华夫托党获准成立。同年5月，申请加入新华夫托党者达到百万之众，人数远远超过自由社会主义党和民族进步联盟党而仅次于执政的阿拉伯社会主义党。[②]新华夫托党系自由主义时代华夫托党的政治延伸，持右翼自由主义的政治立场。新华夫托党主席福阿德·萨拉杰丁曾经担任法鲁克国王时期的内务部长，1952年革命后担任华夫托党总书记。[③]自由主义时代的华夫托党，其政治纲领是争取埃及的民族解放和民族独立，具有民族主义的浓厚色彩。萨达特时代后期的新华夫托党，其政治纲领是推动埃及的去纳赛尔化即经济自由化和政治民主化进程，具有民主主义的明显倾向。福阿德·萨拉杰丁宣称，华夫托党曾经是埃及宪政革命的领导者，而所谓的“七月革命”只是自由军官颠覆国家的军事政变；自由主义时代的华夫托党曾经迫使英国结束对于埃及的殖民统治，而纳赛尔时代的自由军官政权却导致第二次中东战争后埃及领土沦丧于以色列的占领。与此同时，新华夫托党对萨达特政权持矛盾的态度。一方面，新华夫托党拥护萨达特推行的去纳赛尔化政策，支持萨达特政权的亲西方外交政策和中东和平举措，强调埃及国家利益高于阿拉伯民族利益。另一方面，新华夫托党认为埃及尚缺乏真正意义的政治民主，要求取消政党限制和解除新闻审查，主张自由选举和议会独立，充分保障国民权利，以议会内阁制取代总统制。在社会经济领域，新华夫托党主张进一步的去国有化和经济自由化，放宽投资限制，支持私人经济发展，扩大私人经济成分，发展中间工业、轻工业、农业和旅游业，精简政府机构，取消国有农场和乡村合作社体系。新华夫托党是萨达特时代后期最重要的民间反对派政党，代表中上层的民间政治势力抑或新兴的私人资产阶级，其核心成员来自非官方背景的商人、企业家和地主。[④]

---

① Fahmy, N.S., *The Politics of Egypt: Stae-Society Relation*, p.77.

② Bari, Z., *Modern Egypt: Culture, Religion and Politics*, Delhi 2004, p.27, p.41.

③ Tripp, C., *Egypt under Mubarak*, p.29.

④ Hinnebusch, R.A., *Egyptian Politics Under Sadat*, p.216, pp.209—210.

新华夫托党总部

新华夫托党诞生于阿拉伯社会主义联盟的政治框架之外，具有浓厚的民间色彩，区别于阿拉伯社会主义党、自由社会主义党和民族进步联盟党。新华夫托党的创建，标志着多党制政治生活的明显进步，表明萨达特时代私人经济的复兴和自由资产阶级角逐政坛的初步倾向。随着新华夫托党的建立，执政党与反对党之间的力量对比发生明显的变化，执政党与反对党之间的矛盾冲突逐渐升级。

1978 年 5 月，萨达特公开谴责新华夫托党企图恢复旧制度，谴责民族进步联盟党是苏联的代理人。同年 6 月，执政党阿拉伯社会主义党控制的议会通过《保护国内和社会安全法》。该法令规定：禁止一切反对“七月革命”和“纠偏运动”的政治原则以及敌视“民主社会主义”的宣传活动，禁止一切违背伊斯兰教法的人担任重要公职，禁止 1952 年“七月革命”和 1971 年“纠偏运动”的被清洗者以及损害民族团结和社会安定者参加政党和政治活动，政党委员会有权取缔与该法令抵触的政党决定和政党活动。由于萨达特政府的高压政策，新华夫托党于该法令颁布后被迫停止所有活动，民族进步联盟党亦退出政坛。①

1979 年 6 月，埃及举行新一届的议会选举，是 1952 年“七月革命”以来埃及首次举行的多党议会选举。在议会 382 个席位中，执政的民族民主党获得 339 个席位，左翼的社会劳动党获得 30 个席位，右翼的自由社会主义党获得 3 个席位，独立人士获得 10 个席位。②1980 年，萨达特政府颁布第 95 号法令

① 杨灏城、江淳：《纳赛尔与萨达特时代的埃及》，第 398 页。

② Al-Mikawy, N., *Institutional Reform and Economic Development in Egypt*, Cairo 2002, p.55.

即“耻辱法”。根据该法令,禁止“反对、仇视、蔑视国家的政治、社会、经济制度”、禁止“成立或参加法律不允许建立的组织”、禁止“发布凭空捏造或产生误导作用的消息”、禁止“否定宗教、道德和民族价值而误导青年”、禁止“鼓吹否定伊斯兰教法”,违犯者将交由称作“耻辱法庭”的特别法庭审判。①同年5月,埃及举行全民公决,修订1971年宪法,成立协商会议,与原有的人民会议构成议会的上下两院;协商会议设210个席位,其中140个席位选举产生,70个席位由总统任命。②1981年9月,政府逮捕1 500余人,其中包括几乎所有的反对党领导人,多党制名存实亡。③

世俗威权体制的松动

纳赛尔时代,世俗威权的膨胀无疑是埃及政治生活的突出现象。自由军官的所谓集体领导权只存在于“七月革命”后最初的两年。1954年,纳赛尔出任总统,获得驾驭社会的绝对权力,俨然是埃及的现代“法老”。自1956年第二次中东战争以后,纳赛尔成为埃及民众心目中的英雄和崇拜的对象,被视作埃及国家权力的化身、民族尊严的象征和民众意志的体现。克里斯玛式的地位和民众的广泛拥戴,构成纳赛尔个人统治的政治基础。一元化的政党制度,则是纳赛尔时代世俗威权政治的重要形式。议会成为唯一的合法政党即阿拉伯社会主义联盟的延伸抑或外在形式,总统的个人意志、阿拉伯社会主义联盟的纲领与议会通过的法案处于三位一体的状态。纳赛尔“在(1954—1970年)16年间稳定的统治地位,源于其克里斯玛式的独裁和恺撒式的专制。纳赛尔作为总统成为埃及新的政治秩序的中枢,控制国家政治、社会、经济和文化各个领域”。④

特定的经济生活与社会结构,决定着相应的政治模式。埃及素有专制主义的政治传统,而埃及专制主义政治传统的客观物质基础在于农业的统治地位以及国家控制水利设施和水源分配进而控制作为经济命脉的农业生产。19世纪埃及的威权政治与纳赛尔时代的威权政治显然建立在完全不同的经济社会基础之上:前者以农业的主导地位以及地主阶级的统治作为前提条件,后者则与工业化的长足进步以及地主阶级的普遍衰落密切相关。至于自

---

① Kienle, E., *A Grand Delusion*, *Democracy and Economic Reform in Egypt*, p.19.

② Tripp, C., *Egypt under Mubarak*, p.9.

③ Beattie, K.J., *Egypt During the Sadat Years*, p.273.

④ Vatikiotis, P.J., *The History of Modern Egypt*: *From Muhammad Ali to Mubarak*, p.425.

由主义时代的民众政治与后纳赛尔时代的民众政治相比，同样存在诸多差异，前者往往局限于形式层面的民众政治参与，后者的民众政治参与则表现为从形式层面向实质层面的延伸。纳赛尔时代，威权政治无疑推动了埃及的现代化进程。纳赛尔时代工业化的长足进步和新旧生产方式的此消彼长，导致埃及传统经济结构的急剧衰落，灌溉农业在国民经济中的地位明显下降，专制主义赖以存在的客观物质基础趋于崩溃。这是萨达特时代改革政党制度进而启动政治民主化进程的深层背景。

政党政治具有相应的经济基础和社会基础，反映不同社会阶层的政治利益和政治诉求，而不同社会阶层之间的力量对比决定着政党政治的模式和走向。纳赛尔时代，国家资本主义的经济政策塑造了庞大的官僚资产阶级，一党制的政党模式建立在国家资本主义占据统治地位和官僚资产阶级垄断国家权力的基础之上。纳赛尔政权的建立，并非源于民众的革命，而是军事政变的产物。纳赛尔时代的解放大会、民族联盟和阿拉伯社会主义联盟并非民众政治参与的历史形式，一党制的政党制度构成国家控制民众进而强化威权政治的重要工具。相比之下，萨达特时代，埃及处于从国家资本主义向自由资本主义转变的过渡阶段，国家资本主义趋于衰落而尚未退出历史舞台，自由资本主义日渐发展而尚未确立主导地位，官僚资产阶级势力尤存，新经济政策和非国有化运动所催生的新兴社会势力亦欲分享国家权力，政治生活呈多元化倾向，由此形成不同社会阶层的尖锐政治对立，诸多政治集团之间激烈角逐。阿拉伯社会主义联盟作为纳赛尔时代的历史遗产，面临重重挑战，陷于危机之中。是为萨达特时代一党制衰落和多党制兴起的社会基础和政治条件。

萨达特政权推行的新政举措，具有去纳赛尔化的明显倾向，而建立在一党制基础之上的阿拉伯社会主义联盟则是纳赛尔主义者抵制新政举措和挑战萨达特政权的主要阵地。阿拉伯社会主义联盟的延续，显然构成萨达特政权实施新政的障碍和潜在的政治威胁。萨达特政权标榜自由和民主的政治原则，进而致力于政党制度的改革。萨达特政权改革政党制度的目的，在于否定纳赛尔主义的历史遗产，结束阿拉伯社会主义联盟的统治地位，削弱纳赛尔主义的残余势力，排斥政治异己，寻求建立新的政治基础。是为萨达特时代从一党制向多党制转变的直接原因。一党制的衰落和多党制的兴起作为萨达特时代埃及政治生活的突出现象，包含民众政治参与的初步倾向，构成威权政治向民主政治过渡的中间环节。

纳赛尔时代，阿拉伯社会主义联盟作为唯一合法的政党，其核心成员主要来自自由军官及左翼知识分子。萨达特时代，阿拉伯社会主义联盟、阿拉伯社会主义党和民族民主党相继处于执政党的地位，其核心成员既有政府官员和军队将领，亦包括国有企业上层和私人企业投资者。执政党核心成员构成的不同，标志着萨达特政权社会基础的深刻变化。另一方面，纳赛尔时代，政党政治与政府政治浑然一体，政党纲领与政府实施的具体政策高度吻合。相比之下，萨达特时代后期，由于多党制的政治环境，政党政治与政府政治开始出现分离的迹象，即使作为执政党的民族民主党，其政治纲领亦与政府实施的具体政策不尽相同。在外交方面，执政党的原则依然是强调阿拉伯民族的事业、巴勒斯坦解放组织的权利和不结盟的政策，实际立场却是支持埃及国家利益高于一切和加入西方阵营的政府举措。在内政方面，执政党宣称一如既往地捍卫维护国有经济和纳赛尔主义的成就，实际立场却是支持政府推行的去国有化经济政策。尽管如此，萨达特时代沿袭纳赛尔时代的政治传统，作为执政党的阿拉伯社会主义联盟、阿拉伯社会主义党和民族民主党始终维持自上而下的运作机制，政党内部缺乏必要的政治民主。

萨达特时代后期的多党制在诸多方面与宪政时代的多党制颇具相似之处，形式上表现为历史的重复。然而，工业化程度的提高、新旧生产方式的更替和新旧社会势力的剧烈消长，标志着从自由主义时代到萨达特时代埃及现代化的长足进步。因此，宪政时代与萨达特时代的多党制只是貌似相同，其经济社会基础无疑存在本质的区别。另一方面，纳赛尔时代一党制的建立与萨达特时代多党制进程的启动均表现为自上而下的官方运动而非自下而上的民间运动，政党政治均处于国家和政府的控制之下，亦不无相似之处。纳赛尔时代，一党制的政党制度取决于统治者的个人意志；萨达特时代，多党制进程的启动同样出自统治者的个人恩赐。

许多西方学者认为："在萨达特时代，个人无疑较之纳赛尔统治下享有大得多的人身自由。但是，萨达特的统治归根结底仍属个人统治，而且随着岁月的消逝，越来越趋于个人统治。"埃及学者对萨达特时代的政治制度大都持否定的态度，认为萨达特时代的政治制度"从来不是民主的制度"，"萨达特政权远远超过君主时期和纳赛尔时期的专制"。亦有国内学者认为："萨达特的统治与纳赛尔的统治没有什么本质的区别，都是个人专制。"①实际情况不

① 杨灏城、江淳：《纳赛尔与萨达特时代的埃及》，第 402 页，第 403 页。

然。与纳赛尔时代相比，萨达特政权的社会基础和内外政策在诸多方面已经出现明显的变化，从一党制向多党制的过渡集中体现了萨达特时代之非纳赛尔化运动的发展趋势。萨达特时代后期多党制的建立无疑出自统治者的个人恩赐，而统治者的个人恩赐决定了民众政治参与的脆弱性和明显局限性，多党并存和一党独大则是萨达特时代后期政党政治的突出特征。尽管如此，阿拉伯社会主义联盟的解体和多党制的兴起毕竟在客观上削弱了政府对于议会的控制，反对党议员开始登上议会的舞台，议会内部亦开始出现不同的声音。新华夫托党成立以后，执政党与反对党之间的力量对比发生明显的变化，执政党与反对党之间的矛盾冲突随之逐渐升级，执政党的政治腐败成为反对党激烈抨击的主要内容。随着一党制的衰落和多党制的初步实践，政党政治、选举政治和议会政治开始成为不同的社会群体角逐权力的政治形式，埃及的政治生活逐渐形成多元化的趋势和民主化的端倪。

如果说纳赛尔时代是战争的时代和阿拉伯民族主义空前高涨的时代，威权政治和国家资本主义构成纳赛尔政权的历史遗产，那么后纳赛尔时代则是走向和平的时代和民主化进程重新启动的时代，自由资本主义的广泛发展和民主与专制之间的激烈抗争标志着后纳赛尔时代埃及现代化进程的长足进步。另一方面，19 世纪埃及的威权政治与纳赛尔时代的威权政治显然建立在完全不同的经济社会基础之上，前者以农业的主导地位以及地主阶级的统治作为前提条件，后者则与工业化的长足进步以及地主阶级的普遍衰落密切相关。至于宪政时代的民众政治与后纳赛尔时代的民众政治相比，同样存在诸多差异，前者往往局限于形式层面的民众政治参与，后者的民众政治参与则表现为从形式层面向实质层面的延伸。从历史的角度来看，宪政时代的民众政治构成 19 世纪的威权政治与纳赛尔时代的威权政治两者之间的过渡环节，而纳赛尔时代的威权政治则是从宪政时代民众政治的初兴状态到后纳赛尔时代民众政治走向成熟的桥梁。此外，19 世纪的威权政治和纳赛尔时代的威权政治皆表现出世俗政治的明显倾向，所谓的世俗化构成强化威权政治的重要手段，而宪政时代和后纳赛尔时代的民众政治则与宗教政治存在密切的联系，宗教政治构成民众政治参与的重要形式。

萨达特时代，经济和社会领域的变化方向亦表现为明显的确定性，而民主社会主义取代阿拉伯社会主义成为埃及官方的意识形态。所谓的民主社会主义不同于阿拉伯社会主义，具有相对温和的政治倾向。其一，纳赛尔时代的阿拉伯社会主义主张诉诸革命的手段实现民众的平等，萨达特时代的民主社会主义则强调借助于传统的共同体形式和伊斯兰教的信仰实现贫富之间的和谐与共存。其二,纳赛尔时代的阿拉伯社会主义强调国家对于社会的控制和国有经济的主导地位,强调通过政府的干预而不是市场调节的形式满足民众的物质需求和实现财富的平等分配以及国家的经济自给,强调国家利益高于民众利益以及公共利益高于私人利益的原则,萨达特时代的民主社会主义则强调通过发展私人经济以及吸引外国资本和技术的形式改变埃及的贫困面貌,相应的税收制度将取代国有化而成为调节财产占有状况的手段。其三,纳赛尔时代的阿拉伯社会主义强调阿拉伯世界与伊斯兰教的同一性以及反对帝国主义、倡导泛阿拉伯主义和不结盟运动的外交思想,萨达特时代的民主社会主义则主张在坚持阿拉伯民族主义的同时放弃反对阿拉伯世界内部的所谓反动势力而实现与阿拉伯国家的广泛合作,在坚持不结盟政策的同时放弃反动帝国主义的立场而实现与西方国家的广泛合作。

萨达特时代,埃及的内政与外交经历了互动的过程,国际环境的改变对于埃及的国内政策和国内形势产生深刻的影响。戴维营协议的签订和埃以和平进程的启动,导致埃及与其他阿拉伯国家之间的关系急剧恶化,包括沙特阿拉伯在内的阿拉伯产油国向埃及提供的经济援助随之中止,从而促使埃及进一步走向西方世界,尤其是依赖于美国的财政和技术援助。萨达特实行开放的经济政策,导致埃及经济生活的深刻变化。埃及在财政和经济技术方面从依赖苏联和阿拉伯产油国到依赖美国和西方世界的变化,构成萨达特时代经济政策和经济生活明显改变的重要外在因素。开放的经济政策和外资流入的直接后果,是埃及市场的自由化和经济生活的私人化。此外,由于萨达特解除党禁,包括穆斯林兄弟会在内的诸多反对派政治势力死灰复燃。萨达特启动的埃以和平进程和西化政策,引起穆斯林兄弟会的激烈反对,导致国内日趋紧张的政治形势。

自纳赛尔时代开始,总统制构成埃及政治制度的核心内容,而国家权力的高度集中构成埃及总统制的明显特征。萨达特政权沿袭纳赛尔时代的总统制,其实质可谓"总统制形式的君主制"(Presidential Monarchy)。自1952年以来,宪法并非限制独裁专制的工具,而是独裁者统治民众的工具。1971年,埃及颁布1952年革命以来的第一部正式宪法,取代此前颁布的1964年临时宪法。1971年宪法沿袭纳赛尔时代总统制的传统,赋予总统在埃及政治舞台的核心地位和广泛权力,规定总统可连任三届(1980年颁布的宪法修正案规定,总统不受任期限制,可连选连任),赋予总统在埃及政治舞台的核心地位和广泛权力，总统与议会之间的权力对比依然处于严重失衡的状态。在1971年宪法的55款中，35款涉及总统的权力，却仅有4款涉及内阁政府的权力，4款涉及司法机构的权力，14款涉及立法机构的权力。①如同纳赛尔一样，萨达特作为总统凌驾于社会之上，依然是政治体系的核心和国家决策的中枢，有权任免副总统、总理、内阁部长、军队将领直至社会团体领导人，有权解散议会、否决议会法案和修订宪法，而内阁只是执行总统个人意志的工具，军队的支持则是总统有效行使权力和控制民众的前提条件。"1971年宪法并非各种政治力量达成共识和相互妥协的结果，而是萨达特集团维护其自身利益和巩固其自身统治地位的工具。"②1971年宪法因此被称作"萨达特宪法"，而萨达特本人则声称自己及其前任纳赛尔是"埃及最后的法老"。③

萨达特多次强调法律至上的原则，声称建立法治国家。然而，萨达特时代，政治原则与政治现实之间存在明显的差异。萨达特时代的政治改革，处于官方的控制之下，纳赛尔主义者和伊斯兰主义者被排除于政党政治之外。④政党政治和民众舆论尽管获得一定的自由空间，却依旧处于政府的控制之下。议会亦缺乏必要的独立地位，无法行使制约总统的法律权力。从一党制向多党制的转变源于统治者的恩赐，自下而上的民众参与微乎其微。多党制的初步尝试并未从根本上改变威权主义和官僚政治的国家体制，民众徘徊于政治舞台的边缘地带。萨达特无疑是纳赛尔威权政治的受惠者，埃及政坛尚未出现足以挑战萨达特地位的反对派人物抑或反对派势力。1976年，萨达特以99.9%的支持率连任总统。支持率如此之高，表明萨达特时代国家对于民众选举的绝对控制和威权政治的延续。⑤萨达特时代末期，特别是1977年民众骚乱之后，政治生活开始出现逆向变化的征兆，从威权政治向多元民主政治的过渡表现出明显的不确定性。

穆巴拉克时代的政党政治

1981年10月，萨达特遇害身亡，穆巴拉克以全民公决的方式继任总统。

---

① Kassem, M., *Egyptian Politics: The Dynamics of Authoritarian Rule*, p.23.

② Kienle, E., *A Grand Delusion, Democracy and Economic Reform in Egypt*, p.21, p.23.

③ El-Ghobashy, M., *Unsettling the Authorities: Constitional Reform in Egypt*, Middle East Report, No.226 (Spring 2003).

④ Wickham, C.R., *Mobilizing Islam: Religion, Activism and Political Change in Egypt*, New York 2002, p.65.

⑤ Baker, R.W., *Egypt's Uncertain Revolution Under Nasser and Sadat*, p.164.

埃及总统萨达特遇刺现场

埃及官方清理现场

萨达特执政初期，埃及政治生活的突出现象是阿拉伯社会主义联盟内部的权力角逐。相比之下，穆巴拉克时代，随着多党制的初步实践和自由化的经济改革进程，政治生活的多元格局日渐凸显。穆巴拉克出任总统以后，以民主化进程的推动者自居。穆巴拉克表示无意垄断国家权力和谋求延长总统任期，宣称民主制是国家前途命运的保证，国家权力属于全体公民。[①]另一方面，萨达特执政期间，尽管启动一党制向多党制过渡的政治进程，却严格限制反对派政党的政治活动，民主政治有名无实。相比之下，穆巴拉克执政期间，在一定程度上允许反对派政党的合法存在，释放萨达特时代遭到囚禁的数以百计的反对派政党成员，以示尊重反对派，包括华夫托党在内的诸多反对派政党相继重返埃及政坛。穆巴拉克领导的民族民主党作为执政党无疑占据主导地位，其他诸多反对派政党作为合法的政治组织构成民众政治参与的重要势力，政治生活的多元格局日渐凸显。

穆巴拉克时代，媒体通常处于相对活跃的状态。主流媒体《金字塔报》和

① Kassem, M., *Egyptian Politics: The Dynamics of Authoritarian Rule*, pp.26—27, p.54.

穆巴拉克

《共和国报》无疑处于官方的控制之下,反对派政党的报刊持批评政府的立场,亦得到官方的默许。自90年代末开始,民间报纸的数量呈上升的趋势。2005年,私人出版商达到500家。与此同时,互联网和卫星电视的普及扩大了媒体的自由空间。①

司法独立与民主制之间具有内在的逻辑联系,亦与威权政治之间存在明显的悖论。法律在民主制的条件下保护着公民的合法权利,而在威权政治的条件下构成独裁者控制社会的工具。纳赛尔时代和萨达特时代,埃及的司法机构处于总统和政府的控制之下,缺乏必要的独立地位。1969年颁布的第82号法令,修改提名法官和任命法官的程序,成立总统主持的最高司法委员会。同年颁布的第83号法令规定,法官的职位必须经过重新任命,第84号法令解散法官俱乐部理事会,由总统任命新的法官俱乐部管理层。②萨达特政权标榜法治原则,承诺给予司法界以相对独立的空间,重新启用被纳赛尔政权解除职务的法官。③

穆巴拉克时代,司法权力的独立化标志着埃及政治领域的明显变化,而司法权力的独立化倾向对于完善政党政治和推动政治民主化进程无疑具有积极的影响,为民众挑战威权政府提供的必要的法律空间。④埃及最高司法会议1969年被纳赛尔政权解散;1984年,根据第35号法令,恢复由资深法官组成的最高司法委员会,独立于总统和政府,负责任命法官和管理法庭,行使广泛的司法权力。⑤宪法法院在捍卫宪法原则、推动司法独立和保障公民权利的进程中发挥了重要的作用,特别是多次介入议会选举程序的干预和受理

① Shehata, D., *Islamists and Secularists in Egypt: Opposition, Conflict and Cooperation*, p.40.
② Rutherford, B.K., *Egypt After Mubarak, Liberalism, Islam and Democracy in the Arab World*, p.141.
③ Rutherford, B.K., *Egypt After Mubarak, Liberalism, Islam and Democracy in the Arab World*, p.142.
④ Moustafa, T., *The Struggle for Constitutional Power, Law, Politics and Economic Development in Egypt*, p.5.
⑤ Rutherford, B.K., *Egypt After Mubarak, Liberalism, Islam and Democracy in the Arab World*, p.142.

政党的组建申请。①反对党在政党委员会拒绝其组建申请的情况下,可以借助司法独立的诉讼程序,提交宪法法院予以裁定。此后,宪法法院逐渐取代总统和政府控制的政党委员会,成为批准组建政党的主要机构,反对派政党数量剧增。1983 年,华夫托党重新组建,通过法律诉讼取得合法地位,进而成为埃及最重要的世俗反对党。1988 年,政府颁布法令,禁止成立反对戴维营协议的政党,被宪法法院裁定违宪而予以驳回。②进入 90 年代,包括乌玛党、青年埃及党、绿党、联盟党、联盟民主党、人民民主党、埃及阿拉伯社会主义党、民主阿拉伯党、社会平等党在内的诸多反对派政党,均由宪法法院裁定,取得合法的政治地位,多党制的政治生活进一步活跃。③2002 年 2 月,经宪法法院裁定,民主青年党成为埃及第 17 个合法政党。④司法机构的独立化,标志着穆巴拉克时代政治生活的悄然进步。

政党政治是民众实现政治参与的基本方式,政党政治的发展水平则是衡量民主化进程的重要标志。与纳赛尔时代和萨达特执政期间相比,穆巴拉克时代的政治环境相对宽松,反对派政党的合法化侵蚀着威权国家的政治根基。90 年代,埃及共有 13 个合法政党,其中 5 个最重要的政党是执政党民族民主党以及反对党新华夫托党、社会劳动党、民族进步联盟党、阿拉伯民主纳赛尔主义党。⑤2005 年,埃及共有 21 个合法反对党,其中 4 个反对党占据议会席位。⑥诸多反对派政党区别于穆斯林兄弟会代表的伊斯兰主义,强调民主政治的世俗性,以"宪法是出路"作为标志性的竞选口号,构成挑战威权政治的世俗阵营。其中,左翼反对派政党具有不同程度的激进倾向,强调社会公正和政府主导的经济秩序,主要代表社会中下阶层的政治诉求,右翼反对派政党持相对温和的自由主义立场,强调民主、市场经济、教俗分离的原则,支持者主要来自民间富有阶层。⑦

埃及的左翼反对派政党包括马克思主义者、社会主义者、纳赛尔主义者和阿拉伯民族主义者,反对美国和以色列的霸权、强调社会公正和政府主导的经济秩序、倡导民主和人权,核心成员大都来自知识界。⑧60 年代末和 70

① Shehata, D., *Islamists and Secularists in Egypt: Opposition, Conflict and Cooperation*, p.35.

② Fahmy, N.S., *The Politics of Egypt: Stae-Society Relation*, p.71.

③ Fahmy, N.S., *The Politics of Egypt: State-Society Relation*, p.71.

④ Stacher, J.A., "Parties over: The Demise of Egypt's Opposition Parties".

⑤ Norton, A. R., *Civil Society in the Middle East*, Vol.1, p.276.

⑥ Arafat, A.D., *The Mubarak Leadership and Future of Democracy in Egypt*, pp.143—144.

⑦ Shehata, D., *Islamists and Secularists in Egypt: Opposition, Conflict and Cooperation*, p.74.

⑧ Shehata, D., *Islamists and Secularists in Egypt: Opposition, Conflict and Cooperation*, pp.63—64.

年代初,左翼势力的政治参与,主要是发动学生举行争取公民权利的示威抗议活动。80—90年代,民主与人权、经济改革与社会公正以及反对美国和以色列的霸权,成为左翼势力关注的话题。①进入新世纪,随着2000年巴勒斯坦大起义和2003年美国入侵伊拉克,左翼反对派政党在埃及政坛日渐活跃,支持巴勒斯坦解放事业、反对伊拉克战争和争取民主成为左翼反对派政党关注的核心内容。②与此同时,左翼反对派的政治影响逐渐扩大,成为埃及政坛的重要力量。左翼势力强调世俗的政治原则,与伊斯兰主义者之间存在明显的差异和对立。然而,左翼势力在是否与伊斯兰主义者合作的方面表现出不同的立场,或强调伊斯兰主义的威胁而选择与政府的合作,或强调反对独裁政府而与伊斯兰主义者的合作,或独立于政府和伊斯兰主义者而选择第三方的立场。③

民族进步联盟党始建于1976年,代表持世俗左翼立场的政治势力,支持者大都来自国有企业雇员、工会联盟和乡村农民,城市中下阶层人数居多,主张抑制不断加剧的贫富分化和捍卫社会公正,具有纳赛尔主义的政治倾向。穆巴拉克时代,该党致力于参与议会选举,1984年赢得4%的选票,1987年下降为2%,皆无缘进入议会。自90年代开始,该党在历届议会选举中均赢得席位,成为议会少数党。④

社会劳动党始建于1978年,系世俗左翼政党。萨达特时代,社会劳动党反对萨达特与以色列和谈的外交政策,反对萨达特的自由主义政策,抨击政府腐败,与官方之间存在明显的矛盾。萨达特遇刺后,社会劳动党多人被捕,刊物《人民报》被政府查封。⑤穆巴拉克时代,社会劳动党持民族主义和亲伊斯兰主义的立场,标榜"安拉与人民"的政治原则,1987年与穆斯林兄弟会组成竞选联盟。⑥社会劳动党领导人易卜拉欣·舒克里和该党刊物《人民报》主编阿迪勒·侯赛因曾经公开承认其支持伊斯兰主义的政治倾向。⑦1989年3月,社会劳动党召开第五次大会,分裂为两个派系,易卜拉欣·舒克里和阿迪勒·侯赛因为首的派系持伊斯兰主义立场,其他多数成员持世俗主

---

① Shehata, D., *Islamists and Secularists in Egypt: Opposition, Conflict and Cooperation*, p.63.

② Shehata, D., *Islamists and Secularists in Egypt: Opposition, Conflict and Cooperation*, p.68.

③ Shehata, D., *Islamists and Secularists in Egypt: Opposition, Conflict and Cooperation*, p.64.

④ Shehata, D., *Islamists and Secularists in Egypt: Opposition, Conflict and Cooperation*, p.74.

⑤ Fahmy, N.S., *The Politics of Egypt: State-Society Relation*, p.75.

⑥ Tripp, C., *Egypt Under Mubarak*, p.33.

⑦ Shehata, D., *Islamists and Secularists in Egypt: Opposition, Conflict and Cooperation*, p.75.

义立场。[①]2000年5月，社会劳动党领导层分裂，艾哈迈德·伊德里斯与哈姆迪·艾哈迈德均声称取代易卜拉欣·舒克里成为该党主席。同年，社会劳动党被官方取缔。[②]

1992年，宪法法院裁定阿拉伯民主主义纳赛尔党为合法政党，迪亚丁·达伍德为主席。阿拉伯民主主义纳赛尔党继承纳赛尔主义的传统，持反对犹太复国主义和帝国主义的立场，强调政府的经济干预政策和社会平等原则。[③]1996年，阿拉伯民主主义纳赛尔党分裂，部分新生代左翼分子另立尊严党（卡拉玛党），领导人是哈姆丁·萨巴希。然而，尊严党未能取得合法政党的地位。[④]

新华夫托党作为最重要的世俗右翼反对党，系宪政时代首屈一指的议会政党华夫托党的政治延伸。80年代，新华夫托党是世俗反对派阵营的中坚力量，也是议会最大的反对派政党，倡导民主制、私有化、民族性和世俗原则，新华夫托党的报纸则是最重要的反对派报纸。[⑤]新华夫托党于1984年大选中赢得50个议会席位，1987年大选中赢得38个议会席位。[⑥]然而，新华夫托党领导人福阿德·萨拉杰丁把持党内权力，排斥新生代的政治参与。新华夫托党于1984年与穆斯林兄弟会建立竞选联盟，以及1990年抵制选举的行为，引发党内的严重分歧。进入90年代，新华夫托党出现衰落的趋势。华夫托党于1990年抵制大选，1995年大选中赢得6个议会席位，2000年大选中赢得7个议会席位，2005年大选中赢得6个议会席位，衰落趋势由此可见。[⑦]2000年福阿德·萨拉杰丁死后，诺曼·戈玛雅通过相对民主的程序继任领导人。诺曼·戈玛雅曾经承诺推行党内民主，当选后却与其前任如出一辙，垄断党内权力，阻碍党内民主进程。2005年，诺曼·戈玛雅参加埃及历史上首次总统竞选，仅仅赢得3%的选票。在同年的议会选举中，新华夫托党虽然提名超过100人，却只赢得6个席位。诺曼·戈玛雅的专权和党内的倾轧，严重削弱了新华夫托党的政治影响。在2005年大选后两个月召开的新华夫托党中央会议上，多数成员要求修改章程，限制领导人的个人权力。诺

---

① Fahmy, N.S., *The Politics of Egypt: State-Society Relation*, p.76.

② Shehata, D., *Islamists and Secularists in Egypt: Opposition, Conflict and Cooperation*, pp.87—88.

③ Stacher, J.A., “Parties over: The Demise of Egypt’s Opposition Parties”.

④ Shehata, D., *Islamists and Secularists in Egypt: Opposition, Conflict and Cooperation*, p.68.

⑤ Shehata, D., *Islamists and Secularists in Egypt: Opposition, Conflict and Cooperation*, p.74.

⑥ Shehata, D., *Islamists and Secularists in Egypt: Opposition, Conflict and Cooperation*, p.75.

⑦ Shehata, D., *Islamists and Secularists in Egypt: Opposition, Conflict and Cooperation*, pp.75—76.

曼·戈玛雅被迫指定专门委员会,起草新的章程。2006年1月,华夫托党中央委员会举行会议,决定开除诺曼·戈玛雅。2月,在包括1 000名代表出席的会议上,选举新的临时领导人,决定修改章程,限制领导人的个人权力,确保党内民主。6月,马哈茂德·阿巴萨当选新华夫托党领导人。此后,马哈茂德·阿巴萨致力于党内民主建设,强调议会民主和自由经济。①

艾曼·努尔原为新华夫托党成员,曾经于1995年和2000年两次当选议员,因与新华夫托党领导人政见不和,2000年被开除新华夫托党。2004年,艾曼·努尔创建未来党(加德党)并取得合法地位。游离于执政党、华夫托党和穆斯林兄弟会之间的政治人士,成为加德党支持者的重要来源。未来党自居为宪政时代华夫托党的真正继承者,标榜自由主义和世俗主义,主张限制总统权力和结束紧急状态法,倡导社会公正,致力于争取非政府组织的支持和扩大社会基础,进而成为在世俗领域挑战执政党的新兴政治势力②。未来党的成立引起西方世界的关注,被西方世界视作未来有可能替代民族民主党的潜在势力。2005年1月,议会召开特别会议,取消艾曼·努尔的议员资格,艾曼·努尔随后遭到逮捕。艾曼·努尔的被捕一度引发外交风波,埃及政府受到来自西方世界的谴责。同年3月,艾曼·努尔获释。在随后举行的埃及首次总统竞选中,艾曼·努尔获得7%的选票,选票总数仅次于穆巴拉克的88%,远远超过华夫托党领导人诺曼·戈玛雅,成为政坛新秀。③此后,未来党出现分裂,艾曼·努尔与其反对者之间形成公开的对立,而后者据说得到政府的支持。在2005年的议会选举中,艾曼·努尔领导的未来党没有赢得议会席位。2005年12月,在议会选举结束三周后,艾曼·努尔被判处5年监禁,未来党陷入瘫痪状态。④

自由社会主义党始建于1976年,原本系亲官方的世俗右翼政党,穆巴拉克时代逐渐倾向于伊斯兰主义的立场,具有浓厚的宗教色彩,直至1987年与穆斯林兄弟会组成竞选联盟。自由社会主义党在反对派阵营处于边缘地位,意识形态和政治纲领具有模糊性。1995年,自由社会主义党自1979年后再次进入议会,赢得1个议会席位。1998年自由社会主义党首任主席穆斯塔

---

① Shehata, D., *Islamists and Secularists in Egypt: Opposition, Conflict and Cooperation*, pp.76—77.

② Banks, A.S., Muller, T.C. & Overstreet, W.R., *Political Handbook of the Middle East 2008*, Washington 2008, p.133.

③ Shehata, D., *Islamists and Secularists in Egypt: Opposition, Conflict and Cooperation*, p.78.

④ Shehata, D., *Islamists and Secularists in Egypt: Opposition, Conflict and Cooperation*, p.79.

法·卡麦勒·穆拉德死后，该党内部分裂，哈姆扎·达巴斯为首的一派持亲伊斯兰主义的立场，法里德·宰凯里雅为首的一派持世俗民族主义立场，直至出现内讧。[①]1999年赫尔米·艾哈迈德·萨利姆继任自由社会主义党主席。[②]

民主阵线党创建于2007年，创建者来自知识界和工商界，核心成员包括前执政党成员欧萨玛·加扎里、前内阁部长叶赫亚·加麦勒和阿里·萨勒米，成立之初有2 000人加入。民主阵线党强调自由、公正、民主、保障公民权，兼顾左翼势力、自由主义者以及温和伊斯兰主义者。然而，民主阵线党亦面临分裂的形势。当首任党主席叶赫亚·加麦勒离职时，两位副主席加扎里·哈尔卜与安瓦尔·萨达特竞争主席的位置，进而发生内讧。最后，通过选举的方式，加扎里·哈尔卜出任主席，安瓦尔·萨达特退出民主阵线党。[③]

萨达特创建的民族民主党，在穆巴拉克时代继续处于执政党的地位。90年代是埃及的经济结构经历剧烈变革的时代，私有化和市场化的程度大幅提高，贫富差距明显扩大。由于民主政治缺失，私有化和市场化表现为扭曲的过程，官商勾结泛滥。经济结构的调整和经济自由化的进程，催生新阶层崛起于政治舞台，官僚和军人呈衰落的趋势，执政党的社会基础随之发生变化。[④]具有官方背景的所谓"红顶商人"的兴起，是萨达特时代以来新经济政策与威权政治结合的产物。红顶商人作为现行秩序的既得利益者，无意推动民主化的政治改革进程，却热衷于加入执政党，构成威权体制的重要社会基础。进入90年代，红顶商人的身影，开始出现于议会、执政党和内阁政府，沿海城市赛得港、伊斯梅利亚、苏伊士、开罗和亚历山大成为红顶商人的主要票箱。[⑤]红顶商人的崛起成为埃及政坛的突出现象，影响着执政党的政治倾向。

世纪之交，民族民主党内部形成元老派与新生代之间的分歧和对立。元老派的核心成员包括凯马勒·沙兹里、萨夫瓦特·沙里夫、穆菲德·沙哈卜等人，其政治生涯可以追溯到60年代的阿拉伯社会主义联盟执政的时代，持保守政治立场。相比之下，新生代于90年代末开始登上政治舞台，大都具有

① Stacher, J.A., "Parties over: The Demise of Egypt's Opposition Parties".
② Fahmy, N.S., *The Politics of Egypt: State-Society Relation*, pp.72—73.
③ Shehata, D., *Islamists and Secularists in Egypt: Opposition, Conflict and Cooperation*, pp.79—80.
④ Farah, N.R., *Egypt's Political Economy*, pp.1—2.
⑤ Arafat, A.D., *The Mubarak Leadership and Future of Democracy in Egypt*, pp.70—72.

英美教育背景和改革倾向。①90 年代末，毕业于开罗美国大学的穆巴拉克之子加麦勒·穆巴拉克进入民族民主党政治局，开始成为民族民主党内部的政治新星。②与此同时，民族民主党内出现民主的端倪，其突出表现是竞争党内提名的议员候选人。自 1990 年起，民族民主党作为执政党通过两种方式参与议会席位的竞选，其一是由民族民主党提名而参与议会竞选，其二是以独立候选人的名义参与议会竞选。在 2000 年和 2005 年的议会选举中，以独立候选人的名义进入议会的民族民主党成员人数，超过由民族民主党提名的议员人数。然而，来自民族民主党的独立候选人一旦进入议会，加入议会内部的执政党阵营，确保执政党在议会的三分之二的多数席位。另一方面，随着政府官僚与私人经济的联盟，在世纪之交的民族民主党内部，成员结构发生变化，分歧逐渐显现，进而形成恪守国家主义的保守派与倡导私人经济的改革派之间的对立状态，其中前者往往属于民族民主党提名的议员，而后者大都通过独立候选人的名义进入议会。③新阶层作为民族民主党的独立候选人，通过 2005 年的选举成为议会举足轻重的政治力量。与此同时，新阶层在内阁成员中所占的比例亦明显提升。④

进入新世纪，新生代在民族民主党内部的政治影响逐渐扩大，民族民主党内部的矛盾逐渐显现。与此同时，民族民主党做出政治改革的姿态，试图扩大与反对派之间的政治对话。⑤2002 年，民族民主党在第八次大会上宣布第一份改革文件，民族民主党内部的改革呼声来自新兴的知识界和工商界成员，与加麦勒·穆巴拉克联系密切，主要议题是经济社会改革。2003 年的民族民主党年会发表题为“公民权利与民主制”的政治文件，核心内容是政治改革，承认埃及面临政治改革的挑战，承认埃及公民并没有分享到经济改革的成果，承认立法改革和还权于民的必要性。⑥2004 年民族民主党年会上发表的文件，名为“公民权与民主制”，主要议题是党内民主，强调主权在民的政治原则，呼吁完善公正的选举程序和扩大民众的政治参与。2005 年总统选举

---

① Collombier, V., “The Internal Stakes of the 2005 Elections: the Struggle for Influence in Egypt’s National Democratic Party”, *Middle East Journal*, Vol.61, No.1(Winter 2007).

② Collombier, V., “The Internal Stakes of the 2005 Elections: the Struggle for Influence in Egypt’s National Democratic Party”.

③ Shehata, D., *Islamists and Secularists in Egypt: Opposition, Conflict and Cooperation*, pp.34—35.

④ Farah, N.R., *Egypt’s Political Economy*, pp.1—2.

⑤ Shehata, D., *Islamists and Secularists in Egypt: Opposition, Conflict and Cooperation*, p.136.

⑥ Arafat, A.D., *The Mubarak Leadership and Future of Democracy in Egypt*, pp.97—99.

和议会选举期间,民族民主党重申上述原则。然而,民族民主党倡导的政治改革基本上只是文字游戏,如同一纸空文,其冠冕堂皇的理由是埃及尚未做好准备。穆巴拉克在出任总统初期,接受媒体采访时表示:“人民需要如同美国、法官和英国那样的自由和民主。然而,这些国家之所以达到了现今水平的民主,是因为这些国家具有良好的工业和农业基础……这些国家的人民已经解决了受教育的问题,也不存在住房的问题……如果我们的国家具备了这样的条件,我会毫不犹豫地实行自由和民主的制度……埃及人民还没有做好充分民主的准备……一旦我们的经济发展了,我们就会无所畏惧。”①

纳赛尔时代的穆斯林兄弟会与赛义德·库特卜的激进宗教政治思想

埃及在漫长的历史发展进程中形成了特有的政治传统。在不同的历史条件下,世俗色彩的专制主义、阿拉伯民族主义和宗教色彩的伊斯兰主义经历了此消彼长和相互制衡的过程。民众政治与威权政治的尖锐对抗以及宗教政治与世俗政治的激烈冲突两种倾向的错综交织,贯穿埃及政治现代化的进程。

穆罕默德·阿里当政期间,首开埃及世俗化改革的先河。传统宗教势力的排斥和传统宗教权力的否定,构成强化世俗君主之威权政治的重要环节。自由主义时代,福阿德和法鲁克两代国王的君主专制,构成埃及世俗政治的外在形式,而宪政框架下的政党政治和精英政治,亦包含世俗政治的明显倾向。自由主义时代后期,宗教政治与下层民众的广泛政治参与密切相关,民众政治挑战精英政治的抗争具有浓厚的宗教色彩。穆斯林兄弟会崛起于埃及的政治舞台,既构成民众政治挑战精英政治的重要形式,亦包含宗教政治挑战世俗政治的历史内容。以安拉的统治取代法老的统治以及实践《古兰经》的信仰原则和重建先知时代的神权政治,成为挑战现存社会秩序的基本纲领。伊斯兰教的政治化,则是挑战现存社会秩序的理论武器,在下层民众具有广泛的政治影响,蕴含着民众动员的巨大潜力。

1952 年“七月革命”以后,阿拉伯民族主义成为影响埃及社会各个层面的首要因素,埃及自居为阿拉伯世界的领袖,纳赛尔则被视作阿拉伯世界的旗手和阿拉伯民族尊严的象征。纳赛尔时代现代化的长足进步和新旧社会势力的剧烈消长,导致威权政治向民主政治转化的客观趋势。自 20 世纪 70

---

① Rutherford, B.K., *Egypt After Mubarak, Liberalism, Islam and Democracy in the Arab World*, p.233.

年代开始,阿拉伯民族主义日渐衰微,现代伊斯兰主义呈明显上升的趋势,埃及进入民主与专制激烈抗争的崭新阶段。民众对于威权政府的不满,提供了伊斯兰主义蔓延的社会根源。

1952年"七月革命"前夕,穆斯林兄弟会与自由军官保持良好的合作关系,构成自由军官的重要政治盟友,支持自由军官推翻法鲁克王朝。反抗英国殖民统治与推翻法鲁克国王专制统治的共同目标,无疑是穆斯林兄弟会与自由军官组织建立联盟的政治基础。"七月革命"胜利后,穆斯林兄弟会与自由军官建立联盟的政治基础不复存在,进而分道扬镳。纳赛尔政权致力于强化世俗色彩的威权政治,排斥政治反对派,而穆斯林兄弟会挑战自由军官的统治地位,试图与自由军官分享国家权力,成为纳赛尔政权面临的潜在政治威胁。但是,穆斯林兄弟会与自由军官之间的矛盾冲突并非源于所谓政治理念和发展目标的根本分歧,亦非宗教与世俗的对抗,而是权力角逐的逻辑结果。[①]自由军官的世俗化政策,无疑是纳赛尔时代强化威权政治的举措。所谓的政治伊斯兰化倾向,则是穆斯林兄弟会要求实现政治参与和分享国家权力的手段。

1954年1月,穆斯林兄弟会的成员与解放大会的支持者发生冲突,政府随后指责穆斯林兄弟会反对"七月革命",进而取缔穆斯林兄弟会,逮捕穆斯林兄弟会成员450人。[②]同年10月,穆斯林兄弟会成员在亚历山大暗杀纳赛尔未遂;12月,纳赛尔政权处死6名穆斯林兄弟会领导人,判处穆斯林兄弟会总训导师哈桑·侯戴比终身监禁,超过6 000名穆斯林兄弟会成员入狱。尽管如此,纳赛尔政权无意排斥伊斯兰教,他着力强化官方伊斯兰教的主导地位,进而将官方伊斯兰教作为控制民众的政治工具。"1952年革命后,清真寺的数量明显增多。政府建立新的宗教广播电台,发起创办伊斯兰大会和伊斯兰研究会,以法律的形式维护爱资哈尔的权威地位,将伊斯兰教作为学校考试的必修科目……爱资哈尔与纳赛尔政权保持广泛的合作,教界上层不断发布支持政府的宗教法令。纳赛尔及其同僚与激进组织成员在宗教领域展开角逐,激进组织成员难以将纳赛尔主义诋毁为无神论的意识形态。穆斯林兄弟会与纳赛尔之间的真正分歧,在于国家权力的归属。"1964年,纳赛尔政权颁布大赦令,释放穆斯林兄弟会囚犯,旨在争取宗教势力的支持,抵制左

① 曲洪:《当代中东政治伊斯兰:观察与思考》,第114页。

② Saeed, J., *Islam and Modernization*, Connecticut 1994, p.119.

翼马克思主义的意识形态。许多穆斯林兄弟会成员获释出狱，甚至获得政府给予的经济赔偿。1965 年，纳赛尔政权再次发起清洗穆斯林兄弟会的政治运动，近 3 万人遭到囚禁，数十人被判处死刑。[①]

自由主义时代，穆斯林兄弟会强调伊斯兰教的政治实践，致力于复兴伊斯兰教和争取埃及的民族独立，诉诸圣战和崇尚暴力构成穆斯林兄弟会的普遍特征。纳赛尔时代，穆斯林兄弟会长期处于低谷状态，穆斯林兄弟会的领导人大都被关押在开罗南郊的图拉监狱。1957 年，21 名穆斯林兄弟会囚犯被政府处决。高压的政策和残酷的政治环境塑造了穆斯林兄弟会的激进思想，“集中营成为重建伊斯兰主义意识形态的主要据点”。[②]

纳赛尔时代穆斯林兄弟会最重要的思想家赛义德·库特卜，1906 年出身于上埃及艾斯尤特省的乡村贵族家庭，1925 年起就读于开罗师范学院，毕业后任职于埃及政府的教育部，曾经追随扎格鲁勒和纳哈斯，1945 年退出华夫托党，移居美国，1951 年回国后加入穆斯林兄弟会。赛义德·库特卜后来声称：“我出生于 1951 年”。赛义德·库特卜于 1954 年入狱，1966 年被纳赛尔政权处死。赛义德·库特卜在狱中著书五种，其中最著名的是《路标》。[③]赛义德·库特卜所著《路标》一书，在继承哈桑·班纳以及阿布·阿拉·毛杜迪的现代伊斯兰主义理论的基础之上，着力阐述激进倾向的政治思想。[④]赛义德·库特卜强调伊斯兰教与民众自由之间的内在逻辑联系，强调安拉的绝对主权，质疑纳赛尔政权的合法性，声称纳赛尔政权奉行的世俗政治背离伊斯兰教的基本准则而无异于查希里叶时代的蒙昧制度。赛义德·库特卜声称，伊斯兰教并非只是内心深处的信仰，而是人类摆脱奴役状态的政治宣言；伊斯兰教否认盗用安拉名义的世俗权力和世俗统治，世俗统治者盗用的权力必须归还安拉，盗用安拉权力的世俗统治必须被推翻。赛义德·库特卜声称，实现安拉主权的目的并非建立教界的统治，而是恢复伊斯兰教法的至高无上的地位，进而保障民众摆脱奴役和获得解放；实现安拉主权的途径并非只是信仰的说教，而是应当诉诸圣战的暴力方式。[⑤]赛义德·库特卜认为，“今天存在于大地上的所有社会确已进入蒙昧社会的范畴之内”，自由主义时

① Rubin, B., *Islamic Fundamentalism in Egyptian Politics*, New York 2002, pp.12—15.

② Kepel, G., *Muslim Extremism in Egypt: The Prophet and Pharaoh*, Berkeley 1993, p.27.

③ Sullivan, D.J., and Abed-Kotob, S., *Islam in Contemporary Egypt*, *Civil Society vs. the State*, p.43.

④ Kepel, G., *Muslim Extremism in Egypt: The Prophet and Pharaoh*, p.41, p.48.

⑤ Khater, A.F., *Sources in the History of the Modern Middle East*, pp.324—330.

代的埃及民众尚有一定的政治自由和宗教自由，而纳赛尔政权彻底剥夺了民众的自由，信仰的传布只能诉诸圣战的方式。①

与哈桑·班纳相比，赛义德·库特卜完全否定现存的秩序，强调"战斗的伊斯兰"作为穆斯林兄弟会的意识形态，思想倾向颇显激进。赛义德·库特卜阐述的激进政治思想，可谓纳赛尔时代特定政治环境的产物和威权政治的逻辑延伸。赛义德·库特卜死后，爱兹哈尔为首的官方宗教机构称赛义德·库特卜为离经叛道的哈瓦立及派②。1982 年，穆斯林兄弟会总训导师欧默尔·泰勒迈萨尼宣布"库特卜只代表其本人而不代表穆斯林兄弟会"。③

伊斯兰主义滋生的沃土

后纳赛尔时代的埃及处于从国家资本主义向自由资本主义转变的历史阶段，其突出特征在于旧的秩序趋于崩溃而新的秩序尚未确立。政府干预和国家主义的经济模式无疑具有遏制贫富分化的社会功能，而萨达特时代和穆巴拉克时代实施的新经济政策之逻辑结果是导致贫富差距的逐渐扩大。新经济政策的受益者只是少数人，财富集中于称作"肥猫"的新贵手中，下层民众丧失旧秩序提供的社会保障，而尚未被纳入新秩序的社会保障体系，普遍处于孤立无助的贫困状态。随着新经济政策的实施，贫富差异日趋扩大，社会分化明显加剧。

根据相关资料的统计，从纳赛尔时代的 1964 年到萨达特时代的 1975 年，占总人口 60%的社会下层的收入在国民总收入中所占的比例从 29%下降为 20%，占总人口 30%的社会中层的收入在国民总收入中所占的比例从 40%下降为 22%，占总人口 10%的社会上层的收入在国民总收入中所占的比例从 31%上升为 58%。1975 年，5%的富人占有国民收入的 21%，20%的富人占有国民收入的 49%；20%的最底层贫困人口占有国民收入的 5%，40%的社会下层占有国民收入的 14%④。1974 年，埃及的百万富翁不到 200 人；1981 年，百万富翁达到 1.7 万人。⑤1982—1991 年，贫困人口在总人口中所占的比例从 17.0%上升为 25.1%，其中贫困人口在乡村人口中所占的比例

① Lapidus, M.A., *A History of Islamic Societies*, p.634.

② Kepel, G., *Muslim Extremism in Egypt: The Prophet and Pharaoh*, p.60.

③ 杨灏城：《当代中东热点问题的历史探索：宗教与世俗》，人民出版社 2000 年版，第 361 页，第 373 页。

④ Dekmejian, R.H., *Islam in Revolution: Fundamentalism in the Arab World*, p.29, p.99.

⑤ 杨灏城、江淳：《纳赛尔与萨达特时代的埃及》，第 377 页，第 378 页。

从16.1%上升为28.6%，贫困人口在城市人口中所占的比例从18.2%上升为20.3%，基尼指数在乡村从0.27上升为0.36，在城市从0.32上升为0.34。[①]90年代初，拥有财产超过1亿美元的新贵约50人，拥有财产0.8亿—1亿美元的新贵100人，拥有财产0.5亿—0.8亿美元的新贵150人，拥有财产0.3亿—0.5亿美元的新贵220人，拥有财产0.15亿—0.3亿美元的新贵350人，拥有财产0.1亿—0.15亿美元的新贵2 800人，拥有财产500万—1 000万美元的新贵70 000人。[②]1981—1997年，占城市人口40%的下层民众在城市消费支出中所占的比例由21%下降为15%，占城市人口20%的富人在城市消费支出中所占的比例由41%上升为49%；占乡村人口40%的下层民众在乡村消费支出中所占的比例由25%下降为18%，占乡村人口20%的富人在乡村消费支出中所占的比例由35%上升为46%。[③]1996年，1 370万人生活在每天不足1美元的贫困线之下。[④]1993—1999年，超过三分之一的国有企业经历去国有化的进程，失业率达到10%—22%。[⑤]2000年，20%的埃及人生活在贫困线以下，50%的埃及人接近贫困线。城市人口的贫困率为18.5%，乡村人口的贫困率为21.5%。在上埃及，城市人口的贫困率达到36%，乡村人口的贫困率达到35%；其中艾斯尤特省的贫困率最高，城市贫困率91%，乡村贫困率83%。相比之下，在下埃及的城市，西奈的贫困率为7%，塞得港的贫困率为11%，苏伊士的贫困率为18%。[⑥]

补助金制度是国家主义的重要基础，亦是维持普通民众生活水准的经济手段。1965—1990年，补助金占政府全部财政支出的18%；其中，1975—1981年，补助金高达政府支出的22%。至1990年，政府发放补助金累计46亿埃镑。[⑦]1991年，埃及政府开始按照国际货币基金组织和世界银行的要求，压缩政府的财政支出，削减生活必需品的物价补贴。1992—1997年，政府公共支出在国内生产总值中所占的比例从11.5%削减为5.4%，而补助金发放

---

① Kienle, E., *A Grand Delusion*, *Democracy and Economic Reform in Egypt*, pp.146—147.

② Ismeal, T.Y., *Middle East Politics Today: Government and Civil Society*, p.448.

③ Al-Ghonemy, M.R., *Egypt in the Twenty-First Century*, p.30.

④ Zahid, M., *The Muslim Brotherhood and Egypt's Succession Crisis*, pp.56—57.

⑤ Posusney, M.P. & Angrist, M.P., *Authoritarianism in the Middle East: Regimes and Resistance*, p.199.

⑥ Farah, N.R., *Egypt's Political Economy*, p.48.

⑦ Rutherford, B.K., *Egypt After Mubarak*, *Liberalism*, *Islam and Democracy in the Arab World*, pp.133—134.

在国内生产总值中所占的比例从5.2%削减为1.6%。①1980年,18种生活必需品列入政府的补助范围;1997年,列入政府补助范围的生活必需品只有面包、面粉、糖和食用油4种。②与此同时,政府削减教育和医疗的公共支出。政府的教育支出在全部财政支出中所占的比例,从1970年的16.7%下降为1990年的10%,医疗支出在全部财政支出中所占的比例从1970年的4.8%下降为1990年的1.9%。③与60年代初相比,90年代初埃及物价上涨300%,普通民众的生活水平急剧下降。④

后纳赛尔时代,埃及的人口增长率逐年上升,人口的增长速度超过经济的增长速度,剩余劳动力队伍不断扩大,形成十分严峻的就业形势,失业率居高不下。1985年,失业率达到前所未有的15%。⑤1994年,失业率接近20%。⑥进入90年代,埃及人口年均增长率2.2%,劳动力年均增长率2.8%,国内生产总值年均增长率2.0%。1988—1998年,劳动力年均增长52万人,就业者年均增长44万人,年均8.8万人进入失业者行列。⑦

乡村人口离开土地而拥入城市,却难以融入城市社会,处于游离状态,缺乏必要的经济保障和政治权利。青年人就业无门,前途渺茫,亦心存不满。贫富分化的扩大、物价的上涨和失业率的居高不下,加剧了民众与政府之间的矛盾。

“伊斯兰是出路”

后纳赛尔时代,多党制的政治实践呈上升的趋势,是民众政治参与的重要形式。然而,诸多世俗政党的政治实践往往局限于精英阶层,具有明显的阶级局限性和社会孤立性,难以动员下层民众的广泛政治参与。相比之下,伊斯兰教反对贫富不均和倡导社会平等的信仰原则在下层民众中广泛传播,成为下层民众寻求精神安慰的意识形态,清真寺则提供了庇护下层民众的重要社会场所。据统计,埃及清真寺的数量,1962年为1.7万处,1975年增至2.9万处,1979年达到3.4万处。⑧另据资料统计,1970年萨达特出任总统时,

---

① Rutherford, B.K., *Egypt After Mubarak, Liberalism, Islam and Democracy in the Arab World*, p.138.

② Ikram, K., *The Egyptian Economy 1952—2000*, p.66, p.67.

③ Zahid, M., *The Muslim Brotherhood and Egypt's Succession Crisis*, pp.55—56.

④⑥ Ismeal, T.Y., *Middle East Politics Today: Government and Civil Society*, p.448.

⑤ Bush, R., *Economic Crisis and the Politics of Reform in Egypt*, p.23.

⑦ Al-Ghonemy, M.R., *Egypt in the Twenty-First Century*, p.112.

⑧ Beattie, K.J., *Egypt During the Sadat Years*, p.114.

埃及全国共有清真寺 2 万处;1981 年萨达特遇害身亡时,埃及的清真寺总数达到 4.6 万处。[①]1991 年,埃及共有清真寺 9.1 万处,其中民间背景的清真寺 4.5 万处。1997 年,埃及共有清真寺 17 万处,其中隶属官方的清真寺仅 3 万处,其余皆为民间背景的清真寺。民间背景的清真寺不同于隶属官方的清真寺,依靠私人募捐,实行自治管理,不仅具有宗教功能,而且具有多重的社会福利功能,向低收入阶层提供包括教育、医疗、慈善之类的社会服务,弥补政府职能转换后的社会空间,影响遍及千家万户。[②]据统计,2000 年,身着伊斯兰传统服饰的妇女占 80%。相比之下,在 1969 年的开罗,头戴面纱的妇女寥寥无几。越来越多的人身着传统伊斯兰教服饰,并非发思古之幽情,意在发泄对现存社会秩序的不满,进而挑战世俗政权的统治地位。与此同时,伊斯兰教书籍、传单、磁带、报纸和杂志的发行量大幅上升。1994 年,宗教书籍占全部书籍的四分之一,与 1985 年相比增长 25%。在 1995 年的开罗图书市场,宗教书籍的出售量占交易图书的 85%。1975—1990 年,宗教内容的电视节目增长 50%。安拉的统治取代法老的统治以及实践《古兰经》的信仰原则和重建先知时代的神权政治,成为挑战现存社会秩序的基本纲领。伊斯兰教的政治化,则是挑战现存社会秩序的理论武器。穆斯林兄弟会作为伊斯兰反对派政治组织,在下层民众具有广泛的政治影响,蕴含着民众招募和社会动员的巨大潜力。在最具自由化和西方色彩的开罗美国大学,礼拜的场所已经是人满为患。[③]

鉴于浓厚的宗教氛围,政府不得不否认埃及是世俗国家,强调沙里亚是全部法律的基础。[④]1992 年,内政部长穆罕默德·阿里·马赫祖卜宣称,埃及所有的法律都是建立在沙里亚的基础之上,埃及政府绝不允许世俗国家的建立。代表官方立场的爱资哈尔大穆夫提舍赫塔恩塔维则宣称,埃及虽然没有伊斯兰教的政党,却有伊斯兰的国家,埃及政府拒绝宗教与政治的分离。[⑤]穆巴拉克总统强调爱资哈尔的宗教权威地位,舍赫塔恩塔维则称赞穆巴拉克在总统任期内遵循伊斯兰教的戒律和所取得的卓越成绩。[⑥]世俗国家的宗教属

---

① Wickham, C.R., *Mobilizing Islam: Religion, Activism and Political Change in Egypt*, p.98.

② Wickham, C.R., *Mobilizing Islam: Religion, Activism and Political Change in Egypt*, p.98.

③ Bayat, A., *Making Islam Democratic, Social Movements and the Post-Islamist Turn*, p.147.

④ Bayat, A., *Making Islam Democratic, Social Movements and the Post-Islamist Turn*, p.33.

⑤ Bayat, A., *Making Islam Democratic, Social Movements and the Post-Islamist Turn*, pp.166—167.

⑥ Bayat, A., *Making Islam Democratic, Social Movements and the Post-Islamist Turn*, p.168.

性,由此可见一斑。

纳赛尔去世后,埃及的威权政治出现松动的迹象,自上而下的自由化政治改革进程逐渐启动,政治环境趋于宽松。1971 年颁布的宪法明确规定伊斯兰教是埃及的官方信仰,伊斯兰教法即沙里亚是国家立法的主要源泉,而萨达特本人则以"信士的总统"自居。①萨达特曾经将纳赛尔时代称作唯物主义的时代,世俗原则构成纳赛尔时代埃及政治生活的突出特征。相比之下,自萨达特时代开始,埃及社会的宗教氛围日渐浓厚,伊斯兰复兴运动呈上升趋势,穆斯林兄弟会重新崛起,进而形成宗教政治与世俗政治的激烈角逐。

萨达特时代的埃及与巴列维国王在位后期的伊朗,皆曾在政治领域面临现代伊斯兰主义的挑战。然而,萨达特时代民主化进程的启动与巴列维王朝世俗威权政治的膨胀,导致宗教政治在埃及和伊朗的不同后果。如果说伊朗的伊斯兰主义表现为以共和制取代君主制的政治革命,那么埃及的伊斯兰主义则表现为穆斯林兄弟会的社会运动,与公民社会的成长具有内在的联系。穆斯林兄弟会的广泛社会实践,标志着埃及伊斯兰主义的上升趋势。

自 70 年代,伊斯兰主义组织首先出现于大学校园的学生自治组织中。80 年代末,埃及的非政府组织近 1.3 万个,其中超过三分之一处于穆斯林兄弟会的控制之下。②90 年代中期,埃及的非政府组织数量增至 1.4 万个,其中约 8 000 个处于穆斯林兄弟会的控制之下。③数量众多的伊斯兰志愿者团体与遍布各地的清真寺保持密切的联系,通常具有慈善机构的功能,为民众提供宗教服务和社会服务。

宗教色彩浓厚的伊斯兰投资公司缘起于萨达特时代实施的私有化经济改革,可谓新经济政策的产物和直接受益者,提供了支撑伊斯兰主义动员民众进而角逐政坛的重要财源。④80 年代,埃及私人经济领域最有影响力的 18 个家族中的 8 个家族具有不同程度的伊斯兰主义倾向,40%的私人经济与穆斯林兄弟会联系密切。⑤80 年代中期,埃及的伊斯兰投资公司近 200 家,总资

① Bayat, A., *Making Islam Democratic*, *Social Movements and the Post-Islamist Turn*, pp.166—167.

② Bayat, A., *Making Islam Democratic*, *Social Movements and the Post-Islamist Turn*, p.43.

③ Wickham, C.R., *Mobilizing Islam: Religion, Activism and Political Change in Egypt*, p.98, p.100.

④ Khalili, L., *Politics of the Modern Arab World*, *Critical Issue in Modern Politics*, Vol.2, p.19.

⑤ Khalili, L., *Politics of the Modern Arab World*, *Critical Issue in Modern Politics*, Vol.3, p.129.

产超过200亿埃镑,约100万埃及人持有伊斯兰投资公司的股份。①拉伊延投资公司、沙里夫投资公司、赛尔德投资公司、胡达投资公司、巴德尔投资公司和希拉勒投资公司,埃及六家最大的伊斯兰投资公司。②穆斯林兄弟会总训导师哈桑·侯戴比、欧默尔·提勒麦萨尼和穆斯塔法·马什胡尔,均来自土地贵族世家,亦是萨达特开放经济政策的受益者。1977年,沙特家族的穆罕默德·费萨尔亲王创办费萨尔伊斯兰银行。该银行在埃及的分行创立者之一欧默尔·马尔伊,具有穆斯林兄弟会的政治背景。③非政府组织的和子女是诸多职业协会;世俗政治与宗教政治的角逐,体现为政府与穆斯林兄弟会对于职业协会控制权的争夺。④80年代,穆斯林兄弟会通过选举逐渐控制诸多职业协会。90年代,职业协会成为伊斯兰主义最重要的试验田,进而形成区别于官方和威权政府的管理模式。政府致力于排斥穆斯林兄弟会在职业协会的影响。1993年颁布第100号法令,旨在限制穆斯林兄弟会插手职业协会。然而,政府的举措收效甚微。⑤

宪政时代,穆斯林兄弟会的社会基础是包括城市贫民、小手工业者、小商人和农民在内的下层民众,穆斯林兄弟会的崛起构成下层民众政治参与的重要形式,而社会基础的下层民众性决定了穆斯林兄弟会思想纲领和政治手段的激进性。相比之下,后纳赛尔时代,穆斯林兄弟会的社会基础发生明显的变化,民间资产阶级和知识分子逐渐成为穆斯林兄弟会内部崭新的社会力量。穆斯林兄弟会的复兴,包含诸多新兴社会阶层广泛参与进而挑战威权政治和官僚资产阶级之特权地位的明显倾向。穆斯林兄弟会的死灰复燃和宗教政治的卷土重来反映出民众政治参与的强烈愿望,而社会基础的变化决定了新的历史条件下穆斯林兄弟会思想纲领的相对温和性。在政府主导和自上而下的世俗政党政治之外,民间色彩和自下而上的伊斯兰主义运动,游离于官方和政府的操纵和控制之外,成为民众动员和政治参与的空间和载体。⑥民众对于世俗威权政府的不满,提供了伊斯兰主义蔓延的社会根源。⑦"伊斯兰是出路"(*Al-Islam huwa al-hall*),成为伊斯兰主义运动的重要标志。⑧

---

①② Khalili, L., *Politics of the Modern Arab World*, *Critical Issue in Modern Politics*, Vol.3, p.130.

③ Khalili, L., *Politics of the Modern Arab World*, *Critical Issue in Modern Politics*, Vol.3, p.129.

④ Bayat, A., *Making Islam Democratic*, *Social Movements and the Post-Islamist Turn*, p.44.

⑤ Wickham, C.R., *Mobilizing Islam*: *Religion*, *Activism and Political Change in Egypt*, p.2.

⑥ Wickham, C.R., *Mobilizing Islam*: *Religion*, *Activism and Political Change in Egypt*, p.93.

⑦ Sullivan, D.J., and Abed-Kotob, S., *Islam in Contemporary Egypt*, *Civil Society vs. the State*, pp.23—24.

⑧ Wickham, C.R., *Mobilizing Islam*: *Religion*, *Activism and Political Change in Egypt*, p.1.

埃及伊斯兰主义运动的复兴滥觞于70年代，而萨达特堪称伊斯兰主义运动得以复兴的始作俑者。萨达特执政以后，推行自由化政策，政治环境较纳赛尔时代相对宽松。爱资哈尔代表的官方伊斯兰教从属于萨达特政权，强调现存秩序的合法性，支持萨达特政权的内外政策，成为国家控制民众和驾驭社会的重要工具。穆斯林兄弟会由于与纳赛尔政权积怨甚深，支持萨达特政权的去纳赛尔化政策。萨达特政权则解除纳赛尔时代的禁令，释放在押的穆斯林兄弟会成员，给予穆斯林兄弟会以合法地位，允许穆斯林兄弟会出版报刊和穆斯林兄弟会的支持者在大学校园组建伊斯兰协会，试图借助穆斯林兄弟会的支持，遏制和削弱世俗色彩的纳赛尔主义残余势力，强化新政权的社会基础，穆斯林兄弟会随之重新浮出埃及政治舞台的水面，逐渐控制诸多职业协会和学生组织，遍布各地的清真寺和形形色色的慈善机构亦成为穆斯林兄弟会扩大影响的重要载体。[①]另一方面，自70年代开始，数百万的埃及人移居沙特阿拉伯从事劳务，深受伊斯兰主义的影响。埃及的伊斯兰主义运动得到海湾国家的资助，伊斯兰主义的社会福利呈上升的趋势，伊斯兰主义的政治影响随之扩大。[②]

伊斯兰主义运动，在伊朗演变为政治革命，在埃及却长期表现为社会运动。然而，两者差异的根源，并非在于什叶派与逊尼派的区别，而是在于政治环境的不同。埃及的伊斯兰主义者，从19世纪的伊斯兰现代主义者到20世纪的现代伊斯兰主义者，处于主导地位的群体并非职业的宗教学者即欧莱玛，而是来自世俗领域的从业者，明显区别于伊朗。埃及70年代以来的伊斯兰主义运动，作为民间色彩的宗教政治运动，其核心成员大都来自大学校园，表明现代世俗教育与现代伊斯兰主义两者之间具有内在的逻辑联系。相比之下，爱资哈尔为代表的宗教教育和伊斯兰教的神职人员长期游离于伊斯兰主义运动之外，与官方保持密切的联系，持相对保守的立场。[③]

70年代，穆斯林兄弟会的主要阵地是大学校园。1977年，穆斯林兄弟会控制了全部13所大学的学生组织。1978年，穆斯林兄弟会控制了埃及学生全国联合会。穆斯林兄弟会于1977年创办杂志《达瓦》，1979年发行量达到8万份。1981年，穆斯林兄弟会成功地组织25万人在开罗阿比丁广场举行

---

① Marr, P., *Egypt at the Crossroads: Domestic Stability and Regional Role*, Washington 1999, p.49.

② Rutherford, B.K., *Egypt After Mubarak, Liberalism, Islam and Democracy in the Arab World*, pp.90—91.

③ Faksh, M., *The Future of Islam in the Middle East*, London 1997, p.44.

聚礼。[①]然而，萨达特政权沿袭纳赛尔时代的传统，坚持教俗分离的政治原则，强调“宗教中无政治，政治中无宗教”。[②]萨达特曾经公开表示：“那些热衷于伊斯兰教的人应当到清真寺去，那些希望从事政治的人应当通过合法的途径。”[③]重建的穆斯林兄弟会试图在议会选举的框架下寻求新的政治空间，而萨达特不仅拒绝给予穆斯林兄弟会作为政党的合法地位，甚至禁止穆斯林兄弟会以独立候选人的形式参与议会竞选，只是允许穆斯林兄弟会与脱胎于阿拉伯社会主义联盟的三个世俗政党建立竞选联盟。穆斯林兄弟会内部的元老派恪守哈桑·班纳时代的传统，强调穆斯林兄弟会的宗教原则，抵制穆斯林兄弟会与世俗政党之间的政治联盟。[④]

自70年代中期开始，萨达特政权与穆斯林兄弟会之间的关系逐渐恶化，进而分道扬镳。1977年，穆斯林兄弟会抨击萨达特出访耶路撒冷，反对与以色列单独媾和。[⑤]1978年，穆斯林兄弟会谴责埃及政府与以色列签署“戴维营协议”是背叛伊斯兰教信仰和出卖阿拉伯民族利益。1979年，穆斯林兄弟会支持伊朗的伊斯兰革命，抗议埃及政府向伊朗国王巴列维提供政治避难。[⑥]与此同时，萨达特政权开始谴责穆斯林兄弟会是埃及的国中之国，进而打击穆斯林兄弟会，逮捕穆斯林兄弟会领袖提勒麦萨尼，接管穆斯林兄弟会控制的清真寺，取缔穆斯林兄弟会主办的报刊，穆斯林兄弟会与萨达特政权的紧张关系骤然加剧。[⑦]1981年萨达特遭到宗教激进分子暗杀后，包括穆斯林兄弟会成员在内约500人被捕，24人涉嫌参与暗杀萨达特的行动，其中5人被处死，17人被判处终身监禁。[⑧]

穆巴拉克执政初期的80年代，政治环境相对宽松。穆巴拉克政权尽管继续否认穆斯林兄弟会具有合法政党的地位，却释放包括总训导师欧默尔·提勒麦萨尼在内的在押穆斯林兄弟会成员，允许穆斯林兄弟会成员从事政治活动和以独立候选人的名义参加议会竞选。[⑨]穆斯林兄弟会再度与官方处于

---

① Rutherford, B.K., *Egypt After Mubarak, Liberalism, Islam and Democracy in the Arab World*, p.83.

② Baker, R.W., *Sadat and After: Struggles for Egypt's Political Soul*, London 1990, p.248, p.244.

③ Hopwood, D., *Egypt: Politics and Society 1945—1984*, p.117.

④ Zahid, M., *The Muslim Brotherhood and Egypt's Succession Crisis*, pp.89—92.

⑤ Baker, R.W., *Sadat and After: Struggles for Egypt's Political Soul*, p.244.

⑥ Sullivan, D.J., and Abed-Kotob, S., *Islam in Contemporary Egypt, Civil Society vs. the State*, p.73.

⑦ Rubin, B., *Islamic Fundamentalism in Egyptian Politics*, p.19, p.21.

⑧ Kassem, M., *Egyptian Politics: the Dynamics of Authoritarian Rule*, p.146.

⑨ Sullivan, D.J., and Abed-Kotob, S., *Islam in Contemporary Egypt, Civil Society vs. the State*, p.48.

合作的状态,政治空间进一步释放,其社会影响力随之明显扩大。此间可谓1952年革命以来穆斯林兄弟会迅猛发展的黄金时代。穆斯林兄弟会致力于社会领域的活动,清真寺和形形色色的慈善机构成为穆斯林兄弟会扩大影响的基本载体。至80年代末,穆斯林兄弟会仿佛是影子政府一般,控制数以千计的清真寺以及几乎所有的职业协会和大学校园的学生组织。另一方面,新经济政策的实施和旧的社会保障体制的削弱,为穆斯林兄弟会在公益领域的扩展提供了广阔的空间。①穆斯林兄弟会不仅致力于宗教色彩的政治宣传,而且主张实行自由经济政策,发展民族经济,创造私人投资的良好环境,改善财富分配体系,抑制社会成员的贫富分化,保障公民权利,尤其是致力于救济民众的社会福利活动。②70年代以后,穆斯林兄弟会开办和经营银行、公司、企业、学校、医院、农场和媒体,具备金融服务、就业培训、社会福利、教育卫生多项功能,在埃及拥有雄厚的经济实力和广泛的社会影响。穆巴拉克时代,民间色彩的伊斯兰志愿者组织呈明显增多的趋势。90年代初,埃及约有超过1.1万个民间社团,其中超过3 000个系伊斯兰志愿者组织。90年代中期,埃及民间社团增至1.4万个,其中约8 000个系伊斯兰志愿者组织。③数量众多的伊斯兰志愿者组织与遍布各地的清真寺保持密切的联系,通常具有慈善机构的功能,为民众提供宗教服务和社会服务。穆斯林兄弟会社会影响的迅速扩大,并非由于其倡导伊斯兰主义的意识形态,而是由于其保障民众利益的社会实践。④1992年开罗地震期间,穆斯林兄弟会为灾民提供医疗和食品救济,发放帐篷,向每个受灾的家庭提供1 000美元。相比之下,政府却未能有所作为。⑤

进入90年代,穆斯林兄弟会的社会影响力空前扩大,成为威胁政府和挑战公权的潜在隐患。与此同时,政府改变对穆斯林兄弟会的宽容政策,压缩穆斯林兄弟会的政治空间,限制穆斯林兄弟会的社会活动,穆斯林兄弟会与穆巴拉克政府的关系逐渐恶化。1992年7月,政府颁布反恐法,扩大安全机构的执法权限。随后,安全机构以威胁外国游客的理由拘捕7 000人。1994年的最初数月,安全机构以涉嫌恐怖活动的理由拘捕2.9万人。1993年,政

---

① Sullivan, D.J., and Abed-Kotob, S., *Islam in Contemporary Egypt, Civil Society vs. the State*, p.48.

② Marr, P., *Egypt at the Crossroads: Domestic Stability and Regional Role*, p.52.

③ Wickham, C.R., *Mobilizing Islam: Religion, Activism and Political Change in Egypt*, p.98, p.100.

④ Rutherford, B.K., *Egypt After Mubarak, Liberalism, Islam and Democracy in the Arab World*, p.84.

⑤ Arafat, A.D., *The Mubarak Leadership and Future of Democracy in Egypt*, p.172.

府将恐怖活动的嫌犯交由军事法庭审理，军事法庭的审理范围逐渐扩大到非暴力的伊斯兰主义者。[①]著名作家穆罕默德·海卡尔称，1994 年，平均每天有 50 人遭到拘禁，平均每月有 3 人被政府绞死。[②]与此同时，政府转变对穆斯林兄弟会的宽松政策，不再区分温和立场的穆斯林兄弟会与宗教激进组织。内务部长宣布，政府将与伊斯兰主义者战斗。[③]穆斯林兄弟会的重要阵地是职业协会，1993 年，政府颁布第 100 号法令，排斥穆斯林兄弟会对于职业协会的控制，进一步限制穆斯林兄弟会的政治空间。[④]1994 年，埃及政府颁布法令，废止大学校长由民间选举产生的惯例，规定大学校长由官方任命，强化对于职业协会选举的司法监督，旨在遏制伊斯兰主义对于大学校园和职业协会选举的影响。[⑤]控制媒体和实行新闻审查，亦是官方压缩穆斯林兄弟会政治空间的重要手段。[⑥]官方的高压政策导致伊斯兰主义运动进入低谷，穆斯林兄弟会被官方视作“具有激进倾向的非法组织”。[⑦]

1995 年 1 月，82 名穆斯林兄弟会成员遭到逮捕，并以涉嫌颠覆政府的罪名被送交军事法庭。同年 6 月，穆巴拉克在埃塞俄比亚首都遭到伏击，导致政府与穆斯林兄弟会之间的关系进一步恶化。[⑧]政府开始指责穆斯林兄弟会支持伊斯兰激进组织，进而将穆斯林兄弟会与伊斯兰激进派别等同视之，加大排斥穆斯林兄弟会的力度，直至取缔穆斯林兄弟会的合法地位。官方宣称，穆斯林兄弟会与激进组织只是一枚硬币的两面。[⑨]穆巴拉克指责穆斯林兄弟会是非法组织和麻烦制造者，声称：“穆斯林兄弟会在 1952 年革命前曾经暗杀两位首相，后来在亚历山大暗杀纳赛尔未遂，萨达特总统正是死于伊斯兰主义者的暗杀，穆斯林兄弟会、吉哈德与其他激进组织是一路货色。”[⑩] 1995 年议会选举前夕，开罗的穆斯林兄弟会总部被政府关闭，81 名穆斯林兄弟会重要成员遭到逮捕，其中 54 人被军事法庭判处监禁。[⑪]政府接管超过

---

① Rutherford, B.K., *Egypt After Mubarak*, *Liberalism*, *Islam and Democracy in the Arab World*, p.87.

② Ismeal, T.Y., *Middle East Politics Today*: *Government and Civil Society*, p.442.

③ Rutherford, B.K., *Egypt After Mubarak*, *Liberalism*, *Islam and Democracy in the Arab World*, p.86.

④ Rutherford, B.K., *Egypt After Mubarak*, *Liberalism*, *Islam and Democracy in the Arab World*, p.93.

⑤ Sidahmed, A.S. & Ehteshahmi, A., *Islamic Fundamentalism*, p.115.

⑥ Rutherford, B.K., *Egypt After Mubarak*, *Liberalism*, *Islam and Democracy in the Arab World*, p.94.

⑦ Wickham, C.R., *Mobilizing Islam*: *Religion*, *Activism and Political Change in Egypt*, p.3.

⑧ Khalili, L., *Politics of the Modern Arab World*, *Critical Issue in Modern Politics*, Vol.3, p.183.

⑨ Rubin, B., *Conflict and Insurgency in the Contemporary Middle East*, London 2009, p.90.

⑩ Rubin, B., *Conflict and Insurgency in the Contemporary Middle East*, pp.90—91.

⑪ Wickham, C.R., *Mobilizing Islam*: *Religion*, *Activism and Political Change in Egypt*, p.215.

60 000处清真寺,禁止未经政府允许的欧莱玛在清真寺进行演讲。1997年4月,61名穆斯林兄弟会重要成员被判处超过5年的监禁。[①]与此同时,穆巴拉克试图通过与世俗反对派政党之间的对话,寻求广泛的政治支持,共同对抗伊斯兰主义的挑战。然而,由于政府拒绝与世俗反对派政党讨论诸如宪政和政治改革等敏感问题,政治对话无果而终。[②]2000年议会选举前夕,数以百计的穆斯林兄弟会成员被投入监狱,20名来自穆斯林兄弟会的议会候选人被送交军事法庭判处三至五年的监禁。[③]

穆斯林兄弟会的嬗变

穆斯林兄弟会自1928年创建以来,历经哈桑·班纳(1928—1949年在任)、哈桑·侯戴比(1951—1973年在任)、欧默尔·泰勒迈萨尼(1973—1986年在任)、穆罕默德·阿布·纳斯尔(1986—1996年在任)、穆斯塔法·马什胡尔(1996—2002年在任)、马蒙·侯戴比(2002—2004年在任)、默罕默德·马赫迪·阿其夫(2004—2010年)、穆罕默德·巴迪(2010—2012年)八代总训导师。倡导现代伊斯兰主义的信仰原则、建立教俗合一的政治制度和遵循伊斯兰教法,无疑是穆斯林兄弟会始终坚持的基本纲领。然而,随着所处政治环境的变化,穆斯林兄弟会的斗争方式发生相应的变化。

重建后的穆斯林兄弟会无疑恪守伊斯兰主义的政治准则,穆斯林兄弟会总训导师欧默尔·提勒麦萨尼认为:伊斯兰教是"信条、崇拜、祖国、公民、文化、法律、权力",包罗万象,因此规定社会与国家的各个方面,而回归伊斯兰教是解决包括经济、社会、政治和精神在内的所有问题的根本出路。[④]然而,特定的政治环境,塑造着相应的政治理念,进而决定着相应的政治实践。后纳赛尔时代埃及政治环境的变化导致穆斯林兄弟会政治纲领的相应变化,官方主导的自上而下的自由化政治改革进程是穆斯林兄弟会通过合法方式扩大政治影响的重要条件。自70年代穆斯林兄弟会再度崛起于埃及政治舞台,可谓自上而下之自由化政治改革的逻辑结果和历史产物。

穆斯林兄弟会创始人哈桑·班纳反对多党制,认为多党制是分裂和内乱

① Bayat, A., *Making Islam Democratic, Social Movements and the Post-Islamist Turn*, p.144.
② Ismeal, T.Y., *Middle East Politics Today: Government and Civil Society*, p.441.
③ Rutherford, B.K., *Egypt After Mubarak, Liberalism, Islam and Democracy in the Arab World*, p.88.
④ Sullivan, D.J., and Abed-Kotob, S., *Islam in Contemporary Egypt, Civil Society vs. the State*, p.45.

的渊薮。赛义德·库特卜崇尚政治暴力，强调"战斗的伊斯兰"作为穆斯林兄弟会的意识形态。相比之下，后纳赛尔时代，重建的穆斯林兄弟会面临新的政治形势，开始调整政治策略，强调伊斯兰主义与宪政民主的相容性和一致性，主张放弃暴力，寻求合法的斗争方式，力争取得作为政党的合法地位，致力于在宪政框架下推动政治改革进程和多党制基础上的议会选举，试图在议会选举的框架下寻求新的政治空间，政治立场趋于温和。

早在萨达特执政初期，穆斯林兄弟会的总训导师和著名理论家哈桑·侯戴比声称："我不坚持立党，但是坚持进行政治活动和民众活动。如若国家实行政党制，又认为适用于我们，那么我们就是政党。"①继哈桑·侯戴比之后出任穆斯林兄弟会总训导师的欧默尔·泰勒迈萨尼则表示："穆斯林兄弟会无意发动革命，也无意诉诸革命的手段，不相信革命的功效和结果"，主张通过议会竞选的形式角逐国家权力，进而实现改变现存社会秩序的目的。②穆斯林兄弟会领导人支持萨达特政权旨在实现去纳赛尔化的"纠偏运动"，明确表示穆斯林兄弟会奉行议会民主制的政治原则，而纳赛尔政权长期背离议会民主制。"1952年'七月革命'是穆斯林兄弟会的革命……'七月革命'的原则源于穆斯林兄弟会的遗产。纳赛尔和自由军官背离革命的原则，导致穆斯林兄弟会与纳赛尔及自由军官分道扬镳。"③

80年代，穆斯林兄弟会的主流看法是，尽管穆斯林兄弟会尚未取得作为政党的合法政治地位，然而相对于纳赛尔时代和萨达特时代，穆巴拉克执政后，埃及的民主化程度有所提高。1982年，欧默尔·泰勒迈萨尼宣布："我们已经与暴力彻底决裂……我们不接受武装革命，不接受群众动乱。"④1987年，穆斯林兄弟会的新任总训导师穆罕默德·阿布·纳斯尔在接受媒体采访时告诉记者：暴力恐怖是误读和曲解伊斯兰教的结果。⑤"在过去的30年，自由军官政权利用报刊和图书诋毁穆斯林兄弟会，将穆斯林兄弟会的领导人形容为杀手，进而欺骗民众"，"民众现在目睹我们的行为……证明自由军官政权的诋毁只是欺骗民众的谎言"。⑥在同年举行的议会选举中，穆斯林兄弟会甚至删除"圣战是我们的道路，为主道而战是我们最崇高的愿望"作为争取民

---

① 杨灏城：《当代中东热点问题的历史探索：宗教与世俗》，第375页，第377页。

② Sullivan, D.J., and Abed-Kotob, S., *Islam in Contemporary Egypt, Civil Society vs. the State*, p.61.

③④ Rubin, B., *Islamic Fundamentalism in Egyptian Politics*, p.28.

⑤ Sullivan, D.J. , and Abed-Kotob, *Islam in Contemporary Egypt, Civil Society vs. the State*, p.61.

⑥ Rubin, B., *Islamic Fundamentalism in Egyptian Politics*, p.25.

众支持的政治纲领,"把选票投给安拉,把选票投给穆斯林兄弟会"成为穆斯林兄弟会新的竞选口号。①穆斯林兄弟会借助参与常态化的议会选举,宣传其宗教政治主张。换言之,议会选举的政治参与,为穆斯林兄弟会提供得以向埃及民众宣传宗教政治主张进而唤醒民众和争取民众支持的合法渠道。议会选举的积极参与标志着穆斯林兄弟会继自由主义时代之后再次成为具有合法地位的反对派政治力量,选举产生的议会随之成为穆斯林兄弟会主流派别角逐国家权力的重要舞台。

穆斯林兄弟会崛起于埃及政治舞台,可谓自上而下之自由化政治改革的逻辑结果和历史产物,而穆斯林兄弟会自身的嬗变,特别是合法化、温和化、世俗化的政治策略调整,使其在埃及政治舞台日趋活跃。进入 90 年代,埃及的经济改革与政治发展呈悖论的趋向,世俗反对派政治力量由于政府的高压政策而陷于瘫痪状态,穆斯林兄弟会却因其具有广泛的社会基础、完整的组织结构和灵活的政治策略而一枝独秀,成为最重要的政治反对派,议会和诸多民间社会组织成为穆斯林兄弟会实现政治参与的主要场所。另一方面,尽管面对官方的政治排斥,穆斯林兄弟会依然坚持非暴力的政治原则,致力于谋求取得作为政党的合法地位。穆斯林兄弟会屡屡谴责宗教激进组织的政治暴力,否认与伊斯兰武装分子之间存在联系,强调暴力恐怖与伊斯兰教法之间存在着根本的对立,滥杀无辜在伊斯兰教看来是大罪。②阿布·纳斯尔声称:暴力恐怖是误读和曲解伊斯兰教的结果,而良好的安全环境不能通过高压的政治手段,而是来自宽松的政治氛围、公正的司法程序、广泛的民众参与和自由民主的政治体制。③与此同时,穆斯林兄弟会坚持在宪法和现行法律的框架内从事政治参与的相关活动,致力于在宪政框架下推动政治改革进程。穆斯林兄弟会领导人阿布·福图赫在接受媒体采访时明确表示:"我们希望政府解除限制穆斯林兄弟会的禁令,允许我们成为合法的政党。"④1995 年底,埃及经历最具暴力色彩的议会选举,61 人死,1 313 人伤,2 400 人被捕。穆斯林兄弟会约有 150 人参与竞选,只获得 1 个席位。尽管如此,穆斯林兄弟会依然坚持参与选举的合法政治原则。⑤

---

① Springborg, R., *Mubarak's Egypt*, Boulder 1989, p.218.

② Sullivan, D.J., and Abed-Kotob, S., *Islam in Contemporary Egypt*, *Civil Society vs. the State*, p.62.

③ Sullivan, D.J., and Abed-Kotob, S., *Islam in Contemporary Egypt*, *Civil Society vs. the State*, p.48.

④ Wickham, C.R., *Mobilizing Islam: Religion*, *Activism and Political change in Egypt*, p.219, p.221.

⑤ El-Ghobashy, M., "The Metamophosis of the Egyptian Muslim Brothers", *International Journal of Middle East Studies*, Vol.37, No.3(Aug., 2005).

在穆巴拉克时代的埃及，国家与社会之间处于对立的状态。所谓世俗与宗教的冲突，折射出国家与社会之间的深刻矛盾。穆斯林兄弟会尽管从未取得作为政党的合法地位，却无疑是阿拉伯世界的历史上最成功的伊斯兰主义组织，其思想纲领涉及个人、宗教、政治和社会的诸多方面，而实现政治参与是其思想纲领的核心。[①]穆斯林兄弟会强调公正平等的经济社会秩序是伊斯兰政治体制和政治民主的基础，主张缩小贫富差距，完善公共福利，保护私有财产，减少政府的经济干预，鼓励发展私人经济，抵制来自西方的经济操纵。[②]然而，直到 90 年代初，穆斯林兄弟会依然缺乏清晰的政治目标。穆斯林兄弟会的领导层只是强调"伊斯兰是出路"的口号，主张实施伊斯兰教法。由此产生的负面影响不利于穆斯林兄弟会与诸多世俗政治力量之间的广泛合作，进而限制了穆斯林兄弟会自身的发展空间。[③]

自 90 年代中期开始，穆斯林兄弟会逐渐更新政治理念和调整政治策略，淡化伊斯兰主义的宗教色彩，试图弥合反对派阵营的教俗分歧，进而扩大与世俗反对派的政治合作。

1994 年，穆斯林兄弟会发表声明，陈述新的政治倾向，强调传统的舒拉原则与多元政治文明以及民众主权具有同一性，均属沙里亚的范畴，同时强调宪政框架下公正自由的议会选举是保障权力分割和制约进而完善民主政治的必要方式，符合伊斯兰教法的原则，赞赏多党制的竞选制度和多元化的政治原则。[④]穆斯林兄弟会在声明中表示，《古兰经》(4:34)关于男子对于妇女的监护权，只是局限于家庭事务，不能延伸到公共生活领域，进而主张保障妇女权益，承认妇女享有与男性同等的选举权和被选举权。相比之下，穆斯林兄弟会的前任总训导师欧默尔·提勒麦萨尼曾经明确反对男女平等的政治理念，强调男女之间的差异性和非平等性。[⑤]欧默尔·提勒麦萨尼曾经表示："我不愿意谈论女人，也不赞成所谓男女平等的理论。我相信，男人是男人而女人是女人，这就是安拉创造女人的原因……一个女人，如果觉得自己应当与男人处于同样的地位，那么她一定是失去了女人的气质、操守

① Brown, N.J., *Between Religion and Politics*, Washington 2010, p.11.

② Sullivan, D.J., and Abed-Kotob, S., *Islam in Contemporary Egypt*, *Civil Society vs. the State*, p.50.

③ Rutherford, B.K., *Egypt After Mubarak*, *Liberalism*, *Islam and Democracy in the Arab World*, p.92.

④ Shehata, D., *Islamists and Secularists in Egypt*, p.55.

⑤ El-Ghobashy, M., "*The Metamophosis of the Egyptian Muslim Brothers*".

和尊严。"①

1995 年,穆斯林兄弟会再次发表声明,阐述推动民主化进程的四项政治原则,承认伊斯兰世界的基督徒与穆斯林是兄弟和伙伴,非穆斯林享有与穆斯林同等的政治权利,强调统治者不具有宗教的权威,统治者的权力来自民众的选择,民众选举的国家机构具备世俗的政治权威,民主制与舒拉原则具有一致性,重申放弃暴力和诉诸非暴力方式实现广泛参与的政治原则,呼吁保障全体公民的合法权利和致力于人权运动。②穆斯林兄弟会在声明中表示:"我们无意强迫任何人改变自己的信仰,正如启示所云:'信仰不能强迫'。我们对于埃及和整个阿拉伯世界的基督徒兄弟的立场是明确的,那就是他们与我们享有同样的权利和义务。"穆斯林兄弟会的声明认为,民众主权与教法实践并无矛盾。"在穆斯林社会,政府的立法应当根据民众的意志……民众有权根据时间、空间和条件的变化制定不同的制度、以便满足具体环境的需要。""伊斯兰教无论何时都尊重人性,不分语言、肤色和种族。穆斯林兄弟应当向所有人敞开怀抱,不应当轻视或者孤立任何人。"③针对宗教激进派别对科普特派基督徒发动攻击和愈演愈烈的教派冲突,穆斯林兄弟会总训导师穆斯塔法·马什胡尔表示:"伊斯兰教保护穆斯林和非穆斯林的自由、平等和生命安全,不允许随意攻击非穆斯林……真正的穆斯林有义务保护非穆斯林的权利。"④1997 年,穆斯林兄弟会总训导师穆斯塔法·马什胡尔宣称,穆斯林兄弟会并非穆斯林政党,而是由穆斯林组成的政党。穆斯塔法·马什胡尔表示:"我们的目标是建立以教法为基础的伊斯兰国家……实现伊斯兰国家的目标,或许需要一个世纪的努力,应当由我们的后代完成这样的任务。"⑤

中间道路党

世纪之交埃及伊斯兰主义主流派别的世俗化倾向,不仅表现为穆斯林兄弟会政治理念的更新和政治策略的调整,而且表现为中间道路党(瓦萨特党)的政治实践。中间道路党脱胎于穆斯林兄弟会,穆斯林兄弟会内部新生代与元老派之间分歧的加剧是导致穆斯林兄弟会部分新生代成员脱离穆斯林兄

---

① Khalili, L., *Politics of the Modern Arab World*, *Critical Issue in Modern Politics*, Vol.3, p.180.

② Shehata, D., *Islamists and Secularists in Egypt*, p.56.

③ Khalili, L., *Politics of the Modern Arab World*, *Critical Issue in Modern Politics* Vol.2, p.184.

④ Sullivan, D.J., and Abed-Kotob, S., *Islam in Contemporary Egypt*, *Civil Society vs. the State*, p.62.

⑤ Bayat, A., *Making Islam Democratic*, *Social Movements and the Post-Islamist Turn*, p.42.

弟会和另立门户的直接原因。

70年代末，穆斯林兄弟会总训导师欧默尔·提勒麦萨尼招募伊斯兰学生组织(Jama'at Islamiya)的核心成员加入穆斯林兄弟会。该组织自70年代初出现于大学校园，得到萨达特政府的支持，抗衡纳赛尔主义者和左翼分子。[①]穆斯林兄弟会的新生代缘起于萨达特执政期间活跃于大学校园的伊斯兰学生组织，其政治经历与世俗反对派具有颇多的相似之处。[②]穆巴拉克时代，来自大学校园伊斯兰主义学生组织的阿布·阿拉·马迪、伊萨姆·伊里延、阿卜杜勒·穆尼姆·阿布·福图赫成为穆斯林兄弟会新生代的核心成员。[③]80年代到90年代初，穆斯林兄弟会的核心成员是年长的元老派。新生代尽管得到总训导师欧默尔·提勒麦萨尼(1976—1986年)和哈米德·阿布·纳斯尔(1986—1996年)的支持，却长期被排斥于穆斯林兄弟会的决策机构训导委员会之外。自90年代中期起，新生代在穆斯林兄弟会的影响力逐渐扩大，穆斯林兄弟会的政治理念和政治纲领发生变化。[④]1994年10月，穆斯林兄弟会新生代成员爱萨姆·埃里延和阿布·阿拉·马迪发起召开“自由与公民社会”研讨会，就人权问题达成共识。与此同时，穆斯林兄弟会新生代谴责宗教激进分子袭击诺贝尔文学奖得主纳吉布·马赫福兹以及政府官员和外国游客的恐怖行为，呼吁宗教激进派别与政府之间实现停火。[⑤]

穆斯林兄弟会元老派经历自由主义时代和纳赛尔时代的政治环境，延续哈桑·班纳的传统理念，恪守伊斯兰主义的传统宗教原则，强调教派差异和性别差异，排斥世俗反对派，具有相对保守的色彩。相比之下，新生代更具有世俗倾向和包容性，持更加温和务实的立场，主张适应选举政治的环境，淡化穆斯林兄弟会的宗教色彩，强调给予妇女和科普特派基督徒以平等的地位和政治权利，倡导超越教派和性别差异的平等权利和政治参与，致力于通过政治对话弥合伊斯兰主义与世俗反对派之间的裂痕，扩大与世俗反对派的政治合作。[⑥]另一方面，穆斯林兄弟会的传统是依据资历推举德高望重的年迈者出任总训导师，新生代长期被排斥于元老派主导的决策机构训导委员会之外，游离

---

① Shehata, D., *Islamists and Secularists in Egypt: Opposition, Conflict and Cooperation*, p.58.

② Wickham, C.R., *Mobilizing Islam: Religion, Activism and Political Change in Egypt*, p.116.

③ Shehata, D., *Islamists and Secularrists in Egypt*, p.58.

④ Wickham, C.R., *Mobilizing Islam: Religion, Activism and Political Change in Egypt*, p.115.

⑤ Khalili, L., *Politics of the Modern Arab World*, *Critical Issue in Modern Politics*, Vol.3, p.180.

⑥ Zahid, M., *The Muslim Brotherhood and Egypt's Succession Crisis*, p.93.

于穆斯林兄弟会的权力边缘。进入 90 年代,新生代与元老派之间矛盾分歧凸显,新生代指责元老派独断专行,思想僵化,故步自封,缺乏应对局势的良策,进而强调穆斯林兄弟会内部决策程序的民主原则和领导机构的选举原则。①

穆斯林兄弟会在组织上包括三个体系。第一,由 100 人组成的舒拉会议,负责审议基本政策和年度预算,每 6 个月召开一次,任期 4 年,成员必须年满 30 岁。第二,包括 13 人的训导委员会,由舒拉会议选举产生,负责执行舒拉会议的决定,亦任期 4 年,成员必须年满 30 岁。第三,最高执行者是总训导师,必须年满 40 岁,由训导委员会提名人选,由舒拉会议的绝对多数选举产生。②自哈桑·班纳死后,穆斯林兄弟会内部出现分歧。至 90 年代,穆斯林兄弟会内部的分歧进一步扩大,形成包括元老派与新生代在内的不同派系。③1992 年,穆斯林兄弟会通过新的决议,规定总训导师任期 5 年,然而选举程序长期缺乏公开性。④1996 年初,83 岁的穆斯林兄弟会第四任总训导师穆罕默德·哈米德·阿布·纳斯尔去世,围绕继承人问题产生争执。穆斯林兄弟会发言人马蒙·侯戴比违背总训导师的选举程序,在纳斯尔的葬礼上匆忙宣布 76 岁的穆斯塔法·马什胡尔继任新的总训导师,引起新生代成员的强烈不满。⑤穆斯塔法·马什胡尔早年参加始建于 1940 年的穆斯林兄弟会准军事组织“特别机构”,1954 年入狱,自 70 年代开始成为总训导师欧默尔·提勒麦萨尼和哈米德·阿布·纳斯尔的核心成员,持强硬立场,90 年代曾经向媒体表示,在伊斯兰教国家,科普特派基督徒不得出任高级将领,应当缴纳人丁税换取国家的保护。⑥随后,以工程师阿布·阿拉·马迪和萨拉赫·阿卜杜勒·卡里姆、律师伊萨姆·苏勒坦、出版商穆罕默德阿卜杜勒·拉提夫为首的部分新生代成员在未经新任总训导师授权的情况下另立门户,筹划组建新的政党,名为中间道路党,进而脱离穆斯林兄弟会。阿布·阿拉·马迪宣布中间道路党系独立于穆斯林兄弟会的新的政治组织,马蒙·侯戴比则宣布加入中间道路党者必须退出穆斯林兄弟会。⑦

---

① Wickham, C.R., *Mobilizing Islam*: *Religion*, *Activism and Political Change in Egypt*, p.217.

② Khalili, L., *Politics of the Modern Arab World*, *Critical Issue in Modern Politics*, Vol.3, p.174.

③ Rutherford, B.K., *Egypt After Mubarak*, *Liberalism*, *Islam and Democracy in the Arab World*, Princeton 2008, p.89.

④ Khalili, L., *Politics of the Modern Arab World*, *Critical Issue in Modern Politics*, Vol.3, p.174.

⑤ Wickham, C.R., *Mobilizing Islam*: *Religion*, *Activism and Political Change in Egypt*, p.217.

⑥ El-Ghobashy, M., “The Metamophosis of the Egyptian Muslim Brothers”.

⑦ Rubin, B., *The Muslim Brotherhood*: *The Organization and Policies of a Global Islamist Movement*, New York 2010, p.49.

中间道路党的创建，标志着穆斯林兄弟会内部新生代与元老派之间矛盾的加剧和政治理念的严重分歧。尽管穆斯林兄弟会极力否认与中间道路党之间存在联系，然而穆斯林兄弟会的新生代成员无疑构成中间道路党的重要来源。[①]中间道路党最初的 74 名成员，包括来自穆斯林兄弟会的新生代 62 人，余者来自世俗反对派阵营，科普特派基督徒拉菲格·哈比卜出任中间道路党发言人。[②]1997 年 1 月，中间道路党创建者 74 人中的 46 人重新回归穆斯林兄弟会。[③]1998 年，中间道路党的申请签名包括 93 人，其中前穆斯林兄弟会成员 23 人，基督徒 3 人，女性 19 人。[④]与穆斯林兄弟会相比，中间道路党更加强调公民权的平等原则，包括男女平等、穆斯林与非穆斯林平等，反对宗教歧视、性别歧视、种族歧视，世俗色彩更加明显，成员不仅有穆斯林，亦有科普特派基督徒。此外，穆斯林兄弟会具有跨国界的倾向，中间道路党具有明确的国家性或埃及性。[⑤]

中间道路党强调伊斯兰教的创制原则，强调伊斯兰教法必须适应时代发展的需要，反对墨守成规，标榜温和、务实和多元的伊斯兰主义，崇尚民众主权和民主原则，倡导社会公正和政治廉洁，强调尊重宪政体制和法治原则，主张信仰自由和言论自由，寻求官方与民众以及世俗与宗教之间的广泛对话，具有自由主义的浓厚色彩。中间道路党宣称，该党并非伊斯兰教政党，而是具有伊斯兰教背景的公民政党，埃及的伊斯兰教不应当仅仅被视作宗教信仰，而应当被视作穆斯林和基督徒共同的文化载体。[⑥]与此同时，中间道路党呼吁保障公民权利，强调公民权的平等原则，包括男女平等、穆斯林与非穆斯林平等，反对宗教歧视、性别歧视、种族歧视，强调伊斯兰的文化性，将伊斯兰教视作埃及的文化遗产，世俗色彩更加明显。[⑦]阿布·阿拉·马迪声称："公正的世俗统治者优于独裁的伊斯兰统治者。"在中间道路党看来，伊斯兰教对于穆斯林而言是一种信仰，对于基督徒而言则是一种文化。该党主要理论家拉菲克·哈比卜则声称："在信仰上，我是基督徒。在文化上，我

---

① Hatina, M., *Identity Politics in the Middle East, Liberal Thought and Islamic Challenge in Egypt*, New York 2007, p.161.

② Hatina, M., *Identity Politics in the Middle East, Liberal Thought and Islamic Challenge in Egypt*, p.159.

③ Hatina, M., *Identity Politics in the Middle East, Liberal Thought and Islamic Challenge in Egypt*, p.163.

④ Browers, M.L., *Political Ideology in the Arab World*, Cambridge 2009, p.121.

⑤ Shehata, D., *Islamists and Secularists in Egypt: Opposition, Conflict and Cooperation*, p.60.

⑥ Bayat, A., *Making Islam Democratic, Social Movements and the Post-Islamist Turn*, p.176.

⑦ Browers, M.L., *Political Ideology in the Arab World*, p.120.

是穆斯林。”[①]相比之下,穆斯林兄弟会领导层拒绝承认非穆斯林享有与穆斯林同等的政治权利和政治地位。穆斯林兄弟会总训导师穆斯塔法·马什胡尔在1997年4月甚至表示,科普特派基督徒应当缴纳人丁税以取代服兵役。[②]

1996年和1998年,中间道路党曾经两次向议会政党委员会提交申请,要求取得作为政党的合法地位,均被拒绝。[③]中间道路党面临来自政府和穆斯林兄弟会的双重压力,自成立之始步履维艰。[④]安全机构指控中间道路党系非法政治组织,中间道路党多名成员被军事法庭判处监禁。[⑤]尽管如此,中间道路党被世俗界视作温和开明的伊斯兰主义组织,在各种场合与世俗反对派领导人讨论包括政治自由、妇女和宗教少数派地位、沙里亚与现代国家的适应性等诸多问题,求同存异,缩小伊斯兰主义与世俗民主制之间的差异和对立,进而为打破教俗反对派之间的隔阂和实现教俗反对派的广泛政治联盟创造条件。[⑥]有学者据此认为,中间道路党的创建构成埃及伊斯兰政治的转折点,预示着穆斯林兄弟会以及伊斯兰主义的新的发展方向,标志着所谓“后伊斯兰主义”的兴起。[⑦]2000年,中间道路党获准成立非政治性组织,名为埃及文化与对话协会,致力于促进不同意识形态之间的交流。[⑧]2006年初,中间道路党的申请最后一次被驳回,中间道路党的成员大都重新回到穆斯林兄弟会。[⑨]

“没有伊斯兰国家的伊斯兰主义运动”

90年代后期政府的高压和迫害,促使穆斯林兄弟会开始寻求与世俗反对派的跨党派政治联盟。进入新世纪,穆斯林兄弟会极力避免与政府发生直接冲突进而招致安全机构的迫害,调整政治策略,淡化宗教色彩,致力于“没

① Hatina, M., *Identity Politics in the Middle East, Liberal Thought and Islamic Challenge in Egypt*, p.159.
② Hatina, M., *Identity Politics in the Middle East, Liberal Thought and Islamic Challenge in Egypt*, pp.164—165.
③ Hatina, M., *Identity Politics in the Middle East, Liberal Thought and Islamic Challenge in Egypt*, p.167.
④ Hatina, M., *Identity Politics in the Middle East, Liberal Thought and Islamic Challenge in Egypt*, p.168.
⑤ Rubin, b., *The Muslim Brotherhood: The Organization and Policies of a Global Islamist Movement*, p.49.
⑥ Wickham, C.R., *Mobilizing Islam: Religion, Activism and Political Change in Egypt*, p.219.
⑦ Bayat, A., *Making Islam Democratic, Social Movements and the Post-Islamist Turn*, p.175.
⑧ Wickham, C.R., *Mobilizing Islam: Religion, Activism and Political change in Egypt*, p.219, p.221.
⑨ Browers, M.L., *Political Ideology in the Arab World*, p.121.

有伊斯兰国家的伊斯兰主义运动”，宣布尊重民主选举的政府，承认任何宗教信仰的公民在公平的政治环境下竞选总统的权利，强调宪法关于埃及是伊斯兰教国家和沙里亚是立法基础的规定符合穆斯林兄弟会建立伊斯兰国家的诉求，思想纲领进一步清晰明确。①

2000 年，经历 5 年牢狱生涯而刚刚获释的穆斯林兄弟会著名新生代思想家伊萨姆·伊利延承认，建立伊斯兰共和国的口号已经不合时宜，宪法已经规定埃及是伊斯兰国家，规定沙里亚是立法的基础，②另一方面，伊萨姆·伊里延反对将民主制视作西方的舶来品，强调伊斯兰国家与宪政民主的相容性和一致性。③2000 年的议会选举期间，穆斯林兄弟会放弃“伊斯兰是出路”的口号，代之以“宪法是出路”的口号，强调多元化的世俗政治原则。④尤素夫·卡拉达维是 50 年代的穆斯林兄弟会成员，后来移居卡塔尔，2002 年曾经被提名为总训导师的候选人。他认为：“尽管哈桑·班纳憎恶政党政治，然而富图瓦应当随着时间、空间和条件的变化而变化。那些曾经与哈桑·班纳相识的人一定知道，他不是一个思想僵化的人，而是根据时代环境的变化不断发展和完善自己的思想的人。”⑤2004 年，伊萨姆·伊利延发表《伊斯兰运动与民主制的转变》，将哈桑·班纳的伊斯兰主义思想置于现代政治的语境之下，赞赏伊朗总统哈塔米倡导的“伊斯兰民主制”，进而系统阐述穆斯林兄弟会自 1928 年创建以来最具温和色彩的世俗政治纲领，明确赞同现代民主制、民众主权原则、公民权利和自由、男女之间和不同宗教之间享有平等权利，赞同市场经济和保护私人所有权。⑥当选议员的穆斯林兄弟会成员向媒体表示表示，当下的埃及已经出现了一定程度的民主，穆斯林兄弟会的使命是致力于捍卫已有的民主和争取进一步的民主，尊重宪法、司法独立、新闻自由和多党政治有助于推动民主化进程。⑦

新世纪的前五年，穆斯林兄弟会极力避免与政府发生直接冲突进而招致安全机构的迫害，主动接近其他反对派力量，吸引新生的社会阶层。⑧2002 年

---

① El-Ghobashy, M., “*The Metamophosis of the Egyptian Muslim Brothers*”.

② Bayat, A., *Making Islam Democratic*, *Social Movements and the Post-Islamist Turn*, p.145.

③⑦ Sullivan, D.J., and Abed-Kotob, S., *Islam in Contemporary Egypt*, *Civil Society vs. the State*, p.48.

④ Shehata, D., *Islamists and Secularrists in Egypt*: *Opposition*, *Conflict and Cooperation*, p.55.

⑤ Khalili, L., *Politics of the Modern Arab World*, *Critical Issue in Modern Politics*, Vol.3, p.182.

⑥ Shehata, D., *Islamists and Secularrists in Egypt*: *Opposition*, *Conflict and Cooperation*, p.133.

⑧ Brown, N.J., *Between Religion and Politics*, Washington 2010, p.43.

穆斯塔法·马什胡尔死后，第二任总训导师哈桑·侯戴比之子马蒙·侯戴比当选第六任总训导师。[①]2004年马蒙·侯戴比死后，穆斯林兄弟会宣布，新任总训导师改由训导委员会取代舒拉会议选举产生，元老派穆罕默德·马赫迪·阿其夫继马蒙·侯戴比之后出任穆斯林兄弟会总训导师，新生代的地质学家穆罕默德·哈比卜和计算机工程师海拉特·沙特尔当选为副总训导师。穆罕默德·马赫迪·阿其夫与新生代保持密切的关系，新生代在穆斯林兄弟会内部的地位逐渐提高，政治影响随之扩大。[②]穆罕默德·马赫迪·阿奇夫发表演说，阐释穆斯林与科普特派基督徒的关系以及妇女的地位，呼吁穆斯林与科普特派基督徒的和解与平等，给予妇女出任公职的权利，淡化穆斯林兄弟会之伊斯兰色彩的宗教立场。[③]穆罕默德·马赫迪·阿其夫将新生代的多项思想和主张纳入新的穆斯林兄弟会政治纲领，重申穆斯林兄弟会的政治立场即致力于推动民主化进程，呼吁推动司法独立和改革选举体制，支持建立伊斯兰框架下的共和政体、公民社会和法治政府，宣称主权属于民众，倡导通过自由公正的选举实现权力交替，表示不会寻求建立伊斯兰神权政体，而是寻求建立伊斯兰教和沙里亚基础上的公民政体和公民国家，实现与伊斯兰原则相吻合的民主制、宪政制和议会制，旨在公开反击官方对于穆斯林兄弟会的诋毁，争取实现教俗反对派的广泛政治联合，可谓自1928年以来最为温和的思想主张。[④]

2005年，穆罕默德·马赫迪·阿其夫宣布，穆斯林兄弟会寻求成为在伊斯兰教指导下同时符合宪法第2款的公民政党，成为类似土耳其的正义发展党的埃及政党，穆斯林兄弟会副总训导师海拉特·沙特尔表示，改革是唯一的出路，而改革的目标是结束一党制政府的权力垄断和扩大民众的政治参与。[⑤]同年，曾经两次当选议员的穆斯林兄弟会成员侯赛因·穆罕默德·易卜拉欣表示："我们相信，只有推动议会的改革，才能完成国家体制的改革……我们要让民众看到，议会正在发生着变化。"首次当选议员的穆斯林兄弟会成员哈兹姆·法鲁克·曼苏尔亦表示："我们需要在现行的政治框架下，在议会、法律、公民社会和宪法的层面，通过自上而下的方式，实现国

---

① Rubin, b., *The Muslim Brotherhood: The Organization and Policies of a Global Islamist Movement*, p.48.

② Shehata, D., *Islamists and Secularists in Egypt: Opposition, Conflict and Cooperation*, p.60.

③ Rubin, b., *The Muslim Brotherhood: The Organization and Policies of a Global Islamist Movement*, p.50.

④ Browers, M.L., *Political Ideology in the Arab World*, pp.123—124.

⑤ Zahid, M., *The Muslim Brotherhood and Egypt's Succession Crisis*, p.55.

家体制的变革。”[①]然而，穆斯林兄弟会的世俗化进程并非一帆风顺。2005 年议会选举期间，穆斯林兄弟会依然将“伊斯兰是出路”作为自己的竞选口号，俨然以伊斯兰教的象征自居，而穆斯林兄弟会内部的新生代尚未取得主导地位。[②]

由于官方严禁组建宗教政党，穆斯林兄弟会无法取得作为政党的合法地位，只能与其他世俗反对派政党组成竞选联盟，或者以独立候选人的名义竞选议会席位。议会选举是穆斯林兄弟会实现政治参与的主要途径，然而几乎在每次议会选举期间政府都要对穆斯林兄弟会发动政治攻势。尽管如此，穆斯林兄弟会无疑具有广泛的社会渗透力和政治影响力，是穆巴拉克时代最重要的反对派组织，在实现民众动员和推动民众政治参与的进程中发挥出无可替代的巨大作用。穆斯林兄弟会的政治实践，提供了实现民众动员和推动民众政治参与的历史舞台。“伊斯兰是出路”既是穆斯林兄弟会的标志性竞选口号，亦是反映民众诉求的政治呼声。2005 年总统选举前夕，穆斯林兄弟会呼吁民众参与选举，不投票支持暴君，将空白票投入票箱。[③]2005 年议会选举，穆斯林兄弟会取得前所未有的胜利，来自 21 个省的 88 名穆斯林兄弟会成员进入议会，反映出穆斯林兄弟会动员民众实现政治参与和竞选议会席位的巨大政治能量，而推动政治改革进程则是穆斯林兄弟会议员的首要目标。[④]

2000—2010 年，穆斯林兄弟会议员关注的重点，是世俗领域的政治改革和经济社会立法，其宗教色彩逐渐淡化。[⑤]自 2000 年起，穆斯林兄弟会议员致力于争取政治自由、公民自由、完善法治和保障公民权利的政治诉求，呼吁结束紧急状态法，遭到主导议会的执政党的否决。[⑥]2005 年大选之后，新一届穆斯林兄弟会议员反对执政党提出的总统选举法即总统选举在一天内完成，反对非司法人员进入总统选举委员会，坚持总统选举必须分阶段进行，以便保证法官对于选举程序的有效监督。[⑦]2006 年 3 月，穆斯林兄弟会议员提出议案，呼吁推进司法独立，反对行政机构干预司法事务，寻求司法权与行政权

---

①④　Shehata, D., “*The Brotherhood Goes to Parliament*”, Middle East Report, No.240(Fall 2007).

②　Shehata, D., *Islamists and Secularists in Egypt: Opposition, Conflict and Cooperation*, p.62.

③　Browers, M.L., *Political Ideology in the Arab World*, p.116.

⑤　Brown, N.J., *Between Religion and Politics*, p.42.

⑥　Brown, N.J., *Between Religion and Politics*, p.31.

⑦　Brown, N.J., *Between Religion and Politics*, p.29.

的分离,以便确保法官的中立性和独立地位。同年 12 月,穆斯林兄弟会议员反对总统提出的关于修订宪法第 34 款即禁止建立宗教政党和宗教组织从事政治活动的建议,提出新的政党法草案,寻求放宽组建政党的限制,保障政党的政治自由。[①]2007 年 3 月,穆斯林兄弟会议员表示,修订后的宪法第 34 款与宪法第 2 款即伊斯兰教是埃及的国教和沙里亚是立法的主要源泉的原则不符,修订后的宪法第 76 款实际上将独立候选人排除于总统竞选之外,修订后的宪法第 88 款明显削弱了选举程序的司法监督,修订后的宪法第 179 款以所谓的反恐法取代紧急状态法严重侵犯公民权,进而退出关于宪法修订的讨论,呼吁抵制宪法修订案的全民公决。[②]2008 年 12 月,穆斯林兄弟会议员呼吁制定新的法律,给予公民组建职业协会和工会以及其他非政府组织的自由,简化申请程序。同年,政府提交法案,禁止在清真寺内举行民众集会,遭到穆斯林兄弟会议员的反对,后者指责政府旨在压缩民众的有限政治空间。2009 年,穆斯林兄弟会议员呼吁修改现行法律,给予进一步的新闻自由。[③]与此同时,穆斯林兄弟会议员通过质询政府官员、评估财政预算和举行新闻发布会的方式,呼吁在经济社会领域保护下层民众,指责政府的相关政策导致腐败蔓延、失业率上升、通货膨胀和工资下降,加剧贫富分化和社会动荡。[④]2000—2005 年,穆斯林兄弟会议员连续表态反对政府提交的财政预算案,批评政府在改善教育、医疗、低收入者住房以及增加就业方面投入不足,指责政府的税收政策损害下层民众利益,抨击政府官员的腐败行为。[⑤]2005—2010 年,穆斯林兄弟会议员继续表态反对政府提交的财政预算案,要求削减财政赤字,加大公共投入,增加就业岗位,调整税收政策,改善民生,打击腐败。[⑥]此外,2000—2010 年两届议会期间,穆斯林兄弟会议员不仅致力于推动政治改革进程和经济社会立法,而且关注宗教、文化和道德规范,指责政府公职岗位解除关于女性服饰的禁令与尊重自由和人权的法律原则不符,呼吁给予爱资哈尔大学以更大的独立性和自主性,建议推广伊斯兰银行以应对全球金融危机。[⑦]

---

① Brown, N.J., *Between Religion and Politics*, p.32.

② Brown, N.J., *Between Religion and Politics*, pp.29—30.

③④ Brown, N.J., *Between Religion and Politics*, p.33.

⑤ Brown, N.J., *Between Religion and Politics*, pp.33—34.

⑥ Brown, N.J., *Between Religion and Politics*, p.35.

⑦ Brown, N.J., *Between Religion and Politics*, pp.36—37.

穆斯林兄弟会的以往惯例是总训导师终身任职。2010 年,穆斯林兄弟会改变惯例,结束总训导师的终身任职;81 岁穆罕默德・马赫迪・阿其夫宣布辞职,无意谋求新的 6 年任期,首开总训导师非终身制的先例。①鲜为外界熟知的穆罕默德・巴迪取代穆罕默德・马赫迪・阿其夫,当选穆斯林兄弟会第八任总训导师。66 岁的穆罕默德・巴迪亚在任职时表示延续合法参与的政治传统,遵循“要参与,不要统治”的政治原则,避免跨越红线进而与穆巴拉克政府发生直接冲突。面对政府的高压和威胁,穆斯林兄弟会回避敏感的政治话题,偃旗息鼓,蓄势待发。②

伊斯兰主义激进派别与政治暴力

哈桑・班纳创立的穆斯林兄弟会,无疑是埃及伊斯兰主义运动的原型。然而,埃及的伊斯兰主义运动并非浑然一体,自 70 年代开始逐渐出现裂变的趋势,形成从极端倾向到温和色彩的诸多派别。萨达特和穆巴拉克时代,穆斯林兄弟会作为埃及伊斯兰主义的主流派别,持相对温和的政治立场,致力于体制内的议会选举和政治参与。相比之下,伊斯兰主义激进派别否定现存国家体制的合法性,长期致力于体制外的政治暴力,具有秘密武装组织的浓厚色彩。新经济政策导致的贫富分化、上埃及与下埃及之间经济社会发展水平的巨大落差以及都市周边棚户区的膨胀,提供了伊斯兰主义激进派别滋生和蔓延的沃土。经济社会地位的边缘性与政治倾向的激进性两者之间具有内在的逻辑联系。伊斯兰主义激进派别的成员大都来自上埃及乡村,上埃及的贫困人口向首都开罗和下埃及的迁移导致激进势力自南向北的蔓延。南部乡村和北部城市棚户区提供了激进势力的社会基础,经济状况的贫困性和社会地位的边缘性决定了伊斯兰主义激进派别的激进性。赛义德・库特布阐述的颇具激进倾向的政治理念,亦对伊斯兰主义运动产生深刻的影响。伊斯兰主义的激进派别大都视赛义德・库特卜为精神领袖,崇尚赛义德・库特卜阐述的激进政治思想,强调政治斗争的圣战暴力性。③

70 年代初,持左翼政治立场的马克思主义者和纳赛尔主义者活跃于大学校园,抨击萨达特政权。萨达特则大力扶持伊斯兰学生联合会即贾玛阿

① Rubin, b., *The Muslim Brotherhood: The Organization and Policies of a Global Islamist Movement*, p.52.

② Brown, N.J., *Between Religion and Politics*, p.9.

③ Sullivan, D.J., and Abed-Kotob, S., *Islam in Contemporary Egypt, Civil Society vs. the State*, p.91.

特・伊斯兰，抗衡和抵制世俗色彩的马克思主义者和纳赛尔主义者，伊斯兰主义思潮随之在大学校园迅速蔓延。①70年代后期，伊斯兰学生联合会出现分裂，部分成员加入穆斯林兄弟会，另一部分成员反对穆斯林兄弟会致力于宪政框架下的合法政治参与，倡导圣战的政治原则。②伊朗伊斯兰革命和埃以签署戴维营协议，对于伊斯兰学生运动影响甚大。1979年，萨达特政府停止向伊斯兰学生联合会提供经济资助，取缔伊斯兰学生联合会的公开活动，关闭伊斯兰学生联合会在开罗和亚历山大等地的夏令营。与此同时，伊斯兰学生组织的活动由公开转入地下，部分成员则逐渐走向激进和恐怖的道路。③

伊斯兰主义激进派别不同于穆斯林兄弟会，缺乏严密的组织体系和政治权威，各自为政。萨达特时代，埃及伊斯兰主义运动的激进派别包括伊斯兰解放组织、新圣战组织和伊斯兰团。

伊斯兰解放组织的领导人是萨利赫・斯雷亚，成员主要是来自下埃及的青年学生，得到利比亚政府的暗中支持。1974年，伊斯兰解放组织成员攻占开罗军事技术学院，试图夺取阿拉伯社会主义联盟总部和推翻萨达特政权，失败后遭到镇压，萨利赫・斯雷亚等人被判处死刑。④

新圣战组织缘起于萨达特时代活跃于大学校园的激进伊斯兰学生组织。1979年，欧默尔・阿卜杜勒・拉赫曼和卡拉姆・祖赫迪领导的上埃及艾斯尤特大学激进学生组织与穆罕默德・阿卜杜勒・萨拉姆・法拉吉领导的开罗大学生激进组织合并，新圣战组织作为伊斯兰主义激进派别始露端倪。⑤新圣战组织主张渗入政府内部，采取暗杀方式，推翻萨达特政权。1981年，萨达特死于新圣战组织成员的暗杀。⑥基地组织领导人艾曼・扎瓦赫里，即为新圣战组织的重要成员。⑦

舒克里・艾哈迈德・穆斯塔法1942年出生，原为穆斯林兄弟会成员，是赛义德・库特布激进思想的忠实追随者，纳赛尔时代曾因在艾斯尤特大学校园散发穆斯林兄弟会传单而于1965—1971年入狱，1971年获释后创立伊斯

① Khalili, L., *Politics of the Modern Arab World*, *Critical Issue in Modern Politics*, Vol.3, p.128.
② Sullivan, D.J., and Abed-Kotob, S., *Islam in Contemporary Egypt*, *Civil Society vs. the State*, p.82.
③ Sullivan, D.J., and Abed-Kotob, S., *Islam in Contemporary Egypt*, *Civil Society vs. the State*, p.74.
④ Dekmejian, R.H., *Islam in Revolution*: *Fundamentalism in the Arab World*, p.89.
⑤⑦ Khalili, L., *Politics of the Modern Arab World*, Vol.2, p.128.
⑥ Dekmejian, R.H., *Islam in Revolution*: *Fundamentalism in the Arab World*, pp.91—92.

欧麦尔·阿卜杜勒·拉赫曼

兰团(Jama'at al-Muslimin),亦称赎罪与迁徙组织,追随者数千人,主要活动于上埃及的大学校园。[①]伊斯兰团与新圣战组织颇具相似之处,皆崇尚政治暴力,强调安拉主权,反对民主制和多党制,反对宪政框架下的议会政治。在他们看来,多党制意味着允许非穆斯林组建政党和分享权力,与沙里亚不符。他们认为,埃及的统治者是异教徒,埃及现存的政治秩序是异教的秩序,必须予以根除。[②]艾哈迈德·舒克里·穆斯塔法宣称:"我反对埃及现存的所有制度,因为这些制度背离了伊斯兰教法,是异端的制度。"[③]1977 年,伊斯兰团成员绑架并杀害萨达特政府前宗教基金部长穆罕默德·侯赛因·达哈比。随后,该组织数百人被捕,包括穆斯塔法在内的五人被处死,36 人被处 5 年至终身监禁。[④]

穆巴拉克时代,伊斯兰团致力于政治暴力,袭击政府机构和公职人员直至无辜民众和外国旅游者,进而威胁国家的政治稳定。[⑤]1984 年,伊斯兰团领导人欧麦尔·阿卜杜勒·拉赫曼在狱中草拟长达 231 页的文件,名为"伊斯兰行动公约",阐述具有激进色彩和暴力倾向的政治目标和政治原则。[⑥]欧麦尔·阿卜杜勒·拉赫曼认为,世俗法律源于西方,与伊斯兰教不符,必须予以根除,进而呼吁与执行世俗法律的埃及统治者战斗到底。[⑦]1989 年,欧麦尔·阿卜杜勒·拉赫曼授意纳吉·易卜拉欣、阿希姆·阿卜杜勒·马吉德、伊萨姆丁·迪尔巴拉撰写《伊斯兰行动准则》一书,完整阐释伊斯兰团的思想纲领。该书强调严格遵循安拉的启示和先知的教诲,崇尚早期伊斯兰教,主张回归经训,正本清源,扬善惩恶。该书认为,埃及的统治者是异教徒,埃及现

---

① Sullivan, D.J., and Abed-Kotob, S., *Islam in Contemporary Egypt*, *Civil Society vs. the State*, p.77.
② Sullivan, D.J., and Abed-Kotob, S., *Islam in Contemporary Egypt*, *Civil Society vs. the State*, p.90.
③ Hopwood, D., *Egypt*: *Politics and Society 1945—1984*, p.118.
④ Sullivan, D.J., and Abed-Kotob, S., *Islam in Contemporary Egypt*, *Civil Society vs. the State*, pp.77—78.
⑤ Sullivan, D.J., and Abed-Kotob, S., *Islam in Contemporary Egypt*, *Civil Society vs. the State*, p.71.
⑥ Kassem, M., *Egyptian Politics*: *The Dynamics of Authoritarian Rule*, p.146.
⑦ Sullivan, D.J., and Abed-Kotob, S., *Islam in Contemporary Egypt*, *Civil Society vs. the State*, p.85.

存的政治秩序是异教的秩序,必须予以根除,通过暴力手段推翻现存政府进而建立伊斯兰政府和执行伊斯兰教法是穆斯林责无旁贷的义务。[①]与此同时,伊斯兰团反对和抨击穆斯林兄弟会放弃政治暴力、致力于议会选举、在诸多领域与政府合作的温和政治立场,指责穆斯林兄弟会背离伊斯兰主义的宗旨。[②]

自20世纪80年代后期开始,伊斯兰主义激进组织活跃于埃及政治舞台,其与政府之间的矛盾冲突不断加剧,高压与恐怖袭击愈演愈烈,政治暴力出现上升的趋势,安全机构、政府官员、外国游客和科普特派基督徒成为伊斯兰主义激进派别发动袭击的主要目标。[③]进入90年代,政治暴力在首都开罗和上埃及蔓延,导致埃及濒临内战的边缘,安全形势急剧恶化,而官方的高压政策与政治暴力的泛滥两者之间无疑具有内在联系。[④]据统计,1991—1995年,死于政治暴力的人数逐年攀升。1991年,30人死于政治暴力,相当于1981—1990年死于政治暴力的人数总和。1992年,93人死于政治暴力。1993年,266人死于政治暴力。1994年,304人死于政治暴力。1995年,415人死于政治暴力。此后,政治暴力导致的死亡人数呈下降趋势,1996年174人,1997年193人,1998年39人。[⑤]另一方面,伊斯兰主义激进组织的成分逐渐改变,不足25岁的青年在伊斯兰主义激进组织中所占比例从70年代的33%增至90年代的71%,具有大学教育背景的成员在伊斯兰主义激进组织中所占比例从70年代的79%下降为90年代的20%,来自乡村的成员在伊斯兰主义激进组织中所占比例在70年代只有8%,而90年代来自乡村和城市棚户区的成员在伊斯兰主义激进组织中所占比例达到54%。[⑥]

然而,伊斯兰主义激进组织的社会影响力,远远不及倡导非暴力原则的温和伊斯兰主义运动。针对政治暴力的蔓延,穆斯林兄弟会作为伊斯兰主义的主流派别,屡屡发表声明,强调伊斯兰教不允许滥杀无辜,强调滥杀无辜与伊斯兰教法之间存在着根本的对立,进而谴责新圣战组织和伊斯兰团发动的恐怖袭击,同时抨击穆巴拉克政府的高压统治无异于恐怖主义。穆斯林兄弟

---

① Sullivan, D.J., and Abed-Kotob, S., *Islam in Contemporary Egypt*, *Civil Society vs. the State*, pp.84—85.

② Sullivan, D.J., and Abed-Kotob, S., *Islam in Contemporary Egypt*, *Civil Society vs. the State*, p.56.

③ Sullivan, D.J., and Abed-Kotob, S., *Islam in Contemporary Egypt*, *Civil Society vs. the State*, p.23.

④ Sdahmed, A.S., *Islamic Fundamentalism*, Boulder 1996, p.113.

⑤ Kienle, E., *A Grand Delusion*, *Democracy and Economic Reform in Egypt*, pp.134—135.

⑥ Rubin, B., *Conflict and Insurgency in the Contemporary Middle East*, p.84.

会总训导师穆斯塔法·马什胡尔明确表示，伊斯兰教保护穆斯林和非穆斯林的自由、平等和生命安全，不允许随意攻击非穆斯林，真正的穆斯林有义务保护非穆斯林的合法权利。①

1996年，伊斯兰团领导人欧麦尔·阿卜杜勒·拉赫曼在狱中首次呼吁属下成员单方面放弃政治暴力。②1997年7月，埃及军事法庭审理97名伊斯兰武装分子的过程中，一名被告代表狱中的伊斯兰团领导人发表声明，宣布无条件与政府停火。同年11月，伊斯兰团领导人在狱中再次表示放弃反政府的政治暴力，寻求与官方展开政治对话。穆巴拉克政府尽管拒绝接受伊斯兰团领导人的停火要求，却随后释放数千名在押的伊斯兰团成员。③

1999年3月，伊斯兰团正式宣布，放弃反政府的政治暴力，致力于现行体制内的政党政治，创立伊斯兰改革党，通过和平与合法的途径实现其政治目标，进而声称："时间已经证明，暴力和武装斗争对于所有的政党、整个国家和伊斯兰教都是有害的。"④伊斯兰团领导人表示，根据《古兰经》《圣训》和沙里亚的相关规定，在有可能通过和平的方式的情况下，使用暴力和诉诸圣战是非法的行为，同时承认伊斯兰教禁止与"有经典的人"进行战斗，而杀害妇女、儿童、老人和无辜者在伊斯兰教中属于不道德的行为。⑤

2002年，伊斯兰团成员撰文阐释新的思想纲领和行动策略，要点如下：第一，穆斯林青年的狂热举动偏离了伊斯兰教的正确道路，穆斯林青年与政府之间的暴力冲突无助于伊斯兰世界社会状况的好转和扬善戒恶的目标，导致穆斯林生灵涂炭，让犹太人借机从中渔利，呼吁穆斯林青年纠正错误的行为，顺从权威，避免内战，回归正确的道路；第二，伊斯兰教是务实的宗教，伊斯兰教信仰不能脱离现实的环境，即便是沙里亚亦应根据现实环境的变化而加以必要的调整，赛义德·库特布的思想根源于纳赛尔时代的特定环境，然而时过境迁，已与新的环境不符，议会制与政党政治适应新的环境，与伊斯兰教并无根本对立；第三，只要统治者自称是穆斯林，即使并未执行沙里亚的全部规定，即使被宗教学者指责为异教徒，反叛这样的统治者也是不公正的，劫掠科普特派基督徒和袭击外国旅游者也是应当受到谴责的，伊斯兰圣战绝非

① Sullivan, D.J., and Abed-Kotob, S., *Islam in Contemporary Egypt, Civil Society vs. the State*, p.62.

② Meijer, R., *Global Salafism*, London 2009, p.209.

③ Rubin, B., *Conflict and Insurgency in the Contemporary Middle East*, p.92.

④ Bayat, A., *Making Islam Democratic, Social Movements and the Post-Islamist Turn*, p.142.

⑤ Bayat, A., *Making Islam Democratic, Social Movements and the Post-Islamist Turn*, p.175.

滥杀无辜，只适用于反抗外国入侵；第四，扬善戒恶的责任只属于国家和政府，并非个人行为，公民的权利应当受到应有的保护而不得被其他人随意践踏。①

伊斯兰团政治策略的调整，逐渐缓解了其与官方之间的对抗烈度。与此同时，新圣战组织迫于穆巴拉克政府的高压举措，亦开始将攻击矛头转向境外，致力于阿富汗的圣战，进而成为本·拉登的追随者。②

一波三折的选举政治

穆巴拉克时代，议会选举提供了民众政治参与的合法渠道，民众力量的崛起形成了民主化进程中涌动的暗流和选举政治的社会基础。

1983 年，议会颁布第 114 号法令，修改选举法。该法令规定，议会席位由 380 个增至 448 个，议会选区由 176 个改为 48 个，议会选举采用政党竞选的形式，候选人必须以政党名义登记参选，只有获得超过 8%选票的政党方可获得议会席位，选票不足 8%的政党不能获得议会席位，其所得选票转归获得选票最多的政党，独立候选人不得参与议会竞选。③

1984 年，埃及举行穆巴拉克执政后的首次议会选举，3 879 名候选人参与竞选，选民投票率为43.4%。④执政党民族民主党候选人赢得 72.9%的选票和 87%的议会席位即 394 个议会席位；新华夫托党与穆斯林兄弟会组成反对派竞选联盟，穆斯林兄弟会以华夫托党的名义提名 18 人作为候选人，赢得 15%的选票和 13%的议会席位即 50 个议会席位，其中华夫托党候选人获得 42 个席位，穆斯林兄弟会候选人获得 8 个席位，新华夫托党由此成为首个进入议会的反对派政党，另外三个反对派政党社会劳动党、民族进步联盟党和自由社会主义党分别赢得 7.7%、4.1%和 0.7%的选票，均无缘进入议会。⑤萨达特时代的 1976 年和 1979 年举行的议会选举中，穆斯林兄弟会皆因官方的限制和排斥，无缘赢得议会席位。⑥1984 年议会选举，标志着穆斯林兄弟会之议会框架下的政治参与取得了突破性的进展。

① Meijer, R., *Global Salafism*, pp.212—216.

② Rubin, B., *Conflict and Insurgency in the Contemporary Middle East*, p.86.

③ Kassem, M., *Egyptian Politics: The Dynamics of Authoritarian Rule*, pp.59—60.

④ Wickham, C.R., *Mobilizing Islam: Religion, Activism and Political change in Egypt*, p.86.

⑤ Tripp, C., *Egypt Under Mubarak*, p.13.

⑥ Brown, N.J., *Between Religion and Politics*, p.46.

1986年底,穆巴拉克批准宪法法院提出的修改选举法的请求,宣布解散1984年选举产生的议会,于1987年4月举行新的议会选举。[①]新的选举法即1988号法令依然规定只有获得超过8%选票的政党可以进入议会,同时规定未能进入议会的政党所获得的选票不再列入执政党的名下,独立人士获准参与竞选议会席位,独立候选人在其所在选区必须赢得不少于20%的选票方可当选议员,在议会448个席位中为独立候选人划定48个席位,在全部48个选区中,每个选区登记参选的独立人士只限1人,余者必须以政党名义登记参选。[②]换言之,议会给予独立候选人划定48个席位,给予参选政党划定400个席位。[③]独立候选人包括三种政治背景:一是来自执政党的独立候选人,二是来自穆斯林兄弟会的独立候选人,三是不具有政党背景和党派联系的独立候选人。[④]

在1987年举行的议会选举中,3 592名候选人参与竞选,登记选民超过1 400万,投票率约为50%;民族民主党赢得475万张选票和309个议会席位,得票率和赢得的议会席位均低于1984年的议会选举,仅仅占据79%的议会席位;相比之下,反对派政党和独立人士赢得207万张选票和130个议会席位,得票率和赢得的议会席位均高于1984年的议会选举。1984年议会选举中落败的社会劳动党、自由社会主义党与穆斯林兄弟会组成反对派竞选联盟,名为伊斯兰竞选联盟,以社会劳动党的名义参与竞选,约定社会劳动党和穆斯林兄弟会分别提名40%的候选人,自由社会主义党提名20%的候选人。选举结果是,伊斯兰竞选联盟赢得60个议会席位,其中穆斯林兄弟会38个席位,社会劳动党16个席位,自由社会主义党6个席位。[⑤]新华夫托党单独参与议会大选,赢得35个席位,背景各异的独立候选人赢得39个席位。[⑥]是自1952年以来最具自由氛围的议会选举,执政党民族民主党的得票率明显低于1984年的议会选举,而反对派政党及穆斯林兄弟会的得票率则呈上升趋势。与1984年新华夫托党与穆斯林兄弟会组成的竞选联盟相比,1987年的伊斯兰联盟更具伊斯兰主义色彩,社会劳动党和自由社会主义党

---

① Kassem, M., *Egyptian Politics: the Dynamics of Authoritarian Rule*, p.60.

② Fahmy, N.S., *The Politics of Egypt: State-Society Relation*, p.70.

③ Shehata, D., *Islamists and Secularists in Egypt: Opposition, Conflict and Cooperation*, p.121.

④ Arafat, A.D., *The Mubarak Leadership and Future of Democracy in Egypt*, p.45.

⑤ Shehata, D., *Islamists and Secularists in Egypt: Opposition, Conflict and Cooperation*, p.87.

⑥ Ayubi, N.N., *The State and Public Policies in Egypt since Sadat*, Oxford 1991, p.98.

均披上伊斯兰主义的外衣，强调沙里亚的重要性。在伊斯兰联盟的共同竞选纲领中，实施沙里亚是仅次于实行政治民主的第二要务。①

1984年的议会选举反映出埃及民众的政治参与存在明显的城乡差异。一方面，乡村的投票率高于城市：三个最大的农业省沙其耶、马努非耶和米尼亚的投票率超过50%，而四个最大的城市开罗、亚历山大、塞得港和苏伊士的投票率分别为23.9%、27.8%、35.6%和20.6%。②另一方面，乡村民众长期处于政府的控制之下，乡村选票大都投向执政党民族民主党。相比之下，反对派政党在城市具有广泛的政治影响，获得开罗38%的选票、亚历山大33%的选票、苏伊士36%的选票和塞德港54%的选票。③1987年议会选举中，反对派政党的支持者依然主要来自大城市；反对派政党在开罗的得票率为38.4%，在亚历山大的得票率为32.7%，在苏伊士的得票率为36%，在塞得港的得票率为50%，明显超过其在全国27%的平均得票率。④另据统计，1984年议会选举中，新华夫托党与穆斯林兄弟会组成的竞选联盟赢得全部反对派选票的56.0%，相比之下，社会劳动党赢得全部反对派选票的26.2%，民族进步联盟党赢得全部反对派选票的15.4%，自由社会主义党赢得全部反对派选票的2.4%；1987年议会选举中，社会劳动党、自由社会主义党与穆斯林兄弟会组成的竞选联盟赢得全部反对派选票的56.5%，相比之下，最大的世俗反对党新华夫托党仅仅赢得全部反对派选票的36.2%，民族进步联盟党赢得全部反对派选票的7.3%。⑤1984年和1987年的议会选举表明，穆斯林兄弟会在选举政治中拥有巨大的影响力。议会选举无疑为穆斯林兄弟会提供了政治参与的巨大的潜在空间，而穆斯林兄弟会亦是热衷选举政治和推动选举政治的最大动力。

1990年，宪法法院裁定1987年议会选举违宪，重新修订选举法，取消对于独立候选人的参选限制，议会席位增至454个，其中10名议员由总统任命，同时将选区由48个改为222个，每个选区选举产生2名议员。⑥同年举行新的议会选举，政府操纵的选举程序导致议会内部政党席位的相应变化。华夫托党、自由社会主义党、社会劳动党和穆斯林兄弟会宣布抵制议会选举，选

① Shehata, D., *Islamists and Secularists in Egypt: Opposition, Conflict and Cooperation*, p.87.

②⑦ Wickham, C.R., *Mobilizing Islam: Religion, Activism and Political Change in Egypt*, p.86.

③ Tripp, C., *Egypt under Mubarak*, p.13, p.14.

④⑤ Wickham, C.R., *Mobilizing Islam: Religion, Activism and Political Change in Egypt*, p.90.

⑥ Kassem, M., *Egyptian Politics: The Dynamics of Authoritarian Rule*, p.61.

民投票率为 45%。[7]登记候选人 2 681 人，执政党以及绿党、乌玛党、青年埃及党、民族进步联盟党参与竞选议会席位，其中执政党提名 444 名候选人，乌玛党提名 33 名候选人，民族进步联盟党提名 28 名候选人，青年埃及党提名 19 名候选人，绿党提名 11 名候选人。在参与竞选的独立候选人中，80 余人来自华夫托党，22 人来自自由社会主义党，25 人来自穆斯林兄弟会和其他伊斯兰主义组织，69 人来自社会劳动党，789 人来自执政党，120 人来自处于组建之中而尚未获得官方承认的统一民主党。[1]民族民主党提名的候选人和来自执政党的独立候选人赢得 360 个议会席位，民族进步联盟党赢得 5 个议会席位，非执政党背景的独立候选人赢得其余 79 个议会席位。[2]执政党民族民主党成员及其支持的独立候选人在全部议员中所占的比例，从 1987 年的 78%上升为 1990 年的81%。[3]来自反对党的独立候选人赢得 29 个席位，明显少于 1987 年的 94 个席位，占据 7%的议会席位，明显少于 1987 年的 21%的议会席位比例。其中，民族进步联盟党独立候选人赢得 6 个席位，华夫托党独立候选人赢得 14 个席位，社会劳动党独立候选人赢得 8 个席位，自由社会主义党独立候选人赢得 1 个席位。无党派背景的独立候选人赢得 55 个席位。另外，总统任命 10 个席位，共计 454 个席位。[4]

1995 年议会选举，穆斯林兄弟会首次以独立候选人的名义参与选举。由于政府操纵和安全机构干预，选举秩序混乱，可谓穆巴拉克时代最血腥的议会选举。1995 年 1 月，82 名穆斯林兄弟会成员遭到囚禁，被指控企图颠覆政府并被送交军事法庭。同年 6 月，穆巴拉克在埃塞俄比亚首都遭到伏击，导致政府与穆斯林兄弟会之间的关系进一步恶化。此后，尽管穆斯林兄弟会公开谴责伊斯兰激进派别的暴力恐怖活动，政府开始将穆斯林兄弟会与伊斯兰激进派别等同视之。1995 年选举前夕，政府实行高压政策，排斥反对派的政治参与，87 人死于政治暴力，2 400 人被捕。[5]穆斯林兄弟会重要成员 80 余人被指控属于非法组织和从事恐怖活动而送交军事法庭，其中 5 人被判处 5 年监禁，49 人被判处 3 年监禁。[6]在随后举行的议会选举中，选民投票率为50%。[7]

---

[1][2] Kienle, E., *A Grand Delusion*, *Democracy and Economic Reform in Egypt*, pp.53—54.

[3] Kienle, E., *A Grand Delusion*, *Democracy and Economic Reform in Egypt*, p.51.

[4] Kienle, E., *A Grand Delusion*, *Democracy and Economic Reform in Egypt*, p.54.

[5] Khalili, L., *Politics of the Modern Arab World*, *Critical Issue in Modern Politics*, Vol.3, p.183.

[6] Kienle, E., *A Grand Delusion*, *Democracy and Economic Reform in Egypt*, p.57.

[7] Wickham, C.R., *Mobilizing Islam*: *Religion*, *Activism and Political Change in Egypt*, p.86.

4 040人参与竞选议会席位，其中439人来自执政党，181人来自华夫托党，170人来自穆斯林兄弟会，其他人来自诸多小党和独立候选人。[①]选举结果是，执政党民族民主党赢得417个席位，加上总统任命的10个席位，占据议会全部席位的94%，达到穆巴拉克执政以来的最高比例。[②]相比之下，反对派政党新华夫托党获得6个议会席位，民族进步联盟党获得5个议会席位，自由社会主义党和阿拉伯民主纳赛尔主义党分别获得1个议会席位，独立候选人获得13个议会席位。[③]穆斯林兄弟会提名150人参与竞选议会席位，只有1人入选，不久亦被剥夺议员资格。[④]反对派指责政府干预1995年的议会选举，抨击议会由于政府的干预而丧失监督政府的职能，成为政府的御用工具。1998年，最高宪法法院裁定，1995年选举产生期间47%的选区存在选举瑕疵，170名当选议员缺乏合法性。[⑤]尽管如此，议会仍然处于民族民主党的控制之下。

司法机构监督选举程序，源于1956年颁布的第73号法令即行使政治权利组织法。该法令首次给予妇女选举权，规定选民年龄从21岁降至18岁，废除君主制时代关于选举的诸多限制，同时规定司法机构监督选举程序，赋予行政机构参与管理选举程序，进而限制司法机构的监督职能。[⑥]萨达特时代，司法机构监督选举上升为宪法的层面。1971年宪法第88款规定，选举程序必须置于司法机构的监督之下。[⑦]然而，此后举行的议会选举均沿用1956年第73号法令，选举程序处于政府的实际控制之下，1971年宪法关于司法机构监督选举程序的相关规定徒具形式。1999年11月，穆巴拉克宣布，即将举行的议会选举的所有程序交由司法机构负责监督。议会随后通过的法律规定，司法人员只需在投票站做例行巡视。[⑧]2000年7月，宪法法院裁定1956年第73号法令关于非司法机构参与监督选举程序违宪，要求执行1971年宪法第88款，选举程序必须置于司法机构的全面监督之下，法官取

---

①④ Zahid, M., *The Muslim Brotherhood and Egypt's Succession Crisis*, p.101.

② Kienle, E., *A Grand Delusion, Democracy and Economic Reform in Egypt*, p.61.

③ Kienle, E., *A Grand Delusion, Democracy and Economic Reform in Egypt*, pp.61—62.

⑤ Ismeal, T.Y., *Middle East Politics Today: Government and Civil Society*, p.444, p.445.

⑥ El-Ghobashy, M., "Egypt's Paradoxical Elections", *Middle East Report*, No.238(Spring 2006).

⑦ El-Ghobashy, M., "Egypt's Paradoxical Elections".

⑧ Diamond, L., Plattner, M.F.& Brumberg, N., *Islam and Democracy in the Middle East*, Baltimore 2003. p.115. p.50.

代政府官员负责监督投票和计票,旨在避免选举舞弊。[①]

2000 年的议会选举可谓埃及选举政治发展历程的重要转折点,选举环境较以往更为自由宽松。选举程序的司法监督削弱了政府操纵选举的可能性,进而提高了选举结果的公正性。包括 14 个合法政党提名的候选人和独立候选人在内的 4 259 人登记竞选议会席位,其中执政党提名 444 名候选人,来自执政党的独立候选人 3 000 余人,反对派政党提名 172 名候选人,余者为来自非执政党的独立候选人。[②]在执政党提名的候选人中,42%是首次获得正式提名。[③]从 10 月 18 日到 11 月 24 日,在全部三轮投票过程中,全国 222 个选区和 15 502 个投票站均处于司法机构的监督之下。[④]选举结果是,执政党提名的候选人和来自执政党的独立候选人分别赢得 170 个议会席位和 218 个议会席位,反对派政党赢得 16 个议会席位,其中新华夫托党赢得 7 个议会席位,民族进步联盟党赢得 6 个议会席位,阿拉伯民主纳赛尔主义党赢得 2 个议会席位,自由社会主义党赢得 1 个议会席位。穆斯林兄弟会以独立候选人的形式提名 75 人竞选议员,获得 17 个议会席位,超过反对派政党赢得的议会席位的总和,其他背景的独立候选人赢得 21 个议会席位。[⑤]329 名时任议员落选,占议员总数的 65%,其中 317 人来自执政党。[⑥]与 1995 年相比,民族民主党在 2000 年议会选举中赢得的席位数量有所下降,执政党提名的候选人和来自执政党的独立候选人在议会所占据的席位比例从 94%减少为 87%,其中执政党提名的候选人仅仅赢得不足 40%的议会席位,反对派占据的议会席位出现上升的趋势,而选举程序的司法监督无疑是导致选举结果发生改变的重要原因。[⑦]

1987 年,穆巴拉克获得议会 458 名议员中 420 名议员的总统提名,在全民公决中以 97%的高票连任总统。[⑧]1993 年 7 月,议会 454 名议员中的 441 名议员提名穆巴拉克作为新一届总统候选人。在同年 12 月举行的全民公决

① Kassem, M., *Egyptian Politics: the Dynamics of Authoritarian Rule*, p.63.

② Latif, O. A., "*Egyptian Electoral Politics: News Rule, Old Game*", Review of African Political Economy, Vol.28, No.88(Jun., 2001).

③ Latif, O.A., "Egyptian Electoral Politics: News Rule, Old Game".

④ Diamond, L. Plattner, M.F. & Brumberg, D., *Islam and Democracy in the Middle East*, p.50.

⑤ Fahmy, N.S., *The Politics of Egypt: State-Society Relation*, p.87.

⑥ Latif, O.A., "Egyptian Electoral Politics: News Rule, Old Game".

⑦ Kienle, E., *A Grand Delusion, Democracy and Economic Reform in Egypt*, p.172.

⑧ Kienle, E., *A Grand Delusion, Democracy and Economic Reform in Egypt*, p.67.

中，穆巴拉克以96%的压倒性多数成功连任第三届总统。[①]1999年6月，由民族民主党控制的议会提名穆巴拉克作为新一届的总统候选人；同年9月，经全民公决，71岁的穆巴拉克以94%的高票第四次当选总统。[②]

"9·11"之前，美国长期寻求与中东地区威权政府的合作，旨在维护中东局势的稳定。"9·11"以后，美国政府认为，恐怖主义的泛滥根源于中东威权政府的独裁统治和由此产生的尖锐矛盾，承认"在过去的60年里，美国政府以牺牲民主作为代价寻求维护中东局势的稳定，结果却是一无所获"，进而调整其对中东的政策，呼吁中东推进自上而下的民主化政治改革。2003年开始，推动中东的政治改革和民主化进程的新外交政策，成为美国政府反恐政策和遏制伊斯兰势力膨胀的重要组成部分。[③]美国对中东政策的调整，为埃及国内的反对派提供了有利的外部环境，而解除紧急状态和限制总统权力和任期，成为反对派的首要政治诉求。[④]2005年2月，迫于来自国内外的政治压力，穆巴拉克建议修订宪法第76款，终止由议会提名单一总统人选进行全民公决的规定，实行总统的差额直接选举，允许合法政党提名总统候选人，亦允许独立候选人竞选总统职位。[⑤]然而，宪法第77款即总统任期六年、可连选连任的规定，未做修订。[⑥]同年5月，宪法修正案通过全民公决，正式生效。根据该宪法修正案，每个政党可以在当年举行的总统大选中提名1人参与总统竞选，只有占据议会5%以上席位的政党有资格推荐总统候选人，独立候选人必须获得议会上下两院和地方议会250名议员的支持方可参与总统竞选，而在以后举行的总统大选中，提名总统的政党必须成立超过5年。议会同时宣布，成立10人组成的总统选举委员会，其中包括法官5人，另外由下院推举3人和上院推举2人。7月，总统选举委员会成立，主席是总统任命的宪法法院大法官马穆达乌·马拉伊担任，其余成员由执政党主导的议会确定。[⑦]

2005年9月举行总统选举，官方为总统竞选设定诸多限制，19人被取消参选资格，只有执政党民族民主党提名的穆巴拉克、未来党提名的艾曼·努

---

① Marr, P., *Egypt at the Crossroads: Domestic Stability and Regional Role*, p.14.

② Dunne, M.D., *Democracy in Contemporary Egyptian Political Discourse*, Amsterdam 2003, p.44.

③ Rutherford, B.K., *Egypt After Mubarak, Liberalism, Islam and Democracy in the Arab World*, pp.6—8.

④ Schlumberger, O., *Debating Arab Authoritarianism*, Sanford 2007, p.63.

⑤ Brown, N.J., *Between Religion and Politics*, p.28, p.26.

⑥ Ottaway, M., *Beyond the Façade, Political Reform in the Arab World*, Washington 2008, p.27.

⑦ Arafat, A.D., *The Mubarak Leadership and Future of Democracy in Egypt*, pp.108—109.

希拉里、阿巴斯、穆巴拉克和内塔尼亚胡

尔和新华夫托党提名的诺曼·戈玛雅获得参选资格。[①]未来党候选人艾曼·努尔和华夫托党候选人诺曼·戈玛雅的竞选纲领集中在政治改革领域，要求中止紧急状态法、取消对于政党的诸多限制、扩大公民的政治自由空间。相比之下，穆巴拉克的竞选纲领，主要表现为对于诸如贫困和实业之类的经济问题的关注，强调保护工人和农民的利益、关注弱势群体的福利状况，增加就业、提高生活水平，改善公共教育、医疗卫生、住房和交通，鼓励农产品出口，增加农产品的市场竞争力，将农民描绘为社会的栋梁，未来的任何发展计划都离不开农民的参与，同时承诺在未来的六年任职期间增加 450 万个就业岗位，提高 520 万公职人员的薪金，将享受社会保障的家庭从 65 万户增至 130 万户。[②]与此同时，穆巴拉克承诺进一步推行政治改革，修改宪法修改条款，限制总统权力，扩大内阁权力和地方权力，给予议会更大的政治空间，制定新的反恐法取代现行的紧急状态法，强化司法独立，开放传媒空间。[③]穆巴拉克

① Schlumberger, O., *Debating Arab Authoritarianism*, p.65.

② Zahid, M., *The Muslim Brotherhood and Egypt's Succession Crisis*, pp.154—155.

③ Arafat, A.D., *The Mubarak Leadership and Future of Democracy in Egypt*, p.112.

表示:我们的目标是让中产阶级过得更好,让弱势群体得到必要的社会保障,让女性得到应有的权利。[①]尽管遭到反对派人士的抗议和抵制,总统选举仍如期举行。据官方宣布的投票结果,穆巴拉克赢得88.6%的选票,艾曼·努尔赢得7%的选票,诺曼·戈玛雅赢得3%的选票。选举结束后,艾曼·努尔以选举舞弊的罪名被判处5年监禁。[②]

2005年底举行议会选举,5 177人参与竞选议会席位。2005年的议会选举期间,选举程序发生变化,成立议会选举高级委员会,负责监督选举活动,非政府组织指派的监督员参与选举监督,选举程序的公正性和透明度有所提高。另一方面,执政党候选人来自选区提名,而不再是由民族民主党领导机构提名。在执政党内部,2 700人有意竞选议会席位,其中70%无法获得政党提名,只能以独立候选人的名义参与竞选。[③]执政党在全国222个选区提名444个官方候选人,另有2 196个独立候选人具有执政党的政治背景。[④]包括新华夫托党、民族进步联盟党、阿拉伯民主纳赛尔主义党、社会劳动党在内的11个世俗反对派政党和政治组织成立名为"争取变革全国阵线"的竞选联盟,实现跨党派的广泛联合,共同抗衡执政党和推动政治改革进程,其基本纲领包括保障公民权利、取消紧急状态法、总统直接选举、限制总统权力、扩大对议会负责的内阁权力、成立独立的选举委员会,在全国222个选区中的180个选区提名320名候选人。[⑤]穆斯林兄弟会拒绝加入世俗反对派政党和政治组织的"争取变革全国阵线"竞选联盟,单独提名150人作为独立候选人参与议会席位的角逐。[⑥]穆斯林兄弟会表示,愿意在大选之后加入阵线,与其他反对派组织寻求广泛的政治合作。[⑦]此外,2005年选举期间,官方政策出现松动的迹象,穆斯林兄弟会获准使用其传统口号"伊斯兰是解决问题的出路",竞选者获准以穆斯林兄弟会成员的身份参与竞选。然而,官方对穆斯林兄弟会的基本原则并无改变,依然否认其政党的地位。与此同时,诸多世俗反对党亦逐渐承认穆斯林兄弟会在埃及政坛的重要地位,接受与穆斯林兄弟

---

① Zahid, M., *The Muslim Brotherhood and Egypt's Succession Crisis*, p.154.

② Rubin, b., *The Muslim Brotherhood: the Organization and Policies of a Global Islamist Movement*, p.51.

③ Collombier, V., "The Internal Stakes of the 2005 Elections: the Struggle for Influence in Egypt's National Democratic Party".

④ Arafat, A.D., *The Mubarak Leadership and Future of Democracy in Egypt*, p.125.

⑤ Arafat, A.D., *The Mubarak Leadership and Future of Democracy in Egypt*, pp.126—127.

⑥ Arafat, A.D., *The Mubarak Leadership and Future of Democracy in Egypt*, p.123, p.126.

⑦ Shehata, D., *Islamists and Secularists in Egypt: Opposition, Conflict and Cooperation*, p.88.

会寻求合作的立场和策略，甚至支持穆斯林兄弟会获得合法的政党地位。①

2005 年议会选举共计经过 3 轮投票，根据官方公布的计票结果，在全部 444 个席位中，12 个席位被宣布无效，其余主要席位分配主要如下：执政党赢得 265 个议会席位，具有执政党背景的独立候选人赢得 46 个议会席位，来自穆斯林兄弟会的独立候选人赢得议会全部 444 个席位中的 88 个席位，世俗反对党竞选联盟"争取变革全国阵线"赢得 9 个席位，其中包括新华夫托党 6 个席位，民族进步联盟党、自由社会主义党和未来党各赢得 1 个席位。②

2005 年的选举期间，执政党面临前所未有的严峻形势，要求推进政治改革的民众运动空前高涨。穆巴拉克第五次当选总统后，并未提名副总统人选，为总统的权位更替留下巨大的悬念。加麦勒·穆巴拉克在政坛的崛起和总统的继承人选成为民众特别是反对派关注的焦点问题，宪法第 76 款修正案的颁布似乎暗示着穆巴拉克总统的次子加麦勒·穆巴拉克的政治命运。③加麦勒·穆巴拉克继任总统所面临的最大障碍来自穆斯林兄弟会；穆斯林兄弟会总训导师穆罕默德·马赫迪·阿其夫在 2005 年明确表示："我们反对一切形式的权位继承。"④与此同时，经济形势恶化，消费品物价指数从 1999 年底至 2004 年底上升 32.8%，42%的埃及人生活在贫困线以下，17%的埃及人每天生活开支不足 2 美元，引发民众的强烈不满。⑤继 2000 年议会选举之后，执政党在 2005 年的议会选举中再度败绩，民族民主党占据的议会席位比例进一步下降，执政党候选人仅赢得 34%的席位，加上来自执政党的独立候选人赢得的席位，执政党仅仅占据议会 72%的多数席位。相比之下，反对派占据 28%的议会席位，而反对派席位大都属于穆斯林兄弟会，世俗反对党赢得的席位却寥寥无几。⑥

2005 年无疑是埃及政坛动荡的一年，而穆斯林兄弟会则是动荡之年的最大赢家。自 1984 年起，穆斯林兄弟会成员以独立候选人的身份参与议会选举，至 2005 年穆斯林兄弟会取得了前所未有的胜利。选举前夕，穆斯林兄弟会总训导师穆罕默德·马赫迪·阿其夫预测将会赢得 50—70 个席位，副

---

① Zahid, M., *The Muslim Brotherhood and Egypt's Succession Crisis*, pp.168—173.

② Banks, A.S., *Political Handbook of the Middle East 2008*, p.139.

③ Arafat, A.D., *The Mubarak Leadership and Future of Democracy in Egypt*, pp.185—187.

④ Zahid, M., *The Muslim Brotherhood and Egypt's Succession Crisis*, p.146.

⑤ Arafat, A.D., *The Mubarak Leadership and Future of Democracy in Egypt*, p.123.

⑥ Ottaway, M., *Beyond the Façade, Political Reform in the Arab World*, p.21.

总训导师穆罕默德·哈比卜预测赢得50个席位，执政党预测穆斯林兄弟会将会赢得40个席位。选举结果则是，穆斯林兄弟会赢得88个席位，占据议会全部席位的20%，成为议会最大的反对派势力，形成执政党与穆斯林兄弟会之间的抗衡局面，在埃及政坛引发地震。①相比之下，世俗反对派政党仅仅赢得2.4%的议会席位，明显缺乏民众支持，显然已经无力对抗执政党，亦无力与穆斯林兄弟会角逐。②

议会选举是衡量政治环境的重要标志，议会席位的比例折射着执政党与反对派之间的力量对立。2005年的议会选举结果，一方面反映出穆斯林兄弟会的广泛民众动员力和在埃及政治舞台的巨大潜力，而另一方面亦反映出民众对于执政党的不满。或许，民众出于不满执政党的权力垄断和相关政策，转而支持穆斯林兄弟会。在埃及人看来，执政党无意推行政治改革，而穆斯林兄弟会尚未明确其政治纲领。③在某种意义上可以说，穆斯林兄弟会在议会选举中的胜利，并非代表伊斯兰主义的胜利，而是执政党丧失民心的结果。民众支持伊斯兰主义的政治倾向，意在发泄对于现行制度之腐败和执政党之权力垄断的不满，进而间接表达自身的政治诉求。换言之，民众对于现行制度和执政党的不满，提供了伊斯兰主义角逐国家权力的政治空间。④另一方面，2005年选举，标志着穆斯林兄弟会与政府之间冲突的升级。国有媒体极力丑化穆斯林兄弟会的公众形象，却未能取得预期的效果。⑤

世俗威权传统的延续与“自由化的威权体制”

埃及现代化进程中政治演变的基本线索，是威权政治与民众政治的此消彼长。在现代化的历史背景下，埃及的政治民主化进程经历了艰难而曲折的发展道路。19世纪的埃及经历威权政治的发展过程，穆罕默德·阿里则是埃及现代化进程中世俗威权政治的奠基人。20世纪上半叶可谓自由主义时代，宪政制度的建立首开埃及政治民主化进程的先河，诸多世俗政党粉墨登场，通过议会选举的形式角逐于政治舞台，议会选举和诸多世俗政党之间的激烈角逐标志着民主政治的初步尝试，民众参与的政治形式随之渐露端倪。

---

① Arafat, A.D., *The Mubarak Leadership and Future of Democracy in Egypt*, pp.133—135.

② Shehata, D., *Islamists and Secularists in Egypt: Opposition, Conflict and Cooperation*, p.52.

③ Arafat, A.D., *The Mubarak Leadership and Future of Democracy in Egypt*, p.171.

④ Bayat, A., *Making Islam Democratic, Social Movements and the Post-Islamist Turn*, p.186.

⑤ Arafat, A.D., *The Mubarak Leadership and Future of Democracy in Egypt*, p.173.

然而,此间埃及政坛具有精英政治的浓厚色彩,下层民众的政治参与尚且处于朦胧的状态,徘徊于宪政和选举的政治边缘。纳赛尔时代,世俗化的威权政治再度成为埃及政治生活中的突出现象,一党制的政党制度构成世俗威权政治的重要工具,议会则是唯一的合法政党即阿拉伯社会主义联盟的延伸抑或外在形式。纳赛尔作为总统凌驾于社会之上,被视作国家权力的化身、民族尊严的象征和民众意志的体现,俨然是埃及民众心目中"仁慈的君主",总统的个人意志、阿拉伯社会主义联盟的纲领与议会通过的法案处于三位一体的状态,民众政治遭到广泛的排斥。萨达特执政以后,推行所谓"崭新的民主试验",改革政党制度,废止一党制,恢复多党制,进而掀开政治民主化运动的崭新篇章。

从历史的角度来看,自由主义时代的民众政治是19世纪的威权政治与纳赛尔时代的威权政治两者之间的过渡环节,而纳赛尔时代的威权政治则是从自由主义时代民众政治的初兴状态到后纳赛尔时代民众政治走向成熟的桥梁。如果说纳赛尔时代是战争的时代和阿拉伯民族主义空前高涨的时代,威权政治和国家资本主义是纳赛尔政权的历史遗产,那么后纳赛尔时代则是走向和平的时代和民主化进程重新启动的时代,从自由资本主义的广泛发展到民主与专制之间的激烈抗争标志着后纳赛尔时代埃及现代化进程的长足进步。此外,19世纪的威权政治和纳赛尔时代的威权政治皆表现为世俗政治的明显倾向,所谓的世俗化构成强化威权政治的重要手段,而自由主义时代和后纳赛尔时代的民众政治则与宗教政治存在密切的联系,宗教政治构成民众政治参与的重要形式,世俗政治与宗教政治错综交织。

有学者认为,"萨达特与兄弟会之间虽有某些共同利害关系,但民族主义者与伊斯兰主义者仍然是互不相容的",政治理念之伊斯兰主义与世俗主义的差异和对立"是埃及宗教政治反对派长期与埃及政府不和的根本原因之所在"。①实际情况不然。一方面,埃及近代以来的历史证明,民族主义者不可等同于世俗主义者,民族主义者在不同的历史条件下表现为世俗主义者和伊斯兰主义者的不同形式,伊斯兰主义者亦在不同的历史条件下具有民族主义和民主主义的不同倾向。另一方面,埃及的政治反对派不仅来自宗教领域,更来自世俗领域,纳赛尔政权之取缔华夫托党和后纳赛尔时代萨达特政权以及穆巴拉克政权与新华夫托党的尖锐对立,无法从宗教与世俗的差异方面做

① 曲洪:《当代中东政治伊斯兰:观察与思考》,第121页,第145页。

出合理的解释。换言之,政治现代化进程的基本轨迹在于现代民族国家的兴起与现代民主政治的建立,抑或从民族主义到民主主义的历史运动,而所谓的世俗主义与伊斯兰主义只是服务于现代民族国家兴起与现代民主政治建立抑或从民族主义到民主主义历史运动的外在形式和政治工具。萨达特时代和穆巴拉克时代,伊斯兰主义的复兴以及穆斯林兄弟会与政府之间的权力角逐,其实质在于威权政治的削弱和民众政治参与程度的提高,是埃及政治民主化进程的重要内容。

萨达特和穆巴拉克时代的埃及政治,被西方学者称作“自由化的威权体制”,区别于纳赛尔时代的“绝对威权体制”,即通过自上而下的方式赐予民众以有限的自由和公民权,赐予反对派以有限的政治空间,实行有限的多党制和官方操纵的议会选举,为数众多的非政府组织一定程度上代表着民众意志,其突出特征在于政治自由化而非政治民主化。新经济政策的实施导致经济社会环境的剧烈变化,多元化的政党政治、死灰复燃的宗教政治和常态化的选举政治汇成民主化进程涌动的暗流。然而,世俗威权传统在萨达特和穆巴拉克时代长期延续,构成民主化进程的逆向因素。

穆巴拉克时代,延续威权国家的政治传统,总统制构成国家体制的中枢和政治体系的核心,总统与议会之间的权力对比处于严重失衡的状态,内阁则处于从属总统的地位。始建于 1978 年的民族民主党,作为唯一的执政党,控制国家机器,操纵选举,在议会中长期处于一党独大的地位,而议会俨然是“民族民主党的分支机构”。①纳赛尔致力于阿拉伯民族的解放事业,萨达特致力于埃及发展模式的转变和中东和平进程。相比之下,穆巴拉克既不具备纳赛尔的个人魅力,亦不具备萨达特的政治魄力。穆巴拉克政权缺乏广泛的社会基础和民众支持,紧急状态法的延续和安全机构的高压成为埃及世俗威权政治延续的象征。紧急状态法自 1981 年萨达特遇刺之后被长期实施,禁止 5 人以上规模的民众示威,授权安全机构限制民众的结社集会和反对派的政治活动,直至无需正常的司法程序拘捕公民并送交特别军事法庭审理,是穆巴拉克时代威权体制的重要标志。②穆巴拉克借助紧急状态法、安全机构和军事法庭的高压手段,排斥反对派政党和伊斯兰主义,操纵选举,压缩非政

---

① Fahmy, N.S., *The Politics of Egypt: State-Society Relation*, p.95.

② Shehata, D., *Islamists and Secularists in Egypt: Opposition, Conflict and Cooperation*, p.95.

府组织的政治空间,而宪法赋予的公民权利的条款如若一纸空文。①反对派在埃及政坛代表着不同于官方的声音,却无力挑战政府的权威。②进入 90 年代,穆巴拉克政府不断借反恐的名义排斥反对派的政治参与,限制反对派的政治活动,压缩反对派的政治空间,官方主导的自由化政治改革进程出现逆向运动的趋势。

穆巴拉克出任总统之初,以民主化进程的推动者自居,表示无意垄断国家权力和谋求延长总统任期。"我深信,民主制是未来的保证……我反对集权政治,不希望垄断国家决策,因为国家属于我们所有人,人民有责任分享国家的决策权。"然而,随着权力和地位的逐渐巩固,穆巴拉克于 1986 年告诫民众:"埃及实行充分民主制的条件尚不成熟,还需要一定的时间。"③

1991 年 7 月,世俗反对派政党和穆斯林兄弟会举行新闻发布会,要求重新制定宪法,旨在限制总统的权力,声称"埃及人民应当重新获得民主和举行自由选举的权利"。④1994 年夏,穆巴拉克主持召开全国对话会议,邀请 274 人出席会议,其中 237 人来自执政党,穆斯林兄弟会成员被排除于会议之外,会议主题是探讨经济政策和经济改革,避而不谈政治改革,所谓的政治对话旨在寻求世俗反对派政党支持政府对于伊斯兰主义组织的高压政策。⑤

世纪之交埃及政治生活的突出现象是,不同的意识形态、不同的年龄段和不同职业的民众开始出现聚合的趋势,关注着国内政治改革的进程。谁将继穆巴拉克之后出任总统,成为埃及政坛关注的焦点。穆巴拉克未曾提名副总统人选,为总统的权位更替留下巨大的悬念。⑥1999 年 10 月,40 余名教俗各界反对派人士成立"政治与宪法改革委员会",在全国范围征集民众签名,要求修改现行宪法,推动政治改革进程,限制总统权力,结束紧急状态,自由组建政党,完善选举程序,以议会内阁制取代总统制,强调"埃及人民应当重新获得民主和举行自由选举的权利"。"政治与宪法改革委员会"的成员分别来自穆斯林兄弟会和世俗反对派阵营的诸多政党,包括伊斯兰主义

---

① Diamond, L. Plattner, M.F. & Brumberg, D., *Islam and Democracy in the Middle East*, p.49.

② Schlumberger, O., *Debating Arab Authoritarianism*, p.61.

③ Kassem, M., *Egyptian Politics: the Dynamics of Authoritarian Rule*, p.54.

④ El-Ghobashy, M., "Unsettling the Authorities: Constitional Reform in Egypt".

⑤ Sdahmed, A.S., *Islamic Fundamentalism*, Boulder1996, p.112.

⑥ Arafat, A.D., *The Mubarak Leadership and Future of Democracy in Egypt*.

者、退休法官、政党领导人、作家、记者、人权主义者、学者、医生、律师和反对派议员。①

针对民众的强烈呼声，穆巴拉克表示："现行的宪法不存在修改的需要，现行的宪法不应当被视作民主化进程的障碍"，官方发言人则声称："关于现行宪法的讨论将会危害国家的统一，导致国家的分裂"。穆巴拉克任命的《金字塔报》主编易卜拉欣·纳菲耶更是将"政治与宪法改革委员会"成员称作"危险的政治宗派"，指责该委员会成员"试图劫持全体民众的权利以便实现少数政客的野心"。②

2003年，执政党主导的议会宣布将紧急状态法延长3年，实施期限至2006年。③2003年9月，穆巴拉克再次发起召开全国对话会议，邀请反对派与执政党共商国策，对话会议包括执政党、新华夫托党、民族进步联盟党、阿拉伯民主纳赛尔主义党等诸多温和世俗反对派政党的代表，却将穆斯林兄弟会和具有伊斯兰色彩的社会劳动党排除在对话会议之外。穆巴拉克承诺改善教育和医疗环境、增加出口、鼓励国外投资、发展现代工业、开放市场、完善税收体制、稳定汇率、扩大私人经济空间，出席对话会议的反对派人士要求举行总统直接选举、中止紧急状态法和解除政党限制，遭到官方的拒绝，对话无果而终。④

选举政治的困境

新经济政策的实施明显加剧了埃及现代化进程中的悖论趋向，经济领域的自由化与政治领域的非自由化抑或威权化之间的对立和冲突构成埃及现代化进程中的首要矛盾。议会选举无疑提供了民众政治参与的重要途径，而执政党操纵和控制选举程序和选举结果构成官方排斥民众政治参与的手段。官方给予反对派有限的政治自由，同时压缩反对派的政治空间。80年代可谓埃及民主化进程抑或政治自由化进程的高潮。进入90年代，民主化进程出现逆转的趋势，官方在给予反对派有限政治自由的同时，极力压缩反对派的政治空间，尤其是操纵选举和打压反对派候选人竞选议会席位，导致常态化的选举政治陷于困境。

---

① El-Ghobashy, M., "Unsettling the Authorities: Constitional Reform in Egypt".

② El-Ghobashy, M., "*Unsettling the Authorities: Constitional Reform in Egypt*".

③ Brown, N.J., *Between Religion and Politics*, Washington 2010, p.31.

④ Arafat, A.D., *The Mubarak Leadership and Future of Democracy in Egypt*, pp.101—102.

议会选举是穆斯林兄弟会实现政治参与的主要途径，然而几乎在每次选举期间政府都要发动对于穆斯林兄弟会的政治攻势。①90 年代中期，穆巴拉克政府开始对伊斯兰主义的温和派别穆斯林兄弟会实施高压政策。穆巴拉克声称："穆斯林兄弟会、吉哈德与其他伊斯兰激进组织是一路货色。"②然而，官方政策的转变，并非"穆斯林兄弟会勾结激进派别和恐怖主义组织的非法行为"，而是因为穆斯林兄弟会诉诸非暴力手段，广泛动员民众，致力于议会选举，被穆巴拉克政府视作挑战威权统治的潜在政治威胁。③

1995 年是议会选举之年。穆斯林兄弟会位于开罗陶非格区的穆斯林兄弟会总部遭到查封。④与此同时，政府接管超过 6 万处清真寺，禁止未经政府允许的欧莱玛在清真寺进行演讲。⑤穆斯林兄弟会推举 150 人参与竞选议会席位，只有 1 人入选。1995 年的选举，是埃及历史上最具暴力色彩的议会选举；在官方公布选举结果后，民众举行大规模抗议，遭到安全机构镇压，61 人死，1 313 人伤，2 400 人被捕。⑥1997 年 4 月，又有 61 名穆斯林兄弟会重要成员被判处超过 5 年的监禁。⑦

2000 年 7 月，宪法法院裁定，1995 年议会选举无效，规定法官取代政府官员负责监督投票和计票，旨在避免选举舞弊。尽管如此，政府继续在选举前夕拘捕反对派人士，数以百计的穆斯林兄弟会成员被投入监狱，20 名来自穆斯林兄弟会的候选人被送交军事法庭。⑧在大选投票日，安全机构阻止支持反对派的选民前往投票站，甚至阻碍法官前往投票站监督投票。在穆斯林兄弟会的支持者分布集中的投票站，安全机构的干扰活动尤为明显。⑨一名执政党成员承认："有时，我们不得不阻止穆斯林兄弟会成员参与竞选……特别是在投票的最后一轮（当穆斯林兄弟会的领导人参与竞选的时候）。"⑩根据官方公布的投票结果，执政党提名的候选人中 172 人进入议会，181 人作为来自执政党的独立候选人获得议会席位，另外 35 名独立候

① Rutherford, B.K., *Egypt After Mubarak, Liberalism, Islam and Democracy in the Arab World*, p.93.

② Rubin, B., *Conflict and Insurgency in the Contemporary Middle East*, pp.90—91.

③ Wickham, C.R., *Mobilizing Islam: Religion, Activism and Political change in Egypt*, p.214.

④ Rubin, b., *The Muslim Brotherhood: the Organization and Policies of a Global Islamist Movement*, p.57.

⑤⑦ Bayat, A., *Making Islam Democratic, Social Movements and the Post-Islamist Turn*, p.144.

⑥ Khalili, L., *Politics of the Modern Arab World, Critical Issue in Modern Politics*, Vol.3, p.183.

⑧ Rutherford, B.K., *Egypt After Mubarak, Liberalism, Islam and Democracy in the Arab World*, p.88.

⑨ Kienle, E., *A Grand Delusion, Democracy and Economic Reform in Egypt*, p.172.

⑩ Diamond, L., Plattner, M.F. & Brumberg, N., *Islam and Democracy in the Middle East*, p.115 p.51.

选人进入议会后宣布加入执政党，执政党控制议会88%的席位。相比之下，合法反对党自由社会主义党、民族进步联盟党、阿拉伯民主纳赛尔主义党和新华夫托党推举352名候选人，其中只有16人进入议会，仅占议会全部席位的3.5%。①

2005年举行议会选举，民众对于官方操纵的选举程序普遍持不信任的态度；在全部3 200万选民中，只有700万选民投票，投票率不足23%。②2005年议会选举结束后，数以百计的穆斯林兄弟会成员被安全机构逮捕，穆斯林兄弟会创办的数家书店和报社被查封。③2005年12月，未来党领导人艾曼·努尔被判处5年监禁，旨在为加麦勒·穆巴拉克竞选总统扫清障碍。④与此同时，加麦勒·穆巴拉克出任民族民主党副总书记，20名亲信进入执政党高层。⑤2007年5月，执政党主导的议会修订宪法，禁止利用伊斯兰教从事政治活动，禁止独立候选人参与竞选议会席位。2007年的宪法修订，意味着穆斯林兄弟会致力于选举政治的努力陷入绝境。此后举行的选举，包括2008年的地方选举和2010年的议会选举，穆斯林兄弟会被排除于竞选之外。⑥

常态化选举政治陷于困境的另一原因，是世俗政党政治处于畸形的状态，特别是多党制框架下反对党长期处于弱势地位。穆巴拉克时代，埃及的世俗政党政治具有明显的局限性，诸多世俗反对派政党尽管具有合法地位，却长期处于弱势状态，尤其是官方制定的政党法和选举法对于反对派政党动员民众和参与议会选举限制颇多，政府为反对党划定红线，将反对党的活动限制在可控的范围，而政党政治与政府政治亦未完全分离。缺乏作为合法政党的地位，限制了穆斯林兄弟会的政治空间，也为政府排斥和迫害穆斯林兄弟会提供了更多的理由。官方宣称，穆斯林兄弟会与激进组织只是一枚硬币的两面。穆巴拉克指责穆斯林兄弟会是非法组织和麻烦制造者。⑦另一方面，世俗反对派政党面对官方的排斥和打压，缺乏宽松的政治空间，亦缺乏广泛的社会基础，尚未与民众政治广泛结合。世俗反对派政党内部普遍缺乏必

---

① Diamond, L. Plattner, M.F. & Brumberg, D., *Islam and Democracy in the Middle East*, p.51.

② Arafat, A.D., *The Mubarak Leadership and Future of Democracy in Egypt*, pp.135—136.

③⑥ Rubin, b., *The Muslim Brotherhood: The Organization and Policies of a Global Islamist Movement*, p.51.

④ Zahid, M., *The Muslim Brotherhood and Egypt's Succession Crisis*, p.160.

⑤ Zahid, M., *The Muslim Brotherhood and Egypt's Succession Crisis*, p.162.

⑦ Rubin, B., *Conflict and Insurgency in the Contemporary Middle East*, p.90.

要的民主机制和完善的民主气氛,政党领导权表现为个人化和独裁化的浓厚色彩,自上而下的政治原则根深蒂固,伊卜拉欣·舒克里、福阿德·萨拉杰丁、哈立德·毛希丁和穆斯塔法·穆拉德分别在社会劳动党、新华夫托党、民族联盟进步党和自由社会主义党内部长期处于绝对的权威地位,元老派与新生代之间的矛盾尤为突出。[①]此外,世俗反对派政党阵营派系林立,分歧明显,相互之间缺乏合作,选票分散,难以形成广泛的竞选联盟,进而与执政的民族民主党分庭抗礼,亦无力挑战民族民主党的政治权威,长期徘徊于埃及政治舞台的边缘地带。相比之下,执政的民族民主党长期控制国家机器,操纵选举,在议会中处于一党独大的地位,议会俨然是"民族民主党的分支机构"。[②]

1984 年和 1987 年颁布的选举法规定,只有赢得超过 8%的选票的政党,才能获得议会席位,否则各个政党所赢得的选票转归最大的政党。此外,议会中为女性和科普特派保留的席位由总统直接任命,而独立候选人在进入议会后通常加入执政党阵营。[③]1992 年颁布的 108 号法令即新政党法规定,负责审批政党申请和监督政党活动的政党委员会由 9 人组成,执政党总书记兼任主席,其他成员由执政党主导的议会任命,实为政府的分支机构,而申请组建政党的条件是必须在全国 26 个省中超过 10 个省得到 1 000 个签名。[④]90 年代中期,未来党、中间道路党、尊严党被视作执政党的潜在威胁,其组建政党的申请被政党委员会驳回。[⑤]自 1998 年起,埃及的政党政治处于萧条的状态,只有 5 个反对派政党即华夫托党、自由社会主义党、社会劳动党、民族进步联盟党、阿拉伯民主纳赛尔主义党具有政治影响和参与选举。1998—2002 年,7 个政党被政党委员会取缔。执政党成员沙里夫·瓦里表示:"我本人的看法是,我们只需要四五个政党,而不需要再多的政党。"[⑥]2005 年,埃及共有 21 个合法反对党,其中 4 个反对党占据议会席位,通常保持与政府的合作。[⑦]2007 年,政党委员会驳回包括中间道路党和尊严党在内的 12 个政党的申请,却批准脱胎于执政党和缺乏政治潜力的民主阵线为合法政党。穆斯林兄弟会作为最具影响力的政治组织,始终无法加入合法政党的行列。[⑧]

---

① Fahmy, N.S., *The Politics of Egypt: Stae-Society Relation*, p.95.

②③ Wickham, C.R., *Mobilizing Islam: Religion, Activism and Political change in Egypt*, p.88.

④ Arafat, A.D., *The Mubarak Leadership and Future of Democracy in Egypt*, p.111.

⑤⑧ Ottaway, M., *Beyond the Façade, Political Reform in the Arab World*, p.28.

⑥ Stacher, J.A., "Parties over: The Demise of Egypt's Opposition Parties".

⑦ Arafat, A.D., *The Mubarak Leadership and Future of Democracy in Egypt*, p.143.

议会选举是衡量政治环境的重要标志，议会席位的比例折射着执政党与反对派之间的力量对立。据统计，执政党民族民主党占据的议会席位，1984年为390席，1987年为308席，1990年为360席，1995年为417席，2000年为388席，2005年为311席；相比之下，世俗反对派政党占据的议会席位，1984年为64席，1987年为100席，1990年为7席，1995年为12席，2000年为17席，2005年为14席。80年代，埃及的政治空间相对宽松，选举环境相对公平，反对派政党在选举政治上尚有所作为。在1984年和1987年的议会选举中，世俗反对派政党均占据议会席位的13%（其中1984年世俗反对派政党席位中的8个属于穆斯林兄弟会，1987年世俗反对派政党席位中的36个属于穆斯林兄弟会）。相比之下，自1990年起，世俗反对派政党在选举政治上屡屡失利，其议会中所占据的席位比例明显下降，1990年仅为1%，1995年仅为3%，2000年仅为3.5%，2005年仅为2.4%，四届累计仅赢得50个席位。[①]由于政府长期操纵选举程序，常态化的议会选举不足以提供民众政治参与的正常途径，而选票的归属亦不足以证明占据议会多数席位的执政党具有广泛的社会基础。议会作为最高立法机构，始终处于执政党的掌控之下。

2005年大选后的政治走向

2005年无疑是埃及历史上动荡的一年，反对派在诸多方面突破了官方划定的红线，包括未经允许的街头政治和要求结束穆巴拉克统治的政治诉求，而穆斯林兄弟会成为动荡之年的最大赢家，威胁执政党在议会的主导地位。[②]2005年3月，穆斯林兄弟会发起组织万人规模的示威抗议活动，要求政治改革，数百人被捕。同年5月，穆斯林兄弟会在一天之内组织41场群众集会，参加人数超过7万，分别来自18个省。两天之后，穆斯林兄弟会再次发起示威抗议活动，示威者与政府发生冲突，1人死亡，数十人受伤，数百人被捕。[③]

2005年议会选举结束后，官方搁置政治改革进程，强化威权体制和高压态势，压缩民众政治空间，排斥民众政治参与，进而逐渐关闭民众通过议会选

---

① Shehata, D., *Islamists and Secularists in Egypt: Opposition, Conflict and Cooperation*, p.75.

② Schlumberger, O., *Debating Arab Authoritarianism*, p.69.

③ Arafat, A.D., *The Mubarak Leadership and Future of Democracy in Egypt*, pp.172—173.

举实现政治参与的大门，政治改革和民主化进程出现逆转的迹象。民族民主党尽管在 2005 年议会选举中表现不佳，尚且占据超过四分之三的议会席位。议会作为最高立法机构，依然处于民族民主党的操控之下。①2005 年大选之后，穆斯林兄弟会面临官方的重重压力，政治空间受到进一步限制。②

2006 年初，民族民主党控制的议会宣布推迟原定 2006 年 4 月举行的地方选举，旨在阻止穆斯林兄弟会在地方选举中赢得更多的席位，同时宣布延长实施紧急状态法至 2008 年。③同年 2 月，宪法法院颁布法令，限制总统根据紧急状态法而过度行使权力，包括规定总统不得援引紧急状态法而在非紧急状态下强化政府对于私人企业的干预和控制，告诫内阁总理必须尊重宪法赋予的公民权利。④随后，最高司法会议宣布剥夺宪法法院 4 名呼吁改革的法官所享有的司法豁免权，交由安全机构审讯，指控 4 名法官诽谤国家。⑤同年 4 月，113 名议员联名反对继续延长实施紧急状态法，呼吁结束紧急状态，其中包括 88 名穆斯林兄弟会议员、3 名执政党议员以及其他反对党和独立人士议员，而表决结果是，延长实施紧急状态法以 257 票赞成和 91 票反对获得通过。⑥包括副总训导师海拉特·沙特尔在内的 700 名穆斯林兄弟会成员由于反对延长紧急状态法和要求司法独立遭到安全机构逮捕，穆斯林兄弟会资产约 200 亿埃镑被安全机构冻结。⑦

2007 年，政府向议会提交 34 项宪法修正案，主要内容有：1.给予议会否决内阁提交的财政预算的权力和通过表决不信任案而解散内阁的权力，然而总理和内阁成员由总统任免，议会处于执政党的主导之下，因此上述条款对于总统权力的约束力微乎其微；⑧2.以反恐法取代紧急状态法，敦促政府致力于维护国内安全和公共秩序以及消除恐怖主义威胁，授权政府安全机构在司法机构的监督下对公民采取非常措施和指控涉嫌恐怖主义行为，却对何谓恐怖主义未做明确界定，亦未明确界定所谓司法监督的具体程序，进而给予安

① Brown, N.J., *Between Religion and Politics*, p.26.
② Brown, N.J., *Between Religion and Politics*, p.43.
③ Arafat, A.D., *The Mubarak Leadership and Future of Democracy in Egypt*, p.174.
④ Rutherford, B.K., *Egypt After Mubarak, Liberalism, Islam and Democracy in the Arab World*, p.1.
⑤ Zahid, M., *The Muslim Brotherhood and Egypt's Succession Crisis*, London 2010, pp.160—161.
⑥ Shehata, D., "The Brotherhood Goes to Parliament".
⑦ Shehata, D., *Islamists and Secularists in Egypt: Opposition, Conflict and Cooperation*, p.63.
⑧ Rutherford, B.K., *Egypt After Mubarak, Liberalism, Islam and Democracy in the Arab World*, p.249.

全机构以广泛的权力;[①]3.重申拒绝承认宗教政党的合法地位,禁止利用宗教从事政治活动,旨在排斥穆斯林兄弟会于政治舞台之外;4.禁止以独立候选人的身份参与竞选议会席位,而独立候选人是穆斯林兄弟会参与竞选的首要途径;[②]5.成立司法机构最高会议,会议由总统主持,成员包括资深法官,取代完全由法官组成的最高司法会议,同时成立独立的选举监督委员会,取代司法机构,负责监督投票程序和宣布计票结果,该委员会由 11 人组成,其中 7 人由执政党控制的议会指定人选,另外 4 人由司法机构任命,旨在限制司法机构对于选举程序的监督;6.总统人选必须经由政党提名,因此穆斯林兄弟会将无缘提名总统人选。[③]反对派议员要求修订宪法第 77 款,缩短总统任期为 4 年,总统任职不得超过两届,并未为官方接受。[④]

2008 年,民族民主党控制的议会再度宣布延长实施紧急状态法至 2010 年大选。[⑤]在 2010 年底举行的议会选举中,执政党民族民主党以压倒性的绝对优势获得 420 个席位,世俗反对党新华夫托党和民族进步联盟党仅仅获得 11 个席位,穆斯林兄弟会以及其他反对党均未获议会席位。[⑥]

教俗分歧的弥合

穆巴拉克时代,埃及的政治力量大体上处于世俗官方阵营、世俗反对派政党与穆斯林兄弟会代表的伊斯兰主义阵营三足鼎立的状态。世俗反对派政党与穆斯林兄弟会尽管皆致力于挑战威权国家的政治体制,积极推动自下而上的民众政治参与,却在意识形态层面不无分歧,立场各异。意识形态领域的差异和对立,阻碍着反对派之间政治合作的进一步扩大,难以形成打破民族民主党权力垄断局面和颠覆民族民主党统治地位的政治合力。然而,世俗反对派政党与伊斯兰主义阵营尽管貌似水火不容,却有共同的政治诉求,皆致力于挑战穆巴拉克的独裁统治和民族民主党的权力垄断。宗教政治与世俗政治并非存在根本的对立,而是具有异曲同工之处。民主与专制之间的尖锐矛盾,以及国家与社会之间的深刻对立,特别是争取扩大民众参与和推

① Rutherford, B.K., *Egypt After Mubarak, Liberalism, Islam and Democracy in the Arab World*, p.252.

② Shehata, D., *Islamists and Secularrists in Egypt: Opposition, Conflict and Cooperation*, p.141.

③ Rutherford, B.K., *Egypt After Mubarak, Liberalism, Islam and Democracy in the Arab World*, p.251.

④ Ottaway, M., *Beyond the Façade, Political Reform in the Arab World*, p.32.

⑤ Brown, N.J., *Between Religion and Politics*, p.31.

⑥ 新华网 2010 年 12 月 7 日。

动民主化进程的共同政治目标，提供了世俗反对派政党与伊斯兰主义阵营求同存异进而建立广泛联盟的历史基础。①

70 年代，世俗反对派与伊斯兰主义之间分歧甚大。进入 80 年代，世俗反对派政党与伊斯兰主义阵营之间开始尝试政治合作。常态化的议会选举，尽管处于政府和执政党的操纵控制之下，毕竟提供了民众参与的政治空间和反对派挑战执政党的政治平台，而组建竞选联盟进而与执政党竞争议会席位成为世俗反对派政党与伊斯兰主义阵营实现政治合作的基本方式。

1984 年大选期间，新华夫托党发表声明，淡化其世俗主义的基本原则，进而与其宿敌穆斯林兄弟会建立竞选联盟，可谓教俗反对派最初的政治合作。②新华夫托党领导人福阿德·萨拉杰丁在接受媒体采访时表示，不支持宗教与政治的分离："政府可以划分为四种类型。一是否认宗教信仰的无神论政府，二是教界控制下的神权政府，三是强调宗教与政治分离的世俗政府。华夫托党反对以上三种类型的政府。在第四种类型的政府，宗教与政治并非处于分离的状态，埃及的政府应当属于这种类型，华夫托党支持这样的政府"。华夫托党的竞选纲领，在强调自由和宪法的同时，增加了宗教的内容，强调伊斯兰教作为国教的地位以及沙里亚作为立法的主要来源，强调伊斯兰教的宗教教育和宗教宣传的重要性。然而，淡化世俗主义的倾向引发华夫托党内部的严重分歧，15 名核心成员退出华夫托党。③

1987 年，新华夫托党单独竞选议会席位，而 1984 年大选落败的社会劳动党和自由社会主义党与穆斯林兄弟会建立竞选联盟，名为伊斯兰竞选联盟。相比于 1984 年大选期间新华夫托党与穆斯林兄弟会建立的竞选联盟，1987 年大选期间的伊斯兰竞选联盟更具伊斯兰主义色彩，意识形态更具共性，社会劳动党和自由社会主义党均披上伊斯兰主义的外衣，强调沙里亚的重要性。在伊斯兰联盟的共同竞选纲领中，实施沙里亚是仅次于实行政治民主的第二要务。④与此同时，穆斯林兄弟会对世俗主义亦表现出妥协和包容的立场，强调多元性和民主化进程，扩大与世俗反对派的政治合作。⑤

1984 年和 1987 年世俗反对党与穆斯林兄弟会建立竞选联盟，标志着世

① Shehata, D., *Islamists and Secularists in Egypt: Opposition, Conflict and Cooperation*, p.83.

② Browers, M.L., *Political Ideology in the Arab World*, p.119.

③ Shehata, D., *Islamists and Secularists in Egypt: Opposition, Conflict and Cooperation*, pp.85—86.

④ Shehata, D., *Islamists and Secularists in Egypt: Opposition, Conflict and Cooperation*, p.87.

⑤ Shehata, D., *Islamists and Secularists in Egypt: Opposition, Conflict and Cooperation*, p.86.

俗主义与伊斯兰主义与在争取民主和挑战威权的政治基础之上初步形成统一战线，反对派的声音由此出现在议会之中。

进入90年代，穆巴拉克政府不断借反恐的名义排斥反对派的政治参与，限制反对派的政治活动，压缩反对派的政治空间，官方主导的自由化政治改革进程出现逆向运动的趋势。另一方面，世俗反对派政党既对穆巴拉克的威权体制心存不满，亦对伊斯兰主义运动的宗教倾向疑虑重重，摇摆于官方与穆斯林兄弟会之间。伊斯兰激进派别的暴力活动，促使世俗反对派倾向于政府的立场，世俗反对派与伊斯兰主义之间的对立随之加剧。[①]与此同时，世俗反对派内部分裂凸显，社会影响力下降，政治天平进一步向穆斯林兄弟会倾斜。[②]

直到90年代中期，穆斯林兄弟会缺乏明确清晰的政治目标，只是笼统地强调"伊斯兰是出路"的口号和主张实施伊斯兰教法，而由此产生的负面影响是不利于穆斯林兄弟会与世俗政治力量之间的广泛合作，进而限制了穆斯林兄弟会自身的发展空间。在表面上，穆斯林兄弟会与世俗反对派的政治纲领并无明显的区别，主张取消紧急状态法、限制总统的权力、言论自由、释放政治犯、净化选举程序，将科普特人视作埃及公民的组成部分，给予妇女以充分的权利。然而，穆斯林兄弟会在许多方面表现出模糊的立场和左右摇摆的态度，内部分歧亦相当明显。[③]在外交政策方面，教俗反对派之间的分歧和裂痕尤为明显。关于伊拉克入侵科威特以及埃及加入美国主导的军事介入联盟，教俗反对派立场各异。新华夫托党谴责伊拉克入侵科威特，支持埃及政府的军事介入。社会劳动党支持伊拉克，呼吁外国军队撤出，解除对伊拉克的制裁。穆斯林兄弟会谴责伊拉克入侵科威特，要求伊拉克撤军，同时反对西方的军事干涉，主张在阿拉伯世界的范围内解决伊科争端，批评埃及政府追随美国和亲以色列的立场。[④]1995年，世俗反对党呼吁教俗反对派签署"民族协约"，旨在于随后举行的议会选举中协调政治立场。然而，穆斯林兄弟会训导委员会成员马蒙·侯戴比拒绝签署"民族协约"，恪守伊斯兰主义的传统原则，导致反对派政治联盟的流产。[⑤]1990年、1995年和2000年的议会选举期

① Shehata, D., *Islamists and Secularists in Egypt: Opposition, Conflict and Cooperation*, p.127.

② Shehata, D., *Islamists and Secularists in Egypt: Opposition, Conflict and Cooperation*, p.129.

③ Arafat, A.D., *The Mubarak Leadership and Future of Democracy in Egypt*, p.177.

④ Shehata, D., *Islamists and Secularists in Egypt: Opposition, Conflict and Cooperation*, p.122.

⑤ Khalili, L., *Politics of the Modern Arab World, Critical Issue in Modern Politics*, Vol.3, p.185.

间,教俗反对派均未组成竞选联盟。[①]

2000—2005 年,世俗反对派与伊斯兰主义再度出现合作的趋势。2000 年巴勒斯坦起义和巴以和平进程的中断,促使教俗反对派在反对以色列和支持巴勒斯坦的问题上形成立场的趋同。2002 年美国入侵伊拉克,是促使教俗反对派立场趋同的另一因素。[②]2000—2003 年,穆斯林兄弟会联合世俗反对派,多次共同发起支持巴勒斯坦起义和反对美国入侵伊拉克的示威活动。[③]此间,穆斯林兄弟会逐渐更新政治理念和调整政治策略,淡化伊斯兰主义的宗教色彩,试图弥合反对派阵营的教俗分歧,打破教俗反对派之间的政治隔阂,致力于"没有伊斯兰国家的伊斯兰主义运动",强调"要参与,不要统治"的政治,宣布尊重民主选举的政府,避免与其他反对派候选人直接竞争议会席位,承认任何宗教信仰的公民在公平的政治环境下竞选总统的权利,进而扩大与世俗反对派的政治合作,寻求与世俗反对派的跨党派政治联盟。[④]2001 年律师协会选举中,穆斯林兄弟会首次提名世俗反对派成员作为候选人。在穆斯林兄弟会提名的候选人中,除了 8 人来自穆斯林兄弟会外,3 人来自民族进步联盟党,1 人来自社会劳动党,1 人来自新华夫托党,另有包括一名基督徒在内的 3 名独立人士。[⑤]2000 年的议会选举期间,穆斯林兄弟会放弃"伊斯兰是出路"的口号,代之以"宪法是出路"的口号,强调多元化的世俗政治原则。2000—2003 年,穆斯林兄弟会联合世俗反对派,多次共同发起支持巴勒斯坦起义和反对美国入侵伊拉克的示威活动。[⑥]

2005 年选举期间,官方政策出现松动的迹象,穆斯林兄弟会获准使用其传统口号"伊斯兰是解决问题的出路",竞选者获准以穆斯林兄弟会成员的身份参与竞选。尽管官方对穆斯林兄弟会的基本原则并无改变,依然否认其政党的地位,然而诸多世俗反对党承认穆斯林兄弟会在埃及政坛的重要地位,接受与穆斯林兄弟会寻求合作的立场和策略,甚至支持穆斯林兄弟会获得合法的政党地位。[⑦]

世纪之交伊斯兰主义的转向,逐渐弥合反对派阵营内部的教俗分歧,无疑成为教俗反对派携手抗衡世俗官方阵营的重要政治基础,进而拓展了反对

---

① Shehata, D., *Islamists and Secularists in Egypt: Opposition, Conflict and Cooperation*, p.85.

② Shehata, D., *Islamists and Secularists in Egypt: Opposition, Conflict and Cooperation*, p.132.

③⑤⑥ Shehata, D., *Islamists and Secularists in Egypt: Opposition, Conflict and Cooperation*, p.55.

④ Brown, N.J., *Between Religion and Politics*, p.25.

⑦ Zahid, M., *The Muslim Brotherhood and Egypt's Succession Crisis*, p.173.

派阵营挑战世俗官方阵营和角逐国家权力的政治空间，预示着埃及政治的未来走向。特定的政治环境促使教俗反对派开始尝试跨越党派界限和跨越意识形态界限的政治联合，而教俗反对派政治立场的趋同导致官方与反对派之间政治天平的倾斜。①

跨越教俗界限的广场政治

"埃及人争取变革运动"（卡菲叶）作为超越教俗界限和跨党派的松散政治群体，于2004年秋浮出水面，它并无官方认可的合法地位，支持者分别来自世俗反对派政党、穆斯林兄弟会和科普特派基督徒，大都属于政治舞台的新生代，旨在分享共同的政治理念，寻求政治共识，凝聚反对派阵营内部的世俗政党与伊斯兰主义者，实现诸多反对派在推动政治改革进程基础上的求同存异和广泛联合，反对穆巴拉克谋求连任和其子贾麦勒继任总统，解除紧急状态，结束民族民主党的权力垄断。②从新华夫托党分裂出来的未来党、从阿拉伯民主纳赛尔主义党分裂出来的尊严党、从穆斯林兄弟会分裂出来的中间道路党，构成"埃及人争取变革运动"。③"埃及人争取变革运动"的成立宣言声称，威权体制和外国统治是埃及和阿拉伯世界面临的最大挑战，推动民主化进程则是埃及和阿拉伯世界的首要任务，呼吁结束民族民主党的权力垄断，解除紧急状态，解除对于政党、媒体和民间社会组织的限制，要求总统任期不得超过两届和限制总统权力。④"埃及人争取变革运动"管理松散，没有指定的领导人和等级结构，而是划分为若干委员会，可自由加入任何委员会，包括35人的指导委员会负责日常事务。⑤

"埃及人争取变革运动"区别于反对派政党和穆斯林兄弟会致力于现行体制内的议会选举的温和做法，一改反对派呼吁和等待政府自上而下的政治改革的传统做法，强调以自下而上的政治运动取代官方赐予的民主，呼吁现行体制外的民众政治参与，热衷于街头政治的参与方式，同时借助包括卫星网络、报刊、互联网和微博诸多媒体形式，广泛传播政治信息。⑥"埃及人争取

① Salih, M.A.M., *Interpreting Islaic Political Parties*, p.153.

② Browers, M.L., *Political Ideology in the Arab World*, p.113.

③ Shehata, D., *Islamists and Secularists in Egypt: Opposition, Conflict and Cooperation*, p.104.

④ Shehata, D., *Islamists and Secularists in Egypt: Opposition, Conflict and Cooperation*, pp.100—101.

⑤ Shehata, D., *Islamists and Secularists in Egypt: Opposition, Conflict and Cooperation*, p.101.

⑥ Shehata, D., *Islamists and Secularists in Egypt: Opposition, Conflict and Cooperation*, p.102.

变革运动”的第一次会议，召开于前穆斯林兄弟会成员、中间道路党创建者阿布·阿拉·马赫迪的住所，参加者包括穆斯林兄弟会成员穆罕默德·阿卜杜勒·库都斯、伊萨姆·伊里延、阿卜杜勒·穆尼姆·福图赫、世俗反对派人士纳比勒·希拉里、易卜拉欣·萨哈里、穆罕默德·阿里姆、艾达·赛义德·达乌拉以及科普特派人权倡导者乔治·伊沙克，穆斯林兄弟会核心成员阿卜杜勒·穆尼姆·阿布·福图赫亦表示支持“埃及人争取变革运动”。①

“埃及人争取变革运动”效法印度的甘地，呼吁民众采取非暴力不合作的抗争方式。②卡菲叶于 2004 年 12 月举行第一次公开集会，大约 300 人聚集在开罗高等法院门前示威，高呼“卡菲叶”（阿拉伯语中意为“够了”）的口号，公开表达希望穆巴拉克总统下台和其子贾麦勒放弃继承总统职位的政治诉求，要求实行总统直接选举。③2005 年初，穆斯林兄弟会领导层决定动员下属组织加入“埃及人争取变革运动”发起的街头政治运动，标志着穆斯林兄弟会政治实践的明显变化。④

2005 年是总统选举和议会选举之年，大规模的民众抗议活动呈上升趋势，“埃及人争取变革运动”发起组织一系列未经政府允许的游行示威，参加者来自反对派的各个阵营。⑥ 2005 年 1 月，示威者走上开罗街头，占据大学校园和解放广场。4 月，14 个城市同时爆发大规模的民众示威集会。5 月，24 个城市同时爆发大规模的民众示威集会。⑦2006 年 1 月，“埃及人争取变革运动”召开大会，呼吁政府取消政党限制，承认穆斯林兄弟会的合法政党地位。⑧

“埃及人争取变革运动”的政治实践，一方面标志着教俗反对派政治立场的趋同，另一方面试图挑战官方划定的红线和突破选举政治的框架，首开广场政治的先河，预示着埃及政治发展的新方向。

穆巴拉克时代，所谓的民主化进程主要表现为多元化政党政治和常态化选举政治的初步实践，而其显著特征可谓“无参与的政党政治”和“无民主的选举政治”。议会缺乏制约政府的必要独立性，执政党民族民主党控制议会绝对多数的席位，加之合法世俗反动派政党受到官方的多重限制和缺乏必要

---

① Schlumberger, O., *Debating Arab Authoritarianism*, p.67.

②⑥ Browers, M.L., *Political Ideology in the Arab World*, p.114.

③ Schlumberger, O., *Debating Arab Authoritarianism*, p.66.

④ Schlumberger, O., *Debating Arab Authoritarianism*, p.68.

⑦ Arafat, A.D., *The Mubarak Leadership and Future of Democracy in Egypt*, p.158.

⑧ Browers, M.L., *Political Ideology in the Arab World*, p.117.

的民众基础，体制内的所谓多党制议会选举处于官方和政府的操纵和控制之下。2010年的议会选举结果表明，穆巴拉克和执政党无意放弃权力垄断，官方主导的议会选举亦无法提供打破民族民主党权力垄断和实现民众广泛参与的政治渠道，官方操纵的选举政治与民主化的政治诉求之间陷于难以克服的矛盾境地。多党制的选举政治尚且无法颠覆民族民主党作为执政党在埃及政治舞台长期占据的主导地位，不足以实现国家权力的更替和转移，反对派与执政党之间无法通过议会选举的方式实现政治权力的和平移交，缺乏民主的选举势必演变为抛弃选举的民主。

2011年初，埃及爆发了继1919年反抗英国殖民统治和争取民族独立运动之后最大规模的政治风波。从1919年的民族独立运动到2011年的民主化运动，标志着埃及现代化进程中政治层面的长足进步。2011年的政治风波，无疑是埃及政治民主化进程中诸多矛盾的总爆发，体现民众与专制之间的激烈冲突。另一方面，2011年初的政治风波与2010年底的议会选举两者之间具有内在的逻辑联系：官方操纵选举的特定政治环境，促使民众参与的政治诉求从选举政治转化为广场政治，进而形成声势浩大的民众政治运动，矛头直指总统穆巴拉克的独裁统治和执政党的权力垄断。埃及民众不再将实现政治参与的希望寄托于投票站和官方操纵的选举，广场政治成为各界民众表达政治诉求的有效方式。

2011年1月25日被埃及民众称作“愤怒日”。在首都开罗，数以万计的示威民众走上街头，涌向解放广场，要求穆巴拉克下台。解放广场汇集了争取民主的各派政治力量，俨然成为自由广场。此后数日，大规模的民众示威蔓延至全国各地。28日，开罗的26座清真寺和7座教堂成为民众聚集的场所，愤怒的民众从清真寺和教堂出发，再度涌入解放广场，焚烧穆巴拉克画像和执政党总部大楼，直至与警察和安全部队发生冲突。①29日，穆巴拉克总统宣布解散原有内阁，任命新总理，并首次任命副总统。②1月30日，由穆斯林兄弟会前议员穆罕默德·巴尔达吉、尊严党领导人哈姆丁·萨巴希、民族进步联盟党领导人阿卜杜勒·艾兹·哈里里、未来党领导人艾曼·努尔、社会劳动党领导人马吉迪·艾哈迈德·侯赛因、卡菲叶协调人阿卜杜勒·贾里勒·穆斯塔法和乔治·伊斯哈格以及宪法法院法官马哈茂德·胡戴里

---

① Filiu, J.P., *The Arab Revolution: Ten Lessons from the Democratic Upring*, London 2011, p.23.

② De Leon, J.C., *Tunisia and Egypt: Unrest and Recolution*, New York 2012, p.49.

和著名反对派人士穆罕默德·巴拉迪组成反对派委员会，名为争取变革全国协会，代表示威民众与政府对话，要求穆巴拉克辞去总统职位、解散议会、结束紧急状态、废除现行宪法，而穆斯林兄弟会明确宣布支持世俗反对派和争取变革全国协会的政治诉求。[①] 2 月 1 日，在开罗、亚历山大、苏伊士、曼苏拉、卢克索等城市，示威民众举行“百万人大游行”。同日，穆巴拉克发表电视讲话，表示不再谋求连任。[②]2 月 11 日，伴随着示威民众的愤怒呼声，统治埃及长达 30 年之久的穆巴拉克被迫交出总统权力。2 月 12 日，反对派发表第一号公报：1.结束紧急状态；2.释放政治犯；3.废除现行宪法及其修订案；4.解散议会两院和地方政府；5.组成五人临时总统委员会，包括一名军人和四名文官；6.组成过渡政府，直至九个月内通过大学产生新的政府；7.成立制宪委员会，制定宪法草案，三个月内提交全民公决；8.解除党禁，自由组建政党；9.新闻自由；10.结社自由；11.废除军事法庭。[③]

着火的民族民主党总部大楼

2011 年初历时 18 天之久的全国性抗议活动，声势浩大，动辄数以十万计的各阶层民众拥上街头，加入示威的队伍。开罗的解放广场汇集了争取民主的各派政治力量，“突尼斯是出路”取代“宪法是出路”和“伊斯兰是出路”的竞选口号，成为示威民众标志性的政治呼声。示威民众不仅搁置世俗与宗教的分歧，而且超越信仰的界限，从清真寺和教堂拥向解放广场。[④]民众的觉醒特别是教俗反对派的广泛联盟，瓦解了威权体制的政治基础。穆巴拉克的独

① De Leon, J.C., *Tunisia and Egypt*: *Unrest and Recolution*, p.51.

② De Leon, J.C., *Tunisia and Egypt*: *Unrest and Recolution*, p.53.

③ Filiu, J.P., *The Arab Revolution*: *Ten Lessons from the Democratic Upring*, p.161.

④ Filiu, J.P., *The Arab Revolution*: *Ten Lessons from the Democratic Upring*, p.23.

裁统治成为埃及社会的矛盾焦点和众矢之的，官方与民众之间的力量对比由于教俗各界的广泛政治联合而发生了根本性的改变，反对派阵营的政治力量空前壮大。自下而上的广场政治取代官方操纵的选举政治，成为实现权力更替和政治变革的必要环节。在近代以来的阿拉伯历史上，独裁统治者首次在民众愤怒的示威抗议中交出权力，埃及的政治发展由此掀开了崭新的一页。

2011 年政治风波期间的示威民众

2011 年埃及政治风波期间的政治讽刺画(一)

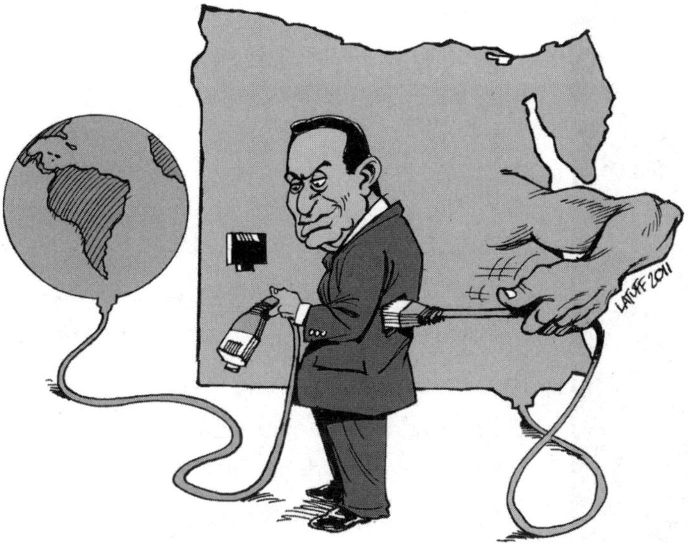

2011年埃及政治风波期间的政治讽刺画(二)

二、 伊朗伊斯兰共和国宗教政治与世俗政治的消长

伊斯兰共和国宪法

巴列维王朝的覆灭,导致伊朗整个国家机器处于瘫痪状态,政局混乱,经济濒临崩溃的边缘,诸多方面与宪政运动结束初期颇具相似之处。①霍梅尼于1979年2月自巴黎返回德黑兰后,指定巴扎尔甘出任总理,组建临时政府,负责恢复国家秩序,同时负责拟定新宪法草案。临时政府的成员主要来自“解放运动”和“民族阵线”两大世俗政治组织,其中“解放运动”的成员占据内阁席位的50%,“民族阵线”的成员占据内阁席位的33%。②巴扎尔甘领导的临时政府所拟定的新宪法草案具有世俗政治的浓厚色彩,坚持主权在民和三权分立的政治原则,强调民众选举构成国家权力的合法来源,赋予选举产生的总统以治理国家的广泛权力。根据新宪法草案,设立宪法监护委员会,包括5名教职人员和7名非教职人员,由议会选举产生,权力有限。③新宪法

① Keddie, N.R., *Modern Iran: Roots and Results of Revolution*, Yale 2003, p.244.

② Chehabi, H.E., *Iranian Politics and Religious Modernism*, p.255.

③ Schirazi, A., *The Constitution of Iran: Politics and the State in the Islamic Repoblic*, London 1997, p.22.

巴扎尔甘

草案既未提及实行最高宗教领袖制度，亦未赋予教法学家以直接治理国家的相应权力，在诸多方面与1906年宪法颇显雷同。①

1979年6月，霍梅尼授意成立立宪会议，重新制定伊斯兰共和国宪法。立宪会议由73人组成，其中包括宗教界的15位阿亚图拉和40位霍贾特伊斯兰。②阿亚图拉蒙塔泽里出任立宪会议主席，阿亚图拉贝赫什提出任副主席，负责主持立宪会议的制宪工作。霍梅尼要求立宪会议不得效仿西方或东方的宪法模式，必须制定百分之百的伊斯兰共和国宪法。③霍梅尼的支持者声称，所谓的三权分立纯属西方的政治概念；在伊斯兰的政治概念中，所有的权力具有共同的来源，最高宗教领袖应当监督伊斯兰政府的一切活动，遵循安拉的经典是最高宗教领袖的行为准则。④

1979年12月，伊朗举行伊斯兰共和国宪法的全民公决；约1 600万人参加投票，伊斯兰共和国宪法的支持率达到99.5%。⑤根据伊斯兰共和国宪法，伊朗采用共和政体，什叶派的十二伊玛目派是伊朗伊斯兰共和国的官方信仰，保留其他教法学派诸如逊尼派之哈奈菲派、沙菲仪派、马立克派、罕百里派以及什叶派之宰德派的合法地位，保护私有财产不受侵犯，公民享有宗教自由、新闻出版自由、组建和参加政党的自由、结社和集会的自由，保障妇女权利。

与巴扎尔甘领导的临时政府所拟定的宪法草案相比，伊斯兰共和国宪法具有宗教政治的浓厚色彩，强调最高宗教领袖制度的基本框架，明确规定最高宗教领袖作为隐遁伊玛目的代表行使治理国家的最高权力，具有超过1906年宪法赋予国王的绝对地位；最高宗教领袖作为至高无上的宗教领袖，无任期限制，统率武装力量，主持国家安全会议，有权罢免总统和解散议会，向内阁和地方政府、军方和安全机构、革命组织和基金会派出自己的代表。⑥

---

① Downes, M., *Iran's Unresolved Revolution*, p.120.

② Keddie, N.R., *Modern Iran: Roots and Results of Revolution*, p.247.

③ Moslem, M., *Factional Politics in Post-Khomeini Iran*, p.27.

④ Milani, M.M., *The Making of Iran's Islamic Revolution*, p.157.

⑤ Daniel, E.L., *The History of Iran*, London 2001, p.193.

⑥ Arjomand, S.A., *After Khomeini: Iran Under His Successors*, Oxford 2009, p.42.

司法机构、宪法监护委员会、武装部队、安全机构、国营媒体隶属于最高宗教领袖，诸多基金会亦处于最高宗教领袖的控制之下。

根据伊斯兰共和国宪法，成立宪法监护委员会，由12人组成，其中6人由最高宗教领袖任命，另外6人由司法总监提名并经议会批准，任期6年，每3年改选一次，而司法总监由最高宗教领袖任命。宪法监护委员会仿佛是议会上院，负责监督议会立法，批准和否决议会通过的法案，确保议会通过的法案符合宪法和伊斯兰教法，议会通过的法案必须得到宪法监护委员会的批准方可生效。宪法监护委员会的权力，还包括监督选举程序、审查总统和议会候选人以及专家会议候选人的竞选资格。1999年修改后的选举法明确规定，宪法监护委员会有权中止选举程序、否决选举结果和建议司法机构起诉参选人。[①]根据伊斯兰共和国宪法成立的另一重要国家权力机构是专家会议，专家会议包括86名资深欧莱玛，负责选举和罢免最高宗教领袖并有权监督最高宗教领袖的行为，专家会议总部设在库姆，每年在德黑兰和马什哈德各举行一次会议，专家会议成员由选民按照各省人口数量比例选举产生，任期8年，候选人均来自教界且必须通过宪法监护委员会的资格审查，后者有权剥夺专家会议候选人的竞选资格。[②]伊斯兰共和国议会实行一院制，设270个席位，议会每4年选举产生，实行非政党制的议会选举，议会候选人必须通过宪法监护委员会的资格审查，议会通过的法案必须交由宪法监护委员会批准方可生效。[③]总统是名义上的国家元首，总理和内阁人选由议会确定，总理作为政府首脑对最高宗教领袖、议会和宪法监护委员会负责。伊斯兰共和国宪法规定，司法总监由最高宗教领袖任命，主持最高司法委员会；最高司法委员会由什叶派欧莱玛组成，作为国家最高司法机构，负责向议会提交法律议案、执行伊斯兰教法和任免法官。[④]

1906年宪政运动是伊朗历史上首次现代意义的大规模政治运动，1906年宪法引入世俗主义和政治参与的理念，确立了包括司法独立、议会选举、内阁政府、立宪君主诸多现代政治原则。1906年宪法规定，国王必须尊重民众的意志和遵守宪法以及在议会接受政府的就职宣誓。相比之下，1979年颁布的伊斯兰共和国宪法规定国家权力包括宗教与世俗的二元体系。伊斯兰

---

① Moaddel, M., *Class, Politics, and Ideology in the Iranian Revolution*, p.210.

② Tazmini, G., *Khatami'Iran: The Islamic Republic and the Turbulent Path to Reform*, London 2009, p.101.

③ Tazmini, G., *Khatami'Iran: The Islamic Republic and the Turbulent Path to Reform*, p.102.

④ Schirazi, A., *The Constitution of Iran: Politics and the State in the Islamic Repoblic*, p.13.

霍梅尼与其子孙

霍梅尼和孩童

共和国宪法规定，什叶派欧莱玛具有特殊的政治地位，沙里亚构成一切法律的最高准则。伊斯兰共和国宪法赋予最高宗教领袖以凌驾于民众意志以及宪法和议会之上的绝对地位，而以最高宗教领袖至上的政治原则取代主权在民的政治原则集中体现了什叶派特有的非民众性的政治理念和历史传统。最高宗教领袖制度的建立标志着现代宗教政治在伊朗社会的广泛实践，霍梅尼所阐述的什叶派现代伊斯兰主义亦随之由巴列维时代的民间思想转化为伊斯兰共和国的官方理论。

伊斯兰共和国初期，教俗二元的权力天平明显向宗教阵营一方倾斜，总统只是具有名义上的权力，总理领导的内阁政府对议会负责，而议会处于宪法监护委员会的控制之下。1979—1981 年，伊朗国内的政治局势颇显动荡，历经 3 次总统选举，先后有 5 人出任内阁总理。1981—1989 年，伊朗国内的政治局势渐趋稳定，哈梅内伊长期出任总统，拉夫桑贾尼长期出任议会议长，穆萨维长期出任内阁总理。①霍梅

① Menashri, D., *Post-Revolutionary Politics in Iran: Religion, Society and Power*, London 2001, p.47.

尼生前，巴尼萨德尔、雷扎伊和哈梅内伊三任总统均形同虚设，最高宗教领袖处于绝对的权威地位。[①]

两伊战争期间身着戎装的哈梅内伊

1989 年 4 月，霍梅尼针对新的政治局势和社会环境，在弥留之际授意组建包括 25 人在内的宪法修改委员会，委托哈梅内伊主持修订 1979 年颁布的伊斯兰共和国宪法。[②]1989 年 6 月霍梅尼去世后，专家委员会以 60 票对 14 票选举哈梅内伊继任最高宗教领袖。同年 7 月，修订后的宪法以 97%的压倒性多数通过全民公决。[③]

1989 年修订的宪法，在沿袭 1979 年伊斯兰共和国宪法确定的基本原则即最高宗教领袖制与共和制二元体制的同时，降低出任最高宗教领袖的条件限制，明确规定最高宗教领袖的权力范围，同时取消内阁总理职位，实行总统制，强化总统的行政权力和议会的独立地位，强调最高宗教领袖与总统的权力分享。[④]

根据 1989 年修订的宪法，总统作为民选最高世俗行政首脑，任期 4 年，有权任命副总统和内阁成员，主持内阁会议、计划与预算委员会、伊斯兰文化革命最高会议，负责经济社会事务，却无权干预政治和决定外交政策。[⑤]议会可以通过三分之二多数票解除总统和内阁成员职务。[⑥]国家安全会议改由总统主持，成员包括国防部长、内务部长、伊斯兰革命卫队将领和其他安全机构首脑，却无权统率武装力量和安全部队；哈桑·鲁哈尼和阿里·拉里贾尼曾

① Esposito, J.L. and Ramzani, R.K., *Iran at the Crossroads*, New York 2001, pp.46—47.

② Roy, O., *The Failure of Political Islam*, London 1994, p.177.

③ Esposito, J.L. and Ramzani, R.K., *Iran at the Crossroads*, p.32.

④ Ehteshami, A., *After Khomeini: The Iranian Second Republic*, p.35.

⑤ Ehteshami, A., *After Khomeini: The Iranian Second Republic*, p.47, p.49, p.51.

⑥ Tazmini, G., *Khatami'Iran: the Islamic Republic and the Turbulent Path to Reform*, pp.99—100.

经先后出任国家安全会议秘书，负责伊朗核谈判。[①]拉夫桑贾尼建议授予总统以武装部队最高统帅的权力，遭到宪法修改委员会的否决。[②]

确定国家利益委员会作为选举政治框架外的重要国家权力机构，于1988年由霍梅尼创建，旨在削弱保守派控制的宪法监护委员会制约议会的权力。[③]根据1989年修订的伊斯兰共和国宪法，正式设立确定国家利益委员会；确定国家利益委员会由总统主持，委员会成员由最高宗教领袖任命，其中包括宪法监护委员会的6名来自教界的阿亚图拉，任期5年，负责裁决议会与宪法监护委员会的立法争执，向最高宗教领袖提出关于国家基本政策的建议。[④]哈梅内伊时期，确定国家利益委员会的权限逐渐扩大，不仅负责仲裁议会与宪法监护委员会的分歧，而且行使立法权。如：1991年12月颁布法律，成立法官纪律法庭；1992年11月颁布关于诉讼期间赡养费的法律；1995年4月颁布法律，允许女性出任法官；1994年7月颁布法律，成立军事法庭；1995年7月颁布惩罚走私和非法外汇交易的法律。确定国家利益委员会曾经提出关于私有化经济政策的建议，就宪法第44款做出激进的解释，将所有制划分为私人所有制、股份制和国有制三种类型，除石油和天然气工业外，政府逐渐将80%的国有制企业转化为私人所有制，2005年得到最高宗教领袖的批准，交由政府实施。相比之下，90年代议会曾经否决时任总统拉夫桑贾尼的私有化政策。[⑤]1997年，哈梅内伊任命确定国家利益委员会27名成员；根据专家会议的建议，哈梅内伊改变以往由总统出任主席的惯例，任命前总统拉夫桑贾尼出任主席，旨在削弱现任总统的权力。[⑥]2000年大选后，确定国家利益委员会的立法权亦面临改革派的挑战。2001年起，确定国家利益委员会开始遏制改革派主导的议会。2001年2月，宪法监护委员会否决议会通过的财政预算，得到确定国家利益委员会的支持。[⑦]2002年5月，就改革派报纸刊文抨击确定国家利益委员会违宪行为，确定国家利益委员会做出回应，援引1989年宪法第110款关于确定国家利益委员会的职责是解决无

---

① Crane, K., Lal, R. & Martini, J., *Iran's Political, Demographic and Economic Vulnerabilities*, Pittsburgh 2008, pp.14—15.

② Esposito, J.L. and Ramzani, R.K., *Iran at the Crossroads*, p.47.

③ Crane, K., Lal, R. & Martini, J., *Iran's Political, Demographic and Economic Vulnerabilities*, p.12.

④ Arjomand, S.A., *After Khomeini: Iran Under His Successors*, p.38.

⑤ Arjomand, S.A., *After Khomeini: Iran Under His Successors*, p.46.

⑥ Arjomand, S.A., *After Khomeini: Iran Under His Successors*, p.92.

⑦ Arjomand, S.A., *After Khomeini: Iran Under His Successors*, p.101.

法通过常规渠道解决的重大问题，重申其权力并不仅限于仲裁议会与宪法监护委员会的分歧。①

教法学家的统治

根据 1989 年修订的伊斯兰共和国宪法，最高宗教领袖的权力包括统率武装力量、宣布战争与缔结和约、任命司法总监、掌管安全机构以及国家电视与广播系统。然而，最高宗教领袖不得超越宪法的框架行使其他的权力。根据 1979 年伊斯兰共和国宪法，最高宗教领袖无任期限制，拉夫桑贾尼曾经于 1989 年建议规定最高宗教领袖任期 10 年，遭到宪法修改委员会的否决。②不仅如此，根据修订后的宪法第 177 款规定，修改宪法的程序是，在交由全民公决之前，必须通过最高宗教领袖的批准，而总统的就职必须得到最高宗教领袖的认可，由最高宗教领袖主持总统就职典礼。③

什叶派特有的宗教传统是追随所谓"效法渊源"(marja)，由此形成什叶派之独立于国家的等级体系以及诸多阿亚图拉之独立于官方的宗教政治影响力。1979 年伊斯兰共和国宪法规定，最高宗教领袖应当产生于什叶派穆斯林的所谓"效法渊源"。然而，霍梅尼时代，具有所谓"效法渊源"的宗教权威为数甚少，且与霍梅尼的宗教政治主张存在分歧。因此，霍梅尼在弥留之际指定专家会议修改宪法，删除关于出任最高宗教领袖的上述限制，使得并不具有相应宗教权威的哈梅内伊顺利继任最高宗教领袖。④

霍梅尼生前被什叶派穆斯林尊称为伊玛目，而哈梅内伊继任最高宗教领袖后，并无伊玛目的头衔。90 年代初，最具影响力的三位"效法渊源"阿布·噶西姆·霍伊、穆罕默德·里萨·格尔帕伊加尼和穆罕默德·阿里·阿拉基相继去世。⑤1994 年底，官方推举哈梅内伊作为什叶派穆斯林"效法渊源"，并尊称哈梅内伊作为什叶派伊玛目，引发宗教界的强烈反对。许多欧莱玛认为，政府出于政治动机，干预"效法渊源"的选举，违背伊斯兰教原则，亦与什叶派传统惯例不符。⑥1997 年哈塔米当选总统后，伊玛目哈梅内伊的称谓逐

① Arjomand, S.A., *After Khomeini: Iran Under His Successors*, pp.103—104.

② Esposito, J.L. and Ramzani, R.K., *Iran at the Crossroads*, p.47.

③ Esposito, J.L. and Ramzani, R.K., *Iran at the Crossroads*, p.48.

④ Nader, A., *The Next Supreme Leader: Succession in the Islamic Republic of Iran*, Pittsburgh 2011, pp.17—18.

⑤ Menashri, D., *Post-Revolutionary Politics in Iran: Religion, Society and Power*, p.19.

⑥ Menashri, D., *Post-Revolutionary Politics in Iran: Religion, Society and Power*, p.20.

渐淡去。①

霍梅尼作为最高宗教领袖行使绝对的最高权力，然而霍梅尼的兴趣并不在管理国家的具体事务上，而是在规定国家的意识形态上。霍梅尼最初与其他革命领导人维持非正式的和个人间的联系，在提出建议时并未遵循决策的程序，只是阐述相关规则而后交由国家机构办理。②相比之下，哈梅内伊并不具有作为克里斯玛式人物的特殊影响，亦不具备霍梅尼所享有的不可替代的绝对地位。哈梅内伊缺乏霍梅尼的个人魅力和宗教地位，而且长期在政府任职，关注国家事务的管理，深谙官场规则。③ 1989 年霍梅尼去世后，"伊朗不再处于教法学家的绝对统治之下，亦不再处于教条思想的绝对控制之下。随着时间的流逝，最高宗教领袖制度似乎在一些方面做出相应的调整，亦面临着来自公众的挑战"。④

尽管如此，哈梅内伊继任最高宗教领袖后，充分利用修改后的宪法条款，强化自身的权力，削弱民选机构的权力，限制总统的政治权力和施政空间，逐渐确立了其在伊斯兰共和国的最高权威。最高宗教领袖为首的教法学家控制包括专家会议、宪法监护委员会、确定国家利益委员会、司法机构在内的诸多重要权力部门以及安全机构和武装力量，在国家生活的诸多领域具有根深蒂固的势力和广泛的影响。哈梅内伊向内阁和地方政府、军方和安全机构、革命组织和基金会派出自己的代表，逐渐将权力集中于最高宗教领袖手中，同时提高最高宗教领袖的权力效率。⑤

1979 年 5 月，霍梅尼创建伊斯兰革命卫队，作为独立于国防军的武装力量，旨在捍卫伊斯兰革命的成果。霍梅尼还于 1979 年 11 月创建伊斯兰民兵组织作为准军事力量，负责保卫伊斯兰共和国，反对美国以及国内敌对势力。⑥与此同时，原有的国防军遭到清洗，实力大减。两伊战争期间，伊斯兰革命卫队和伊斯兰民兵组织发挥了重要的作用。两伊战争末期，伊斯兰革命卫队达到 12 万人，辖陆海空三军，伊斯兰民兵组织超过 20 万人。⑦伊斯兰革命卫队具有浓厚的政治色彩和雄厚的经济实力，是最高宗教领袖控制国家和反对国内敌对势力的政治工具，其将领活跃于政治舞台，出任政府要职、竞选

---

① Gheissari, A., *Contemporary Iran: Economy, Society, Politics*, Oxford 2009, p.249.

②③⑤ Gheissari, A., *Democracy in Iran: History and the Question for Liberty*, p.110.

④ Menashri, D., *Post-revolutionary Politics in Iran: Religion, Society and Power*, p.165.

⑥ Tazmini, G., *Khatami'Iran: the Islamic Republic and the Turbulent Path to Reform*, p.31.

⑦ Arjomand, S.A., *After Khomeini: Iran Under His Successors*, Oxford 2009, p.59.

议员。两伊战争结束后，拉夫桑贾尼政府大幅削减军费开支。1989 年，拉夫桑贾尼在伊斯兰革命卫队中引入国防军的军阶和军服，试图淡化伊斯兰革命卫队与国防军之间的界限。①1992 年，拉夫桑贾尼政府动议将伊斯兰革命卫队并入国防军进而隶属国防部，遭到最高宗教领袖的阻止，此后伊斯兰革命卫队势力不断强化。②哈梅内伊向伊斯兰革命卫队增加经费，改善伊斯兰革命卫队武器装备，提高革命卫队薪水和住房标准，强化伊斯兰革命卫队与最高宗教领袖之间的隶属关系。③最高宗教领袖要求伊斯兰革命卫队和伊斯兰民兵组织以保卫伊斯兰革命作为政治使命，1992 年 11 月授权伊斯兰民兵组织在大学校园建立真主党，以达到扬善惩恶的目的。④1998 年，叶海亚·拉希姆·萨法维取代穆赫森·雷扎伊出任伊斯兰革命卫队司令，伊斯兰革命卫队的政治影响力进一步提升。⑤ 2004 年议会选举，伊斯兰革命卫队成员赢得

叶海亚·拉希姆·萨法维 1987 年视察马什哈德(前左二)

① Arjomand, S.A., *After Khomeini: Iran Under His Successors*, Oxford 2009, p.59.

② Arjomand, S.A., *After Khomeini: Iran Under His Successors*, p.59.

③⑤ Gheissari, A., *Democracy in Iran: History and the Question for Liberty*, p.136.

④ Arjomand, S.A., *After Khomeini: Iran Under His Successors*, pp.59—60.

30%的议会席位，政治影响力急剧膨胀。[①]2005 年，伊斯兰革命卫队前司令卡利巴夫一度参与总统竞选。[②]

伊斯兰革命后，所有银行和大型工业企业以及巴列维国王及其支持者的私人资产被没收，成为伊斯兰革命的战利品，霍梅尼禁止政府接收，而是划归 6 个独立的基金会，其中最大的基金会是“被剥夺者基金会”，负责接管革命前的巴列维基金会全部财产，1982 年拥有 1 049 家工业企业和 2 786 家房地产公司，资产超过百亿美元，下属企业雇佣工人 40 万。“伊玛目里萨基金会”始建于 1979 年，在宗教圣城马什哈德拥有全部耕地的90%。[③]1994 年，诸多基金会控制伊朗 40%的非石油经济，经营范围覆盖金融、房地产、建筑、制造业、零售业和基础设施领域的诸多行业，政府财政预算的 58%投向基金会。基金会不对政府负责，而是处于最高宗教领袖的控制之下，接受宗教捐赠，负责社会救济和宗教事业，属于非营利性机构，享有免税权。[④]诸多基金会作为伊斯兰革命的既得利益者，具有广泛的政治影响，俨然是保守派控制下的国中之国。

哈梅内伊在不断强化最高宗教领袖权力的同时，逐渐限制和压缩民选总统的施政空间。拉夫桑贾尼在霍梅尼生前曾经与哈梅内伊长期保持良好的合作关系，当选总统后两人之间的分歧逐渐显现。伊斯兰共和国首任总统巴尼萨德尔说：“我们考虑的是如何增加生产，而霍梅尼考虑的是如何提升信仰”。无独有偶，拉夫桑贾尼当选总统后，强调经济发展的优先地位，而哈梅内伊却强调捍卫宗教的优先地位，表示如果只是迷恋于经济增长而忽略道德提升，伊斯兰革命所取得的所有成就都会变得毫无意义。[⑤]1996 年 9 月，副总统穆哈杰拉尼呼吁确定国家利益委员会修改宪法第 114 款，以便拉夫桑贾尼第三次参与总统竞选，遭到哈梅内伊的否决。随后，哈梅内伊支持努里竞选总统，拉夫桑贾尼转而支持哈塔米竞选总统直至后者最终胜出。[⑥]哈塔米总统任期内，哈梅内伊扩大对于司法机构的控制，强化新闻管制，指派伊斯兰革命卫队将领掌管内务部和国内安全，负责 2008 年议会选举。[⑦]2005 年，哈梅

---

① Gheissari, A., *Democracy in Iran: History and the Question for Liberty*, p.137.
② Crane, K., Lal, R. & Martini, J., *Iran's Political, Demographic and Economic Vulnerabilities*, pp.13—14.
③ Crane, K., Lal, R. & Martini, J., *Iran's Political, Demographic and Economic Vulnerabilities*, p.16.
④ Arjomand, S.A., *After Khomeini: Iran Under His Successors*, p.61.
⑤ Skelly, J.M., *Political Islam from Muhammad to Ahmadinejad*, Oxford 2010, pp.169—170.
⑥ Arjomand, S.A., *After Khomeini: Iran Under His Successors*, pp.64—65.
⑦ Arjomand, S.A., *After Khomeini: Iran Under His Successors*, p.181.

内伊给予确定国家利益委员会监督所有国家机构的权力，旨在制约新任总统艾哈迈迪内贾德的权力。[①]艾哈迈迪内贾德于2009年成功连任总统后，与哈梅内伊之间的分歧日渐加深。艾哈迈迪内贾德提名曾经与哈梅内伊观点相左的前副总统玛沙伊出任第一副总统，哈梅内伊则宣布解除玛沙伊的副总统职务。[②]2009年底，艾哈迈迪内贾德拒绝哈梅内伊邀请出席确定国家利益委员会召开的会议，此前历任总统，包括拉夫桑贾尼和哈塔米在内，均无拒绝最高宗教领袖的举动，表明其与哈梅内伊之间的进一步裂痕。[③]

霍梅尼时期的伊斯兰化

霍梅尼于1979年2月自巴黎返回德黑兰后，授意组建伊斯兰革命议会、伊斯兰革命法庭、伊斯兰革命卫队和“被剥夺者基金会”，独立于巴扎尔甘领导的临时政府。“1979年2月到11月，激进组织成员在临时政府的管辖范围之外创造了国中之国。在这个国中之国，霍梅尼成为无可争议的领袖和精神的源泉，伊斯兰共和党成为议会和智囊，考米泰成为地方警察，帕斯宰赫兰成为武装力量，革命法庭成为审判机构，被剥夺者基金会成为财源。”[④]伊斯兰革命议会的成员包括世俗政治家巴尼萨德尔、巴扎尔甘、叶兹迪、库特卜扎迪以及教界人士贝赫什提、穆塔赫里、拉夫桑贾尼、哈梅内伊、巴赫纳尔，负责协调各派政治势力和监督临时政府。[⑤]萨迪克·哈勒哈里主持的伊斯兰革命法庭，执行伊斯兰教法，是现代伊斯兰主义者清洗政治异己的重要机构，革命后初期曾经处死包括首相胡韦达在内的数以百计的前政权高官，数千人被革命法庭关押或流放。伊斯兰革命期间，伊朗各地出现许多民众自发建立的政治组织，即伊斯兰革命委员会，亦称考米泰。考米泰komiteh源于法语comite，始建于1978年底，最初系自治性的下层民众组织。[⑥]巴扎尔甘曾说：“考米泰无处不在，没有人知道考米泰的数目，即使伊玛目亦不清楚。”[⑦]巴列维王朝覆灭以后，各地的考米泰被霍梅尼委派的阿亚图拉麦赫达维·卡尼接管，负责控制各地的政治局势。在德黑兰和其他诸多主要城市，追随霍梅尼的教界

① Crane, K., Lal, R. & Martini, J., *Iran's Political, Demographic and Economic Vulnerabilities*, p.12.
② Miner, M., *The Coming Revolution: An Improbable Possibility*, Saarbrucken 2011, p.82.
③ Miner, M., *The Coming Revolution: An Improbable Possibility*, p.84.
④ Milani, M.M., *The Making of Iran's Islamic Revolution*, p.151.
⑤ Parsa, M., *Social Origins of Iranian Revolution*, p.252.
⑥ Keddie, N.R., *Modern Iran: Roots and Results of Revolution*, pp.244—246.
⑦ Arjomand, S.A., *The Turban for the Crown: the Islamic Revolution in Iran*, p.135.

人士领导的考米泰，依靠巴扎商人、传统工匠、知识分子和城市贫民的支持，行使政府的职能，成为现代伊斯兰主义者角逐权力和控制局势的政治工具。伊斯兰革命卫队称作帕斯宰赫兰，是现代伊斯兰主义的军事组织，成员招募于下层民众，1979 年 9 月时规模超过 1 万人。“被剥夺者基金会”创建于 1979 年 3 月，隶属于最高宗教领袖和伊斯兰革命议会，负责接管巴列维基金会，控制革命期间政府没收的财产，拥有数以百计的公司和企业，为现代伊斯兰主义运动提供了雄厚的财力支持。伊斯兰革命议会、伊斯兰革命法庭、伊斯兰革命委员会、伊斯兰革命卫队和“被剥夺者基金会”，借助宗教形式倡导激进的社会倾向，成为什叶派现代伊斯兰主义动员和争取下层民众进而控制国家权力的重要机构，亦为霍梅尼时期推行伊斯兰化举措提供了强有力的组织保障。

1979—1989 年，霍梅尼无疑是伊朗政治舞台的核心人物，此间可称霍梅尼时期。霍梅尼时期，伊斯兰化可谓伊朗社会的突出现象。恢复伊斯兰教法与强化伊斯兰教的意识形态，成为霍梅尼时期伊斯兰化的基本举措。最高宗教领袖政府推行的伊斯兰化举措，旨在否定巴列维王朝时期的世俗化倾向，进而排斥巴列维王朝君主独裁的政治传统，构成伊斯兰革命的逻辑延伸。

霍梅尼时期伊斯兰化的最直接的体现，是关于妇女服饰和婚姻的严格规定。女性披戴面纱的传统法律于 1936 年被官方废止。然而，1941 年礼萨汗退位后，女性逐渐恢复传统服饰。伊斯兰革命前夕，伊朗街头的女性服饰各异。①1967 年和 1975 年颁布的家庭保护法，首次给予女性起诉离婚的权利和享有子女监护权，男性作为丈夫的权利受到限制，女性结婚的年龄从 13 岁提高到 15 岁，继而提高到 18 岁，男性多妻制的权利处于法庭的约束之下。②伊斯兰革命后，家庭保护法被搁置执行，女性结婚年龄恢复到伊斯兰教法规定的 9 岁。1981 年，议会颁布法律，要求所有妇女必须身着伊斯兰服饰，同时批准实施传统的惩罚法，恢复鞭挞、石刑和血金赔偿，禁止女性出任法官，实行男女的性别隔离。上述伊斯兰化的法律规定，导致女性的公共空间明显缩小。③伊斯兰化的相关举措，还包括禁止饮酒、限制西方的音乐和电影、实行男女的性别隔离。1982 年，最高司法委员会宣布，废除自 1907 年以来实行的不符合伊斯兰教法的所有法律，伊斯兰教的沙里亚和阿亚图拉颁布的宗教

---

①② Esposito, J.L. and Ramzani, R.K., *Iran at the Crossroads*, p.78.

③ Esposito, J.L. and Ramzani, R.K., *Iran at the Crossroads*, p.80.

法令构成法官审理案件的唯一依据。伊斯兰革命前把持司法机构的世俗法官被什叶派欧莱玛取代，伊斯兰教的经学院取代德黑兰大学法律系成为培训法官和律师的主要机构，伊斯兰法庭设立民事法庭和军事法庭负责审理反对伊斯兰革命的民事案件和军人案件。①伊斯兰化的教育政策，表现为各级各类学校建立伊斯兰学生组织，支持政府的伊斯兰化政策，教科书按照伊斯兰教的思想进行修订。伊斯兰化的外交政策，表现为伊斯兰革命的输出和在境外从黎巴嫩到波斯湾诸国和巴基斯坦建立什叶派伊斯兰革命党，旨在扩大伊朗伊斯兰共和国的国际影响，进而遏制伊拉克的萨达姆政权。②

巴列维王朝覆灭后，巴扎尔甘领导的临时政府实行温和的经济政策，保护私人财产所有权，反对扩大国有化的范围和政府的经济干预，强调私人经济的主导地位。上述经济政策显然与当时的激进政治环境不符。进入 80 年代，伊斯兰化的经济政策逐渐取代温和的经济政策，成为激进政治环境的逻辑结果。土地改革、国有化运动和政府干预的扩大构成霍梅尼时期伊斯兰化经济政策的主要内容，民粹主义和政府干预则是伊斯兰化经济举措的宗旨所在。

1979—1986 年，最高宗教领袖政府八次颁布土地改革法令，将伊斯兰革命期间没收的土地和无人耕种的荒地以及部分大地主的土地有偿分配给缺乏土地的贫困农民耕种。至 1985 年底，实际转让土地 68 万公顷，其中包括荒地 47 万公顷、新政权没收土地 5 万公顷和大地主的土地 16 万公顷，近 9 万户农民获得土地。根据 1986 年第八次颁布的土地改革法令，涉及耕地共计 80 万公顷，约占全国耕地 1 300 万公顷的 6%，获得土地的农民约 12 万户，而全国共有农民 450 万户。③此间，地权差异呈逐渐缩小的趋势。据统计，1975—1983 年，耕地面积不足 1 公顷的贫困农户从 73 万户上升为 86 万户，在农户总数中所占的比例从 30%上升为 34%，占有土地总面积从 26 万公顷上升为 31 万公顷，在全部耕地中所占的比例从 1.6%上升为 2.3%；耕地面积 1—10 公顷的中等农户从 129 万户上升为 144 万户，在农户总数中所占的比例从 52%上升为 54%，占有土地总面积从 513 万公顷上升为 555 万公顷，在全部耕地中所占的比例从 31%上升为 41%；耕地面积 10—50 公顷的

① Milani, M.M., *The Making of Iran's Islamic Revolution*, p.200.

② Keddie, N.R., *Modern Iran: Roots and Results of Revolution*, pp.257—258.

③ Rahnema, S., *Iran after the Revolution: Crisis of an Islamic State*, p.101.

富裕农户从43万户下降为34万户，在农户总数中所占的比例从17%下降为13%，占有土地总面积从750万公顷下降为569万公顷，在全部耕地中所占的比例从46%下降为44%；耕地面积超过50公顷的大地产从2.6万户下降为1.5万户，在农户总数中所占的比例从1.1%下降为0.6%，占有土地总面积从353万公顷下降为82万公顷，在全部耕地中所占的比例从21%下降为13%。[①]另据资料统计，1988年，拥有土地不足2公顷的农户超过农户总数的40%，拥有土地2—5公顷的农户占农户总数的25%，拥有土地5—10公顷的农户占农户总数的17%，拥有土地10—20公顷的农户占农户总数的11%，拥有土地超过20公顷的农户占农户总数的6%。地权的分散和小农经济的广泛存在，构成伊斯兰共和国时期伊朗乡村农业的突出现象。[②]自80年代中期开始，最高宗教领袖政府着力推广合作化的农业发展政策。至1998年，伊朗共有农业合作社635个，拥有耕地180万公顷，包括来自2 160个自然村和13.2万农户。[③]

1979年颁布的伊斯兰共和国宪法，明确规定国家控制矿山、水利、电力、铁路、航空、金融、外贸和大型骨干企业。经济实体的国有化和政府广泛的经济干预，成为霍梅尼时期伊朗经济生活的突出现象。1979—1982年，37家私人银行和10家私人保险公司被收归国有。[④]1982年，"被剥夺者基金会"从伊斯兰革命法庭接收203个矿山和企业、472家贸易公司、101家建筑公司、238家商业机构和2 786处地产；政府直接控制的非石油领域工业企业，占工业企业总数的14%，占工业劳动力总数的68%，占工业生产总值的71%。相比之下，1976年巴列维政府直接控制的工业企业仅占全部工业企业的3.5%。[⑤]1983年，政府制订国民经济发展计划，主要内容包括实现主要工业部门和金融领域的国有化，控制物价和严格管理进出口贸易，强调经济自给和消除失业现象以及向民众提供基本的社会福利保障。物资供应的配给制、生活必需品的价格补贴和没收财产的重新分配，成为伊斯兰化经济政策的重要内容和最高宗教领袖政府争取下层民众支持的重要举措。国有化政策的实

① Schirazi, A., *Islamic Development Policy: The Agrarian Question in Iran*, p.253.

② Hooglund, E., *Twenty Years of Islamic Revolution: Political and Social Transition in Iran since 1979*, New York 2002, pp.110—111.

③ Hooglund, E., *Twenty Years of Islamic Revolution: Political and Social Transition in Iran since 1979*, pp.110—111.

④ Niblock, T. & Murphy, E., *Economic and Political Liberalization in the Middle East*, p.221.

⑤ Rahnema, S., *Iran after the Revolution: Crisis of an Islamic State*, p.105, p.101.

施,导致政府雇员和国有企业人数的明显上升趋势。1976—1986年,政府雇员数量增长超过100%。1986年,国有企业工人约占工人总数的三分之一。①

"在乡村人均收入不及城市人均收入二分之一的社会,在10%的富人拥有40%的财富而10%的贫困人口仅仅拥有1%的财富的社会,在富人炫耀财富而令穷人极度反感的社会,伊斯兰教倡导的公正经济原则在民众中产生着极大的吸引力。"②霍梅尼时期推行的伊斯兰化经济政策,具有民粹主义的浓厚色彩,旨在扶贫抑富、遏制贫富分化、保障下层民众的物质利益和实现社会平等。伊斯兰共和国宪法规定:伊朗革命的目的在于解放被压迫者和被剥夺者,财富的集中和利润的极度追求应当受到谴责。霍梅尼宣布:资本家之资本和财富的过度膨胀不应成为合法的现象,法庭应当没收那些损害全体穆斯林福利的个人财产。③伊斯兰革命后的十年间,由于政府关注弱势群体和乡村地区,贫富分化得到遏制。据官方统计,基尼系数从1979年的0.512下降为1989年的0.437。另据统计,1979—1989年,40%的低收入人口占有总收入的比例从12%上升为14%,40%的中等收入人口占有总收入的比例从30%上升为37.4%,20%的高收入人口占有总收入的比例从58%下降为48.5%。④

伊斯兰共和国初创阶段之政治理念的分歧

伊斯兰革命无疑标志着伊朗现代政治进程的重大转折,教俗合一的最高宗教领袖制成为伊斯兰共和国政治体制的基础和核心。然而,伊朗伊斯兰革命的参与者并非浑然一体,而是包含教俗各界的诸多社会阶层。霍梅尼阐述的什叶派现代伊斯兰主义固然是伊斯兰革命的指导思想和理论武器,巴扎尔甘领导的"解放运动"和桑贾比领导的"民族阵线"以及阿亚图拉穆塔哈里和阿亚图拉沙里亚特玛达里代表的传统教界亦是伊斯兰革命期间举足轻重的政治力量。教俗各界的广泛联合无疑是伊斯兰革命得以成功的根本条件,反对巴列维国王独裁专制的共同政治目标构成教俗各界实现广泛联合的政治基础。一旦巴列维王朝覆灭,教俗各界广泛联合的政治基础不复存在,反对

① Alizadeh, P., *The Economy of Iran: The Dilemmas of an Islamic State*, p.126.

②③ Alizadeh, P., *The Economy of Iran: The Dilemmas of an Islamic State*, p.102.

④ Alsaif, T., *Islamic Democracy and Its Limite: The Iranian Experience Since 1979*, London 2007, p.68.

巴列维王朝的诸多政治派别随之分道扬镳。与此同时,巴列维王朝覆灭后出现的权力真空直接导致诸多政治派别的激烈角逐,教俗各界围绕着是否采取最高宗教领袖制度形成明显的意见分歧。

1979年制宪期间,以贝赫什提和哈梅内伊为代表的霍梅尼的支持者声称,所谓的三权分立纯属西方的政治概念;在伊斯兰的政治概念中,所有的权力具有共同的来源,最高宗教领袖应当监督伊斯兰政府的一切活动,遵循安拉的经典是最高宗教领袖的行为准则。包括传统教界和诸多世俗政治组织在内的反对派则认为,采取最高宗教领袖制度和赋予最高宗教领袖以无限的权力势必导致独裁政治的再现。伊斯兰革命议会主席阿亚图拉穆塔哈里作为传统教界的代表人物,认为什叶派学说中的最高宗教领袖制度并不意味着最高宗教领袖本人对于国家的直接治理,所谓的最高宗教领袖只是信仰的引领者而不是国家的统治者,最高宗教领袖应当充当理论家而不是统治者的角色。①

传统教界的重要代表人物阿亚图拉沙里亚特玛达里与霍梅尼意见相左,反对教法学家直接行使统治国家的政治权力,倡导主权在民的政治原则,强调最高宗教领袖的主要作用在于宣传宗教、引导信众和充当意识形态的监护者,最高宗教领袖只能在非常时期直接干预政治生活。②沙里亚特玛达里认为,伊斯兰教法应当通过正确的和进步的方式付诸实践,伊斯兰革命的首要目标是结束独裁统治和实现民主政治,而伊斯兰国家"必须建立在民众意志的基础之上",欧莱玛的作用应当局限于监督国家和社会,不应假借直接的名义直接行使统治权力和凌驾于国家之上。③沙里亚特玛达里声称,伊斯兰共和国宪法一方面强调民众主权的模糊概念,另一方面却赋予最高宗教领袖以至高无上的统治地位,伊斯兰共和国宪法关于民众主权的条款即第6款和第56款与最高宗教领袖享有无限权力的条款即第5款和第110款相互矛盾,两者之间无疑存在着根本的对立,要求取消伊斯兰共和国宪法中关于最高宗教领袖制度的条款。"因为解散原有政府的基础在于全民公决,所以民众的意志应当构成新政府的基础。"④

世俗阵营亦发出反对最高宗教领袖制的强烈呼声。"解放运动"领导人

① Milani, M.M., *The Making of Iran's Islamic Revolution*, p.157, p.161.

② Schirazi, A., *The Constitution of Iran: Politics and the State in the Islamic Repoblic*, p.48.

③ Menashri, D., *Post-Revolutionary Politics in Iran: Religion, Society and Power*, p.22.

④ Milani, M.M., *The Making of Iran's Islamic Revolution*, p.161.

巴扎尔甘认为，宪法关于最高宗教领袖的绝对权力将会导致权力的垄断，最高宗教领袖制度排斥宪法赋予的公民权利无异于宗教专制主义。桑贾比领导的“民族阵线”认为，立宪会议由“宗教集团、独断专行者和戴头巾的人”所操纵，背叛伊斯兰革命的理想，企图创造欧莱玛统治的神权政体和最高宗教领袖的政治独裁。左翼激进政治派别“伊朗人民敢死队”声称，最高宗教领袖制度的真实用意是用霍梅尼式的哈里发国家取代巴列维王朝的君主制国家。另一左翼激进政治派别“伊斯兰圣战者组织”则声称，既然伊斯兰教否认任何社会阶层或群体享有特权的地位，新的伊斯兰共和国宪法关于最高宗教领袖制度的条款纯属宗教异端。逊尼派穆斯林和库尔德人出于与什叶派欧莱玛的教派差异，亦反对伊斯兰共和国宪法关于最高宗教领袖制度的相关规定。①

后霍梅尼时代的官方政治理念

伊斯兰共和国宪法包含宗教与世俗的双重属性，表现为最高宗教领袖代表的宗教权力与建立在民选基础上的总统和议会代表的世俗共和制权力的长期并存，以及宗教原则与世俗原则的长期并存。根据伊斯兰共和国宪法的相关条款，民选总统缺乏抗衡最高宗教领袖的足够权力，而民选议会缺乏抗衡宪法监护委员会的足够权力。换言之，世俗权力建立在民选的基础之上，最高宗教领袖代表的宗教权力超越总统和议会代表的民选世俗权力。威权政治与民主倾向激烈抗争、政治生活之精英垄断与民众参与此消彼长，由此形成伊朗伊斯兰共和国政治进程中的明显悖论。

伊斯兰共和国初期 10 年，强调公权高于私权、官方高于民间、公共利益高于私人利益、公共思想高于个人思想、公共空间高于私人空间、服从高于自由、自上而下而排斥自下而上。②后霍梅尼时代，逆向转型的趋势逐渐显见，经济自由化和社会生活开放化导致政治领域的多元化趋势，来自欧莱玛内部的质疑最高宗教领袖制合法性的政治呼声持续不断，而伊斯兰共和国之宗教与世俗的双重属性以及伊斯兰与共和的悖论倾向，成为伊朗政坛分裂和对立的根源。③现行最高宗教领袖制的捍卫者强调国家体制的伊斯兰属性和安拉

① Moslem, M., *Factional Politics in Post-Khomeini Iran*, p.14.

② Alsaif, T., *Islamic Democracy and Its Limite*: *The Iranian Experience Since 1979*, p.113.

③ Esposito, J.L. and Ramzani, R.K., *Iran at the Crossroads*, p.31.

主权，相比之下，现行最高宗教领袖制的质疑者强调国家体制的共和属性和人民主权。①

进入80年代，一度活跃的诸多世俗反对派政治势力淡出伊斯兰共和国的政治视野，什叶派欧莱玛上层逐渐确立了其在伊斯兰共和国政坛的主导地位。后霍梅尼时代，捍卫现行最高宗教领袖制的官方政治理念长期占据主流地位，强调现行最高宗教领袖制是伊斯兰共和国的政治基础，强调最高宗教领袖作为最高领袖的绝对权力和民众顺从最高宗教领袖的宗教义务，只有最高宗教领袖而不是民选机构具有最高权威和行使国家的最高权力，最高宗教领袖是隐遁伊玛目的代表，其权力具有神圣性，其权力的合法性并非来自民众的选举抑或建立在民众意志的基础上，所谓的民主制和选举政治在本质上与最高宗教领袖制是对立的，也是不可接受的。②

在此基础上，现行最高宗教领袖制的捍卫者强调超越个人主义之群体性社会的宗教原则，强调凌驾于民众之上的国家主义，坚持神权至上的现行政治体制，强调象征神权体制的最高宗教领袖之至高无上的绝对权力，排斥个人主义和民众政治参与，淡化民选总统的权力合法性，强调最高宗教领袖对于民选总统的认可，强调宗教和欧莱玛在政治领域的决定性作用，强调教法学家治理国家的政治模式。与此同时，现行最高宗教领袖制的捍卫者采用偷换概念的方式，将民主制与西化等同视之，将民主与威权的对立视作西方与伊斯兰之间的博弈，否定民主化、多元化、全球化在现代化进程中的普世性和必然性，混淆民主化、多元化、全球化与西化之间的不同内涵，将民主化、多元化、全球化等同为西化，进而等同为西方文化的侵略和西方毒素的蔓延。③

阿亚图拉哈梅内伊坚持霍梅尼的伊斯兰革命传统，宣称："革命并没有结束，革命还在继续……革命不只是今天的战斗，也不是一天两天的战斗，而是几代人的战斗。"④"我将尽最大的努力捍卫最高宗教领袖制度……决不容忍削弱最高宗教领袖理论进而削弱整个伊斯兰秩序的任何企图。"⑤

阿亚图拉米斯巴赫·叶兹迪曾经担任司法总监和专家会议主席，极力

① Alsaif, T., *Islamic Democracy and Its Limite: The Iranian Experience Since 1979*, p.118.

② Nader, A., *The Next Supreme Leader: Succession in the Islamic Republic of Iran*, p.23.

③ Tazmini, G., *Khatami'Iran: the Islamic Republic and the Turbulent Path to Reform*, p.130, p.132.

④ Arjomand, S.A., *After Khomeini: Iran Under His Successors*, p.177.

⑤ Milani, M.M., *The Making of Iran's Islamic Revolution*, p.224.

捍卫现行最高宗教领袖制的合法性，强调最高宗教领袖作为最高领袖的权力凌驾于宪法和民选之上，是高于一切的权力，最高宗教领袖的认可和批准是其他所有权力的合法性来源。叶兹迪声称，私人领域和公众领域的活动必须遵循伊斯兰教的准则。叶兹迪认为，哈梅内伊不仅是伊斯兰共和国的最高领袖，而且是全世界穆斯林的“效法渊源”。叶兹迪针对1999年7月的学生骚乱，呼吁诉诸暴力手段铲除持不同政见者和伊斯兰共和国的敌人。叶兹迪坚持欧莱玛的权威地位，强调民主制应当存在于伊斯兰教的框架之内。2000年议会选举期间，叶兹迪指责改革派威胁国家和信仰，告诫民众不要被改革派的口号所迷惑，宣称希望改革派赢得大选的是伊斯兰革命的敌人呼吁采取强硬的措施，如果必要不惜诉诸暴力手段，回应那些背离正确道路的人，“如果有人告诉你，他对伊斯兰教有新的解读，应当打他耳光”。①

阿亚图拉贾纳提是现行最高宗教领袖制的另一重要代表人物，在他看来，所谓言论自由的最终结果是背离信仰，保卫伊斯兰价值观的疆域远比保卫伊斯兰共和国的疆域更为重要，因为伊斯兰价值观的疆域是安拉的疆域。②1997年哈塔米当选总统后，贾纳提告诫哈塔米，总统的义务是依次忠于安拉、先知、十二伊玛目、最高宗教领袖、人民。③

里萨·达瓦里·阿尔达坎尼宣称：“现代性犹如生长在西方并向各地蔓延的一棵树，许多年来我们一直在这棵树的凋谢和僵死的树枝之下，至今仍然垂在我们的头上。虽然我们得到了伊斯兰教的庇护，这棵树的阴影并没有从我们的头上消失，彼此之间还没有分离。面对这棵僵死的树，我们该做些什么？”在里萨·达瓦里·阿尔达坎尼看来，必须通过截然不同的意识形态根除西方的现代思想，西方的民主制概念建立在宗教与政治分离的基础之上，是颓废的意识形态，而摆脱西方颓废意识形态的出路是宗教。④

宗教学者中的持不同政见者

主导伊斯兰共和国政坛的什叶派欧莱玛上层并非浑然一体，政治理念存

① Nader, A., *The Next Supreme Leader: Succession in the Islamic Republic of Iran*, p.24.

② Menashri, D., *Post-Revolutionary Politics in Iran: Religion, Society and Power*, p.326, p.28, p.134, p.320, p.309.

③ Esposito, J.L., and Ramzani, R.K., *Iran at the Crossroads*, p.46.

④ Tazmini, G., *Khatami'Iran: the Islamic Republic and the Turbulent Path to Reform*, pp.117—118.

在明显分歧。在什叶派欧莱玛上层,包括沙里亚特玛达里、阿卜杜拉·设拉兹、阿布·噶希姆·霍伊、赛义德·希哈卜丁·玛尔阿什、穆罕默德·里萨·格尔帕加尼、穆罕默德·阿里·阿拉基在内的多数阿亚图拉并不赞同霍梅尼提出的神权色彩的最高宗教领袖制,呼吁淡化欧莱玛的特殊作用和特权地位,主张宗教与国家分离,强调教法学家抑或最高宗教领袖作为国家和社会的监护者而非国家和社会的最高统治者,进而质疑和挑战现行政治体制。[①]

在什叶派宗教圣城库姆,欧莱玛上层的政治理念可谓见仁见智。部分欧莱玛上层人士承认现行最高宗教领袖制的合法地位,然而并不认同哈梅内伊作为最高宗教领袖至高无上的绝对个人权力,倡导最高宗教领袖制的集体领导权即最高宗教领袖民主制,主张最高宗教领袖制作为伊斯兰共和国的基本政治制度,不应建立在最高宗教领袖作为最高领袖之绝对权力的基础之上,而是应当建立在什叶派欧莱玛直至民众广泛参与和选举政治的基础之上,最高宗教领袖作为最高领袖应当对选民负有责任。[②]

相当数量的欧莱玛上层人士追随伊拉克什叶派的精神领袖阿亚图拉阿里·西斯塔尼,坚持什叶派的传统政治理念,主张宗教远离政治,否认教法学家具有最高政治权威和直接治理权,反对教法学家治理国家的政治模式,强调教法学家监督国家的政治模式,主张教法学家在国家和政府体制外作为信仰的捍卫者行使宗教监护权,强调欧莱玛的职责局限于指引穆斯林的宗教信仰。[③]亦有部分欧莱玛上层人士认为,现行的最高宗教领袖制违背伊斯兰教法,只有十二伊玛目是什叶派的合法宗教领袖。[④]

进入新世纪,许多欧莱玛支持哈塔米代表的改革派和艾哈迈迪内贾德代表的新左派,挑战现行最高宗教领袖制的合法性,质疑哈梅内伊的最高权威。

阿亚图拉蒙塔泽里曾经是霍梅尼的忠实追随者,1979 年主持制定伊斯兰共和国宪法。1985 年,根据霍梅尼的授意,专家会议选举蒙塔泽里作为最高宗教领袖的继承人。然而,蒙塔泽里在诸多重大问题上与霍梅尼意见相左,屡屡公开抨击最高宗教领袖政府的极端化政策,80 年代后期成为继沙里

---

① Diamond, L., Plattner, M.F. & Brumberg, N., *Islam and Democracy in the Middle East*, p.115.

② Nader, A., *The Next Supreme Leader: Succession in the Islamic Republic of Iran*, p.25.

③ Nabavi, N., *Iran: From Theocracy to the Green Movement*, New York 2012, p.64.

④ Crane, K., Lal, R. & Martini, J., *Iran's Political, Demographic and Economic Vulnerabilities*, pp.25—26.

亚特马达里之后欧莱玛内部持不同政见者的首要人物。1989 年 2 月,蒙塔泽里呼吁官方在伊斯兰革命 10 周年之际反思伊斯兰革命以来的挫折和教训。同年 3 月,霍梅尼宣布罢免蒙塔泽里作为最高宗教领袖的继承人。此后,蒙塔泽里的人身自由受到官方的限制,而蒙塔泽里继续发布质疑现行最高宗教领袖制合法性的演说。①

蒙塔泽里作为什叶派穆斯林中颇具影响力的"效仿的源泉",是最高宗教领袖民主制的积极倡导者。蒙塔泽里认为,最高宗教领袖应当由选举产生,代表民众意志,具有任期,处于专家会议的直接监督之下,体现民众与最高宗教领袖之间的契约关系,最高宗教领袖必须是什叶派穆斯林的"效仿的源泉",最高宗教领袖的权力应当体现为宗教和意识形态的监护者,而不是国家和政府的直接管理者,而 1989 年修订的伊斯兰共和国宪法无疑助长"宗教独裁"。②蒙塔泽里认为,最高宗教领袖应当根据伊斯兰教的协商原则即舒拉行使权力,而不是行使至高无上的绝对权力。③蒙塔泽里认为,安拉主权赐予民众,统治者的权力源于民众的认同,即便先知和伊玛目亦不例外。④蒙塔泽里认为,共和国是人民的统治,人民享有自由表达观点的权利,政府的权力来自人民,人民有责任参与政治和阻止统治者滥用权力。⑤蒙塔泽里在强调国家之伊斯兰属性的同时,强调社会构成宗教的载体,倡导公正选举、民主和人权,抨击现行神权体制,反对最高宗教领袖凌驾于法律之上的绝对权威,指责宪法监护委员会操纵选举,呼吁以伊斯兰民主共和制取代伊斯兰共和制,呼吁强化民选政府的权力。⑥蒙塔泽里表示:"我相信伊斯兰教与民主制的相容和共存,因为伊斯兰教主张自由。当下保守派领导人的行径与伊斯兰教的精神不符,我反对这样的行径。"⑦

1997 年 11 月,蒙塔泽里抨击执政的欧莱玛上层抵制改革,呼吁重新诠释最高宗教领袖制、活跃多党政治和扩大多元化,质疑哈梅内伊作为最高宗教领袖的绝对权威和教法学家的统治地位,主张最高宗教领袖的选举制和任

---

① Menashri, D., *Post-Revolutionary Politics in Iran: Religion, Society and Power*, p.16, p.23, pp.25—26.

② Esposito, J.L. and Ramzani, R.K., *Iran at the Crossroads*, p.48.

③ Nader, A., *The Next Supreme Leader: Succession in the Islamic Republic of Iran*, pp.25—26.

④ Alsaif, T., *Islamic Democracy and Its Limite: The Iranian Experience Since 1979*, p.121.

⑤ Menashri, D., *Post-Revolutionary Politics in Iran: Religion, Society and Power*, pp.25—26.

⑥ Nabavi, N., *Iran: From Theocracy to the Green Movement*, p.62.

⑦ Takeyh, R., *Hidden Iran: Paradox and Power in the Islamic Republic*, New York 2006, pp.48—49.

期制。[①]随后，哈梅内伊谴责蒙塔泽里发表反对伊斯兰革命、反对人民和反对国家的言论，官方公布了1989年3月霍梅尼写给蒙塔泽里的信，将霍梅尼剥夺蒙塔泽里作为最高宗教领袖继承人资格的理由昭告天下。同年11月起，蒙塔泽里遭到官方软禁。1999年6月，蒙塔泽里抨击宪法监护委员会假借捍卫伊斯兰教的名义干涉民众的民主权利，认为宪法监护委员会的权力是监督选举而不是监督候选人，宪法监护委员会的行为导致选举的二元体制，即宪法监护委员会首先选择候选人继而交由民众选举，这样的做法违背制定宪法的初衷，保障选举的自由公正是内务部的责任而不是宪法监护委员会的责任。[②]2000年初，蒙塔泽里谴责最高宗教领袖及安全机构干涉库姆教界人士的宗教活动。[③]蒙塔泽里于2000年议会选举前夕发表公开信，反对最高宗教领袖绝对统治的原则，呼吁将最高权力归还民众，坚持民众参与的政治决策，人民可以选举最高领袖也可以罢免最高领袖，同时强调最高领袖并非具有不谬性，不能拥有绝对的权力，被时人称之为"欧莱玛的良心"。蒙塔泽里声称，没有民众的支持就无法建立稳定的政府，凌驾于议会之上的现行最高宗教领袖制将会导致独裁统治，最高宗教领袖干涉议会通过新的新闻法毫无道理，将会引发动乱。蒙塔泽里认为，伊朗人并非反对伊斯兰体制，只是对某些人假借捍卫伊斯兰教的名义垄断伊斯兰教的独裁统治深恶痛绝，"他们才是伊斯兰教最大的敌人"。[④]同年12月，蒙塔泽里在网站发表长达600页的文章，质疑80年代霍梅尼实施的诸多政策，抨击教法学家统治的神权体制，进而呼吁修改伊斯兰共和国宪法。[⑤]

蒙塔泽里的学生霍贾特伊斯兰穆赫森·卡迪瓦尔认为，最高宗教领袖制应当符合民众主权的原则，最高宗教领袖应当行使最高监护权而不是治理国家的权力。[⑥]卡迪瓦尔指出："伊斯兰共和国宪法第56款规定，安拉将权利给予全体伊朗公民，公民选举最高领袖、总统和议会成员……最高领袖应当是选举产生，而不是由那些自称代表安拉意志的人决定的。"[⑦]卡迪瓦尔公开质疑欧莱玛统治国家的宗教特权，抨击霍梅尼关于最高宗教领袖政府的理论背

---

① Gheissari, A., *Contemporary Iran: Economy, Society, Politics*, p.259.

② Menashri, D., *Post-Revolutionary Politics in Iran: Religion, Society and Power*, pp.29—30, p.157.

③⑤ Nabavi, N., *Iran: From Theocracy to the Green Movement*, p.63.

④ Menashri, D., *Post-Revolutionary Politics in Iran: Religion, Society and Power*, p.320, p.309.

⑥ Esposito, J.L. and Ramzani, R.K., *Iran at the Crossroads*, p.48.

⑦ Nader, A., *The Next Supreme Leader: Succession in the Islamic Republic of Iran*, p.25.

离什叶派的宗教理论，指出在霍梅尼之前的什叶派传统理论明确规定治理国家的统治权力局限于十二伊玛目，教法学家无权以伊玛目代理人的身份行使治理国家的统治权力。①卡迪瓦尔声称，“伊玛目隐遁期间，不存在管理国家的计划，任何人都没有管理国家的使命和权威。”卡迪瓦尔认为，任何特定的阶层和群体都没有垄断国家权力的神圣权力，政府应当表达多数人的意愿，民主的政府是唯一具有宗教合法性的统治模式。②卡迪瓦尔认为，伊朗目前面临的根本问题是最高宗教领袖制的合法性危机，倡导宗教与国家的分离。卡迪瓦尔认为，伊斯兰革命只是结束了君主制的形式，新的君主制正在以新的形式即伊斯兰君主制的形式死灰复燃；旧君主制与伊斯兰君主制的共性都是国家元首拥有绝对的权力，两者的差异只是名称的不同。卡迪瓦尔认为，即便先知穆罕默德和历代伊玛目活在当下，亦会根据时代的变化而实施新的体制，不会照搬1400年前的模式。卡迪瓦尔认为，独裁统治限制自由，剥夺人权，与民主制对立，任何统治权力都不能凌驾于法律之上。卡迪瓦尔的政治观点在什叶派欧莱玛上层和世俗知识界引起强烈的共鸣。1999年2月，卡迪瓦尔遭到逮捕，随后被送交特别宗教法庭，罪名是试图削弱伊斯兰体制和动摇伊斯兰共和国的政治根基、诋毁最高领袖霍梅尼和哈梅内伊、误导民众、支持蒙塔泽里、鼓吹教俗分离，同年4月被判处18个月监禁。③

阿亚图拉艾哈迈德·阿扎里·库米曾任伊斯兰法庭法官、议员和专家会议成员，政治理念与蒙塔泽里颇多共识，质疑最高宗教领袖的绝对权威和教法学家的统治地位，倡议最高宗教领袖的选举制和任期制。④1997年，库米公开表示，忍受不公正是安拉禁止的罪恶，呼吁穆斯林积极履行扬善惩恶的宗教义务，而哈梅内伊指责库米发表反对伊斯兰革命、反对人民和反对国家的言论，应当受到法律的制裁。⑤阿亚图拉侯赛因·卡泽梅尼·布鲁杰尔迪挑战现行最高宗教领袖制捍卫者的宗教政治理念，呼吁在社会层面实现宗教与世俗的分离和在政治层面实现宗教与国家分离，主张改造现行宗教神权体制，被视作新霍梅尼主义的精神领袖。2006年10月，在哈梅内伊的授意下，

① Gheissari, A., *Contemporary Iran: Economy, Society, Politics*, p.260.
② Takeyh, R., *Hidden Iran: Paradox and Power in the Islamic Republic*, p.48.
③ Menashri, D., *Post-Revolutionary Politics in Iran: Religion, Society and Power*, p.36, pp.34—35, p.137.
④ Gheissari, A., *Contemporary Iran: Economy, Society, Politics*, p.259.
⑤ Menashri, D., *Post-Revolutionary Politics in Iran: Religion, Society and Power*, p.27, pp.29—30.

安全机构以涉嫌宣传异端思想的罪名拘捕布鲁杰尔迪。[①]阿亚图拉穆罕默德·穆智塔希德·沙贝斯塔利早年毕业于库姆神学院，1970—1979 年在德国汉堡主持伊斯兰研究中心。沙贝斯塔利致力于调和宗教与现代性之间的关系，主张区分宗教与宗教学说。沙贝斯塔利认为，伊斯兰教并非与特定的国家体制联系在一起，伊斯兰教强调国家的政治原则，却没有明确规定治理国家的具体形式，因此所谓的最高宗教领袖制并非起源于伊斯兰教，亦非神圣和绝对的政治体制。[②]伊玛德丁·巴齐强调伊斯兰教与公民权皆以关注和保障人的尊严为目的，两者之间具有一致性。巴齐认为，人权和公民权的诉求涉及社会各个阶层的切身利益，保障人权和公民权有助于扩大民众的广泛参与，而人权和公民权并非局限于政治范畴，且不分宗教信仰、意识形态和社会地位，人权和公民权的完善是保障选举自由公平的前提条件。[③]阿亚图拉优素夫·萨内伊认为，欧莱玛的权力局限于监督国家的宗教事务和维护民众的合法权利，反对将民众视作非理性的和需要监护的群体，而国家的伊斯兰属性并非意味着将最高权力给予欧莱玛。[④]作为议员的阿亚图拉阿巴伊·呼罗珊尼认为，许多立法内容与宗教无关抑或不涉及宗教原则，立法不应成为欧莱玛的特权。[⑤]阿亚图拉贾拉勒丁·塔赫里抨击执政的欧莱玛寡头与民众和法律对立，麻痹政府，将国家至于危险的境地。[⑥]阿亚图拉哈桑·萨内伊和阿萨杜拉·巴亚特亦曾质疑哈梅内伊的最高权威，强调现行最高宗教领袖制违背伊斯兰教的原则，要求制定新宪法，将权力归还民众。[⑦]

哈塔米的宗教政治理念与“宗教民主制”思想

霍加特伊斯兰赛义德·穆罕默德·哈塔米出身于伊朗中部亚兹德省小城阿尔达坎的欧莱玛家庭，其父阿亚图拉鲁霍拉·哈塔米曾经被霍梅尼指定为亚兹德省的聚礼领导人。阿尔达坎是伊朗古城，建城历史超过 1 500 年，位于沙漠绿洲的古丝绸之路沿线，西北距德黑兰 300 英里。哈塔米早年就读

---

① Nabavi, N., *Iran: From Theocracy to the Green Movement*, p.67, p.68.

② Alsaif, T., *Islamic Democracy and Its Limite: The Iranian Experience Since 1979*, pp.132—133.

③ Nabavi, N., *Iran: From Theocracy to the Green Movement*, p.47.

④ Alsaif, T., *Islamic Democracy and Its Limite: The Iranian Experience Since 1979*, p.121.

⑤ Menashri, D., *Post-Revolutionary Politics in Iran: Religion, Society and Power*, p.320.

⑥ Takeyh, R., *Hidden Iran: Paradox and Power in the Islamic Republic*, pp.48—49.

⑦ Miner, M., *The Coming Revolution: An Improbable Possibility*, p.103.

于库姆的宗教学校，曾经执教于伊斯法罕大学，讲授哲学和神学。1978 年，哈塔米前往德国接替阿亚图拉贝赫什提出任欧洲最古老的伊朗什叶派学术基地汉堡伊斯兰文化中心主任，阿亚图拉侯赛因·卡泽梅尼·布鲁杰尔迪亦曾担任该中心主任。此间，哈塔米加入巴列维国王的反对派，组织伊朗留学生发放反对国王的传单。1979 年，哈塔米当选伊斯兰共和国第一届议会议员。1981 年，哈塔米受霍梅尼的指派，负责主编报纸《世界报》，不久辞职。两伊战争期间，哈塔米负责战时宣传。1982—1986 年以及 1989—1992 年，哈塔米出任文化与伊斯兰指导部部长，负责宣传和新闻审查；任职期间，哈塔米放松新闻审查和出版限制，尝试文化开放和思想包容，鼓励媒体自由和大量引进西方出版物，被视作伊朗文化和知识分子的黄金时代。1992 年，迫于保守派主导的议会的压力，哈塔米辞职，随后被总统拉夫桑贾尼任命为国家图书馆长，一度消失于公众的视野。1992—1994 年，哈塔米潜心著书立说，在德黑兰大学哲学系讲授西方哲学和政治思想，阐释公民社会、法治和人权思想。①

哈塔米认为，传统的伊斯兰文化已经无法适应现代文明的需要，应当重新解读《古兰经》和《圣训》，"国家权威不应来自强制和独裁，而是应当来自法治和民众政治参与"。②哈塔米援引霍梅尼的思想，强调伊斯兰、伊朗和人民利益至上的原则是全部政治的核心，抨击保守派空洞的理论和革命的口号无助于伊斯兰事业。哈塔米强调文化、历史和宗教之本土化的重要性。在哈塔米看来，现代与传统并非相互排斥，两者之间具有继承性和延续性，而世俗与宗教亦非存在根本的对立。③

长期以来，欧莱玛通常自居为信仰的捍卫者和伊斯兰教的唯一解读者，而哈塔米反对欧莱玛解读伊斯兰教的特权和垄断地位，认为欧莱玛对于伊斯兰教之单一和绝对的解读无法适应现代伊朗的需要。哈塔米认为，欧莱玛作为信仰的引领者，不应将自己的观点强加给民众，不应以自己的意愿作为民众的意愿。在此基础上，哈塔米反对政府限制个人自由，强调政府从属于人民而不是人民的主宰者，主张限制威权、倡导法治和宪政框架下的政治实践，倡导社会自由、政治宽容、社会公正、保障女权和实现法治。④

---

① Tazmini, G., *Khatami'Iran: the Islamic Republic and the Turbulent Path to Reform*, pp.9—16.

② Takeyh, R., *Hidden Iran: Paradox and Power in the Islamic Republic*, p.44.

③ Menashri, D., *Post-Revolutionary Politics in Iran: Religion, Society and Power*, p.320.

④ Menashri, D., *Post-Revolutionary Politics in Iran: Religion, Society and Power*, pp.81—82.

哈塔米认为,宗教不应成为自由的障碍,国家和民众必须遵守法律的准则,公民的尊严和权利应当受到保护,不同文明之间应当对话而不应当对抗,伊朗政府愿意在相互尊重的基础之上改善与西方世界的关系,真正的伊斯兰教与西方世界倡导的包括自由、民主和人权在内的政治原则并不存在根本的对立。①

哈塔米反对宗教义务的强迫,认为开放和宽容的伊斯兰共和国将会受到民众的广泛支持和拥护,强调政府是人民的仆人而不是人民的主宰者。②哈塔米认为,独裁专制是近代来伊朗历史的瑕疵,国家垄断权力和资源意味着凌辱人民和阻碍社会进步,而民主制是社会管理国家的理性模式,无论是宗教还是社会,都需要民主制。哈塔米强调,源于西方的民主制,既不应简单模仿照搬,也不应盲目抵制排斥,而成熟的公民社会是民主制的首要催化剂。③

哈塔米认为,选举政治的局限和民选权力的弱势是伊斯兰共和国最落后的特征之一,导致国家与社会的脱节和对立,而完善选举政治和强化民选机构的权力是伊朗发展的首要任务,促使公民社会走向成熟则是沟通国家与社会、进而推动民主化进程的必由之路。④

哈塔米并非思想西化的欧莱玛,只是承认西方的经济发展和多元化成就,同时立足于伊斯兰教的传统价值观,抨击西方极端物欲主义情绪而缺乏精神内涵。⑤世纪之交伊朗政治进程之过渡性的特定环境以及新旧政治力量的此消彼长,决定了哈塔米之政治思想和政治实践的矛盾性抑或二元性,即在延续神权体制的基本框架下推动政治改革和民主化进程,是为所谓自下而上的"宗教民主制"抑或"伊斯兰民主制"。哈塔米倡导"宗教民主制"抑或"伊斯兰民主制",指出伊斯兰教包含的协商、公议、平等、忠诚诸多理念与政治参与、法治的原则具有一致性,自由与宗教具有兼容性。⑥

90 年代末,伊朗政坛的不同政治声音日趋显现。宗教领袖哈梅内伊延续霍梅尼时期的基本原则,强调伊朗伊斯兰共和国与"世界最大的暴君"即美国之间的深刻对立。阿亚图拉叶兹迪声称,私人领域和公众领域的活动必须

---

① Hooglund, E., *Twenty Years of Islamic Revolution: Political and Social Transition in Iran since 1979*, pp.19—20.

② Menashri, D., *Post-revolutionary Politics in Iran: Religion, Society and Power*, p.80, p.82.

③ Alsaif, T., *Islamic Democracy and Its Limite: The Iranian Experience Since 1979*, p.126, p.127.

④ Tazmini, G., *Khatami'Iran: The Islamic Republic and the Turbulent Path to Reform*, pp.60—61.

⑤ Takeyh, R., *Hidden Iran: Paradox and Power in the Islamic Republic*, pp.44—45.

⑥ Tazmini, G., *Khatami'Iran: The Islamic Republic and the Turbulent Path to Reform*, p.136, p.37.

遵循伊斯兰教的准则。相比之下,哈塔米强调宗教不应成为自由的障碍,国家和民众必须遵守法律的准则,公民的尊严和权利应当受到保护,不同文明之间应当对话而不应当对抗,伊朗政府愿意在相互尊重的基础之上改善与西方世界的关系,真正的伊斯兰教与西方世界倡导的包括自由、民主和人权在内的政治原则并不存在根本的对立。①

哈塔米区分西方文明与西方世界的政策,强调西方文明之自由理念的进步性和普世性,指出西方文明已经抛弃了威权的统治理念,民众从压迫的枷锁下获得解放。哈塔米反对全盘西化的现代化道路,同时反对全盘否定西方文明的现代化模式。②然而,新的思想和政治诉求转化为现实的政治变革,尚且需要新旧社会和政治阵营之间的激烈博弈,新旧阵营之间的力量对比无疑决定着政治变革的历史结局。

世俗知识分子的政治理念与索鲁什的"宗教民主制"思想

伊斯兰革命的显著特征,在于所谓"被剥夺者"即下层民众的广泛参与。伊斯兰共和国建立后,政府致力于关注社会民生,城市化进程加快,现代世俗教育长足发展,世俗教育的普及率大幅提高,传统宗教教育的社会影响力随之下降。1979 年伊斯兰共和国成立初期,官方和民间发行的报刊多达 260 余种。然而,霍梅尼时代的伊朗官方强调伊斯兰革命的原则,顺从伊斯兰革命原则凌驾于自由之上作为什叶派穆斯林的宗教义务,新闻媒体的舆论宣传必须符合伊斯兰革命的意识形态,必须与伊斯兰共和国的官方立场保持一致,由此导致的后果是不断强化新闻审查和限制言论自由,民间媒体数量锐减。

后霍梅尼时代,社会环境逐渐宽松,政府放宽新闻审查,允许媒体在一定的范围内发表批评性文章,民间世俗媒体空前活跃,提供了表达民众诉求的舆论渠道和阐释不同政见的温床,而公民社会、自由民主、政治改革和信仰解读成为民间世俗媒体关注的焦点。民间世俗媒体激烈抨击欧莱玛主导的神权政府,披露国家面临的种种问题,进而质疑伊斯兰革命原则和最高宗教领袖制,最高宗教领袖的合法性和哈梅内伊的宗教政治权威面临来自民众的

---

① Hooglund, E., *Twenty Years of Islamic Revolution: Political and Social Transition in Iran since 1979*, pp.19—20.

② Tazmini, G., *Khatami'Iran: the Islamic Republic and the Turbulent Path to Reform*, p.37.

挑战。①

哈塔米当选总统后，通过媒体的方式和在全民的范围内讨论诸如公民社会、法治、人权和最高宗教领袖制等敏感问题，试图改变教俗之间的权力天平。哈塔米强调，伊斯兰教与宽容是一枚硬币的两面，因此民众需要宽松的政治环境表达自身的诉求。②1997—2003 年，媒体机构从 591 家上升为 2 622 家。2003 年，私人期刊达到 1931 种，占全部期刊的 80%。③

至世纪之交，舆论环境的宽松、新闻媒体的多元化和政治讨论的高涨成为伊朗政治生活的突出现象。民间和半官方的媒体提供了民众表达诉求的舆论空间，报刊数量激增。在政党政治存在缺陷的条件下，舆论环境的宽松和媒体的活跃提供了民众参与的有效渠道，民间世俗人士开始发出政治呼声，进而形成对于官方的政治压力。④与此同时，具有理性、改革倾向和强调自由平诸多现代政治元素之强烈诉求的新生代世俗知识分子登上政治舞台，现代世俗政治理念通过媒体产生广泛的社会影响，预示着伊朗政治文化和政治生态的深刻变化。不同政治观点在媒体的激烈争论成为推动政治改革进程的重要杠杆，是伊朗历史上史无前例的现象，在整个中东地区亦属罕见。

赛义德·哈贾里安作为世俗知识分子中的持不同政见者，主张体制内的、渐进的、理性的、温和的、务实的和多元性的政治改革。在哈贾里安看来，改革并非自上而下的过程，而是草根和精英共同推动的实践；来自民众的诉求和压力促使官方政策的调整和变动，而知识分子的使命是发出代表民众的呼声；知识分子不应屈从于官方，亦不应成为局外人和观望者。⑤哈贾里安强调民主制与宗教之间的相容性，反对排斥世俗主义和将世俗主义与宗教加以对立，进而在现行最高宗教领袖制的政治框架内强调世俗化进程的必然性，强调国家是推动世俗化的最有力的手段。哈贾里安认为，伊斯兰神权政体的兴起是通向世俗化的第一步，而神权体制的世俗化将成为伊朗政治改革的发展方向。1996 年，哈贾里安撰文指出，霍梅尼的最高宗教领袖制理论有助于实现宗教法律的世俗化，是针对变动的社会环境而突破教界传统理论的

① Menashri, D., *Post-Revolutionary Politics in Iran: Religion, Society and Power*, p.133, p.135.
② Esposito, J.L. and Ramzani, R.K., *Iran at the Crossroads*, pp.42—43.
③ Alsaif, T., *Islamic Democracy and Its Limite: The Iranian Experience Since 1979*, pp.78—79.
④ Esposito, J.L. and Ramzani, R.K., *Iran at the Crossroads*, p.43.
⑤ Nabavi, N., *Iran: From Theocracy to the Green Movement*, p.44.

重要实践。①

阿卜杜拉·努里抨击官方限制和剥夺民众自由，强调只有通过政治改革才能保证民众自由和社会公正。在他看来，民众可以容忍不公正，却不能容忍羞辱和背叛；根据宪法和安拉的旨意，主权属于民众，所有公民无论肤色、种族、宗教、职业、地位，在法律面前享有完全同等的权利。努里谴责特别宗教法庭违背人权和宪法，表示霍梅尼领导的伊斯兰革命致力于使民众摆脱压迫和奴役，目前伊朗民众需要努力实现这样的目标。②

阿克巴尔·甘吉认为神权统治加剧独裁趋势，谴责特别宗教法庭侵犯人权和限制自由，将伊朗官方的高压行为称作伊斯兰法西斯主义运动。③甘吉于 2002 年发表《宪政主义宣言》，呼吁改革现行体制，实现宗教与国家的彻底分离。④

贾瓦德·塔巴塔巴伊强调以民众主权取代安拉主权抑或神权，声称一个世纪前的宪政运动使伊朗人从臣民变成公民，而伊斯兰共和国宪法通过引入公民社会之上的监护权，使伊朗人从公民回到了臣民的地位，呼吁重新实行宪政改革，恢复民众主权，建立向公民负责的政府。⑤

阿卜杜勒·卡里姆·索鲁什作为伊斯兰共和国新生代知识分子和世俗知识界持不同政见者的代表人物，挑战现行最高宗教领袖制的宗教基础和法理基础，其政治理念与质疑现行最高宗教领袖制的什叶派欧莱玛上层颇多共性。

索鲁什 1945 年出生，70 年代在德黑兰和伦敦攻读化学，后转攻哲学。伊斯兰革命后，索罗什在德黑兰大学教授哲学。伊斯兰革命后的最初 10 年，索罗什曾经是霍梅尼主义的狂热追随者，持左翼激进的政治立场，推崇官方实施的伊斯兰化的文化政策。⑥进入 90 年代，索鲁什的思想逐渐转变。索鲁什认为，伊斯兰教并非局限于规范人与安拉之间的关系，而是推动历史进步的动力，伊斯兰教不应局限于特定的历史时代和社会模式，应当适应时代的发展和社会的进步，《古兰经》无疑是永恒的经典，然而经典的解读不应一成不变，而是应当与时俱进，应当随着时代的变化而变化，应当具有多

---

① Alsaif, T., *Islamic Democracy and Its Limite: The Iranian Experience Since 1979*, p.135, p.116.

②③ Menashri, D., *Post-Revolutionary Politics in Iran: Religion, Society and Power*, p.158.

④ Alsaif, T., *Islamic Democracy and Its Limite: The Iranian Experience Since 1979*, p.192.

⑤ Cheissari, A. & Nasr, V., *Democracy in Iran: History and the Question for Liberty*, p.141.

⑥ Crane, K., Lal, R. & Martini, J., *Iran's Political, Demographic and Economic Vulnerabilities*, p.28.

元性，适应现代社会的客观需求，官方欧莱玛的解读不应成为经典的唯一权威解读。[①]在索鲁什看来，经典包含着自由和平等的思想，对于知识的探寻作为伊斯兰文明的历史遗产可谓重建多元社会的基础，《古兰经》关于协商的训示则是民众参与的宗教依据。[②]

索鲁什深受阿里·沙里亚蒂思想的影响，强调宗教信仰的理性化，主张经典的解读摆脱官方思想的束缚，质疑欧莱玛对于《古兰经》的解读，呼吁重新解读伊斯兰教经典，进而挑战欧莱玛作为信仰引领者的特权地位和现行最高宗教领袖制的合法性。[③]索鲁什声称，"理想的宗教社会必须建立在民主讨论的基础之上"，伊斯兰教法应当成为保障人权和完善责任制政府的手段，宗教学说与社会政治多元化并行不悖。在此基础上，索罗什强调区分伊斯兰教的信仰与教法学家的信条，区分"宗教国家"与"教法学家统治的国家"，进而否定教法学家的绝对权威和神圣地位。[④]

索鲁什认为，《古兰经》和《圣训》的宗教语言，更多的是规定信众的责任和义务而不是权利，教法学家应当致力于宗教事务，不应当沉迷于世俗事务和国家权力，欧莱玛应当回到清真寺，将管理国家的任务交给职业政治家。[⑤]索罗什反对教俗合一的政治原则，强调政治与宗教的分离，科学、艺术、哲学、社会活动同样应当脱离宗教束缚而具有相应的独立性。[⑥]索鲁什认为，现行的神权体制是权力的逻辑，而不是自由的逻辑，"宗教应当属于热爱信仰的人，而不属于利用信仰的人"。在索鲁什看来，教法学家不具备管理国家和社会的能力，掌握国家权力的欧莱玛仅仅利用宗教作为权力斗争的工具，伊斯兰革命 20 年来，官方欧莱玛除了忙于审查一些色情电影画面和强制女性着装外，没有做出任何值得称道的业绩。[⑦]

最高宗教领袖制作为伊斯兰革命的时代产物，其合法性源于霍梅尼具有的克里斯玛式的权威和影响力。伊斯兰革命初，巴扎尔甘反对采用"伊朗伊斯兰共和国"，坚持伊朗采用的正式国名应是"伊朗伊斯兰民主共和国"，而霍梅尼则将民主制视作代表西方的渗透干涉和世俗的统治取代安拉的统治。[⑧]

---

① Menashri, D., *Post-Revolutionary Politics in Iran: Religion, Society and Power*, p.33.

② Takeyh, R., *Hidden Iran: Paradox and Power in the Islamic Republic*, p.46.

③ Crane, K., Lal, R. & Martini, J., *Iran's Political, Demographic and Economic Vulnerabilities*, p.28.

④ Alsaif, T., *Islamic Democracy and Its Limite: The Iranian Experience Since 1979*, pp.115—116.

⑤⑦ Menashri, D., *Post-Revolutionary Politics in Iran: Religion, Society and Power*, p.34.

⑥ Alsaif, T., *Islamic Democracy and Its Limite: The Iranian Experience Since 1979*, p.137.

⑧ Nabavi, N., *Iran: From Theocracy to the Green Movement*, p.51.

1979年伊斯兰革命后的15年间，伊朗官方避免提及民主制的概念。后霍梅尼时代，时过境迁，物是人非，最高宗教领袖制面临合法性的严重危机。进入90年代，民主制成为媒体热议的焦点话题，包括宗教与国家的关系、伊斯兰教与民主制的关系以及自由和人权诸多敏感内容引发众议。索鲁什首先从哲学的层面提出宗教民主制的思想理念，阐述民主制的哲学基础以及民主制与宗教之间的相容性，引发伊朗社会的广泛关注。所谓的宗教民主制，其理论前提是区分宗教与国家的不同功能。国家代表社会各阶层的不同利益，遏制不同利益之间的冲突，因此需要民主制的管理体制，而宗教的功能在于论证和揭示人与安拉的关系，涉及信众内心深处的信仰追求。国家强调务实、妥协和强制的原则，而宗教强调顺从、无私和自愿的原则。民主制适合国家的层面，却未必适合宗教的层面。宗教可以与民主制的国家相容，如同宗教曾经与专制的国家相容。伊斯兰教并非局限于某种特定的国家体制，而民主制亦非与特定的宗教相联系。换言之，民主制属于政治模式的范畴，宗教则属于意识形态的范畴抑或信仰的范畴。因此，民主制区别于寡头和独裁的政治制度，与宗教之间却并非存在根本的对立。[①]索鲁什强调国家权力的合法性来自民众选举，而国家的责任是保障公民的信仰自由而不是强迫信仰。[②]索鲁什认为，民主和人权思想并非西方特有，而是普世的意识形态，也是伊朗文化的核心，伊朗文化继承了前伊斯兰时代的波斯文化、伊斯兰文化和西方文化的传统，而三者并非对立，应当在伊朗文化中实现和谐。索鲁什倡导文化变革："我不相信，一个像伊朗伊斯兰共和国这样的宗教政府有意将整个世界改变成为伊斯兰政府，应当尊重世界不同的宗教思想。伊朗不应当局限于以西化和模仿西方作为目标，而是应当借鉴西方文化中的有益元素。"[③]哈塔米于1997年竞选总统期间发表演说，强调宗教基础上的民众主权，进而提出宗教民主制的政治理念，与索鲁什从哲学的层面提出的宗教民主制的思想理念，颇有异曲同工之妙。[④]与此同时，索鲁什的思想遭到现行最高宗教领袖制的激烈抨击。阿亚图拉加纳提呼吁政府铲除索鲁什阐述的所谓"有害的自由思想"，而霍加特伊斯兰纳提格·努里就索鲁什的观点质问道："难道我们要

---

① Alsaif, T., *Islamic Democracy and Its Limite: The Iranian Experience Since 1979*, pp.126—127.

② Skelly, J.M., *Political Islam from Muhammad to Ahmadinejad*, p.171.

③ Tazmini, G., *Khatami'Iran: The Islamic Republic and the Turbulent Path to Reform*, pp.118—119.

④ Alsaif, T., *Islamic Democracy and Its Limite: The Iranian Experience Since 1979*, p.125.

顺从那些没有信仰的人，让那些没有信仰的人治理我们的国家？”①

90年代末，大学校园成为世俗激进政治思想的滋生地。1999年初，伊斯兰大学生联盟发表声明，宣布自从哈塔米当选总统，在大选中落败的保守派就已丧失了统治的合法性。伊斯兰大学生联盟领导人塔巴尔扎迪认为，伊斯兰革命最初的理想已经破灭，最高宗教领袖制与共和制原则不符。在1999年2月发表的公开信中，塔巴尔扎迪强调，最高领袖只是常人，其权力合法性来自人民的意愿，最高宗教领袖不是永远正确的先知，不具有神圣性，不是神，批评最高宗教领袖制不能与叛教混为一谈，罢免最高宗教领袖并非异端，最高领袖必须向人民负责，欧莱玛必须承认即使先知领导今天的社会也会容忍批评、反对和抗议，保守派主张的绝对最高宗教领袖制导致独裁统治，任何社会都不会接受这样的独裁统治，除非采取刺刀、皮鞭、革命法庭和特别宗教法庭的暴力手段强加给人民。在1999年4月接受国外媒体采访时，塔巴尔扎迪重申，伊斯兰革命的最初目标，已经逐渐变成了最高宗教领袖制，进而变成了绝对最高宗教领袖制，最后变成了绝对最高宗教领袖制的独裁统治，最高领袖凌驾于法律之上，甚至如同安拉一般，伊斯兰革命的结果只是新的独裁者取代了旧的国王。1999年5月，塔巴尔扎迪撰文指出，伊斯兰革命的目的并非以一种独裁统治取代另一种独裁统治，而是建立民主体制，如果只是以最高宗教领袖取代国王，以最高宗教领袖的绝对统治取代国王的绝对统治，只是以每个人或者某个群体的名义统治国家，无视任命的意愿和利益，那么付出烈士鲜血的革命是不需要的。塔巴尔扎迪抨击拉夫桑贾尼的政策和现行的司法体制使整个伊朗充斥着暴力和恐怖，亦对哈塔米心存不满，对哈塔米的施政表现深感失望。另一学生运动领导人穆哈麦迪表示，鉴于国家利益高于独裁的伊朗政治，建议将伊斯兰大学生联盟改为全国大学生联盟。玛努切赫尔·穆哈麦迪在接受媒体采访时将最高领袖的权威视作独裁的权威，认为如果民主制和人民的意愿无法得到保障，有必要考虑改变现行政治体制。②

伊斯兰共和国的政治派系

伊斯兰革命造就了新兴的政治精英，什叶派现代伊斯兰主义阵营则是新兴政治精英的核心成分。伊斯兰共和国建立初期，什叶派伊斯兰主义阵营主

① Menashri, D., *Post-Revolutionary Politics in Iran: Religion, Society and Power*, p.136.

② Menashri, D., *Post-Revolutionary Politics in Iran: Religion, Society and Power*, pp.144—146.

导伊朗政治舞台。霍梅尼的理论兼有现代与传统的什叶派宗教政治学说，旨在凝聚新旧社会阶层，建立广泛的政治联盟。然而，伊斯兰主义阵营内部并非浑然一体，左翼激进派与右翼保守派分别持不同的政治理念，在诸多方面存在明显的差异。

伊斯兰革命开始于世俗知识界的发难，却结束于下层民众的广泛政治参与，进而导致下层民众政治力量的急剧膨胀，反对巴列维王朝的政治运动随之经历了由温和向激进的转变。特定的政治环境决定了伊斯兰革命后伊朗社会的激进倾向，贫困的消除和社会财富的重新分配则是下层民众的迫切愿望。激进派来自欧莱玛的新生代，持左翼立场，具有民粹倾向，代表下层民众的利益和诉求，致力于推动伊斯兰化的进程，倡导社会平等和经济自给，主张强化政府的经济干预，通过社会财富的重新分配实现伊斯兰教的公正原则，控制议会、内阁和司法机构，是德黑兰人质事件的主要参与者。①激进派具有深刻的时代烙印，致力于推动伊斯兰化的进程，强调伊斯兰价值观作为规范个人、社会和国家利益的最高准则，将伊朗视作世界伊斯兰革命的卫士和抵抗西方文化帝国主义和美国霸权主义的堡垒。激进派倡导社会平等和经济自给，主张强化政府的经济干预，实行国家的经济垄断、主要经济部门的国有化、苏联模式的计划经济和进一步的土地改革，通过社会财富的重新分配实现伊斯兰教的公正原则，支持实施激进的外交政策、输出伊斯兰革命和通过战争手段推翻萨达姆政权。②

相比之下，保守派持右翼立场，代表传统巴扎商人、地主和教界上层的既得利益，强调维护私有财产不受侵犯，同时倡导自由经济和开放政策，反对政府的经济干预以及国家垄断、国有化和土地改革，在社会和文化领域持保守立场，强调与西方世界的必要联系，主张政治解决与伊拉克的战争，对输出伊斯兰革命持消极态度。③

左翼激进派长期占据议会的多数席位，右翼保守派控制宪法监护委员会，进而制约激进派主导的议会和内阁，否定议会通过的多项改革法案，霍梅尼则凌驾于左翼激进派与右翼保守派之上，实行折中的政策，调和什叶派现代伊斯兰主义阵营内部的矛盾冲突。至 80 年代中期，激进派与保守派之间

---

① Esposito, J.L. and Ramzani, R.K., *Iran at the Crossroads*, p.32.

② Cheissari, A. & Nasr, V., *Democracy in Iran: History and the Question for Liberty*, p.78.

③ Moslem, M., *Factional Politics in Post-Khomeini Iran*, p.48.

的矛盾冲突不断加剧，两伊战争、对外开放和经济政策成为双方对立的焦点，霍梅尼作为最高领袖兼有宗教政治权威和广泛民意基础，凌驾于激进派与保守派之上，维系着不同政治派别之间的平衡。[①]然而，长达8年的两伊战争加剧了伊朗经济形势的恶化程度，美国及西方的经济制裁明显压缩了伊朗发展经济的国际空间，石油收入锐减，经济萧条，物资短缺，失业率居高不下，导致伊朗经济陷入严重的危机。1988年的GDP仅仅相当于1974年的水平，工业连续6年负增长。国家主义和政府干预的经济政策，并未改善民众的生活水准。

1988年两伊战争结束，1989年霍梅尼去世，激进派随之逐渐淡出。1989年哈梅内伊出任最高宗教领袖后，保守派逐渐占据上风。与此同时，保守派与务实派在诸多方面分歧凸显。

哈梅内伊时期，伊朗政坛的保守派以捍卫现行最高宗教领袖制为核心政治理念，强调恪守伊斯兰教法和伊斯兰文化传统，强调现行政治体制的宗教性和最高宗教领袖制的合法性，控制宪法监护委员会、专家会议、司法机构和伊斯兰革命卫队。宪法监护委员会主席阿亚图拉贾纳提、专家会议主席阿亚图拉麦什基尼、司法总监阿亚图拉叶兹迪以及具有西方世俗教育背景并长期任职于司法界的拉里贾尼，是哈梅内伊时代保守派的代表人物。专家会议和宪法监护委员会是代表保守派势力的重要国家机构，坚持捍卫现行的最高宗教领袖制、反对实行西方民主制、反对以自由主义和民主改变宗教价值观的政治立场。1992年，保守派在第五届议会选举中胜出，控制议会多数席位。保守派强调捍卫革命原则和革命价值观，反对以自由和发展的借口威胁现行体制，宣称政治和经济的开放政策将会毁掉革命事业，民主只是资本、享乐主义和个人主义的独裁，民主制是反动的制度，民主制的结果将是回到无知的时代，现行的最高宗教领袖制代表纯正的伊斯兰教，呼吁以暴力手段反对国内敌人和捍卫现行体制。1997年9月，保守派在其刊物上招募民兵，"弟兄们，战斗远未结束，战斗刚刚开始"。[②]

务实派可谓脱胎于右翼阵营的第三种势力，游离于左翼激进派和右翼保守派之间，持相对温和的政治立场，反对口号式的革命政治，主张淡化伊斯兰革命的意识形态，强调经济优先的政策，在经济方面倡导市场化、私有化和国

① Milani, M.M., *The Making of Iran's Islamic Revolution*, pp.198—200.

② Arjomand, S.A., *After Khomeini: Iran Under His Successors*, pp.46—47, pp.66—67.

际化，支持伊朗回归国际社会和世界经济体系，主张温和的外交政策和相对自由的社会政策和政治环境，改善国际环境和与西方世界的关系以及缓和与“反动的穆斯林国家”之间的关系，旨在克服两伊战争和伊斯兰革命后所谓准社会主义造成的经济困难在延续现行政治体制的前提下恢复伊朗经济与国际市场的联系。①两伊战争结束后，拉夫桑贾尼作为务实派的核心人物宣布，早期伊斯兰时代的日子已经是遥远的往事，“今天我们生活在新的环境”。1991年3月，拉夫桑贾尼重申有必要让意识形态适应现实的需要，狂热的政治口号无法解决伊朗面临的现实问题，捍卫伊斯兰革命需要理性和符合逻辑的政策，伊斯兰革命与理性和符合逻辑的支持并不矛盾。1993年，拉夫桑贾尼再次强调，既要坚持革命的原则，又不能延续激进和狂热，我们不是教条主义者，我们不支持绝对主义。1993年伊斯兰革命14周年纪念日，拉夫桑贾尼发表讲话，强调政府取得的经济成就。拉夫桑贾尼在不同场合多次表示，“我们需要建设……物质的进步和经济的进步，以便不再有穷人……被剥夺者不再感到被剥夺……贫富差距每天都将缩小”。务实派无意抛弃伊斯兰革命的目标和全盘否定现行体制，而是在伊斯兰革命的原则和框架下，重新诠释伊斯兰革命的内涵，进而在经济社会领域推行务实的新政策。②

90年代中期，改革派作为新兴政治派系开始浮出水面，倡导法治、人权、公民社会、民主化改革以及温和外交政策，呼吁开放多元的政治改革，进而形成与保守派及务实派三足鼎立的派系格局。

世纪之交的伊朗无疑处于历史进程的十字路口，最高宗教领袖代表的伊斯兰体制与民选总统代表的世俗体制形成伊朗政治的二元结构，保守派与改革派之间政治博弈的焦点是伊斯兰共和国的性质、欧莱玛在国家政治生活中的地位和作用、民主制、公民社会、多元化、法治、女权。改革派兴起的根源在于后革命时代现行体制存在的瑕疵和暗藏的危机所引发的社会不满，预示着政治目标的移动和偏离。另一方面，伊斯兰革命后建立的国家体制尽管具有威权的色彩，却无疑包含了民主的诸多元素，而改革派尽管倡导自由和民主的政治原则，亦无意否定和取代现行国家体制。

如果说霍梅尼时期作为伊斯兰共和国的第一阶段抑或第一共和国，经历革命和战争的洗礼，拉夫桑贾尼时期作为伊斯兰共和国第二阶段抑或第二共

① Alsaif, T., *Islamic Democracy and Its Limite: The Iranian Experience Since 1979*, p.178.
② Menashri, D., *Post-Revolutionary Politics in Iran: Religion, Society and Power*, p.57, p.116, p.58.

和国，经历新经济政策的实施和经济秩序的重建，那么哈塔米当选总统标志着伊斯兰共和国进入第三阶段抑或第三共和国，政治改革和社会进步成为此间的突出现象，而哈塔米成为新兴改革派的代表人物。

1996 年，改革派在第五届议会选举中胜出。1997 年哈塔米当选总统，标志着伊朗伊斯兰共和国的改革进程开始从经济领域延伸到政治领域，民主化提上改革的议事日程。相比于务实派致力于国民经济的重建和新经济政策的实施，改革派致力于推动现行体制框架内自上而下的民主化政治改革和自由化社会改革，推崇自由民主制、宗教多元化、公民社会、宪法至上诸多政治原则，进而营造宽松的社会环境和政治环境，政治参与的范围随之逐渐扩大。[①]西方观察家因此评价哈塔米"并非一般意义上的毛拉，而是深受西方文明影响的总统"，"并非代表官方宗教体制的最佳人选，而是风格完全不同的领导人，在很大程度上偏离了主导现行神权体制的世界观"。更多的媒体评价哈塔米是"一个知识分子"，作为知识分子是哈塔米的最明显的特征。然而，哈塔米无疑来自伊斯兰共和国现行体制之内，无论其从政经历，还是竞选申请通过宪法监护委员会审查，抑或当选后得到哈梅内伊的认可都可体现这一特点。1997 年 5 月总统选举前夕，哈塔米宣布："伊玛目霍梅尼提出的最高宗教领袖制是伊斯兰共和国的支柱，所有的伊朗公民都赞成最高宗教领袖制，所有的伊朗公民遵守最高宗教领袖制的原则并在宪法的框架下规范自己的行为。"哈塔米当选总统后，在霍梅尼墓前的集会上表示："我们向世界宣布，我们将延续伊玛目霍梅尼的道路……我们将坚持伊玛目霍梅尼的道路。"[②]1997 年哈塔米当选总统并未导致伊斯兰共和国现行政治体制的改变，哈塔米的改革举措并未突破现行政治体制的基本框架。哈塔米并非代表反对派立场，无意否定现行政治体制。[③]

伊朗现代史上先后经历两次西化，引进西方模式，由于脱离伊朗国情，均引发社会动荡。现行伊朗的政治结构兼有神权和民主的双重色彩，哈塔米所致力的改革旨在推动公民社会和法治所代表的民主制而淡化伊斯兰的神权体制，完善现行的民主体制和民主程序。哈塔米认为，与西方相比，伊朗的现代化进程起点不同，结局亦不相同。哈塔米强调，现代化模式并不具有单一

① Gheissari, A., *Contemporary Iran: Economy, Society, Politics*, p.286.

② Tazmini, G., *Khatami'Iran: The Islamic Republic and the Turbulent Path to Reform*, p.56, p.21.

③ Menashri, D.*Post-Revolutionary Politics in Iran: Religion, Society and Power*, p.80, p.90.

性，而是表现为多样性。20 世纪的伊朗经历三次现代化的实践过程：礼萨汗时代和巴列维时代西化模式的现代化以及霍梅尼时代伊斯兰化模式的现代化。在此基础上，哈塔米试图实现“回归常态”的现代化模式。①哈塔米认为，伊朗的现代化道路经历了巴列维时代的西化和霍梅尼时期的伊斯兰化两个极端模式，目前伊朗处于现代化进程的十字路口。哈塔米强调改革的必要性，主张开放政治空间、提高经济的国际化、全球对话。国际关系、贸易和商业、妇女和青年、新闻和艺术及其他文化事业，是哈塔米关注的重点领域。哈塔米在 1997 年就职演说以及其后发表的言论中，强调宗教不应成为自由的障碍，国家和民众必须遵守法律的准则，公民的尊严和权利应当受到保护，不同文明之间应当对话而不应当对抗，伊朗政府愿意在相互尊重的基础之上改善与西方世界的关系，真正的伊斯兰教与西方世界倡导的包括自由、民主和人权在内的政治原则并不存在根本的对立。②

然而，哈塔米改革的目标并非在伊朗推行西化，而是一方面宣称坚持伊斯兰原则，另一方面试图重新解读伊斯兰原则以适应变动的形势。哈塔米主张延续现行的神权体制，同时给神权体制注入新的活力。③哈塔米强调，改革运动的驱动力来自伊斯兰革命之民主精神的回归。哈塔米在 2001 年竞选连任前夕的记者会上表示，改革运动旨在继承 1906 年宪政运动、1951 年石油国有化运动和 1979 年伊斯兰革命的传统，伊斯兰革命的目标是实现人民的统治。2004 年议会选举后，哈塔米公开强调国家体制的共和属性，抨击宪法监护委员会干预议会选举和阻止改革派的政治参与。④不同于礼萨汗、巴列维和霍梅尼时代“自上而下”的现代化模式，哈塔米致力于“自下而上”的现代化模式即所谓的“第三种模式”，而现代化改革的动力来自市场经济、公民社会和民众参与的强烈诉求。⑤

持左翼立场的激进派在霍梅尼时期活跃于伊斯兰共和国的政治舞台，长期占据议会多数席位，主导内阁政府和司法机构。1989 年拉夫桑贾尼当选总统后，在政府机构清理激进派。⑥在司法机构，激进派欧莱玛遭到哈梅内伊

---

① Tazmini, G., *Khatami'Iran: the Islamic Republic and the Turbulent Path to Reform*, pp.19—20.

② Hooglund, E., *Twenty Years of Islamic Revolution: Political and Social Transition in Iran since 1979*, pp.19—20.

③ Tazmini, G., *Khatami'Iran: The Islamic Republic and the Turbulent Path to Reform*, pp.18—19.

④ Lust-Okar, E. & Zerhouni, S., *Political Participation in the Middle East*, Boulder 2008, p.63.

⑤ Tazmini, G., *Khatami'Iran: The Islamic Republic and the Turbulent Path to Reform*, p.34.

⑥ Menashri, D.*Post-Revolutionary Politics in Iran: Religion, Society and Power*, p.53.

的排斥，保守派欧莱玛控制司法机构。[①]1990 年 10 月举行专家会议选举，包括议长卡鲁比和司法总监阿亚图拉哈勒哈里在内的激进派人士被宪法监护委员会剥夺竞选资格，进而排除于专家会议之外。[②]与此同时，激进派议员抨击拉夫桑贾尼推行的新经济政策损害被剥夺者利益，扩大贫富差距，背叛伊斯兰革命的初衷，亦质疑哈梅内伊作为最高宗教领袖的合法性。[③]1992 年举行第四届议会选举，包括议长卡鲁比在内的 141 名第三届议会议员被宪法监护委员会剥夺竞选连任的资格，激进派落败，成为政坛的边缘势力。[④]此后，激进派逐渐出现异化倾向，调整政治立场，淡化伊斯兰革命的意识形态，倡导法治、公民社会、保护人权、民主化改革、温和外交政策，进而挑战最高宗教领袖制和神权体制，呼吁开放多元的政治改革，政治理念与哈塔米领导的改革派日渐趋同，直至于 1997 年总统大选期间融入改革派阵营。[⑤]

经济社会环境的变化，势必导致政治派别的分化和重组。进入新世纪，在改革派与保守派激烈角逐之际，保守派阵营出现裂变，形成元老派与新生代之间的政治博弈，后者主张复兴霍梅尼主义的原则，具有世俗背景，强调捍卫下层民众即所谓被剥夺者的利益，致力于缩小贫富差别和实现社会公正，反对国内精英和政治腐败，旨在争取低收入选民的支持，进而区别于改革派和保守派，其经济社会纲领与霍梅尼时代的左翼激进派颇有异曲同工之处，可谓新左派，伊朗政坛称之为原则主义派。[⑥]新左派的宗旨是致力于民粹主义，挑战欧莱玛的特权地位，反对国内精英政治和国外干涉，恢复伊斯兰革命的热情，实现霍梅尼的愿望，在马赫迪降临之前建立公正的伊斯兰社会。新左派的支持者主要是参加过两伊战争的退役军人，在拉夫桑贾尼任总统期间就读于大学，在哈塔米任总统期间步入政坛，反对腐败，渴望社会公正，与伊斯兰革命卫队及安全情报机构联系密切，不满于保守势力的特权地位，可谓保守派阵营的新生代力量。[⑦]哈梅内伊、拉夫桑贾尼和哈塔米均为霍梅尼的革命伙伴和教界人士，而艾哈迈迪内贾德作为新左派的核心人物则是来自世俗阶层的新生代政治家。

---

① Cheissari, A. & Nasr, V., *Democracy in Iran: History and the Question for Liberty*, p.109.

② Menashri, D., *Post-Revolutionary Politics in Iran: Religion, Society and Power*, p.53.

③ Esposito, J.L. and Ramzani, R.K., *Iran at the Crossroads*, p.33.

④ Arjomand, S.A., *After Khomeini: Iran Under His Successors*, p.68.

⑤ Lust-Okar, E. & Zerhouni, S., *Political Participation in the Middle East*, p.62.

⑥ Diamond, L., Plattner, M.F. & Brumberg, N., *Islam and Democracy in the Middle East*, p.115.

⑦ Nabavi, N., *Iran: From Theocracy to the Green Movement*, p.65.

艾哈迈迪内贾德1956年出身于德黑兰东南100公里的小城加姆萨尔附近的一个贫困农户。1957年，其父携家人移居德黑兰谋生。1979年革命期间，艾哈迈迪内贾德是追随霍梅尼的青年学生。两伊战争期间，艾哈迈迪内贾德加入伊斯兰民兵组织。1993—1997年，艾哈迈迪内贾德出任埃尔比勒省长。此间，内贾德加入由老兵组成的伊斯兰革命奉献者协会，该协会旨在维护老兵及其家眷的利益。[①]1997年哈塔米当选总统后，艾哈迈迪内贾德退出政坛，从事学术和技术工作。2003年，艾哈迈迪内贾德重返政坛，当选德黑兰市市长。[②]艾哈迈迪内贾德作为新左派的核心人物，强调回归霍梅尼时期的伊斯兰革命传统，倡导社会公正、重新分配财富、缩小贫富差别，外交方面持强硬立场。相比于保守派强调欧莱玛在政治和宗教方面的特权地位，艾哈迈迪内贾德代表的新左派主张淡化欧莱玛的作用，强调什叶派穆斯林与伊玛目之间直至与安拉之间的精神沟通而无需欧莱玛的指引，表现为去欧莱玛化的宗教政治色彩。[③]

伊斯兰共和国的政党政治

1979年颁布的伊斯兰共和国宪法允许组建政党。在伊斯兰共和国初创阶段，来自世俗界和宗教界的诸多政治势力组建政党，角逐政坛，数量多达数十个。[④]1979年12月，沙里亚特玛达里领导的穆斯林人民共和党由于抵制伊斯兰共和国宪法的全民公决遭到取缔。1980年6月，霍梅尼公开谴责桑贾比领导的民族阵线，进而取缔民族阵线的合法地位。1987年5月，霍梅尼宣布取缔政党。[⑤]

1988年8月两伊战争结束后，议会通过早在1981年制定而长期搁置的政党法。1989年6月霍梅尼去世，一个月后，4个政党根据政党法获准成立，其中3个属于伊斯兰左翼派别。[⑥]然而，80年代末和90年代初，尽管宪法允许组建政党和其他政治组织，政党政治依旧被视作加剧社会对立和导致社会分裂的潜在隐患，鲜有政治组织获得官方批准使用政党的名义。阿亚图拉卡

---

① Alsaif, T., *Islamic Democracy and Its Limite: The Iranian Experience Since 1979*, p.169, p.170.

② Arjomand, S.A., *After Khomeini: Iran Under His Successors*, p.150.

③ Nader, A., *The Next Supreme Leader: Succession in the Islamic Republic of Iran*, pp.14—15.

④ Alsaif, T., *Islamic Democracy and Its Limite: The Iranian Experience Since 1979*, p.144.

⑤ Zabih, S., *Iran Since the Revolution*, London 1982, p.64, p.144.

⑥ Alsaif, T., *Islamic Democracy and Its Limite: The Iranian Experience Since 1979*, p.144, p.146.

尼认为,欧莱玛作为信众之父,不适合加入政党。努里于 1991 年宣称,在伊玛目隐遁期间,最高宗教领袖拥有伊玛目和先知的权力,所有人的责任是遵从最高宗教领袖的意愿,最高宗教领袖政府是唯一可以接受的政府,安拉之党抑或真主党是唯一可以接受的政党。[①]

霍梅尼陵墓外悼念的民众

1997 年哈塔米当选总统后,多党制政党政治逐渐活跃,代表不同政治派别的诸多政党于此间浮出水面,其政治影响力逐渐显现。据官方统计,1997 年初,只有 6 个政党和 29 个政治组织得到政府的承认。[②]相比之下,至 2000 年初,合法的政党和政治组织增至 103 个。政党和政治组织的上升趋势,反映出公民社会和民主化之自下而上的进步,标志着民众政治参与的扩大、政治认同感的提高和社会结构的多元化。2005 年艾哈迈迪内贾德当选总统后,伊朗政坛依然延续政党政治的多元化趋势。[③]

---

① Arjomand, S.A., *After Khomeini*: *Iran Under His Successors*, p.65, p.66.

② Alsaif, T., *Islamic Democracy and Its Limite*: *The Iranian Experience Since 1979*, p.82.

③ Tazmini, G., *Khatami'Iran*: *The Islamic Republic and the Turbulent Path to Reform*, p.73, p.74

伊斯兰共和党始建于1979年初，由阿亚图拉贝赫什提领导，巴赫纳尔、哈梅内伊和拉夫桑贾尼均系该党的核心成员。[①]伊斯兰共和党系什叶派欧莱玛的政治组织，基本纲领是宣扬伊斯兰价值观、推行伊斯兰教法和实现伊朗社会的伊斯兰化，旨在联合宗教势力对抗世俗自由派和左派，借助于宗教形式倡导激进的社会倾向，实现现代伊斯兰主义与下层民众的政治联盟，创建由什叶派欧莱玛抑或教法学家统治的伊斯兰社会。伊斯兰共和党在传统中产阶级和社会下层民众具有广泛的政治影响，很快发展为伊朗最大的和最有势力的政治组织，在许多城市设立分支机构，拥有独立的民兵武装。[②]1979—1987年，伊斯兰共和党主导伊朗政坛。1981年6月，伊斯兰共和党遭受重创，包括贝赫什提在内的72位核心成员死于炸弹袭击，巴赫纳尔继任伊斯兰共和党主席，数周后，总统拉贾伊和总理巴赫纳尔死于炸弹袭击。此后，伊斯兰共和党实施高压政策，1981—1983年将其他反对派政党清除殆尽，形成一党制，自身随之失去政治活力。[③]1987年5月，在哈梅内伊和拉夫桑贾尼的建议下，霍梅尼宣布取缔政党，进而解散伊斯兰共和党。[④]

"战斗的欧莱玛协会"(JRM)始建于伊斯兰革命前夕的1978年，旨在联合什叶派欧莱玛支持霍梅尼，在革命的进程中迅速发展。伊斯兰革命后，"战斗的欧莱玛协会"成员延伸到教界以外，分别来自左翼群体和右翼群体，包括不同的政治派别，核心人物包括哈梅内伊、拉夫桑贾尼、努里、拉里贾尼、卡尼、叶兹迪、巴赫纳尔。[⑤]"战斗的欧莱玛协会"的宗旨是捍卫伊斯兰革命事业、宣传伊斯兰主义和强化宗教机构。然而，"战斗的欧莱玛协会"并未以政党自居，既未申请官方的承认，亦无官方的组织机构，缺乏完整的组织体系、明确的思想纲领和必要的共识，政治观点分歧甚大。1981年贝赫什提死后，"战斗的欧莱玛协会"内部左翼派别与右翼派别之间的分歧日渐凸显。1987年伊斯兰共和党被取缔后，"战斗的欧莱玛协会"成为伊斯兰共和国政坛最重要的政治组织。1988年，"战斗的欧莱玛协会"内部的左翼派别另立门户，"战斗的欧莱玛协会"成为右翼保守派组织。"战斗的欧莱玛协会"倡导市场经济，标榜代表被剥夺者的利益，在政治、社会和文化领域持保守派立场，与

---

① Kamrava, M., *The Political History of Modern Iran: from Tribalism to Theocracy*, p.88.

② Downes, M., *Iran's Unresolved Revolution*, p.122.

③ Alsaif, T., *Islamic Democracy and Its Limite: The Iranian Experience Since 1979*, p.145.

④ Milani, M.M., *The Making of Iran's Islamic Revolution*, pp.198—200.

⑤ Menashri, D., *Post-Revolutionary Politics in Iran: Religion, Society and Power*, pp.69—70.

巴扎上层联系密切,支持现行最高宗教领袖制。1992—1997年,“战斗的欧莱玛协会”在议会和政府机构占据主导地位。1997年、1999年和2000年,“战斗的欧莱玛协会”在总统选举、地方选举和议会选举中落败于左翼势力,此后在政坛逐渐衰落。2002年总统选举中,“战斗的欧莱玛协会”放弃提名总统候选人。2003年地方选举和2004年议会选举中,“战斗的欧莱玛协会”再度沉默于政坛。①

1988年,“战斗的欧莱玛协会”的27名左翼人士,包括卡鲁比、塔瓦索里、霍伊尼哈、萨奈伊、哈勒哈里、哈塔米以及霍梅尼之子艾哈迈迪,创建“战斗的欧莱玛联合会”(MRM)。此后10年,“战斗的欧莱玛协会”与“战斗的欧莱玛联合会”之间分歧逐渐扩大,直至在1997年总统选举期间形成对立的态势。②“战斗的欧莱玛联合会”代表新生代欧莱玛的诉求,在80年代主张国家主义的经济政策、社会下层的补贴金、公正的财富分配,进入90年代,反对拉夫桑贾尼政府推行的新经济政策。③哈梅内伊时代,“战斗的欧莱玛协会”与“战斗的欧莱玛联合会”均承认最高宗教领袖制的合法性,区别在于前者代表保守派的政治立场,主张最高宗教领袖不受民众选举的限制和监督,哈梅内伊具有凌驾于选民之上的绝对权力,而后者强调国家体制的共和属性和民众主权,试图将国家主权和共和制置于最高宗教领袖制之上,主张最高宗教领袖不应超越宪法和法律,哈梅内伊的绝对权力侵犯宪法的民主原则,进而强调:“国家的所有栋梁,包括最高宗教领袖在内,其权力的合法性必须来自共和的原则”,“没有民众的选票,就没有政府的合法性”,最高宗教领袖的权力必须受到宪法的约束,最高宗教领袖必须尊重民众选举的政府权力。④“战斗的欧莱玛联合会”认为,所有国家权力都源于共和制;宪法规定治理国家的基本权力属于民众,最高宗教领袖只有在得到民众的接受的情况下,其行为才具有合法性,“国家的所有栋梁,包括最高宗教领袖在内,其权力的合法性必须来自共和的原则”,“没有民众的选票,就没有政府的合法性”。⑤“战斗的欧莱玛联合会”在1992年议会大选中落败,继而淡出政坛,直至1997年总统大选期间融入改革派阵营。⑥

拉夫桑贾尼在左翼人士脱离“战斗的欧莱玛协会”和组建“战斗的欧莱玛

① Alsaif, T., *Islamic Democracy and Its Limite: The Iranian Experience Since 1979*, pp.148—149.

② Tazmini, G., *Khatami'Iran: The Islamic Republic and the Turbulent Path to Reform*, p.45, p.46.

③⑥ Diamond, L., Plattner, M.F. & Brumberg, N., *Islam and Democracy in the Middle East*, p.115.

④⑤ Takeyh, R., *Hidden Iran: Paradox and Power in the Islamic Republic*, p.49.

联合会”后，留在“战斗的欧莱玛协会”。然而，“战斗的欧莱玛协会”逐渐转向保守立场，反对拉夫桑贾尼的经济社会政策和自由主义倾向。1996 年第五届议会选举前夕，拉夫桑贾尼另立门户，试图打破“战斗的欧莱玛协会”操纵议员提名的局面，建议其支持者以“战斗的欧莱玛协会”的名义参与竞选活动，遭到“战斗的欧莱玛协会”主席和时任议长努里的反对。随后，拉夫桑贾尼的支持者，包括拉夫桑贾尼政府的 2 位副总统以及多名内阁部长和德黑兰市市长，创建新的政党，名为建设公仆党(Kargozaran)。①建设公仆党持现代右翼立场，强调经济重建，致力于推动包括私有化、市场化和国际化在内的经济改革进程，旨在捍卫拉夫桑贾尼的改革进程即所谓的“调整政策”。②1996年，建设公仆党提出的竞选口号是：“伊斯兰光荣”“持续重建”“发展伊朗”。保守派抨击建设公仆党提名政府官员竞选议会席位系违法行为，哈梅内伊并未直接谴责建设公仆党，却宣布禁止内阁部长竞选议会席位，拉夫桑贾尼则宣布保持中立而避免介入不同派系的竞选提名之争。③建设公仆党呼吁修改宪法以便拉夫桑贾尼继续竞选总统的第三个任期，确保经济改革的延续。④该党属于代表社会上层的精英政治集团，成员多为政府官员，得到中产阶级的支持，缺乏下层社会基础。该党主要关注国家的经济发展进程，致力于推动城市化和国际化。⑤该党倡导法治，谴责以暴力方式迫害政治反对派，倡导经济重建，强调经济的落后是革命和国家面临的最大威胁，而政治自由化是国家发展的前提条件，政治自由化包括多元化和多党制以及法制框架下的新闻自由。⑥该党强调理性高效强势的政府以代表民众的利益和诉求，淡化宗教学者的治国特权，倡导介于独裁体制与民主政治之间的专家治国，被保守派视作背离伊斯兰革命的原则。该党认为，宗教学者和神权机构作为政府的盟友，应当从属于政府，而不是保守派主张的政府从属于宗教学者和神权机构。该党主张在民众主权的框架下接受最高宗教领袖制，认为最高宗教领袖作为领导人源于民众的选择而不是安拉的钦定，最高宗教领袖须根据宪法行使权力，最高宗教领袖的权力源于宪法的规定。该党主张社会和文化生活的容忍和宽松。德黑兰市市长卡尔巴什奇和内阁新闻部长穆哈杰拉尼推行上

①⑥ Arjomand, S.A., *After Khomeini: Iran Under His Successors*, p.70.

② Crane, K., Lal, R. & Martini, J., *Iran's Political, Demographic and Economic Vulnerabilities*, p.23.

③ Menashri, D., *Post-Revolutionary Politics in Iran: Religion, Society and Power*, p.69, p.70.

④ Tazmini, G., *Khatami'Iran: The Islamic Republic and the Turbulent Path to Reform*, p.46.

⑤ Alsaif, T., *Islamic Democracy and Its Limite: The Iranian Experience Since 1979*, p.158.

述主张，引发保守派的反对。1998 年，卡尔巴什奇被判处 5 年监禁，剥夺政治权利 10 年。2000 年，穆哈杰拉尼被迫辞去内阁职务，2005 年被剥夺竞选总统的资格。[①]

"伊斯兰革命圣战组织"(SMEI)始建于 1979 年 4 月，系 7 个小组织合并而成，具有左翼政治倾向。伊斯兰共和国建立初期，该组织作为霍梅尼的支持者曾经在军队、情报机构、内阁和议会占据重要位置。1982 年以后，该组织逐渐衰落，成员退出军政机构，至 1986 年被解散。[②]1991 年 10 月，"伊斯兰革命圣战组织"重建，继而成为激进派在第四届议会中的核心势力。[③]1994 年，该组织创办期刊，讨论诸如政治体制、权力集团、国家与宗教的关系、国家与社会的关系之类的敏感话题，颇具政治影响，引发国内的新政治思潮和民主化思想，直至 2002 年 3 月被政府查封。[④]该组织强调最高宗教领袖制是先知的事业的延续，致力于捍卫伊斯兰宪政制的共和性和反对保守派的专制，强调民众的参与是伊斯兰共和国的基石，国家的伊斯兰性源于共和性，因此失去共和性的政府意味着失去了伊斯兰性，任何否定国家共和性的企图都是反动的和反革命的行为，坚持教法学家的集体监护权，坚持民主的选举是伊斯兰政府的基础，强调通过议会选举实现政治参与。1996 年 6 月，"伊斯兰革命圣战组织"与亲拉夫桑贾尼的务实派组成议会联盟，名为议会的真主党联盟。[⑤]1997 年大选以后，该组织成为哈塔米政府的重要合作者。该组织的存在，推动了改革派阵营的形成。该组织具有明显的世俗色彩，没有来自欧莱玛的成员，支持者大都来自政治家和知识界，强调发展工业和遏制传统商业贸易。2002 年，库姆神学家协会宣布该组织违背教义和亵渎宗教。2004 年，该组织被剥夺参与竞选议会席位的权利。[⑥]

伊斯兰联盟党(MO' talefeh)成员来自传统保守派，始建于 1963 年霍梅尼被捕入狱之时，伊斯兰革命期间得到德黑兰和伊斯法罕的巴扎阶层的支持，后并入伊斯兰共和党。[⑦]1987 年伊斯兰共和党解散后，伊斯兰联盟党开始在伊朗政坛独树一帜，核心人物包括卡尼、麦什基尼、努里。[⑧]1981—1997 年，

---

① Alsaif, T., *Islamic Democracy and Its Limite: The Iranian Experience Since 1979*, pp.159—160.

② Alsaif, T., *Islamic Democracy and Its Limite: The Iranian Experience Since 1979*, p.161.

③ Arjomand, S.A., *After Khomeini: Iran Under His Successors*, pp.68—69.

④⑥ Alsaif, T., *Islamic Democracy and Its Limite: The Iranian Experience Since 1979*, p.162.

⑤ Arjomand, S.A., *After Khomeini: Iran Under His Successors*, pp.68—71.

⑦ Alsaif, T., *Islamic Democracy and Its Limite: The Iranian Experience Since 1979*, p.149.

⑧ Chehabi, H.E., *Iranian Politics and Religious Modernism*, p.149.

该党成员5人出任内阁职位，数人当选议员，代表富商利益。该党抵制具有左翼色彩的政府干预的经济政策，是伊斯兰革命后国有经济战略的最重要的对立面，1983年该党两名部长因此辞职。与此同时，该党支持改革派的经济主张，后者呼吁修改宪法关于政府干预经济的相关条款。在政治上，该党支持神权体制和宗教合法性的权威地位，反对宗教多元化的政治体制。90年代后期，该党势力削弱。1996年大选，尽管保守派获胜，但该党3名核心成员落选议员。2000年大选，该党再次落败。2004年大选，保守派联盟拒绝提名该党领导人竞选议会席位。在同年召开的该党大会上，新生代取代元老派成为新的领导层。该党主要依靠教界的支持，而教界素来在经济上依靠巴扎商人，而并非依赖于政府，由此形成相对独立的社会地位和政治影响力。伊斯兰革命后，教界主体依旧与政府处于若即若离的状态。该党致力于支持教界倡导的文化和慈善事业，赞助宗教学校和清真寺。①

"伊斯兰伊朗参与者阵线"(Mosharekat)始建于1998年8月，1999年2月在地方选举中胜出，2000年2月第六届议会大选中再次胜出，赢得67%的选票，占据议会多数席位。②2004年第七届议会大选前夕，该党的所有候选人均被宪法监护委员会剥夺竞选资格，导致该党被迫退出议会竞选。该党具有自由民主的倾向，被视作左翼倾向的社会民主党。该党创始人包括政治家、知识分子和记者110人，自称宗教改革派知识分子。该党内部存在三种倾向，一是具有宗教色彩的传统左翼，二是倡导世俗民主化的中右翼改革派，三是政治化的知识分子，其中后者持务实和自由的观点，具有温和的宗教色彩，是该党内部最有政治潜力的倾向。③该党代表新生代的政治诉求，在游离于政治舞台边缘的诸多群体，特别是在女性和青年中具有影响力。④2000年大选前夕，该党的竞选宣言强调遵循霍梅尼的道路和致力于发扬伊斯兰革命的民主精神，呼吁废除特别宗教法庭、修改新闻法和保障言论自由、取缔新闻审查制度。⑤该党在2000年提出的竞选口号是"伊朗属于全体伊朗人"，主张公正和自由，倡导改革、自由、福利、公正和精神价值，强调改革源于伊斯兰革命而不是反对伊斯兰革命。⑥该党抨击右翼保守势力恪守的神权体制背

① Alsaif, T., *Islamic Democracy and Its Limite: The Iranian Experience Since 1979*, p.149, p.150.

② Arjomand, S.A., *After Khomeini: Iran Under His Successors*, p.96.

③ Alsaif, T., *Islamic Democracy and Its Limite: The Iranian Experience Since 1979*, p.167, p.164.

④⑥ Menashri, D., *Post-Revolutionary Politics in Iran: Religion, Society and Power*, pp.308—309.

⑤ Lust-Okar, E. & Zerhouni, S., *Political Participation in the Middle East*, p.63.

离伊斯兰革命的传统，强调改革运动的驱动力来自伊斯兰革命之民主精神的回归。[①]该党致力于政治改革，呼吁根据社会政治形势和国际环境的变化而重新思考和评判伊斯兰共和国的政治文化、政治体制和政治标准，强调自由民主制是唯一适应形势变化的政权体制，主张保障公民权、议会代表民众意志、宪法至上和法治社会、建立透明和责任制政府作为改革运动的核心目标。该党认为，改革派的兴起标志着伊斯兰革命运动正在转化为理性、务实的政治运动。该党主导的第六届议会致力于提高公众权力和民众对政治进程的影响力，质疑宗教领袖凌驾于宪法之上所行使的绝对权力。该党认为，现行的宪法在权力结构和权力体制的规定方面存在瑕疵，然而改革的进程可以在现行宪法和法律的框架下逐步推进；目前国家的缺陷在于缺乏宪法至上和司法公正的实践。该党认为，民主化进程在于调整权力结构和实现权力制衡。该党于 2003 年 10 月召开第五次大会，强调其基本原则是在宪法和法律的框架下以和平的方式争取民主，反对以否定现行政治体制为目标的激进的政治运动。该党于 2004 年 7 月召开第七次大会，重申政党政治和公民社会作为表达民众诉求和实现民众参与的基本手段，倡导宗教在公共领域和私人生活的广泛作用，同时反对国家政治领域的宗教特权，认为诸如最高宗教领袖和宪法监护委员会等宗教机构所行使的权力应当建立在法律和政治的基础上而不是建立在宗教的基础上，反对混淆宗教权力与国家权力，主张实现宗教权力与国家权力之间的分离。[②]

"伊朗伊斯兰建设者联盟"(Abadgaran)缘起于保守派阵营的分化和裂变，代表保守派阵营内部新生代的政治诉求，核心人物是艾哈迈迪内贾德。1999 年安全机构对于学生示威的镇压，引发青年一代对于现行秩序的强烈不满，政治变革的呼声日渐高涨。"伊朗伊斯兰建设者联盟"于 2003 年地方选举中首次浮出政坛，赢得德黑兰议会 30 个席位，在德黑兰议会中取代改革派的主导地位。2004 年议会大选，"伊朗伊斯兰建设者联盟"再次胜出。该党的宗旨是维护革命和两伊战争期间老兵的权益，依托德黑兰南部贫民区，属于保守派阵营具有改革倾向的新生代，抨击政府腐败瑕疵，挑战欧莱玛的特权地位，呼吁在最高宗教领袖制的框架下改革行政体制。什叶派欧莱玛系职业群体，却非浑然一体的政治集团。保守派可谓政治化的欧莱玛的代表，

① Lust-Okar, E. & Zerhouni, S., *Political Participation in the Middle East*, p.63.

② Alsaif, T., *Islamic Democracy and Its Limite: The Iranian Experience Since 1979*, p.165, p.166.

更多的教界人士游离于政治舞台的边缘,两者不可一概而论。该党反对政治化的欧莱玛抑或保守派欧莱玛把持和垄断国家权力,在非政治化的教界人士中不乏支持者。该党主导的议会,自伊斯兰革命以来首次出现非教界人士出任议长的局面。该党与保守派均主张现行的神权体制即最高宗教领袖制。然而,保守派强调国家的合法性来自神权和宗教,强调信仰至上。相比之下,该党强调国家的合法性来自物质平等基础上的社会公正,更加关注诸如就业、收入之类的民众物质生活,具有务实派和国家主义的倾向。①

"阿克巴尔沙"与拉夫桑贾尼政府的新经济政策

两伊战争的结束和霍梅尼的去世,无疑是务实派浮出政坛的历史契机。两伊战争期间,伊朗实行战时经济。两伊战争结束后,经济改革势在必行。拉夫桑贾尼的施政举措,缘起于此前 10 年间的经济萧条。相比于 70 年代快速的经济增长,80 年代经济发展处于停滞状态,人均收入大幅下降,1989 年失业率达到 15%,通货膨胀率达到 29%,引发社会不满情绪蔓延,形成对于官方的巨大压力,振兴国民经济成为伊朗社会的强烈需求。拉夫桑贾尼政府面对挑战,认识到革命的理论和政策无法解决上述问题,提出在革命的框架下实现发展的建议。拉夫桑贾尼 1989—1997 年任总统期间,致力于两伊战争后国民经济的恢复和重建,改革霍梅尼时代政府主导的经济模式,实行自由化的经济政策,调整货币汇率,放宽外汇交易,建立自由贸易区,吸引流亡海外的企业家回国投资,逐渐恢复巴列维国王时代制定和实施、革命期间遭到否定和被迫中断的发展计划,其中包括工业化、城市化、能源和基础设施建设,因此被时人戏称为"阿克巴尔沙"。②

拉夫桑贾尼政府实现经济变革的手段是制订所谓的国民经济五年发展计划,与巴列维时代的经济发展战略如出一辙。然而,拉夫桑贾尼制订的五年计划与巴列维时代的不同之处在于强调私人经济;由于此间的国家财力远不及巴列维时代,需要借助私人财力,拉夫桑贾尼政府积极倡导私有化,主张扩大私人投资和国外投资。1989 年制订的第一个五年计划(1990—1994)规定了私有化的法律框架,计划出售约 800 家国有企业。③同年,拉夫桑贾尼政

---

① Alsaif, T., *Islamic Democracy and Its Limite: The Iranian Experience Since 1979*, pp.151—155.

② Cheissari, A. & Nasr, V., *Democracy in Iran: History and the Question for Liberty*, p.113, p.119, p.106.

③ Cheissari, A. & Nasr, V., *Democracy in Iran: History and the Question for Liberty*, p.122.

府重开德黑兰股票市场，作为国有企业私有化的途径。1994 年制订的第二个国民经济五年发展计划(1995—1999)，继续明确经济市场化的政府导向。[①]与此同时，拉夫桑贾尼政府致力于改善国际环境，反对输出伊斯兰革命，修补国际关系，争取国际援助，鼓励伊朗经济融入全球化的世界市场体系。1990 年，拉夫桑贾尼表态支持科威特反对伊拉克入侵，伊朗与海湾国家的关系得到改善。[②]1996 年，拉夫桑贾尼政府首次申请加入世界贸易组织。[③]

拉夫桑贾尼的总统任期即 1989—1997 年，是伊斯兰共和国历史进程的重要转型期，在原有革命体制延续的同时，改革趋势逐渐显现，经济、社会和政治层面均呈剧烈变动的态势，革命和战争的狂热逐渐让位于国家构建和经济发展的实践，激进组织的意识形态、高压、封闭、输出伊斯兰革命和反对帝国主义的战争，让位于经济增长、稳定和繁荣，可谓伊斯兰共和国的“热月”阶段，“第二伊斯兰共和国”由此得名。[④]如果说“伊斯兰威权主义”构成霍梅尼时期的突出特征，那么拉夫桑贾尼出任总统期间可谓从“伊斯兰威权主义”向“伊斯兰实用主义”转变的阶段。[⑤]

拉夫桑贾尼当选总统的最初 3 年即 1989—1992 年，官方逐渐放松对于社会和文化领域的控制。[⑥]与此同时，拉夫桑贾尼试图调和现代国家的理念与伊斯兰革命的意识形态，强化国家机构的权力，解决伊斯兰革命后形成的教俗二元体制的结构性矛盾，厘清革命机构与国家机构之间的关系，建立高效率的技术专家型政府。拉夫桑贾尼主张，经济改革优先于政治改革，应当致力于改善经济环境，在避免与保守势力冲突的前提下稳步推动政治改革，预示着伊朗政治开始偏离伊斯兰革命的原则和伊斯兰化的意识形态。[⑦]在此基础上，拉夫桑贾尼政府重视发展高等教育，投资创办新的高等学校，鼓励私人投资高等教育，同时淡化大学校园的革命色彩和意识形态狂热程度，着力培养国家发展所需的技能型人才。1987—1992 年，高等学校在学人数增长两倍；1992—1997 年，高等学校在学人数再度增长一倍，超过 120 万人。[⑧]

---

① Arjomand, S.A., *After Khomeini: Iran Under His Successors*, p.57.

② Alsaif, T., *Islamic Democracy and Its Limite: The Iranian Experience Since 1979*, p.77.

③ Arjomand, S.A., *After Khomeini: Iran Under His Successors*, p.58.

④ Cheissari, A. & Nasr, V., *Democracy in Iran: History and the Question for Liberty*, p.105.

⑤ Ehteshami, A., *After Khomeini: The Iranian Second Republic*, p.55.

⑥ Diamond, L., Plattner, M.F. & Brumberg, N., *Islam and Democracy in the Middle East*, p.110.

⑦ Alsaif, T., *Islamic Democracy and Its Limite: The Iranian Experience Since 1979*, p.77.

⑧ Arjomand, S.A., *After Khomeini: Iran Under His Successors*, pp.63—64.

1991年,伊朗政府代表团在纽约与450余流亡北美的伊朗学者以及巴列维时代的富商聚会,鼓励他们回到伊朗参与拉夫桑贾尼启动的经济改革,承诺返还革命期间没收的私人财产。巴列维时代的许多政府管理者在80年代初遭到清洗,此时得以重新回归政府机构,曾经遭到清洗的学者重新回归大学和研究机构并参与政府决策。80年代的政府座右铭是"我们需要的是意识形态上的奉献者",相比之下,90年代的政府座右铭是"我们需要的是作为意识形态奉献者的专家"。①

拉夫桑贾尼被其支持者称作"发展的领航者"。然而,由于激进派和保守派相继占据议会多数席位,拉夫桑贾尼新经济政策的实施面临巨大的阻力,其对于发展所做的承诺即经济自由化纲领的实施处于摇摆的状态,私有化进程十分缓慢。②在拉夫桑贾尼的第一个总统任期,施政阻力主要来自激进派占据多数席位的第三届议会。拉夫桑贾尼政府强调经济优先的施政理念,激进派抨击务实派假借发展经济的名义投靠西方世界,指责务实派的经济政策将会使伊朗偏离革命的方向直至丧失政治独立和文化独立。另一方面,激进派的经济目标是改善下层民众生活和提高伊朗的经济独立性,要求政府控制外贸和向富人增加税收,反对去国有化,反对吸引私人投资,反对向国外借贷,反对赤字经济,抨击世界银行和国际货币资金组织是西方霸权和侵略的工具,指责拉夫桑贾尼政府与国内外富人沆瀣一气,损害被剥夺者利益,背叛伊斯兰革命的初衷。激进派人士穆赫塔沙米在90年代初表示,拉夫桑贾尼并未兑现当选总统时的承诺,富人享有越来越多的福利而穷人的境况甚至不及从前,伊斯兰共和国的经济形势甚至不及一些资本主义国家。激进派人士哈勒哈里表示,巴列维国王的胡韦达首相执政期间,至少物价稳定,而现在的物价每个小时都在上涨。激进派与务实派的对立主要表现为国内政策的严重分歧,而外交政策的分歧则是两大阵营国内政策分歧的延伸。务实派反对口号式的革命政治,强调经济优先的政策,倡导改善国际环境和与西方世界的关系以及缓和与"反动的穆斯林国家"之间的关系。③

在拉夫桑贾尼的第二个总统任期,随着激进派淡出政坛,保守派占据第四届议会多数席位,务实派与保守派之间的矛盾逐渐加剧。务实派所谓的政

---

① Cheissari, A. & Nasr, V., *Democracy in Iran: History and the Question for Liberty*, p.114—115.

② Cheissari, A. & Nasr, V., *Democracy in Iran: History and the Question for Liberty*, p.111.

③ Menashri, D., *Post-Revolutionary Politics in Iran: Religion, Society and Power*, pp.58—59, p.118, p.57.

策调整尽管局限于经济领域，却成为体现其与保守派政治分歧的重要形式。拉夫桑贾尼的施政理念引发保守派的反对和抵制，后者抨击拉夫桑贾尼政府在意识形态上偏离伊斯兰革命的原则和方向。[①]伊斯兰共和国首任总统巴尼萨德尔曾说："我们考虑的是如何增加生产，而霍梅尼考虑的是如何提升信仰……同样，拉夫桑贾尼当选总统后，强调经济发展的优先地位，主张经济改革优先于政治改革，致力于推动从政治革命向经济发展的转化，而哈梅内伊却强调捍卫宗教原则和伊斯兰革命的优先地位。"哈梅内伊则表示，如果我们只是迷恋于经济增长而忽略道德提升，我们取得的所有成就都会变得毫无意义。与此同时，务实派主导的政府与保守派控制的议会之间形成对立状态。拉夫桑贾尼政府在1994年制订的第二个五年计划，由于保守派主导的议会的阻挠，搁置一年无法通过。[②]

霍梅尼去世后初期，拉夫桑贾尼与哈梅内伊尽管不无分歧和矛盾，却不得不相互支持和彼此妥协，共同应对来自左翼的挑战。1984年，哈梅内伊称赞拉夫桑贾尼是"最勇敢、最有智慧的人"，祈求安拉赐福拉夫桑贾尼。1992年议会选举前夕，哈梅内伊明确表达了对拉夫桑贾尼的支持："以往的历届总统怎能与拉夫桑贾尼相比？……以往的历届总统中何人像拉夫桑贾尼那样受到霍梅尼的信任，何人具有像拉夫桑贾尼一样的革命经历？""拉夫桑贾尼是霍梅尼最亲密的伙伴，是伊斯兰革命的中流砥柱。"1993年拉夫桑贾尼连任总统后，哈梅内伊再次称赞拉夫桑贾尼的品格和作为。另一方面，拉夫桑贾尼表示，自己与哈梅内伊是亲密无间的革命战友，具有长达40年的共同的革命经历，"我认为他（哈梅内伊）是最合适的最高领袖人选，谣言蜚语只是别有用心的人的猜忌"，"现在和过去一样，当离开他的时候，我感到势单力孤，我对他的信任始终在增强"。[③]然而，随着务实派与保守派之间分歧逐渐扩大，拉夫桑贾尼与哈梅内伊的关系悄然改变。拉夫桑贾尼在第一个总统任期内，与哈梅内伊保持合作的关系，寻求最高宗教领袖和宪法监护委员会的支持。1993—1997年的第二个总统任期，哈梅内伊转向支持保守派议长努里一方，拉夫桑贾尼的施政权力受到削弱。[④]1996年第五届议会选举前夕，拉夫桑贾尼结束了与保守派的政治联盟，试图遏制伊朗陷于"最高宗教领

---

① Cheissari, A. & Nasr, V., *Democracy in Iran: History and the Question for Liberty*, p.116.

② Skelly, J.M., *Political Islam from Muhammad to Ahmadinejad*, pp.169—170.

③ Menashri, D., *Post-Revolutionary Politics in Iran: Religion, Society and Power*, p.62.

④ Tazmini, G., *Khatami'Iran: The Islamic Republic and the Turbulent Path to Reform*, pp.41—42.

袖的独裁”。[①]1996 年 9 月,副总统穆哈杰拉尼呼吁确定国家利益委员会修改宪法第 114 款,以便拉夫桑贾尼继续竞选下一任总统,遭到最高宗教领袖的否决。[②]

1988—1992 年,伊朗进口额从 80 亿美元上升为 230 亿美元,4 年间累计进口额达到 720 亿美元,其中 40% 来自外债。1989 年拉夫桑贾尼大选总统时,伊朗外债仅为 60 亿美元,至第一个总统任期的最后一年即 1993 年,外债增至 300 亿美元。偿还外债成为伊朗政府的沉重负担,激进派指责拉夫桑贾尼政府经济战略的实施后果导致外债负担过重、物价持续上涨和通货膨胀率居高不下,而其最大受害者是下层民众。据官方的保守数字,1992—1994 年通货膨胀率达到 22%。物价指数的上涨,导致骚动指数的上涨……1993 年大选,拉夫桑贾尼的支持者提出的竞选口号是:“每一张选票都是射向伊斯兰革命的敌人的子弹”,其对手则反唇相讥:“通货膨胀率的指数是射向愤怒的被剥夺者腹中的子弹”。1994 年,拉夫桑贾尼的新政府成立专门机构,负责遏制物价上涨和通货膨胀,司法部颁布严厉措施打击奸商,然而效果不佳。此外,失业率上升,物资短缺,里亚尔贬值,贫富分化凸显。与此同时,包括官员和议员在内的富人生活优越,享受着伊斯兰革命的成果。富者愈富而贫者愈贫,下层民众不满情绪呈上升趋势,批评政府的声音渐大。在被剥夺者看来,伊斯兰革命如果不是背叛了自己,至少是抛弃了自己。政府官员的腐败,加剧了下层民众的不满。保守派阵营的专家会议主席阿亚图拉麦什基尼表示,腐败现象不仅损害国家经济,而且玷污现行体制的尊严。保守派阵营的议长努里表示,腐败行为如不制止,将会直接威胁伊斯兰革命。拉夫桑贾尼在 1989 年总统大选中的得票率为 94.5%,在 1993 年总统大选中的得票率下降为 63%,预示着民众对于拉夫桑贾尼政府经济政策的不满和务实派选民支持率的大幅下降。[③]

哈塔米政府的改革举措

拉夫桑贾尼的自由化经济改革,势必涉及社会和政治层面。拉夫桑贾尼任总统期间,随着新经济政策的实施、市场经济的回归和私人经济的活跃,社

---

① Esposito, J.L. and Ramzani, R.K., *Iran at the Crossroads*, p.34.

② Arjomand, S.A., *After Khomeini: Iran Under His Successors*, p.65.

③ Menashri, D., *Post-Revolutionary Politics in Iran: Religion, Society and Power*, p.109, p.111, p.112, p.64.

会环境逐渐宽松，官方对于个人行为和社会活动的控制开始削弱，中产阶级呈上升趋势，持不同政见的教界、学生、知识分子和中产阶级白领逐渐形成松散的政治联盟。[①]“如果说1979—1989年的第一次伊斯兰革命以民粹主义为标志性特征，1989年以后的第二次伊斯兰革命以中产阶级的复兴为标志性特征，进而形成伊朗社会和政治领域的多元化……中产阶级的政治参与催生了公民社会的成长，政治自由和公民权成为中产阶级的诉求。”[②]

经济改革孕育了政治舞台的新生代，催生出政治改革的社会诉求，政治派系随之出现新的组合。1997年总统大选标志着改革派作为代表新生代和新兴社会阶层之政治诉求的新兴政治派别浮出水面，而哈塔米当选总统成为改革派的改革思想付诸实践的转折点，革命后出生的年轻人成为改革派的主要支持者，伊朗政坛开始形成改革派阵营与保守派阵营之间的明显分歧和对立，权力斗争趋于白热化。然而，1997年哈塔米当选总统并未导致伊斯兰共和国现行政治体制的改变，哈塔米的改革举措并未突破现行政治体制的基本框架。哈塔米并非代表反对派立场，无意否定现行政治体制。[③]

1997年竞选总统期间，哈塔米以自由派和改革者的形象登上伊朗的政治舞台，被选民寄予改革现行体制的厚望。[④]1997年5月哈塔米当选总统，标志着伊朗政治发展历程的新阶段抑或伊斯兰革命传统的偏离。哈塔米致力于推动法治、鼓励政治和文化的讨论、完善公民社会、扩大社会自由、倡导不同文明之间的对话。[⑤]

在1997年总统就职演讲中，哈塔米屡屡强调坚持公正、反对独裁和促进公民自由，其间30余次提到人民，却没有一次提到最高宗教领袖制，只有一次提到哈梅内伊是伊斯兰革命和伊斯兰共和国领导人。为此，阿亚图拉贾纳提告诫哈塔米，总统的义务是依次忠于安拉、先知、十二伊玛目、最高宗教领袖、人民。阿亚图拉叶兹迪警告，最高宗教领袖是伊斯兰社会的最高领导人，拥有绝对的权力。阿萨杜拉·巴达姆齐安声称，哈塔米赢得2 000万张选票，并非其个人的功绩，而是最高宗教领袖授意所为的结果。上述意见的共同之处在于强调伊斯兰共和国的最高权力属于最高宗教领袖，而不是属于

---

① Alsaif, T., *Islamic Democracy and Its Limite: The Iranian Experience Since 1979*, p.78.

② Cheissari, A. & Nasr, V., *Democracy in Iran: History and the Question for Liberty*, pp.124—125.

③ Menashri, D., *Post-Revolutionary Politics in Iran: Religion, Society and Power*, p.90.

④ Menashri, D., *Post-revolutionary Politics in Iran: Religion, Society and Power*, p.80, p.82.

⑤ Tazmini, G., *Khatami'Iran: the Islamic Republic and the Turbulent Path to Reform*, pp.1—2.

2 000万选民支持的总统。[①]

1997年8月,哈塔米在议会发表就职演说,重申反对独裁,坚持公正,促进公民自由,强调"政府是民众的仆人,而不是民众的主人",将在伊斯兰教和宪法的框架内允许不同的言论和思想,捍卫伊朗的尊严,支持穆斯林世界的被压迫者,支持巴勒斯坦解放事业。[②]哈塔米强调新的内阁成员的观点不会与最高领袖相左,然而他却在保守派控制的专家会议上表示,宪法是国家政体的最高制度,最高宗教领袖制是宪法规定的政治制度,不能凌驾于宪法之上,最高宗教领袖应当在宪法的框架下行使权力。[③]

1998年2月,哈塔米援引宪法第113款关于实施宪法是总统的职责之规定,任命组建宪法实施与监督委员会。[④]2001年10月,哈塔米作为宪法的保护者卷入宪政冲突,指责司法机构践踏宪法赋予的议员豁免权。2002年8月,哈塔米重申自己不仅是政府的首脑,也有捍卫宪法的权力和责任,伊斯兰民主制和民众主权并非政治口号。同年9月,哈塔米表示,尽管总统有履行宪法的职责,然而宪法给予总统的权力却十分有限,呼吁议会修改宪法的相关条款,给予总统更大的权力,以便总统在宪法、宗教和民众意愿的框架下履行职责。随后,负责法律和议会事务的副总统阿卜塔希向第六届议会提交两份议案,要求修改宪法,削减宪法监护委员会监督选举和审查候选人资格的权力,同时要求扩大总统权力,给予总统警告和惩处行政、司法和立法机构官员的权力,成立专门委员会否决法庭裁决,授权总统调查隶属于最高宗教领袖的相关机构的违宪行为。[⑤]

人权和公民权问题是改革派关注的焦点之一。改革派呼吁保障人权和公民权,完善人权和公民权基础上的公民社会,特别是打破宗教界限,保障持不同政见者享有合法的人权和公民权,允许持不同政见者发出不同于官方的声音。改革派认为,是否保障持不同政见者的合法权利,是区分民主与独裁的标志,而持不同政见者的批评声音得到官方的容忍和接受,则是自由的标志。[⑥]哈塔米表示,自己的政府致力于推动构建自下而上的非政府组织和完

① Esposito, J.L. and Ramzani, R.K., *Iran at the Crossroads*, p.46.

② Menashri, D., *Post-Revolutionary Politics in Iran: Religion, Society and Power*, p.87.

③ Alsaif, T., *Islamic Democracy and Its Limite: The Iranian Experience Since 1979*, p.123.

④ Arjomand, S.A., *After Khomeini: Iran Under His Successors*, p.100.

⑤ Tazmini, G., *Khatami'Iran: The Islamic Republic and the Turbulent Path to Reform*, p.124.

⑥ Nabavi, N., *Iran: From Theocracy to the Green Movement*, p.46.

善公民社会，认为政府建立的组织如同花瓶中没有根基的人造花朵，包括政党在内的政治组织应当植根于社会层面和具有深厚的民众基础。①

哈塔米当选总统后，致力于法治和公民社会的建设，非政府组织出现长足发展，政党政治日趋活跃。哈塔米执政末期的2003年，非政府组织达到2500个，2004年，政党数量上升为114个。哈塔米时代非政府组织和政党政治的上升趋势，反映出公民社会和民主化之自下而上的进步。与此同时，哈塔米政府积极推动完善选举政治和扩大民众政治参与。伊斯兰共和国宪法规定，地方事务的管理权属于选举产生的地方议会，然而由于国家统治者担心地方选举导致局势失控，此项条款长期流于形式。1999年2月，伊朗举行首次地方议会选举，体现出改革派在推动草根层面民主化的努力，被视作打破精英垄断国家权力和把持政治舞台的重要手段，亦为进一步的全国性大选奠定了基础，同时提供了民族宗教少数派实现政治参与的法律形式。②

早在1992年，哈塔米由于推行自由化和放松新闻审查，引发保守派主导的第四届议会的不满，被迫辞去文化和伊斯兰指导部部长的职务。③哈塔米于1997年当选总统后，解除诸多的新闻限制，鼓励通过媒体发出民众的声音，所有关于政治的讨论统称"对话"，允许媒体公开批评政府实行的若干政策，自由、民主、法治、妇女权利甚至最高宗教领袖制度成为诸多媒体讨论和争执的焦点话题。④哈塔米政府的文化与伊斯兰指导部掌管新闻审查和文化政策，支持电视台引入国外卫星频道。哈塔米政府放宽对于报刊、艺术和电影的控制，新思想随之不断浮出。媒体开始关注以往所禁止的话题，谴责政府失误、官员腐败、政治压迫，倡导公民权和多元化的政治理念。⑤据统计，1997—2003年，媒体机构从591家上升为2 622家。2003年，私人期刊1 931家，占全部期刊的80%。报刊种类的增多和媒体的活跃，反映出此间政治环境的变化。⑥

哈塔米当选总统之际，伊朗经济形势并不乐观：通货膨胀居高不下、失业率持续上升，贫富差距明显，私有化进程搁置，经济萧条。2003年一份杂志

① Arjomand, S.A., *After Khomeini: Iran Under His Successors*, p.128.

② Alsaif, T., *Islamic Democracy and Its Limite: The Iranian Experience Since 1979*, pp.81—82.

③ Cheissari, A. & Nasr, V., *Democracy in Iran: History and the Question for Liberty*, p.257.

④ Tazmini, G., *Khatami'Iran: The Islamic Republic and the Turbulent Path to Reform*, p.65.

⑤ Cheissari, A. & Nasr, V., *Democracy in Iran: History and the Question for Liberty*, p.134.

⑥ Alsaif, T., *Islamic Democracy and Its Limite: The Iranian Experience Since 1979*, p.82.

报道:“伊朗拥有世界上9%的石油储量和15%的天然气储量,人均收入却低于革命前7%,每年有高达30亿美元的资金流失国外。”[①]哈塔米的经济战略重点,是打破国内保守派特权集团对于市场的垄断,鼓励私人投资,改善孤立的国际环境和结束西方的经济制裁进而吸引国外投资和扩大投资规模。1998年,哈塔米政府提出经济振兴计划,包括提高就业率、打破经济垄断、限制基金会、增加外资投入、推动国有化、扩大非石油产品出口。[②]哈塔米政府于1999年制订的第三个五年计划(2000—2004),强调经济发展与政治环境、文化环境、国际环境之间的联系,进而强调健全法治和保障人权,延续伊斯兰革命后的传统原则即减少对石油的依赖、改革社会福利制度、控制通货膨胀、扩大就业、鼓励私人经济。[③]哈塔米政府于2004年制订的第四个五年计划(2005—2010),强调经济私有化,鼓励国外资本和国内私人资本投资以往处于政府垄断之下的主要经济领域,包括通信、公共交通、矿产开采、重工业、石油、化工和电力项目。哈塔米政府向议会提交《吸引和保护国外投资法》和《外商投资促进和保护法》,降低进出口关税,建立免税区,允许外商投资德黑兰股票交易市场。[④]2004年,改革派主导的第六届议会通过相关法案,强调推动经济私有化、开放化和国际化,向国外资本开放投资领域,鼓励吸引国外投资,允许私人投资金融、保险和大型工业项目。[⑤]

哈塔米当选总统后,伊朗与国际社会的关系得到明显的改善,特别是与欧盟以及沙特阿拉伯之间的关系逐渐好转。哈塔米多次访问欧洲国家,同时也有一些欧洲国家领导人访问伊朗。国外企业投资伊朗,与伊朗石油、天然气、通信、家电和汽车领域的诸多企业开展合作。2002年通过的法律,进一步放宽了对于外资的限制。哈塔米在接受国外媒体采访时表达了文明之间进行对话的愿望,希望同美国展开文化交流。1998年11月27日民众走上街头庆祝伊朗足球队入围世界杯决赛,表达了对于结束伊朗在国际社会孤立状态的诉求和愿望。[⑥]

改革派的兴起无疑是伊朗伊斯兰革命以来最重要的政治进程,标志着伊

---

① Tazmini, G., *Khatami'Iran: The Islamic Republic and the Turbulent Path to Reform*, p.75.

② Skelly, J.M., *Political Islam from Muhammad to Ahmadinejad*, p.171.

③ Menashri, D., *Post-Revolutionary Politics in Iran: Religion, Society and Power*, p.115.

④ Tazmini, G., *Khatami'Iran: The Islamic Republic and the Turbulent Path to Reform*, p.78.

⑤ Alsaif, T., *Islamic Democracy and Its Limite: The Iranian Experience Since 1979*, p.84.

⑥ Cheissari, A. & Nasr, V., *Democracy in Iran: History and the Question for Liberty*, p.134.

朗社会的多元化趋势和政治舞台的深刻裂变，不同的意识形态代表着不同的政治立场和政治倾向，由此引发尖锐的政治分歧和激烈的政治博弈。另一方面，所谓的改革派运动并非政治革命，而是表现为后伊斯兰革命时代渐进的社会变革。哈塔米的改革运动无疑开启了后伊斯兰革命时代伊朗历史的新阶段，然而哈塔米的改革思想转化为改革的现实尚不具备成熟的条件，保守派的政治势力尚且根深蒂固，改革派尚不足以在短期内撼动保守派的社会根基。

政治改革的阻力

1997 年总统大选的日子被誉为“德黑兰之春”，改革派阵营尽管在选举中节节胜利，却明显缺乏广泛的社会基础和必要的内部凝聚力。相比之下，保守派阵营尽管在选举中陷入全面被动的局面，却具有完整的组织体系和内部凝聚力。鉴于伊朗特定的政治体制，哈塔米作为总统犹如一把“无刃的刀子”(巴扎尔甘语)，其推行的政治改革面对来自保守派的巨大阻力，举步维艰。[①]哈塔米深知保守派势力在伊斯兰共和国政坛根深蒂固，恪守避免与保守派及现行体制直接冲突的红线，试图争取与保守派主导的议会保持合作。哈塔米于 1997 年当选总统后，向保守派主导的议会提名 22 位内阁成员，分别来自改革派、务实派和保守阵营。哈塔米提名的文化与伊斯兰指导部部长穆哈杰拉尼，由于其自由化的观点以及主张改善与美国的关系，一度遭到议会保守派的抨击。尽管如此，哈塔米提名的 22 位内阁成员全部获得议会批准。哈塔米于 2001 年连任总统后，新内阁成员的提名兼顾改革派、务实派与保守派，来自保守派阵营的国防部长沙姆哈尼、司法部长沙乌什塔里、外交部长哈拉兹、情报部长尤尼斯和内务部长拉里继续留任。[②]

哈梅内伊曾表现出凌驾于派系之上和不偏不倚的姿态，表示保守派和改革派两大阵营犹如鸟的两只翅膀，应当保持两只翅膀的和谐，甚至称赞哈塔米是现行体制和伊斯兰革命的捍卫者。哈梅内伊亦曾公开表态支持“伊斯兰改革”，声称伊斯兰革命本身即是最伟大的改革运动，同时反对美国和其他敌对势力支持的和旨在毁损伊斯兰价值观的改革，呼吁民众遵从法律，不得从

---

① Menashri, D., *Post-Revolutionary Politics in Iran: Religion, Society and Power*, p.167.

② Tazmini, G., *Khatami'Iran: The Islamic Republic and the Turbulent Path to Reform*, pp.61—62, p.115.

事违背法律的行为。[①]然而，1997 年大选后，改革派与保守派由于持不同的政治理念，在诸多方面矛盾凸显。随着改革派与保守派之间分歧的扩大和矛盾的加剧，哈梅内伊的立场逐渐转向支持保守派。

哈塔米当选总统后，保守派主导的议会以 243 票中 211 票赞成的绝对多数，选举哈塔米的总统竞选对手努里出任议长，随后通过议会法案，强化公共场所对于性别的限制。[②]与此同时，哈梅内伊公开指责改革派是伊斯兰教的敌人，告诫其追随者："当下敌人正在内部攻击伊斯兰教。"伊斯兰革命卫队司令萨法维宣布："当我看到阴谋家兴风作浪，我要竭尽所能地捍卫我的领袖，任何人无法阻止我。"保守派声称，选举政治的泛滥正在改变着伊斯兰共和国的性质。[③]

1998 年 5 月哈塔米当选总统一周年纪念日，哈塔米的支持者与反对者形成泾渭分明的敌对阵营，相互谴责。保守派阵营将哈塔米与 1981 年 6 月被霍梅尼解除职务的前总统巴尼萨德尔相提并论。伊斯兰革命卫队司令萨法维称哈塔米的支持者是患瘟疫的病夫，伊斯兰革命卫队随时准备处死并割断政治反对派的舌头。哈塔米的支持者则举行示威，高呼口号："给哈塔米自由""打倒专制""打倒独裁"。[④]

经济问题无疑是伊斯兰共和国面临的重大调整，亦是引发民众不满和社会骚乱的重要原因。改革派阵营强调政治改革的优先性，关注自由、人权、最高宗教领袖制的权限界定、司法机构的去政治化。相比之下，保守派阵营强调经济发展和改善民生的优先性。哈塔米政府致力于推进政治改革而未能有效解决经济问题和改善民生，成为保守派阵营攻击的焦点。1999 年 8 月，哈梅内伊召见哈塔米和内阁成员，指责哈塔米政府强调政治改革而忽视经济发展是本末倒置。哈梅内伊表示，伊朗面临的首要问题不是政治改革，而是发展经济和改善民生，警告民众不要轻信总统大选时的空头支票，"国家目前最重要的问题是经济问题"。与此同时，保守派抨击哈塔米政府以牺牲经济发展作为代价追求政治改革，误导民众，需要为经济形势的恶化负责。[⑤]

---

① Menashri, D., *Post-Revolutionary Politics in Iran: Religion, Society and Power*, pp.311—312.

② Cheissari, A. & Nasr, V., *Democracy in Iran: History and the Question for Liberty*, p.136.

③ Takeyh, R., *Hidden Iran: Paradox and Power in the Islamic Republic*, p.52.

④ Menashri, D., *Post-Revolutionary Politics in Iran: Religion, Society and Power*, p.96.

⑤ Menashri, D., *Post-Revolutionary Politics in Iran: Religion, Society and Power*, pp.318—319, p.105, p.153.

2000年议会选举前夕，哈梅内伊重申，霍梅尼在伊斯兰革命期间曾经告诫众人不要提及民主二字，霍梅尼认为伊斯兰教的统治不能等同于穆斯林的统治，因为如果两者等同，那么就会意味着一个穆斯林被提名担任国家元首，通常可以阻止堕落和邪恶，但是国家和政府并非建立在伊斯兰教的基础之上，民主制和自由主义都来自西方文化，不能镶嵌在伊斯兰国家的基础上。①

2000年4月，哈梅内伊发表讲话，明确区分伊斯兰式的改革与美国式的改革，警告改革派的诉求代表了伊斯兰共和国敌人的险恶目的。与此同时，保守派指责改革派威胁国家和信仰，告诫民众不要被改革派的口号所迷惑，宣称希望改革派赢得大选的是伊斯兰革命的敌人。叶兹迪呼吁采取强硬的措施，如果必要不惜诉诸暴力手段，回应那些背离正确道路的人。叶兹迪说："如果有人告诉你，他对伊斯兰教有新的解读，应当打他耳光。"拉夫桑贾尼亦表示，改革派质疑两伊战争进程是不公正的，"打击民众的信心，其危害性超过艾滋病"。②在同年举行的议会选举后，伊斯兰革命卫队亦谴责改革派试图在伊斯兰共和国推行美国式的改革。③

2000年"9·11"恐怖袭击事件之后国际形势的变化和美国布什政府的反恐战略，对于伊朗的改革运动产生了负面的影响，保守派成为美伊对抗和美国制裁伊朗的最大赢家；改革派在阿富汗的塔利班问题上与美国合作，被保守派称作威胁国家安全的"第五纵队"，而保守派自居为伊朗和伊斯兰教的捍卫者。④2001年3月，叶兹迪宣布，神权体制不可更改，反对神权体制就是反对伊斯兰教的异端。⑤2001年哈塔米第二任总统就职仪式需要宪法监护委员会全体成员出席，然而改革派主导的第六届议会以缺乏公正和法学背景为由，拒绝批准司法总监阿亚图拉沙赫鲁迪提名的2位宪法监护委员会成员，直到哈梅内伊直接介入，纠纷得到解决，总统就职仪式被迫推迟三天举行。⑥

尽管改革派在1997—2000年的大选中连续胜出，然而保守派依旧控制着国家权力的诸多核心领域，形成对于民选国家机构的强有力的制约。2001年起，宪法监护委员会和确定国家利益委员会开始遏制改革派主导的议会。

---

① Diamond, L., Plattner, M.F. & Brumberg, N., *Islam and Democracy in the Middle East*, p.138.

② Menashri, D., *Post-Revolutionary Politics in Iran: Religion, Society and Power*, p.309.

③ Lust-Okar, E. & Zerhouni, S., *Political Participation in the Middle East*, p.63.

④ Takeyh, R., *Hidden Iran: Paradox and Power in the Islamic Republic*, p.52.

⑤ Arjomand, S.A., *After Khomeini: Iran Under His Successors*, pp.67—68.

⑥ Tazmini, G., *Khatami'Iran: The Islamic Republic and the Turbulent Path to Reform*, p.114.

2001 年 2 月,宪法监护委员会否决议会通过的财政预算,得到确定国家利益委员会的支持。①改革派主导的议会通过哈塔米政府制订的第四个五年计划(2005—2010),随后被宪法监护委员会以违宪为由予以否决。②2002 年 7 月,保守派欧莱玛甚至呼吁最高宗教领袖罢免总统和解散议会。③

1998 年 4 月,德黑兰市长和哈塔米竞选总统的核心人物卡尔巴什奇遭到逮捕;同年 7 月,保守派控制的最高法庭指控卡尔巴什奇涉嫌贪污和挪用公款等六项罪名,判处卡尔巴什奇 5 年监禁,继而改判 2 年监禁。包括拉夫桑贾尼的女儿哈希米在内的改革派称,卡尔巴什奇事件具有明显的政治色彩,是保守派打击改革派人士和哈塔米支持者的政治报复,是对民主制的践踏。④1998 年 6 月,哈塔米政府的内务部长努里遭到弹劾,5 名持不同政见者遭到暗杀。哈塔米总统呼吁女性在公共领域发挥更大的作用,而著名女权运动领导人扎迪却涉嫌以自由主义立场解读《古兰经》遭到逮捕,获刑 5 年。1999 年地方选举后,呼吁改革政治体制和宗教体制的宗教人士卡迪瓦尔涉嫌颠覆罪遭到逮捕,获刑 18 个月。1999 年 11 月,负责主持地方选举的内务部长努里涉嫌亵渎宗教遭到起诉,特别宗教法庭判处 5 年监禁。2000 年 3 月,改革派人士哈贾里安遭到伊斯兰革命卫队成员袭击。2000 年 5 月,许多著名媒体记者被捕。⑤据说一些保守派阿亚图拉发布宗教法令,批准对于改革派的暗杀活动,而改革派阿亚图拉阿尔达比里则宣布这样的法令是不合法的和无效的。2002 年 11 月,伊斯兰革命卫队司令萨法维表示不惜以革命的暴力反对改革运动,保守派控制的司法机构的态度亦愈加强硬,逮捕多名改革派人士。⑥

新闻媒体作为改革派阐释政治理念和争取民众支持的舆论平台,在哈塔米任总统期间遭到保守派控制的司法机构和安全机构的查封。保守派与改革派在媒体方面的博弈,表现为猫捉老鼠的游戏,许多出版物被法庭裁定查封,而哈塔米政府的文化和伊斯兰指导部却暗中放行默许。⑦1999 年 5 月,19 家亲改革派报纸被查封,许多改革派人士遭到拘捕。1999 年夏,最高宗教领

① Arjomand, S.A., *After Khomeini: Iran Under His Successors*, p.101.

② Alsaif, T., *Islamic Democracy and Its Limite: The Iranian Experience Since 1979*, p.84.

③ Arjomand, S.A., *After Khomeini: Iran Under His Successors*, pp.67—68.

④ Menashri, D., *Post-Revolutionary Politics in Iran: Religion, Society and Power*, pp.97—98.

⑤ Diamond, L., Plattner, M.F. & Brumberg, N., *Islam and Democracy in the Middle East*, pp.131—132.

⑥ Arjomand, S.A., *After Khomeini: Iran Under His Successors*, pp.93—94, p.103.

⑦ Esposito, J.L. and Ramzani, R.K., *Iran at the Crossroads*, p.49.

袖否决了改革派主导的议会通过的关于修改新闻法的法案。①随后，保守派动议通过进一步加大新闻出版审查的法案。②2000 年 4 月，保守派控制的司法机构以反对伊斯兰革命和伤害穆斯林感情的罪名在两周内查封 20 种改革派出版物中的 18 种，议会就此展开争论，哈梅内伊亲自出面平息，表示“如果伊斯兰革命的敌人渗入我们的媒体，将会威胁到安全、统一和信仰，我无法对此视而不见，置之不理”。③2000 年 6 月，151 名议员致信司法总监沙赫鲁迪，批评司法机构限制新闻自由，敦促司法机构停止查封媒体和迫害媒体记者。随后，改革派主导的议会通过关于修改新闻法的法案，遭到哈梅内伊的否决。哈梅内伊致信议会，表示新的新闻法威胁现行体制的基本框架，伊斯兰革命的敌人将会利用新的新闻法危害国家安全和伊斯兰教信仰，修改现行的新闻法不符合国家利益。面对哈梅内伊的压力，议长卡鲁比被迫宣布：“服从最高宗教领袖的命令是我们的义务，现行体制的基础是服从最高领袖的绝对权力。”④在哈塔米的第二个总统任期，亲改革派媒体继续遭到保守派的查封。2001 年 8 月，多家亲改革派报纸遭到法庭的查封。⑤ 2003 年，保守派控制的司法机构查封包括所有反对派政党出版物的 85 家报刊。⑥

1999 年 7 月 8 日，伊朗爆发大规模的学生骚乱，骚乱的起因是反对政府查封改革派报纸，进而演变为抨击现行最高宗教领袖制、呼吁推进政治改革和实行民主的示威抗议。示威学生高呼“不自由毋宁死”“我们要自由思想，永远永远”“只有新闻自由才有健康社会”的口号，亦有口号将矛头指向哈塔米甚至指向现行独裁体制和哈梅内伊本人：“哈塔米，哈塔米，反动，反动”“打倒独裁”“真主党在犯罪”“议会让顺从变得无效了”。骚乱从德黑兰大学开始，随后其他 8 所大学的学生加入示威的行列，持续六天，直至遭到安全机构的镇压。德黑兰革命法庭以试图颠覆现行体制的罪名，宣布判处四名大学生死刑，其中两人的死刑判决得到最高法庭的批准。骚乱初期，许多教授和知识分子以及改革派媒体支持大学生抗议，高等教育部长、德黑兰大学校长纷纷签名，蒙塔泽里亦发表声明支持大学生，称赞大学生是国家的希望，谴责镇压学生的人只是假借捍卫伊斯兰教和伊斯兰革命的名义，实为用暴力践踏伊

① Cheissari, A. & Nasr, V., *Democracy in Iran: History and the Question for Liberty*, pp.138—139.

② Esposito, J.L. and Ramzani, R.K., *Iran at the Crossroads*, pp.49—50.

③⑤ Tazmini, G., *Khatami'Iran: The Islamic Republic and the Turbulent Path to Reform*, p.110.

④ Menashri, D., *Post-Revolutionary Politics in Iran: Religion, Society and Power*, p.319.

⑥ Alsaif, T., *Islamic Democracy and Its Limite: The Iranian Experience Since 1979*, p.80.

斯兰教和伊斯兰革命，镇压学生的幕后黑手是背叛伊斯兰教和背叛国家。7月12日，哈梅内伊表达了官方的强硬反应，将抗议的学生说成是国外敌对势力的代言人，示威活动系伊斯兰教的敌人所策划和指使，得到了美国政府的资助。同时，哈梅内伊对发生在大学校园的暴力表示遗憾，承诺将予以调查。7月14日，大批亲政府的民众走上街头，表达对于最高领袖的支持。同日，伊斯兰革命卫队24名高级将领致信哈塔米，表示无法继续容忍骚乱，以强烈的言辞警告哈塔米，骚乱的事态将会失控，敦促哈塔米立即采取行动镇压骚乱，保守派欧莱玛则为暴力镇压提供宗教依据，表示伊斯兰教不仅允许暴力，而且要求穆斯林对敌人无需手下留情。阿亚图拉叶兹迪鼓吹暴力镇压反对现行体制的所谓流氓、叛徒、异端和外国雇佣军，呼吁用伊斯兰教的暴力镇压反对伊斯兰教的暴力。保守派议员拉苏里尼扎德认为，是改革派鼓吹和煽动了骚乱和暴力，认为改革派支持反政府骚乱和攻击伊斯兰原则。相比之下，阿亚图拉塔赫里表示，镇压学生示威活动的目的是攻击哈塔米总统。“战斗的欧莱玛联合会”抨击伊斯兰革命卫队已经背叛了自己的神圣使命，成为卷于派系斗争的政党，伊斯兰革命卫队致哈塔米的公开信无异于政变宣言，而某些集团只是假借所谓真正的伊斯兰教的名义，损害最高宗教领袖制的不是自由和民主制，而是权力垄断和滥用暴力。改革派人士甘吉指出，暴力介入违背伊玛目的初衷，军方不宜介入政治，霍梅尼禁止军方参政，将军方参政视作如同鸦片一般的毒品。拉夫桑贾尼作为保守派和哈梅内伊的支持者，认为学生示威超越了现行体制容忍的底线，损害伊朗国家和伊斯兰革命的利益而符合国内外敌对势力的利益。面对学生骚乱，哈塔米处境尴尬，在多数情况下哈塔米保持沉默，回避明确的公开表态。7月27日，哈塔米重申推进改革，间接表达了支持学生运动的态度。哈塔米表示，伊斯兰革命是追求自由的革命，符合伊斯兰教的崇高理想，旨在去掉束缚民众手脚的枷锁，伊斯兰革命的目的是建立民众的政府和对民众负责的政府，攻击大学校园和大学生宿舍是令人痛心的犯罪行为，承诺惩罚犯罪者。①

新左派的崛起与政坛黑马艾哈迈迪内贾德

艾哈迈迪内贾德的左翼倾向，表现为浓厚的亲民色彩，亲力亲为，体察民情。艾哈迈迪内贾德推崇民粹主义，极力争取城市贫民的支持，后者长期被

---

① Menashri, D., *Post-Revolutionary Politics in Iran: Religion, Society and Power*, pp.143—151.

改革派政府忽略;城市贫民居住的棚户区在德黑兰郊区蔓延,其政治立场影响到遥远的村庄。2005 年大选期间,艾哈迈迪内贾德表示,“我为自己是伊朗民族最卑微的仆人和清道夫而感到骄傲”。当选总统后,艾哈迈迪内贾德向民众公布了自己的电话号码和电子邮箱,探访边远地区,倾听民众诉求。艾哈迈迪内贾德还将内阁会议地点安排在贫困的小城镇,增加边远贫困地区的政府投资。据内务部统计,艾哈迈迪内贾德就任总统的第一年,探访了 160 个城市;截至第一个总统任期的最后一年,艾哈迈迪内贾德在超过 2 000 个城市发表演说。①

艾哈迈迪内贾德作为伊朗政坛新左派的代表人物,其着眼点并非意识形态,而是面包和黄油。艾哈迈迪内贾德在竞选期间表示:“人们以为回归革命的价值观只是披戴头巾,实际上国家面临的真正问题是就业和住房,并非身着何种服饰”,“应当将石油收入摆上民众的餐桌”。②在世纪之交的 10 年间,伊朗的绝对贫困率呈下降的趋势,伊朗经济所面临的问题不再是降低绝对贫困率,而是解决财富分配的不合理、缩小贫富之间的不平等、为不断增长的人口提供更多的就业机会和实现经济公平。③

2005 年艾哈迈迪内贾德当选总统,被普遍视作保守派的胜利,伊朗国内的政治力量开始重新组合,民众将实现经济公正的希望寄托于保守派阵营。④艾哈迈迪内贾德政府的经济政策,以保护社会下层作为出发点,具有伊斯兰革命时代的民粹色彩,强调国有制、降低贷款利率、提高最低工资标准、控制物价、发放物价补贴和限制国外商人投资伊朗国内市场。⑤艾哈迈迪内贾德政府实施全国范围内的学校修缮项目,利用石油外汇储备,创办伊玛目里萨爱心基金会,在结婚、就业和住房方面向青年男女提供帮助。艾哈迈迪内贾德的民粹政策,突出表现为在全国范围内平均分配国有企业的股票,以此体现公正原则。2005 年 10 月,艾哈迈迪内贾德向议会提交私有化法案,在三年内出售 80%的国有企业股权,价值折合 1 200 亿美元,其中 40%分配给社会民众,35%进入德黑兰股票市场,5%分配给工人,另外 20%由政府控制。2006 年春,首先在 4 个最贫困省份分配股票,每股 540 美元,外加 11%—15%的年度分红。艾哈迈迪内贾德最重要的民粹政策,是发起反腐败

---

① Arjomand, S.A., *After Khomeini: Iran Under His Successors*, p.160.

②⑤ Crane, K., Lal, R. & Martini, J., *Iran's Political, Demographic and Economic Vulnerabilities*, p.93.

③ Gheissari, A., *Contemporary Iran: Economy, Society, Politics*, pp.2—3.

④ Takeyh, R., *Hidden Iran: Paradox and Power in the Islamic Republic*, p.54.

战役，目标直指拉夫桑贾尼的新经济政策项目，称之为“第三次革命”。艾哈迈迪内贾德认为，经济腐败的根源是缺乏对于伊斯兰文化的认同，是西方文化侵蚀的结果。与此同时，艾哈迈迪内贾德实行窒息性的新闻审查政策，将媒体置于政府的严格控制之下，强化新闻管制，查封改革派报刊，压缩反对派的政治空间，政治自由化呈逆向的趋势。2009 年 3 月，总检察长办公室发言人声称，约 500 万网址遭到封杀。与此同时，艾哈迈迪内贾德还创建主持文化革命会议，负责从电视节目中清除西方和庸俗的音乐，任命强硬派教界人士为德黑兰大学校长，发起新的清洗运动，恢复在大学校园埋葬无名烈士的政策。①

阿亚图拉叶兹迪支持新左派，被视为艾哈迈迪内贾德的精神导师。阿亚图拉贾纳提亦是新左派的强有力支持者，其领导的宪法监护委员会在 2005 年全力支持艾哈迈迪内贾德竞选总统。②努里近年来在保守派阵营内部倡导改革，呼吁提高新生代的政治地位，呼吁新生代摆脱对于元老派的依赖。③叶兹迪、贾纳提和努里对于新左派的支持，反映出艾哈迈迪内贾德与保守派之间共同应对改革派政治压力的密切合作关系。然而，艾哈迈迪内贾德与保守派欧莱玛之间分歧颇大，声称自己是在隐遁的伊玛目的指引下治理国家，意在否定欧莱玛颁布的宗教法令所具有的权威性，否定欧莱玛在国家和政治层面的特权地位。④艾哈迈迪内贾德当选总统后，将自己在总统选举中的胜出视作隐遁伊玛目的意愿。艾哈迈迪内贾德就任总统后发表演说，“我们的使命是为隐遁的伊玛目复临人间铺平道路。今天我们应当以伊玛目即将复临人间为基础制定经济、文化和政治的政策”。⑤艾哈迈迪内贾德政府拨款 1 700 万美元，在据说是隐遁伊玛目消失处即位于库姆附近的什叶派穆斯林圣地贾姆卡兰(Jamkaran)建造新的清真寺。艾哈迈迪内贾德预言，隐遁伊玛目即将复临人间，计划修建连接贾姆卡兰与德黑兰的高等级公路，期待着用来迎接隐遁伊玛目。⑥

2005 年总统大选期间，哈梅内伊和保守派阵营支持新左派，意在抗衡改革派阵营，然而新左派与保守派貌合神离，艾哈迈迪内贾德与哈梅内伊在诸

① Arjomand, S.A., *After Khomeini*: *Iran Under His Successors*, pp.159—161.

② Nabavi, N., *Iran*: *From Theocracy to the Green Movement*, p.67.

③ Alsaif, T., *Islamic Democracy and Its Limite*: *The Iranian Experience Since 1979*, p.152.

④ Miner, M., *The Coming Revolution*: *An Improbable Possibility*, p.89.

⑤⑥ Arjomand, S.A., *After Khomeini*: *Iran Under His Successors*, p.156.

多问题上意见相左。[①]艾哈迈迪内贾德在第一个总统任期提升具有学术背景的技术官僚，取代支持哈梅内伊的保守派政府官员。艾哈迈迪内贾德在伊斯兰共和国历史上首次任命女性担任内阁部长，其关于女性权利的言论，包括放宽女性服饰和允许女性参加体育赛事，遭到保守派阵营的强烈批评。艾哈迈迪内贾德谴责道德警察以风化为由侵犯公民的合法权益，表示："政府无权干涉女性的着装。当一个男人和一个女人在街上散步，被问到两人之间的关系，是伤害的行为。任何人都没有这样的权力。"[②]

2006年地方选举中，艾哈迈迪内贾德的支持者落败，其在2005年竞选总统时的主要对手卡里巴夫当选德黑兰市长，成为艾哈迈迪内贾德总统权威的挑战者。[③]2007年，贾法里接替萨法维出任伊斯兰革命卫队司令。萨法维是艾哈迈迪内贾德的坚定支持者，而哈梅内伊任命贾法里旨在制约艾哈迈迪内贾德对于伊斯兰革命卫队的控制权。[④]

2009年的总统大选中，艾哈迈迪内贾德抨击拉夫桑贾尼新经济政策塑造出的新贵族，同时抨击教界上层的特权和腐败。[⑤]2009年成功连任总统后，艾哈迈迪内贾德与哈梅内伊及保守派之间的分歧日渐加深。艾哈迈迪内贾德的施政方略与哈梅内伊在诸多方面存在分歧：哈梅内伊对于艾哈迈迪内贾德的经济政策深感失望，认为艾哈迈迪内贾德的经济政策将会产生灾难性的后果。[⑥]阿亚图拉叶兹迪系保守派阵营的代表人物和哈梅内伊的潜在政治对手，却与艾哈迈迪内贾德交往甚密，俨然是新左派的精神领袖。[⑦]

艾哈迈迪内贾德的第一个总统任期内，共有12位副总统，其中第一副总统负责在总统缺席的情况下主持内阁会议。艾哈迈迪内贾德提名前负责旅游事务的副总统玛沙伊作为第一副总统，引发保守派的不满。玛沙伊持相对温和自由的立场，曾经公开表示："伊朗人是包括以色列在内的世界各民族的朋友"，"一个伊斯兰的政府是没有能力管理好伊朗这样的幅员辽阔和人口众多的国家的……管理一个国家如同赛马，而欧莱玛并非骑手"。尽管艾哈迈迪内贾德表示反对，哈梅内伊仍宣布解除玛沙伊的副总统职务。随后，艾哈

---

① Diamond, L., Plattner, M.F. & Brumberg, N., *Islam and Democracy in the Middle East*, p.115.

② Miner, M., *The Coming Revolution: An Improbable Possibility*, pp.85—86.

③ Arjomand, S.A., *After Khomeini: Iran Under His Successors*, p.164.

④ Miner, M., *The Coming Revolution: An Improbable Possibility*, p.69.

⑤ Arjomand, S.A., *After Khomeini: Iran Under His Successors*, p.165.

⑥ Miner, M., *The Coming Revolution: An Improbable Possibility*, p.43.

⑦ Alsaif, T., *Islamic Democracy and Its Limite: The Iranian Experience Since 1979*, p.174.

迈迪内贾德宣布解除两名内阁成员职务，任命玛沙伊为总统办公厅主任。2009年底，艾哈迈迪内贾德拒绝哈梅内伊的邀请，缺席确定国家利益委员会召开的会议，此前历任总统，包括拉夫桑贾尼和哈塔米在内，均无拒绝最高宗教领袖邀请的先例，表明其与哈梅内伊之间的进一步裂痕。艾哈迈迪内贾德第二届总统期间，玛沙伊公开抨击现行国家体制，呼吁建立世俗国家体制，表示"伊朗需要将毛拉永远逐出政坛，实现没有毛拉统治的新文明，在过去的31年中，这些毛拉败坏和毁损着国家"，"宗教必须与国家分离"。艾哈迈迪内贾德亦抨击神权体制，表示"管理国家的权力不应当留给最高宗教领袖、宗教学者和其他宗教人士"。①

艾哈迈迪内贾德与改革派尽管存在意识形态的分歧，然而政治理念并非截然对立，政治立场在一定程度上颇有趋同之处，挑战现行的最高宗教领袖制成为两者趋同的政治基础，两者之间的矛盾更多地表现为派系之间的权力角逐。哈塔米2005年卸任总统后，主持"文明对话中心"。艾哈迈迪内贾德指派副总统玛沙伊负责新建的"全球化研究国家中心"，在该中心从事研究的科学家来自伊朗国内和世界各地，哈塔米主持的"文明对话中心"亦受邀加盟。2011年2月，改革派代表人物穆萨维和卡鲁比呼吁伊朗民众支持阿拉伯世界反对独裁统治的民主化运动。2月14日，伊朗爆发大规模的民众示威，示威的矛头指向现行最高宗教领袖制，示威的口号是反对最高领袖哈梅内伊，示威者焚烧哈梅内伊的画像，高呼处死哈梅内伊。尽管穆萨维和卡鲁比依然试图在现行框架内推动改革进程，愤怒的示威者开始提出突破现行政治体制和以革命取代改革的诉求。保守派极力将阿拉伯之春和埃及的倒穆运动渲染为伊斯兰势力与西方支持的世俗独裁政权之间的冲突，同时镇压国内反对派的示威和抗议活动。艾哈迈迪内贾德反对安全机构滥用暴力镇压民众，敦促保守派倾听民众的呼声："一个领导人怎么能用机关枪、坦克和炸弹对付无辜的民众？"②

常态化的选举政治

伊朗选举政治肇始于20世纪初的宪政革命。宪政革命首开伊朗民主化进程的先河：1906年宪法及1907年宪法补充条款作为宪政革命最重要的历

---

① Miner, M., *The Coming Revolution: An Improbable Possibility*, pp.82—85.

② Miner, M., *The Coming Revolution: An Improbable Possibility*, p.103, p.86, p.99, p.98.

史遗产,在伊朗历史上首次引入世俗主义和民众参与的现代理念,阐释诸多具有现代内涵的政治原则,进而奠定选举政治的法理基础。1906 年 10 月伊朗举行史上首次议会选举,由此拉开选举政治的帷幕。1941—1953 年可谓伊朗议会制框架下选举政治的活跃期,是为民主化政治实践的短暂尝试。1953 年起,巴列维国王强化威权政治和君主独裁,选举政治逐渐淡出。

伊斯兰革命后,选举政治重新登上伊朗的历史舞台,提供了民众表达政治诉求和实现政治参与之不可或缺的重要路径。根据 1979 年颁布的伊斯兰共和国宪法,国家的权力合法性来自民众的选举,年满 16 岁的公民享有选举权(2009 年大选前,改为年满 18 岁的公民享有选举权),公民选举总统和议会以及地方权力机构和专家会议成员,而专家会议至少在法理上负责选举最高领袖。伊斯兰共和国宪法明确规定,通过选举的方式表达民众的意志是国家行使权力的基础。

常态化的选举政治,可谓伊斯兰共和制区别于巴列维时代之传统君主制的核心标志。最高领袖哈梅内伊强调,选举是现行体制的重要基石,参与选举不仅是公民的世俗义务,更是穆斯林的宗教责任。①伊斯兰革命后 30 年间,伊朗经历 4 次全民公决、4 次专家会议选举、8 次议会选举、10 次总统选举以及 3 次地方选举,表明民众选举业已成为政治常态。"伊斯兰共和国的选举并非徒有虚表的化装舞会";②自下而上的选举而不是上层集团的政治角逐,提供了国家权力移交的合法途径。常态化的选举政治作为沟通国家与社会的基本纽带,既是伊朗伊斯兰革命后政治生活中最具影响力的民众参与实践,亦是伊斯兰共和国民主化长足进步的核心标志。

伊斯兰共和国选举政治的起点,是关于确定国家政体和颁布新宪法的全民公决。1979 年 3 月,伊朗就革命后的政体之选择君主制抑或共和制举行全民公决,约 2 000 万选民投票表决,超过 98%的投票者支持以共和制取代君主制。③同年 8 月,伊朗再次举行全民公决,投票率为 51.7%,从 428 名参选人中选举产生 73 人组成的制宪会议,负责制定伊斯兰共和国宪法。④同年 12

① Barbara A. Rieffer-Flanagan, *Evolving Iran: An Introduction to Politics and Problems in the Islamic Republic*, Georgetoen University Press, Washington 2013, p.83.

② Diamond, L., *Islam and Democracy in the Middle East*, p.140.

③ Barbara A. Rieffer-Flanagan, *Evolving Iran: An Introduction to Politics and Problems in the Islamic Republic*, p.56.

④ Kamrava, M., *Iran Today: An Encyclopedia of Life in the Islamic Republic*, Westport 2008, p.182.

月,伊朗举行伊斯兰共和国宪法的全民公决,约 1 600 万人参加投票,投票率为 70.4%,伊斯兰共和国宪法的支持率达到99.5%。①1989 年 4 月,霍梅尼针对新的政治局势和社会环境,在弥留之际授意组建包括 25 人在内的宪法修改委员会,负责修订 1979 年颁布的伊斯兰共和国宪法。同年 7 月,伊朗举行第四次全民公决,投票率为 54.5%,宪法修订案以 97%的支持率获得通过。②

根据伊斯兰共和国宪法,设立专家会议,负责选举最高宗教领袖、监督最高宗教领袖的行为和罢免最高宗教领袖,并且有权修改宪法。专家会议设 83 个席位,由选民按照各省人口数量比例选举产生,全国设 30 个选区。③专家会议成员无职业限制,任期 8 年,可以同时担任议员或在政府任职。专家会议主席由专家会议全体成员选举产生,任期 2 年。1982 年 12 月,举行首次专家会议选举,投票率 77.3%, 168 人申请参选。1985 年,专家会议召开特别会议,选举蒙塔泽里作为最高宗教领袖的继任者。④1989 年 6 月,专家委员会根据修订后的宪法第 108 款,以 60 票赞成、14 票反对和 9 票弃权的表决结果,选举哈梅内伊继任最高宗教领袖。⑤1990 年 10 月,举行第二届专家会议选举,投票率 37.1%, 183 人申请参选。1998 年 10 月,举行第三届专家会议选举,投票率为 46.3%, 396 人申请参选。⑥2006 年 10 月,举行第四届专家会议选举,投票率为 60%, 495 人申请参选。⑦

议会选举无疑是伊斯兰共和国政治生活的重要内容。根据 1980 年 2 月颁布的选举法,议会实行一院制,设 270 个席位,议员任期 4 年,可连选连任;每 15 万选民设 1 个议会席位,每 10 年进行人口统计,以根据选民人数的变化调整议会席位;2000 年,议会席位增至 290 个(实际议员人数包括死亡者、辞职者和随后增补者,故历届议会议员人数不尽相同)。议会选举按照选区分配席位,议员选票来自其所在的选区,不得跨选区竞选和投票。全国设 196 个选区,每个选区根据选民人数不同而分别选举议员 1 名或多名;德黑兰选区是最大的选区,设 30 个议员席位,大不里士选区设 6 个议员席位,伊

① Barbara A. Rieffer-Flanagan, *Evolving Iran: An Introduction to Politics and Problems in the Islamic Republic*, p.57.

② Kamrava, M., *Iran Today: An Encyclopedia of Life in the Islamic Republic*, p.184.

③ Tazmini, G., *Khatami's Iran: The Islamic Republic and the Turbulent Path to Reform*, London 2009, p.101.

④ Kamrava, M., *Iran Today: An Encyclopedia of Life in the Islamic Republic*, p.49, p.51.

⑤ Esposito, J.L., *Iran at the Crossroads*, p.32.

⑥ Kamrava, M., *Iran Today: An Encyclopedia of Life in the Islamic Republic*, p.185, p.187.

⑦ Arjomand, S.A., *After Khomeini: Iran Under His Successors*, pp.43—44.

斯法罕选区和马什哈德选区分别设 5 个议员席位，阿瓦士选区、拉施特选区、设拉子选区和乌尔米耶选区分别设 3 个议员席位。非穆斯林宗教少数族群享有选举权和被选举权，议会设 5 个非穆斯林宗教少数族群席位，包括拜火教徒和犹太人各一个席位，亚述和迦勒底人基督徒共同占据一个席位，北方亚美尼亚派基督徒和南方亚美尼亚派基督徒各一个席位。①议会选举采取直接选举和两轮投票的方式，竞选者须在第一轮投票中获得选区内超过 50% 的选票方可当选，1989 年改为获得选区 33% 的选票者当选，2000 年改为获得选区 25% 的选票者当选，第二轮投票在得票最多的两位参选人之间举行，赢得简单多数票者胜出。②参选人必须具有伊朗公民权，具备大学学历，年龄在 30—75 岁之间，没有不良记录，拥护伊斯兰革命，身体健康，具有读写能力。参选人的竞选期限为 20 天，竞选方式包括广告、媒体宣传、清真寺聚礼和大学的演讲，不允许竞选者举行竞选集会，禁止最高宗教领袖和聚礼伊玛目介入竞选。参选人有权委托代理人在投票日参与投票和计票的监督，不允许外国观察家监督选举。③伊斯兰共和国宪法规定，新一届议会选举须在前一届议会届满之前举行，以便避免出现无议会的状态，除最高领袖外，任何人无权解散议会。④议会是制约总统权力和政府职能的重要机构。“除以色列议会外，伊朗议会是中东诸国最具独立地位的议会。议员在议会公开地和激烈地批评政府的政策。”⑤

伊斯兰共和国常态化的议会选举始于 1980 年。1980 年 3 月，举行首届议会选举，投票率为 52.1%，3 694 人参选，263 人当选议员。1984 年 4 月，举行第二届议会选举，投票率为 64.6%，1 592 人参选，270 人当选议员。1988 年 4 月，举行第三届议会选举，投票率为 59.7%，1 999 人参选，269 人当选议员。1992 年 3 月，举行第四届议会选举，投票率为 57.8%，2 050 人参选，267 人当选议员。⑥1996 年 3 月，举行第五届议会选举，投票率为 71.1%，3 228 人参选，270 人当选议员。⑦2000 年 3 月，举行第六届议会选举，投票率达到 69%，约 5 000 人参选，议会席位由 270 席增至 290 席，277 人当选议员，

---

① Kamrava, M., *Iran Today: An Encyclopedia of Life in the Islamic Republic*, p.182.

② Lust-Okar, E., *Political Participation in the Middle East*, p.57.

③ Diamond, L., *Islam and Democracy in the Middle East*, pp.124—125.

④ Louis R. Mortimer, L.R., *Iran, A Country Study*, Washington 1988, p.79.

⑤ Milani, M.M., *The Making of Iran's Islamic Revolution*, p.199.

⑥ Kamrava, M., *Iran Today: An Encyclopedia of Life in the Islamic Republic*, pp.183—185.

⑦ Adelkhan, F., *Being Modern in Iran*, London 1998, p.82.

另有 13 个议会席位选举无效，待 2001 年 5 月补选。[①]2004 年 3 月，举行第七届议会选举，投票率为51%。[②]2008 年 3 月，举行第八届议会选举，4 476 人参选，竞争 290 个议会席位，投票率为 60%。[③]

伊斯兰共和国常态化的总统选举亦始于 1980 年。伊斯兰共和国成立之初，霍梅尼禁止宗教界人士竞选总统。[④]1980 年 1 月，举行首次总统选举，投票率为 67.4%，124 人参选，巴尼萨德尔当选伊斯兰共和国首任总统。[⑤]1981 年 7 月，巴尼萨德尔由于与霍梅尼出现严重政见分歧而被迫辞职，随后举行第二次总统选举，45 人申请参选总统，4 人获准成为正式参选人，投票率为 64.2%，雷扎伊以 88%的得票率当选为第二任总统。[⑥]1981 年 8 月，雷扎伊死于反对派的恐怖袭击。[⑦]同年 10 月，伊朗举行第三次总统选举，投票率为 74.2%，71 人申请参选总统，4 人获准成为正式参选人，哈梅内伊以近 90%的得票率当选第三任总统，亦成为首位来自宗教界的伊斯兰共和国总统。[⑧]1985 年 5 月，举行第四次总统选举，投票率下降为 54.7%，45 人申请参选总统，3 人获准成为正式参选人，哈梅内伊以 86%的得票率再度当选总统。[⑨]1989 年 7 月，伊朗举行第五次总统选举，投票率并未出现上升的趋势，仅为54.5%，80 人申请参选总统，2 人获准成为正式参选人，拉夫桑贾尼以 96%的得票率当选为第五任总统。[⑩]1993 年，举行第六次总统选举，投票率再度下跌，仅为 51%，128 人申请参选总统，4 人获准成为正式参选人，拉夫桑贾尼以 96%的得票率连任总统。[⑪]1997 年，举行第七次总统选举，238

巴尼萨德尔

---

① Diamond, L., *Islam and Democracy in the Middle East*, p.129.

② Lust-Okar, E., *Political Participation in the Middle East*, pp.66—67.

③ Tazmini, G., *Khatami's Iran: The Islamic Republic and the Turbulent Path to Reform*, pp.148—149.

④ Barbara A. Rieffer-Flanagan, *Evolving Iran: An Introduction to Politics and Problems in the Islamic Republic*, p.63.

⑤ Kamrava, M., *Iran Today: An Encyclopedia of Life in the Islamic Republic*, p.183.

⑥ Zabih, S., *Iran Since the Revolution*, p.144.

⑦⑨⑪ Esposito, J.L., *Iran at the Crossroads*, p.53.

⑧ Zabih, S., *Iran Since the Revolution*, p.151.

⑩ Ehteshami, A., *After Khomeini: The Iranian Second Republic*, p.62.

雷扎伊

人申请参选总统，4 人获准成为正式参选人，投票率达到 91%，超过此前六次总统选举的投票率，哈塔米以 69%的得票率当选总统。①2001 年，举行第八次总统选举，814 人申请参选总统，其中 10 人获准成为正式总统候选人，投票率为 67%，哈塔米以 76%的得票率成功连任总统，其主要竞选对手塔瓦克里得票率为 15.6%，另外 8 名参选人得票率均不足3%。②2005 年举行的第九次总统选举，1 014 人申请参选总统，其中 7 人获准成为正式总统候选人。③6 月 17 日举行第一轮投票，投票率为 62%，所有参选人均未能在第一轮投票中胜出。④ 第二轮投票在拉夫桑贾尼与艾哈迈迪内贾德之间进行，投票率为 60%，艾哈迈迪内贾德击败拉夫桑贾尼，以 61.69%的得票率当选总统。⑤2009 年举行第十次总统选举，475 人申请参选，4 人获准成为正式总统候选人，投票率达到 80%，艾哈迈迪内贾德以 63%的得票率再度胜出。⑥

地方选举作为选举政治的重要元素，被视作打破精英垄断国家权力和把持政治舞台之局面的重要手段，可谓草根民主化的社会根基。伊朗地方选举的法律原则始于 1906 年宪法的相关条款，巴列维时代被束之高阁。1979 年颁布的伊斯兰共和国宪法第 7 款明确规定，地方事务的管理权属于选举产生的地方议会以及地方议会选举产生的地方长官。然而，此项条款长期流于形式，直至 90 年代末付诸实施。⑦根据 1997 年议会通过的地方选举法，地方议会议员任期 4 年，议会席位从 5 个到 11 个不等，德黑兰市议会设 15 个席位，地方行政长官由地方议会选举产生。⑧1999 年 2 月，伊朗举行伊斯兰革命后的首次地方议会选举，时人称之为“伊朗历史上最民主的选举”：近 33 万男性

① Menashri, D., *Post-Revolutionary Politics in Iran: Religion, Society and Power*, pp.86—87.

② Tazmini, G., *Khatami's Iran: The Islamic Republic and the Turbulent Path to Reform*, p.55, p.113.

③ Lust-Okar, E., *Political Participation in the Middle East*, p.67.

④ Gheissari, A., *Contemporary Iran: Economy, Society, Politics*, pp.284—285.

⑤ Cheissari, A., *Democracy in Iran: History and the Question for Liberty*, p.148.

⑥ Rieffer-Flanagan, B.A., *Evolving Iran: An Introduction to Politics and Problems in the Islamic Republic*, p.96.

⑦ Arjomand, S.A., *After Khomeini: Iran Under His Successors*, p.129.

⑧ Menashri, D., *Post-Revolutionary Politics in Iran: Religion, Society and Power*, pp.99—100.

候选人和 7 000 余女性候选人竞争乡村地区约 35 000 个议会席位和城市地区 815 个议会席位，2 360 万选民参与投票，投票率达到64.5%。[①]2003 年举行第二次地方议会选举，投票率为 39%，城市的选民投票率大幅下跌，主要城市伊斯法罕、设拉子、马什哈德的投票率均低于 20%，德黑兰的投票率仅为 13%。2006 年举行第三次地方议会选举，投票率再度攀升为60%。[②]常态化的地方选举提供了政治参与的新渠道，标志着民众政治参与从国家的层面延伸到最边远的村庄。

选举政治框架下的派系竞争与民众参与

就中东而言，选举政治包括威权体制下的选举和民主化进程中的选举两种模式，前者旨在强化威权体制的合法性，后者则是实现民众政治参与的基本方式。在伊朗伊斯兰共和国，选举政治并非处于静止的状态，两种选举模式经历逐渐转换的过程。伊斯兰共和国最初 10 年的所谓霍梅尼时代，由于缺乏民主制的法理框架和公平的竞选机制，选举尚不足以真正实现民众参与和真正体现民众意志，政治生活表现出明显的宗教色彩和威权倾向，选举政治徒具虚名。[③]在第一次总统选举中，霍梅尼否定了伊斯兰共和党主席贝赫什提的竞选申请，理由是贝赫什提来自欧莱玛阶层。然而，伊斯兰共和国宪法规定竞选总统的条件包括伊朗出生、伊朗国籍、从政经历、无犯罪记录、承认伊斯兰共和国政体、承认伊斯兰教是伊朗伊斯兰共和国官方信仰，关于总统人选并无职业的限制。[④]除首任总统巴尼萨德尔得票率为 76%外，1981 年雷扎伊当选总统、1981 年和 1985 年哈梅内伊当选总统以及 1989 年拉夫桑贾尼当选总统，得票率均超过 85%，选举结果几无悬念。[⑤]“霍梅尼的选择，预先决定了选举的结果。”[⑥]

霍梅尼时期，最高宗教领袖制度的建立和宗教政治的膨胀无疑具有威权主义的明显倾向。霍梅尼作为克里斯玛式的宗教领袖，俨然是伊斯兰革命的象征和伊斯兰共和国的化身，凌驾于国家和社会之上，行使绝对的统治权力，

---

① Esposito, J.L., *Iran at the Crossroads*, p.45.
② Arjomand, S.A., *After Khomeini: Iran Under His Successors*, p.131.
③ Alsaif, T., *Islamic Democracy and Its Limite: The Iranian Experience Since 1979*, p.69.
④ Nabavi, N., *Iran: From Theocracy to the Green Movement*, p.5.
⑤ Esposito, J.L., *Iran at the Crossroads*, p.53.
⑥ Diamond, L., *Islam and Democracy in the Middle East*, p.140.

而民选产生的议会和总统处在从属于宗教领袖的弱势地位。但是,最高宗教领袖制度并非"严厉的中世纪式的神权制度",其本质亦非"传统主义的神权政治"。霍梅尼时期最高宗教领袖制度的威权政治倾向,根源于当时特定的历史环境,与伊斯兰革命期间尖锐的政治对抗、下层民众的广泛参与和由此形成的狂热氛围以及霍梅尼作为民主斗士的社会形象密切相关,民粹主义和国家主义则是伊斯兰革命期间狂热和激进的政治倾向在经济领域的逻辑延伸。伊斯兰革命的特定环境即宗教性和民众性,决定了霍梅尼时期伊朗社会的神权统治和激进倾向。然而,神权统治和激进倾向并非霍梅尼时期伊朗社会的实质内容。巴列维王朝覆灭后出现的权力真空导致诸多政治势力的激烈较量,现代化进程的延伸则是霍梅尼时期伊朗历史发展的基本方向。

1989年霍梅尼去世后,伊斯兰共和国的政治生态逐渐改变,宗教色彩和威权倾向随之逐渐淡化。常态化的选举开始影响伊斯兰共和国的政治生活和政治改革进程,成为伊朗政坛不同派别角逐国家权力的基本政治框架。自1993年起,当选总统者的得票率大幅下降,拉夫桑贾尼竞选第二任总统的得票率仅为63.2%,反映出总统竞选的激烈程度。① 另一方面,后霍梅尼时代,伊朗政坛出现诸多政治势力分庭抗礼的局面,进而形成宗教政治与世俗政治的对抗与消长,最高宗教领袖的绝对权力逐渐削弱,议会地位提高,选举政治的影响力不断扩大,民选总统开始成为政治舞台的核心人物,最高宗教领袖、议会与总统之间的权力分配呈多元化的趋势。

后霍梅尼时代,常态化的议会选举和总统选举成为不同政治派别角逐权力的风向标,争夺选票提供了不同政治派别角逐政坛的首要方式,而民众参与决定着不同政治派别之间的力量对比和政治天平的走向,选举政治的世俗化和民主化之历史走向日渐凸显。自下而上的民众选举提供了世俗国家权力移交的合法途径,同时提供了民众实现政治参与的合法渠道和在现行体制内表达诉求的基本方式。民选总统成为民众意志的代表和变革的倡导者,最高宗教领袖则成为维护现行体制的核心和象征。

政党政治与选举政治具有内在的逻辑联系,多元化的政党政治是成熟选举政治的重要基础,选举政治通常表现为不同政党之间的权力角逐。然而,伊斯兰共和国的诸多政党通常以参与大选为首要目的,大都缺乏严密的组织

---

① Esposito, J.L., *Iran at the Crossroads*, p.53.

体系、明确的政治纲领和广泛的社会基础，表现出明显的脆弱性和不成熟性，竞选的结果决定着政党的命运。另一方面，伊斯兰共和国的议会选举并非采取政党竞选的方式，而是采取独立参选人的竞选方式，议会席位亦不区分政党归属。此外，诸多政党尽管热衷于参与选举，提名参选人，然而政党提名的参选人未必是该党成员，不同政党或者竞选联盟往往提名相同的参选人，参选人往往具有跨党派性，是为伊斯兰共和国政党政治的不成熟性。①相比之下，诸多政治派系长期活跃于伊斯兰共和国的政治舞台，极具政治影响力，却无意取得作为政党的合法地位。派系政治尽管并非政党政治，毕竟包含政党政治的若干元素，代表不同的政治倾向和政治原则，加之言论相对自由的社会环境下媒体的推波助澜，在选举政治的框架内成为反映选民诉求和参选人争夺选票进而实现民众参与的政治平台，体现出伊斯兰共和国政治舞台之多元化的政治发展趋势。常态化的议会选举和总统选举以及地方选举，提供了不同政治派系角逐国家权力的基本路径。诸多政治派系提名大选的候选人并建立竞选平台，组成各自的议员团，相互之间通过达成共识而组成竞选联盟，借助媒体阐述竞选纲领和争夺选票。不同政治派系的转换和浮沉，是伊斯兰共和国政治进程的历史走向。

霍梅尼生前允许官方内部在承认现行体制合法性的框架内形成不同的政治派系。然而，霍梅尼致力于维持不同派别之间的平衡，避免官方内部政治天平的倾斜，霍梅尼的绝对权威制约着官方内部的派系角逐，不同派系之间的分歧尚未凸显。后霍梅尼时代，官方内部的派系角逐明显加剧，政治天平在不同派系之间呈摇摆不定的状态。与此同时，选举政治表现出史无前例的多元性、广泛参与性和不确定性，常态化的议会选举和总统选举成为不同政治派系角逐权力的风向标，争夺选票则是不同政治派系角逐政坛的首要方式，而民众参与决定着不同政治派系之间的力量对比和政治天平的走向。

霍梅尼时代，激进派长期占据议会多数席位。1992 年举行第四届议会选举，是 1989 年霍梅尼去世后的首次议会选举，务实派与保守派赢得议会多数席位，激进派败选；在德黑兰选区，激进派参选人仅有 1 人胜出。1996 年举行第五届议会选举，激进派宣布抵制选举，保守派候选人赢得 140 个席位，务实派候选人赢得 80 个席位。②1999 年举行首次地方选举，改革派大获全

① Diamond, L., *Islam and Democracy in the Middle East*, p.124.

② Diamond, L., *Islam and Democracy in the Middle East*, pp.115—116.

胜,在全国范围内赢得71%的选票;[①]在德黑兰议会的15个席位中,改革派赢得13个席位。[②]2000年举行第六届议会选举,改革派再次以压倒性多数的选票胜出,赢得215个席位;[③]在德黑兰选区,改革派赢得全部30个席位中的26个席位。[④]2003年举行第二次地方选举,改革派仅在边远省区获胜;新左派于2003年地方选举中首次浮出政坛,初露锋芒,在包括德黑兰在内的主要城市击败改革派,赢得多数席位。[⑤]2003年地方选举的结果,预示着新左派作为政坛黑马的异军突起和选举政治的新走向。2004年举行第七届议会选举,新左派再度胜出,占据议会多数席位,其中德黑兰选区全部30个议会席位尽属新左派参选人。[⑥]2004年议会选举,标志着改革派在伊朗政坛的衰退;民众对于改革派施政举措的不满,导致改革派逐渐失去选民的支持。2006年举行第三次地方选举,保守派胜出,改革派亦有所获,新左派败选;在德黑兰议会,新左派参选人仅仅赢得15个席位中的3个席位。2008年议会选举期间,新左派赢得77个席位,保守派赢得48个席位,改革派赢得38个席位;新左派尽管未能占据议会多数席位,依然构成议会最大的政治派系。[⑦]

伊斯兰共和国前期,除首次总统选举外,其余历次总统选举仅为程序性仪式的例行换届,不似议会选举充斥着竞争和不确定性。后霍梅尼时代,不同政治派系之间分歧明显加剧。历届总统候选人尽管均以独立人士的身份参选,却皆具有政治派系的鲜明背景,代表不同政治派系的治国理念。相比于议会选举及地方选举,不同政治派系之间在总统选举期间展开角逐,竞争尤为激烈。

1993年,拉夫桑贾尼尽管在总统选举中胜出,成功连任,然而支持率大幅下降,仅仅赢得62%的选票,预示着即将到来的总统竞选风暴。[⑧]1997年总统选举前夕,伊朗政坛暗流涌动。早在1996年6月,激进派宣布支持前总理穆萨维竞选总统。然而,同年10月,穆萨维宣布退出总统竞选。[⑨]1997年1

---

① Menashri, D., *Post-Revolutionary Politics in Iran: Religion, Society and Power*, pp.99—100.

② Kamrava, M., *Iran Today: An Encyclopedia of Life in the Islamic Republic*, p.110.

③ Tazmini, G., *Khatami's Iran: the Islamic Republic and the Turbulent Path to Reform*, p.73.

④ Menashri, D., *Post-Revolutionary Politics in Iran: Religion, Society and Power*, p.314.

⑤ Alsaif, T., *Islamic Democracy and Its Limite: The Iranian Experience Since 1979*, p.151.

⑥ Lust-Okar, E., *Political Participation in the Middle East*, p.67.

⑦ Arjomand, S.A., *After Khomeini: Iran Under His Successors*, p.131, pp.43—44.

⑧ Kamrava, M., *Iran Today: An Encyclopedia of Life in the Islamic Republic*, p.185.

⑨ Tazmini, G., *Khatami'Iran: the Islamic Republic and the Turbulent Path to Reform*, p.47.

月,哈塔米宣布参与总统竞选,穆萨维为首的激进派和拉夫桑贾尼为首的务实派以及德黑兰市长卡尔巴什奇、前工业部长贝赫扎德·纳巴维、人质危机时期的学生领袖阿巴斯·阿布迪、资深媒体人阿赫巴尔·甘吉、赛义德·哈贾里安、穆赫森·萨泽加拉表态支持哈塔米竞选总统,"他们所代表的是现行体制内的改革诉求而不是伊斯兰共和国的反对者"。①与此同时,保守派宣布支持时任议长努里竞选总统。随后,哈塔米的支持者与努里的支持者形成泾渭分明的两大竞选阵营。

哈塔米的竞选纲领,承诺关注中产阶级的政治诉求,关注和满足青年人需求,增加就业,改善住房环境,呼吁提高女性的社会地位,消除男权社会的性别歧视,给予女性与男性同等的政治地位和社会地位,强调男人并非女性的主人,强调伊朗的国家利益至上,主张国家之间相互尊重的和平外交,倡导不同文明的对话取代不同宗教之间的对抗。②哈塔米在其竞选纲领中反复提及公民社会和法治原则,倡导文化自由,反对宗教义务的强迫,强调开放和宽容的伊斯兰共和国将会受到民众的广泛支持和拥护。③哈塔米由此开辟了改革诉求的新方向和新动力,试图在体制内通过公民社会的完善寻求支持改革派的社会基础。

相比之下,哈塔米的竞选对手努里来自乡村家庭,思想僵化,在社会和文化领域持保守立场,在外交领域持反对西方的立场。努里强调西方文化的侵略性,西方思想的渗透损害伊朗伊斯兰共和国的意识形态和伊斯兰革命的价值观,坚持伊斯兰革命和反美外交政策,坚持支持巴勒斯坦解放事业是伊朗伊斯兰共和国的神圣使命。在努里看来,卫星和媒体是西方文化侵略的主要手段。④努里支持欧莱玛在国家体制中占据核心地位,表示"是欧莱玛策划了伊斯兰革命,罢免了国王,从巴尼萨德尔之辈的手中拯救了伊斯兰革命","在伊玛目隐遁期间,最高领袖享有与伊玛目和先知同样的权力,最高领袖的意愿就是所有人应当服从的命令和承担的义务"。⑤

努里强调伊斯兰革命的原则和最高宗教领袖制的必要性,得到包括哈梅内伊、宪法监护委员会、专家会议、革命基金会和"战斗的欧莱玛协会"在内的

---

① Cheissari, A. & Nasr, V., *Democracy in Iran: History and the Question for Liberty*, p.131.
② Menashri, D., *Post-revolutionary Politics in Iran: Religion, Society and Power*, pp.82—83.
③ Cheissari, A. & Nasr, V., *Democracy in Iran: History and the Question for Liberty*, p.133.
④ Menashri, D., *Post-revolutionary Politics in Iran: Religion, Society and Power*, pp.83—84.
⑤ Tazmini, G., *Khatami'Iran: The Islamic Republic and the Turbulent Path to Reform*, p.50.

保守派阵营的支持,被视作官方提名的候选人。相比之下,哈塔米强调自由、人权、包容、开放的原则和变革的必要性,代表体制内的改革诉求,得到民众的支持,俨然是民间诉求的代言人。①哈塔米在竞选期间公开表达了社会公正和民族凝聚的理念,被保守派指责为试图以民主和自由的名义使国家走向世俗化。随后,保守派报纸《伊斯兰共和国》质疑哈塔米对于最高宗教领袖制的忠诚。努里指责哈塔米担任文化部长期间纵容自由主义和世俗主义的危险思想,攻击哈塔米支持自由主义和持不同政见者。哈塔米的支持者则举行集会,抗议保守派控制的伊斯兰革命卫队和民兵组织干预选举程序。②

竞选之初,在保守派的强力支持下,努里占据上风,俨然是总统的不二人选。然而,哈塔米很快赢得了更多选民的支持,迫使保守派逐渐低调。在妇女的问题上,努里表达了相对温和的态度,承认现行对妇女的政策存在瑕疵,承诺放宽对于女性服饰的限制,谴责有人将伊朗现行政权比作塔利班。③然而,保守派控制的宪法监护委员会剥夺全部 9 名女性总统候选人的竞选资格,无疑成为促使女性选民支持哈塔米的重要原因。④

根据 1997 年 4 月的民意测验,哈塔米的支持率为 62.3%,努里的支持率为 17.9%,反映出哈塔米与努里之间在总统大选中的竞争态势。⑤1997 年 5 月 23 日举行投票,投票率相比于 1993 年大幅上升,反映出民众参与积极性的空前提高。当计票三分之二时,哈塔米已经以 1 600 万对 500 万击败努里,宣布胜出。最终计票结果是,哈塔米赢得 69% 的选票,努里赢得 29% 的选票。⑥随后,哈梅内伊宣布,哈塔米当选伊斯兰共和国的第七任总统。⑦

1997 年总统选举前夕,改革派与务实派结成同盟,成为导致选举天平倾斜和哈塔米胜出的重要原因。哈塔米的支持者主要来自家乡亚兹德省(85%)以及布什尔省(84%)、伊拉姆省(81%)和法尔斯省(80%),最低得票率来自努里的家乡马赞德兰省(44%)以及卢里斯坦省(45%)。在包括德黑兰在内的中央省,哈塔米和努里的得票率分别为 68% 和 22%。努里的支持者主要来自卢里斯坦省(53%)和马赞德兰省(52%),最低得票率来自亚兹德

① Esposito, J.L., *Iran at the Crossroads*, p.41.

② Tazmini, G., *Khatami'Iran: The Islamic Republic and the Turbulent Path to Reform*, pp.52—53.

③ Tazmini, G., *Khatami'Iran: The Islamic Republic and the Turbulent Path to Reform*, p.51.

④ Menashri, D., *Post-revolutionary Politics in Iran: Religion, Society and Power*, pp.85—86.

⑤ Tazmini, G., *Khatami'Iran: The Islamic Republic and the Turbulent Path to Reform*, pp.46—47, p.54.

⑥ Cheissari, A. & Nasr, V., *Democracy in Iran: History and the Question for Liberty*, p.161.

⑦ Tazmini, G., *Khatami'Iran: The Islamic Republic and the Turbulent Path to Reform*, p.7, p.55

省、布什尔省和科尔曼沙赫省，均不足13%。另外两名候选人穆罕默德·雷沙里和里萨·扎瓦雷分别得票2.6%和2.7%。[①]

哈塔米的支持者并非特定的社会群体和政治集团，而是来自社会的各个阶层，分享政治改革和社会进步的共同诉求。不同于拉夫桑贾尼作为霍梅尼的重要革命伴侣，哈塔米只是在80年代曾经有限介入革命事业。哈塔米于90年代后期作为文化部长庇护世俗知识分子，主张文化开放，倡导人性和宗教宽容，呼吁放松政府在意识形态领域的清规戒律，赢得女性、青年和世俗选民的好感。哈塔米与务实派关系密切，表示将坚持拉夫桑贾尼的道路，强调经济发展与政治发展的同步性。[②]哈塔米亦得到激进派的支持，后者活跃于80年代，是保守派的政治对手。[③]伊斯兰革命后，人口迅速增长。1996年，60%的人口在24岁以下，选民的年龄结构呈年轻化趋势，进而对选举政治产生深刻的影响。[④]青年、妇女、中产阶级无疑提供了哈塔米竞选总统的主要票源，其他诸多社会群体亦不乏哈塔米竞选总统的支持者。甚至在欧莱玛和保守派大本营库姆，哈塔米也赢得70%的选票。此外，哈塔米赢得了伊朗武装力量70%的选票。[⑤]《伊朗时报》评价道：哈塔米"赢得了德黑兰和各省的选票，赢得了乡村和城市的选票，赢得了穷人和富人的选票"。[⑥]

哈塔米尽管具有欧莱玛的宗教背景，却被保守派视作妥协性的总统候选人，允许一个戴着头巾的温和派竞选总统，可以平息改革的要求。保守派原本将1997年大选仅仅视作例行的总统换届，保守派领导人试图通过允许温和派在大选中发出声音来平息拉夫桑贾尼任职末期日益高涨的民众不满和避免政治危机，却低估了大选对于保守派的挑战。哈塔米在总统大选中胜出以及作为改革的倡导者浮出政坛，则出乎保守派的预料之外。操纵国家机器的保守派失去了对于选举结果的有效控制，标志着伊斯兰共和国选举政治民主化的长足进步，反映出选举政治得到民众的广泛认同。

1997年总统大选，官方支持的候选人落败而民众支持的候选人胜出的选举结果并非"令人不可思议"，哈塔米亦非来自现行政治体制之外和试图否

---

① Menashri, D., *Post-revolutionary Politics in Iran: Religion, Society and Power*, p.86.

② Arjomand, S.A., *After Khomeini: Iran Under His Successors*, p.71.

③ Cheissari, A. & Nasr, V., *Democracy in Iran: History and the Question for Liberty*, pp.130—131.

④ Tazmini, G., *Khatami'Iran: The Islamic Republic and the Turbulent Path to Reform*, p.43.

⑤ Cheissari, A. & Nasr, V., *Democracy in Iran: History and the Question for Liberty*, p.161.

⑥ Menashri, D., *Post-revolutionary Politics in Iran: Religion, Society and Power*, p.87.

定现行政治体制。[①]1997 年总统选举,表达了民众对于官方保守派的不满和对于变革的强烈诉求。官方候选人落败的选举结果,反映出总统大选提供了民众政治参与和表达自身诉求的常态化合法渠道,而通过选举的方式推动政治变革无疑成为伊斯兰共和国的历史发展方向。1997 年总统选举,是伊斯兰革命后首次民众通过投票的方式而不是通过最高宗教领袖颁布的宗教法令表达自身意愿诉求的政治实践,在伊朗政治生活中具有极其重要的地位,预示着国家与社会的关系出现重大转折。伊斯兰共和国的改革进程由此开始从经济领域延伸到政治领域,民主化提上改革的议事日程。1997 年大选,开辟了民众广泛参与进而挑战保守派特权地位的先河,提供了各派势力角逐国家权力的新模式。

1997 年的总统选举,竞争激烈程度前所未有,堪称伊斯兰共和国选举政治的重要转折点,在伊朗政治发展进程中具有极其重要的地位,可谓伊朗历史上的首次选举革命。不同政治派系之间的激烈竞争,保证了总统选举的公正性,操纵国家机器的保守派失去了对于选举结果的有效控制,民众广泛的政治参与打破了官方的权力垄断。与此同时,投票率大幅攀升,表明民众通过选举表达自身诉求和渴望变革的强烈愿望。民众的选择决定了总统选举的最终结果,哈塔米之当选总统则是伊朗民主化进程的重要里程碑,被视作继 1979 年伊斯兰革命后的第二次革命和“德黑兰之春”,标志着国家与社会关系的重大转折。[②]

2000 年议会选举延续 1997 年总统选举期间形成的改革派与保守派之间的对峙局面。改革派与保守派两大阵营的分歧主要表现为国内的政治改革进程,分歧的焦点则是宗教与国家的关系、伊斯兰教与民主制的关系、最高宗教领袖的地位。哈塔米和改革派阵营强调 1997 年第二次革命的精神,呼吁推进政治改革以及自由、公民社会和保障人权的优先性,保守派则坚持 1979 年伊斯兰革命胜利的原则和霍梅尼的思想,强调经济发展的优先性进而抨击哈塔米和改革派政府忽视民生。在外交政策方面,改革派与保守派亦存在分歧,主要表现为对美国的政策,改革派主张缓和与美国的紧张关系符合伊朗的国家利益,保守派则强调打倒美国的伊斯兰革命原则。[③]

---

① Menashri, D., *Post-revolutionary Politics in Iran: Religion, Society and Power*, p.85.

② Tazmini, G., *Khatami's Iran: The Islamic Republic and the Turbulent Path to Reform*, p.55.

③ Menashri, D., *Post-revolutionary Politics in Iran: Religion, Society and Power*, p.305, p.308, p.152, p.315.

2000年议会选举前夕，哈梅内伊重申，在伊斯兰革命期间，霍梅尼告诫众人不要提及民主二字……民主制和自由主义都来自西方文化，不能镶嵌在伊斯兰国家的基础上。①与此同时，保守派指责改革派威胁国家和信仰，诋毁改革派候选人反对伊斯兰教和伊斯兰革命，告诫民众不要被改革派的口号所迷惑，指责改革派候选人是美国的代理人，而希望改革派赢得大选的是伊斯兰革命的敌人。阿亚图拉叶兹迪甚至宣称，美国中情局官员携带美元潜入伊朗，贿赂改革派记者和其他“美国的文化使者”。在叶兹迪看来，改革派重新解读伊斯兰教进而歪曲信仰原则，其罪过大于杀害伊玛目阿里的凶手，“他们比撒旦更加邪恶”，呼吁采取强硬的措施，如果必要不惜诉诸暴力手段，回应那些背离正确道路的人。叶兹迪说：“如果有人告诉你，他对伊斯兰教有新的解读，应当打他耳光。”哈梅内伊亲自认同以“合法的暴力”惩罚亵渎信仰的人，同时谴责“非法的暴力”。拉夫桑贾尼表示，挑战神权体制的人是国外势力的代理人，他们假借自由的名义反对伊斯兰教信仰，质疑伊斯兰革命的成就，进而试图掌管国家权力，而改革派质疑两伊战争进程是不公正的，“打击民众的信心，其危害性超过艾滋病”。阿亚图拉哈兹阿里则站在宪法监护委员会的立场，强调民众无权挑战和质疑宪法监护委员会，如同无权挑战和质疑先知穆罕默德一样。②

2000年议会选举前夕，包括改革派政党“伊斯兰伊朗参与者阵线”、务实派政党建设公仆党和激进派政党“战斗的欧莱玛联合会”在内的18个政党和政治组织形成竞选联盟，共同抗衡包括15个政党在内的保守派竞选联盟。改革派竞选联盟内部并非浑然一体，在候选人提名上存在分歧，意见相左。多数政党和政治组织希望限制欧莱玛作为候选人的提名数量，而“战斗的欧莱玛联合会”主张增加欧莱玛作为候选人的提名数量，进而单独提出候选人名单。“伊斯兰伊朗参与者阵线”与建设公仆党在各省候选人的提名上达成共识，却在德黑兰选区的提名上形成对立；建设公仆党提名拉夫桑贾尼作为德黑兰选区的议员候选人，遭到“伊斯兰伊朗参与者阵线”的拒绝。③阿克巴尔·甘吉呼吁改革派阵营抵制拉夫桑贾尼竞选议员，指控拉夫桑贾尼需要对其总统任期内持不同政见者遭到暗杀以及延长两伊战争进程以及由此带来

---

① Diamond, L., *Islam and Democracy in the Middle East*, p.138.

② Menashri, D., *Post-revolutionary Politics in Iran: Religion, Society and Power*, p.309, pp.311—312, p.157.

③ Diamond, L., *Islam and Democracy in the Middle East*, p.125, p.126.

的伤亡和损失负责，需要对流血和杀戮负责，称拉夫桑贾尼是残酷无情的“红色阁下”，而建设公仆党拒绝提名穆罕默德·里萨·哈塔米竞选议员作为报复。①

改革派与保守派两大阵营提名的候选人表现出泾渭分明的差异。据媒体描述，改革派候选人通常面带微笑，保守派则通常表情严肃；改革派候选人通常发型精致，保守派候选人通常胡须茂密；改革派候选人习惯于波斯语的演讲，保守派候选人的演讲中经常伴有阿拉伯语；改革派候选人普遍有较高的学历背景，出生于大城市，其中许多人是商人、记者、教授和作家，保守派候选人大都来自小城市和乡村，来自巴扎、欧莱玛、农户和城市下层；改革派强调政治自由、经济发展和社会变革，保守派则强调捍卫伊斯兰革命和伊斯兰信仰，强调经济发展优于政治变革。②

保守派的首要竞选方式是剥夺改革派候选人的竞选资格，呼吁宪法监护委员会不仅阻止“第三种趋势”即反对伊斯兰革命的趋势，而且阻止“第二种趋势”即形形色色的自由主义者参与竞选。在他们看来，后者甚于入侵伊朗的伊拉克军队，甚至比前者更具危害性，因为这些人善于伪装真实面目。进入世纪之交，宪法监护委员会对于竞选申请人的资格审查权面临挑战，在剥夺改革派候选人竞选资格方面顾虑甚多，不似以往历届选举前夕的肆无忌惮。尽管如此，在2000年2月议会选举期间，在全部6 851名竞选申请人中，668人被监护委员会剥夺竞选资格。③然而，被监护委员会剥夺竞选资格的候选人不足全部竞选申请人的10%，是为伊斯兰共和国历史上的最低值，被剥夺竞选资格的候选人数量远远少于1992年和1996年两届议会选举。④监护委员会的退却导致改革派在2000年议会选举中的前进，伊朗政坛出现自由化和政治改革的强烈呼声，波及范围之广，影响之大，前所未有。

2000年2月举行第六届议会选举，选民投票率达到69%。⑤224人在第一轮投票中当选议员，改革派竞选联盟以压倒性多数的选票胜出，其中改革派政党伊斯兰伊朗参与阵线单独赢得98个议会席位。⑥在德黑兰选区的30

① Diamond, L., *Islam and Democracy in the Middle East*, p.126.

② Menashri, D., *Post-revolutionary Politics in Iran: Religion, Society and Power*, p.310.

③ Menashri, D., *Post-revolutionary Politics in Iran: Religion, Society and Power*, p.310.

④ Gheissari, A., *Contemporary Iran: Economy, Society, Politics*, p.264.

⑤ Tazmini, G., *Khatami'Iran: The Islamic Republic and the Turbulent Path to Reform*, pp.72—73.

⑥ Diamond, L., *Islam and Democracy in the Middle East*, p.125.

个席位中,改革派竞选联盟获得 29 个席位。[1]同年 5 月举行第二轮投票,选举由于得票率不足 25%的门槛而剩余的 66 个议会席位。[2]在第二轮投票中,改革派竞选联盟再次胜出,40 个议会席位。[3]两轮投票的最终结果是,保守派竞选联盟赢得不足 60 个议会席位,改革派竞选联盟赢得 189 个议会席位。连任的议员只有 70 人,其余议员为首次当选。[4]具有宗教背景的议员 37 人,其所占据的议会席位比例下降为 12%。[5]

2000 年议会选举是伊朗伊斯兰共和国民主化进程中的重要里程碑,犹如伊朗政坛继 1997 年总统选举之后的又一次强烈地震,显示出伊斯兰共和国政治民主化的发展方向和选举政治的趋于成熟,国际媒体则评价 2000 年议会选举是自由和民主的选举,可谓伊斯兰民主制政治实践的典范。[6]

2005 年举行第八届总统选举,1 014 人申请参与竞选总统,其中 6 人即来自务实派竞选阵营的拉夫桑贾尼、来自改革派竞选阵营的卡鲁比、来自保守派阵营的雷扎伊、卡里巴夫、拉里贾尼和来自新左派竞选阵营的艾哈迈迪内贾德获得宪法监护委员会的批准,成为正式的总统候选人。另外两位改革派候选人即莫因和梅赫尔阿里扎德,最初被宪法监护委员会剥夺参选资格,随后在哈梅内伊的介入下,通过宪法监护委员会的竞选资格审查,正式的总统候选人增至 8 人。至投票前夕,雷扎伊宣布退出竞选,7 人正式参与总统竞选。[7]

莫因 1951 年出生于伊斯法罕,曾任哈塔米政府的教育部长,于 2004 年 12 月第一个作为改革派候选人宣布竞选总统。他宣布,如果当选总统,将任命哈塔米总统的弟弟和第六届议会议长穆罕默德·里萨·哈塔米作为第一副总统,任命第六届议会女议员艾拉赫·克拉伊作为总统发言人。改革派政党"伊斯兰参与阵线"最初支持穆萨维竞选总统,穆萨维退出竞选后,转而支持莫因竞选总统。梅赫尔阿里扎德是第二位改革派总统候选人,1956 年出生于东阿塞拜疆,曾任哈塔米政府的副总统。作为阿扎里血统的候选人,梅赫尔阿里扎德得到议会中吉兰、阿塞拜疆和呼罗珊议员的支持。然而,他并

---

① Lust-Okar, E., *Political Participation in the Middle East*, p.64.

② Menashri, D., *Post-revolutionary Politics in Iran: Religion, Society and Power*, p.313.

③ Lust-Okar, E. & Zerhouni, S., *Political Participation in the Middle East*, p.64.

④ Diamond, L., *Islam and Democracy in the Middle East*, p.129.

⑤ Arjomand, S.A., *After Khomeini: Iran Under His Successors*, p.112.

⑥ Diamond, L., *Islam and Democracy in the Middle East*, pp.131—132.

⑦ Lust-Okar , E., *Political Participation in the Middle East*, p.67.

未得到自己所在的政党“伊斯兰参与阵线”的认同。第三位改革派总统候选人卡鲁比，1937 年出生于洛雷斯坦，1989—1992 年和 2000—2004 年曾任议会议长，是“战斗的欧莱玛联合会”创建者之一，亦是专家会议成员，由“战斗的欧莱玛联合会”于 2005 年 1 月提名参选。务实派总统候选人拉夫桑贾尼时任专家会议主席，持相对温和的施政理念，在经济和外交方面的立场介于保守派与改革派之间，主张改善与西方世界的关系，主张完善自由化的市场经济，反对强化政府干预的民粹主义经济政策，在伊朗政坛久负盛誉，可谓保守派眼中的改革派和改革派眼中的保守派。2004 年 11 月，14 个政党和政治组织宣布支持拉夫桑贾尼竞选总统。2005 年 5 月，拉夫桑贾尼正式宣布竞选总统。[①]卡里巴夫 1961 年出生于马什哈德，曾任警察总监，拉里贾尼 1957 年出生于伊拉克，时任最高国家安全会议秘书，均系保守派竞选联盟革命力量协调会议提名的总统候选人。其中，拉里贾尼得到哈梅内伊和官方欧莱玛的支持，是总统选举的有力竞争者。[②]保守派竞选联盟革命力量协调会议最初提名曾任外交部长的维拉亚提作为总统候选人，而维拉亚提拒绝革命力量协调会议的提名，选择作为独立候选人竞选总统，继而放弃参选，转而支持拉夫桑贾尼竞选总统。[③]艾哈迈迪内贾德 1956 年出生于德黑兰省的贫困农民家庭，时任德黑兰市长，得到新左派政党伊朗伊斯兰建设者联盟的支持，可谓 2005 年总统竞选的黑马。[④]

保障少数族群的合法权益是保障人权的重要组成部分，常态化的选举政治提供了少数族群维护自身权益的合法路径。2000 年议会选举期间，改革派的竞选口号是：“伊朗属于全体伊朗人”。[⑤]2005 年 7 个总统候选人中，3 个具有少数族群的背景：卡鲁比来自卢里斯坦，梅赫尔阿里扎德来自阿塞拜疆，卡里巴夫来自呼罗珊。相比之下，莫因虽然没有少数族群的背景，却更加强调保障少数族群的合法权益。2005 年大选前夕，莫因作为总统候选人访问少数族群居多的西斯坦和俾路支斯坦两省，向逊尼派穆斯林示好，出席逊尼派穆斯林的宗教活动，卡鲁比访问胡泽斯坦省会阿瓦士，称赞胡泽斯坦省的阿拉伯人和卢里人，前往德黑兰的少数族群之家倾听少数族群的要求，承诺当选总统后改善少数族群的地位，拉里贾尼访问阿塞拜疆省，表示赞同复兴

---

① Gheissari, A., *Contemporary Iran: Economy, Society, Politics*, pp.280—282.

②④ Miner, M., *The Coming Revolution: An Improbable Possibility*, p.35.

③ Gheissari, A., *Contemporary Iran: Economy, Society, Politics*, p.283.

⑤ Crane, K., Lal, R. & Martini, J., *Iran's Political, Demographic and Economic Vulnerabilities*, pp.43—44.

少数族群的语言、文化和艺术，拉里贾尼访问东北部古利斯坦省的土库曼人，表示反对在少数族群地区任用非土著官员，雷扎伊在阿巴丹会见当地部族首领，表示反对区分不同的省区和不同的部族，反对区分一等公民与二等公民，平等对待所有的族群是新政府的职责。①

改革派的竞选纲领延续哈塔米的竞选思路，主张政治改革、文化自由、公民社会、实现法治和改善妇女地位，呼吁强化总统权力和削弱最高宗教领袖的权力，强调拯救伊朗的唯一出路是民主制。

相比之下，务实派淡化意识形态的分歧，表现出浓厚的世俗色彩，既不反对改革，亦不倡导回归神权体制、伊斯兰革命价值观和强硬外交，自称“激进组织改革派”抑或“保守的改革派”。拉夫桑贾尼作为务实派总统候选人，承诺致力于推动经济增长、降低通货膨胀率和失业率、提高生活水准、缩小贫富差距和建立廉洁政府，改善国际环境、吸引国外投资和扩大国际影响。拉夫桑贾尼倡导政府改革而不是政治改革，主张民选世俗政府与最高宗教领袖保持良好的合作，避免政府与议会之间的对立进而导致国家权力机构的内讧，缓解国家与社会之间的对立，实现社会稳定，其竞选主张与改革派颇多相似之处。务实派竞选阵营极力争取伊斯兰革命后出生的青年选民的支持；该群体 2005 年约占总人口的 30%。务实派竞选阵营引入新的世俗和时尚的竞选方式，包括流行音乐、时装展示和彩色广告，反映出伊斯兰共和国政治文化的新潮流。

新左派总统候选人艾哈迈迪内贾德亦极力淡化意识形态，表示“通常认为回归革命仅仅是披戴头巾。实际上，国家目前面临的主要问题是就业和住房，并非是否披戴头巾”。艾哈迈迪内贾德的竞选纲领则是以面包和黄油作为目标，以平等分配国家资源作为核心，强调民粹主义和社会公正，主张强调维护城市下层和贫困地区的利益，致力于“战斗的伊斯兰社会主义”和面向第三世界的外交政策，旨在争取低收入选民的支持。②艾哈迈迪内贾德强调，伊朗国家资源从不匮乏，每个城市的繁荣都足以超过迪拜和科威特，民众贫困源于精英操纵和控制国家资源，巨大的财富落入少数人的手中。③艾哈迈迪内贾德的竞选口号是：把石油财富摆上百姓的餐桌，反对经济腐败，俨然是平

---

① Gheissari, A., *Contemporary Iran: Economy, Society, Politics*, p.307, p.305.

② Gheissari, A., *Contemporary Iran: Economy, Society, Politics*, p.131, p.277, p.153, p.154, p.152, p.157, p.277.

③ Alsaif, T., *Islamic Democracy and Its Limite: The Iranian Experience Since 1979*, p.172.

民和弱势群体即革命时代的所谓“被剥夺者”的代言人，得到被哈塔米政府和改革派所忽略的城市贫民的支持，后者主要来自城市下层和边远落后省份，未能分享拉夫桑贾尼政府和哈塔米政府私有化经济政策的红利，留恋 80 年代政府干预的国家主义经济模式。①保守派阵营的分裂和新左派的兴起，为选民提供了更多的和更有竞争性的政治选择。

2005 年 3 月的民意测验显示，拉夫桑贾尼的支持率为 28.2%，卡鲁比的支持率为 8.8%，拉里贾尼的支持率为 4.4%，莫因的支持率为 4.1%，卡里巴夫的支持率为 1.9%，梅赫尔阿里扎德支持率为 1.8%，艾哈迈迪内贾德的支持率为 1.7%。6 月 17 日举行第一轮投票，拉夫桑贾尼获得 21.01%的选票，艾哈迈迪内贾德和卡鲁比紧随其后，分别获得 19.48%和 17.28%的选票，卡里巴夫、莫因、拉里贾尼和梅赫尔阿里扎德的得票率分别为 13.90%、13.83%、5.94%和 4.40%。②

许多观察家预测，2005 年大选将会遭到民众的抵制，然而实际情况并非如同大选前的预测。③根据官方统计，投票率为 62.66%。根据选举法，由于第一轮无候选人获得超过半数的选票，支持率最高的前两位候选人需进入第二轮投票，即在艾哈迈迪内贾德与拉夫桑贾尼两人之间产生新一届总统，卡鲁比由于得票率位居第三而被淘汰出局。6 月 24 日举行第二轮投票。投票日前一天的民意调查显示，艾哈迈迪内贾德和拉夫桑贾尼的支持率分别为 45%和 39%。投票结果是，艾哈迈迪内贾德赢得 1 725 万张选票，得票率为 61.69%，拉夫桑贾尼赢得 1 005 万张选票，得票率为 35.93%。根据官方统计，投票率为 59.76%。④

2005 年总统选举的结果并非偶然。经济问题无疑是伊斯兰共和国面临的重大调整，亦是引发民众不满和社会骚乱的重要原因。早在 2000 年，哈梅内伊敦促政府改善国家面临的经济形势，确保解决民生问题，伊斯兰共和国政坛的重量级人物沙赫鲁迪、叶兹迪和拉夫桑贾尼随后亦表达了同样的关切。⑤哈塔米任总统期间，改革派致力于推进文化领域和政治领域的改革，缺乏改善民生的经济发展战略，在经济方面乏善可陈，尤其是贫富差距不断扩

① Arjomand, S.A., *After Khomeini: Iran Under His Successors*, p.152.
② Gheissari, A., *Contemporary Iran: Economy, Society, Politics*, p.284, p.285.
③ Crane, K., Lal, R. & Martini, J., *Iran's Political, Demographic and Economic Vulnerabilities*, p.30.
④ Gheissari, A., *Contemporary Iran: Economy, Society, Politics*, p.284.
⑤ Menashri, D., *Post-revolutionary Politics in Iran: Religion, Society and Power*, p.321.

大，渐渐失去下层选民的支持。改革派在经济领域的败笔，成为保守派阵营攻击的焦点。[①]相比之下，新左派致力于寻求社会下层的支持，其竞选纲领反映出下层民众对于哈塔米政府的失望和对于改善民生的渴望。早在2003年地方选举和2004年议会选举中，新左派异军突起，赢得多数席位，可谓2005年总统选举结果的先兆。另一方面，改革派阵营在2005年总统大选期间出现政治分歧，哈塔米所倡导的自上而下的温和改革方式遭到来自改革派阵营内部的质疑，政治分歧逐渐公开化，形成所谓"国家改革派"抑或"宗教改革派"与"非国家改革派"抑或"世俗改革派"，前者依然致力于推动精英主导的和体制内的政治改革，恪守避免与保守派及现行体制直接冲突进而引发社会骚乱的红线，而后者则质疑体制内政治改革的前景，挑战现行政治体制，呼吁抵制总统选举。[②]内部分歧无疑削弱了改革派阵营的竞选实力，进而影响到总统竞选的最终结果。

2005年6月，艾哈迈迪内贾德当选伊斯兰共和国第九届总统，同时成为自1981年以来第一位世俗背景的总统。2005年总统选举是1979年伊斯兰革命以来最具争议性的总统选举，也是首次经历两轮投票的总统选举。许多西方权威学者认为，1997年的"德黑兰之春"预示着伊斯兰共和国民主政治的曙光，而2005年艾哈迈迪内贾德当选总统标志着民主化进程的逆流。[③]实则不然。诸多候选人之间的激烈角逐，反映出民主制基础上的选举政治已经成为不同派别角逐国家权力的必要方式和有效途径。与1997年大选中改革派胜出形成鲜明对照的是，2005年大选中改革派候选人全军覆没而新左派大获全胜。如果说哈塔米政府代表中产阶级的利益和诉求，艾哈迈迪内贾德的竞选纲领代表下层民众的利益和诉求，艾哈迈迪内贾德当选总统反映出下层民众对于哈塔米政府的失望和对于改善民生的渴望。务实派竞选阵营致力于寻求中产阶级的支持和与改革派争夺选票，而新左派则致力于寻求社会下层的支持。拉夫桑贾尼政府实施的新经济政策和哈塔米政府推行的私有化进程扩大了社会成员之间的贫富差距，引发下层民众的不满和民粹主义的蔓延，投票箱成为民众诉求的风向标。[④]

在2005年总统选举第一轮投票中，7名候选人莫因、梅赫尔阿里扎德、

---

① Menashri, D., *Post-revolutionary Politics in Iran: Religion, Society and Power*, p.105.

② Nabavi, N., *Iran: From Theocracy to the Green Movement*, p.45.

③ Skelly, J.M., *Political Islam from Muhammad to Ahmadinejad*, p.163.

④ Cheissari, A., *Democracy in Iran: History and the Question for Liberty*, p.148, p.150.

卡鲁比、拉夫桑贾尼、卡里巴夫、拉里贾尼和艾哈迈迪内贾德具有不同的政治派系背景，分别代表务实派、改革派、保守派和新左派。①宪法监护委员会对于大选的干预，只能在一定程度上削弱反对派，却无法从根本上决定大选的结果。第一轮投票结束后，改革派总统候选人卡鲁比抨击安全机构干预选举，指责军方将领发表煽动性演说和阿亚图拉叶兹迪颁布宗教法令要求伊斯兰革命卫队和伊斯兰民兵组织投票支持艾哈迈迪内贾德，导致选举结果不公。②与此同时，改革派竞选阵营将艾哈迈迪内贾德视作代表伊斯兰革命传统的回归甚至是"塔利班化"的先兆，恐惧艾哈迈迪内贾德当选总统将会导致1989年以来向私有化和中产阶级倾斜的新经济政策和经济改革的逆转，进而与务实派组成竞选联盟，呼吁选民支持拉夫桑贾尼，试图阻止艾哈迈迪内贾德在竞选中胜出。③然而，对于更多的选民而言，民生的需求无疑高于民主的需求。

在总统选举的第二轮投票中，名不见经传的艾哈迈迪内贾德以其代表社会下层和弱势群体的贫寒身世、谦卑形象、世俗身份和民粹主义竞选纲领，击败象征富有和代表富人利益的拉夫桑贾尼。④拉夫桑贾尼政府实施的新经济政策和哈塔米政府推行的私有化进程扩大了社会成员之间的贫富差距，引发下层民众的不满和民粹主义的蔓延。相比之下，艾哈迈迪内贾德的竞选纲领以面包和黄油作为目标，以平等分配国家资源作为核心，其竞选口号是"把石油财富摆上百姓的餐桌"，俨然是平民和弱势群体即革命时代的所谓"被剥夺者"的代言人。⑤新左派的兴起为选民提供了更多的和更有竞争性的政治选择，投票箱成为表达民众诉求的风向标。艾哈迈迪内贾德的竞选纲领强调改善民计民生作为首要目标，而民众尽管渴望政治改革，却更加关注民计民生的改善。

艾哈迈迪内贾德在总统大选中的胜出，并非哈梅内伊钦定的结果，而是民选的结果，表明不同派系的权力角逐处于选举政治的框架之内，选民意志与选举结果之间具有内在逻辑联系，而选民的意志和大选的结果决定着政治天平的摇摆和政治舞台的走向。新左派候选人赢得高投票率的总统选举，反映出民粹主义在伊朗民众中的广泛共鸣，表明经济问题成为民

---

①② Miner, M., *The Coming Revolution: An Improbable Possibility*, pp.36—37.

③ Cheissari, A., *Democracy in Iran: History and the Question for Liberty*, p.156.

④ Crane, K., Lal, R. & Martini, J., *Iran's Political, Demographic and Economic Vulnerabilities*, p.30.

⑤ Said A. Arjomand, *After Khomeini: Iran Under His Successors*, p.152.

众关注的焦点所在。[①]艾哈迈迪内贾德作为民选的总统，其竞选纲领和施政理念无疑受到选民意志的制约。艾哈迈迪内贾德之当选总统并未改变伊朗政治的发展方向，亦非标志着哈塔米总统任期内之改革运动的失败，新的施政方略可谓选举政治的框架下民众的选择。[②]象征宗教政治和宗教权力的最高宗教领袖制处于世俗选举政治的制约之下，哈梅内伊无力钦定总统人选，亦无力左右选举结果。[③]艾哈迈迪内贾德当选总统后，延续哈塔米时代的政治体制，两者之间的区别主要表现为施政纲领的差异。[④]

2006 年夏，艾哈迈迪内贾德向议会提交法案，将地方选举候选人资格审查权由宪法监护委员会移交内务部，同时给予内务部对于地方议会通过的决议和选举行政长官的批准行使否决权。2006 年 12 月，伊朗同时举行地方选举和专家会议选举，不同政治派别再度角逐选票。地方选举的投票率达到 60%，新左派政党"伊朗伊斯兰建设者联盟"败选，保守派胜出，改革派亦有所获。在德黑兰议会，新左派政党"伊朗伊斯兰建设者联盟"支持的候选人仅仅赢得 15 个席位中的 3 个席位，保守派人士卡里巴夫当选德黑兰市市长。在全国的范围内，新左派政党"伊朗伊斯兰建设者联盟"支持的候选人在全部 1.1 万个地方席位中仅仅赢得 20%。在随后举行的专家会议选举中，495 人申请参选，其中 332 人被宪法监护委员会剥夺参选资格。[⑤]超过 2 800 万选民参与投票，投票率亦为 60%。"战斗的欧莱玛协会"(MRM)提名 81 名候选人，赢得 86 个席位中的 68 个席位，拉夫桑贾尼当选专家会议主席。[⑥]

2007 年 12 月，改革派宣布与务实派政党组成竞选联盟，参与第八届议会选举。改革派不再强调政治改革，而是强调经济关注和承诺改善经济形势。大选前夕，在全部 7 600 名竞选申请中，4 500 人通过宪法监护委员会的资格审查，获准参与竞选。2008 年 3 月举行议会选举，选民投票率为 60%，高于 2004 年的 51%的投票率。选举结果，新左派和保守派赢得 290 个席位中的 132 个席位，改革派与务实派竞选联盟赢得 54 个席位，其余席位属于独立人士和少数族群。[⑦]

---

① Cheissari, A. & Nasr, V., *Democracy in Iran: History and the Question for Liberty*, p.157.

② Tazmini, G., *Khatami'Iran: the Islamic Republic and the Turbulent Path to Reform*, p.140.

③ Miner, M., *The Coming Revolution: An Improbable Possibility*, p.41.

④ Tazmini, G., *Khatami'Iran: the Islamic Republic and the Turbulent Path to Reform*, p.149.

⑤ Arjomand, S.A., *After Khomeini: Iran Under His Successors*, p.131, pp.43—44.

⑥ Tazmini, G., *Khatami'Iran: the Islamic Republic and the Turbulent Path to Reform*, p.147.

⑦ Tazmini, G., *Khatami'Iran: The Islamic Republic and the Turbulent Path to Reform*, p.148, p.149.

2009年举行第十届总统选举，艾哈迈迪内贾德、雷扎伊、卡鲁比和穆萨维分别代表新左派、保守派和改革派通过宪法监护委员会的资格审查，成为正式总统候选人，穆萨维则是4位正式总统候选人中的焦点人物。穆萨维于1980—1989年担任内阁总理，是伊斯兰共和国最后一位内阁总理，也是霍梅尼时代和两伊战争期间的政府首脑。穆萨维担任总理期间，哈梅内伊担任总统，穆萨维代表左翼激进派以及世俗共和倾向，哈梅内伊代表右翼保守派和神权倾向，两人意见相左，积怨颇多，霍梅尼则是两种倾向的平衡者。1989年修改宪法，取消内阁总理，穆萨维随之从政坛消失。1997年，改革派试图提名穆萨维竞选总统，遭到穆萨维的拒绝，哈塔米成为改革派提名的总统竞选者。2005年，穆萨维再次拒绝了改革派阵营的竞选总统提名。2009年2月，哈塔米宣布有意竞选新一届总统；此前哈梅内伊曾经建议哈塔米放弃竞选，遭到哈塔米的拒绝。同年3月，穆萨维宣布竞选总统，成为改革派阵营提名的继哈塔米和卡鲁比之后的第三位候选人。随后，哈塔米宣布退出竞选，支持穆萨维竞选总统。①

自1997年起，电视辩论成为竞选总统的重要内容。1997年总统选举期间，电视辩论的形式是竞选者同时出现在电视屏幕，分别回答问题。2009总统选举期间，官方给予进一步宽松的选举环境，首次允许参选人通过电视直播的方式展开面对面的辩论，旨在吸引选民的广泛参与和提高选民的投票率。另一方面，宪法监护委员会批准分别来自不同阵营的4位候选人同时参选，以示官方的公正立场。

2009年总统大选期间，改革派候选人穆萨维和卡鲁比均将完善保障人权和公民权列入竞选纲领，而保守派候选人艾哈迈迪内贾德和雷扎伊则均未明确提及人权和公民权问题。②艾哈迈迪内贾德在竞选中抨击教界特权阶层及其子女的腐败，抨击拉夫桑贾尼新经济政策塑造出的新贵族，主张提高社会福利，煽动民族主义情绪。穆萨维的支持者来自女性选民和青年学生，同时得到哈塔米和拉夫桑贾尼的支持。③穆萨维的竞选纲领强调保障女性合法权益和公民自由，呼吁放宽新闻管制，经济方面主张降低通货膨胀率、发展私人经济、改善石油经济、推动市场化进程，指责艾哈迈迪内贾德对选民

① Miner, M., *The Coming Revolution: An Improbable Possibility*, pp.46—53.

② Nabavi, N., *Iran: From Theocracy to the Green Movement*, p.14, p.51.

③ Arjomand, S.A., *After Khomeini: Iran Under His Successors*, p.165, p.166.

隐瞒通货膨胀率和失业率居高不下的经济形势,反对依靠补助金缩小贫富差距的经济政策,抨击艾哈迈迪内贾德的民粹主义之福利化经济政策助长腐败、阻碍经济增长和导致国家贫困化,主张进一步的私有化和市场化改革,创造开放的社会环境。①在发展核计划方面,4 位候选人之间没有明显的分歧。②

早在 2008 年 10 月,改革派评论家塔巴尔兹在接受媒体采访时估计,在全部 4 600 万选民中,被保守派操纵的选票不会超过 500 万张。然而,2009 年总统选举期间,改革派阵营分别支持穆萨维和卡鲁比,导致选票分散。③ 2009 年 6 月 12 日是投票日,4 600 万选民中的 4 000 万选民参与投票,投票率达到 80%。官方于投票日的次日宣布投票结果,艾哈迈迪内贾德的得票率是 63%,穆萨维的得票率是 34%,雷扎伊的得票率不足 2%,卡鲁比的得票率不足 1%。官方宣布艾哈迈迪内贾德在总统大选中胜出后,穆萨维、哈塔米、卡鲁比甚至拉夫桑贾尼均公开致信哈梅内伊,质疑官方宣布的选举结果,引发伊斯兰革命以来前所未有的政治风波,民众采取街头示威的方式,表达对于大选结果的强烈不满。6 月 15 日,穆萨维的支持者在德黑兰举行集会,从革命广场出发,走向自由广场,高呼口号:“安拉伟大”和“再没有主,唯有安拉”,质疑艾哈迈迪内贾德在选举中胜出的合法性。穆萨维的支持者在其他城市亦举行抗议,谴责官方操纵选举,要求重新计票,和平示威演变为暴力,大批反对派领导人遭到拘捕。④同日,哈梅内伊迫于压力,要求宪法监护委员会展开调查。6 月 22 日,宪法监护委员会裁定,6 月 12 日投票结果有效,艾哈迈迪内贾德当选总统。⑤

在 6 月 19 日举行的周五聚礼上,哈梅内伊警告反对派停止反政府的示威活动,要求反对派领导人为“混乱、暴力和流血”负责。然而,反对派的抗议并未因此终止,总统选举引发的危机席卷伊朗各地。7 月,德黑兰、大不里士、设拉子、伊斯法罕继续有民众示威。⑥与此同时,欧莱玛内部的分歧和对立再度凸显。阿亚图拉叶兹迪作为艾哈迈迪内贾德的政治盟友,支持安全机

① Miner, M., *The Coming Revolution: An Improbable Possibility*, pp.57—58.

② Skelly, J.M., *Political Islam from Muhammad to Ahmadinejad*, p.175.

③ Nabavi, N., *Iran: From Theocracy to the Green Movement*, p.15.

④ Arjomand, S.A., *After Khomeini: Iran Under His Successors*, p.166, p.168, p.170.

⑤ Miner, M., *The Coming Revolution: An Improbable Possibility*, p.65.

⑥ Arjomand, S.A., *After Khomeini: Iran Under His Successors*, p.170.

穆萨维的支持者在自由广场集会支持穆萨维

构镇压示威民众，而阿亚图拉塔布里兹质疑艾哈迈迪内贾德政府的合法性和总统选举结果的公正性，支持民众的示威和抗议。①包括蒙塔泽里、塔赫里和阿尔达比里在内的诸多资深欧莱玛谴责宪法监护委员会在选举过程中营私舞弊、操纵选举程序和镇压示威民众，拉夫桑贾尼亦对选举危及伊斯兰共和国合法性表示严重关切，亦有库姆的资深教界人士公开质疑哈梅内伊的执政能力，呼吁罢免最高宗教领袖，指责最高宗教领袖将伊斯兰革命卫队作为自己的私人卫队和实行伊斯兰革命卫队的军人统治。蒙塔泽里发表声明，抨击政府的高压行为，指责现行政府的行为既不符合共和原则，亦不符合伊斯兰教法，是军人监护的政府。阿亚图拉萨内衣质疑现行神权体制的合法性，赞赏街头政治和支持民众示威，敦促神权政府停止对于和平示威所实施的暴力镇压的犯罪行为。阿亚图拉赞赞尼称伊斯兰共和国如同迫害什叶派穆斯林的哈里发政府，却与阿里树立的公正统治的伊玛目政

① Miner, M., *The Coming Revolution: An Improbable Possibility*, pp.65—66.

府相去甚远。①

2009 年秋,民众抗议活动在延续,直至 12 月阿亚图拉蒙塔泽里的忌日和阿舒拉节期间达到高峰。国家与社会之间的对抗,由于 2009 年的总统选举而达到 1979 年革命以来空前激烈的程度,自发形成的"绿色运动"亦开始浮出水面。所谓的"绿色运动"作为民众广泛参与的社会运动和反对派政治联盟,采取政治示威的方式,表达民众对于现行体制的不满,挑战伊斯兰共和国的政治框架,现行最高宗教领袖制的合法性面临严重危机。另一方面,绿色运动超越了德黑兰精英阶层的范围,超越了支持穆萨维和反对艾哈迈迪内贾德的范围,汇集了诸多派别和群体的力量,促进了不同区域和不同族群之间的认同感,推动了公民社会的成长,同时成为民众表达诉求的方式。网络媒体成为绿色运动的重要工具,反对派利用优土和推特开展政治宣传,通过网络媒体组织民众举行集会和示威抗议,支持民主运动的改革派欧莱玛亦通过网络媒体表明政治立场。②

2009 年总统选举以及其后发生的绿色运动,标志着伊朗社会的进一步裂变,政治舞台不同阵营之间的矛盾冲突趋于公开化,反对派甚至跨越政治红线而将矛头指向哈梅内伊,而官方则将反对派领导人称作是试图颠覆现行体制的第五纵队。③不同政治派系之间的权力角逐趋于白热化,选举政治框架下的民众参与在伊斯兰共和国的政治发展进程中留下了深刻的印记。尽管如此,绿色运动似乎无意挑战现行体制,而是致力于现行体制框架下的选举政治。伊斯兰共和国的现行体制业已包含一定程度的多元性,其诸多决策机构亦非浑然一体。例如,确定国家利益委员会和国家安全会议的成员来自不同的政治群体。其次,根据宪法的相关条款而定期举行的总统选举和议会选举,迫使官方寻求选民的支持,由此形成不同的政治派别,包括传统右翼、亲拉夫桑贾尼的重建集团、伊斯兰左翼改革派、亲艾哈迈迪内贾德的新保守派。即便在欧莱玛内部,亦存在政见的分歧和宗教思想的分歧;霍梅尼的嫡孙哈桑支持改革派和绿色运动,库姆和马什哈德的神学院支持保守派。④

有研究者认为,在伊斯兰共和国政坛,改革派象征民主而保守派和新左

---

① Nabavi, N., *Iran: From Theocracy to the Green Movement*, p.70, p.69.

② Nabavi, N., *Iran: From Theocracy to the Green Movement*, p.18, p.69.

③④ Nabavi, N., *Iran: From Theocracy to the Green Movement*, pp.23—24.

派象征独裁,改革派在 1997 年总统选举、2000 年议会选举和 2001 年总统选举中的胜出反映出伊斯兰共和国之自由民主的政治氛围,而改革派在 2005 年总统选举、2008 年议会选举和 2009 年总统选举中的落败则标志着伊斯兰共和国政治生态的逆转和民主化进程的濒临夭折。[①]亦有研究者认为,后巴列维时代的伊朗经历 1979 年伊斯兰革命、1997 年改革派登上政坛、2009 年绿色运动的三次重大转折,政治历程充满了不确定性。[②]更有研究者认为,伊斯兰革命前的伊朗表现为国家与宗教的分离和对立,伊斯兰革命结束了国家与宗教的分离和对立状态,随之而来的是威权国家与民众社会的分离和对立。[③]甚至有研究者认为,伊斯兰共和国的选举政治缺乏民主的基础,伊斯兰共和国直至 2009 年总统选举依然是威权国家,民主制只是民众的理想。[④]实际情况并非如此,无论改革派抑或保守派和新左派,只是代表不同的政治理念和施政举措,存在于选举政治和民众参与的框架内,选举瑕疵即便是发达的西方国家亦屡见不鲜,改革派抑或保守派和新左派在大选中胜出与否,取决于民众意志和选票投向,归根结底取决于民众的选择,而选举结果并非任何机构和任何个人力量所能左右。

选举政治的世俗性

伊斯兰共和国的政治生态具有伊斯兰与共和的二元属性,包含宗教与世俗的双重元素。伊斯兰共和国宪法明确规定安拉主权与民众主权的政治原则,由此形成国家权力合法性的双重来源。宗教色彩的安拉主权表现为教法的实施和教法学家的监护权,以现行最高宗教领袖制作为外在形式,而世俗色彩的民众主权表现为伊斯兰共和国的共和原则,以常态化的选举政治作为外在形式。换言之,现行最高宗教领袖制在法理上源于伊斯兰共和国的伊斯兰属性,表现出自上而下和宗教政治的浓厚色彩。相比之下,常态化的总统选举和议会选举在法理上源于伊斯兰共和国的共和制属性,表现出自下而上和世俗政治的明显倾向。

伊斯兰革命后 30 年间,宗教政治与世俗政治经历此消彼长的变革和转

---

① Amuzegar, J., "Iran's Crumbling Revolution", *Foreign Affairs*, Vol.82, No.1(Jan.2003).

② Nabavi, N., *Iran: From Theocracy to the Green Movement*, p.51.

③ Alsaif, T., *Islamic Democracy and Its Limite: The Iranian Experience Since 1979*, p.81.

④ Arjomand, S.A., "Civil Society and the Rule of Law in the Constitutional Poiitics of Iran Under Khatami", *Social Research*, Vol.67, No.2(Summer 2000).

换。霍梅尼时代，伊斯兰共和国的政治生态表现出浓厚的宗教色彩，最高宗教领袖作为最高领袖所代表的宗教权力凌驾于民选产生的世俗权力之上，世俗权力从属于宗教权力。进入世纪之交，伴随着民众选举的历史步伐，民选产生的总统和议会在伊斯兰共和国政治舞台上的地位日益凸显。常态化的民众选举具有鲜明的世俗色彩，承载着共和制基础上的世俗政治实践。不同政治派系的竞选纲领大都在不同程度上内含着诸多的世俗元素，折射出常态化选举政治的世俗倾向。

伊斯兰共和国建立之初，民选产生的首任总统巴尼萨德尔试图强化总统行使的世俗权力，引发世俗阵营与宗教阵营之间的激烈冲突，巴尼萨德尔被迫辞职。继巴尼萨德尔之后，民选产生的第二任总统雷扎伊亦强调世俗政治原则，再度试图强化总统行使的世俗权力，直至成为暴力袭击的牺牲品。①

后霍梅尼时代，旨在参与民众选举的诸多世俗政治组织相继崛起，反映出伊斯兰共和国政治生活的世俗化走向。"伊斯兰革命圣战组织"始建于1979年，原系左翼激进派政治组织，1986年被官方取缔，1991年重建，1996年进入第五届议会，与务实派议员组成议会联盟，是为议会中的"真主党联盟"。"伊斯兰革命圣战组织"的竞选纲领具有明显的世俗色彩，坚持教法学家的集体监护权，强调民主选举和民众参与是伊斯兰共和国的政治基石。②"建设公仆党"作为务实派政治组织，始建于1996年议会选举前夕，其竞选纲领亦具有明显的世俗属性，强调淡化伊斯兰革命的意识形态和教法学家的治国特权，主张在民众主权的框架下接受最高宗教领袖制，认为最高宗教领袖作为最高领袖源于民众的选择而不是安拉的钦定，最高宗教领袖必须根据宪法相关条款行使权力。③"伊斯兰伊朗参与者阵线"系改革派政治组织，始建于1998年，1999年在首次地方选举中初露锋芒，2000年在议会选举中胜出。④"伊斯兰伊朗参与者阵线"于2000年将"伊朗属于全体伊朗人"作为竞选口号，抨击右翼保守势力恪守的神权体制背离伊斯兰革命的传统，质疑最高领袖凌驾于宪法之上所行使的绝对权力，反对国家层面和政治领域的宗教特权，反对混淆宗教权力与国家权力，主张实现宗教权力与国家权力之间的

---

① Rieffer-Flanagan, B.A., *Evolving Iran: An Introduction to Politics and Problems in the Islamic Republic*, p.91.

② Arjomand, S.A., *After Khomeini: Iran Under His Successors*, pp.68—71.

③ Alsaif, T., *Islamic Democracy and Its Limite: The Iranian Experience Since 1979*, pp.159—160.

④ Arjomand, S.A., *After Khomeini: Iran Under His Successors*, p.96.

分离，强调改革运动的驱动力来自伊斯兰革命之民主精神的回归。①"伊朗伊斯兰建设者联盟"系新左派政治组织，于2003年地方选举中首次浮出政坛，继而于2004年议会选举和2005年总统选举中接连胜出。相比于保守派强调强调信仰至上的政治原则，"伊朗伊斯兰建设者联盟"在其竞选纲领中明确反对宗教特权，强调国家的合法性来自物质平等基础上的社会公正，关注诸如就业、收入之类的民众物质生活。"伊朗伊斯兰建设者联盟"主导的第七届议会，自伊斯兰革命以来首次出现非教界人士出任议长的局面。②

相比于议会选举，总统选举表现出进一步的世俗倾向。纵观后霍梅尼时代历届总统选举中胜出的拉夫桑贾尼、哈塔米和艾哈迈迪内贾德，其竞选纲领无论强调经济振兴和政治改革抑或保护低收入的弱势群体，无不具有浓厚的世俗色彩和明确的世俗内涵。1997年总统选举期间，哈塔米以自由派和改革者的形象登上伊斯兰共和国的政治舞台，被选民寄予改革现行体制的厚望。③哈塔米在其竞选纲领中反复提及公民社会和法治原则，反对宗教义务的强迫，强调开放和宽容的伊斯兰共和国将会受到民众的广泛支持和拥护。④哈塔米在竞选期间呼吁提高女性的社会地位，消除男权社会的性别歧视，给予女性与男性同等的政治地位和社会地位，同时强调国家利益至上，主张国家之间相互尊重的和平外交，倡导不同文明的对话取代不同宗教之间的对抗。⑤哈塔米认为，选举政治的局限和民选权力的弱势是伊斯兰共和国的明显缺陷，导致国家与社会的脱节和对立，而完善选举政治和强化民选机构的权力是伊朗发展的首要任务，促使公民社会走向成熟则是沟通国家与社会进而推动民主化进程的必由之路。哈塔米的竞选理念被保守派指责为试图以民主和自由的名义使国家走向世俗化，保守派报纸"伊斯兰共和国"则质疑哈塔米对于最高宗教领袖制的忠诚。相比之下，哈塔米的竞选对手努里持保守派政治理念，被称作是塔里班式的激进组织者。努里在竞选期间强调欧莱玛在国家体制中占据核心地位，声称"是欧莱玛策划了伊斯兰革命，罢免了国王，从巴尼萨德尔之辈的手中拯救了伊斯兰革命"，"在伊玛目隐遁期间，最高领袖享有与伊玛目和先知同样的权力，最高领袖的意愿就是所有人应当服从

① Lust-Okar, E., *Political Participation in the Middle East*, p.63.

② Alsaif, T., *Islamic Democracy and Its Limite: The Iranian Experience Since 1979*, pp.151—155.

③ Menashri, D., *Post-Revolutionary Politics in Iran: Religion, Society and Power*, p.80, p.82.

④ Cheissari, A., *Democracy in Iran: History and the Question for Liberty*, p.133.

⑤ Menashri, D., *Post-Revolutionary Politics in Iran: Religion, Society and Power*, pp.82—83.

的命令和承担的义务”。[①]保守派的抨击和努里的竞选纲领之宗教色彩，折射出哈塔米的竞选纲领之世俗性。2005 年大选期间，改革派的延续哈塔米的竞选理念，呼吁强化民选总统的世俗权力和削弱最高宗教领袖的宗教权力，强调拯救伊朗的唯一出路是民主制。务实派试图弥合意识形态的分歧，自称“激进组织改革派”抑或“保守的改革派”，主张务实的内外政策和推动变革，承诺致力于推动经济增长、提高生活水准和建立廉洁政府，呼吁通过强力政府解决社会问题和实现社会稳定，俨然是改革派中的保守派和保守派中的改革派。务实派引入新的竞选方式，包括时尚的流行音乐、时装展示和彩色广告，旨在吸引选民和争夺选票，表现出浓厚的世俗色彩。[②]新左派支持的总统参选人艾哈迈迪内贾德亦极力淡化意识形态，表示“通常认为回归革命仅仅是披戴头巾。实际上，国家目前面临的主要问题是就业和住房，并非是否披戴头巾”，其世俗倾向显而易见。[③]

伊斯兰共和国选举产生的最初两届议会，处于伊斯兰共和党的主导之下，其人员构成表现出浓厚的宗教色彩。据资料统计，在第一届议会全部 327 名议员中，具有宗教背景的议员 161 人，占据 49%的议会席位，在第二届议会全部 277 名议员中，具有宗教背景的议员 149 人，占据 54%的议会席位。自 80 年代后期开始，随着伊斯兰共和党退出政坛，议会构成的宗教色彩逐渐淡化。宗教学者即欧莱玛中当选议员者，第三届议会为 80 人，占据 29%的议会席位，第四届议会为 63 人，占据 25%的议会席位，第五届议会为 53 人，占据 20%的议会席位，第六届议会为 37 人，占据 12%的议会席位，第七届议会为 43 人，占据 15%的议会席位，第八届议会为 44 人，占据 15%的议会席位。[④]与此同时，世俗背景的议员所占据的议会席位数量呈不断上升的趋势，议会作为选举产生的国家权力机构，其世俗化程度随之明显提高。

1980 年选举产生的首任总统巴尼萨德尔，尽管具有阿亚图拉的家庭背景，其本人却非宗教学者，而是来自世俗知识界。1981 年选举产生的第二任总统雷扎伊，出身商人家庭，本人亦非宗教学者。[⑤]相比之下，此后历任选举

---

① Tazmini, G., *Khatami's Iran: The Islamic Republic and the Turbulent Path to Reform*, pp.60—61, p.52, p.50.

② Cheissari, A., *Democracy in Iran: History and the Question for Liberty*, pp.152—153.

③ Crane, K., *Iran's Political, Demographic and Economic Vulnerabilities*, p.83.

④ Arjomand, S.A., *After Khomeini: Iran Under His Successors*, p.112.

⑤ Abrahamian, E., *A History of Modern Iran*, p.187.

产生的总统，包括哈梅内伊、拉夫桑贾尼和哈塔米，皆系宗教界人士，尽管并非阿亚图拉，却皆具有霍加特伊斯兰的宗教职衔，而世俗人士尚无竞选总统的政治空间。1997 年总统选举前夕，“战斗的欧莱玛联合会”回归政坛，欲提名具有世俗背景的前总理穆萨维作为总统候选人，挑战总统竞选的惯例，遭到官方的否决，而哈塔米之当选总统则被视作延续宗教学者主导政坛的重要标志。哈梅内伊表示，哈塔米在选举中胜出，证明选民忠于伊斯兰教、忠于教法学家和忠于伊斯兰共和国的现行体制，而司法总监叶兹迪进一步呼吁非宗教背景的世俗人士应当离开伊斯兰共和国的政治舞台。艾哈迈迪内贾德出身世俗知识界，于 2005 年在总统选举中胜出，继而于 2009 年连任，打破宗教学者出任总统的惯例，成为后霍梅尼时代首位世俗背景的总统，可谓伊斯兰共和国世俗化政治进程的里程碑。①

选举政治的局限性

伊斯兰革命后 30 年间，基于伊斯兰共和国宪法规定之安拉主权与民众主权的双重法理原则以及宗教与世俗的双重政治原则，国家权力表现为非民选机构与民选机构并存的二元体制。换言之，常态化之选举政治的框架外长期存在着与民选机构平行甚至凌驾于民选机构之上的国家权力，由此形成选举政治在体制层面的局限性。

伊斯兰共和国宪法规定，最高宗教领袖作为隐遁伊玛目的代表行使治理国家的最高权力，而民选产生的总统并非国家元首，总统选举结果须经最高宗教领袖批准方可生效，总统就职必须得到最高宗教领袖的认可，由最高宗教领袖主持总统就职典礼。根据宪法，最高宗教领袖作为国家元首亦系选举产生。然而，最高宗教领袖并非产生于民众直接选举，而是产生于间接选举，即民众选举产生专家会议而专家会议选举产生最高宗教领袖。另一方面，不同于直接选举产生的总统和议会，间接选举产生的最高宗教领袖无任期限制，实为终身任职。1989 年修改宪法期间，拉夫桑贾尼曾经建议规定最高宗教领袖任期 10 年，遭到否决。②

根据伊斯兰共和国宪法，宗教学者行使宪法监护权。宪法监护委员会负责监督议会立法，批准和否决议会通过的法案，确保议会通过的法案符合宪

---

① Abrahamian, E., *A History of Modern Iran*, p.187.

② Esposito, J.L., *Iran at the Crossroads*, p.48, p.47.

法和伊斯兰教法，同时负责监督选举，审查议会选举、总统选举以及专家会议选举的参选人资格。霍梅尼曾经表示，宪法监护委员会是伊斯兰共和国举足轻重的权力机构，削弱和侵犯宪法监护委员会的宗教权威是威胁伊斯兰教和伊斯兰共和国的行为。哈梅内伊亦极力维护宪法监护委员会的权威性，强调宪法监护委员会是保卫伊斯兰共和国宗教属性的最重要的机构。然而，关于宪法监护委员会的选举监督权，曾任制宪会议主席的蒙塔泽里在 1999 年接受媒体采访时表示，宪法规定成立宪法监护委员会的目的，是保证选举公正以及避免出现操纵选举和其他选举瑕疵，并未给予宪法监护委员会以审查参选人之参选资格的权力，现行选举程序即宪法监护委员会首先选择参选人继而交由民众选举，意味着选民只能在宪法监护委员会认可的参选人中投票而别无选择，有悖宪法原则和制定宪法的初衷。哈塔米政府曾经屡屡呼吁议会修改宪法的相关条款，强化总统制，限制宪法监护委员会的宪法监护权，扩大总统的宪法监护权，尽管在改革派占据多数席位的第六届议会获得通过，均被宪法监护委员会以违宪和违背伊斯兰教法为由予以否决。①哈塔米在 2000 年议会选举前亦表示，应当取消选举程序中不必要的限制，这样的限制既不符合宗教亦不符合法律；即便不存在选举监督，多数选民依然选择宗教、独立和尊严；无论是选举权还是被选举权，都不应遭到践踏和侵犯。②

根据 1989 年宪法修订案，设立确定国家利益委员会。确定国家利益委员会全体成员由最高宗教领袖任命，其主要职责是代表最高宗教领袖仲裁议会与宪法监护委员会之间的分歧，并就国家政策向最高宗教领袖提出建议。③进入 90 年代，确定国家利益委员会逐渐成为凌驾于议会之上的立法机构。1993 年，宪法监护委员会宣布，确定国家利益委员会制定的法律，任何其他机构无权否决。2000 年议会选举后，确定国家利益委员会的立法权遭到议会的攻击，后者认为确定国家利益委员会的立法权违背宪法原则。④确定国家利益委员会主席最初由总统兼任；1997 年，根据专家会议的建议，改变由总统兼任主席的惯例，最高宗教领袖任命前总统拉夫桑贾尼出任确定国家利益委员会主席，旨在削弱时任总统哈塔米的权力。⑤2005 年，最高宗教领

① Tazmini, G., *Khatami's Iran: The Islamic Republic and the Turbulent Path to Reform*, p.101, p.30, p.124.

② Menashri, D., *Post-Revolutionary Politics in Iran: Religion, Society and Power*, p.157.

③ Crane, K., *Iran's Political, Demographic and Economic Vulnerabilities*, p.12.

④ Gheissari, A., *Contemporary Iran: Economy, Society, Politics*, p.252.

⑤ Arjomand, S.A., *After Khomeini: Iran Under His Successors*, p.92.

袖给予确定国家利益委员会监督所有国家机构的权力，旨在制约新任总统艾哈迈迪内贾德的权力。①

伊斯兰共和国选举政治的局限性，不仅表现为常态化选举政治的框架外长期存在与民选机构平行甚至凌驾于民选机构之上的国家权力，而且表现为宪法监护委员会作为非民选机构对于选举政治的干预和影响。宪法监护委员会在包括议会选举、总统选举和专家会议选举的国家层面的所有选举中审查参选人的参选资格和确定参选人，既是伊斯兰共和国选举政治的必要程序，亦是影响选举结果的非选举性元素，具有司法政治化的色彩。监护委员会的选举监护权，导致选举政治的非公平性，“竞选不再是公民的当然权利，而是少数人的政治特权”。②宪法监护委员会剥夺参选人的参选资格，且无需向选民解释理由，往往引发社会不满，直至导致暴力冲突。

霍梅尼生前的80年代，先后举行三次议会选举，未能通过监护委员会的审查而被剥夺参选资格的参选人在全部申请参选人中所占的比例均未超过20%。其中，1984年举行第二届议会选举，1 854人申请参选，271人未能通过监护委员会的审查而被剥夺参选资格，约占全部申请参选人的15%；1988年举行第三届议会选举，1 615人申请参选，386人未能通过监护委员会的审查而被剥夺参选资格，约占全部申请参选人的19%。③相比之下，霍梅尼去世后的90年代，未能通过监护委员会的审查而被剥夺参选资格的参选人在全部申请参选人中所占的比例大幅上升。1992年举行第四届议会选举，3 150人申请参选，1 060人未能通过监护委员会的审查而被剥夺参选资格，约占全部申请参选人的34%，其中包括40名试图竞选连任的议员。1996年举行第五届议会选举，5 121人申请参选，1 893人未能通过监护委员会的审查而被剥夺参选资格，约占全部申请参选人的44%。④2000年举行第六届议会选举，宪法监护委员会迫于压力，一度放松对于参选人的资格审查；6 860人申请参选，668人未能通过监护委员会的审查而被剥夺参选资格，不足全部候选人的10%，是为伊斯兰共和国议会选举历史上的最低值。⑤据媒体报道，宪法监护委员会成员阿亚图拉贾纳提后来对此深感悔恨，希望得到

① Crane, K., *Iran's Political, Demographic and Economic Vulnerabilities*, p.12.

② Gheissari, A., *Contemporary Iran: Economy, Society, Politics*, p.250.

③ Lust-Okar, E., *Political Participation in the Middle East*, p.58.

④ Esposito, J.L., *Iran at the Crossroads*, p.34.

⑤ Gheissari, A., *Contemporary Iran: Economy, Society, Politics*, p.264.

安拉的宽恕。[①]2004 年举行第七届议会选举，监护委员会再度加大审查力度，8 145 人申请参选，3 533 人未能通过监护委员会的审查而被剥夺参选资格，约占全部申请参选人的 44%，其中包括 83 名试图竞选连任的议员，时人称之为“议会政变”。[②]2008 年举行第八届议会选举，7 597 人申请参选，2 250 人未能通过监护委员会的审查而被剥夺参选资格，约占全部申请参选人的 30%，另有包括霍梅尼嫡孙阿里·艾什拉基在内的近百人宣布弃选，以示抗议。[③]

1980 年第一届总统选举，124 人申请参选，8 人通过监护委员会的资格审查而获准参选。1981 年第二次总统选举，45 人申请参选总统，4 人通过监护委员会的资格审查而获准参选。1981 年第三次总统选举，71 人申请参选总统，4 人通过监护委员会的资格审查而获准参选。[④]1985 年，45 人申请参选总统，3 人通过监护委员会的资格审查而获准参选。[⑤]1989 年，80 人申请参选总统，2 人通过监护委员会的资格审查而获准参选。[⑥]1993 年，128 人申请参选总统，通过监护委员会的资格审查而获准参选。1997 年，238 人申请参选总统，4 人通过监护委员会的资格审查而获准参选。2001 年总统选举，814 人申请参选，10 人通过监护委员会的资格审查而获准参选。2005 年总统选举，1 014 人申请参选，其中 7 人通过监护委员会的资格审查而获准参选。[⑦]2009 年总统选举，475 人申请参选，其中 4 人通过监护委员会的资格审查而获准参选。宪法监护委员会尽管准许女性参选议会，却禁止女性参选总统。1997 年，9 名女性申请参选总统，均被宪法监护委员会剥夺参选资格。2001 年，再有 25 位女性申请参选总统，亦均被宪法监护委员会剥夺参选资格。[⑧]

专家会议选举亦处于宪法监护委员会的监督之下，所有申请参选人必须通过宪法监护委员会的资格审查方可获准参选。据统计，1982 年举行首次专家会议选举，168 人申请参选，22 人被宪法监护委员会剥夺参选资格，占全部申请参选人的 13%；1990 年举行第二次专家会议选举，183 人申请参选，77 人被宪法监护委员会剥夺参选资格，占全部申请参选人的 42%；1998 年

①③　Arjomand, S.A., *After Khomeini: Iran Under His Successors*, p.43.

②　Gheissari, A., *Contemporary Iran: Economy, Society, Politics*, p.250.

④　Zabih, S., *Iran Since the Revolution*, p.144, p.151.

⑤　Esposito, J.L., *Iran at the Crossroads*, p.53.

⑥　Ehteshami, A., *After Khomeini: The Iranian Second Republic*, p.62.

⑦　Lust-Okar, E., *Political Participation in the Middle East*, p.67.

⑧　Menashri, D., *Post-Revolutionary Politics in Iran: Religion, Society and Power*, pp.85—86.

举行第三次专家会议选举，396 人申请参选，250 人被宪法监护委员会剥夺参选资格，占全部申请参选人的 63%；2006 年举行第四次专家会议选举，495 人申请参选，332 人被宪法监护委员会剥夺参选资格，占全部申请参选人的 67%。①1990 年，甚至时任议长卡鲁比和司法总监哈勒哈里亦被剥夺参选资格，进而被排除于专家会议之外。1998 年，尽管宪法监护委员会承诺允许女性和世俗界参选专家会议，然而 9 名女性中 8 人被剥夺参选资格，另外 1 人弃选，而世俗人士参选专家会议亦困难重重，当选者无几。②

有研究者认为，宪法监护委员会对于参选人的资格审查限制着选民的选择空间，伊斯兰共和国的选举并非自由和公正的选举。③实际情况不然，选举政治的局限性不应夸大。常态性的选举政治并非徒具虚名和流于形式，议会选举、总统选举、专家会议选举和地方选举，均表现为全民参与的直接选举，参选人一旦通过宪法监护委员会的资格审查，竞选程序表现出自由性、公正性和开放性，不同政治派系合法竞争，参选人之间竞争激烈，选举结果具有非操纵性和非确定性。根据选举法，议会选举分为两轮投票。1980 年举行的第一届议会选举，97 人在第一轮中投票胜出，剩余 173 个席位通过第二轮投票选举产生。1984 年举行的第二届议会选举，123 人在第一轮中投票胜出，剩余 147 个席位通过第二轮投票选举产生。1988 年举行的第三届议会选举，188 人在第一轮中投票胜出，剩余 82 个席位通过第二轮投票选举产生。1992 年举行的第四届议会选举，135 人在第一轮中投票胜出，剩余 135 个席位通过第二轮投票选举产生。1996 年举行第五届议会选举，224 人在第一轮投票中胜出，剩余 46 个席位通过第二轮投票选举产生。2000 年举行的第六届议会选举，224 人在第一轮中投票胜出，剩余 66 个席位通过第二轮投票选举产生。2008 年举行的第八届议会选举，208 人在第一轮中投票胜出，剩余 82 个席位通过第二轮投票选举产生。④另一方面，尽管选举法并未规定议员任期，可以连选连任，然而历届议员的构成变动甚大。据统计，除第一届议会外，自 1984 年选举产生的第二届议会开始，至 2008 年选举产生的第八届议会，首次当选的议员占据的议会席位比例，均在 50%上下波动，其中 1988 年

① Arjomand, S.A., *After Khomeini: Iran Under His Successors*, pp.43—44.

② Menashri, D., *Post-Revolutionary Politics in Iran: Religion, Society and Power*, p.53.

③ Arjomand, S.A., "Iran's Islamic Revolution in Comparative Perspective", *World Politics*, Vol.38, No. 3 (Apr.1986).

④ Menashri, D., *Post-Revolutionary Politics in Iran: Religion, Society and Power*, p.313.

选举产生的第三届议会中首次当选的议员占据的议会席位比例达到58%，而2000年选举产生的第六届议会中首次当选的议员占据的议会席位比例达到59%。①另据统计，1984年议会选举，105人连任议员，1988年议会选举，66人连任议员，1992年议会选举，83人连任议员，2000年议会选举，不足60人连任议员。②议员连任数量的下降和新议员数量的上升，亦反映出议会选举的竞选激烈程度。1997年大选前夕，改革派人士甘吉表示："如果我们要求自由、民主、人权和安全，就必须出现在大选的投票站……如果3 000万选民走向投票站，将自己的选票投给议会的改革派候选人，就有可能改变违背人权和违背宪法的所有法律。"③改革派人士哈贾里安亦曾经表示，1997年以前，民众在大选中保持沉默的态度，而1997年大选中，投票率大幅上升，大多数沉默的选民不再沉默，通过投票的方式表达自身的政治诉求，他们与其说是支持哈塔米竞选总统，不如说是表达对于保守派势力的不满。④"保守势力已经难以阻止伊朗政坛的多元化进程，而伊朗政坛的多元化进程正是建立在共和制政治理念的基础之上……1997年的总统选举、1999年的地方选举和2000年的议会选举，标志着伊朗的选举政治进入新的成熟阶段。选举环境相对宽松，宪法监护委员会的干预程度明显削弱。"⑤2000年议会选举是伊朗伊斯兰共和国民主化进程中的重要里程碑，尽管大选前夕暴力事件时有发生，然而舆论公认此次选举环境自由公正，显示出伊斯兰共和国政治民主化的发展方向和选举政治的趋于成熟，时人称之为"伊朗政坛的强烈地震"，国际媒体则评价2000年议会选举是自由和民主的选举，可谓伊斯兰民主制政治实践的典范。⑥

议会席位的分布作为选举结果表现出明显的多元性，任何政治派系皆无法垄断议会席位。1992年议会选举中激进派的败选和务实派与保守派竞选联盟的胜出，反映出选民在经历两伊战争之后走出经济困境的强烈诉求。2000年议会选举中保守派的败选和改革派的胜出，则反映出选民对于推动政治改革进程的迫切渴望。地方选举不在宪法监护委员会的监护范围之内。

---

① Arjomand, S.A., *After Khomeini: Iran Under His Successors*, p.112.

② Lust-Okar, E., *Political Participation in the Middle East*, p.58.

③ Diamond, L., *Islam and Democracy in the Middle East*, p.143.

④ Diamond, L., *Islam and Democracy in the Middle East*, p.142.

⑤ Downes, M., *Iran's Unresolved Revolution*, p.146, p.152.

⑥ Diamond, L., *Islam and Democracy in the Middle East*, pp.131—132.

1999 年举行首次地方选举,改革派大获全胜,2003 年举行第二次地方选举,改革派尽管并未受到来自官方的限制,却依然落败,而新左派胜出的主要原因在于选民对于改革派施政的失望。2004 年议会选举,改革派败选,新左派再度胜出。2008 年议会选举,诸多派系可谓平分秋色。总统选举同样表现出多元性和开放性的民主倾向。1997 年总统选举,4 位参选人分别代表改革派和保守派两大竞选阵营,2005 年总统选举,7 位参选人亦分别来自务实派、改革派、保守派和新左派,反映出宪法监护委员会对于大选期间之不同政治倾向的默许和对于不同政治派系参与竞选的认可。1997 年总统选举中胜出的哈塔米和 2005 年总统选举中胜出的艾哈迈迪内贾德,皆可谓政坛黑马。相比之下,拉夫桑贾尼堪称伊斯兰共和国政坛的重量级元老,长期担任确定国家利益委员会主席和专家会议副主席,得到宪法监护委员会的支持,却在 2000 年竞选议员中落败,2005 年竞选总统时再度落败。

由此可见,宪法监护委员会的干涉和国家权力机构的非民选因素不足以左右选举结果,不同政治派系在政坛的消长取决于民众的选票和选民的意志,而选民的意向无疑是决定选举结果的根本要素。此外,尽管宪法规定国家元首并非民选总统而是最高宗教领袖,然而最高宗教领袖作为国家元首无权指定总统人选,亦无权任命议员。纵观伊斯兰革命后 30 年间的选举政治历程,除首任总统巴尼萨德尔被迫辞职和第二任总统雷扎伊死于非命之外,历任总统皆任期届满,未出现罢免民选总统的现象,而历届议会亦未出现在届满前被强行解散的现象,表明民选总统和民选议会具有相当程度的独立地位。

巴列维王朝覆灭之初,临时政府总理巴扎尔甘反对采用“伊朗伊斯兰共和国”,坚持伊朗采用的正式国名应是“伊朗伊斯兰民主共和国”,引发官方教界对于“民主”一词的反感。霍梅尼表示,新的国家需要的是伊斯兰共和制,而不是民主共和制,伊斯兰共和国不需要冠以西方色彩的民主一词,伊斯兰教亦不需要诸如民主之类的修饰词。[①]此后,官方长期回避民主一词。[②]尽管如此,伊斯兰共和国经历民主化的长足发展,却是不争的事实。实现民众主权无疑是 1979 年伊斯兰革命的重要目标,伊斯兰革命后 30 年间选举政治的常态性、派系竞争性和民众参与性以及世俗色彩,充分表明伊斯兰共和国的

---

① Abrahamian, E., *A History of Modern Iran*, p.163.

② Nabavi, N., *Iran: From Theocracy to the Green Movement*, p.51.

政治进程之民主化的发展方向。

伊斯兰共和国经济社会的发展

“伊朗的革命不同于其他诸多革命的鲜明特征在于教界的核心作用。历史上的许多革命亦曾包含宗教色彩的意识形态，革命之后教界的统治则是伊朗的特有现象。”①然而，将伊斯兰革命视作伊朗现代化进程的逆向运动，进而将最高宗教领袖制度取代巴列维王朝的世俗君主制度视作历史的倒退，尚显片面。将霍梅尼时期伊朗经济的萎缩归因于最高宗教领袖政府的伊斯兰化举措，亦不足以令人信服。历史的发展体现为诸多因素相互制约的矛盾运动，尽善尽美的结局只能出现于理想之中。

综观世界历史，狂热和激进的政治倾向与下层民众的广泛参与两者之间具有明显的内在联系。下层民众的广泛参与导致狂热和激进的政治倾向，是迄今为止诸多政治革命中的普遍现象，亦是新秩序诞生之际的历史性阵痛。法国大革命堪称现代化进程中政治运动的典范，同样包含着下层民众的广泛参与、狂热和激进的政治氛围、新旧势力的激烈较量、政局的动荡混乱、经济的濒临崩溃以及社会重新整合的复杂过程，而 20 世纪的许多第三世界国家在剧烈的政治动荡和政治革命之后亦曾经历或长或短的经济滑坡。经济的滑坡作为社会动荡和政治冲突的逻辑结果，是后革命时代存在于诸多国家的普遍现象。霍梅尼时期，激烈的权力角逐和动荡的政治局面对于伊朗的经济生活无疑具有负面的影响，美国的制裁、石油收入的锐减和长达八年的两伊战争则是严重破坏伊朗经济的首要因素。

霍梅尼时期，伊朗经济经历明显波动的状态，总体上呈递减的趋势，两伊战争则是导致伊朗经济形势恶化的首要因素。据统计，两伊战争期间，伊朗超过 50%的城市和多达 4 000 个村庄以及 30 万个家庭受到程度不同的影响，6 万人失踪，5 万人被俘，伤残者超过 50 万人，250 万人失去家园。②两伊战争给伊朗造成的直接经济损失为 6 000 亿美元，包括间接损失在内的全部损失达到 1 万亿美元。③伊朗西部与伊拉克接壤的胡齐斯坦、巴赫塔兰、伊拉姆、库尔德斯坦和西阿塞拜疆 5 个省人口稠密，是两伊战争期间遭受损失最

---

① Keddie, N.R., *Modern Iran: Roots and Results of Revolution*, p.240.

② Amirahmadi, H., *Revolution and Economic Transition: the Iranian Experience*, New York 1990, p.63.

③ Tawfiq A., *Islamic Democracy and Its Limite: The Iranian Experience Since 1979*, p.74.

大的地区。两伊战争期间,52座被战火席卷的城市大都分布在上述5省,上述5省30%的村庄亦遭到战火的蹂躏。①

两伊战争期间,伊朗的基础设施遭到严重破坏,国内生产总值持续呈现负增长的状态。据统计,1977—1989年,伊朗国内生产总值年均增长率为—1.5%,1989年的国内生产总值仅与1973年的国内生产总值持平。②另据统计,与1977年相比,伊朗国内生产总值1980年减少16%,1984年增长6%,1988年减少17%,1990年减少24%,其中,工业生产总值1980年减少20%,1984年增长1%,1988年减少15%,1990年增长3%。伊朗经济长期依赖石油生产:伊朗的石油收入1983年为210亿美元,1985年下降为140亿美元,1986年下降为60亿美元,1988年只有10亿美元,1990年上升为180亿美元。石油收入的下降导致伊朗政府的严重财政赤字,1986年财政赤字达到50亿美元。按照1982年的官方比价计算,伊朗的人均收入从1977年的29万里亚尔下降为1989年的15万里亚尔。城市人口的失业率,从1977

德黑兰自由纪念碑

① Amirahmadi, H., *Revolution and Economic Transition: The Iranian Experience*, p.64.

② Baktiari, B., *Parliamentary Politics in Revolutionary Iran: The Institutionalization of Factional Politics*, p.193.

年的 4.4%上升为 1984 年的 13.4%，1988 年达到 18.9%。①

两伊战争结束后，伊朗的经济形势逐渐好转。1989—1994 年 5 年间，伊朗经历革命后和战后的经济重建过程。1989—1994 年，国内生产总值年均增长 7.3%，其中农业产值年均增长 5.9%，石油工业产值年均增长 8.9%，制造业产值年均增长 8.7%，电力工业产值年均增长 12.7%，建筑业产值年均增长 5.5%，服务业产值年均增长 7.4%。自 1990 年起，海湾地区的紧张局势导致国际市场的石油价格急剧上涨，伊朗的石油产量随之逐年上升。1989 年，伊朗的石油日产量为 256 万桶，日均出口石油 165 万桶。1997 年，伊朗的石油日产量达到 360 万桶，日均出口石油 262 万桶。②伊朗政府的石油收入，1980 年仅为 130 亿美元，1990 年增至 170 亿美元，2000 年达到 300 亿美元。③

霍梅尼时期，强调政府干预的经济政策，尤其是将自给自足的经济发展战略作为捍卫国家主权的重要保障。霍梅尼在 1984 年明确告诫国民："我们只有在经济上实现自给自足，才能确保政治上的独立，而只有发展农业生产，才能确保实现自给自足的经济战略。"④1989 年拉夫桑贾尼出任总统后，伊朗政府逐渐放弃政府干预的经济政策，积极推行自由化的经济政策，取消价格控制，扩大自由贸易，削减生活必需品的物价补贴，调整产业结构，开放资本市场，鼓励私人投资，出售国有企业。⑤与此同时，伊朗政府将波斯湾的克什姆和基什两处岛屿划为自由贸易区，吸引国外投资。⑥1984 年，伊朗政府恢复德黑兰股票市场；至 1991 年，近 400 家国有企业的 1 200 亿里亚尔的股份上市出售。1990 年，伊朗政府开始允许外汇的自由兑换。⑦1993 年，伊朗政府正式宣布贬值里亚尔，进而实行单一汇率的外币兑换。⑧伊朗政府的上述举措，旨在修补两伊战争造成的创伤，扩大国内生产，逐步完善市场化的经济秩序，进而实行从进口替代的内向型经济模式向国际分工的外向型经济模式的转变。1995 年议会通过的第二个五年计划和 1997 年哈塔米当选总统，标志

① Rahnema, S., *Iran after the Revolution: Crisis of an Islamic State*, p.102, p.110, p.109, p.113.

② Alizadeh, P., *The Economy of Iran: The Dilemmas of an Islamic State*, p.66, p.93.

③ Abrahamian, E., *A History of Modern Iran*, p.169.

④ Schirazi, A., *Islamic Development Policy: The Agrarian Question in Iran*, p.89.

⑤ Alizadeh, P., *The Economy of Iran: The Dilemmas of an Islamic State*, p.115.

⑥ Keddie, N.R., *Modern Iran: Roots and Results of Revolution*, p.264.

⑦ Ehteshami, A., *After Khomeini: The Iranian Second Republic*, p.105.

⑧ Rahnema, S., *Iran after the Revolution: Crisis of an Islamic State*, p.120.

着伊朗国家政策从意识形态至上向经济建设优先的进一步转变、从封闭的进口替代模式向开放的出口外向模式的进一步转变。

巴列维政府长期奉行优先发展工业的经济政策，农业的发展速度相对缓慢。相比之下，伊斯兰共和国政府将农业视作发展的"轴心"，在制订最初的两个五年计划中强调农业优先的经济政策，争取在10年内实现农产品的自给自足。伊斯兰共和国政府实行间接参与的农业发展政策，增加农业信贷和乡村基础设施的建设投资，提高农产品价格，进而明显加快农业生产的增长速度。[①]与1977年相比，农业产值1980年增长17%，1984年增长43%，1988年增长61%，1990年增长81%，1992年增长104%。[②]1977—1993年，主要农作物小麦的播种面积由546万公顷增至719万公顷，大麦的播种面积由128万公顷增至196万公顷，水稻的播种面积由46万公顷增至59万公顷。[③]1977—1997年，小麦的年产量由550万吨增至1 000万吨，大麦的年产量由120万吨增至270万吨，水稻的年产量由140万吨增至270万吨，马铃薯的年产量由70万吨增至310万吨。[④]1976—1987年，伊朗总人口由3 370万增至4 950万，农业劳动力由360万下降为320万，而农业产值在国内生产总值中所占的比例由9%上升为18%。[⑤]

20世纪初，城市人口约占伊朗总人口的五分之一。自白色革命开始，伊朗的城市化进程明显加快，城市人口在伊朗总人口中所占的比例从1956年的31%增至1976年的47%。[⑥]伊斯兰共和国建立后，延续城市化的进程；城市人口在伊朗总人口中所占的比例从1976年的47%上升为1986年的54%，1996年达到61%。[⑦]另一方面，巴列维王朝时期，首都德黑兰的人口增长速度明显超过其他城市。伊斯兰革命后，德黑兰人口的增长速度逐渐下降，而其他城市的人口增长速度逐渐加快。1976年，伊朗城市总人口的29%分布于德黑兰，德黑兰的人口相当于第二大城市伊斯法罕的6.7倍。1986年，德黑兰人口在城市总人口中所占的比例下降为22%，相当于第二大城市

---

① Hooglund, E., *Twenty Years of Islamic Revolution: Political and Social Transition in Iran since 1979*, pp.115—116.

② Rahnema, S., *Iran after the Revolution: Crisis of an Islamic State*, p.110.

③ 《帕尔格雷夫世界历史统计》，亚洲、非洲和大洋洲卷(1750—1993)，第200—211页。

④ Shakoori, A., *The State and Rural Development in Post-Revolution in Iran*, p.123.

⑤ Amirahmadi, H., *Revolution and Economic Transition: The Iranian Experience*, p.134.

⑥ Bonine, M.E., *Population, Poverty and Politics in Middle East Cities*, p.258.

⑦ Alizadeh, P., *The Economy of Iran: Dilemmas of an Islamic State*, p.181.

德黑兰的街景

德黑兰巴扎内的水果摊

马什哈德的4.1倍。[1] 1971—1991年，德黑兰的年均人口增长率为2.9%，其他城市的年均人口增长率为5.5%。[2] 另据资料统计，1980—1990年，德黑兰人口从453万增至648万，马什哈德人口从67万增至176万，伊斯法罕人口从66万增至113万，设拉子人口从43万增至97万，阿瓦士人口从33万增至72万。[3]

城市化进程的突出现象是外来移民人数的增长。70年代中期，城市外来移民的境况日趋恶化，德黑兰尤其明显。外来移民大都分布于城市的棚户区，缺乏必要的社会保障，处于无助的状态。与此同时，宗教机构和宗教组织的作用逐渐扩大，为无助的移民提供帮助和救济，进而产生广泛的社会影响。伊斯兰革命后，移民的浪潮继续。

① Sharbatoghlie, A., *Urbanization and Regional Disparities in Post-Revolutionary Iran*, Boulder 1991, p.145.

② Bonine, M.E., *Population*, *Poverty and Politics in Middle East Cities*, pp.259—260.

③ 《帕尔格雷夫世界历史统计》，亚洲、非洲和大洋洲卷（1750—1993），第42—46页。

1976—1986 年，伊朗人口从 3 370 万增至 4 990 万，增长 48%；城市人口从 1 570 万增至 2 700 万，增长 72%；乡村人口从 1 800 万增至 2 260 万，增长 26%。城市化速度明显超过全国人口和乡村人口的增长速度。①

城乡差距与人口流向两者之间无疑具有内在的逻辑联系。白色革命期间，伊朗经济社会生活的突出现象是城乡差距的明显扩大。伊斯兰共和国建立后，政府不断增加乡村农业的财政投入。伊斯兰革命后的最初 10 年，乡村投资超过政府财政投资的四分之一。与此同时，城乡差距逐渐缩小。1965 年，每户乡村家庭的平均收入相当于每户城市家庭平均收入的 45%；1985 年，乡村家庭的平均收入相当于城市家庭的55%。②1976—1986 年，7 岁以上城市人口识字率从 65%上升为 73%，年均增长率 7.7%，乡村人口识字率从 31%上升为 48%，年均增长率 17.7%。1976—1986 年，每 10 万人拥有的小学数量，城市从 367 所上升为 432 所，净增 65 所，乡村从 452 所上升为 680 所，净增 228 所；每 10 万人拥有的初中数量，城市从 163 所上升为 189 所，净增 26 所，乡村从 44 所上升为 128 所，净增 84 所；每 10 万人拥有的高中数量，城市从 99 所上升为 114 所，净增 15 所，乡村从 6 所上升为 20 所，净增 14 所。1976—1986 年，城市用电家庭从 85% 上升为 88%，乡村用电家庭从 24%上升为 53%；城市使用自来水的家庭从 84%上升为 97%，乡村使用自来水的家庭从 14% 上升为 64%；乡村婴儿死亡率从 115‰ 下降为 45‰。1976—1986 年，乡村铺面公路从 1 万公里增至 3.4 万公里，占公路总里程的比例从 16%上升为 24%。政府公职人员的数量，城市从 140 万人增至 258 万人，乡村从 27 万人增至 88 万人。公共建设项目的政府拨款，城市从 134 亿里亚尔增至 252 亿里亚尔，乡村从 50 亿里亚尔增至 139 亿里亚尔。1977—1982 年，农业生产用电量在全部用电量中所占的比例从 3.3%增至 5.3%；是为乡村电气化程度提高的重要标志。1977—1984 年，农业产值在国内生产总值中所占的比例从 8.6%增至12.8%。③1999 年，乡村铺面公路达到 6.7 万公里，使用自来水的乡村家庭超过 85 万户，约 2.7 万个自然村和超过 70%的乡村人口实现电气化。随着城乡差距的逐渐缩小，乡村人口流入城市的数量出现下降的趋势。1977—1986 年的十年间，乡村人口流入城市的总数为 360 万。相比之下，

---

① Bonine, M.E., *Population, Poverty and Politics in Middle East Cities*, p.261, p.263.

② Hooglund, E., *Twenty Years of Islamic Revolution: Political and Social Transition in Iran since 1979*, p.104, p.6.

③ Sharbatoghlie, A., *Urbanization and Regional Disparities in Post-Revolutionary Iran*, pp.97—98.

1987—1996年的十年间，乡村人口流入城市的总数仅为190万。①

妇女身着伊斯兰传统服饰，在巴列维时代意味着对于世俗君主之独裁统治的消极反抗，而在霍梅尼时期则成为强制性的宗教规定。然而，关于妇女服饰的宗教规定不足以证明最高宗教领袖政府回归传统的复古倾向。1963年政治风波期间，包括霍梅尼在内的什叶派欧莱玛确曾普遍反对巴列维国王给予妇女选举权。在伊斯兰革命胜利的前夕，霍梅尼则明确表示，即将诞生的伊斯兰国家不仅应当保证妇女享有政治权利和社会权利，而且应当给予妇女真正的自由和尊严。与巴列维时代相比，自霍梅尼时期开始，更多的妇女走出家庭，走进学校，走向社会。“与君主制的时代相比，下层妇女的经济社会地位得到提高。与革命前相比，青年妇女获得更多的受教育的机会，特别是在城市的棚户区和遥远的乡村。”②

伊朗女学生

伊斯兰革命前夕的1976年，女性的入学率为36%；至1996年，女性的入学率达到72%，大体相当于同时期土耳其的女性入学率而超过同时期巴基斯坦的女性入学率达一倍之多。在乡村地区，女性入学率的增长幅度尤为明显。③1999年，初等学校的女性入学率超过95%。高等学校的几乎所有课程均向女性学生开放，高等学校女性学生的人数甚至超过男性学生。女性在高等学校的学生总数中所占的比例，1978年为28%，1998年增至40%，1999

① Hooglund, E., *Twenty Years of Islamic Revolution: Political and Social Transition in Iran since 1979*, p.105, p.101.

② Hooglund, E., *Twenty Years of Islamic Revolution: Political and Social Transition in Iran since 1979*, p.59, p.16.

③ Keddie, N.R., *Modern Iran: Roots and Results of Revolution*, p.286.

年达到52%。[①]另据资料统计，在1996年的6.3万名伊斯兰经学院学生中，女性学生约1万人，占学生总数的16%，其中90%来自城市。1986—1996年，乡村男性识字率从60%上升为77%，乡村女性识字率从36%上升为62%；乡村女性识字率的上升幅度明显高于乡村男性识字率的上升幅度。[②]

80年代中期，女性劳动力约占劳动力总数的11%，服务业构成女性首要的从业领域。[③]进入90年代，随着新经济政策的实施和经济自由化的长足发展，政府逐渐解除对于妇女参与公共活动的诸多限制，女性的就业率明显提高。在教育和医疗卫生领域，女性分别占从业者总数的46%和42%。[④]1999年，女性约占伊朗政府雇员的三分之一。[⑤]"就从事的职业而言，越来越多的伊朗妇女成为律师、医生、教授、记者、工程师、经纪人、企业家、体育教练和电视主持人。"[⑥]

巴列维时代，参与政治的伊朗妇女主要局限于上层社会。自霍梅尼时期开始，日益增多的中下层妇女逐渐成为伊朗政治生活的重要参与者，女性的政治参与范围不断扩大。以追求男女平等和扩大女性公共参与为宗旨的女权运动，是伊斯兰共和国选举政治的重要元素。伴随着选举政治的世俗化和民主化进程，妇女地位成为不同竞选阵营关注的焦点，女性选民则是候选人极力争取的重要选票来源，由此形成选举政治框架下的女权运动。[⑦]

在伊斯兰革命后召开的第三届议会中，妇女占有3个席位；在第四届议会中，妇女占有的席位增至9个。[⑧]1996年，约200名妇女竞选第五届议会席位，13名妇女成为议员；女性候选人法耶兹·哈什米所得票数仅次于努里，高居德黑兰选区议员候选人的第二位。1997年5月，238人参与总统竞选，其中包括8名女性，是为伊朗历史上前所未有。女性总统候选人阿扎姆·塔里甘尼声称："竞选总统是我的合法权利……宪法监护委员会如果尊重伊斯兰教的原则，不应当否认我作为女性竞选总统的资格。宪法监护委员会成员应当看到当今世界伊斯兰教的潮流。例如在孟加拉这样的穆斯林国家，女性

① Jahanbegloo, R., *Iran: Between Tradition and Modernity*, Oxford 2004, p.167.

② Hooglund, E., *Twenty Years of Islamic Revolution: Political and Social Transition in Iran since 1979*, p.64, p.98.

③ Alizadeh, P., *The Economy of Iran: The Dilemmas of an Islamic State*, p.236.

④ Hooglund, E., *Twenty Years of Islamic Revolution: Political and Social Transition in Iran since 1979*, p.16.

⑤ Wright, R., *The Last Great Revolution*, New York 2000, p.137.

⑥ Wright, R., *The Last Great Revolution*, p.137.

⑦ Esposito, J.L., *Iran at the Crossroads*, p.5.

⑧ Ehteshami, A., *After Khomeini: The Iranian Second Republic*, London 1995, p.62.

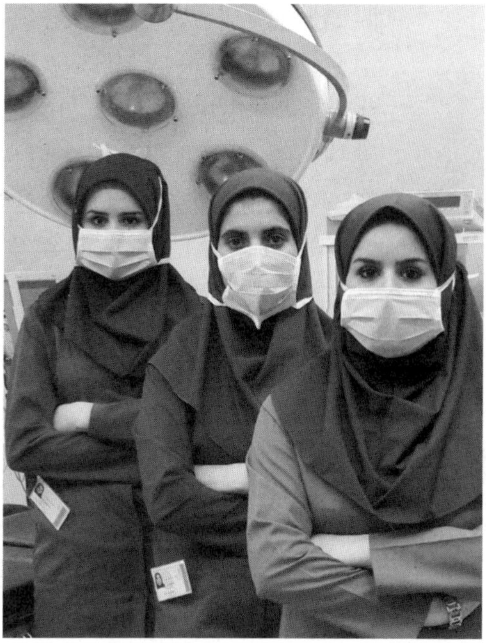
戴头巾的伊朗女外科医生

可以成为总统和内阁总理。”[①]尽管宪法监护委员会拒绝承认女性竞选总统的合法性，总统竞选的积极参与无疑反映出女性政治地位的明显提高。与此同时，女性选民成为总统候选人哈塔米与努里竞相争夺的对象。哈塔米在竞选总统期间明确表示，支持提高女性的社会地位和政治地位，主张修改旨在强化性别差异和歧视女性的现行法律，强调女性在科学、社会和政治领域的重要作用。相比之下，努里被许多女性选民称作塔里班式的激进组织成员。女性选民的积极参与和广泛支持，则是哈塔米得以当选总统的重要原因。伊朗学者扎里·沙迪塔拉布因此指出：“在伊朗，选举提供了女性决定男性命运的为数不多的机会，而女性选民约占全部选民的半数。”[②]哈塔米当选总统后，埃伯特卡尔出任伊朗首位女性副总统，女性政治家沙贾伊和卡迪瓦尔出任总统特别顾问。在同年举行的议会中期选举中，女性议员增至 14 人。[③]1999 年，7 000 名女性获准参与地方议会竞选，其中约 300 名女性进入地方议会；在几乎所有的主要城市，女性均赢得议会席位。[④]在德黑兰城市议会的 15 个席位中，女性候选人获得 3 个席位。[⑤]

三、 土耳其共和国世俗政治与宗教政治的转换

文官政治的重建

1983 年 4 月，土耳其新政党法颁布。新政党法规定，新建政党必须完全

① Hooglund, E., *Twenty Years of Islamic Revolution: Political and Social Transition in Iran since 1979*, p.57.

② Hooglund, E., *Twenty Years of Islamic Revolution: Political and Social Transition in Iran since 1979*, p.58.

③ Esposito, J.L., *Iran at the Crossroads*, p.83, p.86, pp.87—88.

④ Wright, R., *The Last Great Revolution*, p.137.

⑤ Esposito, J.L., *Iran at the Crossroads*, p.45, p.89.

脱离原有的旧政党,政党组织必须遵循民主程序,政党纲领不得违背凯末尔主义的原则。根据1983年政党法,政党的中央机构由全体党员大会选举产生,包括党主席、执行委员会和纪律委员会,政党地方组织包括省级分支,政党执行委员会必须在司法机构的监督下提名议员人选。随后,国家安全委员会宣布废除政党禁令,解除党禁,重新启动政党政治。①

1983年春夏之交,新建政党15个,包括前正义党领导人苏莱曼·德米雷尔创建的正确道路党、前总统伊斯梅特之子埃尔达勒·伊诺努创建的社会民主党、图尔古特·厄扎尔创建的祖国党、退役将领图尔古特·苏纳尔普创建的民族民主党和内切德特·卡勒普创建的民粹党。祖国党持中右翼立场,强调自由主义和市场经济,主张扩大私有化和外向经济,以增加投资实现经济的发展。民族民主党持右翼立场,强调保护自由竞争,吸纳国外投资。②

1983年6月,新选举法颁布。新选举法规定,只有在大选中获得超过10%选票的政党方可进入大国民议会,亦称"10%的门槛",旨在避免大国民议会席位分散和小党林立的混乱局面。

1983年11月,土耳其举行议会选举,标志着文官政治在1980年第三次军事政变和军人接管政府之后得以重新恢复。92.3%的选民参与投票,达到1946年多党制议会选举以来的最高投票率,获准参加竞选的政党包括持中右立场的民族民主党、持中左立场的民粹党和持中间立场的祖国党,其中民族民主党和民粹党得到军方的支持,而祖国党系非军方支持的平民政党。③1983年议会选举的结果是,祖国党获得45.6%的选票和大国民议会下院211个席位,民粹党获得30.8%的选票和大国民议会下院117个席位,民族民主党获得23.6%的选票和大国民议会下院71个席位。④祖国党作为议会第一大党组成新一届内阁,祖国党主席图尔古特·厄扎尔出任内阁总理。祖国党在议会中的获胜,出乎军方的意料,标志着土耳其的民主化进程真正步入文官政治的道路,军人政治从此逐渐淡出政坛。

自1983年大选开始,建立在选举政治和多党政治基础上的文官政治重新取代军人政治,成为土耳其政治生活的常态形式。祖国党执政期间,政治形势趋于稳定,政治环境日渐宽松,多元化的政党政治进一步活跃。1983年

---

① Ahmed, F., *The Making of Modern Turkey*, p.188.

② Finkel, A. & Sirman, N., *Turkish State, Turkish Society*, London 1990, pp.106—107.

③ Sayari, S., *Politics, Parties, and Elections in Turkey*, p.16.

④ Heper, M., *Politics in the Third Turkish Republic*, p.55.

6 月,前正义党领导人苏莱曼·德米雷尔创建正确道路党。该党自称是 50 年代的民主党和 60—70 年代的正义党的延续,强调捍卫民族利益、保障公民权利和实现社会公正,同时坚持世俗主义的政治原则,进而区别于伊斯兰主义政党。祖国党和正确道路党均为 80 年代主导土耳其政坛的右翼政党。相比之下,民粹党继承共和人民党的政治传统,系左翼政党,强调推动工业化进程和政府必要的经济干预,反对垄断,主张通过税收政策缓解贫富差距,扩大就业,降低失业率,支持者主要来自城市中下层和知识界。[①]繁荣党始建于 1984 年,系救国党的延续,强调推动民主化进程、繁荣经济和实现社会公正,主张摒弃国家主义,倡导伊斯兰主义的发展模式。[②]

1984 年初,祖国党主导的大国民议会通过修改政党法的议案,解除 1983 年军方颁布的政党禁令,允许遭到军方取缔的政党继续从事政治活动和参与选举。由于总统科南·埃夫伦的否决,修改政党法的议案未能获准正式颁布。在随后举行的地方选举中,祖国党赢得 41.5%的选票,伊斯梅特·伊诺

伊斯梅特·伊诺努之子厄尔达勒·伊诺努(左四)

① Eralp, A., *The Political and Socioeconomic Transformation of Turkey*, p.42.

② Ozbudun, E., *Contemporary Turkish Politics*, p.87.

努之子厄尔达勒领导的社会民主党赢得23.5%的选票，苏莱曼·德米雷尔领导的正确道路党赢得13.5%的选票。相比之下，1983年大选期间军方支持的民粹党和民族民主党仅仅赢得9%和7%的选票，在救国党的基础上组建的繁荣党仅仅赢得4.5%的选票。

1985年11月，民粹党与社会民主党合并，改称社会民主民粹党，厄尔达勒·伊诺努出任党主席。1986年初，民族民主党解散，其主要成员分别加入祖国党和正确道路党。与此同时，前共和人民党领导人布伦特·埃杰维特创建民主左翼党。

1986年9月举行大国民议会补充选举，涉及七个选区和11个议会席位，祖国党赢得32.3%的选票和6个议会席位，正确道路党赢得23.5%的选票和4个议会席位，社会民主民粹党赢得23.4%的选票和1个议会席位。

1987年9月，土耳其就修改政党法举行全民公决，以50.3%对49.7%的微弱多数获得通过，解除军方执政期间颁布的政党禁令，恢复原有政党领导人的从政权利。随后，厄扎尔宣布提前举行大选。

1987年11月，土耳其举行新一届的议会选举。与军人干预下的1984年大选相比，1987年的议会选举在明显宽松和公平的环境下进行，民主政治在军方政变后得以回归。7个政党参加竞选，其中包括共和人民党分裂后组建的民主左翼党和社会民主民粹党。图尔古特·厄扎尔领导的祖国党赢得36.2%的选票和大国民议会下院292个席位，厄尔达勒·伊诺努领导的社会民主民粹党赢得24.7%的选票和大国民议会下院99个席位，苏莱曼·德米雷尔领导的正确道路党赢得19.1%的选票和大国民议会下院59个议会席位。此外，布伦特·埃杰维特领导的民主左翼党获得8.5%的选票，埃伊库特·埃迪巴里领导的改革民主党获得0.8%的选票，内切梅廷·埃尔巴坎领导的繁荣党获得7.1%的选票，阿尔帕斯兰·图尔克斯领导的民族行动党获得2.8%的选票，独立候选人获得0.8%的选票，均未达到进入大国民议会所需的10%的选票，未能赢得议会席位。1987年大选后，祖国党作为大国民议会下院的第一大党继续执政。①

称雄政坛的祖国党

图尔古特·厄扎尔出身于土耳其东南部城市马拉提亚一个虔诚的穆斯

① Finkel, A. & Sirman, N., *Turkish State, Turkish Society*, p.124.

林家庭，毕业于伊斯坦布尔技术大学，70年代加入救国党，1977年曾经作为救国党提名的候选人竞选议员落败。1983年5月，厄扎尔创建祖国党，该党核心成员大都具有伊斯兰主义的宗教政治背景。1980年军方政变后诸多旧政党的解散和由此出现的政治真空，提供了厄扎尔和祖国党崛起于土耳其政坛的绝佳条件。

总统图尔古特·厄扎尔（右一）

厄扎尔领导的祖国党兼有原正义党、救国党和民族行动党的多重政治元素，代表土耳其政坛的中右翼势力，政治理念相对温和，强调法律秩序和法治国家，兼顾世俗原则和宗教诉求。祖国党亦具有民族主义的浓厚色彩，坚持土耳其—伊斯兰一体化的思想，强调维护民族独立和国家主权，倡导民主的政治原则和宽松自由的政治环境，主张扩大地方政府的自治权力。①

厄扎尔执政期间，具有一定的伊斯兰倾向，主张放宽原有的宗教限制。1988年，厄扎尔已故的母亲下葬于纳格什班迪教团精神导师穆罕默德·扎西特·库特库陵墓所在的苏莱曼尼亚清真寺墓地。厄扎尔经常率内阁成员

① Heper, M., *Political Parties and Democracy in Turkey*, p.194, p.156.

出席清真寺的宗教活动，斋月的晚餐通过媒体的报道而被赋予官方的色彩，宗教出版物明显增多，国营电视台播放宗教节目。1988 年 7 月，厄扎尔成为首位赴麦加朝觐的土耳其内阁总理，土耳其国营电视台在国内转播厄扎尔朝觐的视频。1989 年 11 月，厄扎尔以新任总统的身份出席在安卡拉最大的清真寺举行的星期五聚礼。厄扎尔执政六年，平均每年新建清真寺约 2 000 座。至 1990 年，全国清真寺总数达到 63 675 座。在宗教教育方面，1983—1989 年，新建 6 所伊玛目—哈提卜学校，伊玛目—哈提卜学校达到 383 所，在校学生人数增长 29%，从 20 万人增至近 27 万人。

1983 年 12 月，厄扎尔组阁不久，宣布允许建立无息的伊斯兰银行，名为特别财政机构，旨在吸引阿拉伯世界的海外投资。1985 年 1 月和 4 月，两家伊斯兰银行相继建立，系沙特阿拉伯与土耳其合资银行。1989 年 3 月，成立第三家伊斯兰银行，系科威特与土耳其合资经营。1990 年 10 月，祖国党内阁颁布法令，解除大学校园内对于女性服饰的限制。随后，反对党共和人民党向宪法法院起诉。1991 年 4 月，宪法法院裁定祖国党内阁颁布的法令违宪。

在经济方面，祖国党支持自由主义的经济原则，强调市场化和出口外向型的经济原则，主张扩大投资渠道，鼓励私人投资，吸引国外投资，淡化政府的经济干预和进口替代的经济发展模式，同时承诺增加就业和改善社会福利，关注民众生活。与此同时，厄扎尔政府致力于推行新经济政策，积极扩大与世界银行和国际货币基金组织的经济合作，贬值土耳其货币里拉，上调金融利率，冻结工资，提高物价，补贴出口产品，简化出口程序，在安纳托利亚西部爱琴海沿岸港口城市伊兹密尔和南部地中海沿岸港口城市阿达纳建立自由贸易区，旨在促进自由化的外向出口型市场经济。此外，厄扎尔政府致力于基础设施的完善，新建第二座横跨博斯普鲁斯海峡的大桥，开通伊斯坦布尔的环城公路，铺设从苏联到土耳其的天然气管道。厄扎尔政府还在安纳托利亚东南部筹划建造巨大的水电工程，预计扩大耕地面积 160 万公顷。

厄扎尔政府的新经济政策成果显著。80 年代前期，国内生产总值年均增长率仅为 4.5%，1986—1987 年达到 8%。对外贸易的大幅增长，是祖国党执政期间经济增长的最大亮点。外商投资亦呈上升趋势，进口商品充斥于市场。据相关资料统计，1980—1987 年，出口额年均增长 22%。出口商品构成亦发生改变；1979—1988 年，农产品占出口商品总额的比例从 60%下降为

20%,工业品占出口总额的比例从45%上升为72%。纺织品是土耳其最重要的出口产品,约占出口总额的四分之一。80年代初,土耳其商品主要出口到中东地区的其他国家,伊朗是土耳其最大的出口市场。80年代后期,欧洲取代中东成为土耳其最重要的出口市场。据统计,土耳其出口商品总额,1979年仅为23亿美元,1988年达到117亿美元,相比之下,土耳其进口商品总额,1979年为50亿美元,1989年达到144亿美元,始终高于出口商品总额,外贸逆差的现象十分突出。由此带来的后果,是外债的大幅增长。土耳其政府的外债,1980年约为135亿美元,1989年增至400亿美元。此间,每年出口创汇的约70%用于偿还政府的外债。

新内阁并未扭转经济形势和改善民众生活,亦未能遏制政府腐败的蔓延,厄扎尔执政期间推行的新政策所导致的社会变化和政治影响开始显现。第二届祖国党内阁执政后,经济形势恶化,国内生产总值增长率,1988年下降为1.5%, 1989年下降为0.9%,低于此间2.2%的人口增长率。通货膨胀率呈上升趋势,80年代前期约为30%—40%, 1988年达到70%。祖国党内阁于1989年制订的第六个五年发展计划,无视客观经济形势,继续追求高增长率。进入90年代,经济发展陷入低谷。厄扎尔政府多次宣布向私人出售国有企业,然而私有化进程缓慢,民间资本对于收购国有企业缺乏必要的信心。厄扎尔政府忽视农业发展,农业投资不足。农业劳动力占全部劳动力的60%,农业产值却不足国内生产总值的20%。80年代末,自然灾害造成农业的大面积歉收,水利建设的停滞和落后所带来的后果由此显现。

厄扎尔领导的祖国党尽管在1987年大选中再度胜出并继续执政,然而其执政地位开始出现被削弱的趋势。与1983年大选中45.6%的支持率相比,祖国党在1987年大选中的支持率下降9.4个百分点。80年代后期,通货膨胀率和失业率不断上升,社会成员的贫富分化逐年加剧,引发民众对于祖国党内阁的不满。1989年3月举行地方选举,社会民主民粹党赢得28.2%的选票,正确道路党赢得25.6%的选票,相比之下,祖国党的支持率大幅下降,仅仅赢得21.9%的选票。

1989年10月,科南·埃夫伦的总统任期届满,祖国党占据多数席位的大国民议会选举图尔古特·厄扎尔接替科南·埃夫伦,出任土耳其共和国第八届总统。土耳其共和国的历届总统大都具有军方背景抑或从军经历,图尔古特·厄扎尔则是继凯拉勒·拜亚尔之后大国民议会选举产生的第二位文职总统。1989年图尔古特·厄扎尔当选总统,"可谓土耳其共和国民主化进程的分水岭”。[1]按照土耳其宪法的相关规定,图尔古特·厄扎尔退出祖国党,议长伊尔迪里姆·阿克布鲁特继任祖国党主席和内阁总理。[2]

1989—1990年,土耳其政府开始实施自由化和保障人权的政策。1991年,大国民议会宣布增加议员席位,实行总统的直接选举,允许在非官方的范围内使用库尔德语,删除1982年宪法第141款、第142款和第163款关于限制政治活动的内容。[3]1991年7月,总统图尔古特·厄扎尔邀请新当选的祖国党主席马苏德·耶尔马兹出任内阁总理。[4]

1991年10月举行议会选举,6个政党参加竞选,正确道路党赢得27.3%的选票和大国民议会下院178个席位,祖国党赢得23.9%的选票和大国民议会下院115个席位,社会民主民粹党赢得20.7%的选票和大国民议会下院88个席位,民族行动党和繁荣党组成的竞选联盟赢得16.6%的选票和大国民议会下院62个席位,民主左翼党赢得11%的选票和大国民

苏莱曼·德米雷尔会见美国国防部部长柯恩

① Heper, M., *Politics in the Third Turkish Republic*, p.187.

② Rubin, B., *Political Parties in Turkey*, p.49.

③ Zurcher, E.J., *Turkey: A Modern History*, p.305.

④ Heper, M., *Political Leaders and Democracy in Turkey*, p.184.

议会下院7个席位。[①]同年11月，大国民议会第一大党正确道路党与第三大党社会民主民粹党组成联合政府，正确道路党主席苏莱曼·德米雷尔出任总理，祖国党内阁就此终结。

1992年，大国民议会通过法令，取缔对于政党的诸多限制，共和人民党得以重建，丹尼泽·拜克尔当选共和人民党主席。[②]1993年4月，图尔古特·厄扎尔病逝。同年6月，苏莱曼·德米雷尔出任总统，同时退出正确道路党，塔恩苏·齐莱尔作为正确道路党的新主席，出任联合政府总理，是为土耳其历史上的首位女性总理。

伊斯兰政党的闪亮登场与"军方的温柔介入"

厄扎尔政府的新经济政策，直接受益者主要是经济实力雄厚的富豪家族，进出口贸易的增长和建筑业的繁荣促成了新富人阶层。相比之下，新经济政策的实施并未提高下层民众的生活水平，大多数土耳其人的生活状况呈下降的趋势，工资增长落后于通货膨胀的上升幅度。1987年，工人平均工资与1980年的实际收入相比下降19.8%。经济的繁荣亦未带来就业形势的改善。据官方公布的数据，1987年的失业率达到8.4%，高于1980年的7.9%。1984—1987年消费品价格指数年均上升41.7%，包括工人和政府职员在内的工薪阶层的实际收入明显下降。物价上涨、工资冻结和利率上调，导致工薪阶层的社会购买力在祖国党执政期间下降40%—60%。新经济政策导致的直接后果是失业率居高不下，贫富差距进一步扩大。1980—1988年，失业率从16.4%上升为22.9%，失业人口总数从280万上升为480万。[③]1987—1994年，占总人口80%的中下层群体的收入呈下降的趋势，占总人口20%的富裕阶层的收入呈上升的趋势。据统计，占总人口20%的富裕阶层在国民总收入中所占的比例，1987年为49.9%，1994年上升为54.9%。相比之下，占总人口20%的贫困阶层在国民总收入中所占的比例，1987年为5.2%，1994年下降为4.9%。与此同时，中东部内陆地区与西部沿海地区之间经济发展水平的差距亦进一步扩大。[④]

80年代后期，由于出口外向型经济政策的实施和出口贸易的扩大，被誉

---

① Heper, M., *Politics in the Third Turkish Republic*, p.55.

② Zurcher, E.J., *Turkey: A Modern History*, p.306.

③ Lovatt, D., *Turkey since 1970*, p.26.

④ Atasoy, Y., *Turkey, Islamists and Democracy*, p.168.

为“安纳托利亚”之虎的内陆中小私营企业开始挑战大公司的垄断地位。1990 年 5 月,内陆中小私营企业成立具有浓厚的伊斯兰色彩的行业组织,名为独立企业家和商人联合会,旨在抗衡代表大公司利益的土耳其企业家和商人联合会。至 90 年代中期,独立企业家和商人联合会拥有约 2 000 家企业,产值占国内生产总值的10%。①1994 年 4 月,伊斯坦布尔市议会举行首次会议,会议召开伊始,全体议员举行祷告,随后通过的第一批法规包括了禁止在议会大厦服务区出售酒精类饮品的法令,体现出伊斯兰的宗教色彩。

土耳其伊斯兰政治的兴起,根源于厄扎尔执政期间新自由主义经济改革的历史环境。经济社会环境的变化导致政治生活的相应变化,进而加剧伊斯兰政党与世俗政党之间的角逐,伊斯兰模式开始成为下层民众寻求改善生活和提高社会地位的新出路。

繁荣党始建于 1984 年大选前夕,与 70 年代的民族秩序党和救国党具有明显的政治渊源,均为埃尔巴坎一手创建,持相对温和的政治立场和伊斯兰主义的政治倾向。埃尔巴坎先后作为三个伊斯兰政党即民族秩序党、救国党和繁荣党的核心人物,被誉为“土耳其伊斯兰复兴运动之父”,可谓土耳其伊斯兰复兴运动的灵魂,长期活跃于土耳其的政治舞台,70 年代作为救国党主席加入三届联合政府,出任内阁副总理,致力于现行国家体制内与世俗政党的政治合作。1987 年,埃尔巴坎出任繁荣党主席。

繁荣党强调土耳其人的民族独立、民族意识和民族利益,强调自由民主的政治原则。“解放、民主意识和民族跃进”,是繁荣党倡导的基本纲领。繁荣党具有浓厚的伊斯兰教色彩,强调伊斯兰教的意识形态,反对教俗分离,抨击贫富分化,主张恢复伊斯兰教法,完善民族经济,建立福利性的经济制度、公正的社会秩序和自由的政治环境,保护劳动者的福利和权益,缩小贫富差距,实行独立的外交政策,实现地区发展的平衡,捍卫土耳其的民族利益,谋求民众的最大利益。②繁荣党反对国家控制宗教的政治原则,主张修改 1982 年宪法的第 24 款,即任何人不得以宗教规范作为国家之社会的、经济的、政治的和法律的基础,任何人不得利用宗教实现政治目的。在 1995 年的竞选纲领中,繁荣党抨击土耳其的现行制度存在瑕疵,是“欺骗民众的、假民主的和黑暗的统治”,宣称繁荣党致力于建设“多元的和真正意义上的民主”。繁

① Jenkins, G., *Political Islam in Turkey: Running West, Heading East?* pp.154—155.

② Heper, M. & Evin, A., *State, Democrary and the Military: Turkey in the 1980's*, p.129.

荣党强调，选举是通向政治权力的唯一道路。繁荣党领导人埃尔巴坎曾经表示，资本主义和社会主义皆存在诸多严重弊端，是代表着剥削和压迫的制度和秩序，繁荣党的目标是建立既非资本主义亦非社会主义的第三者秩序即“公正的秩序”，而先知穆罕默德时代的伊斯兰社会则是“公正的秩序”的典范。此外，繁荣党反对世界银行和国际货币基金组织强加给土耳其政府的新经济政策，抨击西方模式的民主是西方文化帝国主义的“特洛伊木马”，落后于先知时代的伊斯兰民主，在外交方面持反对以色列的立场，反对加入欧盟。

相比于救国党的支持者主要来自相对落后地区的小商人和手工业者，繁荣党具有广泛的社会基础，支持者包括农民、蓝领工人小商人、手工业者和其他中低收入者，分支遍布土耳其各地，触角延伸至土耳其社会的各个角落。“从某种意义上讲，繁荣党扮演着‘第二精英’的角色，在城市移民、中低收入群体和库尔德人中具有相当大的影响。”①繁荣党的外围组织包括分布在全国的诸多基金会、文化协会和青年组织，其中最重要的是全国青年基金会。该组织系 1975 年由救国党创建，是土耳其最大的青年组织，90 年代初有 1 500 余个分支，为成千上万的贫困学生提供奖学金。“繁荣党的组织建立在投票站的基础上，每个投票站范围内的每条街甚至每栋楼都会派出专人监督，旨在保证选举期间所有的选民踊跃参加投票。”②

在 1984 年举行的地方选举中，繁荣党首次亮相于土耳其政坛，获得 78 万张选票，支持率为 4.4%，夺取凡城和乌尔法市的两个市长职位。在 1987 年举行的议会选举中，繁荣党获得 17 万张选票，支持率为 7.5%，低于选举法规定的“10%的门槛”，未能赢得议会席位。1989 年，土耳其举行地方选举，繁荣党获得 9.8%的选票。在 1991 年的议会选举中，繁荣党获得 13%的选票和议会下院 61 个席位。

在 1994 年 3 月举行的地方选举中，正确道路党赢得 21.4%的选票，祖国党赢得 21.0%的选票，相比之下，繁荣党位居第三，赢得 19.1%的选票，高于 1991 年大选时的 16.9%的支持率。在全国 72 个城市中，繁荣党在 26 个城市中占据议会多数席位，其中包括伊斯坦布尔、安卡拉、迪亚巴克尔、科尼亚和开塞利等重要城市。埃尔巴坎随后在伊斯坦布尔的阿尤布清真寺向其支持者宣布：这是来自安拉的恩赐，繁荣党将会取得更大的胜利，公正的秩序是解

---

① Ozbudun, E., *Contemporary Turkish Politics*, p.91.

② Ozbudun. E., *Contemporary Turkish Politics*, p.92.

决目前所面临的种种危机的唯一出路,繁荣党的胜利不会止步于此,繁荣党的下一个目标是建立世界伊斯兰联盟,伊斯坦布尔将会成为穆斯林世界的政治首都。①

1995 年 12 月,繁荣党在大选中胜出,赢得 21.4%的选票和大国民议会下院 158 个席位,伊斯兰政党首次成为土耳其大国民议会的第一大党。持中右翼立场的正确道路党和祖国党分别获得 19.7%的选票和大国民议会下院 132 个席位以及 19.2%的选票和大国民议会下院 135 个席位,持中左翼立场的民主左翼党和共和人民党分别获得 14.6%的选票和大国民议会下院 76 个席位以及 10.7%的选票及大国民议会下院 49 个席位,成为大国民议会中的少数党。②

繁荣党尽管在大选中胜出,然而缺乏单独组阁所必需的议会席位。包括军方、司法机构在内的土耳其政坛的世俗阵营极力阻止繁荣党进入内阁,于 1996 年 3 月推动占据大国民议会 135 个席位的正确道路党和占据大国民议会 132 个席位的祖国党组成联合政府,繁荣党成为议会主要反对党。祖国党与正确道路党通过谈判协商,双方约定,祖国党主席马苏德·耶尔马兹首先出任内阁总理,至 1997 年 1 月由正确道路党主席塔恩苏·齐莱尔接任总理职务。1996 年 6 月,由于祖国党与正确道路党分歧不断,祖国党主席马苏德·耶尔马兹与正确道路党主席塔恩苏·齐莱尔之间相互攻击,联合政府解体,繁荣党与正确道路党组成联合政府,繁荣党主席埃尔巴坎出任总理。③

繁荣党作为执政党,在经济方面延续厄扎尔时代的基本框架,坚持市场经济体制,继续推进私有化的改革进程,致力于改善民众的物质生活。在外交方面,繁荣党奉行疏远西方和亲伊斯兰世界的外交政策,与沙特阿拉伯、利比亚、伊朗交好。埃尔巴坎打破土耳其历届总理以美国作为首次外访对象的惯例,出任总理后首先访问伊朗、巴基斯坦、新加坡、马来西亚和印度尼西亚,继而访问埃及、利比亚和尼日利亚。1996 年 8 月,埃尔巴坎在出任总理 6 周后,首次外访选择伊朗,签署为期 22 年和从伊朗进口 230 亿美元天然气的协议,倡议召开土耳其、伊朗、叙利亚、伊拉克四国首脑峰会讨论地区合作。④埃尔巴坎还委派司法部长和教育部长访问伊拉克,重修土伊关系,促进两国之

---

① Howe, M., *Turkey Today: A Nation Divided over Islam's Revival*, Boulder 2000, p.7.

② Ozbudun, E., *Contemporary Turkish Politics*, p.87, p.76.

③ Heper, M., *Political Leaders and Democracy in Turkey*, p.185.

④ Jenkins, G., *Political Islam in Turkey: Running West, Heading East*? p.160.

间的贸易往来，重新开通两国之间的石油管道。埃尔巴坎邀请巴勒斯坦伊斯兰抵抗组织哈马斯、埃及穆斯林兄弟会和阿尔及利亚伊斯兰拯救阵线代表出席繁荣党会议；埃及总统穆巴拉克在访问土耳其期间，就埃尔巴坎邀请埃及穆斯林兄弟会成员的举动，对于埃尔巴坎干涉埃及内政表示关切。①

1996 年 12 月，埃尔巴坎领导的内阁试图与伊朗签署军事合作协议，遭到土耳其军方的抵制，未果。在内政方面，埃尔巴坎内阁试图取消禁止在大学校园和政府机构的女性披戴头巾的法令，建议在伊斯坦布尔象征凯末尔主义的塔克西姆广场建造清真寺，呼吁重建司法体制和实行包括伊斯兰教法在内的多元法律体系，引起世俗势力和军方的强烈不满。②

1997 年 1 月，埃尔巴坎邀请多名苏菲教团领袖在总理府共进斋月晚餐。随后，内阁通过法令，调整斋月期间的工作时间，以便于穆斯林履行斋戒的宗教义务。③同月，时任安卡拉市辛坎区长的繁荣党成员贝吉尔·伊尔迪兹组织集会，要求实施伊斯兰教法，张贴巴勒斯坦哈马斯和黎巴嫩真主党领导人画像。随后，土耳其军方出面干涉，拘捕贝吉尔·伊尔迪兹。④

1996 年 10 月，在伊斯坦布尔召开的伊斯兰国家会议上，埃尔巴坎提出组建“穆斯林八国集团”的设想，呼吁土耳其、伊朗、巴基斯坦、孟加拉、马来西亚、印度尼西亚、埃及、尼日利亚八国之间进一步密切经济协作，强化穆斯林世界的团结，抗衡西方七国集团。同年 11 月，“八国集团”宣布成立，秘书处设在伊斯坦布尔。1997 年 6 月，尽管面对世俗主义的巨大压力，八国集团峰会在伊斯坦布尔如期召开。埃尔巴坎表示，西方国家在苏联解体后延续冷战思维，将伊斯兰教视作新的对立面，而不是致力于实现世界和平，八国集团的宗旨则是消除冷战思维和推动和平进程。八国集团的目标是：要和平，不要战争；要对话，不要冲突；要公平正义，不要双重标准；要平等，不要特权；要合作，不要剥削；要人权、自由和民主，不要压迫和颠覆⑤。

长期以来，军方扮演着左右土耳其政治舞台的重要力量，恪守凯末尔主义的基本原则。1960 年、1971 年和 1980 年的三次军事政变，体现出军方干预政治生活的巨大影响力。军方操纵下制定的 1982 年宪法，规定了军方享

---

① Eligur, B., *The Mobilization of Political Islam in Turkey*, p.218.

② Eligur, B., *The Mobilization of Political Islam in Turkey*, p.217.

③ Jenkins, G., *Political Islam in Turkey: Running West, Heading East?* p.161.

④ Eligur, B., *The Mobilization of Political Islam in Turkey*, pp.219—220.

⑤ Eligur, B., *The Mobilization of Political Islam in Turkey*, p.229.

有的特权地位,提供了军方干预政府和发挥政治影响的法理依据。退役将领出任总统成为惯例,总统主持的国家安全会议和总统任命的宪法法院,是维护军方特权地位、制约多党制议会和民选政府、监督社会的重要国家权力机构。此外,在正式国务活动的礼宾排序中,武装部队总参谋长通常排在总统、议长、总理之后,位居第四,军方地位由此可见。国家安全会议是 1980 年军方政变的产物,根据 1982 年宪法的相关条款设立,成员包括五名文职人员即总统、总理、国防部长、内务部长、外交部长和五名军方将领即总参谋长、陆军司令、空军司令、海军司令、宪兵司令。1982 年宪法规定,内阁会议应优先考虑国家安全会议的事关国家安全、领土主权和社会稳定的相关决议。①

在繁荣党于 1996 年 10 月召开的执政后第一次党务大会上,埃尔巴坎表示,繁荣党作为土耳其政坛主流的组成部分,强调继承凯末尔主义的传统,关注与世俗势力的妥协,努力保持与军方的良好合作关系,体现出繁荣党之温和、务实和理性的政治倾向。繁荣党副主席阿卜杜拉·居尔表示:我们是一个民主的政党,我们将从民众的支持中获得执政的合法性。我们不能强迫民众违背自己的意愿而接受伊斯兰主义的实践,民众享有自行选择的自由。尽管如此,埃尔巴坎内阁推行的具有伊斯兰主义色彩的施政举措,引发世俗主义阵营和军方的不满。祖国党主席马苏德·耶尔马兹指责繁荣党是土耳其的纳粹党,试图通过民主的方式掌握政权,进而在土耳其建立独裁统治。民主左翼党主席布伦特·埃切维特告诫民众,繁荣党在军官中传播伊斯兰主义思想,埃尔巴坎则与许多穆斯林国家的非法武装保持密切联系。军方宣布,19 家报纸、110 家杂志、51 家电台、20 家电视台从事非法的伊斯兰主义宣传,伊斯兰主义者成立了 2 500 个协会、500 个基金会、1 000 家公司和超过 800 所学校。②海军司令古芬·埃尔卡亚认为,伊斯兰化已经成为土耳其国家安全的首要威胁。武装部队总参谋长伊斯梅尔·卡达拉耶声称,繁荣党正在将土耳其带回到中世纪。总统德米雷尔亦加入反对繁荣党的阵营,呼吁保卫土耳其的世俗民主体制。然而,德米雷尔认为,军事政变并非解决问题的有效途径,“政变不能解决土耳其的任何问题……正是 1980 年的军事政变造成了土耳其当前的复杂局面。应当通过政党从事政治活动”。③

---

① Eligur, B., *The Mobilization of Political Islam in Turkey*, p.221.

② Jenkins, G., *Political Islam in Turkey: Running West, Heading East?* p.162.

③ Eligur, B., *The Mobilization of Political Islam in Turkey*, p.220.

1997年2月28日，军方主导的国家安全委员会宣布，政治伊斯兰是土耳其共和国面临的头号威胁，进而通过决议，要求埃尔巴坎内阁采取有效的行动，阻止正在各地蔓延的伊斯兰主义活动，遏制伊斯兰主义势力向国家机构的渗透，强化国家对于宗教活动的控制。不同于1960年、1971年和1980年的军方政变，此次的政治干预，军方并未接管政府、解散政党和实行军事管制，军人亦未走出军营，所有的一切均未超出法律的基本框架，时人称之为"军方的温柔介入"。军方领导人深知，军事政变的时代已经远去。

1997年5月，总检察长乌拉尔·萨瓦什以"繁荣党已经成为反对世俗主义的核心"为由，向宪法法院提起公诉，要求取缔繁荣党。乌拉尔·萨瓦什指责繁荣党倡导允许女性在大学校园和政府机构披戴头巾、试图在土耳其建立伊斯兰政体、繁荣党领导人埃尔巴坎在斋月期间宴请苏菲教团首领，声称伊斯兰主义的政治实践正在将国家带入内战的边缘，誓言将竭尽所能地致力于取缔伊斯兰主义、分离主义、法西斯主义和社会主义政党。[①]面对世俗势力的指控，埃尔巴坎强调繁荣党致力于捍卫世俗主义原则，否认繁荣党利用宗教从事政治活动，要求重新界定世俗主义原则，认为世俗主义与伊斯兰教并非存在根本的对立，声称繁荣党是土耳其最大的民主政党，如果繁荣党遭到取缔，新的政党将会马上继承繁荣党的事业。[②]

1997年6月，繁荣党被宪法法院取缔，埃尔巴坎领导的联合政府垮台。宪法法院裁定，禁止埃尔巴坎以及另外六名繁荣党领导人5年内从事政治活动。[③]埃尔巴坎内阁垮台后，祖国党与民主左翼党组成新的联合政府，祖国党主席马苏德·耶尔马兹出任总理。[④]同年11月，马苏德·耶尔马兹领导的联合政府垮台，民主左翼党领导人布伦特·埃杰维特出任总理，组成看守内阁。1997年12月，在埃尔巴坎的授意下，伊斯梅尔·阿尔帕特金创建贤德党，成为继繁荣党之后土耳其政坛最重要的伊斯兰主义政党。[⑤]

贤德党继承了繁荣党的伊斯兰主义倾向，其成员中近半数来自被取缔的繁荣党，加之部分祖国党议员由于对党主席耶尔马兹心存不满亦转向加入贤德党，贤德党因此在大国民议会下院拥有144个席位，成为议会第一大党。

1998年5月，雷杰·库坦取代伊斯梅尔·阿尔帕特金出任贤德党主席。

① Eligur, B., *The Mobilization of Political Islam in Turkey*, pp.226—227.

② Eligur, B., *The Mobilization of Political Islam in Turkey*, p.227.

③④ Sayari, S., *Politics, Parties, and Elections in Turkey*, p.38.

⑤ Rubin, B., *Political Parties in Turkey*, p.68.

雷杰·库坦在随后发表的电视讲话中宣称，尊重人权、自由、民主和法治是贤德党的政治准则，强调完善民主是保障人权的首要条件。在外交方面，贤德党不同于繁荣党的立场，突破狭隘的宗教界限，支持土耳其加入欧盟，强调加入欧盟符合土耳其的国家利益，将加入欧盟视为提升土耳其民主政治的重要外部力量。

在 1999 年大选前夕，贤德党的竞选口号是：土耳其伟大、建设发达的民主国家、实现独立公正的司法，强调民主国家、廉洁政府和自由社会作为三项基本原则。①贤德党在竞选纲领中呼吁修改 1982 年宪法的相关条款、关闭国家安全法庭、按照民主政治的原则重组国家安全会议、削减国家安全会议的权力、压缩中央政府的权力、扩大地方自治、促进公民社会组织、加速私有化进程、推动欧洲式的民主化政治改革、改善与西方世界的关系，主张强化与国际货币基金组织和世界银行的联系、降低国民的税收负担、提高国际地位和国际影响力。②与此前的繁荣党相比，贤德党的竞选纲领表现出明显的世俗色彩。

1999 年 2 月，库尔德工人党领导人阿卜杜拉·奥贾兰在肯尼亚首都内罗毕被捕。奥贾兰 1949 年出生于土耳其东南部尚勒乌尔法省的库尔德农民家庭，曾经就读于伊斯坦布尔大学和安卡拉大学，1978 年创立库尔德工人党，此后长期致力于反政府的政治暴力，在境外成立武装组织，派遣武装分子潜入土耳其从事恐怖袭击，威胁土耳其的国家安全和社会稳定。在土耳其民众看来，奥贾兰及其领导的库尔德工人党在过去的 15 年中从事恐怖活动，导致 3.5 万人死于政治暴力。奥贾兰事件对随后举行的大选产生影响，助长了土耳其的民族主义。

1999 年大选具有浓厚的民族主义色彩和伊斯兰主义倾向。民主左翼党领导人埃杰维特在塞浦路斯和库尔德人的问题上一贯持强硬立场，而民族行动党强调泛突厥主义思想，其领导人巴赫切利甚至将“绞死奥贾兰”作为该党的竞选口号。

在 1999 年 4 月的议会选举中，21 个政党参与角逐，5 个政党获得大国民议会席位，其中，民主左翼党赢得 22.2%的选票和大国民议会 136 个席位，民族行动党赢得 18.0%的选票，首次进入大国民议会并赢得 129 个议会席位，

---

① Eligur, B., *The Mobilization of Political Islam in Turkey*, p.236.

② Jenkins, G., *Political Islam in Turkey: Running West, Heading East?* p.164.

贤德党赢得15.4%的选票和大国民议会111个席位，祖国党赢得13.2%的选票和大国民议会86个席位，正确道路党赢得12.0%的选票和大国民议会85个席位，独立候选人赢得大国民议会剩余的席位。①任期即将届满的总统苏莱曼·德米雷尔授权民主左翼党、民族行动党和祖国党组成联合政府，民主左翼党主席布伦特·埃杰维特出任内阁总理。②随后，联合组阁的民主左翼党、民族行动党和祖国党共同提名宪法法院院长阿赫迈特·内吉代特·塞泽尔为下届总统候选人，大国民议会中的反对党贤德党和正确道路党亦对提名阿赫迈特·内吉代特·塞泽尔为下届总统候选人表示欢迎。同年5月，阿赫迈特·内吉代特·塞泽尔出任土耳其共和国第十任总统。

在1999年大选期间，贤德党提名的议员候选人中包括17名女性，其中3人进入大国民议会。③在随后举行的地方选举中，贤德党在包括伊斯坦布尔和安卡拉在内的多数省份胜出。④

2000年5月，贤德党举行大会，选举党内领导人，埃尔巴坎支持的雷杰·库坦以633票对521票的微弱优势，击败阿卜杜拉·居尔，连任贤德党主席。⑤2001年6月，贤德党被宪法法院宣布取缔，成为自1971年以来继民族行动党、救国党、繁荣党之后第四个被宪法法院取缔的伊斯兰主义政党。

政坛新星埃尔多安与异军突起的正义与发展党

雷赛普·埃尔多安1954年出身于黑海东部里泽省的一个贫困村庄，家境贫寒，13岁时移居伊斯坦布尔的工人区卡斯姆帕萨，属于乡村移民的后代，曾经就读于伊玛目—哈提卜学校，70年代成为救国党青年组织领导人，深受埃尔巴坎的伊斯兰主义思想的影响，1973年毕业于伊斯坦布尔的马尔马拉大学，1984年加入繁荣党，1994年由繁荣党提名当选伊斯坦布尔市长。

埃尔多安具有浓厚的伊斯兰教情结，深受苏菲主义的影响，与纳格纳格什班迪教团以及努尔库教团交往甚密。⑥埃尔多安将伊斯兰教视作土耳其文化之不可或缺的重要组成部分，将伊斯兰教信仰视作土耳其民众的选择，坚

---

① Tursan, H., *Democratisation in Turkey*, p.59.

② Sayari, S., *Politics, Parties, and Elections in Turkey*, p.38.

③ Jenkins, G., *Political Islam in Turkey: Running West, Heading East?* p.165.

④ Eligur, B., *The Mobilization of Political Islam in Turkey*, p.240.

⑤ Hale, W., *Islamism, Democracy and Liberalism in Turkey: The Case of the AKP*, London 2010, p.5.

⑥ Jenkins, G., *Political Islam in Turkey: Running West, Heading East?* p.166.

演讲中的雷赛普·埃尔多安

持土耳其民族的伊斯兰文化传统，强调伊斯兰教与现代民主政治的兼容性。埃尔多安在1994年当选伊斯坦布尔市市长后接受媒体采访时表示，99%的土耳其人信仰伊斯兰教，他们是尊奉沙里亚的穆斯林，沙里亚意味着伊斯兰教和安拉的法则，我们所实行的体制不能背离安拉的旨意，不能背离沙里亚的原则。①

埃尔多安担任伊斯坦布尔市市长期间，曾经于1997年12月在安纳托利亚东南部城市希尔特公开朗诵著名诗人齐亚·格卡尔普的诗句"清真寺，你是我们的营房；你的圆顶，是我们的头盔；你林立的尖塔，是我们的刺刀；穆斯林，就是我们的战士"，因此于1998年4月被指控反对世俗主义原则而遭遇牢狱之灾，被判处10个月监禁。埃尔多安于2003年接受《纽约时报》采访时表示："无论如何，我首先是一个穆斯林……我必须向安拉负责，我受造于安拉，我会竭力履行我作为一个穆斯林的义务，但是我必须把这一切同我的政治生活区分开来，宗教活动是我的私人事务……一个政党不能有宗教信仰，但是个人可以有。宗教是至高无上的，宗教不能被政治利用。"

根据2000年7月的民意调查，31%的受访者支持埃尔多安创建政党。另据2001年6月的民意调查，41%的受访者认为，如果具有伊斯兰主义色彩的贤德党被官方取缔，埃尔多安将会创建新的政党。埃尔多安在土耳其社会的政治威望，由此可见一斑。

2001年6月贤德党被宪法法院取缔后，土耳其国内的主流伊斯兰主义派别发生分裂。2001年7月，贤德党保守派成员创建幸福党，雷杰·库坦出任党主席。同年8月，贤德党改革派成员创建正义与发展党，埃尔多安出任

① Salih, M.A.M., *Interpreting Islaic Political Parties*, New York 2009, p.214.

党主席，阿卜杜拉·居尔当选副主席。[①]幸福党以埃尔巴坎的追随者自居，强调宗教色彩的意识形态，持相对激进的政治立场。相比之下，正义与发展党在延续繁荣党和贤德党传统的基础上，极力淡化意识形态的宗教色彩，主张在现代民主的政治框架下谋求自身的政治合法性，承认世俗主义的基本原则，反对宗教歧视、性别歧视和种族歧视，持明显的中右政治立场。正义与发展党兼有世俗主义与伊斯兰主义的双重倾向，一方面赞同凯末尔倡导的世俗主义，坚持与西方世界的广泛交往，另一方面将伊斯兰教视作土耳其文化传统的根基，强调民众享有合法的宗教自由，反对以世俗主义限制和排斥穆斯林的宗教行为。

埃尔多安夫妇与阿卜杜拉·居尔夫妇

正义与发展党成立后，拥有数以百计的基础组织，涵盖土耳其广大的城市和乡村，形成不可小觑的社会动员力。以往倡导伊斯兰主义的民族秩序党、救国党和繁荣党，支持者主要来自徘徊于社会边缘的弱势群体。相比之下，正义与发展党的社会基础更为广泛，不仅反映弱势群体的利益和诉求，而且得到包括知识分子和公职人员在内的中产阶级的有力支持，具有明显的多元色彩。尽管埃尔多安宣称，正义与发展党并非任何其他政党的延续，然而该党无疑吸纳了诸多其他政党的精英分子。正义与发展党的竞选纲领是发展与民主，竞选口号是“一切为了土耳其”。据2002年大选前的民意调查，1999年大选期间贤德党支持者的69%、民主行动党支持者的42%、祖国党支持者的29%、正确道路党支持者的23%、民主左翼党支持者的18%以及未投票选

① Jenkins, G., *Political Islam in Turkey: Running West, Heading East?* p.167.

民的 25%倾向于支持正义与发展党。[①]

然而,正义与发展党成立伊始,曾极力避免由于其伊斯兰主义色彩而遭到世俗主义者的指责。在该党成立的新闻发布会上,会场悬挂凯末尔的大幅照片,全体出席会议者向凯末尔静默一分钟,会议结束前,埃尔多安和所有人在凯末尔照片前起立以示尊重,新闻发布会结束后,埃尔多安和其他与会者集体拜谒了凯末尔的陵墓。[②]

2001 年 12 月,正义与发展党发表长达 65 页的发展与民主化纲领,重申坚持凯末尔主义,声称"本党将阿塔图尔克的原则和改革视作提升土耳其民众之现代文明水准和实现社会公正的首要方式",同时强调重新诠释世俗主义,反对歪曲凯末尔倡导的世俗主义和将世俗主义与宗教截然对立的错误观点。[③]

2002 年大选与"安纳托利亚的革命"

进入新世纪,土耳其陷入共和国历史上最严重的经济危机,经济濒临崩溃的边缘,影响波及几乎社会各个阶层。据统计,2000 年国内生产总值的增长率为 6.8%, 2001 年跌至−5.7%,通货膨胀率从 2000 年到 2001 年上升 69.6%,人均国内生产总值从 1998 年的 3 255 美元下降为 2001 年的 2 143 美元,外债达到 1 200 亿美元,消费品价格上涨 68.5%,失业人数超过 600 万,失业率高达 42%,破产的私人企业达到 60 万家,230 万人因此失去工作,贫富差距明显扩大[④]。

2002 年 5 月,民族行动党主席和内阁副总理巴赫切利呼吁解散民主左翼党主导的联合政府和提前举行大选。与此同时,民主左翼党副主席和内阁副总理厄兹坎力劝埃杰维特辞去总理职务,邀请主要反对党正确道路党加入联合政府,遭到埃杰维特的拒绝。7 月,民主左翼党 53 名议员宣布退党,包括外交部长杰姆在内的多名内阁成员相继辞职,民主左翼党主导的联合政府陷入危机。

经济形势的恶化和联合政府的无为,引发民众对长期以来占据政坛主流地位的世俗政党的强烈不满,正义与发展党以其崭新的政治形象寄托了广大

①③ Jenkins, G., *Political Islam in Turkey: Running West, Heading East?* p.168.

② Jenkins, G., *Political Islam in Turkey: Running West, Heading East?* p.167.

④ Hale, W., *Islamism, Democracy and Liberalism in Turkey: The Case of the AKP*, pp.101—102.

选民企盼走出经济低谷和摆脱经济危机的迫切希望，特别是正义与发展党的竞选口号“让失业者有工作，让贫困远离百姓”在下层民众中产生了极大的社会号召力和政治动员力。

2002 年 11 月，土耳其大国民议会进行表决，以 449 票赞成和 62 票反对的表决结果，决定提前举行大选。在随后举行的议会选举中，18 个政党参与角逐议会席位。埃尔多安领导的正义与发展党在参选的 18 个政党中脱颖而出，赢得 1 088 万张选票，支持率达到 34.3%，获得大国民议会全部 550 个席位中的 363 个席位，一举成为大国民议会压倒性多数的执政党。相比之下，德尼泽·巴伊卡尔领导的共和人民党赢得 610 万张选票，支持率仅为 19.4%，获得大国民议会的 178 个席位，成为大国民议会中唯一的反对党，独立候选人赢得大国民议会的剩余 9 个席位。包括 1999 年联合组阁的民主左翼党、民族行动党和祖国党以及贤德党保守派创立的幸福党在内的其余 16 个政党由于未能获得选举法规定的获得大国民议会席位所必须的 10%的选票，均被排斥于大国民议会之外。其中，民主左翼党的得票率从 1999 年大选

位于安卡拉的土耳其大国民议会

时的22.2%下跌为1.2%,民族行动党的得票率从1999年大选时的18.0%下跌为8.3%,祖国党的得票率从1999年大选时的13.2%下跌为5.1%,幸福党的得票率仅为2.5%。[①]

2002年大选结束了土耳其政坛十余年来多党组阁的局面,正义与发展党在选举中的大获全胜甚至被诸多媒体称作是“安纳托利亚的革命”。正义与发展党在2002年大选中的胜出,掀开了土耳其政党政治史的崭新一页。自1987年大选以来,正义与发展党首次成为占据大国民议会多数席位的政党。另一方面,正义与发展党成为继90年代中期繁荣党之后再次赢得大选的伊斯兰主义政党。与此前的繁荣党相比,正义与发展党的立场更为温和。土耳其一改90年代多党联合政府的施政模式,由正义与发展党单独组阁。加入内阁的正义与发展党成员大都具有繁荣党的从政经历,少数具有祖国党的从政经历,反映出正义与发展党与繁荣党以及祖国党之间的历史延续。

由于1998年宪法法院关于繁荣党领导人5年内不得从政的禁令尚未解除,正义与发展党主席埃尔多安的从政权利遭到封杀,正义与发展党副主席阿卜杜拉·居尔受命组阁,出任内阁总理。正义与发展党内阁执政后,首先推动议会解除雷赛普·埃尔多安从政的禁令。2003年3月,埃尔多安在锡尔特省举行的大国民议会补缺选举中当选议员。随后,阿卜杜拉·居尔向总统塞泽尔递交辞呈,宣布辞职,埃尔多安出任内阁总理。

2004年3月,土耳其举行地方选举。在全部48个合法政党中,20个政党参与竞选地方议会的席位,其中只有正义与发展党、共和人民党和民族行动党赢得超过10%的选票,正义与发展党赢得41.7%的选票,占据81个省议会全部席位的71%,共和人民党赢得18.3%的选票,占据81个省议会全部席位的12%。正义与发展党的执政地位得到进一步的巩固。[②]

正义与发展党的施政举措

正义与发展党尽管在新世纪之初以崭新的面貌登上土耳其的政治舞台,却无疑具有伊斯兰主义的深厚根基。正义与发展党的前身是2001年被宪法法院裁定反世俗主义进而予以取缔的贤德党,而贤德党的前身则是90年代活跃于土耳其政坛的伊斯兰主义政党繁荣党。正义与发展党的主要成员,包

① Tursan, H., *Democratisation in Turkey*, p.59.

② Jenkins, G., *Political Islam in Turkey: Running West, Heading East?* p.173.

括总理埃尔多安、外长阿卜杜拉·居尔和议长布伦特·阿林奇，均为繁荣党及其继承者贤德党的重要成员。宗教色彩浓厚的意识形态、强调宗教认同的社会动员方式以及淡化阶级对立和民族差异的政治原则，可谓正义与发展党区别于其他诸多世俗政党的明显标志。

2002年大选前夕，许多西方媒体将正义与发展党称作"伊斯兰激进组织政党"。正义与发展党在大选中胜出后，被西方媒体称作"伊斯兰主义政党"和"伊斯兰政党"。正义与发展党致力于推行政治改革以符合加入欧盟的条件后，西方媒体称之为"植根于伊斯兰主义的政党"。正义与发展党执政两年期间推出一系列政治改革法案后，西方媒体称之为"具有改革倾向的伊斯兰政党"。2007年大选后，英国权威杂志《经济学家》称正义与发展党是"温和伊斯兰主义政党"。[①]显而易见，正义与发展党被视作具有伊斯兰主义色彩或伊斯兰主义倾向的政党，已是不争的事实。

在土耳其共和国的历史发展进程中，世俗主义缘起于凯末尔主义的理论与实践，建立在公权至上的基础之上，表现为自上而下的过程。相比之下，20世纪70年代以来兴起于土耳其政坛的伊斯兰主义运动，主要表现为自下而上的过程，旨在挑战公权至上的政治原则，构成民众政治崛起和民众政治参与扩大的载体。

伊斯兰教信仰和伊斯兰价值观在土耳其社会根深蒂固。凯末尔主义的世俗主义原则包含世俗国家与宗教社会的悖论倾向，民主政治的缺失和民众意志与官方意志的非吻合性是凯末尔主义之世俗主义原则长期延续的历史根源。所谓世俗政治与宗教政治的消长，历经世俗威权政治的膨胀、世俗民主政治的初步实践和宗教政治的异军突起三个阶段，其历史内涵在于政治发展进程从自上而下到自下而上的转换。

民主化无疑是世界历史的发展潮流，宗教权利构成人权的要素之一，宗教自由则是公民自由的组成部分。在民主化的进程中，随着民众的政治崛起和政治参与程度的提高，民众对于宗教自由的诉求上升到政治层面，是政治伊斯兰抑或伊斯兰主义政党在土耳其政坛异军突起的深层背景。宗教与世俗并非存在根本的对立，是伊斯兰主义政党之世俗化转向的历史基础。伊斯兰主义与世俗主义的消长和并存，特别是正义与发展党的执政理念和执政举措，体现了土耳其民主进程中的多元化倾向。在民主化的历史背景和多党制

---

① Yanuz, M.H., *Secularism and Muslim Democracy in Turkey*, Cambridge 2009, pp.1—2.

议会选举的政治框架下，伊斯兰主义政党兼顾民众的宗教诉求和世俗诉求，旨在广泛动员民众、争夺选票和竞选议会席位，其竞选纲领和施政理念在诸多领域与世俗政党可谓异曲同工。

正义与发展党在大选期间提出的竞选纲领，无疑具有浓厚的伊斯兰主义色彩。然而，正义与发展党的伊斯兰主义倾向，只是其动员民众和争夺选票进而竞选议会席位的政治手段。所谓的伊斯兰主义，包含伊斯兰文化、伊斯兰价值观、伊斯兰认同感、伊斯兰生活方式、伊斯兰经济、伊斯兰教法和伊斯兰神权政治的不同层面，伊斯兰主义运动在不同的国家表现为不同层面的内容，不可一概而论。正义与发展党极力淡化自身的伊斯兰主义色彩，淡化宗教与世俗的政治界限，自称“保守的民主政党”。埃尔多安宣称，正义与发展党创建之前活跃于土耳其政治舞台的繁荣党、贤德党和幸福党，过分突出伊斯兰教的政治功能，不具有广泛的代表性和社会基础，而现行的世俗体制既是合理的也是无可替代的，正义与发展党拒绝将某种特定的意识形态施加给政党和国家，正义与发展党不会将宗教道德延伸到政治领域，更不会成为宗教政党。

正义与发展党执政之后，并未推行类似伊朗伊斯兰革命后的伊斯兰化政策和实施伊斯兰教法，更未建立教法学家主导的国家体制，而是延续世俗框架下的现代化发展方向，强调多元化的政治原则，致力于推动民主化进程、加速私有化进程、完善市场经济、推进社会文化领域改革、加大反腐败的力度、清除效率低下的政府机构和削弱威权政治色彩。正义与发展党作为执政党，一方面承认世俗国家体制的合理性，标榜坚持凯末尔主义的政治原则，自居为凯末尔主义的继承者，另一方面重新诠释和界定凯末尔主义的政治内涵，强调凯末尔主义、民主政治与伊斯兰教的一致性和相容性，反对世俗政治的极端化倾向，挑战军方代表的世俗政治，致力于保障人权、完善自由平等和推动民主化进程。埃尔多安因此声称，正义与发展党领导下的土耳其正在经历一场“安静的革命”。部分西方媒体甚至将正义与发展党推行的改革称作继阿塔图尔克之后的土耳其第二次革命，而将埃尔多安誉为土耳其共和国历史上最具影响力的内阁总理。[1]

正义与发展党执政后，致力于发展经济，坚持紧缩计划，降低通货膨胀率，改善基础设施建设，明显扭转了长期处于低谷状态的经济形势，形成前所

---

① Eligur, B., *The Mobilization of Political Islam in Turkey*, p.281.

未有的高速增长的势头，得到国内民众的广泛认可和国际社会的赞许。

据相关资料统计，2002—2007 年，土耳其的国内生产总值从 1 800 亿美元增至 4 000 亿美元，国内生产总值年均增长 7%，其中，农业产值年均增长率从 12%下降为 9%，工业产值年均增长率从 24%上升为 25%，服务业产值年均增长率从 64%上升为 66%，而此间人口增长率约为 1.26%，国内生产总值增长率明显超过人口增长率。[①]2002—2007 年，劳动力总数从 2 380 万增至 2 480 万，失业率从 10.3%下降为 9.9%。正义与发展党执政五年间，大幅增加基础设施投资，新建公路 6 600 公里，新建住宅 27 000 套，发电量增长 40%，通货膨胀率下降至个位数。2002—2007 年，外向型经济明显发展，外贸量扩大，进出口总额在 GDP 中所占的比例从 38%上升为 42%。进口商品主要是工业材料，消费品仅占 10%。工业品出口从 92%上升为 94%，农产品出口从 8%下降为 6%。纺织品出口在出口工业品中所占比例，2001 年为 50.5%，2007 年下降为20.1%。[②]2007 年，土耳其外贸出口总额达到创纪录的 850 亿美元。90 年代，外商投资徘徊在每年 10 亿美元的水平。正义与发展党执政期间，私有化的推进加速了外商投资的力度。2005 年，外商投资达到 98 亿美元，2006 年，外商投资达到 202 亿美元，这个数字超过了 1980—2000 年 20 年间土耳其吸引外资的总和。[③]旅游业是土耳其重要的外汇来源，国外游客人数从 2002 年的 116 万增至 2007 年的 233 万，旅游业收入从 2002 年的 100 亿美元增至 2007 年的 185 亿美元。[④]2002—2007 年，土耳其的外汇储备从 190 亿美元增至 734 亿美元。与此同时，里拉与美元的兑换率逐渐稳定在 2003 年的 1.5∶1，2007 年达到 1.18∶1。外贸对象发生变化，2002 年欧盟 27 国占土耳其外贸总额的 50%以上，2008 年下降为 43%。2008 年，俄罗斯取代德国成为土耳其最大的外贸伙伴，土耳其的石油和天然气 40%从俄罗斯进口。[⑤]与此同时，土耳其与中东的贸易亦呈上升趋势，进口石油，出口工业品。2007 年，土耳其从中东其他国家进口 158 亿美元，出口 191 亿美元。另一方面，2003 年，国外在土耳其直接投资 61 亿美元，其中 72%来自欧盟；2004—2007 年，国外在土耳其直接投资 365 亿美元，其中 64%来自欧盟，

---

① Hale, W., *Islamism, Democracy and Liberalism in Turkey: The Case of the AKP*, p.106.

② Hale, W., *Islamism, Democracy and Liberalism in Turkey: The Case of the AKP*, p.112.

③ Jenkins, G., *Political Islam in Turkey: Running West, Heading East?* p.177.

④⑤ Hale, W., *Islamism, Democracy and Liberalism in Turkey: The Case of the AKP*, p.113.

伊斯坦布尔巴扎——中东最大的巴扎

26%来自中东，由此形成土耳其与阿拉伯世界的密切联系。①

正义与发展党在推行自由主义经济政策的同时，积极扩大社会福利，关注社会下层，保护弱势群体，增加对于贫困阶层的补贴，逐渐完善社会保障体系。据统计，2003—2007 年，正义与发展党政府支出的生活物资救济、医疗援助和教育补贴累计超过 33 亿新里拉，600 万贫困家庭获得累计超过 3.2 亿新里拉的食品和 440 万吨燃煤。②此间，正义与发展党政府改革医疗体制，改善中低收入人口的医疗条件，在全国 81 个省为低收入家庭提供 27 万套公寓，增加国有企业工人的工资，提高贫困学生的奖学金标准，增加农产品收购的政府补贴。③正义与发展党致力于缓解由于贫富分化而引发的社会对立，俨然是诸多社会阶层共同利益的代表，使得社会边缘群体和新兴中产阶级成为其坚定有力的支持者，体现出其整合社会的政治倾向。

在外交方面，作为美国和西方世界的重要盟友，正义与发展党政府一方面强调土耳其作为北约成员国的地位，强调加强与欧洲国家的联系是土耳其外交的首要目标，强调与美国的防务合作以及密切与美国的经济文化交流，致力于反对国际恐怖主义，另一方面试图改变以往从属于美国和依附于西方世界的传统，提升土耳其的国际地位，促使美国和西方世界承认土耳其在国际舞台上的政治影响力。④与此同时，正义与发展党改变长期以来亲西方的

① Hale, W., *Islamism, Democracy and Liberalism in Turkey: The Case of the AKP*, p.114.

②③ Eligur, B., *The Mobilization of Political Islam in Turkey*, p.259.

④ Jenkins, G., *Political Islam in Turkey: Running West, Heading East?* p.169.

外交政策，致力于东西方之间的平衡外交，积极改善与包括叙利亚和伊朗在内的周边国家的关系，支持巴勒斯坦民族解放事业并赞赏哈马斯的民选政治，谴责以色列实行国家恐怖主义，呼吁黎巴嫩实现民族和解，提升其在中东和伊斯兰世界的政治影响力。2003 年，土耳其政府高级代表团 4 次访问德黑兰，伊朗政府高级代表团 6 次访问土耳其。2004 年 1 月，叙利亚总统巴沙尔访问土耳其，是叙利亚现任总统首次访问土耳其。萨达姆政权垮台后日趋复杂的库尔德人问题，无疑引起土耳其、伊朗和叙利亚的共同关注。①2004 年 3 月，以色列暗杀巴勒斯坦哈马斯领导人艾哈迈德·亚辛，同年 5 月，以色列军队袭击加沙。埃尔多安抨击以色列是国家恐怖主义，拒绝以色列的访问邀请，召回土耳其驻以色列大使。2006 年 2 月，土耳其政府邀请哈立德·马沙阿勒率领的哈马斯代表团访问安卡拉。②

伊斯坦布尔大巴扎内的小咖啡亭

土耳其共和国自 1923 年成立伊始，遵循西化的发展道路，积极扩大与西方世界的交往合作，直至成为北约成员国。1987 年，土耳其政府正式申请加入欧盟。1993 年，欧盟哥本哈根峰会决定，规定了土耳其申请加入欧盟的先决条件，包括政治改革、完善法治、保障人权和少数族群的权益、市场经济、承担欧盟相关义务的能力。1999 年，欧盟赫尔辛基峰会决定，将土耳其列为欧盟正式候选国。③2004 年 12 月，在法国斯特拉斯堡召开的欧洲议会全会投票表决，通过支持欧盟立即启动与土耳其之间入盟谈判的决议。④

正义与发展党执政伊始，确定将推动加入欧盟的进程作为首要的施政目标。与此同时，正义与发展党致力于推动民主化的进程，在相关领域改革现行体制，完善保障人权的法律规定，而推动民主化进程既是加入欧盟的重要

① Jenkins, G., *Political Islam in Turkey: Running West, Heading East?* p.175.
② Jenkins, G., *Political Islam in Turkey: Running West, Heading East?* p.176.
③ Yanuz, M.H., *Secularism and Muslim Democracy in Turkey*, p.46.
④ Jenkins, G., *Political Islam in Turkey: Running West, Heading East?* p.168.

条件，更是土耳其社会进步的强烈诉求。根据 1982 年宪法第 76 款，以言论和行动扰乱秩序的人不得当选议员。1998 年，埃尔多安因曾经被指控发表煽动性言论而入狱，2002 年大选期间被剥夺竞选议员的资格。2002 年 12 月修订的刑法第 76 款，将原有条款改为从事恐怖活动的人不得当选议员。根据新的刑法修正案，埃尔多安在随后举行的大国民议会补缺选举中当选议员，进而成为内阁总理。2004 年修订刑法，得到主要反对党共和人民党的支持，涉及 10 项条款，包括废除死刑、解散军方参与的国家安全法庭、强调性别平等。同年，大国民议会通过新的结社法，给予非政府组织以进一步宽松的政治环境和自治的权利，允许非政府组织无需政府批准而接受国外资金，禁止政府随意干涉非政府组织的合法活动，年满 15 岁者均可加入非政府组织。2006 年宪法修正案，将议员的最低年龄由 30 岁改为 25 岁，军方财产被纳入政府的审计范围。正义与发展党积极推动修改政党法，保障政党的合法权利，规定取缔政党必须得到宪法法院五分之三多数票的批准。此外，为了符合加入欧盟的先决条件，正义与发展党逐步改善国内少数民族库尔德人和亚美尼亚人的社会地位，允许学校使用库尔德语授课，允许电台播放库尔德语节目。2005 年，正义与发展党主导的大国民议会通过关于公共管理和地方行政的法案，削减中央集权，扩大地方分权。

埃尔多安与美国总统奥巴马

文官政府与军方余威

长期以来,军方不仅是国家安全的保卫者,而且在土耳其的政治舞台上扮演着重要的角色。一方面,在理论上和法理上,1923 年宪法规定了军人与政治分离的法律原则,军人当选议员者必须辞去军职;其后的相关法律规定,军人不得具有政党身份,不得加入政治组织,不得参与集会示威。另一方面,相关法律规定,军人的职责是根据宪法赋予的权力保卫土耳其领土和保卫土耳其共和国,进而延伸为军人是凯末尔主义作为共和国基石的捍卫者。文官政府与军方的博弈,构成土耳其民主化进程的鲜明特征。1960 年、1971 年和 1980 年的 3 次军事政变,以及 1997 年向文官政府施加压力进而迫使埃尔巴坎辞去总理职务,显示出军方干预的政治倾向。

土耳其军方发动的政变缘起于不同的政治环境,针对不同的政治危机。1960 年军方政变的背景是,执政党民主党与反对党共和人民党矛盾激化,执政党日趋独裁,进而丧失民主政治的合法性。然而,1960 年军方政变后颁布的宪法即 1961 年宪法,试图在尚不成熟的条件下构建过度宽松自由的政治环境,超越了土耳其民主化政治进程的历史阶段,引发民主化的负面影响,极端政治势力膨胀,政治暴力蔓延,民选政府无力掌控,政局失控,经济形势由于社会动荡而趋于恶化,民主政治的收缩和政治秩序的重建成为实现社会稳定的条件。1971 年和 1980 年的两次军方政变,无疑构成重建政治秩序和实现社会稳定的重要历史环节。1980 年军方政变后颁布的宪法即 1982 年宪法,旨在压缩民众参与的政治空间进而强化社会秩序的稳定和避免经济形势的恶化。

在中东现代化进程产生政治影响的新军人抑或所谓的青年军官组织,是新兴阶层特别是中产阶级的代言人,试图从传统地主贵族手中夺取权力,进而改造传统经济社会秩序。战后诸多中东国家均经历军人政治的发展阶段,普遍表现为威权统治的国家模式,而土耳其 1960 年、1971 年和 1980 年 3 次军事政变以及由此形成的所谓军人政治独具特色,可谓推动民主化进程的良性元素和积极因素。军人政治并非表现为新兴阶层与传统贵族的对立,而是表现为新兴阶层内部的博弈和角逐,军人俨然是凌驾于社会之上、驾驭社会和遏制矛盾的政治力量。另一方面,土耳其军方似乎无意建立威权政治,只是在文官政府陷于政治危机的关头充当国家秩序的捍卫者。因此,土耳其的军人政治并未成为民主化进程的逆向因素,俨然是民主化进程的保驾护航者。

土耳其军方的特权地位,与伊朗伊斯兰共和国的宪法监护委员会颇有异曲同工之处,均与民选政府处于平行的状态,进而形成国家政治体制的二元结构。不同之处在于,伊朗的宪法监护委员会象征宗教政治,民选政府具有相对世俗的政治色彩,而土耳其的军方持世俗主义的意识形态,民选政府具有宗教色彩。

世纪之交世俗政治与宗教政治的消长,标志着土耳其共和国的政治文化从凯末尔主义的单一形态逐渐转化为伊斯兰主义色彩的多元形态,土耳其人的公民属性随之从土耳其民族的单一属性逐渐演变为土耳其族和库尔德族的二元民族属性。另一方面,在所谓的伊斯兰主义与凯末尔主义之间的意识形态之争的背后,是文官政府与军方之间的政治博弈,而捍卫凯末尔主义的世俗原则和维护社会稳定,提供了军方干预政治和维护自身特权地位的合法性来源。军方以凯末尔主义的捍卫者自居,持保守的政治立场。伴随着世俗政治与宗教政治的消长,军方的政治影响力逐渐削弱,多党制基础上的民选文官政府逐渐主导政治舞台。与此同时,军人政治与文官政治的二元倾向逐渐淡出,世俗政治与宗教政治之间的界限逐渐淡化,民主政治进入新的阶段。

1997 年军方的所谓温柔干预以及宪法法院于 1998 年取缔繁荣党和 2001 年取缔贤德党,未能遏制土耳其政坛的伊斯兰主义浪潮。作为凯末尔主义和世俗国家代言人的军方,指责伊斯兰主义是威胁土耳其安全的头号敌人。然而,正义与发展党在 2002 年大选中的胜出,与军方的指责形成鲜明的对比,亦折射出军方意志与民众意志的悖论倾向。另一方面,世俗反对派和军方的指责,印证了正义与发展党的伊斯兰主义属性。正义与发展党在 2002 年大选中的胜出,可谓对凯末尔主义之世俗主义政治原则的最大挑战。军方在土耳其政坛扮演着凯末尔主义和世俗政治捍卫者的角色,是具有浓厚伊斯兰主义色彩的正义与发展党的首要政治对手。宗教政治与世俗政治的博弈,体现为正义与发展党内阁与军方之间的权力角逐。削弱军方的政治影响力,则是正义与发展党内阁所致力的主要目标之一。

自 1980 年政变以来,国家安全会议是军方干预政治和左右政府的重要机构。国家安全会议的成员,由文职官员和军方将领 10 人组成,包括总统、总理、国防部长、内务部长、外交部长以及总参谋长、陆军司令、海军司令、空军司令、宪兵司令。根据 1982 年宪法,内阁政府必须优先考虑国家安全会议就维护国家安全提出的议案。2002 年大选后,正义与发展党主导的大国民议会致力于改变文官政府与军方之间的政治天平，削减军方控制的国家安全会议的权力，增加国家安全会议中的文官比例，限制军事法院对文官的量刑裁定，军方财务交由政府审计，废除国家安全法院。2003 年 7 月，国家安全会议由每月召开改为每两月召开，国家安全会议秘书长由以前从高级军官中提名改为从高级军官和高级文官中提名。自 2004 年 8 月起，该职务一直由文官担任，国家安全会议的主要职责不再是代表国家意志，而只是负责向内阁政府提出相关建议。国家安全会议职能的转变和地位的下降，明显削弱了军方的政治影响力。①

1961 年宪法明确承认公民享有宗教自由的合法权利，赋予伊斯兰文化复兴以必要的法律空间。旨在培养伊斯兰教神职人员的伊玛目—哈提卜学校自 1949 年恢复以来，学校数量和学生人数一直处于上升的趋势，成为土耳其国民教育的重要形式。1960—1968 年，伊玛目—哈提卜学校的教师人数增长 4 倍，从 300 人增至 1 200 人，伊玛目—哈提卜学校的学生人数增长 8 倍，从 4 500 人增至 38 000 人。伊玛目—哈提卜学校包括初级和高级两个阶段，初级阶段学制 4 年，侧重世俗的文化知识，高级阶段学制 3 年，侧重职业性的宗教知识。50—60 年代，伊玛目—哈提卜学校的毕业生仅仅被政府承认初中学历，直到 1971 年军方政变后，其高中学历得到政府的认可，进而具备参加大学入学考试的学历资格。②伊玛目—哈提卜学校的毕业生，一部分成为清真寺的神职人员，另一部分则升入世俗高等学校。从 1964 年到 1972 年，世俗学校的数量增长 127%，伊玛目—哈提卜学校的数量增长 611%。1978 年，伊玛目—哈提卜学校达到 430 余所，在校学生 13 万余人。1980 年军事政变后，官方强调土耳其—伊斯兰一体化的思想，宗教教育随之重新定位，成为国家义务和国民教育的重要组成部分，宗教课程则被官方规定为普通学校的必修课程。据统计，从 1974 年到 1984 年，世俗学校的数量增长 35%，伊玛目—哈提卜学校的数量增长 500%，至 1988 年，伊玛目—哈提卜学校超过 700 所，在校学生达到 24 万人，宗教教育的迅猛发展势头由此可见。

1997 年 2 月，国家安全会议通过决议，要求埃尔巴坎内阁阻止正在各地蔓延的伊斯兰主义活动，遏制伊斯兰主义势力向国家机构的渗透，强化国家对于宗教活动的控制，同时改革教育体制，规定新的八年制强制性义务教育，

---

① Hale, W., *Islamism, Democracy and Liberalism in Turkey: The Case of the AKP*, p.61.

② Jenkins, G., *Political Islam in Turkey: Running West, Heading East?* pp.177—178.

极力排斥宗教教育，限制伊玛目—哈提卜学校的毕业生参加高等学校的入学考试。此后，伊玛目—哈提卜学校急剧衰落，在校学生人数从1996—1997学年的51万人锐减为2002—2003学年的6.5万人。2004年5月，正义与发展党政府提出修改高等教育法相关条款的法案，规定包括伊玛目—哈提卜学校在内的所有职业中学毕业生享有与普通中学毕业生通过高等学校入学考试和接受高等教育的同等资历，试图改善伊玛目—哈提卜学校的惨淡形势。总统赛泽尔拒绝批准该法案，理由是宪法第131款授权国家高等教育会议全权制定教育政策，大国民议会无权干预高等学校入学考试。不仅如此，赛泽尔总统强调，阿塔图尔克革命的宗旨是实现土耳其社会的现代化，而世俗主义是阿塔图尔克革命的基石，更是自由、民主和人权的基础。总参谋长亦发表书面讲话，坚持民主政治与世俗原则的同一性，指责伊玛目—哈提卜学校旨在培养宗教狂热分子，有悖于世俗主义的教育原则。①

正义与发展党与军方之间的关系，2002年底至2006年底，处于有限冲突的状态。此间任职的总参谋长希勒米·奥茨柯克作为军方的核心人物，对正义与发展党政府持相对温和的立场，与埃尔多安保持良好的私人关系，被埃尔多安称作“我的老师”，军方上层亦表现温和。②2002年11月4日，在正义与发展党在大选中胜出的第二天，希勒米·奥茨柯克发表声明，表示军方接受人民的选择和大选的结果，尊重人民的意愿和新政府的权威。③尽管如此，奥茨柯克为首的军方在一些关键的政策上多次与政府发生分歧。2002年底，政府着手解决塞浦路斯问题，接受联合国秘书长科菲·安南提出的在塞浦路斯实行希腊族和土耳其族分治的联邦共和制，撤走驻军3万人，遭到军方的强烈反对。2003年1月，陆军司令奥伊塔克·雅尔曼视察所谓的北塞浦路斯土耳其共和国，宣布联合国的塞浦路斯方案是不可接受的。④2003年8月，国家安全会议秘书长图恩切尔·基里尼克持强硬立场，批评正义与发展党政府的自由化改革。2004年8月，陆军司令奥伊塔克·雅尔曼和宪兵司令赛尼尔·埃鲁古尔因蔑视总参谋长的温和立场而被解除职务。2005

---

① Hale, W., *Islamism, Democracy and Liberalism in Turkey: The Case of the AKP*, pp.69—70.

② Eligur, B., *The Mobilization of Political Islam in Turkey*, p.253.

③ Yanuz, M.H., *The Emergence of a New Turkey: Democracy and the AK Parti*, Salt Lake City 2006, p.194.

④ Hale, W., *Islamism, Democracy and Liberalism in Turkey: The Case of the AKP*, p.83.

年 8 月驻守伊斯坦布尔的第一军团司令胡尔希特·托伦被解除职务。①

2006 年 8 月,希勒米·奥茨柯克退休,陆军司令雅萨尔·布于卡尼特出任总参谋长,军方再度关注伊斯兰主义组织的政治活动。雅萨尔·布于卡尼特在通过电视向全国直播的总参谋长就职仪式上宣布,强调伊斯兰主义组织对于世俗国家体制的威胁,保卫共和国的基本原则是军方的神圣职责,其与正义与发展党的关系出现紧张的迹象。同年 9 月,雅萨尔·布于卡尼特在出席军事学院开学仪式上通过直播电视警告正义与发展党政府,军方不允许世俗主义原则受到侵犯,伊斯兰主义正在威胁共和国的世俗体制,告诫军人恪守捍卫世俗主义原则作为宪法赋予的职责。②前总参谋长侯赛因·基弗里克古鲁(1998—2002 年任职)就此预言,正义与发展党与军方之间维持 4 年的平静状态终于结束了。③

2007 年 2 月,政府建议与伊拉克北部的库尔德自治政府谈判,遭到雅萨尔·布于卡尼特为首的军方反对,理由是库尔德工人党民兵将伊拉克北部作为基地从事恐怖活动,得到库尔德自治政府的默许,计划搁置。随后,军方试图越境打击伊拉克北部的库尔德工人党武装,遭到政府反对。④

2007 年大选与“电子备忘录”

2007 年是土耳其共和国的大选之年,包括总统选举和议会选举。正义与发展党代表的伊斯兰主义阵营与世俗主义阵营,围绕总统选举和议会选举展开博弈。

2002 年议会选举之后,主要反对党共和人民党作为世俗主义政党无力抗衡占据大国民议会多数席位的正义与发展党,军方、宪法法院和总统成为抵抗伊斯兰主义的三大支柱。长期以来,总统扮演凯末尔主义捍卫者的角色,有权批准和否决内阁总理提名的高官人选,有权任免宪法法院法官和高等教育会议成员以及大学校长和高级法官,是武装部队最高统帅,主持国家安全会议,颁布紧急状态令。⑤2007 年,总统赛泽尔任期届满。赛泽尔出生于

---

① Hale, W., *Islamism, Democracy and Liberalism in Turkey: The Case of the AKP*, p.82.

② Jenkins, G., *Political Islam in Turkey: Running West, Heading East?* p.181.

③ Eligur, B., *The Mobilization of Political Islam in Turkey*, p.253.

④ Hale, W., *Islamism, Democracy and Liberalism in Turkey: The Case of the AKP*, p.90.

⑤ Yanuz, M.H., *Secularism and Muslim Democracy in Turkey*, p.243.

1941年,曾任宪法法院院长,2000年5月继德米雷尔后出任总统。[①]埃尔多安以内阁政府总理和正义与发展党主席的身份,提名外交部长阿卜杜拉·居尔作为新的总统人选。

阿卜杜拉·居尔是正义与发展党和新世纪土耳其政坛中仅次于埃尔多安的第二号人物,是贤德党内部伊斯兰主义运动阵营资深领导人埃尔巴坎的第一个反叛者,是正义与发展党的首任内阁总理,在土耳其政坛可谓举足轻重。居尔1950年出生于开塞利,毕业于伊斯坦布尔大学,获得博士学位,曾经留学英国,回国后就职于土耳其的萨卡里亚大学,1983—1991年任职于沙特阿拉伯的伊斯兰发展银行,1991年成为议员,担任繁荣党国际事务委员会副主席,1995年进入埃尔巴坎领导的繁荣党内阁,任国务部长和新闻发言人,1999年当选贤德党议员,呼吁放弃对于世俗主义内涵的狭隘界定,主张重新解读凯末尔确立的世俗主义,解除女性披戴头巾的禁令,强化与中东穆斯林国家的联系,2002年大选后一度出任正义与发展党内阁总理,2003年埃尔多安复出政坛后辞去总理职务,转任外交部长。[②]

继任总统的人选成为正义与发展党与所谓世俗阵营关注的焦点,埃尔多安提名居尔继任总统,遭到包括军方、司法界、知识界和诸多反对党在内的世俗阵营的反对,引发土耳其政坛的剧烈震荡。在反对派看来,伊斯兰主义的正义与发展党已经占据大国民议会的多数席位,总统职位是捍卫世俗主义原则的最后堡垒。共和人民党领导人丹尼兹·巴伊卡尔宣称,如果总统职位落入正义与发展党的手中,将意味着世俗共和国失去抵御伊斯兰主义的最后堡垒,反对正义与发展党提名的总统候选人居尔。

根据宪法,总统选举的条件是超过三分之二的议员即367名议员出席,总统候选人必须在前两轮投票时赢得全体议员中三分之二即367名议员的支持,如果举行第三轮投票,则只需要大国民议会267票的简单多数。[③]2007年4月,控制大国民议会363个席位的正义与发展党动议举行总统选举,埃尔多安提名外交部长阿卜杜拉·居尔作为总统候选人。随后,“阿塔图尔克思想协会”在安卡拉、伊斯坦布尔、伊兹密尔、麦妮萨、卡纳卡勒和萨姆森等城市举行百万人集会,可谓土耳其共和国历史上的首次大规模街头政治,发起

① Jenkins, G., *Political Islam in Turkey: Running West, Heading East?* p.170.

② Jenkins, G., *Political Islam in Turkey: Running West, Heading East?* p.167.

③ Ozbudun, E., *Democratization and the Politics of Constitution-Making in Turkey*, New York 2009, p.97.

者包括退役军官和世俗反对派，要求捍卫共和国的世俗体制，反对具有伊斯兰主义背景的居尔继任总统。民众集会的口号是："土耳其现在是世俗国家，将来也是世俗国家"、"我们都是土耳其人"、"不要沙里亚，也不要军人政变"。[①]

2007 年 4 月 27 日，大国民议会举行总统选举的第一轮投票表决。由于共和人民党的抵制，出席投票的议员没有达到法定的三分之二多数，而居尔作为正义与发展党提名的总统候选人未能获得三分之二的法定票数支持。

4 月 27 日当晚，总参谋部网站发表声明，重申捍卫凯末尔主义和共和国世俗体制的决心："围绕总统选举进程所产生的问题，集中表现为对于世俗主义的不同看法。土耳其武装力量决心履行法律赋予的使命，保卫土耳其共和国不可动摇的现行体制。近来，某些政治势力竭尽所能地试图改变土耳其共和国的基本价值观，特别是试图颠覆世俗主义的原则。他们要求重新界定共和国的基本价值观，淡化象征国家统一的民族节日，代之以其他的节日庆典。他们公开挑战国家体制，不惜利用广大国民的神圣宗教情感，试图利用宗教的伪装，达到其不可告人的目的……伟大的领导人穆斯塔法·凯末尔·阿塔图尔克曾经说过：'将自己称作土耳其人，是多么幸福的人'。反对这样的原则的人，是土耳其共和国永远的敌人。土耳其武装力量坚决履行法律赋予的使命，捍卫土耳其共和国不可动摇的现行体制。土耳其武装力量的态度和立场是坚决的和不可怀疑的。"[②]总参谋部网站发表的上述声明，亦称"电子备忘录"，被视作军方发出威胁的信号。然而，面对正义与发展党的骄人政绩，反对派以坚持凯末尔主义和捍卫世俗国家体制的名义谴责正义与发展党奉行伊斯兰主义的言论变得苍白无力。所谓的"电子备忘录"并未产生 1997 年 2 月军方干预的政治效果，正义与发展党内阁对军方的威胁做出了强硬的反应，表示军方的威胁违背民主制的政治原则，是民选政府所无法接受的。司法部长凯米尔·西切克表示，根据宪法，总参谋部隶属内阁总理，无权批评政府。[③]

4 月 28 日，主要反对党共和人民党就议会举行的总统选举向宪法法院起诉。宪法法院在军方声明和民众集会的压力下，裁定阿卜杜拉·居尔继任总统缺乏议会三分之二议员的多数票支持，选举结果无效。[④]埃尔多安指责

---

① Yanuz, M.H., *Secularism and Muslim Democracy in Turkey*, p.245.

② Yanuz, M.H., *Secularism and Muslim Democracy in Turkey*, p.241.

③ Hale, W., *Islamism, Democracy and Liberalism in Turkey: The Case of the AKP*, p.91.

④ Ozbudun, E., *Democratization and the Politics of Constitution-Making in Turkey*, p.97.

宪法法院的裁定是射向民主制心脏的子弹，随后要求提前举行大选，建议修改宪法的相关条款，以总统的民众直接选举取代总统的议会选举，总统任期由七年改为五年，议会任期由五年改为四年，出席议会的议员法定人数由367人改为184人。5月3日，议会550名议员中的458名议员投票通过将原定11月举行的大选提前到7月，同时通过宪法修正案，总统由议会选举改为民众直选，任期由七年缩短为五年，不得超过两届任期。[①]5月25日，总统赛泽尔否决了议会通过的宪法修正案，强调总统职位的象征性和非党派性，反对总统实行全民选举，反对政党提名总统人选。[②]随后，正义与发展党主导的议会再次通过草案，总统和共和人民党议员则诉诸宪法法院裁决。2007年7月，宪法法院裁定，宪法修正案草案交由全民公决。[③]

居尔与美国国防部长拉姆斯菲尔德

2007年7月，土耳其举行议会选举，约7 400位候选人参与角逐，竞选550个议会席位，登记选民约4 300万人，投票率超过82%。据选举前夕的民

① Eligur, B., *The Mobilization of Political Islam in Turkey*, p.256.

② Ozbudun, E., *Democratization and the Politics of Constitution-Making in Turkey*, p.99.

③ Yanuz, M.H., *Secularism and Muslim Democracy in Turkey*, p.241.

意测验，共和人民党的支持率约为 15%，民族行动党的支持率约为 10%，相比之下，正义与发展党的支持率高达 35%—40%，可谓稳操胜券。民主左翼党与共和人民党曾经于 2007 年 5 月组成竞选联盟，然而政党竞选联盟的成立并未改变选举结果。选举结果揭晓后，正义与发展党赢得 46.7%的选票和 341 个大国民议会席位，再次单独组阁，共和人民党和民族行动党作为反对党分别获得 20.9%和 14.3%的选票，以及大国民议会 112 个席位和 71 个席位，独立候选人获得 5.2%的选票和 26 个议会席位。正义与发展党由于占据议会多数席位而单独组阁，埃尔多安作为正义与发展党主席连任内阁政府总理。①

2007 年的选票分布表明，在中低教育背景的选民中，正义与发展党赢得 76.7%的选票，共和人民党赢得 49.1%的选票，在具有高等教育背景的选民中，正义与发展党赢得 4.7%的选票，共和人民党赢得 20.3%的选票。在职业方面，正义与发展党的选票更多来自工人、农民和家庭妇女，共和人民党的选票更多来自国企雇员、私企经营者、白领职员和学生。在收入方面，正义与发展党赢得中低收入者 62%的选票和高收入者 10%的选票，共和人民党赢得中低收入者 38%的选票和高收入者 26.3%的选票。在选民分布方面，正义与发展党的支持者 36.3%来自乡村，占乡村人口的 45.7%，共和人民党的支持者 23.8%来自乡村，占乡村人口的 12.2%。在全国的范围，共和人民党在发达地区，包括马尔马拉海地区和爱琴海地区，占据优势，正义与发展党则在相对落后的中部、东部和东南部。另据统计，2002—2007 年，正义与发展党的选票在马尔马拉海地区从 29.3%增至 38.8%，在爱琴海地区从 27.7%增至 40.8%，在地中海地区从 31.3%增至 38.3%，在黑海地区从 39.3%增至 51.8%，在中部从 44.2%增至 55.6%，在东部从 24.9%增至 49.1%，在东南部从 25%增至 52%。2007 年，在全部 81 个省中，正义与发展党在 63 个省获胜。②

2007 年大选期间，主要反对党共和人民党代表的世俗势力，抨击正义与发展党具有伊斯兰主义属性和威胁国家安全，而幸福党领导人埃尔巴坎指责正义与发展党背离伊斯兰主义的原则，不再具有伊斯兰主义政党的属性，一

① Jenkins, G., *Political Islam in Turkey: Running West, Heading East?* p.182.

② Hale, W., *Islamism, Democracy and Liberalism in Turkey: The Case of the AKP*, p.42.

些世俗选民则将正义与发展党视作中右翼政党。[①]然而，正义与发展党无疑得到诸多苏菲教团和伊斯兰组织的支持。2007 年，65%的人口生活在城市，其中伊斯坦布尔、安卡拉和伊兹密尔三大城市的选民约占 2007 年登记选民总数的三分之一，而正义与发展党在城市移民区具有广泛的社会基础，居住在城市棚户区的乡村移民及其后裔是正义与发展党的有力支持者[②]。此外，东部、东南部、中部、地中海地区和黑海地区的乡村也是正义与发展党的重要票仓[③]。正义与发展党对库尔德人的相对宽松的政策，以及投资改善东南部库尔德人地区的基础设施，得到了库尔德人选民的支持。[④]

在正义与发展党两次胜出的 2002 年大选和 2007 年大选前夕，选民关注的首要问题是经济状况的改善，降低失业率和抑制通货膨胀则是关乎民生的焦点议题，至于所谓的伊斯兰主义与世俗主义的孰是孰非，并非选民所关注的焦点。针对日趋恶化的经济形势，正义与发展党的经济政策是追求两个方面的平衡，一方面是促进市场经济的增长和国际化，另一方面是满足草根支持者的经济需求。

在 2002 年的竞选纲领中，正义与发展党放弃了此前繁荣党的反对资本主义、废除利息和国家保护下发展小企业的立场，宣布加强私人企业是实现经济进步的首要资源，政府致力于确保市场化条件下的自由竞争，扫清私人企业面临的障碍，支持土耳其融入世界经济体系和国际市场，推动大型国有工业企业和服务业的私有化进程，同时促进社会公正，降低失业率，缩小贫富差距。[⑤]

2007 年的竞选纲领延续 2002 年的基本原则，强调政府之规范和监督市场经济的公共职能，强调正义与发展党的宗旨是实现社会公正。[⑥]正义与发展党执政前夕的 2001 年，土耳其的国内生产总值仅为 1 540 亿美元；至正义与发展党执政末期的 2006 年，土耳其的国内生产总值上升为 4 030 亿美元。另据世界银行世界各国国内生产总值 2005 年的排名，土耳其居第 20 位。正义与发展党的执政业绩，由此可见一斑。

正义与发展党在 2007 年大选中再度胜出，并非由于其伊斯兰主义的意识形态，而是因为其执政期间带给民众的经济繁荣和社会福利，表明选民对

---

①④ Eligur, B., *The Mobilization of Political Islam in Turkey*, p.259.

②③ Eligur, B., *The Mobilization of Political Islam in Turkey*, p.258.

⑤⑥ Hale, W., *Islamism, Democracy and Liberalism in Turkey: The Case of the AKP*, p.100.

其经济政策的支持和经济成就的肯定。土耳其选民对于经济社会问题的关注和正义与发展党执政期间在经济社会方面所取得的成绩，特别是在满足贫困人口生活需求方面的长期努力，决定了 2007 年大选的结果。①

2007 年 8 月，大国民议会举行总统选举，正义与发展党提名的候选人阿卜杜拉·居尔当选土耳其共和国第十一任总统，正义与发展党议员科克索尔·托普坦当选议长。②根据宪法的规定，阿卜杜拉·居尔当选总统后，宣布退出正义与发展党，成为凌驾于政党之上的国家元首。不同于前任总统赛泽尔代表世俗主义而屡屡否决正义与发展党主导的议会通过的议案，阿卜杜拉·居尔出任总统后，与正义与发展党主导的大国民议会以及正义与发展党内阁保持良好的政治合作，正义与发展党在土耳其政坛如虎添翼。

2007 年大选后的政治走向与"执政党枪挑军方"

1982 年宪法是土耳其共和国历史上继 1923 年宪法和 1961 年宪法之后的第三部宪法。作为 1980 年军事政变的产物，1982 年宪法强调国家权威和公权至上，被视作民主化进程的理性收缩，自颁布以来历经 15 次修订，旨在扩大公民自由和保障公民权利，削弱军方的政治影响力。

早在 80 年代中期，反对派政党社会民主民粹党和正确道路党率先呼吁修改 1982 年宪法。社会民主民粹党呼吁大国民议会采取五分之三的多数票原则选举总统，削弱总统权力，强调司法独立和大学自治。正确道路党则呼吁实行总统经由全民直接选举，给予总统解散大国民议会的权力，给予民众以更多的自由和更大的政治空间。③1987 年 5 月，执政党祖国党主导的大国民议会通过第 3261 号法案，该法案规定，选民年龄从年满 21 岁改为年满 20 岁，大国民议会席位从 400 席增至 450 席，大国民议会通过的宪法修正案可在提交全民公决后生效，同时以 293 票赞成和 85 票反对的表决结果将撤销关于前政党领导人从政禁令的法案提交全民公决并获得通过。④

90 年代，大国民议会再次通过法案，撤销 1982 年宪法第 133 款关于国家垄断广播电视经营权的规定，允许私营广播电视，撤销限制民众自由结社的规定和禁止社会组织参与政治活动的规定，选民年龄下降为年满 18 岁，大国

---

① Hale, W., *Islamism, Democracy and Liberalism in Turkey: The Case of the AKP*, p.99.

② Jenkins, G., *Political Islam in Turkey: Running West, Heading East?* p.182.

③ Ozbudun, E., *Democratization and the Politics of Constitution-Making in Turkey*, pp.31—32.

④ Ozbudun, E., *Democratization and the Politics of Constitution-Making in Turkey*, p.33.

民议会席位由450个增至550个,撤销禁止高等学校学生参加政党的法令,修改1982年宪法第143款,改组包括军事法官在内的国家安全法庭,实行国家安全法庭的文官化。①

进入新世纪,修宪的热点是总统由大国民议会选举改为全民直选以及总统任期由7年一届改为5年两届。

正义与发展党在2007年大选中提出的竞选纲领,包括承诺修订1982年宪法,在达成广泛共识的基础上完善民主制,进一步保障公民权利,在人权和法治的框架下建立民主和世俗的新国家,规范内阁与大国民议会的关系,重新界定总统的权力。

早在大选前的2007年6月初,埃尔多安指定数名法学专家开始着手起草宪法修正案,正义与发展党称之为“公民宪法”。②同年9月,埃尔多安召开法学专家和正义与发展党领导层联席会议,讨论宪法修正案。宪法修正案强调以下三项原则:第一,按照国际标准改善人权和自由,宪法法院有权废止与国际人权标准不符的法律条款,严格限制取缔政党的司法裁决,废除被取缔政党领导人5年内不得从政的法律条款;第二,宪法法院17名法官中的8名法官以及法官和检察官最高会议17名成员中的5名成员由大国民议会选举产生;第三,总统改由全民直选,同时延续议会内阁制的政治体制。③2007年10月,正义与发展党提出的宪法修正案经全民公决获得通过,投票率67.5%,支持率68.9%。④

凯末尔时代世俗主义的重要内容之一,是在社会文化领域摒弃具有宗教色彩的传统服饰和推广西方现代服饰。长期以来,身着伊斯兰教传统服饰,被视作挑战世俗主义和违背凯末尔主义原则的行为。1980年军方发动政变之后,过渡政府于1981年12月颁布法令,规定大学校园的女性着装必须符合凯末尔主义的世俗原则,不得披戴具有宗教色彩的传统头巾。⑤

80年代末期,妇女在大学校园披戴具有宗教色彩的传统头巾是否合法,成为伊斯兰主义与世俗主义争论的焦点。伊斯兰主义者从尊重人权的角度出发,主张取消关于妇女披戴传统头巾的禁令。1988年11月,祖国党主导

---

① Ozbudun, E., *Democratization and the Politics of Constitution-Making in Turkey*, p.39.

② Hale, W., *Islamism, Democracy and Liberalism in Turkey: The Case of the AKP*, p.66.

③ Ozbudun, E., *Democratization and the Politics of Constitution-Making in Turkey*, pp.104—105.

④ Hale, W., *Islamism, Democracy and Liberalism in Turkey: The Case of the AKP*, pp.64—65.

⑤ Jenkins, G., *Political Islam in Turkey: Running West, Heading East?* p.145.

的大国民议会颁布法令，允许女性披戴传统头巾进入大学校园。然而，该项法令遭到总统科南·埃夫伦的反对，宪法法院亦于 1989 年 3 月裁定该法令违宪。1990 年 10 月，祖国党主导的大国民议会再次宣布，解除披戴传统头巾的女性进入大学校园的禁令。[①]随后，主要反对党社会民主民粹党向宪法法院起诉，宪法法院于 1991 年 4 月再次裁定该法令与宪法不符。

据统计，在土耳其国内，64.2%的成年女性披戴传统头巾。1999 年和 2006 年的民意调查表明，超过 70%的受访者支持解除该禁令，其中，1999 年支持解除禁令的受访者为 76.1%，2006 年支持解除禁令的受访者为 71.1%。2002 年大选期间，在正义与发展党的支持者中，披戴传统头巾的女性支持者占全部女性支持者的 94.6%，而正义与发展党在竞选纲领中亦明确支持解除披戴传统头巾的女性进入大学校园的禁令。[②]然而，正义与发展党在其执政的第一个任期，考虑到共和人民党、军方和司法机构的世俗主义倾向，并未提出解除该禁令的法案。

2008 年初，女性披戴传统头巾的禁令再度引发政坛热议的焦点，是否解除女性披戴传统头巾的禁令成为政界首要的政治议题。埃尔多安在出席马德里会议时表示，该禁令应当解除，无需制定新的宪法，只需通过宪法修正案。埃尔多安的讲话遭到共和人民党的反对，却得到第二大反对党民族行动党的支持。2008 年 2 月，正义与发展党与民族行动党经过协商达成共识，正义与发展党 278 名议员和民族行动党 70 名议员联名向大国民议会提交议案，要求修改宪法第 10 款和第 42 款，以 411 票赞成和 103 票反对的表决结果，通过在大学校园解除女性披戴传统头巾禁令的法案，允许女性在除军事

戴头巾的土耳其妇女

① Ozbudun, E., *Democratization and the Politics of Constitution-Making in Turkey*, p.106.

② Jenkins, G., *Political Islam in Turkey: Running West, Heading East?* p.178.

学院和警务学院之外的普通大学校园披戴传统头巾。[①]

进入新世纪，世俗阵营与伊斯兰主义阵营之间的力量对比发生了明显的变化。不同于 1997 年 2 月的所谓温柔干预，土耳其军方并未对正义与发展党的所谓伊斯兰主义举措做出强烈反应，而是保持沉默的态度。2007 年 8 月，军方尽管拒绝出席阿卜杜拉·居尔的总统就职仪式，随后又拒绝出席 10 月举行的新一届大国民议会召开的仪式，表达对于伊斯兰主义阵营的不满，却已经无力改变选举结果。[②]2008 年 1 月，正义与发展党与民族行动党领导人就解除女性披戴传统头巾的禁令达成一致意见，总参谋长雅萨尔·布于卡尼特仅在媒体代表军方表示反对，并未采取进一步的过激行动。相比之下，司法机构以及主要反对党共和人民党逐渐取代军方，成为进入新世纪以来捍卫世俗主义原则的最后据点。[③]

2008 年 3 月，总检察长阿卜杜勒·拉赫曼·亚尔辛卡亚启动取缔正义与发展党的司法程序，向宪法法院提交长达 162 页的文件，指控正义与发展党延续繁荣党的伊斯兰主义倾向，反对世俗主义原则，包括强化伊斯兰主义宗教教育、任命伊斯兰主义者担任重要政府职务、以健康为由禁止售卖酒精饮料、解除女性披戴传统头巾的禁令，涉嫌违宪活动，要求取缔正义与发展党，禁止包括总统阿卜杜拉·居尔和总理埃尔多安在内的正义与发展党 71 名成员在未来 5 年内从事政治活动。阿卜杜勒·拉赫曼·亚尔辛卡亚声称，正义与发展党是业已遭到取缔的繁荣党的翻版，土耳其共和国面临来自政治伊斯兰的威胁已经达到了前所未有的程度。[④]

针对总检察长阿卜杜勒·拉赫曼·亚尔克姆卡亚的指控，埃尔多安引用《古兰经》的启示做出回应，声称拒绝接受宗教信仰的人无异于牲畜，而阿卜杜勒·拉赫曼·亚尔辛卡亚对于正义与发展党的指控违背了民众的意愿。[⑤]美国和欧盟方面亦认为，正义与发展党是民选政府，司法机构应当尊重选民的意志和民众的选择，而试图取缔正义与发展党的起诉无疑背离民主的原则。据 2008 年 6 月的民意调查，53.3%的受访者反对取缔正义与发展党，34.3%的受访者支持取缔正义与发展党，30.3%的受访者宣布，如果重新举行大选，会将选票投给正义与发展党，12.7%的受访者表示将选票投给共和人

---

①⑤　Eligur, B., *The Mobilization of Political Islam in Turkey*, p.265.

②　Hale, W., *Islamism, Democracy and Liberalism in Turkey: The Case of the AKP*, p.92.

③　Eligur, B., *The Mobilization of Political Islam in Turkey*, p.264.

④　Hale, W., *Islamism, Democracy and Liberalism in Turkey: The Case of the AKP*, p.75.

民党，11.7%的受访者宣布将选票投给民族行动党。[①]总检察长阿卜杜勒·拉赫曼·亚尔辛卡亚的起诉得到宪法法院11名法官中6名法官的支持，却未达到宪法规定五分之三多数即宪法法院11名法官中7名法官的多数票。[②]

2008年7月，宪法法院驳回关于正义与发展党违宪和取缔正义与发展党的上诉，只是向正义与发展党发出司法警告和做出予以经济处罚的司法裁定。宪法法院随后发表声明，认定正义与发展党具有伊斯兰主义政党的政治倾向，与世俗主义原则不符，同时强调正义与发展党并未诉诸政治暴力，而是致力于提升土耳其的政治民主化程度。[③]正义与发展党没有因为被指控违背世俗主义原则而如同以往伊斯兰主义政党一样遭到取缔。对于宪法法院的上述裁决，军方再次持沉默的态度，并未做出进一步反对的强硬姿态，表明世俗政治与宗教政治的天平业已发生改变。[④]2002年和2007年两次大选中民众的支持，给予了正义与发展党以合法的地位。

库尔德人是土耳其最大的少数民族，人数约1 500万，分布在东南部山区和西部诸多沿海城市。凯末尔主义强调土耳其共和国民族构成的单一性以及土耳其民族之语言和文化的同一性，否认库尔德人延续其语言文化的合法性，长期以来引发库尔德人的强烈不满。始建于1978年的库尔德工人党是最具影响力的库尔德人政党，致力于诉诸暴力手段维护库尔德人的民族权益，库尔德族的乡村贫困人口和游离于社会边缘的城市青年是库尔德工人党的主要支持者。1980年9月，在叙利亚政府的支持下，库尔德工人党领导人阿卜杜拉·奥贾兰在大马士革附近的贝卡谷地建立训练营。1984年的库尔德人新年之日，成为库尔德工人党游击队发动武装袭击的起点。土耳其政府军屡次进剿，始终没有取得明显的战果。80年代末开始，库尔德工人党逐渐弱化其在安纳托利亚东南部乡村的暴力倾向。90年代前期，繁荣党呼吁承认库尔德人语言文化的合法地位，给予库尔德人自治的政治地位。然而，繁荣党自1996年执政后，并未兑现承诺，再度强调库尔德人与恐怖主义的联系，进而继续保持对于库尔德人的高压态势。[⑤]

库尔德民族主义并非浑然一体，而是表现为极端与温和的不同倾向。库

---

① Eligur, B., *The Mobilization of Political Islam in Turkey*, p.268.

② Hale, W., *Islamism, Democracy and Liberalism in Turkey: The Case of the AKP*, p.75.

③ Eligur, B., *The Mobilization of Political Islam in Turkey*, p.269.

④ Hale, W., *Islamism, Democracy and Liberalism in Turkey: The Case of the AKP*, p.93.

⑤ Hale, W., *Islamism, Democracy and Liberalism in Turkey: The Case of the AKP*, p.77.

尔德民族主义的极端派别致力于暴力活动和创建独立的库尔德人国家，库尔德民族主义的温和派别则强调在多党制议会选举的框架内维护库尔德人的语言和文化传统以及区域自治的政治权利。土耳其官方的高压态势无疑助长着库尔德民族主义的极端倾向，宽松民主的政治环境则助长着库尔德民族主义的温和倾向。另一方面，凯末尔主义的世俗民族主义排斥着库尔德人的政治参与，而伊斯兰主义在淡化民族差异的基础上有助于实现库尔德人融入土耳其社会。伊斯兰教强调宗教的纽带而淡化世俗的民族界限，是伊斯兰主义政党与世俗政党的区别，亦涉及库尔德人的地位。

1999 年阿卜杜拉·奥贾兰被土耳其政府拘捕后，库尔德工人党宣布单方面停火。2002 年正义与发展党执政后，放弃对库尔德人的高压政策，逐渐改善政府与库尔德人之间的关系。自从 2003 年伊拉克战争以来，库尔德工人党宣布终止停火决定，库尔德工人党武装的恐怖袭击呈上升的势头，活跃在伊拉克北部地区的库尔德工人党武装人员频繁向土耳其渗透，策划和发动恐怖袭击活动。然而，尽管军方强烈要求出兵围剿，正义与发展党内阁拒绝采取武力镇压的手段。2006 年 1 月，广播电视管理委员会宣布，允许私立电台和电视台每天播放不超过 45 分钟的库尔德语节目。2008 年 6 月，广播电视管理委员会宣布，允许国有电台和电视台播放非土耳其语的节目。2009 年元旦，库尔德语电视频道开播，每天播放 24 小时，埃尔多安在首播中向库尔德人表达良好的祝愿。①

阿拉维派是土耳其最大的非逊尼派穆斯林教派，根据不同的统计数字，人数在 600 万到 1 700 万之间，约占土耳其总人口的 12%—25%。由于受到逊尼派的歧视和排斥，阿拉维派支持世俗主义原则和共和人民党，而伊斯兰主义政党的选票主要来自逊尼派穆斯林。2002 年大选期间，正义与发展党并未给予阿拉维派选民以足够的重视。2007 年大选期间，正义与发展党调整竞选战略，重视争取阿拉维派选民的支持，提名阿拉维派议员人选。2007 年选举后，阿拉维派作家卡姆鲁格鲁应邀担任总理埃尔多安的顾问。2008 年 1 月和 2009 年 1 月，埃尔多安出席阿拉维派的阿舒拉节并发表讲话，阿拉维派对正义与发展党和埃尔多安的态度逐渐改善。②

2010 年 2 月，土耳其政府以涉嫌策划军事政变和试图推翻政府为由，在

① Hale, W., *Islamism, Democracy and Liberalism in Turkey: The Case of the AKP*, p.77.
② Hale, W., *Islamism, Democracy and Liberalism in Turkey: The Case of the AKP*, p.78.

安卡拉、伊斯坦布尔和伊兹密尔等 9 个城市逮捕约 50 名退役军方将领和现役军官，其中包括前副总参谋长埃尔金·萨伊贡、前空军司令易卜拉欣·弗尔特纳和前海军司令厄兹登·奥尔内克。总理埃尔多安表示，警方依照检察机构指令实施逮捕，被捕者将按照司法程序受到处置。此次大规模逮捕军方将领的行动，被媒体称作"执政党枪挑军方"。土耳其的国内政治天平，由此开始进一步向文官政府倾斜。

2010 年 9 月，土耳其举行全民公决，以 58%对 42%的多数票通过新的宪法修正案，修改 1982 年宪法的 24 项条款，新增两项条款，主要涉及限制宪法法院的权力、重新界定土耳其人的属性、结束军方特权和自治地位、削减总统权力、强化地方分权原则、进一步保障公民合法权利、承认库尔德语的合法地位、完善市场经济等项内容。①宪法法院是世俗主义的重要基地，自 1963 年成立以来，先后以违宪的理由取缔 25 个政党。新的宪法修正案规定，宪法法院法官人数从原有的 11 人增至 17 人，其中 14 人由总统任命，3 人由议会任命，宪法法院的裁定必须获得三分之二的法官而不是以往五分之三的法官的同意，从而增加了裁定的难度。②埃尔多安在随后发表的讲话中声称，此次宪法修正案的获得通过，是土耳其共和国民主化进程的重要里程碑，土耳其共和国正在向着成熟的民主与法治国家的目标大步前行。③

诞生于奥斯曼帝国废墟之上的土耳其共和国，迄今已经走过了约 90 年的发展历程。伴随着历史的脚步，从民族解放运动的高涨到民主化的长足进步，从一党制的威权政治到多党制的议会选举，从军人干政和军方政变到文官政治的渐趋成熟，从世俗主义的绝对原则到伊斯兰主义的政治实践，土耳其共和国的政治制度和政治生活在现代化的进程中业已发生了沧海桑田的变化。军方干政是土耳其共和国民主化进程中的突出现象，1960 年、1971 年和 1980 年的三次军人政变集中反映出军方在土耳其共和国政治舞台和政治生活中举足轻重的政治地位和广泛的政治影响力。然而，军方干政和军人政变并未导致军人独裁的政治结局，土耳其共和国的民主化进程亦未由于军人政变而发生逆转的趋势。1980 年军人政变之后，土耳其共和国重新回归议会选举和文官政府，政治生活的车轮在民主化的轨道上继续前行，民主政

---

① Yanuz, M.H., *Secularism and Muslim Democracy in Turkey*, p.260.

② Kuru, A.T., *Democracy, Islam and Secularism in Turkey*, New York 2012, p.162.

③ Kuru, A.T., *Democracy, Islam and Secularism in Turkey*, p.9.

治渐趋成熟。与此同时，具有鲜明宗教色彩的伊斯兰复兴运动出现上升的趋势，诸多伊斯兰政党开始挑战凯末尔主义的世俗国家体制，世俗政治与宗教政治错综交织。伊斯兰复兴运动并非土耳其共和国现代化进程中的历史逆流，正义与发展党的异军突起奏响了土耳其共和国走进新世纪的崭新乐章。

民主化进程中的政党政治与民众参与

土耳其的政治民主化进程，经历从社会上层和精英政治向社会下层和民众政治的扩展，以及从城市范围的政治参与向乡村地区的政治动员的延伸，而日趋完善的政党政治，则是土耳其现代化进程中的突出现象和明显特征。一党制时代，土耳其的现代化主要局限于上层精英社会和城市的范围。从一党制向多党制的过渡，标志着土耳其政治民主化的长足进步。

自"二战"结束后，土耳其逐渐启动多党制的政治进程，诸多政党相继登上土耳其的政治舞台。此后的半个多世纪，土耳其的政党政治经历从一党制的衰落到诸多政党的破碎化再到逐渐整合的发展过程，世俗主义的左翼温和政党、右翼温和政党和伊斯兰主义政党三足鼎立，世俗政治与宗教政治此消彼长，而共和人民党是唯一经久不衰而贯穿土耳其共和国历史进程且具有重要影响力的政党。另一方面，民主党作为多党制时代首个通过议会选举取得执政地位的政党，在 50 年代垄断国家权力长达十年之久，继一党制时代之后再次出现一党独大的执政局面。自 1961 年军方政变后，民主党淡出政坛，政党政治形成多元化的浓厚色彩，诸多政党角逐政坛成为常态，一党内阁与多党联合政府表现为轮流更替的过程，是土耳其政党政治区别于其他中东伊斯兰国家的显著特征(见附表)。

1950—1960 年是民主党主导政坛的时代，1960—1980 年系共和人民党与正义党平分秋色的时代。相比之下，在第三次军人政变后的 80 年代，祖国党在土耳其政坛独领风骚，取得 1983 年和 1987 年两次大选的胜利，成为继 50 年代的民主党和 60 年代的正义党之后第三个在大国民议会占据多数席位的政党和单独组阁的政党。

进入 90 年代，政党政治出现明显的变化，诸多小党在议会选举中的政治空间呈扩大的趋势，获得议会席位的政党数量明显增加，在 1991 年、1995 年和 1999 年三次大选中，正确道路党、繁荣党和民主左翼党尽管先后成为议会下院第一大党，然而累计得票率分别仅为 27.1%、21.4%和 22.2%，议会非多数党的联合组阁再次成为土耳其政坛的突出现象。[1]与此同时，伊斯兰复兴运动日渐高涨，伊斯兰政党异军突起，进而挑战世俗政党在土耳其政坛的主导地位。

"二战"结束后至2002年正义与发展党崛起于政坛之前，土耳其现代政党政治的发展，主要表现为右翼温和立场的民主党→正义党→祖国党→正确道路党与左翼温和立场的共和人民党→社会民主民粹党→民主左翼党两大势力的此消彼长。在多党制的历史条件下，政党政治成为土耳其民众政治参与的基本形式，周期性的议会选举构成民众政治参与的主要环节。根据相关统计，1950年议会选举的投票率为89.3%，其中左翼温和派获得39.9%的选票，右翼温和派获得53.3%的选票，右翼激进派获得3.3%的选票；1965年议会选举的投票率为71.3%，其中左翼温和派获得28.7%的选票，右翼温和派获得56.6%的选票，左翼激进派获得3.0%的选票，右翼激进派获得8.4%的选票；1977年议会选举的投票率为72.4%，其中左翼温和派获得41.4%的选票，右翼温和派获得40.7%的选票，左翼激进派获得0.5%的选票，右翼激进派获得15.0%的选票。[2]左翼温和派主要是代表中左翼政治势力的共和人民党，右翼温和派主要是代表中右翼政治势力的民主党及其政治延伸组织正义党、祖国党和正确道路党，左翼激进派主要来自土耳其劳动党，右翼激进派包括救国党和民族行动党。上述选票分布表明，多党制时代宽松的政治环境与温和的政治生活两者之间具有内在的逻辑联系；温和派构成土耳其政坛的主导势力，两党制则是土耳其政党政治的基本框架，共和人民党与民主党及其政治延伸正义党、祖国党和正确道路党平分秋色，右翼温和派略占上风，激进和极端的政治势力处于国家权力的边缘地带，由此形成相对宽松的政治环境。

通货膨胀的加剧、失业率的上升和库尔德人的地位，是土耳其政府面临的主要问题。自70年代起，激进势力在土耳其政坛呈上升趋势，开始挑战温和派共和人民党和正义党在土耳其政坛的主导地位，欠发达的乡村地区和城市棚户区的下层民众构成激进政治势力的重要社会基础。在1991年举行的大选中，右翼温和派阵营获得51.0%的选票，左翼温和派阵营获得31.6%的选票，持激进政治立场的伊斯兰政党获得16.9%的选票。在1995年举行的

---

① Sayari, S., *Politics, Parties, and Elections in Turkey*, p.18.

② Weiker, W.F., *The Modernization of Turkey*, pp.144—145.

大选中,右翼温和派阵营获得 38.8%的选票,左翼温和派阵营获得 25.4%的选票,持激进政治立场的伊斯兰政党获得 29.6%的选票。在 1999 年举行的大选中,右翼温和派阵营获得 26.4%的选票,左翼温和派阵营获得 30.9%的选票,持激进政治立场的伊斯兰政党获得 35.2%的选票。在 2002 年举行的大选中,右翼温和派阵营获得 23.5%的选票,左翼温和派阵营获得 21.8%的选票,持激进政治立场的伊斯兰政党获得 46.2%的选票。另据资料统计,1983—2002 年,右翼温和派阵营所获得的选票在全部选票中的比例从 30.5%下降为 21.8%,左翼温和派阵营所获得的选票在全部选票中的比例从 68.4%下降为23.5%。[①]上述选票分布的变化,反映出 90 年代以来土耳其国内政治氛围的变化。

土耳其政治变迁的历史轨迹,表现为从独裁基础上的稳定到民主化探索阶段的动荡再到成熟民主政治的稳定。多党制的广泛政治实践,作为土耳其政治民主化的外在形式,成为土耳其的现代化进程从上层精英社会向下层民众社会延伸以及从城市向乡村延伸的推动力。民众意志与国家意志借助于多党制的广泛政治实践而逐渐统一;主要的全国性政党往往反映民众的普遍利益,次要的局部性政党则通常反映特殊社会群体的特定利益。多党制的政治实践与民众的政治动员以及民众广泛的政治参与之间无疑具有密切的内在联系,而民众政治参与程度的提高导致国家政策的相应改变。现代化从城市向乡村的延伸、农业的发展和农民地位的改善,以及相对宽松的宗教政策等诸多内容,均为多党制时期民主化的政治实践尤其是普选活动的政治需要之逻辑结果。

附表 多党制时代的诸多政党及其政治倾向

共和人民党(1923—1980, 1992 年至今):中左翼政党。
民主党(1946—1960):中右翼政党。
民族党(1948—1953):伊斯兰主义色彩的政党。
共和民族党(1954—1957):右翼保守党。
共和农民民主党(1957—1969):右翼民族主义政党。
正义党(1961—1980):中右翼政党。
土耳其劳动党(1961—1971, 1975—1980):马克思主义政党。

① Tursan, H., *Democratisation in Turkey*, p.221, p.245.

续表

民族行动党(1969—1980，1983年至今):土耳其民族主义政党。
民族秩序党(1970—1971):伊斯兰主义政党。
救国党(1972—1980):伊斯兰主义政党。
祖国党(1983年至今):中右翼政党。
正确道路党(1983年至今):中右翼政党,2007年改称民主党。
民粹党(1983—1985):中左翼政党。
民族民主党(1983—1985):中右翼政党。
繁荣党(1983—1998):伊斯兰主义政党。
社会民主民粹党(1985—1995):中左翼政党。
民主左翼党(1985年至今):中左翼政党。
大统一党(1993年至今):脱胎于民族行动党,土耳其民族主义与伊斯兰主义双重倾向的政党。
人民民主党(1994—2003):库尔德民族主义政党。
民主人民党(1997—2005):库尔德民族主义政党。
贤德党(1998—2001):伊斯兰主义政党。
幸福党(2001年至今):伊斯兰主义政党。
正义与发展党(2001年至今):伊斯兰主义政党。
民主社会党(2005年至今):库尔德民族主义政党。

结束语

伊斯兰教诞生以来中东历史的思考与审视

一、 伊斯兰传统文明的基本特征

教俗合一的国家形态

伊斯兰传统文明形成于中世纪的特定社会环境,个体生产、自然经济、超经济的强制和广泛的依附状态以及思想的束缚构成伊斯兰传统文明的历史基础,伊斯兰教的诞生和阿拉伯人从野蛮向文明的演进历程则是深刻影响伊斯兰传统文明的重要因素。

先知穆罕默德时代的阿拉伯半岛处于原始社会的野蛮状态,信仰的转变和伊斯兰教的诞生揭开了阿拉伯人建立国家和步入文明时代的帷幕,而公共权力由宗教生活向世俗领域的延伸则是这一过程的核心内容。《古兰经》屡屡强调安拉至上和顺从使者的信仰原则,进而阐述国家权力的政治理论,将尚且鲜为人知的崭新政治概念引入阿拉伯半岛氏族部落的社会体系。先知穆罕默德作为安拉的使者而凌驾于氏族部落之上,不仅负有传布启示的神圣使命,而且行使驾驭社会的世俗权力。先知穆罕默德在麦地那创立的"乌玛",无疑是《古兰经》所阐述的政治思想和社会理念得以逐步实践的逻辑结果。从宗教意义的顺从到世俗行为的约束,标志着国家权力通过乌玛的形式始露端倪。教俗合一的乌玛作为伊斯兰国家的原生形态,构成伊斯兰传统文明的基本政治框架。

在中世纪欧洲的基督教诸国,宗教权力与世俗权力长期并立,教会与国家自成体系,分庭抗礼。至于华夏文明及其周边区域,世俗权力极度膨胀,皇权至上的政治体制贯穿封建社会的历史进程。相比之下,教权与俗权的密切结合是伊斯兰世界传统政治制度的突出现象,宗教与政治长期处于浑然一体的状态则是伊斯兰传统文明区别于中世纪的基督教文明以及华夏文明的显著特征。

根据传统伊斯兰教的政治理论,宗教是国家的基础,乌玛作为伊斯兰国家的外在形式起源于安拉的意志。乌玛兼有国家与教会的双重功能,教会与国家则被穆斯林视作同一概念。超越宗教界限和纯粹世俗范畴的政治行为与乌玛的原则大相径庭,并无存在的空间。捍卫伊斯兰教法的神圣地位是伊斯兰国家的目的,维护穆斯林的宗教利益则是伊斯兰国家至高无上的政治准则。在传统伊斯兰世界教俗合一的特定历史条件下,宗教学说与政治理论错综交织;宗教学说赋予政治理论以神圣的光环,政治理论则体现为宗教学说的延伸和补充。与此同时,政治群体往往体现为宗教派别,政治对抗通常采取教派运动的形式,政治斗争的首要方式便是信仰的指责。形式各异的教派运动皆有相应的政治基础、政治目的和政治手段,反映不同的社会群体之间政治利益的矛盾对抗。

传统伊斯兰教认为,安拉是乌玛的主宰,是世人的君王,沙里亚则是安拉意志的体现和安拉规定的法度,是先于国家的秩序和尽善尽美的制度,芸芸众生只有遵循沙里亚的义务,绝无更改沙里亚的权力,即使是哈里发亦不可随意立法,而必须服从沙里亚的约束。另一方面,伊斯兰世界的传统理论强调君权神授和君权至上的政治原则,强调君主的统治权力和臣民的从属地位:统治者是其臣民的牧人,统治者将为自己的行为和臣民的行为对安拉负责,而选择统治者和惩罚统治者的权力只属于安拉。至于臣民享有的权利,在伊斯兰世界的传统政治理论中则缺乏明确的阐述。所谓臣民终止顺从统治者和反抗统治者的相关规定往往只是理论上的虚构和道义上的制约,现实意义微乎其微,而忠君思想则是传统伊斯兰政治理论的实质所在。

麦地那哈里发时代,古老的阿拉伯半岛刚刚告别野蛮的秩序而初入文明社会,独尊安拉的共同信仰尚未完全取代阿拉伯人的血缘联系,氏族部落的传统势力根深蒂固,原始民主制的残余和权位继承的非世袭传统深刻地影响着穆斯林的政治生活。特定的历史条件决定了麦地那哈里发国家的共和政体,财产占有状况的相对平等、浓厚的部族色彩和强烈的民主倾向则是麦地那哈里发时代的鲜明特征。麦地那哈里发时代末期,穆斯林内部的贫富差距日渐扩大,社会对立日趋加剧,共和政体陷入深刻的危机。穆阿威叶即位后,在伊斯兰世界首开哈里发家族世袭的先河,伊斯兰国家的政治制度随之由共和制转变为君主制。阿拔斯王朝建立后,沿袭倭马亚时代君主制的政治传统,历任哈里发皆系阿拔斯家族的成员。阿拔斯哈里发国家具有浓厚的宗教色彩,阿拔斯哈里发的统治权力被认为是来自安拉的赐予。哈里发每逢朝廷典礼和宗教节日皆身着据称是先知穆罕默德遗物的斗篷,并在宫中聘用宗教学者依据经训阐述的原则制定统治政策和进行神学宣传,以示其权力的合法与地位的神圣。哈里发不仅自居为伊斯兰教和伊斯兰世界的捍卫者,而且被视作全体穆斯林的宗教领袖,集教俗权力于一身,凌驾于社会之上,处于神圣不可侵犯的地位。对于哈里发的任何冒犯,都被视作宗教意义上的亵渎。

继哈里发国家之后统治中东长达6个世纪之久的奥斯曼帝国采用君主制政体,苏丹的权位继承遵循奥斯曼家族世袭的政治原则。伊斯坦布尔的苏丹凌驾于臣民之上,象征着奥斯曼帝国的统治。另一方面,奥斯曼帝国沿袭哈里发时代教俗合一的历史传统,政治生活具有浓厚的宗教色彩。伊斯坦布尔的苏丹自诩为"信士的长官",俨然是阿拔斯王朝哈里发的继承人,兼有世俗与宗教的最高权力。保卫伊斯兰世界的疆域、统率穆斯林对基督教世界发动圣战和维护伊斯兰教法的神圣地位,是奥斯曼帝国苏丹的首要职责。奥斯曼帝国尊奉逊尼派伊斯兰教作为官方的意识形态,哈奈菲派教法构成官方法律制度的基础。沙里亚位于奥斯曼帝国法律体系的顶点,规定穆斯林的个人行为以及穆斯林与非穆斯林的相互关系,直至规定社会秩序和国家制度,具有至高无上的地位和不可侵犯的神圣性。萨法维王朝亦强调伊斯兰教的神权原则,尊奉什叶派伊斯兰教作为官方意识形态,实行教俗合一的政治制度。萨法维王朝的国王自称伊玛目家族的后裔和"安拉在大地的影子",兼有什叶派宗教领袖与世俗君主的双重权力。什叶派伊斯兰教的官方宗教学说赋予萨法维国王以神圣的外衣,成为萨法维王朝驾驭社会和统治民众的重要工具。

国家所有制的土地制度

伊斯兰传统文明的显著特征,表现为经济领域的国有倾向。国家土地所有制的长期存在,构成中古时代中东历史的突出现象。国有土地的赐封导致社会成员之间深刻的经济对立,构成伊斯兰世界封建关系的重要内容。国有土地的经济制度与私人支配土地的经济现实之间的矛盾运动,贯穿中东封建社会的历史进程。

伊斯兰传统文明脱胎于阿拉伯半岛的野蛮状态,氏族部落社会特有的原始公社土地所有制,构成伊斯兰世界土地制度演变的起点。在前伊斯兰时代的阿拉伯半岛,原始公有制的财产关系广泛存在,土地无论作为耕地抑或作为牧场皆由血缘群体成员共同支配。先知穆罕默德时代,阿拉伯半岛的土地关系发生深刻的变化。《古兰经》规定一切土地皆属安拉及其使者所有,进而阐述了国家土地所有制的经济原则。血缘群体诚然在大多数情况下依旧构成世袭占有土地的基本单位,而先知穆罕默德至少在理论上开始超越血缘群体的狭隘界限,获得支配土地的最高权力,作为"凌驾于所有这一切小的共同体之上的总和的统一体表现为更高的所有者或唯一的所有者"。《古兰经》阐述的国家土地所有制,根源于阿拉伯半岛的客观物质环境,构成原始公有制的土地关系在文明时代的历史延续。先知穆罕默德时代依据《古兰经》的相关启示所征纳的天课,不仅具有宗教意义,而且是国家权力得以实现的重要形式,其实质在于宗教形式下租税的合一。"国家既作为土地所有者,同时又作为主权者而同直接生产者相对立。"

先知穆罕默德时代,斐伊作为土地关系的崭新形式在阿拉伯半岛始露端倪。斐伊特指安拉赐予其使者的土地,引申意义为国家直接支配的耕地。麦地那哈里发时代,穆斯林开始走出阿拉伯半岛,伊斯兰世界进入大规模对外扩张的发展阶段。麦地那哈里发国家的对外扩张主要表现为军事占领的过程,而军事占领直接导致地权性质的改变。麦地那哈里发国家根据《古兰经》规定的相关原则,沿袭阿拉伯半岛的传统和先知穆罕默德的先例,在被征服地区广泛实行国家土地所有制,所有被征服的土地皆被视作斐伊,成为哈里发国家的公产和全体穆斯林的共同财源。欧默尔规定:穆斯林战士不得将被征服者作为奴隶据为己有,亦不得随意侵吞他们的财产或通过其他形式加以奴役;安拉赐予的土地必须留给被征服者继续耕种,向他们征收贡税并由全体穆斯林共同享用。贡税关系的广泛确立,不仅体现哈里发国家的统治权在被征服地区的存在,而且构成哈里发国家的土地所有权"借以实现的经济形式"。哈里发国家在沿袭拜占庭帝国和波斯帝国原有农作方式的基础之上,通过贡税的形式,在全体穆斯林与被征服人口之间建立起封建性质的土地关系。迪万制度和年金的分配,体现了全体穆斯林对于被征服地区直接生产者的剩余劳动的集体占有。

伊克塔是哈里发时代伊斯兰世界土地制度的重要形式,本意为地产的赐封,源于《古兰经》的相关启示,国家土地所有制构成地产赐封的前提条件,斐伊则是地产赐封的基本来源。先知穆罕默德时代,伊克塔首先表现为耕作权利的赐封，荒地居多，面积较小，处于自耕状态，受封者即为直接生产者，而耕种土地构成受封者获取生活资料的基本方式。先知穆罕默德时代，更多的伊克塔表现为土地收成之份额的赐封。土地收成之份额的赐封不同于耕作权利的赐封，导致受封者与直接生产者之间深刻的经济对立。倭马亚王朝建立以后，特别是阿拔斯时代，伊克塔作为军事封邑日渐盛行。在塞尔柱人统治下的西亚和自阿尤布王朝至马木路克时代的埃及，军事伊克塔制的发展达到顶峰。作为军事封邑的伊克塔系土地受益权的赐封而非土地所有权的赐封，兼有国家公田与民间私田的双重性质，处于国有与私有之间的过渡状态。受封者无权以个人的名义支配土地，仅以享用封地的岁入作为目的，具有非世袭性和非等级性。伊克塔的频繁更换，诚然是国家控制受封者的有效手段，却无疑排斥着地权私人化与地产市场化的进程。

奥斯曼帝国沿袭哈里发国家的历史传统，援引伊斯兰教的相关原则，实行国家土地所有制。奥斯曼帝国的国家土地所有权，起源于奥斯曼帝国作为征服者的统治权。伊斯坦布尔的苏丹至少在理论上拥有全国的土地，以提供兵役作为条件将土地作为封邑授予穆斯林贵族。国家对于土地的绝对控制是封邑制度赖以存在的前提条件，封邑面积的增减与国家土地所有制的兴衰表现为同步的状态。封邑的耕作者系隶属国家的佃农，处于政府的保护之下，世代享有土地的耕作权，地租的征纳标准、征纳时间和征纳方式均由苏丹确定，封邑的领有者无权更改。封邑的领有者并无土地的所有权，只是土地收成的享用者，未经国家允许不得出售和转让土地或将土地赠予他人。所有封邑均由苏丹直接赏赐，并由中央政府登记造册，贵族内部的等级分封则被严格禁止。尽管封邑的领有者试图获得苏丹的允准，将封邑传与子嗣，然而封邑的世袭显然缺乏必要的法律依据，提供相应的兵役则是领有封邑的前提条件。封邑制度作为国家土地所有制的逻辑延伸，不仅是奥斯曼帝国军事制度的重要基础，而且构成奥斯曼帝国经济社会制度的突出特征。

穆斯林与非穆斯林的社会对立

传统伊斯兰世界强调伊斯兰国家统治区域与非伊斯兰国家统治区域之间的差异，同时明确区分伊斯兰国家统治区域内的穆斯林臣民与非穆斯林臣民。穆斯林与非穆斯林的长期并存，是传统伊斯兰世界社会生活的显著特征。穆斯林与非穆斯林之间的广泛对立，贯穿传统伊斯兰世界的历史进程。吉玛人的长期存在和米勒特制度的实践，集中体现伊斯兰世界穆斯林与非穆斯林之间的对立状态。

穆斯林与非穆斯林之间的社会对立，缘起于先知穆罕默德时代阿拉伯人自野蛮向文明过渡的历史进程中社会结构的深刻变革，是先知穆罕默德时代阿拉伯社会宗教矛盾的集中体现和穆斯林圣战实践的直接结果。《古兰经》严格区分多神崇拜的阿拉伯人与一神信仰的犹太人和基督徒，将前者称作“以物配主的人”，而将后者称作“有经典的人”；“以物配主的人”只能在皈依与死亡之间做出选择，“有经典的人”则可通过缴纳贡税作为条件换取穆斯林的保护。先知穆罕默德去世后，哈里发国家征服阿拉伯半岛以外的广大区域，非穆斯林臣民数量剧增，犹太人和基督徒作为“有经典的人”无疑处于哈里发国家的保护之下，琐罗亚斯德教徒亦被纳入被保护者的行列。

吉玛人是所谓的“有经典的人”之宗教概念在现实领域的逻辑延伸，特指在伊斯兰国家的疆域内通过订立契约的形式接受保护的非穆斯林臣民。保护与依附之间无疑具有内在的逻辑联系，吉玛人作为被伊斯兰国家保护的社会群体，长期处于依附和从属的地位。哈里发时代，伊斯兰国家援引《古兰经》的相关启示，承认吉玛人在缴纳人丁税的条件下保留原有的宗教信仰，进而赋予吉玛人相对的自由和有限的自治权利，同时禁止吉玛人出任官职，将吉玛人排斥于政坛和征战领域之外。吉玛人不得享有与穆斯林同等的政治权利，吉玛人担任国家官职进而对穆斯林行使权力被视作非法。伊斯兰世界在理论上必须执行伊斯兰教法，然而伊斯兰教法在大多数情况下仅仅局限于规范穆斯林的社会行为，哈里发国家通常允许犹太人和基督徒沿袭各自原有的宗教法律，其司法仲裁诉诸各自的宗教首领。但是，吉玛人如果涉及与穆斯林之间的诉讼，必须依据伊斯兰教法予以裁决，穆斯林法庭在裁决时，往往拒绝接受吉玛人的誓言和所提供的证据。《古兰经》承认奴隶存在的合法地位，而吉玛人却不得拥有穆斯林作为奴隶。伊斯兰教法允许吉玛人改奉伊斯兰教，却禁止穆斯林改奉其他宗教，禁止基督徒和犹太人改奉除伊斯兰教外的其他宗教。伊斯兰教法禁止吉玛人娶穆斯林妇女为妻，却允许穆斯林娶吉玛人之女为妻。吉玛人尽管享有保留原有宗教信仰的权利，其宗教活动却常受种种限制，宗教迫害的现象亦时有发生。然而，法律规定与社会现实常常不尽吻合，差异甚大。综观哈里发时代的伊斯兰世界，穆斯林对吉玛人的歧视和迫害的程度十分有限，宗教宽容则是此间伊斯兰世界社会生活区别于基督教世界的明显特征。

伊斯兰世界的吉玛人与中世纪西欧的农奴作为封建时代的社会成分，均处于依附的状态。然而，伊斯兰世界的吉玛人与中世纪西欧的农奴所处的历史环境存在明显的差异。在伊斯兰世界，吉玛人从属于国家而不是依附于作为个体的穆斯林。相比之下，中世纪西欧的农奴制根源于特定的地租形态，存在于公权私化的政治环境，农奴承担劳役制地租，从属于封建庄园的领主。另一方面，穆斯林与吉玛人之间的对立具有浓厚的宗教色彩，农奴制度则表现出明显的世俗倾向。

奥斯曼帝国疆域辽阔，社会构成表现为明显的多元状态，语言、民族、经济活动和生活方式诸多方面差异甚大，不同的宗教信仰则是区分诸多社会群体的基本标志。奥斯曼帝国的统治者沿袭哈里发时代形成的吉玛人制度，实行所谓的米勒特制度，进而将臣民划分为穆斯林、希腊人、亚美尼亚人和犹太人四大群体。米勒特作为宗教政治群体，并不具有民族的内涵。换言之，每个米勒特包含不同的民族成分，相同的民族却由于信仰的差异而分别属于不同的米勒特。米勒特制度的实质，在于苏丹与诸多宗教群体首领抑或伊斯兰教贵族与非穆斯林贵族的权力分享。奥斯曼帝国实行的米勒特制度，构成伊斯坦布尔的苏丹统治臣民的重要政治基础。向奥斯曼帝国缴纳人丁税，是非穆斯林诸米勒特区别于穆斯林米勒特的主要标志。基督徒和犹太人在缴纳人丁税的条件下，享有一定程度的自治权利，处于二等臣民的地位。穆斯林与基督徒、犹太人的居住空间错综交织，分别遵从各自的宗教法律，操各自的传统语言，恪守各自的生活习俗，隶属于各自的宗教首领，相安无事。穆斯林男子与非穆斯林女子之间的通婚现象随处可见，非穆斯林女子嫁与穆斯林男子后，可保留原有的宗教信仰，但是所生的子女则被视作穆斯林。然而，奥斯曼帝国坚持伊斯兰教统治的传统原则，穆斯林贵族垄断国家权力，非穆斯林不得担任政府官职，不承担兵役，不得分享国家权力。诸多宗教社团俨然是奥斯曼帝国境内的国中之国，诸多宗教的文化传统在奥斯曼帝国长期延续，进而导致奥斯曼帝国社会结构之浓厚的多元色彩。

二、 中东现代化进程的历史轨迹

现代化的历史内涵

作为学术概念的现代化，涉及包括政治学、经济学、社会学和历史学在内诸多学科的研究领域。不同学科视角各异，关于现代化内涵的界定千差万别，可谓仁者见仁，智者见智。

政治学家通常关注国家层面的历史运动，强调现代化的实质在于理性化、世俗化和民主化成为国家权威的合法性来源，统一民族国家的形成、普遍的政治认同感和国家权力的整合是现代化的历史基础，国家功能的集权化、官僚机构的效率化、公职人员的文官化、大众参与化和公民影响力则是现代化的标志性符号。

经济学家则着眼于技术的变革、生产的进步和经济的增长，注重物质财富之增长、分配和消费的量化分析，强调现代化的基本脉络在于产业结构的转化即从农业社会向工业社会的过渡以及第三产业的长足发展，将工业革命的肇始视作现代化进程的历史起点，而将现代化的历史变革视作工业化的最终结果。

社会学家所关注的是社会的变迁，认为现代化的核心内容在于社会结构的分化和整合、社会组织的开放化、社会成员的非等级化、社会职业的流动化、城市化、教育普及化和生活福利化，甚至将社会行为动机和社会观念取向直至人格特质和国民心理素质的转化视作现代化进程的标志性元素，马克斯·韦伯则将现代化定义为理性化的过程。

相比于政治学、经济学和社会学的研究视角，历史学的特点在于侧重长时段的动态考察，关注个案的实证分析，强调从具体到抽象和从个别到一般的思维逻辑，进而从貌似杂乱无序的历史现象中探讨人类社会演进的客观规律。从历史学的角度来看，现代化表现为具有丰富内涵的深刻历史变革，亦是历史长河剧烈运动的必然产物。

所谓的世界历史，无疑是人类社会不断走向解放的漫长过程。如若从宏观角度审视世界历史，不难发现，人类社会在走向解放的漫长过程中先后历经两次深刻的转变。人类社会的第一次解放，发生于自野蛮向文明过渡的历史阶段，其核心内容在于原本仅仅从属于氏族部落和作为“整体的肢体”的个人逐渐摆脱血缘群体的束缚，成为独立存在的社会成员，是为文明化。人类社会的第二次解放，发生于自传统文明向现代文明过渡的历史阶段，其核心内容在于独立存在的社会成员逐渐摆脱依附状态而走向自由的时代，是为现代化。

现代化的历史进程包含诸多因素的矛盾运动，其实质在于所有制的变革和社会形态的更替。就中东地区而言，所谓现代化的历史内涵，在于从封建主义社会向资本主义社会过渡的深刻变革。分散的个体生产、自给自足的自然经济、乡村农业的统治地位、社会生活的封闭状态、社会成员的等级性、普遍的超经济强制、广泛的人身依附状态和思想的束缚,无疑是封建主义和传统社会的基本要素。相比之下,资本主义所承载的现代文明,则包含社会化的大生产、以交换为宗旨的市场经济、发达的工业社会和城市化进程、社会生活的开放状态、社会成员的平等地位、契约关系的扩大、法治社会与公民自由、思想的个性化与意识形态的多元化。所谓的现代化,主要表现为生产规模从个体生产向社会化生产的转变、经济性质从自然经济向市场经济的转变、产业结构从农本社会向工业社会的转变、人口分布从乡村走向城市的流动趋势,社会交往从封闭向开放的转变、社会关系从依附和束缚向平等和自由的转变、政治生态从精英垄断向民众广泛参与的转变、国家形态从专制向民主的转变,意识形态随之经历从大一统之官方思想向兼容并蓄之民间理念的转变。换言之,生产的社会化、经济的市场化、工业化、城市化、人身的自由化、交往的开放化、社会秩序的法治化、政治生活的民主化和意识形态的个性化,构成现代化的普遍趋势和基本方向。

封建社会是人类历史普遍经历的发展阶段,封建主义长期承载着传统文明的演进历程,适应个体生产和农本社会的特定历史环境,具有毋庸置疑的合理性、普遍性和必然性。在前资本主义,中东与东亚、南亚以及欧洲基督教世界作为传统文明的诸多典型区域,其所经历的发展道路尽管从表面上看各具特色甚至迥然各异,却无不包含着传统文明的共同要素和封建主义的历史内核,实为异曲同工。另一方面,现代化即从传统文明向现代文明的过渡抑或从封建社会向资本主义社会的转型,无疑是世界历史发展的客观规律。封建主义的解体与资本主义要素的解放两者之间具有内在的逻辑联系,封建主义的解体与资本主义要素的解放两者之间表现出密切的因果关系。封建主义的历史基础,在于生产力水平的相对落后和物质财富的相对匮乏以及由此形成的普遍依附状态。资本主义的萌芽和现代文明的曙光自 15 世纪以来在亚欧大陆的西端渐露端倪,继而自西向东蔓延至古老的东方世界。技术的长足进步、生产力水平的大幅提高、物质财富的急剧增长、市场经济的空前活跃、货币关系的迅猛扩大和民众力量的崛起,挑战着形成于中世纪的传统秩序,瓦解着封建主义赖以存在的历史基础,进而催生着资本主义的兴起和从传统社会向现代社会的过渡,可谓现代化的深层物质基础。

世界现代化进程的终极目标无疑具有同一性,然而不同国家的现代化道路却不尽相同,可谓殊途同归。历史的发展表现为否定与继承的双重过程,传统文明的特定背景赋予不同国家的现代化进程以特定的历史印记。现代化并非等同于所谓的西化、欧洲化和美国化,亦非东方后发现代化国家复制西方发达国家的历史进程。即便在西方世界和发达国家,其现代化模式亦千差万别,形态各异。

西方诸国自15世纪和16世纪之交开始的新航路开辟、文艺复兴、宗教改革、启蒙运动以及其后爆发的一系列政治革命,可谓现代化进程早期阶段的历史坐标。工业革命并非世界现代化进程的起点,却是西方现代化进程早期阶段诸多层面剧烈变革特别是自然经济解体和市场化程度提高的逻辑结果,堪称现代化进程的重要里程碑,标志着现代化进程步入新的阶段。

伊斯兰传统文明与中东现代化进程两者之间具有内在的逻辑联系和历史联系,而传统的封建主义与新兴的资本主义的矛盾运动以及两者之间的此消彼长贯穿中东现代化的发展进程。前资本主义时代的中东伊斯兰世界,处于封建主义的历史阶段。教俗合一的乌玛构成伊斯兰国家的原型和基本框架,强调君权至上和臣民的从属地位,宗教政治与世俗政治错综交织。地产形态的国有传统长期延续,国有土地的赐封导致社会成员之间深刻的经济对立,国家土地所有权与私人土地支配权激烈抗争。穆斯林与非穆斯林的法律地位和社会地位存在明显的差异,不同宗教族群之间的封闭性和等级性贯穿伊斯兰时代中东封建社会的历史进程。西方的冲击固然构成深刻影响中东地区现代化进程的外部因素,而伊斯兰传统文明的特定历史背景从根本上决定着中东现代化进程之区别于其他诸多地区现代化进程的特殊道路。

中东现代化进程的启动

自15世纪开始,传统的农本社会在西方基督教世界逐渐衰落。伴随着统一民族国家的形成、重商主义的实践和工业革命的完成,西方基督教世界迅速崛起,实力剧增。相比之下,中东伊斯兰世界的历史进程处于停滞的状态,农本社会长期延续。西方的崛起和中东历史的相对停滞状态,导致基督教世界与伊斯兰世界之间力量对比的失衡。西方基督教世界的崛起,无疑标志着现代文明的诞生。中东伊斯兰世界的停滞状态,其特定内涵在于传统秩序的根深蒂固。文明的落差导致西方冲击的历史浪潮,现代化进程随之自西方基督教世界向中东伊斯兰世界逐渐延伸。

中东伊斯兰世界的现代化进程缘起于西方的冲击,特定的国际环境构成中东伊斯兰世界现代化进程中至关重要的外部因素。工业革命导致扩大产品市场和增加原料供应的迫切需要,是为西方列强之世界性扩张的内在根源。进入 19 世纪,西方列强的战争威胁促使奥斯曼帝国的苏丹、埃及的帕夏和伊朗的国王致力于自上而下的新政举措,传统社会的冰山开始出现融化的迹象,中东伊斯兰世界的现代化进程由此拉开序幕。

中东伊斯兰世界的统治者推行新政的初衷,无疑是强化君主制度和维护传统秩序,进而应对西方基督教世界的崛起和由此形成的外部威胁。新政举措所涉及的范围,亦大都局限于上层建筑和器物层面。然而,推行新政的主观目的与客观后果不尽吻合,两者之间存在明显的悖论倾向。所谓新政的核心内容是组建新军;组建新军的直接原因是战争的需要,而组建新军的前提条件则是筹措巨额的军费。新政期间,中东伊斯兰世界的统治者极力寻求扩大财源的途径,旨在增加岁入,保证军饷的支付和军事装备的购置。传统社会与新政期间的统治者皆具有聚敛财富和增加岁入的强烈需求,而两者聚敛财富和增加岁入的方式却迥然不同。在传统社会,自给自足的自然经济占主导地位,农业构成基本的经济部门,占有土地则是聚敛财富和增加岁入的首要来源。新政期间,中东伊斯兰世界的统治者相继兴办现代工业,推行重商主义的经济政策,获取货币取代占有土地成为时尚,传统社会的冰山开始出现融化的迹象。

19 世纪以前,中东伊斯兰世界与西方基督教世界之间并非处于隔绝的状态,而是存在一定程度的相互交往。伊斯兰世界与西方基督教世界之间的交往,通常表现为战争的形式,亦包含有限的商业贸易,传统手工业产品是中东伊斯兰世界输出欧洲基督教世界的主要商品。进入 19 世纪以后,中东伊斯兰世界与西方基督教世界之间的贸易交往呈明显上升的趋势。西方列强往往通过战争的手段,强迫奥斯曼帝国及恺伽王朝签署一系列的不平等条约,进而向中东伊斯兰世界倾销廉价工业品。西方工业品的倾销导致中东伊斯兰世界经济领域的深刻变化,货币关系的扩大、地租形态的转换、农作物结构的调整、农产品出口的急剧增长和农业生产市场化程度的明显提高构成此间中东伊斯兰世界经济生活的突出现象,中东伊斯兰世界的传统手工业则由于西方廉价工业品的竞争而趋于衰落。自 19 世纪中叶开始,中东伊斯兰世界与西方基督教世界之间的交往逐渐由贸易领域扩展至投资领域,西方列强在中东诸地直接投资,筑路建厂。与此同时,西方列强通过提供高息贷款的方式,控制中东伊斯兰世界的经济命脉,西方货币充斥于中东伊斯兰世界的流通领域。至 19 世纪后期,中东伊斯兰世界逐渐沦为西方工业国的农产品供应地和工业品市场，传统经济秩序濒临崩溃，自给自足的封闭状态亦不复存在。

19世纪的奥斯曼帝国和恺伽王朝无疑呈日渐衰落的趋势。然而，奥斯曼帝国和恺伽王朝的衰落不同于哈里发国家的解体。哈里发国家的解体发生于传统文明的框架之内，根源于传统社会内部诸多因素的矛盾运动。相比之下，奥斯曼帝国和恺伽王朝的衰落发生于从传统文明向现代文明过渡的特定历史条件下，既是传统社会诸多因素矛盾运动的结果，亦与近代欧洲的崛起和西方的冲击具有内在的逻辑联系。财政岁入的日渐枯竭、对外战争的接连失利、地方离心倾向的增长和王权的式微，尽管构成奥斯曼帝国和恺伽王朝衰落的历史链条，却未触及中东伊斯兰世界传统秩序的深层根基而仅仅局限于上层建筑和器物层面。近代欧洲的崛起和西方的冲击不仅加速着奥斯曼帝国和恺伽王朝的衰落，而且催生着中东伊斯兰世界之现代文明的兴起。西方廉价工业品的倾销和国际分工的扩大，导致中东伊斯兰世界经济社会领域的剧烈变革，构成瓦解中东伊斯兰世界传统秩序的催化剂。中东伊斯兰世界逐渐丧失传统时代的自主地位，卷入资本主义的世界体系，进而成为西方列强的原料供应地和工业品市场，经济社会生活随之从封闭状态走向开放。奥斯曼帝国和恺伽王朝的衰落并非意味着中东伊斯兰世界的全面衰落，而是包含新旧经济秩序的更替、新旧社会势力的消长、新旧思想理念的冲突、民主与独裁的抗争等现代化进程中的特有现象，体现中东伊斯兰世界的长足进步。奥斯曼帝国和恺伽王朝衰落的实质在于中东伊斯兰世界传统秩序的解体和新旧社会形态的更替，而奥斯曼帝国的崩溃和恺伽王朝的寿终正寝构成中东伊斯兰世界现代化进程的重要历史内容，标志着中东伊斯兰世界之新生的开始。

中东伊斯兰世界的现代化进程发端于奥斯曼帝国统治下的小亚细亚半岛和埃及，继而向新月地带和伊朗高原逐步扩展，直至延伸到阿拉伯半岛。自20世纪30年代开始，西方石油公司在波斯湾沿岸发现石油，由此掀开阿拉伯半岛历史进程的崭新一页。如同古代的阿拉伯人伴随着伊斯兰教的产生而经历从野蛮向文明过渡的深刻历史变革，石油的发现促使阿拉伯半岛告别传统社会，进而步入现代化的历史阶段。石油时代的到来，缘起于西方经济对于能源供应的严重依赖。石油的开采以及石油经济的迅速发展，则是联结阿拉伯半岛与现代文明的纽带和桥梁。伴随着石油财富的增长，阿拉伯半岛的传统秩序逐渐解体，现代化进程随之启动。石油经济的繁荣，成为阿拉伯半岛现代化进程的重要物质基础。

现代民族国家的兴起与绝对主义的现代化模式

现代化的主体是具有完整主权的民族国家。纵观世界历史，各个地区由于具体条件的差异而在现代化的进程中经历了不同的发展道路，然而民族主义的兴起和民族国家的形成却是现代化进程中普遍存在的历史现象和不可或缺的必要环节。

16—17世纪，宗教改革在西欧诸国风行一时，否定教会的权威和排斥罗马教廷的传统势力是宗教改革的宗旨所在。民族教会的建立包含着民族主义的政治实践，世俗化构成推动西欧地区诸多现代民族国家浮出水面的重要举措。1775—1783年美国独立战争堪称西方民族革命的典型范例，英国殖民统治的结束开启了北美地区现代化长足发展的大门。相比之下，中东伊斯兰世界现代化的早期阶段与西方的冲击密切相关。西方的冲击固然推动了中东伊斯兰世界农业生产的市场化和初步的工业化进程，促进了中东伊斯兰世界商品经济的发展和货币关系的扩大，加速了中东伊斯兰世界传统经济结构和社会秩序的衰落。但是，殖民侵略和殖民统治作为西方冲击的历史形式，对于中东伊斯兰世界的现代化进程具有十分严重的消极影响。殖民主义的实质在于宗主国对于殖民地财富的掠夺；西方列强的殖民侵略和殖民统治导致中东诸国长期缺乏完整的主权和独立的国际地位，在政治上从属于西方，在经济上依附于西方，是束缚中东诸国经济社会进步的枷锁和制约中东诸国现代化进程的外源性障碍。

自由与民主可谓现代文明的两大主题，主权在民与宪法至上构成现代民族国家的政治基础。自由在传统社会原本是相对于奴役状态的法律概念，在现代社会成为与公民权密切相关的政治概念。中东诸国的现代化进程尽管一度包含西化的倾向，然而所谓的西化只是西方制度的扩张和西方殖民主义的逻辑延伸，诸如议会和宪政等西方政治制度的移植并未从根本上改变中东诸国的政治进程，亦未带来真正意义上的自由和民主。西方列强的殖民侵略和殖民统治无疑阻碍着中东伊斯兰世界走向自由和解放的进程，民族的解放和主权国家的建立则是中东伊斯兰世界现代化进程得以长足发展的前提条件。特定的历史环境导致中东伊斯兰世界与西方列强之间的尖锐对立，随着民族矛盾的加剧，中东伊斯兰世界的民族解放运动日趋高涨。在尼罗河流域、安纳托利亚高原、新月地带和阿拉伯半岛，诸多新兴的主权国家相继崛起于奥斯曼帝国的废墟之上。重现古代波斯帝国的辉煌和骄傲,成为巴列维王朝追逐的梦想。民族主义的广泛胜利,标志着中东伊斯兰世界的现代化进程步入崭新的发展阶段。

中东伊斯兰世界现代化进程的突出现象,在于民族主义与民主主义的错综交织和此消彼长。民族主义运动与民主主义运动皆属政治层面的历史运动,两者的共同之处在于权力的角逐,不同之处在于前者表现为民族之间的尖锐对抗,而后者表现为民族国家内部诸多阶层和群体之间的激烈冲突。世界历史的脚步伴随着人类不断走向解放的主题,而现代化进程标志着人类走向解放的历史脚步迈入崭新的阶段。民族主义胜利的结局是民族的解放,民主主义运动的目标则是实现民众的解放。民族主义与民主主义具有内在的逻辑联系,民族主义的胜利是真正实现经济进步和财富增长进而使民众获得权利、自由和尊严的前提条件。中东伊斯兰世界现代化进程中的政治思潮和政治运动,从奥斯曼主义到凯末尔主义、从纳赛尔主义到复兴阿拉伯社会主义、从伊斯兰现代主义到现代伊斯兰主义,无不具有民族主义的浓厚色彩。从民族解放运动的胜利到民主化运动的高涨构成中东伊斯兰世界的现代化进程在政治层面的历史轨迹,绝对主义的现代化模式抑或所谓“发展的独裁模式”则是联结民族解放运动与民主化进程的中间环节。

绝对主义的现代化模式根源于现代化进程中新旧经济秩序和社会势力的深刻对立,威权政治的强化和政府广泛的经济干预构成绝对主义现代化模式的核心要素。绝对主义时代现代化的长足进步,通常表现为经济社会领域自上而下的深刻变革。绝对主义时代现代化进程的普遍现象,在于经济的发展与民众政治参与的排斥以及财富的增长与贫富分化的加剧。以牺牲政治层面的自由和民主作为代价,推动新旧经济社会秩序的更替,则是所谓“发展的独裁模式”之实质所在。凯末尔当政期间的土耳其、纳赛尔当政期间的埃及、礼萨汗和巴列维国王当政期间的伊朗、沙特家族统治下的沙特阿拉伯、侯赛因当政期间的约旦、萨达姆当政期间的伊拉克和阿萨德当政期间的叙利亚,均为绝对主义现代化模式的典范。民族主义、威权主义与国家资本主义三重倾向的错综交织,构成此间中东诸国现代化的明显特征。

凯末尔、纳赛尔、礼萨汗和巴列维、侯赛因、萨达姆、阿萨德和沙特家族的统治,无不体现民族主义、威权主义和国家资本主义的广泛实践。摆脱从属于西方的政治地位和依附于西方的经济地位,进而争取民族解放和主权独立,是中东诸国现代化历史进程的客观需要。捍卫至高无上的国家利益和民族尊严，堪称诸多绝对主义国家遵循的首要准则。威权主义作为民族主义的逻辑延伸，是从传统的君主专制向现代民主政治过渡的中间环节。从民族主义的胜利到威权主义的实践，标志着中东诸国现代化进程中政治领域的深刻革命。国家资本主义亦被称作现代形式的重商主义，其核心内容是在私有制的前提下实现政府在经济领域的广泛干预进而推动新旧经济秩序的历史性转换。国家资本主义既是威权主义的经济基础，亦是否定封建生产关系和加速资本主义生产关系成长的有力杠杆。民族主义的高涨构成国家资本主义的逻辑起点，威权主义的政治实践则是国家资本主义的先决条件。

绝对主义时代的威权国家尽管标榜西化道路和效法西方世界的现代化模式，却非真正意义上的全盘西化，而是在政治改革领域止步不前，抵制西方崇尚的现代民主之政治理念，奉行自上而下的政治原则，极力强化独裁专制，垄断公共权力，排斥民众的政治参与，阻碍民主化进程，从西方引进的所谓宪政徒有虚名，宪法如若一纸空文，宪法规定的政治制度与现实的政治生活大相径庭，总统和国王凌驾于宪法和议会之上，宪法之关于主权在民、自由平等和保障公民权利的相关条款只是欺骗民众的美丽谎言，形同虚设的议会和政府操纵的选举则是独裁专制的点缀和遮羞布，民众长期徘徊于政治舞台的边缘地带，政治发展方向与西方世界的民主化进程背道而驰，政治秩序长期滞后于经济社会领域的剧烈变革，直至深陷矛盾危机之中而无法自拔。

绝对主义时代的统治者大都致力于塑造平静和稳定的政治氛围，威权政治的强化与平静稳定的政治氛围具有内在的逻辑联系。然而，绝对主义时代的威权政治不同于传统社会的君主专制，亦区别于现代社会的民主政治，具有明显的悖论倾向。绝对主义时代自上而下的改革举措，其主观目的在于强化威权政治，而客观后果却与主观目的大相径庭。随着传统经济秩序的瓦解、工业化的长足发展、交换关系的扩大和市场化程度的提高，新旧社会势力此消彼长，民主化运动的客观物质基础日渐成熟。

政治层面之现代化进程的核心内容在于民众政治参与的扩大和政治民主化程度的提高，而政党政治的演变则是中东诸国政治现代化进程的重要内容。绝对主义时代，中东诸国大都采取一党制或一党独大的政党制度，奉行自上而下的政治原则，政党内部缺乏必要的政治民主，政党政治与政府政治浑然一体。包括凯末尔当政期间土耳其的共和人民党、纳赛尔当政期间埃及的阿拉伯社会主义联盟、巴列维国王当政期间伊朗的新伊朗党和复兴党、阿萨德当政期间叙利亚的复兴党和萨达姆当政期间伊拉克的复兴党在内的诸多政党，皆非广泛体现民众意志的政治载体，只是独裁者控制社会和排斥民众政治参与的御用工具。

工业化的演进趋势

中东伊斯兰世界工业化进程的源头，可以追溯到新政期间创办的官营企业。19 世纪前期埃及帕夏穆罕默德·阿里和奥斯曼帝国苏丹马哈茂德二世的新政举措，首开中东伊斯兰世界工业革命的先河。新军的组建和战争的需要无疑是创办官营企业的直接诱因，军火制造业和造船业则是新政期间最重要的官营企业。继官营军事工业创办之后，民间投资兴办现代工业者不断增多，然而其经营领域往往局限于纺织业和食品加工业以及其他日用消费品制造业。与此同时，传统手工业呈衰落的趋势，手工工匠逐渐丧失独立的经济地位，转化为新兴现代工业企业的雇佣劳动力。殖民主义时代，中东伊斯兰世界长期处于从属西方列强的经济地位，农产品的输出和西方工业品的倾销构成中东伊斯兰世界与欧洲基督教世界经济交往的核心内容。殖民主义的实质在于宗主国对于殖民地财富的掠夺，而殖民侵略和殖民统治的直接后果是中东伊斯兰世界的畸形经济发展。由于殖民主义时代的特定历史环境，中东伊斯兰世界的现代民族工业处境艰难，发展速度缓慢，工业投资长期落后于农业投资。

进入 20 世纪，中东伊斯兰世界的民族解放运动日趋高涨，诸多主权国家相继诞生。伴随着殖民主义时代的结束，中东伊斯兰世界的民族工业获得长足的发展。此间，中东诸国大都奉行国家资本主义的经济原则，强调进口替代的工业化发展模式，极力扶持基础薄弱的民族工业。民族主义的胜利可谓国家资本主义的逻辑起点，西方资本的国有化政策掀开国家资本主义的序幕。政府广泛的经济干预、国内市场的保护和工业优先的原则，标志着中东诸国国家资本主义的广泛实践。由于人口的迅速增长与耕地面积扩大的相对滞后两者之间矛盾凸显，人均耕地面积下降，工业化成为缓解人口增长压力和摆脱贫困状态的必要途径。国家资本主义时代，政府投资取代西方投资和国内民间投资，成为中东诸国工业投资的首要形式。政府投资的领域主要是基础设施建设、重工业和技术资金密集型企业，国有化进程则是政府广泛干预和政府投资扩大的逻辑结果。国家资本主义尽管不无弊端，却是推动中东诸国工业化进程的有力杠杆。工业投资的增长、工业基础的扩大、工业结构的日趋完善、工业生产总量的明显增长以及传统工业与现代工业的此消彼长,集中体现中东诸国工业化的长足进步。

在中东特定的历史条件下,国家资本主义的经济发展模式与威权主义的政治模式具有内在的逻辑联系,体现威权主义的政治模式在经济领域的延伸。国家资本主义的经济发展模式服务于威权主义的政治需要,国家资本主义的广泛实践构成威权主义的重要物质基础,而威权主义的削弱与国家资本主义的衰落往往表现为明显的同步过程。20 世纪后期,中东诸国政府相继推行以自由化和非国有化为主要内容的新经济政策,私人投资明显增长,私人经济呈逐渐上升的趋势,市场经济日趋成熟。尽管如此,国有经济在中东诸国并未销声匿迹。私人经济尽管经营方式灵活,却因资金匮乏,技术落后,其在工业领域的投资存在诸多局限。相比之下,国有经济资金雄厚,技术先进,虽然体制方面存在种种弊端,却在推动工业化的进程中具有不可替代的作用,进而与私人经济长期并存。与此同时,中东诸国政府相继设立经济特区和自由贸易区,吸引国外投资,寻求扩大国际市场,外向型的出口开放逐渐取代内向型的进口替代而成为中东诸国工业化的普遍趋势。进口替代的经济发展模式尽管构成中东诸多主权国家推动工业化进程的重要阶段,毕竟包含着相对封闭的明显倾向。从进口替代的内向型经济发展模式转变为出口开放的外向型经济发展模式,标志着中东诸国工业化开始步入新的发展阶段,经济市场化的程度随之进一步提高。然而,20 世纪后期中东诸国推行的经济改革,其广度、深度和速度大都处于政府的操纵和控制之下,旨在延续国家对于经济生活的主导作用。政府和官僚阶层直接受益以及政府和官僚阶层与新兴资产阶级分享成果,是自上而下推行自由化经济改革的宗旨和前提条件。政府与私人的合资企业,形成政府与私人投资者之间的共同利益。官僚资产阶级逐渐摆脱国家资本主义的经济框架而开始转化为自由资产阶级,亦官亦商者甚多,官商勾结现象严重。包括财政收支失衡、通货膨胀加剧、失业率上升和下层民众生活水准下降在内的诸多问题,并未由于新经济政策和自由化改革的实施而得到有效的解决。

地权的演变与乡村农业的发展

国家土地所有制起源于先知穆罕默德时代的阿拉伯半岛,从哈里发时代直至奥斯曼帝国和萨法维王朝统治时期长期延续,构成中东伊斯兰世界传统文明的重要特征。国有土地的赐封导致社会成员之间深刻的经济对立,国家土地所有制与小农个体生产的结合集中体现中东伊斯兰世界封建性质的经济关系。国家土地所有权与私人支配土地的经济现实两者之间的矛盾运动，贯穿中东封建社会的历史进程。

进入19世纪，随着商品经济的发展和货币关系的扩大，中东伊斯兰世界的地权形态出现明显的变化，国家土地所有制逐渐衰落。19世纪30年代，奥斯曼帝国废除封邑制，全面实行包税制，包税制的推广排斥着国家对于土地的支配和控制，进而构成国有土地转化为民间地产的中间环节。1858年，奥斯曼帝国颁布《农业法》，农民租种国有土地的经营自主权明显扩大，直至获得租种国有土地的交易权，地权的非国有化程度进一步提高。在尼罗河流域，穆罕默德·阿里王朝的统治者赛义德废除国家垄断农业生产和农产品专卖的规定，赋予租种国有土地的农民享有自主经营直至抵押和继承的广泛权利，允许民间购置国有土地，推广货币税。在恺伽王朝统治下的伊朗，王室土地和贵族封邑自19世纪中叶开始逐渐减少，私人支配的民间地产不断增加，封邑的领有者开始演变为地产的所有者。

地权形态与乡村农业具有密切的内在联系。国家土地所有制的统治地位通常与自给自足的自然经济以及广泛的超经济强制密切相关，其明显特征在于地权分布状态的相对稳定，进而成为遏制土地兼并的重要手段。商品经济发展和农业生产市场化进程的逻辑结果，则是地权的剧烈运动。土地作为商品进入流通领域，瓦解着国家土地所有制赖以存在的基础。地权的非国有化运动无疑是经济市场化的重要内容，其直接后果在于土地兼并的加剧和私人大地产的膨胀。失去土地进而被迫出卖劳动力的农民人数呈明显上升的趋势，乡村社会的贫富差距明显扩大。另一方面，地权的非国有化运动和日趋加剧的土地兼并，决定了地主阶级在乡村农业领域的统治地位和在国家政治生活中的广泛影响。农民作为依附于地主的弱势群体，处于政治生活的边缘地带，无缘分享国家权力，其与地主之间的矛盾对抗日趋尖锐。

尼罗河流域、新月地带、伊朗高原和安纳托利亚高原是中东主要的农业区域。20世纪中叶，土地改革成为上述地区现代化进程中普遍经历的现象。纳赛尔当政期间，埃及政府于1952年、1961年和1969年三次颁布土地改革法令。伊朗国王巴列维长期致力于所谓的“白色革命”，而土地改革构成白色革命的核心内容。复兴党执政期间，叙利亚和伊拉克政府亦曾颁布土地改革的相关法律。中东诸国现代化进程中的土地改革不同于传统社会之国家随意没收或无偿征用私人地产的模式，强调保护私人财产的基本原则，根据乡村地权的分布状况，限制私人地产的占有规模，超过规定限额的土地由政府统一收购,向缺少土地的农民出售。

土地改革的经济根源,在于地权非国有化运动的条件下土地兼并的加剧、小农经济的衰落、私人大地产的膨胀和贫富差距的扩大。高度发达的威权政治,则是土地改革得以实践的前提条件。中东诸国政府推行的土地改革,旨在通过地权的改变,削弱在外地主的传统势力,缓解乡村社会的贫富对立,强化国家对于乡村和农业的直接控制。土地改革期间建立的合作社通过物价控制、信贷发放和农产品购销政策干预农业生产,进而取代传统的土地贵族,成为联结国家与农民的纽带和政府控制乡村社会的政治工具。合作社的广泛建立,标志着乡村官僚化程度的明显提高和国家权力在乡村社会的广泛延伸。与此同时,传统土地贵族经历普遍的衰落过程,分成制的租佃方式逐渐废止,农民随之开始摆脱依附状态。然而,土地改革并未直接导致贫困农民经济境况的明显改善。小农地产面积有限,财力匮乏,投资严重不足,加之政府控制作物播种和规定收购价格,农民往往入不敷出,债台高筑,直至沦为雇工,或流入城市而导致农业劳动力的严重缺失。相比之下,中等农户投资土地,购置农业机械,采用现代经营模式,提高产量和市场化程度,成为土地改革的受益者。

尽管如此,土地改革无疑是中东诸国现代化进程的重要环节。经济的市场化无疑是现代化的基础层面,封闭的乡村社会与自给自足的农业生产则是制约经济市场化进程的障碍。大规模的土地改革导致乡村地权分布状况的明显变化,采用封建生产方式经营地产的在外地主阶层由于地权的转移和地产的丧失而呈普遍衰落的趋势,人身依附关系日趋松弛,传统社会结构濒临崩溃。随着地权的趋于分散,相当数量的农民获得必要的生产资料,小农经济广泛发展,农民的自主经营权进一步扩大,农业投入明显增加。小农经济本身并不体现资本主义的生产关系,而是存在于诸多社会形态中。然而,在从传统社会向现代社会过渡的历史条件下,小农经济的发展无疑意味着对封建生产关系的排斥,进而成为资本主义生产关系滋生和成长的沃土。土地改革期间小农经济的上升趋势,作为乡村社会和农业领域实现深刻变革的逻辑起点,既是削弱封建地主阶级和封建主义生产方式的重要杠杆,亦是资本主义生产关系在乡村社会和农业领域得以确立的前提条件。土地改革期间,政府通过广泛建立农业合作社,向农民直接发放农业贷款,干预农业生产,实行农产品的征购代销,国家与农民之间初步形成资本主义的经济关系,进而促使国家资本主义在乡村社会和农业领域逐渐延伸。另一方面,由于资本主义性质的农场和农业公司以及机耕土地不在土地改革的范围之内,越来越多的在外地主放弃传统的分成租佃制,采用现代经营方式,推广使用农业机械,扩大雇佣关系,农产品的市场化程度逐渐提高。与此同时,政府通过减免税收的相关政策,吸引在外地主改变资金投向,促使在外地主从投资土地转向投资企业,进而转化为新兴资产阶级,工业化进程随之加快。土地改革期间乡村社会结构的变革、新旧势力的消长、农民的解放和农业的发展,标志着中东现代化的长足进步。

与埃及、伊朗、叙利亚和伊拉克相比,土耳其现代化进程的突出现象是没有经历大规模的土地改革。土耳其政府在凯末尔时代推行的土地改革,主要是有偿分配国有土地和移民过程中出现的无主土地,涉及范围相对有限。土耳其议会在 40 年代和 50 年代颁布的土地改革法案,亦流于形式。由此出现的问题是,土地改革与现代化进程之间具有怎样的内在联系,即土地改革是否构成实现农业生产发展和乡村社会变革的必要条件。在理论上,土地改革的经济根源,在于特定的地权分布与地产结构,即小农经济的普遍衰落与大地产的广泛发展;高度发达的威权政治,则是土地改革得以实践的前提条件。埃及、伊朗、叙利亚和伊拉克的大规模土地改革均发生于威权政治膨胀的时代,既是否定乡村社会的传统模式和促进农业生产发展的重要环节,亦是威权政治自城市向乡村广泛延伸的历史形式。换言之,埃及、伊朗、叙利亚和伊拉克的大规模土地改革与地权分布的严重不平等状态以及威权政治之间具有内在的逻辑联系。与埃及、伊朗、伊拉克相比,土耳其乡村的地权分布与地产结构处于相对稳定的状态,小农经济在土耳其乡村长期占据主导地位,贫富分化程度较低,加之缺乏高度发达的威权政治,土地改革的相关政策和历史进程独具特色。

政治民主化进程亦是影响乡村社会和农业生产的重要因素。绝对主义时代的突出现象,是推行工业优先的经济政策和高比例的工业投资,现代化进程主要表现为工业的长足发展和城市的剧烈扩张。相比之下,土地改革尽管导致地权的变化,加速封建主义生产关系的衰落进程,却未能成为促进农业生产的积极因素。由于农业投资的不足,加之城市化进程导致农业劳动力的严重短缺,农业生产长期停滞不前,农作物产量增长缓慢,乡村社会处于现代化的边缘地带,城乡发展水平明显失衡,农民普遍的贫困状态成为制约中东诸国经济社会发展的重要因素。随着政党政治和选举政治的日臻成熟,增加农业投入、提高农产品价格、维护农民利益和改善乡村的生活境况成为诸多政党扩大政治影响和争夺选票的重要手段。现代化从城市向乡村的延伸、农业的发展和农民地位的改善构成政党政治和选举政治日臻成熟的逻辑结果,农业与工业的发展以及城市与乡村的社会进步逐渐出现和谐的趋势。

社会生活的变迁

在传统伊斯兰世界,不同的宗教信仰决定着相应的法律地位。穆斯林与非穆斯林之间广泛的社会对立,构成传统伊斯兰文明的显著特征。1839 年颁布的“花厅御诏”,正式承认包括穆斯林、基督徒和犹太人在内的帝国臣民享有同等的法律地位。坦泽马特时代,奥斯曼帝国在沿袭传统宗教法律框架的同时,开始尝试世俗的立法实践,引进世俗法律,废除原本由非穆斯林缴纳的人丁税,打破宗教界限征募士兵,建立世俗法庭,兴办世俗学校,非穆斯林获准出任政府官职,穆斯林与非穆斯林之间的社会界限日趋淡化,诸多宗教群体之间的法律地位日渐趋同,米勒特制度随之解体。

19 世纪末至 20 世纪初,中东伊斯兰世界与西方列强之间的矛盾日趋尖锐。与此同时,中东伊斯兰世界内部的宗教隔阂逐渐缓解,民族意识不断增强,世俗民族主义应运而生,穆斯林与非穆斯林宗教群体借助于世俗民族主义的历史形式实现广泛的政治联合。1882 年奥拉比兵变期间,反对英国的殖民侵略成为埃及穆斯林与科普特派基督徒的共同目标;兵变期间的著名口号“埃及是埃及人的埃及”,强调埃及人超越宗教界限而共同致力于埃及的政治解放,具有世俗民族主义的历史内涵。1922 年,图坦哈门陵墓被成功发掘,法老主义以及其后的基督教传统和伊斯兰教信仰均被视作埃及新国家的重要历史遗产,传统的回归和古老民族的再生成为时尚的思潮。土耳其共和国的缔造者凯末尔亦明确强调世俗的民族忠诚取代传统意义上与乌玛和哈里发制度相联系的宗教忠诚,强调以顺从国家取代顺从宗教作为土耳其公民的首要义务。1924 年颁布的土耳其宪法规定:土耳其所有的人民,无论其宗教和种族如何,就其身份而言,均属土耳其人;所有土耳其人在法律面前一律平等,任何团体、等级、家族和个人的特权均在被取消和禁止之列。1928 年,土耳其国民议会修改宪法,甚至删除伊斯兰教作为土耳其共和国国教的内容。

城市化是现代化进程中的普遍现象。自 19 世纪开始,中东伊斯兰世界的人口数量呈持续上升的趋势,而城市人口的增长速度明显高于乡村人口的增长速度,城市人口在总人口中所占的比例不断提高。城市化进程与工业化进程通常表现为同步的状态，而乡村社会的变化与城市化进程之间亦具有内在的逻辑联系。传统伊斯兰世界具有农本社会的典型特征，城市通常处于经济舞台的边缘地带，城市工商业构成乡村农业的延伸和补充。伴随着工业化进程的启动，中东伊斯兰世界的城市内涵出现明显的变化，传统城市逐渐演变为现代城市，城市经济随之成为经济生活的中心舞台，城市与乡村的交往迅速扩大。农业的长足进步和农产品市场化程度的提高无疑是城市化进程的深层物质基础，人口的迅速增长、产业结构的剧烈变化和人口流向的明显改变则是推动城市化进程的直接原因。绝对主义的历史条件下威权政治的膨胀、民主化进程的滞后、乡村普遍的贫困落后状态以及由此形成的城乡之间经济社会发展的非同步性，亦是人口分布改变和导致乡村人口流向城市的重要原因。

在现代化的历史阶段，中东伊斯兰世界的人口数量明显攀升，而耕地面积的增长速度相对缓慢，由此形成日趋严重的社会矛盾，工业化则成为缓解人口压力和社会矛盾的有效途径。随着人身依附关系的日渐松弛，越来越多的乡村人口离开土地，移入城市，导致城市人口的急剧膨胀，劳动力市场不断扩大，进而提供了工业化进程中的充足人力资源。然而，中东诸国的工业化进程往往滞后于城市化进程，城市人口的失业率长期居高不下，城市社会的贫富差距不断扩大。现代化无疑伴随着财富增长的过程，然而财富的增长本身并不能带来现代的社会。伴随着财富的急剧增长，财富的分布表现为明显的不平衡倾向。财富的增长与财富合理分配的社会愿望两者之间的矛盾日渐凸显，成为中东伊斯兰世界现代化进程中的突出现象。城市下层民众由于缺乏必要的生活保障而普遍处于无助的状态，激进情绪和极端倾向蔓延，构成中东诸国政府面临的潜在政治隐患。福利性的社会政策，则是海湾诸多君主国缓解社会矛盾的重要举措。

现代化进程中新旧经济秩序的更替，导致社会秩序的剧烈变动和新旧社会阶层的此消彼长。市场化程度的提高瓦解着传统社会的封闭状态，资本主义的生产方式塑造着新兴的资产阶级，工业化的长足进步导致现代产业工人队伍的迅速壮大。国家权力的强化和政府职能的完善助长着社会生活的官僚化趋势，20世纪后期的新经济政策加速着政府官僚转化为资产阶级的进程。传统的巴扎商人和手工工匠沦为现代化进程的牺牲品，其经济实力和社会地位已非往日可比。土地改革无疑是削弱乡村封建主义的有力方式，在外地主作为传统社会举足轻重的社会阶层日趋衰落，农民随之逐渐摆脱依附状态。城市化进程的加快导致棚户区的扩张,而棚户区的扩张体现城市下层民众的艰辛生活状况,标志着城市贫富分化的加剧。在海湾地区,石油的开采和石油经济的繁荣加速着游牧人口定居化趋势,外籍劳动力的爆炸性增长成为社会生活的突出现象。

中东伊斯兰世界的社会构成不仅具有部族差异和教派差异的浓厚色彩,而且存在明显的阶级差异。部族对立、教派冲突与阶级矛盾的错综交织和此消彼长,集中体现中东经济社会秩序的剧烈变革。中东诸多国家的宪法明确禁止组建阶级性的政党,凯末尔主义和纳赛尔主义亦强调超阶级的政治倾向,缘起于社会下层的激进政治运动只是被视作争取社会公正的运动,然而阶级斗争并未销声匿迹。在现代化的历史背景下,新旧经济秩序的消长和社会结构的裂变排斥和否定着传统的部族社会和教派社会,社会分化的扩大和贫富差距的加剧助长着社会成员的阶级对立。诸多新兴的政治运动尽管依旧具有部族对立和教派对立的色彩,无疑包含阶级斗争的崭新内容。

三、 民主化视野下的世俗政治与宗教政治

所谓民主与民主化

世界历史进程在经历从原始社会向阶级社会转型之文明化到从传统社会向现代社会转型之现代化的同时,亦在政治层面经历从去民主化到回归民主的剧烈运动。作为现代化在政治层面的历史坐标,民主化具有特定的政治属性,包含特定的政治理念和政治实践。民主化的实质在于政治权力的归属,而民主化的历史进程表现为政治权力从世袭性向公共化的转换、从垄断性向开放化的转换和从封闭性向程序化的转换。民主化意味着政治权力的重新组合和政治领域的深刻变革,具有明确的时代性和历史方向性。实现民众主权的政治原则、公共权力的制衡和民众广泛的政治参与抑或所谓的民众政治化,无疑是民主化的核心内涵。公共权力之合法性来源的转换,则是民主化的首要标志。常态化的选举政治提供了民主政治框架下公共权力的合法性来源,而多元化的政党政治则是民主政治的必要载体和运作媒介。

纵观世界历史,所谓民主并非现代社会的特有现象,非民主的专制统治亦非前现代化时代的唯一政治形态。作为人类童年的野蛮时代曾经盛行民主制,而在文明社会的早期阶段,原始民主制的传统长期延续,进而对于国家

形态和政治生活产生深刻的影响。与民主密切相关的共和制政体，不仅存在于地中海世界的雅典和罗马，而且遍及古代东方世界初入文明的诸多国家。在伊斯兰主义者极度推崇的早期伊斯兰时代，麦地那国家作为伊斯兰国家的原生形态，即为具有浓厚民主色彩的共和政体，而君主制曾经被阿拉伯穆斯林视作存在于拜占庭帝国和波斯帝国的异族异教之物。国家的形成无疑是人类社会步入文明的标志，而国家政体从民主向专制的过渡和从共和制向君主制的转变，抑或所谓的去民主化进程，则是文明发展到一定阶段的历史产物。倭马亚王朝的建立无疑是麦地那国家之共和政体深陷危机而无法自拔的结果，大马士革的君主制之取代麦地那的共和政体标志着伊斯兰国家政治领域的巨大进步。

所谓的民主并非超越时代的抽象政治原则，其与不同的生产方式和经济社会环境具有内在的逻辑联系，不同时代的民主具有不同的历史内涵和政治特质，古代民主与现代民主则不可同日而语。另一方面，现代政治范畴的民主化，发端于北美和西欧，继而在全球范围内蔓延，已然成为现代化进程中具有普世性而不可抗拒的历史发展方向。然而，民主化并非美国化抑或西方化的逻辑结果抑或外部输入的舶来之物，而是历史发展的产物和现代化的必要元素，植根于经济社会领域深刻变革的土壤之中，以新旧经济结构的兴衰和新旧社会秩序的更替为前提条件。不同的文化传统和历史环境决定了不同国家之民主化的特定道路，民主国家的政治形态各具特色而表现为明显的多样性。所谓的西方民主，即便在西方世界各国，其外在形式亦并非雷同。至于西方世界之外的诸多国家，民主形态更是千差万别。

现代国家区别于传统国家的本质要素，在于成熟的自由民主。民众广泛政治参与的基础上国家意志与民众意志的吻合，可谓现代国家的核心标志。有学者从西方基督教世界的历史经验出发，强调现代化进程在政治层面的历史坐标是国家权威的强化以及效忠国家的民众政治认同，而前工业化时代抑或所谓原工业化时代统一民族国家的建构则是现代化进程的起点。实际情况并非如此。纵观世界历史，传统社会不乏强有力的国家权威，亦不乏效忠国家的民众政治认同。具有悠久历史的古代中国堪称传统文明的典范，强有力的中央集权、发达的文官体制、世俗的政治理念、忠君爱国的政治认同可谓一应俱全，却无诸如人权、自由和民主的现代政治元素，唯见至高无上的皇权、亦主亦奴的官绅和任人宰割的生灵充斥于文献典籍的记载。历史经验充分表明，传统社会农本经济与国家权威的强化以及效忠国家的民众政治认同并非截然对立,现代社会之经济市场化进程与国家权威的强化以及效忠国家的民众政治认同亦未必表现为必然的逻辑联系。

传统社会政治模式的特有现象在于民众意志与国家意志之间的深刻对立,表现为依附与强制的明显倾向,而民众意志与国家意志之间的尖锐对立通常表现为民间与官方之间的暴力冲突。农民战争贯穿中国传统社会的历史进程,规模之大堪称举世无双,此起彼伏的农民战争固然与其贫困的生活境况不无联系,却更是中国传统社会专制主义极度膨胀的特定政治环境下民众意志与国家意志尖锐对立的逻辑结果。中东伊斯兰世界的传统政治制度,建立在传统经济秩序和社会结构的基础之上,其突出特征在于君主的至高无上和臣民的绝对顺从,国家意志与民众意志之间亦表现为明显的对立状态。相比之下,民众意志与国家意志的趋于吻合无疑是民主化的重要组成部分,而民众广泛的政治参与构成民众意志与国家意志趋于吻合的历史基础。民众广泛的政治参与,作为人类社会走向解放的标志性环节,根源于现代化进程中经济社会领域的深刻变革。农业的统治地位和自然经济的广泛存在,构成传统政治模式赖以存在的客观物质环境。工业化的发展、市场化程度的提高和交换关系的扩大,排斥着依附与强制的传统倾向,进而导致传统政治模式的衰落和现代政治模式的逐渐成熟。民众政治参与的程度,决定着相应的政治制度和国家政策,进而体现民众作为社会主体之解放的程度。民主化进程的实质,在于民众通过广泛政治参与而获得政治层面上的解放。议会政治、政党政治和选举政治的日臻完善,构成联结民众意志与国家意志趋于吻合的桥梁和纽带。

政治的稳定通常表现为两种基本的历史模式,一种是通过排斥民众参与和强化独裁专制而实现的传统政治稳定,另一种是通过否定独裁专制和扩大民众参与而实现的现代政治稳定。现代化进程中的民主化实践通常与政治的非稳定性处于共生状态,正如亨廷顿所言:政治稳定是政治发展的指标,现代性意味着稳定而现代化意味着动荡。现代化进程在政治层面的历史运动,表现为传统政治稳定的衰落和现代政治稳定的逐渐确立,剧烈的政治动荡则是联结传统政治稳定与现代政治稳定的中间环节。威权时代之政治氛围的平静和稳定无疑是政治风暴的前奏,变动的经济社会秩序与明显滞后的政治制度之间的深刻矛盾则是政治风暴的源头所在。脆弱的政治基础和内在的悖论倾向,是威权政治之区别于传统君主政治和现代民主政治的明显特征。独裁的铁幕只能掩盖和压制社会矛盾和政治对抗,却不能消除社会矛盾和政治对抗的根源。在独裁的铁幕掩盖下,社会矛盾和政治对抗不断加剧。民众力量的增强导致民众的政治崛起,民众的政治崛起挑战着威权政治的统治模式,进而形成民主与专制激烈抗争的动荡局面。

统治模式决定反抗模式,特定的政治环境塑造着相应的政治理念和政治实践。纵观世界历史,民主化的政治实践无疑是极其艰难和充斥着暴力的漫长历史过程。通过暴力革命的方式摧毁独裁专制,进而推动政体转换和为民主化进程开辟道路,在诸多国家的政治发展中并非鲜见。

所谓自由化与民主化无疑具有密切的内在联系,却未必处于同步的状态。自由化通常表现为自上而下的过程,抑或源于统治者的恩赐,而民主化往往表现为自下而上的过程,需要民众的艰苦抗争。自由化的内涵在于官方给予民众以相对宽松的私人空间,而民主化的内涵在于民众政治参与的扩大。在中东伊斯兰世界的现代化进程中,官方主导的政治改革大体上局限于自由化的范畴,而民主化的进程往往滞后于自由化的进程;统治者通常致力于以自由化改革作为民主化运动的替代,而官方操纵和控制的自由化改革,其主要目的在于缓解政治危机和社会危机。

民主化进程与公民社会的成长两者之间具有内在的逻辑联系,成熟的公民社会可谓民主政治的重要基石。所谓公民是相对于传统文明时代的臣民而言的法律概念,其核心内涵在于权利与义务的平衡。所谓的公民社会,缘起于现代化进程中经济秩序的变动和新旧社会势力的消长。现代化进程中经济秩序的变革和新阶层的兴起,提供了公民社会成长的客观环境。公民社会的成长既是经济市场化和私营经济活跃的历史产物,亦与自下而上的民众政治参与具有内在的逻辑联系,与民主化进程表现为同步的趋势。公民权的完善是公民社会走向成熟的法律基础,而公民社会的本质特征在于公共空间的公众参与和公众分享,其核心功能在于制约国家权力,沟通民众意志与官方意志,具有民间性、自主性、多元性、开放性和公众参与性之诸多要素的非政府组织则是公民社会的载体形式。另一方面,中东伊斯兰世界之公民社会的内涵,不应简单套用西方概念。在西方世界,现代化与世俗化表现为同步的过程,世俗性构成公民社会的鲜明特征。相比之下,在中东伊斯兰世界的现代化进程中,公民社会的成长往往表现为程度不同的宗教色彩,现代伊斯兰主义的实践与公民社会的成长两者之间并不存在根本的对立,却具有内在的逻辑联系。公民之权利与义务的失衡是世俗威权政治的突出特征,公民社会的缺失则是制约中东民主化进程的重要因素。现代伊斯兰主义与世俗自由主义貌似水火不容，皆致力于挑战世俗威权国家的独裁统治，具有异曲同工之处，构成推动公民社会成长历程的两大意识形态。民主与专制之间的尖锐矛盾，以及国家与社会之间的深刻对立，特别是挑战世俗威权国家和推动民主化进程的共同政治目标，提供了现代伊斯兰主义与世俗自由主义求同存异进而建立广泛联盟的历史基础。公民社会的成长提供了现代伊斯兰主义运动的重要条件，现代伊斯兰主义与世俗自由主义之政治立场的趋同可谓中东政治发展和民主化进程的历史方向。

宪政制度的移植与民主化的初步实践

自 19 世纪开始，随着传统经济秩序的解体和新旧社会势力的消长，中东伊斯兰世界的传统政治制度丧失赖以存在的物质基础，摇摇欲坠。与此同时，西方现代政治思想逐渐传入中东伊斯兰世界，自由和民主成为民众追逐的时尚和潮流。智力的觉醒和西方宪政制度的移植，集中体现中东伊斯兰世界政治领域的深刻历史变革。

客观物质环境的变化导致意识形态的相应变化。伴随着传统社会的衰落、西方文化的传播和现代世俗教育的发展，新兴知识分子渐露端倪，进而登上中东伊斯兰世界的政治舞台。新兴知识分子尽管来源各异，却分享共同或相近的政治理念，崇尚西方现代政治文化，强调主权在民和宪法至上的政治原则，积极倡导司法独立和权力制约，主张实行普选制和议会制，实现公民平等和保障公民权益，进而阐述了宪政制度的理论框架。

智力的觉醒与政治秩序的变动之间具有密切的内在联系，西方现代政治思想的广泛传播构成中东伊斯兰世界宪政运动缘起的前提条件，而西方宪政制度的移植堪称中东伊斯兰世界之西化实践的政治典范。19 世纪末 20 世纪初，奥斯曼帝国、伊朗恺伽王朝和埃及穆罕默德·阿里王朝的统治者相继颁布宪法，召开议会，标志着中东伊斯兰世界逐渐进入宪政时代。然而，西方的宪政制度根源于西方特定的历史进程即资本主义的发展和资产阶级的政治崛起，是西方经济社会深刻变革的逻辑结果，与资产阶级之登上历史舞台和问鼎政坛表现为同步的状态，通常表现为自下而上的过程。相比之下，在 19 世纪末 20 世纪初的中东伊斯兰世界处于现代化进程的早期阶段，传统农业依然占据主导地位，封建土地所有制广泛存在，工业化进程步履维艰，新兴资产阶级羽翼未丰，尚不足以与传统势力角逐政坛和分庭抗礼，西方宪政制度的移植表现为自上而下的过程，具有明显的历史缺陷。包括立宪制、代议制、普选制和政党政治在内的政治形式，并未给中东伊斯兰世界带来真正意义上的政治民主，所谓民众的权利仅仅源于统治者的恩赐。经济社会发展水平的严重滞后，加之殖民侵略和殖民统治的特定历史环境，决定了现代政治模式在中东伊斯兰世界的扭曲状态。所谓的民主政治缺乏必要的经济社会基础，尚属无源之水，徒具形式。所谓宪政制度的实质，在于借助现代政治的外在形式维护传统社会统治阶级的既得利益。尽管如此，宪政时代颁布的宪法毕竟包含着诸如自由平等和权力制约的现代政治要素，君主政治与议会政治的二元状态构成宪政时代政治生活的明显特征，议会选举则为新兴社会势力问鼎政坛和角逐国家权力提供了有限的政治空间。宪法的颁布和宪政制度的初步实践，标志着中东伊斯兰世界的现代化进程开始步入现代政治模式与传统政治模式激烈抗争的历史阶段。

政党政治根源于现代化进程的特定历史环境。诸多政党皆有相应的经济基础和社会基础，反映不同社会阶层的政治利益和政治要求。另一方面，诸多政党的政治纲领和政治立场在现代化的进程中并非处于静止不变的状态。现代化进程中新旧社会势力的此消彼长决定着诸多政党之政治纲领和政治立场的相应变化，不同社会阶层之间的力量对比决定着政党政治的模式和走向。19 世纪末 20 世纪初，包括青年奥斯曼党、青年土耳其党和华夫托党在内的诸多政党相继建立，现代政党政治随之在中东伊斯兰世界始露端倪。早期的政党政治兴起于中东伊斯兰世界与西方列强深刻对立的历史环境，尖锐的民族矛盾决定诸多早期政党具有民族主义的明显政治倾向，争取民族解放和实现主权独立构成诸多早期政党的共同政治目标。另一方面，诸多早期政党普遍表现为贵族政治的浓厚色彩和排斥下层民众政治参与的保守立场，系社会上层操纵议会选举和角逐权力的政治工具。

现代化进程中政治领域的突出现象，在于社会上层的贵族与社会下层的民众之间尖锐的政治对立。贵族政治与民众政治的此消彼长，标志着现代化进程中政治层面的运动轨迹。随着传统经济秩序的衰落和社会裂变的加剧，下层民众悄然崛起，进而登上中东伊斯兰世界的政治舞台。早期议会政治的非民众性导致下层民众政治参与的非议会性，超越议会的政治框架则是下层民众政治参与的突出特征。两次世界大战之间穆斯林兄弟会在埃及的滥觞，可谓下层民众之政治崛起和政治参与的典范，集中体现民众政治与贵族政治的激烈抗争。

进入 20 世纪后期，随着民族解放运动的胜利、现代主权国家的日渐成熟和经济社会秩序的剧烈变革，民主与专制的抗争成为中东诸多国家政治生活的核心内容，政党政治的演变集中体现民主化的长足进步。随着一党制的衰落和多党制的初步实践，多党制政党政治基础之上的选举政治和议会政治开始成为不同的社会群体角逐权力的政治形式，政治生活的多元格局日渐凸显。

多党制的政治实践标志着民众政治参与的扩大，争取民众的支持构成诸多政党的基本准则。在多党制的条件下，民众上升为政治舞台的重要角色，议会选举则是实现民众广泛政治参与的基本途径。诸多政党通过议会选举角逐国家权力，政党政治与政府政治日渐分离，国家、政党与社会的关系随之改变，民众的选择成为权力合法性的唯一来源，民众意志与国家意志趋于吻合。主权在民的政治原则和民众广泛的政治参与，提供了民众意志与国家意志趋于吻合的历史基础。民众意志通过国家意志而得以体现，构成民众意志与国家意志趋于吻合的外在形式。

由于历史背景和社会环境的差异，中东诸国的民主化进程表现为明显的不同步性。民主化的原因在于现代化进程中的内源性矛盾，民主化的动力在于民众政治的崛起，而民主化的进程取决于民众社会与威权国家之间的力量对比。土耳其自1950年起通过议会选举的形式实现不同政党之间的权力更替，率先实现政治领域的历史性转变，国家权力的合法性来源于民众的选择成为此后政治生活的基本准则。伊朗1979年伊斯兰革命标志着以君主制为核心的传统政治制度寿终正寝，伊斯兰共和国的建立和常态化的选举政治奠定了民众广泛参与的法理框架。埃及在萨达特当政期间经历一党制向多党制的转变，阿拉伯社会主义联盟作为唯一合法的政党不复存在，多党制政治进程的启动导致民众政治参与的相应扩大。伊拉克自80年代末亦曾解除党禁，尝试引进多党制的政党制度，标志着民主化的初步政治实践。80年代末90年代初，约旦颁布国民宪章，规定自由化进程的政治框架，承诺扩大民众的政治参与范围，恢复议会选举和多党制的政党制度，民主化进程随之启动。80年代末90年代初科威特的民众政治运动，开辟了海湾地区民主化进程的先河；巴林和卡塔尔的民主化运动作为科威特民主化运动的延伸，标志着海湾诸国民主化运动的高涨。90年代沙特阿拉伯的政治改革，主要表现为《基本法》的颁布和协商会议的召开。1990年南北也门合并后，也门共和国成为阿拉伯半岛唯一实行共和制政体的国家，首开阿拉伯半岛诸国多党制议会选举的先河。叙利亚于90年代调整国内政策，吸收新阶层进入复兴党主导的政府机构,允许非复兴党成员进入国民议会;国民议会的权限和影响逐渐扩大,进而成为缓解国内矛盾的减压阀。然而,诸多阿拉伯国家的民主化进程通常局限于自上而下的政治改革,旨在缓解社会矛盾和释放政治压力,处于摇摆不定的状态,具有明显的不确定性。

世俗化与世俗政治

世俗化一词源于欧洲基督教世界,特指宗教领域的非政治化和政治领域的非宗教化,强调宗教与政治的分离原则。多数学者通常将目光聚焦于欧洲基督教世界中世纪的历史环境和近代早期之社会转型的历史实践,依据欧洲基督教世界的历史经验,援引欧洲基督教世界的现代化模式,将教俗二元体系视作传统政治模式的典型特征,而将宗教领域的非政治化和政治领域的非宗教化抑或教俗分离视作现代政治的特有形态,强调现代化与世俗化两者之间具有普世的同步性和必然性,具有西方中心论的明显色彩和历史痕迹,结论尚显武断。

世俗化并非孤立存在的社会现象,而是与相应的历史环境密切相关。教俗关系的核心内容是权力的角逐,教俗双方的力量对比决定着教俗关系的走向和权力角逐的结局。在中世纪的欧洲基督教世界,教会与国家长期并立,宗教生活具有浓厚的政治色彩,宗教权力与世俗权力处于二元状态,罗马教廷和天主教会可谓最具影响的政治势力和传统秩序的集中体现。由于特定的历史背景,旨在否定教会权威和摆脱教廷控制的宗教改革构成欧洲基督教世界现代化进程早期阶段的重要内容,而世俗化进程集中体现世俗与宗教之间的权力争夺,包含争取民族解放和建立主权国家进而实现民众解放的明显政治倾向,与欧洲基督教世界现代化的政治发展进程呈同步的趋势。

然而,所谓的世俗化并非欧洲基督教世界的特有现象。自上而下的世俗化改革,长期伴随着中东伊斯兰世界的现代化进程。中东伊斯兰世界之世俗化改革的肇始与现代化进程的启动大体上呈同步的趋势。根据伊斯兰教的传统理论,乌玛是伊斯兰国家的原型和经典形态,是凝聚穆斯林的宗教政治形式,伊斯兰教构成维系乌玛的信仰基础。在传统的穆斯林看来,世俗的民族主义是西方的舶来品,是分裂乌玛和离间穆斯林的异教意识形态,而沙里亚即伊斯兰教法则是规范穆斯林行为的唯一法律准则,因此纯粹的世俗思想和异教的法律均不可接受。换言之,在传统的伊斯兰世界,超越宗教界限的世俗民族主义与乌玛的原则大相径庭,并无存在的空间。自 19 世纪开始,伊斯兰世界逐渐步入从传统社会向现代社会过渡的历史阶段，乌玛作为教俗合一的国家形态不复存在，地域性的世俗民族国家初露端倪，世俗化风行一时。中东伊斯兰世界的世俗化改革，具有浓厚的西化色彩，其主要举措包括引进西方的世俗法律、兴办西方模式的世俗教育、关闭宗教法庭、取缔宗教学校、剥夺宗教地产、削弱宗教组织的自主地位和克服宗教势力的离心倾向。与欧洲基督教世界的世俗化进程相比，中东伊斯兰世界的世俗化改革并非严格遵循宗教与政治的分离原则，而是强调国家和政府对于教界的绝对控制，表现为宗教机构的官僚化和宗教意识形态的官方化。

然而，中东伊斯兰世界的世俗化改革与政治民主化进程并未表现为同步的趋向，却与威权政治的强化具有内在的逻辑性，两者之间表现出明显的历史同步性。威权政治作为“发展的独裁模式”无疑是伊斯兰世界诸多新兴世俗民族国家现代化进程中的普遍现象，而排斥民众的政治参与构成世俗民族国家之威权政治的明显特征。自上而下的世俗化根源于威权化的政治模式，服务于威权化的政治需要，而世俗化的逻辑结果则是威权政治的强化。在君主制的政治框架下，奥斯曼帝国的苏丹、埃及穆罕默德·阿里家族的君主、伊朗恺伽王朝和巴列维王朝的国王，皆曾致力于自上而下的世俗化改革，排斥传统宗教势力的政治影响，强调世俗的顺从原则，旨在强化君主集权的国家体制，世俗政治、君主政治和威权政治表现为三位一体的历史模式。在共和制的政治框架下，在凯末尔时代的土耳其和纳赛尔时代的埃及，世俗化与威权化处于共生的状态，世俗威权政治达到巅峰，传统宗教势力在政治舞台销声匿迹。

所谓世俗政治，在不同的国家和不同的历史条件下，具有不同的政治内涵。综观人类社会的演进历程，世俗政治并非现代社会的特有现象，而是普遍存在于不同的历史阶段，自古有之，在诸多地区的传统社会构成普遍存在的历史现象。另一方面，宗教与政治的结合抑或所谓的神权政治并非传统政治特有的和唯一的历史模式，而宗教与政治的分离亦非从传统政治模式向现代政治模式转变的必要条件和必然过程。换言之，世俗政治并非现代社会的特有现象，神权政治亦非仅仅属于传统社会。传统世俗政治与传统宗教政治长期处于共生状态，两者无疑具有异曲同工之处，皆强调依附和顺从的传统政治原则。相比之下，现代世俗政治与现代宗教政治皆属现代文明的范畴，倡导自由民主的现代政治理念，与现代化的发展方向具有同步性和内在逻辑性。至于所谓的世俗化，在严格意义上特指宗教的去权力化和宗教生活的去政治化，并非政治现代化的必要组成部分，而世俗化进程与现代化进程并非表现为同步的趋势。具有 5 000 年文明的华夏世界素有世俗政治的历史传统，世俗君主凌驾于社会之上，世俗皇权极度膨胀，宗教政治微乎其微，现代化进程中的政治变革局限于世俗的领域，表现为不同世俗势力之间的激烈抗争，而所谓的世俗化进程则无从谈起。中东诸国现代化进程中的世俗化，系官方强化控制民众社会进而完善威权政治的必要举措，其实质在于威权政治自世俗领域向宗教领域的延伸，而与民主化的政治进程背道而驰。官僚化的教界和宗教机构处于官方的控制之下，并未脱离政治领域和丧失政治功能，而是成为威权政治的御用工具。国家意志与民众意志的差异，往往表现为官方宗教学说与民众宗教思想的对立和冲突。官方化的宗教学说极力维护现存政治秩序的合法地位，无异于麻痹民众的精神鸦片。

现代化的历史进程在政治层面的核心内容无疑是民主化的历史运动，其实质在于实现主权在民的政治原则和民众广泛的政治参与。民主化的政治进程取决于经济社会领域的深刻变革，而不是取决于宗教信仰和意识形态。传统政治与现代政治无疑不可同日而语，然而世俗政治与宗教政治却非存在根本的对立。强调现代化进程与世俗化进程两者之间的必然联系，将世俗化视作现代化的历史坐标，用世俗化的程度衡量现代化的发展水平，进而将宗教政治挑战世俗政治视作现代化进程的负面因素甚至是现代化进程的逆流，实属令人费解。

现代伊斯兰主义与自下而上的民众政治参与

马克思主义经典作家认为，阶级社会的诸多宗教作为阶级对抗的产物和体现，具有双重的社会功能。一方面，阶级社会的宗教是阶级统治的工具，是统治阶级维护统治秩序和压迫民众的精神枷锁，是“人民的鸦片”。另一方面，在阶级社会，“宗教里的苦难既是现实的苦难的表现，又是对这种现实的苦难的抗议。宗教是被压迫生灵的叹息”。在特定的历史条件下，宗教为民众反抗现实的苦难提供神圣的外衣，进而构成社会革命的外在形式。至于理性通过神性的扭曲形式而得以体现和发扬，在历史长河中亦非鲜见。

众所周知，社会存在决定社会意识，社会存在的变化必然导致社会意识的相应变化。诸多宗教尽管根源于特定的社会现实，却非处于静止的状态，而是在历史的长河中经历着沧海桑田的变化，尤其是在不同的时代伴随着性质各异的思想变革过程。基督教诞生于古代地中海世界，早期基督教包含下层民众反抗罗马帝国统治的政治倾向，在中世纪的欧洲长期构成封建主义思想体系的重要理论基础，15 世纪以后逐渐演变为适应现代西方社会的意识形态。先知穆罕默德时代的伊斯兰教，根源于公元 7 世纪初阿拉伯半岛从野蛮向文明过渡的特定历史环境，无疑是革命的意识形态和改造阿拉伯社会的重要武器。在中世纪的漫长历史时期，伊斯兰教作为官方的学说趋于保守和僵化，逐渐演变为具有浓厚传统色彩和捍卫封建秩序的思想理论。然而，伊斯兰教绝非一成不变的意识形态，亦非处于浑然一体的状态。现代化进程中客观物质环境的剧烈变化，不可避免地导致伊斯兰教作为意识形态的相应变化。随着新旧经济秩序的更替和新旧社会势力的此消彼长，伊斯兰教经历了深刻的裂变过程，进而形成新旧宗教理念的明显对立。自 19 世纪以来，伊斯兰世界之宗教理念的变革，从文化层面延伸到政治层面，从精英层面延伸到大众层面，其历史路径与基督教世界的宗教改革相比可谓异曲同工。

进入 20 世纪，伴随着民族解放运动的胜利、诸多主权国家的建立和民族矛盾的缓解，民主化运动在中东伊斯兰世界日趋高涨。与此同时，现代伊斯兰主义在中东伊斯兰世界悄然崛起，构成下层民众实现政治参与和民主政治挑战威权政治的重要外在形式。现代伊斯兰主义不同于伊斯兰教的传统宗教理念。伊斯兰教的传统宗教理念与传统社会长期处于共生的状态，包含传统社会的固有属性，恪守传统的意识形态，极力维护传统秩序的合法地位，是维护传统社会秩序的舆论工具，而传统宗教学者既是传统社会秩序的历史参与者，亦是传统社会秩序的既得利益者和捍卫者。相比之下，现代伊斯兰主义具有宗教政治化的浓厚色彩，强调《古兰经》和《圣训》的基本信仰原则以及早期伊斯兰教的历史实践，崇尚穆罕默德和麦地那哈里发国家之共和政体的社会秩序，强调真正的伊斯兰教并非远离政治的个人信仰和僵化的神学理论，而是革命的意识形态和民众利益的体现，具有倡导自由民主和民众参与的特定政治内涵。

复古与变革貌似截然对立，实则不然。伊斯兰教素有借复古之名而行变革之实的历史传统。先知穆罕默德在麦加传布启示的初期，似乎无意创立全新的宗教，而仅仅是恢复易卜拉欣时代的信仰，呼唤世人追寻远古的前辈所崇奉的真理。“穆罕默德的宗教革命……是一种表面上的反动，是一种虚假的复古和返朴。”现代伊斯兰主义貌似复古，实为借助回归传统的宗教形式，强调公众参与和公民权利，表现为挑战世俗威权政治的明显倾向，其思想内涵已与伊斯兰教的传统宗教理念相去甚远，无疑属于现代政治理念的范畴，颇具革命的倾向，可谓“被压迫生灵的叹息”和被剥夺权利之下层民众的政治宣言，蕴含着民众政治动员的巨大潜力。

现代伊斯兰主义的兴起，根源于伊斯兰世界现代化进程中社会的裂变和诸多因素的矛盾运动，集中体现世俗威权政治的条件下民主与专制的激烈抗争，标志着崭新的政治文化借助于宗教的神圣外衣初露端倪。现代伊斯兰主义的政治理念，兼有民众性和民主性的双重属性，其思想内涵与西方现代之世俗民主政治理念貌似水火不容，实则并无根本的对立，两者之间亦非存在必然的悖论，皆以扩大民众参与和实现自由民主作为思想宗旨，可谓殊途同归。

伊斯兰教属于信仰的范畴，而伊斯兰主义则具有浓厚的政治色彩和政治倾向，两者概念不可混淆，内涵亦不尽相同。另一方面，伊斯兰教与伊斯兰主义具有密切的内在关联性，伊斯兰教信仰和伊斯兰价值观在中东伊斯兰世界具有根深蒂固的历史传统，进而提供了现代伊斯兰主义之政治实践的深层社会基础。威权政治的膨胀和民主政治的缺失，导致世俗国家与宗教社会形成明显的悖论倾向，官方意志与民众意志处于尖锐的对立状态，而所谓“伊斯兰是出路”成为现代伊斯兰主义代表民众意志和动员民众政治参与的重要标志。

相比于自上而下的世俗威权政治，现代伊斯兰主义的政治实践表现为自下而上的历史运动。世俗领域和国家体制的非民主性，催生了宗教领域和社会层面的现代伊斯兰主义运动。世俗与宗教的冲突，折射出世俗色彩的威权国家与宗教色彩的民众社会之间的深刻矛盾。世俗政治与宗教政治的角逐，根源于现代化进程中新旧势力的消长和诸多因素的矛盾运动。世俗政治与宗教政治的消长，具有宗教社会对抗世俗国家的浓厚色彩，其特定内涵在于政治发展进程从自上而下到自下而上的剧烈转换，具有历史的合理性。

政治环境、政治理念与政治实践三者之间具有内在的逻辑联系；特定的政治环境，塑造着相应的政治理念，进而决定着相应的政治实践。纵观世界现代化进程中的诸多国家，由于国情不同，政治环境各异，政治实践通常表现为政治革命、议会选举、街头示威和极端暴力的不同外在形式，现代伊斯兰主义的政治实践亦然。高压的政治环境导致激烈和激进的政治反抗，宽松的政治环境则是政治实践趋于温和的沃土。中东诸国的政治制度与政治环境不尽相同，政治民主化进程参差不齐，现代伊斯兰主义的宗教政治实践亦表现各异。

在巴列维国王统治下的伊朗,世俗威权政治极度膨胀,官方长期操纵议会选举,排斥世俗政党的政治参与,禁止民众的自由结社,世俗反对派政治势力往往缺乏必要的立足之处,宗教几乎是民众反抗的仅存空间,宗教的狂热则是民众发泄不满和寄托希望的首要形式。巴列维王朝之自上而下的高压政策,导致伊朗现代伊斯兰主义之自下而上的激进政治倾向。阿里·沙里亚蒂和霍梅尼阐述的现代伊斯兰主义宗教政治思想,可谓巴列维当政期间的伊朗之世俗威权政治和高压政策的逻辑结果,直至演变为政治革命的意识形态。伊斯兰革命的胜利和所谓的"头巾取代王冠",埋葬了伊朗君主独裁的传统政治制度,进而为伊朗民主政治的发展开辟了崭新的道路。尽管伊斯兰共和国宪法具有宗教与世俗的双重属性,强调最高宗教领袖至上的政治原则,然而伊斯兰共和国建立后 30 年间,政治环境日渐宽松,常态化的总统选举和议会选举成为实现民众政治参与的基本渠道,国家意志与民众意志趋于吻合。

埃及的现代伊斯兰主义运动,主要表现为穆斯林兄弟会的宗教政治实践。穆斯林兄弟会的社会基础是徘徊于政治舞台边缘地带的下层民众,支持者遍及城市和乡村。赛义德·库特布崇尚政治暴力,强调"战斗的伊斯兰"作为穆斯林兄弟会的意识形态,其颇具激进色彩和极端倾向的现代伊斯兰主义理论,可谓纳赛尔当政期间世俗威权政治极度膨胀的产物。换言之,赛义德·库特布之极端伊斯兰主义的宗教思想,源于纳赛尔政权之极端世俗主义的高压统治。后纳赛尔时代,政治环境逐渐宽松,世俗威权政治出现衰落的征兆。萨达特和穆巴拉克时代的埃及政治,被西方学者称作"自由化的威权体制",区别于纳赛尔时代的"绝对威权体制",即通过自上而下的方式赐予民众以有限的自由和公民权,赐予反对派以有限的政治空间。官方主导的自由化政治改革进程,提供了穆斯林兄弟会通过合法方式扩大政治影响的重要条件。穆斯林兄弟会作为埃及政坛最重要的政治反对派,致力于推动体制内的政治改革进程,寻求现存秩序框架内的政治参与,力争取得作为政党的合法地位,致力于在宪政框架下推动政治改革进程和多党制基础上的议会选举,试图在议会选举的框架下寻求新的政治空间和实现政治参与,直至逐渐淡化伊斯兰主义的宗教色彩,试图弥合反对派阵营的教俗分歧,进而扩大与世俗反对派的政治合作,政治立场趋于温和。与此同时,长期致力于政治暴力的伊斯兰主义极端派别在世纪之交亦出现温和化和去暴力化的明显趋势。2011 年春,街头政治自首都开罗蔓延至埃及各地,挑战官方主导的所谓"无参与的政党政治"和"无民主的选举政治",缺乏民主的选举演变为抛弃选举的民主。从官方操纵的选举政治演变为自下而上的街头政治,成为导致埃及政治深刻变革的历史路径,而穆斯林兄弟会作为埃及现代伊斯兰主义的主流派别无疑是“倒穆运动”最重要的幕后推手。

土耳其共和国前期的世俗化改革缘起于凯末尔主义的理论与实践,表现为自上而下的过程,包含世俗国家与宗教社会的悖论倾向,世俗化进程与政治民主化进程并未表现为同步的趋向。民主化无疑是世界历史的发展潮流,宗教权利构成人权的要素之一,宗教自由则是公民自由的组成部分。随着民众的政治崛起和政治参与程度的提高,民众对于宗教自由的诉求上升到政治层面。自 80 年代开始,自下而上的伊斯兰复兴运动在土耳其趋于高涨,现代伊斯兰主义的政治影响不断扩大。然而,土耳其自“二战”结束后长期实行多党制的政治体制,政治环境相对宽松,宗教政治与世俗政治的权力角逐在土耳其并未表现为尖锐的对抗和激烈的冲突,尤其是没有形成否定现存政治秩序和重建伊斯兰政体的激进政治纲领。政党政治的活跃、议会政治的完善和选举政治的成熟,决定了土耳其现代伊斯兰主义之政治实践的温和色彩。包括民族秩序党、救国党、繁荣党、贤德党和正义与发展党在内的诸多宗教政党在土耳其的合法政治活动,以及宗教政党与世俗政党的广泛合作,构成土耳其政治生活的明显特征。现代伊斯兰主义与世俗主义的消长和并存,以及世俗政党与现代伊斯兰主义政党之间的权力角逐,体现了战后土耳其政治生活多元化与政治制度民主化的历史走向。在民主化的历史背景和多党制议会选举的政治框架下,现代伊斯兰主义政党兼顾民众的宗教诉求和世俗诉求,旨在广泛动员民众、争夺选票和竞选议会席位,其竞选纲领和施政理念在诸多领域与世俗政党可谓异曲同工。进入新世纪,正义与发展党异军突起,土耳其共和国的政治变革和现代化进程经历了继凯末尔时代之后的第二次飞跃。

现代伊斯兰主义既非存在于真空之中,亦非浑然一体和静止不变,而是与特定的政治环境具有内在的逻辑联系,政治内涵千差万别。剖析现代化进程中埃及、伊朗和土耳其的政治发展历程,可以看出,由于不同国家的政治制度与政治环境不尽相同,政治民主化进程参差不齐,现代伊斯兰主义的政治实践在静态的层面包含激进与温和的不同模式,在动态的层面经历从激进到温和的转变过程,表现各异。另一方面,民主化程度的提高、政治环境的宽松与伊斯兰主义的温和倾向表现为同步的趋势,三者之间具有明显的内在逻辑联系。现代伊斯兰主义的广泛政治实践,无疑是构建公民社会、活跃选举政治、完善政党政治和扩大自下而上民众政治参与的重要催化剂，与现代民主政治表现出明显的同质性和兼容性，可谓推动中东伊斯兰世界民主化进程的有力杠杆。致力于多党制基础上的议会选举进而实现推动民主化进程的政治理念，则是现代伊斯兰主义政治实践的主流发展方向。

世俗政治与宗教政治的错综交织普遍存在于现代化进程启动以来的中东伊斯兰世界，世俗政治与宗教政治的激烈博弈对于中东伊斯兰世界的现代化走向具有至关重要的影响。在20世纪后期直至世纪之交的中东伊斯兰世界，挑战威权统治和推动政治改革的呼声，往往并非来自世俗阵营，而是来自现代伊斯兰主义阵营，具有浓厚的宗教色彩。然而，就埃及和土耳其而言，现代伊斯兰主义者通常来自世俗领域，具有世俗教育背景，以世俗知识界人士作为中坚力量，代表新兴中产阶级和社会下层民众的政治诉求。现代伊斯兰主义者并非等同于伊斯兰教神职人员抑或宗教学者欧莱玛，现代伊斯兰主义的政治实践亦非以建立教法至上和宗教学者欧莱玛主导的神权国家作为最终目标。相比之下，伊斯兰教神职人员抑或宗教学者欧莱玛大都长期游离于现代伊斯兰主义运动之外，无意谋求政治权力，且与官方保持密切的联系，持相对保守的政治立场。就伊朗而言，伊斯兰共和国实行最高宗教领袖制，赋予教法学家特殊的政治地位和广泛的政治权力。然而，究其原因，所谓教法学家的统治并非在于什叶派的神学思想和教派特质，而是在于伊斯兰革命期间伊朗特定的政治环境，可谓现代伊斯兰主义运动的特例。阿里·沙里亚蒂作为伊朗什叶派现代伊斯兰主义的先驱，并非具有欧莱玛的宗教身份，却有留学西方的教育背景，深受西方现代政治思想的影响。霍梅尼尽管倡导宗教学者参与国家事务，早年却并不主张实行教法学家直接统治下的国家体制。伊斯兰革命后的30余年间，即便在什叶派欧莱玛内部，亦存在明显的政治分歧，阿亚图拉蒙塔泽里公开质疑现行最高宗教领袖制的合法性，可谓最具影响力的持不同政见者。选举政治的常态化和民主化，则进一步挑战着现行最高宗教领袖制的政治权威。

此外，在土耳其和伊朗，官方曾经对于女性的服饰予以颇为严格的限制。在土耳其共和国，自凯末尔时代开始实行的世俗化举措之一，是官方通过立法的形式，严格禁止女性披戴具有伊斯兰教传统色彩的头巾，可谓极端。无独有偶，在伊朗伊斯兰共和国，霍梅尼时代实行的伊斯兰化举措之重要内容是官方强制女性披戴具有伊斯兰教传统色彩的头巾，亦可谓极端。公民权是现代文明的社会基础，自由则是公民权的基本要素，亦是现代文明之区别于传统文明的重要标志，而服饰自由构成公民自由的组成部分。官方对于女性服饰的清规戒律，无论是土耳其共和国之禁止女性披戴头巾抑或伊朗伊斯兰共和国之强制女性披戴头巾，皆属剥夺女性的服饰自由权，进而侵犯女性之公民权，不无异曲同工之处，与现代文明之公民自由相去甚远，而所谓世俗化与民主化之非等同性，亦由此可见一斑。进入世纪之交，在土耳其共和国和伊朗伊斯兰共和国，官方关于女性服饰的禁令引发民众的广泛关注，解除服饰禁令和争取服饰自由成为女权运动的强烈诉求，而女权运动的高涨反映出民众政治参与程度的提高和民主化的长足进步，代表着现代文明的历史发展方向。

主要参考文献

1.《古兰经》,马坚译,中国社会科学出版社 1978 年版。

2.《古兰经译解》,王静斋译,上海永祥印书馆 1946 年版。

3. 阿宝斯·艾克巴尔·奥希梯扬尼:《伊朗通史》,叶奕良译,经济日报出版社 1997 年版。

4. 艾哈迈德·爱敏:《阿拉伯伊斯兰文化史》,第 1 册,纳忠译,商务印书馆 1982 年版。

5. 艾哈迈德·爱敏:《阿拉伯伊斯兰文化史》,第 2 册,朱凯、史希同译,纳忠审校,商务印书馆 1990 年版。

6. 艾哈迈德·爱敏:《阿拉伯伊斯兰文化史》,第 3 册,向培科、史希同、朱凯译,纳忠审校,商务印书馆 1991 年版。

7. 艾哈迈德·爱敏:《阿拉伯伊斯兰文化史》,第 4 册,朱凯译,纳忠审校,商务印书馆 1995 年版。

8. 艾哈迈德·爱敏:《阿拉伯伊斯兰文化史》,第 5 册,史希同译,纳忠审校,商务印书馆 2001 年版。

9. 布罗代尔:《15—18 世纪的物质文明、经济和资本主义》,第三卷,施康强、顾良译,三联书店 1993 年版。

10. 布罗克尔曼:《伊斯兰各民族与国家史》,孙硕人等译,商务印书馆 1985 年版。

11. 戴维森:《从瓦解到新生》,张增健等译,学林出版社 1996 年版。

12. 戈特沙尔克:《震撼世界的伊斯兰教》,阎瑞松译,陕西人民出版社 1987 年版。

13. 亨廷顿:《变动社会中的政治秩序》,王冠华等译,生活·读书·新知三联书店 1989 年版。

14. 卡尔帕特:《当代中东的政治和社会思想》,陈和丰等译,中国社会科学出版社 1992 年版。
15. 肯尼迪:《东方宗教与哲学》,董平译,浙江人民出版社 1988 年版。
16. 库尔森:《伊斯兰教法律史》,吴云贵译,中国社会科学出版社 1986 年版。
17. 路易斯:《历史上的阿拉伯人》,马贤等译,中国社会科学出版社 1979 年版。
18. 路易斯:《现代土耳其的兴起》,范中廉译,商务印书馆 1982 年版。
19. 路易斯:《中东:激荡在辉煌的历史中》,郑之书译,中国友谊出版公司 2000 年版。
20. 马赫德维:《伊朗外交四百五十年》,元文琪译,商务印书馆 1982 年版。
21.《马克思恩格斯全集》,人民出版社 1973 年版。
22.《马克思恩格斯选集》,人民出版社 1972 年版。
23. 马茂德:《伊斯兰教简史》,吴云贵等译,中国社会科学出版社 1981 年版。
24. 马赛:《伊斯兰教简史》,王怀德、周祯祥译,商务印书馆 1978 年版。
25. 马苏第:《黄金草原》,耿昇译,青海人民出版社 1998 年版。
26. 穆罕默德·礼萨·巴列维:《白色革命》,中译本见热拉德·德·维利埃:《巴列维传》,张许萍、潘庆龄译,商务印书馆 1986 年版。
27. 穆罕默德·胡泽里:《穆罕默德传》,秦德茂、田希宝译,宁夏人民出版社 1983 年版。
28.《帕尔格雷夫世界历史统计》,亚洲、非洲和大洋洲卷(1750—1993),B.R.米切尔编,贺力平译,经济科学出版社 2002 年版。
29. 彭树智主编:《中东史》,高等教育出版社 2001 年版。
30. 尼·伊·普罗申:《沙特阿拉伯》,张广达译,人民出版社 1973 年版。
31. 曲洪:《当代中东政治伊斯兰:观察与思考》,中国社会科学出版社 2001 年版。
32. 唐大盾等:《非洲社会主义:历史·理论·实践》,世界知识出版社 1988 年版。
33. 谢·亚·托卡列夫:《世界各民族历史上的宗教》,魏庆征译,中国社会科学出版社 1985 年版。
34. 王京烈主编:《当代中东政治思潮》,当代世界出版社 2003 年版。
35. 希提:《阿拉伯通史》,马坚译,商务印书馆 1979 年版。
36.《亚非研究》,北京大学出版社。

37. 杨灏城:《当代中东热点问题的历史探索:宗教与世俗》,人民出版社 2000 年版。
38. 杨灏城、江淳:《纳赛尔和萨达特时代的埃及》,商务印书馆 1997 年版。
39. 杨兆钧:《土耳其现代史》,云南大学出版社 1990 年版。
40. 伊本·胡尔达兹比赫:《道里邦国志》,宋岘译,中华书局 1991 年版。
41.《伊本·白图泰游记》,马金鹏译,宁夏人民出版社 1985 年版。
42. 张俊彦主编:《中东国家经济发展战略研究》,北京大学出版社 1987 年版。
43. 周南京、梁英明:《近代亚洲史资料选辑》下册,商务印书馆 1985 年版。
44. 阿卜杜勒·阿齐兹·苏莱曼·努瓦德:《埃及近代史》,开罗:东方出版社 1985 年版。
45. 哈桑·穆阿尼斯:《古代中世纪的阿拉伯国家与文明》,科威特:海湾出版社 1978 年版。
46. 贾瓦德·阿里:《前伊斯兰时代的阿拉伯史》,开罗:新月出版社 1965 年版。
47. 穆罕默德·穆斯塔法·齐亚德:《阿拉伯世界的历史与文明:古代与伊斯兰时代》,开罗:知识出版社 1964 年版。
48. 赛义德·阿卜杜勒·阿齐兹·萨利姆:《阿拉伯史:从伊斯兰教的兴起到倭马亚王朝的衰落》,亚历山大:亚历山大出版社 1973 年版。
49. 泰伯里:《历代先知与君王史》,开罗 1908 年版。
50. Aarts, P., *Saudi Arabia in the Balance: Political Economy, Society, Foreign Affairs*, London 2005.
51. Abdel-Fadil, M., *Development, Income Distribution and Social Change in Rural Egypt 1952—1970*, New York 1975.
52. Abir, M., *Saudi Arabia in the Oil Era: Regime and Elites; Conflict and Collaboration*, London 1988.
53. Abraham, A.J., *Lebanon in Modern Times*, Maryland 2008.
54. Abrahamian, E., *Iran: Between Two Revolutions*, Princeton 1982.
55. Abrahamian, E., *Khomeinism: Essays on the Islamic Republic*, California 1993.
56. Abrahamian, E., *A History of Modern Iran*, Cambridge 2008.
57. Abu Yusuf, *Kitab al-Kharaj*, Cairo 1933.
58. Aburish, S.K., *The Rise, Corruption and Coming Fall of the House of Saud*,

New York 1996.

59. Adams, R.H., *Development and Social Change in Rural Egypt*, New York 1986.

60. Adelkhan, F., *Being Modern in Iran*, London 1998.

61. Afary, J., *The Iranian Constitutional Revolution (1906—1911)*, New York 1996.

62. Afshar, H., *Iran: A Revolution in Turmoil*, London 1985.

63. Ahmad, F., *The Turkish Experiment in Democracy 1950—1975*, London 1977.

64. Ahmad, K.J., *Heritage of Islam*, Lahore 1956.

65. Ahmad, F., *The Turkish Experiment in Democracy 1950—1975*, London 1977.

66. Ahmed, F., *The Making of Modern Turkey*, London 1993.

67. Ahmed, M., *Egypt in the 20th Century*, London 2003.

68. Ahsan, M., *Social Life Under the Abbasids 786—902*, London 1979.

69. Akkad, A.A., *Development of Indigenous Manpower in Saudi Arabia*, Colorado 1983.

70. Aksan, A., *Quotations from Mustafa Kemal*, Ankara 1982.

71. Al-Ankary, K.M., *Urban and Rural Profile in Saudi Arabia*, Berlin 1989.

72. Al-Baladhuri, *Kitab Futuh al-Buldan*, New York 1968.

73. Al-Dekhayel, A., *Kuwait: Oil, State and Political Legitimation*, London 2000.

74. Al-Farsy, F., *Modernity and Tradition: the Saudi Equation*, Cambridge 2000.

75. Al-Farsy, F., *Saudi Arabia: A Case Study in Development*, London 1982.

76. Al-Ghonemy, M.R., *Egypt in the Twenty-First Century*, London 2003.

77. Al-Khalifa, S.A.K., *Bahrain through the Ages the History*, London 1993.

78. Al-Kuwari, A.K., *Oil Revenues in the Gulf Emirates*, Boulder 1978.

79. Al-Mikawy, N., *Institutional Reform and Economic Development in Egypt*, Cairo 2002.

80. Al-Rasheed, M., *A History of Saudi Arabia*, Cambridge 2002.

81. Al-Rasheed, M. & Vitalis, R., *Counter-Narratives: History, Contemporary*

Society and Politics in Saudi Arabia and Yemen, New York 2004.

82. Al-Suyuti, J., *History of the Caliphs*, Karachi 1977.
83. Al-Yassini, A., *Religion and State in the Kingdom of Saudi Arabia*, Boulder 1985.
84. Ali, A., *A Short History of the Saracens, from the Earliest Times to the Destruction of Baghdad*, New Delhi 1977.
85. Ali Khan, M., *Muhammad the Final Messenger*, Delhi 1980.
86. Alizadeh, P., *The Economy of Iran: Dilemmas of an Islamic State*, New York 2000.
87. Allen, C.H., *Oman: The Modernization of the Sultanate*, Boulder 1987.
88. Allen, C.H., *Oman under Qaboos: From Coup to Constitution 1970—1996*, London 2000.
89. Alsaif, T., *Islamic Democracy and Its Limite: The Iranian Experience Since 1979*, London 2007.
90. Amid, M.J., *Agriculture, Poverty and Reform in Iran*, London 1990.
91. Amin, C.M., *The Modern Middle East: A Sourcebook for History*, Oxford 2006.
92. Amirahmadi, H., *Revolution and Economic Transition: The Iranian Experience*, New York 1990.
93. Amjad, M., *Iran: from Royal Dictatorship to Theocracy*, New York 1989.
94. Anderson, L. & Stansfield, G., *The Future of Iraq: Dictatorship, Democracy or Division*, New York 2004.
95. Ansari, A.M., *Modern Iran Since 1921: The Pahlavis and After*, London 2003.
96. Antoun, R.T. & Quataert, D., *Syria: Society, Culture and Polity*, New York 1991.
97. Arafat, A.D., *The Mubarak Leadership and Future of Democracy in Egypt*, New York 2009.
98. Aresvic, O., *The Agricultyral Development of Turkey*, New York 1975.
99. Aricanli, T., *The Political Economy of Turkey*, New York 1990.
100. Arjomand, S.A., *The Turban for the Crown: The Islamic Revolution in Iran*, New York 1988.

101. Arjomand, S.A., *After Khomeini: Iran Under His Successors*, Oxford 2009.

102. Armstrong, H.C., *Lord of Arabia-Ibn Saud*, Harmondsworth 1938.

103. Arnold, T.W., *Preaching of Islam*, London 1935.

104. Ashtor, E., *A Social and Economic History of the Near East in the Middle Ages*, Berkeley 1976.

105. Ashtor, E., *The Medieval Near East: Social and Economic History*, London 1978.

106. Askari, H., *Saudi Arabia's Economy: Oil and the Search for Economic Development*, London 1990.

107. Assiri, A. R., *The Government and Politics of Kuwait*, Kuwait 1996.

108. Atasoy, Y., *Turkey, Islamists and Democracy*, London 2005.

109. Avery, P., Hambly, G. & Melville, C., *The Cambridge History of Iran*, Cambridge 1975.

110. Avon, D., *Hezbollah: A History of the "Party of God"*, Massachusetts 2012.

111. Ayrout, H.H., *The Egyptian Peasant*, London 1963.

112. Ayubi, N.N., *The State and Public Policies in Egypt since Sadat*, Oxford 1991.

113. Azimt, M., *Iran: The Crisis of Democracy*, New York 1989.

114. Badawi, M.A.Z, *The Reformers of Egypt*, London 1978.

115. Baer, G., *A History of Landownership in Modern Egypt 1800—1950*, London 1962.

116. Baer, G., *Studies in the Social History of Modern Egypt*, Chicago 1969.

117. Baker, R.W., *Egypt's Uncertain Revolution under Nasser and Sadat*, Harvard 1978.

118. Baker, R.W., *Sadat and After: Struggles for Egypt's Political Soul*, London 1990.

119. Baktiari, B., *Parliamentary Politics in Revolutionary Iran: The Institutionalization of Factional Politics*, Florida 1996.

120. Balkan, N., *The Politics of Permanent Crisis: Class, Ideology and State in Turkey*, New York 2002.

121. Banani, A., *The Modernization of Iran: 1921—1941*, Stanford 1961.

122. Banks, A.S., Muller, T.C. & Overstreet, W.R., *Political Handbook of the Middle East 2008*, Washington 2008.

123. Baraka, M., *The Egyptian Upper Class between Revolutions 1919—1952*, London 1998.

124. Barbara A. Rieffer-Flanagan, *Evolving Iran: An Introduction to Politics and Problems in the Islamic Republic*, Washington 2013.

125. Bari, Z., *Modern Egypt: Culture, Religion and Politics*, Delhi 2004.

126. Barkey, H.J., *The State and the Industrialization Crisis in Turkey*, Boulder 1990.

127. Bashiriyeh, H., *The State and Revolution in Iran (1962—1982)*, Kent 1984.

128. Bayat, A., *Street Politics: Poor People's Movement in Iran*, New York 1997.

129. Bayat, M., *Iran's First Revolution: Shi'ism and the Constitutional Revolution of 1905—1909*, Oxford 1991.

130. Bayat, A., *Making Islam Democratic, Social Movements and the Post-Islamist Turn*, Stanford 2007.

131. Beattie, K.J., *Egypt during the Nasser Years*, Boulder 1994.

132. Beattie, K.J., *Egypt During the Sadat Years*, New York 2000.

133. Beaumont, P. & McLachlan, K., *Agriculture Development in the Middle East*, London 1985.

134. Be'eri, E., *Army Officers in Arab Politics and Society*, London 1970.

135. Beinin, J., *Workers and Peasants in the Modern Middle East*, Cambridge 2001.

136. Beling, W.A., *King Faisal and the Modernisation of Saudi Arabia*, London 1980.

137. Belyaeve, E.A., *Arabs, Islam and the Arab Caliphate*, London 1969.

138. Benard, C., *The Government of God: Iran's Islamic Republic*, New York 1984.

139. Blake, G.H. & Lawless, R.I., *The Changing Middle East City*, London 1980.

140. Bligh, A., *The Political Legacy of King Hussein*, Sussex 2002.
141. Bonine, M.E., *Population, Poverty and Politics in Middle East Cities*, Florida 1997.
142. Bonne, A., *State and Economics in the Middle East*, London 1998.
143. Botman, S., *Egypt from Independence to Revolution 1919—1952*, New York 1991.
144. Bregman, A., *A History of Israel*, New York 2003.
145. Browers, M.L., *Political Ideology in the Arab World*, Cambridge 2009.
146. Brown, N.J., *Between Religion and Politics*, Washington 2010.
147. Bulliet, R.W., *Conversion to Islam in the Medieval Period*, Harvard 1979.
148. Bury, J.B., *The Cambridge Medieval History*,New York 1924.
149. Bush, R., *Economic Crisis and the Politics of Reform in Egypt*, Boulder 1999.
150. Bush, R., *Counter-Revolution in Egypt's Countryside: Land and Farmers in the Era of Economic Reform*, New York 2002.
151. Cardosa, A.V., *Iraq at the Crossroads*, New York 2007.
152. Champion, D., *The Paradoxical Kingdom: Saudi Arabia and the Momentum of Reform*, London 2003.
153. Chatterji, N.C., *A History of Modern Middle East*, New Delhi 1987.
154. Chatty, D., *Nomadic Societies in the Middle East and North Africa*, Leiden 2006.
155. Chehabi, H.E., *Iranian Politics and Religious Modernism: The Liberation Movement of Iran Under the Shah and Khomeini*, London 1990.
156. Cheissari, A. & Nasr, V., *Democracy in Iran: History and the Question for Liberty*, Oxford 2006.
157. Cizre, U., *Secular and Islamic Politics in Turkey: The Making of the Justice and Development Party*, London 2008.
158. Clarke, J.I. & Fisher, W.B., *Populations of the Middle East and North Africa*, New York 1972.
159. Clawson, P. & Rubin, M., *Eternal Iran: Continuity and Chaos*, New York 2005.
160. Cleveland, W.L., *A History of the Modern Middle East*, Boulder 2004.

161. Colburn, M., *The Republic of Yemen: Development Challenges in the 21st Century*, London 2002.
162. Commander, S., *The State and Agricultural Development in Egypt since 1973*, London 1987.
163. Cooper, M., *The Transformation of Egypt*, Baltimore 1982.
164. Cordesman, A.H., *Saudi Arabia Enters the Twenty-First Century: The Military and International Security Dimensions*, Connecticut 2003.
165. Crane, K., Lal, R. & Martini, J., *Iran's Political, Demographic and Economic Vulnerabilities*, Pittsburgh 2008.
166. Cromer, *Modern Egypt*, London 1908.
167. Crone, P., *Slaves on Horses, the Evolution of the Islamic Polity*, Cambridge 1980.
168. Crone, P., *Mecca Trade and the Rise of Islam*,Oxford 1987.
169. Cronin, S., *The Making of Modern Iran: State and Society Under Riza Shah 1921—1941*, London 2003.
170. Crystal, J., *Kuwait: The Trasformation of an Oil State*, Boulder 1992.
171. Daly, M.W., *The Cambridge History of Egypt*, Cambridge 1998.
172. Daniel, E.L., *The History of Iran*, London 2001.
173. Danielson, M.N., *The Politics of Rapid Urbanization: Government and Growth in Modern Turkey*, New York 1985.
174. Dareini, A.A., *The Rise and Fall of The Pahlavi Dynasty*, Dehli 1999.
175. Davidson, L., *Islamic Fundamentalism*, London 1998.
176. Dekmejian, R.H., *Islam in Revolution: Fundamentalism in the Arab World*, New York 1995.
177. De Leon, J.C., *Tunisia and Egypt: Unrest and Recolution*, New York 2012.
178. Devereux, R., *The First Ottoman Constitutional Period*, Baltimore 1963.
179. Diamond, L., Plattner, M.F. & Brumberg, N., *Islam and Democracy in the Middle East*, Baltimore 2003.
180. Dixon, A.A., *The Umayyad Caliphate 684—705*, London 1971.
181. Dodd, C.H., *Politics and Government in Turkey*, Berkeley 1969.
182. Dodd, C.H., *The Crisis of Turkish Democracy*, North Yorkshire 1983.

183. Donner, F.M., *The Early Islamic Conquest*, Princeton 1981.
184. Downes, M., *Iran's Unresolved Revolution*, Aldershot 2002.
185. Dresch, P., *A History of Modern Yemen*, Cambridge 2000.
186. Dunne, M.D., *Democracy in Contemporary Egyptian Political Discourse*, Amsterdam 2003.
187. Dyer, G., *Class, State and Agricultural Productivity in Egypt*, London 1997.
188. East, R. & Joseph, T., *Political Parties of Africa and the Middle East*, Essex 1993.
189. Ehteshami, A., *After Khomeini: The Iranian Second Republic*, London 1995.
190. Elie, J.A., *The Shifts in Hizbullah's Ideology: Religious Ideology, Political Ideology, and Political Program*, Amsterdam 2006.
191. Eligur, B., *The Mobilization of Political Islam in Turkey*, Cambridge 2010.
192. Elliot, M., *Independent Iraq: The Monarchy and British Influence 1941—1958*, London 1996.
193. Engelmann, K.E. & Pavlakovic, V., *Rural Development in Eurasia and the Middle East*, Washington 2001.
194. Engineer, A.A., *The Origin and Development of Islam*, Bombay 1980.
195. Eralp, A., Tuney, M. & Yesilada, B., *The Political and Socioeconomic Transformation of Turkey*, London 1993.
196. Esposito, J.L., *Islam and Development: Religion and Sociopolitical Charge*, New York 1980.
197. Esposito, J.L., *Islam and Politics*, New York 1984.
198. Esposito, J.L., *Iran at the Crossroads*, New York 2001.
199. Fadil, M.A., *Development, Income Distribution and Social Change in Rural Egypt 1952—1970*, New York 1975.
200. Fadil, M.A., *The Political Economy of Nasserism*, Cambridge 1980.
201. Fahmy, N.S., *The Politics of Egypt: Stae-Society Relation*, London 2002.
202. Faksh, M., *The Future of Islam in the Middle East*, London 1997.
203. Fandy, M., *Saudi Arabia and the Politics of Dissent*, New York 1999.

204. Farah, N.R., *Egypt's Political Economy*, Cairo 2009 .

205. Farazmand, A., *The State*, *Bureaucracy and Revolution in Modern Iran*, New York 1989.

206. Fardust, H., *The Rise and Fall of The Pahlavi Dynasty*, Dehli 1999.

207. Filiu, J.P., *The Arab Revolution*: *Ten Lessons from the Democratic Upring*, London 2011.

208. Finkel, A. & Sirman, N., *Turkish State*, *Turkish Society*, London 1990.

209. Fischer, M.M.J, *Iran*: *From Religious Dispute to Revolution*, Harvard 1980.

210. Floor, W., *Traditional Crafts in Qajar Iran* (*1800—1925*), California 2003.

211. Foran, J., *Fragile Resistance*: *Social Transformation in Iran from 1500 to the Revolution*, Boulder 1993.

212. Foran, J., *A Century of Revolution Social Movements in Iran*, Minnesota 1994.

213. Frye, R.N., *The Golden Age of Persia*, *the Arabs in the East*, London 1975.

214. Gadalla, S.M., *Land Reform in Relation to Social Development Egypt*, Missouri 1962.

215. Gaspard, T., *A Political Economy of Lebanon 1948—2002*, Leiden 2003.

216. Gelvin, J.L., *The Modern Middle East*: *A History*, Oxford 2005.

217. Gerber, H., *The Social Origins of the Modern Middle East*, Boulder 1987.

218. Geyikdagi, M.Y., *Political Parties in Turkey*, New York 1984.

219. Ghadbian, N., *Democratization and the Islamist Challenge in the Arab World*, Boulder 1997.

220. Gheissari, A., *Contemporary Iran*: *Economy*, *Society*, *Politics*, Oxford 2009.

221. Gibb, H.A.R., *The Muhammedism*, London 1949.

222. Gibb, H.A.R., *Studies on the Civilization of Islam*, London 1962.

223. Gilbar, G.G., *Population Dilemmas in the Middle East*, London 1997.

224. Gilman, A., *The Saracens*, *from the Earliest Times to the Fall of Baghdad*, London 1988.

225. Glubb, J., *The Great Arab Conqust*, London 1963.
226. Goitein, S.D., *Studies in Islamic History and Institution*, Leiden 1963.
227. Goldschmidt, A., *Modern Egypt*, Boulder 1988.
228. Goldschmidt, A., *A Concise History of the Middle East*, Boulder 1991.
229. Gordon, M.S., *The Rise of Islam*, Westport 2005.
230. Gran, P., *Islamic Roots of Capitalism: Egypt 1760—1840*, Texas 1979.
231. Grunebaum, G.E., *Medieval Islam*, Chicago 1961.
232. Grunebaum, G.E., *Classical Islam*, London 1970.
233. Grunwald, K. & Ronall, J.O., *Industrialization in the Middle East*, New York 1960.
234. Haj, S., *The Making of Iraq 1900—1963*, New York 1997.
235. Hale, W., *The Political and Economic Development of Modern Turkey*, London 1981.
236. Hale, W., *Turkish Politics and the Army*, London 1994.
237. Hale, W., *Islamism, Democracy and Liberalism in Turkey: The Case of the AKP*, London 2010.
238. Hamilton, A., *The Middle East Problem*, London 1909.
239. Harik, I. & Sullivan, D.J., *Privatization and Liberalization in the Middle East*, Indiana 1992.
240. Hasan, N., *The Role of the Arab Tribes in the East During the Period of the Umayyad*, Baghdad 1976.
241. Hatina, M., *Identity Politics in the Middle East, Liberal Thought and Islamic Challenge in Egypt*, New York 2007.
242. Heikal, M., *The Return of the Ayatollah: The Iranian Revolution from Mossadeq to Khomeini*, London 1981.
243. Helena, C., *The Making of Modern Lebanon*, London 1985.
244. Helms, C.M., *The Cohesion of Saudi Arabia*, London 1981.
245. Heper, M. & Evin, A., *State, Democrary and the Military: Turkey in the 1980's*, New York 1988.
246. Heper, M., *Political Parties and Democracy in Turkey*, London 1991.
247. Heper, M., *Strong State and Economic Interest Groups: The Post-1980 Turkish Experience*, Berlin 1991.

248. Heper, M., *Politics in the Third Turkish Republic*, Boulder 1994.
249. Heper, M., *Political Leaders and Democracy in Turkey*, Maryland 2002.
250. Hershlag, Z.Y., *Introduction to the Modern Economic History of the Middle East*, Leiden 1980.
251. Hershlag, Z.Y., *The Contemporary Turkish Economy*, London 1988.
252. Hill, D.R., *The Termination of Hostilities in the Earli Arab Conquest 634—656*, London 1971.
253. Hinnebusch, R.A., *Egyptian Politics Under Sadat*, Cambridge 1985.
254. Hinnebusch, R.A., *Authoritarian Power and State Formation in Ba'thist Syria*, Westpoint 1990.
255. Hinnebusch, R., *Syria: Revolution from Above*, London 2001.
256. Hiro, D., *Holy Wars: The Rise of Islamic Fundamentalism*, New York 1989.
257. Hitti, P.K., *A Short History of Lebanon*, New York 1965.
258. Hodgson, G.S., *The Venture of Islam*, Chicago 1974.
259. Holt, P.M., Lambton, A.K.S. & Lewis, B., *The Cambridge History of Islam*, Cambridge 1970.
260. Hooglund, E.J., *Land and Revolution in Iran 1960—1980*, Texas 1982.
261. Hooglund, E., *Twenty Years of Islamic Revolution: Political and Social Transition in Iran since* 1979, New York 2002.
262. Hopkins, N.S. & Ibrahim, S.E., *Arab Society: Class, Gender, Power and Development*, Cairo 1997.
263. Hopwood, D., *Egypt: Politics and Society 1945—1984*, Boston 1985.
264. Hopwood, D., *Syria 1945—1986: Politics and Society*, London 1988.
265. Hourani, A., *A History of the Arab Peoples*, London 1991.
266. Hourani, A., *The Modern Middle East: A Reader*, London 1993.
267. Howarth, D., *The Desert King: A Life of Ibn Saud*, London 1964.
268. Howe, M., *Turkey Today: a Nation Divided over Islam's Revival*, Boulder 2000.
269. Hoyland, R., *Muslims and Others in Early Islamic Society*, Hants 2004.
270. Humphreys, R.S., *Islamic History: A Framework for Inquiry*, Princeton 1991.

271. Hussein, M., *Class Conflict in Egypt 1945—1970*, New York 1973.
272. Husain, S.A., *Arab Administration*, Lahore 1966.
273. Husain, S.A., *The Glorious Caliphate*, Lucknow 1974.
274. Huyette, S.S., *Political Adaptation in Sa'udi Arabia: A Study of the Council of Ministers*, Boulder 1985.
275. Ibn Khaldun, *The Muqaddimah*, Princeton 1980.
276. Ibn Taymiyya, *Al-Siyasa al-Shar'iyya*, Beirut 1966.
277. Ikram, K., *The Egyptian Economy 1952—2000*, Abingdon 2006.
278. Imamuddin, S.M., *A Political History of the Muslims*, Dacca 1970.
279. Imber, C., *The Ottoman Empire: 1300—1650*, New York 2002.
280. Inalcik, H., *The Ottoman Empire: the Classical Age 1300—1600*, New York 1973.
281. Inalcik, H., *Studies in Ottoman Social and Economic History*, Hampshire 1985.
282. Inalcik, H., *An Economic and Social History of the Ottoman Empire*, Vol.I: 1300—1600, Cambridge 1994.
283. Inati, S.C., *Iraq: Its History, People and Politics*, New York 2003.
284. Ismeal, T.Y., *Middle East Politics Today: Government and Civil Society*, Florida 2001.
285. Issawi, C., *The Economic History of the Middle East 1800—1914*, Chicago 1966.
286. Issawi, C., *An Economic History of the Middle East and North Africa*, New York 1982.
287. Issawi, C., *The Fertile Crescent 1800—1914: A Documentary Economic History*, Oxford 1988.
288. Jafri, S.H.M., *Origins and Early Development of Shi'a Islam*, Tehran 1989.
289. Jahanbakhsh, F., *Islam, Democracy and Religious Modernism in Iran 1953—2000*, Leiden 2001.
290. Jahanbegloo, R., *Iran: Between Tradition and Modernity*, Oxford 2004.
291. Jaydan, J., *History of Islamic Civilization*, New Delhi 1978.
292. Jenkins, G., *Political Islam in Turkey: Running West, Heading East?*

New York 2008.

293. Jerichow, A., *The Saudi File: People, Power, Politics*, Surrey 1998.

294. Joffé, E., G.H., *Jordan in Transition*, London 2002.

295. Johany, A.D., *The Saudi Arabian Economy*, London 1986.

296. Johnson, A.J., *Reconstructing Rural Egypt*, New York 2004.

297. Kamrava, M., *The Political History of Modern Iran: From Tribalism to Theocracy*, Connecticut 1992.

298. Kamrava, M., *The Modern Middle East: A Political History since the First World War*, Berkeley 2005.

299. Kamrava, M., *Iran Today: An Encyclopedia of Life in the Islamic Republic*, Greenwood Press, Westport 2008.

300. Kanaan, C. Boueiz, *Lebanon 1860—1960: A Century of Myth and Politics*, London 2007.

301. Karmon, E., *Radical Islamic Political Groups in Turkey*, Middle East Review of International Affairs, Vol.1, No.4.

302. Karpat, K.H., *Turkey's Politics: The Transiton to A Multi-Party System*, Princeton 1959.

303. Karpat, K.H., *Social Change and Politics in Turkey*, Leiden 1973.

304. Karpat, K.H., *Studies on Ottoman Social and Political History*, Leiden 2002.

305. Karpat, K.H., *Studies on Turkish Politics and Society*, Leiden 2004.

306. Karshenas, M., *Oil, State and Industrialization in Iran*, Cambridge 1990.

307. Kassem, M., *Egyptian Politics: The Dynamics of Authoritarian Rule*, Boulder 2004.

308. Katouzian, H., *The Political Economy of Modern Iran*, London 1981.

309. Katouzian, H., *State and Society in Iran: The Eclipse of the Qajars and the Emergence of the Pahlavis*, London 2000.

310. Kazemt, M., *Poverty and Revolution in Iran*, New York 1980.

311. Kazemt, M. & Waterbury, J., *Peasants and Politics in the Modern Middle East*, Florida 1991.

312. Kechichian, J.A., *Succession in Saudi Arabia*, New York 2001.

313. Keddie, N.R., *Iran: Religion, Politics and Society*, London 1980.

314. Keddie, N.R., *Roots of Revolution*: *An Interpretive History of Modern Iran*, New York 1981.

315. Keddie, N.R., *Modern Iran*: *Roots and Results of Revolution*, Yale 2003.

316. Kedourie, E. & Haim, S.G., *Essays on the Economic History of the Middle East*, London 1988.

317. Kennedy, H., *The Early Abbasid Caliphate*, Princeton 1981.

318. Kennedy, H., *The Prophet and the Age of the Caliphate*, London 1986.

319. Kepel, G., *Muslim Extremism in Egypt*: *The Prophet and Pharaoh*, Berkeley 1993.

320. Kerr, M., *The Arab Cold War*: *Gamal Abdul Nasir and His Revals*, Oxford 1971.

321. Keyder, C., *State and Class in Turkey*, London 1987.

322. Khalili, L., *Politics of the Modern Arab World*, *Critical Issue in Modern Politics*, London 2009.

323. Khater, A. F., *Sources in the History of the Modern Middle East*, Boston 2004.

324. Khoury, P.S. & Kostiner, J., *Tribes and State Formation in the Middle East*, London 1991.

325. Khurt, M.I., *Tribe and State in Bahrain*, Chicago 1980.

326. Kienle, E., *A Grand Delusion*, *Democracy and Economic Reform in Egypt*, London 2001.

327. Kister, M.J., *Mecca and Tamim*, Journal of Economic and Social History of the Orient,1965.

328. Knauerhase, R., *The Saudi Arabian Economy*, New York 1975.

329. Kremer, A.F., *The Orient Under the Caliphs*, London 1923.

330. Kuru, A.T., *Democracy*, *Islam and Secularism in Turkey*, New York 2012.

331. Kurzman, C., *The Unthinkable Revolution in Iran*, Harvard 2004.

332. Lambton, A.K.S., *State and Government in the Medieval Islam*, Oxford 1985.

333. Landau, J.M., Ozbudun, E. & Tachau, F., *Electoral Politics in the Middle East*: *Issue*, *Voters and Elites*, California 1980.

334. Landau, J.M., *Ataturk and the Modernization of Turkey*, Boulder 1984.

335. Landau, J.M., *Exploring Ottoman and Turkish History*, London 2004.
336. Lapidus, M.A., *A History of Islamic Societies*, Cambridge 1988.
337. Lassner, J., *The Shape of Abbasid Rule*, Princeton 1980.
338. Lawson, F.H., *Bahrain: The Modernization of Autocracy*, Boulder 1989.
339. Lenczowski, G., *Iran Under the Pahlavis*, Stanford 1978.
340. Levy, R., *The Social Structure of Islam*, Cambridge 1965.
341. Lewis, B., *Islam, from the Prophet Muhammed to the Capture of Constantinpole*, London 1976.
342. Lewis, G., *Modern Turkey*, New York 1974.
343. Lia, B., *The Society of the Muslim Brothers in Egypt 1928—1942*, Oxford 1998.
344. Lindsay, J.E., *Daily Life in the Medieval Islamic World*, Westport 2005.
345. Lockman, Z., *Workers and Working Classes in the Middle East*, New York 1994.
346. Lofgern, H., *Food, Agriculture and Economic Policy in the Middle East and North Africa*, Oxford 2003.
347. Lokkegaard, F., *Islamic Taxation in the Classic Period*, Copenhagen 1950.
348. Lombard, M., *The Golden Age of Islam*, North Holland 1975.
349. Long, D.E. & Reich, B., *The Government and Politics of the Middle East and North Africa*, Boulder 1995.
350. Long, D.E., *The Kingdom of Saudi Arabia*, Florida 1997.
351. Looney, R.E., *Economic Development in Saudi Arabia: Consequences of the Oil Price Decline*, Connecticut 1990.
352. Louis R. Mortimer, L.R., *Iran, A Country Study*, Washington 1988.
353. Lovatt, D., *Turkey since 1970*, New York 2001.
354. Lust-Okar, E. & Zerhouni, S., *Political Participation in the Middle East*, Boulder 2008.
355. Mabro, R., *The Egyptian Economy: 1952—1972*, Oxford 1974.
356. Mabro, R., *The Industrialization of Egypt 1939—1973*, Oxford 1976.
357. Macfie, A.L., *The End of the Ottoman Empire 1908—1923*, London 1998.
358. Mackey, S., *The Saudis: Inside the Desert Kingdom*, Boston 1987.
359. Majd, M.G., *Resistance to the Shah: Landowners and Ulama in Iran*, Flori-

da 2000.
360. Majed, H., *A Lebanon Defied: Musa al-Sadr and the Shi'a Community*, Colorado 1992.
361. Mansfield, P., *A History of the Middle East*, London 1991.
362. Ma'oz, M. & Yaniv, A., *Syria Under Assad: Domestic Constraints and Regional Risks*, London 1986.
363. Marr, P., *The Modern History of Iraq*, Boulder 1985.
364. Marr, P., *Egypt at the Crossroads: Domestic Stability and Regional Role*, Washington 1999.
365. Marsot, A.L.S., *Egypt in the Reign of Muhammed Ali*, Cambridge 1984.
366. Martin, V., *Creating an Islamic State: Khomeini and the Making of a New Iran*, London 2000.
367. Masood, R., *Industrialization in Oil-Based Economies*, New Delhi 1984.
368. McDermott, A., *Egypt: From Nasser to Mubarak*, London 1988.
369. McLoughlin, L., *Ibn Saud: Founder of a Kingdom*, New York 1993.
370. Medding, P.Y., *Mapai in Israel: Political Organization and Government in a New Society*, London 1972.
371. Meijer, R., *Global Salafism*, London 2009.
372. Menashri, D., *Post-revolutionary Politics in Iran: Religion, Society and Power*, London 2001.
373. Metz, H.C., *Egypt: A Country Study*, Washington 1991.
374. Mez, A., *The Renaissance of Islam*, Patna 1937.
375. Milani, M.M., *The Making of Iran's Islamic Revolution*, Boulder 1994.
376. Miller, W., *The Ottoman Empire 1801—1913*, Cambridge 1913.
377. Miner, M., *The Coming Revolution: An Improbable Possibility*, Saarbrucken 2011.
378. Miskawayh, *Tajarib al-Umam*, Oxford 1921.
379. Moaddel, M., *Class, Politics, and Ideology in the Iranian Revolution*, New York 1993.
380. Moghadam, F.E., *From Land Reform to Revolution: The Political Economy of Agricultural Development in Iran 1962—1979*, London 1996.
381. Mohammed, N.S.A., *Population and Development of the Arab Gulf States*,

Hampshire 2003.

382. Morgan, D., *Medieval Persia 1040—1797*, New York 1988.

383. Morony, M.G., *Manufacturing and Labour in the Classical Islamic World*, Hampshire 2003.

384. Moslem, M., *Factional Politics in Post-Khomeini Iran*, New York 2002.

385. Moubayed, S.M., *Damascus Between Democracy and Dictatorship*, Maryland 2000.

386. Moustafa, T., *The Struggle for Constitutional Power, Law, Politics and Economic Development in Egypt*, Cambridge 2007.

387. Muir, W., *Annals of the Early Caliphate*, London 1913.

388. Muir, W., *The Caliphate, Its Rise, Decline and Fall*, Edinburgh 1963.

389. Nabavi, N., *Iran: From Theocracy to the Green Movement*, New York 2012.

390. Nader, A., *The Next Supreme Leader: Succession in the Islamic Republic of Iran*, Pittsburgh 2011.

391. Najem, T.P. & Hetherington, M., *Good Governance in the Middle East oil Monarchies*, London 2003.

392. Najmabadi, A., *Land Reform and Social Change in Iran*, Salt Lake City 1987.

393. Nas, T.F., *Liberalization and the Turkish Economy*, New York 1988.

394. Nas, T.F., *Economics and Politics of Turkish Liberalization*, London 1992.

395. Nashat, G., *The Origins of Modern Reform in Iran: 1870—1880*, Illinois 1982.

396. Nattagh, N., *Agriculture and Regional Development in Iran*, Cambridge 1986.

397. Niblock, T., *State, Society and Economy in Saudi Arabia*, London 1982.

398. Niblock, T. & Murphy, E., *Economic and Political Liberalization in the Middle East*, London 1993.

399. Niblock, T., *Saudi Arabia: Power, Legitimacy and Survival*, New York 2006.

400. Nizam al-Mulk, *Siyasat Nama*, Paris 1891.

401. Nizar, A.H., *In the Path of Hizbullah*, New York 2004.

402. Norton, A.R., *Civil Society in the Middle East*, Leiden 1996.
403. Ochsenwald, W., *The Middle East: A History*, Boston 2003.
404. O'Leary, L., *Arabia before Muhammed*, London 1927.
405. Omar, F., *The Abbasid Caliphate 750—786*, Baghdad 1969.
406. Osborn, R.D., *Islam Under the Arabs*, London 1876.
407. Ottaway, M., *Beyond the Façade, Political Reform in the Arab World*, Washington 2008.
408. Owen, R., *The Middle East in the World Economy 1800—1914*, London 1993.
409. Owen, R., *A History of Middle East Economies in the Twentieth Century*, Harvard 1999.
410. Owtram, F., *A Modern History of Oman*, London 2004.
411. Ozbudun, E., *The Political Economy of Income Distribution in Turkey*, New York 1979.
412. Ozbudun, E., *Contemporary Turkish Politics*, Boulder 2000.
413. Ozbudun, E., *Democratization and the Politics of Constitution-Making in Turkey*, New York 2009.
414. Palmer, A., *The Decline and Fall of the Ottoman Empire*, London 1993.
415. Parsa, M., *Social Origins of Iranian Revolution*, London 1989.
416. Pellat, C., *The Life and Works of Jahiz*, London 1969.
417. Peretz, D., *The Middle East Today*, London 1994.
418. Perthes, V., *The Political Economy of Syria under Asad*, New York 1995.
419. Polk, W.R., *The Arab World Today*, Harvard 1991.
420. Posusney, M.P. & Angrist, M.P., *Authoritarianism in the Middle East: Regimes and Resistance*, Boulder 2005.
421. Quataert, D., *The Ottoman Empire 1700—1922*, Cambridge 2005.
422. Radwan, S., *Capital Formation in Egyptian Industry and Agriculture 1882—1967*, London 1974.
423. Rahnema, S., *Iran after the Revolution: Crisis of an Islamic State*, London 1995.
424. Ramady, M.A., *The Saudi Arabian Economy: Policies, Achievements and Challenges*, New York 2005.

425. Ramazani, R.K., *Iran's Revolution*, Indiana 1990.
426. Ramazanoglu, H., *Turkey in the World Capitalist System*, Hants 1985.
427. Rezas, A., *The Political Economy of Saudi Arabia*, Washington 1984.
428. Richard, A.N., *Amal and the Shi'a: Struggle for the Soul of Lebanon*, Texas 1987.
429. Richards, A., *Egypt's Agricultural Development 1800—1980*, Boulder 1982.
430. Richards, A., *Food, States and Peasants: Analyses of the Agrarian Question in the Middle East*, Bouder 1986.
431. Richards, A. & Waterbury, J., *A Political Economy of the Middle East*, Boulder 1990.
432. Richmond, J.C.B., *Egypt 1798—1952: Her Advance Towards a Modern Identity*, London 1977.
433. Rivkin, M.D., *Land Use and the Intermediate-Size City in Developing Countries: With case Studies of Turkey, Brazil, and Malaysia*, New York 1976.
434. Roberts, M.H.P., *An Urban Profile of the Middle East*, London 1979.
435. Robins, P., *A History of Jordan*, Cambridge 2004.
436. Rodinson, M., *Muhammed*, New York, 1968.
437. Roy, O., *The Failure of Political Islam*, London 1994.
438. Rubin, B., *Political Parties in Turkey*, London 2002.
439. Rubin, B., *Islamic Fundamentalism in Egyptian Politics*, New York 2002.
440. Rubin, B., *Conflict and Insurgency in the Contemporary Middle East*, London 2009.
441. Rubin, U., *The Life of Muhammad*, Hampshire 1998.
442. Rubin, B., *The Muslim Brotherhood: The Organization and Policies of a Global Islamist Movement*, New York 2010.
443. Rutherford, B.K., *Egypt After Mubarak, Liberalism, Islam and Democracy in the Arab World*, Princeton 2008.
444. Ryan, C.R., *Jordan in transition: From Hussein to Abdullah*, Boulder 2002.
445. Sachar, H.M., *A History of Israel*, New York 1996.
446. Saeed, J., *Islam and Modernization*, Connecticut 1994.

447. Salibi, K.S., *The Modern History of Jordan*, London 1993.
448. Salih, M.A.M., *Interpreting Islaic Political Parties*, New York 2009.
449. Saqqaf, A.Y., *The Middle East City: Ancient Traditions Confront a Modern World*, New York 1987.
450. Sarwar, H.G., *The Origin and Development of Islam*, New Delhi 1988.
451. Saunders, J.J., *A History of Medieval Islam*, London 1978.
452. Sayari, S., *Politics, Parties, and Elections in Turkey*, Boulder 2002.
453. Schacht, J., *The Legacy of Islam*,Oxford 1974.
454. Schaffer, D., *The History of Nations: Iraq*, San Diego 2004.
455. Schick, I.C. & Tonak, E.A., *Turkey in Transition*, Oxford 1987.
456. Schirazi, A., *Islamic Development Policy: The Agrarian Question in Iran*, Boulder 1993.
457. Schirazi, A., *The Constitution of Iran: Politics and the State in the Islamic Repoblic*, London 1997.
458. Schlumberger, O., *Debating Arab Authoritarianism*, Sanford 2007.
459. Schwartz, S., *The Two Faces of Islam*, New York 2004.
460. Sdahmed, A.S., *Islamic Fundamentalism*, Boulder 1996.
461. Shaban, M.A., *The Abbasid Revolution*, Cambridge 1970.
462. Shaban, M.A., *Islamic History, A New Interpretation 600—750*, Cambridge 1971.
463. Shaban, M.A., *Islamic History, A New Interpretation 750—1055*, Cambridge 1976.
464. Shakoori, A., *The State and Rural Development in Post-Revolution in Iran*, New York 2001.
465. Sharbatoghlie, A., *Urbanization and Regional Disparities in Post-Revolutionary Iran*, Boulder 1991.
466. Sharabi, H.B., *Government and Politics of the Middle East in the Twentieth Century*, Connectucut 1987.
467. Shariati, A., *Awaiting the Religion of Protest*, Tehran 1991.
468. Sharon, M., *Black Banners from the East, the Establishment of the Abbasid State*,Jerusalem 1983.
469. Shaw, J.A., *Saudi Arabian Modernization*, Wasington 1982.

470. Shaw, S.J. & Shaw, E.K., *History of the Ottoman Empire and Modern Turkey*, Vol.1: *Empire of the Gazis: The Rise and Decline of the Ottoman Empire 1280—1808*, Cambridge 1976.
471. Shaw, S.J. & Shaw, E.K., *History of the Ottoman Empire and Modern Turkey*, Vol.2: *Reform, Revolution and Republic: The Rise of Modern Turkey 1808—1975*, Cambridge 2002.
472. Shehata, D., *Islamists and Secularists in Egypt*, London 2010,.
473. Shoufany, E., *Al-Riddah and the Muslim Conquest of Arabia*, Toronto 1972.
474. Sidahmed, A.S. & Ehteshahmi, A., *Islamic Fundamentalism*, Boulder 1996.
475. Siddiqi, A.H., *The Origins and Development of Muslim Institutions*, Karachi 1962.
476. Siddiqi, M.Y.M., *Development of Islamic State and Society*, Lahore 1956.
477. Siddiqi, M.Y.M., *Organization of Government Under the Prophet*, Delhi 1987.
478. Simons, G., *Iraq: From Sumer to Post-Saddam*, New York 2004.
479. Skelly, J.M., *Political Islam from Muhammad to Ahmadinejad*, Oxford 2010.
480. Sluglett, M.F. & Sluglett, P., *Iraq Since 1958: From Revolution to Dictatorship*, London 1990.
481. Springborg, R., *Mubarak's Egypt: Fragmentation of the Political Order*, Boulder 1989.
482. Stansfield, G.R.V., *Iraq: People, History, Politics*, Cambridge 2007.
483. Strange, G., *The Lands of the Eastern Caliphate*, Cambridge 1905.
484. Sullivan, D.J., and Abed-Kotob, S., *Islam in Contemporary Egypt, Civil Society vs. the State*, Colorado 1999.
485. Tachau, F., *Turkey: the Politics of Authority, Democracy and Development*, New York 1984.
486. Takeyh, R., *Hidden Iran: Paradox and Power in the Islamic Republic*, New York 2006.
487. Alsaif, T., *Islamic Democracy and Its Limite: The Iranian Experience Since*

1979, London 2007.

488. Tapper, R., *Islam in Modern Turkey*, London 1991.

489. Tazmini, G., *Khatami' Iran: the Islamic Republic and the Turbulent Path to Reform*, London 2009.

490. Terry, J.J., *Cornerstone of Egyptian Political Power: The Wafd 1919—1952*, London 1982.

491. Tetreault, M.A., *Politics and Society in Contemporary Kuwait*, New York 2000.

492. Tignor, R.L., *State, Private Enterprise, and Economic Change in Egypt*, Princeton 1984.

493. Toprak, B., *Islam and Political Development in Turkey*, Leiden 1981.

494. Torrey, G.T., *Syrian Politics and the Military 1945—1958*, Ohio 1964.

495. Traboulst, M., *A History of Modern Lebanon*, London 2007.

496. Treydte, K.P. & Ule, W., *Agriculture in the Near East*, Bonn 1973.

497. Tripp. C., *Egypt under Mubarak*, London 1989.

498. Tripp, C., *A History of Iraq*, Cambridge 2002.

499. Turnbull, S., *The Ottoman Empire 1326—1699*, New York 2003.

500. Tursan, H., *Democratisation in Turkey*, Brussel 2004.

501. Udovitch, A.L., *The Islamic Middle East 700—1900: Studies in Economic and Social History*, Princeton 1981.

502. Vali, A., *Pre-Capitalist Iran*, London 1993.

503. Vassiliev, A., *The History of Saudi Arabia*, New York 2000.

504. Vatikiotis, P.J., *The History of Modern Egypt: From Muhammad Ali to Mubarak*, Baltimore 1991.

505. Wagstaff, J.M., *The Evolution of the Middle East Landscapes*, New Jersey 1985.

506. Warriner, D., *Land Reform and Development in the Middle East: A Study of Egypt, Syria and Iraq*, Oxford 1957.

507. Waterbury, J., *The Egypt of Nasser and Sadat: The Political Economy of Two Regimes*, Princeton 1983.

508. Watt, W.M., *Muhammed at Mecca*, Oxford 1953.

509. Watt, W.M., *Muhammed at Medina*, Oxford 1956.

510. Watt, W.M., *Muhammad, Prophet and Statesman*, London 1961.
511. Watt, W.M., *The Majesty That Was Islam, the Islamic World 661—1100*, London 1974.
512. Watt, W.M., *Muhammed's Mecca*, Edinburgh 1988.
513. Watt, W.M., *Early Islam*, Edinburgh 1990.
514. Weiker. W.F., *Political Tutelage and Democracy in Turkey*, Leiden 1973.
515. Weiker, W.F., *The Modernization of Turkey*, New York 1981.
516. Wellhausen, J., *The Arab Kingdom and Its Fall*, London 1973.
517. Wendell, C., *Five Tracts of Hasan Al-Banna*, Berkeley 1978.
518. Wheelock, K., *Nasser's New Egypt*, New York 1960.
519. Wickham, C.R., *Mobilizing Islam: Religion, Activism and Political change in Egypt*, New York 2002.
520. Wilson, P.W. & Graham, D.F., *Saudi Arabia: The Coming Storm*, New York 1994.
521. Wilson, R., *Politics and the Economy in Jordan*, London 1991.
522. Winckler, O., *Population Growth and Migration in Jordan 1950—1994*, Sussex 1988.
523. Wright, R., *The Last Great Revolution*, New York 2000.
524. Wynbrandt, J., *A Brief History of Saudi Arabia*, New York 2004.
525. Yahya b. Adam, *Kitab al-Kharaj*, Leiden 1967.
526. Yanuz, M.H., *Secularism and Muslim Democracy in Turkey*, Cambridge 2009.
527. Yanuz, M.H., *The Emergence of a New Turkey: Democracy and the AK Party*, Salt Lake City 2006.
528. Yapp, M.E., *The Making of the Modern Near East 1792—1923*, London 1987.
529. Yapp, M.E., *The Near East since the First World War*, London 1996.
530. Yeor, B., *The Dhimmis, Jews and Christians under Islam*, London 1985.
531. Yizraeli, S., *The Remaking of Saudi Arabia*, Tel Aviv 1997.
532. Yitzhak, N., *Reaching for Power: The Shi'a in the Modern Arab World*, Princeton 2006.
533. Zabih, S., *Iran Since the Revolution*, London 1982.

534. Zahid, M., *The Muslim Brotherhood and Egypt's Succession Crisis*, London 2010.
535. Zahlan, R.S., *The Making of the Modern Gulf States*, London 1998.
536. Zamir, M., *The Formation of Modern Lebanon*, London 1985.
537. Zisser, E., *Asad's Legacy: Syria in Transition*, New York 2001.
538. Zurcher, E.J., *Turkey: A Modern History*, London 1993.
539. Zurcher, E.J., *Political Opposition in the Early Turkish Republic*, Leiden 1991.

图书在版编目(CIP)数据

中东史 ：上、中、下 / 哈全安著 .— 上海 ：上海社会科学院出版社，2019
ISBN 978-7-5520-2903-1

Ⅰ. ①中… Ⅱ. ①哈… Ⅲ. ①中东—历史 Ⅳ. ①K37

中国版本图书馆 CIP 数据核字(2019)第 180555 号

中东史(上、中、下)

著　　者：哈全安
责任编辑：王　勤
封面设计：陆红强
出版发行：上海社会科学院出版社
上海顺昌路 622 号　邮编 200025
电话总机 021-63315947　销售热线 021-53063735
https://cbs.sass.org.cn　E-mail：sassp@sassp.cn
排　　版：南京理工出版信息技术有限公司
印　　刷：上海景条印刷有限公司
开　　本：720 毫米×1000 毫米　1/16
印　　张：96
插　　页：6
字　　数：1572 千
版　　次：2019 年 12 月第 1 版　2025 年 3 月第 5 次印刷

ISBN 978-7-5520-2903-1/K·528　定价：380.00 元(全三册)